g45 Rn 27

g 43 a IV

Henssler/Prütting
Bundesrechtsanwaltsordnung

Bundesrechtsanwaltsordnung

mit Rechtsanwaltsprüfungsgesetz,
Rechtsberatungsgesetz,
Partnerschaftsgesellschaftsgesetz,
Rechtsanwaltsdienstleistungsgesetz
und Eignungsprüfungsgesetz

Kommentar

Herausgegeben von

Dr. Martin Henssler   **Dr. Hanns Prütting**
o. Professor an der   o. Professor an der
Universität zu Köln   Universität zu Köln

in Zusammenarbeit mit dem Institut für Anwaltsrecht
an der Universität zu Köln

C. H. BECK'SCHE VERLAGSBUCHHANDLUNG
MÜNCHEN 1997

Zitiervorschlag:
Henssler/Prütting – (mit jeweiligem Bearbeiter) z. B.
Henssler/Prütting-Koch § 1 Rdn. 10

Die Deutsche Bibliothek – CIP-Einheitsaufnahme
Bundesrechtsanwaltsordnung : mit
Rechtsanwaltsprüfungsgesetz, Rechtsberatungsgesetz,
Partnerschaftsgesellschaftsgesetz, Rechtsanwaltsdienst-
leistungsgesetz und Eignungsprüfungsgesetz;
Kommentar / hrsg. von Martin Henssler ; Hans Prütting.
In Zusammenarbeit mit dem Institut für Anwaltsrecht an
der Universität Köln. – München : Beck, 1997
  ISBN 3 406 39171 0
NE: Henssler, Martin (Hrsg.)

ISBN 3 406 39171 0

© 1996 C. H. Beck'sche Verlagsbuchhandlung (Oscar Beck), München
Satz: C. H. Beck'sche Buchdruckerei, Nördlingen
Gedruckt auf säurefreiem, alterungsbeständigem Papier
(hergestellt aus chlorfrei gebleichtem Zellstoff)

Bearbeiter

Thomas Dittmann
Ministerialrat in Bonn

Horst Eylmann
Rechtsanwalt und Notar in Stade, MdB

Anne Federle
Rechtsanwältin in Brüssel

Dr. Wolfgang Hartung
Rechtsanwalt in Mönchengladbach

Professor Dr. Martin Henssler
Universität zu Köln

Ludwig Koch
Rechtsanwalt in Köln

Professor Dr. Hanns Prütting
Universität zu Köln

Albrecht Schaich
Rechtsanwalt in Bonn

Dr. Dirk Schroeder
Rechtsanwalt in Brüssel

Dr. Ulrich Stobbe
Rechtsanwalt und Notar in Hannover

Professor Dr. Stephan Weth
Universität des Saarlandes

Es haben bearbeitet:

Dittmann: §§ 49 b, 92–161 a, 192–205 a, 228

Eylmann: §§ 43–43 b, 44–45

Hartung: §§ 56–59 a, 60–91, 162–191 e, 209, 215, 221, 233

Henssler: §§ 4–17, 43 c, 46, Anhang § 59 a, §§ 208, 210–212, 234–237, PartGG Dokumentation zur Umsetzung der EG-Hochschuldiplomanerkennungsrichtlinie

Koch: Einleitung, §§ 1–3, 59 b

Prütting: §§ 18–29, 30–42, 51 b, 212–213, 223–227 b, 229, RNPG, Einleitung zum RBerG Teil VII

Schaich: §§ 47–49 a, 50, 52–55

Schroeder/Federle: §§ 29 a, 206–207, RADG, EigPrüfG, EigPrüfVO

Stobbe: §§ 51–51 a

Weth: RBerG, Ausführungsverordnungen zum RBerG

Vorwort

Das anwaltliche Berufsrecht hat in den vergangenen knapp 10 Jahren eine außerordentlich bemerkenswerte Entwicklung durchgemacht. Seit den berühmten Entscheidungen des Bundesverfassungsgerichts vom 14. Juli 1987 ist wohl kein Bereich dieses Berufsrechts unberührt geblieben. Niemand hätte vor 10 Jahren für möglich gehalten, daß es im Jahre 1996 Rechtsanwalts-GmbHs geben würde, daß überörtliche Sozietäten zugelassen sind, niemand konnte auch den langen Kampf um die Fachanwaltschaft oder die gewaltigen Umwälzungen im Rahmen der deutschen Wiedervereinigung und der gesamteuropäischen Entwicklung vorausahnen. Nachdem insbesondere durch das Gesetz zur Neuordnung des Berufsrechts der Rechtsanwälte und Patentanwälte vom 2. 9. 1994 ein erster zentraler Schritt hin zu einem völlig neugestalteten Berufsrecht getan worden war, schien den Herausgebern die Erarbeitung eines neuen Kommentars zur BRAO besonders naheliegend. Eine wissenschaftlich und praktisch vertiefte Begleitung der tiefgreifenden Veränderungen des Berufsrechts ist mehr denn je notwendig.

Eng verbunden ist die Entstehung des Kommentars mit der Gründung des Instituts für Anwaltsrecht an der Universität zu Köln, deren Direktoren die beiden Herausgeber sind. Das Zusammenwirken von Rechtsanwälten und Wissenschaftlern an diesem Institut hat den Gedanken nachhaltig gefördert, einen Kommentar zum anwaltlichen Berufsrecht vorzulegen, der neben einer kritischen Begleitung der Rechtsprechung in breiter Form die vorhandene Literatur auswertet und der selbst neue Denkanstöße geben will. Eine weitere Besonderheit des vorliegenden Werkes kann in der Zusammenstellung seines Autorenteams gesehen werden. Neben erfahrenen Rechtsanwälten und im anwaltlichen Berufsrecht tätigen Wissenschaftlern wirken auch der Vorsitzende des Rechtsausschusses des Deutschen Bundestages und der für das Anwaltsrecht zuständige Ministerialbeamte im Bundesjustizministerium mit.

Eine Besonderheit des hier vorgelegten Kommentars ergibt sich aus der Breite der kommentierten Gesetze. Neben der BRAO sind das Rechtsberatungsgesetz, das Partnerschaftsgesellschaftsgesetz, das Eignungsprüfungsgesetz, das Rechtsanwaltsprüfungsgesetz und das Rechtsanwaltsdienstleistungsgesetz in die Kommentierung einbezogen. Die Autoren hoffen, daß insgesamt ein zuverlässiger Kommentar für alle berufsrechtlichen Fragen mit starkem Praxisbezug und zugleich mit wissenschaftlichem Tiefgang entstanden ist. Mit seinem Erscheinen werden bereits die ersten Erfahrungen zum neuen Berufsrecht verarbeitet.

Die Herausgeber haben beim Erscheinen dieses Werkes vielfachen Dank abzustatten. Der Dank gilt zunächst dem Verein zur Förderung des Instituts für Anwaltsrecht an der Universität zu Köln, seinem Vorsitzenden und allen Mitgliedern, die durch ihr Engagement und die finanzielle Unterstützung die vielfältige Arbeit des Instituts erst ermöglicht haben. Insofern ist das vorliegende Werk auch der Versuch, eine vorläufige Summe dessen, was in wenigen Jahren am Kölner Institut für Anwaltsrecht geleistet wurde, zu präsentieren. Ein weiterer Dank gilt allen Mitarbeiterinnen und Mitarbeitern des Instituts für Anwaltsrecht und des Instituts für Verfahrensrecht sowie den angeschlossenen Lehrstühlen, die sich in vielfältiger Weise um die Entstehung des Kommentars verdient gemacht haben. Stellvertretend für alle seien Herr Wiss. Assistent Dr. Nerlich und Herr Wiss. Mitarbeiter Kilian hervorgehoben. Schließlich gilt unser Dank dem Verlag und seinen Lektoren für die sorgfältige und erfolgreiche Betreuung und Herstellung des Werks.

Vorwort

Die Herausgeber hoffen und wünschen, daß der Kommentar für die Praxis eine wichtige Hilfe darstellen kann und daß er für die weitere berufsrechtliche Diskussion grundlegende Beiträge zu liefern vermag. Möge dieser Kommentar dazu beitragen, die von Redeker vermißte fehlende Verknüpfung von Anwaltschaft und Rechtswissenschaft herzustellen und zu intensivieren.

Köln, im Juli 1996   Martin Henssler
                                                                                                                   Hanns Prütting

Inhaltsübersicht

Inhaltsverzeichnis XI
Abkürzungs- und Literaturverzeichnis XXIII
1. **Bundesrechtsanwaltsordnung** vom 1. August 1959 1
2. Gesetz zur Prüfung von Rechtsanwaltszulassungen Notarbestellungen und Berufungen ehrenamtlicher Richter (**Rechtsanwaltsprüfungsgesetz** – RNPG) vom 24. Juli 1992 1151
3. **Rechtsberatungsgesetz** vom 13. Dezember 1935 1170
   Anh.: Ausführungsverordnungen zum Rechtsberatungsgesetz 1314
4. Gesetz über Partnerschaftsgesellschaften Angehöriger Freier Berufe (**Partnerschaftsgesellschaftsgesetz** – PartGG) vom 25. Juli 1994 1318
5. Gesetz zur Durchführung der Richtlinie des Rates der Europäischen Gemeinschaften vom 22. März 1977 zur Erleichterung der tatsächlichen Ausübung des freien Dienstleistungsverkehrs der Rechtsanwälte vom 16. August 1980 (**Rechtsanwaltsdienstleistungsgesetz** – RADG) 1366
6. Gesetz über die Eignungsprüfung für die Zulassung zur Rechtsanwaltschaft vom 6. Juli 1990 (**Eignungsprüfungsgesetz** – EigPrüfG) 1384
7. Verordnung über die Eignungsprüfung für die Zulassung zur Rechtsanwaltschaft vom 18. Dezember 1990 1397

Anhang Texte:

1. Richtlinie des Rates vom 22. März 1977 zur Erleichterung der tatsächlichen Ausübung des freien Dienstleistungsverkehrs der Rechtsanwälte (Rechtsanwaltsdienstleistungsrichtlinie) 1411
2. Richtlinie des Rates vom 21. Dezember 1988 über eine allgemeine Regelung zur Anerkennung der Hochschuldiplome, die eine mindestens dreijährige Berufsausbildung abschließen (EG-Hochschuldiplomanerkennungsrichtlinie) ... 1414
3. Dokumentation: Die Umsetzung der EG-Hochschuldiplomanerkennungsrichtlinie in den europäischen Partnerstaaten 1424
4. Standesregeln der Rechtsanwälte der Europäischen Gemeinschaft vom 28. Oktober 1988 (CCBE) 1435
5. Gesetz über Fachanwaltsbezeichnungen nach der Bundesrechtsanwaltsordnung (Fachanwaltsbezeichnungsgesetz) 1446

Sachverzeichnis 1451

Inhaltsverzeichnis

1. Bundesrechtsanwaltsordnung

	Seite
Einleitung *(Koch)*	1

Erster Teil. Der Rechtsanwalt

Vorbemerkung § 1 *(Koch)*		14
§ 1	Stellung des Rechtsanwalts in der Rechtspflege *(Koch)*	19
§ 2	Beruf des Rechtsanwalts *(Koch)*	42
§ 3	Recht zur Beratung und Vertretung *(Koch)*	52

Zweiter Teil. Die Zulassung des Rechtsanwalts

Erster Abschnitt. Die Zulassung zur Rechtsanwaltschaft

1. Allgemeine Voraussetzung

Vorbemerkung § 4 *(Henssler)*		66
§ 4	Zugang zum Beruf des Rechtsanwalts *(Henssler)*	66
§ 5	Freizügigkeit *(Henssler)*	85

2. Erteilung, Erlöschung, Rücknahme und Widerruf der Zulassung zur Rechtsanwaltschaft

§ 6	Antrag auf Zulassung zur Rechtsanwaltschaft *(Henssler)*	88
§ 7	Versagung der Zulassung zur Rechtsanwaltschaft *(Henssler)*	91
§ 8	Entscheidung über den Antrag *(Henssler)*	137
§ 8 a	Ärztliches Gutachten im Zulassungsverfahren *(Henssler)*	143
§ 9	Ablehnendes Gutachten der Rechtsanwaltskammer in bestimmten Fällen *(Henssler)*	146
§ 10	Aussetzung des Zulassungsverfahrens *(Henssler)*	149
§ 11	Antrag gegen einen ablehnenden Bescheid der Landesjustizverwaltung *(Henssler)*	151
§ 12	Urkunde über die Zulassung *(Henssler)*	156
§ 13	Erlöschen der Zulassung *(Henssler)*	159
§ 14	Rücknahme und Widerruf der Zulassung *(Henssler)*	161
§ 15	Ärztliches Gutachten im Widerrufsverfahren *(Henssler)*	172
§ 16	Verfahren bei Rücknahme oder Widerruf *(Henssler)*	174
§ 17	Erlöschen der Befugnis zur Führung der Berufsbezeichnung *(Henssler)*	182

Zweiter Abschnitt. Die Zulassung bei einem Gericht

§ 18	Lokalisierung *(Prütting)*	187
§ 19	Antrag auf Zulassung bei einem Gericht *(Prütting)*	199
§ 20	Versagung der Zulassung *(Prütting)*	204
§ 21	Antrag auf gerichtliche Entscheidung *(Prütting)*	214
§ 22	Erstreckung der Zulassung auf auswärtige Kammern für Handelssachen *(Prütting)*	217

XI

Inhaltsverzeichnis

§ 23	Gleichzeitige Zulassung bei dem Amts- und Landgericht *(Prütting)* ...	219
§ 24	Gleichzeitige Zulassung bei einem anderen Landgericht *(Prütting)*	221
§ 25	Ausschließlichkeit der Zulassung bei dem Oberlandesgericht *(Prütting)*	224
§ 26	Vereidigung des Rechtsanwalts *(Prütting)*	227
§ 27	Wohnsitz und Kanzlei *(Prütting)*	230
§ 28	Zweigstelle und Sprechtage *(Prütting)*	234
§ 29	Ausnahmen von der Kanzleipflicht *(Prütting)*	240
§ 29a	Kanzleien in anderen Staaten *(Schroeder/Federle)*	242
§ 30	Zustellungsbevollmächtigter *(Prütting)*	262
§ 31	Eintragung in die Liste der Rechtsanwälte *(Prütting)*	270
§ 32	Aufnahme der Tätigkeit als Rechtsanwalt *(Prütting)*	272
§ 33	Wechsel der Zulassung *(Prütting)*	274
§ 33a	Wechsel der Zulassung bei Änderung der Gerichtseinteilung *(Prütting)*	282
§ 34	Erlöschen der Zulassung *(Prütting)*	285
§ 35	Widerruf der Zulassung bei einem Gericht *(Prütting)*	287
§ 36	Löschung in der Anwaltsliste *(Prütting)*	295

Dritter Abschnitt. Allgemeine Vorschriften für das Verwaltungsverfahren

§ 36a	Untersuchungsgrundsatz, Mitwirkungspflicht, Übermittlung personenbezogener Informationen *(Prütting)*	297

Vierter Abschnitt. Das Verfahren bei Anträgen auf gerichtliche Entscheidung in Zulassungssachen

§ 37	Form der Anträge *(Prütting)*	300
§ 38	Antrag bei einem ablehnenden Gutachten der Rechtsanwaltskammer *(Prütting)*	304
§ 39	Antrag bei Bescheiden und Verfügungen der Landesjustizverwaltung *(Prütting)*	307
§ 40	Verfahren vor dem Anwaltsgerichtshofs *(Prütting)*	311
§ 41	Entscheidung des Anwaltsgerichtshofes *(Prütting)*	323
§ 42	Sofortige Beschwerde *(Prütting)*	326

Dritter Teil. Die Rechte und Pflichten des Rechtsanwalts und die berufliche Zusammenarbeit der Rechtsanwälte

Vorbemerkung § 43 *(Eylmann)*		334
§ 43	Allgemeine Berufspflicht *(Eylmann)*	339
§ 43a	Grundpflichten des Rechtsanwalts *(Eylmann)*	346
§ 43b	Werbung *(Eylmann)*	399
§ 43c	Fachanwaltschaft *(Henssler)*	419
§ 44	Mitteilung der Ablehnung eines Auftrags *(Eylmann)*	430
§ 45	Versagen der Berufstätigkeit *(Eylmann)*	434
§ 46	Rechtsanwälte in ständigen Dienstverhältnissen *(Henssler)*	446
§ 47	Rechtsanwälte im öffentlichen Dienst *(Schaich)*	463
§ 48	Pflicht zur Übernahme der Prozeßvertretung *(Schaich)*	467
§ 49	Pflichtverteidigung, Beistandsleistung *(Schaich)*	470
§ 49a	Pflicht zur Übernahme der Beratungshilfe *(Schaich)*	473
§ 49b	Vergütung *(Dittmann)*	476
§ 50	Handakten des Rechtsanwalts *(Schaich)*	491
§ 51	Berufshaftpflichtversicherung *(Stobbe)*	496

Inhaltsverzeichnis

§ 51a	Vertragliche Begrenzung von Ersatzansprüchen *(Stobbe)*	518
§ 51b	Verjährung von Ersatzansprüchen *(Prütting)*	542
§ 52	Vertretung des Prozeßbevollmächtigten *(Schaich)*	565
§ 53	Bestellung eines allgemeinen Vertreters *(Schaich)*	568
§ 54	Rechtshandlungen des Vertreters nach dem Tode des Rechtsanwalts *(Schaich)*	576
§ 55	Bestellung eines Abwicklers der Kanzlei *(Schaich)*	577
§ 56	Besondere Pflichten gegenüber dem Vorstand der Rechtsanwaltskammer *(Hartung)*	581
§ 57	Zwangsgeld bei Verletzung der besonderen Pflichten *(Hartung)*	590
§ 58	Einsicht in die Personalakten *(Hartung)*	596
§ 59	Ausbildung von Referendaren *(Hartung)*	598
§ 59a	Berufliche Zusammenarbeit *(Hartung)*	601
	Anhang: Die Anwalts-GmbH *(Hennsler)*	634
§ 59b	Satzungskompetenz *(Koch)*	640

Vierter Teil. Die Rechtsanwaltskammern

Erster Abschnitt. Allgemeines

Vorbemerkung § 60 *(Hartung)*		662
§ 60	Zusammensetzung und Sitz der Rechtsanwaltskammer *(Hartung)*	669
§ 61	Bildung einer weiteren Rechtsanwaltskammer *(Hartung)*	674
§ 62	Stellung der Rechtsanwaltskammer *(Hartung)*	676

Zweiter Abschnitt. Die Organe der Rechtsanwaltskammer

1. Vorstand

§ 63	Zusammensetzung des Vorstandes *(Hartung)*	679
§ 64	Wahlen zum Vorstand *(Hartung)*	681
§ 65	Voraussetzungen der Wählbarkeit *(Hartung)*	686
§ 66	Ausschluß von der Wählbarkeit *(Hartung)*	689
§ 67	Recht zur Ablehnung der Wahl *(Hartung)*	692
§ 68	Wahlperiode *(Hartung)*	694
§ 69	Vorzeitiges Ausscheiden eines Vorstandsmitgliedes *(Hartung)*	696
§ 70	Sitzungen des Vorstandes *(Hartung)*	699
§ 71	Beschlußfähigkeit des Vorstandes *(Hartung)*	701
§ 72	Beschlüsse des Vorstandes *(Hartung)*	703
§ 73	Aufgaben des Vorstandes *(Hartung)*	708
§ 74	Rügerecht des Vorstandes *(Hartung)*	722
§ 74a	Antrag auf anwaltsgerichtliche Entscheidung *(Hartung)*	736
§ 75	Ehrenamtliche Tätigkeit des Vorstandes *(Hartung)*	742
§ 76	Pflicht der Vorstandsmitglieder zur Verschwiegenheit *(Hartung)*	743
§ 77	Abteilung des Vorstandes *(Hartung)*	747

2. Das Präsidium

§ 78	Zusammensetzung und Wahl *(Hartung)*	753
§ 79	Aufgaben des Präsidiums *(Hartung)*	756
§ 80	Aufgaben des Präsidenten *(Hartung)*	758
§ 81	Bericht über die Tätigkeit der Kammer und über Wahlergebnisse *(Hartung)*	759
§ 82	Aufgaben des Schriftführers *(Hartung)*	759
§ 83	Aufgaben des Schatzmeisters *(Hartung)*	760
§ 84	Einziehung rückständiger Beiträge *(Hartung)*	760

Inhaltsverzeichnis

3. Die Versammlung der Kammer

§ 85	Einberufung der Versammlung *(Hartung)*	762
§ 86	Einladung und Einberufungsfrist *(Hartung)*	764
§ 87	Ankündigung der Tagesordnung *(Hartung)*	764
§ 88	Wahlen und Beschlüsse der Kammer *(Hartung)*	766
§ 89	Aufgaben der Kammerversammlung *(Hartung)*	768

Dritter Abschnitt. Die Nichtigkeit von Wahlen und Beschlüssen

§ 90	Voraussetzungen der Nichtigkeit *(Hartung)*	775
§ 91	Verfahren vor dem Anwaltsgerichtshof *(Hartung)*	779

Fünfter Teil. Das Anwaltsgericht, der Anwaltsgerichtshof und der Bundesgerichtshof in Anwaltssachen

Erster Abschnitt. Das Anwaltsgericht

Vorbemerkung § 92 *(Dittmann)*		785
§ 92	Bildung des Anwaltsgerichts *(Dittmann)*	791
§ 93	Besetzung des Anwaldsgerichts *(Dittmann)*	794
§ 94	Ernennung der Mitglieder des Anwaltsgerichts *(Dittmann)*	796
§ 95	Rechtsstellung der Mitglieder des Anwaltsgerichts *(Dittmann)*	799
§ 96	Besetzung der Kammern des Anwaltsgerichts *(Dittmann)*	803
§ 97	Geschäftsverteilung *(Dittmann)*	804
§ 98	Geschäftsstelle und Geschäftsordnung *(Dittmann)*	804
§ 99	Amts- und Rechtshilfe *(Dittmann)*	805

Zweiter Abschnitt. Der Anwaltsgerichtshof

§ 100	Bildung des Anwaltsgerichtshofes *(Dittmann)*	806
§ 101	Besetzung des Anwaltsgerichtshofes *(Dittmann)*	807
§ 102	Bestellung von Berufsrichtern zu Mitgliedern des Anwaltsgerichtshofes *(Dittmann)*	809
§ 103	Ernennung von Rechtsanwälten zu Mitgliedern des Anwaltsgerichtshofes *(Dittmann)*	810
§ 104	Besetzung der Senate des Anwaltsgerichtshofes *(Dittmann)*	811
§ 105	Geschäftsverteilung und Geschäftsordnung *(Dittmann)*	812

Dritter Abschnitt. Der Bundesgerichtshof in Anwaltssachen

§ 106	Besetzung des Senats für Anwaltssachen *(Dittmann)*	813
§ 107	Rechtsanwälte als Beisitzer *(Dittmann)*	815
§ 108	Voraussetzungen für die Berufung zum Beisitzer und Recht zur Ablehnung *(Dittmann)*	816
§ 109	Enthebung vom Amt des Beisitzers *(Dittmann)*	816
§ 110	Stellung der Rechtsanwälte als Beisitzer und Pflicht zur Verschwiegenheit *(Dittmann)*	817
§ 111	Reihenfolge der Teilnahme an den Sitzungen *(Dittmann)*	818
§ 112	Entschädigung der anwaltlichen Beisitzer *(Dittmann)*	818

Sechster Teil. Die anwaltliche Ahndung von Pflichtverletzungen

§ 113	Ahndung einer Pflichtverletzung *(Dittmann)*	819
§ 114	Anwaltsgerichtliche Maßnahmen *(Dittmann)*	825
§ 114a	Wirkungen des Vertretungsverbots, Zuwiderhandlungen *(Dittmann)*	830
§ 115	Verjährung der Verfolgung einer Pflichtverletzung *(Dittmann)*	832

Inhaltsverzeichnis

§ 115a Rüde und anwaltsgerichtliche Maßnahme *(Dittmann)* 837
§ 115b Anderweitige Ahndung *(Dittmann)* 839

Siebenter Teil. Das anwaltsgerichtliche Verfahren

Erster Abschnitt. Allgemeines

§ 116   Vorschriften für das Verfahren *(Dittmann)* 844
§ 117   Keine Verhaftung des Rechtsanwalts *(Dittmann)* 862
§ 117a Verteidigung *(Dittmann)* 863
§ 117b Akteneinsicht *(Dittmann)* 866
§ 118   Verhältnis des anwaltsgerichtlichen Verfahrens zum Straf- oder Bußgeldverfahren *(Dittmann)* 868
§ 118a Verhältnis des anwaltsgerichtlichen Verfahrens zu den Verfahren anderer Berufsgerichtsbarkeiten *(Dittmann)* 876
§ 118b Aussetzung des anwaltsgerichtlichen Verfahrens *(Dittmann)* 879

Zweiter Abschnitt. Das Verfahren im ersten Rechtszug

1. Allgemeine Vorschriften

§ 119   Zuständigkeit *(Dittmann)* 880
§ 120   Mitwirkung der Staatsanwaltschaft *(Dittmann)* 881
§ 120a Gegenseitige Unterrichtung von Staatsanwaltschaft und Rechtsanwaltskammer *(Dittmann)* 882

2. Die Einleitung des Verfahrens

§ 121   Einleitung des anwaltsgerichtlichen Verfahrens *(Dittmann)* 883
§ 122   Gerichtliche Entscheidung über die Einleitung des Verfahrens *(Dittmann)* 884
§ 123   Antrag des Rechtsanwalts auf Einleitung des anwaltsgerichtlichen Verfahrens *(Dittmann)* 888
§§ 124–129 *(aufgehoben)*
§ 130   Inhalt der Anschuldigungsschrift *(Dittmann)* 891
§ 131   Entscheidung über die Eröffnung des Hauptverfahrens vor dem Anwaltsgericht *(Dittmann)* 894
§ 132   Rechtskraftwirkung eines ablehnenden Beschlusses *(Dittmann)* 896
§ 133   Zustellung des Eröffnungsbeschlusses *(Dittmann)* 897

3. Die Hauptverhandlung vor dem Anwaltsgericht

§ 134   Hauptverhandlung trotz Ausbleibens des Rechtsanwalts *(Dittmann)*... 898
§ 135   Nichtöffentliche Hauptverhandlung *(Dittmann)* 901
§ 136   *(aufgehoben)* ....
§ 137   Beweisaufnahme durch einen beauftragten oder ersuchten Richter *(Dittmann)* 902
§ 138   Verlesen von Protokollen *(Dittmann)* 904
§ 139   Entscheidung des Anwaltsgerichts *(Dittmann)* 908
§ 140   Protokollführer *(Dittmann)* 911
§ 141   Ausfertigung der Entscheidungen *(Dittmann)* 913

Dritter Abschnitt. Die Rechtsmittel

1. Die Rechtsmittel gegen Entscheidungen des Anwaltsgerichts

§ 142   Beschwerde *(Dittmann)* 913
§ 143   Berufung *(Dittmann)* 914

XV

Inhaltsverzeichnis

§ 144	Mitwirkung der Staatsanwaltschaft vor dem Anwaltsgerichtshof *(Dittmann)*	920

2. Das Rechtsmittel gegen Entscheidungen des Anwaltsgerichtshofes

§ 145	Revision *(Dittmann)*	920
§ 146	Einlegung der Revision und Verfahren *(Dittmann)*	924
§ 147	Mitwirkung der Staatsanwaltschaft vor dem Bundesgerichtshof *(Dittmann)*	925

Vierter Abschnitt. Die Sicherung von Beweisen

§ 148	Anordnung der Beweissicherung *(Dittmann)*	926
§ 149	Verfahren *(Dittmann)*	928

Fünfter Abschnitt. Das Berufs- und Vertretungsverbot als vorläufige Maßnahme

§ 150	Voraussetzung des Verbotes *(Dittmann)*	929
§ 150a	Verfahren zur Erzwingung des Antrags der Staatsanwaltschaft *(Dittmann)*	932
§ 151	Mündliche Verhandlung *(Dittmann)*	933
§ 152	Abstimmung über das Verbot *(Dittmann)*	936
§ 153	Verbot im Anschluß an die Hauptverhandlung *(Dittmann)*	936
§ 154	Zustellung des Beschlusses *(Dittmann)*	937
§ 155	Wirkungen des Verbotes *(Dittmann)*	938
§ 156	Zuwiderhandlung gegen das Verbot *(Dittmann)*	940
§ 157	Beschwerde *(Dittmann)*	942
§ 158	Außerkrafttreten des Verbotes *(Dittmann)*	945
§ 159	Aufhebung des Verbotes *(Dittmann)*	946
§ 159a	Dreimonatsfrist *(Dittmann)*	947
§ 159b	Prüfung der Fortdauer des Verbotes *(Dittmann)*	950
§ 160	Mitteilung des Verbotes *(Dittmann)*	951
§ 161	Bestellung eines Vertreters *(Dittmann)*	952
§ 161a	Gegenständlich beschränktes Vertretungsverbot *(Dittmann)*	955

Achter Teil. Die Rechtsanwaltschaft bei dem Bundesgerichtshof

Erster Abschnitt. Allgemeines

§ 162	Entsprechende Anwendung von Vorschriften *(Hartung)*	958
§ 163	Zuständigkeit des Bundesministeriums der Justiz und des Bundesgerichtshofes *(Hartung)*	960

Zweiter Abschnitt. Die Zulassung als Rechtsanwalt bei dem Bundesgerichtshof

§ 164	Besondere Voraussetzung für die Zulassung *(Hartung)*	960
§ 165	Wahlausschuß für Rechtsanwälte bei dem Bundesgerichtshof *(Hartung)*	962
§ 166	Vorschlagslisten für die Wahl *(Hartung)*	963
§ 167	Prüfung des Wahlausschusses *(Hartung)*	966
§ 167a	Akteneinsicht *(Hartung)*	967
§ 168	Entscheidung des Wahlausschusses *(Hartung)*	968
§ 169	Mitteilung des Wahlergebnisses *(Hartung)*	972
§ 170	Entscheidung über den Antrag auf Zulassung *(Hartung)*	973
§ 171	Ausschließlichkeit der Zulassung *(Hartung)*	976

Inhaltsverzeichnis

Dritter Abschnitt. Die besonderen Rechte und Pflichten der Rechtsanwälte bei dem Bundesgerichtshof
§ 172 Beschränkung des Auftretens vor anderen Gerichten *(Hartung)* 977
§ 172a Sozietät *(Hartung)* 978
§ 173 Bestellung eines Vertreters und eines Abwicklers der Kanzlei *(Hartung)* 979

Vierter Abschnitt. Die Rechtesanwaltskammer bei dem Bundesgerichtshof
§ 174 Zusammensetzung und Vorstand *(Hartung)* 981

Neunter Teil. Die Bundesanwaltskammer

Erster Abschnitt. Allgemeines
§ 175 Zusammensetzung und Sitz der Bundesrechtsanwaltskammer *(Hartung)* 982
§ 176 Stellung der Bundesrechtsanwaltskammer *(Hartung)* 984
§ 177 Aufgaben der Bundesrechtsanwaltskammer *(Hartung)* 986
§ 178 Beiträge zur Bundesrechtsanwaltskammer *(Hartung)* 993

Zweiter Abschnitt. Die Organe der Bundesrechtsanwaltskammer
1. Das Präsidium
§ 179 Zusammensetzung des Präsidiums *(Hartung)* 995
§ 180 Wahlen zum Präsidium *(Hartung)* 997
§ 181 Recht zur Ablehnung der Wahl *(Hartung)* 999
§ 182 Wahlperiode und vorzeitiges Ausscheiden *(Hartung)* 1000
§ 183 Ehrenamtliche Tätigkeit des Präsidiums *(Hartung)* 1002
§ 184 Pflicht zur Verschwiegenheit *(Hartung)* 1002
§ 185 Aufgaben des Präsidenten *(Hartung)* 1003
§ 186 Aufgaben des Schatzmeisters *(Hartung)* 1003

2. Die Hauptversammlung
§ 187 Versammlung der Mitglieder *(Hartung)* 1005
§ 188 Vertreter der Rechtsanwaltskammer in der Hauptversammlung *(Hartung)* 1006
§ 189 Einberufung der Hauptversammlung *(Hartung)* 1007
§ 190 Beschlüsse der Hauptversammlung *(Hartung)* 1009

3. Die Nichtigkeit von Wahlen und Beschlüssen
§ 191 Voraussetzung der Nichtigkeit und Verfahren vor dem Bundesgerichtshof *(Hartung)* 1014

4. Satzungsversammlung
§ 191a Einrichtung und Aufgabe *(Hartung)* 1014
§ 191b Wahl der stimmberechtigten Mitglieder der Satzungsversammlung *(Hartung)* 1021
§ 191c Einberufung und Stimmrecht *(Hartung)* 1026
§ 191d Leitung der Versammlung, Beschlußfassung *(Hartung)* 1028
§ 191e Prüfung von Beschlüssen der Satzungsversammlung durch die Aufsichtsbehörde *(Hartung)* 1034

Inhaltsverzeichnis

Zehnter Teil. Die Kosten in Anwaltssachen

Erster Abschnitt. Die Gebühren der Justizverwaltung

§ 192 Gebühren für die Zulassung zur Rechtsanwaltschaft und die Zulassung bei einem Gericht *(Dittmann)* 1039
§ 193 Gebühr für die Bestellung eines Vertreters *(Dittmann)* 1039
§ 194 Fälligkeit, Ermäßigung oder Erlaß der Gebühren *(Dittmann)* 1040

Zweiter Abschnitt. Die Kosten in dem anwaltsgerichtlichen Verfahren und in dem Verfahren bei Anträgen auf anwaltsgerichtliche Entscheidung gegen die Anordnung oder die Festsetzung des Zwangsgeldes oder über die Rüge

§ 195 Gebührenfreiheit, Auslagen *(Dittmann)* 1040
§ 196 Kosten bei Anträgen auf Einleitung des anwaltsgerichtlichen Verfahrens *(Dittmann)* 1042
§ 197 Kostenpflicht des Verurteilten *(Dittmann)* 1043
§ 197a Kostenpflicht in dem Verfahren bei Anträgen auf anwaltsgerichtliche Entscheidung gegen die Androhung oder die Festsetzung des Zwangsgeldes oder die Rüge *(Dittmann)* 1045
§ 198 Haftung der Rechtsanwaltskammer *(Dittmann)* 1046
§ 199 Festsetzung der Kosten des Verfahrens vor dem Anwaltsgericht *(Dittmann)* 1047

Dritter Abschnitt. Die Kosten des Verfahrens bei Anträgen auf gerichtliche Entscheidung in Zulassungssachen und über Wahlen und Beschlüsse

§ 200 Anwendung der Kostenordnung *(Dittmann)* 1049
§ 201 Kostenpflicht des Antragstellers und der Rechtsanwaltskammer *(Dittmann)* 1049
§ 202 Gebühr für das Verfahren *(Dittmann)* 1051
§ 203 Entscheidung über Erinnerungen *(Dittmann)* 1052

Elfter Teil. Die Vollstreckung der anwaltsgerichtlichen Maßnahmen und der Kosten. Die Tilgung

§ 204 Vollstreckung der anwaltsgerichtlichen Maßnahmen *(Dittmann)* ... 1053
§ 205 Beitreibung der Kosten *(Dittmann)* 1055
§ 205a Tilgung *(Dittmann)* 1056

Zwölfter Teil. Anwälte aus anderen Staaten

Vorbemerkung § 206 *(Schroeder/Federle)* 1060
§ 206 Niederlassung *(Schroeder/Federle)* 1090
§ 207 Verfahren, berufliche Stellung *(Schroeder/Federle)* 1099

Dreizehnter Teil. Übergangs- und Schlußvorschriften

Erster Abschnitt. Übergangsvorschriften

§ 208 Bewerber mit Befähigung zum höheren Verwaltungsdienst *(Henssler)* 1104
§ 209 Kammermitgliedschaft von Inhabern einer Erlaubnis nach dem Rechtsberatungsgesetz *(Hartung)* 1104
§ 210 Frühere Erlaubnisse zum Führen einer Fachanwaltsbezeichnung *(Henssler)* 1111
§ 211 Unbeachtliche Verurteilungen *(Henssler)* 1112
§ 212 Nachholen der Zulassung bei einem Gericht *(Prütting)* 1113

Inhaltsverzeichnis

§ 213	Befreiung von der Residenzpflicht *(Prütting)*	1114
§ 214	(aufgehoben)	1116
§ 215	Bestehenbleiben von Rechtsanwaltskammern *(Hartung)*	1116
§ 216–220	*(aufgehoben)*	1116
§ 221	Bundesrechtsanwaltskammer als Aufnahmeeinrichtung *(Hartung)*	1116
§ 222	(aufgehoben)	1116
§ 223	Ergänzende Vorschriften für den Rechtsschutz *(Prütting)*	1117
§ 224	Übertragung von Befugnissen auf nachgeordnete Behörden *(Prütting)*	1124
§ 225	Auftreten der Rechtsanwälte vor Gerichten und Behörden der Länder *(Prütting)*	1126
§ 226	Gleichzeitige Zulassung bei dem Land- und Oberlandesgericht *(Prütting)*	1128
§ 227	Gleichzeitige Zulassung bei dem obersten Landesgericht *(Prütting)*	1134
§ 227 a	Übergangsvorschriften für Rechtsanwälte an den Amtsgerichten bei Änderung des Gerichtsbezirks *(Prütting)*	1136
§ 227 b	Übergangsvorschriften für Rechtsanwälte an den Landgerichten bei Änderungen des Gerichtsbezirks *(Prütting)*	1145
§ 228	Bestimmung des zuständigen Anwaltsgerichts oder des zuständigen Anwaltsgerichtshofes durch das oberste Landesgericht *(Dittmann)*	1147
§ 229	Verfahren bei Zustellung *(Prütting)*	1148
§ 230–232	*(nicht kommentiert)*	1149
§ 233	Rechtsnachfolge der ehemaligen Reichs-Rechtsanwaltskammer *(Hartung)*	1149
§ 234	Besondere landesrechtliche Beschränkungen für den Zugang zur Rechtsanwaltschaft *(Henssler)*	1150
§ 235	Verweisungen in anderen Vorschriften *(Henssler)*	1150
§ 236	Geltung in Berlin *(Henssler)*	1150
§ 237	Inkrafttreten *(Henssler)*	1150

2. Rechtsanwaltsprüfungsgesetz
(Prütting)

Erster Abschnitt. Rechtsanwälte

§ 1	Widerruf und Rücknahme von Zulassungen vor dem 15. September 1990	1151
§ 2	Rücknahme von Zulassungen nach dem 14. September 1990	1163
§ 3	Kenntnis über Tatsachen	1164
§ 4	Unterlagen des Staatssicherheitsdienstes	1165

Zweiter Abschnitt. Notare *(nicht kommentiert)*
Dritter Abschnitt. Ehrenamtliche Richter *(nicht kommentiert)*
Vierter Abschnitt. Änderung anderer Vorschriften, Inkrafttreten *(nicht kommentiert)*

3. Rechtsberatungsgesetz *(Weth)*

Einleitung *(Prütting/Weth)* ... 1170
Artikel 1

§ 1	Behördliche Erlaubnis	1192
§ 2	Gutachten, Schiedsrichter	1233

Inhaltsverzeichnis

§	3	Zulässige Tätigkeiten	1237
§	4	Steuer- und Monopolsachen	1253
§	5	Zulässige Erledigung von Rechtsangelegenheiten	1261
§	6	Angestellte	1278
§	7	Berufsständische Vereinigungen	1284
§	8	Ordnungswidrigkeiten	1299

Artikel 2	*(aufgehoben)*
Artikel 3	*(Änderungsvorschrift)*
Artikel 3a	*(Devisensachen)*
Artikel 4	*(Keine Ansprüche auf Entschädigung)*
Artikel 5	*(Ausführungsvorschriften)*
Artikel 6	*(Inkrafttreten)*

Zweite und Dritte Verordnung zum RechtsberatungsG. ...1314

4. Partnerschaftsgesellschaftsgesetz *(Henssler)*

Einleitung ...1318

§	1	Voraussetzungen der Partnerschaft	1322
§	2	Name der Partnerschaft	1328
§	3	Partnerschaftsvertrag	1332
§	4	Anmeldung der Partnerschaft	1334
§	5	Inhalt der Eintragung; anzuwendende Vorschriften	1337
§	6	Rechtsverhältnis der Partner untereinander	1340
§	7	Wirksamkeit im Verhältnis zu Dritten, rechtliche Selbständigkeit; Vertretung	1343
§	8	Haftung für Verbindlichkeiten der Partnerschaft	1345
§	9	Ausscheiden eines Partners; Auflösung der Partnerschaft	1354
§	10	Liquidation der Partnerschaft; Nachhaftung	1362
§	11	Übergangsvorschrift	1364

5. Rechtsanwaltsdienstleistungsgesetz *(Schroeder/Federle)*

Erster Abschnitt.

§	1	Anwendungsbereich	1366
§	2	Berufsbezeichnung, Nachweis der Anwaltseigenschaft	1368
§	3	Rechte und Pflichten	1370
§	4	Vertretung und Verteidigung im Bereich der Rechtspflege	1374
§	5	Zustellungen in behördlichen und gerichtlichen Verfahren	1379
§	6	Aufsicht, zuständige Rechtsanwaltskammer	1380
§	7	Anwaltsgerichtsbarkeit	1381
§	8	Anwaltsgerichtliche Ahndung von Pflichtverletzungen, vorläufige anwaltsgerichtliche Maßnahmen	1381
§	9	Mitteilungspflichten, Zustellungen in anwaltsgerichtlichen Verfahren	1382
§	10	Anfechtung von Verwaltungsakten	1382

Zweiter Abschnitt. Anwendung von Bundesgesetzen

Dritter Abschnitt. Schlußvorschriften

Inhaltsverzeichnis

6. Eignungsprüfungsgesetz
(Schroeder/Federle)

Einleitung ... 1384
§ 1 Eignungsprüfung ... 1386
§ 2 Zweck der Eignungsprüfung ... 1389
§ 3 Prüfungsamt ... 1389
§ 4 Zulassung zur Prüfung ... 1391
§ 5 Prüfungsfächer ... 1391
§ 6 Prüfungsleistungen ... 1393
§ 7 Prüfungsentscheidung ... 1394
§ 8 Wiederholung der Prüfung ... 1394
§ 9 Verfahren ... 1395
§ 10 Ermächtigungen ... 1395
§ 11 Bescheinigungen des Heimat- oder Herkunftsmitgliedstaats ... 1396

7. Verordnung über die Eignungsprüfung für die Zulassung zur Rechtsanwaltschaft *(Schroeder/Federle)*

Einleitung ... 1397
§ 1 Prüfungsamt ... 1397
§ 2 Prüfer ... 1398
§ 3 Zulassung zur Eignungsprüfung ... 1398
§ 4 Rücktritt von der Prüfung ... 1400
§ 5 Erlaß von Prüfungsleistungen ... 1401
§ 6 Prüfungsgebiete ... 1401
§ 7 Prüfungsleistungen ... 1402
§ 8 Prüfungskommission ... 1404
§ 9 Versäumnis von Prüfungsterminen und Nichtabgabe von Aufsichtsarbeiten ... 1405
§ 10 Ordnungswidriges Verhalten ... 1405
§ 11 Entscheidung über das Ergebnis der Eignungsprüfung ... 1406
§ 12 Wiederholung der Eignungsprüfung ... 1408
§ 13 Entsprechende Anwendung landesrechtlicher Vorschriften ... 1408
§ 14 Inkrafttreten ... 1409

Anhang Texte:

1. Richtlinie des Rates der Europäischen Gemeinschaften vom 22. März 1977 zur Erleichterung der tatsächlichen Ausübung des freien Dienstleistungsverkehrs der Rechtsanwälte (Rechtsanwaltsdienstleistungsrichtlinie) 1411
2. Richtlinie des Rates der Europäischen Gemeinschaft vom 21. Dezember 1988 über die allgemeine Regelung zur Anerkennung der Hochschuldiplome, die eine mindestens dreijährige Berufsausbildung abschließen (EG-Hochschuldiplomanerkennungsrichtlinie) ... 1414
3. Dokumentation: Die Umsetzung der EG-Hochschuldiplomanerkennungsrichtlinie in den europäischen Partnerstaaten *(Henssler)* ... 1424
4. Standesregelung der Rechtsanwälte der Europäischen Gemeinschaft vom 28. Oktober 1988 (CCBE) ... 1435

Inhaltsverzeichnis

5. Gesetz über Fachanwaltsbezeichnungen nach der Bundesrechtsanwaltsordnung (Fachanwaltsbezeichnungsgesetz) 1446
Sachverzeichnis. 1451

Abkürzungs- und Literaturverzeichnis

a.A.	andere Ansicht
a.a.O.	am angegebenen Ort
ABl	Amtsblatt der Europäischen Gemeinschaften
Abs.	Absatz
AcP	Archiv für die civilistische Praxis
a.E.	am Ende
Ärzte-ZV	Zulassungsverordnung für Kassenärzte
a.F.	alte Fassung
AG.	Amtsgericht
AGBG	Gesetz zur Regelung des Rechts der Allgemeinen Geschäftsbedingungen
AGH	Anwaltsgerichtshof
AHB	Allgemeine Haftpflichtversicherungsbedingungen
Alt.	Alternative
Altenhoff/Busch/Chemnitz	Altenhoff/Busch/Chemnitz, Rechtsberatungsgesetz, 10. Aufl. 1993
amtl. Begr.	Amtliche Begründung
Anh.	Anhang
Anl.	Anlage
Anm.	Anmerkung
AnwBl.	Anwaltsblatt, herausgegeben vom Deutschen Anwaltsverein
AnwGH	Anwaltsgerichtshof
AO	Abgabenordnung
ApG	Apothekengesetz
ApZ	Deutsche Apotheker-Zeitung
ArbGG	Arbeitsgerichtsgesetz
Arndt	Arndt, Kommentar zur Bundesnotarordnung 2. Aufl. 1982
Art.	Artikel
Aufl.	Auflage
AV	Allgemeine Verfügung
AVB	Allgemeine Versicherungsbedingungen
AZ	Aktenzeichen
BAnz.	Bundesanzeiger
Baumbach/Hefermehl	Baumbach/Hefermehl, Kommentar zum Wettbewerbsrecht, 18. Aufl. 1995
Baumbach/Hopt	Baumbach/Duden/Hopt, Kommentar zum Handelsgesetzbuch, 29. Aufl. 1995
Baumbach/Lauterbach/Albers/Hartmann	Baumbach/Lauterbach/Albers/Hartmann, Kommentar zur Zivilprozeßordnung, 54. Aufl. 1996
BAV	Bundesaufsichtsamt für das Versicherungswesen

Abkürzungsverzeichnis

BayObLG	Bayerisches Oberstes Landesgericht
BayObLGZ	Entscheidungen des Bayerischen Obersten Landesgerichts in Zivilsachen
BB	Der Betriebsberater
BBG	Bundesbeamtengesetz
Bd.	Band
BDHE	Entscheidungen des Bundesdisziplinarhofes
BDO	Bundesdisziplinarordnung
Beil.	Beilage
BerlAnwBl.	Berliner Anwaltsblatt
BFH	Bundesfinanzhof
BFHE	Sammlung der Entscheidungen des Bundesfinanzhofs
BFuP	Betriebswirtschaftliche Forschung und Praxis
BGB	Bürgerliches Gesetzbuch
BGBl.	Bundesgesetzblatt
BGH	Bundesgerichtshof
BGHSt	Entscheidungen des BGH in Strafsachen
BGHZ	Entscheidungen des BGH in Zivilsachen
BK	Bonner Kommentar zum Grundgesetz, Loseblattsammlung
Bl.	Blatt
BMJ	Bundesminister der Justiz
BNotK	Bundesnotarkammer
BNotO	Bundesnotarordnung
BOE	Boletin Oficial del Esstado
Borgmann/Haug	Borgmann/Haug, Anwaltshaftung 3. Aufl. 1995
BRAGO	Bundesgebührenordnung für Rechtsanwälte
BRAK	Bundesrechtsanwaltskammer
BRAK-Mitt.	BRAK-Mitteilungen, herausgegeben von der BRAK
BRAO	Bundesrechtsanwaltsordnung
BR-Drucks.	Bundesrats-Drucksache (Nummer/Jahr)
BRRG	Beamtenrechtsrahmengesetz
BT-Drucks.	Bundestags-Drucksache (Legislaturperiode/Nummer)
Büchting/Heussen	Büchting/Heussen, Rechtsanwaltshandbuch, 4. Aufl. 1995
Bülow	Bülow, Kommentar zur BRAO, 1959
BVerfG	Bundesverfassungsgericht
BVerfGE	Entscheidungen des Bundesverfassungsgerichts, amtl. Sammlung
BVerwG	Bundesverwaltungsgericht
BVerwGE	Entscheidungen des Bundesverwaltungsgerichts amtl. Sammlung
BVFG	Bundesvertriebenengesetz
bzgl.	bezüglich
BZRG	Bundeszentralregistergesetz
bzw.	beziehungsweise
CCBE	Conseil des Barreaux De La Communaute Europeenne
c.i.c.	culpa in contrahendo
Claussen/Janzen	Claussen/Janzen, Kommentar zur Bundesdisziplinarordnung, 6. Aufl. 1990
CMLRev.	Common Market Law Review
CR	Computer und Recht

Abkürzungsverzeichnis

Creifelds	Creifelds, Rechtswörterbuch, 13. Auflage 1996
Cüppers	Cüppers, Rechtsanwaltsordnung für die britische Zone, 1949
DAV	Deutscher Anwaltverein
DAV-Ratgeber	Praktische Hinweise für junge Anwälte, herausgegeben vom DAV
DB	Der Betrieb
DDR	Deutsche Demokratische Republik
ders.	derselbe
dgl.	dergleiche
Diss.	Dissertation
DJT	Deutscher Juristentag
DNotZ	Deutsche Notar-Zeitschrift
DÖV	Die Öffentliche Verwaltung
DR	Deutsches Recht
Dreher/Tröndle	Dreher/Tröndle, Kommentar zum StGB, 47. Aufl. 1995
DRiG	Deutsches Richtergesetz
DRiZ	Deutsche Richterzeitung
DStR	Deutsches Steuerrecht
DtZ	Deutsch-Deutsche Rechts-Zeitschrift
DurchfVO	Durchführungsverordnung
DVBl.	Deutsches Verwaltungsblatt
DVStB	Verordnung zur Durchführung der Vorschriften über Steuerberater, Steuerbevollmächtigte und Steuerberatungsgesellschaften
DZWir	Deutsche Zeitschrift für Wirtschaftsrecht
ebda.	ebenda
EBE	Eildienst Bundesgerichtliche Entscheidung
EFG	Entscheidungen der Finanzgerichte (Jahr und Seite)
EG	Ehrengericht
EGBGB	Einführungsgesetz zum Bürgerlichen Gesetzbuch
EGE	Sammlung „Ehrengerichtliche Entscheidungen", herausgegeben vom Präsidium der BRAK (Band I bis XIV)
EGH	Ehrengerichtshof für Rechtsanwälte
EGHE	Entscheidungen des Ehrengerichtshofs bei der Reichs-Rechtsanwaltskammer
EGStGB	Einführungsgesetz zum Strafgesetzbuch
EGV	EG-Vertrag
EGZPO	Einführungsgesetz zur Zivilprozeßordnung
ehem.	ehemalig/-en
EigPrüfG	Gesetz über die Eignungsprüfung für die Zulassung zur Rechtsanwaltschaft
EigPrüfVO	Verordnung über die Eignungsprüfung für die Zulassung zur Rechtsanwaltschaft
Einf.	Einführung
Einigungsvertrag	Vertrag zwischen der Bundesrepublik Deutschland und der Deutschen Demokratischen Republik über die Herstellung der Einheit Deutschlands vom 31. August 1990 (BGBl. II S. 889 ff.)

Abkürzungsverzeichnis

Einigungsvertrags-
gesetz .... Gesetz zu dem Vertrag vom 31. August 1990 zwischen der Bundesrepublik Deutschland und der Deutschen Demokratischen Republik über die Herstellung der Einheit Deutschlands – Einigungsvertragsgesetz – und der Vereinbarung vom 18. September 1990 vom 23. September 1990 (BGBl. II S. 885)
Einl. .... Einleitung
Erbs/Kohlhaas .... *Erbs/Kohlhaas*, Strafrechtliche Nebengesetzte, Loseblattsammlung
Erman-(Bearbeiter) .... *Erman*, Handkommentar zum Bürgerlichen Gesetzbuch, 9. Aufl. 1993
EStG .... Einkommensteuergesetz
EuGH .... Gerichtshof der Europäischen Gemeinschaften
EuGHE .... Sammlung der Rechtsprechung des Gerichtshofs der Europäischen Gemeinschaften
EuR. .... Europarecht
EuZW .... Europäische Zeitschrift für Wirtschaftsrecht
evtl. .... eventuell
EWG .... Europäische Wirtschaftsgemeinschaft
EWGV .... Vertrag zur Gründung einer Europäischen Wirtschaftsgemeinschaft
EWiR .... Entscheidungen zum Wirtschaftsrecht
EWIV .... Europäische wirtschaftliche Interessenvereinigung
EWR .... Europäischer Wirtschaftsraum
EWS .... Europäisches Wirtschafts- und Steuerrecht
Eyermann/Fröhler.... *Eyermann/Fröhler*, Kommentar zur Verwaltungsgerichtsordnung, 9. Aufl. 1988

f., ff. .... folgende
Feurich/Braun .... *Feurich/Braun*, Kommentar zur Bundesrechtsanwaltsordnung, 3. Aufl. 1995
FGG .... Gesetz über Angelegenheiten der freiwilligen Gerichtsbarkeit
FGO .... Finanzgerichtsordnung
Fn. .... Fußnote
Friedländer .... *Friedländer*, Kommentar zur Rechtsanwaltsordnung, 3. Aufl. 1930
FS .... Festschrift

G. .... Gesetz
GA. .... Goldtammer's Archiv für Strafrecht
GATS. .... General Agreement on Trade in Service
GATT .... General Agreement on Tariffs and Trade
gem.. .... gemäß
GenG............... Genossenschaftsgesetz
GewO .... Gewerbeordnung
GewStG .... Gewerbesteuergesetz
GG .... Grundgesetz für die Bundesrepublik Deutschland
ggf. .... gegebenenfalls
GKG .... Gerichtskostengesetz
GmbH .... Gesellschaft mit beschränkter Haftung

Abkürzungsverzeichnis

GmbHR	Rundschau für die GmbH
Götz	*Götz*, Kommentar zum Bundeszentralregister, 3. Aufl. 1985
Greißinger/Engels	*Greißinger/Engels*, Beratungshilfegesetz und Prozeßkostenhilfe, 1990
GRUR	Gewerblicher Rechtsschutz und Urheberrecht
GS	Großer Senat
GURI	Gazetta Ufficiale delle Repubblica Italiana
GVBl	Gesetz- und Verordnungsblatt
GVG	Gerichtsverfassungsgesetz
GV NW	Gesetz- und Verordnungsblatt für das Land Nordrhein-Westfalen
Hachenburg/Ulmer	*Hachenburg/Ulmer*, Kommentar zum GmbH-Gesetz, 1990 ff.
Hartstang I	*Hartstang*, Der deutsche Rechtsanwalt, 1986
Hartstang II	*Hartstang*, Anwaltsrecht, 1991
HAuslG	Gesetz über die Rechtsstellung heimatloser Ausländer im Bundesgebiet
HeilberG	Heilberufsgesetz
Henssler/Nerlich	*Henssler/Nerlich*, Anwaltliche Tätigkeit in Europa, 1994
Heymann	*Heymann*, Kommentar zum Handelsgesetzbuch, 2. Aufl. 1995 ff.
HGB	Handelsgesetzbuch
HK-*(Bearbeiter)*	*Glanegger*, Heidelberger Kommentar zum Handelsgesetzbuch, 4. Aufl. 1995
HkG	Heimkehrergesetz
h.M.	herrschende Meinung
HRR	Höchstrichterliche Rechtsprechung
Hrsg.	Herausgeber
HRV	Handelsregisterverfügung
HS	Halbsatz
i.d.F.	in der Fassung
i.H.v.	in Höhe von
INF	Information über Steuer und Wirtschaft
InsO	Insolvenzordnung
IPR	Internationales Privatrecht
IPRax	Praxis des Internationalen Privat- und Verfahrensrechts
i.S.d.	im Sinne des
Isele	*Isele*, Kommentar zur BRAO, 1976
i.V.m.	in Verbindung mit
JA	Juristische Arbeitsblätter
Jäger	*Jäger*, Kommentar zur Konkursordnung, 9. Aufl. 1977 ff.
JAG	Juristenausbildungsgesetz
JAO	Juristenausbildungsordnung
JBl.	Justizblatt
Jessnitzer-Blumberg	*Jessnitzer/Blumberg*, Kommentar zur BRAO, 7. Aufl. 1995
JMBl.	Justizministerialblatt
J.O.	Journal Officiel de la Republique Francaise
JR	Juristische Rundschau

Abkürzungsverzeichnis

JurBüro	Das Juristische Büro
JuS	Juristische Schulung
Justiz	Die Justiz, Amtsblatt des Justizministeriums Baden-Württemberg
JW	Juristische Wochenschrift
JZ	Juristenzeitung
Kalsbach	Kalsbach, Kommentar zur BRAO, 1960
Kalthoener/Büttner	Kalthoener/Büttner, Prozeßkostenhilfe und Beratungshilfe, 1988
KGJ	Jahrbuch für Entscheidungen des Kammergerichts in Sachen der freien Gerichtsbarkeit in Kosten-, Stempel- und Strafsachen
KK	Karlsruher Kommentar, StPO, GVG, hersg. v. *Gerd Pfeiffer*, 3. Aufl. 1993
Kleine-Cosack	Kleine-Cosack, Kommentar zur Bundesrechtsanwaltsordnung, 2. Aufl. 1996
Kleinknecht/Meyer	Kleinknecht/Meyer-Goßner, Kommentar zur StPO, 42. Aufl. 1995
KO	Konkursordnung
König	König, Rechtsberatungsgesetz, Köln 1993
KÖSDI	Kölner Steuerrechtsdialog
Komm	Kommentierung
Korintenberg	Korintenberg-Lappe-Bengel-Reimann, Kommentar zur Kostenordnung, 13. Aufl. 1995
KostO	Gesetz über die Kosten in Angelegenheiten der freiwilligen Gerichtsbarkeit
KTS	Konkurs-, Treuhand- und Schiedsgerichtswesen
LG	Landgericht
Lindemann/Trenk-Hinterberger	Lindemann/Trenk-Hinterberger, Kommentar zum Beratungshilfegesetz, 1987
Lingenberg/Hummel/Zuck/Eich	Lingenberg/Hummel/Zuck/Eich, Kommentar zu den Grundsätzen des anwaltlichen Standesrechts, 2. Aufl. 1988
LJV	Landesjustizverwaltung
LK-*(Bearbeiter)*	Leipziger Kommentar zum StGB, 10. Aufl. 1978 ff.
LM	Nachschlagewerk des Bundesgerichtshofs in Zivilsachen, herausgegeben von Lindemaier und Möhring
Löwe/Rosenberg	Löwe/Rosenberg, Kommentar zur StPO, 24. Aufl. 1984 ff.
LZ	Leipziger Zeitschrift für Deutsches Recht
Maunz/Dürig/Herzog/Scholz	Maunz/Dürig/Herzog/Scholz, Kommentar zum Grundgesetz, Loseblattsammlung
MBl	Ministerialblatt
MDR	Monatsschrift für Deutsches Recht
Mecke/Lerch	Mecke/Lerch, Kommentar zum Beurkundungsgesetz, 2. Aufl. 1992
MedR	Medizinrecht

Abkürzungsverzeichnis

Meilicke/Graf v.Westfalen/Hoffmann/Lenz	Meilicke/Graf v. Westfalen/Hoffmann/Lenz, Kommentar zum Partnerschaftsgesellschaftsgesetz, 1995
MfS	Ministerium für Staatssicherheit der DDR
Michalski/Römermann	Michalski/Römermann, Kommentar zum Partnerschaftsgesellschaftsgesetz, 1995
MiStra	Anordnung über Mitteilungen in Strafsachen
Mitt.	Mitteilungen
Model/Creifelds/Lichtenberger	Model/Creifelds/Lichtenberger, Staatsbürgertaschenbuch, 28. Aufl. 1995
MRK	Menschenrechtskonvention
v. Münch	von Münch, Kommentar zum Grundgesetz, 2. Aufl. 1983 (Band 3), 3. Aufl. 1995 (Band 2), 4. Aufl. 1992 (Band 1)
MünchKomm-BGB	Münchner Kommentar zum BGB, 2./3. Aufl. 1984 ff./1992 ff.
MünchKomm-ZPO	Münchner Kommentar zur ZPO, 1993
m.w.N.	mit weiteren Nachweisen
NdsRpfl.	Niedersächsische Rechtspflege
n.F.	neue Fassung
NJ	Neue Justiz
NJW	Neue Juristische Wochenschrift
NJW-RR	NJW-Rechtsprechungsreport
Noack	Noack, Kommentar zur Reichsrechtsanwaltsordnung, 2. Aufl. 1937
NStZ	Neue Zeitschrift für Strafrecht
NVwZ	Neue Zeitschrift für Verwaltungsrecht
NW	Nordrhein-Westfalen
NWB	Neue Wirtschafts-Briefe für Steuer- und Wirtschaftsrecht
NZA	Neue Zeitschrift für Arbeits- und Sozialrecht
ÖAnwBl	Österreichisches Anwaltsblatt
o.g.	oben genannte(r/n)
OHG	Offene Handelsgesellschaft
OLG	Oberlandesgericht
OLGRspr	Die Rechtsprechung der Oberlandesgerichte auf dem Gebiet des Zivilrechts
OLGZ	Entscheidung des OLG in Zivilsachen
Ostler	Ostler, Die deutschen Rechtsanwälte, 2. Aufl. 1982
OVG	Oberverwaltungsgericht
OWiG	Gesetz über Ordnungswidrigkeiten
p.	page (Seite)
Palandt-(Bearbeiter)	Palandt, Kommentar zum BGB, 55. Aufl. 1996
PAO	Patentanwaltsordnung
PartG	Partnerschaftsgesellschaft
PartGG	Partnerschaftsgesellschaftsgesetz
PRV	Partnerschaftsregisterverordnung
Prütting	Prütting, Die deutsche Anwaltschaft zwischen heute und morgen, 1990
p.V.V.	positive Vertragsverletzung

Abkürzungsverzeichnis

RA	Rechtsanwalt
RabelsZ	Rabels Zeitschrift für ausländisches und internationales Privatrecht
RADG	Gesetz zur Durchführung der Richtlinie des Rates der Europäischen Gemeinschaften vom 22. März 1977 zur Erleichterung der tatsächlichen Ausübung des freien Dienstleistungsverkehrs der Rechtsanwälte (Rechtsanwaltsdienstleistungsgesetz – RADG) vom 16. August 1980 (BGBl. I S. 1453), zuletzt geändert durch Gesetz vom 14. März 1990 (BGBl. I S. 479).
RAG	Rechtsanwaltsgesetz der DDR
RAK	Rechtsanwaltskammer
RAO	Rechtsanwaltsordnung
RAObritZ	Rechtsanwaltsordnung für die britische Zone
Rbeistand	Der Rechtsbeistand
RBerG	Rechtsberatungsgesetz
Rdn.	Randnummer
RdW	Österreichisches Recht der Wirtschaft
Rebmann-Uhlig	*Rebmann-Uhlig*, Kommentar zum Bundeszentralregistergesetz, 1985
Redeker/v. Oertzen	*Redeker/v. Oertzen*, Kommentar zur Verwaltungsgerichtsordnung, 9. Aufl. 1988
RegEntw.	Regierungsentwurf
Rennen/Caliebe	*Rennen/Caliebe*, Rechtsberatungsgesetz mit Ausführungsverordnungen, 2. Aufl. 1992
RG	Reichsgericht
RGBl	Reichsgesetzblatt
RGZ	Entscheidungen des Reichsgerichts
RichtlRA	Grundsätze des anwaltlichen Standesrechts, Richtlinien der Bundesrechtsanwaltskammer
Riedel-Sußbauer	*Riedel-Sußbauer*, Kommentar zur BRAGO, 7. Aufl. 1995
Rinsche	*Rinsche*, Die Haftung des Rechtsanwalts und Notars, 5. Aufl. 1995
RiStBV	Richtlinien für das Straf- und Bußgeldverfahren
RIW	Recht der Internationalen Wirtschaft
RNPG	Gesetz zur Überprüfung von Rechtsanwaltszulassungen, Notarbestellungen und Berufungen ehrenamtlicher Richter
Rowedder/Fuhrmann/ Koppensteiner	*Rowedder/Fuhrmann/Koppensteiner*, Kommentar zum GmbHG, 3. Aufl. 1995
RRAO	Reichs-Rechtsanwaltsordnung
Rs.	Rechtssache
Rspr.	Rechtsprechung
RT-Drucks	Reichstags-Drucksache
RVGE	Reichsverwaltungsgericht Entscheidungen
S.	Satz, Seite
SchlHA	Schleswig-Holsteinische Anzeigen
Schmidt-Bleibtreu/Klein	*Schmidt-Bleibtreu/Klein*, Kommentar zum GG, 8. Aufl. 1995

Abkürzungsverzeichnis

Schmidt-Räntsch	*Schmidt-Räntsch*, Kommentar zum DRiG, 5. Aufl. 1995
Schneider	*Schneider*, Der Rechtsanwalt – ein unabhängiges Organ der Rechtspflege, 1976
Schönke/Schröder	*Schönke/Schröder*, Kommentar zum StGB, 24. Aufl. 1991
Scholz/Winter	*Scholz/Winter*, Kommentar zum GmbHG, 8. Aufl. 1992/1995
Schoreit/Dehn	*Schoreit/Dehn*, Kommentar zum Beratungshilfe- und Prozeßkostenhilfegesetz, 4. Aufl. 1993
Schorn	*Schorn*, Die Rechtsberatung, 2. Aufl. 1967
Schubert	*Schubert*, Entstehung und Quellen zur Rechtsanwaltsordnung von 1878, 1985
Schütz	*Schütz*, Disziplinarrecht des Bundes und der Länder, Loseblattsammlung
Seibert	*Seibert*, Die Partnerschaft, 1995
Senge	*Senge*, Rechtsberatungsgesetz, in: *Erbs/Kohlhaas*, Strafrechtliche Nebengesetze, Loseblattsammlung
Seybold/Schippel	*Seybold/Schippel*, Kommentar zur BNotO, 6. Aufl. 1995
SGB	Sozialgesetzbuch
SGG	Sozialgerichtsgesetz
S. I.	Statutory Instruments
SK-Bearbeiter	Systematischer Kommentar zum StGB, 5. Aufl. 1994
Slg.	Amtliche Sammlung der Entscheidungen des EuGH und des EuG
Soergel-(Bearbeiter)	*Soergel*, Bürgerliches Gesetzbuch, 12. Aufl. 1988 ff.
StA	Staatsanwaltschaft
Staub	*Staub*, Großkommentar zum Handelsgesetzbuch, 4. Aufl. 1983 ff.
Staudinger-(Bearbeiter)	*Staudinger's* Kommentar zum Bürgerlichen Gesetzbuch, 12. Aufl. 1978 ff.
StBerG	Steuerberatungsgesetz
Stbg	Die Steuerberatung
Stein/Jonas	*Stein/Jonas*, Kommentar zur ZPO, 21. Aufl. 1993 ff.
Stelkens/Bonk/Leonhardt	*Stelkens/Bonk/Leonhardt*, Kommentar zum Verwaltungsverfahrensgesetz, 4. Aufl. 1993
Stern I	*Stern*, Anwaltschaft und Verfassungsstaat, 1980
Stern II	*Stern*, Das Staatsrecht der Bundesrepublik Deutschland, 4 Bände 1980 ff.
StGB	Strafgesetzbuch
StPO	Strafprozeßordnung
str.	strittig
StrEG	Gesetz über die Entschädigung für Strafverfolgungsmaßnahmen
StV	Strafverteidiger
Tettinger	*Tettinger*, Zum Tätigkeitsfeld der BRAK, Schriftenreihe der BRAK, Band 7
Tyrell/Yaqub	*Tyrell/Yaqub*, The Legal Profession In The New Europe, 2nd Edition, London 1996
Tz	Teilzeichen

Abkürzungsverzeichnis

u.ä.	und ähnliche
unstr.	unstreitig
unveröff.	unveröffentlicht
Urt.	Urteil
u.U.	unter Umständen
UWG	Gesetz gegen den unlauteren Wettbewerb
v.	vom
VAG	Versicherungsaufsichtsgesetz
VersR	Versicherungsrecht
VG	Verwaltungsgericht
VGH	Verwaltungsgerichtshof, Verfassungsgerichtshof
VGHG	Gesetz über den Verfassungsgerichtshof
VO	Verordnung
Vollkommer	*Vollkommer*, Anwaltshaftungsrecht, 1989
Vorbem.	Vorbemerkung
VVG	Versicherungsvertragsgesetz
VwGO	Verwaltungsgerichtsordnung
VwVfG	Verwaltungsverfahrensgesetz
Weißler	*Weißler*, Geschichte der Rechtsanwaltschaft, Reprint 1967
WiB	Wirtschaftsrechtliche Beratung
Wiedemann	*Wiedemann*, Gesellschaftsrecht, Band 1, Grundlagen, 1980
WiRO	Wirtschaft und Recht in Osteuropa
WM	Wertpapier-Mitteilungen
Wolf/Horn/Lindacher	*Wolf/Horn/Lindacher*, Kommentar zum AGB-Gesetz, 3. Aufl. 1994
WPK-Mitt.	Mitteilungen der Wirtschaftsprüferkammer
WPO	Wirtschaftsprüferordnung
WPrax	Wirtschaftsrecht und Praxis
WRP	Wettbewerb in Recht und Praxis
ZAP	Zeitschrift für die Anwaltspraxis
ZfSch	Zeitschrift für Schadensrecht
ZHR	Zeitschrift für das gesamte Handelsrecht und Wirtschaftsrecht
ZIP	Zeitschrift für Wirtschaftsrecht
zit.	zitiert
Zöller	*Zöller*, Kommentar zur ZPO, 19. Aufl. 1995
ZRHO	Rechtshilfeordnung für Zivilsachen
ZRP	Zeitschrift für Rechtspolitik
ZVglRWiss	Zeitschrift für vergleichende Rechtswissenschaft

– Nur vereinzelt zitierte Werke sind entweder in den Schrifttumsnachweisen der betreffenden Vorschrift oder in den Erläuterungen ohne Abkürzung zitiert –

1. Bundesrechtsanwaltsordnung

Vom 1. August 1959 (BGBl. I S. 565); zuletzt geändert durch Gesetz vom 5. Oktober 1994 BGBl. I S. 2916*)

Einleitung

Übersicht

	Rdn.		Rdn.
I. Entstehungsgeschichte	1–24	6. Das Gesetz zur Neuordnung des Berufsrechts der Rechtsanwälte und Patentanwälte vom 2. 9. 1994	19
1. RAO 1878	1		
2. RRAO 1936	7		
3. VO für die Britische Zone 1949	8	II. Gesetzeszweck	25–27
4. BRAO vom 1. 8. 1959	9	III. Die Stellung des Rechtsanwalts in der Rechtspflege	28–29
5. Die Beschlüsse des Bundesverfassungsgerichts vom 14. 7. 1987	13	IV. Rechtsvergleichende Hinweise	30–31

Schrifttum: *Beulke,* Der Verteidiger im Strafverfahren, 1980; *Döhring,* Geschichte der deutschen Rechtspflege seit 1500, 1935; *Gneist,* Freie Advocatur. Die erste Forderung aller Justizreform in Preußen, 1867; *Heimerich,* Die neue Bundesrechtsanwaltsordnung und die soziale Stellung der Rechtsanwälte, BB 1957, 785; *Heins,* Der neue Entwurf zur Bundesrechtsanwaltsordnung, NJW 1958, 201; *Huffmann,* Kampf um eine freie Advokatur; *Redeker,* Bürger und Anwalt im Spannungsfeld von Sozialstaat und Rechtsstaat, AnwBl. 1973, 225; *Friese,* Die Freiheit der Advokatur in Deutschland, 1989; *ders.,* Anwaltschaft zwischen Freiheit und Bindung, AnwBl. 1988, 14; *Schardey,* Liber Amicorum für H. J. Rabe, 1995, 177; *Schneider,* Der Rechtsanwalt, ein unabhängiges Organ der Rechtspflege, 1976; *Wasilewski,* Streitverhütung durch Rechtsanwälte, 1990; *Winters,* Der Rechtsanwaltsmarkt, 1990; *ders.,* Freiheit der Advokatur – heute, NJW 1987, 2610.

I. Entstehungsgeschichte

1. Die Rechtsanwaltsordnung vom 1. 7. 1878

Die Cabinettsordre *Friedrichs des Großen* vom 14. 4. 1780 schaffte in Preußen – **1** nur nicht in der Rheinprovinz – die Advokaten ab.[1] Zwar lebten sie mit advokatenähnlichen Funktionen als Assistenzräte bereits 2 Jahre später, weil unentbehrlich, wieder auf.[2] Es dauerte aber bis zum Reorganisationsgesetz vom 2. 1. 1849, bis die Advokaten in **Rechtsanwälte** umbenannt wurden.[3]

In seiner Funktion war der Rechtsanwalt dieser Zeit nichts anderes als gerichtli- **2** che Hilfsperson und unterstand der Disziplinaraufsicht der Gerichte, soweit nicht französisches Recht galt.[4] Faktisch und rechtlich waren die Rechtsanwälte jener Zeit Staatsdiener auch deshalb, weil sie – bei aller Unterschiedlichkeit im Partikularismus der damaligen Zeit – zur Anwaltschaft zugelassen wurden durch Verleihung der Zulassung durch den Justizminister, und zwar lokalisiert auf einen bestimmten Gerichtsbezirk.[5] Freigegeben war die Advokatur nur in Bremen, Lübeck und Mecklenburg. Die Freigebung der Anwaltschaft bedeutete, daß nach bestandenem

---

* Tritt am 1. 1. 1999 in Kraft, Änderungen noch nicht abgedruckt.
[1] *Huffmann,* S. 15.
[2] Kabinettsordre vom 19. 3. 1782, *Huffmann,* S. 15, Fn. 20.
[3] GS S. 10, *Huffmann,* S. 15, Fn. 22.
[4] Nachweis bei *Huffmann,* S. 16, Fn. 27.
[5] *Huffmann,* S. 19.

Koch 1

Einl 3–5 I. Entstehungsgeschichte

Examen als Voraussetzung zur Erlangung der Advokatur der Anwalt sich am Ort seiner Wahl niederlassen und dies der Regierung lediglich anzuzeigen hatte; im übrigen aber seine Praxis im ganzen Land – nicht lokalisiert – ausüben konnte.[6]

3   Weil das **„Amt des Fürsprechers"** seinen Grund in dem ewigen Rechte selbst und in der ebenso ewigen Ungleichheit menschlicher Anlagen und Kräfte[7] hat, forderte die Anwaltschaft – dem stärker werdenden Freiheitsbedürfnis der Gesellschaft folgend – größere Freiheiten für sich ein: Die Freiheit von der Ernennung und Anstellung durch die Staatsregierungen, die Freiheit von der richterlichen Disziplinargewalt sowie die Freiheit von den Bindungen der beamtenähnlichen Stellen.[8]

4   Am 24. 10. 1877 legte nach längeren Beratungen, auch auf Anregungen in Diskussionen auf Anwaltstagen und deutschen Juristentagen, der Reichskanzler dem Bundesrat den **Entwurf einer RAO** vor, die am 6. 2. 1878 mit geringen Änderungen in den Reichstag gelangte, am 18. 2. 1878 ihre erste Lesung hatte und von dort einer Kommission zur weiteren Beratung verwiesen wurde. Am 11. 5. 1878 gab es im Reichstag die zweite Lesung, die dritte Lesung fand statt am 21. 5. 1878. Nach der Gesamtabstimmung im Reichstag wurde das Gesetz am 23. 5. 1878 angenommen und am 1. 7. 1878 verkündet.[9] Die RAO trat zusammen mit den anderen Reichsjustizgesetzen, GVG, ZPO und StPO, am 1. 10. 1879 in Kraft.[10]

5   Die RAO schuf den **einheitlichen** deutschen **Anwaltsstand**.[11] Mit ihr war die Freiheit der Advokatur erkämpft, wie es der 5. Deutsche Anwaltstag 1876 in Köln gefordert hatte.[12]

Die Forderung *Gneists*, der Bürger könne seine Rechte gegenüber dem Staat nur wahren mit einer Anwaltschaft an seiner Seite, die frei war von staatlichen Einflüssen, war erfüllt.[13] Erfüllt war auch die Forderung nach **„Freigebung der Anwaltschaft"**. Nach § 1 RAO wurde zur Anwaltschaft zugelassen, wer die Fähigkeit zum Richteramt erlangt hatte. § 3 RAO bestimmte, daß über den Antrag auf Zulassung die Landesjustizverwaltung nach Anhörung des Vorstands der zuständigen Rechtsanwaltskammer entschied. § 24 RAO lautete:

„Der Rechtsanwalt ist verpflichtet, seine Berufsthätigkeit gewissenhaft auszuüben und durch sein Verhalten in Ausübung des Berufs, sowie außerhalb desselben sich der Achtung würdig zu zeigen, die sein Beruf erfordert".

§ 1 RAO entspricht mithin § 4 BRAO, § 3 RAO entspricht § 8 BRAO, § 24 RAO ist nahezu wortgleich mit § 43 BRAO. Zu Recht ist deshalb festgestellt worden, daß bei allen Änderungen im Detail das heutige Anwaltsrecht noch immer auf den Grundentscheidungen des Gesetzgebers von 1878 beruht.[14] Die RAO 1878 regelte pragmatisch die Freigebung, die Zulassung und die Aufgaben der Anwaltschaft. Programmsätze und breit auslegende Regelungen wie die der §§ 1 bis 3 BRAO fehlen.[15]

---

[6] *Huffmann*, S. 20 (21).
[7] *Anselm v. Feuerbach* zitiert nach *Huffmann*, S. 23.
[8] *Weißler*, S. 587; *Huffmann*, S. 23.
[9] *Weißler*, S. 587.
[10] RGBl. 1878 I, S. 60.
[11] *Ostler* NJW 1979, 1959.
[12] *Ostler* NJW 1979, 1959.
[13] *Gneist*, 1873.
[14] *Schubert*, S. 76.
[15] *Schubert*, S. 76.

3. Die Rechtsanwaltsord. f. d. Britische Zone v. 10. 3. 1949   6–8 **Einl**

Die RAO 1878 wird als das **Grundgesetz des deutschen Anwaltsstandes**   6
bezeichnet.[16] Dies erscheint zweifelhaft. In den Motiven der RAO liest man, daß die Rechtsanwaltschaft ein „eminent wesentliches Glied" der Gerichtsverfassung sei und daher die reichsgesetzliche Regelung ihrer Verhältnisse nicht „minder nothwendig" erscheine, „wie die irgend eines anderen Theils der Gerichtsorganisation".[17] Damit ist deutlich: Die RAO ging von dem Berufsbild des Rechtsanwaltes als Einzelanwalt und als Prozeßbevollmächtigter vor Gericht aus. Der Rechtsanwalt war „nur für den Anwaltsprozeß ein unentbehrliches **Organ der Rechtspflege**".[18] Bereits 1878 wird der Rechtsanwalt in der Begründung des Gesetzes als **Organ der Rechtpflege** bezeichnet, allerdings **nur** dort, wo er im Anwaltszwang des § 78 ZPO in lokalisierter Postulationsbeschränkung in Zivilsachen auftritt.

2. Die Reichsrechtsanwaltsordnung vom 21. 2. 1936

Die RRAO wurde aufgrund Ermächtigung im Gesetz vom 13. 12. 1935[19] am   7
21. 2. 1936[20] verkündet. Gesetzestechnisch handelt es sich bei ihr um eine geänderte RAO von 1878[21]. Inhaltlich gibt es nichts Vergleichbares. Zwar heißt der Vorspruch der RRAO 1936: „Der Rechtsanwalt ist der berufene, unabhängige Berater und Vertreter in allen Rechtsangelegenheiten. Sein Beruf ist kein Gewerbe, sondern Dienst am Recht"[22].

Aussagekräftig ist das nur in dem Sinn, daß die beliebige Verwendbarkeit solcher allgemeinen, programmatischen Begriffe deutlich wird. Im Nationalsozialismus war die Anwaltschaft nicht frei. Spätestens mit der RRAO war die freie Advokatur der liberalen Ära beseitigt.[23] Lippenbekenntnisse wie die des vorzitierten Vorspruchs änderten daran nichts. Die Anwaltschaft verlor im Nationalsozialismus ihre Selbstverwaltung. Die Rechtsanwaltskammern gingen auf in der Reichsrechtsanwaltskammer.[24] Die Pervertierung anwaltlicher Tätigkeit im Nationalsozialismus ist gekennzeichnet mit folgendem Zitat: „Deutscher Rechtswahrer und damit auch freier Anwalt kann nur der sein, dem durch seine Blutzugehörigkeit zum deutschen Volk die nationalsozialistische Weltanschauung Gewissen geworden ist".[25]

3. Die Rechtsanwaltsordnung für die Britische Zone vom 10. 3. 1949[26]

Die RRAO 1936 war nach Kriegsende faktisch außer Kraft getreten. Sie   8
konnte wegen ihres nationalsozialistischen Gedankenguts nicht länger angewendet werden.[27] Förmlich aufgehoben wurde sie durch § 232 Abs. 1 Nr. 1 BRAO. Folge des Zusammenbruchs 1945 war auch, daß in den Besatzungszonen und

---

[16] *Ostler* NJW 1979, 1959.
[17] Motive zur RAO in: Stenographische Berichte über die Verhandlungen des Deutschen Reichstages 3. Legislapturperiode II. Session 1878 3. Bd. Allg. Begründung, S. 66.
[18] Motive Stenographische Berichte II. Session 1878 3. Bd. Allg. Begründung, S. 73.
[19] RGBl. I, S. 1470.
[20] RGBl. I, S. 107.
[21] *Ostler*, S. 257.
[22] RGBl. I, S. 107.
[23] *Ostler*, S. 260.
[24] *Ostler*, S. 260.
[25] *Noack*, S. 27.
[26] VOBl. für die Britische Zone, S. 8.
[27] Amtl. Begr. BT-Drucks. III/120, S. 44.

Einl 9–12 I. Entstehungsgeschichte

später in den Bundesländern durch die jeweils zuständigen Stellen Rechtsanwaltsordnungen verkündet wurden, die weitgehend auf der RAO 1878, wenn auch unterschiedlich, beruhten.[28] Beispielgebend für die BRAO, insbesondere die Stellung des Rechtsanwaltes in §§ 1 bis 3, war die Rechtsanwaltsordnung für die Britische Zone vom 10. 3. 1949, die z.B. in ihrem § 1 die **Rechtsanwaltschaft**, nicht den **Anwalt**, als **unabhängiges Organ der Rechtpflege** bezeichnete.[29]

4. Die Bundesrechtsanwaltsordnung vom 1. 8. 1959

9 Die 7jährigen Beratungen[30] des Gesetzes im Deutschen Bundestag, lebhaft begleitet von Äußerungen des Deutschen Anwaltvereins und der Arbeitsgemeinschaft der Rechtsanwaltskammern[31] führten am 1. 8. 1959 zur Verkündung und am 1. 10. 1959 (§ 237) zum Inkrafttreten der BRAO.

10 Der Gesetzgeber des Jahres 1959 wollte mit der BRAO, seiner aus Art. 74 Nr. 1 GG folgenden Gesetzgebungskompetenz entsprechend, das Recht der Anwaltschaft wieder einheitlich regeln.[32] Der Gesetzgeber betont ausdrücklich, daß seine Aufgabe erleichtert worden sei, weil er auf die RAO 1878 zurückgreifen könne.[33] Altbewährte Grundsätze wie der der freien Advokatur seien einerseits beizubehalten; andererseits seien unter der Herrschaft des GG dessen Vorgaben zu beachten. Neben der Herstellung der Rechtseinheit und der Neustrukturierung der Ehrengerichtsbarkeit sollte die Anwaltschaft mit dem Gesetz insbesondere die Selbstverwaltung erhalten, „wie es für Verbände oder Vereinigungen innerhalb eines freien Berufes zur Wahrung ihrer Eigenheit erforderlich ist".[34] Deshalb wurde auch die selbständige Stellung der RAK gegenüber der Regelung in der RAO 1878 verstärkt und in § 177 die Aufgaben der Bundesrechtsanwaltskammer normiert.

11 Wie schon die RAO 1878 wird die BRAO 1959 einerseits als Grundgesetz der Anwaltschaft[35] und andererseits als **ein Teil der Gerichtsverfassung und nicht als Berufsstandsgesetz** bezeichnet.[36] Dieser Auffassung, der in der parlamentarischen Diskussion auch mehrere Abgeordnete Ausdruck gaben,[37] lag das Berufsbild des Rechtsanwaltes als eines Einzelanwalts zugrunde, der im wesentlichen vor Gerichten und weniger außergerichtlich beratend und vertretend tätig war.[38]

12 Heins nannte den Entwurf der BRAO vom 29. 11. 1957 einerseits eine „großartige und bewunderungswürdige Arbeit".[39] Er kritisiert andererseits, daß der Entwurf in seinem materiellen Teil restaurative Züge trägt, weil zahlreiche Bestimmungen für den „Nichtprozeßanwalt ohne Bedeutung" sind.[40] *Heimerich*

---

[28] Amtl. Begr. BT-Drucks. III/120, S. 44f. Die einzelnen, in den Bundesländern bis zum 1. 8. 1959 geltenden Vorschriften sind dort aufgeführt.
[29] Die amtliche Begründung nimmt ausdrücklich auf die VO für die Britische Zone Bezug; Amtl. Begr. BT-Drucks. III/120, S. 49.
[30] *Ostler*, S. 340 bis 346.
[31] *Ostler*, S. 343, 344; *Fischer* MDR 1952, 577.
[32] Amtl. Begr. BT-Drucks. III/120, S. 47.
[33] Amtl. Begr. BT-Drucks. III/120, S. 47.
[34] Amtl. Begr. BT-Drucks. III/120, S. 48.
[35] *Ostler*, S. 340.
[36] *Weber* AnwBl. 1959, 235; *Ostler*, S. 347; Beitrag des Abgeordneten *Wagner*, in der 3. Lesung des Gesetzes am 18. 3. 1959 AnwBl. 1959, 122.
[37] *Weber* AnwBl. 1959, 235.
[38] *Heins* NJW 1958, 201 (202).
[39] *Heins* NJW 1958, 201.
[40] *Heins* NJW 1958, 203.

registriert in seiner Würdigung des Gesetzes,[41] daß der Geist der neuen BRAO den von der Vereinigung der Rechtsanwaltskammern aufgestellten Richtlinien zur Ausübung des Anwaltsberufs vom 11. 5. 1957 entspricht und die Pflicht zur Unabhängigkeit der Berufsausübung ebenso betont, wie das Verbot der Werbung und der Vereinbarung eines Erfolgshonorars. Er zeigt auf, daß die Richtlinien, die nun nach § 177 Abs. 2 Nr. 2 in die Kompetenz der BRAK gestellt sind, die gemeinsame Berufsausübung von Rechtsanwälten mit anderen Berufen, z. B. Steuerberatern, verbieten. *Heimerich* kritisiert, daß sich die BRAO über den Fachanwalt ausschweigt und hält es für eine Aufgabe der BRAK, dies viel diskutierte Problem zu lösen. Er faßt seine Ausführungen zusammen: „Es kann kein Zweifel darüber bestehen, daß die neue Bundesrechtsanwaltsordnung einen erheblichen Fortschritt bringt. Die Verhältnisse der Rechtsanwälte in der Deutschen Bundesrepublik sind wieder einheitlich geregelt und die besondere Stellung des Rechtsanwalts als Organ der Rechtspflege ist in dem Gesetz gut herausgearbeitet. Aber das Gesetz trägt einen konservativen Charakter und gleitet über die Veränderungen hinweg, die sich insbesondere durch die Wandlungen der wirtschaftlichen Verhältnisse im industriellen Massenstaat auch für den Beruf des Rechtsanwalts ergeben haben. Von einer Erkenntnis dieser Wandlungen zeigt das Gesetz keine Spur; es hält an dem Bild eines Anwalts fest, den es leider kaum mehr gibt".[42]

Die nachdenklichen Betrachtungen Heimerichs, insbesondere auch zur sozialen Situation der Anwaltschaft des Jahres 1959, schließen mit einem Appell: Die Probleme seien nur mit einer frischen Initiative der Anwaltschaft zu lösen. Vornehme oder bequeme Zurückhaltung sei nicht mehr angebracht. „Die Rechtsanwälte müssen vielmehr einsehen, daß die Bedingungen ihrer Berufsausübung sich verändert haben, und müssen die notwendigen Folgerungen ziehen, wenn sie in der Zukunft bestehen wollen. Das liegt auch im Interesse der Allgemeinheit und einer geordneten Rechtspflege"[43]

5. Die Beschlüsse des Bundesverfassungsgerichts vom 14. 7. 1987[44]

Die RAO 1878 kannte noch keine Ermächtigung der Rechtsanwaltskammer zum Erlaß von Grundsätzen des anwaltlichen Standesrechts. Gesetzlich fixiert wurden sie durch § 177 Abs. 2 Nr. 2 BRAO a. F., wonach es der BRAK oblag, die allgemeine Auffassung über Fragen der Ausübung des Anwaltsberufs in Richtlinien **festzustellen**. Diese Ermächtigungsregelung ging zurück auf eine erstmals 1928 auf Veranlassung des Deutschen Anwaltvereins gefertigte Zusammenstellung des anwaltlichen Standesrechts, damals „Vademecum" genannt.[45] Es folgte, aufgestellt von der Reichsrechtsanwaltskammer, die Schaffung von anwaltlichen Standesrichtlinien; auch, um auf diesem Wege nationalsozialistisches Gedankengut im Rechtsleben zu verfestigen.[46]

Nach dem 8. 5. 1945 fand, nachdem zunächst in Besatzungszonen und dann in den neu entstandenen Bundesländern der Rechtszustand zersplittert war, eine Vereinheitlichung insofern statt, als die Vereinigung der Vorstände der Rechtsanwaltskammern der Britischen Zone neue Richtlinien des anwaltlichen Standes-

---

[41] *Heimerich* BB 1959, 785.
[42] *Heimerich* BB 1959, 786.
[43] *Heimerich* BB 1959, 789.
[44] AnwBl. 1987, 598 ff.
[45] *Lingenberg/Hummel/Zuck/Eich*, Einl. Rdn. 3.
[46] *Lingenberg/Zuck*, Einl. Rdn. 4; *Noack* S. 258.

rechtes erarbeitete bzw. die vorhandenen überarbeitete.[47] Nach dem Entstehen der Bundesrepublik schlossen sich die Vorstände aller Rechtsanwaltskammern zu einer Arbeitsgemeinschaft zusammen, die 1957 die vorgenannten Richtlinien einer neuen Fassung unterzog,[48] bis schließlich 1963 die Hauptversammlung der BRAK Richtlinien gem. § 177 Abs. 2 Nr. 2 BRAO a.F. verabschiedete.[49] Diese Richtlinien erlebten mehrere Überarbeitungen, zuletzt durch die Hauptversammlung der BRAK vom 21. 6. 1973.[50]

14 Die Rechtsnatur der Richtlinien bzw. Grundsätze des anwaltlichen Standesrechtes wurde als Orientierungshilfe und Erkenntnisquelle angesehen. Als Rechtssätze – im Gegensatz zu den Satzungen anderer freier Berufe – wurden sie nicht gewertet.[51] Die ehrengerichtliche Judikatur machte das nicht immer deutlich; die Richtlinien wurden mitunter als Rechtssätze mit Normcharakter angewandt.[52]

15 Im Hauptvortrag des 37. Deutschen Anwaltstages, 1973, führte *Redeker* u. a. aus: „Wie kann in einer Zeit größter Wandlungen ein Stand bestehen, der sich an Richtlinien zur Berufsausübung klammert, die nur mit 3/4-Mehrheit seiner in der Bundesrechtsanwaltskammer versammelten Senioren geändert werden können?"[53] In einem Beitrag im Juni 1987 betonte derselbe Autor die Notwendigkeit von anwaltlichen Standesregeln, kritisiert aber, daß die geltenden Grundsätze des anwaltlichen Standesrechts dem Funktionswandel anwaltlicher Beratungs- und Vertretungstätigkeit nicht entsprächen.[54]

In einem Vortrag vom 16. 10. 1987 verwies *Benda* darauf,[55] daß dem Bundesverfassungsgericht mehrere Verfassungsbeschwerden gegen § 1 Abs. 1, §§ 9 und 10 der Grundsätze des anwaltlichen Standesrechts vorlägen. Schon vorher hatte *Kleine-Cosack* unter Berufung auf andere Autoren[56] ausgeführt, daß die herkömmliche Betrachtung der Richtlinien fiktiv und revisionsbedürftig sei mit der Konsequenz, sie durch modernes **Satzungsrecht** zu ersetzen.[57]

16 Am 19. 11. 1987, der inzwischen als ein historischer Tag bezeichnet wird,[58] wurden die Entscheidungen des Bundesverfassungsgerichts vom 14. 7. 1987 bekannt, mit denen die Grundsätze des anwaltlichen Standesrechts aufgehoben wurden.[59] Die Richtlinien des anwaltlichen Standesrechts konnten seitdem nur noch für eine Übergangszeit, soweit ihre Heranziehung unerläßlich war, um die Funktionsfähigkeit der Rechtspflege aufrechtzuerhalten, als Hilfsmittel zur Auslegung der Generalklausel des § 43 herangezogen werden. Seit der Neuordnung des anwaltlichen Berufsrechts durch das Gesetz zur Neuregelung des Berufsrechts der Rechtsanwälte vom 2. 9. 1994 haben sie auch diese Funktion verloren. Sie sind

---

[47] *Lingenberg/Hummel/Zuck/Eich,* Einl. Rdn. 5.
[48] *Lingenberg/Zuck,* Einl. Rdn. 5.
[49] *Lingenberg/Zuck,* Einl. Rdn. 6.
[50] *Lingenberg/Zuck,* Einl. Rdn. 8.
[51] BVerfGE 36, 212 (217); E 60, 215 (230); BGH AnwBl. 1986, 35; *Isele,* § 177 Anm. III. B. 3.
[52] *Kleine-Cosack* AnwBl. 1986, 508; BVerfG AnwBl. 1987, 573.
[53] *Redeker* AnwBl. 1973, 225, 233.
[54] *Redeker* NJW 1987, 304.
[55] *Benda* AnwBl. 1988, 7.
[56] *Jarass* NJW 1982, 1833 (1836); *Steindorff,* Freie Berufe, Stiefkinder der Rechtsordnung 1980; *Zuck* ZRP 1987, 145.
[57] *Kleine-Cosack* AnwBl. 1986, 505.
[58] *Nirk* AnwBl. 1987, 574.
[59] BVerfGE 76, 171 = AnwBl. 1987, 598.

6. Das Gesetz zur Neuordnung des Berufsrechts 17–19 **Einl**

nur noch für Rechtshistoriker von Interesse und haben, nachdem sie 1928 erstmals erschienen, die 12jährige Unterbrechung unter der Diktatur des Nationalsozialismus nicht eingerechnet, eine 54jährige Lebensdauer gehabt.[60]

Das Bundesverfassungsgericht hält fest: Gem. Art. 12 Abs. 1 GG kann die Berufsausübung – auch die des Rechtsanwalts – durch Gesetz oder **aufgrund eines Gesetzes** geregelt werden. Die Richtlinien gem. § 177 Abs. 2 Nr. 2 BRAO a.F. waren keine Rechtsnormen im Sinne von Art. 12 Abs. 1 GG. Die BRAO 1959 selbst enthält keinerlei Ermächtigung zum Erlaß autonomen Satzungsrechts. Es fehlten also in.der BRAO 1959 Regelungen, die Eingriffe in die Berufsausübung des einzelnen Anwalts rechtfertigten. Denn grundsätzlich unterliegt die anwaltliche Berufsausübung nach der ständigen Rechtsprechung des BVerfG unter der Herrschaft des Grundgesetzes **der freien und unreglementierten Selbstbestimmung des Einzelnen.**[61] Regelungen, die in die Berufsausübung eingreifen, müssen durch **demokratische Entscheidungen** zustande gekommen sein. Für Berufsausübungsregeln, die nicht statusbildend sind, hierzu bedarf es einer gesetzlichen Normierung, kann ein Regelwerk in Gestalt einer **Satzung** genügen, die von einer mit Autonomie ausgestatteten Körperschaft erlassen wird.[62] Damit war der Gesetzgeber aufgerufen, eine solche Ermächtigung in Novellierung der BRAO zu schaffen. Aber auch die Anwaltschaft fühlte sich aufgerufen, hieran mitzuwirken. 17

Die Anwaltschaft, die sich im 19. Jahrhundert unter politisch und wirtschaftlich weit schwierigeren Verhältnissen als im Jahre 1987 vom Gesetzgeber ihre Selbstverwaltung ertrotzt hatte, mußte 1987 zusammen mit dem Gesetzgeber von 1959 erkennen: Aufgrund verfassungsrechtlich unzulässiger Regelung in § 177 Abs. 2 Nr. 2 BRAO a.F. hatte sie sich in Gestalt der Richtlinien Berufsausübungsregeln, im wesentlichen bestätigt durch die Ehrengerichtsbarkeit, aber auch bis zum 14. 7. 1987 durch das Bundesverfassungsgericht, gegeben, die unter der Herrschaft des Grundgesetzes nicht aufrechterhalten werden konnten, weil sie nicht durch **demokratische Entscheidungen** zustande gekommen waren. Die von der Anwaltschaft nicht gern gehörte Rüge von *Kleine-Cosack*[63], die deutsche Anwaltschaft beachte in ihrer Selbstverwaltung und in der Ehrengerichtsbarkeit zu selten die Verfassungswirklichkeit des Grundgesetzes, ist durch die Entscheidungen des Bundesverfassungsgerichts vom 14. 7. 1987 als zutreffend bestätigt. 18

6. Das Gesetz zur Neuordnung des Berufsrechts der Rechtsanwälte und Patentanwälte vom 2. 9. 1994

Am 10. 2. 1993 legte die Bundesregierung den Gesetzentwurf zur Neuordnung des **Berufsrechts** der Rechtsanwälte und Patentanwälte vor.[64] Vorausgegangen waren, nachdem die Beschlüsse des Bundesverfassungsgerichts vom 14. 7. 1987 bekanntgeworden waren, intensive Beratungen innerhalb der Anwaltschaft. Diese Beratungen führten zu Gesetzesvorschlägen des Deutschen Anwaltvereins[65] und der Bundesrechtsanwaltskammer[66]. Das Bundesjustizministerium erwartete, 19

---

[60] *Lingenberg/Hummel/Zuck/Eich*, Einl. Rdn. 3.
[61] BVerfGE 50, 16 (29); 63, 266 (284); 76, 171.
[62] BVerfGE 76, 171 (178, 180).
[63] AnwBl. 1986, 505.
[64] BR-Drucks. 93/93 = AnwBl. 1993, 215.
[65] AnwBl. 1990 Grüne Beilage zu Heft 4.
[66] BRAK-Mitt. 1990 Gelbe Beilage August 1990.

daß zur Regelung des anwaltlichen Berufsrechts, den Beschlüssen des Bundesverfassungsgerichts vom 14. 7. 1987 entsprechend, übereinstimmende Vorschläge beider großer Anwaltsorganisationen vorgelegt würden.[67] „Liebenswert bis grotesk" wurde diskutiert und vorgeschlagen.[68] Die Mehrheitsmeinung in den Rechtsanwaltskammern ging dahin, daß möglichst wenig geändert werden sollte.[69] Im Vorstand des deutschen Anwaltvereins setzte sich, später gebilligt durch eine Mitgliederversammlung,[70] die Auffassung durch, die Notwendigkeit neuer Gesetzes- und Satzungsregelungen als Chance zu begreifen, das anwaltliche Berufsrecht grundsätzlich zu reformieren,[71] ohne an den Bestimmungen der BRAO über die Stellung des Rechtsanwalts in den §§ 1 bis 3 etwas zu ändern.

20 Auch der Deutsche Juristentag schaltete sich in die Diskussion ein. Gutachter und Referenten der entsprechenden Abteilung des 58. DJT 1990 kamen im wesentlichen zu denselben Ergebnissen wie der DAV. Die Abstimmungsergebnisse in der Abteilung folgten dem allerdings nicht.[72] Zwar wurde z. B. der Vorschlag angenommen, den Anwaltszwang auszubauen. Abgelehnt wurden aber die Vorschläge, die überörtliche Anwaltssozietät als zulässig im neuen Berufsrecht zu regeln (der BGH hatte das bereits für zulässig erklärt)[73], die Rechtsanwaltsgesellschaft als Berufsausübungsgesellschaft zuzulassen und dem Rechtsanwalt die Zusammenarbeit mit allen freien Berufen zu eröffnen.[74] Vielleicht war diese Diskussion eine kennzeichnende Momentaufnahme für die gesamte Diskussion zur Neuregelung des anwaltlichen Berufsrechtes zwischen 1988 und 1994 in der Anwaltschaft: Die Debatte in der Anwaltschaft war groß angelegt, sie blieb aber provinziell; der Blick blieb oft auf den eigenen Landgerichtsbezirk beschränkt und nahm veränderte Verhältnisse nicht wahr.[75]

Weil die großen Anwaltsorganisationen, BRAK und DAV, uneins waren, handelten einzelne Rechtsanwälte selbst: Überörtliche Sozietäten wurden begründet, von Rechtsanwaltskammern als unzulässig beanstandet und von der Rechtsprechung als zulässig bestätigt.[76] Zaghafte Anwaltswerbung, z. B. in der Benennung von Tätigkeitsschwerpunkten, setzte ein, wurde von Rechtsanwaltskammern beanstandet und von der Rechtsprechung als zulässig bestätigt.[77] Die vielfach wegen solcher selbstbestimmter Initiativen befürchtete Verrohung anwaltlicher Sitten ohne Geltung von Grundsätzen des anwaltlichen Standesrechts blieb aus.[78]

21 Der Regierungsentwurf vom 10. 2. 1993 nahm die Bewegung in der Anwaltschaft auf. Auch der Vorschlag des Deutschen Anwaltvereins, die Postulationsbe-

---

[67] *Schardey,* Liber Amicorum für H. J. Rabe, S. 177 (179).
[68] *Schardey,* Liber Amicorum für H. J. Rabe, S. 179.
[69] *Schardey,* Liber Amicorum für H. J. Rabe, S. 181.
[70] AnwBl. 1990 Grüne Beilage zu Heft 12.
[71] *Schardey,* Liber Amicorum für H. J. Rabe, S. 180.
[72] *Everling,* Sitzungsbericht M z. 58. DJT; *Zuck* und *Koch,* Referate Sitzungsbericht M z. 58. DJT.
[73] BGHZ 109, 290 = AnwBl. 1989, 292.
[74] Beschlüsse der berufsrechtlichen Abteilung des 58. DJT Sitzungsbericht M, S. 179, 180.
[75] *Schardey,* Liber Amicorum für H. J. Rabe, S. 189.
[76] LG Köln NJW 1989, 2896; LGH Hamm AnwBl. 1989, 395; OLG Karlsruhe NJW 1992, 1114 und NJW 1992, 1837.
[77] *Löwe* AnwBl. 1988, 545; OLG Stuttgart NJW 1989, 2898; OLG Karlsruhe NJW 1991, 2091.
[78] *Koch* AnwBl. 1990, 578.

6. Das Gesetz zur Neuordnung des Berufsrechts

schränkung des § 78 ZPO fallen zu lassen und damit allen Rechtsanwälten die Prozeßvertretungsbefugnis vor allen Landgerichten in Zivilsachen zu geben, war Inhalt des Regierungsentwurfs.[79] Nach der ersten und zweiten Lesung im Bundestag wurde der Entwurf dem Rechtsausschuß überwiesen. Der Rechtsausschuß führte im Dezember 1993 eine Anhörung durch[80] und ließ es im wesentlichen beim Inhalt des Regierungsentwurfs.

Die Generalklausel des § 43 blieb bestehen, wurde aber ausgefüllt durch die Normierung anwaltlicher Grundpflichten wie Wahrung der Unabhängigkeit, Verschwiegenheit, Verbot der Wahrnehmung widerstreitender Interessen sowie Gebot zur Sachlichkeit und zur ständigen Fortbildung, § 43 a. Wegen der Einzelheiten wird auf §§ 43 b (Werbung), 43 c (Fachanwaltschaften), 51 (Berufshaftpflicht-Versicherung mit einer Mindestversicherungssumme von DM 500.000,–), berufliche Zusammenarbeit in § 59 a (Zulässigkeit der überörtlichen Sozietät auch international, auch mit verkammerten, verwandten anderen freien Berufen), 59 b (abschließender Ermächtigungskatalog für Regelungen durch die Satzungsversammlungen) und §§ 191 a bis 191 e (Wahl, Zusammensetzung und Organisation der Satzungsversammlung als erstmals demokratisch gewähltes Parlament der Anwaltschaft zur Verabschiedung einer Berufsordnung) ebenso verwiesen wie darauf, daß, auch wenn mit verzögerter Verwirklichung im Jahre 2000 bzw. 2005 die beschränkte Postulationsbefugnis der Rechtsanwälte gem. § 78 ZPO aufgehoben wird.

Dem Grundsatz folgend, daß nur eine unabhängige, freie Rechtsanwaltschaft im demokratischen Rechtsstaat den verfassungsrechtlichen Grundsatz des rechtlichen Gehörs für die Rechtsuchenden gewährleisten kann, hat die Volkskammer der DDR im am 13. 9. 1990 verabschiedeten Rechtsanwaltsgesetz[81] alle bis zum 15. 9. 1990 geltenden, soweit nicht bereits aufgehoben, Bestimmungen über die Kollegien der Rechtsanwälte in der DDR aufgehoben (§ 194 RAG). Bemerkenswert ist, daß das RAG verabschiedet wurde in einer Zeit, als die Gerichtsverfassung in der Bundesrepublik und in der DDR durchaus unterschiedlich war. Die DDR kannte nur die Zivil- und die Strafgerichtsbarkeit, der Gerichtsaufbau in der Zivilgerichtsbarkeit war 3stufig gegliedert in Kreisgericht, Bezirksgericht und oberstes Gericht. Das RAG vom 13. 9. 1990 übernahm weitgehend die Bestimmungen der BRAO, übersah aber auch nicht die nach den Entscheidungen des Bundesverfassungsgerichts vom 14. 7. 1987 in der Bundesrepublik geführte Novellierungsdiskussion. So regelte § 15 RAG die Fachanwaltschaft, § 39 gestattete als Formen anwaltlicher Tätigkeit die Berufsausübung eines angestellten Rechtsanwaltes bei einem anderen Rechtsanwalt, wobei die §§ 1 bis 3 RAG identisch sind mit denen der BRAO, in § 39 Abs. 4 RAG war bestimmt, daß anwaltliche Sozietäten auch überörtlich organisiert sein durften, was durch den Einigungsvertrag allerdings aufgehoben wurde; § 52 RAG verpflichtete den Rechtsanwalt, eine Berufshaftpflicht-Versicherung mit einer Mindestversicherungssumme von DM 500.000,– abzuschließen, obwohl noch heute für Rechtsanwälte der ostdeutschen Länder die absurde Bestimmung des 10%igen Gebührenabschlages im Vergleich zu denen der Bundesrechtsanwaltsgebührenordnung gilt, der 5. Teil des RAG errichtete ein Berufsgericht, einen Berufsgerichtshof und einen Senat für Anwaltssachen bei dem obersten Gericht, die Konferenz der Präsidenten der Rechtsanwaltskammern war gem. § 168 Nr. 2 mit der Aufgabe

---

[79] Regierungsentwurf vom 10. 2. 1993 Art. 3, AnwBl. 1993, 226.
[80] *Schardey*, Liber Amicorum für H.J. Rabe, S. 187.
[81] GBl. I, Nr. 61, S. 1147.

betraut, allgemeine Auffassungen über Fragen der Ausübung des Anwaltsberufs zu erörtern und zu verbreiten.

Modifizierungen des RAG gab es durch das Rechtspflegeanpassungsgesetz vom 26. 6. 1992[82], was nichts daran ändert, daß für eine sehr kurze Zeit vom Zeitpunkt des Inkrafttretens des RAG am 15. September 1990 (§ 194) bis zum Tag der Wiedervereinigung am 3. 10. 1990 in der DDR die Anwaltschaft nach einem moderneren Berufsgesetz arbeitete, als das für diese kurze Zeit in der Bundesrepublik der Fall war. Das trifft auch noch zu für die Zeitdauer der Geltung des RAG nach dem 3. 10. 1990 für den Bereich der 4 ostdeutschen Bundesländer, bis durch Art. 21 des Gesetzes zur Neuordnung des Berufsrechts der Rechtsanwälte und Patentanwälte das Rechtsanwaltsgesetz vom 13. 9. 1990 mit der Folge aufgehoben wurde, daß die neugefaßte BRAO seit dem 3. 9. 1994 in allen 16 Bundesländern gilt. Ganz uneingeschränkt ist die durch die BRAO-Novelle herbeigeführte Vereinheitlichung des Anwaltsrechts im gesamten Bundesgebiet zu begrüßen.

24 „Das Bedürfnis des rechtsuchenden Publikums muß an erster Stelle über die Gestaltung der Anwaltschaft entscheiden",[83] war die Forderung von *Gneist* im Jahre 1867.

Die erste frei gewählte Satzungsversammlung der deutschen Rechtsanwaltschaft wird wegen des Erlasses einer Berufsordnung Orientierungshilfe finden in Form von Diskussionsentwürfen für eine Berufsordnung, vorgelegt sowohl von der Bundesrechtsanwaltskammer[84] als auch vom Deutschen Anwaltverein[85]. Welche dieser als Arbeitsgrundlagen gedachten Anregungen nun Satzungsinhalt werden wird, mag offenbleiben. Den Mitgliedern der Satzungsversammlung ist zu wünschen, daß sie in ihrer Position als frei gewählte Delegierte das zur Richtschnur ihrer Entscheidung machen, was sie in professioneller Berufsausübung täglich praktizieren, nämlich in der Beratung und Vertretung ihres Mandanten unabhängig und frei das rechtlich Richtige zu veranlassen.

II. Gesetzeszweck

25 Die RAO 1878 war integraler Bestandteil des während der 70er Jahre des vorigen Jahrhunderts geschaffenen gesamtdeutschen Gerichtsverfassungs- und Prozeßrechts.[86] Die Rechtsanwaltschaft wurde als „eminent wesentliches Theil der Gerichtsverfassung" verstanden.[87] Ausgegangen wurde vom Berufsbild des Rechtsanwalts, der als Einzelanwalt ausschließlich forensisch tätig war. Auch die BRAO 1959 wurde als ein Stück des Gerichtsverfassungsrechts bezeichnet.[88] Die BRAO 1959 sei keine Berufsordnung und stelle kein Standesrecht dar.[89] In der Vorstellung des Gesetzgebers der BRAO stand, wie 1878, die Vorstellung des als Einzelanwalt prozessierenden Advokaten, die eingetretenen Veränderungen anwaltlicher Berufsausübung wurden nicht zur Kenntnis genommen.[90]

---

[82] BGBl. I, S. 1147.
[83] *Gneist*, S. 58; *Redeker* AnwBl. 1988, 16.
[84] BRAK-Mitt. 1995, 12.
[85] AnwBl. 1995 Blaue Beilage zu Heft 4.
[86] *Schubert*, Entstehung und Quellen der RAO 1878, S. 2.
[87] Stenographische Berichte über die Verhandlungen des deutschen Reichstags 3. Legislaturperiode II. Session 1878 3. Bd. Aktenstück Nr. 5, S. 66.
[88] *Weber* AnwBl. 1959, 235; *Ostler*, S. 347.
[89] Bericht des Abgeordneten *Wagner* in der 3. Lesung des Gesetzes, AnwBl. 1959, 122.
[90] *Heimerich* BB 1959, 786; *Zuck* AnwBl. 1988, 20

6. Das Gesetz zur Neuordnung des Berufsrechts

1878 war der Gesetzgeber bestrebt, der Anwaltschaft, wie von ihr gefordert, die Freiheit vom Staat gesetzlich zu garantieren. 1959 war es Aufgabe des Gesetzgebers, das nach dem Zusammenbruch des Nationalsozialismus in den Bundesländern zersplitterte Anwaltsrecht zu vereinheitlichen, wobei die Freiheit des Anwalts vom Staat in den §§ 1 bis 3 besonders hervorgehoben wurde. Unter der Herrschaft des Grundgesetzes kann man nicht den Staat als Feind begreifen.[91] Das durch das RBeratG scheinbar festgeschriebene Beratungs- und Vertretungsmonopol der Anwaltschaft ist längst durchlöchert.[92] Rechtstatsächliche Untersuchungen belegen, daß ein tiefgreifender Funktionswandel anwaltlicher Tätigkeit, die zunehmend auch grenzüberschreitend ausgeübt wird, eingetreten ist: Nur noch rund 30% aller anwaltlichen Tätigkeit wird forensisch, die übrige außerforensisch, ausgeübt.[93]

Dieser Funktionswandel anwaltlicher Berufsausübung ist dem Gesetzgeber nicht verborgen geblieben. Belegt ist das in der Mitarbeit des BMJ am Entwurf des Rechtsanwaltsgesetzes der DDR vom 3. 7. 1990, in dem z.B. in § 42 ff. die Anwalts-GmbH als zulässig vorgesehen worden war.[94] Die Bundesregierung legt den „Entwurf eines Gesetzes zur Neuordnung des **Berufsrechts** der Rechtsanwälte und Patentanwälte am 10. 2. 1993[95] vor. In der amtlichen Begründung heißt es wörtlich: „Mit dem Entwurf wird eine Neuordnung des Berufsrechts der Rechtsanwälte und der Patentanwälte vorgeschlagen. Dies ist, über die bisherigen Einzeländerungen seit dem Erlaß der Bundesrechtsanwaltsordnung im Jahre 1959 und der Patentanwaltsordnung im Jahre 1967 hinaus, erforderlich, um verfassungsrechtlichen Vorgaben Rechnung zu tragen, ein gewandelten Anforderungen und Auffassungen entsprechendes, zukunftsweisendes Berufsrecht zu schaffen und die Rechtseinheit im vereinigten Deutschland herzustellen".[96]

Im darauffolgenden Gesetzgebungsgang ist daran nichts geändert worden. Die BRAO vom 1. 8. 1959 in der Fassung des Gesetzes zur Neuregelung des Berufsrechts der Rechtsanwälte vom 2. 9. 1994[97] regelt die statusbildenden Rechte und Pflichten der Anwaltschaft und ist damit ihr Berufsgesetz. Das bedeutet auch: Die Selbstgestaltung des Anwaltsberufs ist durch die Novelle vom 2. 9. 1994, jedenfalls soweit es um statusbildende Regelungen anwaltlicher Berufsausübung geht, durch fremdbestimmtes, staatliches, Recht abgelöst.[98] Die Feststellung ist auch richtig, daß das anwaltliche Berufsrecht seit Verkündung der Beschlüsse des Bundesverfassungsgerichts vom 14. 7. 1987, durch die Richtlinien des anwaltlichen Standesrechts aufgehoben worden sind, in großem Umfang nicht durch die Anwaltschaft gestaltet worden ist, sondern durch die Rechtsprechung der Zivilgerichte.[99] In § 59b und dessen abschließendem Katalog ist der Anwaltschaft die Chance eröffnet, Regelungen nicht statusbildender Berufsausübung durch die demokratisch gewählte Satzungsversammlung aufzustellen. Ausgangspunkt für die Satzungsversammlung und damit jedwede Berufsordnungsregel ist der Grundsatz

---

[91] *Zuck,* Referat zum anwaltlichen Berufsrecht 58. DJT 1990, Sitzungsbericht M, S. 9 = AnwBl. 1990, 594.
[92] *Winters,* S. 46.
[93] *Wasilewski, Busse* AnwBl. 1993, 427.
[94] *Zuck,* Sitzungsbericht M z. 58. DJT, S. 20 = AnwBl. 1990, 584.
[95] AnwBl. 1993, 215 mit amtlicher Begründung.
[96] AnwBl. 1993, 16.
[97] BGBl. I, S. 2278.
[98] *Zuck,* Sitzungsbericht M z. 58. DJT, S. 26, AnwBl. 1993, 218.
[99] *Zuck,* Sitzungsbericht M z. 58. DJT, S. 27.

III. Die Stellung des Rechtsanwalts in der Rechtspflege

der freien und unreglementierten Selbstbestimmung des einzelnen Anwalts. Beschränkungen dieser anwaltlichen Freiheit müssen sich sachlich rechtfertigen lassen und dürfen verfassungsrechtliche Gesichtspunkte, insbesondere die des Art. 12 GG, nicht übersehen.[100]

III. Die Stellung des Rechtsanwalts in der Rechtspflege

28 Die Funktion des Anwalts ändert sich mit der Gesellschaft, der er angehört und dem Stellenwert des Rechts in ihr.[101] Anwaltliche Tätigkeit kann ihre Aufgabe als Dienstleistung nur erfüllen, wenn das Dienstleistungsangebot auch der Nachfrage entspricht.[102] Die Anwalt-Mandantenbeziehung ist nicht in einer Idylle angesiedelt. Das der RAO 1878 und der BRAO 1959 zugrunde liegende Berufsbild des Hausanwalts, der in Treue und Vertrauen ein- und denselben Klienten lebenslänglich versorgt, stimmt nicht mehr mit der Anonymität des Rechtsberatungsmarktes und der hohen Spezialisierung immer komplizierter und umfangreicher werdender, sowie notwendigerweise internationale Gesichtspunkte berücksichtigender Rechtsnormen überein.[103]

29 Das ändert nichts daran, daß das Verhältnis des Mandanten zum Anwalt vom Vertrauen lebt, sei es in Form persönlichen Vertrauens in Seriosität und Fachkenntnis des Anwaltes, sei es in Form anonymen Vertrauens in hochspezialisiertes Fachwissen, das nicht selten für komplexe Fragen nicht mehr dem Anwalt als natürlicher Person, sondern nur noch dem hochspezialisierten Anwaltsteam zur Verfügung gestellt werden kann. Der Anwalt gehört zur Gruppe der gefährlichen freien Berufe, er hat mitunter für seine Mandanten lebenswichtige Aufgaben zu lösen.[104] Die Aufgabe des anwaltlichen Berufsrechts, das weiterhin notwendig, in Gesetz und Satzung normiert und der Aufsicht der Rechtsanwaltskammern und der Anwaltsgerichte anvertraut ist,[105] ist es, die Fachkompetenz des Anwalts zur seriösen Beratung und Vertretung des Mandanten unter Beachtung der gesetzlichen und berufsordnungsrechtlichen Normen zu sichern.[106] Dabei ist in Anwendung und Auslegung berufsrechtlicher Regeln auf anwaltliche Tätigkeit die soziale Situation heute zu beachten, die das Bundesverfassungsgericht so skizziert hat: „Wer den Beruf des Rechtsanwalts ergreifen will, muß sich den besonderen Bedingungen des Anwaltsmarkts stellen. Auf diesem besteht eine äußerst angespannte Wettbewerbssituation, die sich durch eine wachsende Zahl von Berufsanfängern, die Niederlassungsfreiheit im Rahmen der europäischen Gemeinschaft und die rechtsberatende Tätigkeit anderer Berufsgruppen (vor allem der Steuerberater und Wirtschaftsprüfer) zunehmend verschärft".[107]

IV. Rechtsvergleichende Hinweise

30 Das Reyners-Urteil des EuGH vom 21. 6. 1974[108] stellt klar, daß der Anwaltsberuf ein Dienstleistungsberuf ist und folglich die Vorschriften des EWG-

---

[100] *Zuck,* Sitzungsbericht M z. 58. DJT, S. 26.
[101] *Zuck* AnwBl. 1988, 19.
[102] *Zuck* AnwBl. 1988, 25.
[103] *Zuck* AnwBl. 1988, 20.
[104] *Redeker* AnwBl. 1988, 14 (16).
[105] *Redeker* AnwBl. 1988, 16.
[106] *Redeker* AnwBl. 1988, 17.
[107] BVerfG AnwBl. 1993, 120.
[108] NJW 1975, 513.

6. Das Gesetz zur Neuordnung des Berufsrechts

Vertrages über den freien Dienstleistungsverkehr und das freie Niederlassungsrecht auch für Anwälte gelten.[109] Spätestens seit dieser Klarstellung weiß die europäische Anwaltschaft, daß gem. §§ 59 und 60 EWG-Vertrag auch jeder Anwalt jeden Mitgliedsstaats der europäischen Gemeinschaft grundsätzlich berechtigt ist, seine Dienstleistungen in allen Staaten der Gemeinschaft zu erbringen, wenn auch unter den Voraussetzungen, die das Anwaltsrecht des Staates, in dem die Leistungen erbracht werden, für die Ausübung anwaltlicher Tätigkeit vorschreibt.[110] § 206 erkennt das seit seiner Einfügung in die BRAO durch das Gesetz zur Neuregelung des Berufsrechts der Rechtsanwälte und Patentanwälte vom 13. 12. 1989 an.[111]

Grenzüberschreitende anwaltliche Dienstleistung setzt neben der selbstverständlichen Kenntnis des ausländischen Rechts auch Kenntnis des ausländischen Anwaltsrechtes voraus. Bei allen nationalen Unterschiedlichkeiten ist dabei festzustellen, daß in allen Staaten der EG, darüber hinaus in allen Staaten, die Rechtsstaaten sind, die Grundsätze anwaltlicher Berufsausübung ähnlich sind. Belegt ist das durch die Standesregeln der Rechtsanwälte in der europäischen Gemeinschaft. Am 28. 10. 1988 gelang es dem CCBE nach jahrelanger Vorarbeit, die vorgenannten Standesregeln zu verabschieden.[112] Die europäischen Standesregeln gliedern sich nach einem Vorspruch in drei Abschnitte, nämlich allgemeine Grundlagen, das Verhalten gegenüber dem Mandanten, das Verhalten gegenüber den Gerichten und das Verhalten gegenüber den Kollegen.

In den Vorbemerkungen heißt es, gültig für alle Mitgliedsstaaten: „Die einzelnen Standesregeln jeder Anwaltschaft beruhen auf den gleichen Grundwerten und sind ganz überwiegend Ausdruck einer gemeinsamen Grundüberzeugung".

Die im CCBE zusammengeschlossenen, den anwaltlichen Berufsstand repräsentierenden Organisationen sprechen den Wunsch aus, daß die nachstehenden Standesregeln
– bereits jetzt als Ausdruck der gemeinsamen Überzeugung aller Anwaltschaften der europäischen Gemeinschaft anerkannt werden,
– in kürzester Zeit durch nationales und/oder Gemeinschaftsrecht für die grenzüberschreitende Tätigkeit des Rechtsanwaltes in der europäischen Gemeinschaft verbindlich erklärt werden,
– bei jeder Reform des nationalen Standesrechts im Hinblick auf dessen allmähliche Harmonisierung berücksichtigt werden.[113]

Der Gesetzgeber ist diesem Appell gefolgt. Er hat in § 59b Abs. 2 Nr. 9 die Satzungsversammlung ermächtigt, die besonderen Berufspflichten im grenzüberschreitenden Rechtsverkehr näher zu regeln. Der Diskussionsentwurf einer Berufsordnung des Deutschen Anwaltvereins[114] folgt dem nur zum Teil. Auch in diesem Punkt ist die Satzungsversammlung der Anwaltschaft gefordert. Erstmals wird dann eine anwaltliche Berufsordnung vorliegen, die internationale anwaltliche Tätigkeit mit Regeln versieht.

---

[109] *Rabe*, FS Kolvenbach, S. 10 = AnwBl. 1992.
[110] *Rabe*, FS Kolvenbach, S. 10 = AnwBl. 1992.
[111] BGBl. I, S. 2135.
[112] BGBl. I, S. 2135.
[113] AnwBl. 1989, 647.
[114] AnwBl. 4/1995 Blaue Beilage.

Erster Teil. Der Rechtsanwalt

Vorbemerkung § 1

Übersicht

	Rdn.		Rdn.
I. Rechtsquellen	1–5	IV. Die Berufsrechtsnovelle 1994	13–15
II. Begriffliche Einordnung in der Literatur	6–9	V. Bundesrechtsanwaltskammer u. Deutscher Anwaltverein	16–18
III. Verfassungsrechtliche Einordnung	10–12	VI. Rechtsvergleichende Hinweise	19–26

I. Rechtsquellen

1 Die RAO vom 1. 7. 1878[1] enthält keine den §§ 1–3 vergleichbare Berufsbildbestimmung. Weder findet sich der Begriff des Rechtsanwalts als eines „unabhängigen Organs der Rechtspflege" (§ 1), noch der Hinweis, daß seine Tätigkeit kein Gewerbe (§ 2 Abs. 2) sei. Auch das in § 3 (2) festgeschriebene anwaltliche Recht, vor allen Gerichten aufzutreten, nur durch ein Bundesgesetz zu beschränken, entsprach noch nicht dem Verständnis der RAO vom 1. 7. 1878. Die Freiheit der Advokatur sollte mit der RAO 1878 erreicht werden,[2] wie sich aus ihren Motiven deutlich ergibt. In der allgemeinen Begründung ist man von der Bezeichnung des Rechtsanwalts als eines Rechtspflegeorgans nicht fern, wenn „die **Rechtsanwaltschaft** als ein eminent wesentliches Glied der Gerichtsverfassung, deren Verhältnisse reichsgesetzlich zu regeln nicht minder notwendig erscheinen, wie die irgend eines anderen Theils der Gerichtsorganisation" bezeichnet wird[3], um dann in den Motiven zum Entwurf der RAO vom 6. 2. 1978, dort, wo die Notwendigkeit der zivilprozessualen anwaltlichen Postulationsbeschränkung vor den Landgerichten begründet wird, zu formulieren: „Ist nun auch die Rechtsanwaltschaft **nur** für den Zivilprozeß ein unentbehrliches **Organ der Rechtspflege**, so würde doch den Bedürfnissen des Publikums nicht genügend entsprochen sein, wenn nur an den Sitzen der Kollegialgerichte Rechtsanwälte in ausreichender Zahl zu finden wären."[4]

Für nicht besonders begründungsbedürftig hält man es, zu betonen, „daß die **Rechtsanwaltschaft** kein Staatsamt sein und daß daher der **Rechtsanwalt** weder die Rechte noch die Pflichten der Staatsbeamten haben soll".[5]

2 Das zweite Gesetz zur Änderung der Reichsrechtsanwaltsordnung vom **13. 12. 1935** bezeichnet in seinem Vorspruch den **Rechtsanwalt** als den „berufenen, unabhängigen Vertreter in allen Rechtsangelegenheiten. Sein Beruf ist kein Gewerbe, sondern Dienst am Recht".[6]

---

[1] RGBl. I, S. 60.
[2] *Redeker* NJW 1987, 2610.
[3] RGBl. I, S. 66.
[4] Stenographische Berichte über die Verhandlungen des Deutschen Reichstages 3. Legislaturperiode II. Session 1878 3. Band Aktenstück Nr. 5, S. 66.
[5] RGBl. I, S. 68.
[6] RGBl. I, S. 1470.

Vorbemerkung § 1

Die Rechtsanwaltsordnung für die Britische Zone vom 10. 3. 1949[7] nennt in 3 ihrem § 1 die **Rechtsanwaltschaft** ein Organ der Rechtspflege, einen freien Beruf und kein Gewerbe. In § 2 wird der **Rechtsanwalt** als der berufene unabhängige Berater und Vertreter in allen Rechtsangelegenheiten bezeichnet, von dem sich jedermann in allen Rechtsangelegenheiten vor allen Gerichten und Behörden vertreten lassen könne. Dieses Recht sei nur durch ein Gesetz beschränkbar.

Die BRAO vom 1. 8. 1959[8] übernahm also nahezu wortgleiche Formulierun- 4 gen früherer Gesetze der Jahre **1935** und **1949**. Das ändert nichts daran, daß die BRAO in ihren §§ 1–3 ein verfassungsrechtlich zulässiges[9] Berufsbild[10] des **Rechtsanwalts** normiert hat.

Die Berufsbildbestimmung des Rechtsanwalts (oder der Rechtsanwaltschaft) als 5 eines unabhängigen Organs der Rechtspflege und als unabhängigem, berufenem Berater und Vertreter der Rechtsuchenden in allen Rechtsangelegenheiten hat seitdem Literatur und Judikatur auch in dem Versuch, dies begrifflich einzuordnen, vielfach beschäftigt.[11]

II. Begriffliche Einordnung in der Literatur

Die Berufsbildbestimmung der §§ 1 bis 3 BRAO wird als widersprüchlich und 6 diffus bezeichnet.[12] § 1 BRAO habe ausschließlich standesideologischen Hintergrund und entbehre jeden rechtlichen Inhalts.[13] Die Bezeichnung des Rechtsanwalts als eines Organs der Rechtspflege wird dunkel und schillernd genannt.[14]

Die Unabhängigkeit des Rechtsanwalts wird aber auch als „die Magna Charta 7 dieses Organs der Rechtspflege" hervorgehoben.[15] Die Unabhängigkeit der Rechtsanwälte stehe auf einer Stufe mit der der Richter und Abgeordneten; die Unabhängigkeit sei ein schützender Panzer, der alle vorgenannten Berufe im demokratischen Rechtsstaat umgürte.[16]

Müller bezeichnet diese Auseinandersetzung als unfruchtbar[17]. Aus der Vokabel 8 „Organ der Rechtspflege", die schon *Alsberg* als ideale Verklärung der Stellung des Verteidigers abgelehnt habe, lasse sich die Grundlage einer sachgerechten Bestimmung der Verteidigeraufgabe nicht herleiten.[18]

---

[7] VOBl. für die Britische Zone 1949, S. 80.
[8] BGBl. I, S. 565.
[9] BVerfG NJW 1983, 1583.
[10] *Redeker* NJW 1987, 2611.
[11] *Krämer* NJW 1975, 849; *Quack* NJW 1975, 1337; *Schneider*, Der Rechtsanwalt, ein unabhängiges Organ der Rechtspflege, 1976; *Stern*, Anwaltschaft und Verfassungsstaat 1980; *Redeker* NJW 1987, 2610; *Pfeiffer* BRAK-Mitt. 1987, 102; *Friese*, Die Freiheit der Advokatur in Deutschland 1989; *Fuhrmann*, Rechtsstellung des angestellten Rechtsanwaltes 1989; BVerfG NJW 1979, 696; NJW 1974, 103; NJW 1983, 1535; AnwBl. 1987, 598 und 603; AnwBl. 1993, 160.
[12] *Kleine-Cosack*, vor § 1 Rdn. 1.
[13] *Herzog*, in: Maunz/Dürig, Art. 92 Rdn. 98.
[14] *Redeker* NJW 1987, 2610.
[15] *Habscheid* NJW 1962, 1985.
[16] *Stern*, S. 14 ff.
[17] *Müller* NJW 1981, 1801 (1802).
[18] JW 2757.

9 *Borgmann-Haug*[19] halten es nicht für richtig, dem Begriff „Organ der Rechtspflege" überhaupt keinen Sinngehalt beizumessen[20]. Unter Hinweis auf § 2 BRAO schlagen *Borgmann-Haug* unter Berufung auf *Abegg*, der schon 1833 so formuliert habe[21], vor, § 1 BRAO und alle anderen Bestimmungen, in denen der Begriff des Rechtsanwalts als eines Organs der Rechtspflege erwähnt werde, dahin zu verstehen, daß der Rechtsanwalt ein „Organ der Gerechtigkeitspflege" sei[22]. Damit sei ausgedrückt, daß der Rechtsanwalt keine staatliche Aufgabe erfülle, sondern als Streiter für eine rechtsstaatliche Rechtspflege einen freien Beruf mit zugewiesenen öffentlichen Auflagen ausübe[23].

III. Verfassungsrechtliche Einordnung

10 Das Bundesverfassungsgericht erkannte 1974: „Nach § 1 BRAO ist der Rechtsanwalt ein Organ der Rechtspflege. Sein Beruf ist ein staatlich gebundener Vertrauensberuf, der ihm eine auf Wahrheit und Gerechtigkeit verpflichtete **amtsähnliche** Stellung zuweist"[24]

11 Heftiger Widerspruch, insbesondere aus der Anwaltschaft[25] führte schließlich zu einer korrigierenden Entscheidung des Bundesverfassungsgerichts im Jahre 1983.[26] Festgestellt wird nun, als unabhängiges Organ der Rechtspflege übe der Rechtsanwalt unter der Herrschaft des Grundgesetzes seinen Beruf **selbstbestimmt, frei und unreglementiert**[27] aus, soweit dies nicht durch **verfassungskonforme** Regelungen im Sinne des Grundrechts der Berufsfreiheit beschränkt werde.

12 Diese Rechtsprechung hat das Bundesverfassungsgericht sodann konsequent fortgesetzt in den Entscheidungen vom 14. 7. 1987[28] zum anwaltlichen Berufsrecht und vom 4. 11. 1992 zum Zweitberuf des Rechtsanwalts neben dem Anwaltsberuf,[29] wobei auf die für das anwaltliche Berufsbild kennzeichnende Bedeutung der Unabhängigkeit und der fachlichen Kompetenz des Rechtsanwaltes hingewiesen wird.[30]

IV. Die Berufsrechtsnovelle 1994

13 Das Gesetz zur Neuordnung des Berufsrechts der Rechtsanwälte und der Patentanwälte vom 2. 9. 1994[31] bestätigt das. Im Gesetzentwurf der Bundesregierung vom 12. 2. 1993[32] wird betont, daß es vordringliches Anliegen des Entwurfs sei, die wesentlichen Berufspflichten des Rechtsanwalts zu normieren[33], um im Bereich des Berufsrechts der Rechtsanwälte eine verfassungskonforme Ausgestal-

---

[19] Rdn. 26.
[20] *Schneider*, S. 65.
[21] *Abegg* zitiert nach *Schneider*, S. 80.
[22] *Borgmann/Haug*, Rdn. 27.
[23] *Borgmann/Haug*, Rdn. 27.
[24] BVerfG NJW 1974, 103.
[25] *Krämer* NJW 1975, 849.
[26] NJW 1983, 1535 (1536).
[27] NJW 1979, 1159 (1160).
[28] AnwBl. 1987, 598 u. 603.
[29] AnwBl. 1993, 120.
[30] AnwBl. 1993, 126.
[31] BGBl. I, S. 2278.
[32] BR-Drucks. 93/93.
[33] BR-Drucks. 93/93, S. 2.

tung der Berufspflichten zu erreichen. **Deshalb** seien die wesentlichen beruflichen Pflichten in der Bundesrechtsanwaltsordnung zu normieren.[34] Der Rechtsausschuß des Deutschen Bundestages hat dem unter dem 20. 5. 1994[35] ausdrücklich zugestimmt und dabei festgehalten, daß der Gesetzgeber hiermit den Vorgaben des Bundesverfassungsgerichts in seinen Entscheidungen vom 14. 7. 1987 und vom 4. 11. 1992 nachkomme, das anwaltliche Berufsrecht auf eine formell und materiell einwandfreie Rechtsgrundlage zu stellen. Im Gesetzentwurf heißt es: „Das Bundesverfassungsgericht hat mit seinen Entscheidungen vom 14. 7. 1987 zum anwaltlichen Standesrecht und vom 4. 11. 1992 zum Zweitberuf neben der Anwaltstätigkeit dem Gesetzgeber aufgegeben, das anwaltliche und das patentanwaltliche Berufsrecht auf eine formell und materiell einwandfreie Rechtsgrundlage zu stellen".[36]

Diese angestrebte, formell und materiell einwandfreie Rechtsgrundlage hat am **14** in §§ 1–3 umschriebenen anwaltlichen Berufsbild nichts geändert. Der Gesetzgeber hat aber die Berufsbildbestimmung des § 1 vertieft, indem nun § 43a normiert, daß der Rechtsanwalt keine Bindungen eingehen darf, die seine **Unabhängigkeit** gefährden können. Dies ist als Grundpflicht des Rechtsanwalts bezeichnet. § 59b Abs. 2 Nr. 1 lit. b ermächtigt die Satzungsversammlung der Rechtsanwaltschaft (§§ 191a bis 191e BRAO), Berufsordnungsregeln zur Wahrung der anwaltlichen **Unabhängigkeit** zu erlassen. § 7 Nr. 8 sagt, daß die Zulassung zur Rechtsanwaltschaft dem Bewerber zu versagen ist, wenn er eine Tätigkeit ausübt, die mit dem Beruf des Rechtsanwaltes, insbesondere seiner Stellung als **unabhängigem Organ der Rechtspflege** nicht vereinbar sei oder das Vertrauen in seine **Unabhängigkeit** gefährden könne. § 14 Abs. 2 Nr. 9 hält Entsprechendes für den Fall der Zulassungsrücknahme fest.

Das anwaltliche Berufsbild der §§ 1 bis 3 BRAO vom 1. 8. 1959 ist also nicht **15** nur beibehalten, sondern die Unabhängigkeit als wesentlich für die Stellung des Rechtsanwalts in der Rechtspflege herausgestellt und in § 43a Abs. 1 zu einer Grundpflicht des Rechtsanwalts bestimmt worden. Abzuwarten bleibt, ob es demnächst der Satzungsversammlung der Anwaltschaft gelingt, das anwaltliche Berufsbild der §§ 1 bis 3, von *Redeker* als dunkel bezeichnet,[37] aufzuhellen.

V. BRAK und DAV

Mag zweifelhaft sein, ob dies überhaupt Aufgabe der Satzungsversammlung **16** sein soll, so ist doch in der Anwaltschaft unbestritten, daß die Berufsbildbestimmung der §§ 1 bis 3 fortgelten soll:

Sowohl die Gesetzesvorschläge der BRAK[38] als auch die des DAV[39] zweifeln die uneingeschränkte Fortgeltung der §§ 1 bis 3 nicht an.

Aus dem Berufsbild des Rechtsanwaltes, normiert nun in §§ 1 bis 3, 43a **17** Abs. 1, demnächst vielleicht weiter als Berufsrechte und -pflichten geregelt in der von der Satzungsversammlung zu erlassenden Berufsordnung, ergeben sich die Grundlinien anwaltlicher Berufsausübung und der Status der Rechtsanwälte als

---

[34] BR-Drucks. 93/93, S. 63.
[35] BT-Drucks. 12/1994.
[36] BT-Drucks. 12/1994.
[37] NJW 1987, 2610 (2612).
[38] BRAK-Mitt. 1990 Beiheft August 1990.
[39] DAV Vorschlag Neues Berufsrecht AnwBl. 1990 Grüne Beilage.

eine Art Programm.⁴⁰ Weil sich die Anwaltschaft im Wandel befindet⁴¹ und bunt strukturiert ist⁴², darf dieses Programm nicht statisch verstanden werden. Es muß veränderte soziale und ökonomische Bedingungen⁴³ ebenso berücksichtigen wie die Tatsache, daß auf dem Anwaltsmarkt eine äußerst angespannte Wettbewerbssituation besteht, „die sich durch eine wachsende Zahl von Berufsanfängern, die Niederlassungsfreiheit im Rahmen der Europäischen Gemeinschaft und die rechtsberatende Tätigkeit anderer Berufsgruppen (vor allem der Steuerberater und Wirtschaftsprüfer) zunehmend verschärft".⁴⁴

18 Das in den §§ 1 bis 3 normierte anwaltliche Berufsbild verdeutlicht den seit einem Jahrhundert durchgesetzten und inzwischen verfassungsrechtlich geprägten Grundsatz der freien Advokatur⁴⁵. Der Grundsatz der freien Advokatur ist aus den Begriffen **Unabhängigkeit**, § 1, § 3 Abs. 1; **Freier Beruf**, § 2 Abs. 1 sowie **Organ der Rechtspflege**, § 1 und **Beratungs- und Vertretungsrecht in allen Rechtsangelegenheiten**, § 3⁴⁶ abgeleitet. Er darf nicht zu Disziplinierungszwecken der Rechtsanwälte mißbraucht werden. Er stellt klar, daß die Rechtsanwaltschaft zum Zwecke der Verwirklichung des Rechts unabhängig und gleichberechtigt an der Seite der Gerichte und staatlichen Behörden steht,⁴⁷ weil nur eine unabhängige Rechtsanwaltschaft den verfassungsrechtlichen Grundsatz des rechtlichen Gehörs für die Rechtsuchenden gewährleisten kann.⁴⁸

VI. Rechtsvergleichende Hinweise

19 Eine den §§ 1 bis 3 inhaltlich völlig entsprechende Berufsbildbestimmung findet sich in anderen europäischen Rechtsanwaltsordnungen nicht. Die Begriffe der anwaltlichen Unabhängigkeit und des Anwalts als eines Organs der Rechtspflege sind jedoch mehrfach aufzufinden:⁴⁹

20 In **Belgien** ist der Anwalt gem. § 444 Code Judiciaire unabhängig von äußerer Beeinflussung, Kontrollversuchen und sonstigen äußeren Einwirkungen auf die Berufsausübung.⁵⁰

21 In **Dänemark** darf die Unabhängigkeit des Anwalts nicht angetastet werden.⁵¹

22 In **England** und **Wales** ist für die Rechtsstellung der Barristers die weitgehende Unabhängigkeit von staatlicher Einflußnahme charakterisch.⁵²

---

⁴⁰ *Redeker* NJW 1987, 2611.
⁴¹ *Paul*, in: Kötz/Pedamon/Zander, Anwaltsberuf im Wandel, S. 11; BVerfG NJW 1993, 317.
⁴² *Schardey* AnwBl. 1987, 401.
⁴³ *Kleine-Cosack*, vor § 1 Rdn. 6.
⁴⁴ BVerfG AnwBl. 1993, 126.
⁴⁵ DAV-Vorschlag Anwaltliches Berufsrecht AnwBl. 1990 Grüne Beilage, S. 4.
⁴⁶ *Redeker* NJW 1987, 2611.
⁴⁷ DAV-Vorschlag wie Anm. 27; so aber auch schon RG vom 5. 11. 1885 RGZ 14, 283 (286).
⁴⁸ *Zuck*, Referat der berufsrechtlichen Abteilung des 58. DJT, Sitzungsbericht M, S. 15, 28.
⁴⁹ Zum ganzen *Henssler/Nerlich*, S. 109 bis 331 mit Beiträgen zu den anwaltlichen Berufsrechten in Belgien, Dänemark, England und Wales, Frankreich, Griechenland, Italien, Luxemburg, Holland, Portugal, Österreich, der Schweiz und Spanien.
⁵⁰ *Eitelberg*, in: Henssler/Nerlich, S. 121.
⁵¹ *Errens*, in: Henssler/Nerlich, S. 139.
⁵² *Remmertz*, in Henssler/Nerlich, S. 148.

§ 1 Stellung des Rechtsanwalts in der Rechtspflege § 1

Art. 1 und 38 der RVO Nr. 3026/1954 charakterisieren den **griechischen** 23
Rechtsanwalt als Organ der Rechtspflege, „das seitens der Gerichte und jeder
staatlichen Behörde Respekt und Ehre verdient".[53]

In **Portugal** wird der Anwaltsberuf als gesetzlich abgesicherte freie, unabhän- 24
gige Betätigung begriffen, insbesondere im Sinne strikter wirtschaftlicher Unabhängigkeit, zusätzlich getragen von historisch gewachsenen Kriterien der Würde
und Achtung des anwaltlichen Berufs als Rechtspflegeorgan.[54]

In **Österreich** findet man weder in der Rechtsanwaltsordnung noch in den 25
von der ständigen Vertreterversammlung der österreichischen Rechtsanwaltskammer dazu aufgestellten Richtlinien eine mit der Berufsbildbestimmung des § 1
vergleichbare Regelung. Die österreichische Anwaltschaft selbst sieht sich nicht
als Organ der Rechtspflege, sondern als Interessenvertreter des jeweiligen Auftraggebers, wenn auch innerhalb des durch die Rechtsvorschriften geordneten
Lebens der Gemeinschaft.[55]

Der EuGH[56] stellte 1982 fest, daß bei aller Unterschiedlichkeit der Einzelrege- 26
lung zum Schutz des Anwaltsgeheimnisses in den Staaten der europäischen Gemeinschaft die anwaltliche Berufsausübung sich aus seiner Funktion als **Mitgestalter der Rechtspflege** ergebe, seine Stellung sei **unabhängig**; er habe seinen
Mandanten in völliger **Unabhängigkeit** und im Interesse der Rechtpflege zu
unterstützen.[57]

§ 1 Stellung des Rechtsanwalts in der Rechtspflege

Der Rechtsanwalt ist ein unabhängiges Organ der Rechtspflege.

Schrifttum: *Döhring,* Geschichte der deutschen Rechtspflege seit 1500, 1953; *Fuhrmann,*
Rechtstellung des angestellten Rechtsanwalts, 1989; *Friese,* Die Freiheit der Advokatur
in Deutschland, 1989; *Gneist,* Freie Advocatur. Die erste Forderung aller Justizreform
in Preußen, 1867; *Großfeld-Edelkötter,* Der Rechtsanwalt als „unabhängiges Organ der
Rechtspflege", FS Henckel, S. 311; *Habscheid,* Die Unabhängigkeit des Rechtsanwalts,
NJW 1962, 1865; *Henssler,* Anwaltschaft im Wettbewerb, AnwBl. 1993, 541; *Huffmann,* Kampf um eine freie Advokatur, 1967; *Krämer,* Der Rechtsanwalt – ein staatlich gebundener Vertrauensberuf?, NJW 1975, 849; *Laufhütte,* Die freie Advokatur in
Rechtsprechung des BGH, FS Pfeiffer, S. 959 ff; *Müller,* Strafverteidigung, NJW 1981,
1801; *Ostler,* Die deutschen Rechtsanwälte 1871 bis 1971, 1981; *Paul,* Fakten und Überlegungen zur empirischen Verdeutlichung des Verhältnisses von Anwaltschaft und Gesellschaft, in: Anwaltsberuf im Wandel, Hrsg. *Kübler,* 1982; *Prütting,* Ethos anwaltlicher
Berufsausübung, AnwBl. 1994, 315; *Quack,* Sinn und Grenzen anwaltlicher Unabhängigkeit heute, NJW 1975, 1337; *Redeker,* Freiheit der Advokatur – heute, NJW 1987,
2610; *Schiefer,* Anwalt im Zeitalter der Dienstleistung – Herausforderung zum Wandel, AnwBl. 1987, 360; *Schneider,* Der Rechtsanwalt, ein unabhängiges Organ der Rechtspflege, 1976; *Schubert,* Entstehung und Quellen der RAO von 1878, 1985; *Sendler,*
Abhängigkeiten der unabhängigen Abgeordneten, NJW 1985, 1425; *Wasilewski,* Streitverhinderung durch Rechtsanwälte, 1990; *Zuck,* Welche gesetzlichen Regelungen empfehlen sich für das Recht der rechtsberatenden Berufe, insbesondere im Hinblick auf die Entwicklung in der europäischen Gemeinschaft? Sitzungsbericht M zum 58. DJT 1990 =
AnwBl. 1990, 581.

---

[53] *Nerlich/Papaioannou,* in: Henssler/Nerlich, S. 200.
[54] *Fedtke/Marques,* in: Henssler/Nerlich, S. 270.
[55] *Heidemann,* in: Henssler/Nerlich, S. 286, 287.
[56] EuGHE 1982, 1575 (1610, 1611).
[57] *Großfeld/Edelkötter,* FS Henckel S. 333.

Übersicht

	Rdn.
I. Entstehungsgeschichte	1–15
1. Die RAO von 1878	1
2. Entstehungsgeschichte des Begriffs „Unabhängiges Organ der Rechtspflege"	8
3. Das zweite Gesetz zur Änderung der RAO vom 13. 12. 1935	9
4. Die RAO für die Britische Zone vom 10. 3. 1949	11
5. Das geltende Recht	12
II. Normzweck	17–24
III. Verfassungsrechtliche Gesichtspunkte	25–34
1. Die Rechtsprechung des BVerfG	25
2. Integration anwaltlicher Stellung in das Grundgesetz?	27
3. Die Anwaltschaft im Wandel	30
IV. Einzelerläuterungen	35–80
1. Unabhängigkeit	
a) Begriffsbestimmung	35
b) Auslegung	39
c) Staatsunabhängigkeit	45

	Rdn.
d) berufliche und soziale Unabhängigkeit	47
aa) Der Rechtsanwalt im Anstellungsverhältnis oder als freier Mitarbeiter	50
bb) Anwaltskooperationen – Anwaltssozietät – Bürogemeinschaft – Partnerschaftsgesellschaft und Anwalts-GmbH	55
e) Ergebnis	59
2. Organ der Rechtspflege	64
a) Historisch	64
b) Definition von Rechtspflege	69
c) Beliebige Verwendbarkeit des Begriffs „Organ der Rechtspflege"	74
d) Freie und unabhängige Tätigkeit und Organ der Rechtspflege	77
V. Rechtspolitische Hinweise	81–82

I. Entstehungsgeschichte

1. Die RAO von 1878

1 Im Juli 1869 beschloß die CPO-Kommission des Norddeutschen Bundes, daß die Rechtsanwaltschaft mit der Beschränkung freigegeben werden könne, wenn der Rechtsanwaltsbewerber über die nötige fachliche Qualifikation verfüge.[1] Damit war nicht nur der Startschuß für die gesetzgeberischen Vorarbeiten zum Erlaß der RAO 1878 gegeben, sondern auch vorgezeichnet, was kodifiziert werden sollte:

2 Von fundamentaler Bedeutung war die Freigabe der Advokatur und die Selbstverwaltung des Advokatenstandes als eine der wichtigsten verfassungsrechtlichen und justizpolitischen Forderungen des **Liberalismus**.[2] Der Bürger könne seine Rechte gegenüber dem Staat nur wahren mit einer Anwaltschaft an seiner Seite, die frei sei von staatlichen Einwirkungen.[3] Diese anwaltliche Freiheit ohne staatliche Einwirkungen hatte nach *Gneist* vier Eckpfeiler:

Die Freiheit von der Ernennung und Anstellung durch den Staat, die Freiheit von der Bindung an eine beamtenähnliche Stellung, die Freiheit von der richterlichen oder staatlichen Disziplinargewalt und die Freiheit von der Kontrolle der Honorarrechnungen durch das Gericht.[4]

---

[1] *Schubert*, S. 21.
[2] *Schubert*, S. 2.
[3] *Gneist*, S. 73; *Schubert*, S. 2.
[4] *Gneist*, S. 77.

§ 1 Stellung des Rechtsanwalts in der Rechtspflege 3–6 § 1

Die RAO 1878 zählt neben dem Gerichtsverfassungsgesetz, der Civilpro- 3
zeßordnung und der Strafprozeßordnung zu den grundlegenden Justizgesetzen des 19. Jahrhunderts.[5] Sie ist kein Nebengesetz zum GVG, sondern wird als „integraler Bestandteil des während der 70er Jahre des vorigen Jahrhunderts geschaffenen gesamtdeutschen Gerichtsverfassungs- und Prozeßrechts" angesehen.[6] In der allgemeinen Begründung der Motive zur RAO heißt es, daß die Rechtsanwaltschaft ein „eminent wesentliches Glied der Gerichtsverfassung sei, daß daher die reichsgesetzliche Regelung ihrer Verhältnisse nicht minder nothwendig erscheine, wie die irgend eines anderen Theils der Gerichtsorganisation".[7]

Eine ausdrückliche Bezeichnung des Rechtsanwalts oder der Rechtsanwalt- 4
schaft als eines Organs der Rechtspflege findet sich im Gesetz selbst nicht. Falsch ist es aber, als den Erfinder des Begriffs „Organ der Rechtspflege" die Ehrengerichtsbarkeit (EGHE 1/140) zu bezeichnen, wie das häufig in der Literatur geschieht. Der Begriff des Rechtsanwalts als eines Organs der Rechtspflege findet sich, nach der vorgenannten Formulierung des Rechtsanwalts als eines Teils der Gerichtsorganisation nicht überraschend, in der allgemeinen Begründung der Motive unter dem Titel „Lokalisierung der Rechtsanwaltschaft": „Ist nun auch die Rechtsanwaltschaft nur für den Anwaltsprozeß ein unentbehrliches **Organ der Rechtspflege**, so würde doch den Bedürfnissen des Publikums nicht genügend entsprochen sein, wenn **nur** an den Sitzen der Kollegialgerichte Rechtsanwälte in ausreichender Zahl zu finden wären."[8]

Das Wort „unabhängig" ist im Gesetzestext der RAO 1878 nicht aufzufinden. 5
In den Motiven ist erwähnt, es bedürfe keiner besonderen Begründung, „daß die Rechtsanwaltschaft kein Staatsamt sei und daß daher der Rechtsanwalt weder die Rechte noch die Pflichten der Staatsbeamten haben soll".[9]

Die RAO 1878 verwirklichte den von *Gneist* geforderten Grundsatz der freien 6
Advokatur im Sinne freier Zulassung sowie der Freiheit von staatlicher und richterlicher Disziplinargewalt.[10]

Nicht unerwähnt bleiben darf, daß die Anwaltschaft selbst ihre Freigebung nur zögernd unterstützte in der Überzeugung, „daß nur ein gesichertes und ausreichendes Einkommen einen fachlich hochstehenden Anwaltsstand gewährleisten könne".[11] Zu konstatieren ist, daß auch im vorigen Jahrhundert der Korpsgeist der Anwaltschaft wenig entwickelt, solidarisches Handeln selten und die Wahrnehmung standespolitischer Aufgaben unterentwickelt gewesen ist.[12] 120 Jahre später hat sich daran wenig geändert: *Tillmann*[13] stellt fest, daß die Rechtsanwälte zu dem Fehler neigen, sich über ihre eigene Stellung, ihre Rechte und Pflichten zu wenig Gedanken zu machen. *Hahndorf* meinte[14], daß die deutsche Anwaltschaft sich auf dem Wege zum europäischen Anwalt hauptsächlich durch ein schier unglaubliches Beharrungsvermögen und ein unbeeindruckbares Selbstver-

---

[5] *Schubert*, S. 1.
[6] *Schubert*, S. 2.
[7] Stenographische Berichte über die Verhandlungen des Deutschen Reichstages 3. Legislaturperiode II. Session 1878 3. Band Aktenstück Nr. 5, S. 66.
[8] Stenographische Berichte, S. 73.
[9] Stenographische Berichte. S. 68.
[10] *Gneist*, S. 73, *Großfeld/Edelkötter*, FS Henckel, S. 313.
[11] *Huffmann*, S. 81, *Schubert*, S. 3.
[12] *Döhring*, S. 116.
[13] BRAK-Mitt. 1991, 98.
[14] Schriftenreihe der BRAK Bd. 6 1984, S. 54.

ständnis auszeichne. *Henssler* konstatiert[15], daß die Anwaltschaft – teils gegen ihren eigenen Willen – für das Jahr 2000 gerüstet wird.

7 In der pragmatischen[16] RAO 1878 wurde darauf verzichtet, die Stellung des Rechtsanwalts in der Rechtspflege zu normieren. Der wesentliche Inhalt der RAO 1878 war die Freigebung der Anwaltschaft im Sinne „voller Herstellung der freien Advokatur".[17] Das Gesetz folgte Gneist und dessen Grunderkenntnis, wonach der Anwalt seine Aufgabe nur erfüllen könne, wenn er seinen Beruf frei ausübe.[18] Auf diesen Grundentscheidungen des Gesetzgebers von 1878 beruht bei allen Änderungen im Detail und allen Wandlungen des anwaltschaftlichen Berufsbildes das gesetzte Anwaltsrecht noch heute.[19]

2. Entstehungsgeschichte des Begriffs „Unabhängiges Organ der Rechtspflege"

8 Die Bezeichnung des Rechtsanwalts als eines notwendigen Teils der Gerichtsorganisation und eines Organs der Rechtspflege wurde schon bald nach Verkündung der RAO 1878, erstmals 1883, von der Ehrengerichtsbarkeit herangezogen, vielleicht bezeichnenderweise im Strafprozeß. Als Organ der Rechtspflege, so wurde ausgeführt, habe der Rechtsanwalt bei seiner Berufsausübung auf ein äußerlich geordnetes Verfahren hinzuwirken.[20]

Das Reichsgericht nannte den Verteidiger neben dem Gericht und der Staatsanwaltschaft ein gleichberechtigtes Organ der Rechtspflege[21].

3. Das zweite Gesetz zur Änderung der RAO vom 13. 12. 1935

9 Das zweite Gesetz zur Änderung der Rechtsanwaltsordnung vom 13. 12. 1935 bezeichnet in seiner Präambel den Rechtsanwalt als den berufenen, unabhängigen Vertreter und Berater in allen Rechtsangelegenheiten. Sein Beruf sei kein Gewerbe, sondern Dienst am Recht.[22]

10 Die am 21. 2. 1936 sodann verkündete RRAO hat das beibehalten.[23] In einer nicht lesbaren Erläuterung zur RRAO wird diese Präambel u.a. mit dem Satz kommentiert: „Schaffe das beste Recht, gib den besten Richter und zwinge die Partei, allein vor Gerichte zu verhandeln: Mit Recht wird dann die unterlegene Partei sich jedesmal von einer stärkeren Justiz vergewaltigt fühlen. Der Anwalt ist das notwendige, ausgleichende und verbindende Organ der Rechtspflege".[24]

4. Die RAO für die Britische Zone vom 10. 3. 1949[25]

11 Man liest in dieser Rechtsanwaltsordnung vom 10. 3. 1949:

„§ 1 Die Rechtsanwaltschaft ist ein Organ der Rechtspflege. Sie ist ein freier Beruf und kein Gewerbe.

---

[15] *Henssler* DB 1995, 1549.
[16] *Großfeld/Edelkötter*, FS Henckel, S. 316.
[17] *Ostler*, S. 16.
[18] *Gneist*, S. 15.
[19] *Schubert*, S. 76.
[20] EGH I 140.
[21] RG JW 1926, 2756.
[22] RGBl. I, S. 1470.
[23] RGBl. I, S. 107.
[24] *Noack*, S. 18.
[25] VOBl. für die Britische Zone 1949, S. 8.

§ 1 Stellung des Rechtsanwalts in der Rechtspflege

§ 2 (1) Der Rechtsanwalt ist der berufene unabhängige Berater und Vertreter in allen Rechtsangelegenheiten.

(2) Jedermann hat das Recht, sich in Rechtsangelegenheiten aller Art durch einen Rechtsanwalt seiner Wahl beraten und vor Gericht, Behörden, Schiedsgerichten sowie sonstigen Einrichtungen des öffentlichen Lebens vertreten zu lassen. Dieses Recht kann nur durch ein Gesetz beschränkt werden".

Ähnlich, nämlich als unabhängigen Berater und Vertreter in allen Rechtsangelegenheiten, bezeichnete auch die RAO Baden-Württemberg den Rechtsanwalt.[26]

5. Das geltende Recht

§ 1 in der seit dem 1. 8. 1959 geltenden Formulierung erfuhr in den jahrelangen Beratungen des Gesetzgebers unterschiedliche Fassungen.

Im ersten Regierungsentwurf 1952 lautete der Entwurf: „Die Rechtsanwaltschaft ist berufen, an der Rechtspflege mitzuwirken". In der amtlichen Begründung dazu findet sich die Bezeichnung des Rechtsanwalts als eines Organs der Rechtspflege.[27] Der überarbeitete zweite Entwurf der BRAO, der ebenfalls nicht Gesetz wurde, änderte an dieser Formulierung nichts.[28]

Das wurde im dritten Entwurf 1957 dann veranlaßt mit folgendem Wortlaut: „Die **Rechtsanwaltschaft** ist ein unabhängiges Organ der Rechtspflege."[29]

Der Rechtsausschuß des Bundestages ersetzte im Gesetz gewordenen § 1 die Worte „die Rechtsanwaltschaft" durch „der Rechtsanwalt", damit dem Umstand Rechnung getragen werde, „daß in der Rechtspflege der einzelne Rechtsanwalt handelt, und zwar als eigenverantwortlicher und nicht etwa als Glied eines Gesamtgefüges, wie es z. B. bei dem Staatsanwalt innerhalb der Staatsanwaltschaft der Fall ist".[30]

In den inzwischen 39 Änderungen der BRAO seit ihrem Inkrafttreten am 1. 8. 1959[31] ist § 1 (und sind die §§ 2 und 3) nicht berührt worden, auch nicht durch die 38. Änderung der BRAO 1959, nämlich das Gesetz zur Neuordnung des Berufsrechts der Rechtsanwälte und Patentanwälte vom 2. 9. 1994.[32]

II. Normzweck

Die BRAO insgesamt wurde in der dritten Lesung ausdrücklich als ein Stück Rechtspflegeverfassung gekennzeichnet, in der sie wie das künftige Gesetz über die Rechtsstellung der Richter und Staatsanwälte gehöre. Sie sei keine Berufsordnung und stelle kein Standesrecht dar.[33] Die BRAO sei ein Stück des Gerichtsverfassungsrechts. Das sei 1879, als die RAO zusammen mit den Reichsjustizgesetzen in Kraft getreten sei, noch deutlicher gewesen als heute.[34]

---

[26] *Ostler*, S. 347.
[27] BT-Drucks. I/S. 3650; *Schneider*, S. 63.
[28] BT-Drucks. II/S. 1014; *Schneider*, S. 64.
[29] *Schneider*, S. 64.
[30] Bericht des Abgeordneten *Wagner* BT-Drucks. 1958, 778, zu § 1.
[31] Zuletzt durch das EinführungsG zur Insolvenzordnung vom 12. 10. 1994, BGBl. I, S. 2911.
[32] BGBl. I, S. 2278.
[33] Beitrag des Abgeordneten *Wagner* in der dritten Lesung des Gesetzes am 18. 3. 1959 AnwBl. 1959, 122.
[34] *Weber* AnwBl. 1959, 235; *Ostler*, S. 347.

18 Dem wurde zugestimmt, aber auch widersprochen. § 1 habe nicht nur die Bedeutung einer eigenen Begriffsbestimmung oder einer programmatischen Erklärung, sondern begründe die Pflicht des Rechtsanwaltes, darauf bedacht zu nehmen und sein Verhalten dieser Stellung in der Rechtspflege entsprechend einzurichten.[35] Die Stellung des Rechtsanwalts als eines Organs der Rechtspflege sei nicht nur rein deklaratorisch zu verstehen, ihr wohne nicht nur deklamatorische Bedeutung inne; sondern dies kennzeichne die anwaltliche Stellung gegenüber Richtern und Staatsanwälten. Aus § 1 ergebe sich die innere Rechtfertigung für die Schaffung besonderer Gerichte, die sich mit den Fragen des anwaltlichen Berufsrechts zu befassen haben.[36]

19 §§ 1 bis 3 legen das **Berufsbild des Rechtsanwaltes** fest und dabei wird an ihm als dem Organ der Gerichtsverfassung festgehalten.[37]

20 Die Bedeutung des § 1 wird aber auch als fragwürdig und diffus bezeichnet.[38] Der Begriff des Rechtsanwalts als eines unabhängigen Organs der Rechtspflege habe ausschließlich standesideologischen Hintergrund und entbehre jeden rechtlichen Inhalts.[39] Der Organbegriff des § 1 wird abgelehnt als programmatische Leerformel ohne sachlichen Gehalt, als Prokrustesbett der freien Advokatur, Gängelband und Mittel zur Disziplinierung der Anwaltschaft.[40]

21 § 1 ist jedenfalls **kein Eingriffstatbestand**. Das Bundesverfassungsgericht hat in zwei Entscheidungen 1967[41] und 1973[42] entsprechend entschieden. Die Literatur folgt dem, niemand zweifelt das an im Blick auf § 3 Abs. 2, wonach das anwaltliche Vertretungsrecht nur durch ein Bundesgesetz eingeschränkt werden darf.[43]

22 Der Gesetzgeber der BRAO-Novelle 1994 ist davon ausgegangen, daß das Leitbild des § 1 mit der Kennzeichnung des Rechtsanwalts als eines unabhängigen Organs der Rechtspflege Essentiale anwaltlicher Berufsausübung im Sinne einer Berufspflicht ist. Nur so ist die Einfügung des § 43a Abs. 1 mit der Überschrift „Grundpflichten des Rechtsanwalts" zu verstehen. § 43a Abs. 1 beinhaltet auch den Versuch einer gesetzlichen Begriffsbestimmung anwaltlicher Unabhängigkeit dahin, daß der Rechtsanwalt keine Bindungen eingehen darf, die seine berufliche Unabhängigkeit gefährden können, weil nur im Vertrauen in anwaltliche Unabhängigkeit der hohe Anspruch des § 3 Abs. 1 verwirklicht werden kann, wonach der Rechtsanwalt der berufene unabhängige Berater und Vertreter in allen Rechtsangelegenheiten ist.

23 Die Norm des § 1 ist dann nicht inhaltsleer, wenn dem Wandel anwaltlicher Berufsausübung zwischen 1959 und 1995 Rechnung getragen wird. Es ist deutlich, daß der Gesetzgeber des Jahres 1994 dem entspricht:

24 Anwaltliche Berufsausübung unter der Herrschaft des Grundgesetzes unterliegt, soweit nicht gem. Art. 12 Abs. 1 GG durch ein Gesetz eingegriffen ist, der freien und unreglementierten Selbstbestimmung des Einzelnen.[44] Diese, vom Bundesverfassungsgericht in den Entscheidungen vom 14. 7. 1987[45] wiederholte Grund-

---

[35] *Kalsbach*, S. 3.
[36] *Bülow*, § 1 Rdn. 2.
[37] *Ostler*, S. 347.
[38] *Kleine-Cosack*, § 1 I 1.
[39] *Herzog*, in: Maunz/Dürig, Art. 92 Rdn. 98.
[40] *Hartstang*, II, S. 284.
[41] BVerfGE 22, 114 (120).
[42] BVerfGE 34, 293 (299, 300).
[43] *Kleine-Cosack*, § 1 I 1; *Feuerich/Braun*, § 1 Rdn. 9.
[44] BVerfG NJW 1979, 1159 (1160).
[45] BVerfG AnwBl. 1987, 598 und 603.

erkenntnis respektiert der Gesetzgeber der Berufsrechtsnovelle vom 14. 9. 1994. Denn sonst hätte er nicht in § 59 b Abs. 2 Nr. 1 lit. b die Satzungsversammlung der Anwaltschaft ermächtigt, im Rahmen der Vorschriften der BRAO – also auch ihrer §§ 1, 43 a Abs. 1 – die anwaltliche Grundpflicht zur Wahrung der Unabhängigkeit näher zu regeln. Ob und in welchem Umfang die Satzungsversammlung der Anwaltschaft von dieser Ermächtigung Gebrauch machen wird, ist eine ebenso spannende und unbeantwortete Frage wie die, ob § 59 b Abs. 2 Nr. 1 lit b auch deshalb vom Gesetzgeber in der vorliegenden Formulierung verfaßt wurde, weil möglicherweise die Schwierigkeit gesetzlicher Regelung entsprechend umfangreiche Beratungen erfordert und die Verabschiedung der BRAO-Novelle verhindert hätten.

III. Verfassungsrechtliche Gesichtspunkte

1. Die Rechtsprechung des Bundesverfassungsgerichts

In seiner Entscheidung vom 14. 2. 1973, der der Entzug der Verteidigungsbefugnis zugrunde lag, was das Bundesverfassungsgericht als unzulässigen Eingriff in die Freiheit der anwaltlichen Berufsausübung nach Art. 12 Abs. 1 GG bezeichnete, führte das Bundesverfassungsgericht aus: „Die Entziehung der Verteidigungsbefugnis nimmt dem Beschuldigten den Anwalt seiner Wahl. Zugleich unterwirft sie den Verteidiger einer Maßnahme, die seine Unabhängigkeit als Anwalt in Frage stellt. Damit geht es nicht nur um die Interessen Einzelner, sondern um die Belange der Rechtspflege selbst".[46] Die Unabhängigkeit des Rechtsanwaltes ist als ein Belang der Rechtspflege damit ausdrücklich verfassungsgerichtlich statuiert.

Ein Jahr später irrte sich das Bundesverfassungsgericht in der Entscheidung vom 8. 10. 1974[47] mit dem berühmt gewordenen Satz: „Nach § 1 BRAO ist der Rechtsanwalt ein unabhängiges Organ der Rechtspflege. Sein Beruf ist ein **staatlich gebundener Vertrauensberuf**, der ihm eine auf Wahrheit und Gerechtigkeit verpflichtete amtsähnliche Stellung zuweist". Sofort heftig angegriffen[48], hatte das Bundesverfassungsgericht erst 10 Jahre später in seiner Entscheidung vom 8. 3. 1983[49] Gelegenheit, sich zu korrigieren. Unter ausdrücklicher Berufung auf die vorstehend erwähnte Entscheidung vom 14. 2. 1973 erklärt das Bundesverfassungsgericht, daß „die anwaltliche Berufsausübung unter der Herrschaft des Grundgesetzes der freien und unreglementierten Selbstbestimmung des einzelnen unterliegt, soweit sie nicht durch verfassungskonforme Regelungen im Sinne des Grundrechts der Berufsfreiheit beschränkt ist (Art. 12 GG)". Ausdrücklich wird darauf verwiesen, daß die BRAO den Rechtsanwalt als unabhängiges Organ der Rechtspflege einstuft und folglich zum Ausdruck bringt, „daß im freiheitlichen Rechtsstaat die Rechtsanwälte als berufene Berater und Vertreter der Rechtsuchenden neben Richtern und Staatsanwälten eine eigenständige wichtige Funktion im „Kampf um das Recht" ausüben und daß ihnen deshalb weitergehende Befugnisse und damit korrespondierende Pflichten als ihren Mandanten zukommen".

---

[46] NJW 1973, 696, 697.
[47] NJW 1973, 103.
[48] Insbesondere *Krämer* NJW 1975, 849.
[49] NJW 1983, 1535 (1536).

2. Integration anwaltlicher Stellung in das Grundgesetz?

27 Die Formel vom Anwalt als Organ der Rechtspflege bekommt dann eine neue Dimension, wenn man ihn nicht nur als Interessenvertreter der Rechtsuchenden betrachtet, sondern als ein unabhängiges Organ der Rechtspflege in diese eingebettet und als **einen unverzichtbaren Garanten für die Existenz und die Funktionfähigkeit des Rechts**[50] mit der Konsequenz, dies in einer Ergänzung des Grundgesetzes zu verdeutlichen, etwa mit der in Art. 20 GG zu integrierenden Regelung, „die rechtliche Beratung und Vertretung des Bürgers ist Recht und Pflicht unabhängiger Rechtsanwälte".[51]

28 Diese Forderung von *Zuck* ist vereinzelt geblieben. Sie ist von der entsprechenden Abteilung des 58. DJT mit großer Mehrheit abgelehnt worden[52], auch wenn die daran geknüpfte Forderung von *Zuck*, wegen dieser grundgesetzlichen Bedeutung anwaltlicher Berufsausübung die Regeln über den Anwaltszwang auszubauen, mit noch größerer Mehrheit angenommen worden ist.[53]

29 Art. 92 GG vertraut die rechtsprechende Gewalt den Richtern, und zwar nur und ausschließlich den Richtern,[54] an. Schon daraus ist deutlich, daß verfassungsrechtliche Normierung des Rechtsanwalts nicht möglich ist. Sie ist auch nicht empfehlenswert. Der Rechtsanwalt übt einen freien Beruf aus gem. § 2 Abs. 1. Niemand denkt daran, etwa andere freie Berufe wie Wirtschaftsprüfer, Ärzte oder sonstige in § 1 Abs. 2 PartGG aufgeführten freien Berufe in der Verfassung zu normieren.

3. Die Anwaltschaft im Wandel

30 Die Gesellschaft für Rechtsvergleichung gab ihrer Tagung im Jahre 1982 das Arbeitsthema „Anwaltsberuf im Wandel, Rechtspflegeorgan oder Dienstleistungsgewerbe?"[55] Die überörtliche Anwaltssozietät gab es 1982 noch nicht. Die FAZ vom 4. 1. 1995 verweist auf einen Zusammenschluß von deutschen Rechtsanwälten in einer überörtlichen, internationalen Sozietät mit 220 Partnern. Das Bayerische Oberste Landesgericht hält in einem Beschluß vom 24. 11. 1994[56] den Zusammenschluß von Rechtsanwälten zur gemeinsamen Berufsausübung in einer GmbH für grundsätzlich zulässig und fordert, daß die Satzung der Anwalts-GmbH **die zur Wahrung der Unabhängigkeit des Rechtsanwalts unerläßlichen Mindestvoraussetzungen enthält**, womit gemeint ist, daß die Geschäftsführerposition in einer Anwalts-GmbH durch weisungsfreie, unabhängige Rechtsanwälte ausschließlich besetzt sein muß.[57]

31 Kaum ist im Zuge der Aufarbeitung der Beschlüsse des Bundesverfassungsgerichts vom 14. 7. 1987[58] das Partnerschaftsgesellschaftsgesetz vom 25. 7. 1994[59] verkündet, wird es von der Wissenschaft kritisiert.[60] Nicht auszuschließen ist, daß

---

[50] *Zuck*, Sitzungsbereicht M z. 58. DJT, S. 13 = AnwBl. 1990, 591.
[51] *Zuck*, Sitzungsbericht M z. 58. DJT, S. 14 = AnwBl. 1990, 91.
[52] Sitzungsbericht M z. 58. DJT, Nr. 2 der Beschlüsse.
[53] Sitzungsbericht M z. 58. DJT, Nr. 3 der Beschlüsse.
[54] *Herzog*, in: Maunz/Dürig, Art. 92 Rdn. 99.
[55] Dokumentiert in „Arbeiten zur Rechtsvergleichung" 1982.
[56] ZIP 1994, 1868.
[57] BayObLG ZIP 1994, 1871 unter Berufung auf *Henssler* ZIP 1994, 844.
[58] AnwBl. 1987, 594.
[59] BGBl. I, S. 1744.
[60] *K. Schmidt* NJW 1995, 1.

der Beschluß des Bayerischen Obersten Landesgerichts vom 24. 11. 1994 den Gesetzgeber veranlassen wird, die Anwalts-GmbH zu legalisieren, vielleicht auch die Organisationsform der (kleinen) AG der Anwaltschaft zu eröffnen.

Das Gesetz zur Neuordnung des anwaltlichen Berufsrechts vom 2. 9. 1994[61] war kaum in Kraft, als das Bundesverfassungsgericht zu 1 BvR 2011/94 in einer (eher seltenen) einstweiligen Anordnung zu Art. 22 Abs. 2 des Gesetzes beschloß, daß es in den Ländern Brandenburg, Mecklenburg-Vorpommern, Sachsen, Sachsen-Anhalt und Thüringen für die Dauer von 6 Monaten, jedenfalls bis zu einer Entscheidung in der Hauptsache, dabei bleibt, daß alle in den fünf neuen Ländern zugelassenen Rechtsanwälte bei allen Landgerichten der neuen Länder postulationsfähig sind.[62] Die durch die Novelle vom 2. 9. 1994 eingeführte beschränkte Postulationsfähigkeit der Rechtsanwälte gem. § 78 ZPO ist also wieder aufgehoben.

Der Beschluß des Bundesverfassungsgerichts vom 4. 11. 1992 zur Anwaltszulassung im Zweitberuf[63] bestätigt, daß der Syndikusanwalt auch in seiner Tätigkeit für den ständigen Auftraggeber echte Anwaltstätigkeit ausübt, sofern die dafür **erforderliche Unabhängigkeit** gewährleistet ist. Die BRAO-Novelle vom 2. 9. 1994 hat das in der Neufassung der §§ 45, 46 aufzunehmen versucht. Dies wird allerdings nicht als klarstellend, sondern als verwirrend von *Roxin*[64] im Anschluß an *Kleine-Cosack*[65] bezeichnet.

Die Anwaltschaft diskutiert darüber, ob neben den bestehenden weitere Fachanwaltschaften zugelassen werden sollen, z.B. die für Strafrecht und die für Familienrecht.[66] Veranlassen kann das nur die Satzungsversammlung der Anwaltschaft[67]. Die Frage, was aus dem Katalog des § 59b Abs. 2 Nr. 1 bis 9 von der Satzungsversammlung in die Berufsordnung übernommen werden wird, ist als offen zu bezeichnen.

Diese Hinweise belegen: Die Anwaltschaft, die sich 1982 im Wandel befand, ist 1995 noch keineswegs zur Ruhe gekommen. Sie ist nicht nur noch immer bunt strukturiert[68], sondern bunter strukturiert denn je und noch immer im Wandel. In dieser Situation empfiehlt es sich nicht, anwaltliche Berufstätigkeit, unabhängig und damit in freier, unreglementierter Selbstbestimmung ausgeübt, grundgesetzlich zu verankern.

IV. Einzelerläuterungen

1. Unabhängigkeit

a) Begriffsbestimmung. Der Versuch, Unabhängigkeit begrifflich definiert zu finden, ergibt: „Unabhängigkeit ist das Gegenteil von Abhängigkeit"[69]. „Ganz frei und unabhängig sein, das wart beschieden nie noch einem Sterbli-

---

[61] BGBl. I, S. 2278.
[62] Pressespiegel des DAV Nr. 1/95, S. 17, 18; im Juni 1995 ist die Aussetzung dieser gesetzlichen Regelung vom Bundesverfassungsgericht erneut auf 6 Monate beschlossen worden AnwBl. 1995 Heft 7, S. VI.
[63] AnwBl. 1993, 120 ff.
[64] NJW 1995, 17.
[65] NJW 1994, 2249.
[66] *Henssler/Mälzer* FuR 1994, 307.
[67] §§ 59b, 191a bis 191e.
[68] *Schardey* AnwBl. 1987, 401.
[69] Zitiert nach Deutsches Wörterbuch von *Jakob* und *Wilhelm Grimm,* 1984, (Grimmsches Wörterbuch) Bd. 24 Stichwort „Unabhängigkeit", S. 66.

chen"[70]. „Der Geist des Menschen fühlt sich völlig zweierlei, abhängig ganz und gar, und unabhängig frei"[71].

36 Überraschend ist das nicht. Literarisch ist belegt: Unabhängigkeit hat, auch wenn nicht auf den Anwalt bezogen, sowohl mit seinem Gegenteil, der Abhängigkeit, zu tun, wird aber auch und vor allem mit dem Begriff der Freiheit gleichgesetzt. Literarisch ist die These *Redekers*, Unabhängigkeit sei ein Synonym für Freiheit,[72] mithin auch deshalb belegt, weil man schließlich findet: „Um Freiheit wart und Unabhängigkeit so manche Völkerschlacht geschlagen".[73]

37 Die Fachliteratur ist in **begrifflicher Definition von Unabhängigkeit** in § 1 nicht wesentlich ergiebiger als die Belletristik. Die Judikatur, wie insgesamt bis heute in nahezu allen Fragen des anwaltlichen Berufsrechts, ist hilfreicher.

„Die Unabhängigkeit ist ein notwendiges Wesensmerkmal der Stellung des Rechtsanwalts. Er darf keinen Weisungen in der Sache von keiner Seite unterliegen. Es ist also ausgeschlossen, daß ihm z. B. von der RAK oder über die RAK eröffnet wird, er habe vor dem Gericht in einer Zivil- oder Strafsache eine bestimmte Ansicht zu vertreten. Auch der Auftraggeber kann ihn nicht binden, seiner inneren Überzeugung zuwider zu handeln"[74].

Dem ist zuzustimmen. Ausgesagt wird, daß der Rechtsanwalt seinen Beruf frei und nicht einmal von der RAK reglementiert, auszuüben hat. *Isele*[75] stellt fest: „Unabhängigkeit bedeutet Freiheit". *Feuerich* formuliert:[76] „Unabhängigkeit bedeutet Freiheit, die nicht mit Schrankenlosigkeit zu verwechseln ist". Die rechtliche Bedeutung des Begriffs der Unabhängigkeit zu Dritten wird als unklar bezeichnet. Es wird kritisiert, daß die Literatur über Allgemeinplätze nicht hinwegkommt.[77] Unabhängigkeit in § 1 meine ausschließlich die Staatsunabhängigkeit, nicht hingegen unmittelbar Unabhängigkeit von privaten Dritten wie Mandanten, Kollegen oder Arbeitgebern.[78]

Der Staatsunabhängigkeit des Rechtsanwaltes wiederum liegt das vor einem Jahrhundert durchgesetzte Berufsbild der freien Advokatur zugrunde,[79] und folglich ist die Freiheit des Anwaltsberufs ein wesentliches Element des Bemühens um rechtsstaatliche Begrenzung der staatlichen Macht, das der Verfassungsgeber vorgefunden und in seinen Willen aufgenommen hat.[80]

Die Auswertung der Literatur[81] ist so zusammenzufassen: Die anwaltliche Unabhängigkeit bedeutet Freiheit, im wesentlichen Staatsunabhängigkeit in anwaltlicher Berufsausübung. Anwaltliche Unabhängigkeit ist ein unangefochtenes, selbstverständliches Wesensmerkmal anwaltlicher Berufsausübung. Sie ist Ausfluß des Grundsatzes der freiheitlichen Advocatur. Die freie, unabhängige Berufsausübung bedeutet nicht Schrankenlosigkeit, sondern Bindung an den freiheitlichen,

---

[70] Grimmsches Wörterbuch (Fn. 69) S. 55 (*Hoffmann v. Fallersleben*).
[71] Grimmsches Wörterbuch (Fn. 69) S. 56 *(Rückert)*.
[72] NJW 1987, 2610 (2611, 2615).
[73] Grimmsches Wörterbuch (Fn. 69) S. 61 *(Chamisso)*.
[74] *Bülow*, § 1.
[75] § 1 Anm. V A.
[76] § 1 Rdn. 13.
[77] *Kleine-Cosack*, § 1 Rdn. 9.
[78] *Kleine-Cosack*, § 1 Rdn. 4.
[79] *Kleine-Cosack*, § 1 Rdn. 5.
[80] *Kleine-Cosack*, § 1 Rdn. 6.
[81] So auch: *Schneider*, S. 78; *Quack* NJW 1975, 1337; *Pfeiffer* BRAK-Mitt. 1987, 102; *Habscheid* NJW 1962, 1987; *Augstein* NStZ 1981, 52.

demokratischen Rechtsstaat, der eine solche anwaltliche Berufsausübung nicht nur erst ermöglicht, sondern als selbstverständliche voraussetzt.

Es zeigt sich, daß die Literatur nicht wesentlich über die amtliche Begründung 38 zu § 1 BRAO hinausgekommen ist, wonach der Anwalt deshalb unabhängig ist, weil er gleichberechtigt neben Gerichten und Staatsanwälten an der Rechtspflege mitwirkt. Zutreffend ist weiterhin die Formulierung des DAV in seiner Begründung zum Entwurf eines Gesetzes zum Berufsrecht der Rechtsanwälte von März 1990:[82] „Erwogen worden ist, ob der seit einem Jahrhundert durchgesetzte und inzwischen verfassungsrechtlich geprägte Grundsatz der "freien Advocatur„ sowie die aus dem Begriff "freier Beruf„ ableitbaren Vorgaben eine verdeutlichende Veränderung der §§ 1 bis 3 BRAO gebieten. Davon wurde Abstand genommen, weil die geltenden Texte präzise und einprägsam sind. Die Heranziehung der Rechtsprechung des Bundesverfassungsgerichts sowie das erreichte Berufsverständnis des Rechtsanwaltes in der Gesellschaft schließen es insbesondere aus, daß der Begriff "Organ der Rechtspflege„ auch künftig noch vornehmlich zu Disziplinierungszwecken der anwaltlichen Berufstätigkeit herangezogen wird, während er in der Tat nur bedeutet, daß zum Zwecke der Verwirklichung des Rechts die Rechtsanwaltschaft unabhängig und gleichberechtigt an die Seite der Gerichte und staatlichen Behörden tritt".

b) Auslegung. Unabhängig ist immer wieder, wie die sprachliche Untersu- 39 chung[83] belegt hat, mit Freiheit begrifflich gleichgesetzt und als das Gegenteil von Abhängigkeit definiert worden.[84]

Das nimmt der Gesetzgeber auf, wenn er in § 43 a Abs. 1 als Grundpflicht des 40 Anwaltes postuliert, der Anwalt dürfe keine Bindungen eingehen, also keine Abhängigkeiten begründen, die seine Unabhängigkeit **gefährden**. § 43 a Abs. 1 ist gem. § 113 Abs. 1 sanktionsbewehrt. Damit hat der Gesetzgeber schwerlich zur Klärung des Begriffs anwaltlicher Unabhängigkeit in § 1 beigetragen. Es wird nicht einfach sein, schon die Gefahr der Beeinträchtigung anwaltlicher Unabhängigkeit gem. § 43 a Abs. 1 durch in Abhängigkeit führende Bindungen, etwa zum Auftraggeber, etwa zur Rechtsschutz-Versicherung, vielleicht auch zum älteren, mit einer höheren Quote am Gewinn der Anwaltssozietät beteiligten, Partner mit entspechenden Sanktionen zu ahnden.

Die Beschlüsse des Bundesverfassungsgerichts vom 14. 7. 1987 haben klarge- 41 stellt, daß die Grundsätze des anwaltlichen Standesrechts, die dem Anwalt die Verpflichtung auferlegten, schon den **Anschein** einer Pflichtwidrigkeit zu vermeiden, obsolet sind[85]. In der Neufassung von § 43 a Abs. 4 hat der Gesetzgeber dies beachtet.

§ 40 Abs. 1 der Grundsätze des anwaltlichen Standesrechts hatte denselben Wortlaut wie § 43 a Abs. 1. § 46 Abs. 3 der Grundsätze des anwaltlichen Standesrechtes lautete: „Der Rechtsanwalt hat schon den Anschein der Vertretung widerstreitender Interessen zu vermeiden". Schon § 1 Abs. 4 der aufgehobenen Richtlinien sprach vom Verbot des **Anscheins** eines Handelns gegen das Standesrecht.

Zu Recht hat die damit kaum zu judizierende tatbestandliche Situation der Gesetzgeber in § 43 a Abs. 4 vermieden, indem nun als Grundpflicht des Rechtsanwalts statuiert wird, daß er keine widerstreitenden Interessen vertreten darf. Es

---

[82] AnwBl. Grüne Beilage Heft 4/1990.
[83] Grimmsches Wörterbuch (Fn. 69) Bd. 24 Stichwort „Unabhängigkeit", S. 55, 56, 66.
[84] Grimmsches Wörterbuch (Fn. 69) Bd. 24 Stichwort „Unabhängigkeit", S. 66.
[85] BVerfG AnwBl. 1987, 598 u. 603; *Feuerich/Braun,* § 43 Rdn. 26.

ist nicht davon die Rede, daß auch der Anschein der Vertretung widerstreitenden Interessen vermieden werden muß. Bedenkt man schließlich, daß, wenn auch nur in einem sehr engen Bereich, § 86 Abs. 1 der früheren Grundsätze des anwaltlichen Standesrechtes formuliert hat, daß der Rechtsanwalt sich gegenüber Mitarbeitern völlige Freiheit der Berufsausübung erhalten müsse und jede wirtschaftliche Abhängigkeit von ihnen zu vermeiden habe, wäre eine gesetzliche Formulierung in § 43a Abs. 1 richtig, die heißt: „Der Rechtsanwalt darf keine Bindungen eingehen, die seine berufliche Unabhängigkeit beeinträchtigen". Damit würde ebenso formuliert, wie das in § 39 RiG mit der Garantie richterlicher Unabhängigkeit der Fall ist.

42 Weil alle Anscheinstatbestände der obsoleten Grundsätze des anwaltlichen Standesrechtes, z.B. § 1 Abs. 4, § 2 Abs. 2 und § 46 Abs. 3 verfassungswidrig sind,[86] verstößt der Anwalt gegen seine Berufspflicht, unabhängig zu sein, nur dann, wenn konkret belegt ist, daß er **Bindungen** eingegangen ist, die ihn unabhängig nicht mehr agieren lassen, seine Unabhängigkeit im Einzelfall konkret beeinträchtigen.

43 Auch die Konkretisierung des Begriffs der Unabhängigkeit in § 1 durch § 43a Abs. 1 lenkt nicht davon ab, daß der Rechtsanwalt in vielfacher Hinsicht, gerade als Berufsanfänger, Bindungen eingehen muß, um überhaupt anwaltlich tätig werden zu können.

„Wer den Beruf des Rechtsanwalts ergreifen will, muß sich den besonderen Bedingungen des Anwaltsmarktes stellen. Auf diesem besteht eine äußerst angespannte Wettbewerbssituation, die sich durch eine wachsende Zahl von Berufsanfängern, die Niederlassungsfreiheit im Rahmen der europäischen Gemeinschaft und die rechtsberatende Tätigkeit anderer Berufsgruppen (vor allem der Steuerberater und Wirtschaftsprüfer) zunehmend verschärft. Bei dieser Sachlage ist die Ausübung eines **zweiten Berufs** für viele Berufsanfänger unentbehrlich, um den Lebensunterhalt zu sichern, bis ein ausreichender Mandantenstamm oder die erforderliche Bekanntheit erreicht sind. Inkompatibilitätsvorschriften können sich deshalb hier besonders einschneidend auswirken".[87]

In dieser Entscheidung des Jahres 1992 hat also das Bundesverfassungsgericht nebenberufliche Tätigkeit neben der Anwaltstätigkeit nicht nur gestattet, sondern zu Beginn anwaltlicher Berufstätigkeit geradezu als unverzichtbar bezeichnet, um durch dadurch erzielte Einnahmen wirtschaftliche Unabhängigkeit im Hauptberuf des Rechtsanwaltes überhaupt erreichen zu können. Das Bundesverfassungsgericht hält fest: Um im Anwaltsberuf erfolgreich zu sein, um anwaltliche Unabhängigkeit zu erlangen, kann es ggf. unentbehrlich sein, zunächst in abhängiger Stellung tätig zu werden.

44 In der Abhängigkeit gegenüber dem Mandanten sowie in Unsicherheiten, bedingt durch mangelnde fachliche Qualität, sind tiefere Eingriffe in die nach § 1 fortbestehende anwaltliche Unabhängigkeit zu befürchten, als das unter der Herrschaft des Grundgesetzes bei Eingriffen in die Unabhängigkeit des Rechtsanwaltes durch staatliche Eingriffe zu befürchten ist.

45 c) **Staatsunabhängigkeit.** Anwaltliche Berufsausübung unterliegt nicht staatlicher Kontrolle.[88] Anwaltliche Berufstätigkeit wird unter der Herrschaft des Grundgesetzes frei, unreglementiert und selbstbestimmt ausgeübt.[89] Das im Be-

---

[86] *Feuerich/Braun*, § 43 Rdn. 26, 29 und 46.
[87] BVerfG AnwBl. 1993, 120.
[88] BVerfGE 34, 292 (302); E 63, 266.
[89] BVerfG AnwBl. 1987, 598.

griff anwaltlicher Unabhängigkeit zum Ausdruck kommende, schon mit der RAO 1878 durchgesetzte Berufsbild der freien Advocatur[90] im Sinne der Freiheit des Anwaltsberufs ist durch staatliche Eingriffe gegenwärtig kaum gefährdet. Die Freiheitsgarantie des Art. 12 Abs. 1 GG schützt die Anwaltschaft vor staatlichen Eingriffen, wie spätestens seit der Entscheidung des Bundesverfassungsgerichts vom 8. 3. 1983 unangefochten anerkannt ist.[91] Der Wandel des anwaltlichen Berufsbilds, die Umbruchsituation, in der sich die Anwaltschaft nach wie vor befindet, wirft die Frage nach ihrer beruflichen und sozialen Unabhängigkeit weit drängender auf. 46

d) Die berufliche und soziale Unabhängigkeit. Die Anwaltschaft ist nicht homogen. Sie ist vielfältig strukturiert.[92] Sie befindet sich in einem ständigen Strukturwandel.[93] Sie wächst unaufhörlich[94] und steht unter ständigem Expansionsdruck.[95] Belegt ist das durch die zunehmende fachliche Spezialisierung[96], nicht nur gekennzeichnet durch zunehmenden Erwerb von Fachanwaltsbezeichnungen,[97] durch vielfachen Zusammenschluß von Anwaltsgemeinschaften zu überörtlichen, inzwischen Hunderte von Partnern umfassenden überörtlichen Sozietäten,[98] der Gründung von Anwalts-GmbHs[99] sowie ständiger Ausweitung anwaltlicher außergerichtlicher Beratungs- und Vertretungstätigkeit.[100] 47

Das **Berufsbild von Einzelanwalt** als Prozeßanwalt, das der RAO 1878 zugrunde lag und von der BRAO 1959 im wesentlichen übernommen worden ist, stimmt nicht mehr. Nur noch 30% der anwaltlichen Tätigkeit wird vor Gerichten ausgetragen; quantitativ ist die Anwaltschaft längst die größte unter allen juristischen Professionen.[101] Diese soziologische Skizze, die dringend der Aufarbeitung durch Tatsachenforschung bedarf, von den Anwaltsorganisationen bisher aber nur zu selten veranlaßt worden ist,[102] wirft die – ohne rechtstatsächliche Untersuchungen nicht wirklich zu beantwortende – Frage nach beruflicher und sozialer Unabhängigkeit des Rechtsanwalts, also nach „Gesellschaftsunabhängigkeit, Parteiunabhängigkeit und wirtschaftlicher Unabhängigkeit"[103] auf. 48

Überraschend ist das nicht. Die Anwaltschaft reagiert in ihrem Verhalten auf gesellschaftliche Veränderungen. „In jenen modernen Gesellschaften, in denen eine indirekte regulative Rolle der Regierung im Vordergrund steht, die routinemäßige Verwaltung einschließlich der Rechtspflege vom politischen Prozeß abgetrennt ist, und in denen sich die gesellschaftliche Integration in großem Umfang durch den Markt, durch autonome freiwillige Zusammenschlüsse und allgemein durch vertragliche Beziehungen vollzieht, wächst und gedeiht die private 49

---

[90] *Gneist*, S. 50, BVerfG NJW 1983, 1535; *Kleine-Cosack,* § 1 Rdn. 5.
[91] NJW 1983, 1535; *Laufhütte*, FS Pfeiffer 959 ff., *Feuerich/Braun*, § 1 Rdn. 15.
[92] *Schardey* AnwBl. 1987, 401.
[93] *Pfeiffer u. a.*, Standesrecht im Umbruch, Sitzungsbericht P z. 57. DJT 1988.
[94] Am 1. 1. 1995 waren im Bundesgebiet 74.735 Rechtsanwältinnen und Rechtsanwälte zugelassen (*Braun* BRAK-Mitt. 1995, 52).
[95] *Hommerich* AnwBl. 1988 Grüne Beilage, S. 3.
[96] *Hommerich*, S. 24.
[97] *Braun* BRAK-Mitt. 1995/62.
[98] *Braun* BRAK-Mitt. 1993/186.
[99] BRAK-Mitt. 1995, 109.
[100] *Wasilewski*, „Streitverhütung durch Rechtsanwälte" 1990; *Busse* AnwBl. 1993, 427.
[101] *Wasilewski*, (Fn. 100); *Koch* AnwBl. 1993, 356.
[102] Prognos-Infratest, Inanspruchnahme anwaltlicher Leistungen – Zugangsschwellen Beratungsbedarf und Anwaltsimage, AnwBl. Sonderheft zu Heft 3/1987; AnwBl. 1987, 311.
[103] *Feuerich/Braun*, § 1 Rdn. 16.

Anwaltschaft. Vertragsfreiheit innerhalb großzügiger Grenzen und Institutionalisierung formaler und unpersönlicher Formen der Konfliktlösung für eine große Anzahl möglicher Streitfälle schaffen eine hohe Nachfrage nach parteiischer Rechtsberatung. Parteiische Loyalität gegenüber Mandanten ist umso gefragter, je mehr Konflikt zwischen autonomen Parteien als normale und legitime Phase des gesellschaftlichen Lebens angesehen wird"[104] Parteiabhängigkeit und wirtschaftliche Abhängigkeit kann dadurch und vielfach deshalb eintreten, weil in den Anwaltsmarkt eine große Zahl von jungen Berufsanfängern drängt, die, für ihren Beruf schlecht ausgebildet,[105] einen Arbeitsplatz bzw. eine Existenzgrundlage im Anwaltsberuf bei freier, selbständiger Tätigkeit suchen.

50 **aa) Der Rechtsanwalt im Anstellungsverhältnis oder als freier Mitarbeiter.** Mangels rechtstatsächlicher Untersuchungen fehlen konkrete Zahlen von Anstellungs- oder freien Mitarbeiterverhältnissen von Rechtsanwälten bei Rechtsanwälten. Es gehört aber zum allgemeinen Wissen, das war auch 1959 bei Inkrafttreten der BRAO bereits der Fall, daß dies zur Anwaltswirklichkeit gehört.[106] Weil in Kenntnis dieser Sachlage der Gesetzgeber der BRAO vom 1. 8. 1959 nur das Rechtsverhältnis der Syndikusanwälte in § 46 geregelt hat, ist die Schlußfolgerung zutreffend, daß jedenfalls ein Verbot angestellter oder freier Mitarbeitertätigkeit eines Rechtsanwalts bei einem anderen Rechtsanwalt im Gesetz nicht enthalten ist.[107]

51 Ging der Gesetzgeber des Jahres 1959 noch vom Berufsbild des Einzelanwalts aus, ohne die Sozietät zu regeln, sie aber auch nicht zu verbieten, ist nun in § 59a eine Regelung beruflicher, **anwaltlicher Zusammenarbeit** aufgenommen. Dem Gesetzgeber 1994 war die Problematik der Wahrung anwaltlicher Unabhängigkeit im Anstellungsverhältnis oder freien Mitarbeiterverhältnis bei einem Rechtsanwalt bekannt. Das RAG der DDR, entstanden unter tätiger Mithilfe des Bundesjustizministeriums, das §§ 1 bis 3 BRAO wörtlich übernommen hatte, bestimmte in seinem § 39 Abs. 1 Nr. 4 ausdrücklich, daß Rechtsanwälte ihre Tätigkeit als bei einem anderen Rechtsanwalt angestellte Rechtsanwälte ausüben können. § 56 Abs. 2 Nr. 1 statuiert ganz selbstverständlich die Pflicht des Rechtsanwalts, dem Vorstand der Rechtsanwaltskammer anzuzeigen, daß er ein **Beschäftigungsverhältnis** eingeht oder daß eine wesentliche Änderung eines bestehenden Beschäftigungsverhältnisses eintritt. Ein Beschäftigungsverhältnis kann auch zwischen Anwälten bestehen. § 59b Abs. 2 Nr. 8 schließlich ermächtigt die Satzungsversammlung der Anwaltschaft u.a., die Pflichten im Zusammenhang mit der **Beschäftigung von Rechtsanwälten** zu regeln.

52 Der Regierungsentwurf entstand, nachdem ausführlich vorab das Bundesjustizministerium mit BRAK und DAV diskutiert und beide Anwaltsverbände eigene Gesetzentwürfe vorgelegt hatten.[108] Erst recht gilt also mangels entgegenstehender gesetzlicher Regelung der Grundsatz,[109] daß von grundsätzlicher Zulässigkeit solcher Anstellungs- und freier Mitarbeiterverhältnisse auszugehen ist; der Kernbereich anwaltlicher unabhängiger Berufsausübung also nicht entgegensteht.

---

[104] Zitiert nach *Paul,* S. 17.
[105] *Henssler* AnwBl. 1993, 541.
[106] *Fuhrmann,* S. 88.
[107] *Fuhrmann,* S. 89.
[108] AnwBl. 1991, 624.
[109] *Fuhrmann,* S. 91.

Das gilt für den angestellten, deshalb arbeitsrechtlich abhängig, weisungsge- 53
bundenen Rechtsanwalt. Seine beruflich notwendige Unabhängigkeit ist nur gewahrt, wenn er wirtschaftlich durch entsprechende Vergütung unabhängig ist und
in Rechtsfragen im Verhältnis zum Mandanten eigene Auffassungen vertritt und
durchsetzt, ohne dabei im berufsrechtlichen Bereich an die Weisungen seines Arbeitgebers gebunden zu sein. Entsprechendes gilt auch im freien Mitarbeiterverhältnis.

Der Rechtsanwalt als Arbeitgeber unterliegt ebenso dem anwaltlichen Berufs- 54
recht wie sein angestellter oder freier Mitarbeiter. Für beide gilt nicht nur § 1,
sondern auch § 43a Abs. 1. Da Bindungen, die beider Unabhängigkeit beeinträchtigen, berufsrechtswidrig sind, müssen auch arbeits- oder dienstvertragsrechtlich, insbesondere in der Höhe der Vergütung, Rahmenbedingungen vereinbart werden, die dem angestellten Anwalt berufliche Unabhängigkeit im Sinne
freier fachlicher Entscheidung im Mandanteninteresse gewährleisten. Ist das nicht
der Fall, liegt sanktionsbewehrter Verstoß gegen § 43a Abs. 1, § 113 vor.

bb) Anwaltskooperationen. Entsprechendes gilt in der Sozietät in der 55
Rechtsform der **BGB-Gesellschaft**. Die gesellschaftsrechtlich zu vereinbarenden
Rahmenbedingungen müssen nicht nur die Bestimmungen des § 59a beachten,
sondern auch §§ 1, 43a Abs. 1. Der jüngste Sozius mit der geringsten Gewinnbe-
teiligungsquote oder der älteste Senior, infolge reduzierten zeitlichen Arbeitsein-
satzes eine geringere Quote in der Sozietät erhaltend, muß Rahmenbedingungen
erhalten, die ihn im konkreten Fall der Beratung oder Vertretung des Mandanten
in den Stand setzen, dessen Interessen unabhängig, ohne Bindung an eine evtl. entgegenstehende Rechtsauffassung der übrigen Partner der Sozietät wahrzunehmen.

§ 59a Abs. 4 hält fest, daß die Absätze 1 bis 3 dieser Bestimmung für die an- 56
waltliche Bürogemeinschaft gelten. Die **Bürogemeinschaft** wird von mindestens zwei Rechtsanwälten eingegangen, um sich z.B. die Kosten für die Miete,
die technischen Geräte, ggf. das Personal, zu teilen oder sonst zu quoteln, während jeder Teilhaber der Bürogemeinschaft seine eigenen Mandanten auf eigene
Rechnung im individuellen Anwaltsvertrag betreut. Auch die anwaltliche Bürogemeinschaft ist deshalb BGB-Gesellschaft. Für die Wahrung der anwaltlichen
Unabhängigkeit der Rechtsanwälte in der Bürogemeinschaft gilt im Hinblick auf
§§ 1, 43 Abs. 1 nichts anderes als in der Sozietät.

Am 1. 7. 1995 ist das **Partnerschaftsgesellschaftsgesetz** vom 25. 7. 1994 in 57
Kraft getreten.[110] Nach § 1 PartGG können sich in ihr Angehörige freier Berufe
zu gemeinsamer Berufsausübung zusammenschließen. § 6 PartGG bestimmt, daß
die Partner ihre beruflichen Leistungen unter Beachtung des für sie geltenden
Berufsrechts erbringen. Damit ist klargestellt, daß auch hier §§ 1, 43a Abs. 1
beachtet werden müssen.

Die **Anwalts-GmbH** ist gesetzlich nicht geregelt. Sie wird aber von der 58
Rechtsprechung[111] und Literatur[112] für zulässig, weil durch die BRAO nicht verboten, gehalten. Der DAV hat einen eigenen Gesetzentwurf vorgelegt.[113] Sat-
zungsentwürfe für Anwalt-GmbH's sind verschiedentlich veröffentlicht.[114]

---

[110] BGBl. I, S. 1744.
[111] BayObLG v. 24. 11. 1994, ZIP 1994, 1868.
[112] *Ahlers* AnwBl. 1991, 226; ders. AnwBl. 1995, 3 und AnwBl. 1995, 121; *Henssler* JZ
1992, 697; ders. NJW 1993, 2137; ders. ZIP 1994, 844; *Scholz*, § 1 Rdn. 13; *Hommelhoff*,
Liber Amicorum für Hasche, S. 101.
[113] AnwBl. 1995, 251.
[114] *Ahlers* AnwBl. 1995, 6; *Limmer* Wprax 94/4.

Für die **Partnerschaftsgesellschaft** hat offensichtlich der Gesetzgeber kein Hindernis gesehen, daß sich Rechtsanwälte mit den in § 59 a aufgeführten anderen freien Berufen gesellschaftsrechtlich zusammenschließen können, wobei entsprechend § 6 PartGG die berufliche Unabhängigkeit der Rechtsanwälte erhalten bleiben muß. Nichts anderes gilt in der **Rechtsanwalts-GmbH**. Der Rechtsanwalt ist nach dem Grundsatz der freien Advocatur verpflichtet, seine berufliche und persönliche Unabhängigkeit nach allen Seiten zu wahren.[115] Daraus folgt auch, daß es mit der Stellung des Rechtsanwalts nicht zu vereinbaren ist, wenn er dem Weisungsrecht einer den Pflichten des Anwaltsberufs nicht unterworfenen Person oder Organisation untersteht.[116] Um dem Rechnung zu tragen, muß zur Wahrung der anwaltlichen Unabhängigkeit in der Anwalts-GmbH die Satzung entsprechend ausgestaltet sein. Es ist zu fordern, daß Gesellschafter und Geschäftsführer nur zur Rechtsanwaltschaft zugelassene Personen sein dürfen.[117] Damit wird für die Partnerschaftsgesellschaft und für die Anwalts-GmbH im Blick zur Wahrung anwaltlicher Unabhängigkeit das gefordert, was im Anstellungsverhältnis zwischen Anwälten seit jeher unangefochten gilt.

59 **e) Ergebnis.** Das die Stellung des Rechtsanwalts charakterisierende Postulat seiner Unabhängigkeit, vom Gesetzgeber jetzt zu einer Grundpflicht in § 43 a Abs. 1 verfestigt, befindet sich in der Rechtswirklichkeit in persönlicher, wirtschaftlicher, beruflicher Hinsicht auch im Verhältnis zum Mandanten vielfach in großer Nähe zur Abhängigkeit. Der Rechtsanwalt, der nur einen oder wenige Auftraggeber vertritt, ist eher davon abhängig, dessen Weisungen und Wünschen zu folgen, als derjenige, der eine Vielzahl von Mandanten und davon nicht alle regelmäßig, betreut. Das ändert nichts daran, daß in beiden Mandatsverhältnissen der Anwalt dann unabhängig arbeitet, wenn der Mandant in jeglicher rechtlichen Hinsicht den Empfehlungen des Rechtsanwaltes folgt und dieser im Bewußtsein[118] seiner Unabhängigkeit bei Berücksichtigung aller Mandanteninteressen dies als die Richtschnur seines Handels begreift.

60 Denn **Unabhängigkeit** hat nicht nur eine große Nähe zur **Freiheit**,[119] sondern auch zur **Leistung**.[120] Hohe Qualität der anwaltlichen Dienstleistung[121] ist der Garant für die Verwirklichung des Postulats der anwaltlichen Unabhängigkeit in wirtschaftlicher, persönlicher und beruflicher Hinsicht.

61 Unabhängigkeit ist das Gegenteil von Abhängigkeit.[122]
Weil sich wegen ihrer Vielgestaltigkeit in der Rechtswirklichkeit Abhängigkeiten, seien es die von Rechtsanwälten, Richtern oder Bundestagsabgeordneten, jeglicher Normierung entziehen,[123] war es dem Gesetzgeber nur möglich, in § 1 das Postulat der anwaltlichen Unabhängigkeit als ein Programm, einen Appell mit ethischem Gehalt zu normieren in der Erkenntnis, daß der einzelne Anwalt seine daraus resultierende innere Unabhängigkeit täglich neu erkämpfen und gestalten muß.

---

[115] *Henssler* JZ 1992, 703.
[116] *Henssler* JZ 1992, 703, BGH EGE XII,29 (31).
[117] *Henssler* JZ 1992, 703; *Ahlers* AnwBl. 1995, 6.
[118] *Rabe* AnwBl. 1971, 226 (228).
[119] NJW 1987, 2610, 2615.
[120] *Prütting* AnwBl. 1994, 318.
[121] *Schiefer* AnwBl. 1987, 361.
[122] Grimmsches Wörterbuch (Fn. 69) Bd. 24, 66.
[123] *Redeker* NJW 1987, 2610, 2615; *Sendler* NJW 1985, 1425.

Ethik ist die Lehre vom sittlichen Wollen und Handeln des Menschen.[124] **62** § 1 kennzeichnet den Rechtsanwalt als unabhängig in seiner Berufsausübung und macht deutlich, daß dies kein Eingriffstatbestand ist, hierfür steht § 43 a Abs. 1, sondern, die anwaltliche Stellung kennzeichnend, Bestandteil anwaltlichen Selbstverständnisses ist. Die Bundesregierung hat im Gesetzentwurf vom 12. 2. 1993[125] betont, es sei vordringliches Anliegen des Entwurfs, die wesentlichen Berufspflichten des Rechtsanwalts zu normieren, um eine verfassungskonforme Ausgestaltung der Berufspflichten zu erreichen und deshalb seien die wesentlichen beruflichen Pflichten in der Bundesrechtsanwaltsordnung aufgeführt.[126] Damit ist klargestellt, daß die BRAO nicht länger ein Teil der Gerichtsverfassung ist, sondern das Berufsgesetz der Anwaltschaft darstellt. Es entspricht dem modernen Berufsverständnis der Anwaltschaft, wenn der Gesetzgeber im Eingang des Berufsgesetzes der Anwaltschaft darauf hinweist, daß der Beruf des Rechtsanwaltes ohne ethische Basis nicht auskommt, wobei nicht zu verkennen ist, daß in der konkreten Berufsausübung finanzielle, wirtschaftliche, persönliche und sonstige Abhängigkeiten in größerem Umfang zuzulassen sind, als dies unter Anlegung **nur ethischer Grundsätze gutzuheißen wäre**[127].

Um diesen Anforderungen gerecht zu werden, ist es zulässig, daß der Rechts- **63** anwalt neben seinem Anwaltsberuf einen Zweitberuf ausübt, der ihm überhaupt die wirtschaftliche Basis zur Anwaltstätigkeit verschafft. Das ist dann zulässig und unbedenklich, wenn die Ausübung des Zweitberufs beim rechtsuchenden Publikum keine Zweifel an der Unabhängigkeit und Kompetenz, also der beruflichen Leistungsfähigkeit, des Rechtsanwalts weckt.[128]

2. Organ der Rechtspflege

a) Historisch. *Abegg* bezeichnete 1833 den Rechtsanwalt als „Organ der Ge- **64** rechtigkeitspflege"[129]. In der allgemeinen Begründung der RAO 1878[130] wird der Rechtsanwalt als Teil der Gerichtsorganisation bezeichnet. Als Organ der Rechtspflege wird der Rechtsanwalt dann erstmals in den stenographischen Berichten[131] zum Entwurf der RAO 1878 erwähnt, und zwar mit dem Hinweis, daß nur da, wo die Anwaltschaft lokalisiert sei, die Anwaltschaft Organ der Rechtspflege sei. Das nahm die ehrengerichtliche Rechtsprechung erstmals in einer Entscheidung von 1882[132], sodann fortlaufend[133] auf. Die sonstige Judikatur folgte dem. Vielleicht bezeichnenderweise in einer Entscheidung des Reichsgerichts zum Ausschluß des Strafverteidigers wurde auf die Verpflichtungen des Rechtsanwalts als Organ der Rechtspflege hingewiesen.[134] Die Literatur schloß sich an. Friedlaender nannte den „Anwalt im Prozeß" ein Organ der Rechtspflege. In seiner außergerichtlichen Tätigkeit sei er „ein Wahrer des Rechts,

---

[124] *Prütting* AnwBl. 1994, 315.
[125] BR-Drucks. 93/1993.
[126] BR-Drucks. 93/93, S. 63.
[127] *Prütting* AnwBl. 1994, 318.
[128] BVerfG AnwBl. 1993, 120, BVerfGE 1987, 287 (320).
[129] *Schneider*, S. 65; *Borgmann/Haug*, Rdn. 26.
[130] RGBl. I, S. 66.
[131] Stenographische Berichte, S. 73.
[132] EGHE I 140 (145).
[133] EGHE III 270; VI 244; IX 212; XV 128.
[134] RG JW 1926, 2756, 2757.

§ 1 65–68   Erster Teil. Der Rechtsanwalt

Pflichten obliegen ihm nicht nur gegenüber seinem eigenen Auftraggeber, sondern auch gegenüber Dritten, dem Publikum".[135]

65   Die Reichsrechtsanwaltsordnung vom 21. 2. 1936[136] verwendet den Begriff „Organ der Rechtspflege" nicht. In der Kommentarliteratur wird der Begriff benutzt. Der Anwalt wird als das notwendige, ausgleichende, verbindende Organ der Rechtspflege bezeichnet.[137] Dabei darf nicht übersehen werden, daß als freier Anwalt auch der bezeichnet wurde, dem durch seine Blutzugehörigkeit zum deutschen Volk die nationalsozialistische Weltanschauung Gewissen geworden ist.[138]

66   Die Rechtsanwaltsordnung für die Britische Zone vom 10. März 1949[139] bestimmte:

„§ 1 Die Rechtsanwaltschaft ist ein Organ der Rechtspflege. Sie ist ein freier Beruf und kein Gewerbe."

67   Seit dem Inkrafttreten der BRAO am 1. 10. 1959[140] gilt § 1, der Rechtsanwalt ist ein unabhängiges Organ der Rechtspflege. In der 7jährigen Beratung des Gesetzes war das nicht selbstverständlich. Weder im ersten Entwurf 1952[141] noch im zweiten von 1954[142] tauchte der Begriff auf. Er war aber in der Diskussion. In den Begründungen beider Entwürfe war von der Bedeutung der Rechtsanwaltschaft (nicht des Rechtsanwalts) als eines Organs der Rechtspflege die Rede.[143] Der Regierungsentwurf 1957 übernahm das. Der Rechtsanwalt als „Organ der Rechtspflege" – anstelle der Rechtsanwaltschaft – erscheint auf Veranlassung des Rechtsausschusses des Deutschen Bundestages im Entwurf 1958[144]. Mit dem Wechsel von den Worten „Rechtsanwaltschaft" zu „Rechtsanwalt" sollte nicht nur klargestellt werden, daß in der Rechtspflege der **einzelne Rechtsanwalt** als **Eigenverantwortlicher** handelt.[145] Es sollte auch verdeutlicht werden, daß unter der Herrschaft des Grundgesetzes rechtsstaatliche Einordnung im Sinne des anwaltlichen Mitwirkens in der Rechtspflege hervorzuheben sei, weil der einzelne Rechtsanwalt als Eigenverantwortlicher und nicht etwa als Glied eines Gesamtgefüges handele.[146]

68   38 Änderungen der BRAO seit 1959 haben daran nichts geändert. Vielmehr ist in weiteren Bestimmungen, in § 7 Nr. 8 als Zulassungsversagungsgrund und korrespondierend in § 14 Abs. 2 Nr. 8 als Widerrufsgrund die Formulierung vom Rechtsanwalt als Organ der Rechtspflege in das Gesetz eingeführt. § 7 Nr. 8 versagt die Zulassung, wenn der Bewerber eine Tätigkeit ausübt, die mit dem Beruf des Rechtsanwalts, insbesondere seiner Stellung als unabhängigem Organ der Rechtspflege, unvereinbar ist. Entsprechend ist in § 14 Abs. 2 Nr. 8 erklärt, daß die Zulassung zu widerrufen ist, wenn der Rechtsanwalt eine Tätigkeit aus-

---

[135] *Riedlaender*, S. 5.
[136] RGBl. I, S. 107.
[137] *Noack*, S. 18.
[138] *Noack*, S. 14.
[139] VOBl. für die Britische Zone 1949, S. 80.
[140] BGBl. I, S. 1565.
[141] BT-Drucks. I/S. 3650.
[142] BT-Drucks. II/S. 1014.
[143] *Großfeld/Edelkötter*, S. 315, 316.
[144] BT-Drucks. III/120, S. 7.
[145] Stenographische Berichte aus den Verhandlungen des Bundestages 2/4309 c; *Schneider*, S. 64; *Großfeld/Edelkötter*, FS Henckel, S. 316.
[146] Bericht des Abgeordneten *Wagner* Drucks. 778, 3. Wahlperiode AnwBl. 1959, 123.

übt, die mit dem Beruf des Rechtsanwalts, insbesondere seiner Stellung als unabhängigem Organ der Rechtspflege, unvereinbar ist. Es ist nicht feststellbar, daß dies in den gesetzgeberischen Vorarbeiten, die einsetzten, als die Beschlüsse des Bundesverfassungsgerichts vom 14. 7. 1987[147] bekanntgeworden waren, umstritten gewesen ist. Anscheinend hielt man die begriffliche und rechtliche Bedeutung der Bezeichnung des Rechtsanwalts als eines Organs der Rechtspflege für geklärt.

b) Definition von Rechtspflege. „Die unter dem Begriff Rechtspflege zusammengefaßten Aufgaben, die schwer zu definieren sind, beinhalten Tätigkeiten, die in engem Zusammenhang zur (materiellen) Rechtsprechung stehen, aber zum Teil nicht zu verbindlichen Entscheidungen führen und zum Teil nicht von Richtern, sondern von besonderen Organen der Rechtspflege wahrgenommen werden."[148]

Besondere **Organe der Rechtspflege sind:** Nichtrichterliche Beamte wie Rechtspfleger,[149] Urkundsbeamte, Gerichtsvollzieher, Justizwachtmeister, Jugendgerichtshelfer, Bewährungshelfer, Staatsanwälte, die Vertreter des öffentlichen Interesses in der Verwaltungsgerichtsbarkeit, Rechtsanwälte und Notare.[150] Man nennt diese Berufe auch „nichtrichterliche Organe der Rechtspflege".[151] Daher ist der Begriff „Organ der Rechtspflege" dahin zu verdeutlichen, daß dies „Träger von Funktionen sind, die für die Rechtspflege zur Wahrung des Rechts wesentlich sind"[152]. Träger von Funktionen in der Rechtspflege können in dieser begrifflichen Einordnung Beamte, freie Berufe, durchaus auch mit freiem Mandant ausgestattete rechtserzeugende Volksvertretungen, sein.[153]

„Rechtspflege ist die Tätigkeit der Justizbehörden, deren Aufgabe die Anwendung des Rechts im Einzelfall ist, sei es durch Rechtsprechung, sei es in anderen Zweigen der Gerichtsbarkeit".[154] Fände diese Definition Zustimmung, wäre ein jahrhundertealter Meinungsstreit darüber, ob der Rechtsanwalt ein Organ der Rechtspflege sei und wenn ja, mit welchen Pflichten, beendet. Ein Organ der Justizbehörden ist der Rechtsanwalt nach unstreitiger Auffassung nicht.

„Rechtspflege ist die Ordnung und Entscheidung rechtlicher Fragen in einem rechtsstaatlich umgrenzten Verfahren. Die Entscheidung erfolgt durch den **Richter**, in gewissem Umfang und näher bestimmten Bereichen durch den Staatsanwalt. Der Rechtsanwalt hat an der Erfüllung dieser Aufgaben **mitzuwirken**".[155]

„Rechtspflege, Bez. für die Gesamtheit der der rechtsprechenden Gewalt zugewiesenen Tätigkeiten, die unmittelbar der Verwirklichung der Rechte und des Rechtes dienen. Zur Rechtspflege gehören insbesondere die streitentscheidende Tätigkeit der Gerichte einschließlich der Vollstreckung und die freiwillige Gerichtsbarkeit, nicht aber die Justizverwaltung. Organe der Rechtspflege sind außer

---

[147] AnwBl. 1987, 598.
[148] Stern II, S. 900.
[149] § 1 RPflG: „Der Rechtspfleger nimmt die ihm durch dieses Gesetz übertragenenAufgaben der Rechtspflege wahr".
[150] Stern II, S. 900, Fn. 74.
[151] Stern I, S. 13, 14.
[152] Stern I, S. 13.
[153] Stern I, S. 13.
[154] Model/Creifelds/Lichtenberger/Zierl, Ziff. 204, S. 408.
[155] Kalsbach, § 1 Rdn. 2.

§ 1 73–75   Erster Teil. Der Rechtsanwalt

den Gerichten und sonstigen Justizbehörden die Gerichtsvollzieher und die Notare, **im weiteren Sinn auch die Rechtsanwälte**".[156]

73   Tätigkeiten der Rechtspflege sind die Rechtsprechung – Teil IX des GG ist mit **die Rechtsprechung** und nicht **die Rechtspflege** überschrieben – gem. Art. 92 GG und damit in engem Zusammenhang stehende Aufgaben, neben denen der Staatsanwaltschaft solche der freiwilligen Gerichtsbarkeit und der Vollstreckung.[157] Hieran wirkt der Rechtsanwalt mit, weil ohne ihn im ausdifferenzierten Rechtsstaat für den Bürger rechtliches Gehör nicht zu gewährleisten ist[158] und ist nur deshalb (im weiteren Sinn) Organ der Rechtspflege.

74   **c) Beliebige Verwendbarkeit des Begriffs Organ der Rechtspflege.** Im Kommentar zur RRAO vom 21. 2. 1936[159] bezeichnete Noack den Rechtsanwalt als Organ der Rechtspflege[160] und erklärte weiter, freier Rechtsanwalt könne nur der sein, dem durch „seine Blutzugehörigkeit zum deutschen Volk die nationalsozialistische Weltanschauung Gewissen worden sei; als ein echtes Organ der Rechtspflege übe er – wie Richter und Staatsanwalt – hoheitsrechtliche Funktionen aus. Und wenn der Reichsrechtsführer in Erkenntnis dieser Tatsache auch uns das Tragen des Hoheitszeichens erwirken will, so können wir nur eins: Ihm dankbar sein!"[161]

75   In der DDR wurden die Rechtsanwälte zum Problem.[162] Bei ihnen war „innerhalb der Justiz die langsamste Vorwärtsentwicklung, die unentwickeltsten Formen einer neuen Gestaltung", festzustellen.[163] Nach der Entstehung des obersten Gerichts und der obersten Staatsanwaltschaft in der DDR durfte die Rechtsanwaltschaft der DDR „als Organ der Rechtspflege nicht durch ein Zurückbleiben in der Entwicklung zum Sozialismus in einen Gegensatz zu den staatlichen Justizorganen gelangen, wenn sie ihrer Aufgabe gerecht bleiben wolle".[164] Nach der Gründung der Rechtsanwaltskollegien der DDR, denen, so wird ausgeführt, Rechtsanwälte völlig freiwillig beitreten konnten[165], war es die Hauptaufgabe der Vorstände der Rechtsanwaltskollegien, die ideologische Erziehung ihrer Mitglieder sicherzustellen.[166]

„Die Rechtsanwaltschaft der Deutschen Demokratischen Republik trägt als Organ der sozialistischen Rechtspflege einheitlichen Charakter. Festzustellen ist, daß die Rechtsanwaltschaft der Deutschen Demokratischen Republik sich ihrer Pflichten als Organ der Rechtspflege des Arbeiter- und Bauernstaates bewußt ist. Als Organ der Rechtspflege hat die Anwaltschaft der Deutschen Demokratischen Republik mitzuwirken an der Festigung der sozialistischen Gesetzlichkeit, d. h. sie hat mitzuwirken an der Vollendung der sozialistischen Umwälzung, an der Erhöhung des sozialistischen Bewußtseins der Werktätigen und an der Erfüllung des 7-Jahresplanes".[167]

---

[156] *Meyers* Enzyklopädisches Lexikon 1977 Bd. 19, S. 674.
[157] *Stern* II, S. 901.
[158] *Zuck*, Sitzungsbericht M z. 58. DJT, S. 14; AnwBl. 1990, 581.
[159] RGBl. I, S. 107.
[160] *Noack*, S. 18.
[161] *Noack*, S. 19; *Noack* JW 1936, 1746; *Roesen* AnwBl. 1957, 177.
[162] *Wolff* NJ 1959, 682.
[163] *Benjamin* NJ 1951, 51.
[164] *Wolff* NJ 1959, 682 (683).
[165] *Wolff* NJ 1959, 682 (683).
[166] *Wolff* NJ 1959, 682 (684).
[167] *Wolff* NJ 1959, 682 (685).

§ 1 Stellung des Rechtsanwalts in der Rechtspflege 76, 77 § 1

Das Bundesverfassungsgericht hat bisher davon abgesehen, die Stellung des 76 Rechtsanwaltes verfassungsrechtlich zu definieren. Deutlicher als die Stellung des Rechtsanwalts als eines Organs der Rechtspflege betont das Bundesverfassungsgericht die fundamentale Bedeutung der freien Advocatur[168] und die von staatlicher Kontrolle und Bevormundung grundsätzlich freie Unabhängigkeit des Anwalts.[169] Das Bundesverfassungsgericht bestätigt, daß der Rechtsanwalt an der Seite, nicht unter Gerichten und der Staatsanwaltschaft steht[170] und formuliert im Beschluß vom 14. 7. 1987: „Als unabhängiges Organ der Rechtspflege und als der berufene Berater und Vertreter der Rechtsuchenden hat der Rechtsanwalt die Aufgabe, zum Finden einer sachgerechten Entscheidung beizutragen und das Gericht – und ebenso Staatsanwaltschaft und Behörde – vor Fehlentscheidungen zu Lasten seines Mandanten zu bewahren und diesen vor verfassungswidriger Beeinträchtigung oder staatlicher Machtüberschreitung zu sichern; **insbesondere soll er die rechtsunkundige Partei vor der Gefahr des Rechtsverlustes schützen**".[171] Ob nur in diesem Sinn, nämlich beim Finden einer sachgerechten Entscheidung vor Gericht, also als Prozeßbevollmächtigter, der Rechtsanwalt als Organ der Rechtspflege begriffen wird, nicht aber in seiner außerforensischen Tätigkeit, sagt das Bundesverfassungsgericht nicht.

d) Freie und unabhängige Tätigkeit und Organ der Rechtspflege. Die 77 Anwaltschaft im Sinne freier Advokatur ist der Garant dafür, daß der Bürger seine Rechte vor Gericht und staatlichen Behörden geltend machen und durchsetzen kann.[172] Konstitutiv für die anwaltliche Tätigkeit, die sich im Rahmen der justiziellen Grundrechte der Art. 19 Abs. 4 und 101 ff. GG vollzieht,[173] ist Art. 12 Abs. 1 GG. Voraussetzung jeden rechtsstaatlichen Verfahrens über die Geltendmachung von Rechten ist die Möglichkeit, durch die hierzu qualifizierte Vertrauensperson, den Rechtsanwalt, sich rechtliches Gehör zu verschaffen.[174] Diese Aufgabe, nicht nur seine forensische, sondern auch die außergerichtlich beratende und vertretende, vertragsgestaltende und konfliktvermeidende anwaltliche Tätigkeit, qualifiziert den Rechtsanwalt als Organ der Rechtspflege in der Erkenntnis, Garant zur Gewährung rechtlichen Gehörs für den Bürger zu sein. Infolge gewandelter beruflicher Aufgaben sind nicht wenige Rechtsanwälte ausschließlich beratend und vertretend, allenfalls vor Schiedsgerichten, nicht aber vor staatlichen Gerichten, nicht vor staatlichen Behörden, tätig. Es ist deshalb richtiger, nicht den einzelnen Rechtsanwalt, sondern die Rechtsanwaltschaft in diesem Sinne – und nur in diesem – als Organ der Rechtspflege zu begreifen. Dies verschafft der Anwaltschaft keinerlei herausgehobene Stellung. Die Anwaltschaft ist Organ der Rechtspflege wegen ihrer Funktion, dem Rechtsuchenden **rechtliches Gehör** zu vermitteln. **Diese anwaltliche Funktion** ist für die Rechtspflege zur Wahrung des Rechtes wesentlich und unverzichtbar.[175] Deshalb ist der Rechtsanwalt Organ der Rechtspflege, genauso, wie die Rechtspflege in anderen Bereichen

---

[168] BVerfGE 15, 293 (302).
[169] BVerfGE 34, 293 (302).
[170] BVerfGE 26, 186.
[171] BVerfGE 76, 171.
[172] Krämer, Die verfassungsrechtliche Stellung des Anwalts S. 16.
[173] Krämer, S. 15.
[174] Krämer, S. 14.
[175] Stern I, S. 11; Krämer, S. 15.

§ 1 78, 79   Erster Teil. Der Rechtsanwalt

andere Organe hat, wie z. B. den Rechtspfleger, den Gerichtsvollzieher oder die Vollzugsbeamten.[176]

78   In einer oberlandesgerichtlichen Entscheidung vom 8. 6. 1993 wird ausgeführt: „Irreführende Werbung i. S. des § 3 UWG liegt nicht vor. Der Bekl. zu 1 ist Rechtsanwalt und durfte nach den vorstehenden Ausführungen im Rahmen der Unterschriftenleistung auch darauf hinweisen. Anhaltspunkte dafür, daß er darüber täuschen wollte, daß er bei seinem Schreiben nicht als Angestellter der Bekl. zu 2, sondern als **selbständiger Rechtsanwalt und somit als Organ der Rechtspflege** tätig geworden sei, sind weder vorgetragen, noch erkennbar".[177]

Sicher meint das OLG nicht, daß nur der „selbständige Rechtsanwalt" Organ der Rechtspflege ist und nicht der angestellte Rechtsanwalt, dessen Stellung inzwischen auch gesetzlich in § 56 Abs. 2 Nr. 1 und § 59b Abs. 2 Nr. 8 festgeschrieben ist, wonach einmal der Rechtsanwalt dem Vorstand der Rechtsanwaltskammer unverzüglich anzuzeigen hat, daß er ein Beschäftigungsverhältnis eingeht und zum anderen die Satzungsversammlung ermächtigt wird, die besonderen Berufspflichten im Zusammenhang mit der Beschäftigung von Rechtsanwälten zu regeln. Es ist nicht ersichtlich, daß bei diesen gesetzlichen Bestimmungen der Gesetzgeber auch nur daran gedacht hat, im anwaltlichen Beschäftigungsverhältnis § 1 in Frage zu stellen. Der Begriff des Rechtsanwalts als Organ der Rechtspflege in der vorgenannten Entscheidung ist zu schnell und nicht reflektiert benutzt worden. Ein weiterer Beleg, ganz abgesehen von der beliebigen Verwendbarkeit des Begriffs, dafür, daß „Organ der Rechtspflege" als Subsumtion unter Rechte oder Pflichten, die aus der Stellung des Rechtsanwaltes fliessen, nicht länger eingesetzt werden sollte.

79   In einer amtsgerichtlichen Verhandlung war ein Rechtsanwalt von der Prozeßführung ausgeschlossen worden, weil er sich geweigert hatte, in Robe, also in Berufstracht, aufzutreten. Seine Beschwerde dagegen hat das OLG zurückgewiesen.[178] Unter Berufung auf die Entscheidung des BVerfG vom 18. 2. 1970[179] und die Ausführungsverordnung des Ministers der Justiz des Landes Niedersachsen vom 30. 5. 1978[180] hält das OLG den Rechtsanwalt in der mündlichen Verhandlung vor Gericht zum Tragen der Robe für verpflichtet, weil dadurch die Rechtsanwälte als **Organe der Rechtspflege** aus dem Kreis der übrigen Verhandlungsteilnehmer herausgehoben und durch die „Amtstracht Richter wie Rechtsanwälte als Organe der Rechtspflege kenntlich gemacht (Art. 92 GG bzw. § 1 BRAO) werden".[181]

Rechtsanwälte üben einen freien Beruf, kein Amt, aus. Ob sie eine Berufstracht tragen oder nicht, sollte die demokratisch gewählte Satzungsversammlung gem. § 59 Abs. 2 Nr. 6 lit. c, entscheiden.

Nur die Satzungsversammlung, nicht länger die Justizverwaltung, ist hierfür seit Geltung des § 59b Abs. 2 Nr. 6 lit. c zuständig, spätestens dann, wenn eine entsprechende Regelung der Satzungsversammlung erlassen ist. Ob Organe der Rechtspflege eine Amtstracht tragen, gibt für eine entsprechende Verpflichtung der Anwaltschaft nichts her. Art. 92 GG und § 1 BRAO sind sehr unterschiedli-

---

[176] *Stern* II, S. 900.
[177] OLG Nürnberg NJW 1994, 2301.
[178] OLG Braunschweig AnwBl. 1995, 371.
[179] BVerfGE 28, 21.
[180] Nds. Rpfl 1978, 161.
[181] OLG Braunschweig AnwBl. 1995, 372.

che, nicht miteinander vergleichbare Normen. Den Rechtsanwalt mit dem Richter als Organ der Rechtspflege gleichzusetzen, ausdrücklich unter Erwähnung solcher nicht vergleichbarer gesetzlicher Bestimmungen, spricht nicht für, sondern gegen die Beibehaltung der Kennzeichnung des Rechtsanwalts als eines Organs der Rechtspflege.

Zur Erfüllung des Rechtsbedürfnisses der Bürger stellen Staat und Gesellschaft einen Apparat zur Verfügung. Zu ihm gehören die unmittelbaren staatlichen Organe. Das sind die Gerichte und das ist die Verwaltung, die ständig Rechtsentscheidungen im Einzelfall trifft. Es gehören auch dazu die vom Staat mit besonderen Rechten und Pflichten ausgestatteten, aus der **staatlichen Hierarchie aber ausgegliederten, unabhängigen beratenden Berufe wie Rechtsanwälte, Notare, Steuerberater** usw.[182] Die spezielle Aufgabe der Anwaltschaft ist es, dem rechtsuchenden Publikum rechtliches Gehör zu verschaffen. Nur in diesem Sinn dient er der Rechtspflege und ist deren mittelbares Organ. Rechtspflege beginnt beim Anwalt, nämlich bei der Beratung und Vertretung im außergerichtlichen und vorgerichtlichen Bereich. Die Anwaltschaft hat die Aufgabe der umfassenden Beratung und Vertretung der Rechtsuchenden, vertragsgestaltend und konfliktvermeidend, wenn der Konflikt unvermeidbar ist, bis vor die Gerichte und durch die Instanzen in „dem Bewußtsein, daß der Anwalt an das Gesetz gebundene **Organ der Rechtspflege** ist, aber eben auch nur an das Gesetz und nicht an die Interessen der Justiz, insbesondere nicht an Justizorganisationsinteressen und Justizverwaltungsinteressen".[183]

V. Rechtspolitische Hinweise

1959 war die BRAO nach dem Verständnis des Gesetzgebers kein Berufsstandgesetz, sondern ein Stück des Gerichtsverfassungsrechts.[184] Die Berufsrechtsnovelle 1994 im Gegensatz dazu hat im Bereich des Berufsrechts der Rechtsanwälte eine verfassungskonforme Ausgestaltung der Berufspflichten normiert. Schon in der Überschrift des Gesetzes zur Änderung des Berufsrechts der Rechtsanwälte und Patentanwälte kommt das ganz selbstverständlich zum Ausdruck, eben das Berufsrecht, normiert in der BRAO, wird geändert.[185] Entsprochen wurde damit der Forderung des Bundesverfassungsgerichts, das anwaltliche Berufsrecht auf eine formell und materiell einwandfreie Rechtsgrundlage zu stellen.[186] Die Bundesrechtsanwaltsordnung ist nach dem erklärten Willen des Gesetzgebers nicht länger ein Teil des Gerichtsverfassungsrechts. Sie ist das Berufsgesetz der Anwaltschaft.

Der Rechtsanwalt wendet das Recht als erster an. Er erweckt die Rechtsordnung zum Leben.[187] Er ist Garant für die Existenz und die **Funktionsfähigkeit** des Rechts.[188]

Er übt seinen Beruf unter der Herrschaft des Grundgesetzes in freier und unreglementierter Selbstbestimmung aus.[189] Einschränkungen sind durch an Art. 12 GG ausgerichtete verfassungskonforme Regelungen möglich, die dann vorstellbar

---

[182] *Redeker* ZRP 1976, 97.
[183] *Schardey*, Liber Amicorum für H.J. Rabe S. 177 (189).
[184] *Weber* AnwBl. 1959, 235.
[185] BR-Drucks. 93/93, S. 2.
[186] BT-Drucks. 12/1994.
[187] *Zuck* AnwBl. 1990, 591.
[188] *Zuck* AnwBl. 1990, 591.
[189] BVerfG NJW 1983, 1535.

sind, wenn es zur **Aufrechterhaltung der Funktionsfähigkeit der Rechtspflege unerläßlich** ist.[190]

82 Die deutsche Anwaltschaft verändert ihre Strukturen,[191] ihr Beratungs- und Vertretungsmonopol ist eingeschränkt.[192] Ihre Beratungs- und Vertretungsfunktion verändert sich; sie findet längst nicht mehr nur vor Gerichten statt.[193] Der Gesetzgeber sollte wissen, welches Bild der Anwaltschaft sich bei rechtstatsächlicher Untersuchung ihrer Strukturen ergibt und welche Entwicklungsprognosen dem, unbedingt auch unter dem Aspekt sich näherkommender Anwaltschaften im vereinten Europa, zu entnehmen sind. Eine Aufgabe, die sich ggf. in Zusammenarbeit mit dem Bundesjustizministerium, die Bundesrechtsanwaltskammer und der Deutsche Anwaltverein nicht verschließen sollten.

Liegen Ergebnisse vor, weiß dann die Anwaltschaft mehr über sich selbst, und kann sie dies dem Gesetzgeber weitergeben, ist der Boden vorbereitet, um § 1 neu zu fassen:

„Die rechtliche Beratung und Vertretung des Bürgers ist Recht und Pflicht unabhängiger Rechtsanwälte" schlug *Zuck* in Ergänzung zu Art. 20 GG vor.[194] Dies könnte auch, ohne verfassungsrechtlich verankert zu werden, der richtige Text für § 1 BRAO sein.

§ 2 Beruf des Rechtsanwalts

(1) **Der Rechtsanwalt übt einen freien Beruf aus.**

(2) **Seine Tätigkeit ist kein Gewerbe.**

Schrifttum: *Feuchtwanger,* Die Freien Berufe, 1922; *Friese,* Die freie Advokatur in Deutschland im Lichte des Grundgesetzes und des EWG-Vertrages, AnwBl. 1987, 3; *Fuhrmann,* Rechtstellung des angestellten Rechtsanwalts, 1989; *Gneist,* Freie Advocatur. Die erste Forderung aller Justizreform in Preußen, 1873, *Henssler,* Anm. zu BAG v. 15. 4. 1993, AP 1995 Nr. 12 zu § 5 ArbGG 1979; *ders.,* Der Rechtsanwalt als arbeitnehmerähnliche Person; *Löwe,* Werbung im künftigen Berufsrecht der Rechtsanwälte, Versuch praktischer Abgrenzungen, AnwBl. 1988, 545; *Prinz,* Anwaltswerbung 1986; *Redeker,* Anwaltschaft zwischen Freiheit und Bindung, AnwBl. 1988, 16; *ders.,* Freiheit der Advokatur – heute NJW 1987, 2610; *Ring,* Werberecht der Rechtsanwälte, 1990; *Schiefer-Hocke,* Marketing für Rechtsanwälte, 1990; *Stehmann,* Beschäftigungsverhältnisse unter Rechtsanwälten, 1989; *Strobel,* Der Markt anwaltlicher Dienstleistungen – die ökonomische Zukunft der Rechtsberatung, AnwBl. 1988, 307; *Wettlaufer,* Angestellter oder freier Mitarbeiter, AnwBl. 1989, 195; *Winters,* Der Rechtsanwaltsmarkt, 1990; *Zuck,* Berufs- und standesrechtliche Rahmenbedingungen der künftigen Formen anwaltlicher Zusammenarbeit und anwaltlicher Werbung, AnwBl. 1988, 351.

Übersicht

	Rdn.		Rdn.
I. Entstehungsgeschichte	1–5	II. Normzweck	6
1. RAO 1878	1	III. Einzelerläuterungen	7–26
2. RRAO 1936	2	1. Beruf des Rechtsanwalts	7
3. RAO f. d. Britische Zone	3	2. Freier Beruf	8
4. Das geltende Recht	4		

---

[190] BVerfG NJW 1983, 1536.
[191] *Schardey* AnwBl. 1987, 401.
[192] *Henssler* AnwBl. 1993, 541 (544).
[193] *Busse* AnwBl. 1993, 427.
[194] *Zuck* AnwBl. 1990, 591.

§ 2 Beruf des Rechtsanwalts

	Rdn.		Rdn.
3. Organisationsformen freier Berufsausübung	10	4. Die anwaltliche Tätigkeit ist kein Gewerbe	22
a) Anstellungsverhältnis	17	a) Begriffsbestimmung	22
b) Freies Mitarbeiterverhältnis	18	b) Ethos anwaltlicher Berufsausübung	23
c) Arbeitnehmerähnliche Person	19	c) Anwaltswerbung	26

I. Entstehungsgeschichte

1. Die Rechtsanwaltsordnung vom 1. 7. 1878[1]

Mit dem Inkrafttreten der RAO 1878 am 1. 10. 1879 war die bis dahin geltende Trennung der Anwaltschaft in Advokatur und Prokuratur, wie in den meisten deutschen Ländern noch existierend, beseitigt. Der freie Zugang zum Beruf des Rechtsanwalts ohne Bedürfnis- und Zuverlässigkeitsprüfung durch staatliche Macht, abhängig nur vom bestandenem Examen, war durch §§ 1 u. 2 RAO 1878 gewährleistet.[2] Die Anwaltschaft war aus der Disziplinargewalt der Gerichte entlassen. Die Selbstverwaltung der Anwaltschaft und ihre eigene Ehrengerichtsbarkeit waren in §§ 37 bis 93 RAO 1878 normiert. Mit dem Gesetz war die Freigebung der Anwaltschaft erreicht, dem Grundsatz der „Freiheit der Advokatur" entsprochen und die Forderung *Gneist's* erfüllt, der Bürger könne seine Rechte gegenüber dem Staat nur wahren mit einer Anwaltschaft an seiner Seite, die **frei ist von staatlichen Einflüssen**.[3] Eine Berufsbildbestimmung wie die der §§ 1 bis 3 kannte die RAO 1878 nicht.[4] Ihr § 24 hatte den Wortlaut, der nahezu unverändert in der Generalklausel des § 43 noch heute gilt: 1

„Der Rechtsanwalt ist verpflichtet, seine Berufsthätigkeit gewissenhaft auszuüben und durch sein Verhalten in Ausübung des Berufs, sowie außerhalb desselben sich der Achtung würdig zu erweisen, die sein Beruf erfordert".

Mehr findet sich zur Stellung des Rechtsanwalts in der Rechtspflege in der RAO 1878 nicht.

2. Die RRAO vom 21. 2. 1936[5]

Die RRAO 1936 bezeichnete in ihrem Vorspruch den Rechtsanwalt als den berufenen und unabhängigen Berater und Vertreter in allen Rechtsangelegenheiten und erklärte, seine Tätigkeit sei kein Gewerbe, sondern „Dienst am Recht". Bezeichnenderweise kamen Begriffe wie „freier Beruf" oder „Freiheit der Advokatur" nicht vor. Angesichts der vollständigen Aushöhlung des Grundsatzes der Freiheit der Advokatur im Nationalsozialismus ist der Vorspruch der RRAO 1936 nicht mehr als Beleg für die beliebige Verwendbarkeit von Begriffen wie „Unabhängigkeit" und „Dienst am Recht" sowie die geringe Aussagekraft solcher programmatischen Deklarationen.[6] 2

---

[1] RGBl. 1878 I, S. 16.
[2] *Redeker* NJW 1987, 2610.
[3] *Gneist*, Freie Advocatur. Die erste Forderung aller Justizreform in Preußen, 1873.
[4] *Redeker* NJW 1987, 2611.
[5] RGBl. I, S. 107.
[6] *Redeker* NJW 1987, 2611.

3. Die RAO für die Britische Zone vom 10. 3. 1949[7]

3 Beispielgebend für die BRAO 1959, insbesondere die Normierung der Stellung des Rechtsanwalts in §§ 1 bis 3, war die Rechtsanwaltsordnung für die Britische Zone vom 10. 3. 1949.[8] Die RRAO 1936 war nach Kriegsende faktisch außer Kraft getreten. Sie konnte wegen ihres nationalsozialistischen Gedankenguts nicht länger angewendet werden.[9] Förmlich aufgehoben wurde die RRAO 1936 durch § 232 Abs. 1 Nr. 1 BRAO. Die bis zur Vereinheitlichung der BRAO 1959 in den Besatzungszonen und später in den Bundesländern verkündeten Rechtsanwaltsordnungen beruhten weitgehend auf der RAO 1878.[10]

4. Das geltende Recht

4 Die amtliche Begründung der BRAO vom 1. 8. 1959[11] stellt klar, daß aus dem früheren Recht zwar altbewährte Grundsätze, wie der der freien Advokatur, beizubehalten waren. Der Entwicklung der vergangenen Jahrzehnte müsse aber ebenso Rechnung getragen werden, wie den neuen rechtsstaatlichen Geboten des Grundgesetzes.[12] Dabei wird unmißverständlich unter Berufung auf Gneist festgehalten: „Der Anwalt kann seine Aufgabe nur erfüllen, wenn er seinen Beruf **frei** ausübt"[13] Ausdrücklich wird unter Berufung auf *Feuchtwanger* ausgeführt: „Die Eigenart der freien Berufe liegt vornehmlich darin begründet, daß seine Angehörigen sich nicht vom Streben nach Gewinn bestimmen lassen dürfen".[14]

5 Das Gesetz zur Neuregelung des Berufsrechts der Rechtsanwälte und Patentanwälte vom 2. 9. 1994[15] hat am Wortlaut des Ersten Teils der BRAO und damit auch an § 2 nichts geändert. Weder in der Zielsetzung noch in der amtlichen Begründung der Novelle vom 2. 9. 1994[16] sind die §§ 1 bis 3 erwähnt. Deshalb ist nur der Schluß möglich, daß das Berufsbild der Anwaltschaft nach Meinung des Gesetzgebers in den Programmsätzen der §§ 1 bis 3 unverändert weiter gültig ist.

II. Normzweck

6 Der Rechtszustand in Deutschland nach 1945 war in den 3 westlichen Besatzungszonen vor dem Entstehen der Bundesrepublik und nach Inkrafttreten des Grundgesetzes in den Bundesländern zersplittert. Vereinheitlichung des Rechts der Anwaltschaft war deshalb 1959 klare Zielsetzung der BRAO[17] ebenso, wie dies bei der Novelle 1994 nach der Wiedervereinigung Deutschlands der Fall war.[18] In diesem deutlichen Gesetzeszweck hat auch § 2 seinen Platz: An der

---

[7] VOBl. für die Britische Zone, S. 8.
[8] Die amtliche Begründung vor § 1 BRAO vom 1. 8. 1959 nimmt ausdrücklich auf die VO für die Britische Zone Bezug; BT-Drucks. III/120, S. 49.
[9] Amtl. Begr. BT-Drucks. III/120, S. 44.
[10] Amtl. Begr. BT-Drucks. III/120, S. 44 f. Die einzelnen, in den Bundesländern bis zum 1. 8. 1959 geltenden Vorschriften sind dort aufgeführt.
[11] BGBl. I, S. 565.
[12] Amtl. Begr. BT-Drucks. III/120, S. 47.
[13] Amtl. Begr. BT-Drucks. III/120, S. 49.
[14] Amtl. Begr. BT-Drucks. III/120, S. 49.
[15] BGBl. I, S. 2278.
[16] BT-Drucks. 12/4993.
[17] Amtl. Begr. BT-Drucks, III/120, S. 47.
[18] Amtl. Begr. BT-Drucks. 12/4923, S. 2.

unbestrittenen Auffassung, daß der Grundsatz der Freiheit der Advokatur fortgilt, hat sich nichts geändert. Besonders deutlich wird dies im schriftlichen Bericht des Rechtsausschusses über den von der Bundesregierung eingebrachten Entwurf einer Bundesrechtsanwaltsordnung mit den Worten:

„Die ausdrückliche Feststellung, daß der Rechtsanwalt einen **freien** Beruf ausübt, hat der Ausschuß insbesondere im Hinblick auf die Situation der Rechtsanwaltschaft in der Sowjetzone als erforderlich angesehen".[19] Normzweck des § 2 mit der Kennzeichnung „freie Berufsausübung des Rechtsanwaltes" ist damit über die programmatische Aussage des Gesetzgebers hinaus die rechtsstaatliche Erkenntnis, daß nur eine freie Anwaltschaft im demokratischen Rechtsstaat die Aufgabe als Garant des Bürgers für die Durchsetzung rechtlichen Gehörs erfüllen kann, wobei die Freiheit der Berufsausübung als Synonym für unabhängige Berufsausübung zu begreifen ist.[20]

III. Einzelerläuterungen

1. Beruf des Rechtsanwaltes

Die Überschrift des § 2 lautet: Beruf des Rechtsanwalts. Dies war auch bereits die Wortwahl der RAO 1878. Der zweite Abschnitt des Gesetzes sprach von Rechten und Pflichten der Rechtsanwälte, die §§ 23, 24, 26 und 27 vom Beruf und der Berufsthätigkeit des Rechtsanwalts. Die Worte „Stand", „Standespflicht" und „Standesrecht" oder „Berufsstand" kommen sowohl in der RAO 1878 als auch in deren Nachfolgern ebenso wenig vor wie im geltenden Recht.[21] „Grundsätze des anwaltlichen Standesrechts" gab es bis zu deren Aufhebung durch die Beschlüsse des Bundesverfassungsgerichts vom 14. 7. 1987.[22] Sie waren erlassen von der Hauptversammlung der BRAK gem. § 177 Abs. 2 Nr. 2 BRAO a. F., der die Aufgabe der BRAK dahin formulierte, die allgemeine Auffassung über Fragen des Anwaltsberufs in Richtlinien festzustellen. Die Novelle vom 2. 9. 1994 will das Berufsrecht der Anwaltschaft auf einer zeitgemäßen Grundlage regeln.[23] Nach § 191a Abs. 2 erläßt die Satzungsversammlung eine Berufsordnung für die Ausübung des Rechtsanwaltsberufs. Die Ermächtigung zu dieser Berufsordnung wird der Satzungsversammlung im geschlossenen Katalog des § 59b Abs. 2 gegeben.

Mit der Aufhebung der Grundsätze des anwaltlichen **Standesrechts** sollte daher auch – endlich – die sprachliche Unsitte in anwaltsrechtlichen Publikationen vermieden werden und nicht länger von Standespflicht, Standesrecht und Anwaltsstand sowie Berufsstand gesprochen werden, zumal Stand nur „eine eitle Farbe ist, die Menschen erfunden haben, um Leute, die es nicht verdienen, mit anzustreichen".[24]

---

[19] Schriftlicher Bericht des Rechtsausschusses, BT-Drucks. III/778 A I Bericht des Abgeordneten *Wagner* zu § 2 S. 2.
[20] *Redeker* NJW 1987, 2611.
[21] *Weigel* BRAK 1984, 73.
[22] AnwBl. 1987, 589.
[23] Gesetzentwurf der Bundesregierung vom 14. 2. 1992 BT-Drucks. 12/4993, S. 1.
[24] Deutsches Wörterbuch von *Jakob* und *Wilhelm Grimm*, 1984 Bd. 17 Stichwort „Stand", Spalte 709.

2. Freier Beruf

8 § 1 PartGG vom 25. 7. 1994[25] definiert die Partnerschaft als eine Gesellschaft, in der sich Angehörige Freier Berufe zur Ausübung ihrer Berufe zusammenschließen. § 1 Abs. 2 PartGG zählt enumerativ die Freien Berufe auf, die sich zur Partnerschaft zusammenschließen können. Unter diesen vom Gesetz aufgeführten Berufen sind Rechtsanwälte, Steuerberater, Ärzte, Zahnärzte, Journalisten, Hebammen, Lotsen, Schriftsteller, Erzieher u. a. Weil sich nach § 59a Rechtsanwälte nur mit den dort abschließend aufgeführten freien Berufen, also verkammerten Rechtsbeiständen, Rechtsanwälten, Steuerberatern, Steuerbevollmächtigten, Wirtschaftsprüfern und vereidigten Buchprüfern zur gemeinschaftlichen Berufsausübung zusammenschließen dürfen, ist deutlich: Die Kennzeichnung, daß der Rechtsanwalt einen **freien** Beruf ausübt, ist eine speziell auf die Anwaltschaft bezogene Aussage. Sie kann ausgelegt werden aus dem Gesamtzusammenhang der BRAO als des Berufsgesetzes[26] der Anwaltschaft. Sie bestätigt den mehr als 100 Jahre alten Grundsatz der freien Advokatur mit dem wesentlichen Inhalt, daß anwaltliche Berufsausübung frei zu sein hat von jeglicher staatlichen Kontrolle in der Erkenntnis, daß Rechtsstaatlichkeit nur funktioniert mit einer freien Anwaltschaft, die Rechtsprechung im freiheitlichen, demokratischen Rechtsstaat geradezu voraussetzt.

9 Eine Legaldefinition des Begriffs „freier Beruf" ist nicht aufzufinden.[27] Dessen bedarf es auch nicht. Die Formulierung des § 2 Abs. 1 macht klar, daß der Rechtsanwalt seinen Beruf frei von staatlicher Kontrolle ausübt.[28] Die anwaltliche Berufsausübung erfolgt in freier und unreglementierter Selbstbestimmung.[29] „Dies liegt im Interesse des Rechtsstaatsgedankens und dient der Rechtspflege, weil dem Bürger Rechtskundige zur Verfügung stehen, die ihm unabhängig von staatlicher Einflußnahme zur Seite stehen".[30]
Die amtliche Begründung zur BRAO-Novelle vom 2. 9. 1994[31] erklärt, der Anwalt könne seine Aufgabe nur erfüllen, wenn er seinen Beruf **frei** ausübe.
Die Beschlüsse des Bundesverfassungsgerichts vom 14. 7. 1987[32] sowie vom 4. 11. 1992[33] bezeichnen unter Hinweis auf die ständige Rechtsprechung des Bundesverfassungsgerichts die Berufsausübung des Anwalts als grundsätzlich **frei** und unreglementiert. Begründet wird das unter Verweis auf das gesetzlich normierte Berufsbild in §§ 1 bis 3 und das dort normierte freie Berufsausübung des Anwalts als eines unabhängigen Organs der Rechtspflege. Damit ist die Feststellung Redekers belegt, wonach der Begriff der Unabhängigkeit ein Synonym für Freiheit ist.[34] Das gilt auch umgekehrt. Der Rechtsanwalt übt einen freien Beruf unabhängig aus. „Unabhängigkeit bedeutet Freiheit, die nicht mit Schrankenlosigkeit zu verwechseln ist".[35] Wie auch sonst zum Wesen des Freien Berufs ge-

---

[25] BGBl. I, S. 1744.
[26] Amtliche Begründung des Entwurfs eines Gesetzes zur Neuordnung des Berufsrechts der Rechtsanwälte und Patentanwälte vom 10. 3. 1993 AnwBl. 1993, 16.
[27] *Feuerich/Braun*, § 2 Rdn. 1.
[28] *Laufhütte*, FS Pfeiffer, 959.
[29] BVerfGE 50, 16 (29).
[30] *Laufhütte*, FS Pfeiffer, 959.
[31] BT-Drucks. 13/120, S. 48.
[32] AnwBl. 1987, 598 u. 603.
[33] AnwBl. 1993, 120.
[34] NJW 1987, 2611.
[35] *Feuerich/Braun*, § 1 Rdn. 13.

hört auch zum Beruf des Rechtsanwaltes die Unabhängigkeit in der gesamten Berufsgestaltung.

3. Organisationsformen anwaltlicher Berufsausübung

Die Anwaltschaft ist nicht homogen, sondern vielfältig strukturiert.[36] In seiner Funktion als Dienstleistungserbringer am Rechtsanwaltsmarkt reagiert der Anwalt in seiner Berufsausübung auf die Veränderungen der Rechtsanwaltsmarkt-Bedingungen.[37] Dementsprechend wird auch die Form der Berufsausübung unterschiedlich organisiert. Gingen die RAO 1878 und auch die BRAO 1959 noch vom Berufsbild des im wesentlichen in der Zivil- und Strafjustiz prozessierenden bzw. verteidigenden Einzelanwalts aus,[38] hat sich dies gründlich gewandelt. 10

Der Einzelanwalt praktiziert zwar weiter. Seit langem beschäftigt der Einzelanwalt aber vor allem jüngere Berufsanfänger als angestellte oder freie Mitarbeiter. § 56 Abs. 2 Nr. 1 verlangt, daß der Rechtsanwalt ein **Beschäftigungsverhältnis** unverzüglich dem Vorstand der RAK zu melden hat. § 59a Abs. 4 spricht erstmals von anwaltlicher Berufsausübung in „Bürogemeinschaften". § 59b Abs. 2 Nr. 8 ermächtigt die Satzungsversammlung der Anwaltschaft, die Pflichten in Zusammenhang mit der Beschäftigung von Rechtsanwälten zu regeln. Übt der Rechtsanwalt im Beschäftigungsverhältnis und in Bürogemeinschaften einen **freien** Beruf aus? 11

Die Berufsausübung der Anwaltschaft in Sozietäten (also BGB-Gesellschaften) normierte der Gesetzgeber erstmals mit der BRAO-Novelle vom 2. 9. 1994. Der Wirklichkeit anwaltlicher Berufsausübung entsprechend ist jetzt in § 59a anwaltliche Zusammenarbeit mit anderen Rechtsanwälten und anwaltliche Zusammenarbeit mit anderen Freien Berufen geregelt. Ausdrücklich zulässig ist die Sozietät in ihren unterschiedlichen Erscheinungsformen. Die Anwaltssozietät kann sich organisieren: örtlich, überörtlich (auch intraurban), interprofessionell und international.[39] § 2 Abs. 1 verlangt, daß jeder Sozius in dieser Organisation seinen Beruf **frei** ausübt. 12

Das PartGG, in Kraft getreten am 1. 7. 1995,[40] normiert eine neue Gesellschaftsform, die nur den Angehörigen Freier Berufe, zu denen die Anwaltschaft gehört (§ 1 Abs. 2 PartGG), offen ist. § 2 Abs. 1 verlangt, daß jeder Partner dieser Gesellschaft seinen Beruf **frei**, d. h. unabhängig[41] ausübt. 13

Das BayObLG hat die Anwalts-GmbH, die die Literatur schon länger für zulässig hält,[42] unter bestimmten Voraussetzungen als anwaltliche Organisationsform, weil gesetzlich nicht verboten, anerkannt.[43] Eine der vom Gericht als unabdingbar bezeichneten Voraussetzungen für jeden Gesellschafter/Geschäftsführer in der Anwalts-GmbH ist die **Unabhängigkeit** seiner Berufsausübung.[44] 14

---

[36] *Schardey* AnwBl. 1987, 401.
[37] *Zuck* AnwBl. 1988, 19; *Schiefer* AnwBl. 1987, 360.
[38] *Heimerich* BB 1959, 786; *Zuck* AnwBl. 1988, 20.
[39] *Feuerich/Braun*, § 59a Rdn. 1 bis 7.
[40] BGBl. I, S. 1744; zur Würdigung des Gesetzes s. *K. Schmidt* ZIP 1993, 633.
[41] *Redeker* NJW 1987, 2611.
[42] *Ahlers* AnwBl. 1991, 226; ders. AnwBl. 1995, 3 und AnwBl. 1995, 121; *Henssler* JZ 1992, 697; ders. NJW 93, 2137; ders. ZIP 1994, 844; *Scholz*, Komm. z. GMBHG Bd. I, Köln 1993, § 1 Rdn. 13; *Hommelhoff*, Liber Amicorum für Hasche, S. 101.
[43] BayObLG ZIP 1994, 1868.
[44] BayObLG ZIP 1994, 1868 (1869); *Henssler* ZIP 1994, 381.

15 Das gilt ebenso für andere gesellschaftsrechtliche oder gesellschaftsrechtsähnliche Zusammenschlüsse anwaltlicher oder interprofessioneller, auch internationaler Zusammenarbeit.[45]

16 Die amtliche Begründung der BRAO-Novelle vom 2. 9. 1994 erklärt, mit der neuen gesetzlichen Regelung ein **gewandelten** Anforderungen und Auffassungen entsprechendes, zukunftsweisendes Berufsrecht, zu schaffen.[46] Wenn gleichwohl § 2 Abs. 1 nicht geändert, sondern unverändert zur Kennzeichnung der Stellung des Rechtsanwalts in der Rechtspflege übernommen worden ist, ist die Auffassung des Gesetzgebers deutlich. Der Rechtsanwalt übt einen **freien** Beruf in allen im Gesetz genannten Zusammenarbeitsformen aus.

17 a) **Das Anstellungsverhältnis des Rechtsanwalts bei einem Rechtsanwalt.** Viele Rechtsanwälte beginnen nicht erst seit heute ihre Berufstätigkeit in einer Anwaltssozietät,[47] begeben sich also in ein abhängiges, weisungsgebundenes Arbeitsverhältnis. Das Anstellungs/Arbeitsverhältnis hindert den angestellten Rechtsanwalt nicht und darf es nicht tun, im Mandatsbereich beruflich **frei**, d. h. **unabhängig**, anwaltlich tätig zu sein. Die berufliche Tätigkeit unterliegt nicht den Weisungen des arbeitgebenden Anwalts. Die Vereinbarkeit des Anstellungsverhältnisses mit der Freiberuflichkeit ist ausdiskutiert,[48] weil die unabhängige, freie Berufstätigkeit des arbeitsrechtlich abhängigen Rechtsanwalts durch den anwaltlichen Arbeitgeber, der ebenfalls dem anwaltlichen Berufsrecht unterliegt, nicht beeinträchtigt werden darf. Das ist, den Bedingungen am Anwaltsmarkt entsprechend, durch das Bundesverfassungsgericht anerkannt. Das Bundesverfassungsgerichts stellt in seiner Entscheidung vom 4. 11. 1992[49] nachdrücklich fest, daß sich jeder, der den Beruf des Rechtsanwalts ergreift, mit den besonderen Bedingungen des Anwaltsmarktes auseinandersetzen muß. Darauf hingewiesen wird, daß die äußerst angespannte Wettbewerbssituation auf diesem Markt sogar die Ausübung eines zweiten Berufs neben der Zulassung zur Anwaltschaft erfordert, um den Lebensunterhalt zu sichern, bis ein erforderlicher Mandantenstamm oder die erforderliche Bekanntheit erreicht sind. Wenn das sogar für einen Beruf außerhalb der freien Berufe gilt, muß das erst recht für die Begründung eines Arbeitsverhältnisses eines Rechtsanwalts bei einem anderen Rechtsanwalt gelten.

18 b) **Der Rechtsanwalt als freier Mitarbeiter.** Nichts anderes gilt dann, wenn der Rechtsanwalt nicht in einem weisungsgebundenen Arbeitsverhältnis, das Ort und Zeit seiner Tätigkeit regelt, tätig ist und für einen anderen Rechtsanwalt dessen Mandate mitbearbeitet, sofern er seine Tätigkeit im wesentlichen nach Ort und Zeit frei gestalten kann.[50] Die erheblichen Risiken einer solchen Tätigkeit liegen nicht im beruflichen, sondern im arbeitsvertraglichen Teil des freien Mitarbeiterverhältnisses. Zu häufig wird übersehen, daß für die Qualifizierung dieser Tätigkeit als Anstellungs- oder freies Mitarbeiterverhältnis nicht die Bezeichnung, sondern der Inhalt des Vertrages entscheidend ist.[51]

---

[45] *Hartung* AnwBl. 1995, 333.
[46] Amtliche Begründung BT-Drucks. 12/4993, S. 1.
[47] *Henssler*, Anm. zu BAG AP Nr. 12 zu § 5 ArbGG 1979, Bl. 210.
[48] *Henssler*, Anm. zu BAG AP Nr. 12 zu § 5 ArbGG 1979, Bl. 210; *Fuhrmann*, S. 80; *Stehmann*, S. 58; BGH NJW 1987, 1328.
[49] AnwBl. 1993, 120.
[50] *Feuerich/Braun*, § 2 Rdn. 44; *Wettlaufer* AnwBl. 1989, 204; BAG DB 1967, 1374.
[51] Zu den steuerrechtlichen Risiken: *Streck* AnwBl. 1992, 309; zu den sozialversicherungsrechtlichen Risiken: *Kilger* AnwBl. 1992, 212.

§ 2 Beruf des Rechtsanwalts

c) Der Rechtsanwalt als arbeitnehmerähnliche Person. Das BAG hat verneint, daß ein Rechtsanwalt arbeitnehmerähnliche Person im Sinne von § 5 Abs. 2 Nr. 2 ArbGG 1979 in einer Konstellation sein kann, in der er Partner einer Anwaltssozietät, von dieser aber abhängig ist.[52] In einer Anmerkung zu diesem Urteil weist *Henssler*[53] darauf hin, der Entscheidung im Ergebnis zustimmend, daß die Anwaltschaft vom Status der arbeitnehmerähnlichen Person nicht generell ausgeschlossen werden kann, gleichwohl aber die Ablehnung der entsprechenden sozialen Schutzbedürftigkeit durch das BAG nicht unbillig ist, zumal dies nur auf seltene Fälle von geringer praktischer Relevanz beschränkt sein dürfte. 19

Die Frage, ob der Syndikusanwalt einen **freien** Beruf im Sinne von § 2 Abs. 1 ausübt, stellt sich für sein Anstellungsverhältnis nicht. Die sogenannte Doppelberufstheorie, wonach der Syndikusanwalt nicht im Anstellungsverhältnis, sondern zeitlich davor, daneben oder danach **freie** Anwaltstätigkeit ausübt, ist vom Bundesverfassungsgericht bestätigt worden.[54] Das ist aber unzutreffend und ignoriert die Realität. Der Syndikusanwalt ist häufig – gerade wegen seiner hohen beruflichen Qualifikation schon aus Zeitgründen außerstande, außerhalb seines Anstellungsverhältnisses eine irgendwie geartete **freie** anwaltliche Berufstätigkeit zu entfalten.[55] 20

Wegen der Einzelheiten wird auf die Erläuterungen zu § 46 verwiesen.

Freie anwaltliche Berufsausübung ist auch in gesellschaftsrechtlicher anwaltlicher Zusammenarbeit unverzichtbar und muß durch entsprechende Satzungsgestaltung gewährleistet sein. Auf die Erläuterungen zu § 59a wird verwiesen. 21

4. Die anwaltliche Tätigkeit ist kein Gewerbe

a) Begriffsbestimmung. Die höchstrichterliche Rechtsprechung versteht unter einem Gewerbebetrieb jeden berufsmäßigen Geschäftsbetrieb, der von der Absicht dauernder Gewinnerzielung beherrscht wird.[56] Die Literatur stimmt zu.[57] Übereinstimmend gehen Rechtsprechung und Literatur davon aus, daß Freie Berufe kein Gewerbe betreiben.[58] § 1 Abs. 2 PartGG zählt enumerativ die Angehörigen der Freien Berufe auf; darunter den Rechtsanwalt. Nach dieser, seit dem 1. 7. 1995 in Kraft befindlichen gesetzlichen Festlegung der Angehörigen Freier Berufe, ist damit § 2 Abs. 2 in seiner Bedeutung dann überholt, wenn es richtig bleibt, daß Gesetze nur das regeln sollen, was wirklich notwendig ist und eine Verbesserung bringt.[59] 22

b) Ethos anwaltlicher Berufsausübung. § 2 Abs. 2 könnte seinen Sinn behalten, wenn Abschied genommen werden könnte von dem früheren Gesetzesverständnis, wonach die Norm aussagt, daß im Unterschied zur gewerblichen Tätigkeit anwaltliche Tätigkeit sich nicht vom Streben nach Gewinn bestimmen läßt.[60] Diese Aussage war immer falsch und ist realitätsblind. Rechtsanwälte üben 23

---

[52] BAG DB 1993, 1622 = AP Nr. 12 zu § 5 ArbGG 1979.
[53] BAG AP Nr. 12 zu § 5 ArbGG 1979, S. 213.
[54] BVerfGE 87, 287 = NJW 1993, 317.
[55] *Neumann* AnwBl. 1987, 404; *Biermann* AnwBl. 1994, 562; *Roxin* NJW 1995, 17; *Kleine-Cosack* NJW 1994, 2254.
[56] BGHZ 83, 382 (386); BGHZ 95, 156 (157).
[57] *Palandt/Heinrichs*, § 196 Rdn. 4a; *Baumbach/Hopt*, § 1 Rdn. 3.
[58] BGHZ 72, 287; BGHZ 33, 325; BGH WM 1979, 559; *Baumbach/Hopt*, § 1 Rdn. 3.
[59] *Engelhard* ZRP 1983, 233 (235).
[60] Amtl. Begr. BT-Drucks. III./120, S. 49.

ihren Beruf nicht nur aus Neigung und Berufung, sondern gegenwärtig häufig angesichts der Anwaltsschwemme deshalb aus, weil ihnen etwas anderes nicht übrig bleibt, jedenfalls auch, um Einkünfte zu erzielen, mit denen sie ihren und ihrer Familie Lebensunterhalt bestreiten und Vermögen zur Lebensgestaltung und Zukunftssicherung bilden können.[61]

24 Anwaltliche Tätigkeit – wie die anderer freier Berufe ist kein Gewerbe, weil anwaltliche Berufsausübung **frei und unabhängig** vollzogen wird in einem Geschäftsbesorgungsverhältnis zwischen Mandant und Anwalt, das dem dienstleistenden Anwalt spezifische Verantwortung überträgt: Der Rechtsanwalt als Garant zur Vermittlung rechtlichen Gehörs für seinen Auftraggeber wird wegen seiner Kenntnisse in Anspruch genommen, über die der Auftraggeber nicht verfügt. Der Mandant ist abhängig von Leistung und Leistungsbereitschaft des unabhängigen Rechtsanwalts.[62] Dies ist das Spezifikum aller freien Berufe, insbesondere der für den Auftraggeber existentiellen;[63] deshalb hat die Monopolisierung freiberuflicher Tätigkeiten im Rechtsberatungsgesetz, Steuerberatungsgesetz, Heilpraktikergesetz und in den Architektengesetzen der Länder ihren rechtfertigenden Grund.[64]

25 Begreift man Ethos im Sinne einer allgemeinen sittlichen Grundhaltung, und ist Ethik die Lehre vom sittlichen Wollen und Handeln des Menschen,[65] dann ist **Ethos anwaltlicher Berufsausübung** die Umschreibung einer sittlichen Grundhaltung anwaltlicher Tätigkeit. Diese sittliche Grundhaltung ist moderner anwaltlicher Berufsausübung weiterhin immanent. Davon geht das Bundesverfassungsgericht aus, wenn es feststellt, daß es auf das Ansehen der Anwaltschaft ankommt, wenn dies über bloße berufsständische Belange hinaus im Allgemeininteresse liegt.[66] Das meint der Gesetzgeber, wenn er die Stellung des Rechtsanwaltes in der Rechtspflege mit Begriffen wie „unabhängig" (§§ 1, 3 Abs. 1, § 43a Abs. 1, § 7 Nr. 8, § 14 Abs. 2 Nr. 8) und „frei" (§ 2 Abs. 1) kennzeichnet und als Grundpflichten des Rechtsanwalts die der Gewissenhaftigkeit (§§ 43, 59b Abs. 2 Nr. 1 lit. a), der Verschwiegenheit und der Sorgfalt (§ 43a Abs. 2, 5) umschreibt.

Nach § 3 BerHG wird die Beratungshilfe durch Rechtsanwälte gewährt, mit Ausnahme der Länder Hamburg, Bremen und Berlin, wo traditionsgemäß kommunale Beratungshilfestellen existieren. Im Rahmen der Beratungshilfe kommt den Rechtsanwälten eine wichtige Funktion zu. Diese steht oft im Gegensatz zum anfallenden Honorar.[67] Anerkannt wird damit der soziale, öffentliche Dienst der Anwaltschaft für einkommensschwache Rechtsuchende, also ethischen Grundsätzen entsprechende anwaltliche Berufsausübung.

Hiervon geht auch die Anwaltschaft selbst aus. Belegt ist das darin, daß der Deutsche Anwaltverein speziell für junge Rechtsanwältinnen und Rechtsanwälte Foren veranstaltet, in denen konkrete Hinweise zur Ausübung des Anwaltsberufs gegeben werden, aber auch zum Thema „Ethos anwaltlicher Berufsausübung" vorgetragen wird.[68] Die Anwaltschaft hat das durch ihr Gesamtverhalten nach dem Bekanntwerden der Beschlüsse des Bundesverfassungsgerichts vom 14. 7.

---

[61] *Löwe* AnwBl. 1988, 545 (547); *Redeker* NJW 1987, 2610 (2611).
[62] *Redeker* NJW 1987, 2610 (2611)
[63] *Redeker* AnwBl. 1988, 14 (16).
[64] *Redeker* NJW 1987, 2610 (2611).
[65] *Prütting* AnwBl. 1994, 315.
[66] BVerfGE 66, 337 (344).
[67] *Fischer* NJW 1993, 2090.
[68] *Prütting* AnwBl. 1994, 315; AnwBl. 1994, 326 (329).

1987[69] bewiesen: Die Aufhebung der Grundsätze des anwaltlichen Standesrechts durch das Bundesverfassungsgericht hat nicht bewirkt, daß sich „das ethische Verhalten von Rechtsanwälten in dramatischer Weise verändert und verschlechtert hat. Es hat sich in den vergangenen Jahren gezeigt, daß anwaltliches Ethos nicht nur abstrakt notwendig ist, sondern daß in der Rechtsanwaltschaft durchaus ein Gespür für die Notwendigkeit ethischer Grundsätze vorhanden ist".[70] *Redeker* fordert 1988 anwaltliche Solidarität ein, die notwendiger denn je sei, wobei Solidarität immer „primär oder auch zugleich ethisches Postulat sein" wird.[71]

§ 2 Abs. 2 hat mit diesem Appellcharakter, mit dieser programmatischen Aussage, wonach anwaltliche Berufsausübung wie jede andere, sich hier von jeder anderen Berufsausübung nicht unterscheidend, auf Gewinnerzielung gerichtet ist, im zustande gekommenen Mandat dies aber nicht länger die Richtschnur anwaltlichen Handels ist, sondern dann der Kampf ums Recht in freier, unabhängiger anwaltlicher Tätigkeit mit dem Zweck der Durchsetzung rechtlichen Gehörs des Mandanten einsetzt, seinen Sinn auch weiterhin. Der Appellcharakter des § 2 Abs. 2 kann dahin ausgedrückt werden, daß unabhängig von den Erklärungen des Mandanten die berufsethische Bindung des Rechtsanwalts besteht.[72]

c) **Anwaltswerbung.** Einerseits: *Friedrich Wilhelm I.* schrieb an *Cocceji*, den Präsidenten des Kammergerichts: „Wenn ein Advocat oder Procurator sich unterstehen wird, Leute aufzuwiegeln, um bei ihm alte abgedroschene Sachen anzubringen, so wird der König solchen Advocaten oder Procuratoren ohne Gnade aufhängen und zu mehrerer Abscheu einen Hund neben ihn hängen lassen".[73]

Andererseits: „*Jesus* wußte, wie man wirbt".[74]

In nicht sehr klarem Umfang ist nun der Anwaltschaft erlaubt, über ihre Tätigkeit die Rechtsuchenden **werbend zu informieren,** § 43 b. Auf die Erläuterungen zu dieser Bestimmung wird verwiesen. Art. 12 GG gestattet anwaltliche Werbung ebenso, wie dies für jeden anderen Beruf gilt.[75] Umfangreiche Hinweise auf Möglichkeiten anwaltlicher Werbung zeigt *Streck* auf, nicht ohne zu bemerken, daß § 43 b sich als eine Vorschrift auszeichnet, die erlaube, was sie untersage.[76]

Die §§ 1 bis 3 sind keine Eingriffstatbestände. § 2 Abs. 2 kann deshalb zur Auslegung des § 43 in der Frage verbotener oder erlaubter Anwaltswerbung nicht herangezogen werden. Dies richtet sich allein nach § 43 b, auch, solange die Satzungsversammlung von der ihr erteilten Ermächtigung nach § 59 b Abs. 2 Nr. 3 noch keinen Gebrauch gemacht hat. § 2 Abs. 2 ist deshalb ohne Aussagewert darüber, ob § 43 b dem Anwalt die Werbung mit dem Preis verbietet. In der Literatur wird dies inzwischen für zulässig gehalten.[77] Auf die Erläuterungen zu § 43 b wird verwiesen.

---

[69] AnwBl. 1987, 598.
[70] *Prütting* AnwBl. 1994, 321.
[71] *Redeker* NJW 1988, 2610.
[72] *Henssler* NJW 1994, 1817 (1824).
[73] Zitiert nach *Prinz*, S. 86.
[74] *Mayer* AnwBl. 1988, 347.
[75] *Löwe* AnwBl. 1988, 545.
[76] *Streck* AnwBl. 1995, 64.
[77] *Von Falkenhausen,* Liber Amicorum für H.J. Rabe, S. 15 (24); *Büttner,* FS Vieregge 1995; *Feuerich-Braun,* § 59 b Rdn. 44.

§ 3 Recht zur Beratung und Vertretung

(1) Der Rechtsanwalt ist der berufene unabhängige Berater und Vertreter in allen Rechtsangelegenheiten.

(2) Sein Recht, in Rechtsangelegenheiten aller Art vor Gerichten, Schiedsgerichten oder Behörden aufzutreten, kann nur durch ein Bundesgesetz beschränkt werden.

(3) Jedermann hat im Rahmen der gesetzlichen Vorschriften das Recht, sich in Rechtsangelegenheiten aller Art durch einen Rechtsanwalt seiner Wahl beraten und vor Gerichten, Schiedsgerichten oder Behörden vertreten zu lassen.

Schrifttum: *Adolf Arndt*, Gesammelte juristische Schriften, 1956, darin: Das rechtliche Gehör, S. 359; *ders.*, Anm. zu BGH vom 16. 1. 1967, Redefreiheit des Rechtsanwaltes gem. Art. 103 GG, NJW 1967, 1331; *Bergerfurth*, Der Anwaltszwang und seine Ausnahmen, 1988; *Everling*, Entwicklung im anwaltlichen Berufsrecht unter dem Blickwinkel des Rechts in der EG, BRAK-Mitt. 1988, 166; *Friese*, Die Freiheit der Advokatur in Deutschland, 1989; *Henssler*, Das anwaltliche Berufsgeheimnis, NJW 1994, 1817; *ders.*, Anwaltschaft im Wettbewerb, AnwBl. 1988, 541; *Huffmann*, Kampf um eine freie Advokatur, 1967; *Kleine-Cosack*, Berufständische Autonomie im Grundgesetz, 1986; *Koch*, Rechtspolitik unter dem Diktat der leeren Kassen, AnwBl. 1983, 351; *Matschke*, Anwaltszwang, AnwBl. 1985, 503; *Ostler*, 100 Jahre Rechtsanwaltsordnung, NJW 1979, 1559; *Pestke*, Der Rechtsanwalt als Mitwirkender verwaltungsrechtlicher Verfahren einschließlich solcher des Sozial- und des Steuerrechts, 1986; *Schwartz*, Gewährung und Gewährleistung des rechtlichen Gehörs durch einzelne Vorschriften der Zivilprozeßordnung, 1977; *Vollkommer*, Die Stellung des Anwalts im Zivilprozeß – Anwaltszwang – Anwaltsverschulden – Anwaltsfunktion, 1984; *Vorbrugg*, Qualität anwaltlicher Dienstleistungen, Liber Amicorum für H.J. Rabe 1995; *Waldner*, Aktuelle Probleme des rechtlichen Gehörs im Zivilprozeß, 1983; *Wasilewski*, Streitverhütung durch Rechtsanwälte, BRAK-Mitt. 1990, 5; *Winters*, Der Rechtsanwaltsmarkt 1990; *Zuck*, Verfassungsrechtliche Vorfragen anwaltlicher Selbstdarstellung, in: 25 Jahre Bundesrechtsanwaltskammer, 1994; *ders.*, Welche gesetzlichen Regelungen empfehlen sich für das Recht der rechtsberatenden Berufe, insbesondere im Hinblick auf die Entwicklung in der europäischen Gemeinschaft, Sitzungsbericht M DJT 1990 = AnwBl. 1990, 589.

Übersicht

	Rdn.		Rdn.
I. Entstehungsgeschichte	1–4	2. Alle Rechtsangelegenheiten	11
1. Regelung früherer Rechtsanwaltsordnungen	1	3. Unabhängigkeit	16
2. Das geltende Recht	4	4. Beschränkung des anwaltlichen Auftrittsrechts	17
II. Normzweck	5–8	5. „Freie" Anwaltswahl?	23
III. Einzelerläuterungen	9–29	IV. Berufspolitische Hinweise	30–31
1. Der Rechtsanwalt	9		

I. Entstehungsgeschichte

1. Regelung früherer Rechtsanwaltsordnungen

1   Die RAO 1878 kannte eine § 3 entsprechende Bestimmung nicht. Generalklauselartige Wendungen wie die des § 3 waren dem Gesetzgeber von 1878 fremd.[1] Das kann auch damit zusammenhängen, daß die RAO 1878 im wesent-

---

[1] *Schubert*, S. 76.

§ 3 Recht zur Beratung und Vertretung

lichen vom Berufsbild des Gerichtsanwalts ausging[2], das partikularistisch zersplitterte Anwaltsrecht vereinheitlichen,[3] die Anwaltschaft aus zu enger staatlicher Kontrolle befreien[4] und die Anwaltschaft freigeben, d. h., ihre Zulassung nur vom bestandenen Examen und nicht vom Ermessen der Regierung, abhängig machen wollte.[5]

Waren in § 26 RAO 1878 die prozessualen Rechte des Rechtsanwalts dahin geregelt, daß der Rechtsanwalt befugt sei, in Sachen, „auf welche die StPO, die ZPO und die KO Anwendung finden", vor jedem Gericht aufzutreten, so ging der Vorspruch der RRAO v. 21. 2. 1936[6] mit folgendem Worlaut darüber hinaus: „Der Rechtsanwalt ist der berufene, unabhängige Vertreter und Berater in allen Rechtsangelegenheiten. Sein Beruf ist kein Gewerbe, sondern Dienst am Recht".

Der Vorspruch folgte mit seinem Hinweis, der Anwalt sei Vertreter und Berater in allen Rechtsangelegenheiten, der gewandelten Wirklichkeit anwaltlicher Berufsausübung, die sich auch in entsprechender gesetzlicher Normierung niedergeschlagen hatte, z. B. in § 13 FGG, § 1663 RVO.[7] Das hat ausschließlich formal historische Bedeutung insofern, als erstmals in der RRAO 1936 ähnliche, generalklauselartige und programmatische Formulierungen wie in § 3 auftauchen. Es lenkt nicht davon ab, daß inhaltlich auf die RRAO 1936 nicht zurückgegriffen werden kann. Nach dem Verständnis des Nationalsozialismus und deshalb des Gesetzgebers 1936 war nämlich der Rechtsanwalt der „unabhängige, berufene Vertreter und Berater in allen Rechtsangelegenheiten" nur in seiner Bindung – wie jeder andere Volksgenosse auch – an die nationalsozialistische Weltanschauung.[8]

Die Rechtsanwaltsordnung für die Britische Zone vom 10. 3. 1949[9] hatte einen im Vergleich zu § 3 Abs. 1 und 2 nahezu identischen Wortlaut in § 2:

(1) Der Rechtsanwalt ist der berufene unabhängige Berater und Vertreter in allen Rechtsangelegenheiten.

(2) Jedermann hat das Recht, sich in Rechtsangelegenheiten aller Art durch einen Rechtsanwalt seiner Wahl beraten und vor Gericht, Behörden, Schiedsgerichten sowie sonstigen Einrichtungen des öffentlichen Lebens vertreten zu lassen. Dieses Recht kann nur durch ein Gesetz beschränkt werden.

Der Unterschied zu § 3 Abs. 3 liegt darin, daß der vorgenannte letzte Satz in § 3 Abs. 3 nicht übernommen worden ist, sondern das Recht jedes Rechtsuchenden, sich in Rechtsangelegenheiten aller Art durch einen Rechtsanwalt seiner Wahl beraten und vertreten zu lassen, **im Rahmen der gesetzlichen Vorschriften** erfolgt.

Im März 1949 war das Grundgesetz durch den Parlamentarischen Rat noch nicht verkündet, das geschah erst am 23. 5. 1949.[10] So ist es verständlich, daß der Verordnungsgeber der VO f. d. Br. Zone vom 10. 3. 1949 Art. 12 Abs. 1 GG noch nicht beachten konnte.

---

[2] BT-Drucks. III/120, S. 49.
[3] *Ostler* NJW 1979, 1559.
[4] *Weißler*, S. 587.
[5] *Huffmann*, S. 20 (21).
[6] RGBl. I, S. 107.
[7] Weitere Hinweise bei *Noack*, S. 21.
[8] *Noack*, S. 15, S. 27.
[9] VOBl. für die Britische Zone vom 31. 3. 1949, S. 80.
[10] BGBl. I, S. 1.

2. Das geltende Recht

4 Der Bundesgesetzgeber 1959 kannte die durch die am 23. 5. 1949 erfolgte Verkündung des Grundgesetzes gegebene verfassungsrechtliche Situation. § 3 Abs. 1 und Abs. 3 sind nicht nur nahezu wortgleich § 2 VO f. d. Br. Zone, sondern sind ergänzt um § 3 Abs. 2. Hiermit entsprach der Gesetzgeber der BRAO vom 1. 8. 1959[11] im Zuge seiner Bemühungen, das Anwaltsrecht der Bundesrepublik unter der Herrschaft des Grundgesetzes zu vereinheitlichen,[12] dem Verfassungsgebot des Art. 12 Abs. 1, S. 2 GG.[13]
Das Gesetz zur Neuregelung des Berufsrechts der Rechtsanwälte und Patentanwälte vom 2. 9. 1994[14] hat am Wortlaut des § 3 nichts geändert.

II. Normzweck

5 § 3 soll insgesamt ausdrücken, daß im Vergleich zur Regelung der RAO 1878, die in ihrem § 26 nur die Tätigkeit des Anwalts im Prozeß im Blick hatte, dem zwischenzeitlich eingetretenen Bedeutungswandel anwaltlicher Funktion Rechnung getragen wird.[15] Ausgeführt wird, daß die auf die Tätigkeit des „Gerichtsanwalts"[16] beschränkte Regelung zu eng geworden ist. Nach der Erkenntnis des Gesetzgebers des Jahres 1959 wird der Rechtsanwalt nicht nur vor Gerichten und Behörden tätig, sondern er erteilt auf allen Rechtsgebieten Rat. **Diese vorsorgende Rechtspflege, in der Streitigkeiten möglichst frühzeitig beigelegt und Prozesse vermieden werden, ist für die Allgemeinheit von unschätzbarem Wert.**[17] Deshalb bestimmt – im Gegensatz zu § 26 RAO 1878 – § 3 Abs. 1 allgemein, ohne den Wirkungskreis des Rechtsanwalts auf Sachgebiete festzulegen, daß der Anwalt der berufene Berater und Vertreter des rechtsuchenden Publikums in allen Rechtsangelegenheiten ist.[18]

6 Der universelle Anspruch des Anwalts, durch den die Bedeutung des Anwalts für das Rechtsleben, nicht nur die Rechtspflege, unterstrichen wird, bedarf nach der Überzeugung des Gesetzgebers eines besonderen Schutzes.[19] Deshalb sagt § 3 Abs. 2, daß in die anwaltliche Berufsausübung nur durch ein Bundesgesetz eingegriffen werden darf.[20]

7 In § 3 Abs. 3 schließlich regelt der Gesetzgeber den „Anspruch des Rechtsuchenden, sich in ihren Rechtsangelegenheiten durch einen Rechtsanwalt beraten und vertreten lassen zu können. Dieses an sich selbstverständliche Recht wird in Absatz 3 ausdrücklich festgelegt, um Unklarheiten auszuschließen. Dabei wird die Befugnis des Rechtsuchenden anerkannt, den Rechtsanwalt selbst aussuchen zu dürfen".[21]

8 In der amtlichen Begründung hat der Gesetzgeber gemeint, das Recht zur **Beratung** bedürfe nicht desselben Schutzes wie die **Vertretung** des Rechtsu-

---

[11] BGBl. I, S. 565.
[12] Amtl. Begr. BT-Drucks. III/120, S. 49.
[13] *Feuerich/Braun*, § 3 Rdn. 12; *Kleine-Cosack*, § 3 Rdn. 8.
[14] BGBl. I, S. 2278.
[15] Amtl. Begr. BT-Drucks. III/120, S. 49.
[16] Siehe Fn. 15.
[17] Siehe Fn. 15.
[18] Siehe Fn. 15.
[19] Siehe Fn. 15.
[20] Siehe Fn. 15.
[21] Siehe Fn. 15.

§ 3 Recht zur Beratung und Vertretung 9 § 3

chenden durch den Rechtsanwalt.[22] Diese Auffassung ist inzwischen überholt. § 3 bezieht sich auf die gesamte anwaltliche Berufsausübung, auch die Beratung.[23] Das wird nicht nur bestätigt im Entwurf zur BRAO-Novelle 1994, wenn darauf hingewiesen wird, daß an der besonderen Mittlerfunktion des Rechtsanwalts im System der Rechtspflege nicht gerüttelt werden darf, weil dem Bürger ein rechtskundiger Berater in Form eines freien und unabhängigen Rechtsanwalts zur Verfügung stehen muß.[24] Der Gesetzgeber hat auch in anderem Zusammenhang anerkannt, daß der Rechtsanwalt nicht nur Vertreter, sondern auch unabhängiger Berater aller Rechtsuchenden ist. Belegt ist das im Beratungshilfegesetz vom 18. 6. 1980[25], in dessen § 3 ausdrücklich festgehalten wird, daß die Beratungshilfe durch Rechtsanwälte gewährt wird, auch in **Beratungsstellen**, die durch eine Vereinbarung mit der Landesjustizverwaltung eingerichtet sind. Nach § 2 des BerHG wird anwaltliche Beratung und Vertretung in allen Rechtsgebieten gewährt, wenn auch erst seit der Änderung des Gesetzes vom 14. 9. 1994,[26] nachdem das BVerfG unter Berufung auf Art. 3 Abs. 1 GG es für verfassungswidrig erklärt hatte, daß zunächst die Gebiete des Sozial- und Arbeitsrechtes von der Beratungshilfe ausgeschlossen blieben.[27] Dabei verschlägt es nichts, daß nach § 14 Abs. 1 BerHG in Bremen und Hamburg die öffentliche Rechtsberatung an die Stelle der Beratungshilfe durch Rechtsanwälte getreten ist und in Berlin die Rechtsuchenden gem. § 14 Abs. 2 BerHG zwischen der öffentlichen Rechtsberatung und der anwaltlichen Beratung nach dem BerHG wählen können. Diese Ausnahmen in den drei Stadtstaaten, bei denen auf geschichtlich gewachsene Strukturen vom Gesetzgeber Rücksicht genommen worden ist[28], bestätigen die Regeln in den übrigen 13 Bundesländern: Rechtsberatung und rechtliche Vertretung, nicht nur für zahlungskräftige Klientel, sondern für alle Rechtsuchenden, auch für einkommensschwache, ist unter der Herrschaft des Grundgesetzes im Blick auf Art. 3 GG staatlich zu gewährleisten; der berufene unabhängige Berater und Vertreter auch in diesem Bereich ist, § 3 BerHG, der Rechtsanwalt.

III. Einzelerläuterungen

1. Der Rechtsanwalt

Redeker meint, **der Rechtsanwalt** sei längst nicht mehr der berufene Berater 9 und Vertreter in allen Rechtsangelegenheiten. Dem Individium sei es nicht möglich, das gesamte Spektrum des Rechtes zu überblicken. *Redeker* hofft, **die Anwaltschaft** möge der berufene Berater und Vertreter in allen Rechtsangelegenheiten bleiben.[29] *Kleine-Cosack* erklärt, der einzelne Rechtsanwalt sei angesichts der Normenflut längst nicht mehr imstande, auf allen Rechtsgebieten kompetent – darauf kommt es an – Rechtsrat zu erteilen.[30] Das ist unbestritten. Der einzelne Rechtsanwalt ist außerstande, angesichts der durch vielfältige Übernormierung

---

[22] Siehe Fn. 15.
[23] *Feuerich/Braun,* § 3 Rdn. 12.
[24] BT-Drucks. 12/493.
[25] BGBl. I, S. 689.
[26] BGBl. I, S. 2323.
[27] BVerfG AnwBl. 1993, 194.
[28] *Klinge,* BerHG, S. 29.
[29] *Redeker* ZRP 1973, 225 (229); ders. AnwBl. 1988, 17.
[30] *Kleine-Cosack* § 3 Rdn. 5.

immer schwerer zu durchdringenden rechtlichen Situation[31] in allen Rechtsfragen fachlich kompetent zu beraten und zu vertreten.

10 Das ist in der Formulierung „**der Rechtsanwalt**" in § 3 Abs. 1 aber auch nicht gemeint. In der amtlichen Begründung zu § 3 Abs. 1 wird darauf verwiesen, daß der Rechtsanwalt des Jahres 1959 anders, als das im Zeitpunkt der Verkündung der RAO 1878 noch der Fall war, nicht länger nur „Gerichtsanwalt" war.[32] Inzwischen sei der Rechtsanwalt auf allen Rechtsgebieten außerhalb gerichtlicher und behördlicher Verfahren tätig, auch, um Prozesse zu vermeiden.[33] Deshalb, so heißt es wörtlich, sei es bei dieser Mannigfaltigkeit der anwaltlichen Tätigkeit weder möglich noch zweckmäßig, den Wirkungskreis des Anwalts nach Sachgebieten im einzelnen festzulegen. Deshalb bestimmt Absatz 1 allgemein, daß der Anwalt der berufene Berater und Vertreter des rechtsuchenden Publikums in allen Rechtsangelegenheiten sei.[34]

Der Gesetzgeber wollte nach dieser klaren Aussage mit der Bezeichnung der Rechtsanwalt sei der berufene Berater und Vertreter in allen Rechtsangelegenheiten also nicht den Rechtsanwalt als Individium, sondern die Anwaltschaft als Ganzes ansprechen. „Rechtsanwalt" in 3 Abs. 1 ist gemeint als Berufsbezeichnung und stellt einen Sammelbegriff dar. Der Gesetzgeber hat mit der von ihm gewählten Formulierung vom Stilmittel der Synekdoche Gebrauch gemacht; dem Stilmittel, bei dem etwas „Abstraktes durch etwas Konkretes", Gattung durch Einzelwesen oder umgekehrt ersetzt wird, z. B. „der Römer" durch „alle Römer".[35]

2. Alle Rechtsangelegenheiten

11 „Wer den Beruf des Rechtsanwalts ergreifen will, muß sich den Bedingungen des **Rechtsanwaltsmarkts** stellen. Auf diesem besteht eine äußerst angespannte Wettbewerbssituation, die sich durch eine wachsende Zahl von Berufsanfängern, die Niederlassungsfreiheit im Rahmen der europäischen Gemeinschaft und die **rechtsberatende Tätigkeit anderer Berufsgruppen** (vor allem der Steuerberater und Wirtschaftsprüfer) zunehmend verschärft".[36] Dies stellt das Bundesverfassungsgericht als gerichtsbekannt fest. Das Rechtsberatungsgesetz vom 13. 12. 1935[37] ist für die Anwaltschaft, den berufenen unabhängigen Berater und Vertreter in **allen Rechtsangelegenheiten,** nur noch ein „löcheriger Schutzwall".[38]

12 Mit der Realität des Rechtsberatungsmarktes stimmt es deshalb nicht länger überein, § 3 Abs. 1 in Verbindung mit den Bestimmungen des RBerG dahin zu verstehen, daß der Anwaltschaft vom Gesetzgeber ein Monopol zur rechtlichen Beratung und Vertretung eingeräumt worden ist.[39] Das nicht vorhandene Beratungs- und Vertretungsmonopol der Anwaltschaft in allen Rechtsangelegenheiten ist in der BRAO selbst bereits gesetzlich eingeschränkt, z. B. in den §§ 45, 46, 114a Abs. 1, § 155. Ein gerichtliches Vertretungsmonopol für Rechtsanwälte existiert nur in § 78 ZPO, also im Bereich der notwendigen anwaltlichen Pro-

---

[31] *Schmidt-Aßmann,* in: Maunz/Dürig, Art. 103 Rdn. 103.
[32] Amtl. Begr. BT-Drucks. III/120, S. 49.
[33] Amtl. Begr. BT-Drucks. III/120, S. 49.
[34] Amtl. Begr. BT-Drucks. III/120, S. 49.
[35] *Wahrig,* Lexikon der Deutschen Sprachlehre 1986, S. 1256.
[36] BVerfG AnwBl. 1993, 120 (126).
[37] RGBl. I, S. 1478.
[38] *Winters,* S. 46; *Henssler* AnwBl. 1988, 541 (544).
[39] So aber *Feuerich/Braun,* § 3 Rdn. 5.

§ 3 Recht zur Beratung und Vertretung 13–15 § 3

zeßvertretung, des Anwaltszwangs. In Zivilsachen ist aber auch diese notwendige anwaltliche Prozeßvertretung durchlöchert, sie besteht nicht vor den Amtsgerichten, sie besteht nicht in erstinstanzlichen Streitigkeiten anderer Gerichtsbarkeiten. Es ist darüber hinaus wenig aussagekräftig, § 3 Abs. 1 dahin zu interpretieren, daß die Rechtsanwaltschaft vorrangig zur Beratung und Vertretung in allen Rechtsangelegenheiten berufen sein soll im Unterschied zu anderen Berufen wie Steuerberatern und Wirtschaftsprüfern.[40]

Rechtliche Beratung und Vertretung auf dem Gebiet des Steuerrechtes wird durch dazu befugte Personen ausgeübt. Das sind Rechtsanwälte ebenso wie Steuerberater, §§ 3, 4 StBerG in der Fassung der Bekanntmachung vom 4. 11. 1975,[41] wobei § 2 Abs. 1 StBerG zur geschäftsmäßigen Hilfeleistung in Steuersachen an **erster Stelle** Steuerberater, Steuerbevollmächtigte sowie Steuerberatungsgesellschaften befugt und erst an **zweiter Stelle** Rechtsanwälte. Der Gesetzgeber zieht damit die Konsequenz aus der historischen Entwicklung, wonach die Anwaltschaft Kompetenz zur steuerrechtlichen Beratung und Vertretung, sollte sie jemals von ihr abgedeckt gewesen sein, weitgehend, soweit nicht von Fachanwälten für Steuerrecht abgedeckt, verloren hat.[42] 13

§ 3 Abs. 1 ist generalklauselartige Deklaration, programmatische Aussage, die Norm statuiert auch in Verbindung mit den Bestimmungen des RBerG kein Beratungs- und Vertretungsmonopol der Anwaltschaft auf dem Rechtsberatungsmarkt, sie umschreibt die Stellung des Rechtsanwalts im Rechtsanwaltsmarkt mit der Aufforderung, dem Appell, sich dieser Forderung für alle Rechtsangelegenheiten gewachsen zu zeigen.

Berufener unabhängiger Berater und Vertreter in allen Rechtsangelegenheiten bleibt die Anwaltschaft, wie die historische Entwicklung zeigt, folglich nur dann, wenn sie den Anforderungen der Rechtsuchenden an ihre fachliche Kompetenz entspricht. Dem ihr in § 3 Abs. 1 eingeräumten Anspruch, der berufene Berater und Vertreter der Bevölkerung in **allen Rechtsangelegenheiten** zu sein, muß die Anwaltschaft einlösen.[43] Dazu gehört nicht nur die jetzt gesetzlich normierte Pflicht des Rechtsanwaltes gem. § 43a Abs. 6, sich fortzubilden, sondern die Überzeugung, daß die Behauptung der Anwaltschaft am Anwaltsmarkt abhängig ist von ihrer Kompetenz, die den Wettbewerb innerhalb und außerhalb des Berufs nicht scheut, sondern mit diesem Selbstverständnis und Selbstbewußtsein der Rolle des Rechtsanwalts am Rechtsberatungsmarkt, nämlich der gesetzlich dazu berufene qualifizierte Rechtskundige auch im Vergleich zu qualifizierten, verwandten freien Berufen zu sein und zu bleiben, allen Rechtsanwälten auch im professionellen Alltag bewußt ist.[44] 14

Mit diesem Selbstverständnis und diesem Selbstbewußtsein könnte die Anwaltschaft die Forderung erheben und ihr Nachdruck verleihen, die notwendige anwaltliche Prozeßvertretung der §§ 78, 157 Abs. 1 ZPO auf andere Gerichtsbarkeiten auszudehnen.[45] Zu Recht weist die amtliche Begründung der BRAO 1959 darauf hin, daß anwaltliche Tätigkeit im Bereich der Rechtsvorsorge geeig- 15

---

[40] *Kleine-Cosack,* § 3 Rdn. 5.
[41] BGBl. I, S. 2735.
[42] *Redeker* NJW 1973, 1153 (1157).
[43] *Zuck* AnwBl. 1990, 584 (592).
[44] *Zuck* AnwBl. 1990, 584 (591).
[45] *Koch* AnwBl. 1983, 357; *Zuck* AnwBl. 1990, 584 (590); *Pickel* AnwBl. 1987, 392; *Kapp* BB 1984, 484; *Kniffka* ZRP 1981, 171; *Hartstang* I, S. 97; anders *Vollkommer,* S. 32; unentschieden: *Bergerfurth,* Einführung Rdn. 38.

net ist, Prozesse zu vermeiden.[46] Empirisch belegt ist die außerordentlich große Bedeutung der außergerichtlichen Streitverhütung und -beilegung in der Berufsausübung der Rechtsanwälte.[47] Im statistischen Durchschnitt erledigen Rechtsanwälte 70% ihrer Fälle im Wege außergerichtlicher Streitbeilegung, nur in 30% der Fälle muß das Gericht angerufen werden.[48] In einer Zeit, in der die Belastung der Gerichte steigt, jedenfalls nicht sinkt,[49] sollte der Gesetzgeber die Streitverhütungstätigkeit der Rechtsanwälte durch Ausweitung der notwendigen anwaltlichen Prozeßvertretung auf andere Gerichtsbarkeiten prüfen und die Anwaltschaft mit diesem Verständnis von § 3 Abs. 1 die Forderung der berufsrechtlichen Abteilung des 58. DJT, den Anwaltszwang auszudehnen, selbstbewußt aufnehmen.[50]

3. Unabhängigkeit

16 Der Rechtsanwalt ist der **unabhängige** Berater und Vertreter aller Rechtsuchenden auch deshalb, weil er gem. § 4 dieselbe Eignung hat wie der Richter gem. § 5 DRiG und weil der Rechtsanwalt in einer Zeit durch vielfältige Übernormierung immer schwerer zur durchdringender rechtlicher Situationen[51] die berufene rechtskundige Person zur Durchsetzung des rechtlichen Gehörs für alle Rechtsuchenden ist. Der Gesetzgeber hat das in der BRAO-Novelle vom 2. 9. 1994[52] anerkannt: Die §§ 1 bis 3 sind nicht geändert worden. Daß anwaltliche Berufsausübung unabhängig erfolgen muß, hat die BRAO-Novelle 1994 mehrfach, nämlich in § 7 Nr. 8, § 14 Abs. 2 Nr. 9 und § 43a Abs. 1 betont unter ausdrücklicher Akzeptanz gewandelter Verhältnisse: Betont wird, daß die **Unabhängigkeit des Rechtsanwalts in seiner Berufsausübung** nicht beeinträchtigt wird durch eine berufsfremde Zweittätigkeit, die erwerbswirtschaftlichen Zielen dient, solange sie die Freiheit und **Unabhängigkeit** im anwaltlichen Mandat nicht tangiert.[53]

Auf die Erläuterungen zu §§ 1, 7, 14 und § 43a Abs. 1 wird verwiesen.

4. Beschränkung des anwaltlichen Auftrittsrechts

17 Die Grundrechtsnorm des Art. 103 Abs. 1 GG enthält die institutionelle Garantie der unabhängigen Rechtsanwaltschaft und der Freiheit in der Wahl des Rechtsanwalts. Weil das gewährleistete Gehör ein rechtliches im Sinne eines das Recht mitgestaltenden ist, verbürgt es die Befugnis, sich rechtlich beraten und rechtlich beistehen zu lassen.[54] Diese Forderung *Adolf Arndts* ist von der Rechtsprechung nicht übernommen worden.[55] Die Literatur hat dem zum Teil widersprochen.[56]

18 Zu bedenken ist: Rechtliches Gehör im Sinne von § 103 Abs. 1 S. 2 GG kann heute im Sinne kompetenter, unabhängiger, rechtskundiger Beratung und Vertre-

---

[46] Amtl. Begr. BT-Drucks. III/120, S. 49.
[47] *Wasilewski* BRAK-Mitt. 1990, 9.
[48] *Wasilewski* BRAK-Mitt. 1990, 6.
[49] *Wasilewski* BRAK-Mitt. 1990, 5.
[50] Sitzungsbericht M 58. DJT Beschlüsse, SM 1979 Nr. 3.
[51] *Schmidt-Aßmann*, in: Maunz/Dürig, Art. 103 Rdn. 103.
[52] BGBl. I, S. 2278.
[53] Amtliche Begründung BT-Drucks. 12/4993, S. 9; ebenso BVerfG AnwBl. 1993, 120 (126).
[54] *A. Arndt*, S. 362.
[55] BVerfGE 38, 105 (188); E 39, 156 (168).
[56] *Wassermann* DRiZ 1984, 425 (428); *R. Schneider* NJW 1977, 873 (874).

§ 3 Recht zur Beratung und Vertretung

tung nur durch die Anwaltschaft gewährleistet werden, denn Art. 103 Abs. 1 S. 2 GG zielt auf eine **wirksame** Form der Rechtsausübung.[57] Normenflut und Übernormierung, die psychische Situation des rechtsuchenden Bürgers bei seinem Gang zu Gericht gebieten es, vom Grundsatz frei zulässiger Beiziehung und Vertretung durch den Anwalt als rechtskundiger Person auszugehen.[58] Nur so ist Art. 103 Abs. 1 GG heute angesichts gewandelter Verhältnisse zu verstehen, auch wenn der Parlamentarische Rat bei Verkündung des GG dies anders gesehen hat: Heute ist von verfassungsrechtlicher Gewährleistung des Rechts anwaltlicher Vertretung auszugehen.[59]

Will man davon abweichen, bedarf es **gewichtiger** Gegengründe[60], die im Blick auf Art. 12 Abs. 1 S. 2 GG, was die anwaltliche Berufsausübung betrifft, nur durch ein Bundesgesetz beschränkt werden darf. Es erscheint trotz bisheriger gegenteiliger Auffassung des Bundesverfassungsgerichts in hohem Maße fraglich, ob die **lokalisierte anwaltliche Postulationsfähigkeit** in Zivilsachen bei dem Landgericht und den Familiengerichten des Landgerichts, bei dem der Rechtsanwalt zugelassen ist, verfassungskonform ist, angesichts der infolge Übernormierung in allen Bereichen immer unübersichtlicher werdenden rechtlichen Situation.[61] Zwar hat der Gesetzgeber der BRAO-Novelle 1994 nicht auf den Gesichtspunkt der Verfassungskonformität abgestellt, als er § 78 ZPO nach einer Übergangsfrist aufgehoben hat. Der Gesetzgeber hat dies rechtspolitisch begründet mit Hinweis auf die in den letzten Jahren stark gewandelten anwaltlichen Strukturen.[62] Eine vor und seit Verabschiedung der RAO 1878 streitige Frage steht damit vor ihrer endgültigen Klärung.

Art. 21 Abs. 2 der BRAO-Novelle vom 2. 9. 1994 hat einerseits in den fünf ostdeutschen Ländern die lokalisierte zivilprozessuale Postulationsbeschränkung für Rechtsanwälte eingeführt ist und andererseits dies für die Zeit ab 1. 1. 2005 wieder außer Kraft gesetzt, während in den 11 alten Ländern die lokalisierte anwaltliche Postulationsbeschränkung in Zivilsachen ab 1. 1. 2000 nach dieser Bestimmung aufgehoben ist. In hiergegen von betroffenen ostdeutschen Rechtsanwälten eingelegten Verfassungsbeschwerden hat das Bundesverfassungsgericht im Wege der einstweiligen Anordnung zum zweiten Mal entschieden, daß diese gesetzliche Regelung für Ostdeutschland für die Dauer weiterer sechs Monate ab 31. 5. 1995 ausgesetzt und inzwischen durch Beschluß vom 9. 11. 1995 endgültig für **verfassungswidrig** erklärt worden ist.[63] Mag sein, daß durch verfassungsgerichtliche Entscheidung bald eine mehr als 100 Jahre alte Streitfrage der Anwaltschaft, nämlich die der lokalisierten anwaltlichen Postulationsbeschränkung in Zivilsachen auf das Landgericht, bei dem er zugelassen ist, im Interesse des Rechtsuchenden dahin entschieden wird, daß der Rechtsuchende vom von ihm beauftragten Anwalt bei allen Landgerichten vertreten werden kann. Der Rechtsuchende, der sich entschieden hat und in freier Wahl einen Anwalt mit seiner Vertretung, auch bei einem anderen Landgericht, als bei dem, bei dem der Rechtsanwalt gem. § 18 BRAO zugelassen ist, beauftragt hat, sollte dem Rechtsanwalt seines Vertrauens die freie und unabhängige Entscheidung im Interesse des

---

[57] *Schmidt-Aßmann*, in: Maunz/Dürig, Art. 103 Rdn. 107.
[58] *Schmidt-Aßmann*, in: Maunz/Dürig, Art. 103 Rdn. 103.
[59] *Schmidt-Aßmann*, in: Maunz/Dürig, Art. 103 Rdn. 103.
[60] *Schmidt-Aßmann*, in: Maunz/Dürig, Art. 103 Rdn. 104.
[61] *Schmidt-Aßmann*, in: Maunz/Dürig, Art. 103 Rdn. 103.
[62] Amtl. Begr. BT-Drucks. 12/4993, S. 68.
[63] BVerfG Beschl. v. 31. 5. 1995 AnwBl. 1995, 512; AnwBl. 1996, 164.

Auftraggebers überlassen, ob der Anwalt bei dem auswärtigen Landgericht selbst auftritt oder sich des Beistands eines dort praktizierenden Kollegen bedient.

20 Der Gesetzgeber hat von der Möglichkeit, anwaltliche Berufsausübung durch gesetzliche Regelung zu beschränken, keineswegs zurückhaltend Gebrauch gemacht.

Sofern in **kirchlichen** Verwaltungsgerichtsgesetzen vorgeschrieben ist, daß in Verfahren vor kirchlichen Verwaltungsgerichten nur Rechtsanwälte auftreten dürfen, die der entsprechenden Kirche angehören und die kirchliche Wahlfähigkeit besitzen, wird das als rechtens angesehen. Art. 140 GG in Verbindung mit Art. 137 der Weimarer Reichsverfassung gebe nämlich den Kirchen das Recht zur Selbstbestimmung ihrer inneren Ordnung.[64] Dem wird nicht zugestimmt. Anwaltliche Berufsausübung als Garant zur Gewährung rechtlichen Gehörs ist nur frei und unabhängig möglich. Auch der Rechtsuchende in Kirchenrechtsfragen hat das Recht, den Anwalt seiner Wahl und nicht den kirchlicher Gestattung auszuwählen.

21 Unverständlich ist auch, daß es als ordnungsgemäß angesehen wird, wenn Parteisatzungen verbieten, daß sich in **parteigerichtlichen Verfahren** das Parteimitglied nicht des Beistands eines parteifremden Rechtsanwalts, der das Vertrauen des rechtsuchenden Parteimitglieds hat, bedienen darf.[65] Die amtliche Begründung zu § 3 Abs. 2 gibt keinen Aufschluß darüber, wie das anwaltliche Recht, etwa nur vor bestimmten Schiedsgerichten aufzutreten, zu verstehen ist. Parteischiedsgerichte, anderes ist nicht ersichtlich, sind solche im Sinne von § 3 Abs. 2. Das im parteischiedsgerichtlichen Verfahren befindliche Parteimitglied hat Anspruch auf Gewährung rechtlichen Gehörs, § 103 Abs. 1 GG. § 3 Abs. 3 gibt ihm das Recht, den Anwalt seiner Wahl und seines Vertrauens, im Hinblick auf die bei gerade diesem Anwalt vorhandene Kompetenz in den streitigen Rechtsfragen, zu beauftragen. Es verstößt gegen § 3 Abs. 2 und Art. 103 Abs. 1 GG, wenn der Anwalt, der nicht Parteimitglied ist, aber die nötige Kompetenz zur Vertretung des betroffenen Parteimitglieds hat, vom Parteischiedsgericht zurückgewiesen wird.

22 Das anwaltliche Vertretungsrecht des § 3 Abs. 2 gilt unbestritten nicht absolut. Der Schutzzaun des RBerG ist längst durchlöchert.[66] Auch andere, nicht anwaltliche Berufe sind zur Rechtsbesorgung in ihren jeweiligen Spezialmaterien berechtigt, wie sich aus Art. 1 § 1 RBerG ergibt. **Steuerberater** sind gem. § 3 StBerG zur Hilfeleistung in Steuersachen berechtigt. **Hochschullehrer** haben das Recht gem. § 138 Abs. 1 StPO, § 67 Abs. 1 VwGO, § 40 Abs. 2 BDO, § 22 Abs. 1 BVerfGG, ebenso wie Rechtsanwälte in den entsprechenden Verfahren als Bevollmächtigte aufzutreten.[67] Auch diese Hinweise belegen: Das gesetzliche Privileg, in allen gerichtlichen Verfahren aufzutreten und hierin nur durch Bundesgesetz eingeschränkt zu werden, kann die Anwaltschaft am zuverlässigsten und sichersten durch hohe Kompetenz ihrer anwaltlichen Dienstleistung bewahren und ausbauen.[68] Auch dies hat der Gesetzgeber der BRAO-Novelle 1994 erkannt, wenn er die Pflicht zur Fortbildung in § 43a Abs. 6 zur anwaltlichen Grundpflicht erklärt. Ausdrücklich ist diese anwaltliche Grundpflicht nicht sanktionsbewehrt, denn § 59b Abs. 2 ermächtigt die Satzungsversammlung nicht, in

---

[64] BVerfG NJW 1983, 2570; *Kleine-Cosack*, § 3 Rdn. 12a.
[65] LG Bonn NVwZ 1991, 1118; *Kleine-Cosack*, § 3 Rdn. 15.
[66] *Winters*, S. 46.
[67] Weitere Nachweise bei *Kleine-Cosack*, § 3 Rdn. 18.
[68] *Vorbrugg*, Liber Amicorum für H.J. Rabe, S. 207 (209).

der Berufsordnung Näheres zur allgemeinen Fortbildungspflicht des § 43a Abs. 6 zu regeln, sondern hierzu ist die Satzungsversammlung gem. § 59b Abs. 2 Nr. 2 lit. b und § 43c Abs. 4 S. 2 nur im Bereich der Fortbildungspflicht der Fachanwälte ermächtigt. Im Zweifel beruht diese Regelung auf der richtigen Erkenntnis des Gesetzgebers, daß anwaltliche Fortbildung ohnehin nicht kontrolliert werden kann. Das ändert nichts am deutlichen Appell des Gesetzgebers an die Anwaltschaft, auch wenn sie infolge unzulänglicher Ausbildung in Studium und Referendariat dazu schlecht gerüstet ist,[69] ihrer Stellung als Garant zur Gewährung rechtlichen Gehörs für alle Rechtsuchenden in allen Rechtsangelegenheiten auf einem hohen Qualitätsstandard gerecht zu werden.

5. Freie Anwaltswahl?

§ 3 Abs. 3 statuiert für jedermann im Rahmen der Gesetze das Recht, sich in Rechtsangelegenheiten aller Art beraten und vertreten zu lassen. Anerkannt wird damit die Befugnis des Rechtsuchenden, sich den Rechtsanwalt selbst auszusuchen. Diesem **nur grundsätzlichen** Wahlrecht gehen indes umfangreiche abweichende gesetzliche Bestimmungen vor.[70] Im Zeitpunkt der Verkündung der BRAO am 1. 8. 1959[71] war dies nicht unbestritten. § 2 Abs. 2 VO f. d. Br. Zone vom 10. 3. 1949 hatte bestimmt, daß jedermann das Recht habe, den Anwalt seiner Wahl beizuziehen und dieses Recht nur „durch ein Gesetz beschränkt werden" kann.[72] Unter Berufung hierauf hatte das OLG Köln entschieden,[73] daß gem. § 115 ZPO a.F. nur der „Armenanwalt" bestellt werden könne, den die arme Partei **selbst** ausgewählt habe und nicht der Anwalt, den das Gericht auch unter dem Gesichtspunkt gleichmäßiger Verteilung der Armenrechtsmandate unter den bei dem betreffenden Landgericht zugelassenen Rechtsanwälten ausgewählt habe.[74] Gegenteiliger Auffassung unter Berufung auf ältere Rechtsprechung war das OLG Braunschweig.[75] Das Gericht meinte, aus Sinn und Zweck von § 2 Abs. 2 VO f. d. Br. Zone folge ein solches freies Wahlrecht des Rechtsuchenden nicht, zumal § 115 ZPO a.F. unverändert geblieben sei und nur von der Beiordnung **eines** Anwalts spreche.

Diese Auffassung hat sich nach Verkündung der BRAO 1959 und im Anschluß an die Entscheidung des Bundesverfassungsgerichts vom 8. 10. 1974[76] als ganz herrschende Meinung durchgesetzt.[77]

Daran ist richtig, daß § 3 Abs. 3 kein allgemeines Recht des Rechtsuchenden auf Rechtsbeistand durch den Rechtsanwalt beinhaltet.[78] Die Bestimmung beinhaltet lediglich das an sich selbstverständliche Recht, sich im Rahmen der gesetzlichen Vorschriften durch einen Rechtsanwalt vertreten zu lassen.[79] Dabei ist klar, daß das Recht des Rechtsanwalts zur Beratung und Vertretung abhängig ist vom

---

[69] *Henssler* AnwBl. 1993, 541 (542).
[70] Amtl. Begr. BT-Drucks. III./120, S. 49.
[71] BGBl. I, S. 565.
[72] VOBl. für die Britische Zone 1949, S. 8.
[73] SJZ 1950, 345.
[74] Zustimmend *Cüppers,* § 2 RAO Britische Zone Rdn. 4; *ders.* JZ 1951, 143.
[75] OLG Braunschweig JZ 1951, 142.
[76] BVerfG NJW 1975, 103 (104).
[77] BVerwG NJW 1986, 1706; BGH NJW 1990, 578; OVG Münster AnwBl. 1993, 190; *Feuerich/Braun,* § 3 Rdn. 21.
[78] BVerfG NJW 1975, 103 (104).
[79] BVerfG NJW 1975, 103.

Recht des Auftraggebers, dessen Befugnis zur Auswahl wiederum auf das für den jeweiligen Sachzusammenhang maßgebliche gesetzliche Recht verweist.[80] Die herrschende Meinung macht damit auch an § 3 Abs. 3 deutlich: In §§ 1 bis 3 sind keine Ansprüche normiert, es handelt sich nicht um Eingriffstatbestände, sondern um Generalklauseln, programmatische Erklärungen des Gesetzgebers, die im Laufe ihrer Geltung nicht immer einheitlich ausgelegt worden sind, wie die unterschiedlichen Entscheidungen der Oberlandesgericht Köln[81] und Braunschweig[82] belegen.

25 Ebenso, wie zu Recht § 78b ZPO und §§ 140ff StPO im Blick auf Art. 103 Abs. 1 GG **verfassungsnotwendige Institute** genannt werden,[83] ist zu fragen, ob heute im Vergleich zu 1959 vollständig veränderte Verhältnisse nicht ein anderes Verständnis von § 3 Abs. 3 erfordern und folglich die vorstehend skizzierte Auffassung von Rechtsprechung und Literatur aufgegeben werden muß.

26 Am 1. 1. 1959 waren in der – allerdings um die ostdeutschen Länder kleineren – Bundesrepublik rd. 18.166 Rechtsanwälte zugelassen.[84] Inzwischen sind es, Stand 1. 1. 1996, 79.265 Rechtsanwältinnen und Rechtsanwälte in allen 16 Bundesländern.[85] Unter ihnen den Anwalt seiner Wahl und seines Vertrauens, worauf es entscheidend ankommt,[86] gefunden zu haben, ist für den Rechtsuchenden von hoher Bedeutung. Von der einmal durch den Auftraggeber getroffenen Anwaltswahl sollte deshalb nur unter äußerst zwingenden Gründen abgewichen werden.

27 Im Beschluß vom 8. 10. 1974, in dem das Bundesverfassungsgericht entschieden hat, daß § 3 Abs. 3 ein allgemeines Recht auf Rechtsbeistand durch den dazu berufenen unabhängigen Rechtsanwalt **nicht** beinhaltet,[87] hat das Gericht unter Bezugnahme auf § 1 und die Funktion des Rechtsanwalts als eines unabhängigen Organs der Rechtspflege den Beruf des Rechtsanwalts als einen **staatlich gebundenen Vertrauensberuf** gekennzeichnet.[88] Diese Auffassung hat das Bundesverfassungsgericht in seiner Entscheidung vom 8. 3. 1983 korrigiert, indem es ausführt: „Es entspricht dem Rechtsstaatsgedanken und dient der Rechtspflege, daß dem Bürger schon aus Gründen der Chancen- und Waffengleichheit Rechtskundige zur Verfügung stehen, zu denen er Vertrauen hat und die sein Interesse möglichst frei und unabhängig von staatlicher Einflußnahme wahrnehmen können. Damit steht die verfassungsgerichtliche Rechtsprechung in Einklang, daß der Anwalt einen freien Beruf ausübt, der staatliche Kontrolle und Bevormundung prinzipiell ausschließt und daß die anwaltliche Berufsausübung unter der Herrschaft des Grundgesetzes der freien und unreglementierten Selbstbestimmung des Einzelnen unterliegt, soweit sie nicht durch verfassungskonforme Regelungen im Sinne des Grundrechts der Berufsfreiheit beschränkt ist ... Jedenfalls läßt sich schon aus dem geltenden Recht nichts dafür herleiten, daß der freie und durch das Grundrecht der Berufsfreiheit geschützte Anwaltsberuf entgegen der rechtsstaatlichen Tradition der freien Advokatur an die Staatsorganisatio-

---

[80] BVerwG NJW 1981, 2136; OVG Münster AnwBl. 1993, 190.
[81] SJZ 1950, 345.
[82] JZ 1951, 142.
[83] *Schmidt-Aßmann,* in: Maunz/Dürig, Art. 103 Rdn. 112.
[84] AnwBl. 1959, 85.
[85] BRAK-Statistik, AnwBl. 1996, Heft 4.
[86] *Henssler* NJW 1994, 1821 (1824).
[87] BVerfG NJW 1975, 103 (104).
[88] BVerfG NJW 1975, 103 (105).

§ 3 Recht zur Beratung und Vertretung   28–30 § 3

nen herangeführt, beamtenähnlichen Treuepflichten unterworfen oder berufsrechtlich der Stellung von Richtern und Staatsanwälten angeglichen werden sollte."[89] Damit ist, deutlicher als in der vorausgegangenen Entscheidung vom 8. 10. 1974,[90] zum Ausdruck gebracht, daß im Gesamtbereich der Rechtspflege nur durch den freien und unabhängigen Rechtsanwalt für den Bürger rechtliches Gehör angesichts der Kompliziertheit rechtlicher Gestaltung zu gewährleisten ist.

Von seiner früheren Meinung abgewichen ist das Bundesverfassungsgericht 28
auch in seinen Beschlüssen vom 14. 7. 1987.[91] Hatte das Bundesverfassungsgericht, wie auch die gesamte Ehrengerichtsbarkeit, die Richtlinien des anwaltlichen Standesrechts in ständiger Rechtsprechung als legitimes Hilfsmittel zur Auslegung und Konkretisierung der Generalklausel des § 43 angesehen,[92] so hält das Gericht an dieser Beurteilung in den Beschlüssen vom 14. 7. 1987 nicht länger fest.[93] Ist es angesichts der psychischen Verfassung des Einzelnen beim Gang zum Gericht und sowieso angesichts der infolge Übernormierung ohne den Fachmann kaum noch zu durchdringenden rechtlicher Situation[94] geboten, vom Grundsatz frei zulässiger Beiziehung und Vertretung durch den Rechtsanwalt auszugehen,[95] und ist zu ergänzen, daß der Rechtsanwalt ein **unverzichtbarer Garant** für die Existenz und Funktionsfähigkeit des Rechtes ist,[96] könnte hier der Schlüssel zu einem heute gebotenen anderen Verständnis von § 3 Abs. 3 vorhanden sein: Der Rechtsuchende, der seine Wahl getroffen und den Anwalt seines Vertrauens beauftragt hat, ist zu respektieren. § 3 Abs. 3 normiert die freie Anwaltswahl. Sowohl im Prozeßkostenhilfeverfahren gem. §§ 114ff (121) ZPO, als auch im Bereich der Pflichtverteidigung der §§ 140ff StPO ist der getroffenen Entscheidung des Rechtsuchenden für den Anwalt seiner Wahl zu folgen.

Dieses verfassungskonforme Verständnis der Bestimmung ist auch deshalb ge- 29
boten, weil nach ständiger Rechtsprechung auf das Recht aus § 3 Abs. 3, sich im Rahmen der gesetzlichen Vorschriften eines Anwalts seiner Wahl zu bedienen, der Rechtsuchende nicht verzichten kann.[97]

IV. Berufspolitische Hinweise

Die mit liebevoller Intensität geführte Auseinandersetzung darüber, welche 30
anwaltliche Rechte und Pflichten daraus folgen, daß § 1 erklärt, der Rechtsanwalt sei ein **unabhängiges Organ der Rechtspflege**[98] sollte enden. Rechtsanwälte sollten es aushalten, daß daraus das OLG Braunschweig[99] folgert, der Rechtsanwalt solle vor Gericht die Robe tragen, die allerdings nicht länger als Amts-, sondern als Berufstracht bezeichnet werden sollte. Ein statusbildender

---

[89] BVerfG NJW 1983, 1536.
[90] BVerfG NJW 1975, 103.
[91] AnwBl. 1987, 598; AnwBl. 1987, 603.
[92] Z. B. BVerfGE 36, 212 (217); E 57, 121 (132); E 60, 215 (230); E 66, 337 (356).
[93] AnwBl. 1987, 598 (601).
[94] *Schmidt-Aßmann*, in: Maunz/Dürig, Art. 103 Rdn. 103.
[95] *Schmidt-Aßmann*, in: Maunz/Dürig, Art. 103 Rdn. 103.
[96] *Zuck* AnwBl. 1990, 589 (591).
[97] *Feuerich/Braun*, § 3 Rdn. 46.
[98] 1975, 849; *Stern*, Anwaltschaft und Verfassungsstaat 1980; *Pfeiffer* BRAK-Mitt. 1987, 102; *Friese*, Die Freiheit der Advokatur in Deutschland, 1989; *Schneider*, Der Rechtsanwalt, ein unabhängiges Organ der Rechtspflege, 1976.
[99] AnwBl. 1995, 371; s. auch *Eylmann* AnwBl. 1996, 190.

Eingriff in anwaltliche Berufsausübung ist das nicht. Sollte die Satzungsversammlung eine entsprechende Berufspflicht gem. § 59 b Abs. 2 Nr. 8 normieren, ist die anwaltliche Freiheit und Unabhängigkeit nicht tangiert, solange auch Richter und Staatsanwälte entsprechend gekleidet sind.

Rechtsanwälte sollten registrieren, daß der Präsident der Bundesrepublik Deutschland in seiner Eigenschaft als Kommentator des Grundgesetzes erklärt hat, „die Aussage des § 1 BRAO hat ausschließlich standesideologischen Hintergrund und entbehrt jeden rechtlichen Inhalts".[100] Denn deutlich erklärt wird gleichzeitig, daß die Unabhängigkeit des Rechtsanwalts eine Folge des Art. 12 Abs. 1 GG ist, also in den Grundrechtsbereich gehört.[101]

Dies hat in den Entscheidungen vom 14. 7. 1987[102] und 4. 11. 1992[103] das Bundesverfassungsgericht nachdrücklich bestätigt. Anwaltliche Berufsausübung ist, auch im Rahmen der Stellung des Rechtsanwalts in der Rechtspflege gem. §§ 1 bis 3, hieran bei jeder Prüfung auszurichten.

31 Art. 103 Abs. 1 GG enthält keine institutionelle Garantie der Anwaltschaft in ihren überkommenen Erscheinungsformen.[104] Vereinzelt geblieben ist die Forderung, die von niemanden bestrittene Kennzeichnung des Anwalts als eines unverzichtbaren Garanten für die Existenz und Funktionsfähigkeit des Rechts in Art. 20 GG zu integrieren mit der Formulierung: **„Die rechtliche Beratung und Vertretung des Bürgers ist Recht und Pflicht unabhängiger Rechtsanwälte".**[105] Es ist aber nicht erforderlich, die generalklauselartige Umschreibung der Stellung des Rechtsanwalts in der Rechtspflege gem. §§ 1 bis 3 in der Verfassung zu normieren.

„Unter der Herrschaft des Grundgesetzes unterliegt die durch den Grundsatz der freien Advokatur gekennzeichnete anwaltliche Berufsausübung der freien und unreglementierten Selbstbestimmung des Einzelnen. Eine Einschränkung der anwaltlichen Berufsfreiheit durch Gesetz oder, soweit nicht statusbildend, durch Berufsordnungsregel muß durch vernünftige Gründe des Gemeinwohls gerechtfertigt sein und die vom Grundsatz der Verhältnismäßigkeit gezogenen Grenzen einhalten".[106]

Dies ist die Vorgabe des Bundesverfassungsgerichts und des Gesetzgebers für jedwede Berufsordnungsregel, erlassen durch die **Satzungsversammlung** gem. § 59 b Abs. 2. Nach seinem erklärten Willen wollte der Gesetzgeber mit dem Gesetz zur Neuregelung des Berufsrechts der Rechtsanwälte und Patentanwälte vom 2. 9. 1994,[107] das am Inhalt der §§ 1 bis 3 nichts geändert hat, der Anwaltschaft in den Vorgaben des Bundesverfassungsgerichts im Bereich statusbildender Normen entsprechendes, zeitgemäßes, gewandelten anwaltlichen Strukturen folgendes, Berufsrecht an die Hand geben.[108]

Der voraufgegangenen Erwartung des Gesetzgebers an die Anwaltschaft, eine übereinstimmende Regelung für ein neues anwaltliches Berufsrecht vorzulegen, hat die Anwaltschaft in ihren Repräsentanten BRAK und DAV nicht entspro-

---

[100] *Schmidt-Aßmann,* in: Maunz/Dürig Art. 92 Rdn. 98.
[101] *Schmidt-Aßmann,* in: Maunz/Dürig Art. 92 Rdn. 98.
[102] AnwBl. 1987, 598.
[103] AnwBl. 1993, 120.
[104] *Schmidt-Aßmann,* in: Maunz/Dürig Art. 103 Rdn. 106.
[105] *Zuck* AnwBl. 1990, 589 (591).
[106] BVerfG AnwBl. 1987, 598 (601).
[107] BGBl. I, S. 2278.
[108] BT-Drucks. 12/4993 1 A 3.

§ 3 Recht zur Beratung und Vertretung

chen. Die Neuordnung des anwaltlichen Berufsrechts ist gegen den Willen von Teilen der Anwaltschaft verkündet worden.[109]

Die Satzungsversammlung der Anwaltschaft hat nun im Bereich nicht statusbildender Berufsordnungsregeln (§ 59b) die Chance zum Erlaß einer Berufsordnung, die verfassungskonform ist, am Bedürfnis der Rechtsuchenden in erster Linie[110] ausgerichtet ist sowie zur Richtschnur den Grundsatz freier und unreglementierter Selbstbestimmung des Anwalts in seiner Berufsausübung (in dubio pro libertate[111] hat.

---

[109] AnwBl. 1991, 624; *Kleine-Cosack* NJW 1994, 2249.
[110] *Redeker* AnwBl. 1988, 14 (18).
[111] *Schardey*, Liber Amicorum für H.J. Rabe, S. 187.

Zweiter Teil. Die Zulassung des Rechtsanwalts

Erster Abschnitt. Die Zulassung zur Rechtsanwaltschaft

1. Allgemeine Voraussetzung

Vorbemerkung § 4

Die BRAO trennt nach negativen Erfahrungen mit der RAO vom 1. Juli 1878[1] unter dem Oberbegriff der „Zulassung zur Rechtsanwaltschaft" deutlich zwischen der allgemeinen Zulassung im Sinne der Aufnahme in die Rechtsanwaltschaft und der Zulassung bei einem bestimmten Gericht. Im ersten Abschnitt des Zweiten Teils (§§ 4–17) werden die Zulassung zur Rechtsanwaltschaft als solcher, im zweiten Abschnitt (§§ 18–36) die örtliche Zulassung bei einem bestimmten Gericht oder mehreren Gerichten geregelt. Der nur § 36 a umfassende dritte Abschnitt bezieht sich auf allgemeine Vorschriften für das Verwaltungsverfahren, während der vierte Abschnitt (§§ 37–42) das anwaltsgerichtliche Verfahren in Zulassungssachen betrifft. Ein erst 1991[2] eingefügter fünfter Abschnitt über die Fachanwaltsbezeichnungen wurde durch die BRAO-Novelle 1994 aufgehoben und inhaltlich dem Dritten Teil (§ 43 c) zugewiesen.

Die Regelung der Zulassung des Rechtsanwaltes geht von einem Recht auf Zulassung bei Vorliegen der fachlichen und persönlichen Voraussetzungen aus. Die Versagungsgründe sind in §§ 4, 7 abschließend normiert, eine Ablehnung aus anderen Gründen kommt nicht in Betracht (§ 6 Abs. 2). Mit der Grundscheidung des Gesetzgebers zur Aufhebung der Lokalisation wird nach einer allerdings langen Übergangsfrist bis zum Jahr 2000 bzw. 2005 die Bedeutung der örtlichen Zulassung zurücktreten.

§ 4 Zugang zum Beruf des Rechtsanwalts

Zur Rechtsanwaltschaft kann nur zugelassen werden, wer die Befähigung zum Richteramt nach dem Deutschen Richtergesetz erlangt oder die Eignungsprüfung nach dem Gesetz über die Eignungsprüfung für die Zulassung zur Rechtsanwaltschaft vom 6. Juli 1990 (BGBl. I S. 1349) bestanden hat.

Schrifttum: *Bornemann,* Prozeßvertretung durch Hochschullehrer und das Rechtsberatungsgesetz, MDR 1985, 192 ff.; *Chemnitz,* Zur geschäftsmäßigen Besorgung fremder Rechtsangelegenheiten durch Rechtslehrer an deutschen Hochschulen, NJW 1987, 2421 ff.; *Dörig,* Die Fortgeltung juristischer Abschlüsse aus der DDR, DtZ 1990, 348; *ders.,* Anerkennung juristischer Abschlüsse aus der DDR, NJW 1990, 889; *ders.,* Der Zugang zur Anwaltschaft nach der EG-Diplomanerkennungsrichtlinie, EuZW 1991, 243 ff.; *Feuerich,* Die Umsetzung der Diplomanerkennungsrichtlinie durch das Eignungsprüfungsgesetz für

---

[1] Dazu *Friedlaender,* vor § 1 Rdn. 10; BT-Drucks. III/120, S. 50.
[2] Art. 2 des Gesetzes zur Änderung des Berufsrechts der Notare und der Rechtsanwälte v. 29. 1. 1991, BGBl. I, S. 150.

§ 4 Zugang zum Beruf des Rechtsanwalts 2, 3 § 4

die Zulassung zur Rechtsanwaltschaft, NJW 1991, 1144 ff.; *Henssler*, Anwaltlicher Wettbewerb, AnwBl. 1993, 541 ff.; *Hailbronner*, Prüfungspflicht der Mitgliedsstaaten zur Vergleichbarkeit ausländischer Diplome und Prüfungszeugnisse – EuGH NJW 1991, 2073; JuS 1991, 470 ff.; *Kaiser*, Berufsrecht im Gebiet der neuen Bundesländer – Das Rechtsanwaltsgesetz vom 13. 9. 1990, AnwBl. 1991, 133 ff.; *Lang*, Zur Eignungsprüfung von EG-Anwälten, BRAK-Mitt. 1990, 13 ff.; *Oberhein*, Die Eignungsprüfung für EU-Rechtsanwälte, NJW 1994, 1846; *Ostler*, Rechtslehrer an Hochschulen als Rechtsanwalt im Nebenberuf, AnwBl. 1987, 263 ff.; *Rabe*, Dienstleistungs- und Niederlassungsfreiheit der Rechtsanwälte in der EG, AnwBl. 1992, 146 ff.; *ders.*, Anwälte in Europa, NJW 1995, 1403; *Weil*, Die Eignungsprüfung für EG-Anwälte, BRAK-Mitt. 1991, 15 ff.; *ders.*, Ein Wunder in Lissabon ?, BRAK-Mitt. 1993, 2 ff.; *Westenberger*, Auf dem Weg zu einer anwaltseigenen EG-Niederlassungsrichtlinie, BRAK-Mitt. 1988, 230 ff.; *Willms*, Die Besorgung fremder Rechtsangelegenheiten durch Rechtslehrer an deutschen Hochschulen, NJW 1987, 1302.[1]

Übersicht

	Rdn.
I. Entstehungsgeschichte	1–3
1. Der Zulassungsanspruch	1
2. Die Bindung an die Befähigung zum Richteramt	2
II. Normzweck	4, 5
III. Verfassungsrechtliche Gesichtspunkte	6, 7
IV. Die Befähigung zum Richteramt nach dem DRiG	8–27
1. Erwerb durch Ablegung der beiden Juristischen Staatsprüfungen (§ 5 Abs. 1 DRiG)	9
2. Die Befähigung zum Richteramt als ordentlicher Professor der Rechte	12
a) Die Regelung in § 7 DRiG	12
b) Die Inkompatibilität zwischen dem Beruf des Hochschullehrers und dem Anwaltsberuf	16
c) Die forensische Tätigkeit von Hochschullehrern	17
3. Anerkennung der Richteramtsbefähigung nach § 112 DRiG i. V. m. § 92 Abs. 2 BVFG	19
4. Richteramtsbefähigung und gleichwertige Befähigungen für Bewerber aus dem Beitrittsgebiet	21
a) Die Richteramtsbefähigung für Berufsrichter der ehem. DDR	21
b) Die „Befähigung zur anwaltlichen Tätigkeit" für Bewerber aus dem Beitrittsgebiet	24
5. Erwerb der Richteramtsbefähigung auf sonstige Weise	27
V. Anwälte aus Staaten der Europäischen Union[1]	28–31
1. Die Zulassung nach bestandener Eignungsprüfung	28
2. Zulassungsanspruch aufgrund der Hochschuldiplomanerkennungsrichtlinie der EG	29
3. Die weitere Entwicklung des EG-Rechts	30, 31
VI. Rechtspolitische Aspekte	32, 33
VII. Rechtsvergleichung	34

I. Entstehungsgeschichte

1. Der Zulassungsanspruch

§ 4 statuiert wie bereits die erste Rechtsanwaltsordnung vom 1. 7. 1878[2] ein Recht auf Zulassung, wenn der Bewerber die fachlichen Grundvoraussetzungen

---

[1] Gesetz über die Eignungsprüfung für die Zulassung zur Rechtsanwaltschaft und Patentanwaltschaft vom 6. 7. 1990, BGBl. I, S. 1349.
[2] Vgl. *Friedlaender*, Allg. Vorbem. Rdn. 6; *Reifner* NJW 1984, 1151 (1154); *Weisser* S. 597.

§ 4 2, 3   Zweiter Teil. Die Zulassung des Rechtsanwalts

erfüllt. Nur unter dem totalitären Regime der Nationalsozialisten war die Anwaltschaft einer **restriktiven Bedarfsplanung** unterworfen. Nach § 15 Abs. 2 der Reichsrechtsanwaltsordnung (RRAO) vom 18. 3. 1933 bzw. vom 13. 12.[2] 1935[3] sollte zahlenmäßig keine größere Anzahl an Anwälten zugelassen werden, als es einer geordneten Rechtspflege dienlich erschien.[4] Nach dem 2. Weltkrieg stellten zunächst die Rechtsanwaltsordnungen der einzelnen Besatzungszonen den Rechtsanspruch auf Zulassung weitgehend wieder her. Einige deutsche Länder beschränkten den Zulassungsanspruch auf das jeweilige Land.[5] Mit Wirkung vom 1. 8. 1959 kehrte der in seinem Kernbereich bis heute unveränderte § 4 zu der ursprünglichen Regelung der RAO zurück.[6]

2. Die Bindung an die Befähigung zum Richteramt

2 Alle deutschen Rechtsanwaltsordnungen haben die Zulassung zur Rechtsanwaltschaft an die Befähigung zum Richteramt gebunden. Im Jahre 1878 galt diese zur deutschen Tradition[7] gewordene Regelung als bedeutende Errungenschaft, weil sie die vielfältigen landesrechtlichen Regelungen mit unterschiedlichen Ausbildungsvoraussetzungen **reichseinheitlich** ablöste.[8] Während der Beratungen zur RAO wurde die Anlehnung der Anwaltsausbildung an die des Richters einhellig für zweckmäßig erachtet. Aus der Anwaltschaft war zwar im Vorfeld zum Teil gefordert worden, der Befähigung zum Richteramt noch eine zweijährige praktische Ausbildung bei einem zugelassenen Rechtsanwalt folgen zu lassen.[9] Dieser die anwaltliche Ausbildung in die Länge ziehende Vorschlag hat jedoch keinen Niederschlag in der Gesetzesfassung von 1878 gefunden. Während auch § 1 RRAO die Zulassung zur Rechtsanwaltschaft nur für Personen vorsah, die durch Ablegung der großen Staatsprüfung die Fähigkeit zum Richteramt erlangt hatten,[10] erwähnte § 3 der RAO der britischen Zone (RAObritZ)[11] ausdrücklich das Recht der Hochschullehrer auf Zulassung.[12] Der Gesetzgeber der BRAO kehrte auch insoweit nahezu wortgleich zur Formulierung der RAO zurück.

3 Europarechtliche Vorgaben führten 1990 zur Neufassung des § 4. Die „Hochschuldiplomanerkennungs-Richtlinie der EG"[13] zwingt die Bundesrepublik Deutschland, den Rechtsanwaltsberuf für Rechtsanwälte aus anderen EG-Mitgliedstaaten zu öffnen. Der Nachweis der Befähigung zum Richteramt darf danach für EG-Anwälte **nicht mehr** vorausgesetzt werden. An die Stelle der zweiten juristischen Staatsprüfung tritt für sie der nach den Regeln ihres Heimatlandes für die Anwaltszulassung erforderliche Abschluß sowie ein zusätzlicher

---

2
[3] Bereits durch die Notverordnung vom 18. 3. 1933 (RGBl. I, S. 107 f.) wurden einige „Sofortmaßnahmen" getroffen und am 13. 12. 1935 (RGBl. I, S. 1470) das Zweite Gesetz zur Änderung der RAO 1878 erlassen.
[4] Vgl. dazu *Hanssen* DR 1944, 353; *Noack*, § 15 Anm. 17; *Ostler*, S. 259.
[5] Vgl. *Ostler*, S. 312 f.
[6] *Isele*, § 4 Anm. I. C.
[7] Vgl. *von Schwerin*, in: Magnus (Hrsg.), Die Rechtsanwaltschaft, Leipzig 1929, S. 458 (465).
[8] *Redeker* NJW 1987, 2610 (2613).
[9] *Ostler*, S. 13.
[10] *Isele*, § 4 Anm. III. B.
[11] VOBl. für die britische Zone, S. 80 f. Vgl. dazu auch *Cüppers*, Anm. zu § 3 RAObritZ.
[12] *Cüppers*, Anm. zu § 3 RAObritZ; *Isele*, § 4 Anm. III. C.
[13] Richtlinie der EG vom 21. 12. 1988 über die allgemeine Regelung zur Anerkennung der Hochschuldiplome, die eine mindestens dreijährige Berufsausbildung abschließen (89/48/EWG) – ABl. EG Nr. L 19, S. 16 f.

§ 4 Zugang zum Beruf des Rechtsanwalts

Befähigungsnachweis im Aufnahmestaat. In Deutschland ergeben sich die Voraussetzungen, unter denen europäische Anwälte in der Bundesrepublik Deutschland zugelassen werden können, aus dem Gesetz über die Eignungsprüfung für die Zulassung zur Rechtsanwaltschaft vom 6. 7. 1990[14] und der ergänzend ergangenen Verordnung des Bundesministers der Justiz über die Eignungsprüfung für die Zulassung zur Rechtsanwaltschaft vom 18. 12. 1990.[15] § 4 nimmt auf diese Regelung Bezug. Die EG-Richtlinie, nach deren Maßgabe das Eignungsprüfungsgesetz (EigPrüfG) und die Eignungsprüfungsverordnung (EigPrüf-VO) erlassen worden sind, spielt schon wegen des Vorrangs des Gemeinschaftsrechts vor dem nationalen Recht[16] eine maßgebliche Rolle bei der Auslegung der Vorschrift. Die Regelung gilt nunmehr auch für Anwälte aus den EWR-Staaten.

II. Normzweck

§ 4 normiert die fachlichen Grundvoraussetzungen für das Recht auf Zulassung und wählt als materiell-rechtlichen Anknüpfungspunkt die juristische Ausbildung des Bewerbers. Die Anlehnung an die richterliche Ausbildung entspricht der Dominanz, die diesem Beruf für die gesamte Juristenausbildung aus staatlicher Sicht zukommt. Die Befähigung zum Richteramt nach dem Deutschen Richtergesetz (DRiG) soll eine Vermutung begründen, daß der Absolvent zugleich die Fähigkeit besitzt, den Anwaltsberuf ausüben zu können. Die Motive zur RAO[17] bringen die **justizbezogene Funktion** der Anwaltsausbildung deutlich zum Ausdruck. Der Vortrag des Rechtsstreits und die Verteidigung der Sache gegen die Angriffe des Gegners in der mündlichen Verhandlung setzen eine Klarheit der Auffassung und eine auf gründliche Kenntnisse gestützte Schlagfertigkeit voraus, damit die anwaltlichen Schriftsätze letztlich der richterlichen Entscheidung zugrunde gelegt werden können. Der Gesetzgeber der BRAO hat diese tradierte Auffassung unreflektiert und ohne eigene Begründung übernommen.

Die Regelung des **Zugangs ausländischer** Rechtsanwälte zur deutschen Anwaltschaft ist vor dem Hintergrund der Hochschuldiplom-Anerkennungs-Richtlinie der EG zu interpretieren. Die Richtlinie geht vom Grundsatz der Gleichwertigkeit aller nationalen Diplome aus, die eine mindestens dreijährige Berufsausbildung abschließen. Im Grundsatz reicht danach die Zugehörigkeit eines Bewerbers zu einer europäischen Rechtsanwaltschaft aus, um die an die Ausbildung anknüpfende Zulassungsvoraussetzung zu erfüllen. Eine zusätzliche Eignungsprüfung darf lediglich Grundkenntnisse des ausländischen Anwalts im deutschen Rechtssystem kontrollieren, dagegen nicht im Schwierigkeitsgrad an die zweite juristische Staatsprüfung anknüpfen. Der Eignungstest soll die Gewähr dafür bieten, daß der ausländische Rechtsanwalt ausreichende Kenntnisse im deutschen Recht sowie im Berufsrecht nachweisen kann. Die Vorschrift dient dem Schutz des Mandanten vor unqualifiziertem Rechtsrat.

III. Verfassungsrechtliche Gesichtspunkte

Die anwaltliche Berufsausübung unterliegt nach der Verfassung der freien und unreglementierten Selbstbestimmung des einzelnen, soweit sie nicht durch verfas-

---
[14] BGBl. I, S. 1349.
[15] BGBl. I, S. 2891.
[16] Dazu: EuGHE 1963, 1 (25).
[17] Motive von *Kurlbaum* zu dem Entwurf einer Rechtsanwaltsordnung, 1872, S. 11; dazu *Schubert*, S. 41.

sungskonforme Regelungen im Sinne des Grundrechts der Berufsfreiheit (Art. 12 GG) beschränkt ist.[18] Als subjektive Berufszugangsregelung darf die personenbezogene, statusbegründende Voraussetzung der Befähigung zum Richteramt nicht außer Verhältnis zum angestrebten Zweck stehen.[19] Die vorhandenen **rechtspolitischen Zweifel** an der einseitig am Richteramt orientierten Berufsqualifikation beseitigen nicht die Erforderlichkeit der Berufszugangsbeschränkung. Die Funktionsfähigkeit der Rechtspflege als überragend wichtiges Gemeinschaftsgut rechtfertigt hohe Anforderungen an die anwaltliche Ausbildung. Dem Gesetzgeber steht ein weiter Gestaltungsspielraum bei der Ausformung eines Berufsbildes zu.[20] Solange der Bundesgesetzgeber nicht durch Gesetz eine anwaltsspezifische Ausbildung vorsieht, ist die rechtspolitisch fragwürdige Anknüpfung an die Richterausbildung mit der Verfassung in Einklang zu bringen. Der Schutz des Mandanten vor unqualifiziertem Rechtsrat gebietet es, so lange an der Regelung des § 4 festzuhalten, bis eine neue Regelung geschaffen wird.

7   Nicht mit Art. 12 GG zu vereinbaren wäre die Bindung der Zulassung an eine Bedürfnisprüfung, wie sie für Notare[21] anerkannt ist.

IV. Die Befähigung zum Richteramt nach dem DRiG

8   Eine Zulassung zur Rechtsanwaltschaft kann mit Ausnahme des Sonderweges über die Eignungsprüfung nur erfolgen, wenn der Bewerber die Befähigung zum Richteramt nach §§ 5–7, 109, 112 DRiG erlangt hat. Weder strengere noch geringere Anforderungen sollen der Gesetzesbegründung zufolge an den Anwalt gestellt werden dürfen.[22] Die deutsche Staatsangehörigkeit ist nicht erforderlich.[23] Nach § 7 DRiG erwirbt die Befähigung zum Richteramt derjenige, der zwei juristische Staatsexamina erfolgreich abgelegt hat. Die ordentliche Professur an einer deutschen Universität sowie die Zuerkennung der Richteramtsbefähigung aufgrund der § 112 DRiG i. V. m. § 92 Abs. 2 BVFG oder aufgrund des Einigungsvertrages vermitteln die gleiche Rechtsstellung.

1. Erwerb durch Ablegung der beiden Juristischen Staatsprüfungen (§ 5 Abs. 1 DRiG)

9   Gemäß § 5 Abs. 1 DRiG erwirbt derjenige die Befähigung zum Richteramt, der ein rechtswissenschaftliches Studium von mindestens sieben Semestern an einer Universität mit dem ersten juristischen Staatsexamen und einen anschließenden Referendardienst mit dem zweiten juristischen Staatsexamen abschließt. An den Zugangsvoraussetzungen für Rechtsanwälte in den alten Bundesländern hat sich durch die Zulassung von Rechtsanwälten nach dem RAG nichts geändert. Die **unterschiedlichen Qualifikationsanforderungen** an die Bewerber aus den **alten** und den **neuen Bundesländern**[24] verletzen nicht Art. 3 Abs. 1 GG[25]. Nicht das gesamte Studium oder die gesamte Referendarzeit, wohl aber der Schwerpunkt der Ausbildung muß in der Bundesrepublik Deutschland absolviert worden sein. Gemäß § 5 a Abs. 1 DRiG hat das Studium an einer deut-

---

[18] BVerfGE 50, 16 (29); E 66, 266 (282); BVerfG NJW 1983, 1535 (1536).
[19] BVerfGE 7, 377 (405 f.); E 25, 1 (11); E 44, 105 (117); E 59, 302 (315 f.).
[20] Dazu BVerfG NJW 1988, 545 f.
[21] BVerfG DVBl. 1987, 292.
[22] BT-Drucks. III/120, S. 50.
[23] Allgem. Ansicht bereits *Isele*, § 4 Anm. V.; *Feuerich/Braun*, § 4 Rdn. 3.
[24] Hierzu Rdn. 21 ff.
[25] BGH BRAK-Mitt. 1994, 179 = DtZ 1995, 59; BRAK-Mitt. 1995, 208.

schen Hochschule mindestens vier Semester zu umfassen. Einer anwaltsbezogenen Ausbildung wird gemäß § 5 a Abs. 3 DRiG dadurch Rechnung getragen, daß die Inhalte des Studiums auch die rechtsberatende Praxis zu berücksichtigen haben. Ferner müssen die Pflichtstationen der Referendarausbildung – im Gegensatz zur Wahlstation – gemäß § 5 b Abs. 1 Nr. 1 bis 4 DRiG bei Stellen in der Bundesrepublik Deutschland erfolgen. Die jeweiligen Staatsexamen sind schließlich gemäß § 5 d DRiG vor deutschen Justizprüfungsämtern abzulegen. Die Tätigkeit als freier Mitarbeiter in einer Rechtsanwaltskanzlei in den neuen Bundesländern ersetzt bei einem Bürger der alten Bundesländer nicht das 2. juristische Staatsexamen.[26] Auch aus der Stellung als sog. **Kammerrechtsbeistand** mit erstem juristischem Staatsexamen ergibt sich **kein Anspruch** auf Zulassung[27]. § 209 Abs. 1 S. 3. BRAO schließt die sinngemäße Anwendung der §§ 4 bis 6 BRAO auf den in die RAK aufgenommenen Rechtsbeistand ausdrücklich aus.

Der vor dem 3. 10 1990 erfolgte Abschluß eines rechtswissenschaftlichen Studiums als **Diplom-Jurist** an einer Universität oder wissenschaftlichen Hochschule[28] im Gebiet der neuen Bundesländer wird dem ersten Staatsexamen i. S. d. § 5 DRiG gleichgestellt.[29] Der Vorbereitungsdienst nach den Vorschriften des DRiG bzw. nach den landesrechtlichen Bestimmungen und das daran anschließende zweite Staatsexamen muß dagegen von den ehemaligen Diplomjuristen nachgeholt werden,[30] sofern nicht bereits aufgrund einer praktischen Tätigkeit eine Zulassung zur Anwaltschaft erfolgt. Die in der ehemaligen DDR vorgesehene einjährige berufspraktische Ausbildung als Anwaltsassistent ohne eine dem zweiten Staatsexamen vergleichbare Abschlußprüfung[31] kann der volljuristischen Befähigung i. S. d. § 5 DRiG nicht gleichgestellt werden.[32] 10

In jeder Hinsicht gleichgestellt sind den Absolventen der beiden Staatsexamina nach § 5 b a. F., 109 DRiG diejenigen, welche die verschiedenen Modelle der einstufigen Juristenausbildung durchlaufen haben. 11

2. Die Befähigung zum Richteramt als ordentlicher Professor der Rechte

a) Die Regelung in § 7 DRiG. Gemäß § 7 DRiG ist auch jeder ordentliche Professor der Rechte an einer deutschen[33] Universität zum Richteramt befähigt. Die Verweisung in § 4 erstreckt sich auf diese Regelung.[34] Infolge der Bezugnahme auf das DRiG wird der Rechtszustand erreicht, den die RRAO inzidenter ablehnte und den die RAObritZ ausdrücklich vorsah. 12

Als Universitäten i. S. v. § 7 DRiG kommen nur solche in Betracht, an denen mehrere Disziplinen gelehrt werden und die nach herkömmlichem Verständnis 13

---

[26] BGH BRAK-Mitt. 1994, 179.
[27] BGH BRAK-Mitt. 1983, 38; NJW 1988, 208 f.; BRAK-Mitt. 1995, 208.
[28] Dies gilt nicht für Abschlüsse an der Juristischen Hochschule Potsdam-Eiche, der Staatswissenschaftlichen Hochschule Potsdam-Babelsberg oder einer vergleichbaren Einrichtung. (Vgl. Anlage 1 Kapitel III Sachgebiet A Abschnitt III Nr. 8 lit. y) gg), (BGBl. II, S. 931 f.) zum Einigungsvertrag). Dazu: *Dörig* DtZ 1990, 348 (349).
[29] Vgl. Anlage 1 Kapitel III Sachgebiet A Abschnitt III Nr. 8 lit. y) gg), (BGBl. II, S. 931 f.) zum Einigungsvertrag; *Feuerich/Braun*, § 4 Rdn. 25.
[30] *Dörig* DtZ 1990, 348 (349).
[31] Zur Anwaltsausbildung in der ehemaligen DDR: *Dörig* JA 1990, 218 (221 f.); ders. NJW 1990, 889 (890).
[32] *Dörig* DtZ 1990, 348 (349).
[33] Die Professur an einer ausländischen Hochschule reicht nicht aus. Vgl. BGH BRAK-Mitt. 1985, 226; *Kleine-Cosack*, § 4 Rdn. 2.
[34] BGH BRAK-Mitt. 1985, 226; *Isele*, § 4 Anm. IV. B.

eine juristische Fakultät besitzen. Es scheiden demnach Professuren an Technischen Hochschulen,[35] Fachhochschulen[36] und ähnlichen Einrichtungen aus. Ferner muß es sich um eine **ordentliche Professur** an einer deutschen Hochschule handeln. Andere Dozenten, wie planmäßige außerordentliche Professoren, nichtbeamtete außerordentliche Professoren, Privatdozenten oder Honorarprofessoren werden nicht erfaßt; sie können die Richteramtsbefähigung nur über § 5 DRiG erlangen.[37] Nicht ausreichend ist auch die Stellung als Hochschullehrer im Ausland, selbst wenn dort deutsches Recht gelehrt wird und die Universität sich in einem EU-Mitgliedstaat befindet.[38]

14 Ordentliche Professoren an rechtswissenschaftlichen Fakultäten/Fachbereichen von wissenschaftlichen Hochschulen in den **neuen Bundesländern,** welche die Einstellungsvoraussetzungen für Professoren nach § 44 des Hochschulrechtsrahmengesetzes (HRRG) erfüllen und nach dem 3. 10. 1990 berufen worden sind, fallen nach dem Einigungsvertrag[39] unter § 7 DRiG. Die Befähigung zum Richteramt ist indes zunächst auf die neuen Bundesländer beschränkt.[40]

15 Der ordentliche Professor, der die Befähigung zum Richteramt nach § 7 DRiG besitzt, behält diese auch nach seiner **Emeritierung** bei, da seine fachliche Qualifikation aufgrund seiner Berufung außer Zweifel steht. Das gleiche gilt, wenn er aus sonstigen Gründen kein Universitätsamt mehr bekleidet.[41] Eine Zulassung des ordentlichen Professors zur Rechtsanwaltschaft kommt indes erst nach seiner Entpflichtung in Betracht, da § 7 Nr. 11 die Unvereinbarkeit des Anwaltsberufs mit der Stellung als aktiver Beamter festschreibt.[42] Das BVerfG[43] und der BGH[44] sehen darin keinen Verstoß gegen Art. 12 GG. Sie sehen die Regelung durch die „persönliche und sachliche Unabhängigkeit und die Weisungsfreiheit des Anwaltsberufs" gerechtfertigt. Ein weisungsabhängiger Beamter könne, auch wenn er als Hochschullehrer relativ frei und selbständig seiner Berufstätigkeit nachgehe, nicht gleichzeitig Rechtsanwalt sein.[45]

16 **b) Die Inkompatibilität zwischen dem Beruf des Hochschullehrers und dem Anwaltsberuf.** Die gesetzliche Regelung der Unvereinbarkeit von

---

[35] Vgl. dazu: *Feuerich/Braun,* § 4 Rdn. 9.
[36] BVerfG NJW 1975, 2340; *Feuerich/Braun,* § 4 Rdn. 9; *Kleine-Cosack,* § 4 Rdn. 2; *Schmidt-Räntsch,* DRiG, § 7 Rdn. 3.
[37] *Feuerich/Braun,* § 4 Rdn. 9; *Schmidt-Räntsch,* DRiG, § 7 Rdn. 4.
[38] BGH BRAK-Mitt. 1985, 226; *Feuerich/Braun,* § 4 Rdn. 9; *Jessnitzer/Blumberg,* § 4 Rdn. 1; *Kleine-Cosack,* § 4 Rdn. 2.
[39] Vgl. Anlage I Kapitel III Sachgebiet A Abschnitt III Nr. 8 lit. y), dd), (BGBl. II, S. 931 f.) zum Einigungsvertrag.
[40] Sofern der Hochschulprofessor tatsächlich den Richterberuf ergreift und diesen mindestens drei Jahre ausübt, kann er zum Richter auf Lebenszeit ernannt werden. Er erlangt damit auch die Richteramtsbefähigung in den alten Bundesländern und damit im Sinne des § 4 BRAO (Vgl.Anlage I Kapitel III Sachgebiet A Abschnitt III Nr. 8 lit. b) bzw. lit y) bb, (BGBl. II, S. 931 f.) zum Einigungsvertrag). Siehe auch: Erläuterungen der BReg. zu den Anlagen des Einigungsvertrages BR-Drucks. 605/90, S. 22.
[41] BGH BRAK-Mitt. 1985, 226; NJW 1973, 657; JZ 1984, 1040; *Feuerich/Braun,* § 4 Rdn. 10; *Kleine-Cosack,* § 4 Rdn. 2; *Schmidt-Räntsch,* DRiG, § 7 Rdn. 5.
[42] BVerfG JZ 1984, 1042; BVerfG NJW 1988, 2535; BGH BRAK-Mitt. 1985, 226; BGHZ 60, 152; BGHZ 92, 1 (2 f.); BGH NJW 1984, 2877 = JZ 1984, 1040 m. Anm. *Tettinger; Feuerich/Braun,* § 4 Rdn. 10; kritisch dazu: *Schulze-Osterloh,* FS Quack, 1991, S. 743 (748 f.).
[43] BVerfG Beschl. v. 6. 4. 1995, 1 BvR 721/95 (Nichtannahmebeschluß).
[44] Vgl. BGHZ 92, 1 (3); BGH Urt. v. 13. 5. 1995, AnwZ (B) 77/94; vgl. auch AnwGH NRW Beschl. v. 24. 10. 1994, 1 ZU 41/94.
[45] Dazu *Schulze-Osterloh,* FS Quack, 1991, S. 743 (748).

§ 4 Zugang zum Beruf des Rechtsanwalts

freiberuflicher Tätigkeit und dem Status eines Hochschullehrers weist eine Vielzahl von **Widersprüchen** aus. Das Argument der Unabhängigkeit kann schon deshalb nicht überzeugen, weil ein Richter, dessen Unabhängigkeit verfassungsrechtlich gem. Art. 97 GG zumindest den gleichen Rang wie diejenige des Anwalts hat, nach § 4 Abs. 2 Nr. 3 DRiG durchaus eine Tätigkeit als Hochschullehrer ausüben kann.[46] Hinzu kommt, daß die gleichzeitige Ausübung **anderer freier Berufe,** wie etwa die der Steuerberater oder der Wirtschaftsprüfer, den Hochschullehrern nicht verschlossen ist.[47] Ein Verstoß gegen Art. 3 Abs. 1 GG liegt hierin allerdings nicht begründet, da keine willkürliche Ungleichbehandlung wesentlich gleicher Sachverhalte vorliegt.[48] Der Rechtsanwalt nimmt als der berufene Vertreter in allen Rechtsangelegenheiten (§ 3) aufgrund seiner Erlaubnis zu forensischer Betätigung eine Sonderstellung ein. Aus rechtspolitischer Sicht überzeugt die Regelung jedoch nicht, zumal der Ausschluß von der Anwaltschaft durch eine Vielzahl von Vertretungsbefugnissen ausgehöhlt ist. Das europäische Ausland kennt überwiegend keine Unvereinbarkeit zwischen Universitätsprofessur und Anwaltsstand. In der Praxis gibt es eine Reihe von Fällen, in denen Hochschulprofessoren, die lediglich in einem Anstellungsverhältnis stehen, gleichzeitig ihre Anwaltszulassung erhalten haben.

c) Die forensische Tätigkeit von Hochschullehrern. Von der allgemeinen Zulassung zur Anwaltschaft ist die auf einzelne Gerichtsbarkeiten beschränkte prozessuale Vertretungsbefugnis der Hochschullehrer zu unterscheiden.[49] Die über § 138 Abs. 1 StPO, § 67 Abs. 1 VwGO, § 22 Abs. 1 BVerfGG, § 392 Abs. 1 AO, § 40 BDO und einige Disziplinarordnungen der Länder[50] gewährte Vertretungsbefugnis ist für die Zulassungsvoraussetzung des § 4 ohne Belang.[51] Sie steht in einem **Spannungsverhältnis** zum RBerG, da auch der Hochschullehrer nicht generell vom Verbot der Rechtsbesorgung gem. Art. 1 § 1 RBerG ausgenommen ist. Seine rechtsberatende Tätigkeit bedarf, sofern es sich nicht um eine nach Art. 1 § 2 RBerG erlaubnisfreie Gutachtertätigkeit handelt, **grundsätzlich einer Erlaubnis,** die nach Art. 1 § 1 S. 2 RBerG jedoch nur in der Form von Teilerlaubnissen für Einzelgebiete in Betracht kommt, die für Hochschullehrer in aller Regel unattraktiv sind. Der in den genannten Prozeßordnungen verwandte Begriff eines „Rechtslehrer(s) an deutschen Hochschulen" **entspricht inhaltlich** nicht demjenigen des ordentlichen Professors der Rechte gem. § 7 DRiG. Erfaßt werden hier alle ordentlichen und außerordentlichen Professoren, Honorarprofessoren und Privatdozenten, deren Lehrbefugnis ein Rechtsgebiet umfaßt. Die Zugehörigkeit zu einer juristischen Fakultät oder einem juristischen Fachbereich ist nicht erforderlich. Ausgenommen sind Lehrbeauftragte[52] und Fachhochschullehrer,[53] auch sofern sie an einer Gesamthochschule tätig sind.[54] Besonderheiten gelten für das Steuerstrafverfahren.[55] **Keine Vertre-**

---

[46] *Schulze-Osterloh,* FS Quack, 1991, S. 743 (748).
[47] Vgl. § 57 Abs. 3 Nr. 4 StBerG und § 43 Abs. 4 Nr. 3 WPO. Zu diesem Argument siehe auch: *Schulze-Osterloh,* FS Quack, 1991, S. 743 (748 f.).
[48] A. A. *Schulze-Osterloh,* FS Quack, 1991, S. 743 (751).
[49] Vgl. BVerwG NJW 1988, 220; *Kleine-Cosack,* § 4 Rdn. 3.
[50] Dazu *Willms* NJW 1987, 1302.
[51] Ausführlich dazu: *Feuerich/Braun,* § 4 Rdn. 11 f.
[52] Str. wie hier: BVerwG JZ 1971, 130; *Kleinknecht/Meyer,* StPO, § 138 Rdn. 4; *Feuerich/Braun,* § 4 Rdn. 13; a. A. *Löwe/Rosenberg,* StPO, § 138 Rdn. 8; *KK,* StPO, § 138 Rdn. 5.
[53] BGHSt 34, 85 (87); BVerwG NJW 1975, 2356.
[54] OVG Münster NJW 1980, 1590.
[55] Zu Einzelheiten *Kleinknecht/Meyer,* StPO, § 138 Rdn. 5; *KK,* StPO, § 138 Rdn. 6.

§ 4   18, 19   Zweiter Teil. Die Zulassung des Rechtsanwalts

tungsbefugnis besteht für Hochschullehrer in zivilverfahrensrechtlichen Angelegenheiten. Es gilt die Vorschrift des § 157 ZPO.

18 Eine heftige Kontroverse hat die Frage ausgelöst, ob aufgrund der über die Prozeßordnungen verliehenen Vertretungsbefugnis auch eine geschäftsmäßig betriebene Prozeßvertretung vom Erlaubniszwang des Art. 1 § 1 RBerG freigestellt ist.[56] Praktisch bedeutsam ist diese Streitfrage, da der Begriff der Geschäftsmäßigkeit anders als derjenige der Gewerbsmäßigkeit keine Gewinnerzielungsabsicht voraussetzt,[57] sondern jede selbständige, mit Wiederholungsabsicht erfolgende Tätigkeit erfaßt, die nicht nur aus besonderen Gründen als Gefälligkeit ausgeübt wird.[58] Auch die unentgeltliche und nur nebenberuflich ausgeübte Rechtsbesorgung fällt damit unter den **Erlaubniszwang des RBerG.** Nach Wortlaut und Normzweck der verfahrensrechtlichen Vorschriften soll die Vertretungstätigkeit des Hochschullehrers derjenigen der Rechtsanwälte gleichgestellt werden, so daß sie vom Erlaubniszwang des Art. 1 § 1 RBerG auszunehmen ist.[59] Nach § 138 Abs. 1 StPO soll es einem Beschuldigten freistehen, einen Hochschullehrer auch dann zu seinem Verteidiger zu wählen, wenn dieser seine Tätigkeit mit Wiederholungsabsicht ausübt. Die Regelung wäre ansonsten auf seltene Ausnahmefälle begrenzt. Sachgerecht wäre eine gesetzliche Klarstellung dieser Streitfrage durch die Aufnahme der Hochschullehrer in die Ausnahmevorschrift des Art. 1 § 3 RBerG, soweit sie durch prozessuale Vorschriften ausdrücklich als Vertreter zugelassen sind.[60]

3. Anerkennung der Richteramtsbefähigung nach § 112 DRiG i. V. m. § 92 Abs. 2 BVFG

19 Durch Zeitablauf weitgehend gegenstandslos geworden ist die Befähigung zum Richteramt, die über § 92 Abs. 2 BVFG i. V. m. § 112 DRiG erlangt werden kann. Sie setzt die Gleichwertigkeit von Prüfungen voraus, die Vertriebene und Sowjetzonenflüchtlinge bis zum 8. 5. 1945 im Gebiet des Deutschen Reiches nach dem Gebietsstand vom 31. 12. 1937 abgelegt haben.[61] So wird etwa eine während der deutschen Besatzung in Luxemburg beim Chef der Zivilverwaltung abgelegte praktische (Anwalts-) Prüfung dem zweiten juristischen Staatsexamen gleichgesetzt.[62] Ist die Prüfung i. S. d. BVFG als gleichwertig anzuerkennen, be-

---

[56] Zu der gesamten Problematik siehe: BVerwGE 83, 315 f.; BVerwG NJW 1988, 220 = AnwBl. 1988, 302 m. Anm. *Chemnitz* NJW 1982, 2421 f.; VGH München NJW 1987, 460 und NJW 1988, 2553; OVG Koblenz NJW 1988, 2555; *Bornemann* MDR 1985, 192 f.; *Feuerich/Braun,* § 4 Rdn. 14 f.; *Ostler* AnwBl. 1987, 263 f.; *Schulze-Osterloh,* FS Quack, 1991, S. 743 (746 f.); *Willms* NJW 1987, 1302 f.
[57] Die rechtspolitische Zweckmäßigkeit dieser von der früheren Regelung in § 35 GewO abweichenden Fassung wird in neuerer Zeit in Frage gestellt, dazu *König,* RechtsberatungsG, S. 61 ff.
[58] BVerwG NJW 1988, 220; OVG Koblenz, NJW 1988, 2555; OLG Karlsruhe AnwBl. 1979, 487; *Rennen/Caliebe,* RBerG, Art. 1 § 1 Rdn. 39.
[59] Ebenso BVerwG NJW 1988, 220; VGH Mannheim NJW 1991, 1195; *Willms* NJW 1987, 1302; *Redeker/v.Oertzen,* VwGO, § 67 Rdn. 2; *Senge,* in: Erbs/Kohlhaas, Strafrechtl. Nebengesetze, RBerG, § 1 Anm. 1; *Feuerich/Braun,* § 4 Rdn. 14; *Jessnitzer/Blumberg,* § 3 Rdn. 6; a. A. VGH München NJW 1987, 460 und NJW 1988, 2553; OVG Koblenz NJW 1988, 2555; *Bornemann* MDR 1985, 192 f.; *Feuerich/Braun,* § 4 Rdn. 14 f.; *Ostler* AnwBl. 1987, 263 f.; *Rennen/Caliebe,* RBerG, § 1 Rdn. 45; *Altenhoff/Busch/Chemnitz,* RBerG, § 1 Rdn. 302 ff. (312).
[60] Ebenso *Willms* NJW 1987, 1302.
[61] Vgl. den Wortlaut des § 92 Abs. 2 BVFG.
[62] OLG Koblenz, EGE III S. 106 f. Dazu und zu anderen Beispielen aus der Rechtsprechung siehe: *Isele,* § 4 Anm. IX. C.

darf es keiner zusätzlichen Voraussetzungen, die von dem die Zulassung anstrebenden Vertriebenen erst erfüllt werden müßten.[63]
Obwohl § 112 DRiG lediglich auf § 92 Abs. 2 BVFG Bezug nimmt, ist der Grundsatz entsprechend auf Prüfungen zu übertragen, die i. S. von § 92 Abs. 3 BVFG nach dem 8. 5. 1945 in Gebieten außerhalb des Geltungsbereichs des Gesetzes abgelegt wurden.[64] Jedoch müssen die ausländischen Prüfungen oder Befähigungsnachweise die unmittelbare Berufsfähigkeit ohne weitere Einarbeitung vermitteln, eine Voraussetzung, die in aller Regel nicht erfüllt sein wird. Der EGH Schleswig hat die Gleichwertigkeit für Prüfungen eines fremden Rechtskreises (Rumänien) abgelehnt.[65] **20**

4. Richteramtsbefähigung und gleichwertige Befähigungen für Bewerber aus dem Beitrittsgebiet

a) Die Richteramtsbefähigung für Berufsrichter der ehem. DDR.

Der Einigungsvertrag sieht unter gewissen Einschränkungen für Berufsrichter der ehemaligen DDR die Möglichkeit vor, die Befähigung zum Richteramt i. S. d. DRiG zu erlangen. Für **Rechtsanwälte** kommt diese Möglichkeit aufgrund der unterschiedlichen Ausbildungssysteme in der ehemaligen DDR **nicht in Betracht**. Während die Rechtsanwälte eine berufspraktische Assistentenzeit nachzuweisen hatten, war für die Richteramtsbefähigung die Absolvierung eines Gerichtsassessorats erforderlich.[66] Rechtsanwälte der ehemaligen DDR müssen, um in den Genuß der Anerkennung nach dem Einigungsvertrag zu kommen, die Gerichtsassistentenzeit am 3. 10. 1990 zumindest begonnen haben. **21**

Ohne eine **entsprechende Regelung** im Einigungsvertrag wäre nach der vor dem Beitritt der neuen Bundesländer geltenden ständigen Rechtsprechung der Ehrengerichtshöfe[67] und des BGH[68] eine Anerkennung der in der ehemaligen DDR erworbenen Befähigung zum Berufsrichter nicht in Betracht gekommen.[69] **22**

Berufsrichter der ehemaligen DDR einschließlich Ostberlins, die am Tag des Beitritts der neuen Bundesländer die Richteramtsbefähigung nach den Vorschriften der DDR besaßen oder noch erwerben konnten, **behalten** nach dem Einigungsvertrag diese Befähigung.[70] Das gleiche gilt für die aus der sog. Vertragsgerichtsbarkeit bzw. dem Staatlichen Notariatswesen in die ordentliche Gerichtsbarkeit überführten Richter und Notare.[71] Die Richteramtsbefähigung bleibt bis zur Ernennung zum Richter auf Lebenszeit nach dem DRiG auf das **Territorium der neuen Bundesländer** beschränkt.[72] Nach Ablauf einer Frist von drei **23**

---

[63] EGH Schleswig Beschl. v. 2. 6. 1987–1 EGH 9/86, zit. nach *Feuerich/Braun*, § 4 Rdn. 19.
[64] BVerwGE 51, 144; *Feuerich/Braun*, § 4 Rdn. 19; *Kleine-Cosack*, § 4 Rdn. 4.
[65] EGH Schleswig Beschl. v. 2. 6. 1987–1 EGH 9/86.
[66] *Dörig* NJW 1990, 889 (890).
[67] Vgl. EGH München EGE IX, 159.
[68] Vgl. BGHZ 109, 286; BGH ZIP 1989, 1404.
[69] Zu den Entscheidungen siehe: *Dörig* NJW 1990, 889 f.; ders. DtZ 1990, 348 f.; *Jessnitzer/Blumberg*, § 4 Rdn. 4.
[70] Art. 1 Abs. 1 des Einigungsvertrages i. V. m. Anlage 1 Kapitel III Sachgebiet A Abschnitt III Nr. 8 zum Einigungsvertrag. Dazu auch: *Dörig* DtZ 1990, 348; *Wasmuth* BRAK-Mitt. 1990, 194.
[71] *Dörig* DtZ, 1990, 348 (349); *Feuerich/Braun*, § 4 Rdn. 22.
[72] Anlage I Kapitel III Sachgebiet A Abschnitt III Nr. 8 lit. b) i. V. m. lit y) bb) zum Einigungsvertrag; siehe auch: Erläuterungen der BReg. zu den Anlagen des Einigungsvertrages BR-Drucks. 605/90, S. 22; *Dörig* DtZ 1990, 348 (349).

§ 4 24   Zweiter Teil. Die Zulassung des Rechtsanwalts

Jahren und einer erfolgreich absolvierten Einarbeitungszeit von einem Jahr kann die Richteramtsbefähigung im gesamten Bundesgebiet erworben werden, ohne daß der ehemalige Berufsrichter eine besondere Prüfung ablegen muß.[73] Voraussetzung ist die Zustimmung eines Richterwahlausschusses.[74] Für den Erwerb der Anwaltszulassung über § 4 hat das zur Konsequenz, daß auch sie erst nach Übernahme des ehemaligen DDR-Richters in den Beamtenstatus auf Lebenszeit erfolgen kann.

24 **b) Die „Befähigung zur anwaltlichen Tätigkeit" für Bewerber aus dem Beitrittsgebiet.** Die Zulassung der Rechtsanwälte aus der ehemaligen DDR bestimmt sich im übrigen nach den Übergangsbestimmungen des Art. 21 Abs. 2 und 8 des Gesetzes zur Neuordnung des Berufsrechts der Rechtsanwälte und der Patentanwälte und dem Rechtsanwaltsgesetz der DDR vom 13. 9. 1990 (RAG).[75] Nach den Übergangsvorschriften wirken die Zulassungen nach dem RAG fort. Die Befähigung zur Rechtsanwaltschaft wird auch künftig noch Personen zuerkannt, die bis zum **1. 9. 1996** die fachlichen Voraussetzungen nach § 4 RAG erfüllten.[76] Nach § 4 RAG kann zur Rechtsanwaltschaft nur zugelassen werden, wer ein juristisches Hochschulstudium in **der DDR absolviert** und mit dem akademischen Grad eines Diplomjuristen abgeschlossen hat sowie mindestens zwei Jahre juristische Praxis in der Rechtspflege oder einem juristischen Beruf vorweisen kann. Die Zulassungsvoraussetzungen erfüllt auch, wer die Lehrbefähigung für Recht an einer Hochschule oder Universität der DDR verliehen bekommen hat, soweit an dieser ein umfassendes juristisches Hochschulstudium vermittelt wurde[77]. Die Lehrbefähigung an der Juristischen Hochschule Potsdam-Eiche genügt diesen Anforderungen nicht[78]. Der Erwerb des akademischen Grades des **Diplomjuristen** ersetzt also nur das erste juristische Staatsexamen. Eine erweiternde Auslegung des § 4 RAG dahingehend, daß auch ein in den alten Bundesländern mit dem ersten Staatsexamen abgeschlossenes juristisches Studium mit anschließender praktischer Tätigkeit im Beitrittsgebiet die Zulassungsvoraussetzung des § 4 Abs. 1 Nr. 1 RAG erfüllt, ist nicht möglich.[79] Umgekehrt steht Art. 21 Abs. 8 nicht der Zulassung von Diplomjuristen zur Anwaltschaft entgegen, soweit sie bereits zum Zeitpunkt des Inkrafttretens des Gesetzes zur Neuordnung des Berufsrechts am 9. 9. 1994 alle Zulassungsvoraussetzungen des § 4 RAG erfüllt hatten. Den Erfordernissen des § 4 Abs. 1 RAG genügt auch ein juristisches Studium und ein Abschluß an einer Universität eines osteuropäischen Staates, soweit mit der ehemaligen DDR eine Äquivalenzvereinbarung über die wechselseitige Anerkennung des Befähigungsnachweises bestand[80].

---

[73] Anlage I Kapitel III Sachgebiet A Abschnitt III Nr. 8 lit. b) i. V. m. lit y) ff) zum Einigungsvertrag; *Dörig* DtZ 1990, 348 (349).

[74] Anlage I Kapitel III Sachgebiet A Abschnitt III Nr. 8 lit. b) i. V. m. lit. b) zum Einigungsvertrag; *Dörig* DtZ 1990, 348 (350).

[75] Rechtsanwaltsgesetz der DDR vom 13. 9. 1990, BGBl. I, S. 1504 f.

[76] *Borchert,* AnwBl. 1996, 158.

[77] BGH BRAK-Mitt. 1994, 47; 1996, 83 (84).

[78] BGH BRAK-Mitt. 1994, 47; Eine gleichwohl vor Inkrafttreten des RAG nach der RA-VO der DDR erteilte Zulassung des Inhabers einer solchen Lehrbefähigung berührt die Wirksamkeit der einmal erteilten Anwaltszulassung nicht, BGH BRAK-Mitt. 1996, 83 (84).

[79] BGH BRAK-Mitt. 1995, 165 (166) = AnwBl. 1995, 143.

[80] BGH AnwBl. 1996, 166 (167) = BRAK-Mitt. 1996, 84 (85) (Studium der Rechtswissenschaften an der Universität Woronesch); a.A. ThürBerGH NJ 1994, 139; *Feuerich/Braun* § 4 Rdnr. 25.

§ 4 Zugang zum Beruf des Rechtsanwalts 25–27 § 4

Die Umsetzung der im Hochschulstudium erworbenen Kenntnisse muß über eine entsprechende praktische Tätigkeit in der Rechtspflege oder einem rechtsberatenden Beruf **nachgewiesen** werden.[81]. Die zweijährige praktische juristische Tätigkeit muß im Anschluß an das juristische Universitätsdiplom absolviert worden sein. Vorher erbrachte Tätigkeiten bleiben grundsätzlich außer Betracht.[82]
Für Rechtsanwälte des beigetretenen Teils des **Landes Berlin** gelten Sonderbestimmungen. Rechtsanwälte, die am 3. 10 1990 in Ost-Berlin eine Kanzlei unterhielten und zugelassen waren, gelten als nach der BRAO zugelassen, wenn sie bis zum 3. 1. 1991 einen Antrag auf Zulassung bei einem ordentlichen Gericht des Landes Berlin gestellt haben und der Zulassung nicht die Gründe des § 20 Abs. 1 Nr. 2 und 3 entgegen stehen.[83] Anderenfalls ist die Zulassung zur Rechtsanwaltschaft zu widerrufen.[84] Eine Neuzulassung war vorgesehen für DDR-Juristen, die am 3. 10 1990 ihren Wohnsitz in Ost-Berlin hatten und die Befähigung zur anwaltlichen Tätigkeit nach den bis vor Inkrafttreten der BRAO 1994 in den fünf Ländern geltenden Vorschriften, also dem RAG, besitzen.[85] Ein Antragsteller, der am 3. 10 1990 seinen Wohnsitz in Ost-Berlin hatte, war auch dann zur Rechtsanwaltschaft zuzulassen, wenn er zwar nicht die seit dem Beitritt in Berlin geltende Voraussetzung des § 4 BRAO, jedoch diejenige des § 4 RAG erfüllte.[86]

25

In allen diesen Fällen wird **keine Befähigung zum Richteramt** verliehen, sondern eine eigenständige „Befähigung zur anwaltlichen Tätigkeit". Auch wenn diese Rechtsanwälte danach vom Richterberuf ausgeschlossen sind, so stehen ihnen sämtliche Betätigungsmöglichkeiten offen, die einem über § 4 zugelassenen Rechtsanwalt eröffnet sind. Nach einer Zulassung zu einem ordentlichen Gericht des Landes Berlin können Rechtsanwälte unter Verzicht auf diese Zulassung im Wege des Zulassungswechsels nach § 33 bei einem anderen Gericht der ordentlichen Gerichtsbarkeit zugelassen werden.

26

5. Erwerb der Richteramtsbefähigung auf sonstige Weise

Von heimatlosen Ausländern an ihrem früheren Aufenthaltsort erfolgreich abgelegte Prüfungen können auch nach Inkrafttreten des DRiG gemäß § 15 HAuslG als gleichwertig anerkannt werden und damit die Richteramtsbefähigung vermitteln.[87] Das gleiche gilt nach § 7 lit. a) **HeimkehrerG** (HkG). Nach dieser Vorschrift aus dem Jahre 1951[88] können Angehörige freier Berufe, die vor ihrer Internierung in einem Lager oder Gefängnis im Gebiet des Deutschen Reiches zur Berufsausübung zugelassen waren, ohne erneutes Verfahren zugelassen wer-

27

---

[81] BGH BRAK-Mitt. 1994, 30 (31) (bloße Verwaltungstätigkeit als Angestellter im öffentlichen Dienst genügt nicht), BRAK-Mitt. 1994, 179 (freie Mitarbeit bei Rechtsanwälten nicht ausreichend); .BRAK-Mitt. 1995, 165 (mehrjährige konsularische Tätigkeit ausreichend).
[82] BGH BRAK-Mitt. 1994, 30.
[83] Anlage I Kapitel III Sachgebiet A Abschnitt IV Nr. 1 lit. a) zum Einigungsvertrag; vgl. auch: *Jessnitzer/Blumberg,* § 4 Rdn. 6.
[84] Anlage I Kapitel III Sachgebiet A Abschnitt IV Nr. 1 lit. a) aa) zum Einigungsvertrag; dazu auch: *Kaiser* AnwBl. 1991, 133 (136).
[85] Anlage I Kapitel III Sachgebiet A Abschnitt IV Nr. 1 lit. a) aa) bb) zum Einigungsvertrag; vgl. dazu: *Jessnitzer/Blumberg,* § 4 Rdn. 6; *Kaiser* AnwBl. 1991, 133 (136).
[86] BGH BRAK-Mitt. 1994, 238.
[87] BVerwG MDR 1970, 263; *Feuerich/Braun,* § 4 Rdn. 18; a. A. *Schmidt/Räntsch,* DRiG, § 112 Rdn. 2.
[88] Heimkehrergesetz i. d. F. vom 30. 10. 1951, BGBl. I, S. 875.

den.[89] Die Vorschrift erfaßt nach ihrem Sinn und Zweck nur solche Zulassungen zu freien Berufen, die vor dem 8. 5 1945 unter Geltung der deutschen Reichsgesetze erteilt wurden.[90] Anwälte, die ihre Berufsbefähigung nach 1945 erworben haben, können sich auf diese Vorschrift demnach nicht berufen.[91]

V. Anwälte aus Staaten der Europäischen Union[92]

1. Die Zulassung nach bestandener Eignungsprüfung

28   Die bestandene Eignungsprüfung nach dem EigPrüfG ersetzt die Befähigung zum Richteramt gemäß § 4 1. Alt.[93] Der deutsche Gesetzgeber hat mit dem Eignungsprüfungsgesetz die Umsetzung der „Hochschuldiplomanerkennungs-Richtlinie„ der EG[94] vollzogen. Das EigPrüfG und die EG-Richtlinie eröffnen dem niederlassungswilligen EG-Anwalt die Möglichkeit, die Berufsbezeichnung der Bundesrepublik Deutschland für die Rechtsanwaltschaft zu erlangen und damit gleichwertiges Mitglied der örtlich zuständigen Rechtsanwaltskammern zu werden (vgl. §§ 18, 60). Die mit der Anerkennung seines im Heimatstaat erworbenen Berufsabschlusses einhergehende **vollständige Integration** des Betreffenden in die deutsche Rechtsordnung bedeutet, daß der Betreffende die gleichen Rechte und Pflichten erlangt, wie jeder andere deutsche Berufskollege auch, der die gesamte Juristenausbildung in der Bundesrepublik Deutschland absolviert hat.[95] Die Richtlinie geht davon aus, daß die einzelnen nationalen Ausbildungsgänge, die im jeweiligen EG-Mitgliedstaat zum Berufsabschluß führen, gleichwertig sind.[96]

2. Zulassungsanspruch aufgrund der Hochschuldiplomanerkennungs-Richtlinie der EG

29   Das EigPrüfG[97] sieht zwingend die Ableistung eines Eignungstestes ohne vorherige Prüfung der Gleichwertigkeit des ausländischen Abschlusses durch die Landesjustizverwaltungen vor. Gegen die Vereinbarkeit dieser Regelung mit den Grundvorstellungen des Richtliniengebers sind Bedenken erhoben worden.[98] Der EuGH hat in seiner „Vlassopoulou"-Entscheidung auf eine **Gleichwertigkeitsprüfung** abgestellt.[99] Die Aussagekraft dieses Urteils ist indes begrenzt, da ihm ein Sachverhalt zugrunde liegt, der sich vor Inkrafttreten der Hochschuldiplom-

---

[89] Dazu: *Dörig* NJW 1990, 889 (890).
[90] BGH NJW 1990, 910.
[91] *Dörig* NJW 1990, 889 (890).
[92] Gesetz über die Eignungsprüfung für die Zulassung zur Rechtsanwaltschaft und Patentanwaltschaft vom 6. 7. 1990, BGBl. I, S. 1349.
[93] Zu den Prüfungsfächern und der Durchführung der Eignungsprüfung, siehe: *Dörig* EuZW 1991, 243 f.; *Feuerich* NJW 1991, 1144 f.; *Lang* BRAK-Mitt. 1990, 13 f.; *Weil* BRAK-Mitt. 1991, 15 f.; Einzelheiten bei der Kommentierung EigPrüfG/VO
[94] Richtlinie des Rates vom 21. 12. 1988 (89/48/EWG), AblEG Nr. L 19, S. 16 f.
[95] Er kann nur nicht Vorsitzender am Anwaltsgericht und beim Anwaltsgerichtshof werden (vgl. amtliche Begründung der BReg, BT-Drucks. 11/6154); dazu auch: *Feuerich/Braun*, § 4 Rdn. 21.
[96] EuGH, Urt. v. 30. 1. 1996, Rs. 55/95, NJW 1996, 579 (581); *Dörig* EuZW 1991, 241 f.; *Feuerich* NJW1991, 1144 (1145); *Carl*, Beratende Berufe im europäischen Binnenmarkt, S. 75; zweifelnd *Henninger* BB 1990, 75.
[97] Hierzu ausführlich die Kommentierung EigPrüfG, Teil B.
[98] *Carl*, Beratende Berufe im europäischen Binnenmarkt, S. 76; *Sedemund/Montag*, NJW 1994, 625 (630); *Nachbaur* EuZW 1991, 470 (472); *Feuerich* DWiR 1991, 200 (201).
[99] EuGH NJW 1991, 2073 f.

anerkennungs-Richtlinie ereignet hatte. Auch aus integrationsfreundlicher Sicht besteht kein Bedarf für eine weitere Zulassungsvariante neben der Eignungsprüfung, für welche sich außer Deutschland mit Ausnahme Dänemarks und Nordirlands alle übrigen EU-Mitgliedsstaaten entschieden haben. Die Ablegung der Eignungsprüfung kann einem ausländischen Bewerber um die Zulassung zur Rechtsanwaltschaft auch dann **zugemutet** werden, wenn er bereits auf anderem Wege die Qualifikationen nachgewiesen zu haben glaubt. In diesem Fall darf auch die Eignungsprüfung keine Hürde für ihn bedeuten. Rechtssicherheit und Schutz des rechtsuchenden Publikums verlangen eine klare und einheitliche Regelung der Zulassungsvoraussetzungen. Mit Verabschiedung der von der EU-Kommission bereits im Entwurf vorgelegten Niederlassungsrichtlinie[100] wird sich der Streit um sonstige Befähigungsnachweise ohnehin erledigen. Die Vollintegration eines Anwalts aus dem EU-Ausland läßt sich dann ohne Rückgriff auf die Hochschuldiplomanerkennungs-Richtlinie und unabhängig von der Absolvierung der Eignungsprüfung erreichen.

3. Die weitere Entwicklung des EG-Rechts

Der Berufszugang von EG-Anwälten zur deutschen Rechtsanwaltschaft soll durch eine EG-Niederlassungsrichtlinie für Rechtsanwälte erleichtert werden. Nach 15-jährigem Ringen[101] konnten sich die im CCBE zusammengeschlossenen nationalen Berufsverbände der Rechtsanwälte im November 1992 in Barcelona mehrheitlich auf einen Entwurf zum Erlaß einer **„Niederlassungs-Richtlinie für Rechtsanwälte"** einigen.[102] Die Niederlassungs-Richtlinie verfolgt den Zweck, die Niederlassung von Rechtsanwälten in der Gemeinschaft zu liberalisieren, zu vereinfachen und zu regulieren.[103]

Zwischenzeitlich **stagnierte** das Verfahren, da sich am Vorschlag der EU-Kommision der Streit zwischen den Mitgliedstaaten erneut entzündet hatte. Der 1995 vorgelegte, aktuelle Kommissionsvorschlag[104] einer Niederlassungsrichtlinie verzichtet weitgehend auf eine Eignungsprüfung für Anwälte aus EU-Mitgliedstaaten.[105] Der in einem Mitgliedstaat zugelassene Rechtsanwalt soll ohne weiteres in einem anderen Mitgliedstaat für **fünf Jahre den Beruf** unter seiner heimischen Berufsbezeichnung ausüben und dort Rechtsberatung im Recht des Heimat- und des Aufnahmestaates sowie im europäischen und internationalen Recht betreiben dürfen. Nach Ablauf der Fünf-Jahres-Frist soll sich der ausländi-

---

[100] Abl. 1995 Nr. C 128 = BR-Drucks. 218/95; in Auszügen abgedruckt in BRAK-Mitt. 1995, 104; hierzu *Henssler*, in: Liber Amicorum für H. J. Rabe, S. 45 (58 f.). Der vom CCBE entwickelte Entwurf ist abgedruckt in Mitt. RAK Köln 1989, 3 (5 f.).
[101] *Weil* BRAK-Mitt. 1993, 2; siehe auch: aija-Gazette Nr. 43/1993, Législation, p. 24 f. Im Jahre 1987 hat es bereits einen Entwurf gegeben (vgl. Mitt. der RAK Köln Nr. 3/1989, 3 f.; dazu: *Westenberger* BRAK-Mitt. 1988, 230 f.), der im wesentlichen dem jetzigen Richtlinienvorschlag entspricht (vgl. *Henssler*, in: Henssler/Kohlbeck/Moritz/Rehm (Hrsg.), Europäische Integration und globaler Wettbewerb, S. 181 ff. Insgesamt zur Geschichte der Niederlassungs-Richtlinie: *Fisch-Thomsen*, Advocaten 1991, p. 179 (183).
[102] Spanien und Luxemburg stimmten gegen den Vorschlag. Frankreich gab eine Zusatzerklärung ab. Vgl. *Webster* aija-Gazette Nr. 40/1992, p. 20; *Weil* BRAK-Mitt. 1993, 2 f.
[103] Vgl. das Memorandum des CCBE zur Verabschiedung der Niederlassungs-Richtlinie im November 1992, abgedruckt in: aija-Gazette Nr. 43/ 1993, Législation, p. 24.
[104] Abl. 1995 Nr. C 128, S. 6 = BR-Drucks. 218/95; in Auszügen abgedruckt in BRAK-Mitt. 1995, 104.
[105] Hierzu ausführlich *Carl*, Beratende Berufe im europäischen Binnenmarkt, S. 218 f.

sche Anwalt unter Aufgabe seiner alten Berufsbezeichnung in die Anwaltschaft des Gastlandes voll integrieren und auf eine Tätigkeit unter der ursprünglichen Berufsbezeichnung verzichten, eine wenig überzeugende Verschlechterung gegenüber der aktuellen Rechtslage, die sich nicht mit einem schützenswerten Allgemeininteresse rechtfertigen läßt und daher als beschränkende Diskriminierung zu qualifizieren ist.[106]

VI. Rechtspolitische Aspekte

32 Die Verknüpfung der Zulassung zur Anwaltschaft mit der Befähigung zum Richteramt ist antiquiert und dringend **reformbedürftig**.[107] Mit der einseitigen Orientierung der Juristenausbildung am Richterberuf geht eine gravierende Vernachlässigung der Anwaltsausbildung einher. Einen auch nur annähernd gleichwertig auf alle juristischen Berufe vorbereiteten Juristen gibt es in Deutschland nicht, insoweit ist das Vorbild des Einheitsjuristen längst ein Trugbild geworden. Zweifellos ist es sinnvoll, den Anwalt in die Arbeitstechnik von Justiz und Verwaltung einzuführen. Der **Schwerpunkt der Anwaltsausbildung** muß jedoch in der Vermittlung der für ihn berufsspezifischen Kenntnisse liegen. Die Defizite in der Referendarausbildung sind hier augenfällig, findet doch eine Einführung in das anwaltliche Berufs-, Gebühren- und Haftungsrecht sowie in die anwaltliche Denk- und Arbeitsweise allenfalls ansatzweise statt. In manchen Ländern wurde gar der Einführungskurs in die Anwaltsstage aus dem Referendarausbildungsprogramm ganz gestrichen. Auch wenn nach der jüngsten Reform der Referendarausbildung etwa in Nordrhein-Westfalen[108] bis zu 11 Monate bei einem Rechtsanwalt verbracht werden können, so fehlt diesem System doch mangels theoretischer Fundierung die Effizienz.

33 Der Vorwurf der **Vernachlässigung der Anwaltsausbildung** trifft nicht allein den Staat, sondern in gleicher Weise die Anwaltschaft selbst. Von den Berufsverbänden erarbeitete Reformvorschläge[109] sind mangels einer breiten Unterstützung durch die Anwaltschaft im Sande verlaufen. Eine Reform der Anwaltsausbildung ist aber nur möglich, wenn sich die Anwaltschaft in der als lästig empfundenen Schulung ihres Nachwuchses organisatorisch stärker engagiert und ebenso wie die Rechtsanwälte im europäischen Ausland einen eigenen finanziellen Betrag übernimmt. **Reformziele** müssen sein, bereits in die universitäre Ausbildung den anwaltlichen Blickwinkel stärker einzubeziehen. Insbesondere aber muß sich an den Universitätsabschluß und eine stark verkürzte allgemeine Referendarausbildung in Justiz und Verwaltung eine zumindest einjährige theoretische und praktische anwaltsspezifische Ausbildung anschließen. Vorbilder bieten der 12-monatige „Legal Practice Course" der englischen Law Society[110] oder die einjährige Ausbildung an den Centres régionaux de la Formation professionelle d`Avocat in Frankreich.[111]

---

[106] *Henssler,*: in Liber Amicorum für H. J. Rabe, S. 45 (59); *Rabe* NJW 1995, 1403 (1404).
[107] Ebenso *Wassermann* AnwBl. 1986, 232 f.; *Henssler* AnwBl. 1993, 541 (542 f.); *Steiger* ZRP 1989, 283 (285).
[108] Siehe Änderungsgesetz zum JAG sowie Änderungsverordnung zur JAO vom 21. 9. 1993.
[109] Dazu *Stobbe* NJW 1991, 2041; sowie das in AnwBl. 1990, Heft 7 wiedergegebene DAV-Modell.
[110] Dazu *Lonbay*, in: The Law Society (Hrsg.), Training Lawyers in the European Community, London 1990, p. 123 f.
[111] Dazu *Mengel* AnwBl. 1993, 254.

§ 4 Zugang zum Beruf des Rechtsanwalts

VII. Rechtsvergleichung

Mit Ausnahme von Finnland knüpft kein anderer europäischer Staat die Zulassung zur Rechtsanwaltschaft an die Befähigung zum Richteramt.[112] Dem juristischen Berufsabschluß an einer Universität folgt üblicherweise eine anwaltsbezogene Ausbildung, die sich nicht an der Tätigkeit des Richters orieniert. Vielfach haben die nationalen Berufsverbände der Rechtsanwälte die weitere Ausbildung selbst in die Hand genommen.

1. Belgien

Der belgische „Avocat" hat vor seiner Einschreibung in die Liste der Rechtsanwälte einer Anwaltskammer eine **zweistufige Ausbildung** absolviert. Dem erfolgreichen Abschluß einer fünfjährigen Universitätsausbildung („Lizenziat") schließt sich ein dreijähriger Vorbereitungsdienst („Stagiaire") an.[113] Der belgische Conseil National de l'Ordre des Avocats hat die während der Stage zu absolvierende Ausbildung einheitlich geregelt.[114]

2. Dänemark

Der dänische Jurist wird gemäß Art. 119 bis 147 des Retsplejeloven von 1982 als „advokat" zur Anwaltschaft zugelassen, nachdem er ein fünfjähriges juristisches **Studium** an einer der beiden rechtswissenschaftlichen Fakultäten des Landes und eine dreijährige **praktische Ausbildungszeit,** in der Regel als Anwaltsanwärter, abgeschlossen hat.[115] Die praktische Ausbildung wird durch Kurse des dänischen Anwaltsverbandes (Det Dansk Advokatsamfund) ergänzt. Ohne besondere Prüfung wird nach Ausbildungsende auf Antrag die Zulassung bei einem Amtsgericht erteilt.

3. England und Wales

In England und Wales[116] mit der in Solicitors und Barristers **zweigeteilten Anwaltschaften**[117] unterscheiden sich juristische Ausbildung und Zugang zum Anwaltsberuf grundlegend von der aus Deutschland bekannten Lösung. Nach wie vor ist für den anwaltlichen Beruf ein juristisches Hochschulstudium nicht Voraussetzung, wenngleich mittlerweile üblich. Der **Schwerpunkt** liegt weniger auf einer wissenschaftlichen und mehr auf der praktischen Ausbildung in den Legal Practice Courses der Law Society sowie als „trainee" eines erfahrenen Solicitors.[118]

---

112 Einen Überblick über die Rechtsanwaltschaften in den Mitgliedsstaaten der EU geben *Henssler/Nerlich,* Anwaltliche Tätigkeit in Europa, 1994; *Rothenbühler,* Freizügigkeit für Anwälte, 1995, *Tyrrell/Yaqub,* The Legal Professions on the New Europe, 2. Aufl. 1996; sowie die englischsprachige Loseblattsammlung des CCBE „Cross-Border-Praticing".
113 *Rothenbühler,* S. 97 f.; *Lonbay,* Kap. 2, S. 7; *Hoffmann* BRAK-Mitt. 1984, 52.
114 Reglement vom 25. Mai 1989.
115 *Errens,* in: Henssler/Nerlich, S. 127 ff; *Rothenbüher,* S. 99; *Steiniger* BRAK-Mitt. 1983 63 (66); *Steinbrücke* AnwBl. 1996, 33 f.
116 Zu den in Einzelfragen geringfügig differierenden Regelungen in Schottland und Nordirland vgl. *Rothenbühler,* S. 117 ff.
117 Hierzu *Rawert,* Die Zweiteilung der englischen Anwaltschaft, 1994.
118 *Remmertz,* in: Henssler/Nerlich, S. 149 f. Für den Barrister entsprechend in Vocational Courses und in der pupillage als praktischer Lehrzeit.

4. Finnland

Ebenso wie in Deutschland ist in Finnland der Zugang zum Anwaltsberuf abhängig von der **Befähigung zum Richteramt**.[119] Allerdings wird diese nicht durch eine dem Referendariat vergleichbare praktische Tätigkeit erlangt, sondern allein durch das erfolgreiche Absolvieren der **universitären Ausbildung**, die in der Regel fünf Jahre in Anspruch nimmt.[120] Da die Zulassung zur Anwaltschaft in Finnland nicht staatlichen Behörden obliegt, sondern dem Anwaltsverband, ist es den Statuten des Verbandes vorbehalten, über die akademischen Anforderungen hinaus den Nachweis praktischer Erfahrung zu verlangen. § 5 Abs. 4 der Statuten des Verbandes fordert dementsprechend zusätzlich zum Universitätsabschluß den Nachweis einer **vierjährigen Tätigkeit in der Rechtspflege**[121] und das erfolgreiche Bestehen einer schriftlichen Prüfung, welche allerdings ausschließlich das anwaltliche Berufs- und Standesrecht zum Inhalt hat.

5. Frankreich

Frankreich kennt wie die meisten europäischen Staaten eine **zweistufige Ausbildung**, die dem Zugang zum Anwaltsberuf vorgeschaltet ist. Das Universitätsstudium endet mit dem Erwerb der „maîtrise", der sich eine dreijährige praktische Ausbildung anschließt. Die zunächst einjährige theoretische Vorbereitungszeit als „Préstagiaire" in einer Art Anwaltsakademie und die sich anschließende zweijährige Stage in einer Anwaltskanzlei als „Avocat stagiaire" führen zum Erwerb der Zertifikate „Aptitude à la Profession d'Avocat" (CAPA) und „Fin de Stage" (CFS).[122]

6. Griechenland

Das System der Juristenausbildung in Griechenland schließt an ein vierjähriges, mit einem **Hochschuldiplom** beendetes Studium eine achtzehnmonatige **Referendarausbildung** bei einem Rechtsanwalt an.[123] der Referendar ist in berufs- und standesrechtlicher Hinsicht zugelassenen Rechtsanwälten gleichgestellt. Abgeschlossen wird die Ausbildung mit dem vor einem der Oberlandesgerichte abzulegenden Berufsexamen.[124]

7. Irland

Die Ausbildung des irischen Rechtsanwalts entspricht ebenso wie die **Zweiteilung** der irischen Anwaltschaft aufgrund der ähnlichen historischen Wurzeln im wesentlichen den bereits für England und Wales dargestellten Grundsätzen.[125]

---

[119] § 3 Abs. 1 Ziffer 2 1. HS. AnwaltsG (laki asianajajista). Vgl. *Rothenbühler*, S. 101.
[120] Vgl. auch *Reimers/Enders* JuS 1993, 791 ff.
[121] Dieser Nachweis wird in der Regel durch eine Tätigkeit als Assistent eines Anwalts oder Rechtsberaters oder durch die Arbeit als unabhängiger, rechtspraktizierender Jurist erlangt. Letztgenannte juristische Berufe existieren auf Grund der Tatsache, daß es in Finnland kein Rechtsberatungsmonopol für Rechtsanwälte gibt. Die Rechtsberatung erfordert nicht einmal eine juristische Ausbildung.
[122] Das CAPA durch ein Schlussexamen, das CFS ohne weitere Prüfung. Zum Ganzen *Henrichfreise*, Frankreichs Anwaltschaft im Wandel, 1992, S. 45 ff.; *Niessen*, Frankreichs Anwaltschaft, 1994, S. 62 ff., *Haemelin/Damien*, Les Regles De La Profession d'Avocat, 7eme edition 1992, S. 117 ff.
[123] Einschlägig ist die Rechtsverordnung Nr. 3026/1954, insbesondere der Art. 4, 6 und 9.
[124] *Lonbay*, Kap. 2, S. 53; *Rothenbühler*, S. 104.
[125] Zu Einzelheiten vgl. *Rothenbühler*, S. 104 ff.

8. Italien

Italien kennt, ähnlich wie England und Wales, eine Zweiteilung der Anwaltschaft in procuratori und avvocati, die allerdings bei weitem nicht so strikt praktiziert wird wie im angelsächsischen Modell.[126] In Italien schließt sich einer mehrjährigen universitären Ausbildung, die mit der „laurea in giurisprudenza" beendet wird,[127] ein „practicante procuratore" in einer Anwaltskanzlei an. Nach mindestens zwei- und höchstens siebenjähriger Praktikumszeit kann die Teilnahme an dem „esame procuratore", dem staatlichen Prokuratorexamen, vor einem der italenischen Oberlandesgerichte erfolgen.[128] Mit bestandenem Staatsexamen kann sich der Anwalt in das Register der „procuratore legale" bei einem Oberlandesgericht eintragen lassen. Nach sechsjähriger Berufstätigkeit als procuratore darf sich der Anwalt allein kraft der Dauer der Berufszugehörigkeit als Avvocato bezeichnen.[129]

9. Luxemburg

Die Ausbildung der Rechtsanwälte in Luxemburg ist von dem ungewöhnlichen Umstand geprägt, daß der Zugang zum Anwaltsberuf grundsätzlich eine Hochschulausbildung erfordert, das Land selbst jedoch keine Universität besitzt.[130] Von Luxemburgern erworbene ausländische Abschlüsse werden vom Bildungsministerium anerkannt, soweit das Land, in welchem der Abschluß erworben wurde, ein zu Luxemburg korrespondierendes Rechtssystem aufweist. Da dieses Erfordernis nur von Frankreich und Belgien erfüllt wird, erwerben angehende einheimische Anwälte ihren Abschluß in einem dieser beiden Länder, um sich anschließend einer dreijährigen praktischen Ausbildung („Stage Préparatoire") zu widmen.[131] Nach Ablegen einer Abschlußprüfung ist die Aufnahme in die Liste der Anwaltskammer möglich.

10. Niederlande

In den Niederlanden ist die Zugangsberechtigung zum Anwaltsberuf („advocaat") zunächst an den Erwerb der Qualifikation „meester in de rechten" oder „doctor in de rechtsgeleerdheid" an einer niederländischen Universität geknüpft. Mit diesen Qualifikationen kann die Eintragung als „advocaat" bei Gericht beantragt werden. Der junge Anwalt ist zunächst verpflichtet, eine dreijährige praktische Ausbildung („Stage") unter der Aufsicht eines erfahrenen Rechtsanwalts („Patroon") abzuleisten, der dem jungen Anwalt eine Anstellung gibt und ihn betreut.[132] Obligatorisch ist während dieser Zeit der Besuch begleitender theoretischer Kurse („Beroepsopleiding"). Nach drei Jahren schließt die „Stage"

---

[126] Die Trennung zwischen procuratori und avvocati verliert zunehmend an materiellem Gewicht. Wesentlich ist heutzutage die Bindung des Procuratore an einen Gerichtsbezirk sowie die geringere Bezahlung. Im Ergebnis stellt sich das Berufsbild des Procuratore daher mittlerweile als Vorstufe zum Avvocato dar; zum Ganzen *Moll*, in: Hensler/Nerlich, S. 222 ff.; *Rothenbühler*, S. 107.
[127] Hierzu ausführlich *Moll*, in Hensler/Nerlich, S. 212–218; *Hartl* JuS 1987, S. 669 ff.
[128] *Luther* JR 1986, S. 97; *Moll*, in: Hensler/Nerlich, S. 221 f; *Rothenbühler*, S. 107.
[129] Abgekürzt werden kann diese Wartezeit durch das Ablegen eines dem Prokuratorexamen ähnlichen Examens nach mindestens zwei Jahren Berufstätigkeit, das jedoch nur selten wahrgenommen wird.
[130] *Mälzer*, in Hensler/Nerlich, S. 239.
[131] *Mälzer*, in: Hensler/Nerlich, S. 240; *Rothenbühler*, S. 108.
[132] Hierzu *Lonbay*, Kap. 2, S. 88; *Rothenbühler*, S. 109 f.

mit einem Examen, dessen Bestehen Voraussetzung für die Zulassung als selbständiger Rechtsanwalt ist.

11. Österreich

Die Zulassung zur österreichischen Anwaltschaft setzt eine in Europa einmalige Ausdauer und Geduld des Aspiranten voraus.[133] Der Nachwuchsjurist hat zunächst ein mindestens **vierjähriges Diplomstudium** mit zwei integrierten Diplomprüfungen zu absolvieren, das im wesentlichen dem deutschen Studium ähnelt, jedoch verstärkt Wert auf Grundlagenkenntnisse in verwandten Wissenschaften legt. Nach Abschluß des Diplomstudiums mit dem Grad eines Magisters kann sich ein einjähriges Doktoratsstudium anschließen, das seit 1985 allerdings nicht mehr Zulassungsvoraussetzung für den Anwaltsberuf ist. Es folgt gemäß § 2 RAO eine **praktische Verwendungszeit von fünf Jahren Dauer** bei Gericht und bei einem Rechtsanwalt mit integrierten Lehrveranstaltungen unter der Ägide der Rechtsanwaltskammern. In diesem Zeitraum können bereits Teilleistungen für die gemäß § 4 RAO notwendige Rechtsanwaltsprüfung erbracht werden, nach deren Abschluß die Zulassung zur Anwaltschaft beantragt werden kann.[134]

12. Portugal

In Portugal kann zum Anwalt nur zugelassen werden, wer ein rechtswissenschaftliches **Studium** mit der „Licenciatura em Direito" erfolgreich abgeschlossen und einen **achtzehnmonatigen Vorbereitungsdienst** nach Abschluß des Jurastudiums absolviert hat, der von der nationalen Anwaltskammer, dem „Ordem dos Advogados", durchgeführt wird. Der Vorbereitungsdienst findet nach einer dreimonatigen theoretischen Einführung mit Abschlußprüfung für fünfzehn Monate in einer ausbildenden Anwaltskanzlei statt und schließt mit einer Hausarbeit („dissertacao") ab.[135]

13. Schweden

Die schwedische Rechtsordnung hat die Zulassung zur anwaltlichen Tätigkeit in der Zivilprozeßordnung angesiedelt (Kapitel 8 § 3), in der vier Zulassungsvoraussetzungen statuiert werden. Die Zulassung setzt neben einer Reihe persönlicher Anforderungen einen der Befähigung zum Richteramt vergleichbaren Abschluß voraus, der durch ein regelmäßig **vier- bis fünfjähriges Studium** an einer der sechs juristischen Fakultäten des Landes erworben wird. Weitere Voraussetzung ist der Nachweis einer mindestens **fünf Jahre** dauernden erfolgreichen **praktischen Ausbildung** (§ 3 Ziffer 4 der Verbandsstatuten). Von beiden Kriterien ist ein Dispens möglich, so daß zumindest theoretisch eine Zulassung auch ohne juristische Spezialausbildung erworben werden kann. Schließlich ist von dem Bewerber gemäß § 2 Abs. 1 Ziffer 4 der Prozeßordnung im Rahmen

---

[133] Vgl. die Studie von *Plasencia* ÖAnwBl. 1988, 492; *Heidemann,* in: Henssler/Nerlich, S. 286. Ferner *Brunner,* Die juristischen Studienvorschriften in Österreich von 1848 bis heute, FS für Hans Klecatsky, S. 85, sowie die Dokumentation im ÖAnwBl. 1985, 576 ff.; 641 ff.; 1986, 35 ff.

[134] Zu den Einzelheiten *Heidemann,* in: Henssler/Nerlich, S. 281 ff.; *Tades* ÖAnwBl. 1985, 619; *Paumgartner* ÖAnwBl. 1986, 210; *Rainer* AnwBl. 1987, 622.

[135] Zum Ganzen *Fedtke/Marques,* in: Henssler/Nerlich, S. 268 f.; *v. Schroeter* JuS 1992, 895 ff.

§ 5 Freizügigkeit

der theoretischen Ausbildung der Besuch eines Kurses über anwaltliche Ethik und Prozeßtechnik nachzuweisen.[136]

14. Schweiz

Der schweizerische Bundesgesetzgeber hat von seiner in Art. 31 bis Abs. 2 Bundesverfassung enthaltenen Ermächtigung für eine bundeseinheitliche Regelung des Anwaltsrechts bislang keinen Gebrauch gemacht. Die einzelnen Kantone der Schweiz bestimmen somit darüber, welche persönlichen und fachlichen Anforderungen an die Zulassung zur Anwaltschaft gestellt werden. Grundsätzlich wird in allen Kantonen neben einer **theoretischen Ausbildung auch eine praktische Tätigkeit** bei einem Anwalt verlangt.[137] Der Umfang der theoretischen Ausbildung **variiert** von Kanton zu Kanton. Neben einem an einer Universität erworbenen juristischen Lizentiat wird teilweise zusätzlich das Doktorat verlangt. Der erfolgreiche Abschluß des Praktikums durch eine bestandene Prüfung ist Voraussetzung für die interkantonale Freizügigkeit des Anwalts gemäß Art. 5 der Übergangsbestimmungen Bundesverfassung.[138]

15. Spanien

In Spanien setzt die Zulassung zur anwaltlichen Tätigkeit grundsätzlich **nur den erfolgreichen Abschluß des regelmäßig vier- bis fünfjahrigen** rechtswissenschaftlichen **Studiums** („Carrera en derecho") voraus.[139] Der hierdurch erworbene Lizenziatsabschluß berechtigt ohne weiteren Nachweis berufspraktischer Fertigkeiten zur Zulassung als Rechtsanwalt.[140] Das von den anderen Ausbildungsgängen stark abweichende Modell Spaniens befindet sich gegenwärtig in der Diskussion. Beabsichtigt ist, ebenfalls eine zweistufige Ausbildung unter Einbeziehung berufspraktischer Elemente einzuführen. Die Verabschiedung der entsprechenden gesetzlichen Vorschriften steht kurz vor dem Abschluß.

§ 5 Freizügigkeit

Wer in einem deutschen Land die Befähigung zum Richteramt erlangt hat (§ 4), kann auch in jedem anderen deutschen Land die Zulassung zur Rechtsanwaltschaft beantragen.

Schrifttum: *Everling*, Welche gesetzlichen Regelungen empfehlen sich für das Recht der rechtsberatenden Berufe, insbesondere im Hinblick auf die Entwicklung in der Europäischen Gemeinschaft?, Gutachten C zum 58. Deutschen Juristentag, München 1990; *Gornig*, Probleme der Niederlassungsfreiheit und Dienstleistungsfreiheit für Rechtsanwälte in den Europäischen Gemeinschaften, NJW 1989, 1120 f.

---

[136] Vgl. auch *Rothenbühler*, S. 113.

[137] *Wolffers*, Der Rechtsanwalt in der Schweiz, 1986, S. 63 ff.; einen Überblick gibt *Rothenbühler*, S. 58 ff.

[138] Vgl. die Entscheidungen des Bundesgerichts zu Fragen des interkantonalen Anwaltsrechts; Entscheidungssammlung Band 53 I S. 28; 65 I S. 7; 67 I S. 332; 69 I S. 1; 80 I S. 146.

[139] Vgl. zur Ausbildung in Spanien *Mikoleit*, in: Henssler/Nerlich, S. 333 ff.; Odenbach, Spanisches Anwaltsrecht, 1994, S. 61 f.

[140] Eine praktische Ausbildung wird durch eine unbezahlte Assistenzzeit in einer Kanzlei oder den kostenpflichtigen Besuch einer „Escuela de Practica Juridica", einer Rechtsschule einer juristischen Fakultät, von einem geringen Teil der Absolventen (unter 20%) genossen, vgl. *Mikoleit*, in: Henssler/Nerlich, S. 334.

§ 5 1–4 Zweiter Teil. Zulassung zur Rechtsanwaltschaft

Übersicht

	Rdn.		Rdn.
I. Entstehungsgeschichte	1–3	2. Ausländische Rechtsanwälte	6
II. Normzweck	4	IV. Rechtsvergleichung und EG-Recht	7,8
III. Einzelerläuterungen	5–6		
1. Anwälte im Beitrittsgebiet	5		

I. Entstehungsgeschichte

1   Seit Inkrafttreten der Rechtsanwaltsordnung (RAO) aus dem Jahre 1878 ist die **Freizügigkeit** der Rechtsanwälte grundsätzlich **garantiert**.[1] Die bis zum Inkrafttreten der ersten reichseinheitlichen Berufsordnung auf die jeweiligen Bundesstaaten beschränkten Zulassungen wurden auf das gesamte Reichsgebiet erstreckt. Der Grundsatz des § 2 RAO unterlag indes einer weitreichenden Einschränkung. Das jeweilige Land, in dem ein Rechtsanwalt die Zulassung beantragen wollte, obwohl er in diesem Land nicht die Richteramtsbefähigung erlangt hatte, konnte den Antrag aus beliebigen Gründen zurückweisen.[2] Die Verwirklichung der Freizügigkeit lag damit im Ermessen der jeweiligen Landesjustizverwaltung. Den trotz der Rechtsvereinheitlichung unterschiedlichen Prüfungs- und Ausbildungsordnungen in den einzelnen Ländern sollte auf diese Weise Rechnung getragen werden.[3]

2   Die RRAO ließ die Vorschrift des § 2 RAO unverändert, jedoch konnte infolge des in § 15 Abs. 2 RRAO statuierten Rechts der Rechtsanwaltskammern, nur eine gewisse Höchstzahl an Rechtsanwälten zuzulassen, die Freizügigkeit bereits aus Kapazitätsgründen unterbunden werden.[4]

3   Schon die RAObritZ führte unter Beseitigung des „Ausleseprinzips" die Freizügigkeit – freilich beschränkt auf ihren Geltungsbereich[5] – ein. Die BRAO bekennt sich erstmals zur **vorbehaltlosen Freizügigkeit** innerhalb des gesamten Bundesgebietes und zieht damit einen Schlußstrich unter eine jahrhundertelange Entwicklung.[6] Die Vorschrift des § 5 geht davon aus, daß die Prüfungs- und Ausbildungsordnungen der Länder trotz der z. T. bestehenden Unterschiede gleichwertig sind.[7]

II. Normzweck

4   Die Vorschrift steht in sachlichem Zusammenhang mit § 6 DRiG und der in dieser Vorschrift betonten **Gleichwertigkeit** der Ausbildung in den einzelnen Bundesländern. Derjenige, der die Richteramtsbefähigung i. S. d. DRiG besitzt, genießt auch als Richter die vorbehaltlose Freizügigkeit innerhalb des gesamten Bundesgebietes. Die Erstreckung der Freizügigkeit der Rechtsanwaltschaft ist die logische Folge der Bindung der Anwaltszulassung an die Voraussetzung der Richteramtsbefähigung. Verfassungsrechtlich abgesichert ist die Freizügigkeit durch Art. 11 GG i. V. m. Art. 12 GG.

---

[1] Vgl. § 2 RAO v. 1. 7. 1878.
[2] *Friedlaender*, § 2 Rdn. 2; *Isele*, § 5 Anm. II.
[3] *Friedlaender*, § 2 Rdn. 8; *Isele*, § 5 Anm. II.; *Kalsbach*, § 5 Anm. 1.
[4] *Isele*, § 5 Anm. I. C.; *Noack*, § 15 Anm. 17.
[5] *Isele*, § 5 Anm. I. D.
[6] *Isele*, § 5 Anm. I.
[7] *Isele*, § 5 Anm. II.; *Kalsbach*, § 5 Anm. 1.

III. Einzelerläuterungen

1. Anwälte im Beitrittsgebiet

Für eine Übergangszeit wurde das Freizügigkeitsprinzip für Juristen der ehem. 5
DDR eingeschränkt.[8] Mit Inkrafttreten der novellierten BRAO ist diese Übergangsfrist abgelaufen. Die in den neuen Bundesländern zugelassenen Rechtsanwälte gelten nunmehr als nach der **BRAO zugelassen**.[9] Eine eigenständige Prüfung der Zulassungsvoraussetzungen nach der BRAO findet nicht statt.[10] Unproblematisch ist das Recht auf Freizügigkeit derjenigen Rechtsanwälte der neuen Bundesländer, die bereits nach der BRAO zugelassen werden können. Es handelt sich um jene Bewerber, die nach absolviertem Studium an einer ostdeutschen Universität die Referendarzeit mit dem zweiten Staatsexamen abgeschlossen haben.

2. Ausländische Rechtsanwälte

Die Freizügigkeit gilt uneingeschränkt auch für diejenigen niedergelassenen 6
EG-Anwälte, die den Eignungstest nach dem Eignungsprüfungsgesetz (EigPrG) bestanden haben oder die aufgrund der Gleichwertigkeit ihrer Ausbildung ohne Eignungstest zur deutschen Rechtsanwaltschaft zugelassen werden. Dies ergibt sich bereits aus der Klammerverweisung auf § 4. Zudem verbietet der EG-Vertrag eine Diskriminierung der Angehörigen anderer EU-Staaten.[11] Für die Freizügigkeit von in Deutschland nicht niedergelassenen EG-Anwälten gelten die zur Umsetzung der „Dienstleistungs-Richtlinie" des Rates der Europäischen Gemeinschaften vom 26. 3. 1977 (77/249/EWG)[12] erlassenen Bestimmungen des Rechtsanwaltsdienstleistungsgesetzes (RADG).[13] Das RADG enthält Vorschriften über die vorübergehende grenzüberschreitende anwaltliche Tätigkeit von EG-Anwälten ohne Niederlassung und Anwaltszulassung im Geltungsbereich der BRAO.[14]

IV. Rechtsvergleichung und EG-Recht

Die europäischen Nachbarstaaten kennen ebenfalls keine Beschränkungen der 7
Freizügigkeit von Rechtsanwälten innerhalb ihres Hoheitsgebietes. In den EU-Mitgliedstaaten wird die grenzüberschreitende Freizügigkeit der Rechtsanwaltschaft durch die in Art. 52 ff. EG-Vertrag verankerte **Niederlassungsfreiheit** und die Dienstleistungsfreiheit der Art. 59 ff. EG-Vertrag sowie der dazu ergangenen Dienstleistungs-Richtlinie für Rechtsanwälte[15] garantiert.

---

[8] Vgl. dazu die Ausführungen zu § 4 BRAO.
[9] Art. 21 Abs. 1 des Gesetzes zur Neuordnung des Berufsrechts der Rechtsanwälte und Patentanwälte v. 1. 9. 1994.
[10] BT-Drucks. 12/4993, S. 46.
[11] Vgl. dazu: *Henssler*, in: Henssler/Kohlbeck/Moritz/Rehm (Hrsg.), Europäische Integration und globaler Wettbewerb, S. 170 ff.
[12] Richtlinie des Rates vom 26. 3. 1977 (77/249/EWG), Abl. L 78, S. 17 f.
[13] RADG vom 16. 8. 1980, zuletzt geändert durch Gesetz vom 14. 3. 1990 (BGBl. I, S. 479).
[14] Dazu: *Everling* Gutachten C zum 58. DJT, 1990, C 18 f.; *Gornig* NJW 1989, 1120 f.; *Hartstang* II, S. 395 f.; *Henssler*, (FN. 11), S. 180 f.; *Jessnitzer/Blumberg*, § 5 Rdn. 3 f.; sowie die Kommentierung zu §§ 206, 207.
[15] Richtlinie des Rates vom 26. 3. 1977 (77/249/EWG), Abl. L 78, S. 17 f.

§ 6 1–3   Zweiter Teil. Zulassung zur Rechtsanwaltschaft

8   Die geplante Niederlassungs-Richtlinie für Rechtsanwälte wird zu einer weiteren Verbesserung der Freizügigkeit der EG-Anwälte führen. Bislang vorhandene nationale Berufszugangsbeschränkungen einzelner EG-Mitgliedstaaten werden spätestens dann nicht mehr mit dem Europarecht in Einklang zu bringen sein.

2. Erteilung, Erlöschen, Rücknahme und Widerruf der Zulassung zur Rechtsanwaltschaft

§ 6 Antrag auf Zulassung zur Rechtsanwaltschaft

(1) **Die Zulassung zur Rechtsanwaltschaft wird auf Antrag erteilt.**

(2) **Ein Antrag darf nur aus den in diesem Gesetz bezeichneten Gründen abgelehnt werden.**

Übersicht

	Rdn.		Rdn.
I. Entstehungsgeschichte	1, 2	1. Ablehnung des Antrags aus Verfahrensgründen	6
II. Normzweck und verfassungsrechtliche Absicherung	3, 4	2. Ablehnung aus sachlichen Gründen	8
III. Das Antragserfordernis	5	V. Rechtsvergleichung und EG-Recht	9, 10
IV. Versagungsgründe	6–8		

I. Entstehungsgeschichte

1   Das Antragserfordernis bestätigt lediglich eine Selbstverständlichkeit der Anwaltszulassung. § 3 RAO legte reichseinheitlich fest, daß die Landesjustizverwaltungen über den Antrag auf Zulassung zu befinden haben. Die RRAO und auch die Rechtsanwaltsordnungen der Besatzungszonen behielten diesen Grundsatz bei, wenngleich die inhaltliche Entscheidung über den Antrag z. T. an andere Zulassungsvoraussetzungen gebunden war.

2   Dagegen hat die in § 6 Abs. 2 niedergelegte Beschränkung der Versagungsgründe in den früheren deutschen Rechtsanwaltsordnungen keine Vorbilder. Die RAO stellte die Ablehnung eines Bewerbers in das Ermessen der Justizverwaltung, wenn er in dem Land, in dem er den Antrag stellte, nicht die Richteramtsbefähigung erlangt hatte.[1] Darüber hinaus enthielt § 5 RAO zwingende und fakultative **Versagungsgründe**. Die RRAO kannte überhaupt keinen Zulassungsanspruch. Zwar war eine Reihe von zwingenden und fakultativen Versagungsgründen gesetzlich fixiert. Der Antrag konnte jedoch aus beliebigen Gründen zurückgewiesen werden.[2] Die BRAO verzichtet völlig auf fakultative Versagungsgründe im Zulassungsverfahren.

II. Normzweck und verfassungsrechtliche Absicherung

3   Die Landesjustizbehörden sollen über das Antragserfordernis in die Lage versetzt werden, anhand der beizubringenden Unterlagen die Zulassungsvoraussetzungen der §§ 4, 7 zu überprüfen[3] und das Verfahren im Interesse der Erforder-

---

[1] *Friedlaender*, § 2 Rdn. 2.
[2] *Noack*, § 15 Anm. 15–20.
[3] BGHZ 94, 364 = NJW 1985, 1842.

nisse einer geordneten Rechtspflege aus formellen Gründen abzuschließen.[4] Die Verfahrenvorschrift dient damit dem Schutz der Mandanten vor der Betätigung von fachlich oder persönlich ungeeigneten Anwälten.[5] Zugleich soll das Vertrauen in die **Integrität des Anwaltsstandes** aufrecht erhalten werden.[6] Das von § 6 Abs. 2 vorausgesetzte Recht auf Zulassung dient dem Schutz des Anwaltsbewerbers vor willkürlichen Berufszugangshindernissen.[7] Das Antragserfordernis und die Mitwirkungspflicht des Antragstellers stehen mit der Verfassung in Einklang. Aufgrund der beizubringenden Unterlagen soll das Vorliegen von Versagungsgründen festgestellt werden können.[8] Im Interesse der Funktionsfähigkeit der Rechtspflege als einem wichtigen Gemeinschaftsgut[9] ist dem Bewerber zuzumuten, die Zulassungsvoraussetzungen **darzulegen** und bei verweigerter Mitwirkung im Zulassungsverfahren die ihm hieraus erwachsenden Nachteile zu tragen.[10] Er kann sich insoweit nicht auf das Grundrecht auf informationelle Selbstbestimmung berufen,[11] da kein Auskunftszwang besteht.[12] Die Beschränkung einer Zulassungsversagung auf die in § 7 abschließend aufgezählten Gründe ist vor dem Hintergrund der durch Art. 12 GG gewährten Berufsfreiheit zu sehen.[13] Die Versagung schließt als schwerwiegender Eingriff in die Berufsfreiheit eine Ermessensentscheidung zwingend aus.[14]

4

III. Das Antragserfordernis

Der Antrag ist zweckmäßigerweise bei der über ihn entscheidenden Landesjustizbehörde (§ 8) zu stellen und muß gem. § 18 Abs. 1 und 2 mit einem Antrag auf Zulassung bei einem bestimmten Gericht der ordentlichen Gerichtsbarkeit verbunden sein.[15] Da das Gesetz den Bewerber nicht zur Antragsstellung bei der Landesjustizverwaltung zwingt, kann er auch beim Vorstand der Rechtsanwaltskammer eingebracht werden,[16] jedoch beginnt die **Dreimonats-Frist** des § 11 Abs. 3 erst am Tage des Eingangs bei der Justizverwaltung. Inhalt und Umfang des Antrags im einzelnen und die Stelle, bei der er einzureichen ist, richten sich nach den Verwaltungsvorschriften der jeweiligen Landesjustizverwaltung. Die Landesjustizverwaltungen haben die ihnen von der BRAO eingeräumten Befugnisse in unterschiedlichem Umfang auf nachgeordnete Behörden, etwa den Oberlandesgerichtspräsidenten,[17] übertragen (vgl. auch §§ 36 a, 224).[18]

5

---

[4] BGHZ 94, 364 (369) = NJW 1985, 1842.
[5] BVerfGE 63, 266; *Feuerich/Braun,* § 7 Rdn. 3; *Isele,* § 7 Anm. II. A. 1.
[6] BVerfGE 66, 337.
[7] *Kleine-Cosack,* § 6 Rdn. 2; *Kalsbach,* § 7 Anm. 1.
[8] BVerfG NJW 1984, 419 (421); BGH NJW 1985, 1842 (1843); BVerwG NJW 1977, 772; *Feuerich/Braun,* § 6 Rdn. 6; *Isele,* § 8 Anm. IV. A.
[9] BVerfG NJW 1983, 1535 (1537 f.).
[10] BGH NJW 1985, 1842 (1844).
[11] BVerfG NJW 1984, 419 (421 f.); BGHZ 94, 364 (372 f.) = NJW 1985, 1842 (1844).
[12] BGHZ 94, 364 (370) = NJW 1985, 1842 (1844).
[13] BVerfGE 44, 105 f.; 63, 266 f.; 66, 337 f.; BVerfG NJW 1986, 1802 f.
[14] *Feuerich/Braun,* § 7 Rdn. 5.
[15] BT-Drucks. III/120, S. 55.
[16] BT-Drucks. III/120, S. 55.
[17] So in NRW, dazu AV des Justizministers v. 3. 3. 1960 JMBl. NRW S. 61.
[18] *Feuerich/Braun,* § 6 Rdn. 3; *Jessnitzer/Blumberg,* § 6 Rdn. 1.

IV. Versagungsgründe

1. Ablehnung des Antrags aus Verfahrensgründen

6 Das Verbot des § 6 Abs. 2, Anträge aus anderen als den in der BRAO bezeichneten Gründen abzulehnen, bezieht sich nur auf die sachlichen Versagungsgründe des § 7. Es hindert nicht die Zurückweisung eines Antrags als unzulässig aus verfahrensrechtlichen Gründen.[19] Verweigert der Bewerber die im Zulassungsverfahren erforderliche Mitwirkung und legt er die von der Landesjustizverwaltung angeforderten Unterlagen nicht vor, so rechtfertigt dies eine Versagung aus formalen Gesichtspunkten.[20] Die erst 1989 eingeführte „Allgemeine Vorschrift für das Verwaltungsverfahren" in § 36 a[21] stellt dies nunmehr ausdrücklich klar.[22] Der Bewerber ist auf diese Rechtsfolge hinzuweisen. Aus dem Recht auf Zulassung erwächst erst dann ein **Anspruch auf Zulassung,** wenn der Bewerber der Landesjustizverwaltung die erforderlichen Unterlagen zur Prüfung der Zulassungsvoraussetzungen bzw. -hindernisse beibringt. Eine Versagung der Zulassung wegen Verstoßes gegen die Mitwirkungspflichten darf nicht vorschnell erfolgen.[23] Ist eine Überprüfung der Zulassungsvoraussetzungen auch ohne die Mitwirkung des Bewerbers möglich, etwa weil der Bewerber kurz zuvor den gleichen Antrag schon einmal gestellt hat, so ist die Versagung aufgrund fehlender Mitwirkung nicht möglich.[24] Andererseits darf die Behörde davon ausgehen, daß ein Bewerber, der die angeforderten Unterlagen nicht von sich aus beibringt, aus Gründen des Persönlichkeitsschutzes erst recht keine Nachforschungen von staatlicher Seite wünscht.[25]

7 Zur Versagung aus formalen Gründen kann auch eine anderweitige Rechtshängigkeit bzw. die Rechtskraft eines der Zulassung entgegenstehenden Bescheides führen.[26] Das Verfahrenshindernis der Rechtshängigkeit ist auf die Dauer des anderweitigen Verfahrens beschränkt. Ist dem Bewerber rechtskräftig die Zulassung entzogen worden und stellt er einen **Antrag auf Wiederzulassung,** obwohl sich die aus der materiellen Rechtskraft des Urteils ergebende Bindung noch nicht erledigt hat, ist die Zulassung zu versagen.[27] Ebenso steht die Rechtskraft einer früheren ablehnenden Entscheidung der Sachprüfung eines erneuten Zulassungsantrags im Wege.[28] Erst dann, wenn sich aufgrund neuer Umstände die Sachlage geändert hat und damit die materielle Rechtskraft der Vorentscheidung entfallen ist, eröffnet sich für den Bewerber eine Möglichkeit, einen erneuten Antrag auf (Wieder-)Zulassung zu stellen, der sachlich beschieden werden muß.[29]

2. Ablehnung aus sachlichen Gründen

8 Die amtliche Begründung zu dem heutigen § 6 weist ausdrücklich darauf hin, daß die Aufzählung der Versagungsgründe in § 7 abschließend sei. So dürfe ein

---

[19] BGHZ 94, 364.
[20] BVerfG NJW 1983, 1535 f.; BGHZ 94, 364 (370 f.); BGH NJW 1988, 1792 f.; *Feuerich/Braun,* § 6 Rdn. 6 f.; *Kleine-Cosack,* § 6 Rdn. 2.
[21] Gesetz zur Änderung des Berufsrechts der Rechtsanwälte und Patentanwälte vom 13. 12. 1989 (BGBl. I, S. 2135).
[22] *Jessnitzer/Blumberg,* § 6 Rdn. 2.
[23] BGHZ 94, 364 (372 f.).
[24] Vgl. BGHZ 94, 364; *Feuerich/Braun,* § 6 Rdn. 8.
[25] So zutreffend BGHZ 94, 364 (373).
[26] *Kleine-Cosack,* § 6 Rdn. 3.
[27] BGH NJW 1988, 1792; *Jessnitzer/Blumberg,* § 6 Rdn. 3.
[28] BGH EGE XIII, 13, 15; BGH NJW 1988, 1792; *Feuerich/Braun,* § 6 Rdn. 11.
[29] *Feuerich/Braun,* § 6 Rdn. 12; *Kleine-Cosack,* § 6 Rdn. 3.

§ 7 Versagung der Zulassung zur Rechtsanwaltschaft　　　　　　　　　§ 7

Zulassungsantrag nicht deshalb abgewiesen werden, weil der Bewerber die Richteramtsbefähigung in einem anderen deutschen Land erworben habe oder weil bei dem Gericht, bei dem der Bewerber zugelassen werden will, kein Bedürfnis für die Zulassung weiterer Rechtsanwälte bestehe.[30] Rechtswidrig wäre auch die Ablehnung eines Zulassungsantrags wegen mangelhafter Befähigung aufgrund schwacher Examensergebnisse. In erster Linie bezieht sich § 6 Abs. 2 auf die im Anschluß an diese Bestimmung in § 7 Nr. 1 bis 11 niedergelegten Versagungsgründe. Aus dem Sinn und Zweck der Vorschrift und dem Vorbehalt der sonstigen Zulassungsvoraussetzungen ergeben sich jedoch **weitere Versagungsgründe,** die in § 7 nicht genannt sind. So kann dem Bewerber, der die Befähigung zum Richteramt nicht besitzt, schon aufgrund dieses Umstandes die Zulassung versagt werden.[31] Mißerfolg im Eignungstest oder die Weigerung, einen solchen abzulegen, steht als Zulassungsversagungsgrund der fehlenden Richteramtsbefähigung gleich. Man wird aber der Landesjustizverwaltung das Recht zugestehen können, eine Gleichwertigkeitsprüfung und damit die Anerkennung eines ausländischen Anwaltes unmittelbar aufgrund der Diplomanerkennungsrichtlinie der EG vorzunehmen.

V. Rechtsvergleichung und EG-Recht

Die europäischen Nachbarstaaten kennen ebenfalls nur die Zulassung im　9
Rahmen eines auf Antrag des Bewerbers initiierten Zulassungsverfahrens. Die Anwaltsgesetze der einzelnen EU-Staaten statuieren überwiegend abschließend aufgezählte Versagungsgründe, zu denen regelmäßig das unwürdige Verhalten, der Vermögensverfall und der Konkurs zählen.[32]

Eine europäische Rechtsanwaltschaft, zu der der EU-Anwalt zugelassen wer-　10
den könnte, gibt es bislang nicht. Die Antragsvoraussetzungen und die Zulassungsbedingungen richten sich demnach nach nationalem Recht. Die geplante Niederlassungs-Richtlinie der EG ermöglicht nur den erleichterten Zugang zu den jeweiligen nationalen Anwaltschaften. Das Zulassungsverfahren als solches wird durch die europäische Richtlinie nicht vereinheitlicht.

§ 7 Versagung der Zulassung zur Rechtsanwaltschaft

Die Zulassung zur Rechtsanwaltschaft ist zu versagen,
1. **wenn der Bewerber nach der Entscheidung des Bundesverfassungsgerichts ein Grundrecht verwirkt hat;**
2. **wenn der Bewerber infolge strafgerichtlicher Verurteilung die Fähigkeit zur Bekleidung öffentlicher Ämter nicht besitzt;**
3. **wenn der Bewerber durch rechtskräftiges Urteil aus der Rechtsanwaltschaft ausgeschlossen ist und seit Rechtskraft des Urteils noch nicht acht Jahre verstrichen sind, Nummer 5 bleibt unberührt;**
4. **wenn gegen den Bewerber im Verfahren über die Richteranklage auf Entlassung oder im Disziplinarverfahren auf Entfernung aus dem Dienst in der Rechtspflege rechtskräftig erkannt worden ist;**

---
[30] BT-Drucks. III/120, S. 56.
[31] BGHZ 94, 364 = NJW 1985, 1842; *Feuerich/Braun,* § 7 Rdn. 6; *Isele,* § 7 Anm. III. A. b).
[32] Vgl. zu den verschiedenen Regelungen einiger europäischer Nachbarstaaten die Länderberichte in: CCBE Cross Border Practice Compendium.

§ 7 Zweiter Teil. Die Zulassung des Rechtsanwalts

5. wenn der Bewerber sich eines Verhaltens schuldig gemacht hat, das ihn unwürdig erscheinen läßt, den Beruf eines Rechtsanwalts auszuüben;
6. wenn der Bewerber die freiheitliche demokratische Grundordnung in strafbarer Weise bekämpft;
7. wenn der Bewerber infolge eines körperlichen Gebrechens, wegen Schwäche seiner geistigen Kräfte oder wegen einer Sucht nicht nur vorübergehend unfähig ist, den Beruf eines Rechtsanwaltes ordnungsgemäß auszuüben;
8. wenn der Bewerber eine Tätigkeit ausübt, die mit dem Beruf des Rechtsanwalts, insbesondere seiner Stellung als unabhängiges Organ der Rechtspflege nicht vereinbar ist oder das Vertrauen in seine Unabhängigkeit gefährden kann;
9. wenn der Bewerber sich im Vermögensverfall befindet; ein Vermögensverfall wird vermutet, wenn der Bewerber in das vom Konkursgericht oder vom Vollstreckungsgericht zu führende Verzeichnis (§ 107 Abs. 2 der Konkursordnung, § 915 der Zivilprozeßordnung) eingetragen ist;
10. wenn der Bewerber infolge gerichtlicher Anordnung in der Verfügung über sein Vermögen beschränkt ist;
11. wenn der Bewerber Richter, Beamter, Berufssoldat oder Soldat auf Zeit ist, es sei denn, daß er die ihm übertragenen Aufgaben ehrenamtlich wahrnimmt oder daß seine Rechte und Pflichten auf Grund der §§ 5, 6, 8 und 36 des Abgeordnetengesetzes vom 18. Februar 1977 (BGBl. I S. 297) oder entsprechender Rechtsvorschriften ruhen.

Schrifttum: *Bender,* Restriktive Tendenzen bei der Rechtsanwaltszulassung, NJW 1986, 409 ff.; *Eckertz-Höfer,* Lebenslänglicher Ausschluß aus der Rechtsanwaltschaft?, ZRP 1986, 4 ff.; *Engels,* Der Rechtsanwalt im Zweitberuf, AnwBl. 1992, 202 ff.; *Feuerich,* Der „unwürdige" Anwaltsbewerber, AnwBl. 1989, 133 ff.; *ders.,* Die Eintragung von Zulassungs- und Maßnahmenentscheidungen gegen Rechtsanwälte in das Bundeszentralregister, BRAK-Mitt. 1992, 10 ff.; *Fischer,* Berufsfreiheit bei der Zulassung des Rechtsanwalts mit Zweitberuf, AnwBl. 1994, 201 ff.; *Hagen,* Zur Frage der „Schwäche der geistigen Kräfte" bei der Zulassung zur Rechtsanwaltschaft und ihrer Rücknahme, FS Pfeiffer, 1975, S. 929 ff.; *Kirchberg,* Die Unvereinbarkeitsklausel des § 7 Nr. 8 BRAO und das Recht der Fachanwaltsbezeichnungen – eine verfassungsrechtliche Standortbestimmung, BRAK-Mitt. 1992, 118 ff.; *Kleine-Cosack,* Rechtsanwalt, Publikusanwalt und Zweitberuf – Verfassungswidrigkeit einer restriktiven Zulassungsjudikatur, ZIP 1991, 1337 ff.; *ders.,* Freiheit zum Zweitberuf: Grundsatzentscheidung des BVerfG zur Anwaltszulassung, NJW 1993, 1289 ff.; *Michalski/Römermann,* Anwaltszulassung von Hochschullehrern MDR 1996, 433; *Oligschläger,* Zeitliches Berufsverbot, AnwBl. 1973, 321 ff.; *Schumann,* Inkompatibilitäten im anwaltlichen Standesrecht, in FS Zeuner, 1994, S. 483; *Smid,* Rechtsschutz und Rechtsweg gegen die Versagung der Zulassung als Rechtsanwalt in der DDR, DtZ 1990, 242 ff.; *Starke,* Überprüfung von Rechtsanwälten auf Stasi-Vergangenheit?, ZRP 1991, 366 ff.; *Taupitz,* Grundlagen berufsrechtlicher Inkompatibilitäten, AnwBl. 1991, 558 ff.; *Vogel,* Versagung, Rücknahme und Widerruf der Anwaltszulassung wegen Unwürdigkeit, 1994; *Zuck,* Das Gesetz zur Änderung des Berufsrechts der Rechtsanwälte und der Patentanwälte, NJW 1990, 1025 ff.

§ 7 Versagung der Zulassung zur Rechtsanwaltschaft § 7

Übersicht

	Rdn.
A. Allgemeine Grundlagen	1–3
B. Verwirkung eines Grundrechts (Nr. 1)	4–8
I. Entstehungsgeschichte und Normzweck	5
II. Verfassungsrechtliche Gesichtspunkte	7
III. Anwendungsbereich	8
C. Verlust der Fähigkeit zur Bekleidung öffentlicher Ämter (Nr. 2)	9–16
I. Entstehungsgeschichte und Normzweck	10
II. Voraussetzungen	13
1. Verlust der Fähigkeit zur Bekleidung öffentlicher Ämter	13
2. Strafgerichtsurteil	14
D. Ausschluß aus der Rechtsanwaltschaft (Nr. 3)	17–23
I. Entstehungsgeschichte	18
II. Normzweck	19
III. Verfassungsrechtliche Bewertung	20
IV. Versagungsvoraussetzungen	22
1. Ausschluß aus der Rechtsanwaltschaft	22
2. Anwaltsgerichtliches Urteil	23
E. Entlassung oder Entfernung aus dem Dienst in der Rechtspflege (Nr. 4)	24–31
I. Entstehungsgeschichte	25
II. Normzweck	26
III. Verfassungsrechtliche Gesichtspunkte	27
IV. Anwendungsbereich	28
1. Rechtskräftige Entlassung aus dem Dienst aufgrund eines Verfahrens der Richteranklage	28
2. Rechtskräftige Entfernung aus dem Dienst aufgrund eines Disziplinarverfahrens	30
3. Verfahrensfragen	31
F. Unwürdiges Verhalten (Nr. 5)	32–52
I. Entstehungsgeschichte	33
II. Normzweck und verfassungsrechtliche Bewertung	34
III. Allgemeine Beurteilungsgrundlagen	36

	Rdn.
1. Beurteilungszeitraum	37
2. Verschulden	38
3. Unwürdigkeit	39
4. Rechtliche Verknüpfung zwischen vorangegangenem Verhalten und Unwürdigkeit	40
a) Verhaltensprognose	41
b) Die Berücksichtigungsfähigkeit von Vorverurteilungen	43
IV. Fallgruppen der Unwürdigkeit	46
1. Strafgerichtliche Verurteilung wegen eines Fahrlässigkeitsdeliktes	47
2. Verurteilung wegen berufsbezogener Vorsatzdelikte	48
3. Verurteilung wegen sonstiger Vorsatzdelikte	49
4. Verstöße gegen Grundsätze der Menschlichkeit und der Rechtsstaatlichkeit	50
5. Sonstiges außerberufliches unwürdiges Verhalten	51
G. Strafbares Bekämpfen der freiheitlich demokratischen Grundordnung (Nr. 6)	53–61
I. Entstehungsgeschichte und Normzweck	54
II. Tatbestandliche Voraussetzungen	58
1. Bekämpfen der freiheitlich demokratischen Grundordnung	58
a) Freiheitlich demokratische Grundordnung	58
b) Bekämpfen	59
2. Bekämpfen in strafbarer Weise	60
3. Verhältnis zu § 7 Nr. 5	61
H. Unfähigkeit zur Berufsausübung (Nr. 7)	62–68
I. Entstehungsgeschichte	63
II. Normzweck und verfassungsrechtliche Grundlagen	64
III. Anwendungsbereich	66
1. Körperliches Gebrechen	66
2. Schwäche der geistigen Kräfte	67
3. Sucht	68
J. Unvereinbare Tätigkeit (Nr. 8)	69–94
I. Entstehungsgeschichte	70
II. Normzweck und Verfassungsmäßigkeit	72

Henssler 93

	Rdn.
III. Anwendungsbereich	75
IV. Unvereinbarkeit der Art der Tätigkeit	78
1. Kaufmännisch erwerbswirtschaftliche Tätigkeit	78
2. Die gehobene Stellung des Anwaltsbewerbers im Zweitberuf	80
3. Dauertätigkeit im öffentlichen Dienst	81
4. Rechtsbesorgende Tätigkeit außerhalb des Anwaltsberufs	82
5. Gesetz- und sittenwidrige Tätigkeit	84
V. Fehlende Berufsausübungsmöglichkeit	85
1. Rechtliche Beschränkungen	86
a) Beschränkung durch eine Nebentätigkeitserlaubnis	86
b) Fehlende Ablehnungsmöglichkeit	87
2. Tatsächliche Beschränkungen	88
VI. Gefährdung des Vertrauens in die Unabhängigkeit	91
VII. Alphabetische Übersichten	92
1. Mit dem Anwaltsberuf unvereinbare Tätigkeiten	92
2. Mit dem Anwaltsberuf vereinbare Tätigkeiten	93

	Rdn.
VIII. Rechtspolitische Erwägungen	94
K. Vermögensverfall (Nr. 9)	95–97
I. Interpretationsgrundlagen	95
II. Anwendungsbereich	96
L. Gerichtliche Anordnung der Beschränkung der Vermögensverfügung (Nr. 10)	98–101
I. Interpretationsgrundlagen	98
II. Anwendungsbereich	99
M. Richter, Beamter oder Soldat (Nr. 11)	102–121
I. Entstehungsgeschichte	102
II. Normzweck	104
III. Verfassungsmäßigkeit	105
IV. Anwendungsbereich	107
1. Beamte	107
a) Grundlagen	107
b) Fallgruppen	108
2. Richter	117
3. Soldaten	118
4. Sonderfall: Abgeordnete	119
V. Verhältnis zu § 14 Abs. 2 Nr. 5 und § 47	121
N. Änderungen aufgrund des EGInsO	122

A. Allgemeine Grundlagen

1   § 7 geht aus von dem bereits in §§ 4, 6 verankerten Recht auf Zulassung. Die Rechtsposition des Bewerbers ist aufgrund der abschließenden Aufzählung der Verweigerungsgründe gestärkt.[1] Die Zulassungsvoraussetzungen dienen mit jeweils unterschiedlicher Intensität der Sicherung der Funktionsfähigkeit der Rechtspflege, dem Schutz der rechtsuchenden Bevölkerung vor unqualifizierter Beratung und Betreuung und der Bewahrung der Integrität der Anwaltschaft. Als z. T. massive Eingriffe in die durch Art. 12 GG geschützte Berufsfreiheit des Bewerbers stehen sie in einem verfassungsrechtlichen Spannungsfeld, das eine restriktive Interpretation gebietet.

2   Die Versagungsgründe des § 7 lassen sich in **zwei Gruppen** einteilen. Die Vorschrift enthält zunächst Zulassungsvoraussetzungen, die nur einen sehr einfachen Subsumtionsakt durch die Landesjustizverwaltungen verlangen. Zu dieser Kategorie zählen die Gründe der Nr. 1–4 sowie der Nr. 10–11. Sie orientieren sich an **formell** einfach **festzustellenden** Kriterien, sei es in der Form von gerichtlichen oder behördlichen Entscheidungen oder einfach nachzuweisenden Berufsausübungsvoraussetzungen wie dem Abschluß einer Berufshaftpflichtversicherung. Die zweite Gruppe der Versagungsgründe erfordert dagegen oft in tat-

---

[1] BT-Drucks. III/120, S. 56; vgl. oben zu § 6 Rdn. 6 ff.

§ 7 Versagung der Zulassung zur Rechtsanwaltschaft 3–6 § 7

sächlicher Hinsicht schwierige Ermittlungen.² Zugleich müssen im Rahmen der rechtlichen Würdigung schwerwiegende Bedenken gegen die **Persönlichkeit des Bewerbers** erhoben werden. Dieser Kategorie sind die Nr. 5–9 des § 7 zuzuordnen. Der Gesetzgeber hat diese Differenzierung zwar der Systematik des § 7 nicht deutlich zugrunde gelegt. Die Einteilung ist aber Grundlage der unterschiedlichen Ausgestaltung des Rechtsschutzes in §§ 9 und 11. Nur in den rechtlich und tatsächlich einfachen Versagungsgründen der ersten Gruppe erscheint es gerechtfertigt, per Verwaltungsakt die Zulassung zu verweigern (§ 11). Bei der zweiten Gruppe enthält sich der Staat dagegen des Verwaltungsaktes und überläßt die Entscheidung in Zweifelsfällen einem gerichtlichen Verfahren.³ Dementsprechend sieht § 9 die Aussetzung des Verfahrens vor, wenn ein ablehnendes Gutachten der Rechtsanwaltskammer auf die Versagungsgründe des § 7 Nr. 5–9 gestützt wird.

Die Versagungsgründe des § 7 sind entsprechend auf Rechtsbeistände anzuwenden, die gem. § 209 die Aufnahme in die Rechtsanwaltskammer beantragen.⁴ Auch die Verfahrensvorschriften der §§ 8–11, 13–17 und 37–42 lassen sich sinngemäß übertragen. 3

B. Verwirkung eines Grundrechts (Nr. 1)

Nach § 7 Nr. 1 ist die Zulassung zur Rechtsanwaltschaft zu versagen, wenn 4 der Bewerber aufgrund einer Entscheidung des Bundesverfassungsgerichts ein Grundrecht verwirkt hat.

I. Entstehungsgeschichte und Normzweck

Die Aufnahme dieses mit unserem Grundgesetz verknüpften Versagungsgrundes ist naturgemäß erstmals durch die BRAO erfolgt.⁵ Vergleichbare Ansätze gab es in den Vorgängergesetzen nicht. Das Grundgesetz, das in Art. 18 Abs. 1 GG denjenigen Grundrechtsinhaber von der Grundrechtsausübung ausschließt, der die freiheitliche demokratische Grundordnung der Bundesrepublik Deutschland mißbraucht, soll **Reflexwirkungen** auch auf die Rechtsanwaltschaft haben. Ebenso wie Art. 18 Abs. 1 GG ist die anwaltsrechtliche Vorschrift als historisch bedingte bewußte Reaktion auf die Hitler-Diktatur zu verstehen.⁶ Wegen des im Bewußtsein der Bevölkerung inzwischen fest verankerten hohen Ranges der Grundrechte bedarf es einer verfahrensmäßigen Aufwertung der Grundrechte heute nicht mehr, so daß die verfassungsrechtliche und die anwaltsrechtliche Vorschrift keine praktische Bedeutung haben. 5

Wer seine ihm von der Verfassung gewährten Grundrechte mißbräuchlich ausübt, offenbart eine **feindliche Einstellung** gegen den Rechtsstaat und seine Grundordnung. Er kann daher nicht die Gewähr dafür bieten, daß er nach der Zulassung seine umfassende Beratungs- und Vertretungsbefugnis zur Erhaltung der Rechtspflege wirken läßt,⁷ sondern stellt eine Gefahr für die Rechtspflege 6

---

² So die amtliche Begründung BT-Drucks. III/120, S. 59.
³ BT-Drucks. III/120, S. 59 f.
⁴ BGHZ 109, 282 (284 f.); 83, 350 (352 f.); EGH Hamm BRAK-Mitt. 1982, 32; s. dazu auch die Kommentierung zu § 209.
⁵ *Kalsbach,* § 7 Anm. 3.
⁶ *Dürig,* in: Maunz/Dürig Art. 18 Rdn. 3.
⁷ *Kalsbach,* § 7 Anm. 4.

Henssler 95

dar.⁸ Aufgrund der Tragweite einer solchen Versagung setzt § 7 Nr. 1 voraus, daß die Verwirkung des Grundrechts durch das Bundesverfassungsgericht positiv festgestellt worden ist.⁹

II. Verfassungsrechtliche Gesichtspunkte

7   Die Vorschrift des § 7 Nr. 1 ist verfassungskonform. Die Funktionsfähigkeit der Rechtspflege gebietet es, nur solche Bewerber zur Rechtsanwaltschaft zuzulassen, die als Organ der Rechtspflege die staatliche Grundordnung akzeptieren. Das Grundrecht der Berufsfreiheit ist nicht schrankenlos garantiert. Der einzelne darf in der Berufsausübung nicht die Rechte anderer, insbesondere nicht die Rechte der Allgemeinheit gefährden.¹⁰ Der über § 7 Nr. 1 ermöglichte schwerwiegende Eingriff in die Freiheit der Berufswahl setzt voraus, daß die verfassungsfeindliche Tätigkeit des Bewerbers **gerichtlich festgestellt** ist. Dementsprechend tritt die an den Mißbrauch der Grundrechte geknüpfte Folge der Verwirkung nicht ipso jure, sondern erst dann ein, wenn sie durch Feststellung es BVerfG ausgesprochen worden ist.¹¹ Die am Zulassungsverfahren beteiligten Behörden, Selbstverwaltungsorgane und Gerichte können den Ausspruch des BVerfG nicht durch eigene Tatsachenfeststellungen und rechtliche Würdigungen ersetzen. Sie sind positiv wie negativ an das verfassungsgerichtliche Urteil gebunden.¹²

III. Anwendungsbereich

8   Es kommen nur solche Grundrechte in Betracht, die gemäß Art. 18 Abs. 1 GG verwirkt werden können. Das sind die Art. 5 Abs. 1, 5 Abs. 3, 8, 9, 10, 14 und 16 Abs. 2 GG. **Verwirkt** ist das Grundrecht erst dann, wenn die Grundrechtsausübung zu verfassungsfeindlichen Zielen mißbraucht wird und das BVerfG diesen Mißbrauch festgestellt hat. Bislang ist allerdings eine Grundrechtsverwirkung vom BVerfG nicht ausgesprochen worden, so daß auch die anwaltsrechtliche Vorschrift ohne jede Bedeutung geblieben ist.¹³

C. Verlust der Fähigkeit zur Bekleidung öffentlicher Ämter (Nr. 2)

9   Nach § 7 Nr. 2 ist die Zulassung zur Rechtsanwaltschaft zu versagen, wenn der Bewerber infolge strafgerichtlicher Verurteilung die Fähigkeit zur Bekleidung öffentlicher Ämter nicht besitzt.

I. Entstehungsgeschichte und Normzweck

10   Der Versagungsgrund des Verlustes der Fähigkeit zur Bekleidung öffentlicher Ämter fand sich bereits in § 5 Nr. 1 RAO als konstitutiver Versagungsgrund. Die RRAO und die RAObritZ behielten diese Bestimmung bei. Auch der Gesetzge-

---

⁸ So ausdrückl. die amtl. Begründung zur BRAO, BT-Drucks. III/120, S. 56; *Bülow,* § 7 Anm. 3.
⁹ *Kleine-Cosack,* § 7 Rdn. 4.
¹⁰ BT-Drucks. III/120, S. 56.
¹¹ BGHZ 12, 197.
¹² *Feuerich/Braun,* § 7 Rdn. 16; *Jessnitzer/Blumberg,* § 7 Rdn. 2.
¹³ Bislang ist lediglich ein Antrag gestellt worden, vgl. BVerfGE 11, 282. Das Verfahren ist nach schleppendem Betreiben schließlich eingestellt worden.

ber der BRAO hielt eine Angleichung an die strafrechtlichen Bestimmungen über die Unfähigkeit zur Bekleidung öffentlicher Ämter für geboten.[14] Ebenso wie § 7 Nr. 1 will auch § 7 Nr. 2 sicherstellen, daß der Rechtsanwalt als Organ der Rechtspflege die Gewähr für die **vorbehaltlose Integration** in die Rechtsordnung bietet. Derjenige Bewerber, der sich durch ein Verbrechen außerhalb der Rechtsordnung gestellt hat, erfüllt diese Voraussetzung nicht.

Verfassungsrechtliche Bedenken gegen § 7 Nr. 2 bestehen angesichts der geschützten überragend wichtigen Gemeinschaftsgüter nicht. Die Funktionsfähigkeit der Rechtspflege gebietet, nur solche Bewerber zur Rechtsanwaltschaft zuzulassen, die sich als Organ der Rechtspflege im Rahmen der Rechtsordnung bewegen und sich durch ihr **straffreies Verhalten auszeichnen**. Der Schwere des Eingriffs wird durch das Erfordernis der gerichtlichen Feststellung der Amtsunfähigkeit Rechnung getragen.

II. Voraussetzungen

1. Verlust der Fähigkeit zur Bekleidung öffentlicher Ämter

Der Versagungsgrund schließt an § 45 Abs. 1 und 2 StGB an. Nach § 45 Abs. 1 StGB verliert derjenige, der wegen eines Verbrechens im Sinne des § 12 Abs. 1 StGB zu einer mindestens einjährigen Freiheitsstrafe verurteilt worden ist, aufgrund der Verurteilung automatisch für fünf Jahre die Fähigkeit, öffentliche Ämter zu bekleiden und Rechte aus öffentlichen Wahlen zu erlangen.[15] Nach § 45 Abs. 2 StGB **kann** darüber hinaus auch die Verurteilung wegen anderer Delikte von Tätern, die sich gegen das Gemeinwesen oder in dessen Dienst vergangen haben, zum Verlust der Amtsfähigkeit führen. Die Aberkennung ist nur zulässig, sofern das Gesetz sie ausdrücklich vorsieht (vgl. die §§ 92a, 101, 102 Abs. 2, §§ 108c, 109i, 129a Abs. 6, § 264 Abs. 5, § 358 StGB, § 375 Abs. 1 AO)[16] und wird von den Strafgerichten nach pflichtgemäßem Ermessen als „**Nebenfolge**"[17] für die Dauer von zwei bis fünf Jahren verhängt.[18] Auch wenn die jeweiligen Taten überwiegend kein Verbrechen darstellen, mißt der Gesetzgeber den mit den Straftatbeständen geschützten Rechtsgütern, wie z. B. der Integrität ausländischer Staaten, der inneren und äußeren Sicherheit der Bundesrepublik Deutschland u.ä., eine besondere Bedeutung bei, die es rechtfertigt, dem Delinquenten den Zugang zur Rechtsanwaltschaft zu versagen.

2. Strafgerichtsurteil

Die Versagung der Zulassung setzt eine Verurteilung durch ein deutsches Strafgericht voraus.[19] Der einer **ausländischen** Verurteilung zugrunde liegende Sachverhalt ist nach § 7 Nr. 5 zu prüfen.[20] Erst mit Rechtskraft des strafgerichtlichen Urteils steht der Verlust der Fähigkeit zur Bekleidung öffentlicher Ämter fest (§ 45a StGB). Die Dauer des Verlustes wird dagegen erst von dem Tage an

---

[14] BT-Drucks. III/120, S. 56.
[15] *Feuerich/Braun*, § 7 Rdn. 18 mit Beispielen aus der Rechtsprechung.
[16] *Feuerich/Braun*, § 7 Rdn. 19; *Schereik/Vogels*, in: Prütting, Deutsche Anwaltschaft, S. 114 (115).
[17] Trotz dieser gesetzlichen Bezeichnung handelt es sich der Art nach um eine Nebenstrafe, dazu *Nelles* JR 1991, 18.
[18] *Dreher/Tröndle*, StGB, § 45 Rdn. 6 ff.
[19] *Isele*, § 7 Anm. IV. B. 2.
[20] *Feuerich/Braun*, § 7 Rdn. 18; *Isele*, § 7 Anm. IV. B. 2.

gerechnet, an dem die Freihheitsstrafe verbüßt, verjährt oder erlassen ist (§ 45 a Abs. 2 S. 1 StGB). Das Urteil ist für die am Zulassungsverfahren beteiligten Behörden – in den Grenzen der Rechtskraft – bindend.[21] Abweichende Beurteilungen der am Zulassungsverfahren beteiligten Behörden und Gerichte sind unbeachtlich.

15 Gemäß § 45 Abs. 1 und 2 StGB ist der Verlust der Fähigkeit zur Bekleidung öffentlicher Ämter zeitlich auf fünf Jahre beschränkt. Sofern die durch Urteil aberkannten Fähigkeiten gemäß § 45 b StGB wieder verliehen worden sind, steht einer **Wiederzulassung** des Bewerbers grundsätzlich nichts im Wege. Der Bewerber kann jedoch aufgrund seines Vorverhaltens unwürdig erscheinen, den Rechtsanwaltsberuf auszuüben, so daß eine Versagung gemäß § 7 Nr. 5 in Betracht kommt. Das wird jedenfalls dann gelten, wenn die Fünfjahresfrist noch nicht abgelaufen ist.[22]

16 Die Verurteilung darf für § 7 Nr. 2 auch dann nicht mehr berücksichtigt werden, wenn das Strafurteil im Rahmen eines Wiederaufnahmeverfahrens aufgehoben oder der Betroffene begnadigt worden ist.[23] Im Fall der Wiederverleihung der Fähigkeit zur Bekleidung öffentlicher Ämter muß die Hälfte der durch Urteil ausgesprochenen Befristung abgelaufen sein, ohne daß sich der Bewerber erneut strafbar gemacht hat.[24]

D. Ausschluß aus der Rechtsanwaltschaft (Nr. 3)

17 § 7 Nr. 3 sieht zwingend die Versagung der Zulassung zur Rechtsanwaltschaft vor, wenn der Bewerber durch rechtskräftiges Urteil aus der Rechtsanwaltschaft ausgeschlossen ist und seit Rechtskraft des Urteils noch nicht acht Jahre verstrichen sind. Nr. 5 bleibt unberührt.

I. Entstehungsgeschichte

18 Der aus sich selbst heraus verständliche Versagungsgrund wurde im Jahre 1989 aufgrund einer BVerfG-Entscheidung aus dem Jahre 1986 neu gefaßt.[25] Das BVerfG[26] hatte die ursprüngliche Fassung des § 7 Nr. 3, die den Ausschluß eines Bewerbers aus der Rechtsanwaltschaft ohne zeitliche Befristung vorsah, für verfassungswidrig erklärt. Zuvor hatte der Versagungsgrund für den Gesetzgeber mehr als 100 Jahre als Selbstverständlichkeit[27] gegolten. Die RAO von 1878 hatte in § 5 Nr. 2 RAO den dauernden Ausschluß aus der Rechtsanwaltschaft normiert, sofern der Bewerber aufgrund eines ehrengerichtlichen Urteils seine Stellung als Rechtsanwalt aufgeben mußte. Innerhalb der Anwaltschaft war freilich immer wieder die Einführung eines befristeten Berufsverbots (Suspension) diskutiert worden, weil man die unbefristete Ausschließung aus der Rechts-

---

[21] BGH BRAK-Mitt. 1984, 35; *Feuerich/Braun*, § 7 Rdn. 20; *Isele*, § 7 Anm. IV. B. 2; *Jessnitzer/Blumberg*, § 7 Rdn. 3, *Kleine-Cosack*, § 7 Rdn. 5.
[22] BGHZ 46, 230 (233); BGH BRAK-Mitt. 1993, 102 (103).
[23] BGHZ 46, 230; *Feuerich/Braun*, § 7 Rdn. 21; *Isele*, § 7 Anm. IV. B. 2.
[24] *Scherek/Vogels*, in: Prütting, Deutsche Anwaltschaft, S. 114 (115).
[25] Gesetz zur Änderung des Berufsrechts der Rechtsanwälte und Patentanwälte vom 13. 12. 1989 (BGBl. I, S. 2135 f.).
[26] BVerfGE 66, 337 f.; nachfolgend auch: BVerfGE 72, 51 f.
[27] Die amtl. Begründung erachtete den Versagungsgrund als keiner Begründung bedürftig, BT-Drucks. III/120, S. 56.

anwaltschaft als zu hart empfand und eine Besserung des Betroffenen positiv berücksichtigt sehen wollte.[28] Trotz entsprechender Empfehlungen der Anwaltschaft ging auch § 28 RRAO von einem generellen **zeitlich unbegrenzten** Versagungsgrund aus.[29] Die RAObritZ ließ den materiellen Normgehalt der vorangegangenen Regelungen ebenfalls unverändert. Erst der Anwaltstag 1973 warf erneut die Frage nach der Einführung eines befristeten Ausschlusses auf. Die Abteilung „Ehrengerichtsbarkeit" des Anwaltstages befürwortete entgegen dem Vorschlag des Referenten[30] überwiegend die Befristung.[31] Die heutige Fassung der BRAO sieht nur noch einen zeitlich befristeten Ausschluß aus der Rechtsanwaltschaft aufgrund eines anwaltsgerichtlichen Urteils vor. Seit der Verurteilung müssen mindestens acht Jahre verstrichen sein, ehe eine Neuzulassung in Betracht kommt.

II. Normzweck

Die Versagung der Zulassung aufgrund des vorangegangenen Ausschlusses aus der Rechtsanwaltschaft bezweckt den **Schutz des Mandanten** vor Rechtsanwälten, deren Verhalten ein standeswidriges Verhalten vermuten läßt.[32] Weiteres Schutzgut ist das Ansehen der Rechtsanwaltschaft. Die Anwaltschaft läuft Gefahr, ihren Ruf als integres Bindeglied zwischen Bürger und Staat zu verlieren, wenn sie solchen Berufskollegen die Berufsausübung gestattet, die sich als Organ der Rechtspflege nicht bewährt haben. Die Indizwirkung eines Ausschlußurteils für die mangelnde Eignung des Bewerbers schwindet indes, sobald mehr als acht Jahre seit dem Ausschluß aus der Rechtsanwaltschaft verstrichen sind.

III. Verfassungsrechtliche Bewertung

Das BVerfG hat durch die Beschlüsse vom 4. April 1984 und 26. Februar 1986[33] die unbefristete Wiederzulassungssperre des § 7 Nr. 3 a. F. für nichtig erklärt. Die Ausschließung aus der Rechtsanwaltschaft, die den Betroffenen zur Beendigung seiner Berufstätigkeit zwingt, ist als schwerwiegender Eingriff in die Freiheit der Berufswahl zu beurteilen und an **Art. 12 Abs. 1 GG** zu messen.[34] Der besondere Rang der Berufsfreiheit, der in dem engen Zusammenhang mit der Entfaltung der menschlichen Persönlichkeit begründet ist, verbietet es, bei derartigen Eingriffen die Fähigkeit des Menschen zur Änderung und Resozialisierung gänzlich außer Acht zu lassen.[35] Ebenso wie der Straftäter von Verfassungs wegen die Chance erhalten muß, sich nach Strafverbüßung wieder in die Gemeinschaft einzuordnen,[36] ist demjenigen, der wegen schuldhafter Pflichtverletzung aus dem Beruf ausgeschlossen wurde, die Chance eines Neubeginns in seinem Beruf zu geben, sobald zu erwarten ist, daß er keine Gefahr mehr für die Funktionsfähigkeit der Rechtspflege darstellen wird.[37]

---

[28] Vgl. die Diskussion auf den Anwaltstagen von 1887 und 1913, JW 1887, 395 (397 f.) bzw. JW 1913, 893 (894 f.).
[29] Vgl. dazu: *Noack,* § 28 Anm. 2 d).
[30] *Oligschläger* AnwBl. 1973, 321 f.
[31] Vgl. AnwBl. 1973, 250 f.
[32] BVerfGE 72, 51 (63/64).
[33] BVerfGE 66, 337 f.; nachfolgend auch: BVerfGE 72, 51 f.
[34] BVerfGE 44, 105 (117 f.); E 63, 266 (282 f.); E 66, 337 (353 f.); E 72, 51 (63 f.).
[35] BVerfGE 72, 51 (63).
[36] Vgl. BVerfGE 35, 202 (235 f.); E 36, 174 (188); E 45, 187 (238 f.).
[37] BVerfGE 72, 51 (63/64).

21 Die Vereinbarkeit der 1989 neugefaßten Vorschrift mit den verfassungsrechtlichen Vorgaben ist bislang durch das BVerfG nicht bestätigt worden. Der BGH[38] und Teile der Literatur[39] halten die Neufassung – ohne Begründung – für verfassungsgemäß. Kritische Stimmen aus dem Schrifttum bemängeln die mangelnde Flexibilität der Achtjahresfrist.[40] Die aufgrund „leichterer" Vorkommnisse aus der Rechtsanwaltschaft Ausgeschlossenen müßten wegen des Verhältnismäßigkeitsgrundsatzes zeitlich eher eine Chance erhalten können, die Wiederzulassung zu erlangen.[41] Vorgeschlagen wird, den Anwaltsgerichten die Befugnis zur Verhängung einer angemessenen Sperrfrist einzuräumen,[42] um den Ausschluß besser an den Einzelfall anzupassen.[43] Die mit dieser Flexibilisierung einhergehende Einbuße an Rechtssicherheit erscheint erträglich, zumal auch § 45 Abs. 2 StGB eine gerichtliche Fristfestsetzung kennt. Da die Umstände, die zum Ausschluß aus der Rechtsanwaltschaft geführt haben, ohnehin im Rahmen einer Überprüfung des Bewerbers gem. § 7 Nr. 5 berücksichtigt werden müssen, erscheint es freilich praktikabler, die Sperrfrist auf die auch für „leichte Vorkommnisse" geltende absolute Mindestfrist von 5 Jahren abzusenken. Dem Anwaltsgericht bliebe die schwierige Prognoseentscheidung über das künftige Verhalten des Rechtsanwalts erspart.

IV. Versagungsvoraussetzungen

1. Ausschluß aus der Rechtsanwaltschaft

22 Der Bewerber muß durch anwaltsgerichtliches Urteil rechtskräftig gem. § 114 Abs. 1 Nr. 5 aus der Rechtsanwaltschaft ausgeschlossen worden sein. Der anwaltsgerichtliche Ausschluß aus der Rechtsanwaltschaft muß **wirksam und unanfechtbar** sein. Entfällt die Rechtskraft der anwaltsgerichtlichen Entscheidung, fällt auch der Rechtsgrund für die Versagung weg. Der zweite Halbsatz des § 7 Nr. 3 verdeutlicht, daß nach Ablauf der Sperrwirkung die Zulassung nicht zwingend erfolgen muß. Soweit im Einzelfall überwiegende Gründe des Gemeinwohls einer Wiederzulassung entgegenstehen, muß die Zulassung an § 7 Nr. 5 scheitern.[44] Entscheidend sind die Schwere und die Folgen der Pflichtverletzung, die gegen das ordnungsgemäße Verhalten während der Sperrfrist abzuwägen sind.[45]

2. Anwaltsgerichtliches Urteil

23 Der Versagungsgrund liegt erst vor, wenn das anwaltsgerichtliche Urteil Rechtskraft erlangt hat. Die an dem Zulassungsverfahren beteiligten Behörden sind an die Entscheidung gebunden und können diese nicht durch eigene Ermessensentscheidungen relativieren oder ersetzen.

---

[38] BGH BRAK-Mitt. 1991, 100.
[39] *Feuerich/Braun*, § 7 Rdn. 23 a.E.; *Hartstang* II, S. 771 f.; *Jessnitzer/Blumberg*, § 7 Rdn. 4.
[40] *Eckertz-Höfer* ZRP 1986, 4 (6); *Kleine-Cosack*, § 7 Rdn. 6; *Schereik/Vogels*, in: Prütting, Deutsche Anwaltschaft, S. 114 (116); *Zuck* NJW 1990, 1025 (1027).
[41] *Eckertz-Höfer* ZRP 1986, 4 (7).
[42] *Eckertz-Höfer* ZRP 1986, 4 (7).
[43] *Schereik/Vogels*, in: Prütting, Deutsche Anwaltschaft, S. 114 (116).
[44] Dazu auch: *Schereik/Vogels*, Fn. 43.
[45] Einzelheiten bei Rdn. 32 ff.

E. Entlassung oder Entfernung aus dem Dienst in der Rechtspflege (Nr. 4)

§ 7 Nr. 4 zwingt zur Versagung der Zulassung zur Rechtsanwaltschaft, wenn 24
gegen den Bewerber im Verfahren über die Richteranklage auf Entlassung oder
im Disziplinarverfahren auf Entfernung aus dem Dienst in der Rechtspflege
rechtskräftig erkannt worden ist.

I. Entstehungsgeschichte

§ 7 Nr. 4 zählt zu den unproblematischen Versagungsgründen, auch wenn er 25
in den Vorläuferregelungen nicht enthalten war. In der RAO vom 1. 7. 1878
wurde die Entfernung aus dem Dienst durch § 5 Abs. 5 (Versagung der Zulassung wegen eines Verhaltens, welches die Ausschließung aus der Rechtsanwaltschaft bedingen würde) erfaßt. Während der Beratungen zur BRAO wurde lebhaft diskutiert, ob die Vorschrift auf jeden Beamten und auf jeden Amtsbereich ausgedehnt werden sollte. Der Regierungsentwurf (§ 19 Nr. 4) sah ursprünglich bei der Entfernung aus jedwedem Dienst schlechthin die Versagung der Zulassung vor. Schließlich einigte man sich, nur die Entfernung aus dem Dienst in der Rechtspflege im Rahmen des § 7 Nr. 4 zu berücksichtigen.[46] Die Formulierung „... Entfernung aus dem Dienst in der Rechtspflege ..." bezweckt eine Einschränkung des Kreises der Beamten. Gedacht wurde beispielsweise an den Fall, daß eine Dienstenthebung aufgrund von Verfehlungen erfolgen könnte, die nur im Status eines Beamten denkbar seien. Solche Pflichtverstöße rechtfertigen es nicht, dem Bewerber aufgrund des gleichen Umstandes die Zulassung zur Rechtsanwaltschaft zu versagen.[47] Auch sollten Kirchenbeamte von dieser Regelung ausgenommen werden.[48] Eine weitergehende Differenzierung nach der Art der Verfehlung oder nach der beamtenrechtlichen Stellung hat sich nicht durchgesetzt.

II. Normzweck

Die Vorschrift des § 7 Nr. 4 bildet eine notwendige Ergänzung zu § 7 Nr. 2. 26
Denn § 7 Nr. 2 erfaßt nur die Fälle einer strafgerichtlichen Verurteilung des Bewerbers, bei der dem Betroffenen – automatisch oder durch gerichtliche Entscheidung – die Fähigkeit zur Bekleidung öffentlicher Ämter aberkannt worden ist. Solange es zu keinem strafgerichtlichen Verfahren, sondern lediglich zur Richteranklage i. S. d. § 30 Abs. 1 Nr. 1 DRiG i. V. m. Art. 98 Abs. 2 und Abs. 5 GG gekommen ist, besteht für die Anwendung der Nr. 2 kein Raum.[49] Die **dienstliche Verfehlung** des ehemaligen Richters, Staatsanwalts, Rechtspflegers oder Notars wiegt jedoch so schwer, daß der Bewerber mit hoher Wahrscheinlichkeit eine Gefahr für die Funktionsfähigkeit der Rechtspflege darstellt.[50] Ein Bewerber, gegen den die schweren Disziplinarstrafen verhängt wurden, besitzt nicht die nach dem Berufsbild des Anwalts erforderliche Zuverlässigkeit und Lauterkeit.

---

[46] *Bülow,* § 7 Anm. 6.
[47] Vgl. *Kalsbach,* § 7 Anm. 6 III.
[48] Vgl. *Kalsbach,* § 7 Anm. 6 III.
[49] *Isele,* § 7 Anm. IV. D. 1.
[50] So die amtl. Begründung zur BRAO, § 19 Nr. 4, BT-Drucks. III/120, S. 56; *Kalsbach,* § 7 Anm. 6 II.

III. Verfassungsrechtliche Gesichtspunkte

27 Zur verfassungsrechtlichen Bewertung des Versagungsgrundes kann auf die Ausführungen zu den Nr. 1 bis 3 verwiesen werden. Die Schwere des Eingriffs in die freie Berufswahl erfordert auch hier ein rechtskräftiges Urteil eines Gerichts. Dem Bewerber sind durch die Entlassung aus dem Dienst in der Rechtspflege schon vielfältige Berufswahlmöglichkeiten abgeschnitten. Die Funktionsfähigkeit der Rechtspflege gebietet es jedoch, dem Bewerber auch den Anwaltsberuf zu verschließen. **Verfassungsrechtliche Zweifel** ergeben sich wegen der fehlenden Begrenzung des Ausschlusses aus der Rechtsanwaltschaft. Anders als beim novellierten § 7 Nr. 3 wurde versäumt, in Nr. 4 der Vorschrift eine Sperrfrist aufzunehmen. Weite Teile der Literatur plädieren mit Recht für die Übertragbarkeit der Erwägungen, die das BVerfG zur Verfassungswidrigkeit des § 7 Nr. 3 a. F. angestellt hat.[51] Sie fordern eine Novellierung der BRAO durch Einführung einer zeitlichen Beschränkung der Zulassungssperre.[52] Der Gesetzgeber hat diesen Änderungsvorschlag anläßlich der grundlegenden Novellierung des Jahres 1994 bedauerlicherweise nicht aufgegriffen. In der Praxis sollte man eine verfassungskonforme Auslegung in Anlehnung an § 7 Nr. 3 erwägen. Die Zweifel an der Wirksamkeit der Vorschrift lassen sich umgehen, wenn die Versagungsentscheidung auf § 7 Nr. 5 gestützt wird. Diejenigen Bewerber, die im Wege der Richteranklage oder in disziplinarrechtlichen Verfahren aus dem Dienst entlassen worden sind, werden in aller Regel unwürdig sein, den Anwaltsberuf auszuüben.[53] Für die Übergangszeit lassen sich damit praktikable Ergebnisse erzielen.

IV. Anwendungsbereich

1. Rechtskräftige Entlassung aus dem Dienst aufgrund eines Verfahrens der Richteranklage

28 Die erste Alternative des § 7 Nr. 4 betrifft die Entlassung eines Rechtsanwaltsbewerbers aus dem Dienst im Wege der Richteranklage. Vorausgesetzt wird ein Verfahren nach Art. 98 Abs. 2 GG i. V. m. § 30 Abs. 1 Nr. 1 DRiG. Betroffen sind nur **Richter auf Lebenszeit** und Richter auf Zeit, nicht hingegen Richter auf Probe gemäß § 22 DRiG und auch nicht Richter kraft Auftrages.[54] Für mangels Eignung nicht übernommene Richter auf Probe und die beauftragten Richter kommt der Versagungsgrund Nr. 5 in Betracht.[55]

29 Die **Richteranklage** nach Art. 98 Abs. 2 GG bezieht sich nur auf Verstöße gegen das Grundgesetz und die verfassungsmäßige Ordnung eines Landes, die ein Richter sich im Amt oder außerhalb seiner Berufsausübung zu Schulden kommen lassen hat und die zur Entlassung aus dem Richteramt führen.[56] Verurteilungen aus der Zeit des Nationalsozialismus dürfen nicht berücksichtigt werden,

---

[51] *Eckertz-Höfer* ZRP 1986, 4 (7); *Feuerich/Braun*, § 7 Rdn. 29; *Hartstang* I, S. 110; *Kleine-Cosack*, § 7 Rdn. 9; *Krämer/Kirchberg* AnwBl. 1986, 166 (170); *Schereik/Vogels*, in: Prütting, Deutsche Anwaltschaft, S. 114 (117); *Ostler* NJW 1987, 281 (287); *Zuck* BRAK-Mitt. 1985, 125 (129).
[52] *Kleine-Cosack*, § 7 Rdn. 9.
[53] So auch: *Feuerich/Braun*, § 7 Rdn. 32; *Kleine-Cosack*, § 7 Rdn. 9.
[54] *Isele*, § 7 Anm. IV. D. 2.
[55] *Isele*, § 7 Anm. IV. D. 2.
[56] *Schmidt-Räntsch*, DRiG, § 30 Rdn. 13.

wenn sie ausschließlich oder doch überwiegend auf rassischen, politischen oder religiösen Gründen beruhen (vgl. § 211).[57]

2. Rechtskräftige Entfernung aus dem Dienst aufgrund eines Disziplinarverfahrens

Die rechtskräftige Entfernung aus dem Dienst aufgrund eines Disziplinarverfahrens bildet einen Auffangtatbestand zur 1. Alternative der Vorschrift. Nicht immer bietet das Fehlverhalten des Richters Anlaß zur Richteranklage gemäß Art. 98 Abs. 2 GG. Bei **Staatsanwälten** (§ 122 Abs. 4, § 77 ff. DRiG), **Rechtspflegern** (§ 5 Abs. 1, § 11 BDO bzw. entsprechenden Landesvorschriften) und **Notaren** (§ 97 Abs. 1 BNotO), die einem Verfahren nach Art. 98 Abs. 2 GG nicht unterworfen werden können, kann ohnehin allein die disziplinarrechtliche Verurteilung zur Anwendbarkeit dieses Versagungsgrundes führen. Das Disziplinarverfahren muß zur Entfernung aus dem Dienst in der Rechtspflege geführt haben. 30

3. Verfahrensfragen

Der Versagungsgrund setzt die Rechtskraft der Entscheidung über die Entfernung aus dem Amt voraus. Die gerichtliche Entscheidung ist bindend. Wird die Versagungsentscheidung allein auf § 7 Nr. 5 gestützt, obwohl es der Sache nach um den Tatbestand der Nr. 4 geht, so beschränkt sich die gerichtliche Überprüfungsmöglichkeit auf diesen Versagungsgrund.[58] 31

F. Unwürdiges Verhalten (Nr. 5)

Hat der Bewerber sich eines Verhaltens schuldig gemacht, das ihn unwürdig erscheinen läßt, den Beruf eines Rechtsanwalts auszuüben, so muß die Zulassung zur Rechtsanwaltschaft nach § 7 Nr. 5 versagt werden. 32

I. Entstehungsgeschichte

§ 7 Nr. 5 hat keinen unmittelbaren Vorläufer in den vorangegangenen Rechtsanwaltsordnungen. Die Unwürdigkeit eines Bewerbers konnte nach § 5 Nr. 5 der RAO aus dem Jahre 1878 und § 15 Nr. 4 der RRAO im staatlichen Zulassungsverfahren nur mittelbar berücksichtigt werden. Nach § 5 Nr. 5 RAO bzw. § 15 Nr. 4 RRAO konnte einem Bewerber die Zulassung versagt werden, wenn er nach dem Gutachten des Vorstandes der Rechtsanwaltskammer sich eines Verhaltens schuldig gemacht hatte, welches die Ausschließung aus der Rechtsanwaltschaft bedingt hätte, sofern er zu diesem Zeitpunkt Rechtsanwalt gewesen wäre. Das Gesetz zwang zur Fiktion eines ehrengerichtlichen Verfahrens.[59] In der ehrengerichtlichen Rechtsprechung wurde bei Anwendung dieser Vorschrift nicht danach unterschieden, ob die Handlung überhaupt von einem Anwalt vorgenommen werden konnte.[60] In der Praxis ergaben sich Anwendungsprobleme.[61] 33

---

[57] *Feuerich/Braun,* § 7 Rdn. 27; *Kalsbach,* § 7 Anm. 6 VII.
[58] BGH BRAK-Mitt 1983, 188; vgl. auch BVerfG NJW 1986, 1802 zur Parallelproblematik bei § 7 Nr. 3 a. F.
[59] BT-Drucks. III/120, S. 57; *Bülow,* § 7 Anm. 7; *Friedlaender,* § 5 Rdn. 40.
[60] EGH Bd 14, S. 18; vgl. Begründung zur BRAO, § 19 Nr. 5, BT-Drucks. III/120, S. 57.
[61] Vgl. Begründung zur BRAO, § 19 Nr. 5, BT-Drucks. III/120, S. 57; *Lehmann* JW 1913, 790; vgl. auch die Verhandlungen des 21. Deutschen Anwaltstages 1913, JW 1913 Beilage zu Nr. 20, S. 20.

Die Vorschriften unterlagen **vielfältiger Kritik** seitens der Rechtsanwaltschaft, weil auch Verhaltensweisen eines Antragstellers unterhalb der Grenze zur rechtskräftigen Ausschließung den Bewerber für den Anwaltsstand ungeeignet erscheinen lassen konnten.[62] Als Reaktion hierauf hat der Gesetzgeber der BRAO die Generalklausel der Nr. 5 in den Katalog der Versagungsgründe aufgenommen und die mißliche Fiktion des Disziplinarverfahrens gegen einen Nichtanwalt aufgegeben.[63] Sie lehnt sich an die schon weit früher erfolgte Regelung im Patentanwaltsgesetz an.[64]

II. Normzweck und verfassungsrechtliche Bewertung

34 Der generalklauselartig ausgestaltete Versagungsgrund ermöglicht es, das gesamte bisherige Verhalten eines Zulassungsbewerbers unter Berücksichtigung seiner Persönlichkeit auszuloten und eine objektive Gesamtwürdigung vorzunehmen.[65] Die Vielzahl möglicher Sachverhalte, die einen Bewerber unwürdig erscheinen lassen, können in Einzeltatbeständen nur schwer eingefangen werden.[66] Gesellschaftliche Veränderungen können neue Unwürdigkeitstatbestände schaffen, aber auch zur Modifikation der ethischen Anforderungen an den Anwaltsstand führen. Der Bewerber soll die Gewähr dafür bieten, daß er nach seiner **Persönlichkeit geeignet ist,** ein berufener, unabhängiger Berater und Vertreter seiner Mandantschaft in allen Rechtsangelegenheiten zu sein.[67]

35 Das BVerfG[68] hat im Jahre 1983 die **Vereinbarkeit** der Generalklausel mit der Verfassung **bestätigt.** Die generalklauselartige Bestimmung, die durch den wertungsabhängigen Begriff der „Unwürdigkeit" umschrieben ist, lasse sich mit der hohen Bedeutung der Rechtsanwaltschaft für die Rechtspflege und der damit verbundenen herausgehobenen Stellung des Anwalts rechtfertigen.[69]

III. Allgemeine Beurteilungsgrundlagen

36 Das Eingreifen des Versagungsgrundes setzt ein schuldhaftes Verhalten des Bewerbers voraus, das die Unwürdigkeit zur Ausübung des Anwaltsberufs begründet. Das persönliche Verhalten und die Feststellung der Unwürdigkeit bedingen daher einander. **Unwürdigkeit liegt vor,** wenn der Bewerber bei Abwägung seines schuldhaften Verhaltens und aller erheblicher Umstände wie Zeitablauf und zwischenzeitlicher Führung nach seiner Gesamtpersönlichkeit für den Anwaltsberuf nicht mehr oder noch nicht tragbar ist.[70]

1. Beurteilungszeitraum

37 Der Bewerber muß sich eines die Unwürdigkeit begründenden Verhaltens schuldig gemacht haben, bevor die Entscheidung über das Zulassungsgesuch er-

---

[62] *Kalsbach,* § 7 Anm. E 1. a).
[63] Vgl. ausdrücklich die Begründung zur BRAO, § 19 Nr. 5, BT-Drucks. III/120, S. 57.
[64] PatentanwaltsG v. 28. 9. 1933 (RGBl. I, S. 669).
[65] *Hartstang* I, S. 111; *Isele,* § 7 Anm. IV. E. 2. a).
[66] Vgl. Begründung zur BRAO, § 19 Nr. 5, BT-Drucks. III/120, S. 57; *Feuerich/Braun,* § 7 Rdn. 43; *Kalsbach,* § 7 Anm. E. 2. a).
[67] *Jessnitzer/Blumberg,* § 7 Rdn. 6; *Schereik/Vogels,* in: Prütting, Deutsche Anwaltschaft, S. 114 (118).
[68] BVerfG NJW 1983, 1535 f.
[69] Vgl. auch *Feuerich* AnwBl. 1989, 133 ff.; *Hagen,* FS Pfeiffer, S. 929.
[70] So die Formulierung der Rechtsprechung BVerfG NJW 1983, 1535; NJW 1986, 1802; BGH BRAK-Mitt. 1992, 106; 1988, 271; 1987, 150.

folgt. Beurteilungszeitraum ist die Vergangenheit bis zur Zulassungsentscheidung. Ein schuldhaftes Verhalten während des Zulassungsverfahrens ist zu berücksichtigen, etwa dann, wenn der Bewerber durch Verschweigen von Vorstrafen[71] gegen die Wahrheits- und Offenbarungspflicht verstößt.[72]

2. Verschulden

Der Begriff des **schuldhaften** Verhaltens ist im untechnischen Sinne zu verstehen. Auch Verfehlungen, die im alkoholbedingten Zustand der Schuldunfähigkeit erfolgt sind oder von psychisch Kranken begangen wurden, können im Rahmen der Nr. 5 berücksichtigt werden.[73] Voraussetzung ist, daß das Verhalten des Bewerbers unter ehrenrechtlichen Gesichtspunkten vorwerfbar ist.[74]

3. Unwürdigkeit

Ein Bewerber ist nach einer von der Rechtsprechung entwickelten Formel unwürdig, wenn er im Zeitpunkt der Entscheidung über die Zulassung bei Abwägung seines schuldhaften Verhaltens und aller erheblichen Umstände wie Zeitablauf und zwischenzeitlicher Führung nach seiner Gesamtpersönlichkeit für den Anwaltsberuf nicht mehr oder noch nicht wieder tragbar ist.[75] Entscheidend ist, ob der Antragsteller nach seiner Gesamtpersönlichkeit geeignet ist, berufener unabhängiger Vertreter des Mandanten in allen Rechtsangelegenheiten zu sein.[76] Die **Beurteilung** muß die **gesamten Lebensverhältnisse** des Bewerbers berücksichtigen. Die Unwürdigkeit muß sich nicht zwingend aus einem beruflichen Fehlverhalten ergeben, auch private Verfehlungen können in die Bewertung einfließen. Hat das berufliche Fehlverhalten bereits zum Ausschluß aus der Rechtsanwaltschaft geführt, so sollte wegen der verfassungsrechtlichen Bedenken gegen § 7 Nr. 4 eine Zulassungsversagung nicht allein auf die disziplinarrechtliche Feststellung gestützt werden, sondern eine inhaltliche Überprüfung unter Berücksichtigung des seit der Disziplinarentscheidung verstrichenen Zeitraums erfolgen.

4. Rechtliche Verknüpfung zwischen vorangegangenem Verhalten und Unwürdigkeit

Zwischen dem schuldhaften Verhalten und der Unwürdigkeit des Bewerbers muß ein rechtlicher Zusammenhang bestehen. Aus dem vorangegangenen Fehlverhalten muß sich die Unwürdigkeit herleiten lassen. Hat sich der Bewerber eines Verhaltens schuldig gemacht, das in berufsrechtlicher Hinsicht nicht zu beanstanden ist, weil Belange der Rechtspflege nicht gefährdet erscheinen, ist die Feststellung der Unwürdigkeit des Bewerbers ausgeschlossen. So müssen etwa strafgerichtliche Verurteilungen **nicht notwendigerweise** in einem Bezug zum Anwaltsberuf stehen.[77] Erwähnt seien Verurteilungen wegen einer durch Ver-

---

[71] EGH Frankfurt, BRAK-Mitt. 1989, 212.
[72] EGH Stuttgart, EGE VII, 216 f.
[73] BGH BRAK-Mitt. 1985, 107 f.; BGH EGE XI, 11.
[74] BGH EGE XI, 11(15).
[75] BVerfGE 63, 266 f. ; E 72, 51 f. = NJW 1986, 1802; BGHZ 39, 110 f.; Z 46, 230 f.; BGH EGE VII, 1 f.; X, 84; 68, 46; BGH BRAK-Mitt. 1982, 25; 1982, 76; 1982, 125; 1985, 107 (108); 1986, 47 f.; 1987, 150; 1988, 146 (147); 1988, 271; 1993, 102; 1995, 70; 1996, 73/74; BGH Beschl. v. 17. 12. 1990 – AnwZ (B) 72/90 – (unveröff.); BGH NJW 1994, 1730 (zur Parallelvorschrift des § 7 Nr. 2 RAG).
[76] BGH BRAK-Mitt. 1982, 25.
[77] *Feuerich/Braun*, § 7 Rdn. 36; *Laufhütte* DRiZ 1990, 432; *Roggenbuck* NJW 1991, 206.

kehrsunfall verursachten fahrlässigen Körperverletzung oder gar wegen fahrlässiger Tötung.[78] An Rechtsanwälte können nicht strengere Anforderungen gestellt werden als an hohe politische Beamte.

41 **a) Verhaltensprognose.** Das vorangegangene Verhalten muß die Prognose zulassen, daß der Anwalt in Zukunft eine Gefährdung für wichtige Belange der Rechtspflege darstellt. Im Rahmen der Verhaltensprognose sind **alle Umstände** zu berücksichtigen, die das Fehlverhalten des Bewerbers in einem günstigeren Licht erscheinen lassen. Dem Bewerber soll die Möglichkeit der Resozialisierung gegeben werden.[79] Schwierige wirtschaftliche Verhältnisse oder die schlechte gesundheitliche Verfassung zum Tatzeitpunkt entschuldigen grundsätzlich nicht.[80] Nach einer Reihe von Jahren können die Verfehlungen durch zwischenzeitliches Wohlverhalten und andere Umstände so viel an Bedeutung verlieren, daß sie der Zulassung zur Rechtsanwaltschaft nicht mehr im Wege stehen.[81] Selbst schwerste Verfehlungen begründen keine sichere Prognose, daß jemand lebenslang eine Gefahr für die Rechtspflege bilden wird.[82] Der **Zeitablauf** mindert das Gewicht des Unwürdigkeitsgrundes für eine Zulassung auch in Fällen menschenrechtswidriger Bespitzelungen als **inoffizieller Mitarbeiter** (IM) des MfS.[83] Die Frage, wieviele Jahre zwischen einer die Unwürdigkeit begründenden Verfehlung und dem Zeitpunkt liegen müssen, in dem eine Wiederzulassung rechtlich möglich ist, läßt sich nur im Einzelfall beantworten.[84] Die in Betracht kommenden Zeiträume werden zwischen vier bis fünf Jahren bei leichteren Fällen (etwa bei Abgabe unzutreffender dienstlicher Äußerungen oder steuerunehrlichem Verhalten) bis zu fünfzehn bis zwanzig Jahren in schweren Fällen (z. B. in schweren Untreue- oder Betrugsfällen) liegen.[85] Bei einer zur **Bewährung** ausgesetzten Verurteilung ist vor erfolgreichem Ablauf der Bewährungszeit und dem Erlaß der verhängten Freiheitsstrafe eine zuverlässige Beurteilung des Fortfalls der Unwürdigkeit nicht möglich.[86] Je länger der Zeitraum bemessen ist, den die Landesjustizverwaltung für angemessen hält, desto enger wird – vor dem Hintergrund des Art. 12 Abs. 1 GG – ihr Beurteilungsspielraum.[87]

42 Bei der Bemessung des Zeitraumes ist die gesetzliche Wertung des § 7 Nr. 3 zu beachten.[88] Danach muß bei Pflichtverletzungen, die so schwerwiegend sind, daß sie zum Ausschluß aus der Rechtsanwaltschaft nach § 114 Abs. 1 Nr. 5 geführt haben, jedenfalls eine **Sperrfrist** von acht Jahren eingehalten werden. Nach Ablauf dieser Frist soll § 7 Nr. 5 anwendbar bleiben.[89] Bei vergleichbaren Pflichtverletzungen, bei denen auf ein anwaltsgerichtliches Verfahren verzichtet wurde, die aber das Anwaltsgericht an sich zum Ausschluß aus der Rechtsanwaltschaft berechtigt hätten, gibt die gesetzliche Wertung einen Hinweis, ob durch Zeitablauf

---

[78] EGH Frankfurt BRAK-Mitt. 1989, 212; *Feuerich/Braun*, § 7 Rdn. 58; *Isele*, § 7 Anm. IV. E. 3. a).
[79] BVerfG NJW 1986, 1802.
[80] BGH BRAK-Mitt. 1982, 25 f.; 1985, 107 f.; EGH München BRAK-Mitt. 1987, 91 f.
[81] *Zuck* BRAK-Mitt. 1992, 66 (70).
[82] BVerfG NJW 1986, 1802.
[83] BGH BRAK Mitt. 1995, 166 (167); 1994, 108 (110), 1994, 40 (41).
[84] BGH BRAK-Mitt. 1995, 70; 1993, 170; 1992, 42 (43); *Feuerich/Braun*, § 7 Rdn. 41.
[85] BGH BRAK-Mitt. 1985, 107 f.; 1995, 70; *Zuck* BRAK-Mitt. 1992, 66 (70).
[86] BGH BRAK-Mitt. 1996, 73 (74).
[87] *Feuerich/Braun*, § 7 Rdn. 42
[88] BGH BRAK-Mitt. 1993, 170; 1995, 70 (71)
[89] BGH BRAK-Mitt. 1993, 170.

das die Unwürdigkeit des Bewerbers begründende Verhalten so weit an Bedeutung verloren hat, daß es der Zulassung nicht mehr im Wege steht.[90]

b) Die Berücksichtigungsfähigkeit von Vorverurteilungen. Grundsätzlich ist jedes in der Vergangenheit liegende schuldhafte Verhalten berücksichtigungsfähig. Selbst gemäß § 51 Abs. 1 BZRG getilgte oder zu tilgende Verurteilungen des Bewerbers können trotz des dort statuierten Verwertungsverbots berücksichtigt werden.[91] Gemäß § 52 Abs. 1 Nr. 4 BZRG kann das **Verwertungsverbot** des § 51 Abs. 1 BZRG **durchbrochen** werden, wenn es ansonsten zu einer erheblichen Gefährdung der Allgemeinheit käme.[92] Auch Art. 6 Abs. 2 der MRK steht der Verwertung des Verhaltens nicht entgegen.[93] Die Einbeziehung einer solchen Vorverurteilung in eine Entscheidung gem. Nr. 5 setzt aber nicht nur die Unwürdigkeit des Bewerbers, sondern darüber hinaus eine von ihm ausgehende erhebliche Gefährdung der Allgemeinheit voraus.[94] Eine erhebliche Gefährdung i. S. d. § 52 Abs. 1 Nr. 4 BZRG verlangt keine konkret erkennbare Gefahr.[95] Entsprechende Feststellungen wären im Zulassungsverfahren kaum möglich. Ausreichend ist, daß eine erhebliche Gefährdung nach Sachlage nicht ausgeschlossen werden kann. Die für den Gefahrenverdacht erforderlichen Anhaltspunkte müssen an Hand aller Umstände des Einzelfalles ermittelt werden. 43

Die Ausnahmevorschrift des § 52 Abs. 1 Nr. 4 BZRG ist nur dann einschlägig, wenn eine Durchbrechung des allgemeinen Verwertungsverbots erforderlich erscheint. Hätte das Verhalten des Zulassungsbewerbers bereits vor Ablauf der Tilgungsfristen des BZRG nicht mehr die Unwürdigkeit begründen können, so kann es über den Umweg des § 52 Abs. 1 Nr. 4 BZRG nicht mehr nachträglich zur Entscheidungsgrundlage gemacht werden.[96] Sind die **Tilgungsfristen** i. S. d. **BZRG verstrichen,** hat der Bewerber ein uneingeschränktes Verschweigerecht hinsichtlich der registrierten Straftaten (§ 53 Abs. 1 BZRG). Die Landesjustizbehörden haben ihn darüber zu belehren.[97] 44

Die Landesjustizbehörden sind an die Feststellungen des strafgerichtlichen Urteils nicht gebunden, können sich diese aber zu eigen machen (§ 40 Abs. 4 i. V. m. § 12 FGG).[98] 45

IV. Fallgruppen der Unwürdigkeit

Unter der Prämisse, daß jedes schuldhafte Verhalten des Bewerbers die Unwürdigkeit begründen kann, lassen sich die Beispiele aus der Rechtsprechung in zwei Kategorien einteilen. Zum einen geht es um berufsgebundenes, unwürdiges 46

---

[90] BGH BRAK-Mitt. 1993, 170.
[91] Vgl. zu den Eintragungsvoraussetzungen des BZRG, bei Zulassungs- und Maßnahmeentscheidungen gegen Rechtsanwälte *Feuerich* BRAK-Mitt. 1992, 10 ff.
[92] *Jessnitzer/Blumberg,* § 7 Rdn. 6; *Schereik/Vogels,* in: Prütting, Deutsche Anwaltschaft, S. 114 (119).
[93] BGH EGE XI, 39; *Feuerich/Braun,* § 7 Rdn. 61.
[94] BRAK-Mitt. 1983, 188 f.; 1984, 35 f.; BGH EGE XI, 39 f.; X, 55; XIV, 63; BGH Beschl. v. 12. 12. 1988 – AnwZ (B) 39/88.
[95] BGH EGE XII, 25; XII, 43; XIII, 13; XIII, 96; XIV 63; BGH BRAK-Mitt. 1983, 188 f.; 1984, 35; 1988, 271 f.; *Feuerich/Braun,* § 7 Rdn. 62; *Götz,* BZRG, § 52 Rdn. 10; *Isele,* § 7 Anm. IV. E. 2. c) ff); *Jessnitzer/Blumberg,* § 7 Rdn. 6; *Lassen,* Die Rechtsstellung des Vorbestraften nach dem Bundeszentralregistergesetz, 1973, S. 177 f.; a. A. *Tremml,* Die Rechtswirkung der Straftilgung, 1975, S. 174; *Rebmann/Uhlig,* BZRG, § 52 Rdn. 13.
[96] BGH BRAK-Mitt. 1984, 34 f.; *Feuerich/Braun,* § 7 Rdn. 64.
[97] *Feuerich/Braun,* § 7 Rdn. 65.
[98] *Feuerich/Braun,* § 7 Rdn. 60.

Verhalten, zum anderen um außerberufliche Verfehlungen, welche die Unwürdigkeit des Bewerbers indizieren.[99]

1. Strafgerichtliche Verurteilung wegen eines Fahrlässigkeitsdeliktes

47 Eine nur fahrlässige Begehung einer Straftat kann, sofern nicht erschwerende Umstände hinzutreten, grundsätzlich nicht die Versagung der Zulassung wegen unwürdigen Verhaltens rechtfertigen. Der Bewerber hat hier zwar einen **Sorgfaltspflichtverstoß** begangen, jedoch nicht bewußt die Rechtsordnung verletzt. Die Verletzung von Sorgfaltsstandards wird erst dann relevant, wenn sie einen Schluß auf die Berufsausübung nahelegt. Mißachtet der Bewerber in grober Weise die zum Schutz fremder Rechtsgüter erforderliche Sorgfalt, so ist zu befürchten, daß er auch Mandanteninteressen vernachlässigen und damit zugleich dem Ansehen der Rechtsanwaltschaft Schaden zufügen wird.

2. Verurteilung wegen berufsbezogener Vorsatzdelikte

48 Die Unwürdigkeit des Bewerbers ist namentlich bei Straftaten anzunehmen, die sich gegen Rechtsgüter gerichtet haben, die für die anwaltliche Berufsausübung von unmittelbarer Bedeutung sind. Im Vordergrund stehen **Delikte gegen das Vermögen,** da die Betreuung fremder Vermögensinteressen zu den zentralen beruflichen Aufgaben des Rechtsanwaltes gehört. Einschlägig sind Verurteilungen gem. §§ 253, 259, 263,[100] 264, 265, 265 a und b, 266,[101] 266 a, 266 b StGB. Die Unwürdigkeit des Bewerbers wird ferner bei solchen Straftaten angenommen, die eine besondere **Mißachtung der Rechtspflege** und ihrer Organe sowie des Rechtsverkehrs involvieren. Hierzu zählen die Aussagedelikte,[102] der Parteiverrat sowie § 356 StGB, aber auch falsche Verdächtigungen,[103] Widerstand gegen Vollstreckungsbeamte[104] und die Urkundsdelikte.[105] Die Bekämpfung der rechtlichen und verfassungsmäßigen Ordnung der Bundesrepublik[106] etwa durch Tätigkeit für einen fremden Nachrichtendienst[107] läßt sich mit der Stellung des Anwalts als Organ der Rechtspflege ebenfalls nicht vereinbaren. Gravierend ist auch der Verstoß gegen die **anwaltliche Verschwiegenheitspflicht,** da der Schutz des Vertrauensverhältnisses zwischen dem Rechtsanwalt und seinem Mandanten zu den Grundsätzen der Rechtsstaatlichkeit zählt.[108] Unwürdigkeit begründet auch eine Verurteilung gemäß § 132 Abs. 1 Nr. 2 StGB wegen vorangegangener, mißbräuchlicher Führung der Berufsbezeichnung Rechtsanwalt.[109]

---

[99] Eine Übersicht gibt: *Feuerich* AnwBl. 1989, 133 ff.
[100] BGH EGE VIII, 38 f.; IX, 75 f.; XIII, 13 f. (97 f., 105 f.); BGH BRAK-Mitt. 1983, 188 f.; 1985, 107 f.; vgl. auch: *Feuerich* AnwBl. 1989, 133.
[101] BGHSt 15, 372 f.; BGH BRAK-Mitt. 1982, 25 f.; 1985, 107 f.; 1988, 271; EGH Frankfurt BRAK-Mitt. 1988, 52 f.; vgl. auch: *Feuerich* AnwBl. 1989, 133.
[102] BGHSt 20, 73 = EGE VIII, 62; BGH NJW 1966, 659 f. = EGE IX, 10; BGH BRAK-Mitt. 1982, 25 f.; 1985, 107 f.; BGH bei *Zuck* BRAK-Mitt. 1989, 122 (123); EGH Celle BRAK-Mitt. 1982, 32; EGH München EGE VII, 211 f.; vgl. auch: *Feuerich* AnwBl. 1989, 133 f.
[103] BGHSt 20, 73 f. = EGE VIII, 62 f.; vgl. auch: *Feuerich* AnwBl. 1989, 133 (134).
[104] BGH bei *Zuck* BRAK-Mitt. 1989, 122 (123).
[105] BGH EGE XIV, 63 f.; vgl. auch: *Feuerich* AnwBl. 1989, 133 (134).
[106] BGH Beschl. v. 29. 3. 1982 – AnwZ (B) 11/81 (nicht veröffentl.).
[107] BGH BRAK-Mitt. 1985, 167; BGH EGE IX, 3; vgl. auch: *Feuerich* AnwBl. 1989, 133 (134); *Smid* DtZ 1990, 242.
[108] Dazu BGH BRAK-Mitt 1995, 31 (32).
[109] BGH BRAK-Mitt. 1996, 73 (74.).

3. Verurteilungen wegen sonstiger Vorsatzdelikte

Bei anderen Vorsatztaten ist darauf abzustellen, ob das strafbare Verhalten ein 49 massiv gestörtes Verhältnis zu Recht und Gesetz offenbart. In Betracht kommen Verurteilungen wegen Hehlerei,[110] Diebstahl,[111] Unzucht mit Abhängigen,[112] wegen Straftaten im Amt gemäß §§ 331, 332 StGB[113] oder auch wegen **Steuerdelikten**.[114] Da der Schutzzweck des § 7 Nr. 5 auch auf die Wahrung des Ansehens der Anwaltschaft gerichtet ist, kann auch eine Gefährdung der Integrität des Anwaltsstandes die Versagung rechtfertigen.[115]

4. Verstöße gegen Grundsätze der Menschlichkeit und der Rechtsstaatlichkeit

Eine rechtsfeindliche Einstellung des Bewerbers kann sich nicht nur aus der 50 Mißachtung formal geltender Gesetze, sondern auch aus Verstößen gegen höherrangiges allgemein anerkanntes Recht – etwa gegen die Grundsätze der Menschlichkeit und der Rechtsstaatlichkeit – bzw. aus der Unterstützung solcher Verstöße ergeben. Die Grundsätze der Menschlichkeit und der Rechtsstaatlichkeit ergeben sich aus dem Sittengesetz und den jeder Rechtsordnung vorgegebenen natürlichen Rechten der Einzelperson, die auch unter der Herrschaft des SED-Regimes in Geltung geblieben waren[116]. Ein Verstoß gegen die genannten Grundsätze erfordert ein persönlich schuldhaftes Verhalten von einer gewissen Erheblichkeit[117]. In Betracht kam nach 1945 eine **Mitarbeit in der Gestapo**,[118] heute ist an eine Tätigkeit für das Ministerium für Staatssicherheit zu denken.[119] Die Tätigkeit als **inoffizieller Mitarbeiter** (IM) des MfS genügt für sich genommen **nicht**. Wer jedoch freiwillig und gezielt Informationen über Mitbürger gesammelt und an die für ihre repressive und menschenverachtende Tätigkeit bekannte Stasi weitergegeben hat, hat sich gegen die Grundsätze der Menschlichkeit vergangen, wenn er dabei in Kauf genommen hat, daß diese Informationen zum Nachteil der denunzierten Personen und zur Unterdrückung ihrer Freiheitsrechte benutzt werden.[120] Unwürdig ist ferner, wer als Richter die Vorschriften des StGB-DDR und der StPO-DDR **exzessiv** zum Nachteil der Angeklagten ausgelegt oder bei der Verfolgung von Taten Menschenverachtung an den Tag gelegt hat.[121] Nicht ausreichend ist jedoch im Hinblick auf die gebotene Zurückhaltung bei der Typisierung von Versagungsgründen die bloße Mitwirkung an der Rechtsprechung in

---

[110] BGHZ 46, 230 f. = EGE IX, 46; vgl. auch: *Feuerich* AnwBl. 1989, 133 (134).
[111] BGHZ 46, 230 f. = EGE IX, 46; BGH BRAK-Mitt. 1984, 35 f.; vgl. auch: *Feuerich* AnwBl. 1989, 133 (134).
[112] BGHZ 39, 110 f. = EGE VII, 130 f.; vgl. auch: *Feuerich* AnwBl. 1989, 133 (134).
[113] Dazu BGH Beschl. v. 23. 3. 1987 – AnwZ (B) 60 /86 (nicht veröffentl.).
[114] BGHZ 46, 230 f. = EGE IX, 46; BGH BRAK-Mitt. 1985, 107 f.; vgl. auch: *Feuerich* AnwBl. 1989, 133 (134).
[115] BGH BRAK-Mitt. 1992, 106 im Anschluß an BGH Beschl. v. 23. 3. 1987 – AnwZ (B) 60/86; BGH NJW 1994, 1730.
[116] BGH BRAK-Mitt. 1995, 31; BVerwGE 15, 336 (338); E 19, 1; E 31, 337 (338).
[117] BGH BRAK-Mitt. 1994, 111; 1995, 31.
[118] BGH EGE VII, 97; 104.
[119] BGH NJW 1994, 1730 = BRAK Mitt. 1994, 108 = AnwBl., 1994, 295; BRAK Mitt. 1995, 166 (167) = AnwBl. 1995, 143.
[120] BGH NJW 1994, 1730 = BRAK Mitt. 1994, 108 = AnwBl., 1994, 295; BRAK Mitt. 1995, 166 (167) = AnwBl. 1995, 143.
[121] BGH BRAK-Mitt. 1995, 71 (72) = DtZ 1995, 294.

politischen Strafsachen in der ehemaligen DDR.[122] Die Versagung der Anwaltszulassung richtete sich in der Übergangszeit bis zum Inkrafttreten der BRAO-Novelle 1994 nach der Parallelvorschrift des § 7 Nr. 2 RAG. Sachliche Unterschiede waren mit der Anwendbarkeit der Parallelnorm nicht verbunden.[123]

5. Sonstiges außerberufliches unwürdiges Verhalten

51 Die Unwürdigkeit kann sich auch aus einem unehrenhaften und unsittlichen Lebenswandel außerhalb der beruflichen Tätigkeit ergeben.[124] Zu berücksichtigen ist der ständige Wandel, dem das Anstandsgefühl und die Moralanschauungen der Allgemeinheit unterliegen.[125] Eine Versagung der Anwaltszulassung kommt nur in Betracht, wenn das außerberufliche Verhalten **derart anstößig** ist, daß die Gefährdung wichtiger Belange der Rechtspflege in Rede steht.[126] In Betracht kommen Unterhaltspflichtverletzungen,[127] Körperverletzungen,[128] Unzucht mit Abhängigen[129] etc. Auch nach der Einfügung des § 7 Nr. 9 (Vermögensverfall) kann die schuldhafte Verzögerung der Tilgung bestehender Verbindlichkeiten ein negatives Urteil über den Anwaltsbewerber begründen.[130] **Unwahre Angaben** gegenüber anderen Personen oder gegenüber Behörden, innerhalb oder außerhalb eines Verfahrens, können zur Annahme von Unwürdigkeit führen, insbesondere, wenn sie gemacht worden sind, um einen ungerechtfertigten Vorteil zu erlangen.[131] Besondere Bedeutung hat diese Fallgruppe durch Verfahren erhalten, in denen sich Bewerber über eine **Stasi-Tätigkeit** erklären mußten und diese wahrheitswidrig verschwiegen haben. Unwürdiges Verhalten liegt auch dann vor, wenn der Bewerber im Zulassungsverfahren selbst durch grobe Unwahrheiten täuscht, um dadurch seine Zulassung zu erreichen.[132]

52 Nicht berücksichtigt werden darf ein gegen die freiheitlich-demokratische Grundordnung gerichtetes Verhalten, das unterhalb der Schwelle des Versagungsgrundes der Nr. 6 liegt. Der Gesetzgeber hat mit § 7 Nr. 6 zum Ausdruck gebracht, daß nur ein strafbewehrtes Bekämpfen der freiheitlich-demokratischen Grundordnung zur Versagung führen soll. Die Interpretation von § 7 Nr. 5 als Auffangtatbestand würde zur faktischen Aufhebung des Normgehalts von § 7 Nr. 6 führen.[133]

G. Strafbares Bekämpfen der freiheitlich-demokratischen Grundordnung (Nr. 6)

53 Die Bekämpfung der freiheitlich-demokratischen Grundordnung in strafbarer Weise führt nach § 7 Nr. 6 zwingend zur Versagung der Anwaltszulassung.

---

[122] BGH BRAK-Mitt. 1995, 162; DtZ 1995, 294.
[123] BGH NJW 1994, 1730; BRAK-Mitt. 1995, 76 (77).
[124] *Feuerich/Braun*, § 7 Rdn. 56; *Jessnitzer/Blumberg*, § 7 Rdn. 7.
[125] Die ältere Rechtsprechung ist daher zum Teil überholt, vgl. etwa BGH EGE VII, 74; V, 84.
[126] *Feuerich/Braun*, § 7 Rdn. 56.
[127] BGH bei *Zuck* BRAK-Mitt. 1989, 123.
[128] BGH BRAK-Mitt. 1985, 107 f. = BGH EGE XI, 11 f.
[129] BGHZ 39, 110 f. = EGE VII, 130 f.
[130] Offengelassen von BGH BRAK-Mitt. 1994, 233 (237).
[131] BGH Beschl. v. 15. 12. 1980 – AnwZ (B) 19/80; Beschl. v. 20. 12. 1982 – AnwZ (B) 26/82 – jew. unveröffentlicht; BRAK-Mitt. 1987, 150 (falsche Angaben gegenüber Wehrüberwachungsbehörden); 1994, 107 (falsche Angaben im Richterüberprüfungsverfahren).
[132] BGH BRAK-Mitt. 1994, 179 (180); 1995, 208 (211); 1995, 255; 1996, 73 (74).
[133] *Schereik/Vogels*, in: Prütting, Deutsche Anwaltschaft, S. 114 (118).

I. Entstehungsgeschichte und Normzweck

Die Vorläuferregelungen, die RAO von 1878 sowie die RRAO von 1935, kannten naturgemäß keinen vergleichbaren Versagungsgrund.[134] Das Gesetz über die Zulassung zur Rechtsanwaltschaft von 1933,[135] das durch die RRAO nicht aufgehoben worden war,[136] sah in § 3 einseitig vor, daß „Personen, die sich im kommunistischen Sinne betätigt haben", von der Rechtsanwaltschaft auszuschließen waren.[137]

Der erste Regierungsentwurf zur BRAO wollte in § 20 Nr. 5 die Versagung der Zulassung[138] noch an jedes Verhalten des Bewerbers knüpfen, „das die Besorgnis begründe, er werde als Rechtsanwalt die Belange der Rechtsuchenden oder die Ausübung der Rechtspflege gefährden,".[139] Der Bundesrat sah in der weiten Fassung des Versagungsgrundes eine Gefahr und bestand auf der Hervorhebung der Verfassungstreue des Rechtsanwalts.[140] Der Regierungsentwurf der 3. Legislaturperiode sah dementsprechend die Versagung der Zulassung vor, „wenn der Bewerber sich so verhalten hat, daß die Besorgnis begründet ist, er werde als Rechtsanwalt die **verfassungsmäßige Ordnung... gefährden**".[141] Neben dieser sog. „politischen Klausel"[142] sollte der allgemeine Versagungsgrund bei Gefährdung der Ausübung der Rechtspflege oder der Interessen der Rechtspflege beibehalten bleiben. Da sämtliche Versagungsgründe im weiteren Sinn dem Zweck dienen, eine Gefährdung der Rechtspflege bzw. der Interessen der Rechtsuchenden zu verhindern, konnte auf diese Ergänzungen verzichtet werden.[143] An der „politischen Klausel" wurde dagegen festgehalten.

Ziel der Bestimmung sollte es sein, den „Rechtsstaat davor zu schützen, daß sich jemand Zugang zur Rechtsanwaltschaft verschafft, um diese Stellung zum Kampf gegen die demokratische Freiheit auszunützen".[144] „Die Gefährdung der unerläßlichen Grundlagen des freiheitlichen demokratischen Rechtsstaates müsse" – so die amtliche Begründung – „als Versagungsgrund besonders hervorgehoben,, werden.[145] Die Einführung dieses Versagungsgrundes sorgte während der Beratungen zur BRAO für heftige Auseinandersetzungen.[146] Gegen den Regelungsvorschlag wurde eingewandt, die politische Einstellung des An-

---

[134] Vgl. *Reifner* NJW 1984, 1151 (1155).
[135] RGBl. I, S. 188
[136] *Noack*, § 15 Anm. 21. Dagegen wurde in der RRAO vom 12. Dezember 1935, RGBl. I, S. 1470, auf eine Aufnahme von Versagungsgründen verzichtet, da für den Assessor, der die Zulassung zur Rechtsanwaltschaft erstrebt, eine besondere Ausbildung eingeführt wurde, wobei gem. § 4 RRAO der Reichsjustizminister über den Antrag auf Übernahme in den anwaltlichen Probedienst entschied.
[137] Was als eine Betätigung im kommunistischen Sinne anzusehen war, ergab sich aus § 2 der Durchf. VO vom 20.7.33 (RGBl. I, S. 528).
[138] Die Zulassung wurde damals noch „Bestallung" genannt.
[139] Vgl. Anlage 1 zu BT-Drucks. I/3650, S. 8.
[140] Vgl. Anlage 3 zu BT-Drucks. I/3650, S. 2.
[141] Vgl. BT-Drucks. III/120, S. 9.
[142] Gegen eine derartige Bezeichnung wendet sich *Bülow*, § 7 Anm. 8.
[143] *Kalsbach*, § 7 Anm. 8 1. a).
[144] Bundesjustizminister in der ersten Debatte über den Entwurf am 27. 4. 1955, in Sitzungsbericht a. a. O, 4313.
[145] BT-Drucks. III/120, S. 57.
[146] Vgl. Nachweise bei *Kalsbach*, § 7 Anm. 8 II; siehe dazu auch *Stern*, Anwaltschaft und Verfassungsstaat, S. 16 f.

walts müsse nicht zwingend seine Berufsausübung beeinflussen.[147] Im Interesse des Rechtsuchenden müsse vielmehr gewährleistet sein, daß dieser einen Rechtsanwalt seines Vertrauens findet, der ihm bei der Verfolgung seiner Interessen zur Seite steht, auch wenn diese Interessen der gerade überwiegenden politischen Ansicht entgegenlaufen. Diesen Bedenken wurde durch die Beschränkung des Versagungsgrundes auf das **strafbare** Bekämpfen der freiheitlich-demokratischen Grundordnung Rechnung getragen.

57 Auch in neuerer Zeit wird gelegentlich bemängelt, daß bei der Betonung der Treuepflicht gegenüber dem Staat und seiner verfassungsmäßigen Ordnung die Treuepflicht des Anwalts gegenüber dem Mandanten vernachlässigt werde.[148]

II. Tatbestandliche Voraussetzungen

1. Bekämpfen der freiheitlich-demokratischen Grundordnung

58 **a) Freiheitlich-demokratische Grundordnung.** Der Begriff der freiheitlich-demokratischen Grundordnung entspricht inhaltlich nicht der jeweils geltenden Verfassung.[149] Die freiheitlich-demokratische Grundordnung läßt sich vielmehr als eine **Ordnung bestimmen,** „die unter Ausschluß jeglicher Gewalt- und Willkürherrschaft eine rechtsstaatliche Herrschaftsordnung auf der Grundlage der Selbstbestimmung des Volkes nach dem Willen der jeweiligen Mehrheit und der Freiheit und Gleichheit darstellt".[150]

59 **b) Bekämpfen.** Ein Bekämpfen der freiheitlich-demokratischen Grundordnung liegt vor, wenn sich der Bewerber **aktiv** dafür einsetzt, die bestehende Grundordnung zu ändern. Dies erfordert bereits der Wortlaut der Vorschrift. Daher kann die Zulassung einem Bewerber nicht versagt werden, der eine bestimmte Ordnung **ablehnt,** sich aber dieser trotzdem fügt.[151] Im Hinblick auf Art. 21 Abs. 2 GG reicht ein Eintreten für eine als verfassungsfeindlich angesehene Partei nicht für die Versagung der Zulassung gem. Nr. 6 aus.[152] Die Zulassung darf auch nicht versagt werden, wenn der Bewerber den Kampf gegen die freiheitlich-demokratische Grundordnung eingestellt hat.[153] Der Bewerber, dem die Zulassung gem. § 7 Nr. 6 rechtskräftig versagt worden war, kann nach Beendigung seines „Kampfes" erneut einen Zulassungsantrag stellen.

2. Bekämpfen in strafbarer Weise

60 Ein strafbares Bekämpfen kommt in Betracht, wenn der Bewerber gegen die **§§ 80 ff. StGB** verstößt. Darüber hinaus können auch „Vergehen gegen die Landesverteidigung, Widerstand gegen die Staatsgewalt, Vergehen oder Verbrechen gegen die öffentliche Ordnung, Münzverbrechen und -vergehen"[154] die

---

[147] *Friedlaender* JZ 1955, 13; vgl. auch die Eingabe der Bundesrechtsanwaltskammer vom 3.12.57, AnwBl. 1958, 30 (31), und die Stellungnahme des Vorstands des DAV, AnwBl. 1955, 27; AnwBl. 1958, 49. Auf die Gefahr, daß in ein- und demselben Land ein- und derselbe Tatbestand bei einem Regierungswechsel unterschiedlich gewertet wird, weist auch *Brangsch,* FS Oppenhoff, S. 25 (27) hin.
[148] *Brangsch,* FS Oppenhoff, S. 25 (44).
[149] *Isele,* § 7 Anm. IV. F. 2.
[150] So das BVerfG seit BVerfGE 2, 1(12 f.), in ständiger Rechtsprechung.
[151] *Isele,* § 7 Anm. IV. F. 3. c).
[152] *Kleine-Cosack,* § 7 Rdn. 25.
[153] *Isele,* § 7 Anm. IV. F. 5. a).
[154] Aufzählung bei *Isele,* § 7 Anm. IV. F. 4. c).

Versagung der Zulassung rechtfertigen. Da Nr. 6 eine strafrechtliche **Verurteilung nicht voraussetzt,** können die erforderlichen Feststellungen noch im Zulassungsverfahren von dem Vorstand der RAK und der LJV selbst getroffen werden. Gegebenenfalls kann (§ 10 Abs. 1) bzw. muß (§ 10 Abs. 2) das Zulassungsverfahren ausgesetzt werden.

3. Verhältnis zu § 7 Nr. 5

Das Erfordernis eines **strafbaren** Bekämpfens der freiheitlich-demokratischen 61 Grundordnung stellt klar, daß ein strafrechtlich nicht relevantes Verhalten im Zulassungsverfahren nicht berücksichtigt werden darf.[155] Nr. 6 enthält eine abschließende Regelung der berufsrechtlichen Folgen verfassungsfeindlicher Einstellung.[156] Ein nicht strafbares Bekämpfen der freiheitlich-demokratischen Grundordnung darf folgerichtig auch nicht über Nr. 5 im Zulassungsverfahren berücksichtigt werden.[157]

H. Unfähigkeit zur Berufsausübung (Nr. 7)

Nach § 7 Nr. 7 ist die Zulassung zur Rechtsanwaltschaft zu versagen, wenn 62 der Bewerber infolge eines körperlichen Gebrechens, wegen Schwäche seiner geistigen Kräfte oder wegen einer Sucht nicht nur vorübergehend unfähig ist, den Beruf eines Rechtsanwalts ordnungsgemäß auszuüben.

I. Entstehungsgeschichte

Der Wortlaut dieses für jede Rechtsordnung unverzichtbaren Versagungs- 63 grundes unterlag seit Inkrafttreten der ersten Berufsordnung einem wiederholten Wandel. Der materielle Gehalt der Vorschrift ist dagegen nahezu unverändert geblieben. Die RAO von 1878 kannte in § 5 Nr. 6, die RAObritZ in § 15 Nr. 6 ausdrücklich den Versagungsgrund der körperlichen Schwäche, der in die entsprechende Vorschrift der BRAO nicht übernommen wurde. Die körperliche Schwäche wird in der geltenden Fassung unter dem Oberbegriff des **körperlichen Gebrechens** erfaßt. Lediglich die Schwäche der geistigen Kräfte wird besonders hervorgehoben. Im Zuge der BRAO-Novelle des Jahres 1989[158] ist die Suchterkrankung als weiterer Versagungsgrund aufgenommen worden.[159] Die gesetzliche Fassung des Tatbestands beruht auf einem Urteil des BGH,[160] der bei körperlichen, geistigen oder suchtbedingten Berufsausübungshindernissen eine dauerhaft feststehende Beeinträchtigung des Bewerbers gefordert hatte.

---

[155] *Laufhütte* DRiZ 1990, 431 (432).
[156] Anders BGHZ 77, 331 (332) = NJW 1980, 2711 = BRAK-Mitt. 1981, 29 = MDR 1981, 49, aufgehoben durch BVerfGE 63, 266 = NJW 1983, 1535 = BRAK-Mitt. 1983,144 = JZ 1983, 599 = NVwZ 1983, 468 (L).
[157] BVerfGE 63, 266 = NJW 1983, 1535 = BRAK-Mitt. 1983,144 = JZ 1983, 599 = NVwZ 1983, 468 (L).
[158] Gesetz zur Änderung des Berufsrechts für Rechtsanwälte und Patentanwälte vom 19. 12. 1989 (BGBl. I, S. 2135 f.).
[159] Vgl. dazu: *Vetter* BRAK-Mitt. 1990, 2 (3 f.).
[160] BGH EGE XI, 19 (20).

II. Normzweck und verfassungsrechtliche Grundlagen

64 Die Regelung dient der Gefahrenabwehr.[161] Bei körperlichen Gebrechen, geistiger Schwäche oder Sucht des Bewerbers kann Grund zur Befürchtung bestehen, daß er die ihm übertragenen Aufgaben nicht mehr gewissenhaft, sachgemäß und sorgfältig erledigen kann. Die Interessen des rechtsuchenden Publikums, die Funktionsfähigkeit der Rechtspflege und das Ansehen der Anwaltschaft verlangen den Ausschluß eines Bewerbers, der aus persönlichen Gründen nicht die Gewähr einer sachgemäßen Rechtsberatungstätigkeit bieten kann.[162] In den Motiven zur RAO,[163] die zur Begründung der BRAO-Vorschrift herangezogen worden sind,[164] wird darauf verwiesen, daß die Einführung des Anwaltszwanges es erfordere, daß dem Mandanten ein Rechtsanwalt zur Seite gestellt wird, der **geistig** in der Lage ist, den Beruf **gewissenhaft auszuüben.**

65 Die Berufszugangsbeschränkung ist angesichts des Gewichts der über die Vorschrift geschützten Gemeinwohlinteressen grundsätzlich unbedenklich. Die Schwere des Eingriffs in die Berufswahl gemäß Art. 12 Abs. 1 GG und der Grundsatz der Verhältnismäßigkeit bedingen jedoch, daß nur **dauerhafte** körperliche oder geistige Erkrankungen als Versagungsgrund in Betracht kommen. Die heutige Gesetzesfassung trägt diesem Gebot Rechnung. Nicht entscheidend ist die Häufigkeit der bei dem Bewerber vorkommenden Ausfälle. Abzustellen ist auf die Auswirkungen der Krankheit und deren Erkennbarkeit für das rechtsuchende Publikum. Die Versagung der Zulassung ist demnach **verfassungsrechtlich gerechtfertigt,** wenn nur partielle Ausfälle des Bewerbers vorliegen, diese aber gerade für die Ausübung des Rechtsanwaltsberufes wichtig sind.[165] Ausreichend ist die hinreichend konkrete Gefahr, daß der Antragsteller die Interessen seiner Auftraggeber künftig nicht mehr sachgemäß und mit der gebotenen Sorgfalt wahrnehmen.[166] Die verfassungsrechtlichen Vorgaben bedingen in Zweifelsfällen die Einholung eines ärztlichen Gutachtens i. S. d. § 8 a durch die Landesjustizverwaltung bzw. die Rechtsanwaltskammer. Gegebenenfalls muß sich die Zulassungsbehörde im Wege der Anhörung einen persönlichen Eindruck von dem Bewerber verschaffen.

III. Anwendungsbereich

1. Körperliches Gebrechen

66 Maßstab für die Bewertung einer körperlichen Erkrankung ist, ob der Bewerber anwaltstypische Handlungen wie die Teilnahme an Verhandlungen, Plädieren usw. nicht vornehmen kann. Bei völliger **Gehörlosigkeit** wird es an diesen Berufsausübungsvoraussetzungen regelmäßig ebenso fehlen wie bei einer über Jahre andauernden **Bettlägerigkeit.**[167] Bei **dauerhaften** Gesundheitsbeeinträchtigungen wie Schwerhörigkeit,[168] Erblindung oder Querschnittslähmung ist darauf ab-

---

[161] So die amtl. Begründung BT-Drucks. III/120, S. 57.
[162] *Feuerich/Braun,* § 7 Rdn. 75.
[163] Anlagen zu den Verhandlungen des Deutschen Reichstags, 3. Legislaturperiode II. Session 1878, Aktenstück Nr. 5 zu § 4 Nr. 5.
[164] Vgl. Begründung zur BRAO, § 19 Nr. 7, BT-Drucks. III/120, S. 57.
[165] BGH EGE XI, 19 (20); BGH Beschl. v. 20. 7. 1987 – AnwZ (B) 14/87.
[166] BGH BRAK-Mitt. 1996, 74 (76); Beschl. v. 25. 4. 1988 – AnwZ [B] 54/87; Beschl. v. 8. 12. 1986 – AnwZ [B] 2/86.
[167] BGH EGE XII, 23 f.; *Feuerich/Braun,* § 7 Rdn. 80.
[168] *Feuerich/Braun,* § 7 Rdn. 80; *Jessnitzer/Blumberg,* § 7 Rdn. 11; *Kalsbach,* § 7 Anm. G. 1.

zustellen, inwieweit der Bewerber seine Behinderung mit technischen Hilfsmitteln auszugleichen vermag.[169] Grundsätzlich ist hier ein großzügiger Maßstab anzulegen. Eine gewisse **Rücksichtnahme** kann von Gerichten, Behörden und Mandanten **erwartet** werden. Geringfügige Verfahrensverzögerungen haben hinter den beruflichen Interessen des Bewerbers zurückzustehen. Ist der Bewerber in seiner Eigenschaft als **Beamter** wegen dauernder Dienstunfähigkeit aus gesundheitlichen Gründen vorzeitig in den Ruhestand versetzt worden, so ergibt sich allein aus diesem Umstand nicht zwingend der Versagungsgrund des § 7 Nr. 5.[170] Die Tätigkeiten im Beamtenverhältnis erfordern je nach Art der Planstelle andere Befähigungen und Qualitäten als die anwaltliche Berufsausübung. Die Dienstunfähigkeit als Richter oder Staatsanwalt ist in der Regel jedoch gleichbedeutend mit der fehlenden Eignung für den Anwaltsberuf.[171]

2. Schwäche der geistigen Kräfte

Der Begriff der Schwäche der geistigen Kräfte entspricht weder dem bürgerlich-rechtlichen Begriff der Geistesschwäche noch der verminderten Zurechnungsfähigkeit im strafrechtlichen Sinn.[172] Ebenso wie bei der Beurteilung körperlicher Gebrechen bedarf es einer **berufsbezogenen Interpretation**. Die geistigen Mängel müssen vom Krankheitsbild gesehen ein solches Ausmaß angenommen haben, daß der Bewerber zur ordnungs- und sachgemäßen Ausübung des Anwaltsberufs auf Dauer außerstande ist.[173] Dies kann bei hochgradiger nervöser Reizbarkeit und bei auf allgemeiner Nervenschwäche beruhender starker Beeinträchtigung der Entschlußkraft gegeben sein.[174] Ferner kann krankhafte Sucht zum „Querulieren" und das unnachsichtige Festhalten an eigenen Standpunkten und ihre Verteidigung um jeden Preis die Schwäche der geistigen Kräfte indizieren.[175] Nicht jede Verminderung der Geisteskräfte und psychopatische Veranlagung reicht aus. Auch hohes Alter genügt, selbst wenn es mit Anzeichen sog. „Altersstarrsinns" verbunden ist, nicht.[176]

3. Sucht

Die Zulassung eines suchtkranken Bewerbers ist bereits zu versagen, wenn die Sucht noch nicht das Stadium eines körperlichen Gebrechens oder einer geistigen Schwäche angenommen hat.[177] Starke **Alkoholabhängigkeit** oder regelmäßiger **Rauschgiftkonsum** können zur Versagung nach der Nr. 5 führen, sofern der Bewerber keine Gewähr mehr für eine ordnungsgemäße und sorgfältige Berufsausübung bietet. Im Interesse der rechtsuchenden Bevölkerung darf nicht abge-

---

[169] BGH EGE XII, 23 (24); *Feuerich/Braun*, § 7 Rdn. 80; *Jessnitzer/Blumberg*, § 7 Rdn. 11.
[170] BGH EGE XIV, 66 f.; BGH Beschl. v. 20. 7. 1987 – AnwZ (B) 14/87; EGH Celle EGE VIII, 83; kritisch dazu *Hartstang* I, S. 112 (116); *Heyl* BRAK-Mitt. 1982, 138.
[171] Vgl. BGH BRAK-Mitt. 1996, 74 (76).
[172] BGH EGE XVI, 29 BRAK-Mitt. 1996, 74 (75); *Feuerich/Braun*, § 7 Rdn. 82; *Kalsbach*, § 7 Anm. G. 2. a).
[173] BGH BRAK-Mitt. 1985, 228 f.; 1996, 74 (75); BGH Beschl. v. 8. 12. 1986 – AnwZ (B) 2/86; Beschl. v. 20. 7. 1987 – AnwZ (B) 14/87; *Hagen*, FS Pfeiffer, S. 929 (930).
[174] BGH EGE XI, 19 (20); *Feuerich/Braun*, § 7 Rdn.84.
[175] Bött BRAK-Mitt. 1996, 74 (75); *Feuerich/Braun*, § 7 Rdn. 85; *Hagen*, FS Pfeiffer, S. 929 (932).
[176] Hierzu und zu weiteren Einzelheiten: *Hagen*, FS Pfeiffer, S. 930 f.
[177] *Vetter* BRAK-Mitt. 1990, 2 (3 f.).

wartet werden, bis sich die Sucht in einem körperlichen oder geistigen Mangel manifestiert.[178] Ob auch **Spielsucht**, deren Beurteilung als Suchterkrankung umstritten ist,[179] zu einer Versagung der Zulassung führen kann, ist bislang noch nicht erörtert worden. Auszugehen ist davon, daß sie Auswirkungen im Zusammenhang mit der zerrütteten Vermögenssituation des Bewerbers (Nr. 9) entfalten kann.

J. Unvereinbare Tätigkeit (Nr. 8)

69 Nach dem 1994 neugefaßten § 7 Nr. 8 muß die Zulassung zur Rechtsanwaltschaft versagt werden, wenn der Bewerber eine Tätigkeit ausübt, die mit dem Beruf des Rechtsanwalts, insbesondere seiner Stellung als unabhängigem Organ der Rechtspflege, nicht vereinbar ist oder das Vertrauen in seine Unabhängigkeit gefährden kann.

I. Entstehungsgeschichte

70 Schon die RAO von 1878 sah in § 5 Nr. 4 vor, daß die Zulassung versagt werden muß, „wenn der Antragsteller ein Amt bekleidet oder eine Beschäftigung betreibt, welche nach den Gesetzen oder nach dem Gutachten des Vorstandes der Anwaltskammer mit dem Beruf oder der Würde der Rechtsanwaltschaft nicht vereinbar sind". Nach der bis 1994 geltenden Fassung[180] sollte dem Bewerber die Zulassung zu versagen sein, „wenn der Bewerber eine Tätigkeit ausübt, die mit dem Beruf eines Rechtsanwalts oder mit dem Ansehen der Rechtsanwaltschaft nicht vereinbar ist".[181] In der Entwurfsbegründung wurde betont, daß bei der **Prüfung im Einzelfall** der Maßstab anzulegen sein werde, „der sich aus dem allgemeinen Berufsbild des Rechtsanwalts ergibt".[182] Der Rechtsanwalt müsse daher als solcher in der Beratung und Vertretung unabhängig und objektiv sein. Bewerber, welche die Anwaltstätigkeit nur nebenberuflich ausüben wollten, insbesondere die Syndikusanwälte, müßten rechtlich und tatsächlich dazu in der Lage sein, den Beruf des Rechtsanwalts auszuüben. Weitere Anforderungen wurden an den Bewerber in tatsächlicher und rechtlicher Hinsicht nicht gestellt. Generell sei jedoch eine solche Tätigkeit nicht mit dem anwaltlichen Beruf zu vereinbaren, die gegen die Staatsordnung, die guten Sitten oder die Interessen der Rechtspflege verstoße.

71 Aufgrund der verfassungsrechtlichen Vorgaben des BVerfG in dem grundlegenden Beschluß vom 4. 11. 1992[183] wurde der Bereich der unvereinbaren Tätigkeiten durch die BRAO 1994 enger gefaßt.[184] Die Neufassung der Vorschrift steht in engem Zusammenhang mit der Einführung besonderer Pflichten des Rechtsanwalts (vgl. § 45), die darauf abzielen, die Trennung von Rechtsanwaltstätigkeit und anderem Beruf sicherzustellen.[185] Der Gesetzgeber hat zugleich den

---

[178] *Feuerich/Braun*, § 7 Rdn. 87; *Heyl* BRAK-Mitt. 1982, 138.
[179] *Meyer*, Geldspielautomaten mit Gewinnmöglichkeit – Objekte pathologischen Glücksspiels ?, S. 1 f.; *Schütte*, in: Wahl (Hrsg.), Spielsucht, S. 49 ff.; zurückhaltender *Brengelmann/Quast*, Spielen, Risikolust und Kontrolle, S. 416.
[180] BT-Drucks. III/120, S. 9.
[181] BT-Drucks. I/3650, S. 8.
[182] BT-Drucks. I/3650, S. 19.
[183] BVerfG NJW 1993, 317 = AnwBl. 1993, 120.
[184] BT-Drucks. 12/4993, S. 4.
[185] BT-Drucks. 12/4993, S. 24.

allgemeinen Bedenken gegen den Versagungsgrund der Unvereinbarkeit mit dem **Ansehen** der Anwaltschaft Rechnung getragen. Das Ansehen der Anwaltschaft wird maßgeblich durch das Gesamterscheinungsbild der einzelnen Anwälte in der Öffentlichkeit geprägt. Als eigenständiger Versagungsgrund neben der 1. Alternative der Unvereinbarkeit mit dem Anwaltsberuf war die frühere Regelung zu unbestimmt.[186]

II. Normzweck und Verfassungsmäßigkeit

Die Inkompatibilitätsklausel des § 7 Nr. 8 dient der Sicherung der Anwaltstätigkeit als freiem und unabhängigem Beruf sowie dem Schutz der notwendigen **Vertrauensgrundlage** der Rechtsanwaltschaft.[187] **Zweitberufe,** welche die Unabhängigkeit und Objektivität des Anwaltes beeinträchtigen oder die seine Integrität in den Augen der Bevölkerung in Frage stellen, wären mit diesen wichtigen Gemeinschaftsinteressen nicht zu vereinbaren.

Die von Art. 12 GG gewährleistete Freiheit der freien Berufswahl erfaßt das Recht, mehrere Berufe zu wählen und auszuüben.[188] Eine Festlegung von Inkompatibilitäten zwischen verschiedenen Berufen kann dabei nur durch Gesetz oder aufgrund eines Gesetzes erfolgen. Die Anforderungen, die an die Bestimmtheit der gesetzlichen Regelung und den Umfang der Verhältnismäßigkeitsprüfung zu stellen sind, richten sich gem. den vom BVerfG im sog. **Apothekenurteil**[189] aufgestellten Grundsätzen (sog. **Dreistufentheorie**) nach der Intensität des Eingriffs. Im Schrifttum wird das Verbot, einen weiteren Beruf auszuüben, z. T. als eine Beschränkung der Berufsausübung angesehen.[190] In seiner Entscheidung zu Nr. 8 a. F. hob das BVerfG zutreffend hervor, daß sich eine Unvereinbarkeitsvorschrift nicht in die herkömmliche Unterscheidung zwischen subjektiven und objektiven Berufszugangsregelungen einordnen läßt. Eine Unvereinbarkeitsregelung kann sowohl objektive als auch subjektive Elemente enthalten.[191] Abzustellen ist darauf, „welche wirtschaftlichen Folgen eine Berufssperre für den Bewerber verursacht und welchen Aufwand es kostet, die Sperre zu übersteigen".[192] Damit trägt das BVerfG dem Umstand Rechnung, daß die Dreistufentheorie lediglich eine besondere Ausprägung des **Verhältnismäßigkeitsgrundsatzes** ist,[193] im Sinne einer Rationalisierung dieses Prinzips.[194] Das aus Sicht der Praxis berechtigte Rationalisierungsanliegen darf den für die Prüfung der Verfassungsmäßigkeit entscheidenden Gesichtspunkt der Schwere des konkreten Eingriffs

---

[186] *Fischer* AnwBl. 1994, 201 (203). Bereits die amtl. Begründung der BRAO ging davon aus, daß beide Wesensmerkmale „häufig ineinander übergehen", BT-Drucks. III/120, S. 58.
[187] Vgl. BT-Drucks. 12/4993, S. 24.
[188] BVerfGE 21, 173 (179) = NJW 1967, 1317; BVerfG NJW 1993, 317 = AnwBl. 1993, 120 (126).
[189] BVerfGE 7, 377 ff. = NJW 1958, 1035.
[190] *Engels* AnwBl. 1992, 202 (206); *Taupitz* AnwBl. 1991, 558 (560).
[191] Vgl. BVerfG NJW 1993, 317 = AnwBl. 1993, 120 (126).
[192] BVerfG NJW 1993, 317 = AnwBl. 1993, 120 (126).
[193] Bereits in früheren Entscheidungen ist das BVerfG von der Dreistufentheorie abgerückt, ohne diese jedoch gänzlich aufzugeben. Ob allerdings in der Entscheidung des BVerfG ein weiterer Schritt zur Aufgabe der Dreistufentheorie gesehen werden kann (so *Kleine-Cosack* NJW 1993, 1289 (1290)), darf aufgrund der Erfahrungen mit früheren Entscheidungen bezweifelt werden. Insbesondere hält das BVerfG auch in seiner jüngsten Entscheidung an der bisherigen Ausdrucksweise fest.
[194] Vgl. *Kleine-Cosack* NJW 1993, 1289 (1290); *Gusy* JA 1992, 257 (263).

nicht in den Hintergrund drängen.[195] Da die Ausübung eines Zweitberufs für viele Berufsanfänger unentbehrlich ist, stellt eine Inkompatibilitätsvorschrift eine besonders einschneidende Regelung dar, so daß an Versagungsentscheidungen, die auf Nr. 8 gestützt werden, strenge Anforderungen zu stellen sind.

74 Den **Bedenken**, denen die Bestimmtheit der Nr. 8 a.F. ausgesetzt war,[196] trägt die aktuelle Fassung der Nr. 8 Rechnung, indem sie nicht mehr allgemein auf die Unvereinbarkeit mit dem Beruf des Rechtsanwalts oder dem Ansehen der Rechtsanwaltschaft abstellt, sondern für die Zulassungsversagung konkret verlangt, daß die Tätigkeit mit der Stellung des Rechtsanwalts als unabhängigem Organ der Rechtspflege nicht vereinbar ist oder das Vertrauen in die Unabhängigkeit des Rechtsanwalts gefährden kann.[197] Die Rechtsprechung prüft nunmehr, ob die **zweitberufliche** Tätigkeit des Rechtsanwalts bei objektiver vernünftiger Betrachtungsweise von seiten der Mandantschaft die Wahrscheinlichkeit von Pflichtenkollisionen nahelegt.[198] Der Gesetzgeber ging nicht soweit, eine detaillierte Regelung wie in § 57 Abs. 4 StBerG, § 43 Abs. 3 WPO zu schaffen.[199] Die **Regelungszwecke** der Sicherung der **fachlichen Kompetenz** und **Integrität** der Rechtsanwaltschaft sowie des Schutzes der notwendigen Vertrauensgrundlage der Rechtsanwaltschaft dienen Gemeinschaftsgütern von wichtiger Bedeutung. Angesichts der möglichen Gefahren für die Rechtspflege durch die Kombination von Berufen ist die Einfügung einer Inkompatibilitätsvorschrift geeignet, Interessenkollisionen auszuschließen,[200] und in der Form einer Generalklausel auch erforderlich, um die vielfältigen weiteren Betätigungsmöglichkeiten zu erfassen.[201] Die Kontrolle der Einhaltung der Berufspflichten durch eine Standesaufsicht als weniger belastende Maßnahme wäre mit einem unverhältnismäßigen Aufwand verbunden und könnte zudem nicht die gleiche Gewähr für die Bewahrung der Stellung der Rechtsanwälte bieten.[202] Die Intensität des Eingriffs in die Berufswahlfreiheit des Bewerbers ist reduziert, da dieser weiterhin die Möglichkeit hat, je nach seinen Neigungen einen der Berufe zu ergreifen.[203] Der verbleibenden verfassungsrechtlichen Tragweite ist bei der Konkretisierung der Generalklausel durch die Rechtsprechung Rechnung zu tragen.[204]

III. Anwendungsbereich

75 Das Gesetz trennt deutlich zwei Verantwortungsbereiche, nämlich die Sicherung der **Integrität** des Rechtsanwaltes in seiner Berufsausübung und den Schutz der **Vertrauensgrundlage** der Rechtsanwaltschaft. Zwischen beiden Versagungsgründen kann in der praktischen Anwendung kaum unterschieden werden.

---

[195] *Kleine-Cosack* NJW 1993, 1289 (1290).
[196] Das BVerfG hat in NJW 1993, 317 = AnwBl. 1993, 120 (126 f.) die Auffassung vertreten, daß bereits hinsichtlich der Regelung der ersten Alternative von Nr. 8 a.F. keine verfassungsrechtlichen Bedenken aufgrund mangelnder Bestimmtheit der Vorschrift bestanden, da diese Vorschrift mit Hilfe der Gesetzesbegründung näher konkretisiert werden konnte. Kritisch *Kleine-Cosack* NJW 1993, 1289 (1291).
[197] A. A. *Kleine-Cosack* NJW 1993, 1289 (1294).
[198] BGH BRAK-Mitt. 1995, 212; AnwBl. 1995, 622 (623) = BRAK Mitt. 1995, 213 (214).
[199] Dies forderte *Kirchberg* BRAK-Mitt. 1992, 118 (120).
[200] BVerfG NJW 1993, 317 = AnwBl. 1993, 120 (127).
[201] BVerfG NJW 1993, 317 = AnwBl. 1993, 120 (127).
[202] Zur Problematik von nachträglichen Kontrollen vgl. BGH NJW 1986, 435 (436).
[203] BVerfGE 21, 173 (181) = NJW 1967, 1317.
[204] BVerfG NJW 1993, 317 = AnwBl. 1993, 120 (127).

§ 7 Versagung der Zulassung zur Rechtsanwaltschaft   76–79 § 7

Die Normzwecke, die hinter den beiden Tatbestandsalternativen stehen, überschneiden sich vielfach und rechtfertigen häufig erst in ihrer Kumulation die Versagung der Anwaltszulassung.

Die BRAO des Jahres 1994 überläßt es der Praxis festzustellen, welche Konstellationen mit der Zugehörigkeit zur Rechtsanwaltschaft **unvereinbar** sind. Sie nützt damit den vom BVerfG[205] gebilligten Freiraum und weist die Erarbeitung der Inkompatibilitätsmerkmale der Rechtsprechung zu. Angesichts des raschen Wandels in Berufs- und Arbeitswelt erscheint diese Zurückhaltung gerechtfertigt.[206] Aus verfassungsrechtlichen Gründen ist bei der Einzelfallwürdigung darauf abzustellen, ob die Gefahren für die von § 7 Nr. 8 geschützten Gemeinschaftsgüter eine Versagung der Anwaltszulassung erfordern oder ob ihnen über Berufsausübungsregeln, namentlich über die Tätigkeitsverbote des § 45, ausreichend Rechnung getragen werden kann.   76

Zweifel an der Vereinbarkeit eines Zweitberufs „*mit dem Beruf des Rechtsanwalts*" können sich aus der **Art** der Zweit-Tätigkeit sowie aus ihrem **Umfang** und ihrer **rechtlichen Ausgestaltung** ergeben. Die bisherige Rechtsprechung ist seit der Entscheidung des BVerfG vom 4. 11. 1992 und der Neufassung der BRAO 1994 in weiten Bereichen überholt. Auf sie kann daher nur noch in seltenen Fällen zurückgegriffen werden. Generell kommt eine Zulassungsversagung wegen der Ausübung eines Zweitberufs nur noch in Ausnahmefällen in Betracht.   77

IV. Unvereinbarkeit der Art der Tätigkeit

1. Kaufmännisch erwerbswirtschaftliche Tätigkeit[207]

Die Ausübung einer kaufmännisch erwerbswirtschaftlichen Tätigkeit im Zweitberuf[208] berechtigt für sich genommen keine Versagung der Zulassung. Das in der BRAO fixierte anwaltliche Berufsbild kennt keinen Grundsatz der Unvereinbarkeit mit erwerbswirtschaftlichen Tätigkeiten. Zwar wird in der amtlichen Gesetzesbegründung betont, daß sich die Rechtsanwälte als Angehörige eines freien Berufs „nicht vom Streben nach Gewinn bestimmen lassen dürfen".[209] Dieser Hinweis bezieht sich jedoch nur auf die besonderen Berufspflichten, die sich aus dem Verbot einer **einseitigen** Gewinnorientierung ergeben. Schlußfolgerungen auf die Pflichten bei der Ausübung eines Zweitberufs und auf die Vereinbarkeit von Berufen mit unterschiedlichen Pflichtbindungen dürfen aus diesem Hinweis nicht gezogen werden.   78

Der früher vorherrschenden Gegenansicht ist zuzugestehen, daß bei einer erwerbswirtschaftlichen Betätigung im **Zweitberuf** die Gefahr von **Interessenkollisionen** naheliegen kann. Unabhängigkeit und Integrität des Rechtsanwalts können hier beeinträchtigt sein. Es bedarf jedoch keines generellen Verbotes von erwerbswirtschaftlichen Zweit-Tätigkeiten, um solche Interessenkollisionen auszuschließen.[210] Viele erwerbswirtschaftliche Betätigungen lassen sich in deutlicher Trennung vom Anwaltsberuf durchführen, so daß Interessenkollisionen a priori ausgeschlossen sind. Von der konkreten erwerbswirtschaftlichen Tätigkeit kann   79

---

[205] BVerfG NJW 1993, 317.
[206] BT-Drucks. 12/4993, S. 24.
[207] BVerfG NJW 1993, 317 = AnwBl. 1993, 120 (128).
[208] Siehe dazu auch *Feuerich/Braun*, § 7 Rdn. 115 ff.
[209] BT-Drucks. III/120, S. 49.
[210] BVerfG NJW 1993, 317 = AnwBl. 1993, 120 (129).

Henssler 119

aber die Gefahr von Interessenkollisionen ausgehen, wenn der ausgeübte kaufmännische Beruf in besonderem Maß die Möglichkeit bietet, Informationen zu nutzen, die aus der rechtsberatenden Tätigkeit stammen.[211]

2. Die gehobene Stellung des Anwaltsbewerbers im Zweitberuf

80 Der BGH hatte lange Zeit in ständiger Rechtsprechung gefordert, bei einer gleichzeitigen Tätigkeit des Bewerbers im Angestelltenverhältnis müsse der Bewerber eine gehobene Stellung in dem Unternehmen bzw. in der Behörde inne haben.[212] Das **BVerfG** hat diese Entscheidungspraxis zu Recht aus verfassungsrechtlichen Gründen **verworfen**.[213] Das Merkmal der gehobenen Stellung genügt nicht dem Bestimmtheitsgrundsatz, da es dem BGH nicht gelungen ist, typologisch greifbare Konturen für dieses Kriterium zu entwickeln. Die Zugangsvoraussetzung weist zudem keinen zwingenden Bezug zum Regelungszweck der Förderung von Freiheit und Unabhängigkeit der anwaltlichen Berufsausübung auf. Ein allgemeiner Erfahrungssatz, daß leitende Angestellte weniger beruflich eingebunden und in geringerem Maß Interessenkonflikten ausgesetzt sind als Angestellte in untergeordneten Positionen, ist empirisch nicht nachweisbar.[214]

3. Dauertätigkeit im öffentlichen Dienst

81 Bei einer Dauertätigkeit[215] im öffentlichen Dienst kann die Zulassung grundsätzlich wegen Gefährdung der Rechtspflege versagt werden. Eine Abhängigkeit des Rechtsanwalts von staatlichen Organen kollidiert mit dem in der BRAO niedergelegten Grundsatz der freien Advokatur. Die Gefährdung der Rechtspflege folgt bei einer Dauertätigkeit im öffentlichen Dienst indes nicht aus der bloßen gleichzeitigen Ausübung der beiden Berufe.[216] So kann eine Gefährdung der Rechtspflege zu verneinen sein, wenn eine vergleichbare Tätigkeit auch in der Privatwirtschaft ausgeübt wird.[217] Die Zulassung ist dagegen regelmäßig zu **versagen,** wenn **hoheitliche Funktionen** ausgeübt werden.[218] Die dem öffentlichen Dienst nach Art. 33 GG vorbehaltene hoheitliche Tätigkeit auf der einen und eine unabhängige beratende und vertretende Tätigkeit auf der anderen Seite lassen sich nicht miteinander in Einklang bringen.[219] So können hoheitliche Überwachungsaufgaben zu **Pflichtenkollisionen** führen, weil die überwachten Personen und Unternehmen nicht mehr mit der notwendigen Sachlichkeit und Unbefangenheit beraten oder vertreten werden können.[220] Bei führenden

---

[211] BVerfGE 87, 287 (329); BGH BRAK-Mitt. 1994, 43 (44).
[212] Siehe hierzu auch *Feuerich/Braun,* § 7 Rdn. 89 f.
[213] BVerfG NJW 1993, 317 = AnwBl. 1993, 120 (128).
[214] Der Gesetzgeber geht sogar im Gegenteil davon aus, daß leitende Angestellte sich mit den unternehmerischen Zielen ihres Arbeitgebers stärker identifizieren (vgl. § 5 Abs. 3 BetrVG) und von dessen Vertrauen besonders abhängig sind (vgl. § 14 KSchG).
[215] Bei nur vorübergehender Tätigkeit im öffentlichen Dienst ist § 47 BRAO zu beachten.
[216] *Feuerich/Braun,* § 7 Rdn. 107 f.
[217] BGHZ 64, 294 (297); BGH EGE XIV, 54 (56); BGH BRAK-Mitt. 1994, 42 (43).
[218] BVerfG NJW 1993, 317 (320); *Kleine-Cosack* NJW 1993, 1289 (1292).
[219] *Kleine-Cosack* ZIP 1991, 1337 (1343). *Kleine-Cosack* gibt aber zu bedenken, daß es Rechtsanwälten im Bereich des Anwaltsnotariats gesetzlich gestattet ist, zweitberuflich die zumindest partiell hoheitliche Tätigkeit eines Notars auszuüben. Diese Wertung des Gesetzgebers könne nicht folgenlos für andere hoheitliche Tätigkeiten bleiben.
[220] BGHZ 36, 71; 49, 238; BGH BRAK-Mitt. 1994, 42 (43).

§ 7 Versagung der Zulassung zur Rechtsanwaltschaft 82, 83 § 7

Positionen im öffentlichen Dienst kann die Mandatserteilung zudem durch die Hoffnung bestimmt sein, der beauftragte Rechtsanwalt werde aufgrund seiner hoheitlichen Funktionen mehr als andere Rechtsanwälte bewirken können.[221] Das BVerfG hat diese Beschränkung der Berufswahlfreiheit für angemessen erachtet.[222]

4. Rechtsbesorgende Tätigkeit außerhalb des Anwaltsberufs

Die Besorgung fremder Rechtsangelegenheiten als Daueraufgabe sollte nach 82 der bis 1992 ständigen Rechtsprechung des BGH mit dem Rechtsanwaltsberuf nicht zu vereinbaren sein, wenn sie in abhängiger Stellung für einen den anwaltlichen Berufspflichten nicht unterworfenen Geschäftsherrn ausgeübt wird.[223] Der Rechtsanwalt entfremde sich hier grundlegend von dem anwaltlichen Berufsbild und gerate in eine Doppelrolle.[224] Diese Rechtsprechung ist nach Auffassung des BVerfG verfassungsrechtlich nicht haltbar. Der Gefahr einer Verwechslung und Vermischung unterschiedlicher Beratungstätigkeiten könne ausreichend durch die Auferlegung von Berufspflichten Rechnung getragen werden. Eine generelle Berufszugangsschranke ist nicht erforderlich, zumal bei **Syndikusanwälten** eine Berufsausübungsregelung für ausreichend erachtet wird. Der Gesetzgeber hat der Gefahr von Pflichtenkollisionen durch die Neufassung des § 45 Rechnung getragen. Angestellte, die für Verbände und Körperschaften des öffentlichen Rechts Rechtsberatung betreiben, sind danach nicht generell von der Zulassung ausgeschlossen, auch wenn sie ausschließlich die Vereins- oder Verbandsmitglieder ihres Arbeitgebers beraten oder vertreten.[225] Schon die ältere Rechtsprechung ging von der **Vereinbarkeit des Zweitberufes** aus, wenn der Angestellte nicht die Verbandsmitglieder, sondern ausschließlich seinen Dienstherrn berät[226] oder nur über die Gewährung von Rechtsschutz entscheidet.[227] Nunmehr darf nach Auffassung des BGH die Zulassung nicht allein deshalb verweigert werden, weil der Bewerber in seinem Zweitberuf verpflichtet ist, Dritte im Auftrag des standesrechtlich ungebundenen Arbeitgebers rechtlich zu beraten. Hinzukommen muß jedenfalls ein naheliegendes Risiko von Pflichtenkollisionen.[228] Auch eine abhängige Tätigkeit für Personen, denen eine Erlaubnis nach Art. 1 § 1 RBerG erteilt wurde, wird man nicht generell als unvereinbar mit dem Anwaltsberuf einstufen können. Für das anwaltliche Berufsbild ist diese Entwicklung freilich wenig glücklich.

Unbedenklich ist die Tätigkeit als angestellter Rechtsanwalt oder freier Mitar- 83 beiter für andere Rechtsanwälte.[229] Das gleiche gilt für mit dem Anwaltsberuf **verwandte Tätigkeiten,** die zugleich gem. § 59 a sozietätsfähig sind (Steuerberater, Steuerbevollmächtigte, Wirtschaftsprüfer, vereidigte Buchprüfer und An-

---

[221] BGH BRAK-Mitt. 1994, 42.
[222] BVerfG NJW 1993, 317 (320).
[223] BGHZ 83, 350; 97, 204; 35, 287; 38, 241; 63, 377; 65, 238; 68, 62; 109, 282 (284); BGH BRAK-Mitt. 1990, 110; MDR 1986, 755.
[224] BGHZ 109, 282 (285); BGH BRAK-Mitt. 1988, 271 (272).
[225] Anders die ältere Rechtsprechung: BGHZ 46, 60 = NJW 1966, 2062; BGH EGE XII 18 (39); BGH NJW 1982, 1880.
[226] BGH BRAK-Mitt. 1983, 134.
[227] BGHZ 51, 16.
[228] BGH AnwBl. 1995, 622 = BRAK-Mitt. 1995, 213; BRAK-Mitt. 1996, 77 (78), 1996, 78.
[229] BGH BRAK-Mitt. 1986, 166.

waltsnotare).[230] Die frühere gegenteilige Rechtsprechung[231] zur Inkompatibilität mit dem Beruf des Steuerbevollmächtigten ist überholt.[232]

5. Gesetz- und sittenwidrige Tätigkeit

84   Die Zulassung ist bei Gesetz- oder Sittenwidrigkeit der zweitberuflichen Tätigkeit zu versagen. Die praktische Relevanz dieser Fallgruppe ist gering. Bei wucherischem Verhalten – etwa als Kreditvermittler oder Finanzberater – kann zugleich der Versagungsgrund der Nr. 5 gegeben sein. Unvereinbar wäre eine Beschäftigung in einem Unternehmen, das das RBerG umgeht, also verbotene Rechtsberatung betreibt.[233]

V. Fehlende Berufsausübungsmöglichkeiten

85   Der Bewerber muß in der Lage sein, den Anwaltsberuf in einem, wenn auch beschränkten, aber doch irgendwie nennenswerten Umfang und jedenfalls mehr als bloß gelegentlich auszuüben.[234]

1. Rechtliche Beschränkungen

86   **a) Beschränkung durch eine Nebentätigkeitserlaubnis.**[235] Die Abhängigkeit des Bewerbers von einer Nebentätigkeitserlaubnis berechtigt für sich genommen nicht zu einer Versagung der Zulassung gem. Nr. 8. Allein durch das formale Erfordernis der Erteilung der Erlaubnis wird die Unabhängigkeit des Bewerbers als Rechtsanwalt nicht beeinträchtigt. Zu **versagen ist die Zulassung** aber, wenn die Nebentätigkeitserlaubnis unter dem Vorbehalt des jederzeitigen **Widerrufs** erteilt worden ist.[236] Die unsichere Stellung des Rechtsanwaltes führt hier zu einer Gefährdung seiner Unabhängigkeit.[237] In gleicher Weise muß auch die zeitliche Eingrenzung der Anwaltstätigkeit in der Nebentätigkeitsgenehmigung zu einer Versagung der Zulassung nach § 7 Nr. 8 führen.[238] Zum Wesen der freien und unabhängigen Berufsausübung eines Rechtsanwalts gehört, daß er nach seinem Ermessen darüber befinden darf, wie er seine Tätigkeit gestaltet.[239]

87   **b) Fehlende Ablehnungsmöglichkeit.** Erfolgt die Zustimmung zur Aufnahme einer anwaltlichen Tätigkeit nur unter **Vorbehalt**,[240] gestattet etwa der Arbeitgeber die Ausübung des Anwaltsberufs nur, soweit sie nicht mit Pflichten aus dem Anstellungsvertrag kollidiert, ist die Zulassung zu versagen.[241] Eine freie und unabhängige Ausübung des Anwaltsberufs ist hier ebenfalls nicht gewährleistet. Die für den Anwalt essentielle Unabhängigkeit setzt darüber hinaus die Befugnis voraus, Aufträge des Arbeitgebers im Zweitberuf abzulehnen. Unverzicht-

---

[230] Siehe unten in der alphabetischen Übersicht Rdn. 93.
[231] BGH NJW 1964, 2063; AnwBl. 1978, 373.
[232] Ebenso *Kleine-Cosack,* § 7 Rdn. 39.
[233] BT-Drucks. III/120, S. 77; BVerfG NJW 1993, 317 (320).
[234] *Kleine-Cosack* NJW 1993, 1289 (1292); BGH EGE X, 14 (16).
[235] BVerfG NJW 1993, 317 = AnwBl. 1993, 120 (127).
[236] BGH EGE XII, 34 (35).
[237] Dies muß auch für den Fall gelten, daß sich im nachhinein - z. B. im Rahmen eines Gerichtsverfahrens - herausstellen sollte, daß der Widerruf zu Unrecht erfolgte.
[238] *Kleine-Cosack* NJW 1993, 1289 (1292).
[239] BGH NJW 1987, 3011 (3012).
[240] *Kleine-Cosack* NJW 1993, 1289 (1292).
[241] BGH BRAK-Mitt. 1993, 219 (220).

bar ist daher eine die Unabhängigkeit des Anwalts sichernde Erklärung des Arbeitgebers.[242]

2. Tatsächliche Beschränkungen

Die Zulassung ist zu versagen, wenn dem Bewerber kein Freiraum für eine irgendwie nennenswerte und nicht nur gelegentliche Beratungs- und Vertretungstätigkeit verbleibt.[243] Der reine **„Feierabend-Anwalt"** ist dem anwaltlichen Ansehen abträglich. Er würde die Berufsbezeichnung des Rechtsanwalts zu einem bloßen Titel abwerten, ein Ergebnis, das dem gesetzgeberischen Ziel der Gewährleistung eines Mindestmaßes an Unabhängigkeit und Professionalität des Rechtsanwalts widerspricht.[244] Die **Einschränkung ist verhältnismäßig**, da derjenige Bewerber, dem kein ausreichender Freiraum für eine nennenswerte Anwaltstätigkeit verbleibt, durch den Ausschluß vom Rechtsanwaltsberuf nur geringfügig beschwert ist.

Schwierigkeiten bereiten die Anforderungen, die an den **Umfang der Anwaltstätigkeit** zu stellen sind. Der BGH[245] verlangt, daß ein Rechtsanwalt in der Lage sein muß, diejenigen Geschäfte, die in den Dienststunden zu erledigen sind – insbesondere die Wahrnehmung von Gerichtsterminen –, auch innerhalb dieser Zeit auszuführen. Die Entfernung zwischen dem Hauptarbeitsplatz und der geplanten Kanzlei darf danach bestimmte Höchstgrenzen nicht überschreiten.[246] Der Rechtsanwalt muß für ein Eilverfahren am Ort seines Gerichtes jederzeit erreichbar sein. Die neuere Rechtsprechung bejaht die Vereinbarkeit bei einer Fahrzeit von 30 bis 45 Minuten zwischen Arbeitsstätte und Praxisort.[247] Abgelehnt wurde die Zulassung bei einer Entfernung von 390 km[248] und sogar bereits bei einer solchen von 80 km.[249] Die auf den Faktor Entfernung beschränkte Sichtweise des BGH vernachlässigt die drastische Verkürzung der Reisezeiten durch die modernen Verkehrsmittel. Der Vergleich des Anwalts, der seine Kanzlei in einem ländlichen Amtsgerichtsbezirk mit schlechter Anbindung zum Sitz des Landgerichts unterhält, mit dem Großstadtanwalt, der über eine IC-Verbindung weitaus größere Entfernungen in geringerer Zeit zurücklegen kann, verdeutlicht die geringe Aussagekraft des Merkmals der Entfernung. Der BGH ist daher in einer neueren Entscheidung zu Recht von diesem Merkmal abgerückt und stellt nunmehr entscheidend auf die **Fahrzeit** zwischen Arbeitsstätte und Praxisort ab.[250] Gleichwohl berücksichtigt auch dieses Kriterium nur unzureichend den Wandel, dem das anwaltliche Berufsbild in der Vergangenheit unter-

---

[242] *Kleine-Cosack* NJW 1994, 2250.
[243] BGH AnwBl. 1993, 536; *Pfeiffer*, FS Oppenhoff, 249 (255 f.).
[244] BVerfG NJW 1993, 317 = AnwBl. 1993, 120 (127).
[245] BGH AnwBl. 1996, 76 (77); 1993, 536; ähnlich BGH BRAK-Mitt. 1993, 219 (220).
[246] Im Fall BGH AnwBl. 1993, 536 mußte der Antragsteller drei Tage in der Woche an seinem Hauptarbeitsplatz anwesend sein. In der übrigen Zeit stand ihm ein Zweitbüro zur Verfügung. Die Entfernung zwischen Hauptbüro und geplanter Kanzlei betrug 280 km, die Entfernung zwischen Zweitbüro und geplanter Kanzlei 17 km. Da nicht erkennbar sei, wie der Antragsteller mehrmals in der Woche Gerichtstermine wahrnehmen könne, wurde die Zulassung versagt.
[247] BGH BRAK-Mitt. 1995, 164 (45 Minuten), 1991, 101 (30 Minuten); anders noch BGHZ 71, 138 (143).
[248] BGH BRAK-Mitt. 1993, 44.
[249] EGH Koblenz BRAK-Mitt. 1990, 113.
[250] BGH BRAK-Mitt. 1995, 164 = AnwBl. 1995, 194: 45 Minuten bei einer Entfernung von 69 Kilometern.

worfen war. Die Bedeutung der forensischen Tätigkeit tritt zunehmend in den Hintergrund. Das hauptsächliche oder sogar ausschließliche Tätigkeitsgebiet vieler Anwälte liegt auf dem **beratenden Sektor**. Für sie stellt selbst eine größere Entfernung zwischen Hauptarbeitsplatz und geplanter Kanzlei kein Hindernis für die anwaltliche Berufsausübung dar. In die Beurteilung müssen daher die Eigenheiten des Standorts und die Verkehrsanbindung einfließen. Gewährleistet sein muß die Entgegennahme von Zustellungen und das Tätigwerden in Eilfällen.

90 Kein Maßstab ist die **Arbeitsbelastung** des Bewerbers in seiner Haupttätigkeit.[251] Ob der Bewerber „neben" einer „Vollzeitbeschäftigung" den Anforderungen des Anwaltsberufs gerecht wird, hängt von der individuellen Leistungsfähigkeit des einzelnen Bewerbers ab.[252] Der Bewerber muß jedoch ungeachtet seiner Beschäftigung an seinem Hauptarbeitsplatz über seine Dienstzeit frei verfügen können.[253]

VI. Gefährdung des Vertrauens in die Unabhängigkeit

91 Eine nebenberufliche Tätigkeit eines Anwalts begegnet auch dann Bedenken, wenn sie das Vertrauen der rechtsuchenden Bevölkerung in eine freie und unabhängige Anwaltschaft in Frage stellt. Die Zulassung ist daher zu versagen, wenn aufgrund der Haupttätigkeit bei objektiver Betrachtung von seiten der Mandantschaft die Wahrscheinlichkeit von **Pflichtenkollisionen** naheliegt.[254] Sie liegen nicht schon dann vor, wenn das Wissen aus der Tätigkeit für die jeweils andere von Interesse und ihr vorteilhaft ist.[255] Außer Betracht bleiben Pflichtenkollisionen, die sich ergäben, wenn der Rechtsanwalt in ein und derselben Angelegenheit sowohl als Rechtsanwalt als auch in seinem Zweitberuf tätig würde. Insoweit greifen die neuen Tätigkeitsverbote des § 45 Abs. 1 Nr. 4 und Abs. 2 Nr. 2 sowie des § 46 ein.[256] Zweifel an einer unbefangenen Mandatserfüllung können sich v. a. bei gleichzeitiger Wahrnehmung hoheitlicher Funktionen ergeben.[257]

VII. Alphabetische Übersichten

1. Mit dem Anwaltsberuf unvereinbare Tätigkeiten

92 **Angestellte juristischer Personen des öffentlichen Rechts.**[258] Entscheidend ist die Gestaltung des Angestelltenverhältnisses und der ausgeübten Tätigkeit. Die vielfältigen Ausformungen und Dienstleistungen des öffentlichen Dienstes verlangen eine differenzierte Bewertung.[259] Unvereinbar ist die Tätigkeit, wenn bei den Rechtsuchenden der Eindruck entstehen könnte, die dienstliche Stellung könne für die Förderung privater Interessen genutzt werden.[260]

---

[251] BGH BRAK-Mitt. 1996, 76 (77); *Pfeiffer*, FS Oppenhoff, 249 (256).
[252] Vgl. AGH Hamm, BRAK-Mitt.1995, 168: Für Rechtsanwälte sei eine wöchentliche Arbeitszeit von 60 Stunden nichts Ungewöhnliches, so daß bei vergleichbarem Arbeitseinsatz neben einer „normalen" Vollzeitbeschäftigung von 41,5 Stunden hinreichend Zeit für eine anwaltliche Tätigkeit bleibe.
[253] AGH Hamm, BRAK-Mitt. 1995, 168; *Kleine-Cosack* NJW 1993, 1289 (1292).
[254] BT-Drucks. 12/4993, S. 24.
[255] BGH BRAK Mitt. 1995, 163 (164); AnwBl. 1995, 622 (623) = BRAK-Mitt. 1995, 213 (214) = NJW-RR 1995, 1083; BRAK-Mitt. 1996, 77.
[256] BGH BRAK-Mitt. 1995, 163 (164).
[257] BRAK-Mitt. 1994, 43.
[258] BGH BRAK-Mitt. 1983, 35 (kaufmännischer Prokurist bei den Stadtwerken).
[259] BVerfG NJW 1993, 317 (320).
[260] BGH NJW 1987, 3011.

Außendienstmitarbeiter. Die frühere Rechtsprechung des BGH,[261] die die Tätigkeit eines Bankkaufmanns im Außendienst schon deshalb mit dem Anwaltsberuf als unvereinbar ansah, weil der Betreffende erwerbswirtschaftlich mit dem Streben nach Gewinnerzielung nach außen in Erscheinung tritt, ist überholt.
Forderungsinkasso. Der Einzug fremder Forderungen ist eine Rechtsbesorgungstätigkeit, die jedoch der Anwaltszulassung nicht per se entgegensteht. Die frühere Rechtsprechung,[262] die allein wegen der Doppelrolle des Bewerbers die Möglichkeit der Zulassungsversagung bejahte, entspricht nicht mehr der aktuellen Gesetzeslage.
Geschäftsführer einer Berufsgenossenschaft. Der BGH hat die Vereinbarkeit wegen der nicht auszuschließenden Gefahr von Pflichtenkollisionen verneint.[263] Da es sich um eine herausragende Stellung im öffentlichen Dienst handelt, könnte bei der Gegenpartei der Eindruck einer Benachteiligung entstehen.
Kammergeschäftsführer.[264] Die Tätigkeit als Geschäftsführer einer öffentlich-rechtlichen Körperschaft steht in der Regel der Anwaltszulassung entgegen. Die Gefährdung der Interessen der Rechtspflege ist jeweils im Einzelfall aufgrund der Ausgestaltung des Angestelltenverhältnisses und der ausgeübten Tätigkeit zu prüfen. Der BGH hat die Unvereinbarkeit sowohl für den Geschäftsführer einer Handwerkskammer[265] als auch für den Geschäftsführer einer Kreishandwerkerschaft[266] für möglich erachtet.
Makler.[267] Die Maklertätigkeit bietet in besonderer Weise die Möglichkeit, aus der rechtsberatenden Tätigkeit stammende Informationen zu nützen, so daß das Vertrauen in die Unabhängigkeit gefährdet ist.
Organe juristischer Personen des öffentlichen Rechts.[268] Es besteht regelmäßig Unvereinbarkeit.
Rechtsbeistände. § 7 Nr. 8 ist sinngemäß auf Rechtsbeistände anzuwenden, die gem. § 209 die Aufnahme in die Rechtsanwaltskammer beantragen.[269] Sie dürfen entgegen der früheren Rechtsprechung gleichzeitig in abhängiger Stellung für einen dem anwaltlichen Berufspflichten nicht unterworfenen Dienstherrn fremde Rechtsangelegenheiten besorgen. Die Tätigkeit als Organ eines als Rechtsbeistand zugelassenen Vereins ist mit dem Rechtsanwaltsberuf unvereinbar.[270]
Unternehmensberater. Ähnlich wie bei der Maklertätigkeit können sich Gefahren für die Unabhängigkeit ergeben. Generelle Aussagen lassen sich nicht treffen.
Versicherungsmakler.[271] S. auch Makler.

2. Mit dem Anwaltsberuf vereinbare Tätigkeiten

Angestellter Rechtsanwalt. Gegen eine gleichzeitige Tätigkeit als angestellter Mitarbeiter in der Praxis anderer Anwälte bestehen keine berufsrechtlichen Bedenken.[272]
Freier Mitarbeiter. Die Tätigkeit als freier Mitarbeiter für andere Rechtsanwälte ist unbedenklich.[273]

---

[261] BGHZ 72, 282 (283); 35, 205; 35, 287 (289) (Bankkaufmann).
[262] BGHZ 68, 62; 63, 377; BGH EGE XIV, 40.
[263] BGH AnwBl. 1983, 478.
[264] Dazu *Kleine-Cosack* NJW 1994, 2249 (2250).
[265] BGH BRAK-Mitt. 1994, 43 (Handwerkskammer).
[266] BGH BRAK-Mitt. 1994, 42 (Kreishandwerkerschaft).
[267] BGHZ 72, 282; BGH EGE XIII, 67; BGH NJW 1976, 628; BRAK-Mitt. 1988, 49; 1994, 43.
[268] BGH BRAK-Mitt. 1983, 134 (Vorsitzender der Geschäftsführung der Stadtwerke); BGH BRAK-Mitt. 1994, 42 (Geschäftsführer einer Kreishandwerkerkammer); BRAK-Mitt. 1994, 43 (Geschäftsführer einer Handwerksinnung).
[269] BGHZ 109, 282 (284 f.); 83, 350 (352 f.).
[270] BGH NJW 1976, 424.
[271] BGH BRAK-Mitt. 1994, 43; *Kleine-Cosack* NJW 1994, 2249 (2250). Ebenso die Tätigkeit als Handlungsbevollmächtigter eines Versicherungsmaklers, BGH BRAK-Mitt. 1995, 123 (124) = NJW 1995, 2357.
[272] Dazu auch BGH BRAK-Mitt. 1986, 166.
[273] BGH BRAK-Mitt. 1986, 166.

Hochschullehrer im Angestelltenverhältnis. Die Vereinbarkeit ist grundsätzlich zu bejahen. In der Praxis sind Fachhochschulprofessoren und ausnahmsweise auch im Angestelltenverhältnis beschäftigte Universitätsprofessoren schon mehrfach zur Anwaltschaft zugelassen worden.
Komplementär einer KG.[274] S. OHG-Gesellschafter.
OHG-Gesellschafter. Die Rechtsprechung des BGH,[275] derzufolge der alleingeschäftsführungs- und vertretungsberechtigte Gesellschafter einer Personenhandelsgesellschaft generell vom Anwaltsberuf ausgeschlossen ist, ist nach der gesetzlichen Neufassung nicht mehr aufrechtzuhalten.
Organe juristischer Personen des Privatrechts. Die bisherige Rechtsprechung,[276] die bei Organen von erwerbswirtschaftlich tätigen juristischen Personen des privaten Rechts generell die Unvereinbarkeit bejaht hatte, ist seit der Entscheidung des BVerfG v. 4. 11. 1992[277] und der Neufassung des § 7 Nr. 8 überholt. So ist nunmehr die Tätigkeit als Geschäftsführer einer Genossenschafts- Treuhand GmbH, die erlaubte Rechtsberatung für Mitglieder eines Genossenschaftsverbandes erbringt, mit § 7 Nr. 8 vereinbar.[278]
Politische Betätigung. Das Abgeordnetenmandat begründet keine Inkompatibilität.[279] Das gilt auch für wissenschaftliche Mitarbeiter von Abgeordneten.[280] In der Regel wird es an der tatsächlichen Berufsausübungsmöglichkeit fehlen, wenn der Abgeordnete neben seinem Mandat noch eine weitere abhängige Beschäftigung ausübt.[281]
Prokurist. Die Tätigkeit als Prokurist einer angesehenen privaten Großbank[282] oder als Schriftleiter einer juristischen Zeitung mit Gesamtprokura[283] ist mit dem Anwaltsberuf vereinbar.
Rechtsschutzversicherung. Angestellte einer Rechtsschutzversicherung, die lediglich über die Gewährung von Versicherungsschutz entscheiden, können zur Anwaltschaft zugelassen werden.[284] Im übrigen ist die bis 1993 ergangene Rechtsprechung,[285] soweit sie für die Zulassung erschwerende Voraussetzungen vorsah, überholt.[286]
Rechtssekretär einer Gewerkschaft.[287] Rechtssekretäre, die Gewerkschaftsmitglieder beraten und in Arbeitsgerichtsprozessen vertreten, sollten nach der früheren, inzwischen überholten Rechtsprechung[288] von der Anwaltschaft ausgeschlossen sein. Entscheidet der Mitarbeiter der Rechtsabteilung einer Gewerkschaft dagegen nur über Rechtsschutzanträge von Mitgliedern, ohne selbst Rechtsrat zu erteilen oder die Vertretung zu übernehmen, so stand diese Tätigkeit schon vor 1992 einer Zulassung nicht entgegen.[289]
Steuerberater. Die gleichzeitige Zulassung zur Anwaltschaft ist schon nach der amtlichen Begründung unproblematisch[290] und ergibt sich ferner aus der Sozietätsfähigkeit des Steuerberaters gem. § 59 a.

---

[274] BGH BRAK-Mitt. 1983, 189; EGH Celle BRAK-Mitt. 1983, 89.
[275] BGH EGE XI, 56; vgl. aber auch BGH EGE XIII, 78.
[276] BGH BRAK-Mitt. 1987, 38; 1987, 89; 1990, 247.
[277] BVerfG NJW 1993, 317.
[278] BGH NJW-RR 1995, 1083 = BRAK-Mitt. 1995, 213.
[279] BGH NJW 1978, 2098.
[280] A. A. BGH NJW 1987, 329; wie hier *Kleine-Cosack,* § 7 Rdn. 42.
[281] Dazu BGH BRAK-Mitt. 1983, 39.
[282] BGH EGE VI, 98.
[283] BGH BRAK-Mitt. 1991, 101.
[284] BGH NJW 1995, 1031 f. = BRAK-Mitt. 1995, 164 =AnwBl. 1995, 194; BGH NJW 1979, 431.
[285] Vgl. die Nachweise unter "Verbandsjurist".
[286] Ebenso *Kleine-Cosack,* § 7 Rdn. 45 f.
[287] Dazu BGHZ 46, 60 = NJW 1966, 2062; BGH EGE XII 18 (39); BGH NJW 1982, 1880.
[288] Vgl. die Nachweise unter "Verbandsjurist".
[289] BGHZ 51, 16.
[290] *Jessnitzer/Blumberg,* § 7 Rdn. 25.

§ 7 Versagung der Zulassung zur Rechtsanwaltschaft

Steuerbevollmächtigter. Die bisherige Rechtsprechung,[291] die von der fehlenden Sozietätsfähigkeit von Rechtsanwälten und Steuerbevollmächtigten ausging, ist aufgrund von § 59 a Abs. 1 überholt.[292]
Studentenschaft. Angestellte der Studentenschaft einer Universität, die Studenten Rechtsrat erteilen, können entgegen der überholten Rechtsprechung des BGH[293] zur Anwaltschaft zugelassen werden.
Taxiunternehmer. Der BGH[294] bejaht zurecht die Vereinbarkeit.
Verbandsjurist. Die frühere BGH-Rechtsprechung,[295] die aufgrund der fehlenden Eigenverantwortlichkeit im Verhältnis zu den Vereins- bzw. Verbandsmitgliedern des Arbeitgebers die Unvereinbarkeit mit dem Anwaltsberuf bejahte, ist seit der Entscheidung des BVerfG v. 4. 11. 1992[296] überholt. Der Gefahr einer Vermischung der unterschiedlichen Beratungstätigkeiten wird durch die besonderen Berufspflichten des § 45 Rechnung getragen.[297] Eine Zulassung war bereits nach der früheren Rechtsprechung des BGH dann möglich, wenn der Angestellte des Verbandes ausschließlich beratend für seinen Dienstherrn tätig war.[298]
Vereidigter Buchprüfer. Die Vereinbarkeit wurde bereits nach altem Recht vom BGH[299] bejaht.
Versicherungsagent. Der Versicherungsagent im Sinne des § 45 VVG, der lediglich einen beantragten Versicherungsvertrag namens einer Versicherung rechtsgültig werden läßt, übt keine, Interessenkollisionen bedingende, akquisitorische Tätigkeit aus.[300]
Versicherungsdirektor. Die Tätigkeit als Leiter der Finanzdienstleistungsdirektion einer Versicherungsgesellschaft begründet keine Inkompatibilität.[301]
Wirtschaftsprüfer. Die Vereinbarkeit folgt schon aus der Sozietätsfähigkeit des Wirtschaftsprüfers gem. § 59 a.[302]
Wissenschaftliche Hilfskraft. Die Zulassung scheitert nicht an der fehlenden gehobenen Stellung.[303]
Wissenschaftliche Mitarbeiter. Für wissenschaftliche Mitarbeiter im Anstellungsverhältnis ist die Vereinbarkeit mit dem Anwaltsberuf regelmäßig zu bejahen.[304] Bei der Tätigkeit eines wissenschaftlichen Universitätsassistenten auf Widerruf kann hingegen in Ausnahmefällen Unvereinbarkeit vorliegen.[305]

VIII. Rechtspolitische Erwägungen

Zweifel verbleiben an der rechtspolitischen Zweckmäßigkeit der generellen Zulassung von Zweitberufen. Verwandten Berufen wie den Steuerberatern[306] und Wirtschaftsprüfern[307] ist eine gewerbliche Nebentätigkeit grundsätzlich unter-

---

[291] BGH EGE VIII, 9; XIV, 167; BGH NJW 1964, 2063; AnwBl. 1978, 373; EGH Stuttgart BRAK-Mitt. 1983, 40.
[292] Ebenso *Jessnitzer/Blumberg,* § 7 Rdn. 25.
[293] BGHZ 97, 204; dazu *Reich* NJW 1987, 1315; *Hustädt* NJW 1988, 473.
[294] BGH BRAK-Mitt. 1993, 171.
[295] Dazu BGHZ 46, 60 = NJW 1966, 2062; BGH EGE XII 18 (39); BGH NJW 1982, 1880.
[296] BVerfG NJW 1993, 317 (320).
[297] Dazu bereits BVerfG NJW 1993, 317 (321).
[298] BGH BRAK-Mitt. 1983, 134.
[299] BGH EGE VI, 90.
[300] BGH BRAK-Mitt. 1996, 78.
[301] BGH BRAK-Mitt. 1996, 78 (79).
[302] *Jessnitzer/Blumberg,* § 7 Rdn. 25.
[303] BVerfG NJW 1993, 317 (320). Die ältere BGH-Rechtsprechung ist damit überholt.
[304] BVerfG NJW 1995, 951 (952) = AnwBl. 1995, 370. Zum alten Rechtszustand s. aber BGH EGE XIV, 151.
[305] Vgl. unten Rdn. 107 ff., insb. Rdn. 111.
[306] Vgl. § 57 Abs. 4 StBerG.
[307] Vgl. § 43 Abs. 3 Nr. 1 WPO.

sagt.³⁰⁸ In Anbetracht der Sozietätsfähigkeit der Angehörigen der wirtschaftsnahen Beratungsberufe (Rechtsanwalt, Steuerberater und Wirtschaftsprüfer) hätte sich eine Vereinheitlichung der Inkompatibilitätsregelungen angeboten. Denkbar wäre ein Verbot für alle sozietätsfähigen Berufsgruppen, bestimmte Tätigkeiten, bei denen die Gefahr einer Interessenkollision besonders naheliegt, als Zweitberuf auszuüben.

K. Vermögensverfall (Nr. 9)

I. Interpretationsgrundlagen

95   Nach § 7 Nr. 9 ist die Zulassung zu versagen, wenn der Bewerber sich im Vermögensverfall befindet. Der Versagungsgrund wurde erst durch das Gesetz zur Änderung des Berufsrechts der Rechtsanwälte und der Patentanwälte vom 13. 12. 1989³⁰⁹ neu in die BRAO aufgenommen. Ziel der Vorschrift ist es, den rechtsuchenden Bürger besser vor den Gefahren zu schützen, die in der wirtschaftlichen Lage des Rechtsanwalts begründet sind.³¹⁰ Bis zur Einführung dieses Versagungsgrundes konnte die Zulassung nur verweigert werden, wenn der Bewerber infolge **gerichtlicher Anordnung** in der Verfügung über sein Vermögen beschränkt war.³¹¹ Nicht erfaßt wurden die Fälle, in denen die Eröffnung eines Konkursverfahrens mangels Masse abgelehnt wurde oder sich der Bewerber sonst, ohne daß es zu einer gerichtlichen Verfügungsbeschränkung über sein Vermögen gekommen war, in einem Zustand des Vermögensverfalls befand.³¹² Bei einem bereits zugelassenen Rechtsanwalt konnte der Vermögensverfall schon nach früherem Recht zu einem Verlust der Zulassung (§ 15 Abs. 1 a.F.) führen.

II. Anwendungsbereich

96   Nach der gesetzlichen Vermutung in Nr. 9 Satz 2 ist ein Vermögensverfall anzunehmen, wenn der Bewerber in das vom Konkursgericht oder vom Vollstreckungsgericht zu führende Verzeichnis (§ 107 Abs. 2 KO, § 915 ZPO) eingetragen ist. Ausweislich der amtlichen Begründung handelt es sich um eine widerlegbare Vermutung. Sie entfällt, wenn der Bewerber in den genannten Verzeichnissen wieder gelöscht wurde.³¹³ Die **Voraussetzungen** eines Vermögensverfalls müssen ungeachtet der Eintragung in die Schuldnerverzeichnisse tatsächlich gegeben sein.³¹⁴ Die Eintragung erleichtert lediglich die Beweisführung für Landesjustizverwaltungen und die Vorstände der Rechtsanwaltskammern.³¹⁵

97   Ein **Vermögensverfall ist anzunehmen,** wenn der Rechtsanwalt in ungeordnete, schlechte finanzielle Verhältnisse, die er in absehbarer Zeit nicht ordnen

---

³⁰⁸ Eine Übertragung der oben herausgearbeiteten Gedanken hinsichtlich der Verfassungswidrigkeit des generellen Verbots erwerbswirtschaftlicher Betätigung im Zweitberuf für Rechtsanwälte auf die genannten Berufsgruppen ist ausgeschlossen, da diese Berufe einen stärkeren Bezug zur Wirtschaft aufweisen, so daß die Gefahr von Interessenkollisionen größer ist.
³⁰⁹ BGBl. I, S. 2135.
³¹⁰ Zur Begründung vgl. BT-Drucks. 11/3253, S. 19.
³¹¹ Siehe auch § 7 Nr. 10 BRAO.
³¹² *Vetter* BRAK-Mitt. 1990, 2 (3).
³¹³ Vgl. BT-Drucks. 11/3253, S. 20.
³¹⁴ *Feuerich/Braun,* § 7 Rdn. 143.
³¹⁵ *Feuerich/Braun,* § 7 Rdn. 143.

kann, gerät **und** außerstande ist, seinen Verpflichtungen nachzukommen.[316] Beide Voraussetzungen müssen kumulativ vorliegen.[317] Indizien bilden die Erwirkung von Schuldtiteln und Vollstreckungsmaßnahmen gegen den Rechtsanwalt. Eine vollständige Auflösung des Vermögens des Bewerbers ist nicht erforderlich.[318] Der Bewerber kann die Vermutung des Vermögensverfalls **widerlegen,** wenn er seine Einkommens- und Vermögensverhältnisse **umfassend darlegt,** insbesondere eine Aufstellung sämtlicher gegen ihn erhobenen Forderungen vorlegt, und nachweist, welche Forderungen inzwischen erfüllt worden sind.[319] Der Nachweis der Schuldtilgung oder Stundung hinsichtlich jener Forderungen, die zu einer Eintragung ins Schuldnerverzeichnis geführt haben, genügt nicht, da diese Eintragung kein konstitutives Kriterium, sondern nur ein widerlegbares Indiz bildet.[320] In Abweichung von § 14 Abs. 2 Nr. 8 muß eine Gefährdung der Interessen der Rechtsuchenden nicht dargetan werden. Findet der Rechtsanwalt aufgrund seines Ver-mögensverfalls keine Anstellung außerhalb des Anwaltsberufs, so begründet dies nach dem Normzweck der Regelung keinen Zulassungsanspruch.[321] Kommt der Anwalt den Verpflichtungen aus einer Vergleichs- und Ratenzahlungsvereinbarung tatsächlich laufend nach, so werden die Voraussetzungen der Nr. 9 nicht vorliegen.[322]

L. Gerichtliche Anordnung der Beschränkung der Vermögensverfügung (Nr. 10)

I. Interpretationsgrundlagen

§ 7 Nr. 10 sieht zwingend die Versagung der Zulassung zur Anwaltschaft vor, wenn der Bewerber infolge gerichtlicher Anordnung in der Verfügung über sein Vermögen beschränkt ist. Schon § 5 Nr. 3 RAO kannte einen nahezu wortgleichen Versagungsgrund.[323] Die Vorschrift dient der **Gefahrenabwehr.**[324] Rechtsanwälte vertreten die Vermögensinteressen ihrer Mandanten. Diese müssen daher vor Rechtsanwälten geschützt werden, die selbst nicht berechtigt sind, über ihr Vermögen zu verfügen.[325]

II. Anwendungsbereich

Der Versagungsgrund der Nr. 10 erfordert, wie der Wortlaut der Vorschrift klarstellt, eine **gerichtliche** Anordnung der Beschränkung der Verfügungsbefugnis über das Vermögen. Nicht ausreichend sind gesetzliche[326] oder behördliche

---
[316] BGH NJW 1991, 2083; BRAK-Mitt. 1995, 29.
[317] BGH BRAK-Mitt. 1995, 29.
[318] *Feuerich/Braun,* § 7 Rdn. 144.
[319] Der Schuldner ist gem. § 36 Abs. 2 BRAO zur Mitwirkung im Verfahren verpflichtet, vgl. auch BGH NJW 1991, 2083.
[320] BGH NJW 1991, 2083.
[321] BGH BRAK-Mitt. 1995, 28.
[322] BGH BRAK-Mitt. 1995, 29.
[323] „wenn der Antragsteller in Folge gerichtlicher Anordnung in der Verfügung über sein Vermögen beschränkt ist".
[324] BT-Drucks. III/120, S. 58.
[325] *Schereik/Vogels,* in: Prütting, Deutsche Anwaltschaft, S. 114 (125); *Kalsbach,* § 7 Anm. 11.
[326] Z. B. § 1365 BGB.

§ 7 100–102 Zweiter Teil. Die Zulassung des Rechtsanwalts

Verfügungsbeschränkungen.[327] Die Verfügungsbeschränkung muß sich ferner auf das **Vermögen als Ganzes** erstrecken.[328] Damit entfällt eine Zulassungsversagung aufgrund einer Verfügungsbeschränkung über einzelne Vermögensgegenstände oder über einen Teil des Vermögens.[329] Da nach der Intention des Gesetzes schwerpunktmäßig die Verfügungsbeschränkungen im Rahmen eines Konkurs- oder Vergleichsverfahrens erfaßt werden sollen,[330] dort aber nur das beschlagnahmefähige Vermögen betroffen ist, muß sich die Verfügungsbeschränkung nicht auf alle einzelnen Vermögensgegenstände des Bewerbers erstrecken.[331]

100 Eine **gerichtliche Anordnung** einer Beschränkung der Vermögensverfügungsbefugnis kommt in Betracht bei Konkurseröffnung (§§ 6, 106 KO), im Vergleichsverfahren (§§ 12, 59, 62, 103 VerglO), im Falle der Anordnung der Betreuung (§§ 1896, 1903, 1908 a BGB, §§ 65 ff. FGG), bei der Entziehung der Verwaltungs- und Verfügungsrechte gegenüber dem Vorerben (§ 2129 BGB) und im Strafprozeß bei der Vermögensbeschlagnahme gem. §§ 290 ff. und 443 StPO.

101 Zu berücksichtigen ist eine Verfügungsbeschränkung im Zulassungsverfahren grundsätzlich von der **Rechtskraft** der gerichtlichen Anordnung an. Nur ausnahmsweise – wenn die Verfügungsbeschränkung auch ohne Rechtskraft wirksam ist – ist der Zeitpunkt des Erlasses maßgebend.[332] Wird die gerichtliche Anordnung aufgehoben, entfällt der Versagungsgrund.[333] Der Sachverhalt, der zur gerichtlichen Anordnung der Vermögensverfügungsbeschränkung geführt hat, kann jedoch im Rahmen der übrigen Versagungsgründe (§ 7 Nr. 5 und 9) berücksichtigt werden.[334] Aus § 7 Nr. 9 ergibt sich, daß Nr. 10 keine abschließende Regelung der aus finanziellen Schwierigkeiten des Bewerbers zu ziehenden Folgerungen enthält. So kann bei einer Verfügungsbeschränkung über einen Großteil des Vermögens des Bewerbers auf § 7 Nr. 9 zurückgegriffen werden.

M. Richter, Beamter oder Soldat (Nr. 11)

I. Entstehungsgeschichte

102 § 7 Nr. 11 sieht die Versagung der Zulassung vor, wenn der Bewerber Richter, Beamter, Berufssoldat oder Soldat auf Zeit ist, es sei denn, daß er die ihm übertragenen Aufgaben ehrenamtlich wahrnimmt oder daß seine Rechte und Pflichten aufgrund der §§ 5, 6, 8 und 36 des Abgeordnetengesetzes vom 18. 2. 1977 (BGBl. I, S. 297) oder entsprechenden Rechtsvorschriften ruhen. Die RAO von 1878 kannte keinen expliziten Versagungsgrund mit vergleichbarem Inhalt, jedoch war schon seinerzeit anerkannt, daß hinsichtlich dieser Berufsgruppen eine **Inkompatibilität** mit dem Beruf des Rechtsanwalts bestehe.[335] Die Versagung der Zulassung wurde auf 5 Nr. 4 RAO,[336] der Vorgängerregelung des heutigen

---

[327] *Isele,* § 7 Anm. IV. J. 1.; *Kalsbach,* § 7 Anm. 11; *Friedlaender,* § 5 Rdn. 13; *Feuerich/Braun,* § 7 Rdn. 151.
[328] *Feuerich/Braun,* § 7 Rdn. 149.
[329] *Friedlaender,* § 5 Rdn. 12.
[330] BT-Drucks. III/120, S. 58.
[331] *Isele,* § 7 Anm. IV. 1. a).
[332] *Isele,* § 7 Anm. IV. J. 4.
[333] *Isele,* § 7 Anm. IV. J. 3.
[334] *Feuerich/Braun,* § 7 Rdn. 150.
[335] Vgl. *Friedlaender,* § 7 Rdn. 19 ff..
[336] Dazu Rdn. 33.

§ 7 Nr. 5 gestützt. Durch Gesetz vom 20. 7. 1933[337] wurden zusätzlich Ruhestandsbeamte von der Zulassung zur Anwaltschaft ausgeschlossen. Für **aktive Beamte** blieb es bei der Inkompatibilität über § 5 Nr. 4 RAO.[338] Die RRAO vom 21. 6. 1936[339] verzichtete auf die ausdrückliche Festlegung einer Inkompatibilität zwischen dem Beruf des Rechtsanwalts und einer Tätigkeit im öffentlichen Dienst. Ein entsprechender Versagungsgrund erübrigte sich schon deshalb, weil das Gesetz ohnehin weitreichende Berufszugangsbeschränkungen vorsah.[340]

Die BRAO betont zwar die absolute Inkompatibilität zwischen der Stellung der **Berufsrichter** und der **Berufsbeamten**, sieht jedoch für **Ruhestandsbeamte** keinen Versagungsgrund mehr vor.[341] Im Zuge des Gesetzes zur Änderung des Berufsrechts der Rechtsanwälte und der Patentanwälte vom 13. 12. 1989[342] wurde der Katalog der unvereinbaren Berufe um die Berufssoldaten und die Soldaten auf Zeit ergänzt. Diese Personengruppen stehen zwar in einem mit dem Dienstverhältnis eines Richters oder Beamten nicht unmittelbar vergleichbaren Dienstverhältnis. Sie sind aber aufgrund der Zielsetzung des § 7 Nr. 11 ebenso wie Richter und Beamte von der Zulassung zur Rechtsanwaltschaft auszuschließen.[343]

103

II. Normzweck

Der Beamte und die ihm gleichgestellten Personen stehen in einem öffentlich-rechtlichen Dienst- und Treueverhältnis zu ihrem Dienstherrn, das ihnen besondere Pflichten auferlegt. Die Befugnis zur Übernahme anderer Tätigkeiten und der zulässige Umfang der Nebentätigkeiten hängt von der Genehmigung des Dienstherrn ab.[344] Diese **Weisungsgebundenheit** läßt sich mit der inneren und äußeren Unabhängigkeit des Rechtsanwalts nicht in Einklang bringen.[345] Die amtliche Begründung verweist auf den Grundsatz der freien Advokatur, dem jedwede Abhängigkeit des Rechtsanwalts vom Staat widerspreche.[346] Außer Frage steht, daß die Wesensmerkmale beider Berufsgruppen in einem zentralen Bereich divergieren, so daß die gesetzliche Anordnung der Inkompatibilität vertretbar erscheint.[347]

104

III. Verfassungsmäßigkeit

Die von Art. 12 GG gewährleistete Freiheit der Berufswahl umfaßt das Recht, mehrere Berufe zu wählen und auszuüben.[348] Die gesetzliche Anordnung der In-

105

---

[337] RGBl. I, S. 522. Der eingefügte § 5 Nr. 7 RAO lautete wie folgt: Die Zulassung muß versagt werden, „wenn der Antragsteller aus dem Dienste als Beamter des Reichs, eines Landes, einer Gemeinde, eines Gemeindeverbandes oder einer sonstigen Körperschaft des öffentlichen Rechts nach Erreichung der Altersgrenze, von der an die Versetzung in den Ruhestand ohne Zustimmung des Beamten zulässig ist, ausgeschieden ist."
[338] *Friedlaender*, § 7 Rdn. 20.
[339] RGBl. I, S. 107.
[340] Vgl. BVerfG NJW 1993, 317 = AnwBl. 1993, 120.
[341] Abgesehen von der Möglichkeit, gem. § 20 Abs. 1 Nr. 1 dem Bewerber die Zulassung bei einem bestimmten Gericht zu versagen. Siehe zur Kritik *Isele*, § 7 Anm. IV. K. 1. b).
[342] BGBl. I, S. 2135.
[343] So die amtliche Begründung in BT-Drucks. 11/3253, S. 20.
[344] BGH BRAK-Mitt. 1991, 165.
[345] *Feuerich/Braun*, § 7 Rdn. 154.
[346] BT-Drucks. III/120, S. 49, unter Berufung auf die Motive zu dem Entwurf der Rechtsanwaltsordnung vom 1. 7. 1878.
[347] Vgl. *Schereik/Vogels*, in: Prütting, Deutsche Anwaltschaft, S. 114 (125); BGH NJW 1973, 657 (658) = JZ 1973, 634.
[348] BVerfGE 21, 173 (179) = NJW 1967, 1317; BVerfG NJW 1993, 317 = AnwBl. 1993, 120 (126).

§ 7 106, 107 Zweiter Teil. Die Zulassung des Rechtsanwalts

kompatibilität zwischen den in Nr. 11 aufgeführten Berufen und dem des Rechtsanwalts führt zu einem objektiven Berufszugangshindernis,[349] an dessen Zulässigkeit von der Rechtsprechung generell strenge Anforderungen gestellt werden. Der massive **Eingriff in die freie Berufswahl** muß durch die Abwehr nachweisbarer oder höchstwahrscheinlicher schwerer Gefahren für ein überragend wichtiges Gemeinschaftsgut gerechtfertigt sein.[350] Diese allgemeinen Grundsätze[351] können nicht in gleicher Weise für die Zuwahl eines zweiten Berufes gelten,[352] da hier die Intensität des Eingriffs deutlich reduziert ist. Erforderlich ist aber auch hier eine Verhältnismäßigkeitskontrolle, welche die Intensität des Eingriffs und das zu schützende Rechtsgut gegeneinander abwägt. Da jede hoheitliche Tätigkeit im Widerspruch zu der in § 3 normierten Unabhängigkeit des Rechtsanwalts steht,[353] ist die generelle Versagung der Zulassung von Beamten, Richtern und Soldaten grundsätzlich geeignet, das Interesse an einer funktionsfähigen Rechtspflege zu gewährleisten. Eine deutliche Trennung der beruflichen Sphären wird man auch als erforderlich und zumutbar ansehen können,[354] zumal über die Berufsaufsicht Abhängigkeitsverhältnisse nicht ausgeschlossen werden können.

106 **Zweifelsfragen** kann die **Vereinbarkeit** der Vorschrift mit **Art. 3 Abs. 1 GG** aufwerfen, der im Rahmen von Regelungen der Berufsfreiheit zu beachten ist.[355] Regelungen der Berufsausübung haben die Ungleichheiten zu berücksichtigen, die typischerweise innerhalb des Berufs bestehen.[356] Zwar müssen bei einer notwendig typisierenden Regelung gewisse Härten oder Ungerechtigkeiten hingenommen werden.[357] Eine generalisierende Normsetzung ist jedoch nur zulässig, wenn die Intensität des Eingriffs gering ist und nur eine geringe Anzahl von Personen betrifft.[358] Eine Differenzierung nach den realen Umständen ist daher erforderlich, wenn es sich bei den betroffenen Personen nicht um Einzelfälle handelt, sondern um eine Gruppe typischer Fälle.[359] Die Grenzen generalisierender Normsetzung sind bei der Beurteilung einzelner Fallgruppen zu beachten.[360]

IV. Anwendungsbereich

1. Beamte

107 **a) Grundlagen.** Schon der Wortlaut der Vorschrift verdeutlicht, daß der Begriff des Beamten nicht rein formal zu verstehen ist. Auch der Beamte, der die

---

[349] So auch für eine Inkompatibilität zwischen steuerberatender und gewerblicher Tätigkeit BVerfGE 21, 173 (181) = NJW 1967, 1317.
[350] BVerfGE 7, 377 (408) = NJW 1958, 1035; *Scholz*, in: Maunz/Dürig, Art. 12 Rdn. 187.
[351] BVerfGE 7, 377 ff. = NJW 1958, 1035.
[352] BVerfGE 21, 173 (181) = NJW 1967, 1317. So auch BGH BRAK-Mitt. 1991, 165.
[353] So auch der DAV in seiner Stellungnahme zu den dem Beschluß des BVerfG NJW 1993, 317 = AnwBl. 1993, 120, zugrundeliegenden Verfassungsbeschwerden.
[354] BVerfG NJW 1993, 317 = AnwBl. 1993, 120 (127), zu Nr. 8 a.F.; BGH EGE XII, 58 (59); *Bender* NJW 1986, 409 (410).
[355] Vgl. *Scholz*, in: Maunz/Dürig, Art. 12 Rdn. 145.
[356] Vgl. *Gubelt*, in: v. Münch/Kunig, Art. 12 Rdn. 94.
[357] BVerfGE 26, 265 (275 f.) = NJW 1969, 1617.
[358] BVerfGE 26, 265 (275 f.) = NJW 1969, 1617; *Hesse*, Grundzüge des Verfassungsrechts, Rdn. 439; *Bender* NJW 1986, 409 (410) m. w. N.
[359] BVerfGE 26, 265 (275 f.) = NJW 1969, 1617.
[360] Siehe unten Rdn. 108 ff.

§ 7 Versagung der Zulassung zur Rechtsanwaltschaft 108–110 § 7

ihm übertragenen Aufgaben ehrenamtlich wahrnimmt, ist streng genommen Beamter und wird ebenso wie alle anderen Beamten ernannt.[361] Durch **Auslegung**, die sich an Sinn und Zweck des Versagungsgrundes orientiert,[362] ist zu ermitteln, welche Beamten nicht zur Rechtsanwaltschaft zuzulassen sind. Der Gesetzgeber hat indes bewußt eine **Typisierung** vorgenommen.[363] Nur sie gewährleiste eine klare Abgrenzung und die Unabhängigkeit des Rechtsanwalts.[364] Andernfalls würde es zu immer neuen Abgrenzungsschwierigkeiten kommen.[365] Ausgeschlossen ist danach eine Einzelfallprüfung der Unbedenklichkeit der doppelten Berufsausübung. § 7 Nr. 11 erfordert dagegen nicht, daß jedem verbeamteten Bewerber aus Gründen der Rechtssicherheit und Klarheit die Zulassung versagt werden müßte.[366] Auch außerhalb der Gruppe der **Ehrenbeamten** sind weitere Beamtenkategorien denkbar, bei denen die Unabhängigkeit des Rechtsanwalts nicht gefährdet ist.[367] In der Gesetzesbegründung[368] wird als derartige Fallgruppe die der Ruhestandsbeamten[369] erwähnt. Die gesetzliche Wertung des § 47 Abs. 1 bestätigt diese Sichtweise. Danach kann einem Rechtsanwalt, der als Richter oder Beamter verwendet wird, von der Landesjustizverwaltung gestattet werden, seinen Beruf weiter auszuüben.

b) **Fallgruppen**. Neben den gesetzlich ausgenommenen **Ehrenbeamten** ist 108 auch **ehemaligen Beamten** ohne Einschränkung die Zulassung zur Rechtsanwaltschaft zu erteilen. Infolge der aufgehobenen Weisungsabhängigkeit besteht keine Gefahr von Interessenkollisionen. Im Einzelfall kann ein Tätigkeitsverbot gem. § 45 Abs. 1 Nr. 1 bestehen[370] oder dem Bewerber gem. § 20 Abs. 1 Nr. 1 die Zulassung bei einem bestimmten Gericht versagt werden.

Ruhestandsbeamten darf die Zulassung, wie sich aus der Gesetzesbegründung 109 ergibt, nicht gem. Nr. 11 versagt werden.[371] Ruhestandsbeamte sind keine Beamte im engeren Sinne, da sowohl der Eintritt in den Ruhestand als auch die Versetzung in den einstweiligen Ruhestand das Beamtenverhältnis beendet.[372] Der Ruhestandsbeamte ist zu einer weiteren Amtstätigkeit nicht verpflichtet. Er kann über seine Arbeitskraft frei verfügen und jede erlaubte Erwerbstätigkeit aufnehmen.[373]

Der Beamte, dessen Versetzung in den Ruhestand erst **eingeleitet** worden ist, 110 unterliegt weiterhin dem Weisungsrecht seines Dienstherrn. Das fortbestehende Abhängigkeitsverhältnis bedingt die Versagung der Zulassung zur Anwaltschaft.[374]

---

[361] Vgl. § 3 Abs. 2, § 5 Abs. 2 Nr. 1, § 115 BRRG; § 5 Abs. 3, § 6 Abs. 2 Nr. 1, § 177 BBG; dazu *Thieme* JZ 1973, 836.
[362] Vgl. auch BGH NJW 1973, 657 (658) = JZ 1973, 634.
[363] Vgl. BGH BRAK-Mitt. 1991, 165.
[364] So BGHZ 55, 236 (238) = EGE XI, 31 = AnwBl. 1971, 186 = NJW 1971, 1180 = LM § 7 BRAO Nr. 31, selbst für den Fall, daß der Bewerber als Abgeordneter als beurlaubt gilt; siehe dazu auch unten Rdn. 112 ff.
[365] BGHZ 55, 236 (238) = EGE XI, 31 = AnwBl. 1971, 186 = NJW 1971, 1180 = LM § 7 BRAO Nr. 31; BGHZ 71, 23 (25) = NJW 1978, 1004 (1005) = EGE XIV, 70.
[366] BGH NJW 1973, 657 (658) = JZ 1973, 634.
[367] BGH NJW 1973, 657 (658) = JZ 1973, 634.
[368] BT-Drucks. III/120, S. 58.
[369] Siehe dazu unten Rdn. 109.
[370] Vgl. zu § 45 Nr. 3 a. F. EGH Koblenz BRAK-Mitt. 1983, 141.
[371] Siehe oben Rdn. 107; zur rechtspolitischen Kritik vgl. *Winters* AnwBl. 1985, 338 (341) und *Isele,* § 7 Anm. IV. K. 1. b), 3. b).
[372] Vgl. § 25 BRRG; § 35 BBG.
[373] BGHZ 49, 295 (297 f.); 92, 1 = NJW 1984, 2877 = JZ 1984, 1040.
[374] BGH EGE XII, 58 (59); BGH NJW 1984, 2877 = JZ 1984, 1040.

Henssler 133

Das gilt selbst dann, wenn die Versetzung in den Ruhestand zwar schon ausgesprochen, aber noch nicht bestandskräftig ist.³⁷⁵

111 **Beamten auf Widerruf** muß die Zulassung versagt werden, da sie trotz des Widerrufsvorbehaltes in einem normalen Beamtenverhältnis stehen.³⁷⁶ Entscheidend ist allein das die Abhängigkeit bedingende Rechtsverhältnis, in dem der Bewerber steht.³⁷⁷
Beamte auf Zeit stehen ebenfalls in einem normalen Beamtenverhältnis, welches lediglich zeitlich befristet ist. Eine Zulassung kommt nicht in Betracht.

112 Der **beurlaubte Beamte** ist nur vorübergehend von Weisungen frei und könnte daher - ohne Aufgabe seiner Beamtenstellung - auch nur vorübergehend Rechtsanwalt werden. Die Zulassung ist daher zu versagen.³⁷⁸

113 Für **wissenschaftlich beschäftigte Beamte** wird verschiedentlich die Möglichkeit einer Zulassung gefordert.³⁷⁹ Die Grenzen der Befugnis des Gesetzgebers zur generalisierenden Normsetzung sei hier überschritten, da sich die wissenschaftlichen Beamten als eigenständige Gruppe von zahlenmäßiger Relevanz deutlich von anderen unterschieden und sie zudem durch die Versagung der Zulassung nicht nur geringfügig betroffen seien.³⁸⁰ Auch wenn es sich bei der Regelung der Nr. 11 nur um die Beschränkung der Zuwahl eines weiteren Berufes handele, sei allein deswegen die Intensität des Eingriffs nicht schematisch als gering zu erachten.³⁸¹ Augenfällig wird die Sonderstellung bei den beamteten Hochschulprofessoren. Aufgrund der über Art. 5 Abs. 3 GG gewährleisteten Freiheit der Wissenschaft hat die Weisungsgebundenheit der **Professoren** eine andere Qualität als diejenige sonstiger Beamten. Aus rechtspolitischer Sicht ließe sich die Möglichkeit ihrer Zulassung zur Anwaltschaft daher durchaus vertreten. De lege lata läßt sich ihre Ausklammerung aus § 7 Nr. 11 dagegen kaum begründen.³⁸² Der beamtete Hochschullehrer ist zu Lehre und Forschung verpflichtet. Inhalt und Umfang dieser Verpflichtung werden durch die jeweiligen Hochschulgesetze der Länder bestimmt, sowie durch die dazu ergangenen Rechtsverordnungen und die Beschlüsse der Hochschulorgane. Hinsichtlich der Dienstpflicht unterscheidet sich die Stellung eines beamteten Hochschullehrers daher nicht grundsätzlich von derjenigen anderer Beamter im aktiven Dienst.³⁸³ Zudem bedarf der beamtete Hochschullehrer einer **Nebentätigkeitsgenehmigung,** deren Erteilung davon abhängig ist, ob die Nebentätigkeit die Erfüllung der beamtenrechtlichen Pflichten nicht beeinträchtigt. Die Nebentätigkeitsgenehmigung wird nur mit der Maßgabe erteilt, daß die Beschäftigung einen bestimmten Prozentsatz der wöchentlichen Arbeitszeit nicht überschreitet. Die erzielten Nebeneinnahmen sind ab einem gewissen Umfang gegenüber dem Dienstherren

---

³⁷⁵ BGH EGE XIV, 128; BGH NJW 1984, 2877 = JZ 1984, 1040.
³⁷⁶ BGHZ 55, 236 = EGE XI, 31 = AnwBl. 1971, 186 = NJW 1971, 1180 = LM § 7 BRAO Nr. 31.
³⁷⁷ Vgl. auch *Kleine-Cosack,* in: Büchting/Heussen, S. 1308 f.; BGH BRAK-Mitt. 1991, 165.
³⁷⁸ BGHZ 55, 236 = EGE XI, 31 = AnwBl. 1971, 186 = NJW 1971, 1180 = LM § 7 BRAO Nr. 31; BGH NJW 1984, 2877 = JZ 1984, 1040.
³⁷⁹ *Bender* NJW 1986, 409 ff.; *Schereik/Vogels,* in: Prütting, Deutsche Anwaltschaft, S. 114 (125 ff.); *Michalski/Römermann* MDR 1996, 433.
³⁸⁰ *Bender* (Fn. 366).
³⁸¹ *Bender* (Fn. 366).
³⁸² BVerfG AnwBl. 1988, 490; BVerfG JZ 1984, 1042 mit Anm. von *Tettinger*; BGH BRAK-Mitt. 1995, 125; 1991, 165; BGH NJW 1984, 2877; BGHZ 49, 295; 60, 152; 71, 23 = EGE X, 20; *Hartstang* I, S. 127; *a. A. Schneider,* Der Rechtsanwalt, S. 109, Fn. 141.
³⁸³ BGH BRAK-Mitt. 1991, 165.

offenzulegen. Diese Einschränkungen der Nebentätigkeit durch den Dienstherrn lassen sich mit der freien und unabhängigen Stellung des Rechtsanwalts nur schwer in Einklang bringen.[384]

Die Intensität des Eingriffs in die Berufsfreiheit der Hochschullehrer ist verhältnismäßig gering, zumal ihnen weitere Nebenberufe wie die Übernahme eines staatlichen Richteramtes gestattet sind.[385] Über die ihnen gem. Art. 1 § 3 RBerG ohnehin offenstehende gutachterliche Tätigkeit hinaus dürfen sie auf Teilgebieten auch ohne Zulassung zur Rechtsanwaltschaft rechtsberatend und sogar forensisch tätig werden. So können Hochschullehrer gem. § 128 Abs. 1 StPO als **Verteidiger** gewählt werden. Ferner sehen § 392 AO, § 67 Abs. 1 VwGO, § 22 BVerfGG die **Prozeßvertretung** durch Hochschullehrer vor.[386] Der besonderen Stellung eines beamteten Hochschullehrers im Verhältnis zu den anderen Gruppen der Beamten wird damit vom Gesetzgeber Rechnung getragen.[387] Die Grenzen generalisierender Normsetzung sind gewahrt, auch wenn das Gesamtsystem der verschiedenen Befugnisse nicht überzeugen kann und der vollständige Ausschluß von der zivilrechtlichen Beratungstätigkeit widersprüchlich bleibt. Aus Art. 5 Abs. 3 GG läßt sich kein Anspruch auf Ergänzung der universitären Position durch gleichzeitige freiberufliche Tätigkeit herleiten.[388] 114

Entpflichteten Professoren ist ebenso wie Ruhestandsbeamten die Zulassung zur Rechtsanwaltschaft zu erteilen.[389] Zwar haben entpflichtete Professoren weiterhin das Recht, Vorlesungen abzuhalten; eine Befugnis, deren Wahrnehmung mit Pflichten verbunden ist.[390] Verpflichtungen im Sinne einer Dienstpflicht bestehen jedoch nicht.[391] 115

Einen Grenzfall bildet die Vereinbarkeit des Anwaltsberufs mit der Tätigkeit als beamteter wissenschaftlicher **Assistent**. Diese haben zwar bewußt die universitäre Laufbahn gewählt, befinden sich aber als Beamte auf Zeit in einer erheblich unsichereren Lage als die auf Lebenszeit ernannten Hochschullehrer. Die den Professoren offenstehenden Möglichkeiten der Prozeßvertretung sind ihnen versagt. Die beamteten Hochschulassistenten trifft daher die Versagung der Zulassung zur Rechtsanwaltschaft weit härter als die Professoren. § 47 deutet – auch wenn er als Bestandsschutznorm nicht unmittelbar einschlägig ist[392] – die grundsätzliche Vereinbarkeit beider Berufe an, wenn einem Beamten, der nicht auf Lebenszeit ernannt wurde, von der Landesjustizverwaltung gestattet werden kann, die Zulassung zu behalten, soweit die Interessen der Rechtspflege nicht gefährdet werden.[393] Die Gefahren für die Interessen der Rechtspflege und für das Vertrau- 116

---

[384] BGH BRAK-Mitt. 1995, 125; 1991, 165.
[385] Dazu auch BVerfG JZ 1984, 1042 A.A. *Michalski/Römermann*, MDR 1996, 433 (435).
[386] Darüber hinaus sehen einige Landesgesetze über die Verfassungsgerichtshöfe der Länder die Zulassung von Professoren als Prozeßbevollmächtigte vor, z. B. § 17 Abs. 1 S. 1 VGHG NW.
[387] Zur Streitfrage, ob Professoren ungeachtet ihrer prozessualen Befugnis zur Prozeßvertretung eine Erlaubnis nach dem Rechtsberatungsgesetz benötigen, vgl. die Kommentierung zu § 4 Rdn. 18.
[388] *Tettinger* JZ 1984, 1042 (1043).
[389] BGH NJW 1973, 657 = JZ 1973, 634.
[390] Z. B. die Pflicht zur ordnungsgemäßen Durchführung der Vorlesung und zur Beobachtung der Hochschulsatzung, vgl. auch BGH NJW 1973, 657 = JZ 1973, 634.
[391] BGH NJW 1973, 657 (658) = JZ 1973, 634.
[392] BGHZ 71, 23 (26) = NJW 1978, 1004.
[393] *Schereik/Vogels*, in: Prütting, Deutsche Anwaltschaft, S. 114 (128); *Bender* NJW 1986, 409 (411).

en in die Anwaltschaft sind bei wissenschaftlichen Assistenten auf Zeit derart gering zu veranschlagen, daß die Grenze zu der verfassungsrechtlichen Tragbarkeit der Versagung hier regelmäßig überschritten sein dürfte.[394]

2. Richter

117 Dem im aktiven Dienst stehenden Richter ist die Zulassung zu versagen, soweit er nicht Richter im Ehrenamt ist. Zu den **Richtern im Ehrenamt** zählen Schöffen, Handelsrichter, die Beisitzer bei den Arbeitsgerichten, Verwaltungsgerichten, Sozialgerichten, Finanzgerichten sowie die Richter in Berufsgerichten.[395] Unerheblich ist, ob der Richter in einem Beamtenverhältnis auf Probe steht, er beurlaubt ist oder seine Versetzung in den Ruhestand eingeleitet hat. Richtern, die bereits in den Ruhestand versetzt worden sind, ist ebenso wie Ruhestandsbeamten die Zulassung zu erteilen.

3. Soldaten

118 Die Unterschiede zwischen den Dienstverhältnissen der Beamten oder Richter und jenen der Soldaten sind für den Normzweck des § 7 Nr. 11 ohne Belang. Auch sie stehen in einem öffentlich-rechtlichen Treueverhältnis, das ihnen besondere Pflichten auferlegt, die mit der Unabhängigkeit und Weisungsfreiheit des Anwaltsberufs nicht zu vereinbaren sind. Ihre Gleichstellung mit den Beamten ist folgerichtig.

4. Sonderfall: Abgeordnete

119 Die Ausübung eines Mandats als Abgeordneter berührt die Möglichkeit einer Zulassung zur Anwaltschaft **nicht**.[396] Darüber hinaus kann einem Bewerber, der Richter, Beamter, Berufssoldat oder Soldat auf Zeit ist, die Zulassung nicht versagt werden, wenn seine Rechte und Pflichten auf Grund seiner Abgeordnetentätigkeit nach den Vorschriften des Abgeordnetengesetzes ruhen. Zwar besteht in diesen Fällen das Dienstverhältnis formal fort, doch ist die persönliche und sachliche Unabhängigkeit und Weisungsfreiheit des Bewerbers infolge des Ruhens der sich aus dem öffentlich-rechtlichen Treueverhältnis ergebenden Pflichten nicht gefährdet (s. dazu §§ 5, 6, 8, 36 des Abgeordnetengesetzes v. 18. 2. 1977).[397] Gleiches gilt für **Dauerangestellte** des öffentlichen Dienstes.[398] Das Abgeordnetenrecht erstreckt die Vorschriften über das Ruhen des Dienstverhältnisses der Beamten sinngemäß auf die Angestellten des öffentlichen Dienstes, so daß auch für diese der Ausnahmefall des § 7 Nr. 11 eingreift. Unberührt von § 7 Nr. 11 bleibt die Möglichkeit einer Versagung der Anwaltszulassung nach § 7 Nr. 8, wenn der Abgeordnete neben seinem Mandat einer weiteren, mit dem Anwaltsberuf unvereinbaren Beschäftigung nachgeht.[399]

120 Abzugrenzen von der Mandatsausübung eines Abgeordneten ist die bloße Tätigkeit als **(Kommunal-) Politiker**. Zwar kann die Zulassung nicht allein auf-

---

[394] A. A. die ganz h. M. BGHZ 71, 23 (25) = NJW 1978, 1004; *Kleine-Cosack* § 7 Rdn. 63.
[395] Aufzählung bei *Isele*, § 7 Anm. IV. K. 3.
[396] BGHZ 72, 70; dazu *Zuck* NJW 1979, 1122.
[397] BGBl. I, S. 297.
[398] *Schumann*, FS-Zeuner, 483 (484).
[399] BGH BRAK-Mitt. 1983, 39.

§ 8 Entscheidung über den Antrag   § 8

grund einer politischen Tätigkeit des Bewerbers versagt werden.[400] Der Kommunalpolitiker genießt jedoch nicht die Privilegien der §§ 5, 6 und 8 AbgG i. V. m. § 7 Nr. 11,[401] so daß ihm die Zulassung verweigert werden muß, wenn er zum Personenkreis der Beamten, Richter und Soldaten gehört.

V. Verhältnis zu § 14 Abs. 2 Nr. 5 und § 47

Die Regelungen der § 14 Abs. 2 Nr. 5 und § 47 betreffen den bereits zugelassenen Rechtsanwalt. § 14 Abs. 2 Nr. 5 korrespondiert mit § 7 Nr. 11 und ergänzt diese Vorschrift für den Fall, daß ein Rechtsanwalt nach seiner Zulassung Richter, Beamter oder Soldat wird. Dagegen sieht § 47 vor, daß ein Rechtsanwalt, der als Beamter oder Richter verwendet wird, ausnahmsweise den Beruf des Rechtsanwalts weiter ausüben darf. Diese Regelung will dem Rechtsanwalt einen gewissen Bestandsschutz gewähren. Es würde für ihn eine unverhältnismäßige Härte bedeuten, wenn er wegen jeder, selbst nur vorübergehenden Wahrnehmung einer mit dem Anwaltsberuf unvereinbaren Tätigkeit aus der Anwaltschaft ausgeschlossen werden müßte.[402]

121

N. Änderungen aufgrund des EGInsO

Durch das Einführungsgesetz zur Insolvenzordnung (EGInsO) vom 5. 10. 1994 ist auch die BRAO betroffen. Artikel 16 EGInsO sieht Änderungen des § 7 vor, die zum 1. 1. 1999 in Kraft treten:[403]
a) Nummer 9 wird wie folgt gefaßt:

„9. wenn der Bewerber sich im Vermögensverfall befindet; ein Vermögensverfall wird vermutet, wenn ein Insolvenzverfahren über das Vermögen des Bewerbers eröffnet oder der Bewerber in das vom Insolvenzgericht oder vom Vollstreckungsgericht zu führende Verzeichnis (§ 26 Abs. 2 der Insolvenzordnung, § 915 der Zivilprozeßordnung) eingetragen ist,".
b) Nummer 10 wird aufgehoben; die bisherige Nummer 11 wird die neue Nummer 10.
Eine inhaltliche Änderung ist damit nicht verbunden. Lediglich der Wortlaut wird der Insolvenzordnung angeglichen.

122

§ 8 Entscheidung über den Antrag

(1) **Über den Antrag auf Zulassung zur Rechtsanwaltschaft entscheidet die Landesjustizverwaltung.**

(2) **Vor der Entscheidung holt die Landesjustizverwaltung von dem Vorstand der Rechtsanwaltskammer, in deren Bezirk der Bewerber zugelassen werden will (§ 18), ein Gutachten ein. In dem Gutachten soll zu allen Versagungsgründen, die in der Person des Bewerbers vorliegen können, gleichzeitig Stellung genommen werden.**

(3) **Der Vorstand der Rechtsanwaltskammer soll das Gutachten unverzüglich erstatten. Kann er das Gutachten nicht innerhalb von zwei**

---

[400] Im Einzelfall kann aber ein Vertretungsverbot bestehen, vgl. dazu *Kleine-Cosack*, in: Büchting/Heussen, S. 1308 f.
[401] Siehe auch oben Rdn. 119.
[402] BGHZ 71, 23 (26) = NJW 1978, 1004.
[403] BGBl. I, S. 2916 f.

§ 8 1　　　　　　　　　　Zweiter Teil. Die Zulassung des Rechtsanwalts

Monaten vorlegen, so hat er der Landesjustizverwaltung die Hinderungsgründe rechtzeitig mitzuteilen.

(4) **Die Landesjustizverwaltung kann annehmen, daß der Vorstand der Rechtsanwaltskammer Versagungsgründe nicht vorzubringen habe, wenn er innerhalb von zwei Monaten weder das Gutachten erstattet noch Hinderungsgründe mitgeteilt hat.**

Übersicht

	Rdn.		Rdn.
I. Regelungsinhalt und Entstehungsgeschichte	1	2. Rechte und Pflichten des Kammervorstandes	7
II. Normzweck	2,3	3. Adressat	8
III. Die Zuständigkeit der Landesjustizverwaltung	4,5	4. Bedeutung und Anfechtbarkeit	9
IV. Das Gutachten des Vorstandes der RAK	6–16	5. Inhalt des Gutachtens	11
		6. Nachtragsgutachten	13
1. Zuständigkeit	6	7. Fristen	15

I. Regelungsinhalt und Entstehungsgeschichte

1　Während die Vorschriften des § 6 Abs. 2 und § 7 die materiellen Zulassungvoraussetzungen regeln, folgen in den §§ 8 ff. die Regelungen des verwaltungsmäßigen Verfahrens, das mit der Entscheidung über die Zulassung bzw. die Versagung der Zulassung endet. Nach § 8 Abs. 1 entscheidet über den Antrag auf Zulassung die LJV, d. h. die oberste Landesjustizbehörde, nachdem zuvor bei der zuständigen Rechtsanwaltskammer ein Gutachten eingeholt worden ist. Die Bestimmung entspricht nahezu wörtlich der Vorschrift des § 3 Abs. 1 RAO. Bereits nach der RAO von 1878 wurde über die Zulassung von Anwälten durch eine **staatliche Behörde** entschieden. Anders verlief das Verfahren nach 1945 in der französischen Besatzungszone. Nach der RAOfranzZ entschied über die Anwaltszulassung der Vorstand der Rechtsanwaltskammer.[1] Diese Regelung war an das französische Recht angelehnt, das die Entscheidung über den Zutritt zur Rechtsanwaltschaft der Kompetenz des „Barreau" (Anwaltskammer) zuweist.[2] Eine vergleichbare Bestimmung befürwortete die deutsche Anwaltschaft auch für die BRAO. Sie plädierte bei den Beratungen zur Verabschiedung der BRAO mit großer Entschiedenheit dafür, die Befugnis zur Anwaltszulassung vom Staat (LJV) auf die **Rechtsanwaltskammern zu übertragen**[3] und damit die Selbstverwaltungsbefugnisse und die Unabhängigkeit der Anwaltschaft zu stärken. Der politische Einfluß der Anwaltschaft und ihr Durchsetzungsvermögen gegenüber der Ministerialbürokratie erwies sich als zu gering. Bereits der erste Referentenentwurf des Bundesjustizministeriums von 1951 wies die Entscheidung über die Anwaltszulassung den Landesjustizverwaltungen und somit dem Staat zu. Bei dieser Regelung blieb es auch in der BRAO 1959,[4] obwohl sich verschiedene Vertreter der Rechtsanwaltschaft weiterhin für die volle anwaltliche Selbstverwaltung[5] oder

---

[1] BT-Drucks. III/120, S. 59.
[2] BT-Drucks. III/120, S. 59.
[3] *Heins* NJW 1950, 617.
[4] Vgl. auch *Isele,* § 8 Anm. II. A. 4.c).
[5] So *Cüppers* RAObritZ, § 12 Anm. 1 f.

zumindest für ein entscheidendes Mitspracherecht der Anwaltschaft im Zulassungsverfahren einsetzten.[6]

II. Normzweck

Die Zuständigkeit der LJV wird in der amtlichen Begründung[7] mit der Aufgabe der Gefahrenabwehr gerechtfertigt, die der Anwaltszwang des deutschen Rechts für den Staat begründe. Der für die **Funktionsfähigkeit der Rechtspflege** verantwortliche **Staat** müsse gewährleisten, daß „den Rechtsuchenden zu Wahrnehmung ihrer Interessen nur einwandfreie Personen zur Verfügung stehen".[8] Die anwaltliche Selbstverwaltung sei auf das Zusammenleben der bereits zugelassenen Anwälte in ihrer Gemeinschaft und deren **Überwachung beschränkt.** Die Aufnahme in diese Gemeinschaft liege außerhalb des Wirkungskreises der Selbstverwaltung der Anwaltschaft.[9] Immerhin wird die Rechtsanwaltschaft über die Verpflichtung des Kammervorstandes zur Erstattung eines Gutachtens über den Bewerber in das Zulassungsverfahren eingebunden. Wegen der erheblichen Bedeutung des Gutachtens der RAK erlangt die Anwaltschaft wenigstens einen begrenzten Einfluß auf die Zulassung der in ihren Berufsstand eintretenden Bewerber.

Ein besonderes Anliegen des Gesetzes ist die beschleunigte Durchführung des Zulassungsverfahrens. Durch die Konzentration des Verfahrens und enge Fristbestimmungen wird Vorsorge getroffen, daß das Verfahren im Interesse des Bewerbers möglichst zügig abgewickelt[10] wird, und die LJV mit der jeweils zuständigen Rechtsanwaltskammer eng zusammenarbeitet.

III. Die Zuständigkeit der Landesjustizverwaltung

Die Landesjustizverwaltung, d. h. die oberste Landesjustizbehörde, entscheidet über den Antrag auf Zulassung zur Rechtsanwaltschaft. Zuständig für die Entscheidung ist diejenige LJV, der das Gericht der Zulassung (§ 18) untersteht. Die LJV kann die Entscheidung einer nachgeordneten Behörde der Justizverwaltung, etwa den Präsidenten der Oberlandesgerichte, **übertragen.**[11] Dennoch trägt sie selbst die Verantwortung für die Entscheidung über den Antrag des Bewerbers.

Die LJV ist verpflichtet, **Auskünfte** über den Antragsteller **einzuholen.** Unverzichtbar ist ein Auszug aus dem Bundeszentralregister, der Informationen über Versagungsgründe gem. § 7 Nr. 5 gibt. Ebenso ist zu ermitteln, ob die Zulassung des Bewerbers bereits in einem anderen Gerichtsbezirk abgelehnt wurde. Die Auskünfte sind von Bedeutung, wenn der Bewerber schon vor längerer Zeit die Befähigung zum Richteramt erlangt hat.[12] Weiterhin muß und darf die LJV von dem Bewerber diejenigen **Auskünfte verlangen,** die für die Entscheidung über die Zulassung erforderlich sind (§ 36 a). Nachlässigkeiten des Bewerbers wirken zu seinen Lasten. Gibt der Bewerber im Zulassungsverfahren bewußt unwahre

---

[6] *Brandi,* in: Anwälte zur Reform des Strafrechts u. des Standesrechts, Eine Gedenkschrift für Josef Cüppers, Essen 1955. Die Gründe für die mangelnde Durchsetzungsfähigkeit der Anwaltschaft vermutet *Kalsbach* (§ 8 Anm. 1) auch in einer teilweisen Resignation der Kammervorstände.
[7] BT-Drucks. III/120, S. 59.
[8] BT-Drucks. III/120, S. 59.
[9] Dazu *Erler,* Freiheit und Grenze berufsständischer Selbstverwaltung, 1952, S. 55.
[10] BT-Drucks. III/120, S. 59.
[11] Vgl. dazu § 224 BRAO.
[12] *Jessnitzer/Blumberg,* § 8 Rdn. 19.

Auskünfte, kann dies zu seiner Beurteilung als unwürdig i. S. v. § 7 Nr. 5 und damit zur Versagung der Zulassung führen.[13]

IV. Das Gutachten des Vorstands der RAK

1. Zuständigkeit

6 Nach § 8 Abs. 2 hat die LJV vor ihrer Entscheidung stets ein Gutachten des Vorstands der RAK einzuholen. Zuständig ist der Vorstand derjenigen RAK, in die der Antragsteller im Falle seiner Zulassung aufgenommen würde (§ 60). Die Erstattung des Gutachtens obliegt dem Vorstand oder einer vom Vorstand gemäß § 77 gebildeten Abteilung. Die **Übertragung** der Erstattung des Gutachtens auf ein einzelnes Mitglied des Vorstandes oder auf dessen Präsidenten ist, wie sich auch aus § 73 Abs. 3 ergibt, **unzulässig**.[14] Sofern sich der Präsident als Vertreter der Kammer äußert, etwa eine Erklärung als Partei abgibt oder in sonstiger Weise gegenüber dem Gericht Stellung nimmt, kann dies nur dann als Gutachten des Vorstandes angesehen werden, wenn deutlich wird, daß die Auffassung des gesamten Vorstandes wiedergegeben wird.[15]

2. Rechte und Pflichten des Kammervorstands

7 Über die Erstellung des Gutachtens soll der Vorstand der RAK Gelegenheit erhalten, selbständig zu prüfen, ob der Zulassung des Bewerbers einer der gesetzlichen Versagungsgründe der §§ 4, 7 entgegensteht.[16] Seine Beteiligung ist damit ein abgeschwächtes Element der **Selbstverwaltung** der Anwaltschaft. Die Erstattung des Gutachtens begründet indes nicht nur eine Rechtsposition des Vorstandes, sondern zugleich eine Verpflichtung. Obwohl die Vorschrift nur als Sollvorschrift formuliert ist, muß der Kammervorstand als Organ einer Körperschaft des öffentlichen Rechts (§ 62 Abs. 1) das angeforderte Gutachten erstatten.[17] Er handelt in Erfüllung einer ihm durch § 73 Abs. 1, Abs. 2 Nr. 8 zugewiesenen Aufgabe und damit in Ausübung eines ihm anvertrauten öffentlichen Amtes i. S. d. Art. 34 S. 1 GG. Verletzt der Vorstand seine Pflicht und unterläßt er die Begutachtung des ihm zugänglichen Sachverhaltes, so haftet die RAK für eventuelle Schäden des Bewerbers gemäß Art. 34 GG, § 839 BGB.[18]

3. Adressat

8 Adressat des Gutachtens ist grundsätzlich die LJV. In Ausnahmefällen, etwa wenn im Laufe eines gerichtlichen Verfahrens ein Nachtragsgutachten erstattet werden muß, kann das Gutachten auch dem AnwGH oder dem Anwaltssenat des BGH gegenüber erstattet werden.[19]

4. Bedeutung und Anfechtbarkeit

9 Das Gutachten des Kammervorstandes wird die Entscheidung der LJV stets maßgeblich beeinflussen.[20] Die rechtliche Bindungswirkung differiert je nach Art

---

[13] EGH Stuttgart EGE VII, 216; EGH Frankfurt BRAK-Mitt. 1989, 212.
[14] BGHZ 35, 199.
[15] BGHZ 35, 199; 68, 46.
[16] BT-Drucks. III/120, S. 59; BGH NJW 1985, 1842.
[17] *Isele*, § 8 Anm. III. D.
[18] KG BRAK-Mitt. 1986, 111.
[19] BGHZ 68, 46 (48 f.).
[20] BGHZ 35, 199 (201).

§ 8 Entscheidung über den Antrag

des einschlägigen Versagungsgrundes. Soweit in dem Gutachten zu einem der Versagungsgründe des § 7 Nr. 1 bis 4, 10 und 11 positiv oder negativ Stellung genommen wird, tritt keine Bindung der LJV ein. Die **Auswirkungen** richten sich nach der Überzeugungskraft des Gutachtens, die endgültige Entscheidung liegt im Ermessen der LJV. Ebenso verhält es sich, wenn der Kammervorstand die Versagungsgründe des § 7 Nr. 5 bis 9 verneint. Erachtet der Vorstand dagegen einen der letztgenannten Versagungsgründe für gegeben, so ist sein Gutachten für die LJV **verbindlich**.[21] Keine Bindungswirkung tritt ein, wenn der Vorstand sich im Gutachten zu den Versagungsgründen der Nr. 5 bis 9 weder positiv noch negativ äußert, sondern der LJV lediglich anheim stellt, die Prüfung eines bestimmten Versagungsgrundes in eigener Zuständigkeit vorzunehmen. Ein solcher, wenig befriedigender Verzicht auf seine Gestaltungsmöglichkeit soll als Fall des Abs. 4 zu bewerten sein.[22]

Die **Anfechtungsmöglichkeiten** des Bewerbers richten sich nach der Bindungswirkung. Die für die LJV nicht verbindlichen Gutachten des Kammervorstandes sind nicht selbständig anfechtbar. Hier muß die Entscheidung der LJV abgewartet werden.[23] Bei einem die LJV bindenden Gutachten kann der Bewerber dagegen unmittelbar den Antrag auf gerichtliche Entscheidung stellen, ohne die Entscheidung der LJV abzuwarten. Über die Zulassung entscheidet in diesem Fall der AnwGH (§ 9 Abs. 4, § 42).[24] Wird kein Antrag auf gerichtliche Entscheidung gestellt, so gilt der Antrag als zurückgenommen (§ 9 Abs. 3).

5. Inhalt des Gutachtens

In dem Gutachten soll der Kammervorstand zu allen Versagungsgründen, die in der Person des Bewerbers in Betracht kommen könnten, Stellung nehmen. Die umfassende Ausrichtung der Stellungnahme dient der Beschleunigung des Zulassungsverfahrens und soll die Erstellung von Nachtragsgutachten verhindern.[25] Die Anfertigung des Gutachtens setzt voraus, daß dem Vorstand der RAK **sämtliche Informationen** über den Bewerber, die für die Prüfung der Versagungsgründe relevant sein könnten, vollständig übermittelt werden. Eine enge Zusammenarbeit zwischen dem Vorstand der RAK und der LJV ist unverzichtbar. Da die LJV dem Vorstand der RAK eine ausreichende Tatsachengrundlage für das zu erstattende Gutachten verschaffen muß,[26] ist sie berechtigt, dem Vorstand ihr gesamtes Informationsmaterial zu überlassen.[27] Tritt nach Antragstellung eine **entscheidungserhebliche** Änderung ein, so muß der Vorstand hiervon unterrichtet werden. Gegebenenfalls ist ein bereits erstelltes Gutachten zu ergänzen oder zu ändern.[28] Unterrichtet die LJV den Kammervorstand unzureichend mit der Folge eines verfehlten Gutachtens, so kann der Vorstand die auf das Gutachten gestützte falsche Entscheidung nicht über § 223 anfechten. Auch eine Rücknahme der Zulassung kann der Vorstand nicht erzwingen.[29]

---

21 Vgl. dazu auch oben § 7 Rdn. 2.
22 BGH BRAK-Mitt. 1995, 208 (209).
23 BGHZ 35, 199.
24 BGH NJW 1986, 1802.
25 BT-Drucks. III/120, S. 59.
26 BGHZ 35, 199; 94, 364 (370).
27 *Isele,* § 8 Anm. III. E. 3.
28 BGHZ 35, 199 (201).
29 *Feuerich/Braun,* § 8 Rdn. 16; a. A. *Isele,* § 8 Anm. III. E. 3. c).

12 Neben der Auskunftserteilung durch die LJV hat der Kammervorstand die Möglichkeit, unmittelbar von dem Bewerber selbst Auskünfte zu verlangen, soweit sie für das Gutachten von Bedeutung sind. Als Organ einer Körperschaft des öffentlichen Rechts kann der Vorstand ferner im Rahmen der Amtshilfe Auskünfte von anderen Behörden verlangen.[30]

6. Nachtragsgutachten

13 Haben sich im Laufe des Zulassungsverfahrens die Verhältnisse bei dem Bewerber in einer Weise geändert, die für die Entscheidung von Bedeutung ist, so kommt ein Nachtragsgutachten in Betracht. Das vor Änderung der rechtlichen Verhältnisse ordnungsgemäß erstattete Gutachten bleibt gleichwohl **Grundlage** des gesamten anwaltsgerichtlichen Verfahrens (§§ 9, 38 Abs. 2).[31] Aus Gründen der Verfahrensbeschleunigung und zur Vermeidung eines schon absehbaren erneuten Verfahrens sollte das Nachtragsgutachten aber zumindest dann berücksichtigt werden, wenn danach der vorher bejahte Versagungsgrund wegfällt.[32]

14 Im gerichtlichen Verfahren ist ein **Ergänzungsgutachten** jedenfalls dann zu verwerten, wenn in ihm das weitere zeitlich nach dem ursprünglichen Gutachten gezeigte Verhalten des Antragstellers zur Unterstützung des bereits im ersten Gutachten geltend gemachten Versagungsgrundes vorgetragen wird.[33] Ein Nachtragsgutachten im gerichtlichen Verfahren kann auch verwertet werden, wenn es sich auf einen neuen Sachverhalt stützt[34] sowie stets dann, wenn die Parteien damit einverstanden sind.[35]

7. Fristen

15 Da der Bewerber ein berechtigtes Interesse an einer schnellen Entscheidung hat, soll der Vorstand der Rechtsanwaltskammer das Gutachten gemäß Absatz 3 **unverzüglich** erstatten. Unverzüglich bedeutet ohne schuldhaftes Zögern i. S. d. § 121 BGB. Kann der Vorstand das Gutachten nicht innerhalb von zwei Monaten vorlegen, so hat er der LJV die Hinderungsgründe rechtzeitig mitzuteilen (Abs. 3 S. 2). Die Fristbestimmung trägt der Pflicht der LJV Rechnung, dem Antragsteller innerhalb von **drei Monaten** mindestens einen Zwischenbescheid zu erteilen. Andernfalls ist sie der „Untätigkeitsklage" nach § 11 Abs. 3 ausgesetzt. Fristbeginn ist der Eingang des Ersuchens beim Kammervorstand.[36] Eine Fristverlängerung ist möglich, wenn der Kammervorstand vor Ablauf der Zweimonatsfrist Hinderungsgründe mitteilt. Die LJV kann dann ihrerseits den Bewerber unterrichten.

16 Erstattet der Vorstand das Gutachten nicht bzw. **nicht rechtzeitig,** und teilt er auch innerhalb der Frist von zwei Monaten keine Hinderungsgründe mit, so kann die LJV gem. Absatz 4 davon ausgehen, daß der Vorstand keine Versagungsgründe vorzubringen hat. Gleiches gilt, wenn der Vorstand zuvor ein Gutachten erstattet hat, jedoch ausdrücklich zu einem bestimmten Versagungsgrund keine Stellung beziehen möchte, sondern eine Entscheidung der LJV in dortiger

---

[30] *Feuerich/Braun,* § 8 Rdn. 18, § 74 Rdn. 21 ff.
[31] BGHZ 35, 199; BVerfG NJW 1986, 1802.
[32] BGHZ 35, 199.
[33] BGHZ 68, 46 (49).
[34] Nunmehr ausdrücklich BGH NJW 1995, 1423 (1424), noch offengelassen in BGHZ 68, 46 (49).
[35] BGHZ 37, 255.
[36] *Feuerich/Braun,* § 8 Rdn. 27.

§ 8a Ärztliches Gutachten im Zulassungsverfahren   1 § 8a

Zuständigkeit wünscht.³⁷ Sie kann dann, ohne den Eingang des Gutachtens abzuwarten, in der Sache selbst entscheiden. Die Regelung soll verhindern, daß die LJV einer Untätigkeitsklage nach § 11 Abs. 3, § 39 Abs. 1 S. 2 ausgesetzt wird, obwohl nicht sie, sondern der Kammervorstand untätig geblieben ist.³⁸ Die Zeitbestimmung des Absatz 3 ist keine Ausschlußfrist, die Vorschrift ist als bloße Sollvorschrift gefaßt. Die LJV hat daher das Gutachten des Vorstandes auch nach Ablauf der Zweimonatsfrist zu berücksichtigen, wenn bis zu seinem Eingang noch keine Entscheidung über den Zulassungsantrag ergangen ist.³⁹

§ 8 a Ärztliches Gutachten im Zulassungsverfahren

(1) **Wenn es zur Entscheidung über den Versagungsgrund des § 7 Nr. 7 erforderlich ist, gibt die Landesjustizverwaltung dem Bewerber auf, innerhalb einer von ihr zu bestimmenden angemessenen Frist das Gutachten eines von ihr bestimmten Arztes über seinen Gesundheitszustand vorzulegen. Das Gutachten muß auf einer Untersuchung und, wenn dies ein Amtsarzt für notwendig hält, auch auf einer klinischen Beobachtung des Bewerbers beruhen. Die Kosten des Gutachtens hat der Bewerber zu tragen.**

(2) **Verfügungen nach Absatz 1 sind mit Gründen zu versehen und dem Bewerber zuzustellen. Gegen sie kann der Bewerber innerhalb eines Monats nach der Zustellung bei dem Anwaltsgerichtshof Antrag auf gerichtliche Entscheidung stellen. Zuständig ist der Anwaltsgerichtshof bei dem Oberlandesgericht, in dessen Bezirk der Bewerber zugelassen werden will.**

(3) **Kommt der Bewerber ohne zureichenden Grund der Anordnung der Landesjustizverwaltung nicht nach, gilt der Antrag auf Zulassung zur Rechtsanwaltschaft als zurückgenommen.**

Übersicht

	Rdn.		Rdn.
I. Entstehungsgeschichte und Normzweck	1,2	2. Kostentragungspflicht des Bewerbers	5
II. Verfassungsrechtliche Gesichtspunkte	3	3. Begründungspflicht der Landesjustizverwaltung	6
III. Die Untersuchungspflicht des Bewerbers	4–9	4. Antrag auf gerichtliche Entscheidung	7
1. Pflicht zur Untersuchung innerhalb einer angemessenen Frist	4	5. Rücknahmefiktion	8

I. Entstehungsgeschichte und Normzweck

Die Vorschrift ist durch die BRAO-Novelle des Jahres 1989¹ eingefügt worden. Die BRAO und ihre Vorläufer kannten bis dato vergleichbare Bestimmun- 1

---

³⁷ BGH BRAK-Mitt. 1995, 208 (209).
³⁸ Vgl. EGH München EGE XII, 103 (104).
³⁹ EGH München EGE XII, 103 (104).
¹ Gesetz zur Änderung des Berufsrechts der Rechtsanwälte und der Patentanwälte vom 13. 12. 1989, BGBl. I, S. 2135 f.

gen nicht. Die Prüfung des Versagungsgrundes des § 7 Nr. 7 war deshalb mit erheblichen Schwierigkeiten verbunden.[2] Lehnte es der Bewerber ab, sich einer ärztlichen Begutachtung seines Körper- oder Geisteszustands zu unterziehen, konnte er eine Überprüfung gem. § 7 Nr. 7 praktisch unterlaufen.[3]

2 Über den **gesetzlichen Zwang** zur ärztlichen Untersuchung soll den Landesjustizverwaltungen nunmehr eine effiziente Kontrolle des Gesundheitszustands des Bewerbers ermöglicht werden. Die Vorschrift dient dem Schutz des rechtsuchenden Publikums vor Rechtsanwälten, die aufgrund körperlicher oder geistiger Defizite keine Gewähr für eine ordnungsgemäße und sorgfältige Berufsausübung bieten.

II. Verfassungsrechtliche Gesichtspunkte

3 Der Zwang zur ärztlichen Untersuchung bedeutet einen massiven Eingriff in das durch Art. 2 Abs. 1 GG gewährte Recht auf Selbstbestimmung. Das Gesetz trägt dem durch eine wohl abgewogene Verhältnismäßigkeitsprüfung Rechnung. Der Zwang zur ärztlichen Untersuchung und Vorlage eines Gutachtens ist nur dann gerechtfertigt, wenn andere **Beweismittel nicht ausreichen,** um das Eingreifen des Versagungsgrundes des § 7 Nr. 7 feststellen zu können[4] und zugleich kein anderer Versagungsgrund des § 7 eingreift.[5] Der Bewerber hat die Möglichkeit, die Anordnung der LJV gerichtlich überprüfen zu lassen. Dieser Richtervorbehalt gewährleistet eine hinreichende Kontrolle des Grundrechtseingriffs. Die vorgesehene Sanktion, die bei verweigerter Gutachtenvorlage die Rücknahme des Zulassungsantrags fingiert, ist verhältnismäßig. Die Kollision verschiedener Grundrechte und verfassungsrechtlicher Grundsätze gebietet es, die Freiheit der Berufswahl demjenigen zu versagen, der zur Sachaufklärung nicht beiträgt. Eine vom Bewerber ausgehende Gefährdung der Rechtspflege muß indes mit an Sicherheit grenzender Wahrscheinlichkeit zu vermuten sein, bevor die Rücknahmefiktion eingreift.

III. Die Untersuchungspflicht des Bewerbers

1. Pflicht zur Untersuchung innerhalb einer angemessenen Frist

4 Die Landesjustizverwaltungen müssen dem Bewerber eine angemessene Frist zur Vorlage des ärztlichen Gutachtens setzen. Die **Dreimonatsfrist** für die Entscheidung der LJV gem. § 11 Abs. 3 läuft während dieser Zeit nicht.[6] Wegen der strengen Rechtsfolge des § 8 a Abs. 3 kann die LJV die Frist zur Beibringung des Gutachtens mehrfach verlängern.[7] Reicht das erste Gutachten nach Auffassung der LJV nicht zur Entscheidungsfindung aus, kann dem Bewerber eine weitere Frist zur Einholung eines zweiten Gutachtens gesetzt werden.[8]

2. Kostentragungspflicht des Bewerbers

5 Nach § 8 a Abs. 1 S. 3 trägt der Bewerber die Kosten des Gutachtens. Das gilt selbst dann, wenn das erste Gutachten nicht ausreicht und/oder eine weitere Untersuchung erforderlich wird. Die Kostentragungspflicht folgt aus der Ver-

---

[2] *Feuerich/Braun,* § 8 a Rdn. 1.
[3] *Vetter* BRAK-Mitt. 1990, 2 (3).
[4] Begründung zur BRAO-Novelle, BT-Drucks. 11/3253, S. 20; *Jessnitzer/Blumberg,* § 8 a Rdn. 1.
[5] *Jessnitzer/Blumberg,* § 8 a Rdn. 1.
[6] *Feuerich/Braun,* § 8 a Rdn. 4.
[7] *Feuerich/Braun,* § 8 a Rdn. 5.
[8] *Feuerich/Braun,* § 8 a Rdn. 6; a. A. *Jessnitzer/Blumberg,* § 8 a Rdn. 3.

pflichtung des Bewerbers, diejenigen Tatsachen beizubringen, die der Zulassungsbehörde den Ausschluß von Versagungsgründen ermöglichen.

3. Begründungspflicht der Landesjustizverwaltung

Gemäß § 8 a Abs. 2 hat die LJV die Anordnung der Gesundheitsuntersuchung zu begründen. Der Bewerber soll die Gründe nachvollziehen können, die den Eingriff in sein Selbstbestimmungsrecht rechtfertigen. Die Begründungspflicht ermöglicht zugleich die tatsächliche und rechtliche **Überprüfung** der Anordnung in einem gem. Absatz 2 Satz 2 angestrengten anwaltsgerichtlichen Verfahren. Die schriftliche Begründung bedarf einer Rechtsmittelbelehrung.[9] Die gesetzlich nicht ausdrücklich vorgeschriebene Rechtsmittelbelehrung muß den Bewerber über die Möglichkeit des Antrages auf gerichtliche Entscheidung und die Folgen des Absatz 3 informieren.

4. Antrag auf gerichtliche Entscheidung

Hält der Bewerber die Anordnung der Gesundheitsuntersuchung für rechtswidrig, kann er beim zuständigen **Anwalts**gerichtshof einen Antrag auf gerichtliche Entscheidung stellen. Die Anfechtungsfrist beträgt einen Monat. Gegen die Entscheidung des zuständigen Anwaltsgerichtshofs gibt es kein weiteres Rechtsmittel. Eine sofortige Beschwerde gegen Entscheidungen des AnwGH ist in Verfahren nach den §§ 37 bis 42 nur in den in § 42 Abs. 1 genannten Fällen möglich,[10] zu denen die Anordnung der Vorlage eines ärztlichen Gutachtens nicht gehört. Das BVerfG hat gegen diese Beschränkung des Rechtszuges keine verfassungsrechtlichen Bedenken.[11]

5. Rücknahmefiktion

Läßt der Bewerber die durch die LJV gesetzte Frist verstreichen, ohne das Gutachten beigebracht oder einen Antrag auf gerichtliche Entscheidung gestellt zu haben, wird gem. Absatz 3 die Rücknahme des Zulassungsantrags fingiert. Damit sollen Rechtssicherheit eintreten und die Rechtsuchenden vor der latenten Gefahr eines in körperlicher oder geistiger Hinsicht zweifelhaften Berufskollegen geschützt werden. Von den **Rechtswirkungen** betrachtet, bildet § 8 a Abs. 3 einen weiteren Versagungsgrund.[12] Der Bewerber wird ähnlich behandelt wie ein Rechtsanwalt, der gemäß § 14 Abs. 2 Nr. 4 auf die Ausübung des Berufs verzichtet hat. Anders als in § 14 Abs. 2 Nr. 4 genügt jedoch ein Unterlassen, um die Rechtsfolge auszulösen. Bestätigt der Anwaltsgerichtshof die Verfügung der LJV, beginnt mit dieser Entscheidung der Lauf der durch die LJV gesetzten Frist.[13]

Die Rücknahmefiktion wird auch dann ausgelöst, wenn das von dem Bewerber vorgelegte **Gutachten nicht ausreicht,** um die geistige und körperliche Befähigung des Antragstellers zu beurteilen und der Bewerber ein Zweitgutachten ablehnt.[14] Stellt der Bewerber gegen die Anordnung des Zweitgutachtens keinen Antrag auf gerichtliche Entscheidung gem. § 8 a Abs. 2, so hat die LJV den Bewerber gemäß § 11 Abs. 1 zu bescheiden. Der Bescheid kann vom Bewerber gemäß § 11 Abs. 2 (nicht gemäß § 8 a Abs. 2) angefochten werden.[15]

---

[9] *Feuerich/Braun,* § 8 a Rdn. 3; *Jessnitzer/Blumberg,* § 8 a Rdn. 5.
[10] BGH BRAK-Mitt. 1994, 176.
[11] Die gegen die Entscheidungen des BGH eingelegten Verfassungsbeschwerden wurden verworfen durch Beschl. v. 25. 2. 1991–1 BvR 201/91 und v. 19. 9. 1992–1 BvR 1184/92.
[12] Ähnlich wohl auch: *Feuerich/Braun,* § 8 a Rdn. 12.
[13] *Feuerich/Braun,* § 8 a Rdn. 8.
[14] *Feuerich/Braun,* § 8 a Rdn. 7.
[15] *Feuerich/Braun,* § 8 a Rdn. 11/12.

§ 9 Ablehnendes Gutachten der Rechtsanwaltskammer in bestimmten Fällen

(1) **Erstattet der Vorstand der Rechtsanwaltskammer das Gutachten dahin, daß bei dem Bewerber ein Grund vorliege, aus dem die Zulassung zur Rechtsanwaltschaft nach den Nummern 5 bis 9 des § 7 zu versagen sei, so setzt die Landesjustizverwaltung die Entscheidung über den Antrag auf Zulassung zur Rechtsanwaltschaft aus und stellt dem Bewerber eine beglaubigte Abschrift des Gutachtens zu.** Die Landesjustizverwaltung kann jedoch über den Antrag entscheiden, wenn er bereits aus einem der in Satz 1 nicht angeführten Versagungsgründe abzulehnen ist.

(2) **Der Bewerber kann innerhalb eines Monats nach der Zustellung des Gutachtens bei dem Anwaltsgerichtshof den Antrag auf gerichtliche Entscheidung stellen.** Zuständig ist der Anwaltsgerichtshof bei dem Oberlandesgericht, in dessen Bezirk der Bewerber als Rechtsanwalt zugelassen werden will.

(3) **Stellt der Bewerber den Antrag auf gerichtliche Entscheidung nicht, so gilt sein Antrag auf Zulassung zur Rechtsanwaltschaft als zurückgenommen.**

(4) **Stellt das Gericht auf einen Antrag nach Absatz 2 rechtskräftig fest, daß der von dem Vorstand der Rechtsanwaltskammer angeführte Versagungsgrund nicht vorliegt, so hat die Landesjustizverwaltung über den Antrag auf Zulassung zur Rechtsanwaltschaft unter Beachtung der Rechtsauffassung des Gerichts zu entscheiden.** Stellt das Gericht fest, daß der von dem Vorstand der Rechtsanwaltskammer angeführte Versagungsgrund vorliegt, so gilt der Antrag auf Zulassung zur Rechtsanwaltschaft als abgelehnt, sobald die Entscheidung die Rechtskraft erlangt hat.

Übersicht

	Rdn.		Rdn.
I. Entstehungsgeschichte und Normzweck	1–3	1. Verfahrensgegenstand	6
		2. Die Monatsfrist	8
II. Verfahrensaussetzung durch die LJV (Abs. 1)	4,5	IV. Die gerichtliche Entscheidung (Abs. 4)	9–12
III. Das gerichtliche Verfahren	6–8		

I. Entstehungsgeschichte und Normzweck

1 § 9 regelt das Zulassungsverfahren und den Rechtsschutz in jenen Fällen, in denen die Versagung der Zulassung auf § 7 Nr. 5–9 gestützt werden soll. Diesen Versagungsgründen ist gemeinsam, daß die Entscheidung über den Zulassungsantrag regelmäßig in tatsächlicher Hinsicht schwierige Ermittlungen voraussetzt.[1] Schon die RAO vom 1. 7. 1878 sah für die vergleichbaren Versagungsgründe des § 5 Nr. 4–6 eine besondere Regelung vor. Die LJV sollte bei ihnen an ein ableh-

---

[1] Vgl. dazu oben § 7 Rdn. 2.

§ 9 Ablehnendes Gutachten

nendes Gutachten des Vorstands der Rechtsanwaltskammer gebunden sein. Diese Bindungswirkung wurde z. T. von den länderbezogenen Rechtsanwaltsordnungen der Nachkriegszeit übernommen, so von § 5 Nr. 4–6 der bayerischen Rechtsanwaltsordnung v. 6. 11. 1946.[2] Der Bayerische Verfassungsgerichtshof erklärte diese Bindung für „verfassungswidrig und nichtig".[3] Das Gericht leitete seine Bedenken seiner Kompetenz entsprechend aus Art. 3 der Bayerischen Verfassung her. Der Grundsatz, daß ein Staatsorgan, das eine Entscheidung zu fällen hat, dafür auch die Verantwortung tragen muß und daher nicht an die Willensentschließung eines **anderen gebunden** werden darf, ist aber darüber hinaus ein allgemeines Wesenselement der Rechtsstaatlichkeit.[4]

Der Gesetzgeber hat eine Bindung der LJV an das Gutachten der Rechtsanwaltskammer bewußt aufgegeben. Zugleich trägt er aber der besonderen Bedeutung Rechnung, die dem Votum des Kammervorstands in den Fällen des § 7 Nr. 5–9 zukommt. Die ablehnende Stellungnahme der Kammer enthält hier derart schwerwiegende Bedenken gegen die Persönlichkeit des Bewerbers, daß sich die Verwaltung zweckmäßigerweise einer eigenen Entscheidung per Verwaltungsakt enthält und eine unmittelbare **gerichtliche Überprüfung** ermöglicht wird.[5] In ähnlicher Weise erfolgt auch die Entfernung eines Beamten aus dem öffentlichen Dienst im Wege eines gerichtlichen Disziplinarverfahrens. Der erst 1989 eingefügte Versagungsgrund des Vermögensverfalls (§ 7 Nr. 9) wurde der Gruppe der tatsächlich und rechtlich schwierig zu ermittelnden Zulassungshindernisse zugeschlagen, da auch bei ihm eine Wertung vorzunehmen ist[6] und die Vermutung nicht alle relevanten Fälle des Vermögensverfalls abdeckt.

Die von § 11 abweichende Sonderregelung des § 9 dient somit einerseits der Bewahrung der rechtsstaatlich gebotenen Eigenverantwortlichkeit und Ungebundenheit der staatlichen Verwaltung und andererseits einer gerichtlichen Überprüfbarkeit der Versagung in einem sehr frühen Stadium des Zulassungsverfahrens.

II. Verfahrensaussetzung durch die LJV (Abs. 1)

Die LJV **muß** wegen der wesentlichen Bedeutung[7] des Gutachtens das Zulassungsverfahren aussetzen und dem Bewerber die Gelegenheit einräumen, gegenüber der Rechtsanwaltskammer eine gerichtliche Entscheidung herbeizuführen.[8] Die Pflicht zur Aussetzung bezieht sich ausschließlich auf die Versagungsgründe des § 7 Nr. 5–9. Erachtet die LJV neben oder anstatt des vom Kammervorstand bejahten Versagungsgrundes eines der Zulassungshindernisse des § 7 Nr. 1–4 und 10–11 für gegeben, so kann sie selbst in der Sache sofort entscheiden und die Zulassung verweigern.[9] Von dieser im Interesse der Verfahrensbeschleunigung liegenden Möglichkeit wird in der Praxis nur wenig Gebrauch gemacht. Die im Schrifttum[10] betonte **Verpflichtung** zur Sachentscheidung bei „*zweifelsfrei*" vor-

---

[2] GVBl. S. 371.
[3] VGH Neue Folge 4. Bd. 1951 II S. 30.
[4] So die amtliche Begründung BT-Drucks. III/120, S. 60.
[5] So die amtliche Begründung BT-Drucks. III/120, S. 60.
[6] Vgl. dazu die Beschlußempfehlung des Rechtsausschusses BT-Drucks. 11/5264.
[7] BGH BRAK-Mitt. 1985, 226.
[8] Dazu BVerfGE 72, 51.
[9] Das Gleiche gilt selbstverständlich, wenn der Kammervorstand von sich aus sein ablehnendes Gutachten auf mehrere Versagungsgründe gestützt hat.
[10] *Isele*, § 9 Anm. II. C. 1.; *Feuerich/Braun*, § 9 Rdn. 4.

liegenden Versagungsgründen gem. § 7 Nr. 1–4, 10–11 ist eher theoretischer Natur und läßt sich in dieser Form nicht der amtlichen Begründung[11] ableiten.

5 Die Entscheidung über die Aussetzung ist ein Verwaltungsakt und als solcher selbständig gem. § 223 anfechtbar.[12] Setzt die LJV die Entscheidung über den Zulassungsantrag aus, obwohl die Voraussetzungen des § 9 Abs. 1 nicht erfüllt sind, steht dem Bewerber wegen der dann vorliegenden Untätigkeit der besondere Rechtsbehelf des § 11 Abs. 3 zur Verfügung.[13]

III. Das gerichtliche Verfahren

1. Verfahrensgegenstand

6 Der Bewerber, dem eine beglaubigte Abschrift des ablehnenden Gutachtens von der LJV zuzustellen ist, kann nach Absatz 2 den Antrag auf gerichtliche Entscheidung stellen. Das Verfahren vor dem Anwaltsgerichtshof richtet sich nach den allgemeinen Verfahrensvorschriften der §§ 37, 38, 40–42. Gegenstand des Verfahrens ist die **gerichtliche Feststellung**, ob der von der RAK geltend gemachte Versagungsgrund vorliegt. Die Klageart ähnelt damit einer Feststellungsklage, nicht einer Anfechtungsklage gegen einen Verwaltungsakt.[14]
7 Für andere als die in § 7 Nr. 5–9 aufgeführten Versagungsgründe kann der Antrag auf gerichtliche Entscheidung nicht gestellt werden. Die gerichtliche Entscheidung könnte keine Bindungswirkung gegenüber der Justizverwaltung entfalten.[15]

2. Die Monatsfrist

8 Der Antrag auf gerichtliche Überprüfung kann nur innerhalb einer Frist von einem Monat ab Zustellung des Gutachtens gestellt werden (Abs. 2). Ist die Frist verstrichen, so fingiert das Gesetz die Rücknahme des Antrags, da davon ausgegangen werden kann, daß der Bewerber „nicht in der Lage oder nicht willens ist, die vom Vorstand der Rechtsanwaltskammer erhobenen Bedenken auszuräumen"[16] (Abs. 3).

IV. Die gerichtliche Entscheidung (Abs. 4)

9 Das gerichtliche Verfahren endet im Falle des Obsiegens des Antragstellers mit der Feststellung, daß der im Gutachten des Kammervorstands bejahte Versagungsgrund nicht vorliegt bzw. bei negativem Verfahrensausgang mit der Zurückweisung des Antrags. **Andere Versagungsgründe** werden vom Gericht grundsätzlich nicht geprüft. Eine erweiterte Kontrollbefugnis muß sachgerechterweise dann anzuerkennen sein, wenn das ablehnende Kammergutachten nicht nur auf einen der Gründe der Nr. 5–9 des § 7, sondern zugleich auf eines der weiteren Zulassungshindernisse dieser Vorschrift gestützt ist. Hat in einem solchen Fall die LJV den Zulassungsantrag nicht beschieden, sondern das Verfahren ausgesetzt, so deutet dies auf Zweifel am Vorliegen der sonstigen Versagungsgründe hin. Der Anwaltsgerichtshof darf in diesem Fall schon aus Gründen der

---

[11] BT-Drucks. III/120, S. 61.
[12] *Isele*, § 9 Anm. VIII. A.
[13] BGHZ 53, 195.
[14] BT-Drucks. III/120, S. 60.
[15] BGH BRAK-Mitt. 1993, 104.
[16] BT-Drucks. III/120, S. 60.

§ 10 Aussetzung des Zulassungsverfahrens

Verfahrensbeschleunigung auch die Tatbestände des § 7 Nr. 1–4, 10–11 überprüfen.[17]

Gibt der Anwaltsgerichtshof dem Feststellungsantrag **statt,** so ist die LJV hieran gebunden. Sofern von ihr keine sonstigen Versagungsgründe vorgebracht werden, die nicht Gegenstand des gerichtlichen Verfahrens waren, muß sie die Zulassung des Bewerbers zur Rechtsanwaltschaft aussprechen. 10

Weist der Anwaltsgerichtshof den **Antrag zurück,** so gilt mit Rechtskraft dieser Entscheidung der Zulassungsantrag als abgelehnt (Abs. 4 S. 2). Eines zusätzlichen Bescheides der LJV bedarf es nicht. Er könnte wegen der Rechtskraftwirkung der Gerichtsentscheidung ohnehin nicht selbständig angefochten werden. Die materielle Rechtskraft der gerichtlichen Entscheidung ist begrenzt, da bei einer für die Gründe des § 7 Nr. 5–9 relevanten Änderung der Sachlage jederzeit ein erneuter Zulassungsantrag gestellt werden kann.[18] 11

Gegen die Entscheidung des Anwaltsgerichtshofes kann vom Bewerber sofortige Beschwerde zum BGH (Senat für Anwaltssachen) erhoben werden. Der Rechtsanwaltskammer und der LJV steht ein Beschwerderecht im Rahmen des § 42 Abs. 3 und Abs. 2 S. 2 i. V. m. § 38 zu. Danach kann die LJV ebenfalls sofortige Beschwerde erheben, auch wenn sie am Verfahren des ersten Rechtszuges nicht beteiligt war. 12

§ 10 Aussetzung des Zulassungsverfahrens

(1) Die Entscheidung über den Antrag auf Zulassung zur Rechtsanwaltschaft kann ausgesetzt werden, wenn gegen den Bewerber wegen des Verdachts einer Straftat ein Ermittlungsverfahren oder ein strafgerichtliches Verfahren schwebt.

(2) Die Entscheidung über den Antrag ist auszusetzen, wenn gegen den Bewerber die öffentliche Klage wegen einer Straftat, welche die Unfähigkeit zur Bekleidung öffentlicher Ämter zur Folge haben kann, erhoben ist.

(3) Über den Antrag auf Zulassung zur Rechtsanwaltschaft ist jedoch zu entscheiden, wenn er bereits unbeschadet des Ergebnisses des Ermittlungsverfahrens oder des Ausgangs des strafgerichtlichen Verfahrens abzulehnen ist.

Übersicht

	Rdn.		Rdn.
I. Entstehungsgeschichte und Normzweck	1, 2	3. Weitere Aussetzungsmöglichkeiten	7
II. Anwendungsbereich	3–9	4. Verbot der Aussetzung nach Absatz 3	8
1. Fakultative Aussetzung nach Absatz 1	4	5. Rechtsschutz	9
2. Obligatorische Aussetzung nach Absatz 2	6		

---

[17] Andeutungsweise in diese Richtung auch BGH BRAK-Mitt. 1983, 188; vgl. ferner BGH EGE XIV 95 (96).
[18] BGH BRAK-Mitt. 1990, 51.

I. Entstehungsgeschichte und Normzweck

1 Der Wortlaut des § 10 beruht auf Art. 96 Nr. 1 EGStGB vom 2. 8. 1974. Bereits § 7 RAO v. 1. 7. 1878 kannte eine obligatorische Aussetzungsbestimmung für den Fall, daß gegen den Antragsteller „wegen einer strafbaren Handlung, welche die Unfähigkeit zur Bekleidung öffentlicher Ämter zur Folge haben kann, die öffentliche Klage erhoben" worden war. Der erste Referentenentwurf des Bundesjustizministeriums von 1951 orientierte sich bei der Regelung der Aussetzung des Zulassungsverfahrens an dieser Bestimmung, beschränkte die Verfahrensunterbrechung aber zugleich für jene Fälle, in denen die Zulassung bereits aus anderen Gründen zwingend zu versagen ist.

2 Die Aussetzungsmöglichkeiten erschienen dem Gesetzgeber sowohl im Interesse des Antragstellers als auch der Allgemeinheit geboten.[1] Einer Entscheidung über die Zulassung eines Bewerbers muß die Beurteilung der Vertrauenswürdigkeit des Antragstellers vorangehen; es dient weder ihm noch der Allgemeinheit, wenn die Zulassung trotz bestehender Anhaltspunkte für einen Versagungsgrund erteilt wird.[2] Das Verbot der Aussetzung in § 10 Abs. 3 soll sachlich ungerechtfertigte Verzögerungen des Zulassungsverfahrens vermeiden, wenn bereits ein sonstiger Versagungsgrund i. S. d. § 7 vorliegt.

II. Anwendungsbereich

3 Das Verfahren ist nur dann auszusetzen, wenn ein Ermittlungsverfahren oder ein strafgerichtliches Verfahren gegen den Antragsteller schwebt, das einen Versagungsgrund nach § 7 Nr. 2, 5 oder 6 schaffen könnte.

1. Fakultative Aussetzung nach Absatz 1

4 § 10 Abs. 1 statuiert einen fakultativen Aussetzungsgrund. Voraussetzung für die Aussetzung des Zulassungsverfahrens nach Absatz 1 ist, daß gegen den Antragsteller ein Ermittlungsverfahren wegen einer Straftat oder ein strafgerichtliches Verfahren schwebt. Ein Verfahren wegen einer **Ordnungswidrigkeit** oder ein **Bußgeldverfahren** genügen nicht.[3] Gegenstand des Verfahrens muß ein Versagungsgrund i. S. d. § 7 Nr. 2, 5 oder 6 sein oder ein Umstand, der in Verbindung mit anderen Tatsachen einen Versagungsgrund bilden kann. Nur in diesen Fällen ist der Ausgang des Verfahrens für die Entscheidung über die Zulassung des Antragstellers von Bedeutung.

5 Die Aussetzung nach Absatz 1 ist eine **Ermessensentscheidung** der LJV. Ermessensgrundlage ist neben dem Gegenstand des gegen den Antragsteller schwebenden Verfahrens auch die Schwere des Vorwurfs und die Stärke des Verdachts.[4] Schließlich muß die Aussetzung des Verfahrens im Hinblick auf die zu erwartende Dauer des Strafverfahrens dem Antragsteller zumutbar sein.[5]

2. Obligatorische Aussetzung nach Absatz 2

6 § 10 Abs. 2 schreibt die Aussetzung des Zulassungsverfahrens zwingend vor, wenn gegen den Antragsteller öffentliche Klage wegen einer strafbaren Hand-

---

[1] BT-Drucks. III./120, S. 61; Isele, § 10 Anm. II. A. 3. a).
[2] Isele, § 10 Anm. II. A. 4.
[3] Jessnitzer/Blumberg, § 10 Rdn. 1; Feuerich/Braun, § 10 Rdn. 3.
[4] Isele, § 10 Anm. III. 3.
[5] Isele, § 10 Anm. III. 3. d).

§ 11 Antrag gegen ablehnenden Bescheid   § 11

lung, welche die Unfähigkeit zur Bekleidung öffentlicher Ämter zur Folge haben kann (§§ 31 ff. StGB), erhoben worden ist (§§ 155, 156, 170 Abs. 1, 199, 200 StPO). Der zwingende Charakter folgt aus der Besonderheit des Versagungsgrundes. Mit der Rechtskraft des Urteils muß die Anwaltszulassung gem. § 7 Nr. 2 versagt werden. Vor Erlaß des Urteils fehlt es dagegen an der Grundlage für einen Versagungsbescheid.[6]

3. Weitere Aussetzungsmöglichkeiten

Die Regelung des § 10 ist nicht abschließend, weitere Aussetzungsgründe   7
können sich aus § 9 Abs. 1 S. 1 ergeben. Schließlich ist eine Aussetzung nach allgemeinen Verfahrensgrundsätzen stets dann zulässig, wenn ein sachlicher Grund vorliegt.[7]

4. Verbot der Aussetzung nach Absatz 3

Die Vorschrift des § 10 Abs. 3 bezieht sich sowohl auf die fakultative als auch   8
auf die obligatorische Aussetzung.[8] Sie verbietet die Aussetzung für den Fall, daß die Zulassung bereits unabhängig von dem Ausgang des Ermittlungsverfahrens zu versagen ist. Dies ist dann der Fall, wenn bereits aus anderen Gründen einer der Versagungsgründe des § 7 gegeben ist.[9] Die LJV hat dann die Zulassung sofort zu versagen.

5. Rechtsschutz

Die Entscheidung der LJV, das Zulassungsverfahren nach § 10 auszusetzen, ist   9
ein **Verwaltungsakt**. Gegen die Entscheidung kann der Bewerber nach § 223 vorgehen. Die fakultative Aussetzung nach Abs. 1 ist als Ermessensentscheidung in den Grenzen des § 39 Abs. 3 überprüfbar. Eine gerichtliche Kontrolle der obligatorischen Aussetzung nach Absatz 2 erstreckt sich auf das Vorliegen der gesetzlichen Voraussetzungen.

§ 11 Antrag gegen einen ablehnenden Bescheid der Landesjustizverwaltung

(1) **Der Bescheid, durch den die Landesjustizverwaltung die Zulassung zur Rechtsanwaltschaft versagt, ist mit Gründen zu versehen. Er ist dem Bewerber zuzustellen.**

(2) **Gegen einen ablehnenden Bescheid kann der Bewerber innerhalb eines Monats nach der Zustellung bei dem Anwaltsgerichtshof den Antrag auf gerichtliche Entscheidung stellen. Zuständig ist der Anwaltsgerichtshof bei dem Oberlandesgericht, in dessen Bezirk der Bewerber erstmals als Rechtsanwalt zugelassen werden will.**

(3) **Hat die Landesjustizverwaltung einen Antrag auf Zulassung zur Rechtsanwaltschaft ohne zureichenden Grund innerhalb von drei Monaten nicht beschieden, so kann der Bewerber den Antrag auf gerichtliche Entscheidung stellen.**

---
[6] BT-Drucks. III/120, S. 61.
[7] *Isele,* § 10 Anm. II. A. 3.; *Feuerich/Braun,* § 10 Rdn. 1; BGH EGE XI, 65; EGH München EGE XI, 144.
[8] *Isele,* § 10 Anm. V. A.
[9] *Isele,* § 10 Anm. V. B.

Schrifttum: *Feuerich,* Die Eintragung von Zulassungs- und Maßnahmenentscheidungen gegen Rechtsanwälte in das Bundeszentralregister, BRAK-Mitt. 1992, 10 ff.

Übersicht

	Rdn.
I. Entstehungsgeschichte und Regelungszweck	1, 2
II. Der Bescheid der LJV	3, 4
III. Die Rechtsbehelfe	5–13
1. Der Antrag auf gerichtliche Entscheidung gegen die Zulassungsversagung	5
a) Antrag	5
b) Der gerichtliche Prüfungsumfang	7
	Rdn.
c) Rechtskraft der gerichtlichen Entscheidung	8
2. Die Untätigkeitsklage	9
a) Voraussetzungen	9
b) Form und Inhalt des Antrags	11
c) Die Entscheidung des AnwGH	12

I. Entstehungsgeschichte und Regelungszweck

1 Eine ausgefeilte Kodifizierung der gegen den ablehnenden Bescheid der Zulassungsbehörde möglichen Rechtsbehelfe des Bewerbers wurde erstmals mit der BRAO des Jahres 1959 eingeführt. Die RAO v. 1. 7. 1878 kannte eine Anfechtung eines Bescheides, der einem Antragsteller die Zulassung zur Rechtsanwaltschaft versagte, nur in beschränktem Umfange. Während die Versagung der Zulassung aus einem fakultativen Grunde überhaupt nicht anfechtbar war, wurde bei einer Versagung aus zwingenden Gründen in eng begrenzten Fällen Rechtsschutz in Gestalt des sog. objektiven Verfahrens vor den **Ehrengerichten** gewährt.[1] Auch die ersten Nachkriegsregelungen für die britische und die französische Zone sahen nur in eng begrenzten Ausnahmefällen einen Rechtsbehelf für den Bewerber vor.[2] Für die BRAO enthielt bereits der erste Entwurf eine erweiterte Rechtsschutzmöglichkeit für den Bewerber. Nach § 186 des Entwurfs sollte gegen jeden Verwaltungsakt eine Anfechtungsklage statthaft sein,[3] ein rechtsstaatlicher Grundsatz, der nunmehr in § 223 verankert ist.

2 § 11 setzt das **rechtsstaatliche Rechtsschutzgebot** um. Angesichts der weitreichenden Bedeutung der Zulassungsversagung wird dem Bewerber nach rechtsstaatlichen Grundsätzen (Art. 19 Abs. 4 GG) in den Fällen der Versagung nach § 7 Nr. 1–4, 10 und 11 ein Anfechtungsrecht eingeräumt.[4] Der Bewerber, der durch einen ablehnenden Bescheid der LJV in seiner grundrechtlich geschützten Berufsfreiheit verletzt wird, muß die Möglichkeit haben, die Entscheidung der LJV **gerichtlich überprüfen** zu lassen. Durch die Verpflichtung der LJV, den ablehnenden Bescheid mit Gründen zu versehen, soll eine vorschnelle und möglicherweise ermessensfehlerhafte Versagung der Zulassung[5] verhindert werden. Der Begründungszwang dient der Rechtssicherheit. In Abstimmung mit § 8 Abs. 3 und 4 erzwingt Absatz 3 der Vorschrift schließlich die Beschleunigung des Zulassungsverfahrens. Eine über drei Monate hinausgehende Wartezeit ist dem Bewerber nicht zuzumuten.

---

[1] Vgl. dazu BT-Drucks. III/120, S. 61. Die Regelung in der RRAO war noch wesentlich restriktiver. Sie gewährte dem Bewerber nicht einmal einen Rechtsbehelf bei Ermessensüberschreitung oder Ermessensmißbrauch seitens der LJV.
[2] Vgl. *Isele,* § 11 Anm. I. C.
[3] Vgl. *Isele,* § 8 Anm. I. D.
[4] Vgl. BT-Drucks. III/120, S. 61.
[5] Vgl. § 39 Abs. 3 BRAO.

II. Der Bescheid der LJV

Die Regelung des § 11 bezieht sich auf den ablehnenden Bescheid. Gegen den Bescheid, mit dem die LJV die Zulassung erteilt, gibt es – namentlich für die Rechtsanwaltskammer – kein Rechtsmittel. Der ablehnende Bescheid der LJV ist mit Gründen zu versehen. Der Bescheid muß die Darstellung des Sachverhalts und der Beweismittel enthalten, aufgrund derer die LJV einen Versagungsgrund als gegeben ansieht. Des weiteren muß eine rechtliche Subsumtion unter einen oder mehrere Versagungsgründe des § 7 Nr. 1–4, 10 oder 11 erfolgen.[6] Der Bescheid ist dem Bewerber **zuzustellen**. Auf die Zustellung finden über § 229 die Regelungen in §§ 166 ff. ZPO Anwendung.

Der Umfang des Rechtsschutzes richtet sich nach der Art des geltend gemachten Versagungsgrundes. Ist der ablehnende Bescheid der LJV auf die Versagungsgründe des § 7 Nr. 1–4, 10 oder 11 gestützt, muß der Bewerber diesen Bescheid der LJV abwarten, bevor er einen **Antrag auf gerichtliche Entscheidung** stellen kann.[7] Eine unmittelbare Anfechtung des Gutachtens des Kammervorstandes gem § 8 Abs. 2 ist nicht möglich.[8] Hält der Kammervorstand in seinem Gutachten eine Versagung der Zulassung aus den Gründen des § 7 Nr. 5–9 für erforderlich, so muß dieses für die LJV bindende Gutachten unmittelbar einer gerichtlichen Überprüfung zugeführt werden können. Der Antrag auf gerichtliche Entscheidung richtet sich in diesem Fall nicht gegen einen Bescheid der LJV, sondern gegen das Gutachten des Kammervorstandes.

III. Die Rechtsbehelfe

1. Der Antrag auf gerichtliche Entscheidung gegen die Zulassungsversagung

a) Antrag. Gegen einen ablehnenden Bescheid kann der Bewerber den Antrag auf gerichtliche Entscheidung stellen. Der Antrag ist gegen die LJV zu richten, und zwar auch, wenn die LJV die Entscheidung einer nachgeordneten Behörde, etwa dem Präsidenten des Oberlandesgerichts,[9] übertragen hat. Die Verantwortung für die Entscheidung über den Antrag trägt auch in diesem Fall die LJV. Der Antrag ist innerhalb eines Monats nach Zustellung des ablehnenden Bescheids an den **Anwalts**gerichtshof bei dem Oberlandesgericht zu richten, in dessen Bezirk der Bewerber zugelassen werden will. Die Zuständigkeit des Anwaltsgerichtshofs ergibt sich mittelbar aus § 9 Abs. 2 S. 2.

Stellt der Bewerber den Antrag nicht innerhalb der Frist, so wird der Bescheid rechtskräftig und damit unanfechtbar.[10] Die Entscheidung der LJV unterscheidet sich in ihren Wirkungen von der Zulassungsversagung per Gerichtsentscheid. Der Bewerber kann, anstatt sich an den Anwaltsgerichtshof zu wenden, alsbald einen **neuen Zulassungsantrag** bei der LJV mit der gleichen Begründung einreichen.[11] Stellt er dagegen einen Antrag auf gerichtliche Entscheidung, so kann er vor der Entscheidung des Anwaltsgerichtshofs keinen neuen Zulassungsantrag an die LJV stellen. Einen entsprechenden Antrag könnte die LJV wegen anderweiti-

---

[6] *Isele*, § 11 Anm. III. A.; *Jessnitzer/Blumberg*, § 11 Rdn. 2.
[7] BGHZ 53, 195.
[8] *Feuerich/Braun*, § 11 Rdn. 1.
[9] Vgl. oben § 8 Rdn. 4 sowie Komm. zu § 224 Rdn. 7 ff.
[10] *Feuerich/Braun*, § 11 Rdn. 8; *Isele*, § 11 Anm. IV. D 1.
[11] BGH BRAK-Mitt. 1990, 51.

§ 11 7–10 Zweiter Teil. Die Zulassung des Rechtsanwalts

ger Rechtshängigkeit zurückweisen. Dies gilt trotz § 6 Abs. 2. Die anderweitige Rechtshängigkeit ist ein prozessualer Ablehnungsgrund, der bis zu ihrer Beendigung ein Verfahrenshindernis bildet.[12]

7   b) **Der gerichtliche Prüfungsumfang.** Das gerichtliche Verfahren in Zulassungssachen richtet sich nach den §§ 37, 39–42. Der Prüfungsumfang ist **beschränkt.** Bei einem Antrag gem. § 11 kann das Gericht nur darüber befinden, ob der Bewerber von der LJV zu Recht aus einem der Gründe des § 7 Nr. 1–4, 10 und 11 nicht zugelassen wurde. Die Beurteilung der Versagungsgründe des § 7 Nr. 5–9 erfolgt in dem eigenständigen Verfahren nach § 9 Abs. 1 S. 1, Abs. 2–4 i. V. m. § 38. Dieses zur Verfahrensaussetzung führende Procedere hat die LJV bei Ablehnung des Zulassungsantrags durch Bescheid nicht eingehalten, so daß Überschneidungen nicht denkbar sind. Hat die LJV entgegen § 9 Abs. 1 S. 1 gleichwohl einen die Zulassung versagenden Bescheid erlassen, so kann es ausnahmsweise auch in einem Verfahren nach § 11 zur Überprüfung von Verfahrensgründen gem. § 7 Nr. 5 -9 kommen.[13]

8   c) **Rechtskraft der gerichtlichen Entscheidung.** Bestätigt die Entscheidung des Anwaltsgerichtshofs die Versagung der Zulassung und wird der Antrag des Bewerbers als unbegründet zurückgewiesen, so ist das Zulassungsverfahren **endgültig beendet.** Die Entscheidung ist formell unanfechtbar. Der Anwaltsgerichtshof ist ein staatliches Gericht i. S. des GG.[14] Aufgrund der eingetretenen formellen und materiellen Rechtskraft ist ein inhaltlich identischer, nur wiederholter Antrag des Bewerbers von einer rechtlichen Überprüfung ausgeschlossen. Da in die gerichtliche Entscheidung über den Zulassungsgrund anders als etwa im Bereich der freiwilligen Gerichtsbarkeit keine Zweckmäßigkeitserwägungen einfließen, gebietet ihre Eigenart, daß die freie richterliche Beurteilung des abgeschlossenen Tatbestandes nicht beliebig neu vorgenommen werden darf.[15] Die materielle Rechtskraft der Entscheidung des AnwGH ist zeitlich begrenzt. Eine nachträgliche Änderung der Sachlage wirkt sich auf alle Versagungsgründe des § 7 Nr. 1–4, 10 und 11 aus, so daß einem erneuten Antrag stattzugeben sein kann.[16]

2. Die Untätigkeitsklage

9   a) **Voraussetzungen.** Absatz 3 eröffnet dem Bewerber eine weitere Möglichkeit, einen Antrag auf gerichtliche Entscheidung vor dem AnwGH zu stellen. Hat die LJV innerhalb von **drei Monaten** ohne hinreichenden Grund nicht über den Zulassungsantrag entschieden, so kann er die sog. „Untätigkeitsklage"[17] erheben. Eine detaillierte Regelung findet sich in § 223. Der Antrag kann nach Ablauf der Dreimonatsfrist gestellt werden. Fristbeginn ist der Eingang des Antrags des Bewerbers auf Zulassung zur Anwaltschaft. Ein Ablauf der Antragsfrist ist im Gesetz nicht vorgesehen.

10 Wird zwar nach Fristüberschreitung, aber noch vor Eingang eines Antrags nach Absatz 3 von der LJV über das Zulassungsgesuch entschieden und die Entscheidung dem Bewerber nach § 229 zugestellt, so ist die Fristüberschreitung unbe-

---

[12] BGHZ 94, 364.
[13] BVerfGE 72, 51 = NJW 1986, 1802.
[14] BGHZ 34, 235 (239).
[15] BGHZ 34, 235 (241 f.); BGH NJW 1988, 1792.
[16] Im einzelnen dazu: *Isele,* § 11 Anm. V. B.
[17] Der Begriff wurde in Anlehnung an das Verwaltungsprozeßrecht gebildet.

achtlich. In bezug auf sein Recht auf Tätigwerden der Behörde ist er „klaglos" gestellt.[18] Entscheidet die Behörde erst nach Einreichung des Antrags auf gerichtliche Entscheidung, so hat der Antragsteller entsprechend der zivilverfahrensrechtlichen Praxis die Möglichkeit, die Hauptsache für erledigt zu erklären. Der Anwaltsgerichtshof entscheidet nur noch über die Kosten. Einzelheiten richten sich nach § 91 a ZPO sowie der modifizierten Regelungen in § 13 a FGG.[19]

b) Form und Inhalt des Antrags. Der nicht fristgebundene schriftliche (§ 37) Antrag ist gegen die LJV (§ 39 Abs. 2 S. 3) als Antragsgegnerin zu richten. **Inhaltlich** muß der Antrag des Bewerbers darauf gerichtet sein, ihn zu bescheiden (arg. e. § 41 Abs. 4). Die zur Begründung dienenden Tatsachen und Beweismittel sind anzugeben (§ 39 Abs. 2 S. 4). Ist das Antragsbegehren unklar, so ist es durch Auslegung zu ermitteln.[20]

c) Die Entscheidung des Anwaltsgerichtshofs. Der Anwaltsgerichtshof prüft, ob die LJV ohne zureichenden Grund über einen Zeitraum von mehr als drei Monaten untätig geblieben ist. Es findet eine rechtliche Bewertung der von der LJV für die Verzögerung der Entscheidung vorgebrachten Gründe statt.[21] Das Gesetz gibt für die Beurteilung keine Vorgaben. Sie muß sich nach den Umständen des Einzelfalles richten. **Nicht ausreichend** ist, wenn die LJV ihre Verzögerung der Entscheidung damit begründet, daß die gesetzlich vorgeschriebenen Fristen zu knapp bemessen seien.[22] Auch allgemeine verwaltungsinterne Verzögerungen rechtfertigen die Fristüberschreitung nicht.[23] Dagegen kann sich ein **hinreichender Grund** aus Hinderungsgründen im Bereich des Kammervorstandes, wie z. B. aus Erkrankungen oder Urlaub von Vorstandsmitgliedern ergeben. Auch in der Sache selbst kann der zureichende Grund liegen, wenn z. B. umfangreiche Ermittlungen nötig sind oder schwierige tatsächliche oder rechtliche Probleme entstehen.[24] Soweit die LJV bei der Gewichtung der Dringlichkeit ihrer Aufgaben einen Ermessensspielraum hat, bleibt die gerichtliche Überprüfung auf die Feststellung einer Ermessensüberschreitung bzw. eines Ermessensmißbrauchs beschränkt.[25]

Die rechtskräftige Versagung der Zulassung ist, soweit sie auf Unzuverlässigkeit, Unwürdigkeit oder mangelnde Eignung gestützt wird, gem. § 10 Abs. 2 Nr. 1 und 2 BZRG in das **Bundeszentralregister** einzutragen.[26]

---

[18] EGH München EGE XII, 103.
[19] EGH München EGE IX, 153; XI, 126.
[20] EGH München EGE XI, 126.
[21] EGH München EGE XI, 126; *Kalsbach,* § 11 Anm. 4. VIII.
[22] *Isele,* § 11 Anm. IX. C. 1.
[23] EGH Koblenz BRAK-Mitt. 1982, 29.
[24] *Isele,* § 11 Anm. IX. C. 2. b).
[25] *Kalsbach,* § 11 Anm. 4. VIII.
[26] Zu Einzelheiten *Feuerich* BRAK-Mitt. 1992, 10 ff.; *Rebmann/Uhlig,* BZRG, § 10 Rdn. 13 ff. sowie die Kommentierung zu § 205 a, Rdn. 12 f.

§ 12 Urkunde über die Zulassung

(1) Der Bewerber erhält über die Zulassung zur Rechtsanwaltschaft eine von der Landesjustizverwaltung ausgefertigte Urkunde.

(2) Die Zulassung zur Rechtsanwaltschaft wird wirksam mit der Aushändigung der Urkunde. Die Aushändigung der Urkunde darf erst erfolgen, wenn der Abschluß der Berufshaftpflichtversicherung (§ 51) nachgewiesen ist oder eine vorläufige Deckungszusage vorliegt.

(3) Nach der Zulassung ist der Bewerber berechtigt, die Berufsbezeichnung „Rechtsanwalt" zu führen.

Schrifttum: *Wemmer*, Die Aushändigung einer beamtenrechtlichen Urkunde, DÖV 1964, 769 ff.

Übersicht

	Rdn.		Rdn.
I. Entstehungsgeschichte und Normzweck	1	4. Erlöschen der Zulassung	6
II. Die Zulassungsurkunde	2–6	III. Der Nachweis der Berufshaftpflichtversicherung	7
1. Form und Inhalt	2	IV. Die Berufsbezeichnung „Rechtsanwalt"	8–11
2. Ausfertigung	3		
3. Die Aushändigung der Urkunde und ihre Wirkungen	4		

I. Entstehungsgeschichte und Normzweck

1 Erst seit dem Inkrafttreten der BRAO wird das Zulassungsverfahren durch die Aushändigung einer Urkunde abgeschlossen. Die RAO enthielt keine Bestimmung über eine förmliche Erteilung der Zulassung.[1] Die besondere Form soll ähnlich wie bei der Bestellung der Notare oder der Approbation von Ärzten der Bedeutung des Aktes Rechnung tragen.[2]

II. Die Zulassungsurkunde

1. Form und Inhalt

2 Das Gesetz sagt ausdrücklich weder etwas über die Form noch über den Inhalt der Urkunde. Der mit dem Übergang von einer bloßen Mitteilung über die Zulassung zu der Aushändigung einer Urkunde verfolgte Zweck legt nahe, daß der Zulassung zur Rechtsanwaltschaft ein auch nach **außen sichtbarer Ausdruck** verliehen werden soll.[3] Der Inhalt der Urkunde läßt sich aus der Formulierung „über die Zulassung zur Rechtsanwaltschaft" entnehmen. Die nach § 12 auszuhändigende Urkunde betrifft die allgemeine Zulassung zur Rechtsanwaltschaft. Grundsätzlich enthält die Urkunde einen Hinweis auf das Gericht, bei dem der Antragsteller zugelassen wird. Dieser Hinweis ist jedoch nicht unbedingt erforderlich.[4] Die Zulassung zur Rechtsanwaltschaft gilt zwar nur unter Nennung

---

[1] *Isele*, § 12 Anm. I. A.
[2] BT-Drucks. III/120, S. 61.
[3] Vgl. *Isele*, § 12 Anm. II. A.
[4] *Feuerich/Braun*, § 12 Rdn. 1; *Isele*, § 12 Anm. II. B.; a. A. *Kalsbach*, § 12 Anm. 1.

§ 12 Urkunde über die Zulassung 3–5 § 12

des bestimmten Gerichtes. Andererseits kann sich aber das Gericht der Zulassung ändern, ohne daß die Zulassung zur Rechtsanwaltschaft davon betroffen wird.[5]

2. Ausfertigung

Die Urkunde wird von der LJV ausgefertigt, d. h. die Urschrift verbleibt in ihrem Besitz, der Bewerber erhält eine Ausfertigung im technischen Sinne.[6] Repräsentant der LJV und damit Unterzeichner der Urkunde ist der Minister der Justiz, es sei denn, die Zulassungsentscheidung wurde gemäß § 224 an eine nachgeordnete Justizbehörde, z. B. den Präsidenten eines Oberlandesgerichts, delegiert.[7]

3. Die Aushändigung der Urkunde und ihre Wirkungen

Wirksam wird die Zulassung mit der **Aushändigung** der Urkunde.[8] Die Aushändigung ist im Gesetz nicht näher beschrieben. Zur Auslegung des Begriffs können aber die zu § 6 Abs. 1 BBG entwickelten Grundsätze herangezogen werden (Begründung des Beamtenverhältnisses durch Aushändigung der Ernennungsurkunde).[9]

Grundsätzlich meint die **Aushändigung** die Übergabe von Hand zu Hand. Die Urkunde über die Zulassung zur Rechtsanwaltschaft ist aber auch dann ausgehändigt, wenn sie auf andere Weise mit Wissen und Wollen der LJV in die Hände des Bewerbers gelangt und dieser sie vorbehaltlos entgegennimmt. So genügt z. B. die Zustellung durch die Post.[10] Die Aushändigung der Urkunde wirkt deklaratorisch, soweit sie die Entscheidung der LJV über die Zulassung des Bewerbers nach außen kundgibt. Darüber hinaus kommt der Aushändigung der Urkunde **konstitutive Bedeutung** zu, da nach dem eindeutigen Gesetzeswortlaut der Bewerber mit der Aushändigung in den Status des Rechtsanwalts ein-tritt. Mit der Aushändigung der Urkunde darf der Empfänger die Berufsbezeichnung „Rechtsanwalt" führen. Die Vereidigung (§ 26), die Eintragung in die Liste (§ 31) oder gar die Aufnahme der Tätigkeit muß nicht abgewartet werden.[11] Zwar können die prozessualen Befugnisse des Anwalts nach § 32 erst mit der **Eintragung in die Liste** der Rechtsanwälte ausgeübt werden. Jedoch wird gemäß § 32 Abs. 2 die Wirksamkeit von Handlungen, die der Rechtsanwalt nach Aushändigung der Urkunde, aber vor Eintragung in die Liste der Rechtsanwälte vorgenommen hat, davon nicht berührt.[12] Durch die Zulassung zur Rechtsanwaltschaft und bei einem bestimmten Gericht wird automatisch die Mitgliedschaft in der Rechtsanwaltskammer begründet, in deren Bezirk der Rechtsanwalt zugelassen ist.[13] Der Zugelassene unterliegt damit dem materiellen Berufsrecht.

---

[5] Vgl. §§ 33, 33 a, 227 a, 227 b BRAO; *Feuerich/Braun*, § 12 Rdn. 2.
[6] *Feuerich/Braun*, § 12 Rdn. 2.
[7] Vgl. oben § 8 Rdn. 6.
[8] BVerfGE 34, 325.
[9] *Jessnitzer/Blumberg*, § 12 Rdn. 2.
[10] Vgl. im einzelnen: *Wemmer* DÖV 1964, 769; *Schütz*, Beamtenrecht des Bundes und der Länder, § 8 Rdn. 3.a).
[11] Vgl. BT-Drucks. III/120, S. 61 f.; *Kalsbach*, § 12 Anm. 4.
[12] BVerfGE 34, 325 ff.; *Feuerich/Braun*, § 12 Rdn. 7.
[13] BT-Drucks. III/120, S. 62.

4. Erlöschen der Zulassung

6 Eine Pflicht zur Rückgabe der Urkunde im Falle des Erlöschens der Zulassung (§ 13) kennt das Gesetz nicht. Eine Rückforderung durch die LJV wird nur dann zu erwägen sein, wenn der ehemalige Rechtsanwalt sie rechtsmißbräuchlich verwendet.[14]

III. Der Nachweis der Berufshaftpflichtversicherung

7 Seit der Novellierung der BRAO 1994 setzt die Aushändigung der Urkunde folgerichtig den Abschluß einer Berufshaftpflichtversicherung oder – so im Regelfall – die Vorlage einer vorläufigen Deckungszusage voraus. Das Kriterium trägt der besonderen Bedeutung der Berufshaftpflichtversicherung für den Schutz geschädigter Mandanten Rechnung. Die Vorschrift ist § 6 a BNotO nachgebildet.[15]

IV. Die Berufsbezeichnung „Rechtsanwalt"

8 Die Berufsbezeichnung „Rechtsanwalt" ist durch § 132 a Abs. 1 Nr. 2, Abs. 2 StGB **geschützt,** der das unbefugte Führen dieser Bezeichnung oder einer zum Verwechseln ähnlichen Bezeichnung unter Strafe stellt. Die Strafbestimmung greift nicht bei einem einmaligen Handeln ohne Gefährdung der Interessen der Allgemeinheit.[16] Eine ausschließliche Beschränkung auf die Bezeichnung „Rechtsanwalt" verlangt § 12 Abs. 3 nicht.[17] Zunächst ist es dem Anwalt gestattet, **ausländische** akademische Grade (LLM; MA, MCL)[18] sowie den im Ausland verliehenen Titel „Professor" zu führen, wenn die nach den deutschen gesetzlichen Bestimmungen erforderliche Genehmigung erteilt ist.[19] Ferner können sonstige rechtsförmlich erworbene Qualifikationen geführt werden wie „Diplom-Ingenieur",[20] Diplombetriebswirt (BA oder VWA), Diplomverwaltungswirt, Diplomrechtspfleger und entgegen der früheren Rechtsprechung[21] auch die Berufsbezeichnung „Architekt".

9 Die Führung einer **weiteren Berufsbezeichnung** ist nur dann unzulässig, wenn mit ihr eine gezielte Werbung für die Erteilung eines Auftrags im Einzelfall verbunden ist oder wenn es sich um irreführende Werbung handelt (vgl. § 43 b). Eine solche unzulässige Werbung liegt nicht vor, soweit ein Rechtsanwalt lediglich im Geschäftsverkehr in der allgemein üblichen Weise kenntlich macht, daß er die Berufe des Rechtsanwalts und z. B. des Architekten gemeinsam ausübt.[22] Zwar geht von dieser zutreffenden Information ein Werbeeffekt für Interessierte aus. So werden Rechtsuchende, die bei der Lösung baurechtlicher Probleme Hilfe benötigen, bei einem Rechtsberater mit bautechnischen Kenntnissen spezielle Sachkunde erwarten. Dieser Werbeeffekt ist aber nur Folge des sachlich richtigen Hinweises auf eine **zusätzliche Qualifikation**.[23] Die Angabe rechts-

---

[14] *Kalsbach,* § 11 Anm. 5; a. A. *Feuerich/Braun,* § 13 Rdn. 3; *Isele,* § 13 Anm. IV. A., § 12 Anm. VI.
[15] BT-Drucks. 12/4993, S. 24.
[16] BGH NJW 1982, 2009.
[17] OLG Stuttgart AnwBl. 1989, 568; *Kleine-Cosack* AnwBl. 1989, 536 (540).
[18] Vgl. dazu BVerfGE 36, 212; EGH Stuttgart BRAK-Mitt. 1986, 172.
[19] Dazu OLG München NJW-RR 1989, 1439.
[20] BGHSt 34, 85; *Feuerich/Braun,* § 12 Rdn. 12.
[21] BGH BRAK-Mitt. 1987, 157.
[22] BVerfG NJW 1990, 2122 (2123).
[23] BVerfG NJW 1990, 2122 (2123).

§ 13 Erlöschen der Zulassung 1 § 13

förmlich erworbener Qualifikationen ist ein **anerkanntes Mittel** der Ankündigung freiberuflicher Leistungen.[24] Sie kann keinen irreführenden Eindruck hervorrufen, solange nicht unzutreffende Angaben gemacht werden. Soweit andere Rechtsanwälte daran interessiert sind, daß Doppelqualifikationen keinen Konkurrenzvorteil vermitteln, ist dieses Interesse nicht schutzwürdig.[25] Das Verbot, neben der Berufsbezeichnung „Rechtsanwalt" die Bezeichnung „Architekt" zu führen, würde die Grenzen der Zumutbarkeit[26] überschreiten.

Die Möglichkeit, gleichzeitig die Berufsbezeichnungen Rechtsanwalt und 10
Rentenberater zu führen, wird vom BGH verneint.[27]

Aus den gleichen Gründen ist die Führung der Bezeichnung **„Strafverteidi-** 11
ger" neben der Berufsbezeichnung „Rechtsanwalt" zulässig. Auch hier handelt es sich entgegen der bislang h. M.[28] weder um gezielte Auftragswerbung noch um Irreführung, sondern um sachliche Information. Mit der Bezeichnung „Strafverteidiger" ist keine wertende Selbstberühmung verbunden, die beanstandet werden könnte. Vielmehr wird sowohl im Interesse des Anwalts als auch im Interesse des rechtsuchenden Publikums das Rechtsgebiet angegeben, auf dem sich der Anwalt vorrangig betätigt.[29] Der I. Zivilsenat des BGH hat zutreffend den Zusatz „Strafverteidigung" auf dem Briefkopf eines Rechtsanwaltes wettbewerbsrechtlich nicht beanstandet.[30] Die Abgrenzung zur Bezeichnung „Strafverteidiger" ist für die beteiligten Verkehrskreise nicht nachvollziehbar, so daß auch der Anwaltssenat seine bisherige Rechtsprechung aufgeben sollte.[31]

§ 13 Erlöschen der Zulassung

Die Zulassung zur Rechtsanwaltschaft erlischt, wenn durch ein rechtskräftiges Urteil auf Ausschließung aus der Rechtsanwaltschaft erkannt ist.

Übersicht

	Rdn.		Rdn.
I. Entstehungsgeschichte und Gesetzessystematik	1, 2	II. Anwendungsbereich und Wirkungen	3–5

I. Entstehungsgeschichte und Gesetzessystematik

§ 13 regelt das Erlöschen der Zulassung zur Rechtsanwaltschaft. § 24 der RAO 1
1878 sprach weitergehend vom Verlust der „Fähigkeit zur Ausübung der Rechtsanwaltschaft" durch Urteil. Diese Vorschrift bezog sich also nicht nur auf das Ausschließungsurteil im ehrengerichtlichen Verfahren, sondern auch auf das straf-

---

[24] Vgl. BVerfGE 33, 125 (170); E 57, 121 (133).
[25] BVerfG NJW 1990, 2122 (2123).
[26] Dazu BVerfGE 82, 18; *Feuerich/Braun,* § 12 Rdn. 10.
[27] BGH BRAK-Mitt. 1990, 248.
[28] BGH NJW 1992, 45; EGH Koblenz StV 1991, 353; OLG Karlsruhe BRAK-Mitt. 1991, 172; LG Freiburg BRAK-Mitt. 1990, 185; 1991, 233; *Jessnitzer/Blumberg,* § 11 Rdn. 5.
[29] OLG Stuttgart, AnwBl. 1989, 568 (569); anders die ganz h. M.: BGH BRAK-Mitt. 1991, 228; EGH Koblenz StV 1991, 353; OLG Karlsruhe BRAK-Mitt. 1991, 172; LG Freiburg BRAK-Mitt. 1990, 185; 1991, 233; *Jessnitzer/Blumberg,* § 11 Rdn. 5.
[30] BGH NJW 1994, 284 = BRAK-Mitt. 1995, 85. Der I. Zivilsenat sieht keinen Widerspruch zum Beschl. des Anwaltssenats v. 7. 10. 1991, NJW 1992, 45.
[31] Zu weiteren Einzelheiten s. die Kommentierung zu § 43 b.

gerichtliche Urteil, das den Verlust der Fähigkeit zur Bekleidung öffentlicher Ämter zur Folge hatte.[1]

2 Nach der Systematik der BRAO ist zwischen dem in § 13 geregelten Erlöschen der Zulassung zur Rechtsanwaltschaft und dem Erlöschen der Zulassung bei einem **bestimmten Gericht** gem. § 34 zu unterscheiden. Entsprechend trennt die BRAO zwischen der Rücknahme der Zulassung zur Rechtsanwaltschaft (§§ 14–16) und der Rücknahme der Zulassung bei einem Gericht (§ 35). Abzugrenzen ist das "Erlöschen der Zulassung zur Rechtsanwaltschaft" ferner von dem Erlöschen der Befugnis, die Berufsbezeichnung Rechtsanwalt zu führen (§ 17) und der Löschung in der Anwaltsliste (§§ 36, 204 Abs. 1 S. 2), beides Folgewirkungen einer Ausschließung aus der Anwaltschaft.

II. Anwendungsbereich und Wirkungen

3 Von dem Erlöschen der Zulassung zur Rechtsanwaltschaft spricht das Gesetz nur bei einem rechtskräftigen Urteil auf Ausschließung. Die Ausschließung ist eine anwaltsgerichtliche Maßnahme nach § 114 Abs. 1 Nr. 4. Ist durch **Gerichtsurteil** auf Ausschließung erkannt worden, so erlischt die Zulassung zur Rechtsanwaltschaft gemäß § 13 kraft Gesetzes ohne weiteren Zwischenakt.[2] Nach Eintritt der Rechtskraft des auf Ausschließung aus der Rechtsanwaltschaft lautenden Urteils sind Prozeßhandlungen des Ausgeschlossenen im Zivilprozeß **unwirksam**.[3] Darüber hinaus tritt in einem anhängigen Anwaltsprozeß durch den Ausschluß des Anwalts aus der Rechtsanwaltschaft nach § 244 Abs. 1 ZPO eine Unterbrechung des Verfahrens ein.[4] Das Erlöschen der Zulassung zur Rechtsanwaltschaft hat zur **Folge**, daß sämtliche Rechtsbeziehungen des Betroffenen zur Rechtsanwaltschaft beendet werden. Er verliert die Befugnis, die Berufsbezeichnung „Rechtsanwalt" zu führen, § 17, gleichzeitig erlischt seine Zulassung bei bestimmten Gerichten.[5] Die unberechtigte Weiterführung der Berufsbezeichnung „Rechtsanwalt" ist strafbar gemäß § 132 a Abs. 1 Nr. 2 StGB. Als unberechtigte Weiterführung der Berufsbezeichnung ist es auch anzusehen, wenn der Betroffene die Bezeichnung „Rechtsanwalt" mit einem Zusatz versieht, der auf die frühere Berechtigung hinweist.[6]

4 Nach Eintritt der **Rechtskraft** des Urteils des Anwaltsgerichtes wird der Betroffene in der Liste der Rechtsanwälte gelöscht (§ 204 Abs. 1 S. 2). Erst die Löschung in der Liste ist der konstitutive Schlußakt. Bis zu ihm behalten Rechtshandlungen, die der Rechtsanwalt selbst abgegeben hat und die ihm gegenüber (§ 36 Abs. 2) abgegeben wurden, ihre Wirkung.[7]

5 **Weitere Folgen** sind die Einstellung eines anwaltsgerichtlichen Verfahrens (§ 139 Abs. 3 Nr. 1) und das Erlöschen des Notaramtes beim Anwaltsnotar (§ 47 Nr. 3 BNotO). Gegebenenfalls kann ein Abwickler bestellt werden (§ 55 Abs. 1 u. 5). Dem Ausgeschlossenen wird nach § 7 der 1. VO zur Ausführung des RBerG eine Erlaubnis zur geschäftsmäßigen Besorgung fremder Rechtsangelegenheiten gem. Art. 1 § 1 RBerG nicht erteilt.

---

[1] *Isele*, § 13 Anm. I. B.
[2] *Isele*, § 13 Anm. IV. A.; *Feuerich/Braun*, § 13 Rdn. 1; vgl. auch § 204 BRAO.
[3] BGH NJW 1984, 1559.
[4] BGH NJW 1987, 327; vgl. weiter *Feuerich/Braun*, § 13 Rdn. 3.
[5] § 24 Nr. 1 BRAO; BGH NJW 1987, 327.
[6] *Feuerich/Braun*, § 13 Rdn. 3.
[7] *Kalsbach*, § 13 Anm. III.

§ 14 Rücknahme und Widerruf der Zulassung

(1) Die Zulassung zur Rechtsanwaltschaft ist mit Wirkung für die Zukunft zurückzunehmen, wenn Tatsachen nachträglich bekannt werden, bei deren Kenntnis die Zulassung hätte versagt werden müssen.

(2) Die Zulassung zur Rechtsanwaltschaft ist zu widerrufen,
1. wenn der Rechtsanwalt nach der Entscheidung des Bundesverfassungsgerichts ein Grundrecht verwirkt hat;
2. wenn der Rechtsanwalt infolge strafgerichtlicher Verurteilung die Fähigkeit zur Bekleidung öffentlicher Ämter verloren hat;
3. wenn der Rechtsanwalt infolge eines körperlichen Gebrechens, wegen Schwäche seiner geistigen Kräfte oder wegen einer Sucht nicht nur vorübergehend unfähig ist, den Beruf eines Rechtsanwalts ordnungsmäßig auszuüben, es sei denn, daß sein Verbleiben in der Rechtsanwaltschaft die Rechtspflege nicht gefährdet;
4. wenn der Rechtsanwalt auf die Rechte aus der Zulassung zur Rechtsanwaltschaft der Landesjustizverwaltung gegenüber schriftlich verzichtet hat;
5. wenn der Rechtsanwalt zum Richter oder Beamten auf Lebenszeit ernannt, in das Dienstverhältnis eines Berufssoldaten berufen oder nach § 6 des Abgeordnetengesetzes oder entsprechenden Rechtsvorschriften wieder in das frühere Dienstverhältnis als Richter oder Beamter auf Lebenszeit oder als Berufssoldat zurückgeführt wird und nicht auf die Rechte aus der Zulassung zur Rechtsanwaltschaft verzichtet;
6. wenn die Zulassung des Rechtsanwalts bei einem Gericht auf Grund des § 35 Abs. 1 widerrufen wird;
7. wenn der Rechtsanwalt infolge gerichtlicher Anordnung in der Verfügung über sein Vermögen beschränkt ist;
8. wenn der Rechtsanwalt in Vermögensverfall geraten ist, es sei denn, daß dadurch die Interessen der Rechtsuchenden nicht gefährdet sind; ein Vermögensverfall wird vermutet, wenn der Rechtsanwalt in das vom Konkursgericht oder vom Vollstreckungsgericht zu führende Verzeichnis (§ 107 Abs. 2 der Konkursordnung, § 917 der Zivilprozeßordnung) eingetragen ist;
9. wenn der Rechtsanwalt eine Tätigkeit ausübt, die mit seinem Beruf, insbesondere seiner Stellung als unabhängiges Organ der Rechtspflege nicht vereinbar ist oder das Vertrauen in seine Unabhängigkeit gefährden kann; dies gilt nicht, wenn der Widerruf für ihn eine unzumutbare Härte bedeuten würde;
10. wenn der Rechtsanwalt nicht die vorgeschriebene Berufshaftpflichtversicherung (§ 51) unterhält.

(3) Von der Rücknahme der Zulassung zur Rechtsanwaltschaft kann nach Anhörung des Vorstandes der Rechtsanwaltskammer abgesehen werden, wenn die Gründe, aus denen die Zulassung hätte versagt werden müssen, nicht mehr bestehen.

Schrifttum: *Heydt,* Zum Eigentumsschutz der Anwaltspraxis gegenüber Wettbewerbsverschärfungen, NJW 1974, 1229 ff.; *Leisner,* Verfassungsrechtlicher Eigentumsschutz der Anwaltspraxis, NJW 1974, 478 ff.; *Ostler,* Anmerkung zu EGH München, BRAK-Mitt. 1986, 225, Unwirksamer Verzicht auf die Rechte aus der Zulassung zur Rechtsanwaltschaft,

§ 14 1   Zweiter Teil. Die Zulassung des Rechtsanwalts

BRAK-Mitt. 1987, 155 ff.; *Vogel*, Versagung, Rücknahme und Widerruf der Anwaltszulassung wegen Unwürdigkeit der Person, S. 62 f.

Übersicht

	Rdn.
I. Entstehungsgeschichte	1
II. Normzweck und verfassungsrechtliche Gesichtspunkte	2, 3
III. Rücknahme der Zulassung	4, 5
1. Voraussetzungen der Rücknahme (Abs. 1)	4
2. Absehen von der Rücknahme (Abs. 3)	5
IV. Widerruf der Zulassung (Abs. 2)	6–30
1. Parallelen zu den Versagungsgründen des § 7	6
2. Unwürdigkeit des Rechtsanwalts	7
3. Grundrechtsverwirkung (Nr. 1)	8
4. Verlust der Fähigkeit zur Bekleidung öffentlicher Ämter (Nr. 2)	9
5. Nicht nur vorübergehende Berufsunfähigkeit (Nr. 3)	11
6. Schriftlicher Verzicht (Nr. 4)	13
7. Richter, Beamte oder Soldaten (Nr. 5)	16
a) Verfassungsrechtliche Würdigung	17

	Rdn.
b) Generalisierende Betrachtung	18
c) Angestellte im öffentlichen Dienst	19
8. Widerruf gem. § 35 Abs. 1 (Nr. 6)	20
9. Gerichtliche Anordnung der Beschränkung der Vermögensverfügungsbefugnis (Nr. 7)	21
10. Vermögensverfall (Nr. 8)	22
a) Regelungszweck	22
b) Widerlegbare Vermutung (Nr. 8 2. HS)	23
c) Gefährdung der Interessen der Rechtsuchenden	24
11. Unvereinbare Tätigkeit (Nr. 9)	26
a) Entstehungsgeschichte	26
b) Verfassungsmäßigkeit der Regelung	27
c) Tatbestandliche Voraussetzungen	28
12. Fehlende Berufshaftpflichtversicherung (Nr. 10)	30
V. Änderungen aufgrund des EGInsO	31

I. Entstehungsgeschichte

1   Die Möglichkeit, die Zulassung zur Rechtsanwaltschaft zurückzunehmen, gibt es seit der ersten Kodifizierung des anwaltlichen Berufsrechts.[1] Die RAO des Jahres 1878 enthielt in § 21 mehrere Rücknahmeregelungen, die systematisch jedoch nicht an die Versagungsgründe der §§ 5 und 6 RAO gekoppelt waren.[2] Die aktuelle Fassung der Rücknahme- und Widerrufsvorschriften der BRAO ist erst jungen Datums. Durch die **BRAO-Novelle** aus dem Jahr 1989[3] wurde das Recht der Rücknahme und des Widerrufs der Zulassung neu gestaltet und an die Terminologie des allgemeinen Verwaltungsrechts (§§ 48, 49 VwVfG) angepaßt.[4] Die Widerrufsgründe sind nunmehr systematisch als Parallelvorschriften zu den Versagungsgründen des § 7 ausgestaltet. Die BRAO-Novelle 1994 führte zur Neufassung des § 14 Nr. 9 und zur Einfügung des zusätzlichen Widerrufsgrundes der Nr. 10.[5]

---
[1] *Isele*, § 14 Anm. I. A.
[2] *Isele*, § 14 Anm. I. A.
[3] Gesetz zur Änderung des Berufsrechts der Rechtsanwälte und der Patentanwälte vom 13. 12. 1989 (BGBl. I, S. 2135 f.).
[4] *Feuerich/Braun*, § 14 Rdn. 1; *Jessnitzer/Blumberg*, § 14 Rdn. 1.
[5] Dazu BT-Drucks. 12/4993, S. 24 f.

II. Normzweck und verfassungsrechtliche Gesichtspunkte

Die Rücknahme- und Widerrufsvorschriften dienen wie die Versagungsgründe 2
der BRAO **verschiedenen Schutzgütern.** Zum einen soll das rechtsuchende
Publikum vor Rechtsanwälten geschützt werden, deren Berufsausübung die notwendigen standes- und berufsrechtlichen Gepflogenheiten vermissen läßt. Zum
anderen soll der Anwaltsstand von derartigen Berufskollegen frei gehalten werden. Schließlich dienen einzelne Tatbestände besonderen Schutzgütern, § 14
Abs. 2 Nr. 1 etwa dem Schutz der freiheitlichen demokratischen Grundordnung.

Die Rücknahme und Widerrufsvorschriften tragen in gleicher Weise wie die 3
Versagungsbestimmungen dem Umstand Rechnung, daß die Freiheit der Berufswahl i. S.d. Art. 12 Abs. 1 GG unter dem **Gesetzesvorbehalt** des Absatz 2
steht. Zum Schutz eines überragenden Gemeinschaftsgutes – hier: Funktionsfähigkeit der Rechtspflege – ist es verfassungsrechtlich nicht zu beanstanden, einem
Rechtsanwalt, der die Voraussetzungen des § 14 erfüllt, die Berufsausübung zu
untersagen. Wegen der Intensität des Eingriffs in die Berufsfreiheit, die der Verlust einer Anwaltszulassung bedeutet, sind bei der Auslegung und Anwendung
wertungsabhängiger Begriffe jedoch strenge Anforderungen zu erfüllen.[6]

III. Rücknahme der Zulassung

1. Voraussetzungen der Rücknahme (Abs. 1)

Die Rücknahme der Zulassung ist eng an die Versagungsgründe des § 7 ge- 4
koppelt. Die Vorschrift des § 14 Abs. 1 sieht demnach vor, daß die Zulassung
zurückzunehmen ist, wenn Tatsachen nachträglich bekannt werden, die eine
Versagung der Zulassung nach Maßgabe des § 7 gerechtfertigt hätten. Nicht erforderlich ist, daß der Bewerber im Zulassungsverfahren bewußt Falsches vorgetragen oder Wesentliches verschwiegen und damit die Zulassung erschlichen hat.[7]
Die Rücknahmevorschriften haben **keinen Strafcharakter;** sie greifen allein
nach objektiven Gesichtspunkten ein. Es ist jedoch denkbar, daß die Art und
Weise der Zulassungserschleichung den Rechtsanwalt unwürdig i. S. d. § 7 Nr. 5
erscheinen läßt, so daß aufgrund dieses Sachverhaltes eine Rücknahme zu erwägen ist. Die Rücknahme der Zulassung erfolgt für die Zukunft. Damit dient die
Vorschrift der Rechtssicherheit.[8] Im Rahmen der Rücknahme einer Zulassung
nach Absatz 1 i. V. m. § 7 Nr. 4 ist zu berücksichtigen, daß § 7 Nr. 4 wegen des
dauerhaften Ausschlusses verfassungswidrig ist. Ein Rückgriff auf § 7 Nr. 4 verbietet sich daher.[9]

2. Absehen von der Rücknahme (Abs. 3)

Von der Rücknahme nach Maßgabe des Absatz 1 **kann** abgesehen werden, 5
wenn die Gründe, aus denen die Zulassung hätte versagt werden müssen, nicht
mehr bestehen. Die LJV wird damit in den Verfahrensstand der Versagungsentscheidung zurückversetzt. Bei der Ermessensentscheidung[10] der LJV müssen alle

---

[6] BVerfG NJ 1995, 201.
[7] *Feuerich/Braun,* § 14 Rdn. 4.
[8] *Feuerich/Braun,* § 14 Rdn. 4.
[9] Vgl. oben § 7 Rdn. 27 ff.; so auch *Feuerich/Braun,* § 14 Rdn. 5.
[10] BGH BRAK-Mitt. 1982, 25 f.; BGH EGE VII, 97 f.; IX, 62 f.; XII, 50 f.; *Feuerich/Braun,* § 14 Rdn. 10.

§ 14 6, 7 Zweiter Teil. Die Zulassung des Rechtsanwalts

Umstände Berücksichtigung finden, die eine Rücknahme unverhältnismäßig erscheinen lassen. So muß beispielsweise eine Rücknahme ausscheiden, wenn einem Rechtsanwalt, der zur Zeit der Zulassung ein Grundrecht i. S.d. § 7 Nr. 1 verwirkt hatte, dieses wieder **zusteht**.[11] Ebenso kann eine Rücknahme daran scheitern, daß der Rechtsanwalt zwischenzeitlich wieder die Fähigkeit zur Bekleidung öffentlicher Ämter erlangt hat.[12] Das Gleiche gilt in den Fällen des § 7 Nr. 6 und 7, wenn der Anwalt die freiheitlich-demokratische Grundordnung ausdrücklich nicht mehr bekämpft oder wenn der Anwalt von seinen körperlichen oder geistigen Gebrechen bzw. seiner Suchtkrankung in der Zwischenzeit geheilt ist.[13] Schließlich kann eine Rücknahme ausscheiden, wenn die Voraussetzungen der §§ 7 Nr. 8 bis 11 nicht mehr vorliegen. Dem Wohlverhalten des Rechtsanwalts nach der Zulassung ist im Rahmen des § 14 Abs. 3 Rechnung zu tragen.[14]

IV. Widerruf der Zulassung (Abs. 2)

1. Parallelen zu den Versagungsgründen des § 7

6 Der Widerruf der Zulassung knüpft an einen Rechtszustand an, der erst nach der Zulassung zur Rechtsanwaltschaft eintritt. Im Sinne der **verwaltungsrechtlichen Dogmatik** ist die Zulassung – im Gegensatz zu den Rücknahmefällen – rechtmäßig erfolgt. Sie bedarf jedoch einer Korrektur, weil zwischenzeitlich Umstände eingetreten sind, die dem Fortbestand der Zulassung entgegenstehen. Der Gesetzgeber hat sich auch hier im wesentlichen an die Versagungsgründe des § 7 angelehnt. Lediglich für § 14 Abs. 2 Nr. 4 und 11 findet sich kein Pendant unter den Versagungsgründen des § 7.

2. Unwürdigkeit des Rechtsanwalts

7 Umgekehrt kennt die BRAO keinen Widerrufsgrund, der dem Zulassungshindernis der Unwürdigkeit der Person gem. § 7 Nr. 5 entspricht.[15] Die Gesetzgebungsmaterialien geben keinen Aufschluß darüber, weshalb hier auf eine Parallelvorschrift verzichtet wurde. Man kann nur vermuten, daß die Möglichkeiten, anwaltsgerichtliche Maßnahmen zu verhängen, als ausreichend erachtet wurden.[16] § 113 Abs. 2 sieht solche Maßnahmen auch bei rechtswidrigen oder mit Geldbuße geahndeten Handlungen vor, die in keinem Zusammenhang mit der Berufstätigkeit des Rechtsanwaltes stehen. **Voraussetzung ist**, daß das Verhalten in besonderem Maße geeignet ist, Achtung und Vertrauen der Rechtsuchenden in einer für die anwaltliche Berufsausübung erheblichen Weise zu beeinträchtigen. Ein Verhalten, das den Rechtsanwalt unwürdig erscheinen läßt, den Anwaltsberuf auszuüben, kann daher in besonderen Fällen mit der Ausschließung aus der Anwaltschaft geahndet werden (§ 114 Abs. 1 Nr. 5). Im Ergebnis wird damit der Ausschluß eines derartigen Rechtsanwaltes in die Entscheidungskompetenz der Anwaltschaft verlagert. Eine Ausnahme hiervon, und damit eine staatliche Wider-

---

[11] *Feuerich/Braun*, § 14 Rdn. 11.
[12] *Feuerich/Braun*, § 14 Rdn. 12; *Isele*, § 14 Anm. IV. A. 4. a).
[13] *Feuerich/Braun*, § 14 Rdn. 14; *Isele*, § 14 Anm. IV. A. 4. f) und g).
[14] BGH EGE IX, 62 f.; *Feuerich/Braun*, § 14 Rdn. 7; *Isele*, § 14, Anm. IV. A. 2.
[15] Offenbar aufgrund eines Druckfehlers mißverständlich insoweit *Jessnitzer/Blumberg*, § 14 Rdn. 1.
[16] So auch *Vogel*, Versagung, Rücknahme und Widerruf der Anwaltszulassung wegen Unwürdigkeit der Person, S. 62 f.

rufskompetenz, besteht für die Überprüfung der Zulassung eines vor der Wiedervereinigung auf dem Gebiet der ehemaligen DDR tätigen Rechtsanwalts über das RNPG.[17]

3. Grundrechtsverwirkung (Nr. 1)

Entsprechend dem Versagungsgrund des § 7 Nr. 1 sieht § 14 Abs. 2 Nr. 1 den Widerruf der Zulassung vor, wenn der Rechtsanwalt nach der Entscheidung des BVerfG ein Grundrecht verwirkt hat. Seine Rechtfertigung findet der Widerrufsgrund im Regelungszweck der Parallelvorschrift.[18]

4. Verlust der Fähigkeit zur Bekleidung öffentlicher Ämter (Nr. 2)

Als Pendant zu § 7 Nr. 2 ist gem. § 14 Abs. 2 Nr. 2 zwingend die Zulassung zu widerrufen, wenn der Rechtsanwalt infolge strafgerichtlicher Verurteilung die Fähigkeit zur Bekleidung öffentlicher Ämter verloren hat. Der **strafgerichtliche Urteilsspruch** läßt nicht ipso jure diese Rechtsfolge eintreten. Erst die Widerrufsverfügung der LJV führt zur Aufhebung der Zulassung.[19] Verwaltungsrechtlich handelt es sich um einen mehrstufigen Verwaltungsakt.

Das **zweistufige Verfahren** bedingt, daß ein Widerruf gemäß § 14 Abs. 2 Nr. 2 – anders als bei den anderen Widerrufsvorschriften – erst nach Abschluß eines besonderen Verfahrens bei der LJV erfolgen kann. Voraussetzung eines ordnungsgemäßen Verwaltungsverfahrens bei der LJV ist die Anhörung des Betroffenen, der Erlaß eines Bescheides und u. U. sogar eine gerichtliche Entscheidung.[20] Der LJV steht kein Beurteilungs- oder Ermessensspielraum zu.[21] Die tatsächliche und rechtliche Würdigung des Strafgerichts ist mit Eintritt der Rechtskraft des strafgerichtlichen Urteils bindend.[22]

5. Nicht nur vorübergehende Berufsunfähigkeit (Nr. 3)

§ 14 Abs. 2 Nr. 3 bildet das Gegenstück zu § 7 Nr. 7. Auch wenn die dauerhafte anwaltsspezifische Berufsunfähigkeit wegen eines körperlichen Gebrechens, Schwäche der geistigen Kräfte oder Suchterkrankung erst nach der Zulassung auftritt, ist wegen der Gefährdung der Allgemeinheit ein weiteres Verbleiben nicht tragbar.[23] Seit der Neufassung des Widerrufsgrundes 1989[24] muß die LJV nicht mehr feststellen, daß das weitere Verbleiben des Rechtsanwalts in der Rechtsanwaltschaft die Rechtspflege gefährdet. Ist jedoch „ausnahmsweise" eine Gefährdung der Rechtspflege ausgeschlossen, so entfällt die Widerrufsmöglichkeit. Der Schutz der Rechtsuchenden rechtfertigt diese Veränderung der Beweislastsituation. In **Zweifelsfällen** muß die Zulassung daher widerrufen werden. Eine Gefährdung der Rechtspflege kann vermieden werden, wenn der berufsunfähige Rechtsanwalt seine Praxis durch einen Sozius weiterführen läßt.[25]

---

[17] Vgl. dazu die Kommentierung zum RNPG sowie *Vogel,* Versagung, Rücknahme und Widerruf der Anwaltszulassung wegen Unwürdigkeit der Person S. 71 ff.
[18] BT-Drucks. III/120, S. 62, vgl. dazu § 7 Rdn. 4 ff.
[19] *Feuerich/Braun,* § 14 Rdn. 19.
[20] *Feuerich/Braun,* § 14 Rdn. 19.
[21] *Feuerich/Braun,* § 14 Rdn. 21.
[22] BGHZ 186, 230 f. = EGE IX, 47 f.; BGH BRAK-Mitt. 1984, 35 f.; 1988, 208; *Feuerich/Braun,* § 14 Rdn. 24.
[23] BT-Drucks. III/120, S. 62.
[24] Gesetz v. 13. 12. 1989 (BGBl. I, S. 2135); dazu BT-Drucks. 11/3235, S. 20.
[25] BVerfGE 37, 67.

12 Besteht Anlaß zu der Annahme, daß der Rechtsanwalt infolge geistigen Gebrechens seine Angelegenheiten im Widerrufsverfahren nicht zu besorgen vermag, dann kann die LJV bei dem zuständigen Amtsgericht beantragen, dem Rechtsanwalt für dieses Verfahren einen Betreuer zuzuweisen (§ 16 Abs. 3 i. V. m. §§ 1896 ff. BGB).[26]

6. Schriftlicher Verzicht (Nr. 4)

13 Die Zulassung zur Rechtsanwaltschaft muß auch dann widerrufen werden, wenn der Rechtsanwalt auf die Rechte aus der Zulassung zur Rechtsanwaltschaft gegenüber der LJV schriftlich verzichtet. Die schriftliche **Verzichtserklärung** des Betroffenen ist notwendige Voraussetzung für das Eingreifen dieses Widerrufsgrundes.[27] Als einseitiges, empfangsbedürftiges Rechtsgeschäft ist der Verzicht jederzeit möglich und bis zum Zugang des Schriftstücks gem. § 130 Abs. 1 S. 2 BGB frei widerruflich.[28] Die allgemeinen Grundsätze der Rechtsgeschäftslehre gelten entsprechend.[29] Der Verzicht muß inhaltlich eindeutig und bestimmt sein. Wie jede andere rechtsgestaltende Willenserklärung ist er bedingungs- und befristungsfeindlich. Willensmängel, die lediglich die Motivationsebene der Erklärung betreffen, beeinträchtigen ihre Wirksamkeit nicht.[30]

14 Jede Form einer **behördlichen Einflußnahme** führt zur Unwirksamkeit des Verzichts.[31] Unzulässig ist es etwa, wenn LJV oder RAK den Verzicht mit dem Hinweis nahelegen, anderenfalls sei der Widerruf der Zulassung unausweichlich.[32] Der Verzichtende kann an einer derart fremdbeeinflußten Erklärung nach Treu und Glauben nicht festgehalten werden. Die Wirksamkeit des Verzichts ist unabhängig von der Bewertung durch die RAK. Niemand kann gegen seinen Willen in der Rechtsanwaltschaft festgehalten werden.

15 Ist die Zulassung aufgrund des **freiwilligen Verzichts** widerrufen worden, sieht das Gesetz keine Heilungsmöglichkeit vor.[33] Mit dem Widerruf enden alle Beziehungen zur Anwaltschaft und alle Rechte und Pflichten des Rechtsanwaltes. Der ehemalige Rechtsanwalt kann in diesem Fall lediglich die Wiederzulassung beantragen. Der vorangegangene Verzicht steht einer Wiederzulassung nicht entgegen.[34]

7. Richter, Beamte oder Soldaten (Nr. 5)

16 Die Zulassung muß auch dann widerrufen werden, wenn der Rechtsanwalt zum Richter oder Beamten auf Lebenszeit ernannt oder in das Dienstverhältnis

---

[26] *Feuerich/Braun,* § 14 Rdn. 34; *Jessnitzer/Blumberg,* § 14 Rdn. 6.
[27] BGH EGE XI, 35 f.; BGH BRAK-Mitt. 1987, 207 f.
[28] *Feuerich/Braun,* § 14 Rdn. 40 f.; *Isele,* § 14 Anm. IV. E. 2. c).
[29] Zur Anwendbarkeit der §§ 119 f. BGB: BGH EGE XI, 35 f.; BGH BRAK-Mitt. 1982, 73 f.; 1987, 207 f.; *Feuerich/Braun,* § 14 Rdn. 43; *Isele,* § 14 Anm. IV. E. 2. c). Zur Anwendbarkeit des § 123 BGB: EGH München BRAK-Mitt. 1986, 225 f.; *Feuerich/Braun,* § 14 Rdn. 45; *Ostler* BRAK-Mitt. 1987, 155 f. Zum Motivirrtum: EGH Hamm BRAK-Mitt. 1987, 209 f. Zum Grundsatz von Treu und Glauben: BGH EGE X, 35 f.; BGH BRAK-Mitt. 1987, 207 f.
[30] So zutreffend auch EGH Hamm BRAK-Mitt. 1987, 209 zum Irrtum über die Möglichkeit, mit einem späteren erneuten Antrag auf Zulassung auch wieder die Ernennung zum Notar erreichen zu können.
[31] EGH München BRAK-Mitt. 1986, 225 mit Anm. *Ostler* BRAK-Mitt. 1987, 155.
[32] BGH BRAK-Mitt. 1987, 207; EGE XI, 25.
[33] BGH BRAK-Mitt. 1982, 73 f.; 1987, 207 f.; EGH Hamm BRAK-Mitt. 1987, 209 f.; *Feuerich/Braun,* § 14 Rdn. 42.
[34] BGH EGE X, 84 f.

eines Berufssoldaten berufen wurde und er nicht auf die Rechte aus der Zulassung zur Rechtsanwaltschaft verzichtet hat.[35] Der Widerrufsgrund korrespondiert mit der Parallelvorschrift des § 7 Nr. 11. Seit dem Gesetz zur Änderung des Berufsrechts der Rechtsanwälte und der Patentanwälte vom 13. 12. 1989 wird auch das besondere Dienstverhältnis des Berufssoldaten berücksichtigt.[36] Das Gesetz geht davon aus, daß die in ein Beamtenverhältnis oder ein vergleichbares Rechtsverhältnis überwechselnden Rechtsanwälte von sich aus den Verzicht auf die Zulassung erklären werden.[37] Nur wenn eine Verzichtserklärung nicht vorliegt, muß der Weg über § 14 Abs. 2 Nr. 5 gewählt werden.

a) Verfassungsrechtliche Würdigung. Der Gesetzgeber ist im Rahmen der Grenzen generalisierender Normsetzung befugt, Inkompatibilitäten zwischen einzelnen Berufen festzulegen.[38] Dem verfassungsrechtlichen Gebot der Verhältnismäßigkeit ist durch die **Beschränkung** des Widerrufsgrundes auf die auf Lebenszeit ernannten bzw. berufenen Richter, Beamten und Berufssoldaten Rechnung getragen. Nicht auf Lebenszeit ernannten Richtern und Beamten kann gem. § 47 Abs. 1 S. 2 ein Vertreter bestellt werden oder die Ausübung des Anwaltsberufs selbst gestattet werden, wenn die Interessen der Rechtspflege dadurch nicht gefährdet werden. Den Rechtsanwälten wird damit ein **begrenzter Bestandsschutz** gewährleistet, da es für sie eine unverhältnismäßige Härte darstellen kann, wenn sie wegen jeder, nur vorübergehenden Wahrnehmung einer mit dem Anwaltsberuf unvereinbaren Tätigkeit aus der Anwaltschaft ausgeschlossen werden müßten.[39]

b) Generalisierende Betrachtung. Die LJV wird dem Rechtsanwalt regelmäßig eine **angemessene Frist** zur Abwicklung oder Übertragung seiner Kanzlei gewähren. Während dieser Übergangsfrist tritt die Gefährdung der Interessen der Rechtspflege zurück. Im übrigen setzt der Widerruf nicht voraus, daß tatsächlich im konkreten Einzelfall eine Gefährdung der Rechtspflege durch die LJV nachgewiesen wird oder die Aufgabe des Rechtsanwalts sonst Schaden nimmt. Selbst wenn dies ausnahmsweise nicht der Fall sein sollte, ist die Zulassung zu widerrufen.[40] Der BGH bejaht den zwingenden Widerrufsgrund auch für Rechtsanwälte, die nachträglich zu Professoren auf Lebenszeit ernannt werden.[41]

c) Angestellte im öffentlichen Dienst. Bei Angestellten im öffentlichen Dienst greift § 14 Abs. 2 Nr. 5 nicht. In Betracht kommt ein Widerruf nach Abs. 2 Nr. 9. Bei vorübergehender Tätigkeit im öffentlichen Dienst ruht die Zulassung gemäß § 47.

8. Widerruf gem. § 35 Abs. 1 (Nr. 6)

Da nach der Systematik der BRAO neben der generellen Zulassung zur Rechtsanwaltschaft eine Zulassung bei einem **bestimmten Gericht** bestehen muß, ist nach § 14 Abs. 2 Nr. 6 die allgemeine Zulassung zu widerrufen, wenn nach § 35 Abs. 1 die **lokale Zulassung** widerrufen wird. Trotz der systematischen Trennung zwischen allgemeiner und lokaler Zulassung soll eine Diskrepanz zwischen beiden Zulassungsformen vermieden werden. Es soll nicht möglich

---

[35] Vgl. § 14 Abs. 1 Nr. 6 a.F.
[36] BT-Drucks. 11/3253, S. 20.
[37] BT-Drucks. 11/3253, S. 20.Vgl. aber BGH BRAK-Mitt. 1995, 125.
[38] Dazu im einzelnen die Kommentierung zu § 7 Rdn. 102 ff.
[39] BGHZ 71, 23 (26) = NJW 1978, 1004; BGH EGH VII, 50 (53).
[40] BGH BRAK-Mitt. 1983, 86; 1984, 193.
[41] BGH BRAK-Mitt. 1984, 193; 1995, 214.

§ 14 21, 22   Zweiter Teil. Die Zulassung des Rechtsanwalts

sein, daß jemand als Rechtsanwalt zugelassen ist, ohne gleichzeitig bei einem bestimmten Gericht zugelassen zu sein.[42] Voraussetzung für den Widerruf der Zulassung nach § 14 Abs. 2 Nr. 6 ist eine ermessensfehlerfreie Entscheidung der LJV nach § 35 Abs. 1.[43]

9. Gerichtliche Anordnung der Beschränkung der Vermögensverfügungsbefugnis (Nr. 7)

21   In innerem Zusammenhang mit § 7 Nr. 10 sieht § 14 Abs. 2 Nr. 7 den Widerruf zwingend vor, wenn der Rechtsanwalt infolge gerichtlicher Anordnung in der Verfügung über sein Vermögen beschränkt ist. Bereits die RAO von 1878 kannte in § 22 einen fakultativen Zurücknahmegrund für diesen Fall. Auch § 15 Nr. 1 der ursprünglichen BRAO-Fassung stellte die Rücknahme der Zulassung in das Ermessen der Justizverwaltung. Man war der Ansicht, daß die Verfügungsbeschränkung nicht so schwer wiege, daß die Rücknahme zwingend vorgeschrieben werden müßte.[44] Erst durch das Gesetz zur Änderung des Berufsrechts der Rechtsanwälte und der Patentanwälte vom 13. 12. 1989 wurde die fakultative Rücknahmevorschrift in einen **zwingenden Widerrufsgrund** umgewandelt und damit der Schutz der rechtsuchenden Bevölkerung in den Vordergrund gestellt.[45] Die Fassung des § 14 Abs. 2 Nr. 7 verdeutlicht, daß der Widerrufsgrund nur solange gegeben ist, wie die Verfügungsbeschränkung andauert.[46] Ebenso wie bei § 14 Abs. 2 Nr. 5, jedoch in Abweichung zu Absatz 2 Nr. 8 ist eine konkrete Gefährdung der Rechtspflege nicht erforderlich.[47] Wegen der Voraussetzungen wird auf die Ausführungen zu § 7 Nr. 10 verwiesen.[48]

10. Vermögensverfall (Nr. 8)

22   a) **Regelungszweck.** § 14 Abs. 2 Nr. 8, der den Widerruf der Zulassung erzwingt, wenn der Rechtsanwalt in Vermögensverfall geraten ist, wurde als eigenständiger Widerrufsgrund erst durch Gesetz zur Änderung des Berufsrechts der Rechtsanwälte und der Patentanwälte vom 13. 12. 1989 eingefügt. Zwar sah bereits die BRAO von 1959 in § 15 Nr. 1 die Möglichkeit vor, die Zulassung zur Rechtsanwaltschaft zurückzunehmen, wenn der Rechtsanwalt in Vermögensverfall geraten war und dadurch die **Interessen der Rechtspflege** gefährdet wurden.[49] Ebenso wie für den Fall der Verfügungsbeschränkung[50] wurde die Rück-

---

[42] So bereits die amtliche Begründung zu dem ersten Entwurf einer Bundesrechtsanwaltsordnung, Anlage 2 zu BT-Drucks. I/3650, S. 22. Ebenso BT-Drucks. III/120, S. 63.
[43] Zu Einzelheiten s. die Kommentierung zu § 35 Rdn. 27 ff.
[44] Vgl. *Kalsbach*, § 15 Anm. 2, der als Beispiel die Anordnung vorläufiger Vormundschaft auf Grund eines Antrages auf Entmündigung wegen Verschwendungssucht nennt.
[45] So auch die amtl. Begründung in BT-Drucks. 11/3253, S. 20.
[46] Vgl. BT-Drucks. 11/3253, S. 20.
[47] So noch zur alten Gesetzesfassung BGH EGE XI, 27.
[48] Siehe oben § 7 Rdn. 120 ff.
[49] § 26 Ziff. 5 a RAO britZ stellte darauf ab, ob der Rechtsanwalt entweder durch seine persönlichen Verhältnisse oder die Art seiner Wirtschaftsführung die Belange der Rechtsuchenden gefährdete, vgl. dazu *Kalsbach*, § 15 Anm. 3.
Dagegen war der Gesetzgeber der RAO der Ansicht, daß auf einen entsprechenden Rücknahmegrund verzichtet werden konnte, da die Aufhebung aus diesem Grunde „der Handhabung der Disziplin überlassen werden" könne, vgl. RT-Drucks. 3/II. Session 1878, I. Band Nr. 5, S. 48 f. (wiedergegeben bei *Siegel*, S. 238).
[50] § 15 Nr. 1 BRAO a. F.

nahme in das Ermessen der LJV gestellt. Die gleichen Gründe, die zur Umwandlung des § 14 Abs. 2 Nr. 6 in einen zwingenden Widerrufsgrund führten, veranlaßten den Gesetzgeber auch beim Vermögensverfall zu einer entsprechenden Korrektur.[51] Es hatte sich gezeigt, daß die ehemalige „Kann-Vorschrift" des § 15 Nr. 1 den Interessen der Rechtsuchenden nicht ausreichend Rechnung trug.[52]

b) Widerlegliche Vermutung (Nr. 8 2. HS). Der Vermögensverfall wird ebenso wie in § 7 Nr. 9 widerlegbar[53] vermutet, wenn der Bewerber in das vom Konkursgericht oder vom Vollstreckungsgericht zu führende **Verzeichnis** (§ 107 Abs. 2 der Konkursordnung, § 915 der Zivilprozeßordnung) eingetragen ist.[54] Beweisanzeichen sind ferner die Erwirkung von Schuldtiteln und Vollstreckungsmaßnahmen gegen einen Rechtsanwalt.[55]

c) Gefährdung der Interessen der Rechtsuchenden. Der Widerruf der Zulassung ist ausgeschlossen, wenn durch den Vermögensverfall die Interessen der Rechtsuchenden nicht gefährdet werden. Die **Einschränkung des Widerrufs** der Zulassung gegenüber dem Versagungsgrund des § 7 Nr. 9 dient der Gewährleistung eines Bestandsschutzes für den bereits zugelassenen Rechtsanwalt. Nicht erforderlich ist im Gegensatz zur früheren Regelung in § 15 Nr. 1, daß die Gefährdung der Interessen der Rechtsuchenden positiv festgestellt wird. Der Widerruf unterbleibt nur ausnahmsweise, wenn durch den Vermögensverfall die Interessen der Rechtsuchenden *nicht* gefährdet sind.[56] Regelmäßig führt der Vermögensverfall zu einer Gefährdung der rechtsuchenden Bevölkerung.[57]

Der Rechtsanwalt muß **nachweisen,** daß eine entsprechende Gefährdung nicht gegeben ist.[58] Für diesen Nachweis sind grundsätzlich jene Vorsichts- und Sicherungsmaßnahmen zu Gunsten der Mandanten ungeeignet, die der Anwalt jederzeit verändern kann und die durch die LJV nicht kontrollierbar sind. So widerlegt die bloße Aufgabe der eigenen Kanzlei und die Aufnahme der Tätigkeit als **angestellter Rechtsanwalt** die Vermutung der Gefährdung der Belange der rechtsuchenden Bevölkerung nicht. Der Rechtsanwalt hätte es in der Hand, das Anstellungsverhältnis zu einem späteren Zeitpunkt aufzulösen und wieder selbständig als Rechtsanwalt tätig zu sein, ohne daß eine Kontrolle stattfände.[59] Selbst bei Fortbestehen des Anstellungsverhältnisses ist der Rechtsanwalt zudem nicht gehindert, eigene Mandate zu übernehmen und damit die Interessen der Rechtsuchenden zu gefährden.[60] Ebensowenig schließt die Einrichtung von Anderkonten die Gefährdung der rechtsuchenden Bevölkerung aus. Der Rechtsanwalt könnte angesichts seiner Verschuldung versucht sein, dem Drängen seiner Gläubiger nachzugeben und ihm anvertraute Gelder für eigene Zwecke zu verwenden.[61] Ungeeignet wäre auch die Erklärung des Rechtsanwalts, freiwillig auf

---

[51] Vgl. BT-Drucks. 11/3253, S. 20.
[52] *Vetter* BRAK-Mitt. 1990, 2 (4).
[53] BT-Drucks. 11/3253, S. 20.
[54] Wegen der Einzelheiten zu den Voraussetzungen des Vermögensverfalls vgl. oben § 7 Rdn. 117 ff.
[55] BGH BRAK-Mitt. 1991, 166; 1995, 29.
[56] *Vetter* BRAK-Mitt. 1990, 2 (4).
[57] BGH BRAK-Mitt. 1995, 28 f.; ferner *Laufhütte* DRiZ 1990, 431 (433); *Roggenbuck* NJ 1991, 206; *Feuerich/Braun,* § 14 Rdn. 63.
[58] BGH NJW 1991, 2083 (2084).
[59] BGH BRAK-Mitt. 1984, 194 (195).
[60] BGH BRAK-Mitt. 1987, 208 (209).
[61] BGH BRAK-Mitt. 1988, 50 (51).

solche Mandate verzichten zu wollen, die ihn in Kontakt mit Mandantengeldern bringen. Eine Gefährdung der Rechtsuchenden ist schließlich selbst dann noch zu befürchten, wenn der Rechtsanwalt für eine Übergangszeit überhaupt keine Konten unterhält, über die Mandantengelder laufen. Die jederzeit möglichen Veränderungen sind auch insoweit durch die LJV nicht kontrollierbar.[62]

Im gerichtlichen Verfahren ist es zu berücksichtigen, wenn ein Vermögensverfall nach Erlaß der Widerrufsverfügung nachträglich behoben wurde, etwa indem der Rechtsanwalt die Verpflichtungen aus einer „Vergleichs- und Ratenzahlungsvereinbarung" erfüllt.[63]

11. Unvereinbare Tätigkeit (Nr. 9)

26 **a) Entstehungsgeschichte.** Während die RAO von 1878 ursprünglich noch keinen dem § 14 Abs. 2 Nr. 9 entsprechenden Rücknahmegrund kannte, mußte nach § 21 a RAO in der Fassung vom 20. 12. 1934[64] die Zulassung unter Verweis auf § 5 Nr. 6 RAO zwingend zurückgenommen werden, wenn der Rechtsanwalt ein Amt bekleidete oder eine Beschäftigung betrieb, die mit dem Beruf des Rechtsanwalts nicht vereinbar war.[65] Die BRAO von 1959 stellte in § 15 Nr. 2 die Rücknahme der Zulassung in das Ermessen der LJV, wenn der Rechtsanwalt eine Tätigkeit ausübte, die mit dem Beruf oder mit dem Ansehen der Rechtsanwaltschaft nicht vereinbar war. Über das Erfordernis einer individuellen Prüfung sollten Härten vermieden werden.[66] Durch das Gesetz zur Änderung des Berufsrechts der Rechtsanwälte und Patentanwälte vom 13. 12. 1989[67] wurde zwar der in § 15 Nr. 2 enthaltene fakultative Rücknahmegrund in einen zwingenden Widerrufsgrund umgestaltet, doch führt der Widerruf zu denselben Wirkungen wie früher die Rücknahme.[68] Inhaltlich gab es keine wesentlichen Veränderungen. Der Widerruf darf nach der Neufassung nicht angeordnet werden, wenn er für den Betroffenen eine **unzumutbare Härte** bedeuten würde. Die Unzumutbarkeit des Widerrufs war bereits nach der alten Regelung bei der Prüfung zu berücksichtigen. Auch danach war abzuwägen, ob es trotz Vorliegens von Rücknahmegründen im Sinne des § 15 Nr. 2 bei der Zulassung zur Rechtsanwaltschaft zu verbleiben hatte.[69] Korrespondierend zur Neufassung des § 7 Nr. 8 sieht die BRAO-Novelle 1994 eine Änderung auch des § 14 Abs. 2 Nr. 9 vor. Der Gesetzgeber trägt damit einer Kernaussage der „Zweitberufs"-Entscheidung des BVerfG[70] Rechnung.

27 **b) Verfassungsmäßigkeit der Regelung.** Dem Gesetzgeber steht bei der Festlegung von Inkompatibilitäten wegen des hohen Rangs des Schutzguts

---

[62] *Feuerich/Braun,* § 14 Rdn. 69.
[63] BGH BRAK-Mitt. 1995, 29.
[64] RGBl. I, S. 1258 (1259). Der durch Gesetz v. 20. 7. 1933 (RGBl. I, S. 522) in die RAO eingefügte § 21 a regelte bis dahin die Rücknahme der Zulassung wegen dauernder Unfähigkeit des Rechtsanwalts infolge eines körperlichen Gebrechens oder wegen Schwäche seiner körperlichen oder geistigen Kräfte.
[65] Ein entsprechender Rücknahmegrund wurde auch in § 23 RRAO aufgenommen. Durch die RRAO von 1936 erfolgte eine Trennung der Rücknahmegründe in zwingende und fakultative Rücknahmegründe, vgl. *Noack,* § 22 Anm. 1, 5; §§ 23 u. 24.
[66] Vgl. *Kalsbach,* § 15 Anm. 4.
[67] BGBl. I, S. 2135.
[68] Vgl. § 34 Nr. 2, § 36 Abs. 1 Nr. 2 BRAO alte und neue Fassung.
[69] BGH NJW 1991, 2086 (2087).
[70] BVerfG NJW 1993, 317 = AnwBl. 1993, 120.

"Rechtspflege" trotz des Schutzes über Art. 12 GG ein weiter Gestaltungsspielraum zu. Die Härteklausel des Absatz 2 Nr. 9 2. Hs., die eine angemessene Berücksichtigung des Einzelfalles erlaubt, trägt den Bedenken Rechnung, die gegen die Zumutbarkeit der Regelung erhoben werden könnten. Einer Kontrolle am Maßstab des Art. 14 GG hält die Regelung ebenfalls stand. Die Kanzlei des Rechtsanwalts wird zwar durch das von Art. 14 GG gewährleistete Recht am eingerichteten und ausgeübten Gewerbebetrieb geschützt.[71] **Eigentumsschutz** genießt indes nicht die **Zulassung** als solche, sondern nur der in der **Praxis verkörperte Wert,** den ein Rechtsanwalt aufgrund der Zulassung erwirtschaftet hat.[72] Da der Rechtsanwalt nicht gehindert ist, seine Praxis zu verkaufen und damit den Vermögenswert zu realisieren, kommt dem Widerruf der Zulassung keine enteignende Wirkung zu.[73] Zwischen Art. 12 und Art. 14 GG besteht "schrankenrechtlich" gesehen Identität.[74] Die verfassungsrechtliche Beurteilung der Zulässigkeit von Einschränkungen und Bindungen kann bei den beiden funktional aufeinander bezogenen Grundrechten nicht unterschiedlich ausfallen.[75]

c) **Tatbestandliche Voraussetzungen.** Die Vereinbarkeit von weiteren Tätigkeiten mit dem Beruf eines Rechtsanwalts und seiner Stellung als unabhängigem Organ der Rechtspflege richtet sich nach den zu § 7 Nr. 8 entwickelten Kriterien.[76] Ein Widerruf kommt nicht in Betracht, wenn trotz bestehender Unvereinbarkeit der Widerruf der Zulassung für den Rechtsanwalt eine **unzumutbare Härte** bedeuten würde. Der Begriff der unzumutbaren Härte stellt nicht nur auf die wirtschaftlichen Folgen des Widerrufs, sondern auf alle Umstände ab, die mit ihm in Zusammenhang stehen.[77] Eine unzumutbare Härte ist insbesondere anzunehmen, wenn zunächst ein besonderer Vertrauenstatbestand geschaffen wurde, beispielsweise aufgrund der Duldung der anderen Tätigkeit über einen längeren Zeitraum.

Die Anerkennung von Fällen unzumutbarer Härte kann nur in **Ausnahmefällen** erfolgen. So bedarf ein Rechtsanwalt keines Schutzes, wenn er schon kurz nach seiner Anwaltszulassung eine unvereinbare Tätigkeit aufnimmt.[78] Hier befindet sich der Rechtsanwalt wirtschaftlich in einer ähnlichen Lage wie ein Bewerber, der zuerst den Anstellungsvertrag abschließt und sodann seine Zulassung zur Rechtsanwaltschaft beantragt. Die Erleichterungen des § 14 Abs. 2 Nr. 9 dürfen zu keiner Umgehung des § 7 Nr. 9 führen. Nach dem Grundsatz der Verhältnismäßigkeit hat der Vorstand der RAK den Rechtsanwalt zunächst über die Unzulässigkeit seiner Tätigkeit zu belehren[79] und darauf hinzuwirken, daß der Rechtsanwalt "den beanstandeten Zustand beseitigt".[80]

---

[71] *Papier,* in: Maunz/Dürig Art. 14 Rdn. 98; *Kimminich,* in: Bonner Kommentar, GG, Art. 14 Rdn. 95 ff; *Heydt* NJW 1974, 1229; *Leisner* NJW 1974, 478 (479 ff.); ähnlich bereits *Schwarz* AnwBl. 1955, 222 (225); offengelassen noch durch BGHZ 65, 241 (244) = NJW 1976, 520.
[72] BGHZ 97, 204 = NJW 1986, 2499 (2500); *Leisner* NJW 1974, 478 (481 f.); *Heydt* NJW 1974, 1229.
[73] Vgl. *Heydt* NJW 1974, 1229 (1230).
[74] Vgl. *Scholz,* in: Maunz/Dürig Art. 12 Rdn. 142; *Papier,* in: Maunz/Dürig Art. 14 Rdn. 208.
[75] BVerfGE 50, 290 (365) = NJW 1979, 699; BGHZ 97, 204 = NJW 1986, 2499 (2500).
[76] Vgl. die Anmerkungen zu § 7 Rdn. 66 ff.
[77] EGH Celle BRAK-Mitt. 1990, 249.
[78] BGHZ 97, 204 (211) = NJW 1986, 2499.
[79] § 73 Abs. 2 Nr. 1 BRAO.
[80] *Vetter* BRAK-Mitt. 1990, 2 (4).

§ 15   Zweiter Teil. Die Zulassung des Rechtsanwalts

12. Fehlende Berufshaftpflichtversicherung (Nr. 10)

30 Eine der wichtigsten Neuerungen der BRAO-Novelle 1994 ist die Einführung einer gesetzlichen Berufshaftpflichtversicherung in § 51. Die Effizienz dieser Maßnahme zum Schutz der Mandanten wird durch verschiedene Ergänzungsbestimmungen abgesichert. So darf nach § 12 Abs. 2 S. 2 die **Zulassungsurkunde** erst ausgehändigt werden, wenn der zumindest vorläufige Versicherungsschutz nachgewiesen wird. Im Interesse des Schutzes des rechtsuchenden Publikums ist nach § 14 Abs. 2 Nr. 10 die Zulassung zu widerrufen, wenn der Rechtsanwalt die vorgeschriebene Berufshaftpflichtversicherung nicht (mehr) unterhält.[81] Der Ausschluß des Rechtsanwalts, der gegen seine gesetzliche Berufspflicht verstößt, ist verfassungsrechtlich nicht zu beanstanden. Der Mandant muß darauf vertrauen können, daß etwaige Schadensersatzansprüche gegen den Rechtsanwalt im Rahmen des vorgeschriebenen Versicherungsschutzes durchsetzbar sind. Für das Notariatswesen besteht mit § 50 Abs. 1 Nr. 8 BNotO bereits eine entsprechende Regelung.[82]

V. Änderungen aufgrund des EGInsO

31 Durch das Einführungsgesetz zur Insolvenzordnung (EGInsO) vom 5. Oktober 1994 ist auch die BRAO betroffen. Artikel 16 EGInsO sieht Änderungen des § 14 vor, die zum 1. Januar 1999 in Kraft treten:[83] So werden die Nr. 7 aufgehoben, die bisherigen Nr. 8 und 9 werden die neuen Nummern 7 und 8. Die neue Nr. 7 wird wie folgt gefaßt:

„*7. Wenn der Rechtsanwalt in Vermögensverfall geraten ist, es sei denn, daß dadurch die Interessen der Rechtsuchenden nicht gefährdet sind; ein Vermögensverfall wird vermutet, wenn ein Insolvenzverfahren über das Vermögen des Rechtsanwalts eröffnet oder der Rechtsanwalt in das vom Insolvenzgericht oder vom Vollstreckungsgericht zu führende Verzeichnis (§ 26 Abs. 2 InsO, § 915 ZPO) eingetragen ist.*"

§ 15 Ärztliches Gutachten im Widerrufsverfahren

In Verfahren wegen des Widerrufs der Zulassung zur Rechtsanwaltschaft nach § 14 Abs. 2 Nr. 3 sind § 8 a Abs. 1 und 2 sowie § 16 Abs. 6 entsprechend anzuwenden. Wird das Gutachten ohne zureichenden Grund nicht innerhalb der von der Landesjustizverwaltung gesetzten Frist vorgelegt, so wird vermutet, daß der Rechtsanwalt aus einem Grund des § 14 Abs. 2 Nr. 3, der durch das Gutachten geklärt werden soll, nicht nur vorübergehend unfähig ist, seinen Beruf ordnungsmäßig auszuüben.

Übersicht

	Rdn.		Rdn.
I. Entstehungsgeschichte und Normzweck................	1	II. Untersuchungspflicht................	2, 3

---

[81] Vgl. Begründung zum Entwurf in BT-Drucks. 12/4949, S. 25.
[82] Eine entsprechende Regelung enthält zudem der durch den Einigungsvertrag aufrechterhaltene § 16 Abs. 3 Nr. 8 des Rechtsanwaltsgesetzes.
[83] BGBl. I, S. 2916 f.

I. Entstehungsgeschichte und Normzweck

Die Vorschrift ist erst durch die BRAO-Novelle aus dem Jahre 1989[1] eingefügt worden. Vorbilder existieren nicht. Ohne die in § 15 vorgesehene Möglichkeit, ein ärztliches Gutachten zu verlangen, wäre die Prüfung des Widerrufsgrundes des § 14 Abs. 2 Nr. 3 mit erheblichen Schwierigkeiten verbunden. Der Rechtsanwalt, der eine ärztliche Begutachtung seines Körper- oder Geisteszustandes **ablehnte,** konnte die Anwendbarkeit des § 14 Abs. 2 Nr. 3 praktisch unterlaufen.[2] Ebenso wie über die für Zulassungsverfahren geltende Bestimmung des § 8 a wollte man auch im Widerrufsverfahren diesen mißlichen Zustand abstellen. Die Vorschrift bezweckt einen effizienten Schutz des rechtsuchenden Publikums vor Berufskollegen, die aufgrund körperlicher oder geistiger Schwächen keine Gewähr für eine ordnungsgemäße und sorgfältige Berufsausübung bieten. Die verfassungsrechtliche Würdigung entspricht derjenigen des § 8a.[3] Der Richtervorbehalt gewährleistet die verfassungsrechtliche Unbedenklichkeit des Zwangs zur Gesundheitsuntersuchung.

1

II. Die Untersuchungspflicht

Die Landesjustizverwaltungen müssen dem Rechtsanwalt eine angemessene Frist setzen, die es ihm ermöglicht, ein ärztliches Gutachten über seinen Gesundheitszustand beizubringen. Nach § 15 i. V. m. § 8 a Abs. 1 S. 3 trägt der Bewerber die Kosten des Gutachtens. Das gilt selbst dann, wenn das erste Gutachten nicht ausreicht und/oder eine weitere Untersuchung erforderlich wird. Die Anordnung der Gesundheitsuntersuchung ist zu begründen (§ 15 i. V. m. § 8 a Abs. 2). Die erforderliche **Rechtsmittelbelehrung** muß den Bewerber über die Möglichkeit des Antrages auf gerichtliche Entscheidung und die Folgen des § 15 informieren. Hält der Bewerber die Anordnung der Gesundheitsuntersuchung für rechtswidrig, steht ihm der Antrag auf gerichtliche Entscheidung offen. Die Anfechtungsfrist beträgt einen Monat.

2

Läßt der Rechtsanwalt die durch die LJV gesetzte **Frist verstreichen,** ohne das ärztliche Gutachten beigebracht oder einen Antrag auf gerichtliche Entscheidung gestellt zu haben, wird die **Widerrufsfiktion** des § 15 ausgelöst. Die Widerrufsfiktion greift auch dann, wenn das vom Rechtsanwalt vorgelegte Gutachten als Entscheidungsgrundlage für die RAK nicht ausreicht, der Rechtsanwalt gleichwohl ein Zweitgutachten ablehnt und auch keine gerichtliche Entscheidung beantragt.[4] Wehrt er sich gerichtlich gegen die Anforderung des Gutachtens, so hat der Antrag auf gerichtliche Entscheidung gemäß § 15 i. V. m. § 16 Abs. 6 Suspensiveffekt.[5]

3

---

[1] Gesetz zur Änderung des Berufsrechts der Rechtsanwälte und der Patentanwälte vom 13. 12. 1989 (BGBl. I, S. 2135 f.).
[2] *Vetter* BRAK-Mitt. 1990, 2 (3).
[3] Vgl. die Kommentierung zu § 8 a Rdn. 3 ff.
[4] *Feuerich/Braun,* § 8 a Rdn. 6.
[5] *Kleine-Cosack,* § 15.

§ 16 Verfahren bei Rücknahme oder Widerruf

(1) Die Rücknahme oder der Widerruf der Zulassung zur Rechtsanwaltschaft wird von der Justizverwaltung des Landes verfügt, in dem der Rechtsanwalt zugelassen ist.

(2) Vor der Rücknahme oder dem Widerruf sind der Rechtsanwalt und der Vorstand der Rechtsanwaltskammer zu hören.

(3) Ist der Rechtsanwalt wegen einer psychischen Krankheit oder einer körperlichen, geistigen oder seelischen Behinderung zur Wahrnehmung seiner Rechte in dem Verfahren nicht in der Lage, bestellt das Amtsgericht auf Antrag der Landesjustizverwaltung einen Betreuer als gesetzlichen Vertreter in dem Verfahren; die Vorschriften des Gesetzes über die Angelegenheiten der freiwilligen Gerichtsbarkeit für das Verfahren bei Anordnung einer Betreuung nach § 1896 bis 1908 i des Bürgerlichen Gesetzbuchs sind entsprechend anzuwenden. Zum Betreuer soll ein Rechtsanwalt bestellt werden.

(4) Die Rücknahme- oder Widerrufsverfügung ist mit Gründen zu versehen. Sie ist dem Rechtsanwalt zuzustellen und dem Vorstand der Rechtsanwaltskammer mitzuteilen.

(5) Gegen die Rücknahme oder den Widerruf der Zulassung zur Rechtsanwaltschaft kann der Rechtsanwalt innerhalb eines Monats nach der Zustellung der Verfügung bei dem Anwaltsgerichtshof den Antrag auf gerichtliche Entscheidung stellen. Zuständig ist der Anwaltsgerichtshof bei dem Oberlandesgericht, in dessen Bezirk der Rechtsanwalt zugelassen ist.

(6) Der Antrag auf gerichtliche Entscheidung hat aufschiebende Wirkung. Sie entfällt, wenn die Landesjustizverwaltung im überwiegenden öffentlichen Interesse die sofortige Vollziehung ihrer Verfügung besonders anordnet. Im Falle des § 14 Abs. 2 Nr. 10 ist die Anordnung in der Regel zu treffen. Das besondere Interesse an der sofortigen Vollziehung ist schriftlich zu begründen. Auf Antrag des Rechtsanwalts kann der Anwaltsgerichtshof, in dringenden Fällen ohne mündliche Verhandlung, die aufschiebende Wirkung wiederherstellen. Die Entscheidung ist nicht anfechtbar; sie kann vom Anwaltsgerichtshof jederzeit aufgehoben werden.

(7) Ist die sofortige Vollziehung angeordnet, sind § 155 Abs. 2, 4 und 5, § 156 Abs. 2, § 160 Abs. 2 und § 161 entsprechend anzuwenden.

Übersicht

	Rdn.
I. Entstehungsgeschichte und Normzweck	1, 2
II. Rücknahme- und Widerrufsverfahren (Abs. 1–4)	3–12
1. Zuständige Behörde	3
2. Verfahrensgrundsätze	4
a) Amtsermittlungsgrundsatz	5
b) Rechtliches Gehör	6
c) Bestellung eines Betreuers (Abs. 3)	7
d) Begründungspflicht gegenüber dem Betroffenen	8
e) Anspruch der RAK auf rechtliches Gehör	9
f) Mitteilungspflicht an den Vorstand der RAK	10
3. Entscheidung der LJV	11
a) Einstellung des Verfahrens	11
b) Erlaß der Rücknahme- oder Widerrufsverfügung	12

	Rdn.		Rdn.
III. Gerichtliche Überprüfung der Entscheidung (Abs. 5. Abs. 6, S. 1)............................	13–19	IV. Sofortige Vollziehung der Rücknahme oder Widerrufsentscheidung...........................	20–23
1. Antragsfrist........................	13	1. Anordnungsgrund................	20
2. Antragsgründe.....................	14	2. Fallbeispiele	21
3. Wirkungen des Antrags........	15	3. Begründungspflicht (Abs. 6	
a) Suspensiveffekt (Abs. 6 S. 1).	16	S. 4)..................................	22
b) Devolutiveffekt.................	18	4. Rechtswirkungen der Anordnung (Abs. 7)..................	23
c) Aussetzung des Verfahrens	19		
		V. Wiederherstellung der aufschiebenden Wirkung (Abs. 6 S. 5, 6).	24

I. Entstehungsgeschichte und Normzweck

Die Bestimmung entspricht in Absatz 1, 2 und 4 nahezu wörtlich § 23 der 1 RAO v. 1. 7. 1878. Eine gerichtliche Nachprüfung sah die erste deutsche anwaltliche Berufsordnung jedoch nicht vor.[1] Erst der durch Gesetz vom 20. Juli 1933 eingeführte § 21 a RAO brachte für den neu eingefügten Rücknahmegrund der „Schwäche der körperlichen oder geistigen Kräfte" ein sog. „objektives Feststellungsverfahren",[2] das durch § 25 RRAO übernommen wurde.[3] Es erscheint grotesk, daß die Zeit des Nationalsozialismus für die Rechtsanwälte in diesem Punkt eine – wenn auch unzulängliche – Verbesserung des Rechtsschutzes brachte.[4] Die Nachkriegsregelungen enthielten z. T. der RRAO nachgebildete Vorschriften.[5] Die BRAO statuiert erstmals eine an Art. 19 Abs. 4 GG orientierte Rechtsweggarantie für den durch Rücknahme oder Widerruf belasteten Rechtsanwalt. Durch Gesetz zur Änderung des Berufsrechts der Rechtsanwälte und der Patentanwälte vom 13. 12. 1989[6] wurde § 16 nicht nur sprachlich an das Verwaltungsverfahrensgesetz angepaßt. Auch der **Rechtsschutz** wurde noch weiter ausgebaut. § 16 Abs. 3 sieht seither nach dem Vorbild des § 26 Abs. 1 S. 3 BRRG die Möglichkeit vor, demjenigen Rechtsanwalt, der seine Rechte in dem Rücknahme- und Widerrufsverfahren wegen körperlicher oder geistiger Gebrechen nicht wahrnehmen kann, einen **Betreuer** an die Seite zu stellen. Im Zuge der BRAO-Novelle 1994 wurden in § 16 Abs. 3 die Änderungen des Betreuungsgesetzes v. 12. 9. 1990 berücksichtigt und für den Widerrufsgrund des § 14 Abs. 2 Nr. 10 die Regelanordnung der sofortigen Vollziehung der Widerrufsverfügung vorgesehen. Auf diese Weise wird verhindert, daß im Zeitraum der gerichtlichen Überprüfung Mandanten Vermögensschäden erleiden, die von keiner Berufshaftpflichtversicherung gedeckt sind.[7]

§ 16 soll ein ordnungsgemäßes, rechtsstaatliches **Verwaltungsverfahren** für 2 Rücknahme und Widerruf der Rechtsanwaltszulassung gewährleisten. Anhörungsrecht des Rechtsanwalts, Antrag auf gerichtliche Entscheidung und Fragen des einstweiligen Rechtsschutzes stehen im Vordergrund der Bestimmungen und genügen den Anforderungen der justiziellen Grundrechte. Die rechtsstaatlichen Sicherungen stehen in einem Spannungsverhältnis zum notwendigen Schutz des

---

[1] *Isele,* § 16 Anm. I. A. 1.
[2] Vgl. dazu im einzelnen: *Noack,* § 26 Anm. 1–8.
[3] *Isele,* § 16 Anm. I. A. 1.
[4] So bereits: *Friedlaender,* § 23 Rdn. 4; *Isele,* § 16 Anm. I. A. 2.
[5] Etwa § 29 RAObritZ; *Isele,* § 16 Anm. I. A. 3.
[6] BGBl. I, S. 2135.
[7] BT-Drucks. 12/4993, S. 25.

§ 16 3–6   Zweiter Teil. Die Zulassung des Rechtsanwalts

Rechtsuchenden vor unqualifiziertem Rechtsrat und der Sicherung der Integrität der Rechtsanwaltschaft. Das Gesetz schafft einen wohlabgewogenen Ausgleich, indem es der LJV unter bestimmten Umständen die Möglichkeit einräumt, die Rücknahme- oder Widerrufsverfügung für **sofort vollziehbar** zu erklären. Nach dem Vorbild des § 80 Abs. 5 VwGO steht dem Rechtsanwalt das Recht zu, die aufschiebende Wirkung gerichtlich wiederherstellen zu lassen.

II. Rücknahme- und Widerrufsverfahren (Abs. 1–4)

1. Zuständige Behörde

3   Das Rücknahme- und Widerrufsverfahren liegt in den Händen der örtlich zuständigen Landesjustizverwaltung, die ihrerseits an die für ein rechtsstaatliches Verwaltungsverfahren geltenden allgemeinen und besonderen Verfahrensgrundsätze gebunden ist. Zuständig für den Erlaß der Rücknahme- bzw. Widerrufsverfügung ist die **Justizverwaltung des Landes**, in dem der Rechtsanwalt zugelassen ist. Sofern der Rechtsanwalt sein Recht auf Zulassungswechsel in ein anderes Bundesland (§ 33) in Anspruch genommen hat, ist dessen LJV zuständig. § 224 ermöglicht es den Landesjustizverwaltungen, ihre Befugnisse auf nachgeordnete Behörden **zu übertragen**. Die Bundesländer haben von dieser Möglichkeit weitgehend Gebrauch gemacht.[8] Ist das Rücknahme- bzw. Widerrufsverfahren bei einer bestimmten LJV bereits eingeleitet worden, und stellt der Betroffene nachträglich einen Antrag auf Zulassungswechsel, um der drohenden Entscheidung der LJV zu entgehen, kann der beantragte Wechsel der Zulassung aus Gründen der Sachdienlichkeit ausgesetzt werden, bis über die Rücknahme bzw. den Widerruf der Zulassung entschieden worden ist.[9] § 33 Abs. 2 ist in diesem Fall zwar nicht unmittelbar einschlägig, die Aussetzung des Verfahrens wird jedoch allgemein für sachdienlich gehalten.[10]

2. Verfahrensgrundsätze

4   Für die Verfahren der Landesjustizverwaltungen, an deren Ende der rechtsgestaltende Verwaltungsakt der Rücknahme oder des Widerrufs stehen kann, gelten die allgemeinen und bestimmten besonderen Verfahrensgrundsätze für ein rechtsstaatliches Verwaltungsverfahren.

5   a) **Amtsermittlungsgrundsatz.** Im Gegensatz zum Zulassungsverfahren gibt es im Rücknahme- und Widerrufsverfahren nach § 16 keinen Antragsteller.[11] Es gilt der Amtsermittlungsgrundsatz. Eine Anregung zur Zulassungsrücknahme oder zum Widerruf kann jedermann geben.[12] Eine Verpflichtung, Anregungen oder eigenen Beobachtungen nachzugehen, trifft nach § 73 Abs. 1 Nr. 4 den Vorstand der Rechtsanwaltskammer und im übrigen die LJV bzw. die ihr nachgeordneten Behörden.[13]

6   b) **Rechtliches Gehör.** Wegen der Bedeutung der bevorstehenden Verfügung der LJV ist die Anhörung des Betroffenen nach § 16 Abs. 2 zwingend

---

[8] Vgl. zu den verschiedenen landesrechtlichen Regelungen: § 224 Rdn. 8 ff.
[9] BGH EGE XI, 65; EGH München EGE XI, 144; EGH Celle EGE XII, 101; *Feuerich/Braun*, § 16 Rdn. 2; *Isele*, § 16 Anm. I. C. 5.
[10] BGH EGE XI, 65; EGH München EGE XI, 144; EGH Celle EGE XII, 101; *Feuerich/Braun*, § 16 Rdn. 2; *Isele*, § 16 Anm. I. C. 5.
[11] *Isele*, § 16 Anm. I. B. 1.
[12] *Feuerich/Braun*, § 16 Rdn. 3.
[13] *Feuerich/Braun*, § 16 Rdn. 3; *Isele*, § 16 Anm. I. B. 2.

vorgeschrieben.[14] Dem Rechtsanwalt muß Gelegenheit gegeben werden, sich zur Frage der Zulassungsrücknahme oder des Widerrufs zu äußern.[15] Die LJV kann dem Rechtsanwalt eine **angemessene Frist** zur Stellungnahme setzen.[16] Eine unangemessen kurze Frist käme einer Verweigerung des rechtlichen Gehörs gleich.[17] Gleichwohl führt die Nichtanhörung des Betroffenen nicht zu einem unheilbaren Verfahrensmangel. Im Rahmen des durch den Betroffenen beantragten gerichtlichen Verfahrens kann die Anhörung rechtswirksam nachgeholt werden.[18] Äußert sich der Betroffene nicht, obwohl er hinreichend Gelegenheit dazu erhalten hat, kann die LJV auch ohne dessen rechtliche Stellungnahme entscheiden.

c) Bestellung eines Betreuers (Abs. 3). Die Bestellung eines Betreuers 7 gem. § 16 Abs. 3 dient ebenfalls der Gewährleistung **rechtlichen Gehörs**. Derjenige Rechtsanwalt, dem die Zulassungsrücknahme oder der Widerruf droht und der aufgrund seiner körperlichen, geistigen oder seelischen Behinderung nicht in der Lage ist, seine Verfahrensrechte wahrzunehmen, soll durch den bestellten Betreuer vertreten werden. Da die Rechte des Betroffenen am besten durch einen Rechtsanwalt wahrgenommen werden können, sieht § 16 Abs. 3 S. 3 als **Sollvorschrift** die Bestellung eines Anwaltes vor. Der Anwendungsbereich der Vorschrift ist nicht auf den Fall des § 14 Abs. 2 Nr. 3 beschränkt.[19] Die Bestellung eines Betreuers kann auch dann angemessen erscheinen, wenn die Behinderung für diesen Versagungsgrund nicht ausreicht, eine sachgerechte Vertretung der eigenen Interessen jedoch nicht zu vermuten ist.

d) Begründungspflicht gegenüber dem Betroffenen. Der Bewerber muß 8 die Gründe nachvollziehen können, die den Eingriff in seine Berufsausübungsfreiheit rechtfertigen sollen. § 16 Abs. 4 verpflichtet daher die Landesjustizverwaltungen, die Rücknahme- oder Widerrufsverfügung zu begründen. Die Begründung ermöglicht und erleichtert zugleich die anwaltsgerichtliche Überprüfung der Rechtmäßigkeit der Anordnung. Einer **Rechtsmittelbelehrung** bedarf es nicht.[20] Diese Entscheidungspraxis ist nach verwaltungsrechtlichen Grundsätzen nicht unproblematisch, angesichts der besonderen fachlichen Qualifikation des Adressatenkreises aber verfassungsrechtlich nicht zu beanstanden.

e) Anspruch der RAK auf rechtliches Gehör. Der Vorstand der RAK ist 9 vor Abschluß des Rücknahme- bzw. Widerrufsverfahrens ebenfalls zu hören, damit schon in einem frühen Stadium eine umfassende Prüfung des Sachverhalts sichergestellt ist.[21] Eine Verpflichtung des Kammervorstands zur **Stellungnahme** ergibt sich zwar nicht unmittelbar aus dem Gesetz, wohl aber aus seiner rechtlichen Stellung als Handlungsorgan einer öffentlich-rechtlichen Körperschaft, der die Wahrung der Interessen der Rechtsanwaltschaft obliegt.

f) Mitteilungspflicht an den Vorstand der RAK. Zur Stärkung der Betei- 10 ligungsrechte der Rechtsanwaltskammer in den Zulassungsangelegenheiten sieht § 16 Abs. 4 S. 2 seit der Neuregelung 1989 vor,[22] daß jede Entscheidung der LJV,

---

[14] *Bülow*, § 16 Anm. 3; *Feuerich/Braun*, § 16 Rdn. 4.
[15] *Isele*, § 16 Anm. II. B.1.
[16] *Feuerich/Braun*, § 16 Rdn. 6.
[17] *Feuerich/Braun*, § 16 Rdn. 6; *Isele*, § 16 Anm. II. B. 5.
[18] *Isele*, § 16 Anm. II. B. 5.
[19] Ebenso *Feuerich/Braun*, § 16 Rdn. 7; *Jessnitzer/Blumberg*, § 16 Rdn. 3.
[20] BGHZ 107, 281 = NJW 1989, 2889 = BRAK-Mitt. 1989, 156; dazu auch: *Feuerich/Braun*, § 16 Rdn. 11; *Jessnitzer/Blumberg*, § 16 Rdn. 4; *Kleine-Cosack*, § 16 Rdn. 3.
[21] BT-Drucks. III./120, S. 63.
[22] Dazu BT-Drucks. 11/3253, S. 21.

§ 16 11–14　　　　　Zweiter Teil. Die Zulassung des Rechtsanwalts

d. h. sowohl die Rücknahme- bzw. Widerrufsverfügung als auch die Einstellung des Verfahrens mit Gründen zu versehen und der RAK mitzuteilen ist.

3. Entscheidung der LJV

11　　**a) Einstellung des Verfahrens.** Stellt die LJV nach Abschluß ihrer Ermittlungen und Anhörung der Beteiligten fest, daß ein Rücknahme- oder Widerrufsgrund entgegen der ursprünglichen Anhaltspunkte nicht gegeben ist, so teilt sie das Ergebnis ihrer Prüfung dem Rechtsanwalt und dem Kammervorstand formlos mit.[23] Das Gesetz sieht zwar keine entsprechende Verpflichtung vor, eine Mitteilung über die Einstellung des Verfahrens dürfte nach dem Grundsatz eines fairen Verfahrens (Art. 19 Abs. 4 GG) jedoch vorausgesetzt werden dürfen.[24]

12　　**b) Erlaß der Rücknahme- oder Widerrufsverfügung.** Der rechtsgestaltende Verwaltungsakt der LJV ist die Rücknahme- bzw. Widerrufsverfügung. Er belastet den betroffenen Rechtsanwalt ab Zustellung des Verwaltungsaktes i. S. v. § 229.

III. Gerichtliche Überprüfung der Entscheidung (Abs. 5, Abs. 6 S. 1)

1. Antragsfrist

13　　Hält der betroffene Rechtsanwalt oder dessen Betreuer (§ 16 Abs. 3) die Rücknahme- oder Widerrufsverfügung der LJV für rechtswidrig, kann er binnen **Monatsfrist** beim zuständigen Anwaltsgerichtshof einen Antrag auf gerichtliche Entscheidung stellen. Gegen die Entscheidung des zuständigen Anwaltsgerichtshofs gibt es keine Rechtsmittel, weil es sich um ein Verfahren nach den §§ 37 bis 42 handelt und keiner der in § 42 Abs. 1 genannten Fälle gegeben ist.[25] Stellt der Betroffene innerhalb der Frist keinen Antrag, wird die Verfügung mit Ablauf der Frist bestandskräftig. Die Zulassung bei einem Gericht erlischt und der Rechtsanwalt ist in der Liste der zugelassenen Rechtsanwälte zu löschen (vgl. § 17 Abs. 1, § 34 Nr. 2, § 36 Abs. 1 Nr. 2, § 55 Abs. 5, § 139 Abs. 3 Nr. 1).[26]

2. Antragsgründe

14　　Eine Begründung des Antrags ist **nicht erforderlich.** Wegen des Amtsermittlungsgrundsatzes reicht es aus, wenn der Betroffene lediglich den Antrag auf gerichtliche Entscheidung stellt. Die Zweckmäßigkeit einer Begründung steht außer Frage.

Die **Anfechtung** der Rücknahme- bzw. Widerrufsverfügung kann auf Willensmängel bei der Abgabe einer Verzichtserklärung gemäß § 14 Abs. 2 Nr. 4 gestützt werden.[27] Ein beiderseitiger Irrtum über die Grundlagen des bestehenden Rechtsverhältnisses kann trotz des öffentlich-rechtlichen Charakters dieser Beziehung unter dem Gesichtspunkt von Treu und Glauben rechtserheblich sein.[28]

---

[23] *Feuerich/Braun,* § 16 Rdn. 10; *Isele,* § 16 Anm. III. A. 2.
[24] Ähnlich: *Isele,* § 16 Anm. III. A. 2.
[25] BGH Beschl. v. 17. 12. 1990 – AnwZ (B) 69/90; *Feuerich/Braun,* § 8 a Rdn. 3.
[26] Vgl. auch: *Feuerich/Braun,* § 16 Rdn. 17.
[27] *Feuerich/Braun,* § 16 Rdn. 18.
[28] BGH BRAK-Mitt. 1987, 207.

3. Wirkungen des Antrags

Der innerhalb der gesetzlichen Frist beim Anwaltsgerichtshof eingegangene 15
Antrag auf gerichtliche Entscheidung wirkt auf die Vollziehbarkeit der Rücknahme- bzw. Widerrufsverfügung ein.

a) Suspensiveffekt (Abs. 6 S. 1). Der Antrag hat gemäß § 16 Abs. 6 S. 1 16
aufschiebende Wirkung. Die Vorschrift des § 16 Abs. 6 ist § 80 Abs. 1 VwGO
nachgebildet,[29] so daß bei Interpretationsfragen die zu dieser Norm ergangene
reichhaltige Literatur und Rechtsprechung herangezogen werden kann.[30] Der
Suspensiveffekt soll vermeiden, daß vollendete Tatsachen geschaffen werden und
ein behutsames Vorgehen ermöglichen.[31] Die aufschiebende Wirkung **führt
dazu**, daß die Rücknahme- bzw. Widerrufsverfügung in praktischer Hinsicht
folgenlos bleibt. Das hat wiederum zur Konsequenz, daß alle Maßnahmen i. S. d.
§ 156 Abs. 2, § 160 Abs. 2 und § 161 nicht ergriffen werden dürfen.[32] Der
Rechtsanwalt genießt weiterhin die Rechtsstellung als Vollmitglied der Kammer.

Die aufschiebende Wirkung **endet** mit Abschluß des anwaltsgerichtlichen 17
Verfahrens.[33] Unter Bezugnahme auf die zu § 80 Abs. 1 VwGO vertretenen
Meinungsunterschiede zwischen der h. M. in der Literatur[34] und der Rechtsprechung[35] werden auch im Zusammenhang mit § 16 Abs. 6 die Voraussetzungen
der aufschiebenden Wirkung kontrovers diskutiert.[36] Als Mindestvoraussetzung
für den Eintritt der aufschiebenden Wirkung des Antrags auf gerichtliche Entscheidung ist zu fordern, daß der Antrag innerhalb der Monatsfrist des § 16
Abs. 5 S. 1 gestellt wurde. Ob der Antrag das Wirksamwerden des Verwaltungsaktes hinausschiebt, so die Wirksamkeitstheorie,[37] oder aber den Vollzug hemmt,
so die Vollziehbarkeitstheorie,[38] spielt für Rücknahme und Widerruf von Anwaltszulassungen eine untergeordnete Rolle. Die Rücknahme- bzw. Widerrufsverfügung bedarf keiner besonderen Vollziehung; sie trägt ihre Vollziehung
gleichsam in sich.[39]

b) Devolutiveffekt. Einen Devolutiveffekt in dem Sinne, daß eine überge- 18
ordnete Behörde die Möglichkeit erhielte, vor der gerichtlichen Entscheidung
über Recht- und Zweckmäßigkeit der Rücknahme- bzw. Widerrufsentscheidung selbständig zu befinden, **gibt es** im Rücknahme- und Widerrufsverfahren
nach der BRAO **nicht**. Der Anwaltsgerichtshof ist nicht gehindert, einen rechtlichen Gesichtspunkt, den die LJV in der Verfügung nicht berücksichtigt hat,
aufzugreifen und danach zu entscheiden.[40]

c) Aussetzung des Verfahrens. Eine Aussetzung des gerichtlichen Verfah- 19
rens kommt in Betracht, wenn der Sachverhalt, der die Zulassungsrücknahme

---

[29] Vgl. andeutungsweise BT-Drucks. III/120, S. 63.
[30] *Jessnitzer/Blumberg*, § 16 Rdn. 6; *Kleine-Cosack*, § 16 Rdn. 5.
[31] BT-Drucks. III/120, S. 63; *Bülow*, § 16 Anm. 8.
[32] *Feuerich/Braun*, § 16 Rdn. 19; *Jessnitzer/Blumberg*, § 16 Rdn. 7.
[33] *Jessnitzer/Blumberg*, § 16 Rdn. 7.
[34] Vgl. dazu *Kopp*, VwGO, § 80 Rdn. 29 m. w. N.; *Redeker/v. Oertzen*, VwGO, § 80 Rdn. 3; a. A. *Eyermann/Fröhler*, VwGO, § 80 Rdn. 14, 14 b.
[35] Vgl. *Kopp*, VwGO, § 80 Rdn. 29 m. w. N.
[36] *Jessnitzer/Blumberg*, § 16 Rdn. 7; *Kleine-Cosack*, § 16 Rdn. 5.
[37] BVerwGE 80, 313; OVG Berlin NJW 1967, 1435; *Schoch* NVwZ 1991, 1122; *Kopp*, VwGO, § 80 Rdn. 15 m. w. N.
[38] BVerwGE 13, 8; 66, 221 = NJW 1983, 774; *Kopp*, VwGO, § 80 Rdn. 15 m. w. N.
[39] So auch *Jessnitzer/Blumberg*, § 16 Rdn. 7.
[40] *Feuerich/Braun*, § 16 Rdn. 21.

rechtfertigen könnte, noch nicht mit Sicherheit bejaht oder ausgeschlossen werden kann.[41]

IV. Sofortige Vollziehung der Rücknahme- oder Widerrufsentscheidung (Abs. 6 S. 2)

1. Anordnungsgrund

20 Die Anordnung der sofortigen Vollziehung der Rücknahme- bzw. Widerrufsverfügung durch die LJV setzt ebenso wie vergleichbare Anordnungen im allgemeinen Verwaltungsverfahren ein überwiegendes öffentliches Interesse an dieser Maßnahme voraus. Die einschneidende Maßnahme muß aus verfassungsrechtlichen Gründen zur **Abwehr konkreter Gefahren für wichtige Gemeinschaftsgüter** geboten sein.[42] Wann das überwiegende Interesse i. S. d. § 16 Abs. 6 S. 2 vorliegt, läßt sich nicht pauschal beantworten. Die widerstreitenden Interessen sind im Einzelfall gegeneinander abzuwägen.[43] Abstrakt formuliert liegt ein überwiegendes Interesse an der sofortigen Vollziehung vor, wenn diese Maßnahme zwingend geboten ist, um den Schutz des Rechtsuchenden zu gewährleisten und eine hohe Wahrscheinlichkeit besteht, daß die Rücknahme- bzw. Widerrufsverfügung der LJV nach Abschluß des anwaltsgerichtlichen Verfahrens Bestandskraft erlangen wird.[44]

Die Anordnung der sofortigen Vollziehung kann zeitgleich mit der Grundverfügung ergehen.[45] Jedoch muß sich in diesem Fall aus der gesamten Verfügung ergeben, welche Gründe für die Rücknahme bzw. den Widerruf der Zulassung sprechen und worin das überwiegende Interesse an der sofortigen Vollziehung des Verwaltungsaktes zu sehen ist.

2. Fallbeispiele

21 Ein Grund für die Anordnung der sofortigen Vollziehung des Widerrufs der Zulassung nach § 14 Abs. 2 Nr. 8 liegt etwa vor, wenn der Rechtsanwalt nach Eintritt des Vermögensverfalls keine Vorsorge zur Sicherung noch eingehender Zahlungen für Mandanten getroffen hat.[46] Im Falle einer strafgerichtlichen Verurteilung mit der Rechtsfolge aus § 45 Abs. 1 StGB (Verlust der Amtsfähigkeit) hängt es maßgeblich von der Schwere der abgeurteilten Tat und der fortwirkenden Gefährdung der Rechtspflege ab, ob ein Wohlverhalten des Rechtsanwalts zwischen Tatbegehung und rechtskräftiger Bestrafung die Anordnung der sofortigen Vollziehung hindert.[47] Die absehbare **besondere Schwere der Pflichtverletzung,** die schon für sich genommen eine Gefahr für die Rechtspflege indi-

---

[41] Vgl. BGH EGE XI, 65 für den Fall des § 14 Abs. 2 Nr. 3 BRAO. Für den eindeutigen Fall des § 14 Abs. 1 Nr. 2 BRAO gilt dieser Grundsatz hingegen nicht, vgl. BGH BRAK-Mitt. 1984, 35.
[42] BVerfG NJW 1977, 892; BGH BRAK-Mitt. 1994, 176 (177) = DtZ 1995, 58 (59).
[43] *Feuerich/Braun,* § 16 Rdn. 23; *Jessnitzer/Blumberg,* § 16 Rdn. 8; *Kleine-Cosack,* § 16 Rdn. 7.
[44] BVerfGE 44, 105; EGH München AnwBl. 1983, 480; *Feuerich/Braun,* § 16 Rdn. 24; *Isele,* § 16 Anm. IX. B. 1.; *Jessnitzer/Blumberg,* § 16 Rdn. 8.
[45] *Feuerich/Braun,* § 16 Rdn. 33.
[46] EGH Celle BRAK-Mitt. 1983, 89; EGH München BRAK-Mitt. 1983, 192; *Feuerich/Braun,* § 16 Rdn. 28; *Jessnitzer/Blumberg,* § 16 Rdn. 8.
[47] EGH München BRAK-Mitt. 1983, 192; *Feuerich/Braun,* § 16 Rdn. 28; *Jessnitzer/Blumberg,* § 16 Rdn. 8.

ziert, ist auch bei tiefer Verstrickung eines Anwalts in die „Machenschaften des Ministeriums für Staatssicherheit" zu bejahen.[48]

Die Gefahren für den Mandanten sind dann besonders groß, wenn der ihn beratende Anwalt entgegen § 51 keine **Berufshaftpflichtversicherung** unterhält. Der im Zuge der Novellierung 1994 neu gefaßte Absatz 6 Satz 3 sieht daher vor, daß in diesen Fällen **regelmäßig** die sofortige Vollziehung der gem. § 14 Abs. 2 Nr. 10 zu erlassenden Widerrufsverfügung anzuordnen ist. Jede weitere Tätigkeit des Anwalts soll unterbunden werden. Nicht eingeschränkt ist das Recht des Anwalts, die Anordnung der sofortigen Vollziehung gerichtlich überprüfen zu lassen.[49]

3. Begründungspflicht (Abs. 6 S. 4)

Die Anordnung der sofortigen Vollziehung ist schriftlich zu begründen. Der Betroffene muß sich auf die Wirkungen der Anordnung einstellen und sie gegebenenfalls durch Antrag auf Wiederherstellung der aufschiebenden Wirkung beseitigen können. Überzogen erscheint es, keine nachträgliche Begründung bei Anfechtung der Anordnung zuzulassen.[50] Unabhängig von dem Formfehler der LJV ist bei einer erheblichen Gefährdung der Rechtspflege das weitere Tätigwerden des betroffenen Rechtsanwaltes aus Gründen des Gemeinwohls nicht hinnehmbar.

4. Rechtswirkungen der Anordnung (Abs. 7)

Die Anordnung der sofortigen Vollziehung führt zu den in § 155 Abs. 2, 4 und 5, § 156 Abs. 2, § 160 Abs. 2 und § 161 für das Berufs- und Vertretungsverbot gem. § 150 festgelegten Wirkungen.[51] Dem Rechtsanwalt ist danach die weitere Ausübung seines Berufes **untersagt** (§ 155 Abs. 2). Seine eigenen Angelegenheiten, die seines Ehegatten und seiner minderjährigen Kinder darf er wahrnehmen, soweit nicht eine Vertretung durch Rechtsanwälte geboten erscheint (§ 155 Abs. 4).[52] Jedoch ist die rechtliche Wirksamkeit der gleichwohl von ihm vorgenommenen Rechtshandlungen nicht beeinträchtigt (§ 155 Abs. 5). Dementsprechend sind auch die während dieses Stadiums im Rahmen einer notwendigen Verteidigung (§ 140 Abs. 1 Nr. 5 StPO) vorgenommenen Rechtshandlungen wirksam.[53]

Die Streichung des Betroffenen aus der Liste der zugelassenen Anwälte aufgrund der Anordnung der sofortigen Vollziehung kommt ihres vorläufigen Charakters wegen naturgemäß nicht in Betracht.[54] Die Rücknahme bzw. der Widerruf der Zulassung wird erst nach Abschluß des anwaltsgerichtlichen Verfahrens bestandskräftig. § 155 Abs. 5 ermöglicht einen adäquaten Schutz der rechtsuchenden Bevölkerung.[55]

---

[48] BGH BRAK-Mitt. 1994, 176 = DtZ 1995, 58.
[49] Amtliche Begründung BT-Drucks. 12/4993, S. 25.
[50] Vgl. aber *Jessnitzer/Blumberg*, § 16 Rdn. 9 m. w. N.
[51] *Feuerich/Braun*, § 16 Rdn. 38.
[52] Vgl. im übrigen die Anmerkungen zu § 155.
[53] OLG Celle NStZ 1989, 41.
[54] So inzwischen auch die h. M. im Schrifttum entgegen den Vorauflagen, vgl. dazu *Feuerich/Braun*, § 16 Rdn. 39.
[55] So auch *Feuerich/Braun*, § 16 Rdn. 39.

V. Wiederherstellung der aufschiebenden Wirkung (Abs. 6 S. 5 und 6)

24 Hat die LJV die sofortige Vollziehung der Rücknahme- bzw. Widerrufsverfügung angeordnet, kann der Betroffene beim Anwaltsgerichtshof einen Antrag auf Wiederherstellung der aufschiebenden Wirkung stellen (Abs. 6 S. 5). Dieser wird positiv beschieden werden, wenn der AnwGH zu der Auffassung gelangt, daß an der Anordnung der sofortigen Vollziehung **kein überwiegendes Interesse** besteht. Der Antrag auf Wiederherstellung der aufschiebenden Wirkung ist so lange zulässig, wie die Anordnung der sofortigen Vollziehung besteht.[56] Ein Rechtsmittel gegen die Entscheidung des AnwGH schließt das Gesetz ausdrücklich aus (Abs. 6 S. 6). Dies gilt auch für den Fall, daß sich die LJV gegen die Wiederherstellung der aufschiebenden Wirkung wenden möchte.[57] Bei einer Veränderung der Sach- oder Rechtslage kann aber der Anwaltsgerichtshof selbst seine Entscheidung aufheben. Ein entsprechender Hinweis durch die LJV oder den Vorstand der Rechtsanwaltskammer kann sich daher anbieten.[58]

§ 17 Erlöschen der Befugnis zur Führung der Berufsbezeichnung

(1) **Mit dem Erlöschen, der Rücknahme oder dem Widerruf der Zulassung zur Rechtsanwaltschaft erlischt die Befugnis, die Berufsbezeichnung „Rechtsanwalt" zu führen. Die Bezeichnung darf auch nicht mit einem Zusatz, der auf die frühere Berechtigung hinweist, geführt werden.**

(2) **Die Landesjustizverwaltung kann einem Rechtsanwalt, der wegen hohen Alters oder wegen körperlicher Leiden auf die Rechte aus der Zulassung zur Rechtsanwaltschaft verzichtet, die Erlaubnis erteilen, sich weiterhin Rechtsanwalt zu nennen. Sie hat vorher den Vorstand der Rechtsanwaltskammer zu hören.**

(3) **Die Landesjustizverwaltung kann eine Erlaubnis, die sie nach Absatz 2 erteilt hat, widerrufen, wenn nachträglich Umstände eintreten, die bei einem Rechtsanwalt das Erlöschen, die Rücknahme oder den Widerruf der Zulassung zur Rechtsanwaltschaft nach sich ziehen würden. Vor dem Widerruf der Erlaubnis hat sie den früheren Rechtsanwalt und den Vorstand der Rechtsanwaltskammer zu hören.**

Schrifttum: *Kümmelmann,* Rechtsanwalt i. R., AnwBl. 1984, 536 f.

Übersicht

	Rdn.		Rdn.
I. Entstehungsgeschichte und Normzweck	1–3	2. Auswirkungen einer unbefugten Verwendung der Berufsbezeichnung	5
II. Befugnis zur Führung der Berufsbezeichnung	4–14	3. Erlaubnis zur Fortführung der Berufsbezeichnung trotz erloschener Zulassung	6
1. Rechtliche Qualifikation der Bezeichnung	4	a) Voraussetzungen	7

---

[56] *Feuerich/Braun,* § 16 Rdn. 34.
[57] *Feuerich/Braun,* § 16 Rdn. 37; *Jessnitzer/Blumberg,* § 16 Rdn. 10.
[58] So auch *Jessnitzer/Blumberg,* § 16 Rdn. 11.

§ 17 Erlöschen der Befugnis 1–4 § 17

	Rdn.		Rdn.
b) Erlaubnisverfahren	10	Rechtsanwälte auf Kanzleischild	
c) Folgen der Erlaubniserteilung	12	und Briefbogen	15
d) Widerruf der Erlaubnis; Verfahren	13	IV. Befugnis zur Fortführung der Berufsbezeichnung des Anwaltsnotars nach Erlöschen der	
III. Befugnis zur Auflistung ausgeschiedener oder verstorbener		Zulassung als Anwalt	16
		V. Rechtspolitische Gesichtspunkte	17

I. Entstehungsgeschichte und Normzweck

Die Vorschrift des § 17 blieb inhaltlich seit Inkrafttreten der BRAO unverändert. Im Jahre 1989 hat der Gesetzgeber durch das Gesetz zur Änderung des Berufsrechts der Rechtsanwälte und der Patentanwälte vom 13. 12. 1989[1] lediglich § 17 Abs. 1 S. 1 und Abs. 3 sprachlich neu gefaßt, um an den Sprachgebrauch des Verwaltungsverfahrensgesetzes anzuknüpfen. Die RAO vom 1. 7. 1878 kannte keinen vergleichbaren Schutz der Berufsbezeichnung „Rechtsanwalt", wenngleich die Frage, ob sich ein aus dem Berufsstand ausgeschlossener Kollege "Rechtsanwalt a. D." oder ähnlich nennen durfte, wiederholt Anlaß zu Gerichtsverfahren gab. Beschränkungen wurden aus strafrechtlichen und wettbewerbsrechtlichen Bestimmungen hergeleitet.[2] Dem Regelungsbedürfnis kam erstmals § 28 Abs. 2 RRAO nach,[3] der sachlich bereits der heutigen Gesetzesfassung entsprach.[4] 1

Die Vorschrift dient dem notwendigen **Schutz der Berufsbezeichnung**. Aus wettbewerbsrechtlicher (§ 1 UWG) und strafrechtlicher Sicht (§ 132 a Abs. 1 Nr. 2 StGB) ist von Bedeutung, daß das Führen der Berufsbezeichnung untrennbar mit der Berufsausübungsberechtigung kraft Zulassung verbunden ist. Die Befugnis entsteht mit der Aushändigung der Zulassungsurkunde (§ 12 Abs. 3) und erlischt mit dem Erlöschen, der Rücknahme oder dem Widerruf der Zulassung. 2

Verfassungsrechtlich ist die Vorschrift **unbedenklich**.[5] Sie berührt die Berufsausübung eines Rechtsanwalts allenfalls am Rande und läßt den Kern seiner Tätigkeit unangetastet. Eine Befugnis, auch nach Beendigung der Berufstätigkeit die frühere Berufsbezeichnung weiter zu führen, ergibt sich weder aus dem Recht auf freie Entfaltung der Persönlichkeit (Art. 2 GG) noch aus der Freiheit, den gewünschten Beruf zu wählen und auszuüben (Art. 12 GG).[6] 3

II. Befugnis zur Führung der Berufsbezeichnung

1. Rechtliche Qualifikation der Bezeichnung

Die Befugnis zur Führung der Berufsbezeichnung „Rechtsanwalt" beginnt gemäß § 12 Abs. 3 mit der Zulassung zur Rechtsanwaltschaft und endet nach § 17 Abs. 1 S. 1 grundsätzlich mit dem Erlöschen, der Rücknahme oder dem Widerruf der Zulassung. Daraus folgt, daß es sich bei der Bezeichnung „Rechts- 4

---

[1] BGBl. I, S. 2135.
[2] Vgl. auch *Friedlaender*, Allg. Einleitung Rdn. 14 und Fn. 24 a; *Isele*, § 17 Anm. I. A.
[3] *Isele*, § 17 Anm. I. B.
[4] Ähnliches gilt für § 31 der RAObritZ, vgl. zu dem Gesetzeswortlaut: *Isele*, § 17 Anm. I. B.
[5] So auch *Isele*, § 17 Anm. VIII.
[6] EGH Celle 6/72, Az. 1 XI 1973, zitiert nach *Isele*, § 17 Anm. VIII.

anwalt" nicht um einen Titel, sondern um eine bloße Berufsbezeichnung handelt.[7] Dem entspricht es, daß gem. dem in § 17 Abs. 1 S. 2 niedergelegten Grundsatz die Berufsbezeichnung grundsätzlich nicht fortgeführt[8] und auch nicht in Verbindung mit einem die vorangegangene Berufsausübung ausweisenden Zusatz wie „i. R." oder „a. D." verwendet werden darf. Die in § 31 der RAObritZ zugelassene Zusatzklausel „i. R." ist vom BRAO-Gesetzgeber nicht übernommen worden.

2. Auswirkungen einer unbefugten Verwendung der Berufsbezeichnung

5   Der Schutz der Berufsbezeichnung „Rechtsanwalt" ist strafrechtlich abgesichert durch § 132 a Abs. 1 Nr. 2 StGB. Wer die Berufsbezeichnung unbefugt führt, begeht ein **Vergehen** und muß mit einer Freiheitsstrafe bis zu einem Jahr oder Geldstrafe rechnen.[9] Darüber hinaus kann der Verstoß **wettbewerbsrechtliche** Unterlassungsverpflichtungen nach sich ziehen.[10] Das unbefugte Führen der Berufsbezeichnung beeinträchtigt die anderen Berufsangehörigen in ihrem Recht, diese Berufsbezeichnung ausschließlich zu führen.[11] Jeder durch das unbefugte Führen der Berufsbezeichnung beeinträchtigte Rechtsanwalt kann in diesem Fall **Unterlassungsklage** erheben. Die Beschränkung des geschützten Personenkreises auf Gewerbetreibende durch § 13 Abs. 2 Nr. 1 UWG steht dem nicht entgegen, da dieser Begriff anerkanntermaßen weit zu verstehen und auf alle freien Berufe zu erstrecken ist.[12] Auch die LJV, die Rechtsanwaltskammern, der DAV und die örtlichen Anwaltsvereinigungen sind als Organisationen aktivlegitimiert.[13] Für die Verbände folgt die Aktivlegitimation aus § 13 Abs. 2 Nr. 2 UWG. Anwaltsgerichtlich kann derjenige, der die Berufsbezeichnung „Rechtsanwalt" unbefugt führt, nicht zur Verantwortung gezogen werden.[14] Mit dem Erlöschen seiner Zulassung untersteht der ehemalige Rechtsanwalt nicht mehr der Anwaltsgerichtsbarkeit.

3. Erlaubnis zur Fortführung der Berufsbezeichnung trotz erloschener Zulassung

6   Unter engen Voraussetzungen sieht § 17 Abs. 2 die Möglichkeit vor, dem ehemaligen Rechtsanwalt das Führen der Berufsbezeichnung trotz erloschener Zulassung zu erlauben.

7   **a) Voraussetzungen.** § 17 Abs. 2 knüpft die Erlaubnis an die Voraussetzung eines Verzichts auf die Zulassung zur Rechtsanwaltschaft. Der Verzicht muß entweder infolge **hohen Alters** oder wegen **körperlicher Leiden** erklärt worden sein (vgl. § 14 Abs. 2 Nr. 4). In beiden Fällen soll dem Rechtsanwalt eine Anerkennung für sein bisheriges Wirken ausgesprochen werden.[15]

8   Der Begriff des hohen Alters ist in mehrfacher Hinsicht konkretisierungsbedürftig.[16] Hohes Alter liegt erst vor, wenn man eine Mindestgrenze überschritten

---

[7] So ausdrücklich BT-Drucks. III/120, S. 63.
[8] *Feuerich/Braun*, § 17 Rdn. 2.
[9] Zum Begriff des „Führens" der Berufsbezeichnung „Rechtsanwalt" und zum Schutzzweck des § 132 a Abs. 1 Nr. 2 StGB vgl. BayObLG GA 1974, 151.
[10] *Kleine-Cosack*, § 17 Rdn. 1.
[11] *Baumbach/Hefermehl*, § 3 Rdn. 420; *Isele*, § 17 Anm. IV. B. 1.
[12] RGZ 99, 189; OLG Frankfurt GRUR 1962, 323; *Baumbach/Hefermehl*, § 13 Rdn. 12.
[13] *Baumbach/Hefermehl*, § 13 Rdn. 12.
[14] So auch *Kleine-Cosack*, § 17 Rdn. 1.
[15] *Feuerich/Braun*, § 17 Rdn. 6.
[16] *Isele*, § 17 Anm. V. A. 1.

§ 17 Erlöschen der Befugnis   9–11 § 17

hat, die – nimmt man die Versetzung von Richtern und Beamten oder auch die Regelung in § 41 Abs. 4 SGB VI zum Vergleichsmaßstab[17] – in der Regel bei der Vollendung des 65. **Lebensjahres** liegen dürfte.[18] Diese Faustregel ist jedoch nicht zwingend.[19] Hinzukommen muß, daß das Alter die Ursache für den freiwilligen Verzicht des Rechtsanwalts auf Zulassung gebildet hat. Das ist in der Regel nur dann der Fall, wenn der Rechtsanwalt seinen Beruf nicht mehr ausüben kann.[20]
Der Begriff des „**körperlichen Leidens**" ist weder dem des körperlichen **9** Gebrechens in § 14 Abs. 2 Nr. 3[21] noch dem der körperlichen Behinderung in § 16 Abs. 3 gleichzusetzen. Es reicht aus, wenn der Rechtsanwalt sich infolge seines Alters oder der körperlichen Beschwerden nicht mehr in der Lage sieht, seinen Beruf als Rechtsanwalt auszuüben.[22] Maßgeblich ist die subjektive Einschätzung des Rechtsanwalts, nicht die objektive Bewertung wie sie in § 14 Abs. 2 Nr. 3 zugrunde gelegt wird. Kommt der Antragsteller dem Widerruf oder der Rücknahme der Zulassung aus einem der in § 14 aufgeführten Gründe durch Verzicht zuvor, so kann die Erlaubnis nicht erteilt werden.[23]

b) **Erlaubnisverfahren.** Zuständig für die Entscheidung über den Antrag auf **10** Fortführung der Berufsbezeichnung ist die **LJV,** in deren Bereich der frühere Rechtsanwalt zuletzt zugelassen war. Der frühere Rechtsanwalt kann die Zuständigkeit nicht dadurch beeinflussen, daß er seinen Wohnsitz in den Bereich einer anderen LJV verlegt und dann bei dieser den Antrag stellt.[24] Ein Antrag des Betroffenen ist nicht zwingend erforderlich. Die LJV kann auch von Amts wegen oder auf Anregung des Vorstandes der RAK entscheiden.[25] Das entspricht dem Charakter der Erlaubnis als Anerkennung für das tadellose berufliche Wirken des ehemaligen Rechtsanwalts. Die besondere Anerkennung muß daher bei „bescheidenen" Ruheständlern auch auf Anregung Dritter hin ausgesprochen werden können.

Die Erlaubnis steht im **Ermessen der LJV,** das das Verfahren über die Er- **11** laubniserteilung beendet.[26] Vor ihrer Entscheidung hat die LJV gemäß § 17 Abs. 2 S. 2 den Vorstand der RAK zu hören, in dessen Bezirk der ehemalige Rechtsanwalt zugelassen war.[27] Das Recht des Kammervorstands beschränkt sich auf ein Anhörungsrecht. Eine Bindung an das Votum der Kammer besteht nicht. Dementsprechend kann der Kammervorstand die Erlaubnis auch nicht gemäß § 223 anfechten, wenn er der Auffassung ist, die Voraussetzungen für eine Erlaubniserteilung lägen bei dem Antragsteller nicht vor.[28] Die Belange der Anwaltschaft sind nur am Rande, diejenigen der Rechtspflege überhaupt nicht betroffen. Dem abschlägig beschiedenen Antragsteller steht dagegen der Rechtsweg gegen die ablehnende Entscheidung der LJV offen.[29]

---

[17] So *Feuerich/Braun,* § 17 Rdn. 6.
[18] So auch: *Feuerich/Braun,* § 17 Rdn. 6; *Isele,* § 17 Anm. V. A. 1.; *Jessnitzer/Blumberg,* § 17 Rdn. 3.
[19] *Isele,* § 17 Anm. V. A. 1.
[20] *Isele,* § 17 Anm. V. A. 1.
[21] Dazu *Isele,* § 17 Anm. V. A. 2. Anders: *Jessnitzer/Blumberg,* § 17 Rdn. 3.
[22] *Feuerich/Braun,* § 17 Rdn. 6.
[23] *Feuerich/Braun,* § 17 Rdn. 7; *Isele,* § 17 Anm. V. B. 1.
[24] *Isele,* § 17 Anm. V. C. 1.
[25] *Feuerich/Braun,* § 17 Rdn. 7; *Isele,* § 17 Anm. V. B. 1.
[26] *Feuerich/Braun,* § 17 Rdn. 7.
[27] *Isele,* § 17 Anm. V. C. 2.
[28] *Feuerich/Braun,* § 17 Rdn. 7; *Isele,* § 17 Anm. V. C. 3.
[29] BGH EGE VII, 95; *Feuerich/Braun,* § 17 Rdn. 9; *Isele,* § 17 Anm. V. C. 3.; *Jessnitzer/ Blumberg,* § 17 Rdn. 5; *Kleine-Cosack,* § 17 Rdn. 2.

§ 17 12–15 Zweiter Teil. Die Zulassung des Rechtsanwalts

12 **c) Folgen der Erlaubniserteilung.** Die Erlaubnis nach § 17 Abs. 2 verändert den Status des ehemaligen Rechtsanwalts nicht. Er gehört nach Erlöschen der Zulassung nicht mehr der RAK an und untersteht auch nicht mehr der Anwaltsgerichtsbarkeit.[30]

13 **d) Widerruf der Erlaubnis; Verfahren.** Die einmal erteilte Erlaubnis kann – unter Einhaltung des für die Erlaubniserteilung geschilderten Verfahrens (Anhörung der RAK) – und nach Anhörung des betroffenen Rechtsanwalts widerrufen werden, wenn nachträglich Umstände eintreten, die bei diesem Rechtsanwalt das Erlöschen, die Rücknahme oder den Widerruf der Zulassung nach sich gezogen hätten. Die LJV entscheidet auch hier nach pflichtgemäßem Ermessen.[31] Es bedarf einer hypothetischen Überprüfung, ob die nachträglich eingetretenen Umstände den Ausschluß aus der Rechtsanwaltschaft begründet hätten.[32]

14 Diese **Verfahrensgrundsätze** gelten nicht in den Fällen des § 14 Abs. 2 Nr. 3, 4 und 6. Der Widerruf der Erlaubnis würde dem Normzweck widersprechen, wenn sich der Gesundheitszustand des ausgeschiedenen Rechtsanwalts im Laufe der Jahre derart verschlechtert hat, daß ihm eine – als noch bestehend unterstellte Zulassung – entzogen werden müßte. Anders ist die Sachlage, wenn der ehemalige Rechtsanwalt dem Ausschluß gemäß § 14 Abs. 2 Nr. 3, 4 durch freiwilligen Verzicht zuvor gekommen ist, und gleichzeitig die Umstände, die den Ausschluß gerechtfertigt hätten, verschwiegen hat. Der Ausspruch einer Anerkennung bietet sich hier nicht an. In den Fällen des § 14 Abs. 2 Nr. 7, 8 und 9 wird entscheidend sein, ob nach den Umständen des Einzelfalles die Interessen und das Ansehen des Anwaltsstandes gravierend beeinträchtigt werden können.[33]

Der Widerruf ist wie die Ablehnung der Erteilung ein Verwaltungsakt der LJV, der gemäß § 223 für den betroffenen Rechtsanwalt anfechtbar ist. Der Umfang der Anfechtungsmöglichkeit bestimmt sich nach § 39 Abs. 3.[34]

III. Befugnis zur Auflistung ausgeschiedener oder verstorbener Rechtsanwälte auf Kanzleischild und Briefbogen

15 Es ist allgemein anerkannt, daß eine Kanzlei auf ihrem Briefkopf oder ihrem Kanzleischild die Namen der ausgeschiedenen oder verstorbenen Sozietätsmitglieder und Partner ausweisen darf.[35] Die Befugnis besteht ohne förmliche Erlaubniserteilung nach § 17. Die Vorschrift ist nicht einschlägig, da es nicht um die Fortführung seiner bisherigen Berufsbezeichnung durch den ausgeschiedenen Rechtsanwalt geht. Die rechtliche Problematik betrifft das anwaltliche Berufsrecht nur unter dem Blickwinkel der **Werbemöglichkeiten** gem. § 43 b. Beschränkungen können sich ferner aus wettbewerbsrechtlichen Gründen (§§ 1, 3 UWG) ergeben. Das Ausscheiden muß hinreichend deutlich gemacht werden, um eine Irreführung des rechtsuchenden Publikums und unzulässige Wettbewerbsvorteile zu verhindern.[36] Nach dem Diskussionsvorschlag des zuständigen

---

[30] *Feuerich/Braun*, § 17 Rdn. 8; *Jessnitzer/Blumberg*, § 17 Rdn. 4.
[31] *Feuerich/Braun*, § 17 Rdn. 10; *Isele*, § 17 Anm. VI. A. 3.
[32] *Isele*, § 17 Anm. VI. A. 1.
[33] *Feuerich/Braun*, § 17 Rdn. 10.
[34] *Feuerich/Braun*, § 17 Rdn. 10; *Isele*, § 17 Anm. VI. C. 3.; *Jessnitzer/Blumberg*, § 17 Rdn. 5; *Kleine-Cosack*, § 17 Rdn. 2.
[35] *Feuerich/Braun*, § 17 Rdn. 8; *Jessnitzer/Blumberg*, § 17 Rdn. 7; *Kleine-Cosack*, § 17 Rdn. 1; *Kümmelmann* AnwBl. 1984, 536.
[36] Vgl. dazu die Stellungnahme des Richtlinienausschusses der BRAK, wiedergegeben in BRAK-Mitt. 1988, 11 (17).

§ 18 Lokalisierung § 18

Ausschusses der Bundesrechtsanwaltskammer soll auch in der künftigen Berufsordnung das Recht, ausgeschiedene Mitarbeiter auf Briefbögen und Kanzleischildern zu führen, eingeschränkt werden (vgl. §§ 15, 16 des Diskussionsvorschlages).[37] In dem Namen einer Anwalts-Partnerschaft darf der Name eines ausgeschiedenen Partners bei dessen Einwilligung auch ohne einen Zusatz und ohne zeitliche Beschränkung weitergeführt werden (§ 2 Abs. 2 PartGG).

IV. Befugnis zur Fortführung der Berufsbezeichnung des Anwaltsnotars nach Erlöschen der Zulassung als Anwalt

Ist das Notaramt eines Anwaltsnotars durch Entlassung (§ 48 BNotO) erloschen oder ist ihm nach Verzicht auf die Rechte aus der Zulassung zur Rechtsanwaltschaft die Erlaubnis erteilt worden, sich weiterhin Rechtsanwalt zu nennen, so kann ihm die LJV nach § 52 Abs. 2 BNotO die Erlaubnis erteilen, seine Amtsbezeichnung als „Notar" mit dem Zusatz „a. D." weiter zu führen.[38] 16

V. Rechtspolitische Gesichtspunkte

Ein Rechtsanwalt, dem die Erlaubnis nach Absatz 2 erteilt ist, kann ein Interesse daran haben, der Bezeichnung Rechtsanwalt einen Zusatz hinzuzufügen, aus dem hervorgeht, daß er nicht mehr praktiziert.[39] Ein berechtigtes Interesse liegt z. B. vor, wenn der ehemalige Rechtsanwalt einer Haftung trotz Fortführung seiner Kanzlei durch seine Kollegen entgehen will.[40] Aus **rechtspolitischer** Sicht böte es sich an, die Verwendung des seinerzeit in § 31 RAObritZ[41] vorgesehenen Zusatzes „i. R." zuzulassen. Diese Möglichkeit würde zugleich den Verzicht auf die Zulassung erleichtern und der verbreiteten Entwicklung entgegenwirken, die Zulassung trotz faktischer Aufgabe der Berufsausübung zu behalten. 17

Zweiter Abschnitt. Die Zulassung bei einem Gericht

§ 18 Lokalisierung

(1) **Jeder Rechtsanwalt muß bei einem bestimmten Gericht der ordentlichen Gerichtsbarkeit zugelassen sein.**

(2) **Die erste Zulassung bei einem Gericht wird zugleich mit der Zulassung zur Rechtsanwaltschaft erteilt.**

(3) **Der Rechtsanwalt kann auf die Rechte aus der Zulassung bei einem Gericht nur verzichten, um bei einem anderen Gericht zugelassen zu werden.**

Schrifttum: *Böhm*, Anwaltszwang und Lokalisierung, AnwBl. 1968, S. 101; *Friese*, Die Freiheit der Advokatur in Deutschland, 1989; *Gornig*, Niederlassungs- und Dienstleistungsfreiheit für Rechtsanwälte in der EG, NJW 1989, 1120, 1127; *Hartstang*, Anwaltsrecht, Köln 1991, S. 357 ff.; *Hausmann/Siegel*, Die Auswirkungen des Dienstleistungsurteils des EuGH auf das Gebot der Lokalisierung, das Zweigstellenverbot und die Residenzpflicht, in: Prütting (Hrsg.), Die Anwaltschaft zwischen heute und morgen, Schriften für die Prozeßpraxis,

---

[37] Abgedruckt in BRAK-Mitt. 1995, 12 ff.
[38] Vgl. *Feuerich/Braun*, § 17 Rdn. 11; *Jessnitzer/Blumberg*, § 17 Rdn. 8.
[39] Vgl. auch: *Jessnitzer/Blumberg*, § 17 Rdn. 7.
[40] *Jessnitzer/Blumberg*, § 17 Rdn. 7.
[41] Vgl. zum Wortlaut: *Isele*, § 17 Anm. I. C.

§ 18 1   Zweiter Teil. Die Zulassung des Rechtsanwalts

Band 6, Köln 1990, S. 105 *Hettinger,* Für und wider den Lokalisierungsgrundsatz, BRAK-Mitt. 1988, 98; *Kotulla,* Der anwaltliche „Lokalisationszwang" und die Berufsfreiheit, AnwBl. 1990, 126; *Lange,* Nochmals: Anwaltlicher „Lokalisierungszwang" und Berufsfreiheit, AnwBl. 1990, 241; *Lechner,* Lokalisation und Singularzulasung – Bemerkungen aus der Praxis –, AnwBl. 1991, 301; *Mayen,* Die verfassungsrechtliche Stellung des Rechtsanwalts, AnwBl. 1995, 427 = NJW 1995, 2317; *Mayer,* Für die Beibehaltung der Lokalisierung, AnwBl. 1974, 11; *Odersky,* Anwaltliches Berufsrecht und höchstrichterliche Rechtsprechung, AnwBl. 1991, 238; *Ostler,* Neueste Entwicklungen in der Rechtsanwaltschaft, NJW 1987, 281; *Pichler,* Lokalisierung als Hemmschuh, BRAK-Mitt. 1988, 270; *Pietzcker,* Der anwaltliche Lokalisationsgrundsatz, Köln 1990; *Prütting,* Die Rechtsanwaltschaft im Umbruch?, AnwBl. 1990, 346; *Rabe,* Auf dem Wege zum neuen anwaltlichen Berufsrecht, NJW 1989, 1113, 1116; *Rabe/v. Falkenhausen,* Anwaltliches Berufsrecht in der Europäischen Gemeinschaft, ZRP 1990, 343; *Raczinski/Rogalla/Tomsche,* Die Freiheit des Dienstleistungsverkehrs für Deutsche Rechtsanwälte in der Europäischen Gemeinschaft, AnwBl. 1989, 583; *Redeker,* Anwaltschaft zwischen Freiheit und Bindung, AnwBl. 1987, 577; *Sauer,* Berufsbeschränkungen für Rechtsanwälte, NJW 1970, 230; *Sachau,* Für die Aufhebung der Lokalisation, AnwBl. 1974, 8; *Schiefer,* Anwalt im Zeitalter der Dienstleistung – Herausforderung zum Wandel, NJW 1987, 1969; *Schleicher,* Relikt aus den Anfängen der Anwaltschaft, BRAK-Mitt. 1988, 270; *Schumacher,* Zur „Modernisierung" des anwaltlichen Berufsrechts: Bewährte Strukturen erhalten oder abschaffen?, AnwBl. 1990, 383; *Schumann,* Die überörtliche Anwaltssozietät, Freizügigkeit und Lokalisierung der deutschen Rechtsanwaltschaft, München 1990; *ders.,* Die Befreiung der Rechtsanwaltschaft von obrigkeitlichen Schranken, NJW 1990, 2089; *Senninger,* Die Entwicklung der Anwaltschaft an der Schwelle des Europäischen Binnenmarktes, AnwBl. 1989, 298; *Stallmeister,* Zum Lokalisationsgebot, AnwBl. 1990, 384; *Stefener,* EuGH – Dienstleistungsurteil – Auswirkungen auf Lokalisation und Zweigstellenverbot, AnwBl. 1988, 367; *Tiebing,* Lokalisation und Singularzulassung nicht mehr zeitgemäß?, AnwBl. 1990, 300; *Tilmann,* Rechtliche und rechtspolitische Fragen der Singularzulassung, AnwBl. 1990, 480; *Urbanzyk,* Probleme der Postulationsfähigkeit und Stellvertretung, ZZP 95 (1987), 339.

Übersicht

	Rdn.		Rdn.
I. Die Bedeutung der Lokalisierung	1, 2	V. Die Zulassung bei einem Gericht	24–26
II. Entstehungsgeschichte der Vorschrift	3–11	VI. Rechtsvergleichende Hinweise	27
III. Normzweck	12–19	VII. Übergangsprobleme und die Lokalisierung in den neuen Bundesländern	28–31
IV. Verfassungsrechtliche Gesichtspunkte	20–23		

I. Die Bedeutung der Lokalisierung

1   Im Rahmen des 2. Teils der BRAO (§§ 4–42), der sich mit den verschiedenen Aspekten der Zulassung des Rechtsanwalts befaßt, trennt das Gesetz strikt zwischen der Zulassung zur Rechtsanwaltschaft insgesamt (§§ 4–17) und der speziellen Zulassung zu einem bestimmten Gericht (§§ 18–36). Diese letztere Zulassung und damit zugleich die örtliche Bindung jedes Rechtsanwalts an ein Gericht der ordentlichen Gerichtsbarkeit nennt man „Lokalisierung". Soweit die Lokalisierung sich nicht ausnahmsweise auf mehr als ein Gericht bezieht (vgl. §§ 23, 24, 226, 227, 227 a, 227 b), sprechen wir vom Prinzip der **Singularzulassung**. Damit wird die Bindung des Rechtsanwalts an ein einzelnes Gericht der ordentlichen Gerichtsbarkeit betont. Diese Grundsätze der Lokalisierung und Singularzulassung waren bisher für die Organisation der deutschen Rechtsanwaltschaft von prägender Bedeutung und sie haben lange historische Wurzeln (s.

unten II). Die Bedeutung der Lokalisierung in heutiger Zeit ist aber mehr und mehr zweifelhaft geworden und der Gesetzgeber hat nach langem Streit nunmehr durch das „Gesetz zur Neuordnung des Berufsrechts der Rechtsanwälte und der Patentanwälte" vom 2. 9. 1994, BGBl. I, S. 2278 wesentliche Eingriffe in dieses Grundprinzip vorgenommen (zu den Einzelheiten s. unten II).

Die Veränderung der Gesetzeslage und die Problematik des Lokalisierungsge- 2
bots kann jedoch nur verstehen, wer § 18 BRAO in enger Verbindung mit § 78 Abs. 1 ZPO sieht, der daher im folgenden mitzubeachten ist.

II. Entstehungsgeschichte der Vorschrift

Der grundsätzliche Gedanke einer Bindung des Rechtsanwalts an ein bestimm- 3
tes Gericht in Zivilsachen läßt sich nach Friese[1] auf obrigkeitliche Entscheidungen des Jahres 1780 in Preußen zurückführen (königliche Cabinetts-Order). Unter dem dortigen absolutistischen Staatsverständnis wurde der Versuch gemacht, eine völlig freie Advokatur zurückzudrängen und die Advokaten an die einzelnen Gerichte eng anzubinden (durch sog. Assistenzräte). Hintergrund solcher Maßnahmen war es, einen freien Berufsstand **strenger Aufsicht** zu unterwerfen. Weitere schon damals diskutierte Gründe für die anwaltliche Bindung an Gerichte und Zulassungsbeschränkungen werden schon im Jahre 1861 von Mittermaier[2] als Scheinargumente bezeichnet. In ähnlicher Weise hat 1867 Gneist das preußische System kritisiert.[3] Dieser historische Zusammenhang anwaltlicher Beschränkungen war offenbar weder dem Gesetzgeber der RAO 1878 noch dem Gesetzgeber der BRAO 1959 bewußt.

Aus heutiger Sicht kann man jedenfalls feststellen, daß sich der Grundsatz der 4
Lokalisierung in seiner bis zur BRAO-Novelle vom 2. 9. 1994 geltenden Ausgestaltung seit der RAO von 1878 (vgl. § 8 RAO[4]) in allen deutschen Rechtsanwaltsordnungen wiederfindet.

Die Novellen aus dem Jahre 1933 bzw. 1935,[5] Reichsrechtsanwaltsordnung 5
1936 (vgl. § 15 Abs. 1 RRAO) und (um ein Beispiel der nach dem 2. Weltkrieg geltenden Rechtsanwaltsordnungen der Besatzungszonen zu nennen) die Rechtsanwaltsordnung der britischen Zone (§ 13 Abs. 1 RABObritZ)[6] haben den Lokalisierungsgrundsatz in ihrem Kern nicht verändert.[7]

Lediglich das Rechtsanwaltsgesetz der ehemaligen DDR (RAG),[8] das kurz 6
vor dem Beitritt der DDR zur Bundesrepublik Deutschland erlassen wurde, verzichtete 1990 zunächst auf die Einführung der Lokalisierung und begründete eine **bloße Registrierungspflicht**.[9] Nach der Wiedervereinigung galt somit in den neuen Bundesländern zunächst kein Lokalisierungsgebot, bis durch das Rechtspflegeanpassungsgesetz aus dem Jahre 1992 in den § 21 RAG[10] der

---

[1] *Friese*, Die Freiheit der Advokatur in Deutschland, 1989, S. 37 ff.; vgl. auch *Grahl*, Die Abschaffung der Advokatur unter Friedrich dem Großen, 1993; *Siegrist*, Advokat, Bürger und Staat, Bd. 1, 1996, S. 39 ff.
[2] *Mittermaier*, Die würdige Stellung des Advokatenstandes, AcP 44 (1861) 391, 403.
[3] *Gneist*, Freie Advokatur, 1867.
[4] Vgl. im einzelnen zu § 8 RAO *Friedlaender*, § 8 Rdn. 1 ff.
[5] RGBl. I, S. 107 f. und RGBl. I, S. 1470; vgl. *Noack*, § 15 Anm. 8 f., S. 64/65.
[6] VOBl. But 2, S. 80; vgl. dazu auch: *Cüppers*, § 13.
[7] *Isele*, § 18 Anm. II. A. 3 u. 4, S. 249/250.
[8] Rechtsanwaltsgesetz der DDR (RAG) vom 13. 9. 1990, GBl. I, S. 1504.
[9] *Rieß* AnwBl. 1992. 151.
[10] Rechtspflegeanpassungsgesetz (RPflAnpG) vom 26. 6. 1992, BGBl. I, S. 1147.

§ 18 7–9   Zweiter Teil. Die Zulassung des Rechtsanwalts

Grundsatz der Singularzulassung mit erheblichen Einschränkungen eingefügt wurde.[11]

7 Man könnte – läßt man die Auflockerung des Lokalisierungsgrundsatzes durch das RAG-DDR einmal außer Betracht – annehmen, der Grundsatz der Lokalisierung sei ein über hundert Jahre **unangefochtener Rechtssatz**. Es ist jedoch zu berücksichtigen, daß es bereits im Rahmen der Kommissions- und Reichstagsverhandlungen zur RAO von 1878[12] erhebliche Differenzen gab, ob die Singularzulassung erforderlich und zweckmäßig sei.[13] Dieser Streit setzte sich auch nach Verabschiedung der RAO weiter fort[14] und blieb bis zur Gesetzesnovelle vom 2. 9. 1994 unverändert aktuell.

8 Die Einführung des Lokalisierungsgrundsatzes im Jahre 1878 hängt im wesentlichen mit zweierlei Gesichtspunkten zusammen. Zum einen erschien dem Gesetzgeber der RAO eine strikte Trennung zwischen der Zulassung des Anwalts zu seinem Beruf einerseits und der Zulassung des Anwalts bei einem bestimmten Gericht andererseits erforderlich, die durch verschiedene Normenkomplexe deutlich gemacht werden sollte. Zum anderen sollte diese sachliche Trennung jedoch faktisch dadurch aufgehoben werden, daß die Zulassung zur Rechtsanwaltschaft nur zur Berufsausübung berechtigen sollte, wenn sie mit der Zulassung zu einem bestimmten Gericht einherginge. Während die Zulassung zum Beruf nur unter engen Voraussetzungen möglich sein und der Disposition des Zulassungsbewerbers weitgehend enthoben sein sollte, war beabsichtigt, die Zulassung bei einem bestimmten Gericht nur geringen Einschränkungen zu unterwerfen und im übrigen dem Rechtsanwalt **weitgehende Freizügigkeit** zu gewähren. Gewisse terminologische und inhaltliche Verschiebungen erfolgten erst im Zuge der nationalsozialistischen Demontage des freien Anwaltsstandes, in dem die Zulassung zum Beruf abgelehnt werden konnte, wenn an den jeweiligen Gerichten eine nach Auffassung der örtlichen Anwaltskammer zu hohe Anzahl von Zulassungsbewerbern vorhanden war (vgl. § 15 Abs. 2 RRAO[15]). Damit bestand ein Recht auf Zulassung zum Beruf, wie es die RAO erstmals eingeräumt hatte, nicht mehr und darüber hinaus wurden gewisse Freizügigkeitsbeschränkungen geschaffen.[16] Diese Koppelung der Berufszulassung an Kapazitäts- und Freizügigkeitsgrenzen der betreffenden Gerichtsbezirke setzte sich nach dem Kriege zunächst auch in einigen Rechtsanwaltsordnungen der Länder fort,[17] bis dann die BRAO von 1959 eine Rechtsvereinheitlichung brachte.

9 Auch durch die jüngste BRAO-Novelle vom 2. 9. 1994 hat sich der Wortlaut des § 18 BRAO, wie er seit Inkrafttreten der anwaltlichen Berufsordnung im Jahre 1959 bestand, zwar nicht geändert. Die Änderung des § 78 ZPO (mit Wirkung zum 1. 1. 2000) bewirkt jedoch eine faktische Aushöhlung des materiellen Gehalts der Lokalisierungsvorschriften. Dadurch, daß künftig vor den Land-

---

[11] Dazu *Koch/Bach* AnwBl. 1990, 596, 597; *Odersky* AnwBl. 1991, 238, 246; *Rieß* AnwBl. 1992, 151.
[12] Vgl. Motive zur RAO, Anlagen zu den Verhandlungen des Deutschen Reichstages, 3. Legislaturperiode – II. Session 1878, Aktenstück Nr. 5, S. 71 und Aktenstück Nr. 173, S. 1098; dazu auch *Böhm* AnwBl. 1968; 101, 102.
[13] Vgl. *Friedlaender,* § 8 Rdn. 1, S. 56; *Isele,* § 18 Anm. II. A. 1, S. 249.
[14] Vgl. *Berger* Beilage zur JW 1913; *Boehm* JW 1907, 121 ff.; *Pröls* AnwBl. 1928, 127 ff.; ders. AnwBl. 1929, 43 ff.
[15] Dazu: *Noack,* § 15 Anm. 15, S. 65; *Isele,* § 5 Anm. I. C., S. 32.
[16] *Noack,* § 15 Anm. 17, S. 66.
[17] Vgl. die Nachweise in der Gesetzgebungsbegründung zur BRAO, BT-Drucks. III/120, S. 45/46.

gerichten **keine lokalisierte Postulationsfähigkeit** mehr besteht und damit der beauftragte Rechtsanwalt vor jedem Landgericht auftreten darf, ohne dort zugelassen zu sein, beschränkt sich der Wirkungsgehalt der Zulassung bei einem bestimmten Gericht lediglich auf die Zuordnung des Anwalts zu einem bestimmten Gerichtsbezirk und damit zu der dort örtlich zuständigen Rechtsanwaltskammer. Die Beschränkung der Postulationsfähigkeit auf den Zulassungsbezirk ist schlechthin weggefallen. Es wird in Zukunft ausreichen, wenn der Zulassungsbewerber sich lediglich um die Zulassung bei dem Amtsgericht seiner beruflichen Niederlassung bemüht. Eines weiteren Antrages auf Zulassung beim übergeordneten Landgericht, bei einem benachbarten Landgericht oder bei den den Landgerichten zuzuordnenden Kammern für Handelssachen (vgl. §§ 22 bis 24 BRAO) bedarf es zum Zwecke der Berufsausübung demnach nicht mehr.

Es darf an dieser Stelle nicht unerwähnt bleiben, daß dieser Rechtszustand mit gewissen Einschränkungen faktisch bereits vor der aktuellen BRAO-Novelle vom 2. 9. 1994 eingetreten ist. Mit der durch den BGH im Jahre 1989[18] erfolgten Bestätigung der **Zulässigkeit einer überörtlichen Sozietät** (vgl. § 28 Rdn. 8 und § 59 a Abs. 2) und mit den Entscheidungen des EuGH,[19] nach denen ein dienstleistender EU-Anwalt im Dienstleistungsstaat keiner Lokalisierung unterworfen werden darf, waren starke Auflockerungen des Lokalisierungsprinzips bereits zuvor eingetreten. Zumindest große Kanzleien, die die Möglichkeit überörtlicher Sozietäten nutzen, können ihre Dienstleistungen im forensischen Bereich bei mehreren Landgerichten anbieten, ohne gegen den Grundsatz der Lokalisierung zu verstoßen. Nichts anderes gilt aber auch für kleine Sozietäten und Einzelanwälte. Es ist in der Vergangenheit nicht selten verkannt worden, daß gerade auch für sie überörtliche Zusammenschlüsse eine interessante Marktchance bieten.

Der dienstleistende EU-Anwalt kann unter Berufung auf die Dienstleistungsfreiheit des EG-Vertrages eine Ausnahme vom Lokalisierungsgebot für sich in Anspruch nehmen und vor jedem Landgericht der Bundesrepublik Deutschland auftreten, weil ein Festhalten an der Lokalisierung immer dann unverhältnismäßig ist, wenn ein EU-Anwalt nur **vorübergehend** über die Grenze hinweg forensisch tätig werden will, ohne daß seine Berufsausübung als „ständige Präsenz" im Dienstleistungsstaat angesehen werden müßte.[20] Zu den Einzelheiten vgl. unten § 29 a.

---

[18] BGHZ 108, 290 f. = NJW 1989, 2890 ff. und BGH NJW 1993, 196; dem folgend: OLG Karlsruhe NJW 1992, 1114; OLG Hamm NJW 1991, 2650; grundlegend zur Zulässigkeit *Prütting* JZ 1989, 705; vgl. ferner *Feuerich* AnwBl. 1989, 360 f.; *Hartstang* II, S. 57; *Kewenig*, Überörtliche Sozietäten und geltendes Recht, 1989; *König* AnwBl. 1990, 259 f.; *Kotulla* AnwBl. 1990, 126, 131 f.; *Kühn* AnwBl. 1988, 129 f.; *Papier* JZ 1990, 253 f.; *Rabe* NJW 1989, S. 1113; *Salger* NJW 1988, 186 f.; *Schroeder/Teichmann* AnwBl. 1990, 23 f.; *Schumann* NJW 1990, 2089 f.; *Senninger* AnwBl. 1988, 378 f.; *Stefener* AnwBl. 1988, 267 f.; *Zuck* AnwBl. 1988, 19 f.; *ders.* AnwBl. 1988, 367 f.
[19] EuGH Urt. v. 25. 2. 1988 – Rs 427/85 – (Kommission ./. BR Deutschland), Slg. 1988, S. 1123, 1165, Tz. 42 = NJW 1988, 887 ff. und EuGH Urt. v. 10. 7. 1991 – Rs C – 294/89 – (Kommission ./. Französische Republik), EuZW 1991, 729, 731, Tz. 28. Vgl. aus jüngster Zeit EuGH Urt. v. 30. 11. 1995, NJW 1996, 579. Vgl. ferner § 18 Rdn. 21 f., § 19 Rdn. 14 sowie § 4 Rdn. 28 ff. und § 29 a.
[20] EuGH, a. a. O.; dazu: *Clausnitzer*, in: Lenz (Hrsg.), EG-Handbuch Recht im Binnenmarkt, Herne/Berlin, 1990, S. 208; *Commichau* IPrax 1989, 12 f.; *Everling* BRAK-Mitt. 1989, 166, 172; *Nerlich*, Internationale Kooperationsmöglichkeiten für europäische Rechtsanwälte, in: Schriftenreihe des Instituts für Anwaltsrecht an der Universität zu Köln, Band 8, Bonn 1994, S. 51; *Stefener* AnwBl. 1988, 367 f.; *Zuck* BRAK-Mitt. 1988, 279 f.; differenzie-

§ 18 11, 12 Zweiter Teil. Die Zulassung des Rechtsanwalts

11   Der bereits erwähnte langandauernde Streit um die Grundsätze der Lokalisierung und der Singularzulassung hatte auch schon in den Jahren vor Ergehen der berühmten Entscheidungen des BVerfG vom 14. 7. 1987[21] zu den Grundsätzen des anwaltlichen Standesrechts immer wieder zu Vorschlägen geführt, das Lokalisierungsgebot und damit zugleich **§ 78 ZPO zu verändern**.[22] Nach 1987 ist die Diskussion um das Für und Wider der Lokalisierung mit zunehmender Heftigkeit geführt worden.[23] Nunmehr hat der Gesetzgeber diese Grundlagen des anwaltlichen Berufsrechts mit Wirkung zum 1. 1. 2000 (bzw. für die neuen Bundesländer mit Wirkung zum 1. 1. 2005) umgestaltet.

III. Normzweck

12   Für die Einführung des Lokalisierungsgrundsatzes im Jahre 1878 und seine Beibehaltung bis heute wurden stets vielfältige Gründe vorgetragen. Es handelt sich um ein in erstaunlicher Weise gleichbleibendes Motivbündel unterschiedlichster Erwägungen. Dabei haben im Laufe von über 100 Jahren die Einzelerwägungen nicht gewechselt, aber es ist zu deutlichen Akzentverschiebungen gekommen. Selbst im Rahmen der Reformdiskussion zur BRAO-Novelle des Jahres 1994 sind teilweise die Argumente des 19. Jahrhunderts ganz unverändert vorgetragen worden.[24] Vielfach haben Vertreter der Anwaltschaft, der Richterschaft und der Rechtslehre einerseits **prozeßökonomische Erwägungen**, andererseits aber auch Argumente vorgebracht, die mit dem Schutz der Anwaltschaft verbunden waren. So wurde ausgeführt, die Lokalisierung bei einem bestimmten Gericht gewährleiste in besonderem Maße die reibungslose Terminierung und zügige Durchführung eines Prozesses und biete die Grundlage für eine **vertrauensvolle Zusammenarbeit** zwischen Gericht und Anwaltschaft.[25] Denn die lokale Nähe schränke die Reisetätigkeit des Rechtsanwalts ein und fördere die Leichtigkeit des Kontaktes zwischen dem Rechtsanwalt und seiner Partei sowie dem Rechtsanwalt und Gericht. Generell erhoffte man sich von der Lokalisierung eine Situation, in der der Rechtsanwalt seine Kollegen und die Richter des jeweiligen Landgerichtsbezirkes persönlich und gut kenne. Er könne daher die besonderen Verhältnisse innerhalb seines Bezirks und insbesondere die Rechtsauffassung und Praxis des jeweiligen Gerichts genau berücksichtigen. Auch dies fördere die vertrauensvolle Zusammenarbeit. Selbst die Vertrautheit mit lokalen Eigenheiten in der Anwendung des jeweiligen Prozeßrechts wurden als vorteilhaft hervorgehoben. Mit dem Lokalisierungsgebot könne darüber hinaus verhindert werden, daß sich eine kleine Anzahl von Anwälten die Mehrzahl der Mandate teile, weil der Vormachtstellung einiger weniger großer Kanzleien keine Grenzen gesetzt würden.[26]

---

rend: *Paus/Rader-Leufer*, in: Prütting (Hrsg.), Die deutsche Anwaltschaft zwischen heute und morgen, Schriften für die Prozeßpraxis, Bd. 6, Köln, S. 85, 99/100.
[21] BVerfG v. 14. 7. 1987, BVerfGE 76, 171 = NJW 1988, 191 und E 76, 196 = NJW 1988, 194.
[22] Vgl. statt vieler *Sachau* AnwBl. 1974, 8 f.
[23] Vgl. insbesondere *Pietzcker*, Der anwaltliche Lokalisationsgrundsatz, 1990; *Prütting* AnwBl. 1990, 346; *Hettinger* BRAK-Mitt. 1988, 98; *Papier* BRAK-Mitt. 1991, 4.
[24] Vgl. hierzu BT-Drucks. 12/4993, S. 48 ff.
[25] Vgl. bereits die Motive zur RAO, Anlagen zu den Verhandlungen des Deutschen Reichstages, 3. Legislaturperiode – II. Session 1878, Aktenstück Nr. 5, S. 71; BVerfG NJW 1990, 1033; *Böhm* AnwBl. 1968, 101, 102; *Feuerich/Braun*, § 18 Rdn. 2; *Koch* AnwBl. 1990, 577, 579.
[26] Vgl. bereits die Motive zur RAO, Angaben zu den Verhandlungen des Deutschen Reichstages, 3. Legislaturperiode – II. Session 1878, Aktenstück Nr. 5, S. 71, 72; BVerfG

Es werde also eine wirtschaftliche Sicherung und Schutz vor **existenzgefährdendem Wettbewerb** gewährleistet. Ferner werde mit der Lokalisierung eine „flächendeckende" Verteilung der Rechtsanwälte auch auf Gerichtsbezirke kleinerer Städte und auf das Umland erreicht und auf diese Weise eine Versorgung mit anwaltlichen Dienstleistungen im gesamten Staatsgebiet sichergestellt.[27] Auch der Mandant habe dadurch bessere Möglichkeiten, den Anwalt seines Vertrauens zu finden, weil er nur auf einen kleinen Kreis örtlich bekannter Rechtsanwälte zurückzugreifen brauche, deren Ruf leicht zu erfahren sei.[28] Schließlich stelle der Lokalisierungsgrundsatz in Verbindung mit der Regelung des § 60 Abs. 1 BRAO die Rechtsanwaltskammern auf eine sichere und klare Mitgliedschaftsbasis und gewährleiste damit die anwaltliche Selbstverwaltung und Berufsaufsicht.[29]

Letztlich ist darauf hinzuweisen, daß der Grundsatz der Lokalisierung bei seiner reichseinheitlichen Einführung im Jahre 1878 teilweise nur als zwangsläufige Konsequenz aus der kurz zuvor verabschiedeten CPO des Jahres 1877 empfunden wurde.

Zu den einzelnen hier genannten Argumenten wäre vieles zu sagen. Nachdem aber der Gesetzgeber sich 1994 grundsätzlich für eine **Abschaffung** der lokalisierten Postulationsfähigkeit in erster Instanz entschieden hat, erscheint es nicht mehr gerechtfertigt, die Diskussion über Sinn und Zweck einer Lokalisierung auch heute noch intensiv zu führen. Im Ergebnis besteht wohl kaum ein Zweifel, daß die gesetzgeberische Entscheidung in ihrer grundsätzlich freiheitlichen Tendenz richtig war. Dies sei im folgenden zumindest andeutungsweise begründet. So ist vielfach zu Recht angezweifelt worden, daß die Lokalisierung geeignet ist, der Funktionsfähigkeit der Rechtspflege dienlich zu sein. Terminierung und reibungsloser Prozeßverlauf hängen schon lange nicht mehr von der Fähigkeit der Rechtsanwälte ab, für Gerichte und Mandantschaft leichter erreichbar zu sein.[30] Die Überlastung der Gerichte trägt heutzutage im wesentlichen dazu bei, daß die Terminierung zivilrechtlicher Streitigkeiten zum Prozeßrisiko geworden ist. Das mit der Lokalisierung beabsichtigte **Vertrauensverhältnis** zwischen Gericht und Anwaltschaft mag vor kleineren Amtsgerichten auch heute noch bestehen.[31] In Ansehung der Anwaltsdichte und der stetig steigenden Anzahl von Rechtsstreitigkeiten sowie der großen Zahl von Richtern kann von einer besonderen Vertrauensstellung zwischen Anwalt und Richter **keine Rede** mehr sein.[32] Auch das Argument, die Lokalisierung gewährleiste eine schnelle und geordnete Abwicklung der Zivilprozesse, kann heute keine Geltung mehr beanspruchen. Anfang dieses Jahrhunderts mag das Lokalisationsprinzip diesem Anliegen noch gerecht geworden sein.[33] Bedenkt man jedoch, daß moderne Kommunikations- und Verkehrsmittel den Rechtsanwalt in die Lage versetzen, innerhalb kurzer Zeit aus-

---

NJW 1990, 1033; EGH Hamm AnwBl. 1967, 35, 36; *Böhm* AnwBl. 1968, 101, 102; *Feuerich/Braun,* § 18 Rdn. 2; *Lechner* AnwBl. 1991, 301; *Odersky* AnwBl. 1991, 238, 245; *Papier* BRAK-Mitt. 1991, 2; *Stallmeister* AnwBl. 1990, 384.
[27] BGH BRAK-Mitt. 1989, 156; *Feuerich/Braun,* § 18 Rdn. 2.
[28] BGHZ 47, 15, 17; EGH Frankfurt AnwZ (B) 6/66; EGH Hamm AnwBl. 1967, 35, 36; *Feuerich/Braun,* § 18 Rdn. 4.
[29] EGH Hamm, EGE IX, S. 129, 131; *Feuerich/Braun,* § 18 Rdn. 2; *Schumann* NJW 1990, 2089.
[30] *Böhm* AnwBl. 1968, 101, 103; *Kotulla* AnwBl. 1990, 126, 128.
[31] *Prütting* AnwBl. 1990, 346, 350.
[32] *Kotulla* AnwBl. 1990, 126, 128; *Schroeder* AnwBl. 1988, 571, 572; *Zuck* NJW 1987, 3033, 3035; a. A. *Stallmeister* AnwBl. 1990, 384, 386; *Tiebing* AnwBl. 1990, 300, 301.
[33] *Schroeder* AnwBl. 1988, 571, 572.

wärtige Termine wahrzunehmen, hat es unzweifelhaft an **Bedeutung verloren**.[34] Hinzu kommt, daß es dem Rechtsanwalt weiterhin freisteht, bei drohender Terminkollision einem Kollegen Untervollmacht zu erteilen. In den seltensten Fällen wird es dem Rechtsanwalt darauf ankommen, die terminlich kollidierenden Gerichtstermine an weit auseinander liegenden Gerichten in eigener Person wahrzunehmen.[35] Eine Terminverlegung wäre demnach nur in hinnehmbaren Ausnahmefällen notwendig.

15 Es ist ferner darauf hinzuweisen, daß **andere Gerichtszweige** ohne die Lokalisierung auskommen[36] und die Entfernung zwischen den Gerichten alleine nicht mehr zur Begründung der Lokalisierung herangezogen werden kann. Die Einfügung des § 29 a in die BRAO mit der Folge, daß der Rechtsanwalt heutzutage eine Zweigstelle im Ausland errichten darf, widerlegt das zur Begründung der Lokalisierung herangezogene Argument, der Anwalt müsse im Zulassungsbezirk stets erreichbar sein, eindeutig.[37] Es soll an dieser Stelle nicht verkannt werden, daß es in den anderen Gerichtszweigen mit fehlender Lokalisierung wahrscheinlich nur deshalb nicht zu erheblichen Reibungsverlusten kommt, weil die allumfassend tätig werdenden Rechtsanwälte im Rahmen der Zivilgerichtsbarkeit jedenfalls der Lokalisierung unterworfen sind.[38] Gleichwohl sollte es dem eigenverantwortlichen Handeln des Anwalts überlassen bleiben, ob er auswärtige Termine selbst oder durch einen am auswärtigen Gericht zugelassenen Kollegen wahrnehmen lassen will.

16 Das Argument, die Lokalisation diene dem für die Rechtspflege wichtigen Vertrauensverhältnis zwischen Richter und Anwaltschaft, überzeugt ebenfalls nicht. Eine enge Vertrauensbeziehung der Rechtspflegeorgane zueinander birgt immerhin die Gefahr der „**Klüngeljustiz**".[39]

17 Wenig überzeugend wirkt heute auch das Argument der wirtschaftlichen Sicherung und des Konkurrenzschutzes. Angesichts der europäischen und internationalen Entwicklung sowie innerstaatlich der umfangreichen Bildung überörtlicher Sozietäten erscheint das Argument geradezu anachronistisch. Darüber hinaus kommt einem **Konkurrenzschutz** in der vorliegenden Form sicherlich kein verfassungsrechtlich relevantes Gewicht zu. Hinzufügen könnte man, daß angesichts von heute allenfalls 40% forensischer Tätigkeit und 60% außergerichtlicher Beratungstätigkeit der Gedanke der Lokalisierung wohl kaum mehr das Gewicht für eine echte Existenzsicherung haben kann.[40] Im übrigen kann sich Wettbewerb bei anwaltlichen Dienstleistungen positiv auf den Rechtsberatungsmarkt auswirken; die Konkurrenz bewirkt sicherlich eine Qualitätssteigerung der anwaltlichen Leistung.[41] Darüber hinaus ist die Lokalisierung für einen Rechtsanwalt, der sich zum Zwecke der Existenzsicherung spezialisiert hat, geradezu hinderlich.[42] Die

---

[34] *Kotulla* AnwBl. 1990, 126, 129; *Prütting* AnwBl. 1990, 346, 351; *Rabe/v. Falkenhausen* ZRP 1990, 343, 345; *Schroeder* AnwBl. 1988, 571; 572; *Schumann* AnwBl. 1990, 466, 468.
[35] *Böhm* AnwBl. 1968, 101, 103.
[36] *Böhm* AnwBl. 1968, 101, 104; *Raczinski/Rogalla/Tomsche* AnwBl. 1989, 583, 591; *Redeker* NJW 1987, 2610, 2615; *Schumann* AnwBl. 1990, 466, 469.
[37] *Prütting* AnwBl. 1990, 346, 351.
[38] *Prütting* AnwBl. 1990, 346, 351.
[39] *Friese* AnwBl. 1987, 3, 5; *Kotulla* AnwBl. 1990, 126, 129.
[40] *Kotulla* AnwBl. 1990, 126, 132; *Prütting* AnwBl. 1990, 346, 351.
[41] *Koch* AnwBl. 1990, 577, 581; *Kotulla* AnwBl. 1990, 126, 132.
[42] *Rabe/v. Falkenhausen* ZRP 1990, 343, 345; *Raczinski/Rogalla/Tomsche* AnwBl. 1989, 583, 591.

Spezialisierung erfordert meist ein größeres Einzugsgebiet, um ausreichend Mandanten für das Spezialgebiet finden zu können.[43]

Wenn demgegenüber *Feuerich/Braun* noch im Jahre 1995 meinen, daß „die **Gründe des Gemeinwohls**, die den Gesetzgeber zur Beibehaltung des Grundsatzes der Lokalisation veranlaßten, auch heute noch Gültigkeit beanspruchen"[44] könnten, so ist dies jedenfalls heute nicht mehr nachvollziehbar. Die Sinnhaftigkeit einer lokalisierten Postulationsfähigkeit alter Prägung läßt sich jedenfalls nicht damit begründen, daß die bisherige Gesetzeslage nach Auffassung des BVerfG nicht verfassungswidrig war.[45] Über die Frage der Zweckmäßigkeit sowie die Auswirkungen der nunmehr flächendeckend bestehenden überörtlichen Sozietäten und weitere oben genannte Aspekte hatte das BVerfG nämlich nicht zu entscheiden. Es darf ferner nicht übersehen werden, daß in den genannten Entscheidungen des BVerfG vom 8. 11. 1989 und vom 12. 5. 1993 in einer erstaunlichen Weise die Argumente aus dem Postkutschen-Zeitalter wiederholt werden. Es ist bei Bekanntwerden der genannten Verfassungsgerichtsentscheidungen von den Fachleuten auf allen Seiten als sehr überraschend empfunden worden, daß das BVerfG sich mit keinem Wort dem historischen Zusammenhang und der aktuellen Diskussion angenommen hat. 18

Festzuhalten bleibt, daß gewichtige Gründe gegen die Lokalisierung sprechen und der Gesetzgeber gut beraten war, von der lokalisierten Postulationsfähigkeit durch die Änderung des § 78 ZPO abgerückt zu sein. Sinn und Zweck der Regelung des § 18 BRAO beschränken sich demnach künftig nur noch auf die Gewährleistung der **Berufsaufsicht** im jeweiligen OLG-Bezirk. Durch die Zulassung bei einem bestimmten Gericht in dem Gerichtsbezirk, in dem der Rechtsanwalt seiner Kanzleipflicht nachkommt, bestimmt er diejenige Rechtsanwaltskammer, die die Disziplinargewalt und Berufsaufsicht ihm gegenüber ausübt. 19

IV. Verfassungsrechtliche Gesichtspunkte

Die verfassungsrechtliche Diskussion um die Verfassungskonformität des Lokalisationsgrundsatzes dürfte nun, nachdem der berufsausübungsbeschränkende Gehalt des § 18 BRAO i. V. m. § 78 ZPO im wesentlichen entfallen wird, endgültig beendet sein. Trotz der durch BVerfG[46] und BGH[47] mehrfach betonten **Verfassungsmäßigkeit des Lokalisationsgebotes** hatten die Gegner der lokalen Zulassung stets verfassungsrechtliche Bedenken vorgebracht. Das BVerfG hatte (wie erwähnt) sogar noch kurz vor der Verabschiedung des neuen Berufsrechts an dem Grundsatz festgehalten, daß § 78 Abs. 1 ZPO und der Lokalisationsgrundsatz zur verfassungsmäßigen Ordnung gehörten.[48] 20

Entscheidender verfassungsrechtlicher Ansatzpunkt war erklärtermaßen die Frage, ob der berufsausübungsbeschränkende Lokalisationsgrundsatz vor dem Hintergrund des Art. 12 GG verhältnismäßig ist.[49] Im Rahmen der für Art. 12 GG maßgeblichen **Verhältnismäßigkeitsprüfung** wurde erörtert, ob die Regelung durch vernünftige Erwägungen des Gemeinwohls gerechtfertigt sei und die ge- 21

---

[43] *Winters,* Der Rechtsanwaltsmarkt, Köln 1989, S. 187.
[44] So *Feuerich/Braun* noch in der 3. Auflage 1995, § 18 Rdn. 2.
[45] BVerfG (8. 11. 1989) NJW 1990, 1033; BVerfG (12. 5. 1993) NJW 1993, 3192. Es handelt sich jeweils um einen Nichtannahmebeschluß der 1. bzw. 2. Kammer des 1. Senats.
[46] BVerfG NJW 1990, 1033; BRAK-Mitt. 1988, 214; NJW 1993, 3192.
[47] BGHZ 47, 15; 65, 241.
[48] BVerfG NJW 1993, 3192.
[49] Vgl. dazu ausführlich: *Pietzcker,* Der anwaltliche Lokalisationsgrundsatz, Köln 1990.

wählten Mittel zur Erreichung des verfolgten Zwecks geeignet und erforderlich sowie für den Betroffenen zumutbar seien. Dabei wurden die oben dargestellten Argumente vorgetragen und die Verfassungsmäßigkeit entweder bejaht oder verneint.

Als verfassungsrechtlich besonders interessant kann die Frage bezeichnet werden, ob nicht die Tatsache, daß dienstleistende EU-Anwälte unter bestimmten Voraussetzungen nicht dem Lokalisationsgrundsatz unterworfen sind,[50] einen **Verstoß gegen Art. 3 Abs. 1 GG** nahelegt. Immerhin werden EU-Anwälte, die nur vorübergehend forensische Tätigkeit in der Bundesrepublik Deutschland ausüben, anders behandelt als in der Bundesrepublik niedergelassene Rechtsanwaltskollegen. Allgemein stellt sich hier die Frage, ob die sog. „Inländerdiskriminierung" einen Verstoß gegen Art. 3 Abs. 1 GG bedeutet mit der Folge, daß die Ungleichbehandlung inländischer Dienstleistungserbringer durch Angleichung der nationalen Vorschriften von Verfassungs wegen abgestellt werden müßte.[51]

22 Eine Überprüfung der **Inländerdiskriminierung** an Art. 3 Abs. 1 GG macht hingegen deutlich, daß sich die Ungleichbehandlung auf einen sachlichen Grund zurückführen läßt. Die Benachteiligung der im Inland niedergelassenen Rechtsanwälte gegenüber ihren ausländischen Kollegen hat ihren Grund in der Divergenz von Europarecht und nationalem Recht.[52] Der Gleichheitssatz des Art. 3 Abs. 1 GG verpflichtet den Gesetzgeber, Gleiches gleich zu behandeln und eine willkürliche Ungleichbehandlung zweier in dem relevanten Punkt gleicher Sachverhalte zu unterlassen.[53] Das BVerfG[54] und der BGH[55] haben zu Recht darauf hingewiesen, daß für eine Differenzierung beider Gruppen von Rechtsanwälten ein sachlicher Grund besteht. Während erwartet wird, daß der EU-Anwalt vor deutschen Gerichten zeitlich begrenzt tätig wird, übt der im Inland zugelassene Rechtsanwalt eine Dauertätigkeit aus, so daß unterschiedliche Sachverhalte in Rede stehen. Die europarechtliche Dienstleistungsfreiheit gemäß Art. 59 ff. EGV, die nur durch verhältnismäßige Regelungen eingeschränkt werden darf, zwingt dazu, die weitreichenden Folgen einer Erstreckung der lokalen Zulassung auf grenzüberschreitende Sachverhalte zu unterbinden.

23 Im übrigen kann eine Regelung, die einem Ausnahmetatbestand Rechnung trägt und in sich zwingend ist, eine Differenzierung rechtfertigen.[56] Um einen solchen Fall handelt es sich bei der Freistellung des EU-Anwalts von der Lokalisierung, weil er sich eben nicht in der Situation befindet, in der er bei einem deutschen Gericht zugelassen werden kann.[57]

V. Die Zulassung bei einem Gericht

24 Das Zulassungserfordernis bei einem bestimmten Gericht dient ab 1. 1. 2000 gemäß der BRAO-Novelle vom 2. 9. 1994 nur der **Sicherung der Berufsaufsicht**. Die eigentliche Bedeutung von § 18 wird ab diesem Zeitpunkt also gering sein.

---

[50] EuGH NJW 1988, 887 und NJW 1989, 658.
[51] Dazu nunmehr vor allem *Wesser*, Grenzen zulässiger Inländerdiskriminierung, 1995.
[52] *Pietzcker*, Der anwaltliche Lokalisationsgrundsatz, Köln 1990, S. 23 ff. der dennoch auf S. 33 zu einem anderen Ergebnis gelangt.
[53] BVerfGE 67, 231; 67, 348, 365 m. w. N.
[54] BVerfG NJW 1990, 1033.
[55] BGH NJW 1989, 2890.
[56] BVerfGE 59, 36, 49; *Feuerich/Braun*, § 18 Rdn. 5.
[57] BGHZ 108, 342; *Feuerich/Braun*, § 18 Rdn. 5; *Papier* BRAK-Mitt. 1991, 2, 6.

Der Absatz 1 der Vorschrift trägt dem Umstand Rechnung, daß es eine Zulassung zur Rechtsanwaltschaft gemäß der §§ 4 ff. BRAO nur in Verbindung mit einem Zulassungsantrag bei einem bestimmten Gericht geben soll und darf. Zulassung zur Rechtsanwaltschaft und Zulassung zu einem bestimmten Grund unterliegen demnach zwar unterschiedlichen Voraussetzungen, sind jedoch untrennbar miteinander verbunden. Besonders deutlich wird dies durch die Vorschrift zum Zulassungswechsel (§ 33 BRAO).[58]

Diese faktische Verknüpfung wird auch durch Absatz 3 des § 18 BRAO deutlich, nach dem es einen Verzicht auf die Zulassung bei einem bestimmten Gericht nur dann geben kann, wenn gleichzeitig ein Zulassungswechsel zu einem anderen Gericht (§ 33 BRAO) erfolgt. Der Grund für diese Bestimmung läßt sich auf das Interesse der Anwaltschaft an einer lückenlosen Berufsaufsicht zurückführen.

VI. Rechtsvergleichende Hinweise

Einige Staaten in Europa kennen den Lokalisierungsgrundsatz in abgeschwächter Form. Einigen Rechtsordnungen ist das Prinzip einer lokalen Zulassung hingegen völlig fremd.

In Belgien,[59] Großbritannien,[60] Luxemburg,[61] Irland,[62] Portugal[63] und den skandinavischen Ländern[64] z. B. existiert der Grundsatz der lokalen Zulassung nicht. Frankreich,[65] Italien,[66] die Niederlande[67] und Spanien[68] kennen hingegen ein stark abgeschwächtes Lokalisierungsgebot. Die Lokalisierung ist dort eng mit der **Zweiteilung** des Berufsstandes verknüpft. Während die Anwälte, die zur Prozeßführung befugt sind, der Lokalisierung unterliegen, reicht es für die übrigen Rechtsanwälte meist aus, wenn sie von einem örtlich zugelassenen Kollegen bei dem angerufenen Gericht eingeführt werden. Diese Einführung des ortsfremden Kollegen vor Gericht unterliegt in den verschiedenen Rechtsordnungen unter-

---

[58] Zu den Voraussetzungen des § 33 BRAO vgl. die Kommentierung zu dieser Vorschrift.
[59] Zu Belgien: *Everling,* in: Gutachten C z. 58. DJT 1990 in München, C 1, 80; *Laguette/Latham,* in: Kommission der Europäischen Gemeinschaften (Hrsg.), Lawyers in the European Community, S. 99.
[60] Zu Großbritannien: *Everling,* in: Gutachten C z. 58. DJT 1990 in München, C 1, 88; *Friese* AnwBl. 1987, 3, 12; *Graef* ZRP 1995, 451; *Wegerich,* Das englische Anwaltsrecht, 1992; *Rawert,* Die Zweiteilung der englischen Anwaltschaft, 1994.
[61] Zu Luxemburg: *Laguette/Latham,* in: Kommission der Europäischen Gemeinschaften (Hrsg.), Lawyers in the European Community, S. 111.
[62] Zu Irland: *Laguette/Latham,* in: Kommission der Europäischen Gemeinschaften (Hrsg.), Lawyers in the European Community, S. 108.
[63] *Moreira,* aija-Gazette Nr. 32/89, S. 14; *Nerlich,* Mitt. der Deutsch-Portugiesischen Juristenvereinigung (DPJV) 2/1993, S. 8, 10.
[64] *Winters,* Der Rechtsanwaltsmarkt, Köln 1989, S. 240. Zu Dänemark auch: *Laguette/Latham,* in: Kommission der Europäischen Gemeinschaften (Hrsg.), Lawyers in the European Community, S. 101.
[65] Zu Frankreich: *Niessen,* Frankreichs Anwaltschaft, 1994, S. 45 ff.; *Everling,* in: Gutachten C z. 58. DJT 1990 in München, C 1, 71.
[66] Zu Italien: *Everling,* in: Gutachten C z. 58. DJT 1990 in München, C 1, 77; *Laguette/Latham,* in: Kommission der Europäischen Gemeinschaften (Hrsg.), Lawyers in the European Community, S. 110.
[67] Zu der Niederlande: *Everling,* in: Gutachten C z. 58. DJT 1990 in München, C 1, 84; *Laguette/Latham,* in: Kommission der Europäischen Gemeinschaften (Hrsg.), Lawyers in the European Community, S. 114.
[68] Zu Spanien: *Friese* AnwBl. 1987, S. 3, 12.

schiedlichen Voraussetzungen. Auf Einzelheiten kann an dieser Stelle verzichtet werden. In Griechenland besteht schließlich eine lokale Zulassung, wie sie bis zur BRAO-Novelle in der Bundesrepublik Deutschland bestand.[69]

VII. Übergangsprobleme und die Lokalisierung in den neuen Bundesländern

28 Der Gesetzgeber der BRAO-Novelle 1994 hat mit der Neufassung des § 78 ZPO zwar grundsätzliche Eingriffe in das System der Lokalisierung vorgenommen. Er hat dabei aber höchst eigenartige **zeitliche Übergangsprobleme** geschaffen: In den alten Bundesländern wird die Änderung des § 78 ZPO gemäß Art. 22 Abs. 2 der BRAO-Novelle mit einer Übergangsfrist von fünf Jahren zum 1. 1. 2000 in Kraft gesetzt werden. Für die neuen Bundesländer, die bis zum 31. 12. 1994 eine lokalisierte Postulationsfähigkeit nicht kannten (vgl. § 22 RPflAnpassG vom 26. 6. 1992), wollte der Gesetzgeber gemäß Art. 21 i. V. m. Art. 22 Abs. 1 der BRAO-Novelle ab 1. 1. 1995 den Rechtszustand der alten Bundesländer, also das auslaufende Lokalisierungsgebot des geltenden § 18 BRAO i. V. m. § 78 ZPO einführen. Diese Übergangsregelung sollte dann nach 10 Jahren gemäß Art. 22 Abs. 2 der BRAO-Novelle am 1. 1. 2005 dem künftigen einheitlichen Rechtszustand weichen, wie er in den alten Bundesländern im Jahre 2000 eintritt.

29 Diese Regelung hat sogleich nach ihrem Bekanntwerden heftige Kritik ausgelöst.[70] Sie ist wenig sachdienlich, zumal sie für die neuen Bundesländer eine doppelte Zumutung enthält: Diese sollen sich ab 1. 1. 1995 für 10 Jahre auf ein neues System umstellen und eine echte Rechtseinheit wird dann erst im Jahre 2005 erzielt. Ein solches Hinausschieben des Eintritts der Rechtseinheit ist durch **keinerlei sachlichen Grund** gerechtfertigt. Die zeitlichen Übergangsbestimmungen des Gesetzes kann überhaupt nur verstehen, wer sie als eine (besonders unglückliche) Kompromißlösung zur Abfederung des Inkrafttretens des in Teilen der Rechtsanwaltschaft bis heute abgelehnten freien Zugangs zu allen Landgerichten begreift. Sie wurde vom Vermittlungsausschuß, der vom Bundesrat zum Zweck der Erhaltung des § 78 ZPO a. F. angerufen worden war, vorgeschlagen.[71]

30 Die Regelung bezüglich der neuen Bundesländer ist von einem in Aschersleben im Bezirk des Landgerichts Magdeburg ansässigen Rechtsanwalt mit der Verfassungsbeschwerde angegriffen worden. Das BVerfG hat mit Beschluß vom 7. 12. 1994[72] die Anwendung von § 78 ZPO in den neuen Bundesländern für sechs Monate im Wege der einstweiligen Anordnung **ausgesetzt**, so daß dort weiterhin § 22 RPflAnpassG vom 26. 6. 1992 gilt. Wer nunmehr bei einem Amts- oder Landgericht in den neuen Bundesländern zugelassen ist, darf also z. Zt. vor allen Landgerichten und Amtsgerichten, soweit dort in Familiensachen eine einheitliche Vertretung vorgeschrieben ist, in allen neuen Bundesländern auftreten, solange die Entscheidung des BVerfG vom 7. 12. 1994 wirkt.[73]

Das BVerfG hat mit Beschl. vom 31. 5. 1995[74] und nochmals mit Beschl. vom 21. 11. 1995[75] den Aufschub jeweils um weitere sechs Monate **verlängert**.

---

[69] Zu Griechenland: *Laguette/Latham*, in: Kommission der Europäischen Gemeinschaften (Hrsg.), Lawyers in the European Community, S. 108.
[70] Vgl. *Kleine-Cosack* NJW 1994, 2250; *Mayen* NJW 1995, 2323; *Graef* ZRP 1995, 450.
[71] Vgl. dazu BT-Drucks. 12/7835 und BT-Drucks. 12/7868.
[72] BVerfGE 91, 328 = ZIP 1995, 68 = NJW 1995, 247.
[73] Vgl. *Borchert* AnwBl. 1995, 257 f.
[74] Vgl. den Hinweis in ZIP-Aktuell 1995, Heft 11, Nr. 166.
[75] BVerfG, 1 BvR 2011/94; vgl. ZIP-Aktuell 1995, Nr. 295.

§ 19 Antrag auf Zulassung bei einem Gericht § 19

In der Hauptsache lag eine Aufhebung der gesetzlichen Regelung durch das 31
BVerfG sehr nahe. Gegen die gesetzlichen Übergangsbestimmungen bestehen
erhebliche **verfassungsrechtliche Zweifel.** Eine unterschiedliche Behandlung
der neuen und alten Bundesländer nach dem Jahre 2000 erscheint durch nichts
gerechtfertigt. Ebensowenig kann die kurzfristige und übergangsweise Einführung
des alten Systems ab 1995 in den neuen Bundesländern überzeugen. Wenn nämlich die bisher immer genannten Gründe der Erleichterung der Terminierung
und der zügigen Verfahrensdurchführung den Lokalisierungsgrundsatz in den
alten Bundesländern nach der Auffassung des Gesetzgebers nicht mehr stützten,
ist nicht ersichtlich, weshalb dies vor und erst recht nach dem Jahre 2000 in den
neuen Bundesländern anders sein soll. Grundsätzliche Unterschiede zwischen den
alten und den neuen Bundesländern sind hier nicht erkennbar. Auch andere
Gesichtspunkte zur Stützung des bisherigen Lokalisierungsgrundsatzes rechtfertigen eine unterschiedliche Behandlung der alten und der neuen Bundesländer
nicht mehr. Zu Recht weist Mayen[76] darauf hin, daß die Erwägungen des Rechtsausschusses des Deutschen Bundestages, wonach in den neuen Bundesländern
wegen der dortigen Sondersituation beim Aufbau der Rechtspflege ein besonderer Anreiz zur Ansiedelung von Anwälten geschaffen werden solle, keinesfalls
tragfähig sei. Ein Zeitraum von 10 Jahren, in dem ein solcher Anreiz nur gewährt
werden soll, kann nach dieser zutreffenden Kritik kaum als Grundlage für die
Entscheidung über die Gründung einer Anwaltskanzlei in den neuen Bundesländern ausreichen. Auf der Basis dieser Erwägungen hat nunmehr das BVerfG auch
in der Hauptsache die Anwendung des § 78 ZPO a. F. in den neuen Bundesländern für **verfassungswidrig erklärt.**[77] Damit wird bis zum 31. 12. 2004 in den
neuen Bundesländern jeder nach dem RAG zugelassene oder registrierte Rechtsanwalt gemäß § 22 RpflAnpG vor allen Landgerichten der neuen Bundesländer
postulationsfähig sein.

§ 19 Antrag auf Zulassung bei einem Gericht

(1) **Die Zulassung bei einem Gericht wird auf Antrag erteilt.**

(2) **Über den Antrag entscheidet die Landesjustizverwaltung. Vor der
Entscheidung ist der Vorstand der Rechtsanwaltskammer, in deren
Bezirk der Bewerber als Rechtsanwalt zugelassen werden will, zu hören.**

(3) **Ein Antrag darf nur aus den in diesem Gesetz bezeichneten Gründen abgelehnt werden.**

Übersicht

	Rdn.		Rdn.
I. Entstehungsgeschichte	2–4	3. Zuständigkeit der Landesju-	
II. Normzweck	5	stizverwaltung	10
III. Verfassungsrechtliche Gesichts-		4. Gutachten des Vorstandes der	
punkte	6	Rechtsanwaltskammer	12
IV. Verfahren	7–12	V. Rechtsvergleichende Hinweise	13
1. Antrag	7	VI. Entwicklung des EU-Rechts	14
2. Ablehnung des Antrags	8	VII. Rechtspolitische Aspekte	15

---

[76] *Mayen* AnwBl. 1995, 433.
[77] BVerfG ZIP 1996, 474.

§ 19 1–5 Zweiter Teil. Die Zulassung des Rechtsanwalts

1 Die Regelung des § 19 Abs. 1 schließt unmittelbar an den Grundsatz der Lokalisierung in § 18 an. § 19 regelt zusammen mit den §§ 20, 21 das Verfahren der Zulassung bei einem bestimmten Gericht der ordentlichen Gerichtsbarkeit und setzt damit das Lokalisierungsgebot in die Praxis um.

I. Entstehungsgeschichte

2 Die Voraussetzung, nach der die Zulassung zu einem bestimmten Gericht nur auf Antrag erteilt werden kann, besteht, seit es die Trennung zwischen der Zulassung zum Beruf und der Zulassung zu einem bestimmten Gericht gibt. Die Vorschrift des § 9 der Reichsrechtsanwaltsordnung von 1878 (RAO) legte erstmals reichseinheitlich fest, daß die **Landesjustizverwaltungen** über den Antrag auf Zulassung zu einem bestimmten Gericht zu befinden haben.[1] Die RRAO[2] und auch die Rechtsanwaltsordnungen der Besatzungszonen änderten diesen Grundsatz nicht. Die Entscheidung über den Antrag unterlag teilweise nur anderen Voraussetzungen. Auch die BRAO 1959 ging und geht vom Antragserfordernis aus.

3 Der in § 19 Abs. 3 BRAO niedergelegte Grundsatz, nach dem ein Antrag auf Zulassung zu einem bestimmten Gericht nur aus den im Gesetz bezeichneten Gründen abgelehnt werden darf, steht systematisch in engem Zusammenhang zu § 6 Abs. 2 BRAO, nach dem auch der Antrag auf Zulassung zur Rechtsanwaltschaft nur nach den im Gesetz bestimmten Gründen versagt werden kann. Der Grundsatz wurde erst durch die BRAO eingeführt. Das lag daran, daß die RAO zwar das Recht auf Zulassung erstmals festschrieb, jedoch konstitutive und auch fakultative **Versagungsgründe** kannte. Aufgrund der damit einhergehenden Ermessensentscheidung der Landesjustizverwaltung konnte es folgerichtig keine abgrenzbaren Versagungstatbestände geben. Auch die RRAO konnte aus gesetzessystematischen Gründen keine Vorschrift entsprechend der §§ 6 und 19 BRAO hervorbringen. Nach der RRAO konnte der Antrag auf Zulassung zu einem bestimmten Gericht aus beliebigen Gründen zurückgewiesen werden.[3]

4 Daß über den Antrag auf Zulassung zu einem bestimmten Gericht die Landesjustizverwaltung entscheidet, hängt damit zusammen, daß auch die Zulassung zur Rechtsanwaltschaft nicht dem eigenen Berufsverband überlassen worden ist (vgl. § 8 BRAO). Zur geschichtlichen Entwicklung der die anwaltliche Selbstverwaltung durchbrechenden Staatsaufsicht vergleiche die Ausführungen oben zu § 8 BRAO.

II. Normzweck

5 Der Sinn und Zweck des Antragserfordernisses liegt darin, den Landesjustizbehörden die Möglichkeit zu geben, anhand der beizubringenden Unterlagen das Vorliegen eines Versagungsgrundes nach § 20 BRAO zu erkennen. Damit soll der Mandant vor der Betätigung von Anwälten geschützt werden, deren Berufsausübung Gefahren für den Rechtsverkehr hervorruft.[4] Das Vertrauen des Rechtsuchenden in die **Integrität des Anwaltsstandes** soll aufrecht erhalten werden. Damit der Berufszugang nicht willkürlich versagt werden kann, geht die BRAO grundsätzlich vom Recht auf Zulassung bei einem bestimmten Gericht aus. Dieses Recht darf nur aus den gesetzlich vorgesehenen Gründen versagt werden. Der Schutz des einzelnen Zulassungsbewerbers vor unverhältnismäßigen

---

[1] Vgl. *Friedlaender,* § 9 Anm. 1 ff., S. 58 ff.
[2] Dort § 16 RRAO; dazu: *Noack,* § 16, S. 72 ff.
[3] *Noack,* § 15 Anm. 15–20.
[4] Vgl. die Erwägungen zu § 6 BRAO in: BVerfGE 63, 266; *Feuerich/Braun,* § 7 Rdn. 3; *Isele,* § 7 Anm. II. A. 1., S. 41, die vorliegend entsprechend herangezogen werden können.

Beschränkungen der ihm durch die Verfassung garantierten Berufsausübungsfreiheit (Art. 12 GG) kann mithin gleichermaßen als Normzweck der Vorschrift angesehen werden.

III. Verfassungsrechtliche Gesichtspunkte

Das Antragserfordernis steht mit der Verfassung in Einklang. Der Zulassungsbewerber soll mit dem Antrag und den beizubringenden Unterlagen die Landesjustizverwaltung in die Lage versetzen, das Vorliegen von Versagungsgründen überprüfen zu können. Im Interesse eines wichtigen Gemeinschaftsgutes, nämlich der **Funktionsfähigkeit der Rechtspflege**, dem die Bestimmungen über die Lokalisation dienen,[5] muß dem Zulassungsbewerber zugemutet werden können, daß er bei verweigerter Mitwirkung im Zulassungsverfahren gegebenenfalls Nachteile zu tragen hat.[6] Der Zulassungsbewerber kann sich insoweit nicht auf das Grundrecht auf informationelle Selbstbestimmung berufen.[7] Daß die Versagung der Zulassung nur aufgrund fest normierter Tatbestände erfolgen kann, hat den verfassungsrechtlichen Hintergrund, daß die Versagung letztlich einen schwerwiegenden Eingriff in die Berufsfreiheit darstellt, der an Art. 12 Abs. 1 GG zu messen ist.[8] Ein solcher Eingriff muß eine Ermessensentscheidung in diesem Bereich zwingend ausschließen.[9]

6

IV. Verfahren

1. Antrag

Der Antrag muß bei der zuständigen Landesjustizbehörde gestellt werden und mit einem Antrag auf Zulassung bei einem bestimmten Gericht der ordentlichen Gerichtsbarkeit verbunden sein.[10] Inhalt und Umfang des Antrags im einzelnen und die Stelle, bei der er einzureichen ist, richten sich nach den Vorschriften der jeweiligen Landesjustizverwaltung. Die Landesjustizverwaltungen haben ihre diesbezüglichen Befugnisse nach der BRAO in sehr unterschiedlichem Umfang auf nachgeordnete Behörden übertragen.[11]

7

2. Ablehnung des Antrags

Der Zulassungsantrag darf nur aus den im Gesetz bezeichneten Gründen abgelehnt werden. Das bedeutet, daß die in der BRAO aufgezählten Versagungsgründe abschließend sind. In erster Linie sind das die im Anschluß an § 19 Abs. 3 BRAO niedergelegten Versagungsgründe des § 20 BRAO. Aus Sinn und Zweck der Vorschrift und unter dem Vorbehalt der sonstigen Zulassungsvoraussetzungen ergeben sich jedoch noch **weitere Versagungsgründe**, die in § 20 BRAO nicht genannt sind. So kann den Zulassungsbewerber gemäß § 36 a BRAO,[12] der

8

---

[5] BVerfG NJW 1990, 1033; BGH BRAK-Mitt. 1989, 156; *Feuerich/Braun*, § 18 Rdn. 2 m. w. N.
[6] BVerfG NJW 1985, 1842, 1844 in bezug auf das Antragserfordernis des § 6 BRAO.
[7] BVerfG NJW 1984, 419, 421 f.; BVerfG NJW 1985, 1842, 1843 jeweils zu § 6 BRAO. Vgl. auch: *Feuerich/Braun*, § 6 Rdn. 6.
[8] BVerfGE 44, 105 f.; 63, 266 f.; 66, 337 f.; BVerfG NJW 1986, 1802 f., jeweils zu § 6 BRAO.
[9] *Feuerich/Braun*, § 7 Rdn. 5.
[10] *Feuerich/Braun*, § 19 Rdn. 1; *Jessnitzer/Blumberg*, § 19 Rdn. 1; *Kleine-Cosack*, § 19.
[11] Vgl. zu der Kompetenzverteilung die Kommentierung zu § 224.
[12] Eingefügt durch das 29. Gesetz zur Änderung des Berufsrechts der Rechtsanwälte und Patentanwälte vom 13. 12. 1989 (BGBl. I, S. 2135).

§ 19 9–11   Zweiter Teil. Die Zulassung des Rechtsanwalts

die im Zulassungsverfahren erforderliche Mitwirkung verweigert und nicht die von der Landesjustizverwaltung angeforderten Unterlagen beibringt, eine Versagung aus formalen Gesichtspunkten treffen.[13] Aus dem Recht auf Zulassung erwächst erst dann ein **Anspruch auf Zulassung**, wenn der Zulassungsbewerber der Landesjustizverwaltung genügende Unterlagen beibringt, die sie benötigt, um die Zulassungsvoraussetzungen bzw. -hindernisse in bezug auf das Zulassungsgesuch überprüfen zu können. Eine Versagung der Zulassung zu einem bestimmten Gericht aus dem Grund unzureichender Mitwirkung seitens des Zulassungsbewerbers darf jedoch nicht vorschnell erfolgen.[14] Kommt die Verwaltung auch ohne die Mitwirkung des Zulassungsbewerbers zu einer hinreichenden Überprüfung der Zulassungsvoraussetzungen – etwa weil der Zulassungsbewerber bereits vor kurzem den gleichen Antrag schon einmal gestellt hat – ist die Versagung aufgrund fehlender Mitwirkung nicht möglich.[15]

9 Desweiteren kann anderweitige Rechtshängigkeit gegebenenfalls zur Versagung aus formalen Gründen führen.[16] Ist dem Rechtsanwalt z. B. rechtskräftig die Zulassung entzogen worden und stellt er einen Antrag auf Wiederzulassung, obwohl sich die aus der materiellen Rechtskraft des Urteils ergebende Bindung noch nicht erledigt hat, ist die Zulassung zu versagen.[17] Ebenso steht die Rechtskraft einer früheren ablehnenden Entscheidung der Sachprüfung eines wiederholten Zulassungsantrags im Wege.[18] Erst dann, wenn sich aufgrund neuer Umstände die Sachlage geändert hat und damit die Sach- und Rechtslage überdacht werden muß, eröffnet sich für den Zulassungsbewerber eine Möglichkeit, erneut einen Zulassungsantrag zu stellen, der sachlich beschieden werden muß.[19]

3. Zuständigkeit der Landesjustizverwaltung

10 Über den Antrag auf Zulassung zu einem bestimmten Gericht entscheidet die Landesjustizverwaltung (Abs. 2), d. h. die oberste Landesjustizbehörde. Es ist damit diejenige Landesbehörde zuständig, der auch das Gericht untersteht, für das der Zulassungsbewerber die Zulassung erstrebt. Die Landesjustizverwaltung kann die Entscheidung einer nachgeordneten Behörde der Justizverwaltung, z. B. dem Präsidenten der jeweiligen Oberlandesgerichte zuweisen (vgl. § 224 BRAO). Dies ist vielfach geschehen.[20] Gleichwohl trägt sie selbst die Verantwortung für die Entscheidung über den Antrag des Zulassungsbewerbers.

11 Die Zuständigkeit der Landesjustizverwaltung liegt nach der amtlichen Begründung zur BRAO[21] darin begründet, daß im Interesse der Rechtsuchenden der Staat für die **Integrität des Anwaltsstandes** Gewähr leisten müsse. Die

---

[13] BVerfG NJW 1983, 1535 f.; BGHZ 94, 364, 370 f.; BGH NJW 1988, 1792 f.; *Feuerich*, § 19 Rdn. 3; *Kleine-Cosack*, § 19.
[14] *Feuerich/Braun*, § 6 Rdn. 7 und *Kleine-Cosack*, § 6 Rdn. 2, wobei die Grundsätze wegen der Wesensgleichheit zu § 19 Abs. 3 BRAO sinngemäß gelten.
[15] Vgl. BGHZ 94, 364.
[16] *Kleine-Cosack*, § 6 Rdn. 3, dessen Grundsätze wegen der Wesensgleichheit zu § 19 Abs. 3 BRAO sinngemäß gelten.
[17] BGH NJW 1988, 1792; *Jessnitzer/Blumberg*, § 6 Rdn. 3, dessen Grundsätze wegen der Wesensgleichheit zu § 19 Abs. 3 BRAO sinngemäß gelten.
[18] BGH EGE XIII, S. 13, 15; BGH NJW 1988, 1792; *Feuerich/Braun*, § 6 Rdn. 10, dessen Grundsätze wegen der Wesensgleichheit zu § 19 Abs. 3 BRAO sinngemäß gelten.
[19] *Feuerich/Braun*, § 6 Rdn. 10 und *Kleine-Cosack*, § 6 Rdn. 3, dessen Grundsätze wegen der Wesensgleichheit zu § 19 Abs. 3 BRAO sinngemäß gelten.
[20] Vgl. dazu die Kommentierung zu § 224 BRAO.
[21] Vgl. BT-Drucks. III/120, S. 55.

anwaltliche Selbstverwaltung sei naturgemäß auf das Verhältnis der Angehörigen dieser Berufsgruppe zueinander beschränkt, so daß die Anwaltschaft selber nur zu kontrollieren habe, ob die Mitglieder die Standespflichten einhielten und sich in die Gemeinschaft einfügten.[22]

4. Gutachten des Vorstandes der Rechtsanwaltskammer

Die Vorschrift des § 19 Abs. 2 BRAO bestimmt darüber hinaus, daß die Landesjustizverwaltung vor ihrer Entscheidung den Vorstand der Rechtsanwaltskammer zur Stellungnahme aufzufordern hat. Anders als im Zusammenhang mit der Zulassung zur Rechtsanwaltschaft, bei der der Vorstand der zuständigen Rechtsanwaltskammer ein Gutachten abzugeben hat, ordnet § 19 Abs. 2 BRAO lediglich eine Anhörungspflicht an. Die Landesjustizverwaltung muß der zuständigen Rechtsanwaltskammer mithin die Möglichkeit einräumen, sich zu der Zulassung des Zulassungsbewerbers im Kammerbezirk zu äußern. Eine Zustimmung des Vorstandes der Rechtsanwaltskammer ist nicht erforderlich.[23]

12

V. Rechtsvergleichende Hinweise

Die europäischen Nachbarstaaten kennen ebenfalls nur die Zulassung im Wege eines auf Antrag des Zulassungsbewerbers initiierten Zulassungsverfahrens. Das gilt in den Staaten mit Lokalisationsprinzip auch für den Antrag auf Zulassung zu einem bestimmten Gericht.

13

VI. Entwicklung des EU-Rechts

Der EuGH[24] und der BGH[25] haben unabhängig voneinander mehrfach betont, daß auch derjenige EU-Anwalt, der sich in der Bundesrepublik Deutschland niederlassen will, dem Lokalisationsgebot unterworfen ist und damit den Antrag auf Zulassung zu einem bestimmten Gericht zu stellen hat. Antragsvoraussetzungen und Zulassungsbedingungen für EU-Anwälte richten sich demnach nach **nationalem Recht**. Die geplante Niederlassungs-Richtlinie der EU ermöglicht allenfalls den erleichterten Zugang zur jeweiligen nationalen Anwaltschaft (vgl. dazu die Ausführungen zu § 4 Rdn. 28 ff.). Das Zulassungsverfahren als solches wird durch die europäische Richtlinie nicht vereinheitlicht, so daß die Verfahrensvorschrift des § 19 BRAO von der europäischen Entwicklung unberührt bleibt.

14

VII. Rechtspolitische Aspekte

Die Zulassung vom Antragserfordernis abhängig zu machen, erscheint sinnvoll. Das Gleiche gilt für den Grundsatz, nach dem die in § 20 BRAO normierten Versagungsgründe abschließend sind. Denkbar wäre allenfalls, daß die Vorschrift um den anerkannten Versagungsgrund fehlender, aber erforderlicher Mitwirkung des Zulassungsbewerbers im Zulassungsverfahren ergänzt wird.

15

---

[22] BT-Drucks. III/120, S. 55.
[23] *Feuerich/Braun*, § 19 Rdn. 2.
[24] EuGH NJW 1988, 887 und NJW 1989, 658; zuletzt EuGH NJW 1996, 579; vgl. ferner § 18 Rdn. 10 und Rdn. 21 f.; § 19 Rdn. 14; insbes. § 29 a.
[25] BGH BRAK-Mitt. 1989, 209.

§ 20 Versagung der Zulassung

(1) Die Zulassung bei dem im Antrag bezeichneten Gericht soll in der Regel versagt werden,

1. wenn der Bewerber innerhalb der letzten fünf Jahre in dem Bezirk des Landgerichts, in dem er zugelassen werden will, als Richter oder Beamter auf Lebenszeit angestellt war;
2. wenn der Ehegatte des Bewerbers an diesem Gericht tätig ist, auch wenn die Ehe nicht mehr besteht;
3. wenn der Bewerber mit einem Richter dieses Gerichts in gerader Linie verwandt oder verschwägert, in der Seitenlinie bis zum dritten Grad verwandt oder bis zum zweiten Grad verschwägert ist oder war;
4. wenn der Bewerber bei einem Oberlandesgericht zugelassen werden will, ohne daß er bereits fünf Jahre lang bei einem Land- oder Amtsgericht als Rechtsanwalt tätig gewesen ist.

(2) Die Zulassung darf nicht deshalb versagt werden, weil bei dem im Antrag bezeichneten Gericht ein Bedürfnis für die Zulassung weiterer Rechtsanwälte nicht besteht.

Übersicht

	Rdn.
I. Systematische Stellung und Entstehungsgeschichte der Vorschrift.	1
II. Normzweck	7
III. Verfassungsrechtliche Gesichtspunkte	8
IV. Die Versagungsgründe	9–27
1. Allgemeines	9
2. Einzelne Versagungsgründe	13
a) § 20 Abs. 1 Nr. 1 BRAO	13
aa) Richter	14
bb) Beamte	16
cc) Fünf-Jahresfrist	17
dd) Ausnahmen der Versagung aus Ermessensgründen	18
b) § 20 Abs. 1 Nr. 2 BRAO	19
aa) Eheliche Verbindung oder vorangegangene Ehe zu einem Richter	19
bb) Zulassungshindernis nur in bezug auf die Anstellung des Ehegatten	20
c) § 20 Abs. 1 Nr. 3 BRAO	21
d) § 20 Abs. 1 Nr. 4 BRAO	23
3. Keine Bedürfnisprüfung (§ 20 Abs. 2 BRAO)	26
4. Verfahrensfragen	27
V. Rechtsvergleichende Hinweise	28
VI. Rechtspolitische Aspekte	29

I. Systematische Stellung und Entstehungsgeschichte der Vorschrift

1 Die Vorschrift steht im systematischen Zusammenhang mit dem Verfahren auf Zulassung bei einem Gericht (s. oben § 19 Rdn. 1). Sie ist abzugrenzen von den Versagungsgründen gemäß § 7, die die Zulassung zur Rechtsanwaltschaft allgemein betreffen.

2 Sie findet sich teilweise schon in der Rechtsanwaltsordnung (RAO) von 1878. Die RAO bestimmte in § 13 zunächst, daß die Zulassung zu einem bestimmten Gericht nicht wegen **mangelnden Bedürfnisses** versagt werden darf.[1] Die

---
[1] Friedlaender, § 13, S. 78.

§§ 14 und 15 RAO sahen ferner vor, daß die Zulassung zum Gericht versagt werden kann, wenn der Zulasssungsbewerber mit einem Richter des Zulassungsgerichts verheiratet, verwandt oder verschwägert ist oder war oder gegen ihn ein ehrengerichtliches Verfahren anhängig ist bzw. eine nicht ganz unbedeutende ehrengerichtliche Verurteilung erfolgt war.[2]

Die Novellen von 1933 bzw. 1935 (RRAO)[3] veränderten die Zulassungsvorschriften ganz entscheidend. In § 15 Abs. 2 RRAO wurde die Versagung der Zulassung aus dem Grund mangelnden Bedürfnisses ermöglicht,[4] eine Regelung, die politisch bestimmt war und auch dementsprechend angewandt wurde.[5] Versagungsgründe im einzelnen gab es nicht mehr, weil die **Zulassung im Ermessen** des Reichsministers der Justiz lag, der sich zwar bei seiner Entscheidung an die alten Versagungsgründe der RAO halten konnte, es aber nicht brauchte.[6]

Die Rechtsanwaltsordnung für die britische Zone (RAObritZ) wandte sich von den nationalsozialistischen Willkürvorschriften ab und kehrte ansatzweise wieder zu dem Regelungsgehalt der RAO zurück. Die Zulassung unter Zugrundelegung eines Bedürfnisses wurde abgeschafft. Als einziger Versagungsgrund in bezug auf die Zulassung bei einem bestimmten Gericht kam allerdings nur das Verwandtschafts- und Schwägerschaftsverhältnis des Zulassungsbewerbers zu einem Richter des Zulassungsgerichts in Betracht (§ 16 Nr. 6 RAObritZ).[7] Die übrigen Versagungsgründe der RAObritZ bezogen sich auf die Versagung der Zulassung zur Rechtsanwaltschaft.[8]

Erst die BRAO von 1959 **normierte die Versagungsgründe**, die in ihrer materiellen Aussagekraft bis heute nahezu unverändert geblieben sind. Durch Gesetz vom 29. 1. 1991[9] wurde die Vorschrift lediglich sprachlich an die zu den Versagungsgründen bis dahin ergangene Rechtsprechung angepaßt und der Wortlaut, der einen weiten Ermessensspielraum der Landesjustizverwaltung bei der Entscheidung über die Versagung vermuten ließ, verändert. Anders als die Versagungsmöglichkeiten bei der Zulassung zur Rechtsanwaltschaft sind die Versagungsgründe des § 20 BRAO nicht zwingend. Gleichwohl steht der Landesjustizverwaltung nur ein enger Ermessensspielraum bei der Entscheidung zur Verfügung. Die BRAO wendet sich damit von den weiten Ermessensvorschriften der RAO und der RRAO ab. Während die Zulassung bei einem bestimmten Gericht nach der RAO versagt werden *konnte* und die Zulassung nach der RRAO im Ermessen des Reichsministers der Justiz stand, *soll* nunmehr die Zulassung bei einem bestimmten Gericht versagt werden, wenn die Versagungsgründe des § 20 BRAO vorliegen.

Die **BRAO-Novelle 1994** ändert an diesem Rechtszustand nichts. Im Rahmen der Beratungen zur BRAO-Novellierung wurde lange Zeit über die Nr. 4 des § 20 Abs. 1 BRAO diskutiert.[10] Der Rechtsausschuß des Deutschen Bundes-

---
[2] *Friedlaender,* § 14 Rdn. 1 ff., S. 79; § 15 Rdn. 1 ff., S. 80.
[3] RGBl. I, S. 107 f. und RGBl. I, S. 1470 f.
[4] *Noack,* § 15 Anm. 15, S. 65.
[5] *Isele,* § 20 Anm. I. B., S. 260.
[6] *Isele,* § 20 Anm. I. B., S. 260; *Noack,* § 15 Anm. 19, S. 69.
[7] *Isele,* § 20 Anm. I. C., S. 260.
[8] *Isele,* § 20 Anm. I. C., S. 260.
[9] Gesetz zur Änderung des Berufsrechts der Notare und Rechtsanwälte v. 29. 1. 1991, BGBl. I, S. 150.
[10] Vgl. zu der Diskussion: BT-Drucks. 12/7656, S. 48.

§ 20 7, 8   Zweiter Teil. Die Zulassung des Rechtsanwalts

tages hatte erwogen, die Fünf-Jahresfrist der Zulassung zur Rechtsanwaltschaft als Voraussetzung für die Zulassung zum Oberlandesgericht generell abzuschaffen. Es wurde im wesentlichen der Normzweck in Zweifel gezogen; eine fünfjährige Tätigkeit als Rechtsanwalt bei Amts- oder Landesgericht vermittle keineswegs die Qualifikation für Tätigkeit als Rechtsanwalt beim Oberlandesgericht. Der reine Zeitablauf dürfe kein Qualitätskriterium sein, denn auch der Syndikusanwalt, der nie forensisch tätig wird, erfülle die Voraussetzungen für die Zulassung beim Oberlandesgericht. Der Gesetzgeber hat die Argumente des Rechtsausschusses jedoch nicht aufgegriffen und die Bestimmung **unverändert gelassen**. Die Gesetzesbegründung zeigt, daß der Gesetzgeber diesen Weg nur deshalb eingeschlagen hat, weil er den Normkomplex Simultanzulassung insgesamt gesehen nicht verändern wollte. Die Zulassung zum Oberlandesgericht ohne mehrjährige Wartefrist sollte – wenn überhaupt – nur mit der Aufhebung der Simultanzulassung verbunden werden.

II. Normzweck

7   Die Vorschrift dient der **Funktionsfähigkeit der Rechtspflege**. Während die § 20 Abs. 1 Nr. 1 bis Nr. 3 BRAO versuchen, durch ihren Regelungsinhalt den Schutz der Unabhängigkeit und der Objektivität der Gerichte zu bewirken,[11] dient der Versagungsgrund des § 20 Abs. 1 Nr. 4 BRAO vorrangig dem Schutz des Rechtsuchenden vor unqualifiziertem Rechtsrat durch unerfahrene Rechtsanwälte. Will man den Aussagegehalt des § 20 BRAO zusammenfassen, läßt sich folgendes sagen: Die Vorschrift will eine Über- und/oder Untervorteilung des Rechtsuchenden und den Anschein einer korrupten Rechtspflege vermeiden.

Dabei kommt es im Rahmen der Nrn. 1 bis 3 des Absatzes 1 nicht darauf an, daß die verwandten oder verschwägerten Richter bzw. Rechtsanwälte eine ungebührliche Berufsausübung konkret befürchten ließen. Es reicht eine abstrakte Gefährdung aus.[12] Bereits das Entstehen des Anscheins unsachlicher Einflüsse auf die Rechtspflege löst den Versagungstatbestand aus.[13]

III. Verfassungsrechtliche Gesichtspunkte

8   Die Versagungsvorschriften des § 20 Abs. 1 Nr. 1 bis 4 und Abs. 2 BRAO stehen mit der Verfassung im Einklang.[14] Sie bilden eine **zulässige Berufsausübungsbeschränkung** i. S. des Art. 12 Abs. 1 S. 2 GG, weil hinter dem Normzweck sachgerechte und vernünftige Erwägungen des Gemeinwohls stehen, die zweckmäßig erscheinen und bei denen der Gesetzgeber ein verhältnismäßiges Mittel zur Verwirklichung einer geordneten Rechtspflege gefunden hat. Schließlich ergibt die Gesamtabwägung zwischen der Schwere des Eingriffs in die Berufsausübungsfreiheit und dem Gewicht und der Dringlichkeit der ihn rechtfertigenden Gründe,[15] daß die Grenze der Zumutbarkeit noch gewahrt bleibt.[16]

---

[11] *Feuerich/Braun*, § 20 Rdn. 4, 6, 7.
[12] *Feuerich/Braun*, § 20 Rdn. 4 und 8; *Kleine-Cosack*, § 20 Rdn. 3.
[13] BGH EGE XIII, S. 3; BGH-BRAK-Mitt. 1984, 83; 1989, 210; *Feuerich/Braun*, § 20 Rdn. 4 und 8; *Kleine-Cosack*, § 20 Rdn. 3.
[14] BVerfG BRAK-Mitt. 1986, 108; BGH BRAK-Mitt. 1993, 220; *Feuerich/Braun*, § 20 Rdn. 3; *Isele*, § 20 Anm. III., S. 261 f.
[15] Zu dieser Voraussetzung: BVerfG BRAK-Mitt. 1986, 108.
[16] *Feuerich/Braun*, § 20 Rdn. 3; *Isele*, § 20 III. B., S. 261 f.

IV. Die Versagungsgründe

1. Allgemeines

Die Versagungsgründe des § 20 BRAO sind – im Gegensatz zu § 7 BRAO, der die Zulassung zur Rechtsanwaltschaft betrifft – nicht zwingend. Allerdings ist der Ermessensspielraum, den die Landesjustizverwaltung bei der Entscheidung über den Zulassungsantrag hat, recht eng.[17] Dies ergibt sich aus der Formulierung des Absatzes 1, der durch Gesetz vom 13. 12. 1989[18] seinen heutigen Wortlaut erhielt. Die vorangegangene Gesetzesfassung war als reine Ermessensvorschrift ausgestaltet und bereitete daher Rechtsprechung und Literatur enorme Auslegungsprobleme. Die heute geltende Fassung geht mit Hilfe der Formulierung „die Zulassung *soll* versagt werden" unmißverständlich von dem Grundsatz aus, daß trotz Vorliegens eines Versagungstatbestandes nur ausnahmsweise von einer Versagung der Zulassung abgesehen werden darf. In den typischen Fällen des § 20 BRAO bedeutet das „Soll" mithin in der Regel ein „Muß".[19] Weicht die Landesjustizverwaltung aus sachfremden Erwägungen in einem solchen Fall von der Anordnung des Gesetzes ab, handelt sie ermessensfehlerhaft.[20] Zu den anerkannten Ausnahmen, d. h. der Ermessensausübung zugunsten des Zulassungsbewerbers trotz Vorliegens der formellen Voraussetzungen eines Versagungsgrundes s. u. 2 a, dd).

Problematisch ist, ob eine sog. **„Selbstbindung des Antragstellers"**, z. B. in der Weise, daß er sich gegenüber der Landesjustizverwaltung verpflichtet, keine Anwaltstätigkeit in seinem früheren Tätigkeitsgebiet zu entfalten und nicht vor der Spruchkammer aufzutreten, welcher der Ehegatte, Verwandte oder Verschwägerte als Richter angehört,[21] zu einem Abrücken der Zulassungsversagung durch die Landesjustizverwahrung führen kann. In diesem Zusammenhang ist zu berücksichtigen, daß derartige Erklärungen rechtlich nicht verbindlich sind.[22] Nimmt man Sinn und Zweck der Gefährdungstatbestände der § 20 Abs. 1 Nr. 1 bis 3 BRAO ernst, kann die Selbstbindung grundsätzlich nicht den gegebenen Versagungsgrund aus den Angeln heben. Die Landesjustizverwaltung muß also – trotz der Versicherung des Anwalts – grundsätzlich die Zulassung bei dem involvierten Gericht versagen.[23] Im übrigen wäre die Selbstbindung des Zulassungsbewerbers auch nicht mit dem Bild eines unabhängigen Organs der Rechtspflege vereinbar.[24]

Die Versagungsgründe des § 20 BRAO gehen im übrigen davon aus, daß die Versagung der Zulassung bei einem Gericht ausgesprochen werden muß, wenn die **abstrakte Gefahr** besteht, daß durch die Zulassung das Schutzgut der konkreten Versagungsnorm verletzt werden könnte. In diesem Zusammenhang bedeutet abstrakte Gefährdung, daß der Rechtsuchende nicht den Eindruck

---

[17] *Feuerich/Braun,* § 20 Rdn. 10; *Kleine-Cosack,* § 20 Rdn. 12.
[18] Gesetz zur Änderung des Berufsrechts der Rechtsanwälte und der Patentanwälte vom 13. 12. 1989 (BGBl. I, S. 2135).
[19] *Feuerich/Braun,* § 20 Rdn. 13; *Kleine-Cosack,* § 20 Rdn. 12.
[20] EGH Bremen BRAK-Mitt. 1991, 51; *Feuerich/Braun,* § 20 Rdn. 13.
[21] Vgl. BGH BRAK-Mitt. 1986, 48; EGH Hamm AnwBl. 1977, 270; *Jessnitzer/Blumberg,* § 20 Rdn. 8; *Kleine-Cosack,* § 20 Rdn. 13.
[22] So auch: *Jessnitzer/Blumberg,* § 20 Rdn. 8; *Kleine-Cosack,* § 20 Rdn. 13.
[23] BGH AnwBl. 1980, 83.
[24] So auch: EGH Hamm BRAK-Mitt. 1983, 193; *Feuerich/Braun,* § 20 Rdn. 32; im übrigen siehe auch die Kommentierung zu § 3 BRAO.

Prütting

§ 20 12–14   Zweiter Teil. Die Zulassung des Rechtsanwalts

gewinnen darf, der als Anwalt bei einem bestimmten Gericht Zugelassene sei z. B. in der Lage, bei Wahrnehmung der Interessen seiner Auftraggeber – zum Schaden von dessen Gegnern – persönliche Beziehungen zu Richtern oder Beamten dieses Gerichts aus seiner früheren dienstlichen Tätigkeit nutzbar zu machen.[25] Es geht hingegen nicht darum, daß es dem Zulassungsbewerber untersagt sein soll, bei seiner früheren Dienststelle erworbenes Wissen für seinen Mandanten oder gegen frühere Mitarbeiter einzusetzen.[26]

12   Die Zielsetzung der Vorschrift, nur die abstrakte Gefährdung für das Eingreifen des Versagungsgrundes zu verlangen, ist in zweierlei Hinsicht für die Normanwendung bedeutsam.

Zum einen ist wichtig festzuhalten, daß eine **konkrete Gefährdung** nicht erst eingetreten sein muß, um die Ablehnung des Zulassungsantrages zu begründen. Zum anderen kann festgestellt werden, daß trotz Vorliegens der Tatbestandsvoraussetzungen eines Versagungsgrundes nach § 20 BRAO eine Entscheidung der Landesjustizverwaltung zugunsten des Zulassungsbewerbers denkbar ist. Dies ist – allgemein formuliert – immer dann der Fall, wenn trotz Vorliegens der Tatbestandsvoraussetzungen der konkreten Norm keine abstrakte Gefährdung des Schutzguts zu verzeichnen ist.[27] Dies ist sicherlich dann anzunehmen, wenn kein vernünftig denkender Rechtsuchender auf den Gedanken kommen würde, die Zulassung des Zulassungsbewerbers könne einen Einfluß auf die Unabhängigkeit der Anwaltstätigkeit nehmen oder eine ordnungsgemäße Rechtspflege beeinträchtigen.

2. Einzelne Versagungsgründe

13   **a) § 20 Abs. 1 Nr. 1 BRAO.** Der Versagungsgrund des § 20 Abs. 1 Nr. 1 BRAO liegt vor, wenn der Zulassungsbewerber fünf Jahre vor Antragstellung Richter oder Beamter in einem öffentlich-rechtlichen Dienst- oder Treueverhältnis im Sinne beamtenrechtlicher Vorschriften (§§ 1 ff. BRRG) gewesen ist.[28]

14   **aa) Richter.** Die Vorschrift des § 20 Abs. 1 Nr. 1 BRAO hat den Richter auf Lebenszeit, nicht hingegen den Richter auf Probe oder den Richter kraft Auftrags im Auge.[29] Nicht zwingend ist, daß der Richter der ordentlichen Gerichtsbarkeit angehört hat; betroffen sind auch ausgeschiedene Richter der Verwaltungs-,[30] Arbeits-,[31] Sozial-[32] und Finanzgerichtsbarkeit,[33] ohne Rücksicht darauf, ob sie Richter der ersten, zweiten oder dritten Instanz waren.[34] Es ist jedoch nach dem Wortlaut der Vorschrift zwingend, daß das Gericht, an dem der Zulassungsbewerber zuvor als Richter tätig war, im Bezirk des Zulassungsgerichts belegen

---

[25] BGHZ 56, 142; EGE XI, S. 5; EGE XII, S. 15; BGH BRAK-Mitt. 1982, 173; EGH Hamm BRAK-Mitt. 1984, 37; *Feuerich/Braun,* § 20 Rdn. 23; *Kleine-Cosack,* § 20 Rdn. 3.
[26] EGH Hamm BRAK-Mitt. 1984, 37, 39; *Feuerich/Braun,* § 20 Rdn. 24.
[27] BGH BRAK-Mitt. 1992, 53.
[28] BGH BRAK-Mitt. 1982, 173; OLG Zweibrücken, BRAK-Mitt. 1992, 112.
[29] *Feuerich/Braun,* § 20 Rdn. 16; *Isele,* § 20 Anm. IV. A. 1., S. 264.
[30] *Isele,* § 20 Anm. IV. A. 1., S. 264.
[31] BGH EGE XIII, S. 3; *Feuerich/Braun,* § 20 Rdn. 19; *Isele,* § 20 Anm. IV. A. 1., S. 264.
[32] EGH Stuttgart EGE XII, S. 92; *Feuerich/Braun,* § 20 Rdn. 19; *Isele,* § 20 Anm. IV. A. 1., S. 264; *Jessnitzer/Blumberg,* § 20 Rdn. 2.
[33] *Feuerich/Braun,* § 20 Rdn. 19; *Isele,* § 20 Anm. IV. A. 1., S. 264; *Jessnitzer/Blumberg,* § 20 Rdn. 2.
[34] Siehe Fn. 33.

ist. In diesen Fällen kann demnach auch der ehemalige Richter am OLG unter die Vorschrift fallen, wenn das OLG im Landgerichtsbezirk seinen Sitz hat.[35]

Unabhängig von dem Regelungsgehalt des § 20 Abs. 1 Nr. 1 BRAO ist denkbar, daß landesrechtliche Vorschriften für den ehemaligen Richter auf Lebenszeit die Berufsausübung als Rechtsanwalt örtlich einschränken.[36] 15

bb) Beamte. Um den Versagungsgrund des § 20 Abs. 1 Nr. 1 BRAO auszulösen, muß es sich bei dem ehemaligen Beamten um einen Lebenszeitbeamten handeln, der in dem Landgerichtsbezirk, für den er die Zulassung beantragt, angestellt gewesen ist.[37] Ehemalige Beamte auf Zeit, wie Wissenschaftliche Assistenten an Wissenschaftlichen Hochschulen[38] sowie Angestellte des öffentlichen Dienstes sind der Zulassungsbeschränkung des § 20 Abs. 1 Nr. 1 BRAO nicht ausgesetzt.[39] 16

Unbeachtlich ist hingegen, mit welchen Aufgaben der Lebenszeitbeamte vormals betraut war. Auch Beamte außerhalb der Justiz können mithin dem Versagungsgrund unterfallen.[40]

cc) Fünf-Jahresfrist. Die Beamtenstellung auf Lebenszeit muß innerhalb der letzten fünf Jahre vor der Entscheidung der Landesjustizverwaltung bestanden haben,[41] wobei es auf die zeitliche Begründung und die Dauer des Beamtenverhältnisses grundsätzlich nicht ankommt. Dauerte die Berufung in das Beamtenverhältnis auf Lebenszeit jedoch nur kurze Zeit an (ein oder zwei Monate) und war der Zulassungsbewerber zuvor d. h. vor der Fünfjahresfrist nur Beamter auf Zeit oder Widerruf, kann dieser Umstand das Ermessen der Landesjustizverwaltung auf Null reduzieren lassen. 17

dd) Ausnahmen der Versagung aus Ermessensgründen. Trotz Vorliegens der Tatbestandsmerkmale des § 20 Abs. 1 Nr. 1 BRAO ist im Einzelfall von der Versagung der Zulassung Abstand zu nehmen. Dies ist grundsätzlich dann der Fall, wenn kein vernünftig denkender Rechtsuchender auf den Gedanken kommen kann, persönliche Beziehungen des Zulassungsbewerbers zu Richtern des Zulassungsgerichts könnten im Rahmen seiner künftigen Anwaltstätigkeit eine Rolle spielen.[42] Dem ehemaligen Richter z. B., der als Rechtsanwalt in eine Wirtschaftsprüfungs- oder Steuerberatungsgesellschaft eintritt, die **forensisch gar nicht** tätig wird, dürfte die Zulassung aus Ermessenserwägungen nicht verwehrt werden. Einschlägige Rechtsprechung dazu ist bislang – soweit ersichtlich – nicht vorhanden. 18

Anders ist es hingegen bei der Zulassung **ehemaliger Beamter auf Lebenszeit,** die vormals nicht das Richteramt bekleidet haben. In diesem Bereich sind mittlerweile einige Entscheidungen ergangen. Die Rechtsprechung hat dem Vorsteher eines Finanzamtes,[43] der in keiner persönlichen Beziehung zu einem

---

[35] Siehe Fn. 33.
[36] Vgl. VGH München NJW 1988, 1406; dazu ausführlich: *Jessnitzer/Blumberg,* § 20 Rdn. 3; *Kleine-Cosack,* § 20 Rdn. 7.
[37] *Feuerich/Braun,* § 20 Rdn. 20.
[38] Vgl. dazu ausführlich: *Pohl* ZRP 1986, 245.
[39] BGH BRAK-Mitt. 1982, 173; *Feuerich/Braun,* § 20 Rdn. 20.
[40] BGH EGE X, S. 85; *Feuerich/Braun,* § 20 Rdn. 20.
[41] *Feuerich/Braun,* § 20 Rdn. 21.
[42] BGHZ 56, 142, 143; EGE XIV, S. 68; BRAK-Mitt. 1981, 29, 1982, S. 173, 174; *Feuerich/Braun,* § 20 Rdn. 27; *Jessnitzer,* § 20 Rdn. 2; *Kleine-Cosack,* § 20 Rdn. 6.
[43] BGH EGE XI, S. 5; *Feuerich/Braun,* § 20 Rdn. 27; *Jessnitzer/Blumberg,* § 20 Rdn. 2; *Kleine-Cosack,* § 20 Rdn. 6.

§ 20 19–22   Zweiter Teil. Die Zulassung des Rechtsanwalts

Richter des Zulassungsgerichts stand und dessen Kanzleiort vom Finanzamt weit entfernt war sowie einem ehemaligen Staatssekretär im Finanzministerium[44] die Berufsausübung gestattet. Beim ehemaligen Leiter eines Städtischen Rechtsamtes[45] oder bei einem ehemaligen Regierungspräsidenten[46] hingegen besteht kein zwingender Grund, eine Ausnahme von der Versagung der Zulassung zu machen. Anders als in den vorangegangenen Fallbeispielen, könnte der Rechtsuchende hier durchaus den Eindruck gewinnen, der ausgeschiedene Beamte könnte bei Streitigkeiten mit städtischen Behörden alte Kontakte nutzbar machen.

19 b) § 20 Abs. 1 Nr. 2 BRAO. aa) **Eheliche Verbindung oder vorangegangene Ehe zu einem Richter.** Der Versagungsgrund des § 20 Abs. 1 Nr. 2 BRAO betrifft den Fall, daß der Zulassungsbewerber mit einem Richter des Zulassungsgerichts verheiratet ist oder war. Dabei kommt es grundsätzlich nicht darauf an, aus welchen Gründen die Ehe aufgelöst worden ist (Scheidung, Aufhebung der Ehe etc.) und wie lange die Ehe angedauert hat. Die Dauer der Ehe oder die Umstände der Eheaufhebung können allenfalls im Rahmen der Ermessensentscheidung der Landesjustizverwaltung Berücksichtigung finden. Auch hier wird es wiederum darauf ankommen, ob der Zulassungsbewerber nicht den Eindruck erweckt, die aufgehobene oder geschiedene Ehe könne bei der zukünftigen Anwaltstätigkeit eine Rolle spielen.

20 bb) **Zulassungshindernis nur in bezug auf die Anstellungsbehörde des Ehegatten.** Die Versagung der Zulassung beschränkt sich auf das Gericht, an dem der derzeitige oder ehemalige Ehegatte des Zulassungsbewerbers als Richter tätig ist. Das bedeutet, daß der Zulassungsbewerber am übergeordneten Landgericht zugelassen werden kann, obgleich der Ehegatte am gleichen Ort Richter am Amtsgericht ist.[47] Die Lokalisierung wirkt sich mithin nur insoweit aus, als der betreffende Zulassungsbewerber keine Zulassung an diesem Amtsgericht erlangen kann.[48]

21 c) § 20 Abs. 1 Nr. 3 BRAO. Der Versagungsgrund des § 20 Abs. 1 Nr. 3 BRAO trägt dem Umstand Rechnung, daß auch die Verwandtschaft oder Schwägerschaft des Zulassungsbewerbers zu einem Richter des Zulassungsgerichts die abstrakte Gefahr bedeutet, daß in der Öffentlichkeit der Eindruck entstehen kann, die persönliche Beziehung des Anwalts zum Gericht könne für die Anwaltstätigkeit eine Rolle spielen.

22 Ob die in der Vorschrift genannten **Verwandtschaftsgrade** und die Linie der Verwandtschaft bzw. Schwägerschaft vorliegen, bestimmt sich nach bürgerlichrechtlichen Vorschriften (§§ 1589, 1590 BGB).[49] Für das Eingreifen des Versagungsgrundes spielt mithin lediglich der Verwandtschaftsgrad bzw. die Schwägerschaft eine Rolle. Andere Erwägungen können lediglich im Rahmen der der Landesjustizverwaltung obliegenden engen Ermessensentscheidung zum Tragen kommen. D. h., wenn die Verwandtschaft bzw. Schwägerschaft unter keinem nennenswerten Gesichtspunkt eine abstrakte Gefährdung der Rechtspflege darstellt, kann trotz Vorliegens der Tatbestandsmerkmale des § 20 Abs. 1 Nr. 3

---

[44] BGH NJW 1971, 1409; *Feuerich/Braun*, § 20 Rdn. 27; *Jessnitzer/Blumberg*, § 20 Rdn. 2; *Kleine-Cosack*, § 20 Rdn. 6.
[45] Vgl. BGH BRAK-Mitt. 1982, 31; *Feuerich/Braun*, § 20 Rdn. 28.
[46] BGH BRAK-Mitt. 1992, 112; 1993, 171.
[47] EGH Frankfurt BRAK-Mitt. 1981, 31; *Feuerich/Braun*, § 20 Rdn. 30; *Jessnitzer/Blumberg*, § 20 Rdn. 4; *Kleine-Cosack*, § 20 Rdn. 8.
[48] BGH BRAK-Mitt. 1992, 53.
[49] *Feuerich/Braun*, § 20 Rdn. 34; *Kleine-Cosack*, § 20 Rdn. 9.

§ 20 Versagung der Zulassung

BRAO eine Zulassung des Zulassungsbewerbers erfolgen. Maßgebliche Kriterien in diesem Sinne können nach der Rechtsprechung die Größe des Gerichts,[50] der Arbeitsbereich oder die zeitliche Nähe der Pensionierung des Richters,[51] nicht hingegen die Verbreitung des Familiennamens[52] sein. Es kommt in jedem Fall auf die konkreten Umstände an, weil schließlich immer eine abstrakte Gefährdung vorliegen muß. Deshalb dürfte eine Ausnahme von der Versagung der Zulassung äußerst selten vorkommen. Die Rechtsprechung hat bislang die **Versagung in folgenden Fällen** bestätigt: Keine Zulassung der Tochter eines Vorsitzenden beim Landgericht trotz veränderten Familiennamens nach Verheiratung,[53] keine Zulassung des Neffen eines Richters einer großen Strafkammer des Zulassungsgerichts,[54] keine Zulassung des Bruders eines Richters bei einem mittelgroßen Gericht[55] und keine Zulassung, wenn der Richter erst in mehreren Jahren aus dem aktiven Berufsleben ausscheidet.[56] Hingegen hat die Rechtsprechung in folgenden Fällen von der Versagung ausnahmsweise Abstand genommen: Zulassung, wenn das Gericht groß ist (um die 80 Richterstellen) und der Richter in nächster Zukunft ausscheidet;[57] ein Ausscheiden in acht Jahren reicht nicht aus.[58]

d) § 20 Abs. 1 Nr. 4 BRAO. Trotz heftiger Diskussionen bei den Beratungen zur aktuellen BRAO-Novelle ist es bei der **Wartefrist für die Zulassung** zum OLG geblieben. Der zugelassene Rechtsanwalt kann grundsätzlich erst nach fünfjähriger Zulassung beim Amts- oder Landgericht zum Oberlandesgericht zugelassen werden (vgl. oben I.). Bei einer fünfjährigen Zulassungszeit besteht eine widerlegbare Vermutung dafür, daß der Bewerber die notwendige praktische Erfahrung erlangt hat.[59] Nur wenn sicher feststeht, daß der Zulassungsbewerber während der Sperrfrist keine nennenswerten anwaltlichen Tätigkeiten verrichtet hat, kann eine Versagung der OLG-Zulassung in Betracht kommen.[60] Dies scheint zwar der Gesetzeswortlaut nicht herzugeben, weil er nur an den fünfjährigen Zulassungszeitraum anknüpft. Eine derartige Auslegung deckt sich jedoch mit den Erwägungen des Gesetzgebers, nur solchen Rechtsanwälten die OLG-Zulassung zu geben, die über hinreichende Berufserfahrung verfügen.[61]

Mit dem Argument, der Zuzug geeigneter Nachwuchskräfte beim OLG könnte durch eine allzu starre Anwendung der Sperrfrist zu stark eingeschränkt werden, läßt die Rechtsprechung jedoch **Ausnahmen** von der fünfjährigen

---

[50] BGH BRAK-Mitt. 1984, 83; EGH Stuttgart, BRAK-Mitt. 1986, 171; *Feuerich/Braun*, § 20 Rdn. 34; *Jessnitzer/Blumberg*, § 20 Rdn. 5; *Kleine-Cosack*, § 20 Rdn. 9.
[51] BGH BRAK-Mitt. 1981, 29; *Feuerich/Braun*, § 20 Rdn. 34, *Jessnitzer/Blumberg*, § 20 Rdn. 5; *Kleine-Cosack*, § 20 Rdn. 9.
[52] EGH Stuttgart BRAK-Mitt. 1986, 171; *Feuerich/Braun*, § 20 Rdn. 34; *Jessnitzer/Blumberg*, § 20 Rdn. 5; *Kleine-Cosack*, § 20 Rdn. 9.
[53] EGH Stuttgart BRAK-Mitt. 1986, 171.
[54] BGH NJW 1994, 2282.
[55] BGH BRAK-Mitt. 1984, 83; EGH Stuttgart, BRAK-Mitt. 1986, 171.
[56] BGH NJW 1994, 2282.
[57] EGH Hamm BRAK-Mitt. 1983, 193.
[58] BGH NJW 1994, 2282.
[59] *Feuerich/Braun*, § 20 Rdn. 38; *Kleine-Cosack*, § 20 Rdn. 14.
[60] *Feuerich/Braun*, § 20 Rdn. 38; *Jessnitzer/Blumberg*, § 20 Rdn. 7; *Kleine-Cosack*, § 20 Rdn. 14.
[61] Vgl. die amtl. Begründung zu § 20 Abs. 1 Nr. 4 BRAO, vgl. auch: BT-Drucks. 11/3253, S. 21; *Jessnitzer/Blumberg*, § 20 Rdn. 7; *Kleine-Cosack*, § 20 Rdn. 14.

Wartefrist zu.[62] Im Rahmen ihrer Ermessensentscheidung hat die Landesjustizverwaltung allerdings stets darauf zu achten, daß nur gewichtige Gründe zu einer Ausnahmeentscheidung führen. Weder besonders gute Examensergebnisse und besondere Stagennoten während des juristischen Vorbereitungsdienstes[63] noch eine langjährige richterliche Tätigkeit[64] rechtfertigen eine vorzeitige Zulassung des Zulassungsbewerbers zum OLG. Das gleiche gilt in den Bundesländern mit Simultanzulassung; für die Zulassung zum OLG gilt insofern die Spezialvorschrift des § 226 Abs. 2 BRAO.[65]

25 Die fünfjährige Tätigkeit als Rechtsanwalt bei einem Amts- oder Landgericht muß nicht zwingend an einem Gericht ausgeübt worden sein.[66] Schließlich ist auch nicht erforderlich, daß die Zulassung zur Rechtsanwaltschaft ununterbrochen bestanden hat. Es ist durchaus denkbar, daß ein Bewerber, der schon einmal für kürzere Zeit Rechtsanwalt war, die fehlende Differenzzeit anläßlich seiner neuerlichen Zulassung nachholt und dann zum OLG überwechselt.[67]

3. Keine Bedürfnisprüfung (§ 20 Abs. 2 BRAO)

26 Die Vorschrift des § 20 Abs. 2 BRAO ordnet den in der Berufsordnung der Rechtsanwälte an mehreren Stellen immer wieder auftauchenden Grundsatz an, daß die Zulassung nicht aus Gründen fehlenden Bedürfnisses an weiteren Rechtsanwälten in diesem Gerichtsbezirk versagt werden darf (vgl. § 6 Abs. 2 und § 19 Abs. 3 BRAO).[68] Eine darüber hinausgehende Bedeutung kommt ihr nicht zu. Der Gesetzgeber wollte durch die Klarstellung lediglich erreichen, daß die BRAO im Gegensatz zu den § 10 Abs. 2, §§ 12 und 13 der Rechtsanwaltsordnung von 1878 (RAO) keine Bedürfnisprüfung vorsieht.[69]

4. Verfahrensfragen

27 Die Landesjustizverwaltung muß im Rahmen ihrer Prüfung feststellen, ob eine abstrakte Gefährdung der in § 20 Abs. 1 Nr. 1 bis 3 BRAO geschützten Rechtsgüter besteht. Eine konkrete Gefährdung läßt lediglich das der Landesjustizverwaltung eingeräumte enge Ermessen auf Null schrumpfen. Sie muß jedoch nicht vorliegen.[70] Liegt ausnahmsweise nicht einmal eine abstrakte Gefährdung vor, die grundsätzlich durch das Vorliegen der Tatbestandsvoraussetzungen eines Versagungsgrundes i. S. des § 20 BRAO indiziert wäre, scheidet eine Versagung aus; eine diesem Grundsatz widersprechende Entscheidung der Landesjustizverwal-

---

[62] BGH BRAK-Mitt. 1988, 272; BGHZ 82, 333; BGH EGE VII, S. 30; *Feuerich/Braun*, § 20 Rdn. 36; *Jessnitzer/Blumberg*, § 20 Rdn. 7; *Kleine-Cosack*, § 20 Rdn. 15.
[63] BGH EGE VII, S. 30; a. A. BGH BRAK-Mitt. 1988, 272.
[64] EGH Frankfurt BRAK-Mitt. 1989, 51; *Feuerich/Braun*, § 20 Rdn. 36; *Jessnitzer/Blumberg*, § 20 Rdn. 7; *Kleine-Cosack*, § 20 Rdn. 15.
[65] BGH BRAK-Mitt. 1990, 51; BGHZ 82, 333; EGH München BRAK-Mitt. 1982, 33; *Feuerich/Braun*, § 20 Rdn. 36; *Jessnitzer/Blumberg*, § 20 Rdn. 7; *Kleine-Cosack*, § 20 Rdn. 15, im übrigen vgl. die Kommentierung zu § 226.
[66] BGH NJW 1985, 3082; *Feuerich/Braun*, § 20 Rdn. 37; *Isele*, § 20 Anm. IV. D. 3., S. 275; *Jessnitzer/Blumberg*, § 20 Rdn. 7; *Kleine-Cosack*, § 20 Rdn. 14.
[67] *Isele*, § 20 Anm. IV. D. 3., S. 275.
[68] *Feuerich/Braun*, § 20 Rdn. 39; *Isele*, § 20 Anm. IV. E., S. 277.
[69] *Bülow*, § 20 Anm. 6, S. 32; *Isele*, § 20 Anm. IV. E., S. 277.
[70] BGH EGE IX, S. 19; XI, S. 5; XI, S. 44; XII, S. 15; BGH BRAK-Mitt. 1982, 174; EGH München EGE X, S. 132; EGH Hamm BRAK-Mitt. 1984, 38; *Feuerich/Braun*, § 20 Rdn. 22; *Kleine-Cosack*, § 20 Rdn. 3.

tung wäre ermessensfehlerhaft[71] und könnte durch den Zulassungsbewerber gemäß § 21 Abs. 2 BRAO angegriffen werden. Der abgelehnte Zulassungsbewerber muß dann seinen Antrag auf gerichtliche Entscheidung darauf stützen, daß die Landesjustizverwaltung die gesetzlichen Grenzen des ihr eingeräumten Ermessens überschritten hat (§ 39 Abs. 3 BRAO).[72]

V. Rechtsvergleichende Hinweise

Den Versagungsgründen des § 20 BRAO vergleichbare Zulassungsvorschriften 28 existieren ebenfalls in anderen europäischen Staaten, insbesondere dort, wo zwischen der Zulassung zur Rechtsanwaltschaft und der Zulassung bei einem bestimmten Gericht unterschieden wird.[73]

VI. Rechtspolitische Aspekte

Die Vorschrift des § 20 Abs. 1 Nr. 1 BRAO hat – wie ausgeführt – den 29 Richter auf Lebenszeit, nicht hingegen den Richter auf Probe oder den Richter kraft Auftrags im Auge.[74] Es stellt sich jedoch die Frage, ob die Vorschrift nicht **zu eng ausgestaltet** ist. Auch der Richter auf Probe oder der Richter kraft Auftrags – also die Richter ohne beamtenrechtliche Stellung – können Anlaß dazu bieten, daß sie ihre vormalige Berufstätigkeit zugunsten ihrer erstrebten Anwaltstätigkeit ausnutzen werden. Die beamtenrechtliche Stellung zur Grundlage für den Versagungsgrund zu machen, ist nicht zwingend und könnte geändert werden.[75]

Schließlich sollte die **Fünfjahresfrist** des § 20 Abs. 1 Nr. 4 BRAO aufgeho- 30 ben werden. Die Beratungen zur aktuellen BRAO-Novelle, insbesondere die Argumentation des Rechtsausschusses des Deutschen Bundestages haben in besonderer Weise deutlich werden lassen, daß ein Bedürfnis an der Aufrechterhaltung der Wartefrist nicht besteht.[76] Das Argument des Gesetzgebers, die Wartefrist nur deshalb aufrecht zu erhalten, weil in bezug auf die Simultanzulassung keine Einigung erzielt werden konnte, die zur Abschaffung hätte führen können, überzeugt nicht. Simultanzulassung und Aufgabe der Wartefrist schließen einander nicht aus.

---

[71] BGH EGE XI, S. 44; EGH Frankfurt EGE XII, S. 90; *Feuerich/Braun*, § 20 Rdn. 22; *Kleine-Cosack*, § 20 Rdn. 6.
[72] *Kleine-Cosack*, § 20 Rdn. 12.
[73] Eine weiterführende Auseinandersetzung mit diesem Problemkreis findet sich bei: *Henssler/Nerlich*, Anwaltliche Tätigkeit in Europa, Schriftenreihe des Instituts für Anwaltsrecht an der Universität zu Köln, Bd. 10, Bonn 1994.
[74] *Feuerich/Braun*, § 20 Rdn. 16; *Isele*, § 20 Anm. IV. A. 1., S. 264.
[75] Vgl. auch: Äußerung der Bundesregierung vom 26. 4. 1985, BRAK-Mitt. 1985, 93; *Heyl*, BRAK-Mitt. 1982, 139; *Michel* NJW 1982, 862.
[76] So bereits: *Isele*, § 20 Anm. IV. D. 3., S. 276.

§ 21 Antrag auf gerichtliche Entscheidung

(1) Der Bescheid, durch den die Zulassung bei einem Gericht versagt wird, ist mit Gründen zu versehen. Er ist dem Bewerber zuzustellen.

(2) Gegen einen ablehnenden Bescheid kann der Bewerber innerhalb eines Monats nach der Zustellung bei dem Anwaltsgerichtshof den Antrag auf gerichtliche Entscheidung stellen. Zuständig ist der Anwaltsgerichtshof bei dem Oberlandesgericht, in dessen Bezirk der Bewerber als Rechtsanwalt zugelassen werden will.

(3) § 11 Abs. 3 ist entsprechend anzuwenden.

Übersicht

	Rdn.		Rdn.
I. Entstehungsgeschichte	1, 2	3. Gerichtliche Überprüfung	9
II. Normzweck	3, 4	4. Rechtskraft der gerichtlichen Entscheidung	10
III. Verfahrensablauf	5–14	5. Untätigkeitsklage	11
1. Bescheid der Landesjustizverwaltung	5	6. Entscheidung des Anwaltsgerichtshofs	14
2. Rechtsbehelf	8		

I. Entstehungsgeschichte

1 Die Vorschrift des § 21 BRAO, die die Rechtsbehelfsmöglichkeiten des Bewerbers gegen die Ablehnung der Zulassung bei einem bestimmten Gericht durch die Landesjustizverwaltung aufzeigt, existiert in dieser Form erst seit Erlaß der BRAO. Sie entspricht inhaltlich § 11 BRAO.

Die Rechtsanwaltsordnung von 1878 (RAO) kannte ein **beschränktes Anfechtungsrecht** des Bewerbers in bezug auf einen Bescheid, der die Zulassung zur Rechtsanwaltschaft versagte. Die Versagung der Zulassung zu einem bestimmten Gericht konnte hingegen nicht angefochten werden.

2 Die Reichsrechtsanwaltsordnung des NS-Staates (RRAO), die ohnehin den Rechtsschutz der Bewerber verkürzte, enthielt die gleiche Aussage wie die RAO. Auch die Rechtsanwaltsordnungen der Nachkriegszeit gaben **keine** weitergehenden Rechtsschutzmöglichkeiten in bezug auf die Versagung der Zulassung zu einem bestimmten Gericht.

Für die BRAO enthielt bereits der erste Entwurf der Kommission eine erweiterte Rechtsschutzmöglichkeit für den Bewerber. Nach § 186 des Entwurfs sollte gegen jeden Verwaltungsakt eine Anfechtungsklage statthaft sein.[1] Dieser rechtsstaatliche Grundsatz hat sich bei dem Erlaß der BRAO durchgesetzt und ist mit § 223 BRAO Gesetz geworden. Der Begriff „Anfechtungsklage" wird freilich in § 21 BRAO nicht verwendet, um deutlich zu machen, daß es sich um ein anwaltsgerichtliches und nicht um ein verwaltungsrechtliches Verfahren handelt.

II. Normzweck

3 Angesichts der Bedeutung der Versagung der Zulassung zu einem bestimmten Gericht wird dem Bewerber nach rechtsstaatlichen Grundsätzen (Art. 19 Abs. 4 GG) in den Fällen der Versagung nach § 20 BRAO ein **Anfechtungsrecht**

---

[1] Vgl. *Isele*, § 21 Anm. I., S. 278 i. V. m. § 8 Anm. I. D., S. 188.

eingeräumt. ² Der Bewerber, der durch einen ablehnenden Bescheid der Landesjustizverwaltung in seiner grundrechtlich geschützten Berufsausübungsfreiheit verletzt wird, soll die Möglichkeit erhalten, die Entscheidung der Landesjustizverwaltung gerichtlich überprüfen zu lassen.

Der Begründungszwang dient der Rechtssicherheit und soll eine vorschnelle 4 und möglicherweise ermessensfehlerhafte Versagung der Zulassung durch die Landesjustizverwaltung³ verhindern.

Schließlich ermöglicht die Vorschrift die **Beschleunigung** des Zulassungsverfahrens. Eine Wartezeit, die länger als drei Monate währt, ist dem Bewerber nicht zuzumuten. Deshalb bestimmt § 21 Abs. 3 BRAO i. V. m. § 11 Abs. 3 BRAO, daß der Bewerber nach Ablauf der Dreimonatsfrist den Anwaltsgerichtshof anrufen kann, wenn die Landesjustizverwaltung bis dahin nicht über seinen Antrag entschieden hat.

III. Verfahrensablauf

1. Bescheid der Landesjustizverwaltung

Die Regelung des § 21 BRAO bezieht sich auf einen den Zulassungsantrag des 5 Bewerbers ablehnenden Bescheid. Gegen den Bescheid, mit dem die Landesjustizverwaltung die Zulassung erteilt, gibt es kein Rechtsmittel. Das bedeutet, daß z. B. die zuständige Rechtsanwaltskammer, die gemäß § 19 BRAO gehört worden ist und die gewichtige Gründe gegen die Zulassung des Bewerbers bei dem beantragten Gericht vorgetragen hat, keinen Antrag auf gerichtliche Entscheidung stellen kann. Das gleiche gilt für drittbetroffene Rechtsanwälte, die auf diese Weise einen unliebsamen Konkurrenten beseitigt wissen wollen, ohne daß sie eine verwaltungsrechtliche Konkurrentenklage erheben müßten.

Bei einer **Versagung** der Zulassung hat der Bewerber die Entscheidung der 6 Landesjustizverwaltung zunächst abzuwarten. Es reicht nicht aus, daß der Vorstand der zuständigen Rechtsanwaltskammer im Rahmen seiner Anhörung von der Zulassung des Bewerbers abgeraten hat. Anders als im Zusammenhang mit den mit Hilfe des § 11 BRAO zur Anfechtung gestellten Versagungsgründen des § 7 BRAO ist hier nicht denkbar, daß die Landesjustizverwaltung an die Stellungnahme der Rechtsanwaltskammer gebunden ist.⁴

Der **ablehnende Bescheid** der Landesjustizverwaltung ist mit Gründen zu 7 versehen. Der Bescheid muß die Darstellung des Sachverhalts und der Beweismittel enthalten, aufgrund derer die Landesjustizverwaltung einen Versagungsgrund als gegeben ansieht. Des weiteren muß eine rechtliche Subsumtion unter einen oder mehrere Versagungsgründe des § 20 BRAO erfolgen.⁵

Der Bescheid ist dem Bewerber zuzustellen. Die Zustellung bestimmt sich nach § 229 BRAO. Im übrigen gilt das zu § 11 BRAO Gesagte hier entsprechend.

2. Rechtsbehelf

Gegen einen ablehnenden Bescheid kann der Bewerber den **Antrag auf ge-** 8 **richtliche Entscheidung** stellen. Der Antrag ist gegen die Landesjustizverwal-

---
² Vgl. BT-Drucks. III/120, S. 65.
³ Vgl. § 39 Abs. 3 BRAO.
⁴ Vgl. zu den Rechtsschutzmöglichkeiten im Rahmen des § 11 BRAO vgl. die dortigen Ausführungen.
⁵ *Isele*, § 21 Anm. III. A., S. 278 i. V. m. § 11 Anm. III. A., S. 189; *Jessnitzer/Blumberg*, § 21 Rdn. 1 i. V. m. § 11 Rdn. 2.

tung zu richten, und zwar auch dann, wenn die Landesjustizverwaltung die Entscheidung gemäß § 224 BRAO einer nachgeordneten Behörde übertragen hat. Dies folgt daraus, daß die Landesjustizverwaltung stets selbst die Verantwortung für die Entscheidung über den Antrag trägt. Der Antrag ist innerhalb eines Monats nach Zustellung des ablehnenden Bescheids an den Anwaltsgerichtshof beim Oberlandesgericht zu richten, in dessen Bezirk der Bewerber zugelassen werden will. Stellt der Bewerber den Antrag nicht innerhalb der Frist, so wird der Bescheid rechtskräftig und damit unanfechtbar.[6]

Er kann jedoch bei Fristversäumnis noch einen Zulassungsantrag bei der Landesjustizverwaltung mit der gleichen Begründung stellen.[7]

3. Gerichtliche Überprüfung

9   Das Gerichtsverfahren bei Anträgen auf gerichtliche Entscheidung in Zulassungssachen richtet sich nach den §§ 37, 39 bis 42 BRAO. Bei einem Antrag nach § 21 BRAO entscheidet das Gericht nur darüber, ob der Bewerber von der Landesjustizverwaltung zu Recht wegen eines einschlägigen Versagungsgrundes gemäß § 20 BRAO nicht zugelassen wurde. Eine Entscheidung darüber, ob einer der nicht in der Entscheidung der Landesjustizverwaltung genannten Versagungsgründe des § 20 BRAO in bezug auf den Bewerber vorliegt, ist in dem Verfahren nach § 21 BRAO nicht vorgesehen. Das Gesetz sieht hierfür ein abweichend ausgestaltetes Verfahren nach § 9 Abs. 1 S. 1, Abs. 2 bis 4 i. V. m. § 38 BRAO vor.[8]

4. Rechtskraft der gerichtlichen Entscheidung

10   Wird der Antrag des Bewerbers auf gerichtliche Entscheidung als unbegründet zurückgewiesen, endet das durch seinen Zulassungsantrag seinerzeit abhängig gemachte Zulassungsverfahren. Diese Entscheidung ist **formell unanfechtbar**; die formelle Rechtskraft bewirkt, daß ein zweiter Antrag gleichen Inhalts seitens des Bewerbers von einer rechtlichen Prüfung ausgeschlossen ist. Die Eigenart der gerichtlichen Entscheidung über den Zulassungsgrund gebietet, daß die von Zweckmäßigkeitsgründen freie richterliche Beurteilung des abgeschlossenen Sachverhalts nicht nach Belieben des abgewiesenen Bewerbers erneut vorgenommen werden darf.[9] Anders verhält es sich mit der materiellen Rechtskraft der Entscheidung des Anwaltsgerichtshof. Diese ist zeitlich begrenzt, was daraus folgt, daß alle Versagungsgründe des § 20 BRAO infolge veränderter Umstände in Fortfall kommen können.[10]

5. Untätigkeitsklage

11   Die Vorschrift des § 21 Abs. 3 BRAO gibt dem Bewerber eine weitere Möglichkeit, einen Antrag auf gerichtliche Entscheidung vor dem Anwaltsgerichtshof zu stellen, wenn die Landesjustizverwaltung innerhalb von **drei Monaten** ohne hinreichenden Grund nicht über den Zulassungsantrag entschieden hat. Die Bezeichnung als „Untätigkeitsklage" erfolgt in Anlehnung an das Verwaltungsprozeßrecht und ist in § 223 BRAO geregelt. Der Antrag kann nach Ablauf der Dreimonatsfrist gestellt werden. Fristbeginn ist der Eingang des Antrags des Bewerbers auf Zulassung zu einem bestimmten Gericht. Ein Ablauf der Antragsfrist ist im Ge-

---

[6] *Feuerich/Braun*, § 11 Rdn. 8; *Isele*, § 21 Anm. IV. D. 1, S. 279.
[7] BGH BRAK-Mitt. 1990, 51.
[8] BVerfGE 72, 51 = NJW 1986, 1802.
[9] BGH NJW 1988, 1792.
[10] Im einzelnen dazu: *Isele*, § 21 Anm. V. B., S. 280.

§ 22 Erstreckung der Zulassung § 22

setz nicht vorgesehen. Der Antrag muß die Voraussetzungen der §§ 37, 39 BRAO erfüllen. Ist das Antragsbegehren unklar, so wird es durch Auslegung ermittelt.[11]

Hat die Landesjustizverwaltung zwar nach Fristüberschreitung, aber noch **vor** der **Stellung des Antrags** nach Absatz 3 über das Zulassungsgesuch entschieden und die Entscheidung dem Bewerber nach § 229 BRAO zugestellt, so ist die Fristüberschreitung als gegenstandslos anzusehen und die Untätigkeitsklage geht ins Leere.[12] Der Bewerber kann dann allenfalls einen neuen Antrag stellen. 12

Entscheidet die Behörde erst nach Einreichung des Antrags auf gerichtliche Entscheidung, so hat der Antragsteller die Möglichkeit, die Hauptsache für erledigt zu erklären. In diesem Fall entscheidet der Anwaltsgerichtshof nur noch über die Kosten. Hierbei sind die Grundsätze des § 91 a ZPO sowie die modifizierten Regelungen des § 13 a FGG zu beachten.[13] 13

6. Entscheidung des Anwaltsgerichtshofs

Der Antrag des Bewerbers auf gerichtliche Entscheidung richtet sich darauf, eine Anordnung des Anwaltsgerichtshofs zu erstreiten, die die Landesjustizverwaltung verpflichtet, über sein Zulassungsgesuch zu entscheiden. Im Rahmen des Verfahrens nach Absatz 3 prüft der Anwaltsgerichtshof, ob die Landesjustizverwaltung ohne zureichenden Grund über einen Zeitraum von mehr als drei Monaten untätig geblieben ist. Die **Gründe** dafür, daß die Landesjustizverwaltung nicht innerhalb von drei Monaten über den Zulassungsantrag befunden hat, unterliegen somit der Entscheidung des Anwaltsgerichtshofs.[14] Die Frage nach dem Vorliegen eines zureichenden Grundes muß nach den Umständen des Einzelfalles entschieden werden. Das Gesetz gibt hierüber keinen Aufschluß. Nicht ausreichend ist, wenn die Landesjustizverwaltung ihre Verzögerung der Entscheidung damit begründet, daß die gesetzlich vorgeschriebenen Fristen zu knapp bemessen seien.[15] Dagegen kann sich ein zureichender Grund einerseits aus Hinderungsgründen im Bereich des Kammervorstandes, wie z. B. aus Erkrankungen oder Urlaub von Vorstandsmitgliedern ergeben. Der zureichende Grund kann andererseits aber auch in der Sache selbst liegen, wenn z. B. umfangreiche Ermittlungen nötig sind oder schwierige tatsächliche oder rechtliche Probleme entstehen.[16] 14

§ 22 Erstreckung der Zulassung auf auswärtige Kammern für Handelssachen

Die Zulassung bei einem Landgericht erstreckt sich auch auf die Kammern für Handelssachen, die ihren Sitz an einem anderen Ort als dem ihres Landgerichts haben.

Übersicht

	Rdn.		Rdn.
I. Systematischer Zusammenhang....	1	III. Historische Entwicklung............	3
II. Zeitliche Geltung........................	2	IV. Auswärtige Kammern und Senate	4

---

[11] EGH München EGE XI, S. 126.
[12] EGH München EGE XII, S. 103.
[13] EGH München EGE IX, S. 153, XI, S. 126.
[14] EGH München EGE XI, S. 126.
[15] *Isele,* § 21 IX., S. 280 i. V. m. § 11 Anm. IX. C. 1., S. 192.
[16] *Isele,* § 21 IX., S. 280 i. V. m. § 11 Anm. IX. C. 2. b), S. 193.

I. Systematischer Zusammenhang

1 § 22 regelt ein durch das Lokalisierungsgebot entstandenes Folgeproblem der Zulassung bei einem Gericht. Gemäß § 18 BRAO i. V. m. § 78 ZPO konnten nach früherem Recht Zweifel bestehen, ob die Zulassung bei einem bestimmten Gericht auch **auswärtige Kammern** für Handelssachen umfaßt. Unabhängig vom historischen Zusammenhang muß man dies heute schon nach allgemeinen Regeln bejahen. Die nur historisch erklärbare Auffassung, es handele sich bei auswärtigen Kammern um besondere Gerichte, war schon immer verfehlt. Die Vorschrift ist also im Grunde bereits heute überflüssig.

II. Zeitliche Geltung

2 § 22 wird mit der Abschaffung der lokalisierten Postulationsfähigkeit durch die Änderung von § 78 ZPO (s. oben § 18 Rdn. 9) endgültig gegenstandslos werden. Er wird deshalb gemäß Art. 22 Abs. 2 der BRAO-Novelle vom 2. 9. 1994 in den alten Bundesländern zum 1. 1. 2000 und in den neuen Bundesländern zum 1. 1. 2005 auch förmlich aufgehoben.

III. Historische Entwicklung

3 § 22 gehörte zu den Vorschriften, die erst mit der BRAO 1959 eingeführt worden waren. Zwar kannten die Rechtsanwaltsordnung von 1878 (RAO) und die Reichsrechtsanwaltsordnung von 1936 (RRAO) sowie die meisten Rechtsanwaltsordnungen der Länder nach dem 2. Weltkrieg die Möglichkeit, daß ein Rechtsanwalt vor den Kammern für Handelssachen auftreten konnte. Diese Möglichkeit war jedoch einem Antragserfordernis unterworfen und konnte sogar als auf die Kammern für Handelssachen beschränkte Zulassung eingeräumt werden. Dies hängt damit zusammen, daß gemäß § 8 RAO in der Fassung von 1878 die Kammern für Handelssachen, die an einem anderen Ort als dem des Landgerichts ansässig waren, als besondere Gerichte im Sinne des § 93 GVG einzustufen waren, zu denen es eine selbständige Zulassung geben konnte. Die RRAO führte in § 18 diese Trennung weiter fort und nahm sogar die nach der RAO fingierte Zulassung an der Kammer für Handelssachen für den Fall aus, daß diese sich am Landgericht des dort zugelassenen Rechtsanwalts befindet.[1]

IV. Auswärtige Kammern und Senate

4 Nach § 93 Abs. 2 GVG können auswärtige Kammern für Handelssachen auch außerhalb des Sitzes des Landgerichts gebildet werden, und zwar innerhalb des jeweiligen Landgerichtsbezirks an allen Orten. Es muß nicht einmal ein Ort sein, an dem ein Amtsgericht besteht. Alle diese sog. auswärtigen Kammern meint § 22.

5 Auch außerhalb des Sitzes eines Oberlandesgerichts können gemäß § 116 Abs. 2 GVG auswärtige Senate gebildet werden. Diese auswärtigen Senate bleiben nach allgemeiner Auffassung Spruchkörper des einheitlichen OLG. Schon bisher bedurfte es daher für diese Senate keiner dem § 22 entsprechenden Klarstellung.

---

[1] *Isele,* § 22 Anm. B., S. 281.

§ 23 Gleichzeitige Zulassung bei dem Amts- und Landgericht

Der bei einem Amtsgericht zugelassene Rechtsanwalt ist auf seinen Antrag zugleich bei dem Landgericht zuzulassen, in dessen Bezirk das Amtsgericht seinen Sitz hat.

Übersicht

	Rdn.		Rdn.
I. Entstehungsgeschichte	1, 2	2. Antrag	8
II. Systematischer Zusammenhang und Normzweck	3–6	3. Verfahren	9
III. Voraussetzungen und Verfahren	7–12	4. Zulassung beim Landgericht und Postulationsbefugnis vor den Familiengerichten	10
1. Gleichzeitige Zulassung beim Amts- und Landgericht	7		

I. Entstehungsgeschichte

Die Entstehungsgeschichte der Vorschrift hängt eng mit dem materiellen Gehalt des § 78 ZPO zusammen und hat ihren Vorläufer in § 9 der Rechtsanwaltsordnung von 1878 (RAO) und § 18 Abs. 1 der Reichsrechtsanwaltsordnung von 1936 (RRAO). Nach § 9 RAO stand die Zulassung beim übergeordneten Landgericht allerdings unter dem Vorbehalt, daß die **Simultanzulassung** der Rechtspflege nicht zuwiderläuft. Die Zulassung mußte nur dann erfolgen, wenn sich nach den übereinstimmenden Gutachten des Oberlandesgerichts und des Vorstandes der örtlichen Anwaltskammer eine Gefahr für die Rechtspflege nicht ergab.[1] Die Vorschrift wurde im Jahre 1927[2] durch Gesetzesänderung dahingehend neu gefaßt, daß eine simultane Zulassung nur dann zu unterbleiben hatte, wenn das Präsidium des Oberlandesgerichts der Zulassung im Interesse der Rechtspflege widerspricht.[3] Eine einschneidende Neuordnung des Zulassungsrechts wurde damit nicht erreicht. Es blieb de facto bei der Möglichkeit einer Ermessensentscheidung. 1

Erst die RRAO bestimmte in § 18 Abs. 1 RRAO, daß dem Antrag des Rechtsanwalts auf Simultanzulassung zu entsprechen sei, ohne daß eine Prüfung des Zulassungsbewerbers in sachlicher oder persönlicher Hinsicht erfolgen dürfe.[4] Es wurde offensichtlich davon ausgegangen, daß die gleichzeitige Zulassung beim Amts- und Landgericht der Rechtspflege nicht schaden könne. 2

II. Systematischer Zusammenhang und Normzweck

Die Vorschrift des § 23 ist eng mit § 78 ZPO und dem Grundsatz der Lokalisierung gemäß § 18 BRAO verknüpft (s. oben § 18 Rdn. 9). Die systematische Stellung und die Bedeutung der Norm können deshalb heute und künftig nur im Zusammenhang mit der allgemeinen Entwicklung des Lokalisierungsgrundsatzes gesehen werden. 3

---

[1] Vgl. dazu: *Friedlaender*, § 9, S. 59 ff.; *Isele*, § 23 Anm. A. 1., S. 283.
[2] Gesetz vom 7. 3. 1927 (RGBl. I, S. 71).
[3] *Isele*, § 23 Anm. A. 2., S. 283.
[4] *Noack*, § 18 Anm. 3, S. 76/77.

§ 23 4–9   Zweiter Teil. Die Zulassung des Rechtsanwalts

4   § 23 als ein Spezialfall der gleichzeitigen Zulassung bei verschiedenen Gerichten (Simultanzulassung) **mildert den Lokalisierungszwang** des § 18 BRAO nach der bisherigen Rechtslage.[5] § 23 steht damit in einem gewissen Kontext zu den §§ 24, 226, 227, 227 a, 227 b. Im Interesse der Rechtspflege kann der Grundsatz der Lokalisierung der Amtsgerichtsanwälte nicht ausnahmslos gelten, weil sie ansonsten in der Gefahr stünden, an ihr Existenzminimum gedrängt zu werden.[6]

5   Gleichwohl hat sich der materielle Gehalt der Vorschrift durch die BRAO-Novelle 1994 weitgehend erschöpft. Aufgrund der Änderung des § 78 ZPO bedarf der Rechtsanwalt ab dem 1. 1. 2000 in den alten Bundesländern (bzw. 1. 1. 2005 in den neuen Bundesländern) nicht mehr der Zulassung zum Landgericht, um dort postulationsfähig zu sein. Es reicht aus, wenn er die Bevollmächtigung durch den Mandanten nachweist. Dennoch hat der Gesetzgeber § 23 nicht aufgehoben.

6   In seltenen Fällen kann § 23 auch nach dem 1. 1. 2000 in den alten Bundesländern (bzw. 1. 1. 2005 in den neuen Bundesländern) noch Bedeutung haben. So sieht etwa § 121 ZPO auch künftig die Beiordnung eines „nicht bei dem Prozeßgericht zugelassenen Rechtsanwalts" vor.

7

III. Voraussetzungen und Verfahren

1. Gleichzeitige Zulassung beim Amts- und Landgericht

Der Wortlaut des § 23 BRAO könnte zunächst nahelegen, daß der gleichzeitigen Zulassung zum Landgericht zunächst die Zulassung zum Amtsgericht vorausgegangen sein muß („Der bei einem Amtsgericht *zugelassene* ..."). Der Gesetzeswortlaut ist jedoch nur deshalb in dieser Weise ausgefallen, weil der Gesetzgeber nicht nur den zeitgleich für das Amts- und das Landgericht gestellten Zulassungsantrag im Auge hatte, sondern auch eine nachgeschaltete Zulassung beim Landgericht berücksichtigen wollte. Nach h. M. ist also auch die zeitgleiche Zulassung des Zulassungsbewerbers beim Amts- und Landgericht vom Wortlaut her umfaßt.[7]

2. Antrag

8   Die Simultanzulassung nach § 23 BRAO erfolgt nur auf Antrag, wobei ein Antrag – wie erwähnt – beide lokalen Zulassungen umfassen kann. Über den Antrag entscheidet die Landesjustizverwaltung.

3. Verfahren

9   Ist ein ordnungsgemäßer Antrags seitens des Bewerbers gestellt, ist eine Entscheidung durch die Landesjustizverwaltung herbeizuführen. Ermessen hat die Landesjustizverwaltung nicht auszuüben.[8] Sie hat lediglich zu **prüfen**, ob die **Versagungsgründe** des § 20 Abs. 1 BRAO vorliegen. Auch hier gilt der Grundsatz des § 19 Abs. 3 BRAO, nach dem die lokale Zulassung nur aus den in der BRAO genannten Gründen versagt werden kann.[9] Lehnt die Landesjusti-

---

[5] *Feuerich/Braun*, § 23 Rdn. 1.
[6] *Feuerich/Braun*, § 23 Rdn. 1.
[7] *Feuerich/Braun*, § 23 Rdn. 1; *Isele*, § 23 Anm. II. A., S. 284; *Jessnitzer-Blumberg*, § 23 Rdn. 2; *Kleine-Cosack*, § 23 Rdn. 1.
[8] BGH EGE 14, S. 57; BRAK-Mitt. 1989, 210; *Kleine-Cosack*, § 23 Rdn. 2.
[9] BGH EGE 14, S. 57; BRAK-Mitt. 1989, 210; *Feuerich/Braun*, § 23 Rdn. 2; *Kleine-Cosack*, § 23 Rdn. 2.

§ 24 Gleichzeitige Zulassung bei anderem Landgericht § 24

verwaltung die gleichzeitige Zulassung beim Amts- und Landgericht wegen Vorliegens eines Versagungsgrundes nach § 20 BRAO ab oder bleibt sie untätig, muß der Zulassungsbewerber das Verfahren nach § 21 BRAO einschlagen und einen Antrag auf gerichtliche Entscheidung stellen.

4. Zulassung beim Landgericht und Postulationsbefugnis vor den Familiengerichten

Die Simultanzulassung bei einem Amts- und Landgericht hat nach bisherigen 10
Rechtszustand auch Konsequenzen für die Postulationsfähigkeit des Rechtsanwalts bei den Familiengerichten am Amtsgericht. Bekanntlich ist gemäß § 78 Abs. 2 S. 1 und S. 2 ZPO ein beim jeweiligen Amtsgericht oder beim übergeordneten Landgericht zugelassener Rechtsanwalt zur Vertretung in **Ehe- und Familiensachen** zugelassen. Dies bedeutet, daß sowohl der am speziellen Amtsgericht zugelassene Rechtsanwalt wie auch der (allein oder simultan) zugelassene Rechtsanwalt am Landgericht zur jeweiligen Vertretung befugt ist.

Der bisherige Rechtszustand kann nach allgemeiner Auffassung zu **Problemen** 11
führen, wenn ein bei einem bestimmten Amtsgericht zugelassener Rechtsanwalt aus Gründen des § 20 BRAO nicht zugleich beim Landgericht zugelassen wird, wenn sich aber der konkrete Versagungsgrund nicht auf andere Amtsgerichte des Landgerichtsbezirkes bezieht. Ob diese Regelung verfassungsgemäß ist[10] oder ob die Regelung eine unverhältnismäßige Einschränkung der Berufsausübungsfreiheit gemäß Art. 12 GG darstellen kann,[11] ist umstritten. Nach bisherigem Rechtszustand liegt es nahe, in verfassungskonformer Auslegung des § 23 in solchen Fällen eine eingeschränkte Zulassung bei mehreren Amtsgerichten ohne das jeweils übergeordnete Landgericht zuzulassen.[12]

Das dargestellte Problem zur Postulationsfähigkeit vor den Familiengerichten 12
wird jedenfalls mit dem 1. 1. 2000 in den alten Bundesländern (bzw. 1. 1. 2005 in den neuen Bundesländern) endgültig erledigt sein.

§ 24 Gleichzeitige Zulassung bei einem anderen Landgericht

(1) **Ein bei einem Landgericht zugelassener Rechtsanwalt ist auf seinen Antrag zugleich bei einem anderen an demselben Ort befindlichen Landgericht oder bei einem benachbarten Landgericht zuzulassen, wenn die Landesjustizverwaltung nach gutachtlicher Anhörung des Vorstandes der Rechtsanwaltskammer allgemein festgestellt hat, daß die gleichzeitige Zulassung unter den besonderen örtlichen Verhältnissen der Rechtspflege dienlich ist.**

(2) **Die Zulassungen bei dem benachbarten Landgericht können allgemein widerrufen werden, wenn die in Absatz 1 genannte Voraussetzung weggefallen ist.**

---

[10] So *Feuerich/Braun*, § 23 Rdn. 7.
[11] So *Kleine-Cosack*, § 23 Rdn. 3.
[12] Wie hier *Kleine-Cosack*, § 23 Rdn. 3. In einem allerdings nicht ganz vergleichbaren Fall hat der BGH (NJW 1979, 929) eine Zulassung bei zwei verschiedenen Amtsgerichten, die zu unterschiedlichen Landgerichtsbezirken gehören, bejaht.

§ 24 1–4　　　　Zweiter Teil. Die Zulassung des Rechtsanwalts

Übersicht

	Rdn.		Rdn.
I. Systematischer Zusammenhang und historische Entwicklung	1, 2	2. Nutzen für die Rechtspflege	5
		3. Allgemeine Feststellung	6
II. Zeitliche Geltung	3	4. Verfahren	7
III. Voraussetzungen	4–7	IV. Widerruf der Simultanzulassung	8
1. Räumliche Voraussetzungen	4		

I. Systematischer Zusammenhang und historische Entwicklung

1 § 24 enthält ähnlich wie § 23 und die §§ 226, 227, 227 a, 227 b eine Ausnahme von dem strengen Lokalisierungszwang des § 18. In Verbindung mit § 78 ZPO war daher § 24 nach bisherigem Recht geeignet, bei großzügiger Handhabung einige problematische Härten des geltenden Rechts abzumildern (s. oben § 23 Rdn. 4). Zugleich ist § 24 als Ausnahmetatbestand eng mit § 78 ZPO und dem Grundsatz des § 18 BRAO verknüpft (s. oben § 18 Rdn. 9).

2 Die BRAO 1959 hat mit dieser Form der **Simultanzulassung** eine Tradition fortgeführt, die bereits in § 12 der RAO 1878 und § 18 Abs. 3 der RRAO enthalten war.[1] Nach der Übernahme dieser Regelung in § 24 BRAO 1959 wurde das Verhältnis von Grundsatz (§ 18) und Sonderregelung (§ 24) durch die Übergangsvorschriften der §§ 227 a, 227 b noch weiter ausgebaut. Durch die dort vorgesehenen Möglichkeiten der Besitzstandswahrung im Falle von Änderungen der Gerichtsbezirke konnten sich weitere Abweichungen vom Grundsatz des § 18 ergeben.

II. Zeitliche Geltung

3 § 24 wird ähnlich wie § 23 mit der Abschaffung der lokalisierten Postulationsfähigkeit durch die Änderung von § 78 ZPO (s. oben § 18 Rdn. 9) endgültig gegenstandslos werden. Die Norm ist deshalb vom Gesetzgeber gemäß Art. 22 Abs. 2 der BRAO-Novelle vom 2. 9. 1994 in den alten Bundesländern zum 1. 1. 2000 und in den neuen Bundesländern zum 1. 1. 2005 aufgehoben worden. Die nach diesem Zeitpunkt sehr wenig bedeutsame Lokalisierung des Rechtsanwalts bei einem ordentlichen Gericht wird dann bei zwei verschiedenen Landgerichten nicht mehr möglich sein.

III. Voraussetzungen der Simultanzulassung

1. Räumliche Voraussetzungen

4 Die Simultanzulassung setzt voraus, daß sich ein zweites Landgericht an demselben Ort befindet oder (soweit es an einem Ort keine zwei Landgerichte gibt) daß das weitere Landgericht benachbart ist. Dies bedeutet, daß die Zuständigkeitsgrenzen des einen Landgerichts die des anderen Landgerichts **unmittelbar berühren** müssen. Keine Voraussetzung kann es nach Wortlaut, Sinn und Zweck der Vorschrift sein, daß die beiden Landgerichte in demselben Bundesland liegen.[2] Die Gegenansicht von *Feuerich/Braun* verkennt, daß es gegen den strengen Grundsatz der Lokalisierung eine Vielzahl von Bedenken gibt, die nach dem gesetzgeberischen Willen jedenfalls im Rahmen der §§ 23, 24, 226, 227 a, 227 b BRAO durch eine gewisse vernünftige Auflockerung deutlich abgebaut

---

[1] Zu den Einzelheiten vgl. *Isele*, § 24 Anm. I. A. und B., S. 288.
[2] A. A. *Feuerich/Braun*, § 24 Rdn. 4.

werden sollen. Auch wenn § 24 danach eine Ausnahmevorschrift ist, so gilt hier nicht der Grundsatz, daß diese Vorschrift eng auszulegen sei. In Wahrheit enthalten die genannten Ausnahmevorschriften von der strengen Lokalisierung eine Konkretisierung der **verfassungsrechtlichen Garantie des Art. 12 Abs. 1 GG.** Jedenfalls seit der Gesetzgeber am 2. 9. 1994 zu erkennen gegeben hat, daß er am Gebot einer strengen Lokalisierung nicht mehr festhalten will, ist eine großzügige Auslegung des § 24 BRAO geboten. Es gibt heute keinerlei Argument mehr dafür, daß hier die Zuständigkeitsgrenzen eines Bundeslandes eine zwingende Begrenzung setzen könnten.

2. Nutzen für die Rechtspflege

Nach dem Wortlaut des Gesetzes ist weiterhin erforderlich, daß die Simultanzulassung unter den besonderen örtlichen Verhältnissen der Rechtspflege dienlich ist. Für dieses Tatbestandsmerkmal ist es nicht entscheidend, daß einzelne örtlich zugelassenen Rechtsanwälten ein Vorteil aus der Simultanzulassung erwachsen könnte.[3] **Abzuwägen** ist vielmehr, ob unter den besonderen Verhältnissen die Vorteile, die für eine Simultanzulassung sprechen können, die Nachteile überwiegen, die mit dem Abweichen vom Lokalisationsgrundsatz zwangsläufig verbunden sind.[4] Auch bei diesem Merkmal ist im übrigen streitig, welcher Maßstab an die Feststellung angelegt werden muß. Die h. M. und die Judikatur haben auch hier unter dem Gesichtspunkt, daß es sich bei § 24 um eine **eng auszulegende** Ausnahmevorschrift handelt, einen strengen Maßstab angelegt.[5] In Wahrheit gilt auch hier das bereits oben (vgl. oben Rdn. 4) Ausgeführte. Es ist schon methodisch unrichtig, daß eine Ausnahmevorschrift grundsätzlich eng auszulegen sei. Im vorliegenden Fall müssen jedenfalls eine korrekte verfassungsrechtliche Sicht und der durch die Novelle vom 2. 9. 1994 zum Tragen gekommene Wille des Gesetzgebers zu einem anderen Auslegungsergebnis führen. § 24 BRAO ist bis zu seinem Außerkrafttreten weit auszulegen.

3. Allgemeine Feststellung

Eine Besonderheit der Simultanzulassung ist es, daß diese nicht nach Feststellung der Voraussetzungen im Einzelfall zugelassen werden kann. Vielmehr muß eine „allgemeine" Feststellung der Landesjustizverwaltung vorausgehen, daß die Doppelzulassung bei den beiden Landgerichten gerechtfertigt ist. Diese Feststellung wird nach vorheriger gutachterlicher Anhörung des Vorstandes der RAK getroffen. Die **allgemeine Feststellung** soll verhindern, daß es zu einer widersprüchlichen Handhabung der Zulassungspraxis kommen kann.[6] Die allgemeine Feststellung der Simultanzulassung ist gerichtlich in vollem Umfang nachprüfbar, weil es sich bei der Frage, ob die Doppelzulassung der Rechtspflege dienlich erscheint, um einen unbestimmten Rechtsbegriff handelt.[7]

4. Verfahren

Ein Rechtsanwalt, der eine Simultanzulassung wünscht, muß einen Antrag bei der Landesjustizverwaltung stellen. Über diesen **Antrag** entscheidet die Landes-

---

[3] *Kleine-Cosack,* § 24 Rdn. 3.
[4] BGHZ 47, 15; *Feuerich/Braun,* § 24 Rdn. 5; *Kleine-Cosack,* § 24 Rdn. 3.
[5] BGH BRAK-Mitt. 1986, 168; *Feuerich/Braun,* § 24 Rdn. 6.
[6] BGHZ 42, S. 207; *Feuerich/Braun,* § 24 Rdn. 8; *Kleine-Cosack,* § 24 Rdn. 4.
[7] BGH EGE XI, S. 60; EGE XIV, S. 130, 132; BGHZ 46, S. 380; *Feuerich/Braun,* § 24 Rdn. 9; *Jessnitzer/Blumberg,* § 24 Rdn. 2; *Kleine-Cosack,* § 24 Rdn. 5.

§ 25   Zweiter Teil. Die Zulassung des Rechtsanwalts

justizverwaltung entsprechend der vorher getroffenen allgemeinen Feststellung zu den Voraussetzungen einer Simultanzulassung ohne ein Ermessen. Im übrigen müssen im Rahmen der zweiten Zulassung die Versagungsgründe des § 20 Abs. 1 beachtet werden. Für den abschließend zu erteilenden **Bescheid** gilt § 21. Im Falle einer Ablehnung steht danach dem Rechtsanwalt der Antrag auf gerichtliche Entscheidung zu (§ 21 Abs. 2). Soweit auch dieser Antrag vom Anwaltsgerichtshof zurückgewiesen wird, kann dagegen **sofortige Beschwerde** zum BGH gemäß § 42 Abs. 1 Nr. 4 erhoben werden.[8]

IV. Widerruf der Simultanzulassung

8 § 24 Abs. 2 sieht eine besondere Form des Widerrufs dieser Simultanzulassung vor. Entsprechend dem Normaufbau des Absatzes 1 kann die Simultanzulassung nach Maßgabe einer allgemeinen Feststellung der Landesjustizverwaltung widerrufen werden, wenn die Gründe, die seinerzeit für die Doppelzulassung nach Absatz 1 angeführt werden konnten, **nachträglich weggefallen** sind. Der Widerruf muß dann gegenüber allen Anwälten im Landgerichtsbezirk einheitlich erklärt werden.[9] Ob vor der allgemeinen Feststellung im Sinne des Absatzes 2 der Vorstand der Rechtsanwaltskammer gehört werden muß, beantwortet der Gesetzestext nicht. Das Fehlen der Voraussetzung im Rahmen der Widerrufsentscheidung – im Gegensatz zu Absatz 1 – legt den Schluß nahe, daß eine **Anhörung** des Kammervorstandes **nicht erforderlich** ist.

9 Das Widerrufsverfahren richtet sich nach § 35 Abs. 2 BRAO und die Anfechtung des allgemeinen Widerrufs der Zulassungen bestimmt sich nach § 35 Abs. 2 S. 5 ff. BRAO.[10]

§ 25 Ausschließlichkeit der Zulassung bei dem Oberlandesgericht

Der bei einem Oberlandesgericht zugelassene Rechtsanwalt darf nicht zugleich bei einem anderen Gericht zugelassen sein.

Schrifttum: *Frieling*, Singularzulassung der Rechtsanwälte beim OLG, AnwBl. 1990, S. 385; *Lindner*, Anwaltliches Berufsrecht: Referentenentwurf als Mogelpackung, MDR 1993, 605; *Redeker*, Freiheit der Advokatur – heute, NJW 1987, 2610; *Wirtz*, Singularzulassung der Rechtsanwälte beim OLG, AnwBl. 1990, 505.

Übersicht

	Rdn.		Rdn.
I. Grundsatz	1	IV. Verfassungsrechtliche Gesichtspunkte	4
II. Entstehungsgeschichte	2	V. Europarechtliche Aspekte	5
III. Normzweck	3	VI. Rechtspolitische Aspekte	6

---

[8] Zur Festsetzung des Geschäftswertes gemäß § 202 Abs. 2 i. V. m. § 30 Abs. 2 KostO vgl. BGH NJW 1967, 878.
[9] *Feuerich/Braun*, § 24 Rdn. 15.
[10] *Feuerich/Braun*, § 24 Rdn. 15; *Jessnitzer/Blumberg*, § 24 Rdn. 5.

§ 25 Ausschließlichkeit der Zulassung beim OLG   1–3 § 25

I. Grundsatz

Die besondere Singularzulassung der bei Oberlandesgerichten zugelassenen **1**
Rechtsanwälte in § 25 ist an sich eine konsequente Fortsetzung des Lokalisierungsgrundsatzes von § 18. Da ein beim OLG zugelassener Rechtsanwalt weder bei einem Amtsgericht, bei einem Landgericht noch beim BGH zugelassen sein darf, konnte sich in der Vergangenheit (teilweise) eine hochspezialisierte und sehr erfahrene **zweitinstanzliche Anwaltschaft** herausbilden. Die Singularzulassung beim OLG hat also einen besonderen Stellenwert und stützt sich zu einem wesentlichen Teil auch auf andere Sachgründe als das Lokalisierungsprinzip des § 18. Deshalb ist auch die verfassungsrechtliche und rechtspolitische Diskussion abweichend vom allgemeinen Lokalisierungsgrundsatz zu führen.

II. Entstehungsgeschichte

Bereits nach der Reichsrechtsanwaltsordnung von 1878 war eine gleichzeitige **2**
Zulassung bei dem Landgericht und bei dem übergeordneten OLG nur ausnahmsweise zulässig. Voraussetzung für eine Simultanzulassung war u. a., daß das OLG durch Plenarbeschluß diese als den Interessen der Rechtspflege förderlich erklärt hatte (vgl. § 10 RAO). Dabei wurde insbesondere an den – schon damals als selten angesehenen – Fall gedacht, daß bei einem OLG **zu wenig Anwälte** zugelassen sein könnten.[1] Die fakultative Simultanzulassung erlangte jedoch in der langen Entwicklung bis 1933 nur bei wenigen Oberlandesgerichten Bedeutung.[2] Auch unter der Reichsrechtsanwaltsordnung von 1936 (RRAO) war eine gleichzeitige Zulassung nur möglich, wenn sie einer geordneten Rechtspflege dienlich war. In der BRAO von 1959 wurde dann auf die Möglichkeit einer fakultativen Simultanzulassung ganz verzichtet. Lediglich in den Gebieten, in denen sich die Simultanzulassung in der historischen Entwicklung eingebürgert hatte oder in denen es wie z. B. in den Stadtstaaten nur ein Oberlandesgericht und ein Landgericht gab, wurde durch § 226 Abs. 2 und 3 BRAO ausnahmsweise eine Simultanzulassung bei Land- und Oberlandesgerichten gestattet. Während aber § 226 Abs. 3 inzwischen entfallen ist, wurde der Bereich der Simultanzulassung in § 226 Abs. 2 durch die Gesetze vom 24. 10. 1972 und 2. 9. 1994 erheblich ausgedehnt. Dies hat das Verhältnis von § 25 und § 226 grundlegend geändert (s. u. Rdn. 6).

III. Normzweck

Die Regelung des § 25 BRAO beruht auf der Erwägung, daß es im Interesse **3**
der Rechtspflege liegt, wenn der Prozeßstoff in zweiter Instanz auch von den Prozeßbevollmächtigten neu gesehen und unbeeinflußt durch den Gang des erstinstanzlichen Verfahrens beurteilt wird (**sog. Vier-Augen-Prinzip**).[3] Auf diese Weise will der Gesetzgeber zusätzliche Gewähr dafür bieten, daß der Rechtsanwalt seiner besonderen, der Aufrechterhaltung der staatlichen Rechtsordnung verpflichteten Aufgabe gerecht wird. Der spezialisierte Rechtsanwalt beim OLG soll und wird das Verfahren in besonderer Weise fördern. Zu den Durchbrechungen und zur aktuellen Diskussion s. u. VI.

---

[1] Amtl. Begründung des Regierungsentwurfs v. 6. 2. 1878, RT-Drucks. (1878) 3/5, S. 33.
[2] Vgl. die Amtl. Begründung des Regierungsentwurfs von 1958, BT-Drucks. III/120, S. 67.
[3] BVerfG (Kammerbeschluß) NJW 1994, 184; BGH BRAK-Mitt. 1992, S. 169.

Prütting 225

§ 25 4–6   Zweiter Teil. Die Zulassung des Rechtsanwalts

IV. Verfassungsrechtliche Gesichtspunkte

4   Der Grundsatz der Singularzulassung bei dem OLG wird in der Literatur zum Teil unter Hinweis auf die nach geltendem Berufsrecht zulässige Möglichkeit, daß sich ein bei dem LG und ein beim übergeordneten OLG zugelassener Rechtsanwalt in einer Sozietät zusammenschließen sowie unter Verweis auf die nach § 226 Abs. 2 BRAO möglichen Ausnahmen kritisiert.[4] Das BVerfG hat jedoch in seinem Kammerbeschluß vom 13. 7. 1993[5] das Verbot der Simultanzulassung für **verfassungsrechtlich unbedenklich** erklärt, weil das „Vier-Augen-Prinzip" zur Erreichung des mit ihm bezweckten Gemeinwohls weiterhin geeignet sei. Zwar können die einem Gesetz zugrundeliegenden Tatsachen durch inzwischen eingetretene Entwicklungen überholt sein, so daß das Gesetz dem Bereich, den es regelt, nicht mehr gerecht wird und so ein zunächst verfassungsmäßiges Gesetz verfassungswidrig werden kann,[6] doch wird die Verfassungsmäßigkeit der in § 25 BRAO enthaltenen Berufsausübungsregelung nicht dadurch in Frage gestellt, daß es eine zunehmende Zahl von sogenannten Mischsozietäten gibt, deren Sozii teils beim LG und teils beim OLG zugelassen sind. Auch wenn durch diese Entwicklung eine Umgebung der Singularzulassung erleichtert wird, so hat sich doch nach der Einschätzung des BVerfG ein derartiger Mißbrauch noch nicht in einem solchen Maße eingebürgert, als daß die Singularzulassung als zur Zweckerreichung objektiv untauglich angesehen werden müßte.[7] Ein Verstoß gegen Art. 3 GG wurde vom BVerfG ebenfalls verneint, weil es noch innerhalb des dem Gesetzgeber zustehenden Gestaltungsspielraums liege, wenn er aus Rücksichtnahme auf regionale Besonderheiten einzelne Bundesländer unterschiedlich behandle.

V. Europarechtliche Aspekte

5   Für die im Bundesgebiet nach § 4 BRAO, § 1 EignungsprüfungsG zur Rechtsanwaltschaft zugelassenen EG-Anwälte gelten §§ 25, 226 Abs. 2 BRAO in gleichem Maße wie für die inländischen Anwälte. Denn diese Berufsausübungsregelung stellt – vorausgesetzt sie gilt für In- und Ausländer gleichermaßen – **keine Beschränkung** des freien Niederlassungsverkehrs dar. Demgegenüber sind die Dienstleistungserbringer insoweit von der Beschränkung der §§ 25 BRAO, 78 ZPO befreit, als sie vor allen Zivilsenaten der Oberlandesgerichte, für die der Grundsatz der ausschließlichen Zulassung gilt, auftreten dürfen, sofern sie nicht schon im ersten Rechtszug Prozeßbevollmächtigte gewesen sind. Auch diese Einschränkung gilt selbstverständlich nur in den Bundesländern, die nicht von der Ausnahmeregelung des § 226 Abs. 2 BRAO erfaßt werden.

VI. Rechtspolitische Aspekte

6   Trotz ihrer unbestreitbaren Vorzüge war die Regelung der Singularzulassung gemäß § 25 wegen der umfangreichen Ausnahmebestimmungen in § 226 immer umstritten. Die Rechtsprechung und die h. M. hielten § 25 aber (wie gezeigt) immer für verfassungsgemäß und auch rechtspolitisch wünschenswert. Hier ist

---

[4] *Kleine-Cosack,* § 25 Rdn. 2; *Redeker* NJW 1987, 2610, 2616; *Wirtz* AnwBl. 1990, 505; *Lindner* MDR 1993, 605.
[5] NJW 1994, 184; ferner BGH NJW-RR 1994, 955.
[6] BGH AnwBl. 1992, 389.
[7] BVerfG NJW 1994, 184; ebenso BGH NJW-RR 1994, 955.

allerdings in jüngster Zeit eine dramatische Veränderung der tatsächlichen Situation eingetreten. Die in der Theorie klaren Vorzüge der Singularzulassung und des Vier-Augen-Prinzips werden in der Praxis zurückgedrängt. Die Zahl der gemischten Sozietäten ist stark angestiegen. Hinzu kommt die Möglichkeit des Zusammenschlusses in überörtlichen Sozietäten, die auch einer rein erstinstanzlichen Sozietät in vielfacher Weise den Anschluß an zweitinstanzliche Rechtsanwälte ermöglicht. Weiterhin zu bedenken ist die Ausweitung des Zugangs zu Oberlandesgerichten aus **europarechtlichen Gründen** (s. oben V). Schließlich muß auf die Ausweitung von § 226 durch den Gesetzgeber hingewiesen werden. Durch Gesetz vom 24. 10. 1972 und insbesondere durch Gesetz vom 2. 9. 1994 hat aus heutiger Sicht der Gesetzgeber die Ausnahme des § 226 Abs. 2 zur Regel gemacht und § 25 zur Ausnahme herabgestuft (in 9 von 16 Bundesländern gilt die Simultanzulassung des § 226 Abs. 2). Zuzugeben ist freilich, daß all diese aktuellen Entwicklungen nicht dazu führen müssen, daß die Regelung des § 25 heute verfassungswidrig wäre. Sie muß aber spätestens seit dem 2. 9. 1994 als **rechtspolitisch sehr zweifelhaft** angesehen werden. Wer die Singularzulassung des § 25 noch ernst nimmt, müßte nunmehr energisch auf die Streichung von § 226 Abs. 2 drängen. Gerade aber die Novellierung der BRAO von 1994 hat gezeigt, daß hier eine wohl unumkehrbare Entwicklung hin zur Simultanzulassung auch vom Gesetzgeber gewählt worden ist. Daher hat jedenfalls heute § 25 seinen (früher berechtigten) Sinn und Zweck verloren.

Im übrigen hat eine durchaus vergleichbare Rechtslage vor den Landesarbeitsgerichten, den Oberverwaltungsgerichten und der Landessozialgerichten den Gesetzgeber zu keiner Zeit bewogen, eine Singularzulassung vor diesen Gerichten einzuführen.

§ 26 Vereidigung des Rechtsanwalts

(1) Alsbald nach der ersten Zulassung hat der Rechtsanwalt in einer öffentlichen Sitzung des Gerichts, bei dem er zugelassen ist, folgenden Eid zu leisten:

„Ich schwöre bei Gott, dem Allmächtigen und Allwissenden, die verfassungsmäßige Ordnung zu wahren und die Pflichten eines Rechtsanwalts gewissenhaft zu erfüllen, so wahr mir Gott helfe."

(2) Der Eid kann auch ohne religiöse Beteuerung geleistet werden.

(3) Bei der Eidesleistung soll der Schwörende die rechte Hand erheben.

(4) Gestattet ein Gesetz den Mitgliedern einer Religionsgesellschaft, anstelle des Eides andere Beteuerungsformeln zu gebrauchen, so kann der Rechtsanwalt, der Mitglied einer solchen Religionsgesellschaft ist, diese Beteuerungsformel sprechen.

(5) Über die Vereidigung ist ein Protokoll aufzunehmen, das auch den Wortlaut des Eides zu enthalten hat. Das Protokoll ist von dem Rechtsanwalt und dem Vorsitzenden des Gerichts zu unterschreiben. Es ist zu den Personalakten des Rechtsanwalts zu nehmen.

Schrifttum: *Brangsch*, Die Freiheit des Anwalts – Gedanken zur Entscheidung des Bundesverfassungsgerichts vom 8. 3. 1983 –, FS Oppenhoff, 1985, S. 25; *Friesenhahn*, Über den Anwaltseid im Rahmen der neueren Entwicklung des politischen Eides, Festschrift für Carstens, 1984, Bd. 2, S. 569; *Redeker*, Der Anwaltseid – unzulässig und überflüssig, DVBl. 1987, S. 200.

Übersicht

	Rdn.		Rdn.
I. Entstehungsgeschichte der Vorschrift	1	IV. Voraussetzungen und Verfahren...	4, 7
		1. Erste Zulassung	4
II. Normzweck	2	2. Zeitpunkt	5
III. Verfassungsrechtliche Gesichtspunkte	3	3. Beteuerungsformeln	6
		4. Verfahren	7

I. Entstehungsgeschichte der Vorschrift

1 Schon vor der Rechtsanwaltsordnung von 1878, welche die Pflicht zur Eidesleistung in ihrem § 17 RAO normierte, war es in fast allen Anwaltsordnungen der Partikulargesetzgebung vorgesehen, daß der Rechtsanwalt vor der Aufnahme seiner Tätigkeit auf die gewissenhafte Erfüllung seiner Pflichten vereidigt wurde. Nachdem der Eid unter der nationalsozialistischen Herrschaft in einen Treueid auf *Hitler* umfunktioniert worden war, ist der Bundesgesetzgeber 1959 zu der ursprünglichen Eidesformel unter Erweiterung derselben auf die Wahrung der verfassungsmäßigen Ordnung zurückgekehrt.[1]

II. Normzweck

2 Die Pflicht des Anwalts, auf die Wahrung der verfassungsmäßigen Ordnung und die gewissenhafte Erfüllung der Pflichten eines Rechtsanwalts einen Eid zu leisten, ist im Entwurf der BRAO mit der Überlieferung[2] und während der Gesetzesberatungen mit den Gepflogenheiten in anderen Staaten begründet worden.[3] Die Erstreckung der Eidesleistung auf die Wahrung der verfassungsmäßigen Ordnung rechtfertigt sich entgegen der in der Literatur zum Teil geübten Kritik[4] aus der Stellung des Rechtsanwalts als einem Organ der Rechtspflege,[5] dem neben Richtern und Staatsanwälten die besondere Aufgabe zukommt, an der Verwirklichung der **verfassungsmäßigen Ordnung mitzuwirken**. Allerdings darf die Eidesformel nicht dahin mißverstanden werden, daß mit der Ablegung des Eides dem Rechtsanwalt beamtenähnliche Treuepflichten auferlegt würden, die ihn verpflichten, sich aktiv für die Wahrung der verfassungsmäßigen Ordnung im Sinne der Grundwerte des Grundgesetzes einzusetzen.[6] Da ein politischer Eid – im Gegensatz zu einem assertorischen – nie eigenständige Rechtspflichten des den Eid Leistenden begründen, sondern allenfalls der feierlichen Bekräftigung der Erfüllung gesetzlich bereits anderweitig festgelegter Pflichten dienen kann,[7] besteht die Funktion des § 26 BRAO allein darin, der sich aus der BRAO, insbesondere aus § 1 BRAO ergebenden Pflichtbindung des Anwalts eine **moralische Verstärkung** zu verleihen. Durch die feierliche Verpflichtung auf die verfassungsmäßige Ordnung soll dem Anwalt seine besondere Funktion als Organ der Rechtspflege vor Augen geführt werden, aus der

---

[1] Vgl. zur Entstehungsgeschichte im einzelnen *Friesenhahn*, FS Carstens, Bd. 2, S. 575 ff.
[2] BR-Drucks. 461/57, S. 67 f.
[3] 15. Sitzung des Rechtsausschusses vom 27. 3. 1958, StenProt. S. 8.
[4] Vgl. *Kleine-Cosack*, § 26 Rdn. 3 m. w. N.; *ders.* NJW 1994, 2249, 2258.
[5] *Isele*, § 26 Anm. X. B., S. 310.
[6] So aber: *Feuerich/Braun*, § 26 Rdn. 10 in einer in sich widersprüchlichen Argumentation.
[7] Vgl. *Friesenhahn*, FS Carstens, Bd. 2, S. 572; *Redeker* DVBl. 1987, S. 200.

sich ergibt, daß der Anwalt dem Recht zu dienen, es zu fördern hat,[8] er also nicht bewußt dem Unrecht dienen oder die Rechtsfindung erschweren sollte.[9] Dies gilt trotz der Entstehungsgeschichte des § 26 BRAO, nach der die Eidesformel in engem Zusammenhang mit der im Gesetzgebungsverfahren vom Bundesrat ursprünglich geforderten, letztendlich aber nicht in der vorgeschlagenen Fassung übernommenen „politischen Klausel" des eine Versagung der Zulassung ermöglichenden § 7 Nr. 6 BRAO stand.[10] Denn mit der Beschränkung des Anwendungsbereichs des § 7 Nr. 6 BRAO auf die Fälle, in denen der Bewerber die freiheitlich-demokratische Grundordnung in strafbarer Weise bekämpft, ist zugleich entschieden, daß der Anwalt nicht verpflichtet ist, sich aktiv für die Grundwerte der Verfassung einzusetzen.[11] Folglich kann auch der Eidesformel – trotz ihres zugegebenermaßen mehrdeutigen Wortlauts – ein dahingehender Inhalt nicht beigemessen werden.

III. Verfassungsrechtliche Gesichtspunkte

In der soeben dargelegten Form und mit dem erläuterten beschränkten Inhalt ist der Eid entgegen einer zunehmenden Auffassung auch heute **nicht verfassungswidrig**.[12] Ob der Eid des Rechtsanwalts aus heutiger Sicht nicht mehr zeitgemäß oder überflüssig ist, ist eine davon abzutrennende rechtspolitische Frage. Diese wird man auch heute noch mit guten Gründen in der Weise beantworten können, daß der Eid noch immer ein sinnvoller Appell an die Persönlichkeit des Rechtsanwalts sein kann, sein Bewußtsein dahin zu stärken, daß er nicht die freiheitlich-demokratische Grundordnung in strafbarer Weise bekämpft. Die Rechtswirklichkeit der vergangenen 40 Jahre hat leider gezeigt, daß selbst diese Erwartung keine Selbstverständlichkeit ist.

IV. Voraussetzungen und Verfahren

1. Erste Zulassung

Der Eid ist alsbald nach der ersten Zulassung zu leisten. Aus einem Vergleich mit dem Wortlaut des § 18 Abs. 2 BRAO folgt, daß sich § 26 BRAO nicht auf die erste Zulassung zur Rechtsanwaltschaft, sondern auf die erste **Zulassung** bei einem **Gericht** bezieht; diese wird nach § 18 Abs. 2 BRAO zugleich mit der Zulassung zur Rechtsanwaltschaft erteilt. Bei einer erneuten Zulassung zur Rechtsanwaltschaft nach zwischenzeitlichem Ausscheiden ist daher – anders als bei einem bloßen Zulassungswechsel nach § 33 BRAO – ein neuer Eid zu leisten.[13]

2. Zeitpunkt

Der Eid ist „alsbald" nach der Zulassung zu leisten. Was hierunter zu verstehen ist, ergibt sich aus § 35 Abs. 1 Nr. 1 BRAO, wonach die Zulassung bei einem Gericht widerrufen werden kann, wenn der Rechtsanwalt nicht binnen **drei**

---

[8] *Isele,* § 1 Anm. VI. B. 2., S. 8.
[9] Vgl. BT-Drucks. III/120, amtl. Begründung des Regierungsentwurfs zu § 1, S. 49.
[10] Vgl. dazu: Friesenhahn, (Fn. 1), S. 582 f.; *Brangsch,* FS Oppenhoff, S. 25 ff.
[11] Vgl. auch: BVerfGE 63, 266, 288 ff.
[12] A. A. *Redeker,* DVBl. 1987, 200; *Kleine-Cosack,* § 26 Rdn. 3 m. w. Nachw.; *ders.* NJW 1994, 2249, 2258.
[13] A. A. *Isele,* § 26 Anm. II. B., S. 307; *Feuerich/Braun,* § 26 Rdn. 1; *Jessnitzer/Blumberg,* § 26 Rdn. 1.

§ 27   Zweiter Teil. Die Zulassung des Rechtsanwalts

Monaten nach der Zulassung den Eid leistet. Daraus folgt, daß „alsbald" nicht gleichzusetzen ist mit „unverzüglich", sondern daß die Vereidigung innerhalb von drei Monaten nach erteilter Zulassung den Anforderungen des § 26 BRAO genügt.[14] Allerdings ist zu berücksichtigen, daß die Eintragung in die Liste der Rechtsanwälte, die nach § 32 Abs. 2 BRAO Voraussetzung ist für die Befugnis zur Ausübung der Anwaltstätigkeit, nach § 31 Abs. 2 BRAO erst dann vorgenommen wird, wenn der Eid geleistet wurde, so daß eine baldige Ableistung des Eides im eigenen Interesse des Anwalts liegt.

3. Beteuerungsformeln

6   Das Gesetz sieht grundsätzlich den Eid als die zur Abgabe der Beteuerung geeignete Form vor, wobei der Eid sowohl mit als auch **ohne religiöse** Beteuerungsformel geleistet werden darf. Darüber hinaus ist es nach Absatz 4 den Mitgliedern einer Religionsgesellschaft gestattet, anstelle des Eides auch **andere Beteuerungsformeln** zu gebrauchen. Da jedoch das Grundrecht der Glaubensfreiheit weder von der Mitgliedschaft in Religionsgesellschaften noch von gesetzlicher Anerkennung abhängig ist und daher alle Bürger, die sich aus einer individuell getroffenen Glaubensentscheidung zur Leistung eines Eides außerstande sehen, von der Eidespflicht freigestellt werden müssen,[15] ist diese Bestimmung verfassungskonform dahingehend auszulegen, daß im Einzelfall auch die Benutzung einer anderen Beteuerungsformel zulässig ist.[16]

4. Verfahren

7   Der Eid ist vor dem Gericht zu leisten, bei dem der Rechtsanwalt zugelassen ist. Bei Simultanzulassung besteht eine Wahlmöglichkeit.[17] Der Eid ist in einer öffentlichen Sitzung des Gerichts zu erbringen. Über die Vereidigung muß ein Protokoll aufgenommen werden, das bestimmten formalen Voraussetzungen (§ 26 Abs. 5 BRAO) genügen muß.

§ 27 Wohnsitz und Kanzlei

(1) **Der Rechtsanwalt muß an dem Ort des Gerichts, bei dem er zugelassen ist, eine Kanzlei einrichten. Ist er gleichzeitig bei mehreren Gerichten, die ihren Sitz an verschiedenen Orten haben, zugelassen, so hat er seine Kanzlei am Ort des Gerichts der ersten Zulassung einzurichten. Die Landesjustizverwaltung kann bestimmen, daß benachbarte Orte im Sinne dieser Vorschrift als ein Ort anzusehen sind.**

(2) **Der bei einem Amtsgericht zugelassene Rechtsanwalt kann seine Kanzlei statt an dem Ort dieses Gerichts an einem anderen Ort in dessen Bezirk einrichten.**

Schrifttum: *Schumann*, Die Befreiung der Rechtsanwaltschaft von obrigkeitlichen Schranken, NJW 1990, 2089.

---

[14] *Isele*, § 26 Anm. IV. B. 1., S. 308.
[15] BVerfG NJW 1978, 1183, 1185.
[16] Vgl. BVerfG Nichtannahmebeschluß NJW 1978, 1150, 1151; *Feuerich/Braun*, § 26 Rdn. 13 ff.
[17] *Isele*, § 26 Anm. III. A. 2., S. 307.

Übersicht

	Rdn.		Rdn.
I. Entstehungsgeschichte der Vorschrift und systematischer Zusammenhang	1, 2	IV. Kanzlei	5, 6
II. Normzweck	3	V. Ort des Gerichts der Zulassung	7
III. Verfassungsrechtliche Gesichtspunkte	4	VI. Befreiung von der Pflicht	8

I. Entstehungsgeschichte der Vorschrift und systematischer Zusammenhang

§ 27 regelt nach seiner Überschrift Fragen des anwaltlichen Wohnsitzes (sog. **1** Residenzpflicht) und Einzelheiten zur zwingend erforderlichen anwaltlichen Kanzlei (sog. Kanzleipflicht). Diese Regelung ist im Grundsatz eine Folgerung und Absicherung der anwaltlichen Lokalisierung (vgl. § 18). In ihrer heutigen (1994 abgeschwächten) Form ist die Vorschrift auch nach der grundsätzlichen Änderung der Lokalisierung im Jahre 2000 noch sinnvoll.

In der Rechtsanwaltsordnung von 1878 (RAO) war eine ausdrückliche **Kanz-** **2** **leipflicht nicht normiert.** § 18 RAO schrieb lediglich vor, daß der Rechtsanwalt an dem Orte des Gerichts, bei welchem er zugelassen ist, seinen Wohnsitz zu nehmen habe (Residenzpflicht). Die Aufnahme dieser Vorschrift wurde als notwendig angesehen, um die mit der Lokalisierung verfolgten Zielsetzungen zu erreichen.[1] Es ergaben sich jedoch bald Zweifel, ob der Rechtsanwalt aufgrund der Residenzpflicht auch verpflichtet sein sollte, sein Geschäftslokal an dem Ort seines Wohnsitzes zu errichten.[2] Diese Frage erfuhr durch die Novelle vom 9. 7. 1923 insoweit eine Klärung, als nach dem eingefügten Absatz 5 ein Rechtsanwalt von der Residenzpflicht befreit werden konnte, sofern er zumindest ein Geschäftslokal an dem Ort unterhielt, an dem er an sich seinen Wohnsitz zu nehmen gehabt hätte. Aus dieser vor dem Hintergrund der allgemeinen Wohnungsnot getroffenen Regelung[3] wurde gefolgert, daß Wohnsitz und Kanzlei grundsätzlich an demselben Ort zu begründen waren. In der Reichs-Rechtsanwaltsordnung 1936 wurde daraufhin die Kanzleipflicht ausdrücklich erwähnt und ergänzend neben die Wohnsitzpflicht gestellt. Die BRAO von 1959 hat diese doppelte Regelung übernommen, wobei jetzt jedoch durch das Änderungsgesetz von 1994 die Wohnsitzpflicht als nicht mehr zeitgemäß abgeschafft worden ist.[4] Die unveränderte Gesetzesüberschrift „Wohnsitz und Kanzlei" ist deshalb heute irreführend. Es geht in § 27 nur noch um die Kanzleipflicht. Korrekt ist dagegen der Wortlaut von § 29, der jeden Hinweis auf den Wohnsitz beiseite läßt.

II. Normzweck

Daß der Rechtsanwalt überhaupt verpflichtet ist, eine Kanzlei zu errichten, **3** folgt daraus, daß eine funktionsfähige Rechtspflege nur dann gewährleistet sein

---

[1] Vgl. die Amtl. Begründung des Entwurfs, Motive, RT-Drucks. 3 (1878)/5, S. 31.
[2] EGH I, S. 242 ff.; III, S. 103 ff.; XXIV, S. 34 einerseits und RG Seuff-Arch. 43, 354; *Friedlaender*, § 18 Rdn. 24 andererseits.
[3] RT-Drucks. 1 (1920)/S. 5970.
[4] Amtl. Begründung des Regierungsentwurfs, BT-Drucks. 12/4993, S. 26.

Prütting

kann, wenn es sowohl für die Rechtsuchenden als auch für die Gerichte und Behörden eine **räumlich eindeutig definierbare Stelle** gibt, an die alle für den Anwalt bestimmten Zustellungen, Mitteilungen und sonstigen Nachrichten wirksam gerichtet werden können;[5] die Kanzleipflicht dient damit der Gewährleistung einer zweckentsprechenden und sachgerechten Rechtsberatung und Vertretung.[6] Daß dieses „Kommunikationszentrum" aber gerade an dem Ort des Gerichts, bei dem der Rechtsanwalt zugelassen ist, errichtet werden muß, ist angesichts der heutigen Verkehrs- und Kommunikationswege nicht mehr zwingend. Die Ortsgebundenheit der Kanzlei wird dementsprechend auch nicht mehr mit den Zielsetzungen des Lokalisierungsgebotes begründet,[7] sondern damit, daß die Partei, die anwaltlichen Rat in Anspruch nehmen wolle, **Klarheit** darüber benötige, welche Rechtsanwälte in einem bestimmten örtlichen Bezirk tätig seien und an welchem Ort sie den Rechtsanwalt ihrer Wahl zu den üblichen Geschäftszeiten erreichen könne.[8] Insofern ist § 27 auch heute noch eine sinnvolle Regelung.

III. Verfassungsrechtliche Gesichtspunkte

4   Bei der Kanzleipflicht handelt es sich um eine Regelung der **Berufsausübung**. Auch wenn dem Rechtsanwalt bei ihrer Nichtbefolgung der Widerruf der Zulassung droht (vgl. § 35 Abs. 1 Nr. 2 und 5 BRAO), so betrifft nur diese Sanktion die Ebene der Berufswahl. Sie hebt die Pflicht, an deren Verletzung sie knüpft, nicht ebenfalls auf diese Stufe.[9] § 27 BRAO unterliegt daher **nicht** den strengen verfassungsrechtlichen Anforderungen, die an eine **Berufswahlbeschränkung** zu stellen sind, was jedoch nichts daran ändert, daß die Landesjustizverwaltung im Rahmen des ihr nach § 35 BRAO eingeräumten Ermessens dem Grundsatz der Verhältnismäßigkeit hinreichend Rechnung zu tragen hat.[10] Das BVerfG hat die Kanzleipflicht als verfassungsgemäß beurteilt.[11]

IV. Kanzlei

5   Aus dem mit dem Kanzleigebot erstrebten Zweck eines ordnungsgemäßen Verkehrs der Rechtsuchenden, Gerichte und Behörden mit dem Anwalt folgt, daß nicht jede Räumlichkeit den Anforderungen des § 27 BRAO genügt, daß aber andererseits auch keine zu hohen Anforderungen an ihre Ausstattung gestellt werden dürfen. Die Errichtung und Aufrechterhaltung einer Kanzlei erfordert vielmehr die Durchführung gewisser organisatorischer Maßnahmen, die sicherstellen, daß der Anwalt – für jedermann eindeutig erkennbar – an dieser Stelle erreichbar ist. Zu den an eine Kanzlei zu stellenden **Mindestanforderungen** zählen daher nach der Rechtsprechung ein auf die Existenz einer anwaltlichen Niederlassung hinweisendes Praxisschild sowie ein betrieblicher Telefonanschluß.[12]

---

[5] *Schumann* NJW 1990, 2089, 2092.
[6] EGH München BRAK-Mitt. 1987, 41.
[7] So noch die Amtl. Begründung zu den Regierungsentwürfen von 1878 bzw. 1959, RT-Drucks. 3 (1878)/5, S. 31 und BT-Drucks. III/120, S. 68.
[8] BT-Drucks. 12/4993, S. 26.
[9] BVerfG NJW 1992, 1093 im Hinblick auf die Residenzpflicht der Notare, vgl. aber auch: BVerfG NJW 1986, 1801.
[10] BVerfG NJW 1986, 1801.
[11] BVerfG NJW 1986, 1801.
[12] BGHZ 38, 6, 11; BGH BRAK-Mitt. 1984, 36; EGH Frankfurt BRAK-Mitt. 1992, 222.

§ 27 Wohnsitz und Kanzlei

Weitere Voraussetzung ist, daß die von dem Anwalt bereitgehaltenen Räumlichkeiten auch zur Durchführung persönlicher Mandantengespräche geeignet sind. Diese **Voraussetzungen** können auch eine Privatwohnung oder Räume des Arbeitgebers erfüllen,[13] doch reicht es nicht, wenn der Kontakt zu den Mandanten nur auf schriftlichem oder telefonischem Wege unterhalten wird und notwendig werdende persönliche Gespräche in öffentlichen Gaststätten und öffentlich zugänglichen Räumen geführt werden.[14] Der Annahme einer Kanzlei steht ferner nicht entgegen, daß sich die betreffenden Räume im Ausland befinden und von den dort niedergelassenen Anwaltskollegen genutzt werden, sofern die im Bundesgebiet niedergelassenen Anwälte einen Rechtsanspruch darauf haben, bei Besprechungen mit Mandanten über die Räumlichkeiten und die Büroorganisation der Auslandskanzlei zu verfügen.[15] Unbeachtlich sind ferner die Eigentumsverhältnisse an den Büroräumen und an dem Inventar.[16]

Kanzlei ist also eine Räumlichkeit, die durch Praxisschild und Telefonanschluß als Niederlassung eines Anwalts kenntlich gemacht ist und die nach ihrer Ausstattung eine anwaltliche Arbeit einschließlich eines Mandantengesprächs zuläßt.

V. Ort des Gerichts der Zulassung

Der Ort des Gerichts, an dem die Kanzlei eingerichtet und unterhalten werden muß, umfaßt nicht den gesamten Gerichtsbezirk, sondern nur die politische Gemeinde, in der das Gericht seinen Sitz hat.[17] Dieser Grundsatz erfährt jedoch insoweit eine Auflockerung, als nach Absatz 2 der bei einem Amtsgericht zugelassene Rechtsanwalt seine Kanzlei auch in einer anderen Gemeinde innerhalb des Amtsgerichtsbezirks einrichten darf. Da die beim Amtsgericht zugelassenen Rechtsanwälte regelmäßig auch bei dem Landgericht zugelassen werden (vgl. § 23 BRAO) und bei einer Simultanzulassung in den Fällen der §§ 23 f. BRAO die Kanzlei am Ort des Gerichts der sogenannten Stammzulassung einzurichten ist, kommt für diese Rechtsanwälte **jeder Ort** innerhalb des Amtsgerichtsbezirks als möglicher Kanzleisitz in Betracht. Durch Bestimmung der Landesjustizverwaltung ist eine zusätzliche Auflockerung der Kanzleipflicht möglich (§ 27 Abs. 1 S. 2).

VI. Befreiung von der Pflicht

Von der Kanzleipflicht des § 27 kann unbeschadet der Auflockerungen in Absatz 1 Satz 2 und Absatz 2 von der Landesjustizverwaltung eine Befreiung erteilt werden (§ 29 Abs. 1). Zu den Befreiungsgründen s. u. § 29 Rdn. 2 ff. und zum Verfahren s. u. § 29 Rdn. 5 f.

---

[13] *Feuerich*, § 27 Rdn. 10 f.; *Kleine-Cosack*, § 27 Rdn. 6.
[14] EGH Celle BRAK-Mitt. 1991, 103.
[15] OLG Hamm NJW 1993, 1338.
[16] OLG Koblenz AnwBl. 1981, 151.
[17] Vgl. Amtl. Begründung, BT-Drucks. III/120, S. 68.

§ 28 Zweigstelle und Sprechtage

(1) Der Rechtsanwalt darf weder eine Zweigstelle einrichten noch auswärtige Sprechtage abhalten. Die Landesjustizverwaltung kann dies jedoch gestatten, wenn es nach den örtlichen Verhältnissen im Interesse einer geordneten Rechtspflege dringend geboten erscheint. Der Vorstand der Rechtsanwaltskammer ist vorher zu hören.

(2) Die Erlaubnis kann widerrufen werden. Vor dem Widerruf sind der Rechtsanwalt und der Vorstand der Rechtsanwaltskammer zu hören.

(3) Der Bescheid, durch den die Erlaubnis versagt oder widerrufen wird, ist mit Gründen zu versehen. Er ist dem Rechtsanwalt zuzustellen. Gegen einen solchen Bescheid kann der Rechtsanwalt innerhalb eines Monats nach der Zustellung bei dem Anwaltsgerichtshof den Antrag auf gerichtliche Entscheidung stellen. Zuständig ist der Anwaltsgerichtshof bei dem Oberlandesgericht, in dessen Bezirk der Rechtsanwalt zugelassen ist.

Schrifttum: *Boele*, Die Organisation von Rechtsanwaltssozietäten, Frankfurt a. M. 1992; *Brauns*, Die Rechtsstellung von Rechtsanwälten mit Zweitbüro- oder Niederlassungsgenehmigung in den neuen Bundesländern, AnwBl. 1992, 65; *Feuerich*, Die überörtliche Anwaltssozietät, AnwBl. 1989, 360; *Gornig*, Probleme der Niederlassungsfreiheit und der Dienstleistungsfreiheit für Rechtsanwälte in den Europäischen Gemeinschaften, NJW 1989, 1120; *Harte-Bavendamm*, Überörtliche Anwaltssozietäten – Wettbewerber und „rechtsuchendes Publikum", AnwBl. 1989, 546; *Hauschka*, Die überörtliche Anwaltssozietät – Ein europarechtlicher Nachtrag, AnwBl. 1989, 551; *Heintzen*, Die überörtliche Rechtsanwaltssozietät, Stuttgart 1990; *Horn*, Zweigstelle und auswärtige Sprechtage des Rechtsanwalts, AnwBl. 1976, 188; *Kewenig*, Überörtliche Anwaltssozietät und geltendes Recht, Frankfurt a. M. 1989; *Michalski*, Zulässigkeit und „Firmierung" überörtlicher Anwaltssozietäten, ZIP 1991, 1551; *Papier*, Aktuelle Rechtsfragen der überörtlichen Anwaltssozietät, BRAK-Mitt. 1991, 2; *ders.*, Die überörtliche Anwaltssozietät aus der Sicht des Verfassungs- und Gemeinschaftsrechts, JZ 1990, 253; *Prütting*, Zulässigkeit der überörtlichen Anwaltssozietät nach geltendem Recht, JZ 1989, 705; *Reinmüller*, Anwaltliches Zweigbüro und Niederlassungsfreiheit in Frankreich und in der Bundesrepublik Deutschland, IPrax 1989, 54; *Salger*, Überörtliche Anwaltssozietäten in Deutschland, NJW 1988, 186; *Schardey*, Neue Formen anwaltlicher Berufsausübung, FS Quack, S. 731; *Schroeder/Teichmann*, Die überörtliche Sozietät, AnwBl. 1990, 22; *Schumann*, Die überörtliche Anwaltssozietät, Freizügigkeit und Lokalisierung der deutschen Rechtsanwaltschaft, München 1990; *ders.*, Die Befreiung der Rechtsanwaltschaft von obrigkeitlichen Schranken, NJW 1990, 2089; *Stefener*, EuGH – Dienstleistungsurteil – Auswirkungen auf Lokalisation und Zweigstellenverbot, AnwBl. 1988, 367; *Wesser*, Grenzen zulässiger Inländerdiskriminierung, 1995.

Übersicht

	Rdn.		Rdn.
I. Bedeutung der Norm	1	V. Die Regelung im Grundsatz	5–8
II. Entstehungsgeschichte der Vorschrift	2	1. Begriff der Zweigstelle	5
		2. Auswärtige Sprechtage	7
III. Normzweck	3	3. Abgrenzung zur überörtlichen Sozietät	8
IV. Verfassungsrechtliche Gesichtspunkte	4	VI. Ausnahmen	9–14

§ 28 Zweigstelle und Sprechtage   1–3 § 28

	Rdn.		Rdn.
1. Ausnahmebewilligung durch die Landesjustizverwaltung	9	2. Zweigstellen und Sprechtage in anderen EU-Mitgliedstaaten	13
a) Voraussetzungen	9	a) Zweigstellen	13
b) Widerruf	11	b) Sprechtage	14
c) Rechtsmittel	12		

I. Bedeutung der Norm

Eine Norm über die Möglichkeit der Abhaltung auswärtiger Sprechtage und **1** der Bildung von Zweigstellen ist aus heutiger Sicht sicherlich nicht mehr von wesentlichem Gewicht. Zu ihrem **ursprünglichen** Zweck vgl. unten III. Überraschenderweise hat dennoch § 28 in der berufspolitischen Diskussion der Jahre nach den Entscheidungen des BVerfG von 1987 eine erhebliche Rolle gespielt. Dies wird nur aus dem Zusammenhang der Diskussion zwischen der Zweigstelle und den überörtlichen Sozietäten verständlich (im einzelnen s. unten V. 3.).

II. Entstehungsgeschichte der Vorschrift

Die Rechtsanwaltsordnung von 1878 (RAO) kannte kein ausdrückliches Verbot **2** der Errichtung von Zweigstellen bzw. der Abhaltung von Sprechtagen. Gleichwohl wurde zum Teil in der Kommentarliteratur die Auffassung vertreten, daß durch die Errichtung von Filialbetrieben in bedenklicher Weise der Anschein errichtet werde, als ob der Rechtsanwalt seinen Beruf nach Art eines Gewerbes ausübe.[1] Der Ehrengerichtshof, der zunächst davon ausgegangen war, daß keine gesetzliche Vorschrift den Rechtsanwalt daran hindere, ein ständiges Zweigbüro zu unterhalten,[2] revidierte diese Entscheidung im Jahre 1933 unter Hinweis auf die genannte und auch vom Deutschen Anwaltverein unterstützte Ansicht. Der Rechtsanwalt sei Organ der Rechtspflege und **nicht Gewerbetreibender**. Außerdem folge aus der Pflicht zur Lokalisierung einerseits und der Residenzpflicht andererseits, daß der Anwalt regelmäßig nur ein Geschäftslokal zu unterhalten berechtigt sei.[3] Um künftig erneute Zweifel über die Absichten des Gesetzgebers zu vermeiden, wurde in die BRAO von 1959 ein ausdrückliches Verbot aufgenommen.[4]

III. Normzweck

Die Entstehungsgeschichte des § 28 BRAO deutet darauf hin, daß die Bedeutung **3** des Zweigstellenverbotes in erster Linie darin besteht, das durch § 2 BRAO beschriebene Berufsbild vor Verfälschungen zu schützen und das Lokalisierungsgebot gegen Umgehungen abzusichern. In der heutigen Literatur und Rechtsprechung wird demgegenüber der Sinn des Zweigstellenverbots in erster Linie darin gesehen, die **jederzeitige Verfügbarkeit** des Anwalts für den Rechtsuchenden in seiner Kanzlei sicherzustellen.[5] Es solle – so der EGH München[6] unter Berufung auf die amtliche Begründung zum Lokalisationsgebot – einer Zersplitterung der Rechtspflege vorbeugen, insbesondere der Gefahr, daß der Anwalt „ambulant"

---

[1] *Friedlaender*, Exkurs II zu § 28 Rdn. 97.
[2] EGH XXIV, S. 66 und XXV, S. 85.
[3] EGH XXVII, S. 124, 129; vgl. auch: *Noack*, Vorspruch II. 1 e.
[4] BT-Drucks. III/120, S. 69.
[5] OLG Karlsruhe NJW 1992, 1114, 1115; *Feuerich/Braun*, § 28 Rdn. 3.
[6] AnwBl. 1977, 270, 271.

tätig werde und dadurch für die Gerichte wie für das rechtsuchende Publikum häufig **nicht erreichbar** sei. Hinter dem Zweigstellenverbot stünde die gesetzgeberische Überlegung, daß sich ein Rechtsanwalt mehreren Kanzleiorganisationen nicht in derselben Weise zu widmen vermöge, wie dies bei nur einer einzigen Kanzlei möglich sei;[7] verhindert werden solle, daß die Vervielfältigung der Arbeitskraft des Rechtsanwalts durch unqualifizierte oder nicht genügend überwachte Mitarbeiter zu einer Beeinträchtigung seiner Leistung und damit des Gemeinwohls führe.[8]

IV. Verfassungsrechtliche Gesichtspunkte

4 Die Verfassungsmäßigkeit des Zweigstellenverbotes wird in der Literatur zum Teil bezweifelt.[9] Unter Zugrundelegung der oben dargelegten Zielsetzungen dürfte jedoch der durch § 28 BRAO bewirkte Eingriff in die Freiheit der Berufsausübung – jedenfalls bei isolierter Betrachtung – als mit **Art. 12 Abs. 1 GG vereinbar** anzusehen sein, zumal selbst die Vermeidung unerwünschten Wettbewerbs ein verfassungsrechtlich anerkanntes Gemeinwohlziel darstellen kann.[10] Eine **andere** Beurteilung ergibt sich jedoch in Anbetracht der Tatsache, daß das Zweigstellenverbot nicht für alle Rechtsanwälte gleichermaßen gilt, sondern nur für diejenigen, die im Bundesgebiet mehrere Kanzleien einrichten wollen (vgl. § 29 a BRAO). Für diese Ungleichbehandlung gibt es keinen sachlichen Grund. Denn durch die Errichtung einer Zweitniederlassung im Inland wird die Funktionsfähigkeit der Rechtspflege auch nicht mehr beeinträchtigt als durch die Errichtung einer oder mehrerer Zweigstellen im Ausland.[11]

V. Die Regelung im Grundsatz

1. Begriff der Zweigstelle

5 Eine Zweigstelle i. S. des § 28 BRAO ist jede Kanzlei, die neben einer bereits bestehenden Kanzlei eingerichtet oder unterhalten wird.[12] Dies ergibt sich mittelbar aus § 29 a Abs. 1 BRAO. Daraus, daß § 27 Abs. 2 BRAO an die Zulassung bei einem bestimmten Gericht die Pflicht knüpft, an dem Ort dieses Gerichts auch eine Kanzlei zu errichten, folgt nicht, daß der Rechtsanwalt nur dort eine Kanzlei unterhält, wo er örtlich bei einem bestimmten Gericht zugelassen ist.[13] Zwar ist es dem Anwalt, der in einem anderen Landgerichtsbezirk eine weitere Kanzlei errichten will und der die dafür notwendige Ausnahmebewilligung von der nach § 28 Abs. 1 S. 2 BRAO zuständigen Landesjustizverwaltung erhalten hat, unbenommen, bei der nach § 19 BRAO zuständigen Landesjustizverwaltung auch die Zulassung zu dem für diesen Ort zuständigen Landgericht zu beantragen, um auf diese Weise seine Postulationsfähigkeit nach § 78 ZPO zu erreichen,

---

[7] *Schumann* NJW 1990, 2094; *Heintzen*, Die überörtliche Rechtsanwaltssozietät, Stuttgart 1990, S. 10.
[8] *Hartstang*, II, IV. 5 b, S. 383; kritisch dagegen *Michalski*, Das Gesellschafts- und Kartellrecht der berufsrechtlich gebundenen freien Berufe, S. 249, der darin noch keinen Grund für die rechtliche Anerkennung des Zweigstellenverbots sieht.
[9] Vgl. *Kleine-Cosack*, § 28 Rdn. 2; *Michalski*, Das Gesellschafts- und Kartellrecht der berufsrechtlich gebundenen freien Berufe, S. 250; *Schumann* NJW 1990, 2080, 2094.
[10] BVerfG AnwBl. 1993, 538, 539.
[11] Vgl. dazu im einzelnen: *Wesser*, Inländerdiskriminierung, S. 231 ff.
[12] Zum Begriff der Kanzlei siehe § 27 Rdn. 5 f.
[13] So aber: *Brauns* AnwBl. 1992, 65, 67.

§ 28 Zweigstelle und Sprechtage   6–8 § 28

doch ist dies nicht zwingend. Eine weitere Kanzlei kann auch **ohne weitere Zulassung** errichtet werden. Zweigstelle und (Zweit-)Kanzlei beschreiben demgemäß denselben Sachverhalt.

Die Annahme einer Zweigstelle setzt daher voraus, daß der Anwalt – selbst 6 oder durch angestellte Mitarbeiter – in den betreffenden Räumlichkeiten den anwaltlichen Berufsgeschäften – wenn auch zeitlich begrenzt – in nicht nur unerheblichem Umfang nachgeht und jedenfalls zu bestimmten Zeiten für das rechtsuchende Publikum **dort erreichbar** ist. Die Bereitschaft, anwaltliche Dienste zu erbringen, muß zudem nach außen – zumindest durch die Anbringung eines Praxisschildes – deutlich gemacht werden, da ansonsten die an eine Kanzlei zu stellenden Mindestanforderungen nicht erfüllt sind.[14] Erfüllt die Räumlichkeit, in der der Rechtsanwalt seine Dienste anbietet, nicht die an eine Kanzlei zu stellenden Anforderungen, so kann sein Verhalten von dem Verbot der Abhaltung auswärtiger Sprechtage erfaßt sein. Darüber hinaus verstößt auch gegen das Zweigstellenverbot, wer – ohne Innehabung einer entsprechenden Erlaubnis nach § 28 Abs. 1 S. 2 BRAO – durch Verwendung entsprechender Briefbögen den Anschein des Bestehens einer Zweigstelle hervorruft.[15]

2. Auswärtige Sprechtage

Auswärtige Sprechtage sind bestimmte Tage, an denen ein Rechtsanwalt au- 7 ßerhalb der Räumlichkeiten, in denen er seine Kanzlei eingerichtet hat, Rechtsrat erteilt.[16] Aus der Gleichsetzung mit der Zweigstelle folgt, daß unter den Begriff der Sprechtage nur eine solche Beratungstätigkeit zu subsumieren ist, die ein **gewisses Gewicht** erreicht und mit einer gewissen Regelmäßigkeit erfolgt. Eine andernorts nur vorübergehend oder gelegentlich ausgeübte Beratungstätigkeit wird von § 28 BRAO daher nicht erfaßt.

3. Abgrenzung zur überörtlichen Sozietät

Das Zweigstellenverbot berührt nicht die generelle Zulässigkeit der überörtli- 8 chen Sozietät.[17] Dies war schon bisher anerkannt und wird nun durch § 59 a Abs. 2 bestätigt. Denn die Vereinbarung einer überörtlichen Sozietät läßt die Wahl des Kanzleiortes unberührt.[18] Voraussetzung ist allerdings, daß die überörtliche Zusammenarbeit der an verschiedenen Orten zugelassenen Rechtsanwälte so durchgeführt wird, daß die Kanzlei des einen **nicht zur Zweigstelle** des anderen wird und daß dort auch keine auswärtigen Sprechtage durchgeführt werden. Allein die Entgegennahme von Mandaten in der Kanzlei des einen für den assoziierten, anderenorts residierenden Rechtsanwalt macht diese jedoch noch nicht zu dessen Zweigstelle, ebensowenig wie eine beratende Tätigkeit, beispielsweise in der Kanzlei des assoziierten Rechtsanwalts, zu einem auswärtigen Sprechtag i. S. des § 28 Abs. 2 BRAO wird.[19] Daran ändert auch nichts die Tatsache, daß nach der Rechtsprechung des BGH[20] der Anwalt einer überörtlichen Sozietät durch die Sozietätsvereinbarung ermächtigt und grundsätzlich auch

---

[14] BGH BB 1993, 1761.
[15] OLG Karlsruhe NJW 1992, 1827 und OLG Stuttgart NJW 1993, 1336, 1337.
[16] Anders: *Isele,* § 28 Anm. IV. A. 2., S. 322, der auf den Kanzleiort abstellt.
[17] BGHZ 108, S. 294; BGHZ 119, 223; grundlegend *Prütting* JZ 1989, 707.
[18] BGH BB 1993, 1761.
[19] BGH AnwBl. 1993, 130, 131.
[20] BGH NJW 1991, 49.

verpflichtet worden sein muß, den Anwaltsvertrag mit Wirkung für und gegen alle Sozien abzuschließen.[21] Auch die gesellschaftsrechtliche Beteiligung an der überörtlichen Sozietät führt nicht dazu, daß die Kanzlei des einen Sozius dem anderen als Zweigstelle zugerechnet wird und umgekehrt.[22] Als **zweite Kanzlei für jeden Sozius** läßt sich eine Kanzlei in einer Sozietät nur dann werten, wenn der Sozius auch diese zweite Kanzlei nach der Verkehrsanschauung ähnlich wie die erste zum Mittelpunkt seiner beruflichen Tätigkeit macht.[23] Ein Verstoß gegen § 28 BRAO liegt daher erst dann vor, wenn sich die Tätigkeit des assoziierten Rechtsanwalts dergestalt in den Kanzleibereich des anderen verlagert, daß die Kanzlei des Partners als Zweigstelle zugleich zur eigenen Kanzlei wird, oder in der Öffentlichkeit durch entsprechendes Auftreten der Eindruck erweckt wird, es werde anderenorts eine Zweigstelle unterhalten oder es würden dort Sprechtage abgehalten.[24] Für die **Abgrenzung** zwischen der berufsrechtlich **zulässigen** überörtlichen Sozietät einerseits und der **unzulässigen** Zweigstelle andererseits kommt es somit auf die konkreten Sachverhaltsgestaltungen an. Eindeutige Abgrenzungskriterien gibt es nicht. Denkbar ist auch, daß sich zwei Rechtsanwälte Büroräumlichkeiten und -organisation dergestalt teilen, daß ein und dieselbe Kanzlei für den einen Anwalt Hauptniederlassung, für den anderen dagegen nur Zweigstelle ist.

Ein **Verstoß** gegen das Zweigstellenverbot kommt ferner dann in Betracht, wenn der am Ort der auswärtigen Kanzlei zugelassene Rechtsanwalt lediglich angestellter bzw. freier Mitarbeiter ist.[25] Denn die Annahme einer überörtlichen Sozietät setzt voraus, daß die jeweiligen Inhaber der zusammengeschlossenen Kanzleien auch tatsächlich Sozii sind.

VI. Ausnahmen

1. Ausnahmebewilligung durch die Landesjustizverwaltung

9 a) **Voraussetzungen.** Die Landesjustizverwaltung kann eine Ausnahme von Zweigstellenverbot bewilligen, wenn dies nach den örtlichen Verhältnissen im Interesse einer geordneten Rechtspflege dringend geboten erscheint.

10 **Örtlich zuständig** für die Erteilung einer solchen Ausnahmegenehmigung ist die Landesjustizverwaltung, in deren Gebiet der die Genehmigung beantragende Rechtsanwalt bereits zugelassen ist.[26] Zuständig für die Erteilung einer Zweitzulassung ist demgegenüber die Justizverwaltung des Landes, in dessen Gebiet eine Zweitkanzlei errichtet werden soll. Der BGH hat bisher jedoch offengelassen, ob eine Zweigstellenzulassung außerhalb des Zulassungsbezirks überhaupt möglich ist.[27] Bei der Beurteilung der Frage, ob eine Ausnahme vom Zweigstellenverbot im Interesse der Rechtspflege nach den örtlichen Verhältnissen dringend geboten erscheint, steht der Landesjustizverwaltung ein **gewisser Spielraum** zu.[28] Denn die Normanwendung ist nicht auf eine einzige richtige Entscheidung festgelegt.

---

[21] OLG Köln AnwBl. 1993, 353.
[22] OLG Karlsruhe NJW 1992, 1114, 1115.
[23] OLG Karlsruhe NJW 1992, 1114, 1115.
[24] BGH AnwBl. 1993, 130, 131.
[25] Zur Abgrenzung zwischen Dienst- und Sozietätsvertrag s. BAG, Mitt. der RAK Köln 1994, 55 f.
[26] EGH Celle BRAK-Mitt. 1992, 55.
[27] BGH BRAK-Mitt. 1992, 170.
[28] A. A.: *Kleine-Cosack*, § 28 Rdn. 5.

So hat z. B. die Entscheidung darüber, ob eine Unterversorgung der rechtsuchenden Bevölkerung mit anwaltlichem Rechtsrat zu besorgen ist und ob dieser Mangel angesichts steigender Neuzulassungen in absehbarer Zeit behoben werden kann, prognostischen Charakter. Dementsprechend wird in der amtlichen Begründung des Regierungsentwurfs vom 8. 1. 1958 zu der dem § 28 BRAO entsprechenden Vorschrift darauf hingewiesen, daß diese Frage in engstem Zusammenhang mit der Ausübung der Rechtspflege stehe, für die in den Ländern die Landesjustizverwaltung die Verantwortung trage, weshalb die Entscheidung darüber, ob die Erlaubnis zu erteilen sei, der Landesjustizverwaltung vorbehalten werde.[29]

b) Widerruf. Obwohl die der Landesjustizverwaltung in § 28 Abs. 2 BRAO **11** eingeräumte Befugnis zum Widerruf der Erlaubnis nicht an besondere Voraussetzungen geknüpft ist, darf sich der Widerruf nur auf solche Gründe stützen, die dem Zweck des Gesetzes entsprechen.[30] Ein Widerruf ist daher im Rahmen des der Landesjustizverwaltung eingeräumten Beurteilungsspielraums auch **dann zulässig**, wenn sich die Einschätzung der Behörde bezüglich des Bestehens eines dringenden Bedürfnisses geändert haben sollte.[31] Allerdings sind im Rahmen der Ermessensentscheidung Vertrauensgesichtspunkte des Erlaubnisinhabers, insbesondere auch die wirtschaftlichen Auswirkungen eines Widerrufs zu berücksichtigen.[32]

c) Rechtsmittel. Gegen den Bescheid, durch den die Erlaubnis versagt oder **12** widerrufen wird, kann der Rechtsanwalt innerhalb eines Monats nach der Zustellung beim Anwaltsgerichtshof den **Antrag auf gerichtliche Entscheidung** stellen (§ 28 Abs. 3 S. 3 BRAO). Zuständig ist der Anwaltsgerichtshof bei dem Oberlandesgericht, in dessen Bezirk der Rechtsanwalt zugelassen ist (§ 28 Abs. 3 S. 4 BRAO). Gegen die Entscheidung des Anwaltsgerichtshofs ist ein Rechtsmittel nicht gegeben.[33] Auch im Fall der ausdrücklichen Zulassung einer sofortigen Beschwerde ist diese in Ermangelung einer gesetzlichen Grundlage unbeachtlich.[34]

2. Zweigstellen und Sprechtage in anderen EU-Mitgliedstaaten

a) Zweigstellen. Durch § 29 a Abs. 1 S. 1 BRAO sind Rechtsanwälte, die **13** eine oder mehrere Kanzleien in anderen Staaten einrichten oder unterhalten wollen, von dem **Verbot befreit**.[35] Aber auch ohne diese ausdrückliche Ausnahmeregelung könnte das Zweigstellenverbot jenen Rechtsanwälten, die in anderen EU-Mitgliedstaaten eine oder auch mehrere Kanzleien unterhalten bzw. gründen wollen, nicht entgegengehalten werden. Denn der seit Ablauf der Übergangszeit am 31. 12. 1969 unmittelbar geltende Art. 52 EGV[36] verbietet es den Mitgliedstaaten, einem EU-Angehörigen den Zugang zum Rechtsanwaltsberuf und zur Ausübung des Berufs **nur deswegen zu untersagen**, weil der Betroffene gleichzeitig eine Rechtsanwaltskanzlei in einem anderen Mitgliedstaat unter-

---
[29] BT-Drucks. III/120, S. 69 zu § 40; zur Rechtsanwaltsdichte in den einzelnen Bundesländern: BRAK-Mitt. 1994, 166.
[30] BGH DNotZ 1968, 499; EGH Celle BRAK-Mitt. 1984, 88; *Feuerich/Braun*, § 28 Rdn. 16 ff.
[31] BGH DNotZ 1968, 499.
[32] EGH Celle BRAK-Mitt. 1984, 88.
[33] BGH BRAK-Mitt. 1992, 170; sowie: *Feuerich/Braun*, § 28 Rdn. 14 f.
[34] BGH BRAK-Mitt. 1992, 170.
[35] Siehe dazu im einzelnen unten zu § 29 a BRAO.
[36] EuGH Slg. 1974, S. 631 (Reyners) Tz. 24/28 = NJW 1975, 513.

§ 29   Zweiter Teil. Die Zulassung des Rechtsanwalts

hält.[37] Da sich auch die eigenen Staatsangehörigen gegenüber ihrem Staat auf die Grundfreiheiten des EG-Vertrages berufen können[38] und nationales Recht, das mit Gemeinschaftsrecht unvereinbar ist, nicht weiter angewendet werden darf,[39] dürfen deutsche ebenso wie ausländische Rechtsanwälte Zweitkanzleien in anderen EU-Mitgliedstaaten unterhalten; § 29 a BRAO hat daher insoweit nur deklaratorische Bedeutung.

14 **b) Sprechtage.** Entsprechendes gilt auch im Hinblick auf die Abhaltung von Sprechtagen. Denn ebenso wie Art. 52 EGV mit unmittelbarer Wirkung eine Beeinträchtigung des zwischenstaatlichen Niederlassungsverkehrs verbietet, untersagt Art. 59 EGV eine Beeinträchtigung des zwischenstaatlichen Dienstleistungsverkehrs. Eine nationale Regelung, die wie das Verbot der Abhaltung von Sprechtagen geeignet ist, die Tätigkeit eines in einem anderen Mitgliedstaat ansässigen und dort rechtmäßig Dienstleistungen erbringenden Dienstleistenden zu unterbinden oder zu behindern ist – selbst wenn sie unterschiedslos für einheimische wie für Dienstleistende anderer Mitgliedstaaten gilt – mit Art. 59 EGV grundsätzlich nicht vereinbar.[40]

§ 29 Ausnahmen von der Kanzleipflicht

(1) **Im Interesse der Rechtspflege oder zur Vermeidung von Härten kann die Landesjustizverwaltung einen Rechtsanwalt von der Pflicht des § 27 befreien. Der Vorstand der Rechtsanwaltskammer ist vorher zu hören.**

(2) **Die Befreiung kann widerrufen werden, wenn es im Interesse einer geordneten Rechtspflege erforderlich ist. Vor dem Widerruf sind der Rechtsanwalt und der Vorstand der Rechtsanwaltskammer zu hören.**

(3) **Der Bescheid, durch den ein Antrag auf Befreiung abgelehnt oder eine Befreiung nur unter Auflagen erteilt oder eine Befreiung widerrufen wird, ist mit Gründen zu versehen. Er ist dem Rechtsanwalt zuzustellen. Gegen einen solchen Bescheid kann der Rechtsanwalt innerhalb eines Monats nach der Zustellung bei dem Anwaltsgerichtshof den Antrag auf gerichtliche Entscheidung stellen. Zuständig ist der Anwaltsgerichtshof bei dem Oberlandesgericht, in dessen Bezirk der Rechtsanwalt zugelassen ist.**

(4) **§ 11 Abs. 3 ist entsprechend anzuwenden.**

Übersicht

	Rdn.		Rdn.
I. Grundgedanke und Normzweck	1	III. Verfahren	5
II. Befreiungsgründe	2–4		

---

[37] EuGH Slg. 1984, S. 2971 (Klopp) = NJW 1985, 1275.
[38] EuGH Slg. 1979, S. 399 (Knoors) Tz. 24 = NJW 1979, 1761 und EuGH Slg. 1988, S. 131 (Gullung) Tz. 11 = NJW 1989, 658.
[39] St. Rspr. seit EuGH Slg. 1964, S. 1251 ff. (Costa/ENEL) = NJW 1964, 2371; ebenso BVerfGE 75, 244.
[40] EuGH Slg. 1991, S. 4221 (Säger/Dennemeyer) = DZWiR 1991, 205.

§ 29 Ausnahmen von der Kanzleipflicht 1–6 § 29

I. Grundgedanke und Normzweck

Die Bedeutung des § 29 BRAO liegt in erster Linie darin, eine Befreiungs- 1
möglichkeit zu schaffen für die Fälle, in denen eine uneingeschränkte Anwendung des Kanzleigebotes im Einzelfall **zu unzumutbaren Eingriffen** in die Berufsfreiheit führen würde, die sich mit den oben unter § 27 Rdn. 3 angeführten Gemeinwohlerwägungen nicht mehr rechtfertigen ließen. Bei der im Rahmen einer Entscheidung nach § 29 BRAO gebotenen Interessenabwägung ist zu berücksichtigen, daß mit der Beseitigung des Lokalisationsgebotes auch ein Teil der ursprünglich mit der Kanzleipflicht verfolgten Zielsetzungen wegfallen wird. Das hinter § 27 BRAO stehende Allgemeininteresse besitzt somit nicht mehr das Gewicht wie früher, zumal im Fall der Befreiung nach § 30 BRAO ein Zustellungsbevollmächtigter zu bestellen ist. Von der Befreiungsmöglichkeit sollte daher – jedenfalls im Hinblick auf die Ortsgebundenheit der Kanzlei – in nicht zu restriktiver Weise Gebrauch gemacht werden.

II. Befreiungsgründe

Eine Befreiung im Interesse der Rechtspflege ist dann möglich, wenn dies der 2
Beratung und Vertretung der Rechtsuchenden (§ 3 BRAO) förderlich ist. Ein solcher Fall dürfte heute praktisch kaum relevant werden. Praktische Bedeutung kann dagegen die Sondersituation bei grenzüberschreitender Tätigkeit aufweisen. Dieser Fall ist aber speziell in § 29 a geregelt.

Der Hauptanwendungsfall des § 29 BRAO ist jedoch eine Befreiung zur 3
Vermeidung persönlicher Härten, wobei hier jedoch angesichts der Tatsache, daß die Kanzlei das „Kommunikationszentrum" des Anwalts bildet, eine vollständige Befreiung nur für einen vorübergehenden Zeitraum (z. B. aus gesundheitlichen Gründen) in Betracht kommt. Besonderheiten können sich auch bei einer Kanzlei am Ort der früheren Zulassung ergeben.[1]

Daß diese Befreiung mit Auflagen verbunden werden kann, ergibt sich aus der 4
Natur des Verwaltungsaktes; der im Entwurf von 1958 enthaltene Satz, in dem dies ausdrücklich betont wurde, ist im Gesetz selbst deshalb als selbstverständlich weggelassen worden.[2] Vgl. auch Abs. 3 S. 1.

III. Verfahren

Grundsätzlich kann eine Befreiung ohne Einschränkungen erteilt werden. Es 5
kommt aber auch eine **befristete** Befreiung oder eine Befreiung unter sonstigen **Auflagen** in Betracht (Abs. 3 S. 1).

Soweit eine beantragte Befreiung abgelehnt wird und ebenso gegen eine nur 6
unter Auflagen erteilte Befreiung oder den Widerruf einer Befreiung richtet sich das weitere Verfahren nach § 29 Abs. 3, der mit § 28 Abs. 3 übereinstimmt. Es gelten insoweit die gleichen Grundsätze wie bei § 28. Abweichend besteht allerdings eine sofortige Beschwerde nicht, wie sie in Zulassungsangelegenheiten nach § 42 möglich wäre.[3] Auch bei den Tatbestandsvoraussetzungen des § 29 Abs. 1 handelt es sich um unbestimmte Rechtsbegriffe, die im gerichtlichen Verfahren voll überprüfbar sind. Darüber hinaus steht die Erteilung der Befreiung im Ermessen der Landesjustizverwaltung. Dieses Ermessen ist nach allgemeinen Grundsätzen nur beschränkt gerichtlich kontrollierbar (vgl. § 39 Abs. 3).

---

[1] Vgl. BGH NJW-RR 1995, 317.
[2] *Isele*, § 29 Anm. III., S. 331.
[3] *Feuerich/Braun*, § 29 Rdn. 13.

§ 29a Zweiter Teil. Die Zulassung des Rechtsanwalts

7   Gibt ein Rechtsanwalt seine Kanzlei auf, ohne daß er von der Pflicht des § 27 befreit wäre, so kann gemäß § 35 Abs. 1 Nr. 5 BRAO seine Zulassung bei dem Gericht auch dann widerrufen werden, wenn ein Vertreter nach § 53 Abs. 5 BRAO bestellt ist.[4]

§ 29a Kanzleien in anderen Staaten

(1) **Den Vorschriften dieses Abschnitts steht nicht entgegen, daß der Rechtsanwalt auch in anderen Staaten Kanzleien einrichtet oder unterhält.**

(2) **Die Landesjustizverwaltung befreit einen Rechtsanwalt, der seine Kanzlei ausschließlich in anderen Staaten einrichtet, von der Pflicht des § 27, sofern nicht überwiegende Interessen der Rechtspflege entgegenstehen.**

(3) **Der Rechtsanwalt hat die Anschrift seiner Kanzlei und seines Wohnsitzes in einem anderen Staat sowie deren Änderung der Landesjustizverwaltung und der Rechtsanwaltskammer mitzuteilen. § 29 Abs. 1 Satz 2, Abs. 2 und 3 sowie § 11 Abs. 3 sind entsprechend anzuwenden.**

Schrifttum: *Borgreve*, Mehrfache Zulassung eines Rechtsanwalts im Bereich der Europäischen Gemeinschaft, RIW 1984, 988; *Clausnitzer*, Niederlassungs- und Dienstleistungsfreiheit der Anwälte in der EG, BRAK-Mitt. 1989, 59; *Everling*, Niederlassungsrecht und Dienstleistungsfreiheit der Rechtsanwälte in der Europäischen Gemeinschaft, EuR 1989, 338; *ders.*, Entwicklung im anwaltlichen Berufsrecht unter dem Blickwinkel des Rechts der EG, BRAK-Mitt. 1989, 166; *ders.*, Welche gesetzlichen Regelungen empfehlen sich für das Recht der rechtsberatenden Berufe, insbesondere im Hinblick auf die Entwicklung in der Europäischen Gemeinschaft?, Gutachten C für den 58. Deutschen Juristentag München 1990; *Fischer*, Die Kollision von nationalem Berufsrecht mit der Niederlassungsfreiheit in der Europäischen Gemeinschaft. Dargestellt am Beispiel der Rechtsanwaltschaft und der Steuerberater, Frankfurt a. M. 1993; *Gellner*, Anwaltliches Berufsrecht – Neuere Entwicklungen auf bundes- und europäischer Ebene, BRAK-Mitt. 1986, 114; *Gornig*, Probleme der Niederlassungsfreiheit für Rechtsanwälte in den Europäischen Gemeinschaften, NJW 1989, 1120; *Hackl*, Die Auswirkungen des Rechts der Europäischen Gemeinschaften auf das Recht der freien Berufe, Ingolstadt 1992; *Hausmann/Siegel*, Auswirkungen des Dienstleistungsurteils des EuGH auf das Gebot der Lokalisierung, das Zweigstellenverbot und die Residenzpflicht, in: *Prütting/Weth*, Die deutsche Anwaltschaft zwischen heute und morgen, S. 105; *von Hehn*, Niederlassungsfreiheit für deutsche Anwälte im Ausland, BRAK-Mitt. 1985, 183; *Hofmann*, Internationales Anwaltsrecht – Dienstleistungs- und Niederlassungsfreiheit in der Europäischen Gemeinschaft, Konstanz 1992; *Jessnitzer*, Anwaltstätigkeit im Ausland, insbesondere im Rahmen der Europäischen Gemeinschaft (Stand: 1. 4. 1985), BRAK-Mitt. 1985, 78; *Kortulla*, Der anwaltliche „Lokalisierungszwang" und die Berufsfreiheit, AnwBl. 1990, 126; *Rabe*, Internationales Anwaltsrecht – Dienstleistung und Niederlassung, NJW 1987, 2185; *Reinmüller*, Anwaltliches Zweigbüro und Niederlassungsfreiheit in Frankreich und in der Bundesrepublik Deutschland, IPRax 1989, 54; *Stefener*, EuGH-Dienstleistungsurteil – Auswirkungen auf Lokalisation und Zweigstellenverbot, AnwBl. 1988, 367; *Vetter*, Die wichtigsten Änderungen der BRAO, BRAK-Mitt. 1990, 2; *Weil*, Die Freizügigkeit des Rechtsanwalts in der Europäischen Gemeinschaft, BRAK-Mitt. 1983, 114; *Zuck*, Das Gesetz zur Änderung des Berufsrechts der Rechtsanwälte und der Patentanwälte, NJW 1990, 1025. – **Voraussetzungen und Bedingungen anwaltlicher Tätigkeit im Ausland:** *Albrecht*, Zulassungsverausetzungen für deutsche Rechtsanwälte in Irland, RIW 1996, 474; *Beckmann*, Zulassung eines deutschen Rechtsanwalts als „Avocat" in Frankreich, EuZW 1994, 337; *Beltz*, Die Voraussetzungen für die Zulassung von Anwäl-

---

[4] BGH BRAK-Mitt. 1996, 33.

ten aus Mitgliedstaaten der EG als „Avocat" in Frankreich, BRAK-Mitt. 1993, 130; *Bohlander*, Anwaltliches Berufsrecht in England und Wales, AnwBl. 1993, 309, 361, 594; *Bunsen*, Deutscher Rechtsanwalt erstmalig als Gaikokuho-Jimu-Bengoshi in Tokyo zugelassen, BRAK-Mitt. 1992, 21; *Cone*, General Agreement an Trade in Services, International Business Lawyer 1995, 529; *Donald-Little (Hrsg.)*, Cross Border Practice Compendium, Deventer 1991; *Errens*, Auswirkungen des GATS-Abkommen auf den Beruf des Rechtsanwaltes, EuZW 1994, 460; *dies.*, Folgen des GATS-Abkommens für den Rechtsanwalt, AnwBl. 1994, 461; *Ewig*, Systematik und Auswirkungen des GATT-Welthandelsabkommens auf den Beruf des Rechtsanwalts, BRAK-Mitt. 1994, 205; *ders.*, Internationaler Dienstleistungshandel und neue Tätigkeitsfelder für die Anwaltschaft (GATS-Abkommen), NJW 1995, 434; *von Hehn*, Niederlassungsfreiheit für deutsche Anwälte im Ausland, BRAK-Mitt. 1985, 183; *Heinz*, Mit Perücke und Stehkragen vor Gericht – Der Weg eines deutschen Anwalts in London vom Studenten zum Barrister-at-Law, AnwBl. 1994, 181; *Henssler*, Der europäische Rechtsanwalt – Möglichkeiten der Niederlassung als integrierter Rechtsanwalt in Europa, AnwBl. 1996, 353; *Henssler/Nerlich (Hrsg.)*, Anwaltliche Tätigkeit in Europa, Bonn 1994; *Hüchting*, Freies Niederlassungsrecht für Rechtsanwälte in der EG: Wo stehen wir?, BRAK-Mitt. 1984, 2; *Kespohl-Willemer*, Der deutsche Anwalt in der Europäischen Gemeinschaft – Rechtliche Rahmenbedingungen und Möglichkeiten, JZ 1990, 28; *dies.*, EG-Dienstleistungsrichtlinie für Rechtsanwälte, AnwBl. 1991, 147; *Klima*, Anm. zum Urteil „Kemmler", EWS 1996, 217; *Knapp*, Niederlassungsmöglichkeiten deutscher Rechtsanwälte in den USA, BRAK-Mitt. 1989, 186; *Kuschel*, Die Niederlassungsfreiheit für Unternehmen der Europäischen Gemeinschaft in den Europa-Abkommen der EG mit der CSFR, Polen und Ungarn, EuZW 1992, 571; *Lang*, Zur Eignungsprüfung von EG-Anwälten, BRAK-Mitt. 1990, 13; *Marks*, Europe debates right of establishment, International Financial Law Review 10/1995, 34; *Mauro/Weil*, Die freie Dienstleistung von Rechtsanwälten aus der Europäischen Gemeinschaft, AnwBl. 1981, 128; *Mengel*, Die Ausbildung zum Anwalt in Frankreich, AnwBl. 1993, 254; *Niessen*, Frankreichs Anwaltschaft, Bonn 1994; *Rabe*, Dienstleistungs- und Niederlassungsfreiheit der Rechtsanwälte in der EG, AnwBl. 1992, 146; *ders.*, Dienstleistungs- und Niederlassungsfreiheit der rechtsberatenden Berufe in der Europäischen Gemeinschaft, Festschr. für Walter Kolvenbach, 1992, S. 8; *ders.*, Dienstleistungs- und Niederlassungsfreiheit der rechtsberatenden Berufe in der Europäischen Gemeinschaft, RabelsZ 1991, 291; *ders.*, Internationales Anwaltsrecht – Dienstleistung und Niederlassung, NJW 1987, 2185; *Raiser*, Die Haftung des deutschen Rechtsanwalts bei grenzüberschreitender Tätigkeit, AnwBl. 1991, 487; *Recq*, Das neue Anwaltsgesetz in Frankreich, AnwBl. 1993, 67; *Schmitz*, Anwaltstätigkeit in Bulgarien, AnwBl. 1995, 303; *Schneider*, Die Anerkennung von Diplomen in der Europäischen Gemeinschaft, Maastricht 1995; *Sheldon*, The Right to Practise Law in Europe, International Business Lawyer 1995, 531; *Staats*, Die Juristenausbildung in den Mitgliedstaaten der EG, DRiZ 1990, 193; *Stoller*, Der „aptitude test" des Council of Legal Education, AnwBl. 1995, 185; *Strauß*, Die Voraussetzungen für die Zulassung von Anwälten aus Mitgliedstaaten der EU als „Procuratore legale" und „Avvocato" in Italien, BRAK-Mitt. 1994, 211; *Wegerich*, Der „Qualified Lawyers Transfer Test", EuZW 1994, 275; *Weil*, Die Freizügigkeit des Rechtsanwalts in der Europäischen Gemeinschaft, BRAK-Mitt. 1983, 114; *Zuck*, Internationales Anwaltsrecht, NJW 1987, 3033.

Übersicht

	Rdn.		Rdn.
A. Die Regelung des § 29 a	1–13	B. Voraussetzungen und Bedingungen anwaltlicher Tätigkeit im Ausland	14–71
I. Entstehungsgeschichte	1	I. EG, EWR	15–55
II. Kanzlei im In- und Ausland (Abs. 1)	2–6	1. Der Grundsatz der Niederlassungsfreiheit	17
III. Kanzlei nur im Ausland (Abs. 2)	7–12	a) Niederlassung unter der Berufsbezeichnung des Aufnahmestaates	20
IV. Mitteilungspflichten und Verfahren (Abs. 3)	13		

	Rdn.		Rdn.
b) Niederlassung unter der heimatlichen Berufsbezeichnung..............	31	II. Sonstige europäische Staaten ...	56–64
		III. Vertragsstaaten des GATS	65–71
2. Der Grundsatz der Dienstleistungsfreiheit.................	40		

A. Die Regelung des § 29a

I. Entstehungsgeschichte

1 § 29a wurde durch das **Gesetz zur Änderung des Berufsrechts der Rechtsanwälte und Patentanwälte vom 13. 12 1989**[1] in die BRAO eingefügt. Bis zu der Novelle behinderten das Zweigstellenverbot des § 28 BRAO sowie Residenz- und Kanzleipflicht die Niederlassung deutscher Anwälte im Ausland. Auch war es ausländischen Kanzleien nicht möglich, eine deutsche Zweigstelle zu errichten. Diese Situation erwies sich als zunehmend unbefriedigend, da die wachsende internationale Verflechtung der Wirtschaft zu einem vermehrten Bedürfnis nach deutschem Rechtsrat im Ausland sowie ausländischem Rechtsrat in Deutschland führte. Diese Nachfrage konnte durch grenzüberschreitende Anwaltsdienstleistungen nur unvollkommen befriedigt werden, da Mandanten es oft vorziehen, mit ständig ansprechbaren Beratern an ihrem Aufenthaltsort zusammenzuarbeiten. Handlungsbedarf ergab sich daneben aus dem gemeinschaftsrechtlichen Grundsatz der Niederlassungsfreiheit, den der EuGH insbesondere durch die Klopp-Entscheidung[2] für den Bereich der anwaltlichen Tätigkeit präzisiert hatte.

II. Kanzlei im In- und Ausland (Abs. 1)

2 Bis zu der Einfügung des § 29a war es deutschen Rechtsanwälten grundsätzlich verwehrt, im Ausland weitere Niederlassungen zu errichten oder zu unterhalten, da das Zweigstellenverbot des § 28 BRAO – wenn auch nach umstrittener Auffassung[3] – auch die Errichtung und Unterhaltung von Zweigstellen im Ausland umfaßt. Umgekehrt machte das Zweigstellenverbot es im Ausland niedergelassenen Anwälten unmöglich, unter Beibehaltung ihrer ausländischen Kanzlei Mitglied einer deutschen Rechtsanwaltskammer zu werden.

3 Das **Urteil Klopp** vom 12. 7. 1984[4] stellte klar, daß diese Situation mit dem in Art. 52 EGV verankerten Grundsatz der Niederlassungsfreiheit unvereinbar war.

---

[1] BGBl. I, S. 2135.
[2] EuGH Slg. 1984, 2917 = NJW 1985, 1275 = AnwBl. 1984, 608 – Klopp; siehe hierzu unten Rdn. 3.
[3] Die Gegenansicht vertreten *Rabe* NJW 1987, 2185 (2191); *von Hehn* BRAK-Mitt. 1985, 183 (186); *Weil* BRAK-Mitt. 1983, 114 (115) sowie der BRAK-Ausschuß Niederlassungsrecht in der EG, BRAK-Mitt. 1983, 159 (160).
[4] EuGH Slg. 1984, 2971 = NJW 1985, 1275 = AnwBl. 1984, 608 – Klopp. Vgl. hierzu *Everling* Gutachten DJT 1990, C 36 ff.; *ders.* EuR 1989, 338 (343 ff.); *ders.* BRAK-Mitt. 1989, 166 (170 f.); *von Hehn* BRAK-Mitt. 1985, 183; *Borgreve* RIW 1984, 988; *Gormley* European Law Review 1984, 439. Der EuGH führte diese Rechtsprechung fort in EuGH Slg. 1986, 1475 – Kommission/Frankreich; EuGH Slg. 1988, 3877 – Stanton; EuGH Slg. 1988, 3897 – Wolf u. a.; EuGH Slg. 1992, I-3351 = NJW 1992, 2407 = EuZW 1992, 511 = EWS 1994, 98 = RIW 1994, 249 – Ramrath; EuGH Slg. 1992, I-3945 – Kommission/Luxemburg.

Ausgangspunkt der Entscheidung war ein Rechtsstreit zwischen Klopp, einem in Düsseldorf zugelassenen Anwalt, und der Pariser Anwaltskammer. Diese lehnte den Aufnahmeantrag Klopps mit der Begründung ab, Mitglieder der Anwaltskammer könnten nur eine einzige Kanzlei haben, die im Bezirk des Gerichts der Zulassung zu liegen habe. Der Gerichtshof entschied, Art. 52 EGV verwehre es Mitgliedstaaten, einem Angehörigen eines anderen Mitgliedstaates die Zulassung zum Rechtsanwaltsberuf nur deswegen zu versagen, weil der Betroffene gleichzeitig eine Rechtsanwaltskanzlei in einem anderen Mitgliedstaat unterhält. Der heutige Stand des Verkehrs- und Fernmeldewesens ermögliche es durchaus, auch von einer Zweitkanzlei in einem anderen Mitgliedstaat aus den Kontakt zu den Gerichten und den Mandanten in geeigneter Weise sicherzustellen. Damit war klar, daß das Zweigstellenverbot des § 28 BRAO nicht mehr in anderen EG-Mitgliedstaaten niedergelassenen Anwälten entgegengehalten werden konnte.

Weitgehend übersehen wurde, daß die Feststellungen des Urteils in gleicher **4** Weise auch für den **umgekehrten Fall** galten. So stellt beispielsweise die Amtliche Begründung fest, eine dem Klopp-Urteil entsprechende Regelung solle auch für deutsche Rechtsanwälte „getroffen" werden. Wie dem Urteil Daily Mail[5] zu entnehmen ist, steht Art. 52 EGV nicht nur Beschränkungen der Niederlassungsfreiheit durch den Aufnahmestaat entgegen, sondern verbietet auch Maßnahmen, durch die ein Mitgliedstaat seine eigenen Staatsangehörigen daran hindert, sich in anderen Mitgliedstaaten niederzulassen. Das Zweigstellenverbot war daher auch insoweit mit dem Grundsatz der Niederlassungsfreiheit unvereinbar, als in Deutschland niedergelassenen Anwälten die Gründung oder Unterhaltung von Zweigstellen in anderen Mitgliedstaaten untersagt wurde. Deutsche Rechtsanwälte waren somit bereits vor der Einfügung des § 29a berechtigt, unter Beibehaltung einer Kanzlei im Inland weitere Niederlassungen in anderen Mitgliedstaaten zu errichten.[6]

Absatz 1 geht über eine reine Anpassung an das Gemeinschaftsrecht hinaus und **5** eröffnet Rechtsanwälten nunmehr die Möglichkeit, neben einer Kanzlei im Inland weitere Kanzleien in **beliebigen Staaten** zu eröffnen. Umgekehrt erlaubt die Vorschrift im Ausland niedergelassenen Anwälten, unter Beibehaltung ihrer dortigen Kanzlei die Zulassung zur deutschen Rechtsanwaltschaft zu beantragen, sofern sie die Zulassungsvoraussetzungen nach § 4 BRAO erfüllen. Frühere Entwürfe beschränkten den Anwendungsbereich des § 29a auf die Errichtung und Unterhaltung weiterer Niederlassungen in anderen Mitgliedstaaten.[7] Diese Einschränkung wurde in der Folge jedoch fallen gelassen, da sie – wegen der nicht auf die EG beschränkten internationalen Verflechtung der deutschen Wirtschaft – zu einer willkürlichen, möglicherweise mit Art. 3 GG nicht zu vereinbarenden Ungleichbehandlung geführt hätte.[8] Der zweifachen Verwendung der Pluralform ist zu entnehmen, daß § 29a Abs. 1 gleichermaßen die Errichtung und Unterhaltung **einer oder mehrerer Kanzleien** in **einem oder mehreren ausländischen Staaten** erfaßt.

---

[5] EuGH Slg. 1988, 5483 = NJW 1989, 2186, Tz. 16 – Daily Mail.
[6] So auch *Clausnitzer* BRAK-Mitt. 1989, 59 (64); *Gornig* NJW 1989, 1120 (1123); *Rabe* NJW 1987, 2185 (2191); *von Hehn* BRAK-Mitt. 1985, 183 (186) sowie das Urteil der Cour d'appel Aix-en-Provence vom 13. 1. 1987, Gaz. Pal. 1987 II 17 m. Anm. *Reinmüller* IPRax 1989, 54.
[7] Vgl. Tätigkeitsbericht der BRAK, BRAK-Mitt. 1984, 170; *Jessnitzer* BRAK-Mitt. 1985, 78 (81); *von Hehn* BRAK-Mitt. 1985, 183.
[8] So *von Hehn* BRAK-Mitt. 1985, 183 (186).

6 Die in der Vergangenheit verschiedentlich diskutierte Frage, ob eine deutsche Kanzlei auf Zweigniederlassungen im Ausland **hinweisen** kann,[9] dürfte sich nunmehr durch das in § 43b BRAO statuierte Recht zur sachlich unterrichtenden Werbung erledigt haben. Führt ein Anwaltsbüro auf Briefkopf, Visitenkarten u. ä. Anschrift, Telefonnummer etc. der ausländischen Niederlassung an, so ist dies nicht zu beanstanden. Entsprechendes gilt für Hinweise der Auslandsniederlassung auf die Existenz der deutschen Kanzlei.

III. Kanzlei nur im Ausland (Abs. 2)

7 Ließ sich ein deutscher Anwalt unter Aufgabe seiner inländischen Kanzlei bzw., ohne je eine Kanzlei im Inland eingerichtet zu haben, im Ausland nieder, so führte dies bis zu der Novelle wegen Fehlens einer Kanzlei im Inland (§ 27 BRAO) zum **Verlust der Zulassung als Rechtsanwalt**. Die Möglichkeit einer Befreiung von der Kanzleipflicht nach § 29 BRAO wurde von den Landesjustizverwaltungen sehr restriktiv gehandhabt und galt insbesondere nicht für die ständige Berufsausübung im Ausland.

8 Die Regelung behinderte die Niederlassung deutscher Anwälte im Ausland, da auch der außerhalb der Bundesrepublik tätige deutsche Anwalt regelmäßig ein **Interesse an der Zulassung in Deutschland** hat. Zum einen erlaubt ihm die Bezeichnung als „Rechtsanwalt", auf die eigene Qualifikation im deutschen Recht hinzuweisen. Zum anderen hat der Betreffende oft nicht die Absicht oder (zumindest vorübergehend) nicht die Möglichkeit, Mitglied der Anwaltschaft des Tätigkeitsstaates zu werden. Nur die Zulassung als Rechtsanwalt garantiert jedoch (regelmäßig auch im Ausland) den Schutz des zwischen Anwalt und Mandant bestehenden Vertrauensverhältnisses. Auch ist die Zulassung bei den Gerichten eines Mitgliedstaates beispielsweise Voraussetzung für das Auftreten vor EuG und EuGH. Die Verpflichtung des sich im EG-Ausland niederlassenden Rechtsanwalts, in Deutschland eine Kanzlei beizubehalten, stellte daher – entgegen der Auffassung des EGH München[10] – eine Behinderung der Niederlassungsfreiheit dar, die auch Einschränkungen durch den Herkunftsstaat entgegensteht.[11] Ein Verstoß ließ sich allenfalls im Hinblick darauf verneinen, daß die Mindestanforderungen an eine Kanzlei relativ gering sind.

9 Die Regelung des Absatzes 2 beschränkt sich nicht auf eine Anpassung an das Gemeinschaftsrecht, sondern sieht eine Befreiung von der Kanzleipflicht bei der Niederlassung in beliebigen ausländischen Staaten vor. Wie sich bereits aus dem Wortlaut ergibt, erfaßt Absatz 2 sowohl den Fall, daß ein bereits in Deutschland zugelassener Anwalt seine inländische Kanzlei aufgibt, als auch den Fall, daß sich ein Anwalt, ohne jemals in Deutschland eine Kanzlei einzurichten, im Ausland niederläßt.

10 § 29a gewährt dem sich im Ausland niederlassenden Anwalt einen Anspruch auf Befreiung von der Kanzleipflicht, sofern nicht **überwiegende Interessen der Rechtspflege** entgegenstehen. Nach der amtlichen Begründung des Regierungsentwurfs ist dies beispielsweise anzunehmen, wenn durch die Aufgabe der Kanzlei im Inland die Verfolgung einer schwerwiegenden Pflichtverletzung oder die Durchsetzung von Ansprüchen gegen den Rechtsanwalt erheblich behindert würden.[12] Mit Ansprüchen gegen den Rechtsanwalt dürften hierbei lediglich

---

[9] *Everling* EuR 1989, 338 (347); *Rabe* NJW 1987, 2185 (2190).
[10] EGH München, BRAK-Mitt. 1987, 41.
[11] Siehe hierzu oben Rdn. 4. So auch *von Hehn* BRAK-Mitt. 1985, 183 (186).
[12] BR-Drucks. 371/88, S. 59.

Ansprüche aus beruflichem Verhalten gemeint sein.[13] Zum Zwecke der Befreiung hat der Antragsteller die Existenz einer Kanzlei im Ausland nachzuweisen (in der Praxis genügt die nach § 29a Abs. 3 BRAO erforderliche Mitteilung der Anschrift) oder hat darzulegen, daß ein konkretes Vorhaben zur Eröffnung besteht.

Nach einem früheren Entwurf des § 29a Abs. 2^{14} sollte der Rechtsanwalt **11** während der Dauer der Befreiung nicht zur **Vertretung oder Verteidigung in Verfahren mit Anwaltszwang** vor deutschen Gerichten und Behörden berechtigt sein. Diese Einschränkung, welche Umgehungen des Lokalisationsprinzips verhindern sollte,[15] stieß jedoch auf breite Ablehnung. Insbesondere wurde eingewandt, die Regelung privilegiere ohne Grund den in einem anderen Mitgliedstaat niedergelassenen Dienstleistungserbringer (der zumindest im Einvernehmen mit einem deutschen Rechtsanwalt vor Gericht auftreten kann) gegenüber dem sich ausschließlich im Ausland niederlassenden deutschen Rechtsanwalt.[16]

Der ausschließlich im Ausland tätige Anwalt ist nicht gemäß § 30 BRAO **12** verpflichtet, einen **Zustellungsbevollmächtigten** zu bestellen.[17] § 30 Abs. 1 findet zwar nach seinem Wortlaut auf alle von der Kanzleipflicht befreiten Anwälte Anwendung. Die Vorschrift, die ursprünglich allein auf § 29 und § 213 Bezug nahm, blieb jedoch selbst nach Einfügung des § 29a unverändert. Auch in § 29a Abs. 3 wurde kein entsprechender Verweis aufgenommen. Gleichwohl verlangen einzelne Kammern – so beispielsweise die RAK Hamburg – contra legem die Bestellung eines Zustellungsbevollmächtigten. Die Frage wird von den Gerichten wohl kaum entschieden werden, denn der betroffene Kollege wird, wenn seine Kammer insistiert, im Zweifel nachgeben, anstatt sich auf eine für ihn unproduktive Auseinandersetzung einzulassen.

IV. Mitteilungspflichten und Verfahren (Abs. 3)

Um die Ausübung der Aufsicht über im Ausland niedergelassene deutsche An- **13** wälte zu ermöglichen, verpflichtet § 29a Abs. 3 den Rechtsanwalt, die Anschrift seiner Kanzlei und seines Wohnsitzes im Ausland sowie deren Änderung der Landesjustizverwaltung sowie der zuständigen Rechtsanwaltskammer mitzuteilen. Des weiteren erklärt Absatz 3 die Vorschriften des § 29 für entsprechend anwendbar. Demnach ist die Rechtsanwaltskammer vor Erteilung der Befreiung von der Kanzleipflicht nach § 29a zu hören (§ 29 Abs. 1 S. 2). Die Befreiung kann im Interesse einer geordneten Rechtspflege widerrufen werden (§ 29 Abs. 2). Eine negative bzw. mit Auflagen versehene Entscheidung der Landesjustizverwaltung ist zu begründen und kann angefochten werden (§ 29 Abs. 3). Wird der Befreiungsantrag ohne zureichenden Grund innerhalb von drei Monaten nicht beschieden, so kann der Betroffene Antrag auf gerichtliche Entscheidung stellen (§ 11 Abs. 3).

B. Voraussetzungen und Bedingungen anwaltlicher Tätigkeit im Ausland

§ 29a schafft im inländischen Recht die Voraussetzungen dafür, daß sich deut- **14** sche Anwälte im Ausland niederlassen können. Die Bedingungen, unter denen

---

13 So auch *Feuerich/Braun*, § 29a Rdn. 9 sowie *Zuck* NJW 1990, 1023, Fn. 27.
14 Referentenentwurf vom 15. 10. 1987.
15 *Gellner* BRAK-Mitt. 1986, 114 (115).
16 So die Stellungnahme der BRAK vom 22. 2. 1988, BRAK-Mitt. 1988, 124 f.
17 So auch *Kleine-Cosack*, § 29a Rdn. 5 sowie *Feuerich/Braun*, § 29a Rdn. 10; aA BRAK-Ausschuß Niederlassungsrecht in der EG, BRAK-Mitt. 1983, 159 (160).

die Berufsausübung in anderen Staaten möglich ist, unterscheiden sich naturgemäß von Aufnahmestaat zu Aufnahmestaat und hängen insbesondere davon ab, ob es sich bei dem Tätigkeitsstaat um einen EG-Mitgliedstaat oder EWR-Staat, um einen Vertragsstaat des General Agreement on Trade in Services (GATS) oder um ein sonstiges Land handelt. Nachfolgend sind daher die Rahmenbedingungen anwaltlicher Tätigkeit im europäischen sowie außereuropäischen Ausland erörtert. Die Darstellung beschränkt sich dabei nicht auf die Tätigkeit von einer ausländischen Niederlassung aus, sondern erfaßt auch die nur vorübergehende Tätigkeit ohne Nutzung einer festen beruflichen Präsenz.

I. EG, EWR

15 Die Tätigkeit in anderen EG-Mitgliedstaaten sowie EWR-Vertragsstaaten[18] wird durch die in den Art. 48 ff. EGV sowie Art. 28 ff. EWR-Abkommen[19] niedergelegten **Grundsätze des freien Personenverkehrs** erleichtert. Die Niederlassung von Selbständigen sowie Gesellschaften fällt unter den Grundsatz der Niederlassungsfreiheit.[20] Vorübergehende, nicht mit der Errichtung einer beruflichen Präsenz verbundene Tätigkeiten von Selbständigen und Gesellschaften werden von der Dienstleistungsfreiheit[21] erfaßt. Tätigkeiten in einem abhängigen Beschäftigungsverhältnis fallen in den Anwendungsbereich der Freizügigkeit der Arbeitnehmer.[22] Die genannten Vertragsfreiheiten werden jeweils durch Richtlinien ergänzt.

16 Die Grundsätze des freien Personenverkehrs sowie die zugehörigen Richtlinien sind ausführlich in der Vorbemerkung zu den §§ 206, 207[23] erörtert. Die nachfolgenden Ausführungen konzentrieren sich daher auf die im vorliegenden Zusammenhang wesentlichen Elemente.

1. Der Grundsatz der Niederlassungsfreiheit

17 Deutsche Rechtsanwälte, die sich in anderen Mitgliedstaaten niederlassen, können sich hierbei auf den in Art. 52 EGV sowie Art. 31 EWR-Abkommen verankerten Grundsatz der Niederlassungsfreiheit berufen. Für den Bereich der anwaltlichen Tätigkeit soll dieser Grundsatz in naher Zukunft durch eine Richtlinie „zur Erleichterung der ständigen Ausübung des Rechtsanwaltsberufes in einem anderen Mitgliedstaat als dem, in dem die Qualifikation erworben wurde" präzisiert werden.[24] Weitere Erleichterungen bringt die Hochschuldiplom-Richtlinie vom 21. 12. 1988,[25] die Verfahren zur gegenseitigen Anerkennung von nationalen Qualifikationen vorsieht.

18 **Art. 52 EGV** bzw. **Art. 31 EWR-Abkommen** erlaubt Angehörigen eines EG-Mitgliedstaates bzw. eines EWR-Vertragsstaates die Aufnahme und Ausübung selbständiger Erwerbstätigkeit im Hoheitsgebiet eines anderen Mitgliedstaates „nach den Bestimmungen des Aufnahmestaates für seine eigenen Angehö-

---

[18] Soweit im folgenden die Bezeichnung „Mitgliedstaat(en)" verwendet wird, bezieht sich diese sowohl auf die EG-Mitgliedstaaten als auch auf die übrigen Vertragsstaaten des EWR-Abkommens.
[19] Das EWR-Abkommen ist abgedruckt in BGBl. 1993 II, S. 267.
[20] Art. 52–58 EGV; Art. 31–35 EWR-Abkommen.
[21] Art. 59–66 EGV; Art. 36–39 EWR-Abkommen.
[22] Art. 48–51 EGV; Art. 28–30 EWR-Abkommen.
[23] Vgl. dort Rdn. 4 ff.
[24] Vgl. unten Rdn. 30.
[25] Vgl. unten Rdn. 21 f.

rigen". Entsprechendes gilt für Gesellschaften, die ihren satzungsmäßigen Sitz, ihre Hauptverwaltung oder ihre Hauptniederlassung innerhalb der EG oder des EWR haben.[26] Der EuGH interpretiert diesen Grundsatz als **Verbot jeder unmittelbaren oder mittelbaren Diskriminierung** von Angehörigen anderer Mitgliedstaaten, die nicht durch zwingende Gründe des Allgemeininteresses gerechtfertigt ist. In einem anderen Mitgliedstaat niedergelassene deutsche Rechtsanwälte sind daher bei ihrer anwaltlichen Tätigkeit den im Gastland geltenden berufs- und standesrechtlichen Regeln unterworfen, soweit diese sie nicht (rechtlich oder tatsächlich) schlechter stellen als inländische Anwälte. Auch ist es mit dem Grundsatz der Niederlassungsfreiheit nicht vereinbar, wenn der Aufenthaltsstaat einem Anwalt, der zugleich in einem anderen Mitgliedstaat niedergelassen ist, dort wohnt und dem dortigen System der sozialen Sicherheit angeschlossen ist, dazu verpflichtet, auch im Aufnahmestaat Sozialversicherungsbeiträge zu entrichten, obwohl diese Beitragspflicht nicht zu einem zusätzlichen Schutz führt.[27] Dem trägt inzwischen Art. 14a Abs. 2 der Verordnung (EWG) Nr. 1408/71[28] Rechnung, wonach Selbständige, die in zwei oder mehr Mitgliedstaaten tätig sind, dem Sozialversicherungssystem des Wohnsitzstaates unterliegen, sofern sie dort zumindest einen Teil ihrer Tätigkeit ausüben.

Wie dem Urteil Daily Mail[29] zu entnehmen ist, steht der Grundsatz der Niederlassungsfreiheit daneben auch Maßnahmen entgegen, durch die ein Mitgliedstaat seine **eigenen Staatsangehörigen** daran hindert, sich in anderen Mitgliedstaaten niederzulassen. Im Hinblick darauf begegnen daher auch die deutschen landesgesetzlichen Regeln zur Errichtung eines anwaltlichen Versorgungswerks Bedenken, soweit sie nicht die Möglichkeit vorsehen, in einem anderen Mitgliedstaat niedergelassene Anwälte von der Zwangsmitgliedschaft zu befreien.[30]

a) Niederlassung unter der Berufsbezeichnung des Aufnahmestaates. Will der deutsche Anwalt die Berufsbezeichnung des Aufnahmestaates führen, so hat er grundsätzlich alle im Gastland geforderten Zulassungsvoraussetzungen[31] zu erfüllen, d. h. er hat insbesondere nachzuweisen, daß er über die erforderlichen Kenntnisse des nationalen Rechts verfügt.

Spürbare Erleichterungen bringt hierbei die **Hochschuldiplom-Richtlinie**,[32] welche den Aufnahmestaat verpflichtet, in einem anderen Mitgliedstaat erworbene Diplome, die den Zugang zu einem reglementierten Beruf eröffnen, grundsätzlich anzuerkennen.[33] Unterscheiden sich die durch das ausländische Diplom abgedeckten Ausbildungsinhalte wesentlich von denen, die dem entsprechenden inländischen Diplom zugrunde liegen (bei juristischen Examina ist dies im Hinblick auf die abweichenden nationalen Rechtsordnungen regelmäßig der Fall), kann der Aufnahmestaat verlangen, daß der Bewerber eine Eignungsprüfung ablegt oder einen maximal dreijährigen Anpassungslehrgang absolviert.[34] Als Di-

---

[26] Art. 58 EGV; Art. 34 EWR-Abkommen.
[27] EuGH EuZW 1996, 238 = EWS 1996, 216 mit Anm. Klima – Kemmler.
[28] Die letzte konsolidierte Fassung ist abgedruckt in ABl. 1992 Nr. C 325, S. 1.
[29] EuGH Slg. 1988, 5483 = NJW 1989, 2186, Tz. 16 – Daily Mail.
[30] So auch *von Hehn* BRAK-Mitt. 1985, 183 (187). Zur Vereinbarkeit einer durch Mehrfachzulassung bedingten Überversorgung mit Art. 2 Abs. 1 GG i. V. m. Art. 12 Abs. 1 GG vgl. auch BVerwGE 87, 234 = NJW 1991, 1842 und BVerw NJW 1994, 1888.
[31] Vgl. die Übersicht über Struktur und Dauer der Anwaltsausbildung in den EG-Mitgliedstaaten bei *Staats* DRiZ 1990, 193.
[32] Vgl. Anhang Nr. 2.
[33] Art. 3 der Richtlinie.
[34] Art. 4 der Richtlinie.

plom im Sinne der Richtlinie gilt lediglich der Nachweis über das Bestehen des Zweiten Staatsexamens, da nur dieses den Zugang zum Beruf des Rechtsanwalts eröffnet. Inhaber des Ersten Staatsexamenszeugnisses, die in einem anderen Mitgliedstaat die Zulassung zu dem praktischen Teil der Anwaltsausbildung anstreben, können sich daher nicht auf die Richtlinie berufen. Der Grundsatz der Niederlassungsfreiheit verpflichtet den Aufnahmestaat jedoch, bei der Prüfung, ob der Bewerber die nötigen Qualifikationen besitzt, die in Deutschland oder anderen Mitgliedstaaten erworbenen Kenntnisse zu berücksichtigen.[35]

22 Die Richtlinie war von den EG-Mitgliedstaaten bis zum 4. 1. 1991, von den EFTA-Mitgliedern des EWR-Abkommens bis zum 1. 1. 1994 in nationales Recht umzusetzen. Die **Umsetzung** erfolgte inzwischen in allen Mitgliedstaaten, einschließlich der drei neuen Mitgliedstaaten Österreich,[36] Schweden[37] und Finnland.[38] Hinsichtlich der Anerkennung juristischer Qualifikationsnachweise entschieden sich alle Mitgliedstaaten für das Erfordernis einer Eignungsprüfung.

23 In **England und Wales** wurde die Hochschuldiplom-Richtlinie durch die Qualified Lawyers Transfer Regulations 1990 und die Qualified Lawyers Transfer Test Rules 1990 vom 4. 10. 1990 umgesetzt. Deutsche Anwälte, die in England die Zulassung als „solicitor" anstreben, haben den sog. „Qualified Lawyers Transfer Test" zu absolvieren, wobei der Kandidat aufgrund seiner beruflichen Erfahrungen sowie akademischer oder sonstiger Qualifikationen von Teilen der Prüfung dispensiert werden kann. Zu beachten ist, daß auch der deutsche „solicitor" nach Maßgabe der Post Administration Training Regulations 1985 an Fortbildungsmaßnahmen teilzunehmen hat.[39]

Irland[40] setzte die Richtlinie durch The European Communities (General System for the Recognition of Higher Education Diplomas) Regulations 1991[41] sowie The Solicitors Acts 1954 and 1969 (European Community) Regulations 1991[42] um. Die Zulassung als „solicitor" setzt das Bestehen einer Eignungsprüfung voraus, die sich aus einem schriftlichen und einem vorwiegend das Standesrecht betreffenden mündlichen Teil zusammensetzt.

24 In **Frankreich**[43] setzt der Zugang zum Beruf des „avocat"[44] ein vierjähriges, mit einer „maîtrise en droit" abgeschlossenes Hochschulstudium, eine einjährige praktische und theoretische Ausbildung, die zum „certificat d'aptitude à la profession d'avocat" (CAPA) führt, sowie ein zweijähriges Praktikum als „avocat

---

[35] Vgl. insbesondere EuGH Slg. 1987, 4097 = NJW 1989, 657, Tz. 13 – Unectef/Heylens; EuGH Slg. 1991, I-2357 = NJW 1991, 2063 = EuZW 1991, 3800 = JZ 1991, 1131, Tz. 15 ff. – Vlassopoulou.
[36] Vgl. unten Rdn. 25.
[37] Gesetz vom 17. 12. 1992, SFS 1992: 1511.
[38] Gesetz 1597/1992 vom 1. 1. 1994; Verordnung 1622/93 vom 1. 1. 1994; Gesetz 936/94 vom 1. 1. 1995.
[39] Einzelheiten bei *Stoller* AnwBl. 1995, 185; *Heinz* AnwBl. 1994, 181; *Wegerich* EuZW 1994, 275; *Bohlander* AnwBl. 1993, 594 (596 ff.).
[40] Einzelheiten bei *Albrecht* RIW 1996, 474.
[41] S. I. Nr. 1 von 1991.
[42] S. I. Nr. 85 von 1991.
[43] Einzelheiten bei *Beckmann* EuZW 1994, 337; *Beltz* BRAK-Mitt. 1993, 130; *Mengel* AnwBl. 1993, 254; *Recq* AnwBl. 1993, 67; *Lang* BRAK-Mitt. 1990, 13 und *Niessen* Frankreichs Anwaltschaft, Bonn 1994.
[44] Durch das Gesetz Nr. 90-1259 vom 31. 12. 1990 (Amtsblatt der Französischen Republik (J. O.) vom 5. 1. 1991, S. 219) wurden die beiden getrennten juristischen Berufe des „avocat" und „conseil juridique" mit Wirkung zum 1. 1. 1992 zu einem einheitlichen Beruf unter der Bezeichnung „avocat" vereinigt.

stagiaire" voraus. Deutsche Anwälte können gemäß Art. 99 des Dekrets über die Ausübung des Rechtsanwaltsberufs vom 27. November 1991[45] nach Ablegung einer Eignungsprüfung von diesen Voraussetzungen befreit werden. Näheres regelt der Erlaß des Justizministers vom 7. 1. 1993.[46]

Die im 2. Abschnitt des **österreichischen** EWR-RAG[47] enthaltenen Umsetzungsvorschriften sind eng an die Hochschul-Diplom-Richtlinie angelehnt. Sie sehen eine aus zwei schriftlichen und einer mündlichen Prüfung bestehende Eignungsprüfung vor. Für deutsche Rechtsanwälte ist die Prüfung zwingend beim Oberlandesgericht Wien abzulegen. 25

Belgien setzte die Richtlinie für den Anwaltsberuf erst durch königliche Verordnung vom 2. 5. 1996 um.[48] Die neu eingefügten Art. 428bis bis 429[quater] Gerechtelijk Wetboek/Code judiciaire sehen eine umfassende, sich auf 15 Fächer erstreckende Eignungsprüfung vor, die aus einem schriftlichen und einem mündlichen Teil besteht. Die Prüfung kann in deutscher Sprache abgelegt werden. Der Kandidat hat in diesem Fall jedoch auch ausreichende Kenntnisse in einer der beiden anderen Landessprachen nachzuweisen. Hat der Kandidat im Herkunftsstaat nur die universitäre Ausbildung, nicht aber die dort für die Anwaltszulassung erforderlichen Praktika absolviert, so berechtigt ihn das Bestehen der Eignungsprüfung zur Teilnahme an der belgischen praktischen Ausbildung zum Anwaltsberuf („stage"). Bereits vor der förmlichen Umsetzung der Richtlinie eröffnete ein Beschluß der nationalen Anwaltskammer von 1992 Anwälten aus anderen Mitgliedstaaten die Möglichkeit, durch Bestehen einer Eignungsprüfung Mitglied der frankophonen Brüsseler Anwaltskammer zu werden.[49] 26

Die **niederländischen** Umsetzungsvorschriften[50] folgen eng dem Text der Richtlinie. Die Eignungsprüfung besteht hinsichtlich der Pflichtfächer und des ersten Wahlfachs aus schriftlichen und mündlichen Prüfungen, die teils von der niederländischen Anwaltskammer, teils von den Universitäten durchgeführt werden. Das zweite Pflichtfach wird durch die Teilnahme an einem Kurs abgedeckt. 27

Italien setzte die Richtlinie durch Gesetzesdekret Nr. 115 vom 27. 1. 1992 um. Anwälte anderer Mitgliedstaaten haben hiernach die Möglichkeit, nach Ablegung einer Eignungsprüfung den Titel des „procuratore legale" oder – bei Nachweis mindestens sechsjähriger Anwaltszulassung – des „avvocato" zu erwerben.[51] 28

In **Spanien** erfolgte die Umsetzung durch das königliche Dekret Nr. 1665/1991,[52] ergänzt durch den ministeriellen Erlaß vom 30. 4 1996,[53] welcher Verfah- 29

---

[45] Dekret Nr. 91-1197 vom 27. 11. 1992, J. O. vom 28. 11. 1991, S. 15 502.
[46] J. O. vom 29. 1. 1993, S. 1496.
[47] Bundesgesetz über die Ausübung des freien Dienstleistungsverkehrs und der Niederlassung von Rechtsanwälten aus dem Europäischen Wirtschaftsraum – EWR-RAG 1992, östBGBl 1993/21.
[48] Belgisch Staatsblad/Moniteur Belge vom 15. 5. 1996, S. 12302.
[49] Beschluß das Conseil de l'ordre vom 21. 1. 1992, Lettre du Barreau, Februar 1992, S. 206.
[50] Gesetz vom 15. 12. 1993, Staatsblad 1994 Nr. 29; Beschl. v. 15. 6. 1994, Staatsblad 1994 Nr. 457; Verordnung der Nederlandse Orde van Advocaten vom 25. 11. 1994, Advocatenblad 1995, 79; Reglement des Algemene Raad der Nederlandse Orde van Advocaten vom 25. 11. 1994, Advocatenblad 1995, 79.
[51] Einzelheiten bei *Strauß* BRAK-Mitt. 1994, 211.
[52] Real Decreto Nr. 1665/1991 vom 25. 10. 1991, Amtsblatt der Spanischen Republik (BOE) Nr. 280 vom 22. 11. 1991, S. 8029, i. d. F. des Real Decreto Nr. 767/1992 vom 26. 6. 1992, BOE Nr. 170 vom 17. 7. 1992, S. 5990.
[53] Orden Ministerial vom 30. 4. 1996, BOE Nr. 112 vom 8. 5. 1996, S. 15939.

ren und Inhalte der Eignungsprüfung festlegt Inhalt und Anforderungen der Eignungsprüfung unterscheiden sich danach, ob der Kandidat den Titel „abogado" oder „procuradore" erwirbt. Diese Regelung tritt an die Stelle der bereits seit 1987 bestehenden Möglichkeit, durch Bestehen einer Anpassungsprüfung die Anerkennung („convalidación") der im Heimatstaat erworbenen Examina und damit das Recht zur Führung des spanischen Anwaltstitels zu erwerben.[54]

30 Eine **Dokumentation** zur Umsetzung der Hochschuldiplom-Richtlinie in allen Mitgliedstaaten[55] ist im Anschluß an den Richtlinientext (Anhang Nr. 3) abgedruckt.

Noch weitergehende Erleichterungen für die Anerkennung juristischer Diplome innerhalb der Gemeinschaft sieht der **Vorschlag für eine Richtlinie „zur Erleichterung der ständigen Ausübung des Rechtsanwaltsberufes in einem anderen Mitgliedstaat als dem, in dem die Qualifikation erworben wurde"**[56] vor. Anwälte, die eine mindestens dreijährige ständige und effektive Tätigkeit unter ihrem Heimattitel im Aufnahmestaat nachweisen können, haben hiernach für ihre Vollintegration lediglich eine auf das Prozeß- und Standesrecht des Gastlandes beschränkte Eignungsprüfung abzulegen. Kann der Anwalt eine dreijährige effektive und ständige Tätigkeit im Recht des Aufnahmestaates nachweisen, so ist er von der Eignungsprüfung dispensiert.

31 **b) Niederlassung unter der heimatlichen Berufsbezeichnung.** Die Frage, ob der Grundsatz der Niederlassungsfreiheit auch ein Recht zur Niederlassung unter der Berufsbezeichnung des Herkunftsstaates begründet, ist nach wie vor umstritten. Der **Vorschlag für eine Richtlinie „zur Erleichterung der ständigen Ausübung des Rechtsanwaltsberufs in einem anderen Mitgliedstaat als dem, in dem die Qualifikation erworben wurde"**[57] sieht solch eine Befugnis vor. Er begrenzt diese jedoch auf einen Zeitraum von fünf Jahren.[58] Nach Ablauf dieses Zeitraums soll der Betreffende durch Ablegung einer (reduzierten) Eignungsprüfung die Vollintegration in die Anwaltschaft des Aufnahmestaates erlangen. Bereits während des Übergangszeitraums soll der ausländische Anwalt dazu berechtigt sein, auch im Recht des Aufnahmestaates zu beraten. Daneben ist ihm die Vertretung und Verteidigung von Mandanten vor den Gerichten und Behörden des Aufnahmestaates unter denselben Bedingungen wie im Rahmen der Rechtsanwaltsdienstleistungs-Richtlinie gestattet.

32 Weitere Erleichterung für die Verwirklichung der Dienstleistungs- und Niederlassungsfreiheit von Anwälten versprechen die Arbeiten der Kommission an dem **Entwurf einer Verordnung „über die grenzüberschreitende Ausübung reglementierter beruflicher Tätigkeiten in einer besonderen Rechtsform"**. Das Vorhaben zielt auf die Schaffung einer fakultativen Gesellschaftsform sui generis ab, welche grenzüberschreitende Zusammenarbeit von Angehörigen der freien Berufe erleichtern soll.

---

[54] Zur alten Rechtslage vgl. *Dörig/Garcia Castañer* AnwBl. 1990, 314 (316).

[55] Siehe hierzu den Überblick bei Schneider, Die Anerkennung von Diplomen in der Europäischen Gemeinschaft, Maastricht 1995, S. 319 ff. sowie bei Henssler AnwBl. 1996, 353 (360).

[56] ABl. 1995 Nr. C 128, S. 6; abgedruckt in EWS 1995, 224 sowie (in Auszügen) in BRAK-Mitt. 1995, 104. Siehe hierzu ausführlich Vor §§ 206, 207 Rdn. 49 ff.

[57] ABl. 1995 Nr. C 128, S. 6; in Auszügen abgedruckt in BRAK-Mitt. 1995, 104. Siehe hierzu ausführlich Vor §§ 206, 207 Rdn. 49 ff.

[58] Zur nahezu einhelligen Kritik an dieser zeitlichen Begrenzung siehe Vor §§ 206, 207 Rdn. 52.

In den Mitgliedstaaten ist die Möglichkeit einer Niederlassung unter dem 33
Heimattitel derzeit noch sehr unterschiedlich geregelt.[59]

In **England und Wales** können sich Anwälte aus anderen Mitgliedstaaten, 34
sofern sie nicht den Titel eines „barrister" oder „solicitor" führen, unter ihrem
Heimattitel niederlassen. Sie sind berechtigt, in allen Rechtsgebieten – somit auch
im englischen Recht – zu beraten; lediglich eine Tätigkeit in den Bereichen
„conveyancing" und „probate" ist ausgeschlossen. Zur Vertretung vor Gericht ist
der unter seinem Heimattitel tätige ausländische Anwalt nicht berechtigt. Der
ausländische Anwalt kann mit einem solicitor eine sogenannte „multinational
partnership" eingehen und sich mit jenem gemeinsam niederlassen. In diesem Fall
hat er sich bei der Law Society als „registered foreign lawyer" einzutragen.[60]

Frankreich erlaubt ausländischen Anwälten bislang nicht die Niederlassung 35
unter der ursprünglichen Berufsbezeichnung. Nach dem am 1. 1. 1992 in Kraft
getretenen Anwaltsgesetz vom 31. 12. 1990[61] dürfen Anwälte aus anderen EG-
Mitgliedstaaten in Frankreich nur dann rechtsberatend tätig werden, wenn sie
Mitglied eines „barreau" (Anwaltskammer) und damit berechtigt sind, den Titel
„avocat" zu führen. Die Zulassung zum „barreau" setzt voraus, daß der Bewerber
Inhaber des „certificat d'aptitude à la profession d'avocat" (CAPA) ist oder seine
Kenntnisse des französischen Rechts in einer Eignungsprüfung nach der Hochschuldiplom-Richtlinie[62] nachgewiesen hat. Eine Ausnahme galt lediglich für
Angehörige eines Mitgliedstaates, die bei Inkrafttreten des Gesetzes bereits 18
Monate in Frankreich praktiziert hatten. Diese waren berechtigt, ohne Nachweis
der genannten Voraussetzungen bis zum 1. 1. 1994 die Zulassung zu einem
„barreau" zu beantragen.[63] Die Europäische Kommission sieht in dieser Beschränkung einen Verstoß gegen Art. 52 EGV und hat deshalb gegen Frankreich
ein Vertragsverletzungsverfahren gem. Art. 169 EGV eingeleitet.

Die Möglichkeiten einer Tätigkeit von Anwälten aus anderen Mitgliedstaaten 36
in **Österreich** sind im EWR-RAG[64] abschließend geregelt. Dieses sieht nicht das
Recht zur Niederlassung unter der heimatlichen Berufsbezeichnung vor.

In den **Niederlanden** können sich Anwälte anderer Mitgliedstaaten unter ih- 37
rem Heimattitel niederlassen. Soweit die Tätigkeit beratender Art ist, unterliegt
sie keinerlei Beschränkung hinsichtlich des Beratungsgegenstandes und kann sich
auch auf das niederländische Recht erstrecken. Die gerichtliche Vertretung von
Mandanten setzt jedoch die Qualifikation als niederländischer Anwalt voraus.

Auch in **Belgien** ist die Tätigkeit unter der ursprünglichen Berufsbezeichnung 38
zulässig. Ausländischen Anwälten wird nahegelegt, sich hierfür in die sog. Liste B
oder Liste C eines der Brüsseler „barreaux" (Anwaltskammern) eintragen zu lassen. Die Eintragung in die Liste B erlaubt die gemeinsame Berufsausübung mit
belgischen Anwälten sowie die Beratung im belgischen Recht, sofern hierfür ein

---

[59] Siehe hierzu den Überblick bei *Marks*, International Financial Law Review 10/1995, 34; *Sheldon* International Business Lawyer 1995, 531.
[60] Courts and Legal Services Act 1990. Weitere Einzelheiten bei *Bohlander* AnwBl. 1993, 594 (596).
[61] Gesetz Nr. 90-1259, Amtsblatt der Französischen Republik (J. O.) vom 5. 1. 1991, S. 219; ergänzt durch die Verordnung Nr. 91-1197 vom 27. 11. 1991, J. O. vom 28. 11. 1991, S. 15502.
[62] Siehe hierzu oben Rdn. 24.
[63] Mitteilungen, AnwBl. 1990, 316 ff.
[64] Bundesgesetz über die Ausübung des freien Dienstleistungsverkehrs und die Niederlassung von Rechtsanwälten aus dem Europäischen Wirtschaftsraum – EWR-RAG 1992, österr. BGBl. 1993/21.

belgischer Kollege konsultiert wird. Anwälte, die lediglich in die Liste C eingetragen oder nicht registriert sind, sind hierzu nicht befugt.

39   Auch **Italien** gestattet die freie Niederlassung von Anwälten aus anderen Mitgliedstaaten unter ihrer ursprünglichen Berufsbezeichnung.[65] In **Spanien** ist diese Form der Niederlassung nicht zulässig.

2. Der Grundsatz der Dienstleistungsfreiheit

40   Wird ein deutscher Anwalt nur vorübergehend in einem anderen Mitgliedstaat tätig, so kann er sich hierbei auf den in Art. 59 ff. EGV und Art. 36 ff. EWR-Abkommen normierten Grundsatz der Dienstleistungsfreiheit sowie die Rechtsanwaltsdienstleistungs-Richtlinie berufen.

41   Im Gegensatz zum Grundsatz der Niederlassungsfreiheit untersagt der Grundsatz der Dienstleistungsfreiheit nicht nur Maßnahmen, die Angehörige eines anderen Mitgliedstaates ungerechtfertigt diskriminieren, sondern verlangt „die Aufhebung aller Beschränkungen – selbst wenn sie **unterschiedslos** für einheimische Dienstleistende wie für Dienstleistende anderer Mitgliedstaaten gelten – ..., wenn sie geeignet sind, die Tätigkeit des Dienstleistenden, der in einem anderen Mitgliedstaat ansässig ist und dort rechtmäßig ähnliche Dienstleistungen erbringt, zu unterbinden oder zu behindern".[66] Mit dem Grundsatz der Dienstleistungsfreiheit vereinbar sind lediglich Regelungen, „die durch **zwingende Gründe des Allgemeininteresses** gerechtfertigt sind und die für alle im Hoheitsgebiet des Bestimmungsstaates tätigen Personen oder Unternehmen gelten, und zwar nur insoweit, als dem Allgemeininteresse nicht bereits durch die Rechtsvorschriften Rechnung getragen ist, denen der Leistungserbringer in dem Staat unterliegt, in dem er ansässig ist".[67] Insbesondere können die Vorschriften, welche für Niederlassungen in dem betreffenden Staat gelten, nicht in vollem Umfang auf die zeitlich begrenzte Tätigkeit von in anderen Mitgliedstaaten niedergelassenen Wirtschaftsteilnehmern angewandt werden.[68]

42   Die **Rechtsanwaltsdienstleistungs-Richtlinie**[69] präzisiert den Grundsatz der Dienstleistungsfreiheit für den Bereich anwaltlicher Tätigkeit. Ein deutscher Rechtsanwalt kann hiernach in einem anderen Mitgliedstaat sowohl rechtsberatend als auch rechtsbesorgend auf dem Gebiet jedes beliebigen Rechts tätig werden, sofern seine Tätigkeit nur vorübergehender Art ist. Der Aufnahmestaat hat lediglich das Recht, die Abfassung förmlicher Urkunden zur Begründung der Nachlaßverwaltung sowie Grundstücksgeschäfte bestimmten Gruppen von Rechtsanwälten vorzubehalten.

43   Auch kann Syndikusanwälten die Vertretung und Verteidigung für ihren Arbeitgeber im Bereich der Rechtspflege untersagt werden, soweit dieses Verbot

---

[65] *Strauß* BRAK-Mitt. 1994, 211.

[66] EuGH Slg. 1991, I-4221 = NJW 1991, 2693 = EuZW 1991, 542 = EWS 1991, 319, Tz. 12 – Säger/Dennemeyer (vgl. hierzu *Speyer* EuZW 1991, 588); EuGH Slg. 1994, I-1039 = NJW 1994, 2013 = EuZW 1994, 311, Tz. 43 – Schindler.

[67] EuGH Slg. 1991, I-4221 = NJW 1991, 2693 = EuZW 1991, 542 = EWS 1991, 319, Tz. 15 – Säger/Dennemeyer.

[68] Vgl. insbesondere EuGH Slg. 1981, 3305 = NJW 1982, 1203, Tz. 16 – Webb; EuGH Slg. 1988, 1123 = NJW 1988, 887 = AnwBl. 1988, 236 = BRAK-Mitt. 1988, 152 = JZ 1988, 506 = DVBl. 1989, 30 – Kommission/Deutschland; EuGH Slg. 1991, I-3591 = EuZW 1991, 729 = EWS 1991, 353 = RIW 1991, 62, Tz. 26 – Kommission/Französische Republik; EuGH Slg. 1991, I-4221 = NJW 1991, 2693 = EuZW 1991, 542 = EWS 1991, 319, Tz. 13 – Säger/Dennemeyer.

[69] Vgl. Anhang Nr. 1. Siehe hierzu ausführlich Vorb §§ 206, 207 Rdn. 68 ff.

gleichermaßen für inländische Syndici gilt. Soweit die Tätigkeit in der Vertretung und Verteidigung von Mandanten in Verfahren mit Anwaltszwang besteht, kann der Aufnahmestaat vorschreiben, daß der Anwalt hierbei im Einvernehmen mit einem bei dem angerufenen Gericht zugelassenen einheimischen Anwalt zu handeln hat. Daneben kann von ausländischen Anwälten, die im Bereich der Rechtspflege tätig werden wollen, verlangt werden, daß sie beim Präsidenten des Gerichts und gegebenenfalls beim zuständigen Vorsitzenden der Anwaltskammer eingeführt sind.

Bei seiner Tätigkeit hat der dienstleistende Anwalt sowohl sein heimatliches **Berufsrecht** als auch die Standesregeln des Aufnahmestaates zu beachten. Sofern diese in einzelnen Fragen kollidieren, dürfte regelmäßig das Berufsrecht des Aufnahmestaates Vorrang beanspruchen.[70] Um Konflikte dieser Art zu vermeiden, verabschiedete der Rat der Anwaltschaften in der Europäischen Gemeinschaft (CCBE) 1988 einheitliche Standesregeln, die auf alle Anwälte Anwendung finden sollen, die im Rahmen der Richtlinie tätig werden.[71] Diese Regeln sollen nach dem Willen des CCBE durch Übernahme in nationales und/oder Gemeinschaftsrecht verbindliche Wirkung erhalten. Die nach § 59 b BRAO zu erlassende Berufsordnung wird voraussichtlich vorsehen, daß in Deutschland zugelassene Anwälte bei ihrer Tätigkeit in anderen Mitgliedstaaten anstelle der Berufsordnung die CCBE-Standesregeln zu beachten haben, sofern nicht europäisches Gemeinschaftsrecht oder deutsches Verfassungs-, Gesetzes- oder Verordnungsrecht Vorrang hat.[72] Verletzt ein Anwalt ihn treffende Verpflichtungen des Aufnahmestaates, so können die zuständigen Behörden des Aufnahmestaates Disziplinarmaßnahmen nach den nationalen Sach- und Verfahrensvorschriften ergreifen. 44

Auch im Aufnahmestaat dürfen deutsche Anwälte, sofern sie nicht über eine Zulassung im Gastland verfügen, allein die **Bezeichnung** „Rechtsanwalt" unter Angabe ihrer gerichtlichen Zulassung führen. Es wäre daher unzulässig, an deren Stelle – der besseren Verständlichkeit halber – die entsprechende Bezeichnung des Aufnahmestaates zu verwenden. Keine Bedenken bestehen dagegen, die Bezeichnung „Rechtsanwalt" durch einen erläuternden Zusatz zu ergänzen (z. B. „Rechtsanwalt – avocat allemand"). 45

Die zuständige Stelle des Aufnahmestaates kann verlangen, daß der Dienstleistungserbringer seine **Anwaltseigenschaft** in geeigneter Weise nachweist. Deutsche Anwälte verwenden hierzu zweckmäßigerweise den vom CCBE entwickelten Berufsausweis für Rechtsanwälte, der von den örtlichen Anwaltskammern ausgestellt wird. 46

Die Frage, **welches Recht** auf das **Auftragsverhältnis** zwischen Mandant und Dienstleistungserbringer Anwendung findet, wird durch die Richtlinie nicht geregelt. Nach dem Übereinkommen über das auf vertragliche Schuldverhältnisse anzuwendende Recht vom 19. 6. 1980 (EVÜ)[73] gilt mangels Rechtswahl grundsätzlich das Recht des Staates, in dem der Anwalt niedergelassen ist.[74] Dient die anwaltliche Tätigkeit nicht der beruflichen oder gewerblichen Tätigkeit des 47

---

[70] Siehe hierzu ausführlich § 3 RADG Rdn. 2 ff.
[71] Standesregeln der Rechtsanwälte der Europäischen Gemeinschaft, vgl. Anhang Nr. 4.
[72] § 32 des Entwurfes der Berufsordnung, Beihelfer zu Heft 3/96 der BRAK-Mitt.
[73] BGBl. 1986 II, S. 810. Das Übereinkommen wurde inzwischen von Belgien, Dänemark, Deutschland, Frankreich, Griechenland, Irland, Italien, Luxemburg, den Niederlanden und dem Vereinigten Königreich ratifiziert.
[74] Art. 4 des Übereinkommens (vgl. Art. 28 EGBGB). So auch *Zuck* NJW 1987, 3033; *Raiser* AnwBl. 1991, 487 (495 ff.).

Mandanten, so findet das Recht des Aufenthaltsstaates des Mandanten Anwendung, sofern der Anwaltsvertrag dort zustande kam und dort zumindest teilweise zu erfüllen ist.[75]

48 Die Richtlinie wurde inzwischen von allen Mitgliedstaaten, einschließlich der drei neuen Mitgliedstaaten Österreich,[76] Schweden[77] und Finnland[78] in nationales Recht umgesetzt.[79] Die EFTA-Mitglieder des EWR hatten ihr nationales Recht bis zum 1. 1. 1994 den Vorschriften der Richtlinie anzupassen. Alle Mitgliedstaaten machten bislang bei der **Umsetzung** von der Möglichkeit Gebrauch, für Tätigkeiten im Bereich der Rechtspflege das Zusammenwirken mit einem einheimischen Anwalt vorzuschreiben.

49 Das **Vereinigte Königreich** hat die Richtlinie durch die European Communities (Services of Lawyers) Order vom 20. 12. 1978[80] umgesetzt. Tritt ein deutscher Anwalt vor Gericht auf, so hat er im Einvernehmen mit einem englischen Anwalt zu handeln, der seinerseits befugt ist, vor dem fraglichen Gericht aufzutreten. Handelt der Anwalt im Einvernehmen mit einem „solicitor", so hat er allein dessen Befugnisse; handelt er im Einvernehmen mit einem „barrister", so ist er auf dessen Tätigkeitsfeld beschränkt. Nachlaßgeschäfte und Grundstücksgeschäfte sind „solicitors" vorbehalten. Angestellte Anwälte können im Einvernehmen mit einem „barrister" Dienstleistungen für ihren Arbeitgeber erbringen, soweit ein angestellter „barrister" hierzu befugt wäre.

50 Die **französischen** Umsetzungsvorschriften schränkten ursprünglich die Tätigkeit von Anwälten aus anderen Mitgliedstaaten in stärkerem Maße ein als dies mit der Richtlinie und den Vertragsvorschriften vereinbar war.[81] Durch Urteil vom 10. 7. 1991 gab der Gerichtshof der hiergegen gerichteten Klage der Kommission in vollem Umfang statt.[82] Die Tätigkeit von vorübergehend in Frankreich tätigen Anwälten aus anderen Mitgliedstaaten wurde daraufhin in den Artikeln 200 ff. der Verordnung Nr. 91-1197 vom 27. 11. 1991 neu geregelt. In Zivilsachen, in denen Anwaltszwang besteht, muß der dienstleistende Anwalt einen örtlich zugelassenen Kollegen als Zustellungsadresse benennen. In der Berufungsinstanz vor der Cour d'appel hat er einen „avoué"[83] hinzuzuziehen. Zu beachten ist daneben, daß sich der EG-Anwalt vor seinem Auftreten in einem gerichtlichen Verfahren bei dem Vorsitzenden der Anwaltskammer (Bâtonnier de l'Ordre des Avocats) bekanntzumachen hat, welcher ihn wiederum beim Gerichtspräsidenten einführt. In der Praxis ist es regelmäßig ausreichend, den Vorsitzenden der Anwaltskammer schriftlich zu unterrichten bzw. eine Visitenkarte zu hinterlassen.[84]

---

[75] Art. 5 des Übereinkommens (Art. 29 EGBGB).
[76] Siehe hierzu unten Rdn. 52.
[77] Gesetz vom 17. 12. 1992, Amtsblatt des Königreichs Schweden (SFS) 1992: 1511.
[78] Gesetz 30/93 und 31/93 vom 1. 1. 1994.
[79] Vgl. den Überblick bei *Kespohl-Willemer* AnwBl. 1991, 147 sowie *Everling* Gutachten DJT 1990, Anhang. Die Durchführungsvorschriften der Mitgliedstaaten (mit Ausnahme der drei zuletzt beigetretenen) sind in der BRAO-Textausgabe, herausgegeben von der Hans-Soldan-Stiftung im Juristischen Fachverlag GmbH, Essen abgedruckt. Sie können auch (zum Teil in nicht-amtlicher Übersetzung) beim DAV angefordert werden.
[80] S. I. 1978, Nr. 1910.
[81] Vgl. Dekret Nr. 72-468 vom 9. 6. 1972 in der Fassung des Dekrets Nr. 79-233 vom 22. 3. 1978, Amtsblatt der Französischen Republik (J. O.) vom 23. 3. 1979, S. 659.
[82] EuGH Slg. 1991, I-3591 = EuZW 1991, 729 = EWS 1991, 353 = RIW 1991, 62 – Kommission/Französische Republik.
[83] Siehe hierzu *Niessen*, Frankreichs Anwaltschaft, Bonn 1994, S. 23 ff.
[84] *Mauro/Weil* AnwBl. 1981, 128 (132).

Österreich setzte die Richtlinie durch den 1. Abschnitt des EWR-RAG[85] 51 um, der sich eng an den Text der Richtlinie anlehnt. In Verfahren mit Anwaltszwang muß der dienstleistende Anwalt einen inländischen Einvernehmens-Anwalt einschalten. Bevor er erstmals vor Behörden oder Gerichten tätig wird, hat er die zuständige Rechtsanwaltskammer schriftlich zu informieren.

Belgien setzte die Richtlinie durch Gesetz vom 2. 12. 1982, sowie durch 52 Königliches Dekret vom 14. 3. 1982, geändert durch Königliches Dekret vom 20. 4. 1988, um. Die Artikel 477bis bis 477[sexies] Gerechtelijk Wetbock/Code judiciaire bestimmen nunmehr, daß der dienstleistende Anwalt bei Tätigkeiten im Bereich der Rechtspflege im Einvernehmen mit einem bei dem zuständigen Gericht tätigen oder zugelassenen Rechtsanwalt handeln muß und vor der Verhandlung sowohl bei dem zuständigen Bâtonnier (Vorsitzender der Anwaltskammer) als auch bei dem Gerichtspräsidenten einzuführen ist.

In den **Niederlanden** wurde die Richtlinie durch Gesetz vom 15. 12. 1980[86] 53 umgesetzt. Die neu eingefügten Artikel 16a bis 16f des Advocaatenwet schreiben bei der Vertretung und Verteidigung von Mandanten in allen Verfahren, in denen der Beistand oder die Vertretung durch einen Advocaat oder Procurator erforderlich ist, die Zusammenarbeit mit einem in den Niederlanden zugelassenen Anwalt vor. Dieser stellt den dienstleistenden Anwalt vor dem ersten Auftreten vor Gericht dem zuständigen Richter vor. Dem ausländischen Anwalt kann gestattet werden, eine andere Sprache als das Niederländische zu verwenden, sofern nach Ansicht des angerufenen Gerichts die Rechtspflege hierdurch nicht beeinträchtigt wird.

Die **spanischen** Umsetzungsvorschriften[87] sehen eine eingehende Überwa- 54 chung des vorübergehenden Charakters der Tätigkeit vor. Tritt ein dienstleistender Anwalt mehr als fünf Mal im Jahr vor einem mit mehreren Richtern besetzten Spruchkörper oder mehr als zehn Mal im Jahr vor einem Einzelrichter oder einer Verwaltungsbehörde auf, so wird er den strengeren Vorschriften für niedergelassene Anwälte unterworfen.[88] Zudem kommen Anwälte, die in Spanien eine Kanzlei eröffnen, automatisch nicht in den Genuß der für dienstleistende Anwälte geltenden Vorschriften.[89] Beide Beschränkungen sind mit der Richtlinie sowie dem Grundsatz des freien Dienstleistungsverkehrs nicht vereinbar, da die Abgrenzung des Niederlassungs- und Dienstleistungsfreiheit eine Einzelfallbetrachtung anhand mehrerer Kriterien erfordert. Wie der EuGH in seinem Urteil Gebhard vom 30. 11. 1995 klarstellte, schließt insbesondere die Nutzung einer Infrastruktur, einschließlich einer Kanzlei, im Aufnahmestaat nicht den vorübergehende Charakter der Leistung aus, sofern diese Infrastruktur für die Erbringung der fraglichen Leistung erforderlich ist.[90]

---

[85] Bundesgesetz über die Ausübung des freien Dienstleistungsverkehrs und die Niederlassung von Rechtsanwälten aus dem Europäischen Wirtschaftsraum – EWR-RAG 1992, östBGBl 1993/21.
[86] Staatsblad 1980 Nr. 558.
[87] Real Decreto Nr. 607/1986 vom 21. 3. 1986, Amtsblatt der Spanischen Republik (BOE) Nr. 78 vom 1. 4. 1986, S. 2179, i. d. F. des Real Decreto Nr. 1062/1988 vom 16. 9. 1988, BOE Nr. 227 vom 21. 9. 1988, S. 4857.
[88] Art. 9 Abs. 2 des Real Decreto Nr. 607/1986.
[89] Art. 1 S. 2 des Real Decreto Nr. 607/1986.
[90] EuGH Slg. 1995, I-4165 = NJW 1996, 579 = EuZW 1996, 92 = EWS 1996, 26 = JZ 1996, 465 = RIW 1996, 160 = BRAK-Mitt. 1996, 42 – Tz. 27 – Gebhard. In diesem Sinne bereits *Everling*, Gutachten DJT 1990, C 34.

55 Auch die **italienischen** Vorschriften[91] werten die Eröffnung einer Kanzlei oder eines Haupt- oder Nebensitzes zwingend als Niederlassung. Diese Regelung war Gegenstand des erwähnten Vorabentscheidungsverfahrens Gebhard[92] und wurde dort vom EuGH im Ergebnis für mit dem Grundsatz der Dienstleistungsfreiheit unvereinbar erklärt.

II. Sonstige europäische Staaten

56 Die Möglichkeiten für deutsche Rechtsanwälte, in der **Schweiz** tätig zu werden, sind derzeit noch sehr beschränkt. Die Mehrzahl der Anwaltsgesetze der 26 Schweizer Kantone erlaubt allein Schweizer Staatsangehörigen die anwaltliche Tätigkeit in der Schweiz.[93] Diese Regelung galt lange als verfassungsrechtlich unbedenklich.[94] 1993 urteilte das schweizerische Bundesgericht jedoch, das Grundrecht der Handels- und Gewerbefreiheit, welches auch auf in der Schweiz niedergelassene ausländische Staatsangehörige Anwendung finde, erlaube lediglich die Erfordernis, daß der Anwalt hinreichend mit den politischen und gesellschaftlichen Verhältnissen des Landes vertraut ist.[95] Nicht in der Schweiz niedergelassenen ausländischen Anwälten bleibt damit eine Tätigkeit in der Schweiz nach wie vor verwehrt.[96] Im Dezember 1993 leitete die Kommission Vorbereitungen für bilaterale Verhandlungen zwischen der Gemeinschaft und der Schweiz zur Verwirklichung des freien Personenverkehrs ein. Ziel der Verhandlungen ist es, die Schweiz auf diesem Gebiet zur Verabschiedung den gemeinschaftsrechtlichen Regeln entsprechender Vorschriften zu verpflichten. Hierzu sollen auch Bestimmungen über die gegenseitige Anerkennung von Diplomen[97] zählen.[98]

57 Die von der EG mit Polen, Ungarn, der Tschechischen und der Slowakischen Republik, Bulgarien und Rumänien geschlossenen Abkommen über die Gründung einer Assoziation (sog. **Europa-Abkommen**) enthalten ausführliche Regelungen über die Niederlassung von Gesellschaften und Selbständigen, die sich an die gemeinschaftsrechtliche Definition der Niederlassungsfreiheit anlehnen.[99] Die Abkommen sehen unter anderem vor, daß Angehörigen der EG-Mitgliedstaaten bei ihrer Niederlassung in den Vertragsstaaten nach Ablauf einer mehrjährigen Übergangsfrist Inländerbehandlung zu gewähren ist.

58 Nach den am 1. 2. 1995 in Kraft getretenen Abkommen mit der **Tschechischen**[100] und der **Slowakischen Republik**[101] gilt für bereits bestehende Niederlassungen von Gesellschaften und selbständigen Erwerbstätigen der EG-Mitglied-

---

[91] Gesetz Nr. 31 vom 9. 2. 1982, Amtsblatt der Italienischen Republik (GURI) Nr. 42 vom 12. 2. 1982.
[92] Vgl. Fn. 87.
[93] Vgl. beispielsweise § 1 des Anwaltsgesetzes des Kantons Zürich vom 3. Juli 1938.
[94] Vgl. das Urteil des Bundesgerichts vom 12. 10. 1990 zur Nichtzulassung eines deutschen Staatsbürgers zur bernischen Fürsprecherprüfung, Entscheidungssammlung des schweizerischen Bundesgerichts (BGE) 116 I a 238 E. 2.
[95] Urteil des Bundesgerichts vom 29. 1. 1993, BGE 119 I a 35.
[96] Vgl. das Urteil des Bundesgerichts vom 22. 8. 1994 zur Zurückweisung eines Hamburger Anwalts als Verteidiger vor einem schweizerischen Strafgericht, SJZ 91-7, 77.
[97] Das deutsch-schweizerische Äquivalenzabkommen vom 20. 6. 1995 sieht bereits heute eine gegenseitige Anerkennung von Diplomen vor. Diese ist jedoch auf den universitären Bereich beschränkt und eröffnet nicht den Berufszugang.
[98] Europe Nr. 6142 vom 6. 1. 1994, S. 7.
[99] Vgl. hierzu *Kuschel* EuZW 1992, 571.
[100] ABl. 1994 Nr. L 360, S. 2.
[101] ABl. 1994 Nr. L 359, S. 2

staaten sowie für die Gründung von Niederlassungen durch Gesellschaften der Mitgliedstaaten ab Inkrafttreten des Abkommens ein Diskriminierungsverbot. Hinsichtlich der Aufnahme einer selbständigen Tätigkeit ist die Inländerbehandlung erst ab Beginn des sechsten Jahres nach Inkrafttreten der Abkommens zu gewähren.[102] Das am 1. 7. 1996 in Kraft getretene neue Rechtsanwaltsgesetz der Tschechischen Republik[103] erlaubt auch ausländischen Anwälten die Berufsausübung im Inland, sofern diese im Anwaltsregister der Tschechischen Rechtsanwaltskammer eingetragen sind. Die Eintragung setzt voraus, daß der Betreffende in einem anderen Staat zur Ausübung des Anwaltsberufs berechtigt ist und in einer Anerkennungsprüfung ausreichende Kenntnisse des tschechischen Anwaltsrechts sowie grundlegende Kenntnisse der tschechischen Rechtsordnung nachgewiesen hat. Die Prüfung kann nicht nur in Tschechisch oder Slowakisch, sondern auch in einer der Weltsprachen abgelegt werden. Mit der Eintragung erwirbt der ausländische Anwalt das Recht, anwaltliche Dienstleistungen im Recht seines Herkunftsstaates sowie im internationalen Recht, einschließlich des Europarechts, zu erbringen.

Das am 1. 2. 1994 in Kraft getretene Abkommen mit **Polen**[104] enthält spezielle Vorschriften für rechtsberatende Tätigkeiten. Ab dem 1. 2. 1999 dürfen EG-Angehörige hinsichtlich der Rechtsberatung in Geschäftsfragen sowie in Fragen des internationalen Rechts nicht mehr gegenüber polnischen Staatsangehörigen diskrimiert werden. Für die Rechtsberatung im übrigen gilt das Diskriminierungsverbot ab dem 1. 2. 2004.[105]

Das ebenfalls am 1. 2. 1994 in Kraft getretene Abkommen zwischen der EG und **Ungarn**[106] nimmt rechtsberatende Tätigkeiten ganz aus seinem Anwendungsbereich aus und erlaubt lediglich die „Firmenberatung mit rechtlichen Aspekten". Für die Niederlassung von EG-Angehörigen zu diesem Zweck gilt der Grundsatz der Inländerbehandlung ab dem 1. 2. 1999.[107] Die Zulassung ausländischer Anwälte in Ungarn ist derzeit nicht möglich. Ausländische Anwälte können jedoch eine Handelsgesellschaft gründen und in deren Rahmen rechtsberatend tätig werden. Daneben besteht die Möglichkeit, einen Kooperationsvertrag mit einer ungarischen Anwaltskanzlei einzugehen und dort beratend tätig zu werden.[108]

Das Abkommen mit **Rumänien**[109] schließt die Tätigkeit des „Rechtsbeistandes" von der Inländerbehandlung aus, gewährt diese jedoch hinsichtlich der Rechtsberatung spätestens fünf Jahre nach Inkrafttreten des Abkommens.[110] Das Gesetz über Organisation und Ausübung des Rechtsanwaltsberufs von 1995 erlaubt auch ausländischen Anwälten die Berufstätigkeit in Ungarn. Die Bedingungen werden entweder durch ein bilaterales Abkommen zwischen der rumänischen Juristenvereinigung und der berufsständischen Vertretung des Herkunftslandes festgelegt oder im Einzelfall mit einem rumänischen Anwalt unter Benachrichtigung der Kammer ausgehandelt.[111]

---

[102] Art. 45 der beiden Abkommen.
[103] Gesetz Nr. 85/1996 vom 13. 3. 1996. Siehe hierzu auch *Thaeter* WiRO 1996, 224.
[104] ABl. 1993 Nr. L 348, S. 1.
[105] Art. 44 des Abkommens. Zum Entwurf zweier Gesetze, die darauf abzielen, polnischen Anwälten ein Monopol für die Erbringung juristischer Dienstleistungen in Polen einzuräumen vgl. Eastern European Forum Newsletter, Winter 1994, 11.
[106] ABl. 1993 Nr. L 347, S. 1.
[107] Art. 44 des Abkommens.
[108] Bericht der deutschen Botschaft in Budapest, BRAK-Mitt. 1994, 171.
[109] ABl. 1994 Nr. L 357, S. 2.
[110] Art. 45 des Abkommens.
[111] WiRO 1995, 432.

62 Das Abkommen mit **Bulgarien**[112] gewährt bezüglich der „Rechtsberatung in Geschäftsfragen" die Inländerbehandlung ab Inkrafttreten des Übereinkommens. Hinsichtlich der Rechtsvertretung vor Gerichten und des „Rechtsbeistandes" wird diese erst nach Ablauf einer Übergangsfrist von zehn Jahren eingeräumt.[113] Bulgarien erlaubt bereits heute die Tätigkeit ausländischer Anwälte ohne besondere Zulassung. Auch die Gründung einer GmbH zur Rechtsberatung ist möglich, da das (die Anwalts-GmbH untersagende) bulgarische Anwaltsgesetz keine Anwendung auf ausländische Anwälte findet.[114]

63 Erleichterungen hinsichtlich der Anerkennung von Diplomen im Ausland verspricht das **Pariser „Übereinkommen über die Anerkennung von Studien, Diplomen und Graden im Hochschulbereich in den Staaten der Europäischen Region"** vom 21. 12. 1979.[115] Das Übereinkommen verpflichtet die Vertragsstaaten unter anderem, die zuständigen nationalen Behörden nach Möglichkeit dazu zu veranlassen, von den zuständigen Behörden anderer Vertragsstaaten verliehene Zeugnisse, Diplome oder Grade zum Zwecke der Berufsausübung anzuerkennen.[116] Das Übereinkommen wurde inzwischen von zahlreichen europäischen und außereuropäischen Staaten ratifiziert[117] und trat für Deutschland am 8. 1. 1995 in Kraft.[118]

64 Das **„Europäische Übereinkommen über die allgemeine Gleichwertigkeit der Studienzeiten an Universitäten"** vom 6. 11. 1990[119] verpflichtet die Vertragsstaaten, jede Studienzeit an einer Hochschule einer anderen Vertragspartei als gleichwertig mit einer entsprechenden Studienzeit im Inland anzuerkennen, sofern die Herkunftshochschule dem Studierenden eine Bescheinigung über den erfolgreichen Abschluß der Studienzeit ausgestellt hat. Eine Verpflichtung zur Anerkennung von Studienabschlüssen dürfte sich hieraus jedoch nicht ergeben, da Ziel des Übereinkommens lediglich ist, „Studienzeiten im Ausland" zu fördern. Das Abkommen ist inzwischen für acht der EG-Mitgliedstaaten sowie Norwegen, Polen, die Schweiz und Zypern in Kraft getreten.[120]

III. Vertragsstaaten des GATS

65 Die Niederlassung deutscher Anwälte im Ausland unterliegt im übrigen – abgesehen von wenigen Ausnahmen – dem General Agreement on Trade in Services (GATS),[121] das im Rahmen der sog. Uruguay-Runde des GATT am 15. 4. 1994 in Marrakesch unterzeichnet wurde und am 1. 1. 1995 in Kraft getreten ist.[122]

---

[112] ABl. 1994 Nr. L 358, S. 3.
[113] Art. 45 des Abkommens.
[114] *Schmitz* AnwBl. 1995, 303.
[115] BGBl. 1994 I, S. 2322.
[116] Art. 5 des Übereinkommens.
[117] Vgl. Ziffer II, der Bekanntmachung über das Inkrafttreten des Übereinkommens vom 13. 2. 1995, BGBl. 1995 II, S. 338.
[118] Bekanntmachung über das Inkrafttreten des Übereinkommens vom 13. 2. 1995, BGBl. 1995 II, S. 338.
[119] BGBl. 1994 II, S. 3607.
[120] Bekanntmachung über das Inkrafttreten des Übereinkommens vom 25. 4. 1995, BGBl. 1995 II, S. 413.
[121] In der englischen Originalfassung sowie in deutscher Übersetzung veröffentlicht in BGBl. 1994 II, S. 1473 ff. und 1643 ff.
[122] Zum GATS allgemein siehe *Barth* EuZW 1994, 455; *Ewig* BRAK-Mitt. 1994, 205. Zu den Auswirkungen des GATS auf die Tätigkeit von Rechtsanwälten siehe *Errens* EuZW

Nach dem in Art. II GATS verankerten Grundsatz der **Meistbegünstigung** 66
sind alle Vertragsparteien verpflichtet, Vorteile, die sie Dienstleistungsanbietern
eines Vertragsstaates gewähren, auch den Dienstleistungserbringern aller übrigen
Vertragsstaaten einzuräumen. Eine Ausnahme gilt für Abkommen zur „wirtschaftlichen Integration" (Art. V GATS), d. h. insbesondere Abkommen über die
Schaffung von Zollunionen oder Freihandelszonen wie das North American Free
Trade Agreement (NAFTA) und das Abkommen über die Preferential Trade
Area for Eastern and Southern Africa (PTA).

Das GATS sieht keine generelle Verpflichtung vor, Angehörigen eines anderen 67
Vertragsstaates **Marktzugang** zu gewähren. Eine Vertragspartei darf lediglich
Dienstleistungserbringer eines anderen Mitglieds nicht schlechter behandeln als
der von ihr im Rahmen des GATS aufgestellte Verpflichtungskatalog („schedule
of specific commitments") dies vorsieht (Art. XVI GATS). Hat ein Vertragsstaat
in einem bestimmten Sektor einen Verpflichtungskatalog aufgestellt, so hat er den
Angehörigen aller Vertragsstaaten Inländerbehandlung zu gewähren, sofern der
Verpflichtungskatalog keine Vorbehalte festschreibt (Art. XVII GATS). In Sektoren, in denen spezifische Verpflichtungen übernommen wurden, haben die Vertragsparteien zudem alle nationalen Bestimmungen angemessen, objektiv und unparteiisch anzuwenden (Art. VI GATS). Im Bereich der rechtsberatenden Berufe
enthalten die verschiedenen Verpflichtungskataloge im wesentlichen eine Beschreibung des derzeitigen Status quo. Das GATS sieht allerdings ausdrücklich
vor, daß die Liberalisierung im Dienstleistungsbereich in zukünftigen Verhandlungen weiter vorzutreiben ist.

Der Verpflichtungskatalog der **USA**[123] erlaubt eine Tätigkeit ausländischer An- 68
wälte als „**foreign legal consultant**" (FLC) nur in 16 US-Bundesstaaten.[124] Der
FLC ist lediglich dazu befugt, in seinem Heimatrecht sowie – bei entsprechender
Qualifikation – im internationalen Recht zu beraten. Die Vertretung und Verteidigung von Mandanten vor Gericht, die Übertragung von in den Vereinigten
Staaten gelegenen Grundstücken sowie die Erstellung von Testamenten und Urkunden im Bereich des Familienrechts ist ausdrücklich ausgeschlossen. Die Tätigkeit als „foreign legal consultant" setzt die Registrierung bei der Bar Association
des jeweiligen Bundesstaates voraus. Diese verlangt für die Registrierung unter
anderem den Nachweis, daß der Bewerber bereits mehrere Jahre als Anwalt tätig
war. Regelmäßig muß der Kandidat während mindestens fünf der sieben der
Zulassung vorausgehenden Jahre als Anwalt tätig gewesen sein. New York und
Michigan lassen drei der letzten fünf Jahre, Kalifornien und Ohio vier der letzten
sechs Jahre genügen. Eine Anrechnung der Referendarzeit konnte bislang nicht
erreicht werden. Ein FLC kann sowohl amerikanische Anwälte beschäftigen als
auch (außer in Ohio) mit diesen eine Sozietät bilden. Die Dauer seines Aufenthalts ist auf maximal fünf Jahre begrenzt.

Neben der Registrierung als „foreign legal consultant" besteht für ausländische 69
Anwälte auch die Möglichkeit der **Zulassung als Vollanwalt**. Deutsche Juristen, die das Erste Juristische Staatsexamen bestanden haben, haben hierfür in der
Regel die erfolgreiche Absolvierung eines mindestens einjährigen Master-Studien-

---

1994, 460; dies. AnwBl. 1994, 461; *Ewig* NJW 1995, 434; *Cone*, International Business
Lawyer 1995, 529.
[123] GATS/SC/90, April 1994. Siehe hierzu *Ewig* NJW 1995, 434 (436).
[124] Es handelt sich um die Bundesstaaten Alaska, California, Connecticut, Florida, Georgia, Hawaii, Illinois, Michigan, Minnesota, New Jersey, New York, Ohio, Oregon, Texas
und Washington sowie den District of Columbia.

§ 30   Zweiter Teil. Die Zulassung des Rechtsanwalts

gangs (LL. M.) an einer von der American Bar Association (ABA) akkreditierten Law School nachzuweisen. Daneben ist in dem Staat, in dem die Zulassung erstrebt wird, das „Bar Exam" abzulegen Mit der Zulassung erwirbt der ausländische Jurist den Titel „Attorney-at-law" und tritt damit völlig gleichberechtigt in die Reihe der US-amerikanischen Anwälte.[125]

70 Der **japanische** Verpflichtungskatalog[126] erlaubt Anwälten anderer Vertragsstaaten grundsätzlich die Beratung in ihrem Heimatrecht sowie im internationalen Recht. Die Vertretung von Mandanten vor Gerichten und Behörden ist nicht gestattet. Einen japanischen Staatsbürger betreffende Angelegenheiten des Familien- und Erbrechts sowie Grundstücksangelegenheiten dürfen nur in Zusammenarbeit mit einem japanischen Anwalt bearbeitet werden. Die Zulassung als „Gaikoku-Ho-Jimu-Bengoshi"[127] setzt eine mindestens fünfjährige Berufstätigkeit im Herkunftsstaat, den Nachweis ausreichender finanzieller Mittel sowie die Errichtung einer Kanzlei voraus. Hierbei ist eine Assoziierung mit sowie die Anstellung von japanischen Anwälten nicht erlaubt. Die Zusammenarbeit ist lediglich in einer Art von Gemeinschaftsunternehmen zulässig. Das Aufenthaltsrecht des ausländischen Anwalts ist auf maximal fünf Jahre begrenzt. Der ausländische Anwalt muß sich zudem mindestens 180 Tage im Jahr in Japan aufhalten, wodurch die Erbringung gelegentlicher Dienstleistungen praktisch unterbunden wird.

71 Die Verpflichtungskataloge zahlreicher weiterer GATS-Vertragsstaaten können bei der Geschäftsstelle des DAV angefordert werden.

§ 30 Zustellungsbevollmächtigter

(1) Ist der Rechtsanwalt von der Pflicht, eine Kanzlei zu unterhalten, befreit, so muß er an dem Ort des Gerichts, bei dem er zugelassen ist, einen dort wohnhaften ständigen Zustellungsbevollmächtigten bestellen; ist der Rechtsanwalt gleichzeitig bei mehreren Gerichten, die ihren Sitz an verschiedenen Orten haben, zugelassen, so muß er den Zustellungsbevollmächtigten am Ort des Gerichts, an dem die Kanzlei einzurichten wäre (§ 27 Abs. 1 Satz 2), bestellen.

(2) An den Zustellungsbevollmächtigten kann auch von Anwalt zu Anwalt (§§ 198, 212 a der Zivilprozeßordnung) wie an den Rechtsanwalt selbst zugestellt werden.

(3) Ist ein Zustellungsbevollmächtigter entgegen Absatz 1 nicht bestellt, so kann die Zustellung durch Aufgabe zur Post bewirkt werden (§§ 175, 192, 213 der Zivilprozeßordnung). Das gleiche gilt, wenn eine Zustellung an den Zustellungsbevollmächtigten am Ort des Gerichts nicht ausführbar ist.

---

[125] Zu den Niederlassungsmöglichkeiten deutscher Anwälte in den USA vgl. auch *Knapp* BRAK-Mitt. 1989, 186.
[126] Siehe hierzu *Ewig* NJW 1995, 434 (435 f.); *Cone*, International Business Lawyer 1995, 529 (530).
[127] Zu den Voraussetzungen nach der alten Rechtlage vgl. *Bunsen* BRAK-Mitt. 1992, 21.

Übersicht

	Rdn.
I. Entstehungsgeschichte der Vorschrift	1
II. Normzweck	2–4
III. Anwendungsbereich	5–13
1. Der befreite Singularanwalt	6
2. Der nicht befreite Singularanwalt	8
3. Der Simultananwalt	10
4. Ausländische Anwälte	11
IV. Bestellung	14–20
1. Die Person des Zustellungsbevollmächtigten	14
2. Das Verfahren der Bestellung	15

	Rdn.
a) Bestellung durch Vollmachtserteilung	15
b) Anzeige der Bestellung	17
3. Der Bestellungsort	19
4. Die Bestellungsfrist	20
V. Rechtsfolgen der Bestellung	21–24
1. Empfangsbefugnis	21
2. Zustellung an den Zustellungsbevollmächtigten	22
3. Erteilung von Untervollmachten	23
4. Verhältnis zwischen Rechtsanwalt und Zustellungsbevollmächtigtem	24
VI. Mängel der Bestellung und Unmöglichkeit der Zustellung	25, 26

I. Entstehungsgeschichte der Vorschrift

Der § 30 BRAO findet Parallelen bereits in § 19 der Rechtsanwaltsordnung (RAO) von 1878. Durch diese Vorschrift wurde einem Rechtsanwalt die zwingende Verpflichtung auferlegt, an dem Ort des Gerichts, an dem er zugelassen, jedoch selbst nicht wohnhaft war, einen dort wohnhaften **Zustellungsbevollmächtigten** zu bestellen. Dies wurde als selbstverständlicher Ausfluß der Simultanzulassung angesehen und erfuhr daher ein in den Materialien zur RAO keine nähere Begründung.[1] Mit der RRAO 1936 wurde diese Vorschrift als § 29 Abs. 4 RRAO neu gefaßt. Fortan handelte es sich um eine mögliche, jedoch nicht zwingende Auflage, die als Annex zu der Erteilung von Befreiungen hinsichtlich des Wohnsitzes und der Kanzleierrichtung sowie der Bewilligung von Zweigstellen und Sprechtagen kaum noch Bedeutung erlangte. Die ersten Entwürfe zur BRAO folgten dieser Gesetzgebung, indem sie dem § 20 Abs. 4 RRAO vergleichbare Regelungen vorsahen. Abweichend davon fand sich der Zustellungsbevollmächtigte im Ersten Referenten-Entwurf (§ 46) zur BRAO – im Anschluß an § 19 RAO – im Rahmen einer Mußvorschrift wieder. Darauf aufbauend erhielt § 30 BRAO die heutige Fassung. 1

II. Normzweck

Im Interesse der Rechtspflege wird im Anschluß an die Residenzpflicht (§ 27 Abs. 1) durch § 30 sichergestellt, daß auch an einen Rechtsanwalt, der von der Kanzleipflicht des § 27 Abs. 1 S. 1 befreit ist (§ 29 Abs. 1, § 213 Abs. 1), schnell und vereinfacht am Zulassungsort Zustellungen erfolgen können. 2

In der ZPO sind erleichterte Formen der Zustellung von Schriftstücken an Rechtsanwälte vorgesehen. Es handelt sich dabei um die Zustellung von Anwalt zu Anwalt (§ 198 ZPO) und um die Zustellung von Amts wegen an einen Anwalt (§ 212a ZPO). Diese Zustellungsverfahren knüpfen allerdings an das Bestehen einer Kanzlei an.[2] Soweit ein Anwalt von der Kanzleipflicht befreit ist, kön- 3

---

[1] Vgl. RAO 1878, Materialien: Allgemeine Begründung, S. 36; Besondere Begründung zu § 16, S. 46.
[2] BGH VersR 1982, 273.

§ 30 4–8   Zweiter Teil. Die Zulassung des Rechtsanwalts

nen diese Zustellungsverfahren (§§ 198, 212a ZPO) nicht mehr uneingeschränkt bewirkt werden. Somit entsteht eine Lücke, welche die vereinfachte Zustellung an Rechtsanwälte erheblich beschneiden würde. § 30 BRAO schließt diese Lücke dadurch, daß der Rechtsanwalt, der von der Kanzleipflicht befreit ist, verpflichtet wird, bei dem Gericht, bei dem er zugelassen ist, einen dort wohnhaften **ständigen Zustellungsbevollmächtigten** zu bestellen.

4 Als Anhängsel der Kanzleipflicht hat das Rechtsinstitut des Zustellungsbevollmächtigten während seiner gesamten Entstehungsgeschichte bis in die heutige Zeit niemals eine eigenständige Bedeutung erlangt.

III. Anwendungsbereich

5 Voraussetzung für die Bestellung eines Zustellungsbevollmächtigten ist zunächst die Befreiung des Rechtsanwalts von der Kanzleipflicht. Diese kann entweder nach § 29 Abs. 1 BRAO durch die Landesjustizverwaltung oder nach § 213 Abs. 1 BRAO kraft Gesetzes erfolgen.

1. Der befreite Singularanwalt

6 Soweit ein Rechtsanwalt nach den § 29 Abs. 1, § 213 Abs. 1 BRAO von der Kanzleipflicht befreit ist, muß er einen Zustellungsbevollmächtigten bestellen. Eine Befreiung hiervon ist nicht möglich.

7 Dem nach § 29a Abs. 2 BRAO befreiten Rechtsanwalt steht es offen, einen Zustellungsbevollmächtigten zu bestellen.[3] Eine Verpflichtung dazu besteht jedoch nicht.[4] Dies ergibt sich zum einen daraus, daß § 30 BRAO in § 29a Abs. 3 BRAO nicht für entsprechend anwendbar erklärt worden ist. Zum anderen würde die Nichtbestellung eines Zustellungsbevollmächtigten aufgrund der Nichterwähnung des § 29a Abs. 2 in § 35 Abs. 1 Nr. 4 BRAO sanktionslos bleiben. Auch dies spricht dafür, daß der nach § 29a Abs. 2 BRAO befreite Rechtsanwalt nicht zur Bestellung eines Zustellungsbevollmächtigten verpflichtet ist.

2. Der nicht befreite Singularanwalt

8 Unter gewissen Umständen mag es auch einem nicht befreiten Singularanwalt opportun erscheinen, einen Zustellungsbevollmächtigten zu bestellen. Nach allgemeiner Auffassung ist dies jedoch nicht zulässig.[5] Begründet wird dies zum einen mit Blick auf § 212a ZPO. Demnach steht die Befugnis, eine nach dieser Vorschrift erfolgte Zustellung zu beurkunden, nur den dort genannten Personen und Trägern öffentlicher Aufgaben zu; sie ist Bestandteil der privilegierten Stellung, die diese innehaben. Aus diesem Grunde kann sie nicht in beliebiger Weise auf weitere Personenkreise ausgedehnt werden. Für dieses Ergebnis spricht auch § 212a am Ende ZPO: Soweit die genannte Vorschrift dem Rechtsanwalt lediglich die gemäß der Rechtsanwaltsordnung bestellten Zustellungsbevollmächtigten gleichstellt, führt dies zwangsläufig zu dem Umkehrschluß, daß andere Personen nicht in Vertretung des Rechtsanwalts Empfangsbekenntnisse ausstellen können.[6] **Gegen eine Ausdehnung des Anwendungsbereichs** des § 30 BRAO spricht letztendlich, daß diese Vorschrift eine Einschränkung des Grundsatzes des § 52 Abs. 1 BRAO beinhaltet, wonach ein Rechtsanwalt seine Vertretung nur auf

---
[3] *Feuerich/Braun*, § 29 a Rdn. 10; § 30 Rdn. 2.
[4] *Feuerich/Braun*, § 29 a Rdn. 10; § 30 Rdn. 2; *Kleine-Cosack*, § 29 a Rdn. 5.
[5] BGH NJW 1982, 1649, 1650; NJW 1981, 1962; *Feuerich/Braun*, § 30 Rdn. 4 ff.
[6] BGH NJW 1982, 1649, 1650; MDR 1982, 917 f.

einen anderen Rechtsanwalt übertragen darf. Soweit ein Rechtsanwalt bereits eine Kanzlei unterhält, in welcher an ihn Zustellungen erfolgen können, sind keine unabweisbaren Bedürfnisse ersichtlich, welche eine weitere Einschränkung dieses Grundsatzes zu rechtfertigen vermögen.[7] Bloße Zweckmäßigkeitserwägungen reichen hierfür nicht aus, auch wenn dies wünschenswert wäre. Diese Ansicht steht auch nicht im Widerspruch zu der Entscheidung des BGH vom 10. 6. 1976,[8] da diese die Auslegung des § 5 Abs. 2 VerwZG und somit eine Vorschrift betrifft, die schon in ihrem Wortlaut nicht mit den §§ 198, 212a ZPO übereinstimmt; insbesondere ist in § 5 VerwZG lediglich von einem „Empfangsbekenntnis" und nicht wie in den §§ 198, 212a ZPO von einem „Empfangsbekenntnis des Anwalts" die Rede. Soweit in der Rechtsprechung über den § 30 Abs. 1 BRAO hinaus weitere Fälle der Vertretung anerkannt werden, handelt es sich entweder um die Vertretung durch Anwälte[9] oder um die Zustellung an einen Referendar, der zum Vertreter des Anwalts amtlich bestellt war.

Rechtsanwälte, die nicht von der Pflicht zur Errichtung einer Kanzlei befreit sind, können daher (de lege lata) weder in direkter noch in entsprechender Anwendung des § 30 BRAO einen Zustellungsbevollmächtigten bestellen.

3. Der Simultananwalt

Ähnlich stellt sich die Situation bei Rechtsanwälten dar, die sowohl an einem Amts- als auch an dem übergeordneten Landgericht simultan zugelassen sind (vgl. § 23 BRAO). Eine Pflicht zur Errichtung einer Kanzlei an beiden Gerichtsorten besteht hier nicht. Vielmehr reicht es gemäß § 27 Abs. 2 BRAO aus, wenn am Ort der ersten Zulassung eine Kanzlei existiert. Besteht die Erstzulassung bei einem Amtsgericht, ist die Errichtung der Kanzlei darüber hinaus nicht auf den Gerichtsort selbst beschränkt, sondern kann im **gesamten Amtsgerichtsbezirk** erfolgen (§ 27 Abs. 3 BRAO). Soweit dementsprechend am Ort der Erstzulassung eine Kanzlei unterhalten wird, besteht eine Verpflichtung zur Errichtung einer weiteren Kanzlei am Ort der Zweitzulassung nach § 27 Abs. 2, 3 BRAO nicht. Dementsprechend findet § 30 BRAO im Rahmen der Zweitzulassung keine Anwendung.[10] Eine Pflicht zur Bestellung eines **Zustellungsbevollmächtigten** am Ort der Zweitzulassung besteht folglich nicht. Gleiches gilt hinsichtlich des Ortes der Zweitzulassung auch für Rechtsanwälte mit Simultanzulassung aufgrund der §§ 24, 226, 227 und 227a,b[11] BRAO. Soweit eine Bestellungspflicht nicht gegeben ist, besteht nach den obigen Darstellungen auch kein Recht auf Bestellung eines Zustellungsbevollmächtigten (vgl. oben III.2.).

4. Ausländische Anwälte

Hinsichtlich der Berechtigung bzw. Verpflichtung zur Bestellung eines Zustellungsbevollmächtigten durch einen ausländischen Rechtsanwalt, der im Geltungsbereich des Deutschen Richtergesetzes Dienstleistungen erbringt oder eine Niederlassung unterhält, ist zu **differenzieren**: Ein ausländischer Rechtsanwalt, gleich welcher Herkunft, der seine Zulassung gemäß § 4, 1. Alt. BRAO auf die

---
[7] BGH NJW 1982, 1649, 1650.
[8] BGHZ 67, 10.
[9] BGHZ 67, 10, 12 f.
[10] BGH NJW 1982, 1649; BRAK-Mitt. 1982, 135.
[11] Die Vorschriften werden gem. Art. 1 Nr. 38 i. V. m. Art. 22 Abs. 2 Gesetz zur Neuordnung des Berufsrechts der Rechtsanwälte und der Patentanwälte zum 1. 1. 2000 bzw. 1. 1. 2005 aufgehoben.

§ 30 12–14   Zweiter Teil. Die Zulassung des Rechtsanwalts

Erlangung der **Befähigung** zum Richteramt nach dem Deutschen Richtergesetz (§§ 5 ff. DRiG) durch Ablegung der juristischen Staatsexamina (§ 5 DRiG) zurückführt, unterliegt uneingeschränkt den Vorschriften der BRAO. Für ihn gelten daher, genauso wie für einen Rechtsanwalt aus den EU-Mitgliedstaaten, der seinen Zugang zum Beruf des Rechtsanwalts auf § 4, 2. Alt. BRAO in Verbindung mit einer erfolgreich absolvierten Eignungsprüfung[12] stützt, die obigen Grundsätze.

12   Besitzt der Rechtsanwalt **keine Befähigung** zum Richteramt nach dem Deutschen Richtergesetz, ist zunächst nach seiner Staatszugehörigkeit und im Anschluß daran nach der Zielrichtung seines Wirkens zu differenzieren. Handelt es sich um einen Angehörigen eines EU-Mitgliedstaats und erbringt er Dienstleistungen im Sinne der Art. 59 und 60 EGV, so bestimmt sich seine Pflicht zur Bestellung eines Zustellungsbevollmächtigten nach § 5 RADG.[13] Nach dieser Vorschrift hat er, sobald er in Verfahren vor Gerichten oder Behörden tätig wird, zwingend einen Rechtsanwalt als Zustellungsbevollmächtigten gegenüber dem Gericht oder der Behörde zu benennen. Eine Befreiung ist nicht möglich.

13   Erbringt der Rechtsanwalt seine Dienste im Rahmen der **Niederlassungsfreiheit (Art. 52 EGV)**, richtet sich seine Zulassung sowie seine Rechtsstellung nach der Aufnahme in die Rechtsanwaltskammer nach den § 206 Abs. 1, § 207 Abs. 2 BRAO. Gemäß § 207 Abs. 2 BRAO[14] finden auf einen solchen Rechtsanwalt die §§ 29, 30 BRAO keine Anwendung. Soweit durch den Ausschluß des § 29 BRAO eine Befreiung von der Kanzleipflicht des § 207 Abs. 3 BRAO nicht möglich ist, besteht für § 30 BRAO kein Anwendungsbereich. Dies wird durch den Ausschluß des § 30 BRAO durch § 207 Abs. 2 BRAO klargestellt. Zum Recht auf Bestellung eines Zustellungsbevollmächtigten gelten die obigen Darstellungen (vgl. III.2.).

Gleiches gilt für die Niederlassung eines Rechtsanwalts, der Angehöriger eines anderen Staates als der EU-Mitgliedstaaten ist (§ 206 Abs. 2 und 1, § 207 Abs. 2 BRAO).

IV. Bestellung

1. Die Person des Zustellungsbevollmächtigten

14   Der Zustellungsbevollmächtigte muß zumindest beschränkt **geschäftsfähig** sein. Geschäftsunfähige können nicht wirksam zu Zustellungsbevollmächtigten bestellt werden.[15] Gleiches gilt für juristische Personen.[16] Andererseits braucht der Zustellungsbevollmächtigte in Abweichung von § 52 Abs. 1 ZPO auch für Zustellungen im Rahmen von Anwaltsprozessen (§ 78 ZPO) nicht selbst Rechtsanwalt zu sein.[17] § 30 BRAO enthält für den dort geregelten Fall der Zustellungs-

---

[12] Vgl. hierzu EigPrüfG vom 6. Juli 1990 (BGBl. I, S. 1349; geändert durch G. v. 27. 4. 1993, BGBl. I, S. 512, 529) und EigPrüfVO vom 18. Dezember 1990 (BGBl. I, S. 2881) sowie § 4 BRAO.
[13] Zur Vereinbarkeit dieser Vorschrift mit Art. 3 Abs. 1, 3 GG und Art. 6, 59 und 60 EGV siehe § 5 RADG.
[14] Zur Vereinbarkeit dieser Vorschrift mit Art. 3 Abs. 1, 3 GG und Art. 6, 59 und 60 EGV siehe § 207 BRAO.
[15] *Isele,* § 30 Anm. V. C., D., S. 338.
[16] *Isele,* § 30 Anm. VI. B., C., S. 338.
[17] BGH BRAK-Mitt. 1982, 135; NJW 1982, 1649, 1650; VersR 1982, 676.

bevollmächtigung eine Ausnahme von dem Grundsatz der Spezialsubstitution (§ 52 Abs. 1 BRAO), da nach dieser Vorschrift ausnahmsweise nicht vorausgesetzt wird, daß der Zustellungsbevollmächtigte Rechtsanwalt ist.[18] Der Zustellungsbevollmächtigte muß seinen ständigen Wohnsitz an dem Ort haben, an dem der bestellende Rechtsanwalt seine Kanzlei zu errichten hätte.

2. Das Verfahren der Bestellung

a) **Bestellung durch Vollmachtserteilung.** Die Bestellung des Zustellungsbevollmächtigten erfolgt nach den allgemeinen Vorschriften des BGB (§§ 164 ff. BGB). Daneben finden aber auch die Grundsätze der Anscheins- und Duldungsvollmacht Anwendung.[19] Grundsätzlich handelt es sich bei der Erteilung der Vollmacht um eine einseitige **empfangsbedürftige Willenserklärung**, die für ihre Wirksamkeit nicht der Zustimmung des Bevollmächtigten bedarf.[20] Zu beachten ist allerdings, daß es Sinn und Zweck der Vorschrift des § 30 BRAO ist, sicherzustellen, daß am Zulassungsort wirksame Zustellungen in den vereinfachten Verfahren der §§ 198, 212 a ZPO erfolgen können. Dies ist nicht gewährleistet, sofern der Rechtsanwalt eine nicht zur Übernahme dieser Tätigkeit bereite Person zum Zustellungsbevollmächtigten bestellt. Mit der Bestellung einer solchen Person durch den Rechtsanwalt ist der Verpflichtung des § 30 Abs. 1 BRAO daher nicht Genüge getan[21] (zu den Folgen vgl. VI.).

Inhaltlich muß sich die Vollmacht auf die Ermächtigung zur Entgegennahme von für den Rechtsanwalt in dieser seiner Eigenschaft bestimmten Zustellung erstrecken.

b) **Anzeige der Bestellung.** Die Anzeige der Person des Zustellungsbevollmächtigten an das jeweilige Zulassungsgericht ist für deutsche Rechtsanwälte gesetzlich nicht geregelt. Eine solche Regelung erscheint jedoch geboten, da nach dem Sinn und Zweck des § 30 BRAO eine schnelle und sichere Zustellung, vor allem des Zulassungsgerichts und dort zugelassenen Rechtsanwälte, an den bestellenden Rechtsanwalt ermöglicht werden soll. Da der Zustellungsbevollmächtigte hinsichtlich der Zustellungen als Vertreter des Rechtsanwalts handelt, wird daher nach allgemeiner Auffassung eine **Anzeigepflicht** in analoger Anwendung des § 53 Abs. 6 BRAO bejaht.[22] Soweit die Anzeigepflicht reicht, sind Zustellungen an den Zustellungsbevollmächtigten allerdings auch ohne vorhergehende Anzeige wirksam.[23] Ebenso bleibt die **Nichtanzeige sanktionslos**, da eine analoge Anwendung des § 35 Abs. 1 Nr. 4 BRAO auf die unterlassene Anzeige wegen Art. 103 Abs. 2 GG ausgeschlossen ist. Eine Anzeigepflicht in analoger Anwendung des § 53 Abs. 6 BRAO dürfte somit wenig praktische Bedeutung erlangen.

Ausländische Anwälte, die durch ihre Tätigkeit in den Anwendungsbereich des RADG fallen, sind nach § 5 S. 1 RADG verpflichtet, ihren Zustellungsbevollmächtigten gegenüber dem Gericht oder der Behörde vor der sie tätig werden, zu benennen. Für sie besteht somit eine Anzeigepflicht.

---

[18] BGH NJW 1982, 1649, 1650.
[19] BGH NJW 1975, 1652, 1653; BGHZ 67, 10, 13; *MünchKomm-BGB*, § 198 Rdn. 14.
[20] *Palandt*, § 167 Rdn. 1.
[21] *Isele*, § 30 Anm. VI. A., B., S. 338; *Feuerich/Braun*, § 30 Rdn. 12.
[22] *Isele*, § 30 Anm. VI. A., B., S. 338; *Feuerich/Braun*, § 30 Rdn. 13; *Kleine-Cosack*, § 30 Rdn. 3.
[23] BGH MDR 1967, 32 (zu § 53 Abs. 6 BRAO).

3. Der Bestellungsort

19 Gemäß § 30 Abs. 1, 1. Hs. BRAO ist der Zustellungsbevollmächtigte an dem Ort zu bestellen, an dem das **Zulassungsgericht** des befreiten Singularanwalts seinen Sitz hat. Besteht die Singularzulassung bei einem Amtsgericht, so kann der Zustellungsbevollmächtigte gemäß § 30 Abs. 1, 1. Hs., § 27 Abs. 3 BRAO auch an einem anderen Ort im Bezirk des Amtsgerichts bestellt werden. Handelt es sich um einen Simultananwalt, der bei mehreren Gerichten, die ihren Sitz an verschiedenen Orten haben, gleichzeitig zugelassen ist, so muß der Zustellungsbevollmächtigte an dem Ort bestellt werden, an dem die **Kanzlei einzurichten** wäre (§ 27 Abs. 2, 1. Hs. BRAO). Dies ist der Ort der ersten Zulassung (§ 27 Abs. 2, 2. Hs. BRAO). Aufgrund der eingeschränkten Verweisung des § 30 Abs. 1, 1. Hs. BRAO auf § 27 Abs. 2 S. 2 BRAO findet § 27 Abs. 3 BRAO in diesem Fall keine Anwendung.[24]

4. Die Bestellungsfrist

20 Eine Frist für die Bestellung des Zustellungsbevollmächtigten ist im Gesetz nicht ausdrücklich vorgesehen. Sie ergibt sich jedoch indirekt aus § 35 Abs. 1 Nr. 4 BRAO. Danach kann die Zulassung bei einem Gericht widerrufen werden, wenn der Rechtsanwalt nicht binnen **drei Monaten**, nachdem er von der Pflicht, eine Kanzlei zu unterhalten, befreit worden ist (§ 29 Abs. 1 BRAO) oder der bisherige Zustellungsbevollmächtigte weggefallen ist, einen Zustellungsbevollmächtigten bestellt. Regelmäßig ist der Zustellungsbevollmächtigte daher binnen drei Monaten nach der Befreiung zu bestellen. Ausnahmen hiervon sind jedoch möglich.

V. Rechtsfolgen der Bestellung

1. Empfangsbefugnis

21 Der Zustellungsbevollmächtigte ist für den Bereich der Zustellungen an den Rechtsanwalt dessen Vertreter. In dieser Funktion ist er befugt, alle an den Rechtsanwalt in dieser Eigenschaft gerichteten Zustellungen in Empfang zu nehmen. Die Empfangsbefugnis erstreckt sich dabei auf alle nach den **Vorschriften der ZPO** erfolgenden Zustellungen, unabhängig davon, in welcher Gerichtsbarkeit sie erfolgen. Weiterhin ist der Zustellungsbevollmächtigte befugt, die Entgegennahme, auch wenn er selbst kein Rechtsanwalt ist, wirksam nach §§ 198, 212 a ZPO durch schriftliches Empfangsbekenntnis nach den Formerfordernissen der §§ 198, 212 a ZPO zu beurkunden.[25]

2. Zustellung an den Zustellungsbevollmächtigten

22 Da der Zustellungsbevollmächtigte für seinen Bereich der Vertreter des bestellenden Rechtsanwalts ist, haben Zustellungen an ihn dieselbe Wirkung, wie wenn sie an den Rechtsanwalt selbst bewirkt worden wären. Soweit der Beginn von **Fristen** von der Zustellung an den Rechtsanwalt abhängig ist, beginnt deren Lauf bereits mit der Zustellung an den Zustellungsbevollmächtigten. Dies gilt unabhängig davon, wann der Rechtsanwalt das Schriftstück tatsächlich erhält.

---

[24] *Isele*, § 30 Anm. V. C., D., S. 328; *Feuerich/Braun*, § 30 Rdn. 9.
[25] BGH NJW 1982, 1649, 1650; MDR 1982, 917 f.; *Baumbach/Lauterbach/Albers/Hartmann*, § 212 a Rdn. 4 m. w. N.

3. Erteilung von Untervollmachten

Der Zustellungsbevollmächtigte ist seinerseits weder berechtigt, Untervoll- 23
machten zu erteilen, noch kann er selbst Zustellungen bewirken. Ebenso ist die
Vornahme sonstiger Handlungen für und mit Wirkung gegen den Rechtsanwalt
ausgeschlossen. Handelt es sich bei dem Zustellungsbevollmächtigten selbst um
einen Rechtsanwalt, ist eine weitergehende Vertretung nach den Vorschriften der
§§ 52, 53 BRAO jedoch nicht grundsätzlich ausgeschlossen. Allerdings bedarf es
hierzu einer gesonderten Bestellung, die jedoch zusammen mit der Zustellungsbevollmächtigung erfolgen kann.

4. Verhältnis zwischen Rechtsanwalt und Zustellungsbevollmächtigtem

Die Rechte und Pflichten des Zustellungsbevollmächtigten ergeben sich un- 24
mittelbar aus dem **Vertragsverhältnis** zwischen ihm und dem bestellenden
Rechtsanwalt. In Frage kommen hier vor allem Dienstvertrag (§ 611 ff. BGB),
Werkvertrag (§§ 631 ff. BGB) und Auftrag (§§ 662 ff. BGB). Mindestinhalt
dieses Vertragsverhältnisses ist regelmäßig die Verpflichtung des Zustellungsbevollmächtigten, alle an den Rechtsanwalt in dieser Eigenschaft gerichteten Zustellungen in Empfang zu nehmen und darüber Empfangsbekenntnisse im Sinne der
§ 198 Abs. 2 und § 212 a ZPO auszustellen. Weiterhin wird stets die unverzügliche Weiterleitung der in Empfang genommenen Schriftstücke an den Rechtsanwalt besondere Berücksichtigung finden.

VI. Mängel der Bestellung und Unmöglichkeit der Zustellung

Ist ein Zustellungsbevollmächtigter entgegen § 30 Abs. 1 BRAO nicht bestellt, 25
so kann der Zustellende die Zustellung durch Aufgabe zur Post nach §§ 175,
192, 213 ZPO bewirken. Gleiches gilt, wenn eine Zustellung an den Zustellungsbevollmächtigten am Ort des Gerichts nicht ausführbar ist. § 30 Abs. 3
BRAO erfaßt somit alle Fälle, in denen ein **Zustellungsbevollmächtigter nicht
bestellt** oder vom Rechtsanwalt wieder abberufen worden ist, der Zustellungsbevollmächtigte seine Aufgabe oder den Wohnsitz am Ort des Gerichts aufgegeben
hat, die Entgegennahme ablehnt oder überhaupt nicht erreichbar ist. Wird die
Zustellung durch Aufgabe **zur Post** in einem dieser Fälle nach den §§ 175, 192,
213 ZPO vorgenommen, so ist sie mit der Übergabe an die Post als **bewirkt**
anzusehen, selbst wenn die Sendung als unzustellbar zurückkommt.[26] Hat ein
Rechtsanwalt, der nach § 30 BRAO zur Bestellung eines ständigen Zustellungsbevollmächtigten verpflichtet ist, durch sein Verhalten zum Ausdruck gebracht,
daß er die von ihm früher benannte Person nicht mehr als ständigen Zustellungsbevollmächtigten gelten lassen will, so sind an ihn selbst durch Aufgabe zur Post
bewirkte Zustellungen nicht deshalb unwirksam, weil er den Widerruf der Zustellungsvollmacht dem Gericht, bei dem er zugelassen ist, noch nicht angezeigt
hat.[27] Zustellungen an einen Rechtsanwalt nach §§ 198, 212 a ZPO, die an einen
zu Unrecht bestellten Zustellungsbevollmächtigten erfolgen, sind unwirksam.[28]

Soweit der befreite Rechtsanwalt nicht der Pflicht zur Bestellung eines Zustel- 26
lungsbevollmächtigten in einer dem § 30 BRAO entsprechenden Weise nach

---

[26] § 175 Abs. 1 S. 3 ZPO; BGH NJW 1979, 218; 1983, 884; *Baumbach/Lauterbach/
Albers/Hartmann*, § 175 Rdn. 5 m. w. N.; *MünchKomm BGB*, § 175 Rdn. 4.
[27] BGH MDR 1964, 35.
[28] BGH NJW 1982, 1649 und 1650.

§ 31 1, 2   Zweiter Teil. Die Zulassung des Rechtsanwalts

kommt, kann dies unter Umständen zum **Widerruf der Zulassung** beim entsprechenden Gericht führen (§ 35 Abs. 1 Nr. 4 BRAO).

§ 31 Eintragung in die Liste der Rechtsanwälte

(1) **Bei jedem Gericht der ordentlichen Gerichtsbarkeit wird eine Liste der bei ihm zugelassenen Rechtsanwälte geführt.**

(2) **Der Rechtsanwalt wird in die Liste eingetragen, nachdem er vereidigt ist (§ 26), seinen Wohnsitz angezeigt und eine Kanzlei eingerichtet hat (§ 27).** Ist der Rechtsanwalt von der Pflicht des § 27 befreit worden, so wird er eingetragen, sobald er vereidigt ist.

(3) **In der Liste sind der Zeitpunkt der Zulassung und der Vereidigung, der Wohnsitz und die Kanzlei des Rechtsanwalts sowie die Erlaubnis, auswärtige Sprechtage abzuhalten oder eine Zweigstelle einzurichten, zu vermerken.** In den Fällen des § 29 Abs. 1 oder des § 29 a Abs. 2 wird der Inhalt der Befreiung vermerkt.

(4) **Der Rechtsanwalt erhält über seine Eintragung in die Liste eine Bescheinigung.**

(5) **Verlegt der Rechtsanwalt seinen Wohnsitz oder seine Kanzlei, so hat er dies der Landesjustizverwaltung und dem Gericht, bei dem er zugelassen ist, zur Eintragung in die Liste unverzüglich anzuzeigen.**

Übersicht

	Rdn.		Rdn.
I. Historische Entwicklung	1	a) Lokale Zulassung	4
II. Normzweck	2, 3	b) Weitere Voraussetzungen..	5
III. Eintragungsverfahren	4–9	2. Eintragungsinhalt	9
1. Voraussetzungen der Eintragung	4	IV. Rechtsschutz	12

I. Historische Entwicklung

1 Gesetzliche Vorschriften betreffend die Eintragung in die Liste der Rechtsanwälte sowie deren Führung finden sich bereits in § 20 der Rechtsanwaltsordnung 1878 (RAO), § 21 RRAO 1936 und in den §§ 24 ff. der Rechtsanwaltsordnung für die britische Zone. Inhaltlich stimmen diese Vorschriften nahezu wörtlich überein. Änderungen wurden im Laufe der Zeit hinsichtlich der einzutragenden Tatsachen und unter Berücksichtigung der Pflicht zur Einrichtung einer Kanzlei (seit der RRAO) vorgenommen. Zuletzt wurde § 31 BRAO im Rahmen einer Folgeänderung zur Streichung der Wohnsitzpflicht aus § 27 BRAO durch die Novelle der Bundesrechtsanwaltsordnung im Jahre 1994 geändert.

II. Normzweck

2 Die Führung der Liste der bei einem Gericht zugelassenen Rechtsanwälte verfolgt einen **zweifachen** Zweck. Zum einen soll dem Rechtsuchenden die vor allem in Anwaltsprozessen im Sinne von § 78 ZPO bedeutsame Feststellung erleichtert werden, **welche** Rechtsanwälte bei dem jeweiligen Prozeßgericht zugelassen sind. Zum anderen soll sie im Rechtsverkehr allgemein der Klärung der Frage dienen, **ob** ein Rechtsanwalt bei einem bestimmten Gericht **zugelassen** ist.

§ 31 Eintragung in die Liste der Rechtsanwälte 3–8 § 31

Die Liste im Sinne des § 31 BRAO wird grundsätzlich bei allen Gerichten 3
geführt. Eine Ausnahme ergibt sich gemäß § 227 Abs. 2 BRAO lediglich bei den
Obersten Landesgerichten (§ 8 EGGVG). Der Führung einer Liste bedarf es bei
diesen Gerichten nicht, da gemäß § 227 Abs. 1 BRAO alle bei den Oberlandesgerichten des jeweiligen Bundeslandes zugelassenen Rechtsanwälte zugleich bei
dem entsprechenden Obersten Landesgericht als zugelassen gelten. Die bei diesen
Gerichten zugelassenen Rechtsanwälte sind folglich der Gesamtheit der bei den
Oberlandesgerichten des jeweiligen Bundeslandes geführten Listen zu entnehmen.

III. Eintragungsverfahren

1. Voraussetzungen der Eintragung

a) Lokale Zulassung. In die Listen einzutragen sind entsprechend dem 4
Zweck der Vorschrift des § 31 BRAO nur die bei dem jeweiligen Gericht zugelassenen Rechtsanwälte. Besitzt ein Rechtsanwalt aufgrund der §§ 24, 29, 29a,
226, 227 und 227a, b[1] BRAO eine Zulassung bei mehreren Gerichten gleichzeitig (Simultanzulassung) oder eine Befreiung, so wird er bei allen Gerichten, bei
denen er zugelassen ist, in die Liste der Rechtsanwälte eingetragen.[2]

b) Weitere Voraussetzungen. Die Eintragung in die Liste der Rechtsanwäl- 5
te schließt sich in zeitlicher Sicht an den Akt der lokalen Zulassung (§ 19 Abs. 1
BRAO) an. Sie wird jedoch nicht schon allein aufgrund der Zulassungsverfügung
bewirkt. Gemäß § 31 Abs. 2 BRAO muß der Rechtsanwalt vielmehr noch weitere Voraussetzungen erfüllen, bevor seine Eintragung erfolgen kann. Soweit
diese Voraussetzungen nicht vorliegen, ist die Eintragung zu unterlassen.[3]
Die Voraussetzungen ergeben sich im einzelnen aus § 31 Abs. 2 BRAO. Dem- 6
entsprechend müssen für eine Eintragung **folgende Bedingungen** erfüllt sein:
Bei einer Erstzulassung (§ 18 Abs. 2 BRAO) muß die Vereidigung (§ 26
BRAO) des Rechtsanwalts vor der Eintragung vorgenommen worden sein.
Weiterhin muß der Rechtsanwalt gemäß § 31 Abs. 2 BRAO vor der Eintragung
bereits seinen Wohnsitz angezeigt (§ 31 Abs. 2 S. 1 BRAO) und eine Kanzlei
eingerichtet haben (§ 27 BRAO). Mit der Streichung einer entsprechenden
Pflicht aus § 27 BRAO ist der Rechtsanwalt jedoch nicht mehr gehalten, seinen
Wohnsitz innerhalb des Oberlandesgerichtsbezirks, in dem er zugelassen ist, zu
nehmen (§ 27 Abs. 1 BRAO a. F.).
Soweit der Rechtsanwalt von der Kanzleipflicht (§ 27 BRAO) nach den §§ 29 7
oder 29a Abs. 1, 2 BRAO befreit ist, so daß er eine Kanzlei im Bezirk nicht
einzurichten braucht, kann er im Falle der Erstzulassung gemäß § 31 Abs. 2 S. 2
BRAO direkt im Anschluß an die Vereidigung in die Liste der Rechtsanwälte
eingetragen werden.
Ist der Rechtsanwalt nach einem **Zulassungswechsel** (§ 33 BRAO) in eine 8
andere oder aufgrund einer Simultanzulassung in eine weitere Liste der Rechtsanwälte einzutragen, so gilt das oben Gesagte mit der Ausnahme, daß eine Vereidigung (§ 26 BRAO) nicht mehr erfolgt. Handelt es sich um einen Rechtsanwalt, der entweder von der Pflicht des § 27 BRAO befreit ist oder dieser im

---

[1] Die Vorschriften werden gem. Art. 1 Nr. 38 i. V. m. Art. 22 Abs. 2 Gesetz zur Neuordnung des Berufsrechts der Rechtsanwälte und der Patentanwälte zum 1. 1. 2000 bzw. 1. 1. 2005 aufgehoben.
[2] *Feuerich/Braun*, § 31 Rdn. 3; *Isele*, § 31 Anm. IV. A. u. B., S. 337; amtl. Begr.
[3] EGH Stuttgart EGE XI., S. 113.

§ 32　Zweiter Teil. Die Zulassung des Rechtsanwalts

Rahmen einer Simultanzulassung überhaupt nicht unterliegt,[4] so kann die Eintragung ohne weitere Voraussetzungen alsbald nach der Zulassung erfolgen.

2. Eintragungsinhalt

9　Der notwendige Inhalt der Eintragung ergibt sich aus § 31 Abs. 3 BRAO. Demnach hat die Eintragung neben dem Namen die für den Rechtsverkehr wesentlichen Angaben wie den Zeitpunkt der Zulassung, den Tag der Vereidigung, den Wohnsitz, die Kanzlei, eine eventuelle Befreiung von der Kanzleipflicht sowie die Erlaubnis, auswärtige Sprechtage abzuhalten oder eine Zweigstelle einzurichten, zu enthalten.

10　Soweit der Rechtsanwalt nach Eintragung in die Liste der Rechtsanwälte seinen **Wohnsitz** oder seine **Kanzlei verlegt**, hat er dies der Landesjustizverwaltung und dem Gericht, bei dem er zugelassen ist, gemäß § 31 Abs. 5 BRAO zur Eintragung in die Liste unverzüglich anzuzeigen.

11　Gemäß § 31 Abs. 4 BRAO erhält der Rechtsanwalt über die Eintragung in die Liste der Rechtsanwälte eine Bescheinigung. Diese soll ihm den Nachweis, daß er bei dem Gericht zugelassen ist, erleichtern, falls er einer solchen Legitimation einmal bedarf.[5] Entsprechend dem Sinn und Zweck des § 31 Abs. 4 BRAO ist dem Rechtsanwalt daher nicht nur im Falle der Neueintragung (Absatz 2), sondern auch im Rahmen einer Änderungseintragung (Absatz 5) eine Bescheinigung auszustellen. Zu den Folgen und der Bedeutung der Eintragung vgl. im übrigen § 32 BRAO.

IV. Rechtsschutz

12　Gegen die Versagung der Eintragung in die Liste der Rechtsanwälte kann der Rechtsanwalt Antrag auf gerichtliche Entscheidung stellen. Das Verfahren und die Zuständigkeit richten sich nach dem § 223 i. V. m. § 37 und § 39 bis § 42 BRAO.[6]

§ 32 Aufnahme der Tätigkeit als Rechtsanwalt

(1) **Mit der Eintragung in die Liste der Rechtsanwälte beginnt die Befugnis, die Anwaltstätigkeit auszuüben.**

(2) **Die rechtliche Wirksamkeit von Handlungen, die der Rechtsanwalt vorher vorgenommen hat, wird hierdurch nicht berührt.**

Übersicht

	Rdn.		Rdn.
I. Historische Entwicklung	1	2. Die Wirksamkeit von sonstigen Handlungen	7
II. Beginn der Berufsausübungsbefugnis	2–4	3. Berufsrechtliche Konsequenzen	8
III. Tätigkeiten vor der Eintragung	5–8		
1. Die Wirksamkeit von Handlungen in Anwaltsprozessen	5		

---

[4] Vgl. § 30 BRAO Anm. III. 3.; *Isele,* § 30 BRAO Anm. V. 3., S. 338.
[5] *Feuerich/Braun,* § 31 Rdn. 8; amtl. Begr.
[6] EGH Stuttgart EGE XI., S. 113; *Feuerich/Braun,* § 31 Rdn. 9.

I. Historische Entwicklung

In § 32 Abs. 1 BRAO wurde die Formulierung des § 21 Abs. 2 BRAO betreffend den Beginn der Befugnis, die Anwaltstätigkeit auszuüben, unverändert übernommen. Diese Formulierung findet sich im übrigen wortgleich auch schon in § 20 Abs. 3 der Rechtsanwaltsordnung von 1878 (RAO) und z. B. ebenso in § 25 der Rechtsanwaltsordnung für die britische Zone wieder. Gemeinsam ist diesen Vorschriften, daß sie keinerlei Bestimmungen hinsichtlich der rechtlichen Wirksamkeit von Handlungen getroffen haben, die der Rechtsanwalt vor seiner Eintragung vorgenommen hat. Die entsprechenden Vorschriften waren diesbezüglich Gegenstand unterschiedlicher Auslegungen.[1] Mit der Einführung einer ausdrücklichen gesetzlichen Regelung in § 32 Abs. 2 BRAO ist dieser Streit gegenstandslos geworden.

1

II. Beginn der Berufsausübungsbefugnis

Mit der Aushändigung der Zulassungsurkunde wird der Bewerber Rechtsanwalt (§ 12 Abs. 2 BRAO). Ab diesem Zeitpunkt ist er berechtigt, die entsprechende Berufsbezeichnung zu führen (§ 12 Abs. 3 BRAO).[2] Die an die Zulassung zur Rechtsanwaltschaft anknüpfende lokale Zulassung (§ 18 Abs. 2 BRAO) führt zu einer Mitgliedschaft kraft Gesetzes in der Rechtsanwaltskammer des jeweiligen Oberlandesgerichtsbezirks (§ 60 Abs. 1 BRAO). Mit **Aushändigung der Zulassungsurkunde** (§ 12 BRAO) unterliegt der Rechtsanwalt der Anwaltsgerichtsbarkeit; mit der lokalen Zulassung ist er der Berufsaufsicht der jeweiligen Rechtsanwaltskammer unterworfen.

2

Die Befugnis, die Anwaltstätigkeit auch tatsächlich auszuüben, erlangt der Rechtsanwalt jedoch erst mit der **Eintragung in die Liste** der Rechtsanwälte (Absatz 2). Nach einer früher vertretenen Ansicht wird die von der Landesjustizverwaltung verfügte Zulassung bei einem Gericht erst zu diesem Zeitpunkt nach außen wirksam, so daß der Rechtsanwalt nunmehr – mit der Eintragung – die Eigenschaft eines bei diesem Gericht zugelassenen Rechtsanwalts im Sinne des § 78 ZPO erlangt.[3]

3

Wie sich jedoch aus § 32 Abs. 2 BRAO ergibt, wird die rechtliche Wirksamkeit von Handlungen, die der Rechtsanwalt vor der Eintragung vornimmt, durch deren Fehlen nicht berührt. Im Umkehrschluß ist daher richtigerweise davon auszugehen, daß die Eintragung in die Liste der Rechtsanwälte nicht konstitutiv ist, sondern lediglich Nachweisfunktion hat. Eine derartige Betrachtungsweise wird dem Sinn und Zweck der Eintragung in die Liste der Rechtsanwälte in angemessener Weise gerecht.[4] Die nach § 78 ZPO erforderliche Postulationsfähigkeit erwirbt der Rechtsanwalt daher nicht erst durch die Eintragung in die Liste der Rechtsanwälte (vgl. § 31 BRAO), sondern bereits durch die Aushändigung der Zulassungsurkunde (§ 12 Abs. 2 BRAO).[5]

4

---

[1] Zum Meinungsstand vgl. *Isele,* § 32 Anm. I. A.-C., S. 349.
[2] BVerfGE 34, 325, 328.
[3] *Feuerich/Braun,* § 32 Rdn. 1.
[4] Vgl. hierzu oben § 31 BRAO Anm. II.
[5] BVerfGE 34, 325, 329; BGH NJW 1992, 2706; a. A. *Feuerich/Braun,* § 32 Rdn. 1; *Kleine-Cosack,* § 32 Rdn. 1.

III. Tätigkeiten vor der Eintragung

1. Die Wirksamkeit von Handlungen in Anwaltsprozessen

5 Da die Zulassung zur Rechtsanwaltschaft bereits mit der Aushändigung der Urkunde wirksam wird (§ 12 Abs. 2 BRAO),[6] sind Handlungen in Anwaltsprozessen (§ 78 ZPO), die der Rechtsanwalt entgegen § 32 Abs. 1 BRAO vorgenommen hat, gemäß § 32 Abs. 2 BRAO uneingeschränkt wirksam.[7] Der Gesetzgeber hat insofern dem Umstand, daß das Fehlen der Befugnis, die Anwaltstätigkeit auszuüben, im Rechtsverkehr nicht immer ohne weiteres erkennbar ist, im Interesse der **Rechtssicherheit** und mit dem Willen, die Beteiligten zu schützen, Rechnung getragen. § 32 Abs. 2 BRAO entspricht in seinem Wesensgehalt dem Grundgedanken des Schutzes der Rechtssicherheit, welcher sich ebenfalls in den § 36 Abs. 2, § 54, § 114 a Abs. 2 und § 155 Abs. 5 BRAO wiederfindet.

6 Unabhängig von der rechtlichen Wirksamkeit der Handlungen des noch nicht eingetragenen Rechtsanwalts ist dieser entsprechend dem § 156 Abs. 2 BRAO durch Behörden und Gerichte zurückzuweisen.[8]

2. Die Wirksamkeit von sonstigen Handlungen

7 In § 32 Abs. 2 BRAO findet keine Differenzierung zwischen Handlungen in Anwaltsprozessen und sonstigen Handlungen statt. Entsprechend dem Schutzzweck der Vorschrift ist eine solche Differenzierung weder geboten noch sinnvoll. Für die Wirksamkeit von Handlungen in anderen als Anwaltsprozessen, sowie von Handlungen im außergerichtlichen Bereich gilt folglich das oben Gesagte uneingeschränkt.

3. Berufsrechtliche Konsequenzen

8 Unberührt von der in § 32 Abs. 2 BRAO angeordneten rechtlichen Wirksamkeit der Handlungen, die der Rechtsanwalt vor seiner Eintragung in die Liste der Rechtsanwälte vornimmt, bleibt die berufsrechtliche Würdigung eines solchen Verhaltens. Wie sich aus § 32 Abs. 1 BRAO ergibt, hat sich der noch nicht eingetragene Rechtsanwalt jeglicher Tätigkeit zu enthalten. Dies gilt unabhängig davon, ob die Tätigkeit in einer gerichtlichen oder außergerichtlichen Vertretung oder lediglich in einer Rechtsberatung besteht.[9] Soweit der Rechtsanwalt entgegen diesem Verbot tätig wird, **verletzt er seine Berufspflichten**. Die berufsrechtlichen Folgen einer solchen Pflichtverletzung ergeben sich aus den §§ 74 f. und §§ 113 ff. BRAO.[10]

§ 33 Wechsel der Zulassung

(1) **Der Rechtsanwalt kann auf seinen Antrag bei einem anderen Gericht der ordentlichen Gerichtsbarkeit zugelassen werden, wenn er auf die Rechte aus der bisherigen Zulassung verzichtet. Der Verzicht ist der Landesjustizverwaltung gegenüber, welche die Zulassung erteilt hat, schriftlich zu erklären.**

---

[6] BVerfGE 34, 325, 328.
[7] *Isele*, § 32 Anm. IV. A., S. 351; *Feuerich/Braun*, § 32 Rdn. 3.
[8] *Feuerich/Braun*, § 32 Rdn. 4 und § 156 Rdn. 7 ff.
[9] *Isele*, § 32 Anm. IV. A., S. 351.
[10] *Isele*, § 32 Anm. IV. B., S. 351; *Feuerich/Braun*, § 32 Rdn. 4.

§ 33 Wechsel der Zulassung

(2) Die Entscheidung über den Antrag auf anderweitige Zulassung kann ausgesetzt werden, wenn gegen den Rechtsanwalt ein anwaltsgerichtliches Verfahren, ein Ermittlungsverfahren wegen des Verdachts einer Straftat oder ein strafgerichtliches Verfahren schwebt.

(3) Der Antrag kann nicht deshalb abgelehnt werden, weil der Rechtsanwalt die Zulassung zur Rechtsanwaltschaft in einem anderen deutschen Land erhalten hat.

(4) Die bisherige Zulassung (§ 18 Abs. 1) wird von der Landesjustizverwaltung, die sie erteilt hat, erst widerrufen, wenn der Rechtsanwalt bei dem anderen Gericht zugelassen ist.

Übersicht

	Rdn.
I. Entstehungsgeschichte der Vorschrift	1
II. Normzweck	2, 3
III. Anwendungsbereich	4–8
1. Wechsel der Zulassung	5
2. Wechsel aus den neuen in die alten Bundesländer	7
IV. Verfahren	9–27
1. Anwendbare Vorschriften	9
a) Unanwendbarkeit der §§ 6 ff. BRAO	9
b) Anwendbarkeit der §§ 19 ff. BRAO	10
2. Voraussetzungen	14

	Rdn.
3. Aussetzung des Verfahrens	17
4. Widerruf der bisherigen Zulassung	24
a) Widerruf nach Ablehnung des Antrags auf Zulassungswechsel	24
b) Widerruf nach durchgeführtem Zulassungswechsel	25
c) Widerruf und Simultanzulassung	27
V. Rechtsschutz	28, 29
VI. Gebühren	30

I. Entstehungsgeschichte der Vorschrift

Die gesetzliche Regelung des Wechsels der Zulassung in der BRAO ist aus historischer Sicht ein Novum. Lediglich in § 15 der Rechtsanwaltsordnung aus dem Jahre 1878 (RAO) wurde eine solche Möglichkeit beiläufig erwähnt. Sowohl im Bereich der RRAO als auch der Rechtsanwaltsordnung für die britische Zone wurde der Zulassungswechsel trotz des Fehlens einer ausdrücklichen gesetzlichen Regelung im allgemeinen jedoch als zulässig angesehen.[1]   **1**

II. Normzweck

Die BRAO unterscheidet zwischen der Zulassung zur Rechtsanwaltschaft   **2**
(§§ 4 ff. BRAO) und der Zulassung bei einem Gericht (§§ 18 ff. BRAO). Eine Zulassung bei mehreren Gerichten gleichzeitig sieht die BRAO nur in wenigen Ausnahmefällen vor (vgl. §§ 23, 24, 226, 227 und 227a, b[2] BRAO). Um zu einem anderen Gericht zu wechseln, muß der Betreffende daher, soweit er nicht eine Simultanzulassung begehrt, auf die Rechte aus seiner bisherigen lokalen Zulassung verzichten. Da es gemäß § 18 Abs. 1 BRAO keine isolierte Zulassung zur Rechtsanwaltschaft ohne eine gleichzeitige Zulassung bei einem Gericht gibt,

---

[1] Vgl. hierzu *Isele*, § 33 Anm. I. A.-C., S. 352.
[2] Die Vorschriften werden gem. Art. 1 Nr. 38 i. V. m. Art. 22 Abs. 2 Gesetz zur Neuordnung des Berufsrechts der Rechtsanwälte und der Patentanwälte zum 1. 1. 2000 bzw. 1. 1. 2005 aufgehoben.

wäre die Zulassung zur Rechtsanwaltschaft im Rahmen eines solchen Verzichts ebenfalls zu widerrufen (§ 14 Abs. 2 Nr. 4 und 6, § 18 Abs. 3 BRAO).[3] Der Betreffende würde seine Stellung als Rechtsanwalt verlieren. Der Zulassungswechsel wäre nur über eine Neuzulassung zu erreichen. Ein solcher Antrag wäre der Überprüfung aller Versagungsgründe, die für eine Erstzulassung Bedeutung haben, ausgesetzt.

3   Durch § 33 BRAO wird der Zulassungswechsel jedoch in der Weise ermöglicht, daß der Betreffende **keinen Augenblick aufhört, Rechtsanwalt** zu sein.[4] Zu diesem Zweck ist der isolierte Verzicht auf die Zulassung bei einem bestimmten Gericht ausnahmsweise zulässig (§ 18 Abs. 3 BRAO). Dem Rechtsanwalt wird auf diese Weise ein Weg eröffnet, die lokale Zulassung zu wechseln, ohne zugleich die Zulassung zur Rechtsanwaltschaft aufzugeben. Die Regelung des § 33 BRAO geht von der Zulässigkeit dieses Verfahrens aus.[5] Um Lücken in der lokalen Zulassung zu vermeiden, ist die bisherige lokale Zulassung gemäß § 33 Abs. 4 BRAO erst dann zu widerrufen, wenn der Rechtsanwalt bei dem anderen Gericht zugelassen worden ist.[6]

III. Anwendungsbereich

4   § 44 findet auf den Wechsel der lokalen Zulassung Anwendung. Der Wechsel vollzieht sich in der Weise, daß der Rechtsanwalt unter Aufgabe seiner bisherigen Zulassung bei einem Gericht der ordentlichen Gerichtsbarkeit die Zulassung bei einem anderen Gericht der ordentlichen Gerichtsbarkeit erhält.[7]

1. Wechsel der Zulassung

5   Unter Wechsel der Zulassung im Sinne des § 33 ist zum einen der Wechsel zwischen Gerichten verschiedener Rangordnung, wie zum Beispiel Amtsgericht, Landgericht und Oberlandesgericht, zu verstehen. Zum anderen erfaßt § 33 auch die Fälle des Wechsels zu einem anderen örtlich zuständigen Gericht der selben, oder einer anderen Rangordnung.[8]

6   Keine Anwendung findet § 33 auf Simultanzulassungen im Sinne der §§ 23, 24, 226, 227 und 227a, b,[9] da durch diese die Zulassung bei einem weiteren Gericht ohne Aufgabe der bisherigen Zulassung erfolgt.[10]

2. Wechsel aus den neuen in die alten Bundesländer

7   Lange Zeit umstritten war die Frage, ob Rechtsanwälte aus den neuen Bundesländern in direkter oder entsprechender Anwendung des § 33 BRAO aus dem Geltungsbereich des RAG in den der BRAO wechseln konnten.[11] Nach der herrschenden Meinung in der Literatur war ein solcher Zulassungswechsel unter

---

[3] *Isele,* § 33 Anm. IV. B. 2. b), S. 354; *Feuerich/Braun,* § 33 Rdn. 5.
[4] BGH NJW 1961, 218.
[5] BGH NJW 1961, 218; *Feuerich/Braun,* § 33 Rdn. 4.
[6] OLG Schleswig-Holstein AnwBl. 1993, 240; *Kleine-Cosack,* § 33 Rdn. 1.
[7] *Isele,* § 33 Anm. II. A., S. 352; *Feuerich/Braun,* § 33 Rdn. 2.
[8] *Isele,* § 33 Anm. II. B. 1., 2., S. 353; *Feuerich/Braun,* § 33 Rdn. 2.
[9] Die Vorschriften werden gem. Art. 1 Nr. 38 i. V. m. Art. 22 Abs. 2 Gesetz zur Neuordnung des Berufsrechts der Rechtsanwälte und der Patentanwälte zum 1. 1. 2000 bzw. 1. 1. 2005 aufgehoben.
[10] BGH EGE VIII, S. 36; *Feuerich/Braun,* § 33 Rdn. 3.
[11] Vgl. zum Meinungsstand: *Feuerich,* 2. Aufl., § 33 Rdn. 20 ff.

§ 33 Wechsel der Zulassung   8, 9 § 33

Verzicht auf die in § 4 BRAO normierten Zulassungsvoraussetzungen zugunsten der im Gebiet der neuen Bundesländer zugelassenen Rechtsanwälte, uneingeschränkt möglich.[12] Ihre dogmatische Begründung fand diese Ansicht nach überwiegender Ansicht in der entsprechenden Gleichstellungsklausel des Einigungsvertrages. Nach einer anderen, vereinzelt vertretenen Ansicht war ein solches Verfahren abzulehnen, da die Gleichstellung durch den Einigungsvertrag nur eine funktionelle Gleichstellung der nach der BRAO und dem RAG zugelassenen Rechtsanwälte beinhalte, ohne jedoch die Trennung in nach der BRAO oder dem RAG zugelassene Rechtsanwälte insgesamt aufzuheben.[13] Im Jahr 1992 hatte der **BGH** sich erstmals mit dieser Frage zu befassen. Mit Beschluß vom 6. 7. 1992 hat er **entschieden**, daß die Vorschrift des § 33 BRAO auch auf einen in den neuen Bundesländern zugelassenen Rechtsanwalt anwendbar ist, der einen Zulassungswechsel an ein Gericht eines alten Bundeslandes erstrebt.[14] In dieser Entscheidung ist er sowohl in der Argumentation als auch im Ergebnis der bis dahin herrschenden Meinung in Literatur und Lehre gefolgt.

Mit der **Novellierung der BRAO** und der damit verbundenen Ausdehnung **8** des Geltungsbereichs auf das gesamte Bundesgebiet hat sich dieser Streit nunmehr erledigt. Gemäß Art. 21 Abs. 1 des Gesetzes zur Neuregelung des Berufsrechts der Rechtsanwälte und Patentanwälte[15] wurde das Rechtsanwaltsgesetz vom 13. September 1990 (RAG),[16] das nach dem Einigungsvertrag[17] bisher fortgalt, aufgehoben. Die Maßgabe des Einigungsvertrages[18] ist **nicht mehr anzuwenden**. Abweichend von Anlage I, Kapitel III, Sachgebiet A, Abschnitt I, Nr. 7 des Einigungsvertrages[19] gilt die BRAO jetzt auch in den Ländern Brandenburg, Mecklenburg-Vorpommern, Sachsen, Sachsen-Anhalt und Thüringen. Nach Maßgabe des Art. 21 Abs. 2 des Gesetzes zur Neuordnung des Berufsrechts der Rechtsanwälte und Patentanwälte sind die nach dem Rechtsanwaltsgesetz (RAG) zugelassenen Rechtsanwälte nach der BRAO zugelassen. § 33 BRAO findet somit unmittelbar auf sie Anwendung.

IV. Verfahren

1. Anwendbare Vorschriften

a) Unanwendbarkeit der §§ 6 ff. BRAO. Da die BRAO zwischen der Zu- **9** lassung zur Rechtsanwaltschaft und der Zulassung bei einem bestimmten Gericht

---

[12] *Döring* DtZ 1990, 348, 349; *Kinkel* AnwBl. 1991, 353, 357; *Schäfer-Gölz/Lange* DtZ 1991, 208 f.; *Wasmuth* BRAK-Mitt. 1990, 194, 197 und MDR 1990, 760; vgl. auch Erläuterungen der Bundesregierung zu den Anlagen des Einigungsvertrages in BT-Drucks. 605/90, S. 8 f.
[13] *Feuerich*, 2. Aufl., § 33 Rdn. 21; *ders.* DtZ 1991, 38 ff.; Zum genauen Meinungs- und Streitstand vgl. *Feuerich*, 2. Aufl., § 33 Rdn. 21 ff.
[14] BGH BRAK-Mitt. 1992, 171.
[15] Gesetz zur Neuordnung des Berufsrechts der Rechtsanwälte und der Patentanwälte, vom 2. 9. 1994 (BGBl. I; S. 2278); vgl. dazu BGBl. BT-Drucks. 12/4493, 12/7656, 12/7835; BR-Drucks. 504, 656/94.
[16] GBl. I Nr. 61 S. 1504.
[17] Anlage II, Kapitel III, Sachgebiet A, Abschnitt III, Nr. 1 des Einigungsvertrages vom 31. August 1990 (BGBl. 1990 II, S. 885, 1156).
[18] Vgl. Anlage I, Kapitel III, Sachgebiet A, Abschnitt IV, Nr. 1 a) bb) des Einigungsvertrages vom 31. August 1990 (BGBl. 1990 II, S. 885, 938).
[19] Vgl. Anlage I, Kapitel III, Sachgebiet A, Abschnitt IV, Nr. 1 a) bb) des Einigungsvertrages vom 31. August 1990 (BGBl. 1990 II, S. 885, 921).

unterscheidet, sind die Bestimmungen der §§ 6 ff. BRAO über die Zulassung zur Rechtsanwalt auf den Wechsel der Zulassung gemäß § 33 nicht anzuwenden. Damit ist ausgeschlossen, daß die Landesjustizverwaltung bei der Prüfung des Antrags auf Wechsel der lokalen Zulassung Gesichtspunkte in ihre Entscheidung einfließen läßt, die allein für die **Rücknahme** der Zulassung zur Anwaltschaft nach den §§ 14 und 15 Bedeutung erlangen können.[20] Hierfür sprechen neben dem Wortlaut des Gesetzes (§ 19 Abs. 3) auch die wesensmäßigen Unterschiede zwischen der Zulassung zur Rechtsanwaltschaft (§§ 6 und 17) und der Zulassung bei einem Gericht (§§ 18 bis 36). Der sachlichen Trennung dieser Bereiche entsprechen die unterschiedlichen Zuständigkeits- und Verfahrensregeln.[21] Die §§ 6 ff. sind daher auf den Zulassungswechsel nach § 33 unanwendbar.

10 **b) Anwendbarkeit der §§ 19 ff. BRAO.** Auf das Verfahren des Zulassungswechsels finden die §§ 19 bis 21 uneingeschränkt Anwendung. Dementsprechend sind die Versagungsgründe des § 20 Abs. 1 Nr. 1 bis 4 bei jedem Antrag auf Zulassung bei einem bestimmten Gericht und somit auch beim Wechsel der Zulassung gemäß § 33 zu beachten. Insbesondere § 20 ist nicht auf den Antrag auf Neuzulassung beschränkt. Vielmehr regelt er die Versagung der Zulassung „bei dem im Antrag bezeichneten Gericht" und steht damit im engen Zusammenhang mit dem Grundsatz der Lokalisierung (§ 18). Daraus folgt, daß § 20 Abs. 1 beim Wechsel der örtlichen Zulassung nach § 33 **unmittelbar anzuwenden** ist, ohne daß § 35 Abs. 1 Nr. 6 herangezogen werden müßte.[22] Die Unanwendbarkeit des § 35 Abs. 1 Nr. 6 ergibt sich auch aus dessen Wortlaut, der den Widerruf der Zulassung beim Vorliegen der Versagungsgründe des § 20 Abs. 1 Nr. 1 bis 3 ausdrücklich nur für den Wechsel nach § 33, nicht jedoch für den nach § 33 a vorsieht.

11 Die unter § 20 Abs. 1 Nr. 1 bis 3 aufgeführten **Versagungstatbestände** sind regelmäßig nicht in allen, sondern immer nur in einem bestimmten Gerichtsbezirk erfüllt. Sie hindern daher nicht wie § 7 die Zulassung zur Rechtsanwaltschaft als solche, sondern führen nur zu einer lokalen Beschränkung. Ihre Anwendung kann allerdings dazu führen, daß ein Rechtsanwalt mit Simultanzulassung bei Amts- und Landgericht (§ 23), der eine gleichartige Zulassung in einem anderen Landgerichtsbezirk anstrebt dort nur bei Amts- oder Landgericht, nicht jedoch bei beiden Gerichten, zugelassen wird.[23]

12 Ein Antrag auf Wechsel der Zulassung darf aufgrund der Anwendbarkeit der §§ 19 ff. lediglich aus den in der BRAO, insbesondere § 20 bezeichneten Gründen versagt werden (§ 19 Abs. 3). Insbesondere darf der Antrag nicht deshalb abgelehnt werden, weil der Rechtsanwalt die Zulassung zur Rechtsanwaltschaft in einem anderen deutschen Land erhalten hat (§ 33 Abs. 3; vgl. auch § 5).[24]

13 Das Verbot des § 19 Abs. 3 BRAO bezieht sich jedoch nur auf Entscheidungen, mit denen sachlich über das Zulassungsbegehren befunden wird. Die Landesjustizverwaltung ist nicht gehindert, in besonderen Fällen ein Zulassungsbegehren

---

[20] BGH AnwBl. 1981, 163, 164 m. w. N.; BGH BRAK-Mitt. 1981, 29; EGH München AnwBl. 1980, 382.
[21] Zu näheren Einzelheiten vgl.: BGH AnwBl. 1981, 163, 164.
[22] BGH AnwBl. 1980, 83; *Feuerich/Braun,* § 33 Rdn. 7; a. A. *Isele,* § 33 Anm. V. B. 1. a), S. 354.
[23] BGH AnwBl. 1980, 83 f.; *Feuerich/Braun,* § 33 Rdn. 8.
[24] Vgl. hierzu auch Anm. III. 1. b).

§ 33 Wechsel der Zulassung

aus verfahrensmäßigen Gründen (z. B. Unvollständigkeit des Antrags; Antrag auf Zulassung eines Dritten ohne Bevollmächtigung) als unzulässig zurückzuweisen.[25]

2. Voraussetzungen

Voraussetzung für den Wechsel der Zulassung ist, daß der Rechtsanwalt einen entsprechenden **Antrag** stellt, der an die Landesjustizverwaltung zu richten ist, in deren Zuständigkeitsbereich das Gericht liegt, zu dem er wechseln möchte. **14**

Weitere Voraussetzung für den Wechsel der Zulassung ist gemäß § 33 Abs. 1, daß der Rechtsanwalt auf die Rechte der bisherigen Zulassung verzichtet. Der Verzicht ist schriftlich gegenüber derjenigen Landesjustizverwaltung zu erklären, welche die Zulassung erteilt hat (§ 33 Abs. 1). **Inhaltlich empfiehlt** es sich, daß der antragstellende Rechtsanwalt ausdrücklich klarstellt, daß er lediglich auf die lokale Zulassung im Rahmen der § 33 Abs. 1, § 18 Abs. 3 verzichtet, um so durch § 33 Abs. 4 vor einem Verlust der Zulassung zur Rechtsanwaltschaft geschützt zu sein.[26] Erklärt er demgegenüber den Verzicht zu allgemein; besteht die Gefahr, daß die Zulassung zur Rechtsanwaltschaft im Rahmen eines solchen Verzichts ebenfalls widerrufen wird (vgl. § 14 Abs. 2 Nr. 4, § 18 Abs. 3), da es gemäß § 18 Abs. 1 keine isolierte Zulassung zur Rechtsanwaltschaft ohne eine gleichzeitige Zulassung bei einem Gericht gibt. **15**

Nach dem Widerruf der Zulassung ist die Verzichtserklärung nicht mehr frei widerruflich. Es besteht jedoch die Möglichkeit, die Verzichtserklärung nach den §§ 119 ff. BGB anzufechten, die entsprechend anwendbar sind.[27] **16**

3. Aussetzung des Verfahrens

Gemäß § 33 Abs. 2 hat die Landesjustizverwaltung die Möglichkeit, die Entscheidung über den Antrag auf anderweitige Zulassung auszusetzen, wenn gegen den Rechtsanwalt ein anwaltsgerichtliches Verfahren – durch Einreichung einer Anschuldigungsschrift bei dem Anwaltsgericht (§ 121) – eingeleitet worden ist. Darüber hinaus kann die Entscheidung über den Antrag auch ausgesetzt werden, wenn gegen den Rechtsanwalt ein **Ermittlungsverfahren** wegen Verdachts einer Straftat oder ein strafgerichtliches Verfahren schwebt. Nicht ausreichend ist nach dem eindeutigen Wortlaut der Vorschrift die bloße Einleitung eines anwaltsgerichtlichen Ermittlungsverfahrens (§ 116 S. 2 BRAO i. V. m. § 160 StPO). **17**

Die **Entscheidung** der Landesjustizverwaltung ergeht nach pflichtgemäßem Ermessen. Eine Orientierung für die Ausübung dieses Ermessens ergibt sich aus dem dem § 10 vergleichbaren Sinn und Zweck der Vorschrift.[28] Dem Rechtsanwalt soll es durch einen Wechsel der Zulassung nicht ermöglicht werden, sich einer möglichen Entfernung aus dem Berufsstand zumindest zeitweilig dadurch zu entziehen, daß er durch einen Zulassungswechsel eine Verzögerung der entsprechenden Verfahren erreicht, wie er überhaupt nicht in der Lage sein soll, die in § 33 Abs. 2 genannten Verfahren zu verzögern. **18**

Soweit nicht weitere Umstände hinzutreten, kommt eine Aussetzung des Verfahrens daher grundsätzlich nur unter **zwei Voraussetzungen** in Betracht. Zum **19**

---

[25] BGH NJW 1985, 1842; MDR 1985, 843, 844; BGH BRAK-Mitt. 1985, 226, 227; BT-Drucks. 3/120, S. 55 f.
[26] Vgl. Anm. II.; *Feuerich/Braun*, § 33 Rdn. 5, 15, 16.
[27] *Feuerich/Braun*, § 33 Rdn. 6 m. w. N.
[28] *Isele*, § 33 Anm. VI. C. 1., S. 355; *Feuerich/Braun*, § 33 Rdn. 13.

§ 33 20–22   Zweiter Teil. Die Zulassung des Rechtsanwalts

einen muß mit hinreichender Wahrscheinlichkeit zu erwarten sein, daß der Rechtsanwalt aus dem Berufsstand entfernt wird (z. B. gemäß den § 14 Abs. 2 Nr. 2, § 114 Abs. 1 Nr. 5) oder gegen ihn ein Vertretungsverbot (z. B. gemäß § 114 Abs. 1 Nr. 4) verhängt wird.[29] Zum anderen ist eine Aussetzung nur dann in Betracht zu ziehen, wenn eine Verzögerung zu erwarten ist. Dies ist in Verfahren nach § 14 regelmäßig der Fall, wenn der Rechtsanwalt die Zulassung für ein Gericht beantragt, für das eine andere als die bisherige Landesjustizverwaltung zuständig ist, da in diesem Fall auch hinsichtlich der Zuständigkeit für Rücknahme oder Widerruf ein Zuständigkeitswechsel eintritt (§ 16 Abs. 1). Grundsätzlich ist eine Verzögerung auch in anwaltsgerichtlichen Verfahren (§§ 116 ff.) vor dem Zeitpunkt der Einreichung der Anschuldigungsschrift möglich, soweit der Rechtsanwalt den Wechsel zu einem Gericht in einem anderen Oberlandesgerichtsbezirk anstrebt und somit eine, von der bisherigen abweichende, Zuständigkeit von Staatsanwaltschaft und Anwaltsgerichten begründet würde (§ 119 Abs. 2 und § 120).

20   Ausgehend von Sinn und Zweck des § 33 Abs. 2 wird von einem Teil der Literatur befürwortet, den Anwendungsbereich der Vorschrift auch auf die **Fälle auszudehnen**, in denen gegen den Rechtsanwalt bereits ein Rücknahme- oder Widerrufsverfahren **gemäß** § 14 eingeleitet worden ist.[30] Begründet wird dies mit dem Argument, daß es anderenfalls einem Rechtsanwalt möglich wäre, durch einen Zulassungswechsel in ein anderes Bundesland die zügige Durchführung des Verfahrens zu vereiteln.

21   Hiergegen bestehen **grundsätzliche Bedenken**. Gegen diese Auffassung spricht bereits der Wortlaut des Gesetzes. Daß sich aus einem Zulassungswechsel des Rechtsanwalts nach § 33 Schwierigkeiten ergeben können, hat der Gesetzgeber grundsätzlich gesehen. In § 33 Abs. 2 findet sich daher eine enumerative Aufzählung der möglichen Aussetzungsgründe, die er als beachtlich ansieht. Das Rücknahme- und Widerrufsverfahren nach § 14 wurde nicht in diesen Katalog aufgenommen. Insofern bleibt auch für eine entsprechende Anwendung kein Raum. Selbst wenn Tatsachen vorliegen, die nach § 14 zu einem Ausschluß des Rechtsanwalts aus der Rechtsanwaltschaft führen müssen, darf das Verfahren auf anderweitige örtliche Zulassung daher weder ausgesetzt noch die Zulassung abgelehnt werden.[31] Aber auch die wesensmäßigen Unterschiede zwischen der Zulassung zur Rechtsanwaltschaft (§§ 4 bis 17) einerseits und der Zulassung bei einem bestimmten Gericht (§§ 18 bis 36) andererseits sowie die damit verbundene Trennung von Zuständigkeits- und Verfahrensregeln verbieten es, diese untereinander zu verquicken.[32]

22   Einer **Aussetzung des Verfahrens** aus den Gründen des § 14 steht weiterhin das mit der Trennung von örtlicher und allgemeiner Zulassung verfolgte Ziel des Gesetzgebers **entgegen**, dem Rechtsanwalt zu ersparen, bei jeder Verlegung seines beruflichen Tätigkeitsfeldes nachweisen zu müssen, daß er für die Anwaltschaft tragbar ist. Ein Recht der Landesjustizverwaltung, im Rahmen des Zulassungswechsels die oftmals mit erheblichen Schwierigkeiten und Zeitaufwand verbundene Frage der Voraussetzungen des § 14 aufzuwerfen, ist grundsätzlich mit dem Interesse des Rechtsanwalts an der Kontinuität seines beruflichen Wirkens bei einem Ortswechsel unvereinbar. Vielmehr wäre ein solches Verfahren

---

[29] Isele, § 33 Anm. VI. C. 3., S. 355; Feuerich/Braun, § 33 Rdn. 13.
[30] Feuerich/Braun, § 33 Rdn. 14.
[31] Vgl. BGH AnwBl. 1981, 164, 165.
[32] BGH AnwBl. 1981, 164, 165.

geeignet, gerade den Vermögensverfall erst herbeizuführen, vor dem die Befürworter dieser Ansicht den Rechtsuchenden schützen wollen.[33]

Soweit im Einzelfall das praktische Bedürfnis für eine solche Regelung gegenüber den Interessen des Rechtsanwalts überwiegen sollte, ist eine Aussetzung jedenfalls nicht im Wege der Rechtsfortbildung zu erreichen. Hier wäre wohl der Gesetzgeber gefordert. Der Meinung, die den Anwendungsbereich des § 33 Abs. 2 BRAO auf die Fälle ausdehnt, in denen gegen einen Rechtsanwalt bereits ein Rücknahme- oder Widerrufsverfahren eingeleitet worden ist, kann mangels Vereinbarkeit mit der bestehenden Gesetzeslage nicht gefolgt werden.

4. Widerruf der bisherigen Zulassung

a) Widerruf nach Ablehnung des Antrags auf Zulassungswechsel. Ein Widerruf der bisherigen lokalen Zulassung nach Ablehnung des Zulassungswechsels durch die Landesjustizverwaltung ist durch § 33 Abs. 4 BRAO ausgeschlossen. Es fehlt in diesem Fall an der Voraussetzung der Zulassung bei einem anderen Gericht.

b) Widerruf nach durchgeführtem Zulassungswechsel. Anders dagegen ist es nach einem durchgeführten Zulassungswechsel. Sobald der Rechtsanwalt bei dem anderen Gericht zugelassen worden ist, wird die bisherige Zulassung durch die Landesjustizverwaltung, die sie erlassen hat, widerrufen. Entsprechend dem Sinn und Zweck des § 33 wird durch dieses Verfahren sichergestellt, daß der Rechtsanwalt zu **keinem Zeitpunkt ohne lokale Zulassung** ist. Vielmehr werden sich bisherige und weitere Zulassung regelmäßig sogar für den Zeitraum bis zur Erklärung des Widerrufs überschneiden. Andererseits führt diese Regelung dazu, daß der Rechtsanwalt ununterbrochen einer Rechtsanwaltskammer (§ 60 Abs. 1) angehört und deren Aufsicht (§§ 56 f., 73 ff.) sowie der Anwaltsgerichtsbarkeit unterworfen ist (§ 119 Abs. 2). Im Rahmen der weiteren Zulassung finden die §§ 27 bis 32 uneingeschränkt Anwendung. Eine Vereidigung gemäß § 26 entfällt, da diese nur für die erste Zulassung (§ 18 Abs. 2) vorgeschrieben ist.

Mit dem Widerruf wird der Rechtsanwalt in der Liste der Rechtsanwälte des Gerichts der bisherigen Zulassung **gelöscht** (§ 36 Abs. 1 Nr. 2 BRAO). Soweit der Widerruf zurückwirkt, wird der Rechtsverkehr hinsichtlich von Rechtshandlungen, die der Rechtsanwalt vor der Löschung vorgenommen hat oder die ihm gegenüber vorgenommen worden sind, durch § 36 Abs. 2 geschützt.

c) Widerruf und Simultanzulassung. Ein bisher bei einem Amts- oder Landgericht zugelassener Rechtsanwalt, der nunmehr bei einem Oberlandesgericht zugelassen wird, verliert grundsätzlich auch seine etwa vorhandene Simultanzulassung (§ 25).[34] Dies gilt allerdings nur mit Einschränkungen für die Länder Baden-Württemberg, Bayern, Berlin, Bremen, Hamburg, Saarland, Sachsen, Sachsen-Anhalt und Thüringen. Soweit ein Rechtsanwalt, der bei einem Landgericht dieser Länder zugelassen ist, die gleichzeitige Zulassung bei dem entsprechenden Oberlandesgericht gemäß § 226 erhält, unterfällt er nicht dem Anwendungsbereich des § 33, da es sich nicht um einen Zulassungswechsel, sondern um eine Simultanzulassung handelt.

---

[33] *Feuerich/Braun*, § 33 Rdn. 14.
[34] BGH NJW 1982, 1399; BRAK-Mitt. 1982, 73 f.; *Isele*, § 33 Anm. II. B. 2., S. 353; *Feuerich/Braun*, § 33 Rdn. 2.

V. Rechtsschutz

28 Die Möglichkeiten des Rechtsschutzes gegen Entscheidungen der Landesjustizverwaltung im Rahmen des Zulassungswechsels sind abhängig von der jeweiligen Maßnahme. Gegen Bescheide, durch welche die Zulassung bei dem weiteren Gericht versagt wird, kann der Bewerber innerhalb eines Monats nach der Zulassung bei dem Anwaltsgerichtshof für Rechtsanwälte einen **Antrag auf gerichtliche Entscheidung** stellen (§ 21 Abs. 2).

29 Gleiches gilt grundsätzlich für die Aussetzungsentscheidung nach § 33 Abs. 2. Der Rechtsweg ergibt sich hier allerdings aus § 223 Abs. 1. Gemäß § 223 Abs. 1 S. 3 und 4 i. V. m. § 39 Abs. 3 kann der Antrag nur darauf gestützt werden, daß die gesetzlichen Grenzen des Ermessens überschritten seien oder daß von dem Ermessen in einer dem Zweck der Ermächtigung nicht entsprechenden Weise Gebrauch gemacht worden sei.

VI. Gebühren

30 Die Gebühr für den Zulassungswechsel beträgt 50 Deutsche Mark für jede Zulassung (§ 192 Abs. 2). Lehnt die Landesjustizverwaltung den Antrag ab, so beträgt die Gebühr 30 Deutsche Mark (§ 192 Abs. 2). Fälligkeit, Ermäßigung oder Erlaß der Gebühren richten sich nach § 194.

§ 33 a Wechsel der Zulassung bei Änderung der Gerichtseinteilung

Wird die Gerichtseinteilung geändert, so ist der Rechtsanwalt bei dem Gericht der ordentlichen Gerichtsbarkeit zugelassen, das an Stelle des Gerichts, bei dem er vor der Änderung zugelassen war, für den Ort seiner Kanzlei zuständig geworden ist.

Übersicht

	Rdn.		Rdn.
I. Historie und Normzweck	1, 2	3. Erlöschen der bisherigen Zulassung	8
II. Voraussetzungen	3–10	III. Vertretungsbefugnis in anhängigen Prozessen bei Wechsel der Gerichtseinteilung	11
1. Zuständigkeitswechsel	4		
2. Wechsel der Zulassung	7		

I. Historie und Normzweck

1 § 33 a BRAO ist zusammen mit § 227 b BRAO durch das Gesetz zur Änderung der Bundesrechtsanwaltsordnung und anderer Vorschriften vom 20. Mai 1975[1] in die BRAO neu eingefügt worden. Eine entsprechende Regelung enthielten die vorausgegangenen Rechtsanwaltsordnungen nicht.

2 Wird die Gerichtseinteilung geändert, so müßte derjenige Rechtsanwalt, seine Kanzlei beibehalten möchte, gemäß § 33 den Wechsel der Zulassung zu dem nunmehr für den Ort seiner Kanzlei zuständigen Gericht beantragen. Derjenige Rechtsanwalt, der seine bisherige Zulassung beibehalten möchte, müßte seine Kanzlei, der neuen Gerichtseinteilung folgend, an einen anderen Ort verlegen. Das Ver-

---

[1] BGBl. I, S. 1117.

fahren nach § 33 bliebe ihm erspart. Regelmäßig werden aber nur die wenigsten der betroffenen Rechtsanwälte von der zuletzt beschriebenen Möglichkeit Gebrauch machen. Die sich vor allem aus dem Lokalisierungszwang des § 18 Abs. 1 ergebenden Schwierigkeiten werden durch § 33 a zugunsten derjenigen Rechtsanwälte, die ihre Kanzlei beibehalten, aus dem Weg geräumt. § 33 a bringt somit eine Privilegierung der Mehrheit der durch einen Wechsel der Gerichtseinteilung betroffenen Rechtsanwälte sowie eine erhebliche Reduzierung des Verwaltungsaufwandes bei Landesjustizverwaltungen und Rechtsanwaltskammern mit sich.

II. Voraussetzungen

Der Wechsel der Zulassung nach § 33 a bedarf keines Antrages des Rechtsanwalts. Dies entspricht dem Zweck der Regelung, der Änderung der Gerichtseinteilung automatisch den Wechsel der Zulassung folgen zu lassen.[2] Es genügt daher, daß die tatbestandlichen Voraussetzungen der Norm vorliegen. 3

1. Zuständigkeitswechsel

Die Vorschrift des § 33 a setzt voraus, daß ein anderes Gericht derselben 4 Rangordnung für den Ort der Kanzlei des Rechtsanwalts zuständig geworden ist.

Um **keinen Zuständigkeitswechsel** im Sinne des § 33 a handelt es sich im 5 Fall der Zusammenfassung von Familiensachen bei einem Amtsgericht für die Bezirke mehrerer Amtsgerichte gemäß § 23 c GVG. Hier ändert sich die Zuständigkeit der Gerichte, nicht jedoch die Gerichtseinteilung im Sinne des § 33 a.[3] Nach allgemeiner Ansicht ist in solchen Fällen § 24 BRAO entsprechend dem in ihm zum Ausdruck kommenden Rechtsgedanken **analog anzuwenden**.[4] Dies führt zu einer auf die Vertretung in Familiensachen beschränkten, Zweitzulassung bei dem Amtsgericht, dem die Familiensachen gemäß § 23 c GVG zugewiesen worden sind. Mit Inkrafttreten der Neufassung des § 78 ZPO am 1. 1. 2000 bzw. am 1. 1. 2005[5] entfällt das Bedürfnis für eine entsprechende Anwendung des § 24 BRAO in den Fällen des § 23 c GVG.

Soweit von der Möglichkeit Gebrauch gemacht wird, die Durchführung von 6 Mahnverfahren gemäß § 689 Abs. 3 ZPO an ein bestimmtes Gericht zusammenzufassen, handelt es sich ebenfalls nicht um einen Zuständigkeitswechsel im Sinne des § 33 a.

2. Wechsel der Zulassung

Beläßt der Rechtsanwalt seine Kanzlei am Ort der bisherigen Zulassung, so wird 7 er unter den Voraussetzungen des § 33 a kraft Gesetzes bei dem Gericht zugelassen, das aufgrund der Änderung der Gerichtseinteilung nunmehr für diesen Ort zuständig geworden ist, ohne daß hierfür ein Verwaltungsakt der Landesjustizverwaltung oder ein entsprechender Antrag erforderlich wäre.[6] Beim Gericht der Neuzulassung ist der Rechtsanwalt in die Liste der Rechtsanwälte (§ 31) einzutragen.

---

[2] BGH NJW 1977, 905 m. w. N.
[3] BGH NJW 1979, 929.
[4] BGH NJW 1979, 929, 930; MDR 1979, 312; EGE XIV, S. 42; *Feuerich/Braun*, § 33 a Rdn. 2.
[5] Gesetz zur Neuordnung des Berufsrechts der Rechtsanwälte und der Patentanwälte, vom 2. 9. 1994 (BGBl. I, S. 2278); vgl. dazu BT-Drucks. 12/4493, 12/7656, 12/7835; BR-Drucks. 504, 656/94 – Art. 3 Nr. 1 und Art. 22 Abs. 2.
[6] BGH NJW 1977, 905.

3. Erlöschen der bisherigen Zulassung

8 Die bisherige lokale Zulassung des Rechtsanwalts erlischt, ebenso wie die neue Zulassung zustande kommt, kraft Gesetzes (§ 36 Abs. 1 Nr. 1, § 34 Nr. 3). Dies gilt unabhängig davon, ob das Gericht als solches bestehen bleibt.[7] Der Rechtsanwalt ist in der Liste der Rechtsanwälte des Gerichts der bisherigen Zulassung zu löschen (§ 36 Abs. 1).[8] Die Vorschriften der §§ 227 a und b[9] bleiben unberührt (§ 34 Nr. 3).

9 Ist der Rechtsanwalt aufgrund der §§ 23, 24 und 226 BRAO bei mehreren Gerichten **simultan** zugelassen, so bezieht sich der Zulassungswechsel nur auf die von der Änderung der Gerichtseinteilung betroffenen **Zulassungsgerichte**.[10] § 33 a BRAO erfaßt mithin die örtliche Zulassung bei allen Gerichten, die wegen der Änderung der Gerichtseinteilung für den Ort der Kanzlei zuständig werden.[11]

10 Will ein Rechtsanwalt seine bisherige Zulassung beibehalten, so muß er den Weg des Zulassungswechsels nach § 33 gehen.[12] Dies bedingt die Verlegung der Kanzlei (§ 27 Abs. 1 BRAO).[13]

III. Vertretungsbefugnis in anhängigen Prozessen bei Wechsel der Gerichtseinteilung

11 Die Vertretungsbefugnis in Verfahren vor den Zivilgerichten, die bei Änderung der Gerichtseinteilung bereits anhängig waren, ergibt sich bis zum 1. 1. 2000 bzw. 1. 1. 2005 aus Art. 1 § 8 des Gesetzes über die Zuständigkeit der Gerichte bei Änderung der Gerichtseinteilung vom 6. Dezember 1933.[14] Soweit zu diesen Zeitpunkten die Neufassung des § 78 ZPO[15] in Kraft tritt, wird das **Lokalisationsprinzip** für Verfahren vor Amts- und Landgerichten **aufgehoben**. Für eine entsprechende Regelung in § 8 des Gesetzes über die Zuständigkeit der Gerichte bei Änderung der Gerichtseinteilung besteht dann kein Bedürfnis mehr. Dementsprechend wird die Vorschrift zu diesen Zeitpunkten dahingehend geändert, daß sie sich in ihrem Regelungsgehalt auf der Fortgeltung der Vertretungsbefugnis in Verfahren, die bei Änderung der Gerichtseinteilung vor den Oberlandesgerichten bereits anhängig waren, beschränkt.[16]

---

[7] *Isele*, § 33 a Anm. III. A., S. 357; *Feuerich/Braun*, § 33 a Rdn. 5.
[8] *Isele*, § 33 a Anm. III. A. 2., S. 358; *Feuerich/Braun*, § 33 a Rdn. 5.
[9] Die Vorschriften werden gem. Art. 1 Nr. 38 i. V. m. Art. 22 Abs. 2 Gesetz zur Neuordnung des Berufsrechts der Rechtsanwälte und der Patentanwälte zum 1. 1. 2000 bzw. 1. 1. 2005 aufgehoben.
[10] *Isele*, § 33 a Anm. IV. A., S. 358; *Feuerich/Braun*, § 33 a Rdn. 5.
[11] BT-Drucks. 7/2376, S. 5.
[12] *Isele*, § 33 a Anm. I. B., II. B., S. 357; *Feuerich/Braun*, § 33 a Rdn. 1.
[13] Zu den Ausnahmen vgl. §§ 28–29 a BRAO.
[14] BGBl. III, Gliederungsnummer 300-4; RGBl. I, S. 1037; Gesetz zur Neuordnung des Berufsrechts der Rechtsanwälte und der Patentanwälte vom 2. 9. 1994 (BGBl. I, S. 2278); vgl. dazu BT-Drucks. 12/4493, 12/7656, 12/7835; BR-Drucks. 504, 656/94.
[15] Gesetz zur Neuordnung des Berufsrechts der Rechtsanwälte und der Patentanwälte vom 2. 9. 1994 (BGBl. I, S. 2278); vgl. dazu BT-Drucks. 12/4493, 12/7656, 12/7835; BR-Drucks. 504, 656/94 – Art. 3 Nr. 1 und Art. 22 Abs. 2.
[16] Gesetz zur Neuordnung des Berufsrechts der Rechtsanwälte und der Patentanwälte vom 2. 9. 1994 (BGBl. I, S. 2278) vgl. dazu BT-Drucks. 12/4493, 12/7656, 12/7835; BR-Drucks. 504, 656/94 – Art. 10 und Art. 22 Abs. 2.

§ 34 Erlöschen der Zulassung

Die Zulassung bei einem Gericht erlischt,
1. wenn die Zulassung zur Rechtsanwaltschaft erloschen ist (§ 13);
2. wenn die Zulassung zur Rechtsanwaltschaft zurückgenommen oder widerrufen ist (§§ 14 bis 16);
3. wenn wegen der Änderung der Gerichtseinteilung der Rechtsanwalt bei einem anderen Gericht zugelassen ist (§ 33 a); §§ 227 a, b bleiben unberührt.[1]

Übersicht

	Rdn.
I. Entstehungsgeschichte der Vorschrift	1
II. Das Erlöschen der Zulassung nach § 34 Nr. 1, 2 BRAO	2
III. Das Erlöschen der Zulassung nach § 34 Nr. 3 BRAO	3–5
1. Der Anwendungsbereich der §§ 227 a und b BRAO	4
2. Das Erlöschen der Zulassung und § 33 BRAO	5
IV. Die Folgen des Erlöschens der Zulassung	6

I. Entstehungsgeschichte der Vorschrift

Die geltende Fassung des § 34 BRAO beruht auf der Änderung der Bundesrechtsanwaltsordnung durch das Gesetz zur Änderung der Bundesrechtsanwaltsordnung und anderer Vorschriften vom 20. Mai 1975.[2] 1

Von den früheren Rechtsanwaltsordnungen unterscheidet sich die Bundesrechtsanwaltsordnung aus gesetzestechnischer Sicht durch die saubere Trennung zwischen der Zulassung zur Rechtsanwaltschaft und der Zulassung zu einem bestimmten Gericht. Andererseits sind beide Zulassungsarten in der Weise untrennbar miteinander verbunden, daß die eine nicht ohne die andere bestehen kann. § 34 BRAO ist Ausdruck dieser wechselseitigen Verbindung.[3]

II. Das Erlöschen der Zulassung nach § 34 Nr. 1, 2 BRAO

Genauso, wie die Zulassung zur Rechtsanwaltschaft (§§ 6 ff.) nur im Rahmen der Zulassung bei einem Gericht bestehen kann (§ 14 Abs. 2 Nr. 6, § 35 Abs. 1), setzt die Zulassung bei einem Gericht gemäß § 34 die **Zulassung zur Rechtsanwaltschaft** voraus. Die lokale Zulassung eines Rechtsanwalts erlischt daher automatisch kraft Gesetzes, wenn seine Zulassung zur Rechtsanwaltschaft erlischt (§ 34 Nr. 1, § 13), zurückgenommen (§ 34 Nr. 1, § 14 Abs. 1) oder widerrufen (§ 34 Nr. 1, § 14 Abs. 2) wird. Dies gilt ebenfalls für alle weiteren (Simultan-) Zulassungen. 2

---

[1] Der Halbsatz wird gemäß Art. 1 Nr. 11 i. V. m. Art. 22 Abs. 2 Gesetz zur Neuordnung des Berufsrechts der Rechtsanwälte und Patentanwälte zum 1. 1. 2000 bzw. 1. 1. 2005 gestrichen.
[2] BGBl. I, S. 1117.
[3] *Isele,* § 34 Anm. I. B., S. 359.

III. Das Erlöschen der Zulassung nach § 34 Nr. 3 BRAO

3 Die bisherige lokale Zulassung eines Rechtsanwalts kann ebenfalls aufgrund eines Zulassungswechsels nach § 33 a erlöschen (§ 34 Nr. 3). Im Gegensatz zu den Erlöschensgründen der Nr. 1 und 2, die ein Erlöschen sämtlicher Zulassungen bewirken, bleibt im Fall der Nr. 3 die Zulassung bei dem neuen Gericht bestehen. Gleiches gilt für Simultanzulassungen bei Gerichten, die von der Änderung der Gerichtseinteilung (§ 33 a) nicht betroffen sind.[4]

1. Der Anwendungsbereich der §§ 227 a und b BRAO

4 Nach § 34 Nr. 3, 2. Hs bleiben die §§ 227 a und b von dem Erlöschen nach § 34 Nr. 3, 1. Hs unberührt. Ein Erlöschen tritt im Fall des § 34 Nr. 3 dann nicht ein, wenn der Rechtsanwalt zuvor einen Antrag nach § 227 a oder § 227 b stellt und mit diesem Antrag Erfolg hat, bevor die Zulassung erlischt.[5]
Die Regelung des § 34 Nr. 3, 2. Hs entfällt gemäß Art. 1 Nr. 13 i. V. m. Art. 22 Abs. 1 Gesetz zur Neuordnung des Berufsrechts der Rechtsanwälte und der Patentanwälte ebenso wie die der §§ 227 a und b (Art. 1 Nr. 38 i. V. m. Art. 22 Abs. 2 der Novelle 1994). In den alten Ländern tritt die Änderung zum 1. 1. 2000 und in den neuen Ländern zum 1. 1. 2005 in Kraft.

2. Das Erlöschen der Zulassung und § 33 BRAO

5 Teilweise wird der Widerruf der Zulassung, der im Rahmen des Zulassungswechsels nach § 33 erfolgt, unter § 34 Nr. 3 mitbehandelt.[6] Dies ist aus dogmatischer Sicht abzulehnen. § 34 erfaßt nur Fälle des Erlöschens der örtlichen Zulassung kraft Gesetzes. Gemäß § 33 Abs. 4 ist die Zulassung jedoch durch die Landesjustizverwaltung, die sie erteilt hat, zu widerrufen. Seiner Natur nach wäre der Widerruf der Zulassung gemäß § 33 Abs. 4 infolgedessen eher bei § 35 anzusiedeln.
Weiterhin ist davon auszugehen, daß § 34 ebenso wie § 35 bezüglich der Gründe, die zum Erlöschen beziehungsweise Widerruf der Zulassung führen, abschließenden Charakter hat. Richtigerweise ist daher davon auszugehen, daß es sich bei § 33 Abs. 4 um eine eigenständige Ermächtigungsgrundlage zum Widerruf der Zulassung handelt, die gegenüber § 35 lex specialis ist.

IV. Die Folgen des Erlöschens der Zulassung

6 Prozeßhandlungen, die der Rechtsanwalt nach dem Erlöschen für seine Partei vornimmt, sind unwirksam, sofern er auch in der Liste der Rechtsanwälte gelöscht worden ist (§ 36 Abs. 2).[7] In zu diesem Zeitpunkt anhängigen Prozessen tritt durch das Erlöschen der Zulassung eine Unterbrechung des Verfahrens ein (§ 244 Abs. 1 ZPO).[8]

---

[4] Vgl. § 33 a Anm. III. 3.
[5] *Isele*, § 34 Anm. II. B. 4. b), S. 360.
[6] *Feuerich/Braun*, § 34 Rdn. 3.
[7] BGH NJW 1987, 327.
[8] BGH NJW 1987, 327 m. w. N.

§ 35 Widerruf der Zulassung bei einem Gericht

(1) Die Zulassung bei einem Gericht kann widerrufen werden,
1. wenn der Rechtsanwalt nicht binnen drei Monaten nach der ersten Zulassung bei einem Gericht den Eid nach § 26 leistet;
2. wenn der Rechtsanwalt nicht binnen drei Monaten seit seiner Zulassung bei einem Gericht seiner Pflicht nachkommt, an dem nach § 27 bestimmten Ort seine Kanzlei einzurichten;
3. wenn der Rechtsanwalt nicht binnen drei Monaten eine ihm bei der Befreiung nach § 29 Abs. 1 oder § 29 a Abs. 2 gemachte Auflage erfüllt;
4. wenn der Rechtsanwalt nicht binnen drei Monaten, nachdem er von der Pflicht, eine Kanzlei zu unterhalten, befreit worden ist (§ 29 Abs. 1) oder der bisherige Zustellungsbevollmächtigte weggefallen ist, einen Zustellungsbevollmächtigten bestellt;
5. wenn der Rechtsanwalt seine Kanzlei aufgibt, ohne daß er von der Pflicht des § 27 befreit worden ist;
6. wenn die Voraussetzungen, unter denen die Zulassung bei einem Gericht nach § 20 Abs. 1 Nr. 2 oder 3 versagt werden soll, erst nach der Zulassung oder infolge eines Wechsels der Zulassung (§ 33 a) eingetreten sind.

(2) Die Zulassung wird von der Landesjustizverwaltung widerrufen. Vor dem Widerruf sind der Rechtsanwalt und der Vorstand der Rechtsanwaltskammer zu hören. Die Widerrufsverfügung ist mit Gründen zu versehen. Sie ist dem Rechtsanwalt zuzustellen und dem Vorstand der Rechtsanwaltskammer mitzuteilen. Gegen den Widerruf der Zulassung kann der Rechtsanwalt innerhalb eines Monats nach der Zustellung der Verfügung bei dem Anwaltsgerichtshof den Antrag auf gerichtliche Entscheidung stellen. Zuständig ist der Anwaltsgerichtshof bei dem Oberlandesgericht, in dessen Bezirk er als Rechtsanwalt zugelassen ist. § 16 Abs. 6 ist entsprechend anzuwenden.

Übersicht

	Rdn.
I. Entstehungsgeschichte	1
II. Verfassungsmäßigkeit der Vorschrift	2–4
III. Die Widerrufsgründe	5–26
1. Fehlende Eidesleistung	6
a) Eid und Eidesersatz	7
b) Beginn und Ende der Dreimonatsfrist	8
c) Verspätete Eidesleistung vor Widerruf	9
d) Verspätete Eidesleistung nach Widerruf	11
2. Fehlende Kanzleieinrichtung	12
a) Umfang der Kanzleipflicht	13
b) Die Dreimonatsfrist	15
c) Dreimonatspflicht und Antrag auf Befreiung von der Kanzleipflicht	16

	Rdn.
3. Fehlende Auflagenerfüllung (§ 35 Abs. 1 Nr. 3)	19
4. Fehlende Bestellung eines Zustellungsbevollmächtigten (§ 35 Abs. 1 Nr. 4)	20
5. Unerlaubte Kanzleiaufgabe (§ 35 Abs. 1 Nr. 5)	23
6. Eintreten von zulassungshindernden Umständen (§ 35 Abs. 1 Nr. 6)	25
IV. Das Widerrufsverfahren	27–31
1. Anwendbare Vorschriften und Rechtsmittelbelehrung	27
2. Verhältnismäßigkeitsgrundsatz und Ermessensausübung	29
3. Gerichtliche Ermessenskontrolle und Beurteilungszeitpunkt	30
V. Rechtsschutz	32

I. Entstehungsgeschichte

1 Die heutige Fassung des § 35 BRAO unterscheidet sich im wesentlichen von § 21 der Rechtsanwaltsordnung von 1878 (RAO), § 22 der RRAO 1936 und § 26 der Rechtsanwaltsordnung für die britische Zone (RAOBritZ) dadurch, daß die Zurücknahme der Zulassung nicht mehr **zwingend vorgeschrieben**, sondern in das Ermessen der Landesjustizverwaltung gestellt ist. Unterschiede zwischen der BRAO und ihren Vorgängern bezüglich der einzelnen Rücknahmegründe ergeben sich daraus, daß die früheren Rechtsanwaltsordnungen noch nicht die Zulassung zu einem Gericht und die Zulassung zur Rechtsanwaltschaft gesondert behandelten. Abweichend von den früheren Regelungen berücksichtigt § 35 BRAO als Gründe für die Zurücknahme der lokalen Zulassung daher nur noch Tatbestände, die mit ihr selbst unmittelbar in Zusammenhang stehen. Zuletzt wurde § 35 im Jahre 1994 durch das Gesetz zur Neuordnung des Berufsrechts der Rechtsanwälte und der Patentanwälte geändert. Bei den durch dieses Gesetz in § 35 Abs. 1 Nr. 2, 3 und 5 BRAO vorgenommenen Änderungen handelt es sich lediglich um Folgeänderungen der Streichung der Wohnsitzpflicht (§ 27).

II. Verfassungsmäßigkeit der Vorschrift

2 Im Rahmen der verfassungsrechtlichen Beurteilung des § 35 ist zu beachten, daß die Kanzleipflicht zunächst zwar nur die Berufsausübung beschränkt, daß sich aber die Anwendung der Vorschrift in Verbindung mit der gesetzlich vorgesehenen Sanktion als Eingriff in die **Freiheit der Berufswahl** auswirken kann.[1] Dies beruht darauf, daß der Betroffene gemäß § 14 Abs. 2 Nr. 6 zugleich die Zulassung zur Rechtsanwaltschaft und damit die Befugnis, die Berufsbezeichnung Rechtsanwalt zu führen, verliert (§ 17), wenn die Landesjustizverwaltung von der Möglichkeit der Rücknahme der Zulassung Gebrauch macht. Ferner wird seine Eintragung in die Liste der zugelassenen Rechtsanwälte, mit welcher die Befugnis zur Ausübung der Anwaltstätigkeit verbunden ist (§ 32), gelöscht (§ 36 Abs. 1 Nr. 1).

3 Soweit § 35 unter den in den Nr. 1–6 normierten Voraussetzungen den fakultativen Widerruf der Zulassung zu einem bestimmten Gericht vorsieht, bestehen gegen die Vorschrift jedoch **keine verfassungsrechtlichen Bedenken**.[2] Allerdings wäre es mit der Bedeutung des Grundrechts der Berufsfreiheit und dem allgemeinen Verhältnismäßigkeitsgrundsatz nicht vereinbar, wenn die Regelung über die Zulassungsrücknahme undifferenziert, d. h. bei jedem Verstoß gegen die sich aus § 35 Abs. 1 Nr. 1–6 ergebenden Obliegenheiten angewendet würde. Den oben dargestellten schwerwiegenden Auswirkungen trägt die gesetzliche Regelung des § 35 jedoch in zweifacher Hinsicht Rechnung und wird damit den sich aus der Verfassung ergebenden Schranken in ausreichendem Maße gerecht. Zu einem enthält sie die Möglichkeit der Befreiung von der Kanzleipflicht schlechthin. Zum anderen sieht sie davon ab, eine Rücknahme der Zulassung bei Verletzung der in § 35 Abs. 1 aufgezählten Pflichten zwingend vorzuschreiben. Vielmehr ist es der zuständigen Landesjustizverwaltung überlassen, ihre Entscheidung von der **Lage des Einzelfalles** abhängig zu machen und die Rücknahme

---

[1] BVerfGE 65, 116, 127 f.; 72, 26, 32.
[2] BVerfGE 72, 26; NJW 1986, 1801; MDR 1986, 555; AnwBl. 1986, 202; BRAK-Mitt. 1986, 108.

der Zulassung auf die Fälle zu beschränken, in denen dieser schwerwiegende Eingriff in die Freiheit der Berufswahl zum Schutz besonders wichtiger Gemeinschaftsgüter zwingend erforderlich ist.³

Die Landesjustizverwaltung muß daher in jedem Einzelfall prüfen, ob ein schonenderes Mittel als der Widerruf der Zulassung zur Verfügung steht, um die Erfüllung der sich aus § 35 Abs. 1 Nr. 1–6 ergebenden Obliegenheiten zu erzwingen. Macht sie vor der Erschöpfung dieser Mittel von der Kannvorschrift des § 35 Abs. 1 Gebrauch, überschreitet sie die Grenzen, die ihrem Ermessen durch Art. 12 GG und dem allgemeinen Verhältnismäßigkeitsgrundsatz gesetzt werden.⁴ 4

III. Die Widerrufsgründe

Unter Berücksichtigung der oben gemachten Ausführungen kann die Landesjustizverwaltung als gemäß § 35 Abs. 2 S. 1 zuständige Stelle die lokale Zulassung zu einem bestimmten Gericht widerrufen, wenn einer oder mehrere der folgenden Tatbestände erfüllt sind. 5

1. Fehlende Eidesleistung (§ 35 Abs. 1 Nr. 1)

Die mit dem Widerrufstatbestand der fehlenden Eidesleistung korrespondierende Pflicht ergibt sich aus § 6. Gemäß § 35 Abs. 1 Nr. 1 kann die lokale Zulassung widerrufen werden, wenn der Rechtsanwalt dieser Pflicht nicht in der nach § 26 vorgeschriebenen Form rechtzeitig nachkommt. Den Eid hat er in einer **öffentlichen Sitzung** des Gerichts abzulegen, bei dem er zugelassen ist. Da die Eidesleistung nur nach der ersten lokalen Zulassung, die gemäß § 18 Abs. 2 in engem zeitlichen und sachlichen Zusammenhang mit der Zulassung zur Rechtsanwaltschaft steht, zu erfolgen hat, erlangt dieser Widerrufsgrund nur im Rahmen einer solchen, nie jedoch bei erneuten oder weiteren Zulassungen Bedeutung. Dem trägt § 35 Abs. 1 Nr. 1 mit seinem Wortlaut Rechnung. 6

a) Eid und Eidesersatz. Der Eidesleistung steht gemäß § 26 Abs. 4 das Sprechen einer entsprechenden Beteuerungsformel gleich.⁵ Nur wenn der Rechtsanwalt sowohl die Leistung des Eides als auch das Sprechen der Beteuerungsformel verweigert, besteht Raum für die Anwendung des § 35.⁶ 7

b) Beginn und Ende der Dreimonatsfrist. Die Eidesleistung bzw. das Sprechen einer entsprechenden Beteuerungsformel, hat gemäß § 35 Abs. 1 Nr. 1 binnen drei Monaten nach der ersten Zulassung bei einem Gericht zu erfolgen. Der Lauf der Frist **beginnt** mit dem Zeitpunkt der Mitteilung, daß der Rechtsanwalt bei einem bestimmten Gericht zugelassen ist.⁷ Regelmäßig ist dabei auf den Tag der Aushändigung der Zulassungsurkunde (§ 12) abzustellen.⁸ **Das Ende** der Frist errechnet sich entsprechend der § 17 FGG und § 187 Abs. 1, 188 Abs. 1 und 2, 1. Alt. BGB. Die Frist endet infolgedessen mit dem Ablauf des Tages des Dritten Monats, der durch seine Benennung dem Tag der Aushändigung der Zulassungsurkunde entspricht.⁹ 8

---

³ BVerfGE 72, 26, 33.
⁴ BVerfGE 72, 26.
⁵ BVerfGE 47, 144; NJW 1978, 1150; E 63, 266; NJW 1983, 1535, BRAK-Mitt. 1983, 144.
⁶ *Feuerich/Braun,* § 35 Rdn. 6.
⁷ BGH NJW 1985, 3082.
⁸ *Feuerich/Braun,* § 35 Rdn. 7.
⁹ *Isele,* § 35 Anm. IV. A. 2., S. 363; *Feuerich/Braun,* § 35 Rdn. 7.

Prütting

9   c) **Verspätete Eidesleistung vor Widerruf.** Hält der Rechtsanwalt die Frist aus Gründen, die er nicht zu vertreten hat oder die in sonstiger Weise entschuldbar sind, nicht ein, so ist der Widerruf der Zulassung schon unter Berücksichtigung des Verhältnismäßigkeitsgrundsatzes nicht möglich. Als Gründe in diesem Sinne kommen zum Beispiel **Krankheit** oder längere **Reisen** in Betracht. Die Verzögerung der Eidesleistung, die in ihrer Zielrichtung einer Eidesverweigerung gleichkommt, selbst wenn dies nicht ausdrücklich gesagt wird, ist allerdings niemals entschuldbar.[10]

10   Ist die Dreimonatsfrist zwar bereits abgelaufen, wurde die Zurücknahme der Zulassung jedoch noch nicht ausgesprochen und zugestellt, kann der Rechtsanwalt die Eidesleistung oder Beteuerung in der Weise jederzeit nachholen, daß der Widerrufsgrund des § 35 Abs. 1 Nr. 1 endgültig entfällt.[11]

11   d) **Verspätete Eidesleistung nach Widerruf.** Die Wirkung einer dem Rechtsanwalt bereits zugestellten Zurücknahmeverfügung wird durch eine nachträgliche Eidesleistung **nicht mehr berührt**.

Nicht gesetzlich geregelt ist der Fall, daß der Rechtsanwalt gegen die Zurücknahmeverfügung rechtzeitig Antrag auf gerichtliche Entscheidung (§ 35 Abs. 2 S. 5) stellt und die Eidesleistung oder die dieser entsprechende Beteuerung vor oder während des Verfahrens nachholt. Nach ständiger Rechtsprechung kann der Anwaltsgerichtshof diesen Umstand noch berücksichtigen, da der geltend gemachte Widerrufsgrund zweifelsfrei entfallen ist.[12]

2. Fehlende Kanzleieinrichtung (§ 35 Abs. 1 Nr. 2)

12   Die lokale Zulassung kann weiterhin widerrufen werden, wenn der Rechtsanwalt seiner aus § 27 resultierenden Pflicht nicht nachkommt, seine Kanzlei an dem durch § 27 bestimmten Ort zu nehmen. Die vormals ebenfalls durch § 35 Abs. 1 Nr. 2 sanktionierte fehlende Wohnsitznahme ist nach der Streichung einer entsprechenden Pflicht aus § 27 durch die Novellierung der BRAO im Jahre 1994 ersatzlos entfallen.

13   a) **Umfang der Kanzleipflicht.** Im Rahmen der Kanzleipflicht muß der Rechtsanwalt in der Weise ausreichend organisatorische Vorsorge treffen, daß die Rechtsuchenden die Bereitstellung anwaltlicher Dienste an dieser Stelle erkennen können.[13] Hierfür genügt es nicht, daß der Rechtsanwalt ein Zimmer seiner Privatwohnung als Büroraum einrichtet und mit einer Schreibmaschine ausstattet.[14] Nach ständiger Rechtsprechung gehört zu den **Mindestanforderungen** für die Errichtung und Aufrechterhaltung einer Kanzlei vielmehr ein auf deren Existenz hinweisendes, deutlich sichtbares Praxisschild, sowie ein betrieblicher Telefonanschluß nebst dessen Eintragung in das Telefonverzeichnis[15] (vgl. oben § 27 Rdn. 5 f.)

14   Fehlt es nicht an einer Kanzlei überhaupt, sondern kommt der Rechtsanwalt nur Einzelheiten der Kanzleiführungspflicht nicht nach, so ist die an § 35 geknüpfte Maßnahme der Zulassungsrücknahme, an die nach der zwingenden Vorschrift des § 14 Abs. 2 Nr. 6 die Rücknahme der Zulassung zur Rechtsan-

---

[10] *Isele,* § 35 Anm. IV. A. 3. b), S. 363.
[11] *Feuerich/Braun,* § 35 Rdn. 8.
[12] Vgl. hierzu IV.
[13] BGH BRAK-Mitt. 1983, 190; BGHZ 38, 6, 11.
[14] BVerfGE 72, 26, 27; BRAK-Mitt. 1984, 36.
[15] BVerfGE 72, 26, 27; BRAK-Mitt. 1984, 36.

waltschaft geknüpft ist, in der Regel unverhältnismäßig, solange die Landesjustizverwaltung nicht prüft, ob es schonendere Mittel gibt, um die ordnungsgemäße Erfüllung der Kanzleipflicht zu erzwingen.[16] In die **Berufsfreiheit** wird daher **übermäßig eingegriffen**, wenn einem Rechtsanwalt ohne vorherige Verhängung milderer Maßnahmen die Zulassung entzogen wird, weil er kein Praxisschild angebracht hat.[17] Die vorangehende Verhängung einer milderen Maßnahme kann jedoch unter Umständen entbehrlich sein, so zum Beispiel dann, wenn der Rechtsanwalt von vornherein und unmißverständlich klarmacht, daß er unter keinen Umständen bereit ist, der Pflicht aus § 27 nachzukommen.[18]

b) Die Dreimonatsfrist. Durch § 35 Abs. 1 Nr. 2 wird dem Rechtsanwalt eine Frist von drei Monaten gesetzt, um seiner sich aus § 27 ergebenden Pflicht zur Einrichtung einer Kanzlei, unter Beachtung der oben aufgeführten Mindestvoraussetzungen, nachzukommen. Ebenso wie die Frist nach § 35 Abs. 1 Nr. 1 beginnt der Lauf der Dreimonatsfrist des § 35 Abs. 1 Nr. 2 mit dem Zeitpunkt der Mitteilung, daß der Rechtsanwalt bei einem bestimmten Gericht zugelassen ist.[19]

c) Dreimonatspflicht und Antrag auf Befreiung von der Kanzleipflicht. Die Bundesrechtsanwaltsordnung sieht in den § 29 Abs. 1 und § 29 a Abs. 2 die Möglichkeit vor, den Rechtsanwalt von der Kanzleipflicht des § 27 zu befreien.

Stellt der Rechtsanwalt einen entsprechenden Antrag vor Ablauf der Dreimonatsfrist, so muß zunächst über diesen entschieden werden. Solange es möglich erscheint, daß der Rechtsanwalt antragsgemäß von der Kanzleipflicht befreit wird, kann ihm die lokale Zulassung nicht nach § 35 Abs. 1 Nr. 2 entzogen werden.[20]

Gleiches gilt für **Befreiungsanträge**, die zwar erst nach Ablauf der Dreimonatsfrist, jedoch vor Ausspruch und Zustellung der Widerrufsverfügung gestellt werden. Ein Widerruf der lokalen Zulassung kann erst nach ablehnender Entscheidung über den Antrag auf Befreiung von der Kanzleipflicht erfolgen.[21]

Wird der Antrag auf Befreiung von der Kanzleipflicht erst **nach der Zustellung** der Widerrufsverfügung gestellt, hat der Rechtsanwalt aber entsprechend § 35 Abs. 2 S. 5 Antrag auf gerichtliche Entscheidung gestellt, so hat die Landesjustizverwaltung über den Befreiungsantrag zu entscheiden. Wird der Rechtsanwalt noch während des gerichtlichen Verfahrens von der Kanzleipflicht befreit, so tritt hinsichtlich der Hauptsache Erledigung ein.[22] Versäumt der Rechtsanwalt jedoch rechtzeitig, Antrag auf gerichtliche Entscheidung zu stellen und wird daraufhin die Rücknahmeverfügung rechtskräftig, so ändert daran auch eine nachträgliche positive Entscheidung über den Befreiungsantrag nichts.[23]

---

[16] BGH BRAK-Mitt. 1986, 224.
[17] BVerfG NJW 1986, 1801; BVerfGE 72, 26 ff.
[18] Zum Grundsatz der Verhältnismäßigkeit und der Ermessensausübung im Rahmen von § 35 Abs. 1 BRAO vgl. auch Anm. II und IV.
[19] *Feuerich/Braun*, § 35 Rdn. 12; BGH NJW 1985, 3083; zur Berechnung der Frist vgl. III. 1. e).
[20] *Feuerich/Braun*, § 35 Rdn. 14; *Isele*, § 35 Anm. IV. B. 2., S. 364; BGH EGE XIII, S. 34.
[21] *Feuerich/Braun*, § 35 Rdn. 15.
[22] *Feuerich/Braun*, § 35 Rdn. 16; *Isele*, § 35 Anm. IV. B. 2. b), S. 364.
[23] *Isele*, § 35 Anm. IV. B. 2. b), S. 364.

3. Fehlende Auflagenerfüllung (§ 35 Abs. 1 Nr. 3)

19 Gemäß § 35 Abs. 1 Nr. 3 kann die lokale Zulassung widerrufen werden, wenn der Rechtsanwalt nicht binnen drei Monaten eine ihm nach § 29 Abs. 1 oder § 29 a Abs. 2 gemachte Auflage erfüllt. Für die Berechnung der Dreimonatsfrist und die verspätete Erfüllung der Auflagen gilt das zu oben Anm. III. 1. und 2. Gesagte entsprechend. Zum Begriff der Auflage vergleiche §§ 29 und 29 a.[24]

4. Fehlende Bestellung eines Zustellungsbevollmächtigten (§ 35 Abs. 1 Nr. 4)

20 Dem Rechtsanwalt kann gemäß § 35 Abs. 1 Nr. 4 die lokale Zulassung entzogen werden, wenn er nicht binnen **drei Monaten**, nachdem er von der Pflicht, eine Kanzlei zu unterhalten, befreit worden oder der bisherige Zustellungsbevollmächtigte weggefallen ist, einen Zustellungsbevollmächtigten bestellt.

21 Mit diesem Rücknahmegrund knüpft die BRAO an die Pflicht, unter den Voraussetzungen des § 30 Abs. 1 einen Zustellungsbevollmächtigten zu bestellen, an. Mangels einer entsprechenden Pflicht kann die Zulassung daher einem Rechtsanwalt nicht gemäß § 35 Abs. 1 Nr. 4 entzogen werden, der nach § 29 Abs. 2 von der Kanzleipflicht befreit worden ist. Gleiches gilt für Simultananwälte hinsichtlich des Ortes der Zweitzulassung.[25]

22 Die Dreimonatsfrist, die dem Rechtsanwalt für die Bestellung des Zustellungsbevollmächtigten zur Verfügung steht, wird entweder durch die Befreiung von der Kanzleipflicht oder durch den Wegfall des bisherigen Zustellungsbevollmächtigten in Lauf gesetzt.[26] Unterläßt es der Rechtsanwalt innerhalb dieser Frist, einen Zustellungsbevollmächtigten erstmalig oder nach Wegfall des bisherigen zu bestellen, so kann die lokale Zulassung zurückgenommen werden.[27] Jedoch auch hier ist der Grundsatz der Verhältnismäßigkeit zu beachten.[28]

5. Unerlaubte Kanzleiaufgabe (§ 35 Abs. 1 Nr. 5)

23 Gemäß § 35 Abs. 1 Nr. 5 kann die Zulassung bei einem Gericht widerrufen werden, wenn der Rechtsanwalt seine Kanzlei aufgibt, ohne daß er von der Pflicht des § 27 befreit worden ist.

Ebenso wie bei § 35 Abs. 1 Nr. 2 ist die durch diese Vorschrift ehemals sanktionierte, unerlaubte Wohnsitzaufgabe als Folgeänderung zu der Streichung einer entsprechenden Pflicht aus § 27 durch die Novellierung der BRAO im Jahre 1994 entfallen.

24 Dieser Widerrufstatbestand komplettiert die Möglichkeit des § 35 Abs. 1 Nr. 2, Verstöße gegen die Kanzleipflicht berufsrechtlich zu verfolgen, indem durch sie derjenige Rechtsanwalt, der seine Kanzlei unerlaubt aufgibt, demjenigen gleichgestellt wird, der sie von vornherein nicht einrichtet. Dabei sind an die **Aufrechterhaltung** der Kanzlei dieselben Anforderungen zu stellen, wie an ihre Einrichtung. Wenn also ein Rechtsanwalt sämtliche organisatorischen Maßnah-

---

[24] Zum Grundsatz der Verhältnismäßigkeit und der Ermessensausübung im Rahmen von § 35 Abs. 1 BRAO vgl. auch Anm. II und IV.
[25] Vgl. § 30 Anm. III.
[26] Amtl. Begr.
[27] Amtl. Begr.
[28] Zum Grundsatz der Verhältnismäßigkeit und der Ermessensausübung im Rahmen von § 35 Abs. 1 BRAO vgl. auch Anm. II. und IV.

men, aus denen das Publikum bisher auf die Widmung von Räumen als Anwaltskanzlei schließen konnte, wieder rückgängig macht, muß er sich – zumindest wenn dieser Zustand nicht nur vorübergehender Natur ist – auf Grund dieses objektiven Befundes als ein Rechtsanwalt, der seine Kanzlei aufgegeben hat, behandeln lassen. Auf die innere Willensrichtung kann es dabei vor allem deshalb nicht ankommen, weil den Rechtsanwälten die Verpflichtung, eine Kanzlei zu unterhalten, im Interesse des rechtsuchenden Publikums auferlegt worden ist.[29] Dementsprechend liegt eine **Pflichtverletzung im Sinne des § 35 Abs. 1 Nr. 5 vor**, wenn das Praxisschild entfernt sowie der Telefonanschluß aufgegeben wird und andere Anhaltspunkte für einen Praxisbetrieb nicht vorhanden sind.[30] Der Widerrufsgrund der Kanzleiaufgabe ist weiterhin gegeben, wenn der Rechtsanwalt flüchtig ist, um sich einer Strafverfolgung zu entziehen.[31] Zum Grundsatz der Verhältnismäßigkeit und der Ermessensausübung im Rahmen von § 35 Abs. 1 Nr. 5 vgl. § 35 Anm. II und IV.

6. Eintreten von zulassungshindernden Umständen (§ 35 Abs. 1 Nr. 6)

Die lokale Zulassung kann gemäß § 35 Abs. 1 Nr. 6 widerrufen werden, wenn die Voraussetzungen, unter denen die Zulassung bei einem Gericht nach § 20 Abs. 1 Nr. 2 oder 3 versagt werden soll, erst nach der Zulassung oder infolge eines Wechsels der Zulassung (§ 33 a) eingetreten sind.

Die Vorschrift des § 35 Abs. 1 Nr. 6 **verstößt nicht gegen Art. 3 Abs. 1 GG**. Insbesondere mißachtet die unter den Voraussetzungen des § 20 Abs. 1 Nr. 3 bestehende Ermächtigung zur Rücknahme der Zulassung bei einem bestimmten Gericht nicht die gleichberechtigte Stellung von Rechtsanwalt und Richter. Vielmehr rechtfertigt der Unterschied zwischen der bloßen Befugnis, bei einem Gericht in Strafsachen aufzutreten, und der Zulassung als Rechtsanwalt bei diesem Gericht die gesetzliche Regelung einer Zulassungsversagung und -rücknahme.[32] Allerdings kann der Widerruf der lokalen Zulassung ausnahmsweise dann nicht auf eine abstrakte Gefährdung der Rechtspflege gestützt werden, wenn im Einzelfall gewichtige Gründe dafür sprechen, daß die Bedeutung der Berufsfreiheit und der Verhältnismäßigkeitsgrundsatz eine andere Ermessensausübung im Sinne des § 35 Abs. 1 gebieten.[33]

IV. Das Widerrufsverfahren

1. Anwendbare Vorschriften und Rechtsmittelbelehrung

Das Widerrufsverfahren der lokalen Zulassung ist durch die entsprechende Anwendbarkeit des § 16 Abs. 6 (§ 35 Abs. 2 S. 7) dem Verfahren bei Rücknahme oder Widerruf der Zulassung zur Rechtsanwaltschaft nachgebildet. In diesem Rahmen kann daher bezüglich der Regelung über die aufschiebende Wirkung des Antrags auf gerichtliche Entscheidung, über die Anordnung der sofortigen Vollziehbarkeit und über die diesbezüglichen Entscheidungsmöglichkeiten des Anwaltsgerichtshofs auf das oben § 16 Gesagte verwiesen werden.

---

[29] BGB EGE IX, S. 7.
[30] BGH BRAK-Mitt. 1983, 190; 1984, 36; EGH Celle BRAK-Mitt. 1983, 90.
[31] BG EGE XIV, S. 85.
[32] BGH BRAK-Mitt. 1981, 29.
[33] BGH BRAK-Mitt. 1995, 53; *Kleine-Cosack*, § 35 Rdn. 4; vgl. Beispielfall bei *Isele*, § 35 Anm. IV. G. 3., S. 368.

28 Die Widerrufsverfügung bedarf **keiner Rechtsbehelfsbelehrung**. Die BRAO selbst enthält keine entsprechenden Vorschriften. § 79 VwVfG ist wegen § 2 Abs. 3 VwVfG nicht direkt auf Zulassungs- und Widerrufsverfahren nach der Bundesrechtsanwaltsordnung anwendbar. Eine analoge Anwendung ist ebenfalls nicht möglich, da kein allgemeiner Grundsatz besteht, daß jedem anfechtbaren Verwaltungsakt eine Rechtsbehelfsbelehrung beizufügen ist.[34] Darüber hinaus enthalten die Vorschriften über Zulassungs- und Widerrufsverfahren nach der Bundesrechtsanwaltsordnung insofern eine abschließende Regelung.[35]

2. Verhältnismäßigkeitsgrundsatz und Ermessensausübung

29 Die an die Widerrufstatbestände des § 35 Abs. 1 geknüpfte Sanktion der Rücknahme der Zulassung ist als Eingriff in die Freiheit der Berufswahl nur dann gerechtfertigt, wenn eine sie anordnende Ermessensentscheidung den Grundsatz der Verhältnismäßigkeit berücksichtigt.[36] Beachtet die Landesjustizverwaltung bei ihrer auf der Grundlage des § 35 Abs. 1 getroffenen Entscheidungen diesen Grundsatz nicht, so macht sie im Sinne des § 39 Abs. 3 von ihrem Ermessen> fehlerhaften Gebrauch.[37] Regelmäßig ist die Maßnahme der **Zulassungsrücknahme unverhältnismäßig**, wenn der Anwalt nur Einzelheiten der Kanzleiführungspflicht nicht erfüllt.[38] Dementsprechend wird in die Berufsfreiheit übermäßig eingegriffen, wenn einem Rechtsanwalt ohne Verhängung milderer Maßnahmen die Zulassung entzogen wird, weil er kein Praxisschild angebracht hat.[39] Allerdings liegt kein Ermessensfehler vor, wenn die Widerrufsverfügung vor Entscheidung über einen anhängigen Antrag auf Befreiung von der Kanzleipflicht erlassen wird, der Befreiungsantrag jedoch aussichtslos war und kurz danach über ihn abschlägig entschieden worden ist.[40]

3. Gerichtliche Ermessenskontrolle und Beurteilungszeitpunkt

30 Bei der Widerrufsverfügung handelt es sich um eine Rechtshandlung der Landesjustizverwaltung im Sinne des § 39 Abs. 1 S. 1. Diese ist nur in den Grenzen des § 39 Abs. 3 überprüfbar.[41] Dementsprechend kann der Antrag auf gerichtliche Entscheidung nur darauf gestützt werden, daß die gesetzlichen **Grenzen des Ermessens** überschritten worden seien oder daß von dem Ermessen in einer dem Zweck der Ermächtigung nicht entsprechenden Weise Gebrauch gemacht worden sei.

31 Da die Gerichte ihr eigenes Ermessen nicht an die Stelle desjenigen der Landesjustizverwaltung setzen dürfen,[42] kommt es für die gerichtliche Ermessenskontrolle grundsätzlich nur darauf an, ob im **Zeitpunkt des Erlasses** der angefochtenen Verfügung der Rücknahmegrund vorlag. Vorgänge, die sich nach diesem Zeit-

---

[34] BGH NJW 1974, 1335 f.; BVerwG NJW 1977, 2266.
[35] BGH NJW 1989, 2889, 2890.
[36] BVerfGE 72, 26; NJW 1986, 1801; MDR 1986, 555; AnwBl. 1986, 202; BRAK-Mitt. 1986, 108.
[37] Für den Fall des § 35 Abs. 1 Nr. 5 BRAO: BGH BRAK-Mitt. 1986, 224; *Isele,* § 39 VI. 2. b) ee), S. 386 f.
[38] BGH BRAK-Mitt. 1986, 224.
[39] BVerfGE 72, 26; NJW 1986, 1801; MDR 1986, 555; AnwBl. 1986, 202; BRAK-Mitt. 1986, 108.
[40] BGH EGE XIV, S. 85.
[41] BGH EGE XIV, S. 80.
[42] BGH EGE XIV, S. 79.

§ 36 Löschung in der Anwaltsliste § 36

punkt ereignet haben, können im Verfahren über den Antrag auf gerichtliche Entscheidung prinzipiell nicht mehr berücksichtigt werden.[43] Ein **späterer Beurteilungszeitpunkt** kann jedoch dann maßgebend sein, wenn aufgrund der Entwicklung nach Erlaß der Rücknahmeverfügung der Rücknahmegrund zweifelsfrei weggefallen ist und der Rechtsanwalt auf Antrag sogleich wieder zugelassen werden müßte.[44] Dies hat der BGH bereits in mehreren Verfahren für den Fall der Zulassung beziehungsweise Zurücknahme der Zulassung zur Rechtsanwaltschaft ausgesprochen.[45] Ein solches Vorgehen ist auch im Fall der Rücknahme der lokalen Zulassung geboten. Nur so läßt sich auch hier eine zeit- und kostenaufwendige Verdoppelung der Verfahren verhindern, in denen dem Rechtsanwalt zunächst sowohl lokale Zulassung als auch Zulassung zur Rechtsanwaltschaft entzogen und anschließend wieder erteilt werden müßten.

V. Rechtsschutz

Gemäß § 35 Abs. 2 S. 5 kann der Rechtsanwalt gegen den Widerruf innerhalb eines Monats nach der Zustellung der Verfügung beim Anwaltsgerichtshof des zuständigen OLG einen **Antrag auf gerichtliche Entscheidung** stellen. Das Verfahren ist kraft ausdrücklicher Verweisung insoweit dem § 16 Abs. 6 nachgebildet. Wie dort hat der Antrag also aufschiebende Wirkung. Zu den weiteren Einzelheiten s. oben § 16 Rdn. 16 ff.. Zum weiteren Verfahren ist auf § 40 und § 41 zu verweisen. Im übrigen ist gegen die Entscheidung des Anwaltsgerichtshofs sofortige Beschwerde gemäß § 42 Abs. 1 Nr. 5 gegeben. 32

§ 36 Löschung in der Anwaltsliste

(1) Der Rechtsanwalt wird in der Liste der zugelassenen Rechtsanwälte (§ 31) außer im Falle des Todes gelöscht,
1. wenn die Zulassung bei einem Gericht erloschen ist (§ 34)
2. wenn die Zulassung bei einem Gericht widerrufen ist (§ 33 Abs. 4, § 35).

(2) Rechtshandlungen, die der Rechtsanwalt vor seiner Löschung noch vorgenommen hat, sind nicht deshalb unwirksam, weil er zur Zeit der Vornahme der Handlung die Anwaltstätigkeit nicht mehr ausüben oder vor dem Gericht nicht mehr auftreten durfte. Das gleiche gilt für Rechtshandlungen, die vor der Löschung des Rechtsanwalts ihm gegenüber noch vorgenommen worden sind.

Übersicht

	Rdn.		Rdn.
I. Entstehungsgeschichte	1	III. Rechtshandlungen vor der Löschung	3, 4
II. Löschung in der Liste	2	IV. Rechtsschutz	5

---

[43] BGH NJW 1980, 841; BRAK-Mitt. 1987, 152 jeweils m. w. N.
[44] BGH BRAK-Mitt. 1987, 152; BGH NJW 1982, 2782; BRAK-Mitt. 1982, 173; sowie für § 7 Nr. 8 BRAO: BGHZ 75, 356; NJW 1980, 841; EGE XIV, S. 147; BGH BRAK-Mitt. 1982, 26.
[45] BGH NJW 1982, 2782 m. w. N.

§ 36 1–5   Zweiter Teil. Die Zulassung des Rechtsanwalts

I. Entstehungsgeschichte

1   Die früheren Rechtsanwaltsordnungen enthielten bereits Vorschriften über die Einrichtung und Führung der Liste über die bei einem Gericht zugelassenen Rechtsanwälte (§ 20 RAO 1878, § 21 RRAO 1936 und §§ 24 ff. der Rechtsanwaltsordnung für die britische Zone). In den § 24 RAO, § 28 RRAO und § 30 RAOBritZ waren dementsprechend die der jeweiligen Rechtslage angepaßten Gründe für die Löschung in der Liste festgelegt.

II. Löschung in der Liste

2   In § 36 Abs. 1 sind die Voraussetzungen normiert, unter denen eine Löschung in der Liste der Rechtsanwälte (§ 31) erfolgt. Die in die Liste eingetragenen Rechtsanwälte sind dementsprechend zu löschen, im Fall des Todes (§ 36 Abs. 1), wenn die Zulassung bei dem Gericht erloschen ist, bei dem die Liste geführt wird (§ 36 Abs. 1 Nr. 1, § 34) oder wenn die Zulassung bei dem Gericht widerrufen worden ist (§ 36 Abs. 1 Nr. 2, § 33 Abs. 4, § 35). Dem Tod ist die Todeserklärung (§§ 2 ff. VerschG) gleichzusetzen.[1]

III. Rechtshandlungen vor der Löschung

3   Der Zeitpunkt des Erlöschens der Zulassung und der Zeitpunkt der Löschung in der Liste der Rechtsanwälte fallen regelmäßig aus verfahrenstechnischen Gründen auseinander. In konsequenter Fortführung des schon in den § 32 Abs. 2, § 54, § 114 a Abs. 2 und § 155 Abs. 5 enthaltenen Rechtsgedankens bestimmt § 36 Abs. 2 daher für diesen Zeitraum, daß, solange der Rechtsanwalt in der Liste nicht gelöscht worden ist, im Interesse der Rechtssicherheit und des Vertrauensschutzes der Rechtsuchenden Rechtshandlungen **nicht deshalb unwirksam** sein sollen, weil die materiell-rechtliche Lage von dem durch die Liste erzeugten Rechtsschein abweicht. Aus diesem Grunde sind entsprechend dem Wortlaut des § 36 Abs. 2 Rechtshandlungen, die der Rechtsanwalt vor der Löschung in der Liste vorgenommen hat, nicht deshalb unwirksam, weil er zur Zeit der Vornahme der Handlung die Anwaltstätigkeit nicht mehr ausüben oder vor dem Gericht nicht mehr auftreten durfte. Gleiches gilt für Rechtshandlungen, die vor der Löschung dem Rechtsanwalt gegenüber von anderen vorgenommen worden sind (§ 36 Abs. 2 S. 2). Unbeschadet der rechtlichen Wirksamkeit seiner Handlungen ist der Rechtsanwalt aber entsprechend § 156 Abs. 2 zurückzuweisen.

4   Rechtshandlungen im Sinne des § 36 Abs. 2, die nach der Löschung vorgenommen werden, sind nicht mehr wirksam.[2]

IV. Rechtsschutz

5   Der Widerruf der Zulassung bei einem Gericht ist mit dem gegen die Landesjustizverwaltung gerichteten Antrag auf **gerichtliche Entscheidung** bei dem Anwaltsgerichtshof für Rechtsanwälte anfechtbar (§ 35 Abs. 2 S. 5; zum Verfahren: §§ 37, 39 f.).
   Die darauf beruhende Vollzugsmaßnahme der Löschung in der Anwaltsliste ist demgegenüber **selbständig anfechtbar** (§ 223).[3] Für das Verfahren gelten die

---

[1] *Isele*, § 36 Anm. III. A., S. 369.
[2] BFH NJW 1975, 1856; BGHZ 98, 325, 327; NJW 1987, 327; MDR 1987, 230; JR 1987, 426.
[3] *Feuerich/Braun*, § 36 Rdn. 3.

§§ 37, 39 ff. (§ 223 Abs. 4). Unter den Voraussetzungen des § 223 Abs. 3 ist weiterhin die sofortige Beschwerde gegen eine, die Löschung in der Liste der Rechtsanwälte bestätigende, Entscheidung des Anwaltsgerichtshofes zulässig. Die anzuwendenden Verfahrensvorschriften ergeben sich ebenfalls aus § 223 Abs. 4.

Dritter Abschnitt. Allgemeine Vorschriften für das Verwaltungsverfahren

§ 36 a Untersuchungsgrundsatz, Mitwirkungspflicht, Übermittlung personenbezogener Informationen

(1) Die Landesjustizverwaltung ermittelt den Sachverhalt von Amts wegen. Sie bedient sich der Beweismittel, die sie nach pflichtgemäßem Ermessen für erforderlich hält.

(2) Der am Verfahren beteiligte Bewerber oder Rechtsanwalt soll bei der Ermittlung des Sachverhalts mitwirken und, soweit es dessen bedarf, sein Einverständnis mit der Verwendung von Beweismitteln erklären. Sein Antrag auf Gewährung von Rechtsvorteilen ist zurückzuweisen, wenn die Landesjustizverwaltung infolge seiner Verweigerung der Mitwirkung den Sachverhalt nicht hinreichend klären kann. Der Bewerber oder Rechtsanwalt ist auf diese Rechtsfolge hinzuweisen.

(3) Gerichte und Behörden dürfen personenbezogene Informationen, die für die Rücknahme oder für den Widerruf einer Erlaubnis, Befreiung oder der Zulassung eines Rechtsanwalts oder zur Einleitung eines Rüge- oder anwaltsgerichtlichen Verfahrens von Bedeutung sein können, der für die Entscheidung zuständigen Stelle übermitteln, soweit hierdurch schutzwürdige Belange des Betroffenen nicht beeinträchtigt werden oder das öffentliche Interesse das Geheimhaltungsinteresse des Betroffenen überwiegt. Die Übermittlung unterbleibt, wenn besondere gesetzliche Verwendungsregelungen entgegenstehen.

Übersicht

	Rdn.		Rdn.
I. Systematischer Zusammenhang und Normstandort	1–3	III. Mitwirkungspflicht	7, 8
II. Untersuchungsgrundsatz	4–6	IV. Personenbezogene Informationen	9, 11

I. Systematischer Zusammenhang und Normstandort

Der gesamte zweite Teil der BRAO (§§ 4–42), der mit „Die Zulassung des Rechtsanwalts" überschrieben ist, beinhaltet ein **öffentlichrechtliches Verfahren**. Es geht im wesentlichen darum, daß die jeweils zuständige Landesjustizverwaltung in Vollzug der genannten Vorschriften der BRAO Verwaltungsakte erläßt. Daneben gibt es auch den Fall, daß das ablehnende Gutachten einer Rechtsanwaltskammer angegriffen wird. In allen diesen Fällen handelt es sich um hoheitliches Handeln. Im einzelnen will ein Bewerber die zuständige Behörde zum Erlaß von **Verwaltungsakten** verpflichten (§ 6 Abs. 1, § 19 Abs. 2, § 28 Abs. 1, § 29 Abs. 1, § 223 Abs. 1). Ebenso ist es vielfach möglich, daß ein Bewerber erlassene Verwaltungsakte anfechten will (so etwa gemäß § 8 a Abs. 2, § 11 Abs. 2, 1

§ 16 Abs. 5, § 21 Abs. 2, § 28 Abs. 3, § 29 Abs. 3, § 35 Abs. 2, § 39 Abs. 1). Schließlich kommt gemäß § 9 auch die Feststellung einer Maßnahme in Betracht.

2   Alle diese Streitigkeiten faßt man üblicherweise entsprechend der Überschrift des vierten Abschnitts (vor § 37) als **öffentlichrechtliche Streitigkeiten** in Zulassungssachen zusammen. Im Rahmen der Behandlung dieser Zulassungssachen trennt das Gesetz nach allgemeinen Regeln das Verwaltungsverfahren vom gerichtlichen Verfahren ab. Während das Verwaltungsverfahren in dem dritten Abschnitt nur in § 36 a und daneben in einzelnen Vorschriften wie z. B. in § 16 geregelt ist, findet sich eine zusammenhängende Regelung des gerichtlichen Verfahrens in den §§ 37–42.

3   § 36 a wurde als eine allgemeine Vorschrift des Verwaltungsverfahrens erst durch das Gesetz vom 13. 12. 1989 (BGBl. I, S. 2135) in die BRAO eingefügt. Er will die speziellen Vorschriften der BRAO zum Verwaltungsverfahren um eine Grundsatzregelung zu den Fragen der Sachverhaltsermittlung und des Datenschutzes ergänzen.

II. Untersuchungsgrundsatz

4   Die Regelungen des Verwaltungsverfahrens, wie sie im Verwaltungsverfahrensgesetz des Bundes und der Länder niedergelegt ist, finden auf den Bereich der gesamten Justizverwaltung keine Anwendung (§ 2 Abs. 3 Nr. 1 VwVfG). § 36 a Abs. 1 BRAO wiederholt und präzisiert deshalb den im Verwaltungsverfahren geltenden Untersuchungsgrundsatz des § 24 VwVfG. Grundsätzlich klärt also auch in Zulassungssachen die Landesjustizverwaltung den Sachverhalt **von Amts wegen** auf. Dabei ist sie auch in der Heranziehung von Beweismitteln nicht an Parteianträge gebunden (§ 36 a Abs. 1 S. 2).

5   Die Geltung des Untersuchungsgrundsatzes im Rahmen der Sachverhaltsermittlung ist strikt zu trennen von der Einleitung eines Verfahrens, die immer nur auf Antrag erfolgt (**Dispositionsmaxime**). Diese ist in § 36 a nicht geregelt, sondern ergibt sich aus den einzelnen Verfahrensbereichen des Zulassungsverfahrens.

6   Der häufig zu findende Hinweis, daß die Sachverhaltsermittlung der Landesjustizverwaltung durch den Grundsatz der Erforderlichkeit beschränkt sei, so daß also nur in dem Umfang Ermittlungen angestellt werden dürfen, wie sie speziell für die in der BRAO vorgesehenen Maßnahmen erforderlich sind,[1] ist eine Selbstverständlichkeit und ergibt sich bereits aus allgemeinen Grundsätzen.

III. Mitwirkungspflicht

7   Nach der ausdrücklichen Anordnung in § 36 a Abs. 2 S. 1 trifft den Rechtsanwalt oder den Bewerber eine gewisse Mitwirkungspflicht an der Aufklärung des Sachverhalts. Dies findet seinen Grund vor allem darin, daß der Rechtsanwalt nicht selten Beweismittel in Händen halten wird, ohne deren Vorlage oder deren Mitteilung eine umfassende Sachverhaltsermittlung nicht möglich ist. Die Verpflichtung des Bewerbers oder des Rechtsanwalts umfaßt insoweit sowohl die Voralge von Beweismitteln (z. B. von Dokumenten) als auch die Erteilung von Auskünften sowie (falls erforderlich) die Zustimmung zur Verwendung solcher Beweismittel.

8   Die Mitwirkungspflicht des Bewerbers oder des Rechtsanwalts ist nach dem Gesetzeswortlaut als **Sollbestimmung** ausgestaltet. Dies bedeutet, daß ein Unterbleiben einer erforderlichen Mitwirkungspflicht keine über die Ablehnung des Antrags hinausgehenden Sanktionen auslösen kann. In Wahrheit ist die erfor-

---

[1] Vgl. *Feuerich/Braun*, § 36 a Rdn. 2; *Kleine-Cosack*, § 36 a Rdn. 1.

derliche Mitwirkung des Bewerbers oder des Rechtsanwalts als Last ausgestaltet. Dies bedeutet, daß in gleicher Weise wie bei der objektiven Beweislast auch hier die nicht erfolgte Aufklärung zu seinem Nachteil zu berücksichtigen ist. § 36 a Abs. 2 erlegt dem Bewerber oder Rechtsanwalt also in gewissem Umfang eine (subjektive) Beweisführungslast auf.

IV. Personenbezogene Informationen

Im Rahmen der Sachverhaltsermittlungen in Zulassungssachen sind verschiedene Formen und Wege denkbar, bei denen Gerichte oder Behörden personenbezogene Informationen, die in den einzelnen Bereichen des Zulassungsverfahrens von Bedeutung sein können, der für die Entscheidung zuständigen Stelle übermitteln. Es können also durch Gerichte, Staatsanwaltschaften, Rechtsanwaltskammern und andere Stellen Mitteilungen an die Landesjustizverwaltung erfolgen, die für die Entscheidung in Zulassungssachen von Bedeutung sind. 9

Solche Mitteilungen können andererseits in das **Grundrecht auf informationelle Selbstbestimmung** eingreifen, wie es das BVerfG aus dem allgemeinen Persönlichkeitsrecht i. V. m. Art. 2 Abs. 1 und Art. 1 Abs. 1 GG abgeleitet hat.[2] Zum Schutz dieses Grundrechts gelten die Regelungen nach den Datenschutzgesetzen des Bundes und der Länder, die allerdings subsidiär sind im Hinblick auf andere Rechtsvorschriften, die den Umgang mit personenbezogenen Daten zum Gegenstand haben.[3] Da als solche anderen Rechtsvorschriften neben formellen Gesetzen auch Rechtsverordnungen und Satzungen anzusehen sind, nicht aber Verwaltungsvorschriften, Erlasse und Richtlinien, besteht im Justizbereich heute eine empfindliche **Regelungslücke**, weil es noch immer kein (seit langem in Arbeit befindliches) Justizmitteilungsgesetz gibt.[4] Die bisherige Regelung der „Anordnung über Mitteilungen in Zivilsachen (MiZi)" vom 1. 10. 1967 in der ab 1. 3. 1993 geltenden Fassung und ebenso der „Anordnung über Mitteilungen in Strafsachen (MiStra)" vom 15. 3. 1985 reichen als datenschutzrechtliche Grundlagen nicht aus.[5] Der Gesetzgeber hat deshalb in § 36 a Abs. 3 BRAO eine spezielle Datenschutznorm geschaffen, die für die Mitteilungen in Zulassungssachen an die Stelle der Datenschutzgesetze des Bundes und der Länder treten. 10

Nach § 36 a Abs. 3 ist die Übermittlung personenbezogener Informationen, die für das Zulassungsverfahren relevant sind, **grundsätzlich zulässig**, soweit hierdurch nicht schutzwürdige Belange des Betroffenen beeinträchtigt werden oder das öffentliche Interesse das Geheimhaltungsinteresse des Betroffenen überwiegt. Im Einzelfall ist also eine Ermittlung der schutzwürdigen Belange des Betroffenen erforderlich sowie eine **Abwägung** zwischen öffentlichem Interesse und dem Geheimhaltungsinteresse des Betroffenen. Diese Abwägung ist freilich vor dem Hintergrund vorzunehmen, daß gemäß § 36 a Abs. 2 die Nichtaufklärbarkeit eines Sachverhalts zu Lasten des Bewerbers bzw. Rechtsanwaltes geht. Personenbezogene Informationen, die den Antrag des Bewerbers fördern können, dürfen daher an die Landesjustizverwaltung übermittelt werden. Auch bei anderen Informationen ist eine Übermittlung jedenfalls dort zulässig, wo das öffentliche Interesse daran, daß nur Rechtsanwälte zugelassen werden, die allen Voraussetzungen der BRAO genügen, überwiegt. Dies wird in den meisten Fällen zu bejahen sein. 11

---

[2] BVerfGE 65, 1 = NJW 1984, 419.
[3] Vgl. dazu Prütting ZZP 106 (1993); 427, 438.
[4] Vgl. zuletzt Krumsiek, Die unendliche Geschichte des Justizmitteilungsgesetzes, FS Remmers, 1995, 283 ff.
[5] Vgl. dazu Prütting ZZP 106 (1993), 427, 462; Krumsiek, a. a. O.

Vierter Abschnitt. Das Verfahren bei Anträgen auf gerichtliche Entscheidung in Zulassungssachen

§ 37 Form der Anträge

Der Antrag auf gerichtliche Entscheidung ist bei dem Anwaltsgerichtshof schriftlich einzureichen.

Schrifttum: *Knösels*, Gesetzeslücken in öffentlichrechtlichen Streitverfahren der Freiwilligen Gerichtsbarkeit unter besonderer Berücksichtigung des Zulassungsverfahrens der BRAO, Diss. Köln 1996; *Redeker*, Die Ehrengerichte als besondere Verwaltungsgerichte, AnwBl. 1992, 505.

Übersicht

	Rdn.		Rdn.
I. Überblick über das gerichtliche Verfahren des vierten Abschnitts	1–6	II. Historischer Überblick über das Zulassungsverfahren	7–10
1. Allgemeines	1	III. Anwendbares Recht	11
2. Antragsziele	2	IV. Antrag	12
3. Zuordnung des Gerichtsverfahrens	6	V. Antragsfrist und Schriftform	13–17
		VI. Einreichen des Antrags beim Anwaltsgerichtshof	18

I. Überblick über das gerichtliche Verfahren des vierten Abschnitts

1. Allgemeines

1 Die BRAO regelt im zweiten Teil (§§ 4–42) die Zulassungssachen. Diese werden als öffentlichrechtliche Verfahren von der Landesjustizverwaltung im Verwaltungsverfahren (s. § 36 a i. V. m. den §§ 4 ff. BRAO) behandelt.[1] Der vierte und letzte Abschnitt dieses Teils (§§ 37–42) ist nunmehr allgemeinen Regeln des gerichtlichen Verfahrens gewidmet.

2. Antragsziele

2 Die BRAO sieht gegen die Maßnahmen der Landesjustizverwaltung jeweils einen Antrag auf gerichtliche Entscheidung vor. Dieser Antrag ist entsprechend den allgemeinen Verfahrensgrundsätzen nach seinem Inhalt entweder eine Anfechtung eines Verwaltungsakts oder eine Verpflichtung zum Erlaß eines Verwaltungsakts oder ein Feststellungsantrag. Im einzelnen gilt:

3 Eine **Anfechtung** eines Verwaltungsakts nach der BRAO kommt in Betracht bei der Anordnung auf Vorlegung eines ärztlichen Gutachtens (§ 8 a Abs. 2); bei der Versagung bzw. Rücknahme der Zulassung zur Rechtsanwaltschaft (§ 11 Abs. 2, § 16 Abs. 5); bei der Versagung bzw. Rücknahme der Zulassung bei einem bestimmten Gericht (§ 21 Abs. 2, § 35 Abs. 2); bei der Versagung oder Widerrufung der Erlaubnis zur Errichtung einer Zweigstelle oder zur Abhaltung von Sprechtagen (§ 28 Abs. 3), bei der Versagung, Widerrufung oder Erteilung

---

[1] Im einzelnen s. oben § 36 a Rdn. 1 ff.

§ 37 Form der Anträge   4–9 § 37

unter Auflagen der Befreiung von der Kanzleipflicht (§ 29 Abs. 3); bei sonstigen, das Zulassungsverfahren betreffenden Verwaltungsakten (§ 223, § 39 Abs. 1).

Eine **Verpflichtung** zum Erlaß eines Verwaltungsaktes ist im Rahmen der BRAO möglich: bei dem Antrag auf Verpflichtung zur Zulassung zur Rechtsanwaltschaft (§ 6 Abs. 1); bei dem Antrag auf Zulassung bei einem bestimmten Gericht (§ 19 Abs. 1); bei dem Antrag auf Erlaubnis zur Errichtung von Zweigstellen oder zur Abhaltung von Sprechtagen (§ 28 Abs. 1); bei dem Antrag auf Befreiung von der Kanzleipflicht (§ 29 Abs. 1); bei dem Antrag zur Vornahme sonstiger Verwaltungsakte (§ 223 Abs. 1); bei dem Antrag auf Erteilung eines Bescheides nach Untätigkeit der Landesjustizverwaltung (vgl. § 11 Abs. 3, § 21 Abs. 3, § 29 Abs. 4, § 223 Abs. 2). 4

Schließlich ist ein Antrag auf **Feststellung** möglich bezüglich des Gutachtens der Rechtsanwaltskammer gemäß § 38, § 9 Abs. 2. 5

3. Zuordnung des Gerichtsverfahrens

Bei dem gerichtlichen Zulassungsverfahren nach der BRAO handelt es sich unstreitig um ein öffentlichrechtliches Streitverfahren, das nach allgemeinen Regeln der VwGO unterfallen müßte. Durch die vielfältigen Sonderzuweisungen der §§ 4–42 BRAO sind die einzelnen Streitsachen aber insgesamt der **ordentlichen Gerichtsbarkeit** unterstellt worden. Innerhalb der ordentlichen Gerichtsbarkeit handelt es sich um ein Verfahren der **Freiwilligen Gerichtsbarkeit**, wie sich aus den § 40 Abs. 4, § 42 Abs. 6 BRAO ergibt. Das Zulassungsverfahren ist also Teil der sog. öffentlichrechtlichen Streitverfahren der Freiwilligen Gerichtsbarkeit, wie dies ähnlich im Rahmen der Anfechtung von Justizverwaltungsakten gemäß § 23 EGGVG, der Anfechtung von Verwaltungsakten nach § 111 BNotO, der Anfechtung von Bescheiden der Landesjustizverwaltung über die Anerkennung ausländischer Entscheidungen von Familiensachen nach Art. 7 § 1 FamRÄndG und in ähnlichen Fällen gegeben ist. 6

II. Historischer Überblick über das Zulassungsverfahren

In der RAO 1878 war eine gerichtliche Nachprüfung von Verwaltungsakten in Zulassungssachen nur in drei Fällen der Versagung zur Zulassung zur Rechtsanwaltschaft vorgesehen (§ 16 Abs. 2, Abs. 5 Nr. 4, 5, 6 RAO). Die Zulassung beruhte letztlich auf der freien Entschließung des Staates. Da es zu dieser Zeit ein eigenständiges verwaltungsgerichtliches Verfahren noch nicht gab, richtete sich das Verfahren ausschließlich nach den einzelnen Vorschriften des ehrengerichtlichen Verfahrens (§ 16 Abs. 2 RAO), also nach den strafverfahrensrechtlich gestalteten Verfahrensregeln der § 62 ff. RAO. 7

Während des Nationalsozialismus fielen selbst diese eng begrenzten Rechtsschutzmöglichkeiten weg. Die RRAO 1936 stellte die Zulassung weitgehend in das Ermessen der Zulassungsbehörde. Der Rechtsschutz gegen Ermessensentscheidungen war nicht vorgesehen.[2] 8

Die Rechtsanwaltsordnung der britischen Zone hielt an der staatlichen Zulassung fest, erweiterte aber die Rechtsschutzmöglichkeiten um einige Fälle. Die Entscheidung erging ebenfalls im ehrengerichtlichen Verfahren. Erst die BRAO 1959 erneuerte und erweiterte das gerichtliche Verfahren in Zulassungssachen. Auch die BRAO hielt am Prinzip der staatlichen Zulassung fest, sie gewährte aber im Hinblick auf Art. 19 Abs. 4 GG umfassenden Rechtsschutz gegen sämtli- 9

---

[2] Vgl. *Isele*, § 37 Anm. I. B., S. 371; *Noack*, § 15 Anm. 17, S. 67.

Prütting 301

§ 37 10–13 Zweiter Teil. Die Zulassung des Rechtsanwalts

che Maßnahmen der Justizverwaltung. Das Verfahren wurde nun im wesentlichen dem Verwaltungsgerichtsverfahren angepaßt, jedoch wurde die Zuständigkeit der ordentlichen Gerichtsbarkeit für die Entscheidung erhalten. Auch die einzelnen Verfahrensvorschriften wurden im wesentlichen dem Verwaltungsrechtsschutz nachgebildet. Insoweit ist von einer Kurzausgabe einer VwGO gesprochen worden.[3]

10 Im einzelnen sind die konkreten Vorschriften der §§ 37 ff. BRAO im Jahre 1959 in das Gesetz eingefügt worden.

III. Anwendbares Recht

11 Auf das gerichtliche Verfahren in Zulassungssachen sind im einzelnen folgende Verfahrensvorschriften anzuwenden:
1. Die §§ 37–42 BRAO i. V. m. §§ 4 ff., 223 ff. BRAO;
2. Gemäß § 40 Abs. 4, § 42 Abs. 6 BRAO die §§ 1–34 FGG mit Modifikation (im einzelnen s. unten § 40 Rdn. 12 ff.).
3. Soweit sich trotz Anwendung der Verfahrensvorschriften der BRAO und des FGG noch Gesetzeslücken ergeben, kommt nach einer neuen Untersuchung[4] eine analoge Heranziehung der Vorschriften der VwGO in Betracht. Auch der Gesetzgeber sah die Normen der ZPO grundsätzlich als nicht geeignet an, weil er insbesondere den Untersuchungsgrundsatz im Rahmen des Zulassungsverfahrens in den Vordergrund rücken wollte. Die Praxis und die h. L. ziehen dennoch zur **Ergänzung** in gewissem Umfang Normen der **ZPO** heran.[5] Auch in dieser Kommentierung werden aus Gründen der Praktikabilität zum Teil zivilprozessuale Normen zur Ergänzung des Verfahrens vorgeschlagen.[6]

IV. Antrag

12 Die Einleitung des anwaltsgerichtlichen Verfahrens setzt einen Antrag voraus. Eine anwaltsgerichtliche Entscheidung, die von Amts wegen veranlaßt worden ist, gibt es nicht.[7]

V. Antragsfrist und Schriftform

13 Die Antragsfrist beträgt grundsätzlich **einen Monat** seit der Zustellung der anzufechtenden Entscheidung. Das gilt nicht nur in Zulassungssachen (vgl. § 11 Abs. 2, § 16 Abs. 5, § 21 Abs. 2, § 35 Abs. 2 S. 5), sondern auch in Fällen ablehnender Entscheidungen in bezug auf die Einrichtung einer Zweigstelle oder auswärtiger Sprechtage (vgl. § 28 Abs. 3 S. 3) sowie bei abgelehnten Ausnahmen von der Kanzleipflicht (vgl. § 29 Abs. 3 S. 3, § 29 a Abs. 3 S. 2). Erhebt der Betroffene die mehrfach in der BRAO vorgesehene **Untätigkeitsklage** (vgl. §§ 11 Abs. 3, 21 Abs. 3 und § 29 Abs. 4), so gilt die Monatsfrist nicht; allerdings muß die Landesjustizverwaltung **drei Monate** Zeit gehabt haben, über das Zulassungsgesuch oder die beantragte Kanzleipflichtbefreiung zu befinden und den

---

[3] Stich DÖV 1960, 368.
[4] Im einzelnen vgl. dazu die Untersuchung von *Knösels*, Gesetzeslücken in öffentlich-rechtlichen Streitverfahren der Freiwilligen Gerichtsbarkeit unter besonderer Berücksichtigung des Zulassungsverfahrens der BRAO, Diss. Köln 1996.
[5] *Feuerich/Braun*, § 40 Rdn. 6; *Kleine-Cosack*, § 40 Rdn. 3 ff., der allerdings zu Recht darauf hinweist, daß eine Verweisung auf die VwGO sinnvoller wäre.
[6] Im einzelnen s. unten § 40 Rdn. 14 ff.
[7] *Feuerich/Braun*, § 37 Rdn. 1; *Isele*, § 37 Anm. II. S. 371.

jeweiligen Antrag innerhalb dieser Frist nicht beschieden haben.[8] Bei Anträgen der Landesjustizverwaltung oder des Bundesministeriums der Justiz, die darauf gerichtet sind, Wahlen oder Beschlüsse des Vorstandes, des Präsidiums oder der Versammlung einer Rechtsanwaltskammer für ungültig oder nichtig erklären zu lassen (vgl. §§ 90, 91, 191), ergibt sich aus dem Umkehrschluß zu § 91 Abs. 3, daß diese Anträge keiner Frist unterliegen.[9] Bei den erweiterten Rechtsschutzmöglichkeiten i. S. d. § 223 gilt ebenfalls die Monatsfrist.[10]

Geht ein fristgebundener Antrag **nicht fristgerecht** beim Anwaltsgerichtshof ein, ist er als **unzulässig zu verwerfen**.[11] Eine Wiedereinsetzung in den vorigen Stand kommt dann allenfalls unter der entsprechenden Anwendung des § 22 Abs. 2 FGG in Betracht.[12]   14

Der Antrag ist **schriftlich** einzureichen. Er kann nicht zu Protokoll der Geschäftsstelle gestellt werden, weil § 11 FGG in diesem Zusammenhang nicht gilt.[13] Die vom Gesetz geforderte Schriftform richtet sich grundsätzlich nach der Vorschrift des § 126 BGB, wenngleich mit einigen prozessualen Modifikationen. Das heißt, daß die vorgeschriebene Schriftform keineswegs nur dann gewahrt ist, wenn der Antrag vom Antragsteller eigenhändig durch Namensunterschrift oder mittels notariell beglaubigtem Handzeichen unterzeichnet wurde.[14] Insoweit ist ein Unterschied zu machen zwischen den Anforderungen, die an die gesetzlich vorgesehene Schriftform im materiellen Recht gestellt werden und denjenigen, die prozessual maßgeblich sind. Ein Blick in andere Verfahrensordnungen zeigt, daß es auch dort ausreicht, wenn aus dem bei einem Gericht eingereichten Schriftstück der Inhalt der Erklärung, die abgegeben werden soll, und die Person, von der sie ausgeht, schon im Zeitpunkt des Eingangs der Erklärung bei Gericht hinreichend zuverlässig entnommen werden kann.[15] Schließlich muß erkennbar sein, daß es sich bei dem Schriftstück nicht bloß um einen Entwurf handelt, sondern um eine mit Willen des Ausstellers in den **Verkehr gebrachte Willenserklärung**.[16]   15

In diesem Sinne reicht das mit Schreibmaschine geschriebene Diktatzeichen in Verbindung mit dem gedruckten Briefkopf aus, weil eine der Unterschrift vergleichbare Gewähr für die Urheberschaft und den Rechtsverkehrswillen des Antragstellers gegeben ist.[17]   16

Der Schriftform genügt aber auch die Antragstellung mittels **Telefax**,[18] **Telebrief**[19] **oder Fernschreiben**,[20] soweit sich die Urheberschaft und der Rechts-   17

---

[8] *Feuerich/Braun,* § 37 Rdn. 10; *Kleine-Cosack,* § 37 Rdn. 3.
[9] *Feuerich/Braun,* § 37 Rdn. 11, *Kleine-Cosack,* § 37 Rdn. 3.
[10] Vgl. insoweit die Ausführungen zu § 223 BRAO.
[11] *Feuerich/Braun,* § 37 Rdn. 12; *Isele,* § 37 Anm. III. B. 2., S. 372; *Kleine-Cosack,* § 37 Rdn. 3.
[12] BGH BRAK-Mitt. 1981, 31; 1984, 37; 1985, 51; *Feuerich/Braun,* § 40 Rdn. 54 f.; *Isele,* § 37 Anm. III. B. 3., S. 372; *Kleine-Cosack,* § 40 Rdn. 19; zu den einzelnen Voraussetzungen der Wiedereinsetzung vgl. auch: *Bassenge/Herbst,* FGG/RpflG, 6. Aufl., Heidelberg 1992, § 22.
[13] Vgl. amtl. Begr.; *Feuerich/Braun,* § 37 Rdn. 1; *Kleine-Cosack,* § 37 Rdn. 1.
[14] So auch: *Feuerich/Braun,* § 37 Rdn. 3; *Kleine-Cosack,* § 37 Rdn. 1; a. A. EGH Hamm BRAK-Mitt. 1990, 249 mit Anm. Feuerich/Braun BRAK-Mitt. 1991, 52.
[15] *Feuerich/Braun,* § 37 Rdn. 4; *Jessnitzer/Blumberg,* § 37 Rdn. 1; *Kleine-Cosack,* § 37 Rdn. 1.
[16] *Feuerich/Braun,* § 37 Rdn. 4.
[17] So auch: *Feuerich/Braun,* § 37 Rdn. 5 mit Hinweis auf BGHSt 2, 78.
[18] BGH NJW 1990, 188; *Dieblich* BRAK-Mitt. 1989, 10.
[19] BGHZ 87, 63.
[20] BGHZ 97, 283; 1989, 589.

§ 38 1   Zweiter Teil. Die Zulassung des Rechtsanwalts

verkehrswille unschwer ermitteln lassen und den allgemeinen Schriftformerfordernissen Rechnung getragen ist.[21]

VI. Einreichen des Antrags beim Anwaltsgerichtshof

18   Der Antrag muß grundsätzlich beim Anwaltsgerichtshof eingereicht werden. Entscheidend ist letztlich, daß er **innerhalb der Frist** dort eingeht. Wird der Antrag zwar bei der falschen Stelle, so z. B. bei der Landesjustizverwaltung oder der Rechtsanwaltskammer eingereicht, gelangt aber durch **Weitersendung** innerhalb der gesetzten Frist an die Geschäftsstelle des Anwaltsgerichtshofs, dann ist der Antrag **fristgerecht** gestellt.[22] Es wäre reiner Formalismus, den Antrag als unzulässig zu verwerfen, weil der Einreichungsakt fehlerhaft war. Hat der Anwaltsgerichtshof mit dem Oberlandesgericht oder einer anderen Justizbehörde eine gemeinsame Posteinlaufstelle, dann genügt der rechtzeitige Eingang dort, wenn der Antrag an den Anwaltsgerichtshof adressiert ist oder in anderer Weise klar zum Ausdruck gebracht wird, daß der Antrag an den zuständigen Anwaltsgerichtshof gerichtet werden soll.[23]

§ 38 Antrag bei einem ablehnenden Gutachten der Rechtsanwaltskammer

(1) **Der Antrag auf gerichtliche Entscheidung ist bei einem ablehnenden Gutachten des Vorstandes der Rechtsanwaltskammer (§ 9) gegen die Rechtsanwaltskammer zu richten.**

(2) **Der Antragsteller muß das Gutachten, gegen das er sich wendet, bezeichnen. Der Antrag geht dahin, festzustellen, daß der von dem Vorstand der Rechtsanwaltskammer angeführte Versagungsgrund nicht vorliegt. Die zur Begründung des Antrags dienenden Tatsachen und die Beweismittel sollen im einzelnen angeführt werden.**

(3) **An dem Verfahren kann sich die Landesjustizverwaltung beteiligen.**

Übersicht

	Rdn.		Rdn.
I. Überblick und Normzweck	1, 2	3. Sonstige Beteiligte	5
II. Beteiligte	3–5	III. Inhalt des Antrags	6, 7
1. Antragsteller	3	IV. Gegenstand des Verfahrens	8–10
2. Antragsgegner	4		

I. Überblick und Normzweck

1   § 38 ist Teil des gerichtlichen Verfahrens in Zulassungssachen (vgl. dazu den allgemeinen Überblick oben § 37 Rdn. 1 ff.). Die Norm ist durch die BRAO 1959 geschaffen worden; zur historischen Entwicklung s. oben § 37 Rdn. 7 ff. Sie wird ergänzt durch die Normen der Freiwilligen Gerichtsbarkeit (vgl. § 40 Abs. 4 und die Erläuterungen zu § 37 Rdn. 11).

---

[21] *Feuerich/Braun*, § 37 Rdn. 6; *Kleine-Cosack*, § 37 Rdn. 1.
[22] BGH NJW 1989, 590; *Feuerich/Braun*, § 37 Rdn. 8; *Kleine-Cosack*, § 37 Rdn. 2.
[23] BGH NJW 1983, 123; *Feuerich/Braun*, § 37 Rdn. 8; *Jessnitzer/Blumberg*, § 37 Rdn. 2; *Kleine-Cosack*, § 37 Rdn. 2.

§ 38 Antrag bei ablehnenden Gutachten 2–6 § 38

Die Vorschrift dient der **Verfahrensbeschleunigung**. In den Fällen, in denen 2 der Vorstand der Rechtsanwaltskammer ein Gutachten in bezug auf die Zulassung zu erstatten hat (vgl. §§ 8, 9 BRAO) und dieses Gutachten zuungunsten des Zulassungsbewerbers ausgefallen ist, soll der Zulassungsbewerber bereits vor der endgültigen Entscheidung durch die Landesjustizverwaltung die Möglichkeit erhalten, das ablehnende Gutachten anzufechten.

II. Beteiligte

1. Antragsteller

Antragsteller kann lediglich der **Zulassungsbewerber** sein, dem nach dem 3 Gutachten des Vorstandes der Rechtsanwaltskammer die Zulassung aus den Gründen des § 7 Nr. 5 bis 9 versagt werden soll. **Dritte**, die aus wettbewerbsrechtlichen Gründen gerne gegen ein positives Gutachten der Rechtsanwaltskammer vorgehen würden, **sind nicht antragsbefugt**.[1]

2. Antragsgegner

Antragsgegner kann immer nur die **Rechtsanwaltskammer** sein.[2] Dies ist vor 4 dem Hintergrund des Wortlauts der Vorschrift nicht ganz zweifelsfrei. Schließlich wendet sich der Antragsteller gegen eine Maßnahme des Vorstandes der Rechtsanwaltskammer. Es ist jedoch allgemein anerkannt, daß nicht der Vorstand als solcher, sondern die Rechtsanwaltskammer, vertreten durch ihren Präsidenten (vgl. § 80 Abs. 1), Antragsgegner ist.[3]

3. Sonstige Beteiligte

Dritte, die ein wettbewerbsrechtliches Interesse am Ausgang des Verfahrens 5 haben, können sich an dem Verfahren nach Maßgabe des § 38 nicht beteiligen.[4] Lediglich **die Landesjustizverwaltung** hat nach § 38 Abs. 3 ausdrücklich die Möglichkeit, sich an dem anwaltsgerichtlichen Verfahren zu beteiligen. Das Beteiligungsinteresse der Landesjustizverwaltung ergibt sich daraus, daß sie nach § 8 über den Antrag auf Zulassung zur Rechtsanwaltschaft zu entscheiden hat und die gerichtliche Entscheidung für sie Bindungswirkung gemäß den § 9 Abs. 4, § 41 Abs. 2 erzeugt.[5] Die Beteiligung erfolgt durch schriftliche Erklärung oder im Rahmen einer mündlichen Verhandlung vor dem Anwaltsgerichtshof durch Erklärung zu Protokoll.[6] Die Erklärung bedarf keines Antrags und keiner Begründung; es genügt, wenn klar wird, ob sich die Landesjustizverwaltung gegen die Rechtsauffassung des Antragstellers oder diejenige der Rechtsanwaltskammer stellt.[7]

III. Inhalt des Antrags

Ein ordnungsgemäßer Antrag setzt **zweierlei** voraus. Zum einen schreibt § 38 6 Abs. 2 vor, daß der Antragsteller **das Gutachten** der Rechtsanwaltskammer be-

---

[1] *Isele*, § 38 Anm. IV. 1., S. 377.
[2] *Feuerich/Braun*, § 38 Rdn. 6.
[3] *Isele*, § 38 Anm. IV., S. 376; *Jessnitzer/Blumberg*, § 38 Rdn. 1.
[4] *Isele*, § 38 Anm. IV. 1., S. 377.
[5] *Feuerich/Braun*, § 38 Rdn. 7; *Isele*, § 38 Anm. IV. 2. a), b), S. 377.
[6] *Feuerich/Braun*, § 38 Rdn. 8; *Isele*, § 38 Anm. IV. 2. c), S. 377; *Kleine-Cosack*, § 38 Rdn. 1.
[7] *Feuerich/Braun*, § 38 Rdn. 8; *Isele*, § 38 Anm. IV. 2. c), S. 377.

§ 38 7–9   Zweiter Teil. Die Zulassung des Rechtsanwalts

zeichnen muß, gegen das er sich wendet. Weiterhin ist eine bestimmte **Antragsformel** gesetzlich angeordnet. Der Inhalt des Antrags muß darauf gerichtet sein, festzustellen, daß der von dem Vorstand der Rechtsanwaltskammer angeführte Versagungsgrund nicht vorliegt. Wird dies vom Antragsteller nicht berücksichtigt, ist der Antrag grundsätzlich als unzulässig zu verwerfen.[8] In jüngster Zeit hat sich jedoch die Rechtsauffassung herausgebildet, daß an den Antrag **nicht allzu hohe Anforderungen** gestellt werden dürfen. Dies hängt offensichtlich damit zusammen, daß – wie bereits Isele[9] im Jahre 1976 resignierend feststellte – die Zulassungsbewerber bzw. Rechtsanwälte in Verfahren nach § 38 immer wieder falsche Anträge gestellt haben und stellen.[10] Mit dem Wortlaut des Gesetzes stimmen diese durch die Rechtsprechung entwickelten Grundsätze nicht überein. Danach soll es ausreichen, wenn der Antragsteller innerhalb der Antragsfrist den Antrag nachbessert. Im übrigen genüge es den Formerfordernissen des § 38 Abs. 2, wenn das Ziel des Begehrens aus der Antragsschrift hervorgehe.[11] Dem kann **nicht zugestimmt** werden. Der Zulassungsbewerber, der nicht einmal in der Lage ist, einen ordnungsgemäßen Antrag in eigener Sache zu stellen, bietet nur in sehr eingeschränktem Umfang Gewähr für eine zukünftige gewissenhafte Berufsausübung. Immerhin wird ihm auch später zur Last gelegt werden, wenn er mangels Gesetzeskenntnis nicht in der Lage ist, ordnungsgemäße Anträge zu stellen.[12]

7   Die **Begründung** des Antrags ist hingegen nicht zwingend erforderlich. Die Vorschrift des § 38 Abs. 2 S. 3 fordert zwar, daß der Zulassungsbewerber die zur Begründung des Antrags dienenden Tatsachen und Beweismittel im einzelnen ausführt. Eine Abweisung des Antrags als unzulässig, weil der Antragsteller seinen Antrag nicht begründet hat und darüber hinaus auch keine Tatsachen und Beweismittel vorgetragen hat, gibt es nicht. Der Anwaltsgerichtshof hat von Amts wegen die zur Feststellung der Tatsachen erforderlichen Ermittlungen anzustellen und die geeignet erscheinenden Beweise zu erheben.[13]

IV. Gegenstand des Verfahrens

8   Der anwaltsgerichtlichen Überprüfung nach § 38 unterliegen lediglich Anträge gegen die Rechtsanwaltskammer, die im Rahmen eines ihr obliegenden Gutachtens zu dem Ergebnis gekommen ist, daß einer der **Versagungsgründe des § 7 Nr. 5 bis 9 vorliegen**. Andere Versagungsgründe können nur Gegenstand eines Verfahrens gegen die Landesjustizverwaltung gemäß § 39 sein.[14]

9   Für den Fall, daß das Gutachten sowohl Versagungsgründe nach § 7 Nr. 5–9 als auch solche nach § 7 Nr. 1–4, 10 und 11 geltend gemacht hat, hängt der weitere Weg des Rechtsschutzes von der Entscheidung der Landesjustizverwaltung ab. Hält die Landesjustizverwaltung in erster Linie einen geltend gemachten Versagungsgrund aus § 7 Nr. 1–4, 10, 11 für durchgreifend, so kann sie unter Hinweis darauf die Zulassung versagen. Gegen diese **Verweigerung der Zulas-**

---

[8] *Jessnitzer/Blumberg*, § 38 Rdn. 1.
[9] *Isele*, § 38 Anm. V. A., S. 378.
[10] *Feuerich/Braun*, § 38 Rdn. 10.
[11] BGH BRAK-Mitt. 1986, 165; EGH Stuttgart EGE XIV, S. 237; *Feuerich/Braun*, § 38 Rdn. 11; *Kleine-Cosack*, § 38 Rdn. 2.
[12] So im Ansatz auch *Isele*, § 38 Anm. V. A., S. 378.
[13] *Feuerich/Braun*, § 38 Rdn. 13; *Isele*, § 38 Anm. V. C., S. 378.
[14] BGHZ 53, 195; 49, 141; BGH EGE XII, S. 34, 35; *Feuerich/Braun*, § 38 Rdn. 2; *Isele*, § 38 Anm. II. A., S. 376.

§ 39 Antrag bei Bescheiden und Verfügungen § 39

sung ist nur der Antrag nach § 39 möglich. Möglich ist es auch, daß die Landesjustizverwaltung nach ihrem pflichtgemäßen Ermessen die Entscheidung über den Zulassungsantrag aussetzt, wenn sie einen der geltend gemachten Versagungsgründe des § 7 Nr. 5–9 für zutreffend hält. In diesem Falle steht dem Bewerber allein der Antrag nach § 38 offen.

In jedem Falle stellt das Gutachten der Rechtsanwaltskammer die Grundlage 10 des gerichtlichen Verfahrens dar. Zur Berücksichtigung tatsächlicher und rechtlicher Veränderungen s. unten § 41 Rdn. 10. Im Verfahren ist ein ergänzendes, auf einen neuen Sachverhalt geschütztes Gutachten auch gegen den Widerspruch eines Verfahrensbeteiligten zu berücksichtigen.[15]

§ 39 Antrag bei Bescheiden und Verfügungen der Landesjustizverwaltung

(1) Der Antrag auf gerichtliche Entscheidung gegen einen Bescheid oder eine Verfügung der Landesjustizverwaltung ist gegen die Landesjustizverwaltung zu richten. Das gleiche gilt für Anträge auf gerichtliche Entscheidung, die darauf gestützt werden, daß die Landesjustizverwaltung innerhalb von drei Monaten einen Bescheid nicht erteilt hat.

(2) Der Antragsteller muß den Bescheid oder die Verfügung, gegen die er sich wendet, bezeichnen. Er muß ferner angeben, inwieweit der angefochtene Bescheid oder die angefochtene Verfügung aufgehoben und zu welcher Amtshandlung die Landesjustizverwaltung verpflichtet werden soll. Wird der Antrag auf gerichtliche Entscheidung darauf gestützt, daß die Landesjustizverwaltung innerhalb von drei Monaten einen Bescheid nicht erteilt hat, so ist die beantragte Amtshandlung zu bezeichnen. Die zur Begründung des Antrags dienenden Tatsachen und die Beweismittel sollen im einzelnen angeführt werden.

(3) Soweit die Landesjustizverwaltung ermächtigt ist, nach ihrem Ermessen zu befinden, kann der Antrag nur darauf gestützt werden, daß die gesetzlichen Grenzen des Ermessens überschritten seien oder daß von dem Ermessen in einer dem Zweck der Ermächtigung nicht entsprechenden Weise Gebrauch gemacht worden sei.

Übersicht

	Rdn.
I. Überblick	1, 2
II. Beteiligte	3–5
1. Antragsteller	3
2. Antragsgegner	4
3. Sonstige Beteiligte	5
III. Inhalt des Antrages	6–15
1. Inhalt des Antrags bei Untätigkeit	7

	Rdn.
2. Inhalt des Antrags bei gebundenen Entscheidungen	8
3. Inhalt des Antrags bei Ermessensentscheidungen	10
4. Sonstige formelle Anforderungen an den Antrag	15
IV. Verfahrensgegenstand	16

---

[15] BGH NJW 1995, 1423 = AnwBl. 1994, 519.

Prütting 307

§ 39 1–5 Zweiter Teil. Die Zulassung des Rechtsanwalts

I. Überblick

1 § 39 ist Teil des gerichtlichen Verfahrens in Zulassungssachen (vgl. den allgemeinen Überblick oben § 37 Rdn. 1 ff.). Die Norm ist durch die BRAO 1959 geschaffen worden; zur historischen Entwicklung s. oben § 37 Rdn. 7 ff. Sie wird ergänzt durch die Normen der Freiwilligen Gerichtsbarkeit (vgl. § 40 Abs. 4 und die Erläuterungen zu § 37 Rdn. 11).

2 Der Gesetzgeber wollte das anwaltsgerichtliche Verfahren gegen die Rechtsanwaltskammer in den Fällen des § 38 und gegen die Landesjustizverwaltung in den Fällen des § 39 voneinander **trennen**. Während beide Vorschriften in bezug auf die Antragsfrist und die Antragsbegründung deckungsgleich sind, bestehen in bezug auf den Antragsinhalt **Unterschiede**. Nach § 39 Abs. 3 kann der Antrag gegen die Landesjustizverwaltung nur darauf gestützt werden, daß die gesetzlichen Grenzen des durch die **Landesjustizverwaltung** ausgeübten Ermessens überschritten worden seien oder daß von dem ihr eingeräumten Ermessen in einer dem Zweck der Ermächtigung nicht entsprechenden Weise Gebrauch gemacht worden sei. Eine derartige Beschränkung des Antragsinhalts sieht die Verfahrensvorschrift des § 38 bei anwaltsgerichtlichen Verfahren gegen die **Rechtsanwaltskammer** nicht vor. Darüber hinaus sieht § 39 die Möglichkeit der Untätigkeitsklage gegen die Landesjustizverwaltung vor, eine Rechtsschutzmöglichkeit, die dem Zulassungsbewerber nicht gegen die Rechtsanwaltskammer eingeräumt wird.

II. Beteiligte

1. Antragsteller

3 Antragsteller ist derjenige **Zulassungsbewerber**, der eine ihn belastende Entscheidung der Landesjustizverwaltung angreift oder derjenige, der im Wege der Untätigkeitsklage erreichen will, daß eine Entscheidung über seinen Zulassungsantrag herbeigeführt wird. Mögliche Bedenken gegen die Geschäftsfähigkeit des Antragstellers, insbesondere in den Fällen, in denen die Landesjustizverwaltung dem Zulassungsbewerber die Zulassung versagt, weil der Versagungs- bzw. Widerrufsgrund der § 7 Nr. 7 bzw. § 14 Abs. 2 Nr. 3 (Unfähigkeit der Berufsausübung wegen geistig und körperlicher Gebrechen) eingreift, bestehen nicht.[1]

2. Antragsgegner

4 Die Vorschrift des § 39 sieht lediglich die **Landesjustizverwaltung**, die die für den Zulassungsbewerber belastende Entscheidung erlassen hat, als möglichen Antragsgegner vor. Auch im Falle der anwaltsgerichtlich angreifbaren Untätigkeit der Landesjustizverwaltung (vgl. § 39 Abs. 2 S. 3) ist der Antrag gegen diese zu richten. Anträge auf gerichtliche Entscheidung gegen das ablehnende Gutachten der Rechtsanwaltskammer sind hingegen ausschließlich gegen die Rechtsanwaltskammer zu richten.

3. Sonstige Beteiligte

5 Sonstige Beteiligte im prozessualen Sinne kennt das anwaltsgerichtliche Verfahren gegen die Landesjustizverwaltung gemäß § 39 nicht. Allerdings steht der

---

[1] BGH BRAK-Mitt. 1992, 171; BGH bei *Zuck* BRAK-Mitt. 1988, 164 Rdn. 14; *Feuerich/Braun*, § 39 Rdn. 1; *Kleine-Cosack*, § 40 Rdn. 2.

§ 39 Antrag bei Bescheiden und Verfügungen 6–8 § 39

Rechtsanwaltskammer gemäß § 40 Abs. 1 S. 2 ein eingeschränktes Beteiligungsrecht zu. Nach § 40 Abs. 1 S. 2 wird ihr in anwaltsgerichtlichen Verfahren, in denen sie selbst nicht Antragsgegnerin ist, der Antrag auf gerichtliche Entscheidung und der Termin der mündlichen Verhandlung mitgeteilt, und es wird ihr Gelegenheit zur Stellungnahme gegeben. Dieses Beteiligungsrecht soll dazu dienen, den Sachverstand der Rechtsanwaltskammer in berufsrechtlichen Fragen stärker zu nutzen.[2] Eine rechtliche Bindungswirkung tritt durch die Stellungnahme nicht ein. Umgekehrt wird das anwaltsgerichtliche Verfahren bei fehlender Stellungnahme auch nicht unterbrochen.[3]

III. Inhalt des Antrages

Der Inhalt des Antrages gegen die Landesjustizverwaltung kann unterschiedlich 6 ausfallen. Zum einen kann die Landesjustizverwaltung untätig geblieben sein und der Antragsteller will mit seinem Antrag auf gerichtliche Entscheidung die Landesjustizverwaltung verpflichten, die entsprechende **Amtshandlung vorzunehmen**. Zum anderen ist denkbar, daß der abgelehnte Zulassungsbewerber mit dem Antrag auf gerichtliche Entscheidung die ihn belastende Maßnahme der Landesjustizverwaltung **überprüft** haben will. Dabei kann es ihm entweder darum gehen, nachzuweisen, daß die Zulassungsversagung i. S. d. § 7 bzw. der Widerruf i. S. d. § 14 deshalb rechtswidrig ist, weil das Ermessen der Landesjustizverwaltung zu seinen Gunsten auf Null reduziert war und dennoch eine ihn belastende Maßnahme ergangen ist, oder es geht ihm darum, die Ermessensentscheidung der Landesjustizverwaltung in den Grenzen des § 39 Abs. 3 nachzuweisen.

1. Inhalt des Antrags bei Untätigkeit

Bei einem Antrag auf gerichtliche Entscheidung, der die Untätigkeit der Lan- 7 desjustizverwaltung i. S. d. § 11 Abs. 3, § 21 Abs. 3 und § 29 Abs. 3 zum Gegenstand hat, muß der Antragsteller angeben, **welche Maßnahme** die Landesjustizverwaltung unterlassen hat bzw. zu welcher Amtshandlung sie verpflichtet werden soll (vgl. § 39 Abs. 2 S. 2) und er muß diese **Amtshandlung** gemäß § 39 Abs. 2 S. 3 **bezeichnen**. Der Antrag könnte mithin folgendermaßen lauten: „Es wird beantragt, die Landesjustizverwaltung zu verpflichten, den Antragsteller auf seinen Antrag hin ... (Wiedergabe des ursprünglichen Antrags) ... zu bescheiden."[4]

2. Inhalt des Antrags bei gebundenen Entscheidungen

Sofern der abgelehnte Zulassungsbewerber für sich in Anspruch nehmen kann, 8 daß sein Zulassungsantrag vor dem Hintergrund sachgerechter Normanwendung nicht hätte abgelehnt werden dürfen, weil das Ermessen der Landesjustizverwaltung im konkreten Fall auf Null reduziert war oder bereits kein Ermessen auszuüben war, beschränkt sich die anwaltsgerichtliche Nachprüfung der Zulassungsversagung oder des -widerrufs auf die **Überprüfung gesetzestreuer Normanwendung und fehlerfreier Tatsachenfeststellung** durch die Landesjustizverwaltung.[5] Unter diese Rubrik fällt z. B. der Fall, daß der Zulassungsbewerber

---

[2] Amtl. Begr.; *Feuerich/Braun*, § 40 Rdn. 2.
[3] *Feuerich/Braun*, § 40 Rdn. 3.
[4] So auch: *Feuerich/Braun*, § 39 Rdn. 9; *Isele*, § 39 Anm. V. C., S. 384.
[5] BGHZ 46, S. 380; *Feuerich/Braun*, § 39 Rdn. 11; *Isele*, § 39 Anm. VI. 1., S. 386.

nach der gesetzlichen Regelung i. V. m. dem allgemeinen Gleichbehandlungsgebot des GG einen Rechtsanspruch auf Zulassung oder Rücknahme der Widerrufsverfügung hat, weil sein Fall mit gleichgelagerten Fällen vergleichbar ist und diese vergleichbaren Fälle in der Vergangenheit immer zu der beantragten Verfügung der Landesjustizverwaltung geführt hat (sog. „**Selbstbindung der Verwaltung**").[6] Allerdings ist zu berücksichtigen, daß ein rechtsfehlerhafter Verwaltungsbrauch nicht zur Selbstbindung der Verwaltung führt.[7]

9   Der Antrag könnte in den Fällen einer gebundenen Entscheidung folgendermaßen lauten (beim abgelehnten Antrag auf Zulassung): „Es wird beantragt, die Landesjustizverwaltung zu verpflichten, dem Antragsteller die mit Antrag vom ... begehrte Zulassung zu erteilen; (beim Widerruf der Zulassung): „Es wird beantragt, die Widerrufsverfügung der Landesjustizverwaltung vom ... aufzuheben."

3. Inhalt des Antrags bei Ermessensentscheidungen

10 Sofern der Antragsteller mit Hilfe des anwaltsgerichtlichen Verfahrens gemäß § 38 die Überprüfung einer von der Landesjustizverwaltung vorgenommenen Ermessensentscheidung begehrt, sieht § 38 Abs. 3 eine **Einschränkung** der Prüfungskompetenz des Anwaltsgerichtshofs vor.

11 Steht demnach die Zulassung oder der Widerruf der Zulassung nach dem Wortlaut des Gesetzes im Ermessen der Landesjustizverwaltung (vgl. z. B. §§ 14 Abs. 3, 20, 28, 29, 33, 35) ist die Ausübung des Ermessens nur beschränkt nachprüfbar.[8] Inhaltlich entspricht § 39 Abs. 3 mithin § 114 VwGO, der die gleiche Anordnung trifft.[9] Auf die umfangreiche Rechtsprechung und Literatur zu § 114 VwGO kann insoweit verwiesen werden.[10] **Folgende Grundsätze** sind exemplarisch an dieser Stelle zu erwähnen:

12 Eine gerichtliche Überprüfung der Ermessensentscheidung kann nur dahin gehen, Ermessensmißbrauch (z. B. sachfremde Erwägungen, unzulänglich ermittelter Sachverhalt, unzureichende Abwägung, unlogische, widersprüchliche oder nur vorgeschobene Begründung), Ermessensüberschreitung (z. B. Versagung der Zulassung trotz festgestellter Gleichwertigkeit eines ausländischen Diploms (vgl. § 4, 2. Alt.), Ermessensnichtgebrauch (z. B. wegen Verkennung des gesetzlich eingeräumten Ermessens), eine Verletzung des Verhältnismäßigkeitsgrundsatzes oder das Vorliegen von Verfahrensfehlern aufzudecken.[11]

13 **Beurteilungszeitpunkt** für die Überprüfung ist – entsprechend der verwaltungsgerichtlichen Praxis – grundsätzlich der Zeitpunkt der Ermessensentscheidung durch die Landesjustizverwaltung.[12] Nur dann, wenn es um die Aufrechterhaltung eines Widerrufs der Zulassung geht, kann ausnahmsweise der Zeitpunkt der gerichtlichen Entscheidung maßgeblich sein.[13] Das hängt damit zusammen, daß im Falle des Wegfalls des Widerrufsgrundes während des anwaltsgerichtlichen

---

[6] *Kleine-Cosack*, § 39 Rdn. 3; im Ergebnis ebenso: *Feuerich/Braun*, § 39 Rdn. 12, der jedoch in diesem Zusammenhang nicht von einer gebundenen Entscheidung spricht, sondern von einer Ermessensentscheidung.
[7] Allg. Meinung: Vgl. BGH EGE XIII, S. 3; XII, S. 15; BGH BRAK-Mitt. 1984, 83; *Feuerich/Braun*, § 39 Rdn. 12.
[8] *Feuerich/Braun*, § 39 Rdn. 12; *Kleine-Cosack*, § 39 Rdn. 2.
[9] *Jessnitzer/Blumberg*, § 39 Rdn. 2; *Kleine-Cosack*, § 39 Rdn. 3.
[10] Vgl. z. B. *Kopp*, VwGO, § 114 Rdn. 1 ff. m. w. N.
[11] *Feuerich/Braun*, § 39 Rdn. 12; *Kleine-Cosack*, § 39 Rdn. 3.
[12] BGHZ 37, 247; *Feuerich/Braun*, § 39 Rdn. 13; *Isele*, § 39 Anm. VII., S. 388; *Kleine-Cosack*, § 39 Rdn. 4.
[13] *Feuerich/Braun*, § 39 Rdn. 13; *Kleine-Cosack*, § 39 Rdn. 4.

§ 40 Verfahren vor dem Anwaltsgerichtshof § 40

Verfahrens, eine wenig sachgerechte Rechtsfolge eintreten würde: Der Widerruf müßte nämlich zunächst gerichtlich bestätigt werden und der Zulassungsbewerber wäre angehalten, unter Hinweis auf den Wegfall des Zulassungshindernisses erneut seine Zulassung zu beantragen.[14]
Der Verlagerung des Beurteilungszeitpunkts auf den Zeitpunkt der gerichtlichen Entscheidung muß allerdings auf diesen Ausnahmefall beschränkt bleiben. 14

4. Sonstige formelle Anforderungen an den Antrag

Hinsichtlich der sonstigen formellen Anforderungen an den Antrag kann weitgehend auf die Ausführungen zu § 38 (Rdn. 6 f.) verwiesen werden. Dies gilt insbesondere in bezug auf die **Antragsfrist**, die gemäß § 37 grundsätzlich einen Monat beträgt. Lediglich die Untätigkeitsklage gegen die Landesjustizverwaltung ist als solche nicht an eine Frist gebunden. Einer **Begründung** des Antrags auf gerichtliche Entscheidung bedarf es auch im Rahmen des § 39 **nicht**, da auch hier der Amtsermittlungsgrundsatz gilt.[15] Entspricht der Antrag jedoch nicht den von der Vorschrift vorausgesetzten Minimalanforderungen (Bezeichnung der Landesjustizverwaltung als Antragsgegner, Bezeichnung des Streitgegenstandes, also Bescheid oder Verfügung der Landesjustizverwaltung, oder Unterschrift des Antragstellers), dann muß der Antrag durch den Anwaltsgerichtshof als unzulässig verworfen werden.[16] 15

IV. Verfahrensgegenstand

Verfahrensgegenstand des anwaltsgerichtlichen Verfahrens gegen Entscheidungen der Landesjustizverwaltung in Zulassungssachen ist lediglich die Versagung, der Widerruf oder die Rücknahme der Zulassung durch die Landesjustizverwaltung. Das Gutachten der Rechtsanwaltskammer, welches die Rechtsauffassung der Landesjustizverwaltung unterstützt, kann im Wege des Antrages nach § 39 nicht angefochten werden. 16

§ 40 Verfahren vor dem Anwaltsgerichtshof

(1) **Der Anwaltsgerichtshof teilt den Antrag auf gerichtliche Entscheidung dem Antragsgegner mit und fordert ihn auf, sich innerhalb einer von dem Vorsitzenden bestimmten Frist zu äußern. Auch wenn die Rechtsanwaltskammer nicht Antragsgegner ist, wird ihr der Antrag auf gerichtliche Entscheidung mitgeteilt und zugleich Gelegenheit zur Stellungnahme gegeben; der Termin der mündlichen Verhandlung ist ihr mitzuteilen. Einen Antrag auf gerichtliche Entscheidung bei einem ablehnenden Gutachten des Vorstandes der Rechtsanwaltskammer teilt der Anwaltsgerichtshof auch der Landesjustizverwaltung mit.**

(2) **Der Anwaltsgerichtshof entscheidet über den Antrag auf Grund mündlicher Verhandlung. Einer solchen bedarf es jedoch nicht, wenn die Beteiligten ausdrücklich auf sie verzichten.**

(3) **Die mündliche Verhandlung ist nicht öffentlich. Vertretern der Landesjustizverwaltung, dem Präsidenten des Oberlandesgerichts oder**

---
[14] So auch: *Feuerich/Braun*, § 39 Rdn. 13.
[15] *Feuerich/Braun*, § 39 Rdn. 10; *Kleine-Cosack*, § 39 Rdn. 1.
[16] *Feuerich/Braun*, § 39 Rdn. 5; *Jessnitzer/Blumberg*, § 39 Rdn. 1.

§ 40 1 Zweiter Teil. Die Zulassung des Rechtsanwalts

seinem Beauftragten, den Beamten der Staatsanwaltschaft bei dem Oberlandesgericht und Mitgliedern oder Vertretern des Vorstandes der Rechtsanwaltskammer ist der Zutritt zu der Verhandlung gestattet. Der Anwaltsgerichtshof kann nach Anhörung der Beteiligten auch andere Personen als Zuhörer zulassen. Auf Verlangen des Antragstellers muß, auf Antrag eines anderen Beteiligten kann die Öffentlichkeit hergestellt werden; in diesem Fall sind die Vorschriften des Gerichtsverfassungsgesetzes über die Öffentlichkeit sinngemäß anzuwenden.

(4) **Auf das Verfahren sind im übrigen die Vorschriften des Gesetzes über die Angelegenheiten der freiwilligen Gerichtsbarkeit entsprechend anzuwenden.**

Übersicht

	Rdn.
I. Überblick	1, 2
II. Amtsermittlungsgrundsatz	3–8
1. Allgemeines	4
2. Anhörung der Beteiligten	6
III. Verfahrensordnung	9, 10
IV. Gang des Verfahrens bis zur Entscheidungsreife	11–46
1. Gerichtsstand	12
2. Mündliche Verhandlung	14
a) Verzicht auf mündliche Verhandlung	15
b) Beschränkte Öffentlichkeit	16
c) Ablehnung eines Richters	17
d) Gerichtssprache, Sitzungspolizei, Beratung und Abstimmung, Gerichtsferien	19
e) Verbindung mehrerer Streitigkeiten	20
f) Aussetzung des gerichtlichen Verfahrens	21
g) Keine Unterbrechung des Verfahrens	22
h) Ruhen des Verfahrens	23
i) Vorschriften zur Beweisaufnahme und Glaubhaftmachung	24
j) Wirksamkeit und Bekanntmachung gerichtlicher Verfügungen	28
k) Anträge und Erklärungen	32
l) Wiedereinsetzung in den vorigen Stand und sofortige Beschwerde	33
3. Anwendbarkeit des § 320 ZPO	36
4. Keine einfache und keine weitere Beschwerde	37
5. Wiederaufnahme des Verfahrens	38
6. Sonstige Verfahrensvorschriften	39
7. Kostenrecht	41
a) Gerichtskosten	42
b) Außergerichtliche Kosten	43
c) Kosten bei Erledigung der Hauptsache	44
d) Anfechtung der Kostenentscheidung	46

I. Überblick

1 § 40 ist die Kernvorschrift zur Regelung des gerichtlichen Verfahrens in Zulassungssachen (vgl. den allgemeinen Überblick oben § 37 Rdn. 11). Die Norm ist ebenso wie die §§ 37, 38, 39 durch die BRAO 1959 geschaffen worden.[1] Der Inhalt der Vorschrift ist durch das Gesetz zur Änderung des Berufsrechts der Rechtsanwälte und der Patentanwälte vom 13. 12. 1989[2] in einem Punkt geändert worden. Neueingefügt wurde Absatz 1. Während § 40 alter Fassung ein Beteiligungsrecht der Rechtsanwaltskammer in Verfahren, in denen die Kammer nicht Antragsgegner ist, gänzlich ausschloß, räumt die geänderte Fassung der

---

[1] Vgl. den Überblick zur historischen Entwicklung oben § 37 Rdn. 7 ff..
[2] BGBl. I, S. 2135.

Rechtsanwaltskammer ein beschränktes Beteiligungsrecht ein.[3] Nach Maßgabe des neuen Absatzes 1 Satz 2 des § 40 muß die Rechtsanwaltskammer über den Antrag auf gerichtliche Entscheidung im Zulassungsverfahren unterrichtet und zur mündlichen Verhandlung geladen werden, selbst wenn es sich um ein Verfahren handelt, bei dem sie nicht Antragsgegner ist. Der Anwaltsgerichtshof muß ihr darüber hinaus die Möglichkeit zur Stellungnahme geben. Das Beteiligungsrecht der Rechtsanwaltskammer soll dazu dienen, den Sachverstand der Kammer in berufsrechtlichen Fragen stärker zu nutzen.[4] Gleichwohl behindert eine fehlende Stellungnahme der Rechtsanwaltskammer den Fortgang des Verfahrens nicht.[5]

Die Vorschrift des § 40 ist als zentrale Verfahrensnorm für das anwaltsgerichtliche Verfahren zu verstehen. Sie umreißt die für das anwaltsgerichtliche Verfahren geltenden **Verfahrensgrundsätze** sowie das entsprechend anwendbare Verfahrensrecht anderer Prozeßordnungen, insbesondere das FGG. Zur grundsätzlichen Frage nach der weiteren Ergänzung des Verfahrens durch Normen der ZPO oder der VerwGO vgl. § 37 Rdn. 11.

II. Amtsermittlungsgrundsatz

Mit Einführung des anwaltsgerichtlichen Rechtsschutzes gegen Zulassungsentscheidungen der Landesjustizverwaltung bzw. der Rechtsanwaltskammer (vgl. §§ 38, 39) im Jahre 1959 hat der Gesetzgeber der BRAO sich veranlaßt gesehen, den Amtsermittlungsgrundsatz einzuführen. Diese Entscheidung wurde von der Überlegung getragen, daß die Maßnahmen, die behördlicherseits die Berufsfreiheit i. S. d. Art. 12 Abs. 1 GG einschränken, effektiv nur dann gerichtlich überprüft werden können, wenn von Amts wegen der Sachverhalt recherchiert werden kann.

1. Allgemeines

Der Anwaltsgerichtshof hat – dem Postulat der Amtsermittlung folgend – den Sachverhalt **von Amts wegen zu erforschen**. Es ist in der Regel an das Vorbringen und die Beweisanträge der Beteiligten nicht gebunden.[6] Wie sich aus der Inbezugnahme des § 12 FGG nach § 40 Abs. 4 ergibt, kann das Gericht grundsätzlich auch Strafakten und das dazu gehörige Strafurteil verwerten und seiner Entscheidung zugrunde legen.[7] Allerdings ist das Gericht im Zulassungsverfahren nicht an die tatsächlichen Feststellungen eines vorausgegangenen Strafurteils derart gebunden, wie es § 118 Abs. 3 für das eigentliche anwaltsgerichtliche Verfahren vorschreibt.[8]

Im übrigen gilt im Antragsverfahren nach der BRAO, daß eine gewisse Verpflichtung der Beteiligten besteht, an der Aufklärung des Sachverhalts selbst mitzuwirken (Darlegungs- und Beweisführungslast; vgl. § 36 a Abs. 2).[9]

---

[3] *Feuerich/Braun*, § 40 Rdn. 2.
[4] Amtl. Begr.; *Feuerich/Braun*, § 40 Rdn. 2.
[5] *Feuerich/Braun*, § 40 Rdn. 3.
[6] BGHZ 39, 110; BGH NJW 1966, 659; BRAK-Mitt. 1985, 107; *Feuerich/Braun*, § 40 Rdn. 4, 24; *Kleine-Cosack*, § 40 Rdn. 9.
[7] BGHZ 110; BGH EGE VII, S. 130; IX, S. 3; *Feuerich/Braun*, § 40 Rdn. 24; *Kleine-Cosack*, § 40 Rdn. 9.
[8] *Feuerich/Braun*, § 40 Rdn. 24; *Kleine-Cosack*, § 40 Rdn. 9.
[9] BGH BRAK-Mitt. 1988, 51; *Jessnitzer/Blumberg*, § 40 Rdn. 2.

2. Anhörung der Beteiligten

6 Die Vorschrift des § 40 Abs. 1 ordnet ausdrücklich die Anhörung der Beteiligten an. Das betrifft im Falle eines Antrags nach § 38 die **Rechtsanwaltskammer** und unter Umständen auch die **Landesjustizverwaltung**, wenn sie sich nach anwaltsgerichtlicher Mitteilung über den anhängigen Antrag gemäß § 38 Abs. 3 an dem Verfahren beteiligt. Im Falle eines Antrags nach § 39 betrifft es die Landesjustizverwaltung und die Rechtsanwaltskammer. Daß auch die Rechtsanwaltskammer im Falle eines Antrags nach § 39 gehört wird, ergibt sich seit der Novellierung der BRAO durch das Gesetz zur Änderung des Berufsrechts der Rechtsanwälte und der Patentanwälte vom 13. 12. 1989[10] aus § 40 Abs. 1 S. 2. Mit der Einfügung dieses Absatzes hat der Gesetzgeber ausweislich der amtlichen Gesetzesbegründung bezweckt, den Sachverstand der Rechtsanwaltskammer in berufsrechtlichen Fragen stärker zu nutzen.[11]

7 Die Mitteilung über die Anhängigkeit des Verfahrens erfolgt durch den Vorsitzenden des Anwaltsgerichtshofs, der auch die Frist bestimmt, innerhalb der die Landesjustizverwaltung und der Kammervorstand sich zur Sache zu äußern haben, wobei eine **Frist von einem Monat** allgemein als ausreichend gelten dürfte.[12]

8 Die Landesjustizverwaltung und auch der Kammervorstand sind verpflichtet, sich gegenüber dem Anwaltsgerichtshof zur Sache zu äußern, wenngleich das Gericht das Verfahren fortsetzt, wenn die Äußerung unterbleibt.[13]

III. Verfahrensordnung

9 Zur Verfahrensordnung erklärt § 40 grundsätzlich die Vorschriften **der freiwilligen Gerichtsbarkeit** (Abs. 4), die allerdings nicht vollständig gelten und ihrerseits Lücken aufweisen. Insbesondere aus Gründen der Praktikabilität kommt hier teilweise eine Ergänzung oder Modifikation durch die Normen der ZPO in Betracht (s. oben § 37 Rdn. 11). Dogmatisch läge freilich ein analoges Heranziehen von Normen der VwGO näher.

10 Es bietet sich der Übersicht halber an, anhand des Ablaufs des anwaltsgerichtlichen Verfahrens die Besonderheiten und Inbezugnahmen darzustellen. Beginnend mit dem Gang des Verfahrens bis zur Entscheidungsreife, über die Verkündung des Urteils, die Möglichkeit der einfachen Beschwerde, der Wiedereinsetzung in den vorigen Stand und die Wiederaufnahme des Verfahrens bis hin zum Kostenrecht sollen im folgenden die Verästelungen der in unterschiedlichem Umfang geltenden Verfahrensordnungen dargestellt werden.

IV. Gang des Verfahrens bis zur Entscheidungsreife

11 Das anwaltsgerichtliche Verfahren läßt sich am besten darstellen, wenn man die Ausführungen grundsätzlich am **Ablauf des Verfahrens** ausrichtet, wobei Fragen in bezug auf den Gerichtsstand und allgemeine verfahrensrechtliche Grundsätze zuerst kommentiert werden. Im folgenden soll daher zunächst die Frage des Gerichtsstands und dann der Ablauf des anwaltsgerichtlichen Verfahrens von der Anhängigkeit eines Antrags auf gerichtliche Entscheidung an bis hin zur Entscheidungsreife dargestellt werden. Daran anschließend bietet sich an, die für das

---

[10] BGBl. I, S. 2135.
[11] Amtliche Begründung; *Feuerich/Braun*, § 40 Rdn. 2.
[12] So auch: *Feuerich/Braun*, § 40 Rdn. 3; *Isele*, § 40 Anm. I. A. 2. a), S. 391.
[13] *Feuerich/Braun*, § 40 Rdn. 3; *Isele*, § 40 Anm. I. D. 1., 2., S. 391.

anwaltsgerichtliche Verfahren maßgeblichen Rechtsbehelfsmöglichkeiten und die kostenrechtlich relevanten Vorschriften zu erörtern.

1. Gerichtsstand

Die für den Gerichtsstand maßgeblichen Normen gehören zweifelsohne nicht zu den Vorschriften, die den Ablauf des gerichtlichen Verfahrens betreffen, sind aus verfahrensrechtlicher Sicht jedoch vorrangig darzustellen. **12**

Wie sich aus den §§ 37 ff. und 100 ff. ergibt, ist sachlich, funktionell und örtlich der **Anwaltsgerichtshof** zuständig, in dessen **Bezirk** der Zulassungsbewerber seine Zulassung erstrebt. Angesichts der insofern klaren Regelung in der BRAO gelten die Vorschriften des FGG und der ZPO insoweit allenfalls eingeschränkt. Während die §§ 3 und 4 FGG (Gerichtsstand für exterritoriale Deutsche und Soldaten, mehrere zuständige Gerichte) nach einhelliger Auffassung nicht gelten,[14] kann § 5 FGG entsprechende Anwendung finden, wenn der angerufene Anwaltsgerichtshof wegen rechtlicher oder tatsächlicher Verhinderung eine Entscheidung nicht herbeiführen kann (z. B. dann, wenn der Ausschluß eines Richter kraft Gesetzes in Betracht kommt).[15] Besteht hingegen Streit über die örtliche Zuständigkeit, kommt eine entsprechende Anwendung des § 5 Abs. 1 S. 1 FGG nicht in Betracht, weil die BRAO hinsichtlich der örtlichen Zuständigkeit eine abschließende Regelung enthält (vgl. die § 8 a Abs. 2 S. 3; § 9 Abs. 2 S. 2; § 11 Abs. 2 S. 2; § 16 Abs. 5 S. 2; § 21 Abs. 2 S. 2; § 28 Abs. 3 S. 4; § 29 Abs. 3 S. 4; § 35 Abs. 2 S. 6).[16] **13**

2. Mündliche Verhandlung

Nach § 40 Abs. 2 S. 1 entscheidet der Anwaltsgerichtshof aufgrund mündlicher Verhandlung. Diese gesetzliche Anordnung war deshalb erforderlich, weil nach dem FGG eine mündliche Verhandlung nur in Ausnahmefällen angeordnet werden kann bzw. nur in eng umgrenzten Fällen gesetzlich angeordnet ist.[17] Damit hebt die BRAO für ihren Bereich das anwaltsgerichtliche Verfahren aus den sonstigen Sachen der freiwilligen Gerichtsbarkeit hervor und nähert sie dem Klageverfahren der ZPO weitgehend an.[18] Vor diesem Hintergrund ist einleuchtend, daß die **Vorschriften zur ZPO** in bezug auf die mündliche Verhandlung vor dem Anwaltsgerichtshof weitgehend **entsprechend heranzuziehen** sind. Dies gilt insbesondere für die §§ 136, 137, 139 bis 143, 159 bis 165 ZPO.[19] **14**

a) **Verzicht auf mündliche Verhandlung.** Ausdruck dieser Artverwandtheit zu streitigen Verfahren der ordentlichen Gerichtsbarkeit ist auch der in § 40 Abs. 2 S. 2 niedergelegte Grundsatz, daß die Beteiligten des anwaltsgerichtlichen Antragsverfahrens auf die Durchführung einer mündlichen Verhandlung verzichten können. Eine mündliche Verhandlung findet – ohne Verzicht der Beteiligten – auch dann nicht statt, wenn der Anwaltsgerichtshof den Antrag bereits als unzulässig zu verwerfen gedenkt.[20] **15**

---

[14] *Feuerich/Braun*, § 40 Rdn. 14; *Kleine-Cosack*, § 40 Rdn. 6.
[15] *Feuerich/Braun*, § 40 Rdn. 15; *Kleine-Cosack*, § 40 Rdn. 6.
[16] *Feuerich/Braun*, § 40 Rdn. 15; *Kleine-Cosack*, § 40 Rdn. 6.
[17] Vgl. *Bassenge/Herbst*, FGG, Einl. FGG Anm. III. 4. b); *Feuerich/Braun*, § 40 Rdn. 5; *Kleine-Cosack*, § 40 Rdn. 1.
[18] BGHZ 44, 25; vgl. auch: amtl. Begründung; *Feuerich/Braun*, § 40 Rdn. 5.
[19] *Feuerich/Braun*, § 40 Rdn. 10.
[20] BGH Beschluß v. 23. 7. 1990 – AnwZ (B) 25/90, zitiert nach *Feuerich/Braun*, § 40 Rdn. 5; BGHZ 44, 25; *Kleine-Cosack*, § 40 Rdn. 1.

§ 40 16, 17 Zweiter Teil. Die Zulassung des Rechtsanwalts

Terminsbestimmung zur mündlichen Verhandlung bzw. (im Falle des Verzichts) Termin zur Beratung ohne mündliche Verhandlung wird durch den Vorsitzenden des Anwaltsgerichtshofs bestimmt.[21]

16   **b) Beschränkte Öffentlichkeit.** Die Vorschrift des § 40 Abs. 3 S. 1 ordnet an, daß die mündliche Verhandlung nicht öffentlich ist. Der Hintergrund dieser Regelung in der BRAO sind fehlende Vorschriften im FGG und das Anliegen der BRAO, die im Zulassungsverfahren aufgedeckten persönlichen Verhältnisse des Zulassungsbewerbers nicht im Rahmen einer mündlichen Verhandlung in die Öffentlichkeit zu tragen.[22] Gleichwohl gilt die gesetzliche Anordnung der **Nichtöffentlichkeit nicht ausnahmslos.** Vertretern der Landesjustizverwaltung, dem Präsidenten des Oberlandesgerichts oder seinem Beauftragten, den Beamten der Staatsanwaltschaft bei dem Oberlandesgericht und Mitgliedern oder Vertretern des Vorstandes der Rechtsanwaltskammer ist der **Zutritt** zu der Verhandlung gemäß § 40 Abs. 3 S. 2 **gestattet.** Darüber hinaus kann der Anwaltsgerichtshof nach § 40 Abs. 3 S. 3 nach Anhörung der Beteiligten auch andere Personen als **Zuhörer zulassen.** Wehrt sich nur einer der Beteiligten, ist die Gestattung nach § 40 Abs. 3 S. 3 nicht möglich. Will hingegen der Antragsteller ganz bewußt die Öffentlichkeit der mündlichen Verhandlung herbeiführen, um vielleicht die Öffentlichkeit auf sein Verfahren aufmerksam zu machen, so muß der Anwaltsgerichtshof gemäß § 40 Abs. 3 S. 4 die Öffentlichkeit herstellen. Will dies ein anderer Beteiligter, beispielsweise die Landesjustizverwaltung oder der Vorstand der Rechtsanwaltskammer erreichen, ist der Anwaltsgerichtshof nicht verpflichtet, die Öffentlichkeit herbeizuführen. Es steht vielmehr in seinem Ermessen, nach Anhörung des Antragstellers und der übrigen Beteiligten dem Antrag auf Herbeiführen der Öffentlichkeit zu entsprechen.

Ist die Öffentlichkeit der mündlichen Verhandlung durch den Anwaltsgerichtshof angeordnet, gelten nach § 40 Abs. 3 letzter Hs. BRAO die Vorschriften der §§ 169 ff. GVG über die Öffentlichkeit sinngemäß.

17   **c) Ablehnung eines Richters.** Hinsichtlich der Ausschließung eines Richters enthält die BRAO keine eigenständige Regelung, so daß insoweit die §§ 6 und 7 FGG entsprechende Anwendung finden. In streitigen Verfahren der freiwilligen Gerichtsbarkeit nach der BRAO ist über die Ablehnung eines Richters in **entsprechender Anwendung** der §§ 42 ff. **ZPO** zu befinden.[23] Lehnt das nach § 45 ZPO zuständige Gericht es ab, der Anzeige des Beteiligten zwecks Ablehnung eines Richters zu entsprechen, steht dem Beteiligten eine Beschwerde nicht zu. Dies folgt aus einer entsprechenden Anwendung des § 567 Abs. 4 ZPO, nach dem, abgesehen von Sonderfällen, gegen Entscheidungen des OLG, hier des Anwaltsgerichtshofs, die Beschwerde nicht zulässig ist, unabhängig davon, ob der Anwaltsgerichtshof die Entscheidung im ersten Rechtszug erlassen hat.[24] Ein Abweichen von dieser Grundregel käme nur dann in Betracht, wenn die BRAO dem Antragsteller des Ablehnungsgesuchs ein Rechtsmittel gegen eine Entscheidung, mit der der Anwaltsgerichtshof ein gegen einen Richter gerichtetes Ablehnungsgesuch für unbegründet hält, eingeräumt hätte. Dies ist jedoch nicht der Fall, so daß es bei der gesetzlichen Anordnung des § 567 Abs. 4 ZPO bleibt.[25]

---

[21] *Feuerich/Braun,* § 40 Rdn. 5.
[22] *Feuerich/Braun,* § 40 Rdn. 6.
[23] BGHZ 46, 195; *Feuerich/Braun,* § 40 Rdn. 16; *Kleine-Cosack,* § 40 Rdn. 7.
[24] BGH EGE XII, S. 46, 50; *Feuerich/Braun,* § 40 Rdn. 16; *Kleine-Cosack,* § 40 Rdn. 7.
[25] BGH BRAK-Mitt. 1984, 141; *Feuerich/Braun,* § 40 Rdn. 16.

§ 40 Verfahren vor dem Anwaltsgerichtshof 18–21 § 40

Folgende **Ablehnungsgründe** kommen in entsprechender Anwendung der 18 §§ 6 und 7 FGG in Betracht: Ist ein Richter Beteiligter i. S. d. § 6 Abs. 1 Nr. 1 FGG, dann ist er von der Ausübung des Richteramtes ausgeschlossen. Eine Beteiligung in diesem Sinne kann formeller oder materieller Art sein. Immer dann, wenn der Richter durch die von ihm zu erlassende Entscheidung unmittelbar betroffen werden kann, weil sich durch die gerichtliche Regelung für ihn Rechte und Pflichten ergeben können, ist er am Verfahren beteiligt. Sitzt beispielsweise der Sozius eines Antragstellers im Spruchkörper des Anwaltsgerichtshofs, ist er materiell beteiligt und kann daher abgelehnt werden. Anders verhält es sich hingegen, wenn ein Mitglied der Rechtsanwaltskammer auf der Richterbank sitzt, obgleich der Vorstand seiner Rechtsanwaltskammer Beteiligter des Verfahrens ist. Die Andersartigkeit dieses Falles ergibt sich aus der entsprechenden Anwendung des § 41 Nr. 6 ZPO, der anordnet, daß in einem gerichtlichen Verfahren, welches die Nachprüfung einer in einem Verwaltungsverfahren getroffenen Maßnahme (hier Zulassungsversagung oder -widerruf) zum Gegenstand hat, nur derjenige wegen Mitwirkung von der Ausübung des Richteramtes ausgeschlossen ist, der beim Erlaß der Verwaltungsmaßnahme mitgewirkt hat.[26] Das bedeutet z. B., daß allein die Mitgliedschaft des Richters in der Rechtsanwaltskammer, deren Gutachten angefochten wird, nicht ausreicht.[27]

Abschließend sei darauf hingewiesen, daß betreffend der Handlungen eines unzuständigen oder ausgeschlossenen Richters § 7 FGG entsprechend gilt; sie sind nicht bereits aus diesem Grunde unwirksam.[28]

d) Gerichtssprache, Sitzungspolizei, Beratung und Abstimmung, Ge- 19 **richtsferien.** Nach den §§ 8, 9 FGG sind in bezug auf Gerichtssprache, Sitzungspolizei, Beratung und Abstimmung die Vorschriften des Gerichtsverfassungsgesetzes entsprechend anwendbar. Vom **Grundsatz** her gelten diesbezüglich auch die §§ 184–191 GVG, allerdings mit einigen Modifikationen, die sich aus § 9 FGG ergeben.[29]

Auf das gerichtliche Verfahren sind die Gerichtsferien ohne Einfluß. Dies ergibt sich aus einer entsprechenden Anwendung des § 10 S. 1 FGG.

e) Verbindung mehrerer Streitigkeiten. Weder die BRAO noch das FGG 20 enthalten Vorschriften über die Verbindung von Verfahren zu gleichzeitiger Verhandlung und Entscheidung. Nach einhelliger Auffassung gelten insoweit die **Grundsätze des** § **147 ZPO**, soweit sie sich auf das anwaltsgerichtliche Verfahren übertragen lassen.[30] Immer dann, wenn die Ansprüche, die den Gegenstand der einzelnen Prozesse bilden, im rechtlichen Zusammenhang stehen und im Rahmen einer Klage hätten geltend gemacht werden können, ist in anwaltsgerichtlichen Verfahren eine Verbindung mehrerer Streitigkeiten zu gemeinsamer Verhandlung und Entscheidung möglich.[31]

f) Aussetzung des gerichtlichen Verfahrens. Eine Aussetzung des anwalts- 21 gerichtlichen Verfahrens kann unter Umständen in Erwägung gezogen werden.

---

[26] BGH NJW 1968, 157, *Bassenge/Herbst,* FGG, § 6 Anm. 2. a) ee); *Feuerich/Braun,* § 40 Rdn. 17; *Kleine-Cosack,* § 40 Rdn. 7.
[27] BGH NJW 1968, 157; *Feuerich/Braun,* § 40 Rdn. 17; *Kleine-Cosack,* § 40 Rdn. 7.
[28] Wann derartige Handlungen dennoch unwirksam sein können vgl.: *Bassenge/Herbst,* FGG, § 7 Anm. 3.
[29] Vgl. die Modifikationen in § 9 FGG; *Bassenge/Herbst,* FGG, § 9 Anm. 1.
[30] *Feuerich/Braun,* § 40 Rdn. 8; *Kleine-Cosack,* § 40 Rdn. 4.
[31] BGHZ 64, 301; *Feuerich/Braun,* § 40 Rdn. 8; *Kleine-Cosack,* § 40 Rdn. 4.

Allerdings muß sie sachdienlich und notwendig sein, um eine Klärung des zur Entscheidung gestellten Sachverhalts herbeizuführen.[32] In Betracht könnte eine analoge Anwendung der §§ 148, 149, 247 ZPO kommen.

22   **g) Keine Unterbrechung des Verfahrens.** Eine Unterbrechung des anwaltsgerichtlichen Verfahrens ist nicht denkbar; selbst dann nicht, wenn einer der Beteiligten während des Verfahrens verstirbt. Ein Verfahren, in dem höchstpersönliche, unvererbliche Rechte einer Partei, wie im Zulassungsverfahren die Anfechtung der Zulassungsversagung oder des -widerrufs, wahrgenommen werden, werden durch den Tod dieser Partei in der Hauptsache erledigt.[33]

23   **h) Ruhen des Verfahrens.** Ausnahmsweise und nur dann, wenn die Beteiligten es übereinstimmend beantragen, kann das Ruhen des anwaltsgerichtlichen Verfahrens angeordnet werden. Die Anordnung muß allerdings aus wichtigen Gründen zweckmäßig erscheinen (vgl. § 251 ZPO).[34]

24   **i) Vorschriften zur Beweisaufnahme und Glaubhaftmachung.** Die Vorschrift des § 15 FGG zur Beweisaufnahme und zur Glaubhaftmachung ist ebenfalls – zumindest teilweise – auf das anwaltsgerichtliche Verfahren entsprechend anwendbar. Es obliegt grundsätzlich dem freien Ermessen des Anwaltsgerichtshofs, Beweis zu erheben oder aber sich mit formlosen Ermittlungen zu begnügen.[35] Dieses Ermessen kann jedoch auf Null reduziert sein und eine förmliche Beweisaufnahme geboten sein, wenn sonst eine hinreichende Aufklärung des Sachverhalts nicht zu erzielen ist oder wenn sonst die Beteiligungsrechte der Beteiligten an der Sachverhaltsaufklärung nicht hinreichend gesichert sind. Art und Bedeutung der Sache können ebenfalls eine förmliche Beweisaufnahme erforderlich machen.[36]

An Beweisanträge der Beteiligten ist der Anwaltsgerichtshof nicht gebunden,[37] obgleich er ein faires Verfahren gewährleisten muß.[38]

25   Wie bereits ausgeführt (vgl. oben Rdn. 4) kann der Anwaltsgerichtshof im Rahmen seiner Urteilsfindung grundsätzlich auch Strafakten und ein etwaiges **Strafurteil** verwerten.[39] Allerdings kommt den Strafurteilen im Zulassungsverfahren und im darauf folgenden gerichtlichen Verfahren nach § 40 weder in tatsächlicher noch in rechtlicher Hinsicht eine Bindungswirkung zu. Der Gesetzgeber hat sich im Rahmen des anwaltsgerichtlichen Verfahrens nach § 40 dafür entschieden – anders als im anwaltsgerichtlichen Verfahren nach § 118 Abs. 3 – keine Bindungswirkung strafgerichtlicher Verurteilungen anzuordnen.[40]

26   Dieser Grundsatz korreliert mit dem in den §§ 37 ff. niedergelegten Amtsermittlungsgrundsatz. Das heißt natürlich nicht, daß der Anwaltsgerichtshof nicht den tatsächlichen Feststellungen des Strafgerichts Glauben schenken und sie seiner Entscheidung zugrunde legen darf; in der Beweiswürdigung ist der Anwaltsgerichtshof völlig frei.[41]

---

[32] BGH EGE XI, S. 65 EGH München EGE XI, S. 144, 145; *Feuerich/Braun,* § 40 Rdn. 28; *Kleine-Cosack,* § 40 Rdn. 9.
[33] BGHZ 66, 297; *Feuerich/Braun,* § 40 Rdn. 30; *Kleine-Cosack,* § 40 Rdn. 9.
[34] *Feuerich/Braun,* § 40 Rdn. 31; *Kleine-Cosack,* § 40 Rdn. 9.
[35] *Feuerich/Braun,* § 40 Rdn. 41.
[36] *Feuerich/Braun,* § 40 Rdn. 41.
[37] BGHZ 39, 110; *Feuerich/Braun,* § 40 Rdn. 26.
[38] *Feuerich/Braun,* § 40 Rdn. 25.
[39] BGHZ 39, 110; BGH EGE IX, S. 3; *Feuerich/Braun,* § 40 Rdn. 24.
[40] *Feuerich/Braun,* § 40 Rdn. 24.
[41] *Feuerich/Braun,* § 40 Rdn. 24.

In der Praxis wird man gleichwohl beachten müssen, daß eine strafgerichtliche 27
Verurteilung den **Schluß auf die Richtigkeit** der darin getroffenen Tatsachenfeststellungen sehr nahelegt. Die Behauptung des Antragstellers, er sei unschuldig und das Strafgericht habe die Beweisaufnahme nicht sorgfältig und erschöpfend durchgeführt sowie Beweise falsch gewürdigt, reicht für sich alleine noch nicht aus, die Richtigkeit der strafgerichtlichen Erkenntnisse in Zweifel zu ziehen.[42] Der Antragsteller muß schon darlegen, daß bestimmte, zu seinen Gunsten oder gegen die Zuverlässigkeit der im Strafverfahren erhobenen Beweise sprechende Umstände für seine Unschuld angeführt werden können.[43]

j) **Wirksamkeit und Bekanntmachung gerichtlicher Verfügungen.** Im 28
Zusammenhang mit der Wirksamkeit und Bekanntmachung der gerichtlichen Verfügungen des Anwaltsgerichtshofes gilt die Vorschrift des § 16 FGG entsprechend.[44] Nach § 16 Abs. 2 und 3 FGG stehen dem Anwaltsgerichtshof damit grundsätzlich **zwei gleichwertige Formen** der Bekanntmachung seiner Beschlüsse zur Verfügung, nämlich die Zustellung nach den Vorschriften der ZPO und die Bekanntmachung an einen Anwesenden zu Protokoll.[45] Wird keine mündliche Verhandlung durchgeführt (vgl. § 40 Abs. 2 S. 2), kommt allerdings nur die Zustellung nach Maßgabe zivilprozessualer Vorschriften in Betracht. Die Entscheidung selbst wird erst durch Übergabe des Schriftstücks an den Gerichtswachtmeister oder an die Post zur Übermittlung an die Beteiligten wirksam.[46]

Einige **Besonderheiten** in bezug auf die Zustellung gerichtlicher Verfügungen 29
nach zivilprozessualen Vorschriften im anwaltsgerichtlichen Verfahren nach § 40 sollen nachfolgend zusammengestellt werden: Zustellungen nach § 176 ZPO müssen an den für den Rechtszug bestellten Verfahrensbevollmächtigten erfolgen.[47] Die zwar nach Beschlußfassung, aber vor Erlaß der Entscheidung eingehenden Schriftstücke dürfen nicht außer acht gelassen werden.[48]

Die Bekanntmachung zu Protokoll gemäß § 16 Abs. 3 FGG ist ohne Rücksicht darauf zulässig, ob damit der Lauf einer Frist in Gang gesetzt wird.[49]

Bezeichnet ein Verfahrensbeteiligter im Zulassungsverfahren in seinen Schrift- 30
sätzen einen Rechtsanwalt als Zustellungsbevollmächtigten, dann sind an diesen gerichtete Zustellungen voll wirksam.[50]

Die Änderung gerichtlicher Verfügungen richtet sich grundsätzlich nach § 18 31
FGG. Nach Maßgabe der entsprechenden Anwendung dieser Vorschrift kommen Tatbestandsberichtigung oder Tatbestandsergänzung in Betracht, jedoch sind sie nicht zwingend. Im anwaltsgerichtlichen Verfahren hat sich deshalb die Auffassung durchgesetzt, daß für die Tatbestandsberichtigung und die Tatbestandsergänzung die analoge Anwendung des § 320 ZPO geboten ist (vgl. dazu unten Rdn. 36).[51]

---

[42] *Feuerich/Braun*, § 40 Rdn. 25.
[43] *Feuerich/Braun*, § 40 Rdn. 25.
[44] BGHZ 38, 6; EGH München EGE X, S. 127; *Feuerich/Braun*, § 40 Rdn. 42; *Kleine-Cosack*, § 40 Rdn. 13.
[45] BGHZ 38, 6; *Feuerich/Braun*, § 40 Rdn. 42.
[46] BGH BRAK-Mitt. 1990, 172; *Feuerich/Braun*, § 40 Rdn. 43.
[47] BGH NJW 1991, 2086; *Feuerich/Braun*, § 40 Rdn. 43; *Kleine-Cosack*, § 40 Rdn. 13.
[48] BayObLGZ 64, 69; BayVerfGH MDR 1963, 376; EGH München EGE X, S. 127; *Feuerich/Braun*, § 40 Rdn. 43; *Kleine-Cosack*, § 40 Rdn. 13.
[49] *Feuerich/Braun*, § 40 Rdn. 44.
[50] BGH EGE XII, S. 32; *Feuerich/Braun*, § 40 Rdn. 45; *Kleine-Cosack*, § 40 Rdn. 13.
[51] *Feuerich/Braun*, § 40 Rdn. 17, 9.

32 k) Anträge und Erklärungen. Anders als dies § 11 FGG vorsieht, gilt für das anwaltsgerichtliche Verfahren, daß eine Protokollierung von Anträgen und Erklärungen nicht in Betracht kommt. Die BRAO ordnet vielmehr an, daß Anträge und Erklärungen schriftlich einzureichen sind (vgl. § 37) und – sofern eine mündliche Verhandlung stattfindet – können Erklärungen mündlich abgegeben werden.[52]

33 l) Wiedereinsetzung in den vorigen Stand und sofortige Beschwerde. Während die Wiedereinsetzung in den vorigen Stand in der BRAO nicht geregelt ist, finden sich Vorschriften, die die sofortige Beschwerde im gerichtlichen Verfahren behandeln (vgl. die §§ 42, 91, 223). Mangels einer gesetzlichen Regelung in bezug auf die Wiedereinsetzung in den vorigen Stand bei Fristversäumnis **gilt** insoweit über § 40 Abs. 4 die Vorschrift des **§ 22 Abs. 2 FGG entsprechend.** Es müssen demnach die in § 22 Abs. 2 FGG niedergelegten Voraussetzungen gegeben sein. Es muß also ein ordnungsgemäßer Antrag vorliegen. Die verspätete Einreichung der Rechtsmittelfrist kann dann als ein Antrag auf Wiedereinsetzung in den vorigen Stand ausgelegt werden, wenn sämtliche, eine Wiedereinsetzung begründende Tatsachen aktenkundig sind und die Datenangaben in der Rechtsmittelschrift erkennen lassen, daß sie verspätet eingereicht worden ist.[53]

34 Die **Zweiwochenfrist** des § 22 Abs. 2 FGG beginnt zu laufen, wenn das der Wahrung der Frist entgegenstehende Hindernis tatsächlich aufgehört hat zu bestehen oder wenn sein Weiterbestehen nicht mehr als unverschuldet angesehen werden kann.[54] Wird die Frist des § 22 Abs. 1 FGG versäumt, ist die Wiedereinsetzung zu versagen,[55] wobei sich der Antragsteller die Säumnis des Bevollmächtigten als eigenes Verschulden anrechnen lassen muß.[56]

Schließlich ist zu beachten, daß die Wiedereinsetzung in den vorigen Stand nur bei der Versäumnis von Fristen, nicht hingegen bei der Versäumung von Ausschlußfristen wie z. B. nach § 227 a Abs. 5 S. 2 in Betracht kommt.[57]

35 Gegen die Versagung der Wiedereinsetzung steht dem Antragsteller der **Beschwerdeweg** (vgl. § 22 Abs. 2 S. 3 FGG) jedenfalls dann offen, wenn das Rechtsmittel ihm in der Hauptsache nach § 42 Abs. 1 Nr. 1 bis 5 eröffnet wäre.[58] Unter dieser Voraussetzung kommt nämlich die Versagung der Wiedereinsetzung an Bedeutung und Tragweite für den Antragsteller den dort genannten Fällen gleich.[59]

3. Anwendbarkeit des § 320 ZPO

36 Die Anwendbarkeit des § 320 ZPO ist zur Berichtigung oder Ergänzung des in den Gründen einer Entscheidung wiedergegebenen Sachverhalts aus praktischen Gründen auch im anwaltsgerichtlichen Verfahren erforderlich und zulässig.[60]

---

[52] *Feuerich/Braun,* § 40 Rdn. 22; *Kleine-Cosack,* § 40 Rdn. 8.
[53] BGH NJW 1975, 928; EGH Frankfurt, Beschluß vom 8. 8. 1985, zitiert nach *Feuerich/Braun,* § 40 Rdn. 58.
[54] BGH NJW 1952, 469; *Feuerich/Braun,* § 40 Rdn. 58; *Kleine-Cosack,* § 40 Rdn. 19.
[55] BGH BRAK-Mitt. 1987, 90; *Feuerich/Braun,* § 40 Rdn. 58; *Kleine-Cosack,* § 40 Rdn. 19.
[56] BGH EGE IX, S. 5; *Feuerich/Braun,* § 40 Rdn. 59.
[57] BGH BRAK-Mitt. 1981, 30; 1982, 27, 28; *Feuerich/Braun,* § 40 Rdn. 55.
[58] *Feuerich/Braun,* § 40 Rdn. 55.
[59] *Feuerich/Braun,* § 40 Rdn. 55.
[60] EGH Hamm, Beschluß vom 25. 1. 1991 unter Aufgabe von EGH Hamm EGE VI, S. 166, zitiert nach *Feuerich/Braun,* § 40 Rdn. 9.

BRAO und FGG sehen eine entsprechende Regelung nicht vor, so daß § 320 ZPO herangezogen werden muß. Die Entscheidung kann ohne mündliche Verhandlung ergehen, da eine solche für Tatbestandsberichtigung bzw. Ergänzung im Verfahren der freiwilligen Gerichtsbarkeit nicht zwingend vorgeschrieben ist.[61]

4. Keine einfache und keine weitere Beschwerde

Im gerichtlichen Verfahren nach der BRAO gibt es keine einfache Beschwerde. § 19 FGG über die einfache Beschwerde ist nach einhelliger Auffassung nicht entsprechend anwendbar.[62] Verfügungen, die mit ihr angegriffen werden könnten, stehen denen des OLG gleich und sind daher nicht anfechtbar.[63] Das Gleiche gilt für die Vorschriften des FGG über die Möglichkeiten einer weiteren Beschwerde (vgl. §§ 27–29 FGG). Sie sind im anwaltsgerichtlichen Verfahren ebenfalls nicht entsprechend anwendbar.[64]

5. Wiederaufnahme des Verfahrens

Weder die BRAO noch das entsprechend anwendbare FGG sehen ein Wiederaufnahmeverfahren vor. Der BGH hat jüngst allerdings die entsprechende Anwendung der zivilprozessualen Vorschriften über die Wiederaufnahme des Verfahrens gemäß der §§ 579, 580 ZPO für möglich erachtet.[65] Es kommt mithin darauf an, ob einer der Wiederaufnahmegründe dieser Vorschriften eingreift.

6. Sonstige Verfahrensvorschriften

Als weitere entsprechend anwendbare Vorschrift des FGG ist § 14 FGG über die **Prozeßkostenhilfemöglichkeit** zu nennen. Das FGG verweist insoweit auf die Vorschriften der §§ 114 ff. ZPO. Wird PKH versagt, steht dem Antragsteller allerdings nicht die Beschwerde zu.[66] Dies ergibt sich aus der entsprechenden Anwendung des § 567 Abs. 4 ZPO, der eine Beschwerde gegen Entscheidungen des OLG, hier also des Anwaltsgerichtshofs, für unzulässig erachtet.

Für die Erteilung eines **Rechtskraftzeugnisses** gilt § 31 FGG entsprechend. Entscheidungen im Zulassungsverfahren sind als echte Streitentscheidungen der materiellen Rechtskraft fähig,[67] so daß nur bei einer Änderung der Sach- oder Rechtslage ein Antrag bei Gericht gestellt werden kann.[68] Unabhängig davon ist die Landesjustizverwaltung natürlich befugt, einen durch unanfechtbaren Verwaltungsakt geregelten Sachverhalt durch neue Sachentscheidung zu regeln.[69]

7. Kostenrecht

Kostenrechtliche Regelungen enthält die BRAO lediglich ansatzweise in den §§ 200 f. Teilweise gelten deshalb FGG und ZPO entsprechend.

---

[61] EGH Hamm, Beschluß vom 25. 1. 1991 unter Aufgabe von EGH Hamm EGE VI, S. 166, zitiert nach *Feuerich/Braun,* § 40 Rdn. 9.
[62] *Feuerich/Braun,* § 40 Rdn. 48.
[63] *Feuerich/Braun,* § 40 Rdn. 48.
[64] *Feuerich/Braun,* § 40 Rdn. 64.
[65] BGH BRAK-Mitt. 1994, 178 = NJW 1994, 2751.
[66] *Feuerich/Braun,* § 40 Rdn. 40.
[67] BGHZ 34, 235, 241; *Feuerich/Braun,* § 40 Rdn. 66; *Kleine-Cosack,* § 40 Rdn. 23.
[68] BGHZ 93, 287, 289; *Feuerich/Braun,* § 40 Rdn. 66; *Kleine-Cosack,* § 40 Rdn. 23.
[69] Vgl. BGH NJW 1988, 1792; *Feuerich/Braun,* § 40 Rdn. 67; *Kleine-Cosack,* § 40 Rdn. 23.

§ 40 42–46   Zweiter Teil. Die Zulassung des Rechtsanwalts

42   **a) Gerichtskosten.** Hinsichtlich der Frage der Kostenerstattung ist § 13 a FGG entsprechend anzuwenden. Gerichtskosten werden im gerichtlichen Verfahren gemäß der §§ 200, 201 erhoben.[70]

43   **b) Außergerichtliche Kosten.** Das Gleiche gilt für die außergerichtlichen Kosten im Verhältnis zwischen mehreren Beteiligten untereinander.[71] Für die Erstattung außergerichtlicher Kosten sind die in den §§ 91 Abs. 1 S. 2 und 103–107 ZPO niedergelegten Grundsätze maßgeblich. Das muß auch für die Anwaltskosten gelten,[72] es sei denn der Antragsteller im anwaltsgerichtlichen Verfahren hat sich als Rechtsanwalt selbst vertreten.[73]

44   **c) Kosten bei Erledigung der Hauptsache.** Die Kostenentscheidung bei Erledigung der Hauptsache folgt den Grundsätzen des § 91 a ZPO. D. h., über die Kosten ist nach billigem Ermessen zu entscheiden, wobei die Erfolgsaussichten zum Zeitpunkt der Erledigung berücksichtigt werden müssen. Zu der Frage, ob es auf die übereinstimmende Feststellung der Beteiligten ankommt, daß sich die Hauptsache erledigt hat oder nicht, oder ob das Gericht von Amts wegen überprüfen muß, ob tatsächlich eine Erledigung eingetreten ist, läßt sich nur im Sinne der zweiten Alternative beantworten.[74]
    Erledigt sich der angefochtene Verwaltungsakt der Landesjustizverwaltung während des gerichtlichen Verfahrens, so kann – ausnahmsweise – von der Anfechtungs- auf die **Feststellungsklage umgestellt** werden.[75] Voraussetzung ist allerdings, daß der Antragsteller sonst in seinen Rechten beeinträchtigt wäre, insbesondere die Rechtsweggarantie des Art. 19 Abs. 4 GG leerliefe, und daß die begehrte Feststellung eine Rechtsfrage klären hilft, die sich der Landesjustizverwaltung bei künftigen Zulassungsanträgen des Antragstellers ebenso stellen würde.[76]

45   Dem Antragsteller steht es **nicht zu**, anstelle der Erledigung der Hauptsache in rechtsähnlicher Anwendung des § 307 ZPO ein **Anerkenntnis zu erklären**, um die dort vorhandene Kostenfolge auszulösen. Die BRAO und das FGG sehen keine dem § 307 ZPO entsprechende verfahrensrechtliche Folge vor.[77]

46   **d) Anfechtung der Kostenentscheidung.** Die Kostenentscheidung des Anwaltsgerichtshofs ist entsprechend der § 20 a FGG i. V. m. § 99 Abs. 1 ZPO grundsätzlich nur dann anfechtbar, wenn gegen die Entscheidung in der Hauptsache ein **zulässiges Rechtsmittel** eingelegt wurde. Damit soll verhindert werden, daß die Hauptsache nur wegen der Kostenentscheidung überprüft werden muß.[78] Wenn ein Beteiligter ein zulässiges Rechtsmittel in der Hauptsache einge-

---

[70] Vgl. die dortigen Anmerkungen; *Feuerich/Braun*, § 40 Rdn. 33; *Kleine-Cosack*, § 40 Rdn. 11.
[71] BGH EGE X, S. 91, 97; BGH NJW 1970, 46; EGH Frankfurt BRAK-Mitt. 1987, 211; *Feuerich/Braun*, § 40 Rdn. 34; *Kleine-Cosack*, § 40 Rdn. 11.
[72] So auch: *Kleine-Cosack*, § 40 Rdn. 11; a. A. EGH Stuttgart EGE VII, S. 203 und ihm folgend *Feuerich/Braun*, § 40 Rdn. 34, die Anwaltskosten nur dann als erstattungsfähig ansehen, wenn die Kosten zur zweckentsprechenden Erledigung der Angelegenheit notwendig waren.
[73] Vgl. dazu auch *Feuerich/Braun*, § 40 Rdn. 38; *Kleine-Cosack*, § 40 Rdn. 11.
[74] Vgl. BGHZ 50, 197 f.; EGH München EGE IX, S. 153; offen lassend: *Feuerich/Braun*, § 40 Rdn. 36.
[75] BGH BRAK-Mitt. 1993, 105, 106; *Feuerich/Braun*, § 40 Rdn. 37.
[76] BGH bei *Zuck* BRAK-Mitt. 1988, 164 Fn. 19; BGHZ 34, 244; *Feuerich/Braun*, § 40 Rdn. 37.
[77] BGH BRAK-Mitt. 1993, 105.
[78] OLG Frankfurt NJW 1975, 742; *Feuerich/Braun*, § 40 Rdn. 50; *Kleine-Cosack*, § 40 Rdn. 17.

§ 41 Entscheidung des Anwaltsgerichtshofes § 41

legt hat, kann ein anderer Beteiligter sein Rechtsmittel auf die Kostenentscheidung beschränken, da die Hauptsache dann sowieso überprüft werden muß.[79] Hat sich die Hauptsache erledigt, dann ergeht zwar u. U. eine isolierte Kostenentscheidung. Diese ist aber nicht anfechtbar, da insoweit die §§ 42, 203 Abs. 2 für die Anfechtung von Entscheidungen des Anwaltsgerichtshofs eine abschließende Regelung beinhalten. Sinn und Zweck des § 203 Abs. 2 ist es, Kostenbeschwerden nicht zum BGH gehen zu lassen.[80]

§ 41 Entscheidung des Anwaltsgerichtshofes

(1) **Der Anwaltsgerichtshof entscheidet über den Antrag durch Beschluß, der mit Gründen zu versehen ist. Zu einer dem Antragsteller nachteiligen Entscheidung ist eine Mehrheit von zwei Dritteln der Stimmen erforderlich.**

(2) **Hält der Anwaltsgerichtshof den Antrag auf gerichtliche Entscheidung bei einem ablehnenden Gutachten des Vorstandes der Rechtsanwaltskammer (§ 38) für begründet, so stellt er fest, daß der von dem Vorstand der Rechtsanwaltskammer angeführte Versagungsgrund nicht vorliegt. Weist er den Antrag als unbegründet zurück, so stellt er zugleich fest, daß der von dem Vorstand der Rechtsanwaltskammer angeführte Versagungsgrund vorliegt.**

(3) **Hält der Anwaltsgerichtshof den Antrag, durch den ein Bescheid oder eine Verfügung der Landesjustizverwaltung angefochten wird (§ 39), für begründet, so hebt er den Bescheid oder die Verfügung auf. Richtet sich der Antrag gegen einen ablehnenden Bescheid und ist die Sache zur Entscheidung reif, so spricht der Anwaltsgerichtshof zugleich die Verpflichtung der Landesjustizverwaltung aus, die beantragte Amtshandlung vorzunehmen; ist die Sache noch nicht zur Entscheidung reif, so spricht er zugleich die Verpflichtung der Landesjustizverwaltung aus, den Antragsteller unter Beachtung der Rechtsauffassung des Gerichts zu bescheiden.**

(4) **Hält der Anwaltsgerichtshof den Antragsteller dadurch für beschwert, daß die Landesjustizverwaltung ihm ohne zureichenden Grund einen Bescheid nicht erteilt hat, so spricht er die Verpflichtung der Landesjustizverwaltung aus, ihn zu bescheiden.**

(5) **Der Anwaltsgerichtshof stellt einen Beschluß, der über einen Antrag nach § 38 ergangen ist, der Landesjustizverwaltung auch dann zu, wenn sie sich an dem Verfahren nicht beteiligt hat.**

Übersicht

	Rdn.
I. Normzweck	1
II. Formelle Voraussetzungen der Entscheidung	2–4
1. Begründungspflicht	3
2. Zwei-Drittel-Mehrheit bei ablehnender Entscheidung	4
III. Materielle Voraussetzungen der Entscheidung	5–13

	Rdn.
1. Entscheidung bei ablehnendem Gutachten	6
2. Entscheidung bei Maßnahmen der Landesjustizverwaltung	11
3. Entscheidung bei der Untätigkeitsklage	13
IV. Folgen der Entscheidung	14

---

[79] BGHZ 17, 397; *Feuerich/Braun*, § 40 Rdn. 50; *Kleine-Cosack*, § 40 Rdn. 17.
[80] *Feuerich/Braun*, § 40 Rdn. 51; *Kleine-Cosack*, § 40 Rdn. 17.

I. Normzweck

1 Die Bestimmung beschäftigt sich mit dem Zustandekommen der anwaltsgerichtlichen Entscheidung, ihrer Form, ihrer Formulierung und ihrer Bekanntmachung.[1] Sie ist damit Dienstanweisung für den Anwaltsgerichtshof bei der Abfassung seiner Beschlüsse. Sie spiegelt zugleich die unterschiedlichen Verfahrensinhalte der §§ 38, 39 wieder und ist deshalb eine Konsequenz der gesetzlichen Möglichkeit, Anfechtungs-, Verpflichtungs- oder Feststellungsanträge zu stellen.

II. Formelle Voraussetzungen der Entscheidung

2 Die Beschlüsse des Anwaltsgerichtshofs in Zulassungssachen gemäß der §§ 38 und 39 unterliegen nach § 41 Abs. 1 gewissen formellen Voraussetzungen.

1. Begründungspflicht

3 Zum einen sieht § 41 Abs. 1 vor, daß die Beschlüsse in Zulassungssachen immer begründet werden müssen. Der Begründungszwang besteht in tatsächlicher und in rechtlicher Beziehung, um die Nachprüfung der richtigen Anwendung des Gesetzes auf den vorliegenden Sachverhalt überprüfen zu können und dem Betroffenen eine sachgemäße Wahrnehmung seiner Rechte zu ermöglichen.[2] Eine sofortige Beschwerde nach § 42 gegen die Entscheidung des Anwaltsgerichtshofes ginge im übrigen ins Leere, wenn das Beschwerdegericht nicht den durch das Erstgericht festgestellten Sachverhalt überprüfen könnte, weil er nicht dokumentiert ist.[3]

2. Zwei-Drittel-Mehrheit bei ablehnender Entscheidung

4 Bei ablehnenden Beschlüssen des Anwaltsgerichtshofs sieht § 41 Abs. 1 vor, daß die Entscheidung nur dann Wirksamkeit entfalten kann, wenn sie von Zweidritteln der mitwirkenden Richter getragen wird. Mit dieser Regelung wird dem Umstand Rechnung getragen, daß eine ablehnende Entscheidung einen derart schwerwiegenden Eingriff in die Berufsausübungsfreiheit des Betroffenen bedeutet, daß die überwiegende Auffassung der mitwirkenden Richter von der Bestätigung der landesjustizbehördlichen Entscheidung überzeugt sein müssen.[4]

III. Materielle Voraussetzungen der Entscheidung

5 In materieller Hinsicht zwingt die Vorschrift des § 41 den Anwaltsgerichtshof dazu, bei seiner Entscheidung zwischen den nach den §§ 38 und 39 möglichen **Streitgegenständen zu unterscheiden**. Wendet sich ein Antragsteller lediglich gegen das ablehnende Gutachten des Vorstandes der Rechtsanwaltskammer, obgleich die Landesjustizverwaltung gemäß dem Gutachten entschieden hat, kommt lediglich eine Entscheidung des Anwaltsgerichtshofs nach § 41 Abs. 2 in Betracht. Gegen die Maßnahme der Landesjustizverwaltung muß sich der Antragsteller gesondert zur Wehr setzen, um eine kassatorische Entscheidung des Anwaltsgerichtshofs zu erreichen.

---

[1] *Isele*, § 41 Anm. I., S. 474.
[2] *Feuerich/Braun*, § 41 Rdn. 3.
[3] *Isele*, § 41 Anm. II. B. 1., S. 475; *Feuerich/Braun*, § 41 Rdn. 3.
[4] *Feuerich/Braun*, § 41 Rdn. 1.

1. Entscheidung bei ablehnendem Gutachten

Die Entscheidung des Anwaltsgerichtshofs kann auf Feststellung lauten, daß 6 entweder der von dem Vorstand der Rechtsanwaltskammer angeführte Versagungsgrund nicht vorliegt oder, im Falle der Zurückweisung des Antrags, daß der von dem Vorstand der Rechtsanwaltskammer angeführte Versagungsgrund gegeben ist.

Findet eine Prüfung des Zulassungsantrages aus **Verfahrensgründen** nicht statt 7 und entbehrt deshalb schon das Gutachten der Rechtsanwaltskammer einer verfahrensmäßigen Grundlage, so muß das Gericht dies in seiner Entscheidungsformel zum Ausdruck bringen, indem es das Gutachten für gegenstandslos erklärt.[5]

Wird das Gutachten der Rechtsanwaltskammer **nachträglich gegenstands-** 8 **los**, weil der im Gutachten herausgestellte Versagungsgrund zweifelsfrei weggefallen ist, bleibt der Rechtsanwaltskammer nur die Möglichkeit, das Gutachten für hinfällig und die Hauptsache für erledigt zu erklären. Der Anwaltsgerichtshof kann die Erledigung der Hauptsache dann im Beschlußwege bestätigen und die kostenrechtlichen Grundsätze des § 91 a ZPO entsprechend anwenden (vgl. insoweit auch § 40 Rdn. 44).[6]

Die gerichtliche Nachprüfung eines ablehnenden Gutachtens des Vorstandes 9 der Rechtsanwaltskammer wird durch die § 41 Abs. 2 und § 42 Abs. 1 Nr. 1 auf den in diesem Gutachten angeführten Versagungsgrund beschränkt, so daß andere Versagungsgründe der gerichtlichen Nachprüfung entzogen sind.[7]

Die Anwendung dieses Grundsatzes schließt allerdings die Möglichkeit des 10 Anwaltsgerichtshofes nicht aus, seine Entscheidung mit einer anderen rechtlichen Erwägung zu begründen, als dies im Rahmen des zur Entscheidung gestellten Gutachtens geschehen ist.[8] Selbst **Änderungen tatsächlicher Art**, die erst im Laufe des Verfahrens eingetreten und bekannt geworden sind, müssen in die gerichtliche Prüfung und Entscheidung mit einbezogen werden, wenn sie den dem Gutachten zugrunde liegenden Sachverhalt in seinem wesentlichen Gehalt nicht verändern.[9]

2. Entscheidung bei Maßnahmen der Landesjustizverwaltung

Bei einem Antrag nach § 39, der darauf gerichtet ist, die Maßnahme der Lan- 11 desjustizverwaltung aufzuheben, sind mehrere **Entscheidungsvarianten** denkbar. Wendet sich der Antrag gegen die Versagung der Zulassung zur Rechtsanwaltschaft gemäß § 11 Abs. 2, der lokalen Zulassung gemäß § 21 Abs. 2 oder einer Befreiung von der Kanzleipflicht gemäß § 29 Abs. 3, so kann der Anwaltsgerichtshof den ablehnenden Bescheid der Landesjustizverwaltung aufheben und die Verpflichtung aussprechen, die beantragte Amtshandlung vorzunehmen, wenn die Sache zur Entscheidung reif ist.[10] Ist die Sache noch nicht zur Entscheidung reif, spricht er – ähnlich wie bei der verwaltungsgerichtlichen Verpflichtungsklage nach § 113 Abs. 4 VwGO – die Verpflichtung aus, daß die Landesju-

---

[5] BGH NJW 1988, 1792; *Feuerich/Braun,* § 41 Rdn. 8.
[6] BGH NJW 1982, 2782; *Feuerich/Braun,* § 41 Rdn. 7; *Kleine-Cosack,* § 41 Rdn. 3.
[7] *Feuerich/Braun,* § 41 Rdn. 4.
[8] BGH EGE XIV, S. 95; *Feuerich/Braun,* § 41 Rdn. 5; *Kleine-Cosack,* § 41 Rdn. 6.
[9] BGHZ 35, 385; BGH EGE XIII, S. 5; VI, S. 90, BGH AnwBl. 1980, 380; *Feuerich/ Braun,* § 41 Rdn. 6; *Jessnitzer/Blumberg,* § 41 Rdn. 1; *Kleine-Cosack,* § 41 Rdn. 6.
[10] EGH Frankfurt, BRAK-Mitt. 1987, 211; *Feuerich/Braun,* § 41 Rdn. 9; *Isele,* § 41 Anm. III. B. 1. a), S. 476.

§ 42 Zweiter Teil. Die Zulassung des Rechtsanwalts

stizverwaltung den Antragsteller unter Beachtung der Rechtsauffassung des Gerichts zu bescheiden habe.[11]

12 Die nach dem Erlaß einer Versagungs- bzw. Rücknahmeverfügung eingetretene **Änderung der tatsächlichen Umstände** kann grundsätzlich nur in einem neuen, von dem Antragsteller initiierten Zulassungsverfahren berücksichtigt werden.[12] Nur ausnahmsweise kommt eine Berücksichtigung derartiger Umstände bereits im Rahmen des anwaltsgerichtlichen Verfahrens in Betracht, wenn der Antragsteller trotz der anwaltsgerichtlichen Bestätigung der landesjustizverwaltungsrechtlichen Maßnahme sofort danach wieder zur Rechtsanwaltschaft zugelassen werden müßte und der Gerichtsbeschluß zur reinen Formalie abgewertet würde.[13]

3. Entscheidung bei der Untätigkeitsklage

13 Das Verfahren, mit dem der Antragsteller gegen die Untätigkeit der Landesjustizverwaltung vorgehen will, kann nur dazu führen, die Landesjustizverwaltung zum Handeln zu veranlassen. Hingegen steht es dem Anwaltsgerichtshof wegen des Grundsatzes der Gewaltenteilung nicht zu, den Antragsteller zu bescheiden oder die Landesjustizverwaltung durch Beschluß dazu zu verpflichten, eine bestimmte Maßnahme zu ergreifen.[14]

IV. Folgen der Entscheidung

14 Als echte Streitentscheidungen sind die Entscheidungen des Anwaltsgerichtshofs in Zulassungssachen der materiellen Rechtskraft fähig. Die Gerichte sind grundsätzlich an ihre rechtskräftigen Entscheidungen gebunden, können sie nicht mehr abändern und keine weitere Prüfung der rechtskräftig abgeschlossenen Sache mehr vornehmen.[15] Zu den Möglichkeiten der Wiederaufnahme des Verfahrens siehe oben § 40 Rdn. 38.

Zu den verschiedenen Möglichkeit der Bekanntmachung der anwaltsgerichtlichen Entscheidung vgl. die Ausführungen zu § 40 Rdn. 28. Zur Entscheidung und zu den Konsequenzen bei Erledigung der Hauptsache s. oben Rdn. 44. Zur Kostenentscheidung sowie zur Entscheidung über den Geschäftswert vgl. § 201 sowie oben § 40 Rdn. 41 ff.

§ 42 Sofortige Beschwerde

(1) **Dem Antragsteller steht gegen die Entscheidung des Anwaltsgerichtshofes die sofortige Beschwerde zu, wenn der Anwaltsgerichtshof sein Begehren auf**
1. **Feststellung, daß der in dem Gutachten des Vorstandes der Rechtsanwaltskammer angeführte Versagungsgrund nicht vorliegt,**
2. **Zulassung zur Rechtsanwaltschaft,**
3. **Aufhebung der Rücknahme oder des Widerrufs der Zulassung zur Rechtsanwaltschaft,**
4. **Zulassung bei einem Gericht oder**
5. **Aufhebung des Widerrufs der Zulassung bei einem Gericht zurückgewiesen hat.**

---

[11] *Feuerich/Braun,* § 41 Rdn. 9; *Isele,* § 41 Anm. III. B. 1. c), S. 476.
[12] EGH Stuttgart BRAK-Mitt. 1982, 129; *Feuerich/Braun,* § 41 Rdn. 9.
[13] BGHZ 75, 356; BGH BRAK-Mitt. 1982, 26; *Feuerich/Braun,* § 41 Rdn. 9.
[14] Amtl. Begr.; *Feuerich/Braun,* § 41 Rdn. 10; *Kleine-Cosack,* § 41 Rdn. 14.
[15] BGH EGE XIII, S. 13, 15; BGHZ 34, 235; *Feuerich/Braun,* § 41 Rdn. 13.

§ 42 Sofortige Beschwerde 1 § 42

(2) Der Landesjustizverwaltung steht die sofortige Beschwerde zu, wenn der Anwaltsgerichtshof in den Fällen des Absatzes 1 einen Bescheid oder eine Verfügung der Landesjustizverwaltung aufgehoben hat. Die Landesjustizverwaltung kann ferner die sofortige Beschwerde selbständig erheben, wenn der Anwaltsgerichtshof über einen Antrag nach § 38 entschieden hat, auch wenn sie sich an dem Verfahren des ersten Rechtszuges nicht beteiligt hat.

(3) Der Rechtsanwaltskammer steht die sofortige Beschwerde zu, wenn der Anwaltsgerichtshof auf einen Antrag nach § 38 festgestellt hat, daß der von dem Vorstand der Rechtsanwaltskammer angeführte Versagungsgrund nicht vorliegt.

(4) Die sofortige Beschwerde ist binnen einer Frist von zwei Wochen bei dem Anwaltsgerichtshof schriftlich einzulegen. Sie hat aufschiebende Wirkung.

(5) Über die sofortige Beschwerde entscheidet der Bundesgerichtshof. Er entscheidet auch über Anträge auf Wiederherstellung der aufschiebenden Wirkung (§ 16 Abs. 6, § 35 Abs. 2).

(6) Auf das Verfahren vor dem Bundesgerichtshof ist § 40 Abs. 2 und 3 entsprechend anzuwenden. Im übrigen gelten die Vorschriften des Gesetzes über die Angelegenheiten der freiwilligen Gerichtsbarkeit sinngemäß.

Übersicht

	Rdn.
I. Normzweck	1
II. Verfassungsrechtliche Gesichtspunkte	2
III. Zulässigkeit der sofortigen Beschwerde	3–16
1. Abgrenzung	3
2. Die Zulassungsgründe im einzelnen	7
a) Bestätigung des Kammergutachtens (Nr. 1)	9
b) Zurückweisung der Zulassung zur Rechtsanwaltschaft (Nr. 2)	11
c) Nichtaufhebung der Zulassungsrücknahme bzw. des -widerrufs zur Rechtsanwaltschaft (Nr. 3)	12
d) Nichtzulassung bei einem Gericht (Nr. 4)	13
e) Nichtaufhebung des Widerrufs der Zulassung bei einem Gericht (Nr. 5)	16
IV. Formelle Voraussetzungen	17
V. Wirkung der sofortigen Beschwerde	18
VI. Anwaltsgerichtliche Entscheidung	19–22
1. Verfahrensgrundsätze	19
2. Grundlage der Entscheidung	20
3. Entscheidungsmöglichkeiten	21

I. Normzweck

Die sofortige Beschwerde soll den Betroffenen einer Verfügung der Landesjustizverwaltung oder der Rechtsanwaltskammer in eng umgrenzten Fällen eine gegen die Entscheidung des Anwaltsgerichtshofes gerichtete Rechtsschutzmöglichkeit geben. Nicht immer erscheint ein Rechtsmittel gegen die Entscheidung des Anwaltsgerichtshofes erforderlich. Soweit es sich z. B. um die Erlaubnis, eine Zweigstelle einzurichten oder auswärtige Sprechtage abzuhalten, oder um die Befreiung von der Kanzleipflicht handelt, kann es wegen der geringen Bedeutung dieser Angelegenheiten bei der Entscheidung des Anwaltsgerichtshofes sein Bewenden haben, zumal es sich hier um Ermessensentscheidungen handelt, die nur

1

§ 42 2, 3　　　　　Zweiter Teil. Die Zulassung des Rechtsanwalts

beschränkt nachprüfbar sind.[1] Das bedeutet, daß der Rechtsschutz in Zulassungssachen sich grundsätzlich auf **eine Instanz** beschränkt und der Gesetzgeber sich dazu entschlossen hat, nur in den enumerativ herausgestellten Fällen des § 42 eine weitere Rechtsschutzmöglichkeit in Form der sofortigen Beschwerde zu eröffnen.

II. Verfassungsrechtliche Gesichtspunkte

2　Verfassungsrechtlich gesehen ist die Entscheidung des Gesetzgebers, in Zulassungssachen grundsätzlich nur eine Instanz zuzulassen und erweiterten Rechtsschutz in Form der sofortigen Beschwerde nur in Ausnahmefällen einzuräumen, nicht völlig unproblematisch. Immerhin geht es, soweit der Antragsteller sich gegen eine Maßnahme der Landesjustizverwaltung oder der Rechtsanwaltskammer zur Wehr setzen will, um eine **Grundrechtsposition**, die verteidigt werden soll. Gleichwohl haben das BVerfG und der BGH sowie die Literatur einen Verstoß gegen das GG verneint. Die grundsätzliche Begrenzung des Rechtswegs auf eine richterliche Instanz sei **weder verfassungswidrig** noch verstoße sie gegen die Grundsätze der Menschenrechtskonvention.[2] Ein Verstoß gegen die Rechtsweggarantie des Art. 19 Abs. 4 GG sei ebenfalls nicht gegeben, weil Art. 19 Abs. 4 GG keinen gerichtlichen Instanzenzug gewährleiste.[3] Dem ist für den vorliegenden Fall des differenzierten Systems von § 42 zuzustimmen. In Abgrenzung zu dem vorliegenden Sachverhalt sei freilich betont, daß der vielzitierte Satz, wonach das Grundgesetz zwar den Zugang zu Gericht, aber keinen Instanzenzug gewährleiste, in dieser allgemeinen Form **nicht überzeugen kann**. So wenig es zu bezweifeln ist, daß der Gesetzgeber in Ausnahmefällen (wie dem hier vorliegenden Beispiel des § 42) nur eine einzige Instanz vorsehen darf, so kann umgekehrt nicht bezweifelt werden, daß bei einem normalen Verfahren der ordentlichen Gerichtsbarkeit ohne Bagatellcharakter die Eröffnung einer zweiten Instanz im deutschen Recht ein anerkannter Standard der Rechtsschutzgewährung ist. Ein genereller Ausschluß einer zweiten Instanz in der gesamten Gerichtsbarkeit würde also sehr wohl einen Verstoß gegen Art. 19 Abs. 4 GG und das Gebot des effektiven Rechtsschutzes darstellen.

III. Zulässigkeit der sofortigen Beschwerde

1. Abgrenzung

3　Wie bereits betont, läßt sich als Grundsatz des § 42 festhalten, daß es nur in **eng umgrenzten Fällen** gegen die Entscheidung des Anwaltsgerichtshofs in Zulassungssachen eine weitere Rechtschutzmöglichkeit gibt. Die Rechtsprechung hatte diesen Grundsatz in der Vergangenheit mehrfach zu betonen, weil immer wieder sofortige Beschwerden gemäß § 42 erhoben wurden, die vom Wortlaut der Vorschrift her nicht paßten. Im folgenden seien die Fälle genannt, die nach der Rechtsprechung ausdrücklich nicht in den Anwendungsbereich des § 42 fallen: Gegen Entscheidungen des Anwaltsgerichtshofes in den Fällen der §§ 8 a Abs. 2, 15, also dann, wenn es um die Einholung eines **ärztlichen Gutachtens** geht, ist eine sofortige Beschwerde nach § 42 Abs. 1 nicht gege-

---
[1] BGH BRAK-Mitt. 1987, 152; *Feuerich/Braun,* § 42 Rdn. 1; *Zuck* BRAK-Mitt. 1988, 163.
[2] BGHZ 77, 327, 329; *Feuerich/Braun,* § 42 Rdn. 5; *Isele,* § 42 Anm. I. F., S. 481.
[3] BGH Beschluß v. 12. 12. 1988 – AnwZ (B) 37/88 i. V. m. BVerfGE 45, 363, 375; 49, S. 329, 340; *Feuerich/Braun,* § 42 Rdn. 5.

ben.[4] Ebenfalls in Fällen **dauernder Untätigkeit** der Landesjustizverwaltung in bezug auf die Bescheidung des vom Antragsteller gestellten Antrags in Zulassungssachen ist eine sofortige Beschwerde nicht möglich, da zu erwarten ist, daß die Landesjustizverwaltung nach der Entscheidung des Anwaltsgerichtshofs schon handeln wird.[5]

Beide Fälle sind nicht ganz unproblematisch. Beim ärztlichen Gutachten, dessen Einholung auch vom Anwaltsgerichtshof für erforderlich gehalten wird, geht es neben der berufsrechtlichen Betroffenheit auch um die **persönliche Integrität** des Antragstellers. In derartigen Fällen auf eine weitere Instanz in Form der sofortigen Beschwerde zu verzichten, erscheint vor diesem Hintergrund äußerst fragwürdig. Ebenso verhält es sich bei andauernder Untätigkeit der Landesjustizverwaltung, wenn diese **Untätigkeit existenzbedrohend** wird. Auch in diesen Fällen bedarf es einer verfassungskonformen Auslegung des § 42 dahingehend, daß auch in diesen Fällen eine sofortige Beschwerde zulässig ist.[6]

Die einzige aus § 42 ableitbare Beschränkung dieser Ausnahmen muß sein, daß die angegriffene Entscheidung des Anwaltsgerichtshofs von ähnlich weittragender Bedeutung ist wie die in § 42 Abs. 1 genannten Entscheidungen.[7]

Der BGH hat diese Rechtsauffassung bei einer sofortigen Beschwerde gegen die Entscheidung des Anwaltsgerichtshofes über einen nur ausnahmsweise zulässigen Feststellungsantrag bestätigt.[8]

In weiteren Fällen findet die sofortige Beschwerde hingegen nicht statt. Gegen die Entscheidung des Anwaltsgerichtshofes, die eine nach Widerruf der Zulassung durchgeführte Löschung in den Listen der zugelassenen Rechtsanwälte bestätigt, ist ein Rechtsmittel nicht statthaft.[9]

Das Gleiche gilt bei Entscheidungen des Anwaltsgerichtshofes, die die Verfahrenskosten betreffen.[10]

2. Die Zulassungsgründe im einzelnen

Die sofortige Beschwerde ist – von den geschilderten Ausnahmen abgesehen – nur in den Fällen des § 42 Abs. 1 Nr. 1 bis 5, Abs. 2 und 3 zulässig. Unterschieden wird im Rahmen der Vorschrift lediglich zwischen den verschiedenen Beschwerdeführern. Nach Absatz 1 ist der von der anwaltsgerichtlichen Entscheidung betroffene Antragsteller Beschwerdeführer, während in den Fällen des Absatzes 2 und 3 jeweils die Landesjustizverwaltung oder die Rechtsanwaltskammer beschwerdeberechtigt sind.

Es ist unerheblich, ob die anwaltsgerichtliche Entscheidung wegen Unbegründetheit oder Unzulässigkeit des Antrags ergangen ist.[11]

a) Bestätigung des Kammergutachtens (Nr. 1). Die gerichtliche Nachprüfung ist durch die § 41 Abs. 2, § 42 Abs. 1 Nr. 1 auf den in dem Gutachten

---

[4] BGH BRAK-Mitt. 1994, 176; BGH Beschluß vom 17. 12. 1990 – AnwZ (B) 69/90; *Feuerich/Braun*, § 42 Rdn. 1.
[5] Amtl. Begr.; *Feuerich/Braun*, § 42 Rdn. 1.
[6] So auch: *Feuerich*, § 42 Rdn. 1.
[7] BGHZ 94, 364; BGH EGE XIV, S. 126, 128; *Feuerich/Braun*, § 42 Rdn. 4.
[8] BGHZ 94, 364; BGH BRAK-Mitt. 1984, 36; BGHZ 34, 244; *Feuerich/Braun*, § 42 Rdn. 4.
[9] BGH BRAK-Mitt. 1982, 74; *Feuerich/Braun*, § 42 Rdn. 5.
[10] BGH BRAK-Mitt. 1986, 165; *Feuerich/Braun*, § 42 Rdn. 5.
[11] BGHZ 107, 281; BGH EGE XIV, S. 4; *Feuerich/Braun*, § 42 Rdn. 2; *Kleine-Cosack*, § 42 Rdn. 2.

§ 42 10–14   Zweiter Teil. Die Zulassung des Rechtsanwalts

des Vorstandes der Rechtsanwaltskammer angeführten Versagungsgrund beschränkt; andere als die darin angeführten Versagungsgründe sind der gerichtlichen Nachprüfung und Entscheidung entzogen.[12] Das heißt jedoch nicht, daß der BGH den vorgelegten Lebenssachverhalt nicht – wie zuvor auch der Anwaltsgerichtshof – unter anderen rechtlichen Gesichtspunkten würdigen dürfte.[13] Im übrigen gelten auch in diesem Verfahren die unter § 41 Rdn. 6 ff. dargestellten Grundsätze.

10   Auch die **Landesjustizverwaltung** ist in den Verfahren nach § 38 **beschwerdeberechtigt** ohne Rücksicht darauf, ob sie sich an dem anwaltsgerichtlichen Verfahren beteiligt hat oder nicht (vgl. § 42 Abs. 2 S. 2). Die Landesjustizverwaltung kann sowohl zugunsten als auch zuungunsten des Antragstellers sofortige Beschwerde einlegen.[14]

11   b) **Zurückweisung der Zulassung zur Rechtsanwaltschaft (Nr. 2).** Die sofortige Beschwerde des Antragstellers ist gemäß § 42 Abs. 2 Nr. 2 auch in dem Fall zulässig, daß die Zurückweisung des Antrags auf Zulassung durch die Landesjustizverwaltung anwaltsgerichtlich bestätigt worden ist. Die **Landesjustizverwaltung ist beschwerdeberechtigt**, wenn das Vorliegen eines Versagungsgrundes vom Anwaltsgerichtshof verneint und ein entsprechender Bescheid bzw. eine entsprechende Verfügung der Landesjustizverwaltung aufgehoben wurde (§ 42 Abs. 2 S. 1). Da die Beschwerdebefugnis der Landesjustizverwaltung aber nicht weiter reicht, als die des Antragstellers nach § 42 Abs. 1,[15] kann auch sie nicht sofortige Beschwerde einlegen, durch die sie die Wiederherstellung einer – von ihr verfügten, aber vom Anwaltsgerichtshof aufgehobenen – Aussetzung nach § 10 erstrebt.[16]

12   c) **Nichtaufhebung der Zulassungsrücknahme bzw. des -widerrufs zur Rechtsanwaltschaft (Nr. 3).** Ist die Rücknahme- oder die Widerrufsverfügung der Landesjustizverwaltung durch den Anwaltsgerichtshof nicht aufgehoben worden, steht dem Antragsteller nach § 42 Abs. 1 Nr. 3 die sofortige Beschwerde gegen diese anwaltsgerichtliche Entscheidung zu. Auf die Beschwerdeberechtigung ist es ohne Einfluß, daß der Antragsteller mittlerweile **nicht mehr anwaltlich** tätig ist[17] oder wenn streitig ist, ob der Antragsteller den Antrag auf gerichtliche Entscheidung gegen eine Rücknahme- bzw. Widerrufsverfügung der Landesjustizverwaltung seinerzeit wirksam zurückgenommen hat oder nicht.[18]

13   Die **Landesjustizverwaltung** ist gemäß § 42 Abs. 2 S. 1 **beschwerdeberechtigt**, wenn der Anwaltsgerichtshof ihre Rücknahme- bzw. Widerrufsverfügung ganz oder teilweise aufgehoben hat.

14   d) **Nichtzulassung bei einem Gericht (Nr. 4).** Des weiteren steht dem Antragsteller gemäß § 42 Abs. 1 Nr. 4 das Recht der sofortigen Beschwerde zu, wenn er sich gegen die anwaltsgerichtliche Bestätigung der Nichtzulassung zu

---

[12] *Feuerich/Braun*, § 42 Rdn. 7; *Kleine-Cosack*, § 42 Rdn. 3.
[13] BGH EGE XIV, S. 95; XIII, S. 5; *Feuerich/Braun*, § 42 Rdn. 7; *Kleine-Cosack*, § 42 Rdn. 3.
[14] Amtl. Begr.; *Feuerich/Braun*, § 42 Rdn. 6.
[15] Amtl. Begr.; BGH NJW 1975, 1927; *Feuerich/Braun*, § 42 Rdn. 8; *Kleine-Cosack*, § 42 Rdn. 4.
[16] BGH NJW 1975, 1927; *Feuerich/Braun*, § 42 Rdn. 8; *Kleine-Cosack*, § 42 Rdn. 4.
[17] BGH Beschluß v. 25. 4. 1988 – AnwZ (B) 54/87; *Feuerich/Braun*, § 42 Rdn. 9; *Kleine-Cosack*, § 42 Rdn. 5.
[18] BGH MDR 1980, 1017; *Feuerich/Braun*, § 42 Rdn. 9; *Kleine-Cosack*, § 42 Rdn. 5.

einem Gericht wenden will. Dies gilt auch dann, wenn die Landesjustizverwaltung eine allgemeine Feststellung nach § 24 Abs. 1 ablehnt (Feststellung, daß die Doppelzulassung der Rechtspflege dienlich ist).[19] Hat der Beschwerdeführer nach dem nur noch bis zum 1. 1. 2000 bzw. 1. 1. 2005 geltenden § 227 a Abs. 5 eine Verlängerung der Zulassung bei einem weiteren Gericht beantragt, stellt die gleichzeitige Zulassung für einen kürzeren Zeitraum eine zeitweise Versagung und damit eine nach § 42 Abs. 1 Nr. 4 anfechtbare Entscheidung dar.[20]

Die **Landesjustizverwaltung** ist insoweit **beschwerdeberechtigt**, als durch den Anwaltsgerichtshof ein Bescheid oder eine Verfügung der Landesjustizverwaltung in bezug auf die Nichtzulassung bei einem Gericht aufgehoben worden ist (vgl. § 42 Abs. 2 S. 1).

e) **Nichtaufhebung des Widerrufs der Zulassung bei einem Gericht (Nr. 5).** Zuletzt ist der Fall denkbar, daß der Beschwerdeführer sich mit seiner sofortigen Beschwerde gegen die Nichtaufhebung des Widerrufs der Zulassung bei einem Gericht gemäß § 42 Abs. 1 Nr. 5 wendet.

Die **Landesjustizverwaltung** ist gemäß § 42 Abs. 1 S. 1 nur dann **beschwerdeberechtigt**, wenn ihre Widerrufsverfügung durch den Anwaltsgerichtshof ganz oder teilweise aufgehoben wurde.

IV. Formelle Voraussetzungen

Die sofortige Beschwerde ist nur an einige wenige formelle Voraussetzungen gebunden. Die **Frist zur** Einreichung der sofortigen Beschwerde beträgt gemäß § 42 Abs. 4 **zwei Wochen**, wobei sie vom Tage der Zustellung der anwaltsgerichtlichen Entscheidung bzw. am Tage der Verkündung zu Protokoll gegenüber einem anwesenden Beteiligten zu laufen beginnt (vgl. zu den verschiedenen Zustellungsmöglichkeiten § 40 Rdn. 28 ff.).

Die sofortige Beschwerde ist beim Anwaltsgerichtshof und nicht – auch nicht wahlweise – beim BGH einzulegen.[21]

Zu der Möglichkeit der Wiedereinsetzung in den vorigen Stand vgl. die Ausführungen zu § 40 Rdn. 33 ff.

V. Wirkung der sofortigen Beschwerde

Die sofortige Beschwerde hat gemäß § 42 Abs. 4 S. 2 stets **aufschiebende Wirkung**.

Da es sich für den Antragsteller hier um Fragen seiner beruflichen Existenz handelt, ist er grundsätzlich angezeigt, die Vollziehung der anwaltsgerichtlichen Entscheidung bis zur endgültigen Klärung **auszusetzen**.[22] Die Anordnung der sofortigen Vollziehung setzt ebenso wie die Verhängung eines vorläufigen Berufsverbots in der Regel voraus, daß eine solche Maßnahme zur Abwehr konkreter Gefahren für wichtige Gemeinschaftsgüter geboten ist.[23] Hat der Anwaltsgerichtshof die Vollziehung nicht angeordnet, kann der BGH gemäß § 40 Abs. 5 S. 2 diese Anordnung selbst treffen. Ebenfalls die Befugnis zur Entscheidung über

---

[19] BGH EGE XIV, S. 130; *Feuerich/Braun*, § 42 Rdn. 10; *Kleine-Cosack*, § 42 Rdn. 6.
[20] BGH NJW 1976, 520; BGH Beschluß v. 29. 9. 1986 – AnwZ (B) 28/86; *Feuerich/Braun*, § 42 Rdn. 10; *Kleine-Cosack*, § 42 Rdn. 6.
[21] Amtl. Begr.; *Feuerich/Braun*, § 42 Rdn. 12; *Kleine-Cosack*, § 42 Rdn. 8.
[22] *Feuerich/Braun*, § 42 Rdn. 13.
[23] BGH BRAK-Mitt. 1994, 176, 177.

Anträge auf Wiederherstellung der aufschiebenden Wirkung geht gemäß § 42 Abs. 5 im Beschwerdeverfahren auf den BGH über.[24]

VI. Anwaltsgerichtliche Entscheidung

1. Verfahrensgrundsätze

19 Im Beschwerdeverfahren vor dem BGH gelten die gleichen Verfahrensgrundsätze wie im anwaltsgerichtlichen Verfahren nach § 40. Auch hier muß grundsätzlich eine **mündliche Verhandlung** durchgeführt werden, es sei denn die Beteiligten haben darauf übereinstimmend verzichtet. Darüber hinaus kann eine unzulässige Beschwerde ohne mündliche Verhandlung verworfen werden.[25] Im übrigen sei insoweit auf die Ausführungen zu § 40 Rdn. 14 ff. verwiesen.

2. Grundlage der Entscheidung

20 Grundlage der Entscheidung des BGH in Fällen der sofortigen Entscheidung sind die Tatsachen und Umstände, die den Gegenstand des anwaltsgerichtlichen Verfahrens gebildet haben.[26]
Da der Senat für Anwaltssachen des BGH in diesen Sachen als Beschwerdeinstanz (in den für Angelegenheiten der freiwilligen Gerichtsbarkeit geltenden Verfahren somit als **Tatsacheninstanz**) zu entscheiden und die Sache in tatsächlicher und rechtlicher Hinsicht selbst und ohne Bindung an die Feststellung der Vorinstanz zu beurteilen hat, kann ein etwaiger Verfahrensmangel (wie beispielsweise die Verletzung rechtlichen Gehörs oder die Rüge fehlerhafter Besetzung des Anwaltsgerichtshofs) durch den BGH geheilt werden.[27] Es bestehen auch keine Bedenken dagegen, daß der BGH den **Sachverhalt zugrunde** legt, der sich zum Zeitpunkt seiner Entscheidung ergibt.[28] Problematisch ist bei dieser Vorgehensweise allenfalls, daß die Rechtsanwaltskammer dann nicht zu der Änderung der Sachlage angehört worden ist. In Rechtsprechung und Literatur wird daher zu Recht darauf hingewiesen, daß man dem Anhörungsrecht der Rechtsanwaltskammer dadurch Rechnung tragen kann, daß man ihr ein Beteiligungsrecht im gerichtlichen Verfahren analog der § 38 Abs. 3, § 40 Abs. 1 S. 2 zubilligt.[29]

3. Entscheidungsmöglichkeiten

21 Der BGH hat fünf verschiedene Entscheidungsmöglichkeiten.
Er kann erstens die Beschwerde als unzulässig verwerfen. Ferner kann er sachlich entscheiden und dabei entweder die Beschwerde zurückweisen oder die Entscheidung des Anwaltsgerichtshofes aufheben und dem Antrag des Beschwerdeführers stattgeben. In dem Fall, daß ausnahmsweise eine Beschwerde wegen

---

[24] *Feuerich/Braun*, § 42 Rdn. 13; *Kleine-Cosack*, § 42 Rdn. 9.
[25] BGH BRAK-Mitt. 1988, 52; BGHZ 44, 25; BGH bei *Zuck* BRAK-Mitt. 1988, 164 Fn. 11; *Feuerich/Braun*, § 42 Rdn. 14; *Kleine-Cosack*, § 42 Rdn. 10.
[26] *Feuerich/Braun*, § 42 Rdn. 15; *Kleine-Cosack*, § 42 Rdn. 11.
[27] BGH Beschluß vom 29. 10. 1990 – AnwZ (B) 42/90; BGHZ 77, 327, 329; *Feuerich/Braun*, § 42 Rdn. 15; *Kleine-Cosack*, § 42 Rdn. 11.
[28] BGHZ 37, 255; 38, 241; BGH NJW 1984, 2877; *Feuerich/Braun*, § 42 Rdn. 16; *Isele*, § 42 Anm. X. A. B., S. 484; *Kleine-Cosack*, § 42 Rdn. 12; *Odersky*, FS Sendler, 1991, S. 543.
[29] BGHZ 75, 356; 84, 149; BGH NJW 1984, 2877; *Feuerich/Braun*, § 42 Rdn. 17; *Kleine-Cosack*, § 42 Rdn. 12.

Untätigkeit der Landesjustizverwaltung in Betracht kommt (vgl. oben § 39 Rdn. 7 und § 41 Rdn. 13), kann der Ausspruch des Gerichts dahin gehen, daß die Landesjustizverwaltung die Amtshandlung vorzunehmen habe.

Schließlich ist – wenn auch nur in Ausnahmefällen – denkbar, daß der BGH die Entscheidung des Anwaltsgerichtshofes aufhebt und die Sache im übrigen an die Vorinstanz zurückverweist. **In der Regel** wird allerdings in Verfahren nach dem FGG der BGH als weitere Tatsacheninstanz **selbst entscheiden**.[30]

Die Beschlüsse des BGH als Beschwerdegericht erwachsen in formelle und materielle Rechtskraft, sie können daher grundsätzlich nicht abgeändert werden, auch nicht auf Gegenvorstellung eines Beteiligten hin.[31]

---

[30] BGHZ 35, 292; BGH NJW 1984, 2877; *Feuerich/Braun*, § 42 Rdn. 18; *Isele*, § 42 Anm. XI. D., S. 486; *Kleine-Cosack*, § 42 Rdn. 13.
[31] *Feuerich/Braun*, § 42 Rdn. 18; *Isele*, § 42 Anm. XII., S. 486.

Dritter Teil. Die Rechte und Pflichten des Rechtsanwalts und die berufliche Zusammenarbeit der Rechtsanwälte

Vorbemerkung

Übersicht

	Rdn.		Rdn.
I. Rechtsquellen	1–8	6. Vorkonstitutionelles Gewohnheitsrecht	7
1. Verfassungsrechtliche Grundlagen	1	7. Anwaltstätigkeit im Ausland	8
2. Berufsrechtsnovelle 1994	2	II. Berufspflicht und Zivilrecht	9–12
3. Obsolete Standesrichtlinien	3	1. Berufspflicht und Mandanteninteresse	9
4. Übergangsfrist	4	2. Nichtigkeit gem. § 134 BGB	11
5. Normen außerhalb der BRAO	5	3. Berufsrecht und Sittenwidrigkeit	12

I. Rechtsquellen

1. Verfassungsrechtliche Grundlagen

1   Die anwaltliche Berufsausübung unterliegt grundsätzlich der **freien** und **unreglementierten Selbstbestimmung** des einzelnen Anwalts.[1] Eingriffe sind somit gem. Art. 12 Abs. 1 GG nur durch Gesetz oder aufgrund eines Gesetzes, also durch eine aufgrund einer gesetzlichen Ermächtigung erlassene Satzung zulässig. Nach der Rechtsprechung des Bundesverfassungsgerichts zu den sog. statusbildenden Normen bedürfen alle wesentlichen den Beruf prägenden Gebote und Verbote einer ausreichend bestimmten gesetzlichen Grundlage.[2] Einschränkungen der Berufsausübungsfreiheit sind verfassungsrechtlich nur zulässig im Interesse des Gemeinwohls, insbesondere zur Wahrung der Funktionsfähigkeit der Rechtspflege, und unter Beachtung des Grundsatzes der Verhältnismäßigkeit.[3]

2. Berufsrechtsnovelle 1994

2   Die im Dritten Abschnitt der BRAO niedergelegten **anwaltlichen Berufspflichten** sind durch das Gesetz zur Neuordnung des Berufsrechts der Rechtsanwälte und Patentanwälte vom 2. 9. 1994[4] in §§ 43 a, 43 b, 43 c, 45, 46, 49 b, 50, 51, 51 a und 56 wesentlich verändert und erweitert worden. Außerdem hat der Gesetzgeber in § 59 b einer Satzungsversammlung die Kompetenz zum Erlaß einer **Berufsordnung** verliehen, in der das Nähere zu beruflichen Rechten und Pflichten bestimmt werden kann. Schließlich sind in § 59 a die Rechte der Anwälte hinsichtlich der beruflichen Zusammenarbeit mit Kollegen und Ange-

---

[1] BVerfGE 63, 266 (282 ff.) = NJW 1983, 1535; E 76, 171 (192) = NJW 1988, 191.
[2] BVerfGE 33, 125 (155 ff.); E 57, 121 (131); E 60, 215 (230); E 71, 162 (172) = NJW 1986, 1533.
[3] BVerfGE 61, 291 (312) = NJW 1983, 439; E 68, 272 (282) = NJW 1985, 964; E 76, 179 (189) = NJW 1988, 191.
[4] BGBl. I, S. 2278.

hörigen anderer Berufe neu aufgenommen worden. Dies führte zu einer entsprechenden Ergänzung der Überschrift.

3. Obsolete Standesrichtlinien

Notwendig wurde diese Novellierung wegen einer grundlegenden Änderung der Bewertung der **Standesrichtlinien** durch zwei Beschlüsse des Bundesverfassungsgerichts vom 14. 7. 1987.[5] Diese Standesrichtlinien, gem. § 177 Abs. 1 Nr. 2 a. F. von der Bundesrechtsanwaltskammer festgestellt, waren bis dahin – mit Billigung des Bundesverfassungsgerichts[6] – als Hilfsmittel zur **Auslegung** und **Konkretisierung** der in § 43 lediglich generalklauselartig umschriebenen anwaltlichen Berufspflichten herangezogen worden. Das Bundesverfassungsgericht begründet die Abkehr von der bisherigen Rechtsprechung mit dem Argument, bloße Standesauffassungen, deren Sammlung die Grundsätze des anwaltlichen Standesrechts darstellten, reichten nicht aus, um Einschränkungen der freien Berufsausübung zu legitimieren. Eingriffe in die Berufsausübungsfreiheit setzten Regelungen voraus, die durch demokratische Entscheidungen zustande gekommen seien und auch materiell- rechtlich den Anforderungen an Einschränkungen dieses Grundrechts genügten. Die deklaratorische Feststellung einer vorhandenen communis opinio könne keine Regelung in diesem Sinne sein, und zwar um so weniger, wenn dabei lediglich auf die Meinung angesehener und erfahrener Standesgenossen abgestellt werde. Sie lasse keinen Raum für eine Prüfung und Entscheidung des Normgebers, ob die Einschränkung der Berufsfreiheit jeweils durch vernünftige Gründe des Gemeinwohls gerechtfertigt werde und ob die vom Grundsatz der Verhältnismäßigkeit gesetzten Grenzen eingehalten würden. Die Grundsätze des anwaltlichen Standesrechts kämen künftig weder als normative Regelung der anwaltlichen Berufspflichten noch als rechtserhebliche Hilfsmittel zur Konkretisierung der Generalklausel in Betracht.

Diese Neubewertung der Richtlinien war überfällig. An Kritik hatte es in den Jahren zuvor nicht gefehlt.[7] Es ist kein Ruhmesblatt für die deutsche Anwaltschaft, nicht aus eigener Einsicht darauf gedrungen zu haben, dem Berufsrecht eine sichere Grundlage zu geben.[8]

4. Übergangsfrist

Kommen somit die Standesrichtlinien weder als normative Regelung der anwaltlichen Berufspflichten noch als rechtserhebliches Hilfsmittel zur Konkretisierung der Generalklausel in Betracht, ergibt sich nach Auffassung des Bundesverfassungsgerichts eine Situation wie in solchen Fällen, in denen eine verfassungsrechtlich ursprünglich für unbedenklich gehaltene Maßnahme aufgrund einer gewandelten Rechtsauffassung verfassungsrechtlich bedenklich geworden ist. Daraus schließt das Bundesverfassungsgericht, innerhalb einer **Übergangsfrist** bis zum

---

[5] BVerfGE 76, 171 = NJW 1988, 191.
[6] BVerfGE 36, 212 (217) = NJW 1974, 232; E 57, 121 (132 f.) = NJW 1981, 2239; E 60, 215 (230) = NJW 1982, 2487; E 66, 337 (356) = NJW 1984, 2321.
[7] *Husmann* NJW 1970, 1070; *Varrentrapp* NJW 1971, 127; *Redeker*, NJW 1982, 2761 u. 1987, 304; *Jarass* NJW 1982, 1836; *Ostler* NJW 1987, 288 f.; *Schiefer* NJW 1987, 1978; *Kleine-Cosack* AnwBl. 1986, 505; *Zuck* ZRP 1987, 145.
[8] Vgl. *Hartung* AnwBl. 1988, 374; *Nirk* AnwBl. 1987, 574; DAV ZPP 1988, 152; *Taupitz*, Die Standesordnungen der freien Berufe, 1992, S. 391.

Erlaß einer Berufsordnung als Satzungsrecht könne auch weiterhin auf die Standesrichtlinien zur Konkretisierung der Generalklausel zurückgegriffen werden, allerdings nur insoweit, als es zur **Aufrechterhaltung einer funktionsfähigen Rechtspflege unerläßlich** sei.[9] Diese Übergangsfrist ist zwar erst dann beendet, wenn die Berufsordnung beschlossen ist.[10] Zu berücksichtigen ist aber, daß der Gesetzgeber mit der Berufsrechtsnovelle 1994 die wesentlichen, den Beruf des Anwalts prägenden Pflichten als statusbildende Normen in die BRAO aufgenommen hat. Sie decken sich mit den Grundpflichten, deren Beachtung zur Aufrechterhaltung einer funktionsfähigen Rechtspflege unerläßlich ist. Die Interessen der Allgemeinheit sind neben der Intensität des Grundrechtseingriffs der Maßstab, nach dem sich die Abgrenzung der statusbildenden Normen richtet.[11] Verdeutlicht wird dies durch die vom Bundesverfassungsgericht beispielhaft genannten Pflichten, die zur Aufrechterhaltung einer funktionsfähigen Rechtspflege unerläßlich sind, nämlich die Verschwiegenheitspflicht, das Verbot der Wahrnehmung widerstreitender Interessen und die Grundsätze der Gebührenberechnung. Wollte man einzelne Pflichten zwar für unerläßlich halten, ihnen aber keinen statusbildenden Charakter zuweisen, wäre das Ergebnis nicht anders, denn was nach Auffassung des Gesetzgebers zwingend notwendig ist, hat er mit der Berufsrechtsnovelle 1994 regeln wollen. Dafür spricht neben dem Gesichtspunkt der durch den Zeitablauf begründeten Dringlichkeit die Erwägung, daß nicht mit Sicherheit vorhergesagt werden kann, welche Regelungen die Berufsordnung enthalten wird. Als Ergebnis kann somit festgestellt werden, daß die **Standesrichtlinien endgültig und ohne Einschränkung obsolet** geworden sind.[12]

5. Normen außerhalb der BRAO

5   Außerhalb der BRAO und der Berufsordnung ist der Anwalt bei seiner Berufsausübung einer Vielzahl von gesetzlichen Pflichten unterworfen. Die Straftatbestände der §§ 203 Abs. 1 Nr. 3, 352 und 356 StGB sichern die Einhaltung elementarer Berufspflichten. Zivil- und strafprozessuale Normen regeln das Verhalten des Anwalts gegenüber Gerichten und Behörden, vgl. §§ 78 ff., 157 ZPO und §§ 53, 97, 137 ff. StPO. Die Gebührenansprüche des Anwalts bestimmen sich nach der BRAGO. Die Pflichten des Anwalts aus dem Mandatsvertrag, der eine entgeltliche Geschäftsbesorgung i. S. von § 675 BGB zum Inhalt hat, ergeben sich aus den einschlägigen Normen des Zivilrechts. Die Vertragsverhältnisse der im Angestelltenverhältnis oder als freie Mitarbeiter beschäftigten Anwälte regeln sich nach Dienst- oder Werkvertragsrecht. Im Hinblick auf Mandanten- und Konkurrenzschutzklauseln kommt hier auch §§ 74 ff. HGB Bedeutung zu.[13]

6   Wie sich im Umkehrschluß aus § 113 Abs. 1 ergibt, können **anwaltsgerichtliche Maßnahmen** nicht auf Verstöße gegen Rechtsnormen außerhalb der BRAO und der Berufsordnung gestützt werden. Sie können allerdings über die Generalklausel des § 43 berufsrechtliche Relevanz gewinnen.[14]

---

[9] BVerfGE 76, 171 (192 ff.) = NJW 1988, 191.
[10] A. A. *Kleine-Cosack* NJW 1988, 164 (171), der die Übergangsfrist auf die Dauer einer Legislaturperiode begrenzen will; ähnlich *Zuck* NJW 1988, 175 (176).
[11] BVerfGE 33, 125 (155 ff.); 71, 162 (172); 76, 171 (185).
[12] *Feuerich/Braun,* § 113 Rdn. 12.
[13] *Lingenberg/Hummel/Zuck/Eich,* § 81 Rdn. 192 ff.
[14] Vgl. § 43 Rdn. 7 ff.

Vorbemerkung § 43   7, 8 **Vorb § 43**

6. Vorkonstitutionelles Gewohnheitsrecht

Vorkonstitutionelles Gewohnheitsrecht, das das Bundesverfassungsgericht noch in seinen Grundsatzbeschlüssen vom 14. 7. 1987 als Grundlage von Berufspflichten anerkannt hat,[15] ist in seiner Geltung jetzt schon zweifelhaft[16] und wird spätestens nach Erlaß der Berufsordnung nicht mehr als Quelle des Berufsrechts in Betracht kommen. Die für die Aufrechterhaltung einer funktionsfähigen Rechtspflege erforderlichen Grundpflichten des Anwalts hat der Gesetzgeber mit der Berufsrechtsnovelle 1994 in die BRAO eingefügt. Die Satzungsversammlung ist ermächtigt, diese Pflichten in der Berufsordnung zu konkretisieren. Pflichten, die weder in der BRAO noch in der Berufsordnung festgelegt werden, können schwerlich noch als Gewohnheitsrecht gewertet werden, denn es wird sich dabei um solche handeln, deren Berechtigung umstritten und nicht allgemein anerkannt ist.

7. Anwaltstätigkeit im Ausland

Wird ein deutscher Anwalt im **Ausland** tätig, unterliegt er grundsätzlich den deutschen Berufsregeln. Erbringt er in einem EU-Land Dienstleistungen, so hat er gem. Art. 4 der EU-Dienstleistungsrichtlinie vom 22. 3. 1977 zusätzlich die Berufsregeln des Aufnahmestaates zu beachten. Dementsprechend bestimmt § 3 RADG, daß ausländische EU-Anwälte bei einer beruflichen Tätigkeit in der Bundesrepublik Deutschland grundsätzlich das hier geltende Berufsrecht einzuhalten haben. Als Folge der nach wie vor unzureichenden Harmonisierung des anwaltlichen Berufsrechts in Europa ist in manchen Staaten anwaltliches Verhalten erlaubt, das in anderen verboten ist. Die Lösung solcher **Konfliktfälle** muß von der Erwägung bestimmt werden, daß ein grenzüberschreitend tätiger Anwalt am Ort seiner Dienstleistung nicht besser, aber auch nicht schlechter gestellt werden darf als die dort ansässigen Kollegen.[17] Ein deutscher Anwalt darf daher in den Niederlanden wegen der dort bestehenden anwaltlichen Werbefreiheit auch unter Überschreitung der Grenzen des § 43 b bewerben.[18] Umgekehrt ist dem englischen Solicitor nicht gestattet, nach seinem liberalen Heimatrecht in Deutschland zu werben; er muß vielmehr die Schranken des § 43 b beachten. Dies entspricht der Rechtsprechung des EuGH.[19] Das Heimatrecht tritt allerdings nur dann zurück, wenn die Wirkung des anwaltlichen Handelns sich auf den Staat, in dem die Dienstleistung erbracht wird, beschränkt und keine Auswirkungen auf den Heimatstaat hat.[20]

---

[15] BVerfGE, 171 (189) = NJW 1988, 191; vgl. auch BVerfGE 28, 21 zur Amtstracht.
[16] *Kleine-Cosack,* § 43 Rdn. 14; *Jarass* NJW 1982, 1835; *Pietzcker* NJW 1988, 513 (519 f.); Jähnke NJW 1988, 1888 (1891).
[17] *Kleine-Cosack,* Einl. Rdn. 61; *Everling,* Gutachten z. 38. DJT 1990, C S. 29.
[18] So OLG Düsseldorf NJW 1994, 869 unter wettbewerbsrechtlichen Aspekten.
[19] EuGH NJW 1994, 121; NJW 1994, 781; ZIP 1994, 557.
[20] *Kleine-Cosack,* Fn. 17, a. a. O.; vgl. dazu auch den Vorschlag des DAV-Berufsrechtsausschusses, AnwBl. 1995 Beilage zu Heft 4 S. 21, wonach die Werbung als an einem Ort vorgenommen gilt, wo sie zulässig ist, wenn sie mit dem Ziel erfolgte, Mandanten oder potentielle Mandanten an diesem Ort zu erreichen und die Kenntnisnahme an einem anderen Ort unbeabsichtigt erfolgt. Zur Problematik der Werbung im Internet vergl. *Ebbing* NJW-CoR 1996, 242.

II. Berufspflicht und Zivilrecht

1. Berufspflicht und Mandanteninteresse

9 Die in der BRAO statuierten Berufspflichten sind **disziplinarrechtlicher** Natur und haben deshalb keine unmittelbare zivilrechtliche Wirkung.[21] Sie sind, da nicht auf den Schutz von Individualinteressen ausgerichtet, auch **kein Schutzgesetz** im Sinne von § 823 Abs. 2 BGB.[22] In der Regel beinhaltet allerdings ein Verstoß gegen Berufspflichten auch eine Verletzung des Mandatsvertrages und kann deshalb Schadensersatzansprüche auslösen. So ist der Anwalt nicht nur berufsrechtlich zur Verschwiegenheit verpflichtet, sondern auch zivilrechtlich durch den Mandatsvertrag.[23] Soweit Berufspflichten auch der Interessenwahrung der Rechtssuchenden dienen, ist davon auszugehen, daß sie stillschweigend vereinbarter Inhalt des Mandatsvertrages sind.[24]

10 Zum **Konflikt** zwischen **berufsrechtlichen** und **zivilrechtlichen Pflichten** kann es kommen, wenn dem Anwalt Berufspflichten auferlegt werden, die nicht am Schutz der Gesamtinteressen des rechtsuchenden Publikums ausgerichtet sind. Es handelt sich dabei um solche, die dem Anwalt gegenüber Gerichten und Behörden sowie gegenüber den Kollegen obliegen. Grundsätzlich begrenzt das anwaltliche Berufsrecht die zivilrechtlichen Pflichten des Anwalts aus dem Mandatsvertrag; der Anwalt verletzt somit den Mandatsvertrag nicht, wenn er Weisungen des Mandanten ablehnt, die ihm ein berufsrechtswidriges Verhalten abverlangen.[25] Demgemäß bestimmte § 8 RichtlRA 1973, daß eine Weisung des Auftraggebers ein Verstoß gegen das Standesrecht nicht rechtfertigen könne. Allerdings werden die dem Anwalt auferlegten berufsrechtlichen Pflichten an verfassungsrechtliche Grenzen stoßen, wenn sie Mandanteninteressen etwa zu Gunsten der Rücksichtnahme auf Kollegialitätsbelange zurücktreten lassen. Die Funktionsfähigkeit der Anwaltschaft im System der Rechtspflege wird nicht im Interesse der Würde oder des Ansehens der Anwaltschaft, sondern im Interesse des rechtsuchenden Publikums geschützt. Folglich haben sich auch die Berufsregeln auf diesen Schutz auszurichten.[26] Die in der Berufsordnung zu erwartende Neuregelung des Verbots, ohne Ankündigung ein Versäumnisurteil gegen die anwaltlich vertretene Gegenpartei zu erwirken, wird dies zu berücksichtigen haben.[27]

2. Nichtigkeit gem. § 134 BGB

11 Ein Verstoß gegen Berufspflichten kann zur **Unwirksamkeit** von Rechtsgeschäften **gem. § 134 BGB** führen. Zwar bleibt nach der Rechtsprechung das Rechtsgeschäft in der Regel gültig, wenn es nur einem Vertragsteil untersagt ist.[28]

---

[21] *Friedlaender*, § 28 Rdn. 1; *Isele*, § 43 III. A; *Borgmann/Haug*, Kap. I Rdn. 40; *Boerger* NJW 1969, 913 (914).
[22] *Friedlaender u. Isele*, Fn. 16; *Feuerich* BRAK-Mitt. 1988, 171.
[23] Vgl. *Borgmann/Haug*, Kap. IV Rdn. 153 ff.
[24] *Friedlaender*, Exkurs vor § 30 Rdn. 12; *Hanna*, Anwaltliches Standesrecht im Konflikt mit zivilrechtlichen Ansprüchen des Mandanten, 1988, S. 25.
[25] *Friedlaender*, Fn. 19; *Weigel* BRAK-Mitt. 1982, 2.
[26] *Varrentrapp* NJW 1971, 128; *Jarass* NJW 1982, 1837; *Redeker* NJW 1982, 2761 (2762) und NJW 1987, 2610 (2614 f.).
[27] *Hanna*, Fn. 20, S. 73 ff.
[28] BGHZ 46, 26; 78, 271; 89, 373.

§ 43 Allgemeine Berufspflicht

Daraus wird die Konsequenz gezogen, daß auch berufsrechtswidrige Mandatsverträge grundsätzlich wirksam bleiben.[29] Dies ist jedoch dann nicht gerechtfertigt, wenn das Verbot das Ziel hat, den Vertragspartner vor Gefahren zu schützen. So hat die Rechtsprechung Geschäftsbesorgungsverträge mit nicht zugelassenen Rechtsberatern[30] ebenso für unwirksam erklärt wie verbotene Arbeitsvermittlungsverträge.[31] Es ist konsequent, dann auch Verstöße gegen die Vertretungsverbote des § 45 zur Unwirksamkeit des Mandatsvertrages führen zu lassen.[32] Der Vertragspartner ist in diesen Fällen meistens durch die Haftung des Anwalts aus culpa in contrahendo geschützt; außerdem hat er in der Regel einen Schadensersatzanspruch nach § 309 i. V. m. § 307 BGB.[33] Die Rechtshandlungen des Anwalts bleiben aber in solchen Fällen wirksam.[34]

3. Berufsrecht und Sittenwidrigkeit

Berufswidriges Verhalten ist nicht in jedem Fall als **sittenwidrig** zu qualifizieren.[35] Gewichtige Berufspflichtverletzungen können allerdings auch die Sittenwidrigkeit eines Rechtsgeschäfts im Sinne des § 138 BGB begründen und zur Unwirksamkeit führen.[36]

12

§ 43 Allgemeine Berufspflicht

Der Rechtsanwalt hat seinen Beruf gewissenhaft auszuüben. Er hat sich innerhalb und außerhalb des Berufes der Achtung und des Vertrauens, welche die Stellung des Rechtsanwalts erfordert, würdig zu erweisen.

Schrifttum: *Ahrens,* Deregulierung für rechtsberatende Berufe?, AnwBl. 1992, 247; *Benda,* Die Anwälte und ihr Standesrecht, AnwBl. 1988, 7; *Hanna,* Anwaltliches Standesrecht im Konflikt mit zivilrechtlichen Ansprüchen des Mandanten, 1988; *Hartung,* Standesrecht quo vadis; Erste Gedanken zum Beschluß des Ersten Senats des BVerfG, AnwBl. 1988, 37; *Hartung,* Das anwaltliche Verbot des Versäumnisurteils; *Jähnke,* Rechtliche Vorgaben einer künftigen Neuregelung des anwaltlichen Standesrechts, NJW 1988, 1888; *Kleine-Cosack,* Verfassungswidriges Standesrecht – Notwendigkeit einer Ersetzung der Standesrichtlinien durch ein grundgesetzkonformes Berufsrecht, NJW 1988, 164; *ders.,* Berufsständische Autonomie und Grundgesetz, 1985; *Löwe,* Statusbildende Normen, BRAK-Mitt. 1988, 70; *Odersky,* Anwaltliches Berufsrecht und höchstrichterliche Rechtsprechung, AnwBl. 1991, 238; *Ostler,* 100 Jahre Rechtsanwaltsordnung, NJW 1979, 1959; *Pietzcker,* Neuordnung des anwaltlichen Berufsrechts, NJW 1988, 513; *Rabe,* Auf dem Weg zum neuen anwaltlichen Berufsrecht, NJW 1989, 1113; *Redeker,* Anwaltschaft zwischen Freiheit und Bindung, AnwBl. 1988, 14; *Schier,* Die Stellung des Rechtsanwalts in der Rechtsprechung der Verfassungsgerichte, FS Ostler, 1983, S. 76ff.; *Taupitz,* Die Standesordnungen der freien Berufe, 1992; *Zuck,* Standesrecht und Verfassungsrecht, FS Pfeiffer, S. 1007; *Weigel,* Zur Lage nach den Entscheidungen des BVerfG zu den Standesrichtlinien, BRAK-Mitt. 1988, 2; *Wimmer,* Das neue anwaltliche Berufsrecht: die formale Regelung in Gesetz und Satzung, AnwBl. 1989, 455;

---

[29] *Friedlaender,* Exkurs vor § 30 Rdn. 13; *Isele,* § 43 III B.
[30] BGH NJW 1962, 2010; NJW 1988, 561; OLG Hamm BRAK-Mitt. 1988, 159.
[31] BGH NJW 1969, 661; WM 1973, 1024; 78, 949.
[32] OLG Köln AnwBl. 1980, 70; OLG Hamm NJW 1992, 1174; *Kleine-Cosack,* § 45 Rdn. 15; *Feuerich/Braun,* § 45 Rdn. 5.
[33] *Borgmann/Haug,* Kap. II Rdn. 52.
[34] BGH NJW 1993, 1926; OLG Hamm AnwBl. 1989, 397.
[35] *Friedlaender,* Exkurs vor § 30 Rdn. 15; *Lingenberg/Hummel/Zuck/Eich,* § 52 Rdn. 8.
[36] BGH NJW 1973, 315; 1980, 1853; 1981, 998; 1981, 400.

§ 43 1, 2   Dritter Teil. Rechte und Pflichten des Rechtsanwalts

Übersicht

	Rdn.		Rdn.
I. Entstehungsgeschichte	1, 2	b) Andere Normverstöße im öffentlichen Recht	12
II. Gesetzeszweck	3	c) Verletzung zivilrechtlicher Pflichten	15
III. Bedeutung und Anwendungsbereich	4–19	4. Grenzen der Auslegung	17
1. Auffangtatbestand	5	a) Keine eigenständige Pflichtenkonstitution	17
2. Transformations- und Abschichtungsfunktion	6	b) Verfassungsrechtliche Schranken	18
3. Normverletzungen	9	c) Böser Schein	19
a) Straftaten	10		

I. Entstehungsgeschichte

1   Die von der Anwaltschaft im 19. Jahrhundert durchgesetzte Freiheit der Advokatur war primär auf den freien, nicht von staatlichen Vorbehalten abhängigen Zugang zum Anwaltsberuf gerichtet, beinhaltete aber auch die Forderung, sich der **staatlichen Kontrolle** zu entziehen und die Standesaufsicht durch Bildung von **Anwaltskammern** selbst in die Hand zu nehmen. Die in einigen deutschen Staaten gemachten Anfänge einer standeseigenen Disziplinargewalt[1] wurde durch die Rechtsanwaltsordnung von 1878[2] mit der reichseinheitlichen Einführung der Kammerverfassung abgeschlossen. Die Standespflichten legte der Gesetzgeber in einer **Generalklausel** fest: Gemäß § 28 RAO war der Anwalt verpflichtet, „seine Berufstätigkeit gewissenhaft auszuüben und durch sein Verhalten in Ausübung des Berufs sowie außerhalb desselben sich der Achtung würdig zu zeigen, die sein Beruf erfordert." Auch in anderen Berufen war und ist es üblich, die mit disziplinarrechtlichen Sanktionen belegten Tatbestände allgemein zu umschreiben.[3] Die Reichsrechtsanwaltsordnung vom 13. 12. 1935[4] blieb bei der Generalklausel; gem. § 31 RRAO hat der Rechtsanwalt „seinen Beruf getreu seinem Eide gewissenhaft auszuüben. Er hat sich auch außerhalb seiner Berufstätigkeit des Vertrauens und der Achtung würdig zu erweisen, die sein Beruf als Diener am Recht erfordert." Wie der Vergleich mit § 43 zeigt, der seit dem Bestehen der BRAO nicht geändert wurde, ist der materielle Inhalt der Generalklausel seit 1878 gleich geblieben. Die leichten sprachlichen Änderungen zollten eher dem Geist der Zeit Tribut als daß sich darin der Wille zum inhaltlichen Wandel ausdrückte. Neben der Pflicht zur gewissenhaften Berufsausübung steht die Verpflichtung, innerhalb wie außerhalb der Berufsausübung auf die Achtung und das Vertrauen Bedacht zu nehmen, welche die Funktion der Anwaltschaft in der Rechtspflege erfordert.

2   Der Ausfall der früheren Standesrichtlinien für die Konkretisierung der Generalklausel hat den Gesetzgeber gezwungen, in der Berufsrechtsnovelle 1994 einige **berufsrechtliche Grundpflichten** in § 43a gesetzlich zu regeln und außerdem die Grundlage für eine ergänzende Berufsordnung zu schaffen. Die Generalklausel wurde unverändert gelassen. Über ihren noch verbleibenden Anwendungsbereich schweigen die Gesetzesmaterialien.

---

[1] Vgl. dazu *Weißler*, Geschichte der Rechtsanwaltschaft, S. 541 ff.
[2] RGBl. 1878 I, S. 177.
[3] § 14 BNotO, § 95 PatentanwO, § 67 WPO, § 22 StBerG.
[4] RGBl. 1936 I, S. 107.

II. Gesetzeszweck

Als typische **Disziplinarvorschrift** will die Generalklausel gewährleisten, daß 3
die Anwaltschaft die ihr im System der Rechtspflege zugewiesene Aufgabe wahrnehmen kann. Diese verlangt von den Anwälten Kompetenz und Integrität. Nur wenn das Berufsrecht in dieser Hinsicht bestimmte Standards festsetzt und ihre Einhaltung mit berufsrechtlichen Sanktionen durchzusetzen versucht, ist das der Anwaltschaft eingeräumte Monopol auf dem Gebiet der Rechtsberatung und -vertretung legitimiert. Die Generalklausel dient somit nicht dem Schutz von Individualinteressen;[5] Mandanten werden nur insoweit mittelbar geschützt, als die besonders schwerwiegende Verletzung ihrer Interessen das allgemeine Vertrauen in die Kompetenz und Integrität der Anwaltschaft beeinträchtigt und somit das Gemeinwohl tangiert.

III. Bedeutung und Anwendungsbereich

Nachdem die gem. § 177 Abs. 2 Nr. 2 a. F. festgestellten Grundsätze des an- 4
waltlichen Standesrechts nicht mehr zur Auslegung des § 43 herangezogen werden können, der Gesetzgeber eine Reihe elementarer Berufspflichten gesetzlich geregelt hat und die zu erwartende Berufsordnung weitere Berufspflichten als Satzungsrecht statuieren wird, stellt sich mit besonderem Nachdruck die Frage nach dem für § 43 verbleibenden Anwendungsbereich.

1. Auffangtatbestand

Soweit Berufspflichten in Gesetz oder Satzung besonders geregelt sind, gehen 5
diese der Generalklausel vor. Das gilt für Normen, die – wie § 7 Nr. 8 und § 14 Abs. 2 Nr. 9 – nicht nur den Tatbestand berufswidrigen Verhaltens, sondern auch die Rechtsfolge festlegen,[6] aber auch für alle anderen speziell geregelten Berufspflichten, deren Verletzung gem. §§ 113 ff geahndet wird. § 43 kann somit nur die Funktion eines Auffangtatbestandes haben, der dann eingreift, wenn berufsrechtliche leges speciales fehlen.[7]

2. Transformations- und Abschichtungsfunktion

Der Anwalt hat bei seiner Berufsausübung zahlreiche Normen außerhalb der 6
BRAO und der Berufsordnung zu beachten.[8] Innerhalb und außerhalb seiner Berufstätigkeit unterliegt er den für jeden Bürger geltenden Gesetzen. Ihre Verletzung ist nicht in jedem Fall ein nach §§ 113 ff. zu ahndender Verstoß gegen Berufspflichten. Die Neufassung des § 113 Abs. 1 verdeutlicht, daß anwaltsgerichtliche Maßnahmen auf die Verletzung solcher Pflichten begrenzt sind, die sich aus der BRAO oder der Berufsordnung ergeben.[9]

Da Verstöße gegen nicht dem anwaltlichen Berufsrecht zugehörige Rechts- 7
normen auch eine grobe Verletzung berufsrechtlicher Pflichten darstellen können, z. B. im Falle einer vom Anwalt begangenen Straftat, bedarf es im Berufsrecht einer Norm, die diese aus anderen gesetzlichen Regelungen fließenden Pflichten in das Berufsrecht überträgt. Besonders deutlich wird dies an der Ein-

---

[5] *Friedlaender*, § 28 Rdn. 1; *Isele*, § 43 III.
[6] BGHSt 36, 316 = NJW 1990, 1373.
[7] *Isele*, § 43 II. A.; *Kleine-Cosack*, § 43 Rdn. 1,6.
[8] Vgl. Vorbem. § 43 Rdn. 5.
[9] *Feuerich/Braun*, § 113 Rdn. 8 f.

Eylmann

§ 43 8–10   Dritter Teil. Rechte und Pflichten des Rechtsanwalts

beziehung des außerberuflichen Verhaltens des Anwalts, für das es keine speziellen berufsrechtlichen Regelungen gibt. Diese Transformationsfunktion wird durch die Generalklausel des § 43 wahrgenommen, die aus der Masse der Gesetzesverstöße, die einem Anwalt unterlaufen können, denjenigen den Charakter einer Berufspflichtsverletzung verleiht, die mit den Anforderungen an Kompetenz und Integrität der Anwaltschaft nicht vereinbar sind.[10]

8   Damit ist § 43 zugleich die Grundlage für eine Abschichtung der berufsrechtlich relevanten Gesetzesverletzungen von jenen, die für das Berufsrecht bedeutungslos sind.[11] Welche Gesetzesverstöße berufsrechtlich nicht tolerabel sind, muß jeweils Sinn und Zweck der Generalklausel entnommen werden. Angesichts der Vielfalt möglicher Pflichtverletzungen des Anwalts kann diese Aufgabe nur durch eine Generalklausel geleistet werden. Dies war bislang weithin unbestritten,[12] allerdings ohne Eingrenzung auf Gesetzesverstöße. Der Spielraum für die Ausfüllung der Generalklausel unterscheidet sich somit insofern von früheren Versuchen, ohne Rückgriff auf Standesrichtlinien oder andere Normen Berufspflichten unmittelbar aus der Generalklausel abzuleiten, als nunmehr die Anwendung der Generalklausel auf jeden Fall einen **Gesetzesverstoß** des Anwalts voraussetzt. Allein aus sich heraus kann § 43 keine Berufspflichten konstituieren.[13]

3. Normverletzung

9   Auch unter dieser den Tatbestand der Generalklausel eingrenzenden Voraussetzung ist die **Abschichtung** des **berufsrechtlich Relevanten** schwierig. Es wird die Aufgabe der berufsgerichtlichen Rechtsprechung sein, aus dem dichten Normengeflecht der Rechtsordnung die berufsrechtlich bedeutsamen Stränge herauszulösen und ihnen konkrete Berufspflichten zu entnehmen. Leitlinie in diesem Wertungsprozeß muß die Frage sein, ob der vom Anwalt begangene Gesetzesverstoß über seine Auswirkungen im Einzelfall hinaus geeignet ist, das Vertrauen in Kompetenz und Integrität der Anwaltschaft zu beeinträchtigen und damit die Funktion der Anwaltschaft im System der Rechtspflege zu stören. Es liegt auf der Hand, daß von anwaltlichen Gesetzesverletzungen im **beruflichen** Bereich eher derartige schädliche Auswirkungen ausgehen als von **außerberuflichen** Gesetzesverstößen. In § 113 Abs. 2 ist dies für Verstöße gegen straf- oder bußgeldbewehrte Vorschriften besonders hervorgehoben worden.

10   **a) Straftaten.** Im beruflichen wie im außerberuflichen Bereich verletzt der Anwalt mit allen **vorsätzlich** begangenen Straftaten in der Regel zugleich Berufspflichten. Das gilt nicht nur für solche Straftaten, die – wie z. B. Parteiverrat, Beleidigung, Meineid, Unterschlagung, Veruntreuung und Betrug – Verstöße gegen die in § 43a normierten anwaltlichen Grundpflichten darstellen. Vom Anwalt des Rechts wird als Selbstverständlichkeit erwartet, daß er das Recht vor allem dort respektiert, wo es die Einhaltung des ethischen Minimums verlangt. Als Strafverteidiger bewegt sich der Anwalt oftmals im Umkreis der Strafvereitelung und Begünstigung.[14] Um so sorgfältiger muß er darauf bedacht sein, die Grenzen zur Strafbarkeit nicht zu überschreiten. Das gilt auch im Hinblick auf die strafbare Nötigung, in deren Nähe der Anwalt zuweilen im Kampf um das

---

[10] Jähnke NJW 1988, 1888 (1889).
[11] Jähnke a. a. O.
[12] Vgl. Rdn. 18.
[13] Vgl. Rdn. 17, 18.
[14] Dahs, Rdn. 47 ff.; Krekeler NStZ 1989, 146; umfassend Beulker, Die Strafbarkeit des Verteidigers, 1989.

§ 43 Allgemeine Berufspflicht 11–14 § 43

Recht gerät.¹⁵ Erpressung, Bestechung, Hehlerei, Hausfriedensbruch und Konkursvergehen sind schon bisher als grobe Berufspflichtverletzungen gewertet worden.¹⁶ Dabei muß es bleiben. In vielen Fällen führen Straftaten gem. § 114 Abs. 1 Nr. 5 zur Ausschließung aus der Anwaltschaft.¹⁷ Auch vorsätzliche Steuerdelikte sind als grober Verstoß gegen Berufspflichten zu werten.¹⁸

Anders ist es bei **fahrlässig** begangenen **Delikten**. Sie sind nicht in jedem Falle von berufsrechtlicher Relevanz, insbesondere dann nicht, wenn sie dem Anwalt im Straßenverkehr unterlaufen sind.¹⁹ Bei Mehrfach- und Wiederholungstätern kann eine Berufspflichtverletzung gegeben sein, denn der Anwalt zeigt damit eine bedenkliche Nachlässigkeit im Umgang mit gesetzlichen Pflichten. Es kommt jeweils auf alle Umstände des Einzelfalls an. 11

b) Andere Normverstöße im öffentlichen Recht. Die berufsrechtliche Relevanz von Verstößen gegen öffentlich-rechtliche Normen außerhalb des Strafrechts bestimmt sich nach ihren Auswirkungen auf die Funktionsfähigkeit der Anwaltschaft in der Rechtspflege. Berufspflichten werden tangiert, wenn der Anwalt Rechte mißbraucht, die ihm der Gesetzgeber im Vertrauen auf die anwaltliche Integrität eingeräumt hat. Das dem Verteidiger gem. § 147 StPO eingeräumte Akteneinsichtsrecht steht nur ihm zu; er darf folglich die Akte nicht dem Beschuldigten oder Dritten zur Verfügung stellen.²⁰ Die Akte muß er sorgfältig verwahren und zurückgeben.²¹ Bei Ausübung des freien schriftlichen und mündlichen Verkehrs mit dem inhaftierten Mandanten hat der Anwalt die gesetzlichen Vorschriften strikt einzuhalten; insbesondere darf er nicht ohne Erlaubnis Gegenstände annehmen oder übergeben, § 27 Abs. 4 StVollzG und Nr. 36 Abs. 5 UVollzO.²² 12

Liegt eine nach Art. I §§ 1, 8 RBerG unerlaubte Rechtsberatung vor, verletzt der Anwalt seine Berufspflicht, wenn er sich daran beteiligt,²³ denn er stellt damit das Rechtsberatungsmonopol der Anwaltschaft in Frage, das dem Schutz der Rechtsuchenden vor Gefahren aus der Tätigkeit unkundiger und unzuverlässiger Rechtsberater ebenso dient wie dem Interesse der Anwaltschaft, nicht dem Wettbewerb von Personen ausgesetzt zu sein, die weder berufsrechtlichen noch sonstigen im Interesse der Rechtpflege gesetzten Schranken bei der Berufsausübung unterliegen.²⁴ Daß ausgerechnet Anwälte immer wieder der Versuchung erliegen, an unerlaubter Rechtsberatung mitzuwirken, zeigt die Rechtsprechung.²⁵ 13

Das Verbot, gegen eine anwaltlich vertretene Partei ohne vorherige Ankündigung ein **Versäumnisurteil** zu erwirken, läßt sich aus § 43 nicht entnehmen. Eine solche berufsrechtliche Pflicht wurde nach den Beschlüssen des Bundesverfassungsgerichts vom 14. 7. 1987 für die Übergangszeit verneint mit der Begründung, sie sei keineswegs unerläßlich für die Funktionsfähigkeit der Rechts- 14

---

15 *Lingenberg/Hummel/Zuck/Eich,* § 1 Rdn. 22.
16 *Isele* Anh. § 43 Stichwort „Strafbare Handlungen" Anm. II. B., D., G., K. u. L.
17 *Kleine-Cosack,* § 114 Rdn. 19 und *Feuerich/Braun,* § 114 Rd. 47, jeweils mit Rechtsprechungsnachweisen.
18 BGH BRAK-Mitt. 1987, 159 für die unterlassene Umsatzsteuervoranmeldung.
19 *Isele,* Anh. § 43 Stichwort „Straßenverkehr" Anm. II. B.
20 *KK-Laufhütte,* § 147 Rdn. 3.
21 *Dahs,* Rdn. 223.
22 BayEGH BRAK-Mitt. 1992, 224.
23 EGH Stuttgart BRAK-Mitt. 1982, 129.
24 BVerfG NJW 1976, 1349; BGH NJW 1967, 1560 u. NJW 1974, 50.
25 BGH NJW 1987, 3003; BayObLG NJW 1991, 1190; BVerwG BRAK-Mitt. 1990, 256.

§ 43 15–17   Dritter Teil. Rechte und Pflichten des Rechtsanwalts

pflege.[26] Es ist zu erwarten, daß diese in der Anwaltschaft heftig diskutierte Frage in der Berufsordnung in Anlehnung an § 23 RichtlRA 1973 geregelt wird.[27]

15 **c) Verletzung zivilrechtlicher Pflichten.** Die Verletzung zivilrechtlicher Pflichten aus dem Mandatsvertrag indiziert in der Regel keinen Verstoß gegen Berufspflichten. Der Grundsatz der freien selbstverantwortlichen Berufsausübung verbietet es, die berufliche Tätigkeit des Anwalts nachträglich einer berufsrechtlichen Überprüfung auf ihre Richtigkeit oder Zweckmäßigkeit zu unterwerfen.[28] Hinzu kommt, daß die Schlechterfüllung des Mandats im allgemeinen die Funktionsfähigkeit der Rechtspflege ebensowenig beeinträchtigt wie ein gerichtliches Fehlurteil. Zivilrechtliche Schadensersatzansprüche des Mandanten reichen als Sanktion aus.[29]

16 Beim Vorliegen besonderer Umstände können aber **grobe Verstöße** gegen zivilrechtliche Pflichten auch eine Berufspflichtverletzung beinhalten. Mit einem besonderen Makel behaftete Handlungen wie der Abschluß **sittenwidriger** oder **wucherischer Geschäfte** (§ 138 BGB) und die **sittenwidrige vorsätzliche Schädigung** (§ 826 BGB) schlagen auf das Berufsrecht durch, da sie die Integrität der Anwaltschaft allgemein beschädigen.[30] Ebenso kann eine **Häufung zivilrechtlicher Versäumnisse** berufliche Relevanz gewinnen, so z. B. in den immer wieder zu beobachtenden Fällen hartnäckiger anwaltlicher Bummelei und Untätigkeit.[31] Es ist wenig hilfreich, dabei von der inneren, auf den materiellen Inhalt der Beratung oder Vertretung bezogenen Seite anwaltlicher Berufstätigkeit die äußere zu unterscheiden, bei der die sachliche Richtigkeit keine Rolle spielen soll.[32] Abgesehen davon, daß sich beide Bereiche nicht exakt trennen lassen, erfaßt der Grundsatz der freien Berufsausübung alle Dimensionen anwaltlichen Handelns. Abzustellen ist vielmehr auf den Grad des Verschuldens und die Häufigkeit der Mandatsvertragsverletzungen. Vorsätzliche Schädigungen des Mandanten rechtfertigen in der Regel berufsrechtliche Sanktionen ebenso wie eine Vielzahl grob fahrlässig begangener offensichtlicher Fehlleistungen.

4. Grenzen der Auslegung

17 **a) Keine eigenständige Pflichtenkonstitution.** Ist eine Berufspflicht weder aus der BRAO oder der Berufsordnung zu entnehmen noch aus anderen Normen über § 43 ableitbar, kann sie nicht allein durch die Generalklausel begründet werden. Bis zu den Beschlüssen des Bundesverfassungsgerichts vom 14. 7. 1987[33] haben die Standesrichtlinien die Nachteile der nur generalklauselartigen Umschreibung der Berufspflichten abgemildert. Die mit diesen Beschlüssen eingetretene Situation entspricht nach Auffassung des Bundesverfassungsgerichts den Fällen, in denen eine verfassungsrechtlich ursprünglich für unbedenklich

---

[26] BVerfG AnwBl. 1993, 34; BGH NJW 1991, 42; *Kleine-Cosack*, § 43 Rdn. 11; a. A. *Hartung*, AnwBl. 1988, 37; *Zuck* BRAK-Mitt. 1991, 60; *Hettinger* NJW 1991, 1161.
[27] Vgl. den Vorschlag des DAV-Vorstands, AnwBl. 1990 Beilage zu Heft 4 S. 39, und des DAV-Berufsrechtsausschusses, AnwBl. 1995 Beilage zu Heft 4 S. 20.
[28] *Jähnke* NJW 1988, 1888 (1891); *Feuerich* AnwBl. 1988, 502; a. A. *Engelhardt* StB 1988, 73 (76).
[29] *Kleine-Cosack*, § 43 Rdn. 15.
[30] *Jähnke* Fn. 28; *Laufhütte* FS Pfeiffer, S. 959 (971).
[31] *Jähnke* und *Feuerich* Fn. 28; vgl. auch EGH Berlin BRAK-Mitt. 1983, 44 und EGH Kassel BRAK-Mitt. 1991, 55.
[32] So *Jähnke* Fn. 28; ihm folgend auch *Kleine-Cosack*, § 43 Rdn. 16.
[33] BVerfGE 76, 171 = NJW 1988, 191.

gehaltene Maßnahme aufgrund einer gewandelten Rechtsauffassung verfassungsrechtlich bedenklich geworden ist. Mit diesem Argument ist die Notwendigkeit einer Übergangsfrist begründet worden, während der die Standesrichtlinien zur Konkretisierung des § 43 herangezogen werden können, soweit dies zur Aufrechterhaltung der Funktionsfähigkeit der Rechtspflege notwendig ist. Diese einschränkende Voraussetzung ist seit der Berufsrechtsnovelle 1994 nicht mehr gegeben.[34] Damit läuft die Generalklausel des § 43 leer. Sie ist nicht aus sich heraus, sondern nur noch mit Hilfe anderer Normen auslegungsfähig.[35] Dies muß erst recht gelten, wenn die Berufsordnung verabschiedet ist. Wird darin anderweitig nicht normiertes anwaltliches Verhalten auch nicht als Berufspflicht statuiert, muß man davon ausgehen, daß es nach dem Willen der Satzungsversammlung keine sein soll. Das gilt insbesondere für anwaltliches Verhalten gegenüber dem Gericht und den Kollegen. Würde z. B. die Berufsordnung keine § 12 RichtlRA 1973 entsprechende Verpflichtung zur Rücksendung von Empfangsbekenntnissen statuieren, wird sich eine solche Pflicht nicht aus § 43 entnehmen lassen,[36] denn eine prozeßrechtliche Pflicht zur Rücksendung besteht nicht.[37] Dies gilt ebenso für das Verbot, unter Umgehung des Gegenanwalts unmittelbar mit der Gegenpartei zu verhandeln. Wird es nicht in der Berufsordnung festgelegt,[38] ist es aus anderen Normen nicht ableitbar.[39]

b) Verfassungsrechtliche Schranken. Es ist auch verfassungsrechtlich geboten, § 43 die Fähigkeit abzusprechen, aus sich heraus Berufspflichten zu konstituieren. Zwar hat das Bundesverfassungsgericht in ständiger Rechtsprechung die Auffassung vertreten, in gesetzlichen Berufsordnungen seien generalklauselartige Umschreibungen der Berufspflichten zulässig, weil eine erschöpfende Aufzählung der Berufspflichten unmöglich sei und die Berufsangehörigen die Pflichten im allgemeinen kennen würden.[40] Auch ist in diesem Zusammenhang auf die Standesrichtlinien und die Rechtsprechung der Ehrengerichte hingewiesen worden, an denen sich die Anwälte orientieren könnten.[41] Diese Argumentation trägt heute nicht mehr. Die Standesrichtlinien sind obsolet geworden. Die ehrengerichtliche Rechtsprechung beschäftigte sich nur punktuell mit einzelnen Berufspflichten[42] und war, wie das Bundesverfassungsgericht in seinem Beschluß vom 14. 7. 1987 hinsichtlich des Sachlichkeitsgebots feststellt,[43] selbst auf der Grundlage der Standesrichtlinien nicht in der Lage, Inhalt und Grenzen wichtiger Berufspflichten mit hinreichender Klarheit zu bestimmen.[44] Um so weniger kann dies der berufsgerichtlichen Rechtsprechung gelingen, wenn ihr der Rückgriff auf Richtlinien verwehrt ist.[45] Das Bundesverfassungsgerichtscheint

---

[34] Vorb. § 43, Rdn. 4.
[35] *Jähnke* Fn. 28; *Feuerich/Braun*, § 43 Rdn. 4; a. A. *Kleine-Cosack*, § 43 Rdn. 4.
[36] A. A. EGH Berlin BRAK-Mitt. 1992, 225, der sich allerdings auf die Heranziehung des § 12 RichtlRA in der Übergangszeit hätte berufen können.
[37] BGHZ 30, 299 = NJW 1959, 1871; BGH NJW 1981, 463.
[38] Das ist allerdings für beide Fälle zu erwarten, vgl. DAV–Vorstand AnwBl. 1990 Beilage zu Heft 4 S. 37 ff. und DAV-Berufsrechtsausschuß AnwBl. 1995 Beilage zu Heft S. 18 ff.
[39] a. A. *Kleine-Cosack*, § 43 Rdn. 44 f. im Anschluß an *Jähnke* NJW 1988, 1888 (1893).
[40] BVerfGE 66, 337 (355); 26, 186 (204); 41, 251 (264); 44, 105 (115); 45, 346 (351 f.); 63, 266 (288); kritisch *Lingenberg/Hummel/Zuck/Eich*, Einl. Rdn. 24 ff.
[41] BVerfGE 66, 337 (355 f.).
[42] *Lingenberg/Hummel/Zuck/Eich*, Einl. Rdn. 25.
[43] BVerfGE 76, 171 (191) = NJW 1988, 191.
[44] *Lingenberg/Hummel/Zuck/Eich*, Einl. Rdn. 42.
[45] Vgl. *Taupitz*, DVBl. 1988, 209 (217).

§ 43a Dritter Teil. Rechte und Pflichten des Rechtsanwalts

zwar in seinem Beschluß vom 4. 4. 1990[46] § 43 grundsätzlich auch unabhängig von den Standesrichtlinien und anderen Rechtsnormen für anwendbar zu halten, lehnt es aber bezeichnenderweise ab, daraus dann ein weitreichendes Werbeverbot herzuleiten. Die Rechtsprechung wird in Zukunft der Frage nicht ausweichen können, ob die Generalklausel des § 43 ohne Rückgriff auf andere Normen noch dem **verfassungsrechtlichen Bestimmtheitsgebot** entspricht.[47]

19 **c) Böser Schein.** Die Standesrichtlinien verpflichteten den Anwalt in vielen Fällen (z. B. § 1 Abs. 4, § 2 Abs. 2, § 3 Abs. 1, § 46 Abs. 3, §§ 47 und 65 RichtlRA 1973), auch den **Anschein eines standeswidrigen Handelns** zu vermeiden. Dies war verständlich: da die Berufspflichten das Ziel haben, das Vertrauen in die Kompetenz und Integrität der Anwaltschaft zu bewahren, kann dieses Vertrauen auch schon durch den bösen Schein erschüttert werden. Da allerdings außerhalb der obsolet gewordenen Standesrichtlinien keine Norm gebietet, den Anschein ihrer Verletzung zu vermeiden, kann aus § 43 eine entsprechende Berufspflicht nicht mehr entnommen werden.[48] Die Statuierung einer solchen Berufspflicht in der Berufsordnung muß mit Rücksicht auf die Zielrichtung der Berufspflichten grundsätzlich als zulässig angesehen werden, dürfte jedoch im Hinblick auf eine hinreichend klare tatbestandliche Fassung Schwierigkeiten bereiten.

§ 43a Grundpflichten des Rechtsanwalts

(1) Der Rechtsanwalt darf keine Bindungen eingehen, die seine berufliche Unabhängigkeit gefährden

(2) Der Rechtsanwalt ist zur Verschwiegenheit verpflichtet. Diese Pflicht bezieht sich auf alles, was ihm in Ausübung seines Berufes bekanntgeworden ist. Dies gilt nicht für die Tatsachen, die offenkundig sind oder ihrer Bedeutung nach keiner Geheimhaltung bedürfen.

(3) Der Rechtsanwalt darf sich bei seiner Berufsausübung nicht unsachlich verhalten. Unsachlich ist insbesondere ein Verhalten, bei dem es sich um die bewußte Verbreitung von Unwahrheiten oder solche herabsetzenden Äußerungen handelt, zu denen andere Beteiligte oder der Verfahrensverlauf keinen Anlaß gegeben haben.

(4) Der Rechtsanwalt darf keine widerstreitenden Interessen vertreten.

(5) Der Rechtsanwalt ist bei der Behandlung der ihm anvertrauten Vermögenswerte zu der erforderlichen Sorgfalt verpflichtet. Fremde Gelder sind unverzüglich an den Empfangsberechtigten weiterzuleiten oder auf ein Anderkonto einzuzahlen.

(6) Der Rechtsanwalt ist verpflichtet, sich fortzubilden.

Schrifttum – Unabhängigkeit: *Biermann*, Der Syndikusanwalt im neuen Berufsrecht, AnwBl. 1990, 420; *Bringewat*, Grenzen der Beschlagnahmefreiheit im Ermittlungsverfahren nach dem GWB, BB 1974, 1559; *Denecke*, Die Klassifizierung der Freien Berufe, S. 27; *Fuhrmann*, Rechtsstellung des angestellten Rechtsanwalts, 1988, S. 89; *Habscheid*, Die Unabhängigkeit des Rechtsanwalts, NJW 1962, 1985; *Kolvenbach*, Die Rechtsstellung der Syndikusanwälte in der Europäischen Gemeinschaft, AnwBl. 1987, 211; *ders.*, Die Tätigkeit der Syndikusanwälte in Unternehmen und ihre Zusammenarbeit mit frei praktizierenden Rechts-

---
[46] BVerfG NJW 1990, 2122.
[47] Vgl. dazu auch *Zuck* NJW 1988, 175 (176) und *Taupitz* DVBl. 1988, 209 (217).
[48] *Kleine-Cosack* NJW 1988, 164; *Feuerich* AnwBl. 1988, 502.

§ 43a Grundpflichten des Rechtsanwalts § 43a

anwälten, AnwBl. 1979, 331; *Pfeifer,* Der Syndikusanwalt in der Rechtsprechung der Ehrengerichtshöfe und des Senats für Anwaltssachen bei dem Bundesgerichtshof. FS Oppenhof, 1985, S. 249; *Quack,* Sinn und Grenzen anwaltlicher Tätigkeit heute, NJW 1975, 137; *Rabe,* Der Beruf des Anwalts heute – Herausforderung in Gegenwart und Zukunft, NJW 1971, 1385; *Redeker,* Bürger und Anwalt im Spannungsfeld von Sozialstaat und Rechtsstaat, NJW 1973, 1153; *ders.,* Freiheit der Advokatur heute, NJW 1987, 2610; *Schneider,* Der Rechtsanwalt, ein unabhängiges Organ der Rechtspflege, 1976; *Taupitz,* Zur Sittenwidrigkeit einer Vereinbarung zwischen Anwalt und Nichtanwalt über die Zahlung von Provisionen für die Vermittlung von Mandanten, NJW 1989, 2871; *Wettlaufer,* Angestellter oder freier Mitarbeiter?, AnwBl. 1989, 194. – **Verschwiegenheit:** *Ackermann,* Zur Verschwiegenheitspflicht des Rechtsanwalts in Strafsachen, DJT-FS I, 1960 S. 479; *Dahs,* Die Entbindung des Rechtsanwalts von der Schweigepflicht im Konkurs der Handelsgesellschaft, FS Kleinknecht, S. 63; *Edward,* Der Schutz des Anwaltsgeheimnisses in den Ländern der Europäischen Gemeinschaften, AnwBl. 1980, 45; *Fischer/Iliopoulus,* Die Sicherung der Vertraulichkeit der Anwaltskorrespondenz im kartellrechtlichen Nachprüfungsverfahren, NJW 1983, 1031; *Flor,* Beruf und Schweigepflicht – eine Gegenüberstellung, JR 1953, 368; *Gülzow,* Beschlagnahme von Unterlagen des Mandanten bei deren Rechtsanwälten, Wirtschaftsprüfern oder Steuerberatern, NJW 1981, 265; *Habscheid,* Zur Schweigepflicht des Anwalts nach dem Tode seines Mandanten, AnwBl. 1964, 302; *Hackel,* Drittgeheimnisse innerhalb der ärztlichen Schweigepflicht, NJW 1969, 2257; *Hass,* Die Grenzen des anwaltlichen Zeugnisverweigerungsrechts, NJW 1972, 1081; *Hassemer,* Zeugnisverweigerungsrecht des Syndikusanwalts, wistra 1986, 1; *Haussen,* Der Schutz des Anwaltsgeheimnisses im Verwaltungsverfahren der Kommission der Europäischen Gemeinschaften, AnwBl. 1980, 322; *Hennsler,* Das anwaltliche Berufsgeheimnis, NJW 1944, 1817; *Hermanns,* Der Syndikusanwalt und der Schutz des Anwaltgeheimnisses in Deutschland, AnwBl. 1980, 326; *Kalsbach,* Über die Schweigepflicht und das Offenbarungsrecht des Rechtsanwalts, AnwBl. 1955, 41; *Koch,* Softwarepflege und anwaltliche Schweigepflicht, CR 1987, 284; *Kohlhaas,* Strafrechtliche Schweigepflicht und prozessuales Schweigerecht, GA 58, 65; *Kolvenbach,* Die Rechtsstellung der Syndikusanwälte in der EG, AnwBl. 1987, 211; *Kümmelmann,* Die anwaltliche Schweigepflicht nach dem Tode des Mandanten, AnwBl. 1984, 535; *ders.,* Über die Schweigepflicht und das Offenbarungsrecht des Rechtsanwalts, AnwBl. 1955, 535; *Lenckner,* Aussagepflicht, Schweigepflicht und Zeugnisverweigerungsrecht, NJW 1965, 321; *Philipp,* Zur Schweigepflicht des Anwalts nach dem Tode des Mandanten, AnwBl. 1973, 32; *Rein,* Die Bedeutung der §§ 203 ff. StGB n. F. für die private Personenversicherung, VersR 1976, 117; *Rogall,* Die Verletzung von Privatgeheimnissen (§ 203 StGB), NStZ 1983, 1; *Starke,* Zur Einbeziehung der Anwaltschaft in ein Gewinnaufspürungsgesetz, BRAK-Mitt. 1992, 178; *Toepke,* Die Stellung des Rechtsanwalts und der Schutz des Anwaltsgeheimnisses – USA-Perspektiven, AnwBl. 1980, 315; *Welp,* Die Geheimsphäre des Verteidigers in ihren strafprozessualen Funktionen, FS-Gallas, S. 391. – **Sachlichkeit:** *Jarass,* Die freien Berufe zwischen Standesrecht und Kommunikationsfreiheit, NJW 1982, 1833; *Kleine-Cosack,* Antiquierte Standesrichtlinien, AnwBl. 1986, 505; *ders.,* Kassation der anwaltlichen Standesrichtlinien, AnwBl. 1987, 561; *Krämer,* Das Sachlichkeitsgebot für Rechtsanwälte, FS Pfeiffer 1988, S. 589; *ders.,* Verfassungsrechtlicher Status des Rechtsanwalts, BRAK-Mitt. 1988, 67; *Krekeler,* Ehrverletzung durch den Verteidiger und § 193 StGB, AnwBl. 1976, 190; *Laufhütte,* Die freie Advokatur in der Rechtsprechung des BGH, FS Pfeiffer 1988, S. 959; *Odersky,* Anwaltliches Berufsrecht und höchstrichterliche Rechtsprechung, AnwBl. 1991, 238; *Redeker,* Anwaltliches Standesrecht zwischen heute und morgen, NJW 1982, 2761; *ders.,* Anwaltschaft zwischen Freiheit und Bindung, AnwBl. 1988, 14; *Rüping,* Forschung über Freie Berufe, Jahrbuch 1983/84, 1985, S. 130; *Seipert,* Wahrnehmung berechtigter Interessen, MDR 1951, 709. – **Widerstreitende Interessen:** *Bauer,* Kollisionsgefahr in Kfz-Haftpflichtprozessen, NJW 1970, 1030; *Bauer,* Zum personellen Anwendungsbereich der kommunalrechtlichen Vertretungsverbote, NJW 1981, 2171; *Baumann/Pfohl,* § 356 StGB, Sicherheit des Mandanten oder Kostenbeitreibung?, JuS 1983, 24; *Cüppers,* Parteiverrat, NJW 1947, 4; *Dingfelder-Friedrich,* Parteiverrat und Standesrecht, 1987; *Geppert,* Der strafrechtliche Parteiverrat, 1961; *ders.,* Der strafrechtliche Parteiverrat bei der Vertretung gemeinsamer Interessen, MDR 1959, 352; *Gerhardt,* Kollisionsgefahr in Kfz-Haftpflichtprozessen, NJW 1970, 313; *Gutmann,* Parteiverrat im Ehescheidungsprozeß, AnwBl. 1963,

§ 43 a　　　　Dritter Teil. Rechte und Pflichten des Rechtsanwalts

90; *Haferland,* Die strafrechtliche Verantwortlichkeit des Verteidigers, 1929; *Haffke,* Legalität von Mediation im deutschen Rechtsraum, in Duss-von Werdt/Mähler/Mähler, Mediation: Die andere Scheidung, 1995; *Haufs-Brusberg,* Vertretungsverbot für Rechtsanwälte als Ratsmitglieder, AnwBl. 1985, 177; *Herrmann,* Standesrechtliche Fragen des „gemeinsamen Scheidungsanwalts", BRAK-Mitt. 1985, 65; *Jost,* Anwaltszwang und einverständliche Scheidung, NJW, 1980, 327; *Krekeler,* Das Verbot der Mehrfachverteidigung gemäß § 146 StPO und seine extreme Auslegung durch die Rechtsprechung, AnwBl. 1981, 5; *Knebel,* Probleme bei der Zusammenarbeit eines RA mit Unfallhelfern, VersR 1972, 409; *Kümmelmann,* Die Vertretung mehrerer Gläubiger durch denselben Anwalt in der Zwangsvollstreckung, AnwBl. 1981, 175; *Menger,* Die Problematik des sogenannten kommunalrechtlichen Vertretungsverbotes, NJW 1980, 1827; *Molketin,* Parteiverrat (§ 356) bei Beratung beider scheidungswilliger Ehegatten?, AnwBl. 1982, 12; *Pfeiffer,* Parteiverrat als straf- und standesrechtliches Problem, Festgabe Koch, S. 127; *Roesen,* Der Parteiverrat in der Rechtsprechung des Reichsgerichts, JW 38, 649; *Sannwald,* Verfassungsrechtsprechung zu § 146 StPO, AnwBl. 1980, 10; *Schmidt-Leichner,* Zur Problematik des Parteiverrats, NJW 1953, 133; *ders.*, Strafverteidigung und Parteiverrat, NJW 1959, 133; *Stober,* Zur Drittwirkung des kommunalen Vertretungsverbotes, BayVBl. 1981, 161; *Thomas,* Der Begriff der Identität bei der Prävarikation, 1963. – **Fortbildung:** *Ahlers,* Ahndung schuldhafter Verletzung der Fortbildungspflicht, BRAK-Mitt. 1995, 46; *Boergen,* Haftungsbegrenzungen beratender Berufe, insbesondere der Rechtsanwälte, NJW 1969, 913; *Commichau,* Ausbildung und Fortbildung der Anwälte, NJW 1977, 1361; *ders.*, Der Anwalt und seine Praxis, 1985; *Deneke,* Grundlagen, Möglichkeiten und Grenzen der Qualitätssicherung in den Freien Berufen, Forschung über Freie Berufe, Jahrbuch 1983/84, 1985, S. 101; *Eich,* Die kontrollierte Qualität anwaltlicher Leistung – oder: die Fortbildungspflicht, MDR 1988, 177; *Jähnke,* Rechtliche Vorgaben einer künftigen Neuregelung des anwaltlichen Standesrechts, NJW 1988, 1888; *Loewer,* Neuordnung des anwaltlichen Berufsrechts, BRAK-Mitt. 1994, 186; *Redeker,* Vom Sinn unseres anwaltlichen Standesrechts, NJW 1987, 304; *ders.*, Freiheit der Advokatur heute, NJW 1987, 2610; *Rüping,* Qualitätssicherung im Anwaltsberuf, Forschung und Freie Berufe, Jahrbuch 1983/84, 1985, S. 130; *Schiefer,* Anwalt im Zeitalter der Dienstleistung, AnwBl. 1987, 360; *Schmalz,* Zur Qualität verpflichtet, BRAK-Mitt. 1987, 165; *Zuck,* Die Qualität anwaltlicher Leistung, BRAK-Mitt. 1985, 63; *Zuck,* Qualitätssicherung anwaltlicher Leistungen, MDR 1986, 816; *Zuck,* Die notwendige Reform des anwaltlichen Beurfs- und Standesrechts, NJW 1988, 175.

Übersicht

	Rdn.
A. Unabhängigkeit	1–24
I. Entstehungsgeschichte	1–4
II. Normzweck	5–7
III. Unzulässige Bindungen	8–24
1. Bindungen rechtlicher Art	8
a) Dienstverträge	9
aa) Syndikusanwalt	10
bb) Angestellter Anwalt	11
b) Freier Mitarbeiter	17
c) Kanzleiangestellte	18
d) Mandanten	20
2. Bindungen tatsächlicher Art	22
B. Verschwiegenheit	25–70
I. Entstehungsgeschichte	25–27
II. Normzweck	28, 29
III. Verfassungsrechtlicher Schutz des Schweigerechts	30–32
IV. Umfang der Verschwiegenheitspflicht	33–40

	Rdn.
1. Kenntniserlangung	33
2. Offenkundiges und Bedeutungsloses	37
a) Begriff des Offenkundigen	38
b) Begriff des Bedeutungslosen	40
3. Dauer	41
4. Kanzleimitarbeiter	42
5. Vertrauliche Informationen	43
6. Vorwissen des Empfängers	45
7. Wissenschaftliche Publikationen	46
V. Entbindung von der Verschwiegenheitspflicht	47–52
1. Einsichts- und Urteilsfähigkeit	47
2. Konkludente Einwilligung	48
3. Geheimnisträger	49
4. Juristische Person	50
5. Konkurs	51
6. Tod des Mandanten	52

§ 43a Grundpflichten des Rechtsanwalts

	Rdn.
VI. Ausnahmen	53–70
1. Gesetzliche Ausnahmen	54
a) Anzeigepflicht	55
b) Zeugenstellung	57
c) Beschlagnahme	59
d) Drittschuldner	60
e) Eidesstattlicher Versicherung	61
f) Honorarabtretung	62
2. Notstand und berechtigte Eigeninteressen	63
a) Honoraransprüche	64
b) Schadensersatz	65
c) Strafprozeß	66
d) Berufsrechtliches Verfahren	68
e) Öffentliche Angriffe	70
C. Sachlichkeit	71–105
I. Entstehungsgeschichte	71–73
II. Gesetzeszweck	74, 75
III. Verfassungsrechtliche Grenzen	76–83
1. Grundsatzentscheidung des BVerfG v. 14.07.1987	76
2. Konsequenzen	80
IV. Verstöße gegen das Sachlichkeitsgebot	84–105
1. Strafbare Beleidigungen	85
2. Verbot der Lüge	87
a) Direkter Vorsatz	88
b) Verbreiten	89
c) Tatsachen	90
d) Geltung gegenüber jedermann	91
e) Aufklärungspflicht	92
f) Schweigen	93
g) Notlüge	94
h) Aussichtslose Rechtsmittel	95
i) Schuldiger Angeklagter	98
j) Unterrichtung der Öffentlichkeit	99
k) Wahrheitspflicht in eigener Sache	100
3. Herabsetzende Äußerungen ohne Anlaß	101
4. Beschränkungen auf Berufsausübung	105

	Rdn.
D. Widerstreitende Interessen	106–149
I. Entstehungsgeschichte	106–110
II. Normzweck	111, 112
III. Verfassungsfragen	113–118
1. Gemeinschaftliche Berufsausübung	113
2. Kommunale Vertretungsverbote	117
IV. Reichweite des Verbots	119–149
1. Vorbemerkung	119
2. Handeln des Anwalts	120
a) Berufsbezogenheit	120
b) Privater Rechtsrat	121
c) Anwälte als Amtsträger	122
d) Syndikusanwalt	123
e) Berufsfremde Tätigkeit	124
f) Eigene Interessen	125
3. Sachverhaltsidentität	126
4. Verbotene Tätigkeiten	130
a) Vertretung und Beratung	130
b) Unterlassen	132
c) Tätigkeiten Dritter	133
5. Interessengegensatz	140
a) Subjektiver Maßstab	140
b) Strafsachen	141
c) Ehescheidung	144
d) Einverständnis des Mandanten	148
E. Sorgfalt beim Geldverkehr	150–165
I. Entstehungsgeschichte	150–153
II. Normzweck	154
III. Verfassungskonformität	155–157
IV. Tatbestand	158–165
1. Anvertraute Werte	158
2. Behandlung von Fremdgeldern	161
3. Aufrechnung	162
F. Fortbildungspflicht	166–176
I. Entstehungsgeschichte	166–168
II. Normzweck	169–171
III. Grenzen der Justitiabilität	172–176

A. Unabhängigkeit

I. Entstehungsgeschichte

Der im 19. Jahrhundert ausgefochtene Kampf der Anwaltschaft um die „freie Advokatur" zielte auf die Emanzipation des Anwaltsstandes von staatlicher Bevormundung. Er war erfolgreich, befreite die Advokaten aus ihrem staatsdienerähnlichen Subordinationsverhältnis und gab ihnen den Status eines vom Staat unabhängigen freien Berufs, reichseinheitlich garantiert durch die Rechtsanwaltsordnung vom 1. 7. 1878.[1] Der Streit war fixiert auf die **Freiheit von staatlichen Bindungen**, und so nimmt es nicht wunder, daß Gefahren, die der freien Berufsausübung von anderer Seite drohen, zunächst nicht zur Kenntnis genommen, vielleicht verdrängt, auf jeden Fall kaum problematisiert wurden. In der RAO ist die Unabhängigkeit nicht erwähnt, und es ist bezeichnend, daß sich dieser Begriff auch in der 1930 erschienenen 3. Auflage des noch heute lesenswerten Kommentars von Friedlaender im Sachregister nicht findet.

2   Nach der Jahrhundertwende trat dann allerdings zunehmend ins Blickfeld, daß die Unabhängigkeit des Anwalts auch von anderer Seite gefährdet sein könnte. Als Quelle möglicher Einflußnahme auf die freie Berufsausübung wurden zunächst die **Kanzleiangestellten**, später, als nach dem 1. Weltkrieg der Syndikusanwalt aufkam, der **Arbeitgeber des Anwalts** und schließlich der **Mandant** ausgemacht. Tantiemeabreden mit dem Bürovorsteher galten als standeswidrig.[2] Die RichtlRA 1929[3] verlangen unter Rdn. 63, der Anwalt müsse sich im Verhältnis zu seinem Büropersonal „völlige Freiheit" erhalten. Nach Rdn. 15 ist es dem Anwalt nur dann gestattet, in ein Anstellungsverhältnis zu einem Klienten zu treten, wenn der Anwalt „hinsichtlich der Selbständigkeit seines Berufs keinen weiteren Beschränkungen unterworfen ist, als dies beim Auftragsverhältnis des freien Anwalts der Fall ist" – eine Forderung von bemerkenswerter Lebens-fremdheit. Über das Verhältnis zur Klientel heißt es unter Rdn. 36, der Anwalt müsse „unter allen Umständen volle Unabhängigkeit der Berufsausübung wahren".

3   Es mag überraschen, daß im Vorspruch der Reichsrechtsanwaltsordnung vom 13. 12. 1935[4] der Gesetzgeber erstmals statuiert, der Anwalt sei der „berufene unabhängige Vertreter und Berater in allen Rechtsangelegenheiten". Wurde der Begriff der Unabhängigkeit seinerzeit auch zu einer „letzten Verantwortung" gegenüber dem mit der nationalsozialistischen Weltanschauung identischen Gewissen denaturiert,[5] so zeigt doch seine Verwendung, daß die **Unabhängigkeit gegenüber jedermann** als Grundvoraussetzung der anwaltlichen Berufsausübung galt. § 3 Abs. 1 der Bundesrechtsanwaltsordnung vom 1. 8. 1959[6] übernahm inhaltlich unverändert die Aufgabenzuweisung aus dem Vorspruch zur RAO und betonte darüber hinaus in § 1, daß der Anwalt ein „unabhängiges" Organ der Rechtspflege ist.

4   Die nach dem 2. Weltkrieg entstandenen Standesrichtlinien entnehmen dem Grundsatz der Unabhängigkeit des Anwalts das **Verbot, Bindungen einzugehen**, welche diese Unabhängigkeit gefährden könnten (§ 29 Abs. 1 RichtlRA 1957, § 30 Abs. 1 RichtlRA 1963, § 40 RichtlRA 1973). Diese Fassung hat der Gesetzgeber bei der 1994 erfolgten Novellierung des anwaltlichen Berufsrechts nahezu wörtlich in § 43 a Abs. 1 übernommen.

II. Normzweck

5   Die berufliche **Unabhängigkeit** gehört zum **Kernbereich** des Anwaltsberufs; sie konstituiert seine besondere Funktion im Rechtspflegesystem. In § 1 wird sie ebenso hervorgehoben wie in § 3 Abs. 1. Der besondere Stellenwert der Unabhängigkeit spiegelt sich auch darin wider, daß gem. § 14 Abs. 2 Nr. 9 „eine

---

[1] RGBl. 1878 I, S. 177.
[2] *Friedlaender,* § 28 Exkurs II Rdn. 73.
[3] AnwBl. 1929, 172 und Beilage zu Heft 6 JW 1929.
[4] RGBl. I, S. 1470.
[5] *Noack,* Reichsrechtsanwaltsordnung, 1937, § 1 Anm. 1.
[6] BGBl. I, S. 565.

§ 43 a Grundpflichten des Rechtsanwalts   6, 7 § 43 a

Tätigkeit, die das Vertrauen in seine Unabhängigkeit gefährden kann", der Zulassung des Anwalts entgegensteht. § 43 a Abs. 1 zieht aus dieser Voraussetzung anwaltlicher Tätigkeit die notwendige praktische Konsequenz für den einzelnen Anwalt: Er darf keine „Bindungen" eingehen, die seine berufliche Unabhängigkeit gefährden. Die ratio legis ergibt sich somit schon aus dem Gesetzeswortlaut. Angesichts der Vielzahl möglicher Gefährdungen soll die weite Formulierung des Tatbestandes einen möglichst umfassenden Schutz sicherstellen.

Ob dieser Zweck des Gesetzes erreicht wird, ist allerdings zweifelhaft ange- 6 sichts der **Unsicherheit** darüber, wo die Grenze zwischen tolerablen Bindungen und solchen verläuft, die im Interesse der Unabhängigkeit des Anwalts nicht hingenommen werden können. So wird es seit Jahrzehnten für zulässig gehalten, daß der Anwalt auch als Angestellter eines Kollegen seinen Beruf ausüben kann, obwohl hier der Widerstreit mit dem Grundsatz der Unabhängigkeit offen zutage liegt.[7] Es mag sein, daß sich die Abhängigkeiten des selbständigen Anwalts, der im wesentlichen für einen Großmandanten tätig ist, und des angestellten Anwalts ähneln.[8] Läßt man aber mit dem Argument, **wirtschaftliche Abhängigkeiten** ließen sich ohnehin berufsrechtlich nicht fassen, immer weitergehende Einschränkungen anwaltlicher Selbständigkeit und Eigenverantwortlichkeit zu, entzieht man dem zum Berufsbild des Anwalts gehörenden Grundsatz der Unabhängigkeit die ihn schützende rechtliche Schale. Damit droht dann das Verbot, die eigene Unabhängigkeit gefährdende Bindungen einzugehen, seine **Justitiabilität** zu verlieren und sich zu einem letztlich unverbindlichen **Appell** zu verflüchtigen. Schon wird aus dem verschwommenen Bild der beruflichen Unabhängigkeit die Konsequenz gezogen, sie habe nur noch eine gegen den Staat gerichtete Funktion und keine Relevanz im zivilrechtlichen Bereich.[9] Dies widerspricht allerdings eindeutig dem geltenden Recht, das in Übereinstimmung mit der nahezu einhelligen Meinung in Rechtsprechung und Lehre **jegliche** die anwaltliche Unabhängigkeit in Gefahr bringenden Bindungen meint und keineswegs nur solche zu staatlichen Institutionen.[10] Die advokatorische Freiheit ist heute in stärkerem Maße durch Bindungen gefährdet, die aus wirtschaftlichen Gründen gegenüber dem Klientel eingegangen werden, als durch staatliche Einflußnahme.[11] Soll sie nicht zu einer leeren Worthülse denaturieren, wird es notwendig sein, in der Berufsordnung **Kriterien** zu entwickeln, die eine Unterscheidung zwischen zulässiger und unzulässiger Bindung ermöglichen. Daß sich – ähnlich wie beim „freien" Abgeordneten[12] – viele Abhängigkeiten einer rechtlichen Normierung entziehen, sollte die Satzungsversammlung nicht davon abhalten, das Mögliche zu tun, also z. B. **Mindeststandards** für den Dienstvertrag des angestellten Anwalts festzulegen.[13]

Dies wirft allerdings auch **verfassungsrechtliche** Fragen auf. Grundsätzlich 7 unterliegt die „anwaltliche Berufsausübung unter der Herrschaft des Grundgesetzes der freien und unreglementierten Selbstbestimmung des einzelnen", soweit sie

---

[7] Vgl. dazu u. Rdn. 11 ff.
[8] *Rabe* NJW 1971, 1385 (1387).
[9] *Kleine-Cosack,* § 1 Rdn. 10 f.
[10] BGH NJW 1974, 1865; *Habscheid* NJW 1962, 1985; *Quack* NJW 1975, 1337 (1341); *Hartstang* II, S. 329 ff.
[11] *Redeker* NJW 1987, 2610 (2615).
[12] *Sendler* NJW 1985, 1425.
[13] Der 1990 vom DAV-Vorstand vorgelegte Diskussionsentwurf einer Berufsordnung verzichtete allerdings darauf, vgl. AnwBl. 1990, Beilage zu Heft 4 S. 31 ff; vgl. im übrigen u. Rdn. 16.

Eylmann   351

§ 43 a 8–10   Dritter Teil. Rechte und Pflichten des Rechtsanwalts

nicht durch verfassungskonforme Regelungen im Sinne des Grundrechts der **Berufsfreiheit** beschränkt ist.[14] Das Verbot, die anwaltliche Unabhängigkeit gefährdende Bindungen einzugehen, ist ein Ausfluß dieses verfassungsrechtlichen Postulats. Es kann aber auch zur Freiheit der Berufsausübung gehören, Bindungen einzugehen.[15] Zur Klärung des verfassungsrechtlichen Problems, wieviel „Bindung" die anwaltliche Unabhängigkeit verträgt, mit anderen Worten, welche vertraglich eingegangenen Einschränkungen der Unabhängigkeit dem Anwalt untersagt werden können, weil vernünftige Erwägungen des Gemeinwohls es rechtfertigen und ihn auch nicht übermäßig oder unzumutbar belasten, haben Judikatur und Literatur außer vielen wohlklingenden Worten bislang nicht viel beigetragen.[16]

III. Unzulässige Bindungen

1. Bindungen rechtlicher Art

8   „Bindungen" im Sinne des Gesetzes sind alle rechtlichen Verpflichtungen ohne Rücksicht auf ihren Rechtsgrund. Sie sind dem Anwalt untersagt, sofern und soweit sie seine berufliche Unabhängigkeit gefährden.

9   **a) Dienstverträge**, die der Anwalt als Arbeitnehmer abschließt, beeinträchtigen ihn in seiner Unabhängigkeit am stärksten. Zu unterscheiden sind Dienstverträge mit einem Nichtanwalt von solchen, bei denen der Arbeitgeber ein Anwaltskollege ist.

10   **aa) Syndikusanwalt.** Aus § 46 ergibt sich mittelbar, daß die Eingehung eines ständigen Dienst- oder ähnlichen Beschäftigungsverhältnisses als sog. Syndikusanwalt grundsätzlich einer Zulassung als Anwalt nicht entgegensteht. Dabei ist dem Gesetzgeber klargewesen, daß bei der Tätigkeit, die der Syndikusanwalt für seinen Dienstherrn leistet, die typischen Wesensmerkmale der freien Berufsausübung nicht gegeben sind.[17] Sonst fehlte nämlich jeder Grund dafür, daß dem Syndikusanwalt berufsrechtlich untersagt ist, seinen Dienstherrn **forensisch** zu vertreten. Der Gesetzgeber ist bestrebt, dem Syndikusanwalt eine **Doppelstellung** zu geben: auf der einen Seite ist er der in abhängiger Stellung beschäftigte und dem Direktionsrecht des Arbeitgebers unterliegende Jurist, auf der anderen Seite der freie und unabhängige Rechtsanwalt.[18] Der Versuch, diese beiden Funktionen zu trennen, bleibt allerdings auf halbem Wege stehen, weil der Syndikusanwalt in dem weit umfangreicheren Bereich **außergerichtlicher** Vertretung und Beratung für seinen Arbeitgeber als Anwalt tätig sein darf.[19] Da der Anwalt bei **jeder** beruflichen Tätigkeit unabhängig und frei von Bindungen sein soll, beeinträchtigt diese Inkonsequenz die Überzeugungskraft der gesetzlichen Regelung und nährt den Verdacht, hinter § 46 stünden mehr Konkurrenzgesichtspunkte als die Sorge um die Funktionsfähigkeit der Rechtspflege.[20]

---

[14] BVerfGE 50, 16 (29) = NJW 1979, 1159.
[15] *Kleine-Cosack*, § 1 Rdn. 10.
[16] Dies beklagt zu Recht *Kleine-Cosack*, a. a. O.; vgl. auch *Redeker* NJW 1987, 2610 (2615); in der Berufsordnung ist keine Regelung zu erwarten, vgl. DAV-Berufsrechtsausschuß, AnwBl. 1995 Beilage zu Heft 4 S. 8 f.
[17] BT-Drucks. III/120 S. 77; BVerfG NJW 1993, 317 (320); *Isele*, § 46 Anm. III A.
[18] BGHZ 33, 276 (279); *Hartstang* II, S. 241.
[19] *Lingenberg/Hummel/Zuck/Eich*; § 49 Rdn. 29; *Isele*, § 46 Anm. IV C; *Jessnitzer*, § 46 Rdn. 1; *Biermann* AnwBl. 1990, 420; vgl. zu den Unklarheiten in den Gesetzesmaterialien § 46 Rdn. 19.
[20] So *Kleine-Cosack*, § 46 Rdn. 1.

§ 43a Grundpflichten des Rechtsanwalts 11–14 § 43a

bb) Angestellter Anwalt. Wird der Syndikusanwalt wenigstens in der Bun- 11
desrechtsanwaltsordnung erwähnt, schweigt sie sich über den bei einem Berufskollegen angestellten Anwalt aus. Daraus ist aber nicht zu schließen, daß nach dem Willen des Gesetzgebers ein solches Beschäftigungsverhältnis mit der Unabhängigkeit nicht vereinbar ist. Im Gegenteil: Wenn der Gesetzgeber in Kenntnis der Tatsache, daß viele Anwälte in einem innerberuflichen Beschäftigungsverhältnis ihren Beruf ausüben, jegliche gesetzliche Regelung unterließ, liegt die Schlußfolgerung nahe, daß er darin kein Hindernis für die Unabhängigkeit des Anwalts erblickte.[21] Mag es auch vereinzelt immer wieder Einwendungen gegen den angestellten Rechtsanwalt gegeben haben,[22] so ist heute seine Zulässigkeit unbestritten.[23]

Es hat nicht an Bemühungen gefehlt, den **Widerspruch** zwischen der abhän- 12
gigen Stellung als Arbeitnehmer und dem Berufsbild des freien, unabhängigen Anwalts aufzulösen oder zumindest zu mildern. Sie reichen von der Auffassung, von den „äußeren" Arbeitsbedingungen des Anwalts sei seine „innere" Unabhängigkeit als berufsethische Haltung zu trennen,[24] über die Argumentation, der Arbeitnehmer-Anwalt sei nicht Mandatsträger,[25] bis zur Trennung von Berufsausübung und Berufsstellung.[26] Alle diese Versuche sind wenig überzeugend: daß die unabhängige, von Bindungen freie Berufsausübung erheblich eingeengt wird, wenn der Anwalt dem Direktionsrecht seines Arbeitgebers untersteht, ihm von diesem die Mandate zugeteilt werden und er nicht selten Schriftsätze zur Unterzeichnung oder zumindest zur Prüfung seinem Arbeitgeber vorzulegen hat, ist offensichtlich und kann durch juristische Konstruktionskünste nicht aus der Welt geschafft werden.

Die **Notwendigkeiten** der **Praxis** haben sich beim innerberuflich angestellten 13
Anwalt dem normierten Berufsbild überlegen gezeigt. Für junge Anwälte ist die Angestelltentätigkeit in den meisten Fällen die einzige Gelegenheit, die zur eigenständigen Berufsausbügung notwendige **juristische Erfahrung** zu erwerben. Auch **wirtschaftliche Zwänge** schließen häufig den sofortigen Schritt in eine Selbständigkeit aus. Die Ausübung der anwaltlichen Tätigkeit im Angestelltenverhältnis hat sich für die Ausbildung eines qualifizierten anwaltlichen Nachwuchses und damit letztlich auch für die Funktionsfähigkeit der Rechtspflege als unverzichtbar erwiesen. Die Einsicht in diese Notwendigkeiten haben dazu geführt, daß Gesetzgeber und die Berufsvertretungen der Anwaltschaft den innerberuflich angestellten Anwalt stillschweigend als mit dem anwaltlichen Berufsbild vereinbar akzeptiert haben.

Dabei hat auch eine Rolle gespielt, daß man die mit einem Anstellungsver- 14
hältnis für die anwaltliche Unabhängigkeit verbundenen Gefahren bei einem **Arbeitgeberanwalt** geringer eingeschätzt hat als bei einem **berufsfremden** Dienstherrn. Anders läßt sich nämlich die unterschiedliche Regelung der Tätigkeitsverbote beim Syndikusanwalt und beim innerberuflich angestellten Anwalt nicht erkären. Der BGH verzichtet ausdrücklich auf das Kriterium der Eigenverantwortlichkeit, wenn der Dienstherr den anwaltlichen Berufspflichten unterliegt.[27] Verwunderlich ist allerdings, daß eine argumentative Auseinandersetzung

---

[21] *Fuhrmann,* Rechtsstellung des angestellten Rechtsanwalts, 1988, S. 89.
[22] Z. B. OLG Celle NJW 1963, 1310 (1311).
[23] BGHZ 65, 238, *Hartstang* II, S. 98; *Kleine-Cosack,* Einl. Rdn. 49; *Wettlaufer* AnwBl. 1989, 194 (200).
[24] *Friedlaender,* § 5 Rdn. 22.
[25] *Lingenberg/Hummel/Zuck/Eich,* § 81 Rdn. 45.
[26] *Denecke,* Die Klassifizierung der Freien Berufe, 1969, S. 27.
[27] BGHZ 65, 238 (241).

mit dieser Problematik weithin fehlt.[28] So spricht gegen eine Differenzierung nach der Profession des Dienstherrn die Erwägung, daß der Begriff der Unabhängigkeit **unteilbar** ist, also Unabhängigkeit von jedermann, auch von Berufskollegen, meint.[29]

15 Weist man in diesem Zusammenhang dem **Berufsrecht** des **Arbeitgebers** im Hinblick auf die Unabhängigkeit seines anwaltlichen Arbeitnehmers besondere Bedeutung zu, dürfen die berufsrechtlichen Regelungen dieses Problem allerdings nicht mit Stillschweigen übergehen. § 81 RichtlRA 1973 schrieb dem Anwalt vor, einen als Angestellten oder freien Mitarbeiter beschäftigten Kollegen „angemessene Vertragsbedingungen" zu gewähren; eine wenig konkrete Formulierung, die kaum praktische Auswirkungen hatte. Das Gehalt angestellter Anwälte bildet sich weitgehend nach Angebot und Nachfrage und ist angesichts der Anwaltsschwemme vielfach unangemessen niedrig.[30] Über die berufsrechtlichen Anforderungen an die sonstige Ausgestaltung des Dienstverhältnisses besteht, abgesehen von der Übereinstimmung in nichtjustitiablen berufsethischen Postulaten, durchaus Streit,[31] der sich aber im rechtstheoretischen Raum abspielt und ohne praktische Auswirkungen bleibt.

16 Wenn die Unabhängigkeit des Anwalts nicht zu einer inhaltsleeren Floskel werden soll, wird die Satzungsversammlung auf der Grundlage der ihr in § 59 Abs. 2 Nr. 1 b erteilten Ermächtigung Voraussetzungen für ein **Mindestmaß** an **Unabhängigkeit** des angestellten Anwalts statuieren müssen. Die Festlegung eines Mindestgehalts dürfte dabei allerdings ebenso lebensfremd sein wie die Forderung, dem angestellten Anwalt müsse es erlaubt sein, eine eigene Praxis zu führen, eigene Mandate (für eigene Rechnung) zu bearbeiten und damit seinem Arbeitgeber Konkurrenz zu machen.[32] Die Kanzleipflicht erfüllt der angestellte Anwalt durch seine Berufsausübung im Büro seines Dienstherrn;[33] Überlegungen, ihm die Führung einer eigenen Kanzlei (z. B. in seiner Wohnung oder als „Kanzlei in der Kanzlei" seines Arbeitgebers) aufzuerlegen,[34] würden in der Praxis auf eine Scheinkanzlei hinauslaufen. Geht man davon aus, daß die Tätigkeit im Angestelltenverhältnis dem jungen Anwalt das notwendige Rüstzeug für eine selbständige Tätigkeit verschaffen soll, sind dagegen zeitliche Grenzen für die Beschäftigung im Angestelltenverhältnis erwägenswert.[35] Da das **Direktionsrecht** des Arbeitgebers am stärksten der grundsätzlich weisungsfreien Unabhängigkeit des Anwalts widerstreitet, ist es hier notwendig, dienstvertragsrechtlich den Direktionsbefugnissen **Grenzen** zu setzen. Müßte sich der angestellte Anwalt zur Vermeidung arbeitsrechtlicher Konsequenzen jeder Weisung seines Arbeitgeberanwalts beugen, auch wenn sie seiner eigenen Rechtsauffassung widerspricht, könnte von einer unabhängigen Berufsausübung nicht mehr die Rede sein.[36]

---

[28] *Fuhrmann*, Fn. 19.
[29] Vgl. auch *Biermann* AnwBl. 1990, 420 (422).
[30] *Lingenberg/Hummel/Zuck/Eich*, § 81 Rdn. 90; vgl. auch *Hartstang* II, S. 95 ff.
[31] *Lingenberg/Hummel/Zuck/Eich*, § 81 Rdn. 83 ff; *Hartstang*, II, S. 95 ff.; *Knief* AnwBl. 1985, 58; *Wettlaufer* AnwBl. 1989, 194.
[32] Dies verlangen *Lingenberg/Hummel/Zuck/Eich*, § 81 Rdn. 84.
[33] OLG Koblenz AnwBl. 1981, 151.
[34] *Lingenberg/Hummel/Zuck/Eich*, § 81 Rdn. 85; *Knief* AnwBl. 85, 58 (60).
[35] *Lingenberg/Hummel/Zuck/Eich*, § 81 Rdn. 113 ff.
[36] So zutreffend *Fuhrmann*, Fn. 19, der auf S. 127 ff. einige diskutable Abgrenzungsvorschläge zwischen zulässigen und berufsrechtswidrigen Weisungen macht; vgl. auch *Wettlaufer* AnwBl. 1989, 194 (200).

b) Freier Mitarbeiter. Ist er tatsächlich ein solcher und nicht ein verkappter 17 Arbeitnehmer,[37] unterscheidet er sich insofern vom angestellten Anwalt, als er der Direktionsbefugnis seines Arbeitgebers nicht unterliegt.[38] Deshalb widerstreitet ein freies Mitarbeiterverhältnis in geringerem Maße als ein Dienstverhältnis dem Gebot der anwaltlichen Unabhängigkeit; ist anwaltliche Tätigkeit im Anstellungsverhältnis berufsrechtlich grundsätzlich zulässig, ist sie es in einem Mitarbeiterverhältnis erst recht.

c) Kanzleiangestellte. Die wirtschaftliche Abhängigkeit von Kanzleiangestell- 18 ten ist schon frühzeitig als Gefährdung der anwaltlichen Unabhängigkeit beurteilt worden.[39] § 86 Abs. 1 RichtlRA 1973 verpflichtete den Anwalt, sich gegenüber seinen Mitarbeitern völlige Freiheit der Berufsausübung zu erhalten und jede wirtschaftliche Abhängigkeit von ihnen zu vermeiden. Ob über den Arbeitsvertrag hinausgehende vertragliche Beziehungen die Unabhängigkeit des Anwalts tangieren, hängt von den Umständen des Einzelfalls ab. Die Hinnahme weitgehender Abhängigkeit des im Angestelltenverhältnis tätigen Anwalts verbietet einen kleinlichen Maßstab. Der Anwalt darf sicherlich von einem Mitarbeiter Kanzleiräume anmieten. Ebensowenig ist es ihm berufsrechtlich untersagt, seine Sekretärin zu heiraten und sie dann trotzdem weiterzubeschäftigen. Die berufsrechtlichen Bedenken beginnen, wenn er sich durch die Entgegennahme eines Darlehens oder anderer finanzieller Zuwendungen in eine wirtschaftliche Abhängigkeit von Kanzleiangestellten begibt.[40]

In § 86 Abs. 2 RichtlRA 1973 wurde dem Anwalt jede mittelbare oder unmit- 19 telbare **finanzielle Beteiligung** eines nichtjuristischen Mitarbeiters verboten. Das kann nicht mehr uneingeschränkt gelten.[41] Die Leistungsfähigkeit einer Anwaltspraxis hängt auch von der Arbeitsfreude und Zuverlässigkeit der Kanzleiangestellten ab. Am Jahresgewinn gekoppelte **Sonderzuwendungen** an bewährte Mitarbeiter zu leisten, um ihre Motivation zu stärken und sie insbesondere zur Kostenverringerung anzuspornen, kann die berufliche Unabhängigkeit des Anwalts nicht gefährden, sofern sich diese Zuwendungen in angemessenen Grenzen halten. Im Gegenteil kann eine Verbesserung der Kostensituation die finanzielle Unabhängigkeit des Anwalts stärken. Dagegen ist es unzulässig, **Prämien** für die Zuführung von Mandanten zu zahlen. Die Honorierung derartiger „Schlepperdienste" gefährdet eindeutig die Unabhängigkeit des Anwalts, gleichgültig ob die Zahlungen an Personen außerhalb der eigenen Kanzlei[42] oder an Kanzleiangestellte geleistet werden, und ist deshalb durch die Berufsrechtsnovelle 1994 in § 49 b Abs. 3 S. 1 untersagt worden.

d) Mandanten. Von ihnen geht die größte Gefahr für die Unabhängigkeit des 20 Anwalts aus. Vertragliche Beziehungen außerhalb des Mandatsvertrages sind deshalb immer kritisch betrachtet worden.[43] Sie sind aber keineswegs generell als unzulässige Bindungen zu bewerten. Nicht jede Darlehensgewährung durch einen Mandanten gefährdet den Anwalt in seiner freien Berufsaus-

---

[37] Zur Abgrenzung vgl. BAG NJW 1984, 1985; *Wettlaufer* AnwBl. 1989, 194 (196); *Kilger* AnwBl. 1992, 212 f.
[38] LAG Frankfurt BRAK-Mitt. 1991, 61.
[39] *Lingenberg/Hummel/Zuck/Eich,* § 86 Rdn. 1 ff.
[40] *Lingenberg/Hummel/Zuck/Eich,* § 86 Rdn. 15 f.
[41] A. A. *Friedlaender,* § 28 Exkurs II Rdn. 73; *Lingenberg/Hummel/Zuck/Eich,* § 86 Rdn. 17 ff.
[42] KG NJW 1989, 2893 m. zust. Anm. *Taupitz* NJW 1989, 2971.
[43] *Kalsbach,* Standesrecht, § 9 I.

übung.⁴⁴ Der Anwalt ist nicht gehindert, bei einer Bank, die er auch schon als Anwalt vertreten hat, ein Darlehen aufzunehmen, mag es nun dem Bau seines privaten Hauses oder der Modernisierung seiner Kanzlei dienen. Ebenso geht er keine unzulässige Bindung ein, wenn er seine Kanzleiräume von einem Klienten mietet. Der Syndikusanwalt darf seine Kanzlei in den Diensträumen seines Dienstherrn betreiben.⁴⁵ Anders ist die Rechtslage zu beurteilen, wenn sich der in finanziellen Schwierigkeiten befindliche Anwalt durch die Annahme von Krediten und Zuwendungen seitens einer seiner Hauptmandanten in dessen finanzielle Abhängigkeit begibt. Es kommt also auf alle Umstände des Einzelfalls an, wobei auch hier nicht übersehen werden darf, welches relativ hohe Maß an Abhängigkeit beim angestellten Anwalt als tolerabel angesehen wird.

21 Das Verbot, ein Erfolgshonorar oder eine Beteiligung an dem zu erstreitenden Betrag (quota litis) zu vereinbaren, war früher in § 52 RichtlRA 1973 enthalten und ist nunmehr wegen seiner erheblichen praktischen Bedeutung für die Unabhängigkeit des Anwalts zusammen mit anderen kostenrechtlichen Fragen in § 49 b geregelt worden. Auf die dortige Kommentierung wird verwiesen.

2. Bindungen tatsächlicher Art

22 Problematisch ist es, unter „Bindungen" auch tatsächliche Vorgänge und Sachverhalte einzuordnen, aus denen sich zwar **keine rechtlichen** Verpflichtungen, wohl aber **Zwänge** oder zumindest **Beeinflussungen** moralischer, psychologischer, wirtschaftlicher, sozialer oder gesellschaftlicher Art ergeben. Daß es im Verhältnis Anwalt/Mandant Konstellationen gibt, die zu einer Gefährdung der anwaltlichen Unabhängigkeit führen können, läßt sich nicht bestreiten. Der Anwalt hat in der Regel ein wirtschaftliches Interesse daran, seinen Mandanten nicht zu verlieren; es ist um so größer, je mehr dieser Mandant zum Umsatz der Kanzlei beiträgt, und kann sich bei Großmandanten zu einer nahezu totalen wirtschaftlichen Abhängigkeit steigern. Die Versuchung, unter dem Druck eines solchen Großauftraggebers berufsrechtliche Grundsätze zurücktreten zu lassen, ist groß. Dennoch läßt sich aus § 43 a Abs. 1 keine Verpflichtung des Anwalts ableiten, etwa durch eine Auffächerung seiner Klientel die Gefahr einer zu großen wirtschaftlichen Abhängigkeit von Großmandanten zu vermeiden. Das Interesse, Mandanten zu gewinnen und zu halten, ist dem anwaltlichen Beruf immanent. Es gehört zum anwaltlichen Berufsethos, auch gegenüber mächtigen und einflußreichen Auftraggebern die innere Unabhängigkeit zu bewahren. Solange sich der Verlust dieser Unabhängigkeit nicht in rechtlich wirksamen Bindungen manifestiert, ist er berufsrechtlich nicht justitiabel.

23 Die anwaltliche Autonomie tangierende Beeinflussungen wirtschaftlicher, gesellschaftlicher oder politischer Art können sich auch aus der **Mitgliedschaft** des Anwalts in Parteien, Vereinen, Verbänden und gesellschaftlichen Gruppierungen verschiedenster Art ergeben. Häufig geht der Anwalt solche Mitgliedschaften nicht zuletzt in der Hoffnung ein, damit auch seine Klientel zu erweitern. Das ist ihm keineswegs untersagt.

24 Der durchaus wünschenswerte, aber rechtlich nicht erzwingbare Abstand des Anwalts zum Mandanten kann auch durch familiäre, sexuelle, ideologische, weltanschauliche oder religiöse **Gemeinsamkeiten** verlorengehen. Das gilt für die feministisch engagierte Anwältin bei der Verteidigung eines Vergewaltigungsopfers genauso wie für den Anwalt, der als überzeugter Atomkraftgegner politische

---

⁴⁴ *Kalsbach*, a. a. O.
⁴⁵ BGH BRAK-Mitt. 1984, 195.

Mitstreiter vertritt. Derartige Affinitäten zwischen Anwalt und Mandant sind keine „Bindungen" im Sinne des Gesetzes, mögen sie auch in ihrer tatsächlichen Gefährlichkeit für die Unabhängigkeit anwaltlicher Tätigkeit rechtlichen Verpflichtungen nicht nachstehen.

B. Verschwiegenheit

I. Entstehungsgeschichte

Der Anwalt kann nur dann Vertrauen des Mandanten erwarten, wenn er über 25 das ihm Anvertraute **schweigt** – diese Erkenntnis ist alt. Schon nach den Kammergerichtsordnungen von 1495 und 1555 mußten die beim Reichskammergericht zugelassenen Advokaten schwören, „*Heimlichkeit oder Behelff, so sie von den Parteien empfahen, oder Unterrichtung der Sachen, die sie von ihnen selbst merken, ihren Parteien zum Schaden niemandem (zu) offenbaren*".[46] Die Rechtsanwaltsordnung von 1878 erwähnte die Schweigepflicht nicht; sie wurde aber aus der strafrechtlichen Sanktion ihrer Verletzung in § 300 StGB a. F. und aus ihrer verfassungsrechtlichen Anerkennung als Zeugnisverweigerungsrecht hergeleitet.[47] In den Grundsätzen des anwaltlichen Standesrechts war sie von Beginn an verankert. Gem. Rdn. 37 RichtlRA 1929 erstreckt sich die Pflicht zur Verschwiegenheit „auf alles, was der Anwalt in Ausübung und bei Gelegenheit seiner Berufstätigkeit erfahren hat, sofern er nach den Umständen annehmen muß, daß dessen Geheimhaltung im Interesse des Auftraggebers geboten ist." In § 30 RichtlRA 1957 wird diese Formulierung aufgenommen und betont, daß die Pflicht zur Verschwiegenheit „eine der vornehmsten Standespflichten des Rechtsanwalts" sei. § 31 RichtlRA 1963 und § 42 RichtlRA 1973 brachten keine Änderung materieller Art.

Der Gesetzgeber der Bundesrechtsanwaltsordnung von 1959 sah es als über- 26 flüssig an, diese zum Fundus überkommener Berufsregeln gehörende Pflicht gesetzlich zu normieren, blieb insoweit in der Tradition der Rechtsanwaltsordnung von 1878 und begnügte sich damit, die Schweigepflicht in § 76 auf die Mitglieder des Kammervorstandes zu erstrecken. Die Ehrengerichte leiteten die Verschwiegenheitspflicht unmittelbar aus der Generalklausel des § 43 ab.[48] Andere entnahmen sie dem Mandatsvertrag.[49] Mit der Berufsrechtsnovelle 1994 wurde sie wegen ihrer statusbildenden Qualität in die anwaltliche Berufsordnung aufgenommen und hat damit „als Grundlage für das Vertrauensverhältnis zwischen Rechtsanwalt und Mandant"[50] endlich den ihr zukommenden Platz gefunden.

Die Pflicht zur Verschwiegenheit ist **weit gefaßt**; sie bezieht sich gem. § 43 a 27 Abs. 2 S. 2 auf alles, was dem Anwalt „in Ausübung seines Berufes bekanntgeworden ist", beschränkt sich also nicht wie § 203 Abs. 1 StGB auf ein „fremdes Geheimnis" und greift deshalb über die strafrechtlich sanktionierte Schweigepflicht hinaus.[51] Die beiden Einschränkungen in § 42 a Abs. 2 S. 3 haben kein Vorbild in den anwaltlichen Standesrichtlinien; sie nehmen vielmehr entsprechende Regelungen der für Beamte geltenden Amtsverschwiegenheit in § 61 Abs. 2 S. 2 BBG auf. Die berufsrechtliche Regelung hält sich insofern an tradierte

---

[46] Zitiert nach *Weißler*, Geschichte der Rechtsanwaltschaft, S. 127, und *Friedlaender*, § 28 Exkurs I Rdn. 9.
[47] *Friedlaender*, § 28 Exkurs I Rdn. 1.
[48] BVerfGE 76, 171 (189 f.) = NJW 1988, 191 mit Nachweisen.
[49] *Lingenberg/Hummel/Zuck/Eich*, N Rdn. 89.
[50] BT-Drucks. 12/4993 S. 27.
[51] BT-Drucks. 12/4993 a.a. O.

deutsche Rechtspositionen, als nur von einer **Pflicht**, nicht aber von einem **Recht** zur Verschwiegenheit die Rede ist.[52]

II. Normzweck

28 Der Mandant, der sich einem Anwalt anvertraut, hat ein Interesse daran, daß seine Informationen, die häufig seinen persönlichen Lebensbereich betreffen, nicht ohne seinen Willen offenbart werden. Dieses Interesse ist verfassungsrechtlich gewährleistet durch das Recht auf informationelle Selbstbestimmung, hergeleitet aus Art. 2 I i. V. m. Art. 1 GG.[53] Strafrechtlich wird dieses Recht durch § 203 StGB geschützt und berufsrechtlich durch § 43 a Abs. 2. Dieses **Individualinteresse** ist aber nicht das einzige und auch nicht das wichtigste Schutzgut der Schweigepflicht. Geschützt wird in erster Linie das **allgemeine Vertrauen** in die Verschwiegenheit der Anwälte, das unerläßlich für eine auf rechtsstaatlichen Prinzipien gegründete Rechtspflege ist. Die Ausrichtung auf das **Gemeinwohl** ist für die ärztliche Schweigepflicht anerkannt,[54] muß aber für die anderen in § 203 Abs. 1 StGB genannten Berufsgruppen ebenso gelten, denn Gründe für eine Differenzierung sind nicht erkennbar.[55]

29 Dem widerspricht nicht, daß der Mandant „Herr des Geheimnisses" ist, der Anwalt also reden darf und als Zeuge auch reden muß, wenn er von seiner Schweigepflicht entbunden ist.[56] Das Vertrauen der Allgemeinheit in die Verschwiegenheit der Anwälte erfordert nur, daß die Anwälte das ihnen Anvertraute nicht **gegen** oder **ohne** Willen des Klienten offenbaren.[57] Zwar wird es in manchen Situationen anwaltlichem Berufsethos entsprechen, auch dann zu schweigen, wenn der Mandant eine Unterrichtung der Öffentlichkeit wünscht. Die Position als unabhängiges Organ der Rechtspflege gibt dem Anwalt auch zur Befolgung seiner berufsethischen Maximen erforderlichen Freiraum. Aus seiner gesetzlichen Verschwiegenheitspflicht läßt sich jedoch keine eigenständige berufsrechtlich sanktionierte Verpflichtung des Anwalts ableiten, selbst bei Entbindung von der Verschwiegenheitspflicht keine Informationen preiszugeben.[58] Die vom Deutschen Anwaltsverein erhobene Forderung,[59] den Anwalt wie den Journalisten zu behandeln und ihm entsprechend § 385 Abs. 2 ZPO und § 53 Abs. 2 StPO ein Aussageverweigerungsrecht auch dann einzuräumen, wenn er von der Schweigepflicht entbunden ist, übersieht, daß alle Tätigkeit des Anwalts sich auf seinen Mandanten bezieht, der demgemäß auch über das Anvertraute verfügungsberechtigt bleiben muß, während der Journalist nicht in einem vertraglich begründeten Vertrauensverhältnis zu seinem Informanten steht. Die Konsequenz der Gleichstellung Anwalt – Journalist wäre im übrigen, daß der Anwalt nicht auszusagen brauchte, auch wenn die Aussage im Interesse seines Mandanten liegt.

---

[52] Kritisch dazu *Henssler* NJW 1994, 1817 (1818) mit rechtsvergleichenden Hinweisen und *Kleine-Cosack* NJW 1994, 2249 (2251); vergl. auch DAV-Berufsrechtsausschuß, Fn. 16 S. 9, der in der Berufsordnung die Formulierung vorschlägt, der Anwalt sei „zur Verschwiegenheit berechtigt und verpflichtet".
[53] BVerfGE 65, 1 = NJW 1984, 419.
[54] *Schönke/Schröder/Lenckner*, § 203 Rdn. 3 mit Nachweisen.
[55] *Henssler* NJW 1994, 1817 (1820).
[56] BGHZ 109, 261 (258) = NJW 1990, 510.
[57] So zutreffend *Schönke/Schröder/Lenckner*, § 203 Rdn. 22.
[58] A. A. *Dahs*, Handbuch des Strafverteidigers, 5. Aufl., Rdn. 35; *Lingenberg/Hummel/Zuck/Eich*, § 42 Rdn. 15.
[59] AnwBl. 1990, grüne Beilage zu Heft 4 S. 21; vgl. auch Fn. 52.

III. Verfassungsrechtlicher Schutz des Schweigerechts

Wenn der Anwalt zu schweigen hat, muß ihm die Rechtsordnung auch das **30** Recht dazu geben. Diese Konsequenz wird zwar in der Berufsordnung nicht ausdrücklich erwähnt, ist jedoch ein Gebot der Logik und läßt sich auch anderen Gesetzen entnehmen: Das anwaltliche Zeugnisverweigerungsrecht ist eine Ausprägung des sich aus der Schweigepflicht ergebenden Schweigerechts.[60] Aus übergeordneten Gesichtspunkten des **Gemeinwohls** können sich **Einschränkungen** des Schweigerechts ergeben.[61] Hat der Anwalt gegenüber dem Staat kein Recht zu schweigen, ist er insoweit auch von der Pflicht dazu suspendiert.

Jüngste Tendenzen des Straf- und Strafverfahrensrechts werfen die Frage nach **31** den **verfassungsrechtlichen Grenzen** solcher Eingriffe in das anwaltliche Schweigerecht auf. Bei dem in diesen Fällen vorzunehmenden Wertevergleich fallen auf seiten der Verschwiegenheitspflicht zwei gewichtige Rechtsgüter in die Waagschale: zum einen das durch Art. 2 Abs. 1 i. V. m. Art. 1 Abs. 1 GG geschützte Individualinteresse des Mandanten, selbst zu entscheiden, wann und innerhalb welcher Grenzen persönliche Lebenssachverhalte offenbart werden dürfen, und zum anderen das Allgemeininteresse an einer funktionsfähigen Rechtspflege. Dieses letztgenannte Interesse konkretisiert sich in der durch Art. 12 GG gewährleisteten freien Ausübung des Anwaltsberufs, die den Schutz der Vertrauenssphäre zwischen dem Anwalt und seinem Klienten einschließt, weil ohne dieses Vertrauensverhältnis anwaltliche Tätigkeit nicht sinnvoll und bestimmungsgemäß ausgeübt werden kann.[62] Wie sich aus der Zubilligung eines Aussageverweigerungsrechts, das grundsätzlich mit einem Beschlagnahmeverbot der schriftlichen Aufzeichnungen des Anwalts über das ihm Anvertraute verbunden ist (§ 97 Abs. 1 StPO), ergibt, wiegen diese beiden Rechtsgüter so schwer, daß das Interesse der Rechtsgemeinschaft an der Wahrheitsfindung im Zivil- oder Strafprozeß zurückstehen muß.

Wenn es um die Verhinderung und Bekämpfung **schwerer Straftaten** geht, **32** kann allerdings die Rechtsgüterabwägung auch dazu führen, daß die Verschwiegenheitspflicht zurückzutreten hat und dies für Anwalt und Klient als zumutbar und tragbar angesehen wird. Die im Gesetz zu Art. 10 GG und in § 100 a StPO enthaltenen Beschränkungen auf dem Gebiet der Brief-, Post- und Fernmeldeüberwachung sind deshalb zulässig, auch soweit sie sich gegen Nachrichtenverbindungen eines Anwalts richten, von denen anzunehmen ist, daß sie für Zwecke des Beschuldigten benutzt werden.[63] Das Gesetz über das Aufspüren von Gewinnen und schweren Straftaten (GwG)[64] begründet für Anwälte, die entgeltlich fremdes Vermögen verwalten, Identifizierungs-, Aufzeichnungs- sowie Aufbewahrungspflichten und schränkt damit die Verschwiegenheitspflicht ein, § 3 Abs. 1, §§ 9, 12 GwG. Auch hier rechtfertigt das hochrangige Allgemeininteresse an der Bekämpfung besonders gefährlicher Kriminalitätsformen die Eingriffe in die zwischen Anwalt und Klienten bestehende Vertrauenssphäre.[65] De lege ferenda könnte es durch gesetzliche Regelungen über den Einsatz technischer Mittel zur Abhörung des nicht öffentlich gesprochenen Wortes zu weiteren Eingriffen

---

[60] *Kalsbach,* nach § 43 Rdn. 6 zu § 30 Richtl.
[61] Vgl. dazu Rdn. 53 ff.
[62] BVerfGE 38, 313 (323) = NJW 1975, 588; OLG Koblenz NJW 1985, 2038; *Henssler* NJW 1994, 1817 (1819).
[63] BVerfGE 30,1 = NJW 71, 275 (280).
[64] BGBl. 1993 I, S. 1770.
[65] *Henssler* NJW 1994, 1817 (1820), a. A. *Starke* BRAK-Mitt. 1992, 178.

in das anwaltliche Berufsgeheimnis kommen (sog. „Großer Lauschangriff").
Wegen Umfang und Tiefe eines solchen Eingriffs in das anwaltliche Berufsgeheimnis dürfte er verfassungsrechtlich nur zulässig sein, wenn sich der Verdacht gegen den Anwalt selbst richtet.[66]

IV. Umfang der Verschwiegenheitspflicht

1. Kenntniserlangung

33 Die Verschwiegenheitspflicht bezieht sich nach dem Gesetzeswortlaut auf alles, was dem Anwalt **in Ausübung** seines Berufes bekannt geworden ist. Es kommt somit nicht darauf an, von wem und auf welche Weise der Anwalt sein Wissen erworben hat. Nicht nur die Informationen des Mandanten fallen unter die Verschwiegenheitspflicht, sondern auch das, was der Anwalt von dritter Seite erfahren oder aufgrund eigener Recherchen festgestellt hat. Auch Zufallswissen zählt dazu, wenn es gerade die berufliche Tätigkeit war, die dem Anwalt die Möglichkeiten gab, dieses Wissen zu erwerben.[67]

34 Ebenso werden Beobachtungen erfaßt, die der Anwalt bereits bei **Anbahnung** des Mandats macht. Er ist also zum Schweigen verpflichtet, auch wenn er das ihm angetragene Mandat ablehnt.[68] Die Tatsache, daß überhaupt jemand einen Anwalt konsultiert hat, fällt ebenso unter die Schweigepflicht.[69]

35 Von dem, was der Anwalt in Ausübung seines Berufes erfährt, ist das zu unterscheiden, was ihm nur **anläßlich** seiner beruflichen Tätigkeit zur Kenntnis kommt. Die Schweigepflicht erstreckt sich nur auf Wissen, das in einem inneren Zusammenhang mit dem Mandat steht. Dieser fehlt, wenn der Anwalt als wartender Zuhörer einer Gerichtsverhandlung Kenntnisse erlangt, die sich nicht auf seine Mandate beziehen.

36 Bei der Verwertung **privat** erworbenen Wissens ist der Anwalt frei. Das gilt auch, wenn er vorher oder nachher dasselbe Wissen auch noch kraft seines Berufes erlangt.[70] Der Anwalt sollte in solchen Fällen allerdings sorgfältig prüfen, ob die privat und beruflich erworbenen Informationen tatsächlich deckungsgleich sind. Sind die privaten und beruflichen Informationen untrennbar verwoben, muß er schweigen.[71]

2. Offenkundiges und Bedeutungsloses

37 Offenkundige Tatsachen und solche, die ihrer Bedeutung nach **keiner Geheimhaltung** bedürfen, unterliegen gem. § 43 a Abs. 2 S. 3 nicht der Schweigepflicht. Die Gesetzesfassung entspricht damit wörtlich der für Beamte geltenden Ausnahmeregelung in § 61 Abs. 1 S. 2 BBG. Der Gesetzgeber wollte erreichen, daß die Grenzen der Verschwiegenheitspflicht für Beamte und Rechtsanwälte gleich verlaufen.

38 **a) Begriff des Offenkundigen.** § 203 StGB stellt nur die unbefugte Offenbarung eines fremden „**Geheimnisses**" unter Strafe. Geheimnisse sind Tatsachen, die nur einem beschränkten Personenkreis bekannt sind.[72] Eine solche Begren-

---

[66] *Henssler* NJW 1994, 1817 (1822).
[67] *Dreher/Tröndle*, § 203 Rdn. 8; *Schönke/Schröder/Lenckner*, § 203 Rdn. 15.
[68] BGHSt 33, 151; *Lingenberg/Hummel/Zuck/Eich*, § 42 Rdn. 9.
[69] *Friedlaender*, § 28 Exkurs I Rdn. 15.
[70] *Friedlaender*, § 28 Exkurs I Rdn. 17 u. 18; *Schönke/Schröder/Lenckner* § 203 Rdn. 18; a. A. *Lingenberg/Hummel/Zuck/Eich*, § 42 Rdn. 2.
[71] OLG Köln MDR 1973, 857.
[72] *Schönke/Schröder/Lenckner*, § 203 Rdn. 5.

zung war bislang für die berufsrechtliche Verschwiegenheitspflicht in Zweifel gezogen worden.[73] Die Gesetzesfassung stellt nun klar, daß allgemein bekannte Tatsachen der Verschwiegenheitspflicht nicht unterliegen. Offenkundiges läßt sich nicht mehr offenbaren. Daß der Begriff der Offenkundigkeit allerdings viele Fragen aufwirft, zeigen Literatur und Rechtsprechung zu § 291 ZPO und § 244 Abs. 3 S. 2 StPO.[74] Offenkundigkeit wird dort als Oberbegriff für Allgemein- und Gerichtskundigkeit verwandt. Klammert man die Gerichtskundigkeit aus und setzt man Offenkundigkeit der Allgemeinkundigkeit gleich, legt es der Grundsatz der Einheit der Rechtsordnung nahe, Offenkundigkeit berufsrechtlich nicht anders zu bestimmen als prozeßrechtlich. Da Offenkundigkeit den Geheimnischarakter einer Tatsache beseitigt,[75] besteht insoweit auch kein Unterschied mehr zu den Grenzen der Schweigepflicht in § 203 StGB.

Offenkundig kann eine Tatsache aus doppeltem Grunde sein: Verständige 39 und erfahrene Menschen müssen sie entweder in der Regel kennen oder sich über sie aus allgemein zugänglichen zuverlässigen Quellen unschwer unterrichten können. Die erste Voraussetzung verlangt nicht, daß jeder die Tatsache kennt; es reicht aus, wenn sie einem größeren, nicht durch individuelle Beziehungen verbundenen Personenkreis bekannt ist. Die Offenkundigkeit wird nicht dadurch ausgeschlossen, daß die Kenntnis der Tatsache örtlich, zeitlich oder persönlich beschränkt ist.[76] Wissen, das man sich nur mit besonderen Fachkenntnissen aus allgemein zugänglichen Quellen aneignen kann, ist nicht offenkundig.[77] Während die Tatsache, daß jemand eine bestimmte Telefonnummer hat, aus dem Telefonbuch ersichtlich und damit offenkundig ist, muß bei Pressemeldungen zwischen der Tatsache selbst und der verbreiteten Tatsachenbehauptung unterschieden werden: Offenkundig ist die von den Medien verbreitete Behauptung, in vielen Fällen aber nicht ihr Wahrheitsgehalt.[78] Offenkundig soll auch sein, was Gegenstand öffentlicher Gerichtsverhandlungen war.[79] Dies kann nicht gelten, wenn die Öffentlichkeit tatsächlich keine Notiz von der Verhandlung genommen hat oder die Verhandlung zeitlich lange zurückliegt.[80] Für die Beurteilung der Offenkundigkeit kommt es nicht auf den Zeitpunkt der Kenntniserlangung an; maßgebend ist vielmehr der Zeitpunkt der Weitergabe der Information.[81] Angesichts der vielen möglichen Zweifelsfragen sollte der Anwalt bei der Annahme der Offenkundigkeit einer Tatsache zurückhaltend sein.

b) Begriff des Bedeutungslosen. Der Gesetzgeber will **Geheimniskräme-** 40 **rei** mit **Bagatellen** ausschließen. Deshalb erstreckt er die Verschwiegenheitspflicht nicht auf bedeutungslose Informationen. Bei der Abgrenzung der Tatsachen, die ihrer Bedeutung nach keiner Geheimhaltung bedürfen, stellt sich allerdings die Frage, ob die Bedeutung sich nach **objektiven** Maßstäben oder nach der **subjektiven** Bewertung des Mandanten bestimmt. Der Schutzzweck der anwaltlichen Verschwiegenheitspflicht erfordert es, die Bewertung durch den Mandanten als maßgebend anzusehen, es sei denn, sie ist offensichtlich willkürlich

---

[73] *Friedlaender,* § 28 Exkurs I Rdn. 6; *Lingenberg/Hummel/Zuck/Eich,* § 42 Rdn.9.
[74] *Kleinknecht/Meyer-Goßner,* StPO § 244 Rdn. 50 ff.; *Alsberg/Nüse/Meyer,* Der Beweisantrag im Strafprozeß, 5. Aufl., S. 534 ff.
[75] *Maurach-Schroeder,* Strafrecht, Besonderer Teil, Teilband 1, S. 244.
[76] BVerfGE 10, 177 (183) = NJW 1960, 31; KG NJW 1972, 1909.
[77] BGHSt, 292 (293).
[78] BGHSt, 292 (293); 26, 56 (59).
[79] KG NJW 1972, 1909.
[80] OLG Koblenz OLGSt § 203 S. 5; OLG Schleswig NJW 1985, 1090.
[81] *Friedlaender,* § 28 Exkurs I Rdn. 7.

§ 43a 41–44   Dritter Teil. Rechte und Pflichten des Rechtsanwalts

und nicht nachvollziehbar. Im Zweifel sollte sich der Anwalt für die Geheimhaltung entscheiden. Insbesondere muß er berücksichtigen, daß sich die Bedeutung einer Information im Laufe der Zeit ändern kann.

3. Dauer

41   Die Dauer der Verschwiegenheitspflicht wird nicht durch die Beendigung des Mandats zeitlich begrenzt. Sie endet auch nicht mit dem Ausscheiden des Anwalts aus der Anwaltschaft. Dies folgt schon aus dem Gesetzeszweck und bedurfte deshalb keiner Klarstellung wie in § 42 RichtlRA 1973.

4. Kanzleimitarbeiter

42   Ebenso ergibt sich aus dem Gesetzeszweck, daß der Anwalt seine Kanzleimitarbeiter zur Beachtung der Schweigepflicht anhalten muß. Auch darauf wurde in § 42 Abs. 3 RichtlRA 1973 hingewiesen. Die Angestellten unterliegen selbst gem. § 203 Abs. 3 StGB der strafrechtlich sanktionierten Verschwiegenheitspflicht und haben gem. § 53 a StPO, § 383 ZPO ein Zeugnisverweigerungsrecht. § 17 UWG stellt den Verrat von Geschäfts- und Betriebsgeheimnissen durch Angestellte, Arbeiter und Auszubildende unter Strafe. § 9 Nr 6 BerBG verpflichtet Auszubildende, über solche Geheimnisse Stillschweigen zu bewahren. Aber auch soweit die berufsrechtliche Verschwiegenheitspflicht über diese gesetzlichen Verpflichtungen hinausreicht, ist sie von den Angestellten zu beachten. Aus dem Dienstverhältnis ergibt sich, daß sie im Rahmen ihrer Verpflichtung, die Interessen ihres Arbeitgebers zu wahren, über dessen persönliche und geschäftliche Belange zu schweigen haben, soweit dadurch seine Interessen beeinträchtigt werden können.[82] Da bei der Verletzung der anwaltlichen Verschwiegenheitspflicht die Interessenbeeinträchtigung auf der Hand liegt, dürfen die Angestellten keinerlei Tatsachen offenbaren, die dem Anwalt in Ausübung seines Berufs bekanntgeworden sind. Auf eine strikte Wahrung dieser berufsrechtlichen Verschwiegenheitspflicht muß der Anwalt durch entsprechende Belehrungen und Ermahnungen insbesondere bei der Einstellung neuer Mitarbeiter hinwirken.[83]

5. Vertrauliche Informationen

43   Die Verschwiegenheitspflicht gilt gegenüber **jedermann**, also auch gegenüber Familienangehörigen und anderen Rechtsanwälten, die ihrerseits der Verschwiegenheitspflicht unterliegen. Da hier die Versuchung eines Verstoßes groß ist, wurde dies in § 42 Abs. 2 RichtlRA 1973 besonders hervorgehoben. Dennoch ist leider immer wieder festzustellen, daß im Gespräch unter Kollegen mit der anwaltlichen Verschwiegenheitspflicht großzügig umgegangen wird, offenbar im Vertrauen auf die Verschwiegenheit des Gesprächspartners.

44   Auf keine Weise darf das Anwaltsgeheimnis preisgegeben werden. Auch eine vertrauliche Weitergabe verletzt die Verschwiegenheitspflicht. Die Verschwiegenheitspflicht wird schon verletzt, wenn einem anderen die **Möglichkeit der Kenntniserlangung** geboten wird, so durch das Liegenlassen der offenen Gerichtsakte auf dem Gerichtsflur.[84] Auch das Verbreiten von Gerüchten verletzt die Verschwiegenheitspflicht.

---

[82] BAGE 3, 139 (141) = NJW 1957, 57; BAG NJW 1983, 134 und NJW 1988, 1686.
[83] Das schlägt der DAV-Berufsrechtsausschuß nunmehr für die Berufsordnung vor, Fn. 16 S. 9 f.
[84] So auch Langhut NStZ 1994, 6 für die vergleichbaren ärztlichen Patientenakten.

6. Vorwissen den Empfängers

Im Strafrecht wird ein Offenbaren verneint, wenn der Empfänger das Offenbarte schon kennt.[85] Für die berufsrechtliche Verschwiegenheitspflicht kann dies nicht gelten, da das Offenbarungsverbot sich nicht auf ein „Geheimnis", sondern auf alles bezieht, was dem Anwalt bekanntgeworden ist. In § 42 Abs. 2 RichtlRA 1973 wurde zu Recht festgestellt, daß die Verschwiegenheitspflicht auch dem gegenüber besteht, dem die betreffende Tatsache bereits von anderer Seite mitgeteilt worden ist. Im übrigen wird es selten vorkommen, daß der Informierte exakt den gleichen Wissensstand hat wie der Informant.[86] 45

7. Wissenschaftliche Publikationen

Ein Verstoß gegen § 203 StGB wird allgemein verneint, wenn Informationen ohne Namensnennung verwertet werden, z. B. in wissenschaftlichen Publikationen.[87] Die berufsrechtliche Verschwiegenheitspflicht läßt dies grundsätzlich nicht zu, denn sie bezieht sich auf **alles**, was der Anwalt in Ausübung seines Berufes erfahren hat. Man wird allerdings von einer stillschweigenden Einwilligung des Mandanten ausgehen können, sofern die Veröffentlichung keine Namen nennt und auch sonst keine Rückschlüsse auf die Identität des Mandanten zuläßt. In Zweifelsfällen sollte die ausdrückliche Zustimmung eingeholt werden. 46

V. Entbindung von der Verschwiegenheitspflicht

1. Einsichts- und Urteilsfähigkeit

Obwohl die anwaltliche Verschwiegenheitspflicht in erster Linie der Aufrechterhaltung einer funktionsfähigen Rechtspflege dient, kann der Mandant den Anwalt von dieser Pflicht entbinden. Da das Interesse des Mandanten an der Wahrung der Vertraulichkeit höchstpersönlicher Natur ist, muß zur Wirksamkeit einer solchen Erklärung die natürliche Einsichts- und Urteilsfähigkeit gegeben sein, es sei denn, das Anvertraute ist vermögensrechtlicher Natur; dann finden §§ 105 ff. BGB entsprechende Anwendung.[88] Etwaige in sachlicher und personeller Hinsicht gemachte **Einschränkungen** der Einwilligung sind zulässig und vom Anwalt strikt zu beachten. Besondere Vorsicht ist am Platze, wenn der Mandant nicht vollständig darüber informiert ist, welche Kenntnisse der Anwalt aus Akten oder von Dritten erlangt hat. Die Entbindung von der Schweigepflicht bezieht sich grundsätzlich nicht auf Fakten, die der Mandant nicht kennt oder von denen er annimmt, daß sie dem Anwalt unbekannt sind.[89] 47

2. Konkludente Einwilligung

Die Entbindung von der Verschwiegenheitspflicht kann auch konkludent erfolgen. Das ist insbesondere anzunehmen, wenn der Klient weiß, daß sich der Anwalt üblicherweise zur Wahrnehmung des Mandats der Hilfe Dritter bedienen muß. Der Anwalt kann deshalb davon ausgehen, daß er Kanzleimitarbeiter, angestellte oder als freie Mitarbeiter beschäftigte Rechtsanwälte und Sozien unter- 48

---

[85] *Schönke/Schröder/Lenckner*, StGB, § 203 Rdn. 19.
[86] *Schönke/Schröder/Lenckner*, a. a. O.
[87] *Schönke/Schröder/Lenckner*, Rdn. 19; *Samson*, SK, Rdn. 35.
[88] *Schönke/Schröder/Lenckner*, Vorbem. §§ 32 ff. Rdn. 39 und § 203 Rdn. 24.
[89] *Schönke/Schröder/Lenckner*, § 203 Rdn. 24.

§ 43 a 49, 50   Dritter Teil. Rechte und Pflichten des Rechtsanwalts

richten darf, es sei denn, der Mandant verlangt ausdrücklich Einschränkungen. So legen zuweilen Mandanten Wert darauf, daß der Inhalt eines Vieraugengesprächs nicht in der Kanzlei bekannt wird; der Anwalt hat diesen Wunsch zu respektieren. Bei der Einschaltung anderer Anwälte ist grundsätzlich die vorherige Zustimmung des Auftraggebers einzuholen, wenn er nicht vorher über die Notwendigkeit der Beauftragung oder Hinzuziehung fremder Anwälte belehrt worden war und die Auswahl dem beauftragten Anwalt überlassen hatte. In der anwaltlichen Praxis wird dies häufig lax gehandhabt, insbesondere bei der in Großstädten verbreiteten Übung, in Zivilprozessen bei sog. „Durchrufterminen" die Antragstellung einigen wenigen im Gerichtssaal anwesenden Anwälten zu überlassen. Das hat zur Folge, daß der beauftragte Anwalt Kollegen, die nicht einmal er selbst näher kennt, Einblick in seine Handakte ermöglicht. Um so weniger kann er annehmen, daß der Mandant mit einer solchen Handhabung einverstanden ist.

3. Geheimnisträger

49   „Herr des Geheimnisses", also allein berechtigt zur Entbindung von der Verschwiegenheitspflicht, ist der **Mandant**. Soweit es sich um Tatsachen handelt, die sich auf das Mandat beziehen, gilt das auch dann, wenn sie von Dritten, z. B. Familienangehörigen des Auftraggebers oder auch vom Prozeßgegner dem Anwalt mitgeteilt worden sind.[90] Hat der Mandant seinem Anwalt Tatsachen anvertraut, an deren Geheimhaltung Dritte ein Interesse haben, wird im Strafrecht weithin die Auffassung vertreten, dieser Dritte sei als Träger des Geheimnisses darüber verfügungsberechtigt.[91] Dies ist abzulehnen. Da die anwaltliche Verschwiegenheitspflicht im Interesse einer funktionsfähigen Rechtspflege das Vertrauensverhältnis Anwalt – Mandant sichert, besteht sie nicht gleichsam abstrakt gegenüber jedem, den es angeht, sondern nur gegenüber demjenigen, der dem Anwalt das Vertrauen geschenkt hat; der Mandant und kein anderer soll auf die Verschwiegenheit seines Anwalts bauen dürfen.[92] Davon geht auch § 49 b Abs. 4 S. 1 aus, denn sonst wäre es überflüssig gewesen, die Verschwiegenheitspflicht auf den Anwaltszessionar zu erstrecken. Der Anwalt darf infolgedessen auch Geheimnisse eines Dritten vor Gericht vortragen, wenn er sie von seinem Mandanten erfahren hat und dieser mit der Offenlegung einverstanden ist. Die gegenteilige Auffassung hätte die widersinnige Konsequenz, daß zwar der Mandant das Geheimnis preisgeben dürfte, nicht aber der in seinem Auftrag und Interesse handelnde Anwalt.

4. Juristische Person

50   Ist der Mandant eine juristische Person, ist das Einverständnis durch das Organ zu erteilen. Daß bei der Informationserteilung an den Anwalt ein anderer für die juristische Person gehandelt hat, ändert nichts, mag auch diese Person persönliche Geheimhaltungsinteressen haben.[93] Anderen Personen als dem Auftraggeber schuldet der Rechtsanwalt keine Verschwiegenheit. Eine Ausnahme gilt nur,

---

[90] *Friedlaender*, § 28 Exkurs I Rdn. 9 u. 10; *Schönke/Schröder/Lenckner*, § 203 Rdn. 23; a. A. OLG Düsseldorf JW 1924, 1265 u. KG in JW 1920, 1040.
[91] LK *Jähnke*, Rdn. 62 f; *Göppinger* NJW 1958, 243; *Hackel* NJW 1969, 2257.
[92] So zutreffend *Friedlaender*, § 28 Exkurs I Rdn. 10; für das Strafrecht *Schönke/Schröder/Lenckner*, Rdn. 23 unter Darstellung des Meinungsstreits und *SK-Samson*, Rdn. 38.
[93] BGHZ 109, 260 (271) = NJW 1990, 510.

wenn der für die juristische Person Handelnde den Anwalt auch persönlich um eine Beratung bittet.[94] Dann hat der Anwalt mehrere Auftraggeber, die nur gemeinsam ihr Einverständnis erklären können.

5. Konkurs

Im Konkursfall geht die Dispositionsbefugnis des „Geheimnisherrns" auf den Konkursverwalter über.[95] Obwohl das Geheimhaltungsinteresse des Gemeinschuldners höchstpersönlicher Art ist, muß es zurückstehen, weil dem Konkursverwalter sonst Informationen vorenthalten werden könnten, die er zur optimalen Verwertung der Masse benötigt. Geht es nicht um wirtschaftliche Interessen, sondern hat der Rechtsanwalt den Gemeinschuldner in anderer, z. B. strafrechtlicher Hinsicht beraten, bleibt das Verfügungsrecht dagegen beim Gemeinschuldner.[96] 51

6. Tod des Mandanten

Als Ausfluß des Persönlichkeitsrechts des Mandanten erlischt dessen Verfügungsrecht mit seinem Tode und geht nicht auf die **Erben** über.[97] Davon kann auch keine Ausnahme gemacht werden, wenn sich das Wissen des Anwalts auf Vermögenswerte bezieht.[98] Dem Erblasser könnte nämlich gerade daran gelegen gewesen sein, bestimmte Informationen von vermögensrechtlicher Relevanz den Erben vorzuenthalten. Die Konsequenz, daß dem Anwalt auf ewig der Mund verschlossen wäre, würde allerdings in vielen Fällen dem Interesse des verstorbenen Mandanten zuwiderlaufen.[99] Ein Ausweg aus diesem Dilemma läßt sich nur über die mutmaßliche Einwilligung finden. Ob es dem mutmaßlichen Willen des Erblassers entsprechen würde, zu reden oder zu schweigen, kann der Anwalt nur selbst in eigener Verantwortung entscheiden.[100] 52

VI. Ausnahmen

Unter engen Voraussetzungen ist der Anwalt berechtigt, **ohne Zustimmung** des Mandanten das ihm Anvertraute zu offenbaren. In § 42 Abs. 1 RichtlRA 1973 wurde dies mit der einschränkenden Formulierung verdeutlicht, „soweit nicht das Gesetz oder die in der Rechtsprechung entwickelten Grundsätze Ausnahmen zulassen". Es handelt sich dabei um Fälle, in denen die Verschwiegenheitspflicht mit anderen Rechtsgütern und -interessen kollidiert und die Güterabwägung zu dem Ergebnis führt, daß die Verschwiegenheitspflicht weniger schutzwürdig ist und deshalb zurücktreten muß. Als überwiegende Rechtsgüter kommen sowohl solche des **Gemeinwohls** als auch gewichtige **Individualinteressen**, auch solche des Anwalts selbst, in Betracht. 53

---

[94] BGH a. a. O.
[95] BGH a. a. O; OLG Nürnberg NJW 1977, 303; a. A. LG Düsseldorf NJW 1958, 1152; vgl. auch *Dahs*, FS Kleinknecht, S. 63 ff.
[96] OLG Schleswig NJW 1981, 294; OLG Koblenz NSt21985, 426; a. A. LG Lübeck NJW 1978, 1014.
[97] RGZ 71, 22; OLG Celle NJW 1965, 362; *Friedlaender*, § 28 Exkurs I Rdn. 12; *Lingenberg/Hummel/Zuck/Eich*, § 42 Rdn. 11–13; *Eb. Schmidt* NJW 1962, 1745.
[98] A. A. *SK-Samson*, SK, § 203 Rdn. 41.
[99] *Lingenberg/Hummel/Zuck/Eich*, § 42 Rdn. 12.
[100] LG Koblenz AnwBl. 1983, 328; *Lingenberg/Hummel/Zuck/Eich*, a. a. O.; *Philipp* AnwBl. 1973, 32.

1. Gesetzliche Ausnahmen

54 Soweit **besondere Gesetze** den Anwalt zum Wahren des ihm Anvertrauten verpflichten, tritt die Verschwiegenheitspflicht zurück.

55 a) **Anzeigepflicht.** Die Anzeigepflicht aus § 138 StGB trifft auch den Anwalt mit den sich aus § 139 Abs. 3 S. 2 StGB ergebenden Einschränkungen. Bemüht sich also der Anwalt ernsthaft um die Abwendung des Erfolgs der Tat, darf er schweigen mit Ausnahme bei Mord, Totschlag und Völkermord.

56 Das **Strafverfolgungsinteresse** des Staates rechtfertigt dagegen eine Verletzung der Schweigepflicht nicht. Auch der Schwerverbrecher muß sich an den Anwalt seines Vertrauens wenden können, ohne Gefahr zu laufen, von ihm angezeigt zu werden. Ausnahmen sind allenfalls denkbar, wenn Menschenleben auf dem Spiel stehen.[101]

57 b) **Zeugenstellung.** Sie verpflichtet den Anwalt nicht zum Offenbaren, da ihm ein **Zeugnisverweigerungsrecht** zur Seite steht (§ 383 Abs. 1 Nr. 5 ZPO, § 53 StPO, § 84 Abs. 1 FGO i. V. m. § 102 AO). Versagt ihm das Prozeßgericht zu Unrecht ein Zeugnisverweigerungsrecht, muß er sich dieser Entscheidung beugen und aussagen; allerdings wird man ihm wegen des hohen Ranges der Verschwiegenheitspflicht zumuten müssen, zuvor alle zulässigen Rechtsmittel auszuschöpfen.[102]

58 Macht der Anwalt von seinem Aussageverweigerungsrecht keinen Gebrauch, verletzt er die Verschwiegenheitspflicht. Das prozessuale Aussagerecht begründet also keine materiell-rechtliche Befugnis zur Verletzung der Verschwiegenheitspflicht.[103] Eine Ausnahme gilt nur, wenn der Schutz höherwertiger Rechtsgüter ein Zurücktreten der Verschwiegenheitspflicht rechtfertigt.[104]

59 c) **Beschlagnahme.** Mit dem strafprozessualen Zeugnisverweigerungsrecht des Anwalts korrespondiert das in § 97 StPO statuierte Beschlagnahmeverbot. Kommt es unter Verletzung dieser Vorschrift dennoch zur Beschlagnahme, ist der Anwalt nicht nur berechtigt, sondern auch verpflichtet, alle gesetzlichen Möglichkeiten auszuschöpfen, um eine Aufhebung der Beschlagnahme zu erreichen. Auch muß er alle erforderlichen Maßnahmen treffen, um von der Beschlagnahme nicht betroffene Urkunden vor der Einsicht Unbefugter zu schützen.[105]

Eine steuerliche **Betriebsprüfung** beim Anwalt läßt seine Verschwiegenheitspflicht unberührt. § 102 AO gibt ihm ein umfassendes Schweigerecht, auch soweit es um seine eigenen steuerlichen Belange geht.[106]

60 d) **Drittschuldner.** Werden Ansprüche des Mandanten gegen den Anwalt **gepfändet**, ist dieser befugt, auf Verlangen seiner Auskunftspflicht gemäß § 840 ZPO zu genügen. Er muß sich dabei allerdings auf das gesetzliche Minimum beschränken.[107]

61 e) **Eidesstattliche Versicherung.** Hat der Anwalt die eidesstattliche Versicherung gem. § 807 ZPO abzugeben, ist er verpflichtet, Angaben über seine

---

[101] Vgl. das von *Ackermann* in DJT-Festschrift S. 494 gebildete Beispiel.
[102] A. A. hinsichtlich der Verpflichtung, Rechtsmittel einzulegen, *Friedlaender*, § 28 Exkurs I Rdn. 30, und *Kalsbach*, § 30 Rdn. 6.
[103] *Friedlaender*, a. a. O.
[104] BGHSt. 9, 59 (61 f.).
[105] *Lingenberg/Hummel/Zuck/Eich*, § 42 Rdn. 24; *Dahs*, Handbuch des Strafverteidigers, 5. Aufl., Rdn. 287 ff.; *Gülzow* NJW 1981, 265.
[106] *Lingenberg/Hummel/Zuck/Eich*, § 42 Rdn. 25.
[107] *Lingenberg/Hummel/Zuck/Eich*, § 42 Rdn. 23.

Honorarforderung auch dann zu machen, wenn das mit einer Preisgabe der Namen seiner Mandanten verbunden ist.[108]

f) Honorarabtretung. Mit der **Abtretung** einer anwaltlichen Honorarforderung an einen Drittschuldner ist eine Verletzung der Verschwiegenheitspflicht verbunden. Auch der Umstand, daß jemand einen Anwalt in Anspruch genommen hat, unterliegt der Verschwiegenheitspflicht. Außerdem treffen den Zedenten die Informationspflichten aus § 402 BGB. Ohne Zustimmung des Mandaten ist deshalb eine solche Zession nichtig.[109] § 54 Abs. 3 RichtlRA 1973 untersagte dem Anwalt, Kostenforderungen zwecks Beitreibungen an einen Nichtanwalt abzutreten oder ein Inkassobüro mit ihrer Einziehung zu beauftragen. Der Zweck dieser Vorschrift war aber nicht die Sicherung der Verschwiegenheitspflicht, sondern, wie schon ihre Nähe zu den vom Anwalt bei der Beitreibung von Kostenforderungen zu beobachtenden Grundsätzen zeigt, die Sorge, daß der Nichtanwalt bei der Durchsetzung der Forderung rigoroser vorgehen könnte.[110] Nunmehr hat der Gesetzgeber mit der Berufsrechtsnovelle 1994 in § 49 b Abs. 4 die Abtretung von Honoraransprüchen gesetzlich geregelt. Differenziert wird weiterhin zwischen der Abtretung an einen Anwalt und einen Nichtanwalt. An diesen ist die Abtretung nur unter bestimmten Voraussetzungen statthaft, zu denen die Zustimmung des Mandanten gehört. Die Zession an einen Anwalt ist dagegen ohne Einschränkungen, insbesondere auch ohne Zustimmung des Mandanten zulässig.[111] Da die berufsrechtliche Verschwiegenheitspflicht auch gegenüber einem Anwalt gilt, minimiert § 49 b Abs. 4 S. 1 die Folgen dieser Einschränkung dadurch, daß den Anwaltszessionar die gleiche Verschwiegenheitspflicht trifft wie den beauftragten Anwalt. Dies macht das Zurücktreten der Verschwiegenheitspflicht für den Mandanten zumutbar, wenngleich es konsequenter gewesen wäre, die Abtretung einer Honorarforderung an einen Berufskollegen auch an die vorherige Zustimmung des Mandanten zu binden.

2. Notstand und berechtigte Eigeninteressen

Auch soweit spezielle Normen fehlen, kann sich aus dem Grundgedanken des rechtfertigenden Notstands (§ 34 StGB) oder unter Heranziehung des Gesichtspunkts der Wahrnehmung berechtigter Interessen (§ 193 StGB) ein Recht zum Offenbaren ergeben.

a) Honoraransprüche. Macht der Anwalt seinen Honoraranspruch gerichtlich geltend, ist er nicht gehindert, das zur Erfüllung seiner Darlegungs- und Beweislast Notwendige vorzutragen, auch wenn er dadurch gegen das Verschwiegenheitsgebot verstößt.[112] Dies ist im Ergebnis, nicht aber in der Begründung unstrittig. Daß der Gesetzgeber in § 12 Abs. 2, § 19 Abs. 4 BRAGO von der Zulässigkeit solcher Klagen ausgeht, besagt noch nicht zwingend, daß in jedem Fall die Verschwiegenheitspflicht vernachlässigt werden darf.[113] Auch der Gesichtspunkt der Interessenabwägung kann eine Preisgabe der Verschwiegen-

---

[108] KG JR 1985, 161; LG Aurich NJW 1971, 252; LG Wiesbaden Jur. Büro 1977, 727; *Friedlaender*, § 28 Exkurs I Rdn. 27; *Jähnke* LK § 202 StGB Rdn. 76.
[109] BGH NJW 1993, 1638; 1993, 1912, 1993, 2795; AnwBl. 1995, 551; vgl. auch LG Bonn AnwBl. 1995, 144 zur Abtretung ohne Bruch der Verschwiegenheit.
[110] Zur fehlenden Rückwirkung auf frühere Abtretungen OLG Nürnberg AnwBl. 1995, 195.
[111] *Lingenberg/Hummel/Zuck/Eich*, § 54 Rdn. 11.
[112] BGH NJW 1952, 151 u. MDR 1956, 625 (626).
[113] A. A. *Jähnke* LK § 202 Rdn. 83 und *Henssler* NJW 1994, 1817 (1822).

heitspflicht nicht rechtfertigen, wenn lediglich auf seiten des Anwalts dessen Vermögensinteresse ins Auge gefaßt wird, denn dieses ist nicht höher zu bewerten als das Interesse des Mandanten an der Geheimhaltung. Sonst könnten materielle Interessen des Anwalts auch dort, wo sie sich nicht in Honoraransprüchen gegen den eigenen Mandanten konkretisieren, zur Verletzung der Verschwiegenheitspflicht berechtigen.[114] Das Zurücktreten der Verschwiegenheitspflicht im Falle der Honorarklage läßt sich vielmehr überzeugend nur mit der Erwägung begründen, daß der Mandant durch seine Zahlungsverweigerung den Interessenkonflikt selbst verursacht hat. Nach den Grundsätzen des Notstandes (§ 34 StGB, § 128 BGB) darf sich der Anwalt dagegen auch mit der Offenbarung von Geheimnissen wehren, wobei er allerdings die Grenze der Unverhältnismäßigkeit nicht überschreiten darf.[115] So dürfen zur Durchsetzung minimaler Honoraransprüche nicht Geheimnisse von hochrangiger Bedeutung verraten werden.[116] Auch darf der Anwalt nicht leichtfertig offensichtlich unbegründete Honoraransprüche einklagen.[117] Schließlich muß er darum besorgt sein, im Prozeß nicht mehr vorzutragen, als zur Begründung der Klage erforderlich ist. Bei einem Arrestantrag darf er zum Arrestgrund nicht mehr vortragen, als er zur Substantiierung im Hauptprozeß dürfte.[118]

65 b) **Schadensersatz.** Noch deutlicher tritt die Schutzwürdigkeit des Anwalts hervor, wenn der Mandant von ihm Schadensersatz verlangt. Hier ist er ebenso wie im Aktivprozeß befugt, das ihm Anvertraute zu offenbaren, soweit es zur Wahrung seiner Rechte notwendig ist. Dazu zählt die Erlangung des Versicherungsschutzes, so daß er auch seinen Haftpflichtversicherer unterrichten darf. Die Nichterfüllung versicherungsrechtlicher Obliegenheiten kann mit der Schweigepflicht nicht legitimiert werden.[119]

66 c) **Strafprozeß.** Im Strafprozeß wird dem angeklagten Anwalt zugebilligt, ihm anvertraute Geheimnisse des Mandanten zu offenbaren, soweit dies für seine Verteidigung erforderlich ist.[120] Zu berücksichtigen ist in diesem Zusammenhang, daß der angeklagte Anwalt das Recht hat zu schweigen, ohne daß daraus für ihn nachteilige Schlüsse gezogen werden dürfen. Es ist ihm grundsätzlich zuzumuten, von diesem strafprozessualen **Schweigerecht** Gebrauch zu machen und damit auch seiner berufsrechtlichen Verschwiegenheitspflicht zu genügen. Selbst wenn er teilweise schweigt, was als Beweisanzeichen gewertet darf,[121] wird er diese Konsequenz in der Regel durch den Hinweis auf seine Verschwiegenheitspflicht abwenden können. Erst wenn ihm die Verurteilung aufgrund anderer Beweismittel droht, berechtigt ihn die dann vorliegende Notstandssituation, die Verschwiegenheitspflicht zu brechen.[122] Dabei wird man ihm allerdings einen gewissen Spielraum bei der Bewertung seiner Verteidigungschancen einräumen müssen; er braucht es nicht hinzunehmen, durch zu langes Schweigen in eine risikoreiche Situation zu geraten.

67 Der Anwalt ist auch befugt, zur Wahrung eigener Belange unter Bruch des Berufsgeheimnisses eine falsche Aussage gem. § 158 StGB zu berichtigen, wenn

---

[114] So zutreffend *SK-Samson,* § 202 Rdn. 46.
[115] *SK-Samson,* § 202 Rdn. 44, 46; *Schönke/Schröder/Lenckner,* § 202 Rdn. 30, 33.
[116] *Friedlaender,* § 28 Exkurs I Rdn. 29.
[117] *Lingenberg/Hummel/Zuck/Eich,* § 42 Rdn. 17.
[118] KG BRAK-Mitt. 1994, 114.
[119] *Borgmann/Haug,* Anwaltshaftung, Kap. IV Rdn. 170.
[120] BGHSt 1, 366 (368); BVerfG NJW 1987, 1929; *Friedlaender,* § 28 Exkurs I Rdn. 29.
[121] BGHSt 20, 298; BGHSt 32, 140 (145).
[122] So zutreffend *SK-Samson,* § 203 Rdn. 45.

er sich der Beihilfe zum Aussagedelikt schuldig gemacht hat.[123] Ist er das Opfer einer von seinem Mandanten gegen ihn begangenen Straftat, darf er **Strafanzeige** erstatten, auch wenn dazu ein Bruch der Verschwiegenheitspflicht unumgänglich ist.[124]

d) Berufsrechtliches Verfahren. Sieht sich der Anwalt einem von dem Mandanten initiierten berufsrechtlichen Verfahren gegenüber, wird nicht in Zweifel gezogen, daß er sich dagegen auch um den Preis der Offenbarung von Geheimnissen muß wehren können.[125] Weil er damit seine Verpflichtung zur Verschwiegenheit nicht verletzt, muß er auch gem. § 56 Abs. 1 S. 1 seine Handakte dem Vorstand der Kammer vorlegen.[126]

Wird dagegen **ohne Zutun** des Mandanten von Amts wegen oder auf Beschwerde Dritter, unter Umständen des Prozeßgegners, ein berufsrechtliches Verfahren gegen den Anwalt eingeleitet, gebührt dem Interesse des Mandanten an der Wahrung der Verschwiegenheit der Vorrang. Der Anwalt geht damit auch kein Risiko ein, denn § 56 Abs. 1 S. 1 gibt ihm das Recht, unter Berufung auf seine Verschwiegenheitspflicht Auskunft und Vorlage der Handakte zu verweigern. Gerade im berufsrechtlichen Verfahren wird man die Berufung auf die Verschwiegenheitspflicht hinzunehmen haben, ohne daran für den Anwalt nachteilige Folgerungen zu knüpfen.[127]

e) Öffentliche Angriffe. Ähnlich ist zu differenzieren bei öffentlichen Angriffen, die das berufliche Ansehen des Anwalts beeinträchtigen. Gehen sie vom Mandanten aus und entspricht dessen Darstellung nicht der Wahrheit, darf der Anwalt das ihm Anvertraute offenbaren, soweit dies zur Richtigstellung der Vorwürfe notwendig ist.[128] Hat der Mandant die Angriffe weder unmittelbar noch mittelbar initiiert, geht die Verschwiegenheitspflicht des Anwalts vor.[129] Die **Verschwiegenheitspflicht** ist der **Preis des Vertrauens**, dessen der Anwalt zur Erfüllung seiner Aufgabe bedarf. Deshalb darf er sie nicht schon bei jeder schwierigen Situation beiseiteschieben. Die Offenbarung des ihm Anvertrauten ist als ultima ratio erst dann gerechtfertigt, wenn die dem Anwalt drohenden Nachteile schwerwiegen, alle anderen Wege, Ruf und Ansehen zu wahren, keinen Erfolg gebracht haben und die Geheimnisse für den Mandanten von untergeordneter Bedeutung sind.

C. Sachlichkeit

I. Entstehungsgeschichte

Die Neigung, im Kampf um das Recht die sachliche Argumentation zu verlassen und verbal über das Ziel hinauszuschießen, ist offenbar eine dem Anwaltsberuf seit jeher eigene „déformation professionelle". Schon im römischen Recht wird den Advokaten geboten, in Schmähungen des Gegners nicht weiterzugehen, als es der Prozeßzweck erfordert (quam litium poscit utilitas).[130] Nach

---

[123] BGH MDR 1966, 625.
[124] *Rein* VersR 1967, 117 (123).
[125] *Friedlaender*, § 28 Exkurs Rdn. 29; *Lingenberg/Hummel/Zuck/Eich,* § 42 Rdn. 19.
[126] *Feuerich/Braun,* § 56 Rdn. 29.
[127] *Lingenberg/Hummel/Zuck/Eich,* § 42 Rdn. 20.
[128] Vgl. auch § 30 Abs. 4 Nr. 5 c AO.
[129] *Schönke/Schröder/Lenckner,* § 203 StGB Rdn. 33.
[130] Zitiert nach *Weißler,* Geschichte der Rechtsanwaltschaft, S. 96.

§ 43 a 72–74   Dritter Teil. Rechte und Pflichten des Rechtsanwalts

der Kammergerichtsordnung von 1495 hatten die Prokuratoren unter anderem zu schwören, „Lästerung, bei Pein, nach Ermessen des Gerichts, sich (zu) enthalten".[131]

72 Solange Advokaten und Prokuratoren der **Aufsicht der Richter** unterworfen waren, schritten diese gegen Hohn und Spott ein, die häufig über den Prozeßgegner, zuweilen aber auch über das Gericht ausgegossen wurden. Nach der Fränkischen Advokaten-Instruktion von 1720 durften beleidigende Schriftsätze öffentlich zerrissen und dem Advokaten vor die Füße geworfen werden.[132] Nachdem sich der Anwaltstand von der Aufsicht der Gerichte emanzipiert hatte, oblag der **Standesvertretung** die schwierige Aufgabe, die Schmähsucht mancher Kollegen zu zügeln. Die RichtlRA 1929 verlangen unter Rdn. 3 vom Anwalt „strengste Sachlichkeit". Gemäß Rdn. 5 sind „zu vermeiden . . . unbegründete oder übertriebene Angriffe und Bloßstellungen des Gegners oder Dritter, die nicht unbedingt durch die Rechtsverfolgung geboten sind, persönliche Spitzen gegenüber Gegnern und Dritten, pikante Ausschmückung von Ausführungen, hämische oder verletzend ironische oder scherzhafte Behandlung ernster Dinge, usw.". Inhaltlich ist keine Änderung festzustellen gegenüber den zahllosen Gesetzen und Verordnungen, die in den Jahrhunderten zuvor unsachliches Verhalten der Advokaten inkriminierten. Mit der Zeit wird dann die Sprache schlichter: Heißt es in § 1 Abs. 3 RichtlRA 1963 noch, der Rechtsanwalt habe „die ihm anvertrauten Interessen sachlich und würdig zu vertreten", ist in § 1 Abs. 1 RichtlRA 1973 nur noch von der „sachlichen" Vertretung die Rede. Immerhin wird aber an insgesamt sechs Stellen dieser Richtlinie die Verpflichtung zur Sachlichkeit statuiert (§ 1 Abs. 1 S. 2, § 3 Abs. 1 S. 2, § 9 Abs. 2, § 10 Abs. 2, § 18 Abs. 3 und § 29 Abs. 1 S. 3). Die Berufsrechtsnovelle von 1994 übernimmt das Sachlichkeitsgebot als statusbildende Norm und formuliert in § 43 a Abs. 3 S. 1 noch etwas vorsichtiger, der Rechtsanwalt dürfe „sich bei seiner Berufsausübung nicht unsachlich verhalten". In offensichtlicher Anlehnung an das Grundsatzurteil des Bundesverfassungsgerichts vom 14. 7. 1987[133] wird sodann anhand von zwei Beispielen „erläutert",[134] unter welchen Voraussetzungen das insbesondere der Fall ist.

73 Die Entwicklung, die das Sachlichkeitsgebot in den letzten Jahrzehnten genommen hat, zeigt eindeutig die aus der Judikatur, den anwaltlichen Standesgrundsätzen und der jetzigen Gesetzesformulierung ablesbare Tendenz, anstelle der auf die Würde anwaltlichen Auftretens ausgerichteten Fixierung strikter Standesgrundsätze die Wahl der im Kampf um das Recht eingesetzten verbalen Mittel in stärkerem Maße der **Eigenverantwortung** des einzelnen Anwalts zu überlassen. Da das Sachlichkeitsgebot im internationalen Vergleich eine Besonderheit des deutschen anwaltlichen Berufsrechts darstellt,[135] vollzieht sich darin auch ein im Zuge der zunehmenden internationalen Zusammenarbeit wohl unvermeidlicher Angleichungsprozeß.[136]

II. Gesetzeszweck

74 Sachlichkeit ist das Kennzeichen **professioneller Arbeit**.[137] Der sachbezogen arbeitende Anwalt konzentriert seine Tätigkeit auf die ihm übertragene Sache,

---

131 *Weißler*, a. a. O., S. 127.
132 *Weißler*, a. a. O., S. 188.
133 BVerfGE 76, 171 = NJW 1988, 191.
134 So ausdrücklich die Entwurfsbegründung BT-Drucks. 12/4993, S. 27.
135 *Warmuth* BRAK-Mitt. 1985, 62.
136 *Kleine-Cosack* AnwBl. 1986, 505 (508).
137 So ausdrücklich die Entwurfsbegründung, BT-Drucks. 12/4993, S. 28.

§ 43a Grundpflichten des Rechtsanwalts

also die Wahrnehmung eines konkreten Sachinteresses des Mandanten. Die Sachlichkeit verlangt, daß der Anwalt das Recht kennt und alle legalen und legitimen Wege ausschöpft, um es für seine Klienten durchzusetzen. Da die Rechtsfindung und Rechtsdurchsetzung ein rationaler Vorgang ist, kann der Anwalt um so eher auf den Erfolg hoffen, je mehr er sich von kühler Vernunft leiten läßt. Der Vorteil, sich von einem Anwalt beraten und vertreten zu lassen, besteht nicht nur darin, sich dessen juristische Fachkenntnisse zunutze zu machen. Der Wert, einen unabhängigen Sachwalter für sich sprechen und handeln zu lassen, liegt nicht weniger darin, daß dieser an einer möglichst objektiven Beurteilung der Rechtslage und der eigenen Chancen nicht durch emotionale Befindlichkeiten behindert wird. Daraus folgt im übrigen die Weisheit des Wortes, daß der Anwalt, der sich selbst vertritt, einen Narren zum Klienten habe.

Bringt somit ein sachbezogenes Vorgehen des Anwalts dem Mandanten den größten Vorteil, haben sich andererseits eine sich nicht in inhaltsleeren Floskeln erschöpfende Definition der Sachlichkeit und eine **Grenzziehung** zwischen **sachlichem** und **unsachlichem** Verhalten unterhalb der Schwelle des Strafrechts als weitgehend unmöglich erwiesen. Das Sachlichkeitsgebot ist deshalb über die Grenze des strafrechtlich Relevanten hinaus **berufsrechtlich kaum justitiabel**. Seine Wirkung erschöpft sich insoweit in einem Appell an das Berufsethos des Anwalts.[138] Wem das zu wenig ist, mag bedenken, daß der Verlust an Reputation, der für einen unprofessionell arbeitenden Anwalt auf die Dauer unvermeidlich ist, in der Regel wirkungsvoller als eine berufliche Sanktion ist.

III. Verfassungsrechtliche Grenzen

1. Grundsatzentscheidung des BVerfG

Dem Sachlichkeitsgebot sind vom Bundesverfassungsgericht in seiner Grundsatzentscheidung vom 14. 7. 1987,[139] unabhängig von der seinerzeit fehlenden normativen Grundlage, enge verfassungsrechtliche Grenzen gesetzt worden.

Als bedenklich wird zunächst unter dem rechtsstaatlichen Gesichtspunkt der Bestimmtheit die **weite Fassung** des Sachlichkeitsgebots bezeichnet. In der Tat wurde es trotz seiner mehrfachen Erwähnung in den Standesrichtlinien dort nicht definiert, sondern in seiner inhaltlichen Bestimmung vorausgesetzt. Die Standesrichtlinien konnten somit ihre sonst übliche Funktion als Erkenntnisquelle und Orientierungshilfe nicht erfüllen.

Weitere **Schranken** werden dem Sachlichkeitsgebot durch Art. 12 Abs. 1 S. 2 GG gezogen. Als Berufsausübungsregelung ist es nur insoweit statthaft, als es durch sachgerechte und vernünftige Erwägungen des Gemeinwohls gerechtfertigt ist und dem Verhältnismäßigkeitsgrundsatz genügt, also zur Erreichung des angestrebten Zwecks geeignet, erforderlich und für den Anwalt zumutbar ist.[140] Grundsätzlich unterliegt die anwaltliche Berufsausübung der **freien** und **unreglementierten** Selbstbestimmung des einzelnen.[141] Da die anwaltliche Tätigkeit von dem in Wort und Schrift ausgefochtenen „Kampf ums Recht" ausgeprägt ist, müssen dem Anwalt nach Auffassung des Bundesverfassungsgerichts auch starke, eindringliche Ausdrücke und Schlagworte sowie Urteilsschelte und Kritik an Prozeßbeteiligten erlaubt sein.

---

[138] DAV-Ausschuß „Neues Berufsrecht", AnwBl. 1988, 529.
[139] BVerfGE 76, 171 (191) ff. = NJW 1988, 191.
[140] BVerfGE 61, 291 (312); 68, 272 (282).
[141] BVerfGE 63, 266 (282 ff.).

79 Schließlich begrenzt auch das Grundrecht der **Meinungsfreiheit** (Art. 5 Abs. 1 GG) das Sachlichkeitsgebot. Das gilt insbesondere für Äußerungen des Anwalts, deren Bezug zur Berufsausübung fehlt oder zweifelhaft sein kann, also vor allem für kritische öffentliche Äußerungen außerhalb der Wahrnehmung eines konkreten Mandats.[142] Zwar gehört § 43 a Abs. 3 zu den die Meinungsfreiheit einschränkenden allgemeinen Gesetzen i. S. von Art. 5 Abs. 2 GG,[143] wird aber in seiner Reichweite wiederum durch den hohen Rang der allgemeinen Meinungsfreiheit begrenzt.[144]

2. Konsequenzen

80 Unter den dargestellten Aspekten hat das Bundesverfassungsgericht für die Übergangszeit bis zum Inkrafttreten der neuen Berufsordnung eine berufsrechtliche Ahndung von Verstößen gegen das Sachlichkeitsgebot nur in drei Fällen für statthaft gehalten: Wenn sich der Anwalt bei seiner Berufsausübung über andere in einer Weise äußert, die nach Inhalt oder Form eine **strafbare Beleidigung** (§§ 185, 186, 187 StGB) darstellt, ohne durch die Wahrnehmung berechtigter Interessen gedeckt zu sein, wenn er **bewußt Unwahrheiten** verbreitet oder wenn er den Kampf ums Recht durch neben der Sache liegende **Herabsetzungen** belastet, zu denen andere Beteiligte oder der Verfahrensverlauf **keinen Anlaß** gegeben haben.[145] Das Bundesverfassungsgericht läßt ausdrücklich offen, in welchem Umfang ein weitergehendes Sachlichkeitsgebot verfassungsrechtlich statthaft wäre.

81 Der Gesetzgeber hat sich dafür entschieden, diesen möglicherweise vorhandenen Freiraum **nicht** auszunutzen. § 43 a Abs. 3 S. 2 beschränkt sich darauf, die beiden letztgenannten anwaltlichen Verhaltensweisen als Verstöße gegen das Sachlichkeitsgebot zu qualifizieren. Daß strafbare Beleidigungen das Sachlichkeitsgebot verletzen, wurde als selbstverständlich unterstellt.

82 Die gesetzliche Neuregelung des Sachlichkeitsgebots geht somit nicht über das hinaus, was das Bundesverfassungsgericht zuvor als unerläßlich für die Aufrechterhaltung der Funktionsfähigkeit der Rechtspflege angesehen hat. Die Grundsatznorm in § 43 a Abs. 3 S. 1 definiert nicht, was als unsachlich beurteilt werden muß, und ist somit eine **nichtjustitiable Leerformel**. Anwaltliches Verhalten über die vom Bundesverfassungsgericht als verfassungsrechtlich unbedenklich eingestuften Grenzen hinaus als berufsrechtlich relevanten Verstoß gegen das Sachlichkeitsgebot zu werten, würde den gleichen verfassungsrechtlichen Bedenken begegnen, wie sie – unabhängig von dem fehlenden Normcharakter – gegen die allgemeinen Sachlichkeitsgebote in den Richtlinien sprachen.

83 Daß die Satzungsversammlung der Bundesrechtsanwaltskammer von der gem. § 59 b Abs. 2 Nr. 1 d gegebenen Möglichkeit Gebrauch macht, das Sachlichkeitsgebot näher auszugestalten, ist unwahrscheinlich und auch nicht zu empfehlen. Der Vorschlag der Arbeitsgruppe „Neues Berufsrecht" des DAV[146] ging kaum weiter als die gesetzliche Regelung. Alle Versuche, einzelne Ausprägungen des Sachlichkeitsgebots außerhalb des strafrechtlich Relevanten normativ zu fassen, sind gescheitert. Der vom Richtlinienausschuß der BRAK erarbeitete Vorschlag,

---

[142] *Sue,* Rechtsstaatliche Probleme des anwaltlichen Standesrechts (Diss.), S. 215 ff.
[143] BVerfGE 26, 186 (205); BGHSt. 21, 206 (208).
[144] Grundlegend BVerfGE 7, 198 = NJW 1958, 257 (sog. Lüth-Urteil); auch BVerfGE 35, 202 (223 f.) u. 42, 163 (170).
[145] BVerfGE 76, 171 (193) = NJW 1988, 191.
[146] AnwBl. 1988, 529.

als sachlich nur anzusehen, was „in der konkreten Situation bei gewissenhafter Berufsausübung objektiv geeignet sein kann, der Sache des Mandanten zu dienen",[147] versucht eine Definition, deren Begriffe kaum weniger faßbar sind als das Objekt, das sie erklären wollen.[148] Außerdem würde es dem Grundsatz der freien Berufsausübung widersprechen, das Vorgehen des Anwalts in Wort und Schrift nachträglich einer berufsrechtlichen Kontrolle dahin zu unterwerfen, ob es zur Wahrnehmung der Interessen des Mandanten „objektiv geeignet" gewesen sein könne. Das zu beurteilen, ist allein Sache des beauftragten Anwalts.

IV. Verstöße gegen das Sachlichkeitsgebot

Der umfangreichen Judikatur der Ehrengerichte,[149] denen es ohnehin nicht gelungen war, nachvollziehbare Kriterien zur Abgrenzung von sachlichem und unsachlichem Verhalten zu entwickeln, ist durch das Urteil des Bundesverfassungsgerichts vom 14. 7. 1987[150] und die darauf beruhende gesetzliche Regelung des Sachlichkeitsgebots in § 43 a Abs. 3 weitgehend die **Grundlage entzogen** worden. Berufsrechtlich relevante Verstöße gegen das Sachlichkeitsgebot beschränken sich nunmehr auf drei Fallgruppen: 84

1. Strafbare Beleidigungen

Erfüllt der Anwalt im Zusammenhang mit seiner Berufsausübung in Wort, Schrift oder Tat die Tatbestände der §§ 185, 186 und 197 StGB, so ist dies zugleich ein als Berufspflichtsverletzung zu ahnender Verstoß gegen das Sachlichkeitsgebot. Hier vernachlässigt der Anwalt das **berufsethische Minimum**, das ihm als der professionelle Vertreter fremder Interessen abverlangt wird. Die – in § 115 b als möglich vorausgesetzte – berufsrechtliche Ahndung neben der Verhängung einer Strafe ist kein Verstoß gegen den Grundsatz „ne bis in idem".[151] 85

Von besonderer Bedeutung für den Anwalt ist der in § 193 StGB enthaltene Rechtfertigungsgrund der **Wahrnehmung berechtigter Interessen**. Die früher verbreitete Auffassung, dem Anwalt sei wegen des von ihm zu beachtenden Sachlichkeitsgebots eine berufsrechtliche Berufung auf die Wahrnehmung berechtigter Interessen nicht im gleichen Umfange möglich wie im Strafverfahren,[152] ist nicht mehr haltbar.[153] Die in § 193 StGB zum Ausdruck kommende Güterabwägung ist nunmehr ohne jede Einschränkung auf die berufsrechtliche Bewertung anwaltlichen Verhaltens anzuwenden. Demgemäß kann in vollem Umfange auf die strafrechtliche Rechtsprechung und Literatur zu § 193 StGB verwiesen werden. 86

2. Verbot der Lüge

Gemäß § 43 b Abs. 3 S. 2 darf der Anwalt bei seiner Berufsausübung nicht **bewußt** die **Unwahrheit** verbreiten. Die Einordnung des Verbots der Lüge als Verletzung des Sachlichkeitsgebots ist auf den ersten Blick überraschend und widerspricht dem üblichen Sprachgebrauch; man kann bekanntlich in sachlicher 87

---

[147] BRAK-Mitt. 1988, 86, befürwortet von *Zuck* NJW 1988, 175 (179).
[148] So zutreffend DAV-Ausschuß „Neues Berufsrecht" AnwBl. 1988, 529 (531).
[149] Überblick bei *Isele*, Anh. § 43 Stichwort „Sachlichkeit".
[150] BVerfGE 76, 171 (191 ff.) = NJW 1988, 191.
[151] *Maunz/Dürig*, Art. 103, Rdn. 128.
[152] Nachweis bei *Sue*, Fn. 142, S. 212.
[153] *Kleine-Cosack*, § 43 a Rdn. 25; *Jarass* NJW 1982, 1833 (1838); *Sue*, Fn. 142, S. 214.

§ 43 a 88–90 Dritter Teil. Rechte und Pflichten des Rechtsanwalts

Form die Unwahrheit vortragen und höchst unsachlich für die Wahrheit streiten. § 68 RichtlRA 1973, der für den als Verteidiger tätigen Anwalt die Wahrheitspflicht besonders betonte, brachte sie demgemäß nicht in Zusammenhang mit dem Sachlichkeitsgebot. Das Verbot zu lügen ist denn auch zunächst als Konsequenz der Pflicht zur gewissenhaften Berufsausübung gesehen[154] oder aus der Aufgabe des Anwalts hergeleitet worden, als Organ der Rechtspflege dem Recht zu dienen.[155] Die Wahrheitspflicht zielt nicht auf die **Form** anwaltlichen Handelns, sondern auf seinen **materiellen Inhalt**. Dennoch ist sie vom Bundesverfassungsgericht als Ausfluß des Sachlichkeitsgebots gewertet worden.[156] Ihm ist der Gesetzgeber gefolgt.

88 **a) Direkter Vorsatz. Bewußt** verbreitet der Anwalt die Unwahrheit, wenn er weiß, daß es die Unwahrheit ist. Bewußt ist dabei gleichzusetzen mit „wider besseren Wissens" in § 187 StGB oder mit der z. B. in §§ 87, 109 e, 109 g, 134, 145 und 258 StGB gebrauchten Wendung „wissentlich", die beide direkten Vorsatz bedeuten und den bedingten Vorsatz nicht einschließen.[157] Wenn der Anwalt also eine Behauptung aufstellt, dessen Unwahrheit er lediglich für möglich hält, verstößt er nicht gegen die Wahrheitspflicht.[158]

89 **b) Verbreiten.** Im Sinne des § 43 b Abs. 3 S. 2 heißt verbreiten **mitteilen**. Die Übermittlung an eine Person reicht ebenso wie bei § 186 StGB aus.[159] Die dort vertretene Einschränkung auf von anderen gehörte Tatsachen erklärt sich aus der zusätzlichen Erwähnung des Behauptens im Tatbestand der üblen Nachrede[160] und wäre im Berufsrecht sinnwidrig. Ebenso braucht mit der Übermittlung an eine Person nicht die Absicht verbunden zu sein, das Mitgeteilte einem größeren Personenkreis zugänglich zu machen. Vertrauliche Weitergabe von Unwahrheiten reicht aus, ebenso der Gebrauch einer Urkunde, deren Unrichtigkeit der Anwalt kennt.[161] Stiftet der Anwalt jemanden an, unwahre Erklärungen abzugeben, verbreitet er damit auch die Unwahrheit.[162] Wer eine vom Gegner aufgestellte Behauptung, deren Wahrheit er kennt, bestreitet, verletzt auch damit die Wahrheitspflicht[163]

90 **c) Tatsachen.** Die unwahre Mitteilung muß sich auf Tatsachen beziehen. Über die „Wahrheit" von Rechtsauffassungen und Wertungen läßt sich trefflich streiten.[164] Deshalb verstößt der Anwalt nicht gegen das Wahrheitsgebot, wenn er unrichtige Rechtsauffassungen vertritt.[165] Ihm muß erlaubt sein, gegen die herrschende oder einhellige Meinung zu argumentieren. Trägt er allerdings Inhalt und Aussage von Gesetzen und Urteilen wissentlich falsch vor, handelt es sich in Wahrheit um eine unrichtige Tatsachenbehauptung.

---

[154] *Friedlaender*, § 28 Rdn. 3 ff.
[155] *Isele*, Anh. § 43 Stichwort „Wahrheit" Anm. I. A.; *Lingenberg/Hummel/Zuck/Eich*, § 68 Rdn. 2.
[156] BVerfGE 76, 171 (193) = NJW 1988, 191.
[157] *Dreher/Tröndle*, § 15 Rdn. 7.
[158] Überholt somit *Kalsbach*, nach § 43 Rdn. 1 zu § 59 Richtl., und *Lingenberg/Hummel/Zuck/Eich*, § 68 Rdn. 14.
[159] RGSt 55, 277.
[160] *Dreher/Tröndle*, § 186 Rdn. 7.
[161] EGH Frankfurt AnwBl. 1984, 629.
[162] *Dahs*, Fn. 58, Rdn. 48; *Lingenberg/Hummel/Zuck/Eich*, § 68 Rdn. 76.
[163] *Friedlaender*, § 28 Rdn. 3.
[164] *Friedlaender*, § 28 Rdn. 6.
[165] EGH Hamburg NJW 1986, 2115; *Lingenberg/Hummel/Zuck/Eich*, § 68 Rdn. 38 f.

d) Geltung gegenüber jedermann. Das Wahrheitsgebot gilt im Rahmen 91
der anwaltlichen Berufsausübung gegenüber jedermann. Das Gericht zu belügen,
wiegt besonders schwer, da der Richter sich auf das Wort des Anwalts verlassen
können muß.[166] Trägt der Anwalt im Zivilprozeß die Unwahrheit vor, begibt er
sich in die Nähe des Prozeßbetrugs. Da aber das Sachlichkeitsgebot keineswegs
nur gegenüber Gerichten und Behörden gilt, darf der Anwalt auch Mandanten,
Zeugen und andere Prozeßbeteiligte nicht belügen. Gegenüber dem Mandanten
rechtfertigt sich das Wahrheitsgebot noch zusätzlich aus dem Mandatsvertrag und
dem daraus resultierenden Vetrauensverhältnis.[167]

e) Aufklärungspflicht. Aus dem Verbot, bewußt die Unwahrheit zu verbrei- 92
ten, folgt keine Verpflichtung, unklare Sachverhalte oder zweifelhafte Informationen
des Mandanten aufzuklären.[168] Wegen der fehlenden Bestimmtheit des allgemeinen
Sachlichkeitsgebots läßt sich eine solche Aufklärungspflicht auch nicht aus § 43 a
Abs. 3 S. 1 entnehmen. Wenn der Anwalt allerdings den Tatbestand eines Beleidi-
gungsdelikts erfüllt und sich auf die Wahrnehmung berechtigter Interessen beruft,
kann es darauf ankommen, ob er auf die Wahrheit der von ihm aufgestellten Eh-
renkränkungen vertrauen durfte oder es leichtfertig unterlassen hat, ihren Wahrheitsgehalt durch Einholung der ihm möglichen und auch zumutbaren Erkundi-
gungen nachzuprüfen.[169] Die Anforderungen an die Prüfungs- und Aufklärungspflicht dürfen allerdings nicht überspannt werden. In der Regel darf der Anwalt den
Angaben des Mandanten vertrauen. Nur wenn berechtigter Anlaß besteht, an ihrer
Richtigkeit zu zweifeln, ist eine Nachprüfung angezeigt.[170] Das gilt besonders, wenn
der Anwalt schwere Vorwürfe gegen Dritte erhebt.[171] Erstattet er eine offensichtlich
unbegründete Strafanzeige, ist dies ein Verstoß gegen die Wahrheitspflicht.[172]

f) Schweigen. Es stellt keine bewußte Verbreitung von Unwahrheit dar.[173] 93
Der Anwalt darf also in seinem mündlichen oder schriftlichen Vortrag für den
Mandanten ungünstige oder ihm belastende Umstände weglassen, es sei denn, die
Wahrheit wird damit eindeutig verfälscht.[174] Macht der Mandant, ohne von
seinem Anwalt dazu veranlaßt zu sein, falsche Angaben, braucht der Anwalt diese
nicht richtigzustellen.[175]

g) Notlüge. Die Notlüge ist dem Anwalt nicht erlaubt. Er darf also auch dann 94
nicht bewußt die Unwahrheit vortragen, wenn der Mandant sonst zu Unrecht
verurteilt zu werden droht.[176] Würde man in solchen Fällen den Zweck die
Mittel heiligen lassen, würde die anwaltliche Wahrheitspflicht in unerträglicher
Weise relativiert und die Funktion des Anwalts im System der Rechtsfindung
schwer beeinträchtigt.

h) Aussichtslose Rechtsmittel. Ihre Einlegung kann eine zum Schadenser- 95
satz verpflichtende Schlechterfüllung des Mandatsvertrages sein, wenn dem Man-

---

[166] *Kalsbach*, Standesrecht, § 41 I; *Lingenberg/Hummel/Zuck/Eich*, § 68 Rdn. 18.
[167] *Lingenberg/Hummel/Zuck/Eich*, § 68 Rdn. 28.
[168] A. A. *Friedlaender*, § 28 Rdn. 3; *Lingenberg/Hummel/Zuck/Eich*, § 1 Rdn. 12 f.
[169] OLG Hamburg MDR 1980, 953 mit Anm. *Molketin* in AnwBl. 1981, 76; EGH München BRAK-Mitt. 1991, 104; *Dreher/Tröndle*, § 193 Rdn. 13.
[170] *Praml* NJW 1976, 1967; *Krekeler* AnwBl. 1976, 190.
[171] *Friedlaender*, § 28 Rdn. 3.
[172] EGH Hamm BRAK-Mitt. 1985, 112.
[173] *Lingenberg/Hummel/Zuck/Eich*, § 68 Rdn. 5.
[174] *Lingenberg/Hummel/Zuck/Eich*, § 68 Rdn. 76; *Dahs* Rdn. 241.
[175] A. A. Hess. EGH EGE 4, 210.
[176] *Friedlaender*, § 28 Rdn. 3; *Lingenberg/Hummel/Zuck/Eich*, § 1 Rdn. 24.

danten Erfolgsaussichten vorgegaukelt werden. Prozessuale Antrags- und Rechtsbehelfsmöglichkeiten auszunutzen, ist aber keine bewußte Verbreitung von Unwahrheit, und zwar auch dann nicht, wenn damit Zeitgewinn bezweckt wird.[177] Die Kostentragungspflicht sorgt schon dafür, daß diese Fälle nicht überhandnehmen.[178]

96 Der Anwalt darf als Strafverteidiger **Beweisanträge** stellen, auch wenn er selbst glaubt, daß die Beweistatsache nicht bewiesen wird.[179] Er verstößt nicht gegen die Wahrheitspflicht, wenn er ein Urteil mit der auf das Protokoll gestützten Verfahrensrüge angreift, obwohl er weiß, daß das Protokoll falsch ist und der Verfahrensfehler in Wahrheit nicht geschehen ist.[180] Gem. § 274 StPO begründet allein das Protokoll das Vorhandensein oder das Fehlen eines Verfahrensverstoßes. Damit hat sich der Gesetzgeber dafür entschieden, das Protokoll an die Stelle des tatsächlichen Verfahrensverlaufs treten zu lassen. Dann muß aber auch der Verteidiger das Protokoll und nur das Protokoll zur Grundlage seines Handelns machen können.

97 Dagegen ist es ein grober Verstoß gegen die Wahrheitspflicht, wenn der Anwalt ein **vorläufiges Zahlungsverbot** zustellen läßt, ohne daß ein Vollstreckungstitel vorliegt, denn hier spiegelt er wider besseren Wissens das Vorliegen der für das Zahlungsverbot notwendigen Voraussetzung vor.[181]

98 **i) Schuldiger Angeklagter.** Die Verteidigung des schuldigen Angeklagten mit dem Ziel des Freispruchs darf der Anwalt auch bei Kenntnis der Tatschuld übernehmen.[182] Davon ging auch § 58 Abs. 2 RichtlRA 1973 aus, der in einem solchen Fall dem Anwalt die Beachtung der Wahrheitspflicht besonders nahelegte. Eine andere Frage ist, ob der Anwalt in einem solchen Falle das Mandat annehmen will, was wie immer in seiner freien Entscheidung steht. Übernimmt er die Verteidigung, befindet er sich in einer schwierigen Situation, die Konflikte zwischen Wahrheits- und Schweigepflicht nahezu unvermeidbar macht. Es bleibt auch in diesem Fall dabei, daß er keine Unwahrheiten vortragen und auch keine verfälschten Beweismittel verwenden darf. Er muß zu erreichen versuchen, daß die Sachverhaltsfeststellung unter strikter Beachtung der strafprozessualen Normen erfolgt.[183]

99 **j) Unterrichtung der Öffentlichkeit.** Die Anrufung von Stellen, die auf die richterliche Entscheidung **keinen Einfluß** haben können, ist vielfach als Verstoß gegen das Sachlichkeitsgebot für standeswidrig gehalten worden.[184] Dies ist nicht haltbar, denn dann wäre schon die Unterrichtung eines Politikers oder die Anrufung eines Petitionsausschusses standeswidrig, denn diese haben ebenfalls keine Möglichkeit, auf eine richterliche Entscheidung Einfluß zu nehmen.[185] An die Öffentlichkeit wird sich ein honoriger Anwalt nur in Ausnahmefällen im Interesse seines Mandanten wenden. Die Unterrichtung der Medien ist aber grundsätzlich kein berufsrechtlich zu ahndender Verstoß gegen das Sachlichkeitsgebot.

---

[177] EGH Hamburg NJW 1986, 2125; kritisch dazu *Quaas* BRAK-Mitt. 1986, 232, und *Zuck* NJW 1986, 2093 (2095).
[178] Zur Mißbrauchsgebühr *Zuck* NJW 1986, 2093.
[179] BGH StrVert. 1989, 237.
[180] *Kalsbach*, § 59 Richtl. Rdn. 5; *Dahs* Rdn. 810; *Lingenberg/Hummel/Zuck/Eich*, § 68 Rdn. 24.
[181] EGH Hamburg BRAK-Mitt. 1990, 55.
[182] RGSt. 66, 326; BGHSt. 2, 377; *Dahs*, Fn. 58, Rdn. 62.
[183] Vgl. dazu *Dahs*, Fn. 58, Rdn. 62 ff.
[184] *Lingenberg/Hummel/Zuck/Eich*, § 9 Rdn. 12.
[185] *Redeker* NJW 1982, 2761.

k) Wahrheitspflicht in eigener Sache. Auch in eigener Sache ist der Anwalt sowohl im Strafprozeß als auch in einem berufsrechtlichen Verfahren zur Wahrheit verpflichtet.[186] Die Kritiker dieser Auffassung berufen sich zu Unrecht auf die Rechtsprechung des Bundesverwaltungsgerichts zur Wahrheitspflicht der Soldaten, die sich nur auf den dienstlichen Bereich der Bundeswehr bezieht und unwahre Angaben in Strafverfahren oder disziplinarrechtlichen Angelegenheiten ohne disziplinarrechtliche Ahndung dem „normalen menschlichen Versagensbereich" zuweist.[187] Anders als bei den Soldaten ist das Verbot der Lüge für den Anwalt eine seinen Beruf prägende elementare Pflicht. Sie auch in eigener Sache zu beachten, ist ihm schon deshalb zumutbar, weil ihm im Strafverfahren, aber auch in einem berufsrechtlichen Verfahren ein Schweigerecht zusteht, ohne daß daraus für ihn nachteilige Schlüsse gezogen werden dürfen.[188] Das Bundesverwaltungsgericht hat im übrigen in Abweichung von der Rechtsprechung der Wehrdienstsenate die Wahrheitspflicht des Beamten in gegen ihn durchgeführten Ermittlungen bejaht.[189] Das Gesetz zur Neuordnung des Wehrdisziplinarrechts vom 21. 8. 1972[190] hat in den für die Ermittlungen geltenden § 28 Abs. 4 WDO die Bestimmung eingeführt, daß der Soldat, der sich trotz Hinweisen auf seine Schweigepflicht zur Aussage entschließt, in dienstlichen Angelegenheiten auch der Wahrheitspflicht unterliegt. Dadurch ist die frühere Rechtsprechung der Wehrdienstsenate des Bundesverwaltungsgerichts obsolet geworden.

3. Herabsetzende Äußerungen ohne Anlaß

Im Gegensatz zu den beiden oben behandelten Fallgruppen fehlt dem vom Bundesverfassungsgericht für verfassungsrechtlich zulässig gehaltenen dritten Tatbestand unsachlichen anwaltlichen Verhaltens – herabsetzende Äußerungen, zu denen andere Beteiligte oder der Verfahrensverlauf keinen Anlaß gegeben haben – eine klare Kontur. Es verwundert deshalb nicht, daß seine Reichweite unterschiedlich eingeschätzt wird.[191]

Der hohe Rang der Berufsausübungsfreiheit und der allgemeinen Meinungsfreiheit erfordert es, nicht schon jede unsachliche, zugespitzte polemische Äußerung, wie sie immer wieder in schriftsätzlichen oder mündlichen Auseinandersetzungen auftaucht, als herabsetzend zu qualifizieren. Das Bundesverfassungsgericht hat die Grenze einer zumutbaren Beschränkung einer Berufsausübung und der Meinungsfreiheit ausdrücklich als überschritten angesehen, wenn Meinungsäußerungen berufsrechtlich verfolgt werden, die ein Verfahrensbeteiligter lediglich als stilwidrig, ungehörig, als Verstoß gegen den guten Ton und das Taktgefühl empfinden kann.[192] Es muß sich also bei den herabsetzenden Äußerungen im Sinne von § 43 a Abs. 3 S. 2, 2. Alt. um solche von **Gewicht** handeln, die strafrechtlich die **Schwelle der Beleidigung** überschreiten.[193]

---

[186] *Isele,* Anh. zu § 43 Stichwort „Wahrheit" Anm. II. J.; *Lingenberg/Hummel/Zuck/Eich,* § 68 Rdn. 26; *Jessnitzer/Blumberg,* § 43 a Rdn. 3; *Dahs,* Fn. 58, Rdn. 83; a. A. EGH Stuttgart BRAK-Mitt. 1981, 45 und *Kleine-Cosack,* § 43 a Rdn. 24.
[187] BVerwG NJW 1968, 857 und NJW 1969, 1188.
[188] BGHSt 27, 374 = NJW 1979, 324.
[189] BVerwGE 46, 116 (120 f.).
[190] BGBl. 1972 I, S. 1481.
[191] Vgl. einerseits *Kleine-Cosack,* § 43 a Rdn. 20, und andererseits *Zuck* NJW 1988, 175 (179).
[192] BVerfGE 76/171 (191) = NJW 1988, 191.
[193] So auch der DAV-Vorstand in seinen Vorschlägen zum Berufsrecht, AnwBl. 1990 Beilage zu Nr. 4 S. 33.

§ 43 a 103–107   Dritter Teil. Rechte und Pflichten des Rechtsanwalts

103   Haben andere Beteiligte oder der Verfahrensverlauf zu den herabsetzenden Äußerungen **keinen Anlaß** gegeben, wird der Anwalt in der Regel nicht geltend machen können, er habe in Wahrnehmung berechtigter Interessen gehandelt. Von dem zweiten in § 43 a Abs. 3 S. 2 genannten Tatbestand unsachlichen Verhaltens werden also vor allem diejenigen Fälle erfaßt, in denen gem. § 193 StGB „das Vorhandensein einer Beleidigung aus der Form der Äußerung oder aus den Umständen, unter welchen sie geschah, hervorgeht".

104   Ob überhaupt noch – von der Verletzung des Wahrheitsgebotes abgesehen – **unterhalb** der Schwelle des Strafrechts berufsrechtlich zu ahndende Verstöße gegen das Sachlichkeitsgebot verbleiben, ist umstritten,[194] aber wohl zu verneinen, da Abgrenzungskriterien, welche die rechtsstaatlich notwendige Bestimmtheit aufweisen, nicht ersichtlich sind. Gut gemeinte, inhaltlich aber vage und verschwommen bleibende Appelle an das Berufsethos sind berufsrechtlich wenig hilfreich.[195]

4. Beschränkung auf Berufsausübung

105   Das Sachlichkeitsgebot beschränkt sich auf die Berufsausübung des Anwalts. Es erfaßt also nicht Äußerungen des Anwalts, die – wie z. B. politische Stellungnahmen – keinen Bezug zu seiner beruflichen Tätigkeit haben, weil hier kein Interesse der Rechtspflege für die Berufsausübungsfreiheit beeinträchtigende Regelungen ins Feld geführt werden kann.[196] Daß eine Äußerung für das allgemeine Ansehen der Anwaltschaft abträglich sein könnte, reicht für eine berufsrechtliche Maßregelung nicht aus.[197] Nicht zur Berufsausübung sind auch allgemeine Justizkritik und Urteilsschelte zu rechnen, wie sie auch jedem anderen Staatsbürger im Rahmen der geltenden Gesetze freistehen. Die Grenze zur Berufsausübung ist dort zu ziehen, wo Äußerungen des Anwalts sich auf ein ihm übertragenes Mandat beziehen.[198]

D. Widerstreitende Interessen

I. Entstehungsgeschichte

106   Im römischen Quästionenprozeß machte sich der Ankläger einer **praevaricatio** (praevaricari = breitbeinig gehen, auf beiden Schultern tragen) schuldig, der den Prozeß unredlich mit dem Ziel führte, dem Angeklagten zu einem Freispruch zu verhelfen. Später übertrug man diese Bezeichnung auf den Rechtsbeistand, der pflichtwidrig die Interessen der Gegenpartei vertrat.[199] Mit der Rezeption fand das Verbot, widerstreitende Interessen zu vertreten, Eingang in das deutsche Recht[200] und führte 1871 zum Straftatbestand des § 356 StGB, der zwar seitdem verschiedentlich umformuliert, aber im Kern unverändert geblieben ist.

107   Die **Rechtsanwaltsordnung** von 1878 regelte die Prävarikation nur in einem Teilbereich, indem sie dem Anwalt in § 31 Nr. 2 die berufliche Tätigkeit für

---

[194] Verneinend *Kleine-Cosack,* § 43 a Rdn. 20; ähnlich *Sue,* Fn. 142, S. 214 f.; a. A. *Zuck* NJW 1988, 175 (179).
[195] Vgl. z. B. *Mohr* BRAK-Mitt. 1985, 22.
[196] *Sue,* Fn. 142; DAV-Vorstand Fn. 193.
[197] BVerfGE 76, 171 (193) = NJW 1988, 191.
[198] *Sue,* Fn. 142, S. 208.
[199] Vgl. dazu *LK-Hübner,* § 356 StGB, Entstehungsgeschichte.
[200] Vgl. die ausführliche Darstellung bei *Kalsbach,* Standesrecht, S. 350 ff.

einen Mandanten untersagte, wenn „sie von ihm in derselben Rechtssache bereits einer anderen Partei im entgegengesetzten Interesse gewährt ist". Daß es zu den „selbstverständlichsten Pflichten jedes Sachwalters"[201] gehört, nicht zwei Parteien im entgegengesetzten Interesse zu dienen, wurde mit Rücksicht auf § 356 StGB nicht in Frage gestellt. Auf den strafrechtlichen Tatbestand nahmen auch die RichtlRA 1929 Bezug; unter Rdn. 41 heißt es dort unter der Überschrift „Treuepflicht", der Anwalt mache sich „schwer strafbar", wenn er in derselben Rechtssache beiden Parteien pflichtwidrig diene. Der Zusatz, auch beim Fehlen einer strafbaren Handlung könne eine „Standesverfehlung" vorliegen, weist darauf hin, daß die anwaltliche Berufspflicht weiter reicht. Die RichtlRA 1957 ergänzen in § 34 diesen Hinweis dahin, daß z. B. auch bei **fahrlässigem** Handeln eine Standesverfehlung vorliegen könne. Die RichtlRA 1963 fügten in § 35 Abs. 2 hinzu, daß der Anwalt schon den **Anschein** der Vertretung widerstreitender Interessen zu vermeiden habe. Die Bundesrechtsanwaltsordnung von 1959 übernahm in § 45 Nr. 2 in sprachlich leicht veränderter Form das schon in § 31 Nr. 2 statuierte Vertretungsverbot der Rechtsanwaltsordnung.

Da § 45 Nr. 2 BRAO a. F. nur die **frühere** im gegensätzlichen Interesse entfaltete anwaltliche Tätigkeit als Grund für die Ablehnung eines Mandats festlegte und damit keineswegs alle Fälle des Parteiverrats erfaßte,[202] entschloß sich der Gesetzgeber bei der Berufsrechtsnovelle 1994,[203] das Verbot der Vertretung widerstreitender Interessen in einer **alle Erscheinungsformen** der Prävarikation umfassenden Formulierung in den Katalog elementarer Berufspflichten aufzunehmen. Folgerichtig war dies auch deshalb, weil die in den §§ 45 und 46 enthaltenen Vertretungsverbote insofern über die Berufspflicht, keine widerstreitenden Interessen zu vertreten, hinausgehen, als sie Tätigkeiten außerhalb der anwaltlichen Berufsausübung als mögliche Quelle von Interessenkonflikten begreifen und präventiv darauf abzielen, den Anwalt nicht in eine Lage kommen zu lassen, die Gefährdungen für seine Unabhängigkeit und geradlinige Berufsausübung mit sich bringen könnte.

Im Gesetz fehlt eine ausdrückliche Erstreckung aller oder einzelner der in § 43 a genannten Berufspflichten auf Sozien und andere zur **gemeinschaftlichen Berufsausübung verbundene Rechtsanwälte,** wie sie in den § 45 Abs. 3 und § 46 Abs. 3 zu finden ist. Dies beruht nicht auf einem Versehen des Gesetzgebers,[204] sondern wurde schon deshalb als überflüssig angesehen, weil bei Zweifeln über die Reichweite einzelner Grundpflichten die Berufsordnung Konkretisierungen vornehmen kann. So weist die Begründung des Gesetzesentwurfs ausdrücklich auf die Gefahren für die Einhaltung des Verbots der Vertretung widerstreitender Interessen hin, die mit der Entstehung immer größerer Kanzleien und überörtlicher Sozietäten verbunden sind, und betont in diesem Zusammenhang den Nutzen, den „praxisorientierte Leitlinien der Berufsangehörigen" in einer Berufsordnung haben können.[205]

Überlegungen der Großen Strafrechtskommission, die strafrechtliche Sanktionierung des Parteiverrats auf Fälle zu beschränken, in denen der Anwalt bei der Vertretung widerstreitender Interessen „absichtlich oder wissentlich zu Gunsten

---

[201] *Friedlaender,* § 31 Rdn. 4.
[202] Isele, § 45 Anm. IV. B.
[203] BGBl. I, S. 2278.
[204] Wie *Kleine-Cosack* NJW 1994, 2249 (2252) irrig meint.
[205] BT-Drucks. 12/4993, S. 35; abwegig deshalb *Kleine-Cosack,* § 43 a Rdn. 35, der eine Regelung in der Berufsordnung für unzulässig hält; vgl. im übrigen Rdn. 114 ff. und 133 ff.

eines Auftraggebers gegen den Auftrag oder zum Nachteil eines anderen Auftraggebers handelt",[206] sind bei der Ausgestaltung der Berufspflicht nicht aufgegriffen worden. Mag ein teilweises Zurücknehmen der Strafandrohung im Rahmen einer Neubestimmung des ethischen Minimums beim Parteiverrat noch diskutabel sein, würde eine Einschränkung der Berufspflicht auf ein absichtlich oder wissentlich auftragwidriges oder einen Mandanten schädigendes Verhalten schon wegen der dann bestehenden Beweisschwierigkeiten dem Parteiverrat Tür und Tor öffnen und damit die Rolle der Anwaltschaft im System der Rechtspflege schwer beeinträchtigen.

II. Normzweck

111 Über die ratio legis des § 356 StGB ist viel gestritten worden.[207] Übereinstimmung besteht heute darüber, daß der Parteiverrat **kein Amtsvergehen** ist; der Standort des § 356 StGB unter den Straftaten im Amt ist historisch daraus zu erklären, daß zur Zeit der Entstehung des Strafgesetzbuches Anwälte noch vielfach Beamte waren. Nicht mehr bestritten wird ferner, daß es sich – zumindest auch – um ein gegen die **Rechtspflege** gerichtetes Delikt handelt. Leistet ein Anwalt pflichtwidrig dem Gegner seines Mandanten rechtskundigen Beistand, ist er der Diener zweier Herren und untergräbt das **Vertrauen** der Allgemeinheit in die **Integrität** der Anwaltschaft. Da diese in einer rechtsstaatlich orientierten Rechtspflege eine unverzichtbare Funktion wahrnimmt, ist eine solche Tat mittelbar ein Angriff auf die Gesamtordnung des Rechtswesens.[208] Daß § 356 daneben auch den Zweck hat, den **Mandanten** zu schützen, wird von der herrschenden Meinung grundsätzlich nicht geleugnet; unterschiedlich beantwortet wird lediglich die Frage, ob dieses Individualinteresse gleichrangig,[209] nachgeordnet[210] oder nur reflektiv[211] geschützt wird.

112 Die Schutzrichtungen des § 43 a Abs. 4 BRAO und des § 356 StGB differieren nicht. Die Begründung des Entwurfs der Berufsrechtsnovelle 1994 nennt als „Grundlage" der Regelung in § 43 a Abs. 4 „das Vertrauensverhältnis zum Mandanten, die Wahrung der Unabhängigkeit des Rechtsanwalts und die im Interesse der Rechtspflege gebotene Geradlinigkeit bei der anwaltlichen Berufsausübung".[212] Daß die **Unabhängigkeit** des Anwalts hier genannt wird, mag auf den ersten Blick überraschen, findet aber seine Berechtigung darin, daß ein pflichtwidrig auch den Gegner dienender Anwalt sich in die Lage begibt, die leicht erpresserisch ausgenutzt werden kann, insbesondere wenn – wie in vielen Fällen – sein Handeln auch strafrechtlich relevant ist. Die Erwähnung des **Vertrauensverhältnisses** zum Mandanten widerspricht nicht der Ausrichtung der Prävarikation auf das **Gemeinwohl**, denn daß der Anwalt dieses ihm entgegengebrachte Vertrauen nicht enttäuscht und nicht hinter dem Rücken des Mandanten den Gegner vertritt, ist – wie bei der anwaltlichen Schweigepflicht – eine Grundvoraussetzung dafür, daß die Anwaltschaft ihre Funktion im System der Rechtspflege erfüllen kann.

---

[206] § 458 des Entwurfs 1962; vgl. dazu *Baumann/Pfohl* JuS 1983,24 (28 f).
[207] Eingehend *LK-Hübner*, § 356 Rdn. 1 ff.
[208] *LK-Hübner*, § 356 Rdn. 8 ff.; *SK-Rudolphi*, § 356 Rdn. 3; *Schönke/Schröder/Cramer*, § 356 Rdn. 1.
[209] *Maurach/Schröder/Maiwald*, Strafrecht BT Bd. 2 S. 257.
[210] BGHSt 12, 96; *LK-Hübner*, § 356 Rdn. 9.
[211] *SK-Rudolphi*, § 356 StGB Rdn. 3.
[212] BT-Drucks. 12/4993, S. 27.

III. Verfassungsfragen

1. Gemeinschaftliche Berufsausübung

Das Bundesverfassungsgericht hat die Regelung der anwaltlichen Berufsausübung durch das Verbot der Mehrfachverteidigung in § 146 StPO mit übergreifenden Belangen des Gemeinwohls gerechtfertigt.[213] Da diese Vorschrift **potentielle Interessenkonflikte**, die bei der Verteidigung mehrerer Beschuldigter durch einen Anwalt auftreten können, vermeiden soll, ist eine berufsrechtliche Verpflichtung, keine bereits **real** vorhandenen **widerstreitenden Interessen** zu vertreten, erst recht als verfassungsgemäß zu werten. Auf die mit § 146 StPO im übrigen verbundenen vielfältigen Auslegungsschwierigkeiten, die mehrfach auch das Bundesverfassungsgericht beschäftigt haben,[214] braucht nicht näher eingegangen zu werden, da das berufsrechtliche Verbot weiter reicht als § 146 StPO, insbesondere nachdem das Verbot der sukzessiven Verteidigung durch das Strafverfahrensänderungsgesetz 1987 weggefallen ist und damit § 146 StPO nur noch in geringerem Maße die Entstehung von Interessenkonflikten vermeiden kann.[215]

Verfassungsrechtliche Zweifel können allerdings auftreten, wenn trotz der Beauftragung eines einzelnen Anwalts das berufsrechtliche Vertretungsverbot auf Personen ausgedehnt wird, mit denen sich dieser Anwalt zur **gemeinschaftlichen Berufsausübung** zusammengetan hat. Daß nur eine solche Reichweite des Vertretungsverbots Interessenkollisionen und Verletzung der Schweigepflicht ausschließt, wird unten unter Rdn. 133 ff. dargelegt. Dem scheint der Beschluß des Bundesverfassungsgerichts vom 28. 10. 1976[216] zu widersprechen, mehrere Anwälte einer Sozietät könnten gleichzeitig getrennt mehrere Beschuldigte vertreten. Betrifft diese Entscheidung auch nicht den Umfang berufsrechtlicher Pflichten, sondern die Auslegung einer Verfahrensnorm, ist dennoch die Feststellung des Bundesverfassungsgerichts von Bedeutung, das Verbot der getrennten Verteidigung mehrerer Beschuldigter durch verschiedene Anwälte einer Sozietät verstoße gegen das anwaltliche Recht auf freie Berufsausübung. Begründet wird dies mit dem Argument, keiner der getrennt mandatierten Sozien sei gehindert, seinen Mandanten ohne Rücksicht auf die Belange der Mitbeschuldigten so zu verteidigen, wie es ihm notwendig erscheine.[217]

Daß die **Verteidigung** mehrerer Beschuldigter durch einen Anwalt – unabhängig von § 146 StPO – diesen dann in einen Interessenkonflikt führt, wenn die dem Beschuldigten zur Last gelegten Taten zu einem einheitlichen geschichtlichen Vorgang i. S. des prozessualen Tatbegriffs der §§ 155 Abs. 1, 264 Abs. 1 StPO gehören, ist eine Folge des hier anzuwendenden objektiven Interessenbegriffs.[218] Steht dieser Interessenkonflikt aber der getrennten Beauftragung verschiedener Sozien nicht entgegen, müßte das Bundesverfassungsgericht konsequenterweise auch in zivilrechtlichen Streitigkeiten die gegenläufige Mandatierung von einzelnen Mitgliedern einer Sozietät oder Partnerschaft zulassen. Auch

---

[213] BVerfGE 39, 156 = NJW 1975, 1013.
[214] BVerfGE 39, 156 = NJW 1975, 1013; 43, 79 = NJW 1977, 99; 45, 272 = NJW 1977, 1629; 45, 354 = NJW 1977, 1767.
[215] *KK-Laufhütte*, § 146 StPO Rdn. 1.
[216] BVerfGE 43, 79 = NJW 1977, 99.
[217] BVerfGE 43, 79 (92) = NJW 1977, 99 (100).
[218] Vgl. Rdn. 141 ff.

hier würde das Argument gelten, Verbundenheit in einer Sozietät hindere den einzelnen Anwalt nicht daran, seinen Mandanten ohne Rücksicht auf die Belange des Prozeßgegners so zu vertreten, wie er es für notwendig erachte.

116 Es liegt auf der Hand, daß die Vertretung widerstreitender Interessen durch einzeln beauftragte Anwälte einer Sozietät die Funktion der Anwaltschaft im System der Rechtspflege schwer beeinträchtigen würde. Das Vertrauen des rechtssuchenden Publikums in die **Geradlinigkeit** der anwaltlichen Berufsausübung wäre dahin, müßte es – auch in öffentlichen Gerichtsverhandlungen – erleben, wie sich Mitglieder derselben Kanzlei streiten.[219] Deshalb verbietet sich auch die Annahme, das Bundesverfassungsgericht habe die Vertretung materiell widerstreitender Interessen durch Mitglieder einer Sozietät zulassen wollen. Es ist ersichtlich davon ausgegangen, daß in dem seiner Entscheidung zu Grunde liegenden Fall auch ein Anwalt die beiden Angeklagten hätte verteidigen dürfen, wenn dies nicht § 146 StPO mit der unwiderleglichen Vermutung einer Interessenkollision verboten hätte. Somit kommt es entscheidend darauf an, ob der Anwalt bei der Vertretung mehrerer Mandanten in einen Interessenkonflikt gerät. Ist dies der Fall, gilt das Vertretungsverbot sowohl für ihn als auch für alle mit ihm in gemeinschaftlicher Berufsausübung verbundenen Personen.[220]

2. Kommunale Vertretungsverbote

117 Verfassungsrechtliche Probleme werfen auch die in den Kommunalverfassungen der meisten deutschen Länder[221] ausgesprochenen Vertretungsverbote für kommunale Mandatsträger auf. Nach der Rechtsprechung des Bundesverfassungsgerichts wird damit nicht bezweckt, die Berufstätigkeit der Mandatsträger zu regeln; vielmehr zielen diese Bestimmungen darauf ab, Kollisionen zwischen der beruflichen Interessenvertretung durch Mandatsträger unterschiedlicher Berufe und ihren Amtspflichten gegenüber Gemeinde und Kreis zu verhindern, ihnen also zu verwehren, ihre Stellung als Mitglied der kommunalen Vertretungen im öffentlichen Leben unangemessen für ihre Berufsausübung auszunutzen.[222] Sie fallen demgemäß in die Gesetzgebungskompetenz der Länder (Art. 70 GG) und sind verfassungsgemäß.[223]

118 Die Übernahme von Mandaten in **Bußgeldverfahren** wird allerdings durch diese Vorschrift nicht erfaßt.[224] Auch beschränkt sich das Tätigkeitsverbot auf die Geltendmachung von Ansprüchen gegen die Gemeinde oder den Kreis.[225] Die lange strittige Frage, ob sich die Vertretungsverbote auch auf Sozien und andere mit dem Mandatsträger zur gemeinschaftlichen Berufsausübung verbundenen Personen erstreckt, ist inzwischen vom Bundesverfassungsgericht mit überzeugenden Gründen verneinend beantwortet worden.[226]

---

[219] *Lingenberg/Hummel/Zuck/Eich*, § 46 Rdn. 48.
[220] *Dahs*, Fn. 58, Rdn. 103; *Lingenberg/Hummel/Zuck/Eich*, § 46 Rdn. 48; vgl. im übrigen Rdn. 136 ff.
[221] Einen Überblick gibt *Haufs-Brusberg* AnwBl. 1985, 177.
[222] BVerfGE 41, 231 = NJW 1976, 954 m. krit. Anm. *Witte-Wegmann*.
[223] BVerfGE a. a. O. und NJW 1980, 33; 1981, 1599; 1982, 2177; 1988, 1994; BVerwG NJW 1984, 377.
[224] BVerfGE 41, 231.
[225] OVG Münster NJW 1982, 67; BVerfG NJW 1988, 694.
[226] BVerfG NJW 1981, 1599 u. NJW 1982, 2177.

IV. Reichweite des Verbots

1. Vorbemerkung

In § 43 a Abs. 4 ist der Kern der bislang in § 46 RichtlRA 1973 enthaltenen **119** Regelung in einer prägnanten Kurzfassung auf die gesetzliche Ebene gehoben worden. Der Tatbestand des § 356 StGB reicht nur insofern weiter, als dort auch andere Rechtsbeistände zum Täterkreis gehören. Das Verbot, widerstreitende Interessen zu vertreten, umfaßt **alle Fallgestaltungen**, in denen es zur Kollision von Interessen kommen kann. Gemäß § 59 b Abs. 2 Nr. 1 e kann die Satzungsversammlung in der **Berufsordnung** das Verbot der Vertretung widerstreitender Interessen „näher regeln". Da die umfangreiche strafrechtliche und berufsrechtliche Judikatur eine Fülle von Streitfragen offenbart,[227] liegt eine Wahrnehmung dieser Ermächtigung nahe. Das gilt insbesondere für die mit der Erstreckung der Verbotspflichten auf Dritte verbundenen Fragen.[228] Für eine Verdeutlichung und Konkretisierung der in diesem Zusammenhang bestehenden Berufspflichten spricht eine verbreitete Unkenntnis über die Reichweite des Parteiverrats[229] und auch die „Unbekümmertheit",[230] mit der sich manche Anwälte selbst über die strafrechtlichen Schranken des § 356 StGB hinwegsetzen.

2. Handeln des Anwalts

a) Berufsbezogenheit. Die Verbotspflicht trifft den Anwalt nur in seiner **120** **Berufsausübung**, und zwar muß er bei der Wahrnehmung beider sich widerstreitender Interessen als Anwalt tätig werden.[231] Dies ergibt sich zwar nicht zwingend aus dem Gesetzeswortlaut, wohl aber aus der eindeutigen Berufsbezogenheit der in § 43a statuierten Grundpflichten. Dafür spricht auch, daß die Fälle, in denen der Anwalt als solcher nur für die eine Partei tätig gewesen ist, die kollidierenden Interessen aber in anderer Funktion vertreten hat, gesondert von §§ 45 und 46 erfaßt werden.

b) Privater Rechtsrat. Der privat gewährte Rechtsrat scheidet somit als **121** Anknüpfungspunkt für die Wahrnehmung widerstreitender Interessen aus. Der Anwalt ist allerdings gut beraten, hier vorsichtig zu sein. Insbesondere bei einem Engagement im wirtschaftlichen, sozialen, politischen und gesellschaftlichen Bereich wird er gern bei passender Gelegenheit um Rechtsauskunft angegangen. Er sollte in solchen Fällen klarstellen, daß er nicht in Ausübung seiner anwaltlichen Berufstätigkeit antwortet. Mag die Unentgeltlichkeit in vielen Fällen auf eine außergerichtliche Inanspruchnahme hindeuten, ist dies jedoch vor allem bei langjährigen Mandanten im Falle eines Beratungsvertrages kein zwingendes Indiz.[232]

c) Anwälte als Amtsträger. Durch § 45 Abs. 1 Nr. 3 und Abs. 2 Nr. 1 wird **122** die früher strittige Frage, ob Anwälte, die als **Konkursverwalter, Vergleichs-**

---

[227] Vgl. die nahezu unüberschaubare Judikatur bei *LK-Hübner*, § 356 StGB Rdn. 33 ff; auch *Isele* S. 563–575.
[228] Vgl. dazu Rdn. 114 ff. und 133 ff.
[229] *Lingenberg/Hummel/Zuck/Eich*, § 46 Rdn. 1.
[230] *LK-Hübner*, § 356, StGB Rdn. 164 mit Hinweis auf die einschlägige Rechtsprechung der Ehrengerichte.
[231] BGHSt 20, 41; 24, 19; *LK-Hübner* § 356 Rdn. 51; a. A. *Geppert*, Parteiverrat, S. 117 u. OLG Frankfurt NJW 1990, 2131; auch AnwG München, BRAK-Mitt. 1995, 172 für die Kollision mit Eigeninteressen des Anwalts, allerdings unter Rückgriff auf § 43.
[232] Vgl. dazu *Borgmann/Haug*, Kap II Rdn. 20 f. und 60 ff.

verwalter, Nachlaßverwalter, Testamentsvollstrecker oder Betreuer tätig sind, von § 356 StGB und dem entsprechenden berufsrechtlichen Verbot erfaßt werden, im Sinne der Rechtsprechung geklärt. In diesen Fällen übt der Anwalt seinen Beruf nicht als unabhängiger Sachwalter von Parteiinteressen aus, sondern nimmt ein ihm übertragenes Amt unter gerichtlicher Kontrolle wahr.[233]

123 d) **Syndikusanwalt.** Nach bisher herrschender Meinung kann er nicht als Täter des Parteiverrats in Betracht, wenn er nur weisungsgebundene Syndikusdienste für seinen Arbeitgeber leistete.[234] Die in § 46 Abs. 2 für den Syndikusanwalt statuierten Tätigkeitsverbote bestätigen dies mittelbar, so daß die als Syndikusanwalt ausgeübte Tätigkeit nicht unter § 43 a Abs. 3 einzuordnen ist.

124 e) **Berufsfremde Tätigkeit.** Abgrenzungsschwierigkeiten zwischen anwaltlicher und nichtanwaltlicher Tätigkeit können sich ergeben, wenn ein Anwalt Aufgaben übertragen erhält, die nicht oder nur am Rande eine rechtliche Beratung erfordern, wie z. B. Vermögensverwaltung, kaufmännische Buchführung oder Maklertätigkeit. Sind berufsfremde Aufgaben einem Anwalt übertragen, so spricht im Zweifel die Vermutung dafür, daß der Mandant zumindest auch Rechtsrat von ihm erwartet.[235] Im Rahmen des Verbots, widerstreitende Interessen zu vertreten, hat die Abgrenzung an Bedeutung verloren, weil bei eindeutig berufsfremder Tätigkeit das in § 45 Abs. 1 Nr. 4 und Abs. 2 Nr. 2 geregelte **Vertretungsverbot** eingreift, im Falle einer zeitlich vorhergehenden anwaltsfremden Tätigkeit aber nur dann, wenn diese noch nicht beendet ist. Ist sie abgeschlossen, kommt es also nach wie vor darauf an, ob der Anwalt als solcher in Anspruch genommen worden ist. Entwickelt sich der Anwalt vom Prozeßanwalt zu einem „rechtlichen Berater des rechtssuchenden Publikums in allen Lebenslagen",[236] wird er im Rahmen der angestrebten Vollbetreuung seiner Mandanten auch immer häufiger mit Aufgaben konfrontiert werden, die nicht typisch für das überkommene, auf die forensische Tätigkeit konzentrierte anwaltliche Berufsbild sind. Die Konsequenz daraus ist, daß er sich auch in diesen Tätigkeiten den berufsrechtlichen Regeln unterwerfen muß, so weit und so lange sie – wenn auch nur am Rande – Rechtsrat einschließen.[237] Daß die vom Anwalt erbetene Dienstleistung auch von einem Nichtanwalt erbracht werden könnte, reicht noch nicht aus, um sie nicht der Berufssphäre des Anwalts zuzuordnen.[238]

125 f) **Eigene Interessen.** Sie darf der Anwalt gegen seinen Mandanten vertreten.[239] Das gilt nicht, wenn er abgetretene Rechte des Gegners in derselben Rechtssache geltend macht.[240]

3. Sachverhaltsidentität

126 Der Anwalt darf widerstreitende Interessen nur dann nicht vertreten, wenn sie aus demselben Sachverhalt gegenläufig abzuleiten sind. Parteiverrat im Sinne des § 356 StGB erfordert, daß der Anwalt „in derselben Rechtssache" beiden Par-

---

[233] BGHSt 13, 231; 24, 192.
[234] OLG Stuttgart NJW 1968, 1975; *Schönke/Schröder/Cramer*, § 356 StGB Rdn. 5.
[235] BGH NJW 1985, 2642; so auch schon *Friedlaender*, Allg. Einl., Rdn. 19; eingehend dazu *Borgmann/Haug*, Kap. II Rdn. 12 ff.
[236] *Busse* AnwBl. 1994, 482.
[237] Vgl. dazu auch BGH NJW-RR 1989, 1102 und NJW 1993, 199.
[238] RG JW 1934, 428 (429).
[239] BGHSt 12, 96 (98) m. zust. Anm. *Kalsbach* AnwBl. 1959, 105; *LK-Hübner*, § 356 StGB Rdn. 48.
[240] EGH 27, 160.

teien pflichtwidrig dient. Auch das Vertretungsangebot in § 45 Nr. 2 RichtlRA 1973 verlangte „eine Vertretung in derselben Rechtssache". Obwohl in § 43 a Abs. 4 diese Worte nicht auftauchen, spricht nichts dafür, daß der Gesetzgeber das Vertretungsverbot über die bisherigen Grenzen hinaus ausdehnen wollte. Dem berufsrechtlichen Begriff der widerstreitenden Interessen ist somit ihre Ableitung aus einem zumindest teilweise indentischen Lebenssachverhalt immanent. Überschneidet sich der von dem einen Mandanten dem Anwalt unterbreitete Sachverhalt mit den daraus resultierenden materiellen Rechtsverhältnissen auch nur teilweise mit dem Tatsachenkomplex, der dem Anwalt von einem anderen Klienten anvertraut worden ist, darf er die sich daraus ergebenden rechtlichen Interessen nicht gegenläufig wahrnehmen.[241]

Es kommt nicht darauf an, ob der Streitstoff in **verschiedenen Verfahren** verhandelt wird, solange der zu Grunde liegende historische Vorgang, der in diesen Verfahren eine Rolle spielt, zumindest teilweise identisch ist.[242] Auch ist unbeachtlich, ob es sich um **denselben** Anspruch handelt.[243] Änderungen des rechtlichen Blickwinkels[244] sind ebensowenig entscheidend wie Wandlungen des Rechtsverhältnisses,[245] solange nur eine Teilidentität des historischen Vorgangs erhalten bleibt. Das gleiche gilt für einen **Wechsel** der beteiligten **Personen.**[246] Hatte der Anwalt den Drittschuldner im Prozeß gegen den Schuldner vertreten, darf er nicht für den Pfändungsgläubiger gegen ihn vorgehen.[247] Wenn er für den Gläubiger einen Pfändungs- und Überweisungsbeschluß erwirkt hat, ist er gehindert, den Drittschuldner gegen den Gläubiger zu vertreten.[248] Die Erbengemeinschaft und ihre Auseinandersetzung ist ein einheitlicher Lebenssachverhalt, auch wenn sich daraus verschiedene Ansprüche ergeben können.[249] Hat der Anwalt nach einem Verkehrsunfall den Fahrer verteidigt, darf er nicht Geschädigte gegen den Haftpflichtversicherer seines Mandanten vertreten.[250]

Fehlt es an einer **Identität** der Lebenssachverhalte, darf der Anwalt zeitlich nacheinander oder auch gleichzeitig für und gegen dieselbe Partei tätig werden, auch wenn es sich um einen gleichartigen Sachverhalt handelt, also z. B. den Hausbesitzer gegen den Mieter A und den Mieter B gegen denselben Hausbesitzer vertreten.[251] Er machte sich allerdings der Verletzung der anwaltlichen Schweigepflicht schuldig, würde er sein in dem ersten Prozeß erworbenes Wissen in dem zweiten Prozeß gegen seinen früheren Mandanten verwenden.[252] Diese Gefahr und der Anschein einer „kompromittierenden Doppelzüngigkeit"[253] sollten dem Anwalt allerdings Veranlassung geben, bei gleichgelagerten aber nicht identischen Sachverhalten die Übernahme eines Mandats gegen den früheren Klienten kritisch zu überlegen.

---

[241] BGHSt 15, 332; 34, 191; NStZ 1981, 480; NJW 1991, 1176; OLG Koblenz, NJW 1985, 1177; *SK-Rudolphi,* § 356 StGB Rdn. 16.
[242] BGH NJW 1953, 430.
[243] RGSt 60, 300.
[244] BGHSt 12, 96.
[245] BGHSt 17, 306.
[246] BGH NJW 1953, 450; a. A. *Schönke/Schröder/Cramer,* § 356 StGB Rdn. 13.
[247] BayOLG NJW 1959, 2224.
[248] BGH AnwBl. 1966, 397.
[249] BayOLG NJW 1989, 2903.
[250] BayOLG NJW 1995, 606.
[251] *LK-Hübner,* § 356 Rdn. 125.
[252] *Lingenberg/Hummel/Zuck/Eich,* § 45 Rdn. 15.
[253] *Dahs,* Fn. 58, Rdn. 71.

Eylmann

§ 43 a 129–133   Dritter Teil. Rechte und Pflichten des Rechtsanwalts

129   An der Vertretung mehrerer gleichrangiger **Konkursgläubiger** ist der Anwalt nicht gehindert.[254] Bei der gleichzeitigen Vertretung mehrerer rangverschiedener Gläubiger können dagegen im Einzelfall Interessenkonflikte auftreten.[255] Eindeutig derselbe Lebenssachverhalt liegt vor, wenn der Anwalt den Gemeinschuldner im Konkursverfahren vertritt und gleichzeitig für Gläubiger Forderungen anmeldet.[256]

4. Verbotene Tätigkeiten

130   a) **Vertretung und Beratung.** Unter der Vertretung widerstreitender Interessen ist **jede berufliche Tätigkeit** des Anwalts zu verstehen, nicht nur die prozessuale oder außergerichtliche Vertretung, sondern auch die Beratung und jede andere Beistandsleistung.[257] Der Wortlaut des Gesetzes untersagt zwar dem Anwalt, widerstreitende Interessen zu „vertreten". Demgegenüber stellt § 356 StGB das pflichtwidrige Dienen „durch Rat oder Beistand" unter Strafe. Auch in § 45 Nr. 2 a. F. war von Beratung und Vertretung die Rede, ebenso in § 46 RichtlRA 1973, allerdings insofern wenig konsequent, als Absatz 1 Satz 2 nur die Beratung erwähnte. Es fehlt aber jeder Anhaltspunkt dafür, daß der Gesetzgeber mit der verkürzten Ausdrucksweise eine bloß interne Beratungstätigkeit aus dem Verbot ausschließen wollte. Im Gegenteil betont die Begründung des Gesetzesentwurfs, daß die anwaltliche Berufspflicht über den Straftatbestand des § 356 StGB hinausgeht.[258]

131   Auskünfte, die nicht die strittige Rechtssache **inhaltlich** betreffen, wie z. B. über das zuständige Gericht, Rechtsmittelfristen und Höhe der Kosten, sind noch keine Vertretung eines Mandanten und hindern nicht eine Mandatsübernahme gegen den Frager.[259] Zuweilen zu beobachtende Versuche von Klienten, auf diese Weise einen von ihnen als Gegner gefürchteten Anwalt an der Mandatsübernahme zu hindern, können daher keinen Erfolg haben.

132   b) **Unterlassen.** Widerstreitende Interessen können auch durch Unterlassen vertreten werden.[260] Die Nichteinlegung eines Rechtsmittels, die Versäumung einer Frist oder der unvollständige Sachvortrag verstoßen allerdings nur dann gegen § 43 a Abs. 4, wenn sie durch das Bestreben motiviert sind, auf diese Weise pflichtwidrig der Gegenpartei zu nutzen.[261] Wer aus bloßer Nachlässigkeit einen Prozeß schlecht führt und damit objektiv dem Gegner einen Vorteil verschafft, vertritt damit noch keine widerstreitenden Interessen.[262]

133   c) **Tätigkeiten Dritter.** Das Verbot bezieht Personen ein, deren sich der Anwalt **bei seiner Berufsausübung bedient**, also das Büropersonal, den Stationsreferendar, den wissenschaftlichen Mitarbeiter, den angestellten oder als freien Mitarbeiter tätigen Anwalt, den Sozius, den Partner, den Mitgesellschafter, überhaupt alle mit dem Anwalt „zu gemeinschaftlicher Berufsausübung" verbundenen

---

[254] *LK-Hübner,* § 356 Rdn. 125.
[255] *LK-Hübner,* § 356 Rdn. 106.
[256] BGHSt 7, 18; EGH Celle BRAK-Mitt. 1981, 44.
[257] So die allgemeine Meinung zum Begriff des Dienens in § 356 StGB, ausführlich dazu *LK-Hübner,* § 356 Rdn. 34 ff; ebenso *Feuerich/Braun,* § 113 Rdn. 71.
[258] BT-Drucks. 12/4992, S. 27.
[259] *LK-Hübner,* § 356 Rdn. 37.
[260] BayOLGSt 59, 219 (222); *Friedlaender,* § 31 Rdn. 25; *Isele* S. 849; a. A. *Kalsbach,* Standesrecht, S. 384.
[261] *SK-Rudolphi,* § 356, Rdn. 23.
[262] *Geppert,* Parteiverrat, § 119 f.

oder verbunden gewesenen Rechtsanwälte und Angehörige anderer Berufe i. S. der § 45 Abs. 3 und § 46 Abs. 3. Das ist unbestritten, soweit der Anwalt sie tatsächlich im Rahmen des ihm erteilten Mandats zur Mitarbeit heranzieht. Es ist selbstverständlich, daß der Sozius, mit dem er den Fall erörtert hat, nicht den Gegner vertreten darf.

Unproblematisch ist die Erstreckung des Vertretungsverbots auf Sozii, Partner 134 und Gesellschafter auch dann, wenn das **Mandat** nicht dem einzelnen Anwalt, sondern der **Sozietät, Partnerschaft** oder **GmbH** erteilt wird. Davon ist in der Regel auszugehen.[263] Hinzukommende Sozien treten grundsätzlich in bestehende Mandatsverhältnisse ein.[264] Für die **überörtliche** Sozietät, Partnerschaft oder GmbH gilt nichts anderes. Der Anwalt, der nicht persönlich mit dem Mandat befaßt ist und es vielleicht nicht einmal kennt, ist dennoch Mitvertragspartner des Mandanten, hat dessen Interessen zu fördern und muß das Wissen und Handeln des mit ihm zur gemeinsamen Berufsausübung verbundenen Kollegen gegen sich gelten lassen. Zwar macht sich der Anwalt in solchen Fällen nicht nach § 356 StGB strafbar.[265] Da aber gegen Berufspflichten auch fahrlässig verstoßen werden kann, wird es darauf ankommen, ob in der Sozietät die notwendigen **Vorkehrungen** gegen die Annahme von kollidierenden Mandaten ergriffen worden sind. Moderne Informationssysteme bieten auch in überörtlichen Sozietäten hinreichende Möglichkeiten, in Sekundenschnelle festzustellen, ob ein potentieller Gegner bereits Klient ist. Diese organisatorischen Vorkehrungen sind der Preis der mit einer Großkanzlei verbundenen Vorteile. Die bloße Größe einer Sozietät darf jedenfalls nicht zu einer Vernachlässigung elementarer Berufspflichten führen. Bietet die Büroorganisation keine Möglichkeit, sich über die betreuten Mandanten zu informieren, oder nutzt der Anwalt solche Möglichkeiten nicht, ist bei Übernahme eines kollidierenden Mandats eine **fahrlässige Berufspflichtverletzung** zu bejahen.

Für die Verpflichtung, keine widerstreitenden Mandate zu übernehmen, gelten 135 im übrigen die gleichen Grundsätze wie für die gesamtschuldnerische Haftung von gemeinsam arbeitenden Anwälten; es kommt nicht auf das Bestehen einer Innengesellschaft, sondern auf das **äußere Erscheinungsbild** an.[266]

Die eigentlichen Schwierigkeiten beginnen, wenn nicht der Sozietät, Partner- 136 schaft oder GmbH, sondern dem in einer solchen Einheit tätigen Anwalt ein **Einzelmandat** erteilt wird. Dies ist grundsätzlich möglich[267] und geschieht bei strafrechtlichen Mandaten häufiger, da es nach Auffassung des Bundesverfassungsgerichts mit Art. 12 Abs. 1 GG nicht vereinbar ist, § 146 StPO den Sinn beizulegen, daß er die Verteidigung mehrerer Angeklagte durch Rechtsanwälte einer Sozietät verbiete.[268] Eine Einzelbeauftragung erfolgt auch bei der Beiordnung im Rahmen der Prozeßkostenhilfe oder als Pflichtverteidiger.[269] § 46 Abs. 1 RichtlRA 1973 schloß auch in diesem Fall die nicht mandatierten Anwälte in das Verbot der Vertretung kollidierender Interessen ein. Auch in § 32 Abs. 1 und

---

[263] BGHZ 56, 359 ff.; OLG Düsseldorf AnwBl. 1995, 193; Bedenklich BGH NJW 1994, 2302 (Einzelbeauftragung trotz Vollmacht für alle Sozien!).
[264] BGH BRAK-Mitt. 1994, 53; *Borgmann/Haug,* Kap. III, Rdn. 57.
[265] *LK-Hübner,* § 356, Rdn. 38; OLG Stuttgart NJW 1986, 948.
[266] BGH NJW 1971, 1801; für die überörtliche Scheinsozietät vgl. BGH AnwBl. 1991, 97; BB 1994, 1445.
[267] *Borgmann/Haug,* Kap. III Rdn. 28.
[268] BVerfGE 43, 79 = NJW 1977, 99; kritisch dazu mit guten Gründen *LK Hübner,* § 356 Rdn. 38.
[269] BGH NJW 1971, 1801 (1803).

§ 34 Abs. 3 RichtlRA 1973 wurden Sozietäten und andere Organisationsformen beruflicher Zusammenarbeit als Einheit behandelt. Eine entsprechende Regelung ist in § 45 Abs. 3 und § 46 Abs. 3 für die Vertretungsverbote getroffen worden. Es wäre verfehlt, aus dem Fehlen einer solchen Bestimmung in § 43 a im Wege des Umkehrschlusses zu folgern, der Gesetzgeber habe die hier statuierten Berufspflichten nicht auf die mit dem mandatierten Anwalt zur gemeinschaftlichen Berufsausübung verbundenen Personen erstrecken wollen. Wenn er das Vertretungsverbot auf diesen Personenkreis in Fällen ausgedehnt hat, in denen aus berufsfremden Tätigkeiten Interessenkollisionen drohen, ist im Gegenteil mit dem argumentum fortiori zu schließen, daß dies erst recht dort gelten sollte, wo der Interessenkonflikt in anwaltlichem Handeln begründet ist. Zwar fällt auch die ehrengerichtlich zu ahndende Verletzung von Berufspflichten unter das sich aus Art. 103 Abs. 2 GG ergebende Analogieverbot,[270] jedoch gilt das für Berufspflichten nur eingeschränkt, da diese nicht so präzise und erschöpfend wie Straftatbestände umschrieben werden können.[271]

137 Für eine Einbeziehung des in § 145 Abs. 3 und § 146 Abs. 3 genannten Personenkreises in das Verbot der Vertretung widerstreitender Interessen im Wege der teleologischen Auslegung spricht, daß die **Verschwiegenheitspflicht** des gesondert beauftragten Anwalts innerhalb einer mit anderen Anwälten gemeinsam betriebenen Kanzlei nicht gewährleistet ist. In der Regel haben alle Sozien, Partner, Gesellschafter und andere dort tätige Anwälte Zugang zu allen Akten.[272] Das Bundesverfassungsgericht hat dies in seiner Entscheidung zu § 146 übersehen.[273] Mit seiner Feststellung, kein Sozius sei gehindert, seinen Mandanten so zu verteidigen, wie es ihm notwendig erscheine, vernachlässigt es zudem die vielfältigen Versuchungen der Rücksichtnahme auf die Interessen des in gemeinschaftlicher Berufsausübung verbundenen Partners und seines Mandanten. Man denke nur an den Fall, daß der Senior der Sozietät den einen Angeklagten verteidigt und der Junior oder der angestellte Anwalt den anderen. Das Bundesverfassungsgericht hält das in § 146 S. 2 StPO ausgesprochene Verbot der Verteidigung mehrerer Angeklagter durch einen Anwalt auch in den Fällen, in denen in einem Verfahren verschiedene Taten zur Anklage stehen, für verfassungsrechtlich zulässig und rechtfertigt dies mit dem Argument, Interessenkonflikte könnten sich schon bei der Termingestaltung ergeben.[274] Dann hätte es aber die oben angedeuteten Kollisionsgefahren bei einer Verteidigung durch gesondert beauftragte Sozien ebenso berücksichtigen müssen. Letztlich kann aber dahinstehen, ob § 146 StPO die Verteidigung mehrerer Angeklagter durch Rechtsanwälte einer Sozietät verbietet. **Berufsrechtlich** ist nunmehr die Verteidigung mehrerer Angeklagter, deren Taten zu einem einheitlichen Tatsachenkomplex gehören, durch Anwälte ausgeschlossen, die sich zur gemeinschaftlichen Berufsausübung zusammengeschlossen haben. Daran ändert auch die Zustimmung der Angeklagten nichts.[275]

138 Jede andere Auslegung würde im übrigen bedeuten, daß sich auch die **Verschwiegenheitspflicht** des nichtmandatierten Sozius nicht auf das Wissen erstrecken würde, das er – zufällig oder absichtlich – in der Kanzlei erlangt hat, weil

---

[270] BVerfGE 26, 186 (203); 45, 346 (351); a. A. *Maunz/Düring*, Art. 103, Rdn. 196.
[271] BVerfGE 26, 186 (203); 45, 346 (351).
[272] So zutreffend *Lingenberg/Hummel/Zuck/Eich*, § 46 Rdn. 25.
[273] BVerfGE 43, 79 = NJW 1977, 99.
[274] BVerfGE 45, 354 (359) = NJW 1977, 1767.
[275] Vgl. Rdn. 141 f.

sich diese Pflicht nur auf das im Rahmen des Mandats Anvertraute bezieht.[276] Soweit ersichtlich, ist allerdings diese Konsequenz bislang noch nie gezogen worden. Ebenso würde sich bei der Zulassung von Einzelmandanten in einer Sozietät dies nicht auf Strafverteidigungen beschränken lassen. Folgt man der Argumentation des Bundesverfassungsgerichts, kein einzelmandatierter Sozius sei gehindert, das Mandat so auszuüben, wie er es für notwendig halte, würde das auch für zivilrechtliche Mandate gelten müssen.

139 Bevor ein die Anwaltschaft verunsichernder Streit über die Reichweite des § 43 a Abs. 4 entsteht, sollte die Satzungsversammlung in Ausübung der ihr in § 59 b Abs. 2 Nr. 1 e eingeräumten Kompetenz in der **Berufsordnung** durch eine der Regelung in § 45 Abs. 3 und § 46 Abs. 3 entsprechende Satzungsbestimmung alle Zweifel ausräumen. Sie sollte sich dazu um so eher entschließen können, als in den Standesrichtlinien schon seit Jahrzehnten die Zusammenschlüsse von Anwälten zur gemeinschaftlichen Berufsausübung als Einheit behandelt worden sind.[277]

5. Interessengegensatz

140 a) **Subjektiver Maßstab.** Die vom Anwalt vertretenen Interessen dürfen sich nicht widerstreiten. Die Frage liegt nahe, von wem diese Interessen definiert werden, vom Mandanten aus dessen **subjektiver** Sicht oder von einem **objektiven** Beobachter als „wohlverstandenes" Interesse. In vielen Fällen wird der Mandant das anstreben, was auch objektiv in seinem Interesse liegt. In anderen Fällen wird der Mandant aber etwas anderes wollen. Das hat der Anwalt zu respektieren, sofern er es mit seinen Rechtspflichten und seinem Berufsethos zu vereinbaren vermag. Hier ist dann das Interesse im subjektiven Sinne zu verstehen. Das ist in der Rechtsprechung und Literatur zu § 356 StGB die vorherrschende Meinung.[278] Für das Berufsrecht kann nichts anderes gelten, denn das Interesse des Mandanten ändert sich nicht je nach den vom Anwalt zu befolgenden Normen.[279]

141 b) **Strafsachen.** Allerdings gilt dort nicht, wo das Individualinteresse der **Parteidisposition** entzogen und dem **Allgemeininteresse** unterworfen ist, also in Strafverfahren und in den Statusprozessen der §§ 600 ff. ZPO.[280] Während das unwahre gerichtliche Geständnis im Zivilprozeß unwiderruflich ist (§§ 306, 307, 290 ZPO), zwingt kein Schuldeingeständnis den Richter zur Verurteilung.[281]

142 In Strafsachen schließt deshalb § 146 StPO eine Verteidigung mehrerer Angeklagter durch einen Anwalt aus, weil fast stets die Gefahr einer Interessenkollision besteht. Diese wird auch durch eine eingeschränkte oder verdeckte Tätigkeit des Anwalts nicht ausgeschlossen.[282] Unabhängig von den Streitfragen über die Reichweite des § 146 StPO[283] ist festzustellen, daß sich in berufsrechtlicher Hinsichtlich die Interessen von Mitbeschuldigten derselben Straftat widerstrei-

---

[276] Vgl. Rdn. 49.
[277] *Lingenberg/Hummel/Zuck/Eich*, § 46 Rdn. 26; vgl. dazu auch den Vorschlag des DAV-Berufsrechtsausschusses, Fn. 16 S. 9 f.
[278] BGHSt 5, 301 (307); BGH AnwBl. 81, 251 (252).
[279] *Friedlaender*, § 31 Rdn. 6; a. A. ohne überzeugende Begründung *Lingenberg/Hummel/Zuck/Eich* § 46 Rdn. 3 und *Gutmann* AnwBl. 1963, 90.
[280] *LK-Hübner*, § 356 StGB Rdn. 83; *Schönke/Schröder/Cramer*, § 356 StGB Rdn. 18.
[281] BGHSt 5, 301 (303).
[282] OLG Düsseldorf BRAK-Mitt. 1983, 155; OLG München NJW 1983, 1688.
[283] Vgl. Rdn. 114 ff.

§ 43 a 143–146 Dritter Teil. Rechte und Pflichten des Rechtsanwalts

ten.[284] Die abweichende, zumindest früher herrschende Meinung konnte sich darauf stützen, daß in § 356 StGB das pflichtwidrige Dienen von „Parteien" inkriminiert ist. War dies schon nicht überzeugend,[285] verbietet das Berufsrecht ohne Bezugnahme auf Parteien schlechthin die Vertretung widerstreitender Interessen. Diese brauchen nicht rechtlicher Art zu sein. Der Anwalt, der gleichzeitig oder nacheinander in demselben oder in getrennten Verfahren mehrere Angeklagte verteidigt, deren Taten zum selben Tatsachenkomplex gehören, befindet sich stets in einem **zumindest latent** vorhandenen **Interessenkonflikt**, der berufsrechtlich nicht toleriert werden kann.[286]

143 Interessenkonflikte drohen nicht nur bei der Verteidigung mehrerer Angeklagter. Erstattet der Anwalt gegen jemanden **Strafanzeige**, darf er ihn später nicht verteidigen.[287] Parteiverrat begeht er auch dann, wenn er den Verurteilten in einem auf die vorsätzliche Falschaussage eines Zeugen gestützten Wiederaufnahmeverfahren vertritt und später den Zeugen wegen jener Falschaussage verteidigt.[288]

144 **c) Ehescheidung.** Die durch die Ehe begründete **Lebensgemeinschaft** ist der typische Fall eines einheitlichen Lebenssachverhalts, aus dem sich verschiedene Ansprüche ergeben können.[289] Deshalb darf der Anwalt in zwei Scheidungsverfahren nicht mal die Ehefrau und mal den Ehemann vertreten.[290] Parteiverrat begeht auch der Anwalt, der den Ehemann wegen eines Sittlichkeitsverbrechens verteidigt und dann für die Ehefrau einen Scheidungsantrag darauf stützt.[291] Es reicht sogar aus, wenn das Delikt nicht in das Scheidungsverfahren eingeführt wird, dort aber eine Rolle spielen könnte.[292]

145 Da in Statussachen allein der objektive Interessengegensatz maßgebend ist, kommt es auf ein **Einvernehmen** der Ehepartner nicht an.[293] Deshalb darf der Anwalt auch bei einer einverständlichen Scheidung grundsätzlich nur einen Ehepartner vertreten.[294] Häufig suchen scheidungswillige Ehepartner gemeinsam einen Anwalt auf. Dieser ist dann verpflichtet, gleich zu Beginn klarzustellen, für wen er das Mandat übernimmt. Geschieht dies erst während oder nach der gemeinsamen Beratung, ist der Anwalt schon in widerstreitendem Interesse tätig geworden. Zulässig dürfte dagegen eine anwaltliche Tätigkeit als **Mediator** sein, wenn sie sich von vornherein im Einverständnis beider Ehepartner auf den Versuch einer einverständlichen Regelung von Interessen beschränkt, die der Privatautonomie nicht entzogen sind, wobei der Anwalt im Falle des Scheiterns der Mediation keinen Partner weiter vertreten darf.[295]

146 Soll die Ehe nach einjähriger Trennung geschieden werden und sind sich die

---

[284] OLG Oldenburg NStZ 1989, 533; OLG Stuttgart NStZ 1990, 542 m. Anm. *Geppert*; *Feuerich/Braun*, § 113 Rdn. 78; a. A. OLG Frankfurt NJW 1955, 880; *Schönke/Schröder/Cramer*, § 356 StGB Rdn. 13; *SK-Rudolphi*, § 356 StGB Rdn. 20.
[285] *LK-Hübner*, § 356 Rdn. 67.
[286] So auch der DAV-Vorstand AnwBl. 1990, Beilage zu Nr. 4 S. 21.
[287] BGHSt 4, 80; 9, 341; 17, 305; 18, 192; 20, 41; a. A. OLG Koblenz NJW 1985, 1177.
[288] BGHSt 5, 301.
[289] BGH NStZ 1985, 74; *Dahs* Fn. 58, Rdn. 70.
[290] BGHSt 4, 80; 9, 341; 17, 305; 18, 192; 20, 41.
[291] BGH AnwBl. 1954, 199.
[292] OLG Düsseldorf NJW 1959, 1050.
[293] BGHSt 17, 306 m. krit. Anm. *Gutmann* AnwBl. 1963, 90; BGH NStZ 1985, 74.
[294] Dazu ausführlich *Lingenberg/Hummel/Zuck/Eich*, § 46 Rdn. 10 ff.; *Herrmann* BRAK-Mitt. 1985, 65; *Molketin* AnwBl. 1982, 12.
[295] *Haffke*, in *Duss-von Werdt/Mähler/Mähler*, Mediation: Die andere Scheidung, 1995, S. 92 ff.

Parteien schon vor der Mandatierung des Anwalts in allen Punkten des § 630 Abs. 1 Nr. 2, 3 ZPO **einig** geworden, kann es ausnahmsweise an einem objektiven Interessengegensatz fehlen, es sei denn, der stets mit gegensätzlichen Interessen verbundene Versorgungsausgleich wird durchgeführt.[296] Da dies aber die Regel ist und die Ehepartner zudem in den seltensten Fällen mit einer endgültig ausformulierten Vereinbarung über die Scheidungsfolgen in die Anwaltskanzlei kommen, handelt es sich um einen weitgehend theoretischen Fall.

Der Anwalt sollte im Ehescheidungsverfahren noch mit besonderer Sorgfalt prüfen, ob er **Mandate Dritter** gegen den von ihm nicht vertretenen Ehepartner annehmen oder für diesen gegen Dritte tätig sein darf. Haben diese Mandate Auswirkungen auf die Ehe und die sich daraus ergebenden Ansprüche seiner Partei, liegt eine Interessenkollision nahe. So kann die Geltendmachung von zivilrechtlichen Forderungen Dritter zur Schmälerung von Ansprüchen auf Unterhalt und Zugewinnausgleich führen.

d) **Einverständnis des Mandanten.** Ist der Streitstoff für die Partei **disponibel**, also insbesondere in bürgerlich-rechtlichen Vermögensangelegenheiten, können die Parteien die Grenzen festlegen, innerhalb derer der Anwalt ihre Interessen wahrnehmen soll. Das kann dazu führen, daß der Anwalt, obwohl von zwei Mandanten mit objektiv gegenläufigen Interessen beauftragt, keine widerstreitenden Interessen vertritt. So begeht der Anwalt keinen Parteiverrat, der von beiden Parteien beauftragt wird, ihnen – gleichsam als Schiedsrichter – einen Rat zur Beilegung ihres Streits zu geben oder als Mediator einen einverständlichen Interessenausgleich herbeizuführen.[297] Scheitern seine Bemühungen, darf er in einen späteren Streit allerdings keinen der beiden Mandanten vertreten. Beauftragen zwei Parteien mit entgegengesetzten Interessen zunächst einen Anwalt mit ihrer Vertretung gegen einen Dritten, braucht der Anwalt dadurch auch nicht in einen Interessenkonflikt zu geraten.[298] Allerdings darf er dann später beide Mandanten nicht gegeneinander vertreten.[299]

Der Anwalt bewegt sich in diesen Fällen aber auf einem schmalen Grad. Nach allgemeiner Ansicht wird die Pflichtwidrigkeit des „Dienens zweier Herren" nicht dadurch beseitigt, daß der erste Mandant mit der Vertretung des zweiten **einverstanden** war.[300] Die Begründung, die Parteien könnten über das geschützte Rechtsgut – die Funktionsfähigkeit der Rechtspflege – nicht verfügen, setzt indessen voraus, daß der Anwalt gegensätzliche Interessen wahrnimmt, denn nur das verträgt die Funktion des Anwalts im System der Rechtspflege nicht. Die entscheidende Frage ist also, ob die Zustimmung der Mandanten den Interessengegensatz aufhebt. Das ist eine – häufig schwer zu entscheidende – Tatfrage. Geht die Willensrichtung beider Mandanten dahin, unter Zurückstellung gegensätzlicher disponibler Positionen dem Anwalt einen gleichlautenden Auftrag zu erteilen, fehlt es an kollidierenden Interessen. Glaubt der Mandant, der Anwalt würde ihn trotz der Tätigkeit auch für den Gegner wohl doch gut vertreten, liegen widerstreitende Interessen vor, und die Zustimmung des Mandanten hilft dem Anwalt nichts. Solche Konstellation wird insbesondere bei unerfahrenen und rechtsunkundigen Mandanten vorliegen, weil sie die Möglichkeit einer Interessenkollision nicht erkennen.[301]

---

[296] BayObLG NJW 1981, 833.
[297] *Geppert*, Parteiverrat, S. 95 ff.; *Haffke*, Fn. 295.
[298] BGHSt. 15, 337.
[299] BGHSt 18, 198.
[300] BGHSt 4, 84; 5, 287; 17, 306; 18, 198.
[301] *Maurach/Schroeder/Maiwald*, Strafrecht B T Bd. 2 S. 260.

E. Sorgfalt beim Geldverkehr

I. Entstehungsgeschichte

150 Die Rechtsanwaltsordnung von 1878 enthielt keine Regeln über den **Geldverkehr** des Anwalts mit seinem Mandanten. Nach Inkrafttreten des Bürgerlichen Gesetzbuches verwies man hinsichtlich der Pflicht des Anwalts zur Herausgabe dessen, was er in Erfüllung des Mandats erhalten hatte, auf §§ 666, 667 BGB.[302] Daß die Anwaltschaft indessen Anlaß hatte, Fälle **nachlässigen** oder bewußt **treuwidrigen** Umgangs in ihren Reihen besonders zu fürchten, zeigen die deutlichen Worte in den RichtlRA 1929.[303] Unter Rdn. 43, 44 heißt es dort: „Im Verkehr mit dem Klienten ist peinlichste Gewissenhaftigkeit zu beachten, namentlich und ganz besonders auch im Geldverkehr . . . Die Vermengung eigener mit fremden Geldern ist möglichst zu vermeiden. Für Auftraggeber eingehende Gelder sind tunlichst alsbald an den Empfangsberechtigten abzuführen."

151 Nach dem Zweiten Weltkrieg sind die RichtlRA 1953 nicht minder deutlich. In § 35 Abs. 1 wird „peinliche Sorgfalt in der Behandlung der dem Rechtsanwalt anvertrauten fremden Vermögenswerte" als unerläßliche Voraussetzung für die Vertrauensstellung des Rechtsanwalts bezeichnet. Auch der bloße Anschein der „Lässigkeit" müsse vermieden werden. Absatz 4 liefert – ungewöhnlich für Standesrichtlinien und deshalb auch später gestrichen – eine Begründung für den hohen Grad der den Anwälten in dieser Frage abverlangten Sorgfalt: „Jeder Rechtsanwalt muß sich der Tatsache bewußt sein, daß er durch Verletzung der hier dargelegten Sorgfaltspflicht regelmäßig nicht nur seinen eigenen Ruf untergräbt, sondern zugleich das Ansehen des ganzen Standes empfindlich schädigt." In § 47 RichtlRA 1973 wird – zusätzlich zu dem immer wiederkehrenden Verbot, fremde Gelder unverzüglich auszukehren, fremde Werte nicht mit eigenen zu vermischen und die Verrechnung mit zweckgebundenen Geldern zu unterlassen – neu die Verpflichtung aufgenommen, nach Beendigung des Auftrags unverzüglich und ordnungsgemäß abzurechnen.

152 Der Verpflichtung zur **peniblen Korrektheit** bei der Behandlung fremder Vermögenswerte maß der Gesetzgeber bei der Novellierung der BRAO 1994 eine den anwaltlichen Beruf prägende Bedeutung bei und nahm sie in den Katalog der anwaltlichen Grundpflichten auf. § 43 a Abs. 5 S. 1 formuliert – sprachlich wesentlich zurückhaltender als die Richtlinien – den Grundsatz, daß der Anwalt bei der Behandlung der ihm anvertrauten Vermögenswerte zu der erforderlichen Sorgfalt verpflichtet sei. Satz 2 konkretisiert diese allgemeine Regel in dem Gebot, **fremde Gelder** unverzüglich an den Empfangsberechtigten weiterzuleiten oder auf ein Anderkonto einzuzahlen.

153 Die gesetzliche Regelung läßt es nicht mehr zu, den bloßen Anschein der „Lässigkeit" im Geldverkehr als berufsrechtswidrig anzusehen.[304] Der zuweilen vorgenommene Rückgriff auf vorkonstitutionelles Gewohnheitsrecht[305] war ohnehin fragwürdig.

---

[302] *Friedlaender*, Exkurs vor § 30 Rdn. 39.
[303] AnwBl. 1929, Beilage zu Heft 6.
[304] *Feuerich/Braun,*, § 43 a Rdn. 43..
[305] *Lingenberg/Hummel/Zuck/Eich*, N Rdn. 101; BRAK-Mitt. 1988,15.

II. Normzweck

Nach der Begründung des Gesetzentwurfs resultiert die Sorgfaltspflicht des 154 Anwalts beim Umgang mit fremden Vermögenswerten „aus dem vertraglichen Vertrauensverhältnis zu seinem Mandanten und der Erwartung in die uneingeschränkte Integrität des Rechtsanwalts in seiner Stellung als Organ der Rechtspflege".[306] Es geht also nicht nur und nicht in erster Linie um den Schutz individueller Mandanteninteressen. Geschützt wird – ähnlich wie bei der anwaltlichen Verschwiegenheitspflicht – das allgemeine **Vertrauen** in die **Korrektheit** und **Integrität** der Anwaltschaft in allen finanziellen Fragen und damit zugleich die Funktion der Anwaltschaft in der Rechtspflege. Nur dieses **Allgemeininteresse** rechtfertigt es, die Einhaltung zivilrechtlicher Pflichten aus dem Mandatsvertrag, deren Verletzung Schadensersatzansprüche sowie unter Umständen strafrechtliche Sanktionen (§§ 246, 266 StGB) nach sich ziehen kann, zusätzlich auch noch in den Rang einer Berufspflicht zu erheben.

III. Verfassungskonformität

§ 43 a Abs. 5 verzichtet darauf, das Maß der Berufspflicht über das Niveau der 155 **vertraglichen** Verpflichtungen hinaus anzuheben; der Anwalt ist zur Beachtung der „erforderlichen" Sorgfalt verpflichtet. Das verweist auf die „im Verkehr erforderliche Sorgfalt" i. S. des § 276 Abs. 1 S. 2 BGB, deren Vernachlässigung den Vorwurf der Fahrlässigkeit begründet. Darüber hinausgehende schärfere Berufspflichten, wie sie in den Richtlien zum Ausdruck gebracht waren, lassen sich dem Gesetz nicht entnehmen.

Andererseits **unterschreitet** der Gesetzgeber mit der Statuierung dieser Be- 156 rufspflicht auch nicht den zivilrechtlichen Sorgfaltsmaßstab, so daß sich die Frage stellt, ob **jede** Verletzung der bei der Behandlung der dem Anwalt anvertrauten fremden Vermögenswerte zivilrechtlich zu beachtenden Pflichten zugleich auch einen Verstoß gegen das Berufsrecht beinhaltet. In der Regel indiziert eine Vernachlässigung der Pflichten aus dem Anwaltsdienstvertrag noch keinen Verstoß gegen Berufspflichten.[307] Dies kann hier jedoch nicht gelten, da der Gesetzgeber ausdrücklich einen Ausschnitt aus dem umfassenden zivilrechtlichen Pflichtenkreis des Anwalts wegen seiner Bedeutung für die Rolle der Anwaltschaft in der Rechtspflege in den Rang einer Berufspflicht erhoben hat. Die Rechtslage ist nicht anders zu beurteilen als bei der Verletzung der anwaltlichen Verschwiegenheitspflicht, bei der sich die Berufspflicht mit der zivilrechtlichen Pflicht aus dem Mandatsvertrag deckt.[308]

Gegen eine berufsrechtliche Kontrolle und Ahndung privatrechtlicher 157 Pflichtwidrigkeiten ist eingewandt worden, mit der in § 3 garantierten Unabhängigkeit des Anwalts und seinem durch Art. 12 GG gewährleisteten Recht auf freie Berufsausübung sei eine repressive staatliche Aufsicht nicht vereinbar.[309] In der Tat muß der Anwalt selbst entscheiden können, welchen Rat er erteilt und wie er einen Prozeß führt. Bei den Richtern erstreckt sich gem. § 26 DRiG die Dienstaufsicht auch nicht auf die inhaltliche Richtigkeit oder Zweckmäßigkeit

---

[306] BT-Drucks. 12/4993, S. 28.
[307] *Borgmann/Haug*, Kap. I Rdn. 40.
[308] *Borgmann/Haug*, Kap. V Rdn. 17 ff.
[309] *Jähnke* NJW 1988, 1888 (1891); *Kleine-Cosack*, § 43 Rdn. 10; *Feuerich* AnwBl. 1988, 502; a. A. *Engelhardt* Stb 1988, 73 (76).

§ 43 a 158–160   Dritter Teil. Rechte und Pflichten des Rechtsanwalts

einer Amtshandlung. Ebenso muß die Dienstaufsicht der Notare in zweifelhaften Rechtsfragen die Entscheidung des Notars respektieren.[310] Dann lassen sich aber bei den noch nicht einmal staatlicher Dienstaufsicht unterstellten unabhängigen Anwälten zivilrechtliche Pflichten erst recht nicht allgemein über die Generalklausel des § 43 in das Berufsrecht transferieren. Wegen der **herausragenden Bedeutung**, die der Einhaltung bestimmter anwaltlicher Sorgfaltspflichten für das Gemeinwohl zukommt, muß es aber als eine zulässige und zumutbare Regelung der anwaltlichen Berufsausübung angesehen werden, in einem eng umrissenen Verantwortungsbereich des Anwalts, nämlich bei der „Behandlung" der ihm anvertrauten Vermögenswerte, die zivilrechtliche Vernachlässigung der im Verkehr erforderlichen Sorgfalt als berufsrechtlichen Pflichtenverstoß zu bewerten. Dabei ist zu berücksichtigen, daß es hier nicht um Fragen der richtigen und zweckmäßigen anwaltlichen Beratung und Vertretung geht, sondern um die Beachtung elementarer Pflichten im Umgang mit fremden Vermögen, deren Verletzung den Anwalt im übrigen in vielen Fällen – ähnlich wie bei einem Verstoß gegen die anwaltliche Verschwiegenheitspflicht oder gegen das Verbot, widerstreitende Interessen zu vertreten – in die Nähe der Strafgesetze bringt. Legt man zudem den Begriff der „anvertrauten Vermögenswerte" restriktiv in dem Sinne aus, daß darunter weder allgemeine Vermögensinteressen noch Bagatellfälle zu verstehen sind, bestehen gegen die Verfassungsmäßigkeit dieser Berufspflicht keine durchgreifenden Bedenken.

IV. Tatbestand

1. Anvertraute Werte

158   Anvertraute Vermögenswerte sind solche, die der Mandant der Verfügungsgewalt des Anwalts unterworfen hat. Der Anwalt braucht diese Werte nicht in Besitz genommen zu haben; es reicht aus, wenn ihm die tatsächliche oder rechtliche Verfügungsmacht zusteht, so z. B. durch die Einräumung einer Bankvollmacht. Die sachenrechtlichen Besitz- und Eigentumsverhältnisse sind nicht entscheidend; es kommt allein darauf an, ob der Mandant die Herausgabe an sich oder einen Dritten verlangen kann.[311] Dazu zählt nicht nur das, was der Anwalt von seinem Mandanten erhalten hat. Einbezogen sind auch die Werte, die dem Anwalt als Vertreter seines Mandanten von Dritten zugeflossen sind und dem Mandanten zustehen. Diese hat der Mandant dem Anwalt dadurch anvertraut, daß er ihn ermächtigt hat, sie für ihn entgegenzunehmen. Die aus dem Mandatsvertrag resultierende Herausgabepflicht erstreckt sich gem. § 667 BGB auch auf das, was der Anwalt „aus der Geschäftsbesorgung erlangt" hat.

159   Es muß sich um **Vermögenswerte**, nicht bloß um Vermögensinteressen handeln. Ist der Anwalt nachlässig bei der Geltendmachung oder Durchsetzung einer Forderung, macht er bei vertraglichen Vereinbarungen Fehler, die das Vermögen des Klienten schmälern, oder verliert der Mandant durch schuldhaftes Verhalten des Anwalts einen Rechtsstreit, ist dies ebensowenig eine unter § 43 a Abs. 5 fallende Berufspflichtverletzung, wie es eine Verpflichtung zur Herausgabe dessen begründet, was dem Mandanten durch die Versäumnisse des Anwalts entgangen ist.[312]

160   Eine verfassungskonforme Auslegung des § 43 a Abs. 5 verlangt ferner, daß darunter nicht die Verletzung von Herausgabepflichten eingeordnet wird, die

---

[310] BGHZ 57, 351 (354) = NJW 1972, 541.
[311] *Palandt/Thomas*, § 667 BGB, Rdn. 2.
[312] *Palandt/Thomas*, § 667 BGB, Rdn. 4.

Gegenstände von völlig untergeordnetem Vermögenswert betreffen. Dazu gehören in der Regel Handakten, deren Herausgabe in § 50 besonders geregelt ist, und auch Vollmachten, die gem. § 175 BGB zurückzugeben sind. Das gilt nicht für wichtige Urkunden wie Testamente, Hypothekenbriefe etc.

2. Behandlung von Fremdgeldern

Veruntreuung und **Unterschlagung** anvertrauter Vermögenswerte sind selbstverständlich schwerwiegende Berufspflichtverletzungen, die in der Regel zum Ausschluß aus der Anwaltschaft führen.[313] Unter § 43 a Abs. 5 fallen aber auch vorsätzlich oder fahrlässig begangene Verstöße gegen die Herausgabepflicht des § 667 BGB **unterhalb** der Schwelle des Strafrechts.[314] § 43 a Abs. 5 S. 2 präzisiert den Zeitpunkt der Pflicht zur Herausgabe fremder Gelder dahin, daß sie **unverzüglich** weiterzuleiten oder auf ein Anderkonto einzuzahlen sind. Behält der Anwalt Fremdgelder längere Zeit auf seinem Kanzleikonto, handelt er dieser berufsrechtlichen Verpflichtung zuwider, und zwar vorsätzlich, wenn er damit einen Liquiditätsengpaß überbrücken wollte, oder fahrlässig, wenn Nachlässigkeit und Vergeßlichkeit im Spiel war. Ob dem Mandanten ein **Schaden** entstanden ist, ist nicht entscheidend. Wird der Mandant geschädigt, weil Gläubiger des Anwalts das Geld an sich ziehen, muß ihn der Anwalt ersetzen.[315] Die Gefahr zufälligen Untergangs trägt der Anwalt jedoch nicht,[316] ebensowenig die Übermittlungsgefahr.[317]

161

3. Aufrechnung

Meistens behält der Anwalt fremde Gelder zurück, weil er mit eigenen Honoraransprüchen oder mit der Forderung auf Erstattung verauslagter Gerichtskosten aufrechnet. Dies ist grundsätzlich zulässig; der Anspruch des Mandanten auf Herausgabe von fremden Geldern und der Honoraranspruch des Anwalts sind gleichartig.[318] Auch mit Forderungen aus früheren Mandaten darf der Anwalt aufrechnen.[319]

162

Die Aufrechnungslage führt dazu, daß kleinere Zahlungen, wie sie insbesondere bei Einziehungssachen anfallen, solange nicht an den Mandanten weitergeleitet werden, bis sie die Höhe der Forderung erreichen, mit der aufgerechnet werden soll. Dies ist nicht zu beanstanden, sofern der Mandant über die Handhabung unterrichtet wird.[320]

163

Der Anwalt kann allerdings nicht in jedem Fall mit Gegenansprüchen aufrechnen. Die Rechtsprechung versagt ihm die Aufrechnung gegen Ansprüche, die sich auf zweckgebundene Gelder beziehen. Sobald die Zweckbindung gem.

164

---

[313] Zur Treuepflicht gem. § 266 StGB vgl. BGH NStZ 1986, 361 und wistra 1987, 65 sowie OLG Karlsruhe NStZ 1990, 82.
[314] Vgl. die bei *Isele*, Anh. zu § 43 Stichwort „Fremde Gelder" Anm. IV. u. V. wiedergegebene Judikatur der Ehrengerichte.
[315] BGH LM Nr. 23 zu § 667 BGB m. zust. Anm. *Neubert;* auch BGH AnwBl. 1996, 287.
[316] BGH WM 1969, 26.
[317] BGHZ 28, 123 (127 ff.).
[318] BGH NJW 1993, 2042.
[319] BGHZ 71, 382 = NJW 1978, 1807; der DAV-Berufsrechtsausschuß enpfiehlt, die Zulässigkeit der Aufrechnung mit Kostenforderungen in die Berufsordnung aufzunehmen, „soweit es sich nicht um zweckgebundene Gelder handelt", Fn. 16 S. 12.
[320] *Isele*, Anh. zu § 43 Stichwort „Fremde Gelder" Anm. II. B. 1. b).

Eylmann

§ 851 Abs. 1 ZPO i. V. m. § 399 BGB zur Unpfändbarkeit führt, folgt der Aufrechnungsausschluß schon aus § 354 BGB.[321] Gelder, die er für die Einzahlung von Gerichtskosten erhalten hat, darf er nicht zur Tilgung eigener Honorarforderungen verwenden.[322] Zweckbindungen sind auch Unterhaltsgelder unterworfen. Hat der Anwalt Unterhaltsbeträge beigetrieben, darf er nur mit solchen Ansprüchen aufrechnen, die im Zusammenhang mit der Durchsetzung der Unterhaltsforderung stehen.[323]

165 Sind dem Anwalt Gelder treuhänderisch anvertraut worden, schließen Sinn und Zweck des Auftrags eine Aufrechnung gegen den Auszahlungsanspruch mit nichtkonnexen Gegenforderungen in der Regel aus.[324] Eine Ausnahme gilt beim Fehlen eines schutzwürdigen Interesses des Treugebers, so z. B. dann, wenn er mit dem Treuhandauftrag durch strafbare Handlungen erworbenes Vermögen sichern wollte.[325]

F. Fortbildungspflicht

I. Entstehungsgeschichte

166 Die in § 28 der Rechtsanwaltsordnung von 1878 enthaltene Generalklausel verpflichtete den Anwalt zur „gewissenhaften" Berufsausübung. Daraus wurde die Verpflichtung abgeleitet, der Anwalt habe sich in seinem Beruf **fortzubilden** und sich insbesondere über die Entwicklung der **Rechtsprechung** auf dem laufenden zu halten.[326] Die Standesrichtlinien begnügten sich damit, die Pflicht zur gewissenhaften Berufsausübung zu wiederholen. Eine Konkretisierung unterblieb, augenscheinlich aus der schon von Friedlaender formulierten Erkenntnis, daß „außerordentlich schwer allgemein zu bestimmen" sei, wie weit die Pflicht zur Selbstfortbildung im einzelnen gehe.[327]

167 Die Förderung der Fortbildung wurde schon unter der Geltung der Rechtsanwaltsordnung von 1878 zu den „gemeinschaftlichen Angelegenheiten" des Anwaltstandes gezählt, deren Wahrnehmung den Kammern oblag.[328] Die Bundesrechtsanwaltsordnung vom 1. 8. 1959[329] faßte die Aufgaben der Bundesrechtsanwaltskammer präziser und zählte dazu in § 177 S. 2 Nr. 7 a. F. (jetzt § 177 Abs. 2 Nr. 6) auch die Förderung der beruflichen Fortbildung, woraus sich mittelbar erschloß, daß sich die Anwälte diese angelegen sein lassen sollten. Die Bundesrechtsanwaltskammer erfüllte diese Aufgabe vor allem durch die Unterstützung des Deutschen Anwaltsinstituts.[330] Weitergehende Fortbildungsaktivitäten hat der Deutsche Anwaltsverein entfaltet, der zu diesem Zweck die Deutsche Anwaltsakademie gründete. Auch gibt es seit einiger Zeit auf diesem Gebiet ein erfreuliches Engagement einiger Universitäten.[331]

---

[321] BGHZ 94, 316 (322).
[322] BGH WM 1989, 450.
[323] BGH MDR 1991, 526.
[324] RGZ 160, 52 (59 f.); BGHZ 14, 342 (347) = NJW 1954, 1722.
[325] BGHZ 113, 94 = NJW 1993, 2041.
[326] *Friedlaender*, § 28 Rdn. 5.
[327] *Friedlaender*, a. a. O.
[328] *Friedlaender*, § 48 Rdn. 12.
[329] BGBl. I, S. 565.
[330] Zu seiner Aufgabe *Haas* BRAK-Schriftenreihe Bd. 6 S. 135–143.
[331] Bei der Universität Köln besteht ein Institut für Anwaltsrecht, die Universität Bielefeld und die Fernuniversität Hagen bieten spezielle Kurse für Anwälte an.

Obwohl bis in die jüngste Zeit Einigkeit darüber bestand, daß die Pflicht zur 168
gewissenhaften Berufsausübung die Fortbildung einschließe,[332] entschloß sich der
Gesetzgeber, sie bei der Berufsrechtsnovellierung 1994 in den Katalog der beruflichen Grundpflichten aufzunehmen. Er trug damit der zunehmend aus der Anwaltschaft erhobenen Forderung Rechnung, der Fortbildungspflicht als unerläßliches Mittel der **Qualitätssicherung** anwaltlicher Dienstleistungen einen höheren Stellenwert einzuräumen.[333] Als einzige der in § 43 a genannten Grundpflichten fehlt für sie allerdings eine Konkretisierungsermächtigung in § 59 b. Sie war zunächst vorgesehen, wurde aber vom Rechtsausschuß des Deutschen Bundestages gestrichen mit der Begründung, dem einzelnen Anwalt solle die Art und Weise, wie er dieser Berufspflicht nachkomme, nicht vorgeschrieben werden.[334]

II. Normzweck

In der Gesetzesbegründung heißt es, die Fortbildungspflicht gehöre „als Quali- 169
tätssicherung anwaltlicher Leistung mit zu den Grundpflichten eines Berufsstandes, der als berufene Berater und Vertreter in allen Rechtsangelegenheiten" zur Verfügung stehe.[335] Damit wird abgehoben auf die der Anwaltschaft in § 3 Abs. 1 zugewiesene **Kompetenz** in allen Rechtsangelegenheiten, die durch das Rechtsberatungsmißbrauchsgesetz weitgehend als **Monopol** ausgestaltet ist. Der Schutz vor der Konkurrenz anderer Berufe ließe sich in der Tat nicht (mehr) rechtfertigen, wenn im Bereich der Rechtsangelegenheiten die Qualität anwaltlicher Dienstleistungen nicht im Durchschnitt höher wäre als das, was andere Berufe zu leisten imstande sind.[336] Geschütztes Rechtsgut ist demnach die **Funktion** der Anwaltschaft im System der Rechtspflege.

Damit wird zugleich das rechtsuchende Publikum **präventiv** vor Schadenszu- 170
fügungen durch unfähige oder fehlerhaft agierende Anwälte geschützt.[337] Dieser Schutzzweck steht aber nicht im Vordergrund und würde allein nicht ausreichen, ein Gebot, dessen Verletzung zivilrechtliche Schadensersatzpflichten nach sich zieht, in den Rang einer öffentlich-rechtlich sanktionierten Berufspflicht zu heben.

Der schließlich vom Gesetzgeber noch genannte Hinweis auf die Gleichbe- 171
handlung des „normalen" Anwalts mit dem **Fachanwalt**, der gem. § 43 c Abs. 4 S. 2 einer sanktionierten Fortbildungspflicht unterliegt, überzeugt weniger. Der Fachanwalt beansprucht für sich, besondere, also überdurchschnittliche Kenntnisse und Erfahrungen auf bestimmten Rechtsgebieten zu besitzen. Er muß sie nachweisen, und ihm kann in der Berufsordnung ihre Aktualisierung vorgeschrieben werden. Daraus folgt noch nicht als Konsequenz des Gleichheitsgrundsatzes, den Normalanwalt ebenso zu behandeln. Dessen Fortbildungspflicht ist vielmehr das Spiegelbild der ihm zugewiesenen, mit besonderen Vorrechten ausgestatteten Aufgabe in der Rechtspflege.

---

[332] BVerfGE 64, 115 (122); BGH NJW 1983, 1665; OLG München BRAK-Mitt. 1990, 116; *Loewer* BRAK-Mitt. 1994, 186.
[333] *Zuck* BRAK-Mitt. 1985, 63 und MDR 1986, 816; *Redeker* NJW 1987, 304; *Eich* MDR 1988, 177; zum mangelnden Qualitätsbewußtsein vieler Anwälte und zum Total Qualitiv Management *Thomas/Vorbrugg* AnwBl. 1995, 273 ff.; dazu und zu ISO 9000 *Mauer/Krämer* AnwBl. 1996, 73.
[334] BT-Drucks. 12/7656 S. 50; dieser Intention des Gesetzgebers würde es widersprechen, Fortbildungsregelungen in der Berufsordnung auf § 59 b Abs. 2 Nr. 1 a zu stützen; a. A. *Feuerich/Braun*, § 43 a Rdn. 55.
[335] BT-Drucks. 12/4993 S. 28.
[336] Vgl. dazu auch *Schmalz* BRAK-Mitt. 1987, 165.
[337] BT-Drucks. 12/4883 S. 28.

III. Grenzen der Justitiabilität

172 Der Gesetzgeber beschränkt sich darauf, **allgemein** eine **Fortbildungspflicht** zu statuieren. Würde dem Anwalt vorgeschrieben werden, wie und auf welchen Rechtsgebieten er dieser Fortbildungspflicht zu genügen habe, läge ein Verstoß gegen die **Berufsausübungsfreiheit** nahe. Nicht nur muß dem Anwalt der Weg freigestellt bleiben, den er zur Aktualisierung seiner Rechtskenntnisse wählt; er muß auch die Freiheit haben, die ihm richtig erscheinenden Schwerpunkte zu setzen.[338] Diese korrelieren mit den Rechtsgebieten, in denen er sich beruflich betätigt; wer z. B. sozialrechtliche Mandate ablehnt, braucht sich nicht im Sozialrecht fortzubilden. Es wäre illusionär, aus der Aufgabenzuweisung des § 3 Abs. 1 den Anspruch und die Verpflichtung zu entnehmen, der Anwalt müsse in der Lage sein, alle Rechtsgebiete zu beherrschen.[339] Entscheidend ist, daß der Anwalt sich nicht mehr zutraut, als er zu leisten imstande ist.

173 Eine **Verletzung** der Fortbildungspflicht ist **abstrakt** nicht kontrollierbar. Anwälte, die in der Kanzlei oder zuhause sorgfältig die Gesetzgebung, Rechtsprechung und Literatur verfolgen, können besser informiert sein als Kollegen, die ein- oder zweimal im Jahr einen Fortbildungskurs besuchen, im übrigen aber keinen Blick in das Bundesgesetzblatt und die Entscheidungssammlungen werfen.[340]

174 Eine Verletzung der Fortbildungspflicht kann sich aber in einer **konkreten** beruflichen **Fehlleistung** manifestieren, die eine Verletzung des Mandatsvertrages darstellt. Es gibt allerdings auch berufliche Fehler, die ihren Grund nicht in einer unterlassenen Fortbildung zu haben brauchen. Zuweilen schläft bekanntlich auch Homer. In vielen Fällen der zum Schadensersatz verpflichtenden Verletzungen des Mandatsvertrages wird es deshalb nicht möglich sein zu entscheiden, ob die Verletzung der anwaltlichen Sortfaltspflicht auf mangelnde Fortbildung zurückzuführen ist oder andere Ursachen hat. Insofern sind die Möglichkeiten, Fortbildung der Anwälte berufsrechtlich zu kontrollieren und Verletzungen mit entsprechenden Sanktionen zu belegen, beschränkt.

175 Ist aber eine Verletzung der Fortbildungspflicht **eindeutig** feststellbar, z. B. in den Fällen, in denen der Anwalt offensichtlich über **Gesetzesänderungen** nicht orientiert und über wesentliche Wandlungen der **Rechtsprechung** nicht informiert war, kann auch eine berufsrechtliche Sanktion verhängt werden. Gegenstand berufsrechtlicher Kontrolle ist ein solchen Fällen nicht die inhaltliche Richtigkeit oder Zweckmäßigkeit der Amtshandlung,[341] sondern die – in der Regel zeitlich vorhergehende – Verletzung einer Berufspflicht, die sich in der Fehlleistung bei der Erfüllung zivilrechtlicher Pflichten lediglich **manifestiert**, indem sie diese auslöst. Es geht in diesen Fällen nicht um Bummelei und Untätigkeit des Anwalts, die von der Generalklausel des § 43 erfaßt werden.[342] Derartige Verstöße gegen „äußere" Berufspflichten sind zu unterscheiden von sichtbar gewordenen Versäumnissen in der Fortbildung, die nicht grob oder krass zu sein brauchen,[343] aber eindeutig nachgewiesen sein müssen. Hielte man in solchen Fällen eine

---

[338] Vgl. dazu *Deneke,* Grundlagen, Möglichkeiten und Grenzen der Qualitätssicherung in den Freien Berufen, Forschung über Freie Berufe, Jahrbuch 1983/84, S. 101 (111 f.).

[339] *Kleine-Cosack,* § 3 Rdn. 5.

[340] Dies verkennen *Zuck* MDR 1986, 816 und *Eich* MDR 1988, 177 mit ihren gutgemeinten, aber unpraktikablen Vorschlägen; wie hier *Kilger* AnwBl. 1995, 435 (436 f.).

[341] Das wäre in der Tat verfassungswidrig, vgl. *Jähnke* NJW 1988, 1888 (1892).

[342] EGH Berlin BRAK-Mitt. 1983, 44; EGH Kassel BRAK-Mitt. 1991, 55; *Jähnke* NJW 1988, 1888 (1891).

[343] Dies meint *Loewer* BRAK-Mitt. 1994, 186 (188).

§ 43 b Werbung

berufsrechtliche Sanktion für einen unzulässigen Eingriff in die Berufsausübungsfreiheit, müßte man die Auferlegung einer Fortbildungspflicht schlechthin für verfassungswidrig halten. Da die Anwaltschaft selbst ein hochrangiges Interesse an der Qualitätssicherung und der von ihr erbrachten Dienstleistung hat, sollten die für die Ahndung berufsrechtlicher Verstöße zuständigen Institutionen sich nicht scheuen, bei offen zutageliegenden Verletzungen der Fortbildungspflicht das ihnen zur Verfügung stehende Instrumentarium anwaltsgerichtlicher Maßnahmen anzuwenden.[344]

Nicht zu verkennen ist allerdings, daß auch nach der ausdrücklichen Statuierung einer Fortbildungspflicht das **Haftungsrisiko** das wirksamere Mittel zur Bekämpfung des anwaltlichen Schlendrians sein wird. Die Anforderungen der Rechtsprechung sind scharf, und nach der berufsrechtlichen Absicherung der Fortbildungspflicht ist erst recht keine Milderung zu erwarten. Verlangt wird eine lückenlose Kenntnis der deutschen Gesetze,[345] beim fortlaufenden Anschwellen des Bundesgesetzblattes schon keine leichte Aufgabe. Der Anwalt muß auch die veröffentlichte höchstrichterliche Rechtsprechung kennen und sich laufend über den Inhalt jedenfalls bedeutender Fachzeitschriften unterrichten.[346] Ein Anwalt, der sich nicht fortbildet, muß in Zukunft in noch zunehmendem Maße damit rechnen, mit Schadensersatzprozessen überzogen zu werden.

176

§ 43 b Werbung

Werbung ist dem Rechtsanwalt nur erlaubt, soweit sie über die berufliche Tätigkeit in Form und Inhalt sachlich unterrichtet und nicht auf die Erteilung eines Auftrags im Einzelfall gerichtet ist.

Schrifttum: *Becker,* Fachanwaltschaften und Interessenschwerpunkte, AnwBl. 1995, 434; *Berweg,* Pro Einzelwerbung, AnwBl. 1987, 226; *ders.,* Anwaltswerbung und Öffentlichkeitsarbeit, AnwBl. 1989, 332 ff.; *Blackburn,* Anwalt und Werbung: Die Erfahrung des englischen Solicitors, AnwBl. 1991, 366; *Bornkamm,* Die Grenzen anwaltlicher Werbung, WRP 1993, 643; *Brangsch,* Spezialisierung und Werbung im Bereich des Anwaltsberufs, NJW 1980, 1817; *Breuer,* Anwaltliche Werbung (Diss.), 1995; *Büttner,* Anwaltswerbung zwischen Berufsrecht und Wettbewerbsrecht, FS Vieregge, 1995, S. 99 ff.; *Chemnitz,* Zur Werbung für die geschäftsmäßige Erstattung von Rechtsgutachten, AnwBl. 1991, 149; *Dommering,* Spezialisierung und Publizität, AnwBl. 1986, 274; *Ebbing,* Virtuelle Rechtsberatung und das anwaltliche Werbeverbot, NJW-CoR 1996, 242; *Eich,* Die Praxisbroschüre – eine notwendige Form zulässiger Informationswerbung, MDR 1989, 4; *Emmerich,* Zulässigkeit der Werbung von Rechtsanwälten mit der Angabe von Tätigkeitsschwerpunkten, JuS 1993, 344; *v. Falkenhausen,* Darf der Rechtsanwalt um Praxis werben?, NJW 1992, 25; *ders., Einzelfragen der Anwaltswerbung, AnwBl. 1994, 513 ff.; *ders.,* Liber Amicorum für H. J. Rabe 1995, Die Werbung des Rechtsanwalts nach der Berufsrechtsnovelle, S. 17 ff.; *Feuerich,* Anwaltliche Werbung mit Tätigkeitsbereichen über ein Informationssystem, NJW 1991, 1591; *Feuerich,* Fachanwaltsbezeichnungen und der Hinweis auf Tätigkeitsbereiche, AnwBl. 1990, 184; *Görl,* Beibehaltung der Anwaltsfirma nach Ausscheiden eines Sozius, AnwBl. 1991, 214; *Hahndorf,* Grenzen und Möglichkeiten heutiger berufsrechtlicher Regelungen für den Anwalt, AnwBl. 1989, 430; *Hempfing/Röhm,* Werbeverbot gegen Rechtsanwälte verstößt in den USA seit dem 17. 6. gegen Meinungsäußerungsfreiheit, JZ 1977,

---

[344] *Redeker* NJW 1987, 304; *Feuerich/Braun,* § 43 a Rdn. 54; ablehnend *Ahlers* BRAK-Mitt. 1995, 46 und *Kilger* AnwBl. 1995, 435 (438).
[345] BGH MDR 1958, 496; BGH NJW 1982, 1866; BVerwG DVBl. 1970, 279.
[346] BGH NJW 1983, 1665; *Vollkommer,* Anwaltshaftungsrecht, III Rdn. 129 ff. mit weiteren Nachweisen.

710; *Henssler,* Zur Drittwerbung zu Gunsten von Freiberuflern, ZIP 1996, 485 ff.; Hanseatische RAK Hamburg, Einzelfragen zur Anwaltswerbung, AnwBl. 1994, 513 und 1995, 89; *Jarass,* Die freien Berufe zwischen Standesrecht und Kommunikationsfreiheit, NJW 1982, 1833; *Kleine-Cosack,* Anwaltszwang zu irreführender Werbung?, AnwBl. 1992, 98; *ders.,* Werbeverbotslockerung für Rechtsanwälte, ZIP 1990, 1534; *ders.,* Vom Universalanwalt zum Spezialanwalt, NJW 1992, 785; *Klinkert,* Standesrechtliche Wettbewerbsverbote und Kartellrecht (Diss.) 1984; *Koch,* Werbeverbot, AnwBl. 1987, 220; *ders.,* Anwaltswerbung mit dem Honorar, AnwBl. 1996, 264 f.; *Kornblum,* Zum Werbeverbot für die rechts- und wirtschaftsberatenden akademischen Freien Berufe, BB 1985, 65; *ders.,* Die anwaltlichen Werbeverbote im Lichte der neuesten Rechtsprechung des BVerfG, AnwBl. 1988, 361; *Kühn,* Die Werbung des Rechtsanwalts um Praxis – ein Problem anwaltlichen Standesrechts (Diss.), 1976; *Lammel,* Wettbewerbsrecht contra Standesrecht, WuW 1984, 853; *Leisner,* Berufsordnungsrecht und Wettbewerbsverbote, 1984; *Löwe,* Werbung im künftigen Berufsrecht der Rechtsanwälte, AnwBl. 1988, 545; *Mälzer,* Die Werbemöglichkeiten von Rechtsanwälten in den Mitgliedstaaten der EG, AnwBl. 1993, 481; *Meyer,* Freie Berufe und Werbung, AnwBl. 1992, 241; *ders.,* Marketing amerikanischer Anwälte, BRAK-Mitt. 1987, 67; *Michalski,* Verlagseigene Informationsdienste für Mandanten von Rechtsanwälten im Lichte des anwaltlichen Berufsrechts, AnwBl. 1992, 194; *ders.,* Zulässigkeit und Firmierung überörtlicher Anwaltssozietäten, ZIP 1991, 1551; *Netzband,* Angabe von Tätigkeitsschwerpunkten durch Rechtsanwälte, NJW 1992, 811; *ders.,* BVerfG zum Anwalt- Suchservice, MDR 1992, 338; *Ostler,* Neueste Entwicklungen in der Rechtsanwaltschaft, NJW 1987, 281; *Pietzke,* Standesrechtliche Wettbewerbsverbote des Rechtsanwalts in den USA und in der Bundesrepublik Deutschland, GRUR Int 1979, 147; *Prinz,* Anwaltswerbung, 1986; *Prütting,* Zulässigkeit überörtlicher Rechtsanwalts-Sozietäten und Ausgestaltung ihrer Briefbögen, AnwBl. 1991, 49; *Rabe,* Werbung um Praxis, AnwBl. 1985, 360; *Ring,* Anwaltschaft und Wettbewerb durch Werbung, Neue Justiz 1991, 484; *ders.,* Anwaltliche Werbung von A–Z, 1996; *Schardey,* Fachgebietsbezeichnung, eine Zwischenbilanz, 25 Jahre Bundesrechtsanwaltskammer 1984, S. 37; *Schmalz,* Abschied vom Werbeverbot?, BRAK-Mitt. 1987, 49; *Senninger,* Grenzen zuverlässiger Anwaltswerbung, AnwBl. 1991, 532; *Tettinger,* Wettbewerb in den Freien Berufen – berufsgrundrechtliche Aspekte, NJW 1987, 294; *ders.,* Abschied vom Werbeverbot?, JZ 1988, 228; *Unger/Wolf,* Erfolgreiches Anwaltsmarketing, 1993; *Vogel,* Pro und Contra Fachgebietsbezeichnung, AnwBl. 1982, 401; *v. Westphalen,* Zur Verfassungswidrigkeit des anwaltlichen Werbeverbots, ZIP 1988, 1; *Wöhler,* Anwaltswerbung in den USA nach der neuesten Rechtsprechung des U.S. Supreme Court, AnwBl. 1987, 342; *Zuck,* Anwaltswerbung, MDR 1987, 336; *ders.,* Anwaltswerbung zwischen zuverlässiger Informations- und unzulässiger Mandatswerbung, NJW 1988, 528; *ders.,* Verfassungsrechtliche Vorfragen anwaltlicher Selbstdarstellung, 25 Jahre Bundesrechtsanwaltskammer 1984, S. 85; *Zuck/Quaas,* Fachgebietsordnung nicht durch Bundesrechtsanwaltskammer?, BRAK.-Mitt. 1982, 141.

Übersicht

	Rdn.
I. Entstehungsgeschichte	1–6
1. Schutz der Obrigkeit	1
2. Würde des Standes	2
3. Ehrengerichtliche Rechtsprechung	3
4. Rigide Standesrichtlinien	4
5. Berufsrechtsnovelle 1994	5
6. Rechtsvergleichende Hinweise	6
II. Normzweck	7–12
1. Gesetzesbegründung	7
2. Bundesverfassungsgericht	8
3. Gefährdung der Funktionsfähigkeit der Rechtspflege	9
a) Irreführende Werbung	9
b) Qualitätswerbung	10
c) direkte Mandatswerbung	11
4. § 43 b lex specialis	12
III. Verfassungsrechtliche Fragen	13–16
1. Striktes Werbeverbot verfassungswidrig	13
2. Eingeschränktes Werbeverbot verfassungsgemäß	14
IV. Erlaubte und verbotene Werbung	17–58
1. Was ist Werbung?	17
2. Sachliche Informationswerbung	20

§ 43 b Werbung   1–3   § 43 b

	Rdn.		Rdn.
a) Allgemeine Grundsätze.....	20	3. Unzulässige Direktwerbung........................	44
b) Gemeinsame Berufsausübung..........................	23	4. Werbegeschenke und Präsentationen........................	49
c) Schwerpunkte..................	25		
d) Preiswerbung...................	29	5. Werbung durch Dritte.........	51
e) Sonstige Informationen.....	30	6. Gemeinschaftswerbung.......	55
f) Werbeträger und -methoden.................................	36	7. Unlauterer Wettbewerb.......	57
g) Unsachliche Form............	39		

I. Entstehungsgeschichte

1. Schutz der Obrigkeit

Die Obrigkeit ist seit alters her der Neigung mancher, besonders eloquenter 1
Angehöriger des Advokatenstandes, durch das **Rühmen der eigenen Tüchtigkeit** seine Klientel zu vermehren, unnachsichtig entgegengetreten. 1775 heißt es in der Fuldischen Advokatenordnung: „Keiner soll sich unterstehen, auf dem Lande herumzuziehen, Prozesse zu werben, die Bauern aufzutreiben und bei ihnen zu zechen. Ein jeder Beamter, der in seinem anvertrauten Gebiete einen solchen antrifft, und in derlei unerlaubtem Beginnen betritt, soll den Advocaten kurzum arretieren...".[1] Der staatlichen Aufsicht ging es allerdings nicht um die Würde des Standes oder um den Schutz der Advokaten vor unlauterer Konkurrenz, sondern um die **Verhinderung unnötiger Prozesse**. Die Furcht, Gerichte und andere staatliche Institutionen könnten auf Betreiben der aufwieglerischen Anwälte vermehrt in Anspruch genommen werden, war in den absolutistisch regierten deutschen Staaten weit verbreitet. Der Preußenkönig Friedrich Wilhelm I., für seinen Jähzorn ebenso bekannt wie für sein Mißtrauen gegenüber den Anwälten, schrieb 1739 an Cocceji, dem Präsidenten des Berliner Kammergerichts: „Wenn... ein Advocat oder Procurator sich unterstehen wird, ... Leute aufzuwiegeln, um bei ihm alte abgedroschene Sachen anzubringen, so wird der König solchen Advocaten oder Procurator ohne Gnade aufhängen und zu mehrerer Abscheu einen Hund neben ihn hängen lassen."[2]

2. Würde des Standes

Erst im 19. Jahrhundert gab es innerhalb der Anwaltschaft selbst erste Überle- 2
gungen, die sich **gegen die Zulassung der Werbung** richteten.[3] Sie gingen einher mit dem steigenden Ansehen und Selbstbewußtsein eines Standes, der sich anschickte, die freie Advokatur durchzusetzen. Begründet wurde die Ablehnung der Werbung mit der Würde des Standes, der sich insbesondere in Preußen über allem Kaufmännischen erhaben dünkte.[4] Unterschwellig wird – nicht anders als heute – auch die Angst der etablierten Anwälte vor der Konkurrenz der nachrückenden jüngeren Kollegen eine Rolle gespielt haben.

3. Ehrengerichtliche Rechtsprechung

Als 1878 die Rechtsanwaltsordnung verabschiedet wurde, hatte sich ein in al- 3
len Bundesstaaten geltendes **einheitliches Berufsbild** des Anwalts noch nicht

---
[1] Zitiert nach *Weißler*, S. 190.
[2] Zitiert nach *Weißler*, S. 322.
[3] Vgl. dazu *Prinz*, Anwaltswerbung, 1986, S. 87 f.
[4] *Weißler*, S. 540.

Eylmann   401 verfestigt. Das galt insbesondere für die Ablehnung jeglicher Werbung. Der Gesetzgeber begnügte sich deshalb damit, in § 28 RAO die Berufspflichten lediglich generalklauselartig zu umschreiben, und vertraute ihre Konkretisierung den Ehrengerichten an. Diese setzten allerdings schnell ein **allgemeines Werbeverbot** durch. Schon 1883 stellte der Ehrengerichtshof als höchste Disziplinarinstanz fest, Werbung sei mit der Würde des Anwalts unvereinbar.[5] Daß es vielen Anwälten schwerfiel, dieses strikte Verbot einzuhalten, macht die relativ hohe Zahl der Verurteilungen deutlich.[6] Die Ehrengerichte blieben aber hart und verschärften ihre Rechtsprechung bis hin zu dem absurden Verbot, den Professorentitel zu führen.[7] Es wurde immer deutlicher, daß hinter der ständigen Betonung der Würde des Standes in Wahrheit Gesichtspunkte des **Konkurrenzschutzes** standen.[8]

4. Rigide Standesrichtlinien

4 Die RichtlRA 1929 „kodifizierten" in ihrem Abschnitt B (Kundmachung der Tätigkeit) die ehrengerichtliche Rechtsprechung in einer Fülle von Detailvorschriften. Die penible Aufzählung aller Verhaltensweisen, mit denen ein Werbeeffekt verbunden sein könnte, setzte sich nach dem Zweiten Weltkrieg in den RichtlRA 1957 fort, in denen sich über ein Dutzend Paragraphen mit der Werbung befaßten. Die RichtlRA 1963 und 1973 brachten einige Modifizierungen in Einzelpunkten, aber keine Änderung des **rigiden Werbeverbots**. Im Gegenteil wurde in den letztgenannten Richtlinien seine besondere Bedeutung noch dadurch unterstrichen, daß es in einer alle Werbungsformen umfassenden allgemeinen Formulierung in den Rang einer elementaren Berufspflicht gehoben wurde, § 2 RichtlRA 1973.

5. Berufsrechtsnovelle 1994

5 Als das Bundesverfassungsgericht mit seiner Grundsatzentscheidung vom 14. 7. 1987[9] die Standesrichtlinien kassierte und dem Werbeverbot Grenzen setzte, waren gegen dessen weite Ausdehnung durch die Richtlinien und die ehrengerichtliche Rechtsprechung schon wiederholt kritische Einwände erhoben und Lockerungen verlangt worden, insbesondere im Interesse einer besseren Information des Publikums über anwaltliche Dienstleistungen.[10] Der Gesetzgeber entschloß sich deshalb, in der Berufsrechtsnovelle 1994 das **Werbeverbot gesetzlich zu regeln** und es dabei im Vergleich zu seiner umfassenden Ausprägung in den Standesrichtlinien **wesentlich einzuschränken**. Nach dem Gesetzesentwurf sollte die Werbung dem Rechtsanwalt erlaubt sein, soweit sie über die berufliche Tätigkeit sachlich unterrichtet, nicht reklamehaft und nicht auf die Erteilung

---

[5] EGH 1, 28; in der Folgezeit EGH 3, 87 u. 4, 187; vgl. zur Geschichte des Werbeverbots auch BGHSt 26, 131 (133 f.).

[6] Fast ein Viertel der Verurteilungen der ersten 12 Jahre betraf Verstöße gegen das Werbeverbot, vgl. *Ostler,* S. 55.

[7] EGH 20, 116; teilweise kritisch dazu *Friedlaender,* AnwBl. 1927, 38.

[8] Kritisch schon *Görres* JW 1923, 667.

[9] BVerfGE 76, 196 = NJW 1988, 194.

[10] *Redeker* NJW 1973, 1153 (1157); *Enders* NJW 1973, 2049; *Hempfing/Röhm* JZ 1977, 710; *Schardey* AnwBl. 1978, 42 und AnwBl. 1979, 256 (261); *Wöhler* AnwBl. 1979, 342 (344); *Rabe* AnwBl. 1979, 248; *Brangsch* NJW 1980, 1817 (1821); *Kornblum* BB 1985, 65 (70); *Kühn,* Die Werbung des Rechtsanwalts um Praxis, 1976; *Prinz,* Anwaltswerbung, 1986; *Sue,* Rechtsstaatliche Probleme des anwaltlichen Standesrechts, 1986, S. 134 ff.

eines Auftrags im Einzelfall gerichtet ist.[11] Die relativ umfangreiche Begründung hebt das das Interesse des rechtssuchenden Publikums hervor, über das Angebot anwaltlicher Dienstleistungen genauer informiert zu werden, und hält zu diesem Zweck die Angabe fachlicher **Interessenschwerpunkte**, nicht aber von Tätigkeitsschwerpunkten für zulässig. Der Rechtsausschuß strich das Adjektiv „reklamehaft" als zu ungenau und ergänzte den Gesetzestext dahin, daß die Unterrichtung über die eigene berufliche Tätigkeit „in Form und Inhalt" sachlich sein müsse.[12] Da die Bundesregierung mit dem Verbot „reklamehafter" Werbung die Nutzung bestimmter, allerdings nicht näher bezeichneter Werbeträger ausschließen und verhindern wollte, daß „der Wettbewerb um Mandate mit den Mitteln des Kapitaleinsatzes für Reklame ausgetragen wird",[13] ist aus der Streichung dieses Begriffs zu schließen, daß dem Anwalt für eine Informationswerbung alle Werbeträger gestattet sein sollen. Die Auffassung, eine sachliche Änderung gegenüber dem Entwurf sei damit nicht verbunden,[14] wird dem im Gesetzeswortlaut eindeutig zum Ausdruck gekommenen Willen des Gesetzgebers nicht gerecht und läßt sich unterschwellig immer noch von der überkommenen Vorstellung leiten, Werbung sei dem Anwalt nur ausnahmsweise in engen Grenzen gestattet.

6. Rechtsvergleichende Hinweise

Die mit der Berufsrechtsnovelle 1994 eingetretene Lockerung des Wettbewerbsverbots in Deutschland folgt einem Trend in den westlichen Industriestaaten. In den USA ist anwaltliche Werbung seit der 1977 vom Supreme Court gefällten Grundsatzentscheidung weitgehend erlaubt,[15] seit 1988 sogar – mit gewissen Einschränkungen – auch die direkte Mandatswerbung.[16] In der Europäischen Union überwiegen die Staaten, in denen den Anwälten mit unterschiedlichen Einschränkungen Werbung erlaubt ist.[17] Am großzügigsten sind die berufsrechtlichen Regelungen in Großbritannien, Irland, Dänemark und den Niederlanden. Informationswerbung ist dort weitgehend gestattet; untersagt sind vergleichende Werbung und Werbung mit Erfolgsquoten. Frankreich und Belgien erlauben den Anwälten zurückhaltende Informationswerbung. In Italien, Griechenland, Spanien und Portugal ist die Werbung den Anwälten noch grundsätzlich untersagt. Erste Liberalisierungsschritte zeigen sich darin, daß italienische und griechische Anwälte ihre Tätigkeitsschwerpunkte angeben dürfen.

II. Normzweck

1. Gesetzesbegründung

Dem Gesetzeswortlaut entsprechend, der – insoweit der berufsrechtlichen Tradition und nicht dem verfassungsrechtlichen Freiheitsgrundsatz folgend – von einem **grundsätzlichen Werbeverbot** ausgeht und davon Ausnahmen zuläßt, befaßt sich die Gesetzesbegründung mehr mit den Erwägungen zur Freigabe der Informationswerbung als mit der Rechtfertigung des im übrigen weiterbestehenden Werbeverbots. Der Satz, gezielte Werbung um einzelne Mandate sei mit

---

[11] BT-Drucks. 12/4993, S. 5.
[12] BT-Drucks. 12/7656, S. 8 u. 48.
[13] BT-Drucks. 12/4993, S. 28.
[14] OLG Frankfurt AnwBl. 1996, 234 (235); OLG Celle BRAK-Mitt. 1996, 46 (47).
[15] Eingehend dazu *Prinz*, o. Fn. 10, S. 64 ff.
[16] *Meyer*, AnwBl. 1992, 241 (243).
[17] Vgl. zum Folgenden *Mälzer* AnwBl. 1993, 481.

dem Anwaltsberuf unvereinbar,[18] ist eine Behauptung, aber keine Begründung. Diese wird bei der Ablehnung eines „reklamehaften Anpreisens" versucht; sie soll mit der Stellung des Rechtsanwalts als **Organ der Rechtspflege** und mit einer **funktionsfähigen Rechtspflege** im Interesse des rechtssuchenden Bürgers nicht vereinbar sein, weil sie mit der eigentlichen **Berufsleistung** des Anwalts und dem unabdingbaren **Vertrauensverhältnis** im Rahmen des Mandats nichts mehr zu tun habe.[19]

2. Bundesverfassungsgericht

8   Das Bundesverfassungsgericht hat bisher aus § 43 das Verbot von Werbung hergeleitet, soweit sie auf **Praxis** zielt oder **irreführend** ist, und sich zur Begründung darauf berufen, dies sei als „Kern des Werbeverbots" seit jeher zu den Pflichten der freien Berufe gezählt worden.[20] Damit bezieht sich das Bundesverfassungsgericht auf das Berufsbild des Anwalts und der anderen freien Berufe, das durch die Verwendung von Werbemethoden verfälscht würde, wie sie in der gewerblichen Wirtschaft üblich seien.[21] Nicht zuletzt mit Rücksicht auf den **Wandel des anwaltlichen Berufsbildes**,[22] aber auch wegen der verfassungsrechtlichen Notwendigkeit, Folgerungen aus einer Berufsbildprägung auf ihre **Sachgerechtigkeit** zu überprüfen,[23] reicht diese Begründung nicht aus.

3. Gefährdung der Funktionsfähigkeit der Rechtspflege

9   a) **Irreführende Werbung.** Von den nach Ausklammerung der zulässigen Werbung verbleibenden Werbemethoden leuchtet das Verbot der falschen oder irreführenden Werbung ohne weiteres ein. Wer so wirbt, beeinträchtigt offensichtlich die Funktion der Anwaltschaft im System der Rechtspflege.[24]

10 b) **Qualitätswerbung.** Werbung, die sich nicht auf eine in Form und Inhalt sachliche Unterrichtung über die berufliche Tätigkeit des Anwalts beschränkt, ist fast immer mit **Wertungen** verbunden, deren Richtigkeit der Bürger nicht nachprüfen kann, weil er in der Regel juristischer Laie ist und die Qualität anwaltlicher Dienstleistungen ohnehin schwer einzuschätzen ist. Es besteht also die Gefahr, daß das rechtssuchende Publikum durch solche Anpreisungen **irregeführt** wird und unrichtige Vorstellungen über die Leistungsfähigkeit eines Anwalts gewinnt.[25] Die Folge könnte eine Bevorzugung des Anwalts sein, der seine Klientel nicht durch eine gewissenhafte und sorgfältige Beratung und Vertretung seiner Mandanten zu vermehren trachtet, sondern durch eine Verwendung jener **aggressiven Werbemethoden**, die in der gewerblichen Wirtschaft üblich und zulässig sind. Zwar ist es kein Gemeinwohlbelang, Anwälte vor Konkurrenz der Kollegen zu schützen; wohl aber ist es eine im öffentlichen Interesse liegende Aufgabe des Berufsrechts, die **Leistungsfähigkeit der Anwaltschaft** als eine im

---

[18] BT-Drucks. 12/4993, S. 28.
[19] BT-Drucks. 12/4993, a.a. O.
[20] BVerfGE 36, 212 (219 ff.); 57, 121 (133 f.); 60, 215 (231 f.); 76, 196 (205) = NJW 1988, 194.
[21] BVerfGE 33, 125 (170); 60, 215 (232); ebenso BGH NJW 1984, 2705 und BRAK-Mitt. 1985, 171; vgl. auch *Jarass* NJW 1982, 1833 (1836 ff.).
[22] *Kübler* (Hrsg), Anwaltsberuf im Wandel, 1982; *Sue*, o. Fn. 10, S. 150 ff.
[23] *Rupp* AöR 92 (1967), 212 (221 f.) und NJW 1965, 993; *Hesse* AöR 95 (1970), 449 (459 ff.).
[24] *Jarass* NJW 1982, 1833 (1838); *Magen* NJW 1995, 2317 (2319).
[25] BVerfGE 76, 196 (208) = NJW 1988, 194; *Sue*, o. Fn. 10, S. 166 f.

Dienste des Rechts stehende Institution zu wahren. Aus § 2 Abs. 2 ergibt sich, daß diese Aufgabe sich mit einer **gewerblichen Tätigkeit** nicht verträgt; insofern hat diese Vorschrift nicht nur steuerrechtliche Konsequenzen, sondern spricht auch gegen die Zulässigkeit von Werbemethoden, wie sie gerade für die gewerbliche Wirtschaft typisch sind.[26] Sie wären auch kaum geeignet, die Herstellung eines Vertrauensverhältnisses zu begründen, das den Beziehungen Anwalt – Mandant ihren besonderen Charakter gibt.[27]

c) Direkte Mandatswerbung. Obwohl die Werbung um ein Einzelmandat 11 durchaus im Wege einer nach Form und Inhalt sachlichen Information geschehen kann, hat der Gesetzgeber dem Anwalt ein solches **Direktmarketing** untersagt. Auch dieses Verbot zielt auf die Erhaltung der Funktionsfähigkeit der Rechtspflege. Zwar sind Fälle denkbar, in denen die Bemühungen um ein Einzelmandat tolerabel erscheinen und sogar für den Mandanten Nutzen bringen können.[28] In der Regel wird allerdings das unaufgeforderte Angebot zur Übernahme eines Mandats als **Überrumpelungsversuch** oder zumindest als unangemessenes Bedrängen empfunden. Da die Kontaktaufnahme meistens mündlich erfolgt, läßt sich nur schwer kontrollieren, mit welchen Argumenten der Anwalt den potentiellen Mandanten zu überzeugen oder zu überreden versucht. Die Gefahr, daß so jemandem auf unlautere oder zumindest bedenkliche Weise anwaltliche Dienstleistungen **aufgedrängt** werden, die er nicht oder jedenfalls nicht von diesem Anwalt in Anspruch nehmen will, wird nicht nur im Inland, sondern auch im Ausland als so hoch angesehen, daß nahezu überall die gezielte Werbung um ein Einzelmandat als berufswidrig gilt.[29] Sie würde die anwaltliche Tätigkeit ihres Charakters als Dienst am Recht entkleiden und sie mit sonstigen gewerblichen Dienstleistungen auf eine Stufe stellen.

4. § 43 b lex specialis

§ 43b ist lex specialis gegenüber der in § 43 normierten Generalklausel. Auf 12 diese kann somit zur Rechtfertigung eines Werbeverbots nicht mehr zurückgegriffen werden.

III. Verfassungsrechtliche Fragen

1. Striktes Werbeverbot verfassungswidrig

Mit der Berufsrechtsnovelle 1994 ist das Werbeverbot nicht zuletzt deshalb 13 eingeschränkt worden, weil es in seiner strikten Ausprägung, die es in den Standesrichtlinien und in der ehrengerichtlichen Rechtsprechung gefunden hatte, gegen das Grundrecht der **Meinungsfreiheit**, Art. 5 GG und Art. 10 EMRK, und der **Berufsausübungsfreiheit**, Art. 12 GG, verstieß. Aus Art. 5 Abs. 1 S. 1 GG folgt für den Anwalt das Recht, sich wie jeder andere Staatsbürger mit Informationen an die Öffentlichkeit zu wenden, auch wenn damit ein Werbeeffekt verbunden ist.[30] Dieses Informationsrecht des Anwalts wird auch durch Art. 10 EMRK garantiert.[31] Die Berufsausübungsfreiheit umfaßt grundsätzlich auch das

---

[26] *Jähnke* NJW 1988, 1888 (1891).
[27] *Löwe* AnwBl. 1988, 545 (547 f.).
[28] *Prinz,* o. Fn. 10, S. 190 ff.
[29] Rechtsvergleichende Hinweise des BRAK-Vorstandes in BRAK-Mitt. 1991, 28.
[30] BVerfGE 76, 196 (208) = NJW 1988, 194; BVerfG NJW 1992, 1613; *Feuerich* AnwBl 1990, 184; *Kleine-Cosack,* § 43 Rdn. 29; *Prinz,* o. Fn. 10, S. 111 ff.
[31] EKMR NJW 1992, 963.

Recht, die Öffentlichkeit werbend über die eigene berufliche Tätigkeit zu unterrichten.[32]

2. Eingeschränktes Werbeverbot verfassungsgemäß

14 Nach der teilweisen Freigabe der Werbung beschränkt sich die Frage der Verfassungsmäßigkeit auf den Bereich, der dem Anwalt nach wie vor untersagt ist. Sieht man von der irreführenden Werbung ab, deren Verbot verfassungsrechtlich unbedenklich ist, bleiben die mit nicht nachprüfbaren Wertungen arbeitende **Qualitätswerbung** und das **Direktmarketing**.

15 Das **Verbot der Qualitätswerbung** soll die Funktionsfähigkeit der Anwaltschaft im Rechtspflegesystem schützen.[33] Bei der nach dem Verhältnismäßigkeitsprinzip erforderliche Abwägung zwischen der Berufsausübungsfreiheit und dem Gemeinwohlbelang[34] muß einerseits berücksichtigt werden, daß dem Anwalt die Werbung nicht schlechthin, sondern nur in einem Teilbereich untersagt wird, der Eingriff also nicht sehr schwer wiegt, während andererseits das Rechtsgut der Funktionsfähigkeit der Rechtspflege einen hohen Rang hat. Da das Verbot der Qualitätswerbung zum Schutz der Funktionsfähigkeit der Rechtspflege grundsätzlich geeignet und auch erforderlich ist, verstößt es weder gegen Art. 5 GG und Art. 10 EMRK noch gegen Art. 12 GG. In Grenzfällen wird eine verfassungskonforme Auslegung des Gesetzes nur dann ein Eingreifen des Verbots zulassen, wenn eine Irreführung des rechtsuchenden Publikums ernsthaft zu befürchten ist. Läßt sich eine Beeinträchtigung der Funktionsfähigkeit der Rechtspflege nicht sicher feststellen, muß der Grundsatz in dubio pro libertate gelten.[35]

16 Ebenso würde eine extensive Auslegung des Verbots, sich werbend um ein **Mandat im Einzelfall** zu bemühen, verfassungsrechtlich bedenklich sein. So wird man das Verbot, ein Einzelmandat anzuwerben, nicht dahin erweitern können, daß dem Anwalt untersagt ist, ohne Bezug auf einen bestimmten Auftrag eine Person als Mandanten für sich zu gewinnen.[36] Ebensowenig ist eine Beeinträchtigung der Funktionsfähigkeit der Rechtspflege ersichtlich, wenn im Rahmen eines schon bestehenden Mandatsverhältnisses der Anwalt sich um einen weiteren Auftrag desselben Mandanten bemüht.[37] Satzungsversammlung und Berufsgerichtsbarkeit sind bereits zu Recht vor einem Rückfall in die kleinkarierte „Erbsenzählerei" unter der Herrschaft der Standesrichtlinien gewarnt worden;[38] sie hat dem Ansehen der Anwaltschaft häufig mehr geschadet als die im Einzelfall beanstandete Werbung, die zuweilen als solche kaum zu erkennen war.

IV. Erlaubte und verbotene Werbung

1. Was ist Werbung?

17 Unter Werbung ist eine Tätigkeit zu verstehen, die unter **planmäßiger Anwendung beeinflussender Mittel** darauf angelegt ist, andere dafür zu gewin-

---

[32] Löwe AnwBl. 1988, 545; Kleine-Cosack, ZIP 1990, 1534; Magen NJW 1995, 2317 (2318 ff.).
[33] Vgl. o. Rdn. 10.
[34] BVerfGE 76, 196 (209) = NJW 1988, 194; BVerfG NJW 1990, 2122.
[35] Löwe AnwBl. 1988, 545 (546); Kleine-Cosack, § 43 b Rdn. 3 ff.; zu § 57 u StBerG BVerfG AnwBl. 1996, 232.
[36] Vgl. u. Rdn. 45.
[37] Vgl. u. Rdn. 48.
[38] Kleine-Cosack NJW 1994, 2249 (2255).

nen, die Leistung desjenigen, für den geworben wird, in Anspruch zu nehmen.[39] Der Versuch, für den Anwalt einen engeren Werbungsbegriff einzuführen, indem man nur die berufswidrige Werbung als solche qualifiziert,[40] vermengt die Kategorien: ob Werbung berufswidrig ist, bestimmt sich nach § 43 b. Logisch vorrangig ist die Frage, ob es sich überhaupt um Werbung handelt.[41]

Ob Werbung vorliegt, ist nach **objektiven** Kriterien zu ermitteln. Es kommt 18 nicht darauf an, wie der Handelnde sein Verhalten aufgefaßt wissen möchte. Maßgebend ist vielmehr, welchen Eindruck das Publikum aus dem Verhalten gewinnt.[42] Um Werbung im engeren Sinne handelt es sich, wenn sich jemand mit positiven Bewertungen der eigenen Fähigkeiten und Leistungen oder mit der Aufforderung zur Inanspruchnahme der von ihm angebotenen Leistungen an das Publikum wendet. Werbung im weiteren Sinne kann aber auch vorliegen, wenn sonstige Umstände das Urteil rechtfertigen, das betreffende Verhalten sei darauf angelegt, andere für die Inanspruchnahme der Leistungen zu gewinnen. Werbung liegt allerdings noch nicht vor, wenn ein Verhalten lediglich die Wirkung hat, daß der Leistungserbringer und seine Leistungen beim Publikum bekannt werden und sich dies für ihn umsatzfördernd auswirkt. Entscheidend ist vielmehr, ob das Verhalten bei der gebotenen Gesamtbetrachtung aller Umstände vom Publikum so gewertet ist, daß es gerade diese Wirkung gezielt erreichen will. Dabei braucht die Umsatzförderung nicht der einzige Zweck der werbenden Tätigkeit zu sein.[43]

Legt man diese Definition zu Grunde, scheiden von vornherein anwaltliche 19 Handlungsweisen aus, die zwar manche vom Kollegenneid beflügelte Anwälte, nicht aber das rechtssuchende Publikum als Werbung betrachten. Daß der Anwalt im politischen und gesellschaftlichen Leben als Rechtsanwalt auftreten und mündlich wie schriftlich diese Berufsbezeichnung seinem Namen hinzufügen darf, ist **keine Werbung**, da sie nach allgemeiner Verkehrsanschauung nicht als planmäßiges Vorgehen zur Vergrößerung der eigenen Klientel verstanden wird.[44] Dies gilt ebenso für das normale Praxisschild,[45] die (nicht hervorgehobene) Eintragung in Telefon- und Faxverzeichnissen,[46] die Führung akademischer Titel, die Stellenanzeige,[47] die Bekanntgabe der Urlaubsabwesenheit und der Rückkehr in der örtlichen Presse (die bei den ebenfalls einem Werbeverbot unterliegenden Ärzten üblich ist, bei Anwälten aber kaum vorkommt),[48] die Publikation in Fachzeitschriften, den auf Einladung gehaltenen Vortrag über juristische Themen, den Rechtskundekurs in der Volkshochschule, die Teilnahme an einer Fernsehdiskussion unter Nennung der Berufsbezeichnung, die Weihnachtsgrüße an Mandanten, die Flasche Rotwein zum 80. Geburtstag eines langjährigen Klienten, den Empfang für Mandanten und Kollegen zum 100 jährigen Praxisjubiläum. Daß derartige Selbstverständlichkeiten in der Vergangenheit teilweise als Werbung aufgefaßt worden sind, läßt sich nur auf ein kleinliches innerberufliches Konkur-

---

[39] BGH NJW 1992, 45; *Feuerich/Braun*, § 43 b Rdn. 4; *Sue*, o. Fn. 10, S. 134; *Prinz*, o. Fn. 10, S. 57.
[40] *Lingenberg/Hummel/Zuck/Eich*, § 2 Rdn. 21; *Sue*, o. Fn. 10, S. 137.
[41] So zutreffend *Feuerich/Braun*, § 43 b Rdn. 5.
[42] BVerfGE 76, 196 (206) = NJW 1988, 194; BGH NJW 1992, 45; *Kleine-Cosack*, § 43 Rdn. 21.
[43] *Feuerich/Braun*, § 43 b Rdn. 4.
[44] BGH NJW 1990, 1739.
[45] *Sue*, o. Fn. 10, S. 136.
[46] BGHSt 35,1 = NJW 1987, 3270.
[47] OLG Nürnberg NJW 1993, 1338.
[48] OLG Karlsruhe NJW 1992, 2835.

2. Sachliche Informationswerbung

20 **a) Allgemeine Grundsätze.** Werbung ist erlaubt, sofern und soweit sie aus einer sachlichen Unterrichtung über die berufliche Tätigkeit des Anwalts besteht. Es darf über Fakten informiert werden, die auf ihren Wahrheitsgehalt überprüft werden können. Nicht zulässig sind Wertungen, die einer Qualifizierung als richtig oder falsch nicht zugänglich sind.

21 Die mitgeteilten Tatsachen müssen **im Zusammenhang mit der beruflichen Tätigkeit** des Anwalts stehen. Dies ist der Fall, wenn die Tatsache für die Entscheidung potentieller Mandanten, ob und ggf. welchen Anwalt sie beauftragen sollen, auf der Grundlage vernünftiger und sachbezogener Erwägungen eine Rolle spielen kann.[49] Dabei reicht es aus, daß die Information nur für eine Minderheit von Bedeutung ist.

22 Selbstverständlich ist, daß die Informationen zutreffen müssen. Wer mit **unwahren Behauptungen** wirbt, erfüllt schon den Tatbestand des § 1 UWG und verstößt auch gegen § 43 b.[50] Die Informationen müssen auch klar und eindeutig sein; es darf nicht die Gefahr bestehen, daß sie vom Publikum mißverstanden werden und falsche Vorstellungen über die Tätigkeit des Anwalts hervorrufen.

23 **b) Gemeinsame Berufsausübung.** Das rechtsuchende Publikum ist interessiert zu erfahren, wo und in Zusammenarbeit mit wem der Anwalt seine berufliche Tätigkeit ausübt. Hierzu darf der Anwalt auf Briefbögen, auf dem Praxisschild und den Anzeigen alles mitteilen, was der Wahrheit entspricht. Treten Anwälte als **Sozietät** – auch mit Steuerberatern und Wirtschaftsprüfern – auf, muß eine gemeinschaftliche Berufsausübung vorliegen, wobei entweder die Erträgnisse der Praxis nach einem vereinbarten Schlüssel verteilt werden (echte Sozietät) oder auch einzelne Anwälte bei einem oder mehreren anderen Anwälten derselben Kanzlei als Angestellte oder freie Mitarbeiter beschäftigt sind, nach außen jedoch als deren Partner erscheinen (unechte Sozietät).[51] Bei einer **überörtlichen oder intraurbanen Sozietät** muß klargestellt werden, welche Partner mit welcher Qualifikation an welchem Standort tätig sind.[52] Partnerschaft und GmbH müssen ihren Namen bzw. ihre Firma führen, § 2 PartnerschaftsG und §§ 4, 35 a GmbHG. **Bürogemeinschaften, Kooperationen** mit in- und ausländischen Rechtsanwälten, Steuerberatern und Wirtschaftsprüfern sowie die Zusammenarbeit in einer **Europäischen Wirtschaftlichen Interessenvereinigung (EWIV)** dürfen angegeben werden, sofern tatsächlich eine Zusammenarbeit besteht.[53] Kurzbezeichnungen beruflicher Zusammenarbeit sind zulässig, soweit sie nicht irreführend sind.[54] Informationen über Kooperationen mit Angehörigen

---

[49] *Kleine-Cosack,* § 43 Rdn. 26; vgl. auch OLG Celle StB 1992, 174.
[50] OLG Stuttgart NJW 1993, 1336; OLG Hamm NJW 1993, 1338.
[51] BGHZ 56, 355 (357) = NJW 1971, 1801; OLG München NJW 1990, 2134; OLG Karlsruhe NJW 1990, 3093; vgl. auch AnwGH Baden-Württemberg NJW-RR 1995, 1017 zur Scheinsozietät mit einer Unternehmensberaterin.
[52] BGH NJW 1994, 2288; vgl. auch OLG Stuttgart NJW 1993, 1336 für auswärtige Beratungsstelle; OLG Düsseldorf NJW 1991, 46; BayEGH BRAK-Mitt. 1992, 224; einschränkend hinsichtlich des Kanzleischildes BGH AnwBl. 1995, 193.
[53] BGH NJW 1993, 1313; OLG Hamm NJW 1993, 1338; Hans. RAK Hamburg AnwBl. 1994, 513 (514).
[54] Zu eng OLG Düsseldorf NJW 1991, 46 mit krit. Anm. *Schockenhoff* NJW 1991, 1158.

§ 43b Werbung 24, 25 § 43b

anderer Berufe müssen ebenfalls als zulässig angesehen werden, sofern sie verfestigt und für die anwaltliche Tätigkeit von Bedeutung sind; so darf ein vornehmlich im Arzthaftungsrecht tätiger Anwalt seine Zusammenarbeit mit einem Mediziner ebenso angeben wie ein im Baurecht tätiger Anwalt seine Zusammenarbeit mit einem Bausachverständigen.

In der Kurzbezeichnung einer Sozietät dürfen die Namen **ausgeschiedener** 24 **oder verstorbener Anwälte** weitergeführt werden;[55] die Fünf-Jahres-Frist des § 71 RichtlRA 1973 gilt nicht mehr. Zur Vermeidung einer Irreführung des Publikums ist allerdings in geeigneter Weise im Briefkopf und auf dem Kanzleischild klarzustellen, welche der namentlich erwähnten Anwälte nicht mehr in der Sozietät tätig sind.[56] Die Namen ausgeschiedener Anwälte dürfen nicht erwähnt werden, wenn sie nur eine unangemessen kurze Zeit Mitglied der Sozietät waren und ihre Mitgliedschaft offensichtlich nur dem Zweck diente, der Sozietät den Namen zur Verfügung zu stellen.[57]

c) **Schwerpunkte.** Auch ohne die Befugnis, gem. § 43 c eine Fachanwaltsbe- 25 zeichnung zu führen, darf der Anwalt die Öffentlichkeit über Schwerpunkte seiner beruflichen Tätigkeit informieren. Die Gesetzesbegründung hält nur die Angabe von **Interessenschwerpunkten** für zulässig und spricht sich gegen **Tätigkeitsschwerpunkte** aus, weil deren Angabe nicht mit hinreichender Deutlichkeit erkennen lasse, daß ihre Berechtigung – anders als beim Fachanwalt – nicht in einem formellen Verfahren erworben worden sei, sondern auf Selbsteinschätzung beruhe.[58] Diese Differenzierung wirkt gekünstelt und überzeugt nicht. Wer sein Interesse auf ein bestimmtes Rechtsgebiet richtet, wird in der Regel auch seine Tätigkeit darauf konzentrieren. In beiden Fällen braucht damit nicht notwendigerweise ein höheres Maß an Wissen und Erfahrung verbunden zu sein, denn die Angabe sagt nichts darüber aus, wie lange der Anwalt schon in diesem Bereich tätig ist. Die Gewähr, von einem Anwalt vertreten zu sein, der tatsächlich über besondere Kenntnisse und Erfahrungen auf einem bestimmten Rechtsgebiet verfügt, hat der Mandant nur bei einem Fachanwalt. Der Anwalt darf mithin sowohl Interessen- als auch Tätigkeitsschwerpunkte angeben, zumal das Interesse des Mandanten, über Spezialkenntnisse eines Anwalts informiert zu werden, auf der Hand liegt und durch die auf wenige Rechtsgebiete beschränkte Fachanwaltschaft nicht befriedigt wird.[59] Der in den Gesetzesmaterialien zum Ausdruck gekommene entgegenstehende Wille des Gesetzgebers hindert die Verneinung einer Irreführung durch die Angabe von Tätigkeitsschwerpunkten nicht, denn entscheidend für die Auslegung des Gesetzes ist der im Gesetzeswortlaut objektivierte Wille des Gesetzgebers.[60]

Die Angaben über Interessen und Tätigkeitsschwerpunkte müssen **sachlich zutreffen.** Da ein Interessenschwerpunkt sich noch nicht in einer entsprechen-

---

[55] LG München AnwBl. 1990, 463; *Zuck*, AnwBl. 1988, 513; a. A. EGH Schleswig-Holstein AnwBl. 1991, 212 mit krit. Anm. *Görl*.
[56] *Feuerich/Braun*, § 17 Rdn. 8.
[57] Hans. RAK Hamburg AnwBl. 1994, 65.
[58] BT-Drucks. 12/4993, S. 28.
[59] BVerfG AnwBl. 1992, 1613; NJW-RR 1994, 1480; NJW 1995, 712; AnwBl. 1995, 96; BGH NJW 1994, 2035; AnwBl. 1996, 233. OLG Düsseldorf NJW 1992, 2834; OLG Karlsruhe NJW 1990, 3155; EG Düsseldorf NJW 1992, 2835; EGH Schleswig NJW 1993, 1340 mit Anm. *Ring* EWiR 1993, 41; *Feuerich/Braun*, § 43 b Rdn. 8; *Löwe* AnwBl. 1988, 550; *Feuerich* AnwBl. 1990, 184; *Kleine-Cosack* AnwBl. 1992, 98 u. NJW 1992, 785; a. A. OLG Celle NJW 1993, 3273.
[60] BVerfGE 1, 312; E 10, 244; E 62,45.

den Tätigkeit konkretisiert zu haben braucht, also in vielen Fällen erst eine beabsichtigte Spezialisierung zum Ausdruck bringt, könnte es naheliegen, demgegenüber bei der Nennung von Tätigkeitsschwerpunkten den Nachweis einer entsprechenden anwaltlichen Praxis zu verlangen.[61] Der BGH hat allerdings auch in einer Kanzleieröffnungsanzeige die Angabe von Tätigkeitsschwerpunkten gestattet mit der Begründung, es handle sich um die Ankündigung eines jederzeit nachprüfbaren objektiven Sachverhalts, auf welchen Rechtsgebieten der Anwalt tätig sei oder künftig hauptsächlich tätig sein werde.[62] Damit ist ein sich in der Rechtspraxis auswirkender Unterschied zwischen Interessen- und Tätigkeitsschwerpunkten nicht mehr auszumachen. Für die Gleichsetzung dieser beiden Begriffe spricht, daß das rechtsuchende Publikum kaum feinsinnige Differenzierungen zwischen ihnen vornehmen dürfte, sondern davon ausgeht, daß sich spezielle Interessen auch in Tätigkeitsschwerpunkten niederschlagen.

27 Bei der Angabe der Schwerpunkte muß eine **Verwechselung mit der Fachanwaltschaft ausgeschlossen** werden. Fachanwalt darf sich nur nennen, wer diese Qualifikation gem. § 43 c erworben hat.[63] Auch die Bezeichnung „Fachgebiet" ist unzulässig.[64] Das muß ebenso für die Bezeichnung „Rechtsanwalt für ..." gelten. Die Angabe „Spezialgebiet" begründet dagegen keine solche Verwechselungsgefahr und ist deshalb statthaft.[65] Wenn als Tätigkeitsschwerpunkt „Strafverteidigungen" genannt werden können,[66] muß auch die Bezeichnung „Strafverteidiger" zugelassen werden.[67] „Steuerkanzlei" darf sich eine Praxis nur nennen, wenn der betreibende Anwalt Fachanwalt für Steuerrecht ist.[68] Unzulässig ist die Angabe einer solchen Vielzahl von anwaltlichen Tätigkeiten, daß von Schwerpunkten im eigentlichen Sinne keine Rede mehr sein kann.[69] Unzulässig sind ferner, weil nicht überprüfbare Wertungen und Qualitätsanpreisungen enthaltend, Formulierungen wie „Chefberatung für den Mittelstand",[70] „Wir sind Experten für ...", „Anerkannte Anwaltspraxis für Arbeitsrecht" und „Führender Scheidungsanwalt am Orte". Auch die Bezeichnung „Spezialist für ..." ist nicht tolerabel, da sie über die bloße Angabe eines Spezialgebiets hinausgeht.[71]

28 Ist die Angabe von Schwerpunkten anwaltlicher Tätigkeit für das rechtsuchende Publikum nützlich, gilt dies in nicht geringerem Maß für Informationen über **Einschränkungen des Dienstleistungsangebots** („keine Strafverteidigungen").

29 **d) Preiswerbung.** Als Folge des in § 51 RichtlRA 1973 enthaltenen Verbots, geringere als die in der BRAGO geregelten Gebühren zu vereinbaren, war **Werbung mit dem Preis** bislang dem Anwalt strikt und ausnahmslos verboten. Dies

---

[61] Büttner, FS Vieregge, 1995, S. 112.
[62] BGH NJW-RR 1994, 1480 = ZIP 1994, 1214 (1213).
[63] BVerfG NJW 1992, 816; AnwBl. 1995 96; OLG Hamm BRAK-Mitt. 1991, 110.
[64] Feuerich/Braun, § 43 b Rdn. 12.
[65] EGH Stuttgart AnwBl. 1990, 158; zweifelnd Hans. RAK Hamburg AnwBl. 1994, 513.
[66] BGH NJW 1994, 2284; OLG Stuttgart NJW 1990, 997; OLG Karlsruhe AnwBl. 1992, 390.
[67] OLG Stuttgart AnwBl. 1989, 568; a. A. BGH NJW 1992, 45 u. OLG Karlsruhe NJW 1991, 2091.
[68] OLG Dresden NJW 1996, 202.
[69] OLG Stuttgart NJW 1992, 2498 (51 (!) „Tätigkeitsschwerpunkte"); Rabe NJW 1989, 1113 (1118) Feuerich, § 43 Rdn. 48.
[70] BGH NJW 1991, 2641.
[71] Feuerich/Braun, § 43 b Rdn. 11; Hans. RAK Hamburg AnwBl. 1994 513.

ist nicht mehr haltbar, seitdem durch § 49 b Abs. 1 S. 1 BRAO i. V. m. § 3 Abs. 5 BRAGO dem Anwalt gestattet ist, in außergerichtlichen Angelegenheiten Pauschal- und Zeitvergütungen zu vereinbaren, die niedriger als die gesetzlichen Gebühren sind. Daß es für den potentiellen Mandanten interessant ist zu erfahren, ob und ggf. in welcher Höhe der in Aussicht genommene Anwalt zu Pauschal- und Zeitvergütungen bereit ist, kann nicht ernstahft in Abrede genommen werden.[72] Die logische Konsequenz ist, daß dem Anwalt in allen Werbemedien eine nach Inhalt und Form sachliche Information über seine Pauschal- und Zeithonorare nicht verwehrt werden kann.[73]

e) **Sonstige Informationen.** Die Frage, welche weiteren Angaben auf Brief- 30 bogen und Kanzleischild enthalten sein dürfen, beantwortet sich nach dem **sachbezogenen Interesse** potentieller Mandanten. So ist es für Ausländer wichtig zu erfahren, ob sie mit dem Anwalt in ihrer Heimatsprache sprechen und korrespondieren können oder in der Kanzlei ein Dolmetscher zur Verfügung steht. Entsprechende **Hinweise auf Sprachkenntnisse** sind deshalb zulässig,[74] und zwar ohne Rücksicht darauf, ob der Anwalt entsprechende Prüfungen abgelegt hat.[75] Verfügt der Anwalt über Qualifikationsnachweise (z. B. Diplom-Übersetzer), darf er sie angeben;[76] ebenso andere berufliche Qualifikationen wie Architekt,[77] Dipl.-Ing. oder nautische Patente. Die in § 78 RichtlRA 1973 enthaltenen Beschränkungen sind nicht mehr gerechtfertigt. Das gilt selbstverständlich auch für artverwandte Berufe wie Steuerberater und Wirtschaftsprüfer. Die frühere vertretene Auffassung, ein Fachanwalt für Steuerrecht dürfe sich nicht noch zusätzlich Steuerberater nennen,[78] ist unhaltbar.

Im In- und Ausland erworbene **akademische Titel** können ohne Beschrän- 31 kungen angegeben werden.[79] Der anfänglich unternommene Versuch, zwischen Universitäts- und Fachhochschulprofessor zu differenzieren und die Angabe des letzteren zu untersagen,[80] war von vornherein zum Scheitern verurteilt, denn wenn der Gesetzgeber hier nicht unterscheidet, darf es das Berufsrecht auch nicht.[81] Auf Lehrtätigkeiten darf hingewiesen werden, wenn ihr Gegenstand die Behandlung juristischer Themen auf wissenschaftlichem Niveau ist; die Angabe von Dozententätigkeiten an Universitäten und Fachhochschulen ist statthaft,[82] nicht aber die Mitteilung, daß Rechtskundeunterricht an der Berufs- oder Volkshochschule erteilt werde.

---

[72] BT-Drucks. 12/4993, S. 28.
[73] *Feuerich/Braun,* § 43 b Rdn. 63; Büttner, Fn. 61 S. 114 ff.; *v. Falckenhausen,* Liber Amicorum für H. J. Rabe, 1995, S. 23 f.; *Koch,* AnwBl. 1996, 264 f.; für eine weitergehende Zulassung des Preiswettbewerbs de lege ferenda *Michalski/Römermann,* AnwBl. 1996, 241 (246).
[74] Hans. RAK Hamburg AnwBl. 1994, 513.
[75] *Sue,* o. Fn. 10, S. 175.
[76] BGHSt 25, 267; *Lingenberg/Hummel/Zuck/Eich,* § 78 Rdn. 12
[77] BVerfGE 82, 18 = NJW 1990, 2122; BGH BRAK-Mitt. 1986, 231.
[78] *Lingenberg/Hummel/Zuck/Eich,* § 78 Rdn. 15; *Kornblum* AnwBl. 1988, 361 (365).
[79] So schon BVerfGE 36, 212 (221 f.) für die Grade des Master of Arts und Master of Laws.
[80] Vgl. die Mehrheitsmeinung der Präsidenten der Ehrengerichtshöfe BRAK-Mitt. 1982, 157.
[81] OLG Bremen NJW 1978, 826; *Sue,* o. Fn. 10, S. 174; jetzt auch *Lingenberg/Hummel/ Zuck/Eich,* § 78 Rdn. 10 im Gegensatz zur Vorauflage.
[82] Zu kleinlich LG Freiburg BRAK-Mitt. 1990, 255; zutreffend dagegen *Koch* AnwBl. 1995, 474 (475).

32 Über **früher** (nicht nur kurzfristig) **ausgeübte Berufe** darf der Anwalt informieren, wenn die dort erworbenen Kenntnisse und Erfahrungen für die anwaltliche Berufsausübung von Bedeutung sein können. Dies wird man für Tätigkeiten als Richter oder Beamter nicht grundsätzlich verneinen können,[83] jedoch spricht gegen die Zulassung entsprechender Angaben die im rechtssuchenden Publikum verbreitete Vermutung, ein solcher Anwalt verfüge noch über nützliche Beziehungen zu seinen früheren Kollegen.[84] § 43 Abs. 2 S. 2 StBerG verbietet deshalb den Steuerberatern solche Hinweise. In der Berufsordnung empfiehlt sich eine entsprechende Regelung, damit nicht im Wege des Umkehrschlusses argumentiert werden kann, für Anwälte gelte dies nicht.

33 Ein **sachlicher Bezug** zur anwaltlichen Tätigkeit **fehlt** bei Angaben über Parteizugehörigkeit, politische Mandate, Mitgliedschaften und Ämter in nichtjuristischen Institutionen, gewerbliche Beteiligungen oder sportliche Qualifikationen. Sie sind deshalb nicht statthaft. Bei der Werbung mit Examensnoten („Doppeleinser") wird man diesen Zusammenhang nicht verneinen können, jedoch scheitert hier die Zulassung an dem Verbot der Qualitätswerbung. Die Frage, ob ein Anwalt Funktionen in berufsrechtlichen Organisationen angeben darf (Präsident der Rechtsanwaltkammer, Vorsitzender des örtlichen Anwaltsvereins),[85] ist wohl akademischer Natur, denn wenn ein Kollege mit einem solchen Amt prahlen würde, hätte er es wahrscheinlich nicht mehr lange.

34 In **Kanzleibroschüren**[86] kann dem Anwalt nicht verwehrt werden, Angaben über ständige Mandanten und bestimmte Prozeßerfolge (nach vorheriger Zustimmung der Mandanten) sowie über wissenschaftliche Veröffentlichungen zu machen. Hier ist besonders darauf zu achten, daß bloße Fakten ohne Wertungen mitgeteilt werden. Formulierungen wie „großer Prozeßerfolg" oder „Mitarbeit an maßgeblichem Kommentar" sind unzulässig.

35 Statthaft – auch auf Briefbogen und in Anzeigen – und durchaus nützlich für das rechtsuchende Publikum sind Informationen über besondere Öffnungszeiten der Kanzlei, Parkmöglichkeiten und die Bereitschaft zu Haus- und Betriebsbesuchen.

36 f) **Werbeträger und -methoden.** Der Anwalt darf für seine Informationswerbung alle Werbeträger und -methoden nutzen. Die Eintragung in einem Branchenverzeichnis ist ebenso zulässig wie die Beteiligung an einem Rechtsanwaltssuchservice.[87] Aus dem Gebot, daß die Werbung auch der Form nach sachlich sein muß, läßt sich der Ausschluß bestimmter Medien nicht rechtfertigen. Auch im Rundfunk und im Fernsehen können sachliche Informationen übermittelt werden. Die Notwendigkeit, strikte Sachlichkeit zu wahren, könnte allerdings in der Praxis eine Rundfunk- und Fernsehwerbung uninteressant machen.[88]

37 Praktisch bedeutsamer könnte werden, daß **Presseanzeigen** nunmehr ohne Be-

---

[83] *Feuerich/Braun*, § 43 b Rdn. 55; *Kornblum* BB 1985, 65 (70) u. AnwBl. 1988, 361 (365); *Löwe* AnwBl. 1988, 545 (549 f.); EG Karlsruhe BRAK-Mitt. 1990, 175, 250.
[84] *Sue*, o. Fn. 10, S. 176; ablehnend auch *Lingenberg/Hummel/Zuck/Eich*, § 2 Rdn. 41 und Hans. RAK Hamburg AnwBl. 1994, 514.
[85] Für die Zulässigkeit derartiger Angaben *Lingenberg/Hummel/Zuck/Eich*, § 2 Rdn. 41 unter Hinweis auf die franz. Praxis.
[86] *Koch*, o. Fn. 82; zum Verteilerkreis vgl. Rdn. 38.
[87] BVerfG NJW 1992, 1613; EGH Frankfurt NJW 1991, 1618 m. Anm. *Feuerich* NJW 1991, 1591; a. A. EG Karlsruhe BRAK-Mitt. 1990, 175, 250; zur Präsenz im Internet durch eine sog. Homepage *Schopen/Gumpp/Schopen* NJW-CoR 1996, 112 und *Ebbing* NJW-CoR 1996, 242.
[88] Hans. RAK Hamburg AnwBl. 1995, 89; zur Fernsehwerbung von Anwälten in den USA *Prinz*, o. Fn. 10, S. 80 f.

schränkung auf bestimmte Presseorgane und ohne besonderen Anlaß zulässig sind. Die in § 69 RichtlRA 1973 enthaltenen gewesenen Beschränkungen gelten nicht mehr. Die Rechtsprechung hatte schon vor der Berufsrechtsnovelle 1994 die dortigen strikten Regelungen gelockert und einige Selbstverständlichkeiten zugelassen.[89] Daß der Anwalt auch in **Kanzleibroschüren** und ähnlichen von ihm selbst **38** herausgegebenen Informationsblättern für sich werben darf, ist nunmehr unstrittig. Man nimmt aber allgemein an, daß derartige Informationsblätter nur an gegenwärtige und ehemalige Mandanten, Kollegen, Personen, mit denen der Anwalt zusammenarbeitet, Arbeitnehmer, dem Anwalt sonst nahestehende Personen und an solche, die ihn ausdrücklich darum bitten, abgegeben werden dürfen. Massenverschickungen, z. B. in Form einer Postwurfsendung, werden für unzulässig gehalten.[90] Dies entbehrt der Logik, wenn andererseits Presseanzeigen mit dem gleichen Inhalt für zulässig gehalten werden. Ob ein sich neu in einer Gemeinde niederlassende Anwalt die Bevölkerung per Presseanzeige oder per Informationsbrief unterrichtet, kann berufsrechtlich keinen Unterschied machen. Weder Anzeigen noch Informationsbriefe, die sich an einen größeren Personenkreis richten, sind „auf die Erteilung eines Auftrags im Einzelfall gerichtet".[91]

g) Unsachliche Form. Informationswerbung darf auch der Form nach nicht **39** unsachlich sein. Damit ist nicht die Werbung mit Qualitätsaussagen gemeint; sie ist schon deshalb unzulässig, weil sie dem Inhalt nach keine sachliche Information ist.[92] In der Form unsachlich ist vielmehr die Präsentation von Informationen in einer Art und Weise, die dem sachbezogenen Informationszweck widerspricht. Dies ist der Fall, wenn Maß und Form einer optischen oder akustischen Werbung der Übermittlung nüchterner Fakten **unangemessen** erscheint. Dabei ist nicht darauf abzustellen, was zur Unterrichtung des Publikums notwendig ist.[93] Käme es darauf an, wäre schon jede den Durchschnitt überschreitende Größe des Kanzleischildes oder einer Zeitungsanzeige ebenso nicht statthaft wie der Fettdruck oder eine größere Schrifttype im Telefon- oder Branchenverzeichnis.[94] Nach der neuen Rechtslage ist dem Anwalt durchaus ein Spielraum zuzubilligen. Geschmacksfragen sind nicht justitiabel. Nur Übertreibungen in Richtung eines **marktschreierischen Werbungsstils** sind untersagt. Dabei kommt es nicht auf die Einschätzung besonders sensibler Berufskollegen, sondern auf das Empfinden eines gebildeten Durchschnittsbetrachters an.[95]

---

[89] OLG Düsseldorf NJW 1992, 2833 (Umzug); EGH Baden-Württemberg AnwBl. 1990, 158 (Umzug); OLG Karlsruhe NJW 1992, 2835 („vom Urlaub zurück"); OLG Nürnberg NJW 1993, 1338 (Stellenanzeige); OLG Nürnberg AnwBl. 1995, 265 (Steuerberater); vgl. auch *Löwe* AnwBl. 1988, 545 (550 f.).
[90] Für die frühere Rechtslage *Kornblum* AnwBl. 1988, 361 (365); *Löwe* AnwBl. 1988, 545 (550); BGHZ 115, 105 = NJW 1991, 2641; OLG Karlsruhe AnwBl. 1992, 402; für die gegenwärtige Rechtslage Hans. RAK Hamburg AnwBl. 1995, 89; die Zulässigkeit bejahen *Feuerich/Braun* § 43 b Rdn. 62, *Kleine-Cosack* § 43 b Rdn. 40 und schon früher *Michalski*, AnwBl. 1992, 194.
[91] Vgl. Rdn. 44 ff.
[92] Vgl. Rdn. 20.
[93] A. A. wohl BVerfG NJW 1992, 1614, wenn es als maßgeblich ansieht, ob der Anwalt auf die in Frage stehende Werbung „angewiesen" ist; ähnlich BGH NJW 1985, 2959; kritisch dazu *Sue*, o. Fn. 10, S. 178.
[94] *Lingenberg/Hummel/Zuck/Eich*, § 73 Rdn. 8 f halten den Fettdruck noch für unzulässig; a. A. schon *Kornblum* BB 1985, 65 (69); zu eng auch OLG Frankfurt AnwBl. 1996, 234 (235 f.), das die Plazierung einer Anzeige im redaktionellen Teil einer Tageszeitung schon als „reklamehafte Selbstanpreisung" bewertet.
[95] *Sue*, o. Fn. 10, S. 179.

§ 43 b   40–44   Dritter Teil. Rechte und Pflichten des Rechtsanwalts

40   Das **Kanzleischild** darf der Anwalt nach Größe und Aussehen so gestalten und so plazieren (auch an der Grundstücksgrenze), wie er es für richtig hält, solange er Übertreibungen der oben genannten Art vermeidet. Es darf aus poliertem Messing sein, zurückhaltende Farben sind erlaubt, auch eine Beleuchtung ist statthaft.[96] Unzulässig wäre die Verwendung von Regenbogenfarben, Neonröhren oder einer Werbeanlage mit laufender Schrift.

41   Ähnliche Grenzen gelten für die Gestaltung des **Briefbogens**. Farben, Embleme und Logos dürfen verwendet werden, sofern sie nicht marktschreierisch wirken.[97]

42   Noch größere Freiheiten müssen dem Anwalt bei der Gestaltung einer **Kanzleibroschüre** zugestanden werden.[98] Grafische Darstellungen sind zulässig, ebenso Fotos des Anwalts, seiner Mitarbeiter und der Kanzlei. Das Verbot der Qualitätswerbung gilt aber auch hier, so daß wertende Slogans („immer gut beraten von ...") nicht statthaft sind.

43   Marktschreierische Übertreibungen in Form, Farbe und Gestaltung hat der Anwalt auch bei Zeitungsanzeigen und Fernsehspots zu vermeiden. Dabei stellt sich zusätzlich die Frage, ob eine **Häufung von Anzeigen** als unsachliche Werbeform zu werten ist. Ein bestimmter Anlaß für eine Informationswerbung in Presse, Rundfunk und Fernsehen, wie er früher vorgeschrieben war, kann nicht verlangt werden.[99] Hier ist der Bruch mit der früheren sehr engherzigen Regelung in § 69 RichtlRA 1973 besonders deutlich. Insbesondere neu niedergelassene Anwälte haben ein berechtigtes Interesse daran, sich auf diese Weise bekannt zu machen. Aber auch alteingesessenen Kanzleien kann nicht verwehrt werden, sich von Zeit zu Zeit durch eine solche Werbung in Erinnerung zu bringen. Wird allerdings aus der Häufigkeit der Anzeigen deutlich, daß das Publikum nicht mehr informiert, sondern ihm der Name der Kanzlei durch ständige Wiederholung gleichsam eingehämmert werden soll, ist die Grenze einer sachlichen Informationswerbung überschritten.

3. Unzulässige Direktwerbung

44   Werbung ist, auch wenn sie sich auf eine sachliche Unterrichtung über die berufliche Tätigkeit des Anwalts beschränkt, nicht statthaft, sofern sie „auf die Erteilung eines Auftrags im Einzelfall gerichtet ist". Eine solche Direktwerbung ist nicht mit der gezielten Werbung gleichzusetzen. Dieser häufig zur Kennzeichnung berufswidriger Werbung verwendete Begriff[100] taugt nicht zur Abgrenzung unzulässiger Werbung, weil jede Werbung gezielt ist.[101] Richtet sich die Werbung auf eine unbestimmte Vielzahl **potentieller,** noch nicht konkretisierter Mandate, ist sie zulässig; zielt sie auf einen **konkreten Auftrag**, ist sie verboten.

---

[96] OLG Düsseldorf NJW 1988, 1037; *Zuck* NJW 1988, 528 (531); *Löwe* AnwBl. 1988, 545 (550); *Bornkamm* WRP 1993, 643 (648).
[97] *Löwe,* a. a. O.; *Bornkamm* WRP 1993, 643 (650); *Büttner,* FS Vieregge, 1995 S. 113; a. A. BGH NJW 1985, 2959, der eine 2,5 x 1,2 cm messende Abbildung des Münchener Isartors als berufswidrige Werbung beanstandete und damit gegen den Verhältnismäßigkeitsgrundsatz verstieß, so zutreffend *Sue,* o. Fn. 10, S. 178 f.
[98] Hans. RAK Hamburg AnwBl. 1994, 513 (514).
[99] Hans. RAK Hamburg AnwBl. 1995, 89; *Feuerich/Braun,* § 43 b Rdn. 60; anders noch BVerfG NJW 1992, 1614 und LG Osnabrück BRAK-Mitt. 1990, 185; vgl. auch *Bornkamm* WRP 1993, 643 (648) und zum inhaltsgleichen § 57 a StBerG BGH WRP 1995, 510 (511); OLG Nürnberg AnwBl. 1995 265 (266); OLG Dresden EWiR 1995, 911.
[100] BVerfGE 76, 196 (205) = NJW 1988, 194; BVerfG NJW 1992, 1614.
[101] *Löwe* AnwBl. 1988, 545 (552).

Das entspricht weitgehend der im US-amerikanischen anwaltlichen Berufsrecht entwickelten Unterscheidung zwischen advertising (= Kundgebung von Informationen an die Allgemeinheit) und solicitation (= direktes Ansprechen einer bestimmten Person, um sie als Klienten zu gewinnen).[102]

§ 43 b verbietet, insoweit präziser als das US-amerikanische Berufsrecht, die Be- 45 werbung um einen „**Auftrag im Einzelfall**", nicht aber das ohne konkreten Anlaß entfaltete Bemühen um die Gewinnung **eines einzelnen Klienten**. Darf der Anwalt per Zeitungsanzeige oder Rundschreiben potentielle Mandanten über seine berufliche Tätigkeit informieren, muß ihm dies auch gegenüber einzelnen von ihm ausgewählten Personen gestattet sein, die er als Klient gewinnen möchte.[103] Die Differenzierung zwischen Mandats- und Klientenwerbung ist auch gerechtfertigt, da die Gefahr einer Überrumpelung in einer Situation geringer ist, in der noch völlig ungewiß bleibt, ob und ggf. wann der Angesprochene eine anwaltliche Vertretung oder Beratung benötigt. Die Auffassung, diese auf bestimmte Personen gerichtete Werbung sei nur zulässig, wenn zwischen dem Anwalt und dem potentiellen Mandanten bereits geschäftliche oder sonstige Beziehungen bestehen,[104] findet im Gesetzeswortlaut keine Stütze. Auch aus der Gesetzesbegründung ergibt sich nichts anderes, denn dort heißt es lediglich, es solle verhindert werden, daß der Anwalt „von sich aus die Erteilung einzelner Mandate" betreibe.[105]

Rundschreiben an einen ausgewählten Personenkreis, die bislang als „gezielte 46 Werbung" für unzulässig gehalten wurden,[106] können somit nach der neuen Rechtslage nicht mehr beanstandet werden. Die Hinterlegung von **Visitenkarten** und **Informationsblättern**, auf die ein unbestimmter Personenkreis Zugriff hat, ist ebenfalls keine Werbung, die auf die Erteilung eines konkreten Mandats im Einzelfall gerichtet ist, so wenn sie z. B. auf Ausstellungen erfolgt. Dies gilt allerdings nur solange, als nicht Dritte im Auftrage des Anwalts Personen anläßlich eines konkreten Bedarfs an anwaltlicher Dienstleistung diese Informationen zugänglich machen.[107]

Eindeutig unzulässig ist das Herantreten an einen Mandanten, von dem anzu- 47 nehmen ist, daß er einen Anwalt beauftragen wird oder ihn benötigt. Deshalb darf der Anwalt weder Personen, die einen **Unfall** erlitten haben, unter Hinweis auf seinen Beruf ansprechen[108] noch **Untersuchungshäftlinge** unaufgefordert aufsuchen.[109] Auch eine direkte Mandatswerbung per Telefon oder Fax ist verboten.[110] Der Anwalt darf auch keine Rundschreiben an eine Vielzahl von Personen senden, von denen anzunehmen ist, daß sie in gleicher Weise geschädigt worden sind oder durch staatliche Maßnahmen, etwa den beabsichtigten Bau einer Autobahn, beeinträchtigt werden könnten.[111] Ein besonders schwerer Verstoß gegen das Verbot der Direktwerbung liegt vor, wenn der Anwalt Notlagen und Unglücksfälle ausnutzt oder Mandanten seine Dienste aufdrängt.[112]

---

[102] *Prinz*, o. Fn. 10, S. 56 f; *Meyer* AnwBl. 1992, 241 (243).
[103] Durch die neue Rechtslage überholt daher EGH Stuttgart BRAK-Mitt. 1989, 213.
[104] *Löwe* AnwBl. 1988, 545 (552); Hans. RAK Hamburg BRAK-Mitt. 1995, 89 f.
[105] BT-Drucks. 12/4993, S. 29.
[106] Hans. RAK Hamburg, AnwBl. 1994, 89.
[107] Vgl. Rdn 51.
[108] EGH Celle BRAK-Mitt. 1991, 168.
[109] EG Hamburg BRAK-Mitt. 1981, 47.
[110] OLG München NJW-RR 1990, 428.
[111] Der US Supreme Court hat 1988 auch solche Direktwerbung (solicitation) zugelassen, vergl. *Meyer* AnwBl. 1992, 241 (243).
[112] *Kleine-Cosack*, § 43 Rdn. 24.

48 In Ausnahmefällen kann das Verbot, sich direkt um ein Mandat zu bemühen, gegen das Verhältnismäßigkeitsprinzip verstoßen. Vertritt ein Anwalt den Mandanten schon in anderen Angelegenheiten und erfährt er nun, daß der Mandant in einer neuen Rechtssache anwaltlichen Rat benötigt, darf er sein Interesse an einer weiteren Mandatierung bekunden.[113] Das in solchen Fällen zwischen Mandant und Anwalt schon bestehende Vertrauensverhältnis schließt die Gefahren des Direktmarketing weitgehend aus.

4. Werbegeschenke und Präsentationen

49 Werbegeschenke sind grundsätzlich nicht gestattet, da man mit Geschenken nicht über die berufliche Tätigkeit unterrichten kann.[114] Ausnahmen können allenfalls für Werbeträger gelten, deren Wert völlig hinter darauf enthaltener Information zurücktritt, was z. B. für die mit einem Taschenkalender verbundene Information über die Kanzlei der Fall sein kann. **Pflicht- und Anstandsgeschenke** i. S. von § 534 BGB sind keine Werbung und daher zulässig.

50 **Empfänge, Vernissagen, Musikabende, Dichterlesungen** und ähnliche Veranstaltungen innerhalb und außerhalb der Kanzlei sind differenziert zu betrachten. Kommen sie selten oder nur bei besonderen Anlässen vor, sind sie in der Regel nicht als Werbung zu betrachten, weil hinter ihnen kein planmäßiges Vorgehen steht. Anläßlich ihres einhundertjährigen Bestehens darf eine Kanzlei zu einem Empfang einladen und den Bürgermeister und andere Repräsentanten des öffentlichen Lebens auch dann dazu bitten, wenn sie nicht frühere oder gegenwärtige Mandanten sind. Wenn ein den Künsten zugeneigter Anwalt gelegentlich Graphik ausstellt oder zu einem Kammermusikabend einlädt, ist auch das noch keine Werbung. Werden derartige Veranstaltungen mit einer Unterrichtung über die Kanzlei verbunden (z. B. der Vorstellung eines neuen Mitarbeiters), verliert diese Informationswerbung durch die künstlerische Zugabe noch nicht ihren sachlichen Charakter. Erst recht sind reine **Informationsveranstaltungen** statthaft, immer unter der Voraussetzung, daß sie nach Form und Inhalt sachlich sind und nicht zur Qualitätswerbung mißbraucht werden. In allen diesen Fällen gibt es keine gesetzlichen Grundlagen mehr für eine Beschränkung der Einladung auf frühere oder gegenwärtige Mandanten.[115] Erst wenn ein Anwalt auf den – wohl sehr fern liegenden – Gedanken kommen sollte, die mit solchen Veranstaltungen für Gäste verbundenen Annehmlichkeiten (gutes Essen, Auftreten teurer Künstler usw.) planmäßig zum Ködern neuer Mandanten einzusetzen, sind sie wie Werbegeschenke zu bewerten und damit unzulässig.

5. Werbung durch Dritte

51 Dem Anwalt ist es nicht verwehrt, Dritte für sich werben zu lassen, wobei es nicht darauf ankommt, ob dies in seinem Auftrage oder ohne sein Zutun geschieht. In jedem Fall hat der Dritte grundsätzlich die für den Anwalt selbst geltenden Grenzen zulässiger Werbung zu beachten. Gelegentliche Empfehlungen eines bestimmten Anwalts, die Freunden, Bekannten oder Geschäftspartnern

---

[113] Vgl. die von *Löwe* AnwBl. 1988, 545 (552 f.). genannten Beispiele.
[114] OLG Düsseldorf AnwBl. 1992, 542; Hans. RAK Hamburg AnwBl. 1995, 89; *Koch* AnwBl. 1995, 474 (475).
[115] A. A. noch BGHZ 115, 105 u. *Feuerich/Braun*, § 43 b Rdn. 71; vgl. auch Hans. RAK Hamburg a. a. O.; wie hier v. *Falkenhausen* NJW 1992, 25 und *Kleine-Cosack* EWiR 1991, 985.

gegeben werden, fallen dabei noch nicht unter den Begriff der Werbung. Anders ist es, wenn es sich um ein mit dem Anwalt abgestimmtes **planmäßiges Vorgehen** handelt. Empfehlen z. B. Kfz-Reparaturwerkstätten, Rechtsschutzversicherungsvertreter oder Strafvollzugsbeamte in konkreten Rechtsfällen regelmäßig einen bestimmten Anwalt, etwa noch durch Übergabe ihnen zu diesem Zweck vom Anwalt zur Verfügung gestellter Visitenkarten, so ist das eine unzulässige Direktwerbung.[116] Statthaft ist es dagegen, daß ein gewerbliches Unternehmen oder auch andere Freiberufler in ihrer Werbung allgemein ohne Vorliegen eines konkreten Bedarfs an anwaltlicher Dienstleistung in Werbebroschüren oder auf Veranstaltungen Informationswerbung für einen Anwalt betreiben. Eine solche Marketingkopplung macht die Werbung allein noch nicht unsachlich. Unzulässig sind wie immer Qualitätsanpreisungen („einer der besten Anwälte am Orte"). Diese muß der Anwalt unterbinden. Erst recht darf er nicht dulden, daß Dritte ihm durch wirtschaftlichen Druck Mandanten zuzuführen suchen.[117]

Die Neigung der Rechtsanwaltskammern und Ehrengerichte, mit kleinlicher 52 Akribie dem **Auftreten des Anwalts in der Öffentlichkeit** einschließlich der Medien Grenzen zu setzen, war in den letzten Jahren vor der Berufsrechtsnovelle 1994 schon weitgehend überwunden.[118] So war dem Anwalt schon bisher erlaubt, unter Angabe seines Berufes Presseartikel und Leserbriefe zu schreiben, Gerichtsentscheidungen zu besprechen und zu kritisieren,[119] Presseerklärungen zu veröffentlichen und Interviews zu geben, an Gesprächsrunden und Seminaren teilzunehmen[120] und sich politisch zu äußern.[121] Weitgehend sind diese Verhaltensweisen Selbstverständlichkeiten, die nicht unter den Begriff der Werbung fallen.[122] Wo aber dies der Fall ist, handelt es sich um erlaubte Werbung, denn mit der Bekanntgabe des eigenen Berufes ist erst die unterste Stufe der Informationswerbung erreicht. Infolgedessen ist den Medien – mit oder ohne Zutun des Anwalts – gestattet, die Öffentlichkeit über den Beruf des Verfassers und auch über sonstige damit zusammenhängende Fakten zu unterrichten. Ein Foto macht die soche Information noch nicht unsachlich.[123] Dem Anwalt ist es auch nicht verwehrt, zur Wahrung eigener Interessen die Öffentlichkeit über bestimmte berufliche Schritte zu unterrichten, z. B. über eine Selbstanzeige.[124]

Da die Abgabe von Werturteilen in den Medien eine große Rolle spielt, sind 53 Kollisionen mit dem **Verbot der Qualitätswerbung** häufig. Wirkt der Anwalt selbst an solchen wertenden Aussagen mit, handelt er berufswidrig.[125] Hat er die Veröffentlichung solcher Qualitätsurteile nicht initiiert und auch nicht auf andere Weise, z. B. entsprechende Informationserteilung dazu beigetragen, braucht er auch dann nicht gegen sie einzuschreiten, wenn sie eine für ihn positive Werbewirkung haben. Das Berufsrecht ist nicht legitimiert, in den im öffentlichen

---

[116] *Feuerich/Braun*, § 43b Rdn. 100; vgl. auch Rdn. 46.
[117] So zutreffend *Henssler* ZIP 1996, 485 gegen OVG Koblenz ZIP 1996, 520.
[118] *Lingenberg/Hummel/Zuck/Eich*, § 3 Rdn. 5 ff.
[119] Auf die „Unsitte des Schreibens in eigener Sache" weist allerdings zu Recht *Redeker* NJW 1983, 1034 hin; kritisch *Thieme* NJW 1983, 2015.
[120] OLG Koblenz NJW 1983, 1070.
[121] EGH Koblenz BRAK-Mitt. 1984, 197.
[122] Vergl. Rdn. 19.
[123] *Jarass* NJW 1982, 1833 (1838); *Kornblum* BB 1985, 65 (71).
[124] BVerfGE 76, 196 (208) = NJW 1988, 194.
[125] OLG München WPR 1992, 128 („die 13 besten Scheidungsanwälte").

Interesse liegenden und grundrechtlich abgesicherten Wirkungskreis der Presse einzugreifen.[126]

54 An der Erteilung von **Rechtsauskünften** durch Presse, Rundfunk und Fernsehen darf sich der Anwalt nicht beteiligen, wenn er damit gegen das Rechtsberatungsgesetz verstößt. Das ist nicht der Fall, wenn es sich nach der tatsächlichen Gestaltung der Veröffentlichung um eine allgemeine Darstellung der Rechtsfrage und nicht um eine Einzelfallbetrachtung handelt.[127]

6. Gemeinschaftswerbung

55 Die Grenzen der Individualwerbung gelten auch für die **Gemeinschaftswerbung**.[128] Sie tritt in zwei Formen auf, als **Sammelwerbung einer Gruppe** von Anwälten und als **Gemeinschaftswerbung des gesamten Berufsstandes**. Diese wird seit Jahren vom DAV und den örtlichen Anwaltsvereinen getragen und dient dazu, das Publikum über die Leistungen und Angebote des anwaltlichen Berufsstandes zu informieren und sich dadurch gleichzeitig der Konkurrenz anderer Beratungseinrichtungen zu erwehren. Ihre Möglichkeiten sind noch nicht ausgeschöpft.[129]

56 Die Sammelwerbung mehrerer Anwälte war früher umstritten,[130] ist aber ebenfalls zulässig. So können sich z. B. Fachanwälte einer Region in Gemeinschaftsanzeigen dem Publikum vorstellen.[131] Statthaft ist auch die Einrichtung eines Anwaltsuchservice.[132]

7. Unlauterer Wettbewerb

57 Anwaltliche Werbung unterliegt dem Wettbewerbsrecht. In Betracht kommen Verstöße gegen die wettbewerblichen Tatbestände der §§ 1, 3 UWG. Irreführende oder unwahre Angaben sind schon nach § 3 UWG verboten, ohn daß auf das anwaltliche Berufsrecht zurückgegriffen zu werden braucht.[133] Wettbewerbswidrige Anwaltswerbung ist immer auch berufswidrig.[134] Umgekehrt indiziert ein Verstoß gegen § 43 b zugleich die Wettbewerbswidrigkeit im Sinne von § 1 UWG.[135] Dies wird in Zweifel gezogen für Verstöße gegen Werbebeschränkungen, die nicht auf den Schutz des Gemeinwohls abzielen, sondern die Würde und das Ansehen des anwaltlichen Berufsstandes bewahren sollen.[136] Dabei wird übersehen, daß die sich aus § 43 b ergebenden Werbebeschränkungen nur die Funktionsfähigkeit der Rechtspflege, also einen Gemeinwohlbelang schützen sollen und auch nur insoweit verfassungsrechtlich unbedenklich sind.[137]

---

[126] BVerfG NJW 1994, 123; *Kleine-Cosack,* § 43b Rdn. 16; *Sue,* Fn. 10, S. 193; vgl. zu dieser Problematik auch *Jarass* NJW 1985, 1833 (1838 f.).
[127] BGH NJW 1956, 591; vgl. auch *Jarass,* a. a. O.
[128] OLG Düsseldorf BRAK-Mitt. 1990, 58; *Feuerich* AnwBl. 1990, 184 (189).
[129] *Winters* AnwBl. 1984, 388 (401); *Redeker* NJW 1982, 2761 (2762); *Koch* AnwBl. 1995, 475.
[130] *Kalsbach,* Standesrecht, § 10 II.
[131] Überholt BGH NJW 1984, 2705, der eine Benennung von Steuerberatern für unzulässig hielt, die zur Hilfe beim Lohnsteuerjahresausgleich bereit waren.
[132] BVerfG NJW 1992, 1613; OLG Köln ZIP 1993, 1491.
[133] *Baumbach/Hefermehl,* Einl. UWG Rdn. 202, § 1 Rdn. 678.
[134] *Bornkamm* WRP 1993, 643 (645); *Büttner,* FS Vieregge, S. 107.
[135] BGH GRUR 1972, 709; OLG Düsseldorf BRAK-Mitt. 1990, 58; *Baumbach/Hefermehl,* § 1 Rdn. 678.
[136] *Büttner,* a. a. O. S. 107.
[137] Vgl. o. Rdn. 13 ff.

§ 43 c Fachanwaltschaft

58 Sind die Tatbestände der §§ 1, 3 UWG erfüllt, haftet der Anwalt zivilrechtlich auf Unterlassung und ggf. auf Schadensersatz. Neben dem durch die Wettbewerbshandlung verletzten Kollegen gewährt die Rechtsprechung dem örtlichen Anwaltsverein und der zuständigen Rechtsanwaltskammer die Klagebefugnis im Sinne des § 13 UWG.[138] Gegen die Klagebefugnis der Rechtsanwaltskammer wird zu Recht eingewandt, daß ihre auf öffentlich-rechtlicher Grundlage geregelte hoheitliche Aufsichtsbefugnis ein Ausweichen auf das zivilrechtliche Klagerecht ausschließt.[139]

§ 43 c Fachanwaltschaft*

(1) **Dem Rechtsanwalt, der besondere Kenntnisse und Erfahrungen in einem Rechtsgebiet erworben hat, kann durch die Rechtsanwaltskammer, der er angehört, die Befugnis verliehen werden, eine Fachanwaltsbezeichnung zu führen.** Fachanwaltsbezeichnungen gibt es für das Verwaltungsrecht, das Steuerrecht, das Arbeitsrecht und das Sozialrecht. Die Befugnis darf für höchstens zwei Rechtsgebiete erteilt werden.

(2) **Über den Antrag des Rechtsanwalts auf Erteilung der Erlaubnis entscheidet der Vorstand der Rechtsanwaltskammer durch einen dem Rechtsanwalt zuzustellenden Bescheid, nachdem ein Ausschuß der Kammer die von dem Rechtsanwalt vorzulegenden Nachweise über den Erwerb der besonderen Kenntnisse und Erfahrungen geprüft hat.**

(3) **Der Vorstand der Rechtsanwaltskammer bildet für jedes Fachgebiet einen Ausschuß und bestellt dessen Mitglieder. Einem Ausschuß gehören mindestens drei Rechtsanwälte an; diese können Mitglieder mehrerer Ausschüsse sein. Die §§ 75 und 76 sind entsprechend anzuwenden. Mehrere Rechtsanwaltskammern können gemeinsame Ausschüsse bilden.**

(4) **Die Erlaubnis zum Führen der Fachanwaltsbezeichnung kann mit Wirkung für die Zukunft von dem Vorstand der Rechtsanwaltskammer zurückgenommen werden, wenn Tatsachen nachträglich bekannt werden, bei deren Kenntnis die Erlaubnis hätte versagt werden müssen. Sie kann widerrufen werden, wenn eine in der Berufsordnung vorgeschriebene Fortbildung unterlassen wird.**

Schrifttum: *Ahlers,* Fortbildungspflicht der Rechtsanwälte, die zu der Berufsbezeichnung „Rechtsanwalt" Zusätze führen, BRAK-Mitt. 1995, 222; *Ballof,* Brauchen wir einen Rechtspsychologen, einen Fachanwalt für Familienrecht und einen Anwalt des Kindes?, Familie, Recht und Partnerschaft 1995, 176; *Barton,* Zulässigkeit und Bedürftigkeit eines Spezialisierungshinweises „Strafverteidiger", StV 1989, 452; *ders.,* Fachanwalt für Strafrecht, AnwBl. 1989, 472; *Becker,* Fachanwaltschaften und Interessenschwerpunkte, AnwBl. 1995, 434; *ders.,* Spezialisierungen und Fachanwaltschaften, Erinnerungsschrift Rist, 1996, S. 27; *Benkard,* Arbeitsgebiete des Anwalts und Spezialisierung, Druckschrift Nr. 7 des DAV, 1925; *Braun,* Der Fachanwalt – Entstehungsgeschichte und Rechtslage, Familie, Recht und Partnerschaft 1995, 163; *Bundesrechtsanwaltskammer,* Fachgebietsbezeichnung – Vision des Berufstandes oder gesetzgeberischer Alptraum?, BRAK-Mitt. 1985, 121; *Crummenerl,* Zum

---
[138] BGHZ 109, 156; BGH GRUR 1994, 825; NJW-RR 1994, 1480.
[139] *Redeker* NJW 1980, 187 (188) u. NJW 1982, 1266 (1268); *Pietzker* NJW 1982, 12840 ff.; *Büttner,* FS Vieregge S. 118 ff.
* Das Gesetz über Fachanwaltsbezeichnungen nach der Bundesrechtsanwaltsordnung ist im Anhang unter der Nr. 4 abgedruckt.

§ 43 c Dritter Teil. Rechte und Pflichten des Rechtsanwalts

Stand des Standes: Strafverteidiger/-innen und ihr Berufsrecht, StV 1988, 268; *Eckstein/ Kappus*, Europäische Wege zur Fachanwaltschaft, NJW 1990, 963; *Feuerich*, Fachanwaltsbezeichnungen und der Hinweis auf Tätigkeitsbereiche, AnwBl. 1990, 184; *Friedlaender*, Fragen des anwaltlichen Standesrechts: Fachanwaltschaften-Erfolgshonorar, JZ 1954, 20; *ders.*, Die Fachanwaltschaft im zweiten Entwurf einer Bundesrechtsanwaltsordnung, JZ 1955, 414; *Friese*, Fachanwaltschaften (–einige kritische Bemerkungen–), AnwBl. 1988, 28; *Führnrohr*, Wieder „Fachanwälte für Steuerrecht" in Bayern, NJW 1949, 59; *Henssler/Mälzer*, Der Fachanwalt für Familienrecht, FuR 1994, 333; *Holste*, Fachanwaltschaften, AnwBl. 1956, 33; *Jekewitz*, Die Mitwirkung des Bundestages bei der Regelung von Fachanwaltsbezeichnungen, ZRP 1991, 281; *Kappus*, Juristen für den Binnenmarkt – Der Fachanwalt für Europarecht, AnwBl. 1991, 68; *Kleine-Cosack*, Anwaltsspezialisierung im Familienrecht, Familie, Recht und Partnerschaft 1995, 169; *ders.*, Vom Universalanwalt zum Spezialanwalt, NJW 1992, 785; *ders.*, Werbeverbotslockerung für Rechtsanwälte, ZIP 1990, 1534; *Kornblum*, Zur augenblicklichen Zulässigkeit der Verleihung von Fachanwaltsbezeichnungen, NJW 1990, 2118; *Luthin*, Fachanwalt für Familienrecht – Vom Tätigkeitsschwerpunkt zum Fachanwalt, Familie, Recht und Partnerschaft 1995, 173; *Mälzer*, Werbemöglichkeiten für Rechtsanwälte in der Europäischen Union, Dissertation, Köln 1995.; *Meier*, Die Anforderungen an die Gestattung zur Führung der Fachanwaltsbezeichnung Arbeitsrecht, AnwBl. 1993, 370; *Netzband*, Führung der Bezeichnung Strafverteidiger, StV 1990, 77; *Oellers*, Fachanwalt für Wirtschaft?, ZIP 1990, 1515; *Ostler*, Neueste Entwicklungen in der Rechtsanwaltschaft – Der Fachanwalt, NJW 1987, 281; *Pausenberger*, Zum Nachweis der „praktischen Erfahrungen" bei der Fachanwaltschaft, AnwBl. 1994, 13; *Redeker*, Spezialisierung und Team-Arbeit in der anwaltlichen Praxis, ZRP 1969, 268; *Rückel*, Fachanwalt für Strafrecht, BRAK-Mitt. 1990, 64; *Schardey*, Fachgebietsbezeichnungen – eine Zwischenbilanz, Schriftenreihe der BRAK, B. 6, 25 Jahre BRAK, München 1984, 37; *ders.*, Fachgebietsbezeichnungen für Anwälte, AnwBl. 1984, 347; *Schwackenberg*, Der Fachanwalt für Familienrecht, Familie, Recht und Partnerschaft 1995, 167; *Sellner*, Der Fachanwalt für Verwaltungsrecht, AnwBl. 1994, 3; *Willutzki*, Fachanwalt für Familienrecht – Ein Plädoyer für seine Einführung aus richterlicher Sicht, Familie, Recht und Partnerschaft 1995, 175.

Übersicht

	Rdn.
I. Die Entstehungsgeschichte der Fachanwaltsbezeichnungen	1–5
1. Vergabepraxis vor Erlaß der BRAO 1959	1
2. Die Vergabepraxis seit 1959	2
3. Die Änderungen der Novellierung 1994	5
II. Verfassungsrechtliche Gesichtspunkte	6, 7
III. Erweiterungen der Fachanwaltsgebiete	8
IV. Voraussetzungen für die Vergabe der Fachanwaltsbezeichnungen	9–16
1. Besondere Kenntnisse	9
a) Der Nachweis theoretischer Kenntnisse	10
b) Der Nachweis praktischer Kenntnisse	11
c) Fachgespräch	13
2. Fachanwaltsbezeichnungen nach Selbsteinschätzung	14
3. Verleihung durch die Rechtsanwaltskammern	15
4. Rücknahme und Widerruf der Fachanwaltsbezeichnungen	16
V. Rechtsvergleichender Überblick	17

I. Die Entstehungsgeschichte der Fachanwaltsbezeichnungen

1. Die Vergabepraxis vor Erlaß der BRAO 1959[1]

Bereits zu Beginn der zwanziger Jahre dieses Jahrhunderts forderten namhafte Autoren des anwaltsrechtlichen Schrifttums die Zulässigkeit der Kundgabe von Spezialisierungen durch Rechtsanwälte in Form von Fachanwaltsbezeichnungen.[2] Die ehrengerichtliche Rechtsprechung[3] wandte sich zwar nicht gegen die Existenz eines Spezialistentums, wohl aber gegen ihre Kundgabe. Nach heftigen Debatten verabschiedeten die Kammervorstände[4] 1930 eine erste Richtlinie zur Einführung von Fachanwaltsbezeichnungen.[5] Sie sah den Fachanwalt für Steuer-, Urheber- und Verlagsrecht, gewerblichen Rechtsschutz, Staats- und Verwaltungsrecht, Auslandsrecht und Arbeitsrecht vor. Noch im gleichen Jahr wurde in den Katalog der Richtlinien außerdem der Fachanwalt für Sozialversicherungsrecht aufgenommen.[6] Schon nach wenigen Monaten gab es bereits 68 Fachanwälte auf dem Gebiet des Deutschen Reichs. Die Zahl der Fachanwälte stieg in den folgenden Jahren kaum an.[7] Der Fachanwaltsausschuß stellte auf seiner Sitzung vom 30. 10. 1932 enttäuscht fest, daß „die großen Erwartungen, die an die Einführung geknüpft worden waren, nicht gerechtfertigt" worden seien.[8] Während der Zeit des Nationalsozialismus wurde die Führung jeder Fachanwaltsbezeichnung zunächst 1935 aus antisemitischen Gründen untersagt,[9] bevor 1937 über eine Gestattung der Finanzverwaltung der Titel des Fachanwalts für Steuerrecht wieder erworben werden konnte.[10]

2. Die Vergabepraxis seit 1959

Die BRAO von 1959 ließ die Zulässigkeit von Fachanwaltsbezeichnungen offen, da über sie keine Einigung erzielt werden konnte.[11] Beibehalten werden sollte nach Auffassung der BRAK der Fachanwalt für Steuerrecht,[12] der als erste

---

[1] Zu Einzelheiten der Entstehungsgeschichte s. *Braun*, Familie, Recht und Partnerschaft 1995, 163 f.; *Henssler/Mälzer* FuR 1994, 333 ff.
[2] So *Feuchtwanger*, Die freien Berufe, S. 299; *Friedlaender* RAO, Exkurs II zu § 28 Anm. 39; *Benkard*, Arbeitsgebiete des Anwalts und Spezialisierung, Druckschrift Nr. 7 des DAV, S. 28 ff.; *Rumpf*, Anwalt und Anwaltsstand, S. 25; *Friedländer* LZ 1928, 1009 (1018 f.).
[3] JW 1923, 609 (611).
[4] Der Ausschuß setzte sich aus den Vorständen der Rechtsanwaltskammern und dem DAV zusammen.
[5] AnwBl. 1930, 50 sowie die Mitteilungen des DAV vom Juni 1930 abgedruckt in AnwBl. 1930, 163.
[6] AnwBl. 1930, 355; 1931, 20.
[7] 1932 gab es im Deutschen Reich insgesamt 150 Fachanwälte, 64 für Steuerrecht, 32 für gewerblichen Rechtsschutz, 25 für Arbeitsrecht, 16 für Auslandsrecht, 12 für Staats- und Verwaltungsrecht und nur einen für Sozialversicherungsrecht; vgl. AnwBl. 1932, 344.
[8] AnwBl. 1932, 345.
[9] Die Fachanwaltsbezeichnungen entsprachen nicht der standesrechtlichen Auffassung der „nationalsozialistischen Rechtswahrer". Insbesondere nichtarische Anwälte hätten die Möglichkeit ergriffen, sich aus geschäftlichen Gründen den Titel Fachanwalt anzueignen, *Noack* § 31, Anm. 14 I.
[10] Regierungserlaß vom 10. 11. 1937, Deutsche Justiz 1937, 37. So lautete § 59 Abs. 2 der RRAO: „Eine Ausnahme gilt für die Anwälte, die von der Reichsfinanzverwaltung als Fachanwalt für Steurrecht anerkannt sind."
[11] Dazu *Friedlaender* JZ 1954, 20 (21); *ders*. JZ 1955, 414.
[12] Vgl. Beschluß der 5. Hauptversammlung der BRAK vom 27./28. 1. 1961.

§ 43 c 3 Dritter Teil. Rechte und Pflichten des Rechtsanwalts

Fachanwaltsbezeichnung auch in allen Bundesländern nach Kriegsende wieder eingeführt worden war.[13] Hier war aus Gründen der Wettbewerbsfähigkeit gegenüber den steuerberatenden Berufen die Notwendigkeit von Werbemaßnahmen augenfällig. 1964 wurde durch die Hauptversammlung der BRAK eine entsprechende Richtlinie erlassen.[14]

3 Obwohl sich in der Folgezeit nicht nur die BRAK und der DAV, sondern auch viele Literaturstimmen für die Einführung weiterer Fachanwaltsbezeichnungen aussprachen,[15] dauerte es bis 1991, bis eine tragfähige Rechtsgrundlage für ihre Vergabe in Kraft trat. Die Reformunfähigkeit der Anwaltschaft konnte nicht deutlicher dokumentiert werden. Der sog. **Fachanwaltsbeschluß des BVerfG** vom 13. 5. 1981,[16] der eine indirekte Aufforderung an den Gesetzgeber enthielt, endlich tätig zu werden, führte 1985 zu einem ersten Gesetzesentwurf,[17] der jedoch von den Gegnern der Fachanwaltsbezeichnungen im Rechtsausschuß des Bundestages zu Fall gebracht wurde. Die Bundesrechtsanwaltskammer versuchte daraufhin, gestützt auf die Entscheidung des BVerfG, über eine auf der Hauptversammlung des Jahres 1986 beschlossene Änderung des § 76 der Standesrichtlinien die Vergabe der Fachanwaltsbezeichnungen für Verwaltungs-, Steuer-, Arbeits- und Sozialrecht durch die Kammervorstände zu ermöglichen.[18] Dieser Vorstoß scheiterte am BGH, der in seinem Urteil vom 14. 5. 1990 zu Recht feststellte, daß die Verleihung von Fachanwaltsbezeichnungen durch die Rechtsanwaltskammern in Ermangelung einer hinreichend bestimmten gesetzlichen Grundlage unzulässig sei.[19] Der Grundsatz des Vertrauensschutzes sicherte in der Folgezeit die Beibehaltung der bereits erworbenen Bezeichnungen,[20] neue Fachanwaltstitel wurden aber nicht mehr vergeben.[21]

---

[13] *Führnrohr* NJW 1949, 59 (60); zu weiteren Einzelheiten *Henssler/Mälzer*, FuR 1994, 333 (334).
[14] Abgedruckt in *Lingenberg/Hummel/Zuck* § 76, Anm. 3 a. Zur Rechtmäßigkeit der Voraussetzungen, BayEGH, AnwBl. 1977, 271. Ursache für die Ausnahme der Fachanwälte für Steuerrecht vom grundsätzlichen Fachanwaltsverbot war der jahrzehntealte Konkurrenzkampf zwischen den steuerberatenden Berufen und der Rechtsanwaltschaft.
[15] *Redeker* ZRP 1969, 268 (271); *ders.* NJW 1973, 1153 (1158); später NJW 1982, 2761 ff.; *Rabe* AnwBl. 1971, 226 (234 f.); *Kreß* AnwBl. 1974, 4 f.; Stellungnahme des DAV abgedruckt in AnwBl. 1975, 424; 1976, 35; dazu *Schardey* Fachgebietsbezeichnung – eine Zwischenbilanz. S. 37 ff.; BRAK-Mitt. 1985, 121 f.
[16] BVerfGE 57, 121 ff. 1985 wurde ein erster Gesetzesentwurf in den Bundestag eingebracht. BR-Drucks. 256/85; dazu *Gellner* BRAK-Mitt. 1986, 114 f.
[17] Vgl. BR-Drucks. 256/85, dazu *Gellner* BRAK-Mitt. 1986, 114 f.
[18] BRAK-Mitt. 1986, 177 (198 ff.) = NJW 1987, 307. Weitere Einzelheiten bei *Feuerich/Braun*, § 43 c Rdn. 13 ff.
[19] BGHZ 111, 229 ff.; NJW 1990, 1719 = JZ 1990, 1020 mit Anm. *Prütting* = AnwBl. 1990, 320. Nicht zuzustimmen ist dem BGH in seiner Argumentation zur generellen Notwendigkeit von Fachanwaltsbezeichnungen. So wurde das Ergebnis bereits von der herrschenden Lehre vertreten: *Friese* AnwBl. 1988, 28 ff.; *Zuck* NJW 1988, 175 f.; *Jähnke* NJW 1988, 1888 ff.; *Löwe* BRAK-Mitt. 1988, 70 ff.; *Pietzker* NJW 1988, 513 ff. Gleicher Auffassung waren bereits vor dem Urteil des BGH einige Ehrengerichtshöfe: EGH Stuttgart BRAK-Mitt. 1989, 46; EGH Frankfurt BRAK-Mitt. 1989, 50; EGH Schleswig BRAK-Mitt. 1989, 108.
[20] *Birkner* AnwBl. 1990, 358; *Feuerich* AnwBl. 1990, 184; *Kewenig* NJW 1990, 1720 (1721); *Kornblum* NJW 1990, 2118; DAV-Vorstand: Neues Berufsrecht, AnwBl. 1990, Beilage Heft 4, S. 11/12; LG Aachen AnwBl. 1991, 50. Der Bestandsschutz ergibt sich nicht direkt aus § 43 Abs. 2 VwVfG, da das Gesetz auf die Verfahren nach der BRAO nicht anwendbar ist. S. dazu die Anmerkungen zu § 210.
[21] Der 1991 in die BRAO eingeführte § 210 sieht vor, daß die bereits verliehenen Fachanwaltsbezeichnungen ohne Nachweis der erforderlichen Kenntnisse auf diesem Gebiet

Mit Wirkung vom 1. August 1991 wurden die §§ 42 a-d, § 209 Abs. 1 S. 4 a. F. sowie die Vertrauensschutzbestimmung des § 210 neu in BRAO eingefügt und damit eine rechtlich einwandfreie Grundlage für die Verleihung von Fachanwaltsbezeichnungen geschaffen.[22] Für die fünf neuen Bundesländer war eine solche Grundlage bereits in dem fortgeltenden § 15 RAG vom 13. 9. 1990 vorhanden.[23] Seitdem konnte eine Neuverleihung der Fachanwaltsbezeichnungen in den an den Gerichtsbarkeiten orientierten vier Fachgebieten vorgenommen werden. Da die in § 42 d des Entwurfs vorgesehene Ermächtigung der Bundesregierung zum Erlaß einer der erforderlichen Kenntnisse präzisierenden Rechtsverordnung nicht die erforderliche Zustimmung durch den Bundesrat erhielt,[24] bedurfte es eines weiteren Gesetzes über die Fachanwaltsbezeichnungen,[25] das am 27. 2. 1992 verkündet wurde.[26] Das Gesetz ist zwar nach Art. 21 Abs. 11 S. 1 des Gesetzes zur Neuordnung des Berufsrechts der Rechtsanwälte[27] ebenso wie die Verordnung über Fachanwaltsbezeichnungen nach dem RAG v. 23. 2. 1992[28] aufgehoben worden, jedoch sind seine Bestimmungen bis zum Inkrafttreten einer entsprechenden Regelung in der Berufsordnung weiter anzuwenden (Art. 21 Abs. 11 S. 2). Einzelheiten der Fachanwaltszulassung ergeben sich aus den Anfang 1993 verabschiedeten Bochumer Empfehlungen 93 der Fachausschüsse der BRAK.[29]

3. Die Änderungen der Novellierung 1994

Die bisherigen Regelungen der §§ 42 a-d a. F. wurden im Zuge der Neufassung der BRAO in § 43 c zusammengefaßt. Ohne inhaltliche Veränderungen wurden lediglich die Formulierungen gegenüber der Vorgängerregelung korrigiert und die Regelungsdichte auf Normen mit statusbildendem Charakter beschränkt.[30] Einzelheiten des zuvor etwa in § 42 c Abs. 1 S. 2 und Abs. 2 a. F. enthaltenen Verfahrens werden der künftigen Berufsordnung überlassen.[31] Die Satzungsermächtigung für die Rechtsanwaltskammer in § 42 d a. F. wurde durch eine entsprechende Ermächtigung zu Gunsten der Satzungsversammlung in § 59 b Abs. 2 Nr. 2 lit. a und b ersetzt.[32] Gemäß lit. a wird in der neu zu verabschiedenden Berufsordnung festgelegt werden, auf welchen weiteren Rechtsgebieten Fachanwaltsbezeichnungen verliehen werden können.[33] In der Berufsordnung wird ferner zu regeln sein, nach welchen Regeln sich das Verfahren der Verleihung und des Widerrufs der Bezeichnungen richtet.[34]

---

weitergeführt werden dürfen. Streit besteht zwischen *Kleine-Cosack* und *Feuerich/Braun* darüber, ob die Regelung nur den Befähigungsnachweis oder auch die Neuverleihung der Bezeichnung überflüssig macht. Für letzteres *Kleine-Cosack* ZIP 1990, 1534 ff.; a. A. *Feuerich/Braun,* § 210 Rdn. 7.
22 Vgl. BT-Drucks. 11/8307, S. 19.
23 Gbl. Teil I Nr. 61 S. 1504.
24 Die Verordnungsermächtigung sah die verfassungswidrige Befugnis des Bundestages vor, eine RVO der Bundesregierung abzuändern, dazu *Jekewitz* ZRP 1991, 281.
25 Vgl. Gesetzentwurf des RAFachBezG, BT.-Drucks. 12/1710, S. 1.
26 BGBl. 1992 I, S. 369 f.
27 BGBl. 1994 I, S. 2278.
28 BGBl. 1992 I, S. 379.
29 BRAK-Mitt. 1993, 83.
30 BT-Drucks. 12/4993, S. 29.
31 A. A. offenbar *Feuerich/Braun,* § 43 c Rdn. 36.
32 BT-Drucks. 12/4993, S. 35.
33 So die Begründungserwägungen des Gesetzgebers, BT-Drucks. 12/4993, S. 35.
34 Bis zum Erlaß der Berufsordnung wird die Verleihung der Bezeichnungen noch aufgrund der Regelungen des RAFachBezG stattfinden. Dazu unter III.

II. Verfassungsrechtliche Gesichtspunkte

6 Die Beschränkung der Vergabe von Fachanwaltsbezeichnungen auf die Gebiete des Arbeits-, Sozial-, Verwaltungs- und Steuerrechts verstößt weder gegen Art. 12 Abs. 1 noch gegen Art. 3 Abs. 1 GG.[35] Der mit dem Ausschluß weiterer Fachanwaltsbezeichnungen verbundene Eingriff in die Berufsausübungsfreiheit des Art. 12 Abs. 1 GG ist durch ausreichende Gründe des Allgemeinwohls gedeckt.[36] Gesetzliche Grundlage ist das in § 43 a. F. und nun § 43 b normierte Verbot der irreführenden Werbung. Das Führen von Fachanwaltsbezeichnungen, für die kein formelles Anerkennungsverfahren besteht, ist als irreführende Werbung gemäß § 3 UWG zu qualifizieren, auch wenn diese Irreführung durch die Untätigkeit des Gesetzgebers, der keine weiteren Fachanwaltsbezeichnungen zugelassen hat, bedingt ist.[37] Aus Art. 12 GG folgt keine Pflicht des Gesetzgebers, das Berufsbild der Rechtsanwälte gemäß § 3 Abs. 1 durch die Einführung neuer Fachanwaltsbezeichnungen näher auszugestalten.[38] Es besteht ein verfassungsrechtlicher Handlungsspielraum.

7 Die vorläufige Beschränkung der Fachanwaltsbezeichnungen auf vier Rechtsgebiete stellt auch keine gegen Art. 3 Abs. 1 GG verstoßende willkürliche Ungleichbehandlung dar. Der erforderliche sachliche Unterschied liegt in der Zugehörigkeit zu den Fachgerichtsbarkeiten und der damit verankerten Eigenständigkeit dieser Rechtsgebiete. Die aus verfahrensrechtlicher Sicht erforderliche Spezialisierung rechtfertigt die Sonderstellung der anerkannten Fachanwaltsbezeichnungen, auch wenn es weitere Rechtsgebiete gibt, die ebenfalls eine besonders intensive Einarbeitung erfordern.[39]

III. Erweiterungen der Fachanwaltsgebiete

8 Auch wenn kein verfassungsrechtlicher Zwang für ihre Einführung besteht, so sind aus rechtspolitischer Sicht weitere Fachanwaltsbezeichnungen zu befürworten. Die Fülle von Spezialproblemen innerhalb der einzelnen Rechtsgebiete, das ständige Anwachsen von Rechtsprechung und Gesetzgebung und die zunehmenden internationalen Einflüsse auf die Rechtssysteme in Europa zwingen den Anwalt in weitem Umfang zu einer Spezialisierung, die wirtschaftlich nur vernünftig ist, wenn er auf sie auch werbend hinweisen darf. Während § 43 c die derzeit schon anerkannten Fachanwaltsbezeichnungen gesetzlich absichert, ihre Abschaffung durch die Anwaltschaft damit nicht zulässig wäre, bleiben Erweiterungen der Fachanwaltsbezeichnungen gem. § 59 b Abs. 2 Nr. 2 a der Autonomie der Anwaltschaft überlassen. Das Informationsbedürfnis der Rechtsuchenden spricht für weitere durch eine fachliche Kontrolle abgesicherte Spezialisierungshinweise. Die Begründung des Regierungsentwurfs zur BRAO-Novelle erwähnt ausdrücklich die Aufnahme von Fachanwälten für Familienrecht, Kindschaftsrecht und Strafrecht.[40] Die Satzungsversammlung konnte sich in ihrer ersten Sitzung

---

[35] BVerfG NJW 1992, 493; E 57, 121 ff.
[36] BVerfG NJW 1992, 493; E 57, 121 ff.
[37] Dazu III 2.
[38] BVerfGE 57, 121 (127 f. Anderer Ansicht war der EGH Berlin AnwBl. 1990, 95). (98), der noch davon ausging, daß die Verleihung der Bezeichnungen ohne gesetzliche Grundlage erfolge.
[39] Z. B. den Anwalt für Familienrecht, vgl. dazu Henssler/Mälzer FuR 1994, 333.
[40] BT-Drucks. 12/4993, S. 29.

§ 43 c Fachanwaltschaft 9, 10 § 43 c

bereits auf die Neuzulassung der Fachanwälte für Familienrecht[41] und für Strafrecht[42] einigen.[43] In der Literatur werden darüberhinaus Fachanwaltsbezeichnungen für das Europarecht,[44] Insolvenzrecht,[45] Gesellschaftsrecht,[46] Verfassungsrecht,[47] Verkehrs-,[48] Wirtschafts-[49] und Berufungsrecht[50] gefordert.

IV. Voraussetzung für die Vergabe der Fachanwaltsbezeichnungen

1. Besondere Kenntnisse

Welche Anforderungen an das Vorliegen besonderer Kenntnisse zu stellen sind, legt – bis zum Erlaß neuer Regelungen in der Berufsordnung – § 2 des RAFachBezG fest[51] (im Anschluß abgedruckt). Danach liegen besondere Kenntnisse dann vor, wenn sie **erheblich** das Maß der Kenntnisse übersteigen, das üblicherweise durch die berufliche Ausbildung und die praktische Erfahrung im Beruf auf einem Gebiet vermittelt wird. Die überdurchschnittlichen Kenntnisse müssen sich auf alle Bereiche des jeweiligen Fachgebietes erstrecken.[52]

9

a) Der Nachweis theoretischer Kenntnisse. Die erforderlichen theoretischen Kenntnisse sind detailliert in den §§ 3–6 RAFachBezG für die einzelnen Fachgebiete aufgeführt. Ihr Nachweis hat gemäß § 8 RAFachBezG durch die Teilnahme an einem mindestens **dreiwöchigen vorbereitenden Lehrgang** zu erfolgen, der mit mehreren Klausuren abschließt.[53] Eine Klausuren-Erfolgsquote von 50 % ist nicht ausreichend, das durchschnittliche Maß übersteigende theoretische Kenntnisse zu belegen.[54] Der Lehrgang darf nicht länger als zwei Jahre vor der Antragstellung liegen. Andernfalls sind für die Zwischenzeit Fortbildungslehrgänge nachzuweisen. Das gilt auch für diejenigen Anwälte, die ihre Lehrgänge vor Erlaß des RAFachBezG absolviert haben.[55] Der Nachweis theoretischer Kenntnisse kann auch durch sonstige aussagekräftige Unterlagen, z. B. über eine

10

---

[41] Für die Zulassung bereits *Henssler/Mälzer* FuR 1994, 333; *Schwackenberg*, Familie, Recht und Partnerschaft 1995, 167; *Bosch* FamRZ 1995, 84; *Erdrich* AnwBl. 1994, 24; *Kleine-Cosack*, Familie, Recht und Partnerschaft 1995, 169 (170); *Luthin*, Familie, Recht und Partnerschaft 1995, 173; *Willutzki*, Familie, Recht und Partnerschaft 1995, 175 (176); *Ballof*, Familie, Recht und Partnerschaft 1995, 176 (178).
[42] Befürwortet von *Barton* AnwBl. 1989, 472; *ders.* StV 1989, 452; *Schardey* AnwBl. 1984, 347; *Netzband* StV 1990, 77; *Rückel* BRAK-Mitt. 1990, 64 (66); *Zuck* EWiR 1990, 779; *Crummenerl* StV 1988, 268, der allerdings die bloße Mitgliedschaft in einer Organisation der Strafverteidiger genügen lassen möchte.
[43] Vgl. *Haas* BRAK-Mitt. 1995, 177; vgl. ferner den Diskussionsvorschlag der BRAK einer Fachanwaltsordnung, BRAK-Mitt. 1995, 153.
[44] *Kleine-Cosack* EWiR 1990, 715; *Eckstein/Kappus* NJW 1990, 963 (965); *Kappus* AnwBl. 1991, 68; *Stobbe* NJW 1991, 2041 (2048).
[45] *Schick* NJW 1991, 1328 (1330).
[46] *Ostler* NJW 1987, 281 (284).
[47] *Zuck* AnwBl. 1985, 609; *Schardey* AnwBl. 1986, 274.
[48] *Greißinger* ZfS 1992, 253.
[49] *Oellers* ZIP 1990, 1515; *Leissle* AnwBl. 1988, 607; *Fröhlich* AnwBl. 1989, 147.
[50] *Koch* AnwBl. 1990, 577 (582); zustimmend *Becker*, Erinnerungsschrift Rist, S. 27 (36).
[51] Dazu BGH BRAK-Mitt. 1995, 75 (76) = NZA 1995, 751 (752).
[52] BGH LM BRAO § 42 a Nr. 1 = MDR 1994, 733 = NJW-RR 1994, 1080; BRAK-Mitt. 1995, 75 = NZA 1995, 751.
[53] Vgl. zur Bewertung der Klausurergebnisse BGH NJW 1995, 1424 (1425).
[54] BGH BRAK-Mitt. 1994, 241.
[55] Der Rückschluß läßt sich aus § 9 Abs. 2 des RAFachBezG ziehen. Vgl. BT-Drucks. 12/1956, S. 7.

§ 43 c 11, 12   Dritter Teil. Rechte und Pflichten des Rechtsanwalts

Lehrtätigkeit, über Fachveröffentlichungen, durch Dissertationen oder durch von dem Antragsteller gefertigte Schriftsätze geführt werden.[56]

11 b) Der Nachweis praktischer Kenntnisse. Der Nachweis der besonderen praktischen Erfahrungen ist gemäß § 9 des RAFachBezG in der Regel durch 80 Fälle im Verwaltungs- und Arbeitsrecht, 50 Fälle im Steuerrecht und 40 Fälle im Sozialrecht zu erbringen.[57] Im Bereich des Steuerrechts müssen davon ein Zehntel, in den anderen Bereichen ein Drittel gerichtliche Verfahren sein.[58] Ausnahmsweise können die praktischen Kenntnisse gemäß § 9 Abs. 2 RAFachBezG durch andere fachgebietsbezogene Tätigkeiten nachgewiesen werden. Die Ausnahmeregelung des § 9 Abs. 2 RAFachBezG verlangt keine forensischen und prozeßtaktischen Kenntnisse, so daß auch Betätigungen im ausschließlich außergerichtlichen Bereich in Betracht kommen.[59] Allerdings müssen die Tätigkeiten nach Umfang, Dauer und Inhalt dem in Abs. 1 der Vorschrift verlangten Maßstab entsprechen.[60] Nicht ausreichend ist etwa der bloße Hinweis auf eine bestandene Steuerberaterprüfung.[61] Die Formulierung „in der Regel" in § 9 Abs. 1 RAFachBezG stellt klar, daß es sich bei der Norm um eine Ermessensvorschrift handelt. Die Feststellung des Vorliegens besonderer praktischer Kenntnisse ist eine Entscheidung, für welche die bearbeiteten Fallzahlen nur Indizwirkung haben können.[62]

12 Eine exakte zeitliche Begrenzung für den Erwerb der erforderlichen Fallbearbeitungen ist in das Gesetz nicht aufgenommen worden.[63] § 7 Abs. 2 verlangt lediglich, daß der Rechtsanwalt überhaupt seit zwei Jahren tätig ist. Die Zweijahresfrist ist danach als Mindestzeitraum zu verstehen. Für die Verleihung des Fachanwaltstitels für Arbeitsrecht kann weder die starre Zahl von 80 Fällen noch die genau bemessene Zeitdauer von zwei Jahren gefordert werden.[64] Zu einer anderen Gewichtung kann nach der gesetzlichen Regelung die Bedeutung der einzelnen Fälle führen.[65] Eine vergleichbare Bandbreite muß danach auch für den Zeitraum gelten. Für den Regelfall der Bearbeitung von nicht besonders problematischen Fällen bietet die Zweijahresfrist eine Richtlinie.[66] Sinn und Zweck der

---

[56] BGH BRAK-Mitt. 1995, 73 (75); AGH Celle BRAK-Mitt. 1995, 168.
[57] Dazu *Pausenberger* AnwBl. 1994, 13 f.; sowie für den Fachanwalt für Verwaltungsrecht *Sellner* AnwBl. 1994, 3 (6 f.); sowie *Meier* für den Fachanwalt für Familienrecht AnwBl. 1993, 370 f.
[58] Im Bereich des Steuerrechts entfällt dieses Erfordernis nicht durch das Bestehen der Steuerberaterprüfung, BGH BRAK-Mitt. 1995, 128 (129) = NJW-RR 1995, 1398.
[59] BGH NJW 1995, 2717 (2718) = BRAK-Mitt. 1995, 214 (215).
[60] Vgl. AGH Celle BRAK-Mitt. 1995, 168 (169) im Falle eines Syndikusanwalts und Personalleiters. Der Gesetzgeber weist in den Gesetzgebungsmaterialien auf die Tätigkeit als Syndikusanwalt, Richter oder Beamter in einem bestimmten Fachgebiet hin. BT-Drucks. 12/1710, S. 8.
[61] BGH NJW-RR 1995, 1398.
[62] Eine Auslegungshilfe bei der Verleihung von Fachanwaltsbezeichnungen stellen die sogenannten „Bochumer Empfehlungen" dar, die inzwischen zum dritten Mal verabschiedet wurden, abgedruckt in BRAK-Mitt. 1993, 83 f. Hierbei handelt es sich um keine rechtsverbindlichen Normen, sondern Empfehlungen einer Arbeits- und Aussprachetagung des Deutschen Anwaltsinstituts in Zusammenarbeit mit der BRAK. Für die hier interessierende Frage des Nachweises der praktischen Kenntnisse enthalten sie leider keine konkrete Auslegungshilfe.
[63] *Kleine-Cosack* ist der Ansicht, daß dies bewußt geschehen sei NJW 1992, 785 (786).
[64] BGH-BRAK-Mitt. 1996, 81; EGH Celle BRAK-Mitt. 1993, 108.
[65] § 9 Abs. 1 S. 2 RAFachBezG.
[66] Eine Ausnahmemöglichkeit deutet der EGH für die Fallkonstellation an, daß der Antragsteller in der letzten Zeit (fast) ausschließlich Mandate auf dem Fachanwaltsgebiet bear-

gesetzlichen Anforderungen an die praktischen Kenntnisse entspricht es nicht, wenn der Antragsteller jahrelang Fälle sammelt, bis er die erforderliche Anzahl erreicht hat.[67] Ebenso wie die theoretischen sollen auch die praktischen Kenntnisse eine tatsächliche Spezialisierung in der der Antragstellung vorausgehenden Zeit unter Beweis stellen.[68] Ausnahmen bieten sich etwa für Syndikusanwälte an, die auf einem bestimmten Gebiet ausschließlich tätig sind, ohne die Mindestquote der gerichtlichen Verfahren erreichen zu können.[69] Bei einer sich über Jahre erstreckenden nur geringfügigen Tätigkeit auf einem Fachgebiet besteht die Gefahr der Irreführung der Rechtsuchenden. Nach dem BVerfG kann die Führung einer Fachanwaltsbezeichnung ohne tatsächliche praktische Spezialisierung – wozu 15 Fälle nicht ausreichten – ohne Verfassungsverstoß als irreführende Werbung bewertet werden.[70]

c) Fachgespräch. Gemäß § 10 RAFachBezG kann der Ausschuß der Kammer den Anwalt zu einem Fachgespräch einladen, um sich über dessen besonderen Kenntnisstand zu informieren.[71] Das Fachgespräch dient *insbesondere* dem Nachweis theoretischer Kenntnisse, kann also auch geführt werden, um zusätzliche Informationen über die praktische Tätigkeit zu gewinnen.[72] Das Fachgespräch mit dem Antragsteller muß nur dann geführt werden, wenn der Prüfungsausschuß der Rechtsanwaltskammer aufgrund der schriftlichen Unterlagen keine abschließende Entscheidung treffen kann.[73] Unterzieht sich der Anwalt einem Fachgespräch, so ergibt sich eine neue zusätzliche Beurteilungsgrundlage, die ungeachtet der Berechtigung der Ladung zum Fachgespräch verwertbar ist.[74] Aufgrund des Ergebnisses des Gesprächs kann die Erteilung einer Fachanwaltsbezeichnung verweigert werden.[75]

2. Fachanwaltsbezeichnungen nach Selbsteinschätzung

Der Hinweis auf eine Fachanwaltsbezeichnung nach Selbsteinschätzung stellt eine gemäß § 3 UWG, § 43 b verbotene irreführende Werbung dar.[76] Eine Fachanwaltsbezeichnung darf nur nach förmlicher Verleihung durch die Kammer geführt werden. Das gilt auch, wenn die Kammer die Entscheidung über den Antrag verzögert.[77] Durch die Gestaltung der Werbung mit bloßen Tätigkeitsschwerpunkten darf nicht der irreführende Eindruck erweckt werden, der Anwalt sei ein entsprechender „Fachanwalt".[78]

---

beitet hat oder es sich um einige Fälle handelte, die besondere Schwierigkeiten mit sich brachten und einen überdurchschnittlichen Arbeitsaufwand erforderten.
[67] A. A. *Pausenberger* AnwBl. 1994, 14. Vgl. auch BGH BRAK-Mitt. 1996, 81 (82).
[68] Vgl. *Meier* für die Bezeichnung Fachanwalt für Arbeitsrecht AnwBl. 1993, 370 (371). So auch die Bochumer Empfehlung Nr. 5 c, BRAK-Mitt. 1993, 84.
[69] So auch *Kleine-Cosack*, § 42 b Rdn. 6.
[70] BVerfG NJW 1992, 816. Leider läßt das BVerfG in seiner Entscheidung offen, ob die erforderlichen Fälle innerhalb von zwei Jahren bearbeitet sein müssen.
[71] Ausführlich hierzu *Becker*, Erinnerungsschrift Rist, S. 27 (42 ff.).
[72] BayAGH BRAK-Mitt. 1996, 35 (36 f.).
[73] BGH BRAK-Mitt. 1994, 241.
[74] BGH NJW-RR 1994, 1080 = LM § 42 a BRAO Nr. 1 = MDR 1994, 733; BGH NZA 1995, 751 (752).
[75] BGH BRAK-Mitt. 1994, 104 f.; BGH NZA 1995, 751 (752).
[76] Vgl. BVerfG NJW 1992, 816; OLG Stuttgart WRP 1992, 350 f.; EGH Hamm BRAK-Mitt. 1991, 110; BGH NJW 1990, 2130; EGH Berlin NJW 1990, 996.
[77] OLG Stuttgart WRP 1992, 350 f.
[78] BVerfG BRAK-Mitt. 1995, 83 (84).

3. Verleihung durch die Rechtsanwaltskammern

15 Die Kammer ist befugt, bei Vorliegen der Voraussetzungen, dem Bewerber die Führung der Bezeichnung „Fachanwalt für ..." für zwei Gebiete zu gestatten.[79] Nach einer Umzulassung zu einem anderen Landgerichtsbezirk bei gleichzeitigem Wechsel der Rechtsanwaltskammer ist der Antrag auf Gewährung der Fachanwaltsbezeichnung an die nunmehr zuständige Kammer zu richten.[80] Liegen die erforderlichen Voraussetzungen vor,[81] entscheidet die Kammer über den Antrag des Anwalts durch Bescheid. Gegen einen **ablehnenden Bescheid** steht dem Antragsteller der Antrag auf gerichtliche Entscheidung beim zuständigen Anwaltsgerichtshof gemäß § 223 zu.[82] Bei der Entscheidung der Kammer handelt es sich um eine Prüfungsentscheidung, so daß die Grundsätze der Rechtsprechung des BVerfG und BVerwG zur Anfechtbarkeit von Prüfungsentscheidungen Anwendung finden.[83] Die Kontrolle durch den Anwaltsgerichtshof beschränkt sich auf die Feststellung wesentlicher Verfahrensfehler, der fehlerhaften Sachverhaltsermittlung, der Berücksichtigung sachfremder Erwägungen sowie die Verkennung allgemeingültiger Bewertungsmaßstäbe bzw. des anwendbaren Rechts. Verkennt die Kammer die Begründung des Prüfungsausschusses in einem wesentlichen Punkt, so ist ihre Entscheidung allein deshalb fehlerhaft.[84] Gegen eine ablehnende Entscheidung des Anwaltsgerichtshofs kann bei Fragen von grundsätzlicher Bedeutung[85] nach Zulassung innerhalb von zwei Wochen sofortige Beschwerde zum BGH eingelegt werden. Der festzusetzende Geschäftswert kann zwischen 25.000.– DM[86] und 50.000.– DM[87] liegen.

4. Rücknahme und Widerruf der Fachanwaltsbezeichnungen

16 Gemäß § 43 c Abs. 4 kann die Erlaubnis zum Führen der Fachanwaltsbezeichnung für die Zukunft widerrufen werden. Das Gesetz nennt als einen Widerrufsgrund beispielhaft die unterlassene Fortbildung.[88] Die Formulierung „kann" wird in diesem Fall als „muß" auszulegen sein, da der Hinweis auf eine Fachanwaltsbezeichnung nur berechtigt ist, wenn der Rechtsanwalt über die erforderlichen Kenntnisse verfügt. Die Fortsetzung der Spezialisierung erfordert die **Weiterbildung** über die Entwicklungen in Gesetzgebung, Rechtsprechung und Literatur. Weiterer Widerrufsgrund ist ein Vertretungsverbot für den Rechtsanwalt auf seinem Fachgebiet.[89] Zu den Tatsachen, bei deren Kenntnis die Erlaubnis hätte versagt werden müssen, zählen Täuschung und Manipulation der Prüfung bzw. der vorgelegten Fallzahlen.[90] Auf den Widerruf der Fachanwaltsbe-

---

[79] § 43 c Abs. 1 S. 2.
[80] BGH NJW 1995, 2105. Ein der verwaltungsgerichtlichen Fortsetzungsfeststellungsklage gemäß § 113 Abs. 1 S. 4 VwGO entsprechendes Verfahren sieht die BRAO nicht vor.
[81] Das Vorliegen stellt der Ausschuß in einem Votum fest.
[82] Näheres zum Verfahren unter § 223 Rdn. 13 ff.
[83] BVerfG NJW 1991, 2005 (2008); BVerwG NVwZ 1993, 681.
[84] BGH BRAK-Mitt. 1995, 73 (74).
[85] § 223 Abs. 3, 4.
[86] EGH NW v. 15. 7. 1988 – 1 ZU 20/88.
[87] EGH Frankfurt, 2 EGH 17/87.
[88] Kritisch dazu *Kleine-Cosack* ZIP 1990, 1534.
[89] § 114 Abs. 1 Nr. 4, § 204 Abs. 5. Entsprechendes gilt für ein vorläufiges Vertretungsverbot, §§ 150, 155, 161 a.
[90] Weitere Widerrufsgründe, die nicht gleichzeitig einen Widerruf der Zulassung begründen, sind nicht denkbar.

zeichnung werden die Vorschriften der §§ 48, 49 VwVfG entsprechend angewendet, so daß die Kammer die Erlaubnis nur innerhalb **eines Jahres** nach Kenntniserlangung von den Gründen widerrufen kann. Auf eine ausdrückliche Übernahme der in § 42 c Abs. 1 S. 2 a. F. enthaltenen Regelung hat der Gesetzgeber indes verzichtet, so daß abweichende Regelungen in der Berufssatzung zulässig sind. Ebenso wurde auch die Zuständigkeitsbestimmung des § 42 c Abs. 2 a. F. nicht übernommen, die darauf Rücksicht nahm, daß „der Rechtsanwalt bei einem Wechsel der örtlichen Zulassung ... seine Befugnis beibehält, seine Verbindung mit der Kammer, die ihm die Erlaubnis erteilt hat, jedoch durch den Zulassungswechsel gelöst ist."[91] Da eine inhaltliche Änderung durch § 43 c nicht beabsichtigt war, wird man jedoch auch diese Regelung – vorbehaltlich einer abweichenden Gestaltung der Satzung – sinngemäß weiter anwenden können.[92] Vor Widerruf der Erlaubnis ist dem Rechtsanwalt Gehör zu gewähren.[93] Der Widerrufsbescheid ist gemäß § 229 zuzustellen und mit Gründen zu versehen.

V. Rechtsvergleichender Überblick

Dem deutschen Recht vergleichbare Fachanwaltsbezeichnungen existieren in Frankreich und Italien. In Italien ist es möglich, im Anschluß an die universitäre Ausbildung eine Spezialisierung in verschiedenen Rechtsgebieten zu erwerben.[94] Die zweijährige Zusatzausbildung wird mit einer schriftlichen und mündlichen Prüfung abgeschlossen. Dem Teilnehmer wird dann die Bezeichnung „Specialistà" verliehen. Allerdings ist er nicht berechtigt, den Titel entsprechend einer Fachanwaltsbezeichnung zu führen, da eine solche Bezeichnung im italienischen Anwaltsrecht nicht vorgesehen ist. Es soll das Bild des Universalanwaltes aufrechterhalten werden.[95] Als einziger weiterer Mitgliedstaat der Europäischen Union kennt Frankreich eine gesetzliche Regelung der Fachanwaltsbezeichnungen.[96] Ihr Erwerb setzt den Nachweis einer zweijährigen beruflichen Tätigkeit auf dem Fachgebiet voraus sowie eine Prüfung durch ein „Centre Régional de Formation Professionelle." Eine Verordnung, die gemäß Art. 86 der gesetzlichen Regelung des Anwaltsrechts die einzelnen Gebiete festlegen soll, in denen die Bezeichnung erteilt werden kann, ist noch nicht erlassen. In der Praxis existieren daher noch keine Fachanwaltsbezeichnungen. In den Niederlanden gibt es zwar keine gesetzliche Regelung der Verleihung von Fachanwaltsbezeichnungen, wohl aber eine Richtlinie über die Bezeichnung als Steuerfachanwalt.[97] Alle anderen Staaten gestatten nur den Hinweis auf Tätigkeitsschwerpunkte.[98]

---

[91] So der Bericht einzelner Mitglieder des Rechtsausschusses zu § 42 c, BT-Drucks. 11/8397, S. 19 f.
[92] Unklar insofern *Feuerich/Braun*, § 43 c Rdn. 36, die den früheren Kommentierung zu § 42 a. F. schlicht aufrechterhalten haben.
[93] *Feuerich/Braun* § 42 c Rdn. 3.
[94] Geregelt durch d. p. r. vom 10. März 1982; dazu *Ricciardi* Foro Italiano 1991, 551.
[95] Vgl. Protokoll der Sitzung des Consiglio Nationale Forense vom 15. Juli 1988.
[96] Art. 85, 85 der 1991 neu erlassenen gesetzlichen Regelung des Anwaltsrecht; dazu *Hamelin/Damien*, Les Règles de la Profession d' Avocat, 7. Aufl. Paris 1992, 470 ff.
[97] *Nota van Toelichting* Advocaatenblaad 1988, 534.
[98] Vgl. dazu *Mälzer*, Werbemöglichkeiten für Rechtsanwälte in der Europäischen Union, S. 63 ff.

§ 44 Mitteilung der Ablehnung eines Auftrags

Der Rechtsanwalt, der in seinem Beruf in Anspruch genommen wird und den Auftrag nicht annehmen will, muß die Ablehnung unverzüglich erklären. Er hat den Schaden zu ersetzen, der aus einer schuldhaften Verzögerung dieser Erklärung entsteht.

Übersicht

	Rdn.		Rdn.
I. Entstehungsgeschichte und Normzweck	1–3	4. Ablehnungserklärung	8
II. Mitteilungspflicht	4–9	5. Unaufschiebbare Maßnahmen	9
1. Berufsbezogenheit des Mandatsangebots	4	III. Schadensersatzverpflichtung	10–12
2. Zugang des Mandatsangebots	5	1. Schuldhafte Verzögerung	10
3. Unverzügliche Entscheidung	6	2. Vertrauensschaden	11
		3. Verjährung	12

I. Entstehungsgeschichte und Normzweck

1 In Ablehnung der gemeinrechtlichen Auffassung, der Rechtsanwalt dürfe niemandem grundlos seinen Beistand versagen, hat sich schon der Gesetzgeber der Rechtsanwaltsordnung von 1878 **gegen den Kontrahierungszwang** entschieden.[1] Anders als der Notar (§ 15 BNotO) kann der Anwalt seitdem – mit den sich aus den §§ 48, 49 und 49 a ergebenden Einschränkungen – frei über die Annahme oder Ablehnung eines Mandats entscheiden.[2] Allerdings hielt man es schon damals für erforderlich, ihm in § 30 RAO die standesrechtliche Pflicht aufzuerlegen, die **Ablehnung** eines Auftrags „ohne Verzug zu erklären". Diese Bestimmung hat – sprachlich leicht variiert, aber ohne Änderungen des materiellen Inhalts – über § 35 RRAO Eingang in die Bundesrechtsanwaltsordnung von 1959 gefunden.

2 Im Geschäftsleben steht es grundsätzlich dem Adressaten eines Angebots frei, ob und ggf. wann er sich dazu erklären will. Beim Anwalt ist ein solches Verhalten mit Rücksicht auf seine Funktion im System der Rechtspflege nicht tolerabel. Die aus dieser (mit dem Rechtsberatungsmonopol verbundenen) Stellung resultierende Pflicht zur gewissenhaften Berufsausübung verlangt, daß der Mandant nicht im Ungewissen darüber gelassen wird, ob sein Mandatsauftrag angenommen wird.[3] Geschütztes Rechtsgut ist also auch hier die Funktionsfähigkeit der Rechtspflege.

3 Gemäß § 44 S. 2 hat der Anwalt bei **schuldhafter Verzögerung der Ablehnung** dem Mandanten den daraus entstehenden Schaden zu ersetzen. Diese systemfremde Einfügung einer zivilrechtlichen Schadensersatzverpflichtung in ein Regelwerk öffentlich-rechtlicher Berufspflichten war schon in § 30 RAO vorgenommen worden und sollte einen möglichen Streit über die unmittelbare Anwendung des § 663 BGB vermeiden.[4] Die Schadensersatzverpflichtung würde sich nämlich auch aus dieser Bestimmung ergeben, die über § 675 BGB auf den

---

[1] *Friedlaender*, § 30 Rdn. 1.
[2] BGH NJW 1967, 1567 u. 1971, 1801; VGH Kassel NJW 1965, 603.
[3] *Lingenberg/Hummel/Zuck/Eich*, § 34 Rdn. 10.
[4] *Kalsbach*, § 44 Rdn. 2.

Mandatsvertrag anwendbar ist. Daß dieser eine entgeltliche Geschäftsbesorgung zum Inhalt hat, ist heute einhellige Meinung.[5] § 44 S. 2 ist somit ein Sonderfall der in § 663 BGB gesetzlich geregelten **culpa in contrahendo**.[6] Die Verknüpfung zivilrechtlicher Ansprüche mit öffentlich-rechtlichen Berufspflichten macht deutlich, daß solche Pflichten Inhalt des Mandatsvertrages sind, sofern sie wie hier der Interessenwahrung der Rechtssuchenden dienen.[7]

II. Mitteilungspflicht

1. Berufsbezogenheit des Mandatsangebots

Die Mitteilungspflicht setzt voraus, daß dem Anwalt „**in seinem Beruf**" der Abschluß eines Mandatsvertrages angetragen wird.[8] Eindeutig private Anfragen lösen die Pflicht zur unverzüglichen Ablehnung nicht aus. In Zweifelsfällen sollte der Anwalt auf Klarstellung dringen, in welcher Eigenschaft von ihm Rat oder Hilfe begehrt wird. Dies gilt auch, wenn ihm berufsfremde Aufgaben angetragen werden, wobei im Zweifel die Vermutung dafür spricht, daß man von ihm zumindest auch Rechtsrat erwartet.[9] Anweisungen und Aufträge, die der Syndikusanwalt im Rahmen seines Beschäftigungsverhältnisses von seinem Dienstherrn erhält, fallen nicht unter § 44; die Unterrichtungspflichten bestimmen sich hier nach Dienstvertragsrecht.

2. Zugang des Mandatsangebots

Der Antrag muß dem Anwalt zugegangen sein. Das ist der Fall, wenn er so in seinen Bereich gelangt ist, daß er bei normalen Verhältnissen die Möglichkeit der Kenntnisnahme hat und diese nach der Verkehrsanschauung zu erwarten ist.[10] Jeder in einer Anwaltskanzlei tätige Jurist ist legitimiert, Mandatsanträge entgegenzunehmen.[11] Büroangestellte gelten zwar nicht als bevollmächtigt, Mandate für den Anwalt zu übernehmen. Sie sind aber verpflichtet, Aufträge unverzüglich dem Anwalt vorzulegen. Auch eine dem Büropersonal mündlich vorgetragene Bitte um Übernahme eines Mandats ist dem Anwalt zugegangen und löst somit die Mitteilungspflicht aus.[12]

3. Unverzügliche Entscheidung

Die Ablehnung des Auftrags muß dem Auftraggeber unverzüglich erklärt werden. Unverzüglich heißt „**ohne schuldhaftes Zögern**" (§ 121 BGB) und ist nicht gleichbedeutend mit sofort. Grundsätzlich steht dem Anwalt eine angemessene Prüfungs- und Überlegungsfrist zu. Wie lange diese dauert, hängt von den Umständen des Einzelfalls ab. Kann der Anwalt aus dem Auftrag ohne aufwendige und zeitraubende Überprüfung der Rechtslage feststellen, daß **Fristablauf** droht, muß er sofort handeln.[13] Dies setzt eine entsprechende Büroorganisation

---

[5] BGH LM Nr. 28 zu § 675 BGB u. Nr. 21 zu § 667 BGB; *Borgmann/Haug*, Kap. III Rdn. 2.
[6] *Borgmann/Haug*, Kap. III Rdn. 70.
[7] Vgl. Vorbem. §§ 43 ff. Rdn. 9.
[8] *Friedlaender*, § 30 Rdn. 4; *Isele*, § 44 Anm. V. B.; *Borgmann/Haug*, Kap. III Rdn. 55.
[9] *Borgmann/Haug*, Kap. II Rdn. 12 ff; vgl. auch § 43 a Rdn. 124.
[10] BGHZ 67, 275; NJW 1980, 990; 1983, 930.
[11] *Borgmann/Haug*, Kap. III Rdn. 57.
[12] *Friedlaender*, Exkurs vor § 30 Rdn. 27; *Borgmann/Haug*, Kap. III Rdn. 58.
[13] *Kleine-Cosack*, § 44 Rdn. 3.

§ 44 7–9   Dritter Teil. Rechte und Pflichten des Rechtsanwalts

voraus, die gewährleistet, daß eingehende Aufträge dem Anwalt kurzfristig vorgelegt werden. Geht der Auftrag vormittags ein, wird man in der Regel erwarten können, daß der Anwalt noch am selben Tage davon Kenntnis nimmt. Bei späteren Eingängen muß die Kenntnisnahme am nächsten Tag ausreichen.[14] Sonst könnte ein Einzelanwalt es sich nicht mehr erlauben, eine ganztägige Strafverteidigung zu übernehmen. Ist der Anwalt länger als einen Tag ortsabwesend, muß er dafür Sorge tragen, daß er über neu eingegangene Aufträge informiert wird. Die moderne Kommunikationstechnik ermöglicht dies.

7   Handelt es sich nicht um eine Fristsache, braucht der Anwalt sich nicht sofort darüber schlüssig zu werden, ob er das Mandat annehmen will. Der Anwalt kann nicht alles sofort erledigen; er muß die Möglichkeit haben, die anstehenden Arbeiten in eilige und weniger dringende einzuteilen. Insbesondere braucht er nicht wegen eines neuen Auftrages alle anderen Berufsgeschäfte zurückzustellen.[15] Erfolgt die Ablehnung der Mandatsübernahme binnen Wochenfrist, wird man dies nicht als schuldhaft verzögert ansehen können.[16] Auf keinen Fall darf der Anwalt die Prüfung, ob der Auftrag sofort zu bearbeiten ist, den Kanzleiangestellten überlassen.[17]

4. Ablehnungserklärung

8   Für die **Übermittlung** der Ablehnung reicht ein einfacher Brief aus.[18] Sie kann selbstverständlich auch mündlich erfolgen. Droht am nächsten Tag Fristablauf, ist eine Ablehnung per Telefon, Telegramm oder Fax geboten. Beweissichernde Maßnahmen, etwa die Versendung per Einschreiben, sind nicht notwendig. Der Anwalt genügt seiner Unterrichtungspflicht, wenn er die Mitteilung der Mandatsablehnung rechtzeitig und ordnungsgemäß **absendet**, auch wenn der Zugang nicht beweisbar ist.[19] Die Beförderungsgefahr trägt der Auftraggeber. Die **Kosten** der Ablehnungsanzeige treffen ihn auch, sind aber vom Anwalt vorzuschießen.[20] Über die Absendung der Ablehnungsanzeige hinausgehende Rechtspflichten treffen den Rechtsanwalt nicht; insbesondere braucht er übersandte Akten oder sonstige Gegenstände nicht zurückzusenden.[21]

5. Unaufschiebbare Maßnahmen

9   Eine rechtliche Verpflichtung des Anwalts, auch bei Ablehnung des Mandats unaufschiebbare interessenwahrende Maßnahmen für den Auftraggeber zu unternehmen, besteht nicht, mag sie auch häufig als nobile officium betrachtet werden.[22] Das gilt auch, wenn dem Anwalt von einem Kollegen ein sog. Substitutionsmandat angetragen wird.[23]

---

[14] A. A. VGH München NJW 1993, 1731, der den Anwalt für verpflichtet hält, einen um 15.42 Uhr per Fax eingehenden Auftrag noch am selben Tage auszuführen; kritisch dazu mit Recht *Borgmann/Haug*, Kap. III Rdn. 71, und *Kleine-Cosack*, § 44 Rdn. 4.
[15] *Isele*, § 44 Anm. VI. B. 4. a); *Feuerich/Braun*, § 44 Rdn. 10.
[16] *Borgmann/Haug*, Kap. III Rdn. 72.
[17] BGH NJW 1967, 1567; NJW 1974, 861.
[18] *Isele*, § 44 Anm. VI. C. 2.; *Borgmann/Haug*, Kap. III Rdn. 73.
[19] *Friedlaender*, § 30 Rdn. 6; *Borgmann/Haug*, Kap. III Rdn. 73.
[20] *Friedlaender*, § 30 Rdn. 7; *Isele*, § 44 Anm. VI. C. 6.; *Feuerich/Braun*, § 44 Rdn. 11.
[21] *Friedlaender*, § 30 Rdn. 7; *Isele*, § 44 Anm. VI. C. 6.
[22] *Lingenberg/Hummel/Zuck/Eich*, § 34 Rdn. 12; *Feuerich/Braun*, § 44 Rdn. 6; *Isele*, § 44 Anm. III A.
[23] *Feuerich/Braun*, § 44 Rdn. 5.

III. Schadensersatzverpflichtung

1. Schuldhafte Verzögerung

Verzögert der Anwalt die Mitteilung der Mandatsablehnung schuldhaft, macht er sich gem. § 44 S. 2 schadensersatzpflichtig. Sozietätsmitglieder haften gesamtschuldnerisch.[24] Für Verschulden der Büroangestellten muß der Anwalt gem. § 278 BGB einstehen, ebenso für eine Büroorganisation, die nicht die Vorlage neuer Aufträge binnen angemessener Frist gewährleistet.[25]

10

2. Vertrauensschaden

Da die Schadensersatzverpflichtung ein gesetzlich geregelter Sonderfal der culpa in contrahendo ist,[26] haftet der Anwalt für den Vertrauensschaden; der antragende Mandant ist so zu stellen, wie er stehen würde, wenn der Anwalt seiner Mitteilungspflicht genügt hätte.[27] Sieht er im Vetrauen auf die Annahme seines Mandatsauftrages davon ab, rechtzeitig einen anderen Anwalt zu beauftragen, ist der ihm dadurch entstehende Schaden zu erstatten.[28] Es wird sich häufig um den Schaden handeln, der aus der Versäumung einer zivilrechtlichen oder prozessualen Frist, z. B. einer Kündigungs- oder Berufungsfrist resultiert. Hat der Mandant erst kurz vor Fristablauf den Anwalt beauftragt und sich dann nicht mehr um die Sache gekümmert, kann ein Mitverschulden i. S. des § 254 BGB vorliegen.[29]

11

3. Verjährung

Der Anspruch aus § 44 S. 2 verjährt wie ein vertraglich ausgestalteter Schadensersatzanspruch gem. § 51 in drei Jahren, denn die aus der Verletzung von Pflichten bei der Vertragsanbahnung sich ergebenden Ansprüche können keine weitere Ausdehnung haben als die Ansprüche aus dem Vertragsverhältnis selbst.[30] Ein sog. Sekundäranspruch wegen unterlassener Belehrung kann hier schon deshalb keine Rolle spielen, weil seine dreijährige Verjährungsfrist mit dem Mandatsende beginnt,[31] hier also mangels Zustandekommens eines Mandats mit der Entstehung des Anspruchs und damit gleichzeitig mit dem Primäranspruch.[32]

12

---

[24] BGHZ 56, 355 = NJW 1971, 1801.
[25] *Borgmann/Haug*, Kap. III Rdn. 71.
[26] Vgl. Rdn. 3.
[27] Allgemein zum Vertrauensschaden *Palandt/Heinrichs*, Vorbem. vor § 249 Rdn. 17 u. § 276 Rdn. 100.
[28] BGH NJW 1967, 1567; NJW 1984, 866.
[29] *Borgmann/Haug*, Kap. III Rdn. 75.
[30] *Vollkommer*, Rdn. 452; *Feuerich/Braun*, § 44 Rdn. 13; *Jessnitzer/Blumberg* § 51 Rdn. 10; *Borgmann/Haug*, Kap X Rdn. 8; *Peters* VersR 1979, 103 (105); a. A. *Friedlaender*, § 30 Rdn. 10 und *Isele*, § 44 Anm. VII. B. 4.
[31] BGH NJW 1979, 264; BGHZ 94, 380 = NJW 1985, 2250.
[32] Im Ergebnis ebenso *Feuerich/Braun*, § 44 Rdn. 30; *Hartstang*, I S. 151.

§ 45 Versagen der Berufstätigkeit

(1) Der Rechtsanwalt darf nicht tätig werden:
1. wenn er in derselben Rechtssache als Richter, Schiedsrichter, Staatsanwalt, Angehöriger des öffentlichen Dienstes, Notar, Notarvertreter oder Notariatsverweser bereits tätig geworden ist;
2. wenn er als Notar, Notarvertreter oder Notariatsverweser eine Urkunde aufgenommen hat und deren Rechtsbestand oder Auslegung streitig ist oder die Vollstreckung aus ihr betrieben wird;
3. wenn er gegen den Träger des von ihm verwalteten Vermögens vorgehen soll in Angelegenheiten, mit denen er als Konkursverwalter, Vergleichsverwalter, Nachlaßverwalter, Testamentsvollstrecker, Betreuer oder in ähnlicher Funktion bereits befaßt war;
4. wenn er in derselben Angelegenheit außerhalb seiner Anwaltstätigkeit oder einer sonstigen Tätigkeit im Sinne des § 59a Abs. 1 Satz 1 bereits beruflich tätig war; dies gilt nicht, wenn die berufliche Tätigkeit beendet ist.

(2) Dem Rechtsanwalt ist es untersagt:
1. in Angelegenheiten, mit denen er bereits als Rechtsanwalt gegen den Träger des zu verwaltenden Vermögens befaßt war, als Konkursverwalter, Vergleichsverwalter, Nachlaßverwalter, Testamentsvollstrekker, Betreuer oder in ähnlicher Funktion tätig zu werden;
2. in Angelegenheiten, mit denen er bereits als Rechtsanwalt befaßt war, außerhalb seiner Anwaltstätigkeit oder einer sonstigen Tätigkeit im Sinne des § 59a Abs. 1 Satz 1 beruflich tätig zu werden.

(3) Die Verbote der Absätze 1 und 2 gelten auch für die mit dem Rechtsanwalt in Sozietät oder in sonstiger Weise zur gemeinschaftlichen Berufsausübung verbundenen oder verbunden gewesenen Rechtsanwälte und Angehörigen anderer Berufe und auch insoweit einer von diesen im Sinne der Absätze 1 und 2 befaßt war.

Übersicht

	Rdn.
I. Entstehungsgeschichte und Normzweck	1–4
1. Entstehung	1
2. Rechtsgut	4
II. Verfassungsrechtliche Fragen	5–11
III. Tatbestände der Tätigkeitsverbote	12–39
1. Vertretungsverbote nach außeranwaltlicher Vorbefassung	13
a) § 45 Abs. 1 Nr. 1	13
aa) Dieselbe Rechtssache	14
bb) Jede Vorbefassung	15
cc) Anwaltsnotar	16
b) § 45 Abs. 1 Nr. 2	19
aa) Ratio legis	19
bb) Lex specialis	20

	Rdn.
cc) „Rechtsbestand und Auslegung"	22
c) § 45 Abs. 1 Nr. 3	23
aa) Verhinderung von Interessenkollisionen	23
bb) Amtliche Funktionen	24
cc) Angelegenheiten = Rechtssachen	25
d) § 45 Abs. 1 Nr. 4	26
aa) Hintergrund: mehr Zweitberufe	26
bb) Berufliche Vorbefassung	27
cc) Selbstvertretung	30
dd) Dieselbe Angelegenheit	31
ee) Ende der Vorbefassung	32

§ 45 Versagen der Berufstätigkeit

	Rdn.		Rdn.
2. Tätigkeitsverbote nach anwaltlicher Vorbefassung	36	3. Gemeinschaftliche Berufsausübung	39
a) Gesetzgebungskompetenz	36	IV. Folgen eines Verstoßes	42, 43
b) § 45 Abs. 2 Nr. 1	37		
c) § 45 Abs. 2 Nr. 2	38		

I. Entstehungsgeschichte und Normzweck

1. Entstehung

Neben dem Verbot, eine mit pflichtwidrigem Handeln verbundene anwaltliche Tätigkeit vorzunehmen, und dem (jetzt in § 43 a aufgenommenen) Gebot, keine widerstreitenden Interessen zu vertreten, enthielt die **Rechtsanwaltsordnung von 1878**[1] in § 31 Nr. 3 nur einen einzigen Fall der jetzt in § 45 geregelten Vertretungsverbote, indem dort dem Rechtsanwalt eine Berufstätigkeit untersagt wurde, „wenn er sie in einer streitigen Angelegenheit gewähren soll, an deren Entscheidung er als Richter teilgenommen hat". Damit waren die Tätigkeitsverbote abschließend aufgezählt mit der Folge, daß alle älteren partikularrechtlichen Bestimmungen über weitergehende Vertretungsverbote (z. B. wegen naher Verwandtschaft mit dem Gegner) nicht mehr galten.[2]

Die **Bundesrechtsanwaltsordnung von 1959**[3] übernahm in sprachlich modernisierter Form die in § 31 RAO enthaltenen Vertretungsverbote und erweiterte sie in zweifacher Hinsicht: der früheren Tätigkeit als **Richter** wurde ein Handeln als **Schiedsrichter, Staatsanwalt** oder als **Angehöriger des öffentlichen Dienstes** gleichgestellt, und eine neue Nr. 4 untersagte dem **Anwaltsnotar**, als Anwalt tätig zu werden, wenn es sich um den Rechtsbestand oder die Auslegung einer von ihm aufgenommenen Urkunde handelte.

Dabei blieb es bis zur **Berufsrechtsnovelle 1994**; sie strich das überflüssige, weil selbstverständliche Verbot der Mandatsübernahme, wenn damit dem Anwalt eine Berufspflichtverletzung angesonnen wird, gab dem Gebot, keine widerstreitenden Interessen zu vertreten, einen dieser anwaltlichen Grundpflicht angemesseneren Platz in § 43 a und dehnte im übrigen die Vertretungsverbote aus mit dem Ziel, präventiv Interessenkollisionen und Gefahren für die anwaltliche Unabhängigkeit zu vermeiden,[4] insbesondere auch mit Rücksicht auf die erweiterten Möglichkeiten des Anwalts, einen Zweitberuf zu ergreifen.[5]

2. Rechtsgut

Die in § 45 statuierten Tätigkeitsverbote sollen die Integrität und die geradlinige Berufsausübung des Anwalts sichern. Darauf gründet sich das Vertrauen der Rechtsuchenden. Diese Bestimmungen dienen somit der Funktionsfähigkeit der Rechtspflege.

II. Verfassungsrechtliche Fragen

Die berufliche Betätigung des Anwalts **außerhalb seines Anwaltsberufs** kann ihn vielfacher Hinsicht in die Gefahr bringen, gegen **Berufspflichten** zu

---

[1] RGBl. 1878, S. 177.
[2] *Friedlaender,* § 31 Rdn. 1.
[3] BGBl. I, S. 565.
[4] BT-Drucks. 12/4993, S. 29 f.; vgl. auch § 43 a Rdn. 108.
[5] Vgl. Rdn. 11 u. 26.

verstoßen, insbesondere gegen die sich aus § 43 a ergebenden Grundpflichten. Die schärfste Maßnahme zur Verhinderung solcher Gefährdungen ist die Versagung der Zulassung als Anwalt bzw. ihr Widerruf bei Ausübung einer Tätigkeit, „die mit dem Beruf des Rechtsanwalts, insbesondere seiner Stellung als unabhängiges Organ der Rechtspflege nicht vereinbar ist oder das Vertrauen in seine Unabhängigkeit gefährden kann", § 7 Nr. 8, § 14 Abs. 2 Nr. 9. Diese **Einschränkung der Berufswahl** ist verfassungsgemäß. Das hat das Bundesverfassungsgericht für die alte Fassung dieser Vorschriften entschieden.[6] Es muß erst recht für die durch die Berufsrechtsnovelle 1994 geänderte neue Fassung gelten, weil die vom Bundesverfassungsgericht für fragwürdig gehaltene Bezugnahme auf das „Ansehen der Rechtsanwaltschaft" entfallen ist.

6 Das Bundesverfassungsgericht hat allerdings in der genannten Entscheidung unter Bezugnahme auf den Verhältnismäßigkeitsgrundsatz die Inkompatibilitätsregelungen einer verfassungskonformen Auslegung unterzogen, die auf eine im Vergleich zur früher eher restriktiven Praxis[7] erheblich **weitergehende Zulassung von Zweitberufen** hinausläuft. Ist das gesetzgeberische Ziel, Integrität und Kompetenz der Anwaltschaft zu sichern, auch mit weniger belastenden Maßnahmen als der Beschränkung der Berufswahl zu erreichen, darf zu diesem Mittel nicht gegriffen werden. Zu den weniger einschneidenden Maßnahmen gehören **Tätigkeitsverbote**, die als **Berufsausübungsregelungen** gem. Art. 12 Abs. 1 S. 2 GG niedrigeren Eingriffsschranken unterliegen. Diese Verbote sind somit die notwendige Folge der erweiterten Zulassung von Zweitberufen.

7 Tätigkeitsbeschränkungen sind als Berufsausübungsregelungen nur insoweit statthaft, als vernünftige Erwägungen des Gemeinwohls sie als zweckmäßig erscheinen lassen; sie dürfen den Adressaten nicht übermäßig und unzumutbar belasten. Reichen die dem Anwalt auferlegten **Berufspflichten** aus, um Integrität und Kompetenz der Anwaltschaft und damit ihre Funktion im System der Rechtspflege zu sichern, sind **Tätigkeitsverbote** verfassungswidrig. Unter diesem Gesichtspunkt sind Bedenken gegen die in den §§ 45 Abs. 1 Nr. 4 und Abs. 2 Nr. 2 enthaltenen Regelungen erhoben worden.[8] Sie könnten sich wegen der stark ausgeweiteten Inkompatibilität zwischen Notariats- und Anwaltstätigkeit[9] auch bei § 45 Abs. 1 Nr. 1 ergeben, sind aber letztlich nicht gerechtfertigt.

8 Die Tätigkeitsverbote sollen in erster Linie **Interessenkollisionen** verhindern. Dieses Ziel ist offensichtlich in § 45 Abs. 1 Nr. 3 und Abs. 2 Nr. 1, da dort ausdrücklich eine Tätigkeit gegen den Träger eines vom Anwalt verwalteten Vermögens genannt ist. Mit dem in § 43 a Abs. 4 geregelten Verbot, widerstreitende Interessen zu vertreten, sind diese Fälle nicht zu erfassen, weil dort vorausgesetzt wird, daß die widerstreitenden Interessen in beiden Fällen als **Anwalt** wahrgenommen sein müssen.[10]

9 In den unter § 45 Abs. 1 Nr. 1 zu subsumierenden Fällen ist dem Anwalt jede Tätigkeit untersagt, weil er in **öffentlicher Funktion** keine einseitigen Interessen wahrnimmt. Dies gilt insbesondere für den **Notar**, der gem. § 14 Abs. 1 S. 2 BNotO nicht Vertreter einer Partei, sondern unparteiischer Betreuer der Beteilig-

---

[6] BVerfGE 87, 287 = NJW 1993, 317.
[7] BGHZ 40, 194 (196) = NJW 1964, 251; 68, 59 = NJW 1977, 807; 71, 138 = NJW 1978, 1587; 72, 282 = NJW 1979, 430; BGH NJW 1987, 3011; 1991, 2086.
[8] *Kleine-Cosack* NJW 1994, 2249 (2252 ff.); zweifelnd auch *Borgmann/Haug*, Kap. I Rdn. 13.
[9] Vgl. Rdn. 17 ff.
[10] Vgl. § 43 a Rdn. 122.

ten ist. Beteiligte sind nicht nur diejenigen, die seine Tätigkeit in Anspruch nehmen, sondern es können bei einer Beurkundung auch noch weitere Personen dazu gehören, die zu dem Geschäft in Beziehung stehen und zu deren Schutz der Notar Amtspflichten zu erfüllen hat.[11] Will er **für** denjenigen, der ihn als Notar in Anspruch genommen hat, später als Anwalt tätig werden, wird er in vielen Fällen gegen die Interessen anderer Beteiligter handeln, deren Berücksichtigung zu seinen Notarspflichten gehört. Diese typische Divergenz zwischen den Notars- und Anwaltspflichten rechtfertigt es, über die unter § 45 Abs. 1 Nr. 2 fallenden Sonderfälle hinaus dem Anwalt generell die Mandatsannahme in Fällen zu untersagen, in denen er in derselben Rechtssache als Notar tätig gewesen ist.

Neben der Verhinderung von Interessenkollisionen bezwecken Tätigkeitsverbote, Situationen zu vermeiden, die den Anwalt mit Zweitberuf in eine im Vergleich zum ausschließlich anwaltlich Tätigen **erhöhte Gefahr** bringen, Berufspflichten zu verletzen, oder ihn der Versuchung aussetzen, sich ihrer Geltung zu entziehen. Der Anwalt darf sich bei außeranwaltlichen Tätigkeiten in einem Zweitberuf Bindungen und Weisungen anderer unterwerfen. Könnte er dieselbe Angelegenheit gleichzeitig auch als Anwalt bearbeiten, wird es ihm schwerlich möglich sein, in dieser Eigenschaft die **Unabhängigkeit** zu wahren und sich Weisungen, auch solchen, die ihm Verstöße gegen Berufspflichten abverlangen, zu widersetzen. Ist er zunächst als Anwalt tätig, dann aber in derselben Angelegenheit in Ausübung eines anderen Berufs, unterliegt er dort nicht mehr den anwaltlichen Berufspflichten. Die anwaltliche **Verschwiegenheitspflicht** bezieht sich nicht auf Wissen, das dem Anwalt nicht in dieser Eigenschaft anvertraut ist, sondern das er bei anderen beruflichen Tätigkeiten erworben hat.[12]

Aus allen diesen Gründen ist es bei Ausübung eines Zweitberufs erforderlich, zumindest aber in hohem Maße zweckmäßig, der erhöhten Gefahr von Berufspflichtsverletzungen und der damit verbundenen Vertrauenseinbuße für die Anwaltschaft dadurch zu begegnen, daß man in diesen Fällen den Anwalt Tätigkeitsverboten unterwirft. Ähnlich wie im Strafrecht bei abstrakten Gefährdungsdelikten hat der Gesetzgeber die Übernahme bestimmter Mandate als **typischerweise gefährlich** eingestuft und daher verboten ohne Rücksicht darauf, ob im Einzelfall eine konkrete Rechtsgütergefährdung eingetreten ist. Da ihm bei der Auswahl der Mittel ein gesetzgeberischer Spielraum zusteht, ist es verfassungsrechtlich nicht zu beanstanden, daß er sich nicht auf die repressiven Eingriffsmöglichkeiten der Berufsaufsicht verläßt, sondern präventiv den Anwalt nicht in eine besondere Gefahrensituation geraten läßt. Die Tätigkeitsverbote sind angesichts des Gewichts des tangierten Gemeinwohlbelangs auch **nicht unverhältnismäßig**, denn sie beschweren den Anwalt ungleich geringer als ein Berufszugangsverbot. Sie sind auch **zumutbar**, da sie angesichts des dem Anwalt verbleibenden weiten Betätigungsspielraums nur einen schmalen Teil seiner Berufsausübung beschränken.

III. Tatbestände der Tätigkeitsverbote

§ 45 gliedert die Tätigkeitsverbote in zwei Gruppen: in Absatz 1 sind die Fälle erfaßt, in denen der Anwalt zunächst außerhalb seines Anwaltsberufs in anderer Funktion tätig gewesen ist, und in Absatz 2 sind die Fälle aufgeführt, in denen der Anwalt zuerst als solcher gehandelt hat und dann in anderer Funktion seine Tätigkeit fortsetzen will.

---
11 *Reithmann* DNotZ 1970, 5.
12 Vgl. § 43 a Rdn. 36.

1. Vertretungsverbote nach außeranwaltlicher Vorbefassung

13 a) § 45 Abs. 1 Nr. 1. § 45 Abs. 1 Nr. 1 knüpft an § 45 Nr. 3 a. F. an, ergänzt diese Bestimmung aber insoweit, als auch eine **Notartätigkeit** der Mandatsübernahme entgegensteht. Mit diesem Vertretungsverbot sollen Interessenkollisionen verhindert werden, die nicht unter § 43 a Abs. 4 fallen, weil dort beide widerstreitende Interessen anwaltlich wahrgenommen sein müssen.[13] Hier geht es dagegen um frühere Tätigkeiten außerhalb des Anwaltsberufs, die zwar nicht einseitig gegen den späteren Mandanten gerichtet waren, aber die Wahrnehmung oder zumindest Berücksichtigung gegensätzlicher Interessen zum Inhalt hatten.

14 aa) Voraussetzung ist, daß die frühere Tätigkeit „**in derselben Rechtssache**" entfaltet worden ist. Da das Vertretungsverbot Interessenkollisionen verhindern soll, ist dieser Begriff ebenso zu bestimmen wie bei § 356 StGB und § 43 a Abs. 4. Entscheidend ist der materiell-rechtliche Inhalt der vertretenen Interessen. Auf die Kommentierung zu § 43 a Abs. 4 kann somit verwiesen werden.[14]

15 bb) Erfaßt wird **jede Tätigkeit,** also keineswegs nur Entscheidungen[15] oder Beurkundungen. Jegliches Handeln, das sich auf denselben Lebenssachverhalt bezieht, schließt eine nachfolgende anwaltliche Tätigkeit aus.

16 cc) Weitreichende Bedeutung gewinnt dieses Vertretungsverbot insbesondere für den **Anwaltsnotar** und den mit einem **Notar** zur gemeinschaftlichen Berufsausübung **verbundenen Anwalt.** Die Beschränkungen des § 45 Abs. 1 Nr. 2 gelten hier nicht. In der Vergangenheit waren schon mehrfach über diesen Tatbestand hinausgehende Tätigkeitshindernisse angenommen worden.[16] Handelt es sich um dieselbe Sache, gilt das Vertretungsverbot also auch dann, wenn ein konkreter Interessenwiderstreit nicht vorhanden ist. Der Notar, der im Auftrage des Gläubigers ein **Schuldanerkenntnis** mit Vollstreckungsunterwerfung entworfen hat, dessen Unterzeichnung dann der Schuldner verweigert, darf anschließend weder den Gläubiger noch den Schuldner als Anwalt vertreten. Nach der Beurkundung eines **Scheidungsfolgenvergleichs** darf der Notar später anwaltlich für keine der Parteien Ansprüche aus der Ehe geltend machen, auch wenn diese nicht Gegenstand des Vergleichs waren. Das durch die Ehe begründete einheitliche Lebensverhältnis ist ein typischer Fall derselben Rechtssache.[17] So ist dem Notar, der einen **Ehevertrag** beurkundet hat, nicht erlaubt, Jahre später als Anwalt im Scheidungsverfahren tätig zu werden, auch wenn es im Scheidungsverfahren auf den Ehevertrag nicht ankommt, ja selbst wenn er später aufgehoben worden ist. Die abstrakte Gefahr, daß im Zuge der notariellen Beurkundung dem Notar von beiden Ehepartnern nähere Umstände der Ehe anvertraut worden sind, läßt sich auch in diesem Fall nicht leugnen. § 45 Abs. 1 Nr. 1 unterscheidet nicht – wie im umgekehrten Fall in § 3 Abs. 1 Nr. 5, Abs. 2 BeurkG – zwischen noch andauernden oder schon beendeten Tätigkeiten. Im Falle der Beurkundung

---

[13] Vgl. Rdn. 8; irrig *Jessnitzer/Blumberg* § 45 Rdn. 2, der nicht zwischen § 43 a Abs. 4 u. § 356 StGB einerseits und § 45 Abs. 1 Nr. 1 andererseits unterscheidet. Zutreffend dagegen *Kleine-Cosack* NJW 1994, 2249 (2252).
[14] § 43 a Rdn. 126 ff.; vgl. auch EGH Koblenz BRAK-Mitt. 1983, 141.
[15] BGHZ 49, 295 = NJW 1968, 840.
[16] OLG Hamm DNotZ 1977, 441; *Isele,* § 45 Anm. VI. C.; *Seybold/Schippel,* § 16 Rdn. 71 ff.; *Arndt,* § 16 Anm. II 6; *Borgmann/Haug,* Kap. II Rdn. 48.
[17] Vgl. § 43 a Rdn. 144 ff.

letztwilliger **Verfügungen** ist der Notar gehindert, später als Anwalt die Interessen einzelner Erben bei der Erbauseinandersetzung zu vertreten oder im Falle der Geltendmachung von Pflichtteils- und Vermächtnisansprüchen Mandate für oder gegen die Erben zu übernehmen. Das gilt auch, wenn der Notar einen **Erbscheinsantrag** beurkundet hat. Das anwaltliche Vertretungsverbot beschränkt sich somit nicht auf die Personen, die unmittelbar an dem Amtsgeschäft des Notars beteiligt waren, sondern bezieht jeden ein, dem gegenüber dem Notar Amtspflichten obliegen.[18] So darf der Notar, der ein **Schenkungsversprechen** beurkundet hat, als Anwalt weder den Schenker noch den Beschenkten in dieser Angelegenheit vertreten. Dies gilt entsprechend im Falle der Beurkundung einer **Bürgschaft**.

Da § 45 Abs. 1 Nr. 1 – im Gegensatz zu Nr. 2 – nicht zwischen den verschiedenen Notarsgeschäften unterscheidet, löst **jede Notartätigkeit** das anwaltliche Vertretungsverbot in derselben Angelegenheit aus. Erfaßt werden neben der Beurkundung die Abnahme von Eiden und eidesstattlichen Versicherungen sowie die Betreuung und Vertretung von Beteiligten gem. § 24 BNotO. Auch **Beglaubigungen** gem. § 40 BeurkG sind Notartätigkeiten im Sinne von § 45 Abs. 1 Nr. 1. Hat der Notar den Text der zu beglaubigenden Erklärung entworfen, obliegt ihm ohnehin dieselbe Prüfungs-, Belehrungs- und Vollzugspflicht wie bei einer Beurkundung.[19] Der Notar, der eine Grundschuldbestellung entworfen und die Unterschrift des Bestellers beglaubigt hat, darf weder diesen noch den Gläubiger in einem späteren Rechtsstreit aus der Grundschuld als Anwalt vertreten. Aber auch wenn der Notar sich auf die bloße Beglaubigung beschränkt hat, spricht nicht nur der Gesetzeswortlaut dafür, auch diese Tätigkeit für ein anwaltliches Vertretungshindernis ausreichen zu lassen. § 3 BeurkG untersagt in Verbindung mit § 16 Abs. 1 BNotO dem Notar auch die bloße Beglaubigung der Unterschrift einer Person, die den Notar in derselben Angelegenheit bevollmächtigt hat. Es ist nichts dafür ersichtlich, daß der Gesetzgeber im umgekehrten Fall großzügiger sein wollte, zumal der Notar auch bei einer bloßen Beglaubigung gem. § 40 Abs. 2 BeurkG vom Inhalt der Urkunde Kenntnis nehmen muß.[20] **Hat der Notar, in welcher Amtstätigkeit auch immer, sich mit einer Rechtssache befaßt, ist sie für ihn als Anwalt tabuisiert.** Das erschwert zweifellos dem Anwaltsnotar die Kombination von Anwalts- und Notarstätigkeit, zumal gem. § 45 Abs. 3 das Vertretungsverbot sich auch auf die zur gemeinschaftlichen Berufsausübung verbundenen Rechtsanwälte erstreckt, ist aber im Interesse der Erhaltung und Sicherung des Vertrauens, dessen die Anwaltschaft im Interesse einer funktionierenden Rechtspflege bedarf, unvermeidlich.

Das Vertretungsverbot des § 45 Abs. 1 Nr. 1 gibt der **Abgrenzung anwaltlicher Berufsausübung von der Amtstätigkeit des Notars** eine erhöhte Bedeutung. Die Betreuung und Vertretung von Mandanten kann der Anwaltsnotar gem. § 24 Abs. 1 BNotO als Notar, aber auch als Anwalt übernehmen. § 24 Abs. 2 BNotO bestimmt, daß im Zweifel derartige Tätigkeiten der anwaltlichen Berufsausübung zuzuordnen sind, es sei denn, sie sollen Amtsgeschäfte des Notars der in den §§ 20–23 BNotO bezeichneten Art vorbereiten oder ausführen. Ob es tatsächlich zum Amtsgeschäft kommt, ist nicht entscheidend.[21] Will der Anwalts-

---

[18] Zu diesem Personenkreis vgl. *Arndt* DNotZ 1961, 466; *Reithmann* DNotZ 1970, 5; *Haug*, Die Amtshaftung des Notars, 1989, Rdn. 13 ff.
[19] *Mecke/Lerch*, § 40 Rdn. 10.
[20] *Seybold/Schippel*, § 16 Rdn. 15.
[21] *Borgmann/Haug*, Kap. II Rdn. 39.

notar sich die spätere Übernahme eines anwaltlichen Mandats vorbehalten, sollte er in geeigneten Fällen, z. B. bei der Anfertigung von nicht beurkundungsbedürftigen Vertragsentwürfen, erkennbar als Anwalt handeln, denn dann ist er von einer späteren Vertretung seines Auftraggebers nicht ausgeschlossen.

19 **b) § 45 Abs. 1 Nr. 2. aa)** § 45 Abs. 1 Nr. 2 greift auf § 45 Nr. 3 a. F. zurück und ergänzt die frühere Regelung um die Vollstreckung aus der Urkunde. Beide Tatbestände – **Rechtsbestand oder Auslegung einer strittigen Urkunde** und **Vollstreckung aus ihr** – erfassen Sachverhalte, in denen der Interessenkonflikt des Anwaltsnotars besonders augenfällig ist. Vertritt er eine Partei, deren Rechte durch die von ihm aufgenommene Urkunde berührt werden, gerät er in die Gefahr, Kenntnisse aus der Notartätigkeit gegen die anderen Beteiligten zu verwenden und damit die aus der Notartätigkeit nachwirkende Pflicht zur Unparteilichkeit und Verschwiegenheit zu verletzen. Sein Einsatz für den Mandanten kann andererseits aber auch durch Rücksicht auf die anderen Beteiligten beeinträchtigt werden. Schließlich bringt die häufig drohende **Regreßgefahr** wegen mangelnder Sorgfalt bei der Beurkundung die Versuchung mit sich, die anwaltliche Tätigkeit mehr an den eigenen als an den Interessen des Klienten auszurichten. Vollstreckt der Anwalt aus einer von ihm als Notar beurkundeten Vollstreckungsunterwerfung im Auftrage des Gläubigers, muß der Schuldner ein solches Vorgehen „seines" Notars als geradezu treuwidrig empfinden. Vertritt er dagegen in der Zwangsvollstreckung den Schuldner, verläßt er zum Nachteil des Gläubigers die Position des unparteiischen Betreuers. Aus diesen Gründen war schon unter der Geltung des § 45 Nr. 3 a. F. vielfach die Auffassung vertreten worden, der Anwaltsnotar müsse in diesen Fällen das Mandat ablehnen.[22]

20 **bb)** § 45 Abs. 1 Nr. 2 ist **lex specialis** gegenüber Nr. 1, dessen Grundtatbestand der gegen die Sondernorm verstoßene Anwalt in fast allen Fällen ebenfalls erfüllt. Entstehen Streitigkeiten unter den Beteiligten einer vom Anwalt in seiner Eigenschaft als Notar aufgenommenen Urkunde, handelt es sich um dieselbe Rechtssache im Sinne des § 45 Abs. 1 Nr. 1. Dies gilt auch für die Vollstreckung aus einer Urkunde. Denkbar ist allenfalls, daß Rechtsbestand oder Auslegung einer Urkunde in einem Rechtsstreit strittig werden können, dessen Parteien nicht zu den Beteiligten des Notarsgeschäfts gehören.

21 **Grenzfälle** des § 45 Abs. 1 Nr. 2 haben an Bedeutung verloren, weil sie durch Nr. 1 aufgefangen werden. Hat der Anwaltsnotar einen Vertrag entworfen, aber nicht beurkundet, soll keine von ihm „aufgenommene" Urkunde vorliegen.[23] „Tätig geworden" i. S. des § 45 Abs. 1 Nr. 1 ist er aber zweifellos. Das gilt auch für den Fall, daß vor dem Notar ein Testament durch Übergabe einer offenen oder geschlossenen Schrift errichtet wird, § 2232 BGB.[24] Auch soweit bislang eine Auslegung bei Schlußfolgerungen aus beurkundeten Tatsachenerklärungen verneint worden ist,[25] greift nunmehr § 45 Abs. 1 Nr. 1 ein.

22 **cc)** Die Tatbestandsmerkmale „**Rechtsbestand und Auslegung**" haben der Rechtsprechung keine Schwierigkeiten bereitet. Um den Rechtsbestand einer Urkunde geht es nicht nur bei einem Streit um formale Beurkundungsmängel,

---

[22] *Seybold/Schippel*, § 16 Rdn. 75; *Arndt*, § 16 Anm. II 6; EGH Celle EGE XII, 131.
[23] OLG Hamm AnwBl. 1977, 22 = DNotZ 1978, 677.
[24] Die Rspr. nimmt bei Übergabe einer offenen Schrift eine vom Notar „aufgenommene" Urkunde an, vergl. OLG Frankfurt NJW 1964, 1033; in der Literatur wird dies bei Übergabe einer geschlossenen Schrift verneint, vergl. *Feuerich/Braun*, § 45 Rdn. 12; *Jessnitzer/Blumberg*, § 45 Rdn. 6.
[25] EGH Celle EGE XII, 124.

sondern auch im Falle materiell-rechtlicher Einwendungen, z. B. einer Anfechtung.[26] Einigkeit besteht auch darüber, daß der Begriff der Auslegung nicht eng aufgefaßt werden darf; er schließt auch rechtliche Schlußfolgerungen aus den in einer Urkunde niedergelegten Vertragsbestimmungen ein.[27]

c) § 45 Abs. 1 Nr. 3. aa) Anwälte, die als **Konkursverwalter, Vergleichsverwalter, Nachlaßverwalter, Testamentsvollstrecker, Betreuer** oder in ähnlicher Funktion tätig waren, dürfen in Angelegenheiten, mit denen sie bereits in dieser Eigenschaft befaßt waren, gegen die Träger den von ihnen verwalteten Vermögens keine Mandate annehmen. Als Ziel dieses in § 43 Abs. 1 Nr. 3 statuierten Vertretungsverbots läßt sich unschwer die Verhinderung von Interessenkollisionen ausmachen. Dies in einer Sondernorm zu regeln, war – wie bei § 43 Abs. 1 Nr. 1 – notwendig, weil § 43 a Abs. 4 nicht eingreift, wenn der Anwalt eine der widerstreitenden Interessen in einer der in § 43 Abs. 1 Nr. 3 genannten Funktionen wahrgenommen hat.[28] In der Gesetzesbegründung wird hervorgehoben, es solle der Eindruck vermieden werden, der Rechtsanwalt könne in der früheren Funktion erworbenes „Insiderwissen" verwerten.

bb) Die Funktionen, in denen der Anwalt zuvor tätig gewesen sein muß, sind nicht abschließend aufgeführt („... oder in ähnlicher Funktion"). Neben den ausdrücklich genannten Funktionen kommen z. B. noch der **Vormund**, der **Pfleger** und der **Sequester** in Betracht. Entscheidend ist in jedem Falle, daß der Anwalt nicht als unabhängiger Sachwalter von Parteiinteressen tätig wird, sondern ein ihm übertragenes **Amt unter gerichtlicher oder behördlicher Kontrolle** wahrnimmt.

cc) Das Vertretungsverbot besteht nur in den „**Angelegenheiten**", mit denen der Anwalt in seiner besonderen Eigenschaft „**befaßt**" gewesen ist. In § 43 Abs. 1 Nr. 1 ist das entsprechende Tatbestandsmerkmal mit „derselben Rechtssache" bezeichnet, in welcher der Anwalt in anderer Funktion „tätig" geworden ist. Dem sprachlichen entspricht kein materiell-rechtlicher Unterschied. Der Begriff „Angelegenheit" findet sich in ähnlichem Zusammenhang in § 3 BeurkG, der Begriff „derselben Rechtssache" in § 356 StGB. In beiden Fällen ist entscheidend eine **zumindest teilweise Identität des Sachverhalts** mit den sich daraus ergebenden **materiellen Rechtsverhältnissen**.[29] Eine inhaltliche Differenz ist nicht zu erkennen.

d) § 45 Abs. 1 Nr. 4. aa) Mit Rücksicht auf die Rechtsprechung des Bundesverfassungsgerichts[30] muß damit gerechnet werden, daß in Zukunft Anwälte vermehrt eine kaufmännische oder sonstige **erwerbwirtschaftliche Tätigkeit** als **Zweitberuf** ausüben. Den von einem solchen Zweitberuf für die Unabhängigkeit des Anwalts ausgehenden Gefährdungen soll das in § 45 Abs. 1 Nr. 4 geregelte Vertretungsverbot beggenen.[31] Es ist während des Gesetzgebungsverfahrens erheblich verändert worden. Im Entwurf war es in § 45 Abs. 1 Nr. 5 sehr weitgefaßt: dem Anwalt sollte die Übernahme eines Mandats immer dann untersagt sein, wenn er mit derselben Angelegenheit als Nichtanwalt bereits „geschäftlich, beruflich oder in sonstiger Weise" befaßt war. Der Rechtsausschuß hat eine bedeutsame Einschränkung vorgenommen, indem er die Auslösung des

---

[26] OLG Frankfurt NJW 1960, 1162 u. 1964, 1033.
[27] BGHSt 22, 157; BGHZ 50, 226 = NJW 1968, 2204.
[28] Vgl. § 43 a Rdn. 122.
[29] Vgl. § 43 a Rdn. 126 ff; *Mecke/Lerch*, § 3 Rdn. 5.
[30] BVerfGE 87, 287 = NJW 1993, 317.
[31] BT-Drucks. 12/4993, S. 30; vgl. Rdn. 6 ff.

Vertretungsverbots an eine **aktuelle**, also noch nicht beendete **berufliche** Vorbefassung knüpfte. Wäre allgemein eine geschäftliche Vorbefassung ausreichend gewesen, hätte jede Tätigkeit von geschäftlichem Charakter, etwa gelegentliche Hilfen im Geschäft der Ehefrau, den Anwalt von einer späteren Mandatierung in derselben Angelegenheit ausgeschlossen. Unter einer „sonstigen" Befassung wären auch eindeutig private Hilfen oder Ratschläge zu subsumieren gewesen. Die von solchen Tätigkeiten ausgehenden Gefährdungen für die Unabhängigkeit des Anwalts wertete der Rechtsausschuß als so gering, daß ein daraus hergeleiteter Tätigkeitsausschluß gegen das Übermaßverbot verstoßen hätte.[32] Ebenso schätzte er die Situation nach Beendigung der beruflichen Befassung ein.[33]

27 **bb)** Die Vorbefassung muß **beruflicher** Art gewesen sein. Unter Beruf ist jede auf Dauer berechnete und nicht nur vorübergehende, der Schaffung und Erhaltung einer Lebensgrundlage dienende Betätigung zu verstehen.[34] Auf die Art der Betätigung kommt es ebensowenig an wie darauf, ob sie selbständig oder unselbständig ausgeübt wird. Ihre tatsächliche Dauer ist nicht entscheidend; es reicht aus, wenn sie auf Dauer angelegt und in dieser Absicht ausgeübt wird.[35] Sie braucht, insbesondere im Zweitberuf, nicht als alleinige Lebensgrundlage zu dienen, muß aber ihrer Art nach dazu geeignet sein.[36]

28 Damit scheiden alle **privaten** oder nur **gelegentlich** ausgeübten Tätigkeiten aus. Gegen Entgelt übernommene **Vermögens- und Hausverwaltungen** gehören grundsätzlich nicht zur anwaltlichen Berufstätigkeit.[37] Zum Zweitberuf werden sie, wenn sie nicht nur gelegentlich oder vorübergehend, sondern auf Dauer in einem nicht völlig unbeträchtlichen Umfang übernommen werden. Der Anwalt, der einige von ihm selbst oder seiner Ehefrau erworbene Eigentumswohnungen vermietet, betreibt damit noch nicht berufsmäßig eine Immobilienverwaltung. Im Zweitberuf ist dagegen der angestellte **Geschäftsführer** eines Vereins tätig, ebenso der **Geschäftsführer** einer GmbH oder das **Vorstandsmitglied** einer AG.

29 **Ehrenamtlich**, wenn auch mit erheblichem Zeitaufwand und gegen eine Aufwandsentschädigung ausgeübte Funktionen in Vereinen sind **kein Beruf**. Der Vorsitzende eines Haus- und Grundbesitzervereins ist somit nicht gehindert, Vereinsmitglieder anwaltlich in Angelegenheiten zu vertreten, mit denen er schon in seiner Vorstandsfunktion befaßt war. Die Wahrnehmung **politischer Mandate** ist kein Beruf, auch wenn die Mandatsinhaber sog. „Berufspolitiker" sind und die Diäten den gesamten Lebensunterhalt sicherstellen sollen. Deshalb kann auch ein politisches Mandat ungeachtet des damit verbundenen Zeitaufwands nicht zur Versagung der Anwaltszulassung führen.[38]

30 **cc)** § 45 Abs. 1 Nr. 4 unterscheidet nicht zwischen der **Wahrnehmung fremder** und **eigener Rechte.** Der Anwalt darf sich also bei beruflicher Vorbefassung auch nicht **selbst vertreten.** Ist er z. B. zweitberuflich als Architekt oder Vermögensverwalter tätig, darf er sein Honorar nicht in seiner Eigenschaft als Anwalt geltend machen. Dem scheint zu widersprechen, daß der Anwalt sich grundsätzlich

---

[32] BT-Drucks. 12/7656, S. 49.
[33] *Kleine-Cosack* NJW 1994, 2449 (2252 f.), gehen diese Einschränkungen nicht weit genug. Bedenken äußern auch *Borgmann/Haug,* Kap. III Rdn. 51.
[34] BVerfGE 7, 377 (397) = NJW 1958, 1035; E 54, 301 (313) = NJW 1981, 33.
[35] *Maunz/Dürig,* Art. 12 Rdn. 20.
[36] *Maunz/Dürig,* Art. 12 Rdn. 21.
[37] BGHZ 46, 268 (271).
[38] BGHZ 72, 70 = NJW 1978, 2098.

selbst vertreten darf, mag er auch gut beraten sein, seine Interessen von einem Kollegen wahrnehmen zu lassen. Abgesehen von der Geltendmachung eigener anwaltlicher Honoraransprüche kommt eine Selbstvertretung aber nur selten vor. Im Falle eines Zweitberufs kann sich aber je nach seiner Art und Ausübung häufiger die Notwendigkeit ergeben, eigene Rechte geltend zu machen oder Ansprüche anderer abzuwehren. Damit erhöht sich auch für den Anwalt die Gefahr, im Zweitberuf wurzelne **Eigeninteressen** unter Vernachlässigung anwaltlicher Berufspflichten in den Vordergrund zu stellen. Dies hat den Gesetzgeber veranlaßt, im Interesse einer klaren Trennung beider Berufssphären auch die eigene Sache des Anwalts in das Vertretungsverbot einzubeziehen, wenn sie aus dem **Zweitberuf** resultiert.

dd) Der Begriff „**derselben Angelegenheit**" ist ebenso zu verstehen wie in § 45 Abs. 1 Nr. 1.[39]

ee) Das Tätigkeitsverbot entfällt, wenn die zweitberufliche Vorbefassung **beendet** ist. Nach der Gesetzesbegründung soll mit dieser Regelung dem Anwalt, der als Mitarbeiter in einem Unternehmen ausgeschieden ist, ermöglicht werden, die zuvor in abhängiger Stellung bearbeiteten Fälle anwaltlich weiterzuführen.[40] Diese Begründung darf nicht zu der Annahme verleiten, auch der **Syndikusanwalt** dürfe nach Beendigung seines Dienstverhältnisses die bisher bearbeiteten Fälle als Anwalt fortführen, denn § 46 Abs. 2 Nr. 1 enthält keine solche zeitliche Beschränkung.[41] Das Vertretungsverbot ist also nur dann zeitlich limitiert, wenn die frühere zweitberufliche Tätigkeit **nicht rechtsbesorgender Art** war.

Der Gesetzeswortlaut schließt nicht aus, daß das Tätigkeitsverbot auch dann entfällt, wenn der Anwalt zwar noch weiterhin einen Zweitberuf ausübt, aber nicht mehr „in derselben Angelegenheit" zweitberuflich mit der Sache befaßt ist.[42] In der Praxis wird aber ein solcher Fall nur selten vorkommen. Klagt ein Hausverwalter in seiner Eigenschaft als Anwalt rückständigen Mietzins ein, ist die Sache für ihn als Hausverwalter keineswegs beendet, denn er muß eingehende Gelder verbuchen und als Verwalter über kostenträchtige Vollstreckungsmaßnahmen entscheiden. Bei der Wahrnehmung eigener Rechte ist eine Beendigung ohnehin ausgeschlossen, denn wenn der Rechtsinhaber auch den Briefkopf wechselt und als Anwalt auftritt, bleibt er dennoch sein eigener Mandant und als solcher weiter mit der Sache befaßt.

Das Entfallen des Tätigkeitsverbots hat bei Beendigung der zweitberuflichen Befassung die bedenkliche Folge, daß der Anwalt auch gegen den früheren Dienstherrn oder Auftraggeber ein Mandat in derselben Angelegenheit annehmen darf;[43] das Verbot, widerstreitende Interessen zu vertreten, greift hier nicht ein.[44] Allerdings wird der Anwalt in solchen Fällen vertragliche Treuepflichten verletzen und sich der Gefahr von Schadensersatzansprüchen aussetzen.

Da der **Syndikusanwalt** einen Doppelberuf ausübt,[45] überschneiden sich § 45 Abs. 1 Nr. 4 und Abs. 2 Nr. 2 mit § 46 Abs. 2 Nr. 1 und 2.[46] Die letztgenannten

---

[39] Vgl. Rdn. 14 und § 43 a Rdn. 126 ff.
[40] BT-Drucks. 12/7656, S. 49.
[41] Zu den gegen diese Differenzierung bestehenden Bedenken § 46 Rdn. 34; vgl. auch Rdn. 35.
[42] So wohl auch *Kleine-Cosack* NJW 1994, 2249 (2253).
[43] *Borgmann/Haug*, Kap. III Rdn. 51.
[44] Vgl. § 43 a Rdn. 120, 124.
[45] So die Rspr. BGHZ 33, 276 = NJW 1961, 219; vgl. auch BT-Drucks. 12/7656, S. 49; kritisch *Kleine-Cosack*, § 7 Rdn. 56.
[46] *Borgmann/Haug*, Kap. III Rdn. 51.

Regelungen, die im Zuge des Gesetzgebungsverfahrens von § 45 nach § 46 transferiert worden sind,[47] sind **leges speciales**, die den in § 45 Abs. 1 Nr. 4 und Abs. 2 Nr. 3 enthaltenen Grundregeln vorgehen. Daß das für den Syndikusanwalt geltende Vertretungsverbot im Gegensatz zu § 45 Abs. 1 Nr. 4 zeitlich nicht beschränkt ist, kann nur aus der Art der Vorbefassung erklärt werden; würde das Vertretungsverbot mit der Beendigung der für den Dienstherrn entfalteten rechtsbesorgenden Tätigkeit entfallen, könnte der Syndikusanwalt jederzeit die Bearbeitung eines Falles im Rahmen seines Dienstvertrages aufgeben (ohne daß dies kontrolliert werden könnte) und sie als Anwalt fortsetzen. Dies sah der Gesetzgeber wegen der darin liegenden Mißbrauchsmöglichkeiten offenbar als gefährlicher an als eine anwaltliche Tätigkeit nach Beendigung einer außerrechtlichen Vorbefassung.

2. Tätigkeitsverbote nach anwaltlicher Vorbefassung

36 **a) Gesetzgebungskompetenz.** Die beiden in § 45 Abs. 2 geregelten Tätigkeitsverbote haben gemeinsam, daß sie nicht die anwaltliche Berufsausübung beschränken, sondern sich auf im Zweitberuf ausgeübte **außeranwaltliche Tätigkeiten** beziehen. Die Gesetzgebungsbefugnis des Bundes für eine solche Regelung folgt im Wege der Annexkompetenz aus Art. 74 Nr. 1 GG.[48] Übernimmt der Anwalt Tätigkeiten, die mit dem Beruf des Rechtsanwalts unvereinbar sind, kann ihm gem. § 14 Abs. 2 Nr. 9 die Zulassung entzogen werden. Dann muß der Gesetzgeber auch ermächtigt sein, eine den Anwalt weniger belastende Regelung zu treffen, nämlich das zweitberufliche Handeln des Anwalts bestimmten Tätigkeitsbeschränkungen zu unterwerfen. Diese Beschränkungen dienen ausschließlich der Sicherung der Funktion der Anwaltschaft im System der Rechtspflege.[49] Die anwaltliche Verschwiegenheitspflicht zeigt im übrigen, daß die Ausstrahlung anwaltlicher Berufspflichten in berufsfremde Lebensbereiche des Anwalts dem anwaltlichen Berufsrecht nicht fremd ist.

37 **b) § 45 Abs. 2 Nr. 1.** Diese Regelung ist das Pendant im entgegengesetzten Sinne zu § 45 Abs. 1 Nr. 3. Verhindert werden sollen hier wie dort **Interessenkollisionen**, die nicht unter § 43 a Abs. 4 fallen.[50] Die betroffenen Amtsfunktionen sind die gleichen wie in § 45 Abs. 1 Nr. 3. In der Praxis wird es wohl nur selten zu anwaltsgerichtlichen Maßnahmen wegen eines Verstoßes gegen dieses Vertretungsverbot kommen, weil die für die Übertragung der Amtsfunktionen zuständigen Gerichte einem Anwalt, auf den die Voraussetzungen des § 45 Abs. 2 Nr. 1 zutreffen, nicht mit den genannten Aufgaben betrauen werden, falls ihnen die Vorbefassung bekannt ist. Sie wird den Gerichten meist nicht verborgen bleiben. Soll z. B. ein Anwalt, der gegen eine bestimmte Person vorgegangen ist, später zu deren Betreuer ernannt werden, wird der Betreute in der Regel die früher gegen ihn entfaltete Tätigkeit des Betreuers dem Gericht offenlegen mit der Folge, daß die Ernennung zum Betreuer unterbleibt oder er gem. § 1908 b BGB aus seinem Amt entlassen wird, denn das Gericht muß das berufsrechtliche

---

[47] BT-Drucks. 12/7656, S. 9 f., 49.
[48] Allgemein zur Gesetzgebungskompetenz kraft Sachzusammenhangs oder als Annex *Maunz/Dürig*, Art. 30 Rdn. 25.
[49] Dies verkennt *Kleine-Cosack* NJW 1994, 2249 (2253), wenn er eine Parallele zu den kommmunalen Vertretungsverboten zieht, die nicht die Funktionsfähigkeit der Anwaltschaft schützen sollen.
[50] Vgl. Rdn. 24 u. § 43 a Rdn. 122.

§ 45 Versagen der Berufstätigkeit 38–40 § 45

Tätigkeitsverbot beachten.[51] Die gerichtliche Aufsicht, der die Amtsträger unterliegen, wird also in den meisten Fällen einen Verstoß gegen dieses Vertretungsverbot von vornherein unterbinden.

c) § 45 Abs. 2 Nr. 2. Hier wird das Tätigkeitsverbot des § 45 Abs. 1 Nr. 4 in umgekehrter Reihenfolge widerholt: wer mit einer Angelegenheit als Anwalt befaßt war, darf sie nicht parallel zur Anwaltstätigkeit oder auch nach deren Ende in einem **Zweitberuf** (außerhalb einer Tätigkeit i. S. des § 59 a Abs. 1 S. 1) **weiterbearbeiten**. Dabei ist gleichgültig, ob die spätere zweitberufliche Tätigkeit sich gegen den Mandanten richtet oder in seinem Interesse liegt. Im ersten Fall geht es um die vorbeugende Verhinderung von Interessenkollisionen, im zweiten Fall soll der Anwalt nicht der Versuchung ausgesetzt sein, die Interessenwahrnehmung außerhalb berufsrechtlicher Pflichten gleichsam mit anderen Mitteln fortzusetzen und dabei Kenntnisse, die er in seiner privilegierten Stellung als Anwalt, z. B. einer Akteneinsicht gem. § 147 StPO verdankt, im Zweitberuf nutzbringend zu verwerten. Deshalb verbot sich auch eine zeitliche Limitierung des Tätigkeitsverbots, wie sie in Art. 45 Abs. 1 Nr. 4 2. Halbsatz enthalten ist. Die außeranwaltliche Tätigkeit muß **berufsmäßig** erfolgen. In der Praxis wird das in § 45 Abs. 2 Nr. 2 geregelte Tätigkeitsverbot wohl nur dann aktuell werden, wenn ein praktizierender Anwalt in die Dienste eines Unternehmens tritt und dort die zuvor als Anwalt vertretenen Fälle als Angestellter weiter bearbeiten will. Tut er das als Syndicusanwalt, geht § 46 Abs. 2 Nr. 2 als lex specialis vor. 38

3. Gemeinschaftliche Berufsausübung

Gemäß § 45 Abs. 3 gelten die Tätigkeitsverbote auch für die mit dem Anwalt in Sozietät oder in sonstiger Weise zur gemeinschaftlichen Berufsausübung verbundenen oder verbunden gewesene Anwälte. Neben der Gesellschaft bürgerlichen Rechts sind **alle Formen gemeinschaftlicher Berufsausübung einbezogen,** also die Partnerschaften, die GmbH, die Europäischen Wirtschaftliche Interessenvereinigung (EWIV), die freie oder in abhängiger Stellung erbrachte Mitarbeit, auch die Bürogemeinschaft, soweit sie über die bloße gemeinschaftliche Nutzung sachlicher Arbeitsmittel hinausgeht.[52] Ob sog. Kooperationen dazu gehören,[53] bestimmt sich nach dem Grad ihrer organisatorischen Zusammenarbeit. Maßgebendes Kriterium muß die **Gewährleistung der anwaltlichen Verschwiegenheitspflicht** sein; wer im Rahmen der gemeinschaftlichen Berufsausübung Zugang zu den Akten und der auf andere Weise gespeicherten Daten und Informationen aller Mandanten hat, ist den Tätigkeitsverboten des § 45 Abs. 1 und 2 unterworfen. 39

Alle von § 45 Abs. 3 erfaßten beruflichen Zusammenschlüsse kommen somit nicht umhin, nicht nur ein **Gegnerregister,** sondern auch ein Verzeichnis über die in § 45 Abs. 1 Nr. 1–4 genannten Tätigkeiten zu führen.[54] Das gilt auch für überregionale Sozietäten.[55] Insbesondere kommen Anwälte, die ihre Kanzlei gemeinsam mit Anwaltsnotaren führen, nicht umhin, ein Verzeichnis der an No- 40

---

[51] Auch unabhängig von § 45 Abs. 2 Nr. 2 spielen Interessenkollisionen bei der Auswahl des Betreuers eine wichtige Rolle, *Palandt/Diederichsen,* § 1897, Rdn. 8.
[52] BT-Drucks. 12/4993, S. 30.
[53] Ablehnend *Kleine-Cosack,* § 45 Rdn. 38.
[54] *Borgmann/Haug,* Kap. II Rdn. 51.
[55] BGH NJW 1993, 196 (198).

§ 46   Dritter Teil. Rechte und Pflichten des Rechtsanwalts

tarsgeschäften Beteiligten aufzustellen und auf dem laufenden zu halten.[56] Dort und überhaupt in größeren Einheiten wird ein EDV-Einsatz unverzichtbar sein.

41   Es ist nicht zu verkennen, daß die Beachtung der in § 45 statuierten Tätigkeitsverbote um so schwieriger wird, je größer die organisatorischen Einheiten anwaltlicher Zusammenarbeit sind. Daraus könnten sich Bedenken hinsichtlich der **Verhältnismäßigkeit** dieses Eingriffs in die Berufsausübungsfreiheit ergeben.[57] Das gilt insbesondere für die zeitlich nicht begrenzte Erstreckung auf ausgeschiedene Sozien, Partner und Mitarbeiter.[58] Dem ist aber entgegenzuhalten, daß größere organisatorische Einheiten nicht zu einer Vernachlässigung elementarer Berufspflichten führen dürfen. Der Aufwand, den z. B. überörtliche Sozietäten führen müssen, um Verstöße gegen § 45 zu vermeiden, ist die Kehrseite der Vorteile, die mit zweitberuflichen Tätigkeiten und Großsozietäten verbunden sind. Ob es möglich ist, für ausgeschiedene Mitarbeiter zu einer Begrenzung der Anwendung des § 45 Abs. 3 zu kommen, die sowohl mit der ratio legis vereinbar als auch praktikabel ist, bedarf weiterer Untersuchungen, auch in rechtstatsächlicher Hinsicht.

IV. Folgen eines Verstoßes

42   Nimmt der Anwalt entgegen § 45 ein Mandat an, **ist der Anwaltsvertrag nichtig**.[59] Der Mandant ist in solchen Fällen durch Schadensersatzansprüche aus culpa in contra = hendo und aus § 309 in Verbindung mit § 307 BGB geschützt.

43   Wegen des Abstraktionsprinzips bleiben aber in solchen Fällen die Prozeßvollmacht und die auf ihrer Grundlage vorgenommenen **Rechtshandlungen wirksam** (§ 114 a Abs. 2, § 155 Abs. 5).[60] Gerichte, Behörden und sonstige Dritte sind nicht berechtigt, den gegen § 45 verstoßenden Anwalt zurückzuweisen. § 156 Abs. 2 ist auf Fälle beschränkt, in denen ein berufsgerichtliches Vertretungsverbot oder ein vorläufiges Berufs- oder Vertretungsverbot verhängt worden ist. Eine analoge Anwendung scheidet aus, weil die Überwachung der Einhaltung anwaltlicher Berufspflichten ausschließlich der Berufsaufsicht der Rechtsanwaltskammern und der Anwaltsgerichtsbarkeit obliegt.[61]

§ 46 Rechtsanwälte in ständigen Dienstverhältnissen

(1) **Der Rechtsanwalt darf für einen Auftraggeber, dem er auf Grund eines ständigen Dienst- oder ähnlichen Beschäftigungsverhältnisses seine Arbeitszeit und -kraft zur Verfügung stellen muß, vor Gerichten oder Schiedsgerichten nicht in seiner Eigenschaft als Rechtsanwalt tätig werden.**

---

[56] BGH DNotZ 1992, 455.
[57] *Kleine-Cosack,* § 45 Rdn. 39 ff.
[58] Vgl. dazu auch die Überlegungen des DAV-Berufsrechtsausschusses, AnwBl. 1995 Beilage zu Heft 4 S. 11 f. zur Regelung des Verbots, widerstreitende Interessen zu vertreten, in der Berufsordnung.
[59] OLG Köln AnwBl. 1980, 70; OLG Hamm NJW-RR 1989, 442; vgl. auch Vorb. § 43 Rdn. 11.
[60] BGH NJW 1993, 1926; OLG Hamm NJW-RR 1989, 442; *Feuerich* DNotZ 1989, 596.
[61] KG NJW-RR 1995, 762; *Kleine-Cosack,* § 45 rdn. 45 a. A. OLG Hamm NJW-RR 1989, 442; *Feuerich/Braun,* § 45 Rdn. 37.

(2) **Der Rechtsanwalt darf nicht tätig werden:**
1. wenn er in derselben Angelegenheit als sonstiger Berater, der in einem ständigen Dienst- oder ähnlichen Beschäftigungsverhältnis Rechtsrat erteilt, bereits rechtsbesorgend tätig geworden ist;
2. als sonstiger Berater, der in einem ständigen Dienst- oder ähnlichen Beschäftigungsverhältnis Rechtsrat erteilt, wenn er mit derselben Angelegenheit bereits als Rechtsanwalt befaßt war.

(3) **Die Verbote des Absatzes 2 gelten auch für die mit dem Rechtsanwalt in Sozietät oder in sonstiger Weise zur gemeinschaftlichen Berufsausübung verbundenen oder verbunden gewesenen Rechtsanwälte und Angehörigen anderer Berufe und auch insoweit einer von diesen im Sinne des Absatzes 2 befaßt war.**

Schrifttum: *Beusch/Decker,* Der Syndikusanwalt – diesseits und jenseits des Atlantiks, Festschr. für Ernst C. Stiefel, 1987; *Biermann,* Der Syndikusanwalt im neuen Berufsrecht, AnwBl. 1990, 420; *Bissel,* Die Rechtsstellung des Syndikusanwalts und die anwaltliche Unabhängigkeit, 1996; *Börtzler,* Der Syndikusanwalt, Ehrengabe für Bruno Heusinger, 1968; *Brandi,* Von der Freiheit der Advokatur in: Anwälte zur Reform des Strafrechts und des Standesrechts, Eine Gedenkschrift für Josef Cüppers, 1955, S. 13; *ders.;* Der Syndikusanwalt, NJW 1961, 390; *Fischer,* Berufsfreiheit bei der Zulassung des Rechtsanwalts mit Zweitberuf, AnwBl. 1994, 201; *Fuchs,* Der Syndikusanwalt im Arbeitsgerichtsprozeß, 1969; *ders.,* Der Syndikusanwalt in der Bank, Berliner AnwBl. 1995, 24; *Fuhrmann,* Die Rechtsstellung des angestellten Rechtsanwalts, 1989; *Gellner,* Der Syndikusanwalt, DAV-Ratgeber 1989, S. 94; *ders.,* Rechtsbeistand 1980, 137; *Grüninger,* Die deutsche Rechtsanwaltssozietät als Mitglied einer EWIV, AnwBl. 1990.228; *Hamacher,* Der Syndikusanwalt, DAV-Ratgeber 1995, S. 209; *Hassemer,* Das Zeugnisverweigerungsrecht des Syndikusanwalts, wistra 1986, 1; *Heimerich,* Die neue Bundesrechtsanwaltsordnung und die soziale Stellung der Rechtsanwälte, BB 1959, 785; *Hein,* Die Rechtsstellung des Syndikusanwalts im Strafverfahren, Dissertation Gießen 1987; *Henssler,* Die Rechtsanwalts-GmbH, JZ 1992, 697; *Kleine-Cosack,* Freiheit zum Zweitberuf: Grundsatzentscheidung des BVerfG zur Anwaltszulassung, NJW 1993, 1289; *ders.,* Neuordnung des anwaltlichen Berufsrechts, NJW 1994, 2250; *ders.,* Rechtsanwalt, Syndikusanwalt und Zweitberuf, ZIP 1991, 1337; *Kohlmann,* Zur Rolle des Syndikus-Anwalts im Strafverfahren, 1992; *Kolvenbach,* Die Rechtsstellung der Syndikusanwälte in der Europäischen Gemeinschaft, AnwBl. 1987, 211, 212; *ders.,* Der Syndikusanwalt und das Anwaltsrecht, FS Quack, 1991, S. 715; *ders.,* Die Tätigkeit der Syndikusanwälte im Unternehmen und ihre Zusammenarbeit mit frei praktizierenden Anwälten, JZ 1979, 458; *Michalski,* Die freiberufliche Zusammenarbeit im Spannungsfeld von Gesellschafts- und Berufsrecht, AnwBl. 1989, 65; *Morlock,* Couleurzwang für Rechtsanwälte? – Zum Recht der politischen Parteien auf tendenzreine Willensbildung, NJW 1991, 1162; *Neumann,* Hausanwalt oder Rechtsabteilung, AnwBl. 1987, 404; *Pfeiffer,* Der Syndikusanwalt in der Rechtsprechung der Ehrengerichtshöfe und des Senats für Anwaltssachen bei dem Bundesgerichtshof, FS Oppenhoff, 1985; *Prütting,* Ethos anwaltlicher Berufsausübung, AnwBl. 1994, 315; *Roxin,* Das Beschlagnahmeprivileg des Syndikusanwalts im Lichte der neuesten Rechtsentwicklung, NJW 1995, 17; *ders.,* Das Zeugnisverweigerungsrecht des Syndikusanwalts, NJW 1992, 1129; *Skouris,* Die Diskriminierung des Syndikusanwalts (§ 46 BRAO) aus verfassungsrechtlicher Sicht, BB 1975, 1230; Stellungnahmen der Sachverständigen: Biermann, DAV, Deutscher Verband der Patentingenieure und Patentassessoren e. V., Henssler, Nedden, Kleine-Cosack zum Fragenkatalog für die Sachverständigenanhörung des Rechtsausschusses des Deutschen Bundestages zur Neuordnung des Berufsrechts der Rechtsanwälte und Patentanwälte am 1. 12. 1993 (zitiert: Stellungnahme); *Toepke,* Die Stellung des Syndikusanwalts im Hinblick auf den Schutz des Anwaltsgeheimnisses in der EG und den USA, AnwBl. 1980, 315; *Wecks,* Der Syndikusanwalt, BB 1955, 424.

§ 46 1   Dritter Teil. Rechte und Pflichten des Rechtsanwalts

Übersicht

	Rdn.
A. Begriff und Bedeutung des Syndikusanwaltes	1
B. Entstehungsgeschichte und Reform	2–4
I. Rechtslage vor 1945	2
II. Nach 1945	3
III. Novelle 1994	4
C. Verfassungsrechtliche Gesichtspunkte	5–10
I. § 46 als Regelung der Berufausübung	5–7
1. Grundlagen	5
2. Zweitberufsentscheidung des BVerfG	6
3. BRAO-Novelle	7
II. Verhältnismäßigkeit des Eingriffs in die Berufausübung	8
III. Verfassungskonforme Auslegung des § 46 Abs. 2	9
IV. § 46 Abs. 3	10
D. Der Typus des Syndikusanwalts im Sinne von § 46	11–16
I. Der „Syndikusanwalt" des § 46 a.F.	11–15
1. Die Doppelberufstheorie	11
2. Ausschließliche Tätigkeiten im ständigen Dienstverhältnis	13
II. Die gesetzliche Wertung des § 46	16

	Rdn.
E. Die Tätigkeitsverbote des § 46	17–39
I. Regelungsinhalt	17
II. Das Vertretungsverbot des Absatz 1	18–33
1. Reichweite	18
2. Ständiges Dienst- oder ähnliches Beschäftigungsverhältnis	20
3. Gerichte	21
4. Tätigwerden	22
5. Eigenschaft als Rechtsanwalt	23
6. Tätigkeit für Dritte	27
7. Rechtsfolgen	30
8. Unanwendbarkeit der §§ 48, 49	33
III. Die Tätigkeitsverbote des Absatz 2	34–36
1. Anwendungsbereich	34
2. Erstreckung auf „Scheinsyndici"	35
3. Verbot als freier Rechtsanwalt tätig zu werden	36
IV. Die Erstreckung der Tätigkeitsverbote auf Dritte (Abs. 3)	37–39
1. Gemeinsame Berufsausübung	37
2. Angehörige anderer Berufe	39
F. Rechtspolitische Aspekte	40–42
I. Bedarf in der Wirtschaft	40
II. Stärkung des Ansehens der Anwaltschaft	41
III. Internationale Einflüsse	42
G. Rechtsvergleichende Hinweise	43

A. Begriff und Bedeutung des Syndikusanwaltes

1   § 46 regelt die Rechtsstellung des *Syndikusanwalts*. Der dem Griechischen „syndicos" entlehnte Begriff bedeutet dort soviel wie „gerichtlicher Beistand".[1] In Deutschland[2] wird unter einem Syndikusanwalt ein als Rechtsanwalt zugelassener Volljurist verstanden, der gleichzeitig aufgrund Dienstvertrages gegen feste Vergütung bei einem Unternehmen oder einem Verband als ständiger Rechtsberater tätig ist.[3] Die Vereinigung dieser unterschiedlichen Aufgaben in einer Person kann zu Spannungen führen, denen der Gesetzgeber über die Zulassungs- und Widerrufsvorschriften der § 7 Nr. 8, § 14 Abs. 2 Nr. 9 und die Regelung des § 46 begegnet. Kernfragen des Rechts des Syndikusanwalts sind zum einen die Zulassung des im Unternehmen ständig tätigen Juristen zur Rechtsanwaltschaft, zum anderen der Umfang, in dem der Syndikusanwalt für seinen Arbeitgeber als Rechtsanwalt tätig werden darf.

---

[1] *Brockhaus*, Syndikusanwalt.
[2] Zu den Begrifflichkeiten in anderen Rechtsordnungen vgl. unter G.
[3] *Creifelds*, Syndikusanwalt.

B. Entstehungsgeschichte und Reform

I. Rechtslage vor 1945

Die RAO 1878 als erste reichseinheitliche Regelung des anwaltlichen Berufsrechts erfaßte den Syndikusanwalt nur mittelbar über § 5 Abs. 4 RAO, der die Versagung der Zulassung vorsah, wenn der Antragsteller einer mit dem Beruf oder der Würde des Rechtsanwaltes nicht zu vereinbarenden Beschäftigung nachging. Die Rechtsprechung sah darin keine generelle Absage an den Syndikusanwalt, sondern beschränkte sich auf im Einzelfall zu beachtende Vereinbarkeitsmerkmale.[4] Mit der Expansion der Wirtschaft bei Großunternehmen, Banken und Verbänden nach dem ersten Weltkrieg entstand das Bedürfnis nach spezialisierten Rechtsabteilungen und damit nach einem mit den Gegebenheiten des Betriebes vertrauten Unternehmensjuristen. § 31 Abs. 2 RAO trug dieser Entwicklung Rechnung und erkannte die parallele Ausübung einer abhängigen Berufstätigkeit durch Rechtsanwälte als zulässig an.[5] Der Beruf des Syndikusanwalts war geschaffen. Um den Gefahren für die anwaltliche Unabhängigkeit zu begegnen, verbot § 31 Abs. 2 RAO[6] die gerichtliche Vertretung des Dienstherren durch den Syndikusanwalt. Der Sache nach ging es dem Gesetzgeber zumindest auch um rein wirtschaftliche Erwägungen. Die Präambel der RAO spricht bezeichnenderweise von einem „jedes Bedürfnis übersteigenden Zustrom zur Anwaltschaft" und der Not der Anwaltschaft.

2

II. Nach 1945

Nach 1945 lösten die Länder die Frage der Zulassung von Syndici zur Rechtsanwaltschaft uneinheitlich. Die französische Zone kehrte mit dem Rückgriff auf die Rechtsanwaltsordnung von 1878 zum ursprünglichen Rechtszustand zurück. Die Länder der US-amerikanischen Zone, Bayern, Hessen und Württemberg-Baden hielten „jede Anstellung oder Tätigkeit, welche hauptberuflich ist oder seine Arbeitskraft überwiegend in Anspruch nimmt", mit der Unabhängigkeit der Berufsausübung des Rechtsanwalts für unvereinbar.[7] Nur die Länder der britischen Zone beließen es bei der Anerkennung des Syndikusanwaltes.[8] Rechtseinheit brachte § 46 der BRAO vom 1. 8. 1959,[9] der bis zur Berufsrechtsreform des Jahres 1994 unverändert fortgalt.

3

III. Novelle 1994

Die aktuelle Fassung bringt der Sache nach grundlegende Veränderungen. § 46 Abs. 1 a. F. verlangte für seine Anwendbarkeit, daß der Rechtsanwalt seine

4

---

[4] Ein Überblick über die Rechtsprechung des EGH findet sich bei *Brandi,* in Gedenkschrift für J. Cüppers 1955, S. 13, (48ff).
[5] Durch Art. 1 Nr. 8 des Gesetzes vom 13. 12. 1934 zur Änderung der RAO vom 1. 7. 1878 wurde § 31 Abs. 2 in die RAO eingeführt; RGBl. 1934 I, S. 1258 (verkündet am 20. 12. 1934); durch das Zweite Gesetz zur Änderung der RAO vom 13. 12. 1935, RGBl. 1935 I, S. 1470 wurde er nicht geändert.
[6] § 31 Abs. 2 der RAO v. 13. 12.1943 wurde unverändert in die RRAO vom 21. 2. 1936 als § 32 Abs. 2 RRAO übernommen.
[7] *Börtzler,* Ehrengabe für Bruno Heusinger, S. 122.
[8] § 37 Abs. 2 der Rechtsanwaltsordnung für die Britische Zone vom 10. 3. 1949, VOBl.BZ 1949 S. 80.
[9] BGBl. 1959 I, S. 565.

§ 46 5, 6   Dritter Teil. Rechte und Pflichten des Rechtsanwalts

Arbeitszeit seinem Auftraggeber aufgrund eines Dienst- oder Beschäftigungsverhältnisses „überwiegend" zur Verfügung stelle, ein Kriterium, welches das neue Recht aufgibt. Neu eingefügt wurden die Absätze 2 und 3 der Vorschrift. Im ursprünglichen Gesetzesentwurf der Bundesregierung waren diese Absätze noch in der Berufsausübungsregelung des § 45 als Abs. 1 Nr. 4, Abs. 2 Nr. 2 und Abs. 3 vorgesehen. Auf Anregung des BT-Rechtsausschusses kam es wegen des sachlichen Zusammenhangs zur Verschiebung in § 46.[10] Darüber hinaus aber haben sich durch die Stellungnahmen in den Gesetzgebungsmaterialien die Interpretationsgrundlagen verändert (dazu Rdn. 18 f.).

C. Verfassungsrechtliche Gesichtspunkte

I. § 46 als Regelung der Berufsausübung

1. Grundlagen

5   Das Grundrecht der Berufsfreiheit (Art. 12 GG) gewährleistet das Recht, mehrere Berufe zu wählen und gleichzeitig auszuüben.[11] Der Gesetzgeber kann im Rahmen seiner Kompetenz, bestimmte Berufsbilder zu fixieren, Inkompatibilitäten festlegen, die ein Berufsbild vor der Vermengung mit Merkmalen anderer Berufe schützen.[12] Als Eingriff in die verfassungsrechtlich garantierte Freiheit der Berufs**wahl** können gesetzliche Unvereinbarkeitsregeln, wie sie in §§ 7 und 14 enthalten sind, nur zum Schutz besonders wichtiger Gemeinschaftsgüter erfolgen, und nur, wenn das angestrebte Ziel nicht mit weniger einschneidenden Maßnahmen erreicht werden kann.[13]

2. Zweitberufsentscheidung des BVerfG

6   Als Reaktion auf die Zweitberufsentscheidung des BVerfG[14] hat die Stellung des § 46 eine Aufwertung erfahren. Die dem Syndikusanwalt entgegengebrachten **Zulassungs**bedenken[15] sind mit dieser Entscheidung obsolet geworden. Weder das Argument, der Syndikusanwalt sei in seiner Angestelltentätigkeit weisungsabhängig von einem nicht den anwaltlichen Berufspflichten unterworfenen Arbeitgeber, noch der Vorwurf, er nehme während der Tätigkeit als Angestellter eine gehobene Stellung in dem ihn anstellenden Unternehmen oder Verband ein, können Zulassungsschranken darstellen. Unvereinbarkeit mit der Stellung als unabhängigem Organ der Rechtspflege liegt nur vor, wenn die Ausübung des Rechtsanwaltsberufes faktisch unmöglich ist.[16] Die Unabhängigkeit der rechtsanwaltlichen Tätigkeit kann durch eine entsprechende Erklärung des Arbeitgebers gesichert werden.[17]

---

[10] BT-Drucks.12/7656, S. 49
[11] BVerfGE 21, 173 (179); BVerfG NJW 1993, 317 (318).
[12] *Pfeiffer*, FS Oppenhoff, S. 249 (252).
[13] Wegen der Anforderung an die Bestimmtheit der gesetzlichen Regelung und den Umfang der Verhältnismäßigkeitsprüfung vgl. Kommentierung zu § 7 Rdn. 72 ff. und § 14 Rdn. 27.
[14] BVerfG NJW 1993, 317.
[15] Vgl. BGHZ 33, 266 (268); BGHZ 71, 138 (140 f); zu den einzelnen Zulassungskriterien vor der Zweitberufsentscheidung: *Pfeiffer*, FS Oppenhoff, S. 249 (254 ff) m. w. N..
[16] Dazu vgl. Kommentierung zu § 7 Nr. 8.
[17] *Kleine-Cosack* NJW 1994, 2250.

3. BRAO-Novelle

Die novellierte BRAO verzichtet aus diesem Grunde auf Berufszulassungs- 7
schranken für den Syndikusanwalt und versucht den mit der Doppelstellung
verbundenen Problemen auf der Ebene der **Berufsausübungsregelungen** zu
begegnen. Trotz der einschränkenden Fassung der § 7 Nr. 8 und § 14 Abs. 2
Nr. 9 enthält § 46 weiterhin **keine Berufszulassungsschranken**.
Die Abkehr von den Berufszulassungsregelungen gilt auch für die juristische
Beratung Dritter im Rahmen des Anstellungsverhältnisses.[18] Die Rechtsberatung
des Arbeitgebers ist als dem Aufgabenbereich des Syndikus immanent durch § 6
Abs. 1 Nr. 1 RBerG gedeckt.[19] Etwas anderes gilt nur, wenn das Anstellungsunternehmen selbst verbotene Rechtsberatung betreibt.

II. Verhältnismäßigkeit des Eingriffs in die Berufsausübung

Der mit dem Verbot der forensischen Tätigkeit für den Arbeitgeber verbunde- 8
ne Eingriff in Art. 12 GG ist angesichts der Gefahren für die Eigenverantwortlichkeit des Rechtsanwalts verhältnismäßig.[20] Zwar erhält auch der freie Rechtsanwalt von seinen Mandanten Instruktionen und muß bei Nichtbefolgung den
Entzug des Mandates befürchten.[21] Namentlich solche Anwälte, deren Mandantenstamm sich aus wenigen Großkunden rekrutiert, oder Berufsanfänger mit
einem geringen Mandantenaufkommen stehen oft ebenfalls in einer unerwünschten Abhängigkeit von ihren Mandanten.[22] Die beim Syndikusanwalt typisierten
Gefahren gehen jedoch über diese Einflußnahmen hinaus, so daß der Gesetzgeber
einen Entscheidungsfreiraum hat. Mit der Regelung wird sichergestellt, daß die
Weisungsbefugnis des Arbeitgebers unter keinen Umständen in den gerichtlichen
Bereich hineinwirkt.

III. Verfassungskonforme Auslegung des § 46 Abs. 2

Verfassungsrechtliche Bedenken gegen § 46 Abs. 2 ergeben sich aus einem 9
Vergleich mit der Parallelregelung in § 45 Abs. 1 Nr. 4 S. 1. Die Vorschrift begründet ein Tätigkeitsverbot für Anwälte, die außerhalb ihrer Anwaltstätigkeit
oder einer sonstigen Tätigkeit im Sinne des § 59 a Abs. 1 S. 1 in der gleichen
Sache bereits beruflich tätig waren. § 45 Abs. 1 Nr. 4 S. 2 beschränkt die Geltung
des Tätigkeitsverbots für den Fall der Beendigung der anderweitigen beruflichen
Tätigkeit. Dem Rechtsanwalt, der seine Tätigkeit als Mitarbeiter im Unternehmen beendet hat, soll es ermöglicht werden, die dort zuvor bearbeiteten Fälle
anwaltlich fortzuführen.[23] Eine solche zeitliche Begrenzung des Verbotes fehlt für
den Syndikusanwalt, ohne daß ein sachlicher Grund für die differenzierte Behandlung erkennbar wäre. § 46 Abs. 2 ist verfassungskonform auf echte Interessenkollisionsfälle zu beschränken, in denen eine konkrete Gefahr für die unabhängige Ausübung des Rechtsanwaltsberufs besteht.[24]

---

[18] So auch das BVerfG NJW 1993, 317 (320); anders noch BGHZ 83, 350 = NJW 1982, 1880; BGH MDR 1986, 755.
[19] BGH-BRAK Mitt., 1988, 271; BGHZ 72, 278; *Pfeiffer*, FS Oppenhoff, S. 249 (260); *Gellner*, DAV-Ratgeber 1989, S. 91 (97); *Biermann* AnwBl. 1990, 420; *Skouris* BB 1975, 1230.
[20] *Feuerich/Braun*, § 46 Rdn. 6, 7; a. A. *Skouris* BB 1975, 1230.
[21] *Biermann* AnwBl. 1990, 420 (422).
[22] *Neumann* AnwBl. 1987, 404 (406); *Beusch/Decker*, FS Stiefel, S. 17 (30).
[23] BT-Drucks. 12/7656, S. 49.
[24] Beschlußempfehlung und Bericht des Rechtsausschusses vom 24. 5. 1994 (BT-Drucks. 12/7656, S. 59); *Kleine-Cosack*, Rdn. 19.

IV. § 46 Abs. 3

10 Die Tätigkeitsverbote des § 46 Abs. 2 erfahren durch § 46 Abs. 3 eine zusätzliche Ausweitung. Die Verbote, die sich nach Absatz 2 auf die Person des Syndikusanwalts beschränken, gelten über Absatz 3 für die mit dem Syndikusanwalt zur gemeinschaftlichen Berufsausübung verbundenen oder verbunden gewesenen Rechtsanwälte und Angehörigen anderer Berufe. Die sachliche Berechtigung dieser Erstreckung erscheint zweifelhaft, verfassungsrechtlich aber noch haltbar. Die Tätigkeitsverbote erlangen bei überörtlichen Sozietäten eine enorme Ausstrahlungswirkung. In vergleichbaren Fällen hat der Gesetzgeber mit guten Gründen davon abgesehen, alle Sozii in das Tätigkeitsverbot miteinzubeziehen. So erfassen kommunale Vertretungsverbote nur den einzelnen als Anwalt tätigen Gemeinderat, nicht die anderen Mitglieder seiner Sozietät.[25]

D. Der Typus des Syndikusanwalts im Sinne von § 46

I. Der „Syndikusanwalt" des § 46 a. F.

1. Die Doppelberufstheorie

11 Der Syndikusanwalt wurde unter der Geltung des alten Rechtszustands anhand der Doppelberufstheorie definiert.[26] Er ist hauptberuflich rechtsberatend für einen Auftraggeber in einem ständigen Dienst- oder ähnlichen Beschäftigungsverhältnis tätig und nebenberuflich freiberuflich niedergelassener Rechtsanwalt.[27] Die Doppelberufstheorie fand ihren Niederschlag schon in der Gesetzesbegründung zur BRAO 1959.[28]

12 Die Doppelberufstheorie verdeckt rechtliche Fragen, die für die Syndikusanwälte von ebenso großer Bedeutung sind wie die in den Vordergrund gerückte Zweitberufsproblematik. Vom Begriff des Syndikusanwalts werden in der Praxis sehr **unterschiedliche Berufsausübungsformen** erfaßt.[29] Neben die Angehörigen der Berufsgruppe, die tatsächlich **nur** für den Arbeitgeber und ausschließlich rechtsberatend tätig sind,[30] treten Juristen, die zwar ausschließlich unternehmensintern tätig werden, dort jedoch neben ihren rechtsberatenden Aufgaben auch außerjuristische (Personalführung, Unternehmensleitung) Funktionen erfüllen.[31] Als dritte Berufsgruppe findet sich eine eher kleine Anzahl „janusköpfiger"[32] Juristen, die in einem ständigen Beschäftigungsverhältnis stehen, dort rechtsberatend oder außerjuristisch tätig werden, und zugleich nebenberuflich einer freiberuflichen Anwaltstätigkeit nachgehen. Allein bei der dritten Gruppe der Syndikusanwälte stellt sich das Zweitberufsproblem.[33] Bei den ersten beiden Gruppen stellt sich nicht das Problem der Zulassung trotz Ausübung eines möglicherweise kollidierenden Zweitberufs, sondern die anders gelagerte Kernfrage, ob über-

---

[25] Dazu BVerfGE 61, 68 (72 f).
[26] BGH NJW 1961, 219; *Feuerich/Braun*, § 7 Rdn. 123 ff.
[27] *Pfeiffer*, FS Oppenhoff, S. 249(259 f).
[28] Gesetzesbegründung zur BRAO 1959, BT-Drucks. III./120, S. 77.
[29] *Kleine-Cosack* NJW 1994, 2249 (2254); *Biermann* AnwBl. 1990, 420 (424).
[30] *Kleine-Cosack* NJW 1994, 2249(2254) bezeichnet sie als echte Syndikusananwälte.
[31] Nach *Biermann* AnwBl. 1990, 420 (424) bilden sie das Gros der Syndikusananwälte.
[32] *Kleine-Cosack* ZIP 1991, 1337 (1344).
[33] Nach *Kleine-Cosack* soll die Zulassungsregel des § 7 Nr. 8 nur für sie einschlägig sein ZIP 1991, 1337(1345).

haupt angestellte Juristen ohne freiberufliche Betätigung zur Anwaltschaft zugelassen werden sollen.

2. Ausschließliche Tätigkeiten im ständigen Dienstverhältnis

Die bisherige Einordnung in Schrifttum und Judikatur weist eine Reihe von Widersprüchen auf. Nach der Rechtsprechung[34] darf zur Rechtsanwaltschaft nur zugelassen werden, wer außerhalb seines ständigen Dienstverhältnisses den Anwaltsberuf als freier Anwalt ausübt. Die Literatur[35] lehnt eine **Zulassung zur Anwaltschaft bei fehlender freiberuflicher Tätigkeit** ebenfalls überwiegend ab. Zur Begründung wird auf die Unvereinbarkeit mit dem in den §§ 1 bis 3 BRAO niedergelegten Berufsbild verwiesen.[36]

Gleichwohl wurden dem Syndikusanwalt auch im Prozeß gegen seinen Arbeitgeber bislang die **Anwaltsprivilegien**, wie z. B. das Zeugnisverweigerungsrecht, zuerkannt.[37] Die Gewährung der Privilegien setzt indes voraus, daß auch die abhängige Tätigkeit dem Anwaltsberuf zugerechnet werden kann, ein Schritt, der offen nicht vollzogen wird. Angesichts der Zulassungspraxis inkonsequent ist auch die gleichzeitige Erlaubnis, im Rahmen des Anstellungsverhältnisses als Rechtsanwalt zu zeichnen[38] und die Befugnis des Syndikusanwaltes, außer vor Gerichten und Schiedsgerichten für den ständigen Arbeitgeber sowohl in seiner Eigenschaft als Angestellter als auch in derjenigen als Rechtsanwalt tätig zu werden.[39]

Im Schrifttum wurde in der Zeit vor Verabschiedung der Novelle 1994 vermehrt die **Beschäftigung im Rahmen des Angestelltenverhältnisses** als **anwaltliche Tätigkeit** aufgefaßt.[40] Die Konsequenz, jeden angestellten Juristen zur Anwaltschaft zuzulassen, wurde indes nur vereinzelt gezogen.[41] Verwiesen wird auf die Freiräume gegenüber dem Arbeitgeber, den ein angesteller Jurist mit Anwaltsstatus genieße, sowie die damit gesicherte größere Autonomie.[42] Diskussionswürdig erscheint der Ansatz, sofern die Unabhängigkeit der juristischen Tätigkeit durch eine Erklärung des Arbeitgebers in vollem Umfang gesichert ist

---

[34] BGH NJW 1961, 121.
[35] *Feuerich/Braun*, § 46 Rdn. 3; *Gellner*, DAV-Ratgeber 1989, S. 94.
[36] BRAK Stellungnahme, S. 36; im Ergebnis ebenso die Stellungnahme des Rechtsausschusses BT-Drucks. 12/7656, S. 60; *Pfeiffer*, FS Oppenhoff, S. 249 (254).
[37] Unveröffentlichter Beschluß des AG Aachen vom 3. 11. 1969 (Contergan-Beschluß); LG München, AnwBl. 1982, 197; *Roxin* NJW 1992, 1129 ff.; *ders.* NJW 1995, 17 (21); *Hassemer* wistra 1986, 1 (17); *Kohlmann* S. 35; *Beusch/Decker*, FS Stiefel, S. 17 ff.; *Kolvenbach*, FS Quack, S. 715 ff.; *Hein* S. 113; a. A.: *Henssler* Stellungnahme, S. 18–20; EuGH NJW 1983, 503 zum Beschlagnahmeverbot in einem Kartellrechtsverfahren.
[38] Nachdem § 40 Abs. 2 der Standesrichtlinien obsolet ist, soll der Syndikusanwalt im Rahmen seines Anstellungsverhältnisses als Rechtsanwalt zeichnen dürfen, *Kleine-Cosack* ZIP 1991, 1337 (1347).
[39] *Kleine-Cosack*, § 46 Rdn.5; *Jessnitzer-Blumberg*, § 46 Rdn.1; *Feuerich/Braun*, § 46 Rdn. 21; *Biermann* AnwBl. 1990, 420 (422, 424), hält den Syndikusanwalt, der neben seinem ständigen Beschäftigungsverhänis abends oder an Wochenenden einer Privatmandaten nachgeht, für eine „unehrliche Fiktion".
[40] *Biermann* Stellungnahme, S. 1; *ders.* AnwBl. 1990, 420 (422, 424); *Beusch/Decker*, FS Stiefel, S. 17 (30).
[41] *Beusch/Decker*, FS Stiefel, S. 17 (30) halten es für verfehlt, Syndici nur mit Rücksicht auf ihre anwaltliche Nebentätigkeit zuzulassen. Im Umkehrschluß befürworten sie die Zulassung zur Rechtsanwaltschaft ohne eine nebenberufliche freie Rechtsanwaltstätigkeit; ebenso *Neumann* AnwBl. 1987, 404 (406).
[42] *Beusch/Decker*, FS Stiefel, S. 17 (30).

§ 46 16–18   Dritter Teil. Rechte und Pflichten des Rechtsanwalts

und der Syndikusanwalt auch in seiner abhängigen Stellung uneingeschränkt den anwaltlichen Berufspflichten unterliegt.[43]

II. Die gesetzliche Wertung des § 46

16 Das BVerfG hatte kurz vor Verabschiedung der novellierten BRAO dem Typus des reinen Titularanwalts eine Absage erteilt. Dem Rechtsanwalt müsse eine nennenswerte und nicht nur gelegentliche Beratungs- und Vertretungstätigkeit verbleiben.[44] Das Gericht trennt unter Aufrechterhaltung der Doppelberufstheorie den Bereich der Tätigkeit im Rahmen des Anstellungsverhältnisses von dem Bereich freier anwaltlicher Tätigkeit. Der BRAO 1994 liegt ausweislich der Gesetzgebungsmaterialien diese Auffassung zugrunde.[45] Ungeachtet der z. T. berechtigten rechtspolitischen Bedenken[46] kann danach nur der nebenberuflich noch als freier Rechtsanwalt Tätige zur Anwaltschaft zugelassen werden. Allein er fällt unter den Begriff des Syndikusanwalts im Sinne von § 46. Folgerichtig muß ihm auch in seiner Funktion als Angestellter der Rechtsanwaltsstatus versagt werden. Das Denkmodell eines Rechtsanwaltes, der nur im Rahmen seines Anstellungsverhältnisses einer von Weisungen seines Dienstherrn unabhängigen Rechtsberatungstätigkeit nachgeht, gleichwohl in vollem Umfang den anwaltlichen Pflichten unterworfen ist, aber auch die Rechte dieses Berufsstandes genießt, findet im geltenden Recht keine Stütze.

E. Die Tätigkeitsverbote des § 46

I. Regelungsinhalt

17 § 46 Abs. 1 verbietet dem Syndikusanwalt, für einen Auftraggeber, dem er auf Grund eines ständigen Dienst- oder ähnlichen Beschäftigungsverhältnisses seine Arbeitszeit und -kraft zur Verfügung stellen muß, vor Gerichten oder Schiedsgerichten in seiner Eigenschaft als Rechtsanwalt tätig zu werden. Das Unternehmen muß sich in streitigen Auseinandersetzungen mit einer andern Partei im Anwaltsprozeß von einem externen Anwalt vertreten lassen. Absatz 2 verbietet es (vergleichbar mit § 45 Abs. 1 Nr. 4 und Abs. 2 Nr. 2), in ein und derselben Angelegenheit gleichzeitig als Anwalt und als angestellter Jurist tätig zu werden. Absatz 3 weitet die Berufsausübungsbeschränkungen des Absatz 2 auf Sozietäten und sonstige Berufsausübungsgesellschaften aus.

II. Das Vertretungsverbot des Absatz 1

1. Reichweite

18 Da nur die **forensische** Tätigkeit für den Arbeitgeber verboten ist, läge es nahe, im Umkehrschluß zu folgern, daß der Syndikusanwalt außerhalb der gericht-

---
[43] Dazu unter F.
[44] BVerfG NJW 1993, 317 (319).
[45] Amtl. Begründung BT-Drucks. 12/4993, S. 30 zu § 45 Abs. 1 Nr. 4 des Regierungsentwurfs; ebenso die Beschlußempfehlung des Rechtsausschusses BT-Drucks. 12/7656, S. 49.
[46] *Kleine-Cosack* wirft dem Gesetzgeber vor, in diesem Punkt „bei der über 100 jährigen verlogenen Praxis zu bleiben, daß die meisten Syndikusanwälte die Zulassung erhalten, indem sie wahrheitswidrig behaupten, zweitberuflich als niedergelassener Anwalt tätig zu sein".

lichen Vertretung für seinen ständigen Auftraggeber „als Rechtsanwalt" tätig werden darf. Hätte der Syndikusanwalt generell im Rahmen seines ständigen Beschäftigungsverhältnisses von der Eigenschaft als Rechtsanwalt ausgeschlossen werden sollen, so hätte es nahegelegen, dem Syndikusanwalt **jede** anwaltliche Tätigkeit für seinen Arbeitgeber zu untersagen.[47] Diese von *Kalsbach*[48] und *Isele*[49] schon zur BRAO 1959 entwickelte Auffassung hatte sich im Schrifttum vor der Berufsrechtsnovelle weitgehend durchgesetzt.[50] Sie war damit Grundlage der 1994 novellierten Fassung, zumal eine Verschärfung der Berufsausübungsvoraussetzungen nicht dem Regelungsanliegen des Regierungsentwurfs entsprach. Dieser wollte der während des Entwurfstadiums ergangenen Rechtsprechung des BVerfG[51] Rechnung tragen und unter dem Eindruck der verfassungsrechtlichen Garantie der Berufsfreiheit die Restriktionen für die anwaltliche Berufsausübung zurückstufen.

Bedauerlicherweise führt die Begründung der Beschlußempfehlung des Rechtsausschusses zu § 46 zu Unklarheiten über die Zielsetzung des Novelle. Dort heißt es: „Das in den §§ 1–3 BRAO normierte Berufsbild des Rechtsanwalts, ... (ist) mit der Tätigkeit unvereinbar ..., wenn **der Syndikus im Rahmen seines Dienstverhältnisses als Anwalt** auftritt.".[52] Mit dieser Begründung sollte der Vorschlag des DAV abgelehnt werden, „durch eine Änderung des § 46 BRAO dem Syndikus einzuräumen, daß er auch im Angestelltenverhältnis als Anwalt tätig wird.".[53] Der Rechtsausschuß hat ersichtlich übersehen, daß mit dieser Begründung nicht nur der Regelungsvorschlag des DAV, sondern auch die für die bisherige Rechtslage anerkannte Rechtsauffassung abgelehnt wurde. Da die geschilderte Auffassung im Parlament nicht korrigiert wurde, sondern den Abstimmungen in Bundestag und Bundesrat zugrundelag, kann eine am aktuellen Willen des Gesetzgebers orientierte, überzeugende Norminterpretation künftig jede **Tätigkeit im Rahmen des Angestelltenverhältnisses** nicht mehr als anwaltliche Tätigkeit einstufen. Rechtspolitisch und rechtsvergleichend gesehen überzeugt der Entzug der außerforensischen Betätigungsmöglichkeit nicht.

2. Ständiges Dienst- oder ähnliches Beschäftigungsverhältnis

Es muß sich um ein **privates** Beschäftigungsverhältnis handeln. Die Vereinbarkeit eines öffentlichrechtlichen Beschäftigungsverhältnisses mit der Zulassung als Rechtsanwalt ist in § 47 und den für das öffentliche Amt maßgebenden Vorschriften geregelt. Nicht erfaßt ist das ständige Dienstverhältnis zwischen einem Rechtsanwalt und dem bei ihm angestellten Kollegen.[54] Seit der Novellierung 1994 muß der Syndikusanwalt seine Arbeitskraft dem Auftraggeber nicht mehr „überwiegend" zu Verfügung stellen. Mit der Streichung sollen das Tätigkeitsverbot für den Syndikusanwalt klarer umrissen und Abgrenzungsschwierigkeiten vermieden werden.[55]

---

[47] *Roxin* NJW 1992, 1129 (1130).
[48] *Kalsbach,* § 46 Anm. III e, f.
[49] *Isele,* § 46 Anm. IV. C. 1., 2.
[50] *Roxin* NJW 1992, 1129 (1130); *Biermann* AnwBl. 1990, 420(421) m. w. N. siehe dort Fn. 6; *Jessnitzer/Blumberg,* § 46 Rdn. 1; *Feuerich* (2. Auflage), § 46 Rdn.13; *Pfeiffer,* FS Oppenhoff, S. 272; *Beusch/Decker,* FS Stiefel, S. 17 (29).
[51] BVerfG NJW 1993, 317ff.
[52] BT-Drucks. 12/7656, S. 49.
[53] BT-Drucks. 12/7656, S. 49.
[54] A. A. *Hartstang* II, S. 126.
[55] BT-Drucks. 12/7656, S. 49.

3. Gerichte

21 Gerichte i. S. v. § 46 sind alle staatlichen Gerichte. Erfaßt werden die ordentlichen Gerichte, die Verwaltungs-, die Arbeits-, die Sozial-, die Finanz- und auch die Verfassungsgerichte. Die Schiedsgerichte, vor denen der Syndikusanwalt ebenfalls für seinen Auftraggeber nicht auftreten darf, sind die von §§ 1025 ff. ZPO erfaßten Gerichte. Vor Parteischiedsgerichten[56] und Verbandsschiedsgerichten, die über verbandsinterne Angelegenheiten nach einem satzungsmäßig festgelegten Ordnungsrecht entscheiden, darf der Syndikusanwalt seinen Arbeitgeber als Rechtsanwalt vertreten. Die staatlichen Sanktionen nach §§ 1042 f ZPO greifen hier nicht.[57]

4. Tätigwerden

22 Vor Gericht wird tätig, wer in einer mündlichen Verhandlung persönlich auftritt, aber auch derjenige, der Schriftsätze oder andere Schriftstücke einreicht, um ein gerichtliches Verfahren einzuleiten, zu fördern oder zu beenden.[58] Das Tätigwerden ist weit auszulegen und umfaßt jede Prozeßhandlung. Der Antrag auf Erlaß eines Mahn- oder Vollstreckungsbescheids gehört ebenso dazu wie die Tätigkeit im Vollstreckungsverfahren.

5. Eigenschaft als Rechtsanwalt

23 Verboten ist dem Syndikusanwalt nur das Tätigwerden in seiner Eigenschaft als Rechtsanwalt. Damit ist ihm jede forensische Tätigkeit in Verfahren mit Anwaltszwang verschlossen. In amtsgerichtlichen Zivilprozessen und sonstigen Verfahren ohne Anwaltszwang darf er **als bloßer Bevollmächtigter bzw. Beauftragter** seines Arbeitgebers tätig werden und Gerichtstermine wahrnehmen.[59] Die Rechts- und Pflichtenstellung eines Anwalts steht ihm dann nicht zu. Zulässig ist auch die nichtanwaltliche Vertretung des Dienstherrn gegenüber Behörden, im vorprozessualen Schriftverkehr und gegebenenfalls auch bei der Einleitung eines Mahnverfahrens.[60] Die zum alten Recht herrschende Gegenansicht,[61] die dem Syndikusanwalt zubilligte, im Rahmen seiner Angestelltentätigkeit als Rechtsanwalt tätig zu werden, lehnte den beliebigen Wechsel zwischen Rechtsanwaltsstatus und Angestellteneigenschaft ab. Von vorneherein müsse klargestellt werden, ob der Syndikus als Rechtsanwalt oder als Angestellter agiere.[62] Trete er als Anwalt auf, so müsse er nach der Bundesrechtsanwaltsgebührenordnung liquidieren.[63]

24 In seiner Eigenschaft als Rechtsanwalt darf der Sydikusanwalt seinen Arbeitgeber bzw. bei juristischen Personen deren Organe vor einem **Strafgericht** nicht verteidigen.[64] Wenngleich der Wortlaut des § 46 BRAO ein umfassendes Tätigkeitsverbot postuliert, ist im Rahmen der verfassungsrechtlich gebotenen restriktiven Auslegung der Norm zu fordern, daß die Strafsache in einem sachlichen

---

[56] *Morlok* NJW 1991, 1162 (1163).
[57] *Isele*, § 46 Anm. IV. B. 2.
[58] *Feuerich/Braun*, § 46 Rdn. 16.
[59] EGH München BRAK-Mitt. 1982, 29; *Hartstang*, S. 240.
[60] *Isele*, § 46 Anm. IV. C. 1; *Jessnitzer*, § 46 Rdn. 1; *Gellner*, Rbeistand 1980, 137 (140); a. A. *Feuerich/Braun*, § 46 Rdn. 16.
[61] Dazu Rdn. 13 f.; *Lingenberg/Hummel/Zuck/Eich*, § 40 Rdnr. 29.
[62] *Biermann* AnwBl. 1990, 420 (421); *Isele*, § 46 Anm. A. IV. C. 1.
[63] *Biermann* AnwBl. 1990, 420 (421).
[64] Zu weiteren Einschränkungen Rdn. 29.

Zusammenhang mit der unternehmerischen Tätigkeit des Arbeitgebers steht. In allen anderen Fällen privaten Charakters ist eine Vertretung zulässig.[65] Ist der Syndikusanwalt jedoch Rechtslehrer an einer Hochschule,[66] so kann er unter Berufung auf diese Eigenschaft eine Verteidigung seines Arbeitgebers übernehmen (§ 138 StPO).[67] Denkbar sind dann aber Interessenkollisionen, die seiner Vertretungstätigkeit unter dem Gesichtspunkt des § 43 a Abs. 4 entgegenstehen.

In der höchstrichterlichen Rechtsprechung haben Verstöße gegen § 46 BRAO bisher nur eine geringe Rolle gespielt. Der BGH hat den Fall der Forderungsabtretung einer Gewerkschaft an eines ihrer Vorstandsmitglieder und die anschließende gerichtliche Duchsetzung der Forderung durch ihren Syndikusanwalt als Verletzung des § 46 gewertet.[68] Da der Forderungsbetrag der Gewerkschaft zufließen sollte, der in einem ständigen Dienstverhältnis zur Gewerkschaft stehende Rechtsanwalt damit nur nach außen das Vorstandsmitglied, faktisch aber seinen Arbeitgeber vertrat, lag ein eindeutiger **Umgehungstatbestand** vor. 25

§ 46 untersagt **jede** forensische Tätigkeit als Anwalt für seinen Auftraggeber. Unbeachtlich ist es daher, ob der Arbeitgeber neben dem Arbeitsvertrag einen weiteren Vertrag in der Form eines Geschäftsbesorgungsvertrages mit dem Syndikusanwalt abgeschlossen hat, der dem Vertragsverhältnis zwischen Anwalt und Mandant nachgebildet ist. Auch außerhalb der Tätigkeitsverbote des Absatz 2 und damit außerhalb seiner Aufgaben im Rahmen des ständigen Dienstverhältnisses kann sich der Arbeitgeber nicht die forensischen Dienste seines Syndikusanwalts als Rechtsanwalt sichern. Bei außergerichtlichen Tätigkeiten steht einem zusätzlichen anwaltlichen Mandatsverhältnis dagegen auch nach der novellierten Fassung nichts entgegen. 26

6. Tätigkeit für Dritte

Auftraggeber im Sinne von § 46 ist der Arbeitgeber, zu dem der Syndikusanwalt in ständigem Dienst- bzw. Arbeitsverhältnis steht. Gleichgestellt sind gesetzliche Vertreter des Arbeitgebers, insbesondere Betriebsangehörige, die eine Organstellung im Unternehmen innehaben (GmbH-Geschäftsführer). Bei der Beratung Dritter gilt das Vertretungsverbot nicht. Ist der Syndikusanwalt Angestellter eines großen Dachverbandes, so gelten die Mitglieder nicht als Auftraggeber i. S. v. § 46 Abs. 1.[69] Die Beratung ist derjenigen eines freien Anwalts gegenüber einem Mandanten vergleichbar. Die Tätigkeit kann aber gegen das RBerG verstoßen, sofern der Arbeitgeber keine Erlaubnis zur Rechtsberatung besitzt und der Syndikusanwalt von dem Dritten nicht gesondert mandatiert wurde.[70] 27

Nach § 40 Abs. 2 S. 4 RichtlRA galt als Auftraggeber i. S. v. § 46 Abs. 1 auch ein mit dem Dienstherrn des Syndikusanwalts **„verbundenes Unternehmen"**. 28

---

[65] So auch *Kleine-Cosack*, § 46 Rdn. 7; *Feuerich/Braun*, § 46 Rdn. 18; enger *Dahs*, Rdn. 106 (Einzelfallabwägung); a. A. *Kalsbach*, § 46 Anm. 1 II; *Isele*, § 46 Anm. IV. B. 1. b); *Jessnitzer/Blumberg*, § 46 Rdn. 2; *Bissel* S. 42.
[66] Dazu Kommentierung zu § 7 Rdn.113 f.
[67] *Jessnitzer/Blumberg*, § 46 Rdn. 2; *Kleine-Cosack*, § 46 Rdn. 7.
[68] BGHSt 22, 334 = BGHZ 51, 395 = NJW 1969, 942.
[69] Zur juristischen Betreuung von 5000 Mitgliedern eines Verbandes Bergbaugeschädigter vgl. BGHZ 40, 282, 286 = NJW 1964, 251, von 700 Mitgliedsgenossenschaften eines genossenschaftlichen Zentralverbandes vgl. BGH, NJW 1965, 1015, der Mitglieder der Studentenschaft einer Universität vgl. BGHZ 97, 204 = NJW 1986, 2499 und der ca. 1000 Mitglieder eines Genossenschaftsdachverbandes der Volksbanken vgl. BGH NJW 1987, 1328.
[70] *Feuerich/Braun*, § 209 Rdn. 12.

§ 46 29–32   Dritter Teil. Rechte und Pflichten des Rechtsanwalts

Der Begriff des „verbundenen Unternehmens" bezog sich auf alle Organschaften im Sinne des Steuerrechts und auf alle Fälle enger wirtschaftlicher Zusammenarbeit zwischen mehreren im Über/Unterordnungsverhältnis stehenden Unternehmen.[71] Mit den Grundsatzentscheidungen des BVerfG zur fehlenden Verbindlichkeit der Richtlinien vom 14. 7. 1987[72] ist diese Erweiterung des Vertretungsverbots obsolet.[73] Tätigkeitsverbote können sich nur aus § 43 a Abs. 4, § 356 StGB ergeben. Die Rechtsberatung konzernzugehöriger Tochtergesellschaften des Arbeitgebers ist wirtschaftlich eine Beratung des Arbeitgebers, so daß das Vertretungsverbot einschlägig ist.[74] Bei der Abgrenzung wird man sich am Konsolidierungskreis der §§ 290, 294 ff. HGB orientieren können.

29 Dem Vertretungsverbot unterliegt nach dem Wortlaut des § 46 nicht die forensische Vertretung von **Betriebsangehörigen**, die keine Organstellung im Unternehmen innehaben und damit nicht Arbeitgeber des Syndikusanwalts sind. Für eine Verteidigung auf dem Gebiet des Strafrechts ist zu beachten, daß über die Zurechnungsnormen des § 14 Abs. 2 Nr. 2 StGB bzw. der § 9 Abs. 2 Nr. 1, 2 und § 130 Abs. 2 Nr. 3 OWiG Betriebsangehörige, die vom Inhaber des Betriebes mit der Leitung des Betriebes oder mit der Wahrnehmung der diesem obliegenden Verpflichtungen beauftragt sind, Arbeitgeberfunktionen ausüben.[75] Ihre Vertretung ist ebenfalls unzulässig.

7. Rechtsfolgen

30 Als Rechtsanwalt ist der Syndikusanwalt verpflichtet, seine aus § 46 folgende Berufspflicht zu erfüllen. Verstöße können zur Verhängung **anwaltsgerichtlicher Maßnahmen** (§§ 113 ff.) gegen ihn führen.

31 Das Tätigkeitsverbot aus § 46 beseitigt nicht die **Postulationsfähigkeit** des Rechtanwalts. Nur der Geschäftsbesorgungsvertrag zwischen Anwalt und Mandant ist nach § 46 Abs. 1 i. V. m. § 134 BGB nichtig. Die Wirksamkeit der abstrakten Vollmacht wird nicht beeinträchtigt.[76]

32 Die Verletzung der Berufspflichten führt nicht zwangsläufig zu einer Unwirksamkeit der prozessualen Handlungen.[77] Im Strafprozeß besteht für das Gericht angesichts der abschließenden Regelung der Ausschlußgründe in §§ 138 a, b StPO nicht die Möglichkeit, den Syndikusanwalt auszuschließen, selbst wenn ein Verdacht der Tatbeteiligung besteht.[78] Die Zurückweisungsmöglichkeiten nach § 156 Abs. 2, der den Gerichten und Behörden gebietet, einen Rechtsanwalt zurückzuweisen, der trotz eines Berufs- oder Vertretungsverbots auftritt, beziehen sich nur auf die in § 156 Abs. 1 genannten Fälle. Sie erfassen nur Zuwiderhandlungen gegen ein im anwaltsgerichtlichen Verfahren bereits ergangenes Berufs-

---

[71] *Lingenberg/Hummel/Zuck/Eich*, § 40 Rdn. 33.
[72] BVerfGE 76, 171ff; 76, 196 ff.
[73] *Biermann* AnwBl. 1990, 420; für die Fortgeltung des § 40 Abs. 2 S. 4 RichtlRA, der Richtlinienausschuß der BRAK, BRAK-Mitteilungen 1988, 15.
[74] *Kleine-Cosack* ZIP 1991, 1337 (1347).
[75] Bei der gebotenen restriktiven Auslegung des § 46 ist der dem Versicherungsrecht entstammende Begriff des Repräsentanten, der einen wesentlich größeren Personenkreis erfaßt, zur Abgrenzung ungeeignet. Auf die Repräsentanteneigenschaft abstellend aber *Jessnitzer/Blumberg*, § 46 Rdn. 2; *Isele*, § 46 Anm. IV. C. 4.; *Dahs*, Rdn. 106. Unklar *Feuerich/Braun*, § 46 Rdn. 18; *Kalsbach*, § 46 Anm. 2 III d.
[76] OLG Hamm NJW-RR 1989, 442; BGH NJW 1976, 1414; NJW 1977, 1206; BayObLG MDR 1976, 69.
[77] Amtliche Begründung zu 46 a. F., BT-Drucks. III./120, S. 77.
[78] *Kleinknecht/Meyer-Goßner*, § 138 a Rdn. 1.

oder Vertretungsverbot.[79] Das Gericht ist aber befugt, den entgegen § 46 Abs. 1 auftretenden Syndikus in entsprechender Anwendung von § 156 Abs. 2 zurückzuweisen.[80] Die Gerichte haben für einen dem geltenden Recht entsprechenden Verfahrensablauf Sorge zu tragen und daher zu prüfen, ob das Auftreten des Anwalts im Prozeß zulässig ist (vgl. auch § 157 ZPO, § 67 VwGO, § 146 a StPO)

8. Unanwendbarkeit der §§ 48, 49

Auf das Verhältnis des Syndikusanwalts zu seinem ständigen Arbeitgeber sind die §§ 48, 49 nicht anwendbar. Der Syndikusanwalt darf seinem Dienstherrn nicht beigeordnet werden. Er ist verpflichtet, die Beiordnung als Rechtsanwalt zu verhindern oder ihre Aufhebung nach § 48 Abs. 2, § 49 Abs. 2 zu betreiben.[81]   33

III. Die Tätigkeitsverbote des Absatz 2

1. Anwendungsbereich

Durch Abs. 2 wird das forensische Tätigkeitsverbot des Absatz 1 auf alle sonstigen Betätigungen in derselben Sache ausgeweitet.[82] Abweichend von § 45 Abs. 1 Nr. 4 erfaßt das Tätigkeitsverbot auch den Fall der bereits beendeten Tätigkeit als Syndikusanwalt. Die im Entwurf der Bundesregierung nicht angelegte Diskrepanz ist erst durch die vom Rechtsausschuß initiierten Änderungen entstanden. Mit der vom Rechtsausschuß gelieferten Begründung ist die unterschiedliche Behandlung in § 45 Abs. 1 Nr. 4 und § 46 Abs. 2 nicht nachvollziehbar. Die Einschränkung des § 45 Abs. 1 Nr. 4 bezweckt, dem Rechtsanwalt, der seine Tätigkeit als Mitarbeiter im Unternehmen beendet hat, zu ermöglichen, „die zuvor im Unternehmen bearbeiteten Fälle anwaltlich fortzuführen". Grund: „Nach Beendigung der Tätigkeit im Unternehmen unterliegt der Rechtsanwalt keinen Weisungsbefugnissen mehr, er ist allein dem anwaltlichen Berufsrecht verpflichtet".[83] Diese Argumentation gilt uneingeschränkt auch für den Syndikusanwalt.   34

2. Erstreckung auf „Scheinsyndici"

Die Erweiterungstatbestände des Absatz 2 beruhen ausweislich der amtlichen Begründung[84] auf der Doppelberufstheorie. Zweck ist es wie in § 45, Interessenkollisionen zu vermeiden, die durch die gleichzeitige Ausübung eines anwaltlichen und eines nicht-anwaltlichen Berufs entstehen können. Vor diesem – rechtspolitisch angreifbaren – Hintergrund muß die Regelung auf die Berufsgruppe der Syndikusanwälte, die entgegen dem gesetzlichen Regelungstyp rechtsberatend ausschließlich für ihren Arbeitgeber tätig werden,[85] ebenfalls angewendet werden.[86]   35

---

[79] *Kohlmann*, Zur Rolle des Syndikus-Anwalts im Strafverfahren, S. 22.
[80] *Feuerich/Braun*, § 46 Rdn. 27; *Kohlmann*, Zur Rolle des Syndikus-Anwalts im Strafverfahren, S. 22; *Hartstang* I, S. 126.
[81] *Isele*, § 46 Anm. IV. B. 1. c).
[82] *Kleine-Cosack* NJW 1994, 2249 (2254); a. A. *Roxin* NJW 1994, 17 (21), der Ansicht ist, § 46 Abs. 2 beziehe sich nicht auf den Syndikusanwalt, soweit er dem Absatz 1 untersteht, sondern auf alle „sonstigen Berater", die den Voraussetzungen des Absatz 1 nicht gerecht werden, d. h. auf alle Rechtsberater in abhängiger Stellung, einerlei ob sie sich Syndikus nennen oder nicht.
[83] BT-Drucks. 12/7656, S. 49.
[84] BT-Drucks. 12/4993, S. 30.
[85] Dazu *Kleine-Cosack* ZIP 1991, 1337 (1344); *Biermann* AnwBl. 1990, 420 (421).
[86] A. A. *Kleine-Cosack* NJW 1994, 2249 (2254).

Nach den Gesetzgebungsmaterialien ist die bislang herrschende Auffassung, welche die Tätigkeit für den Arbeitgeber als anwaltliche Tätigkeit mit allen Anwaltsprivilegien bewertet, überholt, so daß es auch für die „Scheinsyndici" um die von § 46 Abs. 2 erfaßte Vereinbarkeit einer Anwaltstätigkeit mit einer nichtanwaltlichen Betätigung geht.

3. Verbot als freier Rechtsanwalt tätig zu werden

36   In Zukunft treffen den Syndikusanwalt bei seiner anwaltliche Tätigkeit nicht nur die allgemeinen Tätigkeitsverbote bei Interessenkollisionen nach § 356 StGB (Parteiverrat) und § 43 a Abs. 4. § 46 Abs. 2 Nr. 1 begründet ein zusätzliches Tätigkeitsverbot, sofern der Syndikusanwalt bereits in derselben Angelegenheit als sonstiger Berater, der in einem ständigen Dienst- oder ähnlichen Beschäftigungsverhältnis Rechtsrat erteilt, rechtsbesorgend tätig geworden ist. *Kleine-Cosack* hält Interessenkollisionen außerhalb des § 356 StGB und des § 43 a Abs. 1 und 4 für ausgeschlossen.[87] Da das Verbot, schon den Anschein der Vertretung widerstreitender Interessen zu vermeiden,[88] nach der neuen Rechtslage nicht mehr gilt, bleibt jedoch Raum für klar umschriebene Fallgruppen, in denen Interessenkollisionen vermutet werden.

IV. Die Erstreckung der Tätigkeitsverbote auf Dritte (Abs. 3)

1. Gemeinsame Berufsausübung

37   § 46 Abs. 3 erfaßt berufliche Zusammenschlüsse auf örtlicher, überörtlicher oder gar grenzüberschreitender Ebene mit Rechtsanwälten oder Angehörigen anderer Berufe. Wegen der Gleichstellung der „in sonstiger Weise" mit dem Syndikusanwalt verbundenen Berufe mit den per „Sozietät" mit ihm verbundenen muß die Qualität der Verbindung ähnlich sein. Nur die enge Verbindung birgt die Gefahr von Interessenkollisionen, der durch die Ausweitung der Berufsausübungsverbote des § 46 Abs. 2 begegnet werden soll. Dem Wortlaut des § 46 Abs. 3 ist zu entnehmen, daß die Verbindung in sonstiger Weise zum Zwecke der Berufsausübung erfolgt sein muß.

38   Erfaßte Kooperationsformen sind neben der Sozietät die **Partnerschaftsgesellschaft** und die **Rechtsanwalts-GmbH**. Partnerschaftsgesellschaften, die mit dem PartGG zum 1. 7. 1995 eingeführt worden sind, sind Berufsausübungsgesellschaften[89] und damit sonstige Verbindungen i. S. v. § 46 Abs. 3. Der Zweck einer gemeinsamen Berufsausübung ergibt sich aus § 1 Abs. 1 S. 1 PartGG. Die Anwalts-GmbH, deren Eintragung in das Handelsregister erstmals vom BayOblG 1994 zugelassen wurde,[90] ist regelmäßig ebenfalls Berufsausübungsgesellschaft.

39   Wird eine **GmbH** lediglich **als Betriebsgesellschaft** zur Senkung der Betriebsführungskosten durch Rationalisierungsmaßnahmen gegründet, so bildet sie das gesellschaftsrechtlich verselbständigte Pendant zur Bürogemeinschaft.[91] In dieser Konstellation sind ihre Gesellschafter und Angestellte ebensowenig in das Tätigkeitsverbot einbezogen wie die Mitglieder einer Bürogemeinschaft in der Form einer BGB-Gesellschaft. Nur soweit die Kooperation über die bloße ge-

---

[87] *Kleine-Cosack* NJW 1994, 2249 (2254).
[88] EGHbritZ in EGE V 168; ferner *Jessnitzer*, § 45 Rdn. 2 (5. Auflage).; Lingenberg/Hummel/Zuck/Eich, § 46 Rdnr. 8 f.; Kalsbach, § 45 Anm. 3 III, 4 V.
[89] *Seibert*, S. 39; vgl. auch Kommentierung zum PartGG.
[90] Beschl. des BayOblG v. 24. 11. 1994, AnwBl. 1995,4 = NJW 1995, 199.
[91] *Henssler* JZ 1992, 697 (705).

meinsame Nutzung sachlicher Arbeitsmittel hinausgeht und damit der Sozietät angenähert ist, fällt sie unter Abs. 3.[92] Die seit dem 1. 7. 1989 als erste eigenständige Gesellschaftsform europäischen Rechts eingeführte **EWiV**[93] ist nicht selbst freiberuflich, d. h. rechtsberatend gegenüber Dritten tätig. Sie unterstützt und erleichtert die wirtschaftliche Tätigkeit ihrer freiberuflichen Mitglieder.[94] Aufgrund ihrer Beschränkung auf Hilfstätigkeiten ist sie keine mit der Sozietät qualitativ vergleichbare Berufsausübungsgesellschaft.

2. Angehörige anderer Berufe

Mit den Angehörigen anderer Berufe sind die gem. § 59 a sozietätsfähigen Berufe gemeint.

F. Rechtspolitische Aspekte

I. Bedarf in der Wirtschaft

Die Diskussion um das Berufsbild des Syndikusanwalts ist seit jeher von wirtschaftlichen Interessen geprägt. Überlegungen über die Rechte und Pflichten des Syndikusanwalts werden beeinflußt von der Angst der freiberuflich tätigen Anwälte vor wirtschaftlichen Einbußen. Bei objektiver Betrachtung kann die Berechtigung dieser Form anwaltlicher Betätigung heute nicht mehr in Zweifel gezogen werden. In den Unternehmen besteht ein Bedarf nach einem mit seinen Strukturen vertrauten Juristen, der dem strengen anwaltlichen Berufsethos unterliegt, in seiner juristischen Tätigkeit unabhängig arbeitet, und gleichwohl aufgrund seines Insiderwissens direkt die nötige Übersetzung von der kaufmännischen oder technischen Sichtweise in eine rechtliche vornehmen kann.[95] Reizvoll für ein Unternehmen ist die Vision eines Syndikusanwalts mit allen anwaltlichen Rechten und Pflichten im Rahmen seines Angestelltenverhältnisses.

II. Stärkung des Ansehens der Anwaltschaft

Nicht nur dem Interesse der Wirtschaft, sondern auch dem Ansehen der Anwaltschaft ist gedient, wenn dem Syndikusanwalt im Rahmen seiner Tätigkeit als Angestellter alle Rechte und Pflichten eines Anwalts zustehen. Das setzt voraus, daß der Syndikus auch in seiner juristischen Tätigkeit für seinen Dienstherrn unabhängig ist. Unternehmensintern darf er ebenso wie der in der Sozietät angestellte Rechtsanwalt bei seiner juristischen Berufsausübung allenfalls an Weisungen von Personen gebunden werden, die selbst den anwaltlichen Berufspflichten unterworfen sind. Diese Unabhängigkeit muß im Arbeitsvertrag festgelegt und dokumentiert sein. Unter dieser Prämisse begegnet auch die Anerkennung des Zeugnisverweigerungsrechts und die Beschlagnahmefreiheit seiner Unterlagen keinen grundlegenden Bedenken. Mißbrauchsmöglichkeiten muß durch geeignete Maßnahmen vorgebeugt werden. Seine Stellung gegenüber seinem Arbeitge-

---

[92] BT-Drucks. 12/4993, S. 30 formuliert bezogen auf die Parallelvorschrift des § 45 Abs. 2 Nr. 3 recht vage: „dürfte hierunter fallen".
[93] Umsetzung der EWG-Verordnung über die Schaffung einer Europäischen wirtschaftlichen Interessenvereinigung (EWG-VO 2137/85 des Rates v. 25. 7. 1985) durch das Ausführungsgesetz vom 14. 4. 1988 BGBl. I, S. 514.
[94] *Henssler* JZ 1992, 697 (708); *Grüninger* AnwBl. 1990, 228 (230).
[95] *Kolvenbach*, FS Quack, S. 715 (721).

ber ist aufgrund seines berufsrechtlichen Verhaltenskodexes gestärkt, auf den er in Kollisionsfällen verweisen kann. Rechtspolitisches Ziel einer Regelung des Syndikusanwaltes sollte es im Interesse des Mandanten (Dienstherrn) und des Syndikusanwaltes selbst sein, den Unternehmensberater dem strengen Berufsrecht zu unterwerfen und nicht, die Tätigkeit des Syndikusanwalts so unattraktiv wie möglich zu gestalten.

III. Internationale Einflüsse

42 Die h. M. im Schrifttum und die Rechtsprechung haben diesem berechtigten Anliegen bislang[96] Rechnung getragen, indem sie dem Syndikusanwalt im Rahmen seiner Angestelltentätigkeit alle Anwaltsprivilegien zubilligten, soweit er außerforensisch rechtsberatend für seinen Dienstherrn tätig wird. Während des Gesetzgebungsverfahrens zur Neuordnung des anwaltlichen Berufsrechts forderte die Arbeitsgruppe der Syndikusanwälte des DAV als weiteren Schritt zur Anerkennung des Berufsstandes die Zulassung des **ausschließlich** unternehmensintern tätigen Syndikusanwalts. Deutsche Syndikusanwälte dürften im internationalen Vergleich nicht schlechter gestellt werden als ihre anglo-amerikanischen Kollegen. Diese werden als angestellte Rechtsanwälte anerkannt, unabhängig davon, ob sie zweitberuflich als freie Rechtsanwälte tätig sind.[97] Die Gewährung der Anwaltsprivilegien sei für die wirtschaftlichen Beziehungen zwischen deutschen Unternehmen und ausländischen Partnern von erheblicher Bedeutung, da in Prozessen, die in den USA gegen deutsche Unternehmen und ihre US Töchter geführt werden, derzeit das Zeugnisverweigerungsrecht der amerikanischen Syndiusanwälte durch Vernehmung der deutschen Kollegen ausgehebelt werden könne.[98] Die zweitberufliche Tätigkeit als freier Anwalt sei daher als Zulassungsvoraussetzung aufzugeben.[99]

G. Rechtsvergleichende Hinweise

43 Die Bezeichnung Syndikusanwalt ist eine spezielle deutsche Wortprägung. In anderen europäischen und außereuropäischen Ländern wird zur Umschreibung parallel gelagerter Probleme üblicherweise der weiter gefaßte Begriff des „Unternehmensjuristen" (company lawyer, inhouse counsel, juriste d' entreprise) verwendet. Da im europäischen Ausland der angestellte Jurist überwiegend nicht Mitglied der Anwaltschaft sein kann,[100] führt die Bezeichnung Syndikus**anwalt** zu Mißverständnissen. Ausgeschlossen von der Zulassung zur Anwaltschaft sind die Unternehmensjuristen in Belgien, Frankreich, Italien, Luxemburg, den Niederlanden und Schweden. Sie haben sich in diesen Ländern zur gemeinsamen Interessenvertretung in eigenen Berufsorganisationen zusammengeschlossen. Die nationalen Berufsverbände haben im Jahre 1983 die „Association des Juristes d'Entreprise Européenne" gegründet, die sich als Dachorganisation der Mitgliedsvereinigungen versteht.[101] Außerhalb der Bundesrepublik können angestellte Juristen in Norwegen, Großbritannien, einigen Schweizer Kantonen, Griechen-

---

[96] Vgl. oben Rdn. 14; *Fischer* AnwBl. 1994, 202 (211) bemängelt ebenfalls die Inkonsequenz von Rechtsprechung und Literatur.
[97] *Biermann*, Stellungnahme in der öffentlichen Anhörung, Tonbandabschrift, S. 31; *Neumann* AnwBl. 1987, 404 (407); *Kolvenbach*, FS Quack, S. 715 (721).
[98] *Beusch/Decker*, FS Stiefel, S. 33.
[99] I. E. ebenso, *Fischer* AnwBl. 1994, 201 (211).
[100] Siehe dazu *Kolvenbach* AnwBl. 1987, 211.
[101] *Kolvenbach* AnwBl. 1987, 211 (213, 214).

land und Spanien Mitglieder der Anwaltschaft sein.[102] Für Juristen des angelsächsischen Rechtskreises ist es sogar eine Selbstverständlichkeit, daß auch der angestellte Jurist Mitglied der Bar ist. Nicht das Zulassungsproblem beschäftigt die Rechtsprechung in den USA, Kanada und Australien, sondern die Frage, ob der in einem Unternehmen oder Verband angestellte Jurist das Attorney-Client-Privilege (Berufsgeheimnis) und das umfassendere Legal Professional Privilege (Anwaltsprivilegien, wie das Recht auf Akteneinsicht, auf Zeugnisverweigerung und das Privileg der Beschlagnahmefreiheit von Mandantenunterlagen) für seine Tätigkeit genau wie ein freier Anwalt in Anspruch nehmen kann.[103]

§ 47 Rechtsanwälte im öffentlichen Dienst

(1) Rechtsanwälte, die als Richter oder Beamte verwendet werden, ohne auf Lebenszeit ernannt zu sein, die in das Dienstverhältnis eines Soldaten auf Zeit berufen werden, oder die vorübergehend als Angestellte im öffentlichen Dienst tätig sind, dürfen ihren Beruf als Rechtsanwalt nicht ausüben, es sei denn, daß sie die ihnen übertragenen Aufgaben ehrenamtlich wahrnehmen. Die Landesjustizverwaltung kann jedoch dem Rechtsanwalt auf seinen Antrag einen Vertreter bestellen oder ihm gestatten, seinen Beruf selbst auszuüben, wenn die Interessen der Rechtspflege dadurch nicht gefährdet werden.

(2) Bekleidet ein Rechtsanwalt ein öffentliches Amt, ohne in das Beamtenverhältnis berufen zu sein, und darf er nach den für das Amt maßgebenden Vorschriften den Beruf als Rechtsanwalt nicht selbst ausüben, so kann die Landesjustizverwaltung ihm auf seinen Antrag einen Vertreter bestellen.

(3) Vor der Entscheidung über Anträge nach Absatz 1 Satz 2 und Absatz 2 ist der Vorstand der Rechtsanwaltskammer zu hören.

Schrifttum: *Maunz/Schmidt-Bleibtreu/Klein/Ulsamer*, BVerfGG, Kommentar, München 1993; *E. Schumann*, Inkompatibilitäten im anwaltlichen Standesrecht, Festschrift für Albrecht Zeuner, Tübingen 1994.

Übersicht

	Rdn.		Rdn.
A. Entstehungsgeschichte	1	III. Art der Tätigkeit im öffentlichen Dienst	5
B. Gesetzeszweck	2	D. Vertreterbestellung und Tätigkeit als Rechtsanwalt	7–10
C. Betroffene Rechtsverhältnisse	3–6		
I. Vorübergehende Anstellung	3	I. Vertreterbestellung	8
II. Auswirkungen auf den Anwaltsstatus	4	II. Gestattung, die Praxis selbst weiterzuführen	9

---

[102] De Juriste d'Entreprise, XXe Seminaire de la Commission Droit et Vie des Affaires, Congrès International à Liège du 13 au 16 Décembre 1967, veröffentlicht von der Universität Lüttich, 1986; *Kolvenbach* AnwBl. 1987, 211.
[103] Entscheidung des Supreme Court, Upjohn Company et al. vs. United States, 449 U. S. 383 (1981); Entscheidung des US District Court von Delaware vom 13. 12. 1982, 98 Federal Rules Decision 442, sowie International Degal Practitioner 1984, S. 79; Entscheidung des United States Court of Appeal for the Federal Circuit, U.S. Steel Corp. et al. vs. United Staates und U. S. International Trade Commission vom 23. 3. 1984 (Appeal No. 84–639); dazu *Kolvenbach* AnwBl. 1987, 211 (212).

§ 47 1–5　　　Dritter Teil. Rechte und Pflichten des Rechtsanwalts

	Rdn.		Rdn.
III. Erhaltung der Praxis	10	I. Öffentliches Amt	11–13
E. Rechtsanwalt als Inhaber eines öffentlichen Amtes	11–16	II. Fortführung der Praxis	14
		F. Verfahren	17

A. Entstehungsgeschichte

1　Die Vorschrift ist ohne Vorbild in der RAO und der RRAO. Sie geht wohl auf Bedürfnisse in der Kriegs- und Nachkriegszeit zurück, in der Rechtsanwälte nicht selten vorübergehend als Richter oder Staatsanwälte Verwendung gefunden haben. Dies sah der im Zeitpunkt des Inkrafttretens der BRAO geltende § 10 Abs. 2 GVG auch ausdrücklich vor. Inzwischen hat die Vorschrift aber an Bedeutung verloren.

B. Gesetzeszweck

2　Die Vorschrift will zum einen Rechtsanwälte, die vorübergehend im öffentlichen Dienst Verwendung finden, vor Nachteilen bewahren und den Bestand ihrer Praxen sichern. Zum andern will sie einen **Interessenwiderstreit** zwischen anwaltlicher und dienstlicher Tätigkeit verhindern. Nach den korrespondierenden § 7 Nr. 8 und § 14 Abs. 2 Nr. 8 wäre die Zulassung zur Anwaltschaft zu versagen bzw. zurückzunehmen, wenn der Bewerber um die Zulassung oder der bereits zugelassene Rechtsanwalt im öffentlichen Dienst steht. Vor diesen Rechtsfolgen bewahrt § 47 den Anwalt. Er beläßt ihm seine Zulassung, verbietet ihm aber die Berufsausübung als Rechtsanwalt.

C. Betroffene Rechtsverhältnisse

I. Vorübergehende Anstellung

3　Betroffen sind alle Rechtsverhältnisse, in denen ein Rechtsanwalt als Richter, Beamter oder Soldat Verwendung findet, ohne auf Lebenszeit ernannt zu sein. Bei Ernennung auf Lebenszeit ist die Zulassung nach § 14 Abs. 2 Nr. 5 zurückzunehmen. Die Vorschrift gilt auch für Rechtsanwälte, die vorübergehend als Angestellte im öffentlichen Dienst tätig sind.

II. Auswirkungen auf den Anwaltsstatus

4　Die BRAO regelt lediglich die Auswirkungen des Eintritts in den öffentlichen Dienst auf den Status und die Berufsausübung des Anwalts. Die Voraussetzungen für den Eintritt selbst finden sich in den Vorschriften über den öffentlichen Dienst (z. B. §§ 1, 8 DRiG, §§ 5, 31, 32 BBG). Die Auswirkungen des Eintritts eines Sozietätsmitglieds in den öffentlichen Dienst auf die Sozietät, ist ausschließlich **Sache des Sozietätsvertrags;** dies gilt auch für die wirtschaftliche Beteiligung und eine mögliche Abfindung.

III. Art der Tätigkeit im öffentlichen Dienst

5　Maßgeblich ist das Bestehen eines Dienst- oder Angestelltenverhältnisses bei einer Behörde, Anstalt oder Körperschaft des öffentlichen Rechts, nicht aber die dort konkret ausgeübte Tätigkeit, die ihrerseits nicht öffentlich-rechtlicher Natur sein muß.

Im öffentlichen Dienst tätig sind auch Rechtsanwälte, die von einer Kirche angestellt sind, soweit diese Körperschaft des öffentlichen Rechts ist. Anderes gilt für Religionsgemeinschaften, die privat-rechtlich organisiert sind.[1] 6

D. Vertreterbestellung und Tätigkeit als Rechtsanwalt

Die Sätze 2 und 3 des Absatzes 1 enthalten zwei Ausnahmen von dem grundsätzlichen Verbot, anwaltliche Tätigkeit auszuüben: 7

I. Vertreterbestellung

Die Landesjustizverwaltung kann im Rahmen ihres Ermessens dem im öffentlichen Dienst tätigen Rechtsanwalt einen Vertreter bestellen. Auch dies ist Ausfluß des Gesetzeszwecks, dem Rechtsanwalt die Praxis zu erhalten. Gehört der im öffentlichen Dienst tätige Rechtsanwalt einer Sozietät an, so wird in aller Regel ein Sozius zum Vertreter bestellt werden. Für den Vertreter gelten die Vorschriften über den amtlich bestellten Vertreter nach § 53. 8

II. Gestattung, die Praxis selbst weiterzuführen

Die Landesjustizverwaltung kann (Abs. 1 S. 3) auch dem Rechtsanwalt selbst die weitere Berufsausübung gestatten, wenn die Interessen der Rechtspflege dadurch nicht gefährdet werden. Eine Interessenkollision muß also nicht konkret gegeben sein; vielmehr genügt die abstrakte Gefahr, daß sie eintreten könnte, um die gleichzeitige Ausübung beider Berufe unmöglich zu machen, d. h. den Antrag auf Gestattung weiterhin anwaltlich tätig sein zu können, abzulehnen.[2] Dies zeigt, daß die positive Anwendung der Vorschrift seltene Ausnahme bleiben wird. Andererseits handelt die Landesjustizverwaltung ermessensfehlerhaft, wenn sie den Rechtsanwalt aus anderen Gründen als der Gefährdung der Rechtspflege, die eigene Berufsausübung als Rechtsanwalt nicht gestattet oder die Bestellung eines Vertreters ablehnt. 9

III. Erhaltung der Praxis

Im Vollzug des Gesetzeszweckes, dem Rechtsanwalt die Rechte aus seiner Zulassung zu erhalten, bleibt ihm auch die Zulassung bei seinem Zulassungsgericht erhalten, ob ihm nun ein Vertreter bestellt ist oder nicht. Auch die Kanzlei bleibt erhalten; ebenso können weiterhin Kanzleibriefbogen und Praxisschilder seinen Namen tragen. Der Vertreter hat kenntlich zu machen, daß er als solcher handelt. Der Rechtsanwalt darf sich auch weiterhin als solcher bezeichnen, freilich nicht bei seiner Tätigkeit im öffentlichen Dienst. 10

E. Rechtsanwalt als Inhaber eines öffentlichen Amtes

I. Öffentliches Amt

Absatz 2 gewährt dem Rechtsanwalt, der ein öffentliches Amt bekleidet, ohne in das Beamtenverhältnis berufen zu sein, einen Anspruch auf Vertreterbestellung, 11

---

[1] *Feuerich/Braun*, Rdn. 8.
[2] BGH BRAK-Mitt. 1992, 217.

§ 47 12–17   Dritter Teil. Rechte und Pflichten des Rechtsanwalts

wenn die für das Amt geltenden Vorschriften die Anwaltstätigkeit ausschließen. Ob der in ein öffentliches Amt berufene Rechtsanwalt, der daneben seinen Beruf weiterhin ausüben darf, richtet sich ausschließlich nach den für dieses Amt geltenden Vorschriften.

12   Öffentliche Ämter, die ausgeübt werden, ohne daß der Inhaber in das Beamtenverhältnis berufen wird, sind insbesondere das Amt des Bundespräsidenten, die Ämter der Mitglieder der Bundes- oder einer Landesregierung, der Parlamentarischen Staatssekretäre und des Wehrbeauftragten des Deutschen Bundestags. Der Bundespräsident darf nach Art. 55 Abs. 2 GG „kein Gewerbe und keinen Beruf ausüben"; Bundesministern ist – mit derselben Formulierung – nach Art. 66 die Ausübung eines Berufs versagt.

Für Mitglieder des Bundestags und der Länderparlamente gilt § 47 nicht; sie können ohne Einschränkung weiterhin anwaltlich tätig sein.

13   Für Rechtsanwälte, die zum Richter am Bundesverfassungsgericht ernannt werden, kann weder ein Vertreter bestellt werden, noch kann ihnen die Berufsausübung als Rechtsanwalt gestattet werden. Im Gegensatz zu Absatz 1 und 2, die dem Rechtsanwalt grundsätzlich nur die Berufsausübung als Rechtsanwalt verbieten, „ruhen" ihre Rechte aus der Zulassung (§ 104 BVerfGG; den Begriff „ruhen" kennt die BRAO nicht, sie benutzt stattdessen das wohl präzisere „Nicht-ausüben-dürfen"). Sie dürfen sich auch nicht weiterhin als Rechtsanwalt bezeichnen.[3] Auch eine Vertreterbestellung ist unzulässig.[4] Sie bleiben aber Mitglieder ihrer Rechtsanwaltskammer.[5] Mit der Beendigung des Amts eines Bundesverfassungsrichters leben die anwaltlichen Rechte ohne weiteres wieder auf.

II. Fortführung der Praxis

14   Schutzgut des Absatz 2 ist – im Gegensatz zu Absatz 1 – ausschließlich das öffentliche Amt. Die Vorschrift will lediglich die Reflexwirkung des aus den jeweiligen Gesetzen für den öffentlichen Dienst auf die Rechte aus der Zulassung zur Anwaltschaft abmildern, indem für den Amtsinhaber die Wiederaufnahme der Anwaltstätigkeit erleichtert wird.

15   Deshalb darf der in ein öffentliches Amt berufene Rechtsanwalt seine Kanzlei auch fortführen. Er darf nur nicht selbst tätig werden, wohl aber am Gewinn beteiligt sein.[6] Ob er weiter daran beteiligt wird, ist Sache des Sozietätsvertrags.

16   In den Fällen der Absätze 1 und 2 hat sich der Rechtsanwalt lediglich der „Berufsausübung" zu enthalten. Daraus folgt, daß sein Name auch weiterhin auf Briefbogen, Praxisschildern und in Sozietätsnamen erscheinen darf.

F. Verfahren

17   Vor ihrer Entscheidung über den Antrag auf Vertreterbestellung oder auf Gestattung, den Beruf selbst auszuüben, hat die Landesjustizverwaltung den Vorstand der Rechtsanwaltskammer zu hören. Unterblieb die Anhörung, so ist die Entscheidung fehlerhaft und anfechtbar. Zuständig dafür ist der Anwaltsgerichtshof (§ 223). Ob die Voraussetzungen für die Ausnahmen der Sätze 2 und 3 gegeben sind, ist von der Landesjustizverwaltung von Amts wegen zu ermitteln. Der Rechtsanwalt soll dabei mitwirken (§ 36 a Abs. 1 und 2).

---

[3] *Maunz/Schmidt-Bleibtreu/Klein/Ulsamer,* BVerfGG § 104 Rdn. 1.
[4] *Maunz/Schmidt-Bleibtreu/Klein/Ulsamer,* a.a.O.; *E. Schumann,* FS Zeuner, S. 490 m.w.N.
[5] EGH Schleswig BRAK-Mitt. 1981, 35.
[6] *Feuerich/Braun,* Rdn. 27.

§ 48 Pflicht zur Übernahme der Prozeßvertretung

(1) Der Rechtsanwalt muß im gerichtlichen Verfahren die Vertretung einer Partei oder die Beistandschaft übernehmen,
1. wenn er der Partei auf Grund des § 121 der Zivilprozeßordnung, des § 11 a des Arbeitsgerichtsgesetzes oder auf Grund anderer gesetzlicher Vorschriften zur vorläufig unentgeltlichen Wahrnehmung ihrer Rechte beigeordnet ist;
2. wenn er der Partei auf Grund der §§ 78 b, 78 c der Zivilprozeßordnung beigeordnet ist;
3. wenn er dem Antragsgegner auf Grund des § 625 der Zivilprozeßordnung als Beistand beigeordnet ist.

(2) Der Rechtsanwalt kann beantragen, die Beiordnung aufzuheben, wenn hierfür wichtige Gründe vorliegen.

Schrifttum: *Grunsky*, Die neuen Gesetze über die Prozeßkosten- und Beratungshilfe, NJW 1980, 204; *E. Schneider*, Prozeßkostenhilfe – eine Zwischenbilanz, MDR 1981, 793; *Greißinger*, Anwaltliche Aufklärungspflicht, AnwBl. 1982, 288; *Schneider*, Die neuere Rechtsprechung zum Prozeßkostenhilferecht, MDR 1985, 441 und 529; *Birke*, Prozeßkosten- und Beratungshilfe, 2. Aufl. 1981; *Schoreit-Dehn*, Beratungshilfegesetz – Prozeßkostenhilfegesetz, 2. Aufl. 1985.

Übersicht

	Rdn.		Rdn.
A. Entstehungsgeschichte	1	E. Verfahren (Verwaltungsakt und Anwaltsvertrag)	13–15
B. Vertragsfreiheit	2, 3	I. Beiordnung	13, 14
C. Geltungsbereich	4	II. Aufhebung der Beiordnung	15
D. Fälle der Übernahmepflicht:	5–12	F. Vergütung	16
I. § 121 ZPO	5–7		
II. Andere Vorschriften	8, 9		
III. Notanwalt	10–12		

A. Entstehungsgeschichte

Bereits die RAO 1878 enthielt in § 33 die Institution des Notanwalts, in § 34 die des Armenanwalts. Freilich begründeten beide Vorschriften lediglich einen Anspruch des Rechtsuchenden auf Bestellung eines anwaltlichen Prozeßbevollmächtigten, nicht aber die ausdrückliche Pflicht des Rechtsanwalts, die Prozeßvertretung auch zu übernehmen. Die Vorschriften wurden in §§ 38 bis 40 der RRAO 1936 übernommen; ebenso verfuhr die der RAO Britische Zone. Erst die BRAO führte eine ausdrückliche Pflicht des Rechtsanwalts ein.   **1**

B. Vertragsfreiheit

Daß der Rechtsanwalt frei darüber entscheiden kann, ob er einen ihm angetragenen Auftrag annehmen oder ablehnen will, ist Ausfluß der allgemeinen Vertragsfreiheit. Der § 44 schreibt lediglich vor, wie er bei der Ablehnung eines   **2**

Auftrags zu verfahren hat, nämlich sie dem Auftraggeber unverzüglich mitzuteilen, und welche Rechtsfolgen eine Verletzung dieser Pflicht hat, nämlich die Schadensersatzpflicht.

3 § 48 beschränkt zu Lasten des Rechtsanwalts diese Freiheit. Er verpflichtet ihn, in bestimmten Fällen die Prozeßvertretung zu übernehmen. Die Verfahrensvorschriften mildern diesen Zwang aber ab, indem sie die Beiordnung zwingend auf den „zur Vertretung bereiten Rechtsanwalt" beschränken. Beantragt eine Partei also, ihr einen bestimmten, zu ihrer Prozeßvertretung bereiten Rechtsanwalt beizuordnen, so kann das Gericht nicht einen anderen Rechtsanwalt beiordnen.

C. Geltungsbereich

4 Die Vorschrift gilt nur für die Vertretung in gerichtlichen Verfahren, aber nicht nur für die Fälle der notwendigen Anwaltsvertretung („Anwaltszwang"), sondern auch für Verfahren, in denen das Gericht eine Vertretung der Partei durch einen Rechtsanwalt anordnet (§ 121 Abs. 2 ZPO). Eigene Regelungen finden sich für die Verteidigung und Beistandsleistung in Straf- und Ordnungswidrigkeiten-Verfahren in § 49 und für die (außergerichtliche) Beratungshilfe in § 49 a.

D. Fälle der Übernahmepflicht

I. § 121 ZPO

5 Die Absätze 1 bis 3 des § 121 ZPO gehen davon aus, daß der Rechtsanwalt, dessen Beiordnung beantragt wird, die Übernahmebereitschaft bereits erklärt hat. In der Praxis wird in diesen Fällen bereits ein Anwaltsvertrag vorliegen, dessen Geltung unter der aufschiebenden Bedingung der Beiordnung steht.[1]

6 § 121 Abs. 4 ZPO regelt den Fall, in dem die Partei keinen übernahmebereiten Rechtsanwalt findet (dies sind nicht nur „Querulanten-Fälle", sondern z. B. auch Fälle, in denen vom Prozeßbevollmächtigten **Spezialkenntnisse** verlangt werden, über die keiner der vom Rechtsuchenden angegangenen Rechtsanwälte verfügt). In diesem Fall muß die Beiordnung erfolgen, ohne daß ein – aufschiebend bedingter – Anwaltsvertrag vorliegt. Dann kann die Beiordnung ggf. auch gegen den Willen des von ihr betroffenen Rechtsanwalts erfolgen. Sie verpflichtet den Rechtsanwalt, mit dem Rechtsuchenden einen Anwaltsvertrag abzuschließen. Den Rechtsuchenden verpflichtet sie, dem Rechtsanwalt Prozeßvollmacht zu erteilen.

7 Die Beiordnung ersetzt zwar den Anwaltsvertrag nicht, unterwirft den Rechtsanwalt gleichwohl vorvertraglichen Pflichten, wie Fürsorge-, Belehrungs- und Betreuungspflichten. Wird er für die Berufungsinstanz beigeordnet, muß er Berufung einlegen, wenn dies zur Fristwahrung notwendig ist, auch wenn ein Anwaltsvertrag noch nicht abgeschlossen ist.

II. Andere Vorschriften

8 Für die nach § 11 a ArbGG beigeordneten Rechtsanwälte gilt das zu § 121 Abs. 1 bis 3 ZPO ausgeführte. Im arbeitsgerichtlichen Verfahren muß auf Antrag ein Anwalt beigeordnet werden, wenn die Gegenseite anwaltlich vertreten wird

---

[1] *Feuerich/Braun*, Rdn. 4.

(§ 11 a Abs. 1 S. 1 a. E. ArbGG). Die antragsberechtigte Partei ist auf dieses Recht hinzuweisen (§ 11 a Abs. 1 S. 2 ArbGG).

„Andere gesetzliche Vorschriften" sind die in anderen (Gerichts-)Verfahrensgesetzen enthaltenen, nach denen die Prozeßkostenhilfevorschriften der ZPO für entsprechend anwendbar erklärt werden (z. B. § 173 VwGO). 9

III. Notanwalt

§ 625 ZPO sieht vor, daß in einer **Scheidungssache** im ersten Rechtszug dem Antragsgegner ein Rechtsanwalt als Beistand beizuordnen ist, wenn er selbst keinen Rechtsanwalt als Prozeßbevollmächtigten bestellt hat und das Familiengericht der Überzeugung ist, daß diese Maßnahme zum Schutz des Antragsgegners unabweisbar ist. Die Beiordnung umfaßt auch das Sorgerechtsverfahren, nicht aber andere Scheidungsfolgesachen. Für die Auswahl des beizuordnenden Rechtsanwalts gilt § 78 c Abs. 1 und 3 ZPO. Einer Mitwirkung des Antragsgegners im Verfahren zur Bestellung des Beistands bedarf es nicht; er wird ihm vom Gericht „aufgezwungen". Da § 625 ZPO nicht auf § 78 c Abs. 2 ZPO verweist, darf der Rechtsanwalt einen Vorschuß zwar fordern,[2] die Übernahme der Beistandschaft aber nicht von dessen Zahlung abhängig machen. 10

Der Beistand hat den Antragsgegner zu belehren (z. B. auch darüber, daß ihm keine zusätzlichen Kosten entstehen, wenn er ihn zum Prozeßbevollmächtigten bestellt)[3] und zu beraten. Da der Beistand im Regelfall nicht Prozeßbevollmächtigter ist, kann er keine Prozeßhandlungen vornehmen. Mit der Bestellung zum Prozeßbevollmächtigten erlischt die Beistandschaft. 11

E. Verfahren

I. Beiordnung

Seiner Natur nach ist die gerichtliche Beiordnung ein Verwaltungsverfahren. Die Beiordnung selbst ist ein zweiseitiger Verwaltungsakt, der den Rechtsuchenden begünstigt und den Rechtsanwalt belastet. Demzufolge kann der Rechtsanwalt gem. § 48 Abs. 2 (beim Prozeßgericht) beantragen, die Beiordnung **aufzuheben**, wenn hierfür wichtige Gründe vorliegen. Wichtige Gründe liegen vor, wenn der Rechtsanwalt in Ausübung der Beiordnung gegen eines der Tätigkeitsverbote der §§ 45 bis 47 verstoßen müßte. Unabhängig davon kann die Prozeßkostenhilfe und damit auch die Beiordnung aufgehoben werden, wenn die Voraussetzungen des § 124 ZPO vorliegen. 12

Weitere Aufhebungsgründe sind schwere Erkrankung des Anwalts, nicht mehr behebbare Störung des Vertrauensverhältnisses zwischen Rechtsanwalt und Mandant – unabhängig vom Verschulden –, Mandatskündigung durch den Mandanten, wenn der Anwalt die Aufhebung der Beiordnung beantragt.[4] 13

II. Aufhebung der Beiordnung

Wird die Beiordnung nicht aufgehoben, so steht dem Rechtsanwalt dagegen die Beschwerde zu (§ 127 Abs. 2 S. 2 ZPO[5]). 14

---

[2] A. A. *Feuerich/Braun*, Rdn. 17.
[3] *Zöller*, ZPO Rdn. 10 zu § 625.
[4] OLG Bamberg JurBüro 1989, 1590; a. A. OLG Frankfurt AnwBl. 1988, 643 für den Fall, daß der Rechtsstreit schon weit fortgeschritten ist.
[5] OLG Zweibrücken NJW 1988, 570.

§ 49 Dritter Teil. Rechte und Pflichten des Rechtsanwalts

Gegen den Willen des Mandanten darf der Rechtsanwalt dem Gericht keine Mitteilung darüber machen, daß die Voraussetzungen für die Prozeßkostenhilfe-Bewilligung nicht vorgelegen haben. Andernfalls würde er seine Verschwiegenheitspflicht verletzen. Selbstverständlich darf er keinen Bewilligungsantrag stellen, wenn erkennbar ist, daß der Mandant – z. B. durch Vorlage gefälschter Urkunden – die Gewährung der Prozeßkostenhilfe erschleichen will.

F. Vergütung

15   Die Gebühren des Prozeßkostenhilfe-Anwalts richten sich nach den §§ 121 bis 130 BRAGO. § 123 BRAGO gewährt dem Prozeßkostenhilfe-Anwalt einen Anspruch auf Vorschuß aus der Staatskasse für bereits entstandene Gebühren.

§ 49 Pflichtverteidigung, Beistandsleistung

(1) **Der Rechtsanwalt muß eine Verteidigung oder Beistandsleistung übernehmen, wenn er nach den Vorschriften der Strafprozeßordnung oder des Gesetzes über Ordnungswidrigkeiten zum Verteidiger oder nach den Vorschriften des Gesetzes über die internationale Rechtshilfe in Strafsachen als Beistand bestellt ist.**

(2) § 48 Abs. 2 ist entsprechend anzuwenden.

Schrifttum: *Börker*, Aussetzung der Hauptverhandlung wegen Wechsels des notwendigen Verteidigers, MDR 1956, 578; *Brangsch*, Kann ein Rechtsanwalt mittelbar oder unmittelbar zur Pflichtverteidigung gezwungen werden?, AnwBl. 1972, 15; *Dahs*, Der streikende Pflichtverteidiger, AnwBl. 1972, 297; *Dolph*, Der Pflichtverteidiger, AnwBl. 1972, 67; *Günther*, Ablehnungsgründe für Armenanwälte und Pflichtverteidiger, AnwBl. 1970, 65; *Haffke*, Zwangsverteidigung – notwendige Verteidigung – Pflichtverteidigung – Ersatzverteidigung, StrafV 1981, 471; *Hahn*, Die notwendige Verteidigung im Strafprozeß, 1975; *Hassemer*, Reform der Strafverteidigung, ZRP 1980, 326; *Künzel*, Erfahrungen eines Zwangsverteidigers, StV 1981, 464; *Moltketin*, Die Auswahl des Pflichtverteidigers durch den Gerichtsvorsitzenden, AnwBl. 1981, 8, 232; *I. Müller*, Pflichtverteidiger – Verteidiger wessen Vertrauens? StV 1981, 570; *Oellerich*, Voraussetzungen einer notwendigen Verteidigung und Zeitpunkt der Pflichtverteidigerbestellung, StV 1981, 454; *Rieß*, Pflichtverteidigung-Zwangsverteidigung-Ersatzverteidigung-Reform der notwendigen Verteidigung, StV 1981, 460; *Römer*, Pflichtverteidiger neben Wahlverteidiger?, ZRP 1977, 92; *Schlothauer*, Die Auswahl des Pflichtverteidigers, StV 1981, 443; *H. Schmid*, Die Pflichtverteidigung, Diss. München 1967; *ders.*, Der Strafverteidiger, 1966, S. 41 ff. und 51 ff.; *Sarstedt*, Zur Frage der Bestellung des bisherigen Wahlverteidigers zum Pflichtverteidiger, JR 1957, 470; *Seibert*, Zur notwendigen Verteidigung, DRiZ 1956, 153; *Wächtler*, Ersatzverteidigung – eine Alternative zur Zwangsverteidigung? StV 1981, 466.

Übersicht

	Rdn.		Rdn.
A. Entstehungsgeschichte	1	1. Dem Strafverfahren entsprechende Verfahren	4
B. Vertragsfreiheit	2	2. Kontaktsperre-Anwalt	5
C. Geltungsbereich	3–5	D. Rechte und Pflichten	6, 7
I. Unmittelbare Geltung	3	E. Entpflichtung	8–11
II. Entsprechende Anwendung	4, 5		

A. Entstehungsgeschichte

Bereits die RAO 1878 verwies für die Verpflichtung des Rechtsanwalts, in Strafsachen die Verteidigung zu führen, auf die StPO, ebenso § 44 RRAO 1936. Die RAO für die Britische Zone 1949 schuf in § 48 Abs. 1 das Recht, die Bestellung zum Pflichtverteidiger abzulehnen, wenn hierfür wichtige Gründe vorliegen. Erst die BRAO schuf in Gestalt einer Muß-Vorschrift eine eindeutige Verpflichtung des Rechtsanwalts, einer gerichtlichen Bestellung zum Pflichtverteidiger Folge zu leisten.

B. Eingriff in die Vertragsfreiheit

Ebenso wie § 48 greift § 49 in die Vertragsfreiheit ein, indem er den Rechtsanwalt verpflichtet, mit dem Beschuldigten einen Anwaltsvertrag abzuschließen und dessen Verteidigung zu übernehmen. Die amtliche Begründung rechtfertigt dies ausdrücklich mit der Stellung des Anwalts als „Organ der Rechtspflege" (§ 1). Die Vorschrift ist verfassungsgemäß.[1] Mit der Bestellung wird eine öffentlich-rechtliche Pflicht zur Verteidigung oder Beistandsleistung begründet.

C. Geltungsbereich

I. Unmittelbare Geltung

Unmittelbar verpflichtet die Vorschrift den Rechtsanwalt, in Strafverfahren und Verfahren nach dem OWiG die Verteidigung und in Verfahren nach dem Gesetz über die internationale Rechtshilfe in Strafsachen die Beistandschaft zu übernehmen. Die StPO sieht die Bestellung eines Pflichtverteidigers vor in den §§ 140 ff., 117 Abs. 4, § 138 c Abs. 3 S. 4, § 231 a Abs. 4, § 350 Abs. 3. Das OWiG verweist in § 60 auf § 140 Abs. 2 S. 1 StPO. Im OWi-Verfahren bestellt die Verwaltungsbehörde den Pflichtverteidiger (§ 60 S. 1 OWiG).

II. Entsprechende Anwendung

1. Dem Strafverfahren entsprechende Verfahren

Die Vorschrift ist entsprechend anwendbar auf Verfahren, in denen das JGG die notwendige Verteidigung vorsieht (§ 68, 104 Abs. 1 Nr. 10, 909 Abs. 1 S. 1 JGG). Diese Vorschriften sind „ihrem Wesen nach stark prozessualer Natur".[2]

2. Kontaktsperre-Anwalt

Entsprechend anwendbar ist § 49 auch auf den sog. Kontaktsperre-Anwalt (§ 34 a Abs. 1 EGGVG). Der **„Kontaktsperre-Anwalt"** wird vom Gesetz zwar nur als „Kontaktperson" bezeichnet; sie muß aber nach § 34 a Abs. 1 S. 1 EGGVG stets Rechtsanwalt sein. Diese Bestimmung würde leerlaufen, wenn sie nicht mit einer entsprechenden Verpflichtung des zur Kontaktperson bestellten

---

[1] BVerfGE 39, 238 = NJW 1995, 1015.
[2] *Feuerich/Braun*, Rdn. 4.

Rechtsanwalts verbunden wäre. Die Rechte des Kontaktsperre-Anwalts sind stark eingeschränkt; im Grunde kann er nur als Beistand tätig werden.

D. Rechte und Pflichten

6   Der Pflichtverteidiger hat dieselben prozessualen Rechte wie der Wahlverteidiger. Der Rechtsanwalt hat aber keinen Anspruch, in einem bestimmten Strafverfahren als Pflichtverteidiger beigeordnet zu werden. Allerdings hat der Beschuldigte ein Auswahlrecht; von der Bestellung des von ihm benannten Verteidigers kann der Gerichtsvorsitzende nur abweichen, wenn wichtige Gründe dem entgegenstehen (§ 142 Abs. 1 S. 2 u. 3 StPO). Die Pflicht, als Verteidiger oder Beistand tätig zu werden, beginnt mit der Bestellung durch den Gerichtsvorsitzenden.

7   Wer sich neben einem Wahlverteidiger zum Pflichtverteidiger bestellen läßt, handelt nicht pflichtwidrig,[3] wie auch prozessual die Bestellung eines Pflichtverteidigers neben einem Wahlverteidiger zulässig ist.[4]

E. Entpflichtung

8   Nach § 143 StPO ist die Bestellung zurückzunehmen, wenn demnächst ein anderer Verteidiger gewählt wird und dieser die Wahl annimmt. Die Bestellung kann – auch gegen den Willen des Beschuldigten – widerrufen werden, wenn dafür ein wichtiger Grund vorliegt.[5]

9   Der wichtige Grund muß in der Person des Pflichtverteidigers oder in der Strafsache selbst liegen. **Wichtige Gründe** sind die in § 45 aufgeführten Fälle, in denen der Rechtsanwalt seine Berufstätigkeit versagen muß, ferner die Fälle, in denen ein Wahlverteidiger nach § 138 a StPO vom Verfahren ausgeschlossen werden müßte,[6] Krankheit oder anderweitige Verhinderung des Pflichtverteidigers,[7] Dissens zwischen Pflichtverteidiger und Beschuldigtem, wenn die dem Beschuldigten zur Last gelegte Straftat politisch motiviert war[8] oder mangelnde Vertrautheit des Verteidigers mit dem Straf- und Strafverfahrensrecht.

10 Als **nicht ausreichend** für die Entpflichtung wurden von der Rechtsprechung angesehen: Beleidigung, Bedrohung oder tätlicher Angriff des Angeklagten gegenüber dem Pflichtverteidiger.[9] Da insoweit die Grenzen des Zumutbaren deutlich überschritten sind – der Rechtsanwalt ist unabhängiges „Organ der Rechtspflege" und hat sich nach § 43 S. 2 innerhalb und außerhalb des Berufs der Achtung und des Vertrauens, die die Bestellung des Rechtsanwalts erfordert, „würdig zu erweisen") –, ist diese Rechtsprechung auf dem falschen Wege. Andererseits muß nicht jeder verbale Angriff des Beschuldigten gegen seinen Pflichtverteidiger zu dessen Entpflichtung führen, insbesondere dann nicht, wenn die vorgetragenen Tatsachenbehauptungen offensichtlich unrichtig sind.[10] Stellt

---

[3] EGH Berlin BRAK-Mitt. 1982, 81.
[4] BGH NJW 1973, 1985.
[5] BVerfGE 39, 238.
[6] BVerfGE 39, 238.
[7] OLG Frankfurt NJW 1972, 1964.
[8] OLG Hamm NJW 1975, 1238; a. A. OLG Karlsruhe AnwBl. 1978, 241.
[9] KG AnwBl. 1978, 241.
[10] *Feuerich/Braun*, Rdn. 10.

der Pflichtverteidiger wegen solcher Äußerungen aber Strafantrag gegen den Angeklagten, so muß einem Antrag des Verteidigers auf Entpflichtung stattgegeben werden.[11]

Ist das Gericht der Ansicht, das bisherige Verteidigerverhalten berge die Gefahr, daß das Verfahren ausgesetzt werden müsse, so ist dies kein wichtiger Grund, der eine Entpflichtung rechtfertigte.[12] Nicht jedes unzweckmäßige oder „strafprozeßordnungswidrige" Verhalten des Pflichtverteidigers muß zur Entpflichtung führen.[13]

11

§ 49 a Pflicht zur Übernahme der Beratungshilfe

(1) Der Rechtsanwalt ist verpflichtet, die in dem Beratungshilfegesetz vorgesehene Beratungshilfe zu übernehmen. Er kann die Beratungshilfe im Einzelfall aus wichtigem Grund ablehnen.

(2) Der Rechtsanwalt ist verpflichtet, bei Einrichtungen der Rechtsanwaltschaft für die Beratung von Rechtsuchenden mit geringem Einkommen mitzuwirken. Er kann die Mitwirkung im Einzelfall aus wichtigem Grund ablehnen.

Schrifttum: *Klinge,* Beratungshilfegesetz, 1980; *Lindemann,* Beratungshilfe in der Praxis, AnwBl. 1981, 353; (s. a. ders. NJW 1981, 1638); *Klinge,* Die gebührenrechtliche Stellung des Rechtsanwalts in der Beratungs- und Prozeßkostenhilfe, AnwBl. 1981, 166; *Schaich,* Zum Inkrafttreten des Beratungshilfegesetzes; AnwBl. 1981, 2; *Bischof,* Praxisprobleme des Beratungshilfegesetzes, NJW 1981, 895; *Greißinger,* Beratungshilfe, Prozeßkostenhilfe und anwaltliche Aufklärungspflicht, AnwBl. 1982, 288; *Greißinger,* Beratungshilfe – eine Zwischenbilanz, NJW 1985, 1671; *Schoreit/Dehn,* Beratungshilfegesetz/Prozeßkostenhilfegesetz, 3. Aufl. 1990; *Greißinger,* Rechtsprechung in Beratungshilfesachen, AnwBl. 1986, 417 und AnwBl. 1992, 49; *Lindemann/Trenk-Hinterberger* „Kommentar zum Beratungshilfegesetz" 1987; *Greißinger,* Prozeßkostenhilfe 1990; *Kalthoener/Büttner,* Prozeßkostenhilfe und Beratungshilfe 1988.

Übersicht

	Rdn.		Rdn.
A. Entstehungsgeschichte	1, 2	I. Einrichtungen der Anwaltschaft.	6
B. Geltungsbereich	3	II. Ablehnung	7
C. Inhalt und Umfang der Beratungshilfepflicht	4–7	D. Aufklärung des Berechtigten	8
		E. Vergütung	9

A. Entstehungsgeschichte

Die Vorschrift wurde durch § 11 des Gesetzes über Rechtsberatung und Vertretung für Bürger mit geringem Einkommen (Beratungshilfegesetz) vom 18. Juni 1980[1] in die BRAO eingefügt. Es will Bürgern mit geringem Einkommen und Vermögen die Möglichkeit verschaffen, auch außerhalb eines gerichtlichen Ver-

1

---

[11] BGH AnwBl. 1994, 90.
[12] StV 1990, 15.
[13] KG JR 1982, 149.
[1] BGBl. I, S. 689.

fahrens anwaltlichen Rat und anwaltliche Vertretung zu erlangen, um über ihre Rechte aufgeklärt zu werden und sie ggf. mit anwaltlicher Hilfe (außergerichtlich) durchzusetzen.

2 Ursprünglich waren die Gebiete des Arbeitsrechts und des Sozialrechts von der Beratungshilfe ausgenommen. Aufgrund einer Entscheidung des Bundesverfassungsgerichts vom 2. 12. 1992[2] wurden durch das Gesetz zur Änderung des Beratungshilfegesetzes und anderer Gesetze vom 14. 9. 1994[3] beide Rechtsgebiete in die Beratungshilfe einbezogen. Nach § 59 b Abs. 2 Nr. 5 b kann die Satzungsversammlung die besonderen Berufspflichten des Rechtsanwalts im Rahmen von Beratungs- und Prozeßkostenhilfe näher regeln.

B. Geltungsbereich

3 Die Vorschrift gilt für Rechtsanwälte und entsprechend auch für Rechtsbeistände, die Mitglied einer Rechtsanwaltskammer sind (Kammerrechtsbeistände). Letzteres ergibt sich aus § 209 Abs. 1 S. 3, der die Vorschriften des Dritten Teils der BRAO auf **Kammerrechtsbeistände** für entsprechend anwendbar erklärt.[4] Andere Personen, Stellen und Verbände sind auch dann nicht zur Beratungshilfe berechtigt, wenn sie im Besitz einer Erlaubnis zur Besorgung fremder Rechtsangelegenheiten nach Art. 1 § 1 Abs. 1 S. 1 RBerG sind. Nach § 14 BerHG gilt für die Länder Bremen, Hamburg und Berlin, daß die dort eingeführte öffentliche Rechtsberatung an die Stelle der Beratungshilfe nach dem BerHG tritt; dabei hat nach § 14 Abs. 2 BerHG der Rechtsuchende in Berlin die Wahl zwischen öffentlicher und anwaltlicher Beratungshilfe.

C. Inhalt und Umfang der Beratungshilfepflicht

4 Anders als nach den §§ 48 und 49 entsteht die Verpflichtung zur Gewährung der Beratungshilfe nicht durch staatliche Beiordnung, sondern folgt unmittelbar aus dem Gesetz. Auch der vom Rechtsuchenden nach § 6 BerHG einzuholende und dem Rechtsanwalt vorzulegende Berechtigungsschein verpflichtet als solcher den Rechtsanwalt nicht zur Gewährung von Beratungshilfe, sondern ist nur ein Nachweis dafür, daß der Rechtsuchende beratungshilfeberechtigt ist.

5 Die Beratungshilfe erfolgt im Regelfall in der Kanzlei des Anwalts, ausnahmsweise in Beratungsstellen der Rechtsanwaltschaft.

Der Rechtsanwalt muß in der Beratungshilfe dieselbe Sorgfalt aufwenden wie in allen anderen Fällen. Auch insoweit ist er als Rechtsanwalt tätig und somit zur Gewissenhaftigkeit verpflichtet (§ 43 S. 1).

I. Einrichtungen der Anwaltschaft

6 Einrichtungen der Rechtsanwaltschaft für die Beratung von Rechtsuchenden mit geringem Einkommen sind in erster Linie solche, die örtliche Anwaltvereine

---

[2] BVerfGE 88, 5 = AnwBl. 1993, 194.
[3] BGBl. I, S. 2323.
[4] Nicht wie *Feuerich/Braun* meinen, daraus, daß das Beratungshilfegesetz kein Anwaltsmonopol kenne; es kennt sehr wohl ein Anwaltsmonopol, denn die Beratungshilfe durch das Amtsgericht (§ 3 Abs. 2 BerHG) bezieht sich nur auf sofortige Auskünfte, Hinweise auf andere Möglichkeiten für Hilfe oder Aufnahme eines Antrags oder einer Erklärung.

nach § 3 Abs. 1, 2. HS BerHG aufgrund von Vereinbarungen mit der zuständigen Landesjustizverwaltung eingerichtet haben. Zur Mitwirkung sind auch Rechtsanwälte verpflichtet, die dem örtlichen Anwaltverein nicht angehören.[5] **Öffentliche Beratungsstellen** z. B. in Hamburg, Bremen und Berlin, die nach § 14 BerHG dort die Beratungshilfe gewähren, sind nicht solche, die aufgrund einer Vereinbarung mit der Landesjustizverwaltung eingerichtet sind.

II. Ablehnung

Der Rechtsanwalt kann die Beratungshilfe im Einzelfall aus wichtigem Grund ablehnen, sowohl die Kanzleiberatung als auch die in Beratungsstellen. Wichtige Gründe sind immer die in § 45 aufgeführten Tatbestände, bei deren Vorliegen der Rechtsanwalt seine Berufstätigkeit versagen muß, ferner Krankheit, Aussichtslosigkeit des vom Rechtsuchenden vorgetragenen Begehrens, nicht aber berufliche Überlastung und auch nicht die (unzulängliche) Gebührenregelung der §§ 131 bis 133 BRAGO. Fehlende Vertrautheit mit dem Rechtsgebiet, auf dem Beratungshilfe verlangt wird, kann ein Ablehnungsgrund sein.[6] Die Rechtsanwaltschaft ist inzwischen in einem Grade spezialisiert, daß wohl keiner ihrer Angehörigen mehr von sich behaupten kann, er beherrsche alle beratungshilfefähigen Rechtsgebiete. Der Rechtsanwalt sollte aber, wenn er glaubt, die Gewährung der Beratungshilfe ablehnen zu können, dem Rechtsuchenden möglichst an einen anderen Rechtsanwalt vermitteln. Gelingt ihm dies nicht, so muß er die Beratungshilfe gewähren und sich ggf. auch in ein fremdes Rechtsgebiet einarbeiten.

D. Aufklärung des Berechtigten

Erkennt der Rechtsanwalt, daß sein Mandant beratungshilfeberechtigt ist, so muß er ihn darüber aufklären; dies ist eine vorvertragliche Verpflichtung. Wird sie verletzt, so macht sich der Rechtsanwalt schadensersatzpflichtig.[7]

E. Vergütung

Die Vergütung des Rechtsanwalts für die Beratungshilfe erfolgt aus der Staatskasse (§ 131 BRAGO). Die für Beratung (§ 132 Abs. 1 BRAGO), Vertretung (§ 132 Abs. 2 BRAGO) und Vergleich (§ 132 Abs. 3 BRAGO) vorgesehenen Gebühren sind – insbesondere angesichts des vollen Haftungsrisikos – außerordentlich niedrig. Zu dieser Vergütung aus der Staatskasse tritt eine vom Rechtsuchenden zu entrichtende „Schutzgebühr" in Höhe von DM 20,–, die der Rechtsanwalt aber „nach dessen Verhältnissen", d. h. den (wirtschaftlichen) Verhältnissen des Rechtsuchenden erlassen kann (§ 8 Abs. 2 BeratG); Gebührenvereinbarungen sind nichtig (§ 8 Abs. 2 BeratG). Auslagenersatz und Umsatzsteuer können vom Rechtsuchenden nicht verlangt werden. Erfolgshonorare – und quota-litis-Vereinbarungen, die § 49 b Abs. 2 ausdrücklich verbietet – sind auch in der Beratungshilfe unzulässig.

---

[5] A. A. *Feuerich/Braun*, Rdn. 2, die übersehen, daß die Mitwirkung in der Beratungsstelle die Vereinsmitgliedschaft nicht voraussetzt. Die Pflicht zur Mitwirkung ergibt sich unmittelbar aus dem Gesetz.
[6] A. A. *Feuerich/Braun*, Rdn. 6.
[7] H. M.; OLG Düsseldorf AnwBl. 1984, 444; siehe auch Beschluß der BRAK v. 29. 1. 1983 (BRAK-Mitt. 1983, 71).

§ 49 b Vergütung

(1) Es ist unzulässig, geringere Gebühren und Auslagen zu vereinbaren oder zu fordern, als die Bundesgebührenordnung für Rechtsanwälte vorsieht, soweit diese nichts anderes bestimmt. Im Einzelfall darf der Rechtsanwalt besonderen Umständen in der Person des Auftraggebers, insbesondere dessen Bedürftigkeit, Rechnung tragen durch Ermäßigung oder Erlaß von Gebühren oder Auslagen nach Erledigung des Auftrags.

(2) Vereinbarungen, durch die eine Vergütung oder ihre Höhe vom Ausgang der Sache oder vom Erfolg der anwaltlichen Tätigkeit abhängig gemacht wird (Erfolgshonorar) oder nach denen der Rechtsanwalt einen Teil des erstrittenen Betrags als Honorar erhält (quota litis), sind unzulässig.

(3) Die Abgabe und Entgegennahme eines Teils der Gebühren oder sonstiger Vorteile für die Vermittlung von Aufträgen, gleichviel ob im Verhältnis zu einem Rechtsanwalt oder Dritten gleich welcher Art, ist unzulässig. Zulässig ist es jedoch, eine über den Rahmen des § 52 der Bundesgebührenordnung für Rechtsanwälte hinausgehende Tätigkeit eines anderen Rechtsanwalts angemessen zu honorieren. Die Honorierung der Leistungen hat der Verantwortlichkeit sowie dem Haftungsrisiko der beteiligten Rechtsanwälte und den sonstigen Umständen Rechnung zu tragen. Die Vereinbarung einer solchen Honorierung darf nicht zur Voraussetzung einer Mandatserteilung gemacht werden. Mehrere beauftragte Rechtsanwälte dürfen einen Auftrag gemeinsam bearbeiten und die Gebühren in einem den Leistungen, der Verantwortlichkeit und dem Haftungsrisiko entsprechenden angemessenen Verhältnis untereinander teilen. Die Sätze 2 und 3 gelten nicht für beim Bundesgerichtshof und beim Oberlandesgericht ausschließlich zugelassene Prozeßbevollmächtigte.

(4) Der Rechtsanwalt, der eine Gebührenforderung erwirbt, ist in gleicher Weise zu Verschwiegenheit verpflichtet, wie der beauftragte Rechtsanwalt. Die Abtretung von Gebührenforderungen oder die Übertragung ihrer Einziehung an einen nicht als Rechtsanwalt zugelassenen Dritten ist unzulässig, es sei denn, die Forderung ist rechtskräftig festgestellt, ein erster Vollstreckungsversuch fruchtlos ausgefallen und der Rechtsanwalt hat die ausdrückliche, schriftliche Einwilligung des Mandanten eingeholt.

Schrifttum: *Arndt,* Die quota litis als ein Prüfstein des Anwaltsrechts, NJW 1961, 815; *Baumbach,* Das Erfolgshonorar des Anwalts, JW 1927, 2449; *Brangsch,* Pauschal-Beratungsverträge, AnwBl. 1964, 29; *Endemann,* Das Erfolgshonorar, LZ 1927, 767; *Kilian,* Das Verbot des anwaltlichen Erfolgshonorars, JurBüro 1994, 641; *Nelken,* Die quota litis und das Berufsbild des Rechtsanwalts, NJW 1961, 1288; *Rosenthal,* Das Erfolgshonorar, LZ 1927, 763; *Rutkowsky,* Die Problematik der quota litis, NJW 1962, 18; *Scheffen,* Zum Erfolgshonorar-Urteil des BGH, AnwBl. 1961, 57; *Undritz,* Anwaltsgebühren, 1993; *von Westphalen,* Das Gebühreninteresse – der Zweck des Mandats?, DRiZ 1988, 20; *Michalsky/Römermann,* Preiswettbewerb unter Rechtsanwälten?, AnwBl. 1996, 241; *Michalski/Römermann,* Verkauf einer Anwaltskanzlei, NJW 1996, 1305.

§ 49b Vergütung

Übersicht

	Rdn.
A. Allgemeines	1–4
I. Geschichte der Norm	1–3
II. Zweck der Norm	4
B. Verbot der Gebührenunterschreitung	5–14
I. Zweck des Verbots	5
II. Zulässigkeit der Regelung	6, 7
1. Verfassungsrechtlich	6
2. Kartellrechtlich	7
III. Anwendungsbereich des Verbots	8–10
1. Vertragliche Vereinbarung	8
2. Formen der Unterschreitung	9
3. Gegenstand der Unterschreitung	10
IV. Zulässige Unterschreitung	11–13
V. Zivilrechtliche Folgen eines Verstoßes	14
C. Verbot des Erfolgshonorars	15–24
I. Zweck des Verbots	15
II. Verfassungsrechtliche Zulässigkeit	16
III. Anwendungsbereich des Verbots	17–20
1. Palmarium	17
2. Quota litis	19
3. Sonstige Formen	20
IV. Ausnahmen vom Verbot	21, 22
1. Nach deutschem Recht	21
2. Nach ausländischem Recht	22

	Rdn.
V. Rechtsfolgen eines Verstoßes	23, 24
1. Zivilrechtlich	23
2. Strafrechtlich	24
D. Gebührenteilung	25–33
I. Entstehungsgeschichte der Regelung	25
II. Zweck des Verbots	26
III. Zulässigkeit der Regelung	27
IV. Anwendungsbereich	28–33
1. Vermittlungsgebühr	28
2. Gebührenteilung	29
V. Rechtsfolgen	33
E. Abtretung zur Einziehung	34–42
I. Entstehungsgeschichte der Regelung	34
II. Zweck der Regelung	35
III. Anwendungsbereich	36
IV. Die Abtretung an einen Rechtsanwalt	37
V. Die Abtretung oder Übertragung der Einziehung an Dritte	38–42
1. Die Abtretung oder Übertragung der Einziehung	38
2. Rechtskräftige Feststellung der Forderung	39
3. Fruchtloser Vollstreckungsversuch	40
4. Einwilligung des Mandanten	41
5. Die Pfändung der Honorarforderung	42

A. Allgemeines

I. Geschichte der Norm

Solange die Standesethik der Rechtsanwälte auf der „communis opinio", der „Rechtsüberzeugung der Standesgenossen"[1] beruhte, die allein von der Pflicht zur gewissenhaften Berufsausübung nach § 28 RAO abgeleitet wurde, hielt man die Vereinbarung geringerer als der gesetzlichen Gebühren, die **„Unterbietung"**, als unzulässige Werbung[2] für „standesrechtlich verpönt", wenn nicht hierfür im konkreten Fall besondere Gründe sprachen.[3] Auch der „Hausanwalt" war gehalten, für seine ständige Beratungstätigkeit ein an den gesetzlichen Gebühren orientiertes Pauschalhonorar zu vereinbaren.[4] Die Vereinbarung eines **Erfolgsho-**

1

---

[1] *Friedländer*, Exkurs II zu § 28 Rdn. 1 a.
[2] EGH 22, 151.
[3] *Friedländer*, Exkurs II zu § 28 Rdn. 89 ff.
[4] *Friedländer*, Exkurs II zu § 28 Rdn. 81 f.

norars – auch in der besonderen Form des Versprechens eines Streitanteils (quota litis) – galt als standeswidrig, wobei im Einzelfall durchaus Ausnahmen zugelassen wurden.[5] Ein gesetzliches Verbot des Erfolgshonorars war bereits durch Gesetz vom 21. 4. 1944 in § 93 RAGO[6] ausgesprochen worden. Die BRAGO vom 26. Juli 1957[7] übernahm dieses Verbot jedoch nicht. Für die Hilfe in Steuersachen verbietet § 107 Abs. 7 AO die Vereinbarung eines Erfolgshonorars im Regelfall. Auch die **Gebührenteilung** unter mehreren für dieselbe Partei handelnden Rechtsanwälten wurde als Standesverstoß angesehen, da er zur „Unterbietung in häßlichster Form" führe.[8]

2   Die nach § 177 Abs. 2 Nr. 2 BRAO in der vor dem 9. September 1994 geltenden Fassung festgestellten **Standesrichtlinien** enthielten in Abschnitt „V. Gebühren" Aussagen zu allen Einzelpunkten der jetzigen gesetzlichen Regelung. § 51 Abs. 1 RichtlRA hielt die Gebührenunterschreitung für regelmäßig unzulässig, § 52 RichtlRA verbot Erfolgshonorar einschließlich quota litis, § 55 RichtlRA erklärte die Gebührenteilung für standeswidrig, § 54 RichtlRA verhielt sich über die Beitreibung der Gebühren. Die Pauschalvergütung für die außergerichtliche Tätigkeit war in § 53 RichtlRA geregelt, während Stimmen, die sich offen für die Zulässigkeit von Zeithonoraren aussprachen, erst zaghaft laut wurden.[9]

3   Die durch **Gesetz vom 2. September 1994**[10] eingefügte Bestimmung tritt an die Stelle des Abschnitts „V. Gebühren" der nach § 177 Abs. 2 a. F. von der Bundesrechtsanwaltskammer festgestellten Richtlinien. Da die Richtlinien nach der Entscheidung des Bundesverfassungsgerichts vom 14. Juli 1987[11] zur Konkretisierung der beruflichen Pflichten des Rechtsanwalts nur noch übergangsweise herangezogen werden konnten, war der Gesetzgeber aufgerufen, die statusbildenden Normen gesetzlich zu regeln. Wegen der „grundsätzlichen Bedeutung" der Fragen der Vergütung für Rechtsanwälte und Mandanten[12] hielt der Regierungsentwurf eine Regelung durch Gesetz, nicht lediglich durch Berufssatzung, für erforderlich.

II. Zweck der Norm

4   Die Bestimmung, deren Überschrift „Vergütung" dem Umfang der enthaltenen Normierung nicht ganz gerecht wird, enthält berufliche Pflichten des Rechtsanwalts für die Vereinbarung seines Honorars mit dem Mandanten, Honorarabsprachen mit Kollegen und die Einziehung von Gebührenforderungen durch Dritte. Absatz 1 Satz 1 verbietet die **Vereinbarung geringerer** als der gesetzlichen Gebühren nach der BRAGO, Satz 2 gestattet Ermäßigungen nach Erledigung des Auftrags. Absatz 2 untersagt ohne Einschränkung die Vereinbarung von **Erfolgshonoraren** unter ausdrücklicher Nennung der „quota litis" als besonderer Form eines Erfolgshonorars. Das Verbot, für die **Vermittlung von Aufträgen** finanzielle oder andere Vorteile zu gewähren oder entgegenzunehmen, ist in Absatz 3 Satz 1 aufgestellt. Für die **Vergütung der Mitwirkung**

---

[5] *Friedländer*, Exkurs II zu § 28 Rdn. 5 ff.
[6] RGBl. I, S. 104.
[7] BGBl. I, S. 907.
[8] *Friedländer*, Exkurs II zu § 28 Rdn. 75 ff.
[9] *Lingenberg/Hummel*, § 51 Rdn. 5 m. w. N.
[10] BGBl. II, S. 2278.
[11] BVerfGE 75, 171 = NJW 1988, 191 = AnwBl. 1987, 598 = BRAK-Mitt. 1988, 54.
[12] Vgl. BT-Drucks. 12/4993, S. 30.

eines Kollegen bei der Bearbeitung eines Auftrags enthält Absatz 3 Satz 2 bis 5 Regelungen. Absatz 4 legt fest, unter welchen Voraussetzungen der Rechtsanwalt eine **Gebührenforderung abtreten** kann.

B. Verbot der Gebührenunterschreitung

I. Zweck des Verbots

Das Verbot der Gebührenunterschreitung zielt nach der Begründung des Regierungsentwurfs darauf ab, „einen **Preiswettbewerb um Mandate**"[13] zu verhindern. Die Verhinderung eines Preiswettbewerbs rechtfertigt der Entwurf mit der Überlegung, daß das überlieferte System des Verbots der Gebührenunterschreitung der Chancengleichheit beim Zugang des Bürgers zum Recht diene, weil die Finanzkraft des rechtsuchenden Bürgers für die Auswahl des Rechtsanwalts keine entscheidende Rolle spiele. Zudem werde für Prozeßmandate die mittelbare Verabredung von Erfolgshonoraren ausgeschlossen, die entstehen würden, wenn der Auftraggeber ein geringeres Honorar vertraglich schuldete als ggf. vom Gegner gesetzlich zu erstatten.[14]

II. Zulässigkeit der Regelung

1. Verfassungsrechtlich

Das Verbot, geringere als die gesetzlichen Gebühren zu vereinbaren, schränkt 6 das Grundrecht der freien Berufsausübung nach Art. 12 Abs. 1 S. 2 GG durch Gesetz ein. Nach der Rechtsprechung des Bundesverfassungsgerichts sind solche Beschränkungen möglich, wenn sie vorrangige Interessen des Allgemeinwohls dienen.[15] Als solche kommen nach der Begründung des Regierungsentwurfs für die gesetzliche Regelung[16] die Belange der Rechtspflege in Betracht. Der weitgehende Ausschluß eines Preiswettbewerbs um Mandate, der mit dem Verbot der Gebührenunterschreitung verfolgt wird, dient der Integrität der Rechtspflege, weil kein Rechtsanwalt darauf angewiesen ist, durch Preisunterbietungen Mandate zu akquirieren. Der Rechtsanwalt kann, soweit er sich rechtstreu verhält und seine Mandanten dies akzeptieren, seine Unabhängigkeit wahren, da er nicht befürchten muß, über günstigere Preise seiner Kollegen Mandate zu verlieren. Aus Sicht der Mandanten braucht bei der Suche des Rechtsanwalts des Vertrauens im Regelfall keine Rücksicht genommen zu werden auf die Höhe der Honorierung, da Unterschiede ausgeschlossen werden. Einen Mandanten über besonders günstige Honorarabsprachen an sich zu binden, wird erschwert. Im Ergebnis erscheint die Regelung im Hinblick auf die angestrebte Wahrung der Interessen der Allgemeinheit daher verfassungsrechtlich unbedenklich.[17]

2. Kartellrechtlich

Solange das Verbot der Gebührenunterschreitung lediglich in den Standes- 7 richtlinien seine Rechtsgrundlage hatte, wurde seine Vereinbarkeit mit dem

---

[13] BT-Drucks. 12/4993, S. 31.
[14] BGH NJW 1980, 2407.
[15] *Leibholtz/Rinck*, GG, 7. Aufl., Art. 12 Rdn. 282.
[16] BT-Drucks. 12/4993, S. 30.
[17] A. A. *Feuerich/Braun*, § 49 b Rdn. 15.

GWB angezweifelt, weil das Verbot von den Berufsangehörigen selbst stammte. Nachdem nun der Gesetzgeber selbst das Verbot ausgesprochen hat, ist für derartige Zweifel kein Raum mehr.

III. Anwendungsbereich des Verbots

1. Vertragliche Vereinbarung

8 Das Verbot betrifft ausschließlich den Fall einer vertraglichen Vereinbarung über die Höhe der Gebühren oder Auslagen, die inhaltlich vorsieht, daß ein geringerer Betrag als von der Gebührenordnung vorgesehen vom Auftraggeber zu zahlen ist. Keine Rolle spielt es, in welcher Weise die Vereinbarung geringerer Gebühren geschlossen wird. So kann auch das Fordern geringerer Gebühren, wenn nicht ein Fall des Absatz 1 Satz 2 vorliegt, das Angebot zum Abschluß einer Einigung auf die geforderten Gebühren oder Auslagen enthalten, das durch Zahlung stillschweigend angenommen wird. Ebensowenig ist der Zeitpunkt des Abschlusses der Vereinbarung von Bedeutung; sowohl vor wie auch nach Beendigung des Auftrages kann die Absprache getroffen werden, während zulässige Ermäßigung und Erlaß nach Absatz 1 Satz 2 erst „nach Erledigung" des Auftrags möglich sind.

2. Formen der Unterschreitung

9 Das Gesetz verzichtet darauf, die Form der Unterbietung näher zu beschreiben. Es ist davon auszugehen, daß jede Verabredung, die dazu führt, daß der Auftraggeber geringere als vom Gesetz vorgesehene Gebühren oder Auslagen schuldet, vom Verbot erfaßt wird. Ein Verstoß liegt vor, wenn der Auftraggeber nur einen Bruchteil der gesetzlichen Gebühren, oder ein nach § 3 BRAGO nicht zugelassenes Pauschal- oder Zeithonorar zahlen soll. Allerdings ist ein Verstoß auch dann anzunehmen, wenn der Rechtsanwalt und sein Auftraggeber vereinbaren, daß ein Mandat korrekt abgerechnet werden soll, während der Auftraggeber für einen anderen Auftrag das volle Honorar nicht schulden soll. Keine Rolle spielt es, ob die Vereinbarung vorsieht, daß nicht alle Gebührentatbestände berücksichtigt oder zu niedrige Werte der Berechnung zugrundegelegt werden sollen. Als unzulässige Unterschreitung ist es anzusehen, wenn der Rechtsanwalt, im Hinblick darauf, daß ein Auftraggeber ihm Mandate Dritter zuführt, bei „Eigenmandaten" dieses Auftraggebers von diesem kein Honorar verlangt, sich vielmehr darauf beschränkt, – soweit möglich – vom Gegner Erstattung zu verlangen.[18]

3. Gegenstand der Unterschreitung

10 Die Vereinbarung der Unterschreitung darf sich weder auf Gebühren noch auf Auslagen beziehen. Bei **Auslagen** ist jedoch zu beachten, daß der Rechtsanwalt diese nur in Rechnung stellen kann, soweit sie tatsächlich angefallen sind. Ist beispielsweise eine Reise oder Übernachtung des Rechtsanwalts bereits durch andere Ursachen als die Wahrnehmung des Mandats veranlaßt, sind die entsprechenden „Gelder" nicht geltend zu machen.[19] Bei **Rahmengebühren** hat der Rechtsanwalt die Gebühr nach „billigem Ermessen" unter Anwendung des § 12 BRAGO zu bestimmen. Bei Gebührensatzrahmen[20] – etwa nach § 20 Abs. 1 S. 1

---

[18] BGH NJW 1980, 2407.
[19] So bereits zu § 51 RichtlRA Lingenberg/Hummel, Rdn. 15.
[20] Hansens, BRAGO, § 12 Rdn. 1.

oder § 118 BRAGO – erfüllt der Ansatz eines zu niedrigen Gegenstandswertes den Tatbestand der Gebührenunterschreitung. Dagegen unterliegt die Bestimmung der Gebühr im vorgegebenen Rahmen dem „billigen Ermessen" des Rechtsanwalts, so daß nur die den Ermessensspielraum überschreitende Einstufung nach unten tatbestandsmäßig sein kann. In der Praxis wird ein entsprechender Nachweis nur schwierig zu führen sein, wenn nicht festgestellt wird, daß der Rechtsanwalt bei gleichgelagerten Ausgangslagen zugunsten bestimmter Mandanten niedrige Gebühren bestimmt. Jedoch steht es dem Rechtsanwalt frei, einen **Vorschuß** zu verlangen, der die gesetzlichen Gebührenansprüche nicht abdecken würde, oder hierauf ganz zu verzichten, denn insoweit ist der Rechtsanwalt frei (§ 17 BRAGO).

IV. Zulässige Unterschreitung

Absatz 1 Satz 2 bestimmt, was aber selbstverständlich sein dürfte, daß die Vereinbarung der niedrigeren Gebühren nach der Gebührenordnung zulässig ist, wenn mehrere Abrechnungsweisen möglich sind. Es kann demnach zulässig ein Pauschal- oder Zeithonorar nach § 3 Abs. 5 BRAGO vereinbart werden, wenn die Berechnung nach Gegenstandswerten zu höheren Gebühren führen würde. Voraussetzung für die zulässige Vereinbarung eines „niedrigeren Honorars" nach § 3 Abs. 5 BRAGO ist, daß die Voraussetzungen dieser Vorschrift gewahrt sind. Die Regelung in § 3 Abs. 5 S. 1 BRAGO erfordert lediglich, daß es sich um eine außergerichtliche Tätigkeit des Rechtsanwalts handelt, wobei es gleichgültig ist, um welches Rechtsgebiet es geht. § 3 Abs. 5 S. 2 BRAGO dehnt den Anwendungsbereich von Satz 1 auch auf die Beratung von Vereinsmitgliedern durch einen vom Verein pauschal oder nach Zeitaufwand honorierten Rechtsanwalt aus. Wegen der Verweisung auf Satz 1 („gilt dies") können nur außergerichtliche Tätigkeiten auf diese Weise vergütet werden. Die entsprechende Vereinbarung muß notwendigerweise unter der auflösenden Bedingung stehen, daß die Angelegenheit nicht zu einer gerichtlichen Tätigkeit des Rechtsanwalt führt, da die Vereinbarung des Pauschal- oder Zeithonorars dann nicht mehr statthaft bliebe. 11

§ 3 Abs. 5 S. 3 ff. BRAGO bieten die Grundlage für eine vertragliche Verlagerung des Solvenzrisikos des Gegners vom Auftraggeber auf seinen Rechtsanwalt und zwar auch für die aufgezählten Fälle der gerichtlichen Geltendmachung. Zur Abgeltung der Honoraransprüche darf man jedoch nur **„einen Teil" der Ansprüche abtreten,** den übrigen Teil schuldet der Auftraggeber selbst unmittelbar. Zulässig ist die Abrede nur, wenn der unmittelbar geschuldete Teil „angemessen" ist. Wann das der Fall ist, wird die Praxis herausarbeiten müssen; auf die Kommentierung zur BRAGO wird verwiesen. 12

Das von der Arbeitsgemeinschaft Verkehrsrecht des Deutschen Anwaltsvereins mit einer größeren Zahl von Haftpflichtversicherern getroffene Abkommen über **„Anwaltsgebühren bei der Unfallschadenregulierung"**[21] ist zunächst nicht auf die Vereinbarung geringerer Gebühren und Auslagen gerichtet. Hierfür fehlt es an den richtigen Beteiligten, denn Gebührenschuldner des Rechtsanwalts wird und bleibt sein Auftraggeber. Die zum Ersatz eines Schadens verantwortliche gegnerische Versicherung schuldet dem Geschädigten auch den Ersatz für das vom Geschädigten aufzuwendende Anwaltshonorar. Die Höhe des hierauf entfallenden Ersatzbetrages pauschaliert das Abkommen im Sinne der darin enthaltenen Regelungen. Der Rechtsanwalt, der sich mit dem nach dem Abkommen errechneten Honorar auch im Verhältnis zu seinem Auftraggeber zufriedengibt, mag im 13

---

[21] Vgl. *Greißinger* AnwBl. 1993, 474; AnwBl. 1994, 564.

Einzelfall – wenn ihm ansonsten ein höheres Honorar zustünde – eine Ermäßigung der Gebühren nach Erledigung des Auftrags i. S. d. Absatz 1 vornehmen. Eine großzügige Anwendung von Absatz 1 Satz 2 wird vom Rechtsanwalt nicht fordern, daß er bei außergerichtlicher Abwicklung eines Unfallschadens eine höhere Vergütung verlangt, als seinem Auftraggeber als Schadensersatz zukommt, zumal der realistische Gegenstandswert erst im Zusammenspiel mit der gegnerischen Versicherung ermittelt werden kann.

V. Zivilrechtliche Folgen eines Verstoßes

14 Die Regelung des Absatz 1 enthält ein gesetzliches Verbot der auf eine Gebührenunterschreitung gerichtete Vereinbarung, so daß diese nach **§ 134 BGB nichtig** ist. Allerdings führt dies nicht nach § 139 BGB zur Nichtigkeit des gesamten Anwaltsvertrages, da sich die Rechtsfolge des § 134 BGB entsprechend dem Schutzzweck des Verbots nur auf die unzulässige Abrede bezieht.[22] Die Nichtigkeit der Honorarabsprache führt andererseits nicht dazu, daß der Rechtsanwalt berechtigt wäre, auf der Grundlage der Gebührenordnung (korrekt) abzurechnen. Der Grundsatz von Treu und Glauben nach **§ 242 BGB** verbietet dem Rechtsanwalt, sich die Unwirksamkeit der Vereinbarung niedrigerer Gebühren zunutze zu machen, wenn der Auftraggeber darauf vertraute, nur diese zu schulden.[23]

C. Verbot des Erfolgshonorars

I. Zweck des Verbots

15 Für das nunmehr vom Gesetzgeber ausgesprochene Verbot der Vereinbarung eines Erfolgshonorars führt der Regierungsentwurf[24] die Unabhängigkeit des Rechtsanwalts an. Anknüpfend an die früheren Begründungen des standesrechtlichen Verbots in Rechtsprechung und Literatur[25] soll verhindert werden, daß der Rechtsanwalt den Ausgang eines Mandats zu seiner eigenen „wirtschaftlichen" Angelegenheit macht. Die Standesregeln der Rechtsanwälte der Europäischen Gemeinschaft[26] untersagen ebenfalls die Vereinbarung einer quota litis (3.3).

II. Verfassungsrechtliche Zulässigkeit

16 Das gesetzliche Verbot, ein Erfolgshonorar zu vereinbaren, greift in das Grundrecht der freien Berufsausübung des Rechtsanwalts nach Art. 12 Abs. 1 S. 2 GG ein. Verfassungsrechtlich zulässig ist eine solche Beschränkung nur, wenn sie vorrangigen Interessen des Allgemeinwohls dient.[27] Als solche sind hier die Unabhängigkeit des Rechtsanwalts selbst,[28] aber auch das Vertrauen des Publikums in diese anzusehen. Den Rechtsanwälten weist das Gesetz (§ 3 Abs. 1) die im Vergleich zu anderen Beratungsberufen weitreichendste Befugnis zur Rechtsberatung zu, verschafft ihnen das Vertretungsmonopol in Familiensachen und Zivilsa-

---

[22] BGH JZ 1962, 369; BGH NJW 1980, 2407.
[23] BGHZ 18, 340, 347; BGH NJW 1980, 2407.
[24] BT-Drucks. 12/4993, S. 31.
[25] *Lingenberg/Hummel/Zuck/Eich*, § 52 Rdn. 5 m. w. N.
[26] CCBE-Standesregeln vom 28. 10. 1988. Siehe Anhang Nr. 3.
[27] *Leibholz/Rinck*, GG, 7. Auflage, Art. 12 Rdn. 282.
[28] BGH BRAK-Mitt. 1193, 225.

chen vor dem Landgericht und höheren Instanzen und privilegiert sie in einigen Verfahrensordnungen (vgl. etwa § 97 Abs. Nr. 1, § 53 Abs. 1 Nr. 3 StPO). Zugleich fordert das Verbot der Vereinbarung von Erfolgshonoraren eine Distanz des Rechtsanwalts zum Ausgang der Sache, indem es zum Ansatzpunkt der Honorierung nicht das Ergebnis, sondern die gewissenhafte anwaltliche Arbeit macht.[29] Mag der Rechtsanwalt auch bei der Vereinbarung eines Erfolgshonorars der Verlockung im Einzelfall nicht erliegen, so ist dies für das Publikum jedoch nicht erkennbar. Aber selbst der Eindruck – bei der gegnerischen Partei etwa – der Rechtsanwalt sei im Interesse seiner Honorierung in erster Linie dem Erfolg verpflichtet, kann den Eindruck entstehen lassen, die privilegierte Stellung werde ausgenutzt. Daß der Gesetzgeber im Interesse auf das Vertrauen in die Unabhängigkeit des Rechtsanwalts – ein vorrangiges Allgemeinwohlinteresse – die Vereinbarung von Erfolgshonoraren untersagt hat, ist daher von Verfassungs wegen nicht zu beanstanden.[30]

III. Anwendungsbereich des Verbots

1. Palmarium

Absatz 2 untersagt die Vereinbarung von Honoraren, die dem Grunde oder der Höhe nach vom Erfolg der anwaltlichen Tätigkeit oder vom Ausgang der Sache abhängen (palmarium).[31] 17

Aus dem verwendeten Begriff „**Vereinbarung**" wird deutlich, daß sich das Verbot nur auf vertragliche Absprachen zwischen Rechtsanwalt und Mandant bezieht und für gesetzliche Regelungen nicht gilt. Soweit die Gebührenordnung das Entstehen einer Gebühr schon von einem Ereignis abhängig macht, – etwa die Vergleichsgebühr vom Vergleichsschluß – gilt das Verbot selbstverständlich nicht. Unzulässig ist die Vereinbarung, wenn sie zeitlich vor der anwaltlichen Tätigkeit abgeschlossen wird. Treffen der Rechtsanwalt und sein Mandant nach Eintritt des Erfolges eine Abrede, daß der Mandant den Erfolg gesondert honoriert, fehlt es am Tatbestand des Absatz 2, da das Sonderhonorar nicht vom Erfolg „abhängt". Die Verabredung, im Erfolgsfalle die Höhe des Honorars erneut besprechen zu wollen, begegnet keinen Bedenken, wenn sie den Mandanten nicht bereits bindet und somit schon eine „Vereinbarung" darstellt.[32] 18

Für Grund oder Höhe des Honorars muß entscheidend sein, ob die anwaltliche Tätigkeit zum „**Erfolg**" führt oder der „**Ausgang der Sache**" den Erwartungen entspricht. Die Honorarvereinbarung muß also einen gewissen Ausgang der Sache zur Bedingung machen, allein das Ausmaß der anwaltlichen Mühewaltung stellte keine erfolgsabhängige Bedingung dar. Dabei reicht es aus, daß die Honorarvereinbarung zur Bedingung macht, daß der Auftraggeber des Rechtsanwalts durch Losentscheid einen Studienplatz erhält.[33]

Gleichgültig ist, ob dem Rechtsanwalt nur im Erfolgsfalle **überhaupt ein Honorar** zustehen soll, oder ob sich dieses **vereinbarungsgemäß erhöht,** wenn das gewünschte Ergebnis erzielt wird. Vereinbarungen, daß ein Zusatzhonorar im Erfolgsfalle hinzukommt, unterliegen daher dem Verbot.

---

[29] BGH NJW 1987, 3203.
[30] A. A. *Feuerich/Braun,* § 49 b Rdn. 26.
[31] BGH NJW 1987, 3203.
[32] Vgl. *Dahs,* Handbuch des Strafverteidigers, Rdn. 1114; *Feuerich/Braun,* § 49 b Rdn. 22.
[33] BGHSt 30, 22 = NJW 1981, 998 = AnwBl. 1981, 293.

2. Quota litis

19 Die Vereinbarung der quota litis definiert Absatz 2 als Abrede, wonach der Rechtsanwalt einen Teil des erstrittenen Betrags als Honorar erhält. Daraus folgt, daß dieses Verbot nur gilt in Bezug auf Mandate, mit denen ein Leistungsanspruch – gleich auf welcher Rechtsgrundlage beruhend – verfolgt wird. Erfaßt ist insbesondere eine Vereinbarung, wonach ein bestimmter – auch möglicherweise je nach Höhe des Erfolgsbetrags gestaffelter – Prozentsatz des „Erstrittenen" als Honorar geschuldet werden soll. Ein Verstoß liegt auch vor, wenn ein in jedem Fall zu zahlendes „Sockelhonorar" im Erfolgsfall um einen Anteil des erstrittenen Betrages aufgestockt wird. Die Abgrenzung zu einem Erfolgshonorar in der Form des palmarium mag im Einzelfall schwierig sein, wenn etwa bei Herausgabeansprüchen oder wiederkehrenden Forderungen ein Teil des Betrags nicht gewährt werden kann, spielt aber im Hinblick auf die weiten Grenzen des Verbots für die Praxis wohl keine Rolle.

3. Sonstige Formen

20 Der Rechtsprechung zum früheren standesrechtlichen Verbot folgend ist der Form der Vereinbarung eines Erfolgshonorars keine besondere Bedeutung beizumessen, wenn nach dem Willen der Beteiligten die Honorierung des Rechtsanwalts vom Ausgang der Sache abhängt. So ist eine Vereinbarung, nach der für den Fall des Mißerfolgs ein Teil des Honorars **zurückgezahlt** wird, als Verstoß gegen Absatz 2 anzusehen.[34] Die Prorogation eines ausländischen Rechts, das Erfolgshonorare zuläßt, für die Honorarabsprache erfüllt gleichfalls den Tatbestand.[35] Die von einem Rechtsanwalt als Sanierer eines konkursbedrohten Betriebes erbrachte Tätigkeit darf nicht mit prozentualen Beteiligungen am Nettoumsatz abgegolten werden.[36] Auch die Vereinbarung eines Maklerlohns für die anwaltliche Mitwirkung beim Verkauf eines Grundstücks stellt eine unzulässige Honorarabsprache dar.[37]

Für **Inhaber einer Erlaubnis nach dem Rechtsberatungsgesetz** gilt die Bundesgebührenordnung für Rechtsanwälte sinngemäß[38]. Jedoch besagt die Verweisungsbestimmung ausdrücklich, daß die Vereinbarung eines Erfolgshonorars „nichtig" ist, dies gilt allerdings nicht für Frachtprüfer und Inkassobüros.

IV. Ausnahmen vom Verbot

1. Nach deutschem Recht

21 Die in § 52 Abs. 2 RichtlRA grundsätzlich zugelassenen Ausnahmen von dem Verbot enthält die gesetzliche Regelung nicht. Nach verbreiteter Standesauffassung war man zudem großzügig in Wiedergutmachungs- und Lastenausgleichsangelegenheiten.[39] Dabei war die Überlegung maßgeblich, daß diese Angelegenheiten vielfach dadurch geprägt waren, daß die Partei erst durch den Erfolg der anwaltlichen Bemühungen in die Lage versetzt wurde, ein angemessenes Honorar

---

[34] BGH NJW 1987, 3203.
[35] Für einen Rechtsbeistand OLG Düsseldorf Rbeistand 1986, 83.
[36] EGH Celle BRAK-Mitt. 1993, 225.
[37] BGHSt 34, 295 = NJW 1987, 2451 = BRAK-Mitt. 1987, 158.
[38] Art. IX KostÄndG in der Fassung von Artikel 2 Abs. 1 des 5. Gesetzes zur Änderung der Bundesgebührenordnung für Rechtsanwälte vom 18. August 1980 (BGBl. I, S. 1503).
[39] *Lingenberg/Hummel/Zuck/Eich*, § 52 Rdn. 17 ff.

zu zahlen; die Rechtsprechung stand dem insgesamt sehr kritisch gegenüber.[40] Auch für diese Erwägungen läßt aber der eindeutige Wortlaut der gesetzlichen Regelung in Absatz 2 keinen Raum, auch nicht für die Geltendmachung von Ansprüchen, die die Rückgabe von Grundbesitz in den Ländern Brandenburg, Mecklenburg-Vorpommern, Sachsen, Sachsen-Anhalt, Thüringen oder dem früheren Ostberlin zum Gegenstand haben.

2. Nach ausländischem Recht

Soweit ein ausländischer Rechtsanwalt, der dem deutschen Berufsrecht auch nicht nach § 3 RADG unterliegt, ein Erfolgshonorar vereinbart, steht deutsches Recht der Wirksamkeit nicht entgegen,[41] wobei aber die Höhe einer quota litis am Maßstab der Sittenwidrigkeit beurteilt wird.[42] Die Standesregeln der Rechtsanwälte der Europäischen Gemeinschaft enthalten ein Verbot der quota litis (Nr. 3.3). 22

V. Rechtsfolgen eines Verstoßes

1. Zivilrechtlich

Die Vereinbarung eines Erfolgshonorars ist wegen des gesetzlichen Verbots nichtig nach § 134 BGB. Zur Nichtigkeit des gesamten Anwaltsvertrags führt die Vereinbarung dagegen regelmäßig nicht.[43] Die Nichtigkeit der Honorarabsprache berechtigt den Rechtsanwalt allerdings nicht, seine Tätigkeit nach der Gebührenordnung abzurechnen, soweit dies für in – etwa im Falle des Mißerfolgs – günstiger sein sollte als die Abrechnung nach der unzulässigen Vereinbarung. Nach dem Grundsatz von Treu und Glauben des § 242 BGB muß sich der Rechtsanwalt an der **Gebührenabsprache festhalten** lassen, wenn ein Auftraggeber auf deren Wirksamkeit vertraute.[44] Tritt der in Aussicht genommene Erfolg ein, so hängt es von den Umständen des Einzelfalles ab, welche Vergütung der Auftraggeber billigerweise schuldet. Nach § 612 Abs. 2 BGB werden dies die gesetzlichen Gebühren als „übliche Vergütung" sein,[45] wenn nicht Billigkeitserwägungen eine andere Lösung nahelegen. 23

2. Strafrechtlich

Die Entgegennahme eines Erfolgshonorars – sei es in der Form des „palmariums" oder der „quota litis" – dürfte regelmäßig den Tatbestand der **Gebührenüberschreitung nach § 352 StGB** erfüllen, wenn die nach der Vereinbarung geforderten Gebühren höher sind als die nach der BRAGO berechneten. Dies setzt allerdings wohl voraus, daß dem Auftraggeber die Unzulässigkeit der Gebührenvereinbarung nicht bekannt ist.[46] Die Geltendmachung des überhöhten Erfolgshonorars erfüllt bereits den Tatbestand des nach § 352 Abs. 2 StGB strafbaren Versuchs. Wegen der im Einzelfall möglichen Konkurrenzen zu den Straftatbeständen des Betruges nach § 263 StGB und der Untreue nach § 266 StGB wird auf die Literatur zum StGB verwiesen. 24

---

[40] BGHZ 34, 64 = NJW 1961, 313.
[41] BGHZ 22, 162; 118, 312 = NJW 1992, 3096.
[42] BGHZ 44, 183.
[43] Vgl. oben Rdn. 14.
[44] BGHZ 18, 340, 347.
[45] BGHZ 18, 340, 349.
[46] *Lackner*, StGB, 21. Aufl., § 352 Rdn. 5 m. w. N.

D. Gebührenteilung

I. Entstehungsgeschichte der Regelung

25 Absatz 3 hat seine Vorläufer in § 55 RichtlRA, der die Honorierung der Vermittlung von Aufträgen untersagte, und in § 55 a RichtlRA, der sich über die Teilung von Aufgaben und Gebühren unter Rechtsanwälten verhielt. § 55 a RichtlRA gestattete bereits die angemessene Honorierung der Mitarbeit eines Kollegen, mit Ausnahme der bei dem BGH oder singular bei einem OLG zugelassenen Rechtsanwälte. In früherer Zeit wurde nicht nur die Honorierung des nicht zur Rechtsanwaltschaft zugelassenen Mandatsvermittlers („Schlepper") für unzulässig erachtet, sondern auch die „echte Gebührenteilung" unter Anwaltskollegen, etwa dem Prozeßbevollmächtigten und dem Korrespondenzanwalt.[47] Gebilligt wurde lediglich die „unechte Gebührenteilung", etwa wenn der beauftragte Rechtsanwalt wegen Verhinderung einen Kollegen um Terminswahrnehmung bat und hierfür honorierte.[48] Die Standesvorstellungen zur Gebührenteilung zwischen Rechtsanwälten setzten immer an bei dem in **Zivilsachen tätigen Prozeßanwalt**. Dieses Anwaltsbild greift die gesetzliche Regelung auf, indem sie wiederum ausgeht von bei verschiedenen Gerichten postulationsfähigen Rechtsanwälten. Mit dem Inkrafttreten der Änderung des § 78 ZPO durch das Gesetz vom 2. September 1994[49] in den alten Ländern zum 1. Januar 2000, im übrigen zum 1. Januar 2005, wogegen mit dem Ziel früheren Inkrafttretens Verfassungsbeschwerde eingelegt ist, wird das Verbot der Gebührenteilung an Bedeutung verlieren.

II. Zweck des Verbots

26 Soweit es dem Rechtsanwalt untersagt ist, nicht zur Rechtsanwaltschaft zugelassene Personen für die Vermittlung von Mandaten zu honorieren, verfolgt das Verbot den Zweck zu verhindern, daß Rechtsanwälte in einen **Wettbewerb beim Ankauf von Mandaten** treten. Auch das – durch die gesetzliche Regelung weiterhin gelockerte – Verbot, mit einem Kollegen die Gebühren zu teilen, verfolgt das Ziel zu unterbinden, daß der Rechtsanwalt sich bei der Einschaltung eines Kollegen von eigenen wirtschaftlichen Interessen leiten läßt, anstatt im Interesse seines Mandanten am besten geeigneten Kollegen zuzuziehen. Absatz 3 Satz 5 enthält demgegenüber eine gesetzliche Regelung zur gemeinsamen Bearbeitung eines Auftrags durch mehrere Anwaltskollegen. Während die Anwaltschaft solcher **Zusammenarbeit** in der Vergangenheit eher mit Mißtrauen begegnete, erkennt der Gesetzgeber hier an, daß die Notwendigkeit der Professionalisierung und der Spezialisierung des Rechtsanwaltsberufs die gemeinsame Mandatsbearbeitung unverzichtbar macht.

III. Zulässigkeit der Regelung

27 Verfassungsrechtliche Bedenken gegen die Regelung sind nicht angezeigt. Zwar beschränkt diese die Freiheit der Berufsausübung i.S.d. Art. 12 Abs. 1 S. 2 GG, doch dient diese Regelung **vorrangigen Interessen des Allgemein-**

---

[47] *Friedländer*, Exkurs II zu § 28 Rdn. 75, 76.
[48] *Friedländer*, Exkurs II zu § 28 Rdn. 78; *Isele*, Anhang zu § 43 X. B.
[49] BGBl. I, S. 2278.

wohls, da sie den Rechtsanwalt daran hindert, sich bei der Einschaltung von Kollegen von eigenen wirtschaftlichen Interessen auf Kosten des Mandanten leiten zu lassen, oder sich Mandate zu „kaufen".[50]

IV. Anwendungsbereich

1. Vermittlungsgebühr

Die zu einer Mandatserteilung führende Empfehlung darf nicht zur Gewährung wirtschaftlicher Vorteile führen. Das Verbot der „**Abgabe**" richtet sich an den Rechtsanwalt, der unter keinen Umständen eine „Provision" für die Mandatsvermittlung an einen **Nichtanwalt** gewähren darf. In welcher Weise die Honorierung erfolgt, spielt keine Rolle, es reicht aus, wenn der Rechtsanwalt dem Vermittler einen wirtschaftlichen Vorteil zukommen läßt.[51] Etwa der Gebührenverzicht oder die Gebührenunterschreitung bei „Eigenmandaten" des Vermittlers als Entgelt für die Vermittlung von „Fremdmandaten" erfüllt den Tatbestand.[52] Problematischer ist das Verbot des Absatz 1 Satz 1 insofern, als es die „Abgabe sonstiger Vorteile" unter Rechtsanwälten untersagt. Für die Teilung der Gebühren enthalten Satz 2 bis 6 besondere Regelungen. Eine Zusammenarbeit mehrerer bei verschiedenen Landgerichten postulationsfähiger Rechtsanwälte in der Weise, daß die im jeweils anderen Landgerichtsbezirk zu führenden Prozesse wechselweise stets demselben Kollegen angetragen werden, stellte einen Verstoß dar, wenn die Mandatierung ausschließlich in der Erwartung geschähe, daß andere Mandate „zurückkommen" und nicht auf gegenseitigem Vertrauen in die anwaltlichen Fähigkeiten des Kollegen beruhte. Nur dem Rechtsanwalt, nicht auch dem Nichtanwalt, der nicht Adressat des Verbots ist, verbietet die Bestimmung – unbeschadet Satz 2 bis 5 – auch die **Entgegennahme** wirtschaftlicher Vorteile.

28

2. Gebührenteilung

Ein grundsätzliches Verbot der Gebührenteilung unter Rechtsanwälten spricht Absatz 3 Satz 1 aus. Nicht als Gebührenteilung ist es anzusehen, wenn mehrere zur gemeinsamen Berufsausübung verbundene Rechtsanwälte den Praxisgewinn untereinander aufteilen und nicht nach Satz 5 verfahren. Die Ausnahmen in Satz 2 bis 5 bieten weiten Spielraum für Gebührenteilungen im außergerichtlichen Bereich und auch für die forensische Tätigkeit außerhalb der Zivilgerichtsbarkeit mit notwendiger anwaltlicher Vertretung. Selbst für die zivilprozessuale Betätigung, die Postulationsfähigkeit voraussetzt, bestehen – mit der Ausnahme der Regelung in Satz 6 – Möglichkeiten, Gebühren zu teilen. Die ausdrückliche Erwähnung von § 52 BRAGO in Satz 2 verdeutlicht, daß der Gesetzgeber insbesondere die Konstellation vor Augen hatte, daß der Rechtsanwalt am Sitz der Partei vor dem Prozeßgericht nicht vertretungsberechtigt ist und einen örtlich zugelassenen Kollegen einschaltet. Die Teilung der Gebühren setzt in diesem Falle voraus, daß die Tätigkeit über den Rahmen der in § 52 BRAGO vorgesehenen hinausgeht, was eine angemessene Honorierung erlaubt. Eine Erklärung dessen, was unter „angemessen" zu verstehen ist, enthält Satz 3 mit den Hinweisen auf die „Verantwortlichkeit", das „Haftungsrisiko" und die „sonstigen Um-

29

---

[50] BT-Drucks. 12/4993, S. 31.
[51] *Lingenberg/Hummel/Zuck/Eich*, § 55 Rdn. 6.
[52] Vgl. BGH NJW 1980, 2407.

stände", wozu sicherlich der Arbeitsaufwand zu zählen sein dürfte. Die Voraussetzungen für eine zulässige Gebührenteilung dürften vorliegen, wenn sich die **Mitwirkungen des Verkehrsanwalts** nicht darauf beschränkt, den Kontakt des Mandaten mit dem Prozeßanwalt zu vermitteln, sondern etwa auch die Vorbereitung von Schriftsätzen einschließt. Üblich ist es, alle anfallenden Gebühren zur Grundlage der Quotierung zu machen, wobei die schriftsätzliche Vorbereitung durch den Verkehrsanwalt und die Terminswahrnehmungen durch den Prozeßvertreter jeweils mit 50% abgegolten werden.[53] Wie sich aus dem Gegenschluß zu Satz 6 ergibt, ist solches Vorgehen grundsätzlich für alle gerichtlichen Verfahren – auch solche vor den Zivilsenaten der Oberlandesgerichte mit Simultanzulassung – erlaubt, soweit nicht ein Fall des Satz 6 vorliegt.

30   Nach Sinn und Zweck der Regelung muß es dem Rechtsanwalt in außergerichtlichen Sachen gleichfalls möglich sein, den **Angehörigen eines sozietätsfähigen Berufes** i.S.d. § 59 a Abs. 3 zu Rate zu ziehen, um im Interesse des Mandanten dessen besonderen fachlichen Rat zu nutzen. Für ein Verbot, solche konsiliarische Tätigkeit aus den Gebühren des Rechtsanwalts zu honorieren ist kein Raum, denn das Verbot soll lediglich von vornherein unterbinden, daß sich der zunächst beauftragte Rechtsanwalt bei der Einschaltung eines Kollegen von der Aussicht auf eine Gebührenteilung leiten läßt. In Verfahren vor den Finanzgerichten oder in Angelegenheiten des gewerblichen Rechtsschutzes dürfte dies im Hinblick auf Steuerberater oder Patentanwälte entsprechend gelten.

31   Zur **Voraussetzung** für die Mandatserteilung darf die Gebührenteilung allerdings in keinem Fall gemacht werden. Praktische Bedeutung dürfte diese Regelung nur in sofern erlangen, als der Rechtsanwalt, der die Mandatsvergabe von der Bereitschaft des Kollegen zur Gebührenteilung abhängig macht, eine Pflichtverletzung nach § 113 Abs. 1 begeht.

32   Für die **Rechtsanwaltschaft beim BGH und singular zugelassene OLG-Anwälte** schließt Satz 6 die Ausnahmen der Sätze 2 und 3 aus. Dieses Verbot der vertikalen Gebührenteilung[54] wurde damit gerechtfertigt, daß diese Rechtsanwälte im Gegensatz zu den bei anderen Gerichten zugelassenen nicht damit rechnen können, ihrerseits Mandate mit der Wohltat der Gebührenteilung vergeben zu können.[55] Nach Auffassung des EG Oldenburg dient es einer klaren Trennung der Verantwortlichkeit und sichert die Unabhängigkeit der OLG-Anwälte.[56] Das Verbot wirkt aber nur „von oben nach unten", wie sich aus dem nicht ausgenommenen Satz 5 ergibt, können die genannten Rechtsanwälte von den Kollegen der unteren Instanzen beratend eingeschaltet und honoriert werden.

V. Rechtsfolgen

33   Grundsätzlich berührt die Gebührenteilungsabrede das Rechtsverhältnis zwischen Auftraggeber und Rechtsanwalt nicht.[57] Etwas anderes gilt, wenn der Mandant von der Vereinbarung seiner Rechtsanwälte, die Gebühren zu teilen, Kenntnis hatte und an den Verkehrsanwalt die gesamten Gebühren gezahlt hat. In diesem Fall kann der Prozeßanwalt die ihm abweichend von der Vereinbarung nach dem Gesetz zustehenden höheren Gebühren vom Mandanten nicht verlangen.[58] Der Mandant kann

---

[53] *Feuerich/Braun*, § 49 b Rdn. 30.
[54] Eingehend *Finzel* AnwBl. 1989, 340.
[55] *Lingenberg/Hummel/Zuck/Eich*, § 55a Rdn. 27.
[56] BRAK-Mitt. 1991, 106.
[57] OLG München NJW-RR 1991, 1460.
[58] OLG-Rp Düsseldorf 1994, 239.

sich mit dem Vortrag, der Verkehrsanwalt teile die Gebühren mit dem Prozeßanwalt, im **Kostenfestsetzungsverfahren** nicht zur Wehr setzen, es handelt sich um einen materiellrechtlichen Einwand.[59]

E. Abtretung zur Einziehung

I. Entstehungsgeschichte der Regelung

Im Rahmen einer allgemein großzügigen Betrachtungsweise untersagte § 54 Abs. 3 RichtlRA lediglich, Kostenforderungen an einen Dritten, der nicht Rechtsanwalt ist, abzutreten, oder Inkassobüros mit der Einziehung zu betrauen. In Bezug auf eine zahnärztliche Honorarforderung hat der BGH[60] festgestellt, daß die Honorarabtretung mit Übergabe der Abrechnungsunterlagen ohne Zustimmung des Patienten wegen Verstoßes gegen die ärztliche Schweigepflicht nach § 134 BGB i.V.m. § 203 Abs. 1 Nr. 1 StGB nichtig sei. Für den Bereich **anwaltlicher Honorare** ist der BGH dieser Rechtsprechung gefolgt, da die Abtretung der Honorarforderung wegen der nach § 402 BGB bestehenden umfassenden Informationspflicht nichtig sei.[61] Dieser Rechtsprechung trägt die Regelung Rechnung. 34

II. Zweck der Regelung

Die Bestimmung regelt, unter welchen Voraussetzungen der Rechtsanwalt seine Gebührenforderungen abtreten kann. Satz 1 legt dem **Rechtsanwalt, der eine Gebührenforderung erwirbt,** dieselben Verschwiegenheitspflichten auf wie dem Rechtsanwalt, der beauftragt ist und gestattet damit eine solche Abtretung. Satz 2 macht die Abtretung an einen zur Rechtsanwaltschaft nicht zugelassenen Dritten von der ausdrücklichen, schriftlichen Einwilligung des Mandanten abhängig, wobei der Anspruch tituliert sein muß und ein erster Vollstreckungsversuch keinen Erfolg gehabt haben darf. 35

III. Anwendungsbereich

Allein auf Gebührenforderungen des Rechtsanwalts bezieht sich die Vorschrift. Dies sind die Honorare – und zwar Gebühren und Auslagen – die die Mandanten dem von ihnen beauftragten Rechtsanwalt schulden. Auch die Honorarforderung, die auf Grund der Bewilligung von Prozeßkostenhilfe von der Bundes- oder Landeskasse geschuldet wird, sowie der Gebührenanspruch des gerichtlich bestellten Verteidigers und des beigeordneten Rechtsanwalts (§ 97 BRAGO) fallen in den Anwendungsbereich der Norm. Dies folgt aus der „ratio legis", wonach der Rechtsanwalt ihm vom Mandanten anvertraute Informationen zum Zwecke der Gebühreneinziehung nicht offenbaren soll. 36

Der **Kostenerstattungsanspruch** gegen den gegnerischen Mandanten fällt dagegen nicht in den Anwendungsbereich. Es handelt sich hierbei nicht um eine Gebührenforderung des Rechtsanwalts, sondern, auch wenn der Rechtsanwalt die Forderung erworben hat, von der Rechtsnatur her um einen Anspruch seines Auftraggebers. Erwirbt der Rechtsanwalt nach § 3 Abs. 5 S. 2 BRAGO einen

---

[59] OLG Frankfurt, AnwBl. 1991, 269.
[60] NJW 1991, 2955.
[61] NJW 1993, 1638 = AnwBl. 1993, 529; NJW 1993, 1849.

Teil des Erstattungsanspruchs seines Mandanten an Erfüllungs Statt, so ist die Gebührenforderung insoweit durch Erfüllung erloschen (§ 364 Abs. 1 BGB). Für Verfügungen des Rechtsanwalts über die so erworbenen Erstattungsansprüche gilt Absatz 4 daher nicht.

IV. Die Abtretung an einen Rechtsanwalt

37 Satz 1 bringt zum Ausdruck, daß die Abtretung von Gebührenforderungen an einen Rechtsanwalt **grundsätzlich zulässig** ist. Dies folgt daraus, daß die Abtretung an einen Rechtsanwalt – anders als Satz 2 – keinen Bedingungen für die Wirksamkeit der Abtretung unterliegt. Die Vorschrift verpflichtet den anwaltlichen Zessionar zur Verschwiegenheit in gleicher Weise wie den Rechtsanwalt, den der Mandant beauftragt hat. Damit hat der Gesetzgeber die Rechtsprechung des BGH aufgegriffen, wonach allein die Tatsache, daß auch der Zessionar zur Rechtsanwaltschaft zugelassen ist, die Nichtigkeit der Übertragung nach § 134 BGB i.V.m. § 203 Abs. 1 Nr. 3 StGB nicht beseitigt.[62] Nach der Entscheidung des BGH würde eine wirksame Ausnahme von dem Verbot des § 203 Abs. 1 Nr. 3 StGB voraussetzen, daß die Abtretung an einen Rechtsanwalt gesetzlich erlaubt würde und der Erwerber der Forderung denselben Verschwiegenheitspflichten unterläge wie der vom Mandanten beauftragte Rechtsanwalt. Ausgehend von der Rechtsprechung hält es der Gesetzgeber also für ausreichend, die Anwendbarkeit von § 134 BGB i.V.m. § 203 Abs. 1 Nr. 3 StGB zu verneinen, wenn gleichfalls der Zessionar als Empfänger der geschützten Information der Pflicht zur Verschwiegenheit unterliegt. Dies ist konsequent, denn auch dem Rechtsanwalt stünde es frei, sich fremder anwaltlicher Hilfe bei der Durchsetzung seiner Honorarforderung zu bedienen. Wird die Gebührenforderung an einen zur Rechtsanwaltschaft nicht zugelassenen amtlich bestellten Vertreter abgetreten, fehlt es am Merkmal der Abtretung an einen Rechtsanwalt, so daß die Abtretung nicht zulässig ist.[63]

V. Die Abtretung oder Übertragung der Einziehung an Dritte

1. Die Abtretung oder Übertragung der Einziehung

38 Satz 2 erfaßt jede Art von Abtretung und die „Übertragung der Einziehung". Der Sinn der Vorschrift geht dahin, daß auch über die Einziehung des Honorars durch Dritte keine der Verschwiegenheit unterliegende Informationen in fremde Hände gelangen. Dies verbietet es, einen weiten Maßstab anzulegen.

Übernimmt es ein Mitglied einer Sozietät nach § 59a, das selbst zur Rechtsanwaltschaft nicht zugelassen ist, eine der Sozietät zustehende Gebührenforderung einzuziehen, liegt ein Fall des Satzes 2 jedoch nicht vor. Mit der Möglichkeit der gemeinsamen Berufsausübung mit ihrerseits zur Verschwiegenheit verpflichteten Berufen hat der Gesetzgeber gebilligt, daß diese in der Sozietät Zugang zu Berufsgeheimnissen der Rechtsanwälte erhalten.

2. Rechtskräftige Feststellung der Forderung

39 Nur Honorarforderungen, die „rechtskräftig festgestellt" sind, können an nicht zur Rechtsanwaltschaft zugelassene Dritte abgetreten werden. Welcher Art der

---

[62] NJW 1993, 1912 = AnwBl. 1993, 529.
[63] BGH NJW 1995, 2026.

Vollstreckungstitel ist, bleibt unerheblich. Es kommen neben den anderen in §§ 704, 709 ZPO bezeichneten Titeln insbesondere auch Festsetzungen der Vergütung nach § 19 BRAGO in Betracht.

3. Fruchtloser Vollstreckungsversuch

Eine zulässige Abtretung der Gebührenforderung an Nichtrechtsanwälte setzt einen fruchtlosen Vollstreckungsversuch voraus. Die Vorschrift mutet dem Rechtsanwalt also zu, mindestens einmal selbst Vollstreckungsmaßnahmen zu ergreifen, bevor er die Einziehung in fremde Hände gibt. Die Formulierung ein „erster" Vollstreckungsversuch müsse fruchtlos verlaufen sein, kann jedoch nicht dahin verstanden werden, daß die Abtretung nach Absatz 4 Satz 2 stets unzulässig ist, wenn der zeitlich erste Vollstreckungsversuch erfolglos war. Dem Sinn der Vorschrift entspricht es, wenn der Rechtsanwalt – auch wenn Vollstreckungshandlungen anfänglich Teilerfolge brachten – der Weg des Absatz 4 Satz 2 eröffnet wird, wenn eine spätere Vollstreckungsmaßnahme nicht einmal teilweise fruchtbar war. 40

4. Einwilligung des Mandanten

Nur mit „ausdrücklicher, schriftlicher Einwilligung" des Mandanten ist die Abtretung an nicht zur Rechtsanwaltschaft zugelassene Dritte möglich. Diesem Erfordernis wird die mit der Vollmachtsurkunde unterzeichnete Einwilligung gerecht, einer gesonderten Urkunde bedarf es nicht (argumentum e contrario aus § 51a Abs. 2 S. 3). Auch wenn Gebührenschuldner die Bundes- oder Landeskasse ist, kommt es nur auf die Einwilligung des Mandanten an, um dessen dem Rechtsanwalt anvertraute Informationen es letztlich geht. 41

5. Die Pfändung der Honorarforderung

Nach § 851 ZPO sind Forderungen nur pfändbar, soweit sie übertragen werden können. Da einer Forderungsübertragung an nicht als Rechtsanwalt zugelassene Dritte nur unter den Voraussetzungen des Absatz 4 Satz 2 möglich ist, scheidet eine Pfändung aus, sofern nicht die besonderen Voraussetzungen gegeben sind.[64] Der Gesetzgeber hat mit der Ausführung des Absatz 4 darauf verzichtet, die Pfändung von Honorarforderungen zu ermöglichen, statt dessen genießt der Schutz des Mandanten vor der Preisgabe der von ihm seinem Rechtsanwalt anvertrauten Informationen Vorrang. 42

§ 50 Handakten des Rechtsanwalts

(1) Der Rechtsanwalt muß durch Anlegung von Handakten ein geordnetes Bild über die von ihm entfaltete Tätigkeit geben können.

(2) Der Rechtsanwalt hat die Handakten auf die Dauer von fünf Jahren nach Beendigung des Auftrags aufzubewahren. Diese Verpflichtung erlischt jedoch schon vor Beendigung dieses Zeitraumes, wenn der Rechtsanwalt den Auftraggeber aufgefordert hat, die Handakten in Empfang zu nehmen, und der Auftraggeber dieser Aufforderung binnen sechs Monaten, nachdem er sie erhalten hat, nicht nachgekommen ist.

---

[64] *Diepold* MDR 1995, 23.

§ 50 1–3   Dritter Teil. Rechte und Pflichten des Rechtsanwalts

(3) **Der Rechtsanwalt kann seinem Auftraggeber die Herausgabe der Handakten verweigern, bis er wegen seiner Gebühren und Auslagen befriedigt ist.** Dies gilt nicht, soweit die Vorenthaltung der Handakten oder einzelner Schriftstücke nach den Umständen unangemessen wäre.

(4) **Handakten im Sinne der Absätze 2 und 3 dieser Bestimmung sind nur die Schriftstücke, die der Rechtsanwalt aus Anlaß seiner beruflichen Tätigkeit von dem Auftraggeber oder für ihn erhalten hat, nicht aber** der Briefwechsel zwischen dem Rechtsanwalt und seinem Auftraggeber und die Schriftstücke, die dieser bereits in Urschrift oder Abschrift erhalten hat.

(5) **Absatz 4 gilt entsprechend, soweit sich der Rechtsanwalt zum Führen von Handakten der elektronischen Datenverarbeitung bedient.**

Schrifttum: *Rüpke,* Freie Advokatur, anwaltliche Informationsverarbeitung und Datenschutzrecht, Schriftenreihe der Bundesrechtsanwaltskammer Bd. 9, 1995.

Übersicht

	Rdn.		Rdn.
A. Entstehungsgeschichte	1–2	III. Zurückbehaltungsrecht	11
B. Gesetzesaufbau	3	IV. Ausnahmen vom Zurückbehaltungsrecht	13
C. Gesetzeszweck	4–6	V. Begriffsbestimmung	20
D. Einzelbestimmungen	7–22	VI. Handakten und EDV	22
I. Verpflichtung, Handakten anzulegen	7	E. Aufzeichnungen nach dem Geldgewäschegesetz	23
II. Aufbewahrungsfristen	8		

A. Entstehungsgeschichte

1   Die Bestimmung ist durch das Gesetz zur Neuordnung des Berufsrechts der Rechtsanwälte und der Patentanwälte vom 2. 9. 1994[1] neu gefaßt worden. Alle Rechtsanwaltsordnungen seit 1878 hatten zwar Vorschriften über die Handakten des Rechtsanwalts enthalten. Alle waren davon ausgegangen, daß der Rechtsanwalt Handakten anlegt und führt. Erstmals wurde durch das o. a. Gesetz auch eine gesetzliche Verpflichtung des Rechtsanwalts zur Führung von Handakten eingeführt (Abs. 1); erstmals findet sich auch eine Begriffbestimmung im Gesetz (Abs. 4).

2   Eine nähere Regelung der besonderen Berufspflichten bei der Führung von Handakten kann die Berufsordnung vorsehen (§ 59 b Abs. 2 Nr. 5 d).

B. Gesetzesaufbau

3   Absatz 1 enthält die Grundnorm, Absatz 2 regelt die Aufbewahrungsfrist, Absatz 3 das Zurückbehaltungsrecht des Rechtsanwalts und Absatz 4 und 5 die Begriffsbestimmung.

---

[1] BGBl. I, S. 2278.

C. Gesetzeszweck

Die Pflicht, Handakten anzulegen und zu führen, dient in erster Linie dem 4
Rechtsanwalt selbst.[2] Er kann sich jederzeit einen Überblick über den bisherigen
Ablauf verschaffen, kann Auskünfte erteilen und schließlich auch nachweisen,
welche Tätigkeiten er entfaltet hat. Dies ist dann wichtig, wenn sich der Rechtsanwalt gegen Vorwürfe, das Mandat nicht ordnungsgemäß geführt zu haben, zur
Wehr setzen muß. Nach § 56 Abs. 1 S. 1 hat er in Aufsichts- und Beschwerdesachen den Kammervorstand oder einem Beauftragten des Vorstands seine Handakten vorzulegen.

Daneben kann die Handakte bei Regreßklagen oder Strafverfahren gegen den 5
Rechtsanwalt als Beweismittel dienen.

In Bagatellsachen – z. B. bei einem mündlich oder fernmündlich erteilten Rat 6
oder einer bloßen Auskunft – genügt freilich ein Aktenvermerk, der ebenso wie
die Handakte fünf Jahre aufzubewahren ist.

D. Einzelbestimmungen

I. Verpflichtung, Handakten anzulegen

Die Handakten sollen nach Absatz 1 ein „geordnetes Bild" der vom Rechts- 7
anwalt entfalteten Tätigkeit geben. Dazu gehört auch das Paginieren der einzelnen Schriftstücke, schon um dem Vorwurf, die Handakten seien nachträglich
manipuliert worden, zu entgehen.[3]

II. Aufbewahrungsfristen

Nach Absatz 2 sind die Handakten grundsätzlich auf die Dauer von 5 Jahren 8
nach der „Beendigung des Auftrags" aufzubewahren, es sei denn, der Auftraggeber machte von seinem Herausgaberecht nach § 667 BGB Gebrauch. Diese
Vorschrift gilt nach § 675 BGB auch für den Anwaltsvertrag.[4]

Die Fünfjahresfrist kann durch Einzelvereinbarung, nicht aber durch Allgemei- 9
ne Geschäftsbedingungen abgekürzt werden.

Der Beginn der Aufbewahrungsfrist ist nicht normiert; er läßt sich nur für den 10
Einzelfall bestimmen. Dennoch wird man als Faustregel festhalten können, daß
der Auftrag beendet ist, wenn der Rechtsanwalt im Rahmen des ihm erteilten
Auftrags keine weitere Tätigkeit mehr entfalten kann oder soll. Ein Anhaltspunkt
kann das Übersenden der Anwaltsrechnung nach § 18 Abs. 1 BRAGO sein.[5]
Beendigt wird der Auftrag auch durch Kündigung des Mandats durch den
Rechtsanwalt oder den Auftraggeber. Nachvertragliche Pflichten des Rechtsanwalts (z. B. die Pflicht zur Unterrichtung des Auftraggeber über noch an ihn
erfolgte Zustellung nach Mandatsende) beeinflussen den Beginn der Aufbewahrungsfrist nicht.[6] Wird der Prozeßbevollmächtigte der Rechtsmittelinstanz vom

---

[2] *Feuerich/Braun*, Rdn. 2.
[3] *Lingenberg/Hummel/Zuck/Eich*, § 36 Rdn. 4.
[4] BGHZ 109, 260.
[5] *Jessnitzer/Blumberg*, Rdn. 4; OLG Bamberg, VersR 1978, 329.
[6] *Feuerich/Braun*, Rdn. 14.

Instanzanwalt beauftragt, so endet für den Instanzanwalt der Auftrag erst mit der Annahme des Mandats durch den Rechtsmittel-Anwalt.[7]

III. Zurückbehaltungsrecht

11 Absatz 3 räumt dem Rechtsanwalt in Ergänzung zu § 273 BGB ein Zurückbehaltungsrecht an seinen Handakten ein, bis er wegen seiner Gebühren und Auslagen befriedigt ist. Die Gebühren und Auslagen müssen fällig (§ 16 BRAGO) und in der Angelegenheit entstanden sein, für die sie angelegt worden waren. An den Handakten des Prozeßbevollmächtigten steht dem Verkehrsanwalt kein Zurückbehaltungsrecht zu.[8] Verjährte Honorar- und Auslagenansprüche berechtigten zur Zurückhaltung, wenn der Herausgabeanspruch bereits zu einem Zeitpunkt bestanden hat, in dem der Gebührenanspruch noch nicht verjährt war.[9] Auch der Nachfolger im Mandat muß das Zurückbehaltungsrecht gegen sich gelten lassen.

12 Voraussetzung für die Geltendmachung des Zurückbehaltungsrechts ist es, daß der Rechtsanwalt eine ordnungsgemäße Abrechnung erteilt hat.

IV. Ausnahmen vom Zurückbehaltungsrecht

13 Nach Absatz 3 Satz 2 kann der Rechtsanwalt ein Zurückbehaltungsrecht nicht ausüben, wenn und soweit die Vorenthaltung von Handakten oder einzelner Schriftstücke nach den Umständen unangemessen wäre. Damit soll verhindert werden, daß dem säumigen Auftraggeber die Verfolgung weiterer Rechte, für die er die Handakten des Rechtsanwalts oder Teile derselben benötigt, unmöglich gemacht oder erschwert wird. Als Ausnahme von Absatz 3 Satz 1 ist die Vorschrift eng auszulegen, zumal Satz 1 dem Rechtsanwalt ein legales Druckmittel in die Hand gibt, um den säumigen Auftraggeber zur Zahlung zu veranlassen.[10]

Nicht zurückbehalten werden dürfen z. B. Unterhaltstitel, wenn deren Vorenthaltung den Auftraggeber einer sozialen Notlage aussetzen würde, nicht aber allgemein Urkunden, aus denen sich der Verjährung unterliegende und noch nicht erfüllte Ansprüche des Auftraggebers ergeben. Dies würde dem Zweck des Gesetzes (Absatz 3 Satz 1) zuwiderlaufen.

14 Auf Rückgabe der in den Handakten befindlichen Vollmachtsurkunde hat der Auftraggeber nach § 175 BGB in jedem Falle einen Rechtsanspruch.

Sind Teile der Kostenrechnung des Rechtsanwalts streitig, so kann der Auftraggeber durch Zahlung unter Vorbehalt die Rückgabe durchsetzen.

15 Dem säumigen Auftraggeber steht nach § 810 BGB das Recht auf Einsichtnahme zu, freilich beschränkt sich dieses Recht auf einzelne Urkunden, da die Handakte nicht Gesamturkunde i. S. des § 267 StGB ist.[11]

16 Die anwaltliche Verschwiegenheitspflicht gebietet dem Rechtsanwalt grundsätzlich, Dritten die Einsichtnahme in die Handakten zu verwehren, es sei denn, der Auftraggeber wäre mit der Einsichtnahme einverstanden. Dies gilt selbstverständlich auch, wenn Handakten über die gesetzliche Aufbewahrungsfrist hinaus (Abs. 2 Satz 1) oder die nach Absatz 2 Satz 2 verkürzte Frist hinaus aufbewahrt werden.

---

[7] *Borgmann/Haug*, S. 77 Rdn. 95.
[8] *Borgmann/Haug*, S. 152 Rdn. 147 m. w. N.
[9] EG Düsseldorf AnwBl. 1979, 123.
[10] *Lingenberg/Hummel/Zuck/Eich*, § 37 Rdn. 4 und 7.
[11] BGHSt. 3, 295.

Ist über das Vermögen des Auftraggebers das Konkurs- oder Vergleichsverfahren eröffnet, so besteht – anders als beim Notar – für den Rechtsanwalt gegenüber dem Konkursverwalter kein Zurückbehaltungsrecht.[12] Der Konkursverwalter hat einen originären Herausgabe- und Auskunftsanspruch, der sich allerdings auf die Handakten beschränkt, die in Angelegenheiten entstanden sind, die Teil der Konkursmasse (§ 12 KO) sind. Kein Herausgabe-Anspruch besteht also z. B. hinsichtlich der Handakten in einem Ehescheidungsverfahren des Gemeinschuldners.[13] Gebührenansprüche des Rechtsanwalts, derentwegen ein Zurückbehaltungsrecht besteht, können nur zur Konkurstabelle angemeldet werden.[14] 17

Die Handakten des Verteidigers sind durch § 97 Abs. 1 StPO vor der Beschlagnahme geschützt. Wird der Verteidiger von der Verschwiegenheitspflicht entbunden, sollen sie beschlagnahmefähig werden, weil § 97 Abs. 1 StPO lediglich die Umgehung des Zeugnisverweigerungsrechts nach §§ 52, 53 und 53 a StPO verhindern will.[15] Diese Beschlagnahmefreiheit erstreckt sich nur auf die Verteidiger-Handakten. 18

Die grundsätzliche Beschlagnahmefreiheit wird durch § 97 Abs. 2 S. 3 eingeschränkt, der auch für den Strafverteidiger gilt. Wird dieser einer Teilnahme oder einer Begünstigung, Strafvereitelung oder Hehlerei verdächtigt, so entfällt die Beschlagnahmefreiheit. Hat die Staatsanwaltschaft wegen eines solchen Verdachts Verteidiger-Handakten beschlagnahmt, so darf sie Dritten – entsprechend dem Beschlagnahmezweck – Einsicht nur dann gewähren, wenn dies der Durchführung des Strafverfahrens dient.[16] 19

V. Begriffsbestimmung

Absatz 4 umschreibt, welche Schriftstücke Handakten i. S. der Abs. 2 und 3 sind, nämlich nur die, die der Rechtsanwalt aus Anlaß seiner beruflichen Tätigkeit von dem Auftraggeber oder für ihn erhalten hat. Der Briefwechsel zwischen ihm und dem Auftraggeber und die Schriftstücke, die der Auftraggeber bereits in Urschrift oder Abschrift erhalten hat, werden ausdrücklich vom Handaktenbegriff der Absatz 2 und 3 nicht erfaßt (Abs. 4, 2. Halbsatz). 20

Zu den Handakten gehört der „gesamte drittgerichtete Schriftverkehr, regelmäßig auch Gesprächsnotizen und Vermerke des Anwalts".[17] 21

VI. Handakten und EDV

Absatz 5 schreibt für die elektronische Datenverarbeitung die entsprechende Anwendung des Handaktenbegriffs des Absatzes 4 vor. Auch hier ist der Rechtsanwalt „Herr der Daten".[18] Bei der Rückgabe der Handakten wird der Auftraggeber die Wahl zwischen Herausgabe des Datenträgers und dem Ausdruck der einzelnen Urkunden haben. Die Vernichtung der Handakten nach Ablauf der 5-Jahres-Frist oder der verkürzten Frist nach Absatz 2 Satz 2 erfolgt durch Löschung der Daten. 22

---

[12] BGH AnwBl. 1990, 161.
[13] *Robrecht* AnwBl. 1967, 144.
[14] *Robrecht*, a. a. O., S. 146 m. w. N.
[15] *Löwe/Rosenberg*, § 97 Rdn. 1.
[16] OLG Koblenz AnwBl. 1985, 314 und AnwBl. 1985, 315; OLG Hamburg NJW 1962, 689.
[17] BGHZ 109, 260 = NJW 1990, 510 (511).
[18] *Rüpke*, S. 24.

§ 51 Dritter Teil. Rechte und Pflichten des Rechtsanwalts

E. Aufzeichnungen nach dem Geldwäschegesetz

23 In § 9 des Gesetzes über die Aufspürung von Gewinnen aus schweren Straftaten[19] (sog. Geldwäschegesetz) wird auch der Rechtsanwalt, der Vermögenswerte im Werte von DM 20.000,– oder mehr entgegennimmt, zu Aufzeichnungen verpflichtet. Diese Aufzeichnungen sind sechs Jahre aufzubewahren (§ 9 Abs. 3 S. 1 GwG). Die vorzeitige Vernichtung dieser Aufzeichnungen stellt eine Ordnungswidrigkeit dar (§ 17 Abs. 1 Nr. 3 GwG). Die Aufzeichnungen unterliegen – für die Rechtspflege äußerst bedenklich[20] – nicht dem Schutz des § 97 Abs. 1 StPO, sind also nicht Handakten i. S. des § 50 und sollten getrennt von diesem aufbewahrt werden, schon um die Handakten vor Beschlagnahme zu schützen.[21]

§ 51 Berufshaftpflichtversicherung

(1) **Der Rechtsanwalt ist verpflichtet, eine Berufshaftpflichtversicherung zur Deckung der sich aus seiner Berufstätigkeit ergebenden Haftpflichtgefahren für Vermögensschäden abzuschließen und die Versicherung während der Dauer seiner Zulassung aufrechtzuerhalten. Die Versicherung muß bei einem im Inland zum Geschäftsbetrieb befugten Versicherungsunternehmen zu den nach Maßgabe des Versicherungsaufsichtsgesetzes eingereichten Allgemeinen Versicherungsbedingungen genommen werden und sich auch auf solche Vermögensschäden erstrecken, für die der Rechtsanwalt nach § 278 oder § 831 des Bürgerlichen Gesetzbuches einzustehen hat.**

(2) Der Versicherungsvertrag hat Versicherungsschutz für jede einzelne Pflichtverletzung zu gewähren, die gesetzliche Haftpflichtansprüche privatrechtlichen Inhalts gegen den Rechtsanwalt zur Folge haben könnte; dabei kann vereinbart werden, daß sämtliche Pflichtverletzungen bei Erledigung eines einheitlichen Auftrags, mögen diese auf dem Verhalten des Rechtsanwalts oder einer von ihm herangezogenen Hilfsperson beruhen, als ein Versicherungsfall gelten.

(3) Von der Versicherung kann die Haftung ausgeschlossen werden:
1. für Ersatzansprüche wegen wissentlicher Pflichtverletzung,
2. für Ersatzansprüche aus Tätigkeiten über in anderen Staaten eingerichtete oder unterhaltene Kanzleien oder Büros,
3. für Ersatzansprüche aus Tätigkeiten im Zusammenhang mit der Beratung und Beschäftigung mit außereuropäischem Recht,
4. für Ersatzansprüche aus Tätigkeiten des Rechtsanwalts vor außereuropäischen Gerichten,
5. für Ersatzansprüche wegen Veruntreuung durch Personal, Angehörige oder Sozien des Rechtsanwalts.

(4) **Die Mindestversicherungssumme beträgt 500.000 Deutsche Mark** für jeden Versicherungsfall. Die Leistungen des Versicherers für alle innerhalb eines Versicherungsjahres verursachten Schäden können auf den vierfachen Betrag der Mindestversicherungssumme begrenzt werden.

---

[19] *Geldwäschegesetz* vom 25. 10. 1993, BGBl. I, S. 1170.
[20] *Henssler* NJW 1994, 1817.
[21] *Henssler*, a. a. O., 1821; *Salditt* AnwBl. 1993, 236; *Wenzel* ZAP 1994, 35; *Johnigk* BRAK-Mitt. 1994, 58.

§ 51 Berufshaftpflichtversicherung § 51

(5) Die Vereinbarung eines Selbstbehalts bis zu 1 vom Hundert der Mindestversicherungssumme ist zulässig.

(6) Im Versicherungsvertrag ist der Versicherer zu verpflichten, der zuständigen Landesjustizverwaltung und der zuständigen Rechtsanwaltskammer den Beginn und die Beendigung oder Kündigung des Versicherungsvertrages sowie jede Änderung des Versicherungsvertrages, die den vorgeschriebenen Versicherungsschutz beeinträchtigt, unverzüglich mitzuteilen.

(7) Zuständige Stelle im Sinne des § 158 c Abs. 2 des Gesetzes über den Versicherungsvertrag ist die Landesjustizverwaltung.

(8) Das Bundesministerium der Justiz wird ermächtigt, durch Rechtsverordnung mit Zustimmung des Bundesrates nach Anhörung der Bundesrechtsanwaltskammer die Mindestversicherungssumme anders festzusetzen, wenn dies erforderlich ist, um bei einer Änderung der wirtschaftlichen Verhältnisse einen hinreichenden Schutz der Geschädigten sicherzustellen.

Schrifttum: *Borgmann/Haug*, Anwaltshaftung, 3. Auflage 1995; *A. Braun*, Satzungsversammlung u. Berufshaftpflichtversicherung, Berliner Anwaltsbl. 1995, 60; *ders.*, Berufshaftpflichtversicherung, BRAK-Mitteilungen, 1994, 202; *Brieske*, Die Berufshaftpflichtversicherung, Anwaltsblatt 1995, 225; *Evers*, Der Rechtsanwalt als Treuhänder im Bauherrenmodell, NJW 1983, 1652; *Feuerich*, Rechtsanwälte im öffentlichen Dienst, MDR 1993, 1141; *Feuerich/Braun*, Bundesrechtsanwaltordnung 3. Auflage 1995; *Jessnitzer/Blumberg*, Bundesrechtsanwaltsordnung 7. Auflage 1995; *Kleine-Cosack*, Bundesrechtsanwaltordnung 2. Auflage 1996; *Kleine-Cosack*, Neuordnung des anwaltlichen Berufes, NJW 1994, 2249; *Kuhl/Meurers/Maxl/Schäfer/Goez*, Steuerberatungsgesetz 1995; *Mittelstein*, Grenzen der Verantwortlichkeit des Rechtsanwalts, MDR 1958, 743; *Neuhaus*, Konsolidierte Fassung des VAG, des VVG, des EGVVG und des PflVG 1994; *Pott*, Die Berufshaftpflichtversicherung – Hinweise und Überblick für den Einsteig, DAV Ratgeber 6. Auflage 1995; *Pott*, Die anwaltliche Berufshaftpflichtversicherung, Sonderdruck aus dem Anwaltsverzeichnis 1995; *Prölss/Martin*, Versicherungsvertragsgesetz 25. Auflage 1992; *Roesen*, Zur Frage der Haftungsbeschränkung, AnwBl. 1962, 25; *Schmitz*, Anwaltliches Standesrecht, insbesondere die neuen Richtlinien für die Ausübung des Rechtsanwaltsberufs, NJW 1963, 1284; *Späte*, Haftpflichtversicherung 1993; *Späth*, Anmerkung zu BGH VersR 1991, 873; *Taeger*, Haftpflichtbeschränkung und Haftpflichtversicherung, AnwBl. 1962, 133; *Zugehör*, Die Verjährung in der Berufshaftung der Rechtsanwälte, Beilage NJW Heft 21/1995, 6.

Übersicht

	Rdn.		Rdn.
I. Rückblick	1–3	1. Bedeutung	8
1. Die Standesrichtlinien der BRAK	1	2. Rechtsstellung des Versicherers	13
2. Die Standesregeln der Rechtsanwälte der EG	2	a) Bescheinigung	13
		b) Inhalt der Bescheinigung	14
3. Das Rechtsanwaltsgesetz der DDR v. 13. 9. 1990	3	c) Beendigungs- oder Veränderungsanzeige	15
II. Regelungszweck, -bedeutung und -konzeption	4–7	d) Fortbestand des Befreiungsanspruchs	16
1. Zweck	4	e) Forderungsübergang	17
2. Bedeutung	5	f) Aufrechnungsverbot	18
3. Konzeption	7	g) Verschwiegenheitspflicht	19
III. Pflichtversicherung	8–27	h) Aufklärungsobliegenheit	20

	Rdn.		Rdn.
3. Rechtsstellung des Mandanten	21	c) Anwaltsübliche Nebentätigkeiten	40
a) Anspruchsgegner	21	d) Notarvertreter	41
b) Fristen, Auskunftserteilung.	22	e) Gewerbliche Tätigkeiten	42
c) Umfang des Versicherungsschutzes	23	4. Vermögensschäden	43
d) Konkurs des Rechtsanwalts	24	a) Definition	43
4. Der verpflichtete Rechtsanwalt	25	b) Personen- und Sachschäden	44
a) Versicherter Personenkreis.	25	c) Umfang der Pflichtversicherung	45
b) Angestellter Rechtsanwalt	26	5. Zielkonflikt, Grenzen der Pflichtversicherung	46
c) Rechtsanwälte aus anderen Staaten	27	a) Beschränkung der Pflichtversicherung	46
IV. Der zum Geschäftsbetrieb befugte Versicherer	28–33	b) Nebenpflichten	47
1. Inländische Versicherungsunternehmen	29	c) Schaden durch Freiheitsentzug	48
2. Versicherungsunternehmen mit Sitz in der EG oder im EWR	30	d) Sachschaden	49
		6. Der Versicherungsfall	50
3. Versicherungsunternehmen mit Sitz außerhalb der EG und des EWR	31	a) Definition	50
		b) Schadensereignis	51
		c) Ausländische Versicherer	52
4. Die eingereichten Allgemeinen Versicherungsbedingungen	32	d) Vielzahl von Pflichtverletzungen	53
5. Prüfung durch das BAV	33	7. Mindestversicherungssumme	56
V. Art und notwendiger Inhalt der Versicherung	34–62	a) Begrenzung der Versicherungssumme	56
1. Haftpflicht	34	b) Anpassung der Versicherungssumme	57
2. Gesetzliche Haftpflichtansprüche	35	c) Sozietäten	58
a) Begriff	35	d) Interprofessionelle Sozietäten	59
b) Anderkonto	36	8. Selbstbehalt	60
c) Ansprüche aus Vereinbarungen	37	VI. Risikoausschlüsse	63–66
3. Haftpflichtgefahren aus der Berufstätigkeit	38	1. Wissentliche Pflichtverletzung	64
		2. Auslandsausschlüsse	65
a) Schadensumfang	38	3. Veruntreuung	66
b) Abgrenzungsprobleme	39	VII. Beitragsrabatte	67

I. Rückblick

1. Die Standesrichtlinien der BRAK

1   In dem Ende der 50er Jahre wieder aufgeflammten Meinungsstreit über die Beschränkung anwaltlicher Haftung wurde die um die Jahrhundertwende entwickelte und von der Anwaltschaft sehr bald zur Deckung ihres Berufsrisikos genutzte Haftpflichtversicherung gegen Vermögensschäden[1] als eine die Haftungsbeschränkung flankierende Schutzmaßnahme in die Diskussion eingeführt.[2] In § 3 der am 3. 5. 1963 verabschiedeten Fassung der Standesrichtlinien ließ die

---
[1] *Pott*, Die anwaltliche Berufshaftpflichtversicherung, Sonderdruck aus dem Anwaltsverzeichnis 1995, S. 54.
[2] *Roesen* AnwBl. 1962, 25 (28); *Taeger* AnwBl. 1962, 133 (134).

BRAK erstmals Haftungsbeschränkungen durch Vertrag insoweit zu, als der Schaden 50.000,– DM übersteigt und begründete zugleich „die Standespflicht des Rechtsanwalts, für sich und seine Mitglieder eine Berufshaftpflichtversicherung in angemessener Höhe einzugehen und zu unterhalten." Als angemessen wurde für den Regelfall eine Versicherungssumme von 50.000,– DM angesehen.[3] Die Neufassung der Richtlinien am 21. 6. 1973 erhöhte die Summe auf mindestens 100.000,– DM (§ 48 RichtlRA). Diese berufsrechtliche Regelung blieb nach der Entscheidung des BVfG vom 14. 7. 1987[4] wirksam. Sie gewährleistet die Vertrauensgrundlage, die die Rechtsanwaltschaft im Interesse einer funktionierenden Rechtspflege benötigt.[5] Sie war gleichwohl nur von begrenzter Effizienz. Da ihre Einhaltung nicht überwacht wurde, trat ihre Verletzung nur zu Tage, wenn diese sich im Schadensfall erwies und die Aufsichtsorgane von ihr erfuhren.

2. Standesregeln der Rechtsanwälte der EG

Nach Ziff. 3.9. dieser von der CCBE am 28. 10. 1988 beschlossenen Regeln[6] muß der Rechtsanwalt ständig in einer Weise versichert sein, die nach Art und Umfang den durch die rechtsanwaltliche Tätigkeit entstehenden Risiken angemessen ist. Die Regeln haben keine rechtliche Wirkung. Sie geben nur den Konsens der im CCBE organisierten Repräsentanten der nationalen Anwaltschaften wieder.

3. Rechtsanwaltsgesetz der DDR v. 13. 9. 1990 (RAG)[7]

§ 52 Abs. 1 RAG verpflichtete den Rechtsanwalt, eine Berufshaftpflichtversicherung zur Deckung der sich aus seiner Berufstätigkeit ergebenden Haftpflichtgefahren abzuschließen und während der Dauer seiner Zulassung aufrechtzuerhalten. Die Mindestversicherungssumme wurde auf 500.000,– DM für jeden Versicherungsfall festgesetzt. Nach § 52 Abs. 2 RAG mußte der Versicherungsvertrag nach Abschluß oder im Falle der Beendigung durch Kündigung sowie der Veränderung der zuständigen Landesjustizbehörde vorgelegt werden. Nach § 13 Abs. 4 RAG durfte die Zulassungsurkunde erst ausgehändigt werden, wenn der Abschluß der Berufshaftpflichtversicherung nachgewiesen ist. Nach § 16 Abs. 2 Nr. 8 RAG war die Zulassung zur Rechtsanwaltschaft zu widerrufen, wenn der Rechtsanwalt nicht den Abschluß der vorgeschriebenen Berufshaftpflichtversicherung nachgewiesen hat oder aus der Versicherung ausgeschieden ist und nicht unverzüglich die Fortsetzung oder den Abschluß eines neuen Versicherungsvertrages nachweist.

II. Regelungszweck, -bedeutung und -konzeption

1. Zweck

Die gesetzliche Verpflichtung, eine Berufshaftpflichtversicherung zur Deckung der sich aus der anwaltlichen Berufstätigkeit ergebenden Haftpflichtgefahren für Vermögensschäden abzuschließen und während der Dauer der Zulassung aufrechtzuerhalten, dient vorrangig dem Schutz des rechtsuchenden Publikums.[8] Sie

---

[3] *Schmitz* NJW 1963, 1284 (1287).
[4] BVerfGE 76, 171 ff.
[5] BGH NJW 1994, 532; *Kleine-Cosack* NJW 1994, 2249 (2255); *Feuerich/Braun*, § 51 Rdn. 1; *Jessnitzer/Blumberg*, § 51 Rdn. 1.
[6] Abgedruckt bei *Kleine-Cosack*, Anh. II 7.
[7] GBl. I, 1504 i. d. F. vom 26. 6. 1992 BGBl. I, S. 1147 (1151 ff.).
[8] BT-Drucks. 12/4993, 31 zu Nr. 22.

will die Erfüllbarkeit rechtlich begründeter Ansprüche gegen den Rechtsanwalt auf Ersatz eines fahrlässig herbeigeführten **Vermögensschadens** durch die Schutzbestimmungen der Pflichtversicherung verbessern. Damit fördert sie zugleich den Schutz des Rechtsanwalts vor Vermögenseinbußen oder sogar dem Verlust seiner wirtschaftlichen Existenz.[9] Die Mindestversicherungssumme von 500.000,– DM bei vierfacher Maximierung für das Versicherungsjahr deckt noch die Mehrzahl der derzeit auftretenden Schäden.[10]

2. Bedeutung

5 Der Rechtsanwalt wird zur Risikovorsorge in den Grenzen der Berufshaftpflichtversicherung gezwungen. Der Mandant kann davon ausgehen, daß er für einen Vermögensschaden, der ihm durch fahrlässige Pflichtverletzung seines Rechtsanwalts zugefügt werden könnte, in den Grenzen der Pflichtversicherung Ersatz erhält. Das stärkt das **Vertrauen in die Anwaltschaft**, stützt die berufliche Unabhängigkeit des Rechtsanwalts[11] und seine Funktion im System der Rechtspflege; es verbessert die Stellung der Anwaltschaft im Wettbewerb mit ausländischen Rechtsanwälten oder anderen Anbietern juristischer Dienstleistungen.

6 Bei vorsätzlicher Pflichtverletzung des Rechtsanwalts, insbesondere bei Veruntreuung, ist der Schadensersatzanspruch des geschädigten Mandanten nach wie vor ungesichert und im Regelfall nicht realisierbar. Abhilfe könnte hier nur eine Vertrauensschadenversicherung schaffen, wie sie § 67 Abs. 2 Nr. 3 BNotO den Notarkammern auferlegt.

3. Konzeption

7 § 51 übernimmt den Kern der Regelung des § 51 RAG und dehnt die durch diese Bestimmung eingeführte Versicherungspflicht auf die alten Bundesländer aus. Seine Fassung orientiert sich an § 19 a BNotO.[12] Für Steuerberater und Wirtschaftsprüfer ist die gesetzliche Verpflichtung zur Berufshaftpflichtversicherung schon mit Inkrafttreten der beiden Berufsgesetze im Jahre 1961 begründet worden.[13] Die Berufshaftpflicht der Wirtschaftsprüfer hat ihre heute geltende Ausprägung durch die VO vom 8. 12. 1967 erhalten, die der Steuerberater durch die DVStB vom 19. 8. 1991. Mit § 51 besteht nunmehr für alle klassischen Professionen der Rechts- und Wirtschaftsberatung die gesetzliche Verpflichtung, die Haftpflichtgefahren für Vermögensschäden, die sich aus der jeweiligen Berufstätigkeit ergeben, durch eine Berufshaftpflichtversicherung zu decken.

III. Pflichtversicherung

1. Bedeutung

8 Der Rechtsanwalt wird zum Abschluß und zur Aufrechterhaltung einer Berufshaftpflichtversicherung verpflichtet. Diese ist deshalb eine Pflichtversicherung i. S. des § 158 b Abs. 1 VVG. Daß nach § 51 Abs. 8 die Mindestversicherungssumme durch Rechtsverordnung des Bundesministeriums der Justiz anders festge-

---

[9] *Borgmann/Haug,* VIII, Rdn. 2; *Brieske* AnwBl. 1995, 225.
[10] *Feuerich/Braun,* § 51 Rdn. 19.
[11] *Borgmann/Haug,* VIII Rdn. 2.
[12] Vom 24. 2. 1961, BGBl. I, S. 98, i. d. F. v. 12. 9. 1990, BGBl. I, S. 2002 und v. 29. 1. 1991, BGBl. I, S. 150.
[13] § 29 a StBG und § 54 WPO.

setzt werden kann, ändert daran nichts. § 158 b Abs. 1 VVG spricht zwar von einer gesetzlichen Verpflichtung, meint das aber nicht im formellen Sinne.[14]

Die gesetzliche Verpflichtung ist berufsrechtlicher und damit öffentlich-rechtlicher Natur. Ihr Adressat ist ausschließlich der Rechtsanwalt. Weder der Versicherer noch der Mandant werden unmittelbar berechtigt oder verpflichtet. Sie können nur über den Weg der Berufsaufsicht darauf hinwirken, daß der Rechtsanwalt eine den gesetzlichen Vorgaben entsprechende Berufshaftpflichtversicherung abschließt und aufrechterhält. **9**

Der zwischen dem Versicherer und dem Rechtsanwalt aufgrund der Versicherungspflicht zustandekommende Versicherungsvertrag ist privatrechtlicher Natur. § 51 findet auf ihn keine unmittelbare Anwendung. Daß er den Anforderungen des § 51 genügen muß, ist eine Reflexwirkung der berufsrechtlichen Verpflichtung des Rechtsanwalts. Schließt ein Rechtsanwalt mit einem Versicherer einen dem § 51 nicht genügenden Vertrag, ist dieser nicht wegen Gesetzesverstoßes nichtig (§ 134 BGB) sondern wirksam. Nur kann der Rechtsanwalt mit diesem Vertrag die Erfüllung seiner aus § 51 resultierenden Berufspflicht nicht nachweisen. Ob der Versicherer aufgrund einer vorvertraglichen Beratungspflicht auf den Abschluß einer § 51 entsprechenden Versicherung hinwirken muß, ist ausschließlich aus dem Versicherungsverhältnis zu beantworten. Eine generelle Verpflichtung besteht nicht; sie mag sich im Einzelfall aus besonderen Umständen ergeben. **10**

Der Gesetzgeber hat der berufsrechtlichen Verpflichtung einen besonderen Rang eingeräumt und sie aus den anderen Berufspflichten herausgehoben, deren Verletzung ausschließlich disziplinarrechtliche Folgen hat. Von ihrer Erfüllung hängt die Zulassung zur Rechtsanwaltschaft und der Fortbestand der Zulassung ab. Nach § 12 Abs. 2 S. 2 darf die Zulassungsurkunde erst ausgehändigt werden, wenn der Abschluß der Berufshaftpflichtversicherung nachgewiesen ist oder eine vorläufige Deckungszusage vorliegt. Nach § 14 Abs. 2 Nr. 10 ist die Zulassung zur Rechtsanwaltschaft zu widerrufen, wenn der Rechtsanwalt nicht die vorgeschriebene Berufshaftpflichtversicherung unterhält. Disziplinarrechtliche Maßnahmen werden dadurch nicht ausgeschlossen, setzen allerdings voraus, daß der Betroffene noch oder wieder zugelassen ist. **11**

Die mit Verlust des Versicherungsschutzes eingetretene Pflichtverletzung läßt sich nachträglich nicht heilen, auch nicht durch den Abschluß einer sog. Rückwärtsversicherung; denn diese deckt ausschließlich die zur Zeit ihres Abschlusses noch unbekannten Verstöße (§ 2 II AVB).[15] **12**

2. Rechtsstellung des Versicherers

a) Bescheinigung. § 158 Abs. 2 VVG verpflichtet den Versicherer, dem Rechtsanwalt zu bescheinigen, daß eine der BRAO entsprechende Haftpflichtversicherung besteht. Die Bescheinigung könnte mangels abweichender gesetzlicher Bestimmungen gemäß § 158 Abs. 2 S. 2 VVG mit dem Versicherungsschein verbunden werden. Nach § 51 Abs. 6 muß der Rechtsanwalt jedoch den Versicherer im Versicherungsvertrag verpflichten, der zuständigen Landesjustizverwaltung und der zuständigen Rechtsanwaltskammer, den Beginn, die Beendigung, die Kündigung sowie jede den vorgeschriebenen Versicherungsschutz beeinträchtigende Änderung des Versicherungsvertrages unverzüglich mitzuteilen. Dies schließt es aus, die Bescheinigung mit dem Versicherungsschein zu verbinden. **13**

---

[14] *Prölss/Martin*, § 158 b, Anm. 1.
[15] *Kuhl/Meurers/Maxl/Schäfer/Goez*, § 67 Rdn. 48 m. w. N.

14 b) Inhalt der Bescheinigung. Der Versicherer muß nach § 158 Abs. 2 VVG und aufgrund der mit ihm zu treffenden Vereinbarung den Abschluß und den Beginn der Berufshaftpflichtversicherung, deren Übereinstimmung mit den Anforderungen des § 51, die Mindestversicherungssumme, die Höchstleistung für alle innerhalb eines Versicherungsjahres verursachten Schäden in Höhe mindestens des vierfachen Betrages der Mindestversicherungssumme bescheinigen. Da der Rechtsanwalt die Versicherung bei einem im Inland zum Geschäftsbetrieb befugten Versicherer zu den dem Bundesaufsichtsamt für das Versicherungswesen eingereichten Allgemeinen Versicherungsbedingungen für Vermögensschäden nehmen muß, sollte die Bescheinigung des Versicherers auch die Erfüllung dieses Erfordernisses enthalten. Ob dies bei einem Branchenneuling oder ausländischen Versicherer als Nachweis i. S. des § 12 Abs. 2 S. 2 bzw. § 14 Abs. 2 Nr. 10 genügt oder ob eine Bestätigung des Bundesaufsichtsamts für das Versicherungswesen (BAV) erforderlich ist, werden Landesjustizverwaltung und Rechtsanwaltskammer im Einzelfall zu entscheiden haben.

15 c) Beendigungs- oder Veränderungsanzeige. Die Verpflichtung zur Erteilung der Bescheinigung, Beendigungs- oder Veränderungsanzeige ist durch den Versicherungsvertrag zu begründen und obliegt dem Versicherer deshalb gegenüber dem Versicherungsnehmer. Die Bescheinigung oder Anzeige ist zwar der zuständigen Landesjustizverwaltung und Rechtsanwaltskammer gegenüber abzugeben. Daraus erwächst diesen jedoch kein unmittelbarer Anspruch gegen den Versicherer. Gerät der Versicherer mit der Erteilung der Bescheinigung, der Beendigungs- oder Veränderungsanzeige in Verzug oder erteilt er eine dem Versicherungsvertrag nicht entsprechende fehlerhafte Bescheinigung, kann dies eine Haftung des Versicherers nur gegenüber dem Versicherungsnehmer begründen. Verzögert oder unterläßt der Versicherer allerdings die Anzeige über die Beendigung, Kündigung oder Veränderung des Versicherungsvertrages, greift die Fiktion des § 158 c Abs. 2 VVG: Soweit es zur Befriedigung des geschädigten Dritten erforderlich ist, gilt der Befreiungsanspruch des Versicherungsnehmers im vertraglich begründeten Umfang als fortbestehend.

16 d) Fortbestand des Befreiungsanspruchs. Ist der Versicherer dem Versicherungsnehmer gegenüber z. B. nach Ablauf der Klagefrist des § 12 Abs. 3 VVG, bei Verletzung von Obliegenheiten vor oder nach dem Versicherungsfall oder wegen Anzeigepflichtverletzung von der Verpflichtung zur Leistung ganz oder teilweise frei, bleibt nach § 158 c Abs. 1 VVG seine Verpflichtung in Ansehung des Dritten gleichwohl bestehen. Ein Umstand, der das Nichtbestehen oder die Beendigung des Versicherungsverhältnisses zur Folge hat, wirkt nach § 158 c Abs. 2 i. V. mit § 51 Abs. 7 in Ansehung des Dritten erst mit dem Ablauf eines Monats, nachdem der Versicherer diesen Umstand der Landesjustizverwaltung angezeigt hat.[16] Bis dahin wird der Fortbestand des Befreiungsanspruchs des Versicherungsnehmers zugunsten des Dritten fingiert, nach § 158 c Abs. 3 VVG allerdings nur im Rahmen der Mindestversicherungssumme.[17] Die Fiktion wirkt nur zugunsten des Dritten und tritt nach § 158 c Abs. 4 VVG nur ein, wenn der Dritte nicht anderweitig Schadensersatz erlangen kann. Der Versicherer haftet dem Dritten unmittelbar nicht. Er kann aber nach § 158 d Abs. 3 VVG von ihm

---

[16] Die Länder haben die nach § 158 c Abs. 2 VVG zuständige Stelle durch Erlaß oder VO bestimmt.

[17] § 158 c Abs. 3 ist im Verhältnis zu § 158 k VVG lex specialis; *Prölss/Martin*, § 158 c Anm. 6 a.

Auskunft verlangen, soweit dies zur Feststellung des Schadenereignisses und der Höhe des Schadens erforderlich ist.

e) Forderungsübergang. Soweit der Versicherer aufgrund der Anspruchsfiktion den Dritten befriedigt, geht dessen Forderung gegen den Versicherungsnehmer gemäß § 158 f VVG auf ihn über. 17

f) Aufrechnungsverbot. Der Versicherer darf die Leistung an den Dritten nicht dadurch verkürzen, daß er gegen den Befreiungsanspruch des Versicherungsnehmers mit einer Forderung auf rückständige Prämien aufrechnet (§ 158 g VVG). 18

g) Verschwiegenheitpflicht. Der Versicherer ist grundsätzlich weder berechtigt noch verpflichtet, ohne Zustimmung des Versicherungsnehmers einer Landesjustizverwaltung, Rechtsanwaltskammer, dem Mandanten oder sonstigen Dritten das Versicherungsverhältnis betreffende Auskünfte zu erteilen. Die Berufshaftpflichtversicherung ist in besonderem Maße vom Vertrauensschutz geprägt. Nachfragen, die die Bescheinigung oder Anzeige betreffen, insbesondere der Ausräumung von Unklarheiten dienen, darf der Versicherer jedoch ohne Zustimmung des Versicherungsnehmers beantworten. Maßgebend sind der unmittelbare Sachzusammenhang sowie das Recht des Versicherers, seine Leistungsfreiheit auch gegenüber dem geschädigten Dritten nach § 158 c Abs. 2 VVG herbeizuführen. 19

f) Aufklärungsobliegenheit. Unklar ist, ob der Versicherer dem Anspruchsteller auf Verlangen Auskunft über den Bestand der Versicherung oder den Umfang des Versicherungsschutzes erteilen muß. Der die Allgemeine Haftpflichtversicherung beherrschende Grundsatz, daß es zwischen dem Versicherer und dem geschädigten Dritten keine Rechtsbeziehung gibt, wird in der Pflichtversicherung eingeschränkt. Zwar gilt auch hier, daß der Geschädigte den Versicherer nicht unmittelbar in Anspruch nehmen kann; unter den Voraussetzungen des § 158 c Abs. 1 und 2 VVG wird jedoch der Fortbestand der Leistungspflicht des Versicherers zugunsten des geschädigten Dritten fingiert. § 158 d VVG belegt den Dritten mit Anzeige- und Auskunftsobliegenheiten gegenüber dem Versicherer, obwohl der Dritte nicht Vertragspartner des Versicherers ist. Der Dritte kann diese Obliegenheiten nur erfüllen, wenn er den Versicherer kennt. 20

Die Verschwiegenheitspflicht des Versicherers ist das Korrelat zur Aufklärungsobliegenheit des Versicherungsnehmers. Da der Versicherungsnehmer dem Versicherer Einblick in persönliche oder wirtschaftliche Verhältnisse geben muß, kann er nach Treu und Glauben verlangen, daß der Versicherer die Vertraulichkeit wahrt. Andererseits reicht die Verschwiegenheitspflicht des Versicherers nicht weiter, als das legitime Diskretionsinteresse des Versicherungsnehmers. Mit der Beantwortung der Frage, ob und ggfls. seit wann er der Versicherer ist, verletzt der Versicherer das Diskretionsinteresse des Versicherungsnehmers jedenfalls dann nicht, wenn der Dritte einen Ersatzanspruch schlüssig dargelegt hat und der Versicherungsnehmer dem Versicherer binnen angemessener Frist nicht bestätigt hat, daß er sich mit dem Anspruchsteller allein auseinandersetzen und den Versicherer nicht in Anspruch nehmen will. Korrespondierend zur Anzeigeobliegenheit des Anspruchstellers aus § 158 d VVG ist für diesen Fall auch eine Auskunftspflicht des Versicherers anzunehmen.

3. Rechtsstellung des Mandanten

a) Anspruchsgegner. Der Mandant hat keinen unmittelbaren Anspruch gegen den Versicherer, auch nicht wenn dessen Leistungsverpflichtung ihm gegen- 21

§ 51 22–25   Dritter Teil. Rechte und Pflichten des Rechtsanwalts

über nach § 158 c Abs. 1 fingiert wird.[18] Der Versicherungsnehmer kann den fingierten Anspruch nicht geltend machen. Der Mandant kann jedoch aufgrund des im Haftpflichtprozeß gegen den Rechtsanwalt ergangenen Urteils den fingierten Befreiungsanspruch des Rechtsanwalts gegen den Versicherer pfänden und sich zur Einziehung überweisen lassen.[19]

22   **b) Fristen, Auskunftserteilung.** Macht der Mandant Ansprüche gegen den Rechtsanwalt geltend, muß er dies dem Versicherer innerhalb von zwei Wochen, macht er Ansprüche gerichtlich geltend, muß er dies dem Versicherer unverzüglich schriftlich anzeigen (§ 158 d Abs. 1 und Abs. 2 VVG). Er muß dem Versicherer Auskunft erteilen, soweit dies zur Feststellung des Schadensereignisses und der Höhe des Schadens erforderlich ist. Zur Vorlage von Belegen ist er insoweit verpflichtet, als ihm die Beschaffung billigerweise zugemutet werden kann (§ 158 d Abs. 3 VVG). Die schuldhafte Verletzung der Verpflichtungen aus § 158 d Abs. 2 und Abs. 3 VVG kann gemäß § 158 e VVG zu einer Haftungsbeschränkung des Versicherers führen.

23   **c) Umfang des Versicherungsschutzes.** Die Pflichtversicherung sichert den Mandanten nur im bedingungsgemäßen Umfang des Versicherungsschutzes. Der Mandant kann im Schadensfall nur die Versicherungsleistung erwarten, die der Versicherer aufgrund des Freistellungsanspruchs des Versicherungsnehmers schuldet. Selbstbehalt und Gebühreneinwurf (§ 3 I Nr. 4–6 AVB), Leistungsbegrenzung aufgrund der Serienschadenklausel (§ 3 II Nr. 2 AVB) oder der Durchschnittsdeckung bei Sozietäten (§ 12 II AVB) sowie die nach § 51 Abs. 3 zugelassenen Ausschlüsse vom Versicherungsschutz können die Versicherungsleistung auch ihm gegenüber mindern oder ausschließen.

24   **d) Konkurs des Rechtsanwalts.** Der Rechtsanwalt kann zum Nachteil des anspruchsberechtigten Mandanten nicht über die Versicherungsleistung verfügen (§ 156 VVG). Dies gilt auch für die Verfügung, die Dritte im Wege der Zwangsvollstreckung gegen den Rechtsanwalt über die Versicherungsleistung treffen (§ 156 Abs. 1 VVG). Im Konkurs des Rechtsanwalts ist der anspruchsberechtigte Mandant hinsichtlich der Versicherungsleistung gesondert zu befriedigen (§ 157 Abs. 1 VVG). Der Versicherer kann die Versicherungsleistung nicht durch Aufrechnung mit einer Prämienforderung kürzen (§ 158 g VVG).

4. Der verpflichtete Rechtsanwalt

25   **a) Versicherter Personenkreis.** Die Versicherungspflicht obliegt jedem Rechtsanwalt, unabhängig davon, ob er anwaltlich tätig ist oder nicht. Sie trifft nicht nur den selbständigen Rechtsanwalt sondern auch den als freier Mitarbeiter oder als Angestellten tätigen Rechtsanwalt, den Syndikusanwalt sowie den Rechtsanwalt, der sich zur Ruhe gesetzt seine Zulassung aber nicht zurückgegeben hat. Den sog. Titularanwalt (§ 17 Abs. 2) trifft die Verpflichtung nicht.[20] Der Titularanwalt ist zur Rechtsanwaltschaft nicht mehr zugelassen, gehört der Rechtsanwaltskammer nicht mehr an und untersteht nicht mehr der Anwaltsgerichtsbarkeit.[21] Er kann zwar in eine Anscheinshaftung geraten, wenn der Praxisnachfolger seinen Namen im Briefkopf und auf dem Kanzleischild absprachegemäß weiterführt, ohne das Ausscheiden hinreichend kenntlich zu ma-

---

[18] OLG Hamm AnwBl. 1986, 347.
[19] S. Anm. 18, S. 348.
[20] *Pott*, S. 352.
[21] *Feuerich/Braun*, § 17 Rdn. 8; *Jessnitzer/Blumberg*, § 17 Rdn. 4.

chen.[22] Auch kann der geschädigte Mandant in diesem Fall wegen der Durchschnittsdeckung bei Sozietäten einen Nachteil erleiden. Dies rechtfertigt es aber nicht, die Berufspflicht auf dem Berufsstand nicht mehr angehörige Personen auszudehnen. § 51 ist insoweit nicht analogiefähig; er kann gegenüber einer nicht mehr zum Berufsstand gehörenden Person nicht durchgesetzt werden.

b) Angestellter Rechtsanwalt. Daß der angestellte Rechtsanwalt über seinen Arbeitgeber versichert ist, befreit ihn nicht von der ihm als Rechtsanwalt obliegenden Verpflichtung, eine eigene Versicherung zu unterhalten. 26

c) Rechtsanwälte aus anderen Staaten. Die Versicherungspflicht obliegt ferner dem nach § 206 Abs. 1 BRAO niedergelassenen Rechtsanwalt für seine Tätigkeit in Deutschland.[23] Er ist zwar als Rechtsanwalt nicht zugelassen; für ihn gelten jedoch nach § 207 Abs. 2 u. a. die Bestimmungen über die allgemeinen Berufspflichten (§§ 43 ff.) sowie § 14 sinngemäß. Der Schutz des Mandanten, dem die Berufshaftpflichtversicherung vorrangig dient, ist bei ihm ebenso geboten wie bei einem deutschen Rechtsanwalt. Er ist berechtigt, eine Sozietät oder Bürogemeinschaft mit einem deutschen Rechtsanwalt einzugehen (§ 59 a Abs. 3 und Abs. 4) und haftet aus den der Sozietät erteilten Mandaten als Gesamtschuldner (§ 51 a Abs. 2). Die Rechtsbesorgung im europäischen Recht, die er aufgrund seiner Niederlassung in der Bundesrepublik ebenso wie ein deutscher Rechtsanwalt betreiben darf, wird von der Berufshaftpflichtversicherung umfaßt. Er gehört einer Rechtsanwaltskammer an und unterliegt deren Berufsaufsicht. Allerdings gilt § 12 für ihn nicht sinngemäß, wohl aber § 14. Da er zur Rechtsanwaltschaft nicht zugelassen wird, kann sich die sinngemäße Anwendung nur auf die Aufnahme in die und den Verbleib in der Rechtsanwaltskammer beziehen. Da § 12 für ihn nicht gilt, kann seine Aufnahme in die Kammer nicht von der Vorlage der Versicherungsbestätigung abhängig gemacht werden. Aus der sinngemäßen Anwendung des § 14 (§ 207 Abs. 2) folgt, daß die Zugehörigkeit zur Kammer zu widerrufen ist, wenn er die vorgeschriebene Berufshaftpflichtversicherung nicht unterhält. Darüber wird er der Kammer jedenfalls im Rahmen des § 56 Auskunft zu erteilen haben. Die Regelung des § 207 Abs. 2 S. 1 ist, soweit sie die sinngemäße Anwendung des § 12 ausschließt, mißglückt und unbefriedigend. 27

Für die nach § 206 Abs. 2 und Abs. 3 niedergelassenen Angehörigen nicht zur EG gehörender Staaten wird man unterscheiden müssen. Handelt es sich um Europäer gilt das zu c) Ausgeführte entsprechend. Handelt es sich um Nichteuropäer macht die Versicherungspflicht keinen Sinn,[24] weil die Rechtsbesorgung im außereuropäischen Recht von der Versicherung ausgeschlossen ist.[25] Daß der Nichteuropäer im Bereich des internationalen Privatrechts versehentlich im europäischen oder deutschen Recht beraten könnte, ist auch aus dem Gesichtspunkt des Verbraucherschutzes keine tragfähige Rechtfertigung für die Versicherungspflicht.

IV. Der zum Geschäftsbetrieb befugte Versicherer

Die Pflichtversicherung muß nach § 51 Abs. 1 S. 2 bei einem im Inland zum Geschäftsbetrieb befugten Versicherungsunternehmen[26] abgeschlossen werden. 28

---

[22] Dazu *Feuerich* MDR 1993, 1141 (1144); *Feuerich/Braun*, § 17 Rdn. 8.
[23] *Feuerich/Braun*, § 207, Rdn. 10.
[24] A. A. *Feuerich/Braun*, § 207 Rdn. 10.
[25] § 51 Abs. 3 Nr. 3 i. V. mit § 4 Nr. 1 b AVB.
[26] Zum Zulassungsverfahren und den Voraussetzungen der Zulassung zum Geschäftsbetrieb s. *Neuhaus*, Rdn. 7 ff.

§ 51 29–31   Dritter Teil. Rechte und Pflichten des Rechtsanwalts

1. Inländische Versicherungsunternehmen

29   Zum Geschäftsbetrieb in Deutschland bedürfen inländische Versicherungsunternehmen der Erlaubnis der Aufsichtsbehörde (§ 5 Abs. 1 VAG). Diese darf nur Aktiengesellschaften, Versicherungsvereinen auf Gegenseitigkeit sowie Körperschaften und Anstalten des öffentlichen Rechts erteilt werden (§ 7 Abs. 1 VAG). Mit dem Antrag auf Erlaubnis ist der Geschäftsplan einzureichen (§ 5 Abs. 2 VAG). Nach der Novellierung des VAG durch das Dritte Durchführungsgesetz EWG zum VAG vom 21. 7. 1994 sind die Allgemeinen Versicherungsbedingungen nicht mehr Bestandteil des Geschäftsplanes und deshalb durch die Aufsichtsbehörde nicht mehr zu genehmigen. Nach § 5 Abs. 5, Nr. 1 f. VAG sind jedoch für die Krankenversicherung und für die Pflichtversicherungen vor der Geschäftsaufnahme die Allgemeinen Versicherungsbedingungen dem BAV einzureichen. Geänderte oder neue Versicherungsbedingungen müssen dem BAV unverzüglich angezeigt werden (§ 13 d Nr. 7 VAG). Darauf bezieht sich § 51 Abs. 1, S. 2, wenn er von den nach Maßgabe des VAG eingereichten Allgemeinen Versicherungsbedingungen spricht. Das BAV muß die Erlaubnis versagen, wenn einer der drei in § 8 VAG aufgeführten Gründe vorliegt. Es kann die Erlaubnis versagen, wenn ein Versicherungsunternehmen i. S. des § 15 AktG in einem Unternehmensverbund eingebunden ist, dessen Strukturen eine wirksame Versicherungsaufsicht nach den §§ 81 ff. VAG unmöglich macht. Der Prüfung des BAV unterliegt auch die Frage, ob die nach § 5 Abs. 5 VAG einzureichenden Unterlagen, z. B. die Allgemeinen Versicherungsbedingungen, einer Pflichtversicherung gesetzmäßig und vollständig sind.[27] Die Erlaubnis zum Geschäftsbetrieb gilt, falls der Antrag nicht auf ein bestimmtes Geschäftsgebiet beschränkt worden ist, nach § 6 Abs. 1 VAG für das Gebiet aller Mitgliedstaaten der EG und aller anderen Vertragsstaaten des Abkommens über den Europäischen Wirtschaftsraum.

2. Versicherungsunternehmen mit Sitz in der EG oder im EWR

30   Sie sind nach § 110 a VAG grundsätzlich befugt, das Versicherungsgeschäft in der Bundesrepublik über Niederlassungen oder im Dienstleistungsverkehr zu betreiben. § 13 a Abs. 1 und Abs. 2 VAG definieren, was das bedeutet. Die in § 110 a Abs. 2 Nr. 1 lit. a und d VAG normierten Voraussetzungen für die Aufnahme der Geschäftstätigkeit entsprechen denjenigen, die ein inländisches Versicherungsunternehmen nach § 13 b und c VAG erfüllen muß, wenn es über eine Niederlassung oder im Dienstleistungsverkehr das Versicherungsgeschäft in einem EG-Mitgliedstaat oder in einem EWR-Vertragsstaat betreiben will. Betreibt das Unternehmen die Krankenversicherung oder eine Pflichtversicherung, darf es die Geschäftstätigkeit nach § 110 a II Nr. 2 VAG nur aufnehmen, wenn es dem BAV die Allgemeinen Versicherungsbedingungen eingereicht hat. Die Versicherungsunternehmen unterliegen im Rahmen des § 110 a Abs. 4 Nr. 3 der Aufsicht durch das BAV. Das Amt hat die gleichen Auskunfts- und Prüfungsrechte wie gegenüber inländischen Unternehmen (§ 110 a. Abs. 4 Nr. 3 i. V. mit § 83 VAG). Für die bei Lloyd's vereinigten Einzelversicherer trifft § 110 b VAG eine Sonderregelung.

3. Versicherungsunternehmen mit Sitz außerhalb der EG und des EWR

31   Sie bedürfen, wenn sie in der Bundesrepublik das Direktversicherungsgeschäft durch Mittelspersonen betreiben wollen, der Erlaubnis (§§ 105 ff. VAG). Diese

---

[27] *Neuhaus*, Rdn. 9 f.; vgl. im übrigen unten Rdn. 32.

setzt u. a. die Errichtung einer Niederlassung im Gebiet der Bundesrepublik und die Bestellung eines Hauptbevollmächtigten für diese Niederlassung voraus (§ 106 Abs. 2 und Abs. 3 VAG). Dem Erlaubnisantrag, über den der Bundesminister der Finanzen zu entscheiden hat, sind neben dem Geschäftsplan u. a. die Allgemeinen Versicherungsbedingungen für Pflichtversicherungen einzureichen (§ 106 b Abs. 1 Nr. 1 VAG). Das zu Rdn. 29 Ausgeführte gilt entsprechend.

4. Die eingereichten Allgemeinen Versicherungsbedingungen

Allgemeine Versicherungsbedingungen i. S. des § 5 Abs. 5 Nr. 1 VAG sind alle 32 Bedingungen, die regelmäßig bei einer Vielzahl von Versicherungsverträgen ohne Rücksicht auf die Verschiedenheit der Risiken Anwendung finden, unabhängig davon, ob sie Allgemeine oder Besondere Bedingungen, Zusatz-, Sonder- oder Musterbedingungen genannt werden.[28] Den Mindestinhalt der Bedingungen normiert § 10 VAG. Die Vorschrift gilt für alle Versicherungsunternehmen, die zum Geschäftsbetrieb in der Bundesrepublik zugelassen sind, unabhängig davon, wo sie ihren Sitz haben. Ergänzend gilt § 51 Abs. 1 S. 2 letzter Hs., demzufolge sich die Versicherung auch auf solche Vermögensschäden erstrecken muß, für die der Rechtsanwalt nach den §§ 278 oder 831 BGB haftet. Die AVB erfüllen diese Voraussetzungen.

5. Prüfung durch das BAV

Im Rahmen seiner Befugnis zur rechtlichen Aufsicht (§ 81 Abs. 1 VAG) prüft 33 das Bundesaufsichtsamt, ob die eingereichten Versicherungsbedingungen den einschlägigen, gesetzlichen Vorschriften − z. B. des BGB, VVG, AGB-Gesetzes, der BRAO etc. − entsprechen.[29]

V. Art und notwendiger Inhalt der Versicherung

1. Haftpflicht

Abzuschließen und während der Dauer der Zulassung aufrechtzuerhalten, ist 34 eine Berufshaftpflichtversicherung. Die Haftpflichtversicherung soll den Versicherungsnehmer oder den Mitversicherten vor den wirtschaftlichen Folgen seiner Haftpflicht gegenüber Dritten schützen.[30] Haftpflicht ist ein versicherungsrechtlicher Begriff, das BGB kennt ihn nicht. § 149 VVG spricht von der Verantwortlichkeit für eine während der Versicherungszeit eintretende Tatsache und umfaßt deshalb Ansprüche aller Art.[31] Nach der rechtlichen Ausgestaltung, die die Haftpflichtversicherung durch die Versicherungsbedingungen in der Versicherungspraxis erfahren hat, ist der Gegenstand der Haftpflichtversicherung jedoch zum einen auf Schadensersatzansprüche Dritter und zum anderen auf Ansprüche aufgrund gesetzlicher Haftpflichtbestimmungen privatrechtlichen Inhalts beschränkt. Haftpflichtversicherung ist Schadensversicherung[32] und deckt aus gesetzlichen Bestimmungen privatrechtlichen Inhalts resultierende Haftungsrisiken.

---
[28] *Neuhaus*, Rdn. 74.
[29] *Neuhaus*, Rdn. 9 und 39.1.
[30] *Späte*, Vorbem. Rdn. 1.
[31] *Späte*, § 1 Rdn. 216.
[32] BGHZ 15, 154 (158); *Prölss/Martin*, § 149, Anm. 6; *Späte*, § 1 Rdn. 216.

2. Gesetzliche Haftpflichtansprüche

35 **a) Begriff.** Der Begriff der gesetzlichen Haftpflichtbestimmung ist eine Schöpfung der Versicherungspraxis. Er ist nirgends gesetzlich definiert.[33] Nach der Terminologie der Versicherungsbedingungen umfaßt er alle Rechtsnormen, die unabhängig vom Willen der Beteiligten Schadensersatzansprüche an den Eintritt eines Ereignisses knüpfen. Sie können deliktischer, quasideliktischer, vertraglicher oder vertragsähnlicher Natur sein. Maßgebend ist, daß sie gesetzlich begründet sind und nicht nach Grund und Höhe vom Willen einer Person oder der Vertragschließenden abhängen.

36 **b) Anderkonto.** Ansprüche auf Vertragserfüllung oder Erfüllungssurrogate,[34] auf Ersatz von Erzwingungs-, Ordnungs- oder Bußgeldern etc. können nicht Gegenstand der Haftpflichtversicherung sein. Für Erfüllungsansprüche folgt dies schon aus dem versicherungsrechtlichen Prinzip, daß Versicherung nur Schutz gegen die Folgen ungewisser Ereignisse bieten kann.[35] Wer einen Vertrag schließt, kennt die von ihm zu erfüllenden Pflichten. § 19 AVB regelt einen Grenzfall. Er bezieht in den Versicherungsschutz fahrlässig fehlerhafte Verfügungen über Beträge ein, die auf ein Anderkonto eingezahlt sind oder zur alsbaldigen Anlage auf ein Anderkonto in Verwahrung genommen und ordnungsgemäß verbucht sind. Durch eine den Mandanten nicht erreichende Fehlüberweisung wird der Rechtsanwalt von seiner Zahlungsverpflichtung nicht frei; er bleibt zur Erfüllung verpflichtet. Dennoch hat er unter den Voraussetzungen des § 19 AVB Versicherungsschutz.

37 **c) Ansprüche aus Vereinbarungen.** Ersatzansprüche aus Vereinbarungen oder Zusagen, die dispositives Gesetzesrecht nach Grund oder Höhe erweitern, unterliegen deshalb nicht dem Versicherungsschutz. § 4 Nr. 2 AVB bringt dies zum Ausdruck. Wird ein Rechtsanwalt aus einer Vereinbarung auf Schadenersatz in Anspruch genommen, hat ihm der Berufshaftpflichtversicherer jedoch Deckung zu gewähren, wenn die Haftung auch ohne die vertragliche Anspruchsgrundlage in gleicher Höhe gesetzlich begründet wäre.

3. Haftpflichtgefahren aus der Berufstätigkeit

38 **a) Schadensumfang.** Die Pflichtversicherung deckt ausschließlich Schäden, die bei Ausübung der Berufstätigkeit, d. h. der anwaltlichen Tätigkeit, verursacht werden. Was den anwaltlichen Tätigkeiten zuzuordnen ist, ergibt sich zunächst aus der Stellung, die § 1 dem Rechtsanwalt einräumt, und aus der Aufgabe, die § 3 beschreibt. Risiken aus Tätigkeiten, die nicht dem Rechtsanwalt vorbehalten sind und folglich auch von anderen ausgeübt werden können, sind, stellt man auf das normative Berufsbild ab, von der Pflichtversicherung nicht zu decken.[36] Fraglich ist jedoch, ob das normative Berufsbild maßgebend ist.

39 **b) Abgrenzungsprobleme.** Die in der abstrakten Formulierung klare Bestimmung des versicherten Gefahrenbereichs führt in der Praxis bei der Vielfalt anwaltlicher Tätigkeit, vor allem der infolge des Wettbewerbsdrucks notwendigen Ausweitung außergerichtlicher rechtsbesorgender Tätigkeiten zu Abgren-

---

[33] *Späte*, § 1 Rdn. 125.
[34] BGHZ 43, 88 (90); BGH VersR 1961, 265 (266); 1962, 534; 1964, 230 (231); 1975, 557; OLG Karlsruhe VersR 1984, 842.
[35] *Prölss/Martin*, § 1 Anm. 1 A b; *Späte*, § 1 Rdn. 217.
[36] *Borgmann/Haug*, VIII Rdn. 4. *Braun*, Berliner Anwaltsbl. 1995, 66 meint, es sei i. S. von § 1 Abs. 1 BRAGO zu bestimmen, was zur Berufstätigkeit gehöre.

zungsproblemen. Unbestritten liegen unternehmerische Tätigkeiten wie z. B. die als Vorstand, Geschäftsführer oder Aufsichtsrat u. U. auch Beirat eines gewerblichen Unternehmens außerhalb des durch die Pflichtversicherung gedeckten Gefahrenbereichs.[37] § 4 Nr. 4 AVB schließt derartige Tätigkeiten vom Versicherungsschutz folgerichtig aus. Unternehmerische Risiken unterscheiden sich grundsätzlich von den anwaltstypischen und sind wegen der Unsicherheit künftiger wirtschaftlicher Entwicklungen noch weniger als diese einzugrenzen. Dem Risikoausschluß von Haftpflichtansprüchen, die sich aus einer kaufmännischen Kalkulations-, Spekulations- oder Organisationstätigkeit ergeben (§ 20 AVB), liegt dieselbe Erwägung zugrunde.

c) **Anwaltsübliche Nebentätigkeiten.** Ob die Tätigkeiten als Konkursverwalter, Vergleichsverwalter, Verwalter nach der Gesamtvollstreckungsordnung, gerichtlich bestellter Liquidator, Zwangsverwalter, Sequester, Sachwalter, Gläubigerausschuß- oder -beiratsmitglied, Testamentsvollstrecker, Nachlaßpfleger, Nachlaßverwalter, Vormund, Betreuer, Pfleger oder Beistand, Schiedsrichter, Abwickler nach § 55 oder Zustellungsbevollmächtigter nach § 30 zu dem durch die Pflichtversicherung zu deckenden Gefahrenbereich gehören, haben die deutschen Versicherer für sich außer Streit gestellt, indem sie diese Tätigkeiten in der Risikobeschreibung der AVB insofern in die Deckung einbezogen haben, als sie nicht überwiegend ausgeübt werden. Die Frage, ob diese Tätigkeiten durch die Pflichtversicherung zu decken sind, ist damit allerdings nicht beantwortet. Der Gesetzentwurf der Bundesregierung sah vor, daß ein Rechtsanwalt, der als Konkurs- oder Vergleichsverwalter oder als gerichtlich bestellter Liquidator tätig wird, eine Berufshaftpflichtversicherung in angemessener Höhe abzuschließen und aufrechtzuerhalten hat, und daß die übrigen vorgenannten Tätigkeiten mitzuversichern sind, soweit sie nicht überwiegend ausgeübt werden.[38] Der Rechtsausschuß des Bundestages hat den Katalog vollständig gestrichen, weil die Tätigkeiten zwar von Rechtsanwälten wahrgenommen werden, aber nicht zu denjenigen gehören, die ausschließlich von Rechtsanwälten ausgeübt werden.[39] Durch derartige anwaltsübliche Nebentätigkeiten werde der Versicherungsbeitrag verteuert. Wer sie ausübe, müsse sich gegen die daraus folgenden Risiken freiwillig versichern. Die Versicherungspraxis ist dem mit Recht nicht gefolgt. Die Auffassung des Rechtsausschusses entspricht auch nicht dem Sinn und Zweck der Berufshaftpflichtversicherung, Versicherungsschutz für Haftungsrisiken zu bieten, die sich aus der eigentlichen berufstypischen Tätigkeit ergeben. Dabei ist nicht auf das normative sondern auf das wirkliche, sich ständig fortentwickelnde Berufsbild des Rechtsanwalts abzustellen. Die vorgenannten Tätigkeiten gehören, auch wenn sie nach den § 1 und 3 BRAO und dem RBerG nicht den Rechtsanwälten vorbehalten sind, längst zu den Aufgaben, die das rechtsuchende Publikum auch der Kompetenz des Rechtsanwalts zuordnet. Tätigkeiten als Vormund, Betreuer, Beistand oder Abwickler werden gerade auch von jüngeren Rechtsanwälten wahrgenommen. Der auf den Schutz des rechtsuchenden Publikums ausgerichtete Zweck der Pflichtversicherung wird in einem nicht unbedeutenden Bereich anwaltlicher Praxis nicht erreicht, wenn die vorgenannten Tätigkeiten nicht dem zu deckenden Gefahrenbereich zugerechnet werden.

d) **Notarvertreter.** Die Tätigkeit als Notarvertreter, die nach der Risikobeschreibung der AVB für die Dauer von 60 Tagen mitversichert ist, gehört insbe-

---

[37] BGH VersR 1980, 353 (354).
[38] BT-Drucks. 1249/93, S. 7 f.; BR-Drucks. 93/93, S. 13 f.
[39] BT-Drucks. 12/7656, S. 12 und 50.

§ 51 42–45   Dritter Teil. Rechte und Pflichten des Rechtsanwalts

sondere im Bereich des Anwaltsnotariats seit je zu den typischen anwaltlichen Aufgaben. Die Wahrnehmung von Notarvertretungen hat erhebliche Bedeutung im Auswahlverfahren nach § 6 Abs. 3 BNotO für die Bestellung von Anwaltsnotaren.

42   **e) Gewerbliche Tätigkeiten.** Tätigkeiten als Hausverwalter, Treuhänder,[40] Vermögensverwalter,[41] oder Anlagenvermittler[42] sind gewerblicher Art, gehören nicht entfernt zum normativen Berufsbild des Rechtsanwalts und werden auch dem Berufsbild des Rechtsanwalts, wie es sich in der Rechtswirklichkeit darstellt, nicht zugeordnet.

4. Vermögensschäden

43   **a) Definition.** Die Pflichtversicherung deckt nur Haftpflichtgefahren für Vermögensschäden. Vermögen und Vermögensschäden sind wirtschaftliche Begriffe. Das BGB definiert sie nicht; auch das VVG schweigt. Von der zivilrechtlichen Diskussion darüber, was dem Vermögen zuzuordnen ist und was einen Vermögensschaden darstellt,[43] hat sich die Versicherungspraxis freigehalten. Durchgesetzt hat sich über den Anwendungsbereich des Bedingungswerkes hinaus die negative Abgrenzung in § 1 Nr. 1 und 3 AHB. Die vor Inkrafttreten der BRAO-Novelle gebräuchlichen AVB-Vermögen[44] haben diese Definition übernommen. In § 1 II AVB, die die Versicherer nach der Neufassung der BRAO gemäß § 5 Abs. 5, Nr. 1 f VAG dem Bundesaufsichtsamt für das Versicherungswesen vorgelegt haben, kehrt sie wieder.

44   **b) Personen- und Sachschäden.** Vermögensschädigung ist danach jeder Schaden, der weder Personen- noch Sachschaden ist, noch sich aus solchen Schäden herleitet.[45] Was Personen-, was Sachschaden ist, definiert § 1 Nr. 1 AHB.[46] Personenschaden ist danach ein Schadenereignis, das den Tod, die Verletzung oder Gesundheitsbeschädigung eines Menschen zur Folge hat. § 1 Nr. 1 AHB lehnt sich insoweit an § 823 Abs. 1 BGB an. Sachschaden ist danach ein Schadenereignis, das die Beschädigung oder Vernichtung von Sachen zur Folge hat. Das setzt eine Einwirkung auf die Sache voraus sowie eine Beeinträchtigung der Substanz, des Wertes oder des bestimmungsgemäßen Gebrauchs der Sache. Zu den Personen- und Sachschäden gehören versicherungsrechtlich auch sämtliche Folgen, die aus den eigentlichen Personen- bzw. Sachschäden herrühren, die Vermögensfolgeschäden eingeschlossen.[47] Der Kreis der durch die Vermögensschadenhaftpflichtversicherung gedeckten sog. echten Vermögensschäden wird einerseits durch die negative Abgrenzung gegenüber Personen- und Sachschäden weit gezogen, andererseits durch den Ausschluß der Schäden, insbesondere auch der Vermögensschäden, die adäquate Folge eines Personen- oder Sachschadens sind, eingeengt.

45   **c) Umfang der Pflichtversicherung.** In § 51 Abs. 1 und Abs. 2 hat der Gesetzgeber nicht nur die versicherungsrechtliche Terminologie übernommen; er

---

[40] BGH NJW 1967, 876; *Evers* NJW 1983, 1652.
[41] BGHZ 46, 268.
[42] BGH NJW 1994, 1405 (1406); 1980, 1855 (1856).
[43] *Palandt/Heinrichs*, Vorbem. v. § 249, Rdn. 8–13.
[44] Abgedruckt bei *Prölss/Martin*, Teil III S. 1278 ff.; § 1 I Abs. 2.
[45] RG JW 1937, 1496; RGZ 160, 48 (50); BGHZ 23, 349 (354); *Prölss/Martin*, 1088 ff., AHB § 1 Anm. 3 a und b; *Späte*, § 1 Rdn. 47 ff. und 60 ff.; *Borgmann/Haug*, VIII, Rdn. 6; *Brieske* AnwBl. 1995, 225 (228).
[46] § 1 Abs. 1 AVB übernahm diese Definition.
[47] *Späte*, § 1 AHB Rdn. 52 und 66.

verpflichtet den Rechtsanwalt auch, Versicherungsschutz zu den Allgemeinen Versicherungsbedingungen zu nehmen, und verweist damit auf das Versicherungskonzept der Vermögensschadenhaftpflichtversicherung, zu deren Kernbestandteilen u. a. der vorstehend dargestellte Vermögensschadenbegriff gehört. Die dem Rechtsanwalt auferlegte Pflichtversicherung muß folglich nur die sog. echten Vermögensschäden decken, wie sie in § 1 II AVB definiert werden.

5. Zielkonflikt, Grenzen der Pflichtversicherung

a) Beschränkung der Pflichtversicherung. Durch die Beschränkung der 46 Pflichtversicherung auf die Deckung echter Vermögensschäden im versicherungsrechtlichen Sinn ist ein Zielkonflikt in das Gesetz hineingetragen worden. § 51 dient vorrangig dem Schutz des Mandanten. Die Beschränkung des Versicherungsschutzes auf die sog. echten Vermögensschäden bezweckt dagegen die Eingrenzung der versicherten Wagnisse und die Abgrenzung gegenüber anderen Versicherungskonzepten, wie z. B. der Haftpflichtversicherung, der Bürohaftpflichtversicherung oder der Valorenversicherung. Dies führt in Grenzbereichen zu unbefriedigenden, dem Zweck der Berufshaftpflichtversicherung nicht entsprechenden Ergebnissen.

b) Nebenpflichten. Zu den vertraglichen Nebenpflichten des Rechtsanwalts 47 gehört die Unterhaltung eines verkehrssicheren Büros. Die ursprüngliche deliktische Verkehrssicherungspflicht wird innerhalb einer vertraglichen Beziehung zur vertraglich geschuldeten Pflicht.[48] Erleidet ein Mandant infolge eines Sturzes über eine gefährliche Teppichfalte im Büro seines Rechtsanwalts einen folgenschweren Knöchelbruch, ist der durch die Verletzung entstandene Verdienstausfall als Folge eines Körperschadens nach § 1 II AVB kein echter Vermögensschaden. Er muß durch die Pflichtversicherung nicht gedeckt werden. Der Versicherer weist dieses Risiko der Bürohaftpflichtversicherung zu,[49] deren Abschluß dem Rechtsanwalt freisteht. Das ist im Hinblick auf den Zweck der Berufshaftpflichtversicherung unbefriedigend und wird de lege ferenda zu überdenken sein; denn Schadensursache ist die Verletzung der aus dem Anwaltsvertrag folgenden Nebenpflicht, ein verkehrssicheres Büro zu unterhalten.

c) Schaden durch Freiheitsentzug. Freiheitsentzug durch Festnahme oder 48 Haft, deren Vollzug auf mangelhafter Sachaufklärung oder Säumnis des Verteidigers beruht, ist Personenschaden, weil er zumindest die psychische Integrität beeinträchtigt. Der durch den Freiheitsentzug verursachte Verdienstausfall ist als adäquate Folge eines Personenschadens versicherungsrechtlich kein echter Vermögensschaden und folglich durch die Pflichtversicherung nicht zu decken. In den Risikobeschreibungen zu den AVB werden die durch Freiheitsentzug verursachten Schäden zwar den Vermögensschäden zugeordnet;[50] dies ist jedoch ein freiwilliges Angebot der deutschen Versicherer. Allgemeine Versicherungsbedingungen, die diese Deckungserweiterung nicht enthalten, wären mit § 51 Abs. 1 vereinbar. Auch das wird de lege ferenda zu überdenken sein.

d) Sachschaden. Durch eine brennende Zigarre, die dem Rechtsanwalt 49 während der Arbeit auf ein ihm vom Erben zur Einleitung des Eröffnungsverfahrens übergebenes privatschriftliches Testament fällt, versengt ein Teil des Papiers; die ein Vorausvermächtnis enthaltene Passage wird unlesbar. Soweit dem Man-

---

[48] *Palandt/Heinrichs,* § 276 Rdn. 116.
[49] *Pott* AnwaltsVZ S. 55.
[50] *Borgmann/Haug* VIII, Rdn. 6; *Brieske* AnwBl. 1995, 225 (228).

danten dadurch ein Schaden entsteht, weil der Inhalt des Vermächtnisses nachweisbar nicht mehr zu rekonstruieren ist, wäre dieser als adäquate Folge eines Sachschadens kein echter Vermögensschaden. Er ist durch die Pflichtversicherung nicht zu decken.[51] Die deutschen Versicherer sorgen für Abhilfe, indem sie in § 18 AVB eine Sachschadendeckung zur Verfügung stellen. Mitversichert sind danach Ansprüche wegen Sachschäden an Akten und anderen für die Sachbehandlung in Betracht kommenden Schriftstücken, ferner bewegliche Sachen, die das Objekt der versicherten Tätigkeit bilden. Ausgeschlossen ist die Deckung von Sachschäden, die durch das Abhandenkommen von Geld, Wertsachen, Inhaberpapieren etc. entstehen. Eingeschlossen werden jedoch wiederum Sachschäden, die durch das Abhandenkommen von Wechseln oder protestierten Schecks verursacht werden. Der Sachschaden besteht nicht nur aus der Minderung oder dem Verlust des Wertes der Sache selbst. Der versicherungsrechtliche Schutzbereich für Sachschäden umfaßt auch sämtliche Folgen, die aus der Beschädigung oder Zerstörung der Sache erwachsen, Vermögensschäden eingeschlossen.[52] Die Sachschadendeckung nach § 18 AVB erstreckt sich deshalb auch auf die aus dem Sachschaden herrührenden im Versicherungsrecht sog. unechten Vermögensschäden. Sie ist jedoch kein notwendiger Bestandteil der begrifflich auf die Deckung der sog. echten Vermögensschäden beschränkten Vermögensschadenhaftpflichtversicherung und folglich auch nicht Gegenstand der Pflichtversicherung. Allgemeine Versicherungsbedingungen, die diese Sachschadendeckung nicht übernehmen, würden den Anforderungen des § 51 entsprechen. Auch das ist unbefriedigend. Wie in den vorgenannten Fällen ist der Schaden auch im vorerwähnten Beispielsfall durch Verletzung einer aus dem Anwaltsvertrag resultierenden Obhutspflicht entstanden und im zivilrechtlichen Sinn ein Vermögensschaden, dessen Deckung von der Berufshaftpflichtversicherung erwartet wird. Der Risikoausschluß von Schäden, die durch das Abhandenkommen von Geld, Wertsachen, Inhaberpapieren etc. entstehen,[53] dient im übrigen u. a. der Abgrenzung zur Valorenversicherung. Der Einschluß von Schäden aus dem Abhandenkommen von Wechseln und protestierten Schecks in die Sachschadendeckung entspricht berufspraktischen Erfordernissen.

6. Der Versicherungsfall

50   a) Definition. Das VVG definiert den Begriff nicht. § 149 VVG spricht von der während der Versicherungszeit eintretenden Tatsache, die eine Verpflichtung des Versicherungsnehmers zu einer an einen Dritten zu bewirkenden Leistung auslöst. Diese Tatsache ist zugleich der Tatbestand, der die vom Versicherer geschuldete Gefahrtragung in eine dem Grunde nach konkretisierte Leistungspflicht übergehen läßt,[54] ist folglich der Versicherungsfall. Offen bleibt, an welchem Punkt dieser Tatbestand auf der je nach Lage des Falles unterschiedlich langen Zeitstrecke zwischen der haftungsbegründenden Ursache (Kausalereignis) über den äußeren die Schädigung herbeiführenden Vorgang (Schadenereignis) bis zur Feststellung und Geltendmachung des Schadens zu fixieren ist. Da der Versicherungsfall die Leistungspflicht des Versicherers dem Grunde nach konkretisiert,

---

[51] Weitere Beispiele bei *Brieske* AnwBl. 1995, 225 (228).
[52] *Späte*, § 1 AHB Rdn. 52 und 66.
[53] § 18 Abs. 2 AVB.
[54] Der versicherungsrechtliche Abwehranspruch entsteht erst, wenn gegen den Versicherten ein Anspruch geltend gemacht wird, OLG Koblenz VersR 1979, 830 (831) im Anschluß an RGZ 154, 341.

bestimmt er die zeitliche Komponente des Versicherungsschutzes. Die Leistung des Versicherers hängt davon ab, welchen Versicherungsschutz der Versicherer bei Eintritt des Versicherungsfalles nach den zu diesem Zeitpunkt geltenden Vertragskonditionen zu gewähren hat.

b) Schadensereignis. Versicherungsfall in der Vermögensschadenhaftpflichtversicherung ist der Verstoß, der Haftpflichtansprüche gegen den Versicherungsnehmer zur Folge haben könnte. Der Tatbestand, der die Freihaltungspflicht des Versicherers begründet, wird also auf den frühestmöglichen Zeitpunkt, das Kausalereignis, fixiert. Der Verstoß ist, obwohl er anfänglich oft verborgen bleibt, leichter und eindeutiger zu fixieren als das ihn wahrnehmbar werden lassende Schadenereignis.[55] Kommt es infolge fehlerhafter Rechtsberatung zur Klagerhebung, könnte Schadenereignis die Klagerhebung, das klagabweisende Urteil erster Instanz, das die Berufung zurückweisende Urteil der Rechtsmittelinstanz, die Festsetzung der erstattungsfähigen Kosten, die Kostenerstattung sein.[56] Die Fixierung des Versicherungsfalles auf den Verstoß wird außerdem der Eigenart der Vermögensschäden gerecht, daß sie in – nicht selten großem – zeitlichen Abstand nach der Verursachung eintreten oder wenigstens dem Grunde nach festgestellt werden können. Eine fehlerhafte Testamentsberatung führt erst im Erbfall zum Schaden. Der Rechtsanwalt kann für diesen Beratungsfehler den Versicherungsschutz in Anspruch nehmen, den ihm der Versicherer nach den zur Zeit der Testamentsberatung geltenden Vertragskonditionen zu leisten hat, unabhängig davon, ob der Versicherungsvertrag bei Eintritt oder Geltendmachung des Schadens noch besteht oder nicht. Dieser Spätschadensschutz ist ein wesentlicher Bestandteil der Berufshaftpflichtversicherung; er dient nicht nur dem Rechtsanwalt sondern auch dem geschädigten Mandanten. Er gehört zu den Kernelementen der Pflichtversicherung.

51

c) Ausländische Versicherer. Versicherungskonzepte ausländischer Vermögensschadenhaftpflichtversicherer legen z. T. andere Kriterien zugrunde. Sie werden, wenn sie als Pflichtversicherung i. S. des § 51 Anerkennung finden sollen, daran gemessen werden müssen, ob sie gleichwertigen Versicherungsschutz bieten. Ein Versicherungskonzept, das die sog. claims made-Deckung gewährt, Versicherungsschutz zur den im Zeitpunkt der Anspruchserhebung geltenden Vertragsbedingungen bietet,[57] bewirkt Spätschadensschutz nur, wenn entsprechende Nachhaftungsvereinbarungen getroffen werden.

52

d) Vielzahl von Pflichtverletzungen. § 51 Abs. 2, 2. Hs. erlaubt es, sämtliche Pflichtverletzungen, die bei Erledigung eines einheitlichen Auftrags unterlaufen, zu einem Versicherungsfall zusammenzufassen mit der Folge, daß die Mindestversicherungssumme trotz der Vielzahl der Pflichtverletzungen nur einmal zur Verfügung steht.

53

aa) Die sog. Serienschadenklausel war seit je Bestandteil der Vermögensschadenhaftpflichtversicherung. Die bisher gebräuchliche Klausel wird jedoch durch § 51 Abs. 2 eingeschränkt.[58] Es dürfen nur mehrere bei Erledigung eines einheitlichen Auftrags unterlaufene Pflichtverletzungen, dagegen nicht mehrere verschiedene Schäden, die aus ein und derselben Pflichtverletzung resultieren, als ein

54

---

[55] *Späte,* § 1 Rdn. 29.
[56] Vgl. hierzu die Rechtsprechung zum Zeitpunkt der die Verjährung in Lauf setzenden Schadeneintritts: BGH NJW 1992, 2828 (2829) und 1993, 1320 (1321); ferner *Zugehör* Beilage NJW Heft 21/1995, 6 ff.
[57] *Borgmann/Haug* VIII, Rdn. 8; *Späte* § 1 Rdn. 40.
[58] *Brieske* AnwBl. 1995, 225 (230).

Versicherungsfall behandelt werden. Ob eine oder mehrere Pflichtverletzungen vorliegen, hängt sehr von den Umständen des Einzelfalls ab. Weist ein Steuerberater seinen Mandanten rechtsfehlerhaft in mehreren aufeinanderfolgenden Jahren nicht darauf hin, daß wegen einer neben der freiberuflichen Tätigkeit ausgeübten gewerblichen Tätigkeit die gesamte Tätigkeit gewerbesteuerpflichtig ist, sollen nach der Rechtsprechung des BGH[59] nicht ein in der Verkennung der Grundsatzfrage liegender Versicherungsfall sondern mehrere Verstöße und folglich mehrere deckungspflichtige Schadensfälle vorliegen.[60] Die durch die Serienklausel begründete Fiktion eines Versicherungsfalls wird durch die Verklammerung gerechtfertigt, die aus dem einheitlichen Auftrag folgt. Was zum einheitlichen Auftrag gehört, ist dem Mandatsinhalt zu entnehmen und nach den aus ihm folgenden tatsächlichen und rechtlichen Zusammenhängen zu beurteilen. Ergeben sich Abgrenzungsschwierigkeiten, ist auf den für die Gebührenberechnung maßgebenden Auftragsgegenstand abzustellen.

55 **bb)** § 3 Abs. 2 2 b AVB faßt auch den aus mehreren Verstößen stammenden einheitlichen Schaden zu einem Versicherungsfall zusammen. Die Verbindung des aus mehreren Verstößen folgenden Schadens zu einem einheitlichen Ganzen rechtfertigt die Fingierung eines einzigen Versicherungsfalls. Mehrere Verstöße führen zu einem einheitlichen Schaden, wenn sie ein gemeinsames, nicht aufteilbares Ergebnis haben.[61] Weil der Rechtsanwalt sowohl die Pflicht zur umfassenden Sachverhaltsaufklärung als auch die Pflicht zur gewissenhaften rechtlichen Prüfung als auch die Pflicht, den sichersten Weg zu wählen, verletzt hat, wird die Klage abgewiesen. Die drei Pflichtverletzungen haben zu einem einheitlichen, nicht aufteilbaren Schaden geführt. Verursacht jede Pflichtverletzung dagegen einen sachlich und zeitlich abgrenzbaren Schaden, liegt ein einheitlicher Schaden selbst dann nicht vor, wenn alle Schäden summiert ein einheitliches Ergebnis haben.[62] Die Umsetzung dieser abstrakt eindeutigen Unterscheidung in die Praxis ist problematisch. Die vorerwähnte BGH-Entscheidung zum Gewerbesteuerfall und *Späths* Kritik verdeutlichen dies. Da die AVB den Anforderungen des § 51 entsprechen sollen, muß der Schaden allerdings „bei Erledigung eines einheitlichen Auftrags" entstanden sein. Wird der Rechtsanwalt von einem Vermieter in kurzem zeitlichem Abstand beauftragt, gegen drei Mieter verschiedener Objekte Ersatzansprüche aus § 558 BGB geltend zu machen und versäumt er in allen drei Fällen die Sechs-Monats-Frist, liegt schon mangels einheitlichen Auftrags kein einheitlicher Schaden vor.

7. Mindestversicherungssumme

56 **a) Begrenzung der Versicherungssumme.** Die mit dem Versicherer zu vereinbarende, im Versicherungsschein auszuweisende Versicherungssumme bildet die Höchstgrenze der vom Versicherer für den Versicherungsfall zu gewährenden Deckung. Sie muß nach § 51 Abs. 3 S. 1 mindestens 500.000,– DM für jeden Versicherungsfall betragen, unabhängig davon wieviel Versicherungsfälle im Jahr eintreten. Der anschließende Satz 2 räumt jedoch die Möglichkeit ein, die Höchstleistung des Versicherers für alle Versicherungsfälle eines Versicherungsjahres auf das Vierfache der Mindestversicherungssumme zu begrenzen. Die vierfache Maximierung der Mindestversicherungssumme muß also für jedes Versiche-

---

[59] VersR 1991, 873 (875).
[60] Kritisch dazu *Späth* VersR 1991, 876 (877).
[61] *Prölss/Martin*, 1286 § 3 AVB Vermögen, Anm. 8 c.
[62] S. Fußnote zuvor.

rungsjahr mindestens zur Verfügung stehen. Dies gilt auch, wenn eine die Mindestversicherungssumme übersteigende Versicherungssumme vereinbart wird. Auch in diesem Fall muß der Betrag von 500.000,– DM vierfach maximiert als Deckungssumme für alle Versicherungsfälle eines Jahres zur Verfügung stehen. Soweit die vereinbarte Versicherungssumme den Betrag von 500.000,– DM übersteigt, kann die Maximierung frei vereinbart werden. § 3 Abs. 2 Nr. 3 AVB sieht insoweit eine zweifache Maximierung vor.

b) Anpassung der Versicherungssumme. Die Versicherungssumme sollte 57 den Risiken entsprechen, die sich für den Rechtsanwalt aus seiner konkreten Tätigkeit ergeben, im Hinblick darauf ständig überprüft und so gewählt werden, daß ein möglicherweise erst nach Jahren auftretender Schaden unter Berücksichtigung von Inflationsrate, Kosten-, Preis- und Wertsteigerungen gedeckt ist.[63]

c) Sozietäten. Die nach § 12 Abs. 2 AVB für Sozietäten geltende Durch- 58 schnittsdeckung darf nicht zur Unterschreitung der Mindestversicherungssumme führen. Diese Möglichkeit besteht, wenn deutsche Rechtsanwälte sich mit Angehörigen nicht zur EG oder zum EWR gehörender Staaten, die nach § 206 Abs. 2 und Abs. 3 niederlassungsberechtigt und deshalb nach § 59 a Abs. 3 Nr. 1 sozietätsfähig sind, zu einer Sozietät verbinden. Da diese Sozien nicht der Versicherungspflicht unterliegen, kann eine unzureichende Versicherung dieser Sozien nicht nur Lücken in den Versicherungsschutz reißen, sondern auch zur Unterschreitung der Mindestversicherungssumme führen. Nach § 12 Abs. 2 AVB tritt der Versicherer für die Sozien mit einer einheitlichen nach den Versicherungssummen der Sozien berechneten Durchschnittsleistung ein. Tritt in die Sozietät zweier deutscher Rechtsanwälte, die mit je 600.000,– DM versichert sind, ein nichtversicherungspflichtiger ausländischer Sozius ein, der bei einem ausländischen Versicherer mit 200.000,– DM versichert ist, stehen fortan im Schadensfall nur (1,4 Mio. DM : 3 =) 466.666,– DM als Versicherungsleistung zur Verfügung, es sei denn, der deutsche Versicherer bestätigt, daß er die Durchschnittsdeckung aus § 12 Abs. 2 AVB nur auf die pflichtversicherten Sozien anwendet. Die Berufshaftpflichtversicherung der deutschen Sozien genügt anderenfalls nicht mehr den Anforderungen des § 51.

d) Interprofessionelle Sozietäten. Bei Sozietäten zwischen Rechtsanwälten 59 und Wirtschaftsprüfern bewirkt die Durchschnittsdeckung nach § 12 Abs. 2 AVB folgenden Nachteil: Den Wirtschaftsprüfern steht die Mindestversicherungssumme für jeden Schadensfall im Jahr – also unlimitiert – zur Verfügung, den Rechtsanwälten dagegen nur vierfach maximiert. Ist mit vier jeweils die Mindestversicherungssumme erreichenden Schadensfällen der Versicherungsschutz der Anwaltssozien erschöpft, führt die Durchschnittsdeckung im fünften Schadensfall zu einer entsprechenden Reduzierung der Versicherungsleistung. Abhilfe ist nur durch eine Sondervereinbarung mit dem Versicherer zu erreichen.

8. Selbstbehalt

Nach § 51 Abs. 5 kann im Versicherungsvertrag ein Selbstbehalt bis zu 1% der 60 Mindestversicherungssumme vereinbart werden. Die AVB sehen in § 3 eine entsprechende Regelung vor. Die Selbstbeteiligungsregelung dient weniger dem erzieherischen Zweck, den Versicherungsnehmer zur Sorgfalt anzuhalten, als vielmehr dem wirtschaftlichen Zweck, den Versicherer nicht mit Bagatellschäden zu belasten.[64]

---

[63] Hierzu *Brieske* AnwBl. 1995, 225 (229).
[64] *Späte,* § 3 Rdn. 60.

61 Ob der Versicherer bei Haftpflichtforderungen, die den Selbstbehalt unterschreiten, auch von der Abwehrverpflichtung befreit ist,[65] ist umstritten.[66] Die Frage ist zu verneinen. Der Selbstbehalt begrenzt nur die Freistellungspflicht des Versicherers, nicht seine übrigen Vertragspflichten.

62 Die Selbstbeteiligung wird von der Haftpflichtforderung, nicht von der Deckungssumme abgezogen. Das wird relevant, wenn die zu erfüllende Haftpflichtforderung die Deckungssumme übersteigt. Entspricht diese der Mindestsumme von 500.000,– DM und beträgt die begründete Haftpflichtforderung 505.000,– DM, hat der Versicherer 500.000,– DM zu zahlen.

VI. Risikoausschlüsse

63 Sie sind gegenüber dem früheren Rechtszustand erheblich eingeschränkt und nur noch für fünf Fälle zugelassen.

1. Wissentliche Pflichtverletzung

64 § 61 VVG bringt das im gesamten privaten Versicherungsrecht geltende Prinzip zum Ausdruck, daß der Versicherer von der Leistungspflicht frei ist, wenn der Versicherungsnehmer den Versicherungsfall vorsätzlich oder durch grobe Fahrlässigkeit herbeigeführt hat. § 152 VVG trifft eine Sonderregelung für die Haftpflichtversicherung. Danach haftet der Versicherer nicht, wenn der Versicherungsnehmer vorsätzlich den Eintritt der Tatsache, für die er dem Dritten verantwortlich ist, widerrechtlich herbeigeführt hat.[67] Im Bereich der Haftpflichtversicherung wird also Versicherungsschutz für jede Art fahrlässiger Schadensverursachung gewährt.[68] Die den vor Inkrafttreten der BRAO-Novelle geschlossenen Versicherungsverträgen zugrundeliegenden AVB (§ 4 Nr. 5) haben den Risikoausschluß weiter eingeschränkt, indem sie ihn auf die wissentliche Pflichtverletzung bezogen.[69] § 51 Abs. 3 Nr. 1 übernimmt diesen Ausschluß. Er setzt voraus, daß der Rechtsanwalt die verletzte Pflicht positiv gekannt und zutreffend gesehen hat.[70] Der Vorsatz muß sich nicht auf den durch die Pflichtverletzung bewirkten Schaden beziehen.[71]

2. Auslandsausschlüsse

65 Der Versicherungsschutz ist grundsätzlich örtlich nicht beschränkt. Bei Rechtsbesorgung im deutschen Recht ist es für die Deckung unerheblich, ob die Pflichtverletzung im In- oder Ausland begangen worden ist. Werden gegen einen Rechtsanwalt Haftpflichtansprüche wegen Verletzung europäischen Rechts vor ausländischen Gerichten geltend gemacht, besteht Versicherungsschutz.[72] Ausgeschlossen vom Versicherungsschutz sind Ersatzansprüche, die sich aus einer Tätigkeit ergeben, die über im Ausland geführte Büros (Nr. 2), in Verbindung mit

---

[65] So *Brieske* AnwBl. 1995, 225 (230).
[66] Zum Meinungsstand: *Späte,* § 3 Rdn. 61.
[67] BGH VersR 1963, 742; *Späte,* § 4 Rdn. 197.
[68] Zur Frage, ob die Einbeziehung grober Fahrlässigkeit sittenwidrig ist, BGHZ 7, 311 (324).
[69] Nach BGH VersR 1991, 176 (178) und OLG Saarbrücken VersR 1992, 994 mit dem AGBGB vereinbar.
[70] BGH VersR 1986, 647 (648); 1991, 176 (177); OLG Düsseldorf MDR 1980, 581.
[71] BGH VersR 1959, 691 (692); OLG Karlsruhe VersR 1978, 338 (339).
[72] *Borgmann/Haug* VIII, Rdn. 14; *Brieske* AnwBl. 1995, 225 (229).

§ 51 Berufshaftpflichtversicherung 66, 67 § 51

einer Rechtsbesorgung nach außereuropäischen Recht (Nr. 3) oder vor außereuropäischen Gerichten (Nr. 4) ausgeübt worden ist. Derartige Tätigkeiten gehören (bisher) nicht zu den typischen Aufgaben nach der BRAO zugelassener Rechtsanwälte. Der Ausschluß Nr. 2 betrifft insbesondere überörtliche Sozietäten, die Partner oder Büros im Ausland haben. Sie werden mit ihrem Versicherer Sondervereinbarungen treffen müssen. Der Ausschluß der Tätigkeit vor außereuropäischen Gerichten greift unabhängig davon, nach welchem Recht dort judiziert worden ist.[73]

3. Veruntreuung

Ersatzansprüche wegen Veruntreuung durch den Rechtsanwalt selbst sind nicht gedeckt. Die vorsätzliche Tat ist nicht versicherbar. Nach § 51 Abs. 1 S. 2 2. Hs. soll die Pflichtversicherung sich auch auf Vermögensschäden erstrecken, für die der Rechtsanwalt nach den §§ 278 und 831 BGB einzustehen hat. § 51 Abs. 3 Nr. 5 erlaubt es jedoch, die Haftung des Rechtsanwalts nach den §§ 278 und 831 BGB für Veruntreuungen durch Personal, Angehörige oder Sozien vom Versicherungsschutz auszuschließen. § 4 Nr. 3 AVB schränkt den Kreis der Angehörigen auf den Ehegatten, in gerader Linie Verwandte oder Verschwägerte oder im zweiten Grad der Seitenlinie Verwandte ein. 66

VII. Beitragsrabatte

Jenseits der Grenzen der Pflichtversicherung, der zwingenden und halbzwingenden Vorschriften des VVG und der allgemeinen zivilrechtlichen und wettbewerbsrechtlichen Schranken herrscht im Privatversicherungsrecht Vertragsfreiheit. Versicherer und Versicherungsnehmer können insoweit ihr Versicherungsverhältnis frei gestalten. Vereinbarungen über eine Ausweitung der Leistungen des Versicherers sind grundsätzlich ebenso zulässig wie Beitragsnachlässe.[74] Beitragsnachlässe für Sozietäten, wenn sie denn gewährt werden, Mitarbeiternachlässe oder Schadensfreiheitsrabatte führen per se nicht zu einer Einschränkung der Leistungen, die der Versicherer nach dem AVB und der Risikobeschreibung im Schadenfall zu erbringen hat.[75] Bescheinigt der Versicherer, daß eine den Anforderungen des § 51 entsprechende Berufshaftpflichtversicherung auf der Grundlage der von ihm beim BAV eingereichten AVB geschlossen ist, dürfen Landesjustizverwaltung oder Rechtsanwaltskammer die Bescheinigung nicht als ungenügend zurückweisen, weil der Versicherer nach ihrer Kenntnis Schadensfreiheitsrabatte oder Sozietätsbeitragsnachlässe einräumt. Auch die potentielle Anfechtbarkeit des Versicherungsvertrages, z. B. wegen arglistiger Erschleichung eines Schadensfreiheitsrabattes durch falsche Angaben über Vorschäden, steht der Anerkennung der Bescheinigung nicht entgegen. Der Mandant wird durch § 158 c VVG geschützt. Landesjustizverwaltung oder Kammer würden diesen Schutz gefährden, wenn sie die Bescheinigung des Versicherers wegen potentieller Anfechtbarkeit des Vertrages oder nach ihrer Auffassung unzulässiger Beitragsgestaltung nicht anerkennen. 67

---

[73] Borgmann/Haug VIII, Rdn. 14.
[74] Zur Ermächtigung des BAV Sondervergütungen oder Begünstigungsverträge zu verbieten, s. § 81 Abs. 2 S. 4 und 5 VAG.
[75] Verkennt Feuerich/Braun, § 51 Rdn. 11 und 12.

§ 51a Vertragliche Begrenzung von Ersatzansprüchen

(1) Der Anspruch des Auftraggebers aus dem zwischen ihm und dem Rechtsanwalt bestehenden Vertragsverhältnis auf Ersatz eines fahrlässig verursachten Schadens kann beschränkt werden:
1. durch schriftliche Vereinbarung im Einzelfall bis zur Höhe der Mindestversicherungssumme;
2. durch vorformulierte Vertragsbedingungen für Fälle einfacher Fahrlässigkeit auf den vierfachen Betrag der Mindestversicherungssumme, wenn insoweit Versicherungsschutz besteht.

(2) Die Mitglieder einer Sozietät haften aus dem zwischen ihr und dem Auftraggeber bestehenden Vertragsverhältnis als Gesamtschuldner. Die persönliche Haftung auf Schadenersatz kann auch durch vorformulierte Vertragsbedingungen beschränkt werden auf einzelne Mitglieder einer Sozietät, die das Mandat im Rahmen ihrer eigenen beruflichen Befugnisse bearbeiten und namentlich bezeichnet sind. Die Zustimmungserklärung zu einer solchen Beschränkung darf keine anderen Erklärungen enthalten und muß vom Auftraggeber unterschrieben sein.

Schrifttum: *Borgmann*, Haftpflichtfragen, AnwBl. 1985, 514; *Brandner*, Neufassung des EG-Richtlinienvorschlags über mißbräuchliche Klauseln in Verbraucherverträgen, ZIP 1992, 1186; *Bunte*, Mandatsbedingungen des Rechtsanwalts nach dem AGB-Gesetz, NJW 1981, 2657; *Canaris*, Zinsberechnungs- und Tilgungsverrechnungsklauseln beim Annuitätendarlehen, NJW 1987, 609; *Deutsch*, Freizeichnung von der Berufshaftung, VersR 1974, 301; *Dreyer*, Beschränkung der anwaltlichen Haftung durch Mandatsbedingungen, AnwBl. 1985, 78; *Eckert*, Der Referentenentwurf zur Umsetzung der EG-Richtlinien über mißbräuchliche Klauseln in Verbraucherverträgen, ZIP 1994, 1986; *Graef*, Die Haftung der Rechtsanwälte nach englischem Recht, AnwBl. 1993, 3; *Graf v. Westphalen*, Anwaltliche Haftungsbeschränkung im Widerstreit mit der Verbraucherschutzrichtlinie, ZIP 1995, 546; *Hartstang*, Zulässigkeit und Grenzen einer Haftungsbeschränkung für Rechtsanwälte, AnwBl. 1982, 509; *Heinrichs*, Umsetzung der EG-Richtlinie über mißbräuchliche Klauseln in Verbraucherverträgen durch Auslegung – Erweiterung des Anwendungsbereichs der Inhaltskontrolle, NJW 1995, 153; *Henssler*, Anwaltschaft im Wettbewerb, AnwBl. 1993, 541; *ders.*, Haftungsrisiken anwaltlicher Tätigkeit, JZ 1994, 174; *ders.*, Anmerkung zu BGH-Urteil vom 25. 6. 1992, JZ 1993, 155; *ders.*, JZ 1992, 697; *Hübner*, Die Berufshaftung – ein zumutbares Risiko, NJW 1989, 5; *Junge-Ilges*, Haftungsvereinbarungen der rechts- und wirtschaftsberatenden Berufe, 1995; *Koller*, Die Wirksamkeit formularmäßiger Haftungsfreizeichnungsklauseln zwischen Schadensausgleich und Schadenprävention, ZIP 1986, 1089; *Löwe*, Keine Inhaltskontrolle von Tilgungsverrechnungsklauseln beim Annuitätendarlehen, NJW 1987, 937; *Odersky*, Die Berufshaftung – ein zumutbares Risiko, NJW 1989, 1; *Prinz*, Der juristische Supermann als Maßstab, VersR 1986, 317; *Raiser*, Die Haftung des deutschen Rechtsanwalts bei grenzüberschreitender Tätigkeit, NJW 1991, 2049; *Rinsche*, Die Haftung des Rechtsanwalts und des Notars, 5. Aufl. 1995; *Roth*, Die Inhaltskontrolle nicht ausgehandelter Individualverträge im Zivilrechtssystem, BB 1987, 977; *Schiefer*, Anwalt im Zeitalter der Dienstleistung – Herausforderung zum Wandel, AnwBl. 1987, 360; *Schmidt-Salzer*, EG-Richtlinie über mißbräuchliche Klauseln in Verbraucherverträgen, Inhaltskontrolle von AVB und Deregulierung der Versicherungsaufsicht, VersR 1995, 1261; *Schmitz*, Anwaltliches Standesrecht, insbesondere die neuen Richtlinien für die Ausübung des Rechtsanwaltsberufs, NJW 1963, 1284; *Schroeder*, Die Berufshaftung des Anwalts – Ausschluß, Beschränkung oder Versicherung?, AnwBl. 1984, 522; *Zugehör*, Die Verjährung in der Berufshaftung der Rechtsanwälte, Beilage NJW Heft 21/1995, 6.

§ 51a Vertragliche Begrenzung von Ersatzansprüchen § 51a

Übersicht

	Rdn.
I. Regelungsgegenstand und -anliegen	1–8
1. Das Interesse des Rechtsanwalts	1
a) Pflichten des Rechtsanwalts	1
b) „Lückenlose" Kenntnisse	2
c) Feststellung des Verschuldens	3
d) Haftung in der Sozietät	4
e) Haftungsbegrenzung	5
2. Das Mandanteninteresse	6
3. Das Regelungsanliegen	8
II. Rückblick	9–14
1. Zivil- und Berufsrecht	9
2. Haftungsbeschränkung durch Individualvereinbarung	10
a) Grenzen der Haftungsbeschränkung	10
b) Haftungsbeschränkung und Standesrichtlinien	11
c) Wirksamkeit und Grenzen von Freizeichnungen	12
3. Haftungsbeschränkung über allgemeine Mandatsbedingungen	14
III. Rechtslage nach AGB-Gesetz	15–17
1. Haftungsausschluß für grobe Fahrlässigkeit	15
2. Haftungsausschluß für leichte Fahrlässigkeit	16
3. Änderung der Standesrichtlinien	17
IV. Bedeutung und Zweck	18–22
1. Bedeutung	18
2. Der Doppelcharakter	19
3. Ratio legis	20
4. Wirkung der Sonderregelung	21
V. Anwendungsbereich	23–32
1. Zeitliche Beschränkung	23
2. Das freie Mandat	24
3. Amtsähnliche Tätigkeiten	25
a) Keine Haftungsbeschränkung	25
b) Freistellung des Testamentvollstreckers durch Erben	26
4. Beiordnungen	27
a) Wahlmandat	28
b) Notanwalt	29
c) Pflichtverteidiger	30

	Rdn.
5. Beratungshilfe	31
6. Dritthaftung	32
VI. Haftungsbeschränkung durch Vereinbarung im Einzelfall	33–43
1. AGB und Individualvereinbarung	33
a) AGB-Merkmale	33
b) Merkmale für Individualabrede	34
2. Die Vereinbarung im Einzelfall	35
a) Stellvertretung	35
b) „Aushandeln"	36
c) Mehrere Anwaltsverträge	37
d) Grobe Fahrlässigkeit	38
e) Obergrenze	39
f) Zeitpunkt der Begrenzung	40
g) Formerfordernisse	41
h) Beweislast	42
3. Die Aufklärungspflicht des Rechtsanwalts	43
VII. Haftungsbeschränkung durch vorformulierte Vertragsbedingungen	44–54
1. Vorformulierte Vertragsbedingungen	44
2. Einbeziehung in den Anwaltsvertrag	46
a) Rechtliche Grundlage	46
b) Hinweispflicht	47
c) Konkludente Annahme	48
3. Beschränkung auf Fälle einfacher Fahrlässigkeit	49
4. Abgrenzung zwischen leichter und grober Fahrlässigkeit	51
5. Limitierung und Bedingung	52
6. Aufklärungspflicht	54
VIII. Haftungsbeschränkung auf Sozietätsmitglieder	55–65
1. Kritik	55
2. Sozietät	56
3. Persönliche Haftung	57
4. Art der Beschränkung	58
a) Verwendbarkeit vorformulierter Klauseln	58
b) Versicherungsschutz des Bearbeiters	59
5. Bearbeitung	60
6. Berufliche Befugnis und namentliche Bezeichnung	62
7. Zustimmung	64
8. Aufklärungspflichten	65

	Rdn.		Rdn.
IX. Richtlinienkonformität	66–71	a) Nichtigkeit von § 51 a?..	68
1. EG-Verbraucherschutzrichtlinie und Anwaltsverträge	66	b) Zielsetzung der Richtlinie	69
2. Geltung der Richtlinien	67	4. Dienstleistungsrichtlinie	71
3. Anwendbarkeit der Richtlinie auf Freizeichnungen nach § 51 a	68		

I. Regelungsgegenstand und -anliegen

1. Das Interesse des Rechtsanwalts

1 **a) Pflichten des Rechtsanwalts.** Der Rechtsanwalt trägt ein durch den Gegenstand des Mandats nicht begrenztes, kaum kalkulierbares Haftungsrisiko. Die Rechtsprechung hat den aus dem Anwaltsvertrag resultierenden Pflichtenkreis des Rechtsanwalts dem normativen Berufsbild entsprechend weit gezogen.[1] Im Hinblick auf den umfassenden Wirkungskreis des Rechtsanwalts als berufener unabhängiger Berater und Vertreter in allen Rechtsangelegenheiten und auf die vom Rechtsanwalt geforderte Gewissenhaftigkeit hat sie ein umfassendes Pflichtenprogramm entwickelt und in den Schutzbereich dieser Pflichten über die Rechtsfigur des § 328 BGB hinaus auch Dritte einbezogen, wenn das Drittinteresse zum Gegenstand des Anwaltsvertrages gehört[2] oder der Rechtsanwalt das Vertrauen eines Dritten, u. U. sogar des Gegners, in einen Rechtstatbestand auf ihm zurechenbare Weise veranlaßt hat.[3] Die anwaltliche Beratungs- und Belehrungspflicht sowie die Pflicht, den sichersten Weg zu wählen, sind in der Judikatur immer feiner ausdifferenziert worden. Die Rechtsprechung hat aus ihnen z. B. die Verpflichtung des Rechtsanwalts abgeleitet, dem Aufkommen von Irrtümern oder Fehlern des Gerichts nach Kräften entgegenzuwirken,[4] den Mandanten über die rechtliche Betreuung hinaus auch über wirtschaftliche Gefahren des beabsichtigten Geschäfts zu belehren,[5] bei Übernahme einer steuerrechtlichen Beratung umfassend auch über die mit dem Beratungsgegenstand verbundenen zivilrechtlichen Fragen zu belehren[6] und den Mandanten, für den eine Verletzung anwaltlicher Pflichten und der daraus resultierende Ersatzanspruch nicht erkennbar ist, über die eigene Pflichtverletzung, den Ersatzanspruch und dessen Verjährung aufzuklären.[7]

2 **b) „Lückenlose" Kenntnisse.** Die Anforderungen, die die Rechtsprechung an die Erfüllung der Sorgfaltspflichten stellt, sind nicht nur in ihrer abstrakten Formulierung[8] sondern auch in ihren Auswirkungen scharf.[9] Ohne der wachsen-

---

[1] *Borgmann/Haug* IV, Rdn. 5; *Rinsche*, Rdn. I 76 ff.; *Henssler* JZ 1994, 178 ff.; *Prinz* VersR 1986, 317; *Vollkommer*, Rdn. 89 ff.
[2] *Borgmann/Haug* VI, Rdn. 1 f.; *Rinsche*, Rdn. I 39 ff.; *Vollkommer*, Rdn. 68 ff.
[3] *Borgmann/Haug* VI, Rdn. 1–24; *Rinsche*, Rdn. I 52; *Vollkommer*, Rdn. 72; *Henssler* JZ 1994, 174 (184); *Hübner* NJW 1989, 5 (11).
[4] BGH NJW 1974, 1865 (1866); 1988, 3013 (3016).
[5] BGH DNotZ 1970, 48 (50); BGH VersR 1960, 932 (933); BGH NJW 1961, 601; 1988, 563 (566).
[6] BGH NJW 1988, 563 (566).
[7] RGZ 158, 130 (136); BGH VersR 1967, 979 (980); BGHZ 94, 380 (385 f.); *Borgmann* AnwBl. 1985, 514 (515); *Henssler* JZ 1994, 178 (184); *Zugehör* Beilage NJW Heft 21/1995, 6.
[8] *Odersky* NJW 1989, 1 (3).
[9] *Vollkommer*, Rdn. 423 ff.

den, nicht mehr zu überschauenden Verrechtlichung nahezu aller Lebensbereiche, der ständig zunehmenden Kompliziertheit des Rechts, dem unüberschaubar gewordenen Schrifttum und der damit einhergehenden fortschreitenden, berufspolitisch geförderten Spezialisierung in der Anwaltschaft Rechnung zu tragen, verlangt die Rechtsprechung vom Rechtsanwalt eine im wesentlichen lückenlose Kenntnis der für die Bearbeitung des Mandats einschlägigen deutschen Gesetze,[10] veröffentlichten höchstrichterlichen Rechtsprechung und der Veröffentlichungen in den bedeutenden Fachzeitschriften.[11]

c) Feststellung des Verschuldens. Der Rechtsanwalt haftet für jede Fahrlässigkeit. In der Rechtsprechung ist die **Feststellung des Verschuldens** zur Formsache denaturiert. Nach einer bis heute fortgeltenden Entscheidung des BGH aus dem Jahre 1959 hat der Rechtsanwalt grundsätzlich jeden Rechtsirrtum zu vertreten.[12] Mit der Feststellung der objektiven Pflichtwidrigkeit ist im Regelfall auch die Entscheidung über die Fahrlässigkeit gefallen.[13] 3

d) Haftung in der Sozietät. Der in eine **Sozietät** eingebundene Rechtsanwalt haftet als Gesamtschuldner für das Fehlverhalten eines seiner Sozien. Wird der Anwaltsvertrag mit der Sozietät geschlossen, hat jeder Sozius für die pflichtgemäße Erfüllung aller Mandate der Sozietät einzustehen, unabhängig davon, wer das Mandat bearbeitet[14] und ob er bei der Größe der Sozietät überhaupt in der Lage ist, die Bearbeitung des Mandats durch einen Sozius oder angestellten Rechtsanwalt so zu beobachten, daß er im Krisenfall eingreifen könnte. 4

e) Haftungsbegrenzung. Vor diesem hohen, u. U. ruinösen Risiko konnte sich der Rechtsanwalt bisher nur sehr eingeschränkt schützen. Das Gebührenaufkommen deckt dieses Risiko nicht. Über die gesetzlichen Gebühren hinausgehende, dem Haftungsrisiko entsprechende Honorarvereinbarungen sind irreal und im Hinblick auf die sich immer weiter verschärfende Wettbewerbssituation innerhalb der Anwaltschaft schon gar nicht durchsetzbar. Eine das gesamte Risiko abdeckende Haftpflichtversicherung ist wegen der Beitragshöhe für den Rechtsanwalt wirtschaftlich nicht tragbar. Die Abwälzung des Versicherungsbeitrages für eine **Einzelobjektversicherung,** deren Abschluß sich bei Mandaten mit hohem Haftungsrisiko empfehlen würde, auf den Mandanten ist wegen der außerordentlichen Höhe des Beitrages nur in Ausnahmefällen zu erwirken.[15] Die bis zum Inkrafttreten dieses Gesetzes gegebenen Möglichkeiten der vertraglichen Haftungsbegrenzung waren unsicher und unzureichend[16] oder wurden jedenfalls in der Anwaltschaft so empfunden.[17] 5

2. Das Mandanteninteresse

Der Mandant vertraut sich und sein Anliegen dem Rechtsanwalt an, weil er in ihm den kompetenten Fachmann sieht, der befähigt ist, sein Anliegen bestmög- 6

---

[10] BGH MDR 1958, 496 f.; OLG Hamm VersR 1981, 936.
[11] BGH NJW 1983, 1665; OLG Düsseldorf VersR 1980, 359; *Raiser* NJW 1991, 2049 (2050); *Vollkommer,* Rdn.119–141.
[12] BGH VersR 1959, 638 (641); OLG Koblenz NJW 1989, 2699.
[13] *Odersky* NJW 1989, 1 (3); kritisch dazu *Henssler* JZ 1994, 174 (182 f.); *Vollkommer,* Rdn. 269 ff.; *ders.,* 284 ff.
[14] *Borgmann/Haug* Rdn. VII, 1 ff.; *Rinsche,* Rdn. I 160 ff.; *Vollkommer,* Rdn. 314.
[15] BT-Drucks. 12/4993, 32; Näher dazu *Junge-Ilges,* S. 29.
[16] *Henssler* JZ 1994, 178 (186).
[17] *Hartstang* II, S. 656; *Junge-Ilges,* S. 37 ff.

lich wahrzunehmen.[18] Er beauftragt den Rechtsanwalt in der Erwartung, daß dieser die vertragsgemäße Leistung erbringen werde. Der Gedanke, daß der Rechtsanwalt ihm durch pflichtwidriges Fehlverhalten Schaden zufügen könne, tritt bei der Auftragserteilung hinter diese Erwartung zurück. Erfüllt sich jedoch die Leistungserwartung des Mandanten nicht und entsteht dem Mandanten durch Fehlverhalten des Rechtsanwalts Schaden, ist das Verlangen des Mandanten nach Schadensausgleich um so ausgeprägter je stärker er sich in seinem Vertrauen enttäuscht sieht. Das Interesse des Mandanten an **vollem Schadenersatz** ist legitim; es folgt zwangsläufig aus dem den Anwaltsvertrag prägenden Vertrauensverhältnis zwischen Rechtsanwalt und Mandant. Jede Beschränkung anwaltlicher Haftung läuft diesem Interesse zuwider.

7 Dieses herkömmliche Verständnis des Anwaltsvertrages kann keine uneingeschränkte Geltung mehr beanspruchen. Die Entwicklung des Dienstleistungsmarktes verändert das tatsächliche Berufsbild des Rechtsanwalts. Der Rechtsanwalt versteht sich nicht nur zunehmend als Unternehmer,[19] sondern wird auch zunehmend als solcher gesehen. Dies führt in Teilbereichen zu einer Entpersonalisierung des Mandats. Hier werden nicht der Rechtsanwalt oder die in Sozietät verbundenen Rechtsanwälte beauftragt, sondern die „**Anwaltsfirma**". Das Mandat rückt in die Nähe des „Geschäfts". Im Geschäftsverkehr ist die Vereinbarung von Haftungsbeschränkungen längst ein geläufiger Verhandlungsgegenstand.

3. Das Regelungsanliegen

8 § 51 a löst den Interessenkonflikt zwischen Rechtsanwalt und Mandant nicht, sondern überläßt die Lösung privatautonomer Vertragsgestaltung und bietet dafür drei Lösungswege. Dadurch wird Rechtsklarheit in einer von der deutschen Anwaltschaft bis dahin als unsicher empfundenen[20] Rechtslage geschaffen. Durch die flankierende Einführung der Pflichtversicherung (§ 51) und die Limitierung vertraglicher Haftungsbeschränkungen bis zur Grenze der durch die Pflichtversicherung gewährleisteten **Mindestversicherungssummen** bei fahrlässigem Fehlverhalten soll ein angemessener Ausgleich der gegenläufigen Interessen des Rechtsanwalts einerseits und des Mandanten andererseits hergestellt werden.[21]

II. Rückblick

1. Zivil- und Berufsrecht

9 Die Diskussion über die Zulässigkeit und Wirksamkeit vertraglicher Haftungsbeschränkungen reicht in die zwanziger Jahre zurück. Sie kam auf in der Reaktion auf die in der Anwaltschaft als zu streng empfundene Haftungsrechtsprechung des RG[22] und wurde unter zwei Aspekten geführt, nämlich einmal im Blick auf die zivilrechtliche Wirksamkeit vertraglicher Haftungsbeschränkungen und zum anderen auf deren berufsrechtliche, damals standesrechtliche, Zulässigkeit. Dabei war die berufsrechtliche Argumentation stark geprägt von der berufspolitischen Fragestellung, ob Haftungsbeschränkungen für den Berufsstand wünschenswert seien.[23]

---

[18] *Junge-Ilges*, S. 46 f.
[19] *Schiefer* AnwBl. 1987, 360 ff.
[20] Siehe Fn. 17 und 18.
[21] BT-Drucks. 12/4993 S. 32; vgl. dazu *Junge-Ilges*, S. 44; *Koller* ZIP 1986, 1089 (1093 f.); *Haas*, Haftungsfreizeichnungsklauseln in allgemeinen Geschäftsbedingungen S. 64 ff.
[22] *Borgmann/Haug* VIII, Rdn. 33; *Junge-Ilges*, S. 30 ff.; *Vollkommer*, Rdn. 422.
[23] Dazu i. e. *Junge-Ilges*, S. 30 ff.; *Vollkommer*, Rdn. 422.

2. Haftungsbeschränkung durch Individualvereinbarung

a) Grenzen der Haftungsbeschränkung. Haftungsbeschränkende Individualvereinbarungen fanden ihre Grenze an § 276 Abs. 2 BGB sowie an den allgemeinen Bestimmungen der §§ 138 und 242 BGB. Danach konnte sich der Rechtsanwalt von der Haftung für Vorsatz nicht im voraus freizeichnen. Ein Haftungsausschluß für jede Form der Fahrlässigkeit war ihm jedoch grundsätzlich gestattet.[24] Für eine **gerichtliche Billigkeitskontrolle** war kein Raum. Die §§ 138 und 242 BGB ermöglichten nur, den sich aus den konkreten Umständen ergebenden Mißbrauch in Grenzfällen zu korrigieren.[25] Gleichwohl wurde im Schrifttum die Freizeichnung von der Haftung für grobe Fahrlässigkeit, von Ausnahmefällen wie z. B. Anwendung ausländischen Rechts oder Unentgeltlichkeit des Auftrages abgesehen, für unwirksam gehalten, von manchen auch der völlige Ausschluß für leichte Fahrlässigkeit. Beides, so wurde argumentiert, sei mit dem besonderen Vertrauensverhältnis zwischen Rechtsanwalt und Mandant, der dem Rechtsanwalt obliegenden gewissenhaften Pflichterfüllung sowie der Leistungs- und Haftungserwartung des Mandanten nicht zu vereinbaren und verstoße deshalb gegen Treu und Glauben oder die guten Sitten.[26] Diese Argumentation mochte rechtspolitisch erwünscht sein, entsprach jedoch nicht geltendem Recht. Die Freizeichnung durch Individualvereinbarung ist, das folgt schon aus § 276 Abs. 2 BGB, per se nicht so außergewöhnlich oder anstößig, daß ihr nach den §§ 138 oder 242 BGB die Wirksamkeit versagt werden muß; es müssen schon besondere Umstände oder Verhaltensweisen, wie z. B. die in § 138 Abs. 2 BGB aufgeführten, hinzutreten.[27] Dies mag häufig der Fall sein, weil ein vernünftig handelnder Mandant nicht akzeptiert, daß der Rechtsanwalt sich von grober Fahrlässigkeit freizeichnet oder überhaupt seine Haftung für Risiken ausschließt, die mit zumutbarem Aufwand versicherbar sind. Generell gilt dies jedoch nicht.

b) Haftungsbeschränkung und Standesrichtlinien. Die Standesrichtlinien vom 1. 1. 1956[28] ließen Haftungsbeschränkungen durch Individualvereinbarung nur bei auffälligem Mißverhältnis zwischen Risiko und Vergütung sowie bei risikoträchtigen Mandaten (Terminsnähe, Fristablauf, Geltendmachung von Teilansprüchen) zu. Aufgrund der wachsenden Kritik aus der Anwaltschaft an ihrer restriktiven Haltung[29] änderte die BRAK am 3. 5. 1963 die Richtlinie und ließ Haftungsbeschränkungen generell, also sowohl im Einzelfall als auch durch allgemeine Mandatsbedingungen und unabhängig vom Grad der Fahrlässigkeit insoweit zu, als das Schadensrisiko 50.000,- DM übersteigt.[30] Nach Inkrafttreten des AGB-Gesetzes am 1. 4. 1977 änderte die BRAK die Richtlinie abermals und erklärte, ohne zwischen Individualvereinbarung und allgemeinen Mandatsbedingungen zu unterscheiden, die Vereinbarung von Haftungsausschlüssen oder die Mindestsumme von 100.000,- DM unterschreitenden Haftungsbeschränkungen für in der Regel unzulässig, wenn das aus fahrlässigen Berufsversehen folgende Risiko durch die gemäß § 48 der Richtlinien abzuschließende Versicherung im Rahmen der üblichen Bedingungen gedeckt werden kann (§ 49 d. RichtlRA).

---

[24] Henssler JZ 1994, 178 (186); Junge-Ilges, S. 60 f.
[25] Junge-Ilges, S. 60; Roth BB 1987, 977 (984).
[26] Borgmann/Haug VIII, 37; Bunte NJW 1981, 2657 (2662); Deutsch VersR 1974, 301 (306 f.); Junge-Ilges, S. 60 ff.; Schröder AnwBl. 1984, 522 (523); Vollkommer, 427 ff.
[27] Junge-Ilges, S. 61.
[28] Abdruck bei Kalsbach, § 36; Standesrecht des Rechtsanwalts 1956 § 40 Abs. 2.
[29] Junge-Ilges, S. 35 m. w. N.
[30] Junge-Ilges, S. 36.

§ 51a 12–15   Dritter Teil. Rechte und Pflichten des Rechtsanwalts

Soweit vertragliche Haftungsausschlüsse oder -beschränkungen im übrigen nach den allgemeinen Gesetzen zulässig sind, erklärte sie die BRAK für standesrechtlich unbedenklich.[31]

12   **c) Wirksamkeit und Grenzen von Freizeichnungen.** Eine unter Verletzung dieser Richtlinien vereinbarte Freizeichnung war nicht schon wegen des Standesverstoßes sittenwidrig oder nichtig. Der BGH hat seine ursprüngliche Auffassung, die **Standesverstoß und Sittenwidrigkeit** gleichsetzte[32] später dahin eingeschränkt, daß nicht jeder Standesverstoß eines an die Standesregeln gebundenen Vertragsteils den Vertrag sittenwidrig und nichtig macht.[33] Dem Standesverstoß wurde allerdings eine hohe indizielle Bedeutung zugemessen.[34]

13   § 49 der Standesrichtlinien ist durch die Entscheidungen des BVfG vom 14. 7. 1987[35] wirkungslos geworden. Er gehörte nicht zu denjenigen Richtlinien, die bis zur Neuordnung des anwaltlichen Berufsrechts zur Aufrechterhaltung einer funktionsfähigen Rechtspflege unerläßlich sind. Die durch die allgemeinen Bestimmungen des Zivilrechts und das AGBG gezogenen Schranken für Haftungsausschlüsse oder -beschränkungen sicherten die Funktionsfähigkeit der Rechtspflege hinreichend.[36]

3. Haftungsbeschränkung über allgemeine Mandatsbedingungen

14   Nachdem die Standesrichtlinien der BRAK bis dahin die allgemeine Vereinbarung des Ausschlusses oder der Beschränkung der Haftung nicht gestattet hatten, entsprach die BRAK am 3. 5. 1963 der auch in dieser Hinsicht zunehmenden Kritik aus Anwaltskreisen an ihrer restriktiven Haltung[37] durch folgende Änderung der Standesrichtlinie.[38] Die Vereinbarung des völligen Ausschlusses der Haftung wurde nur in besonderen Ausnahmefällen zugelassen (§ 3 Nr. 3). Haftungsbeschränkungen durch Vertrag wurden insoweit zugelassen, als die Haftungsrisiken 50.000,– DM übersteigen (§ 3 Nr. 2). Für die Vereinbarung wurde Schriftlichkeit außerhalb der Vollmachtsurkunde gefordert (§ 3 Nr. 3). Die am 21. 6. 1973 verabschiedete geänderte Fassung der Standesrichtlinien behielt diese nach dem Grad der Fahrlässigkeit nicht differenzierende Regelung bei, ließ allerdings für besondere Fälle auch eine die Obergrenze von 50.000,– DM unterschreitende Haftungsbeschränkung zu (§ 49 RichtlRA).

III. Rechtslage nach dem AGB-Gesetz

1. Haftungsausschluß für grobe Fahrlässigkeit

15   Seit Inkrafttreten des AGB-Gesetzes[39] am 1. 4. 1977 unterliegen die zwischenzeitlich in Gebrauch gekommenen allgemeinen Mandatsbedingungen der **richterlichen Inhaltskontrolle** nach diesem Gesetz. Nach § 11 Nr. 7 AGBG kann die Haftung für grobe Fahrlässigkeit im nichtkaufmännischen Rechtsverkehr weder

---

[31] *Junge-Ilges*, S. 37.
[32] BGHZ 22, 162 (165); deutlicher 39, 142 (148).
[33] BGH NJW 1973, 315 (316); 1981, 399 (400).
[34] *Junge-Ilges*, S. 42; *Vollkommer*, Rdn. 425.
[35] BVerfGE 76, 171 ff. (189).
[36] *Hensslger* JZ 1992, 697/708); *ders.* JZ 1994, 178 (186); *Feuerich/Braun*, § 51 a Rdn. 2; *Roth* BB 1987, 977 (984); *Junge-Ilges*, S. 43.
[37] AnwBl. 1963, 159 (160); *Junge-Ilges*, S. 35 m. w. N.
[38] § 3 RichtlRA v. 3. 5. 1963; dazu *Schmitz* NJW 1963, 1284 (1286 f.).
[39] Vom 9. 12. 1976 BGBl. I, 3317.

wirksam ausgeschlossen noch beschränkt werden. **Freizeichnungsklauseln,** die entsprechend § 49 RichtlRA vom 21. 6. 1973 die Haftung ohne Differenzierung nach dem Grad der Fahrlässigkeit auf 50.000,- DM oder eine darüberliegende Höchsthaftsumme beschränken, sind folglich im nichtkaufmännischen Rechtsverkehr unwirksam.[40] Im kaufmännischen Rechtsverkehr findet § 11 AGBG keine Anwendung (§ 24 Nr. 1 AGBG). Freizeichnungsklauseln unterliegen hier allein der Inhaltskontrolle nach der Generalklausel des § 9 AGBG (§ 24 S. 2 AGBG). § 11 Nr. 7 AGBG hat jedoch Indizwirkung auch für den kaufmännischen Rechtsverkehr, und diese wird nur ausgeräumt, wenn ausnahmsweise die besonderen Interessen und Bedürfnisse des kaufmännischen Rechtsverkehrs aufgrund außergewöhnlicher Umstände eine abweichende Beurteilung erfordern.[41] Gegen § 11 AGBG verstoßende Klauseln sind deshalb auch im kaufmännischen Rechtsverkehr grundsätzlich unwirksam.[42] Unklar und unentschieden ist, ob der Rechtsanwalt sich gegenüber Kaufleuten von der Haftung für grobes Verschulden seiner Erfüllungsgehilfen bis zur Haftungshöchstsumme freizeichnen kann.[43]

2. Haftungsausschluß für leichte Fahrlässigkeit

Der völlige Haftungsausschluß für Fälle leichter Fahrlässigkeit wird mit unter- 16 schiedlicher Begründung als Verstoß gegen § 9 AGBG angesehen. Zur Begründung wird verwiesen auf die herausgehobene Stellung des Rechtsanwalts, seine Monopolstellung, die Vertrauenserwartung des Mandanten, die Besonderheit des Anwaltsvertrages, darauf, daß die vertraglichen Kardinalpflichten nicht durch Freizeichnung ausgehöhlt werden dürften sowie auf die Versicherbarkeit fahrlässiger Pflichtverletzung.[44] Eine Haftungsbegrenzung für Fälle leichter Fahrlässigkeit auf die Höhe der in § 48 RichtlRA geforderten Mindestversicherungssumme von 100.000,- DM für normale Risiken wurde im Ergebnis mit der Einschränkung für zulässig gehalten, daß dem Mandanten bei hohen, die Mindestversicherungssumme überschreitenden Risiken die Übernahme der Versicherungsprämie für eine risikodeckende **Einzelobjektversicherung** angeboten werden muß.[45] Umstritten und unentschieden ist, ob ein Haftungsausschluß für mündliche, insbesondere telefonische Auskünfte sowie für die Bearbeitung nach ausländischem Recht wirksam vereinbart werden kann.[46]

3. Änderung der Standesrichtlinien

Die BRAK reagierte auf die durch das AGBG veränderte Rechtslage am 25. 9. 17 1981 durch folgende Änderung des § 49 RichtlRA: Sie erklärte die Vereinbarung von Haftungsausschlüssen oder die Mindestsumme von 100.000,- DM unterschreitenden Haftungsbeschränkungen für unzulässig, wenn das aus fahrlässigem Berufsversehen folgende Risiko durch die nach § 48 RichtlRA abzuschließende

---
[40] OLG Stuttgart VersR 1984 450 (451); *Bunte* NJW 1981, 2657 (2658 f.); *Wolf/Horn/Lindacher*, § 11 Nr. 7 Rdn. 24.
[41] BGHZ 103, 316 (329), BGH ZIP 1984, 968.
[42] BGHZ 20, 164; 38, 183 (185); *Bunte* NJW 1981, 2657 (2658 f.); *Brandner* ZIP 1984, 1186 (1191); *Hartstang* AnwBl. 1982, 509 (511); *Junge-Ilges*, S. 47; *Vollkommer*, Rdn. 437.
[43] Dazu *Junge-Ilges*, S. 48.
[44] *Bunte* NJW 1981, 2657 (2659); *Junge-Ilges*, S. 50 m. w. N.; *Wolf/Horn/Lindacher*, § 9 Rdn. R 6 ff.
[45] BGHZ 77; 126 (127 f.); *Junge-Ilges*, S. 55; *Wolf/Horn/Lindacher*, § 9 Rdn. R 7.
[46] Zum Meinungsstand *Junge-Ilges*, S. 51 f.; *Bunte* NJW 1981, 2657 (2659 f.); *Wolf/Horn/Lindacher*, § 9 Rdn. R 11.

Versicherung im Rahmen der üblichen Bedingungen gedeckt werden kann. Soweit im übrigen die Vereinbarung von Haftungsausschlüssen oder -beschränkungen nach den allgemeinen Gesetzen zulässig ist, erklärte sie die BRAK auch für standesrechtlich unbedenklich.[47] Die berufsrechtlichen Grenzen vorformulierter Haftungsbeschränkungen und die vom AGBG und den allgemeinen zivilrechtlichen Bestimmungen gezogenen, durch die Rechtsprechung konkretisierten Schranken sind so zur Deckung gebracht worden.[48] Rechtssicherheit wurde dadurch allerdings nicht erreicht. Da es der Generalklausel des § 9 AGBG wegen der Konturenlosigkeit ihrer Begriffe an inhaltlicher Bestimmtheit mangelt, blieben für die Praxis zu viele Fragen offen. Zu den daraus resultierenden Zweifeln an wirksamer Haftungsbeschränkung trat als weiteres Hindernis das Verbot der geltungserhaltenen Reduktion allgemeiner Geschäftsbedingungen hinzu. Da wegen dieses Verbots eine unwirksame AGB-Haftungsbeschränkung nicht in dem Umfang fortgilt, in dem sie wirksam hätte vereinbart werden können,[49] setzten sich Haftungsbeschränkungen durch allgemeine Mandatsbedingungen nicht durch.[50] Der Konflikt zwischen dem Interesse des Rechtsanwalts an wirksamem Schutz vor ruinöser Haftung und dem Sicherungsinteresse des Mandanten blieb ungelöst. Bei der ihm durch die Entscheidung des BVfG aufgegebenen Neuordnung des anwaltlichen Berufsrechts mußte sich der Gesetzgeber diesem Problem stellen.

IV. Bedeutung und Zweck

1. Bedeutung

18   Die Vorschrift läßt die Beschränkung der Haftung für fahrlässig verursachte Schäden bis zur Grenze bestimmter Versicherungssummen zu. Die Haftung für Vorsatz ist nicht abdingbar (§ 276 Abs. 2 BGB). Haftungsausschlüsse spricht die Vorschrift nicht an. Da bis zum Inkrafttreten der Neuregelung individualvertragliche Haftungsausschlüsse für jede Form der Fahrlässigkeit in den Grenzen der §§ 138, 242 BGB grundsätzlich gestattet waren, führt dies zu der Frage, ob die Vorschrift eine abschließende Regelung trifft oder Raum für weiterreichende Freizeichnungsvereinbarungen in den Grenzen der §§ 138, 242 BGB läßt. Das erste ist zu bejahen.

2. Der Doppelcharakter

19   § 51 a ist eine janusköpfige Bestimmung mit einer berufsrechtlichen und einer privatrechtlichen Seite. Sie ist Teil des neugeordneten anwaltlichen Berufsrechts und dem dritten Teil des Gesetzes zugeordnet, der die Rechte und Pflichten des Rechtsanwalts regelt, deren Überschreitung oder Verletzung disziplinarrechtliche Folgen auslösen kann. Diese berufsrechtliche Bedeutung füllt jedoch den Sinngehalt der Vorschrift nicht aus. Sie erfaßt darüber hinaus das zwischen dem Auftraggeber und dem Rechtsanwalt bestehende Vertragsverhältnis, die privatrechtliche Grundlage der anwaltlichen Tätigkeit, indem sie Haftungsbeschränkungen im Rahmen des Anwaltsvertrages ermöglicht. Sie ist deshalb auch Teil des privatrechtlichen anwaltlichen Haftungsrechts.

---

[47] *Bunte* NJW 1981, 2657 (2658); *Junge-Ilges*, S. 37.
[48] *Schroeder* AnwBl. 1984, 522 (523).
[49] BGHZ 92, 312 (315); 996, 18 (25); *Wolf/Horn/Lindacher*, § 11 Nr. 7 Rdn. 27.
[50] *Vollkommer*, Rdn. 447; *Borgmann/Haug*, 2. Aufl. S. 239 raten zur Vorsicht; a. A. *Hartstang* AnwBl. 1982, 509 (510); *Dreyer* AnwBl. 1985, 78.

3. Ratio legis

Dies verdeutlicht den Zweck der Vorschrift. Neben ihrer berufsordnenden Funktion trifft sie, und das ist die wesentliche ratio legis, eine für den privatrechtlichen Anwaltsvertrag unmittelbar geltende abschließende Sonderregelung für die Beschränkung der anwaltlichen Haftung. Sie tritt nicht neben das bisher geltende Recht der Beschränkung anwaltlicher Haftung sondern an die Stelle dieses Rechts. In einem weitgehend ungeklärten, jedenfalls aber in der Anwaltschaft als ungeklärt empfundenen, Rechtsunsicherheit auslösenden Rechtsgebiet soll § 51 a eine „gesetzlich klar geregelte Möglichkeit über die Vereinbarung von Haftungsbeschränkungen" schaffen.[51] Dieses Ziel würde verfehlt, wenn einzelvertragliche Freizeichnungen in den Grenzen der §§ 138, 242 BGB über § 51 a hinaus zulässig wären oder nach § 51 a zulässige Freizeichnungen der Inhaltskontrolle nach Art. 9 AGBG unterworfen wären.[52]

4. Wirkung der Sonderregelung

§ 51 a bestimmt nicht nur, was der Rechtsanwalt vereinbaren darf, sondern wendet sich auch an den Auftraggeber und bezieht ihn in ihren Schutzbereich ein. Das unterstreicht der Kontext mit § 51. Die Pflichtversicherung erhöht den Schutz des geschädigten Mandanten. Seine Rechtslage im Haftpflichtfall wird durch den Bestand der Haftpflichtversicherung, die Mindestversicherungssumme und die Schutzbestimmungen der §§ 158 bis 158 k VVG im Vergleich zur bisherigen deutlich verbessert. § 51 a gewährleistet im Rahmen des Versicherungsschutzes berechtigten Schadenersatz bis zur Höhe der **Mindestversicherungssumme** im Fall der Nr. 1 bzw. des vierfachen Betrages der Mindestversicherungssumme im Fall der Nr. 2. Er läßt berufsrechtlich wie privatrechtlich nicht nur im Blick auf den Rechtsanwalt sondern gerade auch zum Schutz des Mandanten Haftungsbeschränkungen nur unter den von ihm bestimmten Voraussetzungen und in den von ihm gezogenen Grenzen zu. Eine mit § 51 a nicht zu vereinbarende Freizeichnungsvereinbarung ist nichtig (§ 134 BGB). Die Streitfrage, ob für unentgeltliche **Gefälligkeitsauskünfte,** für mündliche oder telefonische Beratungen Haftungsausschlüsse vereinbart werden können, ist damit negativ entschieden.

Nach altem Recht vereinbarte Haftungsbegrenzungen sind am Maßstab des § 51 a zu messen. Entsprechen sie ihm nicht, sind sie mit Inkrafttreten des § 51 a unwirksam geworden.

V. Anwendungsbereich

1. Zeitliche Beschränkung

Nach § 51 a kann der Anspruch des Auftraggebers beschränkt werden. Dieser wird durch die Pflichtverletzung des Rechtsanwalts begründet und entsteht mit dem Eintritt des Schadens.[53] Pflichtverletzung und Schadenseintritt können zeitlich auseinanderfallen. Maßgebend ist der Zeitpunkt der Pflichtverletzung. Er markiert auch den **Versicherungsfall**. Versicherungsrechtlich kommt es auf die Deckung an, die nach dem Versicherungsvertrag zu diesem Zeitpunkt vom Versicherer zu gewähren ist.[54] Haftungsbeschränkungen nach § 51 a können sich

---

[51] BT-Drucks. 12/4993 S. 32.
[52] Das verkennt *Graf v. Westphalen*, siehe u. Rdn. 68.
[53] *Borgmann/Haug* V, Rdn. 5; *Rinsche*, Rdn. I 211; *Vollkommer*, Rdn. 214 ff. (220).
[54] Siehe § 51 V 6.

deshalb nur auf Ansprüche beziehen, die durch nach Inkrafttreten der Bestimmung begangene Pflichtverletzungen begründet sind.

2. Das freie Mandat

24 Ermöglicht wird die Beschränkung von Ersatzansprüchen aus dem zwischen dem Auftraggeber und dem Rechtsanwalt bestehenden Vertragsverhältnis. Voraussetzung ist also das Zustandekommen eines Anwaltsvertrages. Dessen Abschluß steht dem Rechtsuchenden frei, von den noch zu erörternden Ausnahmen abgesehen auch dem Rechtsanwalt.

3. Amtsähnliche Tätigkeiten

25 **a) Keine Haftungsbeschränkung.** Die Haftung des Rechtsanwalts aus einer amtsähnlichen Tätigkeit als Konkurs-, Vergleichs-, Zwangs- oder Nachlaßverwalter kann vertraglich nicht beschränkt werden. Der Rechtsanwalt übernimmt diese Tätigkeiten durch Berufung in das Amt, nicht durch Abschluß eines Anwaltsvertrages. Mit dem Amt übernimmt der Rechtsanwalt die damit verbundenen gesetzlichen Pflichten.[55]

26 **b) Freistellung des Testamentsvollstreckers durch Erben.** Für die Tätigkeit als Testamentsvollstrecker gilt dies mit folgender Einschränkung: Zwischen dem Erben und dem Testamentsvollstrecker entsteht mit der Übernahme des Amtes ein gesetzliches Schuldverhältnis, das den Testamentsvollstrecker zur sorgfältigen und gewissenhaften Amtsführung verpflichtet. Von der Haftung für eine schuldhafte Verletzung dieser Pflichten kann der Erblasser den Testamentsvollstrecker nicht befreien (§ 2220 BGB). Der Erbe kann den Testamentsvollstrecker jedoch im Rahmen des § 276 Abs. 2 BGB von der Haftung freistellen.[56]

4. Beiordnungen

27 In den Beiordnungsfällen der §§ 48 und 49 sowie bei der Übernahme der **Beratungshilfe** sind Haftungsabsprachen nicht grundsätzlich ausgeschlossen.[57] Die Rechtsverhältnisse in den Beiordnungsfällen sind unterschiedlich gestaltet. Gemeinsam ist allen, daß durch die Beiordnung kein Anwaltsvertrag entsteht. Dieser kommt wie beim freien Mandat erst durch die Beauftragung des Rechtsanwalts zustande.[58] Prozeßbevollmächtigter wird der Rechtsanwalt in den Fällen des § 48 erst mit der Erteilung der Prozeßvollmacht durch die Partei.[59]

28 **a) Wahlmandat.** Die §§ 121 Abs. 1 ZPO und 11 a ArbGG gehen vom Grundsatz des Wahlmandats aus. Der Partei wird ein zur Vertretung bereiter Rechtsanwalt ihrer Wahl beigeordnet. Auch der Rechtsanwalt unterliegt keinem **Kontrahierungszwang**. Er muß dem Mandanten gegenüber zur Prozeßvertretung bereit sein. Nur wenn er sich bereiterklärt hat, muß er die Beiordnung mit der daraus resultierenden Verpflichtung zur Übernahme der Prozeßvertretung akzeptieren (§ 48 Abs. 1 S. 1). Da **Abschlußfreiheit** besteht, sind vertragliche Haftungsbeschränkungen ebenso wie beim freien Mandat zulässig.

---

[55] *Junge-Ilges*, S. 40; *Vollkommer*, Rdn. 14 ff.
[56] *Palandt/Edenhofer*, § 2219 Rdn. 1.
[57] *Vollkommer*, Rdn. 423; zurückhaltend *Hartstang* AnwBl. 1982, 509 (510).
[58] BGHZ 30, 226 (230); 60, 255 (258).
[59] BGH NJW 1987, 440.

b) Notanwalt. Anders verhält es sich im Falle des § 121 Abs. 4 ZPO sowie in 29
den Fällen der §§ 78 b, 78 c und 625 ZPO. Der Notanwalt muß die Vertretung
der Partei übernehmen. Die öffentlich-rechtliche Berufspflicht begründet zugleich einen privatrechtlichen Abschlußzwang. Obwohl dieser grundsätzlich nur
die Abschlußfreiheit ausschließt, folgt hier aus dem Schutzbedürfnis der Partei die
Verpflichtung des Rechtsanwalts, das Mandat mit gesetzlichem Inhalt zu übernehmen. Die gegenteilige Auffassung würde § 48 konterkarieren. Die Partei ist in
der Auswahl des Rechtsanwalts nicht frei. Den Rechtsanwalt bestimmt in den
Fällen des § 625 ZPO das Prozeßgericht, im übrigen der Vorsitzende. Der Rechtsanwalt kann seine Bestellung zum Notanwalt mit der Beschwerde anfechten oder
ihre Aufhebung nach § 48 Abs. 2 beantragen; in beiden Fällen müssen hierfür
wichtige Gründe vorliegen.[60] Dazu muß genügen, daß der beigeordnete Notanwalt sich der Rechtssache z. B. wegen anderer Spezialisierung oder Tätigkeitsschwerpunkte nicht gewachsen fühlt und die Beiordnung deshalb ein erhebliches
unangemessenes Haftungsrisiko für ihn bedeutet. Verhält es sich so, deckt sich das
persönliche Interesse des Rechtsanwalts an der Aufhebung der Beiordnung mit
dem schutzwürdigen Interesse der Partei an ordnungsgemäßer anwaltlicher Betreuung und Vertretung. Für vertragliche Haftungsbeschränkungen ist hier kein
Raum.

c) Pflichtverteidiger. Wiederum anders sind die rechtlichen Beziehungen 30
zwischen Beschuldigtem und Pflichtverteidiger gestaltet. Die Bestellung zum
Pflichtverteidiger hat konstitutive Wirkung. Durch sie erwirbt der Rechtsanwalt
die Stellung eines Beistandes des Beschuldigten (§ 141 Abs. 4 StPO). Diesem
steht es frei, ob er den Pflichtverteidiger beauftragt oder nicht. Durch die Beiordnung entsteht unabhängig von der Mandatierung ein gesetzliches Schuldverhältnis
zwischen Pflichtverteidiger und Beschuldigtem, das die Haftungsgrundlage bildet.[61] Dieses ist vertraglichen Haftungsabsprachen entzogen. Der Rechtsanwalt ist
durch die §§ 49 Abs. 2, 48 Abs. 2 hinreichend geschützt.

5. Beratungshilfe

Wer um Beratungshilfe nachsucht, ist in der Auswahl des Rechtsanwalts frei. 31
Der ausgewählte Rechtsanwalt ist verpflichtet, die Beratungshilfe zu übernehmen
(§ 49 a). Die Rechtsbeziehungen zwischen Rechtsanwalt und Mandant entsprechen denen des freien Mandats.[62] Dennoch sind vertragliche Haftungsbeschränkungen nicht zulässig. Sie sind mit dem besonderen Schutzbedürfnis des um Beratungshilfe nachsuchenden Personenkreises nicht zu vereinbaren. Der Rechtsanwalt wird durch § 49 Abs. 1 S. 2 hinreichend geschützt.

6. Dritthaftung

Wenn der Dritte seine Ersatzansprüche aus dem Anwaltsvertrag herleitet, gilt 32
eine im Rahmen dieses Vertrages vereinbarte Haftungsbeschränkung auch ihm
gegenüber. Der Dritte kann nicht bessergestellt werden als der Vertragspartner
selbst.[63] In allen anderen Dritthaftungsfällen beruht die Haftung des Rechtsanwalts nicht auf dem Anwaltsvertrag sondern auf § 826 BGB oder der aus dem

---

[60] *Zöller/Philippi*, § 127 Rdn. 40; § 121 Rdn. 28, § 78 c Rdn. 6 u. § 625 Rdn. 3.
[61] *Borgmann/Haug* III, Rdn. 43 m. w. N.
[62] *Vollkommer*, Rdn. 43 m. w. N.
[63] *Junge-Ilges*, S. 42 m. w. N.

Rechtsinstitut der Haftung bei Vertragsschluß entwickelten Vertrauenshaftung.[64] Vertragliche Haftungsbeschränkungen greifen hier nicht.

VI. Haftungsbeschränkung durch Vereinbarung im Einzelfall

1. AGB und Individualvereinbarung

33 **a) AGB-Merkmale.** Die Individualabrede ist das Pendant zu den Allgemeinen Geschäftsbedingungen, die für eine Vielzahl von Verträgen vorformuliert sind und die der Verwender bei Abschluß des Vertrages der anderen Vertragspartei stellt (§ 1 Abs. 1 AGBG). Der AGB-Begriff setzt keine unbestimmte Vielzahl der Verwendungsfälle voraus. Es genügt eine bestimmte Anzahl. Durchgesetzt hat sich die Auffassung, daß es ausreicht, wenn die Vertragsbedingungen für drei bis fünf Verwendungsfälle vorgesehen sind.[65] Vorformuliert sind Vertragsbedingungen, wenn sie zeitlich vor dem Vertragsabschluß fertig formuliert und schriftlich oder in sonstiger Weise fixiert sind, so daß sie in künftige Verträge einbezogen werden können. Gestellt werden sie, wenn der Verwender vom Vertragspartner ihre Einbeziehung in den Vertrag verlangt.

34 **b) Merkmale für Individualabrede.** Die Individualabrede muß demgegenüber zwischen den Vertragsparteien im einzelnen ausgehandelt sein. Sie darf nicht einer Vielzahl von Verwendungsfällen dienen und nicht von einem Vertragspartner dem anderen gestellt sein, sondern muß im Einzelfall ausgehandelt sein. Daß ein Vertragspartner sie zur Vorbereitung der Verhandlung vorformuliert hat, ist unschädlich.[66]

2. Die Vereinbarung im Einzelfall

35 **a) Stellvertretung.** Die Vereinbarung ist zwischen dem Rechtsanwalt und seinem Auftraggeber zu treffen. Sie ist Bestandteil des Anwaltsvertrages. Für sie gelten deshalb die allgemeinen Bestimmungen für Rechtsgeschäfte (§§ 104 bis 185 BGB). Stellvertretung ist auf beiden Seiten mit **folgender Einschränkung** zulässig: Der Rechtsanwalt kann sich hier ebensowenig wie bei der Entgegennahme und der Annahme des Auftrags durch Büropersonal vertreten lassen. Bedeutung und Tragweite der Haftungsbeschränkung erfordern die Belehrung, Erörterung und Verhandlung durch den Rechtsanwalt persönlich, im Falle seiner Verhinderung durch einen zur Vertretung befugten Rechtsanwalt oder fachkundigen Juristen.[67] Daß der Rechtsanwalt für eine unzureichende Belehrung durch eine Büroangestellte einzustehen hat (c. i. c.), schützt den Auftraggeber auch unter Berücksichtigung der Verpflichtung des Rechtsanwalts, den Mandanten über seine Pflichtverletzung und die daraus folgenden Ansprüche aufzuklären, nicht hinreichend.

36 **b) „Aushandeln".** Die Vereinbarung muß, das folgt aus ihrer Eigenart als Individualabrede, ausgehandelt sein. Aushandeln bedeutet mehr, als etwas zum Gegenstand einer Verhandlung zu machen. Es genügt auch nicht, daß der Rechtsanwalt die von ihm gewünschte Haftungsbeschränkung dem Auftraggeber

---

[64] *Henssler* AnwBl. 1993, 541 (546); *ders.* JZ 1994, 178 (184); *Rinsche*, Rdn. I 47 u. 52; kritisch *Vollkommer*, Rdn. 72; *Junge-Ilges*, S. 42.
[65] BGH NJW 1981, 2343 (2344); BGH DNotZ 1985, 287 (288); *Palandt/Heinrichs*, § 1 AGBG Rdn. 18.
[66] *MünchKomm/Kötz*, 3. Auflage 1993 § 1 AGBG Rdn. 16.
[67] *Borgmann/Haug* III, Rdn. 58 und VII Rdn. 43.

§ 51a Vertragliche Begrenzung von Ersatzansprüchen 37–39 § 51a

erläutert, mit ihm erörtert und daß die vorgeschlagene Regelung dann den Vorstellungen des Auftraggebers entspricht. Die Belehrung über die Abweichung von der gesetzlichen Regelung, über die Konsequenzen und die Tragweite der Haftungsbeschränkung ist zwar erforderlich, schließt aber nur den Überraschungseffekt aus.[68] Zum Aushandeln muß hinzukommen, daß die vorgeschlagene Abweichung von der gesetzlichen Haftungsregelung, d. h. von der unbeschränkten Haftung für jede schuldhafte Pflichtverletzung, ernsthaft zur Disposition gestellt wird. Der Verhandlungspartner muß Gestaltungsfreiheit zur Wahrung seiner eigenen Interessen und zumindest die reale Möglichkeit, zur inhaltlichen Ausgestaltung der Vereinbarung haben.[69] Diese Möglichkeit zur Einflußnahme wird dem Rechtsuchenden nicht schon dadurch eröffnet, daß der Rechtsanwalt ihn vor die Wahl stellt, entweder die Haftungsbeschränkung zu akzeptieren oder sich einen anderen Rechtsanwalt suchen zu müssen.[70] Andererseits ist nicht erforderlich, daß der Auftraggeber die Möglichkeit zur Einflußnahme auf den Inhalt der Vereinbarung auch tatsächlich genutzt hat.[71]

c) **Mehrere Anwaltsverträge.** Gegenstand der Haftungsbeschränkungsvereinbarung ist der Anspruch des Auftraggebers aus dem zwischen ihm und dem Rechtsanwalt bestehenden Vertragsverhältnis. Haben Auftraggeber und Rechtsanwalt mehrere Anwaltsverträge geschlossen, darf sich die Freizeichnung bis zur Höhe der Mindestversicherungssumme jeweils nur auf die Ansprüche aus einem Vertrag beziehen. Haftungsbeschränkungen für mehrere Verträge können in einer Vereinbarung zusammengefaßt werden, wenn eindeutig klargestellt wird, daß für jeden Vertrag gesondert eine Haftungsbeschränkung vereinbart ist. Die Folge davon ist, daß der Rechtsanwalt hinsichtlich jedes Mandats im Schadensfall bis zur Höhe der Mindestversicherungssumme haftet. Das Vertragsverhältnis, auf das sich die Vereinbarung bezieht, muß deshalb eindeutig gekennzeichnet sein. Ergeben sich Schwierigkeiten bei der Abgrenzung des Vertragsinhalts, ist auf den für die Gebührenabrechnung maßgebenden Auftragsgegenstand abzustellen (§ 7 BRAGebO).

d) **Grobe Fahrlässigkeit.** Beschränkt werden kann die Haftung für jede Form der Fahrlässigkeit, also auch für grob fahrlässige Schadensverursachung. § 51a Abs. 1 Nr. 1 schöpft den Rahmen aus, innerhalb dessen nach § 276 Abs. 2 BGB Haftung im voraus erlassen werden kann.

e) **Obergrenze.** Die Obergrenze für die Beschränkung der Haftung aus einem Vertrag ist die **Mindestversicherungssumme.** Sie ergibt sich aus § 51 Abs. 4 oder künftig aus der Rechtsverordnung des BMJ. Nach § 51 Abs. 8 ist dieses Ministerium ermächtigt, mit Zustimmung des Bundesrats und nach Anhörung der BRAK die Mindestversicherungssumme anders festzusetzen, wenn dies erforderlich ist, um bei einer Änderung der wirtschaftlichen Verhältnisse einen hinreichenden Schutz des Geschädigten sicherzustellen. Im Unterschied zur zweiten Variante des § 51a setzt die Haftungsbeschränkung durch Individualvereinbarung nicht voraus, daß Versicherungsschutz in Höhe der Mindestversicherungssumme besteht. Hat der Rechtsanwalt durch eine Mehrzahl von Schadensfällen die Jahreshöchstleistung (mindestens das Vierfache der Mindestversiche-

---

[68] OLG Celle BB 1976, 1287.
[69] BGH NJW 1992, 2759 (2760) in std. Rspr.; BGH NJW-RR 1987, 144; BGH NJW 1992, 1107 (1108); BGH NJW-RR 1993, 504; *Palandt/Heinrichs,* § 1 AGBG Rdn. 18.
[70] *MünchKomm/Kötz,* 3. Auflage 1993 § 1 AGBG Rdn. 19.
[71] *MünchKomm/Kötz,* a. a. O. § 1 AGBG Rdn. 20; a. A. OLG Celle NJW 1978, 326 f.

rungssumme) bereits in Anspruch genommen oder hat er aus anderen Gründen keinen Versicherungsschutz, berührt dies die Wirksamkeit der im Einzelfall vereinbarten Haftungsbeschränkung nicht. Eine konsequente Versicherungslösung, die den Schaden bis zur Höhe der Mindestversicherungssumme kollektiviert und seinen Ausgleich dadurch sicherstellt, wäre im Interesse des Mandantenschutzes sachdienlich und für die Praktikabilität der Haftungsbeschränkung durch Einzelvereinbarung förderlich gewesen.

40 **f) Zeitpunkt der Begrenzung.** § 51 a Abs. 1 S. 1 legt keine zeitliche **Reihenfolge** fest, indem er von der Beschränkung der Ansprüche aus einem bestehenden Vertragsverhältnis spricht. Es ist kein sachlicher Grund dafür ersichtlich, weshalb die Vereinbarung nicht bei Abschluß oder im Rahmen des Anwaltsvertrages getroffen werden darf. Bei eindeutiger Bezeichnung des Anwaltsvertrages muß sie auch vor seinem Abschluß getroffen werden können. Ist der Schaden entstanden, ist kein Raum mehr für eine Haftungsbeschränkung. Für den Erlaß geschuldeten Schadensersatzes gelten die allgemeinen Vorschriften.

41 **g) Formerfordernisse.** Die Vereinbarung bedarf zu ihrer Wirksamkeit der **Schriftform** (§ 126 BGB). Sie muß also vom Rechtsanwalt und dem Auftraggeber unterzeichnet sein. Werden mehrere gleichlautende Urkunden erstellt, so genügt es, wenn jede Partei die für die andere bestimmte Urkunde unterzeichnet (§ 126 Abs. 2 BGB). Die Angabe von Ort und Zeit der Abfassung ist nicht erforderlich[72] aber zu empfehlen. Das Formerfordernis gilt nur für den notwendigen Inhalt der Vereinbarung: Die Bezeichnung der Parteien und des Vertragsverhältnisses, die Beschränkungsabrede und die Obergrenze der Beschränkung. Es ist jedoch ratsam, in der Urkunde die Vorgänge anzusprechen, aus denen sich ergibt, daß die Vereinbarung ausgehandelt ist. Die Freizeichnungsvereinbarung muß nicht isoliert in einer Urkunde verbrieft werden. Sie kann mit anderen Vereinbarungen verbunden werden. Eine Verbindung mit vorformulierten Vertragsbedingungen stellt ihren Charakter als Einzelvereinbarung in Frage. Die Verbindung mit der Vollmacht wird nicht mehr untersagt, ist jedoch unzweckmäßig. Die schriftliche Vollmacht ist als einseitiges Rechtsgeschäft nur vom Vollmachtgeber zu unterzeichnen und vom Rechtsanwalt ggfls. aus der Hand zu geben. Ihre Erteilung ist geboten, die Vereinbarung der Haftungsbeschränkung steht dem Mandanten frei. Die Verbindung mit der Vollmacht kann deshalb irrige Vorstellungen erwecken und Anfechtungsgründe schaffen.

42 **h) Beweislast.** Im Streitfall muß der Rechtsanwalt die tatsächlichen Umstände darlegen und beweisen, aus denen sich ergibt, daß die Vereinbarung wirksam ausgehandelt ist. Zeigt die Urkunde, daß ein vom Rechtsanwalt vorbereiteter Text in wesentlicher Hinsicht handschriftlich geändert ist, insbesondere für den Mandanten verbessert ist, ist dies ein starkes Indiz dafür, daß die Vereinbarung ausgehandelt worden ist.[73]

3. Die Aufklärungspflicht des Rechtsanwalts

43 Der Rechtsanwalt muß den Auftraggeber über Bedeutung und Tragweite der Freizeichnungsvereinbarung aufklären. Die Aufklärung ist schon **notwendiger Bestandteil** des Aushandelns der Vereinbarung.[74] Ihre Intensität wird durch die Umstände des Einzelfalls bestimmt, von der Persönlichkeit des Auftraggebers,

---

[72] Palandt/Heinrichs, § 126 Rdn. 3.
[73] BGH WM 1994, 1137.
[74] Siehe Fn. 70.

dessen Ausbildung und Erfahrung, Geschäftsgewandtheit und Lebenssituation. Ist für den Rechtsanwalt vorhersehbar, daß das Schadensrisiko die im Gespräch befindliche Obergrenze der Haftungsbeschränkung deutlich übersteigt, wird er den Auftraggeber auf die Möglichkeit und die Kosten einer Einzelobjektversicherung hinweisen müssen und ihm die Gelegenheit einräumen müssen, das Restrisiko durch eine solche Versicherung unter Übernahme der Beitragsverpflichtung zu decken. Diese schon seit langem anerkannte Verpflichtung wird durch § 51 a nicht berührt.[75] Bei der Einzelvereinbarung nach § 15a Abs. 1 Nr. 1 kann diese Verpflichtung nicht durch einen Hinweis in allgemeinen Mandatsbedingungen erfüllt werden. Verletzt der Rechtsanwalt die Aufklärungspflicht, hat er den Auftraggeber so zu stellen, wie dieser ohne das schädigende Verhalten stehen würde.

VII. Haftungsbeschränkung durch vorformulierte Vertragsbedingungen

1. Vorformulierte Vertragsbedingungen

Der Gesetzgeber übernimmt nicht den Begriff der allgemeinen Geschäftsbedingungen aus § 1 AGBG sondern nur einen Bestandteil dieses Begriffes, die vorformulierten Vertragsbedingungen. Das führt zu der Frage, ob die weiteren Kriterien des AGB-Begriffs, nämlich die Verwendbarkeit für eine Vielzahl von Verträgen und die Stellung der Bedingungen durch den Verwender bei Abschluß des Vertrages, erfüllt sein müssen. Die Frage ist zu verneinen. Der Gesetzgeber hat in § 51a eine auf die Eigenart der Regelungsmaterie zugeschnittene Sonderregelung getroffen.[76]

44

Die Alternative dieser Bestimmung soll **alle vorformulierten Vertragsbe-** **dingungen** erfassen, die nicht im Einzelfall ausgehandelt sind. Der Begriff der vorformulierten Vertragsbedingungen reicht weiter als der AGB-Begriff des § 1 AGBG. Er verlangt nicht, daß die Vertragsbedingungen für mindestens drei bis fünf Verwendungsfälle gedacht sind, er umfaßt vielmehr auch die Bedingungen, die der Rechtsanwalt lediglich für einen einzigen Vertrag vorbereitet hat. Sie müssen nur vorformuliert sein. Es ist ferner nicht erforderlich, daß der Rechtsanwalt die Bedingungen beim Abschluß des Anwaltsvertrages stellt. Unter den Begriff fallen vielmehr auch solche Bedingungen, die der Rechtsanwalt z. B. mit einem Großmandanten für alle laufenden und künftigen Mandate vereinbart. Sie müssen nur vorformuliert sein und Inhalt jedes einzelnen Anwaltsvertrages werden. Der Begriff der vorformulierten Vertragsbedingungen deckt sich mit dem AGB-Begriff der EG-Verbraucherschutzrichtlinie (Art. 2 lit. a RiLi i. V. mit Art. 3 Abs. 1 und 2 RiLi), der alle im voraus abgefaßten und nicht im einzelnen ausgehandelten Vertragsbedingungen ohne Rücksicht auf die Zahl der Verwendungsfälle umfaßt.[77]

45

2. Einbeziehung in den Anwaltsvertrag

a) Rechtliche Grundlage. Die Haftungsbeschränkung durch vorformulierte Vertragsbedingungen muß, wenn sie wirksam werden soll, in den Anwaltsvertrag einbezogen werden. Zur Begründung bedarf es keines Rückgriffs auf § 2 AGBG. Sie ergibt sich aus der Rechtsnatur der Beschränkung vertraglicher Ansprüche sowie aus dem Kontext von § 51 a Abs. 1 S. 1 und der Nr. 2. Beschränkt werden

46

---

[75] *Junge-Ilges*, S. 178.
[76] Siehe Rdn. 18–20.
[77] S. u. Rdn. 66.

Stobbe

kann der Anspruch des Auftraggebers aus „dem zwischen ihm und dem Rechtsanwalt bestehenden Vertragsverhältnis". Dies kann durch vorformulierte Vertragsbedingungen nur erreicht werden, wenn sie für dieses Vertragsverhältnis Geltung erlangen, d. h. dessen Bestandteil werden. Dazu bedarf es eines Einbeziehungsangebotes und dessen Annahme.

47 **b) Hinweispflicht.** Für das Einbeziehungsangebot, das im Regelfall abgegeben wird, genügt der ausdrückliche Hinweis auf die vorformulierten Vertragsbedingungen. Der Aushang der Mandatsbedingungen im Wartezimmer oder der Abdruck in einer Praxisbroschüre, die jedem neuen Mandanten bei der Entgegennahme des Auftrags ausgehändigt wird, reicht nicht. Das den Anwaltsvertrag, von noch nicht typenprägenden Ausnahmen und Sonderentwicklungen abgesehen,[78] charakterisierende persönliche Vertrauensverhältnis erfordert eine offene, vom Rechtsanwalt bona fide geführte Verhandlung bei Vertragsabschluß. Dazu gehört, daß Mandatsbedingungen dem Auftraggeber nicht untergeschoben werden dürfen, sondern ihm offen und unmißverständlich zur Kenntnis gebracht und übergeben werden müssen mit dem ausdrücklichen Hinweis, daß das Mandat zu diesen Bedingungen übernommen wird,[79] unabhängig davon, ob der Auftraggeber ein versierter Geschäftsmann ist oder nicht. Der Unterschied, den das AGBG bei der Einbeziehung allgemeiner Geschäftsbedingungen zwischen Verträgen mit Nichtkaufleuten einerseits und Kaufleuten andererseits macht, (§§ 2 und 24 S. 1 Nr. 2 AGBG) kann sich bei der Einbeziehung vorformulierter Vertragsbedingungen in den Anwaltsvertrag nur in der Intensität des Hinweises auswirken. Der Hinweis muß jedoch nicht mit einer Belehrung über die Bedeutung und Tragweite der Haftungsbeschränkung verbunden werden, wie sie bei der Einzelvereinbarung erforderlich ist.[80] Er soll dem Mandanten lediglich Kenntnis von der Einbeziehung der Beschränkungsklausel in den Anwaltsvertrag verschaffen.

48 **c) Konkludente Annahme.** Die Annahmeerklärung des Mandanten kann konkludent abgegeben werden. Bloßes Schweigen genügt grundsätzlich nicht. Nimmt der Mandant jedoch Leistungen des Rechtsanwalts entgegen, ist darin, wenn der Mandant nicht ausdrücklich das Gegenteil klarstellt, das stillschweigende Einverständnis des Mandanten zu sehen. Im Hinblick auf seine Darlegungs- und Beweislast ist dem Rechtsanwalt zu raten, die wirksame Einbeziehung seiner Vertragsbedingungen beweisgeeignet zu dokumentieren.

3. Beschränkung auf Fälle einfacher Fahrlässigkeit

49 Während durch Einzelvereinbarung die Haftung für jede Form der Fahrlässigkeit beschränkt werden kann, wird die Möglichkeit, die Haftung durch **vorformulierte Vertragsbedingungen** zu beschränken, auf die Fälle einfacher Fahrlässigkeit reduziert. Der Regierungsentwurf hatte auch die Haftungsbeschränkung durch Vertragsbedingungen für jede Form der Fahrlässigkeit zulassen wollen.[81] Auf Drängen des Bundesrats ist jedoch die Möglichkeit der Haftungsbeschränkung durch vorformulierte Vertragsbedingungen auf Fälle einfacher Fahrlässigkeit beschränkt worden. Der Bundesrat sah in der Beschränkung der Haftung für gro-

---

[78] Siehe Rdn. 7.
[79] *Junge-Ilges,* S. 59 f.; Gegenüber Nichtkaufleuten im Hinblick auf § 2 AGBG *Henssler* JZ 1993, 155 (156).
[80] Siehe Rdn. 43.
[81] Dazu *Feuerich/Braun,* § 51 a Rdn. 6.

be Fahrlässigkeit eine unangemessene Benachteiligung des Mandanten und einen Verstoß gegen den in § 11 Nr. 7 AGBG zum Ausdruck kommenden Grundsatz, daß die Haftung für grob fahrlässig verursachte Schäden nicht durch allgemeine Vertragsbedingungen beschränkt werden dürfe.[82] Die Gesetz gewordene Fassung ist nicht mehr ausbalanciert. Der Regierungs- 50 entwurf wollte dem Rechtsanwalt die Möglichkeit eröffnen, die Freizeichnung von der Haftung für jede Form der Fahrlässigkeit dadurch zu erreichen, daß er sich mit einer Versicherungssumme von 2 Mio. DM versichert und für Bestand des Versicherungsschutzes sorgt. Der Mandant verliert zwar durch eine solche Freizeichnung den ihm nach bisherigem Recht unbeschränkbar zustehenden Anspruch auf Ersatz eines grob fahrlässigen Schadens, gewinnt aber die Sicherheit, daß ihm im Schadenfall 2 Mio. DM zum Ausgleich seines Schadens zur Verfügung stehen. Dies verbessert seine Stellung erheblich. Ein Ausfall droht ihm nur, wenn der Schaden 2 Mio. DM übersteigt. Schäden in dieser Größenordnung bilden derzeit noch die Ausnahme. Haftet der Rechtsanwalt unbeschränkt, kann der Mandant nicht davon ausgehen, daß ihm im Schadensfall bis zu 2 Mio. DM zum Schadensausgleich zur Verfügung stehen. Die Mehrzahl der Rechtsanwälte ist nunmehr mit 500.000 DM versichert. Die Versicherungsprämien für eine Versicherung über 2 Mio. DM sind für sie wirtschaftlich nicht tragbar. Diese Versicherungssumme steht auch in keinem Verhältnis zum Gegenstandswert ihrer Mandate. Sie wird für Rechtsanwälte interessant, deren Klientel überwiegend aus der Wirtschaft kommt oder deren Mandatswerte im Schnitt deutlich über dem Durchschnitt liegen. Dieser Gruppe der Rechtsanwälte bietet die gesetzliche Regelung jedoch keinen zuverlässigen Schutz; denn die Limitierung der Haftungsbeschränkung auf Fälle leichter Fahrlässigkeit belastet die Freizeichnung durch vorformulierte Vertragsbedingungen mit einem erheblichen Unsicherheitsfaktor.[83]

4. Abgrenzung zwischen leichter und grober Fahrlässigkeit

Die vorliegende Rechtsprechung und Literatur zur Anwaltshaftung gibt über die 51 abstrakte Abgrenzung hinaus keinen Aufschluß. Die Rechtsprechung hat sich mit der Verschuldensfrage ohnehin nur selten auseinandergesetzt. Mit der Feststellung der Pflichtwidrigkeit ist für die Gerichte, ungeachtet aller dagegen geäußerten Kritik,[84] auch die Entscheidung über das Verschulden gefallen.[85] Abgesehen von dem hier nicht interessierenden sog. **prozessualen Verschulden** nach § 233 ZPO hatte die Rechtsprechung nur selten Veranlassung, sich mit dem **Grad des Verschuldens** auseinanderzusetzen. Angesichts der Anforderungen, die die Rechtsprechung an die Erfüllung der anwaltlichen Pflichten stellt, ist die Besorgnis begründet, daß ohne Rücksicht auf die tatsächlichen berufsspezifischen Verhältnisse wiederum im Hinblick auf die vom normativen Berufsbild des Rechtsanwalt postulierte Gewissenhaftigkeit der Vorwurf der groben Fahrlässigkeit zum Regelfall werden wird. Zu wünschen ist, daß *Vollkommers* Kritik positiv aufgenommen und seine subtilen Ausführungen zum Sorgfaltsmaßstab[86] Eingang in die Rechtsprechung finden. Nicht die an der Bedeutung der Pflicht gemessene Schwere der Pflichtverletzung sondern der Grad, mit dem „die übliche, von einem ordentlichen Rechtsanwalt zu fordernde

---

[82] BR-Drucks. 504/1/94 S. 4 und 93/93 S. 15.
[83] *Borgmann/Haug* VIII, Rdn. 43.
[84] *Vollkommer*, Rdn. 269–307.
[85] Siehe Rdn. 3.
[86] *Vollkommer*, Rdn. 269–307.

Sorgfalt"[87] außer acht gelassen worden ist, muß die Abgrenzung zwischen leichter und grober Fahrlässigkeit bestimmen.

5. Limitierung und Bedingung

52 Die Haftungsbeschränkung durch vorformulierte Vertragsbedingungen ist auf den vierfachen Betrag der Mindestversicherungssumme limitiert. Das ist nach § 51 Abs. 4 ein Betrag von 2 Mio. DM, künftig der sich aus der Rechtsverordnung des Bundesjustizministers ergebende Betrag.[88] Während die Jahreshöchstleistung des Versicherers nach § 3 Abs. 2 Nr. 3 der AVB für die Vermögensschaden-Haftpflichtversicherung bei Vereinbarung der Mindestversicherungssumme das Vierfache dieser Summe ausmacht, beträgt die Jahreshöchstleistung des Versicherers bei Vereinbarung einer höheren Versicherungssumme je Versicherungsfall das Vierfache der Mindestversicherungssumme und das Zweifache des übersteigenden Betrages.[89]

53 Der Rechtsanwalt kann seine Haftung für einfache Fahrlässigkeit durch vorformulierte Vertragsbedingungen nur beschränken, wenn insoweit Versicherungsschutz besteht. Dies bedeutet nicht, daß zur Zeit der Freizeichnung Versicherungsschutz bestehen muß. Das Gesetz stellt die Freizeichnung vielmehr unter die Bedingung, daß bei Eintritt des Versicherungsfalls Versicherungsschutz besteht.[90] Es will dem Mandanten die Sicherheit geben, einen Schadensersatzanspruch bis zur Höhe des Vierfachen der Mindestversicherungssumme dank der bestehenden Versicherung in dieser Höhe auch realisieren zu können.[91] Der Versicherungsfall tritt mit der Pflichtverletzung des Rechtsanwalts ein (sog. **Verstoßprinzip**). Zum Verstoßzeitpunkt muß der Rechtsanwalt mit dem vierfachen Betrag der Mindestversicherungssumme versichert sein und in dieser Höhe Versicherungsschutz haben, nicht bei Auftreten des Schadens oder bei Anspruchserhebung.[92]

6. Aufklärungspflicht

54 Der Rechtsanwalt ist nicht verpflichtet seinen Auftraggeber über Bedeutung und Tragweite der Haftungsbeschränkung aufzuklären. Die Auferlegung einer solchen Pflicht würde Wesen und Zweck allgemeiner Mandatsbedingungen konterkarieren. Übersteigt das für den Rechtsanwalt vorhersehbare Schadensrisiko die Haftungshöchstgrenze, muß er jedoch hier wie bei der Einzelvereinbarung den Auftraggeber auf die Möglichkeit und die Kosten einer Einzelobjektversicherung hinweisen und ihm die Gelegenheit einräumen, daß eine solche Versicherung gegen Übernahme der Prämienverpflichtung abgeschlossen wird.[93]

VIII. Haftungsbeschränkung auf Sozietätsmitglieder

1. Kritik

55 § 51 a Abs. 2 räumt Mitgliedern einer Sozietät neben den durch Absatz 1 zugelassenen Haftungsbeschränkungsmöglichkeiten durch Einzelvereinbarung oder

---

[87] *Vollkommer*, Rdn. 275.
[88] Siehe Fn. 81.
[89] Siehe § 51 Rdn. 53.
[90] *Borgmann/Haug* VIII, Rdn. 41.
[91] BT-Drucks. 12/4993 S. 32.
[92] *Brogmann/Haug* VIII, Rdn. 8; siehe § 51 Rdn. 50 ff.
[93] Siehe Rdn. 43.

vorformulierte Vertragsbedingungen eine weitere im anwaltlichen Haftungsrecht neuartige Möglichkeit zur Beschränkung ihrer persönlichen Haftung ein, die Beschränkung der Haftung auf den das Mandat im Rahmen seiner eigenen beruflichen Befugnisse bearbeitenden, namentlich bezeichneten Sozius. Die Regelung hat starke Kritik gefunden.[94] Die Kritik beruht auf Mißverständnissen. Die Regelung ist schlüssig. Sie ist nur insoweit nicht austariert, als die flankierende Absicherung durch Versicherungsschutz unterblieben ist.

2. Sozietät

Die Bestimmung knüpft an den **Sozietätsbegriff** des § 59 a an. Dieser setzt 56 eine Verbindung zur gemeinschaftlichen Berufsausübung voraus, d. h. einen Gesellschaftsvertrag i. S. des § 705 BGB. In Rechtsprechung und Schrifttum zur Anwaltshaftung ist jedoch seit langem anerkannt, daß es nicht auf die gesellschaftsrechtliche Verbindung sondern allein auf das äußere Erscheinungsbild ankommt. Treten Rechtsanwälte nach außen wie Sozien auf, haften sie unabhängig von der rechtlichen Gestaltung des Innenverhältnisses als **Gesamtschuldner**.[95] Da der Regelungsgehalt des § 51 a sowohl berufsrechtlicher als auch haftungsrechtlicher Natur ist[96] stellt sich die Frage, ob die Bestimmung auf den Sozietätsbegriff im engeren Sinne, wie ihn § 59 a definiert, abstellt, oder auf die sog. **Außensozietät**, die allein durch das äußere Erscheinungsbild begründet wird.[97] Für den engeren Sozietätsbegriff spricht der Wortlaut. In § 59 a werden erstmals in der Geschichte des anwaltlichen Berufsrechts die rechtlichen Voraussetzungen der beruflichen Zusammenarbeit in der Rechtsform der Sozietät normiert und damit eine Legaldefinition der Sozietät gegeben.[98] Wenn der Gesetzgeber in § 51 a Abs. 2 die Sozietät anspricht, meint er die in § 59 a definierte Rechtsform. Nur eine echte Sozietät kann die rechtlichen Voraussetzungen für eine Beschränkung der Haftung auf den Bearbeiter schaffen. Dazu gehört nämlich nicht nur eine Beschränkungsvereinbarung mit dem Mandanten durch Individualabrede oder vorformulierte Vertragsbedingungen, sondern auch ein geregeltes Innenverhältnis zwischen den Sozien. Die Übernahme der alleinigen Verantwortung, die Aufteilung der Mandatsbearbeitung, die Vertretung des Bearbeiters im Verhinderungsfall müssen in die Büroorganisation hinein in überprüfbarer Weise geregelt werden. Das gleiche gilt für den Ausgleich im Innenverhältnis bei Eintritt eines Schadens. Der **verantwortliche Bearbeiter** muß diese internen Verabredungen der Sozien seinen Partnern und den Mitarbeitern gegenüber durchsetzen können, und zwar aus eigenem Recht, nicht kraft kündbaren Auftrags und widerruflicher Vollmacht seines Arbeitgebers. Das ist die notwendige Konsequenz aus der vertraglichen Übernahme der alleinigen Haftung. Der Bearbeiter kann deshalb nicht angestellter Rechtsanwalt oder freier Mitarbeiter, er muß jedenfalls hinsichtlich der Mitverwaltungsrechte gleichberechtigter Sozius sein.

---

[94] *Borgmann/Haug* VIII, Rdn. 46 ff. stellen sogar die Frage, ob das Rechtsstaatsprinzip auf Normenklarheit und Justiziabilität gewahrt wurde.
[95] BGHZ 70, 247 (249); *Borgmann/Haug* VII, Rdn. 3; *Rinsche*, Rdn. I 19; *Vollkommer*, Rdn. 51.
[96] Siehe Rdn. 19.
[97] Für letzteres *Borgmann/Haug* VII, Rdn. 3.
[98] *Kleine-Cosack*, Einl. Rdn. 27; *Feuerich/Braun*, § 59 a Rdn. 8.

3. Persönliche Haftung

57 Die Sozietät kann nicht Träger von Rechten und Pflichten sein; dies sind die Sozien in ihrer gesamthänderischen Verbundenheit. Für in der Sozietät begründete Verbindlichkeiten gegenüber Dritten haften nicht die Sozietät sondern die Sozien. Diese haften nicht nur mit dem **Gesellschaftsvermögen** sondern persönlich mit ihrem gesamten Vermögen. Der Anspruch des Dritten ist ein einheitlicher Anspruch. Er läßt sich nicht nach den Haftungsmassen Gesellschafts- und Privatvermögen aufteilen. *Borgmann/Haugs* Ansicht, nach § 51 a Abs. 2 könne die Haftung der Sozietät mit dem **Sozietätsvermögen** nicht ausgeschlossen werden, ist deshalb nicht haltbar. Die Haftung nur mit dem Gesellschaftsvermögen setzt voraus, daß durch eindeutig erkennbare Beschränkung der Vertretungsmacht handelnder Gesellschafter vertragliche Verpflichtungen nur für das Gesellschaftsvermögen begründet werden können.[99] § 51 a läßt eine derartige Beschränkung nicht zu. Ausgeschlossen werden darf der persönliche Anspruch gegen die nichtbearbeitenden Sozien. Gegen sie kann bei wirksamer Haftungsbeschränkung kein Titel erwirkt werden. Die Vollstreckung in das Gesellschaftsvermögen ist dem Gläubiger folglich verwehrt.[100]

4. Art der Beschränkung

58 a) **Verwendbarkeit vorformulierter Klauseln.** Die Beschränkung der Haftung auf den oder die das Mandat bearbeitenden Sozien kann auf beiden in § 51 a Abs. 1 zugelassenen Wegen vereinbart werden, durch Vereinbarung im Einzelfall oder durch vorformulierte Vertragsbedingungen. Da der Begriff der vorformulierten Vertragsbedingungen nicht die Verwendbarkeit für eine Vielzahl von Fällen voraussetzt,[101] vielmehr auch für den Einzelfall vorformulierte Bedingungen erfaßt, läßt sich auf ein Mandat oder mehrere bestimmte Mandate bezogene Bearbeiter-Klausel in vorformulierte Vertragsbedingungen einfügen.

59 b) **Versicherungsschutz des Bearbeiters.** Nicht vorgesehen ist, – dies wird de lege ferenda zu überprüfen sein – daß die Haftung des Bearbeiters durch Versicherungsschutz z. B. in Höhe von 2 Mio. DM gesichert sein muß. Der Gesetzgeber hatte insbesondere die **überörtlichen** und **interprofessionellen Sozietäten** im Blick.[102] Bei großen Sozietäten dieser Art wird man darauf vertrauen dürfen, daß sie für Versicherungsschutz sorgen, der ihren hohen Risiken entspricht. Eine entsprechende Regelung hätte diese Sozietäten nicht belastet. Inzwischen haben sich auch Rechtsanwälte in überörtlichen Sozietäten verbunden, deren Bonität geringer einzuschätzen ist. Es hätte deshalb nahegelegen, zur Vermeidung von Mißbräuchen die Reduzierung der gesamtschuldnerischen Haftung der Sozien auf die Haftung des Bearbeiters durch ausreichenden Versicherungsschutz zu flankieren. Die gesamtschuldnerische Haftung der Sozien stärkt den Kredit der Sozietät. Diese für das Ansehen und die wirtschaftlichen Erfolg der Sozietät wichtige Eigenschaft könnte verlorengehen, wenn die Haftung auf Sozien beschränkt wird, die mit der Mindestversicherungssumme versichert sind.

---

[99] Für die Anwaltssozietät BGH NJW 1992, 3037 (3039): der BGH läßt offen, ob nach damaligem Standesrecht derartige Haftungsbeschränkungen zulässig sein könnten; von *Borgmann/Haug*, mißverstanden.
[100] § 736 ZPO.
[101] Siehe Rdn. 45.
[102] BT-Drucks. 12/4993 S. 32.

5. Bearbeitung

Die Haftung kann auf den oder die Sozien beschränkt werden, die das Mandat bearbeiten. In der Begründung des Gesetzesentwurfs wird von den Sozien gesprochen, die vertragsgemäß die Bearbeitung des Mandats übernommen haben.[103] Das hat zu Mißverständnissen geführt.[104] Vertragspartner des Mandanten sind grundsätzlich die Sozien. Sie alle schulden die vertragsgemäße Bearbeitung des Mandats. § 51 a Abs. 2 S. 1 verdeutlicht das. Die Begründung des Gesetzesentwurfs darf deshalb nicht dahin verstanden werden, daß durch Vertrag mit dem Mandanten klargestellt werden müsse, welcher Sozius das Mandat bearbeitet. Dessen bedarf es auch nicht. Durch die mit dem Mandanten zu treffende Vereinbarung über die Beschränkung der gesamtschuldnerischen Haftung auf den oder die das Mandat bearbeitenden Sozietätsmitglieder erfährt der zwischen dem Mandanten und den Sozien geschlossene Anwaltsvertrag eine entsprechende Änderung.

Das Gesetz stellt allein auf die tatsächliche Bearbeitung ab.[105] Es fordert nicht einmal, daß die **Bearbeitungszuständigkeit** auf einer Abrede der Sozien beruht, wenngleich diese unverzichtbar ist.[106] Was unter tatsächlicher Bearbeitung zu verstehen ist, muß unter Berücksichtigung der in Anwaltsbüros längst praktizierten Form arbeitsteiliger Auftragserledigung beantwortet werden. Bearbeiter kann danach nur derjenige sein, der für die Bearbeitung innerhalb der Sozietät die alleinige Verantwortung trägt. Dies können einer oder mehrere sein, dies können insbesondere Angehörige verschiedener in der Sozietät verbundener Professionen sein. Daß der Bearbeiter im Verhinderungsfall von anderen Sozien vertreten wird, daß er Mitarbeitern die Bearbeitung von Details überträgt, zu Spezialfragen den Rat spezialisierter Sozien einholt, ist unschädlich, solange er tatsächlich der verantwortliche Bearbeiter bleibt. Das bestimmen die tatsächlichen Verhältnisse. Die Sozien können nicht willkürlich einen von ihnen als Bearbeiter benennen, der für die Bearbeitung tatsächlich nicht verantwortlich ist.[107] Tritt an die Stelle des benannten Bearbeiters ein anderer, muß die Haftungsbeschränkung neu vereinbart werden. Der alte Bearbeiter bleibt in der Haftung, es sei denn, der Mandant entläßt ihn aus der Haftung, was § 51 a Abs. 2 nicht ausschließt. Scheidet der Bearbeiter aus der Sozietät aus, wird die Haftungsbeschränkung gegenstandslos mit der Folge, daß die gesamtschuldnerische Haftung der Sozien wiederauflebt.

6. Berufliche Befugnis und namentliche Bezeichnung

Der Bezug auf die beruflichen Befugnisse erscheint auch in § 59 a und besagt dort, daß Rechtsanwälte eine Sozietät z. B. mit Steuerberatern oder Wirtschaftsprüfern nur bezogen auf die Ausübung ihres Anwaltsberufs eingehen dürfen. Sie sollen in der Sozietät ausschließlich ihre berufstypische Leistung erbringen. Übertragen auf § 51 a Abs. 2 bedeutet das: Bearbeiter kann nur ein Sozius sein, zu dessen Profession das Mandat gehört. Wird ein Mandat interprofessionell von einem Steuerberater und einem Rechtsanwalt bearbeitet, sind beide die verantwortlichen Bearbeiter, und kann die Haftung nur auf sie beide beschränkt werden.

---

[103] BT-Drucks. 12/4993 S. 32.
[104] *Brogmann/Haug* VIII, Rdn. 46.
[105] BT-Drucks. 12/4493 S. 33.
[106] Siehe Rdn. 56.
[107] BR-Drucks. 93/93 S. 97 f.

63 Die namentliche Bezeichnung muß den tatsächlichen Verhältnissen entsprechen, eindeutig und verbindlich sein. Eine Änderung ist nur im Zuge einer neuen Haftungsbeschränkungsvereinbarung möglich.

7. Zustimmung

64 Die Beschränkung der gesamtschuldnerischen Haftung auf den oder die das Mandat bearbeitenden Mitglieder der Sozietät bedarf der Zustimmung des Mandanten. Diese ist, das folgt aus dem Erfordernis der Unterzeichnung durch den Mandanten, schriftlich abzugeben. Sie darf mit anderen Erklärungen nicht verbunden werden. Dies erhöht die Warnfunktion des Erfordernisses der Zustimmungserklärung. Der Mandant soll wissen, was er unterschreibt. Seine Aufmerksamkeit soll nicht durch andere Erklärungen abgelenkt werden.

8. Aufklärungspflichten

65 Der Mandant muß über Bedeutung und Tragweite der Haftungsbeschränkung aufgeklärt werden, wenn sie durch Individualabrede vereinbart wird. Für diesen Fall gilt das zu Rdn. 43 Ausgeführte uneingeschränkt. Da die Haftungsbeschränkung den Schutz des Mandanten verkürzt, ohne dem Mandanten wie im Fall des § 51 a Abs. 2 Nr. 2 ein Äquivalent in Gestalt des Versicherungsschutzes in Höhe des vierfachen Betrages der Mindestversicherungssumme zu geben, bedarf es im Falle der Haftungsbeschränkung durch vorformulierte Vertragsbedingungen der gleichen Aufklärung. Die damit verbundene Entwertung dieser Vereinbarungsform muß im Schutzinteresse des Mandanten in Kauf genommen werden. Ist insbesondere für den bearbeitenden Sozius vorhersehbar, daß das Risiko den gegebenen Versicherungsschutz übersteigt, haben die Sozien wie unter Rdn. 43 dargelegt zu verfahren.

IX. Richtlinienkonformität

1. EG-Verbraucherschutzrichtlinie und Anwaltsverträge

66 Die Richtlinie[108] betrifft nur Verträge zwischen Verbrauchern und Gewerbetreibenden. Da die Richtlinie als Gewerbetreibenden jeden betrachtet, der im Rahmen seiner gewerblichen oder beruflichen Tätigkeit Verträge schließt (Art. 2 lit. c RiLi),[109] sind Rechtsanwälte Gewerbetreibende i. S. der Richtlinie. Verbraucher ist nach der Definition des Art. 2 lit. b RiLi, verkürzt formuliert, jeder Nichtgewerbetreibende, der beim Abschluß unter die Richtlinie fallender Verträge keine gewerblichen oder beruflichen Zwecke verfolgt. Verträge zwischen Gewerbetreibenden unterliegen der Richtlinie nicht. Die Richtlinie betrifft deshalb nur Anwaltsverträge, die keiner gewerblichen oder beruflichen Tätigkeit des Mandanten zuzuordnen sind. Mandate aus der Wirtschaft oder von der öffentlichen Hand liegen außerhalb des Anwendungsbereichs der Richtlinie.

2. Geltung der Richtlinie

67 Die Bundesrepublik hat die Richtlinie, die bis zum 31. 12. 1994 umzusetzen war (Art. 10 Abs. 1 RiLi), noch nicht umgesetzt. Bisher liegt nur ein Referentenentwurf des Bundesjustizministeriums vor.[110] Die Richtlinie gilt deshalb für

---

[108] Richtlinie 93/13/EWG Des Rates v. 5. 4. 1993 über mißbräuchliche Klauseln in Verbraucherverträgen, ABl. 1993 Nr. L 95/29; abgedruckt in *Wolf/Horn/Lindacher*, AGB-Gesetz 3. Aufl., S. 1869 ff.
[109] *Wolf/Horn/Lindacher*, Art. 2 Rdn. 10.
[110] Dazu *Eckert* ZIP 1994, 1986 ff.

die Parteien des Anwaltsvertrages nicht unmittelbar.[111] Nach der Rechtsprechung des EuGH haben jedoch die Organe der Mitgliedstaaten einschließlich der Gerichte die innerhalb der Umsetzungsfrist nicht transformierte Richtlinie durch richtlinienkonforme Auslegung des nationalen Rechts umzusetzen.[112]

3. Anwendbarkeit der Richtlinie auf Freizeichnungen nach § 51 a

a) Nichtigkeit von § 51 a? *Graf v. Westphalens* Auffassung, § 51 a sei nichtig, weil er keine Rücksicht auf die individuellen Umstände des Mandats und das darin liegende Schadensrisiko nehme und deshalb den durch Art. 8 EG-Richtlinie vorgeschriebenen Mindestschutz unterschreite,[113] ist nicht haltbar. 68

b) Zielsetzung der Richtlinie. Die Richtlinie soll die Verwendung mißbräuchlicher Klauseln in Verträgen unterbinden. Rechtsvorschriften oder Vertragsklauseln, die bindenden Rechtsvorschriften entsprechen, sind der Richtlinie nicht unterworfen.[114] In die Interessenbewertung von Gesetz-, Verordnungs- oder Satzungsgeber greift die Richtlinie weder unmittelbar noch mittelbar ein. Die Erwägungsgründe 9 und 13 verdeutlichen dies. Art. 1 Abs. 2 RiLi entspricht § 8 AGBG. Hier wie dort wird spezialgesetzlichen Regelungen der Vorrang eingeräumt. Nach dem Erwägungsgrund 14 sollen die Mitgliedstaaten zwar dafür sorgen, daß in vorrangigen Rechtsvorschriften keine mißbräuchlichen Regelungen enthalten sind. Dies ist jedoch nur ein Appell an die Mitgliedstaaten, der die Motive und Zielvorstellungen der Kommission erkennen läßt.[115] Maßgebend ist jedoch allein die Regelung des Art. 1 Abs. 2 RiLi.[116] 69

§ 51 a Abs. 1 Nr. 2 ist zwingender Natur und gehört deshalb fraglos zu den bindenden Rechtsvorschriften i. S. des Art. 1 Abs. 2 RiLi. Weder diese Bestimmung selbst noch ihre entsprechenden Haftungsbeschränkungsklauseln, werden von der Richtlinie erfaßt.[117] Haftungsbeschränkungen, die über § 51 a Abs. 1 Nr. 2 hinausgehen, sind wegen Gesetzesverstoßes nichtig (§ 134 BGB). Eines Rückgriffs auf die Richtlinie bedarf es in diesen Fällen nicht. 70

4. Dienstleistungsrichtlinie

Die Kommission der Europäischen Gemeinschaft hat am 9. 11. 1990 eine Richtlinie über die Haftung bei Dienstleistungen vorgeschlagen.[118] Nach Art. 7 des Vorschlags soll der Dienstleistende seine Haftung weder ausschließen noch beschränken können. Ob die Richtlinie auf die anwaltliche Haftung für Vermögensschäden anzuwenden wäre, ist offen.[119] 71

---

[111] EuGH NJW 1994 S. 2473; *Heinrichs* NJW 1995, 153 (154).
[112] EuGH Slg. I 1990, 4135; EuGH NJW 1994, 921 (922) und 2473 (2474); *Heinrichs* NJW 1995, 153 (154).
[113] *Graf v. Westphalen* ZIP 1995, 546 (547 u. 550).
[114] Der Anhang der RiLi, auf dessen Nr. 1 b *Graf v. Westphalen* abstellt, ist nach Art. 3 Abs. 3 der RiLi nur ein unverbindlicher Hinweis auf Klauseln, die für rechtsmißbräuchlich erklärt werden können, *Brandner*, ZIP 1992 S. 1590 (1591); *Eckert*, ZIP 1994, S. 1986 (1989).
[115] *Heinrichs* NJW 1995, S. 153 (159).
[116] Zum Verhältnis zwischen Art. 1 Abs. 2 RiLi und § 8 AGBG und dessen Anwendungsbereich, *Schmidt-Salzer* VersR 1995, 1261 ff. (1265).
[117] *Wolf/Horn/Lindacher*, § 8 Rdn. 25; *Canaris* NJW 1987, 609 (611); *Löwe* NJW 1987, 937 (938).
[118] ABl. 1991 Nr. C 12/8.
[119] Dazu Art. 1–4 des Vorschlags und *Giesen* JR 1991, 485 (490 f.); *Graef* AnwBl. 1993, 3 (11).

§ 51 b Verjährung von Ersatzansprüchen

Der Anspruch des Auftraggebers auf Schadensersatz aus dem zwischen ihm und dem Rechtsanwalt bestehenden Vertragsverhältnis verjährt in drei Jahren von dem Zeitpunkt an, in dem der Anspruch entstanden ist, spätestens jedoch in drei Jahren nach der Beendigung des Auftrags.

Schrifttum: *Borgmann,* Verjährung von Schadensersatzansprüchen gegen Rechtsanwälte nach § 51 BRAO, AnwBl. 1992, 487; *Borgmann/Haug,* Anwaltshaftung, 3. Aufl. 1995; *Brinkner,* Die Verjährung von Ersatzansprüchen gegen den Rechtsanwalt, 1990; *Eckert,* Die Verjährung vertraglicher Schadensersatzansprüche gegen Rechtsanwälte und Steuerberater, NJW 1989, 2081; *Kleutgens,* Die Sekundärhaftung des Rechtsanwalts, 1994; *Mühlbauer,* Die Verjährung der Schadensersatzansprüche gegen den Rechtsanwalt, AnwBl. 1979, 475; *Prütting,* Verjährungsprobleme bei falscher rechtlicher Beratung, insbesondere in Steuersachen, WM 1978, 130; *Prütting/Bern,* Verjährung von Haftpflichtansprüchen gegen Steuerberater, StVj 1992, 224; *Rinscke,* Die Haftung des Rechtsanwalts und des Notars, 5. Aufl. 1996; *Stoecker,* Die Verjährungsproblematik der vertraglichen Haftung des Rechtsanwalts und des Steuerberaters, 1992; *Stoklossa,* Der Sekundäranspruch des Mandanten und die daraus resultierende Verlängerung der Verjährungsfrist nach § 51 BRAO, Diss. Köln 1996; *Taupitz,* Die zivilrechtliche Pflicht zur unaufgeforderten Offenbarung eigenen Fehlverhaltens, 1989; *Venrooy,* Die Verjährung der Schadensersatzansprüche gegen Rechtsanwälte, Steuerberater, Wirtschaftsprüfer und Notare, DB 1981, 2364; *Vollkommer,* Anwaltshaftungsrecht, 1989; *Windeknecht,* Die Verjährung des gegen den Rechtsanwalt gerichteten Schadensersatzanspruchs, Berechtigung des Sekundäranspruchs, 1990; *Zimmermann,* Sekundäre und tertiäre Schadensersatzansprüche gegen den Rechtsanwalt, NJW 1985, 720; *Zugehör,* Die Verjährung in der Berufshaftung der Rechtsanwälte, NJW 1995, Beilage zu Heft 21.

Übersicht

	Rdn.
A. Überblick	1, 2
B. Entstehungsgeschichte der Vorschrift	3, 4
C. Anwendungsbereich	5–35
I. Persönlicher Anwendungsbereich	5
1. Anspruchsteller	5
2. Anspruchsgegner	6
3. Art der Tätigkeit	7
4. Sozietät	11
II. Sachlicher Anwendungsbereich	12
1. Schadensersatz	12
2. Vertragsanspruch	13
3. Art der Vertragsverletzung	14
4. Anspruchskonkurrenz	15
5. Abgrenzung zum Werkvertrag	16
III. Vertragstypus und Vertragsinhalt	17
1. Vertraglicher Bezugspunkt	17
2. Spezifische anwaltliche Tätigkeit	18
3. Beispiele	19
D. Primärer Ersatzanspruch	36–64
I. Allgemeines	36
II. Verjährungsbeginn	37
1. Die erste Alternative	38
a) Generelle Entstehung des Anspruchs	39
b) Der Schadensersatzanspruch	41
c) Schadensersatz gegen den Rechtsanwalt	43
d) Schadensersatz gegen den Steuerberater	44
2. Die zweite Alternative	49
III. Laufzeit der Verjährungsfrist	54
IV. Hemmung und Unterbrechung der Verjährungsfrist	55
V. Verkürzung und Verlängerung der Frist	58
1. Verkürzung	58
2. Verlängerung	61

§ 51 b Verjährung von Ersatzansprüchen 1–3 § 51 b

	Rdnr.		Rdnr.
VI. Einrede und Verzicht	62	III. Verletzung der Hinweispflicht	69
1. Einrede der Verjährung	62	IV. Kausalität	73
2. Verzicht auf die Einrede	63	V. Durchsetzung und Verjährung des Sekundäranspruchs	78
3. Einwand der unzulässigen Rechtsausübung	64		
E. Sekundärer Ersatzanspruch	65–85	VI. Kritik an der Rechtsprechung	82
I. Grundlagen	65		
II. Inhalt der Hinweispflicht	67	F. Kein Tertiäranspruch	86

A. Überblick

Die Norm regelt abweichend von § 195 BGB eine auf drei Jahre verkürzte 1
Verjährungsfrist von Schadensersatzansprüchen **gegen** den Rechtsanwalt. Sie
steht damit in einem engen Kontext zu den sehr ähnlichen Regelungen bei
Steuerberatern (§ 68 StBerG), bei Patentanwälten (§ 45 b PatentAO) und bei
Wirtschaftsprüfern (§ 51 a WPO). Eine spezielle Regelung für den Konkursverwalter[1] gibt es in der KO nicht, der BGH hat für die Haftung des Konkursverwalters gemäß § 82 KO den Rechtsgedanken von § 852 BGB analog herangezogen.[2]
Dagegen enthält die neue InsO (mit Wirkung ab 1. 1. 1999) in § 62 eine eigenständige Vorschrift, die weder mit § 51 b BRAO noch mit § 852 BGB übereinstimmt. Für den Notar gilt gemäß § 19 Abs. 1 S. 3 BNotO i. V. m. § 852 BGB
eine von § 51 b BRAO abweichende Regelung.[3]

Insgesamt hat sich durch die Entwicklung in der Rechtsprechung das Recht 2
der Verjährung im Verhältnis von Rechtsanwälten und Mandanten zu einer sehr
komplexen und schwierigen Materie entwickelt.

B. Entstehungsgeschichte der Vorschrift

Eine besondere Verjährungsregelung im Berufsrecht der Rechtsanwälte geht 3
zurück auf § 32 RAO 1878. Diese Norm wurde durch die Novelle vom 22. 5.
1910 in die RAO eingefügt. Durch sie wurden Schadensersatzansprüche des
Mandanten gegen seinen Rechtsanwalt einer 5jährigen Verjährungsfrist unterworfen. Im übrigen war schon § 32 a RAO weitgehend dem heutigen § 51 b
BRAO ähnlich. Vor dem Jahr 1910 gab es eine spezielle Regelung der Verjährung nicht. Die Einführung der Norm im Jahre 1910 entsprach einer in der Literatur und in der Anwaltschaft vielfach geforderten Regelung. Mit ihr sollte versucht werden, die Unbilligkeiten zu beseitigen, die sich in der Praxis aus der
Geltung der 30jährigen Verjährungsfrist des BGB gegen Anwälte ergeben hatten.[4]
Schon wenige Jahre nach Inkrafttreten von § 32 a RAO wurde freilich an der
Norm Kritik geübt. Nach vielfacher Auffassung hat sie den angestrebten Zweck
nicht erreicht.[5]

---
[1] Im einzelnen zur Tätigkeit des Konkursverwalters s. unten Rdn. 24.
[2] BGHZ 93, 278 = NJW 1985, 1161.
[3] Zum Problem des Anwaltsnotars s. unten Rdn. 9, 26.
[4] Zur geschichtlichen Entwicklung und zum Zweck der Vorschrift vgl. *Friedlaender*, RAO, 3. Aufl. 1930, § 32 a Rdn. 1.
[5] Vgl. *Friedlaender*, § 32 a Rdn. 1; vgl. ferner *Hellwig* JW 1910, 308.

Prütting 543

§ 51 b 4–8 Dritter Teil. Rechte und Pflichten des Rechtsanwalts

4   Die Regelung wurde unverändert in § 37 RRAO 1936 und in § 42 RAO brit. Zone übernommen. Mit der Neuregelung in der BRAO 1959 wurde die 5-Jahres-Frist in eine 3-Jahres-Frist umgeändert und die Norm ohne Veränderung der Rechtslage um einen Hinweis zum Fristbeginn erweitert (§ 51 BRAO 1959). Ohne inhaltliche Veränderung wurde dieser § 51 der BRAO 1959 durch die Novelle vom 2. 9. 1994 zu § 51 b.

C. Anwendungsbereich

I. Persönlicher Anwendungsbereich

1. Anspruchsteller

5   Die Regelung der Verjährung gemäß § 51 b kommt nur in Betracht, wenn **Anspruchsteller** der Auftraggeber eines Rechtsanwalts ist, also derjenige, der mit einem Rechtsanwalt einen Dienst-, Werk- oder Geschäftsbesorgungsvertrag geschlossen hat bzw. schließt, dessen Inhalt von Tätigkeiten bestimmt ist, die dem Berufsbild des Rechtsanwalts entsprechen. Dies kann freilich selbst ein Rechtsanwalt sein. Sind neben dem Auftraggeber weitere Personen in den Schutzbereich eines Vertrags über anwaltliche Leistungen einbezogen, verjähren deren vertragliche Ansprüche ebenfalls gemäß § 51 b.

2. Anspruchsgegner

6   **Anspruchsgegner** bzw. Schuldner des geltend gemachten Schadensersatzanspruchs kann nur ein zugelassener Rechtsanwalt sein. Soweit ein solcher Rechtsanwalt zugleich eine andere Berufstätigkeit ausübt, s. unten Rdn. 7. Zum erforderlichen Vertragsinhalt zwischen Auftraggeber und Rechtsanwalt s. unten Rdn. 18, 19.

3. Art der Tätigkeit

7   Soweit ein Rechtsanwalt zugleich als Notar, Steuerberater, Wirtschaftsprüfer oder **in anderer Weise tätig** ist, stellt sich jeweils im konkreten Fall die Frage, welche der möglichen unterschiedlichen Verjährungsvorschriften eingreift. Die Zuordnung läßt sich in drei Stufen nach folgenden Kriterien vornehmen: Zunächst ist entscheidend, ob eine konkrete Tätigkeit einem bestimmten Beruf zwingend zuzuordnen ist, weil diese Tätigkeit von anderen Berufsgruppen nicht ausgeübt werden kann oder darf (z. B. notarielle Beurkundung). Liegt ein solcher Ausschluß nicht vor, ist die Zuordnung nach dem Willen der Vertragsparteien vorzunehmen. Läßt sich auch ein Parteiwille nicht ermitteln, muß die Zuordnung nach dem Schwerpunkt der konkreten Tätigkeit und der Typizität des Verhaltens vorgenommen werden.[6] Der Schwerpunkt der Tätigkeit kann sich auch daraus ergeben, daß die Parteien ihrem Vertragsverhältnis eine bestimmte Berufsordnung (z. B. die des Steuerberaters oder Wirtschaftsprüfers) zugrunde legen wollten.

8   Schwierigkeiten kann im Einzelfall die Abgrenzung der Tätigkeit von Rechtsanwalt und **Steuerberater** bereiten. Denn auch die Bearbeitung von steuerlichen Angelegenheiten ist eine Rechtsangelegenheit und kann vom Rechtsanwalt ge-

---

[6] Vgl. BGHZ 102, 220; BGH NJW 1994, 1405.

mäß § 3 Abs. 1 BRAO vorgenommen werden. Hier dürfte entscheidend sein, ob die Behandlung steuerlicher Probleme Teil einer umfassenden rechtlichen Betreuung (dann § 51 b BRAO) oder Schwerpunkt der geschuldeten Tätigkeit ist (dann § 68 StBerG).

Eine besondere Situation ergibt sich für den **Anwaltsnotar**. Auch bei ihm muß 9 wegen der unterschiedlichen Regelungen in § 51 b einerseits und § 19 Abs. 1 Satz 3 BNotO andererseits zwischen der anwaltlichen und der notariellen Tätigkeit getrennt werden. Liegt der Schwerpunkt der Tätigkeit in einer allgemeinen Rechtsberatung, die durchaus auch steuerliche und investitionsorientierte Beratungstätigkeiten beinhalten kann, so wird man die Regelung der BRAO heranziehen müssen. Dagegen sind die Beurkundungstätigkeit und auch alle der Beurkundung spezifisch dienende Vorbereitungstätigkeiten dem notariellen Bereich zuzuordnen. Darüber hinaus läßt sich als Faustregel heranziehen, daß der Anwaltsnotar ein Rechtsanwalt ist, der Notar im Nebenberuf ist. Im Zweifel wird daher seine Tätigkeit dem Bereich des Rechtsanwalts zuzuordnen sein. Die spezielle Tätigkeit des Notars wird also besonders darzulegen sein. So hat der BGH z. B. in einem Fall, in dem ein Anwaltsnotar im Rahmen steuerlicher Beratung dem Mandanten aus steuerlichen Gründen zum Erwerb einer bestimmten Eigentumswohnung geraten hatte und anschließend den Erwerb beurkundet hatte, die der Beurkundung vorausgegangene Beratung zur anwaltlichen Tätigkeit gerechnet.[7]

Zur weiteren Abgrenzung der Tätigkeit von Anwalt und Notar vgl. auch un- 10 ten § 118 a und § 59 a Abs. 1 S. 3, 4.

4. Sozietät

Von der Konstellation, daß eine Person sich in verschiedenen Berufszweigen 11 betätigt (s. oben Rdn. 7), ist die Situation zu unterscheiden, daß der Rechtsanwalt in seiner **Sozietät mit Angehörigen anderer Berufsgruppen** (Steuerberater, Wirtschaftsprüfer, Buchprüfer; vgl. § 59 a BRAO) zusammengeschlossen ist. In solchen Fällen richtet sich unabhängig vom Gesamtzustand der Sozietät die konkrete Schadensersatz- und Verjährungsregelung nach der berufsspezifischen Tätigkeit, die gerade der Handelnde als Anspruchsverpflichteter ausübt.[8]

II. Sachlicher Anwendungsbereich

1. Schadensersatz

§ 51 b setzt zunächst voraus, daß sich der geltend gemachte Anspruch gegen 12 den Rechtsanwalt auf einen **Schadensersatz** richtet. Daher verjähren nicht nach der Regelung des § 51 b die Ansprüche aus ungerechtfertigter Bereicherung (§§ 812 ff. BGB), die Ansprüche auf Herausgabe, Unterlassung und Beseitigung (§§ 985, 1004 BGB u. ä.), schließlich vertragliche Ansprüche gegen den Rechtsanwalt aus dem Anwaltsvertrag auf Herausgabe, Auskunft, Rechenschaftslegung u. ä. Nicht unter § 51 b fällt also z. B. der Anspruch gegen den Rechtsanwalt auf Herausgabe von Handakten gemäß §§ 675, 667 BGB i. V. m. § 50 BRAO.

2. Vertragsanspruch

Bei dem gegen den Rechtsanwalt geltend gemachten Schadensersatzanspruch 13 muß es sich um einen **vertraglichen Anspruch** handeln, ein gesetzlicher An-

---

[7] BGH NJW 1988, 563 = AnwBl. 1988, 115.
[8] *Borgmann/Haug,* § 48 Rdn. 4.

spruch aus Delikt (§§ 823 ff. BGB) oder Gefährdungshaftung wird nicht von § 51 b erfaßt. Zu dem Sonderfall, daß vertragliche und deliktische Anspruchsgrundlagen konkurrieren, s. unten Rdn. 15. Für deliktische Ansprüche gilt gemäß § 852 BGB ebenfalls die 3-Jahres-Frist, freilich erst ab Kenntniserlangung.

3. Art der Vertragsverletzung

14 Für den Inhalt des gegen den Rechtsanwalt geltend gemachten vertraglichen Schadensersatzanspruches ist nicht von Bedeutung, welche Norm und welche **Art der Vertragsverletzung** im einzelnen geltend gemacht wird. Es ist anerkannt, daß als vertraglich geltend gemachter Schadensersatz sowohl Ansprüche wegen Nichterfüllung (Unmöglichkeit, Verzug) und ebenso alle Ansprüche aus positiver Vertragsverletzung in Betracht kommen. Hierher gehören also die Schlechterfüllung einer Hauptpflicht, die Verletzung von leistungsbezogenen Nebenpflichten und die Verletzung weiterer Schutzpflichten.[9] Anerkannt ist ferner, daß auch Schadensersatzansprüche im Rahmen der Vertragsanbahnung (culpa in contrahendo) unter § 51 b fallen.[10] Bei der Schadensersatzpflicht gemäß § 44 S. 2 BRAO handelt es sich um einen gesetzlich geregelten Fall der culpa in contrahendo. Somit unterliegt auch der Anspruch aus § 44 Satz 2 der besonderen Verjährungsvorschrift des § 51 b. Schließlich gehört auch die Verletzung der aus einem Vertragsverhältnis fließenden nachvertraglichen Verpflichtungen (culpa post contractum finitum) hierher. Dies könnte z. B. für die Verpflichtung zur Verschwiegenheit (vgl. § 43 a Abs. 2) zutreffen.

4. Anspruchskonkurrenz

15 Umstritten ist der Fall, daß sich der gegen den Rechtsanwalt gestützte Schadensersatzanspruch zugleich auf vertragliche und deliktische Anspruchsgrundlagen stützt **(Anspruchskonkurrenz)**. Hier entsteht eine Konkurrenz zwischen den Verjährungsvorschriften des § 852 BGB und § 51 b BRAO. Beide Normen sehen zwar eine 3jährige Verjährungsfrist vor, unterscheiden sich aber in vielen Einzelheiten voneinander, vor allem in der Frage des Beginns der Verjährungsfrist. Die h. M. im Schrifttum will hier aus dem Sinn und Zweck der Vorschriften entnehmen, daß für solche Anspruchskonkurrenzen einheitlich § 51 b gilt.[11] Diese Auffassung setzt sich allerdings unter Hinweis auf den Gesetzeszweck darüber hinweg, daß grundsätzlich nach dem Anspruchssystem des Zivilrechts jeder Anspruchsgrundlage ihre eigene Regelung von Abwicklung, Verjährung, Beweislastverteilung usw. zugeordnet ist. Es ist also an sich eine Selbstverständlichkeit, daß der vertragliche Schadensersatzanspruch gegen den Rechtsanwalt nach § 51 b und der deliktische Anspruch nach § 852 BGB verjährt. Dies muß selbst dann gelten, wenn beide Ansprüche in Konkurrenz stehen. Einzuräumen ist freilich, daß die Rechtsprechung insbesondere im Mietrecht (§ 558 BGB) eine Ausnahme gemacht hat.[12] An dieser Stelle ist nicht zu entscheiden, ob die zu § 558 BGB geltend gemachte Ausnahme gerechtfertigt ist. Unrichtig ist aber die Behauptung,

---

[9] BGH NJW 1965, 106; BGH, VersR 1977, 617, 618; *Borgmann/Haug,* § 48 Rdn. 7; *Vollkommer,* Rdn. 452.
[10] Dies war früher umstritten, in der neueren Literatur ist die Auffassung aber anerkannt; vgl. *Feuerich/Braun,* § 51 b Rdn. 6; *Borgmann/Haug,* § 48 Rdn. 8; *Vollkommer,* Rdn. 452.
[11] *Feuerich/Braun,* § 51 b, Rdn. 9; *Borgmann/Haug,* § 48 Rdn. 11; *Vollkommer,* Rdn. 454.
[12] Vgl. BGH NJW 1985, 798. Eine ähnliche Ausnahme macht die Rechtsprechung auch im Bereich von Beförderungsverträgen, die der CMR unterliegen; vgl. BGH NJW 1976, 1594 und NJW 1979, 2473.

ohne Anerkennung einer solchen Ausnahme werde die besondere Verjährungsvorschrift des § 51 b sinnlos.[13] Im Gegensatz zur Situation des Rechtsanwalts hat der BGH bei § 558 BGB nämlich vor allem darauf verwiesen, daß der Vermieter in der Regel Eigentümer der beschädigten Mietsache sei. Schadensersatzansprüche des Vermieters seien daher in aller Regel auf Vertrag und Delikt gestützt. Werde in dieser Situation die Verjährungsregelung nicht einheitlich angewendet, laufe dies auf eine Normzweckvereitelung des § 558 BGB hinaus. Eine Parallele zu dieser Argumentation wird man im Anwaltsbereich sicherlich nicht geltend machen können. Im Ergebnis muß in Abweichung zur h. M. also davon ausgegangen werden, daß deliktische Schadensersatzansprüche gegen den Anwalt auch dann nach § 852 BGB verjähren, wenn sie in Anspruchskonkurrenz zu vertraglichen Ansprüchen stehen.

5. Abgrenzung zum Werkvertrag

Abzugrenzen ist § 51 b schließlich noch von der Regelung der Verjährung gemäß § 638 BGB. An die Anwendung von § 638 BGB könnte man denken, wenn der Vertrag zwischen Rechtsanwalt und Mandanten ausnahmsweise einmal als **Werkvertrag** zu qualifizieren wäre. Wird in einem solchen Fall ein Schadensersatzanspruch aus positiver Vertragsverletzung und damit ein Mangelfolgeschaden geltend gemacht, ist unzweifelhaft § 51 b und nicht § 638 BGB anzuwenden.[14] Nach richtiger Auffassung paßt allerdings § 638 BGB selbst im Rahmen werkvertraglicher Elemente in keinem Falle auf das Verhältnis zwischen Rechtsanwalt und Mandanten. Anders als im Konkurrenzverhältnis von Vertrag und Delikt ist hier eine Situation der Konkurrenz zweier vertragsbezogener Verjährungsvorschriften gegeben, bei der § 51 b zweifellos als lex specialis anzusehen ist. Eine Anwendung von § 638 BGB scheidet also in jedem Falle aus.[15]

III. Vertragstypus und Vertragsinhalt

1. Vertraglicher Bezugspunkt

Die Vorschrift des § 51 b bezieht sich generell auf vertragliche Schadensersatzansprüche gegen den Rechtsanwalt. Innerhalb der **einzelnen vertraglichen Fallgestaltungen** zwischen Rechtsanwalt und Mandanten bedarf es dabei keiner Unterscheidung. Ob also der Geschäftsbesorgungsvertrag zwischen Rechtsanwalt und Mandanten als ein Dienstvertrag oder (ausnahmsweise) als ein Werkvertrag zu beurteilen ist, oder ob in Ausnahmefällen andere Vertragsarten in Betracht zu ziehen sind, spielt keine Rolle.[16] In jedem Falle greift § 51 b ein.

2. Spezifische anwaltliche Tätigkeit

Eine wichtige Abgrenzung des Vertragsinhaltes ergibt sich freilich dadurch, daß § 51 b sich nur auf eine **spezifische anwaltliche Tätigkeit** bezieht. Bei aller Breite des Vertragsgegenstandes kann also ein Vertragsverhältnis i. S. des § 51 b immer nur dasjenige sein, in dem der Anwalt im Rahmen seiner spezifisch anwaltlichen Berufsausübung tätig wird. Nicht mehr hierher gehört daher eine ver-

---

[13] So aber *Borgmann/Haug*, § 48 Rdn. 11.
[14] Vgl. zuletzt BGH NJW 1996, 661, 662.
[15] Wie hier BGH NJW 1982, 2256; *Vollkommer*, Rdn. 453; *Prütting* WM 1978, 131; diese Aussage steht freilich unter dem in Rdn. 18 erläuterten Vorbehalt.
[16] Vgl. zuletzt BGH NJW 1996, 661, 662.

tragliche Verpflichtung des Rechtsanwalts, die außerhalb des Bereichs von § 3 BRAO angesiedelt ist und keinerlei Beratung oder Vertretung in Rechtsangelegenheiten enthält. Eine solche Abgrenzung zu nicht anwaltlicher Tätigkeit mag vor allem dort von Bedeutung sein, wo der Rechtsanwalt zugleich einen Zweitberuf ausübt (s. oben III. 1. c). Durch die **Abgrenzung** von Tätigkeiten in anwaltlicher Berufsausübung gegenüber andersgearteten Aufträgen z. B. als Konkursverwalter, Buchprüfer oder Kreditvermittler wird also der Anwendungsbereich von § 51 b beschränkt (zu den Beispielen im einzelnen s. unten 3. c). Dabei ist jedoch zu berücksichtigen, daß der Anwalt in einer umfassende Weise als unabhängiger Berater und Vertreter in allen Rechtsangelegenheiten berufen ist. Wenn also im Rahmen eines Vertragsverhältnisses neben anderen Aufgaben jedenfalls auch eine nennenswerte Rechtsberatung erforderlich ist, so spricht dies im Zweifel dafür, einen Anwaltsvertrag anzunehmen. Vorrangig ist danach zu entscheiden, in welcher vertraglichen Verpflichtung nach dem Willen der Parteien der Schwerpunkt zu sehen ist.

3. Beispiele

19 Im folgenden seien einige Beispiele (in alphabetischer Reihe) zur Abgrenzung der unterschiedlichen vertraglichen Tätigkeiten genannt:

20 **Anlageberater, Anlagevermittler:** Bei einer Anlageberatung oder Anlagevermittlung steht normalerweise nicht die rechtliche Beratung, sondern die wirtschaftliche Zweckmäßigkeit im Vordergrund. Diese Tätigkeit ist daher von der anwaltlichen abzugrenzen und unterfällt nicht § 51 b. Dies gilt nach der Rechtsprechung des BGH insbesondere im Fall der Prospekthaftung.[17] Freilich darf hierbei nicht verkannt werden, daß Anlageberatung und Anlagevermittlung sich häufig mit Rechtsberatung überschneiden werden. Für diese Fälle hat die Rechtsprechung in den Vordergrund gestellt, daß auch der Rechtsanwalt, der in fremdnützig denkender Weise eine Rechtsberatung als weiterführenden Rat in seine Tätigkeit einfließen läßt und gerade dadurch seine Verpflichtung umfassend erfüllen will, nach den allgemeinen anwaltlichen Regeln haftet.[18] In der Praxis wird man daher häufig auch im Falle einer Anlageberatung oder Anlagevermittlung zur Anwendung von § 51 b gelangen.

Anwaltsnotar: s. Notar.

21 **Betreuer:** Gemäß § 1896 BGB kann das Vormundschaftsgericht für einen Volljährigen einen Betreuer bestellen. Die Betreuung ist eine Form staatlicher Beistandschaft durch tatsächliche und rechtliche Fürsorge. Im Ergebnis hat der Betreuer gemäß § 1902 BGB die Stellung eines gesetzlichen Vertreters. Auf ihn finden die Normen des Vormundschaftsrechts teilweise Anwendung (vgl. § 1908 i BGB). Wie die Vormundschaft ist die Betreuung keine anwaltsvertragliche Tätigkeit. § 51 b BRAO ist daher nicht anzuwenden.

22 **Buchprüfer:** Fachkenntnisse und Tätigkeiten im Bereich von Buchhaltung und Buchprüfung sind keine spezifischen anwaltlichen Tätigkeiten. Nach dem Parteiwillen und dem Schwerpunkt der Tätigkeit muß also entschieden werden, welche Art der Tätigkeit im Kern gewollt ist. Soweit eine Buchprüfung im Vordergrund steht, ist daher § 51 b nicht anwendbar.[19]

23 **Insolvenzverwalter:** Der Insolvenzverwalter wurde durch die am 1. 1. 1999 in Kraft tretende neue Insolvenzordnung geschaffen. Zu seiner Haftung vgl. den

---

[17] Vgl. BGH NJW 1992, 3296.
[18] Vgl. BGH NJW 1994, 1405; *Borgmann* AnwBl. 1994, 236.
[19] BGH VersR 1972, 1052, 1054.

Konkursverwalter. Für die Verjährung ist speziell § 62 InsO geschaffen worden, der weder mit § 51 b BRAO noch mit § 852 BGB identisch ist. Er enthält allerdings ebenfalls eine 3-Jahres-Frist.

Konkursverwalter: Unabhängig vom Theoriestreit um seine Rechtsstellung 24 weist das Gesetz dem Konkursverwalter eine gewisse Amtsstellung zu (vgl. §§ 81, 84, 86 KO). Dementsprechend ist der Konkursverwalter nicht nur einer Partei, sondern allen Beteiligten gemäß § 82 KO verantwortlich. Diese eigenständige Rechtsstellung des Konkursverwalter schließt es aus, Regelungen der BRAO heranzuziehen. Da allerdings die Haftungsregelung des § 82 KO eine spezielle Verjährungsvorschrift nicht enthält, hat der BGH für die Haftung des Konkursverwalters den Rechtsgedanken von § 852 BGB analog herangezogen.[20] Die Anwendung von § 51 b ist ausgeschlossen.

Kreditvermittler: s. Makler.

Makler: Die Tätigkeit des Maklers ist im BGB als eigener Vertragstypus geregelt 25 (§§ 652 ff. BGB). Unabhängig vom einzelnen Bezugspunkt, z. B. als Finanzmakler (Kreditvermittler) oder Immobilienmakler, handelt es sich um eine eigenständige Tätigkeit, die auf den Nachweis von Vertragsabschlußgelegenheit oder auf die Vertragsvermittlung bezogen ist. Im Haftungsfalle kommt daher § 51 b BRAO nicht zur Anwendung. Zu bedenken ist allerdings, daß ein Anwalt, der zugleich als Makler tätig wird, bereits dann einen Anwaltsvertrag geschlossen hat, wenn er seinem Mandanten zugleich eine Rechtsberatung verspricht, die gegenüber der reinen Maklertätigkeit nicht vollkommen unbedeutender Natur ist.[21] Weiterhin ist zu berücksichtigen, daß die Rechtsprechung dem Vertragspartner, der einen Anwalt als Makler wählt, in der Regel unterstellt, daß der Auftraggeber somit auch eine besondere rechtliche Beratung und Betreuung erwarte. Unter diesem Aspekt wird nicht selten anwaltliches Berufsrecht anzuwenden sein.

Nachlaßverwalter: Zur Rechtsstellung vgl. Konkursverwalter; § 51 b BRAO ist nicht anwendbar.

Notar: Der Notar ist Träger eines öffentlichen Amtes. Er haftet daher nicht nach 26 privatrechtlichem Vertrag, sondern nach Amtshaftungsgrundsätzen (vgl. § 19 BNotO). Soweit also ein Anwalt zugleich Notar ist, übt er als Anwaltsnotar zwei getrennte, berufsrechtlich unterschiedlich geregelte Berufe aus. Seine konkrete Tätigkeit muß also entsprechend den beiden Berufen strikt getrennt werden (s. oben Rdn. 9). Je nach dem Schwerpunkt der Tätigkeit wird also letztlich für anwaltliche Tätigkeit § 51 b und für notarielle Tätigkeit § 19 Abs. 1 Satz 3 BNotO i. V. m. § 852 BGB heranzuziehen sein.

Patentanwalt: Vergleichbar der Situation von Steuerberater und Wirtschaftsprü- 27 fer muß auch zwischen der spezifischen beruflichen Tätigkeit von Rechtsanwalt und Patentanwalt unterschieden werden. Dies kann im Einzelfall Schwierigkeiten bereiten, weil die Bearbeitung patentanwaltlicher Angelegenheiten zugleich eine Rechtsangelegenheit ist. Für die Abgrenzung im einzelnen ist auf den Parteiwillen und den Schwerpunkt der geschuldeten Tätigkeit abzustellen. Für den Patentanwalt gilt die spezielle Verjährungsvorschrift des § 45 b PatentAO.

Pfleger: Das Wesen der Pflegschaft ist ähnlich der Vormundschaft und der Be- 28 treuung (s. dort) durch eine gesetzlich umrissene Fürsorgetätigkeit geprägt. Die besondere amtsähnliche Rechtsstellung des Pflegers schließt ebenso wie bei Vormund und Betreuer die Anwendung von § 51 b BRAO aus.

---

[20] BGHZ 93, 278 = NJW 1985, 1161.
[21] Vgl. BGH NJW 1985, 2642.

29 Steuerberater: Die Tätigkeit des Steuerberaters ist zwar ähnlich wie der Patentanwalt und der Wirtschaftsprüfer durch ein eigenes Berufsgesetz von der Tätigkeit des Rechtsanwalts abgehoben. Dennoch kann die Abgrenzung der Tätigkeit von Rechtsanwalt und Steuerberater im Einzelfall große Schwierigkeiten bereiten. Denn unzweifelhaft ist auch die Bearbeitung steuerlicher Angelegenheiten zugleich eine Rechtsangelegenheit, die von jedem Rechtsanwalt vorgenommen werden kann. Zur Abgrenzung der Tätigkeiten und zur Anwendung von § 68 StBerG einerseits oder § 51 b BRAO andererseits gelten die oben Rdn. 8 dargestellten Grundsätze. Entscheidend dürfte also im Regelfall der Wille der Vertragsparteien und der Schwerpunkt der konkreten Tätigkeit sein. Ist ein Anwalt in Steuersachen tätig, ohne selbst zugelassener Steuerberater zu sein, gilt für ihn in jedem Falle § 51 b.[22]

30 Testamentsvollstrecker: Zur Rechtsstellung vgl. Konkursverwalter. Es gilt nicht § 51 b BRAO. Der Testamentsvollstrecker haftet gemäß § 2219 BGB. Die Verjährung richtet sich insoweit nach § 195 BGB.

31 Treuhänder: Schwierigkeiten bereitet die Einordnung treuhänderischer Tätigkeit durch den Rechtsanwalt: Soweit mit der treuhänderischen Aufgabe zugleich auch Rechtsberatung verbunden ist, wird heute allgemein § 51 b herangezogen. Darüber hinaus wird man treuhänderische Tätigkeit generell zum Berufsbild des Rechtsanwalts rechnen dürfen. Selbst dort, wo eine besondere rechtsberatende Tätigkeit nicht ausdrücklich vereinbart ist, kann sich die geschuldete anwaltliche Beratungspflicht schon daraus ableiten lassen, daß der Auftraggeber sich als Betreuer gerade einen Rechtsanwalt ausgewählt hat. Dies spricht dafür, bei treuhänderischer Tätigkeit eines Rechtsanwalts in vielen Fällen anwaltliches Berufsrecht heranzuziehen und daher § 51 b anzuwenden.[23] Zu Recht weist die h. M. darauf hin, daß § 1 Abs. 2 BRAGO, der die Tätigkeit des Rechtsanwalts als Treuhänder ausdrücklich vom Geltungsbereich der BRAGO ausnimmt, für die Heranziehung von § 51 b nicht ausschlaggebend sein kann.[24]

32 Vergleichsverwalter: s. Konkursverwalter; die Haftung des Vergleichsverwalters richtet sich nach § 42 VerglO. Dieser entspricht § 82 KO und enthält ebenfalls keine eigene Verjährungsvorschrift. Auch insoweit wird man § 852 BGB analog heranziehen dürfen.

33 Vormund: Die Vormundschaft gemäß §§ 1773 ff. BGB ist eine umfassende Fürsorgetätigkeit, die dem Vormund eine amtsähnliche Stellung gibt. Der Vormund ist sorgeberechtigt und gesetzlicher Vertreter. Eine anwaltsvertragliche Tätigkeit des Rechtsanwalts, der als Vormund tätig wird, ist daher generell zu verneinen. Die Anwendung von § 51 b scheidet aus. Die Haftung des Vormunds richtet sich nach § 1883 BGB. Die Verjährung richtet sich deshalb nach § 195 BGB zu beurteilen.

34 Wirtschaftsprüfer: Die Tätigkeit des Wirtschaftsprüfers und des Rechtsanwalts können sich in vielfacher Weise überschneiden. Beide Tätigkeiten können in einer Person ausgeübt werden. Da sowohl nach der Wirtschaftsprüferordnung (§ 51 a WPO) als auch nach der BRAO eigenständige Berufs-, Haftungs- und

---

[22] Vgl. dazu BGHZ 83, 328 = NJW 1982, 1866; BGH NJW 1988, 1663; *Feuerich/Braun,* § 51 b Rdn. 13.
[23] Vgl. BGH NJW 1994, 1405 = AnwBl. 1994, 243; BGHZ 120, 157 = NJW 1993, 199; BGH NJW 1987, 3135; BGH NJW 1988, 1663; dazu *Borgmann* AnwBl. 1994, 236; vgl. ferner *Feuerich/Braun,* § 51 b Rdn. 5.
[24] BGHZ 120, 157 = NJW 1993, 199; *Feuerich/Braun,* § 51 b Rdn. 5.

§ 51 b Verjährung von Ersatzansprüchen 35–39 § 51 b

Verjährungsregeln existieren, bedarf es in jedem Einzelfall einer Unterscheidung und Einordnung der haftungsauslösenden Tätigkeit in den Bereich der Wirtschaftsprüfertätigkeit oder der anwaltlichen Tätigkeit. Diese Abgrenzung im einzelnen ist nach den Kriterien vorzunehmen, die für den Steuerberater genannt worden sind (s. dort).

Zwangsverwalter: Zur Rechtsstellung vgl. Konkursverwalter; die Zwangsverwaltung ist in §§ 146 ff. ZVG geregelt. Der Zwangsverwalter wird gemäß § 150 ZVG bestellt. Er haftet gemäß § 154 ZVG. Eine besondere Verjährungsregelung enthält das ZVG nicht. Auch hier gilt § 852 BGB entsprechend. 35

D. Primärer Ersatzanspruch

I. Allgemeines

Hat der Rechtsanwalt seine Pflichten aus dem Anwaltsvertrag in schuldhafter Weise verletzt, so ist er nach allgemeinen vertraglichen Regeln seinem Mandanten zum Ersatz des daraus entstandenen Schadens verpflichtet. Dieser von § 51 b vorausgesetzte vertragliche Schadensersatzanspruch gegen den Rechtsanwalt unterliegt zunächst nach allgemeinen Regeln den Verjährungsvorschriften der §§ 194 ff. BGB. Darüber hinaus enthält § 51 b sowohl für den Lauf der Verjährungsfrist als auch für den Verjährungsbeginn eine spezielle Regelung, die die §§ 195 und 198 BGB verdrängt. Die Bezeichnung dieses gegen den Rechtsanwalt gerichteten Schadensersatzanspruchs als „Primäranspruch" ergibt sich daraus, daß im Zusammenhang mit § 51 b von der Rechtsprechung ein abgeleiteter Anspruch aus **Verletzung der Hinweispflicht** auf einen solchen Schadensersatzanspruch entwickelt worden ist. Diesen weiteren Anspruch, der als Vorliegen eines primären Ersatzanspruchs voraussetzt, nennt man heute häufig Sekundäranspruch (im einzelnen s. unten Rdn. 65 ff). 36

II. Verjährungsbeginn

§ 51 b enthält zwei verschiedene Regelungen des Verjährungsbeginns. In erster Linie wird übereinstimmend mit § 198 BGB auf den Zeitpunkt abgestellt, in dem der Anspruch entstanden ist (dazu s. unten Rdn. 38), darüber hinaus wird als Verjährungsbeginn die Beendigung des mit dem Anwalt geschlossenen Vertrags angesehen (dazu unten Rdn. 49). 37

1. Die erste Alternative

Der Verjährungsbeginn mit dem Entstehen des geltend gemachten Ersatzanspruchs (§ 51 b – 1. Alternative) ist an sich eine Selbstverständlichkeit und wiederholt nur die Regelung des § 198 BGB. Insofern sind die zu dieser Norm entwickelten allgemeinen Grundsätze anwendbar. Dennoch können im Einzelfall große Schwierigkeiten bei der Frage nach der Entstehung des Anspruchs auftreten. 38

a) Generelle Entstehung des Anspruchs. Generell entsteht ein Anspruch mit der vollen Verwirklichung aller Tatbestandsvoraussetzungen. Dieser Zeitpunkt läßt sich in der Praxis dadurch konkretisieren, daß mit der Verwirklichung der Tatbestandsmerkmale zugleich der Verpflichtete rechtlich in Anspruch genommen werden kann. Üblicherweise wird deshalb formuliert, daß der Anspruch dann entstanden ist, wenn er klageweise geltend gemacht werden kann. Dies setzt 39

Prütting 551

§ 51 b 40–43 Dritter Teil. Rechte und Pflichten des Rechtsanwalts

aber zusammen mit der Verwirklichung der Tatbestandsmerkmale auch die Fälligkeit des Anspruchs voraus.[25] Dies gilt gerade auch dann, wenn die Entstehung und die Fälligkeit eines Anspruchs auseinanderfallen.[26] Dabei spielt es keine Rolle, ob die Fälligkeit durch die Vertragsparteien beeinflußt werden kann. Entscheidend ist der Zeitpunkt, in dem der Anspruch durch Erhebung einer Klage geltend gemacht werden kann. Dafür genügt es, daß eine Feststellungsklage erhoben wird. Vorausgesetzt ist also allein das **objektive Bestehen des Anspruchs;** nicht erforderlich ist demgegenüber, daß der Anspruch auch der Höhe nach bereits genau feststeht oder feststellbar ist. Ohne Bedeutung ist es weiterhin, ob ein geltend gemachter Schaden schon in vollem Umfang eingetreten ist.

40 Nicht relevant für den Beginn der Verjährung ist danach die Kenntnis der Parteien vom Anspruch, vom Lauf der Verjährungsfrist oder von vorhandenen oder nicht vorhandenen Einwendungen und Einreden. Zum Sonderfall der Unkenntnis des Anspruchs wegen Verletzung einer Hinweispflicht des Rechtsanwalts s. unten Rdn. 65 ff.

41 **b) Der Schadensersatzanspruch.** Der Beginn der Verjährung eines Schadensersatzanspruchs setzt speziell voraus, daß eine schädigende Handlung oder Unterlassung vorliegt, daß diese eine schuldhafte Vertragsverletzung darstellt und daß aus dem schädigenden Verhalten kausal ein Schaden entstanden ist. Dieser ist zu bejahen, wenn sich die Vermögenslage des Geschädigten in Folge des Schadensereignisses im Vergleich zu seinem früheren Vermögensstand objektiv verschlechtert hat.[27] Der Eintritt **weiterer Schadensfolgen** oder die Vergrößerung des Schadensumfangs beeinflussen den Ablauf der Verjährungsfrist nicht. Soweit zu einem späteren Zeitpunkt weitere Schadensfolgen auftreten, die vorhersehbar waren, wird von einem einheitlichen und umfassenden Schadensersatzanspruch ausgegangen, der alle späteren Folgen umfaßt. Dieser einheitliche Schadensersatzanspruch erfaßt also nach der Verkehrsanschauung jede künftige Weiterentwicklung und Spätfolge des schädigenden Ereignisses, mit deren Auftreten zu rechnen war.

42 Ist dagegen die schädigende Handlung noch nicht abgeschlossen oder wird durch eine Dauerhandlung ein Rechtsgut verletzt, so beginnt die Verjährung erst mit dem Abschluß der schädigenden Handlung zu laufen.[28] Bei wiederholten einzelnen schädigenden Handlungen löst jede Einzelhandlung einen neuen Schadensersatzanspruch und damit einen neuen Lauf der Verjährung aus.

43 **c) Schadensersatz gegen den Rechtsanwalt.** Auch im Falle des Schadensersatzanspruchs gegen den Rechtsanwalt ist also entscheidend darauf abzustellen, ob in Folge des schädigenden Verhaltens des Rechtsanwalts sich die Vermögenslage des Anspruchstellers verschlechtert hat, so daß die Erhebung einer Feststellungsklage möglich ist. Im Falle der Versäumung einer Rechtsmittel- oder Rechtsmittelbegründungsfrist ist danach der Ablauf dieser Frist maßgeblich[29] und nicht die Frage einer eventuellen Wiedereinsetzung. Ein **verspäteter Schriftsatz** und die anschließende Bekämpfung eines verworfenen Rechtsbehelfs mit

---

[25] Daß die Fälligkeit erforderlich ist, ist allgemein anerkannt; vgl. *MünchKomm/v. Feldmann*, 3. Aufl., § 198 BGB Rdn. 1.
[26] BGH, WM 1977, 553, 554.
[27] BGH NJW 1996, 661, 662; BGH NJW 1993, 1320 und 2747; BGH NJW 1992, 2828.
[28] Vgl. *MünchKomm/v. Feldmann*, 3. Aufl., § 198 BGB Rdn. 4 m. w. Nachw.
[29] Zum Verjährungsbeginn mit Fristablauf bei Versäumung einer prozessualen Frist nunmehr BGH NJW 1996, 48, 50 (dazu *Borgmann* EWiR § 675 BGB 1/96, S. 20).

weiteren Rechtsmitteln ändert daran nichts.[30] Hat der Rechtsanwalt eine **Forderung** seines Mandanten gegen einen Dritten **verjähren** lassen, so beginnt die Verjährung des gegen ihn gerichteten Regreßanspruchs mit dem Eintritt der Verjährung für den Dritten. Auf eine vom Dritten erhobene spätere Verjährungseinrede kommt es nicht an.[31] Kommt ein **Vertrag** wegen eines Fehlverhaltens des Anwalts **nicht zustande,** so beginnt die Verjährung mit dem endgültigen Scheitern des Vertragsabschlusses.[32] Hat ein Anwalt seinen Mandanten durch **falsche Prozeßführung** geschädigt, so beginnt die Verjährung in dem Zeitpunkt, in dem sich durch die unrichtige Prozeßführung die Vermögenslage des Mandanten gegenüber dritten Personen verschlechtert hat. Zu weiteren Beispielen vgl. auch *Feuerich/Braun,* § 51 b Rdn. 20; *Borgmann/Haug,* § 48 Rdn. 19, 20.

d) Schadensersatz gegen den Steuerberater. Besondere Schwierigkeiten 44 bereitet der Fall, daß ein Schadensersatzanspruch gegen den Steuerberater oder den steuerberatenden Rechtsanwalt geltend gemacht wird. Die insoweit meist zu § 68 StBerG ergangene umfangreiche Rechtsprechung ist auch für § 51 b BRAO von Bedeutung. Die jüngere Rechtsprechung ist durch mehrere, ständig wiederkehrende **Fallgruppen** gekennzeichnet, die offenbar unterschiedlichen Beurteilungskriterien unterliegen. Es handelt sich zum einen um die Fälle einer betrieblichen **Außenprüfung.** In einem solchen Fall hat der BGH erstmals in der Entscheidung vom 22. 2. 1979 nach Entdeckung eines Beratungsfehlers aufgrund der Außenprüfung gemäß § 201 AO den Beginn der Verjährungsfrist erst mit der Aufdeckung des Beratungsfehlers durch die Außenprüfung festgelegt.[33] Eine weitere Fallgruppe ist dadurch gekennzeichnet, daß der BGH an die **Bestandskraft des Steuerbescheides** auch den Beginn der Verjährung anknüpft.[34] Zuletzt hat der BGH betont, daß entscheidend der Erlaß des Steuerbescheids sei, nicht seine Bestandskraft.[35] Wie bereits an anderer Stelle näher dargelegt,[36] läßt sich aus einer Systematisierung dieser vielfältigen Rechtsprechung eine tragfähige dogmatische Grundlage schwerlich entwickeln. Teilweise wird diese Rechtsprechung geradezu als willkürlich empfunden.[37]

Trotz aller Unklarheiten des Verjährungsbeginns ist zunächst festzuhalten, daß 45 der **BGH** bei der Festlegung des Zeitpunktes für den Verjährungsbeginn den normalen **zivilrechtlichen Ansatz bewußt verläßt.** Dieser müßte in Haftungsfällen dahin gehen, daß der Schaden durch den Fehler des Rechtsanwaltes oder Steuerberaters kausal entstanden ist, der dann zwangsläufig die Grundlage für den späteren Vermögensschaden gesetzt hat. Dieser äußert sich erst längere Zeit später in einer für den Betroffenen negativen Steuerfestsetzung. Trotzdem müßte die Verjährung mit dem Zeitpunkt des Fehlverhaltens beginnen. Die offenkundigen Schwierigkeiten in Rechtsprechung und Literatur, diese rein zivilrechtliche Sicht auf das Steuerrecht zu übertragen, hängen damit zusammen, daß es eine **typische Situation im Steuerrecht** ist, daß die Fehlerhaftigkeit des Handelns des Rechtsanwalts oder Steuerberaters und deren rechtliche Folgen zunächst für niemanden

---

[30] BGH NJW 1996, 48, 50.
[31] BGH VersR 1967, 979.
[32] BGH NJW 1979, 264.
[33] BGHZ 73, 363 = NJW 1979, 1550 (unter Berufung auf *Prütting* WM 1978, 130). Ebenso später BGHZ 83, 17 = NJW 1982, 1285; BGH NJW-RR 1986, 646; BGH, WM 1986, 1220.
[34] BGH NJW 1991, 2828; BGH NJW 1991, 2831; BGH NJW 1991, 2833; BGH NJW-RR 1991, 1125.
[35] BGH NJW 1995, 2108 = MDR 1995, 1070, 1071; BGH ZIP 1996, 791, 792.
[36] Vgl. dazu *Prütting/Bern,* StVj 1992, 224, 225 ff.
[37] So etwa *Borgmann/Haug,* § 48 Rdn. 20.

§ 51 b 46   Dritter Teil. Rechte und Pflichten des Rechtsanwalts

erkennbar sind. In aller Regel wird erst viele Monate oder Jahre später durch ein Handeln der Finanzbehörden (z. B. durch eine Außenprüfung oder eine Steuerfestsetzung) deutlich, ob aus dem Verhalten des Rechtsanwalts oder Steuerberaters ungünstige Folgerungen für den Mandanten entstehen und in welcher Höhe. Dies führt für den Mandanten wegen der kurzen Verjährungsfrist zu der unangenehmen Situation, daß in vielen Fällen ein Regreßanspruch gegen den Rechtsanwalt oder Steuerberater **bereits verjährt** wäre, wenn den Beteiligten **erstmals die Fehlerhaftigkeit des Handelns erkennbar** wird. Andererseits ist klar, daß § 51 b BRAO (und ebenso § 68 StBerG) anders als § 852 BGB für den Verjährungsbeginn gerade nicht auf die subjektive Komponente der Kenntnis des Geschädigten abstellt. Daher erscheint es auch ausgeschlossen, § 852 BGB in dieser Situation analog heranzuziehen.[38] Zu denken wäre allenfalls an eine teleologische Reduktion von § 51 b BRAO und § 68 StBerG, um trotz der Ablehnung einer Analogie zu § 852 BGB die Erkennbarkeit des fehlerhaften Handelns des steuerlich Beratenden zum Tatbestandsmerkmal zu machen. Dem scheint jedoch § 68 AO entgegenzustehen, wonach Ansprüche aus dem Steuerschuldverhältnis entstehen, sobald der Tatbestand verwirklicht ist, an den das Gesetz die Leistungspflicht knüpft.

46 Das Entstehen der **Steuerschuld kraft Gesetzes** stellt gegenüber dem Zivilrecht in mancher Hinsicht eine Besonderheit dar. Anders als im Zivilrecht, wo das Entstehen eines Anspruchs in aller Regel zugleich seine Fälligkeit herbeiführt (die bekanntlich zwingende Voraussetzung für den Verjährungsbeginn ist), und wo es nur in besonderen Ausnahmefällen einen abweichenden Zeitpunkt der Fälligkeit gibt, ist die Regelung des Entstehens der Steuerschuld unabhängig von der Fälligkeit (vgl. § 220 AO). Dies bedeutet, daß der Gesetzgeber aus spezifisch steuerrechtlichen Gründen in § 38 AO eine Regelung getroffen hat, die für die Durchsetzung der konkreten Steuerschuld und für die genaue Festlegung der Höhe der Steuerschuld in aller Regel ohne jede Bedeutung ist. Dies geht soweit, daß der konkrete Steuerbescheid, durch den oftmals sehr viel später die Steuer festgesetzt wird, teilweise sogar konstitutive Funktion haben kann. Diese besondere Situation des Steuerrechts, die also zu einem regelmäßigen Auseinanderfallen von formaler Entstehung der Steuerschuld, Erkennbarkeit des entstandenen Steueranspruchs für den Schuldner und Fälligkeit der Steuerschuld führt, muß zwangsläufig zu **Auswirkungen auf die Frage der Verjährung** führen. Denn geltend gemacht wird vom Mandanten ein Passivschaden,[39] also ein Schaden, der in einer gegen den Mandanten gerichteten neuen Forderung besteht. Dieser Zusammenhang ist in Rechtsprechung und Literatur bisher regelmäßig nicht erkannt worden. Am deutlichsten wird die Besonderheit, wenn man aus der Sicht des Steuerschuldners bedenkt, daß der vom Gesetzgeber gewählte Zeitpunkt der Entstehung der Steuerschuld gemäß § 38 AO in aller Regel einen fiktiven Charakter hat. An diesen Fiktionsgesichtspunkt des § 38 AO lassen sich verschiedene gesetzliche Rechtswirkungen anknüpfen. Die im vorliegenden Zusammenhang entscheidende Frage des Geltendmachens von Ansprüchen gegen den Steuerschuldner ist aber davon unabhängig. Denn die Fälligkeit einer Steuerschuld setzt nach den Einzelsteuergesetzen und nach § 220 Abs. 2 S. 1 und S. 2 AO in aller Regel eine Festsetzung der Steuerschuld durch den Steuerbescheid voraus. So knüpft insbesondere die Verjährung der eigentlichen Steuerschuld ganz selbstverständlich an die Fälligkeit des Anspruchs an (vgl. § 229 AO).

---

[38] Dies ist ganz h. M.; a. A. allein *Venrooy* DB 1981, 2572.
[39] Zur besonderen Problematik des Passivschadens im Rahmen der Verjährung vgl. *Prütting* WM 1978, 132.

Würdigt man die dargelegten Unterschiede zwischen Zivilrecht und Steuerrecht richtig, so muß die Entstehung eines Schadensersatzanspruchs und damit die Bejahung des Vorliegens eines Schadens in einer von allgemeinen zivilrechtlichen Kategorien abweichenden Weise bewertet werden, wenn der relevante Schaden in einer Steuerforderung der Finanzbehörden besteht. Anders als im Zivilrecht muß die objektive Entstehung eines Schadens für den Steuerschuldner, dessen Ersatz er gegenüber dem Rechtsanwalt oder Steuerberater geltend machen kann, eine fällige Steuerschuld voraussetzen. Die Verjährung beginnt also regelmäßig mit der **Bekanntgabe eines belastenden Steuerbescheids**.[40] Die bisher allgemein angenommene Schadensentstehung durch die formale Entstehung der Steuerschuld gemäß § 38 AO bewertet die rechtlichen Besonderheiten steuerrechtlich nicht ausreichend. Diese Überlegungen ändern also nichts an der wortlautgetreuen Anwendung der § 198 BGB, § 51 b BRAO, § 68 StBerG. Sie interpretieren nur den Begriff der „Entstehung des Anspruchs" im Lichte des Steuerrechts, d. h. unter Berücksichtigung der im Steuerrecht geltenden Besonderheiten richtig.

47

Ergebnis: Der Beginn der Verjährung gemäß § 51 b BRAO, § 68 StBerG, § 198 BGB im Falle eines Schadensersatzanspruchs aufgrund neuer Steuerforderungen gegen den Rechtsanwalt oder Steuerberater ist nicht der Zeitpunkt, in dem dem Schädiger ein Fehler unterläuft, der für den Mandanten negative steuerliche Konsequenzen hat. Die Entstehung eines Schadens für den Mandanten hängt also nicht von dem fiktiven § 38 AO ab, sondern von der Fälligkeit einer Steuerschuld, also von der Bekanntgabe eines belastenden Steuerbescheids. Erst in diesem Zeitpunkt kann im Steuerrecht von einer effektiven Schadensentstehung gesprochen werden. Erst ab diesem Zeitpunkt ist eine gerichtliche Durchsetzung des Schadensersatzanspruchs möglich.[41] Die Rechtsprechung hat mit ihrer Abweichung von allgemeinen zivilrechtlichen Überlegungen im Ergebnis gefühlsmäßig weitgehend die richtige Entscheidung gefunden, auch wenn bisher dafür eine dogmatisch saubere Begründung noch nicht gefunden worden war.

48

2. Die zweite Alternative

Grundsätzlich läßt das Gesetz die Verjährung mit der Entstehung des Anspruchs beginnen (§ 51 b 1. Alternative). Die 2. Alternative sieht vor, daß die Verjährungsfrist jedenfalls mit der Beendigung des Vertragsverhältnisses zu laufen beginnt. Nach dem Wortlaut („spätestens") und nach dem Sinn der Norm kommt diese 2. Alternative nur subsidiär zur Anwendung. Das bedeutet, daß die 2. Alternative nicht eingreift, wenn die Verjährungsfrist nach der 1. Alternative früher abläuft.

49

Der Sinn dieser gesetzlichen Regelung liegt darin, für die Abwicklung eventueller Ansprüche aus dem anwaltlichen Vertragsverhältnis eine absolute zeitliche Grenze der Verjährung zu statuieren. Der in Regreß genommene Rechtsanwalt hat aufgrund der 2. Alternative die Sicherheit, daß drei Jahre nach Mandatsende alle gegen ihn gerichteten Schadensersatzansprüche abgewickelt sind bzw. mit der Einrede der Verjährung abgewehrt werden können.

50

Im Normalfall ist die Bestimmung des Beginns der 3-Jahres-Frist im Falle der 2. Alternative unproblematisch. Diese beginnt allgemein mit der vollen Erledi-

51

---

[40] BGH NJW 1995, 2108 = MDR 1995, 1070 unter Berufung auf *Prütting/Bern*, StVj 1992, 230; BGH ZIP 1996, 791, 792; daran ändert auch die Einlegung eines Rechtsbehelfs nichts, der die Frist nicht unterbricht.
[41] Vgl. zu der hier vertretenen Auffassung im einzelnen *Prütting/Bern* StVj 1992, 224 ff.

gung des Vertrags zu laufen (zur Vertragsbeendigung s. auch § 50 Abs. 2 BRAO, der den Fristbeginn für die Aufbewahrung von Handakten regelt). **Verjährungsbeginn** ist nach der zweiten Alternative also z. B. die Übergabe einer erbetenen gutachterlichen Stellungnahme oder eines gewünschten Vertragsentwurfs. Im Falle der **Prozeßvertretung** wird der Verjährungsbeginn fixiert z. B. durch einen verfahrensbeendenden Vergleich über den gesamten Rechtsstreit oder durch die Verkündung eines rechtskräftigen Urteils bzw. die Übersendung einer Urteilsausfertigung an die Partei. Nicht maßgeblich für das Vertragsende und den Beginn der Verjährungsfrist ist es, wenn vor oder nach Abschluß aller vertraglichen Arbeiten eine **Kostenrechnung** an die Partei versendet wird; wenn nach Vertragsbeendigung eine erbetene zusätzliche Auskunft erteilt wird oder wenn eine sich nicht auf den konkreten Anwaltsvertrag beziehende Dienstleistung vorgenommen wird.[42]

52 Da die 2. Alternative des § 51 b immer nur subsidiär zur Anwendung gelangt, ist zunächst in jedem Falle der Verjährungsbeginn nach der 1. Alternative zu bestimmen. Praktische Bedeutung wird der 2. Alternative deshalb nur dort zukommen, wo das anspruchsbegründende Ereignis nach Vertragsende entsteht, z. B. wenn ein Anspruch wegen nachvertraglicher Verletzung der Verschwiegenheitspflicht oder anderer anwaltlicher Pflichten geltend gemacht wird. Wichtige Bedeutung kommt der 2. Alternative auch dann zu, wenn die nachvertragliche Entstehung eines sekundären Schadensersatzanspruchs (dazu s. unten Rdn. 65 ff.) geltend gemacht wird. Es ist im Rahmen von § 51 b unstreitig, daß auch im Falle **sekundärer Schadensersatzansprüche** der Ablauf der Verjährungsfrist nach der 2. Alternative die äußerste Grenze einer Haftung markiert. Hierin liegt ein großer Unterschied zu § 68 StBerG, der bei sonst gleichem Wortlaut die 2. Alternative des § 51 b nicht enthält (dagegen wortgleich wie hier § 45 b PatentAO). Zur Anwendung gelangt im übrigen die 2. Alternative auch dann, wenn der Zeitpunkt der Anspruchsentstehung unklar bleibt. Insofern hat der Wortlaut von § 51 b, 2. Alternative auch eine beweislastmäßige Bedeutung. Bei Streitigkeiten über das tatsächliche Entstehen eines Regreßanspruchs ist jedenfalls das Vertragsende die absolute Grenze für den Beginn der Verjährungsfrist.

53 Einen **Sonderfall** stellt es dar, wenn ein vertraglicher Schadensersatzanspruch gegen den Rechtsanwalt erst dann entsteht, wenn bereits mehr als drei Jahre seit der Vertragsbeendigung verstrichen sind. Das Gesetz gibt für diesen Sonderfall keine eigene Regelung. Nach dem Gesetzeswortlaut und ebenso nach dem Sinn und Zweck der Norm, die eine absolute Zeitgrenze schaffen will, muß man annehmen, daß ein solcher Schadensersatzanspruch mit seinem Entstehen bereits einredebehaftet ist. Die Durchsetzung eines solchen späten Schadensersatzanspruchs setzt also entweder voraus, daß der Rechtsanwalt die Einrede der Verjährung nicht erhebt, oder daß sich der Anspruch auch auf Deliktsrecht (§§ 823 ff. BGB) stützen läßt. In diesem Falle wäre gemäß § 852 BGB ein späterer Lauf der Verjährungsfrist möglich.

III. Laufzeit der Verjährungsfrist

54 Nach dem eindeutigen Wortlaut des Gesetzes beträgt die Laufzeit der Verjährung drei Jahre (ebenso § 68 StBerG, § 45 b PatentAO), ohne daß es auf subjektive Einflüsse wie die Kenntnis der Parteien ankäme. Durch die Norm des § 51 b wird also § 195 BGB (30-Jahres-Frist) verdrängt. Im Deliktsrecht gilt demgegen-

---

[42] Vgl. zu weiteren Einzelheiten über den genauen Zeitpunkt des Vertragsendes *Schlee* AnwBl. 1990, 205; *Borgmann/Haug*, § 48 Rdn. 28 ff.; *Feuerich/Braun*, § 51 b Rdn. 21 ff.; *Vollkommer*, Rdn. 73 ff.

über die eigenständige Regelung des § 852 BGB (s. oben Rdn. 15). Zum Lauf der Frist im Hinblick auf eine mögliche Hemmung und Unterbrechung s. unten Rdn. 55. Zu den Fragen der Verlängerung oder Verkürzung dieser Frist s. unten Rdn. 58.

Für die **Fristberechnung** gelten die §§ 186 ff. BGB. Das bedeutet im Normalfall des § 187 Abs. 1 BGB (das Ereignis, an das der Lauf der Verjährungsfrist anknüpft, fällt in den Lauf eines Tages), daß dieser Tag nicht mitgerechnet wird. Nach § 188 Abs. 2 BGB endet die Frist also drei Jahre später am Tag mit der gleichen Zahl des die Frist auslösenden Ereignisses.

Beispiel: Fehler des Anwalts am 20. 9. 1995 – Beginn der Verjährungsfrist am 21. 9. 1995 – Ende der Frist am 20. 9. 1998 – Beginn der Verjährung am 21. 9. 1998.

IV. Hemmung und Unterbrechung der Verjährungsfrist

Der Ablauf der dreijährigen Verjährungsfrist kann nach allgemeinen Regeln 55 durch die Hemmung oder die Unterbrechung der Verjährung beeinflußt werden. Insoweit gelten nach allgemeiner Auffassung die §§ 202–217 BGB unmittelbar. Die Frist wird also insbesondere unterbrochen (und läuft nach der Beendigung des unterbrechenden Ereignisses vollständig von neuem, vgl. § 217 BGB), wenn der Rechtsanwalt den **Schadensersatzanspruch anerkennt** oder wenn über ihn eine **Klage erhoben** wird, ein **Mahnbescheid** zugestellt wird oder Anspruch bei einer Gütestelle i. S. von § 794 Abs. 1 Nr. 1 ZPO oder im **Konkurs** oder durch **Aufrechnung** im Prozeß geltend gemacht wird (vgl. §§ 208, 209 BGB). Soweit der Schaden durch einen behördlichen Bescheid ausgelöst wird (vgl. Rdn. 47, 48), unterbricht die Einlegung eines Rechtsbehelfs nicht die Frist (BGH ZIP 1996, 791, 793).

Eine Hemmung der Verjährung mit der Folge, daß die Frist weiterläuft und 56 nur der Zeitraum, währenddessen die Verjährung gehemmt ist, nicht in den Fristablauf eingerechnet wird (vgl. § 205 BGB), kommt insbesondere dann in Betracht, wenn die Leistung gestundet wird oder wenn ein Leistungsverweigerungsrecht vereinbart wird (§ 202 Abs. 1 BGB). Dagegen wird eine **Hemmung** der Verjährungsfrist **nicht erreicht** durch Verhandlungen über die Leistungspflicht zwischen Gläubiger und Schuldner. Denn Vergleichsverhandlungen begründen noch kein Recht, die Leistung vorübergehend zu verweigern. Demgegenüber sieht im Deliktsrecht § 852 Abs. 2 BGB ausdrücklich eine Verjährungshemmung vor, wenn Verhandlungen über den zu leistenden Schadensersatz schweben. Diese Spezialregelung des Deliktsrechts ist nach allgemeiner Auffassung im Vertragsrecht nicht, auch nicht analog anzuwenden.[43]

Von Bedeutung für die Hemmung der Verjährung ist ein pactum de non pe- 57 tendo, also eine Vereinbarung darüber, daß der Gläubiger befristet auf die Geltendmachung der Forderung verzichtet. Ein solches **pactum de non petendo** schafft unzweifelhaft ein Leistungsverweigerungsrecht und ist damit ein Fall der **Verjährungshemmung** i. S. von § 202 Abs. 1 BGB. Der Abschluß eines solchen pactum de non petendo ist formlos möglich, er kann sogar stillschweigend geschlossen werden. Die Annahme eines pactum de non petendo setzt allerdings voraus, daß der Gläubiger unzweifelhaft den Willen hat, seinen Anspruch einstweilen nicht geltend zu machen. Eine solche Vereinbarung kann in der Abrede der Parteien liegen, den durch die Pflichtverletzung des Rechtsanwalts eingetretenen Schaden zu beseitigen oder einen möglichen Schaden zu verhindern. Da-

---

[43] BGH NJW 1996, 48, 50; BGH NJW 1990, 326; BGH ZIP 1996, 791, 793; *Borgmann* AnwBl. 1989, 610.

gegen wird man eine solche Vereinbarung noch nicht in der Äußerung des Rechtsanwalts sehen können, daß er bereit sei, den gegen ihn geltend gemachten Schadensersatzanspruch zu prüfen oder seiner Versicherung zur Prüfung vorzulegen. Auch ein Hinweis, daß zu einer solchen Prüfung ein gewisser Zeitraum erforderlich sei oder daß wegen der Prüfung um Geduld gebeten werde, enthält noch keine Vereinbarung eines solchen Leistungsverweigerungsrechts.

V. Verkürzung und Verlängerung der Frist

1. Verkürzung

58 Nach der Regelung in § 225 Satz 2 BGB läßt der Gesetzgeber Vereinbarungen, die zu einer Erleichterung der Verjährung, insbesondere zu einer Abkürzung der Verjährungsfrist führen, zu. Danach wären **Vereinbarungen** möglich, durch die die Verjährungsfrist **abgekürzt** wird, der Verjährungsbeginn vorverlegt wird oder Gründe der Verjährungshemmung und der Verjährungsunterbrechung eingeschränkt werden.

59 Allerdings hat der BGH (in einem Fall zu § 68 StBerG) die Verkürzung der Verjährungsfrist als eine unangemessene Benachteiligung des Mandanten angesehen, weil sie mit wesentlichen Grundgedanken der gesetzlichen Regelung, von der abgewichen wird, nicht zu vereinbaren sei (§ 9 AGB-Gesetz).[44] Dem ist zuzustimmen. § 51 b BRAO und § 68 StBerG sind keine Regelungen von reiner Zweckmäßigkeit. Sie haben einen wesentlichen Gerechtigkeitsgehalt für beide Vertragsparteien: Für den Rechtsanwalt wird die unzumutbar lange Verjährungsfrist des § 195 BGB stark abgekürzt und somit nach einem überschaubaren Zeitraum Rechtssicherheit geschaffen, für den Mandanten ergibt sich jedenfalls binnen dieser drei Jahre, maximal für drei Jahre nach Verfahrensbeendigung, die gesicherte Möglichkeit der Anspruchsdurchsetzung. Eine **stärkere Abkürzung** der Frist, als § 51 b vorsieht, wäre eine **unangemessene Benachteiligung** des Mandanten. An diesem Ergebnis hat auch der neue § 51 b BRAO nichts geändert, der nur die Möglichkeit einer vertraglichen Regelung von Haftungsbeschränkungen nach ihrem Umfang regelt, nicht aber Fragen der Geltendmachung des Anspruchs betrifft.[45]

60 Streitig ist, ob eine Verkürzung der Verjährungsfrist durch eine Individualabrede möglich ist. Nach richtigem Verständnis des Gerechtigkeitsgehalts von § 51 b und der Leitbildfunktion dieser besonderen gesetzlichen Regelung wird man annehmen müssen, daß die Norm auch insoweit zwingend ist und einer einzelvertraglichen Veränderung nicht offensteht.[46]

2. Verlängerung

61 Eine Verlängerung der Verjährungsfrist ist gemäß § 225 Satz 1 BGB **grundsätzlich ausgeschlossen**. Insbesondere kann vor Ablauf der Verjährungsfrist nicht wirksam auf die Einrede der Verjährung verzichtet werden, verboten ist ferner ein Hinausschieben des Verjährungsbeginns oder die Vereinbarung von im Gesetz nicht vorgesehenen Hemmungs- oder Unterbrechungsgründen.

---

[44] BGHZ 97, 21 = NJW 1986, 1171.
[45] A. A. *Feuerich/Braun*, § 51 a Rdn. 8; wie hier *Borgmann/Haug*, § 48 Rdn. 31; *Feuerich/Braun*, § 51 b Rdn. 43; *Vollkommer*, Rdn. 478.
[46] Wie hier *Vollkommer*, Rdn. 477; *Feuerich/Braun*, § 51 b Rdn. 43; zweifelnd *Borgmann/Haug*, § 48 Rdn. 32.

VI. Einrede und Verzicht

1. Einrede der Verjährung

Mit der Vollendung der Verjährung steht dem Rechtsanwalt gegen einen geltend gemachten vertraglichen Schadensersatzanspruch die Einrede der Verjährung gemäß § 222 Abs. 1 BGB zu. Dies bedeutet, daß dem Anwalt die freie Entscheidung zusteht, ob er nach Vollendung der Verjährung den gegen ihn gerichteten Anspruch erfüllen will oder nicht. Unzweifelhaft erlischt der Anspruch mit dem Eintritt der Verjährung nicht, so daß zur Erfüllung erbrachte Leistungen nicht unter Berufung auf die Verjährung zurückgefordert werden können (vgl. § 222 Abs. 2 BGB). Der Ablauf der Verjährungsfrist darf im Streitfall durch das Gericht nicht von Amts wegen berücksichtigt werden. **Erforderlich** ist die vom Parteiwillen getragene **Erhebung der Einrede.** Dabei ist eine spezielle sprachliche Formulierung nicht erforderlich. Es ist ausreichend, wenn erkennbar wird, daß der in Anspruch genommene Rechtsanwalt im Rahmen der Verweigerung der Leistung auf die Länge der abgelaufenen Zeit hinweist. Freilich wird man von einem Rechtsanwalt einen deutlichen Hinweis auf die geltend gemachte Einrede verlangen können. Ein richterlicher Hinweis auf die Einredemöglichkeit oder die Ausübung des richterlichen Fragerechts i. S. von § 139 ZPO ist unzulässig.[47]

62

2. Verzicht auf die Einrede

Ein Verzicht auf die Einrede der Verjährung ist so lange unzulässig, als zum Zeitpunkt des Verzichts die Verjährung noch nicht eingetreten war (s. oben Rdn. 61). Ist jedoch die Vollendung der Verjährung eingetreten, steht es dem in Anspruch genommenen Rechtsanwalt frei, auf das Recht der Einrede zu verzichten oder von seinem Einrederecht keinen Gebrauch zu machen. Ein solcher Verzicht bedarf keiner besonderen Form. Er setzt aber voraus, daß der in Anspruch genommene Rechtsanwalt in seine Überlegungen einbezogen hat, daß die Verjährung eingetreten sein kann. Im übrigen setzt ein Verzicht den **erklärten Willen voraus,** von der Einrede keinen Gebrauch machen zu wollen. Für die Auslegung ist darauf abzustellen, wie der Empfänger die Erklärung nach Treu und Glauben verstehen mußte; maßgeblich ist der objektive Erklärungswert.[48] Eine Erklärung im Einzelfall, die Einrede der Verjährung werde fallengelassen oder das bloße Unterlassen einer Rüge in 2. Instanz, daß das erstinstanzliche Gericht die erhobene Verjährungseinrede übergangen habe, stellt noch keinen Verzicht dar. Ebenfalls kein Verzicht ist es, wenn der Beklagte einem Anspruch mit Nachdruck entgegentritt und dabei äußert, die Verteidigung „sollte" nicht mit der Einrede der Verjährung geführt werden.[49] Nach Auffassung des BGH in einem Fall zu § 68 StBerG (BGH NJW-RR 1996, 313) wirkt die Erklärung eines Sozietätsmitglieds, durch die die Verjährung unterbrochen wird, auch gegenüber der Gesamthand sowie den anderen persönlich haftenden Mitgliedern dieser Sozietät.

63

---

[47] Die Frage ist sehr umstritten; die hier vertretene Auffassung entspricht aber wohl der h. M., vgl. *Stein/Jonas/Leipold,* ZPO, 21. Aufl. 1994, § 139 Rdn. 24, 24 a; *Stürner,* Die richterliche Aufklärung im Zivilprozeß, 1982, Rdn. 78 ff.; *Prütting* NJW 1980, 364. Die Gegenauffassung verkennt das Wesen einer echten Einrede und führt im Ergebnis zu einer Korrektur des Gesetzes.

[48] Vgl. zuletzt BGH NJW 1996, 661, 663.

[49] BGH NJW 1996, 661, 663.

3. Einwand der unzulässigen Rechtsausübung

64 In besonders gelagerten Ausnahmefällen ist es möglich, daß der Mandant gegen die Einrede der Verjährung des Rechtsanwalts oder gegen dessen Hinweis auf die Unzulässigkeit eines vor Ablauf der Verjährung erklärten Verzichts den Einwand eines arglistigen Verhaltens gemäß § 242 BGB erhebt. Einen solchen Einwand unzulässiger Rechtsausübung wird man aber nur in seltenen Fällen zulassen können. Es muß sich um einen wirklich groben Verstoß gegen Treu und Glauben handeln.[50]

E. Sekundärer Ersatzanspruch

I. Grundlagen

65 Schon in der Rechtsprechung des Reichsgerichts wurden noch zum alten § 32 a RAO und dann zu § 37 RRAO die Auswirkungen einer Verjährung, die unabhängig von der Kenntnislage des Mandanten ablaufen kann, als teilweise unbefriedigend und ungerecht empfunden. Nachdem das Reichsgericht in solchen Fällen zunächst mit einer Arglisteinrede geholfen hatte, entwickelte es in der Entscheidung vom 17. 5. 1938[51] den Gedanken, daß der Rechtsanwalt verpflichtet sei, die rechtliche Situation seines Mandanten nach jeder Richtung sorgfältig zu prüfen und mögliche Ansprüche zu sichern. Eine solche Verpflichtung dürfe vor der eigenen Person des Rechtsanwalts nicht haltmachen. Die sich aus einem Anwaltsvertrag ergebende umfassende Pflicht des Anwalts zur rechtlichen Betreuung des Mandanten müsse in solchen Fällen dazu führen, daß dieser selbst seinem Mandanten einen **Hinweis auf eigenes Fehlverhalten** und die Möglichkeit des Regresses gebe. Unterlasse der Rechtsanwalt eine solche Prüfung oder einen solchen Hinweis, dann **hafte er auf Ersatz des Schadens**.[52]

66 In der BRAO 1959 wurde bekanntlich die 5-Jahres-Frist der RRAO in die bis heute noch geltende 3-Jahres-Frist verändert. Diese Veränderung wurde allerdings in der Rechtsprechung nicht besonders hervorgehoben. Vielmehr **übernahm** der BGH die **reichsgerichtliche Auffassung** erstmals in einer Entscheidung vom 11. 7. 1967[53] und führte sie dann in st. Rspr. bis heute fort.[54] Während das Reichsgericht in seiner Begründung aber noch sehr stark auf die individuelle Verpflichtung des einzelnen Rechtsanwalts aus dem Vertrag abgestellt hatte, spricht der BGH sehr offen an, daß es sich bei dieser Rechtsprechung darum handele, zur Vermeidung von Härten und zum Schutz des Mandanten einen Ausgleich für die kurze Verjährungsfrist zu geben.[55] In neueren Entscheidungen räumt der BGH auch ein, daß die Ergebnisse seiner Rechtsprechung dem Gesetz widersprechen.[56] Trotz mancher Kritik in der Literatur[57] hat der BGH bis heute unverändert an dieser Rechtsprechung festgehalten.

---

[50] Vgl. BGH NJW 1992, 836; BGH NJW 1988, 265 und 2247; BGH ZIP 1996, 791, 793.
[51] RGZ 158, 130.
[52] RGZ 158, 130 = JW 1938, 2738; dazu Anm. *Carl* JW 1938, 2968.
[53] BGH VersR 1967, 979.
[54] BGH NJW 1975, 1655; BGH VersR 1977, 617; BGH NJW 1979, 2211; BGH NJW 1985, 1151; BGH NJW 1985, 2250; BGH NJW 1985, 2941; BGH NJW 1986, 581; BGH NJW 1986, 1162; BGH NJW 1987, 326; BGH NJW 1988, 265; BGH NJW 1988, 2245; BGH NJW 1990, 326; BGH NJW 1992, 836; BGH NJW 1993, 2747; BGH NJW 1995, 2108; BGH NJW 1996, 48; BGH NJW-RR 1996, 313.
[55] Vgl. dazu insbesondere BGH v. 20. 5. 1975, NJW 1975, 1655.
[56] So BGH NJW 1993, 199; BGH NJW 1996, 48, 50.
[57] Zu dieser Kritik in der Lit. und zu den Nachw. im einzelnen vgl. unten Rdn. 82 ff.

II. Inhalt der Hinweispflicht

Bei der von der Rechtsprechung entwickelten Hinweispflicht handelt es sich 67
um eine sog. weitere Verhaltens- oder Schutzpflicht, die häufig (mißverständlich)
auch als Nebenpflicht (im Gegensatz zu einer Nebenleistungspflicht) bezeichnet
wird. Gemeint ist damit eine im Rahmen des Vertragsverhältnisses bestehende,
aber nicht selbständig einklagende Verpflichtung zum Schutz des Erhaltungsinteresses des Vertragspartners, deren Verletzung zu vertraglichem Schadensersatz
entsprechend den **Grundsätzen der positiven Vertragsverletzung** führen
kann. Nach herkömmlicher Auffassung beruht eine solche Schutzpflicht auf einer
ergänzenden Vertragsauslegung. Heute werden weitere Verhaltenspflichten regelmäßig aus § 242 BGB abgeleitet und sollen bereits kraft Gesetzes bestehen.

Inhalt der Hinweispflicht soll es sein, daß der Rechtsanwalt dem Mandanten 68
alle notwendigen Informationen zur Wahrung von dessen eigener Interessenlage
übermittelt, so daß dieser imstande ist, auch gegenüber dem eigenen Rechtsanwalt einen eventuell bestehenden Regreßanspruch geltend zu machen bzw. sich
insoweit anderweitigen Rechtsrat einzuholen. Zur Begründung dieser Hinweispflicht wird angeführt, daß der Mandant meist nicht in der Lage sei, selbst zu
beurteilen, welche Rechte er zu welchem Zeitpunkt hätte geltend machen müssen. Gerade wegen der eigenen Rechtsunkenntnis wird ihm deshalb oft nicht bekannt sein können, daß seinem eigenen Rechtsanwalt ein Fehler unterlaufen ist,
aus dem sich für ihn der Verjährung unterliegende Regreßansprüche ergeben
können. Nicht ausreichend ist es, wenn der Rechtsanwalt nach Feststellung eines
eigenen Fehlers zu Lasten des Mandanten sein Mandat niederlegt. Dagegen genügt es, wenn der Mandant vor Ablauf der Verjährungsfrist wegen des Regresses
durch einen anderen Anwalt vertreten ist (vgl. Rdn. 74).

III. Verletzung der Hinweispflicht

Hat der Rechtsanwalt im Rahmen seiner anwaltlichen Rechtsberatung oder 69
Prozeßvertretung einen Fehler begangen, der letztlich eine Vermögensschädigung
seines Mandanten auslösen kann oder ausgelöst hat, so ist er dem Mandanten gegenüber zu einem Hinweis auf die rechtliche Lage **verpflichtet**. Unterläßt der
Rechtsanwalt einen solchen erforderlichen Hinweis, wird als Folge nach der gesetzlich vorgesehenen Zeit der mögliche Schadensersatzanspruch des Mandanten
gegen den Rechtsanwalt wegen Nichtgeltendmachens verjähren. Die Verjährung
dieses Regreßanspruchs stellt einen eigenen Schaden des Mandanten dar. Er kann
Gegenstand eines besonderen Schadensersatzanspruchs sein und wird heute in
Abgrenzung zu den primären Schadensersatzansprüchen (s. oben Rdn. 36) regelmäßig als **sekundärer Schadensersatzanspruch** bezeichnet. Verletzungshandlung ist somit das Unterlassen eines erforderlichen Hinweises an den Mandanten,
daß ein Regreßanspruch möglich sei und dessen Verjährung drohe.

Die Verletzung dieser Hinweispflicht muß **schuldhaft** sein. Dafür genügt das 70
Vorliegen einer Fahrlässigkeit. Schuldhafte Verletzung der Hinweispflicht setzt
die Kenntnis oder mindestens das Kennenmüssen des Rechtsanwalts von seinem
Fehler und der daraus folgenden Regreßpflicht voraus. Die schuldhafte Verletzung der Hinweispflicht ist eindeutig, wenn der Rechtsanwalt sich eines Fehlverhaltens im Rahmen des Anwaltsvertrags bewußt ist und erkennt, daß daraus seinem Mandanten ein Schaden erwachsen kann oder ist. Für die Annahme einer
Fahrlässigkeit genügt es aber auch, daß der Rechtsanwalt einen begründeten Anlaß hat oder gehabt hätte, sein eigenes rechtlich relevantes Verhalten auf eventuelle Fehler zu überprüfen. Wann ein solcher begründeter Anlaß besteht, wird man

allerdings nur im Einzelfall entscheiden können. Ein objektiver Anlaß zur Überprüfung des eigenen Verhaltens wird sich jedenfalls immer dann ergeben, wenn eine Frist versäumt ist, wenn ein Antrag kostenpflichtig zurückgenommen werden mußte, wenn eine naheliegende Klage oder Rechtsbehelfsmöglichkeit nicht ergriffen wurde, wenn die Partei über weitere erfolgversprechende mögliche Maßnahmen nicht aufgeklärt wurde oder wenn Personen nicht in die Überlegung einer erfolgversprechenden Rechtsverfolgung mit einbezogen wurden, bei denen dies rechtlich möglich war. Bei der Einschätzung rechtlicher Möglichkeiten und Fehler ist die gegebene Rechtslage, wie sie sich im Lichte der aktuellen Rechtsprechung darstellt, zu berücksichtigen. Besteht nach **sorgfältiger Prüfung** der Rechtslage kein Anlaß, an eine eigene Pflichtverletzung zu denken, kann das Unterlassen eines Hinweises **nicht vorwerfbar** sein. Dies bedeutet insbesondere auch, daß nicht jedes Handeln des Rechtsanwalts eine automatische und zusätzliche Überprüfung auf Fehler hin erfordert. Ebensowenig löst die Beendigung des Vertragsverhältnisses zwischen Rechtsanwalt und Mandanten automatisch eine Prüfungspflicht auf entstandene Fehler aus.

71 Nach der Rechtsprechung des BGH genügt allerdings **einfache Fahrlässigkeit**.[58] Eine Beschränkung der Haftung auf grobe Fahrlässigkeit, wie dies das OLG Düsseldorf in einer Entscheidung vorgeschlagen hatte, hat sich nicht durchsetzen können.[59]

72 Die Entscheidung des sekundären Schadensersatzanspruchs richtet sich ausschließlich nach dem Rechtsverhältnis zwischen Mandanten und Anwalt. Auf die Gesichtspunkte anderer Personen, z. B. die Schutzbedürftigkeit eines pfändenden Gläubigers kommt es nicht an.[60]

IV. Kausalität

73 Entsprechend allgemeinen Kategorien zum Bestehen einer Schadensersatzpflicht setzt auch der sekundäre Ersatzanspruch voraus, daß der beim Mandanten eingetretene Schaden auf der verletzten Hinweispflicht **beruht**.[61]

74 Die Kausalität ist zu **verneinen,** wenn vor Ablauf der Verjährungsfrist des primären Ersatzanspruchs der Mandant von anderer Seite ausreichende Kenntnis erhält und insbesondere wenn er von einem **anderen Rechtsanwalt** Beratung erlangt.[62] Wenn der Mandant in anderer Weise anwaltlich beraten wird, ist im Hinblick auf einen möglichen sekundären Ersatzanspruch die Frage nicht mehr von Bedeutung, wie ausführlich und richtig die Zweitberatung erfolgt ist. Sollte die Beratung durch den zweiten Rechtsanwalt über einen möglichen Regreßanspruch nicht sorgfältig oder nicht richtig gewesen sein, wäre ein erneuter Primäranspruch gegen diesen zweiten Rechtsanwalt zu erwägen.

75 Die Kausalität ist zu verneinen, wenn vor Ablauf der Verjährungsfrist des primären Ersatzanspruchs der Mandant aufgrund einer ihm vorliegenden gerichtlichen Entscheidung von dem Fehler seines eigenen Rechtsanwalts Kenntnis haben mußte.

---

[58] Vgl. BGH NJW 1985, 1152.
[59] OLG Düsseldorf, VersR 1985, 92.
[60] BGH NJW 1996, 48.
[61] BGHZ 94, 380 = NJW 1985, 2250; BGH NJW 1986, 583; *Borgmann/Haug,* § 48 Rdn. 43; *Feuerich/Braun,* § 51 b Rdn. 33; *Vollkommer,* Rdn. 470.
[62] So BGH MDR 1990, 713; BGH MDR 1995, 1070; BGH NJW-RR 1996, 313; anders entscheidet der BGH bei Beratung durch einen zweiten Steuerberater, weil die Prüfung von Regreßansprüchen nicht zu den Aufgaben des Steuerberaters gehört: BGH MDR 1995, 1070, 1071.

Die Kausalität ist jedenfalls immer dann zu verneinen, wenn vom Rechtsanwalt ein Fehler ohne sein Verschulden erst nach Ablauf der Verjährungsfrist für den Primäranspruch entdeckt wird. Ein nunmehr erfolgter Hinweis könnte in keinem Falle den Ablauf der Verjährungsfrist wieder beseitigen. Der tatsächlich entstandene Schaden ist damit nicht kausal auf den unterlassenen Hinweis zurückzuführen.

Ist die Verjährungsfrist für den primären Ersatzanspruch bereits abgelaufen und hat der Rechtsanwalt kausal und schuldhaft seine Hinweispflicht verletzt, so kann er den entstandenen Schaden dadurch beseitigen, daß er nunmehr seinem Mandanten die erforderlichen Hinweise gibt und ihm ein klageweises Geltendmachen des Regreßanspruchs unter zeitlich limitiertem Verzicht auf die Einrede der Verjährung anbietet.

V. Durchsetzung und Verjährung des Sekundäranspruchs

Der Sekundäranspruch entsteht im Zeitpunkt der Vollendung der Verjährung des Primäranspruchs. Der Schaden besteht gerade darin, daß ab diesem Zeitpunkt dem Regreßanspruch die Einrede der Verjährung entgegensteht. Der Ausgleich dieses Schadens gemäß § 249 BGB führt in der Praxis zu dem Gedanken, daß ohne das schädigende Ereignis der Mandant den Regreßanspruch (also den Primärschäden) noch einredefrei geltend machen könnte. Damit führt der sekundäre Ersatzanspruch zu dem Ergebnis, daß der Rechtsanwalt im Prozeß über den verjährten, aber gleichwohl geltend gemachten Primäranspruch die Einrede der Verjährung nicht erheben kann.[63]

Da der Sekundäranspruch lediglich darin besteht, daß für eine bestimmte Zeit gegenüber dem **Primäranspruch** die Verjährungseinrede nicht erhoben werden darf, ist er mit jenem **untrennbar verbunden**. Folglich kann der Sekundäranspruch selbständig weder abgetreten noch gepfändet werden. Vielmehr erfaßt jede wirksame Pfändung eines Regreßanspruchs gegen den Anwalt automatisch den Sekundäranspruch als unselbständiges Nebenrecht i. S. des § 401 BGB mit.[64]

Auf diesen **Sekundäranspruch** ist freilich nach heute anerkannter Auffassung wiederum **§ 51 b anzuwenden**.[65] Dies bedeutet, daß auch der Sekundäranspruch jedenfalls drei Jahre nach Verjährungsbeginn und spätestens drei Jahre nach der Beendigung des Anwaltsvertrags seinerseits verjährt. Nach allgemeinen Regeln kann freilich auch die Laufzeit der Verjährungsfrist dieses Sekundäranspruchs gehemmt oder unterbrochen sein (s. oben Rdn. 55 ff.). Eine rechtsgeschäftliche Verkürzung oder Verlängerung der Verjährungsfrist des Sekundäranspruchs kommt wie im Falle des Primäranspruchs nicht in Betracht (s. oben Rdn. 58 ff.). Auch die Rechtsfolgen von Einrede und Verzicht sind wie beim primären Ersatzanspruch zu entscheiden (s. oben Rdn. 62 ff.).

Letztlich läuft die Rechtsprechung zum Sekundäranspruch wegen Verletzung der Hinweispflicht des Rechtsanwalts darauf hinaus, daß sich die dreijährige Verjährungsfrist des § 51 b maximal auf sechs Jahre verdoppeln kann. Eine weitere Ausdehnung über sechs Jahre hinaus oder die Anerkennung eines sog. tertiären Anspruchs ist nach allgemeiner Meinung und Rechtsprechung ausgeschlossen (dazu s. unten Rdn. 86).

---

[63] BGH NJW 1996, 48, 51; BGH NJW 1992, 836, 837; BGH NJW 1985, 2250.
[64] BGH NJW 1996, 48, 51.
[65] Vgl. zuletzt BGH NJW 1996, 48, 51 und NJW 1996, 661, 662.

VI. Kritik an der Rechtsprechung

82 Die langjährige Rechtsprechung zum sekundären Ersatzanspruch hat in der Literatur immer wieder deutliche Kritik erfahren.[66] In der Tat muß festgestellt werden, daß der ständigen Rechtsprechung schwerwiegende Vorwürfe nicht erspart werden können.

83 Die Kritik an der Rechtsprechung beruht zum einen auf der verfehlten Konstruktion des Sekundäranspruchs im einzelnen Fall. Denn es ist kaum zu bestreiten, daß mit der Bejahung dieses Sekundäranspruchs der Sinn und Zweck von § 51 b **unterlaufen** wird. Ebenso ergibt die historische Auslegung der Norm, daß es der klare Wille des Gesetzgebers war, nach Ablauf der 3-Jahres-Frist eine absolute Grenze zu setzen. Hinzu kommt, daß die Konstruktion des Sekundäranspruchs die Bejahung einer vertraglich bestehenden weiteren Verhaltenspflicht des Rechtsanwalts voraussetzt, die mit dem wirklichen oder mutmaßlichen Willen des Anwalts nicht in Einklang zu bringen ist. Eine solche **Hinweispflicht** stellt eine deutliche Überdehnung möglicher weiterer Verhaltenspflichten dar. Ihre Einhaltung würde für den Anwalt eine kaum zu leistende ständige Zusatzkontrolle aller unternommenen rechtlichen Schritte bedeuten. Insbesondere bei fahrlässiger Verletzung der Hinweispflicht erscheint die Konstruktion praxisfremd und wird dem anwaltlichen Verhalten wohl nicht gerecht. Zu betonen ist weiter, daß eine auf § 242 BGB gestützte Verpflichtung des Rechtsanwalts zur Selbstbelastung wohl schwerlich mit allgemeinen Rechtsprinzipien harmoniert, wie sie im Prozeßrecht gelten. Schließlich zeigt auch die (im Ergebnis vernünftige) Ablehnung eines Tertiäranspruchs (s. unten Rdn. 86), daß bei Bejahung der Hinweispflicht eigentlich der Rechtsanwalt niemals von seiner Haftung durch Einrede frei werden könnte. Denn rein konstruktiv ist bei Zugrundelegung einer Hinweispflicht kaum zu begründen, warum diese nur in bezug auf den Primärschaden bestehen sollte.

84 Als weiterer wesentlicher Kritikpunkt ist festzuhalten, daß die st. Rspr. allzu deutlich vom Ergebnis her argumentiert und im Grunde selbst einräumt, daß es ihr um eine **Korrektur des § 51 b** geht, sowohl im Hinblick auf die kurze Verjährungsfrist als auch auf das Moment der Irrelevanz fehlender Kenntnis des Geschädigten. Die offene Korrektur einer bewußten gesetzgeberischen Entscheidung ist nach allgemeiner Meinung aber nur in besonders gelagerten Ausnahmefällen anzuerkennen. Der Fall einer zulässigen gesetzesübersteigenden Rechtsfortbildung dürfte jedoch im vorliegenden Fall nicht zu bejahen sein.

85 Letztlich muß es als Kern der Kritik an dieser Rechtsprechung bezeichnet werden, daß die Konstruktion einer solchen Hinweispflicht des Rechtsanwalts ein besonders klares Beispiel für die Tendenz ist, dem Geschädigten trotz Fehlens ausreichender gesetzlicher Grundlagen unter Einsatz kühner juristischer Konstruktionskunst doch noch zu einem Schadensersatzanspruch zu verhelfen. Die hier kritisierte Hinweispflicht ist damit nur ein Beispiel für die Tatsache, daß die auf § 242 BGB gestützten weiteren Verhaltenspflichten einen unvertretbaren und für den Schuldner manchmal kaum erfüllbaren Umfang angenommen haben.

---

[66] Zur Kritik vgl. insbesondere *Zimmermann* NJW 1985, 720; *Eckert* NJW 1989, 2081; *Venrooy* DB 1981, 2364; *Hübner* NJW 1989, 10.

F. Kein Tertiäranspruch

Nach allgemeiner Auffassung der Rechtsprechung[67] und der Literatur[68] ist ein 86
sog. Tertiäranspruch, also ein Schadensersatzanspruch wegen Verletzung einer
Hinweispflicht auf den bestehenden und vom Mandanten nicht geltend gemachten Sekundäranspruch **nicht anzuerkennen.** Hinreichender Grund für die Ablehnung eines Tertiäranspruchs ist aber nicht die Tatsache, daß dieser im Gesetz keine Stütze fände.[69] Denn auch der Sekundäranspruch kann – wie gezeigt – nicht auf das Gesetz gestützt werden; einzige zureichende Begründung für die Ablehnung des Tertiäranspruchs ist dessen Ergebnis. Er würde nämlich wiederum neue Hinweispflichten und sodann einen Quartäranspruch nach sich ziehen und damit im Ergebnis die erste Alternative von § 51 b obsolet machen. Eine Verjährung wäre dann nur noch nach der subsidiären 2. Alternative des § 51 b möglich.

Die Rechtsprechung und allgemeine Meinung in der Literatur ist also im Er- 87
gebnis richtig, damit eine endlose Haftung vermieden wird. Die Auffassung zum
Tertiäranspruch zeigt aber noch einmal deutlich, wie wenig überzeugend rein
konstruktiv auch schon die Bejahung eines Sekundäranspruchs ist.

§ 52 Vertretung des Prozeßbevollmächtigten

(1) Insoweit eine Vertretung durch Anwälte geboten ist, kann der zum Prozeßbevollmächtigten bestellte Rechtsanwalt die Vertretung nur auf einen Rechtsanwalt übertragen, der selbst in dem Verfahren zum Prozeßbevollmächtigten bestellt werden kann.

(2) Der bei dem Prozeßgericht zum Prozeßbevollmächtigten bestellte Rechtsanwalt darf in der mündlichen Verhandlung einem Rechtsanwalt, der nicht selbst zum Prozeßbevollmächtigten bestellt werden kann, die Ausführung der Parteirechte in seinem Beistand überlassen.

Schrifttum: *Rinsche,* Die Haftung des Rechtsanwalts und Notars, 3. Aufl. 1989; *Stürner,* Die Stellung des Anwalts im Zivilprozeß, JZ 1986, 1089; *Urbanczyk,* Probleme der Postulationsfähigkeit und Stellvertretung, ZZP 1995, 339; *Vollkommer,* Die Stellung des Anwalts im Zivilprozeß, 1984; *ders.,* Anwaltshaftung, 1989.

Übersicht

	Rdn.		Rdn.
A. Gesetzeszweck	1	II. Überlassung der Ausübung der Parteirechte	7
B. Vertretung	2–10	III. Rechtsanwälte aus anderen EU-Staaten	10
I. Vertretung im Einzelfall	2		

---

[67] BGHZ 94, 380 = NJW 1985, 2250, 2253; OLG Frankfurt, AnwBl. 1990, 208.
[68] *Kleine-Cosack,* § 51 b Rdn. 15; *Feuerich/Braun,* § 51 b Rdn. 38; *Borgmann/Haug,* § 49 Rdn. 43; *Vollkommer,* Rdn. 473.
[69] So aber *Feuerich/Braun,* § 51 b Rdn. 38.

A. Gesetzeszweck

1   Die Vorschrift regelt die Vertretung des Rechtsanwalts als Prozeßbevollmächtigter für den Einzelfall („Spezialsubstitution") für den Bereich der notwendigen Anwaltsvertretung im Prozeß („Anwaltszwang"). Die allgemeine Vertretung des Rechtsanwalts („Generalsubstitution") ist in § 53 geregelt. Im Gegensatz zu § 53 ist nicht Voraussetzung, daß der Rechtsanwalt an der Berufsausübung gehindert ist.

B. Vertretung

I. Vertretung im Einzelfall

2   Der Absatz 1 ist ein Ausfluß des Lokalisationsgebots, von dem der Zivilprozeß (noch)[1] beherrscht wird. Vertretung kann – soweit anwaltliche Vertretung geboten ist – nur durch einen Rechtsanwalt erfolgen, der in dem Verfahren, in dem er einen anderen vertritt, selbst Prozeßbevollmächtigter sein könnte. Ein beim **Oberlandesgericht** zugelassener Rechtsanwalt kann sich also selbst dann nicht von einem nur beim Landgericht zugelassenen vertreten lassen, wenn dieser sein Sozius ist, es sei denn, es läge ein Fall des § 53 vor. Vor dem **Familiengericht** kann nur ein bei dem übergeordneten Landgericht zugelassener Rechtsanwalt mit der Vertretung beauftragt werden (§ 78 Abs. 2 ZPO). In Zivilsachen vor den Landgerichten (§ 78 Abs. 1 ZPO), vor den Oberlandesgerichten (§ 78 Abs. 1 ZPO) und vor dem Bundesgerichtshof (§ 78 Abs. 1 ZPO) können nur Rechtsanwälte mit der Vertretung eines anderen Rechtsanwalts beauftragt werden, die bei diesen Gerichten zugelassen sind.

3   Vor dem **Bayerischen Obersten Landesgericht** können sich nach § 8 Abs. 1 EGZPO die Parteien in den Fällen des § 7 Abs. 2 EGZPO bis zur Entscheidung dieses Gerichts über die Zuständigkeit auch durch einen bei einem Landgericht, Oberlandesgericht oder dem Bundesgerichtshof zugelassenen Rechtsanwalt vertreten lassen. Deshalb kann sich ein beim Bayerischen Obersten Landesgericht zugelassener Rechtsanwalt in einem Verfahren vor diesem Gericht auch durch einen bei einem Landgericht zugelassenen vertreten lassen. Ein bayerischer Rechtsanwalt kann beim Bundesgerichtshof die Anträge nach §§ 566, 515 Abs. 2 S. 2 ZPO stellen, wenn die beim Bayerischen Obersten Landesgericht eingelegte Revision beim Bundesgerichtshof zurückgenommen worden ist.

4   Im Zivilverfahren vor dem **Amtsgericht** ist die Vertretung durch einen Rechtsanwalt nicht notwendig. Der prozeßbevollmächtigte Rechtsanwalt kann sich auch durch einen Nichtanwalt vertreten lassen. In diesen Fällen bemißt sich die Vergütung allerdings nur dann nach der BRAGO, wenn der Rechtsanwalt durch einen anderen Rechtsanwalt, seinen allgemeinen Vertreter (§ 53) oder einen Stationsreferendar vertreten wird (§ 4 BRAGO). Durch einen Kammerrechtsbeistand kann sich der Rechtsanwalt vor dem Amtsgericht zwar vertreten lassen; ein Anspruch auf Gebührenerstattung besteht dann aber nicht.[2]

5   Für Verfahren vor allen übrigen deutschen Gerichten hat Absatz 1 nur die Bedeutung, daß die Vertretung eines Rechtsanwalts durch einen bei einem deutschen Gericht zugelassenen Rechtsanwalt erfolgen muß. Zu beachten ist, daß die bei dem Bundesgerichtshof zugelassenen Rechtsanwälte nur vor den Obersten

---

[1] Nach Art. 1 Abs. 2 des Gesetzes zur Neuordnung des Berufsrechts der Rechtsanwälte und der Patentanwälte vom 2. 9. 1994 BGBl. I, S. 2278.
[2] OLG Düsseldorf JurBüro 1985, 1496.

Gerichtshöfen des Bundes, dem Gemeinsamen Senat der Obersten Gerichtshöfe (Art. 95 GG) und dem Bundesverfassungsgericht auftreten dürfen (§ 172 Abs. 1 S. 1); sie sind also von der Vertretung eines Rechtsanwalts vor allen Instanzgerichten ausgeschlossen, mit Ausnahme der Verfahren vor dem Bayerischen Obersten Landesgericht (§ 8 Abs. 1 EGZPO).

Da vor den **Landesarbeitsgerichten** und dem **Bundesfinanzhof** keine Anwaltsvertretung notwendig ist, sondern nur Vertretungszwang herrscht, können sich Rechtsanwälte im Verfahren vor den Landesarbeitsgerichten durch die in § 11 Abs. 2 S. 2 ArbGG genannten Personen, vor dem Bundesfinanzhof — bis zum 31. 1. 1996 nach Art. 1 Nr. 1 BFH-Entlastungsgesetz — durch einen Steuerberater oder Wirtschaftsprüfer vertreten lassen, freilich haben sie wegen § 4 BRAGO dann keinen Anspruch auf Vergütung nach der BRAGO.

§ 52 gilt nicht für die Generalsubstitution (§ 53 Abs. 3) und die Praxisabwicklung (§ 55). In diesen Fällen hat der Vertreter bzw. Abwickler alle Rechte des vertretenen Anwalts, gleichgültig bei welchem Gericht er selbst zugelassen ist. Ein beim Landgericht zugelassener Rechtsanwalt kann also Generalsubstitut oder Abwickler für einen Oberlandesgerichts-Singularanwalt sein.

II. Überlassung der Ausübung der Parteirechte

Absatz 2 regelt die Überlassung der Ausübung der Parteirechte in der mündlichen Verhandlung. Nicht übertragbar ist die **Antragstellung,** die jedenfalls im Anwaltsprozeß kein Parteirecht, sondern dem Prozeßbevollmächtigten vorbehalten ist. Da die Wahrnehmung der Parteirechte nur im Beistand des Prozeßbevollmächtigten möglich ist, muß dieser in der mündlichen Verhandlung anwesend sein oder sich durch einen beim Prozeßgericht zugelassenen Rechtsanwalt vertreten lassen, der seinerseits die Ausführung der Prozeßrechte vergibt. Einem Kammerrechtsbeistand kann die Ausführung der Parteirechte nicht übertragen werden,[3] wohl aber kann der Prozeßbevollmächtigte einen ihm zur Ausbildung überwiesenen **Stationsreferendar** zum Beistand i. S. des § 52 Abs. 2 bestellen.

Der vertretende Rechtsanwalt muß **postulationsfähig** sein. Ist er dies nicht, weil er beim Prozeßgericht nicht zugelassen ist, so ist eine von ihm vorgenommene Prozeßhandlung unwirksam.[4] Dieser Mangel kann aber geheilt werden, wenn ein bei dem Prozeßgericht zugelassener, also postulationsfähiger Rechtsanwalt die Prozeßführung übernimmt und die unwirksame Prozeßhandlung genehigt oder nachholt. Bei fristgebundenen Prozeßhandlungen muß dies innerhalb der vorgesehenen Frist erfolgen.[5] Eine rückwirkende Heilung des Mangels der Postulationsfähigkeit durch nachträgliche Genehmigung ist ausgeschlossen.

Eine von einem nicht beim Prozeßgericht zugelassenen Rechtsanwalt unterzeichnete Rechtsmittelschrift ist auch dann unwirksam, wenn dieser mit dem Namen des Vertretenen unterschrieben hat, weil der nicht zugelassene Rechtsanwalt nicht vertretungsberechtigt i. S. des Absatz 1 ist.[6]

III. Rechtsanwälte aus anderen EU-Staaten

Nach § 4 Abs. 4 RADG ist Abs. 2 auf Rechtsanwälte aus den übrigen Mitgliedstaaten der Europäischen Union entsprechend anzuwenden.

---

[3] *Feuerich/Braun,* Rdn. 11; EGH München AnwBl. 1982, 446 (447).
[4] BGH NJW 1990, 253.
[5] BGH NJW 1990, 3086.
[6] BGH MDR 1976, 569.

§ 53 Bestellung eines allgemeinen Vertreters

(1) Der Rechtsanwalt muß für seine Vertretung sorgen,
1. wenn er länger als eine Woche daran gehindert ist, seinen Beruf auszuüben;
2. wenn er sich länger als eine Woche von seiner Kanzlei entfernen will.

(2) Der Rechtsanwalt kann den Vertreter selbst bestellen, wenn die Vertretung die Dauer eines Monats nicht überschreitet und wenn sie von einem bei demselben Gericht zugelassenen Rechtsanwalt übernommen wird. In anderen Fällen wird der Vertreter auf Antrag des Rechtsanwalts von der Landesjustizverwaltung bestellt.

(3) Die Landesjustizverwaltung kann dem Rechtsanwalt auf seinen Antrag von vornherein für alle Behinderungsfälle, die während eines Kalenderjahres eintreten können, einen Vertreter bestellen. Vor der Bestellung ist der Vorstand der Rechtsanwaltskammer zu hören.

(4) Die Landesjustizverwaltung soll die Vertretung einem Rechtsanwalt übertragen. Sie kann auch andere Personen, welche die Befähigung zum Richteramt erlangt haben, oder Referendare, die seit mindestens zwölf Monaten im Vorbereitungsdienst beschäftigt sind, zu Vertretern bestellen. §§ 7 und 20 Abs. 1 Nr. 1 bis 3 gelten entsprechend.

(5) In den Fällen des Absatzes 1 kann die Landesjustizverwaltung den Vertreter von Amts wegen bestellen, wenn der Rechtsanwalt es unterlassen hat, eine Maßnahme nach Absatz 2 Satz 1 zu treffen oder die Bestellung eines Vertreters nach Absatz 2 Satz 2 zu beantragen. Der Vertreter soll jedoch erst bestellt werden, wenn der Rechtsanwalt vorher aufgefordert worden ist, den Vertreter selbst zu bestellen oder einen Antrag nach Absatz 2 Satz 2 einzureichen, und die ihm hierfür gesetzte Frist fruchtlos verstrichen ist. Der Rechtsanwalt, der von Amts wegen als Vertreter bestellt wird, kann die Vertretung nur aus einem wichtigen Grund ablehnen. Über die Zulässigkeit der Ablehnung entscheidet die Landesjustizverwaltung nach Anhörung des Vorstandes der Rechtsanwaltskammer.

(6) Der Rechtsanwalt hat die Bestellung des Vertreters in den Fällen der Absätze 2 und 3 dem Gericht anzuzeigen, bei dem er zugelassen ist. In dem Fall des Absatzes 5 ist auch der Vertreter verpflichtet, seine Bestellung dem Gericht anzuzeigen.

(7) Dem Vertreter stehen die anwaltlichen Befugnisse des Rechtsanwalts zu, den er vertritt.

(8) Die Bestellung kann widerrufen werden.

(9) Der Vertreter wird in eigener Verantwortung, jedoch im Interesse, für Rechnung und auf Kosten des Vertretenen tätig. Die §§ 666, 667 und 670 des Bürgerlichen Gesetzbuchs gelten entsprechend.

(10) Der von Amts wegen bestellte Vertreter ist berechtigt, die Kanzleiräume zu betreten und die zur Kanzlei gehörenden Gegenstände einschließlich des der anwaltlichen Verwahrung unterliegenden Treugutes in Besitz zu nehmen, herauszuverlangen und hierüber zu verfügen. An Weisungen des Vertretenen ist er nicht gebunden. Der Vertretene darf die Tätigkeit des Vertreters nicht beeinträchtigen. Er hat dem von

Amts wegen bestellten Vertreter eine angemessene Vergütung zu zahlen, für die Sicherheit zu leisten ist, wenn die Umstände es erfordern. Können sich die Beteiligten über die Höhe der Vergütung oder über die Sicherheit nicht einigen oder wird die geschuldete Sicherheit nicht geleistet, setzt der Vorstand der Rechtsanwaltskammer auf Antrag des Vertretenen oder des Vertreters die Vergütung fest. **Der Vertreter ist befugt, Vorschüsse auf die vereinbarte oder festgesetzte Vergütung zu entnehmen.** Für die festgesetzte Vergütung haftet die Rechtsanwaltskammer wie ein Bürge.

Schrifttum: *Rinsche,* Die Haftung des Rechtsanwalts und Notars, 3. Aufl. 1989; *Stürner,* Die Stellung des Anwalts im Zivilprozeß, JZ 1986, 1089; *Urbanczyk,* Probleme der Postulationsfähigkeit und Stellvertretung, ZZP 1995, 339; *Vollkommer,* Die Stellung des Anwalts im Zivilprozeß, 1984; *ders.* Anwaltshaftung, 1989; *ders.,* Abwickler und amtlich bestellter Vertreter BRAK-Mitt. 1994, 22.

Übersicht

	Rdn.		Rdn.
A. Entstehungsgeschichte	1–3	VII. Befugnisse des Vertreters	22–24
B. Gesetzeszweck	4	VIII. Widerruf der Bestellung	25
C. Geltungsbereich	5–7	IX. Rechtsverhältnis des Vertreters zum Vertretenen	26–33
D. Vertretung	8–33	1. Rechtsstellung des Vertretenen	27
I. Kurzzeitige Vertretung	8, 9	2. Vergütung und Auslagen	29
II. Vertreterbestellung	10	3. Rechtsanwaltskammer als Bürge	30
III. Vertreter für alle Verhinderungsfälle	11	4. Höhe der Vergütung	31
IV. Person des Vertreters	12–18	5. Vertreter und Auftraggeber	32
V. Vertreterbestellung von Amts wegen	19, 20	E. Anfechtung von Verwaltungsakten.	34
VI. Mitteilung an das Gericht	21		

A. Entstehungsgeschichte

Bereits die RAO 1878 bestimmt in ihrem § 29, daß sich der Rechtsanwalt, der sich länger als eine Woche von seinem Wohnsitz entfernt, für seine Stellvertretung zu sorgen und dem Präsidenten des Zulassungsgerichts sowie dem Vorstand seines Wohnsitz-Amtsgerichts dies nicht nur anzuzeigen, sondern den Vertreter auch zu benennen habe. In § 25 RAO 1878 fanden sich dann detaillierte Vorschriften darüber, welche Personen zur Vertretung befugt seien, u. a. auch Referendare, die mindestens zwei Jahre im Vorbereitungsdienst beschäftigt waren (§ 25 Abs. 1 RAO 1878). 1

Die RRAO 1936 hat diese Vorschriften übernommen, ebenso die RAO für die Britische Zone. Bei der Vorbereitung der BRAO war u. a. streitig, ob die Vertreterbestellung dem Präsidenten der zuständigen RAK oder der Landesjustizverwaltung übertragen werden solle.[1] 2

Die Vorschrift ist seit dem Inkrafttreten der BRAO mehrfach geändert und ergänzt worden. Die geltende Fassung geht auf das Gesetz zur Änderung des Be- 3

---
[1] *Isele* I. C. 2.

rufsrechts der Rechtsanwälte und der Patentanwälte vom 13. 12. 1989[2] zurück, durch das u. a. die Absätze 9 und 10 angefügt wurden.

B. Gesetzeszweck

4 Der Rechtsanwalt bietet dem rechtsuchenden Publikum seine Dienstleistungen an und ist „Organ der Rechtspflege". Daraus ergibt sich für ihn die Notwendigkeit, erreichbar zu sein. Wenn er daran gehindert ist, muß er für seine Vertretung sorgen; notfalls hat dies die Landesjustizverwaltung zu besorgen.

C. Geltungsbereich

5 Im Gegensatz zu § 52, der die Vertretung des Rechtsanwalts im Einzelfall, etwa bei einer bestimmten Prozeßhandlung, regelt, enthält § 53 die – teilweise übertrieben differenzierende – Vorschriften für Verhinderungen, die längere Zeit andauern.
Dabei gilt § 53 nicht für die Fälle, in denen der Rechtsanwalt gehindert ist, einzelne Berufsgeschäfte auszuüben (amtliche Begründung).
6 Ist nach § 114 Abs. 1 Nr. 4, § 161 a ein gegenständlich **beschränktes Berufsverbot** gegen den Rechtsanwalt verhängt worden, so darf ihm die Landesjustizverwaltung für das vom Vertretungsverbot erfaßte Rechtsgebiet keinen amtlichen Vertreter bestellen.[3]
7 Wohl aber kann ein Vertreter bestellt werden, wenn er nach § 70 StGB mit einem zeitlich beschränkten oder nach § 132 a StPO durch ein staatliches Strafgericht vorläufigen Berufsverbot überzogen wurde. Wird ihm nach § 70 Abs. 1 S. 2 die Ausübung seines Berufs für immer verboten oder wird er nach § 114 Abs. 1 Nr. 5 aus der Anwaltschaft ausgeschlossen, so liegt ein Fall des § 55 Abs. 5 vor: Die Landesjustizverwaltung kann für die erledigte Kanzlei einen Abwickler bestellen.[4]

D. Vertretung

I. Kurzzeitige Vertretung

8 Nach Absatz 1 Nr. 1 ist der Rechtsanwalt nicht verpflichtet, für seine Vertretung zu sorgen, wenn er weniger als eine Woche gehindert ist, seinen Beruf auszuüben. Er trägt freilich das volle Risiko, wenn infolge seiner Abwesenheit Rechtsuchenden Nachteile entstehen, z. B. Fristen versäumt werden. Auf seinen Antrag hin kann die Landesjustizverwaltung ihm auch für den Fall, daß seine Abwesenheit **weniger als eine Woche** dauert, einen Vertreter bestellen.[5]
9 In jedem Fall empfiehlt es sich, das Büro anzuweisen, notfalls für eine Vertretung zu sorgen, wenn der Rechtsanwalt plötzlich verhindert ist. Erteilt er eine solche Anweisung nicht, so handelt er in der Regel schuldhaft.[6]

---

[2] BGBl. I, S. 2135.
[3] BGH BRAK-Mitt. 1992, 218.
[4] *Feuerich/Braun*, Rdn. 2.
[5] *Feuerich/Braun*, Rdn. 3.
[6] BGH MDR 1961, 305; in diesem Fall hatte ein von der Residenzpflicht befreiter Rechtsanwalt einen schweren Unfall erlitten.

II. Vertreterbestellung

Nach Absatz 2 Satz 1 muß der Rechtsanwalt dann einen Vertreter bestellen, 10
wenn seine Verhinderung länger als eine Woche, aber weniger als einen Monat
dauert. Dies kann – muß aber nicht – ohne Mitwirkung der Landesjustizverwaltung erfolgen. Dauert die Verhinderung länger als einen Monat, so muß der
Rechtsanwalt bei der Landesjustizverwaltung beantragen, ihm einen Vertreter zu
bestellen (Abs. 2). Anders als bei Absatz 3 hat die **Landesjustizverwaltung** dabei
kein Ermessen.[7] Der Sinn der Differenzierung zwischen Absatz 2 Satz 1 und
Absatz 2 Satz 2 ist nicht leicht zu erkennen.[8] Soll also die Vertretung durch einen
nicht bei dem Gericht zugelassenen Rechtsanwalt erfolgen, bei dem der Vertretene zugelassen ist, so bedarf es der Bestellung durch die Landesjustizverwaltung.

III. Vertreter für alle Verhinderungsfälle

Nach Absatz 3 kann die Landesjustizverwaltung dem Rechtsanwalt auf Antrag 11
einen Vertreter für alle Verhinderungsfälle innerhalb eines Kalenderjahres bestellen. Nach Absatz 3 Satz 2 ist vor der Bestellung der Vorstand der RAK zu hören.
Die Vorschrift hat praktische Bedeutung vor allem für Rechtsanwälte, die einer
gesetzgebenden Körperschaft angehören (amtliche Begründung). Anders als bei
Absatz 2 Satz 2 ist der Landesjustizverwaltung ein anwaltsgerichtlich **überprüfbares Ermessen**[9] eingeräumt. Damit sollen Mißbräuche verhindert werden
(amtliche Begründung), die in einer Umgehung des Zweigstellenverbots und des
Lokalisierungsgebots bestehen könnten, wenn in einer überörtlichen Sozietät der
an einem anderen Gericht zugelassene Sozius zum allgemeinen Vertreter bestellt
wird.[10] Prozeßhandlungen des Vertreters sind ohne den Nachweis einer konkreten Verhinderung des Vertretenen wirksam.[11]

IV. Person des Vertreters

Absatz 4 beschreibt den Kreis der Personen, denen die Vertretung übertragen 12
werden kann. Grundsätzlich soll die Landesjustizverwaltung die Vertretung einem
Rechtsanwalt übertragen. Anders als in den Fällen des Absatz 2 Satz 1 muß er
nicht an demselben Gericht wie der Vertretene zugelassen sein. Die Landesjustizverwaltung kann aber auch andere Personen, die die **Befähigung zum Richteramt** haben sowie **Referendare,** die seit mindestens 12 Monaten im Vorbereitungsdienst stehen, zu Vertretern bestellen.

Zusammenfassend: Kann der Rechtsanwalt nach Absatz 1 und Absatz 2 Satz 1 13
seinen Vertreter selbst bestellen, so kann er ihn nur aus dem Kreise der Rechtsanwälte auswählen, die an dem Gericht zugelassen sind, an dem er selbst zugelassen ist. Bestellt die Landesjustizverwaltung nach Absatz 2 Satz 2 den Vertreter,
dann kann sie auch einen bei einem anderen Gericht zugelassenen Rechtsanwalt
oder eine andere Person, die die Befähigung zum Richteramt hat, oder einen
Referendar bestellen.

Zum Vertreter eines bei dem Oberlandesgericht zugelassenen Rechtsanwalts 14
kann auch ein beim Landgericht zugelassener Rechtsanwalt bestellt werden.[12]

---

[7] EGH Celle EGE IX, 123.
[8] *Feuerich/Braun,* Rdn. 5.
[9] EGH München BRAK-Mitt. 1992, 55.
[10] *Feuerich/Braun,* Rdn. 8; EGH München a. a. O.
[11] BGH NJW 1975, 542.
[12] BGH NJW 1981, 1740.

§ 53 15–20   Dritter Teil. Rechte und Pflichten des Rechtsanwalts

Ein zum allgemeinen Vertreter bestellter Referendar kann wirksam gegen ein Urteil Berufung einlegen wenn der vertretene Rechtsanwalt dies seinerseits als Vertreter eines beim Oberlandesgericht zugelassenen Rechtsanwalts könnte.[13]

15 Für den Vertreter gelten nach Absatz 4 Satz 2 die **Versagungsgründe** der §§ 7, 20 Abs. 1 Nr. 1 bis 3 entsprechend. Dies bedeutet, daß z. B. ein früherer Richter in der Regel nicht zum Vertreter eines bei dem Landgericht zugelassenen Rechtsanwalts bestellt werden soll, an dem er als Richter tätig gewesen war.

16 Ein Rechtsanwalt, gegen den ein gegenständlich und zeitlich beschränktes Vertretungsverbot verhängt ist, darf auf den Rechtsgebieten, auf die sich das Verbot bezieht, keinen anderen Rechtsanwalt vertreten.[14]

17 Zwar ist die Landesjustizverwaltung an einem Personalvorschlag des zu Vertretenden nicht gebunden; sie übt ihr Ermessen aber fehlerhaft aus, wenn sie von ihm abweicht, ohne daß ein Versagungsgrund nach den §§ 7, 20 Abs. 1 Nr. 1 bis 3 vorliegt.

18 Ein **Abweichen vom Personalvorschlag** des Antragstellers ist auch dann nicht fehlerhaft, wenn dem als Vertreter Vorgeschlagenen im Rahmen eines noch anhängigen Aufsichts- oder anwaltsgerichtlichen Ermittlungsverfahrens ein schwerer Verstoß gegen seine Berufspflichten vorgeworfen wird.[15]

V. Vertreterbestellung von Amts wegen

19 Absatz 5 regelt die Fälle, in denen der Rechtsanwalt es versäumt hat, für seine Vertretung zu sorgen, indem er den Vertreter nicht selbst bestellt oder einen entsprechenden Antrag an die Landesjustizverwaltung unterlassen hat. In diesen Fällen muß die Landesjustizverwaltung von Amts wegen einen Vertreter bestellen; sie soll ihn freilich erst bestellen, nachdem sie den Rechtsanwalt **fruchtlos aufgefordert** hatte, den Vertreter selbst oder durch die Landesjustizverwaltung bestellen zu lassen. Die Soll-Vorschrift ermächtigt die Landesjustizverwaltung, von der Aufforderung abzusehen, wenn die Verhinderung des Rechtsanwalts bereits eingetreten ist oder demnächst einzutreten droht, ohne daß der Rechtsanwalt selbst für seine Vertretung gesorgt hatte.

20 Ein von Amts wegen zum Vertreter bestellter Rechtsanwalt kann die Vertretung nach Absatz 5 Satz 2 nur aus **wichtigem Grund ablehnen**. Diese grundsätzliche Pflicht zur Übernahme einer Vertretung ist erst für das Gesetz zur Änderung des Berufsrechts der Rechtsanwälte und der Patentanwälte vom 13. Dezember 1989[16] in das Gesetz aufgenommen worden. Lehnt eine zum Vertreter bestellte Person, die die Befähigung zum Richteramt hat, aber selbst nicht Rechtsanwalt ist, oder lehnt ein Referendar die Bestellung ab, so muß dafür kein wichtiger Grund vorliegen. Ob bei einem Rechtsanwalt ein wichtiger Grund zur Ablehnung vorliegt, entscheidet die Landesjustizverwaltung nach Anhörung des Vorstands der Rechtsanwaltskammer (Abs. 5 S. 4).

---

[13] OLG München AnwBl. 1985, 589.
[14] BRAK-Mitt. 1983, 91.
[15] *Feuerich/Braun*, Rdn. 14, die sich für ihre Ansicht freilich zu Unrecht auf EGH Stuttgart, BRAK-Mitt. 1983, 139 berufen; der Entscheidung des EGH Stuttgart lag kein Streit über eine Vertreterbestellung nach § 53 zugrunde, sondern darüber, ob die Aufnahme in die Vorschlagsliste für BGH-Anwälte dann abgelehnt werden kann, wenn gegen den Bewerber der Verdacht einer schwerwiegenden Standesverfehlung besteht.
[16] BGBl. 1989 I, S. 2135.

VI. Mitteilung an das Gericht

Absatz 6 verpflichtet den Rechtsanwalt, seinem Zulassungsgericht die Bestel- 21
lung seines Vertreters mitzuteilen, wenn die Vertretung länger als einen Monat
dauert. Ist der Vertreter nach Absatz 5 von Amts wegen bestellt, so trifft auch den
Vertreter eine Anzeigepflicht beim Zulassungsgericht des Vertretenen. Angezeigt
werden muß lediglich die Tatsache der Vertreterbestellung; eines Nachweises des
einzelnen Verhinderungsfalles für die Wirksamkeit von Prozeßhandlungen des
Vertreters bedarf es nicht.[17]

VII. Befugnisse des Vertreters

Absatz 7 regelt die Befugnisse des Vertreters. Innerhalb des Rahmens der Ver- 22
tretung hat er **sämtliche** anwaltlichen Befugnisse des Vertretenen, aber nur diese.
Wenn der Vertretene seinerseits Vertreter eines anderen Rechtsanwalts ist,[18] hat
er auch dessen Befugnisse. Indessen verliert aber der Vertretene während der Zeit
der Vertretung seine Postulationsfähigkeit nicht.[19]

Für die in § 1 Abs. 2 BRAGO aufgeführten Tätigkeiten, die der Rechtsanwalt 23
als Vormund, Betreuer usw. ausübt, die nur nicht nach der BRAGO vergütet
werden, gilt die Vertretung grundsätzlich auch; man wird im Einzelfall aber prüfen müssen, ob dem Rechtsanwalt aus persönlichen, z. B. privaten Gründen das
jeweilige Amt übertragen worden ist.

Alle Befugnisse des Vertretenen stehen dem Vertreter auch dann zu, wenn er 24
zwar amtlich bestellt, aber **nicht Rechtsanwalt** ist. Ist er Rechtsanwalt, so hat
die Vertreterbestellung keine Auswirkungen auf seinen eigenen Anwaltsstatus. Ist
er nicht beim Oberlandesgericht zugelassen, wohl aber der Vertretene, so ist er
zwar für dessen Auftraggeber beim Oberlandesgericht postulationsfähig, nicht
aber für seine eigenen Auftraggeber. Hat er in der Berufungsschrift eindeutig zum
Ausdruck gebracht, für den Vertretenen zu handeln, so muß er in nachfolgenden
Schriftsätzen darauf nicht mehr hinweisen.[20] Es bringt vielmehr, wenn sich das
Handeln als Vertreter aus den Umständen hinreichend deutlich ergibt.[21]

Die Vertretung erstreckt sich auch auf Prozeßkostenhilfe- und Pflichtverteidigermandate. Der Angeklagte braucht der Verteidigung durch einen zum Vertreter bestellten Referendar nicht zuzustimmen.[22] Zulässigkeit und Wirksamkeit von
Prozeßhandlungen eines zum allgemeinen Vertreter bestellten Rechtsreferendars
hängen nicht von der Zustimmung des Strafkammervorsitzenden ab. Der Anspruch auf Pflichtverteidigervergütung steht dem Vertretenen zu.[23]

VIII. Widerruf der Bestellung

Nach Absatz 8 kann die Bestellung widerrufen werden. Der Widerruf kommt 25
dann in Frage, wenn die Gründe für die Vertreterbestellung weggefallen sind,
z. B. wenn der Vertretene seine Tätigkeit früher wieder aufnimmt, als es im Zeitpunkt der Bestellung absehbar war. Für die Landesjustizverwaltung empfiehlt es
sich, auf die Möglichkeit des jederzeitigen Widerrufs bei der Bestellung ausdrück-

---

[17] BGH MDR 1967, 32; BGH NJW 1975, 542.
[18] BGH NJW 1981, 1740; OLG München MDR 1995, 318.
[19] BGH MDR 1971, 33.
[20] BGH NJW 1991, 1175.
[21] BGH AnwBl. 1993, 634.
[22] BayObLG StV 1989, 469.
[23] OLG Düsseldorf NJW 1994, 1296 = wistra 1994, 60.

Schaich

lich hinzuweisen, um Schadensersatzansprüche des Vertreters nach Möglichkeit zu vermeiden. Der Rechtsanwalt, der den Vertreter nach Absatz 1 oder Absatz 2 Satz 1 selbst bestellt, sollte entsprechend verfahren. Für Streitigkeiten zwischen Vertreter und Vertretenem sind – wenn Vermittlungsversuche des Kammervorstands nach § 73 Abs. 2 Nr. 2 gescheitert sind – die ordentlichen Gerichte zuständig.

IX. Rechtsverhältnis des Vertreters zum Vertretenen

26 Die Absätze 9 und 10 sind durch das Gesetz zur Änderung des Berufsrechts der Rechtsanwälte und der Patentanwälte vom 13. 12. 1989[24] angefügt worden.[25] Sie regeln im wesentlichen das Rechtsverhältnis zwischen Vertreter und Vertretenem.

1. Rechtsstellung des Vertretenen

27 In Absatz 9 wird klargestellt, daß der Vertreter in eigener Verantwortung, aber im Interesse des Vertretenen und für dessen Rechnung und auf dessen Kosten handelt. Der Vertreter darf also **neue Mandate,** die dem Vertretenen angeboten werden, nicht als eigene behandeln. Durch entsprechende Anwendung der §§ 666, 667 und 670 BGB wird klargestellt, daß der Vertretene gegenüber dem Vertreter einen Auskunfts- und Herausgabe-Anspruch, der Vertreter – neben dem Vergütungsanspruch nach Absatz 10 Satz 4 – einen **Anspruch auf Ersatz seiner Aufwendungen** hat. Zu den Aufwendungen des Vertreters gehören auch die Kosten für Personal. Vertragspartner des Personals bleibt aber der Vertretene, es sei denn, der Vertreter setze eigenes Personal ein. In diesem Fall ist § 670 BGB unmittelbare Anspruchsnorm.

28 Absatz 10 ergänzt und konkretisiert die Vorschrift des Absatz 9. Nach Satz 1 hat der Vertreter das Recht, die Kanzleiräume des Vertretenen zu betreten und die zu dessen Kanzlei gehörenden Gegenstände in Besitz zu nehmen und darüber zu verfügen. Dazu gehören auch Forderungen und Rechte des Vertretenen.[26] Alle Kanzleipost hat der Vertretene dem Vertreter auszuhändigen.[27] Ansprüche auf Herausgabe von Kanzleigegenständen sind vor den Zivilgerichten durchzusetzen.[28] An **Weisungen** des Vertretenen ist er nach Satz 2 nicht gebunden, wie überhaupt der Vertretene die Tätigkeit des Vertreters nicht beeinträchtigen darf. So hat der Vertreter allein und in eigener Verantwortung – Absatz 9 Satz 1 – darüber zu entscheiden, ob er einem Mandanten die Einlegung eines Rechtsmittels empfehlen will oder nicht. Der Vertretene darf die Tätigkeit des Vertreters nicht beeinträchtigen (Abs. 9 S. 3); er behindert sie, wenn er mit dem Auftraggeber unmittelbar Kontakt aufnimmt und dabei denen des Vertreters entgegenstehende Ratschläge erteilt.

2. Vergütung und Auslagen

29 Nach Absatz 10 Satz 4 hat der amtlich bestellte Vertreter einen gesetzlichen Anspruch auf angemessene Vergütung. Die Vergütung umfaßt nicht die Aufwendungen des Vertreters für das Personal, das er im Büro des Vertretenen antrifft.[29] Können sich der Vertretene und der Vertreter über die Höhe der Vergütung

---

[24] BGBl. 1989 I, S. 2135.
[25] *Vetter* BRAK-Mitt. 1990, 2 (4).
[26] *Feuerich/Braun,* Rdn. 37.
[27] AnwGH Naumburg NJW-RR 1995, 1206 = MDR 1995, 748.
[28] Siehe Fn. 27.
[29] BGH BRAK-Mitt. 1993, 46.

oder der zu leistende Sicherheit nicht einigen, so setzt der Vorstand der Rechtsanwaltskammer auf Antrag die Vergütung fest.
Wenn die Umstände es erfordern, hat der Vertretene für die zu erwartende Vergütung Sicherheit zu leisten.

3. Rechtsanwaltskammer als Bürge

Für die vom Kammervorstand festgesetzte Vergütung (nicht für den Aufwendungsersatz) haftet die Rechtsanwaltskammer, der der Vertretene angehört, wie ein Bürge. Sind die wirtschaftlichen Verhältnisse des Vertretenen schlecht, so könnte der Vorstand der RAK im Streitfalle versucht sein, die zu leistende Sicherheit oder die Vergütung unangemessen niedrig festzusetzen, um das Vermögen der Rechtsanwaltskammer zu schonen, für den Fall, daß sie als Bürge in Anspruch genommen wird. Auch dagegen steht dem Vertreter der Weg zum Anwaltsgerichtshof offen (§ 223 Abs. 1), denn die Bestimmung der angemessenen Vergütung steht nicht im Ermessen des Vorstands der RAK;[30] die Angemessenheit der Vergütung ist vielmehr ein gerichtlich überprüfbarer unbestimmter Rechtsbegriff. 30

4. Höhe der Vergütung

Für die Höhe der Vergütung gibt das Gesetz, außer daß sie „angemessen" sein muß, keine Maßstäbe. Für die Vergütung des Kanzlei-Abwicklers (§ 55) hat der BGH-Anwaltsenat nach Einholung einer Auskunft der BRAK Kriterien geschaffen, die auch auf den Vertreter anwendbar sind. Danach sind für eine **Gesamtvergütung maßgeblich** der Zeitfaktor, die berufliche Erfahrung (des Abwicklers bzw. Vertreters), die Schwierigkeit und die Dauer der jeweiligen Abwicklung, das Gehalt, das für einen anwaltlichen Mitarbeiter in einer Anwaltskanzlei bezahlt wird sowie die Tatsache, daß es sich bei der Abwicklung um eine anwaltliche Berufspflicht handelt. Der Anwaltsenat hat im konkreten Fall für einen Abwickler, der vier Jahre Rechtsanwalt war und der knapp drei Monate lang wöchentlich 4 $^1/_2$ Stunden als Abwickler tätig war, im Jahre 1992 für eine 1991 erfolgte Kanzlei-Abwicklung DM 2000,– für angemessen erklärt.[31] 31

5. Vertreter und Auftraggeber

Der Vertreter tritt nicht in die vom Vertretenen geschlossenen Anwaltsverträge ein. Er ist Erfüllungsgehilfe oder gesetzlicher Vertreter i. S. des § 278 BGB.[32] Demzufolge haftet für Vermögensschäden aus fehlerhafter Anwaltstätigkeit dem Mandanten nur der Vertretene, der aber einen Regreßanspruch gegen den Vertreter hat. 32

Der Auftraggeber muß sich nach § 85 Abs. 2 ZPO das Verschulden des Vertreters zurechnen lassen.[33] **Verstirbt** der Vertretene, so ist der Vertreter nicht mehr Bevollmächtigter i. S. des § 85 Abs. 2 ZPO.[34] 33

Einen Fall des unmittelbaren Zugriffs auf den Vertreter behandelt das OLG Frankfurt[35] unter dem Gesichtspunkt der positiven Forderungsverletzung.

---

[30] BGH AnwBl. 1993, 634.
[31] BGH BRAK-Mitt. 1993, 44 (45).
[32] RGZ 163, 177; OLG Frankfurt NJW 1986, 3091.
[33] OVG Hamburg NJW 1993, 747.
[34] BGH NJW 1982, 1324.
[35] NJW 1986, 3092.

§ 54 1, 2   Dritter Teil. Rechte und Pflichten des Rechtsanwalts

E. Anfechtung von Verwaltungsakten

34 Alle Verwaltungsakte, die in Anwendung des § 53 ergehen, sei es durch die Landesjustizverwaltung, sei es durch den Vorstand der Rechtsanwaltskammer, können nach § 223 beim Anwaltsgerichtshof angefochten werden.

§ 54 Rechtshandlungen des Vertreters nach dem Tode des Rechtsanwalts

Ist ein Rechtsanwalt, für den ein Vertreter bestellt ist, gestorben, so sind Rechtshandlungen, die der Vertreter vor der Löschung des Rechtsanwalts noch vorgenommen hat, nicht deshalb unwirksam, weil der Rechtsanwalt zur Zeit der Bestellung des Vertreters oder zur Zeit der Vornahme der Handlung nicht mehr gelebt hat. Das gleiche gilt für Rechtshandlungen, die vor der Löschung des Rechtsanwalts dem Vertreter gegenüber noch vorgenommen worden sind.

Übersicht

	Rdn.
A. Gesetzeszweck	1
B. Vertretung und Tod des Vertretenen	2, 3

A. Gesetzeszweck

1 Die Vorschrift ist hauptsächlich eine Prozeßvorschrift, gilt aber auch für die außergerichtliche Anwaltstätigkeit.

Da mit dem Tod des Vertretenen die Vertretungsmacht des Vertreters erlöschen würde, wäre der Rechtsuchende, vor allem in Prozessen, ohne Bevollmächtigten. Diese Folge wird durch § 54 vermieden, der das Weiterbestehen der aktiven und passiven Vertretungsmacht des Vertreters bis zur Löschung des Vertretenen fingiert und somit der Rechtssicherheit dient.[1]

B. Vertretung und Tod des Vertretenen

2 Nach Satz 1 sind Rechtshandlungen, die der Vertreter im Zeitraum zwischen dem Tod des Vertretenen und dessen Löschung aus der bei dem Zulassungsgericht geführten Liste der zugelassene Rechtsanwälte (§ 31) nicht deshalb unwirksam, weil der Vertretene aus dieser Liste noch nicht gelöscht ist. Die Vorschrift entspricht damit § 36 Abs. 2, der Rechtshandlungen des vor der Löschung stehenden Rechtsanwalts derselben Fiktion unterwirft. Für Rechtshandlungen gegenüber dem Vertreter gilt nach Satz 2 das gleiche.

Rechtshandlungen des Vertreters können aber aus anderen Gründen als dem Tod des Vertretenen unwirksam sein, z. B. die Klagerhebung bei einem Gericht, bei dem weder der Vertreter noch der Vertretene zugelassen ist.

---

[1] *Kleine-Cosack*, Rdn. 1; *Feuerich/Braun*, Rdn. 1.

§ 55 Bestellung eines Abwicklers der Kanzlei § 55

Nach § 244 Abs. 1 ZPO tritt eine Unterbrechung des Verfahrens ein, wenn 3
der Anwalt einer Partei verstirbt; sie dauert so lange, bis der bestellte neue Anwalt
seine Bestellung dem Gericht anzeigt und das Gericht diese Anzeige dem Gegner
zugestellt hat. Hatte der verstorbene Rechtsanwalt jedoch einen Vertreter oder
war die Bestellung eines Vertreters in die Wege geleitet, so tritt diese Unterbrechung nicht ein, sondern erst mit der Löschung des Verstorbenen. Der Vertreter
wird nach dem Tode des Vertretenen auch nicht Prozeßbevollmächtigter der
Partei i. S. des § 85 Abs. 2 ZPO,[2] muß sich dessen Verschulden also nicht zurechnen lassen. Die Vorschrift des § 85 Abs. 2 ZPO beruht auf dem Gedanken,
daß die Partei zwar dem vertretenen Rechtsanwalt ihr Vertrauen geschenkt und
ihn deshalb beauftragt hat; zum Vertreter muß ein solches Vertrauensverhältnis
aber nicht bestanden haben.[3]

§ 55 Bestellung eines Abwicklers der Kanzlei

(1) Ist ein Rechtsanwalt gestorben, so kann die Landesjustizverwaltung einen Rechtsanwalt oder eine andere Person, welche die Befähigung zum Richteramt erlangt hat, zum Abwickler der Kanzlei bestellen. §§ 7 und 20 Abs. 1 Nr. 1 bis 3 gelten entsprechend. Vor der Bestellung ist der Vorstand der Rechtsanwaltskammer zu hören. Der Abwickler ist in der Regel nicht länger als für die Dauer eines Jahres zu bestellen. Auf Antrag des Abwicklers ist die Bestellung, höchstens jeweils um ein Jahr, zu verlängern, wenn er glaubhaft macht daß schwebende Angelegenheiten noch nicht zu Ende geführt werden konnten.

(2) Dem Abwickler obliegt es, die schwebenden Angelegenheiten abzuwickeln. Er führt die laufenden Aufträge fort; innerhalb der ersten sechs Monate ist er auch berechtigt, neue Aufträge anzunehmen. Ihm stehen die anwaltlichen Befugnisse zu, die der verstorbene Rechtsanwalt hatte. Der Abwickler gilt für die schwebenden Angelegenheiten als von der Partei bevollmächtigt, sofern diese nicht für die Wahrnehmung ihrer Rechte in anderer Weise gesorgt hat. Er hat seine Bestellung dem Gericht anzuzeigen, bei dem der verstorbene Rechtsanwalt zugelassen war.

(3) § 53 Abs. 5 Satz 3 und 4, Abs. 9 und 10 gilt entsprechend. Der Abwickler ist berechtigt, jedoch außer im Rahmen eines Kostenfestsetzungsverfahrens nicht verpflichtet, Kostenforderungen des verstorbenen Rechtsanwalts im eigenen Namen für Rechnung der Erben geltend zu machen.

(4) Die Bestellung kann widerrufen werden.

(5) Ein Abwickler kann auch für die Kanzlei eines früheren Rechtsanwalts bestellt werden, dessen Zulassung zur Rechtsanwaltschaft erloschen, zurückgenommen oder widerrufen ist.

Schrifttum: *Rinsche,* Die Haftung des Rechtsanwalts und Notars, 3. Aufl. 1989; *Stürner,* Die Stellung des Anwalts im Zivilprozeß, JZ 1986, 1089; *Urbanczyk,* Probleme der Postulationsfähigkeit und Stellvertretung, ZZP 1995, 339; *Vollkommer,* Die Stellung des Anwalts im Zivilprozeß, 1984; *ders.* Anwaltshaftung, 1989; *ders.,* Abwickler und amtlich bestellter Vertreter BRAK-Mitt. 1994, 22.

---

[2] BGH NJW 1982, 23 (24).
[3] BGH a. a. O.; *Feuerich/Braun,* Rdn. 5.

§ 55 1–5   Dritter Teil. Rechte und Pflichten des Rechtsanwalts

Übersicht

	Rdn.		Rdn.
I. Entstehungsgeschichte	1	VI. Widerruf der Bestellung	19
II. Gesetzeszweck	2	VII. Vergütung und Nachlaßkonkurs	20
III. Abwicklerbestellung	3–8	VIII. Andere Fälle der Abwicklung	21
IV. Rechte und Pflichten des Abwicklers	9–16	IX. Anfechtung von Verwaltungsakten	22
V. Vergütung des Abwicklers etc.	17, 18		

I. Entstehungsgeschichte

1   Eine Vorschrift dieser Art fand – einem praktischen Bedürfnis entsprechend (amtliche Begründung) – durch § 2 der VO zur Änderung und Ergänzung der Reichsrechtsanwaltsordnung[1] Eingang in die damalige RRAO und wurde 1949 in die RAO für die Britische Zone[2] übernommen. Durch das Gesetz zur Änderung des Berufsrechts der Rechtsanwälte und der Patentanwälte vom 13. 12. 1989[3] wurde dem Absatz 1 der Satz 5 (Verlängerung der Abwicklung) angefügt.

II. Gesetzeszweck

2   Die Vorschrift regelt die Bestellung und die Befugnisse des Kanzlei-Abwicklers, der für einen Verstorbenen (Abs. 1) oder aus dem Beruf Ausgeschiedenen (Abs. 5) von der Landesjustizverwaltung bestellt wird. Sie dient dem Interesse der Mandanten und der Sicherheit des Rechtsverkehrs.[4] Dem Erben des verstorbenen Rechtsanwalts eröffnet die Vorschrift die Möglichkeit, dessen Praxis zu verwerten.[5] Die Tätigkeit des Abwicklers wird treffend als „fremdnützig" bezeichnet.[6]

III. Abwicklerbestellung

3   Erfährt die Landesjustizverwaltung vom Tode eines Rechtsanwalts, dann muß sie von amtswegen prüfen, ob sie einen Abwickler bestellen will. Das Gesetz räumt ihr insoweit ein Ermessen ein. In aller Regel wird sie einen Abwickler bestellen müssen, wenn der Verstorbene Einzelanwalt war; gehörte er einer Sozietät an, wird sich die Bestellung eines Vertreters oftmals erübrigen. Ist in einer „zerstrittenen Sozietät" ein Sozius verstorben, so kann es zweckmäßig sein, nicht den überlebenden Sozius zum Abwickler zu bestellen.[7]

4   Die Notwendigkeit einen Abwickler zu bestellen und die Zeitdauer, für die er bestellt werden soll, kann der Vorstand der RAK besser beurteilen als die Landesjustizverwaltung. Deshalb ist nach Absatz 2 Satz 2 die **Kammer** vor der Bestellung **zu hören.**

5   Zum Abwickler bestellt werden kann nicht nur ein Rechtsanwalt, sondern auch eine andere Person mit der Befähigung zum Richteramt, ein Kammerrechtsbeistand selbst dann nicht, wenn er Sozius (§ 59 a) des Verstorbenen war, denn er ist vor Gerichten, bei denen notwendige Anwaltsvertretung („Anwalts-

---

[1] RGBl. I, S. 123.
[2] VOBl. Brit. Zone S. 80.
[3] BGBl. I, S. 2135.
[4] *Feuerich/Braun*, Rdn. 2.
[5] *Isele* Anm. II. A.
[6] *Feuerich/Braun* a. a. O.
[7] EGH Hamm, Beschl. v. 19. 10. 1990 – I ZU 27/90.

zwang") herrscht, nicht postulationsfähig. Umgekehrt kann aber ein Rechtsanwalt zum Abwickler der Kanzlei eines verstorbenen Kammerrechtsbeistands bestellt werden, denn nach § 209 Abs. 1 S. 3 ist der Dritte Teil auf Kammerrechtsbeistände sinngemäß anzuwenden.

Anders als bei dem nach § 54 bestellten Vertreter kann ein **Referendar nicht** 6 zum Abwickler bestellt werden.

Die Bestellung erfolgt „in der Regel" für die **Dauer eines Jahres**. Praktische 7 Bedürfnisse haben dazu geführt, daß 1989 die Möglichkeit geschaffen wurde, die Bestellung um jeweils ein Jahr zu verlängern. Eine absolute zeitliche Grenze einer Abwicklung gibt es also nicht. Gleichwohl hat der Abwickler seinen Auftrag, die Kanzlei abzuwickeln, zügig zu erfüllen.

Die Bestellung **darf nur verlängert** werden, wenn der Abwickler glaubhaft 8 gemacht hat, daß eine Angelegenheit bei objektiver Betrachtung „noch nicht zu Ende geführt werden konnte". Dies wird sich hauptsächlich auf anhängige Prozesse beziehen. Zu Ende geführt ist ein Prozeßauftrag regelmäßig mit der die Instanz abschließenden Entscheidung und der Erfüllung der sich daran anknüpfenden Pflichten (z. B. Belehrung über Rechtsmittel).[8]

Im Anwaltsprozeß gilt der Abwickler als von der Partei bevollmächtigt, bis die Bestellung eines anderen Rechtsanwalts angezeigt ist. Im Anwaltsprozeß unterbricht die Beendigung der Postulationsfähigkeit des Rechtsanwalts, also auch sein Tod, das Verfahren, wenn die Partei damit den einzigen zu ihrer Vertretung befugten Anwalt verliert.[9]

IV. Rechte und Pflichten des Abwicklers

Absatz 2 regelt die Aufgaben und Befugnisse des Abwicklers. Er muß „die 9 schwebenden" Angelegenheiten abwickeln (Abs. 2 S. 1). Daß er nach Satz 2, erster Halbsatz, die „laufenden Aufträge fortführt" bedeutet nur, daß er sie zum jeweiligen **Mandatsende** bringt. Längerfristige Beratungsverträge sind zu kündigen, wenn sie für einen Zeitraum abgeschlossen sind, der über den für die Abwicklung bestimmten hinausreicht.

Der einem simultan beim OLG zugelassenen Rechtsanwalt erteilte Auftrag ist 10 im Zweifel **nicht auf** die Prozeßvertretung in der **ersten Instanz** beschränkt. Deshalb kann der selbst nicht beim OLG zugelassene Vertreter dort Berufung einlegen, auch noch nach Ablauf der Sechsmonatsfrist.[10]

Der Abwickler darf nach Absatz 2 Satz 2 zweiter Halbsatz innerhalb der ersten 11 sechs Monate nach der Bestellung **neue Aufträge** annehmen. Ob er einen neuen Auftrag annimmt, wird er auch danach beurteilen müssen, ob er ihn voraussichtlich innerhalb des Zeitraums, für den er bestellt ist, noch erledigen kann. Anwaltskosten, die dadurch (erneut) entstehen, daß der Abwickler seine Bestellung nicht bis zum Abschluß der Sache verlängern läßt, sind nicht erstattbar.[11]

In einem Fall, in dem die Landesjustizverwaltung den Abwickler nach Ablauf 12 der Frist, für die er bestellt war, „erneut zum Abwickler bestellt" – die Bestellung also nicht einfach nach Absatz 1 Satz 3 verlängert hatte – hat der XII. Zivilsenat des BGH[12] entschieden, daß damit auch die Sechsmonatsfrist für die Annahme

---

[8] Borgmann/Haug, S. 76 Rdn. 93.
[9] BGH MDR 1976, 487; in diesem Fall war ein beim OLG zugelassener Rechtsanwalt verstorben, der Abwickler nur beim LG zugelassen und die Abwicklung beendet.
[10] OLG Hamburg AnwBl. 1972, 187; a. A. OLG Nürnberg AnwBl. 71, 203.
[11] OLG Hamburg AnwBl. 1972, 129 mit abl. Anm. Chemnitz.
[12] NJW 1991, 1236.

neuer Mandate erneut zu laufen begonnen habe.[13] Demgegenüber läßt der X. Zivilsenat des BGH zutreffend die Sechsmonatsfrist nicht erneut beginnen, wenn die Bestellung verlängert wird.[14] Der XII. Zivilsenat konnte bei seiner Entscheidung sich auf den Wortlaut der Bestellungsurkunde der Landesjustizverwaltung berufen, die eine – vom Gesetz nicht vorgesehene – „Neubestellung" vorgenommen hatte.

13 Jedem Vertreter stehen nach Absatz 2 Satz 3 dem Abwickler die anwaltlichen Befugnisse des verstorbenen Rechtsanwalts in vollem Umfange zu (siehe § 53 Rdn. 22).

14 Ebenso wie beim Vertreter nach § 53 hat die Bestellung zum Abwickler keine Auswirkungen auf die eigene Praxis des Abwicklers. War der Anwalt, dessen Praxis abgewickelt wird, beim OLG zugelassen, ist es der Abwickler aber nicht, so beschränkt sich die Postulationsfähigkeit des Abwicklers beim OLG auf die Mandate, die der Abwickler angetroffen oder innerhalb der 6-Monats-Frist angenommen hat. War der Verstorbene oder aus anderen Gründen ausgeschiedene Rechtsanwalt seinerseits nach § 53 Vertreter eines dritten Rechtsanwalts, so tritt der Abwickler auch insoweit in die Rechte und Pflichten des Vertreters ein.

15 Der Abwickler macht sich seinerseits **regreßpflichtig,** wenn er Mandanten des Ausgeschiedenen nicht auf mögliche Regreßansprüche hinweist, die bei der Mandatsbearbeitung durch den Verstorbenen oder aus anderen Gründen ausgeschiedenen Rechtsanwalt entstanden sind. Im Strafverfahren hat der Abwickler ein Zeugnisverweigerungsrecht.[15]

16 Im Prozeß muß der Abwickler nicht ausdrücklich darauf hinweisen, daß er als solcher (und nicht in einer Angelegenheit der eigenen Praxis) handelt.[16] Liegt in einem innerhalb der Sechsmonatsfrist angenommenen neuen Mandat eine auf den Ausgeschiedenen lautende Vollmacht vor, so bedarf der Nachweis der Bestellung zum Abwickler keiner besonderen Form.[17]

V. Vergütung des Abwicklers etc.

17 Nach Absatz 3 Satz 1 gelten einzelne, für den Vertreter nach § 53 geltende Vorschriften für den Abwickler entsprechend, nämlich die Sätze 3 und 4 des Absatzes 5 und die Absätze 9 und 10. Nach Satz 2 ist der Abwickler berechtigt, nicht aber verpflichtet, Kostenforderungen des Verstorbenen im eigenen Namen für **Rechnung der Erben** geltend zu machen. Verpflichtet ist er nur zum Betreiben von Kostenfestsetzungsverfahren, weil es den Erben des Verstorbenen bzw. dem früheren Rechtsanwalt (Abs. 5) für eine Klage am Rechtsschutzbedürfnis fehlen würde (amtliche Begründung zum Gesetz von 1989).

18 Für Aufträge der Erben, Kostenforderungen auf deren Rechnung geltend zu machen, gilt die Sechsmonatsfrist des Absatzes 2 Satz 2, 2. Hs. nicht, weil er es im eigenen – also im Interesse des Abwicklers – betreibt.

VI. Widerruf der Bestellung

19 Wie die Bestellung zum Vertreter kann auch die zum Abwickler widerrufen werden. Insoweit wird auf § 53 Rdn. 25 verwiesen.

---

[13] BGH NJW 1992, 1236.
[14] NJW 1992, 2158.
[15] Feuerich/Braun, Rdn. 17.
[16] BGH NJW 1966, 1362.
[17] BFH BRAK-Mitt. 1989, 202.

VII. Vergütung und Nachlaßkonkurs

Für die Vergütung des Abwicklers gilt das zu § 53 Rdnr. 29 Ausgeführte. Wird über das Vermögen des Ausgeschiedenen das Konkursverfahren eröffnet, sind Aufwendungen des Abwicklers als Masseschulden vorrangig zu befriedigen.[18]   20

VIII. Andere Fälle der Abwicklung

Nach Absatz 5 kann ein Abwickler auch dann bestellt werden, wenn die Zulassung des Praxisinhabers erloschen (§ 13), zurückgenommen oder widerrufen (§ 14) ist.   21

IX. Anfechtung von Verwaltungsakten

Verwaltungsakte, die – durch den Kammervorstand oder die Landesjustizverwaltung – aufgrund der Bestimmungen des § 55 ergehen, können wie bei § 53 nach § 223 Abs. 1 beim Anwaltsgerichtshof angefochten werden, auch vom Abwickler, der selbst nicht Rechtsanwalt ist.   22

§ 56 Besondere Pflichten gegenüber dem Vorstand der Rechtsanwaltskammer

(1) In Aufsichts- und Beschwerdesachen hat der Rechtsanwalt dem Vorstand der Rechtsanwaltskammer oder einem beauftragten Mitglied des Vorstandes Auskunft zu geben sowie auf Verlangen seine Handakten vorzulegen oder vor dem Vorstand oder dem beauftragten Mitglied zu erscheinen. Das gilt nicht, wenn und soweit der Rechtsanwalt dadurch seine Verpflichtung zur Verschwiegenheit verletzen oder sich durch wahrheitsgemäße Beantwortung oder Vorlage seiner Handakten die Gefahr zuziehen würde, wegen einer Straftat, einer Ordnungswidrigkeit oder einer Berufspflichtverletzung verfolgt zu werden und er sich hierauf beruft. Der Rechtsanwalt ist auf das Recht zur Auskunftsverweigerung hinzuweisen.

(2) Der Rechtsanwalt hat dem Vorstand der Rechtsanwaltskammer unverzüglich anzuzeigen,
1. daß er ein Beschäftigungsverhältnis eingeht oder daß eine wesentliche Änderung eines bestehenden Beschäftigungsverhältnisses eintritt,
2. daß er dauernd oder zeitweilig als Richter, Beamter, Berufssoldat oder Soldat auf Zeit verwendet wird,
3. daß er ein öffentliches Amt im Sinne des § 47 Abs. 2 bekleidet.

Dem Vorstand der Rechtsanwaltskammer sind auf Verlangen die Unterlagen über ein Beschäftigungsverhältnis vorzulegen.

Übersicht

	Rdn.		Rdn.
I. Entstehungsgeschichte	1	IV. Normadressaten	5–11
II. Normzweck	2	1. Kammervorstand	6
III. Sachlicher Anwendungsbereich	3, 4	2. Rechtsanwälte und gleichgestellte Personen	10

---

[18] LG Hamburg NJW 1994, 1883.

	Rdn.		Rdn.
V. Die besonderen Pflichten gem. Absatz 1	12–21	1. Verletzung der Verschwiegenheitspflicht	23
1. Pflicht zur Auskunftserteilung	15	2. Gefahr einer Verfolgung	24
2. Pflicht zur Vorlage der Handakten	17	3. Berufung auf Verweigerungsrecht	25
3. Pflicht zum Erscheinen	20	VII. Die besonderen Pflichten gemäß Absatz 2	26
4. Abwehrrecht des Rechtsanwalts	21	VIII. Sanktionen bei Nichterfüllung der besonderen Pflichten	27
VI. Recht zur Auskunftsverweigerung	22–25		

I. Entstehungsgeschichte

1 Schon die Rechtsanwaltsordnung vom 1. Juli 1878 normierte in § 58 die Verpflichtung der Kammermitglieder, dem Vorstand der Kammer Auskunft zu erteilen, um ihm die Aufsicht über die Erfüllung der den Mitgliedern der Kammer obliegenden Pflichten zu erleichtern. Die spätere Reichsrechtsanwaltsordnungsordnung vom 21. Februar 1936 übernahm diese Regelung (§ 60), ebenso die Rechtsanwaltsordnung für die britische Zone (§ 61 Abs. 1 Nr. 2) und die BRAO, welche die Regelung in einigen Punkten verbesserte. Das Gesetz zur Änderung des Berufsrechts der Rechtsanwälte und der Patentanwälte vom 13. 12. 1989[1] brachte erstmalig Anzeigepflichten, die der Kammer im Bereich des § 14 Abs. 2 Nr. 5 und 9 und des § 47 Abs. 1 und 2 eine bessere Ausübung ihrer Aufgaben ermöglichen sollen. Durch das Gesetz zur Neuordnung des Berufsrechts der Rechtsanwälte und der Patentanwälte vom 2. September 1994[2] wurde die Vorschrift der Rechtsprechung des Bundesgerichtshofes[3] angepaßt, die dem Rechtsanwalt abweichend von § 17 der Grundsätze des anwaltlichen Standesrechts vom 21. 6. 1973 ein Recht zur Auskunftsverweigerung auch für den Fall zugestand, daß er sich bei wahrheitsgemäßer Beantwortung der Gefahr einer Verfolgung wegen einer Straftat, einer Ordnungswidrigkeit oder einer Standespflichtverletzung aussetzen könnte. Das war bis dahin mit der Begründung verneint worden, der Rechtsanwalt habe sich durch die Berufswahl und den Eintritt in die Standesgemeinschaft als Organ der Rechtspflege höheren Pflichten als ein in ein Strafverfahren verwickelter Bürger unterworfen und könne deshalb die Auskunft nur verweigern, wenn er durch sie die Verpflichtung zur Verschwiegenheit verletze.[4]

II. Normzweck

2 Sinn der Regelung ist es, dem Vorstand der Kammer die Erfüllung seiner Aufgaben zu ermöglichen, insbesondere die Beratung und Belehrung der Mitglieder (§ 73 Abs. 2 Nr. 1) und die **Überwachung** der den Mitgliedern obliegenden Pflichten sowie die Handhabung der Rüge (§ 73 Abs. 2 Nr. 4).[5] Durch das Gesetz zur Neuordnung des Berufsrechts der Rechtsanwälte und der Patentanwälte vom 2. September 1994[6] ist das Auskunftsverweigerungsrecht des Rechtsanwalts

---

[1] BGBl. I, S. 2135.
[2] BGBl. I, S. 2278.
[3] Vgl. BGH NJW 1979, 324; siehe auch BGH NJW 1967, 893.
[4] So noch *Kalsbach*, § 56 Anm. 2 II d.; vgl. auch § 11 der Richtlinien der Bundesrechtsanwaltskammer vom 11. 5. 1957 und § 10 der Richtlinien vom 3. 5. 1963.
[5] Vgl. BGHSt 21, 167; ferner *Lingenberg/Hummel/Zuck/Eich*, § 17 Rdn. 2.
[6] BGBl. I, S. 2278.

auch auf den Fall der Gefahr einer Verfolgung wegen einer Straftat, einer Ordnungswidrigkeit oder einer Berufspflichtverletzung ausgedehnt und zudem bestimmt worden, daß dem Rechtsanwalt das Auskunftsverweigerungsrecht nur zusteht, wenn er sich darauf beruft.[7] Das geschah, weil in der Vergangenheit nach Feststellung der Bundesrechtsanwaltskammer der am häufigsten durch die Berufsgerichte geahndete Verstoß gegen Berufspflichten die Verletzung der Auskunftspflicht gegenüber dem Kammervorstand war. In den berufsgerichtlichen Verfahren ist es oft vorgekommen, daß der Rechtsanwalt sich damit verteidigte, diese Berufspflicht sei ihm nicht hinreichend bekannt gewesen. Mit der Neufassung des ersten Absatzes soll einerseits erreicht werden, daß bei Anfragen des Vorstandes dem Anwalt die ihm obliegende Verpflichtung zur Auskunftserteilung deutlicher vor Augen tritt. Andererseits sollen durch die Aufnahme der Hinweisverpflichtung in das Gesetz die berufsgerichtlichen Verfahren verringert und damit die Berufsgerichte entlastet werden.[8]

III. Sachlicher Anwendungsbereich

Das Gesetz statuiert die in Absatz 1 genannten besonderen Pflichten gegenüber dem Vorstand der Rechtsanwaltskammer nur für den Bereich der **Aufsichts- und Beschwerdesachen**. Dabei wird entsprechend dem Sprachgebrauch der Rechtsanwaltsordnung vom 1. Juli 1878 zwischen Aufsichts- und Beschwerdesachen unterschieden, obwohl es für eine solche begriffliche Unterscheidung keinen sachlichen Grund gibt. Beide Begriffe betreffen Angelegenheiten, in denen der Kammervorstand gemäß § 73 Abs. 1 Nr. 4 tätig wird, also die Erfüllung der den Mitgliedern der Kammer obliegenden Pflichten überwacht und das Recht der Rüge handhabt.[9] Eine Unterscheidung läßt sich allenfalls nach der Art ihrer Entstehung vornehmen, indem man unter Aufsichtssachen solche versteht, in denen der Kammervorstand von Amts wegen tätig wird, während Beschwerdesachen durch die Beschwerde einer Person oder Institution veranlaßt werden, mit der die Verletzung anwaltlicher Berufspflichten geltend gemacht wird. 3

Die in Absatz 2 genannten besonderen Pflichten bestehen außerhalb einer Aufsichts- oder Beschwerdesache, können aber im Falle ihrer Verletzung zu einer Aufsichtssache führen. In diesem Fall gelten für die in Absatz 2 geregelten Pflichten zusätzlich die des Absatz 1. 4

IV. Normadressaten

Die Vorschrift regelt das besondere Rechte- und Pflichtenverhältnis zwischen Vorstand und Rechtsanwalt. 5

1. Kammervorstand

Berechtigt, die Erfüllung der besonderen Pflichten zu verlangen, ist nach dem Wortlaut der Vorschrift in Absatz 1 der Vorstand der Rechtsanwaltskammer oder ein beauftragtes Mitglied des Vorstandes, nach Absatz 2 nur der Vorstand. Der in beiden Absätzen unterschiedliche Sprachgebrauch rechtfertigt jedoch eine Differenzierung nicht. Der Vorstand der Kammer kann gemäß § 77 Abs. 1 Abteilungen bilden, die innerhalb ihrer Zuständigkeit die Rechte und Pflichten des Vorstandes besitzen. Sowohl der Gesamtvorstand als auch die gemäß § 77 Abs. 1 6

---

[7] So schon EGH Koblenz BRAK-Mitt. 1982, 134.
[8] BR-Drucks. 93/93 vom 12. 2. 1993, S. 98; BT-Drucks. 12/4993 vom 19. 5. 1993, S. 33.
[9] *Feuerich/Braun*, § 56 Rdn. 6–9; *Jessnitzer/Blumberg*, § 56 Rdn. 1; *Kleine-Cosack*, § 56 Rdn. 2.

gegründeten Abteilungen können für einen bestimmten Zeitraum, für einen bestimmten Einzelfall oder für mehrere Fälle ein Mitglied des Vorstandes beauftragen, so auch für die dem Gesamtvorstand gemäß Absatz 2 übertragenen Aufgaben.

7 Ohne einen vom Gesamtvorstand oder einer Abteilung erteilten Auftrag steht die Geltendmachung der Rechte aus § 56 nur dem Gesamtvorstand bzw. der Abteilung zu. Das gilt auch für den **Präsidenten** der Kammer. Er kann, obwohl er die Kammer gerichtlich und außergerichtlich vertritt (§ 80 Abs. 1), die Rechte des Vorstandes ohne generelle oder im Einzelfall erfolgte Beauftragung nicht ausüben.[10]

8 Dem **Geschäftsführer** der Rechtsanwaltskammer stehen die Rechte aus § 56 nicht zu. Ihm kann eine solche Berechtigung auch nicht durch einen Auftrag des Kammervorstandes übertragen werden, denn das Gesetz schreibt ausdrücklich vor, daß der Vorstand nur eines seiner Mitglieder mit der Wahrnehmung der Rechte aus § 56 beauftragen kann; der Geschäftsführer ist aber nicht Mitglied des Kammervorstandes. Der in manchen Kammern anzutreffende Brauch, daß der Geschäftsführer Abschriften von Beschwerden kurzerhand selbst dem betroffenen Rechtsanwalt zur Stellungnahme zusendet, ohne sie vorher dem Vorstand oder einem von ihm oder von einer seiner Abteilungen beauftragten Vorstandsmitglied vorzulegen, mag zu einer gewissen Beschleunigung und Vereinfachung führen. Der Gesichtspunkt der Verfahrensökonomie kann aber den Verzicht auf eine vorherige Entscheidung des Vorstandes, einer Abteilung oder eines beauftragten Vorstandsmitglieds schon deshalb nicht rechtfertigen, weil die gesetzlich mögliche generelle Beauftragung eines Mitglieds des Vorstandes ihm nicht weniger wirkungsvoll Rechnung trägt.[11] Deshalb begründet eine solche Verfahrensweise die Verpflichtung zur Auskunftserteilung nicht.

9 In der Praxis kommt es vor, daß die Erfüllung der besonderen Pflichten des Rechtsanwalts mit einem Schreiben verlangt wird, das vom Geschäftsführer oder von einer **Angestellten der Kammer** „im Auftrag" unterzeichnet ist. Eine solche Aufforderung löst eine Verpflichtung des Rechtsanwalts zur Erfüllung der besonderen Pflichten nur aus, wenn aus dem Schreiben hervorgeht, daß der Vorstand oder ein von ihm oder von einer Abteilung beauftragtes Vorstandsmitglied das Auskunftsbegehren angeordnet hat und der Geschäftsführer oder die Angestellte diesen Auftrag lediglich ausführt.[12] Das ist dem betroffenen Rechtsanwalt auf Verlangen nachzuweisen.

2. Rechtsanwälte und gleichgestellte Personen

10 Die in Absatz 1 und Absatz 2 geregelten besonderen Pflichten treffen den Rechtsanwalt als Mitglied der Kammer. Gemäß § 6 Abs. 3 RADG gelten sie auch für Staatsangehörige eines Mitgliedstaates der Europäischen Gemeinschaften oder eines anderen Vertragsstaates des Abkommens über den Europäischen Wirtschaftsraum, des weiteren für Angehörige anderer Staaten, die unter den des § 206 von der Landesjustizverwaltung (§ 207) in die Rechtsanwaltskammer aufgenommen werden, ferner für Rechtsanwälte, die nach dem Gesetz über die Eignungsprüfung für die Zulassung zur Rechtsanwaltschaft vom 6. Juli

---

[10] EGH Stuttgart BRAK-Mitt. 1983, 195; *Feuerich/Braun*, § 56 Rdn. 15; *Jessnitzer/Blumberg*, § 56 Rdn. 2; *Kleine-Cosack*, § 56 Rdn. 4; a. A. *Kalsbach*, § 56 Anm. 2 III b.
[11] So BGH NJW 1985, 3032 zu § 80 StBerG; ebenso *Feuerich/Braun*, § 56 Rdn. 16; *Jessnitzer/Blumberg*, § 56 Rdn. 2; *Kleine-Cosack*, § 56 Rdn. 4.
[12] Ebenso *Feuerich/Braun*, § 56 Rdn. 17; *Jessnitzer/Blumberg*, § 76 Rdn. 2; *Kleine-Cosack*, § 5 Rdn. 4.

§ 56 Besondere Pflichten 11–13 § 56

1990[13] den Zugang zum Anwaltsberuf erlangen, sowie schließlich für Rechtsbeistände, wenn sie Mitglied der Kammer sind (§ 209).[14]

Im Rahmen einer Aufsichts- oder Beschwerdesache kann der Vorstand oder 11 das beauftragte Vorstandsmitglied die Erteilung von Auskünften von jedem Kammermitglied verlangen. Das Auskunftsrecht dient auch der Ermittlung desjenigen, gegen den wegen Verletzung einer Berufspflicht vorgegangen werden soll. Das gilt vor allem bei einer Beschwerde über eine **Anwaltssozietät**, die offen läßt, welcher der Sozien die behauptete Berufswidrigkeit begangen haben könnte. Auskunft schuldet jeder Sozius, auch wenn er den Fall nicht bearbeitet hat.[15] Das Auskunftsrecht soll dem Vorstand die Möglichkeit verschaffen, seine ihm durch § 73 Abs. 1 Nr. 4 übertragene Aufgabe zu erfüllen. Diesen Zweck würde die gesetzliche Regelung verfehlen, wenn der Vorstand die ihm eingeräumten Rechte nur demjenigen Kammermitglied gegenüber geltend machen könnte, das konkret im Verdacht steht, gegen Berufspflichten verstoßen zu haben.

V. Die besonderen Pflichten gemäß Absatz 1

Die in Absatz 1 geregelten besonderen Pflichten, die den Rechtsanwalt nur in 12 Aufsichts- und Beschwerdesachen treffen, entstehen mit der Einleitung eines Aufsichts- oder Beschwerdeverfahrens, werden jedoch verletzbar erst, wenn der Rechtsanwalt vom Vorstand der Rechtsanwaltskammer aufgefordert wird, seinen besonderen Pflichten nachzukommen. Diese Aufforderung muß mit dem **Hinweis** verbunden sein, daß der Rechtsanwalt das Recht hat, die **Auskunft zu verweigern**, wenn und soweit er dadurch seine Verpflichtung zur Verschwiegenheit verletzen oder sich durch wahrheitsgemäße Beantwortung oder Vorlage seiner Handakten die Gefahr zuziehen würde, wegen einer Straftat, einer Ordnungswidrigkeit oder einer Berufspflichtverletzung verfolgt zu werden. Unterläßt der Vorstand diesen Hinweis, erfüllt er also die ihm obliegende **Hinweispflicht** nicht, so braucht der Rechtsanwalt die Aufforderung nicht zu befolgen. Auch die Androhung eines Zwangsgeldes (§ 57) ist dann unzulässig, weil die besonderen Pflichten nur bei ordnungsgemäßer Aufforderung bestehen. Kommt der Rechtsanwalt trotz des Fehlens eines Hinweises auf das Auskunftsverweigerungsrecht der Aufforderung des Vorstandes nach, kann er sich auf die Fehlerhaftigkeit der Aufforderung nicht nachträglich berufen. Deshalb ist der Vorstand befugt, die trotz Verletzung der Hinweispflicht erteilten Auskünfte oder vorgelegten Handakten zu verwerten.

Dem **Wortlaut** nach bezieht sich die Hinweispflicht nur auf die Auskunftser- 13 teilung und die Vorlage der Handakten, nicht aber auf die **Pflicht zum Erscheinen**. Das folgt aus dem Wortlaut von Absatz 1 Satz 2 und 3. In der bis zum Inkrafttreten des Gesetzes über die Neuordnung des Berufsrechts der Rechtsanwälte und der Patentanwälte vom 2. September 1994[16] gültigen Fassung des Absatz 1 kam das sogar noch deutlicher zum Ausdruck, weil Absatz 1 Satz 1 die Pflicht zur Auskunftserteilung und zur Vorlage der Handakten und das Aussageverweigerungsrecht behandelte und Absatz 1 Satz 2 die Verpflichtung des Rechtsanwalts zum Erscheinen vor dem Vorstand gesondert regelte. Daraus läßt sich jedoch nicht der Schluß ziehen, der Vorstand dürfe den Hinweis auf das Recht der Auskunftsverweigerung unterlassen, wenn er den Rechtsanwalt zum

---

[13] BGBl. I, S. 1349.
[14] § 64 Rdn. 3.
[15] EGH Hamm BRAK-Mitt. 1982, 32.
[16] BGBl. I, S. 2278.

Erscheinen auffordert. Auch die Pflicht zum Erscheinen besteht nur in Aufsichts- und Beschwerdesachen und kann nur dem Zweck dienen, den vorgeladenen Rechtsanwalt zur Erteilung von Auskünften zu veranlassen. Sie ist damit eine Weiterführung der Pflicht zur Auskunftserteilung. Deshalb wäre es **reine Förmelei,** dem Vorstand gemäß dem Gesetzeswortlaut das Recht einzuräumen, den Rechtsanwalt ohne Hinweis auf das Recht zur Auskunftsverweigerung zum Erscheinen auffordern zu können, weil er spätestens, bevor er den erschienenen Rechtsanwalt befragt, seiner Hinweispflicht nachkommen müßte.[17]

14 Die Entscheidung, ob der Rechtsanwalt Auskunft geben und/oder seine Handakten vorlegen oder vor dem Vorstand erscheinen soll, obliegt dem Vorstand. Er hat diese Entscheidung nach pflichtgemäßem Ermessen zu treffen. Dabei darf er von dem Recht, den Rechtsanwalt zum Erscheinen aufzufordern, nur äußerst behutsam und zurückhaltend Gebrauch machen, weil damit ein nicht unerheblicher **Eingriff in die Berufsausübung** des Rechtsanwalts verbunden ist. Die Verhältnismäßigkeit des Erscheinens des Rechtsanwalts am Sitz der Kammer im Vergleich zu der Bedeutung der verlangten Auskunft ist besonders streng zu beachten. Der Rechtsanwalt braucht die Aufforderung zum Erscheinen jedenfalls dann nicht zu befolgen, wenn er sich auf ein Auskunftsverweigerungsrecht berufen will. Allerdings muß er den Vorstand hierüber rechtzeitig informieren. Eine Versäumung des vom Vorstand anberaumten Termins ohne vorherige Berufung auf das Recht zur Auskunftsverweigerung ist ein Verstoß gegen die Pflicht zum Erscheinen.

1. Pflicht zur Auskunftserteilung

15 Der Umfang der zu erteilenden Auskunft wird durch die Fragestellung des Vorstandes bestimmt. In der Praxis wird eher zu umfassend als zu knapp Auskunft erteilt. Der Vorstand genügt seiner Pflicht zur präzisen Fragestellung, wenn er dem Rechtsanwalt die Beschwerde im Wortlaut zuleitet. Allerdings muß er dem Rechtsanwalt erläutern, ob er eine Stellungnahme verlangt oder ob er die Beschwerde nur übermittelt, um rechtliches Gehör zu gewähren.[18] Letzteres ist geboten, auch wenn der Vorstand die Beschwerde schon ohne die Stellungnahme des Rechtsanwalts für unbegründet hält.[19]

16 Umstritten ist, ob der Rechtsanwalt bei Erteilung der Auskunft die **Wahrheit** sagen muß oder wie ein Angeklagter im Strafverfahren lügen darf. Nach herrschender Meinung folgt aus der Stellung des Rechtsanwalts als Organ der Rechtspflege, daß seine dem Vorstand erteilte Auskunft wahr sein muß.[20] Das durch das Gesetz zur Neuordnung des Berufsrechts der Rechtsanwälte und der Patentanwälte vom 2. September 1994[21] eingeführte umfassende Auskunftsverweigerungsrecht nimmt dem Meinungsstreit viel von seiner bisherigen Bedeutung, weil der Rechtsanwalt die Auskunft nunmehr auch verweigern darf, wenn er sich durch wahrheitsgemäße Beantwortung die Gefahr zuziehen würde, wegen einer Straftat, einer Ordnungswidrigkeit oder einer Berufspflichtverletzung verfolgt zu werden. Er kann also jetzt kraft gesetzlicher Regelung die Auskunft

---

[17] A. A. *Isele,* § 56 Anm. VII. D. 1. c.
[18] *Feuerich/Braun,* § 56 Rdn. 19.
[19] Zum Umfang der Auskunftspflicht vgl. *Feuerich* AnwBl. 1992, 61; vgl. auch BGH NJW 1967, 893; 1979, 324.
[20] *Feuerich/Braun,* § 56 Rdn. 20; *Isele,* § 56 Anm. VII A 4; *Jessnitzer/Blumberg,* § 56 Rdn. 3; *Kleine-Cosack,* § 43 Rdn. 50.
[21] BGBl. I, S. 2278.

nicht vor dem Vorstand zu erscheinen,[33] muß der Rechtsanwalt geltend machen, sich also auf dieses Recht ausdrücklich berufen. Deshalb darf der Rechtsanwalt Fragen des Vorstandes nicht unbeantwortet lassen, sondern muß sie entweder wahrheitsgemäß beantworten oder die Auskunft unter ausdrücklicher Berufung auf sein Auskunftsverweigerungsrecht verweigern, andernfalls er sich berufswidrig verhält (§ 43).

VII. Die besonderen Pflichten gemäß Absatz 2

Die in Absatz 2 genannten Anzeige- und Vorlagepflichten sollen dem Vorstand 26 die Kenntnis von Umständen vermitteln, die gemäß § 14 Abs. 2 Nr. 5 und 9 den Widerruf der Zulassung zur Rechtsanwaltschaft zur Folge haben bzw. gemäß § 47 Abs. 1 und 2 den Rechtsanwalt an der Ausübung seines Berufes kraft Gesetzes hindern. Es korrespondieren die Nr. 1 (Beschäftigungsverhältnis) mit § 14 Abs. 2 Nr. 9, die Nr. 2 mit § 14 Abs. 2 Nr. 5 (Ernennung zum Richter oder Beamten auf Lebenszeit usw.) sowie mit § 47 Abs. 1 (Verwendung als Richter oder Beamte ohne Ernennung auf Lebenszeit) und die Nr. 3 mit § 47 Abs. 2 (Bekleidung öffentlicher Ämter). Demgemäß hat der Rechtsanwalt dem Vorstand der Rechtsanwaltskammer anzuzeigen die Eingehung oder wesentliche Änderung eines Beschäftigungsverhältnisses, die dauernde oder zeitweilige Verwendung als Richter, Beamter, Berufssoldat oder Soldat auf Zeit und die Bekleidung eines öffentlichen Amtes, ohne in das Beamtenverhältnis berufen zu sein, wenn er nach den für das Amt maßgebenden Vorschriften den Beruf des Rechtsanwalts nicht selbst ausüben darf (§ 47 Abs. 2). Die Anzeige hat unaufgefordert und unverzüglich (§ 121 Abs. 1 S. 1 BGB) zu erfolgen. Zur Vorlage von Unterlagen über ein Beschäftigungsverhältnis ist der Rechtsanwalt allerdings nur auf Verlangen des Vorstandes verpflichtet. Auch in den Fällen des Absatz 2 steht dem Rechtsanwalt das Recht zu, Antrag auf gerichtliche Entscheidung zu stellen und vorläufigen Rechtsschutz in Anspruch zu nehmen.[34]

VIII. Sanktionen bei Nichterfüllung der besonderen Pflichten

Die Verletzung der dem Rechtsanwalt nach § 56 obliegenden besonderen 27 Pflichten kann ein **Zwangsgeld** (§ 57), eine **Rüge** durch den Vorstand (§ 73 Abs. 2 Nr. 4, § 74) oder die **Einleitung eines anwaltsgerichtlichen Verfahrens** (§ 113) zur Folge haben. Im Normalfall wird der Vorstand zunächst versuchen, den Rechtsanwalt durch Androhung und Festsetzung eines Zwangsgeldes (§ 57) zur Auskunftserteilung zu bewegen. Der Vorstand kann aber auch sogleich rügen oder bei einem Rechtsanwalt, der ständig gegen Berufspflichten verstößt, sofort die Einleitung eines anwaltsgerichtlichen Verfahrens beantragen. Die Entscheidung hierüber liegt in seinem pflichtgemäßen Ermessen, wobei es ihm gestattet ist, die verschiedenen Sanktionsmöglichkeiten auch nebeneinander anzuwenden.[35] Voraussetzung ist jedoch immer, daß die Aufforderung vom Vorstand, einer Vorstandsabteilung oder einem beauftragten Vorstandsmitglied ausgegangen und die verlangte Maßnahme geeignet ist, den Sachverhalt weiter aufzuklären.[36]

---

[33] Vgl. hierzu oben Rdn. 14 und 20.
[34] Vgl. oben Rdn. 21.
[35] *Feuerich/Braun,* § 56 Rdn. 38; *Isele,* § 56 Anm. VIII. C.
[36] EGH Hamm, Beschl. v. 19.2.91-(2) 6 EVY 20/90.

§ 57 Zwangsgeld bei Verletzung der besonderen Pflichten

(1) Um einen Rechtsanwalt zur Erfüllung seiner Pflichten nach § 56 anzuhalten, kann der Vorstand der Rechtsanwaltskammer gegen ihn, auch zu wiederholten Malen, Zwangsgeld festsetzen. Das einzelne Zwangsgeld darf zweitausend Deutsche Mark nicht übersteigen.

(2) Das Zwangsgeld muß vorher durch den Vorstand oder den Präsidenten schriftlich angedroht werden. Die Androhung und die Festsetzung des Zwangsgeldes sind dem Rechtsanwalt zuzustellen.

(3) Gegen die Androhung und gegen die Festsetzung des Zwangsgeldes kann der Rechtsanwalt innerhalb eines Monats nach Zustellung die Entscheidung des Anwaltsgerichtshofes beantragen. Der Antrag ist bei dem Vorstand der Rechtsanwaltskammer schriftlich einzureichen. Erachtet der Vorstand den Antrag für begründet, so hat er ihm abzuhelfen; andernfalls ist der Antrag unverzüglich dem Anwaltsgerichtshof vorzulegen. Zuständig ist der Anwaltsgerichtshof bei dem Oberlandesgericht, in dessen Bezirk die Rechtsanwaltskammer ihren Sitz hat. Im übrigen sind die Vorschriften der Strafprozeßordnung über die Beschwerde sinngemäß anzuwenden. Die Gegenerklärung (§ 308 Abs. 1 der Strafprozeßordnung) wird vom Vorstand der Rechtsanwaltskammer abgegeben. Die Staatsanwaltschaft ist an dem Verfahren nicht beteiligt. Der Beschluß des Anwaltsgerichtshofes kann nicht angefochten werden.

(4) Das Zwangsgeld fließt der Rechtsanwaltskammer zu. Es wird aufgrund einer von dem Schatzmeister erteilten, mit der Bescheinigung der Vollstreckbarkeit versehenen beglaubigten Abschrift des Festsetzungsbescheides nach den Vorschriften beigetrieben, die für die Vollstreckung von Urteilen in bürgerlichen Rechtsstreitigkeiten gelten.

Übersicht

	Rdn.		Rdn.
I. Entstehungsgeschichte	1	b) Folgen der Festsetzung	17
II. Normzweck	2, 3	4. Vollstreckung	19
III. Verfahren	4–19	IV. Rechtsschutz	20–28
1. Voraussetzungen für Androhung und Festsetzung	5	1. Antrag auf gerichtliche Entscheidung	21
a) Aufforderung nach § 56	7	2. Abhilfe durch den Kammervorstand	22
b) Nichterfüllung	8	3. Vorlage beim Anwaltsgerichtshof und weiteres Verfahren	24
2. Androhung	12		
3. Festsetzung	15		
a) Verfahren	16		

I. Entstehungsgeschichte

1 Schon § 58 Abs. 2 und 3 der Rechtsanwaltsordnung vom 1. Juli 1878 sah für eine Anzahl von Fällen, also nicht nur in Aufsichts- und Beschwerdesachen, die Androhung und Festsetzung von **Geldstrafen** bis zu einem Gesamtbetrag, der mehrfach geändert worden ist, vor. Eine Beschwerde stand dem Rechtsanwalt nur zu, wenn ein beauftragtes Mitglied des Vorstandes die Geldstrafe angedroht oder festgesetzt hatte, über die der Kammervorstand entschied. Die Reichsrechts-

anwaltsordnung vom 21. Februar 1936 übernahm in § 60 Abs. 2 diese Regelung, dehnte ihren Anwendungsbereich auf alle Anordnungen des Präsidenten der Reichsrechtsanwaltskammer aus und schaffte zugleich die Beschwerde ab. Die Rechtsanwaltsordnung für die britische Zone führte in § 75 die Bezeichnung „**Ordnungsstrafe**" ein und überließ deren Androhung und Festsetzung dem Kammerpräsidenten, gegen dessen Entscheidung die Beschwerde an den Vorstand zulässig war. Durch die Bundesrechtsanwaltsordnung wurde die Androhung und Festsetzung von „Ordnungsstrafe" dem Vorstand der Rechtsanwaltskammer zugewiesen und gleichzeitig die Anwendbarkeit der Vorschrift auf die Durchsetzung der besonderen Pflichten des § 56 begrenzt. Das Gesetz zur Änderung der Bundesrechtsanwaltsordnung vom 13. Januar 1969[1] ersetzte den Begriff der Ordnungsstrafe durch den des **Zwangsgeldes** und den Begriff der Beschwerde durch den des Antrages auf ehrengerichtliche Entscheidung. Gleichzeitig wurde neben dem Vorstand auch dem Präsidenten der Kammer die Befugnis eingeräumt, das Zwangsgeld anzudrohen, während die Festsetzung als die schwerwiegendere Maßnahme dem Vorstand vorbehalten blieb.

II. Normzweck

Dem Vorstand der Rechtsanwaltskammer soll es durch Androhung und Festsetzung von Zwangsgeld ermöglicht werden, die Erfüllung der in § 56 genannten besonderen Pflichten des Rechtsanwalts in Aufsichts- und Beschwerdesachen durch Zwang herbeizuführen. Es handelt sich um eine **Eingriffsnorm**, die der besonderen Stellung des Rechtsanwalts als Organ der Rechtspflege und auch der Tatsache Rechnung trägt, daß der Rechtsanwalt sich mit der Zulassung zur Rechtsanwaltschaft gesetzlichen Berufspflichten unterwirft, deren Erfüllung er nur unter den hierfür aufgestellten gesetzlichen Voraussetzungen verweigern darf. Gleichzeitig grenzt die Vorschrift die Befugnisse des Vorstandes der Rechtsanwaltskammer aber auch negativ ab, indem sie die Androhung und Festsetzung von Zwangsgeld auf Aufsichts- und Beschwerdesachen (§ 56 Abs. 1) und auf die Durchsetzung der Anzeige- und Vorlagepflichten des § 56 Abs. 2 beschränkt. Das bedeutet, daß andere Berufspflichten außerhalb des durch § 56 gesteckten Rahmens nicht mittels Androhung und Festsetzung von Zwangsgeld erzwungen werden dürfen. Deshalb läßt sich beispielsweise die fristgerechte Zahlung von Kammerbeiträgen oder die Abgabe einer „Selbsteinschätzung" zur Berechnung des Zuschlags zum Kammergrundbeitrag nicht im Wege der Androhung oder Festsetzung von Zwangsgeld durchsetzen.[2] 2

Bei den Zwangsmitteln des § 57 handelt es sich nicht um Strafmaßnahmen, sondern um **Beugemittel**, die den betroffenen Rechtsanwalt zur Erfüllung seiner Pflichten nach § 56 anhalten sollen.[3] Deshalb darf die Androhung oder Festsetzung eines Zwangsgeldes nicht mehr erfolgen, wenn der Rechtsanwalt der ihm gemäß § 56 obliegenden Berufspflicht nachgekommen ist.[4] Andererseits kann der Vorstand das Zwangsgeld wiederholt androhen und festsetzen, solange der Rechtsanwalt mit der Erfüllung seiner ihm gemäß § 56 obliegenden besonderen Berufspflichten säumig ist (Abs. 1 S. 1). 3

---

[1] BGBl. I, S. 25.
[2] EGH Koblenz BRAK-Mitt. 1982, 32; EGH Hamm, Beschluß vom 19. 10. 1990–1 ZU 24/90; vgl. auch *Feuerich/Braun*, § 57 Rdn. 1; *Kleine-Cosack*, § 57 Rdn. 1.
[3] EGH Stuttgart EGE XIII, 131; EGH Hamm EGE IX, 190; EGH Hamm BRAK-Mitt. 1983, 42.
[4] EGH Hamm BRAK-Mitt. 1983, 42; *Feuerich/Braun*, § 57 Rdn. 3.

III. Verfahren

4 Das Verfahren zur Androhung und Festsetzung von Zwangsgeld regeln Absatz 1 und 2.

1. Voraussetzungen für Androhung und Festsetzung

5 Das Verfahren der Androhung und Festsetzung von Zwangsgeld vollzieht sich in drei Schritten. Ihm geht voraus die vom Vorstand der Rechtsanwaltskammer gemäß § 56 zu treffende Anordnung. Bei Untätigkeit des von der Anordnung betroffenen Rechtsanwalts schließen sich die Androhung von Zwangsgeld, seine Festsetzung und seine Vollstreckung an.

6 Zuständig ist der Vorstand der Rechtsanwaltskammer, an dessen Stelle bei der Errichtung von Abteilungen nach § 77 die zuständige Abteilung tritt. Der Präsident der Rechtsanwaltskammer kann das Zwangsgeld nur androhen, nicht aber festsetzen (Abs. 2 S. 1 i. V. m. Abs. 1 S. 1)

7 a) Aufforderung nach § 56. Zunächst muß der Kammervorstand den Rechtsanwalt gemäß § 56 auffordern, Auskunft zu erteilen und/oder Handakten oder Unterlagen über ein Beschäftigungsverhältnis vorzulegen oder vor dem Vorstand zu erscheinen. Zur Erfüllung dieser Pflichten setzt der Vorstand in aller Regel eine Frist, nach deren Ablauf er den Rechtsanwalt einmal oder mehrfach erinnert, sofern er meint, daß der Rechtsanwalt die erste Aufforderung übersehen hat oder ihr aus anderen Gründen unverschuldet nicht fristgerecht nachkommen konnte. Zulässig ist es, schon die erste Aufforderung mit der Androhung von Zwangsgeld zu verbinden. Das wird bei einem Rechtsanwalt sinnvoll sein, der als unzuverlässig bekannt ist. In diesem Fall darf abweichend von § 56 Abs. 1 S. 1 aber nicht ein beauftragtes Mitglied des Vorstandes tätig werden, weil die Androhung dem Präsidenten bzw. dem Vorstand vorbehalten ist.

8 b) Nichterfüllung. Die zweite Voraussetzung ist, daß der Rechtsanwalt die Anordnung des Kammervorstandes nicht befolgt.

9 Nichtbefolgung liegt vor, wenn der Rechtsanwalt die Aufforderung des Vorstandes nicht beantwortet, auch nicht nach erneutem Hinweis auf die ihm obliegende Auskunftspflicht. Dieser Fall ist nicht selten und häufig Ausdruck eines gestörten Verhältnisses zur Kammer oder ein Zeichen für die Vernachlässigung beruflicher Pflichten überhaupt. **Nichterfüllung** ist auch die Erteilung einer unwahren Auskunft. In beiden Fällen wird das Zwangsgeld allerdings seinen Zweck regelmäßig verfehlen und stattdessen die Einleitung eines anwaltsgerichtlichen Verfahrens notwendig werden. Gleiches gilt, wenn der Rechtsanwalt sich auf ein Auskunftsverweigerungsrecht beruft, für das die Voraussetzungen fehlen.

10 Nichtbefolgung liegt auch vor, wenn der Rechtsanwalt die Anordnung des Vorstandes nur **unvollständig** erfüllt, indem er eine unvollständige Auskunft erteilt und diese trotz Aufforderung nicht ergänzt oder indem er Handakten nur auszugsweise vorlegt und Teile davon zurückbehält. Auch in diesem Fall muß der Vorstand entscheiden, ob es sinnvoll ist, den Rechtsanwalt durch die Androhung und Festsetzung von Zwangsgeld zur Ergänzung der Auskunft bzw. der Handakten anzuhalten oder ob nicht die sofortige Abgabe der Akten an die Generalstaatsanwaltschaft (§ 120) zum Zwecke der Einleitung eines anwaltsgerichtlichen Verfahrens (§ 121) wirkungsvoller ist.[5]

---

[5] *Feuerich/Braun*, § 57 Rdn. 8.

§ 57 Zwangsgeld

Die Anwendung der Zwangsmittel setzt eine **schuldhafte** Nichterfüllung bzw. eine schuldhafte unvollständige Erfüllung der besonderen Pflichten voraus.[6] Eine objektive Pflichtverletzung ohne Verschulden rechtfertigt ein Zwangsmittel nicht. Der Vorstand ist allerdings nicht verpflichtet, Ermittlungen darüber anzustellen, warum der Rechtsanwalt seine Pflichten nicht erfüllt. Wenn der Rechtsanwalt jedoch nachweist, daß ihn ein Verschulden nicht trifft, muß der Vorstand ein bereits verhängtes Zwangsmittel aufheben.

2. Androhung

Das Zwangsgeld muß vor seiner Festsetzung durch den Vorstand (Abs. 1 S. 1) angedroht werden. Zuständig hierfür sind sowohl der Vorstand als auch der Präsident (Abs. 2 S. 1). Die Androhung enthält die Aufforderung, die gemäß § 56 vom Vorstand, einer Abteilung oder einem beantragten Mitglied des Vorstandes verlangte Handlung (Auskunftserteilung, Vorlage von Handakten, persönliches Erscheinen) binnen einer festzusetzenden Frist zu erbringen und die Androhung, daß nach Ablauf dieser Frist ein Zwangsgeld in Höhe eines bestimmten Betrages, der zweitausend Deutsche Mark nicht übersteigen darf (Abs. 1 S. 2), festgesetzt werde. Sie muß **schriftlich** erfolgen und eine **Rechtsmittelbelehrung** enthalten, daß der Rechtsanwalt gegen die Androhung die Entscheidung des Anwaltsgerichtshofes beantragen kann (Abs. 3 S. 1). Die Notwendigkeit einer Rechtsmittelbelehrung folgt aus Art. 19 Abs. 4 GG, jedenfalls aber aus dem allgemeinen Rechtsgedanken des § 35 a StPO.[7]

Umstritten ist, ob die schriftliche Androhung stets der **Unterzeichnung** aller Mitglieder des Vorstandes bzw. der Abteilung bedarf, die sie beschlossen haben. *Isele*[8] bejaht dies mit der Begründung, daß sonst weder der Rechtsanwalt noch der Anwaltsgerichtshof die Ordnungsmäßigkeit der Androhung überprüfen können. *Jessnitzer*[9] und *Feuerich*[10] vertreten den gegenteiligen Standpunkt und lassen die Unterschrift des Vorsitzenden der Abteilung genügen, wenn ihr der Hinweis hinzugefügt wird, daß der Androhung ein Abteilungsbeschluß zugrunde liegt. Dieser Auffassung ist zuzustimmen. Sie ist allerdings auch zu beachten, wenn die Androhung des Zwangsgeldes nicht von einer Abteilung, sondern vom Gesamtvorstand beschlossen wird und der Präsident als der Vorsitzende des Vorstandes (§ 80 Abs. 3) den Beschluß unterschreibt, weil in diesem Fall nicht erkennbar ist, ob der Präsident, der das Zwangsgeld gemäß Absatz 2 Satz 1 auch allein androhen kann, in dieser Eigenschaft oder als Vorsitzender des Vorstandes unterschrieben hat.

Die schriftliche Androhung ist dem Rechtsanwalt gemäß Absatz 2 Satz 2 zuzustellen (§ 229). Wenn dieser nunmehr die ihm gemäß § 56 obliegenden **Pflichten erfüllt**, verliert die Androhung gleichwohl nicht ihre Gültigkeit. Sie ist auch nicht aufzuheben. Die Erfüllung der besonderen Pflichten durch den Rechtsanwalt hat nur die Wirkung, daß sich die Androhung durch **Zweckerreichung** erledigt und zugleich die Festsetzung des angedrohten Zwangsgeldes unzulässig wird. Verfolgt der Rechtsanwalt den Antrag auf Entscheidung des Anwaltsgerichtshofes dennoch weiter, fehlt seinem Antrag das **Rechtsschutzinteresse**. Der Androhungsbescheid ist jedoch formell aufzuheben, wenn der Rechtsanwalt be-

---

[6] EGH Hamm VIII, 111; *Feuerich/Braun*, § 57 Rdn. 9.
[7] A. A. *Feuerich/Braun*, § 57 Rdn. 15; *Isele*, § 57 Anm. VI. 4.
[8] *Isele*, § 57 Anm. V. A. 1.
[9] *Jessnitzer/Blumberg*, § 57 Rdn. 2.
[10] *Feuerich/Braun*, § 57 Rdn. 10, a. A. noch in der 1. Auflage § 57 Rdn. 10.

legt, daß er seine besonderen Pflichten nicht oder nicht schuldhaft verletzt hat und somit das Zwangsgeld nicht hätte angedroht werden dürfen.

3. Festsetzung

15 Die Festsetzung des angedrohten Zwangsgeldes ist ausschließlich dem Vorstand der Rechtsanwaltskammer vorbehalten. An seine Stelle tritt bei der Errichtung von Abteilungen (§ 77) die zuständige Abteilung.

16 **a) Verfahren.** Die Festsetzung des Zwangsgeldes hat schriftlich zu erfolgen. Das ist zwar ausdrücklich nur für die Androhung bestimmt (Abs. 2 S. 1), ergibt sich aber aus dem Zusammenhang.[11] Festgesetzt werden darf nur der angedrohte Betrag.[12] Mit der Festsetzung kann die Androhung eines weiteren Zwangsgeldes verbunden werden, das wiederum bis zu zweitausend Deutsche Mark betragen kann. Der Festsetzungsbeschluß ist mit einer Rechtsmittelbelehrung zu versehen[13] und dem Rechtsanwalt gemäß § 229 zuzustellen (Abs. 2 S. 2). Im übrigen gilt das zur Androhung Gesagte.

17 **b) Folgen der Festsetzung.** Erfüllt der Rechtsanwalt nach Zustellung des Festsetzungsbescheides die ihm obliegenden Pflichten, ist die Festsetzung durch Zweckerreichung erledigt und eine Vollstreckung ausgeschlossen. Da der dem Rechtsanwalt zugestellte Festsetzungsbescheid vom Schatzmeister als Vollstreckungstitel verwandt werden kann (Abs. 4), ist anders als bei erledigter Androhung eine **förmliche Aufhebung** des Feststellungsbeschlusses notwendig.[14] Dieser Beschluß ist dem Rechtsanwalt zuzustellen (Abs. 2 S. 2 analog). Hat der Rechtsanwalt im Zeitpunkt der Erfüllung seiner Pflichten das Zwangsgeld freiwillig oder aufgrund einer gegen ihn eingeleiteten Zwangsvollstreckung bereits gezahlt, muß es allerdings bei dem Festsetzungsbescheid verbleiben. Ein **Anspruch auf Rückzahlung** besteht nicht, denn die Erfüllung der dem Rechtsanwalt obliegenden Pflichten ist erst nach Beendigung des Zwangsgeldverfahrens erfolgt.[15]

18 Erfüllt der Rechtsanwalt auch nach Zustellung des Festsetzungsbescheides die ihm obliegenden Pflichten nicht, muß der Vorstand die weitere Verfahrensweise beschließen. Er kann – gegebenenfalls nach Beitreibung des festgesetzten Zwangsgeldes – erneut ein Zwangsgeld androhen und festsetzen, wird damit allerdings die Erledigung der Aufsichts- oder Beschwerdesache kaum nennenswert fördern. Er kann aber auch bei der Generalstaatsanwaltschaft (§ 120) die Einleitung eines anwaltsgerichtlichen Verfahrens anregen. Dadurch wird die Vollstreckung des bereits festgesetzten Zwangsgeldes nicht gehindert, denn anders als für das Verhältnis des Rügeverfahrens zum anwaltsgerichtlichen Verfahren (§ 74 Abs. 2, § 115 a, § 123 Abs. 1) gibt es für das Zusammentreffen von Verfahren nach §§ 56, 57, 74 mit dem anwaltsgerichtlichen Ermittlungsverfahren keine **gesetzliche Kollisionsregelung**. Hieraus zieht *Feuerich*[16] zutreffend den Schluß, daß beide Verfahren gleichzeitig nebeneinander geführt werden können. Der Vorstand kann also parallel zu dem anwaltsgerichtlichen Verfahren wegen Verstoßes des Rechtsanwalts gegen seine besonderen Pflichten erneut gemäß §§ 56, 57, 74 gegen den Rechtsanwalt vorgehen, so daß dieser wegen ein und derselben Pflichtverletzung in zwei Verfahren verwickelt ist.

---

[11] *Isele,* § 57 Anm. VI. B. 4.
[12] *Feuerich/Braun,* § 57 Rdn. 17; *Isele,* § 57 Anm. VI. B. 1.
[13] Vgl. oben Rdn. 12.
[14] EGH Stuttgart EGE VIII, 131; *Feuerich/Braun,* § 57 Rdn. 5.
[15] *Feuerich/Braun,* § 57 Rdn. 5; *Isele,* § 57 Anm. IV. B. 2. a) u. b).
[16] *Feuerich/Braun,* § 57 Rdn. 20.

4. Vollstreckung

Das Zwangsgeld, das der Rechtsanwaltskammer zufließt (Abs. 4 S. 1), wird **19** aufgrund einer von dem Schatzmeister erteilten, mit der Bescheinigung der Vollstreckbarkeit versehenen beglaubigten Abschrift des Festsetzungsbescheides nach den Vorschriften beigetrieben, die für die Vollstreckung von Urteilen in bürgerlichen Rechtsstreitigkeiten (§§ 803 ff. ZPO) gelten (Abs. 4 S. 2).

IV. Rechtsschutz

Der Rechtsanwalt kann gegen die Androhung und gegen die Festsetzung des **20** Zwangsgeldes den Antrag auf Entscheidung des Anwaltsgerichtshofes stellen. Dadurch wird das vom Vorstand betriebene Verfahren nicht gehemmt. Der Vorstand kann jedoch gemäß Absatz 3 Satz 5 i. V. m. § 307 StPO, wenn sich der Antrag des Rechtsanwalts gegen die Androhung richtet, die Fortsetzung des Festsetzungsverfahrens und, wenn das Zwangsgeld bereits festgesetzt ist, die **Vollziehung** des Festsetzungsbescheides **aussetzen**. Von dieser Möglichkeit sollte der Vorstand wegen der Vorrangigkeit gerichtlicher Entscheidungen in aller Regel Gebrauch machen.[17]

1. Antrag auf gerichtliche Entscheidung

Der Antrag kann nur innerhalb eines Monats nach Zustellung der Zwangsgeld- **21** androhung bzw. des Festsetzungsbescheides gestellt werden (Abs. 3 S. 1). Er ist bei dem Vorstand der Rechtsanwaltskammer schriftlich einzureichen (Abs. 3 S. 2). Das gilt auch, wenn sich der Antrag gegen eine von dem Präsidenten der Kammer beschlossene Zwangsgeldandrohung richtet. Einer Begründung bedarf der Antrag nicht.

2. Abhilfe durch den Kammervorstand

Bevor der Vorstand den Antrag dem Anwaltsgerichtshof zur Entscheidung **22** vorlegt, hat er Gelegenheit, seine von dem Rechtsanwalt angefochtene Entscheidung zu überprüfen. Das gilt auch für die vom Präsidenten beschlossene Androhung eines Zwangsgeldes (Abs. 2 S. 1). Zuständig ist der Gesamtvorstand bzw. die Abteilung, welche die Entscheidung getroffen hat. Zulässig ist es, in der Geschäftsordnung des Vorstandes (§ 64 Abs. 2) vorzusehen, daß für die Überprüfung einer Entscheidung einer Abteilung eine andere Abteilung oder der Gesamtvorstand zuständig sein soll. Eine solche Regelung schafft eine zusätzliche Kontrolle innerhalb des Vorstandes.

Erachtet der Vorstand den Antrag des Rechtsanwalts für begründet, hat er **ab-** **23** **zuhelfen** und seine frühere Entscheidung aufzuheben. Der Beschluß über die Aufhebung ist dem Rechtsanwalt gemäß § 229 zuzustellen (Abs. 2 S. 1 analog).

3. Vorlage beim Anwaltsgerichtshof und weiteres Verfahren

Hilft der Vorstand dem Antrag des Rechtsanwalts nicht ab, hat er den Antrag **24** unverzüglich dem Anwaltsgerichtshof bei dem Oberlandesgericht, in dessen Bezirk die Rechtsanwaltskammer ihren Sitz hat, vorzulegen. Hiervon erhält der Rechtsanwalt keine Nachricht, da die Nichtabhilfeentscheidung unanfechtbar ist.

---

[17] *Feuerich/Braun*, § 57 Rdn. 25.

25 Für das sich anschließende Verfahren sind nach Absatz 3 Satz 5 die Vorschriften der StPO über die Beschwerde sinngemäß anzuwenden, soweit ihnen nicht die Sonderregelung des § 57 entgegensteht. Durch diese Verweisung werden die §§ 307 bis 310 und § 311 a StPO entsprechend anwendbar, § 308 StPO mit der Maßgabe, daß die Gegenerklärung gemäß Absatz 3 Satz 5 durch den Vorstand der Rechtsanwaltskammer abzugeben und die Staatsanwaltschaft an dem Verfahren nicht beteiligt ist (Abs. 3 S. 7). Anzuwenden ist auch § 464 StPO. Der Anwaltsgerichtshof hat eine Kostenentscheidung nach § 197 a zu treffen. Unterbleibt diese Kostenentscheidung, sind die Kosten von der Rechtsanwaltskammer zu tragen (§ 198 analog).

26 Die Entscheidung des Anwaltsgerichtshofes ist **unanfechtbar**. Das Gesetz eröffnet einen Beschwerdeweg zum Bundesgerichtshof nicht, da grundsätzliche Fragen, die einer einheitlichen Klärung bedürfen, nicht zur Erörterung stehen und dem Rechtsanwalt mit einer Überprüfung der Entscheidung des Kammervorstandes durch den Anwaltsgerichtshof ein ausreichender Rechtsschutz gewährt wird.[18]

27 Umstritten ist, welche Wirkungen eine **Beitreibung des Zwangsgeldes** während des Verfahrens bei dem Anwaltsgerichtshof hat. *Isele*[19] meint, der Antrag werde unzulässig. *Feuerich*[20] stimmt dem mit der Begründung zu, es läge ein Fall der sog. prozessualen Überholung vor und schlägt vor, das Verfahren für gegenstandslos zu erklären. Anderer Ansicht ist *Jessnitzer*.[21] Er verweist auf den rechtsähnlichen Fall der Festsetzung eines Ordnungsgeldes gegen einen nicht erschienenen Zeugen im Strafverfahren nach § 51 Abs. 1 S. 2 StPO. Dort kann der Zeuge auch noch nach der Vollstreckung des Ordnungsgeldes Beschwerde gegen die Festsetzung einlegen.[22] Dieser Auffassung ist zuzustimmen, weil es sonst dem Belieben der Rechtsanwaltskammer bzw. dem Zufall überlassen bliebe, ob der Rechtsanwalt während des Verfahrens vor dem Anwaltsgerichtshof zur Zahlung gezwungen wird. Nichts anderes kann für eine **freiwillige Zahlung** gelten, die der Rechtsanwalt letztlich nur erbringt, um eine Zwangsvollstreckung von sich abzuwenden.

28 Das Verfahren vor dem Anwaltsgerichtshof löst keine **Gerichtsgebühren** aus. **Auslagen** werden nach den Vorschriften des Gerichtskostengesetzes erhoben (§ 195).

§ 58 Einsicht in die Personalakten

(1) **Der Rechtsanwalt hat das Recht, die über ihn geführten Personalakten einzusehen.**

(2) **Der Rechtsanwalt kann das Recht auf Einsicht in seine Personalakten nur persönlich oder durch einen anderen bevollmächtigten Rechtsanwalt ausüben.**

(3) **Bei der Einsichtnahme darf der Rechtsanwalt oder der von ihm bevollmächtigte Vertreter sich eine Aufzeichnung über den Inhalt der Akten oder Abschriften einzelner Schriftstücke fertigen.**

---

[18] Amtl. Begründung, S. 116 f..
[19] *Isele*, § 57 Anm. VI. B. 5. c) bb).
[20] *Feuerich/Braun*, § 57 Rdn. 27.
[21] *Jessnitzer/Blumberg*, § 57 Rdn. 6.
[22] *Kleinknecht/Meyer*, § 51 Rdn. 28; *Löwe/Rosenberg*, § 51 Rdn. 26.

§ 58 Einsicht in die Personalakten 1–4 § 58

Übersicht

	Rdn.		Rdn.
I. Anwendungsbereich	1	III. Recht auf Akteneinsicht	4–7
II. Begriff der Personalakte	2, 3	1. Umfang des Rechts	4
		2. Akteneinsicht durch Dritte	7

I. Anwendungsbereich

Die Vorschrift regelt das Recht des Rechtsanwalts auf Einsicht in die über ihn geführten Personalakten, ohne zu definieren, welche Akten damit gemeint sind. Hieraus läßt sich nur folgern, daß sich das Recht auf Akteneinsicht auf alle Personalakten erstreckt, die über einen Rechtsanwalt geführt werden. Hierzu gehören die Akten der Landesjustizverwaltung, die Akten der Gerichte, bei denen der Rechtsanwalt im Laufe seines Berufslebens zugelassen ist, und die Akten der Rechtsanwaltskammer. Nicht hierhin gehören die Akten der Anwaltsgerichte und der Staatsanwaltschaft. Das Recht des Rechtsanwalts auf Einsichtnahme in diese Akten ergibt sich aus § 117 b. 1

II. Begriff der Personalakte

Der Begriff der Personalakte ist nicht formell, sondern materiell zu verstehen. Es besteht kein Unterschied zwischen § 58 und den entsprechenden Bestimmungen des Beamtenrechts (z. B. § 90 BBG). Dort ist allgemein anerkannt, daß es für die Frage, ob ein Vorgang zu den Personalakten gehört, nicht darauf ankommt, wo und wie er geführt oder aufbewahrt wird, sondern allein darauf, ob er den Beamten betrifft. Das gilt auch für die über einen Rechtsanwalt geführten Personalakten.[1] Deshalb gehören zu den Personalakten auch die Akten über Aufsichtsmaßnahmen der Rechtsanwaltskammer nach § 74. Selbst wenn diese Akten während des Verfahrens getrennt geführt werden, sind sie ihrer Natur nach von Anfang an als Bestandteil der Personalakten anzusehen und erhalten diese Qualifizierung nicht erst durch den Verfahrensabschluß. Demgemäß hat die Rechtsanwaltskammer dem Rechtsanwalt auch im Rügeverfahren Akteneinsicht zu gewähren. 2

Zu den von der Justizverwaltung geführten Rechtsanwaltspersonalakten gehören nicht die früheren **Referendarpersonalakten**. Das ergibt sich aus der Fürsorgepflicht des Dienstherrn gegenüber dem Referendar als Beamter. Dieser kann erwarten, daß der Dienstherr die im Rahmen des Beamtenverhältnisses entstandenen Personalakten nach dessen Beendigung nicht zu dienstfremden Zwecken verwertet. Für die spätere Tätigkeit des Referendars als Rechtsanwalt sind die über ihn geführten Referendar-Personalakten dienstfremd, weil sie in keinem Zusammenhang mit der Erfüllung der dem Präsidenten des Landgerichts zustehenden Befugnisse gegenüber einem in seinem Bezirk zugelassenen Rechtsanwalt stehen.[2] 3

III. Recht auf Akteneinsicht

1. Umfang des Rechts

Die Akteneinsicht erstreckt sich auf den gesamten Akteninhalt. Dazu gehören auch die Rügeverfahren und die von der Rechtsanwaltskammer beigezogenen 4

---

[1] EGH Hamm AnwBl. 1973, 53.
[2] BVerwG NJW 1987, 1657.

Akten der Staatsanwaltschaft und der Gerichte, solange sie beigezogen sind. Soweit Eintragungen in den Personalakten gemäß § 205 a zu tilgen sind, umfaßt die Akteneinsicht auch die Kontrolle der fristgerechten Tilgung.

5   Das Recht auf Einsicht in die Personalakten kann der Rechtsanwalt nur **persönlich** oder durch einen bevollmächtigten Rechtsanwalt ausüben (Abs. 2). Bei der Einsichtnahme darf der Rechtsanwalt oder der von ihm bevollmächtigte andere Rechtsanwalt eine Aufzeichnung über den Inhalt der Akten oder Abschriften einzelner Schriftstücke fertigen (Abs. 3). Ein Anspruch auf Aushändigung der Akten zur Einsichtnahme außerhalb der Geschäftsräume der Rechtsanwaltskammer besteht nicht.

6   Das Einsichtsrecht erlischt mit dem Ausscheiden des Rechtsanwalts aus der Anwaltschaft. Wenn der ausgeschiedene Rechtsanwalt oder seine Hinterbliebenen ein berechtigtes Interesse an der Einsichtnahme haben, ist es der aktenführenden Behörde nach pflichtgemäßem Ermessen aber unbenommen, die Akteneinsicht auch nach dem Ausscheiden zu gewähren.

2. Akteneinsicht durch Dritte

7   Personalakten sind geheimhaltungsbedürftig. Anderen Behörden dürfen sie zur Einsichtnahme nur zur Verfügung gestellt werden, wenn dafür eine Ermächtigungsgrundlage besteht oder der Rechtsanwalt einverstanden ist. Eine ausreichende Ermächtigungsgrundlage kann sein, daß einer **anderen Behörde** oder einem **Gericht** Aufgaben zugewiesen sind, für deren Wahrnehmung die Einsicht in die Personalakte erforderlich ist.[3] Das gilt vornehmlich für das anwaltsgerichtliche Verfahren, das die Einsichtnahme in die Personalakten des Rechtsanwalts sowohl durch die Staatsanwaltschaft (§§ 120, 144, 147) als auch durch die Gerichte der Anwaltsgerichtsbarkeit rechtfertigt. Gewährt die Rechtsanwaltskammer oder eine andere aktenführende Behörde der Justizverwaltung **ohne Einwilligung** des Rechtsanwalts einer anderen Behörde Einsicht, kann das eine **Schadensersatzverpflichtung** begründen.[4] Daran ändert auch nichts das Prinzip der Amtshilfe. Diese Beistandspflicht der Behörden untereinander kennt Grenzen. Sie werden bestimmt durch das Interesse des Rechtsanwalts an der Geheimhaltung der Personalakten. Fehlt das Einverständnis des Rechtsanwalts, so muß die ersuchte Behörde die beteiligten Interessen gegeneinander abwägen. Dabei werden nur unabweisbare allgemeine und öffentliche Interessen das Geheimhaltungsinteresse des Rechtsanwalts überwiegen können.

§ 59 Ausbildung von Referendaren

(1) **Der Rechtsanwalt hat den Referendar, der im Vorbereitungsdienst bei ihm beschäftigt ist, in den Aufgaben eines Rechtsanwalts zu unterweisen, ihn anzuleiten und ihm Gelegenheit zu praktischen Arbeiten zu geben.**

(2) **Auf den Referendar, der unter Beistand des Rechtsanwalts die Ausführung der Parteirechte übernimmt, ist § 157 Abs. 1 und 2 der Zivilprozeßordnung nicht anzuwenden. Das gleiche gilt, wenn der Referendar den Rechtsanwalt in Fällen vertritt, in denen eine Vertretung durch einen Rechtsanwalt nicht geboten ist.**

---

[3] *Feuerich/Braun,* § 58 Rdn. 19.
[4] OLG Hamm NJW 1971, 468.

§ 59 Ausbildung von Referendaren 1–4 § 59

Schrifttum: *Greißinger,* Ausbildung zum Anwalt, AnwBl. 1985, 450; *Junge-Ilges,* Der Wert der Anwaltstation, AnwBl. 1996, 16; *Kilger,* Referendarausbildung in der Anwaltsstation, DAV-Ratgeber 1992, 39; *Selb,* Der Anwalt als Ausbilder, AnwBl. 1987, 410.

Übersicht

	Rdn.		Rdn.
I. Normzweck............................	1–3	2. Pflichten des Referendars......	10
II. Das Ausbildungsverhältnis.........	4–10	III. Rechte des Referendars vor	
1. Pflichten des Rechtsanwalts...	5	Gericht	11, 12

I. Normzweck

Die Bundesrechtsanwaltsordnung geht stillschweigend davon aus, daß der Rechtsanwalt als Organ der Rechtspflege (§ 1) im Rahmen seiner allgemeinen Berufspflicht (§ 43) an der Ausbildung der Referendare mitzuwirken hat.[1] Ausdrücklich normiert ist diese Pflicht nirgends. Allerdings setzen auch andere Gesetze sie voraus, so § 5 b Abs. 1 S. 2 Nr. 4 DRiG, der die Ausbildung bei einem Rechtsanwalt zu den Pflichtstationen der Ausbildung während des Vorbereitungsdienstes zählt, und die Justizausbildungsgesetze und Justizausbildungsordnungen der Länder. Zudem weist § 73 Abs. 2 Nr. 9 dem Vorstand der Rechtsanwaltskammer ausdrücklich die Aufgabe zu, bei der Ausbildung der Referendare mitzuwirken. Ferner überträgt § 73 Abs. 2 Nr. 10 dem Kammervorstand die Aufgabe, die anwaltlichen Mitglieder der juristischen Prüfungsausschüsse vorzuschlagen und bindet die Rechtsanwaltschaft damit auch in die Prüfung der Referendare ein. *Feuerich*[2] versteht das als einen allgemeinen **öffentlich-rechtlichen Ausbildungsauftrag**. Das ist ein plakativer Begriff, der den Normzweck der Vorschrift überdehnt. 1

Der Zweck der Vorschrift besteht darin, die Berufspflicht des Rechtsanwalts zur Mitwirkung an der Ausbildung der Referendare zu konkretisieren. Gemäß Absatz 1 soll der Rechtsanwalt den Referendar in den Aufgaben eines Rechtsanwalts unterweisen, ihn anleiten und ihm Gelegenheit zu praktischen Arbeiten geben.[3] Einen Rechtsanspruch des Rechtsanwalts auf Zuweisung von Referendaren begründet die Vorschrift nicht.[4] Umgekehrt kann der Rechtsanwalt die Ausbildung nur aus triftigen Gründen (Krankheit) ablehnen.[5] 2

Absatz 2 ist rein zivilprozessualer Natur und gehört eigentlich nicht in die Bundesrechtsanwaltsordnung. Sein Zweck ist es, die Ausbildung des Referendars auch in der mündlichen Verhandlung vor Gericht sicherzustellen.[6] 3

II. Das Ausbildungsverhältnis

Der Referendar bleibt auch während der Ausbildung bei einem Rechtsanwalt sowohl in der Pflicht- als auch in der Wahlstation **Beamter auf Widerruf**. Da die Ausbildung in beiden Stationen zum Vorbereitungsdienst gehört, ist der Referendar zur Mitarbeit ohne Anspruch auf eine Zusatzvergütung verpflichtet. 4

---

[1] Amtl. Begründung, S. 119.
[2] *Feuerich/Braun,* § 59 Rdn. 2, 4 und 6.
[3] Zur Ausbildung durch Rechtsanwälte vgl. *Selb* AnwBl. 1987, 410; ferner Bericht der Bundesrechtsanwaltskammer, BRAK-Mitt. 1987, 175; kritisch *Henssler* AnwBl. 1993, 541 (542 f.).
[4] *Feuerich/Braun,* § 59 Rdn. 3.
[5] Amtl. Begründung, S. 119.
[6] *Isele,* § 59 Anm. VI.

Einigen sich der Rechtsanwalt und der Referendar auf die Zahlung einer nach den Nebentätigkeitsverordnungen für Beamte genehmigungspflichtige Zusatzvergütung, liegt insoweit ein **Dienstvertrag** vor. Aus ihm kann sich die Pflicht des Referendars ergeben, über die Ausbildungstätigkeit hinaus zusätzliche Leistungen zu erbringen.

1. Pflichten des Rechtsanwalts

5   Der Rechtsanwalt hat den Referendar in den Aufgaben eines Rechtsanwalts zu **unterweisen**. Hierunter ist vornehmlich die theoretische Unterrichtung des Referendars über die Stellung des Rechtsanwalts innerhalb der Rechtspflege, über seine Stellung als unabhängiger Berater und Vertreter in allen Rechtsangelegenheiten und über das anwaltliche Berufsrecht zu verstehen.

6   Der Rechtsanwalt hat den Referendar **anzuleiten**. Das bedeutet, sich generell und ständig mit dem Referendar zu beschäftigen und ihn in anwaltliches Denken und Arbeiten einzuführen.

7   Der Rechtsanwalt hat dem Referendar Gelegenheit zu **praktischen Arbeiten** zu geben. Hierin liegt der **Schwerpunkt** der Ausbildung während der Anwaltsstation. Was alles dazu gehört, läßt sich kaum präzise umschreiben. In jedem Fall ist der Rechtsanwalt gehalten, dem Referendar die Anfertigung von Schriftsätzen zu übertragen, ihn an der anwaltlichen Beratungstätigkeit zu beteiligen, an mündlichen Verhandlungen teilnehmen zu lassen und ihm insbesondere Gelegenheit zu geben, sich – vor allem durch Verteidigungen in Strafsachen – im **freien Vortrag** zu üben.

8   Bei Beendigung der Ausbildung hat der Rechtsanwalt dem Referendar ein **Zeugnis** zu erteilen. Das Zeugnis darf nicht irreführend sein und hat sich an den tatsächlichen Leistungen des Referendars zu orientieren. Die Ausstellung eines unvollständigen oder die Leistungen des Referendars überbewertenden Zeugnisses schadet nicht nur dem Referendar, wenn bei anderen Ausbildern dadurch falsche Vorstellungen über die Fähigkeiten des Referendars geweckt werden, sondern bringt den Berufsstand der Rechtsanwälte bei den Prüfungsämtern in Mißkredit.

9   Die Verletzung der Pflicht zur Ausbildung und zur Erteilung eines wahrheitsgemäßen Zeugnisses kann zu **aufsichtsrechtlichen Maßnahmen** führen.

2. Pflichten des Referendars

10   Der Referendar unterliegt als Beamter auf Widerruf auch während der Anwaltsstation den Rechten und Pflichten aus dem Beamtenverhältnis. Das bedeutet, daß der Referendar zur ganztägigen Tätigkeit verpflichtet ist.

III. Rechte des Referendars vor Gericht

11   Gemäß Absatz 2 ist § 157 Abs. 1 und 2 ZPO auf den bei dem Rechtsanwalt in Ausbildung befindlichen Referendar nicht anzuwenden. Der Referendar ist also befugt, im Anwaltsprozeß im Beistand des Rechtsanwalts die Parteirechte wahrzunehmen. In Fällen, in denen eine Vertretung durch einen Rechtsanwalt nicht geboten ist, kann der Referendar auch in Abwesenheit des ausbildenden Rechtsanwalts vor Gericht auftreten. In Strafprozessen gilt § 139 StPO.

12   Die Regelung des Absatz 2 gilt nicht für Referendare, die außerhalb ihrer Ausbildung **nebenberuflich** bei einem Rechtsanwalt arbeiten. Die Bestellung eines Referendars zum allgemeinen Vertreter eines Rechtsanwalts ist zulässig, wenn der Referendar seit mindestens zwölf Monaten im Vorbereitungsdienst tätig ist (§ 53 Abs. 4 S. 2).

§ 59 a Berufliche Zusammenarbeit

(1) Rechtsanwälte dürfen sich mit Mitgliedern einer Rechtsanwaltskammer und der Patentanwaltskammer, mit Steuerberatern, Steuerbevollmächtigten, Wirtschaftsprüfern und vereidigten Buchprüfern in einer Sozietät zur gemeinschaftlichen Berufsausübung im Rahmen der eigenen beruflichen Befugnisse verbinden. § 137 Abs. 1 Satz 2 der Strafprozeßordnung und die Bestimmungen, die die Vertretung bei Gericht betreffen, stehen nicht entgegen. Rechtsanwälte, die zugleich Notar sind, dürfen eine solche Sozietät nur bezogen auf ihre anwaltliche Berufsausübung eingehen. Im übrigen richtet sich die Verbindung mit Rechtsanwälten, die zugleich Notar sind, nach den Bestimmungen und Anforderungen des notariellen Berufsrechts.

(2) Die Sozietät erfordert eine gemeinschaftliche Kanzlei oder mehrere Kanzleien, in denen verantwortlich zumindest ein Mitglied der Sozietät tätig ist, für das die Kanzlei den Mittelpunkt seiner beruflichen Tätigkeit bildet. § 29 a bleibt unberührt.

(3) Eine Sozietät dürfen Rechtsanwälte auch bilden:
1. mit Angehörigen von Rechtsanwaltsberufen aus Mitgliedstaaten der Europäischen Union oder anderen Staaten, die gemäß § 206 berechtigt sind, sich im Geltungsbereich dieses Gesetzes niederzulassen und ihre Kanzlei im Ausland unterhalten;
2. mit Patentanwälten, Steuerberatern, Steuerbevollmächtigten, Wirtschaftsprüfern oder vereidigten Buchprüfern anderer Staaten, die einen in der Ausbildung und den Befugnissen den Berufen nach der Patentanwaltsordnung, dem Steuerberatungsgesetz oder der Wirtschaftsprüferordnung entsprechenden Beruf ausüben und mit Patentanwälten, Steuerberatern, Steuerbevollmächtigten oder Wirtschaftsprüfern im Geltungsbereich dieses Gesetzes eine Sozietät bilden dürfen.

(4) Für Bürogemeinschaften gelten die Absätze 1 und 3 entsprechend.

Schrifttum: Sozietät: *Hartstang,* Der deutsche Rechtsanwalt, 1986, S. 195 ff.; *ders.,* Anwaltsrecht, 1991, S. 30 ff.; *Henssler,* Anwaltschaft im Wettbewerb, AnwBl. 1993, 541; *ders.,* Anwaltsgesellschaften, NJW 1993, 2137; *Kornblum,* Die Haftung assoziierter Rechtsanwälte, BB 1973, 218; *ders.,* Probleme der Haftung assoziierter Rechtsanwälte, AnwBl. 1973, 153; *Michalski,* Die freiberufliche Zusammenarbeit im Spannungsfeld von Gesellschafts- und Berufsrecht, AnwBl. 1989, 65; *Oppenhoff,* Anwaltsgemeinschaften, ihr Sinn und Zweck, AnwBl. 1967, 267; *Rabe,* Der Beruf des Rechtsanwalts – Herausforderung in Gegenwart und Zukunft, AnwBl. 1971, 256; *Redeker,* Spezialisierung und Teamarbeit in der anwaltlichen Praxis, ZRP 1969, 268; *ders.,* Neue Formen der Sozietät, AnwBl. 1987, 583; *Wollny,* Unternehmens- und Praxisübertragungen – Kauf, Verkauf, Anteilsübertragung in Zivil- und Steuerrecht, 1988; *Zuck,* Formen anwaltlicher Zusammenarbeit, AnwBl. 1988, 19. – **Zur überörtlichen Sozietät:** *Ahlers,* Zur Definition der überörtlichen Rechtsanwaltssozietät, AnwBl. 1992, 54; *Feuerich,* Die überörtliche Rechtsanwaltssozietät, AnwBl. 1989, 360; *Harte-Bavendamm,* Überörtliche Anwaltssozietäten – Wettbewerber und „rechtsuchendes Publikum", AnwBl. 1989, 546; *Hauschka,* Die überörtliche Sozietät, AnwBl. 1989, 551; *Kewenig,* Überörtliche Anwaltssozietäten und geltendes Recht, 1989; *Kleine-Cosack,* Zur Zulässigkeit überörtlicher Sozietäten, EWiR 1990, 573; *ders.,* Zur Frage der Voraussetzungen von überörtlichen Anwaltssozitäten, EWiR 1991, 159; *ders.,* Überörtliche Anwaltssozietäten, AnwBl. 1991, 118; *König,* Neues Berufsrecht, überörtliche Sozietät, AnwBl. 1990, 259;

Kotulla, Der anwaltliche „Lokalisierungszwang" und die Berufsfreiheit, AnwBl. 1990, 126; *Michalski,* Zulässigkeit einer überörtlichen Anwaltssozietät, EWiR 1989, 1199; *ders.,* Zulässigkeit und „Firmierung" überörtlicher Anwaltssozietäten, ZIP 1991, 1551; *ders.,* Zulässigkeit und Ausgestaltung überörtlicher Anwaltssozietäten, EWiR 1993, 70; *Papier,* Die überörtliche Anwaltssozietät aus der Sicht des Verfassungs- und Gemeinschaftsrechts, JZ 1990, 253; *ders.,* Aktuelle Rechtsfragen der überörtlichen Anwaltssozietät, BRAK-Mitt. 1991, 2; *Prütting,* Die Zulässigkeit der überörtlichen Sozietät nach geltendem Recht, JZ 1989, 705; *Salger,* Überörtliche Anwaltssozietäten in Deutschland, NJW 1988, 186; *Schroeder/Teichmann,* Die überörtliche Sozietät, AnwBl. 1990, 22; *Schumann,* Die überörtliche Anwaltssozietät, 1990; *ders.,* Die Befreiung der Rechtsanwaltschaft von obrigkeitlichen Schranken, NJW 1990, 2089; *Stefener,* EuGH – Dienstleistungsurteil – Auswirkungen auf Lokalisation und Zweigstellenverbot, AnwBl. 1988, 367; *Teichmann,* Die überörtliche Anwaltssozietät, AnwBl. 1989, 368; *ders.,* Überörtliche Sozietät – Chronologie, AnwBl. 1991, 323; *Theißen,* Die überörtliche Anwaltssozietät, MDR 1993, 1; *Westermann,* Überörtliche Anwaltssozietät, EWiR 1989, 993; *Zuck,* Formen anwaltlicher Zusammenarbeit, AnwBl. 1988, 19; *ders.,* Berufs- und standesrechtliche Rahmenbedingungen der künftigen Formen anwaltlicher Zusammenarbeit und anwaltlicher Werbung, AnwBl. 1988, 367. – **Zur Kooperation:** *Hartung,* Sozietät oder Kooperation- Zwei unterschiedliche Formen beruflicher Zusammenarbeit, AnwBl. 1995, 333; *Zuck,* Vertragsgestaltung bei Anwaltskooperationen, 1995. – **Zur Partnerschaftsgesellschaft:** *Kempter,* Das Partnerschaftsgesellschaftsgesetz, BRAK-Mitt. 1994, 122; *Lenz,* Die Partnerschaft – alternative Gesellschaftsform für Freiberufler?, MDR 1994, 741; *Schmidt,* Die freiberufliche Partnerschaft, NJW 1995, 1; *Seibert,* Zum neuen Entwurf eines Partnerschaftsgesellschaftsgesellschaftsgesetzes, AnwBl. 1993, 155; *ders.,* Die Partnerschaft für die Freien Berufe, DB 1994, 2381. – **Zur EWIV:** *Autenrieth,* Die inländische Europäische wirtschaftliche Interessenvereinigung (EWIV) als Gestaltungsmittel, BB 1989, 305; *Grüninger,* Die deutsche Rechtsanwaltssozietät als Mitglied einer EWIV, AnwBl. 1990, 228; *ders.,* Aspekte, Strategien und Möglichkeiten einer EWIV von Rechtsanwälten AnwBl. 1992, 111; *Kappus/Eckstein,* Europäische wirtschaftliche Interessenvereinigung, AnwBl. 1992, 298; *Müller-Gugenberger,* EWIV – Die neue europäische Gesellschaftsform, NJW 1989, 1449; *Nerlich,* Internationale Kooperationsmöglichkeiten für europäische Rechtsanwälte, 1993; *Rabe,* Auf dem Wege zum neuen anwaltlichen Berufsrecht, NJW 1989, 1113; *Zuck,* Die Europäische wirtschaftliche Interessenvereinigung als Instrument anwaltlicher Zusammenarbeit, NJW 1990, 954.

Übersicht

	Rdn.
A. Entstehungsgeschichte	1–7
B. Normzweck	8–16
C. Anwaltssozietäten	17–67
I. „Klassische" Anwaltssozietät	17–44
1. Zusammenschluß	18
2. Sozietätsname	19
3. Sozietätsfähigkeit	20
a) Anwaltsnotar	21
b) Kammerrechtsbeistand	24
4. Gemeinsame Berufsausübung	25
5. Gemeinsame Entgegennahme von Aufträgen	26
a) Grundsatz	27
aa) Eintritt neuer Mitglieder	28
bb) Ausscheiden aus der Sozietät	29
b) Ausnahmen	30
aa) Wahlverteidigungen	31
bb) Unterschiedliche Postulationsfähigkeit einzelner Sozietätsmitglieder	33
cc) Pflichtverteidigung und Beiordnung	34
6. Gesamtschuldnerische Haftung	35
7. Sonstige Rechtsfolgen gemeinsamer Berufsausübung	40
a) Tätigkeitsverbote	41
b) Zeugnisverweigerungsrecht	42
c) Beschlagnahmeverbot	43
d) Gebührenrecht	44
II. Überörtliche Anwaltssozietät	45–67
1. Definition	45

	Rdn.		Rdn.
2. Gründungsformen	48	a) Bisheriger Rechtszustand	75
a) Gründung durch Einzelanwälte	49	b) Jetzige Rechtslage	76
b) Gründung durch örtliche Anwaltssozietäten	50	6. Berufsrechtliche Bindungen	77
		II. Multinationale interprofessionelle Sozietät	78–82
3. Gestaltungsmöglichkeiten	52	E. Bürogemeinschaft	83–92
a) Sozietät innerhalb einer Gemeinde (Intraurbane Sozietät)	53	I. Definition	84–86
		II. Vertragsinhalt	87, 88
b) Sozietät unterschiedlicher Postulationsfähigkeit (Mischsozietät)	54	III. Berufsrechtliche Auswirkungen	89–92
		1. Verschwiegenheitspflicht	90
		2. Tätigkeitsverbote	91
c) Sozietät mit ausländischen Rechtsanwälten (multinationale Sozietät)	57	3. Werbung	92
4. Besonderheiten	58	F. Weitere Möglichkeiten anwaltlicher Zusammenarbeit	93–120
a) Gesteigerte Verantwortlichkeit	59	I. Angestellter Rechtsanwalt	94–97
b) Vermeidung irreführender Werbung	62	II. Freier Mitarbeiter	98
		III. Kooperation	99–110
c) Zweigstellenverbot	67	1. Definition	101
D. Interprofessionelle Sozietät	68–82	2. Abgrenzung zur Sozietät	103
I. Nationale interprofessionelle Sozietät	69–77	3. Berufsrechtliche Auswirkungen	107
1. Zulässigkeit	69	a) Werbung	108
2. Sozietätsfähige Berufe	70	b) Tätigkeitsverbote	109
3. Angehörige anderer freier Berufe	72	IV. Partnerschaftsgesellschaft	111
4. Rechtsform des Zusammenschlusses	73	V. Europäische wirtschaftliche Interessenvereinigung (EWIV)	112–120
5. Besonderheiten der Sozietät mit einem Anwaltsnotar	74	1. Gesetzliche Grundlage	114
		2. Gesellschaftszweck	115
		3. Einzelheiten	116

A. Entstehungsgeschichte

Fast schon der Regelfall[1] anwaltlicher Berufsausübung ist die Anwaltssozietät. **1** Bis zum Inkrafttreten des Gesetzes über die Neuordnung des Berufsrechts der Rechtsanwälte und der Patentanwälte vom 2. September 1994[2] war sie ohne gesetzliche Regelung. Trotzdem wurde ihre Zulässigkeit schon seit Inkrafttreten der Rechtsanwaltsordnung vom 1. Juli 1878 stillschweigend vorausgesetzt. Seit dem Inkrafttreten des Grundgesetzes ist sie grundgesetzlich garantiert. (Art. 12 Abs. 1 S. 2 GG).

In ihren **Anfängen** stand die Sozietät in **keinem guten Ansehen**. Alles, was **2** wie ein kaufmännischer Betrieb der Rechtsanwaltschaft aussah, begegnete erheblichem Mißtrauen. *Weißler*[3] befürchtete mechanische Betriebsamkeit und ge-

---

[1] Vgl. hierzu *Braun*, BRAK-Mitt. 1987, 4, dessen Bericht über die Entwicklung der Sozietäten von 1967–1985 zwar nicht mehr aktuell, aber noch immer sehr aussagekräftig ist.
[2] BGBl. I, S. 2278.
[3] *Weißler*, Geschichte der Rechtsanwaltschaft, 1905, S. 540.

schäftsmäßige Routine anstelle besserer Leistungen. Noch 1932 beklagte *Jaffé*,[4] die Sozietät verführe zu großbetrieblicher, fabrikähnlicher und unpersönlicher Berufsausübung.

3   Nach dem **Zweiten Weltkrieg** hatte die Rechtsprechung erstmalig 1963 Gelegenheit, sich eingehender mit der gemeinschaftlichen Berufsausübung von Rechtsanwälten in einer Anwaltssozietät zu beschäftigen. Der Bundesgerichtshof[5] führte hierzu aus, durch einen Prozeßauftrag an die in Art einer privatrechtlichen Gesellschaft zusammengeschlossene Anwaltssozietät komme regelmäßig kein Vertrag mit der Sozietät in dem Sinne zustande, daß alle in der Sozietät zusammengeschlossenen Anwälte gemeinsam beauftragt würden, weil dann der Auftraggeber jedem der Anwälte die vollen Gebühren schulde. Erst 1971 fand der Bundesgerichtshof[6] zu seiner heute **gefestigten Rechtsprechung**. Sie geht davon aus, daß die Rechtsanwälte einer Sozietät ihren Beruf im Interesse und auf Rechnung aller Sozien unter Benutzung ihrer gemeinsamen Einrichtungen gemeinsam als eine Einheit ausüben und der Mandant die Gebühren nur einmal schuldet.

4   **Neue Impulse** erhielt die Diskussion über die Anwaltssozietät durch zwei Entscheidungen des Bundesverfassungsgerichts vom 14. Juli 1987,[7] mit denen es die bis dahin geltenden Standesrichtlinien in völliger Umkehr seiner früheren Rechtsprechung außer Kraft setzte. Hinzu kam eine Entscheidung des Europäischen Gerichtshofs,[8] die ausländischen Rechtsanwälten aus dem Bereich der Europäischen Gemeinschaften den Zugang zu allen deutschen Gerichten mit Ausnahme des Bundesgerichtshofs eröffnete. Die deutschen Anwälte, denen die Vertretung in Zivilsachen unverändert nur vor dem Landgericht der Zulassung erlaubt ist,[9] sprachen von einer **Inländerdiskriminierung** der deutschen Anwaltschaft.[10] Auf der Suche nach Auswegen entstand der Gedanke, **überörtliche Sozietäten** zu gründen, um den Wettbewerbsnachteil gegenüber ausländischen Anwälten aufzufangen. So kam es sehr bald zur Gründung von überörtlichen Anwaltssozietäten, zu denen sich Rechtsanwälte aus verschiedenen Landgerichtsbezirken zusammenschlossen. In der zu jener Zeit sehr heftig geführten Diskussion über die berufsrechtliche Zulässigkeit solcher überörtlichen Sozietäten war es die **Rechtsanwaltskammer Düsseldorf**, die als erste Standesorganisation den Mut fand, sich schon im Mai 1989 mit dem sog. **Moerser Beschluß**[11] für die

---

[4] *Jaffé*, Die Beziehungen zwischen verbundenen Anwälten in Rechtsprechung und Schrifttum und Leitfaden für die Abfassung von Sozietätsverträgen, in: Anregungen aus der Praxis des Arbeitsamtes der deutschen Rechtsanwälte, 1932, zitiert nach *Hartstang* II, S. 34.

[5] BGH NJW 1963, 1301.

[6] BGHZ 56, 355 = NJW 1971, 1801.

[7] BVerfGE 76, 171 und 76, 196.

[8] EuGH NJW 1988, 887.

[9] Durch Beschluß vom 5. 12. 1995 hat das Bundesverfassungsgericht entschieden, daß § 78 Abs. 1 und 2 ZPO mit Art. 12 Abs. 1 GG unvereinbar und nichtig ist, soweit er die Vertretungsbefugnis von Rechtsanwälten, die bei einem Land- oder Amtsgericht der neuen Bundesländer zugelassen sind, in Anwaltsprozessen vor den dortigen Land- und Amtsgerichten regelt. Bis zum Inkrafttreten einer neuen gesetzlichen Regelung, längstens bis zum 31. 12. 2004 kann sich eine Partei oder ein am Verfahren beteiligter Dritter in Anwaltsprozessen vor einem Land- oder Amtsgericht der neuen Bundesländer von jedem Rechtsanwalt vertreten lassen, der bei einem Amts- oder Landgericht eines dieser Länder zugelassen ist (AnwBl. 1996, 164).

[10] *Hauschka* AnwBl. 1989, 551 (552).

[11] Der Vorstand der Rechtsanwaltskammer Düsseldorf ehrte durch seine Sitzung in Moers seinen langjährigen Vizepräsidenten *Schardey*, der später Präsident des Deutschen Anwaltsvereins wurde.

Zulässigkeit der überörtlichen Sozietät auszusprechen.[12] Wissenschaftlich begleitet wurde diese Entwicklung von *Prütting*.[13] Noch im selben Jahr bestätigte der Bundesgerichtshof[14] die Zulässigkeit der überörtlichen Sozietät. Die Folge war, daß sich in kürzester Zeit überall in der Bundesrepublik nationale wie internationale überörtliche Sozietäten gründeten. Nur die **Bundesrechtsanwaltskammer** sprach sich unverändert und massiv gegen die überörtliche Sozietät aus und verlangte in ihrer 67. Hauptversammlung[15] sogar, die überörtliche Sozietät nicht in das neue anwaltliche Berufsrecht zu übernehmen, sondern gesetzlich zu verbieten.

Im Zeitpunkt des Inkrafttretens der Novellierung der Bundesrechtsanwaltsordnung durch das Gesetz vom 2. September 1994[16] waren nationale wie internationale überörtliche Sozietäten längst eine Selbstverständlichkeit. Dieser Entwicklung trägt die neue Vorschrift des § 59 a Rechnung, indem sie die örtliche und überörtliche Sozietät in allen ihren Erscheinungsformen **gesetzlich legalisiert** und damit zugleich den Streit um die berufsrechtliche Zulässigkeit überörtlicher Sozietäten beendet.[17] Zu beklagen ist, daß die gesetzliche Neuregelung kaum Neues bringt. Sie sieht von einer detaillierten Regelung ab und überläßt die Anwaltssozietät unverändert Wissenschaft und Rechtsprechung. Die Wissenschaft hat das Recht der Anwaltssozietät allerdings bis heute wenig erforscht. Zu Recht stellte *Henssler*[18] unlängst fest, es sei kaum nachvollziehbar, warum es trotz der Relevanz der Anwaltssozietät nicht schon längst ein Handbuch des Sozietätsrechts gebe und warum die Wissenschaft die Anwaltssozietät beharrlich aus ihrem Interessenkreis ausklammere.

Die **Vorteile** einer beruflichen Zusammenarbeit in einer Sozietät sind vielfältig. Sie ermöglicht die Spezialisierung innerhalb des eigenen Berufs und die Erweiterung des Dienstleistungsangebotes durch eine Verbindung mit Angehörigen der steuer- und wirtschaftsberatenden Berufe. Vorteile liegen auch in der Vertretung bei Urlaub und Krankheit. Dem jungen Rechtsanwalt wird der Eintritt in den Beruf ebenso erleichtert wie dem älteren Rechtsanwalt die Übertragung seines Anteils am Ende seines Berufslebens.

Die **Nachteile** bestehen in der gesamtschuldnerischen Haftung für Fehler der Mitgesellschafter sowie in der Erstreckung der Tätigkeitsverbote (§§ 45, 46) auf alle Gesellschafter, selbst wenn der Grund hierfür nur in der Person eines Gesellschafters eintritt.

B. Normzweck

Zweck der Vorschrift ist es, für die Sozietät in all ihren Erscheinungsformen auf örtlicher, überörtlicher und internationaler Ebene und auch interprofessionell eine gesetzliche Grundlage zu schaffen und die Bürogemeinschaft zu regeln. Sehr

---

12 AnwBl. 1989, 390; zur Chronologie vgl. *Teichmann* AnwBl. 1991, 323.
13 *Prütting* JZ 1989, 705.
14 BGHZ 108, 290 = NJW 1989, 2890 = AnwBl. 1989, 563; vgl. auch BGH NJW 1991, 49; BGH NJW 1991, 1801; BGH NJW 1991, 2780; BGHZ 119, 225 = NJW 1993, 196 = AnwBl. 1993, 130.
15 NJW 1990, Heft 28 S. X f.
16 BGBl. I, S. 2278.
17 Aus den zahlreichen Veröffentlichungen ist eine Auswahl unter der Rubrik „Schrifttum" aufgeführt. Aus der Rechtsprechung siehe BGHZ 108, 290 = NJW 1989, 2890 = AnwBl. 1989, 563; BGHZ 119, 225 = NJW 1993, 196 = AnwBl. 1993, 130.
18 *Henssler* NJW 1993, 2137 (2138).

eingehend ist der Normzweck in der **Bundestagsdrucksache** vom 19. 5. 1993[19] beschrieben. Aus ihr ergibt sich im wesentlichen folgendes:

9 **Absatz 1** nennt die sozietätsfähigen Berufe und stellt klar, daß die Sozietät die Möglichkeit zur gemeinschaftlichen Berufsausübung bietet, ohne die anwaltliche Berufstätigkeit vermehrbar oder teilbar zu machen, so daß es dem Rechtsanwalt verwehrt ist, mehreren Sozietäten anzugehören.

10 **Absatz 1 Satz 2** regelt zwei **Ausnahmen** vom Grundsatz der gemeinsamen Entgegennahme von Aufträgen. Dieser Grundsatz wird nicht dadurch in Frage gestellt, daß eine Sozietät mit mehr als drei Rechtsanwälten in einer Strafsache nicht alle Sozietätsmitglieder zu Verteidigern bestellen (§ 137 Abs. 1 S. 2 StPO) und daß in Zivilsachen der Mandant die Erfüllung des Vertrages nur von den Sozien erwarten kann, die bei dem Gericht postulationsfähig sind, vor dem der Prozeß geführt wird.

11 Die **überörtliche Sozietät** legalisiert das Gesetz, weil sie von vielen Rechtsanwälten als Verbesserung des Dienstleistungsangebots und als Stärkung im Wettbewerb verstanden wird und der Zusammenschluß in einer überörtlichen Sozietät auch dem Einzelanwalt und der kleineren örtlichen Anwaltssozietät eine sonst nicht mögliche überregionale Betätigung ermöglicht. Absatz 2 stellt hierzu klar, daß bei der überörtlichen Sozietät nicht auf eine einzige gemeinschaftliche Kanzlei abgestellt werden kann und daß bei mehreren Kanzleien an jedem Kanzleiort zumindest ein Sozietätsmitglied verantwortlich tätig sein muß, für das diese Kanzlei der Mittelpunkt seiner beruflichen Tätigkeit ist.

12 **Absatz 1** regelt zugleich die **interprofessionelle Zusammenarbeit** zwischen Rechtsanwälten und Angehörigen anderer Berufe in einer Sozietät mit der Maßgabe, daß jedes Sozietätsmitglied nur im Rahmen seiner eigenen beruflichen Befugnis tätig werden darf. Besonders erwähnt wird die **Sozietätsfähigkeit des Anwaltsnotars**. Für ihn kann Gegenstand der gemeinsamen Berufsausübung mit Rücksicht auf das persönlich übertragene Amt des Notars nur die anwaltliche Betätigung sein. Klarstellend wird darauf hingewiesen, daß im notariellen Berufsrecht zu regeln ist, welche Berufe für eine berufliche Zusammenarbeit mit Anwaltsnotaren in Betracht kommen und in welcher Form das möglich sein soll.

13 **Absatz 2** regelt weitere **Kriterien einer Sozietät** auf örtlicher und überörtlicher Ebene und die Bedingungen, unter denen sie zulässig ist. Die Regelungen für die überörtliche Sozietät sollen entsprechend gelten für die Sozietät mit mehreren Kanzleien an einem Ort. Der Unterschied zu einer Zweigstelle (§ 28) wird darin gesehen, daß jede Kanzlei von einem Berufsangehörigen verantwortlich geleitet werden muß.

14 **Absatz 3 Nr. 1** schafft die gesetzliche Grundlage für die Bildung **internationaler Sozietäten zwischen Rechtsanwälten**. Sozietätsfähig sind Rechtsanwälte aus Mitgliedstaaten der Europäischen Union und anderer Staaten, die gem. § 206 berechtigt sind, sich in Deutschland niederzulassen, ihre Kanzlei aber weiter im Ausland unterhalten.

15 **Absatz 3 Nr. 2** trägt der wachsenden internationalen Verflechtung auf den Gebieten des Rechts und der Wirtschaft insbesondere im Hinblick auf den europäischen Binnenmarkt Rechnung und unterstreicht die Notwendigkeit berufsübergreifender Zusammenarbeit über die Staatsgrenzen hinaus. Auch bei der **internationalen interprofessionellen Sozietät** soll darauf geachtet werden, daß der notwendige Qualitätsstandard der Ausbildung und die erforderliche persönliche Eignung auch bei Berufsangehörigen aus anderen Staaten gegeben sind,

---

[19] BT-Drucks. 12/4993, S. 33 ff.

Sozietät,[27] weil die „untere" Sozietät nur Organisationseinheit und reine Innengesellschaft ist und der Rechtsanwalt seine anwaltliche Dienstleistung im Rahmen der übergeordneten überörtlichen Sozietät erbringt.

a) **Anwaltsnotar.**[28] Er ist bezogen auf seine **anwaltliche Berufsausübung** 21 sozietätsfähig (Abs. 1 S. 3). Im Gegensatz zum Nurnotar, der zur hauptberuflichen Amtsausübung auf Lebenszeit bestellt wird (§ 3 Abs. 1 BNotO), ist der Anwaltsnotar **Notar im Nebenberuf** (§ 3 Abs. 2 BNotO). Er ist zunächst Anwalt und wird später nach Auswahlmaßstäben der Landesjustizverwaltungen für die Dauer seiner Zulassung als Rechtsanwalt bei einem bestimmten Gericht als Notar zu gleichzeitiger Amtsausübung neben seinem Beruf als Rechtsanwalt bestellt. Das ist der Grund dafür, daß der Anwaltsnotar sich mit einem Rechtsanwalt soziieren darf. Andernfalls müßte er eine vor seiner Bestellung zum Anwaltsnotar eingegangene Anwaltssozietät nach seiner Bestellung zum Notar verlassen.

Die **Notartätigkeit** des Anwaltsnotars ist **nicht sozietätsfähig**, kann also in- 22 nerhalb einer Anwaltssozietät nicht von den nur anwaltlichen Sozien erbracht werden. Deshalb kann sich eine Sozietät zwischen Rechtsanwalt und Anwaltsnotar gemäß § 9 Abs. 1 BNotO nur auf die Büroorganisation und die anwaltliche Tätigkeit (§ 3 Abs. 2 und 3 BNotO) erstrecken. Dabei gelten für den Anwaltsnotar weitreichende **Tätigkeitsverbote**. So ist ihm nach § 3 Abs. 1 Nr. 5 BUrkG die Mitwirkung an Beurkundungen in Angelegenheiten verboten, in denen bereits ein anwaltliches Mandat besteht, weil dieses Mandat im Rahmen der Sozietät auch von ihm in seiner Eigenschaft als Rechtsanwalt angenommen worden ist. Eine Überweisung von Mandanten der Sozietät durch die anwaltlichen Sozien zur Beurkundung durch den „hauseigenen" Notar ist also ausgeschlossen.[29] Umgekehrt ist den zur Sozietät gehörenden Rechtsanwälten anwaltliche Tätigkeit untersagt, wenn der zur Sozietät gehörende Anwaltsnotar bereits in seiner Eigenschaft als Notar tätig geworden ist (§ 45 Abs. 1 Nr. 1 und Nr. 2 i. V. m. Abs. 3).

Nicht sozietätsfähig ist der **Nurnotar**. Sonst würde die Trennung zwischen 23 Rechtsanwalt und Notar (§§ 3,9 BNotO) auf dem Umweg über eine Sozietät umgangen und damit der mit § 1, § 3 Abs. 1, § 9 Abs. 1, § 14 BNotO verfolgte Gesetzeszweck unterlaufen. Dieser besteht darin, die Unabhängigkeit des Notaramtes soweit wie möglich zu sichern und jeder Beeinflussung der Unparteilichkeit durch wirtschaftliche Interessen zu entziehen.

b) **Kammerrechtsbeistand.** Er ist sozietätsfähig. Das ergibt sich aus Absatz 1 24 Satz 1, der den Rechtsanwälten eine Sozietät mit den Mitgliedern einer Rechtsanwaltskammer erlaubt, zu denen der Kammerrechtsbeistand (§ 209) gehört. Trotz seiner Kammerzugehörigkeit war die Sozietätsfähigkeit des Rechtsbeistandes zunächst umstritten und ist erst durch eine Entscheidung des Bundesverfassungsgerichts vom 4. 7. 1989[30] anerkannt worden. Die gesetzliche Neuregelung des Absatz 1 Satz 1 bestätigt diese Rechtsprechung. Gleichzeitig stellt sie klar, daß der Kammerrechtsbeistand auch sozietätsfähig ist, wenn es sich bei seinem anwaltlichen Sozius um einen **Anwaltsnotar** handelt.[31] Ob die Sozietät zwischen einem Rechtsanwalt und einem Rechtsbeistand, der nicht Mitglied der Rechts-

---

[27] Vgl. hierzu unten Rdn. 51.
[28] Sie gibt es in den Bundesländern Berlin, Bremen, Hessen, Niedersachsen, Nordrhein-Westfalen mit Ausnahme der Gebiete des rheinischen Rechts und in Schleswig-Holstein, vgl. *Seybold/Schippel/Vetter*, § 3 Rdn. 15 und 30.
[29] *Feuerich/Braun*, § 45 Rdn. 169.
[30] BVerfGE 80, 269 = NJW 1989, 2611 = AnwBl. 1989, 557.
[31] A. A. früher BGH NJW 1988, 208.

anwaltskammer ist, unzulässig bleibt, selbst wenn der Rechtsbeistand zugleich den Beruf des Steuerberaters ausübt,[32] ist zu bezweifeln. Absatz 1 Satz 1 erklärt **Steuerberater** uneingeschränkt für sozietätsfähig. Besitzt der Steuerberater eine Zusatzqualifikation, darf diese, auch wenn sie für sich allein die Sozietätsfähigkeit nicht zu begründen vermag, die Rechtsstellung des Steuerberaters nicht schmälern.

4. Gemeinsame Berufsausübung

25 Wesentliches Kriterium einer Anwaltssozietät ist die gemeinsame Berufsausübung. Sie kommt darin zum Ausdruck, daß die Rechtsanwälte eine **gemeinsame Kanzlei** unterhalten, nach außen mit einheitlichem Briefkopf, einheitlichem Praxisschild und einheitlicher Kanzleibezeichnung auftreten und die **Aufträge gemeinsam entgegennehmen**.[33] Hierzu gehört auch die **gemeinsame Vereinnahmung der Honorare**. Sie muß allerdings nicht über ein gemeinsames Konto aller Gesellschafter erfolgen. Ausreichend ist die gemeinsame Vereinnahmung über ein nur auf den Namen eines Gesellschafters lautendes Konto, vorausgesetzt, daß alle anderen Gesellschafter die Entgegennahme des Honorars mit schuldbefreiender Wirkung gegen sich gelten lassen. In der Praxis geschieht das gelegentlich durch einen Hinweis auf dem Briefpapier hinter der Bankverbindung bzw. der Kontonummer, indem dort der Vermerk „nur RA X" angebracht wird. Erlaubt ist eine solche Handhabung, weil der Mandant vor mehrfacher Inanspruchnahme auf Zahlung von Honorar, wie der Bundesgerichtshof[34] sie anfänglich befürchtete, geschützt ist, wenn er das Honorar nur an einen der zur Sozietät gehörenden Rechtsanwälte zahlt und alle anderen Sozien diese Zahlung als schuldbefreiend gegen sich gelten lassen. Weitergehende Anforderungen an die Entgegennahme der Honorare würden zu einer Bevormundung der Rechtsanwälte führen und ihre interne Organisation in unzulässiger Weise reglementieren.[35]

5. Gemeinsame Entgegennahme von Aufträgen

26 Sie ist ein unverzichtbares Kriterium einer Anwaltssozietät. Fehlt es hieran, so liegt eine Anwaltskooperation vor, die sich von der Sozietät dadurch unterscheidet, daß jeder Kooperationspartner Mandate im eigenen Namen und nicht im Namen der Kooperation entgegennimmt.

27 **a) Grundsatz.** Die Rechtsprechung geht ohne Rücksicht auf anderslautende Regelungen im Gesellschaftsvertrag davon aus, daß das einem zur Sozietät gehörenden Rechtsanwalt angetragene **Mandat** von ihm im **Namen der Sozietät** entgegengenommen wird und er sich nicht nur persönlich, sondern auch seine mit ihm zu gemeinsamen Berufsausübung verbundenen Sozien verpflichtet.[36] Das schließt den Abschluß eines Anwaltsvertrages mit nur einem Mitglied der Sozietät nicht aus. Entscheidend ist, daß der Mandant Klarheit über die Person seines Vertrags- und Haftungspartners hat.[37] In der Praxis ist das **Einzelmandat** in der Sozietät jedoch die Ausnahme. Es bedarf einer ausdrücklichen und klaren Absprache.

---

[32] BGH BRAK-Mitt. 1986, 223.
[33] Vgl. hierzu Rdn. 26–34.
[34] BGH NJW 1963, 1301.
[35] Siehe dazu unten Rdn. 46.
[36] BGHZ 56, 355 (359) = NJW 1971, 838; BGHZ 70, 247 (249) = NJW 1978, 996; BGH NJW 1988, 1973; BGH NJW 1991, 49 (50) BGH NJW 1991, 1225; BGH NJW 1994, 257.
[37] *Henssler* NJW 1993, 2137 (2139).

aa) Eintritt neuer Mitglieder. Treten neue Mitglieder in die Sozietät ein, so 28
erstrecken sich die der Sozietät zuvor erteilten Mandate auch auf sie, wenn der
Mandant nicht ausdrücklich widerspricht.[38] Der Anwaltsvertrag mit einer Sozietät
ist nach der Interessenlage der Parteien in der Regel dahin zu verstehen, daß bei
einer personellen Erweiterung der Sozietät auch deren neue Mitglieder vom
Zeitpunkt ihres Eintritts an mitbeauftragt sein sollen. Der Rechtsuchende, der eine Sozietät beauftragt, will die mit ihr verbundenen Vorteile in Bezug auf Organisation und Arbeitsteilung für sich in Anspruch nehmen.[39] Wird dieser Vorteile wegen nicht ein einzelner Rechtsanwalt, sondern eine Sozietät beauftragt,
haben im Zweifel sowohl der Mandant als auch die Sozietät den Willen, neue
Sozietätsmitglieder in das Auftragsverhältnis einzubeziehen.

bb) Ausscheiden aus der Sozietät. Der Rechtsanwalt, der aus einer Sozie- 29
tät austritt, scheidet nicht ohne weiteres aus den Rechten und Pflichten des Mandatsverhältnisses aus. Zur Überleitung der Rechte, insbesondere des Gebühren-
anspruchs, auf die (Rest-)Sozietät bedarf es einer Regelung im Sozietätsvertrag oder
in einer gesonderten Aufhebungsvereinbarung. Die Pflichten gegenüber dem
Mandanten bleiben bestehen, wenn der Mandant den ausscheidenden Rechtsanwalt nicht ausdrücklich oder zumindest stillschweigend aus dem Vertragsverhältnis entläßt. Wird der Mandant befragt, von welchem Rechtsanwalt das Mandat weiterbearbeitet werden soll, so liegt in seiner Entscheidung, das Mandat der
Sozietät zu belassen, die Beendigung des Mandatsverhältnisses zu dem ausgeschiedenen Rechtsanwalt. Das gilt auch bei einer völligen Auflösung der Sozietät.
Im umgekehrten Fall verliert die Sozietät das Mandat.

b) Ausnahmen. Der Grundsatz der gemeinschaftlichen Entgegennahme von 30
Aufträgen durch alle Mitglieder der Sozietät wird durchbrochen, wenn in einer
Strafsache eine Sozietät mit mehr als drei Rechtsanwälten beauftragt ist, die wegen § 137 Abs. 1 S. 2 StPO nicht alle zu Wahlverteidigern bestellt werden können, oder wenn der Mandant die tatsächliche Erfüllung des Mandats nicht von
allen Sozien erwarten kann, weil nicht alle bei dem Gericht postulationsfähig
sind, vor dem der Prozeß geführt wird. Diesen Fällen trägt Absatz 1 Satz 2 Rechnung, indem er klarstellt, daß das Prinzip der gemeinschaftlichen Haftung, das aus
der gemeinschaftlichen Entgegennahme des Auftrags folgt, auch in solchen Fällen
keine Ausnahme erfährt. Im einzelnen:

aa) Wahlverteidigungen. Gemäß § 137 Abs. 1 S. 2 StPO darf die Zahl der 31
gewählten Verteidiger eines Beschuldigten drei nicht überschreiten. Die dadurch
bedingte Einschränkung, von sämtlichen zur Sozietät gehörenden Rechtsanwälten nur drei beauftragen zu können, würde ohne Absatz 1 Satz 2 Anlaß zu der
Überlegung geben können, ob im Regelfalle auch nur diese drei haften. Solchen Überlegungen will das Gesetz vorbeugen. Die Klarstellung war notwendig,
weil eine Anwaltssozietät als solche nicht Verteidiger sein kann.[40]

Mit § 137 Abs. 1 S. 2 nicht zu verwechseln ist **§ 146 StPO**, wonach ein Ver- 32
teidiger nicht gleichzeitig mehrere derselben Tat Beschuldigte und auch nicht in
einem Verfahren gleichzeitig mehrere verschiedener Taten Beschuldigte verteidigen darf. Diese Regelung berührt das Prinzip der gemeinschaftlichen Beauftra-

---

[38] BGHZ 56, 355 (359) = NJW 1971, 838; BGHZ 70, 247 (249) = NJW 1978, 996;
BGH NJW 1988, 1973; BGH NJW 1991, 45 (50); BGH NJW 1991, 1225; BGH NJW
1994, 257.
[39] BGHZ 56, 355 (360) = NJW 1971, 838.
[40] BVerfGE 43, 79, = NJW 1977, 99; OLG Karlsruhe AnwBl. 1989, 54; dazu auch *Kaiser*
NJW 1982, 1367.

gung nicht. Die Sozietät kann so viele Beschuldigte verteidigen, wie ihr Rechtsanwälte angehören. Die Beschränkung auf den jeweiligen Rechtsanwalt muß in der Vollmachtsurkunde nicht zum Ausdruck kommen, die Sozietät kann also die Vollmacht für sämtliche Sozien entgegennehmen.[41]

33   **bb) Unterschiedliche Postulationsfähigkeit einzelner Sozietätsmitglieder.** Die gesetzliche Neuregelung erlaubt eine Anwaltssozietät auch zwischen Rechtsanwälten mit unterschiedlicher Postulationsfähigkeit. Zulässig ist damit eine **Mischsozietät** zwischen Rechtsanwälten unterschiedlicher Zulassung (Landgericht – Oberlandesgericht). Das war bisher umstritten. *Kleine-Cosack*[42] sah durch solche Sozietäten die mit der gesetzlichen Regelung der Singularzulassung verfolgten Ziele weitgehend umgangen und das gesamte Institut der Singularzulassung verfassungsrechtlich in Frage gestellt. Diese Bedenken hat die in Absatz 1 Satz 2 enthaltene Regelung ausgeräumt. Damit wurde aber auch die Klarstellung notwendig, daß die Bestimmungen, welche die unterschiedlichen Vertretungsbefugnisse bei Gericht betreffen, den Grundsatz der gemeinschaftlichen Entgegennahme der Aufträge durch die Sozietät und damit den der gemeinsamen Haftung nicht durchbrechen, auch wenn der Mandant die Erfüllung des Anwaltsvertrages nicht durch alle Sozien erwarten kann, weil nicht alle bei dem für den Mandanten zuständigen Gericht zugelassen sind.[43] Die Meinung des Oberlandesgerichts Düsseldorf,[44] daß der Anwaltsvertrag nur mit den Sozietätsmitgliedern zustande kommt, die bei dem für die Entscheidung des Rechtsstreits örtlich und sachlich zuständigen Gericht zugelassen sind, ist im Hinblick auf Absatz 1 Satz 2 nicht mehr haltbar.

34   **cc) Pflichtverteidigung und Beiordnung.** Im Gesetz unerwähnt sind die Fälle, daß ein Rechtsanwalt aus einer Sozietät einer Partei beigeordnet (§ 48) oder für einen Beschuldigten zum Pflichtverteidiger bestellt wird. Das erklärt sich daraus, daß sowohl die Beiordnung als auch die Bestellung zum Pflichtverteidiger nur das Verhältnis des Rechtsanwalts zur Staatskasse in Bezug auf den Gebührenanspruch bzw. das Verhältnis zum Gericht (§ 141 Abs. 4 StPO) regeln. Das Mandat nimmt trotzdem die Sozietät entgegen.[45] Der gegen die Staatskasse gerichtete Gebührenanspruch gehört im Innenverhältnis zum Gesellschaftsvermögen der Sozietät.[46]

6. Gesamtschuldnerische Haftung

35   Die zur Sozietät gehörenden Rechtsanwälte haften für **Gesellschaftsschulden** in ihrer Eigenschaft als Gesellschafter gesamtschuldnerisch schon nach den allgemeinen Vorschriften der persönlichen Verpflichtung mehrerer (§§ 420 ff. BGB). Hierauf stellt die gesetzliche Neuregelung aber nicht ab. § 51 a Abs. 2 S. 1 besagt, daß die Mitglieder einer Sozietät **„aus dem zwischen ihr und dem Auftraggeber bestehenden Vertragsverhältnis als Gesamtschuldner"** haften. Für die gesamtschuldnerische Haftung verlangt das Gesetz folglich den Abschluß eines Gesellschaftsvertrages nicht.[47] Diese Betrachtungsweise deckt sich mit der Recht-

---

[41] Dazu OLG Karlsruhe AnwBl. 1976, 52.
[42] *Kleine-Cosack,* Einl. Rdn. 35 (1. Auflage).
[43] Vgl. hierzu unten Rdn. 54.
[44] OLG Düsseldorf NJW-RR 1994, 376.
[45] OLG Köln AnwBl. 1994, 300 = ZIP 1993, 520; a. A. OLG Düsseldorf AnwBl. 1991, 223.
[46] So auch *Feuerich,* § 45 Rdn. 105 (2. Auflage).
[47] So auch *Borgmann/Haug,* § 36 Rdn. 3.

sprechung, welche die gesamtschuldnerische Haftung der zur Sozietät gehörenden Rechtsanwälte schon seit langem an das äußere Erscheinungsbild der Sozietät knüpft. Auch angestellte Rechtsanwälte und freie Mitarbeiter sind in die gesamtschuldnerische Haftung einbezogen, wenn sie, obwohl nicht Gesellschafter, nach außen hin als Mitglied der Sozietät in Erscheinung treten.[48]

Die gesamtschuldnerische Haftung betrifft nur die Haftung aus dem Anwaltsvertrag. **Deliktisches Fehlverhalten** eines zur Sozietät gehörenden Rechtsanwalts begründet nur dessen persönliche Haftung, weil § 31 BGB nicht auf die Gesellschaft bürgerlichen Rechts anwendbar ist.[49] Insoweit bietet die Sozietät haftungsrechtliche Vorteile gegenüber der Partnerschaftsgesellschaft nach dem PartGG, für welche eine akzessorische Haftung der Partner für alle Verbindlichkeiten der Gesellschaft gemäß § 8 PartGG gilt und auf die § 31 BGB anwendbar ist, so daß für deliktisches Fehlverhalten eines Partners alle Partner haften. 36

Bei **Neueintritt** eines Rechtsanwalts in die Sozietät erstrecken sich die der Sozietät erteilten Mandate auch auf ihn.[50] Hieraus folgt seine gesamtschuldnerische Haftung gegenüber den Mandanten zusammen mit den anderen Sozien. Selbst wenn im Sozietätsvertrag über die Abwicklung der im Zeitpunkt des Eintritts laufenden Mandate eine andere Regelung vereinbart ist, wird die gesamtschuldnerische Haftung durch die Aufnahme des Rechtsanwalts in den Briefkopf begründet. 37

Beim **Ausscheiden** eines Rechtsanwalts aus der Sozietät haftet er für Verstöße, die im Zeitraum seiner Zugehörigkeit zur Sozietät begangen worden sind, weiter. Ob die Sozien ihn bei der Auseinandersetzung freizustellen haben, hängt vom Inhalt des Sozietätsvertrages ab. Für Pflichtverletzungen der verbleibenden Sozien in den nach dem Ausscheiden weitergeführten Mandaten haftet der ausscheidende Sozius allerdings nicht mehr. Bejaht man mit der ständigen Rechtsprechung des Bundesgerichtshofes[51] zu Lasten eines in die Sozietät eintretenden Rechtsanwalts, daß mit seinem Erscheinen auf Briefkopf und Kanzleischild die gesamtschuldnerische Haftung begründet wird, muß man umgekehrt davon ausgehen, daß mit dem Wegfall des äußeren Erscheinungsbildes anläßlich des Ausscheidens des Rechtsanwalts seine Mithaftung für künftige Verstöße entfällt.[52] 38

Gemäß § 51 a Abs. 1 kann die persönliche Haftung auf Schadensersatz durch **vorformulierte Vertragsbedingungen** für Fälle einfacher Fahrlässigkeit auf den vierfachen Betrag der Mindestversicherungssumme (zwei Millionen Deutsche Mark) und gemäß § 51 a Abs. 2 S. 1 auch auf einzelne Mitglieder einer Sozietät beschränkt werden, die das Mandat im Rahmen ihrer eigenen beruflichen Befugnisse bearbeiten und namentlich bezeichnet sind. Die Zustimmungserklärung zu einer Beschränkung auf einzelne Mitglieder der Sozietät darf keine anderen Erklärungen enthalten und muß vom Auftraggeber unterschrieben sein. Bis zum Inkrafttreten der gesetzlichen Neuregelung vom 2. September 1994 war eine Beschränkung der Haftung nur im Wege der Individualabrede möglich. Diese ist auch jetzt noch erlaubt, allerdings nur durch schriftliche Vereinbarung im Einzel- 39

---

[48] BGHZ 70, 247 (249) = NJW 1978, 996; BGH NJW-RR 1988, 1299, BGH NJW 1990, 826; BGH NJW 1991, 1225; BGH NJW 1994, 257.
[49] BGHZ 45, 311 = NJW 1966, 1807. Zum Meinungsstand *MünchKomm/Reuter*, § 31 Rdn. 10.
[50] Vgl. oben Rdn. 28.
[51] BGHZ 70, 247 (249) = NJW 1978, 996; BGH-RR 1988, 1299; BGH NJW 1990, 826; BGH NJW 1991, 1225; BGH NJW 1994, 257.
[52] *Borgmann/Haug*, § 36 Rdn. 24.

fall und beschränkt auf die Höhe der Mindestversicherungssumme von 500.000 Deutsche Mark (§ 51 Abs. 4 S. 1).

7. Sonstige Rechtsfolgen gemeinsamer Berufsausübung

40 Der Zusammenschluß von Rechtsanwälten zu gemeinsamer Berufsausübung in der Rechtsform der Sozietät hat außer der gesamtschuldnerischen Haftung ihrer Mitglieder weitere Rechtsfolgen sowohl auf dem Gebiet des Berufsrechts als auch im Bereich des Strafprozeß- und des Gebührenrechts.

41 **a) Tätigkeitsverbote.** Die in §§ 45, 46 geregelten Tätigkeitsverbote gelten nicht nur für den Rechtsanwalt, in dessen Person der das Tätigkeitsverbot auslösende Tatbestand erfüllt ist, sondern für alle Mitglieder der Sozietät (§ 45 Abs. 3, § 46 Abs. 3). Anders ist das bei den **kommunalrechtlichen Tätigkeitsverboten** der einzelnen Gemeindeordnungen.[53] Sie treffen nur den Rechtsanwalt, der Mitglied des Gemeinde- oder Kreisrates ist. Die übrigen Rechtsanwälte der Sozietät sind nicht gehindert, Mandate gegen die Kommune zu übernehmen.[54]

42 **b) Zeugnisverweigerungsrecht.** Das Recht des Rechtsanwalts, gemäß § 53 Abs. 1 Nr. 3 StPO die Aussage als Zeuge zu verweigern, erstreckt sich auf alle Sozien.[55] Dabei ist es gleichgültig, ob sie innerhalb der Sozietät Sachbearbeiter waren oder ob sie ihre Kenntnisse nur zufällig im Zusammenhang mit ihrer Tätigkeit in der Sozietät erlangt haben. Der Mandant erteilt den Auftrag allen Sozien, diese nehmen das Mandat gemeinsam entgegen. Daraus folgt, daß sämtliche Sozien zur Zeugnisverweigerung berechtigt sein müssen, weil sonst das Berufsgeheimnis der beauftragten Rechtsanwälte aufgehoben wäre.

43 **c) Beschlagnahmeverbot.** Gleiches gilt für das dem Zeugnisverweigerungsrecht entsprechende Beschlagnahmeverbot des § 97 Abs. 1 StPO. Es setzt zwar nach § 97 Abs. 2 S. 1 StPO voraus, daß die zu beschlagnahmenden Gegenstände im Gewahrsam dessen sind, der zur Verweigerung des Zeugnisses berechtigt ist. Bei einer Sozietät ist jedoch davon auszugehen, daß alle Mitglieder der Sozietät Gewahrsamsinhaber sind. Deshalb sind die im Gewahrsam einer Anwaltssozietät befindlichen Gegenstände, die gemäß § 97 Abs. 1 StPO sonst der Beschlagnahme unterliegen, in einer Anwaltssozietät unabhängig davon geschützt, wer das Mandat bearbeitet hat.[56] Das gilt nicht, wenn ein Mitglied der Sozietät einer Straftat verdächtig ist (§ 97 Abs. 2 S. 3).[57] Gesetzliche Grundlage einer Durchsuchung der Kanzlei der Sozietät ist dann nicht § 103 StPO, sondern § 102 StPO.[58]

44 **d) Gebührenrecht.** Die Sozietät kann das nach der Bundesrechtsanwaltsgebührenordnung anfallende Honorar nur einmal fordern. § 5 BRAGO gilt nicht, weil die in einer Sozietät zusammengeschlossenen Rechtsanwälte nicht nebeneinander, sondern miteinander tätig werden.[59] Führen die Mitglieder einer Sozietät einen Prozeß außerhalb eines Mandatsverhältnisses, so gilt § 6 Abs. 1 S. 2 BRAGO, so daß die **Erhöhungsgebühr** anfällt. Das gilt nicht bei **Prozessen aus dem Mandatsverhältnis**, gleichgültig, ob die Sozietät Kläger oder Beklagter

---

[53] Zur Verfassungsmäßigkeit dieser Verbote vgl. BVerfG NJW 1988, 1994; BVerwG NJW 1984, 377.
[54] BVerfGE 56, 99 = NJW 1981, 1599; E 61, 68 = NJW 1982, 2177; BVerwG NJW 1988, 1994.
[55] OLG Oldenburg NJW 1982, 2615.
[56] *Löwe/Rosenberg/Schäfer,* § 97 Rdn. 18; *Höser* MDR 1982, 535.
[57] Dazu BGHSt 33, 347; BGH NJW 1982, 2508.
[58] BGH NStZ 1986, 84.
[59] BGHZ 56, 355 = NJW 1971, 1801.

ist.⁶⁰ Der Mandant muß davor geschützt werden, daß er bei Streitigkeiten aus dem Mandatsverhältnis mit einem erhöhten Kostenrisiko belastet wird, das von der Zahl der Mitglieder der Sozietät abhängig ist. Die schutzwürdigen Belange des Mandanten verlangen, daß die Sozietät, die ihm bei der Erteilung des Mandats als Einheit gegenübertritt, diesen Status auch dann beibehält, wenn es zu einem Rechtsstreit zwischen ihm und der Sozietät kommt.⁶¹

II. Überörtliche Anwaltssozietät

1. Definition

Die überörtliche Anwaltssozietät ist ein den Anforderungen an eine 45 „klassische" örtliche Anwaltssozietät entsprechender gesellschaftsrechtlicher Zusammenschluß von Rechtsanwälten und/oder Anwaltssozietäten unter Beibehaltung der verschiedenen inner- oder überörtlichen Kanzleien. Diese auf eine Kurzform gebrachte Definition der überörtlichen Sozietät läßt sich in der von der Rechtsprechung entwickelten und teilweise nunmehr im Gesetz wiederkehrenden **Kriterien** auflösen. *Henssler*⁶² hat sie wie folgt formuliert:

(1) Jedes Mitglied muß durch die Sozietätsvereinbarung ermächtigt und grundsätzlich verpflichtet werden, den Anwaltsvertrag mit Wirkung für und gegen alle Sozien abzuschließen.

(2) An jedem Kanzleiort muß zumindest ein Sozietätsmitglied – also nicht nur ein angestellter Anwalt – zugelassen sein und dort den Mittelpunkt seiner beruflichen Tätigkeit unterhalten.⁶³

(3) Jedes Sozietätsmitglied darf nur eine Kanzlei unterhalten, das Zweigstellenverbot muß also beachtet werden.⁶⁴

(4) Die Kanzleiorte der jeweiligen Sozietätsmitglieder sind auf dem Briefbogen deutlich hervorzuheben, damit nicht der irreführende Eindruck einer Großkanzlei an einem Ort, an dem tatsächlich nur ein Sozius eine Kanzlei unterhält, entsteht.⁶⁵

(5) Bei der internen Organisation ist auf eine Kollisionsüberwachung der eingehenden Mandate zu achten.⁶⁶ Die erzielten Honorare müssen auf gemeinsamen Konten verbucht werden.

Dieser Katalog der Kriterien einer überörtlichen Sozietät behält auch nach In- 46 krafttreten des § 59 a seine Gültigkeit. Ausgenommen hiervon ist lediglich die von *Henssler*⁶⁷ in Anlehnung an eine Entscheidung des Oberlandesgerichts München⁶⁸ aufgestellte Forderung, die erzielten **Honorare** müßten auf **gemeinsamen Konten** verbucht werden. Der Mandant ist davor zu schützen, daß er bei Beauftragung einer Sozietät wegen des anwaltlichen Honorars mehrfach in Anspruch genommen wird (§ 5 BRAGO). Diese Gefahr besteht nicht, wenn alle zur Sozietät gehörenden Rechtsanwälte die Zahlung an einen von ihnen als

---

⁶⁰ OLG Hamburg BRAK-Mitt. 1989, 220; OLG Köln BRAK-Mitt. 1987, 162; LG Berlin MDR 1988, 971.
⁶¹ *Feuerich*, § 45 Rdn. 138 (2. Auflage).
⁶² *Henssler* NJW 1993, 2137 (2139).
⁶³ OLG Hamm NJW 1991, 2650; anders *Ahlers* AnwBl. 1992, 54 (57 f.).
⁶⁴ Dazu BGH NJW 1993, 196 = AnwBl. 1993, 130 (133).
⁶⁵ Vgl. BGH NJW 1993, 196 = AnwBl. 1993, 130 (133); OLG Düsseldorf NJW 1991, 46; OLG München AnwBl. 1990, 262; *Theißen* MDR 1993, 1.
⁶⁶ OLG München NJW 1990, 2134 = AnwBl. 1990, 262 (264); EGH München AnwBl. 1990, 265 (267).
⁶⁷ *Henssler* NJW 1993, 2137 (2139).
⁶⁸ OLG München NJW 1990, 2134 = AnwBl. 1990, 262 (264).

schuldbefreiend gegen sich gelten lassen.[69] Zutreffend hat der Bundesgerichtshof[70] das vom Oberlandesgericht München aufgestellte Erfordernis gemeinsamer Konten nicht wiederholt.

47 Besonderer Erläuterung bedarf der in Absatz 2 verwendete **Begriff „zumindest"**. Er besagt, daß die überörtliche Sozietät gegen das **Zweigstellenverbot** (§ 28) so lange nicht verstößt, wie verantwortlich zumindest eines ihrer Mitglieder in einer von ihr unterhaltenen örtlichen Kanzlei den Mittelpunkt seiner beruflichen Tätigkeit hat. Das soll ausschließen, daß die Kanzlei von einem angestellten Rechtsanwalt oder einem freien Mitarbeiter geführt wird. Gehören der überörtlichen Sozietät mehrere Mitglieder an, für welche eine örtliche Kanzlei den Mittelpunkt ihrer beruflichen Tätigkeit bildet, müssen sie **schwerpunktmäßig** in dieser Kanzlei tätig sein. „Zumindest" heißt also nicht, daß nur ein Mitglied der überörtlichen Sozietät in einer örtlichen Kanzlei den Mittelpunkt seiner beruflichen Tätigkeit zu behalten braucht und alle übrigen Sozietätsmitglieder den Mittelpunkt ihrer Tätigkeit beliebig von einer Kanzlei in die andere verlegen und auf diesem Wege Zweigstellen unterhalten können. Der Begriff „zumindest" kennzeichnet damit die Grenze zwischen einer zulässigen überörtlichen Sozietät und einer wegen Verstoßes gegen das Zweigstellenverbot unzulässigen Erscheinungsform.

2. Gründungsformen

48 Die überörtliche Anwaltssozietät wird wie eine „klassische" Anwaltssozietät gegründet. Erforderlich ist der Abschluß eines **Gesellschaftsvertrages**.[71] Der Inhalt dieses Vertrages muß den Erwartungen entsprechen, die der Verkehr berechtigterweise mit der Beauftragung einer überörtlichen Anwaltssozietät verbindet.[72] Es kommen folgende Gründungsmöglichkeiten in Betracht:

49 a) **Gründung durch Einzelanwälte.** Erfolgt die Gründung der überörtlichen Sozietät durch Einzelanwälte, so muß für jeden von ihnen die bisherige Kanzlei der Mittelpunkt seiner beruflichen Tätigkeit bleiben (Abs. 2). Wird dieser Mittelpunkt von der einen in die andere Kanzlei verlegt, verstößt das gegen das Zweigstellenverbot. In diesem Fall müssen die zu einer überörtlichen Sozietät verbundenen Rechtsanwälte sich zur „klassischen" örtlichen Anwaltssozietät bekennen, die nur eine Kanzlei unterhalten darf.

50 b) **Gründung durch örtliche Anwaltssozietäten.** Sind an der Gründung der überörtlichen Anwaltssozietät zwei oder mehr örtliche Anwaltssozietäten beteiligt, so können die Vertragspartner zwischen der Möglichkeit einer **„Verschmelzung"** unter Auflösung der bisherigen Sozietäten oder einer **Gründung einer neuen Gesellschaft** bürgerlichen Rechts **unter Fortbestand der bisherigen örtlichen Anwaltssozietäten** wählen. Entscheiden sie sich für die „Verschmelzung",[73] bringen die örtlichen Anwaltssozietäten ihre Gesellschaftsvermögen in die neue überörtliche Sozietät ein und verlieren ihre eigene rechtliche Existenz. In diesem Fall muß in jeder der fortbestehenden örtlichen Kanzleien verantwortlich zumindest ein Mitglied der neuen überörtlichen Sozietät tätig sein, für das die Kanzlei den Mittelpunkt der beruflichen Tätigkeit bildet.

---

[69] Vgl. hierzu Rdn. 25.
[70] BGHZ 119, 225 = NJW 1993, 196 = AnwBl. 1993, 130.
[71] Vgl. hierzu den Mustervertrag in AnwBl. 1991, 321.
[72] BGH NJW 1993, 196 = AnwBl. 1993, 130.
[73] Vgl. hierzu den Mustervertrag, AnwBl. 1991, 321.

Sollen die bisherigen örtlichen Anwaltssozietäten rechtlich bestehen bleiben, **51** kommt es zur Bildung einer überörtlichen **doppelstöckigen Sozietät**. Das ist zivilrechtlich möglich, weil eine Gesellschaft bürgerlichen Rechts Gesellschafter einer anderen Gesellschaft bürgerlichen Rechts sein kann.[74] Berufsrechtlich gilt Absatz 2 Satz 1. In jeder Kanzlei der fortbestehenden örtlichen Sozietäten muß verantwortlich zumindest ein Mitglied der überörtlichen Sozietät tätig sein, für das diese Kanzlei der Mittelpunkt der beruflichen Tätigkeit ist. Gleichzeitig müssen die örtlichen Sozietäten ihre „**unternehmerische**" **Selbständigkeit** aufgeben, ihren **Gesellschaftszweck** auf die Führung und Verwaltung der örtlichen Kanzlei beschränken und sich nur noch als bloße **Organisationseinheit** in Form einer **Innengesellschaft** betätigen.[75] Als solche dürfen sie weder einen selbständigen Namen führen, insbesondere keinen eigenen Gesamtnamen (Kurzbezeichnung), noch Aufträge im eigenen Namen entgegennehmen. Hierzu ist nur die neue überörtliche Sozietät befugt. Sie darf einen Gesamtnamen führen, der sich aus mehreren einzelnen Namen der verschiedenen örtlichen Anwaltssozietäten zusammensetzt oder – als denkbar kürzesten Gesamtnamen – den Namen eines einzigen Gesellschafters tragen. Die gesamtschuldnerische Haftung gegenüber den Mandanten trifft alle Gesellschafter der überörtlichen Sozietät und, da deren Gesellschafter die örtlichen Anwaltssozietäten sind, auch deren Gesellschafter.

3. Gestaltungsmöglichkeiten

Bei der überörtlichen Anwaltssozietät ist zwischen **intraurbanen Sozietäten** **52** (Zusammenschluß von Rechtsanwälten innerhalb eines Ortes), **Mischsozietäten** (Zusammenschluß von Rechtsanwälten unterschiedlicher Postulationsfähigkeit) und **multinationalen Sozietäten** (Zusammenschluß deutscher Rechtsanwälte mit ausländischen Rechtsanwälten) zu unterscheiden.

a) Sozietät innerhalb einer Gemeinde (Intraurbane Sozietät). Zulässig **53** ist eine „überörtliche" Sozietät zwischen Rechtsanwälten, die bei demselben Gericht zugelassen sind und in ein und derselben Gemeinde ihre Kanzleien unterhalten.[76] In der Praxis ist diese Sozietätsform die Ausnahme. Rechtsanwälte, die ihre Kanzleien am selben Ort mit Zulassung bei demselben Gericht führen, stehen miteinander im Wettbewerb. Wenn sie sich zusammenschließen, geschieht das meist in der Form der „klassischen" örtlichen Anwaltssozietät in einer Kanzlei unter gleichzeitiger Aufgabe der anderen.

b) Sozietät bei unterschiedlicher Postulationsfähigkeit (Mischsozietät). **54** Eine überörtliche Sozietät können, wie Absatz 1 Satz 2 mit dem Hinweis belegt, daß die Bestimmungen über die Vertretung bei Gericht einer Sozietät nicht entgegenstehen, auch Rechtsanwälte mit unterschiedlicher Postulationsfähigkeit führen.[77] Das war vor dem Inkrafttreten des § 59 a nicht unumstritten. *Kleine-Cosack*[78] sah durch solche Mischsozietäten die mit der gesetzlichen Regelung der Singularzulassung verfolgten Ziele weitgehend umgangen und das gesamte Institut der Singularzulassung verfassungsrechtlich in Frage ge-

---

[74] RGZ 136, 236 (240); *MünchKomm/Ulmer*, § 705 Rdn. 67.
[75] A. A. *Ahlers* AnwBl. 1992, 54 (56).
[76] So BGH NJW 1994, 2288 = EWiR 1994, 865 mit Anm. v. *Taupitz*; OLG Karlsruhe NJW 1992, 1837.
[77] Vgl. hierzu auch oben Rdn. 33.
[78] *Kleine-Cosack,* Einl. Rdn. 31 (1. Auflage).

stellt.⁷⁹ Diese Bedenken sind durch Absatz 1 Satz 2 ausgeräumt. In der Praxis ist die Mischsozietät besonders in **Bundesländern ohne Simultanzulassung** (§ 226 Abs. 2) anzutreffen. Sie ermöglicht die Führung von Prozessen durch mehrere Instanzen, ohne das **Vieraugenprinzip** zu gefährden.⁸⁰

55 Der einer Mischsozietät erteilte Auftrag erstreckt sich regelmäßig auf alle Sozietätsmitglieder, auch wenn sie nicht bei dem Prozeßgericht zugelassen sind.⁸¹ Das hat für den Mandanten die Konsequenz, daß er mit der Erteilung der Vollmacht nicht nur den erstinstanzlichen, sondern zugleich auch den zweitinstanzlichen Rechtsanwalt bestimmt. Ist er mit der erstinstanzlichen Tätigkeit der Mischsozietät nicht zufrieden, muß er das Mandatsverhältnis kündigen. Dafür hat er den Vorteil, sich bei einer Berufung seines Gegners nicht um einen zweitinstanzlichen Rechtsanwalt kümmern zu müssen.

56 Zulässig ist auch eine Sozietät zwischen Rechtsanwälten, die bei dem **Bundesgerichtshof** zugelassen sind, und Rechtsanwälten mit einer Zulassung bei einem **Land- oder Oberlandesgericht**. § 172 a steht nicht entgegen. Er erlaubt zwar nur eine **Zweiersozietät** und auch sie nur, wenn beide Rechtsanwälte bei dem Bundesgerichtshof zugelassen sind. Die gerade erst durch das Gesetz zur Neuordnung des Berufsrechts der Rechtsanwälte und der Patentanwälte vom 2. September 1994⁸² eingeführte Regelung verstößt jedoch gegen Art. 12 Abs. 1 S. 2 GG.⁸³ Der **Grundgesetzverstoß** leitet sich aus der Verfassungswidrigkeit des § 168 Abs. 2⁸⁴ her, die inzwischen auch der Gesetzgeber erkannt hat. Zwei Abgeordnete des Bundestages haben angekündigt, dieses Problem in der neuen Legislaturperiode zu lösen.⁸⁵

57 **c) Sozietät mit ausländischen Rechtsanwälten (multinationale Sozietät).** Der Ruf nach international ausgerichteten Anwaltssozietäten ist mit der zunehmenden Internationalisierung der Wirtschaft immer lauter geworden. Deshalb erlaubt Absatz 3 Nr. 1 den deutschen Rechtsanwälten die Bildung einer Sozietät mit Angehörigen von Rechtsanwaltsberufen aus Mitgliedstaaten der **Europäischen Union** oder **anderen Staaten**, die gemäß § 206 berechtigt sind, sich in der Bundesrepublik Deutschland niederzulassen, und ihre Kanzlei im Ausland unterhalten.⁸⁶ Die umgekehrte Frage, unter welchen Voraussetzungen deutsche Rechtsanwälte sich im Ausland niederlassen und dort Mitglied einer Anwaltssozietät werden dürfen, beantwortet sich nach den **Niederlassungsvorschriften des Aufnahmestaates**.⁸⁷ Diese müssen sich wegen des Vorrangs des Europarechts an den Vorgaben des Gemeinschaftsrechts messen lassen.

---

⁷⁹ Dazu BGH BRAK-Mitt. 1992, 169; BGH BRAK-Mitt. 1994, 46 zur Frage der Verfassungskonformität; vgl. früher auch *Feuerich*, § 45 Rdn. 10–26 in der 1. Aufl.; noch heute *Jessnitzer/Blumberg*, § 25 Rdn. 4.

⁸⁰ Zur Verfassungsmäßigkeit der Singularzulassung siehe BGH NJW 1992, 169.

⁸¹ OLG Düsseldorf AnwBl. 1995, 193.

⁸² BGBl. I, S. 2278.

⁸³ Vgl. hierzu § 172 a Rdn. 5.

⁸⁴ Vgl. hierzu ausführlich *Hartung* JZ 1994, 117; *ders.* JZ 1994, 403; *Krämer* JZ 1994, 400; *Tilmann* BRAK-Mitt. 1994, 118; kritisch *Birnkraut* BRAK-Mitt. 1994, 194.

⁸⁵ Vgl. die Ausführungen der Bundestagsabgeordneten *von Renesse*, Plenarprotokoll 12.230 über die 230. Sitzung des Bundestages vom 26. Mai 1994, S. 20011 und des Bundestagsabgeordneten *Lehne*, a.a.O. S. 20015.

⁸⁶ Dazu ausführlich *Nerlich* AnwBl. 1994, 529, der unter dem Titel „Anwaltssozietäten in Europa" über die Niederlassungsvorschriften der Mitgliedstaaten der Europäischen Union einen umfassenden Überblick gibt.

⁸⁷ Auch hierzu siehe die sehr instruktive Darstellung über Anwaltssozietäten in Europa von *Nerlich* AnwBl. 1994, 529; vgl. auch die Kommentierung zu § 29 a.

4. Besonderheiten

Die überörtliche Anwaltssozietät muß einige Besonderheiten beachten, die sich 58 aus der Unterhaltung mehrerer Kanzleien ergeben.

a) Gesteigerte Verantwortlichkeit. Im Innenverhältnis trifft die überörtli- 59 che Anwaltssozietät wegen der örtlichen Verschiedenheit der Kanzleien und der damit verbundenen Organisationsschwierigkeiten eine gesteigerte Verantwortlichkeit. So muß die überörtliche Anwaltssozietät durch **organisatorische Maßnahmen** sicherstellen, daß die anwaltlichen Sozien in den verschiedenen Kanzleien keine Mandate übernehmen, deren Entgegennahme zu einem Verstoß gegen ein **Tätigkeitsverbot** (§§ 45, 46), zu einem **Interessenwiderstreit** (§ 43 a Abs. 4) oder einem **Parteiverrat** (§ 356 StGB) führen kann. Gleiches gilt für den **Anwaltsnotar**. Er muß dafür sorgen, daß seine anwaltlichen Sozien kein Mandatsverhältnis begründen, dessen Erfüllung dem Grundsatz der Unparteilichkeit des Notars widerspricht.[88] Solche Kontrollen sind berufsrechtlich notwendig und auch zivilrechtlich unumgänglich, weil ein Verstoß gegen die gesetzlichen Tätigkeitsverbote gemäß § 134 BGB zur Nichtigkeit des Mandatsverhältnisses führen kann.[89]

Eine gesteigerte Verantwortlichkeit ergibt sich auch, wenn ein Mandat in ver- 60 schiedenen Kanzleien der überörtlichen Sozietät bearbeitet wird. Insbesondere **Rechtsmittelfristen** sind durch den Rechtsanwalt festzustellen und zu kontrollieren, der die Partei im Prozeß vertritt, auch wenn innerhalb der überörtlichen Sozietät ein anderes Mitglied an einem anderen Kanzleiort als der maßgebliche Vertreter der Partei angesehen wird.[90]

Gebührenrechtlich ist zu beachten, daß die Beauftragung einer überörtlichen 61 Sozietät dem Mandanten Vorteile bringen kann. So fällt die **Prozeßgebühr** im Falle einer Verweisung des Rechtsstreits wegen Unzuständigkeit des zunächst angerufenen Gerichts nur einmal an, wenn die überörtliche Sozietät sowohl vor dem verweisenden als auch vor dem zuständigen Gericht tätig wird.[91] Auch können einzelne Mitglieder einer überörtlichen Sozietät nicht gleichzeitig als Prozeß- und **Verkehrsanwalt** tätig sein.[92] Übernimmt also ein nicht am Ort des Prozeßgerichts tätiges Mitglied der Sozietät die Sammlung des Prozeßstoffes und die Unterrichtung des ebenfalls zur Sozietät gehörenden auswärtigen Prozeßvertreters, so spart der Mandant durch die Beauftragung einer überörtlichen Sozietät einen Verkehrsanwalt und damit die hierfür sonst gemäß § 52 BRAGO zu zahlende Gebühr.

b) Vermeidung irreführender Werbung. Im Außenverhältnis trifft die 62 überörtliche Sozietät eine gesteigerte Verantwortlichkeit bei der **Gestaltung von Briefköpfen, Kanzleischildern, Stempeln** etc. Mit besonderer Sorgfalt ist darauf zu achten, daß die räumlich getrennten Kanzleien gesondert genannt werden und daß jeder Rechtsanwalt unmißverständlich der Kanzlei zugeordnet wird, die den Mittelpunkt seiner beruflichen Tätigkeit bildet. Ein Verstoß gegen diese Verpflichtung verletzt die allgemeine Berufspflicht (§§ 43, 43 b) und ist zudem

---

[88] BGH DNotZ 1992, 455; siehe auch OLG Hamm AnwBl. 1993, 346.
[89] Strittig, vgl. OLG Hamm AnwBl. 1989, 397 und 743; OLG Köln AnwBl. 1980, 70; OLG Hamm NJW-RR 1989, 442; OLG Hamm AnwBl. 1993, 347.
[90] BGH NJW 1994, 1878 = AnwBl. 1994, 422 = BRAK-Mitt. 1994, 183; vgl. auch BGH NJW 1988, 211.
[91] OLG München AnwBl. 1995, 196; siehe auch OLG Düsseldorf NJW-RR 1995, 376, ferner OLG Düsseldorf JR 1994, 110.
[92] OLG Karlsruhe NJW-RR 1995, 377; OLG München AnwBl. 1994, 198; a. A. OLG Frankfurt NJW-RR 1994, 128 = AnwBl. 1994, 46.

gemäß § 3 UWG unter dem Gesichtspunkt der irreführenden Werbung wettbewerbsrechtlich von Relevanz.[93]

63 Die **Rechtsprechung** hat sich auffallend häufig mit den Briefköpfen überörtlicher Sozietäten befassen müssen. Danach ist bei der Gestaltung von Briefköpfen zu beachten:

Briefbögen, Praxisschild, Stempel etc. dürfen nicht den Eindruck erwekken, in einer Kanzlei seien sämtliche zur überörtlichen Sozietät gehörenden Rechtsanwälte tätig, unmißverständlich muß vielmehr zum Ausdruck kommen, welche Rechtsanwälte bei welchem Gericht zugelassen und in welcher Kanzlei sie zu erreichen sind.[94]

64 Zulässig ist es, in der Kopfzeile des Briefbogens einer überörtlichen Anwaltssozietät hinter dem Gesamtnamen die Berufsbezeichnungen „**Rechtsanwälte, Wirtschaftsprüfer, Steuerberater**" zu führen, auch wenn die in der Kopfzeile aufgeführten Mitglieder der Sozietät nicht gleichzeitig Rechtsanwalt, Wirtschaftsprüfer und Steuerberater sind. Der Inhalt einer solchen Kopfzeile besagt nur, daß die in der Kopfzeile aufgeführten Sozietätsmitglieder sich mit Angehörigen der genannten Berufe zusammengeschlossen haben.[95]

65 Auf Briefbogen, Praxisschild, Stempeln etc. darf kein Rechtsanwalt als Mitglied einer überörtlichen Sozietät geführt werden, der nicht Mitglied der Sozietät und deshalb nicht befugt ist, den Anwaltsvertrag mit Wirkung für und gegen alle Sozien abzuschließen und deren gesamtschuldnerische Haftung mit dem Mandanten zu vereinbaren.[96]

66 Unzulässig ist es, auf Briefbögen und Stempeln einer überörtlichen Sozietät **unterschiedliche Kurzbezeichnungen** zu verwenden, die lediglich aus Namen von in der jeweiligen örtlichen Kanzlei tätigen Mitgliedern der Sozietät gebildet werden, weil dadurch der irreführende Eindruck erweckt wird, es handele sich um voneinander unabhängige Sozietäten oder ein Anwalt unterhalte mehrere Kanzleien.[97]

67 c) **Zweigstellenverbot.** Ein berufsrechtlicher Verstoß gegen das Zweigstellenverbot (§ 28) und gegen das Verbot irreführender Werbung (§ 43 b) liegt vor, wenn ein zur überörtlichen Sozietät gehörender Rechtsanwalt seine Tätigkeit dergestalt in den Kanzleibereich eines anderen Sozietätsmitgliedes verlagert, daß dessen Kanzlei zur eigenen Kanzlei wird oder er in der Öffentlichkeit durch entsprechendes Auftreten den Eindruck erweckt, es werde an einem von dem eigenen Kanzleiort verschiedenen Ort eine Zweigstelle unterhalten oder es würden dort Sprechtage abgehalten.[98]

D. Interprofessionelle Sozietät

68 Neben der „klassischen" und der überörtlichen Anwaltssozietät erlaubt das Gesetz die Sozietät zwischen Rechtsanwälten und Angehörigen anderer Berufe

---

[93] OLG Düsseldorf NJW 1991, 46; vgl. hierzu die harte, aber berechtigte Kritik von *Schockenhoff* NJW 1991, 1158, siehe auch OLG Düsseldorf EWiR 1994, 1037 mit Anm. v. *Ring*.
[94] OLG Düsseldorf EWiR 1994, 1037 mit Anm. von *Ring*; OLG München NJW 1990, 2134 = AnwBl. 1990, 262; EGH München BRAK-Mitt. 1992, 224.
[95] BGH NJW 1994, 2288 = AnwBl. 1994, 415; OLG Karlsruhe NJW 1992, 1114.
[96] BGHSt 37, 220 = NJW 1991, 49 = AnwBl. 1991, 97.
[97] OLG Hamm NJW 1994, 868 = BRAK-Mitt. 1994, 183.
[98] BGH NJW 1993, 196 (197); vgl. auch oben Rdn. 47, ferner BayEGH BRAK-Mitt. 1992, 55.

§ 59a Berufliche Zusammenarbeit

sowohl aus der Bundesrepublik Deutschland (Abs. 1 S. 1 = nationale interprofessionelle Sozietät) als auch aus dem Ausland (Abs. 3 Nr. 2 = multinationale interprofessionelle Sozietät).

I. Nationale interprofessionelle Sozietät

1. Zulässigkeit

Die grundsätzliche Zulässigkeit einer interprofessionellen Sozietät war schon vor Inkrafttreten des § 59a unbestritten. Allmählich erweitert hat sich der Kreis der sozietätsfähigen Berufe. So war die Sozietät eines Rechtsanwalts mit einem **Patentanwalt** schon zu einem sehr frühen Zeitpunkt für zulässig erachtet worden.[99] Die Zulässigkeit einer Sozietät mit einem **Steuerberater** hatte der Bundesgerichtshof[100] anfangs offen gelassen und später gestützt auf § 43 i. V. m. § 30 RichtlRA bejaht.[101] Gleiches gilt für den **Wirtschaftsprüfer** und den **vereidigten Buchprüfer**. Nunmehr kommt noch der Beruf des **Steuerbevollmächtigten** hinzu, der bis zur Novellierung der Bundesrechtsanwaltsordnung durch das Gesetz zur Neuordnung des Berufsrechts der Rechtsanwälte und der Patentanwälte vom 2. September 1994[102] von einer Sozietät mit Rechtsanwälten ausgeschlossen war.[103]

2. Sozietätsfähige Berufe

Mit Rechtsanwälten und anderen Mitgliedern einer Rechtsanwaltskammer[104] sind sozietätsfähig **Mitglieder der Patentanwaltskammer, Steuerberater, Steuerbevollmächtigte, Wirtschaftsprüfer** und **vereidigte Buchprüfer**. Die Angehörigen dieser Berufe dürfen sich mit Rechtsanwälten zu einer Sozietät „**im Rahmen der eigenen beruflichen Befugnisse**" verbinden. Dieses Kriterium ersetzt das für die Anwaltssozietät geltende Merkmal der gemeinschaftlichen Entgegennahme der Aufträge durch die Bereitschaft der Angehörigen der sozietätsfähigen Berufe, im Rahmen der eigenen beruflichen Befugnisse für den Mandanten zur Erfüllung des von ihm erteilten Auftrages beizutragen.[105]

Für die Pflichten der einzelnen Sozietätsmitglieder ist die Einschränkung, daß die Angehörigen der sozietätsfähigen Berufe nur im Rahmen der eigenen beruflichen Befugnisse zur Erfüllung des der Sozietät erteilten Auftrages beizutragen haben, in **doppelter Hinsicht** von Bedeutung. Einmal stellt die Einschränkung klar, daß der **Auftrag** nicht von allen, sondern nur von den Sozietätsmitgliedern zu erfüllen ist, in deren beruflichen Aufgabenbereich der Auftrag gehört. Zum anderen ist sie, falls im Sozietätsvertrag keine andere Regelung vereinbart ist, im Regreßfalle **Verteilungsmaßstab** für den dem Mandanten zu ersetzenden Schaden im Verhältnis der Sozietätsmitglieder zueinander in dem Sinne, daß der Schaden das Sozietätsmitglied trifft, zu dessen beruflichen Befugnissen die Erfüllung des Auftrages gehört (§ 426 BGB).

---

[99] So *Lingenberg/Hummel/Zuck/Eich*, § 30 Rdn. 8.
[100] BGH NJW 1964, 2023.
[101] BGHZ 35, 385 = AnwBl. 1978, 373.
[102] BGBl. I, S. 2278.
[103] BGHSt 27, 390 = NJW 1978, 2254; BGHZ 35, 385 = AnwBl. 1978, 373; vgl. auch BVerfG BRAK-Mitt. 1982, 134; vgl. ferner BGHSt 28, 199 (Verbot einer Sozietät zwischen Steuerbevollmächtigten und Rechtsbeistand).
[104] Vgl. hierzu oben Rdn. 20–24.
[105] So die Begründung des Entwurfs der Bundesregierung mit Stand vom 30. März 1992 (nicht veröffentlicht).

3. Angehörige anderer freier Berufe

72 Neben Steuerberatern, Steuerbevollmächtigten, Wirtschaftsprüfern und vereidigten Buchprüfern gibt es weitere Berufe (z. B. Architekten, Ingenieure etc), die im Einzelfall für eine Zusammenarbeit mit Rechtsanwälten in Betracht kommen können. In jüngster Zeit ist die gemeinsame Berufsausübung eines Rechtsanwalts mit einem **Umweltgutachter** in der Diskussion.[106] Absatz 1 Satz 1 erlaubt jedoch über den aufgezählten Personenkreis hinaus eine Zusammenarbeit mit Angehörigen anderer Berufe nicht. Das hat seinen Grund darin, daß dem Rechtsanwalt die Tätigkeit seiner Sozien zugerechnet wird und der Zusammenschluß mit Angehörigen anderer Berufe somit die Grenzen der anwaltlichen Tätigkeit ausdehnt. Die Aufzählung der sozietätsfähigen Berufe in Absatz 1 ist deshalb enumerativ.[107]

4. Rechtsform des Zusammenschlusses

73 Mit Steuerberatern, Steuerbevollmächtigten, Wirtschaftsprüfern und vereidigten Buchprüfern[108] darf der Rechtsanwalt sich nicht nur in der Rechtsform der Sozietät oder der Bürogemeinschaft (Abs. 4), sondern auch in den Rechtsformen zusammenschließen, die den Angehörigen der genannten Berufe im übrigen zur Verfügung stehen. Deshalb kann der Rechtsanwalt **geschäftsführender Gesellschafter** einer Steuerberatungs- und Wirtschaftsprüfungsgesellschaft sowohl in der Rechtsform einer offenen Handelsgesellschaft als auch in der Rechtsform einer Gesellschaft mit beschränkter Haftung sein.[109]

5. Besonderheiten einer Sozietät mit einem Anwaltsnotar

74 Besondere Probleme ergeben sich, wenn zur interprofessionellen Sozietät ein Rechtsanwalt gehört, der zugleich Notar ist (Anwaltsnotar). Absatz 1 Satz 3 und Satz 4 enthalten hierfür besondere Regelungen. Ihre Auslegung bereitet angesichts eines mehrdeutigen Wortlauts Schwierigkeiten.

75 **a) Bisheriger Rechtszustand.** Bisher war dem Anwaltsnotar die gemeinsame Berufsausübung mit anderen Berufen, ausgenommen mit einem Rechtsanwalt,[110] einem Kammerrechtsbeistand und einem Steuerberater,[111] nicht gestattet. Während eine Sozietät zwischen **Rechtsanwalt** und Anwaltsnotar – beide sind Rechtsanwälte und deshalb im „klassischen" Sinne sozietätsfähig – nie umstritten war, wurde eine Sozietät zwischen Anwaltsnotar und **Kammerrechtsbeistand**, deren Zulässigkeit vom Bundesgerichtshof[112] zunächst verneint worden war, erst durch das Bundesverfassungsgericht[113] eröffnet. Eine Sozietät zwischen einem Anwaltsnotar und einem **Steuerberater** war vom Bundesge-

---

[106] Ewer AnwBl. 1995, 161.
[107] Anwaltsgerichtshof Baden-Württemberg BRAK-Mitt. 1995, 169; *Feuerich/Braun*, § 59a Rdn. 14.
[108] Zur Vereinbarkeit des Anwaltsberufs mit anderen beruflichen Tätigkeiten siehe BVerfG NJW 1993, 317.
[109] BGHZ 35, 385; EGH Stuttgart AnwBl. 1987, 42 = BRAK-Mitt. 1987, 45; *Feuerich*, § 45 Rdn. 155.
[110] Vgl. hierzu oben Rdn. 21–23.
[111] BGH NJW 1970, 425.
[112] BGH NJW 1988, 208.
[113] BVerfGE 80, 269 = NJW 1989, 2611 = AnwBl. 1989, 557.

richtshof[114] nur für zulässig gehalten worden, wenn der Steuerberater zugleich Rechtsanwalt war, während eine Sozietät zwischen einem Anwaltsnotar und einem **Nur-Steuerberater** verboten blieb. Diese Rechtslage änderte sich erst, als das Bundesverfassungsgericht[115] in dieser unterschiedlichen Behandlung einen Verstoß gegen Art. 3 Abs. 1 GG sah. Demgegenüber haben sowohl das Bundesverfassungsgericht[116] als auch der Bundesgerichtshof[117] eine Sozietät zwischen Anwaltsnotar und **Wirtschaftsprüfer** übereinstimmend für unzulässig erklärt. Gleiches gilt für eine Sozietät zwischen einem Anwaltsnotar und einem **vereidigten Buchprüfer**. Selbst als Nebenbeschäftigung war dem Anwaltsnotar die Tätigkeit als vereidigter Buchprüfer untersagt.[118]

b) Jetzige Rechtslage. An der Zulässigkeit einer Sozietät zwischen einem Anwaltsnotar und einem Steuerberater, auch wenn er nicht zugleich Rechtsanwalt ist, ändert die gesetzliche Neuregelung nichts. Durch eine Entscheidung des **Kammergerichts**[119] ist jedoch zweifelhaft geworden, ob das bisher geltende **Verbot einer Sozietät zwischen einem Anwaltsnotar und einem Wirtschaftsprüfer** weitergilt. Damit ist zugleich das Verbot der Tätigkeit eines Anwaltsnotars als vereidigter Buchprüfer[120] in Frage gestellt. Das **Kammergericht** betrachtet das Verbot einer Sozietät zwischen Anwaltsnotar und Wirtschaftsprüfer als aufgehoben und stützt seine Meinung auf den Wortlaut von Absatz 1 Satz 3, der „einer solchen Sozietät" nur die uneingeschränkten Verbindungsmöglichkeiten nach Absatz 1 Satz 1 meinen könne. Gegenüber dieser Regelung sei der in Absatz 1 Satz 4 enthaltene Vorbehalt so lange bedeutungslos, wie der Gesetzgeber ihn nicht mit einem ausdrücklichen Verbot ausfülle. Gegen diese Auffassung des Kammergerichts sprechen Entstehungsgeschichte und Normzweck. Die **Entstehungsgeschichte** belegt die Absicht des Gesetzgebers, durch Absatz 1 Satz 4 sicherzustellen, daß die Regelung der Zusammenarbeit von Anwaltsnotaren mit Angehörigen anderer Berufe dem notariellen Berufsrecht vorbehalten bleibt.[121] **Normzweck** des Absatz 1 Satz 1 ist es, die sozietätsfähigen Berufe festzulegen. Diese Grundsatzentscheidung wird in Absatz 1 Satz 3 für den Anwaltsnotar in seiner Eigenschaft als Rechtsanwalt dahin eingeschränkt, daß sich die Sozietät nur auf die anwaltliche Berufsausübung beziehen darf. Absatz 1 Satz 4 stellt zudem klar, daß ein Zusammenschluß des Anwaltsnotars mit Angehörigen der in Absatz 1 Satz 1 genannten anderen Berufe in Bezug auf seine Rechtsstellung als Notar sich nach den Bestimmungen und Anforderungen des notariellen Berufsrechts zu richten hat. Damit bestätigt er den Grundsatz, daß die Zulässigkeit einer beruflichen Verbindung zwischen einem Anwaltsnotar und einem Angehörigen eines anderen Berufes nicht schon deshalb bejaht werden kann, weil dem Nur-Rechtsanwalt eine gemeinsame Berufsausübung erlaubt ist.[122] Ein

---

[114] BGHZ 53, 103 = NJW 1970, 425; BGHZ 64, 214 = NJW 1975, 1414; BGHZ 75, 296 = NJW 1980, 596; BGHZ 78, 237 = NJW 1981, 397; hierzu *Kornblum* NJW 1981, 2735; vgl. auch *Dithmar* AnwBl. 1989, 475.
[115] BVerfGE 80, 269 = NJW 1989, 2611 = AnwBl. 1989, 557.
[116] BVerfGE 54, 237 = NJW 1980, 2123; vgl. auch *Kornblum* AnwBl. 1981, 260.
[117] BGHZ 64, 214 = NJW 1975, 1414 = AnwBl. 1975, 370; BGHZ 75, 296 = NJW 1980, 596; vgl. auch *Kornblum* AnwBl. 1981, 260.
[118] BGH NJW-RR 1993, 438.
[119] KG AnwBl. 1995, 101, inzwischen aufgehoben durch Urteil des BGH vom 18. 9. 1995 = AnwBl. 1996, 45.
[120] BGH NJW-RR 1993, 438.
[121] BT-Drucks. 12/4993, S. 33.
[122] BGHZ 64, 214 (218) = NJW 1975, 1414 = AnwBl. 1975, 370.

weiteres Argument ergibt sich aus § 52 a Abs. 1 S. 2 PatAnwO, § 56 Abs. 1 S. 4 StBerG und § 44 b Abs. 2 S. 2 WPO. Während **§ 44 b Abs. 2 S. 2 WPO** eine gemeinsame Berufsausübung eines Wirtschaftsprüfers mit einem Notar nicht vorsieht, bringen **§ 52 a Abs. 1 S. 2 PatAnwO** und **§ 56 Abs. 1 S. 4 StBerG** unmißverständlich zum Ausdruck, daß die Verbindung mit Rechtsanwälten, die zugleich Notar sind, sich nach den **Bestimmungen** und **Anforderungen des notariellen Berufsrechts** richten soll. Das Berufsrecht der Notare läßt jedoch eine Sozietät zwischen einem Anwaltsnotar und einem Wirtschaftsprüfer unverändert nicht zu, weil die Unabhängigkeit des Notars soweit wie irgend möglich gesichert und jede Beeinflussung der Unparteilichkeit durch wirtschaftliche Interessen vermieden werden soll.[123] Der Gesetzgeber kann allerdings, wenn sich **neue berufspolitische Entwicklungen** anbahnen, eine Sozietät zwischen Anwaltsnotar und Wirtschaftsprüfer zulassen, denn es ist seine Sache, zu entscheiden, für wie gefährlich er die berufliche Zusammenarbeit zwischen dem Anwaltsnotar und dem Wirtschaftsprüfer hält.[124] Solange er an dem Verbot festhält, ist dem Anwaltsnotar eine Beteiligung an einer interprofessionellen Sozietät untersagt, in der Wirtschaftsprüfer oder vereidigte Buchprüfer tätig sind.

6. Berufsrechtliche Bindungen

77 Jedes Mitglied einer interprofessionellen Sozietät unterliegt den Pflichten seines eigenen Berufsrechts. Insoweit ist jedes Mitglied der Sozietät eigenverantwortlich tätig. Weichen die berufsrechtlichen Pflichten der einzelnen Sozietätsmitglieder voneinander ab, gilt das **strengere Berufsrecht**, sofern die Berufspflichten alle Sozietätsmitglieder treffen und nur der Umfang der Berufspflicht unterschiedlich geregelt ist (vgl. z. B. § 51 a Abs. 1 Nr. 2 mit § 54 a WPO oder den unterschiedlichen Regelungen zum Versicherungsschutz). Die **Tätigkeitsverbote** der §§ 45, 46 treffen alle Mitglieder der Sozietät ohne Rücksicht auf ihren Beruf (§ 45 Abs. 3, § 46 Abs. 3). Im Gegensatz dazu richten sich die **kommunalen Tätigkeitsverbote** der einzelnen Gemeindeordnungen nur an das Mitglied der Sozietät, das einen Sitz im Gemeinde- oder Kreisrat hat. Die übrigen Mitglieder der Sozietät sind nicht gehindert, Mandate gegen die Kommune zu übernehmen.[125]

II. Multinationale interprofessionelle Sozietät

78 Die auf nationaler Ebene zulässige örtliche wie überörtliche interprofessionelle Sozietät ist gemäß Absatz 3 Nr. 2 auch als multinationale Sozietät erlaubt. Hierunter sind Sozietäten von Rechtsanwälten mit Patentanwälten, Steuerberatern, Steuerbevollmächtigten, Wirtschaftsprüfern oder vereidigten Buchprüfern anderer Staaten zu verstehen. Sozietätsfähig sind Angehörige dieser ausländischen steuer- und wirtschaftsberatenden Berufe, wenn sie einen nach Ausbildung und Befugnissen der Patentanwaltsordnung, dem Steuerberatungsgesetz oder der Wirtschaftsprüferordnung entsprechenden Beruf ausüben und mit Patentanwälten, Steuerberatern, Steuerbevollmächtigten, Wirtschaftsprüfern oder vereidigten Buchprüfern in der Bundesrepublik Deutschland eine Sozietät bilden dürfen. Die für diese Berufe **einschlägigen Vorschriften** finden sich in § 52 a Abs. 3 Nr. 2 PatAnwO, § 56 Abs. 2 StBerG und § 44 b Abs. 2 S. 2 WPO.

---

[123] BVerfGE 80, 269 = NJW 1989, 2611 = AnwBl. 1989, 557.
[124] *Lingenberg/Hummel/Zuck/Eich*, § 30 Rdn. 37.
[125] Siehe oben Rdn. 41.

§ 52 a Abs. 3 Nr. 2 PatAnwO erlaubt eine Sozietät von **Patentanwälten** 79
mit Rechtsanwälten, Steuerberatern, Steuerbevollmächtigten, Wirtschaftsprüfern
oder vereidigten Buchprüfern anderer Staaten, die einen in der Ausbildung und
den Befugnissen den Berufen nach der Bundesrechtsanwaltsordnung, dem Steuerberatungsgesetz oder der Wirtschaftsprüferordnung entsprechenden Beruf ausüben und mit Rechtsanwälten, Steuerberatern, Steuerbevollmächtigten oder
Wirtschaftsprüfern im Geltungsbereich der Patentanwaltsordnung eine Sozietät
bilden dürfen.

§ 56 Abs. 2 StBerG formuliert, daß ein Zusammenschluß von **Steuerbera-** 80
tern und **Steuerbevollmächtigten** mit ausländischen Berufsangehörigen, die
ihre berufliche Niederlassung im Ausland haben, zulässig ist, wenn diese im Ausland einen den in Absatz 1 genannten Berufen (Wirtschaftsprüfer, vereidigter
Buchprüfer und Mitglieder einer Rechtsanwaltskammer und einer Patentanwaltskammer) in der Ausbildung und den Befugnissen vergleichbaren Beruf ausüben
und die Voraussetzungen für die Berufsausübung den Anforderungen des Steuerberatungsgesetzes im wesentlichen entsprechen.

§ 44 b Abs. 2 S. 2 WPO erlaubt **Wirtschaftsprüfern** und **vereidigten** 81
Buchprüfern (§ 130 WPO) eine gemeinsame Berufsausübung mit Rechtsanwälten, Patentanwälten und Steuerberatern anderer Staaten, wenn diese einen nach
Ausbildung und Befugnissen der Bundesrechtsanwaltsordnung, der Patentanwaltsordnung oder dem Steuerberatungsgesetz entsprechenden Beruf ausüben
und mit Rechtsanwälten, Patentanwälten oder Steuerberatern im Geltungsbereich
der Wirtschaftsprüferordnung ihren Beruf in Sozietäten ausüben dürfen.

Eine **Gegenüberstellung** der § 59 a Abs. 3 Nr. 2 BRAO, § 52 a Abs. 3 Nr. 2 82
PatAnwO, § 56 Abs. 2 StBerG und § 44 b Abs. 2 S. 2 WPO ergibt, daß sämtliche Berufsordnungen ihren eigenen Berufsangehörigen eine internationale interprofessionelle Sozietät erlauben, aber die Anforderungen an die Sozietätsfähigkeit
von Angehörigen der anderen sozietätsfähigen Berufe derjenigen Berufsordnung
unterstellen, die für den vergleichbaren inländischen Berufsangehörigen maßgebend ist. Eine solche „**dynamische**" **Verweisung** trägt den Besonderheiten der
einzelnen Berufe Rechnung und hat zudem den Vorteil, daß jeder Berufsstand
autonom prüfen kann, ob ausländische Berufsangehörige den Anforderungen genügen, die von der eigenen Berufsordnung verlangt werden.

E. Bürogemeinschaft

Rechtsanwälte können anstelle einer Sozietät auch eine Bürogemeinschaft ein- 83
gehen (Abs. 4). Für sie gelten Absatz 1 und 3 entsprechend.

I. Definition

Eine **Legaldefinition** der Bürogemeinschaft fand sich in § 39 Abs. 2 RAG. 84
Danach liegt eine Bürogemeinschaft vor, wenn Rechtsanwälte ein gemeinsames
Büro betreiben und entsprechend vertraglicher Abreden auch die Kosten für die
Führung des Büros angemessen teilen. Die Entgegennahme von Aufträgen und
die Haftung erfolgt bei Bürogemeinschaften nicht gemeinsam.

Die Bürogemeinschaft ist ebenso wie die Sozietät eine **Gesellschaft bürgerli-** 85
chen Rechts.[126] Von der Sozietät unterscheidet sie sich durch den **Gesell-**

---

[126] *Feuerich/Braun*, § 59 a Rdn. 15; *Lingenberg/Hummel/Zuck/Eich*, § 28 Rdn. 52; *Zuck*, Vertragsgestaltung bei Anwaltskooperationen, Rdn. 82.

schaftszweck. Während dieser bei der Sozietät auf die gemeinsame Berufsausübung mit gemeinsamer Kostentragung und Haftung gerichtet ist, beschränkt sich der Gesellschaftszweck bei einer Bürogemeinschaft auf die gemeinsame Nutzung eines Anwaltsbüros und seiner Infrastruktur. Im übrigen behalten die Partner der Bürogemeinschaft ihre **berufliche Selbständigkeit,** üben also den Anwaltsberuf nicht gemeinsam aus und nehmen insbesondere weder Aufträge noch Entgelte gemeinsam entgegen. Die Sozietät ist folglich Berufsausübungsgesellschaft, die Bürogemeinschaft bloße Betriebsgemeinschaft.

86 **Partner einer Bürogemeinschaft** können wie bei einer Sozietät sein:
– Mitglieder einer Rechtsanwaltskammer, Mitglieder einer Patentanwaltskammer, Steuerberater, Steuerbevollmächtigte, Wirtschaftsprüfer und vereidigte Buchprüfer (Abs. 1 S. 1),
– Angehörige von Rechtsanwaltsberufen aus Mitgliedsstaaten der Europäischen Union oder anderer Staaten, welche die Voraussetzungen des § 206 erfüllen (Abs. 3 Nr. 1), und
– Patentanwälte, Steuerberater, Steuerbevollmächtigte, Wirtschaftsprüfer oder vereidigte Buchprüfer anderer Staaten, die einen in der Ausbildung und den Befugnissen den Berufen nach der Patentanwaltsordnung, dem Steuerberatungsgesetz oder der Wirtschaftsprüferordnung entsprechenden Beruf ausüben und mit Patentanwälten, Steuerberatern, Steuerbevollmächtigten oder Wirtschaftsprüfern im Geltungsbereich der Bundesrechtsanwaltsordnung eine Sozietät bilden dürfen.

II. Vertragsinhalt

87 Der Vertrag, durch den die Bürogemeinschaft gegründet wird, sollte den **Umfang der gemeinsamen Nutzung** genau umschreiben und insbesondere festlegen, ob und in welchem Umfang neben der gemeinsamen Nutzung der von beiden Partnern oder nur von einem Partner gemieteten Praxisräume auch eine gemeinsame Nutzung der Praxiseinrichtung erfolgen soll. Das für die Bürogemeinschaft tätige **Personal** kann von jedem Partner getrennt oder auch von allen Partnern gemeinsam angestellt werden. Im Falle gemeinsamer Anstellung sind Arbeitgeber die zur Bürogemeinschaft gehörenden Partner mit der Folge gesamtschuldnerischer Haftung im Rahmen des Arbeitsvertrages. Des weiteren empfiehlt sich eine Regelung der **wechselseitigen Vertretung** in Fällen von Krankheit und Urlaub. Wesentlicher Vertragsbestandteil ist die Regelung der durch die gemeinsame Nutzung entstehenden Kosten. Wegen der Einzelheiten wird auf die von *Zuck*[127] entwickelten Vertragsmuster verwiesen.

88 Besonders zu beachten ist, daß die **Partner** auf Praxisschild, Briefpapier, sonstigen Drucksachen, Stempeln etc. **streng getrennt** bleiben. Erzeugen die in Bürogemeinschaft miteinander verbundenen Partner gegenüber den Mandanten den Anschein einer Sozietät, haften sie nach Rechtsscheingrundsätzen wie die Mitglieder einer Sozietät gesamtschuldnerisch.[128]

III. Berufsrechtliche Auswirkungen

89 Wenngleich eine Bürogemeinschaft sich auf die gemeinsame Nutzung von Räumen, Büroeinrichtung und Personal beschränkt, ergeben sich aus ihr einige die Partner gemeinsam treffende berufsrechtliche Folgen.

---

[127] *Zuck,* Vertragsgestaltung bei Anwaltskooperationen, 1995, Rdn. 76–105.
[128] BGHZ 70, 247 = NJW 1978, 996 = AnwBl. 1978, 259; BGH NJW 1986, 1490.

§ 59a Berufliche Zusammenarbeit

1. Verschwiegenheitspflicht (§ 43 a Abs. 2)

Sie ist in der Bürogemeinschaft von besonderer Bedeutung. Die Angestellten **90** können Kenntnis vom Inhalt der Akten aller an der Bürogemeinschaft beteiligten Rechtsanwälte nehmen. Auch die Partner selbst können sich Kenntnis vom Inhalt der Akten der anderen Partner verschaffen. Deshalb muß sich die Verschwiegenheitspflicht der Rechtsanwälte und der Angestellten auf sämtliche Mandate, die in der Bürogemeinschaft bearbeitet werden, erstrecken. Weitere Rechtsfolge ist, daß die Partner der Bürogemeinschaft gehindert sind, in derselben Rechtssache tätig zu werden und Prozesse gegeneinander zu führen.[129]

2. Tätigkeitsverbote

Die in §§ 45, 46 enthaltenen Tätigkeitsverbote gelten gemäß Absatz 3 beider **91** Vorschriften auch für die mit dem Rechtsanwalt in Sozietät oder „**in sonstiger Weise**" verbundenen Rechtsanwälte und Angehörigen anderer Berufe. Auffällig ist, daß die Bürogemeinschaft nicht ausdrücklich erwähnt wird. Das bedeutet jedoch nicht, daß die Tätigkeitsverbote für die Partner einer Bürogemeinschaft nicht gelten. Der Gesetzgeber hat die Bürogemeinschaft im Gesetzgebungsverfahren als „**in sonstiger Weise**" verbundene Rechtsanwälte verstanden.[130] Die Anwendbarkeit der Vorschriften über die Sozietät (Abs. 4) auf die Bürogemeinschaft belegt zudem die **sachliche Nähe** zwischen beiden Formen anwaltlicher Verbindung. Hieraus kann nur der Schluß gezogen werden, daß die Tätigkeitsverbote der §§ 45, 46 auch für die Partner einer Bürogemeinschaft gelten.[131] Dieses Ergebnis deckt sich mit der früheren Regelung in § 46 Abs. 1 der Grundsätze anwaltlichen Standesrechts, die im Zusammenhang mit dem durch widerstreitende Interessen begründeten Tätigkeitsverbot die Bürogemeinschaft ausdrücklich nannte.

3. Werbung

Die Partner der Bürogemeinschaft dürfen im Rahmen zulässiger **Informati- 92 onswerbung** darauf hinweisen, daß sie eine Bürogemeinschaft unterhalten.[132] Das kann auch auf einem gemeinsamen Briefbogen geschehen. Allerdings ist die Gefahr, aufgrund des äußeren Erscheinungsbildes in eine gesamtschuldnerische Haftung zu geraten, besonders groß. Die Rechtsprechung neigt dazu, Unklarheiten im äußeren Erscheinungsbild als Grundlage für eine gesamtschuldnerische Haftung zu verwenden. Deshalb ist von gemeinsamen Briefpapier dringend abzuraten und bei der Kundgabe der Bürogemeinschaft äußerste Vorsicht angezeigt.

F. Weitere Möglichkeiten anwaltlicher Zusammenarbeit

Die Möglichkeiten einer Zusammenarbeit zwischen Rechtsanwälten und den **93** Angehörigen der steuer- und wirtschaftsberatenden Berufe sind vielfältig. Sie reichen von lockerer und nur gelegentlicher Zusammenarbeit, wie sie beispielsweise bei Korrespondenzmandaten anzutreffen ist, über den angestellten Rechtsanwalt

---

[129] *Feuerich*, § 45 Rdn. 81 (2. Auflage); *Lingenberg/Hummel/Zuck/Eich*, § 28 Rdn. 56.
[130] BT-Drucks. 12/4993 S. 30.
[131] Ebenso *Jessnitzer/Blumberg*, § 45 Rdn. 12.
[132] Siehe das Beispiel bei *Hartstang* II, S. 77.

und den freien Mitarbeiter bis zur gesellschaftsrechtlichen Verknüpfung in verschiedenen Rechtsformen, von denen § 59 a nur die Sozietät und die Bürogemeinschaft erwähnt. Nachstehend wird über andere Möglichkeiten unter Einbeziehung des angestellten Rechtsanwalts und des freien Mitarbeiters ein kurzer Überblick gegeben.

I. Angestellter Rechtsanwalt

94   Ein Rechtsanwalt kann einen anderen Rechtsanwalt als Angestellten beschäftigen. Diese vor allem in größeren Sozietäten praktizierte Form der Zusammenarbeit ist zulässig.[133] Der angestellte Rechtsanwalt ist von dem ihn anstellenden Rechtsanwalt persönlich und sachlich abhängig. Diese Abhängigkeit zeigt sich vor allem in der **Weisungsgebundenheit**, in der Bindung in Bezug auf Zeit und Ort der geschuldeten Dienstleistung, in der **Eingliederung in die Organisation** der vom anstellenden Rechtsanwalt geführten Praxis sowie darin, daß der angestellte Rechtsanwalt eine **feste Vergütung** erhält und am Gewinn der Praxis nicht beteiligt ist. Maßgebend für die rechtliche Einordnung der getroffenen Vereinbarungen als Dienstvertrag ist die **Arbeitswirklichkeit** und nicht die von den Vertragsparteien gewählte Qualifikation.[134]

95   Für das Dienstverhältnis gelten die einschlägigen arbeitsrechtlichen Vorschriften (z. B. die Arbeitszeitordnung und das Bundesurlaubsgesetz). Es besteht **Lohnsteuerpflicht** sowie Versicherungspflicht in der gesetzlichen **Krankenversicherung** (§ 5 Abs. 1 Nr. 1 SGB V) mit der Verpflichtung des anstellenden Rechtsanwalts als Arbeitgeber, bei einer Pflichtversicherung die Hälfte des Beitrages zu tragen (§ 249 Abs. 1 SGB B V) bzw. bei freiwilliger Krankenversicherung einen Beitragszuschuß zu zahlen (§ 257 Abs. 1 SGB V). Unabhängig von der Höhe seines Einkommens ist der angestellte Rechtsanwalt bei der Bundesversicherungsanstalt für Angestellte (§ 2 Abs. 1 Nr. 1, § 3 Abs. 1 Nr. 2 AVG) bzw. im berufsständischen Versorgungswerk **rentenpflichtversichert**. In beiden Fällen trägt der anstellende Rechtsanwalt als Arbeitgeber die Hälfte des Beitrags (§ 112 Abs. 4 AVG). Das gilt auch für die **Arbeitslosenversicherung** (§ 174 Abs. 1, § 175 Abs. 1 AFG), in welcher der angestellte Rechtsanwalt pflichtversichert ist. Den Beitrag für die Pflichtmitgliedschaft zur **Berufsgenossenschaft**, bei welcher der angestellte Rechtsanwalt gegen Arbeitsunfälle versichert ist, zahlt der anstellende Rechtsanwalt allein.

96   Der angestellte Rechtsanwalt unterwirft sich nicht selten für den Fall einer Beendigung des Dienstvertrages **Wettbewerbsverboten** oder **Mandantenschutzklauseln**. Nach der Rechtsprechung des Bundesarbeitsgerichts[135] sind auf das Dienstverhältnis des angestellten Rechtsanwalts die §§ 74 ff. HGB entsprechend anwendbar. Das bedeutet, daß derartige Klauseln auf höchstens zwei Jahre beschränkt bleiben müssen und daß eine Entschädigung gezahlt werden muß (§ 74 Abs. 2 HGB), andernfalls die Vereinbarung, die der Schriftform bedarf (§ 74 Abs. 1 HGB), nichtig ist.

97   Der angestellte Rechtsanwalt darf, obwohl nicht Mitglied der Sozietät bzw. Mitinhaber der (Zweier-)Praxis, im Briefkopf als **Scheinsozius** namentlich ge-

---

[133] BGHZ 65, 238; BGH BRAK-Mitt. 1986, 166; *Wettlaufer* AnwBl. 1989, 194.
[134] BAG DB 1977, 2459; BAG NJW 1984, 1985; LAG Baden-Württemberg AnwBl. 1987, 142; LAG Frankfurt, BRAK-Mitt. 1991, 61; ausführlich *Wettlaufer* AnwBl. 1989, 194; vgl. auch *Kilger* AnwBl. 1992, 212; *Knief* AnwBl. 1985, 58; a. A. BSG BB 1981, 1581.
[135] BAG NJW 1970, 2245 (2246).

nannt werden.[136] Allerdings führt die Nennung des Namens des angestellten Rechtsanwalts zu seiner gesamtschuldnerischen Haftung mit seinem Arbeitgeber.[137] Ein Einzelanwalt spiegelt zudem durch die Aufnahme eines angestellten Rechtsanwalts in den Briefkopf das Bestehen einer Sozietät vor. Das ist wettbewerbswidrig (§§ 1, 3 UWG).

II. Freier Mitarbeiter

Der als freier Mitarbeiter tätige Rechtsanwalt unterscheidet sich vom angestellten Rechtsanwalt durch seine **persönliche Unabhängigkeit**.[138] Regelmäßig unterhält er eine eigene Kanzlei und ist gemäß § 2 UStG Unternehmer und umsatzsteuerpflichtig. Seine Einkünfte aus der Tätigkeit als freier Mitarbeiter unterliegen nicht der Lohnsteuerpflicht, sie sind Einkünfte aus selbständiger Tätigkeit und damit einkommensteuerpflichtig. Sozialversicherungsbeiträge fallen nicht an, stattdessen sorgt der freie Mitarbeiter für seine Krankenversicherung und Altersversorgung selbst. 98

III. Kooperation

Die Diskussion der letzten Jahre über die Zulässigkeit der überörtlichen Sozietät und der Zusammenarbeit von Rechtsanwälten in einer Anwalts-GmbH hat dazu geführt, jene Rechtsanwälte aus den Augen zu verlieren, die außerhalb einer zur gemeinsamen Berufsausübung verpflichtenden Gesellschaftsform (Sozietät, Partnerschaft, GmbH) zusammenarbeiten wollen. Außer einer kürzlich erschienenen Monographie[139] gibt es aus letzter Zeit nur zwei Hinweise auf eine solche Form anwaltlicher Zusammenarbeit. So wird in einem vom Ausschuß „Berufsordnung" der Bundesrechtsanwaltskammer vorgelegten Entwurf einer Berufsordnung,[140] die zur Zeit von der Satzungsversammlung erlassen werden wird (§§ 191 a ff.), in § 14 neben der Sozietät und der Partnerschaftsgesellschaft als weitere Möglichkeit anwaltlicher Zusammenarbeit eine **„auf Dauer angelegte, organisatorisch verfestigte Kooperation"** genannt. Erstmalig aufgetaucht war dieser Begriff – soweit ersichtlich – in einem Entwurf des Richtlinienausschusses der Bundesrechtsanwaltskammer vom Juli 1990.[141] 99

Zur Zeit hat es den Anschein, daß das Interesse an einer solchen Kooperation wächst, wie unter anderem die Monographie von *Zuck*[142] über die Vertragsgestaltung bei Anwaltskooperationen belegt. Sie kommt vor allem für den **Einzelanwalt** und **kleinere Sozietäten** in Betracht, die über eine Kooperation ihre Wettbewerbsfähigkeit erhöhen und verbessern wollen. Eine überörtliche Sozietät erweist sich hierfür häufig als ungeeignet, weil der Einzelanwalt oder die kleine Anwaltssozietät ihren örtlich begrenzten **Bekanntheitsgrad** nicht verlieren wollen und es deshalb ablehnen, als Mitglied einer überörtlichen Sozietät unter einem neuen Gesamtnamen (Kurzbezeichnung), der zumindest in der Kopfzeile nicht die Namen aller Sozietätsmitglieder beinhaltet, in den Hintergrund zu tre- 100

---

136 *Odersky* AnwBl. 1991, 238 (242).
137 BGHZ 70, 247 = NJW 1978, 996.
138 LAG Frankfurt BRAK-Mitt. 1991, 61; *Kaiser* AnwBl. 1991, 133; *Wettlaufer* AnwBl. 1989, 194 (204).
139 *Zuck*, Vertragsgestaltung bei Anwaltskooperationen, 1995.
140 BRAK-Mitt. 1995, 12.
141 BRAK-Mitt. Beiheft August 1990, S. 7; siehe auch DAV, Beiblatt zu AnwBl. 1990, 36.
142 Ausführlich hierzu *Zuck*, (Fn. 139) Rdn. 12–22.

ten. In **Bundesländern ohne Simultanzulassung** (§ 226 Abs. 2) kommt als Motiv hinzu, außerhalb der gesellschaftsrechtlichen Bindungen einer Sozietät, gleichwohl aber in organisatorisch verfestigter Form, in erster und zweiter Instanz zusammenzuarbeiten, wechselseitig Mandate zu vermitteln und so den eigenen Umsatz zu erhöhen. Manche kleinere „klassische" Anwaltssozietät will durch eine Kooperation über die reine Rechtsberatung hinaus eine Steuer- und Wirtschaftsberatung anbieten und schließt sich deshalb mit einem Steuerberater oder Wirtschaftsprüfer zu einer Kooperation zusammen. *Zuck*[143] nennt als weitere Funktionen einer Kooperation die ständige Zusammenarbeit bei gegenseitig zu erteilenden Mandaten (**Korrespondenzfunktion**), den Erfahrungs- und Informationsaustausch (vor allem im internationalen Bereich) oder einen **Einkaufsverbund** zur Erzielung besserer Konditionen.

1. Definition

101 Der Begriff der Kooperation ist gesetzlich nicht definiert und der zivilrechtlichen Gesetzessprache fremd. *Hartstang*[144] versteht unter einer Kooperation eine lockere Zusammenarbeit von Rechtsanwälten verschiedener Zulassungsorte und zieht hieraus den Schluß, daß eine Kooperation kein Gesellschaftsverhältnis begründe. *Zuck*[145] hält verschiedene Vertragstypen für denkbar, so einen gegenseitigen Vertrag mit starken Geschäftsbesorgungs- oder Werkvertragselementen, einen Gesellschaftsvertrag, oder – allerdings nur für die Verwirklichung von Nebenzwecken (Erfahrungs- und Informationsaustausch, Einkaufsverbund) – auch die Rechtsform eines nicht rechtsfähigen Vereins, einer EWIV und einer GmbH. In dem hier verstandenen Sinn ist eine Kooperation eine auf **gesellschaftsvertraglicher Vereinbarung** beruhende dauerhafte und organisatorisch verfestigte Zusammenarbeit von Rechtsanwälten unter Einschluß von Angehörigen der gemäß § 59 a Abs. 1 sozietätsfähigen Berufe zur Verbesserung der Wettbewerbsfähigkeit ohne die bei der Sozietät notwendige gemeinschaftliche Entgegennahme von Aufträgen.

102 Ebenso wie die Gründung einer Sozietät setzt die **Gründung einer Kooperation** den Abschluß eines **Gesellschaftsvertrages** oder wenigstens eines gesellschaftsähnlichen Vertrages voraus. Er führt zum Entstehen einer **Innengesellschaft**, welche die rechtliche und unternehmerische Selbständigkeit der beteiligten Partner unberührt läßt und über die die Partner ihre Zusammenarbeit intern regeln, ohne die Bindungen einer Sozietät und die damit verbundene gesamtschuldnerische Haftung einzugehen. Deshalb muß in dem Kooperationsvertrag festgelegt sein, daß Aufträge und Entgelte von jedem Partner allein entgegengenommen werden, daß die Partner für die Tätigkeit und den Kanzleibetrieb der anderen Partner nicht haften und daß jeder Partner unternehmerisch und rechtlich selbständig bleibt.

2. Abgrenzung zur Sozietät

103 Die Sozietät ist eine **Außengesellschaft**. Sie tritt im Rechtsverkehr als Gesellschaft auf, meist sogar unter einer Kurzbezeichnung. Die Kooperation ist eine Innengesellschaft. Sie präsentiert sich nach außen nicht oder allenfalls durch einen Hinweis auf dem Briefbogen z. B. „in Kooperation mit . . ." oder „in Berufssachen vor dem Oberlandesgericht in Zusammenarbeit mit Rechtsanwalt X".

---

[143] *Zuck*, (Fn. 139) Rdn. 15–21.
[144] *Hartstang* II, S. 57.
[145] *Zuck*, (Fn. 139) Rdn. 26–31; vgl. auch *Hartung* AnwBl. 1995, 333 (335).

Unterschiede gibt es auch bei **Eintritt neuer Partner**. Bei der Sozietät erstrecken sich die der Sozietät vor dem Eintritt erteilten Mandate auf die neuen Gesellschafter. Bei der Kooperation ändert der Eintritt eines neuen Partners an der Zuordnung der Mandate nichts. 104

Am auffälligsten ist der Unterschied zwischen Sozietät und Kooperation bei der **Namensführung**. Die Sozietät hat einen Namen, der sich aus den Familiennamen der einzelnen Gesellschafter zusammensetzt, oder einen (verkürzten) Gesamtnamen, der nur aus den Familiennamen einiger Gesellschafter oder sogar nur aus dem Namen eines einzigen Gesellschafters besteht. Die Kooperation hat keinen Namen. Zutreffend sieht deshalb § 15 Abs. 2 des Entwurfs einer Berufsordnung der Bundesrechtsanwaltskammer[146] vor, daß Rechtsanwälte **Kurzbezeichnungen** nur führen dürfen, wenn ihre gemeinschaftliche Berufsausübung im Rahmen einer Sozietät, einer Partnerschaftsgesellschaft oder in sonstiger Weise erfolgt und läßt hierbei die in § 14 des Entwurfs erwähnte „auf Dauer angelegte organisatorisch verfestigte Kooperation" außer Betracht. 105

Keine Unterschiede zur Sozietät gibt es bezüglich des **Personenkreises**, dem die Gründung einer Kooperation erlaubt ist. Rechtsanwälte können also eine Kooperation mit anderen Mitgliedern einer Rechtsanwaltskammer und mit Patentanwälten, Steuerberatern, Steuerbevollmächtigten, Wirtschaftsprüfern und vereidigten Buchprüfern sowohl aus der Bundesrepublik Deutschland als auch – unter den Voraussetzungen des § 59a Abs. 3 – aus dem Ausland unterhalten. 106

3. Berufsrechtliche Auswirkungen

Jeder Partner einer Kooperation ist für die Beachtung der gesetzlichen oder durch die Berufsordnung (§ 59 b) auferlegten Pflichten selbst verantwortlich. Gemeinsame Pflichten gibt es bei der Werbung (§ 43 b) und bei der Beachtung der gesetzlichen Tätigkeitsverbote (§§ 45, 46). 107

a) Werbung. Die Partner einer Kooperation dürfen über Art und Umfang ihrer Zusammenarbeit sachlich unterrichten. Davon geht auch § 15 Abs. 2 des Entwurfs einer Berufsordnung der Bundesrechtsanwaltskammer aus.[147] Für die Beachtung der hierfür von Gesetz und Berufsordnung verlangten Anforderungen sind alle Partner verantwortlich, wobei im Falle einer interprofessionellen Kooperation jeder Partner zusätzlich die Anforderungen des eigenen Berufsrechts zu beachten hat.[148] Bei der Kundgabe einer Kooperation und bei jeder Art gemeinsamer Werbung ist der Eindruck gemeinsamer Berufsausübung zu vermeiden. Jeder Umstand, der auf eine gemeinsame Berufsausübung schließen läßt, kann zu einer unerwünschten gesamtschuldnerischen Haftung aller Kooperationspartner führen. Deshalb sollten die einzelnen Kooperationspartner schon bei der Annahme von Mandanten klarstellen, daß sich das Mandat nicht auf die übrigen Kooperationspartner erstreckt. 108

b) Tätigkeitsverbote. Anders als bei der Sozietät oder der Bürogemeinschaft erstreckt sich ein in der Person eines Partners bestehendes Tätigkeitsverbot grundsätzlich nicht auf die anderen Partner.[149] Absatz 3 der §§ 45, 46 ist auf die 109

---

[146] BRAK-Mitt. 1995, 12 (13).
[147] BRAK-Mitt. 1995, 12; vgl. auch *Hartung* AnwBl. 1995, 333.
[148] Vgl. auch BGH BRAK-Mitt. 1993, 109 (Werbung durch Angabe von ausländischen Kooperationspartnern auf Briefbögen).
[149] *Hartung* AnwBl. 1995, 333 (336); vgl. auch *Kleine-Cosack* NJW 1994, 2249 (2253), allerdings mit erheblichen Einschränkungen.

Kooperation grundsätzlich nicht anwendbar. Die Besonderheit der Kooperation besteht gerade darin, daß die Partner **rechtlich selbständig** bleiben und ihren Beruf **nicht miteinander** (= gemeinschaftlich), sondern unabhängig voneinander und damit **nebeneinander** ausüben. Diese Art der Berufsausübung fällt nicht unter Absatz 3 der §§ 45, 46. Sie läßt sich, ganz abgesehen davon, daß es bereits an dem **Merkmal der Gemeinschaftlichkeit** fehlt, auch nicht als Berufsausübung „**in sonstiger Weise**" verstehen. Das Gesetz nennt die sich „in sonstiger Weise" vollziehende Berufsausübung im Zusammenhang mit der Berufsausübung innerhalb einer Sozietät und bringt damit eine sachliche Verknüpfung beider beruflichen Betätigungen zum Ausdruck. Das Bindeglied zwischen beiden Betätigungsformen ist die Gemeinschaftlichkeit der Berufsausübung. Zu Recht versteht die Bundesrechtsanwaltskammer in § 14 des Entwurfs einer Berufsordnung[150] unter einer gemeinschaftlichen Berufsausübung in sonstiger Weise deshalb nur die freie Mitarbeit und die Tätigkeit angestellter Rechtsanwälte und trennt hiervon die Kooperation.

110   Die grundsätzliche Unanwendbarkeit von Absatz 3 der §§ 45, 46 schließt nicht aus, daß es in der Praxis Fallkonstellationen geben kann, die ausnahmsweise zu einer Anwendbarkeit der §§ 45, 46 auf alle Partner zwingen. Hierbei muß es sich aber um **echte Interessenkollisionsfälle** handeln, in denen eine konkrete Gefahr für die unabhängige Ausübung des Berufs des Rechtsanwalts besteht.[151]

IV. Partnerschaftsgesellschaft

111   Das am 1. Juli 1995 in Kraft getretene **Partnerschaftsgesellschaftsgesetz**[152] gibt den freien Berufen die Möglichkeit eines Zusammenschlusses, der dem Berufsbild freier Berufe entspricht und eine vor allem im Hinblick auf den Europäischen Markt den heutigen Bedürfnissen gemäße Organisationsform bietet. Die Partnerschaft ist eine weitgehend an die offene Handelsgesellschaft angelehnte Personengesellschaft, in der die Partner ihre beruflichen Leistungen eigenverantwortlich und unabhängig unter Beachtung des für sie geltenden Berufsrechts (§ 6 Abs. 1 PartGG) erbringen. Wegen der Einzelheiten wird auf die Kommentierung des Partnerschaftsgesellschaftsgesetzes durch *Henssler*[153] verwiesen.

V. Europäische wirtschaftliche Interessenvereinigung (EWIV)

112   Die Europäische wirtschaftliche Interessenvereinigung (EWIV) ist eine **supranationale Gesellschaftsform**, die dem Zusammenschluß von mindestens zwei kooperationswilligen Unternehmen mit Sitz bzw. Haupttätigkeit in verschiedenen Mitgliedsstaaten der Europäischen Union dient, ohne daß sich einer der Beteiligten einer für ihn fremden Rechtsordnung unterwerfen muß.

113   Bisher ist die EWIV für die breite Masse der Rechtsanwälte nur von sehr geringer Bedeutung. Gelegentlich ist sie als Chance zur werbewirksamen Gestaltung des Briefkopfes betrachtet worden. Nachdem der Bundesgerichtshof[154] es für zulässig erklärt hat, daß der Rechtsanwalt auf dem Briefbogen seiner Kanzlei im Ausland niedergelassene Rechtsanwälte, die er bei Fragen des ausländischen

---

[150] BRAK-Mitt. 1995, 12 (13).
[151] *Kleine-Cosack* NJW 1994, 2249 (2253); vgl. auch Beschlußempfehlung und Bericht des Rechtsausschusses des Bundestages, BT-Drucks. 12/7656, S. 49.
[152] BGBl. I, S. 1744.
[153] Vgl. die Kommentierung des Partnerschaftsgesellschaftsgesetzes von *Henssler* in diesem Kommentar.
[154] BGH NJW 1993, 1331 = AnwBl. 1993, 287.

Rechts ständig zu Rate zieht, als „Kooperationspartner" nennen darf, hat dieser Werbeeffekt der EWIV wieder an Bedeutung verloren.[155] Die geringe Verbreitung der EWIV ist auch ein Grund dafür, daß sich die Rechtsprechung mit einer EWIV, an der Rechtsanwälte beteiligt sind, bisher nur in einem Fall zu befassen hatte. Die Entscheidung[156] betrifft den Briefkopf und einen auf der Rückseite des Briefbogens angebrachten Hinweis auf eine EWIV, den das Gericht unter dem Gesichtspunkt irreführender Werbung für unzulässig gehalten hat.

1. Gesetzliche Grundlage

Sie findet sich in der **EWG-Verordnung 2137/85** des Rates vom 25. Juli 1985[157] und im **Gesetz zur Ausführung der EWG-Verordnung** vom 14. 4. 1988 (EWIV-Ausführungsgesetz).[158] Gemäß Art. 4 Abs. 1 lit. b VO steht sie auch natürlichen Personen offen, die eine „freiberufliche Tätigkeit in der Gemeinschaft ausüben". Mitglied einer EWIV können damit Rechtsanwälte (auch Anwaltsnotare),[159] Patentanwälte, Steuerberater, Steuerbevollmächtigte, Wirtschaftsprüfer und vereidigte Buchprüfer sein, ferner auch Sozietäten von Rechtsanwälten und Angehörigen der sozietätsfähigen Berufe.[160]

2. Gesellschaftszweck

Die EWIV hat den Zweck, die wirtschaftliche Tätigkeit ihrer Mitglieder zu erleichtern oder zu entwickeln sowie die Ergebnisse dieser Tätigkeit zu verbessern oder zu steigern, sie hat nicht den Zweck, Gewinne für sich selbst zu erzielen (Art. 3 Abs. 1 VO). Ihre Tätigkeit muß im Zusammenhang mit der wirtschaftlichen Tätigkeit der Mitglieder stehen und darf nur eine **Hilfstätigkeit** hierzu bilden (Art. 3 Abs. 2 VO).

3. Einzelheiten

Die EWIV ist eine **Personengesellschaft**, die gemäß § 1 EWIV-AG als Handelsgesellschaft im Sinne des Handelsgesetzbuches gilt. Damit ist die EWIV unabhängig vom Gegenstand und vom Zuschnitt der ausgeübten Tätigkeit Formkaufmann wie die GmbH, die AG und die Genossenschaft, obwohl sie anders als diese Gesellschaften keine juristische Person ist. Im Sinne deutscher Rechtstradition ist sie als eine **verselbständigte Gesamthandsgemeinschaft** zu verstehen, die einer juristischen Person angenähert ist.[161]

Voraussetzung für das Entstehen einer EWIV ist die **Eintragung in das Handelsregister** (§§ 2, 3 EWIV-AG), die Eintragung ist also anders als bei der offenen Handelsgesellschaft konstitutiv.

Die interne Organisation der EWIV ist weitestgehend ihren Gesellschaftern überlassen. Oberstes Organ ist die **Gesellschafterversammlung**, die mangels anderslautender Vereinbarung und in den zwingend vorgesehenen Fällen einstimmig entscheidet (Art. 17 Abs. 2 VO). Vertreten wird die EWIV durch einen

---

[155] *Henssler* NJW 1993, 2137 (2143).
[156] OLG Hamm NJW 1993, 1339.
[157] Amtsbl. der EG Nr. L 199/1 vom 31. 7. 1985.
[158] BGBl. I, S. 514.
[159] *Kappus-Eckstein* AnwBl. 1992, 298 (299); *Müller-Gugenberger* NJW 1989, 1449 (1455); *Zuck* NJW 1990, 954 (956).
[160] *Grüninger* AnwBl. 1990, 228 (233 f); *Müller-Gugenberger* NJW 1989, 1449 (1455 f).
[161] *Müller-Gugenberger* NJW 1989, 1449 (1453).

oder mehrere Geschäftsführer, die nicht Gesellschafter zu sein brauchen. Damit ist anders als bei der OHG und der KG wie bei der GmbH eine Fremdorganschaft erlaubt.

119   Die Mitglieder der EWIV **haften** persönlich, unbeschränkt und gesamtschuldnerisch (Art. 24 Abs. 1 EWIV–VO). Das macht nahezu sämtliche Vorschriften zum Gläubigerschutz, insbesondere zur Aufbringung und Sicherung eines Gesellschaftskapitals, entbehrlich.[162] Demgemäß bedarf es auch wie bei der offenen Handelsgesellschaft keinerlei Einlagen in ein Gesellschaftsvermögen und keines Gründungskapitals.

120   Die EWIV selbst kann nicht rechtsberatend tätig sein. Vermittelt sie einem Mitglied ein Mandat, so werden die anderen EWIV-Mitglieder aus diesem Mandat weder berechtigt noch verpflichtet. Das unterscheidet sie deutlich von der Sozietät und stellt sie mit der Kooperation rechtlich auf eine Stufe.

Anhang § 59 a: Die Anwalts-GmbH

Schrifttum: *Ahlers,* Die Anwalts-GmbH nach geltendem Recht, AnwBl. 1991, 226; *ders.,* Die GmbH als Zusammenschluß Angehöriger freier Berufe zur gemeinsamen Berufsausübung, FS Rowedder, 1994, S. 1; *ders.,* Die Zulässigkeit der Anwalts-GmbH, AnwBl. 1995, 3; *ders.,* Rechtsanwalts-GmbH zugelassen: Ein Intermezzo?, AnwBl. 1995, 121; *Bakker,* Rechtsanwaltsgesellschaften in England, AnwBl. 1993, 245; *Bellstedt,* Die Rechtsanwalts-GmbH, AnwBl 1995, 573; *Boin,* Weg frei für die Anwalts-GmbH?, NJW 1995, 371; *Braun,* Contra Anwalts-GmbH, MDR 1995, 447; *Dauner-Lieb,* Durchbruch für die Anwalts-GmbH?, GmbHR 1995, 259; *Donath,* Rechtsberatungsgesellschaften, ZHR 156 (1992), 134 (161 ff.); *Gail/Overlack,* Anwaltsgesellschaften, 2. Auflage 1996; *Grüber,* Zulassungspflichtiger freier Beruf – Anmerkung, WRP 1992, 115; *Hartstang,* Anwaltliche Berufsausübung in Form einer GmbH, ZAP 1994, 1223; *Heinemann,* Rechtsformwahl und Anwalts-GmbH, AnwBl 1991, 233; *Henssler,* Die Rechtsanwalts-GmbH, JZ 1992, 697; *ders.,* Anwaltsgesellschaften, NJW 1993, 2137; *ders.,* Anmerkung zum Beschluß des BayObLG zur Anwalts-GmbH, ZIP 1994, 1868; *ders.,* Die GmbH als Kooperationsform für Angehörige freier Berufe, ZIP 1994, 844; *ders.,* Neue Formen anwaltlicher Zusammenarbeit, DB 1995, 1549; *Hommelhoff,* Für eine Anwalts-GmbH, Liber Amicorum, für Walter Hasche, 1989, S. 101; *Hommelhoff/Schwab,* Zulässigkeit einer Anwalts-GmbH, WiB 1995, 115; *Kempter,* Die Rechtsanwalts-GmbH und das Bayerische Landesgericht – was nun?, BRAK-Mitt. 1995, 4; *Koch,* Zur Zulässigkeit der Rechtsanwalts-GmbH nach geltendem Recht, AnwBl. 1993, 153; *ders.* Pro Anwalts-GmbH, MDR 1995, 446; *Landry,* Die Anwalts-Kapitalgesellschaft, MDR 1995, 558; *Michalski,* Anmerkung zum BayObLG, 3 Z BR 115/94 vom 24. 11. 1994, DZWir 1995, 114; *Oppermann,* Grenzen der Haftung in der Anwalts-GmbH und der Partnerschaft, AnwBl 1995, 453; *Römermann,* Entwicklungen und Tendenzen bei Anwaltsgesellschaften, 1996; *Schlosser,* Grünes Licht für Rechtsanwalts-GmbH?, JZ 1995, 345; *Senninger,* Die Anwalts-GmbH: Ein Mustervertrag, ZAP 1995, 43; *Sommer,* Anwalts-GmbH oder Anwalts-Partnerschaft?, GmbHR 1995, 249; *Stake,* Neuere Entwicklungen im Gesellschaftsrecht – Kleine Aktiengesellschaft, Partnerschaftsgesellschaft, Anwalts-GmbH, JABl 1995, 850; *Taupitz,* Zur Zulässigkeit von Freiberufler-GmbHs, JZ 1994, 1100; *ders.,* Rechtsanwalts-GmbH zugelassen: Durchbruch oder Intermezzo?, NJW 1995, 369; *Zuck,* Gehört die Zukunft der Anwalts-GmbH?, ZRP 1995, 68; *ders.,* Vertragsgestaltung bei Anwaltskooperationen, 1995, Rdn. 30.

---

[162] *Müller-Gugenberger* NJW 1989, 1449 (1452).

Übersicht

	Rdn.		Rdn.
I. Entwicklung	1	4. Die überörtliche Anwalts-GmbH	11
II. Zulässigkeit nach geltendem Recht	2–4	IV. Die Postulationsfähigkeit der Anwalts-GmbH	13, 14
III. Anforderungen an den Gesellschaftsvertrag	5–12	V. Steuerrechtliche und bilanzrechtliche Behandlung	15–17
1. Überblick	5	1. Besteuerung	15
2. Gesellschafterkreis	7	2. Rechnungslegung	17
3. Geschäftsführung und Vertretung	9	VI. Gesetzlicher Regelungsbedarf	18

I. Entwicklung

Als dritte Kooperationsform neben Sozietät und Partnerschaft steht der Anwaltschaft seit 1995 auch die Anwalts-GmbH zur Verfügung. Während die rechtspolitische Diskussion um ihre Einführung de lege ferenda Ende der achtziger Jahre eingesetzt hatte und sehr kontrovers geführt wurde,[1] fand sich noch bis zum Jahre 1990 im Schrifttum keine Äußerung, die sich für die Zulässigkeit der Anwalts-GmbH bereits de lege lata aussprach. *Ahlers*[2] und *Heinemann*[3] für die Anwaltschaft und *Henssler*[4] für die Rechtswissenschaft plädierten Anfang der 90er Jahre erstmals für diese Kooperationsform. Einen Umschwung leitete die Entscheidung des BayObLG v. 4. 11. 1994[5] ein, welche in einem Registerverfahren die Eintragungsfähigkeit der Anwalts-GmbH bejahte. Die Organisationsfreiheit für die Anwaltschaft erscheint schon aus Gründen der Wettbewerbsfähigkeit gegenüber den verwandten wirtschaftsnahen Beratungsberufen und der ausländischen Konkurrenz[6] notwendig, auch wenn der Kreis der Sozietäten, für die sich eine GmbH-Gründung anbietet, klein bleiben wird.

II. Zulässigkeit nach geltendem Recht

Der Gründung einer Anwalts-GmbH stehen weder gesellschaftsrechtliche noch berufsrechtliche Vorschriften entgegen. Ihre Zulässigkeit de lege lata ergibt sich vielmehr zwingend aus verfassungsrechtlichen Erwägungen. Ein Verbot der GmbH wäre eine Einschränkung der verfassungsrechtlich durch Art. 12 GG garantierten **Berufsausübungsfreiheit.**[7] Als solche könnte sie nur durch Gesetz oder aufgrund eines Gesetzes erfolgen und müßte ferner durch vernünftige Erwägungen des Gemeinwohls gerechtfertigt werden.[8] Nicht die Zulassung der GmbH bedarf daher einer gesetzlichen Grundlage, sondern umgekehrt ihr Verbot müßte gesetzlich abgesichert sein. Ein solches Verbot findet sich nicht im Gesell-

---

[1] Vgl. einerseits die Position des DAV, Beilage des DAV zum AnwBl. 1990, Heft 4, S. 6 ff.; andererseits die Stellungnahme der BRAK, BRAK-Mitt. 1990, 76 (78); ferner die Stellungnahme des Richterbundes DRiZ 1992, 29 (32).
[2] *Ahlers* AnwBl. 1991, 226; *ders.*, FS Rowedder, S. 1 ff.
[3] *Heinemann* AnwBl. 1991, 231.
[4] *Henssler* JZ 1992, 697.
[5] BayObLG ZIP 1994, 1868 mit Anm. *Henssler*; vgl. jetzt auch OLG Bamberg MDR 1996, 423.
[6] Vgl. zur Anwalts-GmbH in Dänemark *Hoy* AnwBl. 1995, 361 f., in England *Bakker*, AnwBl. 1993, 245 ff.
[7] *Taupitz* JZ 1994, 1100 (1103), *Mayen* AnwBl. 1995, 427 (430 f.).
[8] *Maunz/Dürig* Art. 12, Rdn. 318.

schaftsrecht. Die GmbH steht nach § 1 GmbHG auch zur Verfolgung nichtgewerblicher Zwecke offen, kann also grundsätzlich von allen Angehörigen der Freien Berufe als Berufsausübungsgesellschaft gewählt werden.[9] Berufsrechtlich läßt sich weder aus der Unabhängigkeit des Rechtsanwalts noch aus dem Vertrauensverhältnis zum Mandanten noch aus sonstigen in der BRAO verankerten Elementen des anwaltlichen Berufsbildes ein gesetzliches Verbot der Berufsausübung in der GmbH mit ausreichender Bestimmtheit herleiten.[10] Haftungsbeschränkungen lassen sowohl § 51 a BRAO als auch § 8 Abs. 2 PartGG für Anwaltskooperationen nunmehr ausdrücklich zu.[11] Das **Berufsrecht** bildet somit **keine Basis** für ein generelles **Verbot** der Anwalts-GmbH.[12] Den Besonderheiten des Anwaltsberufs läßt sich durch die konkrete Ausgestaltung der GmbH-Satzung Rechnung tragen.

3   In jüngster Zeit werden Bedenken nur noch auf das RBerG und § 10 der zu diesem Gesetz erlassenen 1. AVO gestützt.[13] Die Einwände **überzeugen nicht.** Das RBerG dient dem Schutz der Rechtsuchenden vor der Rechtsberatung durch fachlich ungeeignete oder unzuverlässige Personen[14]. Solange Gesellschafter und Geschäftsführer der GmbH ausschließlich Rechtsanwälte oder sozietätsfähige Berufstätige sind, steht der Normzweck des RBerG der GmbH-Gründung nicht entgegen. Die Berufstätigkeit des Rechtsanwalts als den berufenen und unabhängigen Vertretern in allen Rechtsangelegenheiten wird folgerichtig vom RBerG „nicht berührt", wie es in § 3 Nr. 2 RBerG wörtlich heißt. Diese generelle Ausklammerung des Anwaltsberufes gilt – systematisch evident – auch für die Ausführungsverordnung zum RBerG, die ihre Rechtsgrundlage allein in Art. 5 des RBerG findet.

4   Neben dem Normzweck schließen auch systematische Erwägungen einen Rückgriff auf das RBerG aus. Die Anwendbarkeit des RBerG und seiner Ausführungsverordnungen auf originäre anwaltliche Berufsausübung würde dazu führen, daß nach § 11 der 1. AVO der Präsident des Landgerichts, in dessen Bezirk die Rechtsbesorgung ausgeübt werden soll, über die Zulässigkeit einer Form der gemeinschaftlichen anwaltlichen Berufsausübung entscheiden würde. Damit würde ein im anwaltlichen Zulassungsverfahren völlig systemfremdes Organ eingeschaltet, ein der Konzeption von BRAO und RBerG widersprechendes Ergebnis.[15]

III. Anforderungen an den Gesellschaftsvertrag

1. Überblick

5   Bis zur dringend gebotenen gesetzlichen Regelung müssen die Anforderungen an die Satzung einer Anwalts-GmbH dem geltenden Berufsrecht unter Berücksichtigung der verfassungsrechtlichen Vorgaben entnommen werden. Das Registergericht hat nach § 9 c GmbHG die Eintragung der GmbH abzulehnen, wenn sie nicht ordnungsgemäß errichtet ist. Zu seiner Prüfungskompetenz gehören

---

[9] *Scholz/Emmerich*, GmbHG, § 1 Rdn. 13; *Henssler* JZ 1992, 697 (702).
[10] Dazu im einzelnen *Henssler* JZ 1992, 697 ff.
[11] Hierzu ausführlich Kommentierung § 51 a. Zu Haftungsbeschränkungen durch Wahl der Gesellschaftsform *Henssler* AnwBl. 1996 3, (10 ff.).
[12] Dazu eingehend *Henssler* JZ 1992, 697 (703 ff).
[13] *Taupitz* NJW 1995, 369; *Braun* MDR 1995, 447.
[14] BVerfG NJW 1976, 1349; *Rennen/Caliebe*, RBerG, Art. 1 § 1 Rdn. 8 f.; *Dauner/Lieb* GmbHR 1995, 259 (261).
[15] *Henssler* DB 1995, 1549 (1550).

auch außergesellschaftsrechtliche Normen wie berufsrechtliche Verbotsvorschriften,[16] so daß die Eintragung einer GmbH, die mit dem in der BRAO verankerten Berufsbild nicht zu vereinbaren ist, nicht in Betracht kommt.

Zu den **Mindestanforderungen** einer berufsrechtlich beanstandungsfreien **6** Satzung zählen:
- Die Beschränkung der Geschäftsführerposition auf Rechtsanwälte und die nach § 59 a sozietätsfähigen Berufe.
- Die Weisungsunabhängigkeit der Geschäftsführer bei der Berufsausübung.
- Die Beschränkung des Gesellschafterkreises auf Rechtsanwälte und die nach § 59 a sozietätsfähigen Berufe.
- Der Abschluß einer Haftpflichtversicherung mit einer Mindestversicherungssumme in Höhe von 2 Mio. DM.

2. Gesellschafterkreis

Neben Rechtsanwälten können alle Angehörigen der nach § 59 a sozietätsfähi- **7** gen Berufe Gesellschaftsanteile halten. **Ausgeschlossen** von der **Berufsausübung** in der Rechtsanwalts-GmbH ist der **Notar.**[17] Die notarielle Amtstätigkeit ist als Ausübung eines personenbezogenen Amtes nicht sozietätsfähig und einer privatrechtlichen Haftungsbeschränkung nicht zugänglich.[18] Einem Notar ist es jedoch erlaubt, seine parallelen rechtsanwaltlichen Aktivitäten in einer GmbH wahrzunehmen. Die nur vertragsähnlichen, öffentlich-rechtlichen Beziehungen[19] zwischen Notar und der an einer notariellen Amtshandlung beteiligten Person bestehen bei dieser Konstellation nicht zur GmbH.[20]

Keine Stütze finden im geltenden Recht Anforderungen an die Mehrheitsver- **8** hältnisse. Die entsprechenden Regelungen in § 28 Abs. 4 Nr. 3 WPO und § 50 Abs. 4 StBerG sind nicht analogiefähig, da sie sich auf Gesellschaften beziehen, die einem eigenständigen Anerkennungsverfahren unterliegen.[21]

3. Geschäftsführung und Vertretung

Die Geschäftsführung muß in Händen von Rechtsanwälten oder von Angehö- **9** rigen sozietätsfähiger Berufe (vgl. § 50 Abs. 2 StBerG) liegen. In Bezug auf die Berufsausübung ist die Geschäftsführungsbefugnis grundsätzlich unbeschränkbar. Die Weisungsfreiheit folgt aus der Unabhängigkeit des Anwalts als wesentlichem Berufsbildelement. **Grenzen der Weisungsfreiheit** ergeben sich aus der gleichwertigen Unabhängigkeit der anderen Gesellschafter. So ist es zulässig, die Mandatsübernahme (etwa bei besonders risikoträchtigen Mandaten oder bei Mandaten außerhalb des Spezialgebietes der Gesellschaft) an die Zustimmung der anderen Gesellschafter zu koppeln. Ebenso ist es zulässig, Schriftsätze mit Außenwirkung im Sinne des „Vier-Augen-Prinzips" an die Gegenzeichnung durch

---

[16] *Scholz/Winter,* GmbHG, § 9 c Rdn. 9, 17; *Rowedder/Rittner,* GmbHG, § 9 c Rdn. 7 jeweils m. w. N..
[17] *Ahlers* AnwBl. 1995, 121; *Henssler* DB 1995, 1549 (1551).
[18] H. M. dazu *Rinsche,* Die Haftung des Rechtsanwalts und des Notars, 5.Auflage 1995, II Rdn. 327; *Rossak* VersR 1985, 1121 f.; *Junge-Ilges,* Haftungsvereinbarungen der rechts- und wirtschaftsberatenden Berufe, 1995.
[19] BGH WM 1981, 493; *Hill* WM 1982, 892 (894); *Rinsche,* Die Haftung des Rechtsanwalts und des Notars, 5. Aufl. 1995, II Rdn. 2 f.
[20] *Ahlers* AnwBl. 1995, 121 (122); *Henssler* DB 1995, 1549 (1551).
[21] A. A. *Hommelhoff/Schwab* WiB 1995, 115 (116).

einen Mitgeschäftsführer zu binden. Auch die Regelung in § 6 Abs. 2 PortGG zwingt nicht zur Einführung der Einzelgeschäftsführungsbefugnis.[22]

10 Die **Vertretungsmacht** der als Geschäftsführer auftretenden Rechtsanwälte ist grundsätzlich unbeschränkt. Aber auch die Eintragung einer Gesamtvertretungsbefugnis ins Handelsregister wäre berufsrechtlich unbedenklich, wie sich aus § 7 Abs. 3 PartGG i. V. m. § 125 Abs. 2 HGB ergibt. Unbefriedigend bleibt die Diskrepanz zur Rechtsprechung[23] betreffend die Vertretungsmacht in den Freiberuflersozietäten in Form der BGB-Gesellschaft. Hier wird die Einzelvertretungsbefugnis auch bei abweichender Vereinbarung oder Geltung der §§ 709, 714 BGB auf Rechtsscheingrundsätze gestützt.

4. Die überörtliche Anwalts-GmbH

11 Auch überörtlich tätige Rechtsanwaltskapitalgesellschaften sind unbedenklich. In Anlehnung an § 59 a Abs. 2 BRAO ist zu fordern, daß in der Zweigniederlassung ein Geschäftsführer, zumindest aber ein generalbevollmächtigter Gesellschafter tätig ist, für den die Zweigniederlassung den Mittelpunkt seiner beruflichen Tätigkeit bildet. Das **Zweigstellenverbot** des § 28 BRAO gilt auch für die GmbH. Aus ihm folgt indes nicht, wie einzelne Registergerichte meinen, daß nunmehr an jedem Kanzleiort eine Hauptniederlassung errichtet werden müßte, mit der Folge, daß an jedem Kanzleisitz ein eigenständiges Registerverfahren zu betreiben wäre. Diese zur völligen Unpraktikabilität führende Ansicht verkennt die ratio legis des Zweigstellenverbots. Ziel[24] der Vorschrift ist es, den unerwünschten Wettbewerb durch einen am Kanzleiort nicht ständig erreichbaren Berufsausübenden zu verhindern. Parallele Bestimmungen finden sich in vielen Berufsordnungen für andere Freiberufler, etwa §§ 7, 16 ApG. Um diesem Regelungszweck Rechnung zu tragen, genügt es, wenn **ein Gesellschafter**, der umfassende Vertretungsmacht nach außen hat, vor Ort schwerpunktmäßig tätig ist. Die Geschäftsführerstellung des in der Zweigniederlassung tätigen Gesellschafters ist dagegen nicht erforderlich. Eine Generalvollmacht reicht aus.

12 Die jeweiligen Zweigniederlassungen sind gemäß §§ 13 ff. HGB am Sitz der Hauptniederlassung zum Handelsregister anzumelden und auch im Handelsregister am Sitz der Zweigniederlassung einzutragen. Die Registergerichte am Sitz der jeweiligen Zweigniederlassung haben keine eigenständige Prüfungskompetenz. Mit der Eintragung durch das Registergericht der Hauptniederlassung ist damit die Gründung der überörtlichen Anwalts-GmbH sichergestellt.

IV. Die Postulationsfähigkeit der Anwalts-GmbH

13 Die de lege lata mögliche Anwalts-GmbH ist selbst nicht postulationsfähig. Sobald eine forensische Tätigkeit ausgeübt wird, muß zwingend einem bei dem jeweiligen Gericht zugelassenen Rechtsanwalt eine Prozeßvollmacht erteilt werden. Die Prozeßhandlungen des Prozeßbevollmächtigten verpflichten die Partei unmittelbar gem. § 85 Abs. 1 ZPO. Für die forensische Tätigkeit ist der Abschluß

---

[22] Die amtliche Begründung leitet die Notwendigkeit der Einzelgeschäftsführungsbefugnis aus Selbständigkeit und Eigenverantwortlichkeit der Freien Berufe als vermeintlich zwingend ab; BT-Drucks. 12/6152, S. 15; dazu *Seibert*, Die Partnerschaft, 1994, S. 50 f.; *Henssler* DB 1995, 1549 (1553); vgl. auch § 6 PortGG, Rdn. 4.

[23] BGHZ 70, 247 (249); NJW 1991, 1225; dazu auch *MünchKomm/Ulmer*, § 714, Rdn. 8.

[24] Dazu BGH DNotZ 1968, 499; EGH Celle BRAK-Mitt. 1984, 88; EGH München AnwBl. 1977, 270 (271); kritisch dazu *Kleine-Cosack*, § 28, Rdn. 2.

eines **zusätzlichen** Geschäftsbesorgungsvertrages zwischen Mandant und dem vertretungsberechtigten Rechtsanwalt/Gesellschafter erforderlich. Der BGH betont, der „Prozeßbevollmächtigte habe nach dem deutschen Zivilprozeßrecht (§ 81 ZPO) eine selbständige, eigenverantwortliche Stellung, die sich zugleich auf das vertragliche Innenverhältnis zu seinem Mandanten auswirke".[25] Auch bei der parallelen Einschaltung eines **Prozeß**anwaltes durch den Hausanwalt erfolgt die Unterbevollmächtigung regelmäßig im Namen der Partei.[26] Mit der Unterbevollmächtigung namens der Partei entsteht zusätzlich zur Vertragsbeziehung mit dem Verkehrsanwalt ein unmittelbares Vertragsverhältnis zwischen Prozeßanwalt und Mandant.

Nach einhelliger Auffassung haftet der mit Untervollmacht auftretende Prozeßanwalt der Partei unmittelbar nach den allgemeinen Grundsätzen der Anwaltshaftung.[27] Das gilt selbst dann, wenn der Mandant von der Unterbevollmächtigung keine Kenntnis hatte oder mit ihr sogar ausdrücklich nicht einverstanden war.[28] Im forensischen Bereich ist danach auch bei Gründung einer Anwalts-GmbH eine Haftung des unmittelbar handelnden Anwalts nicht zu umgehen.

V. Steuerrechtliche und bilanzrechtliche Behandlung

1. Besteuerung

Eine Doppelbesteuerung von GmbH und Gesellschaftern findet in einkommens- bzw. körperschaftsteuerrechtlicher Hinsicht nicht statt. Vermögenssteuerrechtlich gesehen erfolgt jedoch eine Anrechnung der von der GmbH entrichteten Steuer, so daß es zu einer Doppelbesteuerung kommt. Die GmbH ist ferner kraft Rechtsform **gewerbesteuerpflichtig** (§ 2 Abs. 2 S. 1 GewStG) und unterliegt der Gewerbekapital- und Gewerbeertragsteuer. Die Steuerbelastung läßt sich durch hohe, den Gewinn reduzierende Geschäftsführergehälter mindern, jedoch nicht völlig vermeiden.[29] Abschöpfungen des Gewinns über Geschäftsführergehälter werden als steuerpflichtige **verdeckte Gewinnausschüttung** behandelt.[30]

Der zentrale steuerrechtliche Vorteil der GmbH liegt in der Möglichkeit, für die Gesellschafter und die angestellten Rechtsanwälte Pensionsrückstellungen gem. § 6 a EStG zu bilden.[31] Über sie kann sich ein enormer Steuerstundungseffekt ergeben.

2. Rechnungslegung

Während der Rechtsanwalt als Einzelanwalt oder Sozietätspartner nur zu einer einfachen „Einnahmen-Überschußrechnung" (§ 4 Abs. 3 EStG) verpflichtet ist, gelten bei Gründung einer GmbH die handelsrechtlichen Vorschriften über die **Rechnungslegung**. Auch eine „kleine" Kapitalgesellschaft im Sinne der Größenkriterien des § 267 HGB ist verpflichtet, eine verkürzte Bilanz und eine Ge-

---

[25] BGH NJW-RR 1990, 1241, 1244.
[26] *Borgmann/Haug*, VII, Rdn. 34; *Schumann/Geißinger*, BRAGO, 2. Aufl., § 53, Rdn. 9; *Friedländer*, Exkurs vor § 30, Rdn. 29.
[27] *Borgmann/Haug*, VII, Rdn. 34; *Vollkommer*, Rdn. 317; *Seltmann* VersR 1974, 97 (99).
[28] Dazu *Rinsche*, I, Rdn. 189; a. A. *Vollkommer*, Rdn. 318.
[29] Diese Minderungsmöglichkeit wirkt nur, soweit es um den Gewerbeertrag als 1. Besteuerungsgrundlage geht. Auf das Gewerbekapital als 2. Besteuerungsgrundlage wirkt sich diese Gestaltung nicht aus.
[30] BFH BStBl. II 1984, 673.
[31] BFHE 135, 519 (bezogen auf ein Pensionierungsalter von 65 Jahren).

winn- und Verlustrechnung aufzustellen. Bilanz und Anhang sind zum Handelsregister einzureichen (§§ 325 f. HGB).

VI. Gesetzlicher Regelungsbedarf

18   Aus Gründen der Rechtssicherheit ist eine möglichst zügige Verabschiedung einer gesetzlichen Regelung der Anwalts-GmbH unverzichtbar.[32] Die gesetzliche Regelung sollte der Anwalts-GmbH eine eigene Postulationsfähigkeit verleihen und eine Mitgliedschaft in der zuständigen Rechtsanwaltskammer anordnen. Im übrigen bietet sich eine Anlehnung an die Regelung der Steuerberatungs-GmbH in §§ 49 ff. StBerG und der Wirtschaftsprüfer-GmbH in §§ 27 f. WPO an. DAV[33] und BRAK[34] haben Regelungsvorschläge bereits erarbeitet. Für die Regelung der Mehrheitsverhältnisse ist nach einer Regelung zu suchen, welche Rechtsanwälte, Steuerberater und Wirtschaftsprüfer nach allen drei Berufsordnungen gleichbehandelt.

§ 59 b Satzungskompetenz

(1) **Das Nähere zu den beruflichen Rechten und Pflichten wird durch Satzung in einer Berufsordnung bestimmt.**

(2) **Die Berufsordnung kann im Rahmen der Vorschriften dieses Gesetzes näher regeln:**
1. die allgemeinen Berufspflichten und Grundpflichten,
    a) Gewissenhaftigkeit,
    b) Wahrung der Unabhängigkeit,
    c) Verschwiegenheit,
    d) Sachlichkeit,
    e) Verbot der Vertretung widerstreitender Interessen,
    f) Umgang mit fremden Vermögenswerten,
    g) Kanzleipflicht;
2. die besonderen Berufspflichten im Zusammenhang mit dem Führen der Fachanwaltsbezeichnung,
    a) Bestimmung der Rechtsgebiete, in denen weitere Fachanwaltsbezeichnungen verliehen werden können,
    b) Regelung der Voraussetzungen für die Verleihung der Fachanwaltsbezeichnung und des Verfahrens der Erteilung, der Rücknahme und des Widerrufs der Erlaubnis;
3. die besonderen Berufspflichten im Zusammenhang mit der Werbung und Angaben über selbst benannte Interessenschwerpunkte;
4. die besonderen Berufspflichten im Zusammenhang mit der Versagung der Berufstätigkeit;
5. die besonderen Berufspflichten
    a) im Zusammenhang mit der Annahme, Wahrnehmung und Beendigung eines Auftrags,
    b) gegenüber Rechtsuchenden im Rahmen von Beratungs- und Prozeßkostenhilfe,

---

[32] *Henssler* DB 1995, 1549 (1550); *Kleine-Cosack*, § 59 a Rdn. 54.
[33] AnwBl. 1995, 251.
[34] BRAK-Mitt. 1995, S. 88.

c) bei der Beratung von Rechtsuchenden mit geringem Einkommen,
d) bei der Führung der Handakten;
6. die besonderen Berufspflichten gegenüber Gerichten und Behörden,
   a) Pflichten bei der Verwendung von zur Einsicht überlassenen Akten sowie der hieraus erlangten Kenntnisse,
   b) Pflichten bei Zustellungen,
   c) Tragen der Berufstracht;
7. die besonderen Berufspflichten bei der Vereinbarung und Abrechnung der anwaltlichen Gebühren und bei deren Beitreibung;
8. die besonderen Berufspflichten gegenüber der Rechtsanwaltskammer in Fragen der Aufsicht, das berufliche Verhalten gegenüber anderen Mitgliedern der Rechtsanwaltskammer, die Pflichten bei beruflicher Zusammenarbeit, die Pflichten im Zusammenhang mit der Beschäftigung von Rechtsanwälten und der Ausbildung sowie Beschäftigung anderer Mitarbeiter;
9. die besonderen Berufspflichten im grenzüberschreitenden Rechtsverkehr.

Schrifttum: *Bülow,* Erläuterungsbuch z. BRAO, 1959; *Büttner,* Anwaltswerbung zwischen Berufsrecht und Wettbewerbsrecht, FS für Vieregge, 1995; *Commichau,* Berufs- und Standesrecht der deutschen Anwaltschaft im Wandel, JZ 1988, 824; *Domcke,* Verfassungsrechtliche Fragen einer autonomen Satzungskompetenz zur Bundesrechtsanwaltskammer, ZRP 1988, 348; *Engelhard,* Rechtspolitische Vorstellungen des Bundesministers der Justiz für die 10. Legislaturperiode, ZRP 1983, 233; *Ewer,* Interdisziplinäre Zusammenarbeit, AnwBl. 1995, 161; *v. Falkenhausen,* Die Werbung des Rechtsanwalts nach der Berufsrechtsnovelle, Liber Amicorum für H. J. Rabe, 1995, 15; *Feuerich/Braun,* Bundesrechtsanwaltsordnung, 1995; *Greißinger,* Beratungshilfegesetz, 1990; *Haas,* Satzungsversammlung, BRAK-Mitt. 1995, 177; *Habscheid,* Die Unabhängigkeit des Rechtsanwalts, NJW 1962, 1865; *Hamacher,* Satzungsversammlung Berlin 1995, AnwBl. 1995, Blaue Beilage zu Heft 10; *ders.,* Satzungsversammlung Bonn 1996, AnwBl. 1996, 81; *Hartung,* Die Satzungsversammlung, AnwBl. 1994, 177; *Henssler,* Das anwaltliche Berufsgeheimnis, NJW 1994, 1817; *Maunz/Dürig,* Komm. z. GG, 1994; *Isele,* Bundesrechtsanwaltsordnung, 1976; *Kleine-Cosack,* Bundesrechtsanwaltsordnung, 1996; *ders.,* Neuordnung des anwaltlichen Berufsrechts, NJW 1994, 2249; *Koch,* Konkrete Beispiele für zulässige Anwaltswerbung, AnwBl. 1995, 471; *Kornblum,* Vom „Standesrecht" zum Berufsrecht der freien Berufe, ZRP 1988, 465; *Lingenberg/ Hummel/Zuck/Eich,* Grundsätze des anwaltlichen Standesrechts, 1988; *Löwe,* Anwaltswerbung, AnwBl. 1988, 545; *Mayer,* Anwaltswerbung und Öffentlichkeitsarbeit in Deutschland – Möglichkeiten und Grenzen im Rahmen des Marketing von Rechtsanwälten, AnwBl. 1988, 64; *Ostler,* Die deutschen Rechtsanwälte, 1981; *Prütting,* Die deutsche Anwaltschaft zwischen heute und morgen, Schriftenreihe für die Prozeßpraxis, Bd. 6, 1990; *ders.,* Ethos anwaltlicher Berufsausübung, AnwBl. 1994, 315; *Redeker,* Grundfragen einer Reform des Berufsrechts der Freien Berufe, Gutachten, erstattet im Auftrag des Verbandes der Buchstellen für Gewerbe und freie Berufe e. V., 1993; *ders.,* Probleme der Satzungsversammlung, AnwBl. 1995, 217; *v. Rummel,* Formen der Kooperation von Anwälten aus deutscher Sicht, in: Formen anwaltlicher Zusammenarbeit in Europa, DACH-Schriftenreihe 1995, 37; *Schardey,* Syndikusanwaltschaft, AnwBl. 1987, 401; *Stern,* Anwaltschaft und Verfassungsstaat, Schriftenreihe der BRAK, Bd. 1, 14; *Taupitz,* Die Standesordnungen der freien Berufe, 1991; *ders.,* DVBl. 1988, 209; *Traubner,* Ist eine BRAO-E überhaupt notwendig?, BRAK-Mitt. 1989, 42; *Wimmer,* Wer gibt das anwaltliche Berufsrecht?, NJW 1989, 1772; *Zuck,* Die notwendige Reform des anwaltlichen Berufs- und Standesrechts, NJW 1988, 175; *ders.,* Vertragsgestaltung bei Anwaltskooperationen, 1995.

Übersicht

	Rdn.		Rdn.
I. Entstehungsgeschichte	1–9	2. Die besonderen Berufspflichten	32
1. RichtlRA 1929	1	a) Fachanwaltsbezeichnungen	32
2. BRAO 1959, § 177 (2) 2	5	b) Werbung und Interessenschwerpunkte	37
3. BVerfG v. 14. 7. 1987	7	c) Versagung der Berufstätigkeit	45
4. Berufsrechtsnovelle vom 2. 9. 1994	9	d) Annahme, Wahrnehmung und Beendigung des Auftrags, Beratungshilfe, Prozeßkostenhilfe, Handakten	47
II. Normzweck	11–23	e) Pflichten gegenüber Gerichten und Behörden, Zustellungen, Berufstracht	52
1. Die beruflichen Rechte u. Pflichten	11	f) Vereinbarung und Abrechnung der anwaltlichen Gebühren und deren Beitreibung	55
2. Geschlossener Katalog	15	g) Pflichten gegenüber der RAK und Kollegen, berufliche Zusammenarbeit, Pflichten gegenüber Mitarbeitern	57
3. Verfassungsrechtliche Gesichtspunkte	16	h) Pflichten im grenzüberschreitenden Rechtsverkehr	63
III. Einzelerläuterungen	24–63		
1. Die allgemeinen Berufspflichten und Grundpflichten	24		
a) Gewissenhaftigkeit	24		
b) Wahrung der Unabhängigkeit	26		
c) Verschwiegenheit	27		
d) Sachlichkeit	28		
e) Verbot der Vertretung widerstreitender Interessen	29		
f) Umgang mit fremden Vermögenswerten	30		
g) Kanzleipflicht	31		

1 I. Entstehungsgeschichte

1. Die Richtlinien zur Ausübung des Anwaltsberufs 1929

2   Die RAO 1878[1] wurde von RichtlRA zur Ausübung des Anwaltsberufs nicht begleitet. Mit der Verabschiedung des Gesetzes war der Reformdrang der Anwaltschaft zunächst gestillt. Die Anwaltschaft hatte nicht das Bedürfnis, die Befugnis, eigene Normen über die beruflichen Rechte und Pflichten aufzustellen, zu artikulieren.[2]

3   Ein solches Bedürfnis wurde erstmals auf dem Anwaltstag 1927 in einem Vortrag des damaligen Präsidenten des Deutschen Anwaltsvereins, Dix, geäußert.[3] Mag man dies als Leistung oder Fehlleistung des Deutschen Anwaltsvereins ansehen:
Es wurde eine Kommission eingesetzt,[4] die die ersten, 1929 veröffentlichten „Richtlinien für die Ausübung des Anwaltsberufs" verfaßte und im Anwaltsblatt veröffentlichte.[5] Die RichtlRA waren in 10 Abschnitte eingeteilt, die überschrieben waren z. B. mit „Kundmachung der Tätigkeit", „Verhältnis zur Klientel", „Verhältnis zum Gericht und anderen Behörden", „Gebührenfragen" und „Armensachen".[6]

---

[1] RGBl. 1878 I, S. 60.
[2] *Taupitz*, Standesordnungen, S. 373.
[3] AnwBl. 1927, 98; *Lingenberg/Zuck*, S. 2.
[4] AnwBl. 1928, 115.
[5] Beilage zu Heft 6 des AnwBl. 1929.
[6] Zitiert nach *Taupitz*, Standesordnungen, S. 379.

Die Rechtsanwaltskammern begrüßten diese RichtlRA ausdrücklich und baten 4
um Gelegenheit zur Mitwirkung bei späteren Neufassungen.[7] Erst nach Errichtung der Reichsrechtsanwaltskammer durch Notverordnung vom 18. 3. 1933[8] wurde eine eigene Fassung der RichtlRA für die Ausübung des Anwaltsberufs erarbeitet, am 2. 7. 1934 in einer Sitzung der Reichsrechtsanwaltskammer von Vertretern aller Anwaltskammervorstände gebilligt und veröffentlicht.[9]

2. BRAO 1959, § 177 Abs. 2 S. 2

Die Richtlinienkompetenz blieb nach 1945 bei den als Körperschaften des öf- 5
fentlichen Rechts gem. § 62 Abs. 1 BRAO 1959[10] organisierten Rechtsanwaltskammern. Nachdem als Vorläuferin der BRAK die Vereinigung der Rechtsanwaltskammern am 11. 5. 1957 „Richtlinien für die Ausübung des Anwaltsberufs" erlassen hatte,[11] übertrug das Gesetz der BRAK in § 177 Abs. 2 Nr. 2 die Kompetenz, „die allgemeine Auffassung über Fragen der Ausübung des Anwaltsberufs in Richtlinien festzustellen".

Die Hauptversammlung der BRAK überarbeitete die RichtlRA 1963 und 6
1973.[12] Zur Rechtsnatur der RichtlRA, die immer so, nie **Standes**richtlinien genannt wurden, war immer klar: „Die Richtlinien haben nicht den Charakter einer Rechtsnorm. Sie stellen lediglich eine Sammlung der Grundsätze dar, die sich herausgebildet haben. Sie geben dem einzelnen Rechtsanwalt **einen Anhalt, wie er sich in dieser oder jener Frage, die in der anwaltlichen Berufsausübung an ihn herantritt, verhalten soll.**"[13]

3. BVerfG vom 14. 7. 1987

In zwei Beschlüssen vom 14. 7. 1987 hat das Bundesverfassungsgericht nicht 7
daran festgehalten, „daß die Richtlinien des anwaltlichen Standesrechts als Hilfsmittel zur Auslegung und Konkretisierung der Generalklausel über die anwaltlichen Berufspflichten (§ 43 BRAO) herangezogen werden können. Eine rechtserhebliche Bedeutung kommt den RichtlRA im ehrengerichtlichen Verfahren nur noch für eine Übergangszeit bis zur Neuregelung des anwaltlichen Berufsrechts zu, soweit ihre Heranziehung unerläßlich ist, um die Funktionsfähigkeit der Rechtspflege aufrechtzuerhalten".[14]

Das Bundesverfassungsgericht verweist darauf, daß unter der Herrschaft des Grundgesetzes Eingriffe in die anwaltliche Berufsausübung Regelungen voraussetzen, die durch demokratische Entscheidungen zustande gekommen sind und materiell rechtlich den Anforderungen an **Einschränkungen des Grundrechts der Berufsfreiheit genügen.**[15] Anwaltliche Berufsausübungsregeln, die nicht statusbildend sind, müssen unter der Herrschaft des Grundgesetzes in einer Berufsordnung in Gestalt von Satzungsrecht enthalten sein,[16] die wiederum aufgrund

---

[7] *Taupitz*, Standesordnungen, S. 380.
[8] RGBl. I, S. 109, 110.
[9] *Ostler*, S. 251.
[10] BGBl. 1959 I, S. 565.
[11] *Bülow*, Anhang I, S. 227 bis 249.
[12] *Lingenberg/Zuck*, S. 4.
[13] *Bülow*, S. 178.
[14] BVerfGE 76, 171.
[15] BVerfGE 76, 188.
[16] BVerfGE 76, 189.

gesetzlicher Ermächtigung durch einen demokratisch gewählten Satzungsgeber verabschiedet worden ist.[17]

8 Nach Bekanntwerden dieser Beschlüsse des Bundesverfassungsgerichts setzte eine intensive Diskussion der Anwaltschaft mit dem Gesetzgeber, und eine bisher nicht bekannte Befassung der Rechtswissenschaft mit dem anwaltlichen Berufsrecht ein.[18]

4. Berufsrechtsnovelle vom 2. 9. 1994

9 Der Gesetzgeber handelte, nachdem die Bundesregierung am 19. 5. 1993 den Entwurf eines Gesetzes zur Neuordnung des Berufsrechts der Rechtsanwälte und der Patentanwälte vorgelegt hatte, der auch die durch die Wiedervereinigung Deutschlands möglich gewordene Wiederherstellung der Rechtseinheit in Deutschland auf dem Gebiet des Berufsrechts der Rechtsanwälte regelte,[19] zunächst mit der Beschlußempfehlung und dem Bericht des Rechtsausschusses des Deutschen Bundestages vom 24. 5. 1994.[20] Nach weiteren Beratungen in Bundestag und Bundesrat wurde die Novelle zur BRAO mit ihren §§ 59 b (Satzungskompetenz) und 191 a bis e (Wahl und Zusammensetzung der Satzungsversammlung) am 2. 9. 1994 verkündet und ist seit dem 3. 9. 1994[21] geltendes Recht.

10 Die **Wahlen** zur Satzungsversammlung der Anwaltschaft **sind durchgeführt.** Sie hat erste Beschlüsse gefaßt. Entsprechend § 59 Abs. 2 S. 2 a BRAO hat die Satzungsversammlung beschlossen, daß auf den Rechtsgebieten des Strafrechts und des Familienrechts Fachanwaltsbezeichnungen verliehen werden sollen. Die Voraussetzungen zur Erlangung der Fachanwaltsbezeichnung für Strafrecht und Familienrecht müssen noch geregelt werden.[22] Der Vorstand des Deutschen Anwaltvereins[23] und der Ausschuß Berufsordnung der Bundesrechtsanwaltskammer[24] haben Diskussionsentwürfe einer anwaltlichen Berufsordnung vorgelegt. Die Satzungsversammlung der Anwaltschaft hofft, ihre Beratungen im Jahre 1996 abschließen und damit erstmals der Anwaltschaft eine verfassungskonforme Berufsordnung, gestützt auf den Ermächtigungskatalog des § 59 b und verabschiedet durch eine demokratisch gewählte Satzungsversammlung der Anwaltschaft, vorlegen zu können.[25]

II. Normzweck

1. Die beruflichen Rechte und Pflichten

11 § 59 b Abs. 1 verleiht der Satzungsversammlung die Kompetenz, das Nähere zu den beruflichen **Rechten und Pflichten** durch Satzung in einer Berufsordnung zu regeln.

---

[17] *Kleine-Cosack,* § 59 Rdn. 3.
[18] *Commichau* JZ 1988, 824; *Domcke* JZ 1988, 348; *Wimmer* NJW 1989, 1772; DAV-Vorstand: Vorschlag neues Berufsrecht, Grüne Beilage zu AnwBl. 1990, Heft 4; BRAK-Vorschlag Neues Berufsrecht, Gelber Beihefter zu BRAK-Mitt. 1990, August-Heft; *Kornblum* ZRP 1988, 465; *Prütting,* Schriftenreihe für die Prozeßpraxis, Bd. 6, 1990; *Hartung* NJW 1994, 177; *Kleine-Cosack* NJW 1994, 2249; *Redeker* AnwBl. 1995, 217.
[19] BT-Drucks. 12/4993.
[20] BT-Drucks. 12/7556.
[21] BGBl. 1994 I, S. 2278.
[22] *Haas* BRAK-Mitt. 1995, 177.
[23] AnwBl. 1995, Blaue Beilage zu Heft 4.
[24] BRAK-Mitt. 1995, 12.
[25] *Hamacher* AnwBl. 1996, 81.

Zwar spricht der Regierungsentwurf der Berufsrechtsnovelle vom 19. 5. 1993 **12** nur davon, daß der Gesetzgeber die wesentlichen **Berufspflichten** zu normieren habe und **deren** Ausgestaltung durch eine berufsverbandliche Satzungskompetenz erfüllt werden soll.[26] Wörtlich wird ausgeführt, die Vorschrift des § 59 b solle durch eine Berufsordnung den notwendigen Ersatz schaffen für die zur Konkretisierung der beruflichen **Pflichten** eines Rechtsanwalts in RichtlRA festgestellten allgemeinen Fragen der Ausübung des Anwaltsberufs (§ 177 Abs. 2 a. F.)[27] § 59 b enthält den Katalog der sanktionsfähigen Pflichten. § 113 bestimmt, daß anwaltsgerichtliche Maßnahmen nur verhängt werden können gegen einen Rechtsanwalt, der schuldhaft gegen **Pflichten** verstößt, die im Gesetz oder in der Berufsordnung bestimmt sind. Die schuldhafte Verletzung der in der Generalklausel des § 43 zusammengefaßten Pflichten ist damit nicht länger Grundlage für eine disziplinarische Ahndung.[28]

Damit ist der Satzungsversammlung nicht versagt, gem. § 59 b Abs. 1 das Nä- **13** here auch über die beruflichen **Rechte** im Umfang der gesetzlichen Ermächtigung zu regeln:

§ 59 b steht im dritten Teil der BRAO unter der Überschrift: Die **Rechte und Pflichten** des Rechtsanwalts und die berufliche Zusammenarbeit.[29] § 59 b Abs. 1 spricht ausdrücklich von den beruflichen Rechten und Pflichten. Nach § 191 a Abs. 2 erläßt die Satzungsversammlung eine Berufsordnung für die Ausübung des Rechtsanwaltsberufs unter Berücksichtigung der beruflichen Pflichten, und nach **Maßgabe des § 59 b**, also auch hinsichtlich der beruflichen Rechte. § 59 b Abs. 2 Nr. 2 lit. a sagt, daß die Berufsordnung näher regeln kann die Bestimmung der Rechtsgebiete, in denen weitere Fachanwaltsbezeichnungen geführt werden können, gibt der Satzungsversammlung also ein diesbezügliches Recht.

Folgerichtig hat der Vorstand des DAV in seinem Diskussionsentwurf einer **14** Berufsordnung am Beispiel des § 59 b Abs. 2 Nr. 1 lit. c (Verschwiegenheit) vorgeschlagen, nicht nur die **Pflicht**, sondern auch das **Recht** zur Verschwiegenheit in einer Berufsordnung zu regeln.[30] *Feuerich/Braun* meinen,[31] das **Recht** zur Verschwiegenheit sei statusbildend und müsse deshalb im Gesetz geregelt werden. § 59 b ermächtigt die Satzungsversammlung aber ausdrücklich, das Nähere zu den Rechten und Pflichten zu bestimmen, so daß aus Rechtsgründen die Satzungsversammlung nicht gehindert erscheint, hier auch das Recht zur Verschwiegenheit zu regeln. In der ersten Sitzungsperiode wurde in der Satzungsversammlung bereits „der Tendenzbeschluß gefaßt, in der Berufsordnung auch Rechte des Anwalts zu definieren, wie es § 59 b Abs. 1 BRAO ausdrücklich vorsieht".[32]

2. Geschlossener Katalog

Der Regierungsentwurf vom 19. 5. 1993 schlug für § 59 b Abs. 2 die Formu- **15** lierung vor:

---

[26] BT-Drucks. 12/4993.
[27] BT-Drucks. 12/4993, S. 34.
[28] *Feuerich/Braun*, 113 BRAO, Rdn. 8.
[29] Zur Kritik von *Redeker* AnwBl. 1995, 217, gesetzestechnisch habe 59 b bei den Bestimmungen über die Satzungsversammlung, §§ 191 a bis e, angesiedelt werden müssen, wird hier nicht Stellung genommen.
[30] AnwBl. 194/1995, Blaue Beilage zu Heft 4.
[31] *Feuerich/Braun*, § 59, Rdn. 4.
[32] *Haas* BRAK-Mitt. 1995, 177.

„Die Berufsordnung kann im Rahmen der Vorschriften dieses Gesetzes insbesondere näher regeln ..."[33] Die Beschlußempfehlung des Rechtsausschusses des Deutschen Bundestages folgte dem nicht, sondern strich das Wort insbesondere mit der wörtlichen Begründung: „Der Regelungsumfang der Satzungskompetenz ist **abschließend** zu bestimmen.[34]

So ist § 59 b Abs. 2 gefaßt. Niemand bestreitet seitdem, daß der Katalog des § 59 b Abs. 2 Nr. 1 bis 9 abschließend, enumerativ, nicht erweiterungsfähig ist.[35]

3. Verfassungsrechtliche Gesichtspunkte

16 Wahrscheinlich ist, daß „nicht gesellschaftspolitische Motivation zur Selbstverwaltung, sondern die drohende Polarisierung des Anwaltsstandes" den Anstoß[36] zu ersten Entwürfen zur RichtlRA zur Ausübung des Anwaltsberufes gab. Auf dem 23. Deutschen Anwaltstag 1927 beklagte *Dix,* daß es an der **Erziehung** der Standesangehörigen fehle.[37] Der gebildete Ausschuß zum Entwurf von RichtlRA, „**Vademekum**"[38] genannt, „solle es vor allem den in die Anwaltschaft eintretenden Kollegen ermöglichen und erleichtern, sich in die Standesauffassungen und Standesgewohnheiten der Anwaltschaft hineinzufinden".[39] Beklagt wurde, daß es „geradezu unglaublich sei, welche Unwissenheit – besonders bei den jungen Kollegen – über das Anwaltsrecht bestehe, so daß ein **Leitfaden** für diese, aber auch für ältere Anwälte notwendig sei".[40]

17 Der Vergleich zwischen dem Vademekum 1929[41] und den RichtlRA 1957,[42] 1963[43] und 1973[44] beweist eine bemerkenswerte Kontinuität.[45] Sie setzt sich im Regierungsentwurf vom 19. 5. 1993[46] fort, wenn dort ausgeführt ist, es gehe bei der Satzungskompetenz des § 59 b vorrangig darum, „dem einzelnen Rechtsanwalt einen **Leitfaden** an die Hand zu geben, der ihm in Zweifelsfällen die Entscheidung erleichtert, wie er sich ordnungsgemäß in seiner Stellung als Rechtsanwalt verhalten kann".[47]

18 Dies greift zu kurz. § 59 b ermächtigt die Satzungsversammlung nicht dazu, jungen Rechtsanwältinnen und Rechtsanwälten einen **edukatorischen Leitfaden** an die Hand zu geben, weil sie in Studium und Referendariat für den Anwaltsberuf schlecht ausgebildet worden sind. § 59 b verleiht der Satzungsversammlung auch keine Disziplinargewalt.[48]

---

[33] BT-Drucks. 12/4993, S. 8.
[34] BT-Drucks. 12/7656, S. 50.
[35] *Feuerich/Braun,* § 191 a, Rdn. 4; *Redeker* AnwBl. 1995, 218; *ders.,* Gutachten, S. 73; *Kleine-Cosack,* § 59 b Rdn. 7; DAV-Diskussionsentwurf, AnwBl. 1995, Blaue Beilage zu Heft 4.
[36] *Taupitz,* Standesordnungen, S. 377.
[37] JW 1927, Bd. II, Anhang, S. 9; *Taupitz,* Standesordnungen, S. 377.
[38] „Vademekum" (= lat. „geh mit mir"!) Bez. für ein Buch handl. Formats, das als Leitfaden bzw. Ratgeber auf dem im Titel angegebenen Gebiet benutzt werden soll = Meyers Enzyklopädisches Lexikon, Bd. 24, S. 324, 1979.
[39] *Taupitz,* Standesordnungen, S. 378.
[40] Siehe Fn. 38.
[41] AnwBl. 1929, Beilage zu Heft 6.
[42] Abgedruckt bei Bülow, Anhang I.
[43] *Taupitz,* Standesordnungen, S. 86, Fn. 36.
[44] *Isele,* Anhang 1 zu § 177.
[45] *Taupitz,* Standesordnungen, S. 387.
[46] BT-Drucks. 12/4993.
[47] BT-Drucks. 12/4993, S. 34.
[48] *Feuerich/Braun,* § 191 a, Rdn. 4; *Redeker* AnwBl. 1995, 218; *Kleine-Cosack,* § 59 b, Rdn. 13.

§ 59 b Satzungskompetenz

Das Bundesverfassungsgericht hat nicht daran festgehalten, daß die Standesrichtlinien gem. § 177 Abs. 2 Nr. 2 a. F. als eine wesentliche Erkenntnisquelle dafür angesehen worden sind, was im Einzelfall nach der Auffassung angesehener und erfahrener Standesgenossen der Meinung aller anständig und gerecht denkenden Anwälte und der Würde des Standes entspreche,[49] und insoweit zur Anwendung und Auslegung der Generalklausel des § 43 herangezogen werden können. Das Bundesverfassungsgericht hat darauf hingewiesen, daß die RichtlRA „in ihrer Immobilität ungeeignet seien, auf umstrittenen Gebieten Lösungen herbeizuführen oder das überlieferte Standesrecht den veränderten politischen, wirtschaftlichen und sozialen Verhältnissen rechtsgestaltend fortzuentwickeln und beispielsweise im Rahmen der europäischen Integration an abweichende Vorstellungen anzugleichen".[50] 19

Das Bundesverfassungsgericht hat festgehalten an seiner ständigen Rechtsprechung, wonach „die durch den Grundsatz der freien Advokatur gekennzeichnete anwaltliche Berufsausübung unter der Herrschaft des Grundgesetzes der freien und unreglementierten **Selbstbestimmung** des Einzelnen" unterliegen.[51]

Diese verfassungsrechtlichen und verfassungsgerichtlichen Vorgaben hat die Satzungsversammlung im Rahmen ihrer Regelungskompetenz zu beachten. Rechte, die der Anwaltschaft durch das Gesetz zur Neuordnung des Berufsrechts der Rechtsanwälte und der Patentanwälte vom 2. 9. 1994[52] in §§ 43 b, 43 c, 49 b in Verbindung mit § 3 Abs. 5 BRAGO, §§ 51 a und 59 a gewährt worden sind, darf die Berufsordnung nicht einschränken, sondern allenfalls konkretisieren,[53] wobei die Wiederholung des Gesetzestextes in der Berufsordnung überflüssig ist.[54] 20

§ 59 b enthält keinen **Regelungszwang** im Sinne einer Anweisung des Gesetzgebers an die Satzungsversammlung, **jede** Norm des Ermächtigungskatalog mit einer Berufsordnungsregel auszustatten.[55] Die Satzungsversammlung kann weniger als in § 59 b Abs. 2 bestimmt ist, regeln.[56] 21

Die verfassungsgerichtlichen Vorgaben sollten die Satzungsversammlung mahnen, daß für die erste Berufsordnung in der Geschichte der deutschen Rechtsanwaltschaft, die durch demokratisch gewählte Mitglieder der Satzungsversammlung verabschiedet werden wird, **weniger** mehr ist: Aufgabe der Berufsordnung ist es, im Rahmen der Vorschriften der BRAO das **Nähere** zu den Rechten und Pflichten der Rechtsanwälte zu regeln, soweit dies im **Interesse der Rechtsuchenden, der Rechtspflege oder der Allgemeinheit** geboten ist.[57] 22

Damit ist klargestellt, daß alle Anscheinstatbestände der alten RichtlRA keinen Eingang in die Berufsordnung finden können. Der Anschein, Handakten nicht ordnungsgemäß zu führen, unsachlich zu sein oder berufswidrig zu werben, beeinträchtigt die Funktionsfähigkeit der Rechtspflege nicht. Ihn als berufsordnungswidrig zu regeln, wäre verfassungswidrig.[58] 23

---

[49] BVerfGE 76, 187.
[50] BVerfGE 76, 188 (189).
[51] BVerfGE 50, 16; 63, 266; 76, 188.
[52] BGBl. I, S. 2278.
[53] *Kleine-Cosack,* § 59 b, Rdn. 13.
[54] Anders Diskussionsvorschlag des Ausschusses Berufsordnung der BRAK, BRAK-Mitt. 1995, 12.
[55] *Kleine-Cosack,* § 59 b, Rdn. 9.
[56] *Redeker* AnwBl. 1995, 218.
[57] *Redeker,* Gutachten, S. 72.
[58] *Kleine-Cosack,* § 59 b Rdn. 16; *Feuerich/Braun,* § 43 Rdn. 26, 29, 46.

III. Einzelerläuterungen

1. Die allgemeinen Berufspflichten und Grundpflichten

24 **a) § 59 Abs. 2 Nr. 1 lit. a Gewissenhaftigkeit.** Die RichtlRA nach § 177 Abs. 2 Nr. 2 BRAO a. F. enthielten keine Bestimmung zur gewissenhaften Berufsausübung, sieht man davon ab, daß in § 1 RichtlRA der Gesetzestext des § 43, der durch die Berufsrechtsnovelle vom 2. 9. 1994[59] nicht geändert worden ist, wiederholt worden ist. Gewissenhafte Berufsausübung meint, so wurde kommentiert, zweierlei:[60] Zum einen sei der Anwalt verpflichtet, seinen Beruf lege artis auszuüben. Daneben stecke im Wort „gewissenhaft" auch ein Aspekt der **Berufsmoral**.

25 Es ist überflüssig, die Formulierung des Gesetzes in der Berufsordnung zu wiederholen, wenn dies nichts Näheres als die Gesetzesformulierung bringt. So liegt es hier: Auch die Berufsordnung soll nur regeln, was wirklich nötig ist und eine Verbesserung bringt.[61]

Berufsmoral und Berufsethos sollten in Satzungsrecht nicht gefaßt werden, zumal man nicht sagen kann, daß der Fortfall der RichtlRA zwischen 1987 und 1994 oder bis heute zu Ausfallerscheinungen in der Anwaltschaft geführt hat.[62] Der Auffassung, daß § 43 nach Einführung des § 43 a und der Änderung des § 113 die Fähigkeit abzusprechen ist, aus sich heraus **Berufspflichten** zu konstituieren,[63] wird zugestimmt. § 43 fehlt die verfassungsrechtliche Bestimmtheit.[64] Leerformeln gehören nicht in die Berufsordnung.

26 **b) § 59 b Abs. 2 Nr. 1 lit. b Wahrung der Unabhängigkeit.** Einerseits: Die Unabhängigkeit ist die **Magna Charta** dieses Organs der Rechtspflege,[65] die Unabhängigkeit ist ein schützender Panzer, der Richter, Rechtsanwälte und Abgeordnete im demokratischen Rechtsstaat umgürtet.[66] Andererseits: § 1 BRAO hat ausschließlich standesideologischen Hintergrund und entbehrt jeden rechtlichen Inhalts.[67] Ist das richtig, kann schwerlich die Berufsordnung das Nähere hierzu bestimmen.

Zwar wird gefordert, die Satzungsversammlung sollte sich nicht davon abhalten lassen, das Mögliche zu tun, um das Nähere zu § 59 b Abs. 2 Nr. 1 lit. b zu regeln.[68] Darauf hingewiesen wird aber auch, daß Judikatur und Literatur außer wohlklingenden Worten zur näheren **Bestimmung des Begriffs der anwaltlichen Unabhängigkeit** in §§ 1, 3 nicht viel beigetragen haben.[69] Angeregt wird, die Satzungsversammlung möge gem. § 59 b Abs. 2 Nr. 1 lit. b näher regeln etwa, daß Mindeststandards für den Dienstvertrag des angestellten Anwalts festgelegt werden,[70] wobei allerdings Vergütungsbeträge nicht genannt werden sollen.[71]

---

[59] BGBl. I, S. 2278.
[60] *Lingenberg/Zuck,* § 1 Rdn. 3.
[61] *Engelhard* ZRP 1983, 233.
[62] *Redeker,* Gutachten, S. 74; *Prütting* AnwBl. 1994, 315.
[63] *Feuerich/Braun,* § 43, Rdn. 18.
[64] *Zuck* NJW 1988, 175; *Taupitz* DVBl. 1988, 209.
[65] *Habscheid* NJW 1962, 1985.
[66] *Stern,* Schriftenreihe der BRAK, Bd. 1, S. 76.
[67] *Maunz/Dürig,* Art. 92, Rdn. 98.
[68] Vgl. oben § 43 a, Rdn. 6.
[69] Vgl. oben § 43 a, Rdn. 7.
[70] Vgl. oben § 43 a, Rdn. 6.
[71] Vgl. oben § 43 a, Rdn. 16.

Dem ist nicht zu folgen. Das Dienstverhältnis des angestellten Rechtsanwalts bei einem Rechtsanwalt ist mit dem Hinweis auf berufliche Zusammenarbeit in § 59 b Abs. 2 Nr. 8 angesprochen und dort zu behandeln. Die Berufsrechtsnovelle vom 2. 9. 1994[72] bestimmt in § 7 Nr. 8, daß als Rechtsanwalt nicht zugelassen werden darf, wer eine Tätigkeit ausübt, die mit der Stellung des Rechtsanwalts als unabhängigem Organ der Rechtspflege nicht vereinbar ist oder das Vertrauen in seine Unabhängigkeit gefährden kann. Entsprechendes regelt § 14 Abs. 2 Nr. 9 für den Fall des Widerrufs der Zulassung. Also ist die anwaltliche Unabhängigkeit über diese gesetzlichen Bestimmungen gesichert und sanktionsbewehrt, einer Regelung darüber hinaus in der Berufsordnung bedarf es nicht.

c) **§ 59 c Abs. 2 Nr. 1 lit. c Verschwiegenheit.** Strikte Verschwiegenheit 27 ist die Basis des Vertrauensverhältnisses zwischen Anwalt und Mandant.[73] Gleichwohl hat sich die Anwaltschaft mit dieser tragenden Säule ihres Berufes[74] nur wenig auseinandergesetzt. § 42 der RichtlRA äußerte sich nur zur Verschwiegenheitspflicht. Jeder Hinweis, daß mit dieser **Pflichtenstellung** auch eine **Rechtsposition** korrespondiert, fehlt.[75] Diesen Hinweisen der Wissenschaft sollte die Satzungsversammlung nachgehen und in der Berufsordnung das Nähere nicht nur zur Schweigepflicht, sondern auch zum damit korrespondierenden Schweigerecht regeln. Eine pointierte Klarstellung wird als „sehr nützlich" bezeichnet.[76] Vorbild für eine entsprechende Berufsordnungsregel könnte 2.3.1 der Standesregeln der Rechtsanwälte der europäischen Gemeinschaft mit folgendem Wortlaut sein: „Es gehört zum Wesen der Berufstätigkeit des Rechtsanwalts, daß sein Mandant ihm Geheimnisse anvertraut und er sonstige vertrauliche Mitteilungen erhält. Ist die Vertraulichkeit nicht gewährleistet, kann kein Vertrauen entstehen. Aus diesem Grund ist das **Berufsgeheimnis** gleichzeitig ein **Grundrecht** und eine **Grundpflicht** des Rechtsanwaltes von besonderer Bedeutung."[77]

d) **§ 59 b Abs. 2 Nr. 1 lit. d Sachlichkeit.** Der Rechtsprechung ist es nicht 28 gelungen, nachvollziehbare Kriterien zur Abgrenzung von sachlichem und unsachlichem anwaltlichem Verhalten zu entwickeln. Der Versuch der Ehrengerichte, das Sachlichkeitsgebot unter Rückgriff auf die Organstellung des Anwalts und auf seine besondere **Rechte und Pflichten** zu begründen und inhaltlich zu konkretisieren, ist gescheitert.[78] Der Deutsche Anwaltverein hat vorgeschlagen, die Pflicht zur sachlichen Berufsausübung in eine Berufsordnung mit einem Text aufzunehmen,[79] der nun mit der Gesetzesformulierung in § 43 a Abs. 3 übereinstimmt. Einer näheren Regelung in der Berufsordnung bedarf es nicht; ein Verstoß gegen § 43 a Abs. 3 ist gem. § 113 Abs. 1 sanktionsbewehrt.

e) **§ 59 b Abs. 2 Nr. 1 lit. e) Verbot der Vertretung widerstreitender** 29 **Interessen.** Anwaltliche Tätigkeit kann nur im Rahmen uneingeschränkter Vertraulichkeit ausgeübt werden. Damit verträgt es sich nicht, wenn der Mandant, der sich anvertraut, befürchten muß, das Anvertraute könnte zur Kenntnis eines mit seinem Anwalt beruflich zusammenarbeitenden anderen Anwalts oder Dritten

---

[72] BGBl. I, S. 2278.
[73] *Henssler* NJW 1994, 1817.
[74] Siehe Fn. 73.
[75] *Henssler* NJW 1994, 1818.
[76] Siehe Fn. 75.
[77] Standesregeln der Rechtsanwälte in der EG, BRAK-Mitt. 1989, Beihefter zu Heft 3.
[78] BVerfGE 76, 171 (191).
[79] AnwBl. 1990, Grüne Beilage zu Heft 4, S. 31.

gelangen, der im gegensätzlichen Interesse tätig war oder ist.[80] Deshalb ist die anwaltliche Pflicht, keine widerstreitenden Interessen zu vertreten, in § 43 a Abs. 4 als anwaltliche **Grundpflicht** verankert. Die Anwaltschaft ist bunt strukturiert.[81] Überörtliche, intraurbane, internationale und nationale und interprofessionelle Sozietäten, meist in der Rechtsform der BGB-Gesellschaft, sind nach 1989 entstanden und haben zum Teil mehr als 100 Partner.[82] Dies erfordert sorgfältige Organisation in der Registratur der vertretenen Mandanten. Häufiger Wechsel, insbesondere auch der Berufsanfänger, von der einen Kanzlei in eine andere gehört zur Rechtswirklichkeit. Wie sich hier das Verbot der Vertretung widerstreitender Interessen auswirkt, wenn nicht der befaßte Rechtsanwalt tätig wird, sondern nur ein mit der Sache nicht befaßter, der aber mit dem die Sache bearbeitenden Rechtsanwalt in gemeinschaftlicher Berufsausübung befindlich ist, ist ungeklärt.[83] Offen ist, ob die Satzungsversammlung über § 59 b Abs. 2 Nr. 1 lit. e und § 45 Abs. 3 zu einer weiteren Regelung ermächtigt ist. Die Frage ist zu bejahen. Der Satzungsversammlung ist eine umfassende Berufsordnungsregel zu empfehlen, die sich auch mit der Besonderheit zu beschäftigen hat, daß das strafrechtliche Mandat dem beauftragten Anwalt persönlich, nicht der Sozietät, erteilt wird, gleichwohl aber die Sozietät dann vor einem Tätigkeitsverbot infolge widerstreitender Interessen stehen kann.

30 f) **§ 59 b Abs. 2 Nr. 1 lit. f Umgang mit fremden Vermögenswerten.** § 43 a Abs. 5 statuiert berufsrechtlich, was zwingend aus der zivilrechtlichen Sorgfaltspflicht des Anwalts nach abgeschlossenem Mandatsvertrag folgt. Eine nähere Regelung in der Berufsordnung darf gleichwohl nicht fehlen. Sie ist im Interesse der Rechtsuchenden und der Allgemeinheit[84] angesichts ständig steigender Anwaltszahlen, zunehmender Internationalisierung der Anwaltschaft[85] und neuer Gesetze, die die anwaltliche Schweigepflicht und das anwaltliche Schweigerecht einschränken,[86] geboten. Die Standesregeln der Rechtsanwälte in der EU[87] könnten mit ihrer sehr differenzierten Regelung auch hier Anhalt für die Satzungsversammlung sein.

Nicht unter § 59 b Abs. 2 Nr. 1 lit. f zu subsumieren ist das Recht des Anwalts, Honorare zu vereinbaren und alle sonstigen Tatbestände der BRAO. Die Berufsordnung regelt näher das, was im Interesse der Rechtsuchenden, der Rechtspflege und der Allgemeinheit geboten ist[88] und ist **kein Vademekum** für die Anwaltschaft zum Umgang mit der BRAGO.

31 g) **§ 59 b Abs. 2 Nr. 1 lit. g Kanzleipflicht.** Die Berufsordnungsregel, die die Satzungsversammlung zur Kanzleipflicht des § 27 evtl. erläßt, sollte bedenken: Die zur Kanzleipflicht erlassene Berufsordnungsregel ist sanktionsfähig nach § 113. Sie kann zum Widerruf der Zulassung nach § 35 Abs. 1 Nr. 3 führen. Deshalb ist hier das verfassungsrechtliche Verhältnismäßigkeitsgebot besonders zu beachten.[89] Keinesfalls sollte die Satzungsversammlung daran denken, vorzu-

---

[80] DAV-Diskussionsentwurf einer Berufsordnung AnwBl. 1995, Blauer Beihefter zu Heft 4.
[81] *Schardey* AnwBl. 1987, 401.
[82] *Feuerich/Braun*, § 59 a, Rdn. 9 bis 12.
[83] DAV-Diskussionsentwurf AnwBl. 1995, Blauer Beihefter zu Heft 4.
[84] *Redeker*, Gutachten, S. 72.
[85] DAV-Diskussionsvorschlag AnwBl. 1995, Blauer Beihefter zu Heft 4.
[86] *Henssler* NJW 1994, 1817.
[87] BRAK-Mitt. 1989, Beihefter zu Heft 3, S. 5.
[88] *Redeker*, Gutachten S. 72.
[89] *Feuerich/Braun*, § 113, Rdn. 96; *Redeker*, Gutachten S. 72.

schreiben, daß der Rechtsanwalt nicht nur über einen eigenen Telefonanschluß verfügen, sondern auch einen Telefonanrufbeantworter und ein Telefax-Gerät haben muß.[90] Wenn man im Interesse der Rechtsuchenden die Notwendigkeit, Näheres zu §§ 27 bis 29 a zu regeln,[91] bejaht, genügt es, etwa zu formulieren: „Der Rechtsanwalt ist verpflichtet, die für die Berufsausübung notwendigen sachlichen, organisatorischen und personellen Voraussetzungen zu schaffen und aufrechtzuerhalten."[92]

Diese allgemeine Formulierung trägt der in der Rechtswirklichkeit höchst unterschiedlich organisierten und bunt strukturierten[93] Anwaltschaft Rechnung.

2. Die besonderen Berufspflichten

a) § 59 b Abs. 2 Nr. 2 lit. a und b, Fachanwaltsbezeichnungen. Nach schon länger vorausgegangener Diskussion verabschiedete der 25. Deutsche Anwaltstag am 11. 9. 1929[94] Beschlüsse, wonach grundsätzlich Fachanwaltschaften eingeführt werden sollten. Die Anerkennung als Fachanwalt für Steuerrecht, Urheber- und Verlagsrecht, gewerblichen Rechtsschutz, Staats- und Verwaltungsrecht, Ausländerrecht und Arbeitsrecht sollte eingeführt werden.[95] Die Anwaltschaft des Jahres 1930 verlieh das Recht, Fachanwaltsbezeichnungen zu führen, in eigener Selbstverwaltung durch die Vorstände der Rechtsanwaltskammern.

Die Bundesrechtsanwaltsordnung vom 1. 8. 1959[96] kannte keine Fachanwaltsbezeichnung. Zwar sah der Entwurf[97] eine Ermächtigung des BMJ vor, durch Rechtsverordnung mit Zustimmung des Bundestages Vorschriften zu erlassen darüber, wann ein Rechtsanwalt zu seiner Berufsbezeichnung einen Zusatz führen dürfe, der auf seine besonderen Kenntnisse hinwies. Nachdem aber die Arbeitsgemeinschaft der Anwaltskammervorstände beschlossen hatte, Fachanwaltschaften abzulehnen, weil sie „der Stellung des Rechtsanwalts als des Beraters in allen Rechtsangelegenheiten"[98] widerspräche, wurde dies im weiteren Gesetzgebungsgang fallen gelassen.

Die Hauptversammlung der BRAK blieb trotz gegenteiliger Stimmen in der Anwaltschaft bei dieser Auffassung bis zu ihrer Sitzung vom 10. 10. 1986. In dieser Sitzung beschloß sie, durch eine Ergänzung der RichtlRA unter bestimmten Voraussetzungen, zu denen der Nachweis entsprechender Kenntnis gehörte, Fachanwaltsbezeichnungen für die Rechtsgebiete des Steuer-, Verwaltungs-, Arbeits- und Sozialrechts zuzulassen.[99]

Entsprechend verliehen die Vorstände der Rechtsanwaltskammern Fachanwaltsbezeichnungen, bis der BGH am 14. 5. 1990 entschied, daß zur Verleihung von Fachanwaltsbezeichnungen durch die Anwaltschaft eine gesetzliche Ermächtigungsgrundlage fehle.[100] Diese gesetzliche Ermächtigung wurde geschaffen

---

[90] Das aber fordert *Braun,* in: Feuerich/Braun, § 59 b, Rdn. 8.
[91] Der DAV-Diskussionsentwurf – AnwBl. 1995, Blaue Beilage zu Heft 4, S. 12 – hält eine Berufsordnungsregel für überflüssig.
[92] Diskussionsvorschlag Ausschuß Berufsordnung der BRAK, BRAK-Mitt. 1995, 12.
[93] *Schardey* AnwBl. 1987, 401.
[94] *Feuerich/Braun,* § 43 c Rdn. 3, 4.
[95] AnwBl. 1930, 50.
[96] BGBl. I, S. 565.
[97] BT-Drucks. II./1014, S. 14; *Feuerich/Braun,* § 43 c Rdn. 7.
[98] Zitiert nach *Feuerich/Braun,* § 43 c, Rdn. 8.
[99] BRAK-Mitt. 1986, 198.
[100] BRAK-Mitt. 1990, 108.

durch das Gesetz über Fachanwaltsbezeichnungen nach der Bundesrechtsanwaltsordnung und zur Änderung der Bundesrechtsanwaltsordnung[101] sowie durch die Verordnung über die Fachanwaltsbezeichnungen nach dem RAG.[102] § 43 c faßt das zusammen und regelt nach den bisherigen Erfahrungen die Grundsätze, nach denen die Erlaubnis zum Führen von Fachanwaltsbezeichnungen zu erteilen ist. Auch die Ermächtigung, weitere Fachanwaltsbezeichnungen zuzulassen und die Voraussetzungen zu deren Erlangung sind seit dem 3. 9. 1994 über § 59 b Abs. 2 Nr. 2, lit. a und b der Selbstverantwortung der Anwaltschaft übertragen. Der Gesetzgeber reagierte nach entsprechender Formulierung im Regierungsentwurf vom 19. 5. 1993 damit auf die verfassungsrechtlichen Hinweise des Bundesgerichtshofs in der Vermutung, daß die Rechtsanwaltschaft selbst **schneller als der Gesetzgeber auf Veränderungen im wirtschaftlichen und rechtlichen Leben, die neue Spezialisierungshinweise erforderten,** reagieren und dem rechtsuchenden Bürger eine Hilfe an die Hand geben könne, den von ihm benötigten Spezialisten zu finden.[103]

36   In ihrer ersten Sitzungsperiode im September 1995 ist die Satzungsversammlung diesem Appell des Gesetzgebers gefolgt. Sie hat die Einführung weiterer Fachanwaltschaftsbezeichnungen für das Strafrecht und das Familienrecht beschlossen und einen Ausschuß „Fachanwaltschaften und Fortbildung" eingesetzt.[104]
In der zweiten Sitzungsperiode im Februar 1996 befaßte sich die Satzungsversammlung mit den Vorschlägen dieses Ausschusses für eine Fachanwaltsordnung. Beschlüsse wurden noch nicht gefaßt.[105]
Die Satzungsversammlung belegt damit, den Appell des Gesetzgebers, im Interesse der Rechtsuchenden schnell Spezialisierungshinweise zu ermöglichen, nachzukommen. Mit endgültigen Beschlüssen der Satzungsversammlung ist noch im Jahre 1996 zu rechnen.[106]

37   **b) § 59 Abs. 2 Nr. 3 Die besonderen Berufspflichten im Zusammenhang mit der Werbung und Angaben über selbstbenannte Interessenschwerpunkte.** Zwar wußte Jesus, wie man wirbt.[107] Die Anwaltschaft hingegen hielt Werbung für mit der Würde des Berufs unvereinbar.
„Will man nicht die Tätigkeit des Anwalts auf das Niveau des gewöhnlichen Gewerbebetriebs herabsinken lassen, so wird man auch nicht gestatten dürfen, daß der Rechtsanwalt das Publikum mit förmlichen Reklamen an sich zu ziehen suche, welche für den Geschäftsmann als erlaubte Werbung einer durch keine Standesrücksichten eingeschränkten Konkurrenz gelten dürfen, dem Anwaltsstande aber fremd bleiben müssen",
erklärten die Vorstände der Bayerischen Anwaltskammern im Jahre der Verkündung der BRAO 1878.[108] Daß Standesrücksichten beim anwaltlichen Werbeverbot im Vordergrund standen, meinte auch § 2 der aufgegebenen RichtlRA, wonach der Rechtsanwalt standeswidrig handelte, wenn er um Praxis warb.

---

[101] BGBl. 1992 I, S. 369.
[102] BGBl. 1992 I, S. 379.
[103] BT-Drucks. 12/4993, S. 29, 35; vgl. oben Erläuterungen zu § 43 c, auch alle Regelungen über das Verfahren zur Verleihung der Fachanwaltsbezeichnungen sind der Satzungsversammlung übertragen.
[104] *Haas* BRAK-Mitt. 1995, 177.
[105] *Hamacher* AnwBl. 1996.
[106] Siehe Fn. 105.
[107] *Mayer* AnwBl. 1988, 64.
[108] Zitiert nach *Koch* AnwBl. 1995, 474.

§ 59 b Satzungskompetenz

Art. 12 Abs. 2 S. 2 GG gestattet aber anwaltliche Werbung ebenso, wie dies **38** für jeden anderen Beruf gilt.[109] Das Bundesverfassungsgericht bemerkte in seiner Entscheidung vom 14. 7. 1987 zu § 2 Abs. 2 der aufgehobenen RichtlRA, grundsätzlich sei davon auszugehen, daß **„die freiberuflich tätigen Rechtsanwälte wie alle anderen Staatsbürger befugt sind, sich mit Informationen an die Öffentlichkeit zu wenden".**[110] Das BVerfG verschwieg nicht, daß weiterhin über § 43 bis zur gesetzlichen Neuregelung Qualitätsanpreisungen durch ein reklamehaftes Sich-Herausstellen dem Anwalt untersagt sei.

Dem folgte der Regierungsentwurf vom 19. 5. 1993,[111] indem er feststellte, **39** daß das, was sachlich richtig, objektiv und auf die eigene Berufstätigkeit bezogen ist, der Rechtsanwalt in angemessener Form sagen dürfe. Ein in den Vordergrund gestelltes reklamehaftes Anpreisen, das mit der eigentlichen anwaltlichen Leistung nichts zu tun habe, sei aber weiterhin unzulässig. Der Gesetzesvorschlag des Regierungsentwurfs lautete folgerichtig: „Werbung ist dem Rechtsanwalt nur erlaubt, soweit sie über die berufliche Tätigkeit sachlich unterrichtet, **nicht reklamehaft** und nicht auf die Erzielung eines Auftrags im Einzelfall gerichtet ist."[112] Der Rechtsausschuß des Deutschen Bundestages strich aus dieser Formulierung das Wort **reklamehaft** und ersetzte es durch die Worte **in Form und Inhalt sachlich.** Der Rechtsausschuß meinte, damit den Willen des Gesetzgebers zu verdeutlichen, daß Methoden der Anwaltswerbung dem Sachlichkeitsgebot (§ 43 a Nr. 3) entsprechen müßten.[113]

§ 43 erlaubt Werbung, sofern und soweit sie aus einer sachlichen Unterrich- **40** tung über die berufliche Tätigkeit des Anwalts[114] besteht und nicht irreführend ist.

„Die anwaltliche Werbung soll in ihren Einzelheiten gleichfalls in der Berufsordnung geregelt werden. Der Satzungsgeber wird **ausdrücklich** aufgefordert, auch die Berufs**pflichten** hinsichtlich der selbst ernannten Interessenschwerpunkte zu regeln", formuliert der Regierungsentwurf vom 19. 5. 1993.[115]

Die Satzungsversammlung steht vor einer nicht einfachen Aufgabe. Die von ihr **41** zu erlassenden näheren Regeln zur anwaltlichen Werbung müssen bedenken:

§ 43 b hat das Werbeverbot der RichtlRA gelockert. Grundsätzlich nach Form **42** und Inhalt sachliche, über die berufliche Tätigkeit unterrichtende und nicht irreführende Werbung ist erlaubt. **Art. 5 und 12 GG sowie Art. 10 EMRK sind zu beachten.**[116]

Der Anwalt darf deshalb für seine Informationswerbung **alle** Werbeträger und **43** Methoden nutzen, sofern das Gebot strikter Sachlichkeit in der Unterrichtung über die **berufliche Tätigkeit** eingehalten wird[117] und die Werbung nicht irreführend ist.

Erlaubt nach § 43 b und allenfalls in ihrer Ausgestaltung durch die Satzungsversammlung näher zu regeln ist auch die Postwurfsendung oder die Praxisanzeige des Berufsanfängers, der nicht durch Zeitungsinserat, sondern durch ggf. selbst fotokopierte Informationsblätter sachlich über die Praxiseröffnung informiert und

---

[109] *Löwe* AnwBl. 1988, 545.
[110] BVerfGE 76, 197 (208).
[111] BT-Drucks. 12/4993, S. 28.
[112] BT-Drucks. 12/4993, S. 5.
[113] BT-Drucks. 12/7656, S. 48.
[114] Vgl. oben § 43 b, Rdn. 20.
[115] BT-Drucks. 12/4993, S. 35.
[116] Vgl. § 43 b Rdn. 13; BVerfG, StGB 1996, 84.
[117] Vgl. oben § 43 b, Rdn. 35; *v. Falkenhausen* Liber Amicorum für H. J. Rabe, S. 19, 20; *Büttner*, FS Vieregge, 113.

diese Hinweise in die Postkästen der Umgebung seiner Kanzlei verteilt. Massenverschickungen, auch in Form der Postwurfsendung, sind sie nach Form und Inhalt sachlich unterrichtend, sind zulässig. Was das Gesetz erlaubt, kann die Satzungsversammlung nicht verbieten. Presseanzeigen mit dem vorumrissenen Hinweis werden von der Rechtsprechung längst als zulässig anerkannt.[118] Es ist unlogisch, wollte man das Zeitungsinserat zulassen, die Postwurfsendung oder die eigene Massenverschickung durch den Berufsanfänger aber nicht.[119]

44 Die Aufforderung des Gesetzgebers, das Nähere zu selbstbenannten Interessenschwerpunkten zu regeln, hat die Satzungsversammlung aufgenommen. Ein Ausschuß „Werbung, Tätigkeits- und Interessenschwerpunkte" ist eingesetzt.[120] Zu recht will die Satzungsversammlung prüfen, ob nicht nur **Interessenschwerpunkte**, sondern auch **Tätigkeitsschwerpunkte**, wenn ja, in welcher Zahl und neben Fachanwaltsbezeichnungen oder nur in Gebieten, in denen Fachanwaltsbezeichnungen nicht vorhanden sind, kundgemacht werden dürfen.[121] Der Ausschuß hat sich dafür entschieden, die Angabe von Interessen- und Tätigkeitsschwerpunkten zuzulassen, wobei der Anwalt höchstens 3 Teilgebiete als **Interessen-** und 5 Teilgebiete als Tätigkeitsschwerpunkte auch in den Gebieten, in denen Fachgebietsbezeichnungen existieren, angeben darf.

Der Ausschuß hat empfohlen, **bezahlte** Werbung in Radio, Fernsehen, Kino und auf öffentlichen Reklameflächen für unzulässig zu erklären. Die Diskussion in der Satzungsversammlung ist noch nicht abgeschlossen.[122]

Soweit ersichtlich, hat sich die Satzungsversammlung noch nicht mit der Frage beschäftigt, ob § 43 b die sachlich nach Form und Inhalt unterrichtende Anwaltswerbung über den **Preis** gestattet, sofern eine solche Preiswerbung sachlich unterrichtet, nicht irreführend ist und im Rahmen von §§ 49 b BRAO und 3 BRAGO bleibt. In der Literatur wird von der Zulässigkeit auch der **Preiswerbung** ausgegangen.[123] Ein Prüfungsbedarf für die Satzungsversammlung ist in diesem Punkt auch deshalb gegeben, weil in der Begründung zu § 43 b des Regierungsentwurfs vom 19. 5. 1993 wörtlich formuliert wird:

„Das Interesse potentieller Mandanten geht dahin, zu erfahren, wie sie für ihr Rechtsproblem einen Spezialisten finden **und was dieser kostet.**"[124]

45 **c) § 59 Abs. 2 Nr. 4 Die besonderen Berufspflichten im Zusammenhang mit der Versagung der Berufstätigkeit.** Das Bundesverfassungsgericht hat am 4. 11. 1992 entschieden, daß die bisherige restriktive Rechtsprechung der Ehrengerichte, wonach Rechtsanwälte weitgehend gehindert sind, einen Zweitberuf auszuüben, den besonderen Bedingungen des Anwaltsmarktes nicht länger entsprechen.[125] Seitdem kommt die Versagung oder der Entzug der Zulassung zur Anwaltschaft in solchen Fällen in weit geringerem Umfang vor als bisher.[126] Begründet war diese bisherige Rechtsprechung der Ehrengerichte und des Anwaltssenats mit der in solchen Fällen häufig gegebenen Gefahr der Interessenkollision. Die Neufassung der §§ 45 und 46 will der Entscheidung des Bundesverfassungs-

---

[118] OLG Düsseldorf NJW 1992, 2833; OLG Nürnberg NJW 1993, 1338; OLG Karlsruhe NJW 1992, 2835.
[119] Vgl. oben § 43 b, Rdn. 37.
[120] *Haas*, BRAK-Mitt. 1995, 177.
[121] *Hamacher* AnwBl. 1995, Blaue Beilage zu Heft 10, S. 31.
[122] *Hamacher* AnwBl. 1996, 81.
[123] *v. Falkenhausen*, Liber Amicorum für H. J. Rabe, S. 24; *Büttner*, FS Vieregge, 115.
[124] BT-Drucks. 12/4993, S. 28.
[125] AnwBl. 1993, 120.
[126] *Feuerich/Braun*, § 45, Rdn. 1.

gerichts vom 4. 11. 1992 Rechnung tragen.[127] Es ist zweifelhaft, ob die §§ 45, 46 in ihrer durch die Berufsrechtsnovelle vom 2. 9. 1994 verkündeten Formulierung verfassungsrechtlichen Vorgaben entsprechen.[128] Der Regierungsentwurf beschränkt sich darauf, zu bemerken, die Berufsordnung könne die in § 45 zum Schutz des Vertrauens in **die Unabhängigkeit der Anwaltschaft** statuierten Pflichten, sich der anwaltlichen Tätigkeit zu enthalten, im einzelnen bestimmen.[129]

Es ist nicht bekanntgeworden, daß in ihrer bisherigen Tätigkeit die Satzungsversammlung sich mit § 59 b Abs. 2 Nr. 4 befaßt hat.[130] Die Satzungsversammlung sollte den entsprechenden Regelungsbedarf bejahen, aber prüfen, ob in der ersten Fassung der neuen Berufsordnung Regelungen enthalten sein müssen. Ein Appell an den Gesetzgeber, ggf. verbunden mit einem Formulierungsvorschlag, vorab die Fassung der §§ 45, 46 zu überdenken und neu zu fassen, könnte gegenwärtig richtiger sein.[131]

d) **§ 59 Abs. 2 Nr. 5 lit. a bis d, Annahme, Wahrnehmung und Beendigung des Auftrags, Beratungshilfe, Prozeßkostenhilfe, Handakten.** Es ist nicht erforderlich, sich aus dem Mandatsvertrag ergebende zivilrechtliche anwaltliche Pflichten im Zusammenhang mit der Annahme, Wahrnehmung und Beendigung des Mandats in der Berufsordnung zu regeln, auch wenn der Regierungsentwurf dies für empfehlenswert hält.[132] Die Satzungsversammlung muß bedenken, daß sie aufgerufen ist, das anwaltliche Verhalten gegenüber **dem rechtsuchenden Publikum,** im Gesetz in §§ 48, 49, 49 a, 50 statuiert, mindestens ebenso substantiiert näher zu regeln, wie ihre beruflichen Pflichten gegenüber Gerichten und Behörden. Für diesen Regelungskreis sollten Bestimmungen nur zurückhaltend in der Berufsordnung enthalten sein, nämlich nur insoweit, als sie im Interesse der (möglichst schnellen) **Rechtspflege** geboten sind.[133]

Hat der Rechtsanwalt den Auftrag angenommen und nicht gem. § 44 abgelehnt, ist der Mandatsvertrag im Sinne der §§ 611, 627 Abs. 2, § 675 BGB zustande gekommen. Daraus ergeben sich die anwaltlichen zivilrechtlichen Aufklärungs-, Auskunfts-, Rechenschafts- und Herausgabepflichten. Berufsrechtlich genügt es, in der Berufsordnung die neben den zivilrechtlichen Verpflichtungen bestehenden besonderen Berufspflichten zu normieren, nämlich den Auftraggeber
– über alle für den Fortgang der Angelegenheit **wesentlichen** Vorgänge und Maßnahmen **unverzüglich** zu unterrichten,
– von allen **wesentlichen** Schriftstücken, die der Anwalt versendet oder erhält, Kenntnis zu geben und
– **alle** Anfragen des Auftraggebers **unverzüglich** zu beantworten.

Nach der letzten bekannten Statistik haben im Jahre 1994 235.669 Rechtsuchende in der Bundesrepublik anwaltliche Beratungshilfe zu einem Honoraraufwand von insgesamt DM 20.649.137,63 in Anspruch genommen.[134] Das belegt, daß §§ 48 und 49 a nicht nur deklaratorische Bedeutung haben, zumal der Beratungsbedarf in Zeiten hoher Arbeitslosigkeit und abnehmender Konjunktur im

---

[127] BT-Drucks. 12/4993, S. 29.
[128] *Kleine-Cosack* NJW 1994, 2252.
[129] BT-Drucks. 12/4993, S. 35.
[130] *Hamacher* AnwBl. 1996, 81.
[131] *Braun/Feuerich*, § 59 b, Rdn. 13, empfehlen, von der Satzungskompetenz angesichts verfassungsrechtlicher Bedenken gegenüber §§ 45, 46 nur zurückhaltend Gebrauch zu machen.
[132] BT-Drucks. 12/4993, S. 35.
[133] *Redeker*, Gutachten, S. 72.
[134] Schreiben des BMJ vom 3. 8. 1995 an den DAV, nicht veröffentlicht.

Zweifel nicht rückläufig ist, sondern zunehmen wird. Die Satzungsversammlung muß dies bei näherer Ausfüllung zu den besonderen anwaltlichen Berufspflichten gegenüber Rechtsuchenden im Rahmen von Beratungs- und Prozeßkostenhilfe (§ 59 b Abs. 2 Nr. 5 lit. b) bedenken und deutlich machen, daß die Anwaltschaft ihrer aus §§ 1 bis 3, 48, 49, 49 a entspringenden sozialen Verpflichtung nachzukommen hat. Dazu gehört, daß der Rechtsanwalt die Berufspflicht hat, stets zu prüfen, ob der Auftraggeber auf die Möglichkeiten der Prozeßkosten- und Beratungshilfe hinzuweisen ist, auch wenn er selbst nicht danach gefragt hat. Dem Anwalt ist es untersagt, von dem prozeßkosten- oder beratungshilfeberechtigten Auftraggeber neben den sich daraus ergebenden Honoraransprüchen weitere Vergütung zu verlangen.[135] Zur Beratungshilfe wird § 131 BRAGO ohnehin dahin verstanden, daß der Rechtsanwalt vom Beratungshilfeberechtigten ausschließlich die Vergütung des § 131 BRAGO verlangen darf.[136] In der Berufsordnung könnte dies als ausdrücklich grundsätzliche, sanktionsfähige Berufspflicht verankert werden. Ein Regelungsbedarf dahin, ändern sich beim Beratungshilfeberechtigten die Verhältnisse grundlegend, so daß zusätzliches Honorar verlangt werden darf, ist auf extreme Ausnahmefälle beschränkt und bedarf keiner Berufsordnungsregel.

50 § 49 a a. F. verpflichtet den Rechtsanwalt, die im BerHG vorgesehene Beratungshilfe zu übernehmen und sie nur aus wichtigem Grund ablehnen zu können. § 49 a n. F. verpflichtet durch den ergänzend aufgenommenen Abs. 2 den Rechtsanwalt, **bei entsprechenden Beratungsstellen der Rechtsanwaltschaft mitzuwirken**.[137] Mag zweifelhaft sein, ob nach Einfügung des § 49 a Abs. 2, § 59 b Abs. 2 Nr. 5 lit. c als Ermächtigungsnorm neben § 59 b Abs. 2 Nr. 5 lit. b erforderlich ist, sollte die Berufsordnung klarstellen:

Einrichtungen der Rechtsanwaltschaft für die Beratung von Rechtsuchenden mit geringen Einkommen sind **sämtliche** vorhandenen, auch die bei den örtlichen Anwaltvereinen nach § 3 Abs. 1, 2. Hs. BerHG aufgrund einer Vereinbarung mit den Landesjustizverwaltungen eingerichteten zentralen Beratungsstellen.[138] Zur Beratungshilfe sind **alle** Rechtsanwälte, unabhängig von der Vereinszugehörigkeit **im Interesse der Rechtsuchenden mit geringem Einkommen** verpflichtet.[139]

Darüber hinaus sollte die Berufsordnung klarstellen, daß ein wichtiger Grund, die Beratungshilfe abzulehnen im Sinne von § 49 a Abs. 1 S. 2 auch die **fachliche Inkompetenz** des Rechtsanwalts sein kann. Der hochspezialisierte Anwalt im gewerblichen Rechtsschutz oder im Aktienrecht kann weder im Sozialrecht noch im Straßenverkehrsrecht noch im Familienrecht kompetent beraten.

51 § 50 regelt die Verpflichtung des Rechtsanwalts in der Anlegung und Führung seiner Handakten substantiierter, als das bis zum 3. 9. 1994, dem Inkrafttreten der Berufsrechtsnovelle, der Fall war. Das Anliegen des Gesetzgebers war es, durch die Neufassung der Norm die Berufspflicht des Rechtsanwaltes zu statuieren, damit über die Handakten die anwaltliche Tätigkeit im konkreten Mandat nachprüfbar sei.[140]

---

[135] *Feuerich/Braun*, § 113, Rdn. 128.
[136] *Greißinger*, S. 105.
[137] BT-Drucks. 12/4993, S. 30.
[138] Vgl. oben § 49 a, Rdn. 4.
[139] Anders *Feuerich/Braun*, § 49 a, Rdn. 2, die übersehen, daß Beratungshilfe im Interesse der Rechtsuchenden durch alle Rechtsanwälte, gänzlich unabhängig von der Anwaltvereinszugehörigkeit, zu erfolgen hat.
[140] BT-Drucks. 12/4993, S. 31.

§ 59 b Abs. 2 Nr. 5 lit. d bestimmt, daß die Berufsordnung eine nähere Regelung zum § 50 vorsehen kann. Notwendig erscheint das nicht, auch wenn die Auffassung vertreten wird, der Gesetzeszweck des § 50 sei nicht, über die Handakten die anwaltliche Tätigkeit, in ihnen dokumentiert, nachprüfen zu können, sondern die Bestimmung diene in erster Linie dem Rechtsanwalt selbst.[141]

§ 50 Abs. 2 S. 1 bestimmt, daß der Rechtsanwalt die Handakten auf die Dauer von 5 Jahren nach Beendigung des Auftrags aufzubewahren hat. Diese gesetzliche Frist kann von der Berufsordnung weder verlängert noch verkürzt werden. Es ist nicht überflüssig, in der Berufsordnung aber eine Empfehlung auszusprechen, im Einzelfall die Aufbewahrungsfrist zu verlängern. Das kann im eigenen Interesse des Rechtsanwalts notwendig sein.

e) § 59 b Abs. 2 Nr. 6, lit. a bis c Die besonderen Berufspflichten gegenüber Gerichten und Behörden bei Akteneinsicht, bei Zustellungen und Tragen der Berufstracht. Die Satzungsversammlung ist aufgefordert, das anwaltliche Verhalten gegenüber Gerichten und Behörden, **insbesondere** auch den Umgang mit Erkenntnissen aus der Akteneinsicht auch unter datenschutzrechtlichen Aspekten, in der Berufsordnung näher auszugestalten.[142]

Könnten nach dem Gesetzeswortlaut, wie insgesamt § 59 b, die besonderen Berufspflichten gegenüber Gerichten und Behörden gem. § 59 b Abs. 2 Nr. 6 lit. a bis c als geschlossener Katalog, nämlich hinsichtlich der Pflichten bei Akteneinsicht, bei Zustellung und beim Tragen der Berufstracht verstanden werden, spricht das Wort **insbesondere** – in der Begründung des Regierungsentwurfs vom 19. 5. 1993 – gegen dieses Verständnis. Danach sind lit. a bis c, Pflichten bei Akteneinsicht, bei Zustellungen und beim Tragen der Berufstracht, nur beispielhaft, **insbesondere,** erwähnt.

Die Satzungsversammlung der Anwaltschaft sollte vom Verständnis des geschlossenen Katalogs auch in diesem Teilbereich ausgehen. Verhaltenscodici von Richtern gegenüber Rechtsanwälten sind unbekannt, erst recht solche von Behörden gegenüber Rechtsanwälten. Eines ausgeschriebenen Verhaltenskodexes von Rechtsanwälten gegenüber Behörden und Gerichten sollte sich die Berufsordnung enthalten. Weil das Anligen des Regierungsentwurfs **insbesondere** der Umgang aus Erkenntnissen mit der Akteneinsicht ist, sollte die Berufsordnung das **im Interesse der Rechtspflege** vielfach gesetzlich geregelte Recht der anwaltlichen Akteneinsicht entsprechenden berufsrechtlichen Pflichten unterziehen. Die Berufsordnung kann sich darauf beschränken, eine **Grundregel** zum Umgang des Rechtsanwalts mit gerichtlichen oder behördlichen Akten mit etwa folgendem Wortlaut aufzustellen:

„Der Rechtsanwalt ist berechtigt, von den ihm von Gerichten und Behörden zur Einsicht überlassenen Akten Abschriften oder Ablichtungen anzufertigen oder anfertigen zu lassen.

Gegen die Aushändigung von Abschriften oder Ablichtungen aus den Akten oder etwaigen Beiakten an den Auftraggeber, seinen gesetzlichen Vertreter, eine zur Verständigung mit dem Auftraggeber eingeschalteten Person und einen von dem Rechtsanwalt beauftragten Sachverständigen bestehen keine Bedenken.

Der Rechtsanwalt darf Originalakten an andere Personen als Mitarbeiter des Rechtsanwaltes nicht herausgeben."[143]

---

[141] *Feuerich/Braun,* § 50, Rdn. 2.
[142] BT-Drucks. 12/4993, S. 35.
[143] DAV-Diskussionsentwurf einer Berufsordnung AnwBl. 1995, Blauer Beihefter zu Heft 4, S. 5.

53 § 198 ZPO sieht die Zustellung von Anwalt zu Anwalt vor. Eine gesetzliche Verpflichtung, eine derartige Zustellung entgegenzunehmen, besteht nicht. Schon der Berufsordnungsvorschlag des DAV-Vorstandes von März 1990 enthielt den Hinweis, eine entsprechende Berufspflicht in die Berufsordnung aufzunehmen. Dies diene einem zügigen Prozeßbetrieb und unterstütze die **Funktionstüchtigkeit der Rechtspflege**.[144] Der Gesetzgeber ist dieser Anregung mit der Ermächtigung des § 59 b Abs. 2 Nr. 6 lit. b gefolgt. Der Diskussionsvorschlag des Ausschusses Berufsordnung der BRAK schlägt eine der Berufsordnungsregel des DAV, den Rechtsanwalt zur Annahme des Empfangsbekenntnisses von Anwalt zu Anwalt zu verpflichten, vor.[145] Die Satzungsversammlung sollte dem folgen.

54 In § 59 b Abs. 2 Nr. 6 lit. c ermächtigt der Gesetzgeber die Satzungsversammlung, die **besondere Berufspflicht** beim **Tragen der Berufstracht** näher zu regeln. Dazu liegen unterschiedliche Formulierungsvorschläge vor:

„Der Rechtsanwalt ist verpflichtet, vor Gericht die Amtstracht zu tragen, soweit dies nicht aufgrund gesetzlicher Vorschriften oder örtlicher Übung unterbleiben kann."[146]

Die Berufsordnung der Rechtsanwälte sollte nicht von der **Amtstracht** eines unabhängigen Rechtsanwaltes sprechen. Deshalb muß die Satzungsversammlung auch folgenden Vorschlag bedenken:

„Der Rechtsanwalt trägt die Berufstracht, soweit dies bisher schon üblich war und auch das Gericht in Amtstracht erscheint."[147]

Die Satzungsversammlung wird eine daraus kombinierte Formulierung finden, die einerseits bedenkt, daß es sich hierbei nicht um die wesentlichste Berufsordnungsregel zur Aufrechterhaltung der Funktionsfähigkeit der Rechtspflege oder im Interesse der Rechtsuchenden oder der Allgemeinheit handelt, sowie andererseits von dem Bewußtsein getragen ist, daß Kammervorstände und Anwaltsgerichte bei Verstößen gegen diese Berufsordnungsregel den **Grundsatz der Verhältnismäßigkeit** zwischen Verstoß und Sanktion einhalten werden.

55 f) **§ 59 b Abs. 2 Nr. 7, Berufspflichten bei der Vereinbarung und Abrechnung der anwaltlichen Gebühren und deren Beitreibung.** Im Diskussionsvorschlag des Ausschusses Berufsordnung der BRAK[148] findet sich kein Hinweis für eine Berufsordnungsregel zur Vereinbarung, Abrechnung sowie Beitreibung der anwaltlichen Gebühren. Es ist dort auch keine Empfehlung enthalten, die Satzungsversammlung möge von einer näheren Regelung absehen. Dies empfiehlt der DAV-Diskussionsentwurf.[149] Der frühere Berufsordnungsvorschlag des DAV von März 1990 enthielt eine aus § 51 RichtlRA entnommene Berufsordnungsregel, wonach es pflichtwidrig sei, geringere Gebühren als die gesetzlichen zu vereinbaren, von Ausnahmefällen etwa der Bedürftigkeit eines Auftraggebers abgesehen.[150] Weiter war vorgeschlagen worden, in die Berufsordnung eine Regelung aufzunehmen, die es ausdrücklich als zulässig bezeichnete,

---

[144] AnwBl. 1990, Beilage zu Heft 4, S. 40.
[145] BRAK-Mitt. 1995, 14.
[146] Vorschlag des BRAK-Ausschusses Berufsordnung, BRAK-Mitt. 1995, 14.
[147] DAV-Diskussionsvorschlag Berufsordnung, AnwBl. 1995, Blaue Beilage zu Heft 4, S. 19; *Eylmann* AnwBl. 1996, 190.
[148] BRAK-Mitt. 1995, 12 bis 16.
[149] AnwBl. 1995, Blauer Beihefter zu Heft 4, S. 19.
[150] AnwBl. 1990, Grüne Beilage zu Heft 4, S. 14.

§ 59b Satzungskompetenz 56–58 § 59b

Pauschalhonorare, insbesondere **Zeithonorare,** für außergerichtliche Tätigkeiten zu vereinbaren.[151] Diesen Vorschlägen ist der Gesetzgeber weitgehend und ergänzend mit der Ausgestaltung der § 49 b und § 3 Abs. 5 BRAGO gefolgt. Der Gesetzgeber hielt dies nicht einer Berufsordnungsregel für zugänglich. Wegen seiner grundsätzlichen Bedeutung sind diese Vorschläge Gesetz geworden mit dem wesentlichen Inhalt der früheren RichtlRA (§ 51).[152] Deshalb wird die Auffassung vertreten, wegen dieser gesetzlichen Bestimmungen bedürfe es einer näheren Berufsordnungsregel nicht.[153] Allenfalls regelungsbedürftig in der Berufsordnung könne sein, daß der Rechtsanwalt bei unverhältnismäßigem Aufwand die Honorarforderung nicht beitreiben dürfe oder im Falle einer Honorarvereinbarung verpflichtet sein müsse, bei Auftragserteilung dem Auftraggeber eine Obergrenze für die entstehenden Gebühren anzugeben.[154]

In Kenntnis der Rechtswirklichkeit anwaltlichen Abrechnungsverhaltens werden die Mitglieder der Satzungsversammlung auch bei der Prüfung näherer Regelungen gem. § 59 b Abs. 2 Nr. 7 bedenken, daß die Anwaltschaft bunt strukturiert ist.[155] Internationale interprofessionelle Sozietäten vereinbaren andere Honorare und rechnen anders ab als kleine und mittlere, nicht überörtlich organisierte Sozietäten oder Einzelanwälte, die etwa auf dem Gebiet des Familienrechtes an das strikte gesetzliche Verbot der Gebührenunterschreitung gebunden sind. Der Wahlverteidiger in Wirtschaftsstrafsachen rechnet anders ab als der Wahlverteidiger in Angelegenheiten nach dem OWiG. **56**

Die Berufsordnung sollte deshalb nur wenige, für **alle Rechtsanwälte** geltende **Grundregeln im Interesse der Rechtsuchenden** angesichts der differenzierten gesetzlichen Normierung enthalten, soweit dies nicht ohnehin in einer Berufsordnungsregel gem. § 59 b Nr. 2 Nr. 1 lit. f (Umfang mit fremden Vermögenswerten) enthalten ist.[156]

Eine Berufsordnungsregel könnte etwa sein, daß der Rechtsanwalt Gelder, die an ihn zweckgebunden gezahlt worden sind, nicht zur Deckung eigener Kostenforderungen verwendet und zur Deckung eigener Kostenforderungen für einen Auftraggeber entgegengenommene Zahlungen nur verwenden darf, soweit die diesen Zahlungen zugrunde liegenden Ansprüche pfändbar sind.[157]

g) § 59 b Abs. 2 Nr. 8 Die besonderen Berufspflichten gegenüber der Rechtsanwaltskammer und Kollegen, die Pflichten bei beruflicher Zusammenarbeit und gegenüber Mitarbeitern. Was im Gesetz steht, muß in der Berufsordnung nicht wiederholt werden. § 56 hat § 17 der aufgehobenen RichtlRA übernommen. Die gesetzliche Regelung ist differenziert und bedarf keiner näheren Ausgestaltung der Berufsordnung.[158] **57**

Berufsordnungsregeln haben sich am Interesse der Rechtsuchenden, der Rechtspflege oder der Allgemeinheit auszurichten.[159] Diesen Obersatz hat die **58**

---
151 AnwBl. 1990, Grüne Beilage zu Heft 4, S. 41.
152 BT-Drucks. 12/4993, S. 30, 31.
153 *Feuerich/Braun,* § 113, Rdn. 143.
154 *Feuerich/Braun,* § 59 b, Rdn. 21.
155 *Schardey* AnwBl. 1987, 401.
156 Vgl. oben Rdn. 30.
157 Vorschlag des Ausschusses 3 der Satzungsversammlung, nicht veröffentlicht; *Hamacher* AnwBl. 1996, 81.
158 DAV-Diskussionsentwurf AnwBl. 1995, Blaue Beilage zu Heft 4, S. 19.
159 *Redeker,* Gutachten, S. 72.

Satzungsversammlung beim Erlaß von Berufsordnungsregeln zur näheren Ausgestaltung der Kollegialität zu befolgen: Bei einem Widerstreit zwischen kollegialer Rücksichtnahme und den Interessen des Auftraggebers gebührt diesem der Vorrang.[160] Dem entspricht es, daß ein Versäumnisurteil gegen die andere anwaltlich vertretene Partei bei aller kollegialen Rücksichtnahme genommen wird, wenn das **übergeordnete Interesse des Auftraggebers** es erfordert.[161]

Im Interesse der Rechtspflege zum Zweck der Streitvermeidung liegt es, eine Berufsordnungsregel aufzunehmen, die bei Streitigkeiten unter Mitgliedern der Rechtsanwaltskammer berufsrechtlich zum Schlichtungsversuch durch den Vorstand der Rechtsanwaltskammer vor Anrufung der Gerichte verpflichtet.[162]

59 § 59 a trägt die Überschrift **Berufliche Zusammenarbeit.** Das Gesetz sagt unmißverständlich, daß sich Rechtsanwälte in einer Sozietät nur mit den in § 59 a aufgeführten Berufen verbinden dürfen und nähere Berufsordnungsregeln nur in diesem Zusammenhang aufgestellt werden können. Der Regierungsentwurf gibt keinen Aufschluß darüber, ob die Ermächtigungsnorm des § 59 b Abs. 2 Nr. 8 mit den Pflichten bei beruflicher Zusammenarbeit nur die berufliche Zusammenarbeit des § 59 a meint.[163] Dem Gesetzgeber kann nicht entgangen sein, daß sich anwaltliche Kooperationen über § 59 a hinaus längst gebildet haben.[164] Solche Kooperationen bilden sich häufig in verfestigter Form unterhalb der gesellschaftsrechtlichen Bindung.[165] Auf internationaler Ebene gewinnt die Kooperation von Rechtsanwälten mit anderen Berufen immer mehr an Bedeutung.[166] Anleitungen zu entsprechender vertraglicher Ausgestaltung auf nationaler Ebene sind erschienen.[167] An dieser Entwicklung des Rechtsanwaltsmarktes darf die Satzungsversammlung nicht vorbeigehen. Sie muß von der Ermächtigung, Näheres über die berufliche Zusammenarbeit nicht nur im Sinne des § 59 a, sondern darüber hinaus in Gestalt von verfestigten Kooperationen mit anderen Berufen unterhalb der gesellschaftsrechtlichen Ebene zu regeln, Gebrauch machen.

60 Der bei einem anderen Rechtsanwalt beschäftigte Rechtsanwalt im Anstellungsverhältnis oder als freier Mitarbeiter ist in vielfacher Hinsicht weisungsgebunden, also **abhängig.** Gleichwohl ist sicherzustellen, daß er, sobald die Mandatsbearbeitung einsetzt, dem in §§ 1 bis 3 vorgezeichneten Berufsbild entspricht, also den jeweiligen Mandanten **unabhängig** betreut. Deshalb ist selbstverständlich, daß der Arbeitgeber-Rechtsanwalt seinem anwaltlichen Mitarbeiter angemessene Vertragsbedingungen zu gewähren hat.[168] So formulierte bereits § 181 RichtlRA. Diese generalklauselartige Formulierung ist wenig hilfreich, weil kaum justiziabel. Die Satzungsversammlung erscheint nicht ermächtigt, etwa Mindestgehälter für juristische Mitarbeiter festzusetzen. Dem zu bejahenden Regelungsbedürfnis sollte sich die Satzungsversammlung gleichwohl nicht entziehen und eine Berufsordnungsregel aufstellen, die etwa lauten könnte:

---

[160] DAV-Diskussionsentwurf AnwBl. 1995, Blaue Beilage zu Heft 4, S. 19.
[161] Diskussionsvorschlag Ausschuß Berufsordnung BRAK, BRAK-Mitt. 1995, S. 14.
[162] Siehe Fn. 161.
[163] Der Regierungsentwurf, BT-Drucks. 12/4993, S. 35, spricht ohne weitere Erläuterung nur von beruflicher Zusammenarbeit.
[164] *Ewer* AnwBl. 1995, 166, hält anwaltliche berufliche Zusammenarbeit mit anderen als im § 59 a genannten Berufen auch in Form der BGB-Gesellschaft für zulässig.
[165] *v. Rummel*, Bericht, S. 28.
[166] *v. Rummel*, Bericht, S. 29.
[167] *Zuck*, Kooperationen.
[168] *Feuerich/Braun*, § 113, Rdn. 149.

"Beschäftigt der Rechtsanwalt einen anderen Rechtsanwalt oder einen sonstigen Juristen im Anstellungsverhältnis oder als freien Mitarbeiter, sind ihm am Berufsbild der §§ 1 bis 3 ausgerichtete Vertragsbedingungen zu gewähren.

Das dem angestellten oder in freier Mitarbeit tätigen Rechtsanwalt übertragene Mandat bearbeitet er unabhängig."[169]

§ 83 der RichtlRA wie auch § 31 des Diskussionsvorschlags des Ausschusses **61** Berufsordnung der BRAK[170] beinhaltete den Satz: „Der Rechtsanwalt ist für seine Kanzlei verantwortlich." Zivilrechtliche und berufsrechtliche Selbstverständlichkeiten sind keine näheren Regelungen zur Ausfüllung gesetzlicher Bestimmungen und deshalb überflüssig. Im Interesse der Qualitätserhaltung und Qualitätsverbesserung des Geschehensablaufs in der Anwaltskanzlei – und damit **im Interesse der Rechtspflege** – liegt die gute Ausbildung der Auszubildenden. Eine Berufsordnungsregel etwa folgenden Inhalts ist vorstellbar:

„Auszubildenden hat der Rechtsanwalt eine angemessene Vergütung zu zahlen. Unangemessen sind Vergütungen, die unter den von dem Vorstand der Rechtsanwaltskammer empfohlenen Ausbildungsvergütungen liegen.

Der Rechtsanwalt hat zu gewährleisten, daß die Tätigkeit in der Kanzlei am Ziel der Ausbildung orientiert ist."[171]

Zu beachten ist abermals die Erkenntnis: Die Anwaltschaft ist bunt strukturiert.[172] Dem entsprechen höchst unterschiedliche Ausbildungsziele und Qualifizierungen aller Mitarbeiter, auch der juristischen. In der international tätigen interprofessionellen Sozietät sind bei anderen Umsätzen und anderen Gewinnen an alle Mitarbeiter andere Vergütungen möglich als das der Einzelanwalt, der im wesentlichen im Straßenverkehrsrecht oder Familienrecht arbeitet, zu gewähren imstande ist.

h) § 59 b Abs. 2 Nr. 9 Die besonderen Berufspflichten im grenzüber- 62 schreitenden Verkehr. Der Diskussionsvorschlag des Ausschusses Berufsordnung der BRAK[173] hat die Standesregeln des CCBE[174] als Anlage seinem Vorschlag beigefügt und in § 34 Abs. 2 erklärt, daß diese Regeln vom deutschen Anwalt zu beachten seien.

Der Diskussionsentwurf des DAV empfahl,[175] einige Vorschriften aus den Standesregeln der Rechtsanwälte der Europäischen Gemeinschaft zu übernehmen.

Es genügt eine Berufsordnungsregel entsprechend dem Vorschlag von § 34 Abs. 2 des Diskussionsvorschlag des Ausschusses Berufsordnung der BRAK, wobei die Europäischen Standesregeln als Anlage zur Berufsordnung zu nehmen sind.[176]

---

[169] Diskussionsvorschlag im Ausschuß 4 der Satzungsversammlung, nicht veröffentlicht.
[170] BRAK-Mitt. 1995, 15.
[171] Siehe Fn. 169.
[172] *Schardey* AnwBl. 1987, 401.
[173] BRAK-Mitt. 1995, 16.
[174] BRAK-Mitt. 1989, Beihefter 4 zu Heft 3.
[175] AnwBl. 1995, Blaue Beilage zu Heft 4, S. 21.
[176] So auch der Vorschlag des Ausschusses 3 der Satzungsversammlung, nicht veröffentlicht; *Hamacher* AnwBl. 1996, 81.

Vierter Teil. Die Rechtsanwaltskammern

Erster Abschnitt. Allgemeines

Vorbemerkung § 60

Schrifttum: Bis 1933: *Abraham,* Wesen und Ziele einer Neuorganisation der deutschen Rechtsanwaltschaft, JW 1919, 427; *Berger,* Die Rechtsanwaltsordnung vom 1. Juli 1878, 1901; *Buhmann,* Die Vereinigung der deutschen Anwaltskammervorstände und die Rechtsanwaltsordnung, JW 1917, 881; *ders.,* Zur Frage der Änderung der Rechtsanwalts-Ordnung, JW 1922, 678; *Friedländer,* Kommentar zur Rechtsanwaltsordnung vom 1. Juli 1878, 3. Auflage, 1929; *ders.,* Die Organisation der Rechtsanwaltschaft, JW 1919, 409; *ders.,* Das Gesetz zur Änderung der Rechtsanwaltsordnung vom 9. Juli 1923, JW 1923, 907; *ders.,* Zum 50. Geburtstag der Deutschen Rechtsanwaltsordnung, DJZ 1928, 835; *Meyer,* Die Rechtsanwaltsordnung für das deutsche Reich, 1893; *Reinartz,* Vorschläge zur Änderung der Rechtsanwaltsordnung, JW 1894, 570; *Siegel,* Die gesammten Materialien zu der Rechtsanwaltsordnung vom 1. Juli 1878, 1883; *Siegeth,* Die Rechtsanwaltsordnung vom 1. Juli 1878 mit ihren sämtlichen Unterlagen nebst einem Anhang, enthaltend die authentischen Protokolle der Kommission des Reichstags für die Beratung der Rechtsanwaltsordnung, 1879; *Weißler,* Geschichte der Rechtsanwaltschaft, 1905. – **Von 1933–1945:** *Claren,* Die neue Verfassung der deutschen Rechtsanwaltschaft, DJZ 1936, 107; *Fischer,* Neuestes deutsches Anwaltsrecht, JW 1933, 132; *Neubert,* Standesaufsicht und Ehrengerichtsbarkeit der Anwaltschaft, JW 1938, 2507; *Noack,* Über die Wahl der Vorstände der Anwaltskammern, JW 1935, 1527; *ders.,* Kommentar zur Rechtsanwaltsordnung in der Fassung vom 21. Februar 1936, 2. Auflage, 1937; *Pohle,* Rechtsanwaltsordnung in der vom 1. Mai 1934 an geltenden Fassung mit Nachtrag 1935. – **Ab 1945:** *Bülow,* Die Bundesrechtsanwaltsordnung, ein Erläuterungsbuch für die Praxis, 1959; *Cüppers,* Die RAO für die britische Zone, Kommentar, 1949; *Feuerich,* Bundesrechtsanwaltsordnung, Kommentar, 1992; *Fischer,* Aufbau und Ordnung der Anwaltschaft in der britischen Zone, MDR 1947, 180; *Fischinger,* Die Bundesrechtsanwaltsordnung, JZ 1960, 47; *Friesenhahn,* Zur Neuordnung des Anwaltsrechts, NJW 1949, 701; *Gause,* BRAO, DRiZ 1959, 356; *Hamann,* Bundesrechtsanwaltsordnung und Grundgesetz, NJW 1958, 811; *Hartstang,* Der deutsche Rechtsanwalt, 1986; *Hartung,* Das anwaltliche Berufsrecht am Scheidewege – Rückschritt oder Fortschritt?, NJW 1993, 2776; = AnwBl. 1994, 377; *Heins,* Die Bundesrechtsanwaltsordnung, NJW 1950, 617; *ders.,* Betrachtungen zum Entwurf einer BRAO, NJW 1955, 281 und NJW 1958, 201; *ders.,* Die Bundes-Rechtsanwaltsordnung, NJW 1959, 1345; *Heinrich,* Zur Gestaltung der Ehrengerichte und der RA-Kammern in der künftigen BRAO, JZ 1956, 318; *ders.,* 100 Jahre Rechtsanwaltskammer, 1979; *Isele,* Zehn Jahre Bundesrechtsanwaltsordnung, NJW 1969, 1702; *ders.,* Bundesrechtsanwaltsordnung, Kommentar, 1976; *Kalsbach,* Bundesrechtsanwaltsordnung und Richtlinien für die Ausübung des Anwaltsberufs, Kommentar, 1960; *Kleine-Cosack,* Berufsständische Autonomie und Grundgesetz, 1985; *ders.,* Bundesrechtsanwaltsordnung, Kommentar, 1993; *Mittelstein,* Die Bundesrechtsanwaltsordnung, MDR 1959, 811; *Ostler,* 100 Jahre Rechtsanwaltsordnung, NJW 1979, 1959; *ders.,* Die deutschen Rechtsanwälte 1871–1971; 2. Auflage, 1982; *Ranz,* Das Anwaltsrecht in den Ländern des Bundesgebiets, 1950; *Redeker,* Bundeseinheitliches Kammerrecht, NJW 1972, 1844; *ders.,* Grundfragen einer Reform des Berufsrechts der freien Berufe, Gutachten erstattet im Auftrag des Verbandes der Buchstellen für Gewerbe und freie Berufe e. V., 1993; *von Sauer,* Aufbau und Entwicklung der Anwaltschaft nach dem Kriege, JJb. 1960, 150; *Sodan,* Berufsständische Zwangsvereinigung auf dem Prüfstand des Grundgesetzes, 1991; *Tettinger,* Zum Tätigkeitsfeld der Bundesrechtsanwaltskammer, 1985; *Weber,* Zum Inkrafttreten der BRAO, AnwBl. 1959, 233; *Wolf,* Fragen zur Rechtsanwaltsordnung für die britische Zone und zur Neuordnung des Anwaltsrechts, NJW 1950, 324; *Zuck,* Die Satzungsversammlung – kein Rückschritt, sondern Fortschritt, NJW 1993, 2779.

Vorbemerkung § 60

Übersicht

	Rdn.		Rdn.
I. Rechtszustand vor 1878	1	IV. Rechtsanwaltskammern im Dritten Reich	7–11
II. Schaffung von Rechtsanwaltskammern durch die Rechtsanwaltsordnung vom 1. Juli 1878	2, 3	V. Wiederaufbau des Kammerwesens nach 1945	12–19
III. Entwicklung des Kammerwesens bis 1933	4–6	1. Rechtsanwaltsordnung für die britische Zone	13
1. Bis zum Ersten Weltkrieg	4	2. Bis zur Bundesrechtsanwaltsordnung	15
2. Zeit nach dem Ersten Weltkrieg	6	3. Zeit nach 1959	16

I. Rechtszustand vor 1878

Vor 1878 war die Anwaltschaft zersplittert und nicht oder nur unvollkommen organisiert. Selbst eine einheitliche Berufsbezeichnung gab es nicht. In Anlehnung an das gemeine und kanonische Recht wurde zwischen **Advokatur** und **Prokuratur** unterschieden. Der Advokat erledigte die schriftliche Arbeit, der Prokuratur vertrat den Mandanten vor Gericht. Diese Zweiteilung verlor sich erst im 19. Jahrhundert. Als am 1. Oktober 1879 die Rechtsanwaltsordnung des 1871 gegründeten Deutschen Reiches in Kraft trat, war die Unterscheidung von Advokaten und Prokuratoren allerdings noch immer nicht endgültig überwunden. Deshalb mußten in dem neuen Gesetz noch alle gängigen Berufsbezeichnungen genannt werden. So erklärt sich, daß § 107 Abs. 1 RAO allen zur Zeit des Inkrafttretens der Rechtsanwaltsordnung vom 1. Juli 1878 tätigen Anwälten, Advokaten, Advokatanwälten und Prokuratoren die Zulassung zur neuen Rechtsanwaltschaft garantierte. Erst durch diese Regelung wurde der **Beruf** des Rechtsanwalts unter diesem Begriff **vereinheitlicht**. Dadurch war, erstmalig in der Geschichte der deutschen Anwälte, der Weg zur Schaffung von Rechtsanwaltskammern geebnet.

II. Schaffung von Rechtsanwaltskammern durch die Rechtsanwaltsordnung vom 1. Juli 1878

Als die Rechtsanwaltsordnung vom 1. Juli 1878 am 1. Oktober 1879 in Kraft trat und zum ersten Mal die Gründung von Rechtsanwaltskammern vorschrieb, stieß sie damit nicht nur auf ungeteilte Zustimmung der Anwaltschaft.[1] Doch dieser Widerstand war bald vergessen, auch wenn die neu geschaffenen Rechtsanwaltskammern anfangs noch mit den zuvor zu gleichen Zwecken gegründeten Anwaltvereinen, Anwaltsausschüssen, Disziplinarräten und Ehrenräten konkurrierten. Von Anfang an galten die Anwaltkammern als juristische Personen des öffentlichen Rechts mit **Zwangsmitgliedschaft**. Als ihren Bezirk bestimmte die Rechtsanwaltsordnung den des Oberlandesgerichts und nicht den eines Landgerichts, weil letzterer zu klein erschien, besonders auch im Sinne straffer und unparteiischer Handhabung der Disziplin und der Ehrengerichtsbarkeit. Diese oblag – anders als heute – dem Kammervorstand. Das in Gestalt einer besonders besetzten Abteilung des Kammervorstandes fungierende **Ehrengericht** galt als reichsgesetzlich geschaffenes besonderes Gericht nach §§ 13 ff. GVG. Berufungsinstanz war der Ehrengerichtshof am Reichsgericht.

---

[1] Siehe hierzu Ostler NJW 1979, 1959.

3 Die **Aufsicht** über den „Geschäftsbetrieb des Vorstandes", der 9–15 köpfig von der Kammerversammlung auf vier Jahre gewählt wurde, führte der Präsident des Oberlandesgerichts. Die Aufgaben der Rechtsanwaltskammer als Selbstverwaltungskörperschaft entsprachen im wesentlichen denen, die den Kammern auch heute zugewiesen sind.

III. Entwicklung des Kammerwesens bis 1933

1. Bis zum Ersten Weltkrieg

4 Nach dem Inkrafttreten der Rechtsanwaltsordnung am 1. Oktober 1879 kam es für längere Zeit nicht zu nennenswerten Gesetzesänderungen. Lediglich die **Novelle vom 22. Mai 1910** schuf durch Einfügung des § 41 a RAO die Möglichkeit, in Oberlandesgerichtsbezirken mit mehr als 1000 Rechtsanwälten eine zweite Rechtsanwaltskammer zu errichten, wovon nur in Preußen durch Gründung der Kammern **Berlin** und **Potsdam** für den Bezirk des Kammergerichts Gebrauch gemacht wurde.

5 Von besonderer Bedeutung für die Entwicklung des Kammerwesens waren Bestrebungen, die eine gemeinschaftliche Beratung und Beschlußfassung aller deutschen Kammervorstände zum Ziel hatten. Während die Rechtsanwaltsordnung für die ehrengerichtliche Tätigkeit des Kammervorstandes schon im Zeitpunkt ihres Inkrafttretens im Jahre 1879 mit der Gründung des Ehrengerichtshofes beim Reichsgericht ein oberstes Gericht geschaffen hatte, fehlte für die übrigen den regionalen Rechtsanwaltskammern zugewiesenen Aufgaben ein reichseinheitliches Organ. Der erste praktische Versuch, hier voranzukommen, war eine Versammlung „**Delegierter der deutschen Anwaltskammervorstände**" im Jahre 1886,[2] die auf Anregung der „**Cölner Anwaltskammer**" zustande kam. Doch erst 20 Jahre später wurde im Jahre 1907 auf Vorschlag der sächsischen Kammer die „**Vereinigung der Vorstände der Deutschen Anwaltskammern**" geschaffen. Sie beschloß, mindestens alle zwei Jahre eine Versammlung der Vorstände aller Rechtsanwaltskammern nach Berlin einzuberufen „zur gegenseitigen Aussprache über Standesinteressen, insbesondere auch ehrengerichtliche Angelegenheiten". Als ihre wichtigste Aufgabe bezeichnete es die Vereinigung, zu Fragen der Gesetzgebung, welche für die Rechtspflege im allgemeinen und für die Anwaltschaft im besonderen von Wichtigkeit schienen, in gemeinschaftlicher Beratung Stellung zu nehmen.

2. Zeit nach dem Ersten Weltkrieg

6 Nach Beendigung des Ersten Weltkrieges brachte das **Gesetz vom 9. Juli 1923** für die Kammervorstände einige kleinere Änderungen. Die Höchstzahl der Mitglieder des Vorstandes wurde von 15 auf 20 erhöht. Weiterhin wurden Abteilungen zur selbständigen Erledigung von Vorstandsgeschäften zugelassen. Schließlich wurde die vollstreckbare Zahlungsaufforderung zur Einziehung von rückständigen Beiträgen eingeführt. Im übrigen blieb es bis zum Ende der Weimarer Republik bei der Kammerverfassung, wie sie die Rechtsanwaltsordnung vom 1. Juli 1878 eingeführt hatte. Wohl beschäftigte sich die Anwaltschaft verstärkt mit der Errichtung einer **Reichsrechtsanwaltskammer**. 1927 erarbeitete die „Vereinigung der Vorstände der Deutschen Anwaltskammern" und der Deutsche Anwaltverein einen gemeinsamen Gesetzesentwurf,[3] der die Gründung

---

[2] JW 1886, 427.
[3] *Friedländer*, Exkurs zu § 61 RAO Anm. 5.

einer Reichsrechtsanwaltskammer vorsah. Doch gelang es nicht, diesen Entwurf durch den Gesetzgeber verabschieden zu lassen.

IV. Rechtsanwaltskammern im Dritten Reich

Die Gewaltherrschaft des **Nationalsozialismus** ließ auch die Rechtsanwaltskammern nicht unberührt. Zwar kam es zunächst nur zu Änderungen, die schon vor 1933 von der Anwaltschaft angestrebt worden waren, insbesondere zur Gründung einer **Reichsrechtsanwaltskammer** durch die **Not-Verordnung des Reichspräsidenten vom 18. März 1933**.[4] Sie paßte in das Konzept der nationalsozialistischen Regierung, weil sie eine zentrale Führung der Anwaltschaft versprach. Ihre besondere Aufgabe war es, im Anschluß an die „Vereinigung der Vorstände der Deutschen Anwaltskammern", die über einen losen Zusammenschluß nicht hinausgekommen war, eine ständige Verbindung unter den Vorständen der Anwaltskammern herzustellen, deren Zuständigkeit unberührt blieb. Daraus ergab sich auch ihre Zusammensetzung. Ihr gehörten aus jedem Kammervorstand ein von diesem gewähltes Mitglied und ferner zwei Vorstandsmitglieder der Anwaltskammer von Berlin an. Ihre Bedeutung blieb allerdings gering.

Schon wenige Monate nach Gründung der Reichsrechtsanwaltskammer kam es dann aber zu einschneidenden gesetzlichen Änderungen. So wurden durch **Gesetz vom 6. Januar 1934** die Wahlen zum Kammervorstand bis zum 31. März 1935 und durch **Gesetz vom 30. März 1935** noch einmal bis zum 30. September 1935 ausgesetzt. Zuvor waren schon im Jahre 1933 vor allem die Vorsitzenden der Rechtsanwaltskammern, aber auch andere Vorstandsmitglieder, ohne Rechtsgrundlage ausgewechselt und die Vorstände auf diese Weise „gesäubert" worden.

Grundlegend geändert wurde die durch die Rechtsanwaltsordnung von 1878 eingeführte Kammerverfassung durch die **Reichsrechtsanwaltsordnung vom 21. Februar 1936**. Bildeten bisher die Rechtsanwälte eines Oberlandesgerichtsbezirkes eine selbständige Rechtsanwaltskammer mit eigener Rechtsfähigkeit, so fiel nunmehr diese regionale Selbstverwaltung ersatzlos weg. Stattdessen wurden die bei den Gerichten des Deutschen Reichs zugelassenen Rechtsanwälte in der **Reichs-Rechtsanwaltskammer** zusammengefaßt. Diese wurde Rechtsnachfolgerin der bisherigen Reichs-Rechtsanwaltskammer und zugleich aller regionalen Rechtsanwaltskammern. Organe der Reichs-Rechtsanwaltskammer waren der Präsident, das Präsidium, bestehend aus fünf Rechtsanwälten, und der Beirat, bestehend aus dem Präsidium der Reichs-Rechtsanwaltskammer und den Präsidenten der Rechtsanwaltskammern. Letztere erfüllten in ihrem Bezirk nur noch die Aufgaben der Reichs-Rechtsanwaltskammer. Dabei waren sie an die Weisungen des Präsidenten der Reichs-Rechtsanwaltskammer gebunden. Diesem oblag es auch, die Geschäftsordnungen der regionalen Rechtsanwaltskammern zu erlassen.

Die **Aufsicht** über die Reichs-Rechtsanwaltskammer, ihre Organe und ihre sonstigen Einrichtungen hatte der **Reichsjustizminister**. Dabei handelte es sich nicht um eine Dienstaufsicht, die berechtigt gewesen wäre, Entscheidungen auf ihre Zweckmäßigkeit zu prüfen, sondern um eine Staatsaufsicht, wie sie damals im Verwaltungsrecht für Selbstverwaltungskörperschaften verstanden wurde.

Während des Zweiten Weltkriegs wurde zunächst die Aufsicht über die Präsidenten der regionalen Rechtsanwaltskammern den Oberlandesgerichtspräsidenten übertragen. Später wurde die Ehrengerichtsbarkeit beseitigt und den Dienststraf-

---

[4] RGBl. I, S. 109.

gerichten zugewiesen, wodurch die Ehrengerichtsbarkeit völlig in die Hände von NS-Richtern geriet. Durch die **zweite Kriegsmaßnahmenverordnung vom 27. September 1944** wurden schließlich die regionalen Kammern gänzlich abgeschafft.

V. Wiederaufbau des Kammerwesens nach 1945

12   Mit dem Ende des Zweiten Weltkriegs brach auch die in der Reichs-Rechtsanwaltskammer zusammengefaßte Organisation der deutschen Anwaltschaft zusammen. Die Besatzungsmächte bemühten sich sehr bald um ein **neues Organisationssystem**, wenn auch mit unterschiedlichen Zielsetzungen. In der **amerikanischen Besatzungszone** gab es Bestrebungen, die Zwangsmitgliedschaft der Rechtsanwälte entsprechend dem amerikanischen Vorbild gänzlich abzuschaffen. Die **französische Besatzungsmacht** hingegen hielt an dem Kammersystem fest und erweiterte die Befugnisse des Kammervorstandes nach französischem Vorbild. In der **sowjetischen Besatzungszone** war das neu entstehende Justiz- und Anwaltsrecht von Anfang an von volksdemokratischen Einflüssen bestimmt. So bestand in den einzelnen Besatzungszonen ein teilweise sehr von einander abweichendes Anwaltsrecht, wenngleich die unterschiedlichen Regelungen fast überall auf die Grundsätze der alten Rechtsanwaltsordnung von 1878 zurückgriffen und damit vom Präsidial- zum Kollegialsystem zurückkehrten.

1. Rechtsanwaltsordnung für die britische Zone

13   Der Aufbau einer einheitlichen Rechtsanwaltsordnung nahm seinen Anfang in der britischen Zone. Dort gab es schon seit 1946 das **„Zentraljustizamt für die britische Zone"** mit Sitz in Hamburg, das sofort nach seiner Gründung die anwaltliche Ehrengerichtsbarkeit bei den Kammern und dem Ehrengerichtshof für diese Zone schuf. Zugleich bildete sich auf Veranlassung der Präsidenten der Rechtsanwaltskammern von Düsseldorf und Köln die **„Vereinigung der Rechtsanwaltskammern der britischen Zone"**, die sich aus den Kammervorständen von Braunschweig, Celle, Düsseldorf, Hamburg, Hamm, Kiel, Köln und Oldenburg zusammensetzte. Als lose Vereinigung begonnen, die der Fühlungnahme der Kammern untereinander dienen sollte, entwickelte sich hieraus sehr schnell eine feste Einrichtung, die mit Wirkung vom 1. März 1948 ausdrücklich die Stellung einer Körperschaft des öffentlichen Rechts unter der Aufsicht des Präsidenten des Zentraljustizamtes erhielt und als Dachorganisation alle in der britischen Zone zugelassenen Rechtsanwälte vereinigte. Sie war mehr als die vor 1933 gebildete Vereinigung der Kammervorstände, die nur privatrechtlicher Natur war, aber auch weniger als die Zentralinstanz der Reichs-Rechtsanwaltskammer, die den regionalen Kammern die Selbständigkeit genommen hatte. In etwa hatte sie die Stellung der Reichs-Rechtsanwaltskammer, wie sie in den Jahren 1933–1935 bestanden hatte.

14   Sofort nach ihrer Gründung erarbeitete die Vereinigung einen Entwurf für eine neue Rechtsanwaltsordnung. Auf der Grundlage eines Entwurfes der Hamburger Kammer kam es zum **Düsseldorfer Entwurf**, auf dessen Grundlage unter Führung des Kammerpräsidenten von Düsseldorf (*Cüppers*) der endgültige Entwurf der Vereinigung entstand. Dieser Entwurf geriet in ernste Gefahr, als ihn das Zentraljustizamt den inzwischen gebildeten Ländern der britischen Zone vorlegte. Deren Justizminister zogen zu ihren Beratungen die Anwaltschaft nicht hinzu, sondern brachten der Anwaltschaft ihre eigenen Vorstellungen in sehr ultimativer Form lediglich zur Kenntnis. Um den Entwurf der Vereinigung nicht gänzlich

scheitern zu lassen, mußte die Vereinigung Kompromisse eingehen, die insbesondere die angestrebte volle Selbstverwaltung im Zulassungsverfahren und bei der Ehrengerichtsbarkeit betrafen. So kam es schließlich am 10. März 1949 zur Verabschiedung der **Rechtsanwaltsordnung für die britische Zone**, die am 1. April 1949 in Kraft trat. Durch dieses Gesetz wurden die Rechtsanwaltskammern auf der Grundlage der Rechtsanwaltsordnung von 1878 wiederhergestellt. Sie erhielten ihre Rechtsfähigkeit zurück, die ihnen durch die Reichs-Rechtsanwaltsordnung von 1936 genommen worden war.

2. Bis zur Bundesrechtsanwaltsordnung

Bei Gründung der Bundesrepublik Deutschland war von der durch die Rechtsanwaltsordnung von 1878 geschaffenen Rechtseinheit wenig übrig geblieben. An ihre Stelle war eine durch die Aufteilung Deutschlands in vier Besatzungszonen entstandene **Rechtszersplitterung** getreten, die es möglichst bald wieder zu überwinden galt. Die Anwaltschaft handelte schnell. Bereits im September 1949 gründete sich die „**Arbeitsgemeinschaft der Anwaltskammervorstände im Bundesgebiet**". Sie berief eine Kommission aus sieben Anwälten. Es waren dies unter dem Vorsitz von *Heins* (München) die Anwälte *Bartmann* (Berlin), *Cüppers* (Düsseldorf), *Fischer* (Hamburg), *Isele* (Kassel), *Riss* (Freiburg) und *Theobald* (Worms). Diese Kommission legte bereits im Mai 1950 ihren in wenigen Monaten erarbeiteten Entwurf vor. Grundgedanke war nach französischem Vorbild die volle Selbstverwaltung. So sollte es Aufgabe der Rechtsanwaltskammern sein, alle Belange der Rechtsanwaltschaft zu wahren. Die Bundesrechtsanwaltskammer sollte nicht höchstes Organ sein, sondern als „**Fürstentag der Rechtsanwaltskammern**" verstanden werden.[5] Doch trotz der Eile, mit welcher die Anwaltschaft die Vorlage ihres Entwurfes betrieb, dauerte es fast zehn Jahre, bis am 1. Oktober 1959 die Bundesrechtsanwaltsordnung in Kraft trat. Zum Nachteil der Anwaltschaft kam es zunächst zu einem heftigen Streit über den Inhalt des Entwurfs. So lehnte der in den ersten Bundestag eingebrachte Regierungsentwurf vom 11. September 1952[6] die Vorstellungen der Anwaltschaft im wesentlichen ab. Vor allem die volle Selbstverwaltung unter Ausschaltung des Staates wurde der Anwaltschaft streitig gemacht. Zusätzlichen Zündstoff schuf der Bundesrat mit der **politischen Klausel** nach § 20 Nr. 6 des Entwurfs (heute § 7 Nr. 6 BRAO). Durch sie sollte jedem Bewerber der Zugang zum Anwaltsberuf verweigert werden, der zu der Sorge Anlaß bot, er werde als Rechtsanwalt die verfassungsmäßige Ordnung oder die Interessen der Rechtsuchenden gefährden. Die Anwaltschaft reagierte wiederum sehr schnell. Schon im Dezember 1952 übergaben der Deutsche Anwaltverein und die „**Arbeitsgemeinschaft der Anwaltskammervorstände im Bundesgebiet**" dem Rechtsausschuß des Bundestages eine gemeinschaftliche Stellungnahme, in der die Forderung nach Autonomie bei der Zulassung zur Anwaltschaft wiederholt und die vom Bundesrat geforderte politische Klausel abgelehnt wurde. Doch weder der erste noch der zweite Bundestag brachten das Gesetzgebungsverfahren zum Abschluß. So konnte die Bundesrechtsanwaltsordnung erst am 1. Oktober 1959 genau 80 Jahre nach der Rechtsanwaltsordnung von 1879 in Kraft treten.

---

[5] *Heins* NJW 1950, 617 (618).
[6] BT-Drucks. 3650.

3. Zeit nach 1959

16 Die neue Bundesrechtsanwaltsordnung brachte der Anwaltschaft ein **bundeseinheitliches Berufsrecht**. Für die Rechtsanwaltskammern änderte sich – gemessen an der Rechtsanwaltsordnung für die britische Zone – wenig. Die Kammervorstände sind seit 1959 wieder wie vor 1933 Kollegialorgane. Die Kammern selbst sind Körperschaften des öffentlichen Rechts. Neu und im Hinblick auf das Grundgesetz zwingend notwendig ist die Trennung des Ehrengerichts vom Kammervorstand, so daß Vorstandsmitglieder nicht mehr Mitglieder des Ehrengerichts sein können.

17 Seit ihrem Inkrafttreten im Jahre 1959 hat der Gesetzgeber die Bundesrechtsanwaltsordnung insgesamt 38 mal geändert. Die Vorschriften über die Rechtsanwaltskammern waren hiervon selten und auch nur geringfügig betroffen. Eine Ausnahme machte die **Änderung vom 13. Januar 1969**,[7] die insbesondere das **Rügeverfahren** änderte und zugleich in § 74 a das Recht des von der Rüge betroffenen Rechtsanwalts einführte, nach erfolglosem Einspruch gegen den Rügebescheid Antrag auf Entscheidung durch das Ehrengericht stellen zu können.

18 Am meisten von allen 38 Änderungsgesetzen greift die jüngste Novelle[8] in das bisherige Gefüge des Kammerwesens ein. Sie richtet bei der Bundesrechtsanwaltskammer eine **Satzungsversammlung**[9] ein (§§ 191 a ff.), die in die repräsentativ ausgestaltete bundesunmittelbare Verbandskörperschaft der Bundesrechtsanwaltskammer eingegliedert ist. Ihr obliegt es, das anwaltliche Berufsrecht durch eine Satzung – die **Berufsordnung** – zu regeln. Mit dieser gesetzlichen Neuerung wird die berufsrechtliche Lücke geschlossen, welche die beiden **Entscheidungen des Bundesverfassungsgerichts vom 14. Juli 1987**[10] hervorgerufen hatten, durch die die früheren **„Grundsätze des anwaltlichen Standesrechts"** für obsolet erklärt worden waren. Bis zur Veröffentlichung dieser Entscheidungen hatte die Bundesrechtsanwaltskammer gemäß § 177 Abs. 2 Nr. 2 a.F. mit Zustimmung des Bundesverfassungsgerichts[11] „die allgemeine Auffassung über Fragen der Ausübung des Anwaltsberufs in Richtlinien" festgestellt. Obwohl diesen Richtlinien **keine normative Bedeutung** zukam und sie nur als Erkenntnisquelle dafür galten, was im Einzelfall nach der Auffassung zahlreicher angesehener und erfahrener Standesgenossen der Meinung aller anständig und gerecht denkenden Rechtsanwälte und der Würde des Standes entsprach, hatten sie den Kammervorständen und Ehrengerichten dennoch als Grundlage berufsrechtlicher Sanktionen gedient und waren immer wieder wie Rechtssätze behandelt worden.[12] Das war mit demokratischen Grundsätzen umso weniger vereinbar, als die in der Bundesrechtsanwaltskammer zusammengefaßten regionalen Rechtsanwaltskammern ohne Rücksicht auf ihre Mitgliederstärke jeweils nur eine Stimme haben (§ 191).

19 Die Entscheidungen des Bundesverfassungsgerichts vom 14. Juli 1987 hatten die Rechtsanwaltskammern bei der Ausübung der Berufsaufsicht **verunsichert**,

---

[7] BGBl. I, S. 25 ff.
[8] Gesetz zur Neuordnung des Berufsrechts der Rechtsanwälte und der Patentanwälte vom 2. September 1994, BGBl. I, S. 2278.
[9] Vgl. hierzu *Hartung* NJW 1993, 2776 = AnwBl. 1993, 549; *ders.* WiB 1994, 585; *Zuck* NJW 1993, 2779; siehe ferner *Kleine-Cosack* NJW 1994, 2249 (2256).
[10] BVerfGE 76, 171 = NJW 1988, 191 = AnwBl. 1987, 598; 76, 196 = NJW 1988, 194 = AnwBl. 1987, 603.
[11] Vgl. hierzu BVerfGE 36, 212 (217); 57, 121 (132 f.); 60, 215 (230); 66, 337 (356).
[12] Vgl. hierzu ausführlich *G. W. Hartung*, Das anwaltliche Verbot des Versäumnisurteils, S. 54.

Zusammensetzung und Sitz **§ 60**

weil ihnen mit dem Wegfall der Richtlinien die bisherige Grundlage berufsrechtlicher Aufsicht entzogen worden und unklar war, ob und inwieweit im Einzelfall Regeln der ehemaligen Richtlinien galten. Das sollte nur der Fall sein, wenn sich die frühere Regelung aus der Generalklausel des § 43 unter Berücksichtigung der ehrengerichtlichen Rechtsprechung ableiten oder auf **vorkonstitutionelles Gewohnheitsrecht** zurückführen ließ oder ihre Fortgeltung für eine Übergangszeit bis zum Inkrafttreten eines neuen Berufsrechts zur **Aufrechterhaltung einer funktionsfähigen Rechtspflege unerläßlich** war.[13] Der Erlaß einer Berufsordnung durch eine Satzungsversammlung soll diese Rechtsunsicherheit beenden und der berufsrechtlichen Aufsicht der Rechtsanwaltskammern eine sichere und verfassungsrechtlich einwandfreie Rechtsgrundlage verschaffen.[14] Dieser Satzungsversammlung gehören an ohne Stimmrecht der Präsident der Bundesrechtsanwaltskammer und die Präsidenten der Rechtsanwaltskammern sowie die von den Mitgliedern der Kammern nach Maßgabe des § 191 b zu wählenden Mitglieder. Die näheren Einzelheiten regelt das Gesetz in §§ 191 a bis e. Als ein von der gesamten Rechtsanwaltschaft gewähltes Anwaltsparlament ist die Satzungsversammlung ein neues **Instrument der anwaltlichen Selbstverwaltung.**

§ 60 Zusammensetzung und Sitz der Rechtsanwaltskammer

(1) Die Rechtsanwälte, die in dem Bezirk eines Oberlandesgerichts zugelassen sind, bilden eine Rechtsanwaltskammer.

(2) Die Rechtsanwaltskammer hat ihren Sitz am Ort des Oberlandesgerichts.

Übersicht

	Rdn.		Rdn.
I. Normzweck	1	bei einem anderen Landgericht (§ 24 BRAO)	10
II. Entstehung und Untergang der Rechtsanwaltskammer	2–6	c) Rechtsanwaltskammer beim Bundesgerichtshof (§ 174 BRAO)	11
1. Entstehung	2	d) Auflösung von Amts- und Landgerichtsbezirken (§ 227 a BRAO)	12
2. Untergang	6	IV. Mitgliedschaft in einer Rechtsanwaltskammer	13–15
III. Zusammensetzung der Rechtsanwaltskammer	7–12	1. Erwerb	13
1. Grundsatz	7	2. Verlust	15
2. Ausnahmen	8	V. Sitz der Rechtsanwaltskammer	16, 17
a) Bildung einer weiteren Rechtsanwaltskammer (§ 61 BRAO)	9		
b) Gleichzeitige Zulassung			

---

[13] BVerfGE 76, 171 = NJW 1988, 191 = AnwBl. 1987, 598; 76, 196 = NJW 1988, 194 = AnwBl. 1987, 603
[14] Vgl. hierzu *Hartung* NJW 1993, 2776 = AnwBl. 1993, 549; ders. WiB 1994, 585 (587); ders. AnwBl. 1994, 377; *Zuck* NJW 1993, 2779; siehe ferner *Kleine-Cosack* NJW 1994, 2249 (2256).

§ 60 1–5   Vierter Teil. Die Rechtsanwaltskammern

I. Normzweck

1   Der Gesetzgeber hat bei Schaffung der Bundesrechtsanwaltsordnung die frühere Regelung der Rechtsanwaltsordnung vom 1. Juli 1878 zum Vorbild genommen und der Anwaltschaft öffentlich-rechtliche Aufgaben in der dafür geeigneten Organisationsform der **Körperschaft des öffentlichen Rechts** (§ 62 Abs. 1) eigenverantwortlich übertragen. Als Organ der Rechtspflege (§ 1)[1] sollen die Rechtsanwälte ihre Angelegenheiten in Selbstverwaltung unter der Rechtsaufsicht der Justizverwaltung (§ 62 Abs. 2) erledigen. Mit dieser Regelung entlastet der Staat seine eigenen Behörden, nutzt zudem die spezifische Personenkenntnis und Sachnähe der anwaltlichen Selbstverwaltungsorgane und stärkt schließlich die Eigenständigkeit und Unabhängigkeit des anwaltlichen Berufsstandes.[2]

II. Entstehung und Untergang der Rechtsanwaltskammer

1. Entstehung

2   Das Gesetz faßt die in dem Bezirk eines Oberlandesgerichts zugelassenen Rechtsanwälte zu einer Vereinigung zusammen, die es Rechtsanwaltskammer nennt. Die Organisation der Rechtsanwaltskammer lehnt sich nach dem Vorbild der Rechtsanwaltsordnung vom 1. Juli 1878 an den Bezirk des Oberlandesgerichts an. Die Rechtsanwaltskammer entsteht, ohne daß es eines besonderen Gründungsaktes bedarf, mit der Gründung eines Oberlandesgerichts. Deshalb sind die in den **alten Bundesländern** gelegenen Rechtsanwaltskammern durchweg im zeitlichen Zusammenhang mit dem Inkrafttreten der Rechtsanwaltsordnung von 1878 entstanden und so alt wie das Oberlandesgericht, bei dem sie bestehen. Nur wenn das Oberlandesgericht erst später errichtet wurde, entstand auch die Rechtsanwaltskammer zu einem späteren Zeitpunkt. Als Beispiel ist die **Rechtsanwaltskammer Düsseldorf** zu nennen, die 1906 errichtet wurde, nachdem das Oberlandesgericht Düsseldorf auf Kosten der Bezirke der Oberlandesgerichte Köln und Hamm gegründet worden war.

3   Anders ist das in den **neuen Bundesländern**. Dort waren die Rechtsanwaltskammern nach dem Zweiten Weltkrieg untergegangen. Erst ab September 1990 entstanden sie neu. Gemäß § 60 RAG bildeten die Rechtsanwälte, die in einem Land zugelassen waren, eine Rechtsanwaltskammer, deren Sitz am Ort der Landesregierung war. Bei dieser Regelung ist es auch nach Inkrafttreten des Gesetzes über die Neuordnung des Berufsrechts der Rechtsanwälte und der Patentanwälte vom 2. September 1994[3] geblieben (Art. 21 Abs. 3).

4   In den alten Bundesländern gab es 23 Rechtsanwaltskammern. Mit der **Wiedervereinigung** kamen fünf hinzu, so daß sich ihre Zahl heute auf 28 beläuft. Die Mitgliederzahlen sind sehr unterschiedlich. Am 1. 1. 1994 hatte zum Beispiel die kleinste Kammer (Braunschweig) 559 und die größte Kammer (München) 8419 Mitglieder; insgesamt umfaßten die 28 Kammern 70881 Rechtsanwälte und 442 Rechtsbeistände.[4]

5   **Begrifflich** gehört zur Entstehung der Rechtsanwaltskammer neben der Errichtung eines Oberlandesgerichts das Vorhandensein von Mitgliedern. Die Frage, ob es wenigstens so viele Mitglieder sein müssen wie die Rechtsanwaltskam-

---

[1] Kritisch hierzu Hartung AnwBl. 1988, 374.
[2] Hartstang II, S. 719.
[3] BGBl. I, S. 2278.
[4] BRAK-Mitt. 1994, 86.

mer zur Besetzung der Ämter im Vorstand und im Ehrengericht benötigt,[5] ist heute angesichts der großen Anzahl von Rechtsanwälten in jedem Oberlandesgerichtsbezirk rein akademisch.

2. Untergang

Ein Untergang der Rechtsanwaltskammer ist nur für den Fall denkbar, daß ein 6 Oberlandesgericht aufgehoben und sein Bezirk einem anderen Oberlandesgericht zugeschlagen oder daß es unter mehreren anderen Oberlandesgerichten aufgeteilt wird. Durch Beschluß ihrer Mitglieder kann die Rechtsanwaltskammer nicht untergehen. Das folgt daraus, daß die Existenz der Rechtsanwaltskammer vom Willen ihrer Mitglieder unabhängig und ausschließlich an den Bestand des Oberlandesgerichts geknüpft ist.

III. Zusammensetzung der Rechtsanwaltskammer

1. Grundsatz

Die innerhalb des Bezirks eines Oberlandesgerichts zugelassenen Rechtsanwäl- 7 te bilden eine Rechtsanwaltskammer. Damit sind alle Rechtsanwälte gemeint, die eine Zulassung bei einem der zum Oberlandesgerichtsbezirk gehörenden Amts- und Landgerichte oder dem Oberlandesgericht besitzen. Dazu zählen aber auch **Staatsangehörige eines Mitgliedsstaates der Europäischen Gemeinschaft** und **Angehörige anderer Staaten**, die unter den Voraussetzungen des § 206 von der Landesjustizverwaltung (§ 207) in die Rechtsanwaltskammer aufgenommen werden. Des weiteren gehören die **Rechtsbeistände** dazu, soweit sie gemäß § 209 Mitglieder der Rechtsanwaltskammer sind.

2. Ausnahmen

Von dem Grundsatz, daß sämtliche im Bezirk eines Oberlandesgerichts zugelas- 8 senen Rechtsanwälte die Rechtsanwaltskammer bilden und damit zugleich deren Mitglieder sind, gibt es folgende Ausnahmen:

a) Bildung einer weiteren Rechtsanwaltskammer (§ 61 BRAO). Gemäß 9 § 61 kann die Landesjustizverwaltung im Bezirk eines Oberlandesgerichts neben der bereits mit der Gründung des Gerichts entstandenen Rechtsanwaltskammer eine **zweite Rechtsanwaltskammer** errichten. In diesem Fall, der bisher in der Praxis nur unter der Geltung des früheren § 41 a RAO durch Errichtung der ehemaligen Rechtsanwaltskammer **Potsdam** im Bezirk des Kammergerichts Berlin vorgekommen ist, ordnet die Landesjustizverwaltung an, welcher Kammer die bei dem Oberlandesgericht zugelassenen Rechtsanwälte angehören und wie sich die Landgerichtsbezirke auf die beiden Kammern verteilen.

b) Gleichzeitige Zulassung bei einem anderen Landgericht (§ 24 10 **BRAO).** Gemäß § 24 kann ein bei einem Landgericht zugelassener Rechtsanwalt zusätzlich bei einem **benachbarten Landgericht** zugelassen werden. Das benachbarte Landgericht kann auch im Bezirk eines benachbarten Oberlandesgerichtsbezirks liegen.[6] In diesem Fall bleibt der Rechtsanwalt Mitglied der Rechtsanwaltskammer, in deren Bezirk er seine Erstzulassung erhalten hat, wird also nicht Mitglied der bei dem benachbarten Oberlandesgericht bestehenden Rechtsanwaltskammer, obwohl er auch in deren Bezirk zugelassen ist. Das gilt selbst

---

[5] Vgl. hierzu *Isele,* § 60 V. A. 1–3.
[6] So *Feuerich/Braun,* § 24 Rdn. 4; a. A. *Isele,* § 24 Anm. V. A. 2. b).

dann, wenn der Rechtsanwalt Anspruch auf eine Simultanzulassung bei dem benachbarten Oberlandesgericht hat, das dem Landgericht der Zweitzulassung übergeordnet ist.[7]

11 c) **Rechtsanwaltskammer beim Bundesgerichtshof (§ 174 BRAO).** Gemäß § 174 bilden die beim **Bundesgerichtshof zugelassenen** Rechtsanwälte eine eigene Rechtsanwaltskammer, gehören also nicht zu den im Bezirk des Oberlandesgerichts Karlsruhe zugelassenen Rechtsanwälten und damit auch nicht zu den Mitgliedern der Rechtsanwaltskammer Karlsruhe.

12 d) **Auflösung von Amts- und Landgerichtsbezirken (§ 227 a BRAO).** Gemäß § 227 a, der durch das Gesetz über die Neuordnung des Berufsrechts der Rechtsanwälte und der Patentanwälte vom 2. September 1994[8] mit Wirkung ab 1. Januar 2000 für die alten Bundesländer und ab 1. Januar 2005 für die neuen Bundesländer aufgehoben worden ist,[9] ist ein Rechtsanwalt, wenn der Bezirk eines Amtsgerichts ganz oder teilweise einem andern als dem bisherigen Landgerichtsbezirk zugeschlagen oder auf mehrere Landgerichtsbezirke aufgeteilt wird, unter den dort genannten Voraussetzungen zugleich bei dem Landgericht zuzulassen, das vor der Änderung der Gerichtsbezirke dem Amtsgericht übergeordnet ist oder dem Teile des Amtsgerichts zugelegt worden sind. Dabei kann das Landgericht der Zweitzulassung im Bezirk eines anderen Oberlandesgerichts liegen. Das ändert jedoch nichts an dem Grundsatz, daß ein Rechtsanwalt nur einer Rechtsanwaltskammer angehören kann. Deshalb stellt § 227 a Abs. 7 klar, daß der Rechtsanwalt trotz seiner Doppelzulassung nur derjenigen Rechtsanwaltskammer angehört, die für den Ort, an dem er seine Kanzlei unterhält, zuständig ist.

IV. Mitgliedschaft in einer Rechtsanwaltskammer

1. Erwerb

13 Die Mitgliedschaft wird kraft Gesetzes mit der Aushändigung der Urkunde über die Zulassung zur Rechtsanwaltschaft (§ 12 Abs. 2) erworben,[10] ohne daß der Rechtsanwalt seinen Beitritt besonders erklären müßte, ist also eine gesetzliche Folge der Zulassung[11] und damit eine **Zwangsmitgliedschaft**. Sie war schon mit der Rechtsanwaltsordnung von 1878 eingeführt und ihre Zulässigkeit von der Rechtsprechung einhellig bejaht worden.[12] Die Bundesrechtsanwaltsordnung hat die Zwangsmitgliedschaft übernommen, weil diese im Hinblick auf den Aufgabenbereich der Rechtsanwaltskammer unerläßlich erschien und eine Lockerung des gesetzlichen Zusammenschlusses die mittelbare Staatsverwaltung innerhalb der Anwaltschaft gefährdet hätte.[13] Nach der Rechtsprechung des Bundesverfassungsgerichts ist die Zwangsmitgliedschaft **verfassungskonform**.[14] Durch

---

[7] Siehe BGHZ 106, 196 (199).
[8] BGBl. I, S. 2278.
[9] Art. 1 Nr. 38 i. V. m. Art. 22 Abs. 2 des Gesetzes zur Neuordnung des Berufsrechts der Rechtsanwälte und der Patentanwälte, BGBl. I, S. 2278.
[10] BGH NJW 1992, 2706.
[11] Amtl. Begründung, S. 121.
[12] Vgl. hierzu im einzelnen *Isele*, § 60 Anm. IV.
[13] Amtl. Begründung, S. 122.
[14] BVerfGE 10, 89 (102); E 10, 354 (361, 364); E 15, 235 (239); kritisch E 38, 281 (297) betr. Arbeitnehmerkammer; kritisch auch *Kleine-Cosack*, Berufsständische Autonomie und Grundgesetz, S. 142 ff.; *ders.*, § 60 Rdn. 3; vgl. auch *Bethge/Detterbeck* JuS 1993, 43 ff.; *Sodan*, Berufsständische Zwangsvereinigung auf dem Prüfstand des Grundgesetzes, 1991.

keine Vorschrift des Grundgesetzes, insbesondere nicht durch Art. 9 Abs. 1 oder Art. 12 Abs. 1 GG, ist sie ausdrücklich untersagt. Wohl aber zeigt Art. 2 Abs. 1 GG, daß eine Zwangsmitgliedschaft (nur) im Rahmen der verfassungsmäßigen Ordnung erlaubt ist. Danach dürfen öffentlich-rechtliche Körperschaften gegründet werden, um legitime öffentliche Aufgaben wahrnehmen zu lassen. Es ist Sache des gesetzgeberischen Ermessens, zu entscheiden, welche dieser Aufgaben der Staat nicht durch seine Behörden, sondern durch eigens gegründete Körperschaften erfüllt. In den Bereich dieser gesetzgeberischen Ermessensentscheidung gehört auch die Regelung der Rechtsstellung ihrer Mitglieder.[15]

Die **Zwangsmitgliedschaft** verpflichtet die Rechtsanwaltskammer in besonders hohem Maße zur gleichmäßigen Behandlung ihrer Mitglieder.[16] Jeder Rechtsanwalt kann Überschreitungen der gesetzlichen Aufgaben der Rechtsanwaltskammer wegen Verstoßes gegen Art. 2 Abs. 1 GG rügen.[17]

2. Verlust

Die Mitgliedschaft erlischt, wenn der Rechtsanwalt freiwillig oder wegen Wechsels der Zulassung in einen anderen Oberlandesgerichtsbezirk auf die Rechte aus der bisherigen Zulassung verzichtet oder durch rechtskräftiges Urteil aus der Rechtsanwaltschaft ausgeschlossen wird (§ 13). Weitere Gründe für den Verlust der Mitgliedschaft sind die Errichtung eines neuen Oberlandesgerichts oder die Änderung der Bezirksgrenzen des bestehenden Oberlandesgerichts. In beiden Fällen treffen der Verlust der Mitgliedschaft in der bisherigen und der Erwerb der Mitgliedschaft in der neuen oder bei Änderung der Grenzen des Oberlandesgerichts in der nunmehr zuständigen anderen Rechtsanwaltskammer zusammen. Der Verlust der Mitgliedschaft ist im übrigen ebenso wie ihr Erwerb vom Willen des Rechtsanwalts unabhängig. Auch der Vorstand und die Kammerversammlung können den Verlust der Mitgliedschaft nicht bewirken.

V. Sitz der Rechtsanwaltskammer

Die Rechtsanwaltskammer hat ihren **Sitz** am Ort des Oberlandesgerichts. Wird dessen Sitz verlegt, so nimmt sie an dieser Sitzverlegung teil. Soweit die zum Zeitpunkt des Inkrafttretens der Bundesrechtsanwaltsordnung bestehenden Rechtsanwaltskammern ihren Sitz nicht am Sitz eines Oberlandesgerichts hatten, blieben sie bestehen, wenn sie nicht innerhalb von sechs Monaten nach dem Inkrafttreten ihre Auflösung beschlossen (§ 215). Von dieser Möglichkeit haben die Kammern **Freiburg**, **Kassel** und **Tübingen**, die mit dieser Übergangsregelung gemeint waren, keinen Gebrauch gemacht, so daß sie ihren Sitz nach wie vor nicht am Sitz des zugehörigen Oberlandesgerichts haben.

Die Organe der Rechtsanwaltskammer sind nicht gehalten, die ihnen obliegenden Aufgaben ausschließlich am Sitz der Kammer zu erfüllen. So darf die Geschäftsordnung der Rechtsanwaltskammer (§ 89 Abs. 3) vorsehen, daß die Mitgliederversammlung an einem **anderen Ort** des Kammerbezirks stattfinden kann. Absatz 2 legt also nur den Sitz der Rechtsanwaltskammer fest, nicht aber deren Tätigkeitsort.

---

[15] BVerfGE 10, 89 (102).
[16] BGHZ 55, 244 = NJW 1971, 1041 = AnwBl. 1971, 153.
[17] Vgl. hierzu BVerwG NJW 1987, 337; BGH NJW 1986, 992 = BRAK-Mitt. 1985, 223; BGH NJW 1987, 337; VG Berlin NJW 1992, 777; VG Bremen AnwBl. 1992, 187; *Pietzcker* NJW 1987, 305; ausführlich siehe hierzu § 73 Rdn. 18 f. und *Kleine-Cosack*, § 62 Rdn. 16.

§ 61 Bildung einer weiteren Rechtsanwaltskammer

(1) **Die Landesjustizverwaltung kann in dem Bezirk eines Oberlandesgericht seine weitere Rechtsanwaltskammer errichten, wenn in dem Bezirk mehr als fünfhundert Rechtsanwälte zugelassen sind. Bevor die weitere Rechtsanwaltskammer errichtet wird, ist der Vorstand der Rechtsanwaltskammer zu hören.** Die Landesjustizverwaltung ordnet an, welcher Kammer die bei dem Oberlandesgericht zugelassenen Rechtsanwälte angehören und wie sich die Landgerichtsbezirke auf die Kammern verteilen.

(2) **Die Landesjustizverwaltung bestimmt den Sitz der weiteren Kammer.**

Übersicht

	Rdn.		Rdn.
I. Enstehungsgeschichte	1	IV. Errichtung einer weiteren Rechtsanwaltskammer	4–8
II. Normzweck	2	1. Voraussetzung	4
III. Praktische Bedeutung	3	2. Verfahren	5
		3. Anfechtbarkeit	8

I. Entstehungsgeschichte

1   Seit 1910 sieht das Gesetz die Möglichkeit der Errichtung einer weiteren Rechtsanwaltskammer im Bezirk eines Oberlandesgerichts vor. Zunächst als § 41 a in die Rechtsanwaltsordnung von 1878 eingeführt, dann übernommen in § 54 Abs. 3 RRAO und § 51 RAObritZ, findet sich eine inhaltlich gleiche Regelung nun in § 61. Unterschiedlich sind die Mitgliederzahlen, bei deren Überschreitung eine weitere Kammer zulässig wird. Während die Rechtsanwaltsordnung von 1878 und die RAObritZ mehr als 1000 Mitglieder voraussetzten und die Reichs-Rechtsanwaltsordnung von 1933 die Errichtung ohne zahlenmäßige Festlegung bei Bedarf zuließ, macht die jetzige Regelung die Errichtung einer weiteren Kammer davon abhängig, daß die Kammer mehr als 500 Mitglieder hat.

II. Normzweck

2   Die Vorschrift soll **Mammutkammern** verhindern und der Landesjustizverwaltung die Möglichkeit eröffnen, etwaigen Mißständen abhelfen zu können, die eine allzu große Zahl von Mitgliedern einer Rechtsanwaltskammer mit sich bringen kann.[1] Zu denken ist auch daran, daß neben den Interessen der zahlreichen am Sitz der Kammer tätigen Rechtsanwälte die Belange der anderen Kammermitglieder nicht mehr genügend zur Geltung kommen.[2]

III. Praktische Bedeutung

3   Die Landesjustizverwaltungen haben seit Inkrafttreten der Bundesrechtsanwaltsordnung eine weitere Rechtsanwaltskammer im Bezirk eines Oberlandesgerichts nicht errichtet. Unter der Geltung des § 41 a RAO fand nur die Errichtung der ehemaligen **Rechtsanwaltskammer Potsdam** im Bezirk des Kammergerichts

---

[1] Amtl. Begründung, S. 122.
[2] Vgl. *Isele*, § 61 Anm. I. A.

Berlin statt. Die Regelung hat also seit ihrer ersten Einführung im Jahre 1910 nur ein einziges Mal praktische Bedeutung erlangt. Daran wird sich auch künftig kaum etwas ändern.[3] Die Rechtsanwaltskammern, die der zuständigen Landesjustizverwaltung allenfalls eine Empfehlung geben könnten, haben an der Errichtung einer weiteren Kammer kein Interesse. Sie werden im Gegenteil allein schon wegen des höheren Beitragsaufkommens jedem Mitgliederverlust, der mit der Errichtung einer weiteren Kammer verbunden wäre, mit Nachdruck entgegentreten. Die Justizverwaltungen, an deren Adresse sich die Vorschrift richtet, haben bisher keinen Anlaß gesehen, die Errichtung von weiteren Rechtsanwaltskammern in den Oberlandesgerichtsbezirken ihres Landes zu erwägen, obwohl es schon seit längerem eine ganze Reihe von **„Mammutkammern"** gibt (München, Hamm, Frankfurt, Köln und Düsseldorf). Das ist darauf zurückzuführen, daß die Landesjustizverwaltungen sich in die Selbstverwaltungsautonomie der Rechtsanwälte nicht einmischen wollen. Zugleich ist es aber auch ein deutliches Zeichen dafür, daß die Rechtsanwaltskammern trotz hoher Mitgliederzahlen funktionieren und die vom Gesetzgeber bei Überschreitung einer Mitgliederzahl von fünfhundert für denkbar gehaltenen Mängel ausgeblieben sind. Selbst die enorme Steigerung der Zulassungszahlen der letzten Jahre hat die **Effektivität der Kammerarbeit** und die Funktionsfähigkeit der Rechtsanwaltskammern nicht beeinträchtigt.[4]

IV. Errichtung einer weiteren Rechtsanwaltskammer

1. Voraussetzung

Das Gesetz nennt als einzige Voraussetzung die Zulassung von mehr als **fünf-** 4 **hundert Mitgliedern**. Dazu gehören auch die gemäß §§ 206, 207 zugelassenen ausländischen Rechtsanwälte und die verkammerten Rechtsbeistände (§ 209). Entsprechend dem Normzweck muß hinzukommen, daß die bestehende Rechtsanwaltskammer wegen der hohen Zahl ihrer Mitglieder ihre Aufgaben nachhaltig nicht mehr ordnungsgemäß zu erfüllen vermag.

2. Verfahren

Zuständig für die Errichtung einer weiteren Rechtsanwaltskammer ist die Lan- 5 desjustizverwaltung. Sie kann **eine** zweite Rechtsanwaltskammer im Bezirk eines Oberlandesgerichts errichten, nicht aber mehr.[5] Auch wenn die Vorschrift die in § 41 a RAO und § 51 RAObritZ enthaltene Bezeichnung einer „zweiten Rechtsanwaltskammer" nicht wiederholt, zwingt der Wortlaut zu dieser Auslegung, weil er von „einer" weiteren Rechtsanwaltskammer spricht.

Vor ihrer Entscheidung muß die Landesjustizverwaltung den Vorstand der 6 (bereits bestehenden) Rechtsanwaltskammer hören.

Die Landesjustizverwaltung muß bestimmen, welcher Rechtsanwaltskammer 7 die Rechtsanwälte angehören und wie die Landgerichtsbezirke sich auf die beiden Kammern verteilen sollen und wo der Sitz der zweiten Kammer sein soll. Hierbei ist die Landesjustizverwaltung frei.[6] Allerdings kann sie eine einmal getroffene Entscheidung nicht mehr ändern.[7]

---

[3] Siehe hierzu *Gralla,* 25 Jahre Bundesrechtsanwaltskammer, Bd. 6 der Schriftenreihe der BRAK, S. 191.
[4] Zweifelnd allerdings *Hartstang* I, S. 214; vgl. auch *Isele,* § 61 Anm. II. C.
[5] Ebenso *Isele,* § 61 Anm. C. 2 b.
[6] *Isele,* § 61 Anm. IV. B.
[7] *Isele,* § 61 Anm. VIII. B.-D.

3. Anfechtbarkeit

8   Die Errichtung einer zweiten Rechtsanwaltskammer beeinträchtigt die bereits bestehende Rechtsanwaltskammer und deren Mitglieder in ihren Rechten. Deshalb kann sowohl die Rechtsanwaltskammer als auch jedes einzelne Mitglied die Errichtung einer zweiten Rechtsanwaltskammer anfechten (§ 223).[8] Das gilt nicht bei der Errichtung eines neuen Oberlandesgerichts, weil sich in diesem Fall die Entstehung der dazu gehörenden neuen Rechtsanwaltskammer nach § 60 vollzieht.[9]

§ 62 Stellung der Rechtsanwaltskammer

(1) **Die Rechtsanwaltskammer ist eine Körperschaft des öffentlichen Rechts.**

(2) **Die Landesjustizverwaltung führt die Staatsaufsicht über die Rechtsanwaltskammer. Die Aufsicht beschränkt sich darauf, daß Gesetz und Satzung beachtet, insbesondere die der Rechtsanwaltskammer übertragenen Aufgaben erfüllt werden.**

Übersicht

	Rdn.		Rdn.
I. Entstehungsgeschichte	1	a) Selbstverwaltungsaufgaben	6
II. Normzweck	2	b) Öffentliche Aufgaben	7
III. Körperschaft des öffentlichen Rechts	3–7	IV. Staatsaufsicht	8–13
1. Bestimmung des Begriffsinhalts	3	1. Anlaß	9
		2. Inhalt	10
		3. Umfang	11
2. Aufgaben	5	4. Mittel	12
		5. Adressaten	13

I. Entstehungsgeschichte

1   Die Rechtsanwaltsordnung von 1878 regelte die rechtliche Natur der Rechtsanwaltskammer nicht. Als Körperschaft des öffentlichen Rechts wollte der Gesetzgeber sie nicht einordnen, weil die einzelnen Landesgesetze jener Zeit das Institut der juristischen Person sehr unterschiedlich ausgestaltet hatten. Von der Rechtswissenschaft wurde die Rechtsanwaltskammer jedoch schon damals als Körperschaft des öffentlichen Rechts angesehen.[1]

II. Normzweck

2   Das Gesetz will mit der Einordnung der Rechtsanwaltskammer als Körperschaft des öffentlichen Rechts der Rechtsanwaltschaft die Möglichkeit der **Selbstverwaltung** einräumen, die sie traditionsgemäß spätestens seit Inkrafttreten der Rechtsanwaltsordnung von 1878 für sich beansprucht. Zur Selbstverwaltung gehört die Erledigung der eigenen Angelegenheiten des Berufsstandes. Diese Aufgabe kann die Rechtsanwaltschaft nur erfüllen, wenn ihr eine Organisationsform gegeben wird, in der sie ihre Mitglieder zur Erfüllung ihrer Verpflichtungen

---

[8] Ebenso *Feuerich/Braun*, § 61 Rdn. 3; *Isele*, § 61 Anm. VI.; a. A. *Kalsbach*, § 61 Rdn. 3.
[9] *Feuerich/Braun*, § 61 Rdn. 3.
[1] *Friedländer*, § 41 Anm. 7.

§ 62 Stellung der Rechtsanwaltskammer 3–7 § 62

anhalten (§§ 57, 74) und entsprechend ihrem beruflichen Eigenleben zwangsweise zusammenfassen kann.¹ Zugleich übernimmt die Rechtsanwaltskammer damit Funktionen staatlicher Verwaltung und wird im Rahmen **mittelbarer Staatsverwaltung** tätig. Die der Anwaltschaft als Organ der Rechtspflege (§ 1) zugewiesenen Aufgaben könnte der Staat zwar auch selbst erfüllen. Damit würde er aber der Stellung der Rechtsanwaltschaft, die von jeher diese Aufgaben in eigener Verantwortung erledigt hat, nicht gerecht.

III. Körperschaft des öffentlichen Rechts

1. Bestimmung des Begriffsinhalts

Das Gesetz qualifiziert die Rechtsanwaltskammer als Körperschaft des öffentlichen Rechts. Da sie mitgliedschaftlich organisiert ist (§ 60 Abs. 1), handelt es sich um eine **Personalkörperschaft**, die ihrerseits Mitglied in der Bundesrechtsanwaltskammer als **Verbandskörperschaft** (§ 176 Abs. 1) ist.² 3

Als Körperschaft des öffentlichen Rechts ist die Rechtsanwaltskammer **juristische Person**. Hieraus folgt, daß sie Träger von Rechten und Pflichten ist, also auch eigenes Vermögen besitzen kann. Das Gesetz trägt dem in § 57 Abs. 4 S. 1, § 73 Abs. 1 Nr. 7, § 79 Abs. 2, § 204 Abs. 3 S. 2 Rechnung. Ihren Mitgliedern stehen Anteile am Kammervermögen nicht zu, sie haften aber auch nicht für Verbindlichkeiten der Kammer.³ Als juristische Person ist die Rechtsanwaltskammer **parteifähig**, kann also klagen und verklagt werden. Ebenso wie andere juristische Personen des öffentlichen Rechts kann sie aber nicht Inhaber materieller Grundrechte sein.⁴ Eine Ausnahme besteht nur bei einer Rüge der Verletzung grundrechtsgleicher Rechte wie beispielsweise aus Art. 101 oder 103 GG.⁵ 4

2. Aufgaben

Als Körperschaft des öffentlichen Rechts erfüllt die Rechtsanwaltskammer Aufgaben der Selbstverwaltung und öffentliche (= staatliche) Aufgaben.⁶ 5

a) Selbstverwaltungsaufgaben. Hierzu gehören vornehmlich die Beratung und Belehrung der Kammermitglieder (§ 73 Abs. 2 Nr. 1), die Vermittlung bei Streitigkeiten unter den Mitgliedern der Kammer (§ 73 Abs. 2 Nr. 2) und zwischen diesen und ihren Auftraggebern (§ 73 Abs. 2 Nr. 3), die Aufsicht über die Kammermitglieder (§ 73 Abs. 2 Nr. 4) und das hoheitlich ausgestaltete Rügerecht (§ 74) mit der Möglichkeit der Androhung und Verhängung von Zwangsgeld (§ 57). 6

b) Öffentliche Aufgaben. Hierzu gehören Aufgaben, welche die Rechtsanwaltskammer für den Staat wahrnimmt, insbesondere die Mitwirkung bei der Zulassung zur Rechtsanwaltschaft (§ 8 Abs. 2) und bei deren Widerruf (§ 19 Abs. 3) bei der Zulassung bei einem Gericht (§ 19 Abs. 2) und bei deren Widerruf (§ 35 Abs. 2), das Vorschlagsrecht für die Ernennung der Mitglieder des An- 7

---

[1] So Amtl. Begründung, S. 123; vgl. auch *Friedländer,* § 41 Anm. 7; *Isele,* § 62 III. B.; *Kalsbach,* § 62 Rdn. 1.
[2] Vgl. § 175 Rdn. 5 und § 176 Rdn. 1.
[3] So auch *Kleine-Cosack,* §§ 61, 62 Rdn. 1.
[4] BVerfG AnwBl. 1989, 572; vgl. auch BVerfGE 61, 82 (101) = NJW 1982, 2173 mit weiteren Nachweisen und BVerfG NJW 1989, 2613.
[5] *Kleine-Cosack,* §§ 61, 62 Rdn. 2.
[6] Vgl. hierzu im einzelnen die Kommentierung zu § 73.

waltsgerichts und des Anwaltsgerichtshofes (§ 73 Abs. 2 Nr. 5) und für die Zulassung zur Rechtsanwaltschaft beim Bundesgerichtshof (§ 73 Abs. 2 Nr. 6 und § 166 Abs. 2 Nr. 1) sowie für die Ernennung der Mitglieder der Prüfungsausschüsse (§ 73 Abs. 2 Nr. 10), die Erstattung von Gutachten für die Justizverwaltung, die Gerichte oder die Verwaltungsbehörden ihres Landes, die Mitwirkung bei der Ausbildung der Referendare (§ 73 Abs. 2 Nr. 9) und die Schaffung von Fürsorgeeinrichtungen für Rechtsanwälte und deren Hinterbliebene (§ 89 Abs. 2 Nr. 3).

IV. Staatsaufsicht

8   Die Notwendigkeit der Staatsaufsicht ergibt sich begriffsnotwendig aus der Stellung der Rechtsanwaltskammer als Körperschaft des öffentlichen Rechts. Wenn sie Funktionen staatlicher Verwaltung ausübt, muß sie der Staatsaufsicht unterstehen.

1. Anlaß

9   Die Staatsaufsicht wird von Amts wegen ausgeübt. Anlaß können Beschwerden Dritter sein oder die Berichte und Anzeigen des Präsidenten der Kammer (§ 81) oder sonstige Anhaltspunkte dafür, daß Gesetz oder Satzung nicht beachtet worden sind.[7]

2. Inhalt

10   Die Aufsicht ist eine **Rechtsaufsicht** und keine Fachaufsicht. Sie beschränkt sich darauf, daß Gesetz und Satzung beachtet, insbesondere die der Rechtsanwaltskammer übertragenen Aufgaben erfüllt werden. Ausgenommen von der Staatsaufsicht sind **Ermessensentscheidungen**, es sei denn, die Entscheidung ist ermessensfehlerhaft.[8] Ausgenommen ist auch die **Haushaltsführung**, die sich nach den allgemeinen Vorschriften über die Finanzkontrolle einer Körperschaft des öffentlichen Rechts richtet. Dadurch unterscheidet sich die Staatsaufsicht deutlich von der **Dienstaufsicht** über eine nachgeordnete Behörde. Im Rahmen einer Dienstaufsicht steht der übergeordneten Behörde ein Weisungs- und Leitungsrecht zu. Das ist mit der Stellung der Rechtsanwaltskammer als Körperschaft des öffentlichen Rechts mangels eines Über- und Unterordnungsverhältnisses, wie es dem Behördenaufbau eigen ist, nicht vereinbar.[9] Erleichtert wird die Durchführung der Staatsaufsicht dadurch, daß der Präsident der Rechtsanwaltskammer der Landesjustizverwaltung jährlich einen schriftlichen Bericht über die Tätigkeit der Kammer und des Vorstandes zu erstatten und ihr das Ergebnis der Wahlen zum Vorstand und zum Präsidium der Kammer anzuzeigen hat (§ 81).

3. Umfang

11   Die Rechtsaufsicht erstreckt sich auf die Beachtung von Gesetz und Satzung. Den Begriff „**Satzung**" verwendet das Gesetz in den Vorschriften über die Rechtsanwaltskammern nur noch in § 90, während es sonst von einer „**Geschäftsordnung**" spricht (vgl. § 63 Abs. 3, § 64 Abs. 2, § 77 Abs. 1 S. 1, § 80 Abs. 4, § 89 Abs. 3). Hieraus folgt, daß unter „Satzung" die Geschäftsord-

---

[7] *Feuerich/Braun*, § 62 Rdn. 9.
[8] So auch *Kleine-Cosack*, §§ 61, 62 Rdn. 18.
[9] Amtl. Begründung, S. 124.

§ 63 Zusammensetzung des Vorstandes

nungen des Vorstandes (§ 63 Abs. 3) und der Kammer (§ 89 Abs. 3) zu verstehen sind. Sie sind Rechtsvorschriften, die mit Wirksamkeit für die der Rechtsanwaltskammer angehörenden Mitglieder erlassen werden.[11]

4. Mittel

Das **mildeste** Mittel ist die Anforderung von Berichten über einzelne Angelegenheiten oder Maßnahmen. Des weiteren steht der Landesjustizverwaltung die Aufsicht nach den landesgesetzlichen Vorschriften über die Aufsicht bei Körperschaften des öffentlichen Rechts zu. Als **schärfste** Maßnahme kann die Landesjustizverwaltung beim Anwaltsgerichtshof den Antrag stellen, Wahlen oder Beschlüsse des Vorstandes, des Präsidiums oder der Kammerversammlung mit der Begründung für ungültig oder nichtig zu erklären, daß sie unter Verletzung des Gesetzes oder der Satzung zustandegekommen oder mit deren Inhalt nicht vereinbar seien (§ 90 Abs. 1).n   12

5. Adressaten

Der Staatsaufsicht unterliegen der Vorstand, die einzelnen Abteilungen, die gemäß § 77 an die Stelle des Vorstandes treten, ferner die Mitglieder des Präsidiums (§ 78), die Vorsitzenden und Schriftführer der Abteilungen (§ 77 Abs. 2 S. 2), die Beauftragten des Vorstandes (§ 73 Abs. 3) und die Kammerversammlung hinsichtlich ihrer Wahlen und Beschlüsse (§§ 85 ff.).   13

Zweiter Abschnitt. Die Organe der Rechtsanwaltskammer

1. Vorstand

§ 63 Zusammensetzung des Vorstandes

(1) **Die Rechtsanwaltskammer hat einen Vorstand.**

(2) **Der Vorstand besteht aus sieben Mitgliedern. Die Versammlung der Kammer kann eine höhere Zahl festsetzen.**

(3) **Der Vorstand gibt sich eine Geschäftsordnung.**

Übersicht

	Rdn.		Rdn.
I. Rechtsstellung des Vorstandes ...	1	III. Geschäftsordnung......................	5–7
II. Zusammensetzung	2–4	IV. Geschäftsführung.....................	8–10

I. Rechtsstellung des Vorstandes

Der Vorstand ist ein **notwendiges Organ** der Rechtsanwaltskammer und entsprechend ihrer doppelten Funktion[1] Behörde in einem doppelten Sinn. Er ist **Behörde** eines **Selbstverwaltungskörpers** und erfüllt in dieser Funktion die ihm durch §§ 56, 57 und §§ 73 bis 74 a übertragenen Rechte und Pflichten und ist damit zum Erlaß von Verwaltungsakten befugt.[2] Zugleich ist er Behörde im   1

---

[11] BVerfGE 33, 125; *Isele,* § 62 IV. B. 3. a).
[1] Vgl. hierzu § 62 Rdn. 5–7.
[2] *Kleine-Cosack,* § 63 Rdn. 1.

Rahmen **mittelbarer Staatsverwaltung**. Insoweit erledigt der Vorstand öffentliche (staatliche) Angelegenheiten im Interesse der Allgemeinheit und nimmt in dieser Funktion die Anhörungs- und Mitwirkungsrechte gemäß § 8 Abs. 2, § 17 Abs. 2 S. 2, § 19 Abs. 2, § 24 Abs. 1, § 28 Abs. 1, § 29 Abs. 1, § 35 Abs. 2 und § 73 Abs. 2 Nr. 5 und Nr. 8 wahr.

II. Zusammensetzung

2   Dem Vorstand gehören mindestens **sieben** von der Kammerversammlung zu wählende (§ 89 Abs. 2 Nr. 1) Mitglieder an. Das Gesetz überläßt es der Versammlung, die Zahl der Vorstandsmitglieder (beliebig) zu erhöhen, nennt also keine Höchstzahl. Diese wird in der Praxis durch die zu bewältigende Arbeit bestimmt und durch die Funktionsfähigkeit des Vorstandes nach oben begrenzt.

3   Von der Möglichkeit, die **Mindestzahl** von sieben Vorstandsmitgliedern zu **erhöhen**, haben alle Kammern Gebrauch gemacht. Die meisten Vorstandsmitglieder haben die Kammern München (34), Frankfurt (31), Düsseldorf (30), Hamm (27) und Stuttgart (27), die wenigsten die Kammern Sachsen (9), Braunschweig (11), Saarbrücken (11), Mecklenburg-Vorpommern (12) und Tübingen (12). Die Kammerversammlung kann die Zahl der Mitglieder auch wieder **herabsetzen**, darf dabei aber nicht die Amtszeit verkürzen, sondern muß den Ablauf der Wahlperiode der amtierenden Vorstandsmitglieder (§ 68) abwarten.[3]

4   Als notwendiges Organ der Rechtsanwaltskammer ist der Vorstand **nicht auflösbar**, weder durch gerichtliches Urteil noch durch eine Entscheidung der Landesjustizverwaltung und auch nicht durch eine Abwahl in der Kammerversammlung. Allerdings wird ein von einer größeren Mehrheit getragenes Mißtrauensvotum, auch wenn es gesetzlich nicht zulässig ist, die betroffenen Vorstandsmitglieder zur Amtsniederlegung (§ 69 Abs. 1 Nr. 2) veranlassen, zumal ihre Tätigkeit ehrenamtlich ist (§ 75) und sie an eigener beruflicher Arbeit hindert.

III. Geschäftsordnung

5   Der **Vorstand** muß sich eine Geschäftsordnung geben. Das gehört zu seinen unabdingbaren Pflichten.[4] **Unzulässig** ist es, die Geschäftsordnung des Vorstandes gemäß § 63 Abs. 3 mit der Geschäftsordnung der Kammer (§ 64 Abs. 2) zu vermengen und Regelungen für den Vorstand einerseits und für die Kammer andererseits in einer **gemeinsamen Geschäftsordnung** zusammenzufassen. Das ergibt sich aus § 64 Abs. 2 und § 70 Abs. 3 und insbesondere aus § 80 Abs. 4, der das **Nebeneinander der beiden Geschäftsordnungen** zusätzlich verdeutlicht.

6   Bei der **Ausgestaltung** der Geschäftsordnung ist der Vorstand im wesentlichen frei. Sie muß jedoch eine Regelung über die Einberufung von Vorstandssitzungen enthalten (§ 70 Abs. 3). Daneben kann sie dem Präsidenten über den gesetzlichen Aufgabenbereich (§ 80 Abs. 1–3) hinaus weitere Aufgaben übertragen (§ 80 Abs. 4). Ferner kann sie Regelungen beinhalten, welche die Arbeit des Vorstandes betreffen, soweit ihnen nicht gesetzliche Bestimmungen entgegenstehen. Einer Genehmigung der Landesjustizverwaltung oder der Kammerversammlung bedarf die Geschäftsordnung nicht. Auch muß sie nicht veröffentlicht wer-

---

[3] So auch *Isele*, § 63 III. B. 2.
[4] Ebenso *Isele*, § 63 Anm. VII. B.; a. A. offenbar *Feuerich/Braun*, § 63 Rdn. 7, der § 63 Abs. 3 als Kannvorschrift versteht.

§ 64 Wahlen zum Vorstand

den. Ihre Einhaltung ist jedoch durch die Landesjustizverwaltung im Rahmen der Staatsaufsicht (§ 62 Abs. 2) überprüfbar.[5]

Die Geschäftsordnung ist vom Präsidenten der Kammer auszufertigen, andernfalls sie nichtig ist.[6]

IV. Geschäftsführung

Die Bundesrechtsanwaltsordnung kennt den Begriff der Geschäftsführung nicht. Gleichwohl haben heute alle Kammern eine(n) Geschäftsführer(in), teils auch mehrere. Diese sind durchweg zugelassene Rechtsanwälte, die hauptberuflich für die Kammer tätig sind, von ihr besoldet werden und eine eigene Praxis nur nebenbei betreiben. Die Notwendigkeit zur Einstellung von Geschäftsführern ergab sich im Zuge wachsender Mitgliederzahlen und zunehmender Verwaltungsaufgaben, die von den ehrenamtlich tätigen Mitgliedern des Präsidiums und des Vorstandes längst nicht mehr bewältigt werden könnten. Inzwischen hat sich die Stellung der Geschäftsführer **institutionalisiert**. Seit etwa 1980 gibt es eine **Geschäftsführerkonferenz**. Sie dient dem Meinungsaustausch, der Verbesserung und Erleichterung der Verwaltung und der Intensivierung der Zusammenarbeit der Kammern.[7]

Die **Anstellung des Geschäftsführers** erfolgt durch den Präsidenten (§ 80 Abs. 1). Er führt auch die Aufsicht und bestimmt die Aufgaben des Geschäftsführers. Einige Kammern haben diese kraft Gesetzes dem Präsidenten obliegende Tätigkeit in der Geschäftsordnung des Vorstandes dem Präsidium übertragen (Düsseldorf, Hamm, Nürnberg).

Die Tätigkeit als Geschäftsführer einer Rechtsanwaltskammer ist mit dem Beruf eines Rechtsanwalts vereinbar. Das war schon vor der Entscheidung des Bundesverfassungsgerichts vom 4. 11. 1992[8] herrschende Meinung. Auch einer Bestellung zum Anwaltsnotar steht die Tätigkeit als Geschäftsführer nicht entgegen.[9]

§ 64 Wahlen zum Vorstand

(1) Die Mitglieder des Vorstandes werden von der Versammlung der Kammer gewählt.

(2) Das Nähere bestimmt die Geschäftsordnung der Kammer.

Übersicht

	Rdn.		Rdn.
I. Normzweck	1	3. Regelwahlverfahren	8
II. Praktische Bedeutung	2	4. Abweichende Wahlverfahren	11
III. Wahlmodalitäten kraft Geschäftsordnung	3–15	5. Wahlergebnis	12
1. Wahlvorschläge	4	6. Wahlgänge	13
2. Wahlbezirke	7	a) Erster Wahlgang	14
		b) Zweiter Wahlgang	15

---

[5] *Kleine-Cosack*, § 63 Rdn. 2.
[6] Vgl. hierzu im einzelnen § 89 Rdn. 20–22.
[7] Vgl. hierzu im einzelnen *Gralla*, 25 Jahre Bundesrechtsanwaltskammer, Bd. 6 der Schriftenreihe der BRAK, S. 189 ff.
[8] BVerfG NJW 1993, 317; vgl. hierzu *Kleine-Cosack* NJW 1993, 1289; *Zuck* JZ 1993, 470.
[9] BGH DNotZ 1987, 160.

I. Normzweck

1 Der **Vorstand** ist nicht nur ein notwendiges Organ der Rechtsanwaltskammer, sondern zugleich auch dasjenige, bei dem sich die wichtigsten Aufgaben konzentrieren. Er ist die **Schaltstelle der Kammer**.[1] Zudem repräsentiert er die Rechtsanwaltskammer. Aus diesen Gründen muß er das Vertrauen der Gesamtheit der Mitglieder haben und deshalb von der Versammlung der Kammer gewählt werden (§ 89 Abs. 2 Nr. 1).

II. Praktische Bedeutung

2 Isele[2] zählt die Vorschrift zu den **zentralen** Bestimmungen der Bundesrechtsanwaltsordnung. In der Praxis führen die **Wahlen zum Vorstand** allerdings ein **Schattendasein**. Die Beteiligung der Mitglieder der Rechtsanwaltskammern an den Vorstandswahlen schwankt zwischen durchschnittlich knapp 1% und 5%. Nur die Kammern der neuen Bundesländer können (noch) eine höhere Wahlbeteiligung verzeichnen. Deshalb ist es überfällig, eine **Briefwahl** einzuführen, wie sie neuerdings bei der Wahl der Mitglieder der Satzungsversammlung (§§ 191 a bis e) gesetzlich angeordnet ist (§ 191 b Abs. 2 S. 1). Es ist nicht Desinteresse, das die Kammermitglieder von einer Teilnahme an den Kammerversammlungen und damit von der Wahl der Vorstandsmitglieder abhält. Vielmehr sehen viele Rechtsanwälte, die ihre Anwesenheit an den sonstigen meist routinemäßig abzuhandelnden Tagesordnungspunkten für überflüssig halten, es angesichts ihrer eigenen beruflichen Belastung nicht ein, allein wegen einer Vorstandswahl an den Ort der Kammerversammlung reisen zu müssen.

III. Wahlmodalitäten kraft Geschäftsordnung

3 Die Wahl des Vorstandes durch die Versammlung der Kammer ist durch die Geschäftsordnung der Kammer (§ 89 Abs. 3) näher zu bestimmen. Dieser Verpflichtung sind alle Rechtsanwaltskammern nachgekommen, wenn auch mit durchaus unterschiedlichen Regelungen. Nicht immer haben sie dabei dem Gebot kammerinterner Demokratie Rechnung getragen.[3]

1. Wahlvorschläge

4 Wahlvorschläge **vor Beginn** der Kammerversammlung verlangt nicht einmal die Hälfte aller Kammern. Deren Geschäftsordnungen machen die Wirksamkeit der Wahlvorschläge davon abhängig, daß sie spätestens zwei Wochen vor der Kammerversammlung eingereicht werden, teilweise müssen sie zusätzlich von einer bestimmten Zahl von Kammermitgliedern unterschrieben sein. Die übrigen Kammern gestatten mangels abweichender Vorschriften die Benennung von Kandidaten noch **bis zum Beginn** der Wahl. Dieses Verfahren läßt der Versammlung zwar mehr Spielraum, kann aber zu anfechtbaren Wahlen (§ 90) führen. Der Vorstand trägt die Verantwortung dafür, daß die zur Wahl stehenden Kandidaten wählbar sind (§ 73 Abs. 1 S. 2). Nur er hat die Möglichkeit, die Wählbarkeit anhand der Personalakte des Kandidaten zu prüfen. Das mag bezüglich der Voraussetzungen der Wählbarkeit gemäß § 65 auch ohne Einsichtnahme

---

[1] *Isele,* § 64 Anm. V. A. 2.
[2] *Isele,* § 64 Anm. V. A.
[3] Siehe hierzu auch § 72 Rdn. 5 ff. sowie § 88 Rdn. 6–9.

in die Personalakte noch in der Kammerversammlung möglich sein. Die Gründe, die gemäß § 66 zum Ausschluß der Wählbarkeit führen, sind jedoch während der Versammlung kaum festzustellen, es sei denn, der Versammlungsleiter befragt die Kandidaten nach diesen Ausschlußgründen. Eine solche Befragung ist peinlich und die Beantwortung der Fragen zudem nicht überprüfbar. Die Anordnung von Fristen für die Vorlage von Wahlvorschlägen vermeidet beide Nachteile.

Bedenken gegen die **Zulässigkeit von Fristen**, innerhalb derer die Kandidaten benannt werden müssen, bestehen nicht. Ihre Zulässigkeit folgt aus der Satzungsautonomie und der vom Gesetzgeber den Rechtsanwaltskammern zugestandenen Freiheit, das Wahlverfahren inhaltlich nach eigenem Ermessen auszugestalten, sofern die bei jeder Wahl zu wahrenden Prinzipien der Wahlrechtsfreiheit, Wahlrechtsgleichheit und Erfolgschancengleichheit beachtet werden.[4] Diese Prinzipien werden durch die Anordnung einer Frist, innerhalb derer Wahlvorschläge vorgelegt werden müssen, nicht verletzt. Das Recht eines jeden Kammermitglieds, selbst zu kandidieren oder Kandidaten vorzuschlagen, bleibt unberührt. Nur die Ausübung dieses Rechts wird zeitlich vorverlegt. Allerdings birgt eine Regelung, welche die Wählbarkeit auf fristgerecht vor der Kammerversammlung vorgeschlagene Kandidaten beschränkt und auf diese Weise Wahlvorschläge aus der Mitte der Kammerversammlung ausschließt, die Gefahr in sich, daß nicht alle vorgeschlagenen Kandidaten die einfache Mehrheit erhalten und deshalb einige Vorstandsposten nicht besetzt werden können. In einem solchen Fall muß die Vorstandswahl dann in einer weiteren Kammerversammlung wiederholt bzw. fortgeführt werden.[5] 5

Zulässig ist auch die von einigen Geschäftsordnungen geforderte Unterzeichnung des Wahlvorschlags von einer bestimmten Zahl von Kammermitgliedern. Für die Vorschläge von Kandidaten für die Wahl der Mitglieder der Satzungsversammlung schreibt das Gesetz eine solche Regelung neuerdings sogar zwingend vor (§ 191 b Abs. 2 S. 2). 6

2. Wahlbezirke

Nicht wenige Geschäftsordnungen sehen vor, daß sich die Zahl der Vorstandsmitglieder auf die verschiedenen Landgerichte des Kammerbezirkes nach einem **bestimmten Schlüssel** verteilt. Solche Regelungen dienen der gleichmäßigen Berücksichtigung der verschiedenen Landgerichtsbezirke. Sie hindern nicht, daß für jeden Landgerichtsbezirk beliebig viele Bewerber kandidieren, sofern sie bei dem betreffenden Landgericht zugelassen sind. Insgesamt können jedoch immer nur so viele Kandidaten gewählt werden, wie dem jeweiligen Landgerichtsbezirk Sitze im Vorstand zustehen. Deshalb kann jeder Wähler nur so viele Stimmen haben, wie Kandidaten für den jeweiligen Landgerichtsbezirk zu wählen sind. Dabei ist es gleichgültig, ob die Wahl in so vielen Wahlgängen, wie es Landgerichtsbezirke gibt, erfolgt oder in einem Wahlgang, bei dem allerdings eine **en-bloc-Wahl** nicht zulässig ist.[6] 7

3. Regelwahlverfahren

Das Wahlverfahren ist in den Geschäftsordnungen der einzelnen Kammern sehr unterschiedlich geregelt. Es reicht von **geheimer** Wahl, wenn nicht im 8

---

[4] So EGH Hamm, Beschl. v. 18. 10. 1991–1 ZU 42/91 v. 18. 10. 1991 (unveröffentlicht), bestätigt durch BGHZ 118, 121 = NJW 1992, 1962 = AnwBl. 1992, 391.
[5] So ausdrücklich BGHZ 118, 121 (125).
[6] Siehe hierzu Rdn. 11, § 72 Rdn. 6–13 und § 88 Rdn. 6–8.

Einzelfall eine offene Wahl von der Kammerversammlung beschlossen wird, bis zum umgekehrten Fall, daß durch **Handaufheben** oder **Zuruf** gewählt werden soll, wenn nicht geheime Wahl gefordert wird.

9 Die unterschiedlichen Regelungen zum Wahlverfahren sind zulässig. Es gibt – von der durch das Gesetz zur Neuordnung des Berufsrechts der Rechtsanwälte und der Patentanwälte vom 2. September 1994[7] für die Satzungsversammlung neu eingeführten geheimen Briefwahl (§ 191 b Abs. 2 S. 1) abgesehen – weder im Grundgesetz noch in der Bundesrechtsanwaltsordnung eine Vorschrift, die eine geheime oder offene Wahl verbindlich vorschreibt. Zwar ist die Beachtung demokratischer Grundsätze am besten gesichert, wenn die Wahl schriftlich und geheim erfolgt. Der Gesetzgeber hat sich jedoch für die Wahlen zum Vorstand jedweder **Reglementierung** enthalten, weil er davon ausgegangen ist, daß das berechtigte Interesse des Berufsstandes der Rechtsanwälte, in der Organisation ihrer Standesvertretung möglichst frei von gesetzlichen Vorschriften und Bindungen zu sein, schwerer wiegt als die Gefahr einer unzulässigen Wahlbeeinflussung bei offener Wahl. Dabei fällt zusätzlich ins Gewicht, daß bei Wahlen zum Vorstand einer Rechtsanwaltskammer Wahlleiter, Wähler und zu Wählende sämtlich Rechtsanwälte und damit nach ihrer Lebensstellung unabhängige Organe der Rechtspflege (§ 1) sind. Von ihnen kann erwartet werden, daß sie eine unzulässige Wahlbeeinflussung weder versuchen noch ihr unterliegen.[8]

10 Die Geschäftsordnung der Rechtsanwaltskammer kann auch vorschreiben, daß von dem in ihr geregelten Wahlverfahren (geheim oder offen) nur abgewichen werden darf, wenn sich für ein **abweichendes Wahlverfahren** mindestens die einfache Mehrheit ausspricht.[9] Das Gesetz überläßt die **Wahlmodalitäten** ausdrücklich der **Satzungsautonomie** (Abs. 2). Innerhalb dieses der Rechtsanwaltskammer zu freier Regelung eingeräumten Bereichs ist sie befugt, in der Geschäftsordnung der Kammerversammlung abweichende Modalitäten für die Vorstandswahl vorzubehalten. Sieht die Geschäftsordnung eine solche Möglichkeit vor, so bedarf es auch einer Regelung, auf welche Weise die Kammerversammlung abweichende Wahlmodalitäten beschließen kann. Eine Regelung, die abweichend von der in der Geschäftsordnung vorgesehenen Wahl durch Zuruf schon bei einer Gegenstimme eine geheime Wahl vorschreibt, ist genauso zulässig wie die Regelung, die eine Abweichung von dem in der Geschäftsordnung geregelten Wahlverfahren nur zuläßt, wenn die Kammerversammlung das mit einer qualifizierten Mehrheit (z. B. 2/3) beschließt. Für die Wahl selbst kann die Kammerversammlung jedoch eine von der durch § 88 Abs. 3 zwingend vorgeschriebenen einfachen Mehrheit abweichende Mehrheit nicht beschließen. Es kann also kein Kandidat als gewählt angesehen werden, der nicht die Mehrheit der abgegebenen Stimmen erreicht.[10] Auch für Beschlußfassungen ist die einfache Mehrheit zwingend vorgeschrieben.

4. Abweichende Wahlverfahren

11 Die in zahlreichen Geschäftsordnungen der Rechtsanwaltskammern vorgesehene Möglichkeit, für die Wahlen zum Vorstand abweichend von der Geschäftsordnung „**ein anderes Verfahren**", also statt geheimer Wahl eine offene Wahl oder umgekehrt statt offener Wahl eine geheime Wahl zu beschließen,

---

[7] BGBl. I, S. 2278.
[8] BGHZ 52, 297 = NJW 1970, 46; kritisch *Kleine-Cosack*, § 64 Rdn. 1.
[9] BGHZ 52, 297 = NJW 1970, 46.
[10] BGHZ 106, 193 (196) = NJW 1989, 1150. Vgl. hierzu § 72 Rdn. 6–13; § 88 Rdn. 6–9.

erlaubt der hierfür zuständigen Kammerversammlung nicht, die Wahlen in einem **Wahlgang en bloc** durchzuführen. Das ist der Fall, wenn für die Wahl der Vorstandsmitglieder so viele Bewerber kandidieren, wie Vorstandsämter zu besetzen sind, dem Wähler für die Wahl dieser Kandidaten aber nur eine Stimme zur Verfügung steht, so daß er nicht die Möglichkeit hat, nur diejenigen Kandidaten zu wählen, die sein Vertrauen haben und andere, denen er ein Amt im Kammervorstand nicht anvertrauen will, nicht zu wählen. Ein solches Wahlverfahren ist **unzulässig**, weil eine Wahl des einen oder die Nichtwahl des anderen Kandidaten ausgeschlossen und die Wahl damit weder mit dem demokratischen Begriff einer Wahl noch mit dem in § 88 Abs. 3 S. 2 vorgeschriebenen Mehrheitsprinzip vereinbar ist.[11]

5. Wahlergebnis

Gemäß § 88 Abs. 3 ist in den Vorstand gewählt, wer die **einfache Mehrheit** der abgegebenen Stimmen erreicht.[12] Diese Regelung ist **zwingend** und keiner abweichenden Beschlußfassung der Kammerversammlung zugänglich. Auch die Geschäftsordnung der Kammer kann den Begriff der einfachen Mehrheit nicht abweichend von der gesetzlichen Regelung definieren. Sie darf insbesondere nicht bestimmen, daß **nicht ausgefüllte Stimmzettel** ungültig sind. Eine solche Regelung würde zu einem **unerlaubten Wahlzwang** führen und damit gegen die Prinzipien einer demokratischen Wahl verstoßen. Würden nicht ausgefüllte Stimmzettel als ungültige Stimmen gewertet, könnten sie bei der Ermittlung der einfachen Mehrheit nicht mitgezählt werden, so daß ein Kandidat abweichend von § 88 Abs. 3 S. 2 selbst dann gewählt wäre, wenn bei Stimmenthaltungen und Fehlen von Nein-Stimmen nur eine Ja-Stimme abgegeben würde.[13]

6. Wahlgänge

Die Geschäftsordnungen regeln teilweise auch die Wahlgänge und meinen damit sowohl die **Zusammenfassung von Wahlen** mehrerer Kandidaten in einem Wahlgang als auch den zweiten Wahlgang, wenn im ersten Wahlgang die erforderliche Mehrheit (§ 88 Abs. 3 S. 2) nicht von allen Kandidaten erreicht wird, so daß nach dem ersten Wahlgang noch Vorstandsposten unbesetzt bleiben.

a) Erster Wahlgang. Der Bundesgerichtshof[14] hält es für zulässig, daß die Kammerversammlung anstatt von Wahlen in so vielen Wahlgängen wie Mitglieder zu wählen sind die Zusammenfassung dieser Wahlen in einen Wahlgang beschließt, also beispielsweise die Kandidaten für mehrere Landgerichtsbezirke in einem Wahlgang wählt, wobei für jeden Landgerichtsbezirk nur so viele Kandidaten gewählt werden können wie ihm nach der Geschäftsordnung zustehen.

b) Zweiter Wahlgang. Soweit die Geschäftsordnungen regeln, wer im zweiten Wahlgang als gewählt gilt, stellen sie durchweg darauf ab, daß gewählt ist, wer im zweiten Wahlgang die **meisten Stimmen** oder die höchste Stim-

---

[11] BGHZ 118, 121 = NJW 1992, 1962 = AnwBl. 1992, 391. Diese Entscheidung bestätigt den Beschluß des EGH Hamm vom 18. 10. 1991–1 ZU 42/91 (unveröffentlicht) in gleicher Sache. Vgl. hierzu auch *Zuck* EWiR 1992, 565; siehe ferner BGHZ 52, 297 (299) = NJW 1970, 46; BGHZ 106, 193 (195) = NJW 1989, 1150.
[12] Zum Begriff der einfachen Mehrheit vgl. § 72 Rdn. 6–12 und § 88 Rdn. 6–9.
[13] So OVG Münster NVwZ 1992, 286 für die Wahl eines Beigeordneten; siehe auch § 72 Rdn. 10–12 und § 88 Rdn. 6–9.
[14] BGHZ 106, 193 (195) = NJW 1989, 1150.

menzahl erreicht. Das ist mit § 88 Abs. 3 S. 2 nicht vereinbar und deshalb **unzulässig**. § 88 Abs. 3 S. 2 ist zwingend und kann durch die Geschäftsordnung nicht geändert werden. Der Begriff der „einfachen Stimmenmehrheit" bedeutet, daß nur gewählt ist, wer die Mehrheit der abgegebenen Stimmen erreicht.[15] Dabei muß notfalls sogar in Kauf genommen werden, daß das Vorstandsamt, weil kein Kandidat in einem der mehreren Wahlgänge die einfache Mehrheit i. S. § 88 Abs. 3 S. 2 erhält, unbesetzt bleibt, die Vorstandswahl also scheitert und eine weitere Kammerversammlung notwendig wird.[16] Eine Geschäftsordnung, die gleichwohl eine Mehrheit ausreichen läßt, die unter der einfachen Mehrheit i. S. § 88 Abs. 3 S. 2 liegt, ist gesetzeswidrig. Aufgrund einer solchen Geschäftsordnung durchgeführte Wahlen sind anfechtbar (§ 90).

§ 65 Voraussetzungen der Wählbarkeit

Zum Mitglied des Vorstandes kann nur gewählt werden, wer
1. Mitglied der Kammer ist,
2. das fünfunddreißigste Lebensjahr vollendet hat und
3. den Beruf eines Rechtsanwalts seit mindestens fünf Jahren ohne Unterbrechung ausübt.

Übersicht

	Rdn.		Rdn.
I. Normzweck	1	3. Ausübung des Berufes seit 5 Jahren	5
II. Wählbarkeit im allgemeinen	2	IV. Rechtsfolgen des Fehlens der positiven Voraussetzungen	6
III. Positive Voraussetzungen der Wählbarkeit	3–5	V. Übergangsregelung für die neuen Bundesländer	7
1. Mitglied der Kammer	3		
2. Vollendung des 35. Lebensjahres	4		

I. Normzweck

1 Das Gesetz stellt an die Wählbarkeit **besondere Anforderungen**, um sicherzustellen, daß die Mitglieder des Vorstandes über Erfahrungen im Anwaltsberuf verfügen.[1] Wer die Berufsaufsicht über die Mitglieder der Kammer ausüben und sie in Fragen des anwaltlichen Berufsrechts beraten soll, muß dafür **qualifiziert** sein. Ein verantwortungsvolles Amt ist die Mitgliedschaft im Vorstand auch deswegen, weil diesem als dem zentralen Organ der Kammer im Interesse der Rechtspflege und des Berufsstandes vielfältige öffentliche Aufgaben übertragen sind (§ 73). Deshalb ist es gerechtfertigt, die Wählbarkeit zu beschränken, so daß nur solche Rechtsanwälte zu Vorstandsmitgliedern gewählt werden dürfen, die über eine gewisse Lebens- und Berufserfahrung verfügen.[2]

II. Wählbarkeit im allgemeinen

2 Das Gesetz unterscheidet zwischen den **positiven** Voraussetzungen der Wählbarkeit (§ 65), die erfüllt sein, und den **negativen** Voraussetzungen, die in der

---
[15] Vgl. hierzu im einzelnen § 88 Rdn. 6–9.
[16] BGHZ 118, 121 (125) = NJW 1992, 1962 = AnwBl. 1992, 391.
[1] Amtl. Begründung, S. 126.
[2] So auch *Isele*, § 65 I. A.

§ 65 Voraussetzungen der Wählbarkeit   3 § 65

Person des zu Wählenden fehlen müssen, weil ihr Vorhandensein zum Ausschluß der Wählbarkeit führt (§ 66). Die Geschäftsordnung der Kammer kann hieran nichts ändern, also weder die positiven noch die negativen Voraussetzungen verringern oder vermehren. Zulässig ist allerdings die in den Geschäftsordnungen zahlreicher Kammern enthaltene **Verteilung der Vorstandsämter** auf verschiedene Landgerichtsbezirke oder auf Landgerichts- und Oberlandesgerichtsanwälte oder auf verschiedene Gruppen von Rechtsanwälten (z. B. Rechtsanwälte und Syndikusanwälte). Solche Vorschriften berühren die Wählbarkeit nicht und sind im Interesse einer paritätischen Zusammensetzung des Vorstandes sinnvoll.[3] Das gilt nicht für die Wahlen zur Satzungsversammlung. Für diese Wahlen dürfen die der Rechtsanwaltskammer in der Satzungsversammlung zustehenden Sitze (§ 191 b Abs. 1 S. 2) nicht nach regionalen oder anderen Gesichtspunkten verteilt werden, weil es anders als für die Arbeit im Vorstand der Rechtsanwaltskammer auf die Vorstellungen der einzelnen Kandidaten hinsichtlich der Berufsordnung ankommt. Das ist auch der Grund dafür, daß § 191 b Abs. 3 S. 1 die Regelung des § 65 Nr. 2 für nicht anwendbar erklärt und damit die Wahl auch sehr junger Rechtsanwälte unter 35 Lebensjahren ermöglicht. Gerade sie sind aufgerufen, bei der Schaffung einer Berufsordnung überliefertes Berufsrecht modernen Anschauungen anzupassen.

III. Positive Voraussetzungen der Wählbarkeit

1. Mitglied der Kammer

Gewählt werden kann nur, wer **Mitglied der Kammer** ist. Zu den Mitgliedern gehören die im Bezirk des Oberlandesgerichts zugelassenen Rechtsanwälte, die Staatsangehörigen eines Mitgliedsstaates der Europäischen Gemeinschaft oder eines anderen Vertragsstaates des Abkommens über den Europäischen Wirtschaftsraum und die Angehörigen anderer Staaten, die unter den Voraussetzungen des § 206 von der Landesjustizverwaltung (§ 207) in die Rechtsanwaltskammer aufgenommen werden, ferner auch die Rechtsanwälte, die nach dem Gesetz über die Eignungsprüfung für die Zulassung zur Rechtsanwaltschaft vom 6. Juli 1990[4] den Zugang zum Anwaltsberuf erlangen und nach ihrer Zulassung die vollen Rechte und Pflichten haben. Als Mitglieder der Kammer wählbar sind auch **Rechtsbeistände**, wenn sie Mitglied der Kammer sind (§ 209). Das war ursprünglich umstritten,[5] ist aber durch eine Entscheidung des Bundesgerichtshofes[6] zugunsten der Rechtsbeistände geklärt. Allerdings können die verkammerten Rechtsbeistände, weil für sie die §§ 175–191 nicht gelten (§ 209 S. 2), nicht zum Rechtsanwalt beim Bundesgerichtshof gewählt werden. Sie können auch keine Aufgaben in der Bundesrechtsanwaltskammer wahrnehmen und folglich weder zum Präsidenten einer Rechtsanwaltskammer gewählt noch zu dessen Vertreter nach § 188 Abs. 2 bestellt werden.

3

---

[3] Vgl. § 64 Rdn. 7.
[4] BGBl. I, S. 1349.
[5] EGH Hamm Rechtsbeistand 1988, 215; *Feuerich*, Rechtsbeistand 1988, 97 (98); *ders.*, Rechtsbeistand 1988, 211; *Rieke*, Rechtsbeistand 1988, 207; *Hoechstetter*, Rechtsbeistand 1988, 213.
[6] BGHZ 107, 215 = NJW 1989, 2892 = AnwBl. 1990, 270.

2. Vollendung des 35. Lebensjahres

4 Gewählt werden kann nur, wer das **fünfunddreißigste Lebensjahr vollendet** hat. Das hat bisher nur Isele[7] beklagt. Er meint, daß sich auch unter den Rechtsanwälten, die schon vor Vollendung ihres 35. Lebensjahres über eine fünfjährige Berufserfahrung verfügen, gelegentlich besonders tüchtige Rechtsanwälte befänden, die für die Vorstandsarbeit eine Bereicherung seien und denen deshalb der Zugang zum Vorstand eröffnet werden müsse. Diesen Überlegungen trägt neuerdings § 191 b Abs. 3 Rechnung. Diese Vorschrift stellt für die Wahlen zur Satzungsversammlung das Erfordernis eines Mindestalters von 35 Jahren nicht mehr auf.

3. Ausübung des Berufes seit 5 Jahren

5 Wählbar ist schließlich nur, wer den **Beruf des Rechtsanwalts seit mindestens fünf Jahren** ohne Unterbrechung ausübt. Ausüben heißt, den Beruf des Rechtsanwalts in den Mittelpunkt der eigenen beruflichen Tätigkeit zu stellen. Daß dies fünf Jahre lang „ohne Unterbrechung" geschehen muß, ist nicht im Wortsinn zu verstehen. **Unterbrechungen** von kürzerer Dauer durch Urlaub oder Krankheit oder aus anderen Gründen schaden nicht.[8] Unterbrechungen von längerer Dauer (etwa ein halbes Jahr und mehr) bedingen eine Verlängerung der Fünfjahresfrist.

IV. Rechtsfolgen des Fehlens der positiven Voraussetzungen

6 Die drei Voraussetzungen der Wählbarkeit müssen **kumulativ** erfüllt sein. Wählt die Kammerversammlung einen Rechtsanwalt in den Vorstand, in dessen Person eine der positiven Voraussetzungen der Wählbarkeit fehlt, so ist die Wahl anfechtbar (§ 90). Wird die Wahl nicht angefochten, bleibt der gewählte Rechtsanwalt Mitglied des Vorstandes, obwohl er nicht wählbar war. Fällt eine Voraussetzung später wieder weg, was nur für die Kammermitgliedschaft wegen eines Zulassungswechsels in einen anderen Oberlandesgerichtsbezirk oder wegen Verzichts auf die Zulassung denkbar ist, so scheidet das Vorstandsmitglied aus dem Vorstand aus (§ 69 Abs. 1 Nr. 1).

V. Übergangsregelung für die neuen Bundesländer

7 Gemäß Art. 21 Abs. 1 S. 4 des Gesetzes zur Neuordnung des Berufsrechts der Rechtsanwälte und der Patentanwälte vom 2. September 1994[9] ist § 65 Nr. 3 in den neuen Bundesländern bis zum 31. Dezember 1996 nicht anzuwenden. Ein vor diesem Zeitpunkt gewähltes Vorstandsmitglied bleibt bis zum Ende seiner Wahlperiode im Amt. Ab 1. Januar 1997 müssen die für einen Sitz im Kammervorstand kandidierenden Rechtsanwälte auch in den neuen Bundesländern sämtliche Voraussetzungen des § 65 erfüllen. Deshalb kann ein Mitglied des Vorstandes nicht wiedergewählt werden, wenn die Wiederwahl nach dem 31. Dezember 1996 ansteht und das zur Wiederwahl anstehende Vorstandsmitglied den Beruf des Rechtsanwalts noch keine fünf Jahre ohne Unterbrechung ausübt. Unberührt bleibt § 69, ein vorzeitiges Ausscheiden aus dem Kammervorstand ist also möglich (Art. 21 Abs. 3).

---

[7] *Isele*, § 65 Anm. V. C.
[8] Ebenso *Feuerich/Braun*, § 65 Rdn. 5; *Isele*, § 65 III. D. 2.; *Jessnitzer/Blumberg*, § 65 Rdn. 2; *Kleine-Cosack*, § 65 Rdn. 2.
[9] BGBl. I, S. 2278.

§ 66 Ausschluß von der Wählbarkeit*

Zum Mitglied des Vorstandes kann nicht gewählt werden ein Rechtsanwalt,
1. der infolge gerichtlicher Anordnung in der Verfügung über sein Vermögen beschränkt ist;
2. gegen den ein anwaltsgerichtliches Verfahren eingeleitet oder ein Berufs- oder Vertretungsverbot (§§ 150, 161 a) verhängt worden ist;
3. gegen den die öffentliche Anklage wegen einer Straftat, welche die Unfähigkeit zur Bekleidung öffentlicher Ämter zur Folge haben kann, erhoben ist;
4. gegen den in den letzten fünf Jahren ein Verweis oder eine Geldbuße oder in den letzten zehn Jahren ein Vertretungsverbot (§ 114 Abs. 1 Nr. 4) verhängt oder in den letzten fünfzehn Jahren auf die Ausschließung aus der Rechtsanwaltschaft erkannt worden ist.

Übersicht

	Rdn.		Rdn.
I. Normzweck.....................	1	3. Öffentliche Klage wegen Straftat (Nr. 3)	5
II. Die Ausschlußgründe im einzelnen.........................	2–6	4. Verweis, Geldbuße, Vertretungsverbot (Nr. 4)	6
1. Beschränkung in der Verfügung über das Vermögen (Nr. 1)	3	III. Rechtsfolgen........................... 1. Verlust der Wählbarkeit vor der Wahl	7, 8 7
2. Einleitung anwaltgerichtlichen Verfahrens (Nr. 2)	4	2. Nachträglicher Verlust	8

I. Normzweck

Die in Ziff. 1 bis 4 aufgezählten negativen Voraussetzungen der Wählbarkeit 1 sollen den Vorstand, dessen fachliche Qualifikation § 65 sichern soll, davor schützen, daß Kammermitglieder[1] in den Vorstand gewählt werden, deren fachliche Voraussetzungen zwar gegeben sein mögen, die jedoch aus innerhalb oder außerhalb ihres Berufs liegenden persönlichen Gründen **ungeeignet** erscheinen, das verantwortungsvolle Amt eines Vorstandsmitgliedes zu übernehmen. Dabei lehnt sich die Vorschrift teilweise an die Regelung der Zulassungsvoraussetzungen des § 7 Nr. 2 und Nr. 10 an, indem sie die dort genannten Gründe, die dazu führen, die Zulassung zu versagen, als Grund für den Ausschluß von der Wählbarkeit wiederholt.

II. Die Ausschlußgründe im einzelnen

Ausgeschlossen von den Wahlen zum Vorstand sind Kammermitglieder, die 2 durch gerichtliche Anordnung in der Verfügung über ihr Vermögen beschränkt

---

* Gemäß Art. 16 Nr. 3 des Einführungsgesetzes zur Insolvenzordnung vom 5. Oktober 1994 (BGBl. I, S. 2911) wird § 66 Nr. 1 mit Wirkung ab 1. Januar 1999 aufgehoben, die bisherigen Nummern 2 bis 4 werden die Nummern 1 bis 3. Die ersatzlose Aufhebung des § 66 Nr. 1 erfolgt im Hinblick auf die ebenfalls zum 1. Januar 1999 beschlossenen Änderungen der §§ 7 und 14 der Bundesrechtsanwaltsordnung.

[1] Zum Begriff des Kammermitglieds vgl. § 65 Rdn. 3.

sind (Nr. 1), die in ein anwaltsgerichtliches Verfahren verwickelt (gewesen) sind (Nr. 2 und Nr. 4) oder gegen die ein Strafverfahren anhängig ist, das den Verlust der Fähigkeit zur Bekleidung öffentlicher Ämter zur Folge haben kann (Nr. 3). Die Aufzählung ist enumerativ.

1. Beschränkung in der Verfügung über das Vermögen (Nr. 1)

3 Nummer 1 schließt die Wählbarkeit bei gerichtlich angeordneter Beschränkung in der Verfügung über das Vermögen aus. Die Regelung deckt sich tatbestandlich mit § 7 Nr. 9 und § 14 Abs. 2 Nr. 7. Die wichtigsten Anwendungsfälle sind die Anordnung der Betreuung (§§ 1896, 1903, 1908 a BGB i. V. m. §§ 65 ff. FGG), die Konkurseröffnung (§§ 6, 106 Abs. 1 KO), das allgemeine Veräußerungsverbot im Vergleichsverfahren (§§ 12, 59, 62, 103 VerglO) und die Vermögensbeschlagnahme (§§ 209 ff. StPO und § 403 StPO).

2. Einleitung anwaltgerichtlichen Verfahrens (Nr. 2)

4 Nummer 2 schließt die Wählbarkeit bei **Einleitung eines** anwaltsgerichtlichen[2] Verfahrens oder bei Verhängung **eines Berufs- oder Vertretungsverbotes** (§§ 150, 161 a) aus. Für die Einleitung eines anwaltsgerichtlichen Ermittlungsverfahrens kommt es auf die Einreichung einer Anschuldigungsschrift durch die Staatsanwaltschaft beim Anwaltsgericht an (§ 121). Das Berufs- oder Vertretungsverbot wird bereits mit der Verkündung des Beschlusses wirksam, durch den es verhängt wird (§ 155 Abs. 1). Von dem Wortlaut der Regelung nicht erfaßt ist die Einleitung eines Verfahrens zum **Widerruf der Zulassung** durch die Landesjustizverwaltung (§§ 14, 16), weil es in diesem Fall an dem Erfordernis der Einleitung eines anwaltsgerichtlichen Verfahrens fehlt.[3] Das läßt auf eine **Gesetzeslücke** schließen, denn es ist schwer verständlich, daß die Einleitung des anwaltsgerichtlichen Verfahrens den Ausschluß von der Wählbarkeit nach sich zieht, die noch nicht rechtsbeständige Rücknahmeverfügung der Landesjustizverwaltung dagegen folgenlos bleibt, und zwar selbst dann, wenn ihre sofortige Vollziehung angeordnet ist.[4] Deshalb ist im Wege der **Analogie** ein Ausschluß der Wählbarkeit auch im Fall der Einleitung eines Verfahrens zum Widerruf der Zulassung durch die Landesjustizverwaltung anzunehmen.

3. Öffentliche Klage wegen Straftat (Nr. 3)

5 Nummer 3 schließt die Wählbarkeit eines Kammermitglieds aus, gegen das die öffentliche Klage wegen einer Straftat erhoben ist, welche die **Unfähigkeit zur Bekleidung öffentlicher Ämter** zur Folge haben kann. Die Erhebung der öffentlichen Klage erfolgt durch die Einreichung einer Anklageschrift durch die Staatsanwaltschaft bei dem zuständigen Gericht (§ 170 Abs. 1 StPO). Ob die Anklage zu einem Verlust der Fähigkeit zur Bekleidung öffentlicher Ämter führen kann (§ 45 StGB), ergibt sich aus dem Anklagesatz und der rechtlichen Qualifikation durch die Staatsanwaltschaft oder aus dem Eröffnungsbeschluß und der

---

[2] Das Wort „ehrengerichtlich" ist durch das Gesetz zur Neuordnung des Berufsrechts der Rechtsanwälte und der Patentanwälte vom 2. September 1994 (BGBl. I, S. 2278) in „anwaltsgerichtlich" geändert worden.
[3] So Feuerich/Braun, § 66 Rdn. 4; Isele, § 66 III. B. 5.
[4] Isele, § 66 III. B. 5.

aus ihm ersichtlichen Qualifizierung der dem Kammermitglied vorgeworfenen Straftat durch das Gericht.

4. Verweis, Geldbuße, Vertretungsverbot (Nr. 4)

Nummer 4 schließt die Wählbarkeit eines Kammermitglieds aus, gegen das in den letzten fünf Jahren ein Verweis oder eine Geldbuße oder in den letzten zehn Jahren ein Vertretungsverbot (§ 114 Abs. 1 Nr. 4) verhängt oder in den letzten **fünfzehn** Jahren auf die **Ausschließung** aus der Rechtsanwaltschaft erkannt worden ist. Die Fristen von fünf, zehn und fünfzehn Jahren beginnen mit der Rechtskraft des auf die anwaltsgerichtliche Maßnahme lautenden Urteils.[5] Die anwaltsgerichtlichen Maßnahmen müssen auf einen Verweis oder eine Geldbuße oder auf beides nebeneinander (§ 114 Abs. 2) lauten. Eine Rüge durch den Vorstand (§ 74) oder eine Warnung durch das Anwaltsgericht (§ 114 Abs. 1 Nr. 1) schließen die Wählbarkeit des betroffenen Kammermitglieds nicht aus.

III. Rechtsfolgen

1. Verlust der Wählbarkeit vor der Wahl

Die Ausschlußgründe müssen zum Zeitpunkt der Wahl gegeben sein. Entscheidend für die Rechtmäßigkeit der Wahl ist also, ob der die Wählbarkeit im Einzelfall ausschließende Tatbestand zur Zeit der Wahl erfüllt ist. Eine gleichwohl erfolgte Wahl ist trotz der Schwere der die Wählbarkeit ausschließenden Gründe nicht nichtig, sondern **nur anfechtbar** (§ 90). Das kann theoretisch zu dem Ergebnis führen, daß Mitglied des Vorstandes ein Rechtsanwalt wird, der den Beruf des Rechtsanwalts wegen eines (vorläufig) verhängten Berufsverbotes nicht ausüben kann. In der Praxis ist ein solcher Fall jedoch kaum vorstellbar, weil ein Kammermitglied, in dessen Person sich einer der in Nr. 1 bis 4 genannten Gründe verwirklicht, nicht einmal als Kandidat vorgeschlagen, geschweige denn mit der erforderlichen Mehrheit gewählt werden wird.

2. Nachträglicher Verlust

Verliert ein in den Vorstand gewähltes Kammermitglied seine Wählbarkeit aus den in Nr. 1 und 4 genannten Gründen nach seiner Wahl, so scheidet es kraft Gesetzes aus dem Vorstand aus (§ 69 Abs. 1 Nr. 1). In den Fällen der Nr. 2 und Nr. 3 bleibt es Mitglied des Vorstandes, jedoch ruht seine Mitgliedschaft, bis das anwaltsgerichtliche Verfahren oder die öffentliche Klage erledigt ist oder das Berufs- oder Vertretungsverbot endet (§ 69 Abs. 4). Sie lebt wieder auf, wenn das Verfahren mit einer Einstellung oder einem Freispruch oder mit einer Warnung endet oder die Unfähigkeit, öffentliche Ämter zu bekleiden, nicht ausgesprochen wird. Führt das anwaltsgerichtliche Verfahren zu einem Verweis oder einer Geldbuße oder zu einem Vertretungsverbot oder zum Ausschluß aus der Rechtsanwaltschaft, so scheidet das Vorstandsmitglied mit der Rechtskraft seiner Verurteilung aus. Das folgt aus § 69 Abs. 1 Nr. 1, weil dadurch gemäß § 66 Nr. 4 die Wählbarkeit verlorengeht.

---

[5] So auch *Feuerich/Braun*, § 66 Rdn. 7; *Jessnitzer/Blumberg*, § 66 Rdn. 4.

§ 67 Recht zur Ablehnung der Wahl

Die Wahl zum Mitglied des Vorstandes kann ablehnen,
1. wer das fünfundsechzigste Lebensjahr vollendet hat;
2. wer in den letzten vier Jahren Mitglied des Vorstandes gewesen ist;
3. wer durch Krankheit oder Gebrechen behindert ist.

Übersicht

	Rdn.		Rdn.
I. Normzweck	1	2. Mitglied des Vorstandes (Nr. 2)	5
II. Praktische Bedeutung	2	3. Krankheit, Gebrechen (Nr. 3)	6
III. Ablehnungsgründe	3–6	IV. Feststellung des Ablehnungsgrundes	7, 8
1. 65. Lebensjahr (Nr. 1)	4		

I. Normzweck

1   Die Vorschrift geht davon aus, daß jedes Mitglied der Rechtsanwaltskammer verpflichtet ist, seine Wahl zum Mitglied des Vorstandes anzunehmen. Diese Verpflichtung ist allerdings in der Bundesrechtsanwaltsordnung nicht verankert. Auch in den früheren Rechtsanwaltsordnungen war sie nicht festgelegt. Im Umkehrschluß ergibt sich jedoch sowohl aus der geltenden Vorschrift als auch aus früheren Regelungen (§ 45 RAO, § 55 RAObritZ). Die **Verpflichtung zur Annahme** eines Amtes im Vorstand soll die im Interesse der Rechtsanwaltschaft geschaffene Selbstverwaltungsautonomie gewährleisten.

II. Praktische Bedeutung

2   Die praktische Bedeutung der Vorschrift ist gering. Ein wegen seiner berufsrechtlichen Verpflichtung zur Tätigkeit im Vorstand „gezwungenes" Kammermitglied[1] wird die Vorstandsarbeit nur widerwillig ausüben. Deshalb wird die Kammerversammlung nicht bereit sein, jemanden in den Vorstand zu wählen, der seine Wahl nicht will, selbst wenn in seiner Person die Ablehnungsgründe, die das Gesetz vorsieht, nicht gegeben sind. Das gilt um so mehr, als die Kammerversammlung bei der Wahl eines Kammermitglieds, das nicht im Vorstand arbeiten will, Gefahr läuft, daß das gewählte Kammermitglied alsbald nach seiner Wahl sein Amt niederlegt, ohne daß es dafür Gründe anzugeben braucht (§ 69 Abs. 1 Nr. 2).[2] Eine solche Situation vermeidet die Geschäftsordnung der Rechtsanwaltskammer **München**. Sie unterstellt für den Fall der Ablehnung der Wahl aus Gründen, die nicht von § 67 gedeckt sind, daß die Ablehnung als Niederlegung im Sinne des § 69 Abs. 1 Nr. 2 gilt.[3] Damit geht sie einer unnötigen Auseinandersetzung mit dem zur Vorstandsarbeit nicht bereiten Kammermitglied und zugleich einer Neuwahl in einer weiteren (außerordentlichen) Kammerversammlung aus dem Wege.

III. Ablehnungsgründe

3   Das Gesetz zählt die Ablehnungsgründe **enumerativ** auf und gestattet jedem Kammermitglied, in dessen Person sich nur einer der in § 67 genannten Gründe

---

[1] Zum Begriff des Kammermitglieds vgl. § 65 Rdn. 3.
[2] *Feuerich/Braun*, § 67 Rdn. 1; *Isele,* § 67 Anm. VII. B. 3.
[3] § 10 Abs. 2 der Geschäftsordnung der Rechtsanwaltskammer München.

§ 67 Recht zur Ablehnung der Wahl

verwirklicht, seine Wahl zum Mitglied des Vorstandes abzulehnen. Die Ablehnung ist ein Recht, keine Pflicht und unterliegt der freien Willensbestimmung des gewählten Rechtsanwalts. Dieser verliert das Recht der Ablehnung mit der Annahme der Wahl.

1. 65. Lebensjahr (Nr. 1)

Nummer 1 gewährt dem gewählten Kammermitglied die Ablehnung seiner Wahl mit der Begründung, daß es das fünfundsechzigste Lebensjahr vollendet hat. Diese Regelung entspricht § 35 Nr. 6 GVG für die Berufung eines Bürgers zum Schöffen.

2. Mitglied des Vorstandes (Nr. 2)

Nummer 2 besagt, daß die Wahl zum Mitglied des Vorstandes ablehnen kann, wer in den letzten **vier Jahren** Mitglied des Vorstandes gewesen ist. Das Gesetz mutet also keinem Kammermitglied zu, Vorstandsarbeit zu übernehmen, wenn es diese Arbeit bereits vier Jahre geleistet hat. Dieses Ablehnungsrecht steht demjenigen Kammermitglied nicht zu, das keine volle Wahlperiode im Amt oder während der letzten unmittelbar vorangegangenen Wahlperiode nicht Mitglied des Vorstandes war. Deshalb kann ein früheres Mitglied des Vorstandes seine Wahl nicht ablehnen, wenn es in einer früheren Wahlperiode, die nicht unmittelbar an die neue Wahlperiode anschließt, bereits vier Jahre oder mehr Vorstandsmitglied gewesen ist.

3. Krankheit oder Gebrechen (Nr. 3)

Nummer 3 gewährt das Recht, die Wahl in den Vorstand abzulehnen, wenn das gewählte Kammermitglied durch Krankheit oder Gebrechen gehindert ist. Die Geltendmachung dieses Ablehnungsgrundes ist kaum überprüfbar. Die Kammerversammlung wird also den Angaben vertrauen müssen.

IV. Feststellung des Ablehnungsgrundes

Das Gesetz bestimmt nicht, wer über die Berechtigung des von dem gewählten Kammermitglied geltend gemachten Ablehnungsgrundes zu entscheiden hat. Da es um die Ablehnung einer durch die Kammerversammlung vorgenommenen Wahl geht, kann auch nur die Kammerversammlung über die Berechtigung der Ablehnung entscheiden. Gleichwohl weisen die Geschäftsordnungen einiger Kammern diese Entscheidung dem Vorstand zu (so die Geschäftsordnungen der Rechtsanwaltskammern Karlsruhe, Tübingen und Schleswig-Holstein). Das ist im Hinblick auf § 64 Abs. 2 zulässig. Enthält die Geschäftsordnung keine Regelung, verbleibt es bei der Zuständigkeit der Kammerversammlung. Weist sie die Ablehnung als unbegründet zurück, ist die Wahl wirksam. Das gewählte Kammermitglied hat die Möglichkeit, den Beschluß der Kammerversammlung zu respektieren und das Vorstandsamt auszuüben. Es kann aber auch sein Amt ohne Angabe von Gründen niederlegen (§ 69 Abs. 1 Nr. 2) und so einer Entscheidung über die Unwirksamkeit einer Ablehnung aus dem Wege gehen.

Ein Zwang zur Annahme der Wahl kann nicht ausgeübt werden. Eine unbegründete Ablehnung könnte rein theoretisch anwaltsgerichtlich geahndet werden.[4] Ein solcher Fall dürfte jedoch kaum praktisch werden.

---

[4] Amtl. Begr., S. 128.

§ 68 Wahlperiode

(1) **Die Mitglieder des Vorstandes werden auf vier Jahre gewählt. Die Wiederwahl ist zulässig.**

(2) **Alle zwei Jahre scheidet die Hälfte der Mitglieder aus, bei ungerader Zahl zum ersten Mal die größere Zahl. Die zum ersten Mal ausscheidenden Mitglieder werden durch das Los bestimmt.**

(3) **Wird die Zahl der Mitglieder des Vorstandes erhöht, so ist für die neu eintretenden Mitglieder, die mit dem Ablauf des zweiten Jahres ausscheiden, Absatz 2 Satz 2 entsprechend anzuwenden.**

(4) **Findet die Wahl, die auf Grund der Erhöhung der Zahl der Mitglieder des Vorstandes erforderlich wird, gleichzeitig mit einer Neuwahl statt, so sind beide Wahlen getrennt vorzunehmen.**

Übersicht

	Rdn.		Rdn.
I. Normzweck	1, 2	2. Neuwahlen (= Erneuerungswahlen)	7
II. Wahlperiode	3, 4	3. Ersatzwahlen	8
III. Wahlarten	5–9	4. Zusammentreffen mehrerer Wahlen	9
1. Erstwahlen	6		

I. Normzweck

1   Zweck der Vorschrift ist eine gewisse **Kontinuität der Vorstandsarbeit**. Ein Wechsel nach einer Amtszeit von weniger als vier Jahren soll vermieden werden, weil darunter die Führung der Vorstandsgeschäfte leiden könnte. In gleicher Weise könnte die Arbeit des Vorstandes erheblich beeinträchtigt werden, wenn am Ende der Wahlperiode alle Mitglieder des Vorstandes gleichzeitig ausscheiden würden[1]. Deshalb ist in Absatz 2 vorgesehen, daß jeweils nach zwei Jahren die Hälfte der Mitglieder des Vorstandes neu zu wählen ist.

2   In der Praxis hat sich die Vorschrift bewährt. Eine Wahlperiode von vier Jahren ist ausreichend, aber auch notwendig, um sich in die Vorstandsarbeit einzuarbeiten und sie sachkundig zu erledigen. Die Zulässigkeit der **Wiederwahl** ermöglicht es dem wiedergewählten Vorstandsmitglied, die Erfahrungen aus der ersten Wahlperiode während weiterer Wahlperioden zu nutzen. Andererseits erlaubt die zweijährige Wahl jeweils der Hälfte der Vorstandsmitglieder dem Vorstand, sich ständig und behutsam zu erneuern.

II. Wahlperiode

3   Die **Wahlperiode** beträgt **vier Jahre**. Nur bei der ersten Wahl eines Vorstandes nach Errichtung einer Rechtsanwaltskammer und bei einer Erhöhung der Zahl der Vorstandsmitglieder kennt das Gesetz eine abweichende Regelung, indem die Hälfte der erstmalig gewählten Vorstandsmitglieder bzw. die Hälfte der aufgrund einer Erhöhung neu eintretenden Mitglieder durch Losentscheid bereits nach zwei Jahren ausscheiden muß, so daß die Wahlperiode dieser Vorstands-

---

[1] Amtl. Begr., S. 128.

mitglieder nur zwei Jahre beträgt. **Wiederwahl** nach Ablauf einer Wahlperiode ist (beliebig oft) **zulässig**. Das ist im Interesse der Kontinuität der Vorstandsarbeit vorteilhaft, birgt allerdings auch die Gefahr in sich, daß über lange Zeiträume immer dieselben Kammermitglieder in den Vorstand gewählt werden und dieser so überaltert oder in überholten Vorstellungen verharrt.

Die **Wahlperiode verkürzt** sich, wenn die Vorstandswahlen mit Erfolg angefochten (§ 90) werden und deshalb wiederholt werden müssen, um den Zeitraum, den die ungültig gewählten Mitglieder bereits im Amt waren. Die Anfechtung der Wahlen führt zu deren Ungültigkeit erst an dem Tag, an dem die Entscheidung des Anwaltsgerichts über die Ungültigkeit der Wahlen rechtskräftig wird (§ 42 Abs. 4 S. 2). Deshalb kann die Wiederholung der Wahl sich nur auf den Rest der Wahlperiode beziehen, die mit der für ungültig erklärten Wahl in Gang gesetzt worden ist.[2] Das gilt auch deshalb, weil sonst der vom Gesetz zwingend vorgeschriebene Turnus von zwei Jahren für das Ausscheiden der Hälfte der Mitglieder (Abs. 2) nicht mehr eingehalten werden könnte. Die **Wiederholung** einer **ungültigen Vorstandswahl** folgt also den Regeln über die **Ersatzwahl**. War das von der Ungültigkeit der vorangegangenen Wahl betroffene Vorstandsmitglied bereits im Wege der Ersatzwahl in den Vorstand gewählt worden, so ist die Wiederholung dieser ungültigen Ersatzwahl erneut eine Ersatzwahl. 4

III. Wahlarten

Das Gesetz unterscheidet, ohne dies immer deutlich genug zu kennzeichnen, vier verschiedene Arten von Wahlen. 5

1. Erstwahlen

Sie finden aus Anlaß der Errichtung einer Rechtsanwaltskammer oder wegen der Erhöhung der Zahl der Vorstandsmitglieder statt. Geregelt sind sie in Absatz 2 Satz 2 und in Absatz 3. Ihre Besonderheit besteht darin, daß die Hälfte aller zunächst auf vier Jahre gewählten Vorstandsmitglieder bereits nach zwei Jahren ausscheiden muß. Wer ausscheidet, bestimmt das Los. Dabei gilt, daß beim ersten Mal die größere Zahl ausscheidet, wenn die Zahl der Mitglieder des nach Errichtung der Rechtsanwaltskammer gebildeten Vorstandes oder die Zahl der Mitglieder, um welche die Zahl der Vorstandsmitglieder erhöht wird, ungerade ist. Wird die Zahl der Vorstandsmitglieder um nur ein Mitglied erhöht, scheidet dieses Mitglied schon nach zwei Jahren wieder aus, ohne daß es eines Losentscheides bedarf (Abs. 3). 6

2. Neuwahlen (= Erneuerungswahlen)

Damit sind Wahlen gemeint, die jeweils nach Ablauf einer Wahlperiode stattfinden. Das Gesetz verwendet den Begriff der Neuwahl in diesem Sinne in Absatz 4. 7

3. Ersatzwahlen

Sie werden vom Gesetz in § 69 Abs. 3 erwähnt. Gemeint ist die Wahl eines neuen Vorstandsmitgliedes nach vorzeitigem Ausscheiden eines Vorstandsmitgliedes vor Ablauf seiner Wahlperiode. 8

---

[2] So auch *Kleine-Cosack,* § 69 Rdn. 2.

4. Zusammentreffen mehrerer Wahlen

9   Hierzu bestimmt Absatz 4, daß die **Erstwahlen** i. S. d. Absatz 3 (wegen Erhöhung der Zahl der Vorstandsmitglieder), wenn sie gleichzeitig mit **Neuwahlen** stattfinden, in **getrennten Wahlen** vorzunehmen sind. Das ist notwendig, weil die Amtszeit der zu wählenden Mitglieder verschieden ist. Während die Wahlperiode der aus den Neuwahlen hervorgegangenen Vorstandsmitglieder erst nach vier Jahren abläuft (Abs. 1), endet die Amtszeit der Hälfte der in den erweiterten Vorstand hinzugewählten Mitglieder nach Absatz 3 bereits nach zwei Jahren. Getrennte Wahlgänge sind aber auch erforderlich, wenn **Neuwahlen** mit **Ersatzwahlen** zusammentreffen. Auch in diesem Fall sind die Wahlperioden unterschiedlich lang. Der vierjährigen Wahlperiode des im Rahmen der Neuwahlen zu wählenden Vorstandsmitgliedes steht bei den Ersatzwahlen eine Wahlperiode gegenüber, die dem Rest der Amtszeit des vorzeitig ausgeschiedenen Vorstandsmitgliedes entspricht.

§ 69 Vorzeitiges Ausscheiden eines Vorstandsmitgliedes*

(1) **Ein Rechtsanwalt scheidet als Mitglied des Vorstandes aus,**
1. **wenn er nicht mehr Mitglied der Kammer ist oder seine Wählbarkeit aus den in § 66 Nr. 1 und 4 angegebenen Gründen verliert;**
2. **wenn er sein Amt niederlegt.**

(2) **Der Rechtsanwalt hat die Erklärung, daß er das Amt niederlege, dem Vorstand gegenüber schriftlich abzugeben. Die Erklärung kann nicht widerrufen werden.**

(3) **Scheidet ein Mitglied vorzeitig aus, so wird für den Rest seiner Amtszeit in der nächsten Versammlung der Kammer ein neues Mitglied gewählt. Die Versammlung der Kammer kann von der Ersatzwahl absehen, wenn die Zahl der Mitglieder des Vorstandes nicht unter sieben herabsinkt und wenn der Rest der Amtszeit des ausgeschiedenen Mitgliedes nicht mehr als ein Jahr betragen hätte.**

(4) **Ist gegen ein Mitglied des Vorstandes eine öffentliche Klage im Sinne des § 66 Nr. 3 erhoben oder ein anwaltsgerichtliches Verfahren eingeleitet, so ruht seine Mitgliedschaft im Vorstand, bis das Verfahren erledigt ist. Ist ein Berufs- oder Vertretungsverbot (§§ 150, 161 a) verhängt worden, so ruht die Mitgliedschaft für dessen Dauer. Besteht gegen ein Mitglied des Vorstandes der Verdacht einer schuldhaften Verletzung seiner beruflichen Pflichten, so ist es von einer Tätigkeit der Rechtsanwaltskammer in dieser Angelegenheit ausgeschlossen.**

Übersicht

	Rdn.		Rdn.
I. Normzweck............................	1	c) Amtsniederlegung............	5
II. Vorzeitiges Ausscheiden............	2–8	d) Ungültigkeit der Wahl.......	6
1. Gründe................................	2	2. Rechtsfolgen.........................	7
a) Verlust der Mitgliedschaft.........................	3	III. Ruhen der Mitgliedschaft.........	9
b) Verlust der Wählbarkeit....	4	IV. Ausschluß von der Vorstandstätigkeit.................................	10

---

* Durch Art. 16 Nr. 4 des Einführungsgesetzes zur Insolvenzordnung vom 5. Oktober 1994 (BGBl. I, S. 2911) wird § 69 mit Wirkung ab 1. Januar 1999 geändert. In Absatz 1 Nr. 1 wird „§ 66 Nr. 1 und 4" durch „§ 66 Abs. 3" und in Absatz 4 Satz 1 wird „§ 66 Nr. 3" durch „§ 66 Nr. 2" ersetzt.

§ 69 Vorzeitiges Ausscheiden 1–5 § 69

I. Normzweck

Jedes Mitglied des Vorstandes soll nicht nur zum Zeitpunkt der Wahl, sondern 1
während der **gesamten Amtsdauer wählbar** sein. Verliert es die Wählbarkeit
während der Wahlperiode, so soll es grundsätzlich aus dem Vorstand ausscheiden
(Abs. 1 Nr. 1). Abweichend von § 53 Abs. 2 RAObritZ, wonach jeder Verlust
der Wählbarkeit zum Ausscheiden aus dem Vorstand führte, schränkt § 69 diesen
Grundsatz ein. Der Verlust der Wählbarkeit führt nur in den Fällen des § 66
Nr. 1 und 4 zum Ausscheiden aus dem Vorstand. Bei Einleitung eines anwaltsgerichtlichen Verfahrens oder Verhängung eines (vorläufigen) Berufs- oder Vertretungsverbotes (§ 66 Nr. 2) oder bei Erhebung einer öffentlichen Klage im Sinne
von § 66 Nr. 3 ruht die Mitgliedschaft. Diese Maßnahmen ziehen also anders als
bei früheren Regelungen nicht den Verlust der Wählbarkeit nach sich. Damit soll
dem Umstand Rechnung getragen werden, daß der Ausgang des Verfahrens noch
ungewiß und das von einem (vorläufigen) Berufs- oder Vertretungsverbot betroffene Kammermitglied noch nicht endgültig verurteilt ist. Das ist sachgerecht, weil
sonst Vorstandsmitglieder ihr Amt möglicherweise unberechtigt verlieren würden
und eine solche Regelung auch dazu mißbraucht werden könnte, mißliebige
Vorstandsmitglieder durch unbegründete berufsrechtliche Vorwürfe vorzeitig aus
dem Amt zu entfernen. Andererseits muß das betroffene Vorstandsmitglied von
der Ausübung seines Amtes ausgeschlossen sein, insbesondere auch von den
Befugnissen des Vorstandes gemäß §§ 117 b, 120 a, 122 und 150 a.

II. Vorzeitiges Ausscheiden

1. Gründe

Das Gesetz führt als Gründe für ein vorzeitiges Ausscheiden eines Kammer- 2
mitgliedes[1] aus dem Vorstand den Verlust der Mitgliedschaft in der Rechtsanwaltskammer, den Verlust der Wählbarkeit aus den in § 66 Nr. 1 und 4 angegebenen Gründen und die Niederlegung des Amtes an. Im einzelnen:

a) Der **Verlust der Mitgliedschaft** in der Kammer (§ 69 Abs. 1 Nr. 1, 1. Hs.), 3
der zum Ausscheiden aus dem Vorstand führt, kann auf einem Zulassungswechsel
in den Bezirk eines anderen Oberlandesgerichts, auf einer rechtskräftigen Ausschließung aus der Rechtsanwaltschaft (§ 13), auf einer rechtskräftigen Zurücknahme der Zulassung (§§ 14 bis 16) oder auf der Bildung einer zweiten Rechtsanwaltskammer (§ 61) beruhen.

b) Verlust der Wählbarkeit. Er führt aus den in § 66 Nr. 1 oder 4 genann- 4
ten Gründen zum Ausscheiden aus dem Vorstand mit dem Zeitpunkt der
Rechtskraft der gerichtlichen Entscheidung. Soweit eine solche Entscheidung im
Falle des § 66 Nr. 1 schon vor Eintritt der Rechtskraft rechtliche Wirksamkeit
erlangt, gilt der Zeitpunkt des Erlasses.

c) Amtsniederlegung. Sie kann ohne Angabe von Gründen erfolgen und 5
bedarf keiner Zustimmung, weder des Vorstandes noch der Kammerversammlung. Der Rechtssicherheit wegen muß die Niederlegung des Amtes allerdings schriftlich durch Erklärung gegenüber dem Vorstand erfolgen. Sie wird mit
dem Eingang beim Vorstand wirksam. Ein Widerruf der Erklärung ist ausgeschlossen.

---

[1] Zum Begriff des Kammermitgliedes vgl. § 65 Rdn. 3.

Hartung

6   **d) Ungültigkeit der Wahl.** Ein vorzeitiges Ausscheiden im Sinne von Absatz 3 liegt auch vor, wenn die vorangegangene ordentliche Wahl für ungültig erklärt wird (§ 90). Das ungültig gewählte Vorstandsmitglied ist bis zur Rechtskraft der anwaltsgerichtlichen Entscheidung über die Ungültigkeit der Wahl wirksam im Amt, da die Entscheidung rechtsgestaltende Wirkung hat. Diese tritt, wenn der Anwaltsgerichtshof die sofortige Beschwerde zuläßt (§ 91 Abs. 6), mit Ablauf der Rechtsmittelfrist und bei Einlegung der sofortigen Beschwerde, weil diese aufschiebende Wirkung hat (§ 42 Abs. 4 S. 2 analog), mit der Entscheidung des Bundesgerichtshofs ein.

2. Rechtsfolgen

7   Das vorzeitige Ausscheiden eines Vorstandsmitgliedes bewirkt, daß der Vorstand **nicht** mehr **vollzählig** ist. Besteht der Vorstand nur aus der gesetzlichen Mindestzahl von sieben Mitgliedern (§ 63 Abs. 2), wird er durch das Ausscheiden eines Mitgliedes funktionsunfähig. Das gilt auch, wenn aus einem Vorstand mit mehr als sieben Mitgliedern so viele ausscheiden, daß die Zahl der verbleibenden Vorstandsmitglieder unter sieben sinkt. In beiden Fällen müssen für die restliche Amtszeit in der nächsten Versammlung der Kammer neue Vorstandsmitglieder gewählt werden, damit der Vorstand wieder funktionsfähig wird. Wenn die Zahl der Mitglieder des Vorstandes nicht unter sieben herabsinkt und der Rest der Amtszeit des vorzeitig ausgeschiedenen Mitgliedes – gerechnet vom Tage des Zugangs der Erklärung an – nicht mehr als ein Jahr betragen hätte, kann die Kammerversammlung von einer Ersatzwahl absehen. Beschließt sie eine Ersatzwahl oder ist diese wegen Fehlens der Voraussetzungen nach Absatz 3 Satz 2 zwingend vorgeschrieben, so beginnt die Amtszeit des im Wege der Ersatzwahl gewählten Vorstandsmitgliedes am Tage seiner Wahl und endet zu dem Zeitpunkt, zu dem die Amtszeit des vorzeitig ausgeschiedenen Vorstandsmitgliedes geendet hätte.

8   In allen Fällen des vorzeitigen Ausscheidens eines Vorstandsmitgliedes **muß** der Präsident eine **Kammerversammlung einberufen**. Wenn die restliche Amtszeit des vorzeitig ausgeschiedenen Vorstandsmitgliedes noch mehr als ein Jahr betragen hätte und die Zahl der Vorstandsmitglieder nicht unter sieben herabgesunken ist, kann der Präsident die Ersatzwahl anläßlich der nächsten ordentlichen Kammerversammlung vornehmen lassen, weil dieser nur die Wahl, nicht aber die Entscheidung darüber obliegt, ob sie überhaupt wählen will. Sind dagegen die in Absatz 3 Satz 2 genannten Voraussetzungen erfüllt, muß der Präsident die Kammerversammlung unverzüglich, notfalls auch als außerordentliche Versammlung einberufen, damit diese im Rahmen der ihr vom Gesetz zugewiesenen ausschließlichen Zuständigkeit darüber entscheiden kann, ob sie eine Ersatzwahl durchführt oder von ihr absieht. Der Präsident darf diese ausschließliche Zuständigkeit der Kammerversammlung nicht dadurch verletzen, daß er ihr die Entscheidung abnimmt, indem er die Einberufung unterläßt.

III. Ruhen der Mitgliedschaft

9   Ist gegen ein Mitglied des Vorstandes eine öffentliche Klage im Sinne von § 66 Nr. 3 erhoben oder ein anwaltsgerichtliches[2] Verfahren eingeleitet worden, ruht

---

[2] Das Wort „ehrengerichtlich" ist durch das Gesetz zur Neuordnung des Berufsrechts der Rechtsanwälte und der Patentanwälte vom 2. September 1994 (BGBl. I, S. 2278) in „anwaltsgerichtlich" geändert worden.

seine Mitgliedschaft im Vorstand bis zur Erledigung dieser Verfahren, bei Verhängung eines Berufs- oder Vertretungsverbotes für dessen Dauer. Das Kammermitglied bleibt also Mitglied des Vorstandes, darf aber sein Amt nicht ausüben. Auf die Funktions- und Beschlußfähigkeit des Vorstandes wirkt sich das Ruhen der Mitgliedschaft nicht aus. Selbst ein nur aus sieben Mitgliedern bestehender Vorstand verliert seine Funktionsfähigkeit nicht. Beschlußfähig ist er unverändert, wenn nur vier Mitglieder anwesend sind[3]. Bei der Ermittlung der Mehrheit kommt es allerdings auf die tatsächlich abgegebenen Stimmen an. Das Kammermitglied, dessen Mitgliedschaft im Vorstand ruht, ist also einem bei der Abstimmung fehlenden Vorstandsmitglied gleichgestellt. Ist der Präsident der Kammer vom Ruhen der Mitgliedschaft betroffen, wird er für die Dauer des Ruhens vom Vizepräsidenten vertreten. Für die Abteilungen (§ 77) gilt nichts anderes. Allerdings gibt § 77 Abs. 3 S. 3 dem Vorstand die Möglichkeit, die Geschäftsverteilung neu zu regeln und den Tätigkeitsbereich des Vorstandsmitgliedes, dessen Mitgliedschaft ruht, auf die übrigen Mitglieder der Abteilung zu verteilen.

IV. Ausschluß von der Vorstandstätigkeit

Besteht gegen ein Vorstandsmitglied der **Verdacht einer schuldhaften Verletzung** seiner beruflichen Pflichten, so ist es von einer Tätigkeit der Rechtsanwaltskammer in dieser Angelegenheit ausgeschlossen. Es darf also nicht nur nicht mitstimmen – so regelt es § 72 Abs. 2 S. 1 für Beschlußfassungen in einer eigenen Angelegenheit eines Vorstandsmitgliedes –, sondern ist von jeder Tätigkeit der Rechtsanwaltskammer ausgeschlossen, also auch von einer bloßen Teilnahme an den Erörterungen und Beratungen des Vorstandes bzw. der zuständigen Abteilung. Setzt sich der Vorstand aus falsch verstandener Kollegialität über diese gesetzliche Anordnung hinweg, handelt er rechtswidrig. 10

§ 70 Sitzungen des Vorstandes

(1) **Der Vorstand wird durch den Präsidenten einberufen.**

(2) **Der Präsident muß eine Sitzung anberaumen, wenn drei Mitglieder des Vorstandes es schriftlich beantragen und hierbei den Gegenstand angeben, der behandelt werden soll.**

(3) **Das Nähere regelt die Geschäftsordnung des Vorstandes.**

Übersicht

	Rdn.		Rdn.
I. Normzweck	1	2. Ort der Vorstandssitzung	5
II. Gesetzliche Regelung	2	3. Wahl des Präsidenten und anderer Präsidiumsmitglieder	6
III. Regelungen durch die Geschäftsordnung	3–8	4. Gründung von Abteilungen	7
1. Form und Frist der Einberufung	4	5. Geschäftsführung	8

---

[3] Ebenso *Feuerich/Braun*, § 69 Rdn. 8; *Isele*, § 69 IV. C. 1. a)–c).

I. Normzweck

1 Das Gesetz schreibt nur vor, daß der Vorstand durch den Präsidenten einzuberufen ist und daß dieser eine Sitzung anberaumen muß, wenn drei Mitglieder des Vorstandes es schriftlich beantragen und hierbei den Gegenstand angeben, der behandelt werden soll. Mit dieser Minimalregelung und dem in Absatz 2 enthaltenen Hinweis, daß das Nähere die Geschäftsordnung des Vorstandes regeln soll, will das Gesetz dem Vorstand bei der Gestaltung und Durchführung der Vorstandsarbeit weitestgehende Autonomie einräumen und es im Regelfall dem Vorstand überlassen, wann, wie oft und wo er zu Sitzungen zusammenkommen will.

II. Gesetzliche Regelung

2 Solange der Vorstand entgegen der gesetzlichen Verpflichtung keine Geschäftsordnung hat, gilt die gesetzliche Regelung. Sie läßt eine Reihe von Fragen offen. Dazu gehören u. a. Form und Frist der Einberufung und die Frage, wie oft Sitzungen stattfinden sollen. Mangels einer Geschäftsordnung bleibt die Beantwortung dieser Fragen dem pflichtgemäßen Ermessen des Präsidenten überlassen. Er hat dafür zu sorgen, daß der Vorstand die ihm durch § 73 übertragenen Aufgaben sachlich und zeitlich ordnungsgemäß erledigt. Weitere Verpflichtungen lassen sich aus dem Gesetz nicht ableiten.

III. Regelungen durch die Geschäftsordnung

3 Die Regelung der näheren Einzelheiten, die das Gesetz der Geschäftsordnung des Vorstandes überläßt, kann sich auf wenige Einzelfragen beschränken, kann aber im Rahmen der dem Vorstand als Organ einer Selbstverwaltungskörperschaft zustehenden Autonomie auch sehr umfassend sein. Meist beinhalten die Geschäftsordnungen folgende Regelungen:

1. Form und Frist der Einberufung

4 Form und Frist der Einberufung regeln die Geschäftsordnungen überwiegend in der Weise, daß sie Schriftlichkeit und eine Frist von nur wenigen Tagen verlangen. In der praktischen Vorstandsarbeit hat diese Regelung kaum Bedeutung.

2. Ort der Vorstandssitzung

5 Das Gesetz geht davon aus, daß die Sitzungen des Vorstandes am Sitz der Rechtsanwaltskammer stattfinden (Umkehrschluß aus § 77 Abs. 4). Demgemäß bestimmen auch die Geschäftsordnungen durchweg den Sitz der Kammer als Tagungsort. Unabhängig davon kann der Vorstand aber auch an einem anderen Ort des Kammerbezirks zu einer Sitzung zusammentreffen, was gelegentlich geschieht, um die besondere Bedeutung der Sitzung zu unterstreichen[1].

3. Wahl des Präsidenten und anderer Präsidiumsmitglieder

6 Präsident, Vizepräsident, Schriftführer und Schatzmeister werden vom Vorstand aus seiner Mitte gewählt (§ 78 Abs. 1 und 2). Das Gesetz schweigt darüber,

---

[1] Vgl. zum Beispiel den *Moerser* Beschluß der Rechtsanwaltskammer Düsseldorf vom 10. 5. 1989 über die Zulässigkeit der überörtlichen Sozietät, AnwBl 1989, 390. Der Vorstand der Rechtsanwaltskammer Düsseldorf ehrte durch seine Sitzung in *Moers* seinen langjährigen Vizepräsidenten *Schardey*, der später Präsident des Deutschen Anwaltvereins wurde.

§ 71 Beschlußfähigkeit des Vorstandes

wie das zu geschehen hat. Deshalb legen viele Geschäftsordnungen das hierbei anzuwendende Wahlverfahren fest, meist mit der Maßgabe, daß der Vorstand im Einzelfall auch ein abweichendes Wahlverfahren beschließen kann. Soweit das Präsidium aus mehr als vier Mitgliedern (§ 78 Abs. 2) besteht, regeln die Geschäftsordnungen, welcher Personenkreis zu dem erweiterten Präsidium gehören soll (z. B. die Abteilungsvorsitzenden, § 77 Abs. 2 S. 2).

4. Gründung von Abteilungen

Nahezu alle Kammern haben Abteilungen gebildet (§ 77), um den Gesamtvorstand durch die Verlagerung von Aufgaben in den Zuständigkeitsbereich von Abteilungen zu entlasten. Die Zahl der Abteilungen schwankt durchweg zwischen drei und sechs, es gibt aber auch Vorstände mit wesentlich mehr Abteilungen (so hat z. B. die Rechtsanwaltskammer Frankfurt elf Abteilungen). 7

5. Geschäftsführung

Die hohen Mitgliederzahlen zwingen die Kammern zur Einrichtung einer Geschäftsstelle. Soweit die Geschäftsordnungen der Vorstände diesbezügliche Regelungen enthalten, unterstellen sie die Ausgestaltung und Organisation der Geschäftsstelle dem Präsidium. Fehlt es an einer Regelung in der Geschäftsordnung, verbleibt es bei der Zuständigkeit des Gesamtvorstandes.[2] 8

§ 71 Beschlußfähigkeit des Vorstandes

Der Vorstand ist beschlußfähig, wenn mindestens die Hälfte seiner Mitglieder anwesend ist oder sich an einer schriftlichen Abstimmung beteiligt.

Übersicht

	Rdn.		Rdn.
I. Normzweck	1	1. Öffentlichkeit	6
II. Beschlußfähigkeit	2–4	2. Tagesordnung	7
III. Sitzungsverlauf	5–8	3. Gang der Verhandlung	8

I. Normzweck

Die Vorschrift soll verhindern, daß Vorstandsbeschlüsse von weniger als der Hälfte der Mitglieder gefaßt werden können. Zugleich will sie bewirken, daß die Vorstandsmitglieder ihre Präsenzpflicht ernst nehmen. Gleichwohl schließt die Vorschrift nicht aus, daß wegen des in § 72 Abs. 1 S. 1 vorgeschriebenen Mehrheitsprinzips Beschlüsse mit einer winzigen Mehrheit zustande kommen können.[1] Die für die Beschlußfähigkeit vom Gesetz verlangte relativ hohe Zahl von mindestens der Hälfte der Mitglieder macht also wenig Sinn. Die Vorschrift läßt sich daher nur als Relikt aus einer Zeit verstehen, zu der unter der Geltung der Rechtsanwaltsordnung von 1878 Beschlüsse des Vorstandes nur mit absoluter Mehrheit gefaßt werden konnten[2] und deshalb zur Beschlußfähigkeit die Anwesenheit der Mehrheit der Mitglieder erforderlich war (was nur ein Mitglied mehr als die heutige Regelung bedeutete). 1

---

[2] Vgl. im übrigen § 63 Rdn. 8–10.
[1] Vgl. § 72 Rdn. 6–9.
[2] Siehe § 72 Rdn. 1.

II. Beschlußfähigkeit

2 Der Vorstand kann seine Beschlüsse in Sitzungen oder im Wege schriftlicher Abstimmung fassen (§ 72 Abs. 4). In beiden Fällen muß sich mindestens die Hälfte seiner Mitglieder beteiligen, also in der Vorstandssitzung anwesend sein oder an der schriftlichen Abstimmung teilnehmen. Eine schriftliche Abstimmung ist nur zulässig, wenn kein Mitglied des Vorstandes widerspricht (§ 72 Abs. 4).

3 Diese Regelung gilt nicht nur für Beschlußfassungen des Gesamtvorstandes, sondern auch für die der Abteilungen (§ 77).[3]

4 Der Geltungsbereich der gesetzlichen Regelung erstreckt sich auf alle **„Beschlüsse"** ohne Rücksicht auf ihren Inhalt. Zur Anfechtbarkeit nach §§ 90, 91 führt ein Verstoß gegen § 71 jedoch nur, wenn es sich um Beschlüsse handelt, welche auf die unmittelbare Herbeiführung eines Rechtserfolgs abzielen und damit materiell den Charakter eines Rechtsgeschäfts und allgemeine Wirkung gegenüber allen Kammermitgliedern haben.[4]

III. Sitzungsverlauf

5 Der Verlauf einer beschlußfähigen Vorstandssitzung ist gesetzlich nicht geregelt und wird im wesentlichen durch die sich inhaltlich sehr ähnelnden Geschäftsordnungen der Vorstände bestimmt. Diese sehen in der Regel vor:

1. Öffentlichkeit

6 Die Vorstandssitzungen sind **nicht öffentlich**. Das gebietet allein schon die Verschwiegenheitspflicht der Vorstandsmitglieder (§ 76 Abs. 1 S. 1). Der Vorstand kann allerdings Kammermitglieder,[5] die zur Mitarbeit herangezogen werden, und Angestellte der Rechtsanwaltskammer an den Sitzungen teilnehmen lassen, weil die Verschwiegenheitspflicht sich auch auf diesen Personenkreis erstreckt (§ 76 Abs. 1 S. 2). Anderen Personen darf die Anwesenheit nur ausnahmsweise und auch nur dann gestattet werden, wenn der Gegenstand der Beratung oder Beschlußfassung nicht unter die Verschwiegenheitspflicht fällt.

2. Tagesordnung

7 Der Verlauf der Sitzung ergibt sich aus der Tagesordnung, die der Präsident mit der Einberufung zur Vorstandssitzung bekanntgibt. Die Tagesordnung wird in Beratungspunkte unterteilt. Für jeden Tagesordnungspunkt bestimmt der Präsident ein Vorstandsmitglied zum **Berichterstatter**, dem die Aufgabe zufällt, die den Gegenstand des Tagesordnungspunktes bildende Angelegenheit vorzutragen und ein Votum zu erstatten sowie nach der Beratung und Beschlußfassung des Vorstandes dessen Entscheidung schriftlich niederzulegen. Einige Geschäftsordnungen weisen die schriftliche Abfassung der Vorstandsbeschlüsse dem Geschäftsführer zu.

3. Gang der Verhandlung

8 Den Vorsitz führt kraft Gesetzes der Präsident (§ 80 Abs. 3). Er eröffnet die Sitzung, leitet die Verhandlung und erteilt das Wort. An seiner Verhandlungsführung liegt es, ob eine Vorstandssitzung eine zeitraubende Debattierrunde ist oder ob die Tagesordnung zügig erledigt wird. Im übrigen ist es dem Vorstand überlassen, den Gang der Verhandlungen und den Sitzungsverlauf zu bestimmen.

---

[3] So auch *Feuerich/Braun*, § 72 Rdn. 2.
[4] *Kleine-Cosack*, §§ 71, 72; vgl. auch § 90 Rdn. 5–7.
[5] Zum Begriff des Kammermitgliedes vgl. § 65 Rdn. 3.

§ 72 Beschlüsse des Vorstandes

(1) Die Beschlüsse des Vorstandes werden mit einfacher Stimmenmehrheit gefaßt. Das gleiche gilt für die von dem Vorstand vorzunehmenden Wahlen. Bei Stimmengleichheit gibt die Stimme des Vorsitzenden den Ausschlag, bei Wahlen entscheidet das Los.

(2) Ein Mitglied darf in eigenen Angelegenheiten nicht mitstimmen. Dies gilt jedoch nicht für Wahlen.

(3) Über die Beschlüsse des Vorstandes und über die Ergebnisse von Wahlen ist ein Protokoll aufzunehmen, das von dem Vorsitzenden und dem Schriftführer zu unterzeichnen ist.

(4) Beschlüsse des Vorstandes können in schriftlicher Abstimmung gefaßt werden, wenn kein Mitglied des Vorstandes widerspricht.

Übersicht

	Rdn.		Rdn.
I. Entstehungsgeschichte	1	IV. Ausschluß eines Vorstandsmitgliedes von der Mitwirkung	14
II. Normzweck	2	V. Protokoll	15–19
III. Beschlußfassung und Wahlen	3–13	1. Bedeutung	15
1. Beschlüsse	4	2. Beweiskraft	16
2. Wahlen	5	3. Notwendiger Inhalt	17
3. Einfache Stimmenmehrheit	6	4. Berichtigung	18
a) Begriffsbestimmung	7	5. Einsichtnahme	19
b) Besonderheiten bei Wahlen	10	VI. Schriftliche Abstimmung	20
4. Abstimmungs- und Wahlverfahren	13		

I. Entstehungsgeschichte

Nach § 54 der Rechtsanwaltsordnung vom 1. Juli 1878 war für die Beschlüsse des Vorstandes die „**absolute Stimmenmehrheit**" erforderlich. Das bedeutete, daß ein Beschluß nur zustande kommen konnte, wenn mehr als die Hälfte der Mitglieder des Vorstandes anwesend war und zustimmte. Mit der so geforderten Mehrheit, die den Gegensatz zu der heute vom Gesetz verlangten **relativen Mehrheit** bildet, wurden nach den Erfahrungen der Praxis zu hohe Anforderungen gestellt. Deshalb bestimmt die heutige Regelung, daß die Beschlüsse des Vorstandes mit einfacher Stimmenmehrheit gefaßt werden. Damit lehnt sich die Vorschrift an die Regelung des Art. 42 Abs. 2 S. 1 GG an, die ebenfalls eine „relative Mehrheit" ausreichen läßt.[1] Seit 1989 kann der Vorstand Beschlüsse auch in schriftlicher Abstimmung fassen.[2]

1

II. Normzweck

Die Vorschrift nimmt in Kauf, daß eine **Minderheit** die Beschlußfassung bestimmt. Damit zwingt sie die Vorstandsmitglieder, die eine Beschlußfassung einer Minderheit verhindern wollen, an den Vorstandssitzungen teilzunehmen. In der

2

---

[1] Amtl. Begr., S. 131.
[2] BGBl. I, S. 2135.

Praxis ist die erzieherische Wirkung dieser Regelung nicht zu unterschätzen. Die Präsenz der Vorstandsmitglieder bei Sitzungen des Vorstandes ist in allen Kammern recht hoch. Das liegt in erster Linie sicherlich an dem hohen Verantwortungsbewußtsein der in den Vorstand gewählten Kammermitglieder, ist aber auch – bewußt oder unbewußt – eine Folge der gesetzlichen Regelung.

III. Beschlußfassung und Wahlen

3   Das Gesetz behandelt Beschlüsse und Wahlen gleich, nur bei Stimmengleichheit macht es einen Unterschied. Tritt dieser Fall ein, gibt die Stimme des Vorsitzenden (= Präsidenten) den Ausschlag, bei Wahlen entscheidet das Los.

1. Beschlüsse

4   Der Aufgabenbereich des Vorstandes ist weit gezogen (§ 73). Nicht alles, worüber der Vorstand berät und beschließt, führt zu einem Beschluß im Wortsinn. Viele Abstimmungen dienen der **Meinungsbildung** und **Meinungsäußerung**. So ist ein „Beschluß", durch den ein Vorstand beispielsweise die mehrheitliche Auffassung zu einer bestimmten berufspolitischen Frage mittels Abstimmung herbeiführt, lediglich eine (mehrheitliche) Meinungsäußerung. Aber auch diese ist in § 72 gemeint. Sein Anwendungsbereich beschränkt sich also nicht auf solche Beschlußfassungen, die im Sinne der §§ 90, 91 anfechtbar sind und durch den Anwaltsgerichtshof für nichtig erklärt werden können.[3]

2. Wahlen

5   Damit sind die Wahlen innerhalb des Vorstandes gemeint, die notwendig sind, um aus der Mitte des Vorstandes das Präsidium (§ 78 Abs. 1) bzw. aus der Mitte einer Abteilung den Abteilungsvorsitzenden, den Abteilungsschriftführer und deren Stellvertreter zu wählen (§ 77 Abs. 2 S. 2).

3. Einfache Stimmenmehrheit

6   Der Vorstand wählt und faßt seine Beschlüsse mit einfacher Stimmenmehrheit. Diese Regelung, die von § 88 Abs. 3 für Wahlen und Beschlüsse der Kammerversammlung wortgetreu wiederholt wird, gehört zu den zentralen Bestimmungen. Ihre Auslegung ist für Wahlen innerhalb des Vorstandes (Abs. 1) und zum Vorstand (§ 89 Abs. 2 Nr. 1) und für alle Beschlußfassungen des Vorstandes und der Kammerversammlung von grundsätzlicher Bedeutung.

7   **a) Begriffsbestimmung.** Aufschluß darüber, was der Begriff „einfache Mehrheit" meint, gibt die amtliche Begründung durch den Hinweis auf Art. 42 Abs. 2 S. 1 GG. Dort wird für Bundestagsbeschlüsse die „Mehrheit der abgegebenen Stimmen" vorgeschrieben. Damit ist klargestellt, daß als Bezugszahl (100%) für die prozentuale Berechnung der Mehrheit weder die gesetzliche Mitgliederzahl noch die Zahl der jeweils anwesenden Mitglieder des Bundestages herangezogen werden kann, sondern nur die **Abstimmungsmehrheit**, also die Mehrheit der abgegebenen Stimmen. Umstritten ist, ob es sich dabei um die Mehrheit aller am Abstimmungsvorgang teilnehmenden Mitglieder handeln muß, ob also auch die sich der Stimme enthaltenen Mitglieder mitgezählt werden müssen oder ob die **Stimmenthaltungen** unberücksichtigt bleiben und deshalb die einfache Mehr-

---

[3] Siehe hierzu BGHZ 37, 396 (399) = AnwBl. 1962, 257; BGH NJW 1986, 992; vgl. auch § 90 Rdn. 5–7.

heit schon erreicht ist, wenn mehr Ja- als Neinstimmen abgegeben werden.[4] Die zu Art. 42 GG herrschende Meinung sieht in der Stimmenthaltung keine Stimm-„abgabe". Deshalb bedeutet „Mehrheit der abgegebenen Stimmen" im Sinne von Art. 42 Abs. 2 S. 1 GG, daß die Ja-Stimmen die Nein-Stimmen um mindestens eine Stimme überwiegen müssen und Stimmenthaltungen nicht mitzählen.[6]

Für die **Auslegung** des Begriffs der „einfachen Mehrheit" im Sinne der Bundesrechtsanwaltsordnung kann nichts anderes gelten. Zwar spricht Absatz 1 Satz 1 anders als Art. 42 Abs. 2 S. 1 GG nicht von „abgegebenen" Stimmen, der Gesetzgeber hat jedoch in der amtlichen Begründung ausdrücklich auf Art. 42 Abs. 2 S. 1 GG verwiesen und zudem herausgestellt, daß wegen der zu schwerfälligen Beschlußfassung nach früherem Recht künftig „die **Mehrheit der abgegebenen Stimmen** genügen" solle. Es kommt hinzu, daß die im Staatsrecht vorherrschende Meinung auch der Rechtsprechung zum Vereinsrecht entspricht.[5] Hieraus folgt, daß der Vorstand bei ungewöhnlich vielen Stimmenthaltungen und Fehlen von Nein-Stimmen einen Beschluß sogar mit einer einzigen Ja-Stimme fassen kann.[6] 8

Der Begriff der „einfachen Mehrheit" ist hier ebenso wie in § 88 Abs. 3 **zwingend** und keiner Auslegung zugänglich. Eine andere Mehrheit kann weder durch die Geschäftsordnung der Kammer oder des Vorstandes noch durch einen Beschluß der Kammerversammlung bestimmt werden. Lediglich für die Festlegung der Wahlmodalität kann nach der Rechtsprechung des Bundesgerichtshofes etwas anderes gelten.[7] Diese Regelung darf jedoch nicht mißverstanden werden. Auch bei der Festlegung der Wahlmodalitäten muß es bei dem zwingenden Grundsatz bleiben, daß kein Kandidat als gewählt angesehen werden kann, der nicht die Mehrheit der abgegebenen Stimmen erreicht. Eine **Geschäftsordnung**, die von diesem Mehrheitsbegriff **abweicht** und denjenigen als gewählt ansieht, der die meisten Stimmen auf sich vereint, ohne zugleich auch die einfache Mehrheit erreicht zu haben, ist **gesetzwidrig**. So zustande gekommene Wahlen sind **anfechtbar** (§ 90).[8] Zulässig ist es hingegen, die Anforderungen an die Beschlußfassung über die Wahlmodalitäten zu verschärfen.[9] So kann die Geschäftsordnung der Kammer beispielsweise vorschreiben, daß von geheimer Abstimmung bzw. Wahl nur abgesehen werden darf, wenn mit einer Zweidrittelmehrheit eine andere Art der Wahl beschlossen wird. Für die Abstimmung bzw. Wahl selbst muß es aber bei der vom Gesetz zwingend vorgesehenen „einfachen Mehrheit" bleiben. Insoweit kann die Geschäftsordnung der Kammer allerdings bestimmen, daß, wenn mehrere Kandidaten für ein Vorstandsamt die einfache Mehrheit erreicht haben und somit jeder von ihnen mehr als die Hälfte der abgegebenen Stimmen auf sich vereinigt, derjenige von ihnen gewählt ist, der die meisten Stimmen – das ist die höhere Stimmenzahl – erhalten hat.[10] Eine solche Regelung entspricht einem selbstverständlichen demokratischen Prinzip. 9

b) Besonderheiten bei Wahlen. Gemäß Absatz 1 Satz 2 gilt für Wahlen dasselbe wie für Abstimmungen. Dennoch ist bei Wahlen des Vorstandes eine Besonderheit zu beachten. Diese ergibt sich aus den Prinzipien einer demokratischen Wahl und betrifft die Abgabe eines **unausgefüllten Wahlzettels**. Sie ist 10

---

[4] *Maunz/Dürig*, Art. 42 Rdn. 17–19; vgl. auch *Stubbe* NJW 1985, 2812.
[5] BGHZ 83, 35; BGH NJW 1982, 1585; BGHZ 106, 182.
[6] Zur Abgabe nicht ausgefüllter Stimmzettel bei Wahlen vgl. Rdn. 10–11 und § 64 Rdn. 12.
[7] BGHZ 52, 297 (301); 106, 193 (195).
[8] Vgl. § 64 Rdn. 15.
[9] BGHZ 52, 297 (301).
[10] BGHZ 106, 193 (195); siehe auch § 88 Rdn. 7.

keine Ja- und keine Nein-Stimme, aber auch keine (bewußte) Nichtteilnahme an der Wahl trotz Anwesenheit. Deshalb ist die Abgabe eines nicht ausgefüllten Wahlzettels als abgegebene Stimme zu werten und bei der Ermittlung der einfachen Mehrheit **mitzuzählen** (Beispiel: Von 30 Vorstandsmitgliedern geben bei der Wahl des Präsidenten nur 20 einen Stimmzettel ab. Die einfache Mehrheit beträgt folglich 11 Stimmen. Sind von den 20 Stimmzetteln nur 10 ausgefüllt, ist der Kandidat nicht gewählt, selbst wenn alle 10 sich für denselben Kandidaten aussprechen).

11 Unzulässig ist es, zur Vermeidung eines solchen Ergebnisses in der Geschäftsordnung der Kammer (§ 89 Abs. 3) vorzusehen, daß **unausgefüllte Stimmzettel** als **ungültig** zu werten sind. Eine solche Regelung würde jedenfalls dann, wenn so viele Kandidaten zur Wahl anstehen, wie Ämter zu vergeben sind, zu einem **unerlaubten Wahlzwang** führen.[11] Aber auch bei Wahlen mit mehreren Kandidaten für ein und dasselbe Amt gilt nichts anderes. Zwar muß die Stimmabgabe den Willen des Wählers zweifelsfrei erkennen lassen, gibt aber der Wähler einen nicht ausgefüllten Stimmzettel ab, bringt er damit klar zum Ausdruck, daß er die zur Wahl anstehenden Kandidaten nicht wählen will. Seine Stimme ist deshalb bei der Ermittlung der einfachen Mehrheit mitzuzählen. Jede andere Regelung würde die Entscheidungsfreiheit des Wählers in nicht hinnehmbarer Weise verkürzen und die demokratische Legitimation des so Gewählten im selben Maße einschränken.[12] Dagegen läßt sich auch nicht anführen, bei Wahlen müßten unausgefüllte Stimmzettel ungültig sein, weil sonst die Gefahr bestehe, daß gesetzlich vorgeschriebene Wahlen überhaupt nicht zustande kämen, wenn sich die Mehrheit nur in der Ablehnung der Kandidaten einig sei.[13] Es ist nun einmal das Wesen der Demokratie, daß eine Mehrheit auch dann zu respektieren ist, wenn sie sich nur in der Ablehnung eines Kandidaten zusammenfindet.

12 Abweichend von Art. 42 Abs. 2 S. 1 GG, demzufolge **Stimmengleichheit** zur Ablehnung führt, besagt Absatz 1 Satz 3, daß bei Stimmengleichheit im Falle von Abstimmungen die Stimme des Vorsitzenden den Ausschlag gibt und bei Wahlen das Los entscheidet.

4. Abstimmungs- und Wahlverfahren

13 Sie sind gesetzlich nicht geregelt und unterliegen der Autonomie des Vorstandes, so daß in erster Linie dessen Geschäftsordnung (§ 63 Abs. 3) gilt. Diese darf offene Abstimmung und offene Wahlen ebenso vorschreiben wie geheime Stimmabgabe. Sie kann vorsehen, daß der Vorstand abweichend von dem in der Geschäftsordnung festgelegten Verfahren im Einzelfall ein anderes Verfahren beschließt.[14] Sie kann auch vorschreiben, daß für die Abstimmung darüber, ob bei einer Wahl offen abgestimmt werden soll, eine qualifizierte Mehrheit erforderlich ist.

IV. Ausschluß eines Vorstandsmitgliedes von der Mitwirkung

14 Das Vorstandsmitglied ist von der Abstimmung in eigenen Angelegenheiten ausgeschlossen. Dabei ist es gleichgültig, in welcher Rolle es an einer Angelegenheit beteiligt ist. Es genügt, daß die Angelegenheit in seine Interessensphäre fällt.[15]

---

[11] Vgl. hierzu § 64 Rdn. 12 und § 88 Rdn. 8.
[12] Vgl. für die Wahl eines Beigeordneten durch den Rat einer Stadt OVG Münster NVwZ 1992, 286.
[13] So die Literatur zu § 35 NRWGO, siehe statt aller *Rehn-Cronauge*, § 35 Anm. III. 3.
[14] BGHZ 52, 297 = NJW 1970, 46; vgl. auch § 64 Rdn. 11.
[15] So auch *Feuerich/Braun*, § 72 Rdn. 3; *Isele*, § 72 Anm. II. C. 1. d) aa).

Das gilt jedoch nicht für Wahlen. Ein Vorstandsmitglied, das für ein Amt im Präsidium oder in einer Abteilung (§ 77) kandidiert, kann sich also selbst wählen.

V. Protokoll

1. Bedeutung

Die Ergebnisse der Beratung und Beschlußfassung des Vorstandes und von Wahlen müssen in einem Protokoll festgehalten werden, das von dem Vorsitzenden (= Präsidenten) und dem Schriftführer zu unterzeichnen ist. Es soll bei der Anfechtung von Beschlüssen und Wahlen (§§ 90, 91) als Beweismittel dienen. Darüber hinaus kann es für die Ausübung der Staatsaufsicht bedeutsam sein.

2. Beweiskraft

Sie entspricht der einer Privaturkunde. Es besteht eine tatsächliche Vermutung für die Richtigkeit, nicht aber für Vollständigkeit des Protokolls. Beides kann jederzeit widerlegt werden. Deshalb hängt die Gültigkeit von Beschlüssen und Wahlen nicht von der Richtigkeit und Vollständigkeit des Protokolls ab.[16]

3. Notwendiger Inhalt

Der gesetzlich vorgeschriebene Mindestinhalt besteht aus der Wiedergabe der gefaßten Beschlüsse und des Ergebnisses von Wahlen sowie der Unterzeichnung des Protokolls durch den Präsidenten und den Schriftführer. Über diesen Mindestinhalt hinaus sollte ein sorgfältig geführtes Protokoll Ort und Zeit der Sitzung, die Namen der anwesenden Vorstandsmitglieder, die einzelnen Tagesordnungspunkte, die dazu gestellten Anträge sowie das Stimmenverhältnis bei den Abstimmungen und Wahlen enthalten.

4. Berichtigung

Das Protokoll kann berichtigt werden, wenn es falsch ist. Die Entscheidung hierüber obliegt dem Präsidenten und dem Schriftführer. Die Vorstandsmitglieder können eine Berichtigung des Protokolls nicht unmittelbar erzwingen. Sie können jedoch auf dem Umweg über § 70 Abs. 2 eine erneute Beratung des angeblich falsch protokollierten Tagesordnungspunktes herbeiführen und so dafür sorgen, daß die Unrichtigkeit des Protokolls über die vorangegangene Vorstandssitzung durch Vorstandsbeschluß festgestellt wird. Eine zeitliche Begrenzung für die Berichtigung des Protokolls gibt es nicht.[17] Das folgt aus der fehlenden Beweiskraft des Protokolls. Selbst nach einer Anfechtung gem. § 90 oder nach Bekanntgabe eines Beschlusses an die Beteiligten ist es dem Vorstand nicht verwehrt, dem wirklich gefaßten, aber unrichtig protokollierten Beschluß Geltung zu verschaffen und so das unrichtige Protokoll zu „berichtigen". Eine Berichtigung sollte auf dem Protokoll oder in einer Anlage dazu vermerkt werden (§ 164 Abs. 3 ZPO analog).[18]

5. Einsichtnahme

Sie ist der Landesjustizverwaltung jederzeit zu gewähren (§ 62 Abs. 2), ebenso jedem Vorstandsmitglied. Die Mitglieder der Rechtsanwaltskammer haben Anspruch auf uneingeschränkte Einsichtnahme in das Protokoll nur bezüglich der

---

[16] *Feuerich/Braun,* § 72 Rdn. 9; *Isele,* § 72 Anm. V. C. 1. 2.
[17] A. A. *Feuerich/Braun,* § 72 Rdn. 11; *Isele,* § 72 Anm. V. G.
[18] Ebenso *Kleine-Cosack,* § 72.

§ 73 Vierter Teil. Die Rechtsanwaltskammern

vom Vorstand durchgeführten Wahlen. Hinsichtlich der vom Vorstand gefaßten Beschlüsse besteht ein Einsichtsrecht nur, wenn und soweit das die Einsichtnahme fordernde Kammermitglied durch einen Beschluß des Vorstandes in seinen Rechten verletzt wird (§ 90 Abs. 2). Darüber hinaus kommt eine Einsichtnahme schon im Hinblick auf die Verschwiegenheitspflicht der Vorstandsmitglieder (§ 76 Abs. 1) nicht in Betracht, es sei denn, es wird ausnahmsweise ein berechtigtes Interesse nachgewiesen.[19] Soweit ein Recht auf Einsichtnahme in das Protokoll besteht, kann auch die Erteilung von Abschriften verlangt werden.

VI. Schriftliche Abstimmung

20 Beschlüsse des Vorstandes können in schriftlicher Abstimmung gefaßt werden, wenn kein Mitglied des Vorstandes widerspricht. Eine im schriftlichen Umlaufverfahren erfolgende Abstimmung soll die Tätigkeit des Vorstandes wesentlich beschleunigen. Gleichwohl ist die praktische Bedeutung dieser Regelung gering, weil die Vorstände ohnehin durchweg in monatlichem Turnus zu Vorstandssitzungen zusammentreten.

§ 73 Aufgaben des Vorstandes

(1) **Der Vorstand hat die ihm durch Gesetz zugewiesenen Aufgaben zu erfüllen. Er hat die Belange der Kammer zu wahren und zu fördern.**

(2) **Dem Vorstand obliegt insbesondere,**
1. **die Mitglieder der Kammer in Fragen der Berufspflichten zu beraten und zu belehren;**
2. **auf Antrag bei Streitigkeiten unter den Mitgliedern der Kammer zu vermitteln;**
3. **auf Antrag bei Streitigkeiten zwischen Mitgliedern der Kammer und ihren Auftraggebern zu vermitteln;**
4. **die Erfüllung der den Mitgliedern der Kammer obliegenden Pflichten zu überwachen und das Recht der Rüge zu handhaben;**
5. **Rechtsanwälte für die Ernennung zu Mitgliedern des Anwaltsgerichts und des Anwaltsgerichtshofs vorzuschlagen;**
6. **Vorschläge gemäß §§ 107 und 166 der Bundesrechtsanwaltskammer vorzulegen;**
7. **der Versammlung der Kammer über die Verwaltung des Vermögens jährlich Rechnung zu legen;**
8. **Gutachten zu erstatten, die eine Landesjustizverwaltung, ein Gericht oder eine Verwaltungsbehörde des Landes anfordert;**
9. **bei der Ausbildung der Referendare mitzuwirken;**
10. **die anwaltlichen Mitglieder der juristischen Prüfungsausschüsse vorzuschlagen.**

(3) **Der Vorstand kann die in Absatz 2 Nr. 1 bis 3 bezeichneten Aufgaben einzelnen Mitgliedern des Vorstandes übertragen.**

Schrifttum: *Kleine-Cosack,* Berufsständische Autonomie und Grundgesetz, 1986; *Pietzcker,* Standesausicht durch Wettbewerbsklagen?, NJW 1982, 1840; *ders.,* Kammerrecht in Bewegung?, NJW 1987, 305; *Redeker,* Grenzen für Aufgaben und Tätigkeit öffentlich-rechtlicher Zwangsverbände, NJW 1982, 1266; *ders.,* Grundfragen einer Reform des Berufsrechts der freien Berufe, 1993.

---

[19] *Feuerich/Braun,* § 72 Rdn. 12; *Kleine-Cosack,* § 72.

§ 73 Aufgaben des Vorstandes

Übersicht

	Rdn.
I. Entstehungsgeschichte	1, 2
II. Normzweck	3
III. § 73 als zentrale Aufgabenzuweisungsnorm	4–9
1. Aufgaben nach der BRAO	5
2. Aufgaben nach anderen Gesetzen	6
3. Aufgaben ohne konkrete gesetzliche Zuweisung	7
IV. Allgemeiner Aufgabenbereich	10–19
1. Wahrung und Förderung der Belange der Kammer	10
2. Besondere Anwendungsfälle	12
a) Rechtsanwaltskammer als Verband zur Förderung gewerblicher Interessen	13
b) Betreiben eigener Einrichtungen	14
c) Mitgliedschaft in anderen Verbänden	15
d) Politisches Mandat	17
3. Abwehr nicht zugewiesener Aufgaben	18
V. Besonders normierter Aufgabenbereich	20–45
1. Beratung und Belehrung der Kammermitglieder	20
a) Abgrenzung der Belehrung zur Rüge	21
b) Rechtsfolgen	22
c) Anfechtbarkeit	24
2. Vermittlung bei Streitigkeiten unter Mitgliedern	26
3. Vermittlung bei Streitigkeiten zwischen Mitgliedern und ihren Auftraggebern	29
4. Berufsaufsicht	32
a) Überwachung	33
b) Rüge	36
5. Mitwirkung bei der Ernennung von Mitgliedern des Anwaltsgerichts und des Anwaltsgerichtshofs	37
6. Mitwirkung bei der Ernennung von Mitgliedern des Senats für Anwaltssachen (§ 107) und der Wahl von Rechtsanwälten beim BGH (§ 166)	39
7. Rechnungslegung über die Verwaltung des Kammervermögens	40
8. Erstattung von Gutachten	41
9. Mitwirkung bei der Referendarausbildung	44
10. Mitwirkung bei der Besetzung der juristischen Prüfungsausschüsse	45
VI. Übertragung von Vorstandsaufgaben	46, 47

I. Entstehungsgeschichte

1 Nach der Rechtsanwaltsordnung vom 1. Juli 1878 hatte der Vorstand der Rechtsanwaltskammer vornehmlich die Aufsicht über die Erfüllung der den Mitgliedern obliegenden Pflichten zu üben und die ehrengerichtliche Strafgewalt zu handhaben (§ 49 RAO). Eine Generalklausel kannte sie nicht. Diese wurde erstmals durch § 61 Abs. 1 Nr. 1 RAObritZ eingeführt. Im übrigen folgte die RAObritZ der Rechtsanwaltsordnung vom 1. Juli 1878, indem sie wie diese nur fünf spezielle Aufgaben festlegte und wie zuvor § 50 RAO in § 65 RAObritZ ein allgemeines Petitionsrecht statuierte, das den Vorstand berechtigte, Vorstellungen und Anträge, welche das Interesse der Rechtspflege oder der Rechtsanwaltschaft betrafen, an die Landesjustizverwaltung zu richten.

2 Die jetzige Regelung hat die von § 61 Abs. 1 Nr. 1 RAObritZ eingeführte Generalklausel in § 73 Abs. 1 S. 2 übernommen, den Katalog der besonderen Aufgaben erweitert und die Strafgewalt aus verfassungsrechtlichen Gründen (Art. 20 Abs. 2, Art. 92 GG) der Anwaltsgerichtsbarkeit[1] zugewiesen.

---

[1] Der Begriff „Anwaltsgerichtsbarkeit" ist durch das Gesetz zur Neuordnung des Berufsrechts der Rechtsanwälte und der Patentanwälte vom 2. September 1994 (BGBl. I, S. 2278) einge-

II. Normzweck

3 § 73 regelt die Aufgaben des Vorstandes, § 89 die Aufgaben der Kammerversammlung. Beide zusammen umschreiben den **Funktionsbereich der Rechtsanwaltskammer**.[2] Die Aufgaben des Vorstandes legt das Gesetz fest, indem es neben der Generalklausel des Absatz 1 Satz 2 in Absatz 2 Nr. 1 bis 10 besondere Aufgaben nennt, ohne diese („insbesondere") erschöpfend aufzuzählen. Das macht deutlich, daß weitere Aufgaben hinzukommen können. Als zentrale Norm der Aufgabenzuweisung hat die Vorschrift eine doppelte Bedeutung, indem sie den legitimen Wirkungsbereich der Rechtsanwaltskammer als Körperschaft des öffentlichen Rechts positiv und negativ eingrenzt.[3] Zum einen verpflichtet sie den Vorstand, die ihm als Organ der Rechtsanwaltskammer gesetzlich zugewiesenen und der Rechtsanwaltskammer als Körperschaft des öffentlichen Rechts vom Staat anvertrauten Aufgaben zu erfüllen, zum anderen weist sie den Vorstand mit der Umschreibung des Aufgabenbereichs an, Tätigkeiten zu unterlassen, die weder von der Generalklausel (Abs. 1 S. 2) noch von dem besonderen Aufgabenkatalog (Abs. 2 Nr. 1–10) gedeckt sind noch sonst eine gesetzliche Grundlage haben.

III. § 73 als zentrale Aufgabenzuweisungsnorm

4 Die Tätigkeit des Vorstandes steht unter dem allgemeinen Gebot, daß er die ihm durch Gesetz zugewiesenen Aufgaben zu erfüllen (Abs. 1 S. 1) und die Belange der Kammer zu wahren und zu fördern hat (Abs. 1 S. 2). Beides ist im Sinne einer Aufgabenzuweisung zu verstehen. Auch Absatz 1 Satz 2 ist nicht nur als Pflichtmaßstab,[4] sondern als gesetzliche Grundlage der dem Vorstand zustehenden Aufgaben zu verstehen.[5] Als Generalklausel berechtigt und verpflichtet sie den Vorstand, alle Belange der Rechtsanwaltschaft in seinen Aufgabenbereich einzubeziehen.[6] Dem steht nicht entgegen, daß Absatz 1 Satz 2 von den Belangen der „Kammer" spricht.[7] Gedacht ist erkennbar an die Belange der Mitglieder der Kammer, die in ihr organisiert sind. § 76 StBerG und § 57 Abs. 2 WPO sprechen deshalb sprachlich deutlicher von der Aufgabe der Kammer, die beruflichen Belange der Gesamtheit der Mitglieder zu wahren.

1. Aufgaben nach der BRAO

5 Hierzu gehören § 8 Abs. 2, § 16 Abs. 2, § 17 Abs. 2, § 19 Abs. 2, § 24 Abs. 1, § 28 Abs. 1 und 2, § 29 Abs. 1 und 2, § 29a Abs. 3, § 35 Abs. 2, § 42 a Abs. 3, § 42b Abs. 1 und 2, § 42c Abs. 1, § 42d, § 47 Abs. 3, § 53 Abs. 3 und Abs. 10 S. 5, § 55 Abs. 1 und 3, §§ 56, 57 Abs. 1, § 61 Abs. 1, § 74 Abs. 1 und 5, § 92 Abs. 2, § 93 Abs. 2, § 94 Abs. 2, § 95 Abs. 2, § 100 Abs. 2, § 101 Abs. 2 und 3, § 103 Abs. 2, § 122 Abs. 2, § 150a, § 161 Abs. 1, § 207 Abs. 2, § 209.

---

führt worden. Bis zum Inkrafttreten dieses Gesetzes trugen die heutigen Anwaltsgerichte den Namen Ehrengericht, der Anwaltsgerichtshof hieß Ehrengerichtshof.

[2] *Feuerich/Braun,* § 73 Rdn. 4; *Jessnitzer/Blumberg,* § 73 Rdn. 1.
[3] BGHZ 35, 292; EGH Frankfurt BRAK-Mitt. 1985, 170.
[4] So *Kleine-Cosack,* § 62 Rdn. 12; *ders.,* Berufsständische Autonomie und Grundgesetz, S. 156; *Pietzcker* NJW 1982, 1840 (1842).
[5] BGHZ 109, 153 (157); OLG Karlsruhe BRAK-Mitt. 1990, 179; *Kalsbach,* § 73 Rdn. 1.
[6] So auch *Isele,* § 73 III. C.
[7] So auch *Redeker,* Grundfragen einer Reform des Berufsrechts der freien Berufe, S. 60.

2. Aufgaben nach anderen Gesetzen

Hierzu gehören die Mitwirkung bei Verfahren betreffend die Ausschließung des Verteidigers nach §§ 138a, 138b StPO nach näherer Maßgabe der § 138c Abs. 2 S. 3 und 4, § 138d Abs. 6 S. 2 StPO, die Beaufsichtigung der nach diesem Gesetz zulässigen Tätigkeiten der Rechtsanwälte aus Mitgliedstaaten der Europäischen Gemeinschaft in der Bundesrepublik nach § 6 Abs. 1 S. 1 RADG,[8] die Festsetzung einer vereinbarten Vergütung (§ 3 Abs. 2 BRAGO), die Erstattung von Gebührengutachten gemäß § 12 Abs. 2 BRAGO, die Anhörung der Rechtsanwaltskammer in Bußgeldverfahren gegen Rechtsanwälte wegen einer Ordnungswidrigkeit bei der Beratung in Steuersachen gemäß § 411 AO und die Mitwirkung der Rechtsanwaltskammer gemäß § 87 Abs. 1 des Berufsbildungsgesetzes (BBiG) bei der Ausbildung der Rechtsanwaltsgehilfen, insbesondere die Führung eines Verzeichnisses der Berufsausbildungsverhältnisse, die Organisation des Prüfungswesens und gemäß § 25 der VO über die Ausbildung zum Rechtsanwaltsgehilfen vom 24. 8. 1971[9] die Errichtung eines Berufsbildungsausschusses. Zu nennen ist auch die Anhörung des Vorstandes zu Anträgen auf Erteilung der Erlaubnis zur Besorgung fremder Rechtsangelegenheiten nach dem RBerG.[10]

3. Aufgaben ohne konkrete gesetzliche Zuweisung

Umstritten ist, ob die Rechtsanwaltskammer auch Aufgaben übernehmen darf, für die es an einer konkreten gesetzlichen Zuweisung fehlt. Nach der Rechtsprechung des Bundesgerichtshofes beschränkt sich der Aufgabenbereich der Rechtsanwaltskammer und ihres Vorstandes nicht auf die durch Gesetz und Satzung ausdrücklich zugewiesenen Aufgaben, sondern erstreckt sich darüber hinaus „auf den Bereich, der im Blick auf den mit dem korporativen Zusammenschluß ihrer Mitglieder erkennbar verfolgten Zweck als der Körperschaft zugedachter Wirkungskreis festzustellen ist".[11] Dieser Grundsatz ist vom Bundesgerichtshof in ständiger Rechtsprechung dahin konkretisiert worden, daß der Funktionsbereich der Rechtsanwaltskammer „alle Angelegenheiten umfaßt, welche von allgemeiner – nicht rein wirtschaftlicher – Bedeutung für die Rechtsanwaltschaft sind" und die Gesamtheit der Rechtsanwaltskammern berühren.[12] Dazu zählen zum Beispiel die bundeseinheitliche Einführung des Anwalts-Notariats,[13] die freiwillige kostenlose außergerichtliche Rechtshilfe,[14] die finanzielle Unterstützung von Lehrkräften, die nebenberuflich Rechtskundeunterricht für Anwaltsgehilfen erteilen und dafür vom Staat eine unzureichende Vergütung erhalten[15] und die Gründung eines „Vertrauensschadensfonds".[16]

---

[8] BRAK-Mitt. 1985, 78; *von Hehn* BRAK-Mitt. 1985, 183.
[9] BGBl. I, S. 1394.
[10] Siehe hierzu *Rennen/Caliebe*, 1. AVO § 11 Rdn. 8.
[11] So BGHZ 33, 381 (385 ff.); 35, 292 (294); 64, 301 (306); 66, 297 (300); BGH NJW 1986, 992; zuletzt noch BGHZ 109, 154 (157); EGH Frankfurt BRAK-Mitt. 1985, 170; BayEGH AnwBl. 1993, 288.
[12] BGHZ 66, 297 (300); BGH NJW 1980, 186 m. w. N.; ablehnend *Kleine-Cosack*, § 62 Rdn. 5.
[13] BGHZ 35, 292 (294 f.).
[14] BGHZ 64, 301 (306 ff.).
[15] BGHZ 66, 297 (300 ff.).
[16] BGHZ 85, 173.

§ 73 8, 9   Vierter Teil. Die Rechtsanwaltskammern

8 Vor allem die Rechtsprechung des Bundesverwaltungsgerichts und des Bundessozialgerichts[17] und auch *Redeker*[18] haben sich dafür ausgesprochen, die Aufgaben der Rechtsanwaltskammer zu begrenzen. In jüngster Zeit hat der Deutsche Anwaltverein[19] sogar gefordert, das Wort „insbesondere" in Absatz 2 zu streichen, weil die Kammern das Recht zur Berufspolitik und Interessenvertretung uneingeschränkt für sich in Anspruch nähmen, obwohl solche Aufgaben einer öffentlich-rechtlichen Körperschaft mit Zwangsmitgliedschaft nicht übertragen werden könnten. Der Gesetzgeber ist bei den Beratungen des Gesetzes zur Neuordnung des Berufsrechts der Rechtsanwälte und der Patentanwälte[20] diesem Vorschlag jedoch nicht gefolgt.

9 Der vom Bundesgerichtshof entwickelten Rechtsprechung ist im Ergebnis, wenn auch nicht in der Begründung, zuzustimmen. Die Generalklausel des Absatz 1 Satz 2 berechtigt die Rechtsanwaltskammer zu allen Maßnahmen, welche die Belange der Kammer wahren und fördern. Das der Aufzählung in Absatz 2 vorangestellte Wort „insbesondere" bestätigt, daß die dort genannten Aufgaben nur beispielhaft genannt sind, so daß die Generalklausel eine Zuständigkeit für weitere Aufgaben begründet, sofern sie der Wahrung und Förderung der Belange der Kammer und ihrer Mitglieder dienen. Der vom Bundesgerichtshof in den Vordergrund gerückte Gesichtspunkt des mit dem gesetzlich festgelegten Zusammenschluß der Rechtsanwälte verfolgten Zwecks kann allerdings nur **negativer Prüfungsmaßstab** für eine Beschränkung der Generalklausel, nicht aber Grundlage für eine Erweiterung des Aufgabenkreises der Rechtsanwaltskammer sein. Der Staat kann an die Rechtsanwaltskammer keine Aufgaben delegieren, die nach der Ordnung des Grundgesetzes (Art. 2, 9, 12 GG) nicht ihm, sondern ausschließlich dem Bürger selbst zukommen.[21] Jede hoheitliche Einrichtung mit Zwangsmitgliedschaft ist zudem verfassungsrechtlich nur haltbar, wenn mit ihr der **Zwang zur Objektivität** verbunden ist.[22] Deshalb darf eine Rechtsanwaltskammer nicht zur (einseitigen) Interessenvertretung werden, beispielsweise nicht Grundrechte ihrer Mitglieder im Wege der Verfassungsbeschwerde geltend machen[23] oder zu allgemeinen politischen Fragen Stellung nehmen.[24] Dagegen ist es der Rechtsanwaltskammer erlaubt, sowohl ideelle wie wirtschaftliche Interessen ihrer Mitglieder überall dort zu berücksichtigen, zu wahren und zu fördern, wo diese Interessen die gesetzlichen Aufgaben der Kammer berühren.[25] Dabei ist ihr ein gewisser Ermessensspielraum zuzubilligen, dessen Grenzen erst dann überschritten sind, wenn den Kammermitgliedern besondere Pflichten auferlegt oder Rechte genommen werden.[26] Entgegen der einhelligen Meinung[27] darf die

---

[17] Vgl. BVerwGE 34, 69 f.; 64, 299 f.; BVerwG NJW 1982, 1298; BVerwG NJW 1987, 337; siehe auch BSG NJW 1991, 787 und dazu *Preissler* NJW 1991, 737; ferner *Pietzcker* NJW 1982, 184; *ders.* NJW 1987, 305; *Redeker* NJW 1982, 1266.
[18] *Redeker*, Grundfragen einer Reform des Berufsrechts der freien Berufe; siehe auch *Kleine-Cosack*, § 62 Rdn. 4 ff..
[19] Protokoll der 102. Sitzung des Rechtsausschusses des Deutschen Bundestages vom 1. Dezember 1993, S. 60.
[20] BGBl. I, S. 2278.
[21] Vgl. hierzu BVerfGE 21, 245 ff..
[22] So besonders BVerfGE 38, 281 (305); vgl. auch *Redeker* NJW 1980, 187.
[23] BVerfGE 10, 134 (136).
[24] BGH NJW 1986, 992, siehe auch Rdn. 16.
[25] So *Feuerich/Braun*, § 73 Rdn. 8.
[26] Ebenso EGH Frankfurt BRAK-Mitt. 1985, 170; *Feuerich/Braun*, § 73 Rdn. 8 vgl. auch *Kleine-Cosack*, § 62 Rdn. 8–15.

Rechtsanwaltskammer auch **rein wirtschaftliche Interessen** wahrnehmen. Dabei muß es sich allerdings um die wirtschaftlichen Interessen der Gesamtheit ihrer Mitglieder und nicht um eigene wirtschaftliche Interessen der Kammer handeln. Die gegenteilige herrschende Meinung stützt sich auf die Amtliche Begründung,[28] in der es heißt, bei der Wahrung und Förderung der Belange der Kammer dürfe es sich nicht „um rein wirtschaftliche Interessen der Mitglieder handeln, weil sie nicht zu dem Aufgabengebiet der Rechtsanwaltskammer als Körperschaft des öffentlichen Rechts gehören" könnten. *Redeker*[29] hat diese These bis in die jüngste Zeit verteidigt. Nur *Feuerich*[30] räumt den Rechtsanwaltskammern das Recht ein, sowohl ideelle wie wirtschaftliche Interessen überall dort zu berücksichtigen, zu wahren und zu fördern, wo diese Interessen die gesetzlichen Aufgaben der Rechtsanwaltskammer berühren. In diesem Sinne sind die Rechtsanwaltskammern seiner Meinung nach auch nicht berechtigt, in wirtschaftlichen Fragen der Anwaltschaft die Augen zu schließen, sondern verpflichtet, den Interessen der Anwaltschaft – wirtschaftlich und ideell – ihre Aufmerksamkeit zu widmen. Dem ist zuzustimmen. Die wirtschaftlichen Verhältnisse der Rechtsanwälte müssen im Interesse ihrer in § 1 geforderten Unabhängigkeit, zu der auch eine wirtschaftliche Unabhängigkeit gehört, gesichert sein. Die wirtschaftliche Unabhängigkeit der Anwaltschaft liegt im öffentlichen Interesse, denn nur ein auch wirtschaftlich unabhängiger Rechtsanwalt bietet die Gewähr für eine nicht am eigenen Interesse, sondern an den Interessen des Mandanten orientierte rechtliche Beratung und Vertretung. Deshalb sind die Kammern verpflichtet, auch rein wirtschaftliche Interessen ihrer Mitglieder zu vertreten, soweit es sich um die **wirtschaftlichen Interessen aller Mitglieder** handelt. Verboten ist eine Vertretung wirtschaftlicher Interessen nur dann, wenn sie mit der Berufsausübung der Kammermitglieder nichts zu tun haben.

IV. Allgemeiner Aufgabenbereich

1. Wahrung und Förderung der Belange der Kammer

Der Vorstand hat die Belange der Kammer zu wahren und zu fördern. Das sind die Belange der Mitglieder der Kammer, wie es § 76 Abs. 1 StBerG, § 57 Abs. 2 WPO verdeutlichen. Die **Wahrung** meint die Erhaltung des gegenwärtigen Besitzstandes, die Verteidigung dessen, was vorhanden ist. Sie soll die Schmälerung des Vorhandenen verhindern. Welche Maßnahmen die Kammer zur Wahrung der beruflichen Belange ihrer Mitglieder ergreifen darf, bestimmt das Gesetz nicht. Legitim sind alle Maßnahmen, die zur Verwirklichung des gesetzlichen Ziels geeignet erscheinen. Unter **Förderung** ist die Verbesserung dessen zu verstehen, was bereits erreicht ist.[31] Auch insoweit ist jede Maßnahme erlaubt, die der Förderung der beruflichen Belange der Mitglieder oder der Kammer dient. 10

Ob eine solche Interpretation des Gesetzes länger haltbar ist, muß bezweifelt werden. Der bis vor einiger Zeit homogen ausgeübte Anwaltsberuf hat diese Homogenität längst verloren. Neben Einzelanwälten und Sozietäten herkömmlicher Art, deren Haupttätigkeit die forensische Praxis ist, gibt es immer mehr 11

---

[27] Vgl. statt aller *Kleine-Cosack*, § 62 Rdn. 12; BGHZ 64, 301 (306).
[28] Amtl. Begr., S. 133.
[29] *Redeker*, Grundfragen einer Reform des Berufsrechts der freien Berufe, S. 32 ff.
[30] *Feuerich/Braun*, § 73 Rdn. 6–8; vgl. auch § 177 Rdn. 6.
[31] So *Isele*, § 73 III. B. 1.

große überörtliche und internationale Sozietäten mit vorwiegend beratender Tätigkeit. So nehmen die von der Gesamtheit der Mitglieder getragenen Belange immer mehr ab. Der Rechtsanwaltskammer ist es aber untersagt, Interessen einer bestimmten Gruppe zu vertreten, da sonst die in der Meinungsbildung der Rechtsanwaltskammer unterlegene Gruppe mit ihren Beiträgen eine Berufspolitik zu finanzieren hätte, die sich im Ergebnis gegen sie richtet.[32]

2. Besondere Anwendungsfälle

12 Die Pflicht des Vorstandes, die Belange der Rechtsanwaltschaft zu wahren und zu fördern, umfaßt über die ihm durch Gesetz oder Satzung konkret zugewiesenen Aufgaben hinaus die Aufgabe, auch Belange zu berücksichtigen, die den gesamten Berufsstand berühren.[33] Aus dieser Aufgabenstellung ergeben sich besondere Aufgabenbereiche.

13 a) **Verband zur Förderung gewerblicher Interessen.** Die **Rechtsanwaltskammer** ist ein Verband zur Förderung gewerblicher Interessen im Sinne des § 13 Abs. 2 Nr. 2 UWG. Das entspricht der Rechtsprechung des Bundesgerichtshofs,[34] ist aber nicht unumstritten.[35] Richtig ist, daß der Vorstand befugt ist, Klagen gemäß §§ 1, 13 UWG, § 13 AGBG und Art. 1 § 1 RBerG zu führen, soweit sich solche Klagen gegen Nichtmitglieder richten. Nicht zulässig wäre es, wenn eine Kammer bei berufsrechtlichen Verstößen ihrer Mitglieder auf die **zivilrechtliche Unterlassungsklage** ausweichen würde, statt das hierfür vorgesehene anwaltsgerichtliche Verfahren einzuschlagen.[36] Der Kammer obliegt als zentrale Aufgabe die Berufsaufsicht. Diese hoheitliche Aufgabe muß mit den gesetzlich vorgesehenen Mitteln (Rüge oder anwaltsgerichtliches Verfahren) durchgesetzt werden. Der Wettbewerbsprozeß ist hierfür ungeeignet, weil die Kammer und deren Mitglieder im Bereich der Berufsaufsicht nicht gleichgeordnet sind und sich erst recht nicht als Wettbewerber gegenüberstehen.[37]

14 b) **Betreiben eigener Einrichtungen.** Zur Förderung der Belange der Kammer kann auch das Betreiben einer eigenen Einrichtung oder die Teilnahme an fremden Einrichtungen gehören. So traten die Rechtsanwaltskammern Düsseldorf, Hamm, Köln und Oldenburg im Jahr 1952 dem damaligen „**Institut für Steuerrecht der Rechtsanwaltschaft eV**" bei, dem sich später die Bundesrechtsanwaltskammer und alle anderen Rechtsanwaltskammern der alten Bundesländer anschlossen und das sich seit 1978 „**Deutsches Anwaltsinstitut**" nennt.[38]

15 c) **Mitgliedschaft in anderen Verbänden.** Die Rechtsanwaltskammer kann Mitglied in anderen (auch privatrechtlichen) Verbänden und Vereinigungen sein, soweit eine solche Mitgliedschaft durch den gesetzlich zugewiesenen Aufgabenkreis gedeckt ist und keinen Zuwachs anderer Aufgaben mit sich bringt.[39] Das gilt

---

[32] So *Redeker*, Grundfragen einer Reform des Berufsrechts der freien Berufe, S. 64 f.
[33] So BGHZ 109, 153 (157) = NJW 1990, 578.
[34] Vgl. BGHZ 109, 153 (157) = NJW 1990, 578; OLG Karlsruhe BRAK-Mitt. 1990, 179.
[35] Zustimmend *Tettinger*, S. 86 ff.; kritisch *Pietzcker* NJW 1982, 1840; ablehnend *Kleine-Cosack*, §§ 61, 62 Rdn. 3; *Redeker* NJW 1980, 187; *ders.* NJW 1982, 1266.
[36] So aber BGHZ 79, 390 ff.; kritisch hierzu *Pietzcker* NJW 1982, 1840 ff.; ablehnend *Kleine-Cosack*, Berufsständische Autonomie und Grundgesetz, S. 163; *ders.*, § 62 Rdn. 3.
[37] So *Redeker* NJW 1980, 187; *ders.* NJW 1982, 1266; insoweit zustimmend auch *Tettinger*, S. 88 Fn. 359; siehe auch *Sack* BB 1986, 2205 (2216 f.).
[38] Vgl. hierzu *Haas*, 25 Jahre Bundesrechtsanwaltskammer, Bd. 6 der Schriftenreihe der BRAK, S. 135.
[39] *Kleine-Cosack*, § 62 Rdn. 15.

z. B. für eine Mitgliedschaft im „**Verein zur Förderung des Instituts für Anwaltsrecht an der Universität zu Köln e. V.**". Der satzungsmäßige Zweck dieses Vereins besteht in der Ausstattung und Förderung des Instituts. Dieser Vereinszweck deckt sich mit der der Rechtsanwaltskammer zugewiesenen Aufgabe, die Belange der in ihr zusammengeschlossenen Anwaltschaft zu wahren und zu fördern.

Umstritten ist, ob eine Rechtsanwaltskammer Mitglied im **Bundesverband der Freien Berufe** oder in entsprechenden Landesverbänden sein darf. Diese Frage ist mit der inzwischen herrschenden Rechtsprechung zu verneinen.[40] Die „Verkammerung" mit Pflichtmitgliedschaft in einer Körperschaft des öffentlichen Rechts ist ein Grundrechtseingriff.[41] Im Hinblick auf diese Grundrechtsrelevanz müssen Auslegung und inhaltliche Begriffsbestimmung der einer Körperschaft obliegenden Aufgaben eher eingrenzend erfolgen.[42] Die Rechtsanwaltskammer darf sich deshalb nicht – auch nicht auf dem Umweg über die Mitgliedschaft in einer privatrechtlichen Vereinigung – um Aufgaben kümmern, die andere Berufsgruppen betreffen, wie das zum Beispiel bei dem Bundesverband der Freien Berufe der Fall ist. Er beschäftigt sich satzungsgemäß auch mit Fragen anderer Berufsgruppen, so unter anderem mit Fragen der Vertragsfreiheit des Arztberufes, mit den Honoraren und Gebühren der Architekten und Ingenieure sowie mit den Entschädigungssätzen für Sachverständige. Solche Themen gehören nicht zu den Aufgaben einer Rechtsanwaltskammer.[43] Die Mitgliedschaft der Rechtsanwälte in der Rechtsanwaltskammer erhält durch deren Mitgliedschaft im Verband der Freien Berufe folglich eine neue Qualität, indem die Kammer durch ihre Mitgliedschaft in einem Verband der freien Berufe nicht nur das gruppenspezifische Interesse der Rechtsanwälte, sondern die Interessenwahrung für alle freien Berufe verfolgt.[44] Daran ändert nichts, daß die Rechtsanwaltskammer und den Verband der Freien Berufe das gemeinsame Interesse verbindet, die Belange der freien Berufe zu fördern. Auch wenn der Rechtsanwalt einen freien Beruf ausübt (§ 2 Abs. 1), gehört zu den Aufgaben der Rechtsanwaltskammer nicht die Wahrung der Interessen anderer freier Berufe. In jüngster Zeit haben der Bundesverband der Freien Berufe sowie seine Landesverbände reagiert und die Satzungen dahingehend geändert, daß die Interessen der Mitglieder nur noch unter dem Gesichtspunkt der Wahrung der Freiberuflichkeit vertreten werden können. Damit ist eine Mitgliedschaft von Rechtsanwaltskammern im Verband Freier Berufe nunmehr erlaubt.

d) Politisches Mandat. Die Rechtsanwaltskammern haben ebenso wie alle anderen Zwangskörperschaften **kein allgemein politisches Mandat**.[45] Das folgt aus Sinn und Zweck der Zwangsmitgliedschaft. Sie ist nur gerechtfertigt, soweit es um die zwangsweise Vertretung konsensfähiger, alle Mitglieder gleichermaßen berührende Interessen geht. Hieran fehlt es bei allgemeinpolitischen Fragen.[46]

---

[40] Bejahend EGH Frankfurt BRAK-Mitt. 1985, 170; verneinend BVerwG 1987, 337 = AnwBl. 1986, 397 für die Mitgliedschaft einer Steuerberaterkammer; VG Bremen AnwBl. 1992, 187 für die Mitgliedschaft einer Ärztekammer = OVG Bremen AnwBl. 1993, 537.
[41] BVerfGE 38, 281 = NJW 1975, 1265; BVerwG NJW 1987, 337.
[42] Vgl. dazu ausführlich *Kleine-Cosack*, Berufsständische Autonomie und Grundgesetz, S. 161.
[43] Ebenso *Feuerich/Braun*, § 89 Rdn. 7–9; *Pietzcker* NJW 1987, 305; a. A. *Tettinger*, S. 150.
[44] So zutreffend *Feuerich/Braun*, § 89 Rdn. 11.
[45] BVerwGE 59, 231; E 64, 281; OVG Münster JA 1978, 90 f.; VG Berlin NJW 1992, 777; VGH Kassel NVwZ-RR 1992, 637 u. 639; vgl. auch *Kleine-Cosack*, § 62 Rdn. 13.
[46] So auch *Kleine-Cosack*, § 62 Rdn. 13.

3. Abwehr nicht zugewiesener Aufgaben

18 Jedes Kammermitglied hat Anspruch auf Einhaltung des Aufgabenbereiches der Kammer. Das ist eine Folge der körperschaftlichen Pflichtmitgliedschaft und der sich daraus ergebenden Grundrechtsbetroffenheit.[47] Überschreitet die Rechtsanwaltskammer ihren Aufgabenbereich, verletzt sie die **individuelle Freiheitssphäre** ihrer Zwangsmitglieder. Das Gesetz mutet den Pflichtmitgliedern nur zu, einer für ganz bestimmte Zwecke gegründeten Körperschaft anzugehören und in dieser mitgliedschaftlich mitzuwirken. Deshalb kann jedes Kammermitglied gegen die Rechtsanwaltskammer wegen Überschreitung des ihr zugewiesenen Aufgabenbereiches klagen.[48] Eine solche Klage ist das Gegenstück zur Austrittsmöglichkeit eines Mitglieds eines privatrechtlichen Vereins.[49] Umstritten ist, ob jede Aufgabenüberschreitung die Handlungsfreiheit der Mitglieder beeinträchtigt und ein Abwehrrecht aus Art. 2 Abs. 1 GG begründet. Die Kritik an einem uneingeschränkten Abwehrrecht stützt sich vornehmlich auf das Argument, die Grenze zur **Popularklage** werde überschritten.[50] Wer jedoch im Sinne der herrschenden Meinung in der Zwangsmitgliedschaft einen Grundrechtseingriff sieht, kommt nicht umhin, die Klage auf Abwehr nicht zugewiesener Aufgaben uneingeschränkt zuzulassen. Die Intensität einer Rechtsverletzung kann nicht Maßstab für das Wirksamwerden des Grundrechtsschutzes aus Art. 2 Abs. 1 GG sein.[51] Deshalb kann es nicht hingenommen werden, daß eine Rechtsanwaltskammer ein Grundrecht ihrer Mitglieder verletzt, ohne daß diesen eine Abwehrmaßnahme zur Verfügung steht.

19 Für die Klage eines Rechtsanwalts gegen die Rechtsanwaltskammer wegen Überschreitung ihres Aufgabenbereichs ist nicht die Verwaltungsgerichtsbarkeit, sondern die Anwaltsgerichtsbarkeit zuständig. Dabei ist es gleichgültig, ob die Klage auf § 90 oder auf § 223 gestützt wird. In beiden Fällen entscheidet der Anwaltsgerichtshof für Rechtsanwälte.[52]

V. Besonders normierter Aufgabenbereich

1. Beratung und Belehrung der Kammermitglieder (Abs. 2 Nr. 1)

20 Dem Vorstand obliegt die Pflicht, die Mitglieder der Kammer[53] zu beraten und zu belehren. Es handelt sich um eine vorsorgende Tätigkeit als Ausdruck des öffentlichrechtlichen Handelns.[54] Sie erfolgt in der Praxis meist auf Anfrage, bedarf aber einer solchen Anfrage nicht, ist also auch von Amts wegen zulässig.[55]

---

[47] *Pietzcker* NJW 1987, 305.
[48] So die ständige Rechtsprechung des BVerwG, vgl. im einzelnen BVerwGE 34, 69; E 59, 231 (238 f.) = NJW 1980, 2595; BVerwGE 64, 298 (301 f.) = NJW 1982, 1300 = AnwBl. 1982, 65; vgl. auch OVG Hamburg NJW 1972, 71 und NJW 1977, 1251; EGH Hamburg NJW 1985, 1084.
[49] *Pietzcker* NJW 1987, 305.
[50] Vgl. *Fröhler-Oberndörfer*, Körperschaften des öffentlichen Rechts und Interessenvertretung, S. 77; *Ress* WiVerw 1979, 157; *Laubinger* VerwArch 1983, 277 ff..
[51] BVerwG AnwBl. 1982, 65.
[52] Siehe VG Kassel BRAK-Mitt. 1983, 200; ferner auch EGH Frankfurt BRAK-Mitt. 1985, 170.
[53] Zum Begriff des Kammermitglieds vgl. § 65 Rdn. 3.
[54] BGH NJW 1984, 1042 = BRAK-Mitt. 1984, 84.
[55] So zutreffend BVerfGE 50, 16 = NJW 1979, 1159 = AnwBl. 1979, 426; *Feuerich/Braun*, § 73 Rdn. 18.

a) Abgrenzung der Belehrung zur Rüge. Sie ist in Rechtsprechung und 21
Lehre im Grenzbereich noch immer umstritten. Eine rechtssystematisch klare Abgrenzung zwischen einer neutralen, nicht repressiven Belehrung und einer mißbilligenden Belehrung, die in Wahrheit eine Rüge ist, kann schwierig sein, weil sie im Einzelfall sehr vom Inhalt des Bescheides abhängt, den der Vorstand erteilt. Grundsätzlich ist die **Belehrung** eine präventive Unterrichtung des Kammermitgliedes, die, wenn sie überhaupt an ein bestimmtes, in der Vergangenheit liegendes Verhalten anknüpft, hieraus keinerlei Schuldvorwurf ableitet, sondern ausschließlich wertneutrale Hinweise enthält. Sie kann, wenn diese Voraussetzungen erfüllt sind, auch zu einem entsprechenden Tun oder Unterlassen auffordern.[56] Demgegenüber ist als **Rüge** jede Äußerung des Vorstandes zu werten, die, anknüpfend an ein in der Vergangenheit liegendes Verhalten des Kammermitglieds, einen persönlichen Schuldvorwurf erhebt, gleichgültig, ob der Vorstand seine Entscheidung Belehrung oder Rüge oder mißbilligende Belehrung nennt oder sie überhaupt nicht näher bezeichnet. Mit diesen von *Feuerich*[57] aufgezeigten **Abgrenzungsmerkmalen** ist die Unterscheidung zwischen einer Belehrung gemäß Absatz 2 Nr. 1 und einer Rüge gemäß § 74 Abs. 1 durchweg möglich.[58] Im übrigen ist die Belehrung im Gegensatz zur Rüge (§ 74 Abs. 4) an keine Form gebunden und kann sowohl mündlich als auch schriftlich erteilt werden. Die Belehrung ist zudem kein Verwaltungsakt und bedarf demzufolge auch keiner Rechtsmittelbelehrung.

b) Rechtsfolgen. Eine Beratung oder Belehrung durch den Vorstand zwingt 22
das betroffene Kammermitglied nicht, sich entsprechend zu verhalten. Es setzt sich allerdings mit einem abweichenden Verhalten der Gefahr berufsrechtlicher Maßnahmen (§ 74) aus. In einem solchen Fall kann es sich nicht auf einen Verbotsirrtum berufen.

Umgekehrt begründet eine Beratung oder Belehrung nicht das Recht, sich künf- 23
tig immer entsprechend verhalten zu dürfen. Erweist sich die vom Vorstand im Wege der Beratung oder Belehrung erteilte Auskunft als falsch, kann der Vorstand sie berichtigen. Das Kammermitglied kann sich, nachdem es auf die Unrichtigkeit hingewiesen worden ist, auf die ursprünglich erteilte Auskunft nicht länger berufen. Allerdings kann es bis zur Berichtigung der fehlerhaften Beratung oder Belehrung auf deren Richtigkeit vertrauen. Deshalb kann ihm auch nicht vorgeworfen werden, berufswidrig gehandelt zu haben. Andererseits kann sich das Kammermitglied nicht auf einen (unvermeidbaren) Verbotsirrtum berufen, wenn es versäumt hat, sich vom Vorstand beraten oder belehren zu lassen.[59]

c) Anfechtbarkeit. Beratung und Belehrung sind keine anfechtbaren Maß- 24
nahmen. Ihre Unanfechtbarkeit ergibt sich aus der Zielrichtung, die der Vorstand verfolgt. Er will seine Auffassung zu einer künftigen hypothetischen Situation darlegen, nicht aber in die Rechte des Kammermitgliedes eingreifen. Wären solche Belehrungen einer allgemeinen gerichtlichen Kontrolle ihrer inhaltlichen Richtigkeit unterworfen, wäre dies mit der autonomen Stellung der Rechtsanwaltskammer nicht vereinbar.[60]

---

[56] BGH NJW 1984, 1042; EGH Baden-Württemberg BRAK-Mitt. 1982, 129; EGH Baden-Württemberg AnwBl. 1988, 245.
[57] *Feuerich/Braun,* § 74 Rdn. 15.
[58] Vgl. auch § 74 Rdn. 6–10.
[59] BGHSt 18, 192 (197); BGH NJW 1991, 49 = AnwBl. 1991, 97; EGH Frankfurt AnwBl. 1984, 629.
[60] So EGH München BRAK-Mitt. 1984, 197; *v. Gerkan* BRAK-Mitt. 1984, 90; vgl. auch BayEGH BRAK-Mitt. 1993, 224.

25 Anfechtbar ist eine **Belehrung** allerdings dann, wenn sie die Vornahme oder Unterlassung einer bestimmten Handlung fordert.[61] In einem solchen Fall muß das Gericht prüfen, ob die verlangte Handlung oder Unterlassung rechtmäßig oder rechtswidrig ist. Anfechtbar ist eine Belehrung auch dann, wenn dem Kammermitglied bei Beachtung der vom Vorstand erteilten Auskunft erhebliche Nachteile entstehen und es deshalb in seinen Rechten betroffen ist.[62] Andernfalls wäre es gezwungen, bewußt gegen die vom Vorstand geäußerte Auffassung zu verstoßen, um anschließend im Rahmen eines gegen ihn gerichteten berufsrechtlichen Verfahrens die Auffassung des Vorstandes überprüfen lassen zu können.[63] Riskiert das belehrte Kammermitglied einen bewußten Verstoß gegen die erteilte Belehrung nicht, führt das zu der Konsequenz, daß die Anfechtung einer mit Nachteilen für das Kammermitglied verbundenen Belehrung, weil unterhalb der Schwelle der Rüge, zu einem Verfahren gemäß § 223 vor dem Anwaltsgerichtshof führt, während die strengere Maßnahme der Rüge einer Überprüfung durch das erstinstanzliche Anwaltsgericht unterliegt. Dieser Umstand beruht aber auf der Natur des § 223 als generalklauselartigem Auffangtatbestand und schließt dessen Anwendung nicht aus.[64]

2. Vermittlung bei Streitigkeiten unter Mitgliedern (Abs. 2 Nr. 2)

26 Dem Vorstand obliegt es, bei Streitigkeiten unter den Mitgliedern der Kammer zu vermitteln. Diese vermittelnde Tätigkeit ist nur auf Antrag zulässig. Der Vorstand darf sich also nicht von Amts wegen in solche Streitigkeiten einschalten. Ein selbständiges Eingreifen könnte das Vertrauen, von dem die Vermittlungstätigkeit getragen sein muß, erschüttern.

27 Die Vermittlungstätigkeit macht den Vorstand nicht zum Schiedsrichter. Mißlingt der Vermittlungsversuch, ist damit die Aufgabe des Vorstandes erledigt, er kann den Streit also nicht durch eine Entscheidung beenden. Allerdings können dabei gewonnene Erkenntnisse den Vorstand veranlassen, ein berufsrechtliches Aufsichtsverfahren gemäß § 74 einzuleiten oder die Einleitung eines anwaltsgerichtlichen Verfahrens (§§ 116 ff.) anzuregen.

28 Eine Pflicht der Kammermitglieder, an dem Vermittlungsversuch des Vorstandes mitzuwirken, besteht nicht. Abweichend von früheren Regelungen (§ 58 RAO, § 75 RAObritZ) kann der Vorstand die Mitwirkung also nicht erzwingen.[65] Der Vermittlungsversuch ist folglich schon gescheitert, wenn eines der beiden im Streit befindlichen Kammermitglieder seine Mitwirkung verweigert.

3. Vermittlung bei Streitigkeiten zwischen Mitgliedern und ihren Auftraggebern (Abs. 2 Nr. 3)

29 Ein Antrag ist auch hier die notwendige Voraussetzung für die Vermittlungstätigkeit des Vorstandes. Der Antrag kann sowohl von dem Kammermitglied als auch von dessen Auftraggeber gestellt werden. Dabei ist es bei letzterem ohne

---

[61] EGH Baden-Württemberg BRAK-Mitt. 1982, 129; EGH Baden-Württemberg AnwBl. 1988, 245.
[62] EGH Hamburg BRAK-Mitt. 1984, 89 mit ablehnender Anm. v. *Gerkan* BRAK-Mitt. 1984, 90; a. A. BayEGH BRAK-Mitt. 1993, 224.
[63] So zu Recht *Feuerich/Braun*, § 73 Rdn. 21 unter Hinweis auf BVerfGE 50, 16 = NJW 1979, 1159 = AnwBl. 1979, 426; EGH Hamburg BRAK-Mitt. 1984, 89; vgl. auch BayEGH BRAK-Mitt. 1993, 224.
[64] BVerfGE 50, 16 (31 f.) = NJW 1979, 1159 = AnwBl. 1979, 426.
[65] A. A. noch *Isele*, § 73 Anm. II. D. 2. g) cc).

Bedeutung, ob er innerhalb oder außerhalb des Kammerbezirkes wohnt. Die Zuständigkeit des Vorstandes wird allein durch die Zugehörigkeit des Kammermitgliedes begründet.

Weder das Kammermitglied noch dessen Auftraggeber sind verpflichtet, an der Vermittlung mitzuwirken. Für den Vorstand kann sich allerdings die Notwendigkeit ergeben, gegen das betroffene Kammermitglied berufsrechtlich vorzugehen (§§ 74, 116 ff.). 30

In der Praxis stellen sich „Beschwerden" der Auftraggeber häufig als Antrag auf Vermittlung heraus. Soweit Gegenstand des Streites zwischen einem Kammermitglied und seinem Auftraggeber **Rahmengebühren** (§§ 20, 83 ff., §§ 116, 118 BRAGO) sind, gerät der Vorstand allerdings in eine Konfliktsituation. Im Gebührenrechtsstreit des Kammermitgliedes gegen seinen Mandanten trifft den Vorstand die gesetzliche Verpflichtung zur **Erstattung eines Gebührengutachtens** (§ 12 Abs. 2 BRAGO). Andererseits soll er gem. Absatz 2 Nr. 3 vermitteln. Dieser Konflikt läßt sich sachgerecht nur lösen, wenn der Pflicht zur Erstattung eines Gutachtens der Vorrang eingeräumt und § 12 Abs. 2 BRAGO als lex specialis zu Absatz 2 Nr. 3 betrachtet wird. Der Vorstand muß also in einem solchen Fall die Vermittlungstätigkeit ablehnen, um seine Neutralität und Objektivität für seine Funktion als Gutachter zu bewahren. 31

4. Berufsaufsicht

Der Vorstand hat darüber zu wachen, daß die Kammermitglieder die ihnen obliegenden Pflichten erfüllen. Auch hat er das **Recht der Rüge** zu handhaben (Abs. 2 Nr. 4). Damit obliegt ihm die Berufsaufsicht, wenn auch nur in den durch § 74 Abs. 1 gezogenen Grenzen.[66] Diese Berufsaufsicht gehört zu den öffentlichen Aufgaben, die der Staat der Rechtsanwaltskammer übertragen hat. 32

a) Überwachung. Der Vorstand muß etwaigen Pflichtverletzungen von Amts wegen nachgehen. Die Pflicht zur Überwachung erstreckt sich auf den gesamten Pflichtenkreis des Kammermitglieds, auch auf die Gehilfenausbildung.[67] Ausgelöst wird die Überwachungstätigkeit hauptsächlich durch Beschwerden, die vorwiegend von Mandanten und Prozeßgegnern und gelegentlich auch von den Gerichten erhoben werden. Eine weitere Erkenntnisquelle ist die in Nr. 23 i. V. m. Nr. 15 der bundeseinheitlichen Anordnung über Mitteilungen in Strafsachen (Mistra) vom 15. 3. 1985[68] angeordnete Unterrichtung des Vorstandes über Maßnahmen gegen Kammermitglieder in Strafsachen. Über zivilrechtliche Klagen, Mahnbescheide und Vollstreckungsmaßnahmen hat die Justizverwaltung den Vorstand aufgrund landesrechtlicher Vorschriften zu unterrichten.[69] Solche Benachrichtigungen sind in den Grenzen des § 35 a Abs. 3 zulässig und verletzen nicht den durch Art. 2 Abs. 1 GG geschützten Persönlichkeitsbereich.[70] 33

Erleichtert wird die Überwachungstätigkeit durch das Recht des Vorstandes, das Kammermitglied befragen und die Vorlage der Handakten verlangen (§ 56 Abs. 1) zu können. Beides kann das Kammermitglied nur verweigern, wenn es sich darauf beruft, dadurch seine Verpflichtung zur Verschwiegenheit zu verlet- 34

---

[66] Vgl. hierzu § 74, insbesondere Rdn. 11 ff.
[67] EGH Baden-Württemberg Rechtsbeistand 1987, 112; EG Kassel EGE XIV, 280.
[68] JMBl. NW 1985, 69.
[69] Vgl. z. B. AV JM NW vom 30. 8. 1983, JMBl. NW 217.
[70] BVerwG NJW 1976, 258; OLG Hamm JMBl. NW 1988, 57; EGH Hamm JMBl. NW 1988, 57.

zen oder sich durch wahrheitsgemäße Beantwortung oder Vorlage seiner Handakten der Gefahr einer Verfolgung wegen einer Straftat, einer Ordnungswidrigkeit oder einer Berufspflichtverletzung auszusetzen (§ 56 Abs. 1 S. 2). Außerdem kann der Vorstand Behörden und Gerichte des Bundes und der Länder nach Art. 35 Abs. 1 GG im Wege der Amtshilfe um Auskünfte und Vorlage von Urkunden oder Akten ersuchen, da er öffentliche Gewalt ausübt.[71]

35 Ein **Rechtsanspruch** auf eine Überwachungstätigkeit besteht nicht. Der Vorstand entscheidet nach eigenem pflichtgemäßen Ermessen, ob er einschreitet.[72] Die berufsrechtliche Aufsicht der Rechtsanwaltskammer über ihre Mitglieder dient nicht der Wahrung individueller Belange, sondern dem öffentlichen Interesse. Deshalb kann ein Dritter nicht gegen die Rechtsanwaltskammer mit dem Ziel klagen, der Vorstand möge seiner Überwachungspflicht nachkommen.[73] Kammermitglieder können allerdings gemäß § 223 Abs. 2 den Antrag auf gerichtliche Entscheidung mit der Begründung stellen, der Vorstand sei unter Verletzung seines pflichtgemäßen Ermessens untätig geblieben und verletze so seine Überwachungspflicht. Wirbt beispielsweise ein Kammermitglied in einer nach Meinung eines anderen Kammermitgliedes unzulässigen Weise, ist die Untätigkeit des Vorstandes gerichtlich überprüfbar, wenn dieser trotz der Beschwerde nicht tätig wird (§ 223 Abs. 2).

36 b) **Rüge.** Das Recht der Rüge gewährt dem Vorstand im Rahmen der Selbstverwaltung die Möglichkeit, das Verhalten eines Kammermitglieds, durch das dieses ihm obliegende Pflichten verletzt hat, selbst zu ahnden. Die Rüge ist eine Mißbilligung, die an die Stelle einer anwaltsgerichtlichen Ahndung tritt.[74]

5. Mitwirkung bei der Ernennung von Mitgliedern des Anwaltsgerichts- und des Anwaltsgerichtshofs (Abs. 2 Nr. 5)

37 Das Vorschlagsrecht betreffend die anwaltlichen Mitglieder der Anwaltsgerichte und des Anwaltsgerichtshofes ist im einzelnen in § 94 Abs. 2 und in § 103 geregelt. Die vom Vorstand der Landesjustizverwaltung vorzulegende **Vorschlagsliste** muß mindestens die Hälfte mehr als die erforderliche Zahl von Rechtsanwälten enthalten (§ 94 Abs. 2 S. 4), um der Landesjustizverwaltung eine Auswahl unter mehreren Kandidaten zu ermöglichen. Anwaltsrichter kann allerdings nur werden, wer vom Vorstand vorgeschlagen wird. Wenn die Landesjustizverwaltung keinen der in der Vorschlagsliste des Vorstandes benannten Rechtsanwälte zum Anwaltsrichter berufen will, kann sie eine Ergänzung der auf das gesetzliche Mindestmaß beschränkten Vorschlagsliste verlangen, nicht aber Rechtsanwälte zu Anwaltsrichtern berufen, die der Vorstand nicht vorgeschlagen hat.[75]

38 Das Vorschlagsrecht des Vorstandes ist nicht unproblematisch. Er kann über die Vorschlagsliste die Rechtsprechung der Anwaltsgerichtsbarkeit zu beeinflussen versuchen, indem er nur solche Rechtsanwälte in die Vorschlagsliste aufnimmt, von denen er sich tendenziell eine bestimmte Entwicklung der Rechtsprechung verspricht.

---

[71] BVerfGE 18, 203 (212); *Kleine-Cosack*, § 74 Rdn. 4.
[72] Vgl. VGH Mannheim NJW 1982, 2011; ferner EGH Hamm AnwBl. 1977, 82; VG Freiburg NJW 1978, 967; *Feuerich/Braun*, § 73 Rdn. 34; *Jessnitzer/Blumberg*, § 73 Rdn. 9.
[73] BVerwG NJW 1993, 2066.
[74] Vgl. im einzelnen die Kommentierung zu § 74.
[75] BVerfGE 26, 186 = NJW 1969, 2192.

6. Mitwirkung bei der Ernennung von Mitgliedern des Senats für Anwaltssachen (§ 107) und der Wahl von Rechtsanwälten beim BGH (§ 166)

Gemäß Absatz 2 Nr. 6 obliegt es dem Vorstand, der Bundesrechtsanwaltskammer Kammermitglieder als anwaltliche Beisitzer für den beim Bundesgerichtshof gebildeten Senat für Anwaltssachen (§ 106) und für die Zulassung als Rechtsanwalt bei dem Bundesgerichtshof (§ 166) vorzuschlagen. Insoweit wird auf die Kommentierungen zu §§ 106 und 166 verwiesen.

7. Rechnungslegung über die Verwaltung des Kammervermögens (Abs. 2 Nr. 7)

Der Vorstand muß der Versammlung der Kammer über die Verwaltung des Vermögens jährlich Rechnung legen. Über die Verwaltung des Kammervermögens beschließt das Präsidium (§ 79 Abs. 2 S. 1), dessen Beschlüsse der Schatzmeister ausführt (§ 83 Abs. 1 S. 1). Über seine Beschlüsse hat das Präsidium dem Vorstand jedes Vierteljahr zu berichten (§ 79 Abs. 2 S. 2). Die Verwaltung des Vermögens zu prüfen und über die Entlastung zu beschließen, ist anschließend Aufgabe der Kammerversammlung (§ 89 Abs. 2 Nr. 6).

8. Erstattung von Gutachten (Abs. 2 Nr. 8)

Gemäß Absatz 2 Nr. 8 gehört es zu den Aufgaben des Vorstandes, Gutachten zu erstatten, die eine Landesjustizverwaltung, ein Gericht oder eine Verwaltungsbehörde des Landes anfordert. Diese Aufgabe kann nicht auf ein einzelnes Vorstandsmitglied übertragen werden (Abs. 3).[76]

Gegenstand des Gutachtens können Angelegenheiten aus jedem Rechtsgebiet sein.[77] Das ergibt sich aus dem Zweck der Vorschrift, den die amtliche Begründung damit umschreibt, die Erfahrungen der Rechtsanwaltschaft für die Gesetzgebung des Landes und für die Gestaltung und Durchführung der Rechtspflege nutzbar zu machen.

Der Vorstand kann die Erstattung des von einer Landesjustizverwaltung, einem Gericht oder einer Verwaltungsbehörde des Landes angeforderten Gutachtens nicht ablehnen. Das gilt nicht nur, wenn das Gesetz die Erstattung eines Gutachtens ausdrücklich vorschreibt (§ 3 Abs. 3, § 12 Abs. 2 BRAGO), sondern auch ohne besondere gesetzliche Grundlage. Fordert eine nicht zu dem in Absatz 2 Nr. 8 genannten Kreis der Berechtigten gehörende Behörde die Erstattung eines Gutachtens, steht es im pflichtgemäßen Ermessen des Vorstandes, ob er ein Gutachten erstellt.

9. Mitwirkung bei der Referendarausbildung (Abs. 2 Nr. 9)

Die Pflicht des Vorstandes, bei der Ausbildung der Referendare mitzuwirken, erstreckt sich in erster Linie auf die Überwachung der Kammermitglieder, die Referendare ausbilden (§ 59). Dazu gehört aber auch die Auswahl der zur Ausbildung geeigneten Rechtsanwälte, die Organisation und Ausgestaltung von Einführungslehrgängen, wie sie beispielsweise in Nordrhein-Westfalen zu Beginn der Ausbildung bei einem Rechtsanwalt vorgeschrieben sind, und die Mitwir-

---

[76] Siehe hierzu BGH EGE VI 81 (85).
[77] So die Amtl. Begr.; ebenso *Feuerich/Braun*, § 73 Rdn. 42; *Jessnitzer/Blumberg*, § 73 Rdn. 10; a. A. *Isele*, § 73 II. D. 8. c).

kung bei gesetzgeberischen Überlegungen zur Regelung der Referendarausbildung.

10. Mitwirkung bei der Besetzung der juristischen Prüfungsausschüsse (Abs. 2 Nr. 10)

45 Der Vorstand hat die anwaltlichen Mitglieder für die juristischen Prüfungsausschüsse (damit sind die Justizprüfungsämter für die erste juristische Staatsprüfung und die Landesjustizprüfungsämter für die zweite juristische Staatsprüfung gemeint) vorzuschlagen. Darüber hinaus muß es das Anliegen eines jeden Vorstandes sein, die Zahl der anwaltlichen Prüfer zu vermehren. Das gilt vor allem für die zweite juristische Staatsprüfung. Immer mehr Assessoren drängen nach bestandenem Examen in die Anwaltschaft. Umso mehr muß sie in die Ausbildung der künftigen Rechtsanwälte und damit auch in die zweite juristische Staatsprüfung eingebunden sein.

VI. Übertragung von Vorstandsaufgaben

46 § 73 Abs. 3 erlaubt dem Vorstand, die in Absatz 2 Nr. 1 bis 3 bezeichneten Aufgaben einzelnen Mitgliedern des Vorstandes zu übertragen, also die Beratung und Belehrung der Kammermitglieder, die Vermittlung bei Streitigkeiten unter Kammermitgliedern und die Vermittlung bei Streitigkeiten zwischen Mitgliedern der Kammer und ihren Auftraggebern. Eine Ausdehnung auf andere Fälle ist nicht erlaubt. Weder kann die Geschäftsordnung der Kammer eine abweichende Regelung vorsehen noch die Kammerversammlung eine solche beschließen. Zu Recht hat deshalb der Bundesgerichtshof die Erstattung eines Gutachtens im Zulassungsverfahren durch ein einzelnes Mitglied des Vorstandes für unzulässig erklärt.[78]

47 Die Übertragung der in Absatz 3 genannten Aufgaben kann generell oder für den konkreten Einzelfall erfolgen. Sie ist jederzeit durch Beschluß des Vorstandes widerruflich.

§ 74 Rügerecht des Vorstandes

(1) **Der Vorstand kann das Verhalten eines Rechtsanwalts, durch das dieser ihm obliegende Pflichten verletzt hat, rügen, wenn die Schuld des Rechtsanwalts gering ist und ein Antrag auf Einleitung eines anwaltsgerichtlichen Verfahrens nicht erforderlich erscheint. § 113 Abs. 2 und 3, § 115 b und § 118 Abs. 2 gelten entsprechend.**

(2) **Der Vorstand darf eine Rüge nicht mehr erteilen, wenn das anwaltsgerichtliche Verfahren gegen den Rechtsanwalt eingeleitet ist oder wenn seit der Pflichtverletzung mehr als drei Jahre vergangen sind. Eine Rüge darf nicht erteilt werden, während das Verfahren auf den Antrag des Rechtsanwalts nach § 123 anhängig ist.**

(3) **Bevor die Rüge erteilt wird, ist der Rechtsanwalt zu hören.**

(4) **Der Bescheid des Vorstandes, durch den das Verhalten des Rechtsanwalts gerügt wird, ist zu begründen. Er ist dem Rechtsanwalt zuzustellen. Eine Abschrift des Bescheides ist der Staatsanwaltschaft bei dem Oberlandesgericht mitzuteilen.**

---

[78] BGH EGE VI 81 (85).

§ 74 Rügerecht des Vorstandes **1 § 74**

(5) **Gegen den Bescheid kann der Rechtsanwalt binnen eines Monats nach der Zustellung bei dem Vorstand Einspruch erheben. Über den Einspruch entscheidet der Vorstand; Absatz 4 ist entsprechend anzuwenden.**

Übersicht

	Rdn.		Rdn.
I. Entstehungsgeschichte	1, 2	d) Abgabe an die Staatsanwaltschaft	28
II. Normzweck	3–5	e) Rügebescheid	29
III. Begriffsbestimmung	6–10	4. Adressat der Entscheidung	30
1. Rüge	6	a) Kammermitglieder	31
2. Belehrung	8	b) Staatsanwaltschaft (§ 120)	33
3. Abgrenzung	9	c) Dritte	36
4. Rechtsfolgen der Abgrenzung	10	5. Ausfertigung	39
IV. Rügeverfahren	11–39	V. Anfechtbarkeit der Entscheidung	40–45
1. Aufklärung des Sachverhalts	12	1. Abgabe an eine andere Rechtsanwaltskammer	41
2. Rechte des Kammermitgliedes	13	2. Aussetzung	42
a) Rechtliches Gehör	14	3. Einstellung	43
b) Akteneinsicht	15	4. Abgabe an die Staatsanwaltschaft	44
3. Entscheidung	16	5. Rügebescheid	45
a) Abgabe an eine andere Rechtsanwaltskammer	17	VI. Einspruchsverfahren	46–49
b) Aussetzung	18	1. Zuständigkeit	47
c) Einstellung	21	2. Entscheidung	48
		3. Auslagen	49

I. Entstehungsgeschichte

Die Rechtsanwaltsordnung vom 1. Juli 1878 enthielt über das Rügerecht keine **1** ausdrückliche Bestimmung. Der Vorstand hatte die Aufsicht über die Erfüllung der den Mitgliedern der Kammer obliegenden Pflichten zu üben und die ehrengerichtliche Strafgewalt zu handhaben (§ 49 RAO). Eine Abgrenzung beider Aufgaben kannte das Gesetz nicht. Schon damals entsprach es allerdings der in Literatur und Rechtsprechung herrschenden Meinung, daß nur schwere Pflichtverletzungen die ehrengerichtliche Bestrafung zur Folge haben dürften. Bei geringfügigen Pflichtverletzungen sollte der Vorstand das Verhalten des Kammermitgliedes kritisieren, es zur Pflichterfüllung ermahnen und die mangelnde Pflichterfüllung mißbilligen.[1] Gegen einen solchen im Aufsichtswege ergangenen Bescheid gab es kein Rechtsmittel. Diese aus heutiger Sicht nicht rechtsstaatliche Lösung wurde von der Rechtsprechung der Ehrengerichtshöfe dadurch abgemildert, daß die vom Vorstand getroffene Aufsichtsmaßnahme in einem späteren ehrengerichtlichen Verfahren bei der Gesamtwürdigung der Persönlichkeit des beschuldigten Rechtsanwalts unberücksichtigt bleiben mußte.[2] In den Reformbestrebungen vor 1933 forderte die Anwaltschaft wiederholt, das Rügeverfahren gesetzlich zu regeln.[3] Schließlich führte die **Verordnung des Reichspräsidenten vom 18. März 1933**[4] erstmalig die Rüge und die Mißbilligung als Auf-

---

[1] Siehe hierzu *Friedländer*, § 49 RAO Anm. 11 m. w. N.
[2] *Isele*, § 74 II. B. 3. führt hierzu zahlreiche Urteile an.
[3] AnwBl. 1928, 322 ff.; 1930, 236 ff. und 1931, 91 ff.
[4] RGBl. I, S. 109.

sichtsmittel des Vorstandes gesetzlich ein. § 57 RRAO bestimmte, daß der Präsident der Reichsrechtsanwaltskammer Rechtsanwälten bei leichteren Pflichtverletzungen „eine Rüge zu erteilen oder eine Mißbilligung auszusprechen" hatte. Vor seiner Entscheidung hatte er einen aus mindestens drei Mitgliedern des Vorstandes gebildeten ständigen Ausschuß gutachtlich zu hören. Gegen die Erteilung der Rüge oder Mißbilligung hatte der betroffene Rechtsanwalt das Recht der Dienstaufsichtsbeschwerde.

2 Die **Bundesrechtsanwaltsordnung** kennt nur noch den Begriff der Rüge. In der ursprünglichen Fassung vom 1. August 1959 gewährte sie dem betroffenen Rechtsanwalt die Möglichkeit, im Anschluß an das Rügeverfahren die ehrengerichtliche Voruntersuchung zu beantragen (§ 74 Abs. 5 i. V. mit § 121 Abs. 3 a.F.). Gegenstand dieses Verfahrens war derselbe Sachverhalt, der dem Rügebescheid zugrunde lag, nicht aber der Rügebescheid selbst. Obwohl das Bundesverfassungsgericht diese Regelung als mit dem Grundgesetz vereinbar erklärte,[5] empfand die Anwaltschaft sie als unbefriedigend. Bemängelt wurde, daß der betroffene Rechtsanwalt auf die einzige ihn interessierende Frage, ob die Rüge zu Recht verhängt worden war, keine Antwort erhielt. Das lag daran, daß das Ehrengericht die Rüge nicht bestätigen oder aufheben, sondern nur die Eröffnung der ehrengerichtlichen Voruntersuchung ablehnen konnte mit der Begründung, das Verhalten, dessentwegen der Rechtsanwalt gerügt worden war, sei keine Pflichtverletzung. Als besonders mißlich wurde empfunden, daß das Ehrengericht, wenn es eine Pflichtverletzung mit geringer Schuld feststellte, die ehrengerichtliche Mindeststrafe der Warnung aussprechen mußte, selbst wenn es die Rüge für ausreichend erachtete.[6] Als Ergebnis schwieriger Verhandlungen brachte das **Änderungsgesetz zur Bundesrechtsanwaltsordnung vom 13. Januar 1969**[7] die bis heute geltende Neuregelung, die von den Empfehlungen des Strafrechtsausschusses der Bundesrechtsanwaltskammer beeinflußt ist. Durch diese Gesetzesänderung wurde dem von einer Rüge betroffenen Rechtsanwalt erstmalig die Möglichkeit eingeräumt, eine echte richterliche Entscheidung herbeizuführen. In Abkehr von den früheren rechtsstaatlich bedenklichen Regelungen ist damit das Rügeverfahren formalisiert und der Rechtsschutz verstärkt.

II. Normzweck

3 Der Gesetzgeber hat sich für das Nebeneinander von (nunmehr formalisiertem) Rügeverfahren und anwaltsgerichtlichem Verfahren entschieden und damit der historischen Entwicklung Rechnung getragen. Hat ein Rechtsanwalt oder ein anderes Kammermitglied (§§ 206, 207, 209)[8] seine anwaltlichen Berufspflichten verletzt, so soll zunächst der Vorstand darüber entscheiden, ob er das Verschulden des Kammermitglieds als gering ansehen und eine **Rüge** erteilen oder ob er ein förmliches **anwaltsgerichtliches Verfahren** anregen will. Eine Rüge schließt allerdings nicht aus, daß die Staatsanwaltschaft bei dem Oberlandesgericht (§ 120) wegen desselben Sachverhalts ein anwaltsgerichtliches Verfahren einleitet (§ 115 Abs. 2). Umgekehrt kann ein Kammermitglied, gegen das der Vorstand ermittelt,

---

[5] BVerfGE 18, 203 = MDR 1965, 269.
[6] Amtl. Begr., S. 142.
[7] BGBl. I, S. 25.
[8] Das Gesetz spricht unverändert nur von dem „Rechtsanwalt", obwohl es auch andere Kammermitglieder gibt (vgl. §§ 206, 207, 209). Deshalb wird im Text statt des Begriffs des Rechtsanwalts der des Kammermitglieds verwandt. Vgl. auch § 65 Rdn. 3.

die Erteilung einer Rüge verhindern, indem es gemäß § 123 Abs. 1 bei der Staatsanwaltschaft beantragt, das anwaltsgerichtliche Verfahren einzuleiten, damit es sich von dem Verdacht einer Pflichtverletzung reinigen kann.

Die **Rüge** ermöglicht es, **geringfügige Verstöße** gegen das anwaltliche Berufsrecht ohne größeren Aufwand außerhalb des förmlichen anwaltsgerichtlichen Verfahrens zu ahnden und trägt so zur Entlastung der Anwaltsgerichte und der Staatsanwaltschaften bei. Da sie eine Aufsichtsmaßnahme ist, bleibt dem Vorstand bei der Handhabung des Rügerechts ein gewisser Ermessensspielraum. Hier liegt der eigentliche Schwerpunkt seiner Tätigkeit. Sein Ermessen hat er in doppelter Weise auszuüben. Stehen Pflichtverletzung und Schuld für den Vorstand fest, so entscheidet sein Ermessen zunächst darüber, ob die Schuld so gering ist, daß ein anwaltsgerichtliches Verfahren ausscheidet. Verneint er die Notwendigkeit einer anwaltsgerichtlichen Ahndung, muß er in einer zweiten Stufe entscheiden, ob er die Erteilung einer Rüge für erforderlich hält. Er ist nicht gezwungen („kann"), eine Rüge auszusprechen und kann beispielsweise davon absehen, weil das geringfügige berufsrechtliche Fehlverhalten gegenüber einem jahrelangen einwandfreien Verhalten nicht ins Gewicht fällt.[9]

Im Verhältnis zu anwaltsgerichtlichen Maßnahmen ist die Rüge als das schwächere Mittel **subsidiär**. Das Rügerecht des Vorstandes erlischt, sobald ein anwaltsgerichtliches Verfahren eingeleitet ist. Es lebt selbst dann nicht wieder auf, wenn das anwaltsgerichtliche Verfahren eingestellt wird.

III. Begriffsbestimmung

1. Rüge

Sie ist **vergangenheitsorientiert** und **mißbilligt** ein in der Vergangenheit liegendes **berufswidriges Verhalten** in objektiver und subjektiver Hinsicht. In welcher sprachlichen Ausdrucksweise das geschieht, ist gleichgültig.[10] Selbst wenn der Vorstand von einer „Belehrung" spricht oder ein Kammermitglied „ermahnt", ihm „Vorhaltungen" macht oder in sonstiger Weise ein in der Vergangenheit liegendes Verhalten tadelt, ist seine Äußerung eine Rüge.[11]

Mit dem für das Verhältnis zwischen Rüge und anwaltsgerichtlicher Maßnahme geltenden Grundsatz, daß die Rüge als die schwächere Reaktion auf eine Pflichtverletzung hinter anwaltsgerichtlichen Maßnahmen zurücktritt,[12] ist es nicht zu vereinbaren, ein Verhalten, das nicht oder nicht mehr anwaltsgerichtlich geahndet werden kann, zu rügen. Deshalb verweist Absatz 1 S. 2 auf § 113 Abs. 2 und 3, §§ 115b und 118 Abs. 2. Durch diese Verweisung wird sichergestellt, daß der Vorstand nur eine Pflichtverletzung rügen darf, die an sich (noch) anwaltsgerichtlich geahndet werden könnte. Deshalb darf der Vorstand ein außerberufliches Verhalten eines Kammermitglieds nur rügen, wenn es nach den Umständen des Einzelfalls in besonderem Maße geeignet ist, Achtung und Vertrauen in einer für die Ausübung der Anwaltstätigkeit oder für das Ansehen der Rechtsanwaltschaft bedeutsamen Weise zu beeinträchtigen (§ 113 Abs. 2). Eine Rüge ist unzulässig, wenn das Kammermitglied „zur Zeit der Tat" der Anwaltsgerichtsbarkeit nicht unterstand (§ 113 Abs. 3) oder wenn durch ein Gericht oder eine Behörde

---

[9] *Kalsbach,* § 74 Anm. 2 II.
[10] Vgl. § 73 Rdn. 21.
[11] BVerfGE 50, 16 (24) = NJW 1979, 1159 = AnwBl. 1979, 426; BGH NJW 1984, 1042; vgl. ferner EGH Baden-Württemberg BRAK-Mitt. 1982, 77; *Dittmar* AnwBl. 1980, 174.
[12] Vgl. auch BVerfG EGE VIII, 137; BVerfGE 50, 16; Bayer. EGH EGE XIII, 193.

bereits eine Strafe, eine Disziplinarmaßnahme, eine berufsgerichtliche Maßnahme oder eine Ordnungsmaßnahme verhängt worden ist. Sie kann allerdings zusätzlich erforderlich sein, um das Kammermitglied zur Erfüllung seiner Pflichten anzuhalten und das Ansehen der Rechtsanwaltschaft zu wahren (§ 115b), oder wenn das Kammermitglied im gerichtlichen Verfahren wegen einer Straftat oder Ordnungswidrigkeit freigesprochen worden ist (§ 118 Abs. 2). Bei einem unkorrekten Verhalten im privaten Bereich, das nach § 113 Abs. 2 nur in Fällen von gewisser Tragweite überhaupt eine anwaltsgerichtlich zu ahnende Pflichtverletzung darstellt, oder bei einem Verhalten, für das bereits im Strafverfahren eine Strafe oder in einem anderen Verfahren eine anderweitige Maßnahme verhängt worden ist, ist eine Rüge, weil mit ihr nur geringfügige Verstöße gegen anwaltliche Berufspflichten mißbilligt werden können, kaum vorstellbar und kann nur in besonders gelagerten Ausnahmefällen in Betracht kommen.

2. Belehrung

8   Sie ist eine **zukunftsbezogene, präventive Auskunft**, die der Vorstand auf Anfrage oder aus gegebenem Anlaß zur Beseitigung künftiger Zweifel erteilt.[13] Sie darf keine Bewertung eines zurückliegenden Vorgangs und keinen Schuldvorwurf enthalten. Als Belehrung im Sinne des § 73 Abs. 2 Nr. 1 sind folglich alle Äußerungen des Vorstandes anzusehen, die ein früheres oder künftiges Verhalten eines Kammermitgliedes zum Anlaß nehmen, ihm den berufsrechtlich richtigen Weg zu weisen, ohne den Vorwurf eines schuldhaften Verstoßes gegen berufsrechtliche Pflichten zu erheben.

3. Abgrenzung

9   Die Unterscheidung zwischen einer Belehrung im Sinne des § 73 Abs. 2 Nr. 1 und einer Rüge gemäß Absatz 1 ist in Rechtsprechung und Lehre im Grenzbereich noch immer umstritten.[14] Eine klares Unterscheidungsmerkmal hat *Feuerich*[15] aufgezeigt. Er weist darauf hin, daß jede schuldzuweisende Beanstandung eines Verhaltens durch den Vorstand eine Rüge ist. Mit diesem Unterscheidungsmerkmal läßt sich trotz aller Vielfalt der sprachlichen Ausdrucksformen jede Äußerung des Vorstandes sehr einfach einordnen: Eine beanstandende, schuldzuweisende Äußerung ist eine Rüge, eine nicht beanstandende, nicht schuldzuweisende Äußerung ein Belehrung.

4. Rechtsfolgen der Abgrenzung

10   Die Notwendigkeit einer klaren Abgrenzung der Rüge von der Belehrung ergibt sich aus den unterschiedlichen Rechtsfolgen für das betroffene Kammermitglied. Während die **Belehrung** nur über den generalklauselartigen Auffangtatbestand des § 223 Abs. 1 anfechtbar ist, sind gegen die **Rüge** der Einspruch und der **Antrag auf Entscheidung** durch das Anwaltsgericht (§ 74a) zulässig. Unterschiedlich ausgestaltet sind auch die Verfahrensabläufe. Die Belehrung kann mündlich erfolgen, rechtliches Gehör ist nicht vorgeschrieben. Vor Erteilung einer Rüge ist das Kammermitglied zu hören, zudem muß die Rüge schriftlich abgefaßt und mit Gründen versehen werden. Diese unterschiedliche Verfahrens-

---

[13] BVerfGE 50, 16 (27) = NJW 1979, 1159 = AnwBl. 1979, 426; vgl. auch § 73 Rdn. 20 ff.
[14] Ausführlich hierzu *Hartstang* I, S. 158 ff.; *ders.* II, S. 723 ff. mit Nachweisen aus der Rechtsprechung.
[15] *Feuerich/Braun*, § 73 Rdn. 15.

gestaltung ist sinnvoll wegen der verschiedenartigen Wirkung von Belehrung und Rüge. Die Rüge beeinträchtigt das Kammermitglied in seiner Berufsehre und ist geeignet, es in seiner grundrechtlich geschützten Freiheit zu einzuschränken, den Beruf grundsätzlich frei von Reglementierungen eigenverantwortlich auszuüben.[16] Daher können Rügen anders als Belehrungen auch Gegenstand einer **Verfassungsbeschwerde** gemäß Art. 93 Abs. 1 Nr. 4a GG, § 90 Abs. 1 BVerfGG sein.[17] Demgegenüber belastet eine Belehrung das Kammermitglied nicht mit dem Makel der Verletzung von Berufspflichten. Wegen dieser unterschiedlichen Wirkungsweisen kann der Vorstand nicht nach eigenem Ermessen zwischen dem besonders formalisierten Verfahren der Rüge und der gesetzlich nur unvollkommen ausgestalteten Belehrung wählen. Für jede Äußerung, die das Verhalten eines Kammermitglieds mißbilligt, steht ausschließlich das Rügeverfahren zur Verfügung. Selbst wenn der Vorstand seine Maßnahme als Belehrung bezeichnet, sie aber beanstandend und schuldzuweisend[18] und folglich eine Rüge ist, hat das betroffene Kammermitglied die Rechte, die es hätte, wenn verfahrensrechtlich ordnungsgemäß ein Rügebescheid erteilt worden wäre. Das entspricht dem allgemeinen Grundsatz, daß sich die Art des Rechtsmittels nach dem Inhalt der Entscheidung und nicht nach der äußeren Form richtet.[19]

IV. Rügeverfahren

Nach Art, Inhalt, Aufbau und zeitlicher Reihenfolge teilt sich das Rügeverfahren in **drei Verfahrensabschnitte**: in ein Aufsichtsverfahren, ein Einspruchsverfahren und ein anwaltsgerichtliches Antragsverfahren. Das Aufsichtsverfahren, welches das Kernstück des Rügeverfahrens ist, leitet der Vorstand von Amts wegen ein, wenn Anhaltspunkte für einen Verstoß eines Kammermitgliedes gegen Berufspflichten bestehen. Gleichgültig ist, auf welche Weise solche Anhaltspunkte bekannt werden. Das kann aufgrund von Beschwerden der Fall sein, aber auch auf jeder sonstigen Erkenntnisquelle beruhen.

1. Aufklärung des Sachverhalts

Sobald dem Vorstand Anhaltspunkte für eine Verletzung von Berufspflichten bekannt werden, hat er zunächst den Sachverhalt gewissenhaft aufzuklären, um prüfen zu können, ob tatsächlich eine schuldhafte Pflichtverletzung vorliegt. Ein Nachteil der gesetzlichen Regelung ist es, daß die Aufklärungsmöglichkeiten des Vorstandes beschränkt sind. Er kann zwar von dem betroffenen Kammermitglied Auskunft und Vorlage der Handakten verlangen (§ 56 Abs. 1 S. 1) und es zu einer Anhörung laden, jedoch kann das Kammermitglied Auskunft, Vorlage der Handakten und persönliches Erscheinen verweigern, indem es sich darauf beruft, daß es bei Befolgung dieser Anordnungen seine Verpflichtung zur Verschwiegenheit verletzen oder sich durch wahrheitsgemäße Beantwortung oder Vorlage seiner Handakten der Gefahr einer Verfolgung wegen einer Straftat, einer Ordnungswidrigkeit oder einer Berufspflichtverletzung aussetzen könnte. Dann ist dem Vorstand jede weitere Aufklärungsmöglichkeit so gut wie genommen. Er kann zwar Behörden und Gerichte des Bundes und der Länder nach Art. 35 Abs. 1 GG im Wege der Amtshilfe um Auskünfte und Vorlage von Urkunden

---

[16] BVerfGE 50, 16 (27) = NJW 1979, 1159 = AnwBl. 1979, 426.
[17] BVerfGE 18, 203 (213).
[18] Siehe Rdn. 6.
[19] EGH Hamm BRAK-Mitt. 1983, 141; *Feuerich/Braun*, § 74 Rdn. 16.

oder Akten bitten, da er öffentliche Gewalt ausübt.[20] Auch kann er versuchen, von dritten Personen Auskunft zu erhalten, diese sind aber hierzu nicht verpflichtet. Sie auf Antrag des Vorstandes durch ein Gericht vernehmen zu lassen, sieht das Gesetz nicht vor. In der Praxis kranken deshalb viele **Aufsichtsverfahren an fehlender Aufklärung.** Diese unbefriedigende Situation, einerseits über die Erfüllung der den Mitgliedern obliegenden Pflichten wachen zu müssen, andererseits vermutete Verstöße selbst nicht aufklären zu können, kann dazu verleiten, bei der Generalstaatsanwaltschaft (§ 120) die Einleitung eines anwaltsgerichtlichen Verfahrens anzuregen, um auf diese Weise eine Aufklärung herbeizuführen. Für das Kammermitglied ist diese Verfahrensweise dann nachteilig, wenn der Vorstand mangels eigener Aufklärungsmöglichkeit zu der schärferen Maßnahme greift, um auf dem Umweg über die Einleitung eines anwaltsgerichtlichen Verfahrens den sonst im unklaren bleibenden Sachverhalt ermitteln zu lassen statt bei geklärtem Sachverhalt die Schuld des Kammermitglieds als gering ansehen und deshalb das Verhalten nur rügen zu können. Das Kammermitglied kann diesem Nachteil entgegenwirken, indem es sich nicht auf sein Auskunftsverweigerungsrecht (§ 56 Abs. 1 S. 2) beruft und die verlangte Auskunft erteilt. Außerdem kann die Generalstaatsanwaltschaft nach Feststellung des Sachverhalts die Ermittlungsakten dem Vorstand zuleiten, damit dieser das Verhalten des Kammermitgliedes rügen kann. Übernimmt er das Verfahren wieder, stellt die Staatsanwaltschaft das anwaltsgerichtliche Ermittlungsverfahren ein.[21] Absatz 2 Satz 1 steht einer solchen Verfahrensweise nicht entgegen, weil diese Vorschrift die Rüge erst verbietet, wenn das anwaltsgerichtliche Verfahren eingeleitet worden ist. Dies geschieht nach der Legaldefinition des § 121 dadurch, daß die Staatsanwaltschaft bei dem Anwaltsgericht eine Anschuldigungsschrift einreicht.

2. Rechte des Kammermitgliedes

13   Das Kammermitglied, gegen das sich das Rügeverfahren richtet, hat Anspruch auf rechtliches Gehör und auf Akteneinsicht.

14   a) **Rechtliches Gehör.** Es ist zu gewähren, bevor die Rüge erteilt wird (Abs. 3). Deshalb hat der Vorstand dem beschuldigten Kammermitglied Gelegenheit zu geben, sich innerhalb angemessener Frist zu äußern. Äußert es sich nicht, läuft es Gefahr, daß der Vorstand den ihm bekannten Sachverhalt als wahr unterstellt. Will es eine Stellungnahme verweigern, weil es sonst seine Verpflichtung zur Verschwiegenheit verletzen oder sich durch wahrheitsgemäße Beantwortung der Gefahr einer Verfolgung wegen einer Straftat, einer Ordnungswidrigkeit oder einer Berufspflichtverletzung aussetzen würde, muß es sich hierauf berufen (§ 56 Abs. 1 S. 2). In diesem Fall muß der Vorstand nach pflichtgemäßem Ermessen entscheiden, welche Rückschlüsse er aus der Verweigerung ziehen will. In der Regel wird er den Sachverhalt als ungeklärt werten müssen und sich deshalb entschließen, bei der Staatsanwaltschaft beim Oberlandesgericht (= Generalstaatsanwaltschaft) die Einleitung eines anwaltsgerichtlichen Verfahrens anzuregen. Das gilt nicht, wenn der Vorstand, die Richtigkeit der vorgeworfenen Verletzung einer Berufspflicht als wahr unterstellt, bei Anwendung pflichtgemäßen Ermessens gleichwohl keine Rüge erteilen würde (z. B. weil das betroffene Kammermitglied sich jahrelang einwandfrei verhalten hat). Der Vorstand kann von einem rechtlichen Gehör absehen, wenn er auch ohne Anhörung zu dem Ergebnis

---

[20] BVerfGE 18, 203 (212); *Kleine-Cosack,* § 74 Rdn. 4.
[21] *Feuerich/Braun,* § 74 Rdn. 4.

kommt, daß das Aufsichtsverfahren eingestellt werden muß, weil hinreichende Anhaltspunkte für eine Pflichtverletzung fehlen.

b) Akteneinsicht. Das Kammermitglied, gegen das sich das Aufsichtsverfahren richtet, hat das Recht, die Akten des Vorstandes einzusehen. Ausdrücklich sieht das Gesetz ein solches Recht nur für das anwaltsgerichtliche Verfahren vor (§ 117 b). Für das Rügeverfahren ergibt es sich aus § 58. Auch wenn die Vorgänge über das Rügeverfahren erst nach dessen Abschluß zu den Personalakten genommen und bis zu diesem Zeitpunkt in einer gesonderten Akte geführt werden, gehören sie auch schon vor diesem Zeitpunkt zum Inhalt der Personalakte.[22] Die Akteneinsicht ist auf der Geschäftsstelle der Kammer zu gewähren. Das Kammermitglied hat keinen Anspruch auf Übersendung der Akten.[23]

3. Entscheidung

Der Vorstand hat nach Aufklärung des Sachverhaltes insgesamt **fünf Entscheidungsmöglichkeiten**. Ist er nicht zuständig, kann er das Aufsichtsverfahren wegen fehlender Zuständigkeit an eine andere Rechtsanwaltskammer abgeben. Ist er zuständig, kann er das Verfahren aussetzen oder einstellen, die Abgabe an die Staatsanwaltschaft beschließen oder eine Rüge erteilen.

a) Abgabe an eine andere Rechtsanwaltskammer. Das Recht der Berufsaufsicht steht dem Vorstand nur über die Mitglieder der eigenen Kammer zu. Richtet sich das Verfahren gegen ein Mitglied einer anderen Rechtsanwaltskammer, muß der Vorstand das Verfahren wegen Unzuständigkeit an die zuständige Rechtsanwaltskammer abgeben. Das gilt auch dann, wenn das Kammermitglied während des Rügeverfahrens auf seine bisherige Zulassung verzichtet und an einem Gericht eines anderen Oberlandesgerichtsbezirks zugelassen wird. Nur für das anwaltsgerichtliche Verfahren schreibt das Gesetz vor, daß die örtliche Zuständigkeit des Anwaltsgerichts sich nach dem Sitz der Rechtsanwaltskammer bestimmt, welcher das Kammermitglied zur Zeit der Einleitung des Verfahrens (§ 121) angehört (§ 118 Abs. 2).

b) Aussetzung. Der einzige im Gesetz ausdrücklich geregelte Fall ist der des Absatz 2 Satz 2. Danach darf eine Rüge nicht erteilt werden, während ein Verfahren nach § 123 anhängig ist. Die Anhängigkeit tritt mit der Einreichung eines Antrages durch das Kammermitglied ein. Ferner kann eine Aussetzung nach pflichtgemäßem Ermessen in sinngemäßer Anwendung des § 118 b erfolgen, wenn in einem anderen gesetzlich geordneten Verfahren über eine Frage zu entscheiden ist, auf die es für die Entscheidung im Rügeverfahren wesentlich ankommt. Das kann ein Zivilprozeß oder ein Strafverfahren sein. Eine sinngemäße Anwendung des § 118 b ist gerechtfertigt, weil auch das Rügeverfahren ein formalisiertes Verfahren ist, auf dessen Ausgestaltung der Gesetzgeber, weil es nur Bagatellverstöße betrifft, allerdings weniger Wert gelegt hat und für das deshalb eine entsprechende Vorschrift fehlt.

Eine **Aussetzung** ist ferner angezeigt, wenn bei der Generalstaatsanwaltschaft ein **anwaltsgerichtliches Ermittlungsverfahren** anhängig ist, von dem noch nicht feststeht, ob es zur Einleitung eines anwaltsgerichtlichen Verfahrens durch Einreichung einer Anschuldigungsschrift bei dem Anwaltsgericht führt (§ 121). Bis zu diesem Zeitpunkt könnte zwar eine Rüge erteilt werden (Abs. 2 S. 1), doch würde der Vorstand bei Erteilung einer Rüge während des anwaltsgerichtli-

---

[22] EGH Hamm AnwBl. 1973, 53; vgl. ferner *Feuerich/Braun*, § 58 Rdn. 8–11.
[23] EGH Hamm AnwBl. 1973, 53; *Kleine-Cosack*, § 74 Rdn. 5.

chen Ermittlungsverfahrens sein pflichtgemäßes Ermessen überschreiten, weil das anwaltsgerichtliche Verfahren vorrangig ist.

20 Eine **Aussetzung** scheidet aus, wenn seitens der Generalstaatsanwaltschaft bei dem Anwaltsgericht eine Anschuldigungsschrift eingereicht wird, weil dadurch der Vorstand endgültig gehindert ist, eine Rüge zu erteilen (Abs. 2 S. 1). Die abweichende Auffassung[24] verkennt, daß der Vorstand durch die Einleitung eines anwaltsgerichtlichen Verfahrens das Rügerecht verliert. Sie setzt sich zudem zu der amtlichen Begründung in Widerspruch, die ausdrücklich hervorhebt, daß das Rügerecht durch die Einleitung des anwaltsgerichtlichen Verfahrens erlischt.

21 c) **Einstellung.** Sie kann aus verfahrensrechtlichen oder aus sachlichen Gründen in Betracht kommen.

22 aa) Eine **Einstellung wegen eines Verfahrenshindernisses** schreibt Absatz 2 Satz 1 für zwei Fälle zwingend vor. Danach darf der Vorstand eine Rüge nicht mehr erteilen, wenn das anwaltsgerichtliche Verfahren gegen das Kammermitglied eingeleitet ist (§ 121) oder wenn seit der Pflichtverletzung mehr als drei Jahre vergangen sind.

23 Mit der Regelung, daß die **Einleitung eines anwaltsgerichtlichen Verfahrens** das Rügeverfahren beendet und dem Vorstand endgültig das Rügerecht nimmt, räumt das Gesetz dem anwaltsgerichtlichen Verfahren den absoluten **Vorrang** vor dem Rügeverfahren ein. Deshalb bestimmt sich der weitere Verlauf des Verfahrens ausschließlich nach §§ 116 ff.. Der Vorstand kann folglich wegen desselben Sachverhalts nicht mehr tätig werden, gleichgültig, wie das anwaltsgerichtliche Verfahren endet. Selbst wenn das Anwaltsgericht eine Pflichtverletzung feststellt, eine anwaltsgerichtliche Maßnahme aber nicht für erforderlich hält (§ 116 i. V. m. § 153 Abs. 2 StPO), lebt das Rügerecht des Vorstandes nicht wieder auf.

24 Muß das Rügeverfahren eingestellt werden, weil seit der **Pflichtverletzung mehr als drei Jahre** vergangen sind, bleibt eine anwaltsgerichtliche Verfolgung bis zum Eintritt der fünfjährigen Verjährung (§ 115) gleichwohl möglich. Die Frist ist eine Ausschlußfrist, deren Ablauf nicht gehemmt oder unterbrochen werden kann. Sie ist gewahrt, wenn der Vorstand die Rüge vor Ablauf der Frist von drei Jahren erteilt. Maßgeblicher Zeitpunkt ist die Zustellung an das betroffene Kammermitglied. Sie muß spätestens also an dem Tage erfolgen, an welchem vor drei Jahren die pflichtwidrige Handlung begangen worden ist (Abs. 4 S. 2). Ein Ablauf der Ausschlußfrist erst während des Einspruchverfahrens oder des anwaltsgerichtlichen Verfahrens gemäß § 74a ist unschädlich.

25 Das Rügeverfahren ist ferner einzustellen, wenn die **Zulassung zur Rechtsanwaltschaft erloschen, zurückgenommen oder widerrufen** ist (§ 139 Abs. 3 Nr. 1 analog).

26 Nicht sinngemäß anwendbar sind § 118 a Abs. 1 und Abs. 3.[25] Selbst wenn die Pflichtverletzung eines Kammermitglieds **überwiegend mit der Ausübung eines anderen** von ihm ausgeübten **Berufs in Zusammenhang steht** und damit die Disziplinar- oder Berufsgerichtsbarkeit des anderen ausgeübten Berufes für ein Verfahren zuständig ist, kann der Vorstand rügen, weil nur dem in der Bundesrechtsanwaltsordnung geregelten anwaltsgerichtlichen Verfahren der Vorrang vor dem Rügeverfahren gebührt (Abs. 2 S. 1).[26]

---

[24] A. A. *Feuerich/Braun*, § 74 Rdn. 27; *Isele*, § 74 Anm. III. C. 3. a) cc); *Isele* AnwBl. 1969, 302 (309).
[25] A. A. *Feuerich/Braun*, § 74 Rdn. 32.
[26] A. A. *Feuerich/Braun*, § 74 Rdn. 32; *Isele* § 73 Anm. III. C. b) bb).

bb) Eine **Einstellung aus sachlichen** Gründen **hat** zu erfolgen, wenn der gegen das Kammermitglied erhobene Vorwurf einer Pflichtverletzung sich als unbegründet erweist, weil es an einer objektiven Pflichtverletzung oder an der Schuld fehlt oder weil der Vorwurf nicht beweisbar ist. Eine Einstellung **kann** erfolgen, wenn der Vorstand zu dem Ergebnis gelangt, das Kammermitglied habe zwar schuldhaft seine Berufspflichten verletzt, aus Gründen, die sowohl im Sachverhalt (Bagatellverstoß) als auch in der Person des Kammermitglieds (jahrelanges einwandfreies Verhalten) liegen können, sei die Erteilung einer Rüge gleichwohl nicht notwendig.

d) Abgabe an die Staatsanwaltschaft. Der Vorstand muß bei der Staatsanwaltschaft bei dem Oberlandesgericht (= Generalstaatsanwaltschaft) die Einleitung eines anwaltsgerichtlichen Verfahrens anregen (§§ 120, 121), wenn er die Pflichtverletzung als bewiesen und die Schuld des Kammermitglieds nicht als gering ansieht oder wenn er den Sachverhalt nicht aufklären kann und nach den ihm bekannten Umständen eine Pflichtverletzung mit nicht geringer Schuld des Kammermitglieds zu vermuten ist.

e) Rügebescheid. Er ist zu erteilen, wenn der Vorstand zu dem Ergebnis kommt, daß das Kammermitglied ihm obliegende Pflichten verletzt hat und seine Schuld gering ist und die Erteilung einer Rüge geboten erscheint. Eine schriftliche Begründung ist zwingend vorgeschrieben. Das Erfordernis der Schriftform leitet sich aus der gesetzlichen Anordnung ab, daß eine Abschrift des Rügebescheides der Staatsanwaltschaft bei dem Oberlandesgericht mitzuteilen ist (Abs. 4).

4. Adressat der Entscheidung

Die Frage, wem der Vorstand seine im Rügeverfahren getroffene Entscheidung zuzuleiten hat, ist im Gesetz nur für den Fall des Erlasses eines Rügebescheides geregelt (Abs. 4), bedarf der Beantwortung aber auch für alle anderen Entscheidungen. Im einzelnen ist zu unterscheiden:

a) Kammermitglieder. Dem betroffenen Kammermitglied sind als Verfahrensbeteiligten alle Maßnahmen des Vorstandes zur Kenntnis zu bringen. Das gilt für die Abgabe an eine andere Rechtsanwaltskammer oder an die Staatsanwaltschaft bei dem Oberlandesgericht ebenso wie für die Aussetzung oder die Einstellung des Verfahrens. Dem Kammermitglied ist auch mitzuteilen, aus welchen Gründen der Vorstand das Verfahren an eine andere Rechtsanwaltskammer oder an die Staatsanwaltschaft bei dem Oberlandesgericht abgegeben oder das Verfahren ausgesetzt oder eingestellt hat. Erfolgt die Einstellung aus den in Absatz 1 Satz 2 in Verbindung mit § 115 b genannten Gründen, ist das Kammermitglied besonders eingehend zu unterrichten, weil die Einstellung von einer schuldhaften Pflichtverletzung ausgeht und nur wegen einer anderweitigen Ahndung von einer Verfolgung abgesehen wird und das Kammermitglied deshalb das Recht hat, sich durch einen Antrag auf Einleitung des anwaltsgerichtlichen Verfahrens gegen sich selbst von dem Verdacht einer Pflichtverletzung zu reinigen (§ 123 Abs. 1).[27]

Der **Rügebescheid** ist dem Kammermitglied nach den Vorschriften der Zivilprozeßordnung (§ 229) förmlich **zuzustellen**. Zudem ist er in sinngemäßer Anwendung des § 35 a StPO mit einer **Rechtsmittelbelehrung** zu versehen. Fehlt diese, so kann das Kammermitglied entsprechend § 44 S. 2 StPO die Wiedereinsetzung in den vorigen Stand beantragen.[28] Eine Abschrift des Bescheides ist der Staatsanwaltschaft bei dem Oberlandesgericht mitzuteilen (Abs. 4), um ihr

---

[27] Siehe hierzu EG Köln AnwBl. 1982, 39 = BRAK-Mitt. 1982, 38.
[28] Ebenso *Feuerich/Braun*, § 74 Rdn. 42; *Isele*, § 74 Anm. III. D. 5.

eine selbständige Prüfung des Sachverhalts zu ermöglichen und ihr Gelegenheit zu geben, ein anwaltsgerichtliches Ermittlungsverfahren einzuleiten. Bei dieser Prüfung ist sie an die Beurteilung des Vorstandes nicht gebunden.

33 **b) Staatsanwaltschaft (§ 120).** Ihre Unterrichtung durch Übersendung einer Abschrift des Rügebescheides ist in Absatz 4 Satz 3 ausdrücklich vorgeschrieben. Sinn dieser Regelung ist es, der Staatsanwaltschaft eine selbständige Prüfung des Sachverhalts zu ermöglichen, damit diese entscheiden kann, ob sie – woran sie durch den Rügebescheid nicht gehindert ist (§ 115a Abs. 1 S. 1) – ein anwaltsgerichtliches Verfahren einleiten oder es bei der vom Vorstand erteilten Rüge belassen soll.

34 Die Staatsanwaltschaft bei dem Oberlandesgericht ist Adressat der Entscheidung des Vorstandes auch für den Fall, daß der Vorstand beschließt, die **Einleitung eines anwaltsgerichtlichen Verfahrens** zu beantragen. Eine solche Entscheidung sollte ausführlich begründet werden, damit die Staatsanwaltschaft erkennen kann, aus welchen Gründen der Vorstand die Verletzung von beruflichen Pflichten für erwiesen oder für aufklärungsbedürftig erachtet und welche Überlegungen ihn veranlassen, die (festgestellte oder vermutete) Schuld des Kammermitglieds nicht für gering zu halten und deshalb von einer Rüge abzusehen.

35 **Setzt** der Vorstand das **Verfahren aus** oder **stellt** er es **ein** oder nimmt er im Rahmen seines pflichtgemäßen Ermessens von einer Rüge Abstand, muß er die Staatsanwaltschaft nicht unterrichten.[29] Beide Entscheidungen sind durch die Staatsanwaltschaft nicht überprüfbar. Allerdings kann sie, wenn sie von dem der Entscheidung des Vorstandes zugrunde liegenden Sachverhalt erfährt und dessen Beurteilung nicht teilt, in eigener Zuständigkeit ein anwaltsgerichtliches Verfahren einleiten.

36 **c) Dritte.** Das Rügeverfahren kennt außer dem betroffenen Kammermitglied und der Staatsanwaltschaft bei dem Oberlandesgericht keine weiteren Verfahrensbeteiligten. In den meisten Fällen wird das Rügeverfahren allerdings durch einen ehemaligen Mandanten, die gegnerische Partei, ein Gericht oder eine Behörde oder sonstige Personen veranlaßt. Sie alle sind Dritte. Gerade dieser Personenkreis hat ein **gesteigertes Interesse** daran, von dem Vorstand zu erfahren, was er auf deren „Beschwerde" oder „Eingabe" hin veranlaßt hat. Ihr Interesse am Ergebnis des Rügeverfahrens bringt den Vorstand in eine Konfliktsituation. Einerseits ist er zur Verschwiegenheit verpflichtet (§ 76), andererseits will der „Beschwerdeführer" wissen, welchen Erfolg seine „Beschwerde" gehabt hat. Die Lösung dieser **Konfliktsituation** verlangt vom Vorstand eine gewissenhafte Prüfung des Einzelfalles.[30] Hierbei muß er beachten:

37 Eine **Unterrichtung des Dritten** verletzt die Verschwiegenheitspflicht der Vorstandsmitglieder nicht grundsätzlich. Der Sachverhalt, der die Grundlage des Rügeverfahrens bildet, ist dem Dritten, der das Aufsichtsverfahren veranlaßt hat, ohnehin bekannt. Die rechtliche Bewertung dieses Sachverhalts und die darauf gestützte Entscheidung gehören nicht zu den Angelegenheiten, die den Mitgliedern des Vorstandes bei ihrer Tätigkeit bekannt werden, sondern sind das Ergebnis der rechtlichen Prüfung des von dem Dritten unterbreiteten Sachverhalts. Deshalb darf dem Dritten grundsätzlich sogar der volle Inhalt der vom Vorstand beschlossenen Entscheidung bekanntgegeben werden, ohne daß die Mitglieder des Vorstandes dadurch die ihnen obliegende **Verschwiegenheitspflicht** verletzen.[31]

---

[29] So auch *Feuerich/Braun,* § 74 Rdn. 38; *Isele,* § 74 Anm. III. C. 6. b).
[30] Zur Problematik der Verschwiegenheitspflicht siehe § 76 Rdn. 3 ff.
[31] A. A. *Kalsbach,* § 76 Anm. 3 III.

In der Praxis fließen in die Entscheidung des Vorstandes allerdings oft auch Umstände ein, die der Dritte nicht kennt, so zum Beispiel, daß das betroffene Kammermitglied zum wiederholten Male gegen Berufsrecht verstoßen hat. Solche Umstände können dem Dritten ohne Verletzung der Verschwiegenheitspflicht nicht offenbart werden. Außerdem ist das Recht des Kammermitglieds auf informationelle Selbstbestimmung zu beachten. Deshalb muß der Vorstand bei der Mitteilung an Dritte neben der Beachtung dieses Rechts stets auch prüfen, ob seine Entscheidung sich ausschließlich auf den von dem Dritten vorgetragenen Sachverhalt stützt und diesen lediglich rechtlich (positiv oder negativ) wertet oder ob sie zusätzliche Erkenntnisse enthält, die dem Dritten bisher nicht bekannt sind und die er erstmalig durch den Vorstand erführe, wenn dieser seine Entscheidung im vollen Wortlaut bekanntgäbe. Ist letzteres der Fall, darf der Vorstand dem Dritten nur mitteilen, welche Entscheidung er beschlossen hat. Diese Mitteilung schuldet er dem Dritten aber auch. Jedermann hat ein Recht darauf, zu erfahren, welchen Erfolg oder Nichterfolg eine von ihm – das ist die Rechtsanwaltskammer – gerichtete Eingabe hat.[32] Die in der Praxis immer wieder anzutreffende Formulierung, der Vorstand habe „das Erforderliche" veranlaßt, genügt diesem Anspruch nicht. Sie ist auch nicht mit der Verpflichtung der Rechtsanwaltskammer vereinbar, die Belange der Kammer zu wahren und zu fördern (§ 73 Abs. 1 S. 2). Durch Schweigen oder nichtssagende Erklärungen erweckt sie den Eindruck, daß sie berufswidriges Verhalten deckt.

Eine möglichst uneingeschränkte **Unterrichtung des Dritten** wird zudem 38 nicht nur dessen berechtigtem Informationsbedürfnis gerecht, sondern dient auch dem betroffenen Kammermitglied. Der Dritte könnte, weil mit der Antwort der Rechtsanwaltskammer nicht zufrieden, denselben Sachverhalt der Staatsanwaltschaft unterbreiten. Die Staatsanwaltschaft müßte der Anzeige nachgehen und könnte nicht auf die Entscheidung des Vorstandes verweisen.[33] Auf diesem Umweg würde der Dritte die Möglichkeit einer Einsichtnahme in die Akten erhalten, zumindest müßte ihn die Staatsanwaltschaft über das Ergebnis ihrer Ermittlungen unterrichten.

5. Ausfertigung

Die vom Vorstand beschlossene Maßnahme braucht nicht von allen an der Beschlußfassung mitwirkenden Vorstandsmitgliedern unterschrieben zu werden.[34] Es 39 liegt im pflichtgemäßen Ermessen des Vorstandes, allgemein in seiner Geschäftsordnung oder im Einzelfall durch Beschluß festzulegen, daß seine Entscheidungen nur vom Präsidenten oder von einem Abteilungsvorsitzenden oder auch nur von einem sonstigen Vorstandsmitglied unterschrieben zu werden brauchen. Die an der Entscheidung mitwirkenden Vorstandsmitglieder sind jederzeit aus dem Protokoll der Sitzung des Gesamtvorstandes bzw. der Abteilung feststellbar. Im übrigen ist es Sache der Geschäftsstelle der Kammer, für eine korrekte äußere Form der vom Vorstand beschlossenen Entscheidung zu sorgen. Dazu gehört auch eine Rechtsmittelbelehrung über die Zulässigkeit des Einspruchs nach Absatz 5, sofern es sich bei der Entscheidung des Vorstandes um einen Rügebescheid handelt. Das folgt aus Art. 19 Abs. 4 GG bzw. aus dem allgemeinen Rechtsgedanken des § 35 a StPO. Bei fehlender Rechtsmittelbelehrung ist in entsprechender Anwendung des § 44 S. 2 StPO die Wiedereinsetzung in den vorigen Stand möglich.

---

[32] Ebenso *Isele,* § 74 Anm. III. C. 6. b) bb).
[33] So auch *Isele,* § 74 Anm. III. D. 1. b) bb).
[34] A. A. *Feuerich/Braun,* § 74 Rdn. 36; *Isele* § 74 Anm. III. C. 5.

V. Anfechtbarkeit der Entscheidung

40 Die im Rügeverfahren möglichen Entscheidungen des Vorstandes sind bis auf den Rügebescheid nicht anfechtbar.

1. Abgabe an eine andere Rechtsanwaltskammer

41 Sie ist unanfechtbar, weil es sich hierbei nur um eine Zuständigkeitsentscheidung handelt, die das Rügeverfahren nicht abschließt.

2. Aussetzung

42 Dasselbe gilt für die Aussetzung des Verfahrens. Sie ist eine Zwischenentscheidung ohne sachliche Aussage.

3. Einstellung

43 Sie ist weder für das Kammermitglied noch für Dritte anfechtbar. Das Kammermitglied ist durch die Einstellung nicht beschwert, gleichgültig, welche Gründe der Vorstand für die Einstellung anführt. Allerdings kann es, wenn die Einstellung eine Pflichtverletzung unterstellt, ein anwaltsgerichtliches Ermittlungsverfahren gegen sich selbst beantragen, um sich von dem Vorwurf einer Pflichtverletzung zu reinigen (§ 123 Abs. 1).[35] Der Dritte kann die Einstellung nicht anfechten, weil die Bundesrechtsanwaltsordnung keine Beschwerdemöglichkeit vorsieht und auch ein der StPO nachgebildetes Klageerzwingungsverfahren nicht kennt.[36] Auch ein Antrag gemäß § 223 ist nicht zulässig, weil diese Vorschrift den Rechtsweg nur für Kammermitglieder eröffnet.[37] Der Dritte kann sich allerdings bei der Landesjustizverwaltung beschweren und sie veranlassen, die Staatsaufsicht gemäß § 62 Abs. 2 auszuüben. Doch auch dieser Weg führt zu keiner sachlichen Überprüfung, weil die Staatsaufsicht sich nur auf die Beachtung von Gesetz und Satzung erstreckt und keine Überprüfung von Ermessensentscheidungen ermöglicht, zu denen die Einstellung gehört.[38]

4. Abgabe an die Staatsanwaltschaft

44 Sie ist sowohl für das Kammermitglied als auch für den Dritten, der bei der Rechtsanwaltskammer Anzeige erstattet oder sich beschwert hat, unanfechtbar, weil sie lediglich ein interner Verwaltungsvorgang ist. Die Rechtsanwaltskammer als Behörde gibt den Vorgang an die Staatsanwaltschaft als eine andere Behörde ab.

5. Rügebescheid

45 Er ist die einzige Maßnahme, die für das Kammermitglied mit dem Einspruch anfechtbar ist. Dafür nimmt das Gesetz dem Rechtsanwalt die Möglichkeit, die Einleitung des anwaltsgerichtlichen Verfahrens zu beantragen (§ 123 Abs. 1 S. 2). Das gilt nicht für die Staatsanwaltschaft bei dem Oberlandesgericht. Sie erhält eine Abschrift des Bescheides, um den Sachverhalt selbständig prüfen und entscheiden zu können, ob sie ein anwaltsgerichtliches Ermittlungsverfahren einleiten will. Bei dieser Prüfung ist sie an die Beurteilung des Vorstandes nicht gebunden.

---

[35] Siehe hierzu EG Köln BRAK-Mitt. 1982, 38.
[36] EGH Baden-Württemberg BRAK-Mitt. 1981, 35.
[37] *Feuerich/Braun*, § 223 Rdn. 20.
[38] Vgl. § 62 Rdn. 10.

VI. Einspruchsverfahren

Gegen den Rügebescheid kann das Kammermitglied binnen eines Monats nach der Zustellung bei dem Vorstand **Einspruch** erheben (Abs. 5). Diese Regelung ist mit dem Grundgesetz vereinbar.[39] Eine besondere Form sieht das Gesetz für den Einspruch nicht vor. Er kann also auch formlos eingelegt werden. Die gegenteilige Auffassung, die Feuerich und Isele vertreten,[40] läßt sich angesichts des Fehlens einer gesetzlichen Regelung nicht halten. Einer Begründung bedarf der Einspruch nicht. Gleichwohl empfiehlt sich eine möglichst ausführliche Begründung, um dem Vorstand zu verdeutlichen, warum das Kammermitglied sich zu Unrecht gerügt fühlt. Hat der Vorstand eine Rüge fehlerhaft als Belehrung angesprochen, hat das Kammermitglied gleichwohl das Recht, Einspruch zu erheben.[41]

1. Zuständigkeit

Für die Entscheidung über den Einspruch ist „der Vorstand" zuständig. Ob diese Entscheidung durch eine einzelne Abteilung (§ 77 Abs. 1) oder durch den Gesamtvorstand getroffen wird, bestimmt die Geschäftsordnung des Vorstandes. Sie kann vorsehen, daß dieselbe Abteilung über den Einspruch entscheidet, die den Rügebescheid erlassen hat. Im Interesse einer objektiven Überprüfung sollte jedoch eine andere Abteilung oder der Gesamtvorstand die Entscheidung über den Einspruch treffen.

2. Entscheidung

Wie vor Erlaß des Rügebescheides kann der Vorstand das Verfahren aussetzen oder wegen eines Verfahrenshindernisses oder aus sachlichen Gründen einstellen; er kann den Rügebescheid aufheben, weil ein Verstoß gegen Berufspflichten nicht (mehr) festgestellt werden kann, oder weil nunmehr ein Antrag auf Einleitung eines anwaltsgerichtlichen Verfahrens angezeigt ist. Das Verbot der Schlechterstellung gilt nicht. Der Einspruch gegen den Rügebescheid bewirkt lediglich, daß das **Aufsichtsverfahren** in der Zuständigkeit des Vorstandes ein **zweites Mal** stattfindet, wenn auch mit dem Schwerpunkt der Überprüfung der zunächst getroffenen Entscheidung. Kommt der Vorstand zu dem Ergebnis, daß der Einspruch nicht gerechtfertigt ist, weil er verspätet und damit unzulässig oder weil er unbegründet ist, muß er den Einspruch zurückweisen. Ein solcher Beschluß ist schriftlich zu begründen, mit einer Rechtsmittelbelehrung über die Möglichkeit des Antrages auf gerichtliche Entscheidung (§ 74a) zu versehen und dem Kammermitglied zuzustellen (Abs. 5 S. 2 i. V. m. Abs. 4).

3. Auslagen

Die im Rügeverfahren entstandenen Auslagen sind von der Rechtsanwaltskammer und dem betroffenen Kammermitglied jeweils selbst zu tragen. Auch eine Erstattung von Verteidigergebühren kommt nicht in Betracht, selbst wenn festgestellt wird, daß das Kammermitglied berufliche Pflichten nicht verletzt hat.[42]

---

[39] BVerfG EGE VIII, 137 vor Einführung des § 74 a.
[40] *Feuerich/Braun*, § 74 Rdn. 43; *Isele*, § 74 Anm. III. E. 1. b).
[41] EGH Hamm BRAK-Mitt. 1983, 141; *Feuerich/Braun*, § 74 Rdn. 16.
[42] Vgl. hierzu ausführlich EGH Stuttgart BRAK-Mitt. 1983, 138.

§ 74a Antrag auf anwaltsgerichtliche Entscheidung

(1) **Wird der Einspruch gegen den Rügebescheid durch den Vorstand der Rechtsanwaltskammer zurückgewiesen, so kann der Rechtsanwalt innerhalb eines Monats nach der Zustellung die Entscheidung des Anwaltsgerichts beantragen. Zuständig ist das Anwaltsgericht am Sitz der Rechtsanwaltskammer, deren Vorstand die Rüge erteilt hat.**

(2) **Der Antrag ist bei dem Anwaltsgericht schriftlich einzureichen. Auf das Verfahren sind die Vorschriften der Strafprozeßordnung über die Beschwerde sinngemäß anzuwenden. Die Gegenerklärung (§ 308 Abs. 1 der Strafprozeßordnung) wird von dem Vorstand der Rechtsanwaltskammer abgegeben. Die Staatsanwaltschaft ist an dem Verfahren nicht beteiligt. Eine mündliche Verhandlung findet statt, wenn sie der Rechtsanwalt beantragt oder das Anwaltsgericht für erforderlich hält. Von Zeit und Ort der mündlichen Verhandlung sind der Vorstand der Rechtsanwaltskammer, der Rechtsanwalt und sein Verteidiger zu benachrichtigen. Art und Umfang der Beweisaufnahme bestimmt das Anwaltsgericht. Es hat jedoch zur Erforschung der Wahrheit die Beweisaufnahme von Amts wegen auf alle Tatsachen und Beweismittel zu erstrecken, die für die Entscheidung von Bedeutung sind.**

(3) **Der Rügebescheid kann nicht deshalb aufgehoben werden, weil der Vorstand der Rechtsanwaltskammer zu Unrecht angenommen hat, die Schuld des Rechtsanwalts sei gering und der Antrag auf Einleitung des anwaltsgerichtlichen Verfahrens nicht erforderlich. Treten die Voraussetzungen, unter denen nach § 115 b von einer anwaltsgerichtlichen Ahndung abzusehen ist oder nach § 118 Abs. 2 ein anwaltsgerichtliches Verfahren nicht eingeleitet oder fortgesetzt werden darf, erst ein, nachdem der Vorstand die Rüge erteilt hat, so hebt das Anwaltsgericht den Rügebescheid auf. Der Beschluß ist mit Gründen zu versehen. Er kann nicht angefochten werden.**

(4) **Das Anwaltsgericht, bei dem ein Antrag auf anwaltsgerichtliche Entscheidung eingelegt wird, teilt unverzüglich der Staatsanwaltschaft bei dem Oberlandesgericht eine Abschrift des Antrags mit. Der Staatsanwaltschaft ist auch eine Abschrift des Beschlusses mitzuteilen, mit dem über den Antrag entschieden wird.**

(5) **Leitet die Staatsanwaltschaft wegen desselben Verhaltens, das der Vorstand der Rechtsanwaltskammer gerügt hat, ein anwaltsgerichtliches Verfahren gegen den Rechtsanwalt ein, bevor die Entscheidung über den Antrag auf anwaltsgerichtliche Entscheidung gegen den Rügebescheid ergangen ist, so wird das Verfahren über den Antrag bis zum rechtskräftigen Abschluß des anwaltsgerichtlichen Verfahrens ausgesetzt. In den Fällen des § 115 a Abs. 2 stellt das Anwaltsgericht nach Beendigung der Aussetzung fest, daß die Rüge unwirksam ist.**

§ 74a Antrag auf anwaltsgerichtliche Entscheidung 1, 2 § 74a

Übersicht

	Rdn.		Rdn.
I. Normzweck	1	IV. Entscheidung	14–20
II. Antrag auf Entscheidung des Anwaltsgerichts	2–4	1. Aufhebung des Rügebescheides	16
III. Anwaltsgerichtliches Verfahren	5–13	2. Aussetzung	17
1. Verfahrensbeteiligte	6	3. Einstellung	19
2. Verfahrensgrundsätze	7	4. Zurückweisung des Antrags	20
a) Gegenerklärung	8	V. Wiederaufnahme	21
b) Schriftliches Verfahren	9	VI. Kosten	22, 23
c) Mündliche Verhandlung	10		
d) Beweisaufnahme	13		

I. Normzweck

Ausgangspunkt der durch Gesetz vom 13. 1. 1969 eingeführten Neuregelung[1] **1** ist, daß die Rüge als Aufsichtsmaßnahme sich ihrem Wesen nach von der anwaltsgerichtlichen Maßnahme unterscheidet. An sich hätte es deshalb nahegelegen, für die Überprüfung des Rügebescheides das Verfahren auf gerichtliche Entscheidung gemäß § 223 vorzusehen. Eine solche Regelung hätte jedoch den Vorstand in eine förmliche Parteirolle als Gegner des betroffenen Rechtsanwalts gedrängt, die mit seiner Stellung als Organ der Berufsaufsicht nicht zu vereinbaren wäre.[2] Deshalb wird das Verfahren, in dem über den Antrag des Kammermitglieds[3] auf Überprüfung der Rüge entschieden wird, den Vorschriften der Strafprozeßordnung über die **Beschwerde** (§§ 304 ff. StPO) unterstellt. Damit wird erreicht, daß das Gericht die vom Vorstand erteilte Rüge in tatsächlicher und rechtlicher Hinsicht uneingeschränkt überprüfen kann. Gleichzeitig wird dem **Bagatellcharakter** der Rügesachen dadurch Rechnung getragen, daß das Gericht nicht die strengen Förmlichkeiten zu beachten braucht, welche die Strafprozeßordnung für das Hauptverfahren vorsieht. Das Anwaltsgericht hat somit im Verfahren nach § 74a lediglich die Funktion, die Entscheidung eines Verwaltungsorgans, nämlich des Vorstandes, zu überprüfen. Es handelt sich um eine Fortsetzung des Aufsichtsverfahrens auf gerichtlicher Ebene, aber doch unterhalb des eigentlichen anwaltsgerichtlichen Verfahren der §§ 116 ff.

II. Antrag auf Entscheidung des Anwaltsgerichts

Weist der Vorstand den Einspruch des Kammermitglieds gegen den Rügebescheid zurück, so kann es innerhalb eines Monats nach der Zustellung die **Entscheidung des Anwaltsgerichts** beantragen. Dazu ist es erforderlich, daß das Kammermitglied bei dem Anwaltsgericht, das für die Rechtsanwaltskammer zuständig ist, deren Vorstand die Rüge erteilt hat, fristgerecht einen Antrag stellt. Die Frist beträgt einen Monat. Sie beginnt am Tage der Zustellung der Einspruchsentscheidung zu laufen. Versäumt das Kammermitglied die Frist, kann es die Wiedereinsetzung in den vorigen Stand beantragen. Wird dieser Antrag zurückgewiesen, ist das Verfahren wegen Fristversäumnis endgültig beendet. Ein **2**

---

[1] Zur Entstehungsgeschichte vgl. § 74 Rdn. 1–2.
[2] Amtl. Begr., S. 143.
[3] Das Gesetz spricht unverändert nur von dem „Rechtsanwalt", obwohl es auch andere Kammermitglieder gibt (vgl. §§ 206, 207, 209). Deshalb wird im Text statt des Begriffs des Rechtsanwalts der des Kammermitglieds verwandt. Vgl. auch § 65 Rdn. 3.

Rechtsmittel gegen die Versagung der Wiedereinsetzung in den vorigen Stand ist nicht statthaft, weil auch gegen die Entscheidung des Anwaltsgerichts in der Hauptsache kein Rechtsmittel zulässig wäre (§ 74 Abs. 3 S. 4).[4]

3   Der **Antrag** muß **schriftlich** gestellt werden. Eine Erklärung zu Protokoll der Geschäftsstelle (§ 11 FGG) reicht nicht aus. Diese Form der Antragstellung hat das Gesetz nicht zugelassen, weil jedes Kammermitglied einem in Rechtssachen erfahrenen Personenkreis angehört.

4   Eine **Begründung** schreibt das Gesetz nicht vor. Sie ist jedoch zu empfehlen und kann, wenn sie nicht zugleich mit dem Antrag vorgelegt wird, bis zur Entscheidung des Anwaltsgerichts nachgeholt werden.

III. Anwaltsgerichtliches Verfahren

5   Nach Eingang des Antrages hat das Anwaltsgericht der Staatsanwaltschaft bei dem Oberlandesgericht (= Generalstaatsanwaltschaft) unverzüglich eine Abschrift des Antrags zuzuleiten (Abs. 4 S. 1). Obwohl die Staatsanwaltschaft an dem Verfahren nicht beteiligt ist (Abs. 2 S. 3), soll sie während des gesamten Verfahrens, also auch nach Erteilung der Rüge, die Möglichkeit haben, ein anwaltsgerichtliches Verfahren einzuleiten.[5]

1. Verfahrensbeteiligte

6   Das Verfahren vor dem Anwaltsgericht kennt als Verfahrensbeteiligte nur das **Kammermitglied**, das durch seinen Antrag das Verfahren einleitet, und die **Rechtsanwaltskammer**, die den Rügebescheid erlassen und den dagegen erhobenen Einspruch zurückgewiesen hat. Die Staatsanwaltschaft bei dem Oberlandesgericht schließt das Gesetz von einer Beteiligung am Verfahren ausdrücklich aus (Abs. 2 S. 4). Das erklärt sich daraus, daß das Rügeverfahren als Aufsichtsverfahren in die ausschließliche Zuständigkeit des Vorstandes gehört. Da die Staatsanwaltschaft auch bei der Erteilung der Rüge nicht mitzuwirken hat, ist es folgerichtig, sie auch aus dem Verfahren vor dem Anwaltsgericht herauszuhalten.

2. Verfahrensgrundsätze

7   Auf das Verfahren vor dem Anwaltsgericht sind die Vorschriften der Strafprozeßordnung über die Beschwerde (§§ 304 ff. StPO) sinngemäß anzuwenden, soweit nicht die besonderen Bestimmungen des Absatz 2 Sätze 3–8 speziellere Regelungen enthalten. Das bedeutet im einzelnen:

8   a) **Gegenerklärung.** Der Vorstand hat das Recht der Gegenerklärung (§ 308 Abs. 1 S. 1 StPO). Deshalb muß das Anwaltsgericht ihm den Antrag des Kammermitglieds und die Begründung mitteilen, damit er das Recht der Gegenerklärung ausüben kann. Der Vorstand ist auch sonst als Verfahrensbeteiligter zu hören, wenn dies der Verlauf des Verfahrens geboten erscheinen läßt.[6]

9   b) **Schriftliches Verfahren.** Die Entscheidung des Anwaltsgerichts ergeht grundsätzlich in sinngemäßer Anwendung des § 309 Abs. 1 StPO ohne mündliche Verhandlung im schriftlichen Verfahren. Zur Vorbereitung seiner Entscheidung kann das Anwaltsgericht Ermittlungen anordnen oder selbst vornehmen (§ 308 Abs 2 StPO). In Abweichung von den Vorschriften der Strafprozeßord-

---

[4] BGH EGE XII 46 (49); EGH Frankfurt EGE XIII, 182.
[5] *Feuerich/Braun*, § 74a Rdn. 5; *Isele*, § 74 a Anm. II. A.
[6] *Feuerich/Braun*, § 74a Rdn. 8.

nung steht es dem Anwaltsgericht aber auch frei, eine mündliche Verhandlung anzuberaumen, wenn es eine solche für erforderlich hält (Abs. 2 S. 5), beispielsweise, weil die Überprüfung der Rüge tatsächliche oder rechtliche Fragen aufwirft, die mit dem betroffenen Kammermitglied oder dem Vorstand zu erörtern sind. Das Kammermitglied kann eine mündliche Verhandlung beantragen (Abs. 2 S. 5). Eine Frist für diesen Antrag bestimmt das Gesetz nicht. Da das Kammermitglied nicht weiß, wann das Anwaltsgericht seine Sache im schriftlichen Verfahren berät und entscheidet, sollte es den Antrag auf mündliche Verhandlung zugleich mit dem Antrag auf anwaltsgerichtliche Entscheidung, spätestens aber sofort nach Eingang der Gegenerklärung des Vorstandes, einreichen.

c) Mündliche Verhandlung. Von Zeit und Ort der mündlichen Verhandlung, die das Anwaltsgericht entweder von Amts wegen oder auf Antrag des Kammermitglieds anberaumt, sind der Vorstand der Rechtsanwaltskammer und das Kammermitglied und sein Verteidiger zu benachrichtigen (Abs. 2 S. 6). Hierunter ist eine **förmliche Ladung** zu verstehen. Eine **Ladungsfrist** ist nicht vorgesehen. Diese und auch die Form der Ladung bestimmt der Vorsitzende nach pflichtgemäßem Ermessen. Die Frist zwischen dem Eingang der Benachrichtigung und dem Termin muß angemessen sein. In Anlehnung an § 217 Abs. 1 StPO sollte sie mindestens eine Woche betragen.

An der mündlichen Verhandlung können der Präsident der Rechtsanwaltskammer oder ein beauftragtes Vorstandsmitglied oder auch der Geschäftsführer der Kammer sowie das Kammermitglied und sein Verteidiger teilnehmen. Im übrigen ist die Verhandlung nicht öffentlich.

Eine **Pflicht zum Erscheinen** besteht nicht. Sie ist nicht einmal für das anwaltsgerichtliche Verfahren nach §§ 116 ff. vorgesehen (§ 134). Umso weniger kann sie für das Einspruchsverfahren angenommen werden, in dem das Anwaltsgericht lediglich die Entscheidung des Vorstandes überprüft und für das außer den strafprozessualen Vorschriften über die Beschwerde die übrigen Vorschriften der StPO nicht gelten. Aus diesem Grunde kann das Anwaltsgericht den Verteidiger auch nicht von der mündlichen Verhandlung ausschließen; die §§ 138a, 138c StPO gelten also nicht.[7]

d) Beweisaufnahme. Art und Umfang der Beweisaufnahme bestimmt das Gericht (Abs. 2 S. 7). Es hat zur Erforschung der Wahrheit die Beweisaufnahme von Amts wegen auf alle Tatsachen und Beweismittel zu erstrecken, die für die Entscheidung von Bedeutung sind (Abs. 2 S. 8). An Beweisanträge der Verfahrensbeteiligten ist das Anwaltsgericht nicht gebunden. Auch die förmlichen Beweisregeln für die strafprozessuale Hauptverhandlung gelten nicht. Das Anwaltsgericht muß aber den in Absatz 2 Satz 8 enthaltenen Untersuchungsgrundsatz befolgen und zur Aufklärung des Sachverhalts alle Beweismittel ausschöpfen. Hierbei hat es besonders sorgfältig vorzugehen, weil seine Entscheidung unanfechtbar ist.

IV. Entscheidung

Die Entscheidung des Anwaltsgerichts ergeht immer durch **Beschluß**, auch wenn eine mündliche Verhandlung stattgefunden hat. Der Beschluß ist **unanfechtbar** (Abs. 3 S. 4), jedoch kann das Anwaltsgericht, wenn es dem Antrag des Kammermitglieds ohne Anhörung des Vorstandes stattgegeben hat, seine Entscheidung von Amts wegen oder auf Antrag des Vorstandes ändern (Abs. 2 S. 2

---

[7] EGH Hamm BRAK-Mitt. 1983, 90; *Feuerich/Braun*, § 74a Rdn. 15.

i. V. m. § 311 a Abs. 1 StPO). Der Beschluß ist zu begründen (Abs. 3 S. 3). Das ist wegen der Wirkungen notwendig, die der Entscheidung des Anwaltsgerichts nach § 115 a Abs. 1 S. 2 zukommen. Des weiteren ist der Beschluß dem Kammermitglied und dem Vorstand zuzustellen und der Staatsanwaltschaft eine Abschrift des Beschlusses mitzuteilen (Abs. 4 S. 2).

15 An Entscheidungsmöglichkeiten stehen dem Anwaltsgericht folgende Maßnahmen zur Verfügung:

1. Aufhebung des Rügebescheides

16 Das Anwaltsgericht muß den Rügebescheid aufheben, wenn dem Vorstand bei Erlaß des Rügebescheides verfahrensrechtliche Fehler unterlaufen sind, so wenn er eine Rüge erteilt hat, obwohl gegen das Kammermitglied bereits ein anwaltsgerichtliches Verfahren eingeleitet war oder wenn seit der Pflichtverletzung schon zur Zeit des Erlasses des Rügebescheides mehr als drei Jahre vergangen waren (§ 74 Abs. 2). Eine Aufhebung des Rügebescheides muß das Anwaltsgericht auch beschließen, wenn es dem Kammermitglied ein berufswidriges Verhalten nicht vorwerfen kann, sei es, daß eine Pflichtverletzung nach weiterer Aufklärung des Sachverhalts aus tatsächlichen Gründen ausscheidet, sei es, daß das Anwaltsgericht das Verhalten des Kammermitglieds rechtlich anders würdigt. Des weiteren schreibt das Gesetz in Absatz 3 Satz 2 vor, daß der Rügebescheid ohne weitere sachliche Prüfung aufzuheben ist, wenn die Voraussetzungen, unter denen nach § 115 b von einer anwaltsgerichtlichen Ahndung abzusehen ist oder nach § 118 Abs. 2 ein anwaltsgerichtliches Verfahren nicht eingeleitet oder fortgesetzt werden darf, erst nach Erteilung der Rüge durch den Vorstand eintreten. Eine Aufhebung des Rügebescheides durch das Anwaltsgericht ist immer nur zugunsten des Kammermitglieds zulässig. Deshalb schreibt Absatz 3 Satz 1 vor, daß der Rügebescheid nicht deshalb aufgehoben werden darf, weil der Vorstand zu Unrecht angenommen hat, die Schuld des Kammermitglieds sei gering und der Antrag auf Einleitung eines anwaltsgerichtlichen Verfahrens nicht erforderlich. Die Erteilung einer Rüge für eine Pflichtverletzung, die wegen ihrer Schwere an sich anwaltsgerichtlich geahndet werden müßte, berechtigt das Anwaltsgericht also nicht, unter Aufhebung des Rügebescheides eine anwaltsgerichtliche Maßnahme zu verhängen.

2. Aussetzung

17 Sie ist in Absatz 5 für den Fall zwingend vorgeschrieben, daß die Staatsanwaltschaft wegen desselben Verhaltens, das der Vorstand gerügt hat, ein anwaltsgerichtliches Verfahren gegen das Kammermitglied einleitet, bevor die Entscheidung über den Antrag auf anwaltsgerichtliche Entscheidung gegen den Rügebescheid ergangen ist. Die Aussetzung dauert bis zum rechtskräftigen Abschluß des anwaltsgerichtlichen Verfahrens. Auf diese Weise wird ein **Nebeneinander** zweier Verfahren wegen derselben Pflichtverletzung, in denen jeweils dieselben Beweise erhoben werden müßten und sogar einander widersprechende Entscheidungen ergehen könnten, vermieden. Die Aussetzung ist zudem auch deshalb angezeigt, weil sich die Entscheidung im anwaltsgerichtlichen Verfahren auf den Bestand der Rüge auswirken kann (§ 115a Abs. 2).

18 Mit rechtskräftigem Abschluß des anwaltsgerichtlichen Verfahrens **endet** die Aussetzung. Das Anwaltsgericht setzt das Verfahren nach § 74a fort und trifft nunmehr über den Antrag des Kammermitglieds seine Entscheidung, die auf Aufhebung des Rügebescheides oder Zurückweisung des Antrages lauten kann.

Etwas anderes gilt, wenn das anwaltsgerichtliche Verfahren auf Freispruch oder eine anwaltsgerichtliche Maßnahme lautet oder die Eröffnung der anwaltsgerichtlichen Voruntersuchung oder des Hauptverfahrens rechtskräftig abgelehnt oder das Kammermitglied außer Verfolgung gesetzt wird (§ 115a Abs. 2). In diesen Fällen stellt das Anwaltsgericht nach Beendigung der Aussetzung fest, daß die Rüge unwirksam ist (Abs. 5 S. 2). Diese Entscheidung hat keine konstitutive Wirkung, sondern stellt nur die kraft Gesetzes eingetretene Unwirksamkeit fest.

3. Einstellung

Das Anwaltsgericht ist nicht berechtigt, das Verfahren nach §§ 153, 153a StPO einzustellen. Von den Vorschriften der StPO sind nur die über die Beschwerde sinngemäß anwendbar (Abs. 2 S. 2). Zudem geht es in dem Verfahren nach § 74a nur darum, die Entscheidung des Vorstandes durch das Anwaltsgericht daraufhin überprüfen zu lassen, ob sie richtig oder falsch ist.[8] Könnte das Anwaltsgericht das Verfahren gemäß §§ 153, 153a StPO einstellen, träfe es eine Ermessensentscheidung, die nur dem Vorstand zusteht und die er, wie der Erlaß des Rügebescheides belegt, nicht treffen wollte.

4. Zurückweisung des Antrages

Das Anwaltsgericht muß den Antrag als unzulässig verwerfen, wenn der Antrag erst nach Ablauf der Antragsfrist eingegangen oder aus anderen Gründen unzulässig ist. Als unbegründet zurückzuweisen ist der Antrag, wenn der Rügebescheid des Vorstandes zu Recht ergangen ist, also auch das Anwaltsgericht einen schuldhaften Verstoß gegen anwaltliches Berufsrecht feststellt.

V. Wiederaufnahme

Die Wiederaufnahme eines nach § 74a rechtskräftig abgeschlossenen anwaltsgerichtlichen Verfahrens ist gesetzlich nicht vorgesehen. Für das anwaltsgerichtliche Verfahren gelten die Vorschriften der StPO über die Beschwerde sinngemäß. Eine Wiederaufnahmemöglichkeit nach den Vorschriften der §§ 359 ff. StPO, § 79 Abs. 1 BVerfGG ist nicht gegeben.[9]

VI. Kosten

Wird der Rügebescheid aufgehoben oder die Unwirksamkeit der Rüge wegen Freispruchs des Kammermitglieds im anwaltsgerichtlichen Verfahren oder aus den Gründen des § 115 Abs. 2 S. 2 festgestellt (Abs. 5 S. 2), so sind die **notwendigen Auslagen** des Kammermitglieds der Rechtsanwaltskammer aufzuerlegen (§ 197a Abs. 3 S. 2). Zu den notwendigen Auslagen gehören auch die **Gebühren eines Verteidigers**. Für sie bestimmt § 110 BRAGO, daß im Verfahren vor Anwaltsgerichten wegen Verletzung einer Berufspflicht die Vorschriften des Sechsten Abschnitts sinngemäß gelten. Hierzu gehört das Verfahren gemäß § 74a. Folglich sind die §§ 83 ff. BRAGO anwendbar. Dem steht der Umstand, daß das Verfahrens gemäß § 74a im Gegensatz zur anwaltsgerichtlichen Hauptverhandlung nur

---

[8] *Isele*, § 74a Anm. V. G. 3.
[9] So auch EG Düsseldorf, Beschluß vom 28. Juni 1988 – EV 21/86; EGH Hamm, Beschluß vom 6. Mai 1994–1 ZU 4/94; *Feuerich/Braun*, § 74a Rdn. 7; *ders.* AnwBl. 1988, 84 f.; a. A. neuerdings für das Verfahren über Anträge auf gerichtliche Entscheidung in Zulassungssachen BGH NJW 1994, 2751.

die mündliche Verhandlung ohne Beteiligung der Staatsanwaltschaft kennt, nicht entgegen.[10] Allerdings sind dem Kammermitglied, das sich selbst verteidigt und mit seinem Antrag nach § 74a Abs. 1 die Aufhebung des Rügebescheides durch das Anwaltsgericht erreicht, Verteidigergebühren für seine eigene Person nicht zu erstatten.[11]

23 Das Anwaltsgericht erhebt keine Gebühren, sondern nur Auslagen (§ 195).

§ 75 Ehrenamtliche Tätigkeit des Vorstandes

Die Mitglieder des Vorstandes üben ihre Tätigkeit unentgeltlich aus. Sie erhalten jedoch eine angemessene Entschädigung für den mit ihrer Tätigkeit verbundenen Aufwand sowie eine Reisekostenvergütung.

I. Ehrenamtlichkeit

1 Die Mitglieder des Vorstandes üben ebenso wie Rechtsanwälte in anderen Ehrenämtern (§§ 42b, 42d Abs. 2, § 95 Abs. 1, § 103 Abs. 2, § 110 Abs. 1 und § 183) ihre Tätigkeit unentgeltlich aus. Dabei ist es gleichgültig, um welche Tätigkeit es sich handelt. Auch für die Wahrnehmung von Gerichtsterminen für die Rechtsanwaltskammer (z. B. in Zulassungssachen oder bei Nichtigkeitsklagen nach § 90) fallen Gebühren für die Vorstandsmitglieder nicht an.[1]

II. Aufwandsentschädigung – Reisekostenvergütung

2 Eine **angemessene Entschädigung** für den mit der Vorstandstätigkeit verbundenen **Aufwand** sowie eine **Reisekostenvergütung** erlaubt Satz 2. Zum Aufwand gehören die baren Auslagen, die Fahrtkosten sowie die (pauschalierten) Aufwendungen für den Einsatz von Papier, Telefonkosten, Schreibkraft und anderen sachlichen Mitteln, nicht aber die Honorierung der Arbeitszeit. Die näheren Einzelheiten regeln die Richtlinien, welche die Kammerversammlung gemäß § 89 Abs. 2 Nr. 5 zu beschließen hat. In den Kammern mit hohen Mitgliedszahlen setzt sich nach und nach durch, dem Präsidenten der Kammer eine **pauschalierte Aufwandsentschädigung** zuzubilligen. Das ist zulässig. Der Präsident als Repräsentant der Kammer hat eine Fülle von Aufgaben zu erledigen, für die der Aufwand konkret nicht errechenbar ist, so daß nur eine pauschalierte Aufwandsentschädigung den wirklichen Aufwand in etwa angemessen abzugelten vermag.

3 Für die Teilnahme an Versammlungen der Kammer (§ 89) erhalten nur der Präsident und der Protokollführer eine Entschädigung. Für die übrigen Mitglieder des Vorstandes besteht eine Pflicht zur Teilnahme an den Versammlungen nicht, so daß sie im Falle ihrer Teilnahme wie jedes andere Kammermitglied nur Mitgliedschaftsrechte ausüben.[2]

---

[10] EGH Hamm BRAK-Mitt. 1984, 196.
[11] EGH Baden-Württemberg AnwBl. 1983, 331 = BRAK-Mitt. 1983, 138; ebenso *Isele*, Anhang zu § 40 Anm. XI. D.; a. A. *Schmidt* AnwBl. 1980, 305.
[1] EGH Stuttgart EGE VII, 203.
[2] So auch *Kleine-Cosack*, § 75.

§ 76 Pflicht der Vorstandsmitglieder zur Verschwiegenheit

(1) Die Mitglieder des Vorstandes haben – auch nach dem Ausscheiden aus dem Vorstand – über die Angelegenheiten, die ihnen bei ihrer Tätigkeit im Vorstand über Rechtsanwälte, Bewerber und andere Personen bekannt werden, Verschwiegenheit gegen jedermann zu bewahren. Das gleiche gilt für Rechtsanwälte, die zur Mitarbeit herangezogen werden, und für Angestellte der Rechtsanwaltskammer.

(2) In gerichtlichen Verfahren dürfen die in Absatz 1 bezeichneten Personen solche Angelegenheiten, die ihnen bei ihrer Tätigkeit im Vorstand über Rechtsanwälte, Bewerber und andere Personen bekannt geworden sind, ohne Genehmigung nicht aussagen.

(3) Die Genehmigung zur Aussage erteilt der Vorstand der Rechtsanwaltskammer nach pflichtmäßigem Ermessen. Die Genehmigung soll nur versagt werden, wenn Rücksichten auf die Stellung oder die Aufgaben der Rechtsanwaltskammer oder berechtigte Belange der Personen, über welche die Tatsachen bekannt geworden sind, es unabweisbar erfordern. § 28 Abs. 2 des Gesetzes über das Bundesverfassungsgericht bleibt unberührt.

Übersicht

	Rdn.		Rdn.
I. Entstehungsgeschichte	1	IV. Aussageverbot in gerichtlichen Verfahren	10
II. Normzweck	2	V. Aussagegenehmigung	11–15
III. Umfang der Verschwiegenheitspflicht	3–9	1. Einholung	11
1. Betroffener Personenkreis	3	2. Ermessensentscheidung	12
2. Gegenstand der Verschwiegenheitspflicht	4	3. Versagungsgründe	13
3. Ausnahmen	5	4. Besonderheiten nach § 28 Abs. 2 BVerfGG	14
a) Einwilligung	8	5. Anfechtbarkeit	15
b) Weitergabe personenbezogener Daten an eine andere Rechtsanwaltskammer	9	VI. Rechtsfolgen eines Verstoßes	16, 17

I. Entstehungsgeschichte

Die Rechtsanwaltsordnung vom 1. Juli 1878 kannte die Verschwiegenheitspflicht nicht. Diese Lücke sollte nach den Vorstellungen der Anwaltschaft schon 1927 geschlossen werden. Zu einer gesetzlichen Regelung kam es jedoch erst durch die Rechtsanwaltsordnung für die britische Zone vom 10. März 1949 (§ 70). 1

II. Normzweck

Die amtliche Begründung besagt hierzu, daß eine gedeihliche Arbeit des Vorstandes nur möglich ist, wenn er das Vertrauen der Rechtsanwälte und auch der Rechtsuchenden besitzt. Rechtsanwälte und auch Privatpersonen lassen dem Vorstand häufig Informationen zukommen, deren Vertraulichkeit sie voraussetzen. Dieses Vertrauen soll nicht erschüttert werden. Deshalb statuiert die Vorschrift eine umfassende Pflicht zur Verschwiegenheit. 2

III. Umfang der Verschwiegenheitspflicht

1. Betroffener Personenkreis

3   Die Verschwiegenheitspflicht trifft die Mitglieder des Vorstandes, von ihm zur Mitarbeit bei der Vorstandstätigkeit herangezogene Rechtsanwälte und die Angestellten der Kammer. Sie ist ohne zeitliche Begrenzung, bleibt also auch nach dem Ausscheiden aus dem Vorstand bzw. nach Beendigung der Tätigkeit als herangezogener Rechtsanwalt oder Angestellter bestehen.

2. Gegenstand der Verschwiegenheitspflicht

4   Das Gesetz erstreckt die Pflicht zur Verschwiegenheit auf alle Angelegenheiten, die dem genannten Personenkreis bei der Tätigkeit über Rechtsanwälte, über Bewerber und über andere Personen bekannt werden. Für die Verschwiegenheitspflicht ist es gleichgültig, ob die bekannt gewordenen Angelegenheiten zur Tätigkeit der zur Verschwiegenheit verpflichteten Person gehören oder ihr nur beiläufig oder zufällig zur Kenntnis gelangen. Zum geschützten Personenkreis gehören auch die in die Rechtsanwaltskammer aufgenommenen ausländischen Rechtsanwälte (§§ 206, 207) und die Rechtsbeistände (§ 209). Der Begriff des Bewerbers lehnt sich an §§ 7, 9, 10, 19, 20 und 21 an, der Schutz beginnt also nicht erst mit der Zulassung zur Rechtsanwaltschaft, sondern schon mit der Stellung der Anträge nach §§ 6 und 19.

3. Ausnahmen

5   Die eigentliche Problematik der Vorschrift liegt darin, daß der Gesetzeswortlaut allumfassend ist, die Wahrung der Verschwiegenheitspflicht gegenüber jedermann anordnet und Ausnahmen nicht zuläßt. Das bedeutet ein **absolutes Schweigegebot**. Gleichwohl will *Feuerich*[1] Ausnahmen zulassen. So soll der Vorstand den Ort der Kanzlei, die Zulassungsgerichte und die besondere Qualifizierung als Fachanwalt auf Anfrage mitteilen dürfen und auch im übrigen zur Auskunft berechtigt sein, soweit wegen der „**Natur der Sache** und der **Zweckbestimmung**" eine Geheimhaltungspflicht ausscheidet". Ähnlich argumentiert *Kalsbach*.[2] Er hält es für zulässig, daß der Vorstand auf Anfrage Auskunft über die Gründe gibt, die zur Löschung eines Rechtsanwalts in der Liste der Rechtsanwälte geführt haben, und meint, der Vorstand könne sich insoweit selbst von seiner Schweigepflicht entbinden.

6   Beide Auffassungen sind abzulehnen. Der gesetzlichen Regelung fehlt zwar anders als im Fall des vergleichbaren § 61 BBG eine für die Praxis wünschenswerte **Differenzierung** zwischen schützenswerten Angelegenheiten und solchen, gegen deren Offenbarung nichts spricht. Das rechtfertigt jedoch nicht, die eindeutige und keiner Auslegung zugängliche Vorschrift mit – zudem noch zweifelhaften – Kriterien wie „**Natur der Sache**" oder „**Zweckbestimmung**" zu entschärfen. Es kann auch nicht dem Geheimnisträger überlassen sein, im Einzelfall selbst zu entscheiden, ob und unter welchen Voraussetzungen er sich von seiner Verschwiegenheitspflicht entbinden will, zumal das Gesetz in Absatz 2 und 3 eine solche Möglichkeit nur für den Fall eines gerichtlichen Verfahrens zuläßt und damit für den außergerichtlichen Bereich erkennbar ausschließt. Der Vor-

---

[1] *Feuerich/Braun*, § 76 Rdn. 9 ff.
[2] *Kalsbach*, § 76 Anm. 3 III.

§ 76 Verschwiegenheitspflicht 7–10 § 76

stand muß folglich seine Pflicht zur Verschwiegenheit uneingeschränkt wahren und darf auf die in Absatz 1 benannten Personenkreis bezogene Auskünfte grundsätzlich nicht erteilen. Zu Recht hat deshalb der Ehrengerichtshof Berlin[3] die Mitteilung des Kanzleisitzes eines Kammermitgliedes an das Finanzamt als Verletzung der Verschwiegenheitspflicht gewertet.[4]

Bei Zugrundelegung der hier vertretenen Auffassung sind **personenbezogene** 7 **Auskünfte** nur in zwei Fällen erlaubt:[5]

a) Einwilligung. Die Verschwiegenheitspflicht entfällt, wenn der von Absatz 1 geschützte Personenkreis mit der Erteilung einer Auskunft einverstanden ist. Der Vorstand sollte deshalb jede Anfrage an die Person, auf welche die Anfrage abzielt, weiterleiten und ihr die Beantwortung selbst überlassen oder ihr anheimstellen, den Vorstand von seiner Verschwiegenheitspflicht zu befreien. Geschieht letzteres nicht, muß der Vorstand die Anfrage unter Berufung auf § 76 abschlägig bescheiden. Bezieht sich die Anfrage auf Spezialkenntnisse oder Tätigkeitsschwerpunkte eines Rechtsanwalts oder auf verliehene Fachanwaltsbezeichnungen, darf der Vorstand allerdings von einer für alle Fälle im voraus erteilten Einwilligung des Kammermitglieds ausgehen, wenn es auf eigenen Wunsch in die Liste aufgenommen worden ist.

b) Weitergabe personenbezogener Daten an eine andere Rechtsan- 9 **waltskammer.** Die Verschwiegenheitspflicht entfällt, wenn der Vorstand personenbezogene Auskünfte einer anderen Rechtsanwaltskammer erteilt. Das gilt insbesondere für die Weitergabe von Personalakten bei einem Zulassungswechsel eines Rechtsanwalts in den Bezirk einer anderen Rechtsanwaltskammer. Die in § 76 geregelte Verschwiegenheitspflicht ist einerseits in die körperschaftlich organisierte **Berufsaufsicht** eingebunden, was insbesondere an der dem Beamtenrecht nachgebildeten Aussagegenehmigung (Abs. 2 und 3) deutlich wird. Andererseits ist sie, wie ihre Beschränkung auf Rechtsanwälte, Bewerber und andere Personen zeigt, sehr stark auf den **Persönlichkeitsschutz** ausgerichtet und ähnelt damit dem Steuer-, Statistik- oder Sozialgeheimnis. Solchen spezialgesetzlichen Verschwiegenheits- und Geheimhaltungspflichten ist eine gewisse Relativität eigen.[6] Das bedeutet, daß die Verschwiegenheitspflicht gegenüber einer anderen Körperschaft des öffentlichen Rechts nicht gilt, wenn diese mit gleicher Kompetenz ausgestattet ist und einer identischen Verschwiegenheitspflicht unterliegt.[7] Diese Voraussetzungen sind bei den Rechtsanwaltskammern erfüllt.

IV. Aussageverbot in gerichtlichen Verfahren

Die Pflicht zur Verschwiegenheit gilt auch in allen gerichtlichen Verfahren und 10 im Verfahren vor dem Anwaltsgericht. In diesen Verfahren trifft die in Absatz 1 genannten Personen deshalb ein Aussageverbot, weil sie nicht in einen Konflikt zwischen der Pflicht zur Verschwiegenheit und der in den Prozeßgesetzen (§ 54 StPO, § 376 ZPO) enthaltenen Zeugnispflicht geraten sollen. Von diesem Aussageverbot kann aber Befreiung erteilt werden.

---

[3] EGH Berlin NJW 1992, 846.
[4] Vgl. hierzu *Eich* MDR 1991, 385.
[5] Zur Frage der Bekanntgabe der im Rügeverfahren getroffenen Entscheidung des Vorstandes vgl. § 74 Rdn. 36–38.
[6] Vgl. hierzu *Wessel*, Verfassungs- und verfahrensrechtliche Probleme der Amtshilfe im Bundesstaat, S. 131 f.
[7] So ausdrücklich *Knack*, § 5 VwVfG Anm. 5.2.3.4.

V. Aussagegenehmigung

1. Einholung

11   Zuständig für die Erteilung der Aussagegenehmigung ist der Vorstand. Er wird tätig, wenn ein Gericht oder die Staatsanwaltschaft die Genehmigung beantragen. Auch die in Absatz 1 bezeichneten Personen können den Antrag auf Erteilung der Genehmigung stellen. In allen Fällen muß das Beweisthema genau umschrieben werden, damit der Vorstand weiß, um was es geht. Gleichzeitig legt das Beweisthema den Umfang der erteilten Aussagegenehmigung fest.

2. Ermessensentscheidung

12   Das Gesetz stellt die Erteilung der Aussagegenehmigung in das pflichtgemäße Ermessen des Vorstandes (Abs. 3 S. 1), gibt ihm aber für seine Entscheidung gleichzeitig einen Kriterienkatalog an die Hand (Abs. 3 S. 2) und engt damit, auch wenn dieser Katalog nicht abschließend und nicht bindend ist („soll"), sein Ermessen ein. Dabei geht das Gesetz gemäß der amtlichen Begründung davon aus, daß der Vorstand die Aussagegenehmigung grundsätzlich erteilt.

3. Versagungsgründe

13   Die Genehmigung zur Aussage soll versagt werden, wenn Rücksichten auf die Stellung oder die Aufgaben der Rechtsanwaltskammer oder berechtigte Belange der Personen, über welche die Tatsachen bekannt geworden sind, die Geheimhaltung unabweisbar erfordern (Abs. 3 S. 2). Eine bloße Erschwerung der Aufgaben der Kammer bei Erteilung einer Aussagegenehmigung reicht nach der amtlichen Begründung nicht aus. In der Praxis werden die tatbestandlichen Voraussetzungen der gesetzlich geregelten Versagungsgründe nur selten erfüllt und andere im Gesetz nicht genannte Versagungsgründe so gut wie nie gegeben sein. Hieraus folgt, daß die Verschwiegenheitspflicht in aller Regel im gerichtlichen Verfahren endet, weil der Vorstand die Genehmigung zur Aussage erteilen und so das Aussageverbot und die Verschwiegenheitspflicht mit der Folge aufheben muß, daß nunmehr wieder die allgemeinen Vorschriften über die Zeugnispflicht und das Zeugnisverweigerungsrecht gelten.

4. Besonderheiten nach § 28 Abs. 2 BVerfGG

14   In Verfahren vor dem Bundesverfassungsgericht gilt gemäß Absatz 3 Satz 3 die Regelung des § 28 Abs. 2 BVerfGG. Das bedeutet, daß die Entscheidung des Vorstandes nicht in seinem pflichtgemäßen Ermessen liegt und weder die Stellung oder die Aufgaben der Rechtsanwaltskammer noch berechtigte Belange von Personen, über welche die Tatsachen bekannt geworden sind, eine Versagung der Genehmigung rechtfertigen können. Stattdessen darf die Genehmigung nur verweigert werden, wenn es das Wohl des Bundes oder eines Landes erfordert. Über die Entscheidung des Vorstandes, die Genehmigung zu versagen, kann sich das Bundesverfassungsgericht mit einer Mehrheit von zwei Drittel der Stimmen hinwegsetzen.

5. Anfechtbarkeit

15   Die Entscheidung des Vorstandes, die Genehmigung zur Aussage zu erteilen, ist unanfechtbar. Das Vorstandsmitglied ist als Zeuge zu vernehmen, selbst wenn

das Gericht Bedenken gegen die Offenbarung seines Wissens hat.[8] Wird die Erteilung der Genehmigung verweigert, ist die Vernehmung des Vorstandsmitglieds als Zeuge verboten, selbst wenn das Gericht die angegebenen Versagungsgründe für rechtswidrig hält.[9] Das Gericht kann allenfalls Gegenvorstellungen[10] oder Dienstaufsichtsbeschwerde erheben (§ 62 Abs. 2). Dem gemäß § 223 antragsberechtigten Personenkreis steht der Antrag auf gerichtliche Entscheidung durch den Anwaltsgerichtshof, außenstehenden Dritten der Verwaltungsgerichtsweg (Verpflichtungsklage) offen.[11]

VI. Rechtsfolgen eines Verstoßes

Ein Verstoß gegen die Verschwiegenheitspflicht und das Aussageverbot können neben einer strafrechtlichen Verfolgung gemäß § 203 StGB zivilrechtliche Schadensersatzansprüche, Unterlassungs- und Widerrufsklagen zur Folge haben. Der Eherengerichtshof Berlin[12] hält neuerdings auch eine Feststellungsklage für zulässig, mit der die gerichtliche Feststellung verfolgt werden kann, daß gegen § 76 verstoßen worden ist. 16

Soweit Angestellte der Rechtsanwaltskammer ihre Pflicht zur Verschwiegenheit verletzen oder trotz des Aussageverbotes als Zeuge aussagen, setzen sie sich der Gefahr der fristlosen Entlassung aus. Das gilt allerdings nur, wenn sie vom Vorstand bei ihrer Einstellung über Umfang und Grenzen ihrer Schweigepflicht belehrt worden sind. Unterbleibt eine solche Belehrung, können die Vorstandsmitglieder, die für die Einstellung zuständig sind, gerügt oder sogar in ein anwaltsgerichtliches Verfahren verwickelt werden. 17

§ 77 Abteilungen des Vorstandes

(1) Der Vorstand kann mehrere Abteilungen bilden, wenn die Geschäftsordnung der Kammer es zuläßt. Er überträgt den Abteilungen die Geschäfte, die sie selbständig führen.

(2) Jede Abteilung muß aus mindestens drei Mitgliedern des Vorstandes bestehen. Die Mitglieder der Abteilung wählen aus ihren Reihen einen Abteilungsvorsitzenden, einen Abteilungsschriftführer und deren Stellvertreter.

(3) Vor Beginn des Kalenderjahres setzt der Vorstand die Zahl der Abteilungen und ihrer Mitglieder fest, überträgt den Abteilungen die Geschäfte und bestimmt die Mitglieder der einzelnen Abteilungen. Jedes Mitglied des Vorstandes kann mehreren Abteilungen angehören. Die Anordnungen können im Laufe des Jahres nur geändert werden, wenn dies wegen Überlastung der Abteilung oder infolge Wechsels oder dauernder Verhinderung einzelner Mitglieder der Abteilung erforderlich wird.

(4) Der Vorstand kann die Abteilungen ermächtigen, ihre Sitzungen außerhalb des Sitzes der Kammer abzuhalten.

(5) Die Abteilungen besitzen innerhalb ihrer Zuständigkeit die Rechte und Pflichten des Vorstandes.

---

[8] *Feuerich/Braun,* § 76 Rdn. 25.
[9] *Feuerich/Braun,* § 76 Rdn. 25 f.
[10] OLG Hamm NJW 1970, 821; vgl. auch BGH NStZ 1981, 70.
[11] *Feuerich/Braun,* § 76 Rdn. 26; *Jessnitzer/Blumberg,* § 76 Rdn. 3.
[12] EGH Berlin NJW 1992, 846.

(6) An Stelle der Abteilung entscheidet der Vorstand, wenn er es für angemessen hält oder wenn die Abteilung oder ihr Vorsitzender es beantragt.

Übersicht

	Rdn.		Rdn.
I. Entstehungsgeschichte	1	e) Ort der Abteilungssitzungen	13
II. Normzweck	2, 3	IV. Tätigkeit der Abteilungen	14–19
III. Bildung von Abteilungen	4–13	1. Rechte und Pflichten der Abteilungen	16
1. Zulässigkeit	4	2. Sitzungen	17
2. Beschlußfassung des Vorstandes	5	3. Verlust der Zuständigkeit	18
a) Zahl der Abteilungen	8	V. Anfechtung	20
b) Zahl der Mitglieder	9	VI. Übergangsregelung für die neuen Bundesländer	21
c) Personelle Bestimmung der Mitglieder	10		
d) Übertragung der Geschäfte	11		

I. Entstehungsgeschichte

1   Der Rechtsanwaltsordnung vom 1. Juli 1878 war die Bildung von Abteilungen unbekannt. Sie wurde erstmals durch das Gesetz zur Änderung der Rechtsanwaltsordnung vom 9. Juli 1923[1] ermöglicht. Nach dem durch dieses Gesetz eingeführten § 55a konnte die Geschäftsordnung, welche die Kammerversammlung zu beschließen hatte, die Bildung von Abteilungen zulassen. Aufgrund dieser gesetzlichen Ermächtigung wurden bei den größeren Kammern, so in Augsburg, Berlin, Dresden, Hamburg, Karlsruhe, Köln und Naumburg, Abteilungen gebildet. Sie hörten auf zu bestehen, als die Rechtsanwaltskammern durch das Zweite Gesetz zur Änderung der Rechtsanwaltsordnung vom 13. Dezember 1935[2] ihre Selbständigkeit verloren. Nach 1945 ist die Bildung von Abteilungen in den Ländern Bayern, Hansestadt Hamburg, Hessen, Niedersachsen, Nordrhein-Westfalen, Schleswig-Holstein und in dem früheren Land Württemberg-Baden wieder zugelassen worden. Hieran knüpft die jetzige Regelung an. Erst sie macht die Bildung von Abteilungen zu einem brauchbaren Instrument, weil sie nur noch mindestens drei Mitglieder für eine Abteilung verlangt, während es nach § 58 RAO neun und gemäß § 72 RAObritZ sieben Mitglieder sein mußten. Die Reduzierung auf drei gibt auch kleineren Kammern mit einer geringen Zahl von Vorstandsmitgliedern die Möglichkeit, die Vorteile der Bildung von Abteilungen zu nutzen.

II. Normzweck

2   Die Bildung von Abteilungen dient der **Erleichterung der Vorstandsarbeit**. Bei der Vielfalt der Aufgaben wäre es kaum möglich, alle Aufgaben gewissenhaft zu erledigen, wenn an jeder Entscheidung immer der Gesamtvorstand mitwirken müßte. Das gilt insbesondere für die großen Kammern mit einem vielköpfigen Vorstand. Die Bildung von Abteilungen ermöglicht es, dem **Gesamtvorstand** nur Fragen von **grundsätzlicher Bedeutung** vorzubehalten und die **Kleinarbeit** durch die **Abteilungen** erledigen zu lassen. Das bewirkt zugleich eine

---
[1] RGBl. I, S. 647.
[2] RGBl. I, S. 1470.

erhebliche Beschleunigung der Vorstandsarbeit. Insbesondere die Aufsichtssachen können durch die jeweils zuständige Abteilung viel schneller erledigt werden, weil jede Abteilung als selbständiges Entscheidungsorgan tätig ist. Bei zeitgleichen Sitzungen von beispielsweise vier Abteilungen können die anstehenden Aufsichtssachen in etwa einem Viertel der Zeit beraten und entschieden werden, die der Gesamtvorstand brauchte, wenn er als alleiniges Entscheidungsorgan zuständig wäre. Auch ermöglicht die Bildung von Abteilungen eine Spezialisierung einzelner Vorstandsmitglieder, wie z. B. bei Bildung einer Gebührenabteilung, die sich ausschließlich mit Gebührengutachten nach § 12 BRAGO befaßt.

Die Bildung von Abteilungen kann allerdings auch zu **Nachteilen** führen, so 3 vor allem auf dem Gebiet der Berufsaufsicht, wenn die Abteilungen sich untereinander nicht abstimmen und bei gleichgelagerten Sachverhalten zu unterschiedlichen Entscheidungen gelangen. Um das zu vermeiden, muß der Gesamtvorstand für eine möglichst gleichmäßige Behandlung der Aufsichtssachen sorgen bzw. über die Vorsitzenden der Abteilungen eine Abstimmung herbeiführen. Sinnvoll ist es auch, die Entscheidung über Einsprüche gegen die von den Abteilungen erlassenen Rügebescheide dem Gesamtvorstand zu überlassen.

III. Bildung von Abteilungen

1. Zulässigkeit

Die Entscheidung darüber, ob der Vorstand immer als Gesamtvorstand tagen 4 muß oder Abteilungen bilden darf, liegt bei der Kammerversammlung. Nur wenn diese im Rahmen der Geschäftsordnung der Kammer (§ 89 Abs. 3) eine solche Regelung beschließt, darf der Vorstand Abteilungen bilden, muß es allerdings nicht. Die Kammerversammlung kann die Möglichkeit der Bildung von Abteilungen durch eine Änderung der Geschäftsordnung der Kammer auch wieder aufheben.

2. Beschlußfassung des Vorstandes

Der Gesamtvorstand muß, wenn die Geschäftsordnung der Kammer eine ent- 5 sprechende Ermächtigung enthält, die Bildung von Abteilungen noch zusätzlich beschließen. Wie bei allen Vorstandsbeschlüssen genügt die einfache Mehrheit (§ 72 Abs. 1 S. 1). Die Beschlußfassung muß vor Ablauf eines Kalenderjahres erfolgen und darf sich nur auf das folgende Geschäftsjahr erstrecken. Ein erst nach Beginn eines neuen Kalenderjahres gefaßter Beschluß ist **unwirksam**.[3] Das gilt auch, wenn der Gesamtvorstand es unterläßt, rechtzeitig vor Ablauf eines Kalenderjahres zu beschließen, daß es bei der bisherigen Zahl von Abteilungen, ihrer Besetzung und ihrer Geschäftsverteilung auch für das neue Geschäftsjahr bleiben soll. Absatz 3 Satz 1 ist zwingend. Selbst ein verspäteter Erneuerungsbeschluß ist daher unwirksam, so daß die Abteilungen mit Ablauf des 31. 12. bzw. – wenn Kalender- und Geschäftsjahr sich nicht decken – mit Ablauf des laufenden Geschäftsjahres ihre Rechtsgrundlage verlieren und die alleinige Zuständigkeit des Gesamtvorstandes wieder begründet wird.[4]

Abänderbar ist der Beschluß des Gesamtvorstandes während der Dauer seiner 6 einjährigen Wirkung nur, wenn dies wegen **Überlastung** der Abteilung oder infolge **Wechsels** oder **dauernder Verhinderung** einzelner Mitglieder der Ab-

---

[3] *Feuerich/Braun*, § 77 Rdn. 6; *Isele*, § 77 Anm. III. C.
[4] *Feuerich/Braun*, § 77 Rdn. 8; *Isele*, § 77 Anm. III. D.

teilung erforderlich wird. Der an die Regelung für die gerichtliche Geschäftsverteilung (§ 21 e GVG) angelehnte Absatz 3 Satz 3 soll verhindern, daß der Gesamtvorstand für eine einzelne Angelegenheit die Zuständigkeit einer Abteilung „steuert".

7 Zum notwendigen Inhalt des Beschlusses des Gesamtvorstandes über die Bildung von Abteilungen gehören:

8 **a) Zahl der Abteilungen.** Der Gesamtvorstand muß die Zahl der Abteilungen festlegen (Abs. 1 S. 1). Bei der Bemessung der Zahl ist der Vorstand frei. Allerdings folgt aus dem Gesetzeswortlaut („mehrere") und aus Sinn und Zweck der Vorschrift, daß es mindestens zwei Abteilungen sein müssen.[5] In der Praxis schwankt die Zahl der Abteilungen zwischen zwei und elf, mehrheitlich sind es zwei bis sechs.

9 **b) Zahl der Mitglieder.** Das Gesetz überläßt die Zahl der Mitglieder einer Abteilung der Beschlußfassung des Vorstandes mit der Vorgabe, daß eine Abteilung aus mindestens drei Mitgliedern bestehen muß (Abs. 2 S. 1). Der Gesamtvorstand kann auch bestimmen, daß die einzelnen Abteilungen eine unterschiedliche Zahl von Mitgliedern haben sollen. In der Praxis schwanken die Mitgliederzahlen einer Abteilung zwischen drei und sechs. Durchweg sind die Kammervorstände also darauf bedacht, kleine Abteilungen zu bilden, um so die Effektivität der Vorstandsarbeit zu verbessern.

10 **c) Personelle Bestimmung der Mitglieder.** Die personelle Bestimmung der Mitglieder, vom Gesetz nicht ausdrücklich erwähnt, gehört notwendig zur „Festlegung" der Mitglieder im Sinne des Absatz 3 Satz 1, erfolgt also auch durch Beschluß des Gesamtvorstandes. Er kann auch bestimmen, daß ein Vorstandsmitglied mehreren Abteilungen angehört (Abs. 3 S. 2).

11 **d) Übertragung der Geschäfte.** Den Abteilungen können Vorstandsgeschäfte jeder Art übertragen werden, nicht aber Geschäfte, die das Präsidium wahrzunehmen hat (§ 79). Der Gesamtvorstand kann auch **sämtliche Vorstandsgeschäfte** auf die einzelnen Abteilungen verteilen, so daß er nur noch für die in Absatz 6 genannten Fälle zuständig bleibt, also wenn er im Einzelfall ein Geschäft wieder an sich zieht oder eine Abteilung ihr Vorsitzender eine Entscheidung des Gesamtvorstandes beantragen. In der Praxis der Vorstandsarbeit behält sich der Gesamtvorstand jedoch regelmäßig alle bedeutenden Angelegenheiten vor und überträgt den Abteilungen nur die Zulassungs- und Aufsichtssachen sowie die Erstattung von Gebührengutachten und Angelegenheiten der Aus- und Fortbildung.

12 Soweit den Abteilungen Geschäfte übertragen werden, steht es grundsätzlich im Ermessen des Gesamtvorstandes, die Kriterien festzulegen, die für die **Verteilung der Geschäfte** im einzelnen maßgeblich sein sollen. So kann er beispielsweise den Abteilungen die Aufsichtssachen nach dem Anfangsbuchstaben der betroffenen Rechtsanwälte oder auch regional nach den einzelnen Gerichtsbezirken zuweisen. Stellt er bei der Verteilung der Aufsichtssachen auf die Bezirke der Amts- oder Landgerichte ab, ergibt sich die Frage, ob es sinnvoll ist, daß eine Abteilung die Berufsaufsicht gerade über die Rechtsanwälte führt, die ihre Zulassung in dem Gerichtsbezirk haben, in dem auch die Mitglieder der Abteilung – oder jedenfalls einige von ihnen – zugelassen sind. Der Vorstand muß das im Rahmen seines pflichtgemäßen Ermessens selbst entscheiden. Er kann eine solche Regelung festlegen, um zu gewährleisten, daß bei der Entscheidung der Abtei-

---

[5] *Feuerich/Braun*, § 77 Rdn. 2; *Isele*, § 77 Anm. III. B. 1.

lung auch die persönlichen Kenntnisse der aus demselben Gerichtsbezirk stammenden Vorstandsmitglieder über die Person des betroffenen Kammermitglieds einfließen. Er kann aber auch den umgekehrten Weg gehen und sich dafür entscheiden, daß keine Abteilung in Aufsichtssachen gegen Kammermitglieder tätig werden darf, die demselben Gerichtsbezirk angehören wie die Abteilungsmitglieder.[6]

e) Ort der Abteilungssitzungen. Die Sitzungen der Abteilungen dürfen grundsätzlich nur am Sitz der Kammer stattfinden. Der Gesamtvorstand kann die Abteilungen allerdings ermächtigen, ihre Sitzungen auch außerhalb des Sitzes der Kammer abzuhalten (Abs. 4). Diese Ermächtigung kann generell oder für den Einzelfall, uneingeschränkt oder beschränkt auf einen bestimmten Ort erfolgen. Sie kann Gegenstand des Beschlusses sein, auf den sich die Bildung der Abteilungen gründet (Abs. 1 S. 1); der Vorstand kann eine solche Ermächtigung aber auch gesondert beschließen. 13

IV. Tätigkeit der Abteilungen

Die einzelne Abteilung konstituiert sich in ihrer ersten Sitzung, indem ihre Mitglieder aus ihren Reihen einen Abteilungsvorsitzenden und einen Abteilungsschriftführer und deren Stellvertreter wählen (Abs. 2 S. 2). An diese Wahl ist die Abteilung bis zum Ablauf der nächsten ordentlichen Wahl des Vorstandes gemäß § 78 Abs. 4 S. 1 gebunden. Der abweichenden Meinung von *Isele*,[7] die Wahl gelte nur für ein Jahr, kann nicht gefolgt werden. Innerhalb der Abteilung üben ihr Vorsitzender die Funktion des Kammerpräsidenten (§ 80 Abs. 2 bis 4) und ihr Schriftführer die des Schriftführers der Kammer (§ 82) sinngemäß aus. So wie diese als Mitglieder des Präsidiums alsbald nach jeder ordentlichen Wahl des Vorstandes zu wählen sind, haben auch die Wahlen des Abteilungsvorsitzenden und des Schriftführers jeweils zu diesen Zeitpunkten zu erfolgen. 14

Sofern der Beschluß des Gesamtvorstandes der Abteilung bestimmte Geschäfte nur allgemein übertragen hat, ohne festzulegen, wie die Zuständigkeit innerhalb der Abteilung geregelt werden soll, haben die Mitglieder der Abteilung nach der Wahl des Vorsitzenden und des Schriftführers sowie deren Stellvertreter die der Abteilung zugewiesenen Aufgaben auf die einzelnen Mitglieder zu verteilen. Diese vom Gesamtvorstand vorab oder von den Mitgliedern der Abteilung in der konstituierenden Sitzung beschlossene **Zuständigkeitsregelung** bestimmt darüber, welches Abteilungsmitglied in der Abteilungssitzung Berichterstatter ist und den übrigen Mitgliedern die ihm zugewiesene Angelegenheit mit einem eigenen Votum zur Beratung und Entscheidung vorzutragen hat. 15

1. Rechte und Pflichten der Abteilungen

Die Abteilungen führen die ihnen übertragenen Geschäfte selbständig (Abs. 1 S. 2) und besitzen innerhalb ihrer Zuständigkeit die Rechte und Pflichten des Gesamtvorstandes (Abs. 5). Sie treten damit für ihren Geschäftsbereich an seine Stelle. Deshalb gelten für die Abteilungen die Vorschriften der §§ 70 bis 72, § 73 Abs. 3, §§ 74 bis 76 und für ihre Funktionsträger (Vorsitzender und Schriftführer) die Vorschriften des § 78 Abs. 4 S. 1, §§ 80 und 82 sinngemäß. Das bedeutet, daß der Vorsitzende der Abteilung die Abteilungssitzung einzuberufen hat (§ 70), daß Beschlußfähigkeit bei Anwesenheit von mindestens der Hälfte der Abtei- 16

---

[6] Ebenso *Kalsbach*, § 77 Rdn. 1.
[7] *Isele*, § 77 Anm. IV. A. 4.

lungsmitglieder gegeben ist (§ 71), daß die Beschlüsse mit einfacher Stimmenmehrheit gefaßt werden (§ 72 Abs. 1) und über die Sitzung ein Protokoll zu führen ist (§ 72 Abs. 3).

2. Sitzungen

17 Sie werden von dem Vorsitzenden der Abteilung vorbereitet, indem er selbst die Tagesordnung aufstellt oder dies über die Geschäftsstelle der Kammer veranlaßt. In den Sitzungen tragen die Mitglieder der Abteilung die ihnen zur Berichterstattung zugewiesenen Angelegenheiten vor und unterbreiten einen Entscheidungsvorschlag, über den der Vorsitzende nach Beratung abstimmen läßt. Die auf diese Weise zustandekommende Entscheidung der Abteilung hat die Wirkung einer Entscheidung des Gesamtvorstandes.

3. Verlust der Zuständigkeit (Abs. 6)

18 Die Abteilung kann in einer einzelnen Angelegenheit auf Antrag ihres Vorsitzenden oder aufgrund eines in einen Antrag gekleideten Beschlusses der Abteilung die eigene Zuständigkeit beenden und so, ohne daß es noch einer Beschlußfassung des Gesamtvorstandes zur Begründung seiner Zuständigkeit bedarf, dessen Zuständigkeit wieder herbeiführen. Der Gesamtvorstand muß diesem Antrag entsprechen und kann ihn, selbst wenn er ihn für unrichtig hält, nicht ablehnen. Die gegenteilige Auffassung von *Kalsbach*[8] ist mit dem eindeutigen Wortlaut des Gesetzes nicht vereinbar. Auch wenn das Gesetz von „beantragen" spricht, sagt es deutlich, daß der Gesamtvorstand nicht erst über seine Zuständigkeit entscheiden, sondern daß allein der Antrag die Zuständigkeit des Gesamtvorstandes begründen soll.[9]

19 Umgekehrt kann der Gesamtvorstand, der grundsätzlich in die Zuständigkeit der Abteilung nicht eingreifen kann (Abs. 3 S. 3), im Einzelfall durch einen Beschluß, der eine nicht nachprüfbare Ermessensentscheidung ist, seine Zuständigkeit wieder begründen, wenn er es für angemessen hält.

V. Anfechtung

20 Der Beschluß des Gesamtvorstandes, durch den Abteilungen gebildet oder fortgeführt werden, ist gemäß § 90 anfechtbar, wenn er gegen die zwingend vorgeschriebenen Erfordernisse (Abs. 1, 2 S. 1, Abs. 3 u. 4) verstößt. Die Entscheidungen der Abteilungen sind, soweit es sich um Rügebescheide handelt, gemäß § 74 Abs. 5 und § 74a Abs. 1 mit dem Einspruch bzw. dem Antrag auf Entscheidung des Anwaltsgerichts angreifbar, im übrigen unter den Voraussetzungen des § 90.

VI. Übergangsregelung für die neuen Bundesländer

21 Nach Art. 21 Abs. 3 des Gesetzes über die Neuordnung des Berufsrechts der Rechtsanwälte und der Patentanwälte vom 2. September 1994[10] bleiben die Mitglieder der Abteilungen der Rechtsanwaltskammern der neuen Bundesländer über den Zeitpunkt des Inkrafttretens des Gesetzes am 9. September 1994 hinaus für die Dauer ihrer Wahlperiode im Amt. Unberührt bleibt § 69, ein vorzeitiges Ausscheiden aus dem Kammervorstand unter den Voraussetzungen des § 69 ist also möglich.

---

[8] *Kalsbach*, § 77 Rdn. 6.
[9] So auch *Feuerich/Braun*, § 77 Rdn. 16.
[10] BGBl. I, S. 2278.

2. Das Präsidium

§ 78 Zusammensetzung und Wahl

(1) Der Vorstand wählt aus seiner Mitte ein Präsidium.

(2) Das Präsidium besteht aus
1. dem Präsidenten,
2. dem Vizepräsidenten,
3. dem Schriftführer,
4. dem Schatzmeister.

(3) Der Vorstand kann die Zahl der Mitglieder des Präsidiums erhöhen.

(4) **Die Wahl des Präsidiums findet alsbald nach jeder ordentlichen Wahl des Vorstandes statt.** Scheidet ein Mitglied des Präsidiums vorzeitig aus, so wird für den Rest seiner Amtszeit innerhalb von drei Monaten ein neues Mitglied gewählt.

Übersicht

	Rdn.		Rdn.
I. Entstehungsgeschichte	1	III. Wahlen	9–15
II. Zusammensetzung	2–8	1. Neuwahl	10
1. Präsident	3	2. Ersatzwahl	11
2. Vizepräsident	4	3. Wahlperiode	12
3. Schriftführer	5	4. Ablehnungsrecht	14
4. Schatzmeister	6	5. Anfechtung	15
5. Weitere Mitglieder	7	IV. Übergangsregelung für die neuen Bundesländer	16

I. Entstehungsgeschichte

Die Rechtsanwaltsordnung vom 1. Juli 1878 kannte einen engeren Vorstand, 1 der aus einem Vorsitzenden und aus einem Schriftführer und den zwei Stellvertretern für beide Ämter bestand. Den Begriff „Präsidium" verwendete sie nicht. Erstmalig führte die Reichs-Rechtsanwaltsordnung das Amt eines **Präsidenten** der Rechtsanwaltskammer ein, wies ihm aber lediglich eine unselbständige Aufgabe zu, bei deren Erfüllung er an die Weisungen des Präsidenten der Reichs-Rechtsanwaltskammer gebunden war. Ein **Präsidium** im heutigen Sinne schuf erst die Rechtsanwaltsordnung für die britische Zone. Sie führte gleichzeitig das Amt des Schatzmeisters ein, das zuvor von dem Schriftführer wahrgenommen worden war. Diese Regelung diente der heutigen Vorschrift als Vorbild.

II. Zusammensetzung

Das Präsidium besteht ausschließlich aus Mitgliedern des Vorstandes und setzt 2 sich mindestens aus dem Präsidenten, dem Vizepräsidenten, dem Schriftführer und dem Schatzmeister zusammen (Abs. 2).

1. Präsident

Er vertritt die Kammer gerichtlich und außergerichtlich, vermittelt den ge- 3 schäftlichen Verkehr der Kammer und des Vorstandes und führt die Beschlüsse der Kammerversammlung und des Vorstandes aus (§ 80 Abs. 1).[1] Zum Präsidenten gewählt werden können nur Vorstandsmitglieder, die in dem Bezirk des Oberlandesgerichts, zu dem die Rechtsanwaltskammer gehört, als Rechtsanwalt zugelassen sind (§ 60 Abs. 1). Nicht zum Präsidenten wählbar sind niedergelassene **ausländische Anwälte** (§§ 206 f.)[2] und **Kammerrechtsbeistände** (§ 209),[3] obwohl sie Mitglied des Vorstandes sein können.[4]

2. Vizepräsident

4   Er ist der geborene Vertreter des Präsidenten, gleichgültig wann und aus welchem Grund der Präsident verhindert ist. Darüber hinaus kann der Präsident dem Vizepräsidenten Aufgaben zur selbständigen Erledigung übertragen, ohne daß er verhindert ist. Der Vorstand kann nur **einen** Vizepräsidenten (Argument aus § 179 Abs. 2 Nr. 2) haben.[5] Da der Vizepräsident der geborene Vertreter des Präsidenten ist, gelten für seine Wählbarkeit dieselben Voraussetzungen wie für die des Präsidenten.

3. Schriftführer

5   Er führt das Protokoll über die Sitzungen des Vorstandes und über die Versammlungen der Kammer (§ 82).

4. Schatzmeister

6   Er verwaltet das Kammervermögen nach den Weisungen des Präsidiums. Er ist berechtigt, Geld in Empfang zu nehmen und überwacht den Eingang der Beiträge (§ 83).

5. Weitere Mitglieder

7   Der Vorstand hat das Recht, die Zahl der Mitglieder des Präsidiums über die im Gesetz vorgesehenen Amtsträger hinaus zu erhöhen (Abs. 3). Die Zahl der zusätzlichen Mitglieder des Präsidiums wird durch das Gesetz nicht beschränkt. Der Vorstand sollte jedoch von der Möglichkeit der Erweiterung des Präsidiums nur behutsam Gebrauch machen. Es kann von Vorteil sein, die Vorsitzenden der Abteilungen in das Präsidium aufzunehmen, um so eine interne Abstimmung zwischen den einzelnen Abteilungen zu erleichtern. Auf diese Weise können sich auch Präsident und Vizepräsident sowie Schriftführer und Schatzmeister bei den Sitzungen des Präsidiums über die Arbeit in den Abteilungen unterrichten lassen.

8   Absatz 3 berechtigt den Vorstand nicht, die in Absatz 2 gesetzlich zwingend vorgeschriebenen Ämter zu vermehren. Insbesondere dürfen dem Präsidium einer Rechtsanwaltskammer **nicht mehrere Vizepräsidenten** angehören, was in der Praxis von den Kammervorständen nicht immer beachtet wird. Nur die Bundesrechtsanwaltskammer hat neuerdings mindestens drei Vizepräsidenten

---

[1] Vgl. hierzu § 80 Rdn. 2–4.
[2] *Feuerich/Braun*, § 207 Rdn. 13–14.
[3] BGHZ 107, 215 = NJW 1989, 2892 = AnwBl. 1990, 270; ebenso *Feuerich/Braun*, § 78 Rdn. 3.
[4] Siehe hierzu § 65 Rdn. 3.
[5] Vgl. Rdn. 8.

§ 78 Zusammensetzung und Wahl

(§ 179 Abs. 2 Nr. 2), deren Zahl durch die Hauptversammlung sogar noch erhöht werden kann (§ 179 Abs. 4).[6]

III. Wahlen

Das Gesetz unterscheidet – wie bei Vorstandswahlen – zwischen Neuwahl (Abs. 4 S. 1) und Ersatzwahl (Abs. 4. S. 2). 9

1. Neuwahl

Sie findet alsbald nach jeder ordentlichen Wahl des Vorstandes (§ 68 Abs. 2, 3) statt. „Alsbald" ist weniger als „sofort", läßt aber mehr Spielraum als „unverzüglich". Der Vorstand kann die Wahl also unmittelbar nach der Kammerversammlung durchführen, kann sie aber auch in angemessenem Zeitabstand vornehmen, beispielsweise im Rahmen der ersten Vorstandssitzung, die turnusmäßig der Kammerversammlung folgt, in welcher der Vorstand gewählt worden ist. 10

2. Ersatzwahl

Sie wird notwendig, wenn ein Mitglied des Präsidiums **vorzeitig** aus dem Präsidium **ausscheidet**. Der Grund des vorzeitigen Ausscheidens ist gleichgültig. Er kann auf Verlust der Mitgliedschaft in der Kammer, auf Verlust der Wählbarkeit aus den in § 66 Nr. 1 und 4 genannten Gründen, auf Amtsniederlegung oder auf einer anwaltsgerichtlichen Entscheidung beruhen, durch welche die vorangegangene Vorstandswahl für ungültig erklärt wird.[7] Die Frist, innerhalb derer die Ersatzwahl stattzufinden hat, beträgt drei Monate. Dabei ist es gleichgültig, ob innerhalb dieser Frist von der Kammerversammlung im Wege der Ersatzwahl ein neues Vorstandsmitglied gewählt wird (§ 69 Abs. 3 S. 1) oder ob die Kammerversammlung sich entscheidet, von einer Ersatzwahl abzusehen (§ 69 Abs. 3 S. 2). Der Vorstand kann völlig unabhängig davon aus der Mitte der vorhandenen Vorstandsmitglieder ein neues Mitglied in das Präsidium wählen. Die gegenteilige Auffassung von *Isele*[8] findet im Gesetz keine Stütze. Absatz 4 regelt ausschließlich die Ersatzwahl für ein vorzeitig ausgeschiedenes Präsidiumsmitglied. Diese ist sogar denkbar, ohne daß überhaupt ein neues Vorstandsmitglied gewählt werden kann, z. B. wenn ein Präsidiumsmitglied sein Amt im Präsidium niederlegt, ohne gleichzeitig aus dem Vorstand auszuscheiden. 11

3. Wahlperiode

Während die Mitglieder des Vorstandes für vier Jahre gewählt werden (§ 68 Abs. 1 S. 1), reicht die Wahlperiode der Mitglieder des Präsidiums nur über **zwei Jahre**. Das folgt aus § 68 Abs. 2, demzufolge alle zwei Jahre die Hälfte der Mitglieder des Vorstandes ausscheidet, in Verbindung mit Absatz 4 Satz 1, der vorschreibt, daß nach jeder ordentlichen Wahl des Vorstandes auch die Wahl des Präsidiums stattzufinden hat. Werden also in das Präsidium Vorstandsmitglieder gewählt, deren vierjährige Wahlperiode gerade erst begonnen hat, kann es vorkommen, daß diese mangels Wiederwahl bereits nach zwei Jahren aus dem Prä- 12

---

[6] A. A. früher *Kalsbach*, § 78 Anm. II D1, allerdings mit der Einschränkung, daß bei mehreren Vizepräsidenten oder mehreren anderen gesetzlich zwingend vorgeschriebenen Amtsträgern keiner von ihnen der Vertreter des eigentlichen Amtsträgers sein könne.

[7] Vgl. hierzu § 69 Rdn. 2–6.

[8] *Isele*, § 78 Anm. III. C. 2.

§ 79 1   Vierter Teil. Die Rechtsanwaltskammern

sidium wieder ausscheiden, gleichwohl aber für weitere zwei Jahre Mitglied des Vorstandes bleiben.

13   Bei der **Ersatzwahl** wird die zweijährige Wahlperiode um den Zeitraum verkürzt, den das vorzeitig ausgeschiedene Präsidiumsmitglied im Amt war. Dabei wird die Zeit, die nach dem vorzeitigen Ausscheiden bis zu dem Zeitpunkt der Ersatzwahl (längstens drei Monate) verstreicht, noch zu der Amtszeit des vorzeitig ausgeschiedenen Präsidiumsmitglieds gerechnet. Die Wahlperiode des ersatzweise gewählten Mitglieds verlängert sich also nicht um die Zeitspanne zwischen dem Zeitpunkt des vorzeitigen Ausscheidens und dem der Ersatzwahl.

4. Ablehnungsrecht

14   Das Gesetz erwähnt die Möglichkeit, die Annahme der Wahl unter den in § 67 genannten Voraussetzungen abzulehnen, für die Wahl in das Präsidium nicht. Das bedeutet, daß jedes Vorstandsmitglied die Wahl in das Präsidium annehmen muß. Allerdings wird der Vorstand nur solche Vorstandsmitglieder in das Präsidium wählen, von denen er weiß, daß sie mit ihrer Wahl einverstanden sind. Davon geht offenbar auch die gesetzliche Regelung aus.

5. Anfechtung

15   Wahlen zum Präsidium sind gemäß § 90 anfechtbar, wenn sie unter Verletzung des Gesetzes oder der Satzung zustande gekommen sind. Anfechtungsberechtigt ist jedes Kammermitglied, auch wenn es an den Wahlen nicht teilgenommen hat.

IV. Übergangsregelung für die neuen Bundesländer

16   Die in den neuen Bundesländern auf der Grundlage des § 76 RAG gewählten Mitglieder der Präsidien bleiben für die Dauer ihrer Wahlperiode im Amt (Art. 21 Abs. 3 des Gesetzes vom 2. September 1994[9]). Das Recht, unter den Voraussetzungen des § 69 vorzeitig aus dem Präsidium auszuscheiden, bleibt unberührt.

§ 79 Aufgaben des Präsidiums

(1) **Das Präsidium erledigt die Geschäfte des Vorstandes, die ihm durch dieses Gesetz oder durch Beschluß des Vorstandes übertragen werden.**

(2) **Das Präsidium beschließt über die Verwaltung des Kammervermögens. Es berichtet hierüber dem Vorstand jedes Vierteljahr.**

I. Normzweck

1   Das Präsidium der Rechtsanwaltskammer ist letztlich nichts anderes als der engere Vorstand im Sinne der Rechtsanwaltsordnung vom 1. Juli 1878.[1] Von ihm unterscheidet es sich durch eine neue Bezeichnung sowie dadurch, daß die heutige Regelung das Präsidium als selbständiges Organ neben der Kammerversammlung und dem Vorstand versteht. Die einzige dem Präsidium als Organ gesetzlich übertragene Aufgabe ist die Beschlußfassung über die Verwaltung des Kammervermögens, alle übrigen Aufgaben sind einzelnen Präsidiumsmitgliedern zugewiesen (§§ 80–83).

---

[9] BGBl. I, S. 2278.
[1] Zur Entstehungsgeschichte vgl. § 78 Rdn. 1.

II. Allgemeine Aufgaben

Das Präsidium erledigt die Geschäfte des Vorstandes, die ihm durch die Bundesrechtsanwaltsordnung oder durch Beschluß des (Gesamt-) Vorstandes übertragen werden (Abs. 1). Kraft Gesetzes ist ihm nur die in Absatz 2 genannte Verwaltung des Kammervermögens zugewiesen. Andere gesetzliche Aufgaben im Sinne des Absatz 1 gibt es nicht.

Durch Beschluß des Vorstandes können dem Präsidium „die Geschäfte des Vorstandes" übertragen werden. Ob der Vorstand den Beschluß auf ein einzelnes Geschäft beschränkt oder bestimmte Angelegenheiten allgemein zuweist, steht in seinem Ermessen. Er kann dem Präsidium Geschäfte auch im Rahmen seiner Geschäftsordnung (§ 70 Abs. 3) übertragen. In der Praxis ist dies allerdings selten und, soweit ersichtlich, nur durch die Geschäftsordnungen der Vorstände der Rechtsanwaltskammern **Düsseldorf**, **Hamm** und **Nürnberg** geschehen. Danach bestimmt das Präsidium die Aufgaben des Geschäftsführers, entscheidet über die Organisation und Ausgestaltung der Geschäftsstelle und über die Einstellung und Entlassung von Büroangestellten sowie über Anschaffungen, ferner steht ihm die Entscheidung über Anträge auf Erlaß oder Stundung von Kammerbeiträgen und über deren zwangsweise Beitreibung und die Bewilligung von Sterbegeldern zu. Diese in den Zuständigkeitsbereich des Präsidiums übertragenen Aufgaben kann der Vorstand – anders als im Fall des § 77 Abs. 6 – nicht von sich aus wieder an sich ziehen und das Präsidium kann sie auch nicht wieder in die Zuständigkeit des Vorstandes zurückübertragen. Es bedarf hierzu vielmehr der Änderung der Geschäftsordnung der Kammer durch die Kammerversammlung.

III. Verwaltung des Kammervermögens

Die Tatsache, daß der Gesetzgeber dem Präsidium nur eine einzige gesetzliche Aufgabe übertragen hat, nämlich über die Verwaltung des Kammervermögens zu beschließen und dem Vorstand hierüber jedes Vierteljahr zu berichten (Abs. 2), erweckt den Eindruck, daß der Gesetzgeber sie dem Präsidium nur übertragen hat, um für das Präsidium als Organ überhaupt eine gesetzliche Aufgabe zu schaffen. Die Verwaltung selbst obliegt dem Schatzmeister (§ 83 Abs. 1 S. 1). Hierbei ist dieser an die Weisungen des Präsidiums gebunden (§ 83 Abs. 1 S. 1). Weder das Präsidium noch der Vorstand können aber die Einhaltung der vom Präsidium beschlossenen Verwaltungsmaßnahmen durchsetzen oder die Verwaltung selbst übernehmen. Setzt sich der Schatzmeister über die Weisungen des Präsidiums hinweg, bleibt nur die Möglichkeit, auf Einleitung eines anwaltsgerichtlichen Verfahrens zu drängen und den Schatzmeister auf diese Weise über § 69 Abs. 4 von seiner Tätigkeit zu entbinden.[1] Wenig überzeugend an der gesetzlichen Regelung ist auch, daß der (Gesamt-) Vorstand die vierteljährliche mündliche oder schriftliche Berichterstattung nur billigend oder mißbilligend zur Kenntnis nehmen kann, ohne selbst irgendwelchen Einfluß auf die Verwaltung des Vermögens zu haben, obwohl er und nicht das Präsidium der Kammerversammlung über die Verwaltung des Vermögens jährlich Rechnung zu legen hat (§ 73 Abs. 2 Nr. 7). Gerade in einer so wichtigen Angelegenheit wie der Verwaltung des Kammervermögens müßte die Stellung des Gesamtvorstandes stärker sein.

---

[1] So auch *Isele*, § 79 Anm. II. A. 5. a bb.

§ 80 Aufgaben des Präsidenten

(1) **Der Präsident vertritt die Kammer gerichtlich und außergerichtlich.**

(2) **Der Präsident vermittelt den geschäftlichen Verkehr der Kammer und des Vorstandes. Er führt die Beschlüsse des Vorstandes und der Kammer aus.**

(3) **Der Präsident führt in den Sitzungen des Vorstandes und in der Versammlung der Kammer den Vorsitz.**

(4) **Durch die Geschäftsordnungen des Vorstandes und der Kammer können ihm weitere Aufgaben übertragen werden.**

I. Aufgaben des Präsidenten

1. Vertreter

1 Der Präsident vertritt die Kammer gerichtlich und außergerichtlich (Abs. 1). Er ist ihr öffentlich-rechtlicher **„Behördenchef"** und ihr **rechtsgeschäftlicher Vertreter**.[1] Er allein kann namens der Kammer klagen. Ihm müssen gegen die Kammer gerichtete Klagen zugestellt werden. Die Zustellung an ein anderes Vorstandsmitglied genügt nicht, an den Vizepräsidenten nur, wenn der Präsident verhindert ist.[2]

2. Repräsentant

2 Der Präsident ist zudem Repräsentant der Kammer, indem er den geschäftlichen Verkehr der Kammer und des Vorstandes vermittelt und deren Beschlüsse ausführt. Letzteres gilt auch für die Beschlüsse des Präsidiums, obwohl das Gesetz dies nicht ausdrücklich erwähnt.[3]

3. Vorsitzender

3 Der Präsident führt in den Sitzungen des Vorstandes (§ 70) und in der Versammlung der Kammer (§ 85) den Vorsitz (Abs. 3), ebenso in den Sitzungen des Präsidiums. Ihm obliegt auch die Einberufung dieser Organe (§ 78 Abs. 1, § 85 Abs. 1). Mit dem Recht, den Vorsitz zu führen, ist das Privileg verbunden, daß bei Stimmengleichheit im Vorstand, im Präsidium und in der Kammerversammlung die Stimme des Präsidenten den Ausschlag gibt (§ 72 Abs. 1 S. 2, § 88 Abs. 3 S. 3).

4. Sonstige Aufgaben

4 Weitere gesetzliche Aufgaben des Präsidenten sind in § 57 Abs. 2, § 81 Abs. 1 und 2, § 82 S. 2 und § 188 geregelt. Daneben können ihm durch die Geschäftsordnungen des Vorstandes (§ 63 Abs. 3) und der Kammer (§ 89 Abs. 3) weitere Aufgaben übertragen werden.

II. Vertretung

5 Ist der Präsident verhindert, vertritt ihn der Vizepräsident. Ist auch er verhindert, folgen – wenn die Geschäftsordnung keine andere Regelung vorsieht – der

---

[1] *Isele*, § 80 Anm. II. A. 1.–4.; *Feuerich/Braun*, § 80 Rdn. 1.
[2] *Isele*, § 80 Anm. II. A. 2.; vgl. auch *Feuerich/Braun*, § 80 Rdn. 2.
[3] *Isele*, § 80 Anm. II. C. 1.

Schriftführer und der Schatzmeister und, wenn auch diese verhindert sind, alle übrigen Mitglieder des Präsidiums nach dem Dienstalter, bei gleichem Dienstalter nach den Lebensjahren, schließlich alle übrigen Vorstandsmitglieder in derselben Reihenfolge.[4]

§ 81 Berichte über die Tätigkeit der Kammer und über Wahlergebnisse

(1) **Der Präsident erstattet der Landesjustizverwaltung jährlich einen schriftlichen Bericht über die Tätigkeit der Kammer und des Vorstandes.**

(2) **Der Präsident zeigt das Ergebnis der Wahlen zum Vorstand und zum Präsidium alsbald der Landesjustizverwaltung und der Bundesrechtsanwaltskammer an.**

I. Berichterstattung

Durch den jährlichen Bericht des Präsidenten über die Tätigkeit der Kammer und des Vorstandes soll der Landesjustizverwaltung die Prüfung ermöglicht werden, ob im Wege der Staatsaufsicht (§ 62 Abs. 2) Maßnahmen zu veranlassen sind. In aller Regel wird dieser Bericht jedoch kaum eine geeignete Grundlage für die Staatsaufsicht sein. In der Praxis ist bisher kein Fall bekannt geworden, in dem der Jahresbericht des Kammerpräsidenten zu Maßnahmen der Landesjustizverwaltung geführt hat. 1

II. Anzeige des Wahlergebnisses

Das Ergebnis der Wahlen zum Vorstand und zum Präsidium ist der Landesjustizverwaltung und der Bundesrechtsanwaltskammer anzuzeigen. Die Landesjustizverwaltung soll prüfen können, ob eine Anfechtung der Wahlen in Betracht kommt (§ 90 Abs. 1). Die Bundesrechtsanwaltskammer soll wissen, wer in ihrer Hauptversammlung die Rechtsanwaltskammer zu vertreten berechtigt ist (§ 188 Abs. 1). 2

§ 82 Aufgaben des Schriftführers

Der Schriftführer führt das Protokoll über die Sitzungen des Vorstandes und über die Versammlungen der Kammer. Er führt den Schriftwechsel des Vorstandes, soweit es sich nicht der Präsident vorbehält.

Nach § 48 RAO war der Schriftführer zugleich Kassenwart (Schatzmeister). Die jetzt gültige Regelung folgt der Rechtsanwaltsordnung für die britische Zone (§ 59 Abs. 4) und beschränkt die Aufgaben des Schriftführers auf die Führung des Protokolls über die Sitzungen des Vorstandes (§ 72 Abs. 3) und über die Versammlungen der Kammer (§ 88 Abs. 5). Ferner überläßt sie ihm den Schriftwechsel des Vorstandes, soweit der Präsident sich diesen nicht vorbehält. Letzteres ist in allen Kammern der Normalfall. Den Schriftwechsel führt also der Präsident, so daß das Amt des Schriftführers sich auf das eines Protokollführers der Kammer beschränkt.

---

[4] *Isele,* § 80 Anm. IV. B. 2. a–c.

§ 83 Aufgaben des Schatzmeisters

(1) **Der Schatzmeister verwaltet das Vermögen der Kammer nach den Weisungen des Präsidiums. Er ist berechtigt, Geld in Empfang zu nehmen.**
(2) **Der Schatzmeister überwacht den Eingang der Beiträge.**

1 Dem Schatzmeister, der das Vermögen der Kammer nach den Weisungen des Präsidiums verwaltet (Abs. 1 S. 1), Inkassovollmacht besitzt (Abs. 1 S. 2) und den Eingang der von der Kammerversammlung beschlossenen Beiträge zu überwachen hat (Abs. 2), räumt das Gesetz eine besonders starke Stellung innerhalb des Präsidiums ein. Er ist, obgleich den Weisungen des Präsidiums unterworfen, **wenig kontrollierbar**.[1] Die Kassengeschäfte führt er sogar in eigener Verantwortung (Abs. 1 S. 2), insoweit ist er also nicht einmal weisungsgebunden.[2] Deshalb ist das Präsidium zur vierteljährlichen Berichterstattung (§ 79 Abs. 2 S. 2) über die Kassengeschäfte nur in der Lage, wenn der Schatzmeister das Präsidium hierüber unterrichtet. Folgerichtig muß der Vorstand gemäß § 73 Abs. 2 Nr. 7 nur über die Verwaltung des Vermögens Rechnung legen. Inkonsequent ist es aber, wenn § 89 Abs. 2 Nr. 6 der Kammerversammlung die Aufgabe zuweist, neben der Abrechnung des Vorstandes über die Verwaltung des Vermögens auch die Abrechnung des Vorstandes über die Einnahmen und Ausgaben der Kammer zu prüfen.[3] Auch wenn diese Abrechnung in der Praxis anläßlich der Kammerversammlung regelmäßig vom Schatzmeister vorgetragen wird, hätte das Gesetz diese Aufgabe nicht dem Vorstand, sondern dem Schatzmeister zuweisen oder auch die Führung bzw. Überwachung der Kassengeschäfte dem Präsidium übertragen sollen. In der Praxis hat die Widersprüchlichkeit zwischen § 73 Abs. 2 Nr. 7 und § 89 Abs. 2 Nr. 6 bisher allerdings nicht zu Unzuträglichkeiten geführt.

2 Weitere Aufgaben des Schatzmeisters ergeben sich § 57 Abs. 4 S. 2 und § 84 Abs. 1. Im Rahmen der nach § 89 Abs. 2 Nr. 4 durch die Kammerversammlung bewilligten Mittel kann er zudem den Aufwand für die gemeinschaftlichen Angelegenheiten der Kammer bestreiten.

§ 84 Einziehung rückständiger Beiträge

(1) **Rückständige Beiträge werden auf Grund der von dem Schatzmeister ausgestellten, mit der Bescheinigung der Vollstreckbarkeit versehenen Zahlungsaufforderungen nach den Vorschriften beigetrieben, die für die Vollstreckung von Urteilen in bürgerlichen Rechtsstreitigkeiten gelten.**

(2) **Die Zwangsvollstreckung darf jedoch erst zwei Wochen nach Zustellung der vollstreckbaren Zahlungsaufforderung beginnen.**

(3) **Auf Einwendungen, die den Anspruch selbst betreffen, ist die beschränkende Vorschrift des § 767 Abs. 2 der Zivilprozeßordnung nicht anzuwenden. Für Klagen, durch die Einwendungen gegen den Anspruch selbst geltend gemacht werden, ist entsprechend dem Wert des Streitgegenstandes das Amtsgericht oder das Landgericht zuständig, bei dem der Schuldner im Inland seinen allgemeinen Gerichtsstand hat.**

---

[1] Vgl. § 79 Rdn. 4.
[2] *Feuerich/Braun*, § 83 Rdn. 2; *Isele*, § 83 Anm. III. B.
[3] So auch *Isele*, § 83 Anm. III. B.

§ 84 Einziehung rückständiger Beiträge 1–4 § 84

Übersicht

	Rdn.		Rdn.
I. Entstehungsgeschichte	1	IV. Einwendungen gegen die Beitragsschuld	4–6
II. Normzweck	2		
III. Beitreibung rückständige Beiträge.	3		

I. Enstehungsgeschichte

Die Rechtsanwaltsordnung vom 1. Juli 1878 enthielt bei ihrem Inkrafttreten keine Bestimmung über die Einziehung rückständiger Beiträge. Das zwang den Vorstand der Rechtsanwaltskammer, rückständige Beiträge im Wege der Klage vor dem Zivilgericht einzufordern. Durch Gesetz vom 9. Juli 1923[1] wurde erstmalig eine dem heutigen Absatz 1 entsprechende Bestimmung eingeführt, welche die Beitreibung nach den Vorschriften der Zwangsvollstreckung in bürgerlichen Rechtsstreitigkeiten ermöglichte. Allerdings stand die Ausstellung der mit der Bescheinigung der Vollstreckbarkeit versehenen Zahlungsaufforderung dem Schriftführer zu, da es das Amt des Schatzmeisters noch nicht gab. Über § 73 RAObritZ kam es dann zur heutigen Fassung des Gesetzes.

1

II. Normzweck

Die Pflicht des einzelnen Rechtsanwalts, die von der Kammerversammlung festgesetzten Beiträge (§ 89 Abs. 2 Nr. 2) zu leisten, findet ihre Grundlage in der Mitgliedschaft bei der Rechtsanwaltskammer als einer Körperschaft des öffentlichen Rechts. Wie bei anderen öffentlichen Abgaben soll die Kammer vor der Beitreibung nicht erst einen besonderen gerichtlichen Titel erwirken müssen. Deshalb ist die Rechtsanwaltskammer ermächtigt, die Grundlage für die zwangsweise Beitreibung selbst zu schaffen.[2]

2

III. Beitreibung rückständiger Beiträge

Als Vollstreckungstitel für die Einziehung rückständiger Beiträge dient die vom Schatzmeister ausgestellte Zahlungsaufforderung mit der Bescheinigung der Vollstreckbarkeit (Abs. 1). Dieser Vollstreckungstitel muß vor Beginn der Zwangsvollstreckung zugestellt (§ 229) werden (Abs. 2). Erst zwei Wochen nach der Zustellung darf die Zwangsvollstreckung beginnen. Die zwangsweise Beitreibung erfolgt nach den Vorschriften des Achten Buches der Zivilprozeßordnung (§§ 804–945).

3

IV. Einwendungen gegen die Beitragsschuld

Grundlage für Höhe und Fälligkeit der Beitragsschuld ist der Beschluß der Kammerversammlung (§ 89 Abs. 2 Nr. 2). Wenn Absatz 3 von Einwendungen spricht, die den Anspruch selbst betreffen, so ist damit nicht gemeint, daß das den Beitrag schuldende Kammermitglied die Wirksamkeit des Beschlusses der Kammerversammlung im Wege der **Zwangsvollstreckungsgegenklage** (§ 767 ZPO) überprüfen lassen kann.[3] Diese Prüfung steht vielmehr nur dem Anwalts-

4

---

[1] RGBl. I, S. 647.
[2] Amtl. Begr., S. 155.
[3] So auch BGHZ 55, 255 = NJW 1971, 705 = AnwBl. 1971, 118; EGH München AnwBl. 1977, 271; vgl. auch BGH EGE XII, 37; a. A. *Kleine-Cosack*, § 84 Rdn. 4.

gerichtshof nach Maßgabe des § 90 zu. Entsprechendes gilt für die Zahlungsaufforderung. Diese ist ein Verwaltungsakt, der nur beim Anwaltsgerichtshof nach § 223 angefochten werden kann. In einem solchen Verfahren kann der Anwaltsgerichtshof die Wirksamkeit des Beschlusses der Kammerversammlung allerdings selbst dann noch (incidenter) überprüfen, wenn die in § 91 Abs. 3 vorgesehene Antragsfrist von einem Monat abgelaufen ist.[4] Der Weg zum Verwaltungsgericht oder zum ordentlichen Gericht ist dadurch ausgeschlossen.[5] Der prozessuale Anwendungsbereich des Absatzes 3 beschränkt sich mithin darauf, das Verfahren vor dem Anwaltsgerichtshof den Besonderheiten anzupassen, die sich aus der Einziehung rückständiger Beiträge durch einen Verwaltungsakt ergeben. Da dieser Beitreibung kein Prozeßverfahren mit mündlicher Verhandlung vorausgeht, schließt er die auf der Rechtskraft gerichtlicher Urteile beruhende zeitliche Beschränkung des § 767 Abs. 2 ZPO aus. Außerdem legt er, weil die in § 767 Abs. 1 ZPO enthaltene Zuständigkeitsregelung den Fall der Einziehung rückständiger Beiträge nicht betrifft, die sachliche Zuständigkeit des Amts- oder Landgerichts entsprechend dem Wert des Streitgegenstandes fest und begründet die örtliche Zuständigkeit bei dem Gericht, bei dem der Beitragsschuldner im Inland seinen allgemeinen Gerichtsstand hat.

5 In sachlicher Hinsicht bleibt es bei den Voraussetzungen des § 767 ZPO. Da mit der Vollstreckungsgegenklage weder die Wirksamkeit des Beschlusses der Kammerversammlung über die Höhe des Beitrages noch die Zahlungsaufforderung des Schatzmeisters angegriffen werden können, beschränken sich **Einwendungen**, die im Rahmen des § 767 ZPO gegen den Anspruch selbst zulässig sind, vor allem auf den Einwand der Erfüllung durch Zahlung oder Aufrechnung. Nur durch diese Beschränkung der Prüfungskompetenz der ordentlichen Gerichte im Rahmen einer Zwangsvollstreckungsgegenklage wird der Anwendungsbereich der das Verwaltungsrecht und das Zivilprozeßrecht vermengenden Vorschrift richtig abgegrenzt. Die Überprüfung der Beitragsfestsetzung als Beschluß der Kammerversammlung nach §§ 90, 91 und der Zahlungsaufforderung als Verwaltungsakt nach § 223 gehört in die anwaltsgerichtliche Zuständigkeit, die Prüfung zivilrechtlicher Einwendungen in die Zuständigkeit der ordentlichen (Zivil-)Gerichte.[6]

6 Uneingeschränkt zulässig sind Erinnerungen gegen die Art und Weise der Zwangsvollstreckung gemäß § 766 ZPO und die Drittwiderspruchsklage gemäß § 771 ZPO.

3. Die Versammlung der Kammer

§ 85 Einberufung der Versammlung

(1) **Die Versammlung der Kammer wird durch den Präsidenten einberufen.**

(2) **Der Präsident muß die Versammlung der Kammer einberufen, wenn ein Zehntel der Mitglieder es schriftlich beantragt und hierbei den Gegenstand angibt, der in der Versammlung behandelt werden soll.**

---

[4] BayerEGH AnwBl. 1977, 271; EGH Hamburg BRAK-Mitt. 1992, 219 (220).
[5] BGHZ 55, 255 = NJW 1971, 705 = AnwBl. 1971, 118; BVerwG NJW 1984, 191; OVG Berlin AnwBl. 1983, 288; EGH München AnwBl. 1977, 271; *Feuerich/Braun*, § 84 Rdn. 9; *Isele*, § 84 Anm. II. B. 3.
[6] A. A. *Kleine-Cosack*, § 84 Rdn. 2–4.

(3) **Wenn die Geschäftsordnung der Kammer nichts anderes bestimmt, soll die Versammlung am Sitz der Rechtsanwaltskammer stattfinden.**

I. Einberufung

Die Versammlung der Kammer ist das oberste Organ der Rechtsanwaltskammer, in der die Mitglieder ihren Willen in Form von Beschlüssen und Wahlen äußern. Deshalb hat der Präsident, dem die Einberufung der Versammlung obliegt (Abs. 1), einen nur sehr **engen Ermessensspielraum**. In aller Regel trifft ihn eine **Pflicht zur Einberufung**, wenn die jährliche Rechnungslegung des Vorstandes gegenüber der Kammerversammlung ansteht (§ 73 Abs. 2 Nr. 7) oder Wahlen abzuhalten sind (§§ 68, 69), ferner wenn der Vorstand (§ 80 Abs. 2 S. 2) oder die Kammerversammlung die Einberufung mehrheitlich beschließen oder die Geschäftsordnung der Kammer sie für bestimmte Fälle oder in regelmäßigen Zeitabständen vorschreibt. 1

II. Minderheitenrecht

Der Präsident muß die Versammlung auch einberufen, wenn **ein Zehntel** der Mitglieder es schriftlich beantragt und hierbei den Gegenstand angibt, der in der Versammlung behandelt werden soll (Abs. 2). Dabei kommt es auf die Zahl der Mitglieder zum Zeitpunkt der Antragstellung an. Wird das Quorum von einem Zehntel der Mitglieder nicht erreicht, ist der Antrag unzulässig. Der Präsident kann die Versammlung nach pflichtgemäßem Ermessen aber gleichwohl einberufen, wenn er den von der Minderheit verfolgten Tagesordnungspunkt für zulässig hält. Dabei bleibt es ihm überlassen, ob er eine außerordentliche Kammerversammlung einberuft oder ob er den Verhandlungsgegenstand auf die Tagesordnung der nächsten ordentlichen Versammlung setzt. 2

III. Tagesordnung

Zur Einberufung der Kammerversammlung gehört zwingend die **Bekanntgabe der Tagesordnung** (§ 87). Sie wird bestimmt durch den Anlaß der Einberufung – so in den Fällen des § 68, § 69 Abs. 3 und § 73 Abs. 2 Nr. 7 –, durch den Mehrheitsbeschluß des Vorstandes oder den der Kammerversammlung, mit dem diese Organe die Einberufung verlangen, oder durch die in Absatz 2 bestimmte Minderheit, die sich nicht nur über die Notwendigkeit der Einberufung der Versammlung, sondern auch über den Gegenstand, der behandelt werden soll, einig sein muß. In all diesen Fällen darf der Präsident nicht prüfen, ob der zu behandelnde Gegenstand zum Aufgabenbereich der Kammerversammlung gehört. Er kann also die Einberufung weder ablehnen noch den Gegenstand der Beschlußfassung als unzulässig verwerfen.[1] Allerdings ist er nicht gehindert, seine Auffassung über die Unzulässigkeit des verlangten Tagesordnungspunktes in der Versammlung oder schon in der Einberufung darzulegen. 3

Besteht eine Pflicht des Präsidenten zur Einberufung der Versammlung mit bestimmter Tagesordnung nicht oder werden über die Tagesordnungspunkte, die der Prüfung durch den Präsidenten entzogen sind, hinaus weitere Anträge zur Tagesordnung gestellt, hat der Präsident die Anträge darauf zu überprüfen, ob sie einen Gegenstand betreffen, der in die Zuständigkeit der Kammer fällt. Verneint er dies, muß er die Aufnahme in die Tagesordnung ablehnen.[2] Der durch die 4

---

[1] Ebenso *Feuerich/Braun*, § 86 Rdn. 3.
[2] EGH Hamburg NJW 1985, 1084; vgl. auch § 87 Rdn. 3.

IV. Versammlungsort

5   Der Ort der Kammerversammlung ist der Sitz der Rechtsanwaltskammer (§ 60 Abs. 2). Die Geschäftsordnung der Kammer kann anderes bestimmen, darf die Versammlung aber nicht an einen Ort außerhalb des Kammerbezirkes legen.[3] Zulässig ist es auch, in der Geschäftsordnung der Kammer den Vorstand oder das Präsidium oder den Präsidenten zu ermächtigen, den Ort der Kammerversammlung innerhalb des Kammerbezirks selbst zu bestimmen.

§ 86 Einladung und Einberufungsfrist

(1) **Der Präsident beruft die Versammlung der Kammer schriftlich oder durch öffentliche Einladung in den Blättern ein, die durch die Geschäftsordnung der Kammer bestimmt sind.**

(2) **Die Versammlung ist mindestens zwei Wochen vor dem Tage, an dem sie stattfinden soll, einzuberufen. Der Tag, an dem die Einberufung abgesandt oder veröffentlicht ist, und der Tag der Versammlung sind hierbei nicht mitzurechnen.**

(3) **In dringenden Fällen kann der Präsident die Versammlung mit kürzerer Frist einberufen.**

I. Form

1   Das Gesetz überläßt es dem Präsidenten, ob er die Versammlung der Kammer schriftlich oder durch öffentliche Einladung in den Blättern, die durch die Geschäftsordnung der Kammer bestimmt sind, einberuft. Andere Formen der Einberufung sind unzulässig.

II. Frist

2   Die Einberufungsfrist beträgt mindestens **zwei Wochen** sowohl für die Einzeleinladung als auch für die öffentliche Bekanntmachung. Dabei sind der Tag, an dem die Einberufung abgesandt oder veröffentlicht wird, und der Tag der Versammlung nicht mitzurechnen (Abs. 2). Nur in dringenden Fällen kann der Präsident die Versammlung mit kürzerer Frist einberufen (Abs. 3), wobei allerdings die Mitglieder von der Einladung so rechtzeitig Kenntnis erlangen müssen, daß sie an der Versammlung teilnehmen können.

§ 87 Ankündigung der Tagesordnung

(1) **Bei der Einberufung der Kammer ist der Gegenstand, über den in der Versammlung Beschluß gefaßt werden soll, anzugeben.**

(2) **Über Gegenstände, deren Verhandlung nicht ordnungsgemäß angekündigt ist, dürfen keine Beschlüsse gefaßt werden.**

---

[3] *Isele,* § 85 Anm. IV. A.-C.

I. Normzweck

Die Bekanntmachung jedes einzelnen Gegenstandes, über den in der Versammlung Beschluß gefaßt werden soll, hat den Zweck, die Mitglieder vor Überraschungen zu schützen und ihnen Gelegenheit zur Vorbereitung zu geben.[1] Nur unter dieser Garantie kann der Wille der Kammerversammlung sich legitim äußern.[2] Deshalb ist die Vorschrift zwingend. Durch die Geschäftsordnung der Kammer (§ 89 Abs. 3) kann sie verschärft, nicht aber abgeschwächt werden.[3]

II. Zuständigkeit

Zuständig für die Aufstellung der Tagesordnung ist der Präsident (§ 85 Abs. 1). Zum Teil ergeben sich die einzelnen Tagesordnungspunkte aus dem Gesetz, so in den Fällen des § 68 und des § 69 Abs. 3 sowie des § 73 Abs. 2 Nr. 7. Der Präsident kann aber auch durch Beschluß des Vorstandes (§ 80 Abs. 2 S. 2) oder der Kammerversammlung[4] gehalten sein, bestimmte Verhandlungsgegenstände in die Tagesordnung aufzunehmen. Des weiteren kann ein Zehntel der Mitglieder den Verhandlungsgegenstand bestimmen (§ 85 Abs. 2). In diesen Fällen steht dem Präsidenten ein Prüfungsrecht nicht zu, er muß also die Beschlüsse des Vorstandes oder der Kammversammlung oder den Antrag eines Zehntels der Mitglieder auch dann befolgen, wenn er den gewünschten Tagesordnungspunkt für unzulässig hält.[5] Es ist dann Aufgabe der Kammerversammlung, darüber zu beschließen, wie sie einen solchen Gegenstand der Tagesordnung behandeln will.

Anträge einzelner Mitglieder nimmt der Präsident nach pflichtgemäßem Ermessen in die Tagesordnung auf. Dabei hat er zu prüfen, ob die Anträge einen Gegenstand betreffen, der zum Aufgabenbereich der Kammer gehört (§ 89). Ist das nicht der Fall, muß er die Aufnahme in die Tagesordnung ablehnen.[6] Gegen diese Entscheidung kann das betroffene Kammermitglied gemäß § 223 vorgehen.

III. Ankündigung

Der Präsident muß jeden Gegenstand, über den in der Versammlung Beschluß gefaßt werden soll, bei der Einberufung ankündigen (Abs. 1). Über Gegenstände, deren Verhandlung nicht ordnungsgemäß angekündigt worden ist,[7] dürfen keine Beschlüsse gefaßt werden (Abs. 2). Die Kammerversammlung ist jedoch nicht gehindert, über solche Gegenstände zu beraten. Wird entgegen Absatz 2 über einen Gegenstand, dessen Verhandlung nicht ordnungsgemäß angekündigt worden ist, Beschluß gefaßt, so ist dieser Beschluß nicht nichtig, sondern gemäß § 90 anfechtbar.

---

[1] *Jessnitzer/Blumberg,* § 87 Rdn. 1.
[2] Amtl. Begr., S. 157.
[3] Vgl. hierzu BGHZ 64, 301 (304) = NJW 1975, 1559.
[4] *Isele,* § 87 Anm. II. A. 3.
[5] Vgl. auch § 85 Rdn. 3.
[6] EGH Hamburg NJW 1985, 1084.
[7] Siehe hierzu BGHZ 64, 301 = NJW 1975, 1559.

§ 88 Wahlen und Beschlüsse der Kammer

(1) Die Voraussetzungen, unter denen die Versammlung beschlußfähig ist, werden durch die Geschäftsordnung der Kammer geregelt.

(2) Die Mitglieder können ihr Wahl- oder Stimmrecht nur persönlich ausüben.

(3) Die Beschlüsse der Versammlung werden mit einfacher Stimmenmehrheit gefaßt. Das gleiche gilt für die von der Kammer vorzunehmenden Wahlen. Bei Stimmengleichheit gibt die Stimme des Vorsitzenden den Ausschlag, bei Wahlen entscheidet das Los.

(4) Ein Mitglied darf in eigenen Angelegenheiten nicht mitstimmen. Dies gilt jedoch nicht für Wahlen.

(5) Über die Beschlüsse der Kammer und über die Ergebnisse von Wahlen ist ein Protokoll aufzunehmen, das von dem Vorsitzenden und dem Schriftführer zu unterzeichnen ist.

Übersicht

	Rdn.		Rdn.
I. Normzweck	1, 2	IV. Einfache Mehrheit	6–9
II. Beschlußfähigkeit	3, 4	1. Begriffsbestimmung	7
III. Ausübung des Wahl- oder Stimmrechts	5	2. Besonderheiten bei Wahlen	8
		3. Stimmengleichheit	9
		V. Protokoll	10

I. Normzweck

1 Die Vorschrift gehört zusammen mit § 72 Abs. 1 zu den zentralen Bestimmungen der Bundesrechtsanwaltsordnung. Beide Vorschriften bestimmen, nach welchen Regeln sich der Entscheidungsprozeß in den beiden wichtigsten Organen der Rechtsanwaltskammer, nämlich im Vorstand und in der Kammerversammlung, vollzieht. Das Gesetz gibt dafür den Rahmen und überläßt es im übrigen der Satzungsautonomie der beiden Organe, in ihren Geschäftsordnungen (§ 63 Abs. 3 für den Vorstand und § 89 Abs. 3 für die Kammer) nähere Einzelheiten zu regeln. Für die Wahlen der Mitglieder des Vorstandes wird das in § 64 Abs. 2 ausdrücklich betont. Soweit das Gesetz selbst Regeln aufstellt, sind diese zwingend und der Satzungsautonomie der Rechtsanwaltskammer entzogen. Zu den unabdingbaren Regelungen gehört, daß die Mitglieder der Kammer und des Vorstandes ihr Wahl- oder Stimmrecht nur persönlich ausüben dürfen und daß für Beschlüsse und Wahlen die einfache Mehrheit notwendig und ausreichend ist.

2 Der Regelung in der Geschäftsordnung bleibt es unter anderem überlassen, die Voraussetzungen für die Beschlußfähigkeit der Kammerversammlung (Abs. 1)[1] zu bestimmen, die Art der Abstimmungen und Wahlen (offen oder schriftlich und geheim) zu regeln, die Mehrheit festzulegen, mit der die Kammerversammlung von den in der Geschäftsordnung der Kammer geregelten Wahlmodalitäten abweichen kann[2] und welche Voraussetzungen für eine Kandidatur um ein Amt im Vorstand gelten sollen.

---

[1] Zur Beschlußfähigkeit des Vorstandes vgl. § 71.
[2] Vgl. hierzu § 64 Rdn. 11.

II. Beschlußfähigkeit

Das Gesetz wertet die Regelung der Beschlußfähigkeit der Kammerversammlung als Aufgabe der Selbstverwaltung und überläßt sie deshalb der Geschäftsordnung der Kammer (§ 89 Abs. 3). Diese sehen durchweg vor, daß die Versammlung entweder ohne Rücksicht auf die Zahl der erschienenen Mitglieder beschlußfähig ist, oder sie fordern eine Mindestteilnehmerzahl (30 oder 50), erklären die Versammlung aber auch bei geringerer Teilnehmerzahl als beschlußfähig an, wenn die fehlende Beschlußfähigkeit nicht vor der Abstimmung oder der Wahl beanstandet wird.

Die Beschlüsse, die Absatz 3 meint, sind alle anfechtbaren und unanfechtbaren Beschlußfassungen, also auch in Beschlußform gefaßte Meinungsäußerungen.[3] Mit Wahlen sind die Wahlen der Mitglieder des Vorstandes (§ 89 Abs. 2 Nr. 1) und die Wahlen der Rechnungs-(Kassen-)prüfer gemeint.

III. Ausübung des Wahl- oder Stimmrechts

Die Mitglieder der Rechtsanwaltskammer dürfen ihr Wahl- oder Stimmrecht nur persönlich ausüben (Abs. 2), in eigenen Angelegenheiten nicht mitstimmen, sich aber selbst wählen (Abs. 4). Beide Regelungen sind zwingend und damit der Satzungsautonomie entzogen. Ursprünglich war vorgesehen, die Ausübung des Wahl- oder Stimmrechts auch durch einen Bevollmächtigten oder auf schriftlichem Wege zuzulassen, weil bei den bisweilen recht beträchtlichen Entfernungen zum Sitz der Kammer eine persönliche Anwesenheit der auswärtigen Kammermitglieder nicht immer erwartet werden kann. In der amtlichen Begründung des nicht Gesetz gewordenen Absatzes 2 hieß es hierzu, die Forderung, daß das Wahl- oder Stimmrecht nur in Person ausgeübt werden dürfe, käme in zahlreichen Fällen im Ergebnis einem Ausschluß vom Wahl- oder Stimmrecht gleich. Aus heutiger Sicht ist es **berufspolitisch** bedauerlich, daß nicht wenigstens eine schriftliche Ausübung des Stimmrechts und auch keine Briefwahl möglich ist. Vor allem für Kammern mit großer Mitgliederzahl ist der Zwang zur persönlichen Ausübung des Stimm- oder Wahlrechts unbefriedigend. Bei der überaus geringen Beteiligung der Mitglieder an den Versammlungen ihrer Kammer (durchschnittlich nicht mehr als drei bis zehn Prozent) wären eine **Briefwahl** oder **schriftliche Abstimmungen** ein brauchbares Mittel, der Willensbildung der Kammer eine breitere Basis zu verschaffen. Für die Wahlen zur Satzungsversammlung hat der Gesetzgeber diesen Überlegungen Rechnung getragen und in § 191b Abs. 2 S. 1 die Briefwahl vorgeschrieben.

IV. Einfache Mehrheit

Den Begriff der einfachen Stimmenmehrheit verwendet das Gesetz außer in Absatz 3 auch in § 72 Abs. 1 S. 1 für Abstimmungen und Wahlen des Vorstandes und in § 190 Abs. 3 S. 1 für Beschlüsse und Wahlen der Hauptversammlung der Bundesrechtsanwaltskammer. Für die regionalen Rechtsanwaltskammern ist die Regelung in Absatz 3 und § 72 Abs. 1 S. 1 zwingend, während die Bundesrechtsanwaltskammer in ihrer Satzung etwas anderes vorschreiben darf (§ 190 Abs. 3).

---

[3] Vgl. hierzu § 90 Rdn. 5 ff.

§ 89 Vierter Teil. Die Rechtsanwaltskammern

1. Begriffsbestimmung

7   Die einfache Mehrheit ist die Mehrheit der abgegebenen, nicht der anwesenden Stimmen.[4] Sie ist erreicht bei 50% der Stimmen zuzüglich mindestens einer Stimme der insgesamt abgegebenen Stimmen. Als **zwingende Norm** ist Absatz 3 Satz 1 und Satz 2 ebenso wie § 72 Abs. 1 S. 1 weder durch die Geschäftsordnung noch durch Beschluß der Kammerversammlung abänderbar. Zulässig, weil den Begriff der einfachen Mehrheit nicht verändernd, ist es, in der Geschäftsordnung zu bestimmen, daß gewählt ist, wer „die meisten Stimmen auf sich vereint und zugleich die absolute Mehrheit (= einfache Mehrheit) der Stimmen erreicht".[5]

2. Besonderheiten bei Wahlen

8   Die einfache Mehrheit ist bei Abstimmungen erreicht, wenn die Jastimmen die Neinstimmen um wenigstens eine Stimme überwiegen, bei Wahlen, wenn auf den Kandidaten wenigstens eine Stimme mehr als die Hälfte der abgegebenen Stimmen entfällt. Bei der Ermittlung der Zahl der abgegebenen Stimmen sind auch die **nicht ausgefüllten Wahlzettel** mitzuzählen, weil auch Wähler mit einem solchen Wahlverhalten sich an der Wahl beteiligen.[6] Anderenfalls würde jedem Wähler, der den Kandidaten nicht wählen will, die Möglichkeit genommen, mit der Abgabe des nicht ausgefüllten Stimmzettels die einfache Mehrheit und damit das Wahlergebnis zu beeinflussen. Das gilt auch bei offener Wahl. Der Wahlleiter muß also feststellen, wieviel Wähler sich insgesamt an der Wahl beteiligen, damit er die einfache Mehrheit errechnen kann.[7]

3. Stimmengleichheit

9   Ebenso wie bei Abstimmungen und Wahlen im Vorstand (§ 72 Abs. 1 S. 3) gilt auch für Beschlüsse und Wahlen der Kammerversammlung, daß die Stimme des Vorsitzenden (§ 80 Abs. 3) den Ausschlag gibt und daß bei Wahlen das Los entscheidet (Abs. 3 S. 3).

V. Protokoll

10 Über die Beschlüsse der Kammer und über die Ergebnisse von Wahlen ist ein Protokoll aufzunehmen, das von dem Vorsitzenden und dem Schriftführer zu unterzeichnen ist (Abs. 5). Diese Regelung entspricht der des § 72 Abs. 2.[8]

§ 89 Aufgaben der Kammerversammlung

(1) **Die Versammlung der Kammer hat die ihr durch Gesetz zugewiesenen Aufgaben zu erfüllen. Sie hat Angelegenheiten, die von allgemeiner Bedeutung für die Rechtsanwaltschaft sind, zu erörtern.**

(2) **Der Versammlung obliegt insbesondere,**

---

[4] Siehe hierzu ausführlich § 72 Rdn. 6–12; vgl. auch BGHZ 106, 193 (195) = NJW 1989, 1150.
[5] BGHZ 106, 193 = NJW 1989, 1150.
[6] Siehe hierzu ausführlich § 72 Rdn. 10 ff.; ferner OVG Münster NVwZ 1992, 286.
[7] Vgl. auch § 64 Rdn. 12 u. § 72 Rdn. 10–11.
[8] Vgl. § 72 Rdn. 15 ff.

§ 89 Aufgaben der Kammerversammlung 1, 2 § 89

1. den Vorstand zu wählen;
2. die Höhe und die Fälligkeit des Beitrags, der Umlagen und Verwaltungsgebühren zu bestimmen;
3. Fürsorgeeinrichtungen für Rechtsanwälte und deren Hinterbliebene zu schaffen;
4. die Mittel zu bewilligen, die erforderlich sind, um den Aufwand für die gemeinschaftlichen Angelegenheiten zu bestreiten;
5. Richtlinien für die Aufwandsentschädigung und die Reisekostenvergütung der Mitglieder des Vorstandes und des Anwaltsgerichts sowie der Protokollführer in der Hauptverhandlung des Anwaltsgerichts aufzustellen;
6. die Abrechnung des Vorstandes über die Einnahmen und Ausgaben der Kammer sowie über die Verwaltung des Vermögens zu prüfen und über die Entlastung zu beschließen.

(3) **Die Kammer gibt sich eine Geschäftsordnung.**

Übersicht

	Rdn.		Rdn.
I. Entstehungsgeschichte	1	4. Mittelbewilligung	14
II. Normzweck	2	5. Aufstellung von Richtlinien für Aufwandsentschädigung und Reisekostenvergütung	15
III. § 89 als generelle Aufgabenzuweisungsnorm	3, 4		
IV. Besonders normierte Aufgaben	5–16	6. Beschlußfassung über Einnahmen und Ausgaben, Verwaltung des Vermögens und Entlastung des Vorstandes	16
1. Wahl des Vorstandes	6		
2. Bestimmung des Beitrags	7		
3. Schaffung von Fürsorgeeinrichtungen	11	V. Geschäftsordnung	17–22

I. Entstehungsgeschichte

Nach der Rechtsanwaltsordnung vom 1. Juli 1878 oblag der Kammerversammlung die Feststellung der Geschäftsordnung für die Kammer und den Vorstand, die Bewilligung der Mittel und die Bestimmung des Beitrages, die Prüfung und Abnahme der vom Vorstand zu legenden Rechnung (§ 48) und die Wahl des Vorstandes (§ 43 Abs. 1). Die Rechtsanwaltsordnung für die britische Zone fügte die Erörterung von Angelegenheiten allgemeiner Bedeutung hinzu (§ 64 RAObritZ). Die Entwürfe zur heutigen gesetzlichen Regelung vermehrten den Aufgabenbereich um die jetzt in Absatz 2 Nr. 3, 5 und 7 genannten Aufgaben und um die Entlastung des Vorstandes. Mit diesem Inhalt ist die Vorschrift Gesetz geworden.

1

II. Normzweck

Die Versammlung der Kammer ist das **oberste Organ** der Rechtsanwaltskammer. Ihre Zuständigkeit erstreckt sich auf alle Angelegenheiten der Kammer als einer Körperschaft des öffentlichen Rechts, soweit nicht bestimmte Aufgaben dem Vorstand (§ 73) zugewiesen sind. Zusammen mit § 73 umschreibt § 89 den **Funktionsbereich der Kammer.**[1] Als Norm der Aufgabenzuweisung hat die Vorschrift eine doppelte Bedeutung. Einerseits verpflichtet sie die Kammerver-

2

---

[1] *Feuerich/Braun*, § 73 Rdn. 4; *Jessnitzer/Blumberg*, § 73 Rdn. 1.

sammlung, die ihr als oberstem Organ zugewiesenen Aufgaben wahrzunehmen. Andererseits beschränkt sie ihren Zuständigkeitsbereich auf die ihr durch das Gesetz zugewiesenen Aufgaben und grenzt so den ihr gesetzlich eingeräumten Funktionsbereich negativ ab.

III. § 89 als generelle Aufgabenzuweisungsnorm

3   Während dem Vorstand außerhalb des Katalogs des § 73 zahlreiche Aufgaben durch die Bundesrechtsanwaltsordnung und andere Gesetze zugewiesen sind,[2] fehlt es für die Kammerversammlung an der Zuweisung weiterer Aufgaben. Nach ständiger Rechtsprechung des Bundesgerichtshofes umfaßt der in § 89 umrissene Funktionsbereich der Rechtsanwaltskammer und damit der Kammerversammlung jedoch nicht nur die durch Gesetz und Satzung ausdrücklich zugewiesenen Aufgaben, sondern erstreckt sich auf **alle Angelegenheiten, welche von allgemeiner – nicht rein wirtschaftlicher – Bedeutung** für die Rechtsanwaltschaft sind und die Gesamtheit der Rechtsanwaltskammern berühren.[3] Dazu gehören beispielsweise die bundeseinheitliche Einführung des **Anwaltsnotariats**,[4] die freiwillige kostenlose außergerichtliche **Rechtshilfe**,[5] der nebenberufliche **Rechtskundeunterricht für Anwaltsgehilfen**,[6] und die Gründung eines **„Vertrauensschadensfonds"**,[7] nicht jedoch die Stellungnahme zu **politischen Fragen**[8] und die Mitgliedschaft in einem **Landes- oder im Bundesverband der freien Berufe**.[9]

4   Zu den generellen Aufgaben der Kammerversammlung gehört nach Absatz 1 Satz 2 das Recht, Angelegenheiten, die von allgemeiner Bedeutung für die Rechtsanwaltschaft sind, zu erörtern. Diese Vorschrift ist **extensiv** auszulegen. Das Recht der Erörterung gehört zu den fundamentalen Rechten der Kammerversammlung. Selbst die vom Gesetz vorgesehene Beschränkung auf Angelegenheiten von allgemeiner Bedeutung für die Rechtsanwaltschaft ist verfassungsrechtlich bedenklich. Es kann der Kammerversammlung nicht untersagt sein, alle Angelegenheiten zu erörtern, die den Beruf des Anwalts und die Rechtspflege berühren, an der mitzuwirken die Anwaltschaft berufen ist. Allerdings muß sie sich auf die Erörterung beschränken. Eine Beschlußfassung ist nicht zulässig, es sei denn, die Kammerversammlung will durch einen „Beschluß" lediglich ihre mehrheitlich vertretene Meinung äußern. Hierbei ist allerdings das Gebot der politischen Neutralität der Kammer zu beachten.[10]

IV. Besonders normierte Aufgaben

5   Der Versammlung obliegen insbesondere die in Absatz 2 genannten Aufgaben.

---

[2] Siehe § 73 Rdn. 4 ff..
[3] BGHZ 33, 381 (385/387); 35, 292 (294, 295); 66, 297; BayEGH AnwBl. 1993, 288.
[4] BGHZ 35, 292.
[5] BGHZ 64, 301; BGH NJW 1986, 992
[6] BGHZ 66, 297; BGH NJW 1986, 992
[7] BGHZ 85, 173.
[8] BGH NJW 1986, 992.
[9] Bejahend EGH Frankfurt BRAK-Mitt. 1985, 170; verneinend BVerwG 1987, 337 für die Mitgliedschaft einer Steuerberaterkammer; VG Bremen AnwBl. 1992, 187 für die Mitgliedschaft einer Ärztekammer; *Feuerich/Braun*, § 89 Rdn. 7–11; *Pietzcker* NJW 1987, 305; a. A. *Tettinger*, Zum Tätigkeitsfeld der Bundesrechtsanwaltskammer, Bd. 7 der Schriftenreihe der Bundesrechtsanwaltskammer, S. 150.
[10] EGH Hamburg NJW 1985, 1084; vgl. auch BGH NJW 1986, 992 = BRAK-Mitt. 1985, 223.

1. Wahl des Vorstandes

Sie vollzieht sich nach den in den §§ 64–69, § 88 und in der Geschäftsordnung der Kammer festgelegten Regeln.[11] Durch die Wahl spricht die Versammlung den gewählten Mitgliedern ihr besonderes Vertrauen aus und legitimiert sie, als **Repräsentanten der Kammer** tätig zu sein. Wird dieses Vertrauen während der Amtszeit erschüttert, hat die Versammlung keine Möglichkeit, durch ein Mißtrauensvotum einen Rücktritt zu erzwingen.[12] Allerdings wird ein mehrheitlich ausgesprochenes Mißtrauen in aller Regel die vorzeitige Niederlegung des Amtes vor Ablauf der Amtsperiode zur Folge haben.

2. Bestimmung des Beitrages

Der Versammlung obliegt es, Höhe und Fälligkeit des Beitrages festzusetzen. Die gesetzliche Beitragspflicht ist verfassungsrechtlich nicht zu beanstanden.[13] Nähere Bestimmungen über die Art und Weise, wie der Beitrag zu bemessen ist, enthält die Vorschrift im Gegensatz zu § 48 RRAO vom 21. Februar 1936 nicht. Gleichwohl ist die Autonomie der Kammerversammlung nicht schrankenlos. Sie findet ihre Grenze in den Gesetzen und in der Satzung der Rechtsanwaltskammer.[14] Im Rahmen der Gesetze sind vor allem das **Äquivalenzprinzip**, wonach der materielle und immaterielle Nutzen des Kammermitglieds aus der Existenz und dem Wirken der Kammer der Höhe des Beitrages entsprechen soll, und der **Gleichheitssatz** zu beachten.[15] Danach ist es nicht zu beanstanden, daß alle Mitglieder ohne Rücksicht auf die Einkommenssituation des einzelnen Mitglieds einen gleich hohen Beitrag zahlen sollen.[16] Die Versammlung kann aber auch beschließen, daß der Beitrag an die Höhe der Einkünfte des einzelnen Mitgliedes angemessen anknüpft[17] oder daß die beim Land- und Oberlandesgericht simultan zugelassenen Rechtsanwälte höhere Beiträge als die nur bei einem Land- oder einem Oberlandesgericht singular zugelassenen Rechtsanwälte zahlen.[18] Als **Bemessungsgrundlage** können auch die Umsätze oder das berufliche oder das gesamte Einkommen des einzelnen Mitgliedes dienen. Des weiteren ist es zulässig, einen festen Kammergrundbeitrag und zusätzlich einen nach dem Bruttoumsatz berechneten Zuschlag zu erheben.[19] Eine solche Regelung erfordert eine Veranlagung bzw. im Weigerungsfall eine Schätzung. Beides ist in der Praxis schwierig durchzuführen. Deshalb sind die meisten Kammern davon abgekommen.

Die Versammlung kann auch festlegen, daß der Jahresbeitrag stets in voller Höhe ohne Rücksicht auf den Zeitpunkt des Eintritts oder des Ausscheidens gezahlt werden muß.[20] Sie kann ferner Grundsätze für eine **Stundung** oder einen **Erlaß** aufstellen oder dem Vorstand die Schaffung solcher Grundsätze übertragen.[21]

---

[11] Wegen der Einzelheiten vgl. § 64 Rdn. 3–15; § 72 Rdn. 3–13 und § 88 Rdn. 3 ff.
[12] Amtl. Begr., S. 160.
[13] BVerwG NJW 1962, 1311.
[14] BGHZ 55, 244 = NJW 1971, 1041 = AnwBl. 1971, 153.
[15] BVerwGE 39, 100 (105 ff.) = NJW 1972, 350; BVerwG 1990, 786.
[16] So BGH DNotZ 1988, 131 für die Notarkammer; OVG Münster BRAK-Mitt. 1990, 188 = 1991, 62 für die Steuerberaterkammer.
[17] BVerwG NJW 1990, 786 für die Ärztekammer.
[18] So BGHZ 55, 244 = NJW 1971, 1041 = AnwBl. 1971, 153 für den Fall eines um 25% höheren Beitrages.
[19] EGH Koblenz BRAK-Mitt. 1982, 131.
[20] EGH Koblenz BRAK-Mitt. 1991, 52; *Isele,* § 89 Anm. III. B. 3 a.
[21] *Isele,* § 89 Anm. III. B. 5 c.

Bei der Festlegung der **Fälligkeit** ist die Versammlung frei. Sie kann Zahlung in einer Summe oder in monatlichen, viertel- oder halbjährlichen Teilbeträgen beschließen.

9 Jedes Kammermitglied kann die Beitragsfestsetzung gemäß § 90 durch den Anwaltsgerichtshof für Rechtsanwälte überprüfen lassen, wenn es meint, daß sie unter Verletzung des Gesetzes oder der Satzung zustande gekommen oder ihr Inhalt damit nicht vereinbar ist. Selbst nach Ablauf der in § 91 Abs. 3 vorgesehenen Antragsfrist von einem Monat bleibt die Zahlungsaufforderung (§ 84 Abs. 1) gemäß § 223 anfechtbar. In diesem Verfahren ist die Wirksamkeit der Beitragsfestsetzung incidenter zu überprüfen.[22]

10 Die bis zum Inkrafttreten des Gesetzes zur Neuordnung des Berufsrechts der Rechtsanwälte und der Patentanwälte vom 2. September 1994[23] geltende Regelung ermächtigte die Kammerversammlung nicht, **Umlagen** (z. B. für einen Sozialfonds) oder **Verwaltungsgebühren** (z. B. für die Mitwirkung im Verfahren der Zulassung zur Rechtsanwaltschaft) zu erheben. Das ist nunmehr geändert worden, weil die Kammern eine solche Änderung wünschten. Die Änderung ermöglicht den Kammern, Ausgaben, die bisher aus dem Beitrag finanziert werden mußten, über Umlagen und Verwaltungsgebühren gesondert zu finanzieren und so zwischen dem Aufwand, der durch den Beitrag abgegolten wird, und den Umlagen und den Verwaltungsgebühren deutlich zu differenzieren.

3. Schaffung von Fürsorgeeinrichtungen

11 Die Schaffung eigener Fürsorgeeinrichtungen hat in den letzten Jahren erheblich an Bedeutung verloren, weil durch Landesgesetze in den Ländern Baden-Württemberg, Bayern, Hessen, Niedersachsen, Nordrhein-Westfalen, Rheinland-Pfalz, Saarland und Schleswig-Holstein **berufsständische Versorgungswerke** entstanden sind.[24] Diese Versorgungswerke sind die gesetzlichen Träger der Alters-, Invaliden- und Hinterbliebenenversorgung der Rechtsanwälte mit gesetzlicher Mitgliedschaft. Ihre Verfassungsmäßigkeit ist von der Rechtsprechung anerkannt.[25] Als Beispiel anderer Fürsorgeeinrichtungen ist die Hilfskasse Deutscher Rechtsanwälte zu nennen, der allerdings längst nicht mehr alle Rechtsanwaltskammern angehören.

12 Viele Rechtsanwaltskammern unterhalten eigene „Fürsorgeeinrichtungen" in Form von **Unterstützungsregelungen** für verarmte Rechtsanwälte und/oder Anwaltswitwen. Auch zahlen einige Rechtsanwaltskammern ein Sterbegeld, für das sie zum Teil Umlagen erheben. Solche Sterbegeldregelungen sind, obwohl sie in die Freiheit der Berufsausübung des einzelnen Kammermitgliedes eingreifen, verfassungsgemäß.[26]

13 Der Begriff der „Fürsorgeeinrichtung" bedeutet nicht, daß Leistungen nur für eng begrenzte und nachgewiesene Notlagen vorgesehen werden dürfen. Es ge-

---

[22] Vgl. § 84 Rdn. 4.
[23)] BGBl. I, S. 2278.
[24] Zum heutigen Stand der Rechtsanwaltsversorgung mit den Anschriften der einzelnen Versorgungswerke, den Rechtsgrundlagen und den Leistungen und Befreiungsmöglichkeiten vgl. *Kilger* AnwBl. 1990, 285 und *Feuerich/Braun*, § 89 Rdn. 20–21 mit einer umfassenden Darstellung der Literatur und Rechtsprechung.
[25] BVerfG NJW 1990, 1653; ferner BVerwG BRAK-Mitt. 1990, 118; BVerwG NJW 1991, 1842; BayVerfGH NJW 1988, 550; OVG Münster NJW 1990, 592; OVG Rheinland-Pfalz BRAK-Mitt. 1988, 216.
[26] BVerfG NJW 1990, 2122; vgl. auch EGH Schleswig EGE XII, 81 = AnwBl. 1972, 295.

nügt, daß der Anlaß der Fürsorgeleistung typischerweise mit Notlagen verbunden ist, die eine solidarische Unterstützung durch die Anwaltschaft angebracht erscheinen lassen.[27]

4. Mittelbewilligung

Der Versammlung der Kammer obliegt es, die Mittel zu bewilligen, die erforderlich sind, um den Aufwand für die gemeinschaftlichen Angelegenheiten zu bestreiten. Zu den gemeinschaftlichen Angelegenheiten gehören alle der Rechtsanwaltskammer und ihren Organen zugewiesenen Aufgaben einschließlich der Repräsentation der Kammer. Auch wenn das Gesetz die Aufstellung eines Haushaltsplanes nicht verlangt, sind alle Kammern längst dazu übergegangen, von der Versammlung einen förmlichen Haushaltsplan verabschieden zu lassen. 14

5. Aufstellung von Richtlinien für Aufwandsentschädigung und Reisekostenvergütung

Der Kammerversammlung obliegt es, Richtlinien für die Aufwandsentschädigung und die Reisekostenvergütung der Mitglieder des Vorstandes (§ 75) und des Anwaltsgerichts sowie der Protokollführer in der Hauptverhandlung des Anwaltsgerichts (§ 140) aufzustellen. Das Gesetz hat ihr die Beschlußfassung hierüber überlassen, weil die finanzielle Belastung der Kammer durch Aufwandsentschädigungen und Reisekostenvergütungen sich auf die Gesamtheit der Mitglieder auswirkt.[28] Nicht hierher gehören die Aufwandsentschädigungen für die Mitglieder des Anwaltsgerichtshofs und des Anwaltssenats beim Bundesgerichtshof. Diese trägt die Staats- bzw. Bundeskasse (§ 103 Abs. 4, § 112). 15

6. Beschlußfassung über Einnahmen und Ausgaben, Verwaltung des Vermögens und Entlastung des Vorstandes

Die Aufgabe, die Abrechnung des Vorstandes über die Einnahmen und Ausgaben der Kammer sowie über die Verwaltung des Vermögens zu prüfen, kann die Kammerversammlung selbst kaum erfüllen. Sie erfordert erheblich mehr als nur eine Erörterung mit anschließender Beschlußfassung. Deshalb ist die Kammerversammlung die denkbar ungeeignetste Institution für die Erfüllung dieser Aufgabe.[29] Sie hilft sich, indem sie Rechnungsprüfer bestellt, welche die Aufgabe übernehmen. Das können Mitglieder der Kammer, aber auch der Kammer nicht angehörende Wirtschaftsprüfer, Steuerberater oder sonstige Buchsachverständige sein. Erst nach dem Bericht über das Ergebnis dieser Prüfung ist die Versammlung der Kammer in der Lage, den Vorstand zu entlasten. Diese **Entlastung** beschränkt sich allerdings nicht auf die Abrechnung über die Einnahmen und Ausgaben und über die Verwaltung des Vermögens, sondern beinhaltet die Erklärung, daß der Vorstand alle ihm übertragenen Aufgaben (§ 73) ordnungsgemäß und zur Zufriedenheit der Kammerversammlung erfüllt hat.[30] Wird die Entlastung verweigert, so kann das Anlaß für ein Einschreiten der Staatsaufsicht sein (§ 62 Abs. 2). Weitere Rechtsfolgen ergeben sich aus der Verweigerung nicht. 16

---

27 BVerfG NJW 1990, 2122; vgl. ferner EGH Schleswig EGE XII, 81 = AnwBl. 1972, 295; EGH Berlin BRAK-Mitt. 1986, 230.
28) Amtl. Begr., S. 160.
29) So zutreffend *Isele*, § 89 Anm. III. F. 3. a–b.
30 *Isele*, § 89 Anm. III. F. 5. b.

V. Geschäftsordnung

17 Die Kammer muß sich eine Geschäftsordnung geben, die nicht mit der des Vorstandes (§ 63 Abs. 3) verwechselt werden darf. Absatz 3 ist zwingendes Recht. Eine Kammer, die sich keine Geschäftsordnung gibt, handelt rechtswidrig. Die Geschäftsordnung muß regeln: die Wahl der Vorstandsmitglieder (§ 64 Abs. 2), die Bildung von Abteilungen des Vorstandes (§ 77 Abs. 1 S. 1), die Übertragung von Aufgaben auf den Präsidenten (§ 80 Abs. 4), den Ort der Kammerversammlung (§ 85 Abs. 3), die für die Einberufung der Kammerversammlung zu bestimmenden Blätter (§ 86 Abs. 1) und die Voraussetzungen, unter denen die Kammerversammlung beschlußfähig ist (§ 88 Abs. 1). Darüber hinaus kann die Geschäftsordnung, soweit gesetzlich zulässig, weitere Bestimmungen enthalten. Bei der Formulierung der Geschäftsordnung ist größte Sorgfalt angezeigt, weil Unklarheiten zu Lasten der Kammer gehen.[31]

18 Unter den Begriff der Geschäftsordnung der Kammer fällt auch die **Wahlordnung** sowohl für die Wahl des Vorstandes der Kammer als auch für die Wahl der Mitglieder der Satzungsversammlung (§§ 191a ff.). Die in § 191b enthaltene Regelung läßt zwar offen, welchem Gremium die Beschlußfassung über eine Wahlordnung für die Wahl der Mitglieder der Satzungsversammlung obliegen soll, insbesondere ist in § 191b Abs. 3 die Vorschrift des § 64 Abs. 2 nicht bezogen. Doch mangels ausdrücklicher gesetzlicher Aufgabenzuweisung ist, da nur der Vorstand oder die Versammlung der Kammer als zuständige Organe für die Schaffung einer Wahlordnung in Betracht kommen können, der Kammerversammlung die Priorität einzuräumen, weil sie das höchste Organ der Rechtsanwaltskammer ist.[32]

19 Der **Inhalt** der von der Kammerversammlung für die Wahl der Mitglieder der Satzungsversammlung zu beschließenden **Wahlordnung** ist begrenzter als für die Wahl der Mitglieder des Kammervorstandes. Während das Gesetz für die Vorstandswahlen die Regelung der Wahlmodalitäten der Geschäftsordnung überläßt (§ 64 Abs. 2), schreibt es für die Wahl der Mitglieder der Satzungsversammlung in § 191b Abs. 2 die geheime und unmittelbare Wahl durch Briefwahl vor und legt auch fest, wie die Wahlvorschläge ausgestaltet sein müssen (§ 191b Abs. 2 S. 2 und 3). Der verbleibende Regelungsbedarf beschränkt sich auf die Festlegung des Wahltermins, die Frist zur Einreichung von Wahlvorschlägen und die technische Abwicklung der Wahl (Bildung eines Wahlausschusses, Bestellung von Wahlhelfern, Wahlbekanntmachungen, Feststellung des Wählerverzeichnisses, Stimmunterlagen, Stimmabgabe, Ermittlung des Wahlergebnisses und seine Bekanntmachung).[33]

20 Die von der Versammlung der Kammer beschlossene Geschäftsordnung bedarf zu ihrer Wirksamkeit der **Ausfertigung** durch den Präsidenten der Kammer.[34] Sie hat durch Unterzeichnung des mit dem Beschluß der Kammerversammlung übereinstimmenden Textes unter Angabe des Datums und unter Beifügung eines kurzen formelhaften Ausfertigungsvermerks zu erfolgen.[35] Die Unterzeichnung des Sitzungsprotokolls genügt, wenn es den vollständigen Text enthält. Ist der Text dem Sitzungsprotokoll als Anlage beigefügt, bedarf auch die Anlage der Unterschrift des Präsidenten und des Ausfertigungsvermerks.[36]

---

[31] EGH Koblenz BRAK-Mitt. 1982, 30.
[32] Vgl. hierzu *Hartung* AnwBl. 1994, 377 (378); ferner § 191b Rdn. 8.
[33] Vgl. *Hartung* AnwBl. 1994, 377 (378); ferner § 191b Rdn. 9.
[34] VGH Mannheim NVwZ 1985, 206; Hessischer VGH NJW 1994, 812; vgl. auch *Starke* NVwZ 1995, 1186; *Ziegler* DVBl. 1987, 280.
[35] OVG Koblenz NVwZ 1995, 1127.
[36] VGH Mannheim NVwZ 1985, 206.

§ 90 Voraussetzungen der Nichtigkeit § 90

Die Notwendigkeit der Ausfertigung folgt aus dem **Rechtsstaatsprinzip** 21
(Art. 20 Abs. 3 GG).[37] Sie erfüllt zwei Funktionen: Der Präsident bestätigt durch
seine Unterschrift die Übereinstimmung des protokollierten Textes mit dem von
der Versammlung der Kammer beschlossenen Text **(Authentizitätsnachweis)**
und das formell ordnungsgemäße Zustandekommen **(Legalitätsnachweis)**.

Die **Rechtsfolge einer fehlenden oder unwirksamen Ausfertigung** ist die 22
Nichtigkeit der Geschäftsordnung. Allerdings kann dieser Mangel durch eine
nachträgliche (fehlerfreie) Ausfertigung und erneute Verkündung geheilt werden.
Fraglich ist, ob eine unterbliebene bzw. fehlerhafte Ausfertigung im Falle eines
inzwischen eingetretenen Wechsels in der Person des Präsidenten als dem zuständigen Ausfertigungsorgan von dem neuen Amtsträger nachgeholt oder berichtigt werden kann. Der VGH Mannheim[38] hält eine Nachholung durch den
Amtsnachfolger für unzulässig, weil das im Zeitpunkt der Nachholung zuständige
Ausfertigungsorgan nicht in der Lage sei, in amtlicher Eigenschaft die Echtheit
des Norminhalts und die Einhaltung der maßgeblichen Verfahrensvorschriften zu
bestätigen. Dem ist entgegenzuhalten, daß der mit der Ausfertigung bezweckte
Authentizitäts- und Legalitätsnachweis auch von einem Nachfolger im Amt
geführt werden kann, wenn er über so sichere Erkenntnisquellen verfügt, daß er
den Nachweis als geführt ansehen muß. Ist das nicht der Fall, muß die Geschäftsordnung von der Versammlung der Kammer neu beschlossen und anschließend fehlerfrei ausgefertigt werden.

Dritter Abschnitt. Die Nichtigkeit von Wahlen und Beschlüssen

§ 90 Voraussetzungen der Nichtigkeit

(1) **Wahlen oder Beschlüsse des Vorstandes, des Präsidiums oder der Versammlung der Kammer kann der Anwaltsgerichtshof auf Antrag der Landesjustizverwaltung für ungültig oder nichtig erklären, wenn sie unter Verletzung des Gesetzes oder der Satzung zustande gekommen oder wenn sie ihrem Inhalt nach mit dem Gesetz oder der Satzung nicht vereinbar sind.**

(2) **Den Antrag kann auch ein Mitglied der Kammer stellen, hinsichtlich eines Beschlusses jedoch nur dann, wenn es durch den Beschluß in seinen Rechten verletzt ist.**

Übersicht

	Rdn.		Rdn.
I. Normzweck	1, 2	III. Voraussetzungen	8–11
II. Gegenstand der Anfechtbarkeit	3–7	1. Formelle Mängel	9
1. Wahlen	4	2. Inhaltliche Mängel	10
2. Beschlüsse	5	IV. Antragsberechtigung	12–15
a) Anfechtbare Beschlüsse	6	1. Landesjustizverwaltung	13
b) Unanfechtbare Beschlüsse	7	2. Kammermitglied	14
		V. Zuständigkeit	16

---

[37] VGH Mannheim NVwZ 1985, 206; Hessischer VGH NJW 1994, 812.
[38] VGH Mannheim NVwZ 1985, 206.

I. Normzweck

1 Im Interesse der Rechtssicherheit und zum Schutz der autonomen Selbstverwaltung müssen die Rechtsfolgen fehlerhafter Wahlen und Beschlüsse sorgsam abgewogen werden. Unter diesem Gesichtspunkt erklärt das Gesetz Wahlen oder Beschlüsse für anfechtbar nur, wenn sie unter Verletzung des Gesetzes oder der Satzung zustande gekommen sind oder ihr Inhalt mit dem Gesetz oder der Satzung nicht vereinbar ist.[1] Eine solche Fehlerhaftigkeit soll nicht ipso jure zur Nichtigkeit führen, sondern es soll erst der Einleitung eines gerichtlichen Verfahrens bedürfen, in dem die Wahlen für ungültig oder die Beschlüsse für nichtig erklärt werden müssen, falls das Gericht die Fehlerhaftigkeit feststellt. Bis zu einer solchen gerichtlichen Entscheidung ist von der Wirksamkeit dieser Akte auszugehen.

2 Im Gegensatz zu der Anfechtungsmöglichkeit nach § 223 steht das Verfahren nach §§ 90–91 den Kammermitgliedern zur Verfügung, ohne daß es eines das einzelne Kammermitglied belastenden Verwaltungsaktes bedarf. Die Befugnis, einen Beschluß für nichtig erklären zu lassen, reicht also weiter als die nach § 223 gegebene Anfechtungsmöglichkeit.[2] Sie soll eine Art **„Eigenkontrolle"** der Kammer durch ihre Mitglieder gewährleisten.[3] Allerdings ist auch hier Voraussetzung, daß der Beschluß das Kammermitglied in seinen Rechten verletzt.

II. Gegenstand der Anfechtbarkeit

3 Anfechtbar sind Wahlen und Beschlüsse des Vorstandes, des Präsidiums und der Versammlung der Kammer. Die Trennung in Wahlen und Beschlüsse geht auf § 59 Abs. 2 der Rechtsanwaltsordnung vom 1. Juli 1878 zurück. Sie ist sachlich ohne Bedeutung.

1. Wahlen

4 Damit sind die Wahlen der Mitglieder des Vorstandes (§ 89 Abs. 2 Nr. 1), der Abteilungen des Vorstandes (§ 77), des Präsidiums (§ 78 Abs. 4) und der Satzungsversammlung (§ 191b Abs. 2) gemeint. Die Mitglieder der Satzungsversammlung werden zwar nicht in der Versammlung der Kammer, sondern von den Mitgliedern der Kammer im Wege der Briefwahl (§ 191b Abs. 2 S. 1) gewählt. In dieser Wahl sieht das Gesetz zutreffend jedoch ebenfalls „Wahlen der Versammlung" der Kammer, wie § 191a Abs. 4 belegt.[4] Die an der Briefwahl der Mitglieder der Satzungsversammlung sich beteiligenden Kammermitglieder bilden im Rechtssinne ebenso eine „Versammlung der Kammer" wie diejenigen, die wegen der Notwendigkeit der persönlichen Ausübung des Wahlrechts bei den Vorstandswahlen (§ 88 Abs. 2) an einer Versammlung teilnehmen.

2. Beschlüsse

5 Hierbei kann es sich um Beschlüsse der Versammlung der Kammer (§§ 88, 89), des Vorstands (§§ 71–73), eines beauftragten Vorstandsmitglieds (§ 73 Abs. 3), einer Abteilung des Vorstandes (§ 77) oder des Präsidenten (§ 80 Abs. 4)

---

[1] Amtl. Begr., S. 162.
[2] *Feuerich/Braun*, § 91 Rdn. 1.
[3] BGHZ 66, 297 (299) = NJW 1976, 1541.
[4] Vgl. *Hartung* AnwBl. 1994, 377.

§ 90 Voraussetzungen der Nichtigkeit

handeln. Anfechtbar sind allerdings nicht alle Beschlüsse. Nach gefestigter Rechtsprechung[5] können nur solche Beschlüsse angefochten werden, die auf die unmittelbare Herbeiführung eines Rechtserfolgs abzielen und damit materiell den Charakter eines Rechtsgeschäfts haben. Überdies muß es sich um eine Regelung handeln, die über einen Einzelfall hinausgeht und eine allgemeine Wirkung gegenüber allen Mitgliedern der Rechtsanwaltskammer hat. Unanfechtbar sind bloße Meinungsäußerungen oder Rechtsbelehrungen, mögen sie auch in die Beschlußform gekleidet sein. Der Begriff des Beschlusses ist hier also enger gefaßt als in § 72. Im einzelnen ist aus der Rechtsprechung hervorzuheben:

a) Anfechtbare Beschlüsse. Die Anfechtbarkeit wurde bejaht bei einer Beschlußfassung über die Erhebung einer Umlage zur Deckung von Kosten, die durch die Bildung von Ausschüssen zur Förderung einer bundeseinheitlichen Einführung des Anwaltsnotariats entstehen,[6] ferner bei Beschlußfassungen über die Festsetzung unterschiedlicher Kammerbeiträge für singular und simultan zugelassene Rechtsanwälte,[7] über die kostenlose außergerichtliche Rechtshilfe für Minderbemittelte,[8] über die Gewährung von Zuschüssen an Rechtsanwälte, die nebenberuflich Rechtskundeunterricht für Anwaltsgehilfen erteilen,[9] über den Beitritt einer Rechtsanwaltskammer zum Verband der freien Berufe[10] und über allgemein politische Fragen.[11]

b) Unanfechtbare Beschlüsse. Die Anfechtbarkeit wurde verneint bei einem Rundschreiben des Vorstandes über die Vertretungsbefugnis von Syndikusanwälten,[12] bei einer Beschlußfassung des Vorstandes über das Gesuch eines Kammermitgliedes, seine Befugnis zur Führung der Bezeichnung „Fachanwalt für Verwaltungsrecht" festzustellen oder ihm diese Befugnis zu verleihen,[13] bei einem Beschluß der Kammerversammlung, die von den örtlichen Anwaltsvereinen eingerichteten Rechtsauskunftsstellen für Minderbemittelte als Einrichtung der Rechtsanwaltschaft im Sinne des § 3 der ehemaligen Grundsätze des anwaltlichen Standesrechts anzuerkennen[14] und bei einem Beschluß der Kammerversammlung, eine besondere Übung im Kammerbezirk festzustellen.[15]

III. Voraussetzungen

Das Gesetz unterscheidet zwischen formellen und sachlichen Mängeln. Wahlen und Beschlüsse können also wegen der Art und Weise ihres Zustandekommens (formelle Mängel) oder wegen ihres Inhalts (sachliche Mängel) anfechtbar sein.

---

[5] BGHZ 37, 396; 64, 301; 69, 32 = NJW 1977, 1778; BGH NJW 1986, 992 = BRAK-Mitt. 1985, 223; BGH BRAK-Mitt. 1987, 152; EGH Hamburg NJW 1985, 1084.
[6] BGHZ 35, 292.
[7] BGHZ 55, 244.
[8] BGHZ 64, 301.
[9] BGHZ 66, 297.
[10] BGH BRAK-Mitt. 1986, 104; EGH Frankfurt BRAK-Mitt. 1985, 170; VG Kassel BRAK-Mitt. 1983, 200.
[11] BGH BRAK-Mitt. 1985, 223; vgl. auch EGH Hamburg NJW 1985, 1084.
[12] BGHZ 37, 396.
[13] BGHZ 69, 32; ebenso EGH Celle EGE VII, 208 für die Versagung der Erlaubnis, die Bezeichnung „Fachanwalt für Steuerrecht" zu führen.
[14] EGH München EGE IX, 121.
[15] BGH BRAK-Mitt. 1987, 152.

1. Formelle Mängel

9 Wahlen sind für ungültig und Beschlüsse für nichtig zu erklären, wenn sie unter Verletzung des Gesetzes oder der Satzung zustande gekommen sind. Als Gesetz kommt in erster Linie die Bundesrechtsanwaltsordnung, aber auch jede andere Norm mit Gesetzescharakter in Betracht. Eine Prüfung des sachlichen Inhalts scheidet bei formellen Mängeln aus. Der Anwaltsgerichtshof muß Wahlen als ungültig bzw. Beschlüsse als nichtig allein aus dem Grund erklären, daß sie unter Verstoß gegen Gesetz oder Satzung zustande gekommen sind. Hierzu gehört die Verletzung der Vorschriften über die Beschlußfähigkeit (§§ 71, 88 Abs. 1), über die Stimmenmehrheit (§ 72 Abs. 1, § 88 Abs. 3), über die Beteiligung in eigener Sache (§ 72 Abs. 2, § 88 Abs. 4), über die höchstpersönliche Ausübung des Stimmrechts (§ 88 Abs. 2); über die richtige Losziehung (§ 72 Abs. 1, § 88 Abs. 2 S. 3), über die ordnungsgemäße Einberufung (§§ 70, 86, 87) und über den richtigen Turnus der Vorstandswahl (§ 68 Abs. 2).

2. Inhaltliche Mängel

10 Wahlen und Beschlüsse der Organe der Rechtsanwaltskammer müssen auch **inhaltlich** mit dem Gesetz oder der Satzung vereinbar sein. Insoweit ermöglicht das Gesetz entgegen früheren Regelungen auch eine materiell-rechtliche Prüfung. Allerdings gilt auch hier § 39 Abs. 3. Die gerichtliche Prüfung muß sich bei Ermessensentscheidungen also darauf beschränken, ob die gesetzlichen Grenzen des Ermessens überschritten worden sind oder ob das Ermessen fehlerhaft ausgeübt worden ist.[16] Jede weitere Prüfung ist unzulässig, weil sie zu einem unberechtigten Eingriff in die Selbstverwaltung der Kammer führen würde.

11 Ihrem Inhalt nach mit dem Gesetz oder der Satzung nicht vereinbar sind Wahlen und Beschlüsse, wenn sie, obwohl formell ordnungsgemäß zustande gekommen, materielle Rechtsnormen des Gesetzes oder der Satzung verletzen. Ein typisches Beispiel ist die Überschreitung der funktionellen Zuständigkeit, insbesondere die Wahrnehmung von außerhalb des Verbandszwecks liegenden Aufgaben.[17]

IV. Antragsberechtigung

12 Antragsberechtigt sind die Landesjustizverwaltung und jedes Kammermitglied. Das Antragsrecht des Kammermitgliedes ist anders als das der Landesjustizverwaltung zeitlich befristet (§ 91 Abs. 3).

1. Landesjustizverwaltung

13 Sie ist entgegen dem Gesetzeswortlaut nur anfechtungsberechtigt, wenn es sich um einen Beschluß eines Kammerorgans handelt, der – gewährend oder versagend – in die Rechte der Kammermitglieder im allgemeinen eingreift. Greift der Beschluß des Kammerorgans nur in die Rechte eines einzelnen Kammermitglieds ein, fehlt es an dem berechtigten Interesse der Landesjustizverwaltung, eine gerichtliche Überprüfung herbeizuführen. Sie muß es also dem betroffenen Kammermitglied überlassen, den Beschluß als Verwaltungsakt gemäß § 223 anzufechten.[18]

---

[16] Ebenso *Isele,* § 90 Anm. IV. B.
[17] Vgl. hierzu BGH NJW 1986, 992; EGH Hamburg NJW 1985, 1084.
[18] BGHZ 69, 32; a. A. *Isele,* § 90 Anm. VI.

2. Kammermitglied

Antragsberechtigt ist auch jedes Kammermitglied,[19] bei Wahlen ohne Einschränkung, bei Beschlüssen jedoch nur, wenn es durch den Beschluß in seinen Rechten verletzt ist (Abs. 2). Das ist der Fall, wenn das Kammermitglied durch den Beschluß in seiner Rechtsposition beeinträchtigt wird,[20] es beispielsweise bei Wirksamkeit des Beschlusses der Kammerversammlung einen erhöhten Beitrag zahlen müßte,[21] oder wenn die Organe der Kammer Aufgaben verfolgen, die außerhalb des Verbandszweckes der Rechtsanwaltskammer liegen und so in die individuelle Freiheitssphäre der Mitglieder eingreifen.[22] Eine Verletzung der Rechte des einzelnen Kammermitgliedes liegt nicht vor, wenn ein Beschluß der Kammerversammlung der Kammer ein bestimmtes Verhalten untersagt, ohne gegenüber dem einzelnen Kammermitglied rechtliche Wirkung zu entfalten. Ein solcher Beschluß ist auch nicht im Wege der Verfassungsbeschwerde anfechtbar.[23]

Die Antragsbefugnis des Kammermitglieds soll eine Art **„Eigenkontrolle"** der Kammer durch ihre Mitglieder gewährleisten und ist damit an die Mitgliedschaft geknüpft. Deshalb muß die Mitgliedschaft zur Zeit der Wahl oder der Beschlußfassung bereits bestehen und bis zur Beendigung des Verfahrens andauern.[24] Neue Kammermitglieder können einen vor dem Erwerb der Mitgliedschaft ergangenen Beschluß nur dann und auch nur incidenter anfechten, wenn sie aufgrund eines solchen Beschlusses in Anspruch genommen werden.[25] Bei Tod des Kammermitglieds ist das Recht der Anfechtbarkeit nicht vererblich.[26] Er führt deshalb ebenso wie der Verlust der Mitgliedschaft während eines gemäß § 90 anhängigen Verfahrens zur Erledigung der Hauptsache.[27]

V. Zuständigkeit

Zuständig für das Verfahren ist der Anwaltsgerichtshof für Rechtsanwälte. Er ist dem Oberlandesgericht, bei dem er errichtet ist, angegliedert (§ 100). Im Falle des § 90 wird er als Gericht erster Instanz tätig. Im übrigen wird auf die Kommentierung zu § 91 verwiesen.

§ 91 Verfahren vor dem Anwaltsgerichtshof

(1) Der Antrag, eine Wahl für ungültig oder einen Beschluß für nichtig zu erklären, ist schriftlich zu stellen und gegen die Rechtsanwaltskammer zu richten. Ist der Präsident oder ein anderes Mitglied des Vorstandes der Antragsteller, so wird die Kammer durch ein Mitglied vertreten, das der Präsident des Anwaltsgerichtshofes aus den Mitgliedern der Kammer besonders bestellt.

---

[19] BGH EGE VII,95; BGHZ 66, 297.
[20] *Kalsbach,* § 90 Rdn 3.
[21] BGH EGE XI, 42.
[22] BGH NJW 1986, 992; vgl. auch EGH Hamburg NJW 1985, 1084.
[23] BVerfG NJW 1989, 2613 = BRAK-Mitt. 1989, 53.
[24] *Feuerich/Braun,* § 91 Rdn. 2; *Isele,* § 91 Anm. IV. A.-B.
[25] *Feuerich/Braun,* § 91 Rdn. 3.
[26] BGHZ 66, 297 = NJW 1976, 1541.
[27] *Feuerich/Braun,* § 90 Rdn. 18.

(2) In dem Antrag sind die Gründe anzugeben, aus denen die Wahl für ungültig oder der Beschluß für nichtig zu erklären sei. Die Beweismittel sollen im einzelnen angeführt werden.

(3) Ein Mitglied der Kammer kann den Antrag nur innerhalb eines Monats nach der Wahl oder der Beschlußfassung stellen.

(4) Der Anwaltsgerichtshof teilt den Antrag der Rechtsanwaltskammer mit und fordert sie auf, sich innerhalb einer von dem Vorsitzenden bestimmten Frist unter Beifügung der Vorgänge zu äußern.

(5) Der Anwaltsgerichtshof entscheidet über den Antrag durch Beschluß, der mit Gründen zu versehen ist.

(6) Gegen die Entscheidung des Anwaltsgerichtshofes findet die sofortige Beschwerde nur statt, wenn er sie in seinem Beschluß zugelassen hat. Der Anwaltsgerichtshof darf die sofortige Beschwerde nur zulassen, wenn die Sache grundsätzliche Bedeutung hat. Über die sofortige Beschwerde entscheidet der Bundesgerichtshof.

(7) Auf das Verfahren ist § 40 Abs. 2 und 4 anzuwenden.

Übersicht

	Rdn.		Rdn.
I. Antrag	1–10	II. Verfahrensbeteiligte	11
1. Form	2	III. Verfahren	12–14
2. Frist	3	1. Rechtliches Gehör	12
a) Landesjustizverwaltung	4	2. Mündliche Verhandlung	13
b) Kammermitglieder	5	3. Entscheidung	14
c) Fristversäumung	9	IV. Rechtsmittel	15–18
3. Inhalt	10		

I. Antrag

1 Eine gerichtliche Prüfung der Wirksamkeit von Wahlen oder Beschlüssen findet nur durch den Anwaltsgerichtshof für Rechtsanwälte und nur auf Antrag statt. Eine Überprüfung von Amts wegen durch die Landesjustizverwaltung kennt das Gesetz nicht. Das wäre ein unzulässiger Eingriff in die Autonomie der Rechtsanwaltskammer.

1. Form

2 Der Antrag ist schriftlich bei dem Anwaltsgerichtshof für Rechtsanwälte einzureichen und gegen die Rechtsanwaltskammer zu richten (Abs. 1). Die Schriftform ist gewahrt, wenn ein **Telegramm** vom Zustellungspostamt dem Gericht telefonisch durchgegeben und bei Gericht von einer hierzu befugten Person entgegengenommen und von dieser hierüber eine Niederschrift angefertigt wird. Der Antrag ist dann die bei Gericht gefertigte Niederschrift über den Telegramminhalt, ohne daß es zusätzlich auf den Zugang der Telegrammausfertigung ankommt.[1] Dasselbe gilt für ein **Fernschreiben** und die Telekopie **(Telefax)**, wenn das Gericht über ein Empfangsgerät verfügt.[2] Ist das nicht der Fall, so ist der Schriftform nur genügt, wenn der Antrag als Telebrief über Fernschreiber oder

---

[1] BGH JZ 1953, 179.
[2] EGH Hamm BRAK-Mitt. 1991, 52.

Fernkopierer von dem Absender dem Empfängerpostamt übermittelt und anschließend dem Gericht durch die Post ausgeliefert wird.[3]

2. Frist

Das Gesetz behandelt die Landesjustizverwaltung und die Kammermitglieder ungleich.

a) **Landesjustizverwaltung.** Sie ist an keine Frist gebunden (Umkehrschluß aus Absatz 3). *Isele*[4] hat das kritisiert. In der Praxis hat die der Landesjustizverwaltung eingeräumte zeitlich uneingeschränkte Antragsbefugnis bisher jedoch keine Bedeutung erlangt.

b) **Kammermitglieder.** Sie können einen Antrag nur innerhalb eines Monats einreichen. Die Frist ist eine Ausschlußfrist, eine Wiedereinsetzung in den vorigen Stand ist also nicht zulässig.[5]

Der Beginn der **Anfechtungsfrist** läßt sich nicht für alle Fälle einheitlich festlegen. Gemäß Absatz 3 ist der Antrag innerhalb eines Monats „nach der Wahl oder der Beschlußfassung" zu stellen. Danach kommt es für den Beginn der Frist nur auf den Zeitpunkt der Wahl oder Beschlußfassung und nicht auf den der Kenntniserlangung seitens der Kammermitglieder an. Die Kenntniserlangung muß aber berücksichtigt werden, soll die Antragsbefugnis nicht nur theoretische Bedeutung haben, da die Mehrzahl der Kammermitglieder - jedenfalls bei Beschlüssen des Vorstandes oder des Präsidiums – sonst kaum Gelegenheit hätte, vor Ablauf der allein an den Zeitpunkt der Beschlußfassung geknüpften Frist den Inhalt des anzufechtenden Beschlusses zu erfahren. Deshalb ist zu unterscheiden:

aa) **Wahlen und Beschlüsse des Vorstandes und des Präsidiums.** Sie müssen den Kammermitgliedern bekannt gemacht werden. Demgemäß beginnt die Anfechtungsfrist – abweichend von dem Wortlaut des Absatz 3 – an dem Tag zu laufen, an dem die Bekanntmachung des Wahlergebnisses oder des Beschlusses erfolgt.[6] Geschieht dies durch eine persönliche Mitteilung oder im Wege förmlicher Zustellung, ist der Tag des Zugangs maßgebend. Bei allgemeiner Bekanntmachung (z. B. im Mitteilungsblatt der Kammer) kommt es auf den Tag an, an dem das Kammermitglied erstmalig die Möglichkeit hat, von der Bekanntmachung Kenntnis zu nehmen. Das gilt nicht für Kammermitglieder, die als Mitglied des Vorstandes oder des Präsidiums an den Wahlen oder der Beschlußfassung mitwirken. Für sie beginnt die Frist mit dem Tage der Wahl bzw. Beschlußfassung zu laufen.[7]

bb) **Wahlen und Beschlüsse der Kammerversammlung.** Von ihnen erfährt jedes Kammermitglied schon vor ihrer Durchführung durch die Einberufung der Versammlung, mit der die Tagesordnung anzugeben ist (§ 87 Abs. 1). Deshalb beginnt in diesem Fall die Frist mit dem Tag der Kammerversammlung. Das gilt auch dann, wenn das Kammermitglied, welches einen Antrag nach § 90 stellen will, an der Versammlung nicht teilgenommen hat.[8] Jedes Kammermit-

---

[3] BGH NJW 1983, 1498.
[4] *Isele*, § 91 Anm. II. B. 1. b; a. A. *Feuerich/Braun*, § 91 Rdn. 5.
[5] Siehe Rdn. 9.
[6] BGHZ 37, 396 = NJW 1962, 2006 = AnwBl. 1962, 257; *Feuerich/Braun*, § 91 Rdn. 6; *Isele*, § 91 Anm. II. B. 2. a–c; *Jessnitzer/Blumberg*, § 91 Rdn. 1; *Kalsbach*, § 91 Anm. 1 III b.
[7] *Feuerich/Braun*, § 91 Rdn. 7; a. A. *Kleine-Cosack*, § 91 Rdn. 3.
[8] EGH Hamm EGE XI, 148; *Feuerich/Braun*, § 91 Rdn. 7; *Jessnitzer/Blumberg*, § 91 Rdn. 1.

glied kann sich nach der Versammlung bei der Geschäftsstelle der Kammer danach erkundigen, welche Beschlüsse gefaßt worden und wie die Wahlen verlaufen sind. Es kann zudem das über die Versammlung zu erstellende Protokoll (§ 88 Abs. 5) anfordern. Unterläßt es diese Erkundigung, geht das zu seinen Lasten. Selbst Wiedereinsetzung in den vorigen Stand kann nicht gewährt werden.

9   c) **Fristversäumung.** Die Frist ist keine Notfrist, sondern eine Ausschlußfrist.[9] Deshalb ist bei Fristversäumung eine Wiedereinsetzung in den vorherigen Stand nicht möglich.[10] Nur so läßt sich gewährleisten, daß nicht ein Zustand längerer Ungewißheit über die Gültigkeit von Wahlen bzw. die Nichtigkeit von Beschlüssen eintreten kann.

3. Inhalt

10   Der Antrag muß den Gegenstand der Anfechtung bezeichnen, also darauf gerichtet sein, einen Beschluß für nichtig oder eine Wahl für ungültig zu erklären. Ferner muß er die Gründe angeben, aus denen sich die Fehlerhaftigkeit ergeben soll (Abs. 2 S. 1). Fehlt die Angabe der Gründe, ist der Antrag unzulässig.[11] Die Antragsschrift soll die Beweismittel enthalten (Abs. 2 S. 2), ihr Fehlen ist aber für die Zulässigkeit des Antrags unschädlich. Der Anwaltsgerichtshof hat ohnehin von Amts wegen zu ermitteln (Abs. 7 i. V. m. § 12 FGG).

II. Verfahrensbeteiligte

11   Das Verfahren kennt als Beteiligte nur die Landesjustizverwaltung oder ein einzelnes Kammermitglied als Antragsteller[12] und die Rechtsanwaltskammer als Antragsgegner. Ist der Präsident oder ein anderes Mitglied des Vorstandes der Antragsteller, kommen alle anderen Vorstandsmitglieder in eine Konfliktsituation. Dies soll Absatz 1 Satz 2 vermeiden. Deshalb muß der Präsident des Anwaltsgerichtshofes in einem solchen Fall aus den Mitgliedern der Kammer ein Mitglied bestellen, das die Kammer im Verfahren vertritt. Dieser Vertreter darf nicht Mitglied des Vorstandes sein, andernfalls würde der Zweck der Regelung verfehlt.[13]

III. Verfahren

1. Rechtliches Gehör

12   Nach Eingang des Antrags gewährt der Anwaltsgerichtshof der Rechtsanwaltskammer rechtliches Gehör, indem er ihr den Antrag mitteilt und sie auffordert, sich innerhalb einer von dem Vorsitzenden zu bestimmenden Frist unter Beifügung der Vorgänge zu äußern (Abs. 4).

2. Mündliche Verhandlung

13   Für das weitere Verfahren verweist Absatz 7 auf § 40 Abs. 2 und 4. Danach muß der Anwaltsgerichtshof eine mündliche Verhandlung anberaumen. Er kann davon nur absehen, wenn die Verfahrensbeteiligten ausdrücklich auf sie verzich-

---

[9] EGH Hamm EGE XI, 148.
[10] So EGH Hamm EGE XI, 148; a. A. BGH EGE VIII, 15; *Kleine-Cosack*, § 91 Rdn. 4.
[11] *Feuerich/Braun*, § 91 Rdn. 9; *Isele*, § 91 Anm. VII. B. 2.
[12] Vgl. hierzu § 90 Rdn. 13–15.
[13] So *Isele*, § 91 Anm. V. B. 1.–3.; a. A. wohl *Feuerich/Braun*, § 91 Rdn. 4.

ten (§ 40 Abs. 2). Die mündliche Verhandlung ist nicht öffentlich. Zwar erstreckt sich die Verweisung des Absatz 7 nicht auf § 40 Abs. 3, der Ausschluß der Öffentlichkeit folgt aber aus § 40 Abs. 4.

3. Entscheidung

Der Anwaltsgerichtshof entscheidet durch Beschluß, der mit Gründen zu versehen ist (Abs. 5). Für die Kostenentscheidung gilt § 201 Abs. 1 und 3. Wird der Antrag zurückgewiesen oder als unzulässig verworfen, trägt der Antragsteller (§ 201 Abs. 1) die Kosten. Wird dem Antrag stattgegeben, sind die Kosten der Rechtsanwaltskammer aufzuerlegen (§ 201 Abs 3). **14**

IV. Rechtsmittel

Gemäß Absatz 6 findet gegen die Entscheidung des Anwaltsgerichtshofs die **sofortige Beschwerde** statt. Sie ist jedoch nur zulässig, wenn der Anwaltsgerichtshof sie in seinem Beschluß zugelassen hat. Hierzu ist er nur berechtigt, wenn die Sache von grundsätzlicher Bedeutung ist.[14] Bejaht er dies, muß er die sofortige Beschwerde zulassen, auch wenn keiner der Verfahrensbeteiligten dies beantragt hat. Diese Zulassung führt allerdings nur dann zur Zulässigkeit des Rechtsmittels, wenn der angefochtene Beschluß auch wirklich ein Beschluß im Sinne des § 90 ist. Lag der Entscheidung des Anwaltsgerichtshofs in Wirklichkeit kein solcher Beschluß zugrunde, dann ist die Zulassung der sofortigen Beschwerde unbeachtlich, so daß diese als unzulässig verworfen werden muß, wenn sie nicht in eine Zulassung nach § 223 Abs. 3 umgedeutet werden kann.[15] **15**

Eine **Nichtzulassungsbeschwerde** sieht das Gesetz im Gegensatz zu § 145 Abs. 3 hier nicht vor. Eine analoge Anwendung des § 145 Abs. 3 kommt nicht in Betracht, da keine Anhaltspunkte dafür ersichtlich sind, daß der Gesetzgeber das Rechtsmittel in § 91 versehentlich lückenhaft geregelt hat.[16] Die Entscheidung des Anwaltsgerichtshofes ist also endgültig, wenn er die sofortige Beschwerde nicht ausdrücklich zuläßt. **16**

Zu dem Parallelfall des § 223, der bis zu seiner Änderung durch das Gesetz zur Änderung des Berufsrechts der Rechtsanwälte und der Patentanwälte vom 13. 12. 1989[17] kein Rechtsmittel vorsah, hatte der Bundesgerichtshof in ständiger Rechtsprechung allerdings entschieden, daß eine sofortige Beschwerde gleichwohl zulässig sei, wenn es sich um einen der (seltenen) Fälle handelte, in denen die Entscheidung des Anwaltsgerichtshofs für das Kammermitglied von gleicher Schwere und Tragweite war wie in den in § 42 Abs. 1 Nr. 1–5 genannten Fällen, bei denen es um die Versagung der Zulassung oder um ihre Rücknahme geht, wenn also die Existenzgrundlage endgültig und unmittelbar berührt wird.[18] Diese Rechtsprechung hat nach Änderung des § 223 noch für die Anfechtung von Wahlen und Beschlüssen Bedeutung. Der Bundesgerichtshof selbst hat sie auch auf Entscheidungen bezogen, die nicht im Zulassungsverfahren ergangen **17**

---

[14] Siehe BGH BRAK-Mitt. 1986, 104 im Anschluß an EGH Frankfurt BRAK-Mitt. 1985, 170.
[15] BGHZ 69, 32 = NJW 1977, 1778; *Feuerich/Braun,* § 91 Rdn. 11.
[16] So BGH BRAK-Mitt. 1990, 172 für den Parallelfall des § 223; vgl. auch BGH BRAK-Mitt. 1988, 52.
[17] BGBl. I, S. 2135.
[18] BGHZ 34, 244 (250); 42, 360 (362); 50, 197 (198); BGH EGE XII 37; BGH BRAK-Mitt. 1983, 40; BGH BRAK-Mitt. 1986, 104; BGH BRAK-Mitt. 1988, 52; *Zuck,* BRAK-Mitt. 1990, 190 (192).

sind.[19] Deshalb kann die sofortige Beschwerde auch ohne Zulassung durch den Anwaltsgerichtshof ausnahmsweise zulässig sein, wenn die Voraussetzungen des § 42 Abs. 1 Nr. 1–5 sinngemäß erfüllt sind.

18 Über die sofortige Beschwerde entscheidet der Bundesgerichtshof (Abs. 6 S. 3) durch den an diesem Gericht gebildeten **Senat für Anwaltssachen** (§ 106 Abs. 1). Dieser ist Zivilsenat (§ 106 Abs. 1 S. 2), wird aber im Falle des § 91 der Sache nach als Verwaltungsgericht[20] tätig. Er entscheidet als Beschwerdeinstanz in dem für Angelegenheiten der freiwilligen Gerichtsbarkeit geltenden Verfahren, somit als **Tatsacheninstanz** und hat die Sache in tatsächlicher und rechtlicher Hinsicht selbst und ohne Bindung an die Feststellungen des Anwaltsgerichtshofes zu beurteilen. Ein etwaiger Verfahrensfehler kann deshalb durch den Bundesgerichtshof geheilt werden, so daß eine **Zurückverweisung**, auch wenn der Anwaltsgerichtshof eine wesentliche Verfahrensvorschrift unbeachtet gelassen hat, nur ausnahmsweise in Betracht kommt.[21]

---

[19] So z. B. in BGH BRAK-Mitt. 1988, 52.
[20] Vgl. *Odersky* AnwBl. 1991, 238.
[21] BGHZ 77, 327 (329).

Fünfter Teil. Das Anwaltsgericht, der Anwaltsgerichtshof und der Bundesgerichtshof in Anwaltssachen

Erster Abschnitt. Das Anwaltsgericht

Vorbemerkung § 92

Schrifttum: *Holly,* Geschichte der Ehrengerichtsbarkeit der deutschen Rechtsanwälte, 1989; *Redeker,* Die Ehrengerichte als besondere Verwaltungsgerichte, AnwBl. 1992, 505; *Sojka,* Standesrecht?, MDR 1989, 105.

Übersicht

	Rdn.		Rdn.
A. Allgemeines	1–3	3. Nachkriegszeit	8
I. Aufgabenstellung	1	4. Die Rechtsvereinheitlichung.	14
II. Bezeichnung der Gerichte	2–3	C. Verfahrensrecht	15–21
B. Die Stellung im System der Gerichtsbarkeit	4–14	I. Disziplinarsachen	15, 16
I. Die Eigenständigkeit	4	II. Verwaltungssachen	17
II. Die Besetzung	5–13	D. Verfassungsmäßigkeit der Anwaltsgerichtsbarkeit	18, 19
1. Nach der Rechtsanwaltsordnung von 1878	5	E. Der Geschäftsanfall in der Anwaltsgerichtsbarkeit	20, 21
2. Im Nationalsozialismus	7		

A. Allgemeines

I. Aufgabenstellung

Die Anwaltsgerichtsbarkeit nimmt die **Aufgaben der Rechtsprechung** in 1 Angelegenheiten der Rechtsanwälte und der weiteren Mitglieder der Rechtsanwaltskammern wahr. Den Gerichten der Anwaltsgerichtsbarkeit obliegen als insofern ausschließlich zuständigen staatlichen Gerichten die Entscheidungen in Disziplinarangelegenheiten und die richterliche Nachprüfung von Verwaltungsentscheidungen, einschließlich derjenigen, die den Zugang zum oder die Entfernung aus dem Beruf betreffen.

II. Die Bezeichnung der Gerichte

Die Bundesrechtsanwaltsordnung von 1959 griff die **Terminologie** der Rechts- 2 anwaltsordnung von 1878 auf, die Begriffe „Ehrengericht", „Ehrengerichtshof", „ehrengerichtliches Verfahren" wurden wieder verwendet. Das Rechtsanwaltsgesetz der Volkskammer der DDR vom 13. September 1992[1] verwendete dagegen die Bezeichnungen „Berufsgericht für Rechtsanwälte", „Berufsgerichtshof" und „berufsgerichtliches Verfahren".[2]

---

[1] DDR GBl. I, Nr. 61, S. 1504.
[2] Vgl. auch § 123 DRiG, der mit „Besetzung der Berufsgerichte für Rechtsanwälte" überschrieben ist.

Als nicht mehr zeitgemäß – so die Begründung für den Regierungsentwurf[3] – wurden die auf den Begriff der „Ehre" ausgerichteten Bezeichnungen durch das Gesetz zur Neuordnung des Berufsrechts der Rechtsanwälte und der Patentanwälte vom 2. September 1994[4] ersetzt. Dem Wunsch der Rechtsanwaltschaft trug der Gesetzgeber Rechnung, indem er wegen der Besonderheiten der Anwaltsgerichtsbarkeit mit den nunmehr geltenden, besonderen Bezeichnungen eigene, von den übrigen „Berufsgerichtsbarkeiten" unterschiedliche Gerichtsbezeichnungen einführte.

3 Eine **neue Gerichtsbarkeit** hat der Gesetzgeber mit der Umbenennung nicht geschaffen. Soweit es um die neuen Bezeichnungen für die früheren „Ehrengerichte" und „Ehrengerichtshöfe" geht, folgt dies aus der Begründung des Regierungsentwurfes,[5] wonach für diese „hochspezialisierten staatlichen Gerichte" zeitgemäßere Bezeichnungen gefunden werden sollten. Für die Länder Brandenburg, Mecklenburg-Vorpommern, Sachsen, Sachsen-Anhalt und Thüringen spricht Art. 21 Abs. 4 des Gesetzes zur Neuordnung des Berufsrechts der Rechtsanwälte und der Patentanwälte vom 2. September 1994 aus, daß die nach dem RAG bestehenden Berufsgerichte unter den neuen Bezeichnungen fortbestehen.

B. Die Stellung im System der Gerichtsbarkeit

I. Die Eigenständigkeit

4 Die Besonderheit der Anwaltsgerichtsbarkeit besteht im Vergleich zu den für andere freie Berufe zuständigen Gerichten darin, daß für die Rechtsanwälte – abgesehen vom Senat für Anwaltssachen beim Bundesgerichtshof – eine **eigenständige Gerichtsbarkeit** eingerichtet ist.[6] Für die benachbarten Berufe der Patentanwälte, Notare, Steuerberater, Steuerbevollmächtigten, Wirtschaftsprüfer und vereidigten Buchprüfer bestehen bei der ordentlichen Gerichtsbarkeit besondere Spruchkörper für die Disziplinarangelegenheiten. An diesen Spruchkörpern wirken Berufsangehörige als ehrenamtliche Richter mit. Die Verwaltungsrechtsstreitigkeiten sind für die genannten Berufe unterschiedlich, ansonsten mit anderen Angelegenheiten befaßten Gerichten zugewiesen (vgl. § 33 PatAnwO, § 111 BNotO, § 33 Abs. 1 Nr. 3 FGO).

II. Die Besetzung

1. Nach der Rechtsanwaltsordnung von 1878

5 Obwohl bei der Einführung der BRAO auf die Terminologie der Rechtsanwaltsordnung von 1878 zurückgegriffen wurde, hat man die Strukturen ihrer Gerichtsbarkeit nicht in die BRAO übernommen. Nach der Rechtsanwaltsordnung von 1878 setzte sich das Ehrengericht aus fünf **Mitgliedern des Vorstandes** der Rechtsanwaltskammer zusammen (§ 67 I RAO). Gegen Entscheidungen der Ehrengerichte war die Berufung an den beim Reichsgericht eingerichteten Ehrengerichtshof statthaft, der von Gesetzes wegen über zwei Senate verfügte. Dem ersten Senat saß der Präsident, dem zweiten Senat ein Senatspräsident des

---

[3] BT-Drucks. 12/4993, S. 38.
[4] BGBl. I, S. 2278.
[5] BT-Drucks. 12/4993, S. 38.
[6] *Riess,* FS Salger, S. 374.

Reichsgerichts vor. Die Senate entschieden in der Besetzung von Vorsitzendem, drei weiteren Richtern des Reichsgerichts und drei beim Reichsgericht zugelassenen Rechtsanwälten. In seiner Geschäftsordnung hat sich der Ehrengerichtshof als „Zubehör des Reichsgerichts"[7] charakterisiert.

Der in erster Instanz in Disziplinar- wie in Zulassungsangelegenheiten zuständige Kammervorstand als Ehrengericht hatte insbesondere bei Anfechtung seiner Gutachten im Zulassungsverfahren über **eigene Entscheidungen** richterlich zu befinden. 6

2. Im Nationalsozialismus

In den Jahren der **nationalsozialistischen Herrschaft** gab es verschiedene 7 Änderungen hinsichtlich der Zusammensetzung des Ehrengerichtshofes und der Berufung seiner Mitglieder.[8] Mit der Verordnung zur Änderung und Ergänzung der Reichs-Rechtsanwaltsordnung vom 1. März 1943[9] wurde die Berufsgerichtsbarkeit der Rechtsanwälte in der bestehenden Form beseitigt, ihre Aufgaben wurden den Dienstgerichten für Beamte übertragen. § 7 I der genannten Verordnung stellte fest, daß dies lediglich eine aus Personalmangel erfolgende Maßnahme für die Dauer des Krieges sein solle.

3. In der Nachkriegszeit

Nach dem zweiten Weltkrieg wurde im Gebiet **der alten Länder** auf die frü- 8 heren Strukturen der Berufsgerichtsbarkeit für Rechtsanwälte, zunächst von den Besatzungsmächten, dann von den Ländern rasch zurückgegriffen. In den Ländern galten unterschiedliche Berufsordnungen für Rechtsanwälte, die alle die Ausübung der Berufsgerichtsbarkeit für Rechtsanwälte durch Berufsangehörige allein in erster Instanz und durch Berufsangehörige und Berufsrichter in zweiter Instanz vorsahen. Die zahlreichen unterschiedlichen landesrechtlichen Regelungswerke, die bis zur Einführung der BRAO galten, sind in § 232 „Aufhebung von Vorschriften" aufgezählt. Die Bundesrechtsanwaltsordnung vom 1. August 1959[10] **vereinheitlichte** die Berufsgerichtsbarkeit der Rechtsanwälte mit den nach wie vor gültigen Bestimmungen zu den Aufgaben, der Besetzung der Spruchkörper und den Instanzenzügen.

In den Ländern **Brandenburg, Mecklenburg-Vorpommern, Sachsen,** 10 **Sachsen-Anhalt und Thüringen** trat am 15. Mai 1953 die Verordnung über die Bildung von Kollegien der Rechtsanwälte[11] in Kraft. Die Disziplinarbefugnisse über Mitglieder der Kollegien standen der Mitgliederversammlung zu. Gegen Disziplinarmaßnahmen konnte der Minister der Justiz angerufen werden. Im Falle einer Ausschließung aus dem Kollegium bedurfte die Entscheidung des Kollegiums der Bestätigung durch den Minister der Justiz.

Für die wenigen Rechtsanwälte, die keinem Kollegium angehörten, galt bis zum 1. März 1981 die Rechtsanwaltsordnung vom 1. Juli 1878. Diese wurde erst durch § 18 Abs. 2 Nr. 11 des Gesetzes über die Kollegien der Rechtsanwälte der DDR vom 17. Dezember 1980[12] mit Wirkung vom 1. März 1981 außer Kraft gesetzt.

---

[7] EGH 1, 3.
[8] Vgl. die Darstellung bei *Holly*, Die Geschichte der Ehrengerichtsbarkeit der deutschen Rechtsanwälte, S. 241 ff.
[9] RGBl. I, S. 123
[10] BGBl. I, S. 565.
[11] DDR GBl. I, Nr. 66, S. 725.
[12] DDR GBl. 1981 I, Nr. 1, S. 1.

11 Mit dem Inkrafttreten des Gesetzes über die Kollegien der Rechtsanwälte der DDR vom 17. Dezember 1980[13] und dem dazugehörigen Musterstatut[14] stand die Disziplinarbefugnis dem Vorstand des Kollegiums zu (§ 8 Abs. 1 S. 3 Musterstatut). Gegen die Entscheidung des Vorstandes konnte Beschwerde eingelegt werden, über die im Falle der Nichtabhilfe durch den Vorstand die Mitgliederversammlung entschied.

Nach der Anordnung über die Aufgaben und die Tätigkeit der Einzelanwälte vom 18. Dezember 1980[15] stand die Disziplinarbefugnis hinsichtlich der Rechtsanwälte, die keinem Kollegium angehörten, dem Minister der Justiz zu.

12 Die **Verordnung über die Tätigkeit und die Zulassung von Rechtsanwälten mit eigener Praxis** vom 22. Februar 1990[16] eröffnete die gerichtliche Nachprüfung von Entscheidungen in Zulassungsangelegenheiten (§ 27). Die disziplinarische Ahndung von Berufspflichtverletzungen blieb dem Minister der Justiz vorbehalten, der auf der Grundlage des Abschlußberichts eines aus drei Rechtsanwälten bestehenden Disziplinarausschusses entschied (§§ 20–22).

13 Das **Rechtsanwaltsgesetz** vom 13. September 1990 führte – nach dem Vorbild der Ehrengerichtsbarkeit der BRAO – die Berufsgerichtsbarkeit für Rechtsanwälte ein. Der für die Entscheidung über Rechtsmittel gegen Urteile und Beschlüsse der Berufsgerichtshöfe zuständige Senat für Anwaltssachen beim Obersten Gericht ist – soweit bekannt – nicht mehr zusammengetreten. Mit dem Wirksamwerden der Einigung wurde nach dem Einigungsvertrag sogleich der Anwaltssenat des BGH auch für Rechtsmittel gegen die Entscheidungen der Berufsgerichtshöfe der Länder Brandenburg, Mecklenburg-Vorpommern, Sachsen, Sachsen-Anhalt und Thüringen zuständig.[17]

4. Die Rechtsvereinheitlichung

14 Das Gesetz zur Änderung des Berufsrechts der Rechtsanwälte und der Patentanwälte vom 2. September 1994[18] hat unter Einführung der neuen Bezeichnungen „Anwaltsgericht" und „Anwaltsgerichtshof" eine einheitliche Rechtsgrundlage für die anwaltliche Berufsgerichtsbarkeit im Geltungsbereich des Grundgesetzes geschaffen. Es wurden keine neuen Gerichte gebildet, sondern die bestehenden „Ehrengerichte" und „Ehrengerichtshöfe" in den alten und die „Berufsgerichte für Rechtsanwälte" und „Berufsgerichtshöfe für Rechtsanwälte" in den neuen Ländern mit neuen Bezeichnungen versehen.[19] Die Aufgaben, die Besetzung der Spruchkörper, die Organisation und der rechtliche Charakter dieser Gerichte sind also erhalten geblieben.

C. Verfahrensrecht

I. Disziplinarsachen

15 Die Anwaltsgerichtsbarkeit ist zuständig für die Ahndung anwaltlicher Pflichtverletzungen und die gerichtliche Nachprüfung von Rügeentscheidungen des

---

[13] DDR GBl. 1981 I, Nr. 1, S. 1.
[14] DDR GBl. 1981 I, Nr. 1, S. 4.
[15] DDR GBl. 1981 I, Nr. 1, S. 10.
[16] DDR GBl. I, Nr. 17, S. 147.
[17] BGBl. 1990 II, S. 889 (1156).
[18] BGBl. I, S. 2278.
[19] Amtl. Begr. BT-Drucks. 12/4993, S. 38.

Kammervorstandes. Als Ermittlungs- und Anschuldigungsbehörde fungiert die Staatsanwaltschaft beim Oberlandesgericht, die durch Einreichung einer Anschuldigungsschrift das anwaltsgerichtliche Verfahren einleiten kann.

In erster Instanz ist in jedem Fall das mit drei Richtern besetzte Anwaltsgericht zuständig, über die Berufung gegen Entscheidungen des Anwaltsgerichts entscheidet der Anwaltsgerichtshof. Dessen Senate sind mit drei Rechtsanwälten einschließlich des Vorsitzenden und zwei Berufsrichtern besetzt. Gegen die Entscheidungen des Anwaltsgerichtshofes ist in besonders schwerwiegenden Fällen und nach Zulassung wegen grundsätzlicher Bedeutung die Revision an den Bundesgerichtshof gegeben. Dessen Senat für Anwaltssachen entscheidet in einer Besetzung von vier Bundesrichtern unter Einschluß des Vorsitzenden und drei Rechtsanwälten.

Das Verfahren bestimmt sich nach einigen Vorschriften der Bundesrechtsanwaltsordnung, im übrigen ist die Strafprozeßordnung heranzuziehen. Über Anträge auf gerichtliche Entscheidung gegen Rügebescheide des Vorstandes der Rechtsanwaltskammer entscheidet das Anwaltsgericht in dem Verfahren nach § 74a endgültig.

II. Verwaltungssachen

Für die gerichtliche Nachprüfung von Bescheiden und Verfügungen der Landesjustizverwaltung ist nicht der Verwaltungsrechtsweg gegeben, sondern die Zuständigkeit des Anwaltsgerichtshofs (§§ 37 ff., § 223). Gleiches gilt für die gerichtliche Nachprüfung eines Gutachtens des Vorstandes der Rechtsanwaltskammer. Der Senat des Anwaltsgerichtshofes entscheidet in der gleichen Zusammensetzung wie im anwaltsgerichtlichen Verfahren. Als Verfahrensordnung gilt, soweit die Bundesrechtsanwaltsordnung keine Sonderregelungen enthält, das Gesetz über die Angelegenheiten der freiwilligen Gerichtsbarkeit.

Gegen die Entscheidungen des Anwaltsgerichtshofes ist in Angelegenheiten von besonderer Tragweite und nach Zulassung in Angelegenheiten mit grundsätzlicher Bedeutung die sofortige Beschwerde an den Anwaltsenat des Bundesgerichtshofes gegeben. Dieser entscheidet nach dem Gesetz über die Angelegenheiten der freiwilligen Gerichtsbarkeit über die Beschwerde als Tatsacheninstanz.

D. Verfassungsmäßigkeit der Anwaltsgerichtsbarkeit

Zweifel an der Verfassungsmäßigkeit und der Zweckmäßigkeit der gerichtsverfassungsrechtlichen Bestimmungen zur Anwaltsgerichtsbarkeit werden gerade auch in jüngerer Zeit wieder laut.[20] Verfassungsrechtliche Zweifel wurden insbesondere darauf gestützt, daß bei den Anwaltsgerichten bzw. früheren Ehrenrichtern nur Berufskollegen, überhaupt keine Berufsrichter tätig werden, bei den Anwaltsgerichtshöfen bzw. früheren Ehrengerichtshöfen die Rechtsanwälte im Senat in der Mehrzahl sind und die im Anwaltsenat des Bundesgerichtshofs mitwirkenden Rechtsanwälte nicht vom Richterwahlausschuß bestimmt worden sind.

Das Bundesverfassungsgericht hat das bestehende System jedoch für unbedenklich erachtet. Daß nach § 123 S. 1 DRiG die Vorsitzenden der Spruchkörper der Anwaltsgerichte und der Anwaltsgerichtshöfe entgegen § 28 Abs. 2 S. 1 DRiG

---

[20] *Redeker* AnwBl. 1992, 505 m.w. N.

keine Berufsrichter sein müssen, hat das Bundesverfassungsgericht gebilligt.[21] Das Bundesverfassungsgericht hat weiter angenommen, daß die staatlichen Einflußmöglichkeiten der Landesjustizverwaltungen so ausgeprägt sind, daß auch die Anwaltsgerichte und die Anwaltsgerichtshöfe als staatliche Gerichte zu gelten haben.[22]

Schließlich hat das Bundesverfassungsgericht gebilligt, daß die anwaltlichen Mitglieder des Anwaltssenats des Bundesgerichtshofs nicht von einem Richterwahlausschuß im Verfahren nach Art. 95 Abs. 2 GG gewählt werden.[23]

19 Ob eine Verlagerung der Aufgaben der Anwaltsgerichtsbarkeit auf andere Gerichtszweige ganz oder teilweise die Qualität der Rechtsprechung verbessern würde, muß bezweifelt werden. Das bestehende System, in dem Rechtsanwälte einen entscheidenden Beitrag zu der Rechtsprechung in allen Rechtsanwälte betreffenden Verfahren leisten, bietet die Gewähr, daß die Gerichte auf der Grundlage profunder Kenntnisse der anwaltlichen Berufstätigkeit entscheiden. Insbesondere auch bei Klärung der schwierigen Fragen, die im Zusammenhang mit der Wiederherstellung der Deutschen Einigung auf berufsrechtlichem Gebiet zu beantworten waren, kam der Anwaltsgerichtsbarkeit die entscheidende Mitwirkung der Rechtsanwaltschaft in der Rechtsprechung zugute.

E. Der Geschäftsanfall in der Anwaltsgerichtsbarkeit

20 In den Ländern **Brandenburg, Mecklenburg-Vorpommern, Sachsen, Sachsen-Anhalt und Thüringen** sind bis zum Ende des Jahres 1993 keine anwaltsgerichtlichen Verfahren eingeleitet worden. Die nachstehende Übersicht bezieht sich also ausschließlich auf die erstinstanzlichen Verfahren in den alten Bundesländern:

Anwaltsgerichte/Ehrengerichte

	1990	1991	1992	1993	1994
anwaltsgerichtliche Verfahren	483	448	465	390	482
Rügeverfahren nach § 74a BRAO	92	88	77	64	63
Verf. nach §§ 150, 161a BRAO	8	11	3	3	4

21 Vor den Anwaltsgerichtshöfen der Länder **Brandenburg, Mecklenburg-Vorpommern, Sachsen, Sachsen-Anhalt und Thüringen** waren bis zum Ende Jahres 1993 keine Berufungen oder Beschwerden nach der StPO zu verhandeln. Von den im Jahre 1993 eingegangenen Verwaltungsverfahren entfallen 125 auf die Anwaltsgerichtshöfe bzw. Berufsgerichtshöfe der genannten Länder.

Anwaltsgerichtshöfe/Ehrengerichtshöfe

	1990	1991	1992	1993	1994
Verfahren nach der StPO	80	55	82	61	58
Verwaltungsverfahren	188	284	236	344	333

---

[21] BVerfGE 48, 300 = NJW 1978, 1795 = EGE XIV, 310 = AnwBl. 1978, 306.
[22] BVerfGE 26, 186 = NJW 1969, 2192 = EGE X, 209.
[23] Siehe Fn. 21.

Anwaltssenat des BGH

	1990	1991	1992	1993	1994
Verfahren nach der StPO	27	18	11	18	9
Verwaltungsverfahren	92	66	63	67	82

§ 92 Bildung des Anwaltsgerichts

(1) Für den Bezirk der Rechtsanwaltskammer wird ein Anwaltsgericht errichtet. Es hat seinen Sitz an demselben Ort wie die Rechtsanwaltskammer.

(2) Bei dem Anwaltsgericht werden nach Bedarf mehrere Kammern gebildet. Die Zahl der Kammern bestimmt die Landesjustizverwaltung. Der Vorstand der Rechtsanwaltskammer ist vorher zu hören.

(3) Die Aufsicht über das Anwaltsgericht führt die Landesjustizverwaltung.

Übersicht

	Rdn.		Rdn.
I. Geschichtliche Entwicklung	1	III. Stellung als staatliche Gerichte	6–8
II. Die Aufgaben der Anwaltsgerichte	2–5	IV. Organisation der Anwaltsgerichte	9–11

I. Geschichtliche Entwicklung

Die mit dem Gesetz zur Neuordnung des Berufsrechts der Rechtsanwälte und der Patentanwälte vom 2. September 1994[1] eingeführte neue Bezeichnung „Anwaltsgerichte" ist an die Stelle des früher vom Gesetz verwendeten Begriffs „Ehrengerichtsbarkeit" getreten, ohne daß hiermit irgendwelche sachlichen Änderungsinhalte verbunden wären.[2] Vorläufer hatten die mit der BRAO im Jahre 1959 eingeführten Ehrengerichte in den gleichnamigen Abteilungen der Vorstände der Rechtsanwaltskammern, die zurückgingen auf die Ehrengerichte nach der RAO.[3] Eine Neuerung schuf die BRAO 1959 insoweit, als sie die Berufsgerichtsbarkeit für Rechtsanwälte organisatorisch und personell von den Rechtsanwaltskammern abkoppelte und sie in das System der staatlichen Rechtspflege integrierte. 1

II. Die Aufgaben der Anwaltsgerichte

Das Anwaltsgericht ist das Eingangsgericht im dreizügigen Rechtszug für die **Ahndung beruflicher Pflichtverletzungen** von Rechtsanwälten (§ 119). Der Rechtszug eröffnet die Berufung oder die Beschwerde an den Anwaltsgerichtshof zur Nachprüfung der Entscheidung des Anwaltsgerichts (§§ 142 ff.). Die Berufungsurteile des Anwaltsgerichtshofs können mit der Revision zum Anwaltssenat des Bundesgerichtshofs angefochten werden (§§ 145 ff.). 2

---

[1] BGBl. I, S. 2278.
[2] Vorb. § 92 Rdn. 2, 14.
[3] Vgl. § 67 RAO, § 86 Rechtsanwaltsordnung für die Britische Zone.

3   Damit sind die Gerichte der Anwaltsgerichtsbarkeit für **ein bestimmtes Sachgebiet** berufen.[4] Die Errichtung von Gerichten für besondere Sachgebiete ist nach Art. 101 Abs. 2 GG durch Gesetz möglich. Als unzulässige Sondergerichte für einen bestimmten Personenkreis können die Anwaltsgerichte nicht angesehen werden. Daß ausschließlich Verfahren gegen Angehörige eines bestimmten Personenkreises, nämlich der Rechtsanwaltschaft, verhandelt werden, ist verfassungsrechtlich unbedenklich, denn nicht für alle, den eingeschränkten Personenkreis betreffenden Verfahren – etwa auch Zivilprozesse oder Strafverfahren – sind die Anwaltsgerichte zuständig. Das Bundesverfassungsgericht zieht Parallelen zu Disziplinargerichten für Beamte oder Arbeitsgerichte, deren Rechtsprechung sich gleichfalls nur einem begrenzten Personenkreis eröffne.[5]

4   Das Gesetz spricht vom **„anwaltsgerichtlichen Verfahren"** (§ 119 Abs. 1), womit allein das Verfahren zur Ahndung beruflicher Pflichtverletzungen – nicht auch das zur Nachprüfung von Verwaltungsentscheidungen – gemeint ist.

Die **Nähe zum Strafverfahren** verdeutlicht die Mitwirkung der Staatsanwaltschaft (§ 120) und die Verfahrensordnung, die sich aus einigen besonderen Bestimmungen der BRAO (§§ 117 bis 149) sowie den ergänzend heranzuziehenden Regelungen des GVG und der StPO[6] zusammensetzt.

5   Die möglichen Sanktionen sind als „anwaltsgerichtliche Maßnahmen" in § 114 aufgezählt. Dagegen verwendet die BRAO den Begriff **„gerichtliche Entscheidung"** (z. B. §§ 37 und 223 Abs. 1 S. 1), soweit es um die gerichtliche Nachprüfung von Verwaltungsakten und Gutachten der Rechtsanwaltskammer geht. Diese Entscheidungen fallen nicht in die Zuständigkeit der Anwaltsgerichte. Die erste – gerichtliche – Instanz ist insoweit der Anwaltsgerichtshof, die zweite (Tatsachen-) Instanz der Anwaltssenat des Bundesgerichtshofs. Als Verfahrensordnung gilt neben den Bestimmungen der BRAO das FGG (§ 40 Abs. 4).

III. Stellung als staatliche Gerichte

6   Die Anwaltsgerichte nehmen ihre Aufgaben im System der Rechtspflege als **staatliche Gerichte** i. S. d. Art. 92 GG i. V. m. Art. 20 Abs. 2 GG wahr. Zweifeln an der Verfassungsmäßigkeit der bereits nach den Bestimmungen der BRAO errichteten Ehrengerichte, die nunmehr in „Anwaltsgerichte" umbenannt sind, hat das Bundesverfassungsgericht eine Absage erteilt:[7] Nicht allein die Bildung der Ehrengerichte beruhe auf staatlichem Gesetz, auch die staatliche Einflußnahme auf die personelle Zusammensetzung der Richterschaft sei durch das Berufungsverfahren (§ 94 Abs. 2) hinreichend gewährleistet; zudem führe die Landesjustizverwaltung die Aufsicht (§ 92 Abs. 3). Die notwendige Unabhängigkeit der Anwaltsgerichte von den Rechtsanwaltskammern im Interesse der Gewaltenteilung sei nicht in Frage zu stellen. Daß die Ehrengerichte die einzigen staatlichen Gerichte seien, denen keine Berufsrichter angehören, sei verfassungsrechtlich nicht zu beanstanden, denn als Rechtsanwälte verfügten die Richter der Ehrengerichtsbarkeit über die Befähigung zum Richteramt.

7   Der Hinweis auf die **Befähigung zum Richteramt** ist inzwischen teilweise überholt: Mit dem Gesetz über die Eignungsprüfung für die Zulassung zur Rechtsanwaltschaft vom 6. Juli 1990[8] wurde der Zugang zum Rechtsanwaltsberuf

---

[4] BVerfGE 26, 186 = NJW 1969, 2192 = EGE X, 209.
[5] BVerfGE 26, 186 = NJW 1969, 2192 = EGE X, 209.
[6] § 116 Rdn. 1 ff.
[7] BVerfGE 48, 300 = NJW 1978, 1795 = EGE XIV, 310; Vorb. § 92 Rdn. 18.
[8] BGBl. I, S. 1349.

§ 92 Bildung des Anwaltsgerichts   8, 9   § 92

auch für die Absolventen dieser Prüfung, also Juristen mit ausländischem Abschluß ohne Befähigung zum Richteramt eröffnet. Allerdings können nur solche Rechtsanwälte berufen werden, die die deutsche Staatsangehörigkeit besitzen.[9] Auch wenn die BRAO die deutsche Staatsangehörigkeit nicht ausdrücklich verlangt (vgl. aber § 31 S. 2 GVG, § 20 S. 1 VwGO, § 21 Abs. 2 Nr. 4 ArbGG), ist sie wegen der Stellung der Anwaltsgerichtsbarkeit als staatliche Gerichte unverzichtbar. In den Ländern Brandenburg, Mecklenburg-Vorpommern, Sachsen, Sachsen-Anhalt und Thüringen verfügen zahlreiche Mitglieder der Anwaltsgerichtsbarkeit nicht über die Befähigung zum Richteramt, sondern über eine Ausbildung in der früheren DDR. Der Erwerb der fachlichen Voraussetzungen nach § 4 RAG berechtigt auch weiterhin[10] zur Zulassung zur Rechtsanwaltschaft und eröffnet damit den Weg in die Anwaltsgerichtsbarkeit. Der neuen Situation trägt die Bestimmung der § 93 Abs. 1 S. 3 Rechnung, wonach der Kammer des Anwaltsgerichts lediglich ein Beisitzer angehören kann, der nicht über die Befähigung zum Richteramt verfügt. Für die Anwaltsgerichte in den Ländern Brandenburg, Mecklenburg-Vorpommern, Sachsen, Sachsen-Anhalt und Thüringen ist diese Bestimmung derzeit außer Kraft gesetzt.[11]

Rechtspolitisch umstritten sind die Anwaltsgerichte wegen ihrer organisatorischen Eigenständigkeit außerhalb der Justiz und dem Verzicht auf jegliche Berufsrichter in der Rechtsprechung.[12] Der Gesetzgeber hat die Kritik nicht aufgegriffen und bereits im Einigungsvertrag die Besetzung der Berufsgerichte für Rechtsanwälte in den Ländern Brandenburg, Mecklenburg-Vorpommern, Sachsen, Sachsen-Anhalt und Thüringen ausschließlich mit Rechtsanwälten festgeschrieben.[13] Auch das Gesetz zur Neuordnung des Berufsrechts der Rechtsanwälte und der Patentanwälte vom 2. September 1994[14] hat lediglich die neuen Bezeichnungen (Anwaltsgericht und Anwaltsgerichtshof) eingeführt, ohne die organisatorischen Strukturen oder die Besetzung der Spruchkörper zu ändern. 8

IV. Organisation der Anwaltsgerichte

Die Anwaltsgerichte sind mit dem Inkrafttreten der BRAO errichtet worden,[15] durch das Gesetz zur Neuordnung des Berufsrechts der Rechtsanwälte und der Patentanwälte vom 2. September 1994[16] haben sie lediglich eine neue Bezeichnung erhalten. Unabhängig von der Mitgliederstärke der Rechtsanwaltskammer besteht ein Anwaltsgericht, wobei für die Mitglieder der Rechtsanwaltskammer beim Bundesgerichtshof der Anwaltssenat bei dem Bundesgerichtshof die Aufgaben des Anwaltsgerichts wahrnimmt (§ 163 S. 2). Seinen Sitz hat das Anwaltsgericht am Sitz der Rechtsanwaltskammer, wobei jedoch die Geschäftsstelle mit der der Kammer nicht identisch sein darf.[17] 9

---

[9] *Schmidt-Räntsch*, § 44 Rdn. 6.
[10] Siehe Art. 21 Abs. 4 u. 6 des Gesetzes zur Neuordnung des Berufsrechts der Rechtsanwälte und der Patentanwälte vom 2. September 1994 – BGBl. I, S. 2278.
[11] Art. 21 Abs. 4 und 6 zur Neuordnung des Berufsrechts der Rechtsanwälte und der Patentanwälte vom 2. September 1994 -BGBl. I, S. 2278.
[12] *Sojka*, MDR 1989, 105; *Kleine-Cosack*, Vorb. § 92.
[13] Anl. II zum Einigungsvertrag Kap. III, Sachgeb. A, Abschn. III, Nr. 1 – BGBl. II 1990, S. 889 (1156).
[14] BGBl. I, S. 2278.
[15] *Isele*, § 92 Anm. II. A.
[16] BGBl. I, S. 2278.
[17] § 98 Rdn. 1.

10 Der Landesjustizverwaltung obliegt es, durch Einrichtung einer **angemessenen Zahl von Kammern** bei dem Anwaltsgericht zu gewährleisten, daß die Verfahren in überschaubarer Zeit erledigt werden können, ohne daß die Zahl der Spruchkörper eine Zersplitterung der Rechsprechung besorgen ließe. Ihre organisatorischen Aufgaben bei der Festlegung der Zahl der Kammern des Anwaltsgerichts erfüllt die Landesjustizverwaltung nach Anhörung der Rechtsanwaltskammer.

11 Da die Anwaltsgerichte „staatliche Gerichte" sind, unterstehen sie konsequenterweise der **Aufsicht** durch die Landesjustizverwaltungen. Ziel der Aufsicht ist es, sicherzustellen, daß die Anwaltsgerichte im staatlichen System der Rechtspflege ihrer Aufgabe der Rechtsgewährung nachkommen. Wegen der häufig problematischen Abgrenzungen zwischen den Einflußmöglichkeiten im Wege der Aufsicht und der richterlichen Unabhängigkeit wird von Erläuterung abgesehen und auf die Kommentierungen zum DRiG verwiesen.

§ 93 Besetzung des Anwaltsgerichts

(1) **Das Anwaltsgericht wird mit der erforderlichen Anzahl von Vorsitzenden und weiteren Mitgliedern besetzt. Sind mehrere Vorsitzende ernannt, so wird einer von ihnen zum geschäftsleitenden Vorsitzenden bestellt. Der Vorsitzende und ein weiteres Mitglied der Kammer müssen die Befähigung zum Richteramt haben.**

(2) **Die Landesjustizverwaltung hat den Vorstand der Rechtsanwaltskammer vor der Ernennung der Vorsitzenden und der Bestellung des geschäftsleitenden Vorsitzenden zu hören.**

Übersicht

	Rdn.		Rdn.
I. Die Richterschaft beim Anwaltsgericht	1, 2	III. Die Besetzung der Spruchkörper	5–7
II. Die Behördenleitung	3, 4	IV. Verfahren	8

I. Die Richterschaft beim Anwaltsgericht

1 Die Bestimmung trifft Regelungen zur **personellen Rekrutierung** des Anwaltsgerichts und zum Verfahren bei der Ernennung der Vorsitzenden und des geschäftsleitenden Vorsitzenden. Der durch Gesetz vom 6. Juli 1990[1] eingefügte Absatz 1 Satz 3 betrifft die Besetzung der Kammer als Spruchkörper des Anwaltsgerichts.

2 Die gesetzliche Aufforderung, die für eine effektive Rechtsprechung **notwendigen Richter** für das Anwaltsgericht zu ernennen, enthält Absatz 1. Damit wird in Ergänzung zu § 92 Abs. 2 ausgesprochen, daß für jede Kammer ein Vorsitzender und die erforderliche Zahl von Beisitzern bestellt werden. Die Zahl der Beisitzer kann dabei zwei durchaus übersteigen, sofern gewährleistet bleibt, daß nicht derselbe Spruchkörper in zwei unterschiedlichen Sitzgruppen entscheidet, was gegen das Gebot des gesetzlichen Richters verstoßen würde.[2] Die **Höchstzahl der Beisitzer** darf mithin vier je Kammer nicht übersteigen.

---

[1] BGBl. I, S. 1349.
[2] BVerfGE 18, 344 (350); EGE XIV, 199.

II. Die Behördenleitung

Aus dem Kreis der Vorsitzenden des Anwaltsgerichts ist ein **geschäftsleitender Vorsitzender** zu bestimmen, der die Aufgaben des Behördenleiters (vgl. § 98 Abs. 1 S. 3, § 97 i. V. m. § 21a GVG) wahrnimmt. Zugleich ist der Vorschrift zu entnehmen, daß die Aufgaben des Behördenleiters ohne weiteres dem Vorsitzenden zufallen, wenn das Anwaltsgericht lediglich über eine Kammer verfügt.

Da die **Behördenleitung** nicht Aufgaben der Rechtsprechung, sondern der Justizverwaltung zum Gegenstand hat, obliegt es der Landesjustizverwaltung, für den Fall der Verhinderung des alleinigen oder geschäftsleitenden Vorsitzenden dessen Vertretung zu regeln.

III. Die Besetzung der Spruchkörper

Zur **Besetzung der Kammer** (§ 96) enthält § 93 Abs. 1 S. 3 die Anordnung, daß zumindest der Vorsitzende und ein weiterer Beisitzer die **Befähigung zum Richteramt** besitzen müssen.

Nicht um die Kräftezuteilung an die Kammer, sondern um die Besetzung als Spruchkörper geht es dabei im Hinblick auf die Intentionen des Gesetzgebers. Eingefügt wurde diese Regelung nämlich mit dem Gesetz über die Eignungsprüfung für EG-Rechtsanwälte,[3] das für die Absolventen dieser Prüfung auch den Zugang zur Rechtsanwaltschaft ohne Befähigung zum Richteramt eröffnete (§ 4). Für notwendig erachtet wurde die Regelung, um sicherzustellen, daß Rechtsanwälte mit Befähigung zum Richteramt in jeder Kammer in der Mehrzahl sind.[4] Damit sollte die Einordnung dieser ausschließlich mit Rechtsanwälten besetzten Gerichte als staatliche Gerichte vor dem Hintergrund der Rechtsprechung des Bundesverfassungsgerichts sichergestellt werden.[5]

Unberührt bleibt die Bestimmung des § 94 Abs. 1 S. 1, wonach nur „Rechtsanwälte", nicht auch **andere Mitglieder der Rechtsanwaltskammern**, in der Anwaltsgerichtsbarkeit tätig werden können. Von den Bestimmungen der BRAO, die für diese „sinngemäß gelten" (§§ 207, 209), ist der Fünfte Teil des Gesetzes, der die Anwaltsgerichtsbarkeit zum Gegenstand hat, ausgenommen.

In den Ländern **Brandenburg, Mecklenburg-Vorpommern, Sachsen, Sachsen-Anhalt und Thürigen** ist § 93 Abs. 1 S. 3 durch die Übergangsbestimmung des Art. 21 Abs. 4 und 6 des Gesetzes zur Neuordnung des Berufsrechts der Rechtsanwälte und der Patentanwälte vom 2. September 1994[6] außer Kraft gesetzt, so daß die nach dem RAG bestellten Mitglieder der Berufsgerichte für Rechtsanwälte, die über einen Abschluß als Diplomjurist verfügen, bei den Anwaltsgerichten tätig bleiben können.

IV. Verfahren

Im **Verfahren bei der Ernennung von Vorsitzenden und Bestellung von geschäftsleitenden Vorsitzenden** hat die Landesjustizverwaltung den Vorstand der Rechtsanwaltskammer vor der Ernennung oder Bestellung anzuhören.

---

[3] BGBl. 1990 I, S. 1349.
[4] Amtl. Begr. BT-Drucks. 11/6154, S. 22.
[5] BVerfGE 48, 300 = NJW 1978, 1795 = EGE XIV, 310 = AnwBl. 1978, 306.
[6] BGBl. I, S. 2278.

§ 94 Ernennung der Mitglieder des Anwaltsgerichts

(1) Zu Mitgliedern des Anwaltsgerichts können nur Rechtsanwälte ernannt werden. Sie müssen der Rechtsanwaltskammer angehören, für deren Bezirk das Anwaltsgericht gebildet ist.

(2) Die Mitglieder des Anwaltsgerichts werden von der Landesjustizverwaltung ernannt. Sie werden der Vorschlagsliste entnommen, die der Vorstand der Rechtsanwaltskammer der Landesjustizverwaltung einreicht. Die Landesjustizverwaltung bestimmt, welche Zahl von Mitgliedern erforderlich ist; sie hat vorher den Vorstand der Rechtsanwaltskammer zu hören. Die Vorschlagsliste des Vorstandes der Rechtsanwaltskammer muß mindestens die Hälfte mehr als die erforderliche Zahl von Rechtsanwälten enthalten.

(3) Zum Mitglied des Anwaltsgerichts kann nur ein Rechtsanwalt ernannt werden, der in den Vorstand der Rechtsanwaltskammer gewählt werden kann (§§ 65, 66). Die Mitglieder des Anwaltsgerichts dürfen nicht gleichzeitig dem Vorstand der Rechtsanwaltskammer angehören oder bei der Rechtsanwaltskammer im Haupt- oder Nebenberuf tätig sein.

(4) Die Mitglieder des Anwaltsgerichts werden für die Dauer von vier Jahren ernannt; sie können nach Ablauf ihrer Amtszeit wieder berufen werden.

Übersicht

	Rdn.		Rdn.
I. Allgemeines	1	III. Verfahren	10–13
II. Voraussetzungen für die Ernennung zum Mitglied des Anwaltsgerichts	2–9	1. Zahl der Mitglieder	10
		2. Auswahl	11
		3. Form der Ernennung	12
1. Zulassung als Rechtsanwalt	2	IV. Dauer der Berufung	14
2. Persönliche Voraussetzungen	5		
3. Hinderungsgründe	7		

I. Allgemeines

1 Die **Voraussetzungen** für die Ernennung zum Mitglied des Anwaltsgerichts und das anzuwendende **Verfahren** regelt die Bestimmung. Absatz 1 und Absatz 3 Satz 1 nennen positive Voraussetzungen, Absatz 3 Satz 2 und der Klammerhinweis auf § 66 Hinderungsgründe. Das Verfahren der Wahl der Anwaltsrichter und die Ernennung bestimmen sich nach Absatz 2. Die Dauer der Amtszeit und die Möglichkeit der erneuten Berufung sind in Absatz 4 festgelegt.

II. Voraussetzungen für die Ernennung zum Mitglied des Anwaltsgerichts

1. Zulassung als Rechtsanwalt

2 Die Mitwirkung in der Anwaltsgerichtsbarkeit steht den Angehörigen der Rechtsanwaltskammern, die nicht zur Rechtsanwaltschaft zugelassen sind, also **Kammerrechtsbeiständen** und **ausländischen Anwälten**, nicht offen. Die den Status dieser Personen als Kammermitglieder regelnden Bestimmungen (§§ 209, 207) nehmen aus von der sinngemäßen Geltung der BRAO den Fünf-

§ 94 Ernennung der Mitglieder

ten Teil, der die Anwaltsgerichtsbarkeit zum Gegenstand hat. Der Wortlaut der Bestimmung (Abs. 1 S. 1), der die Mitwirkung in der Anwaltsgerichtsbarkeit „nur" auf Rechtsanwälte beschränkt, läßt für eine Auslegung mit anderen Ergebnissen keinen Raum.[1] Die von der Rechtsprechung angestellten Erwägungen, daß Kammerrechtsbeistände von der Mitwirkung in der Anwaltsgerichtsbarkeit ausgeschlossen sind, gelten für die ausländischen Kammerangehörigen in gleicher Weise.

Dagegen können Rechtsanwälte, die die Ausbildungsvoraussetzungen für ihre Zulassung durch Ablegung der **Eignungsprüfung** i. S. d. § 4 erworben haben, zu Beisitzern in den Anwaltsgerichten ernannt werden.[2] 3

Auch für die **Vorsitzenden** der Kammern der Anwaltsgerichte gilt, daß sie zur Rechtsanwaltschaft zugelassen sein müssen. Diese Ausnahme von dem Grundsatz des § 28 Abs. 2 DRiG, wonach in einem Kollegialgericht ein Richter auf Lebenszeit den Vorsitz führen muß, hat der Gesetzgeber in § 123 DRiG ausdrücklich vorgesehen. Zweifel an der **Verfassungsmäßigkeit** dieser Regelung sind zu verneinen.[3] 4

In der Literatur geäußerte Zweifel werden auf die Annahme gestützt, daß die Richter der Anwaltsgerichtsbarkeit in einem beruflichen Konkurrenzverhältnis zu den Kollegen stehen, über deren Schicksal sie zu entscheiden haben. Die rechtsstaatlich unverzichtbare Unabhängigkeit sei auf diese Weise nicht gewahrt.[4]

2. Persönliche Voraussetzungen

Als Mitglied des Anwaltsgerichts kommt nur in Betracht, wer eben dieser Rechtsanwaltskammer angehört, für die es gebildet ist (Abs. 1 S. 2). Nur Rechtsanwälte, die in den Vorstand der Rechtsanwaltskammer gewählt werden können, können berufen werden. Nach § 65 Nr. 2 und 3 wird vorausgesetzt, daß der Rechtsanwalt das fünfunddreißigste Lebensjahr vollendet hat und daß er seit mindestens fünf Jahren seinen Beruf ununterbrochen ausübt. Grundsätzlich ist damit **Syndikusanwälten** die Mitwirkung bei den Anwaltsgerichten nicht verwehrt. 5

Weitere Voraussetzung ist, daß der Rechtsanwalt, der beim Anwaltsgericht tätig werden soll, die **deutsche Staatsangehörigkeit** besitzt.[5] 6

3. Hinderungsgründe

Angehörigen des Vorstands und haupt- oder nebenberuflichen Mitarbeitern der Rechtsanwaltskammer ist die berufsgerichtliche Tätigkeit **aus funktionellen Gründen** verwehrt (Abs. 3 S. 2). Die Anwaltsgerichtsbarkeit ist nicht nur organisatorisch von der Selbstverwaltung der Rechtsanwaltskammer getrennt, auch personelle Überschneidungen durch Doppelfunktionen werden vermieden. Es wird so gewährleistet, daß dem Anwaltsgericht kein Rechtsanwalt angehört, der mit dem zu entscheidenen Fall bereits im Rügeverfahren oder in anderer Weise für die Rechtsanwaltskammer befaßt war. Diese Trennung trägt dem Grundsatz der Gewaltenteilung Rechnung und rechtfertigt die Zuordnung der Anwaltsgerichte zu den staatlichen Gerichten. 7

---

[1] BGH NJW 1989, 2891 = AnwBl. 1990, 270.
[2] § 93 Rdn. 5.
[3] BVerfGE 48, 300 = NJW 1978, 1795 = EGE XIV, 310 = AnwBl. 1978, 306.
[4] *Sojka* MDR 1989, 105.
[5] Vgl. § 92 Rdn. 7; a. A. *Feuerich/Braun*, § 95 Rdn. 23; *Isele*, § 95 Anm. VI. B. 2. a.

8 Die **persönlichen Hinderungsgründe**, die der Wahl in den Vorstand der Rechtsanwaltskammer nach § 66 entgegenstehen, gelten auch für die Mitglieder des Anwaltsgerichts (Abs. 3 S. 1).

9 Dagegen kann der Rechtsanwalt seiner Berufung nicht mit Hinweis auf die **Rechte zur Ablehnung** der Wahl in den Vorstand der Rechtsanwaltskammer nach § 67 entgegentreten, da diese Vorschrift im Klammerzitat nicht genannt wird. § 95 Abs. 3 trifft eine ausdrückliche Regelung für Verhinderung wegen Krankheit oder Gebrechen. Das Erreichen einer **Altersgrenze** nennt die BRAO als Hinderungsgrund nicht. Die Landesjustizverwaltungen verfahren in ihrer Verwaltungspraxis uneinheitlich, soweit es um die Ablehnung einer erneuten Bestellung aus Altersgründen geht.

III. Verfahren

1. Zahl der Mitglieder

10 Die Bestimmung der Zahl der Mitglieder des Anwaltsgerichts obliegt der Landesjustizverwaltung (Abs. 2 S. 3); der Vorstand der Rechtsanwaltskammer ist vorher zu hören. Die Bestimmung korrespondiert mit der des § 92 Abs. 2 S. 2, wonach die Landesjustizverwaltung die Zahl der Kammern des Anwaltsgerichts festlegt. Die **personelle Ausstattung** des Anwaltsgerichts als staatliches Gericht fällt in die organisatorische Kompetenz der Landesjustizverwaltung. Maßgeblich für die Zahl der Mitglieder des Anwaltsgerichts muß neben der Zahl der Kammern die der Beisitzer sein, die den Kammern angehören.[6]

2. Auswahl

11 Das Recht der Auswahl steht der Landesjustizverwaltung zu (Abs. 2 S. 1 u. 2). Der Vorstand der Rechtsanwaltskammer legt eine **Vorschlagsliste** vor, die zumindest die eineinhalbfache Zahl der von der Landesjustizverwaltung vorgesehenen Anwaltsrichter enthalten muß (Abs. 2 S. 4). Die Landesjustizverwaltung ist allerdings bei der Berufung der Anwaltsrichter an die Vorschlagsliste nicht gebunden. Eine verfassungskonforme Auslegung durch das Bundesverfassungsgericht[7] kommt zu dem Ergebnis, daß die Bestimmung lediglich das „Mindestmaß der Vorschläge" festlegt, die Landesjustizverwaltung es aber in der Hand hat, eine **Ergänzung der Liste** zu verlangen, wenn diese nicht „genügend geeignete Richter" enthält. Damit sei der verfassungsrechtlich notwendige staatliche Einfluß auf die Besetzung der Anwaltsgerichtsbarkeit gewahrt.

Seiner gesetzlichen Pflicht nach § 73 Abs. 2 Nr. 7 genügt der Vorstand der Rechtsanwaltskammer, wenn er – gegebenenfalls nach Intervention durch die Landesjustizverwaltung – eine ausreichende Zahl von „geeigneten" Rechtsanwälten vorschlägt oder nachbenennt.

3. Form der Ernennung

12 Sie bestimmt sich nach den Vorschriften des Deutschen Richtergesetzes und den jeweiligen Landesrichtergesetzen.[8] Die Ernennung erfolgt durch Aushändigung einer Urkunde, wodurch das Richterverhältnis begründet wird (§ 17 Abs. 2 Nr. 1 DRiG).[9]

---

[6] § 92 Rdn. 10.
[7] BVerfGE 26, 186 = EGE X, 209, 214 = NJW 1969, 2192.
[8] *Isele*, § 95 Anm. V.
[9] *Schmidt-Räntsch*, § 17 Rdn. 3, 6.

§ 95 Rechtstellung der Mitglieder § 95

Vor ihrer „ersten Dienstleistung" haben die Mitglieder des Anwaltsgerichts als 13
ehrenamtliche Richter den Eid zu leisten oder das eidesstattliche Gelöbnis abzugeben (§ 45 Abs. 2–5, 7, 8 DRiG). Wegen der Einzelheiten der Eidesformel wird auf die Bestimmungen des DRiG verwiesen. Die **Vereidigung oder das Gelöbnis** erfolgt in öffentlicher Sitzung durch den Vorsitzenden des Gerichts, dem der ehrenamtliche Richter angehört. Die Öffentlichkeit ist daher herzustellen, auch wenn für die in der Sitzung verhandelten Verfahren die Öffentlichkeit nach § 135 ausgeschlossen ist. Für die Vereidigung des Vorsitzenden selbt enthält § 123 DRiG eine Sonderregelung, die der Landesjustizverwaltung die Entscheidung zuweist, welches Gericht für die Vereidigung der Vorsitzenden zuständig ist. Damit wird die Möglichkeit eröffnet, zu verhindern, daß Unklarheit herrscht, wer anstelle der Vorsitzenden Eid oder Gelöbnis abnimmt, wenn es um die Person des Vorsitzenden geht.

IV. Dauer der Berufung

Die Amtszeit der Mitglieder des Anwaltsgerichts beträgt vier Jahre (Abs. 4), 14
wobei erneute Berufungen möglich sind. In diesem Fall muß die Ernennung erneut erfolgen, da das Richteramt nach Ablauf von vier Jahren nach der Berufung ohne weiteres erlischt. Ein **System einer Wahlperiode**, zu der die Berufung aller oder eines bestimmten Teils der ehrenamtlichen Richter endet,[10] besteht für die Anwaltsgerichtsbarkeit nicht. Folge ist, daß Beginn und Ende der richterlichen Amtszeit sehr unterschiedlich sind, was zu einer ständigen Fluktuation in der Richterschaft führen kann. *Isele*[11] befürchtet eine Gefährdung der Stabilität der Anwaltsgerichtsbarkeit, während *Feuerich*[12] dies im Interesse einer Kontinuität der Rechtsprechung begrüßt. Der Gesetzgeber hat bei verschiedenen Änderungen, die teilweise auch die Anwaltsgerichtsbarkeit betragen, von einer Änderung abgesehen und in § 107 Abs. 3 eine ausdrückliche Regelung für den Anwaltssenat des BGH getroffen, wonach der Nachfolger nur „für den Rest der Amtszeit" berufen wird.

Außer durch Zeitablauf endet das Richteramt durch Amtsenthebung (§ 95 Abs. 2), Entlassung aus dem Amt (§ 95 Abs. 3) und Berufung zum ehrenamtlichen Richter in einer höheren Instanz der Anwaltsgerichtsbarkeit (§ 95 Abs. 4).

§ 95 Rechtstellung der Mitglieder des Anwaltsgerichts

(1) Die Mitglieder des Anwaltsgerichts sind ehrenamtliche Richter. Sie haben in ihrer Eigenschaft als ehrenamtliche Richter des Anwaltsgerichts während der Dauer ihres Amtes die Stellung eines Berufsrichters. Sie erhalten von der Rechtsanwaltskammer eine Entschädigung für den mit ihrer Tätigkeit verbundenen Aufwand sowie eine Reisekostenvergütung.

(2) Ein Mitglied des Anwaltsgerichts ist auf Antrag der Landesjustizverwaltung seines Amtes zu entheben,
1. **wenn nachträglich bekannt wird, daß es nicht hätte ernannt werden dürfen;**
2. **wenn nachträglich ein Umstand eintritt, welcher der Ernennung entgegensteht;**
3. **wenn es eine Amtspflicht grob verletzt.**

---

[10] Vgl. § 42 Abs. 1 GVG.
[11] *Isele*, § 94 Anm. VIII. A.
[12] *Feuerich/Braun*, § 94 Rdn. 14.

Über den Antrag entscheidet der Anwaltsgerichtshof. Vor der Entscheidung sind der Rechtsanwalt und der Vorstand der Rechtsanwaltskammer zu hören. Die Entscheidung ist endgültig.

(3) Die Landesjustizverwaltung kann ein Mitglied des Anwaltsgerichts auf seinen Antrag aus dem Amt entlassen, wenn es durch Krankheit oder Gebrechen auf nicht absehbare Zeit gehindert ist, sein Amt ordnungsmäßig auszuüben.

(4) Das Amt eines Mitglieds des Anwaltsgerichts, das zum ehrenamtlichen Richter bei einem Gericht des höheren Rechtszugs berufen wird, endet mit seiner Ernennung.

Übersicht

	Rdn.		Rdn.
I. Normzweck	1	III. Aufwandsentschädigung, Reisekostenvergütung	9
II. Die Stellung der Mitglieder des Anwaltsgerichts	2–8	IV. Amtsenthebung	10–14
1. Ehrenamtliche Richter	2	V. Entlassung aus dem Amt	15
2. Stellung eines Berufsrichters	6	VI. Beendigung des Amtes nach Absatz 4	16

I. Normzweck

1 Die Bestimmung regelt in Ergänzung und Ausfüllung zu § 44 DRiG die Rechtstellung der Mitglieder des Anwaltsgerichts als Angehörige staatlicher Gerichte. In der Rechtsanwaltsordnung von 1878 fehlte eine entsprechende Bestimmung, da der Vorstand der Rechtsanwaltskammer „als Ehrengericht" im ehrengerichtlichen Verfahren entschied.[1] Die Stellung der Mitglieder des Ehrengerichts war damit keine andere als die eines Angehörigen des Vorstandes der Rechtsanwaltskammer im übrigen.

II. Die Stellung der Mitglieder des Anwaltsgerichts

1. Ehrenamtliche Richter

2 Die Stellung der Mitglieder des Anwaltsgerichts als ehrenamtliche Richter richtet sich nach §§ 44 ff. DRiG.[2] Die Richter der Anwaltsgerichte stehen in einem besonderen **öffentlich-rechtlichen „Ehrenrichterverhältnis"**,[3] weil sie nicht von Fall zu Fall zur Mitwirkung in der Rechtsprechung herangezogen werden, sondern den ausschließlichen personellen richterlichen Bestand des Anwaltsgerichts bilden.

3 Vor ihrer „ersten Dienstleistung" haben die Mitglieder des Anwaltsgerichts als ehrenamtliche Richter den Eid zu leisten oder das eidesgleiche Gelöbnis abzugeben (§ 45 Abs. 2 bis 5, 7, 8 DRiG). Die **Vereidigung oder das Gelöbnis** werden in öffentlicher Sitzung vor dem Vorsitzenden des Gerichts abgegeben, dem der ehrenamtliche Richter angehört. Die Öffentlichkeit ist daher herzustellen, auch wenn für die in der Sitzung verhandelten Verfahren des Anwaltsgerichts die Öffentlichkeit nach § 135 ausgeschlossen ist. Für die Vereidigung des Vorsit-

---

[1] § 67 Abs. 1 RAO.
[2] BVerfGE 48, 300 = NJW 1978, 1795 = EGE XIV, 310 = AnwBl. 1978, 306.
[3] *Schmidt-Räntsch*, § 44 Rdn. 7.

zenden selbst enthält § 123 DRiG eine Sonderregelung, die der Landesjustizverwaltung die Entscheidung zuweist, welches Gericht für die Vereidigung der Vorsitzenden zuständig ist. Damit soll verhindert werden, daß Unklarheit herrscht, wer anstelle des Vorsitzenden Eid oder Gelöbnis abnimmt, wenn es um die Person des Vorsitzenden geht.

Die **richterliche Unabhängigkeit** (§ 25 DRiG) gewährleistet § 45 Abs. 1 S. 1 DRiG für die anwaltlichen Mitglieder der Anwaltsgerichtsbarkeit. Inhaltlich bestehen keine Unterschiede zwischen der Unabhängigkeit ehrenamtlicher Richter und der von Berufsrichtern, wie sich aus dem Wortlaut von § 45 Abs. 1 S. 1 DRiG ergibt.

Als ehrenamtliche Richter unterliegen die anwaltlichen Mitglieder der Anwaltsgerichtsbarkeit der Pflicht, über den Verlauf der Beratung und die Abstimmungsverhältnisse **Stillschweigen** zu wahren (§ 45 Abs. 1 S. 2, § 43 DRiG). Wegen des Inhaltes der Pflicht zur Wahrung des Beratungsgeheimnisses und ihrer Grenzen wird auf die Kommentierungen zum DRiG verwiesen.

2. Stellung eines Berufsrichters

Obwohl die Mitglieder des Anwaltsgerichts den Rechtsanwaltsberuf ausüben und nach Absatz 1 Satz 1 zu ehrenamtlichen Richtern bestellt werden, haben sie während der Dauer ihres Amtes die Stellung eines Berufsrichters (Abs. 1 S. 2). Das gilt in gleicher Weise für die anwaltlichen Mitglieder des Anwaltsgerichtshofes (§ 103 Abs. 2 S. 1), während die anwaltlichen Beisitzer im Anwaltssenat des BGH die Stellung eines Berufsrichters nur haben in der Sitzung, zu der sie als Beisitzer herangezogen werden (§ 110 Abs. 1 S. 2). Die Folge ist, daß die für Berufsrichter geltenden Vorschriften teilweise ergänzend heranzuziehen sind. Da die Mitglieder des Anwaltsgerichts die ausschließliche Richterschaft bei diesem Gericht darstellen, bilden sie das **Präsidium des Anwaltsgerichts** oder wählen ein solches, sofern die Voraussetzungen vorliegen (§§ 21a ff. GVG). Auch der Behördenleiter entstammt der Rechtsanwaltschaft (§ 93 Abs. 1 S. 2, § 98 Abs. 3).

Aufgrund der Bestellung in das öffentlich-rechtliche Ehrenrichterverhältnis unterliegen die Mitglieder der Anwaltsgerichtsbarkeit nach § 92 Abs. 3 i. V. m. § 26 Abs. 1 DRiG der **Dienstaufsicht** durch die Landesjustizverwaltung.[4] Die Dienstaufsicht darf selbstverständlich auch bei den Mitgliedern der Anwaltsgerichtsbarkeit nicht in die richterliche Unabhängigkeit eingreifen. Behauptet ein Mitglied eines Anwaltsgerichts, in seiner Unabhängigkeit beeinträchtigt worden zu sein, entscheidet nach § 26 Abs. 3 DRiG der Anwaltsgerichtshof. Die Zuständigkeit des Anwaltsgerichtshofs als **Dienstgericht** der Anwaltsgerichtsbarkeit ergibt sich aus sinngemäßer Anwendung von § 95 Abs. 2 S. 2 und – für den Anwaltsgerichtshof selbst – aus § 103 Abs. 2 S. 4.

Auch der als ehrenamtlicher Richter tätige Rechtsanwalt hat nach § 39 DRiG seine **Unabhängigkeit** zu wahren. Mit Rücksicht auf die Tatsache, daß das Mitglied der Anwaltsgerichtsbarkeit das Richteramt ehrenamtlich wahrnimmt, im übrigen aber den Rechtsanwaltsberuf ausübt, kann die Pflicht zur Unabhängigkeit nach § 39 DRiG nicht weiterreichen als die Grundpflicht, Gefährdungen der beruflichen Unabhängigkeit zu vermeiden (§ 43a Abs. 1). Gegenstandslos ist für die Mitglieder der Anwaltsgerichte das Verbot des § 41 DRiG, Rechtsgutachten zu erstatten oder entgeltlich Rechtsauskünfte zu erteilen. Das gilt auch für die

---

[4] BVerfGE 48, 300 = NJW 1978, 1795 = EGE XIV, 310 = AnwBl. 1978, 306.

Einschränkungen nach § 40 DRiG, als Schiedsrichter oder Schlichter tätig zu werden.

III. Aufwandsentschädigung, Reisekostenvergütung

9 Lediglich eine Aufwandsentschädigung und Vergütung der Reisekosten erhalten die Mitglieder der Anwaltsgerichte (Abs. 1 S. 3). Gezahlt werden Aufwandsentschädigung und Reisekostenvergütung von der Rechtsanwaltskammer. Über die Höhe der Aufwandsentschädigung und der Reisekostenvergütung verhalten sich von der Kammerversammlung aufgestellte Richtlinien (§ 89 Abs. 2 Nr. 5).

IV. Amtsenthebung

10 Ehrenamtliche Richter können nach § 44 Abs. 2 DRiG nur aufgrund gesetzlicher Bestimmungen und gegen ihren Willen zudem nur durch gerichtliche Entscheidung abberufen werden. Daß nach § 95 Abs. 2 S. 2 der Anwaltsgerichtshof über die Amtsenthebung als Dienstgericht entscheidet, hat das Bundesverfassungsgericht ausdrücklich gebilligt.[5]

11 Enthebungsgründe nennt § 95 Abs. 2 S. 1. Nach Nr. 1 ist das Mitglied des Anwaltsgerichts des Amtes zu entheben, wenn – aus welchen Gründen auch immer – die Ernennung ausgesprochen wurde, obwohl die Voraussetzungen hierfür nicht vorlagen. Fallen die Voraussetzungen für die Ernennung zum Mitglied des Anwaltsgerichts nachträglich weg – etwa weil der Rechtsanwalt in den Vorstand der Rechtsanwaltskammer gewählt wird oder eine berufliche Tätigkeit bei dieser aufnimmt – stellt dies einen weiteren Enthebungsgrund dar (Nr. 2). Schließlich bildet eine grobe Amtspflichtverletzung einen Enthebungsgrund (Nr. 3).

12 Ergänzend sind für die Mitglieder der Anwaltsgerichte die Bestimmungen des § 18 DRiG **„Nichtigkeit der Ernennung"** und des § 19 DRiG **„Rücknahme der Ernennung"** heranzuziehen. Hat eine unzuständige Behörde die Ernennung ausgesprochen, ist sie nach § 18 Abs. 1 DRiG nichtig. Das gilt auch, wenn der Rechtsanwalt nicht die deutsche Staatsangehörigkeit besaß[6] und wenn dem Rechtsanwalt die Fähigkeit zur Bekleidung öffentlicher Ämter fehlte (§ 18 Abs. 2 DRiG). Von den Rücknahmegründen des § 19 Abs. 1 DRiG ist Nr. 1 – fehlende Befähigung zum Richteramt – anwendbar, soweit nicht für Rechtsanwälte mit Ausbildung in der früheren DDR und für Absolventen der europäischen Eignungsprüfung Sonderregelungen gelten.[7] Anwendbar sind auch die Bestimmungen über die rechtswidrige Herbeiführung der Ernennung und die Unwürdigkeit für die Berufung wegen einer Straftat (§ 19 Abs. 1 Nr. 3 und 4 DRiG).

13 Als **Verfahrensordnung** gilt das in Verwaltungssachen vor dem Anwaltsgerichtshof anzuwendende FGG. Der Rechtsanwalt, dessen Entlassung aus dem Amt des ehrenamtlichen Richters beabsichtigt ist und der Vorstand der Rechtsanwaltskammer sind zu hören (Abs. 2 S. 3). Daß Rechtsmittel gegen die Entscheidung des Anwaltsgerichtshof nicht gegeben sind, bestimmt Absatz 2 Satz 4.

14 Da das Mitglied eines Anwaltsgerichts einem Berufsrichter gleichsteht, kann ihm vom Anwaltsgerichtshof als Dienstgericht in entsprechender Anwendung von § 35 DRiG die Führung der Amtsgeschäfte vorläufig untersagt werden.[8]

---

[5] BVerfGE 48, 300 = NJW 1978, 1795 = EGE XIV, 310 = AnwBl. 1978, 306.
[6] § 94 Rdn. 6; a. A. *Feuerich/Braun*, § 95 Rdn. 23; *Isele*, § 95 Anm. VI. B. 2 a.
[7] § 92 Rdn. 7.

V. Entlassung aus dem Amt

Die Justizverwaltung kann nach Absatz 3 – ohne daß es einer gerichtlichen Entscheidung bedarf – ein Mitglied des Anwaltsgerichts aus seinem Amt entlassen, wenn dieses aus gesundheitlichen Gründen an einer ordnungsmäßigen Amtsausübung dauerhaft verhindert ist. Sollte die Landesjustizverwaltung dem Antrag eines Rechtsanwalts auf Entlassung aus dem Amte nicht entsprechen, könnte dieser nach § 223 den Anwaltsgerichtshof anrufen. 15

VI. Beendigung des Amtes nach Absatz 4

Sofern ein Angehöriger des Anwaltsgerichts zum anwaltlichen Mitglied des Anwaltsgerichtshofes oder des Anwaltssenat beim BGH berufen wird, endet seine Bestellung zum ehrenamtlichen Richter beim Anwaltsgericht automatisch. Ziel der Regelung ist es, mit der Berufung eines beim Anwaltsgericht tätigen Rechtsanwalts in ein Richteramt höherer Instanz nicht abwarten zu müssen, bis die Amtsdauer beim Anwaltsgericht endet.[9] 16

§ 96 Besetzung der Kammern des Anwaltsgerichts

Die Kammern des Anwaltsgerichts entscheiden in der Besetzung von drei Mitgliedern einschließlich des Vorsitzenden.

Die Bestimmung regelt die **Besetzung der Kammer** als Spruchkörper des Anwaltsgerichts. In der Besetzung von einem Vorsitzenden und zwei Beisitzern entscheidet das Anwaltsgericht unabhängig von der Zahl der Beisitzer, die der Kammer angehören. Soweit § 93 Abs. 1 S. 3 anwendbar ist, darf an der Entscheidung der Kammer nur ein Rechtsanwalt als Beisitzer mitwirken, der die Befähigung zum Richteramt nicht besitzt.[1] 1

Die **Mitglieder der einzelnen Kammern** werden aus der Zahl der Mitglieder des Anwaltsgerichts (vgl. § 93) dem Spruchkörper zugewiesen, wobei sich das Verfahren insoweit nach § 97 bestimmt. Über einen anderen Spruchkörper als die Kammer verfügt das Anwaltsgericht nicht. Soweit das Anwaltsgericht daher „entscheidet" i. S. d. § 96, kann nur die mit drei Richtern besetzte Kammer tätig werden, gleichgültig, ob die Entscheidung in mündlicher Hauptverhandlung oder außerhalb derselben ergeht. 2

Mit der **Vernehmung** eines Zeugen oder Sachverständigen (§ 99 Abs. 3, § 137) kann das Anwaltsgericht jedes seiner Mitglieder beauftragen, dieses muß nicht der zur Entscheidung berufenen Kammer angehören. Insoweit wird das Gebot zur Unmittelbarkeit der Beweisaufnahme nach § 250 StPO für die Anwaltsgerichtsbarkeit durchbrochen. 3

Soweit der Vorsitzende der Kammer **Ausfertigungen** und **Auszüge** der Entscheidungen erteilt (§ 242) oder sonstige Geschäfte der Justizverwaltung durch den Vorsitzenden der einzigen Kammer oder den geschäftsleitenden Vorsitzenden den Vorsitzenden der einzigen Kammer oder den geschäftsleitenden Vorsitzenden vorzunehmen sind (§ 98 Abs. 3), handelt es sich nicht um Rechtsprechungstätigkeit, so daß § 96 unanwendbar ist. 4

---

[8] *Feuerich/Braun*, § 95 Rdn. 27; a. A. *Isele*, § 95 Anm. VI. E.
[9] Amtl. Begr. BT-Drucks. 11/3253, S. 24.
[1] § 93 Rdn. 5.

5 Gehören einer Kammer mehr als zwei Beisitzer an, obliegt es dem Vorsitzenden, nach § 116 i. V. m. § 21 g GVG in der **Geschäftsverteilung der Kammer** festzulegen, wann die Kammer in welcher Besetzung tätig wird. Wegen des Problems einer Überbesetzung der Kammer, die die Ausübung der Rechtsprechung in zwei voneinander unabhängigen Sitzgruppen ermöglichen würde, darf die Zahl der Beisitzer vier nicht übersteigen.[5]

§ 97 Geschäftsverteilung

Für die Geschäftsverteilung bei dem Anwaltsgericht gelten die Vorschriften des Zweiten Titels sowie § 70 Abs. 1 des Gerichtsverfassungsgesetzes entsprechend.

1 Allgemeinen Grundsätzen folgend ist die Geschäftsverteilung bei dem Anwaltsgericht der **gerichtlichen Selbstverwaltung** zugewiesen. Für die Zusammensetzung der Präsidien sind die Bestimmungen des Zweiten Titels des GVG (§§ 2 a–21 i) maßgeblich. Die „Wahlordnung für die Präsidien der Gerichte" vom 19. September 1972[1] regelt wie für die anderen Gerichte die Einzelheiten des Verfahrens für die Wahl der Mitglieder des Präsidiums des Anwaltsgerichts. Der „geschäftsleitende Vorsitzende" tritt an die Stelle des „Präsidenten" oder „aufsichtsführenden Richters", soweit das GVG hiervon spricht.

2 Die **Aufgaben des Präsidiums** des Anwaltsgerichts bestehen vorrangig darin, die Besetzung der Spruchkörper einschließlich der Vertretung[2] zu regeln und die Geschäfte unter den Spruchkörpern zu verteilen. Die Anordnung, über welche Zahl von Kammern das Anwaltsgericht verfügt, und die Bestimmung der Vorsitzenden der Kammern fällt der Landesjustizverwaltung zu. Dagegen bestimmt das Präsidium in der Geschäftsverteilung, welches Mitglied der Kammer im Falle der Verhinderung des Vorsitzenden den Vorsitz führt. Ist auch der nach der Geschäftsverteilung vorgesehene Stellvertreter verhindert, führt das dienstälteste, bei gleichem Dienstalter, das lebensälteste Mitglied der Kammer den Vorsitz (§ 21f GVG).

3 § 70 Abs. 1 GVG ermächtigt die Landesjustizverwaltung, auf Antrag des Präsidiums des Anwaltsgerichts für eine Vertretungsregelung zu sorgen, wenn die **Vertretung durch ein anderes Mitglied** des Anwaltsgerichts nicht möglich ist.

§ 98 Geschäftsstelle und Geschäftsordnung

(1) **Bei dem Anwaltsgericht wird eine Geschäftsstelle eingerichtet.**

(2) **Die erforderlichen Bürokräfte, die Räume und die Mittel für den sonstigen sächlichen Bedarf stellt die Rechtsanwaltskammer zur Verfügung.**

(3) **Die Dienstaufsicht über die Geschäftsstelle führt der Vorsitzende des Anwaltsgerichts; im Fall des § 92 Abs. 2 obliegt die Aufsicht dem geschäftsleitenden Vorsitzenden.**

(4) **Der Geschäftsgang bei dem Anwaltsgericht wird durch eine Geschäftsordnung geregelt, die von den Mitgliedern des Anwaltsgerichts beschlossen wird. Sie bedarf der Bestätigung durch die Landesjustizverwaltung.**

---

[5] § 93 Rdn. 2.
[1] BGBl. I, S. 1821; Rechtsverordnung – auch gestützt auf § 97, § 105 Abs. 1.
[2] § 93 Rdn. 2.

I. Die Geschäftsstelle des Anwaltsgerichts

Die Einrichtung einer **selbständigen Geschäftsstelle** verdeutlicht die Trennung des Anwaltsgerichts sowohl von der Rechtsanwaltskammer wie auch von der staatlichen Gerichtsbarkeit im übrigen. Anerkannt ist in der Literatur, daß das Gebot der Trennung von der Rechtsanwaltskammer die Unterhaltung einer gemeinsamen Geschäftsstelle nicht zuläßt.[1]   1

Dagegen wird eine organisatorische Anbindung der Geschäftsstelle des Anwaltsgerichts an die des Oberlandesgerichts für unbedenklich erachtet.[2]

Das notwendige Personal für den Betrieb der Geschäftsstelle, Büroraum und   2
sonstigen sächlichen **Bedarf** hat die Rechtsanwaltskammer bereitzustellen (Abs. 2). Daß die Rechtsanwaltskammer diese Aufwendungen für die organisatorischen Voraussetzungen zu tragen hat, begründet ebensowenig Zweifel an der Unabhängigkeit wie die Tatsache, daß gleiches gilt für die Entschädigung der Mitglieder des Anwaltsgerichts.[3]

Die Bürokräfte haben nicht die Stellung als **Urkundsbeamte der Geschäfts-**   3
stelle, denn eine § 153 GVG entsprechende Bestimmung enthält die BRAO nicht.

II. Die Geschäftsordnung des Anwaltsgerichts

Nach Absatz 4 Satz 1 haben die Mitglieder des Anwaltsgerichts in einer **Ge-**   4
schäftsordnung den Geschäftsgang zu regeln. Die Geschäftsordnung ist von der Landesjustizverwaltung zu bestätigen. Die Geschäftsordnung beschränkt sich auf die Festlegung des Geschäftsgangs. Die personellen Entscheidungen trifft die Landesjustizverwaltung (§ 93), sie bestimmt die Zahl der Kammern (§ 92 Abs. 2), während das Präsidium die Geschäftsverteilung vornimmt (§ 97).

§ 99 Amts- und Rechtshilfe

(1) **Die Anwaltsgerichte haben sich gegenseitig Amts- und Rechtshilfe zu leisten.**

(2) **Auf Ersuchen haben auch andere Gerichte und Verwaltungsbehörden dem Anwaltsgericht Amts- und Rechtshilfe zu leisten. Die gleiche Verpflichtung haben die Anwaltsgerichte gegenüber anderen Gerichten und Behörden.**

(3) **Bei den Anwaltsgerichten können die Rechtshilfeersuchen durch ein einzelnes Mitglied erledigt werden.**

Als staatliche Gerichte[1] unterliegen die Anwaltsgerichte nach Art. 35 GG der   1
für alle Bundes- und Landesbehörden geltenden Verpflichtung zur Amts- und Rechtshilfe. Obwohl der Wortlaut der Bestimmung und ihr Standort im Ersten Teil des Fünften Abschnitts die Annahme nahelegen könnten, sie gelte ausschließlich für die in erster Instanz im ehrengerichtlichen Disziplinarverfahren tätigen Anwaltsgerichte, ist davon auszugehen, daß auch die **Anwaltsgerichts-**

---

[1] *Jessnitzer/Blumberg*, § 98 Rdn. 1 m. w. N.
[2] BGH BRAK-Mitt. 1983, 93.
[3] § 95 Rdn. 9.
[1] § 92 Rdn. 6.

§ 100 Fünfter Teil. Das Anwaltsgericht

höfe Amts- und Rechtshilfe nach dieser Vorschrift beanspruchen können.[2] Für den Anwaltssenat als Spruchkörper des Bundesgerichtshofs[3] gelten – nach dem im Verfahren jeweils angewendeten Verfahrensrecht – die Bestimmungen des FGG oder der StPO.

2 Amts- und Rechtshilfe haben sich die Gerichte der Anwaltsgerichtsbarkeit gegenseitig zu leisten (Abs. 1). Sie können die Amts- und Rechtshilfe von **anderen Behörden und Gerichten** in Anspruch nehmen, haben ihrerseits diese aber in gleicher Weise gegenüber anderen Gerichten und Behörden zu leisten (Abs. 2).

Während sich die Rechtshilfe auf die Vornahme gerichtlicher Handlungen im Bereich der Rechtsprechung bezieht – etwa eine richerliche Vernehmung –, hat die Amtshilfe die unterstützende Tätigkeit von Verwaltungsbehörden – ggf. auch solchen der Justizverwaltung – zum Gegenstand.

Gemeinsam ist den verschiedenen Konstellationen, daß die an der Amts- oder Rechtshilfe interessierte Stelle ein **Ersuchen** an die einzuschaltende Stelle richtet. Die Spontanübermittlung ist im Hinblick auf Aspekte datenschutzrechtlicher Art in § 36a Abs. 3 geregelt.

3 Der **Umfang der Amts- und Rechtshilfe** kann durch vorrangige andere Bestimmungen, namentlich besondere Verwendungsregelungen für vorhandene Informationen beschränkt sein. Für die Amts- und Rechtshilfe der sog. Gauck-Behörde gelten die besonderen gesetzlichen Bestimmungen des „STASI-Unterlagen-Gesetzes" vom 20. Dezember 1991[4] und zwar auch in Rücknahme- oder Widerrufsverfahren nach dem Gesetz zur Prüfung von Anwaltszulassungen, Notarbestellungen und Berufungen ehrenamtlicher Richter vom 24. Juli 1992.[5]

Zweiter Abschnitt. Der Anwaltsgerichtshof

§ 100 Bildung des Anwaltsgerichtshofes

(1) **Der Anwaltsgerichtshof wird bei dem Oberlandesgericht errichtet. § 92 Abs. 3 ist entsprechend anzuwenden.**

(2) **Bestehen in einem Land mehrere Oberlandesgerichte, so kann die Landesregierung durch Rechtsverordnung den Anwaltsgerichtshof für die Bezirke aller oder mehrerer Oberlandesgerichte bei einem oder einigen der Oberlandesgerichte oder bei dem obersten Landgericht errichten, wenn eine solche Zusammenlegung der Rechtspflege in Anwaltssachen, insbesondere der Sicherung einer einheitlichen Rechtsprechung, dienlich ist. Die Vorstände der beteiligten Rechtsanwaltskammern sind vorher zu hören.**

(3) **Durch Vereinbarung der beteiligten Länder können die Aufgaben, die in diesem Gesetz dem Anwaltsgerichtshof zugewiesen sind, dem hiernach zuständigen Anwaltsgerichtshof eines Landes auch für das Gebiet eines anderen Landes übertragen werden.**

(4) **Mehrere Länder können die Errichtung eines gemeinsamen Anwaltsgerichtshofes bei dem Oberlandesgericht oder dem obersten Landgericht eines Landes vereinbaren.**

---

[2] *Friedlaender,* § 86 Rdn. 17.
[3] Vgl. *Laufhütte* DRiZ 1990, 431.
[4] BGBl. I, S. 2272, §§ 20, 21.
[5] BGBl. I, S. 1386.

§ 101 Besetzung des Anwaltsgerichtshofes 1, 2 § 101

Die Anwaltsgerichtshöfe sind als Ehrengerichtshöfe mit der BRAO und als 1
Berufsgerichtshöfe mit dem RAG von Gesetzes wegen eingeführt worden.
Während für jede Rechtsanwaltskammer ein Anwaltsgericht (§ 92 Abs. 1) besteht, kann es im Bezirk eines Oberlandesgerichts, unbeschadet der Zahl der
Rechtsanwaltskammern (vgl. § 61), nur einen Anwaltsgerichtshof geben. Der
Gefahr einer regionalen Zersplitterung der Rechtsprechung in Anwaltsangelegenheiten sollte damit begegnet werden.[1]

Die **Aufsicht** über die Anwaltsgerichtshöfe führt die Landesjustizverwaltung 2
(Abs. 1 S. 2 i. V. m. § 92 Abs. 3).

Von der Möglichkeit der **Konzentration der Aufgaben** auf einen einzigen 3
Anwaltsgerichtshof haben die Länder, in denen mehrere Oberlandesgerichte
eingerichtet sind, durch Erlaß entsprechender Rechtsverordnungen Gebrauch
gemacht. Errichtet ist der Anwaltsgerichtshof in:
a) Baden-Württemberg beim OLG Stuttgart zugleich für den OLG-Bezirk
   Karlsruhe (VO vom 9. 11. 1959, GesBl. 168),
b) Bayern beim OLG München (nicht BayObLG) zugleich für die OLG-Bezirke
   Bamberg und Nürnberg (VO vom 8. 10. 1959, GVBl. 241),
c) Niedersachsen beim OLG Celle zugleich für die OLG-Bezirke Braunschweig
   und Oldenburg (VO vom 11. 9. 1959, GVBl. 103),
d) Nordrhein-Westfalen beim OLG Hamm zugleich für die OLG-Bezirke Düsseldorf und Köln (VO vom 16. 9. 1959, GVBl. 144),
e) Rheinland-Pfalz beim OLG Koblenz zugleich für den OLG-Bezirk Zweibrücken (VO vom 9. 12. 1959, GVBl. 235).

Von der vom Gesetz eröffneten Möglichkeit, durch Staatsvertrag die Aufgaben 4
des Anwaltsgerichtshofs auf den Anwaltsgerichtshof **eines anderen Landes zu
übertragen** (Abs. 3), ist bisher kein Gebrauch gemacht worden.

Eine Konzentration durch die Bildung eines **gemeinsamen Anwaltsge-** 5
richtshofes für mehrere Länder (Abs. 4) ist gleichfalls nicht erfolgt.

§ 101 Besetzung des Anwaltsgerichtshofes

(1) **Der Anwaltsgerichtshof wird mit einem Präsidenten, der erforderlichen Anzahl von weiteren Vorsitzenden sowie mit Rechtsanwälten und Berufsrichtern als weiteren Mitgliedern besetzt. Der Präsident und die weiteren Vorsitzenden müssen die Befähigung zum Richteramt haben.**

(2) **Bei dem Anwaltsgerichtshof können nach Bedarf mehrere Senate gebildet werden. Die nähere Anordnung trifft die Landesjustizverwaltung. Der Vorstand der Rechtsanwaltskammer ist vorher zu hören.**

(3) **Zum Präsidenten des Anwaltsgerichtshofes und zu Vorsitzenden der Senate sind anwaltliche Mitglieder des Anwaltsgerichtshofes zu bestellen. § 93 Abs. 2 gilt sinngemäß.**

Die Vorschrift regelt die **personelle Rekrutierung** des Anwaltsgerichtshofs 1
und bestimmt, daß der Präsident und die weiteren Vorsitzenden aus der Rechtsanwaltschaft stammen müssen. Insoweit wird eine Aussage zur Besetzung der
Senate als Spruchkörper getroffen.

Daß sich die Mitglieder des Anwaltsgerichtshofs zusammensetzen aus Rechts- 2
anwälten, die die Position des Präsidenten oder der Vorsitzenden einnehmen, aus

---

[1] Isele, § 100 Anm. V. A.

weiteren Rechtsanwälten und Berufsrichtern, die als Beisitzer fungieren, folgt aus Absatz 1 Satz 1. Welche **„Anzahl"** von Vorsitzenden und Beisitzern erforderlich ist, hängt davon ab, wieviele Senate von der Landesjustizverwaltung im Rahmen ihrer Zuständigkeit nach § 101 Abs. 2 gebildet werden.

3 Bei der Bestellung **weiterer Mitglieder** ist im Auge zu behalten, daß eine verfassungswidrige Überbesetzung der Senate vermieden wird, zumal sich die Rechtsanwälte und die Berufsrichter als Beisitzer nicht gegenseitig vertreten können.[1]

4 Die **Befähigung zum Richteramt** müssen die Vorsitzenden der Senate der Anwaltsgerichtshöfe besitzen. Da der Senat in der Besetzung von Vorsitzendem und vier Beisitzern – darunter zwei Berufsrichter – tätig wird, verfügen zumindest drei Mitglieder des Senats über die Befähigung zum Richteramt. Damit hat der Gesetzgeber, als durch Änderung von § 4 auch den Absolventen der europäischen Eignungsprüfung der Zugang zur Rechtsanwaltschaft eröffnet wurde,[2] der Rechtsprechung des Bundesverfassungsgerichts zu den Gerichten der Anwaltsgerichtsbarkeit als staatliche Gerichte[3] Rechnung getragen. Die Bestimmung gilt nicht in Brandenburg, Mecklenburg-Vorpommern, Sachsen, Sachsen-Anhalt und Thüringen,[4] da die Rechtsanwälte aus der ehemaligen DDR diese Voraussetzung aufgrund ihrer Ausbildung nicht erfüllen können.

5 Die **Zahl der Senate** des Anwaltsgerichtshofs festzulegen, ist Aufgabe der Landesjustizverwaltung (Abs. 2 S. 2). In erster Linie wird der Geschäftsanfall entscheidend sein für die Zahl der Senate. Daß – unabhängig vom Geschäftsanfall – zumindest zwei Senate eingerichtet werden müssen, folgt aus § 116 S. 2, § 145 Abs. 3 BRAO i. V. m. § 354 Abs. 2 StPO, wonach die Zurückweisung nach Aufhebung der Entscheidung in der Revision an einen anderen Spruchkörper des Gerichts erfolgen muß. Die Zurückverweisung an ein „zu demselben Land gehörendes anderes Gericht gleicher Ordnung" (§ 354 Abs. 2 StPO) scheidet aus tatsächlichen Gründen aus, denn in keinem Land ist mehr als ein Anwaltsgerichtshof[5] eingerichtet. Die Landesjustizverwaltung hat den Vorstand der Rechtsanwaltskammer vor ihrer Entscheidung über die Zahl der Senate anzuhören. Darüber hinaus ist dem Wortlaut von § 103 Abs. 2 S. 4 zu entnehmen, daß zumindest zwei Senate eingerichtet werden müssen.[6]

6 Zum **Präsidenten und zu weiteren Vorsitzenden** der Senate können nur anwaltliche Mitglieder des Anwaltsgerichtshofs bestellt werden (Abs. 3). Die Stellung des Vorsitzenden, dessen Aufgabe auch darin besteht, einen richtungsweisenden Einfluß auf die Rechtsprechung des Senats auszuüben, wird ausschließlich den anwaltlichen Mitgliedern zugewiesen. Im Falle der Verhinderung des Vorsitzenden wird als Vertreter ein anwaltliches Mitglied tätig.[7] Die Ausnahme von dem Grundsatz des § 28 DRiG, daß nur Richter auf Lebenszeit den Vorsitz in einem Gericht führen dürfen, ist in § 123 DRiG für die Anwaltsgerichte ausdrücklich getroffen. Verfassungsrechtlichen Bedenken begegnet diese Regelung nicht, wie das Bundesverfassungsgericht festgestellt hat.[8] Vor der Ernennung des Präsidenten und der weiteren Vorsitzenden ist der Vorstand der Rechtsanwaltskammer zu hören (Abs. 3 S. 2 i. V. m. § 93 Abs. 2).

---

[1] § 104 Rdn. 3.
[2] Gesetz vom 6. Juli 1990 (BGBl. I, S. 1349).
[3] § 92 Rdn. 6.
[4] Art. 21 Abs. 6 des Gesetzes vom 2. September 1994 (BGBl. I, S. 2278).
[5] § 100 Rdn. 3.
[6] BT-Drucks. 11/3253, S. 24.
[7] *Isele*, § 104 Anm. III.
[8] BVerfGE 48, 300 = NJW 1978, 1795 = EGE XIV, 310 = AnwBl. 1978, 306.

§ 102 Bestellung von Berufsrichtern zu Mitgliedern des Anwaltsgerichtshofes

(1) Die Mitglieder des Anwaltsgerichtshofes, die Berufsrichter sind, werden von der Landesjustizverwaltung aus der Zahl der ständigen Mitglieder des Oberlandesgerichts für die Dauer von vier Jahren bestellt. In den Fällen des § 100 Abs. 2 können die Berufsrichter auch aus der Zahl der ständigen Mitglieder der anderen Oberlandesgerichte oder des obersten Landesgerichts bestellt werden.

(2) Die Mitglieder eines gemeinsamen Anwaltsgerichtshofes, die Berufsrichter sind, werden aus der Zahl der ständigen Mitglieder der Oberlandesgerichte der beteiligten Länder nach Maßgabe der von den Ländern getroffenen Vereinbarung (§ 100 Abs. 4) bestellt.

An der Rechtsprechung der Senate wirken stets zwei **Berufsrichter** als Beisitzer mit (§ 104). In Betracht kommen nur „ständige Mitglieder" des Oberlandesgerichts, also keine zur Erprobung abgeordneten Hilfsrichter.[1] Dagegen steht sowohl Richtern am Oberlandesgericht wie auch allen anderen „ständigen Mitgliedern" die Mitwirkung in den Senaten der Anwaltsgerichtshöfe offen. Irgendwelche Anhaltspunkte für die Entscheidung bei der Auswahl unter den Berufsrichtern gibt das Gesetz nicht. Sinnvoll dürfte sein, dem Anwaltsgerichtshof sowohl in der Bearbeitung von Strafsachen eingesetzte Berufsrichter für die Disziplinarsenate als auch solche, die in der Justizverwaltung oder in Verfahren nach dem Gesetz über die Angelegenheiten der freiwilligen Gerichtsbarkeit erfahren sind, für die weiteren Senate zuzuweisen. 1

Für die Länder Brandenburg, Mecklenburg-Vorpommern, Sachsen, Sachsen-Anhalt und Thüringen schaffte § 3 des Rechtspflege-Anpassungsgesetzes vom 26. Juni 1992[2] eine Ausnahme bis zum Jahresende 1995, indem grundsätzlich der Einsatz von Richtern ohne Amt bei einem bestimmten Gericht gestattet wird. Durch Gesetz vom 7. Dezember 1995[3] (§ 3 Abs. 3 Rpfl AnpG) ist bestimmt, daß bis zum Ende des Jahres 1996 „auch andere Richter" für die Dauer von vier Jahren bestellt werden können. 2

Die **Dauer der Berufung** ist vom Gesetz auf vier Jahre festgelegt (Abs. 1 S. 1), wobei aber erneute Bestellungen möglich sind. Die Länder, die von der Konzentrationsermächtigung des § 100 Abs. 2 Gebrauch gemacht haben,[4] sind frei bei der Rekrutierung der Berufsrichter für den Anwaltsgerichtshof aus dem Kreis der Richterschaft der Oberlandesgerichte. 3

Die **Bestellung** der Berufsrichter wird von der Landesjustizverwaltung durch Aushändigung einer Urkunde vorgenommen. Das Verfahren in seinen Einzelheiten bestimmt sich nach den für die Richter im Landesdienst maßgeblichen Bestimmungen. 4

Eine **Mitwirkungsmöglichkeit der Rechtsanwaltschaft** auf die Auswahl der bei den Anwaltsgerichtshöfen tätigen Berufsrichter kennt das Gesetz nicht. Dies wird zwar im Interesse der Sicherstellung einer guten Zusammenarbeit unter 5

---

[1] *Feuerich/Braun*, § 102 Rdn. 1.
[2] BGBl. I, S. 1147.
[3] BGBl. I, S. 1590.
[4] Baden-Württemberg, Bayern, Niedersachsen, Nordrhein-Westfalen und Rheinland-Pfalz – § 100 Rdn. 3.

den Richtern bei den Anwaltsgerichtshöfen teilweise bedauert,[5] erscheint aber sachgerecht, da es die Stellung der Anwaltsgerichtshöfe als staatliche Gerichte unterstreicht. Andererseits dürfte die Landesjustizverwaltung das kollegiale Miteinander im Anwaltsgerichtshof fördern, wenn sie den Präsidenten des Anwaltsgerichtshofs vor anstehenden Richterernennungen anhört.[6]

6 Für den Fall, daß von der länderübergreifenden **Konzentrationsmöglichkeit** des § 100 Abs. 4 Gebrauch gemacht wird, bestimmt Absatz 2 daß die Berufsrichter für den gemeinsamen Anwaltsgerichtshof aus dem Kreis der Berufsrichter der vertragschließenden Länder rekrutiert werden. Die Bestimmung ist zur Zeit in der Praxis gegenstandslos, da eine länderübergreifende Konzentration durch Bildung eines gemeinsamen Anwaltsgerichtshofs nicht besteht.

§ 103 Ernennung von Rechtsanwälten zu Mitgliedern des Anwaltsgerichtshofes

(1) **Diejenigen Mitglieder des Anwaltsgerichtshofes, die Rechtsanwälte sind, werden von der Landesjustizverwaltung für die Dauer von vier Jahren ernannt.**

(2) **Für die Ernennung von Rechtsanwälten zu Mitgliedern des Anwaltsgerichtshofes und für die Stellung der anwaltlichen Mitglieder des Anwaltsgerichtshofes gelten die §§ 94 und 95 Abs. 1 entsprechend. Die anwaltlichen Mitglieder dürfen nicht gleichzeitig dem Anwaltsgericht angehören. Das Amt eines anwaltlichen Mitglieds des Anwaltsgerichtshofes, das zum ehrenamtlichen Richter bei dem Gericht eines anderen Rechtszuges berufen wird, endet mit seiner Ernennung. Für die Amtsenthebung und die Entlassung aus dem Amt ist § 95 Abs. 2 und 3 mit der Maßgabe anzuwenden, daß über die Amtsenthebung ein Senat des Anwaltsgerichtshofes entscheidet, dem der ehrenamtliche Richter nicht angehört.**

(3) **In den Fällen des § 61 und des § 100 Abs. 2 soll die jeweilige Zahl der anwaltlichen Mitglieder verhältnismäßig der Mitgliederzahl der einzelnen Rechtsanwaltskammern entsprechen. Die Mitglieder eines gemeinsamen Anwaltsgerichtshofes, die Rechtsanwälte sind, werden aus den Mitgliedern der in den beteiligten Ländern bestehenden Rechtsanwaltskammern nach Maßgabe der von den Ländern getroffenen Vereinbarung (§ 100 Abs. 4) ernannt.**

(4) **Die anwaltlichen Mitglieder erhalten aus der Staatskasse für den mit ihrer Tätigkeit verbundenen Aufwand eine Entschädigung, die sich auf das Eineinhalbfache des in § 28 Abs. 3 Satz 1 erster Halbsatz der Bundesgebührenordnung für Rechtsanwälte genannten höchsten Betrages beläuft. Außerdem haben die anwaltlichen Mitglieder Anspruch auf Ersatz ihrer Fahrt- und Übernachtungskosten nach Maßgabe des § 28 Abs. 2 und 3 Satz 2 der Bundesgebührenordnung für Rechtsanwälte.**

1 An der Rechtsprechung der Senate wirken stets **drei Rechtsanwälte** als ehrenamtliche Richter mit; ein Rechtsanwalt führt den Vorsitz im Senat, zwei weitere sind Beisitzer (§ 104). In das Richteramt berufen werden die anwaltli-

---

[5] Vgl. *Isele*, § 102 Anm. III. C. 2.
[6] *Isele*, § 102 Anm. III. C. 2.; *Feuerich/Braun*, § 102 Rdn. 2.

chen Mitglieder des Anwaltsgerichtshofes durch Ernennung.[1] Die Dauer des Amtes beläuft sich auf vier Jahre, wobei erneute Berufungen möglich sind.[2]

Wegen der persönlichen Voraussetzungen für die Ernennung, die Hinderungsgründe und die Stellung der anwaltlichen **Mitglieder des Anwaltsgerichtshofes** verweist Absatz 2 Satz 1 auf die für die Mitglieder des Anwaltsgerichts geltenden Bestimmungen der §§ 94 und 95 Abs. 1. Danach können nur solche Rechtsanwälte zu ehrenamtlichen Richtern beim Anwaltsgerichtshof bestellt werden, die einer Rechtsanwaltskammer angehören, für die der Anwaltsgerichtshof zuständig ist (Abs. 2 S. 1 i. V. m. § 94 Abs. 1 S. 2). Die persönlichen Voraussetzungen und die Hinderungsgründe entsprechen denen des § 94. Die Festsetzung der Zahl der anwaltlichen Mitglieder des Anwaltsgerichtshofes trifft die Landesjustizverwaltung nach Anhörung des Vorstandes der Rechtsanwaltskammer (Abs. 2 S. 1 i. V. m. § 94 Abs. 2 S. 3). Das Verfahren richtet sich aufgrund der Verweisung nach § 94 Abs. 2. Ist in einem Oberlandesgerichtsbezirk eine weitere Rechtsanwaltskammer eingerichtet (§ 61) oder ist durch Rechtsverordnung für mehrere Oberlandesgerichtsbezirke lediglich ein Anwaltsgerichtshof eingerichtet (§ 100 Abs. 2),[3] so ist bei der Bestellung der anwaltlichen Mitglieder des Anwaltsgerichtshofes entsprechend dem Verhältnis der Mitgliederzahlen der betroffenen Rechtsanwaltskammern zu verfahren (Abs. 3 S. 1). Eine Regelung für die derzeit nicht praktizierte Bildung eines Anwaltsgerichtshofes für mehrere Länder[4] enthält Absatz 3 Satz 2.

2

Die Zugehörigkeit zu einer **anderen Instanz** der Anwaltsgerichtsbarkeit schließt Absatz 2 Satz 2 und 3 aus. Von Gesetzes wegen endet das Amt des anwaltlichen Mitglieds des Anwaltsgerichtshofes automatisch, wenn es zum ehrenamtlichen Richter beim Anwaltsgericht oder beim Bundesgerichtshof berufen wird (Abs. 2 S. 3).

3

Die Amtsenthebung und die Entlassung können aufgrund der Verweisung des Absatz 2 Satz 4 nur aus den in § 95 Abs. 2 und 3 genannten Gründen erfolgen. Die Entlassung aus dem Amt wird aus den Gründen des § 95 Abs. 3 von der Landesjustizverwaltung ausgesprochen. Über den Antrag der Landesjustizverwaltung auf Amtsenthebung aus den Gründen des § 95 Abs. 2 entscheidet ein notwendigerweise bestehender weiterer Senat des Anwaltsgerichtshofs[5] nach den Verfahrensvorschriften des § 95 Abs. 2 S. 3 und 4.

Ihre **Aufwandsentschädigung** beziehen die anwaltlichen Mitglieder des Anwaltsgerichtshofes – anders als die Mitglieder der Anwaltsgerichte[6] – aus der Staatskasse in Höhe der eineinhalbfachen Entschädigung, die in § 28 Abs. 2 S. 1, 1. Hs. BRAGO genannt ist. Etwaige Übernachtungskosten werden nach § 28 Abs. 1 BRAGO ersetzt.

4

§ 104 Besetzung der Senate des Anwaltsgerichtshofes

Die Senate des Anwaltsgerichtshofes entscheiden in der Besetzung von fünf Mitgliedern einschließlich des Vorsitzenden. Als Beisitzer wirken zwei weitere anwaltliche Mitglieder und zwei Berufsrichter mit.

---

[1] § 94 Rdn. 12, 13.
[2] § 94 Rdn. 14.
[3] § 100 Rdn. 3.
[4] § 100 Rdn. 5.
[5] § 101 Rdn. 5.
[6] § 95 Rdn. 9.

§ 105 1, 2 Fünfter Teil. Das Anwaltsgericht

1   Die Bestimmung regelt die Besetzung des Senates als **Spruchkörper des Anwaltsgerichtshofes**. In der Besetzung von einem anwaltlichen Mitglied als Vorsitzendem, zwei anwaltlichen und zwei berufsrichterlichen Beisitzern entscheidet der Senat unabhängig von der Zahl der anwaltlichen und berufsrichterlichen Beisitzer, die dem Senat angehören. Zum Präsidenten des Anwaltsgerichtshofes und zu den weiteren Vorsitzenden der Senate können nur Rechtsanwälte bestellt werden, die die Befähigung zum Richteramt haben (§ 101 Abs. 1 S. 2).

2   Die anwaltlichen und berufsrichterlichen Mitglieder des Anwaltsgerichtshofes werden unter Berücksichtigung der Besetzungsbestimmung des § 104 durch die **Geschäftsverteilung** den einzelnen Senaten zugewiesen. Seine rechtsprechende Tätigkeit übt der Senat in der durch § 104 vorgeschriebenen Besetzung aus, gleichgültig in welcher Verfahrensart entschieden wird. Mit der Vornahme einzelner Beweiserhebungen kann der Senat jedoch eines seiner Mitglieder beauftragen (§ 143 Abs. 4 i. V. m. § 137; § 375 ZPO i. V. m. § 15 FGG).

3   Ist der mit dem Vorsitz im Senat betraute **Rechtsanwalt verhindert**, ist er durch ein anwaltliches Mitglied des Anwaltsgerichtshofes zu vertreten.[1] Die anwaltlichen Beisitzer werden im Vertretungsfall durch andere anwaltliche Mitglieder des Ehrengerichtshofes, die berufsrichterlichen durch ebensolche ersetzt. In jedem Fall entscheidet der Anwaltsgerichtshof in der Besetzung von drei Rechtsanwälten einschließlich des Vorsitzenden und zwei Berufsrichtern.

4   Die Zahl der dem Senat zugewiesenen Beisitzer darf es diesem nicht möglich machen, in zwei personell voneinander **unabhängigen Sitzgruppen** zu entscheiden oder unter Einschluß des Vorsitzenden drei Spruchkörper mit jeweils verschiedenen Beisitzern zu bilden. Für die Besetzung der Senate des Anwaltsgerichtshofes besteht die Besonderheit, daß getrennt für die anwaltlichen und die berufsrichterlichen Beisitzer zu prüfen ist, ob deren Zahl zu einer verfassungswidrigen Überbesetzung führt.[2] Eine Besetzung des Senats mit einem Vorsitzenden, vier anwaltlichen und vier berufsrichterlichen Beisitzern wird für unbedenklich gehalten.[3]

§ 105 Geschäftsverteilung und Geschäftsordnung

(1) **Für die Geschäftsverteilung bei dem Anwaltsgerichtshof gelten die Vorschriften des Zweiten Titels sowie § 70 Abs. 1 des Gerichtsverfassungsgesetzes entsprechend.**

(2) **Der Geschäftsgang wird durch eine Geschäftsordnung geregelt, die von den Mitgliedern des Anwaltsgerichtshofes zu beschließen ist; sie bedarf der Bestätigung durch die Landesjustizverwaltung.**

1   Die Regelung für die Geschäftsverteilung nach Absatz 1 entspricht der für das Anwaltsgericht nach § 97; auf die Erläuterungen wird verwiesen.[1]
2   Die Bestimmung zum Geschäftsgang des Abs. 2 entspricht der für das Anwaltsgericht nach § 98 Abs. 4; auf die Kommentierung wird verwiesen.[2]

---

[1] § 101 Rdn. 6.
[2] BGH EGE IX, 88; XIV, 199.
[3] BGH EGE XIV, 199.
[1] § 97 Rdn. 1 ff.
[2] § 98 Rdn. 4.

Dritter Abschnitt. Der Bundesgerichtshof in Anwaltssachen

§ 106 Besetzung des Senats für Anwaltssachen

(1) Für Angelegenheiten, die in diesem Gesetz dem Bundesgerichtshof zugewiesen sind, wird bei dem Bundesgerichtshof ein Senat für Anwaltssachen gebildet. Der Senat gilt, soweit auf das Verfahren die Vorschriften des Gesetzes über die Angelegenheiten der freiwilligen Gerichtsbarkeit entsprechend anzuwenden sind, als Zivilsenat und, soweit für das Verfahren die Vorschriften der Strafprozeßordnung entsprechend gelten, als Strafsenat im Sinne der §§ 132 und 136 des Gerichtsverfassungsgesetzes.

(2) Der Senat besteht aus dem Präsidenten des Bundesgerichtshofes sowie drei Mitgliedern des Bundesgerichtshofes und drei Rechtsanwälten als Beisitzern. Den Vorsitz führt der Präsident des Bundesgerichtshofes oder in seiner Vertretung ein vom Präsidium des Bundesgerichtshofes bestimmter Vorsitzender Richter.

Übersicht

	Rdn.		Rdn.
I. Der Anwaltssenat als Spruchkörper des Bundesgerichtshofes.	1–3	III. Die Besetzung des Anwaltssenats	5–8
II. Funktion als Zivil- und Strafsenat	4	1. Der Vorsitzende	6
		2. Die Beisitzer	8

I. Der Anwaltssenat als Spruchkörper des BGH

Der Anwaltssenat des BGH entscheidet auf bundesgerichtlicher Ebene über die Revisionen gegen Urteile der Anwaltsgerichtshöfe in Verfahren wegen anwaltlicher Pflichtverletzungen und über Beschwerden gegen Entscheidungen der Anwaltsgerichtshöfe in Zulassungs- und sonstigen Verwaltungsangelegenheiten. Soweit es um Belange der Rechtsanwaltschaft beim BGH geht, entscheidet der Anwaltssenat als einzige Instanz (§ 163 S. 2). 1

Während die Anwaltsgerichte und Anwaltsgerichtshöfe eine eigenständige Gerichtsbarkeit bilden,[1] ist der Anwaltssenat lediglich ein mit **Spezialaufgaben betrauter Spruchkörper** des BGH.[2] Eine Besonderheit bietet der Anwaltssenat jedoch – auch im Vergleich zu den für Angehörige anderer Berufe zuständigen Senaten – insofern, als der Gesetzgeber stärkeren Einfluß auf die Besetzung des Spruchkörpers genommen hat. Während das Präsidium des BGH frei ist, zu entscheiden, welche Vorsitzenden Richter des BGH im Senat für Notarsachen (§ 106 BNotO), im Senat für Steuerberater- und Steuerbevollmächtigtensachen (§ 97 StBerG), im Senat für Wirtschaftsprüfersachen (§ 74 WPO) oder im Senat für Patentanwaltssachen (§ 90 PatAnwO) den Vorsitz führen, hat in bezug auf den Anwaltssenat der Gesetzgeber eine Regelung getroffen. Nach § 106 Abs. 2 ist der Präsident des BGH „geborener Vorsitzender" des Anwaltssenats.[3] 2

---

[1] Vorb. § 92 Rdn. 4.
[2] *Laufhütte* DRiZ 1990, 431.
[3] *Odersky* AnwBl. 1991, 238.

3 Die Zusammensetzung des Anwaltssenats mit vier Berufsrichtern und drei Rechtsanwälten ist verfassungsrechtlich unbedenklich. Daß die anwaltlichen Beisitzer des Anwaltssenates ohne Mitwirkung des **Richterwahlausschusses** im Sinne des Art. 95 Abs. 2 GG berufen werden, hat das Bundesverfassungsgericht gebilligt.[4]

II. Funktion als Zivil- und Strafsenat

4 Von der **jeweiligen Materie**, mit der der Senat im Einzelfall befaßt ist, hängt ab, ob er als Zivil- oder als Strafsenat „gilt" (Abs. 1 S. 2). Ausschlaggebend ist die im jeweiligen Verfahren zur Anwendung kommende Verfahrensordnung. Soweit nach dem Gesetz über die Angelegenheiten der freiwilligen Gerichtsbarkeit verfahren wird, der Senat also mit der Nachprüfung von Verwaltungsentscheidungen befaßt ist, gilt er als Zivilsenat. In den Verfahren, die Revisionen oder Beschwerden gegen Entscheidungen der Anwaltsgerichtshöfe wegen anwaltlicher Pflichtverletzungen zum Gegenstand haben, wird nach der Strafprozeßordnung verhandelt, so daß der Senat als Strafsenat gilt. Entsprechendes gilt jeweils für die erstinstanzliche Tätigkeit des Senates. Praktische Bedeutung hat dies für die Anrufung des Großen Senates oder der Vereinigten Großen Senate nach § 132 GVG.

III. Die Besetzung des Anwaltssenates

5 Der Anwaltssenat entscheidet sowohl in mündlicher Verhandlung wie auch außerhalb derselben in einer Besetzung von sieben Richtern, dem Vorsitzenden, drei berufsrichterlichen und drei anwaltlichen Beisitzern.

1. Der Vorsitzende

6 Nach Absatz 2 Satz 1 gehört der Präsident des Bundesgerichtshofes dem Anwaltssenat an. Der Gesetzgeber hat damit selbst eine Entscheidung zur Besetzung eines gerichtlichen Spruchkörpers getroffen und insoweit die Befugnis des Präsidenten des BGH eingeschränkt, nach § 21 Abs. 1 S. 3 GVG zu bestimmen, welche richterlichen Aufgaben er wahrnimmt.

7 Eine weitere gerichtsverfassungsrechtliche Besonderheit bietet Absatz 2 Satz 2 insofern, als dem Präsidium des BGH aufgegeben wird, für die „**Vertretung**" **des Präsidenten** einen Vorsitzenden Richter zu bestimmen. Diese Regelung weicht ab von § 21f Abs. 2 S. 1 GVG, wonach anstelle des Vorsitzenden bei dessen „Verhinderung" das vom Präsidium bestimmte Mitglied des Spruchkörpers den Vorsitz führt. Aus der Gegenüberstellung der gesetzlichen Regelungen von Absatz 2 und § 21f GVG ist daher zuschließen, daß dem Anwaltssenat grundsätzlich neben dem Präsidenten des BGH auch der vom Präsidium für die Vertretung bestimmte Vorsitzende Richter angehört.[5] Da auch der zur Vertretung des Präsidenten des BGH im Anwaltssenat berufene Vorsitzende Richter dem Spruchkörper angehört, unterliegt es der Anordnung des Präsidenten als Vorsitzendem des Spruchkörpers nach § 21g Abs. 2 GVG, die Grundsätze für seine eigene Mitwirkung und die seines Vertreters festzulegen.[6] Im Falle einer Verhinderung des Präsidenten des BGH und des zur Vertretung bestimmten Vorsitzenden Richters bestimmt sich die Frage, wer den Vorsitz führt, nach § 21f Abs. 2 GVG.

---

[4] BVerfGE 26, 186 = NJW 1969, 2192 = EGE X, 209.
[5] BGHZ 125, 288 = NJW 1994, 178 = BRAK-Mitt. 1994, 178.
[6] Siehe Fn. 5.

2. Die Beisitzer

Als Beisitzer wirken im Anwaltssenat drei Bundesrichter des BGH und drei 8
Rechtsanwälte mit. Soweit dem Senat nicht mehr als fünf berufsrichterliche
Beisitzer und acht Rechtsanwälte zugewiesen sind, wird dies verfassungsrechtlich
für unbedenklich gehalten, da der Senat nicht in zwei Sitzgruppen rechtsprechend tätig werden kann.[7]

§ 107 Rechtsanwälte als Beisitzer

(1) Die Beisitzer aus den Reihen der Rechtsanwälte werden von dem Bundesministerium der Justiz auf die Dauer von vier Jahren berufen. Sie können nach Ablauf ihrer Amtszeit wieder berufen werden.

(2) Die anwaltlichen Beisitzer werden der Vorschlagsliste entnommen, die das Präsidium der Bundesrechtsanwaltskammer auf Grund von Vorschlägen der Rechtsanwaltskammern dem Bundesministerium der Justiz einreicht. Im übrigen gilt § 94 Abs. 2 Satz 3 entsprechend. Die Vorschlagsliste soll mindestens die doppelte Zahl von Rechtsanwälten enthalten.

(3) Scheidet ein anwaltlicher Beisitzer vorzeitig aus, so wird für den Rest seiner Amtszeit ein Nachfolger berufen.

Das Bundesministerium der Justiz beruft die **anwaltlichen Beisitzer** des An- 1
waltssenats (Abs. 1 S. 1) durch Aushändigung einer entsprechenden Urkunde
(§ 17 Abs. 1, 2 Nr. 1 DRiG). Soweit ein Rechtsanwalt nach Ablauf seiner Amtszeit wieder als ehrenamtlicher Richter im Anwaltssenat mitwirken soll, bedarf es seiner erneuten Berufung (Abs. 1 S. 2).

Das **Verfahren für die Auswahl** der anwaltlichen Beisitzer regelt Absatz 2. 2
Die Bestimmung der anwaltlichen Beisitzer obliegt dem Bundesministerium der Justiz (Abs. 1 S. 1), das jedoch nur solche Rechtsanwälte bestimmen kann, die das Präsidium der Bundesrechtsanwaltskammer vorgeschlagen hat (Abs. 2 S. 1). Das Bundesministerium der Justiz kann fordern, daß die Vorschlagsliste der Bundesrechtsanwaltskammer um weitere Vorschläge ergänzt wird, wenn die Vorschlagsliste nicht genügend geeignete Rechtsanwälte enthält.[1] Der dadurch gegebene staatliche Einfluß auf die Zusammensetzung der anwaltlichen Beisitzer des Anwaltssenats begründet die verfassungsrechtliche Unbedenklichkeit.[2] Das Präsidium der Bundesrechtsanwaltskammer seinerseits ist bei der Zusammenstellung seiner Vorschlagsliste an die Vorschläge der Rechtsanwaltskammern gebunden, es kann von sich aus keine Vorschläge hinzufügen.

Dem Bundesministerium der Justiz obliegt es, die **Zahl der anwaltlichen** 3
Beisitzer festzulegen (Abs. 2 S. 2 i. V. m. § 94 Abs. 2 S. 3). Anzuhören ist zuvor die Bundesrechtsanwaltskammer. Aufgrund dieser Regelung befindet das Bundesministerium der Justiz über die Zahl der anwaltlichen Beisitzer im Anwaltssenat, während das Präsidium des Bundesgerichtshofes die Zahl der berufsrichterlichen Beisitzer festlegt. Daß der Richterwahlausschuß (Art. 95 Abs. 2 GG) insoweit nicht mitwirkt, ist unbedenklich.[3]

---

[7] BVerfG NJW 1965, 1219; BGH BRAK-Mitt. 1985, 228.
[1] § 94 Rdn. 11.
[2] BVerfGE 26, 186 = NJW 1969, 2192 = EGE X, 209.
[3] Siehe Fn. 2.

4   Scheidet während der Amtszeit ein anwaltlicher Beisitzer aus, so wird für den Rest der Amtszeit ein Nachfolger berufen. Anders als bei Anwaltsgerichten und Anwaltsgerichtshöfen[1] scheiden zum **Ende der Amtszeit** alle anwaltlichen Beisitzer aus.

§ 108 Voraussetzungen für die Berufung zum Beisitzer und Recht zur Ablehnung

(1) **Zum Beisitzer kann nur ein Rechtsanwalt berufen werden, der in den Vorstand der Rechtsanwaltskammer gewählt werden kann (§§ 65, 66).**

(2) **Die Beisitzer dürfen nicht gleichzeitig dem Vorstand der Rechtsanwaltskammer, dem Anwaltsgericht oder dem Anwaltsgerichtshof angehören oder bei der Rechtsanwaltskammer im Haupt- oder Nebenberuf tätig sein.**

(3) **Die Übernahme des Beisitzeramtes kann aus den in § 67 angeführten Gründen abgelehnt werden.**

1   Als **Voraussetzung** für die Berufung zum anwaltlichen Beisitzer in den Anwaltssenat nennt das Gesetz lediglich die Wählbarkeit in den Vorstand der Rechtsanwaltskammer (Abs. 1). Damit sind die Voraussetzungen identisch mit denen für die Bestellung zum Mitglied des Anwaltsgerichts (§ 94 Abs. 3 S. 1) und der anwaltlichen Mitglieder des Anwaltsgerichtshofes (§ 103 Abs. 2 S. 1). Die Praxis geht jedoch dahin, „sehr erfahrene und hochangesehene Rechtsanwälte" als ehrenamtliche Richter in den Anwaltssenat zu berufen.[2]

2   Im Interesse der Einhaltung des **Grundsatzes der Gewaltenteilung** kann zum Mitglied des Anwaltssenates nicht berufen werden, wer dem Vorstand der Rechtsanwaltskammer angehört oder bei dieser haupt- oder nebenberuflich beschäftigt ist (Abs. 2). Die Zugehörigkeit zu einem Anwaltsgericht oder einem Anwaltsgerichtshof steht gleichfalls der Berufung in den Anwaltssenat des BGH entgegen. Praktische Schwierigkeiten können nicht auftreten, denn mit der Berufung in den Anwaltssenat endet die Zugehörigkeit zum Anwaltsgericht (§ 95 Abs. 4) oder zum Anwaltsgerichtshof (§ 103 Abs. 2 S. 3).

3   Die **Ablehnung der Übernahme** des Richteramtes kann nur auf die in § 67 genannten Gründe gestützt werden (Abs. 3).

§ 109 Enthebung vom Amt des Beisitzers

(1) **Ein Rechtsanwalt ist auf Antrag des Bundesministeriums der Justiz seines Amtes als Beisitzer zu entheben,**
1. **wenn nachträglich bekannt wird, daß er nicht hätte zum Beisitzer berufen werden dürfen;**
2. **wenn nachträglich ein Umstand eintritt, welcher der Berufung zum Beisitzer entgegensteht;**
3. **wenn der Rechtsanwalt seine Amtspflicht als Beisitzer grob verletzt.**

---

[1] § 94 Rdn. 14.
[2] *Odersky* AnwBl. 1991, 238.

(2) Über den Antrag entscheidet ein Zivilsenat des Bundesgerichtshofes. Bei der Entscheidung dürfen die Mitglieder des Senats für Anwaltssachen nicht mitwirken.
(3) Vor der Entscheidung ist der Rechtsanwalt zu hören.

Die **Gründe für die Amtsenthebung** entsprechen denen, die für Mitglieder 1
des Anwaltsgerichts und die anwaltlichen Mitglieder des Anwaltsgerichtshofes gelten (§ 95 Abs. 2, § 103 Abs. 2 S. 4). Neben den in Absatz 1 aufgeführten Gründen sind §§ 18, 19 DRiG teilweise ergänzend heranzuziehen.[1]

Als **Dienstgericht** entscheidet ein Zivilsenat des Bundesgerichtshofes über die 2
Entlassung des ehrenamtlichen Richters (Abs. 2). Von der Mitwirkung sind ausgeschlossen die Mitglieder des Anwaltssenats (Abs. 2 S. 2). Tätig werden kann das Dienstgericht nur auf Antrag des Bundesministeriums der Justiz (Abs. 1).

Zum Verfahren schreibt lediglich Absatz 3 vor, daß der Rechtsanwalt vor der 3
Entscheidung über die Entlassung aus dem Amt des ehrenamtlichen Richters zu hören ist. Als **Verfahrensordnung** gilt das Gesetz über die Angelegenheiten der freiwilligen Gerichtsbarkeit.[2]

§ 110 Stellung der Rechtsanwälte als Beisitzer und Pflicht zur Verschwiegenheit

(1) **Die Rechtsanwälte sind ehrenamtliche Richter. Sie haben in der Sitzung, zu der sie als Beisitzer herangezogen werden, die Stellung eines Berufsrichters.**

(2) **Die Rechtsanwälte haben über Angelegenheiten, die ihnen bei ihrer Tätigkeit als Beisitzer bekannt werden, Verschwiegenheit gegen jedermann zu bewahren. § 76 ist entsprechend anzuwenden. Die Genehmigung zur Aussage erteilt der Präsident des Bundesgerichtshofes.**

Für die anwaltlichen Beisitzer des Anwaltssenats gelten die Bestimmungen für 1
ehrenamtliche Richter der §§ 44 bis 45a DRiG. Zu einzelnen Sitzungen des Anwaltssenats werden sie herangezogen (§ 111), ohne der Richterschaft des BGH anzugehören. Die „**Stellung eines Berufsrichters**" weist ihnen Absatz 1 Satz 2 für die Sitzung zu, während die Mitglieder des Anwaltsgerichts und die anwaltlichen Mitglieder des Anwaltsgerichtshofes für die Dauer ihres Amtes die Stellung eines Berufsrichters haben (§ 95 Abs. 1, § 103 Abs. 2 S. 1). Der Unterschied erklärt sich daraus, daß die Mitglieder des Anwaltsgerichts und die anwaltlichen Mitglieder des Anwaltsgerichtshofes die Richterschaft dieser Gerichte bilden; praktische Bedeutung hat die Unterscheidung insofern, als ein anwaltliches Mitglied des Anwaltssenats des BGH dem Präsidium des Gerichts nicht angehören kann. Die Pflichten der anwaltlichen Beisitzer des Anwaltssenates entsprechen denen der anwaltlichen Mitglieder der anderen Instanzen der Anwaltsgerichtsbarkeit.[1] Insoweit in Absatz 1 Satz 2 von der „Sitzung" die Rede ist, werden damit vorherige oder nachträgliche Beratungen und alle anderen Tätigkeiten im Zusammenhang mit der Sitzung abgedeckt.

---

[1] § 95 Rdn. 12.
[2] § 95 Rdn. 13.
[1] § 95 Rdn. 2 ff.

§ 112   Fünfter Teil. Das Anwaltsgericht

2   Die **Pflicht zur Verschwiegenheit** ist in Absatz 2 ausdrücklich geregelt. Zu
    Inhalt und Umfang dieser Verpflichtung verweist Absatz 2 Satz 2 auf die Ver-
    schwiegenheitspflicht der Vorstandsmitglieder der Rechtsanwaltskammer nach
    § 76. Die Erteilung von Aussagegenehmigungen nach § 76 Abs. 2 und 3 erteilt
    der Präsident des Bundesgerichtshofes.

§ 111 Reihenfolge der Teilnahme an den Sitzungen

Die zu Beisitzern berufenen Rechtsanwälte sind zu den einzelnen Sitzungen in der Reihenfolge einer Liste heranzuziehen, die der Vorsitzende des Senats nach Anhörung der beiden ältesten der zu Beisitzern berufenen Rechtsanwälte vor Beginn des Geschäftsjahres aufstellt.

1   Die Bestimmung schafft die Voraussetzungen dafür, daß im Vorhinein fest-
    steht, in welcher **Besetzung** der Anwaltssenat entscheidet, womit das Gebot des
    gesetzlichen Richters (Art. 101 Abs. 1 S. 2 GG) gewahrt ist. Die anwaltlichen
    Mitglieder des Anwaltssenates gehören der Richterschaft des Bundesgerichtshofes
    nicht an,[1] so daß das Präsidium über ihren Einsatz nicht zu befinden hat. § 111
    eröffnet dem Senatsvorsitzenden eine § 21 g GVG nachgebildete Befugnis, die
    Zusammensetzung im Spruchkörper im Vorhinein zu regeln.[2]
2   Die Zahl der anwaltlichen Beisitzer bestimmt das Bundesministerium der Justiz
    (§ 107 Abs. 2 S. 3). In Abstimmung mit den beiden ältesten anwaltlichen Beisit-
    zern regelt der Senatsvorsitzende in einer Liste, in welcher **Reihenfolge** die
    anwaltlichen Beisitzer zur richterlichen Tätigkeit herangezogen werden. Die so
    erstellte Liste ist verbindlich, sie enthält Regelungen für Vertretungsfälle.

§ 112 Entschädigung der anwaltlichen Beisitzer

Für die Aufwandsentschädigung der anwaltlichen Beisitzer und für den Ersatz ihrer Reisekosten gilt § 103 Abs. 4 entsprechend.

Die Bundeskasse erstattet den anwaltlichen Beisitzern des Anwaltssenates die
Aufwandsentschädigung und die Reisekosten.

---

[1] § 110 Rdn. 1.
[2] Vgl. aber § 45 GVG für Schöffen.

Sechster Teil. Die anwaltsgerichtliche Ahndung von Pflichtverletzungen

§ 113 Ahndung einer Pflichtverletzung

(1) Gegen einen Rechtsanwalt, der schuldhaft gegen Pflichten verstößt, die in diesem Gesetz oder in der Berufsordnung bestimmt sind, wird eine anwaltsgerichtliche Maßnahme verhängt.

(2) Ein außerhalb des Berufs liegendes Verhalten eines Rechtsanwalts, das eine rechtswidrige Tat oder eine mit Geldbuße bedrohte Handlung darstellt, ist eine anwaltsgerichtlich zu ahndende Pflichtverletzung, wenn es nach den Umständen des Einzelfalls in besonderem Maße geeignet ist, Achtung und Vertrauen der Rechtsuchenden in einer für die Ausübung der Anwaltstätigkeit bedeutsamen Weise zu beeinträchtigen.

(3) Eine anwaltsgerichtliche Maßnahme kann nicht verhängt werden, wenn der Rechtsanwalt zur Zeit der Tat der Anwaltsgerichtsbarkeit nicht unterstand.

Schrifttum: *Jähnke,* Kritische Bemerkungen zum Grundsatz der Einheit der Standesverfehlung, FS Pfeiffer, 1988, S. 941 ff.

Übersicht

	Rdn.		Rdn.
I. Entstehungsgeschichte	1, 2	V. Pflichtverletzung	11–16
II. Normzweck	3	1. Ahndung nach Absatz 1	11
III. Anwendungsbereich	4	2. Außerberufliches Verhalten	13
IV. Grundsatz der einheitlichen Pflichtverletzung	5–10	3. Fehlende Berufszugehörigkeit	16
1. Allgemeines	5	VI. Übergangszeit bis zum Erlaß der Berufsordnung	17, 18
2. Konsequenzen	6		
3. Kritik	10		

I. Entstehungsgeschichte

Die Bestimmung ist in den Absätzen 1 und 2 durch das Gesetz zur Neuordnung des Berufsrechts der Rechtsanwälte und der Patentanwälte vom 2. September 1994[1] geändert worden. Zuvor hatte der Gesetzgeber – wie schon in § 62 BRAO – darauf verzichtet, die Pflichten näher zu bezeichnen, deren Verletzung berufsrechtlich zu ahnden ist. Soweit nicht der Rechtsanwalt gegen ausdrücklich in der BRAO genannte berufliche Pflichten verstieß – etwa §§ 44 bis 50, 56 – mußten Anschuldigungen auf die Verletzung der **Generalklausel** anwaltlicher Pflichten des § 43 gestützt werden. Zur Ausfüllung der Generalklausel des § 43 wurde zurückgegriffen auf die Richtlinien über die „Allgemeine Auffassung über Fragen der Ausübung des Anwaltsberufs" nach § 177 Abs. 2 Nr. 2. Nach Feststellung des Bundesverfassungsgerichts wurden die Richtlinien in der Praxis der Kammervorstände normengleich angewandt, obwohl ihnen die für Eingriffe in die Berufsfreiheit notwendige Normqualität fehlte.[2] Das Bundesverfassungsgericht

1

---
[1] BGBl. I, S. 2278.
[2] BVerfGE 76, 171 = NJW 1988, 191 = AnwBl. 1987, 598 = BRAK-Mitt. 1988, 54.

wies darauf hin, die statusbildenden Normen müßten vom Gesetzgeber selbst stammen, während die übrigen beruflichen Pflichten durch ein demokratisch legitimiertes Organ der Berufsangehörigen durch Satzung geregelt werden könnten.

2 In der Diskussion über die Konsequenzen der Entscheidung des Bundesverfassungsgerichts sprach sich der Deutsche Anwaltverein zunächst für die Streichung der Generalklausel des § 43 aus.[3] Das Gesetz zur Neuordnung des Berufsrechts der Rechtsanwälte und der Patentanwälte vom 2. September 1994[4] griff diesen Vorschlag jedoch nicht auf. Die Generalklausel zu den anwaltlichen Pflichten blieb unverändert, eingefügt wurden weitere gesetzliche Regelungen über berufliche Pflichten des Rechtsanwalts (§§ 43 a, 43 b, 45, 46, 49 b, 51 a). Mit der Neufassung von § 113 Abs. 1 soll Gegenstand der anwaltsgerichtlichen Ahndung nicht weiter die „Pflichtverletzung" im Sinne einer nicht näher ausgestalteten Standesverfehlung sein, sondern der Verstoß gegen die beruflichen Pflichten, wie sie im Gesetz oder in der Berufsordnung aufgestellt sind.[5] Allerdings läßt die Neufassung des § 113 Abs. 1 es weiterhin zu, eine anwaltliche Pflichtverletzung auf einen Verstoß gegen § 43 zu stützen.

II. Normzweck

3 Die Bestimmung enthält in Absatz 1 den **einzigen anwaltsgerichtlich zu ahnenden Tatbestand**, nämlich den schuldhaften Pflichtverstoß. Damit ist Absatz 1 die Grundlage für die Verhängung anwaltsgerichtlicher Maßnahmen, die in § 114 abschließend aufgeführt sind. Absatz 2 bestimmt, in welchen Fällen auch außerberufliches Verhalten zu ahnden ist. Absatz 3 ergänzt Absatz 2 insofern, als klargestellt wird, daß außerberufliches Verhalten stets ungeahndet bleibt, wenn der Rechtsanwalt bei Begehung der Rechtsanwaltschaft nicht angehörte.

III. Anwendungsbereich

4 Im anwaltsgerichtlichen Verfahren zur Rechenschaft gezogen werden neben Rechtsanwälten auch die **anderen Personen**, die nach §§ 207, 209 einer Rechtsanwaltskammer angehören. Für diese Personen gelten in Bezug auf die Maßnahmen nach § 114 die besonderen Maßgaben des § 207 Abs. 2 S. 3 und § 209 Abs. 1 S. 3.[6] Der Anwaltsgerichtsbarkeit unterstehen zudem nach §§ 7 und 8 des **Rechtsanwaltsdienstleistungsgesetzes** die in § 1 dieses Gesetzes genannten Personen. Scheidet ein Rechtsanwalt vor oder während des anwaltsgerichtlichen Verfahrens aus der Rechtsanwaltschaft aus, so kann gegen ihn eine anwaltsgerichtliche Maßnahme nicht mehr verhängt werden, es können lediglich die Beweise gesichert werden (§§ 148, 149).

IV. Grundsatz der einheitlichen Pflichtverletzung

1. Allgemeines

5 Nach § 113 Abs. 1 wird gegen den Rechtsanwalt, der schuldhaft gegen seine beruflichen Pflichten verstößt, „eine anwaltsgerichtliche Maßnahme" verhängt. Die Rechtsprechung hat die Bestimmung, die einen Hinweis auf die im Ge-

---

[3] Beilage zum Anwaltsblatt 4/1990.
[4] BGBl. I, S. 2278.
[5] BT-Drucks. 12/4993, S. 35.
[6] § 114 Rdn. 17.

setz oder in der Berufsordnung bestimmten Pflichten bis zum 8. September 1994[7] nicht enthielt, dahin ausgelegt, daß in einer **einheitlichen Entscheidung** darüber zu befinden ist, ob der Rechtsanwalt wegen seiner Verfehlungen mit einer anwaltsgerichtlichen Maßnahme zu belegen ist.[8] Dieser Grundsatz gilt auch, wenn sich der Rechtsanwalt mehrerer Pflichtverletzungen, die in keinerlei Zusammenhang stehen, schuldig gemacht hat. Auch wenn es sich um selbständige Vorkommnisse, also mehrere Taten im Sinne des § 116 S. 2 i. V. m. § 264 StPO handelt, wird das berufliche Fehlverhalten einheitlich gewürdigt und es wird nur „eine Maßnahme" verhängt.[9] Tatfrage ist es, ob eine nachlässige Grundhaltung zu den beruflichen Pflichten zu einem Zusammenhang der Pflichtverletzungen auf der inneren Tatseite führt, Voraussetzung für die Annahme einer einheitlichen Pflichtverletzung ist sie nicht.[10] Den Zusammenhang, der zur einheitlichen Beurteilung der Pflichtverletzung führt, bildet nämlich nicht das materielle Recht, sondern das Verfahrensrecht. Mehrere, auch völlig **selbständige Pflichtverletzungen** erhalten die Qualität einer einheitlich zu beurteilenden Pflichtverletzung durch den Eröffnungsbeschluß des Anwaltsgerichts, die Verbindung mehrerer Verfahren oder die Zulassung einer Nachtragsanklage.[11]

Infolge dessen bleibt die neue Rechtsprechung des BGH zum Fortsetzungszusammenhang, wonach allenfalls noch in Ausnahmefällen von einer **fortgesetzten Handlung** ausgegangen werden kann,[12] für das anwaltsgerichtliche Verfahren ohne Auswirkungen. Der Grundsatz der einheitlichen Berufspflichtverletzung setzt gerade nicht voraus, daß das Gericht die Feststellung trifft, mehrere Verhaltensweisen, die jede für sich genommen eine Pflichtverletzung darstellen, seien lediglich rechtlich als nur eine Handlung anzusehen. Mittelbar von Bedeutung ist die Entscheidung allerdings insoweit, als nach bisherigem Verständnis auch eine oder mehrere fortgesetzte Handlungen Pflichtverletzungen darstellen konnten, die einheitlich anwaltsgerichtlich zu ahnden waren.

2. Konsequenzen

Der Grundsatz der einheitlichen Pflichtverletzung hat zur Folge, daß der Tenor einer Verurteilung nicht zum Ausdruck bringt, ob der Rechtsanwalt in mehreren Einzelfällen seine beruflichen Pflichten verletzt hat.[13] Ebensowenig ist im Tenor des Urteils ein **Teilfreispruch** auszusprechen. Lediglich in den Entscheidungsgründen ist auszuführen, welche Anschuldigungspunkte der Verhängung der anwaltsgerichtlichen Maßnahme nicht zugrundegelegt werden.[14] Da lediglich „eine Maßnahme" zu verhängen ist, kommt es auch bei mehreren in keinem Zusammenhang stehenden Pflichtverletzungen nicht in Betracht, auf „Einzelmaßnahmen" zu erkennen und eine „Gesamtmaßnahme" zu bilden. Das gilt auch insoweit, als es nicht möglich ist, eine nachträgliche „Gesamtmaßnahmenbildung" vorzunehmen. Sofern vor der Verurteilung im anwaltsgerichtlichen Verfahren eine weitere Pflichtverletzung begangen wurde, ist insoweit ein neues

---

[7] BGBl. 1994 I, S. 2278.
[8] BGHSt 16, 237 = NJW 1961, 2219 = EGE VI, 130; BGHSt 24, 81 = NJW 1971, 1048 = EGE XI, 102; BGHSt 34, 248.
[9] § 116 Rdn. 22 zu § 264 StPO.
[10] *Jähnke,* FS Pfeiffer, S. 941 (945).
[11] § 116 Rdn. 22 zu § 264 StPO.
[12] BGH NStZ 1994, 383.
[13] BGHSt 27, 305 = NJW 1978, 836 = EGE XIV, 162.
[14] § 139 Rdn. 6.

anwaltsgerichtliches Verfahren einzuleiten.[15] Der Grundsatz der Einheitlichkeit der Pflichtverletzung führt dazu, daß § 154 StPO im anwaltsgerichtlichen Verfahren unanwendbar ist und zum Zwecke der Beschränkung der Verfolgung nach § 116 S. 2 i. V. m. § 154 a StPO zu verfahren ist.[16]

7 Der Grundsatz der einheitlichen Berufspflichtverletzung hat zur Folge, daß im Hinblick auf eine **anderweitige Ahndung** nach § 115 b von einer anwaltsgerichtlichen Maßnahme nur abgesehen werden kann, wenn alle Verstöße, die zu einer einheitlichen Pflichtverletzung zusammengefaßt sind, Gegenstand des anderweitigen Verfahrens waren.[17] In diesem Fall fehlt es an der notwendigen Sachverhaltsidentität. Sind alle berufsrechtlich relevanten Verstöße bereits strafgerichtlich geahndet worden, ist in einer Gesamtwürdigung zu prüfen, ob es einer anwaltsgerichtlichen Ahndung bedarf.[18]

8 Gestützt auf den Grundsatz der einheitlichen Berufspflichtverletzung nimmt die Rechtsprechung auch an, bei einem Nebeneinander von beruflichen und außerberuflichen Verstößen führe die Gesamtwürdigung dazu, daß die besonderen Voraussetzungen der Ahndung **außerberuflichen Verhaltens** nach § 113 Abs. 2 nicht gegeben sein müßten, wenn das Verhalten eine Pflichtverletzung darstelle.[19] Diese Auffassung, die in der Literatur Unterstützung findet,[20] erscheint insbesondere angesichts der Neufassung von § 113 Abs. 2 überdenkenswert. Nach dem Willen des Gesetzgebers soll das außerberufliche Verhalten eines Rechtsanwalts, das einen Straftatbestand oder eine Ordnungswidrigkeit darstellt, nur als Pflichtverletzung geahndet werden können, wenn die in der Vorschrift genannten besonderen Umstände vorliegen. Dies spricht dafür, außergerichtliches Verhalten des Rechtsanwalts zunächst daraufhin zu prüfen, ob es anwaltsgerichtlich überhaupt relevant ist.

9 Für die **Verjährung** ist der Grundsatz der einheitlichen Standesverfehlung insoweit von Bedeutung, als die Verjährung nach § 115 regelmäßig erst mit der letzten Teilhandlung der Pflichtverletzung zu laufen beginnt, sofern nicht jeder von mehreren Anschuldigungspunkten eine völlig selbständige Verfehlung darstellt.[21] Einer Beschränkung der Berufung auf einzelne Anschuldigungspunkte steht der Grundsatz der Einheit der Standesverfehlung entgegen. Der Grundsatz hindert auch, einen Wiederaufnahmeantrag mit einem anderen Ziel als dem des Freispruchs zu stellen.[22]

3. Kritik

10 In der Literatur wird vermehrt die Auffassung vertreten, daß der Grundsatz der einheitlichen Berufspflichtverletzung in der bestehenden Praxis teilweise ungereimt sei und zu ungerechten Ergebnissen führe.[23] Vorzuziehen sei es, die Pflichtwidrigkeit auf den Umfang der Tat im Sinne des § 264 StPO zu beschrän-

---

[15] BGHSt 19, 90.
[16] § 116 Rdn. 18 zu §§ 154, 154a StPO.
[17] § 115 b Rdn. 5, 6.
[18] *Jähnke*, FS Pfeiffer, S. 944.
[19] BGHSt 27, 305 = NJW 1978, 836 = EGE XIV, 162.
[20] *Jähnke*, FS Pfeiffer, S. 944; *Feuerich/Braun*, § 114 Rdn. 53; Kritisch: *Kleine-Cosack*, § 113 Rdn. 19.
[21] § 115 Rdn. 4.
[22] § 116 Rdn. 28 zu §§ 359 bis 370 StPO.
[23] *Jähnke*, FS Pfeiffer, S. 941 ff.; *Feuerich/Braun*, § 114 Rdn. 48 ff.; *Kleine-Cosack*, § 114 Rdn. 28.

V. Pflichtverletzung

1. Ahndung nach Absatz 1

Die Ahndung setzt eine schuldhafte, d. h. eine **vorsätzlich oder fahrlässig** 11
begangene Pflichtverletzung voraus. Der Verstoß muß sich gegen eine der
Pflichten richten, die im Gesetz oder in der Berufsordnung nach § 59 b bestimmt
sind. Auch weiterhin kann jedoch eine anwaltsgerichtliche Ahndung auf einen
Verstoß gegen die allgemeine Berufspflicht des § 43 gestützt werden.[24] Dem
Wortlaut von Absatz 1 ist nicht zu entnehmen, daß der Gesetzgeber von den
Pflichten, deren Verstoß zu ahnden ist, die allgemeine Berufspflicht zur gewissenhaften Berufsausübung des § 43 ausnehmen wollte, zumal die „Gewissenhaftigkeit" als Regelungsgegenstand einer Berufsordnung in § 59 b Abs. 2 Nr. 1 a
ausdrücklich genannt ist.

Nur solches Verhalten des Rechtsanwalts kann nach Absatz 1 geahndet werden, das zumindest **in engem Zusammenhang** mit der Ausübung des Rechtsanwaltsberufs steht.[25] Bei seiner Berufsausübung unterliegt der Rechtsanwalt den
beruflichen Pflichten des Gesetzes und der Berufsordnung, nicht dagegen auch als
Privatperson. Die meisten Pflichten können sich denknotwendig nur an einen
Rechtsanwalt richten, doch ist es beispielsweise denkbar, daß sich auch eine
Privatperson unsachlich verhält oder mit fremden Vermögenswerten unangemessen umgeht. Eine Ahndung entsprechenden außerberuflichen Verhaltens käme
nur nach Absatz 2 in Betracht.

2. Außerberufliches Verhalten

Die Ahndung außerberuflichen Verhaltens setzt nach Absatz 2 voraus, daß das 13
Verhalten eine **rechtswidrige Tat** oder eine **mit Geldbuße bedrohte Handlung** darstellt. Ein außerberufliches Verhalten des Rechtsanwalts, das nach den
für alle Bürger geltenden Bestimmungen weder straf- noch bußgeldbewährt ist,
kann also berufsrechtlich nicht geahndet werden. Absatz 2 spricht zwar nicht
ausdrücklich aus, daß das Verhalten „schuldhaft" begangen sein muß, insoweit ist
jedoch Absatz 1 ergänzend heranzuziehen, so daß für die rechtswidrige Tat
oder für die mit Geldbuße bedrohte Handlung nach allgemeinen Vorschriften
vorgesehene Maß des Verschuldens gegeben sein muß.

Hinzutreten muß, daß das Verhalten in besonderem Maße geeignet ist, Achtung und Vertrauen der Rechtsuchenden in einer für die Ausübung der Anwaltstätigkeit bedeutsamen Weise zu beeinträchtigen. Dabei kommt es nur an auf die
Umstände des Einzelfalls. Die neugefaßte Bestimmung entspricht insoweit
weitgehend dem Absatz 2 in der bis zum 8. September 1994 geltenden Fassung,
wobei das „Ansehen der Rechtsanwaltschaft" entfallen ist und nunmehr abgestellt
wird auf Achtung und Vertrauen der „Rechtsuchenden". Damit hat der Gesetzgeber zum Ausdruck gebracht, daß bei der Beurteilung nicht abzustellen ist auf
die Sicht der Kollegenschaft oder der Justiz, sondern ausschließlich auf die des
rechtsuchenden Publikums.

---

[24] A. A. *Feuerich* ZAP 1994, 1011 (1019).
[25] *Kleine-Cosack*, § 113 Rdn. 6.

15 Ob eine rechtswidrige Tat oder eine mit Geldbuße bedrohte Handlung vorliegt, wird ggf. im Straf- oder Bußgeldverfahren nach § 118 Abs. 3 festgestellt, ansonsten hat das Anwaltsgericht die Frage selbst zu klären.[26] Kommt es zu einer Verurteilung im Straf- oder Bußgeldverfahren ist zudem § 115 b zu beachten.

3. Fehlende Berufszugehörigkeit

16 Absatz 3 bezieht sich ausschließlich auf Absatz 2 und stellt klar, daß ein – notwendigerweise außerberufliches – Verhalten nicht geahndet werden kann, wenn der Rechtsanwalt bei der Begehung der Anwaltsgerichtsbarkeit nicht unterstand. Damit ist – anders als nach § 64 RAO – eine anwaltsgerichtliche Sanktion von Verfehlungen, die **vor der Zulassung begangen** wurden, ausgeschlossen.

VI. Übergangszeit bis zum Erlaß der Berufsordnung

17 Mit dem Inkrafttreten des Gesetzes zur Neuordnung des Berufsrechts der Rechtsanwälte und der Patentanwälte vom 2. September 1994[27] sind zwar die statusbildenden Normen in das Gesetz aufgenommen worden, die näheren Ausgestaltungen durch die Berufsordnung (§ 59 b) stehen jedoch noch aus. Die Vorstellungen des Gesetzgebers gehen dahin, daß in der anwaltsgerichtlichen Praxis die im Gesetz aufgeführten beruflichen Pflichten Maßstab sind und in Ergänzung hierzu zurückgegriffen wird auf den Katalog der in § 59 b Abs. 2 genannten Pflichten, die die **Berufsordnung** näher regeln soll. Soweit die Auslegung in Bezug auf den Inhalt der beruflichen Pflichten ergebnislos bleibt, kann in eingeschränktem Maße weiterhin zurückgegriffen werden auf die nach § 177 Abs. 2 Nr. 2 a. F. festgestellten **Richtlinien**. Bewegen muß sich die Heranziehung der Richtlinien bei der Bestimmung der Pflichtinhalte jedoch in dem Rahmen, den das Bundesverfassungsgericht mit seiner Entscheidung vom 14. Juli 1987 gesetzt hat.[28] Danach können die Richtlinien nur noch übergangsweise herangezogen werden, soweit dies unerläßlich ist, um die Funktionsfähigkeit der Rechtspflege zu erhalten. Die vom Bundesverfassungsgericht zugebilligte Übergangszeit dürfte insoweit noch nicht verstrichen sein. Durch das Gesetz zur Neuordnung des Berufsrechts der Rechtsanwälte und der Patentanwälte vom 2. September 1994[29] sind die statusbildenden Normen gesetzlich geregelt worden. Die vom Bundesverfassungsgericht gegebenen Hinweise auf eine Berufsordnung in Form einer Satzung sind aufgegriffen und die gesetzlichen Voraussetzungen für eine Satzungsversammlung geschaffen worden. Damit hat der Gesetzgeber die vom Bundesverfassungsgericht zur Wahl gestellte Vorgehensweise aufgegriffen, die zwangsläufig das Entstehen einer Berufssatzung zu einem späteren Zeitpunkt voraussetzt.

18 Soweit die gesetzlichen Bestimmungen zu den beruflichen Pflichten andere Inhalte haben als die Feststellungen in den Richtlinien, können letztere nicht mehr herangezogen werden. Ihre Heranziehung ist nicht mehr möglich, soweit das Gesetz bereits detaillierte Regelungen getroffen hat (§§ 45, 46, 49 a, 49 b, 51, 51 a, 59 a, 172 a).

---

[26] BGHSt 27, 305 = NJW 1978, 836 = EGE XIV, 162.
[27] BGBl. I, S. 2278.
[28] BVerfGE 76, 171 = NJW 1988, 191 = AnwBl. 1987, 598 = BRAK-Mitt. 1988, 54.
[29] BGBl. I, S. 2278.

§ 114 Anwaltsgerichtliche Maßnahmen

(1) Anwaltsgerichtliche Maßnahmen sind
1. **Warnung,**
2. **Verweis,**
3. **Geldbuße bis zu fünfzigtausend Deutsche Mark,**
4. **Verbot, auf bestimmten Rechtsgebieten als Vertreter und Beistand für die Dauer von einem Jahr bis zu fünf Jahren tätig zu werden,**
5. **Ausschließung aus der Rechtsanwaltschaft.**

(2) **Die anwaltsgerichtlichen Maßnahmen des Verweises und der Geldbuße können nebeneinander verhängt werden.**

Schrifttum: *Gribbohm*, Die ehrengerichtlichen Berufs- und Vertretungsverbote in der Rechtsprechung des Senats für Anwaltssachen des Bundesgerichtshofes, FS Pfeiffer, S. 911 ff.; *Görl*, Berufsverbot nach der BRAO und dem StGB, BRAK-Mitt. 1987, 54 ff.

Übersicht

	Rdn.		Rdn.
I. Normzweck	1	6. Ausschließung aus der Rechtsanwaltschaft	14
II. Die zu verhängende Maßnahme	2–4	V. Die Maßnahmen bei sonstigen Mitgliedern der Rechtsanwaltskammern	17, 18
III. Zumessungsgesichtspunkte	5, 6	1. Anwälte aus anderen Staaten nach §§ 206, 207	17
IV. Die einzelnen Maßnahmen	7–16	2. Kammerrechtsbeistände nach § 209	18
1. Warnung	7		
2. Verweis	8		
3. Geldbuße	9		
4. Nebeneinander verhängter Verweis und Geldbuße	10		
5. Vertretungsverbot	11		

I. Normzweck

Die Bestimmung enthält den **Katalog der Maßnahmen**, die zur Ahndung einer anwaltlichen Pflichtverletzung nach § 113 verhängt werden können. Der Begriff der „Strafe" ist durch Gesetz vom 13. Januar 1969[1] durch „Maßnahme" ersetzt worden. Das ändert nichts daran, daß § 114 die im anwaltsgerichtlichen Verfahren möglichen Sanktionen abschließend aufführt. Das vorläufige Berufs- oder Vertretungsverbot (§ 150) und das gegenständlich beschränkte Vertretungsverbot (§ 161 a) haben nur vorläufige Wirkung und sind – obwohl aufgrund mündlicher Verhandlung ergehend (§ 151) – keine „Maßnahmen" im Sinne des § 114. 1

II. Die zu verhängende Maßnahme

Lediglich in § 114 a Abs. 3 und § 156 Abs. 1 enthält das Gesetz Vorgaben, welche Maßnahme nach dem Willen des Gesetzgebers verhängt werden soll. Im übrigen fehlt jede Zuordnung zwischen Pflichtverletzung und zu verhängender Maßnahme. Es obliegt daher allein den Gerichten, die **angemessene Sanktion** für eine anwaltliche Pflichtverletzung zu finden. An die Erwartung, daß eine 2

---
[1] BGBl. I, S. 25.

Maßnahme von einem bestimmten Schweregrad in Betracht kommt, knüpft das Gesetz allerdings verschiedentlich verfahrensrechtliche Folgen. So setzt die Beweissicherung nach §§ 148, 149 voraus, daß auf Ausschließung aus der Rechtsanwaltschaft „erkannt worden wäre", die gegenseitige Unterrichtung nach § 120 a etwa und die gerichtliche Entscheidung nach § 122 Abs. 3 S. 4 erfordern, daß zumindest mit der Verhängung einer Geldbuße zu rechnen ist.

3   Wegen der **abschließenden Aufzählung** der möglichen Maßnahmen ist es den Gerichten versagt, auf andere im Gesetz nicht genannte, auch mildere Sanktionen zu erkennen. Den Anwaltsgerichten ist es insbesondere verwehrt, im anwaltsgerichtlichen Verfahren, das durch Einreichung einer Anschuldigungsschrift eingeleitet wurde (§ 121), eine Rüge nach § 74 auszusprechen. Bei der Rüge handelt es sich um eine verwaltungsmäßige Mißbilligung des Vorstandes der Rechtsanwaltskammer,[2] über die das Anwaltsgericht nur im Verfahren nach § 74 a befinden kann.

4   Sofern das Gesetz geändert worden ist, ist das **mildeste Recht** anzuwenden, denn das Rückwirkungsverbot des Art. 103 Abs. 2 GG gilt auch für anwaltsgerichtliche Maßnahmen.[3] Ist ein über einen längeren Zeitraum begangenes Fehlverhalten des Rechtsanwalt als einheitliche Pflichtverletzung zu beurteilen, kommt es auf das bei Begehung der zeitlich letzten Pflichtverletzung geltende Recht an.[4]

III. Zumessungsgesichtspunkte

5   Eine dem § 46 StGB entsprechende Vorschrift, die Anhaltspunkte für die Zumessung bei der Verhängung anwaltsgerichtlicher Maßnahmen liefert, enthält das Gesetz nicht. Anders als in § 46 Abs. 1 S. 1 StGB ist die Schuld des Täters nicht von vergleichbar überragender Bedeutung.[5] In der Rechtsprechung ist – bei der Verhängung der Maßnahme der Ausschließung aus der Rechtsanwaltschaft – abgestellt worden auf das Ansehen und die Reinhaltung der Rechtsanwaltschaft.[6] Dem Standesansehen bei der Zumessung besondere Beachtung zu schenken, erscheint indes nicht mehr angemessen. Durch Änderung von § 7 Nr. 8 und § 14 Abs. 2 Nr. 9[7] hat der Gesetzgeber zu erkennen gegeben, daß jedenfalls in Zulassungsangelegenheiten dem „Ansehen der Rechtsanwaltschaft" keine entscheidende Bedeutung mehr zukommt. Dagegen gehört in den Vordergrund die Frage, welche anwaltsgerichtliche Maßnahme erforderlich ist, um dafür zu sorgen, daß der Rechtsanwalt künftig seinen beruflichen Pflichten nachkommt oder von ihm keine weiteren **Gefahren für das rechtsuchende Publikum** und die Rechtspflege mehr ausgehen. Das kann durchaus auch dazu führen, daß die anwaltsgerichtliche Ahndung empfindlicher ausfällt als die strafgerichtliche. Daran ist insbesondere zu denken, wenn sich der Rechtsanwalt der Untreue gegenüber seinem Mandanten schuldig gemacht hat.[8]

Von erheblicher Bedeutung für die Zumessung ist neben der Schwere der anwaltlichen Pflichtverletzung das **bisherige berufliche Verhalten** des Rechts-

---

[2] § 74 Rdn. 3–5.
[3] BVerfGE 26, 186 (203) = NJW 1969, 2192 = EGE X, 209 (220).
[4] BGHSt 29, 124 = NJW 1980, 897 = EGE XIV, 217.
[5] BGHSt 20, 73 = EGE VIII, 62; BGH NJW 1971, 1373 = EGE XI, 107; *Gribbohm*, FS Pfeiffer, S. 911 (916).
[6] BGHSt 20, 73 = EGE VIII, 62; kritisch: *Kleine-Cosack*, § 114 Rdn. 18.
[7] Gesetz vom 2. September 1994, BGBl. I, S. 2278.
[8] *Gribbohm*, FS Pfeiffer, S. 911 (918).

§ 114 Anwaltsgerichtliche Maßnahmen　　　　　6–9　§ 114

anwalts. Ist er durch vorangegangene mildere anwaltsgerichtliche Maßnahmen unbeeindruckt geblieben, findet das Berücksichtigung. Auch verjährte Verfehlungen sind von der Zumessung nicht ausgeschlossen.[9] Ansonsten kommen die bei der Strafzumessung im Strafverfahren angewendeten Verschärfungs- und Milderungsgründe zur Anwendung.

Das **Verbot der Doppelverwertung** nach § 46 Abs. 3 StGB findet im anwaltsgerichtlichen Verfahren nur sehr eingeschränkt Anwendung. Es besteht lediglich der Tatbestand einer zu ahndenden Pflichtverletzung nach § 113, für den es die Sanktionsmöglichkeiten des § 114 gibt. Infolge dessen ist es unumgänglich, den Pflichtverstoß nach § 113 bei der Zumessung nach § 114 zu bewerten. Unverwertbar ist dagegen – anders als im Strafrecht – die Tatsache, daß die Pflichtverletzung von einem „Rechtsanwalt" begangen wurde, von dem eine besondere Nähe zum Recht erwartet wird. Gehörte der Angeschuldigte bei Begehung der möglichen Pflichtwidrigkeit nämlich der Rechtsanwaltschaft nicht an, kann gegen ihn eine anwaltsgerichtliche Maßnahme nicht verhängt werden (§ 113 Abs. 3). 6

IV. Die einzelnen Maßnahmen

1. Warnung

Von den anwaltsgerichtlichen Maßnahmen ist sie die leichteste. Nach veröffentlichten Entscheidungen ist die Warnung verhängt worden bei **weniger schwerwiegenden Pflichtverletzungen**, bei denen die Interessen der Mandanten nicht berührt wurden.[10] Die Warnung bleibt – abgesehen von der Tatsache, daß der Rechtsanwalt insoweit belastet ist – ohne weitere Folgen. Der Rechtsanwalt ist wählbar in den Kammervorstand und kann in der Anwaltsgerichtsbarkeit tätig sein. Nach § 205 a wird die Warnung nach fünf Jahren getilgt. 7

2. Verweis

Der Verweis ist eine erhebliche anwaltsgerichtliche Maßnahme, der weitere, außerhalb seiner selbst liegende Rechtsfolgen begründet. Für die Dauer von fünf Jahren hindert der Verweis die Wählbarkeit in den Vorstand der Rechtsanwaltskammer (§ 66 Nr. 4) und die Satzungsversammlung (§ 191 b Abs. 3) oder die Mitwirkung in der Anwaltsgerichtsbarkeit (§ 94 Abs. 3, § 103 Abs. 2 und § 108 Abs. 1). Nach § 205 a Abs. 1 unterliegt der Verweis der zehnjährigen Tilgung. 8

3. Geldbuße

Mit der Verhängung einer Geldbuße werden **schwere Pflichtverletzungen** geahndet, wobei angesichts der Höchstsumme von 50.000 DM auch wirtschaftlich empfindliche Maßnahmen verhängt werden können. In ihren gesetzlichen Folgen steht die Verhängung einer Geldbuße dem Verweis gleich (§ 66 Nr. 4, § 94 Abs. 3, § 103 Abs. 2, § 108 Abs. 1, 191 b Abs. 3). Verhängt worden ist eine Geldbuße bei außerberuflich begangener Beleidigung und Körperverletzung,[11] Einstellung von mehr Auszubildenden als Ausbildungsplätze vorhanden waren,[12] 9

---

[9] BGH NJW 1975, 1712 = EGE XIII, 112; EGE XIII, 121.
[10] EG Hamburg, EGE XIV, 273; EG Hamburg, EGE XIV, 281; BGH EGE XIII, 137; EGH Frankfurt, EGE XIII, 173.
[11] EG Kassel EGE XII, 208.
[12] EG Kassel EGE XII, 151.

Dittmann　　　827

Verstößen gegen berufliche Auskunftspflichten nach vorangegangenen Ahndungen,[13] Nichtrücksendung von Empfangsbekenntnissen.[14]

4. Nebeneinander verhängter Verweis und Geldbuße

10 Die Koppelung von Verweis und Geldbuße nach Absatz 2 ist eine **eigenständige anwaltsgerichtliche Maßnahme**.[15] Sie ist die einschneidenste Sanktion innerhalb der Maßnahmenskala unterhalb des Vertretungsverbotes. Was die Wählbarkeit und die Mitwirkung in der Anwaltsgerichtsbarkeit angeht, gilt das gleiche wie für die Verhängung der Geldbuße. Zu tilgen ist die Maßnahme nach zehn Jahren.[16] Verhängt wurde der Verweis gekoppelt mit einer Geldbuße bei Verstoß gegen das Verbot der Doppelverteidigung,[17] vorsätzlicher Mißachtung des Berufsbildungsgesetzes und des Berufsausbildungsvertrages als Ausbilder,[18] unsachgemäßer Mandatsbearbeitung und verweigerter Auskunft bei mehreren Vorahndungen,[19] berufswidriger Mandatswerbung durch unaufgeforderte Übergabe einer Visitenkarte,[20] Vereinbarung eines unzulässigen Erfolgshonorars.[21]

5. Vertretungsverbot

11 Die Verhängung eines Vertretungsverbotes berührt die existenziellen Grundlagen des Rechtsanwalts. Sie setzt regelmäßig eine **vorsätzliche schwere Pflichtverletzung** voraus. Ausreichend sein kann aber auch bereits, daß ein Rechtsanwalt sein pflichtwidriges Verhalten trotz mehrerer Vorahndungen fortsetzt.[22] Das Vertretungsverbot rangiert zwischen der Ausschließung aus der Rechtsanwaltschaft und dem mit Geldbuße gekoppelten Verweis, so daß es zu verhängen ist, wenn einerseits Geldbuße mit Verweis als Maßnahme nicht ausreichen, die Ausschließung aus der Rechtsanwaltschaft aber nicht erforderlich ist.

12 In dem Urteil ist das Rechtsgebiet, für das das Verbot gilt, genau zu bezeichnen.[23] In Betracht kommen etwa das Zivilrecht, das Strafrecht, die Verteidigung in Strafsachen, das Recht der Ordnungswidrigkeiten, das Asylverfahren vor Verwaltungsbehörden und Verwaltungsgerichten.[24] Möglich ist es auch, das Verbot für mehrere Rechtsgebiete auszusprechen. Ist der Tätigkeitsbereich des Rechtsanwalts einseitig ausgerichtet, so hat das Gericht zu prüfen, ob ein Vertretungsverbot nicht **existenzvernichtende Wirkung** entfaltet und daher im Ergebnis der Ausschließung aus der Rechtsanwaltschaft gleichkommt.[25] Bei der Bestimmung des Rechtsgebiets, für das das Vertretungsverbot ausgesprochen wird, ist dasjenige auszuwählen, auf dem der Schwerpunkt der anwaltlichen Pflichtverletzung liegt. Bei der Bemessung der Dauer des Vertretungsverbotes ist zum einen zu beachten, für welche Zeit das rechtsuchende Publikum und die Rechtspflege

---

[13] EGH München BRAK-Mitt. 1987, 159.
[14] EGH Berlin BRAK-Mitt. 1992, 225.
[15] *Feuerich/Braun,* § 114 Rdn. 18.
[16] § 205 a Rdn. 3.
[17] EGH Koblenz BRAK-Mitt. 1983, 96.
[18] EG Stuttgart BRAK-Mitt. 1987, 160.
[19] EG Kassel BRAK-Mitt. 1991, 55.
[20] EGH Celle BRAK-Mitt. 1991, 168.
[21] EGH Celle BRAK-Mitt. 1993, 225.
[22] *Gribbohm,* FS Pfeiffer, S. 911 (921).
[23] BGH AnwBl. 1983, 192 = BRAK-Mitt. 1983, 43.
[24] *Gribbohm,* FS Pfeiffer, S. 911 (922 m.w. N.).
[25] BGH BRAK-Mitt. 1986, 172.

des Schutzes vor der Vertretungstätigkeit bedürfen, zum anderen, welche Zeit notwendig ist, den Rechtsanwalt zu künftigem pflichtgemäßem Verhalten anzuhalten. Die Verhängung eines vorläufigen Berufs- oder Vertretungsverbotes nach § 150 oder § 161 a bleibt bei den Zumessungserwägungen außer Betracht, insoweit findet eine Anrechnung nach § 204 Abs. 5 S. 2 statt.[26] Ein Vertretungsverbot hindert die Wahl in den Vorstand der Rechtsanwaltskammer und die Satzungsversammlung oder die Mitwirkung in der Anwaltsgerichtsbarkeit für zehn Jahre; eine Tilgung erfolgt nicht (§ 205 a).

Auf ein Vertretungsverbot wurde erkannt wegen berufswidrigen Verhaltens bei der Verteidigung in Terroristenprozessen,[27] bei günstiger Prognose wegen Erpressung,[28] wiederholten (außerberuflichen) Verstößen gegen das Betäubungsmittelgesetz.[29] **13**

6. Ausschließung aus der Rechtsanwaltschaft

Auf Ausschließung aus der Rechtsanwaltschaft kann nur erkannt werden, wenn der Rechtsanwalt seine beruflichen Pflichten so gröblich verletzt hat, daß er für die Ausübung des Berufs nicht weiter tragbar ist. Das setzt voraus, daß eine weniger einschneidende Maßnahme nicht ausreichen würde, eine Gefährdung der Rechtspflege zu verhindern.[30] Soweit die Maßnahme der Ausschließung aus der Rechtsanwaltschaft dem **Schutz der Belange der Allgemeinheit** dient, bestehen verfassungsrechtliche Bedenken nicht.[31] Daß im Strafverfahren ein Berufsverbot nach § 70 StGB verhängt worden ist, hindert die Ausschließung aus der Rechtsanwaltschaft nicht.[32] **14**

Die Ausschließung aus der Rechtsanwaltschaft hindert eine erneute Zulassung für die Dauer von acht Jahren (§ 7 Nr. 3), jedoch ist eine Bewertung des zu der Maßnahme führenden Verhaltens nach § 7 Nr. 5 danach nicht ausgeschlossen. Der Wählbarkeit in den Vorstand der Rechtsanwaltskammer oder die Satzungsversammlung und der Mitwirkung in der Anwaltsgerichtsbarkeit steht die Ausschließung aus der Rechtsanwaltschaft für fünfzehn Jahre entgegen (§ 66 Nr. 4, § 94 Abs. 3, § 103 Abs. 2, § 108 Abs. 1, § 191 b Abs. 3); eine Tilgung erfolgt nicht (§ 205 a). **15**

Bei einem Verstoß gegen ein Vertretungsverbot nach § 114 oder Verstoß gegen ein vorläufiges Berufs- oder Vertretungsverbot nach §§ 150, 161 a droht das Gesetz regelmäßig die Ausschließung aus der Rechtsanwaltschaft an (§ 114 a Abs. 3, § 156 Abs. 1). Die Rechtsprechung hat auf Ausschließung aus der Rechtsanwaltschaft erkannt bei Untreue, insbesondere gegenüber dem Mandanten,[33] Parteiverrat oder Begünstigung,[34] Betrug,[35] bei Aussagedelikten,[36] bei Vermittlung einer Scheinehe nach Vorahndung,[37] Betrug in vier Fällen in Tateinheit mit Urkundenfälschung und Begünstigung.[38] **16**

---

[26] Vgl. § 204 Rdn. 4.
[27] BGH EGE XIV, 287.
[28] EGH Frankfurt, EGE XIV, 266.
[29] BGH BRAK-Mitt. 1983, 93.
[30] BGH BRAK-Mitt. 1987, 96; 1987, 159; 1985, 173; 1991, 229.
[31] BVerfGE 66, 337 = NJW 1984, 2341 = BRAK-Mitt. 1984, 144 = AnwBl. 1984, 367.
[32] BGH NJW 1991, 1069 = BRAK-Mitt. 1991, 107.
[33] BGH BRAK-Mitt. 1986, 232 m.w. N.
[34] BGH EGE X, 102.
[35] BGH EGE XII, 68; EGH München BRAK-Mitt. 1991, 105.
[36] BGHSt 20, 73 = EGE VIII, 62; EGH München BRAK-Mitt. 1982, 35.
[37] BGH NJW 1986, 2265 = BRAK-Mitt. 1985, 230.
[38] BGH BRAK-Mitt. 1988, 53.

V. Die Maßnahmen bei sonstigen Mitgliedern der Rechtsanwaltskammern

1. Anwälte aus anderen Staaten nach §§ 206, 207

17 Für Anwälte aus anderen Staaten, die in die Rechtsanwaltskammer aufgenommen sind, gilt nach § 207 Abs. 2 S. 1 der Siebente Teil des Gesetzes sinngemäß, so daß sie der Anwaltsgerichtsbarkeit unterstehen. Mangels Zugehörigkeit zur Rechtsanwaltschaft tritt jedoch an die Stelle der Ausschließung nach Absatz 1 Nr. 5 das Verbot, in der Bundesrepublik fremde Rechtsangelegenheiten zu besorgen, womit die Ausschließung aus der Rechtsanwaltskammer einhergeht (§ 207 Abs. 2 S. 3). Damit verliert ein niedergelassener ausländischer Rechtsanwalt – ebenso wie ein Rechtsanwalt, der aus der Anwaltschaft ausgeschlossen wird – jegliche Möglichkeit der beruflichen Betätigung.

2. Kammerrechtsbeistände nach § 209

18 Für Rechtsbeistände, die in die Rechtsanwaltskammer aufgenommen sind, gilt nach § 209 Abs. 1 S. 3 der Siebente Teil des Gesetzes sinngemäß, so daß sie der Anwaltsgerichtsbarkeit unterstehen. An die Stelle der Ausschließung aus der Rechtsanwaltschaft nach Absatz 1 Nr. 5 tritt der Ausschluß aus der Rechtsanwaltskammer zugleich mit dem Entzug der Erlaubnis, geschäftsmäßig fremde Rechtsangelegenheiten zu besorgen.

§ 114 a Wirkungen des Vertretungsverbots, Zuwiderhandlungen

(1) **Der Rechtsanwalt, gegen den ein Vertretungsverbot (§ 114 Abs. 1 Nr. 4) verhängt ist, darf auf dem ihm untersagten Rechtsgebiet nicht als Vertreter und Beistand in Person oder im schriftlichen Verkehr vor einem Gericht, vor Behörden, vor einem Schiedsgericht oder gegenüber anderen Personen tätig werden oder Vollmachten oder Untervollmachten erteilen. Er darf jedoch die Angelegenheiten seines Ehegatten und seiner minderjährigen Kinder wahrnehmen, soweit nicht eine Vertretung durch Anwälte geboten ist.**

(2) **Die Wirksamkeit von Rechtshandlungen des Rechtsanwalts wird durch das Vertretungsverbot nicht berührt. Das gleiche gilt für Rechtshandlungen, die ihm gegenüber vorgenommen werden.**

(3) **Der Rechtsanwalt, der einem gegen ihn ergangenen Vertretungsverbot wissentlich zuwiderhandelt, wird aus der Rechtsanwaltschaft ausgeschlossen, sofern nicht wegen besonderer Umstände eine mildere anwaltsgerichtliche Maßnahme ausreichend erscheint. Gerichte oder Behörden sollen einen Rechtsanwalt, der entgegen einem Vertretungsverbot vor ihnen auftritt, zurückweisen.**

Übersicht

	Rdn.		Rdn.
I. Zweck der Vorschrift	1	IV. Ahndung der Zuwiderhandlung	5, 6
II. Der Inhalt des Vertretungsverbotes	2, 3	V. Die Zurückweisung durch Gerichte und Behörden	7
III. Wirksamkeit von Rechtshandlungen	4		

I. Zweck der Vorschrift

Die Vorschrift beschreibt den Inhalt des Vertretungsverbotes nach § 114 Abs. 1 Nr. 4, regelt die Wirksamkeit verbotswidrig vorgenommener Handlungen, droht als Sanktion für den Fall der Zuwiderhandlung regelmäßig die Ausschließung aus der Rechtsanwaltschaft an und verpflichtet Gerichte und Behörden, den verbotswidrig auftretenden Rechtsanwalt zurückzuweisen. Die **Durchsetzung des Vertretungsverbots** strebt das Gesetz durch Androhung der schwersten Sanktion für den Fall der Zuwiderhandlung an, um den Anwalt von verbotswidriger Tätigkeit abzuhalten. Im Interesse der Sicherheit der Rechtspflege verzichtet das Gesetz darauf, verbotswidrig vorgenommene Handlungen für unwirksam zu erklären. Dieser vom Gesetzgeber eingeschlagene Weg erscheint geboten, da regelmäßig nur ein sehr eingeschränkter Personenkreis von der Verhängung eines Vertretungsverbotes Kenntnis erhält.

1

II. Der Inhalt des Vertretungsverbotes

Das Vertretungsverbot verbietet, wie sich aus seiner Bezeichnung bereits ergibt, die Wahrnehmung des Mandats gegenüber Gerichten, anderen Stellen oder dritten Personen überhaupt. Die Aufzählung in Absatz 1 Satz 1 bringt im Ergebnis zum Ausdruck, daß dem Rechtsanwalt auf dem ihm untersagten Rechtsgebiet jegliche **Betätigung mit Außenwirkung verboten** ist. Zur Vermeidung von Umgehungen ist es ihm auch untersagt, Vollmachten oder Untervollmachten zu erteilen. Dagegen ist es ihm nicht verwehrt, auch auf dem untersagten Rechtsgebiet seinen Mandanten zu beraten und im Zusammenhang mit der Wahrnehmung eines Mandats auf einem anderen Rechtsgebiet notwendige Prüfungen von Rechtsfragen auf dem untersagten Gebiet vorzunehmen. Auch die Erstattung eines Gutachtens für einen Kollegen ist ihm möglich.[1]

2

Ein Tätigwerden in **eigener Sache** wird tatbestandlich von Absatz 1 Satz 1 nicht umfaßt. Eine ausdrückliche Ausnahme enthält Absatz 1 Satz 2, wonach das Verbot in Angelegenheiten, in denen keine notwendige anwaltliche Vertretung besteht, in Bezug auf den Ehegatten und minderjährige Kinder nicht gilt.

3

III. Wirksamkeit von Rechtshandlungen

Die von dem Rechtsanwalt verbotswidrig vorgenommenen Rechtshandlungen sind gleichwohl wirksam (Abs. 2). Das hat seinen Grund darin, daß der Rechtsanwalt weiterhin seinen Beruf ausübt und nur in Ausnahmefällen einem größeren Personenkreis bekannt werden dürfte, wenn gegen ihn ein Vertretungsverbot verhängt worden ist. Die Sicherheit des Rechtsverkehrs gebietet es daher, daß die Rechtshandlungen eines Rechtsanwalts grundsätzlich wirksam sind, auch wenn es dem Rechtsanwalt untersagt ist, diese vorzunehmen. Dabei ist es unbeachtlich, ob auch der Auftraggeber des Rechtsanwalts, für den dieser verbotswidrig tätig wird, von dem Vertretungsverbot Kenntnis hat.[2] Der Rechtsanwalt, gegen den ein Vertretungsverbot verhängt ist, darf auf dem untersagten Rechtsgebiet auch nicht als **amtlich bestellter Vertreter** eines Rechtsanwalts tätig werden.[3]

4

---

[1] BGH BRAK-Mitt. 1983, 93.
[2] OLG Celle, NStZ 1989, 41; *Feuerich*, NStZ 1989, 338.
[3] BGH BRAK-Mitt. 1983, 91.

IV. Ahndung der Zuwiderhandlung

5 Der „wissentlich" begangene Verstoß gegen das Vertretungsverbot wird im Regelfall mit der anwaltsgerichtlichen Maßnahme der Ausschließung aus der Rechtsanwaltschaft geahndet (Abs. 3 S. 2). Diese schwerste aller Sanktionen soll über das Mittel der Abschreckung dazu führen, daß das objektiv nur schwer kontrollierbare Vertretungsverbot vom Rechtsanwalt auch tatsächlich eingehalten wird.[4] Eine verfassungsmäßige Handhabung ermöglicht die Ausnahmeregelung, wonach **„wegen besonderer Umstände"** auf eine weniger einschneidende anwaltsgerichtliche Maßnahme erkannt werden kann.[5]

6 Daß die Zuwiderhandlung **„wissentlich"** begangen wird, ist Tatbestandsmerkmal von Absatz 3. Ein Irrtum über das Vertretungsverbot ist daher als Tatbestandsirrtum zu bewerten, nicht als Irrtum über die Rechtswidrigkeit.[6]

V. Die Zurückweisung durch Gerichte und Behörden

7 Gerichte und Behörden sind aufgefordert, den Rechtsanwalt, der trotz eines Vertretungsverbotes vor ihnen auftritt, zurückzuweisen (Abs. 3 S. 2). Da die Zurückweisung naturgemäß Kenntnis von dem Vertretungsverbot voraussetzt, ist die praktische Anwendbarkeit der Vorschrift problematisch.[7]

§ 115 Verjährung der Verfolgung einer Pflichtverletzung

Die Verfolgung einer Pflichtverletzung, die nicht eine Maßnahme gemäß § 114 Abs. 1 Nr. 4 oder 5 rechtfertigt, verjährt in fünf Jahren. § 78 Abs. 1, § 78 a Satz 1 sowie die §§ 78 b und 78 c Abs. 1 bis 4 des Strafgesetzbuches gelten entsprechend.

Übersicht

	Rdn.
I. Normzweck	1
II. Verjährungsfrist	2
III. Verjährungsbeginn	3, 4
IV. Ruhen der Verjährung	5–9
1. Wirkung des § 78 b Abs. 1 StGB	6
2. Wirkung des § 78 b Abs. 2 StGB	8
3. Wirkung des § 78 b Abs. 3 StGB	9
V. Unterbrechung der Verjährung	10–14
1. Wirkung des § 78 c Abs. 1 StGB	11
2. Wirkung des § 78 c Abs. 2 StGB	12
3. Wirkung des § 78 c Abs. 3 StGB	13
4. Wirkung des § 78 c Abs. 4 StGB	14
VI. Verhältnis zu den Verfahren anderer Berufsgerichtsbarkeiten	15
VII. Die Verjährung nach den Vorschriften des Rechtsanwaltsgesetzes	16–18
1. Vor dem 15. September 1990 begangene Pflichtverletzungen	17
2. Nach dem 14. September 1990 begangene Pflichtverletzungen	18

---

[4] Amtl. Begr. zu § 156.
[5] Vgl. § 156 Rdn. 5.
[6] BGH NJW 1989, 1939 = AnwBl. 1989, 395 = BRAK-Mitt. 1989, 219.
[7] § 156 Rdn. 6 ff.

I. Normzweck

Die Bestimmung regelt die Verfolgungsverjährung als "**echte**" **Verjährungsvorschrift** im Sinne der Systematik des Strafgesetzbuches.[1] Eine Regelung der Vollstreckungsverjährung enthält die BRAO nicht. Die Verhängung eines Vertretungsverbotes und die Ausschließung aus der Rechtsanwaltschaft (§ 114 Abs. 1 Nr. 4 und 5) werden mit der Rechtskraft des Urteils wirksam (§ 204 Abs. 1, 5), so daß insoweit eine Verjährung der Vollstreckung nicht in Betracht kommt. Gleiches gilt für Warnung und Verweis, die mit der Rechtskraft des Urteils als vollstreckt gelten (§ 204 Abs. 2). Die Geldbuße wird wie ein rechtskräftiges Zivilurteil vollstreckt (§ 204 Abs. 3), so daß für die Vollstreckungsverjährung die 30 jährige Frist des § 218 BGB gilt.[2]

1

II. Verjährungsfrist

Die Verfolgung einer anwaltlichen Pflichtverletzung verjährt in fünf Jahren, "rechtfertigt" sie die Verhängung eines Vertretungsverbotes oder der Ausschließung aus der Rechtsanwaltschaft (§ 114 Abs. 1 Nr. 4, 5), so tritt gar keine Verjährung ein. Die Vorschrift orientiert sich an § 78 Abs. 2, 3 StGB, wonach die unterschiedlichen Dauern der Verjährungsfristen an den Strafandrohungen der einzelnen Delikte ausgerichtet sind. Für das anwaltsgerichtliche Verfahren nennen aber nur § 114 a Abs. 3 und § 156 Abs. 1 Sanktionsandrohungen. Sind mehr als fünf Jahre für die Berechnung der Verjährung maßgeblicher Zeit verstrichen, muß im anwaltsgerichtlichen Verfahren geprüft werden, ob die Verfolgung der Pflichtverletzung verjährt ist oder ob die Pflichtverletzung die Verhängung eines Vertretungsverbotes oder die Ausschließung aus der Rechtsanwaltschaft rechtfertigt. Nur wenn **tatsächlich auf eine solche Maßnahme erkannt** wird, unterliegt die Verfolgung der Pflichtverletzung keinerlei Verjährung.[3] Nicht möglich ist daher die Annahme, die Schwere der Pflichtverletzung rechtfertige ein Vertretungsverbot oder die Ausschließung aus der Rechtsanwaltschaft, so daß die fünfjährige Verjährung nicht gelte, wenn im Ergebnis auf eine mildere Maßnahme im Sinne des § 114 erkannt wird.

2

III. Verjährungsbeginn

Im Hinblick auf den Verjährungsbeginn verweist Satz 1 auf § 78 a S. 1 StGB, wonach die Verjährungsfrist mit **Beendigung der Tat** zu laufen beginnt. Für die Verjährung der anwaltlichen Pflichtverletzung kommt es nicht auf den Erfolgseintritt i. S. d. § 78 a S. 2 StGB an, da auf diese Bestimmung nicht verwiesen wird.

3

Da im anwaltsgerichtlichen Verfahren der Grundsatz der Einheit der Pflichtverletzung gilt,[4] beginnt die Verjährung mit der **letzten Teilhandlung** der Pflichtverletzung zu laufen.[5] Sofern einzelne Anschuldigungspunkte zur Annahme einer einheitlichen Pflichtverletzung führen, können diese auch berücksichtigt werden, wenn bei Begehung eines neuen Teilaktes der frühere mehr als fünf Jahre zurückliegt.

4

---

[1] Amtl. Begr. zur Novelle vom 13. Januar 1969.
[2] *Feuerich/Braun*, § 115 Rdn. 2.
[3] BGH NJW 1975, 1712 = EGE XIII, 112.
[4] § 113 Rdn. 9.
[5] BGHSt 22, 157 (165) = NJW 1968, 2204 = EGE XI, 710.

Das setzt voraus, daß die einzelnen Teilakte der Pflichtverletzung in einem äußeren oder inneren Zusammenhang stehen, wofür es ausreicht, daß das pflichtwidrige Verhalten des Rechtsanwalts „auf eine auf Gleichgültigkeit und Laxheit beruhende Grundeinstellung" schließen läßt.[6] Etwas anderes gilt jedoch, wenn jeder Anschuldigungspunkt der Pflichtwidrigkeit eine für sich genommen völlig selbständige Verfehlung darstellt, die keinerlei Zusammenhang zu den anderen Verfehlungen besitzt.[7] Nur in einem solchen Fall kann die Verjährung für jeden Teilakt gesondert eintreten. In der Literatur wird gefordert, von dem Grundsatz der einheitlichen Beurteilung der Pflichtverletzung abzurücken und als Pflichtwidrigkeit die Tat im Sinne des § 264 StPO anzusehen, mit der Folge, daß stets bei jeder Tat geprüft wird, ob Verfolgungsverjährung eingetreten ist.[8]

IV. Ruhen der Verjährung

5 Aufgrund der Verweisung in Satz 2 gilt für das Ruhen der Verjährung § 78 b StGB. Das Ruhen der Verjährung bewirkt, daß der Beginn der Verjährungsfrist hinausgeschoben wird oder eine bereits begonnene Verjährungsfrist gehemmt wird. Anders als bei der Unterbrechung beginnt die Verjährungsfrist jedoch nicht neu zu laufen. Ist die Verjährungsfrist zum Teil bereits abgelaufen, so läuft sie nach Beendigung des Ruhens weiter, der bis zum Beginn des Ruhens verstrichene Teil der Verjährungsfrist kommt also nicht in Wegfall.[9]

1. Wirkung des § 78 b Abs. 1 StGB

6 Die Verjährung ruht, wenn **gesetzliche Gründe verhindern**, daß die Verfolgung aufgenommen oder fortgesetzt wird (§ 78 b Abs. 1 S. 1 StGB). Voraussetzung ist, daß keinerlei Verfolgungshandlungen zulässig sind; wenn lediglich einzelne Verfolgungsmaßnahmen nicht ergriffen werden können, gilt die Vorschrift nicht. Im anwaltsgerichtlichen Verfahren ist neben einem vorübergehenden Ausscheiden aus der Rechtsanwaltschaft insbesondere die **Aussetzung** im Hinblick auf ein Strafverfahren wegen desselben Verhaltens nach § 118 Abs. 1 S. 1 und 2 von Bedeutung. Allerdings muß das anwaltsgerichtliche Verfahren nach § 118 Abs. 1 S. 1 oder 2 durch förmlichen Beschluß ausgesetzt werden, ein Nichtbetreiben des Verfahrens im Hinblick auf die Möglichkeit der Aussetzung genügt nicht, um die Rechtswirkung des Ruhens der Verjährung herbeizuführen.[10] Um den Eintritt der Verjährung zu vermeiden, wird jedoch das anwaltsgerichtliche Verfahren nach § 118 Abs. 1 S. 3 fortgesetzt werden müssen.

7 Eine **Einstellung des anwaltsgerichtlichen Verfahrens** nach § 118 b führt nicht zum Ruhen der Verjährung. Die Einstellung nach dieser Vorschrift ist vom Gesetz nicht zwingend vorgeschrieben, sie liegt im pflichtgemäßen Ermessen des Gerichts.[11] Das Ruhen der Verjährung nach § 78 b Abs. 1 S. 1 StGB setzt aber voraus, daß eine Fortsetzung des Verfahrens aus Rechtsgründen nicht möglich ist.[12]

---

[6] EGH München BRAK-Mitt. 1984, 40; BGHSt 21, 232 (236) = NJW 1967, 894 = DNotZ 1967, 701.
[7] BGHSt 22, 157 (166) = NJW 1968, 2204; EGH München BRAK-Mitt. 1984, 40.
[8] *Jähnke*, FS Pfeiffer, S. 941, 945, 949; *Feuerich/Braun*, § 115 Rdn. 11.
[9] *Schönke/Schröder*, StGB, § 78 b Rdn. 1.
[10] EGH München NJW 1976, 816.
[11] § 118 b Rdn. 5.
[12] *Schönke/Schröder*, StGB, § 78 b Rdn. 4.

2. Wirkung des § 78 b Abs. 2 StGB

Umstritten ist, ob § 78 b Abs. 2 StGB im anwaltsgerichtlichen Verfahren anzuwenden ist, wenn der beschuldigte Rechtsanwalt als Mitglied des Deutschen Bundestages, eines Gesetzgebungsorgans der Länder oder des Europäischen Parlaments der **Immunität** unterliegt. Nach der Rechtsprechung des Bundesverwaltungsgerichts stellt ein Dienstvergehen eines Beamten keine „mit Strafe bedrohte Handlung" i. S. d. Art. 46 Abs. 2 GG dar.[13] Dem wird in der Literatur entgegengehalten, daß die Anlage 6 zur Geschäftsordnung des Deutschen Bundestages[14] vorsehe, daß Verfahren vor Ehren- und Berufsgerichten mit öffentlich-rechtlichem Charakter nur nach Aufhebung der Immunität durchgeführt werden können.[15] Zwar kann die vom Deutschen Bundestag in der Anlage zur Geschäftsordnung niedergelegte Rechtsauffassung die Gerichte nicht binden, doch findet sie Unterstützung in der verfassungsrechtlichen Literatur.[16] Die Ausführungen des Bundesverwaltungsgerichts, daß eine Disziplinarmaßnahme mit einer Kriminalstrafe nur noch insofern übereinstimme, daß sie eine Mißbilligung enthalte, im übrigen aber nur einen bestimmten Kreis von Bürgern auferlegte Pflichten betreffe, überzeugt.[17]

3. Wirkung des § 78 b Abs. 3 StGB

Regelmäßig ist die **Unterbrechung der Verjährung** bis zum rechtskräftigen Abschluß des Verfahrens gehemmt, wenn in unverjährter Zeit ein Urteil des ersten Rechtszuges ergangen ist. Damit wird verhindert, daß im Rechtsmittelverfahren, das nur ausnahmsweise verjährungsunterbrechende Handlungen zuläßt, die Verjährung eintritt. Dies gilt auch bei fehlerhaften erstinstanzlichen Urteilen, nicht jedoch bei nichtigen.[18]

V. Unterbrechung der Verjährung

Aufgrund der Verweisung in Satz 2 auf § 78 c Abs. 1 bis 4 StGB bestimmt sich hiernach die **Unterbrechung** der Verjährung im anwaltsgerichtlichen Verfahren. Mit jeder Unterbrechung der Verjährung beginnt diese von neuem zu laufen, wobei – anders als bei dem Ruhen der Verjährung – der bis zum unterbrechenden Ereignis abgelaufene Teil der Frist in Wegfall kommt. Eine wiederholte Unterbrechung der Verjährung ist möglich.

1. Wirkung des § 78 c Abs. 1 StGB

Für das anwaltsgerichtliche Verfahren sind von den Unterbrechungsgründen des § 78 c Abs. 1 mit Ausnahme von Nr. 5 und Nr. 9, die wegen § 117 nicht gelten, alle entsprechend anwendbar. § 78 c Abs. 1 S. 2 findet keine Anwendung.

2. Wirkung des § 78 c Abs. 2 StGB

Auch die Regelung, zu welchem Zeitpunkt im Falle einer schriftlichen Anordnung oder Entscheidung die Unterbrechungswirkung eintritt, gilt im anwalts-

---

[13] BVerwGE 83, 1 = NJW 1986, 2520.
[14] BGBl. 1980 I, S. 1237 (1261).
[15] *Feuerich/Braun*, § 116 Rdn. 3.
[16] *von Münch*, Art. 46 Rdn. 22; *Bonner Kommentar*, Art. 46 Rdn. 62; a. A. *Schmidt-Bleibtreu/Klein*, Art. 46 Rdn. 8.
[17] BVerwGE 83, 1 = NJW 1986, 2520.
[18] *Schönke/Schröder*, StGB, § 78 b Rdn. 12.

3. Wirkung des § 78 c Abs. 3 StGB

13 Jede Unterbrechungshandlung nach § 78 c Abs. 1 StGB setzt die Verjährungsfrist von neuem in Gang. Eine wiederholte Unterbrechung der Verjährung ist möglich. Ausgeschlossen ist jedoch, daß infolge immer neuer Unterbrechungshandlungen die Verjährung der Verfolgung völlig ausgeschlossen wird (§ 78 c Abs. 3 S. 2). Soweit die anwaltsgerichtliche Verfolgung der Verjährung unterliegt, tritt die sog. **absolute Verjährung** nach dem doppelten der gesetzlichen Verjährungsfrist von fünf Jahren, also nach zehn Jahren ein.

4. Wirkung des § 78 c Abs. 4 StGB

14 Richtet sich das anwaltsgerichtliche Verfahren gegen mehrere Beschuldigte, so wirkt die Unterbrechung der Verjährung nach § 78 c Abs. 1 nur gegenüber demjenigen Rechtsanwalt, auf den sich die Unterbrechungshandlung bezieht.

VI. Verhältnis zu den Verfahren anderer Berufsgerichtsbarkeiten

15 Sofern ein Rechtsanwalt zugleich der Disziplinar-, Ehren- oder Berufsgerichtsbarkeit eines anderen Berufs untersteht, wird nach § 118 a Abs. 1 im anwaltsgerichtlichen Verfahren entschieden, wenn nicht die Pflichtverletzung überwiegend mit dem anderen Beruf in Zusammenhang steht. Aus der Zuständigkeit der jeweiligen Berufsgerichtsbarkeit folgt das anzuwendende Verfahrensrecht und damit – soweit die Anwaltsgerichtsbarkeit anzurufen ist – die Anwendbarkeit der Verjährungsvorschrift des § 115.[20]

VII. Die Verjährung nach den Vorschriften des Rechtsanwaltsgesetzes

16 In den Ländern Brandenburg, Mecklenburg-Vorpommern, Sachsen, Sachsen-Anhalt und Thüringen galt vor Inkrafttreten des Gesetzes zur Neuordnung des Berufsrechts der Rechtsanwälte und der Patentanwälte vom 2. September 1994[21] bis zum 8. September 1994 das Rechtsanwaltsgesetz der Volkskammer der DDR vom 13. September 1990.[22] Es enthielt andere Verjährungsbestimmungen als die BRAO.

1. Vor dem 15. September 1990 begangene Pflichtverletzungen

17 Nach § 191 Abs. 2 RAG gilt für Pflichtverletzungen, die vor dem Inkrafttreten des RAG, d. h. vor dem 15. September 1990, begangen wurden, die Verjährungsbestimmung der Verordnung vom 22. Februar 1990 über die Tätigkeit und die Zulassung von Rechtsanwälten mit eigener Praxis.[23] § 21 Abs. 2 dieser Verordnung bestimmte, daß ein Disziplinarverfahren nicht eingeleitet werden konnte, wenn „seit der vorgeworfenen Pflichtverletzung mehr als ein Jahr vergangen ist". Mithin unterliegen vor dem 15. September 1990 von Rechtsanwälten, die

---

[19] Schönke/Schröder, StGB, § 78 c Rdn. 21.
[20] BGHSt 21, 232 = NJW 1967, 894 = DNotZ 1967, 701.
[21] BGBl. I, S. 2278.
[22] DDR GBl. I Nr. 61, S. 1504 i. V. m. Einigungsvertrag BGBl. 1990 II, S. 889.
[23] DDR GBl. I Nr. 17, S. 147.

§ 115a Rüge und anwaltsgerichtliche Maßnahme　　　　　　　　　§ 115a

nach dem Rechtsanwaltsgesetz zugelassen waren, begangene Pflichtverletzungen der einjährigen Verjährungsfrist. Nach § 21 Abs. 1 der Verordnung konnte das Verfahren nur dann fortgesetzt werden, wenn es innerhalb des Jahres durch Verfügung des Ministers der Justiz eingeleitet worden war. Ansonsten gibt es keine Bestimmungen zum Ruhen oder zur Unterbrechung der Verjährung nach der Verordnung.

2. Nach dem 14. September 1990 begangene Pflichtverletzungen

Mit Inkrafttreten des Rechtsanwaltsgesetzes am 15. September 1990 galt nach 　18
§ 113 Abs. 1 eine Verfolgungsverjährung von fünf Jahren für alle Pflichtverletzungen, die nicht die Ausschließung aus der Rechtsanwaltschaft „erfordern". Ein Unterschied zu § 115 BRAO besteht darin, daß auch eine Pflichtverletzung, die die Verhängung der Maßnahme eines **Vertretungsverbots** zur Folge hat, der fünfjährigen Verjährung unterliegt. Mit der Einführung der Bundesrechtsanwaltsordnung in den Ländern Brandenburg, Mecklenburg-Vorpommern, Sachsen, Sachsen-Anhalt und Thüringen unterliegen Pflichtverletzungen, die mit einem Vertretungsverbot geahndet werden, keiner Verjährung mehr. Dies gilt auch für Pflichtverletzungen, die nach dem 14. September 1990 aber vor dem 9. September 1994 begangen wurden. Die durch das RAG mit Wirkung vom 15. September 1990 geschaffene fünfjährige Verjährung kann bei Inkrafttreten des Gesetzes zur Neuordnung des Berufsrechts der Rechtsanwälte und der Patentanwälte annähernd vier Jahre später in keinem Fall verstrichen gewesen sein. Die durch die gesetzliche Neuregelung eintretende Verlängerung der Verjährungsvorschrift gilt auch für die Pflichtverletzungen, die die Verhängung eines Vertretungsverbotes erfordern. Verfassungsrechtliche Bedenken wegen eines Verstosses gegen das Rückwirkungsverbot des Art. 103 Abs. 2 GG bestehen nicht.[24]

§ 115a Rüge und anwaltsgerichtliche Maßnahme

(1) **Der Einleitung eines anwaltsgerichtlichen Verfahrens gegen einen Rechtsanwalt steht es nicht entgegen, daß der Vorstand der Rechtsanwaltskammer ihm bereits wegen desselben Verhaltens eine Rüge erteilt hat (§ 74). Hat das Anwaltsgericht den Rügebescheid aufgehoben (§ 74a), weil es eine schuldhafte Pflichtverletzung nicht festgestellt hat, so kann ein anwaltsgerichtliches Verfahren wegen desselben Verhaltens nur aufgrund solcher Tatsachen oder Beweismittel eingeleitet werden, die dem Anwaltsgericht bei seiner Entscheidung nicht bekannt waren.**

(2) **Die Rüge wird mit der Rechtskraft eines anwaltsgerichtlichen Urteils unwirksam, das wegen desselben Verhaltens gegen den Rechtsanwalt ergeht und auf Freispruch oder eine anwaltsgerichtliche Maßnahme lautet. Die Rüge wird auch unwirksam, wenn rechtskräftig die Eröffnung des Hauptverfahrens abgelehnt ist, weil eine schuldhafte Pflichtverletzung nicht festzustellen ist.**

---

[24] BVerfGE 25, 269 = NJW 1969, 1059.

Übersicht

	Rdn.		Rdn.
I. Normzweck	1	IV. Kein Verbrauch der Strafklage durch beanstandenden Hinweis oder Mißbilligung	6, 7
II. Der Anwendungsbereich der Vorschrift	2, 3		
III. Wirkung der anwaltsgerichtlichen Entscheidung auf den Rügebescheid	4, 5		

I. Normzweck

1 Die Vorschrift regelt das Verhältnis des Rügeverfahrens nach §§ 74 ff. zum anwaltsgerichtlichen Verfahren. Während das Rügerecht vom Vorstand der Rechtsanwaltskammer ausgeübt wird und die Rüge nur auf Antrag des Rechtsanwalts Gegenstand der richterlichen Nachprüfung ist, wird im anwaltsgerichtlichen Verfahren stets das zuständige Anwaltsgericht tätig. Die richterliche Entscheidung im anwaltsgerichtlichen Verfahren verdrängt daher folgerichtig den Rügebescheid durch den Vorstand der Rechtsanwaltskammer, auch wenn der Einspruch gegen den Rügebescheid durch Entscheidung des Anwaltsgerichts zurückgewiesen worden ist.

II. Der Anwendungsbereich der Vorschrift

2 Die Bestimmung setzt voraus, daß das Verhalten des Rechtsanwalts sowohl Gegenstand eines Rügeverfahrens nach § 74 als auch eines anwaltsgerichtlichen Verfahrens nach §§ 121 ff. ist. Die Existenz eines **bestandskräftigen Rügebescheides** entfaltet keine äußere Rechtskraftswirkung insofern, als die Einleitung des anwaltsgerichtlichen Verfahrens nicht mehr möglich wäre (Abs. 1 S. 1). Dabei spielt es keine Rolle, auf welche Weise der Rügebescheid Bestandskraft erlangt hat. Es ist gleichgültig, ob der Rechtsanwalt den Rügebescheid hingenommen hat, gegen die Zurückweisung des Einspruchs durch den Vorstand der Rechtsanwaltskammer nicht vorgegangen ist, oder sein Antrag auf gerichtliche Entscheidung des Anwaltsgerichts erfolglos war.

3 Hat das Anwaltsgericht im Verfahren der anwaltsgerichtlichen Entscheidung nach § 74 a den Rügebescheid aufgehoben, weil es nach seiner Auffassung an einer schuldhaften Pflichtverletzung fehlt, tritt für die Einleitung eines anwaltsgerichtlichen Verfahrens **Sperrwirkung** ein (Abs. 1 S. 2). Die Wirkung der Aufhebung des Rügebescheides durch das Anwaltsgericht entspricht damit der der Ablehnung der Eröffnung des Hauptverfahrens nach § 132, mit der Folge, daß das anwaltsgerichtliche Verfahren nur aufgrund neuer Tatsachen oder Beweismittel eingeleitet werden kann.

III. Wirkung der anwaltsgerichtlichen Entscheidung auf den Rügebescheid

4 Wenn gegen den Rechtsanwalt durch Urteil eine anwaltsgerichtliche Maßnahme verhängt wird, wird der Rügebescheid, der auf dasselbe Verhalten gestützt war, unwirksam (Abs. 2 S. 1). Das gleiche gilt, wenn das anwaltsgerichtliche Verfahren mit einem Freispruch endet. Voraussetzung ist aber in jedem Fall, daß der Sachverhalt im anwaltsgerichtlichen Verfahren abschließend gewürdigt wurde und das Verfahren mit einem **Sachurteil** abschließt.[1] Der Rügebescheid bleibt

---

[1] *Feuerich/Braun*, § 115 a Rdn. 7; *Kleine-Cosack*, § 115 a Rdn. 2.

gleichfalls wirksam, wenn das anwaltsgerichtliche Verfahren mit einer Einstellung nach § 116 i. V. m. § 153 Abs. 2, § 153 a Abs. 2 oder § 154 Abs. 2 StPO abgeschlossen wird.

Lehnt das Anwaltsgericht die Eröffnung des Hauptverfahrens ab, weil es eine 5 schuldhafte Pflichtverletzung nicht feststellen kann, hat dies die **Unwirksamkeit des Rügebescheides** zur Folge (Abs. 2 S. 2). Dem Gegenschluß ist zu entnehmen, daß diese Wirkung nicht eintritt, wenn aus anderen Gründen – etwa wegen eines Prozeßhindernisses – die Eröffnung des Hauptverfahrens abgelehnt wird.

IV. Kein Verbrauch der Strafklage durch beanstandenden Hinweis oder Mißbilligung

Hat der Vorstand der Rechtsanwaltskammer gegen den Rechtsanwalt keine 6 förmliche Rüge ausgesprochen, sondern ihm lediglich einen **beanstandenden Hinweis** erteilt, hindert dies die Einleitung des anwaltsgerichtlichen Verfahrens wegen desselben Sachverhaltes nicht. Dies folgt auch der Überlegung, daß das, was nach dem ausdrücklichen Wortlaut des Gesetzes für das geregelte Rügeverfahren gilt, erst recht für das „Minus" eines beanstandenden Hinweises gelten muß.[2]

Sofern gegen einen **Anwaltsnotar** wegen ordnungswidrigen Verhaltens oder 7 einer Pflichtverletzung leichterer Art eine Mißbilligung nach § 94 BNotO ausgesprochen wird, kann wegen desselben Sachverhalts das anwaltsgerichtliche Verfahren eingeleitet werden, wenn es zugleich auch eine anwaltliche Pflichtverletzung nach § 113 darstellt. Einen „Verbrauch der Strafklage" für das anwaltsgerichtliche Verfahren hat die Mißbilligung nach § 94 BNotO nicht zur Folge.[3]

§ 115 b Anderweitige Ahndung

Ist durch ein Gericht oder eine Behörde eine Strafe, eine Disziplinarmaßnahme, eine berufsgerichtliche Maßnahme oder eine Ordnungsmaßnahme verhängt worden, so ist von einer anwaltsgerichtlichen Ahndung wegen desselben Verhaltens abzusehen, wenn nicht eine anwaltsgerichtliche Maßnahme zusätzlich erforderlich ist, um den Rechtsanwalt zur Erfüllung seiner Pflichten anzuhalten und das Ansehen der Rechtsanwaltschaft zu wahren. Einer Maßnahme gemäß § 114 Abs. 1 Nr. 4 oder 5 steht eine anderweitig verhängte Strafe oder Maßnahme nicht entgegen.

Schrifttum: *Paepcke,* Die Grenzen anwaltschaftlicher Ehrengerichtsbarkeit mit Rücksicht auf den Grundsatz ne bis in idem, FS Pfeiffer, S. 985; *Jähnke,* Kritische Bemerkungen zum Grundsatz der Einheit der Standesverfehlung, FS Pfeiffer, S. 941.

---

[2] *Feuerich/Braun,* § 115 a Rdn. 4 m. w. N.
[3] BGHSt 22, 157 = NJW 1968, 2204 = EGE XI, 71 = DNotZ 1968, 639.

§ 115 b 1–3 Sechster Teil. Ahndung von Pflichtverletzungen

Übersicht

	Rdn.		Rdn.
I. Normzweck	1	2. Dasselbe Verhalten	5
II. Verfassungsmäßigkeit einer zusätzlichen anwaltsgerichtlichen Ahndung	2	3. Anderweitige Ahndung	7
		4. Verfahrensrecht	8
		IV. Zusätzlich erforderliche Ahndung	10–12
III. Grundsatz des Absehens von einer anwaltsgerichtlichen Ahndung	3–9	V. Ausschließung und Vertretungsverbot nach Satz 2	13
1. Anwaltliche Pflichtverletzung	4		

I. Normzweck

1 Die durch Gesetz vom 13. Januar 1969[1] eingefügte Bestimmung lehnt sich eng an § 14 BDO an, wonach disziplinarische Maßnahmen vermieden werden sollen, wenn die Belange des Disziplinarrechts bereits durch eine Strafe oder Ordnungsmaßnahme gewahrt sind.[2] Für das anwaltsgerichtliche Verfahren soll die Vorschrift **Doppelbestrafungen** vermeiden, wenn zwar eine anwaltliche Pflichtverletzung vorliegt, diese aber durch die vom Strafgericht ausgesprochene Strafe oder sonstige Maßnahme so geahndet ist, daß ein anwaltsgerichtlicher Überhang fehlt.

II. Verfassungsmäßigkeit einer zusätzlichen anwaltsgerichtlichen Ahndung

2 Die Frage, ob dasselbe Verhalten des Rechtsanwalts sowohl strafrechtlich oder auf andere in Satz 1 beschriebene Weise als auch anwaltsgerichtlich geahndet werden kann, oder der Grundsatz „ne bis in idem" eingreift, wird in der Literatur im Zusammenhang mit der Bestimmung des § 115 b erörtert.[3] Indem die Bestimmung vom Grundsatz her die Verhängung einer anwaltsgerichtlichen Maßnahme mit Rücksicht auf eine anderweitige Ahndung im Sinne von S. 1 ausschließt, ist die Neuregelung verfassungsfreundlicher als der zuvor geltende Rechtszustand, wonach die zusätzliche anwaltsgerichtliche Ahndung die Regel war. Art. 103 Abs. 3 GG spricht das Verbot der Mehrfachbestrafung auf der Grundlage der „allgemeinen Strafgesetze" aus. Die Disziplinargesetze und Berufsordnungen gelten jedoch nicht als „allgemeine Strafgesetze", sondern als besondere Vorschriften, die nur für die Angehörigen bestimmter Berufsgruppen gelten.[4] Damit ist das Nebeneinander einer anderweitigen Ahndung und einer anwaltsgerichtlichen Maßnahme nicht vornherein ausgeschlossen. Die Vorschrift trägt dem Verbot der Doppelbestrafung dadurch Rechnung, daß sie eine anwaltsgerichtliche zusätzliche Ahndung nur für den Fall zuläßt, daß im Hinblick auf die anderweitige Ahndung ein **disziplinärer Überhang** verbleibt.[5]

III. Grundsatz des Absehens von einer anwaltsgerichtlichen Ahndung

3 Wie dem Wortlaut von Satz 1 zu entnehmen ist, stellt das Absehen einer anwaltsgerichtlichen Ahndung den **Regelfall** dar, nur wenn zusätzlich eine an-

---

[1] BGBl. I, S. 25.
[2] Bericht des Innenausschusses des Deutschen Bundestages aus amtlicher Begründung zu § 115 b.
[3] *Isele*, § 115 b Anm. II; *Feuerich/Braun*, § 115 b Rdn. 1 ff.; *Kleine-Cosack*, § 115 b Rdn. 1; *Paepcke*, FS Pfeiffer, S. 985.
[4] BVerfGE 66, 337 = NJW 1984, 2341 = AnwBl. 1984, 367 = BRAK-Mitt. 1984, 144.
[5] *Paepcke*, FS Pfeiffer, S. 985 (995).

waltsgerichtliche Maßnahme erforderlich ist oder die Voraussetzungen von Satz 2 gegeben sind, soll eine solche verhängt werden.

1. Anwaltliche Pflichtverletzung

Selbstverständliche Grundvoraussetzung für eine Anwendung des § 115 b – gleich in welcher Weise – ist, daß das bereits anderweitig geahndete Verhalten des Rechtsanwalts eine anwaltliche Pflichtverletzung nach § 113 darstellt.[6] Unproblematisch ist diese Feststellung, soweit das anderweitig geahndete Verhalten eine beruflich begangene anwaltliche Pflichtverletzung nach § 113 Abs. 1 darstellt. Schwieriger wird es regelmäßig sein, eine anwaltliche Pflichtverletzung nach § 113 Abs. 2 in dem **außerhalb des Berufs** liegenden Verhaltens zu erblicken. Es muß festgestellt werden, daß die rechtswidrige Tat oder die mit einer Geldbuße bedrohte Handlung des Rechtsanwalts in besonderem Maße geeignet ist, Achtung und Vertrauen der Rechtsuchenden in bedeutsamer Weise zu beeinträchtigen. Erst wenn dieses festgestellt worden ist, kann nach § 115 b verfahren werden. Kommt die Prüfung nach § 113 Abs. 2 dagegen zu dem Ergebnis, daß das anderweitig geahndete Verhalten keine Pflichtwidrigkeit des Rechtsanwalts darstellt, ist nicht nach § 115 b zu verfahren, sondern das Verfahren nach § 116 S. 2 i. V. m. § 170 Abs. 2 StPO einzustellen, die Eröffnung des Hauptverfahrens wegen Fehlens einer anwaltlichen Pflichtverletzung abzulehnen oder der Rechtsanwalt freizusprechen.

2. Dasselbe Verhalten

Maßgeblich für die Beurteilung der Frage, ob die anderweitige Ahndung „dasselbe Verhalten" wie das anwaltsgerichtliche Verfahren zum Gegenstand hat, ist der zu beurteilende Lebenssachverhalt unabhängig von seiner rechtlichen Würdigung. An der notwendigen **Sachverhaltsidentität** fehlt es, wenn mehrere anwaltsgerichtlich zu ahndende Taten zu einem einheitlichen Standesverstoß zusammengefaßt sind und nicht alle diese Taten Gegenstand des zur anderweitigen Ahndung führenden Verfahrens sind.[7] Der Annahme „desselben Verhaltens" steht es jedoch nicht entgegen, wenn sich die anderweitige Ahndung nur auf einen bedeutungslosen Annex des Verfahrensgegenstandes bezieht. Als Beispiel wird der Fall genannt, daß der wegen Veruntreuung vom Strafgericht verurteilte Rechtsanwalt zusätzlich im Zusammenhang mit der Veruntreuung seiner Auskunftspflicht gegenüber dem Vorstand der Rechtsanwaltskammer nach § 56 nicht nachgekommen ist.[8]

Einzelne Handlungen einer einheitlichen Pflichtverletzung können in Ausnahmefällen isoliert nach § 115 b geprüft werden, wenn die einzelnen Vorgänge **völlig selbständige Handlungen** zum Gegenstand haben, die keinen inneren oder äußeren Zusammenhang zu der Standesverfehlung im übrigen haben.[9] Bei einer solchen Entscheidung ist allerdings besonderes Augenmerk auf die Frage zu legen, ob nicht die Persönlichkeit des Täters bereits den inneren Zusammenhang der einheitlichen Standesverfehlung begründet.

3. Anderweitige Ahndung

Ein Gericht oder eine Behörde muß gegen den Rechtsanwalt auf eine Strafe, eine Disziplinarmaßnahme, eine berufsgerichtliche Maßnahme oder eine Ord-

---

[6] *Paepcke*, FS Pfeiffer, S. 992; BGH NJW 1976, 526.
[7] BGHSt 27, 305 = NJW 1978, 836 = EGE XIV, 162.
[8] *Feuerich/Braun*, § 115 b Rdn. 10.
[9] *Paepcke*, FS Pfeiffer, S. 945.

nungsmaßnahme erkannt haben. Als Strafe sind anzusehen alle Verurteilungen nach dem Strafgesetzbuch oder nach strafrechtlichen Nebengesetzen zu Freiheitsentziehung, Geldstrafe, auch Verwarnung mit Strafvorbehalt nach § 59 StGB. Dazuzuzählen sind auch die in einem gesetzlich geordneten behördlichen Verfahren ausgesprochenen Bestrafungen, etwa nach dem OWiG. Ordnungsmaßnahmen, die eine „anderweitige Ahndung" im Sinne der Vorschrift auslösen, sind solche mit Strafcharakter. Eine sitzungspolizeiliche Ordnungsmaßnahme nach § 176 GVG stellt eine anderweitige Ahndung nicht dar.[10] Eine **Auflage nach § 153 a StPO** im Strafverfahren erfüllt das Merkmal der anderweitigen Ahndung gleichfalls nicht.[11] Es fehlt bei einer Einstellung des Strafverfahrens, das dasselbe Verhalten zum Gegenstand hat, an der Verhängung einer Strafe oder Maßnahme. Letztlich hat es nämlich der Beschuldigte in der Hand, ob er durch die Erfüllung der Auflage die Voraussetzungen dafür herbeiführt, daß das Verfahren endgültig eingestellt wird. Maßnahmen zur Zeugnis- und Eideserzwingung, gebührenpflichtige Verwarnungen, Ordnungsstrafen nach der StPO oder sonstige Ermahnungen oder Belehrungen durch Gerichte oder Behörden erfüllen das Merkmal einer „anderweitigen Ahndung" nicht.[12] Strafen und Ordnungsmaßnahmen **ausländischer Gerichte** oder Behörden können das Merkmal der anderweitigen Ahndung erfüllen, soweit sie in einem rechtsstaatlich geordneten Verfahren ergangen sind.[13]

4. Verfahrensrecht

8 Eine ausdrückliche verfahrensrechtliche Bestimmung enthält § 139 Abs. 3 Nr. 2, wonach das Anwaltsgericht das Verfahren einzustellen hat, wenn nach § 115 b von einer anwaltsgerichtlichen Ahndung abzusehen ist. Daraus ist jedoch nicht zu schließen, daß die Einstellung des anwaltsgerichtlichen Verfahrens nicht bereits im früheren Stadium zu erfolgen hätte. Liegen die Voraussetzungen vom Absehen einer anwaltsgerichtlichen Ahndung vor, so kann bereits die **Staatsanwaltschaft** das Verfahren einstellen. Das Anwaltsgericht lehnt die Eröffnung des Hauptverfahrens ab, wenn nach § 115 b von einer anwaltsgerichtlichen Ahndung abzusehen ist.[14]

9 Ein Aufhebungsverfahren für eine entgegen § 115 b ergangene anwaltsgerichtliche Entscheidung sieht das Gesetz – anders als die Bundesdisziplinarordnung (§ 123) – nicht vor. Im Hinblick auf die Aussetzungsbestimmungen in §§ 118, 118 b hielt der Gesetzgeber eine solche Regelung nicht für notwendig.[15]

IV. Zusätzlich erforderliche Ahndung

10 Zusätzlich zu der anderweitigen Ahndung kommt eine anwaltsgerichtliche Maßnahme wegen desselben Verhaltens nur dann in Betracht, wenn festgestellt wird, daß dies notwendig ist, „um den Rechtsanwalt zur Erfüllung seiner Pflichten anzuhalten und das Ansehen der Rechtsanwaltschaft zu wahren". Beide Merkmale müssen gegeben sein, das Vorliegen eines der Merkmale genügt nicht.[16]

---

[10] BGH EGE XIV, 155.
[11] BGHSt 28, 174 = NJW 1979, 770 = EGE XIV, 206.
[12] *Feuerich/Braun,* § 115 b Rdn. 16.
[13] *Kleine-Cosack,* § 115 b Rdn. 5.
[14] Amtl. Begr. zu § 115 b.
[15] Amtl. Begr. zu § 115 b.
[16] EGH Hamm, BRAK-Mitt. 1983, 96.

Eine zusätzliche anwaltsgerichtliche Maßnahme kommt insbesondere dann in Betracht, wenn die anderweitige Ahndung der Tatsache, daß es sich bei dem strafwürdigen Verhalten um eine **anwaltliche Pflichtverletzung** handelt, nicht Rechnung trägt. Nehmen dagegen in einem strafgerichtlichen Urteil die Strafzumessungserwägungen besondere Rücksicht auf die Tatsache, daß von einem Rechtsanwalt als Organ der Rechtspflege eine besondere Rechtstreue und kein rechtsfeindliches Verhalten zu erwarten ist, dürfte es keiner zusätzlichen anwaltsgerichtlichen Maßnahme bedürfen, um den Rechtsanwalt zur Erfüllung seiner Pflichten anzuhalten. Bei Verleumdungen und übler Nachrede gegen andere Organe der Rechtspflege nimmt die Rechtsprechung vielfach die Notwendigkeit einer anwaltsgerichtlichen zusätzlichen Ahndung an.[17] Gleiches gilt für Verletzungen der Wahrheitspflicht und erst recht bei Aussagedelikten, die der Rechtsanwalt begangen hat.

Das „**Ansehen der Rechtsanwaltschaft**" wird in § 115 b nach wie vor geschützt, in § 113 Abs. 2 ist es aufgrund der Änderung durch das Gesetz zur Neuordnung des Berufsrechts der Rechtsanwälte und der Patentanwälte vom 2. September 1994[18] entfallen. Im Einzelfall ist zu prüfen, ob die Umstände der Tat eine zusätzliche anwaltsgerichtliche Ahndung nicht erforderlich machen, weil eine Störung des Ansehens der Rechtsanwaltschaft nicht zu besorgen ist.

Waren mehrere Einzelhandlungen bereits Gegenstand strafrechtlicher Verurteilungen, so ist nicht für jede einzelne, sondern in einer Gesamtwürdigung zu prüfen, ob eine anwaltsgerichtliche Ahndung geboten ist.[19]

V. Ausschließung und Vertretungsverbot nach Satz 2

Satz 2 erklärt die Anwendung der Bestimmung für unanwendbar, wenn im anwaltsgerichtlichen Verfahren auf eine Maßnahme nach § 114 Abs. 1 Nr. 4 oder 5 zu erkennen wäre. Die Vorschrift gewährleistet im Hinblick auf eine anderweitige berufsgerichtliche Maßnahme bei **Doppelberuflern**, daß in jedem Fall ein Vertretungsverbot oder die Ausschließung aus der Rechtsanwaltschaft verhängt werden könnte. Die Verhängung eines Berufsverbot im Strafverfahren (§ 70 StGB) für die Dauer von einem Jahr bis zu fünf Jahren oder auf Dauer bindet das Anwaltsgericht bei seiner Entscheidung in keiner Weise. Die Maßregel der Sicherung und Besserung nach dem StGB und die anwaltsgerichtlichen Maßnahmen stehen völlig selbständig nebeneinander.[20]

---

[17] *Feuerich/Braun,* § 115 b Rdn. 35 ff. m. w. N.
[18] BGBl. I, S. 2278.
[19] *Jähnke,* FS Pfeiffer, S. 944.
[20] *Gribbohm,* FS Pfeiffer, S. 911 (924); BGH NJW 1975, 1712 = EGE XIII, 112.

Siebenter Teil. Das anwaltsgerichtliche Verfahren

Erster Abschnitt. Allgemeines

§ 116 Vorschriften für das Verfahren

Für das anwaltsgerichtliche Verfahren gelten die nachstehenden Vorschriften. Ergänzend sind das Gerichtsverfassungsgesetz und die Strafprozeßordnung sinngemäß anzuwenden.

I. Allgemeines

1   Für das anwaltsgerichtliche Verfahren sind vorrangig maßgeblich die besonderen Bestimmungen der §§ 117 bis 161 a. Insoweit die BRAO gar keine oder nur unvollständige Regelungen enthält, sind die Vorschriften des GVG und der StPO „sinngemäß" heranzuziehen. Keine Anwendung finden dagegen die Einführungsgesetze zum GVG und zur StPO.[1]

II. Sinngemäße Anwendung des Gerichtsverfassungsgesetzes

2   Aus der Natur des anwaltsgerichtlichen Verfahrens ergibt sich, daß die Bestimmungen des GVG, die keinen Bezug zum Strafverfahren haben, nicht anwendbar sind. Im anwaltsgerichtlichen Verfahren sind die folgenden Bestimmungen sinngemäß ergänzend anzuwenden:

3   § 1 – Richterliche Unabängigkeit;[2]
§§ 18 bis 20 – Befreiungen von Mitgliedern im diplomatischen Dienst, im konsularischen Bereich und anderer Exterritorialer;
§§ 21 a bis 21 i – Präsidium und Geschäftsverteilung;[3]
§ 70 Abs. 1 – Vertretung der Kammermitglieder;[4]
§ 140 a – Zuständigkeit für Wiederaufnahmeverfahren in Strafsachen mit Ausnahme des Absatzes 5 entsprechend anwendbar.
§§ 143 bis 152 – Vorschriften über die Staatsanwaltschaft – sind mit Ausnahme von § 145 Abs. 2 und § 147 Nr. 3 entsprechend anwendbar.
§§ 156 bis 168 – Rechtshilfe – sind entsprechend anwendbar, wobei §§ 99, 137 BRAO zu beachten sind.
§§ 169 bis 175 – Öffentlichkeit – sind mit Ausnahme von §§ 170 und 171 a entsprechend anwendbar, wenn entgegen dem Grundsatz des § 135 BRAO die Öffentlichkeit hergestellt worden ist.
§§ 176 bis 182 – Sitzungspolizei, Ordnungsmittel – sind entsprechend anwendbar.
§ 183 – Straftaten in der Sitzung – ist entsprechend anwendbar, und zwar auch, soweit eine anwaltliche Pflichtverletzung begangen wird; das Festnahmerecht besteht in diesem Fall jedoch **nicht** (§ 117 BRAO).

---

[1] *Isele,* § 116 Anm. II. D.; *Feuerich/Braun,* § 116 Rdn. 1.
[2] Siehe auch § 95 Rdn. 4.
[3] § 95 Rdn. 7, § 97 Rdn. 1 f., § 105 Rdn. 1.
[4] BGH EGE VIII, 45.

§ 116 Vorschriften für das Verfahren 4–6 § 116

§§ 184 bis 186, 188 bis 191 – Gerichtssprache – sind entsprechend anwendbar.
§§ 192 bis 197 – Beratung und Abstimmung – gelten entsprechend. Für die Schuldfrage im anwaltsgerichtlichen Verfahren ist nach § 116 S. 2 BRAO i. V. m. § 263 StPO eine Mehrheit von 2/3 der Stimmen erforderlich; das gilt nach § 152 BRAO auch für die Verhängung eines vorläufigen Berufs- oder Vertretungsverbotes.
§§ 199 bis 202 – Gerichtsferien – sind **nicht** entsprechend anwendbar.[5]

III. Sinngemäße Anwendung der Strafprozeßordnung

Zur sinngemäßen, ergänzenden Anwendung der Bestimmungen der Strafprozeßordnung nach § 116 S. 2 gilt folgendes: 4

Erstes Buch. Allgemeine Vorschriften 5
Erster Abschnitt. Sachliche Zuständigkeit der Gerichte
§ 1 – Sachliche Zuständigkeit – ist **nicht** entsprechend anwendbar, da § 119 Abs. 1, § 143 Abs. 1 und § 145 Abs. 1 Regelungen im Sinne von § 116 S. 1 enthalten.
§ 2 – Verbindung und Trennung – ist **nicht** entsprechend anwendbar, da § 119 eine Regelung im Sinne von § 116 S. 1 enthält.
§ 3 – Begriff des Zusammenhangs – ist sinngemäß anwendbar.
§ 4 – Verbindung und Trennung rechtshängiger Sachen – ist sinngemäß anwendbar, soweit es die Verbindung betrifft. Wegen des Grundsatzes der Einheitlichkeit der Pflichtverletzung bedarf es für jedes der zu verbindenden Verfahren eines Eröffnungsbeschlusses bei mehreren anhängigen Verfahren oder der Zulassung einer Nachtragsanschuldigung. Sodann kann die Verbindung der Verfahren ausgesprochen werden. Eine Trennung von Verfahren ist dagegen im Hinblick auf den Grundsatz der Einheitlichkeit der Pflichtverletzung nicht möglich.
§ 5 – Maßgebendes Verfahren – ist **nicht** sinngemäß anwendbar, da das Anwaltsgericht in jedem Falle zuständig ist (§ 119 Abs. 1).
§ 6 – Prüfung von Amts wegen – ist sinngemäß anwendbar. Maßstab für die Prüfung der eigenen Zuständigkeit ist § 118 a.[6]
§ 6 a – Zuständigkeit besonderer Strafkammern – ist **nicht** sinngemäß anwendbar.

Zweiter Abschnitt. Gerichtsstand 6
§§ 7 bis 13 sind wegen der Regelung in § 119 Abs. 2 **nicht** sinngemäß anwendbar.
§ 13 a – Zuständigkeitsbestimmung durch den BGH – sollte **nicht** zur sinngemäßen Anwendung kommen müssen. Wenn aber, infolge eines Versehens, eine Person der Anwaltsgerichtsbarkeit unterstünde, ohne einer Rechtsanwaltskammer anzugehören, wäre das zuständige Gericht vom BGH zu bestimmen.
§ 14 – Bestimmung bei Zuständigkeitsstreit – ist sinngemäß anwendbar; siehe auch § 228.
§ 15 – Verhinderung des zuständigen Gerichts – ist sinngemäß anwendbar; siehe auch § 228.
§ 16 – Prüfung der örtlichen Zuständigkeit – ist sinngemäß anwendbar.
§ 19 – Negativer Kompetenzstreit – ist sinngemäß anwendbar.

---
[5] *Isele*, Anh. I. zu § 116, §§ 199 bis 202 GVG.
[6] Vgl. auch § 110 a BNotO.

§ 20 – Untersuchungshandlungen eines unzuständigen Gerichts – ist sinngemäß anwendbar; praktische Bedeutung kann dies erlangen, wenn ein unzuständiger Spruchkörper oder ein nicht zuständiges Gericht im Wege der Rechtshilfe Untersuchungshandlungen vornimmt oder der beschuldigte Rechtsanwalt einer anderen Kammer angehört.
§ 21 – Notzuständigkeit – ist sinngemäß anwendbar.

7 **Dritter Abschnitt. Ausschließung und Ablehnung der Gerichtspersonen**
§ 22 – Ausschluß von Richtern – ist sinngemäß anwendbar.[7] Ist einer der Richter in dem Strafverfahren als Zeuge vernommen worden, das dasselbe Verhalten zum Gegenstand hatte, ist er nicht nach § 22 Nr. 5 StPO ausgeschlossen, da das Strafverfahren und das anwaltsgerichtliche Verfahren nicht identisch sind.[8]
§ 23 – Ausschluß wegen vorangegangener Mitwirkung – ist sinngemäß anzuwenden. Ein Richter, der bereits in dem Strafverfahren mitgewirkt hat, das dasselbe Verhalten zum Gegenstand hatte, ist deswegen nicht ausgeschlossen.[9] Er kann im Einzelfall jedoch wegen der Besorgnis der Befangenheit abgelehnt werden.
§ 24 – Ablehnung von Richtern – ist sinngemäß anwendbar.[10]
§ 25 – Zeitpunkt der Ablehnung – ist sinngemäß anwendbar.[11]
§ 26 – Ablehnungsverfahren – ist mit Ausnahme von Absatz 1 zweiter Halbsatz sinngemäß anwendbar.[12]
§ 26 a – Unzulässige Ablehnung – ist sinngemäß anwendbar.[13]
§ 27 – Entscheidung über das Ablehnungsgesuch – ist sinngemäß anwendbar.
§ 28 – Rechtsmittel – ist sinngemäß anwendbar.
§ 29 – Unaufschiebbare Amtshandlungen – ist sinngemäß anwendbar.
§ 30 – Selbstanzeige – ist sinngemäß anwendbar.
§ 31 – Schöffen, Urkundsbeamte – ist nur hinsichtlich des Protokollführers (§ 140) sinngemäß anwendbar; in ihrer Stellung den Schöffen vergleichbare Mitglieder der Anwaltsgerichtsbarkeit gibt es nicht.

8 **Vierter Abschnitt. Gerichtliche Entscheidungen und ihre Bekanntmachung**
§ 33 – Anhörung der Beteiligten – ist sinngemäß anwendbar, mit Ausnahme von Abs. 4 S. 1, der wegen § 117 gegenstandslos ist.
§ 33 a – Nachholung des rechtlichen Gehörs – ist sinngemäß anwendbar.
§ 34 – Begründung – ist sinngemäß anwendbar.[14]
§ 34 a – Rechtskraft durch Beschluß – ist sinngemäß anwendbar.
§ 35 – Bekanntmachung – ist sinngemäß anwendbar.
§ 35 a S. 1 – Rechtsmittelbelehrung – ist sinngemäß anwendbar. Satz 2 ist **nicht** anwendbar, denn § 143 Abs. 4 sieht die Verwerfung der Berufung nach § 329 Abs. 1 S. 1 und 2 und Abs. 3 StPO nicht vor, wenn der Rechtsanwalt durch öffentliche Zustellung geladen worden ist.
§ 36 – Zustellung und Vollstreckung – ist sinngemäß anwendbar.[15]

---
[7] BVerfG EGE X, 217; BGH EGE XII, 74.
[8] *Feuerich/Braun*, § 116 Rdn. 15.
[9] BGHSt 15, 372 = NJW 1961, 931 = EGE VI, 125.
[10] BVerfG EGE X, 217; BGH EGE XII, 74.
[11] BGH EGE XII, 74.
[12] BVerfG EGE X, 217; BGH EGE XII, 74; *Isele*, Anh. 2 zu § 116, § 26 StPO.
[13] BGH EGE XII, 74, 76.
[14] BGH EGE VIII, 47.
[15] BGH BRAK-Mitt. 1983, 92.

§ 37 – Zustellungsverfahren – ist sinngemäß anwendbar mit Absatz 1 Satz 2, Absatz 2 und 3; an die Stelle von Absatz 1 Satz 1 tritt § 229.

§ 38 – Unmittelbare Ladung – ist sinngemäß anwendbar.

§ 40 – Öffentliche Zustellung – ist **nicht** sinngemäß anwendbar; nach § 229 gelten auch für öffentliche Zustellungen die Bestimmungen der ZPO.

§ 41 – Zustellung an die Staatsanwaltschaft – ist sinngemäß anwendbar.

Fünfter Abschnitt. Fristen und Wiedereinsetzung in den vorherigen Stand

§ 42 – Tagesfristen – ist sinngemäß anwendbar.

§ 43 – Wochen- und Monatsfristen – ist sinngemäß anwendbar.

§ 44 – Wiedereinsetzung den vorherigen Stand – ist sinngemäß anwendbar.

§ 45 – Wiedereinsetzungsantrag – ist sinngemäß anwendbar, auch § 45 Abs. 2 S. 3 StPO.[16]

§ 46 – Entscheidung; Rechtsmittel – ist sinngemäß anwendbar. Bei Entscheidungen des Anwaltsgerichtshofes und des Bundesgerichtshofes ist § 116 S. 2 i. V. m. § 304 Abs. 4 StPO zu beachten. In Verfahren nach § 74 a ist ein Rechtsmittel gegen die Versagung der Wiedereinsetzung in den vorherigen Stand durch das Anwaltsgericht nicht gegeben.[17]

§ 47 – Vollstreckung – ist sinngemäß anwendbar.

Sechster Abschnitt. Zeugen

§§ 48 bis 61 sind sinngemäß anwendbar.

§ 62 – Vereidigung in Privatklagesachen – ist **nicht** anwendbar.

§ 63 – Eidesverweigerungsrecht – ist sinngemäß anwendbar.

§ 64 – Protokollvermerk – ist sinngemäß anwendbar.

§ 65 – Vereidigung im vorbereitenden Verfahren – ist sinngemäß anwendbar. Die Bestimmung des § 149 Abs. 2, wonach im anwaltsgerichtlichen Beweissicherungsverfahren die Zeugen eidlich zu vernehmen sind, geht gegenüber § 65 StPO vor.

§§ 66 a bis 71 sind sinngemäß anwendbar.

Siebter Abschnitt. Sachverständige und Augenschein

§§ 72 bis 80 sind sinngemäß anwendbar, wobei die Antragsbefugnis des Privatklägers in § 74 Abs. 2 Satz 1 StPO gegenstandslos ist.

§§ 80 a bis 81 b sind im Hinblick auf § 117 BRAO **nicht** sinngemäß anwendbar.[18]

§ 81 c – Untersuchung anderer Personen – ist sinngemäß anwendbar, da § 117 BRAO in Bezug auf andere Personen nicht gilt.

§ 81 d – Untersuchung einer Frau – ist insoweit anwendbar, als es um die Untersuchung einer „anderen Person" im Sinne des § 81 c StPO geht.

§§ 82 bis 86 sind sinngemäß anwendbar.

§§ 87 bis 91 sind **nicht** anwendbar.

§ 92 – Gutachten bei Geld- oder Wertzeichenfälschung – ist sinngemäß anwendbar. Sofern eine entsprechende Verfehlung Gegenstand des anwaltsgerichtlichen Verfahrens ist, sprechen keine durchgreifenden Gründe dafür, die besondere Begutachtung nach der Vorschrift nicht auch im anwaltsgerichtlichen Verfahren anzuwenden.

§ 93 – Schriftvergleichung – ist sinngemäß anwendbar.

---

[16] *Feuerich/Braun*, § 116 Rdn. 17 m.w. N.
[17] EGH Frankfurt EGE XIII, 182.
[18] Vgl. § 117 Rdn. 3.

12 Achter Abschnitt. Beschlagnahme, Überwachung des Fernmeldeverkehrs, Rasterfahndung, Einsatz technischer Mittel, Einsatz Verdeckter Ermittler und Durchsuchung

§ 94 Abs. 1 und 2 – Sicherstellung von Beweisgegenständen – ist sinngemäß anwendbar.

§ 95 – Herausgabepflicht – ist sinngemäß anwendbar.

§ 96 – Schriftstücke in Ämtern – ist sinngemäß anwendbar.

§ 97 – Beschlagnahmefreie Gegenstände – ist sinngemäß anwendbar.[19] Die Vorschrift des § 97 StPO soll aber nicht den zur Zeugnisverweigerung berechtigten Rechtsanwalt schützen. Bei dem beschuldigten Rechtsanwalt können daher die nach § 97 StPO geschützten Beweismittel beschlagnahmt werden.[20] Die aus der Beschlagnahme gewonnenen Erkenntnisse können aber nur gegen den beschuldigten Rechtsanwalt, nicht auch gegen seinen Mandanten verwertet werden. Unterlagen über ein Rechtsanwaltsanderkonto unterliegen nicht dem Beschlagnahmeverbot.[21]

§ 98 – Anordnung der Beschlagnahme – ist sinngemäß anwendbar; zuständig für den Erlaß der Anordnung ist nach § 116 S. 2 i. V. m. § 162 StPO der Ermittlungsrichter beim Amtsgericht.

§§ 98 a und 98 b – Rasterfahndung; Anordnung und Ausführung – sind teilweise entsprechend anwendbar, soweit es um die Verwertung gewonnener Erkenntnisse geht. Im anwaltsgerichtlichen Verfahren selbst kann die Rasterfahndung nicht angeordnet werden, weil die schuldhafte Pflichtverletzung im Katalog der Taten des § 98 a Abs. 1 Nr. 1 bis 6 StPO nicht genannt ist. Aufgrund der von der Rechtsprechung zur sinngemäßen Anwendung von § 100 a StPO entwickelten Grundsätze[22] ist davon auszugehen, daß die durch die Rasterfahndung gewonnenen Erkenntnisse im anwaltsgerichtlichen Verfahren verwertet werden können, wenn die den Vorwurf der anwaltlichen Pflichtverletzung begründenden Tatsachen im Zusammenhang mit einer der in § 98 Abs. 1 Nr. 1 bis 6 StPO genannten Straftaten in Zusammenhang stehen.

§ 98 c – Datenabgleich – ist sinngemäß anwendbar. Daß § 98 c S. 1 StPO den Datenabgleich nur „für Zwecke eines Strafverfahrens" gestattet, ist angesichts der Bestimmung des § 116 S. 2 unschädlich, da durch § 116 S. 2 auch die Verwendung für die Zwecke des anwaltsgerichtlichen Verfahrens erlaubt wird. Auch § 117 hindert die sinngemäße Anwendung nicht, denn der Datenabgleich stellt keine der Freiheitsentziehung entsprechende Maßnahme dar. § 98 c StPO rechtfertigt die Durchbrechung des Grundsatzes der informationellen Selbstbestimmung.

§§ 99, 100 – Postbeschlagnahme; Zuständigkeit – sind sinngemäß anwendbar.

§ 100 a – Überwachung des Fernmeldeverkehrs – ist zum Teil sinngemäß anwendbar. Die Anordnung der Telefonüberwachung ist im anwaltsgerichtlichen Verfahren **nicht** zulässig. Jedoch können bei der Überwachung des Fernmeldeverkehrs gewonnene tatsächliche Erkenntnisse auch im anwaltsgerichtlichen Verfahren gegenüber Dritten verwertet werden, wenn die die anwaltliche

---

[19] *Feuerich/Braun*, § 116 Rdn. 20.
[20] LG Berlin NStZ 93, 146; OLG Koblenz AnwBl. 1985, 314; vgl. auch BGH NStZ 1983, 85; *Gülzow* NJW 1981, 265; *Waldowski* AnwBl. 1975, 106; *Haffke* NJW 1975, 808.
[21] *Feuerich/Braun*, § 116 Rdn. 20.
[22] BGHSt 26, 298 = NJW 1976, 1462 = EGE XIII, 128.

Pflichtverletzung begründenden Tatsachen im Zusammenhang mit einer Katalogtat im Sinne des § 100 a StPO stehen.[23]

§ 100 b – Anordnung und Ausführung – ist **nicht** anwendbar.

§ 100 c – Einsatz technischer Mittel – ist sinngemäß anwendbar, soweit es um Maßnahmen nach Absatz 1 Nr. 1 geht. Eine sinngemäße Anwendbarkeit von Absatz 1 Nr. 2 – Abhörung und Aufzeichnung des nicht öffentlich gesprochenen Wortes – ist im anwaltsgerichtlichen Verfahren **nicht** einsetzbar, da eine „Katalogtat" im Sinne des § 100 a StPO notwendig ist.

§ 100 d – Anordnung und Ausführung – ist als Regelung zu § 100 c Abs. 1 Nr. 2 StPO **nicht** anwendbar.

§ 101 – Benachrichtigung; Aushändigung – ist insoweit sinngemäß anwendbar, als Maßnahmen nach §§ 99 oder 100 c StPO getroffen worden sind.

§ 102 – Durchsuchung beim Verdächtigen – ist insoweit sinngemäß anwendbar, als es um die Durchsuchung der Wohnung oder anderer Räume und der dem beschuldigten Rechtsanwalt gehörenden Sachen zum Zwecke der Auffindung von Beweismitteln geht. Eine Durchsuchung der Person des Rechtsanwalts und jegliche Durchsuchungshandlung zum Zwecke der Ergreifung kommen wegen § 117 nicht in Betracht.

§ 103 – Durchsuchung bei anderen Personen – ist nur insoweit sinngemäß anwendbar, als die Maßnahme nicht auf die Ergreifung des Beschuldigten abzielt. Im übrigen ist die Vorschrift im Hinblick auf § 117 **nicht** sinngemäß anwendbar.

§ 104 – Nächtliche Haussuchung – ist insoweit sinngemäß anwendbar, als Gefahr im Verzug vorliegt.

§ 105 – Anordnung und Ausführung von Durchsuchungen – ist sinngemäß anwendbar.

§ 106 – Zuziehung des Inhabers – ist sinngemäß anwendbar.

§ 107 – Mitteilung; Verzeichnis – ist sinngemäß anwendbar.

§ 108 – Zufallsfunde – ist sinngemäß anwendbar. Dies gilt sowohl für Funde, die bei anwaltsgerichtlichen Ermittlungen gemacht werden und die für ein Strafverfahren von Bedeutung sind, als auch für Funde im strafrechtlichen Ermittlungsverfahren, die für das anwaltsgerichtliche Verfahren verwertbar sind.

§ 109 – Kennzeichnung beschlagnahmter Gegenstände ist sinngemäß anwendbar.

§ 110 – Durchsicht von Papieren – ist sinngemäß anwendbar.

§§ 110 a bis 110 e – Verdeckte Ermittler – sind **nicht** anwendbar. Nach § 110 a StPO setzt der Einsatz Verdeckter Ermittler Anhaltspunkte für das Vorliegen einer der Katalogstraftaten voraus. Da die Katalogstraftaten keine Entsprechung im anwaltsgerichtlichen Verfahren haben, sind die Vorschriften nicht sinngemäß anwendbar.

§ 111 – Kontrollstellen – ist **nicht** anwendbar.

§ 111 a – Vorläufige Entziehung der Fahrerlaubnis ist **nicht** entsprechend anwendbar.

§§ 111 b und 111 c – Sicherstellung, Beschlagnahme sind **nicht** anwendbar.

§ 111 d – Dinglicher Arrest – ist wegen einer Geldbuße und der zu erwartenden Kosten des anwaltsgerichtlichen Verfahrens sinngemäß anwendbar.

§ 111 e – Anordnungskompetenz – ist sinngemäß heranzuziehen, soweit es um die Anwendung von § 111 d StPO geht.

§ 111 f – Vollstreckungskompetenz – ist mit seinem Absatz 3 sinngemäß anwendbar, soweit es um die Ausführung einer Entscheidung nach § 111 d StPO geht.

---

[23] BGHSt 26, 298 = NJW 1976, 1472 = EGE XIII, 128.

§§ 111 g bis 111 k sind **nicht** anwendbar.

§ 111 l – Notveräußerung – ist im Hinblick auf eine Maßnahme nach § 111 d StPO sinngemäß anwendbar.

§ 111 m – Beschlagnahme von Schriften und Herstellungsmitteln – ist **nicht** anwendbar.

§ 111 n – Anordnung und Aufhebung der Beschlagnahme von Druckwerken – ist **nicht** anwendbar.

§ 111 o – Dinglicher Arrest bei erwarteter Vermögensstrafe – ist **nicht** anwendbar, da die Sanktion im anwaltsgerichtlichen Verfahren nicht verhängt werden kann.

§ 111 p – Vermögensbeschlagnahme – ist **nicht** anwendbar.

13 **Neunter Abschnitt. Verhaftung und vorläufige Festnahme**

§§ 112 bis 131 – Verhaftung und vorläufige Festnahme – sind wegen der entgegenstehenden Regelung des § 117 BRAO **nicht** anwendbar.

14 **9 a. Abschnitt. Sonstige Maßnahmen zur Sicherstellung der Strafverfolgung und Strafvollstreckung**

§ 132 – Sonstige Maßnahmen – ist **nicht** sinngemäß anwendbar.[24] Die Vorschrift dient der Durchführung des Strafverfahrens einschließlich der Vollstreckung in Fällen, in denen die Voraussetzungen für den Erlaß eines Haftbefehls nicht vorliegen.[25] Im Hinblick auf § 117 BRAO sind auch die sonstigen Maßnahmen im Sinne des § 132 StPO zur Sicherung des anwaltsgerichtlichen Verfahrens, das keine Pflicht zum Erscheinen kennt, ausgeschlossen.

15 **9 b. Abschnitt. Vorläufiges Berufsverbot**

§ 132 a – Vorläufiges Berufsverbot – ist im anwaltsgerichtlichen Verfahren **nicht** anwendbar, da §§ 150 bis 161 a vorgehen. Allerdings ist die Verhängung eines vorläufigen Berufsverbots nach § 132 a StPO auch gegen einen Rechtsanwalt im strafrechtlichen Ermittlungsverfahren möglich.[26]

16 **Zehnter Abschnitt. Vernehmung des Beschuldigten**

§ 133 Abs. 1 – Ladung – ist sinngemäß anwendbar. Im Hinblick auf § 117 BRAO ist § 133 Abs. 2 StPO dagegen **nicht** anwendbar.

§§ 134 und 135 – Vorführung – sind wegen § 117 BRAO **nicht** anwendbar.

§ 136 – Erste richterliche Vernehmung – ist sinngemäß anwendbar.

§ 136 a – Verbotene Vernehmungsmethoden – ist sinngemäß anwendbar.

17 **Elfter Abschnitt. Verteidigung**

§ 137 – Wahl eines Verteidigers – ist sinngemäß anwendbar; auch die Beschränkung auf drei Wahlverteidiger gilt.

§ 138 – Wahlverteidiger – ist sinngemäß anwendbar.

§ 138 a – Ausschließung des Verteidigers – ist sinngemäß anwendbar.[27] Für das Rügeverfahren nach § 74 a kann § 138 a StPO **keine** Anwendung finden.[28]

§ 138 b – Ausschließung in Staatsschutzsachen – ist **nicht** anwendbar.

§ 138 c – Verfahren – ist sinngemäß anwendbar. Anstelle des Oberlandesgerichts entscheidet der Anwaltsgerichtshof.

---

[24] A. A. *Isele*, Anhang zu §§ 116, 132 StPO; *Feuerich/Braun*, § 116 Rdn. 25.
[25] *Kleinknecht/Meyer-Goßner*, § 132 Rdn. 1.
[26] BGHSt 28, 84.
[27] BGH EGE XIV, 192.
[28] EGH Hamm BRAK-Mitt. 1983, 90.

§ 116 Vorschriften für das Verfahren   18 § 116

§ 138 d – Mündliche Verhandlung; Rechtsmittel – ist sinngemäß anwendbar.[29] Entscheidet der Anwaltsgerichtshof ohne mündliche Verhandlung, stellt dies einen nicht behebbaren Verfahrensmangel dar, da der BGH im Beschwerdeverfahren nach § 116 S. 2 i. V. m. § 309 StPO ohne mündliche Verhandlung entscheidet.[30]

§ 139 – Referendare – ist sinngemäß anwendbar.

§ 140 – Notwendige Verteidigung – ist insoweit sinngemäß anwendbar, als im anwaltsgerichtlichen Verfahren Fälle notwendiger Verteidigung bestehen.[31]

§ 141 – Bestellung des Verteidigers – ist sinngemäß anwendbar.

§ 142 – Auswahl – ist sinngemäß anwendbar.

§ 143 – Zurücknahme der Bestellung – ist sinngemäß anwendbar.

§ 145 – Ausbleiben des Verteidigers – ist sinngemäß anwendbar.

§ 145 a – Zustellungsvollmacht – ist sinngemäß anwendbar.

§ 146 – Verbot der Mehrfachverteidigung – ist sinngemäß anwendbar.

§ 146 a – Zurückweisung des Verteidigers – ist sinngemäß anwendbar.

§ 147 – Akteneinsicht – ist sinngemäß anwendbar; das Recht zur Akteneinsicht für den beschuldigten Rechtsanwalt und die Rechtsanwaltskammer bestimmt sich nach § 117 b.[32]

§ 148 – Verkehr mit dem Verteidiger – ist sinngemäß anwendbar. Dabei ist die Vorschrift so zu verstehen, daß § 148 StPO auch für die Kontakte des beschuldigten Rechtsanwalts mit seinem Verteidiger im anwaltsgerichtlichen Verfahren gilt. Geschützt werden soll nämlich das besondere Vertrauensverhältnis zwischen dem Auftraggeber und seinem Verteidiger.[33] Um dem nicht auf freiem Fuß befindlichen beschuldigten Rechtsanwalt im anwaltsgerichtlichen Verfahren angemessene Verteidigungsmöglichkeiten zu bieten, bedarf es der Heranziehung des § 148 StPO. Nicht zu folgen ist daher der Auffassung des LG Koblenz,[34] wonach § 148 Abs. 1 StPO keine Anwendung findet auf den Verteidiger im Dienstordnungsverfahren, und zwar auch dann nicht, wenn Gegenstand dieses Verfahrens die zur Inhaftierung führende Straftat ist.

§ 148 a – Durchführung der Überwachung – ist sinngemäß anwendbar, soweit der beschuldigte Rechtsanwalt nach den Voraussetzungen von § 148 Abs. 2 StPO nicht auf freiem Fuß ist.

§ 149 – Beistände – ist sinngemäß anwendbar.

Zweites Buch. Verfahren im ersten Rechtszug 18
Erster Abschnitt. Öffentliche Klage

§ 151 – Anklageprinzip – ist sinngemäß anwendbar.[35]

§ 152 – Offizial- und Legalitätsprinzip – ist sinngemäß anwendbar.

§ 152 a – Immunität der Abgeordneten – ist sinngemäß anwendbar.

§ 153 – Einstellung wegen Geringfügigkeit – ist **teilweise** sinngemäß anwendbar. Zu beachten ist, daß die Unterscheidung zwischen Verbrechen und Vergehen im Strafrecht keine Entsprechung bei der anwaltlichen Pflichtverletzung findet. § 153 Abs. 1 S. 1 StPO ist daher anwendbar, wenn die Voraussetzungen vorliegen. Da die BRAO – abgesehen von §§ 114 a und 156 – einzelnen

---

[29] BGH EGE XIV, 192.
[30] BGH EGE XIV, 192.
[31] Vgl. § 117 a Rdn. 2, 3.
[32] Vgl. § 117 b.
[33] LR § 148 Rdn. 3.
[34] MDR 1981, 72.
[35] Vgl. § 121 Rdn. 1.

Pflichtverletzungstatbeständen keine Sanktionen zuweist, kann § 153 Abs. 1 S. 2 **nicht** herangezogen werden. § 153 Abs. 2 StPO ist gleichfalls sinngemäß anwendbar; das gilt auch für Satz 2, wonach es der Zustimmung des aus freien Stücken der Hauptverhandlung ferngebliebenen Angeschuldigten nicht bedarf.

§ 153 a – Einstellung nach Erfüllung von Auflagen ist sinngemäß anwendbar.[36]

§§ 153 b bis e sind **nicht** anwendbar.

§ 154 – Mehrfachtäter – ist wegen den Grundsatzes der Einheitlichkeit der Pflichtverletzung nicht anwendbar, es kann nach § 154 a StPO verfahren werden.

§ 154 a – Beschränkung der Strafverfolgung – ist im Ermittlungsverfahren und im gerichtlichen Verfahren sinngemäß anwendbar.[37]

§ 154 b – Auslieferung und Ausweisung – ist **nicht** anwendbar.

§ 154 c – Ermessensfreiheit bei Nötigung oder Erpressung – ist sinngemäß anwendbar.

§ 154 d – Entscheidung einer Vorfrage – ist **nicht** anwendbar, eine vergleichbare vorrangige Vorschrift enthält § 118 b BRAO.

§ 154 e – Falsche Verdächtigung; Beleidigung – ist **nicht** anwendbar.

§ 155 – Umfang der Untersuchung – ist sinngemäß anwendbar.

§ 156 – Klagerücknahme – ist sinngemäß anwendbar.[38]

§ 157 – Angeschuldigter; Angeklagter – ist **nicht** anwendbar; die BRAO spricht durchgängig von „Rechtsanwalt".

19 Zweiter Abschnitt. Vorbereitung der öffentlichen Klage

§ 158 – Strafanzeige und -antrag – ist insoweit sinngemäß anwendbar, als „Anzeigen" gegen Rechtsanwälte erstattet werden können. Antragsdelikte gibt es im anwaltsgerichtlichen Verfahren nicht.

§ 159 – Unnatürlicher Tod – ist **nicht** anwendbar.

§ 160 – Ermittlungsverfahren – ist sinngemäß anwendbar.

§ 161 – Ermittlungen – ist sinngemäß anwendbar. In welchem Umfang öffentliche Behörden wegen besonderer Verschwiegenheitspflichten daran gehindert sind, den Auskunftsersuchen zu entsprechen, ergibt sich aus den besonderen Geheimhaltungsvorschriften.[39]

§ 161 a – Zeugen- und Sachverständigenvernehmung durch die StA – ist sinngemäß anwendbar.

§ 162 – Ermittlungsrichter – ist sinngemäß anwendbar.[40]

§ 163 – Erster Zugriff der Polizei – ist **nicht** anwendbar.

§ 163 a – Vernehmungen im Ermittlungsverfahren – ist mit Ausnahme von Absatz 3 sinngemäß anwendbar. Da der beschuldigte Rechtsanwalt nicht gezwungen werden kann, an der Hauptverhandlung teilzunehmen, ist er auch nicht verpflichtet, einer Ladung der Staatsanwaltschaft Folge zu leisten.

§§ 163 b bis e sind **nicht** anwendbar.

§ 164 – Festhalten von Störern – ist sinngemäß anwendbar.

---

[36] EG Köln BRAK-Mitt. 1982, 38 = AnwBl. 1982, 40; EGH-Präsidenten-Konferenz BRAK-Mitt. 1984, 24; *Feuerich/Braun*, § 116 Rdn. 34; *Jessnitzer/Blumberg*, § 116 Rdn. 15, 16; *Kleine-Cosack*, § 116 Rdn. 5; a. A. *Isele*, Anhang 2 zu §§ 116, 153 a StPO.
[37] BGHSt 24, 81 (88) = NJW 1971, 1048 = EGE XI, 101.
[38] BGH EGE IX, 116.
[39] *Kleinknecht/Meyer-Goßner*, § 161.
[40] EGH Stuttgart EGE XII, 120.

§ 165 – Notstaatsanwalt – ist sinngemäß anwendbar; denkbar erscheint, daß die Sicherstellung von Beweismitteln nach § 94 StPO bei Unerreichbarkeit des Staatsanwalts zu veranlassen ist.

§ 166 – Beweisanträge – ist sinngemäß anwendbar, soweit es nicht um die „Freilassung des Beschuldigten" geht.

§ 167 – Weitere Verfügung – ist sinngemäß anwendbar.

§§ 168 bis 168 d sind sinngemäß anwendbar.

§ 169 – Ermittlungsrichter des OLG und des BGH – ist **nicht** anwendbar.

§ 169 a – Abschluß der Ermittlungen – ist sinngemäß anwendbar; nach § 116 S. 2 i. V. m. § 147 StPO setzt der Abschluß der Ermittlungen das uneingeschränkte Akteneinsichtsrecht in Gang (vgl. auch § 117 b).

§ 170 – Abschluß des Ermittlungsverfahrens – ist sinngemäß anwendbar, wobei die an den Haftbefehl anknüpfende Regelung wegen § 117 gegenstandslos ist. Die öffentliche Klage nach Absatz 1 wird durch Einreichung einer Anschuldigungsschrift erhoben.

§ 171 – Bescheid an den Antragsteller – ist mit Satz 1 sinngemäß anwendbar. Die nach Satz 2 vorgesehene Beschwerdebelehrung unterbleibt, da der Verletzte zur Klageerzwingung nicht berechtigt ist.

§ 172 – Klageerzwingungsverfahren – ist **nicht** anwendbar (§ 122 Abs. 5). Allein der Vorstand der Rechtsanwaltskammer hat die Möglichkeit, gerichtliche Entscheidung über die Einleitung des Verfahrens zu beantragen (§ 122).

§ 173 – Verfahren des Gerichts – ist aufgrund der besonderen Verweisungen in § 122 Abs. 4 und § 123 Abs. 3 S. 1 teilweise entsprechend anwendbar.

§ 174 – Verwerfungsbeschluß – ist aufgrund der besonderen Verweisung in § 122 Abs. 4 entsprechend anwendbar.

§ 175 – Anordnung der Klageerhebung – ist aufgrund der besonderen Verweisung in § 122 Abs. 4 entsprechend anwendbar.

§ 176 – Sicherheitsleistung – ist nicht sinngemäß anwendbar.

§ 177 – Kosten – ist über § 174 StPO i. V. m. § 122 Abs. 4 entsprechend anwendbar.

Vierter Abschnitt. Entscheidung über die Eröffnung des Hauptverfahrens

§ 199 – Vorlegung der Anklageschrift – gilt sinngemäß nur hinsichtlich Absatz 2 Satz 1. Anstelle von § 199 Abs. 1 StPO gilt § 121, anstelle von § 199 Abs. 2 S. 1 StPO gilt § 130 S. 3.

§ 200 – Inhalt der Anklageschrift – ist **nicht** anwendbar. Eine ausdrückliche Regelung zum Inhalt der Anschuldigungsschrift enthält § 130. Die Streitfrage, ob die Anschuldigungsschrift im anwaltsgerichtlichen Verfahren auch die „anzuwendenden Strafvorschriften" nennen muß, ist durch die Neufassung des § 113 durch das Gesetz zur Neuordnung des Berufsrechts der Rechtsanwälte und der Patentanwälte wiederbelebt worden.[41]

§ 201 – Mitteilung der Anklageschrift – ist sinngemäß anwendbar.

§ 202 – Weitere Aufklärung – ist sinngemäß anwendbar.[42]

§ 203 – Eröffnung des Hauptverfahrens – ist sinngemäß anwendbar.[43]

§ 204 – Nichteröffnung – ist insoweit sinngemäß anwendbar, als aus den Gründen des die Eröffnung ablehnenden Beschlusses (§ 131 Abs. 3 S. 1) hervorge-

---

[41] § 130 Rdn. 7 ff.
[42] § 131 Rdn. 1.
[43] § 131 Rdn. 2.

hen muß, ob die Ablehnung auf rechtlichen oder tatsächlichen Gründen beruht.[44] Sinngemäß anwendbar ist zudem § 204 Abs. 2 StPO, während im übrigen § 131 gilt.

§ 205 – Vorläufige Einstellung – ist sinngemäß anwendbar.

§ 206 – Freiheit des Gerichts – ist sinngemäß anwendbar.

§ 206 a – Einstellung bei Verfahrenshindernissen ist sinngemäß anwenbar. Stellt der Anwaltsgerichtshof das Verfahren **ein**, gilt § 206 a Abs. 2 StPO **nicht**, denn die Beschwerde ist nach § 116 S. 2 i. V. m. § 304 Abs. 4 S. 2 StPO **nicht** zulässig.

§ 206 b – Einstellung wegen Gesetzesänderung – ist sinngemäß anwendbar.

§ 207 – Eröffnungsbeschluß – ist zum Teil sinngemäß anwendbar. An die Stelle von § 207 Abs. 1 StPO tritt § 131 Abs. 1. Von § 207 Abs. 2 StPO sind Nr. 1 und 2 sinngemäß anwendbar, Nr. 3 und 4 dagegen nicht, weil § 130 die Angabe der anzuwendenden Strafvorschriften nicht vorschreibt.[45] § 207 Abs. 3 S. 1 StPO ist sinngemäß anwendbar. § 207 Abs. 4 StPO ist im Hinblick auf § 117 für das anwaltsgerichtliche Verfahren gegenstandslos.

§ 209 – Zuständigkeit im Eröffnungsverfahren – ist **nicht** anwendbar, da nach § 119 Abs. 1 stets das Anwaltsgericht zuständig ist.

§ 209 a – Strafkammern mit besonderer Zuständigkeit – ist **nicht** anwendbar.

§ 210 – Anfechtung – ist weitgehend unanwendbar, da § 131 gilt. Sinngemäß anwendbar ist lediglich § 210 Abs. 3 S. 1 StPO.

§ 211 – Wirkung der Ablehnung – ist **nicht** anwendbar, da insoweit § 132 gilt.

21 **Fünfter Abschnitt. Vorbereitung der Hauptverhandlung**

§ 213 – Terminsbestimmung – ist sinngemäß anwendbar.

§ 214 – Ladungen – ist sinngemäß anwendbar.

§ 215 – Zustellung des Eröffnungsbeschlusses – ist **nicht** anwendbar, da § 133 gilt.

§ 216 – Ladung des Angeklagten – ist weitgehend sinngemäß anwendbar; im Hinblick auf § 117 unterbleibt der Hinweis auf Verhaftung oder Vorführung.

§ 217 – Ladungsfrist – ist sinngemäß anwendbar.[46]

§§ 218 bis 222 sind sinngemäß anwendbar.

§§ 222 a und 222 b – Mitteilung der Gerichtsbesetzung, Besetzungseinwand – sind sinngemäß anwendbar. Das Anwaltsgericht entspricht insoweit dem im ersten Rechtszug zuständigen Landgericht.

§ 223 – Kommissarische Vernehmung – ist **nur** mit seinem **Absatz 3** sinngemäß anwendbar. § 223 Abs. 1 und 2 StPO werden durch § 137 ersetzt. Die Vernehmung nach § 137 hat nach § 223 Abs. 3 StPO im Zweifel eidlich zu erfolgen.[47]

§§ 224 und 225 – Terminsnachricht, richterlicher Augenschein – sind sinngemäß anwendbar.

§ 225 a – Zuständigkeitsverschiebung vor Hauptverhandlung – ist **nicht** anwendbar, da das Anwaltsgericht das Eingangsgericht ist (§ 119).

22 **Sechster Abschnitt. Hauptverhandlung**

§ 226 – Ununterbrochene Gegenwart – ist sinngemäß anwendbar, wobei statt des Urkundsbeamten der Geschäftsstelle der Protokollführer (§ 140) an der Hauptverhandlung des Anwaltsgerichts teilnimmt.

---

[44] § 131 Rdn. 5.
[45] § 130 Rdn. 7.
[46] § 134 Rdn. 6.
[47] § 137 Rdn. 6.

§ 227 – Mehrere Staatsanwälte und Verteidiger – ist sinngemäß anwendbar.
§ 228 – Aussetzung und Unterbrechung – ist sinngemäß anwendbar.
§ 229 – Höchstdauer der Unterbrechung – ist sinngemäß anwendbar.
§ 230 – Ausbleiben des Angeklagten – ist teilweise sinngemäß anwendbar. Den Grundsatz, daß in Abwesenheit des angeschuldigten Rechtsanwalts nicht verhandelt werden soll, stellt § 134 nicht in Frage. § 134 besagt allerdings, daß in Abwesenheit des Rechtsanwalts, der der Hauptverhandlung fernbleiben will, verhandelt werden kann und § 230 Abs. 2 StPO **nicht** anzuwenden ist.[48]
§ 231 – Anwesenheitspflicht des Angeklagten – ist im Hinblick § 134 **nicht** anwendbar.
§ 231 a – Herbeigeführte Verhandlungsunfähigkeit – ist insofern sinngemäß anwendbar, als der Rechtsanwalt nicht beanspruchen kann, daß seinem Wunsch auf Teilnahme an der Hauptverhandlung Rechnung getragen wird, wenn er die Voraussetzungen von § 231 a Abs. 1 StPO erfüllt.
§ 231 b – Abwesenheit wegen ordnungswidrigen Benehmens – ist sinngemäß anwendbar.
§ 231 c – Beurlaubung des Angeklagten – ist sinngemäß anwendbar.
§ 232 – Hauptverhandlung trotz Ausbleibens – ist mit seinen Absätzen 1 und 2 wegen § 134 **nicht** anwendbar; Absätze 3 und 4 sind sinngemäß anwendbar.
§ 233 – Entbindung vom Erscheinen – ist im Hinblick auf § 134 unanwendbar.
§ 234 – Vertretung – ist sinngemäß anwendbar.[49]
§ 234 a – Verteidigerbefugnisse bei Abwesenheitsverhandlungen – ist mit seinem zweiten Halbsatz sinngemäß anwendbar.
§ 235 – Wiedereinsetzung den vorherigen Stand – ist sinngemäß anwendbar.
§ 236 – Persönliches Erscheinen – ist wegen §§ 134, 117 **nicht** anwendbar.
§ 237 – Verbindung von Strafsachen – ist sinngemäß anwendbar.
§§ 238 bis 243 sind sinngemäß anwendbar.
§ 244 – Beweisaufnahme – ist weitgehend sinngemäß anwendbar. In dem Verfahren auf Verhängung eines vorläufigen Berufs- oder Vertretungsverbotes bestimmt das Gericht den Umfang der Beweisaufnahme nach pflichtgemäßem Ermessen (§ 151 Abs. 4).
§§ 245 und 246 sind sinngemäß anwendbar.
§ 246 a – Zuziehung eines Sachverständigen – ist für das anwaltsgerichtliche Verfahren gegenstandslos.
§§ 247 bis 249 sind sinngemäß anwendbar.
§ 250 – Grundsatz der persönlichen Vernehmung – ist mit den sich aus §§ 137, 138 ergebenden Einschränkungen sinngemäß anwendbar.[50]
§ 251 – Urkundenbeweis mit Protokollen – ist mit seinem Absatz 3 sinngemäß anwendbar; im übrigen gelten §§ 137 und 138.
§§ 252 bis 259 sind sinngemäß anwendbar.
§ 260 – Urteil – ist teilweise sinngemäß anwendbar. Anstelle von § 260 Abs. 1 StPO gilt § 139 Abs. 1. § 260 Abs. 2 ist gegenstandslos. § 260 Abs. 3 StPO ist – ergänzt durch § 139 Abs. 3 – sinngemäß anwendbar. Von § 260 Abs. 4 StPO sind S. 1 und S. 6 sinngemäß anwendbar; das gilt auch für § 260 Abs. 5 S. 1.
§ 261 – Freie Beweiswürdigung – ist sinngemäß anwendbar.

---

[48] § 134 Rdn. 4.
[49] *Feuerich/Braun,* § 116 Rdn. 46.
[50] § 137 Rdn. 1.

§ 262 – Vorfragen aus anderen Rechtsgebieten – ist mit Absatz 1 – ergänzt durch § 118 b – sinngemäß anwendbar; § 262 Abs. 2 ist **nicht** anwendbar.

§ 263 – Abstimmung – ist sinngemäß anwendbar; für die Verhängung eines vorläufigen Berufs- oder Vertretungsverbotes bedarf es ebenfalls einer 2/3 Mehrheit (§ 152).

§ 264 – Gegenstand des Urteils – ist sinngemäß anwendbar.[51] Wenn auch im anwaltsgerichtlichen Verfahren der Grundsatz der Einheitlichkeit der Berufspflichtverletzung gilt,[52] so ist die Bestimmung über den Gegenstand des Verfahrens gleichwohl heranzuziehen. Die Tat im Sinne des § 264 StPO ist das „konkrete Vorkommnis", ein einheitlicher geschichtlicher Vorgang, der sich von ähnlichen oder gleichartigen unterscheidet.[53] Zum Gegenstand des anwaltsgerichtlichen Verfahrens werden die tatsächlichen Lebenssachverhalte, über die sich der Eröffnungsbeschluß in Verbindung mit der Anschuldigungsschrift verhält. Hat der Rechtsanwalt mehrere, in sich abgeschlossene Verstöße gegen seine beruflichen Pflichten begangen, so sind diese in der Anschuldigungsschrift nach § 130 aufzuführen. Mehrere Anschuldigungspunkte bekommen die Rechtsqualität einer einheitlich zu beurteilenden Pflichtverletzung durch die Anschuldigungsschrift und den dieser folgenden Beschluß über die Eröffnung des Hauptverfahrens.[54] Dem steht es gleich, wenn durch Gerichtsbeschluß mehrere Verfahren nach § 116 S. 2 i. V. m. § 237 StPO zur gleichzeitigen Verhandlung verbunden werden oder nach § 116 S. 2 i. V. m. § 266 StPO eine Nachtragsanklage zugelassen wird. Daß auch die sich aus mehreren Anschuldigungspunkten zusammensetzende Pflichtverletzung einheitlich zu beurteilen ist, bedeutet nicht, daß daraus materiell-rechtlich „eine Tat" etwa im Sinne der früher von der Rechtsprechung zugelassenen fortgesetzten Handlung wird.[55] Die Rechtskraft eines anwaltsgerichtlichen Urteils hindert infolge dessen nicht, wegen einer Pflichtverletzung, die vor der Verurteilung begangen wurde, ein neues anwaltsgerichtliches Verfahren einzuleiten.[56] Anschuldigungspunkte, hinsichtlich derer es an einem wirksamen Eröffnungs- oder Verbindungsbeschluß fehlt, können nicht Gegenstand der anwaltsgerichtlichen Verurteilung sein, die Staatsanwaltschaft kann aber insoweit erneut die Eröffnung des Hauptverfahrens beantragen.[57]

§ 265 – Veränderung des rechtlichen Gesichtspunkts – ist mit Absatz 4 sinngemäß anwendbar, **im übrigen nicht** anwendbar. Obwohl dies nicht unproblematisch ist, schreibt § 130 auch nach der Änderung des § 113[58] die Nennung der anzuwendenden Vorschriften in der Anschuldigungsschrift nicht vor; § 200 StPO gilt insoweit nicht.[59] Damit ist für eine sinngemäße Anwendung von § 265 Abs. 1 bis 3 StPO kein Raum. Das gilt auch, wenn ein Hinweis auf die mögliche Verhängung eines Vertretungsverbotes nicht gegeben wurde.[60]

---

[51] BGHSt 16, 237 = NJW 1961, 2219 = EGE VI, 130; BGHSt 24, 81 = NJW 1971, 1048 = EGE XI, 102; BGHSt 30, 312 = BRAK-Mitt. 1982, 78; BGHSt 34, 248; *Feuerich/Braun*, § 116 Rdn. 52; *Kleine-Cosack*, § 264 Rdn. 7.
[52] § 113 Rdn. 5 ff.
[53] *Kleinknecht/Meyer-Goßner*, § 264 Rdn. 2.
[54] BGHSt 24, 81 = NJW 1971, 1048 = EGE XI, 102.
[55] Vgl. BGH NStZ 1994, 383.
[56] BGHSt 19, 90.
[57] BGHSt 34, 248.
[58] BGBl. 1994 I, S. 2278.
[59] § 130 Rdn. 7.
[60] BGHSt 29, 124 = NJW 1980, 897 = EGE XIV, 218.

§ 265 a – Befragung nach freiwilligen Bewährungsleistungen – ist **nicht** anwendbar.

§ 266 – Nachtragsanklage – ist sinngemäß anwendbar.[61] In der Berufungsinstanz kann Nachtragsanklage nicht erhoben werden, da dem angeschuldigten Rechtsanwalt eine Instanz genommen würde.[62]

§ 267 – Urteilsgründe – ist sinngemäß anwendbar mit Ausnahme der Regelungen, die sich auf die Verhängung einer Freiheitsstrafe beziehen oder ansonsten im anwaltsgerichtlichen Verfahren gegenstandslos sind. Eine Verweisung auf die nach § 118 Abs. 3 S. 1 bindenden Feststellungen eines Strafurteils ist möglich.[63]

§ 268 – Urteilsverkündung – ist sinngemäß anwendbar.[64]

§§ 268 a bis 270 sind **nicht** anwendbar.

§ 271 – Verhandlungsprotokoll – ist sinngemäß anwendbar; die Aufgaben des Urkundsbeamten der Geschäftsstelle werden vom Protokollführer (§ 140) wahrgenommen.

§§ 272 bis 274 sind sinngemäß anwendbar.

§ 275 – Schriftliches Urteil – ist sinngemäß anwendbar, wobei Absatz 4 durch § 141 ersetzt ist. Die Fristen nach § 275 Abs. 1 S. 2 StPO, innerhalb derer das vollständige Urteil zu den Akten zu bringen ist, haben Geltung.[65] Allein die Tatsache, daß das Urteil nicht rechtzeitig zu den Akten gelangt ist, rechtfertigt nicht die Zulassung der Revision auf die Nichtzulassungsbeschwerde hin.[66]

Siebter Abschnitt. Verfahren gegen Abwesende

§§ 276 bis 295 sind **nicht** anwendbar.

Drittes Buch. Rechtsmittel
Erster Abschnitt. Allgemeine Vorschriften

§ 296 – Anfechtungsberechtigte – ist sinngemäß anwendbar. Zulässigkeitsvoraussetzung für die Einlegung eines Rechtsmittels ist eine Beschwer. Der Rechtsanwalt kann im Hinblick auf den Vorrang des Freispruchs durch ein Einstellungsurteil beschwert sein.[67]

§§ 297, 298 – Verteidiger, gesetzlicher Vertreter sind sinngemäß anwendbar.

§ 299 – Beschuldigter in Verwahrung – ist **nicht** anwendbar; die Einlegung von Rechtsmitteln zu Protokoll der Geschäftsstelle ist im anwaltsgerichtlichen Verfahren generell nicht vorgesehen (§ 143 Abs. 2 S. 2 und Abs. 3, § 146 Abs. 1 S. 1 und Abs. 2).

§§ 300 und 301 – Falsche Bezeichnung, Rechtsmittel der StA – sind sinngemäß anwendbar.

§ 302 – Zurücknahme und Verzicht – sind sinngemäß anwendbar.

§ 303 S. 1 ist sinngemäß anwendbar; Satz 2 ist gegenstandslos.

Zweiter Abschnitt. Beschwerde

§ 304 – Zulässigkeit der Beschwerde – ist im Zusammenwirken mit § 142 weitgehend anwendbar. Gegen Entscheidungen des Anwaltsgerichtshof ist nach

---

[61] BGHSt 30, 312 = BRAK-Mitt. 1982, 78.
[62] *Feuerich/Braun,* § 116 Rdn. 59.
[63] BGHSt 33, 59 = NJW 1985, 1089 = BRAK-Mitt. 1985, 111.
[64] Vgl. § 139 Rdn. 4.
[65] BGH NJW 1977, 1406 = EGE XIV, 160; BGH EGE XIV, 197.
[66] BGH NJW 1977, 1406 = EGE XIV, 160.
[67] § 139 Rdn. 10.

§ 304 Abs. 4 S. 2 1. Hs. StPO die Beschwerde grundsätzlich nicht gegeben, da die Anwaltsgerichtshöfe den Oberlandesgerichten gleichstehen. Eine ausdrückliche Ausnahme vom Grundsatz enthält § 157 für das auf die Verhängung eines vorläufigen Berufs- oder Vertretungsverbotes gerichtete Verfahren.[68]

§ 305 – Einschränkung der Beschwerde im Hauptverfahren – ist mit Satz 1 sinngemäß anwendbar; Satz 2 ist nur anwendbar bezüglich von Beschlagnahmen und Entscheidungen, die dritte Personen betreffen.

§ 305 a – Eingeschränkte Beschwerde gegen Strafaussetzungsbeschluß – ist **nicht** anwendbar.

§§ 306 bis 309 sind sinngemäß anwendbar.

§ 310 – Weitere Beschwerde – ist mit Absatz 2 sinngemäß anwendbar; Absatz 1 ist gegenstandslos. Die weitere Beschwerde ist auch nicht statthaft im Verfahren nach § 157 gegen die Beschwerdeentscheidung des Anwaltsgerichtshofs.[69]

§ 311 – Sofortige Beschwerde – ist sinngemäß anwendbar.

§ 311 a – Nachholen des rechtlichen Gehörs – ist sinngemäß anwendbar.

26 Dritter Abschnitt. Berufung

§ 312 – Zulässigkeit – ist **nicht** anwendbar, es gilt § 143.

§ 313 – Annahmeberufung – ist **nicht** anwendbar; eine Unterscheidung in Bagatellsanktionen und andere kennt das anwaltsgerichtliche Verfahren nicht.

§ 314 – Einlegung – ist **nicht** anwendbar, es gilt § 143 Abs. 2.

§ 315 – Wiedereinsetzung und Berufung – ist sinngemäß anwendbar (§ 143 Abs. 4).

§ 316 – Hemmung der Rechtskraft – ist sinngemäß anwendbar.

§ 317 – Berufungsbegründung – ist teilweise sinngemäß anwendbar; nach § 143 Abs. 3 scheidet die Erklärung zu Protokoll der Geschäftsstelle aus.

§ 318 – Beschränkung der Berufung – ist sinngemäß anwendbar. Eine Beschränkung auf den Folgenausspruch ist möglich,[70] die Beschränkung auf Nachprüfung nur einzelner Anschuldigungspunkte dagegen nicht.[71] Dies ist prozessuale Konsequenz des Grundsatzes der Einheit der Berufspflichtverletzung.[72]

§ 319 – Verwerfung durch das AG – ist sinngemäß anwendbar.[73]

§ 320 – Mitwirkung der StA – ist sinngemäß anwendbar.

§ 321 – Aktenvorlage an das Berufungsgericht – ist sinngemäß anwendbar.

§ 322 – Beschlußverwerfung durch das LG – ist **nicht** sinngemäß anwendbar.[74] Die Anwendbarkeit von Absatz 1 scheitert daran, daß gegen die Entscheidung des Anwaltsgerichtshofes ein Rechtsbehelf nicht gegeben wäre, da entgegen § 322 Abs. 2 StPO eine Beschwerde gegen die Entscheidung des Anwaltsgerichtshofes nach § 116 S. 2 i. V. m. § 304 Abs. 4 S. 2 StPO unzulässig wäre.

§ 322 a – Entscheidung über Annahme der Berufung ist **nicht** anwendbar.

§ 323 – Vorbereitung der Hauptverhandlung – ist teilweise sinngemäß anwendbar; die Regelung von § 323 Abs. 2 StPO wird ergänzt durch §§ 137, 138.

§ 324 – Gang der Hauptverhandlung – ist sinngemäß anwendbar.

---

[68] § 157 Rdn. 3.
[69] § 157 Rdn. 2.
[70] § 143 Rdn. 10.
[71] § 143 Rdn. 11.
[72] § 113 Rdn. 5 ff.
[73] § 143 Rdn. 9.
[74] § 143 Rdn. 8; a. A. *Isele*, Anhang 2 zu §§ 116, 322 StPO; *Feuerich/Braun*, § 116 Rdn. 72; *Kleine-Cosack*, § 116 Rdn. 9.

§ 116 Vorschriften für das Verfahren 27 § 116

§ 325 – Verlesung von Schriftstücken – ist sinngemäß anwendbar, wobei §§ 137, 138 weitere Möglichkeiten eröffnen.
§ 326 – Schlußanträge – ist sinngemäß anwendbar.
§ 328 – Inhalt des Berufungsurteils – ist sinngemäß anwendbar. Die zulässige Bezugnahme auf das erstinstanzliche Urteil ist auch im anwaltsgerichtlichen Verfahren möglich.[75]
§ 329 Abs. 1 S. 1 und 2 und Abs. 3 – Ausbleiben des Angeklagten – ist entsprechend anwendbar (§ 143 Abs. 4 S. 2).
§ 330 – Verfahren bei Berufung des gesetzlichen Vertreters – ist sinngemäß anwendbar, wobei die zwangsweise Vorführung des Rechtsanwalts nicht möglich ist (§ 117).
§ 331 Abs. 1 – Verbot der Schlechterstellung – ist sinngemäß anwendbar; Absatz 2 dagegen **nicht**.
§ 332 – Allgemeine Verweisung – ist sinngemäß anwendbar.

Vierter Abschnitt. Revision 27

§ 333 – Zulässigkeit – ist **nicht** anwendbar, es gilt § 145.
§ 335 – Sprungrevision – ist **nicht** anwendbar.[76]
§ 336 – Vorausgegangene Entscheidungen – ist sinngemäß anwendbar.
§ 337 – Revisionsgründe – ist sinngemäß anwendbar.
§ 338 – Absolute Revisionsgründe – ist sinngemäß anwendbar.
§ 339 – Rechtsnormen zugunsten des Angeklagten – ist sinngemäß anwendbar.
§ 341 – Revisionseinlegung – ist **nicht** sinngemäß anwendbar, es gilt § 146.
§ 342 – Wiedereinsetzung und Revision – ist sinngemäß anwendbar.
§ 343 – Hemmung der Rechtskraft – ist sinngemäß anwendbar.
§ 344 – Revisionsbegründung – ist sinngemäß anwendbar.[77] Die Beschränkung der Revision ist in gleicher Weise wie die Beschränkung der Berufung möglich.
§ 345 – Begründungsfrist und -form – ist teilweise sinngemäß anwendbar. Absatz 1 ist anwendbar, anstelle von Absatz 2 gilt § 146 Abs. 2. Gegenüber dem Strafverfahren besteht die Besonderheit, daß der beschuldigte Rechtsanwalt die Revision selbst einlegen und begründen kann und zwar auch, wenn gegen ihn ein Berufsverbot ausgesprochen worden ist.[78]
§ 346 – Verwerfung durch das Tatgericht – ist sinngemäß anwendbar.
§ 347 – Weiteres Verfahren – ist sinngemäß anwendbar.
§ 348 – Unzuständigkeit des Revisionsgerichts – ist **nicht** anwendbar.
§ 349 – Entscheidung durch Beschluß – ist sinngemäß anwendbar.[79] § 146 Abs. 3 erklärt die Vorschriften der StPO über die Revision für sinngemäß anwendbar, ohne § 349 StPO hiervon auszunehmen.
§§ 350, 351 – Terminsmitteilung, Hauptverhandlung – sind sinngemäß anwendbar.
§ 352 – Umfang der Prüfung – ist sinngemäß anwendbar. Bei einer zugelassenen Revision beschränkt sich die Nachprüfung durch das Revisionsgericht nicht auf die Fragen, die zur Zulassung geführt haben.[80]

---

[75] BGH BRAK-Mitt. 1988, 150.
[76] § 143 Rdn. 12; a. A. *Isele*, Anhang 2 zu §§ 116, 335 StPO; *Feuerich/Braun*, § 145 Rdn. 1; *Kleine-Cosack*, § 145 Rdn. 1.
[77] § 146 Rdn. 4.
[78] BGH NJW 1971, 1373 = EGE XI, 107.
[79] A. A. *Isele*, Anhang 2 zu §§ 116, 349 StPO.

§ 353 – Revisionsurteil – ist sinngemäß anwendbar.[81]
§ 354 – Eigene Sachentscheidung; Zurückverweisung – ist teilweise sinngemäß anwendbar. Absatz 1 ist sinngemäß anzuwenden.[82] Den Fall, daß das Revisionsgericht in der Sache entscheidet, nennt § 146 Abs. 3 S. 1 i. V. m. § 139 Abs. 3 Nr. 1 ausdrücklich. Auch in diesem Fall ist jedoch die Zurückverweisung nicht ausgeschlossen.[83] Wegen der Möglichkeit der Zurückverweisung nach § 354 Abs. 2 StPO sind bei jedem Anwaltsgerichtshof zumindest zwei Senate einzurichten.[84] § 354 Abs. 2 S. 2 und Abs. 3 StPO gelten im anwaltsgerichtlichen Verfahren **nicht**.
§§ 354 a bis 357 sind sinngemäß anwendbar.
§ 358 – Bindung des Untergerichts; Verbot der Schlechterstellung – ist mit Ausnahme von Abs. 2 S. 2 sinngemäß anwendbar.

28 **Viertes Buch. Wiederaufnahme eines durch rechtskräftiges Urteil abgeschlossenen Verfahrens**

§§ 359 bis 370 sind sinngemäß anwendbar. Lediglich für die Kostenentscheidung enthält § 197 Abs. 3 BRAO eine ausdrückliche Regelung. Die Zuständigkeit des Gerichts bestimmt sich nach § 116 S. 2 StPO i. V. m. § 140 a GVG. Richtet sich der Wiederaufnahmeantrag gegen ein Berufungsurteil, das eine Entscheidung über den Schuldspruch enthält, so ist ein Anwaltsgerichtshof zuständig, ansonsten ein Anwaltsgericht.[85] Nur mit dem Ziel des Freispruchs, nicht mit dem, eine mildere Maßnahme zu verhängen, kann Wiederaufnahme beantragt werden.[86] Der Wiederaufnahmegrund nach § 79 Abs. 1 BVerfGG (Nichtigerklärung einer Norm oder Unvereinbarkeitserklärung einer Auslegung) gilt auch für anwaltsgerichtliche Entscheidungen.[87]
§ 371 – Freisprechung ohne Hauptverhandlung – ist mit Ausnahme von Absatz 3 Satz 2 sinngemäß anwendbar.
§ 372 – Sofortige Beschwerde – ist sinngemäß anwendbar. Allerdings ist gegen die Entscheidung des Anwaltsgerichtshofes nach § 116 S. 2 i. V. m. § 304 Abs. 4 S. 2 StPO die Beschwerde nicht zulässig. Das gilt auch, wenn in dem Verfahren, dessen Wiederaufnahme begehrt wird, die Ausschließung aus der Rechtsanwaltschaft verhängt worden ist.[88]
§ 373 – Erneute Hauptverhandlung – ist mit Ausnahme von Absatz 2 Satz 2 sinngemäß anwendbar.
§ 373 a – Strafbefehl – ist **nicht** anwendbar.

29 **Fünftes Buch. Beteiligung des Verletzten am Verfahren**

§§ 374 bis 406 h sind **nicht** anwendbar, auch **nicht** § 406 e für das Akteneinsichtsrecht des Verletzten.[89]

30 **Sechstes Buch. Besondere Arten des Verfahrens**

§§ 407 bis 444 sind **nicht** anwendbar.

---

[80] § 146 Rdn. 6.
[81] BGHSt 36, 316 = NJW 1990, 1373 = BRAK-Mitt. 1990, 250.
[82] BGHSt 36, 316 = NJW 1990, 1373 = BRAK-Mitt. 1990, 250.
[83] § 146 Rdn. 7.
[84] § 101 Rdn. 5.
[85] *Kleinknecht/Meyer-Goßner*, § 140 a GVG Rdn. 6.
[86] *Jähnke*, FS Pfeiffer, S. 941, 948, 952.
[87] *Feuerich/Braun*, § 116 Rdn. 77.
[88] BGH NJW 1991, 2916.
[89] § 117 b Rdn. 7 ff.

Siebentes Buch. Strafvollstreckung und Kosten des Verfahrens 31

§ 449 – Vollstreckbarkeit – ist sinngemäß anwendbar.

§§ 450 bis 451 sind **nicht** anwendbar.

§ 452 – Begnadigungsrecht – ist sinngemäß anwendbar; das Begnadigungsrecht liegt bei den Ländern, nur in Bezug auf die Rechtsanwälte, die beim Bundesgerichtshof zugelassen sind, beim Bund.

§§ 453 bis 455 a sind **nicht** anwendbar.

§ 456 – Vorübergehender Vollstreckungsaufschub – ist sinngemäß anwendbar, zuständig ist die Rechtsanwaltskammer (§ 204 Abs. 3 S. 3).

§§ 456 a bis 457 sind **nicht** anwendbar.

§ 458 – Gerichtliche Entscheidung – ist insoweit sinngemäß anwendbar, als es um einen vorübergehenden Vollstreckungsaufschub nach § 456 StPO geht.

§ 459 – Vollstreckung der Geldstrafe – ist **nicht** anwendbar, es gelten die §§ 204, 205.

§§ 459 a bis c sind sinngemäß anwendbar, soweit es um die Vollstreckung der als anwaltsgerichtliche Maßnahme verhängten Geldbuße geht.

§§ 459 d bis g sind **nicht** anwendbar.

§ 459 h – Einwendungen – ist im Hinblick auf die Anwendbarkeit von §§ 459 a und c StPO ebenfalls sinngemäß anzuwenden.

§ 459 i – Vollstreckung der Vermögensstrafe – ist **nicht** anwendbar.

§ 460 – Nachträgliche Gesamtstrafenbildung – ist **nicht** anwendbar. Ggf. muß eine Pflichtverletzung, die vor Erlaß eines Urteils begangen wurde, und im Urteil keine Berücksichtigung fand, zum Gegenstand eines neuen Verfahrens gemacht werden.[90]

§ 461 – Anrechnung von Krankenhausaufenthalt – ist **nicht** anwendbar.

§ 462 – Gerichtliches Verfahren; sofortige Beschwerde – ist im Rahmen der Anwendbarkeit von §§ 458, 459 a bis c sinngemäß anwendbar.

§ 462 a – Zuständigkeit der Strafvollstreckungskammer – ist **nicht** anwendbar; Entscheidungen nach § 462 StPO trifft das Anwaltsgericht.

§§ 463 bis 463 d sind **nicht** anwendbar.

Zweiter Abschnitt. Kosten des Verfahrens 32

§ 464 – Kosten- und Auslagenentscheidung – ist hinsichtlich des Absatzes 2 sinngemäß anwendbar.[91]

§ 464 a Abs. 2 – Kosten des Verfahrens; notwendige Auslagen – ist sinngemäß anwendbar.[92] Anstelle von Absatz 1 gilt § 195.

§ 464 b – Kostenfestsetzung – ist teilweise anwendbar.[93]

§ 465 – Kosten und Auslagen bei Verurteilung – ist teilweise sinngemäß anwendbar, soweit § 197 nicht gilt.[94]

§ 466 – Haftung Mitverurteilter – ist sinngemäß anwendbar.[95]

§ 467 – Kosten und Auslagen bei Nichtverurteilung – ist sinngemäß anwendbar.[96]

§ 467 a – Auslagen bei Einstellung des Ermittlungsverfahrens – ist sinngemäß anwendbar.

---

[90] BGHSt 19, 90.
[91] § 195 Rdn. 3.
[92] § 195 Rdn. 3.
[93] § 199 Rdn. 1, 2.
[94] § 197 Rdn. 2, 4 ff.
[95] § 197 Rdn. 3.
[96] BGH EGE XIV, 261.

§ 117 1, 2   Siebenter Teil. Das anwaltsgerichtliche Verfahren

§ 468 – Kostenentscheidung bei Straffreierklärung – ist **nicht** anwendbar.
§ 469 – Kostenpflicht des Anzeigenden – ist sinngemäß anwendbar.
§§ 470 bis 472 b sind **nicht** anwendbar.
§ 473 – Kosten und Auslagen bei Rechtsmittel – ist teilweise sinngemäß anwendbar; Absatz 1 Satz 2 und 3 und Absatz 5 gelten **nicht,** im übrigen enthält § 197 Abs. 2 und 3 eine Regelung.

33   **Achtes Buch. Länderübergreifendes Staatsanwaltschaftliches Verfahrensregister**

§§ **474 bis 477** sind nicht anwendbar. Unabhängig vom Tatort der anwaltlichen Pflichtverletzung ist nach § 120 zuständig die Staatsanwaltschaft bei dem Oberlandesgericht, in dessen Bezirk das zuständige Anwaltsgericht seinen Sitz hat. Aus diesem Grunde bedarf es eines Informationsaustausches durch das länderübergreifende staatsanwaltliche Verfahrensregister nicht.

§ 117 Keine Verhaftung des Rechtsanwalts

Der Rechtsanwalt darf zur Durchführung des anwaltsgerichtlichen Verfahrens weder vorläufig festgenommen noch verhaftet oder vorgeführt werden. Er kann nicht zur Vorbereitung eines Gutachtens über seinen psychischen Zustand in ein psychiatrisches Krankenhaus gebracht werden.

Übersicht

	Rdn.		Rdn.
I. Normzweck	1	IV. Einwilligung des Rechtsanwalts..	4
II. Anwendungsbereich	2	V. Anwendbarkeit auf andere Personen	5
III. Andere Zwangsmaßnahmen	3		

I. Normzweck

1   Die Bestimmungen der StPO, die zur Durchführung des Verfahrens die vorläufige Festnahme, Verhaftung oder Vorführung des Beschuldigten vorsehen, erklärt Satz 1 ausdrücklich für unanwendbar. Insoweit entspricht die Vorschrift der des § 76 RAO. Satz 2 untersagt die Verbringung des Rechtsanwalts in ein psychiatrisches Krankenhaus zur Vorbereitung eines Gutachtens über seinen psychischen Zustand. Damit hat der Gesetzgeber der vom Ehrengerichtshof im Jahre 1939 vertretenen Auffassung, § 81 StPO sei auch im anwaltsgerichtlichen Verfahren anwendbar,[1] eine Absage erteilt.

II. Anwendungsbereich

2   Der Ausschluß der Zwangsmittel und der Anwendbarkeit des § 81 StPO gilt **nur für den Rechtsanwalt**, gegen den sich das anwaltsgerichtliche Verfahren richtet.
Die Ausschlußwirkung beschränkt sich auf das anwaltsgerichtliche Verfahren, in einem Strafverfahren, das denselben Tatvorwurf zum Gegenstand hat, hindert die Bestimmung die Anwendbarkeit der Vorschriften der StPO nicht.

---

[1] EGHE XXXIII, 100.

die in Erwägung zu ziehende anwaltsgerichtliche Maßnahme sein, denn das Gesetz weist – abgesehen von § 114 a Abs. 3 und § 156 Abs. 1 – den anwaltlichen Pflichtverletzungen keine besonderen Sanktionen zu. Da sowohl die vorläufige, erst recht aber auch die endgültige Verhängung eines Vertretungs- oder Berufsverbotes die berufliche Existenz des Rechtsanwalts regelmäßig vernichten können, bedarf es in diesen Fällen stets der Mitwirkung eines Verteidigers.

2. Schwierigkeit der Rechtslage

Grundsätzlich sollte davon auszugehen sein, daß der angeschuldigte Rechtsanwalt mit der Rechtslage in einem solchen Maße vertraut ist, daß er selbst in der Lage ist, sich angemessen zu verteidigen.[5] Der Anwaltsgerichtsbarkeit unterstehen jedoch auch die **Mitglieder der Rechtsanwaltskammern**, die zur Rechtsanwaltschaft nicht zugelassen sind (§ 207 Abs. 2 S. 1, § 209 Abs. 1 S. 3). Nach § 4 eröffnet den Zugang zur Rechtsanwaltschaft für Anwälte aus den Mitgliedstaaten der EU auch die Ablegung der Eignungsprüfung. Zwar ist das Recht für das berufliche Verhalten der Rechtsanwälte regelmäßig Prüfungsfach,[6] doch können im Zusammenhang mit der vorgeworfenen Pflichtverletzung Rechtsfragen aus anderen Gebieten, etwa dem Steuerrecht stehen, in denen der Rechtsanwalt keine Kenntnisse nachzuweisen hatte. Wird das anwaltsgerichtliche Verfahren gegen einen Rechtsanwalt geführt, der mit der Rechtslage für eine angemessene Verteidigung nicht hinreichend vertraut ist, gebietet es bereits der Anspruch auf ein faires Verfahren, daß ein Verteidiger bestellt wird.[7]

3. Schwierigkeit der Sachlage

Eine schwierige Sachlage kann sich bereits aus dem **Umfang** des im anwaltsgerichtlichen Verfahren aufzuarbeitenden Prozeßstoffes ergeben. Daran ist insbesondere zu denken, wenn zur Stützung der Anschuldigung eine große Zahl von Beiakten zugezogen worden ist. Gleiches gilt, wenn eine große Zahl von Zeugen zu vernehmen ist oder schwierige Sachverständigengutachten erstattet werden. Allein eine längere Dauer der Hauptverhandlung stützt die Annahme einer schwierigen Sachlage nicht.[8]

4. Unfähigkeit sich selbst zu verteidigen

Die Unfähigkeit des Rechtsanwalts, sich selbst zu verteidigen, kann allgemeiner Art sein oder nur für das anwaltsgerichtliche Verfahren bestehen. Daran ist zu denken, wenn der angeschuldigte Rechtsanwalt nicht in der Lage ist, die notwendige kritische Distanz zu den Anschuldigungen zu wahren und er sich auch im anwaltsgerichtlichen Verfahren voraussichtlich emotional und unsachlich verhält.

---

[5] *Feuerich/Braun*, § 116 a Rdn. 11.
[6] Vgl. § 5 des Gesetzes über die Eignungsprüfung für die Zulassung zur Rechtsanwaltschaft.
[7] *Kleinknecht/Meyer-Goßner*, § 140 Rdn. 32.
[8] *Kleinknecht/Meyer-Goßner*, § 140 Rdn. 26.

§ 117 b Akteneinsicht

Der Vorstand der Rechtsanwaltskammer und der Rechtsanwalt, der einer Verletzung seiner Pflichten beschuldigt wird, sind befugt, die Akten, die dem Gericht vorliegen oder diesem im Falle der Einreichung einer Anschuldigungsschrift vorzulegen wären, einzusehen sowie amtlich verwahrte Beweisstücke zu besichtigen. Für die Akteneinsicht durch den Rechtsanwalt ist § 147 Abs. 2, 3, 5 und 6 der Strafprozeßordnung entsprechend anzuwenden.

Übersicht

	Rdn.		Rdn.
I. Normzweck	1	1. Der beschuldigte Rechtsanwalt	5
II. Inhalt des Akteneinsichtsrechts	2–4	2. Die Rechtsanwaltskammer	6
III. Die zur Akteneinsicht Berechtigten	5, 6	IV. Akteneinsicht durch Dritte	7–9

I. Normzweck

1 Die Vorschrift durchbricht das System der StPO, wonach der Beschuldigte selbst kein Akteneinsichtsrecht hat, indem sie auch den beschuldigten Rechtsanwalt zur Einsichtnahme in die Verfahrensakten befugt. Auch der Vorstand der Rechtsanwaltskammer kann die Verfahrensakten einsehen. Damit trägt die Vorschrift der Befugnis der Rechtsanwaltskammer Rechnung, die Einleitung des anwaltsgerichtlichen Verfahrens gerichtlich zu erzwingen (§ 122), während ein „Verletzter" den Weg des Klageerzwingungsverfahrens nicht beschreiten kann (§ 122 Abs. 5).

Für den **Verteidiger** des beschuldigten Rechtsanwalts gilt § 117 b dagegen nicht. Sein Recht zu Einsichtnahme in die Verfahrensakten folgt aus § 116 S. 2 i. V. m. § 147 StPO und unterliegt mithin nicht den Beschränkungen von Satz 2.

II. Inhalt des Akteneinsichtsrechts

2 Nach Satz 1, der inhaltlich § 147 Abs. 1 StPO entspricht, bezieht sich das Akteneinsichtsrecht auf alle Schriftstücke, Ton- oder Bildaufnahmen sowie Videoaufzeichnungen die **für das Verfahren angefertigt** worden sind.[1] Das Akteneinsichtsrecht erstreckt sich dagegen nicht auf die Handakten der Staatsanwaltschaft, als Gedächtnisstütze dienende Aufzeichnungen des Gerichts, die neben dem gerichtlichen Protokoll vorhanden sind, Voten von Mitgliedern des Gerichts oder Entscheidungsentwürfe.[2]

3 Dem Grundsatz der **Aktenvollständigkeit** folgend unterliegen dem Recht auf Einsicht auch Registerauszüge und Beiakten anderer Stellen, die das Verfahren betreffen. Dazu zählen insbesondere auch Akten der Rechtsanwaltskammern über Aufsichtsvorgänge. Sind Akten anderer Stellen lediglich vertraulich übersandt worden, besteht ein Anspruch auf Einsichtnahme nicht. Die in diesen Akten vorhandenen Erkenntnisse können dann aber bei der Entscheidungsfindung nicht berücksichtigt werden.[3]

---

[1] Zu § 147 StPO: BGHSt 37, 204.
[2] *Kleinknecht/Meyer-Goßner*, § 147 Rdn. 13 ff.
[3] *Kleinknecht/Meyer-Goßner*, § 147 Rdn. 16.

Die Bestimmung ist ausschließlich anwendbar auf die der Vorbereitung des 4
anwaltsgerichtlichen Verfahrens dienenden Ermittlungsakten der Staatsanwaltschaft und die gerichtlichen Akten im anwaltsgerichtlichen Verfahren. Die Einsicht in die von der Rechtsanwaltskammer geführten **Personalakten** über ein Rügeverfahren oder eine sonstige Aufsichtsmaßnahme der Rechtsanwaltskammer bestimmt sich ausschließlich nach § 58.

III. Die zur Akteneinsicht Berechtigten

1. Der beschuldigte Rechtsanwalt

Der beschuldigte Rechtsanwalt selbst hat – anders als der Beschuldigte in ei- 5
nem Strafverfahren – einen Anspruch auf Einsichtnahme in die Verfahrensakten. Während dem Beschuldigten im Strafverfahren, der sich ohne Einsichtnahme in die Verfahrensakten nicht angemessen verteidigen kann, ein Pflichtverteidiger beizuordnen ist,[4] ermöglicht der Anspruch auf Einsicht in die Verfahrensakten dem beschuldigten Rechtsanwalt eine angemessene Selbstverteidigung. Inhaltlich ist das Akteneinsichtsrecht des beschuldigten Rechtsanwalts umfassend (Satz 1). Er unterliegt jedoch – wie sein Verteidiger – der Einschränkung, daß im Vorverfahren bis zum Abschluß der staatsanwaltschaftlichen Ermittlungen bei Gefährdung des Untersuchungszwecks die Einsicht ganz oder teilweise versagt werden kann (Satz 2 i. V. m. § 147 Abs. 2 StPO). Verfahrensrechtlich ist das Recht des beschuldigten Rechtsanwalts zur Akteneinsicht insofern beschränkt, als er – anders als sein Verteidiger – in jedem Fall die Akten nur bei der aktenführenden Stelle **einsehen** kann (Satz 2 i. V. m. § 147 Abs. 4 StPO).

2. Die Rechtsanwaltskammer

Die Rechtsanwaltskammer hat nach der Vorschrift ein eigenes Akteneinsichts- 6
recht. Damit wird sie tatsächlich in die Lage versetzt, ihre Befugnisse auszuüben, die Staatsanwaltschaft ggf. auf Einleitung eines anwaltsgerichtlichen Verfahrens anzuhalten (§ 122). Dem Gegenschluß aus Satz 2 ist zu entnehmen, daß die Rechtsanwaltskammer bei der Ausübung ihres Rechts auf Akteneinsicht **keinen Beschränkungen** unterliegt. Sie kann beanspruchen, daß sie auch vor Abschluß der Ermittlungen stets Akteneinsicht nehmen kann und daß dies durch Überlassung der Akten geschieht. Daß eine Gefährdung des Verfahrens durch die Rechtsanwaltskammer in keinem Fall zu besorgen ist, nimmt das Gesetz damit an.

IV. Akteneinsicht durch Dritte

Problematisch ist die Akteneinsicht durch Dritte, etwa **Verletzte** der anwaltli- 7
chen Pflichtverletzung. Einerseits bietet das Gesetz dem Verletzten einer anwaltlichen Pflichtverletzung keine Mitwirkungsmöglichkeit am anwaltsgerichtlichen Verfahren, andererseits kann der Verletzte ein anzuerkennendes, berechtigtes Interesse daran haben, sich zur Durchsetzung zivilrechtlicher Ansprüche die im anwaltsgerichtlichen Vor- oder Hauptverfahren gewonnenen Erkenntnisse zu Nutze zu machen. Eine klare gesetzliche Regelung besteht derzeit nicht. Eine solche wird aber aufgrund der Rechtsprechung des BVerfG zum „informationellen Selbstbestimmungsrecht"[5] für erforderlich gehalten.[6]

---

[4] *Kleinknecht/Meyer-Goßner,* § 147 Rdn. 3.
[5] BVerfGE 65, 1 = NJW 1984, 419.
[6] *Jessnitzer/Blumberg,* § 117 b Rdn. 2; *Kleine-Cosack,* § 117 b Rdn. 4.

8 Zur Lösung des Problems wird empfohlen, nach eingehender Prüfung des Einzelfalls im Falle eines **nachgewiesenen berechtigten Interesses** Zugang zu den Erkenntnissen der Verfahrensakten zu verschaffen.[7] Dabei ist in jedem Einzelfall zu prüfen, ob es der Akteneinsicht durch den Dritten bedarf, oder ob seine Belange nicht dadurch gewahrt werden können, daß sich das Einsichtsrecht auf Aktenteile beschränkt, auszugsweise Auskünfte gegeben oder Abschriften von Aktenteilen hergestellt werden.

9 Der von *Feuerich*[8] aufgezeigte Weg, über § 116 S. 2 § 406 e StPO insoweit entsprechend anzuwenden, erscheint aus systematischen Gründen nicht unbedenklich. Der Verletzte einer anwaltlichen Pflichtverletzung wird im anwaltsgerichtlichen Verfahren grundsätzlich nicht beteiligt, die dem Verletzten im Strafprozeß zugewiesenen Möglichkeiten werden teilweise von der Rechtsanwaltskammer wahrgenommen. Um die vom Gesetzgeber gelassene Lücke zu schließen, sollte daher unter einer **Güterabwägung im Einzelfall** nach allgemeinen Grundsätzen verfahren und nicht auf das Akteneinsichtsrecht des Verletzten im Strafprozeß zurückgegriffen werden.

§ 118 Verhältnis des anwaltsgerichtlichen Verfahrens zum Straf- oder Bußgeldverfahren

(1) **Ist gegen einen Rechtsanwalt, der einer Verletzung seiner Pflichten beschuldigt wird, wegen desselben Verhaltens die öffentliche Klage im strafgerichtlichen Verfahren erhoben, so kann gegen ihn ein anwaltsgerichtliches Verfahren zwar eingeleitet, es muß aber bis zur Beendigung des strafgerichtlichen Verfahrens ausgesetzt werden. Ebenso muß ein bereits eingeleitetes anwaltsgerichtliches Verfahren ausgesetzt werden, wenn während seines Laufes die öffentliche Klage im strafgerichtlichen Verfahren erhoben wird. Das anwaltsgerichtliche Verfahren ist fortzusetzen, wenn die Sachaufklärung so gesichert erscheint, daß sich widersprechende Entscheidungen nicht zu erwarten sind, oder wenn im strafgerichtlichen Verfahren aus Gründen nicht verhandelt werden kann, die in der Person des Rechtsanwalts liegen.**

(2) **Wird der Rechtsanwalt im gerichtlichen Verfahren wegen einer Straftat oder einer Ordnungswidrigkeit freigesprochen, so kann wegen der Tatsachen, die Gegenstand der gerichtlichen Entscheidung waren, ein anwaltsgerichtliches Verfahren nur dann eingeleitet oder fortgesetzt werden, wenn diese Tatsachen, ohne den Tatbestand einer Strafvorschrift oder einer Bußgeldvorschrift zu erfüllen, eine Verletzung der Pflichten des Rechtsanwalts enthalten.**

(3) **Für die Entscheidung im anwaltsgerichtlichen Verfahren sind die tatsächlichen Feststellungen des Urteils im Strafverfahren oder Bußgeldverfahren bindend, auf denen die Entscheidung des Gerichts beruht. In dem anwaltsgerichtlichen Verfahren kann ein Gericht jedoch die nochmalige Prüfung solcher Feststellungen beschließen, deren Richtigkeit seine Mitglieder mit Stimmenmehrheit bezweifeln; dies ist in den Gründen der anwaltsgerichtlichen Entscheidung zum Ausdruck zu bringen.**

---

[7] *Feuerich/Braun*, § 117 b Rdn. 17; *Jessnitzer*, § 117 b Rdn. 2; vgl. auch *Hilger* NStZ 84, 541.

[8] *Feuerich/Braun*, § 116 Rdn. 81.

§ 118 Straf- oder Bußgeldverfahren 1, 2 § 118

(4) **Wird ein anwaltsgerichtliches Verfahren nach Absatz 1 Satz 3 fortgesetzt, ist die Wiederaufnahme des rechtskräftig abgeschlossenen anwaltsgerichtlichen Verfahrens auch zulässig, wenn die tatsächlichen Feststellungen, auf denen die Verurteilung oder der Freispruch im anwaltsgerichtlichen Verfahren beruht, den Feststellungen im strafgerichtlichen Verfahren widersprechen. Den Antrag auf Wiederaufnahme des Verfahrens kann die Staatsanwaltschaft oder der Rechtsanwalt binnen eines Monats nach Rechtskraft des Urteils im strafgerichtlichen Verfahren stellen.**

Übersicht

	Rdn.		Rdn.
I. Normzweck	1, 2	IV. Wirkung des Freispruchs	12–15
II. Aussetzung nach Absatz 1 Satz 1 und 2	3–7	1. Freispruch und andere Arten des Strafklageverbrauchs	13
1. Dasselbe Verhalten	3	2. Disziplinärer Überhang	15
2. Erhebung der öffentlichen Klage	4	V. Bindung an die Urteilsfeststellungen	16–23
3. Das Verfahren in der Anwaltsgerichtsbarkeit	5	1. Grundsatz der Bindungswirkung	16
III. Fortsetzung des anwaltsgerichtlichen Verfahrens	8–11	a) Bestehende Bindungswirkung	17
1. Gesicherte Sachaufklärung	8	b) Fehlende Bindungswirkung	20
2. Verfahrenshindernis in der Person des Rechtsanwalts	9	2. Gerichtliche Entscheidung mit Bindungswirkung	21
3. Fortsetzung aus anderen Gründen	10	VI. Nochmalige Prüfung der Feststellungen	24–26
4. Nichtfortsetzung bei weniger schwerwiegenden Pflichtverletzungen	11	VII. Die Wiederaufnahme des anwaltsgerichtlichen Verfahrens	27, 28

I. Normzweck

Die Vorschrift räumt dem Strafverfahren den **absoluten Vorrang** gegenüber dem anwaltsgerichtlichen Verfahren ein. Damit soll vermieden werden, daß in zwei verschiedenen Verfahren staatliche Gerichte denselben Sachverhalt prüfen und dieselben Beweise erheben, wobei die Gefahr besteht, daß sie zu unterschiedlichen Feststellungen kommen.[1] Folgerichtig sind die im Straf- oder Bußgeldverfahren getroffenen Feststellungen für das anwaltsgerichtliche Verfahren bindend (Abs. 3 S. 1), nur unter eng begrenzten Voraussetzungen kann das Gericht im anwaltsgerichtlichen Verfahren die vom Strafgericht getroffenen Feststellungen in Frage stellen und eigene Feststellungen treffen (Abs. 3 S. 2). 1

Die Bindungswirkung gilt jedoch nur für die anwaltsgerichtliche Entscheidung im **Hauptverfahren**. Für vorläufige Maßnahmen nach § 150 ff. gilt die Bindungswirkung des Absatz 1 nicht, wie auch die Feststellungen zu vorläufigen Entscheidungen im Strafverfahren – etwa über die Anordnung der Untersuchungshaft – keine Bindungswirkung im anwaltsgerichtlichen Verfahren erzeugen. 2

---

[1] Amtl. Begr. zu § 118.

II. Aussetzung nach Absatz 1 Satz 1 und 2

1. Dasselbe Verhalten

3   Die Pflicht zur Aussetzung des anwaltsgerichtlichen Verfahrens besteht nur, wenn das Strafverfahren dasselbe Verhalten zum Gegenstand hat (Abs. 1 S. 1). Bei der Beurteilung ob „dasselbe Verhalten" vorliegt, ist abzustellen auf das „gesamte Verhalten des Täters, soweit es nach natürlicher Auffassung einen einheitlichen Lebensvorgang darstellt".[2] Auf die rechtliche Einordnung des Verhaltens kommt es dabei nicht an. Insbesondere spielt es keine Rolle, daß im anwaltsgerichtlichen Verfahren mehrere strafrechtlich selbständige Delikte als einheitlicher Standesverstoß zu werten sind.

2. Erhebung der öffentlichen Klage

4   Die Pflicht zur Aussetzung des anwaltsgerichtlichen Verfahrens setzt die Erhebung der öffentlichen Klage wegen einer Straftat voraus. Maßgeblich ist der Zeitpunkt, bei dem die Anklageschrift bei dem zuständigen Strafgericht eingeht (§ 170 Abs. 1 StPO), nicht die Mitteilung der Anklageschrift an den Angeschuldigten. In ihren Wirkungen **kommt der Erhebung der öffentlichen Anklage gleich** die Antragstellung auf Aburteilung im beschleunigten Verfahren (§ 212 StPO), die Nachtragsanklage (§ 266 StPO), die Übernahme der Verfolgung im Privatklageverfahren durch die Staatsanwaltschaft (§ 377 Abs. 2 StPO), die Anberaumung der Hauptverhandlung in dem auf Erlaß eines Strafbefehls gerichteten Verfahrens (§ 408 Abs. 3 S. 2 StPO), die Anordnung der Klageerhebung im Klageerzwingungsverfahren (§ 175 StPO) und die Entscheidung des Gerichts, in der die Wiederaufnahme des Verfahrens und die Erneuerung der Hauptverhandlung angeordnet wird (§ 370 Abs. 2 StPO). Die Erhebung oder Zulassung einer Privatklage (§ 381 ff. StPO) erfüllen die Voraussetzungen der Erhebung einer „öffentlichen Klage" dagegen nicht. Auch die Durchführung eines Bußgeldverfahrens begründet die Pflicht zur Aussetzung des anwaltsgerichtlichen Verfahrens nicht. Etwas anderes gilt allerdings, wenn das Verfahren nach dem OWiG in das Strafverfahren übergeleitet wird (§ 81 OWiG), da dann die Rechtswirkung der Erhebung einer öffentlichen Klage eintritt.

3. Das Verfahren in der Anwaltsgerichtsbarkeit

5   Nach Erhebung der öffentlichen Klage kann wegen desselben Verhaltens das anwaltsgerichtliche Verfahren nur noch eingeleitet, aber nicht mehr durchgeführt werden. Die Staatsanwaltschaft kann also eine Anschuldigungsschrift bei dem zuständigen Anwaltsgericht einreichen (§ 121). Die einzige in der Hauptsache vom Anwaltsgericht zu treffende Entscheidung ist die der Aussetzung des Verfahrens durch Beschluß. Das Anwaltsgericht kann weder die Eröffnung des Hauptverfahrens beschließen, noch zur Vorbereitung dieser Entscheidung Beweiserhebungen anordnen.[3] Die Pflicht zur **sofortigen Aussetzung** des Verfahrens nach Erhebung der öffentlichen Anklage gilt in beiden Tatsacheninstanzen des anwaltsgerichtlichen Verfahrens, gleich in welchem Stadium sich das Verfahren befindet. Das anwaltsgerichtliche Revisionsverfahren kann dagegen fortgesetzt werden, denn die Feststellung von Tatsachen in den Vorinstanzen ist abgeschlos-

---

[2] *Kleinknecht/Meyer-Goßner*, § 264 Rdn. 2.
[3] *Isele*, § 118 Anm. II. B. 2. a).

sen, so daß der Gefahr divergierender Tatsachenfeststellungen durch Aussetzung des Verfahrens ohnehin nicht mehr begegnet werden kann. Führt aber die Revision zur Aufhebung und Zurückverweisung, muß nunmehr durch das Gericht, an das die Sache zurückverwiesen ist, die Aussetzung ausgesprochen werden.[4]

Vom Zeitpunkt der Aussetzung an **ruht die Verjährung** der Verfolgung der Pflichtverletzung nach § 115 i. V. m. § 78 b StGB. Vom Zeitpunkt der Aussetzung an ist nämlich die weitere Verfolgung der Pflichtverletzung nicht mehr möglich, da keine der Maßnahmen ergriffen werden kann, die nach § 115 i. V. m. § 78 c StGB die Verjährung unterbrechen würden.[5]

Die Aussetzung des anwaltsgerichtlichen Verfahrens ist bis zum Abschluß des strafgerichtlichen Verfahrens aufrechtzuerhalten. Sofern nicht die besonderen Umstände von Absatz 1 Satz 3 vorliegen, wird das anwaltsgerichtliche Verfahren nach Rechtskraft eines strafgerichtlichen Urteils oder nach nicht mehr anfechtbarem Einstellungsbeschluß fortgesetzt.[6]

III. Fortsetzung des anwaltsgerichtlichen Verfahrens

1. Gesicherte Sachaufklärung

Im Interesse einer rascheren Erledigung des anwaltsgerichtlichen Verfahrens bestimmt Absatz 1 Satz 3, daß das anwaltsgerichtliche Verfahren – entgegen Absatz 1 Satz 1 und 2 – fortzusetzen ist, wenn aufgrund der durchgeführten Beweiserhebung mit **widersprechenden Entscheidungen nicht zu rechnen** ist. Das ist insbesondere der Fall, wenn der Schuldspruch im strafgerichtlichen Verfahren bereits rechtskräftig ist, es aber noch an einem rechtskräftigen Strafausspruch fehlt. Auch bei einem Geständnis, das in Zweifel zu ziehen, kein Anlaß besteht, wird man häufig von einer gesicherten Sachaufklärung ausgehen können. Das Gesetz verzichtet darauf, Regeltatbestände zu nennen, wann von einer „gesicherten Sachaufklärung" auszugehen ist. Es unterliegt daher der Würdigung durch das Gericht, ob ihm die Sachaufklärung so gesichert erscheint, daß die Gefahr widersprechender Entscheidungen, denen mit einer Aussetzung begegnet werden soll, voraussichtlich nicht besteht.[7] Die Gefahr widersprechender Entscheidungen besteht im übrigen auch dann vielfach nicht, wenn dem Rechtsanwalt im Strafverfahren die Begehung einer Vorsatztat zur Last gelegt wird, während Gegenstand des anwaltsgerichtlichen Verfahrens eine fahrlässig begangene Pflichtverletzung ist.[8]

2. Verfahrenshindernis in der Person des Rechtsanwalts

Das anwaltsgerichtliche Verfahren ist auch fortzusetzen, wenn im Strafverfahren aus Gründen, die in der Person des Rechtsanwalts liegen, nicht verhandelt werden kann (Abs. 1 S. 3, 2. Alt.). Die amtliche Begründung nennt als Beispiel eine vorläufige Einstellung des Strafverfahrens nach § 205 StPO, weil der Rechtsanwalt abwesend oder verhandlungsunfähig sei. Inwieweit der Regelung praktische Bedeutung zukommt, muß bezweifelt werden. Der im Strafverfahren verhandlungsunfähige Rechtsanwalt dürfte auch im anwaltsgerichtlichen Verfahren

---

[4] *Feuerich/Braun*, § 118 Rdn. 9.
[5] Vgl. BGHSt 33, 54 zu § 109 StBerG.
[6] Amtl. Begr. zu § 118.
[7] BGHSt 28, 178 = NJW 1979, 1171 = EGE XIV, 209.
[8] BGHSt 28, 178 = NJW 1979, 1171 = EGE XIV, 209.

auf seine Verhandlungsunfähigkeit erfolgreich hinweisen können. Zwar mag eine wirksame Ladung des Rechtsanwalts, dessen Abwesenheit zur vorläufigen Einstellung des Strafverfahrens nach § 205 StPO geführt hat, möglich sein, doch ist zu bezweifeln, ob sie in der Praxis gelingt.

3. Fortsetzung aus anderen Gründen

10   Endet das Strafverfahren ohne Urteil und ohne rechtskräftige Ablehnung der Eröffnung der Hauptverhandlung, etwa durch Einstellung nach §§ 153 ff. StPO oder etwa aufgrund einer Amnestie, so ist das anwaltsgerichtliche Verfahren wiederaufzugreifen.[9]

4. Nichtfortsetzung bei weniger schwerwiegenden Pflichtverletzungen

11   Einer Fortsetzung des anwaltsgerichtlichen Verfahrens bedarf es nicht, wenn die in dem Straf- oder sonstigen Verfahren verhängte Strafe oder Maßnahme eine zusätzliche anwaltsgerichtliche Ahndung nicht erforderlich erscheinen läßt (§ 115 b). In diesem Fall wird das anwaltsgerichtliche Verfahren eingestellt.[10]

IV. Wirkung des Freispruchs

12   Das freisprechende Urteil im Straf- oder Bußgeldverfahren hindert die Einleitung oder Fortsetzung des anwaltsgerichtlichen Verfahrens wegen desselben Verhaltens, wenn nicht dieses Verhalten eine anwaltliche Pflichtverletzung darstellt, auch wenn es weder als Straftat noch als Ordnungswidrigkeit zu ahnden ist.

1. Freispruch und andere Arten des Strafklageverbrauchs

13   Der Freispruch stellt für das anwaltsgerichtliche Verfahren insofern ein Prozeßhindernis dar, als das im Straf- oder Bußgeldverfahren beurteilte Verhalten des Rechtsanwalts mit dem Verhalten identisch ist, das ihm als anwaltliche Pflichtverletzung zur Last gelegt wird.[11] Gleichgültig ist, ob das rechtskräftige Urteil auf Freispruch lautet, weil der Tatvorwurf nicht mit der hinreichenden Wahrscheinlichkeit erwiesen wurde oder das Verhalten des Rechtsanwalts nach Auffassung des Strafgerichts keinen Straftat- oder Ordnungswidrigkeitentatbestand erfüllte.

14   Wie ein Freispruch im Sinne von Absatz 2 ist eine Einstellung des Strafverfahrens durch das Strafgericht zu behandeln, wenn dieses unter Verletzung des „Vorranges des Freispruchs" das Verfahren eingestellt hat.[12] Ist ein Strafklageverbrauch durch die nicht mehr anfechtbare Ablehnung der Eröffnung des Hauptverfahrens durch das Strafgericht erfolgt (§ 211 StPO) ist ebenfalls von der Wirkung eines Freispruchs im Sinne des Absatzes 2 auszugehen.[13] Richtigerweise ist nämlich bei Absatz 2 nicht auf einen „Freispruch" im technischen Sinne abzustellen, sondern den **rechtskräftigen Verbrauch der Strafklage**, der nur aufgrund neuer Tatsachen oder Beweismittel in Frage gestellt werden kann. Eine Einstellung des Ermittlungsverfahrens durch die Staatsanwaltschaft nach § 170 Abs. 2 StPO stellt dagegen keinen Strafklageverbrauch dar, der Absatz 2 zur Anwendung brächte. Das gleiche gilt bei Einstellungen durch das Gericht etwa wegen Verjäh-

---

[9] *Feuerich/Braun*, § 118 Rdn. 21; *Jessnitzer/Blumberg*, § 118 Rdn. 4.
[10] § 115 b Rdn. 8.
[11] Vgl. hierzu oben Rdn. 3.
[12] *Kleinknecht/Meyer-Goßner*, § 260 Rdn. 44 ff.
[13] *Feuerich/Braun*, § 118 Rdn. 25; *Kleine-Cosack*, § 118 Rdn. 4.

§ 118 Straf- oder Bußgeldverfahren 15–18 § 118

rung, fehlendem Strafantrag oder Verhandlungsunfähigkeit des Rechtsanwalts. An einem „Freispruch" im Sinne des Abs. 2 fehlt es auch, wenn das Strafgericht zwar zu einem Schuldspruch kommt, von der Verhängung einer Sanktion aber absieht.

2. Disziplinärer Überhang

Weitere Voraussetzung für die Sperrwirkung des Absatz 2 ist es, daß das vom Strafgericht mit einem Freispruch beurteilte Verhalten des Rechtsanwalts nicht darüber hinaus eine **anwaltliche Pflichtverletzung** darstellt. Davon ist beispielsweise auszugehen, wenn eine Verurteilung wegen Parteiverrats am Nachweis des Vorsatzes scheitert, eine anwaltliche Pflichtverletzung nach § 113 i. V. m. § 45 Abs. 1 Nr. 1 aber im Raume stehen bleibt. Denkbar auch, daß sich der Rechtsanwalt beim Umgang mit fremden Vermögenswerten zwar einer Untreue im Sinne des § 266 StGB nicht schuldig gemacht hat, er aber gegen die Grundpflichten beim Umgang mit anvertrauten Vermögenswerten nach § 43 a Abs. 5 verstoßen hat. 15

V. Bindung an die Urteilsfeststellungen

1. Grundsatz der Bindungswirkung

Das mit der Vorschrift verfolgte Ziel, voneinander abweichende Beurteilungen desselben Sachverhalts durch staatliche Gerichte zu verhindern, wird mit der Bindung der Anwaltsgerichtsbarkeit an die das Urteil tragenden Feststellungen des Strafgerichts in Absatz 3 Satz 1 erreicht. Verfassungsrechtliche Bedenken bestehen nicht, denn das Strafverfahren bietet dem Angeklagten umfassende Möglichkeiten der Verteidigung. Eine Nachprüfung der Feststellungen des Strafgerichts durch das Gericht der Anwaltsgerichtsbarkeit ist im übrigen nach Absatz 3 Satz 2 unter den dort genannten Voraussetzungen möglich. 16

a) Bestehende Bindungswirkung. Die in einem rechtskräftigen Straf- oder Bußgeldurteil getroffen Feststellungen sowohl zur **subjektiven** wie auch zur **objektiven Tatseite** binden die Anwaltsgerichtsbarkeit.[14] Dies gilt für die tatsächlichen Feststellungen des Urteils, auf denen dieses beruht (Abs. 3 S. 1). Auf den Feststellungen beruht das Urteil, wenn davon auszugehen ist, daß die Entscheidung ohne die getroffenen Feststellungen anders gelautet hätte.[15] Umfaßt von der Bindungswirkung werden die Feststellungen des Strafgerichts zur Schuldfähigkeit des Rechtsanwalts,[16] zum Umfang der Schuld,[17] zu sonstigen subjektiven Tatbestandsmerkmalen, zum Vorliegen oder Nichtvorliegen von Rechtfertigungs- und Schuldausschließungsgründen. Gegenstand der Bindungswirkung ist das Ergebnis der vom Strafgericht getroffenen Feststellungen, nicht das einzelne Beweismittel oder die Bewertung eines Beweismittels im einzelnen. 17

Die Bindungswirkung tritt ein, wenn der vom Strafgericht ausgesprochene **Schuldspruch Rechtskraft** erlangt. Wird gegen das Strafurteil des Amtsgerichts wirksam eine auf den Rechtsfolgenausspruch beschränkte Berufung eingelegt, so binden die vom Amtsgericht getroffenen Feststellungen. Verfahrensrechtlich bedeutet dies, daß das anwaltsgerichtliche Verfahren nach Absatz 1 Satz 3 fortzusetzen ist. Gleiches gilt, wenn die Entscheidung des Revisionsgerichts in Strafsa- 18

---

[14] BGHSt 33, 59 = NJW 1985, 1089 = BRAK-Mitt. 1985, 111.
[15] *Feuerich/Braun*, § 118 Rdn. 31.
[16] BGH EGE VIII, 45, 47.
[17] BGH BRAK-Mitt. 1984, 37.

Dittmann 873

chen den Schuldspruch mit den zugrundeliegenden Feststellungen in Rechtskraft erwachsen läßt.

19 Soweit das Gericht der Anwaltsgerichtsbarkeit nicht nach Absatz 3 Satz 2 verfährt, ist es gehindert, weitere Feststellungen zu treffen. Hierauf abzielende **Beweisanträge sind als unzulässig** zurückzuweisen. Geht das Gericht der Anwaltsgerichtsbarkeit von der Bindungswirkung aus, so bedarf es hierfür keiner Begründung in der Entscheidung, denn die Bindungswirkung stellt nach Absatz 3 Satz 1 den Regelfall dar.

20 b) **Fehlende Bindungswirkung.** Verstoßen die tatsächlichen Feststellungen des Strafgerichts gegen die Denkgesetze, sind sie lückenhaft, widersprüchsvoll oder unschlüssig, kann auf ihnen die Entscheidung des Strafgerichts nicht beruhen, so daß sie keine Bindungswirkung entfalten.[18] Reine Rechtsausführungen des Strafgerichts sind ebensowenig bindend wie etwa Strafzumessungserwägungen, da es sich dabei nicht um „tatsächliche Feststellungen" handelt.

2. Gerichtliche Entscheidungen mit Bindungswirkung

21 Nach dem Wortlaut von Absatz 3 Satz 1 binden die in einem „Urteil" getroffenen Feststellungen. Sinn der Vorschrift ist es, divergierende Entscheidungen staatlicher Gerichte über denselben Sachverhalt zu verhindern, wobei aber zusätzlich vorauszusetzen ist, daß in dem strafgerichtlichen Verfahren vom Gericht die möglicherweise bindenden tatsächlichen Feststellungen getroffen wurden und uneingeschränkte Möglichkeiten der Verteidigung bestanden.[19] Die mögliche Bindungswirkung ist zu bejahen für ein nach § 267 Abs. 4 StPO **abgekürztes Urteil** des Strafgerichts, denn das Strafgericht hat die für die Urteilsfindung maßgeblichen Feststellungen getroffen, die Verfahrenserleichterung des § 267 Abs. 4 StPO betrifft lediglich die schriftlichen Urteilsgründe.[20] Auch die eine Verurteilung im **Privatklageverfahren** tragenden Feststellungen sind vom Gericht getroffen worden, so daß sie Bindungswirkung entfalten.[21]

22 Während die Rechtsprechung auch die Bindungswirkung von **Strafbefehlen, Bußgeldbescheiden** und **Steuerstrafbescheiden** annimmt,[22] lehnt die Literatur dies ab.[23] Die in der Literatur vertretene Auffassung verdient den Vorzug. Der von der Rechtsprechung vertretenen Auffassung ist zuzugeben, daß der Strafbefehl, gegen den nicht rechtzeitig Einspruch erhoben worden ist, einem rechtskräftigen Urteil gleichsteht (§ 410 Abs. 3 StPO). Der rechtskräftige Strafbefehl bewirkt einen Strafklageverbrauch und kann nur im Wiederaufnahmeverfahren beseitigt werden. Verwertbare tatsächliche Feststellungen eines Gerichts enthält der Strafbefehl dagegen nicht. Der Strafbefehl bezeichnet das strafwürdige Verhalten und nennt auch die Beweismittel. Eine Beweisaufnahme findet jedoch nicht statt. Das Gericht, das den Strafbefehl erläßt, prüft lediglich, ob der Angeschuldigte aufgrund der Aktenlage hinreichend verdächtig ist, und ob Bedenken gegen den Erlaß des Strafbefehls bestehen (§ 408 Abs. 2, 3 StPO). Allein der Angeschuldigte hat es in der Hand, nach Erlaß eines Strafbefehls dafür zu sorgen, daß eine gerichtliche Beweisaufnahme durchgeführt wird.

---

[18] BGHSt 33, 155 = NJW 1985, 2037 = BRAK-Mitt. 1985, 231.
[19] *Feuerich/Braun*, § 118 Rdn. 43.
[20] *Feuerich/Braun*, § 118 Rdn. 40.
[21] *Isele*, § 118 Anm. IV. D. 3.; *Feuerich/Braun*, § 118 Rdn. 40.
[22] EGH Celle in EGE X, 160; EGH Kassel in EGE XIII, 208.
[23] *Isele*, § 118 Anm. IV. D. 2.; *Feuerich/Braun*, § 118 Rdn. 42; *Jessnitzer/Blumberg*, § 118 Rdn. 7.

Legt der Angeschuldigte – aus welchen Gründen auch immer – gegen den 23
Strafbefehl keinen Einspruch ein, kommt dem Strafbefehl die Wirkung eines
rechtskräftigen Urteils zu, dieses beruht jedoch nicht auf vom Gericht getroffenen
Feststellungen. Die Gefahr, daß in derselben Sache von staatlichen Gerichten
divergierende Feststellungen getroffen werden, besteht bei Erlaß eines Strafbefehls
mithin nicht, so daß der Strafbefehl keine Bindungswirkung entfaltet.

VI. Nochmalige Prüfung der Feststellungen

Im Einzelfall kann das Gericht der Anwaltsgerichtsbarkeit die Bindungswir- 24
kung eines Straf- oder Bußgeldurteils beseitigen und selbst Feststellungen treffen
(Abs. 3 S. 2). Das setzt voraus, daß das Gericht im anwaltsgerichtlichen Verfahren
Zweifel an der Richtigkeit der im Straf- oder Bußgeldverfahren getroffenen
Feststellungen hat. Nicht ausreichend ist es, wenn das Gericht im anwaltsgerichtlichen Verfahren lediglich unsicher ist, ob die im Straf- oder Bußgeldverfahren
getroffenen Feststellungen zutreffen. Es bedarf infolge dessen erheblicher Zweifel
des Gerichts, um sich von der Bindungswirkung zu lösen.[24] Raum für erhebliche
Zweifel wird regelmäßig gegeben sein, wenn bei der Feststellung der Tatsachen
im Straf- oder Bußgeldverfahren Verfahrensverstöße begangen worden sind.[25]

Die Entscheidung, die Bindungswirkung nach Absatz 3 Satz 1 aufzuheben und 25
eigene Feststellungen zu treffen, kann sowohl das Anwaltsgericht wie auch in der
Berufungsinstanz der Anwaltsgerichtshof treffen. Eine **Beweisaufnahme** darüber, ob **Zweifel** an der Richtigkeit der Feststellungen des Straf- oder Bußgeld-
gerichts angebracht sind, darf im anwaltsgerichtlichen Verfahren nicht durchgeführt werden. Das Gericht der Anwaltsgerichtsbarkeit hat bei der Prüfung, ob es
sich von der Bindungswirkung des Absatzes 3 Satz 1 lösen will, in erster Linie die
die tatsächlichen Feststellungen enthaltende Entscheidung zugrundezulegen;
ergänzend können die Akten zu Rate gezogen werden.[26]

Der Beschluß im anwaltsgerichtlichen Verfahren muß mit Stimmenmehrheit 26
gefaßt werden. Dem Gericht ist es im anwaltsgerichtlichen Verfahren nicht verwehrt, lediglich **einzelne Teile** der tatsächlichen Feststellungen des Urteils im
Straf- oder Bußgeldverfahren in Frage zu stellen und hierzu eigene Feststellungen
zu treffen. Das ermöglicht es auch, isolierte Feststellungen zur inneren oder äußeren Tatseite zu treffen.[27]

VII. Die Wiederaufnahme des anwaltsgerichtlichen Verfahrens

Die Wiederaufnahmemöglichkeit des Absatzes 4 dient dazu, divergierende 27
Entscheidungen zu verhindern, wenn nach Absatz 1 Satz 3 vorgegangen und das
anwaltsgerichtliche Verfahren vor Abschluß des Strafverfahrens fortgesetzt wurde.
Die Bestimmung schafft damit eine Korrekturmöglichkeit bei einer nachträglich
falschen Prognose nach Absatz 1 Satz 3.

Voraussetzung für die Wiederaufnahme des anwaltsgerichtlichen Verfahrens ist 28
es, daß dieses rechtskräftig abgeschlossen ist und die zu demselben Verhalten
getroffenen Feststellungen der Anwaltsgerichtsbarkeit im **Widerspruch stehen
zu den Feststellungen** des Strafgerichts. Keine Rolle spielt es, ob das anwaltsgerichtliche Urteil auf Freispruch oder Verurteilung lautet, die Wiederaufnahme

---

[24] Zu § 18 Abs. 1 S. 2 BDO: BVerwG DVBl. 1987, 255 = DÖV 1987, 291.
[25] *Feuerich/Braun*, § 118 Rdn. 52.
[26] BGHSt 33, 155 = NJW 1985, 2037 = BRAK-Mitt. 1985, 231.
[27] *Jessnitzer/Blumberg*, § 118 Rdn. 6; a. A. *Isele*, § 118 Anm. III. E. 2.

nach Absatz 4 kann von der Staatsanwaltschaft zum Nachteil des Rechtsanwalts, von der Staatsanwaltschaft und dem Rechtsanwalt auch zu Gunsten des Rechtsanwalts betrieben werden. Für die **Zulässigkeit** des Wiederaufnahmeantrags genügt es allein, daß sich die tatsächlichen Feststellungen der anwaltsgerichtlichen Entscheidung und des Strafgerichts widersprechen. Insoweit werden die Voraussetzungen des § 359 StPO ersetzt. Für das Verfahren gelten nach § 116 S. 2 die Vorschriften der §§ 360 ff. StPO. Bei der erneuten Hauptverhandlung sind im anwaltsgerichtlichen Verfahren Absatz 2 und 3 zu beachten.

§ 118 a Verhältnis des anwaltsgerichtlichen Verfahrens zu den Verfahren anderer Berufsgerichtsbarkeiten

(1) Über eine Pflichtverletzung eines Rechtsanwalts, der zugleich der Disziplinar-, Ehren- oder Berufsgerichtsbarkeit eines anderen Berufs untersteht, wird im anwaltsgerichtlichen Verfahren für Rechtsanwälte entschieden, es sei denn, daß die Pflichtverletzung überwiegend mit der Ausübung des anderen Berufs in Zusammenhang steht. Dies gilt nicht für die Ausschließung oder für die Entfernung aus dem anderen Beruf.

(2) Beabsichtigt die Staatsanwaltschaft, gegen einen solchen Rechtsanwalt das anwaltsgerichtliche Verfahren einzuleiten, so teilt sie dies der Staatsanwaltschaft oder Behörde mit, die für die Einleitung eines Verfahrens gegen ihn als Angehörigen des anderen Berufs zuständig wäre. Hat die für den anderen Beruf zuständige Staatsanwaltschaft oder Einleitungsbehörde die Absicht, gegen den Rechtsanwalt ein Verfahren einzuleiten, so unterrichtet sie die Staatsanwaltschaft, die für die Einleitung des anwaltsgerichtlichen Verfahrens gegen den Rechtsanwalt zuständig wäre (§§ 120, 163 Satz 3).

(3) Hat das Gericht einer Disziplinar-, Ehren- oder Berufsgerichtsbarkeit sich zuvor rechtskräftig für zuständig oder unzuständig erklärt, über die Pflichtverletzung eines Rechtsanwalts, der zugleich der Disziplinar-, Ehren- oder Berufsgerichtsbarkeit eines anderen Berufs untersteht, zu entscheiden, so sind die anderen Gerichte an diese Entscheidung gebunden.

(4) Die Absätze 1 bis 3 sind auf Rechtsanwälte im öffentlichen Dienst, die ihren Beruf als Rechtsanwalt nicht ausüben dürfen (§ 47), nicht anzuwenden.

(5) § 110 der Bundesnotarordnung bleibt unberührt.

Übersicht

	Rdn.		Rdn.
I. Normzweck	1	IV. Zuständigkeitsentscheidungen	6, 7
II. Vorrang der Anwaltsgerichtsbarkeit	2–4	V. Rechtsanwälte im öffentlichen Dienst	8
III. Unterrichtung nach Absatz 2	5	VI. Anwaltsnotare	9, 10

I. Normzweck

1 Die Vorschrift soll verhindern, daß ein Rechtsanwalt, der zugleich einen weiteren Beruf ausübt, wegen einer Pflichtverletzung, die auch seine Berufspflichten in dem **weiteren Beruf** verletzt, von mehreren Berufs- oder Disziplinargerich-

ten zur Rechenschaft gezogen wird.¹ Praktische Bedeutung hatte die Regelung schon stets für die Anwaltsnotare (§ 3 Abs. 2 BNotO), auch für Rechtsanwälte die zugleich als Steuerberater, Steuerbevollmächtigter, Wirtschaftsprüfer oder Vereidigter Buchprüfer zugelassen sind. Nachdem durch eine Änderung von § 7 Nr. 8 und § 14 Abs. 2 Nr. 9 durch das Gesetz zur Neuordnung des Berufsrechts der Rechtsanwälte und der Patentanwälte² den verfassungsrechtlichen Bedenken gegen die restriktive Zulassungspraxis von Rechtsanwälten mit Zweitberufen gelockert worden ist, wird es künftig weitere, neue Konstellationen geben, wenn Rechtsanwälte in ihren weiteren Berufen anderen Berufs- oder Disziplinargerichtsbarkeiten unterliegen.

II. Vorrang der Anwaltsgerichtsbarkeit

Der Anwaltsgerichtsbarkeit weist Absatz 1 grundsätzlich den Vorrang zu, sofern nicht die Pflichtverletzung „überwiegend" in Ausübung des anderen Berufes begangen wurde. Die Pflichtverletzung eines Rechtsanwalts, die zugleich gegen die beruflichen Pflichten aus anderen Berufen verstößt, ist als einheitliche Verfehlung anzusehen.³ Das pflichtwidrige Verhalten, das gegen die beruflichen Pflichten aus mehreren Berufen verstößt, ist lediglich als eine Pflichtverletzung anzusehen, wird in nur einem Verfahren verfolgt und mit einer Maßnahme geahndet.⁴ 2

Die Pflichtverletzung eines Rechtsanwalts, die zugleich gegen andere berufliche Pflichten verstößt, ist im anwaltsgerichtlichen Verfahren zu ahnden. Etwas anderes gilt nur, wenn die Pflichtwidrigkeit in **erster Linie bei Ausübung des anderen Berufes** begangen wurde. Daran ist beispielsweise zu denken, wenn sich der Rechtsanwalt, der zugleich als Wirtschaftsprüfer zugelassen ist, bei der Prüfungstätigkeit, die ein Rechtsanwalt nicht ausüben kann, pflichtwidrig verhält. Soll ein **außerhalb des Berufs** liegendes Verhalten anwaltsgerichtlich geahndet werden (§ 113 Abs. 2), so steht dies regelmäßig nicht „überwiegend mit der Ausübung des anderen Berufs in Zusammenhang", mit der Folge, daß stets die Anwaltsgerichtsbarkeit zuständig ist. 3

Der Grundsatz der einheitlichen Verfehlung, wonach lediglich eine Maßnahme zu verhängen ist, gilt nicht für den Fall, daß aus Ausschließung aus dem weiteren Beruf erkannt werden muß (Abs. 1 S. 2). Die **Ausschließung aus einem anderen Beruf** kann nur die für diesen Beruf zuständige Gerichtsbarkeit aussprechen, nicht die Anwaltsgerichtsbarkeit. Das Erlöschen des Notaramts eines Anwaltsnotars nach § 47 Nr. 3 BNotO ist lediglich Rechtsfolge eines Entzugs der Anwaltszulassung, nicht Inhalt der Entscheidung eines Anwaltsgerichts. Etwas anderes gilt, wenn in den verschiedenen Berufen selbständige, von einander völlig unabhängige Verfehlungen begangen wurden. Dann ist eine gesonderte Ahndung in den verschiedenen Berufsgerichtsbarkeiten möglich.⁵ 4

III. Unterrichtung nach Absatz 2

Damit eine einheitlich Ahndung einer Pflichtwidrigkeit, die gegen die beruflichen Pflichten aus mehreren Berufen verstößt, gewährleistet wird, sind die für die 5

---

¹ Amtl. Begr. zu § 118 a.
² BGBl. 1994 I, S. 2278.
³ Zu § 110 BNotO: BGHSt 22, 157 = BGHZ 50, 226 = NJW 1968, 2204 = EGE XI, 71 = DNotZ 1968, 639.
⁴ Zu § 110 BNotO: BGHSt 21, 232 = BGHZ 47, 340 = NJW 1967, 894 = DNotZ 1967, 701.
⁵ *Feuerich/Braun,* § 118 a Rdn. 6.

Dittmann

§ 118a 6–10 Siebenter Teil. Das anwaltsgerichtliche Verfahren

Einleitung der Verfahren zuständigen Stellen zur gegenseitigen Unterrichtung verpflichtet (Abs. 2). Der notwendige Informationsaustausch soll ggf. auch dafür sorgen, daß – weil die Entfernung aus den Berufen angestrebt wird – mehrere Verfahren eingeleitet werden.

IV. Zuständigkeitsentscheidungen

6 Für den Fall, daß der Rechtsanwalt zugleich auch einen anderen Beruf ausübt, soll Absatz 3 **positive wie negative Kompetenzstreitigkeiten** zwischen den Berufs- oder Disziplinargerichten vermeiden.[6] Hat das Anwaltsgericht seine Zuständigkeit rechtskräftig verneint, sind andere Gerichte hieran gebunden. Das für die Ahndung der Pflichtverletzung eines Steuerberaters zuständige Gericht könnte also seine Zuständigkeit nicht verneinen, weil es – entgegen der rechtskräftigen Entscheidung des Anwaltsgerichts die Zuständigkeit der Anwaltsgerichtsbarkeit für gegeben hält. Ist der Rechtsanwalt und Steuerberater zugleich als Wirtschaftsprüfer zugelassen, könnte das für die Ahndung der Pflichtverletzung des Steuerberaters zuständige Gericht seine Zuständigkeit aber im Hinblick auf eine gegebene Zuständigkeit des für Wirtschaftsprüfer zuständigen Gerichts verneinen. Das Anwaltsgericht kann nämlich seine eigene Zuständigkeit verneinen, aber nicht positiv zum Ausdruck bringen, welches Gericht statt dessen zuständig sei.[7]

7 Hat das Anwaltsgericht seine Zuständigkeit bejaht, kann ein anderes Berufs- oder Disziplinargericht wegen desselben Sachverhalts nicht tätig werden, es sei denn, Ziel des Verfahrens ist die Entfernung aus dem Beruf (Abs. 1 S. 2).

V. Rechtsanwälte im öffentlichen Dienst

8 Der Vorrang des anwaltsgerichtlichen Verfahrens gilt nicht für Rechtsanwälte im öffentlichen Dienst. Dies hat seinen Grund darin, daß bei diesen ihre Tätigkeit im öffentlichen Dienst in einer solchen Weise im Vordergrund steht, daß der **Disziplinargerichtsbarkeit** der öffentlich Bediensteten der **Vorrang** gebührt.[8] Nach Abschluß des Disziplinarverfahrens kann gegen einen Rechtsanwalt im öffentlichen Dienst ein anwaltsgerichtliches Verfahren durchgeführt werden, soweit § 115 b hierfür noch Raum läßt. Das wird insbesondere der Fall sein, wenn die Pflichtverletzung so schwerwiegend ist, daß auf eine Maßnahme nach § 114 Abs. 1 Nr. 4 oder 5 erkannt werden kann.

VI. Anwaltsnotare

9 Nach § 3 Abs. 2 der Bundesnotarordnung sind in den Ländern Baden-Württemberg, Berlin, Bremen, Hessen, Niedersachsen, Nordrhein-Westfalen und Schleswig-Holstein Anwaltsnotare bestellt. In den Ländern Brandenburg, Mecklenburg-Vorpommern, Sachsen, Sachsen-Anhalt und Thüringen gilt die Verordnung über die Tätigkeit von Notaren in eigener Praxis vom 20. Juni 1990,[9] wonach ausschließlich Notare zu hauptberuflichen Amtsausübung bestellt sind. Notaranwälte nach § 3 Abs. 3 BNotO gibt es derzeit nicht.

10 § 110 BNotO, der nach Absatz 5 unberührt bleibt, lautet wie folgt:

---

[6] Amtl. Begr. zu § 118 a.
[7] Amtl. Begr. zu § 118 a.
[8] Amtl. Begr. zu § 118 a.
[9] DDR GBl. I Nr. 37.

§ 118b Aussetzung des anwaltsgerichtlichen Verfahrens 1, 2 § 118b

„(1) Ob über eine Verfehlung eines Notars, der zugleich Rechtsanwalt ist, im Disziplinarverfahren oder im anwaltsgerichtlichen Verfahren für Rechtsanwälte zu entscheiden ist, bestimmt sich danach, ob die Verfehlung vorwiegend mit dem Amt als Notar oder der Tätigkeit als Rechtsanwalt im Zusammenhang steht. Ist dies zweifelhaft oder besteht ein solcher Zusammenhang nicht, so ist, wenn es sich um einen Anwaltsnotar handelt, im anwaltsgerichtlichen Verfahren für Rechtsanwälte, anderenfalls im Disziplinarverfahren zu entscheiden.

(2) Hat ein Anwaltsgericht oder ein Disziplinargericht sich zuvor rechtskräftig für zuständig oder unzuständig erklärt, so ist das andere Gericht an diese Entscheidung gebunden.",

Die Vorschrift ist mit Abs. 1 abgestimmt und legt auch für Anwaltsnotare den Vorrang des anwaltsgerichtlichen Verfahrens fest. Auch die Bindungswirkung des Absatzes 3 ist in § 110 Abs. 2 BNotO aufgegriffen. Für die Frage, ob die Anwaltsgerichtsbarkeit oder die Disziplinargerichtsbarkeit für Notare zuständig ist, kommt es darauf an, ob der **Schwerpunkt der Verfehlung** im anwaltlichen oder im notariellen Bereich liegt. Dabei ist abzustellen auf den Unrechtsgehalt der Verfehlung.[10]

§ 118b Aussetzung des anwaltsgerichtlichen Verfahrens

Das anwaltsgerichtliche Verfahren kann ausgesetzt werden, wenn in einem anderen gesetzlich geordneten Verfahren über eine Frage zu entscheiden ist, deren Beurteilung für die Entscheidung im anwaltsgerichtlichen Verfahren von wesentlicher Bedeutung ist.

Übersicht

	Rdn.		Rdn.
I. Normzweck	1	III. Vorgreifliche Fragen	3, 4
II. Gesetzlich geordnetes Verfahren	2	IV. Aussetzung	5, 6

I. Normzweck

Die Bestimmung ergänzt die Regelung des § 118 Abs. 1, wonach das anwaltsgerichtliche Verfahren ausgesetzt werden muß, wenn das pflichtwidrige Verhalten des Rechtsanwalts bereits Gegenstand eines Strafverfahrens ist. Um zu vermeiden, daß zu demselben Verhalten in verschiedenen Verfahren unterschiedliche Feststellungen getroffen werden, eröffnet die Bestimmung die Aussetzung des anwaltsgerichtlichen Verfahrens, um die Ergebnisse anderer gesetzlich geordneter Verfahren abzuwarten. 1

II. Gesetzlich geordnetes Verfahren

Als gesetzlich geordnetes Verfahren ist jedes gerichtliche Verfahren, insbesondere der Zivil-, Verwaltungs-, Arbeits-, Sozial- und Finanzgerichtsbarkeit anzusehen.[1] Gesetzlich geordnete Verfahren sind aber auch **behördliche Verfahren**, soweit die Vorgehensweise der Behörden auf einer Verfahrensordnung beruht. Es sind dies staatsanwaltschaftliche oder polizeiliche Ermittlungsverfahren, Bußgeldverfahren nach dem OWiG und Ermittlungsverfahren der Finanzbehörden. 2

---

[10] BGHSt 21, 232 = BGHZ 47, 340 = NJW 1967, 894 = DNotZ 1967, 701; BGHSt 22, 157 = NJW 1968, 2204 = EGE XI, 71 = DNotZ 1968, 639.
[1] Vgl. auch § 138 Rdn. 2 ff.

III. Vorgreifliche Fragen

3   Voraussetzung ist, daß in dem anderen Verfahren über eine Frage entschieden wird, die für das anwaltsgerichtliche Verfahren „von wesentlicher Bedeutung ist". Davon ist regelmäßig auszugehen, wenn in dem anderen Verfahren zu prüfen ist, ob das Verhalten des Rechtsanwalts eine schuldhafte Pflichtverletzung darstellt. Das andere Verfahren ist aber auch dann vorgreiflich, wenn es lediglich **Teilaspekte** der anwaltlichen Pflichtverletzung betrifft, etwa die Höhe des vom Rechtsanwalt verursachten Schadens klärt.

4   Die Bestimmung stellt im übrigen eine verfahrensrechtliche Ergänzung zu § 115 b dar. Während das anwaltsgerichtliche Verfahren im Hinblick auf ein Strafverfahren, das dasselbe Verhalten zum Gegenstand hat, nach § 118 Abs. 1 ausgesetzt wird, kann im Hinblick auf die Möglichkeit des Absehens einer anwaltsgerichtlichen Maßnahme nach § 115 b zugewartet werden, ob eine Maßnahme erforderlich ist.[1]

IV. Aussetzung

5   Die Aussetzung ist in jedem Stadium des anwaltsgerichtlichen Verfahrens, auch im Ermittlungsverfahren durch die Staatsanwaltschaft möglich.[2] Anders als bei § 118 Abs. 1 ist die Aussetzung jedoch nicht zwingend vorgeschrieben, sie unterliegt dem **pflichtgemäßen Ermessen**. Der Aussetzungsbeschluß des Anwaltsgerichts kann nach § 116 S. 2 i. V. m. § 304 StPO mit der einfachen Beschwerde angegriffen werden. Gegen die Beschwerdeentscheidung des Anwaltsgerichtshofs oder gegen dessen Aussetzungsbeschluß ist ein Rechtsbehelf nicht gegeben (§ 116 S. 2 i. V. m. § 304 Abs. 4 S. 2 StPO). Hat die Staatsanwaltschaft die Aussetzung des Ermittlungsverfahrens verfügt, so kann die Rechtsanwaltskammer sich hiergegen nach § 122, der Rechtsanwalt selbst nach § 123 wenden. Ansonsten kann gegen die Aussetzungsverfügung der Staatsanwaltschaft nur mit der Dienstaufsichtsbeschwerde vorgegangen werden.

6   Die Aussetzung des Verfahrens nach § 118 b bewirkt das Ruhen der Verjährung nicht.[3]

Zweiter Abschnitt. Das Verfahren im ersten Rechtszug

1. Allgemeine Vorschriften

§ 119 Zuständigkeit

(1) **Für das anwaltsgerichtliche Verfahren ist im ersten Rechtszug das Anwaltsgericht für Rechtsanwälte zuständig.**

(2) **Die örtliche Zuständigkeit des Anwaltsgerichts bestimmt sich nach dem Sitz der Rechtsanwaltskammer, welcher der Rechtsanwalt zur Zeit der Einleitung des Verfahrens angehört.**

---

[1] Amtl. Begr. zu § 118 b.
[2] EGH München, NJW 1976, 816.
[3] § 115 Rdn. 7.

§ 120 Mitwirkung der Staatsanwaltschaft

I. Sachliche Zuständigkeit

Das Anwaltsgericht (§§ 92 bis 99) ist im ersten Rechtszug zuständig für die gerichtliche Ahndung einer Pflichtverletzung und im Rügeverfahren abschließend für die anwaltsgerichtliche Entscheidung (§ 74 a). In Verfahren bei Anträgen auf gerichtliche Entscheidung in Zulassungssachen (§§ 37 bis 42) und bei der sonstigen gerichtlichen Nachprüfung von Verwaltungsakten (§ 223) wird es nicht tätig.

II. Örtliche Zuständigkeit

Die örtliche Zuständigkeit des Anwaltsgerichts folgt ausschließlich aus der Zugehörigkeit zu der Rechtsanwaltskammer, der der Rechtsanwalt angehört, gegen den sich das anwaltsgerichtliche Verfahren richtet. Ändert sich infolge **Zulassungswechsels** die Zugehörigkeit zur Rechtsanwaltskammer, ist das Anwaltsgericht der Rechtsanwaltskammer zuständig, deren Mitglied der Rechtsanwalt im Zeitpunkt der Einleitung des Verfahrens ist. Das Verfahren wird durch Einreichung der Anschuldigungsschrift eingeleitet (§ 121). Die Bestimmungen der StPO zur örtlichen Zuständigkeit von Gerichten gelten nicht.

Wird der Rechtsanwalt während des Verfahrens Mitglied einer **anderen Rechtsanwaltskammer**, ändert sich an der einmal begründeten Zuständigkeit des Anwaltsgerichts nichts.[1] Bis zum Abschluß des anwaltsgerichtlichen Verfahrens, eines Ermittlungsverfahrens wegen des Verdachts einer Straftat oder eines strafgerichtlichen Verfahrens kann der Antrag auf Wechsel der Zulassung jedoch ausgesetzt werden (§ 33 Abs. 2). Dagegen kann ein Zulassungswechsel zu einem Wechsel der Zuständigkeit der Staatsanwaltschaft bei dem Oberlandesgericht als Ermittlungsbehörde führen.[2]

Kommt es zu einem **Zuständigkeitsstreit** zwischen mehreren Anwaltsgerichten, ist das zuständige Anwaltsgericht verhindert oder bedarf es der Bezeichnung des zuständigen Gerichts, so entscheidet das gemeinsame Obergericht (§ 116 S. 2 i. V. m. §§ 14, 15 und 19 StPO). Gehören die über die Zuständigkeit streitenden Anwaltsgerichte zum Geschäftsbereich desselben Anwaltsgerichtshofs, so entscheidet dieser, ansonsten der Anwaltssenat des BGH.[3]

§ 120 Mitwirkung der Staatsanwaltschaft

Die Staatsanwaltschaft bei dem Oberlandesgericht, in dessen Bezirk das Anwaltsgericht seinen Sitz hat (§ 119 Abs. 2), nimmt in den Verfahren vor dem Anwaltsgericht die Aufgaben der Staatsanwaltschaft wahr.

I. Die Staatsanwaltschaft als Ermittlungsbehörde

Als Strafverfolgungsbehörde wird im anwaltsgerichtlichen Verfahren die **Staatsanwaltschaft beim Oberlandesgericht** tätig. Welche Aufgaben ihr obliegen, regelt die BRAO in einigen Vorschriften (etwa §§ 121–123, 130, 135, 144, 148, 150 a, 157), die sich auf die Einleitung und Durchführung des anwaltsgerichtlichen Verfahrens beziehen. Eigenständige Regelungen für das Ermittlungsverfahren fehlen dagegen weitgehend (s. aber §§ 117, 117 b), aufgrund der

---

[1] *Isele*, § 119 Anm. III.
[2] § 120 Rdn. 5.
[3] S. a. § 228.

§ 120 a

Verweisung des § 116 gelten die Bestimmungen der StPO.[1] Damit gelten für das Verfahren nach § 116 S. 2 i. V. m. § 152 StPO das Offizial- und das Legalitätsprinzip.

2   Der Staatsanwaltschaft steht das **Anschuldigungsmonopol** zu,[2] der Vorstand der Rechtsanwaltskammer hat lediglich die Möglichkeit, die Anschuldigung zu erzwingen (vgl. § 122 Abs. 2 u. 3). Der Rechtsanwalt, der die Einleitung eines anwaltsgerichtlichen Verfahrens gegen sich selbst erzwingen will, kann dies nach § 123 Abs. 2 betreiben. Der Weg des Privatklageverfahrens kann nicht beschritten werden.[3]

3   Die Zuweisung des Anschuldigungsmonopols an die staatlichen Strafverfolgungsbehörden verdeutlicht, daß der Verfolgung und Ahndung anwaltlicher Pflichtverletzungen ein allgemeiner, öffentlicher Anspruch zugrundeliegt, nicht lediglich der des Berufsstandes. Unterstrichen wird die Stellung der Gerichte der Anwaltsgerichtsbarkeit als staatliche Gerichte.

II. Örtliche Zuständigkeit

4   Örtlich zuständig ist die Staatsanwaltschaft bei dem Oberlandesgericht, in dessen Bezirk das Anwaltsgericht seinen Sitz hat, dem die Durchführung des Verfahrens obliegt. Es ist dieses das Anwaltsgericht, bei dem die **Anschuldigungsschrift eingereicht** wird (§ 121), weil der angeschuldigte Rechtsanwalt der Rechtsanwaltskammer angehört, für deren Bezirk das Anwaltsgericht gebildet ist (§ 119 Abs. 2). Die Regelung der örtlichen Zuständigkeit der Staatsanwaltschaft leitet sich also nur aus der des Anwaltsgerichts ab, die Bestimmungen der StPO zu örtlichen Zuständigkeiten der Ermittlungsbehörden gelten nicht.

5   Für den Fall, daß nach Einleitung des anwaltsgerichtlichen Verfahrens, also nach Einreichung der Anschuldigungsschrift (§ 121), der Rechtsanwalt seine örtliche Zulassung wechseln will, trifft das Gesetz in § 33 Abs. 2 eine Regelung, daß die Entscheidung über den Zulassungswechsel bis zum Abschluß des anwaltsgerichtlichen Verfahrens ausgesetzt werden kann.

Ist lediglich ein anwaltsrechtliches Ermittlungsverfahren, nicht auch ein Ermittlungsverfahren wegen einer Straftat (vgl. § 33 Abs. 2) anhängig, so ist der Zulassungswechsel möglich. Dies hat zur Folge, daß die Staatsanwaltschaft bei dem Oberlandesgericht in dessen Bezirk der Rechtsanwalt nunmehr zugelassen ist, zuständig wird, da bei dem dortigen Anwaltsgericht die Anschuldigungsschrift einzureichen ist.

6   Sofern im Bezirk eines Oberlandesgerichts **mehrere Rechtsanwaltskammern** (§ 61) und damit auch mehrere Anwaltsgerichte bestehen, läßt dies die Zuständigkeit der Staatsanwaltschaft bei dem Oberlandesgericht unberührt.

§ 120 a Gegenseitige Unterrichtung von Staatsanwaltschaft und Rechtsanwaltskammer

Die Staatsanwaltschaft und der Vorstand der Rechtsanwaltskammer unterrichten sich gegenseitig, sobald sie von einem Verhalten eines Rechtsanwalts Kenntnis erlangen, das den Verdacht einer schuldhaften Verletzung seiner Pflichten, die mit einer der anwaltsgerichtlichen Maßnahmen nach § 114 Abs. 1 Nr. 3 bis 5 geahndet werden kann, begründet.

---

[1] § 116 Rdn. 4 ff.
[2] Kritisch hierzu *Harstang* I, S. 178.
[3] § 116 Rdn. 29.

Die Pflicht zur **gegenseitigen Unterrichtung** soll dafür sorgen, daß bei einer 1
der genannten Stellen vorhandene Erkenntnisse auch der anderen zur Erfüllung
ihrer gesetzlichen Aufgaben zugänglich gemacht werden.

Die Beschränkung der Unterrichtungspflicht über den Verdacht solchen Ver- 2
haltens, das mit einer anwaltsgerichtlichen Maßnahme nach § 114 Abs. 1 Nr. 3
bis 5 – nicht auch Nr. 1 und 2 – geahndet werden kann, läßt die Mitteilung von
offensichtlichen Bagatellverstößen nicht zu. Im Einzelfall wird die Wertung
schwierig sein, welche anwaltsgerichtliche Maßnahme für die Ahndung einer
Pflichtverletzung angemessen ist. Soweit es um Erkenntnisse der Staatsanwaltschaft über geringfügige Pflichtverstöße geht, ist eine Unterrichtung der Rechtsanwaltskammer im Hinblick auf deren Rügerecht zudem nach § 36 a Abs. 3
möglich.

2. Die Einleitung des Verfahrens

§ 121 Einleitung des anwaltsgerichtlichen Verfahrens

Das anwaltsgerichtliche Verfahren wird dadurch eingeleitet, daß die
Staatsanwaltschaft bei dem Anwaltsgericht eine Anschuldigungsschrift
einreicht.

I. Das Verfahren zur Einreichung der Anschuldigungsschrift

Allein die Staatsanwaltschaft kann durch Einreichung der Anschuldigungsschrift 1
das anwaltsgerichtliche Verfahren einleiten, ihr steht das **Anschuldigungsmonopol** zu.[1] Das Verfahren können weder andere Stellen der Landesjustizverwaltung als die zuständige Staatsanwaltschaft, noch der Vorstand der Rechtsanwaltskammer oder der Rechtsanwalt selbst in Gang setzen. Ein Privatklageverfahren
findet nicht statt. Auch das Anwaltsgericht kann nicht von Amts wegen ein Verfahren einleiten.

Der Inhalt der Anschuldigungsschrift ist in § 130 geregelt. Einzureichen ist die 2
Anschuldigungsschrift bei dem Anwaltsgericht, am Sitz der Rechtsanwaltskammer, der der anzuschuldigende Rechtsanwalt im Zeitpunkt der Einreichung
angehört (§ 119 Abs. 2).

II. Rechtsfolgen der Einleitung des anwaltsgerichtlichen Verfahrens

Mit der Einreichung der Anschuldigungsschrift ist das anwaltsgerichtliche Ver- 3
fahren eingeleitet, ohne daß es hierzu einer Benachrichtigung des angeschuldigten Rechtsanwalts bedürfte. Das Verfahren ist **anhängig**, erst mit seiner Eröffnung nach § 131 Abs. 1 wird es rechtshängig.[2] Von der Einleitung des
anwaltsgerichtlichen Verfahrens an kann der Vorstand der Rechtsanwaltskammer
wegen des Verhaltens, das Gegenstand des anwaltsgerichtlichen Verfahrens ist,
keine Rüge mehr erteilen (§ 74 Abs. 2 S. 1) und ein vorläufiges Berufs- oder
Vertretungsverbot unterliegt nicht mehr der Kontrolle innerhalb der Dreimonatsfrist (§ 159 a).

---

[1] § 120 Rdn. 2.
[2] *Feuerich/Braun*, § 122 Rdn. 2; BGHSt 20, 219; EG Köln BRAK-Mitt. 1982, 38.

§ 122 Gerichtliche Entscheidung über die Einleitung des Verfahrens

(1) Gibt die Staatsanwaltschaft einem Antrag des Vorstandes der Rechtsanwaltskammer, gegen einen Rechtsanwalt das anwaltsgerichtliche Verfahren einzuleiten, keine Folge oder verfügt sie die Einstellung des Verfahrens, so hat sie ihre Entschließung dem Vorstand der Rechtsanwaltskammer unter Angabe der Gründe mitzuteilen.

(2) Der Vorstand der Rechtsanwaltskammer kann gegen den Bescheid der Staatsanwaltschaft binnen eines Monats nach der Bekanntmachung bei dem Anwaltsgerichtshof die gerichtliche Entscheidung beantragen. Der Antrag muß die Tatsachen, welche die Einleitung des anwaltsgerichtlichen Verfahrens begründen sollen, und die Beweismittel angeben.

(3) Trifft die Staatsanwaltschaft innerhalb eines Monats seit dem Antrag des Vorstandes der Rechtsanwaltskammer, gegen einen Rechtsanwalt das anwaltsgerichtliche Verfahren einzuleiten, keine Entschließung nach Absatz 1 und reicht sie auch innerhalb dieser Frist keine Anschuldigungsschrift ein, so gibt sie dem Vorstand der Rechtsanwaltskammer Gelegenheit zur Stellungnahme. Hat der Vorstand der Rechtsanwaltskammer innerhalb von drei Wochen unter Darlegung der Gründe einen schleunigen Abschluß des Ermittlungsverfahrens als erforderlich und möglich bezeichnet, und trifft die Staatsanwaltschaft innerhalb zweier weiterer Monate keine der in Satz 1 genannten Entscheidungen, so kann der Vorstand der Rechtsanwaltskammer bei dem Anwaltsgerichtshof die gerichtliche Entscheidung über die Einleitung des anwaltsgerichtlichen Verfahrens beantragen. Absatz 2 Satz 2 ist anzuwenden. Der Antrag ist nur zulässig, wenn der Verdacht einer so schweren Pflichtverletzung begründet ist, daß die Verhängung einer der in § 114 Abs. 1 Nr. 3 bis 5 bezeichneten Maßnahmen in Betracht kommt.

(4) Auf das Verfahren vor dem Anwaltsgerichtshof sind §§ 173 bis 175 der Strafprozeßordnung entsprechend anzuwenden.

(5) § 172 der Strafprozeßordnung ist nicht anzuwenden.

Übersicht

	Rdn.		Rdn.
I. Normzweck	1	V. Das gerichtliche Verfahren	8–15
II. Ausschluß des Klageerzwingungsverfahrens	2	1. Vorbereitung der Entscheidung	9
III. Nachprüfung von Verfahrenseinstellung und Ablehnung der Anschuldigung	3–6	2. Rechtliches Gehör	10
		3. Verwerfung des Antrags	11
1. Ablehnung der Einleitung des anwaltsgerichtlichen Verfahrens	3	4. Anordnung der Einleitung des anwaltsgerichtlichen Verfahrens	12
2. Antrag auf gerichtliche Entscheidung	6	5. Erledigung des Verfahrens	13
		6. Kosten	14
IV. Gerichtliche Nachprüfung bei unterbliebener Entscheidung durch die Staatsanwaltschaft	7	7. Kein Rechtsbehelf	15

§ 122 Entscheidung über Einleitung des Verfahrens 1–6 § 122

I. Normzweck

Die Vorschrift schließt für das anwaltsgerichtliche Verfahren das **Klageerzwin-** 1
gungsverfahren nach § 172 StPO aus und ersetzt die Befugnis des Verletzten im
Strafverfahren durch die Möglichkeit des Vorstandes der Rechtsanwaltskammer,
auf die Tätigkeit der Staatsanwaltschaft im anwaltsgerichtlichen Verfahren einzuwirken. Die Rechtsanwaltskammer erhält Anspruch auf Bescheidung durch die
Staatsanwaltschaft innerhalb der in der Vorschrift genannten Fristen.

II. Ausschluß des Klageerzwingungsverfahrens

Der durch die Pflichtwidrigkeit des Rechtsanwalts Verletzte hat keine Mög- 2
lichkeit, die anwaltsgerichtliche Anschuldigung des Rechtsanwalts zu erzwingen
(Abs. 5). Daran ändert sich auch nichts, wenn der Geschädigte Anzeige erstattet
und der Staatsanwaltschaft oder dem Vorstand der Rechtsanwaltskammer Kenntnis von der Pflichtwidrigkeit verschafft hat. Allein die Rechtsanwaltskammer kann
– wie im Strafverfahren der Geschädigte – auf die Tätigkeit der Staatsanwaltschaft
Einfluß nehmen. Dies geschieht aber nicht im Wege des Klageerzwingungsverfahrens, sondern nach den besonderen Regelungen in Absatz 2 bis 4; § 172 StPO
wird durch Absatz 5 ausdrücklich für unanwendbar erklärt. Infolge dessen findet
kein Vorschaltverfahren in Form einer Nachprüfung durch eine staatsanwaltschaftliche Behörde statt, es entscheidet ggf. sogleich der Anwaltsgerichtshof.

III. Nachprüfung von Verfahrenseinstellung und Ablehnung der Anschuldigung

1. Ablehnung der Einleitung des anwaltsgerichtlichen Verfahrens

Die Staatsanwaltschaft kann von der Einreichung einer Anschuldigungsschrift 3
und damit der Einleitung des anwaltsgerichtlichen Verfahrens (§ 121) absehen,
weil sie das Verfahren einstellt oder aus anderen Gründen von der Erhebung der
Anschuldigung absieht. Hat der Vorstand der Rechtsanwaltskammer beantragt,
das anwaltsgerichtliche Verfahren einzuleiten, ist die Entscheidung der Staatsanwaltschaft dem Vorstand der Rechtsanwaltskammer mit Gründen mitzuteilen
(Abs. 1).

Aus welchen Gründen die **Einstellung des Verfahrens** durch die Staatsan- 4
waltschaft erfolgt, spielt keine Rolle. Es kommen insoweit Einstellungen nach
§ 116 i. V. m. § 170 Abs. 2 StPO, wie aber auch solche aus Opportunitätserwä-
gungen nach § 116 i. V. m. § 153 Abs. 1, § 153 a Abs. 1, § 154 Abs. 1, § 154 c
StPO in Betracht.[1]

Die Einreichung einer Anschuldigungsschrift kann auch aus anderen Gründen 5
unterbleiben. Von praktischer Bedeutung dürfte insbesondere sein, daß die
Staatsanwaltschaft von der Einleitung des anwaltsgerichtlichen Verfahrens absieht,
weil sie eine Rüge des Vorstandes der Rechtsanwaltskammer (§ 74) für ausreichend erachtet, um auf die anwaltliche Pflichtverletzung zu reagieren.

2. Antrag auf gerichtliche Entscheidung

Gegen den Bescheid der Staatsanwaltschaft nach Absatz 1 kann der Vorstand der 6
Rechtsanwaltskammer gerichtliche Entscheidung durch den Anwaltsgerichtshof

---

[1] Vgl. i. E. *Feuerich/Braun*, § 122 Rdn. 4 ff.

beantragen. Die Frist für die Rechtsanwaltskammer beläuft sich auf einen Monat, ihr Lauf wird durch die Mitteilung der Entscheidung nach Absatz 1 in Gang gesetzt. Für den Antrag schreibt Absatz 2 Satz 2 vor, daß die für die Verfahrenseinleitung **maßgeblichen Tatsachen und Beweismittel** anzugeben sind. Diese Erfordernisse entsprechen denen des § 172 Abs. 3 S. 1 StPO, so daß eine aus sich heraus verständliche Schilderung des Sachverhalts mit einer Darstellung des Ermittlungsverfahrens in seinen Grundzügen und schlüssigen Ausführungen, warum die Entscheidung der Staatsanwaltschaft zu beanstanden sei, gefordert werden muß. Von eingehenderen Ausführungen wird abgesehen, da umfangreiche Rechtsprechung und Literatur zu § 172 Abs. 3 S. 1 StPO vorliegen.[2] Die Entschließung, nach Absatz 2 gerichtliche Entscheidung zu beantragen, trifft der Vorstand der Kammer durch Beschluß (§ 72). Ist durch die Geschäftsordnung der Kammer (§ 77 Abs. 1) die Wahrnehmung der Kammeraufgaben in anwaltsgerichtlichen Angelegenheiten auf eine Abteilung delegiert, entscheidet diese selbständig (§ 77 Abs. 5).

IV. Gerichtliche Nachprüfung bei unterbliebener Entscheidung durch die Staatsanwaltschaft

7 Der Vorstand der Rechtsanwaltskammer hat nach Absatz 3 die Möglichkeit, beschleunigend auf das von der Staatsanwaltschaft geführte Verfahren einzuwirken. Eine Entsprechung im Strafverfahrensrecht besteht nicht. Allerdings setzt diese Möglichkeit voraus, daß die angenommene Pflichtverletzung des Rechtsanwalts so schwerwiegend ist, daß die Verhängung einer Maßnahme nach § 114 Abs. 1 Nr. 3 bis 5 in Frage kommt (Abs. 3 S. 3). Absatz 3 Satz 1 verpflichtet die Staatsanwaltschaft in Ergänzung zu Absatz 1, dem Vorstand der Rechtsanwaltskammer zumindest mitzuteilen, warum sie innerhalb eines Monats seit dem Antrag keine Maßnahme nach Absatz 1 ergriffen hat. Als Verpflichtung der Staatsanwaltschaft, sich zu erklären, muß die gesetzliche Formulierung verstanden werden, daß der Vorstand der Rechtsanwaltskammer „Gelegenheit zur Stellungnahme" erhält. Sofern sich der Vorstand der Rechtsanwaltskammer mit der Äußerung der Staatsanwaltschaft, warum eine Maßnahme nach Absatz 1 unterblieben ist, nicht zufriedengibt, muß er – um das Verfahren fortzusetzen – innerhalb von drei Wochen darlegen, warum der rasche Abschluß des Ermittlungsverfahrens notwendig und durchführbar sei (Abs. 3 S. 2, 1. Hs.). Nunmehr erhält die Staatsanwaltschaft Gelegenheit, innerhalb zweier weiterer Monate eine Anschuldigungsschrift einzureichen oder das Verfahren durch Einstellung oder in sonstiger Weise abzuschließen. Unterbleibt eine solche Beendigung des Verfahrens durch die Staatsanwaltschaft, kann nunmehr der Vorstand der Rechtsanwaltskammer bei dem Anwaltsgerichtshof gerichtliche Entscheidung über die Einleitung des anwaltsgerichtlichen Verfahrens beantragen. Dieser Antrag muß den Erfordernissen von Absatz 2 Satz 2[3] genügen.

V. Das gerichtliche Verfahren

8 Für das gerichtliche Verfahren sind aufgrund ausdrücklicher Verweisung (Abs. 4) §§ 173 bis 175 der StPO entsprechend anzuwenden.

1. Vorbereitung der Entscheidung

9 Zur Vorbereitung seiner Entscheidung kann der Anwaltsgerichtshof, wovon er regelmäßig Gebrauch machen wird, die Vorlage der Ermittlungsakten der Staats-

---

[2] Vgl. *Kleinknecht/Meyer-Goßner*, § 172 Rdn. 27 m.w. N.
[3] Rdn. 6.

anwaltschaft verlangen (§ 173 Abs. 1 StPO). Der Anwaltsgerichtshof kann daneben weitere Ermittlungen anordnen (§ 173 Abs. 3 StPO). Er wird dies tun, wenn er davon ausgehen kann, daß Lücken im Ermittlungsergebnis geschlossen werden können.[4] Die Anordnung weiterer Beweiserhebungen kann nur der Senat beschließen, die Verfügung des Vorsitzenden oder des Berichterstatters reicht nicht aus. Mit der Durchführung der Beweisaufnahme kann ein Mitglied des Senats beauftragt werden, es kann aber auch ein Anwaltsgericht oder ein Amtsgericht um die Beweiserhebung ersucht werden. Auch wenn § 173 Abs. 3 StPO nur von der Vornahme der Beweiserhebung durch einen beauftragten oder ersuchten Richter spricht, ist es dem Senat freigestellt, die Beweise selbst zu erheben.[5]

2. Rechtliches Gehör

Eine Anhörung des **Beschuldigten** ist stets möglich (§ 173 Abs. 2 StPO). Notwendig ist dessen Anhörung, wenn der Anwaltsgerichtshof dem Antrag der Rechtsanwaltskammer stattgeben will, wie sich aus § 175 S. 1 StPO ergibt. Der **Staatsanwaltschaft** ist stets Gehör zu gewähren (§ 116 S. 2 i. V. m. § 33 Abs. 2 StPO), selbst wenn der Antrag auf Einleitung des ehrengerichtlichen Verfahrens als unzulässig verworfen werden soll. In welchen Fällen der **Vorstand der Rechtsanwaltskammer** als Antragsteller gehört werden muß, ist gesetzlich nicht bestimmt. Sollen der Entscheidung des Anwaltsgerichtshof Erkenntnisse aus einer durchgeführten Beweisaufnahme oder aus den Stellungnahmen des Beschuldigten oder der Staatsanwaltschaft zugrundegelegt werden, ist rechtliches Gehör zu gewähren (§ 116 S. 2 i. V. m. § 33 Abs. 3 StPO).

3. Verwerfung des Antrags

Sofern der Antrag des Vorstandes der Rechtsanwaltskammer den Zulässigkeitsanforderungen nicht genügt, ist er als **unzulässig** zu verwerfen. Nach § 116 S. 2 i. V. m. § 35 Abs. 2 S. 2 StPO ist die Entscheidung den Beteiligten mitzuteilen, dem Beschuldigten aber nur, wenn er nach § 173 Abs. 2 StPO zuvor gehört worden ist. Die Verwerfung des Antrages als unzulässig hat nicht die **Sperrwirkung** nach § 174 Abs. 2 StPO zur Folge.

Als **unbegründet** wird der Antrag verworfen, wenn sich „kein genügender Anlaß zur Erhebung der öffentlichen Klage" (§ 174 Abs. 1 StPO) ergibt. In diesem Fall wird die Entscheidung allen Beteiligten mitgeteilt, auch dem Beschuldigten, der zuvor nicht angehört wurde. Als Rechtsfolge tritt der **Strafklageverbrauch** ein (§ 174 Abs. 2 StPO), so daß die Anschuldigung „nur aufgrund neuer Tatsachen oder Beweismittel" (§ 174 Abs. 2 StPO) wiederholt werden kann. Die Verwerfung des Antrags als unbegründet hat die gleiche Sperrwirkung wie die Ablehnung der Eröffnung des Hauptverfahrens nach § 132.

4. Anordnung der Einleitung des anwaltsgerichtlichen Verfahrens

Hält der Anwaltsgerichtshof den Antrag des Vorstandes der Rechtsanwaltskammer für begründet, beschließt er die Einleitung des anwaltsgerichtlichen Verfahrens (§ 175 S. 1 StPO). Die Durchführung des Beschlusses obliegt der Staatsanwaltschaft (§ 175 S. 2 StPO), die eine Anschuldigungsschrift bei dem zuständigen Anwaltsgericht einzureichen hat (§ 121). Der Beschluß des Anwaltsgerichtshof bindet die Staatsanwaltschaft, die nicht mehr in Frage stellen kann,

---

[4] *Kleinknecht/Meyer-Goßner*, § 173 Rdn. 3.
[5] *Löwe/Rosenberg*, § 173 Rdn. 16.

daß hinreichender Tatverdacht besteht hinsichtlich der im Beschluß bezeichneten beruflichen Verfehlung. Eine Einstellung durch die Staatsanwaltschaft nach § 116 S. 2 i. V. m. § 153 StPO kommt nicht mehr in Betracht. Gebunden durch den Beschluß des Anwaltsgerichtshofs ist jedoch lediglich die Staatsanwaltschaft in Bezug auf die Einleitung des anwaltsgerichtlichen Verfahrens. Das Anwaltsgericht kann die Eröffnung des Hauptverfahrens ablehnen, Verfahrenseinstellungen – auch nach § 116 S. 2 i. V. m. § 153 StPO – sind nach Einleitung des anwaltsgerichtlichen Verfahrens wiederum möglich.

5. Erledigung des Verfahrens

13   Der vom Vorstand der Rechtsanwaltskammer gestellte Antrag auf gerichtliche Entscheidung hindert die Staatsanwaltschaft nicht, durch Einreichung einer Anschuldigungsschrift das anwaltsgerichtliche Verfahren einzuleiten. In diesem Fall ist der Antrag auf gerichtliche Entscheidung erledigt. Das gilt auch, wenn der Beschuldigte verstirbt oder das Verfahren einzustellen ist, weil der Beschuldigte der Rechtsanwaltschaft nicht mehr angehört (§ 139 Abs. 3 S. 1).

6. Kosten

14   Eine Kostenregelung für das Verfahren enthält § 196 Abs. 2 für den Fall, daß der Antrag des Vorstandes der Rechtsanwaltskammer auf gerichtliche Entscheidung verworfen wird.[6]

7. Kein Rechtsbehelf

15   Eine Beschwerde gegen die Entscheidung des Anwaltsgerichtshofes ist nach § 116 S. 2 i. V. m. § 304 Abs. 4 S. 2 StPO unzulässig, denn die Anwaltsgerichte entsprechen insoweit den Oberlandesgerichten.[7]

§ 123 Antrag des Rechtsanwalts auf Einleitung des anwaltsgerichtlichen Verfahrens

(1) **Der Rechtsanwalt kann bei der Staatsanwaltschaft beantragen, das anwaltsgerichtliche Verfahren gegen ihn einzuleiten, damit er sich von dem Verdacht einer Pflichtverletzung reinigen kann. Wegen eines Verhaltens, wegen dessen Zwangsgeld angedroht oder festgesetzt worden ist (§ 57) oder das der Vorstand der Rechtsanwaltskammer gerügt hat (§ 74), kann der Rechtsanwalt den Antrag nicht stellen.**

(2) **Gibt die Staatsanwaltschaft dem Antrag des Rechtsanwalts keine Folge oder verfügt sie die Einstellung des Verfahrens, so hat sie ihre Entschließung dem Rechtsanwalt unter Angabe der Gründe mitzuteilen. Wird in den Gründen eine schuldhafte Pflichtverletzung festgestellt, das anwaltsgerichtliche Verfahren aber nicht eingeleitet, oder wird offengelassen, ob eine schuldhafte Pflichtverletzung vorliegt, kann der Rechtsanwalt bei dem Anwaltsgerichtshof die gerichtliche Entscheidung beantragen. Der Antrag ist binnen eines Monats nach der Bekanntmachung der Entschließung der Staatsanwaltschaft zu stellen.**

---

[6] § 196 Rdn. 3.
[7] BGH EGE VI, 115.

(3) Auf das Verfahren vor dem Anwaltsgerichtshof ist § 173 Abs. 1 und 3 der Strafprozeßordnung entsprechend anzuwenden. Der Anwaltsgerichtshof entscheidet durch Beschluß, ob eine schuldhafte Pflichtverletzung des Rechtsanwalts festzustellen ist. Der Beschluß ist mit Gründen zu versehen. Erachtet der Anwaltsgerichtshof den Rechtsanwalt einer anwaltsgerichtlich zu ahndenden Pflichtverletzung für hinreichend verdächtig, so beschließt er die Einleitung des anwaltsgerichtlichen Verfahrens. Die Durchführung dieses Beschlusses obliegt der Staatsanwaltschaft.

(4) Erachtet der Anwaltsgerichtshof eine schuldhafte Pflichtverletzung nicht für gegeben, so kann nur aufgrund neuer Tatsachen oder Beweismittel wegen desselben Verfahrens ein Antrag auf Einleitung des anwaltsgerichtlichen Verfahrens gestellt oder eine Rüge durch den Vorstand der Rechtsanwaltskammer erteilt werden.

Übersicht

	Rdn.		Rdn.
I. Antragsrecht des Rechtsanwalts .	1–3	III. Das gerichtliche Verfahren	7–12
1. Antragstellung......................	2	1. Antrag des Rechtsanwalts......	7
2. Subsidiarität des Antrags........	3	2. Die Entscheidung des Gerichts	8
II. Verfahren der Staatsanwaltschaft	4–6	3. Kosten............................	12

I. Antragsrecht des Rechtsanwalts

Das Verfahren verschafft dem Rechtsanwalt die Möglichkeit, für die Feststellung durch zuständige staatliche Stellen zu sorgen, daß der gegen ihn erhobene Verdacht, eine Pflichtwidrigkeit begangen zu haben, unbegründet ist. 1

1. Antragstellung

Das sogenannte Selbstreinigungsverfahren wird durch einen Antrag des Rechtsanwalts bei der zuständigen Staatsanwaltschaft eingeleitet. Das Gesetz schreibt keine Form für den Antrag vor, aus der Natur der Sache folgt aber, daß der Antragsteller schlüssig darzulegen hat, welcher Pflichtverletzung er verdächtigt ist, wer diesen Verdacht hegt und daß dieser Verdacht unbegründet sei. Das Begehren kann darauf gestützt werden, daß der geäußerte Verdacht aus Rechtsgründen nicht aufrechtzuerhalten sei oder aus tatsächlichen Gründen unberechtigt bestehe. Im letzteren Fall sollte der Antrag die zur Entlastung führenden Beweismittel bezeichnen. 2

2. Subsidiarität des Antrags

Der Antrag des Rechtsanwalts ist unzulässig, wenn der zum Verdacht führende Sachverhalt bereits Gegenstand der Androhung oder Festsetzung eines Zwangsgeldes nach § 57 oder Gegenstand eines Rügeverfahrens nach § 74 ist. § 57 Abs. 3 S. 1 eröffnet nämlich bereits die gerichtliche Nachprüfung der Androhung oder Festsetzung eines Zwangsgeldes durch den Anwaltsgerichtshof. Die gerichtliche Nachprüfung einer Rüge bestimmt sich nach § 74 a. 3

II. Verfahren der Staatsanwaltschaft

Hält die Staatsanwaltschaft den Antrag für unzulässig, weist sie ihn zurück. Ansonsten nimmt sie das Verfahren auf und ermittelt bis die Einleitung des an- 4 waltsgerichtlichen Verfahrens oder eine Entschließung nach Absatz 2 Satz 1 möglich ist.

5 Kommt die Staatsanwaltschaft zu dem Ergebnis, daß **genügender Anlaß zur Einreichung einer Anschuldigungsschrift** besteht, leitet sie das anwaltsgerichtliche Verfahren ein (§ 121). Das Verfahren nach § 123 ist damit abgeschlossen.

6 Verfügt die Staatsanwaltschaft die **Einstellung** des Verfahrens nach § 116 S. 2 i. V. m. § 170 Abs. 2 StPO weil genügender Anlaß zur Einreichung einer Anschuldigungsschrift nicht besteht, ist das Verfahren gleichfalls beendet.

Die Entschließung der Staatsanwaltschaft kann auch dahin lauten, daß sie zwar eine schuldhafte Pflichtverletzung annimmt, aber eine Anschuldigungsschrift nicht einreicht oder offenläßt, ob eine schuldhafte Pflichtverletzung vorliegt (Abs. 2 S. 2). In jedem Fall hat die Staatsanwaltschaft ihre Entschließung dem Antragsteller unter Angabe der Gründe mitzuteilen. Zur Beendigung des Verfahrens nach § 123 führt dies, wenn der Antragsteller nicht auf gerichtliche Entscheidung beantragt.

III. Das gerichtliche Verfahren

1. Antrag des Rechtsanwalts

7 Den Antrag auf gerichtliche Entscheidung kann der Rechtsanwalt bei dem Anwaltsgerichtshof innerhalb eines Monats nach Mitteilung der Entschließung der Staatsanwaltschaft stellen (Abs. 2 S. 3). Ziel des Antrags ist es, festzustellen, daß eine schuldhafte Pflichtverletzung des Antragstellers nicht vorliege. Eine Begründung des Antrages schreibt das Gesetz nicht vor, sie dürfte jedoch regelmäßig sinnvoll sein, um dem Anwaltsgerichtshof zu verdeutlichen, aus welchen Gründen der Antragsteller mit der Entschließung der Staatsanwaltschaft nicht einverstanden ist.[1] Solange die Frist zur Stellung des Antrages auf gerichtliche Entscheidung noch läuft, ist der Vorstand der Rechtsanwaltskammer gehindert, wegen desselben Verhaltens eine Rüge auszusprechen und damit dem Antragsteller das Verfahren nach § 123 zu nehmen.[2]

2. Die Entscheidung des Gerichts

8 Das Gericht kann zur weiteren Aufklärung von der Staatsanwaltschaft die Vorlage der Ermittlungsakten verlangen (Abs. 3 S. 1 i. V. m. § 173 Abs. 1 StPO) oder weitere Ermittlungen anordnen (Abs. 3 S. 1 i. V. m. § 173 Abs. 3 StPO). Insoweit entspricht das Verfahren dem des § 122.[3]

9 Hält der Anwaltsgerichtshof den Rechtsanwalt für **hinreichend verdächtig**, eine schuldhafte Pflichtverletzung begangen zu haben, beschließt er die Einleitung des anwaltsgerichtlichen Verfahrens (Abs. 3 S. 3). Die Staatsanwaltschaft hat – wie bei einer entsprechenden Entscheidung nach § 122 – den Beschluß des Anwaltsgerichtshofes umzusetzen.[4]

10 Hält der Anwaltsgerichtshof eine schuldhafte Pflichtverletzung nicht für gegeben, stellt er dies im Beschluß fest. Der Beschluß erwächst – wie ein entsprechender nach § 122 – in **beschränkter Rechtskraft** mit der Folge, daß nur aufgrund neuer Tatsachen oder Beweismittel derselbe Sachverhalt einer anwalts-

---

[1] *Isele,* § 123 Anm. IV. D. 2. d); *Feuerich/Braun,* § 123 Rdn. 11.
[2] EG Köln BRAK-Mitt. 1982, 38.
[3] § 122 Rdn. 9.
[4] § 122 Rdn. 12.

§ 130 Inhalt der Anschuldigungsschrift

gerichtlichen Ahndung zugeführt werden kann.[5] Der Anwaltsgerichtshof kann in seiner Entscheidung auch zu dem Ergebnis kommen, daß zwar eine schuldhafte Pflichtverletzung vorliegt, die Einleitung des anwaltsgerichtlichen Verfahrens aber nicht geboten ist (wie Abs. 2 S. 2).[6] Dies dürfte insbesondere dann in Betracht kommen, wenn der Anwaltsgerichtshof eine Rüge für ausreichend erachtet.

Eine **Einstellung des Verfahrens** nach § 116 S. 2 i. V. m. § 153 StPO mit Zustimmung der Staatsanwaltschaft kommt in diesem Verfahren dagegen nicht in Betracht.[7] Das vom Antragsteller als Betreiber des Verfahrens verfolgte Ziel ist es, gerichtlich feststellen zu lassen, ob die Entschließung der Staatsanwaltschaft über den gegen den Antragsteller bestehenden Verdacht zu Recht von einer schuldhaften Pflichtverletzung ausgeht. Die Prüfung dieser Frage ist Gegenstand des Verfahrens vor dem Anwaltsgerichtshof, der im übrigen mit der Ahndung der Pflichtverletzung (noch) nicht befaßt ist.[8] **11**

3. Kosten

Für den Fall der Rücknahme des Antrags auf gerichtliche Entscheidung enthält § 196 Abs. 1 eine ausdrückliche Regelung, wonach der Rechtsanwalt die Kosten zu tragen hat. Hat der Antrag des Rechtsanwalts Erfolg, so trägt die Rechtsanwaltskammer die Kosten (§ 198 Abs. 1). **12**

§§ 124–129 (aufgehoben)

§ 130 Inhalt der Anschuldigungsschrift

In der Anschuldigungsschrift (§ 121 dieses Gesetzes sowie § 207 Abs. 3 der Strafprozeßordnung) ist die dem Rechtsanwalt zur Last gelegte Pflichtverletzung unter Anführung der sie begründenden Tatsachen zu bezeichnen (Anschuldigungssatz). Ferner sind die Beweismittel anzugeben, wenn in der Hauptverhandlung Beweise erhoben werden sollen. Die Anschuldigungsschrift enthält den Antrag, das Hauptverfahren vor dem Anwaltsgericht zu eröffnen.

Übersicht

	Rdn.		Rdn.
I. Die Erfordernisse einer Anschuldigungsschrift	1–6	4. Antrag auf Eröffnung des Hauptverfahrens	6
1. Bezeichnung des angeschuldigten Rechtsanwalts	2	II. Entsprechende Anwendbarkeit von § 200 StPO	7–9
2. Bezeichnung der Pflichtverletzung	3	III. Mängel der Anschuldigungsschrift	10
3. Beweismittel	5		

I. Die Erfordernisse einer Anschuldigungsschrift

Die nachfolgend dargestellten Anforderungen an die Anschuldigungsschrift gelten aufgrund des ausdrücklichen Hinweises im Klammerzitat in Satz 1 sowohl für die ursprüngliche Anschuldigungsschrift, wie auch für eine solche, die nach **1**

---

[5] § 122 Rdn. 11.
[6] *Feuerich/Braun*, § 123 Rdn. 18.
[7] A. A. *Feuerich/Braun*, § 123 Rdn. 15.
[8] *Löwe/Rosenberg*, § 174 Rdn. 9; *Kleinknecht/Meyer-Goßner*, § 174 Rdn. 3.

Änderungen im Eröffnungsbeschluß nach § 116 S. 2 i. V. m. § 207 Abs. 3 StPO neu eingereicht wird.

1. Bezeichnung des angeschuldigten Rechtsanwalts

2   Die Anschuldigungsschrift muß den angeschuldigten Rechtsanwalt eindeutig bezeichnen, damit klar ist, gegen wen sich das anwaltsgerichtliche Verfahren richtet. Sinnvoll ist zudem, den oder die Verteidiger aufzuführen. Im Hinblick auf die daraus resultierende örtliche Zuständigkeit sind das oder die Gerichte, bei denen der Rechtsanwalt zugelassen ist, ebenso zu nennen wie die Rechtsanwaltskammer, der er angehört.

2. Bezeichnung der Pflichtverletzung

3   Die zur Last gelegte Pflichtverletzung wird mit Zeit und Ort der Begehung als tatsächliches Geschehen so geschildert, daß „die Identität des gemeinten geschichtlichen Vorgangs klargestellt wird".[1] Das Verhalten des Rechtsanwalts, das als schuldhafte Pflichtverletzung bewertet wird, ist zu bezeichnen, gleichgültig ob es sich um eine schuldhaft Pflichtverletzung bei der Berufsausübung (§ 113 Abs. 1) oder ein außerhalb des Berufs liegendes zu ahndendes Verhalten (§ 113 Abs. 2) handelt. Das gilt auch, wenn sich die anwaltliche Pflichtverletzung aus mehreren geschichtlichen Vorkommnissen zusammensetzt und in mehreren Punkten zur Anschuldigung führt.[2]

4   Ist der Rechtsanwalt im Strafverfahren, das denselben Verfahrensgegenstand hatte, freigesprochen worden, bedarf es substantiierter Ausführungen, wieso von einem **disziplinaren Überhang** auszugehen ist, der trotz des Freispruchs im Strafverfahren eine anwaltsgerichtliche Maßnahme erfordert.[3]

3. Beweismittel

5   Nach Satz 2 sind in der Anschuldigungsschrift die Beweismittel anzugeben, wenn in der Hauptverhandlung eine Beweisaufnahme durchgeführt werden soll. Ein Verzicht auf eine Beweisaufnahme kommt nur in Betracht, wenn die Entscheidung allein aufgrund der Äußerung des angeschuldigten Rechtsanwalts, die keine Beweiserhebung darstellt,[4] erfolgen kann. Das wird regelmäßig nur der Fall sein, wenn der angeschuldigte Rechtsanwalt die ihm zur Last gelegte Pflichtverletzung in vollem Umfang einräumt. Die in Satz 2 enthaltene Einschränkung, die insoweit eine Abweichung von § 200 Abs. 1 S. 2 StPO enthält, stellt also eine Sonderregelung gegenüber dem Strafverfahren (§ 244 Abs. 1 StPO) dar.[5]

4. Antrag auf Eröffnung des Hauptverfahrens

6   Die Anschuldigungsschrift muß schließlich den Antrag enthalten, das Hauptverfahren vor dem Anwaltsgericht zu eröffnen (S. 3). Nach § 116 S. 2 i. V. m. § 199 Abs. 2 S. 2 StPO hat die Staatsanwaltschaft ihre Akten dem Gericht vorzulegen, einschließlich etwaiger Beiakten die für das Verfahren von Bedeutung sein können.

---

[1] *Kleinknecht/Meyer-Goßner*, § 200 Rdn. 7 m. w. N.
[2] Vgl. *Jähnke*, FS Pfeiffer, S. 941, 942.
[3] *Feuerich/Braun*, § 118 Rdn. 27.
[4] *Kleinknecht/Meyer-Goßner*, § 244 Rdn. 2.
[5] A. A. *Isele*, § 130 Anm. II. B. 1.; *Feuerich/Braun*, § 130 Rdn. 10.

II. Entsprechende Anwendbarkeit von § 200 StPO

Umstritten ist in der Literatur, ob infolge des nach § 116 S. 2 ergänzend heranzuziehenden § 200 StPO weitere Erfordernisse zu beachten sind[6] oder ob § 130 eine abschließende Regelung darstellt.[7] In der Rechtsprechung ist die Frage bislang unentschieden geblieben.[8] Die zur früheren Parallelvorschrift des § 76 RAO von *Friedländer* gegebenen Hinweise,[9] stets stelle eine anwaltliche Pflichtverletzung einen Verstoß gegen das Gebot zur gewissenhaften Berufsausübung dar, deswegen sei die Nennung der Strafbestimmungen entbehrlich, dürfte inzwischen überholt sein. Durch das Gesetz zur Neuordnung des Berufsrechts der Rechtsanwälte und der Patentanwälte[10] ist § 113 Abs. 1 neu gefaßt worden. Ein schuldhafter Verstoß gegen die in der BRAO oder in der – noch zu erlassenden – Berufsordnung bestimmten Pflichten führt zur Verhängung einer anwaltsgerichtlichen Maßnahme. Damit hätte eine Benennung der anzuwendenden Vorschriften nach dem Vorbild des § 200 Abs. 1 S. 1 StPO nunmehr durchaus ihren guten Sinn.

Gleichwohl muß angenommen werden, daß § 130 eine **abschließende Regelung** darstellt und § 200 StPO nicht ergänzend heranzuziehen ist. Der Gesetzgeber hat unter Verwendung derselben Begriffe wie in § 200 StPO die Anforderungen an die Anschuldigungsschrift nach § 130 auf die dort genannten Merkmale beschränkt. Daraus ist zu schließen, daß es dem gesetzgeberischen Willen entsprach, nur die in § 130 genannten Bestandteile einer Anschuldigungsschrift zu fordern.

Selbstverständlich ist es der Praxis nicht verwehrt und angesichts der Gesetzesänderung wohl auch anzuraten, die Bestimmungen, deren schuldhafte Verletzung dem Rechtsanwalt zur Last gelegt werden soll, in der Anschuldigungsschrift zu bezeichnen. Entsprechendes gilt für die Darstellung des wesentlichen Ergebnisses der Ermittlungen.

III. Mängel der Anschuldigungsschrift

Über etwaige Mängel der Anschuldigungsschrift befindet das angerufene Anwaltsgericht bereits in der Entscheidung über die Eröffnung des Hauptverfahrens. Liegen gravierende Mängel in der Bezeichnung der Person des Täters oder der Tat vor, ist der Staatsanwaltschaft Gelegenheit zur Nachbesserung zu geben.[11] Werden die Mängel durch die Staatsanwaltschaft nicht beseitigt, lehnt das Anwaltsgericht die Eröffnung des Hauptverfahrens ab. Werden derartige Mängel weder im Eröffnungsbeschluß noch in der Hauptverhandlung beseitigt, ist das Verfahren durch Prozeßurteil einzustellen.

---

[6] *Isele*, § 130 Anm. III.
[7] *Feuerich/Braun*, § 130 Rdn. 1; *Feuerich*, ZAP 1994, 1011, 1020.
[8] BGHSt 29, 124 = NJW 1980, 897 = EGE XIV, 217.
[9] *Friedländer*, § 76 Rdn. 4.
[10] BGBl. 1994 I, S. 2278.
[11] *Kleinknecht/Meyer-Goßner*, § 200 Rdn. 26.

§ 131 Entscheidung über die Eröffnung des Hauptverfahrens vor dem Anwaltsgericht

(1) In dem Beschluß, durch den das Hauptverfahren eröffnet wird, läßt das Anwaltsgericht die Anschuldigung zur Hauptverhandlung zu.

(2) Der Beschluß, durch den das Hauptverfahren eröffnet worden ist, kann von dem Rechtsanwalt nicht angefochten werden.

(3) Der Beschluß, durch den die Eröffnung des Hauptverfahrens abgelehnt wird, ist zu begründen. Gegen den Beschluß steht der Staatsanwaltschaft die sofortige Beschwerde zu.

Übersicht

	Rdn.		Rdn.
I. Das Zwischenverfahren	1	2. Die Ablehnung der Eröffnung des Hauptverfahrens	5
II. Die Entscheidung des Anwaltsgerichts	2–5	III. Rechtsbehelfe	6, 7
1. Die Eröffnung des Hauptverfahrens	2		

I. Das Zwischenverfahren

1 Das Verfahren ist dem Zwischenverfahren nach der StPO nachgebildet. Bereits durch die Einreichung der Anschuldigungsschrift bei dem Anwaltsgericht wird das anwaltsgerichtliche Verfahren eingeleitet (§ 121), die **Rechtsfolgen** der Einleitung des Verfahrens treten ein.[1] Vor der Entscheidung des Anwaltsgerichts ist nach § 116 S. 2 i. V. m. § 201 StPO dem angeschuldigten Rechtsanwalt die Anschuldigungsschrift mitzuteilen und ihm Gelegenheit zu geben, hierzu eine Stellungnahme im Sinne des § 201 Abs. 1 StPO abzugeben. Das angerufene Anwaltsgericht, nicht sein Vorsitzender, kann nach § 116 S. 2 i. V. m. § 202 StPO die Durchführung weiterer Ermittlungen anordnen. Um die Vornahme der Ermittlungshandlungen kann es die Staatsanwaltschaft bitten, sie selbst vornehmen, ein Mitglied der Kammer beauftragen oder die Vornahme der Ermittlungshandlungen durch einen ersuchten Richter veranlassen. Bei der Entscheidung über die Eröffnung des Hauptverfahrens ist das Gericht nach § 116 S. 2 i. V. m. § 206 StPO an Anträge der Staatsanwaltschaft nicht gebunden.

II. Die Entscheidung des Anwaltsgerichts

1. Die Eröffnung des Hauptverfahrens

2 Das Anwaltsgericht läßt die Anschuldigung zur Hauptverhandlung zu und eröffnet das Hauptverfahren (Abs. 1), wenn hinreichender Tatverdacht besteht (§ 116 S. 2 i. V. m. § 203 StPO). Dabei muß die **vorläufige Tatbewertung** zu dem Ergebnis kommen, daß eine Verurteilung wegen einer schuldhaften Pflichtverletzung wahrscheinlich ist. Es reicht nicht aus, daß wahrscheinlich mit der Feststellung einer schuldhaften Pflichtverletzung zu rechnen ist, wenn nicht zugleich anzunehmen ist, daß diese mit einer anwaltsgerichtlichen Maßnahme im Sinne des § 114 zu ahnden sein wird. Ist im Hinblick auf eine anderweitige

---

[1] § 121 Rdn. 3.

§ 131 Eröffnung des Hauptverfahrens

Ahndung nach § 115 b von einer anwaltsgerichtlichen Maßnahme abzusehen, ist für die Eröffnung des Hauptverfahrens kein Raum.[2]

Der **Inhalt des Eröffnungsbeschlusses** bestimmt sich nach § 116 S. 2 i. V. m. § 207 Abs. 2 Nr. 1 und 2 StPO.[3] Im Hinblick auf den Grundsatz der Einheit der Standesverfehlung erscheint es jedoch inkonsequent, wenn eine lediglich teilweise Eröffnung des Hauptverfahrens zugelassen wird. Überwiegend wird nämlich zugleich angenommen, daß das Urteil im anwaltsgerichtlichen Verfahren nicht auch auf einen Teilfreispruch lauten kann.[4] Zumindest für das Zwischenverfahren wird jedoch auch in Ansehung des Grundsatzes der Einheit der Standesverfehlung zugelassen, einzelne Anschuldigungspunkte von der Zulassung für das Hauptverfahren auszuschließen.[5] Zugleich wird, was im umgekehrten Sinne gleichermaßen inkonsequent ist, die Erhebung einer Nachtragsanklage ggf. für zulässig und notwendig erachtet.[6] Die Unstimmigkeit zwischen dem materiellen Recht und dem Verfahrensrecht sollte nicht auf Kosten des Verfahrensrechts ausgeräumt werden. Es entspricht rechtsstaatlichen Grundsätzen, wenn im Zwischenverfahren durch die Ablehnung der Eröffnung des Hauptverfahrens insoweit das Gericht die Anschuldigungspunkte ausscheidet, die nach seiner Auffassung von vornherein die Anschuldigung nicht rechtfertigen. Hinzu tritt, daß mit der bestehenden Handhabung die Verfahren effizienter geführt werden können, weil der Ballast des von vornherein unerheblichen nicht mitgeführt werden muß.

Soweit das Gericht die Anschuldigungsschrift nicht in vollem Umfang zuläßt, muß es die Anschuldigungspunkte, wegen derer es das Hauptverfahren nicht eröffnet, genau bezeichnen. Nur das Verhalten, das die Anschuldigungsschrift bezeichnet und das der Eröffnungsbeschluß zum Gegenstand des Hauptverfahrens macht, kann der Urteilsfindung zugrundegelegt werden.[7]

2. Die Ablehnung der Eröffnung des Hauptverfahrens

Die Nichteröffnung des Hauptverfahrens kann nach § 116 S. 2 i. V. m. § 204 StPO auf tatsächliche oder rechtliche Gründe gestützt werden. Häufigster Fall der Ablehnung aus tatsächlichen Gründen dürfte der sein, daß das Anwaltsgericht den notwendigen hinreichenden **Tatverdacht** verneint. **Rechtsgründe** stehen der Eröffnung entgegen, wenn ein Verfahrenshindernis besteht. Zu einem Verfahrenshindernis können auch die Einstellung nach § 116 S. 2 i. V. m. § 153 Abs. 2 StPO oder § 153 a StPO führen. Auch eine vorläufige Einstellung nach § 116 S. 2 i. V. m. § 205 StPO steht der Eröffnung des Hauptverfahrens entgegen. In jedem Fall muß die Begründung des Beschlusses des Anwaltsgerichts erkennen lassen, worauf die Ablehnung gestützt wird.

III. Rechtsbehelfe

Dem angeschuldigten Rechtsanwalt steht gegen die Eröffnung des Hauptverfahrens ein Rechtsbehelf nicht zur Verfügung. Etwas anderes gilt nach § 116 S. 2

---

[2] EGH Schleswig in EGE IX, 204.
[3] Amtliche Begr. zu § 131; *Feuerich/Braun*, § 131 Rdn. 4.
[4] § 139 Rdn. 6; grundsätzlich *Jähnke*, FS Pfeiffer; BGHSt 16, 237.
[5] BGHSt 24, 81, 85 = NJW 1971, 1048 = EGE XI, 102; BGHSt 30, 312.
[6] *Isele*, Anhang 2 zu § 116, § 266 StPO; *Feuerich/Braun*, § 166 Rdn. 59; *Kleine-Cosack*, § 116 Rdn. 7; BGH BRAK-Mitt. 1982, 79.
[7] BGHSt 24, 81, 85 = NJW 1971, 1048 = EGE XI, 102; 30, 312.

i. V. m. § 33 a StPO lediglich, wenn der Rechtsanwalt entgegen § 116 S. 2 i. V. m. § 201 Abs. 1 StPO kein rechtliches Gehör erhalten hat.[8]

7 Gegen die Ablehnung der Eröffnung des Hauptverfahrens insgesamt oder auch nur zu einem Teil steht der Staatsanwaltschaft die sofortige Beschwerde zu (Abs. 3 S. 2). Die Rechtsanwaltskammer dagegen hat keinen Rechtsbehelf, auch wenn die Erhebung der Anschuldigung auf eine gerichtliche Entscheidung nach § 122 zurückgeht. Mangels Beschwer kann der Rechtsanwalt die Nichteröffnung des Hauptverfahrens regelmäßig nicht angreifen. Etwas anderes gilt lediglich dann, wenn die Nichteröffnung des Hauptverfahrens den Rechtsanwalt beschwert. Das kann der Fall sein, wenn das Anwaltsgericht nach § 118 a Abs. 3 seine sachliche Zuständigkeit verneint hat und das nunmehr zuständige Disziplinargericht für den Angeschuldigten ungünstigeres Recht anzuwenden hätte.[9]

§ 132 Rechtskraftwirkung eines ablehnenden Beschlusses

Ist die Eröffnung des Hauptverfahrens durch einen nicht mehr anfechtbaren Beschluß abgelehnt, so kann der Antrag auf Einleitung des anwaltsgerichtlichen Verfahrens nur aufgrund neuer Tatsachen oder Beweismittel und nur innerhalb von fünf Jahren, seit dem der Beschluß rechtskräftig geworden ist, erneut gestellt werden.

Übersicht

	Rdn.		Rdn.
I. Beschränkte Sperrwirkung des ablehnenden Beschlusses	1, 2	III. Das Verfahren für eine neue Anschuldigung	4, 5
II. Voraussetzungen für eine neue Anschuldigung	3		

I. Beschränkte Sperrwirkung des ablehnenden Beschlusses

1 Der Wortlaut der Bestimmung ist eng angelehnt an § 211 StPO. Soweit von einem „Antrag auf Einleitung des anwaltsgerichtlichen Verfahrens" die Rede ist, berücksichtigt der Wortlaut nicht § 121, wonach durch Einreichung der Anschuldigungsschrift das anwaltsgerichtliche Verfahren eingeleitet wird. Für die Anwendbarkeit der Bestimmung spielt es keine Rolle, ob die unanfechtbare Ablehnung der Eröffnung des Hauptverfahrens auf tatsächliche oder Rechtsgründe gestützt war. Anders als in der Parallelbestimmung des § 211 StPO wird nach Ablauf von fünf Jahren die beschränkte **Sperrwirkung** zu einer absoluten. Eine Verfolgung der Pflichtverletzung, die bereits Gegenstand der zur Ablehnung der Eröffnung des Hauptverfahrens führenden Anschuldigungsschrift war, ist dann auch aufgrund neuer Tatsachen oder Beweismittel nicht möglich.

2 Die Bestimmung ist systemgerecht, soweit es um Pflichtverletzungen geht, die die Verhängung eines Vertretungsverbotes oder der Ausschließung aus der Rechtsanwaltschaft (§ 114 Abs. 1 Nr. 4 und 5) nicht rechtfertigen. Nach § 115 S. 1 verjähren weniger schwere Pflichtverletzungen nämlich in fünf Jahren. Nicht nachvollziehbar ist hingegen, daß die absolute Sperrwirkung nach fünf Jahren auch eintritt hinsichtlich solcher Pflichtverletzungen, die ein Vertretungsverbot

---

[8] Kleinknecht/Meyer-Goßner, § 210 Rdn. 1; Rieß NStZ 83, 249.
[9] Feuerich/Braun, § 132 Rdn. 9 m. w. N.

oder die Ausschließung aus der Rechtsanwaltschaft zur Folge haben können und damit nach § 115 keiner Verjährung unterliegen.[1]

II. Voraussetzungen für eine neue Anschuldigung

Neue Tatsachen oder Beweismittel rechtfertigen die Erhebung einer neuen Anschuldigung, wenn durch sie dem rechtskräftigen ablehnenden Beschluß der Eröffnung des Hauptverfahrens der Boden entzogen würde. Als „neu" sind **Tatsachen und Beweismittel** anzusehen, wenn sie dem Gericht bei Ablehnung der Eröffnung des Hauptverfahrens nicht bekannt waren; es kommt nicht darauf an, ob sie zugänglich waren oder dem Gericht hätten bekannt sein müssen.[2] Hatte die Ablehnung der Eröffnung des Hauptverfahrens ihren Grund darin, daß die Anschuldigungsschrift Mängel aufwies, stellt die Einreichung einer neuen, mangelfreien Anschuldigungsschrift eine neue Tatsache dar.[3] Bei der Entscheidung über die Zulassung einer neuen Anschuldigungsschrift ist das Anwaltsgericht an die Rechtsauffassung der früheren Richter gebunden.[4] 3

III. Das Verfahren für eine neue Anschuldigung

Um den Eintritt der absoluten Sperrwirkung zu verhindern, muß innerhalb von fünf Jahren nach Rechtskraft des die Eröffnung des Hauptverfahren ablehnenden Beschlusses eine neue Anschuldigungsschrift eingereicht werden. Die **neue Anschuldigungsschrift** hat die neuen Tatsachen oder Beweismittel zu bezeichnen, damit dem für die Eröffnung des Hauptverfahrens zuständigen Anwaltsgericht die Prüfung ermöglicht wird, ob die beschränkte Sperrwirkung des § 132 ausgeräumt ist. 4

Nach dem Legalitätsprinzip hat die Staatsanwaltschaft von Amts wegen tätig zu werden. Eines Antrages der nach §§ 122, 123 zur Antragstellung Berechtigten bedarf es nicht. 5

§ 133 Zustellung des Eröffnungsbeschlusses

Der Beschluß über die Eröffnung des Hauptverfahrens ist dem Rechtsanwalt spätestens mit der Ladung zuzustellen. Entsprechendes gilt in den Fällen des § 207 Abs. 3 der Strafprozeßordnung für die nachgereichte Anschuldigungsschrift.

Die Bestimmung entspricht der des § 215 StPO. Spätestens mit der Ladung zur Hauptverhandlung ist dem angeschuldigten Rechtsanwalt der Eröffnungsbeschluß zuzustellen. Sofern der Angeschuldigte einen Verteidiger hat, kann nach § 116 S. 2 i. V. m. § 145 a StPO verfahren werden. Zu den Rechtsfolgen einer unterbliebenen oder mangelhaften Zustellung des Eröffnungsbeschlusses wird auf Rechtsprechung und Kommentierungen zu § 215 StPO verwiesen.[1]

---

[1] *Isele*, § 132 Anm. III. D. 4.; *Feuerich/Braun*, § 132 Rdn. 2.
[2] BGHSt 7, 64 (66).
[3] OLG Düsseldorf NStZ 1982, 335.
[4] *Kleinknecht/Meyer-Goßner*, § 211 Rdn. 4 m. w. N.
[1] *Kleinknecht/Meyer-Goßner*, § 215.

3. Die Hauptverhandlung vor dem Anwaltsgericht

§ 134 Hautpverhandlung trotz Ausbleibens des Rechtsanwalts

Die Hauptverhandlung kann gegen einen Rechtsanwalt, der nicht erschienen ist, durchgeführt werden, wenn er ordnungsmäßig geladen und in der Ladung darauf hingewiesen ist, daß in seiner Abwesenheit verhandelt werden kann. Eine öffentliche Ladung ist nicht zulässig.

Übersicht

	Rdn.		Rdn.
I. Sicherung der Durchführung der Hauptverhandlung	1–3	III. Hauptverhandlung ohne den angeschuldigten Rechtsanwalt	6–10
1. Geschichte der Vorschrift	1	1. Ladung	6
2. Normzweck	2	2. Rechtliches Gehör	8
II. Recht zur Teilnahme an der Hauptverhandlung	4, 5	3. Das Verfahren	10
1. Grundsatz der Teilnahme	4	IV. Nachprüfung der Verhandlung gegen den abwesenden Rechtsanwalt in der Revision	11, 12
2. Verhinderung des angeschuldigten Rechtsanwalts	5		

I. Sicherung der Durchführung der Hauptverhandlung

1. Geschichte der Vorschrift

1 Bereits die RAO schuf die Ausnahme von den Bestimmungen für das Strafverfahren, daß die Hauptverhandlung bei Vorliegen gewisser Voraussetzungen auch ohne den angeschuldigten Rechtsanwalt durchgeführt werden kann (§ 83 RAO). Sowohl die RAO als auch die RAObritZ erlaubten die Durchführung der Hauptverhandlung in Abwesenheit des angeschuldigten Rechtsanwalts.

2. Normzweck

2 Die Bestimmung ist im Zusammenhang mit § 117 zu sehen, wonach die vorläufige Festnahme, Verhaftung oder Vorführung des angeschuldigten Rechtsanwalts im anwaltsgerichtlichen Verfahren ausgeschlossen sind. Da die **rechtlichen Zwangsmittel** des Strafverfahrensrechts, die das Erscheinen des Angeklagten zur Hauptverhandlung gegen seinen Willen ermöglichen, nicht zur Verfügung stehen, wäre die Durchführung des anwaltsgerichtlichen Verfahrens auf die Bereitschaft des angeschuldigten Rechtsanwalts zur Teilnahme angewiesen. Indem § 134 die Durchführung der Hauptverhandlung im anwaltsgerichtlichen Verfahren in Abwesenheit des angeschuldigten Rechtsanwalts ermöglicht, wird die Durchführung des Verfahrens – unabhängig von der Bereitschaft des angeschuldigten Rechtsanwalts zur Teilnahme – gesichert. Auch wenn damit im Ergebnis dem angeschuldigten Rechtsanwalt freigestellt, am Verfahren teilzunehmen oder dieses zu unterlassen, dient die Vorschrift vor dem Hintergrund des Ausschlusses der Zwangsmittel durch § 117 der Sicherung der Verfahrensdurchführung.

3 **Verfassungsrechtliche Bedenken** sind gegen diese Regelung nicht zu erheben. Durch den Ausschluß der öffentlichen Zustellung der Ladung (S. 2) wird gewährleistet, daß der angeschuldigte Rechtsanwalt von dem Termin tatsächlich Kenntnis erhält und seine Verteidigung einrichten kann.

II. Das Recht zur Teilnahme an der Hauptverhandlung

1. Grundsatz der Teilnahme

Vorrang gebührt dem Recht des angeschuldigten Rechtsanwalts, an der Hauptverhandlung teilzunehmen. Da die Bestimmung dem Zweck dient, die Durchführung des Verfahrens nur für den Fall zu sichern, daß der angeschuldigte Rechtsanwalt nicht teilnehmen will, stellt die Hauptverhandlung ohne den Angeschuldigten keine Alternative dar, auf die das Gericht von sich aus zurückgreifen könnte. Dies verdeutlicht die Anwendbarkeit der Bestimmungen der StPO nach § 116, die regelmäßig von der Verhandlung in Anwesenheit des Angeklagten ausgehen.[1]

2. Verhinderung des angeschuldigten Rechtsanwalts

Hat das Anwaltsgericht Kenntnis davon, daß der angeschuldigte Rechtsanwalt an der Hauptverhandlung selbst teilnehmen will, darf es nicht in seiner Abwesenheit verhandeln, wenn der Rechtsanwalt an der Teilnahme verhindert ist.[2] Allerdings werden an die Gründe für die Verhinderung, ihre Darlegung und ihren Nachweis **erhebliche Anforderungen** geknüpft. Allein der Hinweis, daß die Teilnahme an der Verhandlung vor dem Anwaltsgericht nicht möglich sei, weil der angeschuldigte Rechtsanwalt für einen Mandanten einen Gerichtstermin wahrzunehmen habe, reicht nicht aus, wenn nicht zugleich nachgewiesen wird, daß sich der Rechtsanwalt um eine Terminsverlegung bemüht habe.[3] Für die Darlegung einer Verhinderung wegen Erkrankung genügt nicht allein die Angabe, erkrankt zu sein.[4] Zweifelhaft erscheint jedoch, ob von dem angeschuldigten Rechtsanwalt verlangt werden kann, daß er den behandelnden Arzt von seiner ärztlichen Schweigepflicht entbindet.[5] Es erscheint insbesondere zu weitreichend, von dem angeschuldigten Rechtsanwalt Angaben über die Art der Erkrankung zu verlangen, wenn ansonsten – etwa durch amtsärztliches Attest – nachgewiesen wird, daß die Verhinderung infolge einer Erkrankung besteht.

III. Hauptverhandlung ohne den angeschuldigten Rechtsanwalt

1. Ladung

Voraussetzung für die Durchführung der Hauptverhandlung ohne den angeschuldigten Rechtsanwalt ist dessen ordnungsmäßige Ladung. Das setzt voraus, daß die einwöchige Ladungsfrist (§ 116 S. 2 i. V. m. § 217 StPO) eingehalten ist. Für die Zustellung der Ladung gelten nach § 229 die Bestimmungen der ZPO. Damit das Anwaltsgericht die Ordnungsmäßigkeit der Ladung feststellen kann, muß sie „nachweisbar" sein, so daß die Zustellung erforderlich ist (§ 117 RiStBV). Die öffentliche Zustellung der Ladung ist nach Satz 2 ausdrücklich vom Gesetz ausgeschlossen, § 40 StPO ist nicht nach § 116 anwendbar.[6]

---

[1] *Isele,* § 134 Anm. III.
[2] BHGSt 28, 35 ff. = BGHZ 71, 353 = NJW 1978, 2403 = AnwBl. 1978, 370 = EGE XIV, 185 ff.
[3] BGH BRAK-Mitt. 1987, 213.
[4] BGH BRAK-Mitt. 1983, 138.
[5] So *Feuerich/Braun,* § 134 Rdn. 8.
[6] § 116 Rdn. 8 zu § 40 StPO.

7 Weitere Voraussetzung für die Durchführung der Hauptverhandlung in Abwesenheit des angeschuldigten Rechtsanwalts ist der **Hinweis in der Ladung**, daß in seiner Abwesenheit verhandelt werden könne. Dieser Hinweis dient der Gewährung rechtlichen Gehörs gegenüber dem angeschuldigten Rechtsanwalt, bei dem als Rechtskundigen die Kenntnis der Vorschrift des § 134 im übrigen nicht vorausgesetzt wird. Auch der Hinweis muß anhand der Zustellungsurkunde „nachweisbar" sein, da ansonsten das Anwaltsgericht die Voraussetzungen für eine Verhandlung in Abwesenheit des Angeschuldigten nicht feststellen kann.[7] Enthielt die erste Ladung zur Hauptverhandlung den entsprechenden Hinweis, so bedarf es eines erneuten Hinweises nach Unterbrechung und Fortsetzung nicht; gleiches gilt, wenn sich der angeschuldigte Rechtsanwalt während der Hauptverhandlung entfernt.[8]

2. Rechtliches Gehör

8 Auch wenn der angeschuldigte Rechtsanwalt an der Hauptverhandlung nicht teilnimmt, steht es ihm frei, sich durch einen Verteidiger vertreten zu lassen. Die **schriftliche Stellungnahme** des Angeschuldigten zu den Vorwürfen ist im Verfahren zu beachten.[9] In welcher Weise die schriftliche Stellungnahme des Angeschuldigten in das Verfahren einzuführen ist, regelt weder das Gesetz, noch gibt die Rechtsprechung hierzu Hinweise. In geeigneten Fällen mag sich eine Verlesung der schriftlichen Erklärung anbieten, bei sehr umfangreichen Stellungnahmen dürfte es sinnvoller sein, wenn das Anwaltsgericht den wesentlichen Inhalt vorträgt, zumal die schriftliche Erklärung des Angeschuldigten der Anklagebehörde zuvor zugänglich gemacht werden sollte.

9 Selbstverständlich steht es dem angeschuldigten Rechtsanwalt frei, auch nur **teilweise an der Hauptverhandlung** persönlich teilzunehmen. Nimmt er nicht von Beginn an der Hauptverhandlung teil, kann er jedoch nicht beanspruchen, daß die in seiner Abwesenheit vorgenommenen Verfahrenshandlungen wiederholt werden, wenn die Voraussetzungen für die Verhandlung in seiner Abwesenheit gegeben waren.

3. Das Verfahren

10 Die Tatsache, daß der angeschuldigte Rechtsanwalt der Hauptverhandlung vor dem Anwaltsgericht fernbleibt, ändert nichts an der Pflicht des Gerichts zur Sachverhaltsaufklärung bei der Schuldfeststellung.[10] Da Angaben des angeschuldigten Rechtsanwalts zur Tatsachenfeststellung nicht beitragen können, besteht für das Gericht die gleiche Situation wie wenn der Angeschuldigte an der Hauptverhandlung zwar teilnimmt, sich aber zur Sache nicht äußert.

IV. Nachprüfung der Verhandlung gegen den abwesenden Rechtsanwalt in der Revision

11 Die Prüfung, ob der angeschuldigte Rechtsanwalt **stichhaltige Gründe** für seine Verhinderung anführt, obliegt dem Tatrichter im Wege des Freibeweises.[11] Regelmäßig ist die tatrichterliche Würdigung mit der Revision nur angreifbar,

---

[7] *Isele,* § 134 Anm. III. A. 2. a).
[8] *Isele,* § 134 Anm. III. B. 2. und 3.
[9] BGH BRAK-Mitt. 1983, 138.
[10] *Kohlhaas* AnwBl. 1990, 89.
[11] BGH EGE XIV 185, 190.

wenn dem Anwaltsgerichtshof ein Verfahrensfehler insoweit unterlaufen ist. Etwas anderes gilt, wenn der angeschuldigte Rechtsanwalt durch ein plötzliches Ereignis – etwa einen Verkehrsunfall, eine plötzliche Erkrankung – von der beabsichtigten Teilnahme an der Hauptverhandlung abgehalten wurde. In diesem Fall liegt ein vom Tatrichter nicht verschuldeter Verfahrensfehler vor, der in der Revisionsinstanz zu beachten ist.[12]

Wird in der **Berufungsinstanz gerügt**, das Anwaltsgericht habe zu Unrecht in Abwesenheit des angeschuldigten Rechtsanwalts verhandelt, bleibt dies folgenlos. Der angeschuldigte Rechtsanwalt mag an der Berufungshauptverhandlung teilnehmen, eine Zurückverweisung an das Anwaltsgericht kommt nicht (mehr) in Betracht (§ 116 S. 2 i. V. m. § 328 StPO). 12

§ 135 Nichtöffentliche Hauptverhandlung

(1) **Die Hauptverhandlung vor dem Anwaltsgericht ist nicht öffentlich. Auf Antrag der Staatsanwaltschaft kann, auf Antrag des Rechtsanwalts muß die Öffentlichkeit hergestellt werden; in diesem Fall sind die Vorschriften des Gerichtsverfassungsgesetzes über die Öffentlichkeit sinngemäß anzuwenden.**

(2) **Zu nichtöffentlichen Verhandlungen ist Vertretern der Landesjustizverwaltung, dem Präsidenten des Oberlandesgerichts oder seinem Beauftragten, den Beamten der Staatsanwaltschaft bei dem Oberlandesgericht und den Rechtsanwälten im Bereich der Rechtsanwaltskammer der Zutritt gestattet. Das Anwaltsgericht kann nach Anhörung der Beteiligten auch andere Personen als Zuhörer zulassen.**

Übersicht

	Rdn.		Rdn.
I. Nichtöffentlichkeit im berufsgerichtlichen Verfahren	1, 2	II. Nichtöffentliche Hauptverhandlung	3, 4
		III. Öffentliche Hauptverhandlung	5–7

I. Nichtöffentlichkeit im berufsgerichtlichen Verfahren

Die gesetzliche **Beschränkung der Öffentlichkeit** knüpft an die Regelungen von § 82 S. 1 RAO und § 100 RAObritZ an. Entsprechend gefaßte Bestimmungen enthalten für die Angehörigen der steuerberatenden Berufe § 122 StBerG und für die wirtschaftsprüfenden Berufe § 99 WPO. 1

Das Bundesverfassungsgericht[1] hat ausgeführt, den ärztlichen Berufsgerichten könne die Eigenschaft eines Gerichtes nicht abgesprochen werden, weil die Verhandlung unter Ausschluß der Öffentlichkeit stattfinde. Zur Begründung wurde darauf hingewiesen, daß sich der Ausschluß der Öffentlichkeit rechtfertige, weil er neben dem Schutz der Interessen der Patienten „vornehmlich dem Schutz des Beschuldigten" diene. Nach der Regelung des § 135 steht allein das **Interesse des Rechtsanwalts** am Ausschluß der Öffentlichkeit im Vordergrund, denn er hat es stets in der Hand, für eine öffentliche Verhandlung zu sorgen (Abs. 1 S. 2). 2

---

[12] BGH EGE XIV 185, 191.
[1] BVerfGE 4, 74 (94).

II. Nichtöffentliche Hauptverhandlung

3   Die Vorschrift bezeichnet die Hauptverhandlung als nichtöffentlich. Dabei ist der Kreis der Personen, denen von Gesetzes wegen der Zutritt zur Hauptverhandlung gestattet ist, erheblich weiter gezogen als in den Bestimmungen des GVG (§§ 170 ff.). Nach Absatz 2 Satz 1 ist der **Zutritt gestattet:**
– Vertretern der Landesjustizverwaltung,
– dem Präsidenten des Oberlandesgerichts oder seinem Beauftragten,
– den Beamten der Staatsanwaltschaft bei dem Oberlandesgericht,
– den Rechtsanwälten im Bereich der Rechtsanwaltskammer.
Es besteht also ein Zutrittsrecht für alle derselben Rechtsanwaltskammer angehörenden Kollegen, nicht nur für Mitglieder oder Vertreter des Vorstandes (vgl. § 40 Abs. 3 S. 2).

4   Als Zuhörer zugelassen werden können durch Beschluß des Anwaltsgerichts auch **andere Personen**. Vor seiner Entscheidung hat das Anwaltsgericht den Beteiligten Gehör zu gewähren.

III. Öffentliche Hauptverhandlung

5   Die Öffentlichkeit kann auf **Antrag der Staatsanwaltschaft** hergestellt werden. Kriterien, in welchen Fällen diesem Antrag zu entsprechen ist, bietet das Gesetz nicht; das Anwaltsgericht hat daher über den Antrag der Staatsanwaltschaft nach pflichtgemäßem Ermessen zu entscheiden. Die Verfahrensbeteiligten sind vorher anzuhören.[2]

6   Dem **Antrag des Rechtsanwalts** auf Herstellung der Öffentlichkeit muß entsprochen werden. Der Grundsatz der nichtöffentlichen Hauptverhandlung bewahrt den Rechtsanwalt vor öffentlicher Anteilnahme an seinem Verfahren. Ist er – aus welchen Gründen auch immer – an diesem Schutz nicht interessiert, kann er für die Herstellung der Öffentlichkeit sorgen. Einem Antrag, für einzelne Verfahrensabschnitte die Öffentlichkeit herzustellen, kann dagegen nicht entsprochen werden.

7   Ist einmal – gleich auf wessen Antrag – die Öffentlichkeit hergestellt, so sind die Bestimmungen des GVG sinngemäß anzuwenden. Die Gründe für einen **Ausschluß der Öffentlichkeit** nach §§ 171 b und 172 GVG können dann wiederum zum Ausschluß der Öffentlichkeit für einzelne Verfahrensabschnitte führen.[3]

§ 136 (aufgehoben)

§ 137 Beweisaufnahme durch einen beauftragten oder ersuchten Richter

Das Anwaltsgericht kann eines seiner Mitglieder beauftragen, Zeugen oder Sachverständige zu vernehmen. Es kann auch ein anderes Anwaltsgericht oder das Amtsgericht um die Vernehmung ersuchen. Der Zeuge oder Sachverständige ist jedoch auf Antrag der Staatsanwaltschaft oder des Rechtsanwalts in der Hauptverhandlung zu vernehmen, es sei denn, daß er voraussichtlich am Erscheinen in der Hauptverhandlung verhindert ist oder ihm das Erscheinen wegen großer Entfernung nicht zugemutet werden kann.

---

[2] *Isele,* § 40 II. A. 3. c).
[3] Vgl. § 116 zu §§ 171 b, 172 StPO.

Übersicht

	Rdn.		Rdn.
I. Normzweck............................	1	2. Entscheidung......................	5
II. Anordnung der kommissarischen Vernehmung..................	2–5	III. Durchführung der kommissarischen Vernehmung..................	6
1. Zulässigkeit.........................	2		

I. Normzweck

Die im Strafprozeß geltenden strengen Grundsätze der **Unmittelbarkeit der Beweisaufnahme** werden für das anwaltsgerichtliche Verfahren gelockert. Die Bestimmung korrespondierte mit denen über die „ehrengerichtliche Voruntersuchung".[1] Ob der Durchbrechung des Grundsatzes der Unmittelbarkeit der Beweisaufnahme nach Abschaffung der Voruntersuchung noch wirkliche praktische Bedeutung zukommt, wird sehr in Frage gestellt.[2] Sinnvoll ist die kommissarische Vernehmung eines Zeugen oder Sachverständigen selbstverständlich nur, wenn das über die Beweiserhebung errichtete Protokoll verlesen werden und damit bei der Entscheidung des Anwaltsgerichts verwertet werden kann (vgl. § 138).

II. Anordnung der kommissarischen Vernehmung

1. Zulässigkeit

Aus Satz 3 ist zu folgern, daß von zwei grundsätzlich unterschiedlichen Konstellationen auszugehen ist: zum einen, daß es dem Zeugen oder Sachverständigen möglich und zumutbar ist, an der Hauptverhandlung teilzunehmen, zum anderen, daß er voraussichtlich an der Hauptverhandlung nicht teilnehmen kann oder ihm sein Erscheinen wegen großer Entfernung nicht zuzumuten ist.

Anhaltspunkte, wann der Zeuge oder Sachverständige, dem die Teilnahme an der Hauptverhandlung möglich und zumutbar ist, kommissarisch vernommen werden kann, nennt das Gesetz nicht. In diesem Fall entscheidet das Anwaltsgericht nach **pflichtgemäßem Ermessen**,[3] denn der für den Strafprozeß aufgestellte Grundsatz der Unmittelbarkeit der Beweisaufnahme ist durch § 137 für das anwaltsgerichtliche Verfahren durchbrochen. Das strafprozessuale Gebot der Unmittelbarkeit der Beweisaufnahme gilt nicht, denn die Bestimmungen der Strafprozeßordnung sind nach § 116 nur „ergänzend" anzuwenden, soweit für das anwaltsgerichtliche Verfahren keine eigenständige Regelung getroffen ist.[4]

Die Regelung, daß eine kommissarische Vernehmung angeordnet werden kann, wenn der Zeuge oder Sachverständige persönlich verhindert ist oder ihm die Teilnahme an der Hauptverhandlung nicht zugemutet werden kann, entspricht der des § 223 Abs. 1 und 2 StPO. In diesem Fall hat das Anwaltsgericht zu prüfen, ob die Voraussetzungen für eine kommissarische Vernehmung vorliegen, wobei der Bedeutung der Aussage für den Ausgang des Verfahrens besondere Beachtung zu schenken ist.[5]

---

[1] Ursprünglich geregelt in §§ 123 bis 129; geändert bzw. aufgehoben durch das erste Gesetz zur Reform des Strafverfahrensrechts vom 9. Dezember 1974 (BGBl. I, S. 3393).
[2] *Isele*, § 137 Anm. I. E.; *Feuerich/Braun*, § 137 Rdn. 1; *Kleine-Cosack*, § 137.
[3] *Feuerich/Braun*, § 137 Rdn. 1.
[4] A. A. *Kohlhaas* AnwBl. 1990, 89.
[5] § 138 Rdn. 5, 7.

2. Entscheidung

5   Die Entscheidung über die Anordnung der kommissarischen Vernehmung weist Satz 1 dem Anwaltsgericht zu. Es können daher weder der Vorsitzende noch ein anderes Mitglied der Kammer, etwa der Berichterstatter, die Anordnung treffen.[6] Sowohl innerhalb wie auch außerhalb der Hauptverhandlung trifft die Kammer dieses Anwaltsgerichts die Anordnung durch Beschluß.

Dem Staatsanwalt und dem angeschuldigten Rechtsanwalt ist **rechtliches Gehör** zu gewähren, bevor die Anordnung der kommissarischen Vernehmung getroffen wird. Beantragt der Staatsanwalt oder der angeschuldigte Rechtsanwalt, die Vernehmung in der Hauptverhandlung durchzuführen (S. 3), hat das Anwaltsgericht diesem Antrag zu entsprechen, wenn dem Zeugen oder Sachverständigen das Erscheinen in der Hauptverhandlung möglich und zumutbar ist. Ist das Erscheinen der Beweisperson zur Hauptverhandlung nicht möglich oder nicht zumutbar, können Staatsanwalt oder angeschuldigter Rechtsanwalt beantragen, daß die Beweisaufnahme in der Hauptverhandlung erfolgt. Mit diesem Antrag – auch wenn er abgelehnt wird – erhalten sie sich die Möglichkeit, ihren Antrag auf Vernehmung in der Hauptverhandlung zu wiederholen, wenn die Hinderungsgründe für den Zeugen oder Sachverständigen weggefallen sind (§ 138 Abs. 3).

III. Die Durchführung der kommissarischen Vernehmung

6   Die Kammer des Anwaltsgerichts kann eines ihres Mitglieder mit der Vernehmung des Zeugen oder Sachverständigen beauftragen oder ein anderes Anwaltsgericht oder ein Amtsgericht um die Vernehmung ersuchen. Das um die Beweiserhebung ersuchte Anwaltsgericht kann diese durch ein einzelnes Mitglied erledigen (§ 99 Abs. 3). Soweit nicht gesetzliche Ausnahmen eingreifen, haben Zeugen nach § 116 i. V. m. § 223 Abs. 3 StPO ihre Aussage zu beeiden.

§ 138 Verlesen von Protokollen

(1) **Das Anwaltsgericht beschließt nach pflichtmäßigem Ermessen, ob die Aussage eines Zeugen oder eines Sachverständigen, der bereits in dem anwaltsgerichtlichen oder in einem anderen gesetzlich geordneten Verfahren vernommen worden ist, zu verlesen sei.**

(2) **Bevor der Gerichtsbeschluß ergeht, kann der Staatsanwalt oder der Rechtsanwalt beantragen, den Zeugen oder Sachverständigen in der Hauptverhandlung zu vernehmen. Einem solchen Antrag ist zu entsprechen, es sei denn, daß der Zeuge oder Sachverständige voraussichtlich am Erscheinen in der Hauptverhandlung verhindert ist oder ihm das Erscheinen wegen großer Entfernung nicht zugemutet werden kann. Wird dem Antrag stattgegeben, so darf das Protokoll über die frühere Vernehmung nicht verlesen werden.**

(3) **Ist ein Zeuge oder Sachverständiger durch einen beauftragten oder ersuchten Richter vernommen worden (§ 137), so kann der Verlesung des Protokolls nicht widersprochen werden. Der Staatsanwalt oder der Rechtsanwalt kann jedoch der Verlesung widersprechen, wenn ein Antrag gemäß § 137 Satz 3 abgelehnt worden ist und Gründe für eine Ablehnung des Antrags jetzt nicht mehr bestehen.**

---

[6] *Isele*, § 137 Anm. III. A.; *Feuerich/Braun*, § 137 Rdn. 1.

§ 138 Verlesen von Protokollen 1–3 § 138

Übersicht

	Rdn.		Rdn.
I. Normzweck	1	4. Pflichtgemäßes Ermessen	7
II. Die Entscheidung über die Verlesung	2–7	III. Verfahren	8, 9
1. Vernehmung in einem gesetzlich geordneten Verfahren	2	1. Rechtliches Gehör	8
2. Verhinderung des Zeugen oder unzumutbare Anreise	5	2. Durchführung der Verlesung	9
3. Beweisaufnahme durch einen beauftragten oder ersuchten Richter nach § 137	6	IV. Revision	10–12
		1. Verfahrensrüge	11
		2. Sachrüge	12

I. Normzweck

Absatz 1 durchbricht über die Möglichkeiten nach der StPO hinaus den Grundsatz der Unmittelbarkeit der Beweisaufnahme nach § 250 StPO, indem die Verlesung der Aussage eines Zeugen oder Sachverständigen in einem gesetzlich geordneten Verfahren in das freie Ermessen des Gerichts gestellt wird. Damit wird insbesondere auch die prozessuale Verwertbarkeit eines nach § 137 erhobenen Beweises geregelt. 1

II. Die Entscheidung über die Verlesung

1. Vernehmung in einem gesetzlich geordneten Verfahren

Voraussetzung für die Verlesung und damit die Verwertung der Aussage des Zeugen oder Sachverständigen ist es, daß sie in einem „gesetzlich geordneten Verfahren" aufgenommen wurde. Als solches kommt insbesondere die Beweisaufnahme des Anwaltsgerichts durch einen beauftragten oder ersuchten Richter nach § 137 in Betracht. Wie weit der **Kreis der sonstigen** „gesetzlich geordneten Verfahren" zu ziehen ist, geht aus dem Gesetz nicht hervor. Verwendet wird der Begriff im gleichen Sinne in § 118 b.[1] 2

Als gesetzlich geordnet anzusehen sind gleichfalls die Ermittlungsverfahren der Staatsanwaltschaft, Polizei oder Finanzbehörde, da in diesen Verfahren die Grundsätze der StPO zur Aussagefreiheit von Beschuldigten und zu etwaigen Zeugnisverweigerungsrechten einschließlich der Belehrungen hierüber anzuwenden sind. Dazuzuzählen sind auch behördliche Verfahren, deren Verfahrensgang durch Normen geregelt ist.[2] Nicht gefolgt werden kann *Isele*,[3] der den Passus „gesetzlich geordnetes Verfahren" dahin versteht, daß jede behördliche Vernehmung im Geltungsbereich des Grundgesetzes den Anforderungen genügen soll. Da die Verlesung der Aussage in der Hauptverhandlung die Vernehmung des Zeugen oder Sachverständigen durch das erkennende Gericht ersetzen soll, gebietet das Rechtsstaatsgebot, daß bei der Vernehmung gewisse **Mindeststandards** beachtet worden sind. Als solche sind die Ermahnung zur Wahrheitspflicht und die Belehrung über etwaige Aussageverweigerungsrechte zu nennen. 3

---

[1] *Feuerich/Braun*, § 138 Rdn. 2.
[2] *Jessnitzer/Blumberg*, § 138.
[3] *Isele*, § 138 Anm. III. C. 4.

4 Nimmt der Vernommene im anwaltsgerichtlichen Verfahren eine andere Stellung als im Verfahren bei seiner Vernehmung ein, steht dies der Verlesung seiner Aussage nicht von vornherein entgegen.[4] Zu beachten ist aber die Konstellation, daß der Zeuge oder Sachverständige im anwaltsgerichtlichen Verfahren Zeugnisverweigerungs- oder Auskunftsverweigerungsrechte besitzt, auf die er sich bei seiner Vernehmung im anderen Verfahren nicht berufen konnte.[5]

2. Verhinderung des Zeugen oder unzumutbare Anreise

5 Ist der Zeuge oder Sachverständige aus persönlichen Gründen am Erscheinen in der Hauptverhandlung verhindert oder kann ihm die Anreise aufgrund der großen Entfernung nicht zugemutet werden, kann das Anwaltsgericht die Verlesung der anderweitig gemachten Aussage anordnen (Abs. 2 S. 2). Der Antrag der Staatsanwaltschaft oder des Rechtsanwalts auf Vernehmung in der Hauptverhandlung (Abs. 2 S. 1) wird in diesem Falle abgelehnt. Das Gericht hat aber abzuwägen, ob der Verzicht auf die unmittelbare Beweisaufnahme im Hinblick auf die Bedeutung der Aussage verantwortet werden kann. Je **bedeutsamer die erwartete Aussage** des Sachverständigen oder Zeugen für die Entscheidung des Anwaltsgericht voraussichtlich ist, desto mehr tritt die Unzumutbarkeit der Anreise in den Hintergrund. Auf die von der Rechtsprechung entwickelten Grundsätze für das Strafverfahren (§ 223 StPO) kann verwiesen werden.[6] Insbesondere dann, wenn dem angeschuldigten Rechtsanwalt die Verhängung eines Verbotes, auf bestimmten Rechtsgebieten als Vertreter und Beistand tätig zu werden, oder gar die Ausschließung aus der Rechtsanwaltschaft droht, muß dem Zeugen oder Sachverständigen erheblicher Aufwand, möglicherweise eine Anreise aus Übersee, zugemutet werden.[7]

3. Beweisaufnahme durch einen beauftragten oder ersuchten Richter nach § 137

6 Wurde der Zeuge oder Sachverständige durch einen beauftragten oder ersuchten Richter aufgrund eines Gerichtsbeschlusses nach § 137 vernommen, ist die Verlesung der Vernehmung möglich; ihr kann nicht widersprochen werden (Abs. 3 S. 1). Etwas anderes kann jedoch gelten, wenn der Staatsanwalt oder der angeschuldigte Rechtsanwalt vor der Entscheidung, nach § 137 eine kommissarische Vernehmung anzuordnen, die Beweisaufnahme in der Hauptverhandlung beantragt haben. In diesem Fall ist die Verlesung der Vernehmung nur zulässig, wenn der Zeuge oder Sachverständige am Erscheinen in der Hauptverhandlung verhindert ist oder ihm dies nicht zugemutet werden kann. Wurde vor der Anordnung der kommissarischen Vernehmung nach § 137 rechtliches Gehör nicht gewährt,[8] kann der Verlesung nach Absatz 3 Satz 1 widersprochen werden.

4. Pflichtmäßiges Ermessen

7 Die Entscheidung, auf die Vernehmung des Sachverständigen oder Zeugen zugunsten der Verlesung der Aussage zu verzichten, bedarf in jedem Fall einer sorgfältigen Prüfung im Rahmen des pflichtgemäßen Ermessens. Besondere

---

[4] BGHSt 10, 186 zu § 251 StPO.
[5] *Kleinknecht/Meyer-Goßner,* § 251 Rdn. 2.
[6] *Kleinknecht/Meyer-Goßner,* § 223 Rdn. 8, 9 m.w. N.
[7] BGHSt 9, 230 zu § 223 Abs. 2 StPO.
[8] § 137 Rdn. 6.

Beachtung hat das Anwaltsgericht d er **Bedeutung der Aussage** in Bezug auf den Ausgang des anwaltsgerichtlichen Verfahrens zu schenken. Insbesondere auch dann, wenn die Aussage nicht in Einklang steht mit anderen Erkenntnissen des Anwaltsgerichts dürfte es im Interesse des persönlichen Eindrucks des Gerichts, der für die Beweiswürdigung von großer Bedeutung ist, unverzichtbar sein, den Zeugen oder Sachverständigen in der Hauptverhandlung zu vernehmen.

III. Verfahren

1. Rechtliches Gehör

Aus Absatz 2 Satz 1, wonach der Staatsanwalt und der angeschuldigte Rechtsanwalt die Vernehmung des Zeugen oder Sachverständigen in der Hauptverhandlung beantragen können „bevor der Gerichtsbeschluß ergeht", folgt, daß diesen Verfahrensbeteiligten vor der Entscheidung rechtliches Gehör zu gewähren ist. Das Gericht als Kollegium, nicht der Vorsitzende, ordnet die Verlesung des Protokolls durch Beschluß an. Zumindest dann, wenn Staatsanwalt oder angeschuldigter Rechtsanwalt die Vernehmung in der Hauptverhandlung beantragt haben, sind die für den Beschluß des Anwaltsgericht maßgeblichen Gründe bekannt zu geben; insoweit greift § 116 i. V. m. § 251 Abs. 4 S. 2 StPO ein.[9] Die BRAO enthält keine diesbezügliche Regelung zum Verfahren. Im übrigen wäre es anderenfalls dem Staatsanwalt oder angeschuldigten Rechtsanwalt nicht möglich, die Verlesung des Protokolls in der Rechtsmittelinstanz überprüfen zu lassen.

2. Durchführung der Verlesung

Das vollständige Protokoll ist in der Hauptverhandlung zu verlesen, eine auszugsweise Verlesung oder ein allseitiger Verzicht auf den bekannten Inhalt ist nicht möglich. Ordnet das Gericht auf Antrag des Staatsanwalts oder des angeschuldigten Rechtsanwalts die persönliche Vernehmung des Zeugen oder Sachverständigen in der Hauptverhandlung an, muß die Verlesung des Protokolls über die frühere Aussage unterbleiben. Etwas anderes gilt lediglich, wenn der Zeuge oder Sachverständige um Gedächtnisunterstützung bittet (§ 116 i. V. m. § 253 Abs. 1 StPO), oder ihm ein Widerspruch zur früheren Aussage vorgehalten werden soll (§ 116 i. V. m. § 253 Abs. 2 StPO).

IV. Revision

Auch im Berufungsrechtszug kann die Verlesung nach § 138 angeordnet werden (§ 143 Abs. 4), so daß die Verlesung des Protokolls über die Vernehmung eines Zeugen oder Sachverständigen gegebenenfalls mit der Revision angegriffen werden kann.

1. Verfahrensrüge

Gerügt werden kann mit der Revision, daß der die Verlesung der Aussage anordnende Beschluß rechtsfehlerhaft war und die Verlesung hätte unterbleiben müssen. Rechtsfehlerhaft kann der Beschluß insbesondere sein, wenn die notwendige Gewährung rechtlichen Gehörs unterblieben ist oder die vom Gesetz vorgesehenen Gründe, die eine Verlesung rechtfertigen, nicht vorlagen.[10]

---

[9] A. A. *Isele*, § 138 Anm. IV. H.; *Feuerich/Braun*, § 116 Rdn. 48.
[10] Vgl. *Kleinknecht/Meyer-Goßner*, § 251 Rdn. 42.

2. Sachrüge

12 Im Einzelfall kann auch die Sachrüge – als Aufklärungsrüge – erfolgreich sein. Daran ist insbesondere zu denken, wenn das Anwaltsgericht die frühere Aussage eines Zeugen oder Sachverständigen verlesen hat, obwohl die Vernehmung durch das erkennende Gericht angezeigt gewesen wäre. Das wird dann der Fall sein, wenn der Aussage besondere Bedeutung für die Entscheidung in dem Verfahren zukommt oder die Aussage im Widerspruch zu anderen Erkenntnissen steht, so daß von der Beweiswürdigung das Urteil des Anwaltsgerichts abhängt.[11]

§ 139 Entscheidung des Anwaltsgerichts

(1) **Die Hauptverhandlung schließt mit der auf die Beratung folgenden Verkündung des Urteils.**

(2) **Das Urteil lautet auf Freisprechung, Verurteilung oder Einstellung des Verfahrens.**

(3) **Das anwaltsgerichtliche Verfahren ist,** abgesehen von dem Fall des § 260 Abs. 3 der Strafprozeßordnung, einzustellen,

1. wenn die Zulassung zur Rechtsanwaltschaft erloschen, zurückgenommen oder widerrufen ist (§§ 13 bis 16);
2. wenn nach § 115 b von einer anwaltsgerichtlichen Ahndung abzusehen ist.

Übersicht

	Rdn.		Rdn.
I. Normzweck	1	III. Arten des Urteils	6–15
II. Schluß der Hauptverhandlung	2–5	1. Freispruch	6
1. Beratung des Anwaltsgerichts	2	2. Verurteilung	7
2. Einstellung durch Beschluß	3	3. Einstellung	8
3. Verkündung des Urteils	4		

I. Normzweck

1 Die Vorschrift enthält eine verfahrensrechtliche Regelung zum Schluß der anwaltsgerichtlichen Hauptverhandlung (Abs. 1), nennt die drei Möglichkeiten, auf die ein Urteil lauten kann (Abs. 2) und enthält die materiell-rechtlichen Voraussetzungen für ein Einstellungsurteil (Abs. 3).

II. Schluß der Hauptverhandlung

1. Beratung des Anwaltsgerichts

2 Daß das Anwaltsgericht seine Entscheidung vor deren Verkündung zu beraten hat, ergibt sich aus seiner Natur als Kollegialgericht (vgl. § 116 i. V. m. §§ 192 bis 197 GVG, § 263 StPO). Wenn in Abs. 1 von der „auf die Beratung folgenden Verkündung" die Rede ist, besagt dies nicht, daß die Verkündung der Entscheidung des Anwaltsgerichts unmittelbar im Anschluß an die Beratung erfolgen muß. Dem Anwaltsgericht steht es frei, nach § 116 i. V. m. § 268 Abs. 3 StPO einen Verkündungstermin anzuberaumen.[1]

---

[11] Rdn. 5, 7.
[1] *Isele*, Anhang 2 zu §§ 116, 268 StPO.

§ 139 Entscheidung des Anwaltsgerichts　　　　3–7　§ 139

2. Einstellung durch Beschluß

Absatz 1 kann nicht dahin verstanden werden, daß nur die Verkündung eines 3 Urteils zum Schluß der Hauptverhandlung vor dem Anwaltsgericht führen kann. Bei Vorliegen der entsprechenden Voraussetzungen kommt auch eine Beendigung der Hauptverhandlung durch Beschluß – etwa nach § 116 i. V. m. § 153 StPO[1] – in Betracht.

3. Verkündung des Urteils

Die Verkündung des Urteils schreibt Absatz 1 zwingend vor. Nach 4 § 116 i. V. m. § 268 Abs. 1 StPO ergeht das Urteil „Im Namen des Volkes". Die Urteilsformel ist vor der Verkündung schriftlich zu fixieren, um im Rahmen der Verkündung „verlesen" zu werden (§ 116 i. V. m. § 268 Abs. 2 StPO). Der wesentliche Inhalt der Urteilsgründe ist mündlich mitzuteilen (§ 116 i. V. m. § 268 Abs. 2 S. 2 StPO). Findet die Verkündung des Urteils nicht am Ende der Hauptverhandlung, sondern in einem eigenen Termin statt, sollen die Urteilsgründe schriftlich vorliegen (§ 116 i. V. m. § 268 Abs. 4 StPO).

Eine **Änderung oder Ergänzung des Urteils** ist nach Beendigung der Ur- 5 teilsverkündung grundsätzlich nicht mehr möglich.[2] Nur offensichtliche Schreibfehler oder Unrichtigkeiten kann das Anwaltsgericht selbst korrigieren,[3] ansonsten ist eine Änderung der verkündeten Entscheidung nur im Rechtsmittelverfahren möglich.

III. Arten des Urteils

1. Freispruch

Das Urteil lautet auf Freispruch, wenn das dem Rechtsanwalt zur Last gelegte 6 Verhalten eine schuldhafte Berufspflichtverletzung nicht darstellt oder die schuldhafte Berufspflichtverletzung nicht mit der für eine Verurteilung erforderlichen Gewißheit nachgewiesen wurde. Ein **Teilfreispruch** kommt im anwaltsgerichtlichen Verfahren nicht in Betracht, weil der Grundsatz der Einheit der Standesverfehlung nur zu einer anwaltsgerichtlichen Maßnahme führen kann, auch wenn sich einzelne Tatvorwürfe in der Hauptverhandlung als unbegründet erweisen.[4] Die **notwendigen Auslagen** des beschuldigten Rechtsanwalts sind im Falle des Freispruchs nach § 116 i. V. m. § 467 StPO der Rechtsanwaltskammer aufzuerlegen, wenn die entsprechenden Voraussetzungen gegeben sind.[5] Die Bestimmungen der §§ 195 bis 199 stellen nämlich keine erschöpfende Regelung dar, so daß § 467 StPO nach § 116 ergänzend heranzuziehen ist.

2. Verurteilung

Im Falle einer Verurteilung setzt sich die Urteilsformel zusammen aus dem 7 Schuldspruch, dem Rechtsfolgenausspruch und der Kostenentscheidung. Auch wenn das anwaltsgerichtliche Verfahren unterschiedliche Tatkomplexe zum Gegenstand hatte, wird wegen des Grundsatzes der Einheit der Standesverfehlung

---

[1] § 116 Rdn. 18 zu § 153 StPO.
[2] BGHSt 25, 333 ff.
[3] BVerfGE 9, 235; BGH NStZ 1984, 279.
[4] BGHSt 16, 237; 24, 81; 30, 312; 33, 225; *Jähnke,* FS Pfeiffer, S. 941, 946.
[5] BGHSt 21, 211 = NJW 1967, 894 = EGE XI, 112.

lediglich auf eine schuldhafte Berufspflichtverletzung und eine anwaltsgerichtliche Maßnahme erkannt.

3. Einstellung

8 Das die Einstellung des Verfahrens aussprechende Urteil ist ein **Prozeßurteil**. Während der Freispruch und die Verurteilung als **Sachurteile** einen Verbrauch der Strafklage zur Folge haben, stellt das Einstellungsurteil lediglich fest, daß ein Prozeßhindernis besteht.[6] Der ausdrückliche Hinweis auf die Einstellungsmöglichkeiten des § 260 Abs. 3 StPO in Abs. 3 verdeutlicht, daß der in § 260 Abs. 3 StPO geregelte Einstellungsgrund erweitert wird um die in Absatz 3 Nr. 1 und 2 geregelten Einstellungsgründe.

9 Voraussetzung für den Erlaß eines Einstellungsurteils nach §§ 139 Abs. 3, 116 i. V. m. § 260 Abs. 3 StPO ist, daß ein nicht kurzfristig behebbares Prozeßhindernis besteht. Im anwaltsgerichtlichen Verfahren kommen als solche insbesondere in Betracht das Verfahrenhindernis der Verfolgungsverjährung der Pflichtverletzung (§ 115), das Vorliegen eines rechtskräftigen Sachurteils bezüglich derselben Pflichtverletzung, Fehlen einer § 130 genügenden Anschuldigungsschrift, Fehlen eines ordnungsmäßigen Eröffnungsbeschlusses, Einstellungen nach § 116 i. V. m. § 153 Abs. 2 oder § 153 a Abs. 1 und 2 StPO.

10 Auch im anwaltsgerichtlichen Verfahren gilt der **Vorrang des Freispruchs**. Danach hat das Gericht den Angeschuldigten freizusprechen, wenn in der Hauptverhandlung feststeht, daß ihm eine Pflichtverletzung nicht zur Last zu legen ist, auch wenn die Voraussetzungen für ein Einstellungsurteil ansonsten vorlägen. Dieser Grundsatz ist für das Strafverfahren völlig anerkannt.[7] Daß der Grundsatz auch für das anwaltsgerichtliche Verfahren gelten muß, ergibt sich aus der Rechtsprechung des Bundesgerichtshofs,[8] wonach der Rechtsanwalt durch ein Einstellungsurteil nach § 139 Abs. 3 Nr. 2 beschwert sein kann.

11 Gehört der Angeschuldigte der Rechtsanwaltschaft nicht mehr an, wird das Verfahren durch Urteil nach Absatz 3 Nr. 1 eingestellt. Die Regelung korrespondiert mit der des § 113 Abs. 1, wonach eine anwaltsgerichtliche Maßnahme nur gegen einen „Rechtsanwalt" oder ihm insoweit gleichgestellte Personen[9] verhängt werden kann, indem sie für das Verfahrensrecht ausspricht, daß das Verfahren einzustellen ist, wenn der Angeschuldigte der Anwaltsgerichtsbarkeit nicht mehr unterliegt. Voraussetzung ist, daß das Erlöschen, die Rücknahme oder Widerruf der Zulassung bestandskräftig ist; eine Anordnung der Landesjustizverwaltung nach § 16 Abs. 6 S. 2 führt zur Einstellung des anwaltsgerichtlichen Verfahrens nach Absatz 3 Nr. 1 nicht. Scheidet der Angeschuldigte im Verlaufe des anwaltsgerichtlichen Verfahrens infolge rechtskräftigen Ausschlußurteils oder bestandskräftiger Rücknahme- oder Widerrufsverfügung aus der Rechtsanwaltschaft aus, kann das anwaltsgerichtliche Verfahren auch in den Rechtsmittelinstanzen nach § 139 Abs. 3 Nr. 1, § 116 i. V. m. § 206 a StPO durch Beschluß eingestellt werden. Die Kostenentscheidung im Falle einer Einstellung nach Absatz 3 Nr. 1 ergeht nach § 197 Abs. 1 S. 2. Hat die Einstellung des Verfahrens ihren Grund darin, daß die Zulassung zur Rechtsanwaltschaft erloschen oder zurückgenommen ist, kann die Staatsanwaltschaft ein Beweissicherungsverfahren durchführen lassen (§§ 148, 149).

---

[6] Vgl. *Kleinknecht/Meyer-Goßner,* § 260 Rdn. 47 ff.
[7] Vgl. *Kleinknecht/Meyer-Goßner,* § 260 Rdn. 44 ff.
[8] BGHSt 23, 257 = NJW 1970, 1466 = EGE XI, 78 ff.
[9] § 113 Rdn. 4.

Die Einstellung des Verfahrens nach Absatz 3 Nr. 2 ist auszusprechen, wenn 12 nach § 115 b von einer **anwaltsgerichtlichen Ahndung wegen desselben Verhaltens abzusehen** ist. Die Bestimmung regelt die Verfahrensweise des Anwaltsgerichts, wenn in der Sache eine anderweitige Ahndung nach § 115 b unterbleibt. Das Anwaltsgericht muß in diesem Fall zu der Feststellung kommen, daß sich der angeschuldigte Rechtsanwalt einer anwaltsgerichtlich zu ahndenden Pflichtverletzung schuldig gemacht hat, da ansonsten wegen des Vorrangs des Freispruchs auf diesen zu erkennen wäre. Für die Einstellung des Verfahrens nach Absatz 3 Nr. 2 enthält § 197 Abs. 1 S. 3 eine ausdrückliche Kostenregelung.

Ein Rechtsbehelf des angeschuldigten Rechtsanwalts gegen ein Einstellungsurteil nach Absatz 3 Nr. 1 ist mangels Beschwer regelmäßig unzulässig. Wegen des Vorrangs des Freispruchs kann der angeschuldigte Rechtsanwalt durch ein Einstellungsurteil nach § 139 Abs. 3, § 116 i. V. m. § 260 Abs. 3 StPO oder § 139 Abs. 3 Nr. 2 beschwert sein mit der Folge, daß die vorgesehenen Rechtsbehelfe statthaft sind.[10]

Im Rechtsmittelzug kann der angeschuldigte Rechtsanwalt nicht mehr geltend 14 machen, daß er nach sachlichem Abschluß des anwaltsgerichtlichen Verfahrens aus der Rechtsanwalt ausgeschieden sei.[11]

Die in der Einstellungsentscheidung getroffene **Kostenentscheidung** des 15 Anwaltsgerichts kann nach § 116 S. 2 i. V. m. § 464 Abs. 3 StPO isoliert angefochten werden. Stammt die Entscheidung von einem Rechtsmittelgericht ist die isolierte Anfechtung der Kostenentscheidung nach § 116 S. 2 i. V. m. § 304 Abs. 4 S. 2 StPO nicht gegeben.

§ 140 Protokollführer

(1) **In der Hauptverhandlung vor dem Anwaltsgericht werden die Aufgaben des Protokollführers von einem Rechtsanwalt wahrgenommen. Der Protokollführer wird von dem Vorsitzenden oder, bei einem Anwaltsgericht mit mehreren Kammern, von dem geschäftsleitenden Vorsitzenden bestellt. Er ist verpflichtet, der Bestellung Folge zu leisten.**

(2) **Der Vorsitzende der Kammer des Anwaltsgerichts verpflichtet den Protokollführer vor der ersten Dienstleistung durch Handschlag auf die gewissenhafte Erfüllung der Obliegenheiten eines Protokollführers.**

(3) **Der Protokollführer hat über die Angelegenheiten, die ihm bei seiner Tätigkeit bekannt werden, Verschwiegenheit gegen jedermann zu bewahren. § 76 ist entsprechend anzuwenden. Die Genehmigung zur Aussage erteilt der Vorsitzende der Kammer des Anwaltsgerichts.**

Die Aufgaben des Protokollführers in der Hauptverhandlung vor dem An- 1 waltsgericht nimmt – anders als im Strafverfahren – ein **Rechtsanwalt** wahr. Das Anwaltsgericht verfügt über kein Personal, das die Aufgaben eines Urkundsbeamten der Geschäftsstelle versehen kann.[1] Ausfertigungen und Abschriften erteilt der Vorsitzende des Anwaltsgerichts (§ 141).

---

[10] BGHSt 23, 257 = NJW 1970, 1466 = EGE XI, 78 ff.
[11] *Feuerich/Braun*, § 139 Rdn. 15
[1] § 98 Rdn. 3.

2 Für die Kriterien der **Auswahl** des Protokollführers enthält das Gesetz keine Hinweise. Anerkannt ist, daß zur Protokollführung nur ein Mitglied der Rechtsanwaltskammer, für die das Anwaltsgericht eingerichtet ist, herangezogen werden kann.[2] Ansonsten hat der Vorsitzende des Anwaltsgerichts bzw. der geschäftsleitende Vorsitzende unter Anwendung pflichtgemäßen Ermessens auch auf die Belange der zur Protokollführung heranzuziehenden Kollegen Rücksicht zu nehmen.

3 Mit dem durch Gesetz vom 13. Dezember 1989[3] neueingefügten Absatz 1 Satz 3 ist gesetzlich klargestellt, daß die Protokollführung in der Hauptverhandlung des Anwaltsgerichts zu den **beruflichen Pflichten** des Rechtsanwalts gehört. Ob der zur Protokollführung herangezogene Rechtsanwalt sich erfolgreich auf seine **Verhinderung** berufen kann, ist von dem Vorsitzenden des Anwaltsgerichts bzw. dem geschäftsleitenden Vorsitzenden zu entscheiden. Da es diesem obliegt, im Falle einer bestehenden Verhinderung einen anderen Kollegen zu bestellen, hat er auch das Vorliegen eines Verhinderungsgrundes zu prüfen. Die hierzu ergangene Rechtsprechung,[4] die die Entscheidung dem Vorsitzenden der befaßten Kammer des Anwaltsgerichts zuwies, dürfte überholt sein, seitdem durch Einfügung von Absatz 1 Satz 2 die Zuständigkeit für die Bestellung des Protokollführers gesetzlich geregelt ist.[5]

4 Die **Verpflichtung des Protokollführers** nimmt vor Aufnahme der Protokollführertätigkeit der Vorsitzende der Kammer des Anwaltsgerichts vor, in deren Sitzung der Rechtsanwalt das Protokoll führt. Unterbleibt versehentlich die Verpflichtung, läßt dies die Wirksamkeit der Tätigkeit der protokollführenden Rechtsanwalts unberührt.[6]

5 Zu den **Pflichten des Protokollführers** gehört die Wahrung der Verschwiegenheit über die Angelegenheiten, die ihm bei seiner Tätigkeit bekannt werden (Abs. 3). Zum Umfang dieser Pflicht verweist die Bestimmung auf § 76, der die Verschwiegenheitspflichten der Vorstandsmitglieder der Rechtsanwaltskammer regelt. Für die Erteilung einer Ausnahmegenehmigung ist nicht der Vorsitzende des Anwaltsgerichts bzw. der geschäftsleitende Vorsitzende, sondern der jeweilige Vorsitzende der Kammer zuständig, die mit der Angelegenheit, über die ausgesagt werden soll, befaßt war. Die Tätigkeit des Protokollführers beschränkt sich allein auf die entsprechende Mitwirkung in der Hauptverhandlung. Da es sich bei der Wahrnehmung der Protokollführung um anwaltliche Tätigkeit handelt, hat der Protokollführer Amtstracht zu tragen. Bestehen Bedenken gegen die Unbefangenheit des Protokollführers kann er wie ein Urkundsbeamter der Geschäftsstelle in Strafverfahren nach § 116 i. V. m. §§ 31, 22 ff. StPO ausgeschlossen sein oder abgelehnt werden.

6 Eine **Aufwandsentschädigung und Reisekostenvergütung** erhält der als Protokollführer eingesetzte Rechtsanwalt ebenso wie die richterlichen Mitglieder des Anwaltsgerichts auf der Grundlage der nach § 89 Abs. 2 Nr. 5 von der Rechtsanwaltskammer zu erlassenden Richtlinien.

---

[2] *Isele*, § 140 III. B. 1.; *Feuerich/Braun*, § 140 Rdn. 4; *Jessnitzer/Blumberg*, § 140 Rdn. 1.
[3] BGBl. I, S. 2135
[4] EGH Berlin EGE XIV, 265.
[5] BGBl. 1989 I, S. 2135.
[6] *Isele*, § 140 VII. B.

§ 141 Ausfertigung der Entscheidungen

Ausfertigungen und Auszüge der Entscheidungen des Anwaltsgerichts werden von dem Vorsitzenden der Kammer des Anwaltsgerichts erteilt.

Dem Vorsitzenden der Kammer des Anwaltsgerichts obliegt es, Ausfertigungen und Auszüge der Entscheidungen seines Spruchkörpers zu erteilen. Hierfür ist nicht der Protokollführer zuständig, da seine Tätigkeit in der jeweiligen Angelegenheit mit dem Schluß der Hauptverhandlung endet. Über Urkundsbeamte der Geschäftsstelle im Sinne des § 153 GVG verfügt das Anwaltsgericht im übrigen nicht.[1]

Dritter Abschnitt. Die Rechtsmittel

1. Die Rechtsmittel gegen Entscheidungen des Anwaltsgerichts

§ 142 Beschwerde

Soweit Beschlüsse des Anwaltsgerichts mit der Beschwerde angefochten werden können, ist für die Verhandlung und Entscheidung über dieses Rechtsmittel der Anwaltsgerichtshof zuständig.

Übersicht

	Rdn.
I. Zulässigkeit	1
II. Zuständigkeit für die Beschwerdeentscheidung	2
III. Das Beschwerdeverfahren	3–6

I. Zulässigkeit

Als Rechtsbehelf gegen die Entscheidungen des Anwaltsgerichts nennt die Vorschrift die Beschwerde. Eine Unterscheidung zwischen der sofortigen Beschwerde und der einfachen Beschwerde trifft sie dagegen nicht. Die Entscheidungen des Anwaltsgerichts, die mit der sofortigen Beschwerde angegriffen werden können, nennt das Gesetz in § 131 Abs. 3 S. 2, § 157 und § 199 Abs. 2 S. 3. Andere Beschlüsse des Anwaltsgerichts sind mit dem Rechtsbehelf der einfachen Beschwerde angreifbar, sofern der Beschwerdeführer durch die angegriffene Entscheidung beschwert ist.[1] Für die Staatsanwaltschaft gilt die Besonderheit, daß sie auch im anwaltsgerichtlichen Verfahren „allgemein Aufgaben der staatlichen Rechtspflege erfüllt", so daß sie berechtigt ist, alle Entscheidungen anzufechten, die sie nicht für rechtmäßig hält.[2] 1

II. Zuständigkeit für die Beschwerdeentscheidung

Über Beschwerden gegen Beschlüsse des Anwaltsgerichts entscheidet der im Rechtszug übergeordnete Anwaltsgerichtshof. Dies gilt auch, wenn sich die Be- 2

---

[1] § 98 Rdn. 3.
[1] *Kleinknecht/Meyer-Goßner,* vor § 296 Rdn. 8 ff.
[2] *Kleinknecht/Meyer-Goßner,* vor § 296 Rdn. 16.

schwerde gegen den Beschluß oder die Verfügung eines ersuchten Anwaltsgerichts oder seines Vorsitzenden wendet.³ Über Beschwerden gegen Beschlüsse und Verfügungen des nach § 137 S. 2 ersuchten Amtsgerichts entscheidet dagegen die Beschwerdekammer für Strafsachen des Landgerichts, das dem ersuchten Amtsgericht nachgeordnet ist.

III. Das Beschwerdeverfahren

3   Eigenständige Regelungen für das Beschwerdeverfahren enthält die BRAO nicht. Welche Bestimmungen der StPO nach § 116 anwendbar sind, richtet sich danach, ob es sich um eine einfache oder eine sofortige Beschwerde handelt.

4   Das Verfahren der **einfachen Beschwerde** richtet sich nach § 116 i. V. m. §§ 306 bis 309 StPO. Danach unterliegt die Einlegung der Beschwerde grundsätzlich keiner Frist. Das Gericht, dessen Beschluß oder Verfügung angefochten wird, hat vor der Vorlage an das Beschwerdegericht über die Abhilfe zu entscheiden. Die Entscheidung des Beschwerdegerichts kann ohne mündliche Verhandlung ergehen, sofern nichts anderes bestimmt ist (§ 157 Abs. 3 S. 2 i. V. m. § 151 Abs. 1).

5   Das Verfahren über die **sofortige Beschwerde** richtet sich nach § 116 i. V. m. § 311 StPO. Die sofortige Beschwerde ist binnen einer Frist von einer Woche nach Bekanntmachung der anzufechtenden Entscheidung, d. h. nach Verkündung oder förmlicher Zustellung, schriftlich einzulegen bei dem Gericht, dessen Entscheidung angefochten werden soll. Eine Begründung der sofortigen Beschwerde ist nicht zwingend vorgeschrieben, in aller Regel aber ratsam. Nach Nr. 156 RiStBV ist die Staatsanwaltschaft jedoch gehalten, jedes Rechtsmittel zu begründen.

6   Das Gericht, dessen Entscheidung angefochten wird, ist zur **Abhilfe** nach § 116 i. V. m. § 311 Abs. 3 StPO nur berechtigt, wenn dem Beschwerdeführer zuvor kein rechtliches Gehör gewährt worden ist. Das Beschwerdegericht kann ohne mündliche Verhandlung entscheiden, wobei aber die Entscheidung über die Beschwerde gegen ein vorläufiges Berufs- oder Vertretungsverbot nach § 157 Abs. 3 i. V. m. § 151 Abs. 1 nur aufgrund mündlicher Verhandlung zurückgewiesen werden kann.⁴ Im Falle der Versäumung der Einlegungsfrist für die sofortige Beschwerde ist Wiedereinsetzung in den vorigen Stand nach allgemeinen Grundsätzen möglich.

§ 143 Berufung

(1) **Gegen das Urteil des Anwaltsgerichts ist die Berufung an den Anwaltsgerichtshof zulässig.**

(2) **Die Berufung muß binnen einer Woche nach Verkündung des Urteils bei dem Anwaltsgericht schriftlich eingelegt werden. Ist das Urteil nicht in Anwesenheit des Rechtsanwalts verkündet worden, so beginnt für diesen die Frist mit der Zustellung.**

(3) **Die Berufung kann nur schriftlich gerechtfertigt werden.**

(4) **Auf das Verfahren sind im übrigen neben den Vorschriften der Strafprozeßordnung über die Berufung §§ 134, 135, 137 bis 139 dieses Gesetzes sinngemäß anzuwenden. Hat der Rechtsanwalt die Berufung**

---

³ *Isele*, § 142 Anm. III. B. 1. b).
⁴ § 157 Rdn. 7.

§ 143 Berufung

eingelegt, so ist bei seiner Abwesenheit in der Hauptverhandlung § 329 Abs. 1 Satz 1 und 2 und Abs. 3 Strafprozeßordnung entsprechend anzuwenden, falls der Rechtsanwalt ordnungsgemäß geladen und in der Ladung ausdrücklich auf die sich aus seiner Abwesenheit ergebende Rechtsfolge hingewiesen wurde; dies gilt nicht, wenn der Rechtsanwalt durch öffentliche Zustellung geladen worden ist.

Übersicht

	Rdn.		Rdn.
I. Zulässigkeit der Berufung	1–3	3. Wiedereinsetzung in den vorigen Stand	13
II. Einlegung der Berufung	4	VI. Beschränkung des Rechtsmittels der Berufung	14, 15
III. Wiedereinsetzung in den vorigen Stand	5	1. Beschränkung auf den Folgenausspruch	14
IV. Das Verfahren in der Berufungsinstanz	6–9	2. Beschränkung auf einzelne Anschuldigungspunkte	15
V. Verwerfung der Berufung des nicht genügend entschuldigt ausgebliebenen Rechtsanwalts	10–13	VII. Keine Sprungrevision	16
1. Verwerfung der Berufung	11	VIII. Eintritt der Rechtskraft des Urteils des Anwaltsgerichtshofes	17
2. Ausschluß der Berufungsverwerfung nach Zurückverweisung	12		

I. Zulässigkeit der Berufung

Die Urteile des Anwaltsgerichts können von dem angeschuldigten Rechtsanwalt wie auch von der Staatsanwaltschaft mit dem Rechtsmittel der Berufung angefochten werden. Voraussetzung für die Zulässigkeit der Berufung des angeschuldigten **Rechtsanwalts** ist es, daß dieser durch die erstinstanzliche Entscheidung beschwert ist. An einer solchen Beschwer fehlt es bei einem freisprechenden Urteil auch dann, wenn der angeschuldigte Rechtsanwalt mit der Begründung nicht einverstanden ist, etwa weil er einen Freispruch wegen erwiesener Unschuld und nicht lediglich einen solchen mangels Beweises angestrebt hat. Beschwert sein kann der angeschuldigte Rechtsanwalt aber durch ein Einstellungsurteil, wenn nach der Verfahrenslage auf Freisprechung zu erkennen war. In diesem Fall ergibt sich die Beschwer des angeschuldigten Rechtsanwalts aus dem Vorrang des Freispruchs.[1] 1

Der Notwendigkeit der Beschwer kommt im Hinblick auf § 116 i. V. m. 301 StPO keine praktische Bedeutung zu, da die von der **Staatsanwaltschaft** eingelegte Berufung auch zu einer Abänderung der erstinstanzlichen Entscheidung zugunsten des angeschuldigten Rechtsanwalts führen kann. 2

Die Zulässigkeit der Berufung steht nicht unter der Voraussetzung der **Annahme** nach § 313 StPO. Diese Bestimmung ist im anwaltsgerichtlichen Verfahren nicht anwendbar, denn es fehlt bereits bei den anwaltsgerichtlichen Maßnahmen des § 114 an einer Entsprechung zu den in § 313 StPO aufgeführten Strafsanktionen. Eine sinngemäße Anwendung nach § 116 scheidet daher aus. 3

---

[1] § 139 Rdn. 10.

II. Einlegung der Berufung

4 Die Berufung kann nur „schriftlich" (Abs. 2 S. 1) eingelegt werden, nicht auch zu Protokoll der Geschäftsstelle. Die Frist zur Einlegung der Berufung beträgt eine Woche. Die **Frist** zur Einlegung der Berufung beginnt für die Staatsanwaltschaft und den angeschuldigten Rechtsanwalt, der bei der Urteilsverkündung anwesend war, mit der Verkündung des Urteils zu laufen. War der angeschuldigte Rechtsanwalt bei der Verkündung nicht anwesend, setzt die Zustellung des Urteils die Berufungsfrist in Gang. Hat der bei der Verkündung nicht anwesende angeschuldigte Rechtsanwalt auf andere Weise bereits von dem Urteil Kenntnis erhalten, kann er auch bereits vor der Zustellung des Urteils wirksam Berufung einlegen. Einzulegen ist die Berufung bei dem Anwaltsgericht, dessen Urteil angefochten wird.

III. Wiedereinsetzung in den vorigen Stand

5 Sofern ein Verfahrensbeteiligter ohne Verschulden an der Einhaltung der Berufungsfrist gehindert war, ist ihm auf Antrag nach § 116 i. V. m. 44 ff. StPO Wiedereinsetzung in den vorigen Stand zu gewähren. Der Antrag ist nicht an das Anwaltsgericht, sondern nach § 116 i. V. m. § 45 Abs. 1 S. 1 StPO an den Anwaltsgerichtshof zu stellen. Unverschuldet ist die Versäumung der Berufungsfrist nach § 116 i. V. m. § 44 S. 2 StPO, wenn die nach § 116 i. V. m. § 35 a StPO notwendige Belehrung über das Rechtsmittel der Berufung unterblieben ist. Wegen der umfangreichen Rechtsprechung zur Frage der unverschuldeten Fristüberschreitung wird auf die Kommentierungen zu § 44 StPO verwiesen.[2]

IV. Das Verfahren in der Berufungsinstanz

6 Eine ausdrückliche Regelung für die Berufungshauptverhandlung enthält lediglich Absatz 4.

7 Grundsätzlich ist auch die Berufungshauptverhandlung nicht öffentlich, wobei im Einzelfall nach § 135 die Öffentlichkeit hergestellt werden kann. Gleichfalls gelten die besonderen Bestimmungen zur kommissarischen Vernehmung und Verlesung des Protokolls (§§ 137, 138) und zu den Möglichkeiten, auf die ein Urteil lauten kann sowie die Voraussetzungen für ein Einstellungsurteil (§ 139). Ansonsten bestimmt sich das Berufungsverfahren nach § 116 i. V. m. § 315 StPO nach den für das Strafverfahren geltenden Bestimmungen, soweit diese nicht ausgeschlossen sind.

8 Eine **Beschlußverwerfung durch den Anwaltsgerichtshof** nach § 116 i. V. m. § 322 StPO kommt nicht in Betracht.[3] Eine sinngemäße Anwendung des § 322 Abs. 1 StPO im anwaltsgerichtlichen Verfahren scheitert daran, daß eine sofortige Beschwerde gegen eine Beschlußverwerfung der Berufung in sinngemäßer Anwendung von § 322 Abs. 2 StPO ausscheidet.[4] Zu bedenken ist, daß der BGH nach § 116 S. 2 i. V. m. § 304 Abs. 4 S. 2 StPO nicht über Beschwerden gegen zweitinstanzliche Entscheidungen entscheidet, da der Anwaltsgerichts-

---

[2] *Kleinknecht/Meyer-Goßner*, § 44 Rdn. 10 ff. m. w. N.
[3] A. A. *Isele*, Anhang 2 zu § 116, 322 StPO; *Feuerich/Braun*, § 116 Rdn. 72; *Kleine-Cosack*, § 116 Rdn. 9.
[4] A. A. *Isele*, Anhang 2 zu § 116, 322 StPO; *Feuerich/Braun*, § 116 Rdn. 72; *Kleine-Cosack*, § 116 Rdn. 9.

hof einem OLG gleichsteht. Eine Systemwidrigkeit, die eine sinngemäße Anwendung des § 322 StPO auf das anwaltsgerichtliche Berufungsverfahren darstellte, wäre jedoch gegeben, wenn das Berufungsgericht abschließend durch Beschluß über die Zulässigkeit der Berufung entscheiden könnte.

Dagegen spricht auch die Begründung des Regierungsentwurfs, in der es heißt: „Hervorzuheben ist, daß entsprechend § 322 StPO grundsätzlich eine Hauptverhandlung stattfinden muß."[5] Auch in den Fällen einer unzulässigen Berufung ist daher von den Anwaltsgerichtshöfen zu fordern, daß sie diese aufgrund einer Hauptverhandlung durch Urteil zurückweisen, so daß ggf. Revision eingelegt werden kann.

Dagegen kann das Anwaltsgericht die gegen sein Urteil **verspätet eingelegte** 9 **Berufung** nach § 116 i. V. m. § 319 StPO verwerfen.[6] Da auch der Antrag auf Entscheidung des Berufungsgerichts nach § 116 i. V. m. § 319 Abs. 2 StPO möglich ist, findet eine Überprüfung der Entscheidung über die Berufungsverwerfung durch ein anderes Gericht höherer Ordnung statt. Die gegen die sinngemäße Anwendung des § 322 StPO erhobenen Bedenken greifen hier daher nicht ein.

V. Verwerfung der Berufung des nicht genügend entschuldigt ausgebliebenen Rechtsanwalts

Der durch das Gesetz zur Neuordnung des Berufsrechts der Rechtsanwälte 10 und der Patentanwälte vom 2. September 1994[7] eingefügte Absatz 4 Satz 2 schreibt in den Fällen, in denen der Rechtsanwalt die Berufung eingelegt hat, der Berufungshauptverhandlung unentschuldigt aber fernbleibt, die Anwendung von § 329 Abs. 1 S. 1 und 2, Abs. 3 StPO vor. Die Regelung stellt eine Durchbrechung von § 134 dar, wonach auch in Abwesenheit des angeschuldigten Rechtsanwalts verhandelt werden kann. Das vom Gesetzgeber verfolgte Ziel ist eine Entlastung der Anwaltsgerichtshöfe als Berufungsgerichte und Beschleunigung der Verfahren,[8] wenn der Rechtsanwalt durch Fernbleiben sein mangelndes Interesse am Berufungsverfahren bekundet. Nicht anwendbar sind § 329 Abs. 1 S. 3 StPO, weil die Bestimmung wegen der Einheitlichkeit der Berufspflichtverletzung unanwendbar ist, sowie Absatz 2 und Absatz 4.

1. Verwerfung der Berufung

Voraussetzung für die Verwerfung der Berufung ist nach § 329 Abs. 1 S. 1 11 StPO, daß der Rechtsanwalt gegen das Urteil des Anwaltsgerichts Berufung eingelegt hat und zur Berufungshauptverhandlung **ordnungsgemäß geladen** wurde. Einer nicht ordnungsgemäßen Ladung steht die öffentliche Zustellung der Ladung gleich (Abs. 4 S. 2, 2. Hs), so daß in diesem Fall nicht nach der Vorschrift verfahren werden kann. Weitere Voraussetzung ist, daß der Rechtsanwalt in der Ladung zur Berufungshauptverhandlung auf die **mögliche Folge** in der Ladung hingewiesen wurde.[9] Nur ein Ausbleiben des Rechtsanwalts „**zu Beginn**" der Hauptverhandlung rechtfertigt die Verwerfung der Berufung ohne Verhandlung,

---

[5] Amtliche Begründung.
[6] *Isele*, Anhang 2 zu § 116, 319 StPO; *Feuerich/Braun*, § 116 Rdn. 72; BGH bei *Zuck* BRAK-Mitt. 1989, 122.
[7] BGBl. I, S. 2278.
[8] BT-Drucks. 12/4993, S. 36.
[9] § 134 Rdn. 7.

ein Entfernen während der Verhandlung dagegen nicht.[10] Da Absatz 4 Satz 1 als Verfahrensbestimmung auch § 134, wonach auch ohne den angeschuldigten Rechtsanwalt grundsätzlich verhandelt werden kann, für anwendbar erklärt, kann ein „Ausbleiben" des Rechtsanwalts nicht angenommen werden, wenn er in der Berufungshauptverhandlung durch einen **Verteidiger vertreten** ist. Nur wenn das Ausbleiben des Rechtsanwalts, der Berufung eingelegt hat, nicht genügend entschuldigt ist, ist die Berufung zu verwerfen. Wegen der umfangreichen Rechtsprechung zu den Fällen nicht genügend entschuldigten Ausbleibens wird auf die Kommentierungen zur StPO verwiesen.[11]

2. Ausschluß der Berufungsverwerfung nach Zurückverweisung

12 Wird die Berufungshauptverhandlung notwendig, weil das Revisionsgericht ein Berufungsurteil aufgehoben und zur erneuten Berufungshauptverhandlung zurückverwiesen hat, ist die Verwerfung der Berufung ohne Verhandlung nicht möglich, damit nicht ein vom Revisionsgericht für unrichtig erklärtes Urteil aufrechterhalten wird.[12] Hebt das Revisionsgericht wegen Fehlens der Voraussetzungen des § 329 Abs. 1 StPO ein Verwerfungsurteil auf, so kann im Falle des erneuten Ausbleibens des Rechtsanwalts nach § 329 Abs. 1 S. 1 die Berufung verworfen werden, denn das erstinstanzliche Urteil – nicht das fehlerhafte Berufungsurteil – würde rechtskräftig.[13] Bei Vorliegen der Voraussetzungen des § 134 kann auch nach Zurückverweisung ohne den Rechtsanwalt, der Berufung eingelegt hat, verhandelt werden.

3. Wiedereinsetzung in den vorigen Stand

13 Für die Wiedereinsetzungsmöglichkeit des angeschuldigten Rechtsanwalts sind aufgrund der Verweisung des § 116 die §§ 44 und 45 StPO heranzuziehen.

VI. Beschränkung des Rechtsmittels der Berufung

1. Beschränkung auf den Folgenausspruch

14 Mit dem Rechtsmittel der Berufung kann die Nachprüfung des Urteils des Anwaltsgerichts auf die verhängte Maßnahme – ohne Überprüfung des Schuldspruchs – beschränkt werden.[14] Dies setzt allerdings voraus, daß die vom Anwaltsgericht in dem angefochtenen Urteil getroffenen Feststellungen zum Schuldspruch eine Prüfung des Urteils ermöglichen.[15] Die wirksame Beschränkung der Berufung hat zur Folge, daß der in dem Urteil des Anwaltsgericht getroffene Schuldspruch nach § 116 i. V. m. § 327 StPO in Rechtskraft erwächst und nach § 116 i. V. m. § 264 StPO der Prüfung durch den Anwaltsgerichtshof in der Berufung entzogen ist. Eine Beschränkung der Berufung auf das Ausmaß einzelner ehrengerichtlicher Maßnahmen im Rahmen des Rechtsfolgenausspruchs ist zudem möglich. So kann allein die Dauer eines Vertretungsverbots nach § 114 Abs. 1 Nr. 4 oder die Höhe der Geldbuße nach § 114 Abs. 1 Nr. 3

---

[10] *Kleinknecht/Meyer-Goßner,* § 329 Rdn. 12.
[11] *Kleinknecht/Meyer-Goßner,* § 329 Rdn. 17 ff. m. w. N.
[12] *Kleinknecht/Meyer-Goßner,* § 329 Rdn. 4.
[13] BGHSt 27, 236.
[14] BGHSt 16, 237 = NJW 1961, 2219 = EGE VI 130; BGH BRAK-Mitt. 1986, 232; *Jähnke,* FS Pfeiffer, S. 941, 947.
[15] *Kleinknecht/Meyner-Goßner,* § 318 Rdn. 16.

Gegenstand des nach Beschränkung mit der Berufung verfolgten Zieles sein[16]. Die Beschränkung der Berufung kann in der schriftlichen Rechtfertigung nach Absatz 3 oder in der Berufungshauptverhandlung erklärt werden. Ausschließliches Ziel der beschränkten Berufung kann es ebenfalls sein, eine Einstellung des Verfahrens nach § 139 Abs. 3 Nr. 2 im Hinblick auf eine anderweitige Ahndung nach § 115 b zu erreichen.[17]

2. Beschränkung auf einzelne Anschuldigungspunkte

Der Grundsatz der Einheit der Standesverfehlung läßt eine Beschränkung der Berufung auf einzelne Anschuldigungspunkte nicht zu. Sofern das Urteil nur hinsichtlich eines einzelnen Anschuldigungspunktes mit der Berufung angefochten wird, ist der gesamte Schuldspruch zur Nachprüfung gestellt, eine Teilrechtskraft tritt nicht ein. Im Einzelfall hat der Anwaltsgerichtshof in der Berufungshauptverhandlung zu klären, ob der angeschuldigte Rechtsanwalt die nicht in Frage gestellten Feststellungen zu einzelnen Anschuldigungspunkten in der Hauptverhandlung einräumt. Hat die Staatsanwaltschaft Berufung eingelegt, mag im Einzelfall zu prüfen sein, ob nach § 116 i. V. m. § 154 a StPO verfahren wird in Bezug auf die Anschuldigungspunkte, die das erstinstanzliche Urteil nicht für gegeben hält, die Staatsanwaltschaft aber nicht zur Nachprüfung stellt. 15

VII. Keine Sprungrevision

Das Urteil des Anwaltsgerichts, kann – selbst wenn es auf ein Vertretungsverbot oder Ausschließung aus der Rechtsanwaltschaft (§ 114 Abs. 1 Nr. 4, 5) lautet – nicht mit der Sprungrevision zum Anwaltssenat des BGH angegriffen werden. Die in der Literatur vertretene gegenteilige Auffassung[18] findet im Gesetz keine hinreichende Stütze. Das Rechtsmittel der Revision ist, wie sich aus der Überschrift vor §§ 145 bis 147 und dem Wortlaut von § 145 Abs. 1 ergibt, nur gegen Entscheidungen des Anwaltsgerichtshofs gegeben. Gleichzeitig nennt das Gesetz in §§ 142, 143 als Rechtsmittel gegen die Entscheidungen des Anwaltsgerichts lediglich die Beschwerde und die Berufung. Bei dieser klaren Entscheidung des Gesetzgebers verbietet sich nach § 116 eine sinngemäße Anwendung des § 335 StPO, auch wenn sie prozeßökonomisch wäre. 16

VIII. Eintritt der Rechtskraft des Urteils des Anwaltsgerichtshofs

Ist die Revision gegen das Berufungsurteil des Anwaltsgerichtshofs nach § 145 Abs. 1 zulässig, tritt die Rechtskraft des Berufungsurteils nach Verstreichen der Revisionsfrist (§ 146 Abs. 1) ein. Ist die Revision nicht zulässig nach § 145 Abs. 1 Nr. 1 oder 2 und ist sie auch nicht zugelassen nach § 145 Abs. 1 Nr. 3, kann die Nichtzulassung der Revision nach § 145 Abs. 3 selbständig mit der Beschwerde angefochten werden. Infolge dessen tritt die Rechtskraft des Urteils des Anwaltsgerichtshofs erst nach Ablauf der Beschwerdefrist nach § 145 Abs. 3 S. 1 ein, denn die **Nichtzulassungsbeschwerde** hemmt die Rechtskraft des Urteils nach § 145 Abs. 4. 17

---

[16] EGH Celle EGE XIII, 176.
[17] Zu § 14 BDO: BVerwG NJW 1986, 445.
[18] *Isele,* Anhang 2 zu § 116, § 335 StPO; *Feuerich/Braun,* § 145 Rdn. 1; *Kleine-Cosack,* § 145 Rdn. 1.

§ 144 Mitwirkung der Staatsanwaltschaft vor dem Anwaltsgerichtshof

Die Aufgaben der Staatsanwaltschaft in den Verfahren vor dem Anwaltsgerichtshof werden von der Staatsanwaltschaft bei dem Oberlandesgericht oder dem obersten Landesgericht wahrgenommen, bei dem der Anwaltsgerichtshof errichtet ist.

Auch in den Berufungsverfahren vor dem Anwaltsgerichtshof nimmt die Staatsanwaltschaft bei dem Oberlandesgericht die Aufgaben der Staatsanwaltschaft wahr. Lediglich im Freistaat Bayern, wo ein oberstes Landesgericht eingerichtet ist, ist die bei diesem bestehende Staatsanwaltschaft zuständig.

2. Das Rechtsmittel gegen Entscheidungen des Anwaltsgerichtshofes

§ 145 Revision

(1) Gegen ein Urteil des Anwaltsgerichtshofes ist die Revision an den Bundesgerichtshof zulässig,
1. wenn das Urteil auf eine Maßnahme gemäß § 114 Abs. 1 Nr. 4 oder 5 lautet;
2. wenn der Anwaltsgerichtshof entgegen einem Antrag der Staatsanwaltschaft nicht auf eine Maßnahme gemäß § 114 Abs. 1 Nr. 4 oder 5 erkannt hat;
3. wenn der Anwaltsgerichtshof sie in dem Urteil zugelassen hat.

(2) Der Anwaltsgerichtshof darf die Revision nur zulassen, wenn er über Rechtsfragen oder Fragen der anwaltlichen Berufspflichten entschieden hat, die von grundsätzlicher Bedeutung sind.

(3) Die Nichtzulassung der Revision kann selbständig durch Beschwerde innerhalb eines Monats nach Zustellung des Urteils angefochten werden. Die Beschwerde ist bei dem Anwaltsgerichtshof einzulegen. In der Beschwerdeschrift muß die grundsätzliche Rechtsfrage ausdrücklich bezeichnet werden.

(4) Die Beschwerde hemmt die Rechtskraft des Urteils.

(5) Wird der Beschwerde nicht abgeholfen, so entscheidet der Bundesgerichtshof durch Beschluß. Der Beschluß bedarf keiner Begründung, wenn die Beschwerde einstimmig verworfen oder zurückgewiesen wird. Mit Ablehnung der Beschwerde durch den Bundesgerichtshof wird das Urteil rechtskräftig. Wird der Beschwerde stattgegeben, so beginnt mit Zustellung des Beschwerdebescheides die Revisionsfrist.

Übersicht

	Rdn.
I. Revision gegen Urteile des Anwaltsgerichtshofes	1, 2
II. Zulässigkeit der Revision	3–8
1. Verhängung einer Maßnahme nach § 114 Abs. 1 Nr. 4 oder 5	3
2. Ablehnung der Verhängung einer Maßnahme nach § 114 Abs. 1 Nr. 4 oder 5	4
3. Die durch den Anwaltsgerichtshof zugelassene Revision	6
III. Die Nichtzulassungsbeschwerde	9–12

I. Revision gegen Urteile des Anwaltsgerichtshofes

Die Zwischenüberschrift innerhalb des Dritten Abschnitts im Siebenten Teil 1
der BRAO bezeichnet die Revision als „das Rechtsmittel" gegen die Entscheidungen des Anwaltsgerichtshofes. Neben der Revision stehen als **Rechtsbehelfe** gegen Entscheidungen des Anwaltsgerichtshofes die Nichtzulassungsbeschwerde nach § 145 Abs. 3 bis 5 und die sofortige Beschwerde nach § 157, die gegen die Anordnung oder Zurückweisung eines vorläufigen Berufs- oder Vertretungsverbots erhoben werden kann.

Gegen andere Entscheidungen des Anwaltsgerichtshofs im anwaltsgerichtlichen 2
Verfahren ist dagegen keine Beschwerde statthaft. Die Anwaltsgerichtshöfe sind in Funktion und Stellung nach ergänzender Auslegung der Bestimmungen des GVG und der StPO mit den **Oberlandesgerichten im Strafverfahren** zu vergleichen.[1] Infolge dessen sind abgesehen von den beiden gesetzlich ausdrücklich geregelten Fällen Beschwerden gegen die Entscheidungen der Anwaltsgerichtshöfe nach § 116 i. V. m. § 304 Abs. 4 S. 2, 1. Hs. StPO nicht zulässig.[2]

II. Zulässigkeit der Revision

1. Verhängung einer Maßnahme nach § 114 Abs. 1 Nr. 4 oder 5

Die Revision gegen das Urteil des Anwaltsgerichtshofs ist zulässig, wenn das 3
Berufungsurteil ein Vertretungsverbot nach § 114 Abs. 1 Nr. 4 oder die Ausschließung aus der Rechtsanwaltschaft nach § 114 Abs. 1 Nr. 5 ausspricht. Gleichgültig ist es, ob das Berufungsurteil des Anwaltsgerichtshofs die Verhängung einer entsprechenden Maßnahme durch das Anwaltsgericht bestätigt, statt der Ausschließung aus der Rechtsanwaltschaft auf ein Vertretungsverbot erkennt, oder erstmals ein Vertretungsverbot oder die Ausschließung aus der Rechtsanwaltschaft verhängt. Auch wenn in einem Wiederaufnahmeverfahren eine solche Maßnahme bestätigt wird, ist die Revision zulässig.[3] Weitere Voraussetzung für die Zulässigkeit der Revision ist es, daß der Revisionsführer durch das Berufungsurteil beschwert ist. Eine Beschwer des angeschuldigten Rechtsanwalts, gegen den eine Maßnahme nach § 114 Abs. 1 Nr. 4 oder 5 verhängt wird, ist unzweifelhaft stets gegeben. Von einer **Beschwer** der Staatsanwaltschaft, die zur Revisionseinlegung nach Absatz 1 Nr. 1 berechtigt, kann bei einem auf Ausschließung aus der Rechtsanwaltschaft lautenden Urteil dagegen nur ausgegangen werden, wenn das Rechtsmittel nach § 116 i. V. m. § 296 Abs. 2 StPO zugunsten des angeschuldigten Rechtsanwalts eingelegt wird.

2. Ablehnung der Verhängung einer Maßnahme nach § 114 Abs. 1 Nr. 4 oder 5

Die Bestimmung eröffnet spiegelbildlich zur Revision zugunsten des ange- 4
schuldigten Rechtsanwalts nach Absatz 1 Nr. 1 die Revision zu seinem Nachteil, wenn die Staatsanwaltschaft ihr Ziel nicht erreicht hat, für die Verhängung einer Maßnahme nach § 114 Abs. 1 Nr. 4 oder 5 zu sorgen. Verfahrensvoraussetzung ist, daß in der Berufungshauptverhandlung die Staatsanwaltschaft die Verhängung einer solchen Maßnahme beantragt hat. In diesem Fall ist auf seiten der Staatsan-

---

[1] BGH EGE VI, 115.
[2] *Jessnitzer/Blumberg*, Vorbem. zu §§ 145 bis 157.
[3] BGH EGE VII, 189; *Gribbohm*, FS Pfeiffer, 1988, S. 911.

waltschaft die notwendige Beschwer gegeben. Von der Beschwer der Staatsanwaltschaft ist auch auszugehen, wenn die Staatsanwaltschaft in der Berufungshauptverhandlung die Ausschließung aus der Rechtsanwaltschaft beantragt hat, das Berufungsurteil jedoch die weniger einschneidende Maßnahme eines **Vertretungsverbotes** verhängt. Aus Sinn und Zweck der Vorschrift ergibt sich, daß der Staatsanwaltschaft die Möglichkeit eröffnet werden soll, ihr Ziel – Ausschließung aus der Rechtsanwaltschaft – mit der Revision weiterzuverfolgen.

5   Dagegen kann der **angeschuldigte Rechtsanwalt** die entgegen dem Antrag der Staatsanwaltschaft unterbliebene Verhängung eines Vertretungsverbots oder der Ausschließung aus der Rechtsanwaltschaft nicht dazu nutzen, mit der Revision eine Änderung des Berufungsurteils zu seinen Gunsten zu erreichen. Der Bundesgerichtshof[4] hat dazu ausgeführt, daß der gesetzgeberische Wille dahingehe, nur zwei Instanzen zur Verfügung zu stellen, soweit es nicht in dem Verfahren um die Verhängung eines Vertretungsverbots oder die Ausschließung aus der Rechtsanwaltschaft geht.

3. Die durch den Anwaltsgerichtshof zugelassene Revision

6   Sowohl der angeschuldigte Rechtsanwalt wie auch die Staatsanwaltschaft können das Berufungsurteil mit der Revision anfechten, wenn der Anwaltsgerichtshof die Revision zugelassen hat. Voraussetzung ist allerdings zudem, daß der Revisionsführer durch das Berufungsurteil beschwert ist. Daran würde es beispielsweise fehlen, wenn der angeschuldigte Rechtsanwalt die Gründe eines freisprechenden Urteils anfechten wollte.

7   Die Entscheidung über die Zulassung der Revision hat **von Amts wegen** zu ergehen, sie bedarf keines Antrages der Verfahrensbeteiligten.[5] Im Einzelfall mag Veranlassung bestehen, die Revision – bei Vorliegen der Voraussetzungen des Absatzes 2 – auch dann zuzulassen, wenn eine Revision ohnehin schon nach Absatz 1 Nr. 1 oder 2 zulässig wäre, da die Einlegung der Revision nach Absatz 1 Nr. 1 oder 2 eine Beschwer voraussetzte. Ist die Revision zugelassen, führt sie zu einer vollständigen Nachprüfung des Berufungsurteils im Rahmen der Revisionsbegründung.[6] Eine **Beschränkung der Nachprüfung** in der Revisionsinstanz auf die zur Zulassung führende Frage findet daher nicht statt. Eine Ausnahme gilt lediglich insofern, als die Zulassung der Revision beschränkt werden kann auf die Kostenentscheidung.[7]

8   Die Zulassung der Revision darf jedoch nur bei Vorliegen der Voraussetzungen von Absatz 2 erfolgen. Allein die Tragweite der Entscheidung rechtfertigt die Zulassung der Revision nicht.[8] Voraussetzung für die Zulassung ist, daß es auf eine Frage der anwaltlichen Berufspflichten oder eine sonstige Rechtsfrage von **grundsätzlicher Bedeutung** ankommt.[9] Die grundsätzliche Bedeutung einer Rechtsfrage wird im allgemeinen zu verneinen sein, wenn sich die Beantwortung bereits aus dem Gesetz ergibt oder höchstrichterliche Entscheidungen vorliegen. Etwas anderes gilt lediglich, wenn in der bisherigen Rechtsprechung nicht einschlägige Aspekte neu vorgebracht werden. Abzuwarten wird sein, inwieweit die Neuordnung der anwaltlichen Berufspflichten durch das Gesetz zur Neuordnung des Berufsrechts der

---

[4] BGHSt 17, 21 = NJW 1962, 824 = BGH EGE VII 151.
[5] Vgl. hierzu BVerfG NJW 1991, 417 zu § 72 Abs. 2 Nr. 2 ArbGG.
[6] BGH BRAK-Mitt. 1987, 158; 1981, 36.
[7] BGH EGE IX, 86, 104.
[8] BGH EGE VIII, 68; BRAK-Mitt. 1983, 93.
[9] *Odersky* AnwBl. 1991, 238 (241).

Rechtsanwälte und der Patentanwälte vom 2. September 1994[10] neuen grundsätzlichen Klärungsbedarf zu den anwaltlichen Berufspflichten bringen wird.

III. Die Nichtzulassungsbeschwerde

Sofern der Anwaltsgerichtshof die Revision nicht zugelassen hat, können der angeschuldigte Rechtsanwalt und die Staatsanwaltschaft Nichtzulassungsbeschwerde erheben, mit dem Ziel festzustellen, daß zu Unrecht die grundsätzliche Bedeutung entschiedener Rechtsfragen oder Fragen der anwaltlichen Berufspflichten (Abs. 2) verneint worden sei. Voraussetzung ist jedoch auch hier, daß auf seiten des Beschwerdeführers eine **Beschwer** vorliegt, die Entscheidung der grundsätzlichen Frage aus Sicht des Beschwerdeführers also zu einer für ihn günstigeren Entscheidung führen müßte.[11] Allein das Interesse an der Klärung einer für grundsätzlich erachteten Rechtsfrage reicht daher nicht aus. Von der notwendigen Beschwer ist der BGH[12] ausgegangen in einem Fall, in dem der Rechtsanwalt nach Verhängung eines Verweises und einer Geldbuße in erster Instanz auf Rechtsmittel verzichtet hatte und die auf den Rechtsfolgenausspruch beschränkte Berufung der Staatsanwaltschaft zu Ungunsten des angeschuldigten Rechtsanwalts zur Bestätigung des erstinstanzlichen Urteils führte. 9

Innerhalb eines Monats nach Zustellung des Berufungsurteils ist die Nichtzulassungsbeschwerde bei dem Anwaltsgerichtshof einzureichen (Abs. 3 S. 1 und 2). Das in Abwesenheit des angeschuldigten Rechtsanwalts verkündete Urteil muß diesem – wenn er keine Verteidiger hatte – nach § 116 i. V. m. § 232 Abs. 4 StPO „durch Übergabe" zugestellt werden, die Zustellung an den Verteidiger erfolgt nach § 116 i. V. m. § 145 a Abs. 1 StPO. In jedem Fall ist die Beschwerde schriftlich einzulegen und zu begründen, zu Protokoll der Geschäftsstelle ist dies nicht möglich. Die Beschwerdebegründung muß die grundsätzliche Rechtsfrage, die aus Sicht des Beschwerdeführers nach Absatz 2 zur Zulassung der Revision führen müßte, ausdrücklich bezeichnen (Abs. 3 S. 2). 10

Der Anwaltsgerichtshof hat auf die Nichtzulassungsbeschwerde hin zu prüfen, ob er dieser abhilft. Die **Abhilfe** findet statt, wenn der Anwaltsgerichtshof die Nichtzulassungsbeschwerde für zulässig und begründet erachtet. In diesem Fall führt das Kollegium in einem Beschluß aus, welcher Rechtsfrage grundsätzliche Bedeutung beigemessen wird. Der Beschluß ist zuzustellen, da er nunmehr die Revisionseinlegungsfrist in Gang setzt. 11

Lehnt der Anwaltsgerichtshof es ab, der Nichtzulassungsbeschwerde abzuhelfen, bedarf es einer Zustellung der Entscheidung nicht, es ist ausreichend, wenn diese aktenkundig gemacht wird.[13] Nach Vorlage an den Bundesgerichtshof entscheidet der Anwaltssenat durch Beschluß. Wird die Beschwerde als unzulässig verworfen oder als unbegründet zurückgewiesen, bedarf der Beschluß keiner Begründung, wenn er einstimmig ergangen ist. Ist die Entscheidung nicht einstimmig ergangen, ist eine Begründung notwendig. Mit der Verwerfung oder Zurückweisung der Nichtzulassungsbeschwerde tritt die **Rechtskraft des Berufungsurteils** des Anwaltsgerichtshofs ein. 12

Führt die Nichtzulassungsbeschwerde zur Zulassung der Revision durch den Bundesgerichtshof, ist die Beschwerdentscheidung förmlich zuzustellen, sie setzt den Lauf der Revisionsfrist in Gang.

---

[10] BGBl. I, S. 2278.
[11] *Isele,* § 145 Anm. II. D. 1.
[12] BGH BRAK-Mitt. 1983, 93.
[13] Vgl. *Kleinknecht/Meyer-Goßner,* § 306 Rdn. 9.

§ 146 Einlegung der Revision und Verfahren

(1) **Die Revision ist binnen einer Woche bei dem Anwaltsgerichtshof schriftlich einzulegen. Die Frist beginnt mit der Verkündung des Urteils. Ist das Urteil nicht in Anwesenheit des Rechtsanwalts verkündet worden, so beginnt für diesen die Frist mit der Zustellung.**

(2) **Seitens des Rechtsanwalts können die Revisionsanträge und deren Begründung nur schriftlich angebracht werden.**

(3) **Auf das Verfahren vor dem Bundesgerichtshof sind im übrigen neben den Vorschriften der Strafprozeßordnung über die Revision §§ 135 und 139 Abs. 3 dieses Gesetzes sinngemäß anzuwenden. In den Fällen des § 354 Abs. 2 der Strafprozeßordnung kann die Sache auch an den Anwaltsgerichtshof eines anderen Landes zurückverwiesen werden.**

Übersicht

	Rdn.
I. Einlegung der Revision	1–3
II. Revisionsbegründung	4, 5
III. Verfahren vor dem BGH	6, 7

I. Einlegung der Revision

1   Die **Frist** zur Einlegung der Revision beläuft sich auf eine Woche. Ist das mit der Revision anzufechtende Urteil in Anwesenheit des angeschuldigten Rechtsanwalts verkündet worden, beginnt die Frist mit der Verkündung. War der angeschuldigte Rechtsanwalt nicht anwesend, setzt die Zustellung des Urteils die Revisionsfrist in Gang. Ist die Revision aufgrund einer erfolgreichen Nichtzulassungsbeschwerde durch Abhilfeentscheidung des Anwaltsgerichtshofs oder durch Beschluß des Bundesgerichtshofs zugelassen worden, wird die Revisionsfrist durch Zustellung des entsprechenden Zulassungsbeschlusses in Gang gesetzt.

2   **Einzulegen** ist die Revision in jedem Fall **bei dem Anwaltsgerichtshof**, dessen Urteil angefochten wird. Die unmittelbare Einlegung der Revision beim Bundesgerichtshof ist nicht zulässig. Wird die Revision irrtümlich nicht als solche bezeichnet, ist dies unschädlich, wenn erkennbar zum Ausdruck kommt, welche Entscheidung des Anwaltsgerichtshofs mit dem zulässigen Rechtsmittel angefochten werden soll (§ 116 i. V. m. § 300 StPO).

3   Die Revision muß in jedem Fall **schriftlich** eingelegt werden, die Möglichkeit, sie zu Protokoll der Geschäftsstelle zu erklären, besteht – wie im gesamten anwaltsgerichtlichen Verfahren – nicht. Zu der Frage, welche Übermittlungsformen dem Erfordernis der Schriftlichkeit genügen, wird auf die Entscheidungen und Kommentierungen zu § 341 StPO verwiesen.[1] Sowohl der angeschuldigte Rechtsanwalt selbst, wie auch sein Verteidiger oder ein Rechtsanwalt können die Revision einlegen.

II. Revisionsbegründung

4   Die Revisionsanträge und ihre Begründung sind nach § 116 i. V. m. § 345 Abs. 1 StPO binnen eines Monats nach Ablauf der Revisionseinlegungsfrist bei

---

[1] *Kleinknecht/Meyer-Goßner*, § 341 Rdn. 7 m. w. N.

dem Anwaltsgerichtshof anzubringen. War der angeschuldigte Rechtsanwalt bei der Urteilsverkündung anwesend, beginnt die Frist zur Revisionsbegründung nach § 116 i. V. m. § 345 Abs. 1 S. 2 StPO erst mit Zustellung des Urteils zu laufen, wenn das Urteil erst nach Ablauf der Revisionseinlegungsfrist zugestellt wurde. Die Revisionsbegründung muß schriftlich erfolgen, die Erklärung zu Protokoll der Geschäftsstelle ist – insoweit anders als im Strafverfahren nach § 345 Abs. 2 StPO – nach Absatz 2 nicht möglich. Neben dem Verteidiger oder einem beauftragten Rechtsanwalt kann auch der **angeschuldigte Rechtsanwalt selbst** die Revisionsbegründung einreichen. Insoweit korrespondiert Absatz 2 mit § 117 a, wonach die Bestimmungen der StPO über die notwendige Verteidigung nur begrenzt anwendbar sind und dem angeschuldigten Rechtsanwalt selbst seine eigene Verteidigung im Grundsatz gestatten. Die Wirksamkeit der Revisionsbegründung durch den angeschuldigten Rechtsanwalt selbst wird nicht dadurch berührt, daß gegen ihn in dem Verfahren bereits ein Berufsverbot verhängt worden ist.[2]

Sowohl hinsichtlich der Rüge von **Verfahrensmängeln** als auch hinsichtlich 5 **sonstiger Rügen** gelten die Bestimmungen der StPO; auf die Entscheidungen und Kommentierungen zur Revision in Strafsachen wird verwiesen.[3]

III. Verfahren vor dem BGH

Ergänzend zu der generellen Verweisung auf die „sinngemäße Anwendung" 6 der StPO in § 116 S. 2 ordnet Absatz 3 Satz 1 die Anwendbarkeit der Bestimmungen der StPO für das Revisionsverfahren an. Daraus folgt, daß das Revisionsgericht die angefochtene Entscheidung **im Rahmen des § 352 StPO nachzuprüfen** hat. Auch bei einer zugelassenen Revision erstreckt sich die Nachprüfung auf alle ordnungsgemäß angebrachten Revisionsrügen, nicht lediglich die Fragen, die zur Zulassung geführt haben.[4]

Der Hinweis auf die sinngemäße Anwendung von § 135 besagt, daß auch im 7 anwaltsgerichtlichen Revisionsverfahren die besondere Vorschrift über die **Öffentlichkeit** des § 135 gilt. Daß § 139 Abs. 3 sinngemäß anwendbar ist, besagt nicht, daß der Bundesgerichtshof in der Sache selbst entscheiden muß, wenn eine Anwendung von § 139 Abs. 3 in Betracht kommt.[5] Auch in diesem Fall kommt eine Zurückverweisung in Betracht.

§ 147 Mitwirkung der Staatsanwaltschaft vor dem Bundesgerichtshof

Die Aufgaben der Staatsanwaltschaft in den Verfahren vor dem Bundesgerichtshof werden von dem Generalbundesanwalt wahrgenommen.

Die Regelung entspricht der des § 142 Abs. 1 Nr. 1 GVG, wonach bei dem Bundesgerichtshof der Generalbundesanwalt das Amt der Staatsanwaltschaft ausübt.

---

[2] BGH NJW 1971, 1373 = EGE XI 107.
[3] *Kleinknecht/Meyer-Goßner*, § 344 Rdn. 8 ff.
[4] *Feuerich/Braun*, § 146 Rdn. 12.
[5] *Feuerich/Braun*, § 146 Rdn. 10.

Vierter Abschnitt. Die Sicherung von Beweisen

§ 148 Anordnung der Beweissicherung

(1) **Wird ein anwaltsgerichtliches Verfahren gegen den Rechtsanwalt eingestellt, weil seine Zulassung zur Rechtsanwaltschaft erloschen oder zurückgenommen ist, so kann in der Entscheidung zugleich auf Antrag der Staatsanwaltschaft die Sicherung der Beweise angeordnet werden, wenn zu erwarten ist, daß auf Ausschließung aus der Rechtsanwaltschaft erkannt worden wäre. Die Anordnung kann nicht angefochten werden.**

(2) **Die Beweise werden von dem Anwaltsgericht aufgenommen. Das Anwaltsgericht kann eines seiner Mitglieder mit der Beweisaufnahme beauftragen.**

Übersicht

	Rdn.		Rdn.
I. Zweck des Beweissicherungsverfahrens	1, 2	III. Gerichtliche Entscheidung	4
		IV. Rechtsmittel	5
II. Antragstellung	3	V. Zuständigkeitsregelung	6

I. Zweck des Beweissicherungsverfahrens

1   Das Beweissicherungsverfahren soll verhindern, daß ein Rechtsanwalt, dem in einem laufenden anwaltsgerichtlichen Verfahren die Ausschließung aus der Rechtsanwaltschaft droht, durch Ausscheiden aus der Rechtsanwaltschaft Vorteile erwirbt. Diese Vorteile könnten darin bestehen, daß im anwaltsgerichtlichen Verfahren die Feststellung der zur Ausschließung aus der Rechtsanwaltschaft führenden Tatsachen unterbleibt und die Beweise in einem späteren Verfahren auf Wiederzulassung nicht mehr zur Verfügung stehen.

2   Eine **praktische Bedeutung** kommt dem Beweissicherungsverfahren jedoch nicht zu.[1] Zurückgeführt wird dies darauf,[2] daß ein Verhalten des Rechtsanwalts, das zu seiner Ausschließung aus der Rechtsanwaltschaft führen kann, regelmäßig auch strafrechtlich von erheblicher Bedeutung sein dürfte, so daß bei Durchführung des anwaltsgerichtlichen Verfahrens regelmäßig ein rechtskräftiges Strafurteil (§ 118) gegen den Rechtsanwalt ergangen sein dürfte. Bei dieser Fallgestaltung wird die Staatsanwaltschaft darauf verzichten, die Durchführung eines anwaltsgerichtlichen Beweissicherungsverfahrens zu beantragen.

II. Antragstellung

3   Zur Anordnung des anwaltsgerichtlichen Beweissicherungsverfahrens bedarf es eines entsprechenden Antrages der **Staatsanwaltschaft**. Zu stellen ist dieser Antrag vor der Entscheidung über die Einstellung des anwaltsgerichtlichen Verfahrens nach § 139 Abs. 3 Nr. 1. Wenn der Staatsanwaltschaft vor der Entscheidung über die Einstellung des anwaltsgerichtlichen Verfahrens kein **rechtliches Gehör** gewährt worden ist, kann der Antrag auch nach der Verfahrenseinstellung gestellt werden. Allein die Staatsanwaltschaft ist zur Antragstellung berechtigt, andere Interessierte – etwa Geschädigte oder die Rechtsanwaltskammer – dagegen nicht.

---

[1] *Isele*, § 148 Anm. VII. B.; *Feuerich/Braun*, § 148 Rdn. 2.
[2] *Feuerich/Braun*, § 148 Rdn. 2; *Kleine-Cosack*, § 148.

III. Gerichtliche Entscheidung

Das Gericht kann die Beweissicherung nur auf Antrag der Staatsanwaltschaft 4 anordnen, nicht dagegen auch von Amts wegen. In der Sache zuständig für die Entscheidung ist das Gericht der Anwaltsgerichtsbarkeit, das die Einstellungsentscheidung nach § 139 Abs. 3 Nr. 1 trifft, also das Anwaltsgericht, der Anwaltsgerichtshof oder der Anwaltssenat des Bundesgerichtshofs. Die **Anordnung der Beweissicherung** wird getroffen in der Entscheidung, die das anwaltsgerichtliche Verfahren einstellt. Erfolgt die Einstellung aufgrund mündlicher Verhandlung durch Urteil, ist die Anordnung der Beweissicherung Bestandteil des Urteils. Wird das anwaltsgerichtliche Verfahren außerhalb der mündlichen Verhandlung durch Beschluß eingestellt, so wird die Beweissicherung in dem Beschluß angeordnet.

IV. Rechtsmittel

Dem Gesetz (Abs. 1 S. 2) ist zu entnehmen, daß gegen die Anordnung des an- 5 waltsgerichtlichen Beweissicherungsverfahrens kein Rechtsbehelf gegeben ist. Dagegen enthält das Gesetz keinen Hinweis darauf, welches Rechtsmittel die Staatsanwaltschaft gegen die **Ablehnung der Anordnung** des Beweissicherungsverfahrens einlegen kann. In der Literatur[3] wird die Auffassung vertreten, daß gegen die Zurückweisung des Antrages auf Anordnung der Beweissicherung durch das Anwaltsgericht die Beschwerde gegeben sei, die Zurückweisung durch den Anwaltsgerichtshof und den Bundesgerichtshof dagegen nicht angegriffen werden könne. Eine Begründung, warum gegen die im Urteil ausgesprochene Zurückweisung des Antrags auf Beweissicherung allenfalls mit der Beschwerde, nicht dagegen mit der Berufung oder der Revision vorgegangen werden kann, wird nicht gegeben. Auch eine sinngemäße Anwendung der Bestimmungen der Strafprozeßordnung legt es nicht nahe, davon auszugehen, daß die Staatsanwaltschaft insoweit keine Berufung gegen das Urteil des Anwaltsgerichts und keine Revision gegen das Urteil des Anwaltsgerichtshofs einlegen kann. Für die Frage, welcher Rechtsbehelf der Staatsanwalt gegen die Ablehnung der Beweissicherung an die Hand gegeben ist, kommt es daher entscheidend darauf an, ob außerhalb der mündlichen Verhandlung durch **Beschluß** oder aufgrund mündlicher Verhandlung durch **Urteil** entschieden wurde. Gegen den Beschluß des Anwaltsgerichts ist die Beschwerde gegeben, der Beschluß des Anwaltsgerichtshofs ist nach § 116 i. V. m. § 304 Abs. 4 S. 2 StPO unanfechtbar. Gegen die Zurückweisung des Antrags der Staatsanwaltschaft durch **Urteil** ist die Berufung gegeben, wenn das Urteil vom Anwaltsgericht stammt. Hat der Anwaltsgerichtshof den Antrag auf Beweissicherung abgelehnt, kann die Staatsanwaltschaft – soweit zulässig – Revision einlegen. Entscheidungen des Bundesgerichtshofs können in keinem Fall angegriffen werden.

V. Zuständigkeitsregelung

Nach Absatz 2 ist für die Durchführung der Beweiserhebung das Anwaltsge- 6 richt zuständig, wobei es eines seiner Mitglieder mit der Beweisaufnahme beauftragen kann. Den **Umfang der Beweisaufnahme** bestimmt das Anwaltsgericht oder sein beauftragtes Mitglied,[4] wobei zumindest bei Vorliegen der Voraussetzungen von § 137 S. 3 zweiter Halbsatz die Vernehmung durch einen beauftragten oder ersuchten Richter angeordnet werden kann.

---

[3] *Isele*, § 148 Anm. V.; *Feuerich/Braun*, § 148 Rdn. 7.
[4] Vgl. § 149 Rdn. 2.

Dittmann

§ 149 Verfahren

(1) **Das Anwaltsgericht hat von Amts wegen alle Beweise zu erheben, die eine Entscheidung darüber begründen können, ob das eingestellte Verfahren zur Ausschließung aus der Rechtsanwaltschaft geführt hätte. Den Umfang des Verfahrens bestimmt das Anwaltsgericht nach pflichtmäßigem Ermessen, ohne an Anträge gebunden zu sein; seine Verfügungen können insoweit nicht angefochten werden.**

(2) **Zeugen sind, soweit nicht Ausnahmen vorgeschrieben oder zugelassen sind, eidlich zu vernehmen.**

(3) **Die Staatsanwaltschaft und der frühere Rechtsanwalt sind an dem Verfahren zu beteiligen. Ein Anspruch auf Benachrichtigung von den Terminen, die zum Zwecke der Beweissicherung anberaumt werden, steht dem früheren Rechtsanwalt nur zu, wenn er sich im Inland aufhält und seine Anschrift dem Anwaltsgericht angezeigt hat.**

Übersicht

	Rdn.
I. Ziel des Verfahrens	1
II. Durchführung der Beweiserhebung	2–4
III. Kosten	5

I. Ziel des Verfahrens

1   Das Verfahren zielt darauf ab, die Beweise zu sichern, die in dem anwaltsgerichtlichen Verfahren voraussichtlich zur Ausschließung aus der Rechtsanwaltschaft geführt hätten und die – wegen der Einstellung des anwaltsgerichtlichen Verfahrens – nicht mehr erhoben werden. Damit soll die Beweissituation auch für ein etwaiges späteres erneutes Zulassungsverfahren erhalten werden, wie sie im anwaltsgerichtlichen Verfahren bestand.

II. Durchführung der Beweiserhebung

2   Die Durchführung der Beweisaufnahme weist § 148 Abs. 2 dem Anwaltsgericht oder einem von diesem beauftragten Mitglied zu. Das Anwaltsgericht oder das von diesem beauftragte Mitglied entscheidet nach **pflichtgemäßem Ermessen**, welche Beweise zu erheben gewesen wären, um über die Frage der Ausschließung der Rechtsanwaltschaft zu entscheiden. Die Notwendigkeit, Beweiserhebungen selbst durchzuführen, spricht das Gesetz nicht aus, so daß zumindest eine kommissarische Vernehmung in Betracht käme, wenn dem Zeugen oder Sachverständigen das Erscheinen wegen der Mühen der Anreise nicht zuzumuten ist (§ 137 S. 3). Die Vernehmung von Zeugen und Sachverständigen muß grundsätzlich eidlich erfolgen, soweit nicht die Ausnahmen der StPO eingreifen (§ 116 S. 2 i. V. m. §§ 59 bis 61, 63 StPO). Weder die Staatsanwaltschaft noch der ehemalige Rechtsanwalt können – abgesehen von Anregungen – auf Art und Umfang der Beweisaufnahme Einfluß nehmen.

3   Staatsanwaltschaft und der frühere Rechtsanwalt sind jedoch an dem Verfahren in der Weise zu beteiligen, daß ihnen Gelegenheit gegeben wird, an den einzelnen Beweiserhebungen teilzunehmen. Ihnen ist es gestattet, **Fragen zu stellen**

§ 150 Voraussetzung des Verbotes § 150

oder Vorhaltungen zu machen. Der frühere Rechtsanwalt hat jedoch nur Anspruch auf Terminsnachricht, wenn er sich „im Inland aufhält und seine Anschrift" mitgeteilt hat. Wegen eines Verstoßes gegen das Gebot rechtlichen Gehörs dürfte es jedoch verfassungsrechtlich bedenklich sein, wenn der frühere Rechtsanwalt, dessen ausländische Anschrift bekannt ist, keine Terminsnachricht erhält.

Eine Entscheidung, die sich mit der Bewertung der erhobenen Beweise befaßt, 4 treffen das Anwaltsgericht oder von diesem beauftragte Richter nicht. Abgeschlossen wird das Verfahren, wenn die für die Frage nach der Ausschließung des Rechtsanwalts bedeutsamen Erkenntnisse gesammelt sind. Eine **Bindung** der Stellen, die möglicherweise später über die erneute Zulassung des früheren Rechtsanwalts zu befinden haben, tritt nicht ein.[1]

III. Kosten

Die Kosten des Beweissicherungsverfahrens sind Bestandteil der Kosten des 5 anwaltsgerichtlichen Verfahrens, in dem die Beweissicherung angeordnet wurde (§ 197 Abs. 1 S. 2).

Fünfter Abschnitt. Das Berufs- und Vertretungsverbot als vorläufige Maßnahme

§ 150 Voraussetzung des Verbotes

(1) **Sind dringende Gründe für die Annahme vorhanden, daß gegen einen Rechtsanwalt auf Ausschließung aus der Rechtsanwaltschaft erkannt werden wird, kann gegen ihn durch Beschluß ein vorläufiges Berufs- oder Vertretungsverbot verhängt werden. § 118 Abs. 1 Satz 1 und 2 ist nicht anzuwenden.**

(2) **Die Staatsanwaltschaft kann vor Einleitung des anwaltsgerichtlichen Verfahrens den Antrag auf Verhängung eines Berufs- oder Vertretungsverbotes stellen. In dem Antrag sind die Pflichtverletzung, die dem Rechtsanwalt zur Last gelegt wird, sowie die Beweismittel anzugeben.**

(3) **Für die Verhandlung und Entscheidung ist das Gericht zuständig, das über die Eröffnung des Hauptverfahrens gegen den Rechtsanwalt zu entscheiden hat oder vor dem das anwaltsgerichtliche Verfahren anhängig ist.**

Übersicht

	Rdn.		Rdn.
I. Allgemeines zum vorläufigen Berufs- oder Vertretungsverbot .	1–3	III. Das Verfahren	6–11
II. Die materiell-rechtlichen Voraussetzungen	4, 5	1. Antrag der Staatsanwaltschaft .	7
		2. Die Entscheidung des Gerichts	10

---

[1] *Isele,* § 149 Anm. II. C.

§ 150 1–4 Siebenter Teil. Das anwaltsgerichtliche Verfahren

I. Allgemeines zum vorläufigen Berufs- oder Vertretungsverbot

1   Das vorläufige Berufs- oder Vertretungsverbot zielt darauf ab, bereits vor der Rechtskraft eines auf Ausschließung aus der Rechtsanwaltschaft lautenden anwaltsgerichtlichen Urteils **Gefahren von der Allgemeinheit** abzuwenden, die von einer weiteren uneingeschränkten beruflichen Tätigkeit des Rechtsanwalts ausgehen. Die Entscheidung ergeht in einem summarischen Verfahren, in welchem insbesondere an die Stelle der Bestimmung des § 244 StPO zur Beweisaufnahme das pflichtmäßige Ermessen des Gerichts tritt, den Umfang der Beweisaufnahme zu bestimmen (§ 151 Abs. 4). Wegen der besonderen Tragweite der Entscheidung bietet das Verfahren – obwohl lediglich summarisch – besondere rechtstaatliche Garantien. Hier ist an erster Stelle zu nennen, daß die Verhängung des vorläufigen Berufs- oder Vertretungsverbotes nur aufgrund mündlicher Verhandlung erfolgen darf (§ 151 Abs. 1). Die Verhängung des vorläufigen Verbotes bedarf zudem einer qualifizierten Mehrheit von 2/3 der Stimmen im Spruchkörper (§ 152), die Entscheidung ist stets mit einer Begründung zu versehen (§ 154 S. 1).

2   Das Bundesverfassungsgericht hat in zwei Entscheidungen das vorläufige Berufs- oder Vertretungsverbot als **grundsätzlich verfassungsgemäß** gebilligt.[1] In seinen Entscheidungen hat das Bundesverfassungsgericht einer pauschalierenden Betrachtungsweise eine Absage erteilt und gefordert, daß von dem vorläufigen Berufs- oder Vertretungsverbot nur zur **Abwehr konkreter Gefahren** für die Allgemeinheit unter Berücksichtigung des Verhältnismäßigkeitsgrundsatzes Gebrauch gemacht wird. In seiner Tragweite kommt die Verhängung eines vorläufigen Berufs- oder Vertretungsverbotes der Anordnung der Untersuchungshaft nahe. Bereits das vorläufige Berufs- oder Vertretungsverbot kann nämlich die berufliche Existenz des Rechtsanwalts vernichten. Obwohl das Verbot in einem summarischen Verfahren ausgesprochen wird und daneben zugleich bis zum Abschluß des Hauptverfahrens die Unschuldsvermutung gilt, verstößt das vorläufige Berufs- oder Vertretungsverbot nicht gegen Art. 6 Abs. 2 der Konvention zum Schutze der Menschenrechte und Grundfreiheiten.[2]

3   Die **praktische Bedeutung** des vorläufigen Berufs- oder Vertretungsverbotes ist – wenn man auf die Zahl der Verfahren abstellt – in jüngerer Zeit nicht sehr erheblich (1993: 3 Verfahren; 1992: 3 Verfahren; 1991: 11 Verfahren; 1990: 8 Verfahren).[3] Die Gründe für diese Entwicklung sind nicht bekannt. Es kann nur gemutmaßt werden, daß bei erheblichen Veruntreuungen von Mandantengeldern Untersuchungshaft oder Berufsverbote nach § 132 a StPO angeordnet wurden und deswegen kein Antrag auf Verhängung eines vorläufigen Berufs- oder Vertretungsverbotes gestellt wurde oder die Rechtsanwälte ihrerseits auf die Rechte aus der Zulassung verzichteten.

II. Die materiell-rechtlichen Voraussetzungen

4   Die Verhängung des vorläufigen Berufs- oder Vertretungsverbotes setzt voraus, daß sich die **Prognose** „dringend" rechtfertigt, gegen den Rechtsanwalt werde im anwaltsgerichtlichen Verfahren auf **Ausschließung** aus der Rechtsanwaltschaft erkannt (Abs. 1 S. 1). Es muß also wie bei der Anordnung der Untersu-

---

[1] BVerfGE 44, 105 = NJW 1977, 892 = EGE XIV, 295 = AnwBl. 1977, 266; BVerfGE 48, 292 = NJW 1978, 1479 = EGE XIV, 319 = AnwBl. 1978, 306.
[2] BGHSt 20, 68 = NJW 1964, 2119 = EGE VIII, 58; *Gribbohm*, FS Pfeiffer, S. 911.
[3] Quelle: Berichte des Vorsitzenden der Arbeitsgemeinschaft der Präsidenten der Anwaltsgerichtshöfe.

chungshaft nach § 112 „dringender" Tatverdacht bestehen. Das setzt die hohe Wahrscheinlichkeit voraus, daß dem Rechtsanwalt die ihm zur Last gelegte Pflichtverletzung nachgewiesen wird. Hinzutreten muß die Prognose, daß die voraussichtlich nachweisbare Pflichtverletzung zu der Verhängung der anwaltsgerichtlichen Maßnahme der Ausschließung aus der Rechtsanwaltschaft führt (§ 114 Abs. 1 Nr. 5). Die Prognose hinsichtlich der Zumessungserwägungen muß also im Hinblick auf die Schwere der Pflichtverletzung und möglicherweise die früheren anwaltsgerichtlichen Maßnahmen es als sehr wahrscheinlich erscheinen lassen, daß auf eine mildere Maßnahme als die Ausschließung aus der Rechtsanwaltschaft nicht erkannt werden kann. Läßt die vorausschauende Betrachtungsweise vernünftige Gründe dafür sprechen, daß die Verhängung eines Vertretungsverbotes nach § 114 Abs. 1 Nr. 4 zur Ahndung der Pflichtverletzung ausreicht, fehlt es an den Voraussetzungen von Absatz 1.

Eine **verfassungskonforme Anwendung** der Vorschrift gebietet zudem, ein 5 vorläufiges Berufs- oder Vertretungsverbot nur auszusprechen, soweit dies zur Abwehr konkreter Gefahren für wichtige Gemeinschaftsgüter geboten ist.[4] Hiervon ist auszugehen, wenn die Belange des rechtsuchenden Publikums oder die Funktionsfähigkeit der Rechtspflege konkret gefährdet erscheinen. Abzuwägen ist dabei im Einzelfall stets zwischen dem Schutzinteresse und dem verfassungsrechtlich geschützten Interesse des Rechtsanwalts, seinen Beruf auszuüben. Die Gefährdung der wichtigen Gemeinschaftsgüter muß daher so schwerwiegend sein, daß die Abwägung die Einschränkung des Grundrechts der Berufsfreiheit rechtfertigt.[5]

III. Das Verfahren

Die Antragstellung durch die Staatsanwaltschaft regelt Absatz 2, die gerichtliche 6 Zuständigkeit Absatz 3. Die weiteren verfahrensrechtlichen Bestimmungen enthalten §§ 151 ff.

1. Antrag der Staatsanwaltschaft

Die Verhängung des vorläufigen Berufs- oder Vertretungsverbotes setzt einen 7 entsprechenden Antrag der Staatsanwaltschaft voraus (Abs. 2). Allein die Staatsanwaltschaft, der im anwaltsgerichtlichen Verfahren das Anklagemonopol zusteht (§ 120), ist zur Antragstellung berechtigt. Außerhalb des anwaltsgerichtlichen (Haupt-) Verfahrens (§ 153) kann das zuständige Gericht von Amts wegen nicht tätig werden. Liegen die materiell-rechtlichen Voraussetzungen für die Verhängung des Verbotes vor, ist die Staatsanwaltschaft nach dem Legalitätsprinzip verpflichtet, zum Schutz wichtiger Gemeinschaftsgüter einen entsprechenden Antrag zu stellen.[6]

In ihrem Antrag hat die Staatsanwaltschaft die den Antrag stützende **Pflicht-** 8 **verletzung zu bezeichnen** und die von ihr für sinnvoll gehaltenen Beweismittel zu nennen (Abs. 2 S. 2). Damit wird dem Rechtsanwalt Gelegenheit gegeben, seine Verteidigung einzurichten, auch wenn das Gericht an die Beweisanregungen der Staatsanwaltschaft nicht gebunden ist, sondern den Umfang der Beweisaufnahme nach pflichtmäßigem Ermessen bestimmt (§ 151 Abs. 4). Als Antragserfordernis nennt die Vorschrift die Angabe der die Pflichtverletzung „begründen-

---

[4] BVerfGE 44, 105 = NJW 1977, 892 = AnwBl. 1977, 266 = EGE XIV, 295; BVerfGE 48, 292 = NJW 1978, 1479 = AnwBl. 1978, 306 = EGE XIV, 319.
[5] § 114 Rdn. 14.
[6] *Feuerich/Braun,* § 150 Rdn. 21.

§ 150 a 1   Siebenter Teil. Das anwaltsgerichtliche Verfahren

den Tatsachen" nicht, doch hat das Gericht sie in der ersten Ladung dem Rechtsanwalt mitzuteilen (§ 151 Abs. 3). Der Praxis entspricht es, daß bereits die Antragsschrift die die Pflichtverletzung „begründenden Tatsachen" bezeichnet.[7]

9   Der Vorstand der Rechtsanwaltskammer kann nach § 150 a die Antragstellung erzwingen.

2. Die Entscheidung des Gerichts

10   Die Zuständigkeit des Gerichts regelt Abs. 3. Danach ist sachlich zuständig das Anwaltsgericht, sofern das anwaltsgerichtliche Verfahren noch nicht eingeleitet ist (§ 121). Örtlich zuständig ist das Anwaltsgericht im Bezirk der Rechtsanwaltskammer, der der Rechtsanwalt angehört (§ 119 Abs. 2). Ist das anwaltsgerichtliche Verfahren bereits eingeleitet, ist das Gericht der Anwaltsgerichtsbarkeit zuständig, bei dem das **Verfahren anhängig** ist, so daß ein Rechtsmittelgericht ggf. erstinstanzlich über den Antrag auf Verhängung eines vorläufigen Berufs- oder Vertretungsverbotes entscheidet.

11   Das gerichtliche Verfahren einschließlich der Rechtsmittel ist in §§ 151 ff. geregelt. Absatz 1 Satz 2 enthält eine weitere verfahrensrechtliche Regelung, die die Aussetzung des anwaltsgerichtlichen Verfahrens im Hinblick auf ein Strafverfahren wegen desselben Verhaltens nach § 118 Abs. 1 S. 1 und 2 außer Kraft setzt.

§ 150 a Verfahren zur Erzwingung des Antrags der Staatsanwaltschaft

Hat der Vorstand der Rechtsanwaltskammer gegenüber der Staatsanwaltschaft beantragt, daß diese den Antrag auf Verhängung eines Berufs- oder Vertretungsverbotes stellen solle, so ist § 122 entsprechend anzuwenden. Jedoch beträgt die in § 122 Abs. 3 Satz 1 bezeichnete Frist zwei Wochen, die in § 122 Abs. 3 Satz 2 für die weitere Tätigkeit der Staatsanwaltschaft bezeichnete Frist einen Monat.

Übersicht

	Rdn.
I. Zweck der Vorschrift	1
II. Das Verfahren der Staatsanwaltschaft	2
III. Gerichtliche Entscheidung	3–5

I. Zweck der Vorschrift

1   Die Vorschrift verschafft dem Vorstand der Rechtsanwaltskammer in Bezug auf die vorläufigen Maßnahmen des Berufs- und Vertretungsverbots nach §§ 150, 161 a dieselben **Einflußmöglichkeiten** wie bei der Einleitung des anwaltsgerichtlichen Verfahrens (§ 122). Der Vorstand der Rechtsanwaltskammer, der die Anordnung eines vorläufigen Berufs- oder Vertretungsverbots nicht von vornherein bei Gericht beantragen kann, wird in die Lage versetzt, auf die Staatsanwaltschaft mit dem Ziel einer Antragstellung einzuwirken. Das setzt zunächst einmal voraus, daß der Vorstand der Rechtsanwaltskammer nach entsprechender Beschlußfassung[1] bei der Staatsanwaltschaft beantragt, daß diese beim zuständigen Gericht einen Antrag auf Verhängung eines vorläufigen Berufs- oder Vertretungsverbotes stelle.

---

[7] *Feuerich/Braun*, § 150 Rdn. 23.
[1] § 122 Rdn. 6.

II. Das Verfahren der Staatsanwaltschaft

Die Staatsanwaltschaft hat den **Antrag des Vorstandes der Rechtsanwaltskammer** zu bescheiden. Weist die Staatsanwaltschaft den Antrag des Vorstandes der Rechtsanwaltskammer – gleich aus welchen Gründen – zurück oder bleibt sie innerhalb der abgekürzten Fristen des § 150 a S. 2 untätig im Sinne des § 122 Abs. 3, so kann der Vorstand der Rechtsanwaltskammer bei dem Anwaltsgerichtshof gerichtliche Entscheidung beantragen.

III. Gerichtliche Entscheidung

Der Antrag auf gerichtliche Entscheidung muß inhaltlich den **Anforderungen von § 122 Abs. 2 S. 2** gerecht werden. Notwendig ist eine aus sich heraus verständliche Schilderung des Sachverhalts mit einer Darstellung des Ermittlungsverfahrens in seinen Grundzügen und schlüssigen Ausführungen, warum die Entscheidung der Staatsanwaltschaft zu beanstanden sei.[2] Insbesondere ist auszuführen, daß dringende Gründe für die Annahme bestehen, gegen den Rechtsanwalt werde auf Ausschließung aus der Rechtsanwaltschaft oder auf Verhängung eines Vertretungsverbotes erkannt werden.

Der Anwaltsgerichtshof entscheidet über den Antrag des Vorstandes der Rechtsanwaltskammer durch Beschluß (§ 150 a S. 1, § 122 Abs. 4 i. V. m. §§ 174, 175 StPO). Wegen des Verfahrens wird auf die Anmerkungen zu § 122 verwiesen.[3]

Entspricht der Anwaltsgerichtshof dem Antrag des Vorstandes der Rechtsanwaltskammer, verpflichtet er die Staatsanwaltschaft, bei dem zuständigen Gericht die Verhängung eines vorläufigen Berufs- oder Vertretungsverbotes zu beantragen (§ 150 a S. 1, § 122 Abs. 4 i. V. m. § 175 StPO). Der Anwaltsgerichtshof kann in dem Verfahren nach § 150 a das vorläufige Berufs- oder Vertretungsverbot nicht unmittelbar aussprechen. Das gilt auch, wenn das anwaltsgerichtliche Verfahren bereits in der Berufungsinstanz bei dem Anwaltsgerichtshof anhängig ist (§ 150 Abs. 3). Für das auf Erzwingung der Antragstellung gerichtete Verfahren nach § 150 a gelten nämlich die Bestimmungen von §§ 173 bis 175 StPO, während die Verhängung des vorläufigen Berufs- oder Vertretungsverbots den besonderen Verfahrensvorschriften von §§ 151, 152 unterliegt und nur mit 2/3 Mehrheit im Spruchkörper aufgrund mündlicher Verhandlung ausgesprochen werden kann. Hinzu kommt, daß gegen die Entscheidung im **Erzwingungsverfahren** nach § 150 a ein **Rechtsbehelf nicht** gegeben ist,[4] während auch das vom Anwaltsgerichtshof ausgesprochene Berufs- oder Vertretungsverbot mit der sofortigen Beschwerde angegriffen werden kann (§ 157 Abs. 1).

§ 151 Mündliche Verhandlung

(1) **Der Beschluß, durch den ein Berufs- oder Vertretungsverbot verhängt wird, kann nur auf Grund mündlicher Verhandlung ergehen.**

(2) **Auf die Ladung und die mündliche Verhandlung sind die Vorschriften entsprechend anzuwenden, die für die Hauptverhandlung vor dem erkennenden Gericht maßgebend sind, soweit sich nicht aus den folgenden Vorschriften etwas anderes ergibt.**

---

[2] § 122 Rdn. 6.
[3] § 122 Rdn. 8 ff.
[4] § 122 Rdn. 15.

(3) In der ersten Ladung ist die dem Rechtsanwalt zur Last gelegte Pflichtverletzung durch Anführung der sie begründenden Tatsachen zu bezeichnen; ferner sind die Beweismittel anzugeben. Dies ist jedoch nicht erforderlich, wenn dem Rechtsanwalt die Anschuldigungsschrift bereits mitgeteilt worden ist.

(4) Den Umfang der Beweisaufnahme bestimmt das Gericht nach pflichtmäßigem Ermessen, ohne an Anträge der Staatsanwaltschaft oder des Rechtsanwalts gebunden zu sein.

Übersicht

	Rdn.		Rdn.
I. Der Grundsatz der Entscheidung aufgrund mündlicher Verhandlung	1–3	II. Die Ladung .... III. Durchführung der mündlichen Verhandlung	4, 5 6–8

I. Der Grundsatz der Entscheidung aufgrund mündlicher Verhandlung

1   Die Verhängung eines Berufs- oder Vertretungsverbots hat für den Rechtsanwalt einschneidende, vielfach existenzbedrohende Wirkung. Um der Bedeutung des Verfahrens gerecht zu werden und um die größtmögliche Sorgfalt bei der Entscheidung sicherzustellen, schreibt Absatz 1 vor, daß das Berufs- oder Vertretungsverbot nur aufgrund mündlicher Verhandlung „verhängt" werden kann.

2   Auf die Durchführung der mündlichen Verhandlung können das Anwaltsgericht ebenso wie die Rechtsmittelgerichte (§ 157) verzichten, wenn bereits nach Aktenlage die Verhängung eines **Berufs- oder Vertretungsverbotes ausscheidet.**[1] Dies folgt aus dem Wortlaut von Absatz 1, der die mündliche Verhandlung vorschreibt, wenn ein Berufs- oder Vertretungsverbot „verhängt" wird, die mündliche Verhandlung aber nicht für jeden Fall einer Entscheidung über ein mögliches Berufs- oder Vertretungsverbot vorschreibt.[2]

3   Nach der Rechtsprechung des BGH gilt das Gebot der mündlichen Verhandlung auch nicht, wenn die Beschwerdeentscheidung des Anwaltsgerichtshofes mit einer – von vornherein unstatthaften – weiteren Beschwerde angegriffen werden soll.[3]

II. Die Ladung

4   Das Verfahren der Staatsanwaltschaft zur Antragstellung eines vorläufigen Berufs- oder Vertretungsverbotes ist gesetzlich nicht besonders geregelt. Da es weder ein Zwischenverfahren über den Antrag der Staatsanwaltschaft, noch besondere Anforderungen an den Antrag (vgl. § 130) gibt, kommt der „ersten Ladung" im Hinblick auf die rechtsstaatlichen Garantien des Verfahrens besondere Bedeutung zu. In Verfahren, in denen dem Rechtsanwalt eine Anschuldigungsschrift noch nicht mitgeteilt worden ist und er damit den **Verfahrensgegenstand** nicht kennt, muß die erste Ladung die vorgeworfene Pflichtverletzung unter Nennung der Tatumstände enthalten und die Beweismittel aufführen. Von praktischer Bedeutung kann dies nur sein, wenn die Staatsanwaltschaft den Antrag an das Anwaltsgericht richtet; sofern höhere Instanzen zuständig sind, liegt eine Anschuldigungsschrift in jedem Fall vor. Die Pflicht zur Angabe der Beweismittel

---

[1] EGH Stuttgart EGE XIV 249; *Feuerich/Braun*, § 151 Rdn. 2; a. A. *Isele*, § 151 Anm. III. A.
[2] EGH Stuttgart EGE XIV 249, 250.
[3] BGHSt 19, 4 = NJW 1963, 2038 = EGE VII, 176.

kann nur dahin verstanden werden, daß das Gericht die Beweismittel angibt, die es im Hinblick auf sein Ermessen in Bezug auf den Umfang der Beweisaufnahme (Abs. 4) auszuschöpfen beabsichtigt.

Die besonderen Anforderungen an die erste Ladung gelten nicht, wenn dem Rechtsanwalt die Anschuldigungsschrift bereits bekannt ist (Abs. 3 S. 2). Die Notwendigkeit, die Pflichtverletzung unter Angabe der sie begründenden Tatsachen zu bezeichnen und die Beweismittel anzugeben, entfällt jedoch nur insoweit, als der **Gegenstand der Anschuldigungsschrift** und der des auf Verhängung des Berufs- oder Vertretungsverbots gerichteten Verfahrens einschließlich der Beweismittel **identisch** sind. Die besonderen Anforderungen an die erste Ladung sollen es nämlich dem Rechtsanwalt ermöglichen, seine Verteidigung einzurichten. Daher gebieten es Sinn und Zweck der Bestimmung, daß neue Tatumstände oder Beweismittel, die noch nicht Gegenstand der Anschuldigungsschrift sind, mitgeteilt werden, wenn sie die Verhängung des Berufs- oder Vertretungsverbotes stützen sollen. Dies zu berücksichtigen, obliegt dem angerufenen Gericht, das auch ein Gericht der Rechtsmittelinstanz sein kann. 5

III. Durchführung der mündlichen Verhandlung

Für die Durchführung der mündlichen Verhandlung vor dem angerufenen Gericht gelten die Bestimmungen der BRAO (§ 134 ff.) und die ergänzend heranzuziehenden Vorschriften der Strafprozeßordnung (§ 116 S. 2 i. V. m. § 226 StPO). Das Verbot, den Rechtsanwalt vorzuführen oder zu verhaften, gilt selbstverständlich auch für das auf die Verhängung eines Berufs- oder Vertretungsverbotes gerichtete Verfahren (§ 151 Abs. 2 i. V. m. § 117 S. 1). Eine öffentliche Zustellung der Ladung ist nicht möglich (§ 151 Abs. 2 i. V. m. § 134 S. 2). Gegen den trotz ordnungsmäßiger Ladung **nicht erschienenen Rechtsanwalt** kann nur verhandelt werden, wenn er in seiner Ladung auf diese Möglichkeit hingewiesen wurde (§ 151 Abs. 2 i. V. m. § 134 S. 1). Die Verhandlung ist ebenso wie grundsätzlich die Hauptverhandlung nicht öffentlich (§ 151 Abs. 2 i. V. m. § 135), wenn nicht aus den besonderen Gründen die Öffentlichkeit hergestellt wird. Für die Art und Weise der Durchführung der Beweisaufnahme gelten dieselben Bestimmungen wie für das Hauptverfahren (§ 151 Abs. 2 i. V. m. § 137 f.). 6

Der **Umfang der Beweisaufnahme** bestimmt sich jedoch anders als im Hauptverfahren nicht nach den Bestimmungen der Strafprozeßordnung, das erkennende Gericht bestimmt den Umfang nach pflichtmäßigem Ermessen, ohne an die Beweisanträge der Anklage oder des Rechtsanwalts gebunden zu sein. Damit wird insbesondere das Beweisantragsrecht nach § 116 S. 2 i. V. m. § 244 StPO für dieses Verfahren ausgeschlossen. Hiermit erhält das Verfahren seine Prägung als summarisches Verfahren, auch wenn wegen der besonderen Tragweite der Entscheidung die mündliche Verhandlung grundsätzlich obligatorisch ist. Gerechtfertigt wird dies damit, daß in dem Verfahren trotz der Tragweite der Entscheidung im Ergebnis „keine endgültigen Maßnahmen getroffen werden".[4] Erheblichen Beweisanträgen wird das Gericht im Rahmen seines pflichtmäßigen Ermessens ohnehin nachgehen müssen; Beweisanregungen, deren Unergiebigkeit sich jedoch im Vorhinein deutlich abzeichnet, braucht das Gericht dagegen nicht zu berücksichtigen. 7

Für die Kostenentscheidung gilt § 197.[5] 8

---

[4] Amtl. Begr. zu § 151.
[5] *Isele,* §§ 196 bis 197 a Anm. IV. B. 1. und 2.

§ 152 Abstimmung über das Verbot

Zur Verhängung des Berufs- oder Vertretungsverbotes ist eine Mehrheit von zwei Dritteln der Stimmen erforderlich.

Die Vorschrift schreibt für die Verhängung des vorläufigen Berufs- oder Vertretungsverbots nach dem Vorbild des § 263 StPO die 2/3-Mehrheit vor, so daß in diesem Fall die Bestimmung über die einfache Mehrheit (§ 116 S. 2 i. V. m. § 196 GVG) nicht zur Anwendung kommt. Praktische Bedeutung hat die Bestimmung nicht für die Entscheidungen der Anwaltsgerichte, da deren Kammern über drei Richter verfügen. Für die **Anwaltsgerichtshöfe** und den **Anwaltssenat des Bundesgerichtshofs** gilt die Bestimmung gleichgültig, ob diese als angerufenes Gericht über das Berufs- oder Vertretungsverbot entscheiden, oder als Rechtsmittelgericht (§ 157 Abs. 3 S. 2).

§ 153 Verbot im Anschluß an die Hauptverhandlung

Hat das Gericht auf Ausschließung aus der Rechtsanwaltschaft erkannt, so kann es im unmittelbaren Anschluß an die Hauptverhandlung über die Verhängung des Berufs- oder Vertretungsverbotes verhandeln und entscheiden. Dies gilt auch dann, wenn der Rechtsanwalt zu der Hauptverhandlung nicht erschienen ist.

I. Verfahrensrechtliche Bestimmung

1   Die Bestimmung hat ausschließlich verfahrensrechtlichen Charakter. Sofern das Urteil des befaßten Gerichts im anwaltsgerichtlichen Verfahren auf **Ausschließung aus der Rechtsanwaltschaft** lautet, gelten die Regelung zur Notwendigkeit eines Antrags der Staatsanwaltschaft (§ 150 Abs. 2) und zur Ladung (§ 151 Abs. 2 und 3) nicht. Ein entsprechender Antrag der Staatsanwaltschaft ist daher entbehrlich, einer Ladung zum Anschlußverfahren oder eines Hinweises auf die Möglichkeit desselben in der Ladung bedarf es nicht. Es wird angenommen, daß das Gericht, das die Ausschließung aus der Rechtsanwaltschaft verhängt, in jedem Fall im Anschlußverfahren zu prüfen hat, ob ein vorläufiges Berufs- oder Vertretungsverbot zu verhängen ist. Die Verwendung des Wortes „kann" eröffnet dem Gericht insoweit keinen Spielraum, sondern besagt lediglich, daß Antrag der Staatsanwaltschaft und gesonderte Ladung entbehrlich sein.[1]

2   Die Bestimmung kann nicht dahin verstanden werden, daß das Gericht, das die Ausschließung aus der Rechtsanwaltschaft ausspricht, **im Anschlußverfahren inhaltlich gebunden** sei, ein vorläufiges Berufs- oder Vertretungsverbot zu verhängen. Einer solchen Auffassung[2] ist das Bundesverfassungsgericht entgegengetreten.[3] Auch wenn das Gericht die Ausschließung aus der Rechtsanwaltschaft als anwaltsgerichtliche Maßnahme verhänge, mache es die Pflicht zur **verfassungskonformen Rechtsanwendung** im Hinblick auf Art. 12 Abs. 1 GG notwendig, im Einzelfall festzustellen, „daß ein sofortiges Einschreiten zur Abwehr konkreter

---

[1] *Isele,* § 153 Anm. II. A.; *Feuerich/Braun,* § 153 Rdn. 1, 2.
[2] *Isele,* § 153 Anm. IV. B. m. w. N.
[3] BVerfGE 48, 292 = NJW 1978, 1479 = EGE XIV 319 = AnwBl. 1978, 306.

Gefahren für wichtige Gemeinschaftsgüter geboten sein muß".[4] Eine Automatik, daß zumindest ein vorläufiges Vertretungsverbot im Anschlußverfahren zu verhängen sei, wenn das Urteil im Hauptverfahren auf Ausschließung aus der Rechtsanwaltschaft lautet, besteht daher nicht.

II. Die Durchführung des Verfahrens

Das besondere Anschlußverfahren des § 153 findet nur statt, wenn das Urteil im Hauptverfahren auf Ausschließung aus der Rechtsanwaltschaft lautet (S. 1). § 151 Abs. 1 wird nicht außer Kraft gesetzt, so daß auch das Anschlußverfahren in mündlicher Verhandlung stattfindet. Eine **neue Beweisaufnahme** dürfte jedoch im Hinblick auf § 151 Abs. 4 entbehrlich sein, denn das erkennende Gericht kann im Wege des pflichtmäßigen Ermessens die im Hauptverfahren erhobenen Beweise im Anschlußverfahren verwerten. Denkbar ist jedoch, daß weitere Beweise, die wegen der Natur der Sache für das Hauptsacheverfahren keine Rolle spielten, für die Prüfung erforderlich sind, ob von dem Rechtsanwalt bis zur Rechtskraft des Urteils eine Gefährdung wichtiger Gemeinschaftsgüter ausgehen wird. 3

Hat das Gericht zulässigerweise in Abwesenheit des Rechtsanwalts verhandelt und entschieden, kann auch das Anschlußverfahren in seiner **Abwesenheit** geführt werden. Eines besonderen Hinweises auf die Möglichkeit des Anschlußverfahrens nach § 153 in der Ladung bedarf es nicht, wenn die Ladung überhaupt den Hinweis auf die Verhandlung in Abwesenheit enthält. In diesem Sinne ist Satz 2 zu verstehen.[5] 4

§ 154 Zustellung des Beschlusses

Der Beschluß ist mit Gründen zu versehen. Er ist dem Rechtsanwalt zuzustellen. War der Rechtsanwalt bei der Verkündung des Beschlusses nicht anwesend, ist ihm zusätzlich der Beschluß ohne Gründe unverzüglich nach der Verkündung zuzustellen.

I. Die Begründung des Beschlusses

Aus der **Begründungspflicht** (S. 1) folgt, daß die Begründung für den Beschluß immer abzusetzen ist, auch wenn die Verfahrensbeteiligten bei der Verkündung anwesend waren (vgl. § 35 Abs. 1 StPO). Dies gilt auch, wenn es sich um eine nicht mehr anfechtbare Beschwerdeentscheidung handelt oder um eine erstinstanzliche des Anwaltssenats des BGH (§ 163 Satz 2). 1

II. Die Zustellung

Die Pflicht zur Zustellung nach Satz 2 schränkt die entsprechende Anwendung von § 35 Abs. 1 StPO ein, wonach in Anwesenheit der betroffenen Person ergangene Entscheidungen durch Verkündung bekannt gemacht werden. Das Gesetz sieht wegen der besonderen Bedeutung der Entscheidung die **Zustellung in jedem Falle** vor.[1] Zugleich stellt die Zustellung sicher, daß der Rechtsanwalt sich unmißverständlich über das Ausmaß des gegen ihn verhängten Verbots unter- 2

---

[4] BVerfGE 48, 292 = siehe Rdn. 3.
[5] Amtl. Begr.; *Isele*, § 153 Anm. III. A.; *Feuerich/Braun*, § 153 Rdn. 2.
[1] Amtl. Begr.

§ 155 1   Siebenter Teil. Das anwaltsgerichtliche Verfahren

unterrichten kann, so daß er nicht Gefahr läuft, gegen das Zuwiderhandlungsverbot nach § 156 zu verstoßen.[2]

3   Die **vorgezogene zusätzliche Zustellung** nach Satz 3 betrifft lediglich den Tenor des Beschlusses. Mit dieser Zustellung soll der Rechtsanwalt, der bei der Verkündung des Beschlusses nicht anwesend war, demjenigen gleichgestellt werden, der am Anschlußverfahren teilgenommen hat.

4   Die **Art und Weise der Zustellung** an den Rechtsanwalt ist in § 229 geregelt. Eine im Falle der Zurückweisung des Antrages der Staatsanwaltschaft ohne mündliche Verhandlung notwendige Zustellung an diese erfolgt nach § 116 S. 2 i. V. m. § 41 StPO.

§ 155 Wirkungen des Verbotes

(1) **Der Beschluß wird mit der Verkündung wirksam.**

(2) **Der Rechtsanwalt, gegen den ein Berufsverbot verhängt ist, darf seinen Beruf nicht ausüben.**

(3) **Der Rechtsanwalt, gegen den ein Vertretungsverbot (§ 150 Abs. 1) verhängt ist, darf nicht als Vertreter und Beistand in Person oder im schriftlichen Verkehr vor einem Gericht, vor Behörden, vor einem Schiedsgericht oder gegenüber anderen Personen tätig werden oder Vollmachten oder Untervollmachten erteilen.**

(4) **Der Rechtsanwalt, gegen den ein Berufs- oder Vertretungsverbot verhängt ist, darf jedoch seine eigenen Angelegenheiten, die Angelegenheiten seines Ehegatten und seiner minderjährigen Kinder wahrnehmen, soweit nicht eine Vertretung durch Anwälte geboten ist.**

(5) **Die Wirksamkeit von Rechtshandlungen des Rechtsanwalts wird durch das Berufs- oder Vertretungsverbot nicht berührt. Das gleiche gilt für Rechtshandlungen, die ihm gegenüber vorgenommen werden.**

Übersicht

	Rdn.		Rdn.
I. Wirksamkeit des Verbotes	1, 2	3. Auswirkungen für Anwaltsnotare	5
II. Der Umfang des Verbotes	3–6	4. Wahrnehmung eigener Angelegenheiten	6
1. Das Berufsverbot	3		
2. Das allgemeine Vertretungsverbot	4	III. Wirksamkeit verbotswidriger Rechtshandlungen	7

I. Wirksamkeit des Verbots

1   Bereits mit der **Verkündung des Beschlusses**, in dem ein vorläufiges Berufs- oder Vertretungsverbot ausgesprochen wird, wird dieses wirksam (Abs. 1). Dabei spielt es keine Rolle, ob der Rechtsanwalt bei der Verkündung anwesend war oder nicht. Um die Schwierigkeiten zu verringern, die sich daraus ergeben können, daß der Beschluß mit der Verkündung wirksam wird, der Rechtsanwalt, der den Beschluß zu beachten hat, bei der Verkündung aber nicht anwesend war, ist § 154 S. 3 nachträglich in das Gesetz eingefügt worden, damit dem Rechtsanwalt zumindest der Tenor des Beschlusses möglichst rasch zugestellt wird.

---

[2] *Isele*, § 154 Anm. III. C. 2.; *Feuerich/Braun*, § 154 Rdn. 3.

§ 155 Wirkungen des Verbotes 2–6 § 155

Gerichte und Behörden, denen die Verhängung des Berufs- oder Vertretungsverbotes bekannt ist, sind nämlich sogleich gehalten, den **Rechtsanwalt zurückzuweisen** (§ 156 Abs. 2). Mit der Verkündung führt das vorläufige Berufs- oder Vertretungsverbot bereits dazu, daß der Rechtsanwalt seine **Postulationsfähigkeit** nach § 244 ZPO einbüßt.[1] 2

II. Der Umfang des Verbotes

1. Das Berufsverbot

Das Berufsverbot dient als vorläufige Maßnahme der Gefahrenabwehr[2] und untersagt dem Rechtsanwalt zwar jede Berufsausübung, läßt aber seine Zulassung zur Rechtsanwaltschaft wie auch die Zulassung bei einem oder mehreren Gerichten unberührt.[3] Das Berufsverbot beinhaltet unter allen Aspekten das Vertretungsverbot und verbietet dem Rechtsanwalt darüber hinaus, seinen Auftraggebern Rechtsrat zu erteilen, Rechtsauskünfte zu geben, Entwürfe zu fertigen oder überhaupt geschäftsmäßig rechtsbesorgend tätig zu werden. Mit der Verhängung des Berufsverbotes entfällt die Rechtswirkung von Art. 1 § 3 Abs. 2 RBerG, wonach die Berufstätigkeit der Rechtsanwälte durch das RBerG nicht berührt wird. Diese Bestimmung gilt nämlich nur für die zulässige Tätigkeit des Rechtsanwalts und hängt nicht allein davon ab, daß die handelnde Person zur Rechtsanwalt zugelassen ist.[4] Mithin unterliegt der Rechtsanwalt, gegen den ein vorläufiges Berufsverbot verhängt ist, dem **Verbot zur geschäftsmäßigen Besorgung fremder Rechtsangelegenheiten** nach Art. 1 § 1 Abs. 1 S. 1 RBerG. 3

2. Das allgemeine Vertretungsverbot

Das allgemeine Vertretungsverbot nach § 150 Abs. 1 beschränkt das Verbot der beruflichen Betätigung auf schriftliche oder mündliche **Betätigung mit Außenwirkung**. So ist es dem Rechtsanwalt insbesondere verboten, vor einem Gericht, einer Behörde oder einem Schiedsgericht selbst aufzutreten, gegenüber diesen oder Kollegen, wie auch Gegnern unmittelbar Schriftsätze abzugeben. Das Verbot umfaßt auch die Herstellung des Einvernehmens nach § 4 Abs. 1 RADG. Die zulässige Tätigkeit des Rechtsanwalts beschränkt sich daher auf die Raterteilung, das Geben von Auskünften und die Erstellung von Entwürfen, soweit keine Außenwirkung entfaltet wird. 4

3. Auswirkungen für Anwaltsnotare

Wird gegen einen Anwaltsnotar ein Berufs- oder Vertretungsverbot nach § 150 erhängt, hat dies von Gesetzes wegen nach § 54 Abs. 4 Nr. 2 BNotO die vorläufige Amtsenthebung aus dem Notaramt für die Dauer des Berufs- oder Vertretungsverbots zur Folge. 5

4. Wahrnehmung eigener Angelegenheiten

Absatz 4 enthält die Klarstellung, daß auch der Rechtsanwalt, gegen den ein vorläufiges Berufs- oder Vertretungsverbot verhängt worden ist, seine eigenen 6

---

[1] BGHZ 66, 59 = MDR 1976, 487.
[2] § 150 Rdn. 2.
[3] BGHZ 111, 104 = NJW 1990, 1854 = NStZ 1990, 489; *Isele*; § 155 Anm. III. A. 1.; *Feuerich/Braun*, § 155 Rdn. 3.
[4] BGH NJW 1974, 1374; *Rennen/Caliebe*, Art. 1 § 3 Rdn. 24.

Dittmann

§ 156 1

Angelegenheiten wahrnehmen darf in Verfahren, in denen **anwaltliche Vertretung nicht geboten** ist (§ 79 ZPO). Damit stellt die Bestimmung klar, daß das vorläufige Berufs- oder Vertretungsverbot den Rechtsanwalt nicht schlechter stellt als andere Personen, die zur Rechtsanwaltschaft nicht zugelassen sind. Art. 1 § 1 Abs. 1 S. 1 RBerG verbietet die geschäftsmäßige Besorgung fremder Rechtsangelegenheiten; soweit dies verfahrensrechtlich möglich ist, kann jeder Bürger seine Rechte selbt wahrnehmen. Diese Möglichkeit soll auch dem Rechtsanwalt, gegen den ein vorläufiges Berufs- oder Vertretungsverbot ausgesprochen ist, nicht genommen werden. Die Bestimmung zieht in den **Kreis der eigenen Angelegenheiten** die des Ehegatten und der minderjährigen Kinder mit ein.

III. Wirksamkeit verbotswidriger Rechtshandlungen

7   Im Interesse der Rechtssicherheit bestimmt Absatz 5, daß Rechtshandlungen, die der unter einem vorläufigen Berufs- oder Vertretungsverbot stehende Rechtsanwalt vornimmt, oder die ihm gegenüber erfolgen, gleichwohl wirksam sind.[5] Für den **Zivilprozeß** nimmt die Rechtsprechung jedoch an, daß mit der Verkündung des vorläufigen Berufs- oder Vertretungsverbotes im Anwaltsprozeß eine Unterbrechung des Verfahrens nach § 244 Abs. 1 ZPO eintritt.[6] Das gilt auch, wenn sich der Rechtsanwalt, gegen den ein vorläufiges Berufs- oder Vertretungsverbot verhängt worden ist, im Anwaltsprozeß selbst vertritt (§ 78 Abs. 4).[7] Umstritten ist, ob der Rechtsanwalt, gegen den ein vorläufiges Berufs- oder Vertretungsverbot verhängt worden ist, im Strafverfahren gegen sich selbst Prozeßhandlungen vornehmen kann, die Rechtsanwälten vorbehalten sind.[8]

§ 156 Zuwiderhandlung gegen das Verbot

(1) **Der Rechtsanwalt, der einem gegen ihn ergangenen Berufs- oder Vertretungsverbot wissentlich zuwiderhandelt, wird aus der Rechtsanwaltschaft ausgeschlossen, sofern nicht wegen besonderer Umstände eine mildere anwaltsgerichtliche Maßnahme ausreichend erscheint.**

(2) **Gerichte oder Behörden sollen einen Rechtsanwalt, der entgegen einem Berufs- oder Vertretungsverbot vor ihnen auftritt, zurückweisen.**

Übersicht

	Rdn.		Rdn.
I. Zweck der Vorschrift	1	III. Die Zurückweisung durch Gerichte und Behörden	6–8
II. Die Ahndung der Zuwiderhandlung	2–5		

I. Zweck der Vorschrift

1   Die Vorschrift enthält zwei von einander unabhängige Regelungsinhalte. Absatz 1 bezeichnet für den Regelfall eines wissentlichen Verstosses gegen das Berufs- oder Vertretungsverbot als anwaltsgerichtliche Maßnahme die Ausschließung aus der Rechtsanwaltschaft. Absatz 2 verpflichtet Gerichte oder Behörden

---

[5] Amtl. Begr.
[6] BGHZ 111, 104 = NJW 1990, 1854 = NStZ 1990, 489.
[7] BGHZ 111, 104 = NJW 1990, 1854 = NStZ 1990, 489.
[8] Vgl. hierzu *Feuerich/Braun*, § 155 Rdn. 14 m.w. N.

Rechtsanwälte, gegen die ein Berufs- oder Vertretungsverbot verhängt worden ist, als Vertreter zurückzuweisen.

II. Die Ahndung der Zuwiderhandlung

Die in Absatz 1 enthaltene Sanktion der Ausschließung aus der Rechtsanwaltschaft setzt voraus, daß der Verstoß gegen das Verbot „**wissentlich**" begangen wird. In der Literatur[1] wird angenommen, es handele sich um einen „selbständigen materiell-rechtlichen Tatbestand". Nach der Rechtsprechung[2] stellt Absatz 1 „eine Sondervorschrift" dar, die die allgemeine Bestimmung zur Ahndung von Pflichtwidrigkeiten (§ 113) verdrängt. 2

Die anwaltsgerichtliche Ahndung nach Absatz 1 setzt die Feststellung voraus, daß der Verstoß „wissentlich" begangen wurde. In der Praxis ist es zu Schwierigkeiten gekommen, weil die Verhängung des Berufs- oder Vertretungsverbots bereits mit der Verkündung des Beschlusses wirksam wird (§ 155 Abs. 1), der Rechtsanwalt aber möglicherweise in der mündlichen Verhandlung gar nicht anwesend war. Um die zeitliche Differenz zwischen Wirksamwerden des Beschlusses und Kenntniserlangung durch den Rechtsanwalt, gegen den das Berufs- oder Vertretungsverbot ausgesprochen ist, zu verringern, ist die gesonderte Zustellung des Beschlußtenors „unverzüglich nach der Verkündung" (§ 154 S. 3) später in das Gesetz eingefügt worden.[3] Erfüllt ist das Tatbestandsmerkmal der „wissentlichen" Zuwiderhandlung, wenn dem Rechtsanwalt die Pflichtwidrigkeit seiner anwaltlichen Handlungen bewußt ist.[4] **Fehlende Kenntnis** von dem Verbot führt zu einem Vorsatz ausschließendem Irrtum, Zweifel am Bewußtsein hinsichtlich der Pflichtwidrigkeit sind nach den Regeln des strafrechtlichen Verbotsirrtums zu beurteilen.[5] 3

Eine Zuwiderhandlung liegt vor, wenn der Rechtsanwalt gegen das **Betätigungsverbot** nach § 150 oder § 161 a verstößt. Bei einem vorläufigen Berufsverbot erfüllt die Vornahme jeder anwaltlichen Tätigkeit – mit Ausnahme der in eigenen Angelegenheiten oder für nahe Angehörige (§ 155 Abs. 4) – den Tatbestand. Bei einem umfassenden Vertretungsverbot ist jede Handlung mit Außenwirkung ein Verstoß. Einem gegenständlich **beschränkten Vertretungsverbot** handelt der Rechtsanwalt zuwider, wenn er auf dem verbotenen Rechtsgebiet in irgendeiner Weise als Vertreter oder Beistand tätig wird. Es ist ihm auch versagt, auf dem verbotenen Rechtsgebiet als amtlich bestellter Vertreter für einen Rechtsanwalt, gegen den ein Verbot nicht besteht, tätig zu werden. Wird er gleichwohl tätig, stellt dies eine Zuwiderhandlung dar.[6] 4

Im Regelfall hat der Verstoß die Ausschließung aus der Rechtsanwaltschaft zur Folge. Diese schwere Sanktion rechtfertigt die amtliche Begründung damit, daß der Rechtsanwalt durch die Sanktion davon abgehalten werden soll, dem Verbot zuwiderzuhandeln. Verfassungsrechtlich dies allenfalls, weil dem Gericht die Möglichkeit eröffnet ist, „**wegen besonderer Umstände**" auf eine weniger einschneidende anwaltsgerichtliche Maßnahme zu erkennen.[7] Fälle, in denen von der Milderungsmöglichkeit in der Praxis Gebrauch gemacht worden 5

---

[1] *Isele*, § 156 Anm. III. A.; *Feuerich*, § 156 Rdn. 1.
[2] BGH NJW 1983, 1072 = BRAK-Mitt. 1983, 91.
[3] Gesetz vom 13. Dezember 1989 (BGBl. I, S. 2135).
[4] BGH NJW 1983, 1072 = BRAK-Mitt. 1983, 91.
[5] Siehe Fn. 4.
[6] Siehe Fn. 4.
[7] *Kalsbach*, § 156 Anm. 1.

ist, sind aufgrund von Veröffentlichungen nicht bekannt. Denkbar erschiene jedoch, daß es einen Milderungsgrund darstellen könnte, wenn der Rechtsanwalt, um auf andere Weise nicht abzuwendenden Schaden für seinen Mandanten zu vermeiden, gegen das Verbot verstößt.

III. Die Zurückweisung durch Gerichte und Behörden

6   Die Bestimmung hat im Hinblick darauf, daß die Vehängung eines Berufs- oder Vertretungsverbotes nur einem eng begrenztem Kreis von Stellen zugänglich gemacht wird (§ 160), nur sehr geringe praktische Bedeutung. Absatz 2 ergänzt die Bestimmung des § 155 Abs. 5, wonach die verbotswidrig vom Rechtsanwalt **vorgenommenen Handlungen wirksam** bleiben, und fordert Gerichte und Behörden auf, den Rechtsanwalt „zurückzuweisen". Dazu bedarf es einer entsprechenden Entscheidung von Gericht oder Behörde. Insofern unterscheidet sich die Bestimmung von der des § 157 Abs. 1 ZPO, wonach die dort nicht genannten Personen von der mündlichen Verhandlung „ausgeschlossen" sind. In der amtlichen Begründung wurde Absatz 2 als Erweiterung von § 157 ZPO angesehen, was den Schluß zuläßt, daß die Zurückweisung in ähnlicher Weise wie die Untersagung weiteren Vortrags nach § 157 Abs. 2 ZPO von statten gehen soll.

7   Umstritten ist, ob Gerichte und Behörden auch aufgefordert sind, **schriftliche Anträge** und sonstige Schriftsätze des mit einem Berufs- oder Vertretungsverbots belegten Rechtsanwalts zurückzuweisen. *Feuerich*[8] ist der Auffassung, die Zurückweisungsmöglichkeit erstreckte sich auf die Einreichung von Anträgen und Schriftsätzen. Gestützt wird diese Auffassung auf die amtliche Begründung für den im Jahr 1976 eingefügten § 114 a, die ausdrücklich von einem Verbot des schriftlichen Verkehrs spreche. Demgegenüber hält es *Blumberg*[9] mit dem Wortlaut des Absatz 2 für unvereinbar, daß unter „Auftreten" auch die Abfassung schriftlicher Eingaben verstanden werden soll.

8   Daß sich das Zurückweisungsgebot nicht auch auf schriftliche Eingaben und Anträge des Rechtsanwalts erstreckt, ist aus einer Gegenüberstellung des Wortlauts von Absatz 2 und des Wortlauts von § 155 in der ursprünglichen Fassung zu folgern. § 155 Abs. 3 konkretisierte das Verbot zur Tätigkeit dahin, daß der Rechtsanwalt nicht vor einem „Gericht, vor Behörden oder einem Schiedsgerichts in Person auftreten" oder mit Gerichten und anderen Stellen „schriftlich verkehren" dürfte. Daraus ergibt sich, daß der Gesetzgeber durchaus einen Unterschied sah zwischen dem „Auftreten" und dem „schriftlichen verkehren" mit Gerichten und anderen Stellen. Auf den gesetzgeberischen Willen ist zu schließen, daß das Zurückweisungsgebot nicht auch den schriftlichenVerkehr erfassen sollte. Demgegenüber lassen die Überlegungen des Gesetzgebers bei einer späteren Änderung (§ 114 a) nicht auf den ursprünglichen Willen bei Schaffung des § 156 Abs. 2 schließen.

§ 157 Beschwerde

(1) **Gegen den Beschluß, durch den das Anwaltsgericht oder der Anwaltsgerichtshof ein Berufs- oder Vertretungsverbot verhängt, ist die sofortige Beschwerde zulässig. Die Beschwerde hat keine aufschiebende Wirkung.**

---

[8] *Feuerich*, § 156 Rdn. 8 ff. m.w.N..
[9] *Jessnitzer/Blumberg*, § 155 Rdn. 3. m.w.N..

§ 157 Beschwerde 1–4 § 157

(2) Gegen den Beschluß, durch den das Anwaltsgericht oder der Anwaltsgerichtshof es ablehnt, ein Berufs- oder Vertretungsverbot zu verhängen, steht der Staatsanwaltschaft die sofortige Beschwerde zu.

(3) Über die sofortige Beschwerde entscheidet, sofern der angefochtene Beschluß von dem Anwaltsgericht erlassen ist, der Anwaltsgerichtshof und, sofern er vor dem Anwaltsgerichtshof ergangen ist, der Bundesgerichtshof. Für das Verfahren gelten neben den Vorschriften der Strafprozeßordnung über die Beschwerde § 151 Abs. 1, 2 und 4 sowie §§ 152 und 154 dieses Gesetzes entsprechend.

Übersicht

	Rdn.		Rdn.
I. Zweck der Vorschrift	1–3	1. Zuständigkeit	5
II. Fälle der sofortigen Beschwerde	4	2. Beschwerdeeinlegung	6
III. Die gerichtliche Entscheidung	5–9	3. Das gerichtliche Verfahren	7

I. Zweck der Vorschrift

Die Vorschrift enthält die **Rechtsmittel** des Rechtsanwalts gegen die Verhängung des vorläufigen Berufs- und Vertretungsverbotes (Abs. 1), der Staatsanwaltschaft gegen die Ablehnung einer solchen Maßnahme (Abs. 2), die Zuständigkeit der Rechtsmittelgerichte und das gerichtliche Verfahren (Abs. 3). 1

Die sofortige Beschwerde ist sowohl für den Rechtsanwalt wie auch für die Staatsanwaltschaft das einzige zulässige Rechtsmittel gegen eine beschwerende Entscheidung über ein vorläufiges Berufs- oder Vertretungsverbot. Eine gerichtliche Nachprüfung nach § 223 findet nicht statt, denn die Verhängung des vorläufigen Berufs- und Vertretungsverbotes ist eine vorläufige **Maßnahme im Disziplinarverfahren**, für die ausschließlich die Bestimmungen dieses Verfahrens gelten. Dies gilt auch für den auf Verhängung der Staatsanwaltschaft gerichteten Antrag, der keinen selbständigen Verwaltungsakt im Sinne des § 223 darstellt.[1]

Gegen eine zweitinstanzliche Entscheidung ist – gleich wie sie lautet – ein Rechtsbehelf, insbesondere eine **weitere Beschwerde nicht** gegeben. Das gilt auch, wenn auf sofortige Beschwerde der Staatsanwaltschaft erst in der Beschwerdeinstanz ein vorläufiges Berufs- oder Vertretungsverbot verhängt wird.[2] Eine Aufhebung des Verbotes nach § 159 kann selbstverständlich stets erfolgen. 2

Aufschiebende Wirkung hat die Beschwerde nicht (Abs. 1 S. 2). Das Beschwerdegericht kann aber nach Absatz 3 Satz 2 i. V. m. §§ 311, 307 Abs. 2 StPO die **Aussetzung der Vollziehung** des Berufs- oder Vertretungsverbotes anordnen.[3] 3

II. Fälle der sofortigen Beschwerde

Gegen die Verhängung eines vorläufigen Berufs- oder Vertretungsverbotes können der Rechtsanwalt und die Staatsanwaltschaft zu dessen Gunsten sofortige Beschwerde einlegen (Abs. 1). Wird der Antrag auf Verhängung eines vorläufigen Berufs- oder Vertretungsverbotes abgelehnt, kann die Staatsanwaltschaft mit der 4

---

[1] *Feuerich/Braun*, § 157 Rdn. 1.
[2] BGHSt 19, 4 = NJW 1963, 2038 = EGE VII 176; BGHSt 20, 68 = NJW 1964, 2118 = EGE VIII 58.
[3] EGH Schleswig BRAK-Mitt. 1983, 143.

sofortigen Beschwerde Nachprüfung der Entscheidung durch die nächste gerichtliche Instanz beantragen. Sofern die erstinstanzliche anwaltsgerichtliche Entscheidung sowohl den Rechtsanwalt wie auch die Staatsanwaltschaft beschwert, steht beiden das Rechtsmittel der sofortigen Beschwerde zu. Das ist etwa der Fall, wenn die Staatsanwaltschaft die Verhängung eines vorläufigen Berufsverbots beantragt hatte, das Gericht jedoch lediglich ein allgemeines oder gegenständlich beschränktes Vertretungsverbot verhängt hat. Gleiches gilt, wenn die Entscheidung des Gerichts statt des von der Staatsanwaltschaft beantragten allgemeinen Vertretungsverbotes auf ein gegenständlich Beschränktes lautet. Wird dagegen der Anwaltssenat des BGH in erster Instanz mit der Angelegenheit befaßt (§ 163), gibt es auch gegen die vorläufige Maßnahme keinen Rechtsbehelf.

III. Die gerichtliche Entscheidung

1. Zuständigkeit

5   Stammt die anzugreifende Entscheidung vom Anwaltsgericht, ist für die Beschwerdeentscheidung der Anwaltsgerichtshof zuständig (Abs. 3 S. 1). Ergeht dagegen die Entscheidung über das vorläufige Berufs- oder Vertretungsverbot erstmalig im Berufungsrechtszug der Hauptsache durch den Anwaltsgerichtshof, entscheidet der Anwaltssenat des BGH über die sofortige Beschwerde (Abs. 3 S. 1).

2. Beschwerdeeinlegung

6   Die sofortige Beschwerde ist bei dem Gericht einzulegen, das die Entscheidung erlassen hat (Abs. 3 S. 2 i. V. m. § 306 Abs. 1 StPO). In jedem Fall muß die Beschwerde schriftlich eingelegt werden, die Einlegung zu Protokoll der Geschäftsstelle ist im anwaltsgerichtlichen Verfahren nicht möglich. Eine Begründung des Beschwerdevorbringens ist gesetzlich nicht notwendig, wohl aber ratsam.[4] Die **Frist zur Einlegung** der sofortigen Beschwerde beträgt eine Woche (Abs. 3 S. 2 i. V. m. § 311 Abs. 2 StPO). Die Rechtsmittelfrist beginnt mit der Bekanntmachung der Entscheidung zu laufen (§ 116 S. 2 i. V. m. § 35 StPO).

3. Das gerichtliche Verfahren

7   Das Gericht muß auch in der Beschwerdeinstanz aufgrund **mündlicher Verhandlung** entscheiden, wenn es ein ausgesprochenes vorläufiges Berufs- oder Vertretungsverbot bestätigt oder ein solches erstmalig ausspricht (Abs. 3 S. 2 i. V. m. § 151 Abs. 1). Einer mündlichen Verhandlung im Beschwerderechtszug bedarf es mithin nicht, wenn nach der Aktenlage bereits die Ablehnung der Verhängung eines Verbotes bestätigt oder die Anordnung eines Verbotes aufgehoben wird. Eine mündliche Verhandlung braucht gleichfalls nicht zu erfolgen, wenn gegen die Verhängung eines vorläufigen Berufs- oder Vertretungsverbotes in der Beschwerdeinstanz eine weitere unstatthafte Beschwerde eingelegt wird.[5]

8   Fraglich ist, ob über die Verhängung des vorläufigen Berufs- oder Vertretungsverbotes in der Beschwerdeinstanz mündlich zu verhandeln ist, wenn der Anwaltsgerichtshof den Rechtsanwalt zur Berufungshauptverhandlung und zur Verhandlung über die sofortige Beschwerde gegen das Verbot in einem Termin geladen hat. Nach § 143 Abs. 4 i. V. m. § 329 Abs. 1 S. 1 StPO kann der An-

---

[4] § 142 Rdn. 5.
[5] BGHSt 19, 4 = NJW 1963, 2038 = EGE VII, 176; BGHSt 20, 68 = NJW 1964, 2118 = EGE VIII 58.

waltsgerichtshof die Berufung ohne Verhandlung zur Sache verwerfen, wenn der Rechtsanwalt ohne ausreichende Entschuldigung zum Termin nicht erscheint. Da sich die Möglichkeit des Verzichts auf eine Verhandlung zur Sache nach dem Wortlaut des Gesetzes ausschließlich auf das Berufungsverfahren, nicht auch auf das Beschwerdeverfahren bezieht, erscheint es verfahrensrechtlich sicherer, zu dem vorläufigen Berufs- oder Vertretungsverbot mündlich zu verhandeln. Nach Absatz 3 Satz 2 i. V. m. § 151 Abs. 4 bestimmt das Gericht auch in der Beschwerdeinstanz den Umfang der Beweisaufnahme nach pflichtmäßigem Ermessen.

Die Verhängung des vorläufigen Berufs- oder Vertretungsverbotes bedarf auch in der Beschwerdeinstanz der **qualifizierten Mehrheit** des § 152 Abs. 3 S. 2, so daß sich mindestens vier Mitglieder des Senats des Anwaltsgerichtshofs oder sechs des Anwaltssenats des Bundesgerichtshofes für das Verbot aussprechen müssen. Wie der erstinstanzliche Beschluß ist die Entscheidung des Beschwerdegerichts zuzustellen und es ist der Beschluß, auch wenn er nicht anfechtbar ist, in jedem Fall mit einer schriftlichen Begründung zu versehen (Abs. 3 S. 2 i. V. m. § 154). **9**

§ 158 Außerkrafttreten des Verbotes

Das Berufs- oder Vertretungsverbot tritt außer Kraft,
1. wenn ein nicht auf Ausschließung lautendes Urteil ergeht;
2. wenn die Eröffnung des Hauptverfahrens vor dem Anwaltsgericht abgelehnt wird.

I. Zweck der Vorschrift

Die Bestimmung regelt die Fälle, in denen das vorläufige Berufs- oder Vertretungsverbot von Gesetzes wegen außer Kraft tritt.[6] Nach allgemeiner Meinung[7] tritt die Rechtsfolge nach Satz 1 nicht erst ein, wenn das Urteil rechtskräftig wird, sondern bereits mit dessen **Verkündung**. Danach besteht ein vorläufiges Vertretungsverbot auch dann nicht fort, wenn das Urteil im Hauptverfahren auf Verhängung eines Vertretungsverbotes nach § 114 Abs. 1 Nr. 4 lautet. Es stellt eine Ungereimtheit dar, daß in dem Zeitraum zwischen Verkündung des Urteils und Rechtskraft desselben in diesem Fall das vorläufige Vertretungsverbot nicht weiter gilt. **1**

II. Das Außerkrafttreten des Verbotes

Das vorläufige Berufs- oder Vertretungsverbot tritt mit jedem Urteil, das nicht auf Ausschließung aus der Rechtsanwaltschaft lautet, außer Kraft, gleichgültig in welcher Instanz es ergeht. Entsprechendes gilt, wenn das Anwaltsgericht die Eröffnung des Hauptverfahrens ablehnt. Die Rechtswirkung tritt ein, wenn das zuständige Anwaltsgericht sich des Beschlusses, in dem die Ablehnung des Hauptverfahrens erfolgt, entäußert.[8] Damit entspricht Satz 2 der Bestimmung von Satz 1, wonach es nicht auf die Rechtskraft der getroffenen Entscheidung ankommt. **2**

Das vorläufige Berufs- oder Vertretungsverbot wird gegenstandslos, wenn der Betroffene der Rechtsanwaltschaft nicht mehr angehört. Dies kann seinen Grund darin haben, daß er durch rechtskräftiges Urteil aus der Rechtsanwaltschaft ausgeschlossen ist oder daß seine Zulassung zur Rechtsanwaltschaft rechtskräftig zurückgenommen oder widerrufen wurde. **3**

---

[6] *Isele*, § 158 Anm. II. A.
[7] *Feuerich/Braun*, § 158 Rdn. 2 m. w. N.
[8] *Feuerich/Braun*, § 158 Rdn. 3.

§ 159 Aufhebung des Verbotes

(1) **Das Berufs- oder Vertretungsverbot wird aufgehoben, wenn sich ergibt, daß die Voraussetzungen für seine Verhängung nicht oder nicht mehr vorliegen.**

(2) **Über die Aufhebung entscheidet das nach § 150 Abs. 3 zuständige Gericht.**

(3) **Beantragt der Rechtsanwalt, das Verbot aufzuheben, so kann eine erneute mündliche Verhandlung angeordnet werden. Der Antrag kann nicht gestellt werden, solange über eine sofortige Beschwerde des Rechtsanwalts nach § 157 Abs. 1 noch nicht entschieden ist. Gegen den Beschluß, durch den der Antrag abgelehnt wird, ist eine Beschwerde nicht zulässig.**

Übersicht

	Rdn.		Rdn.
I. Zweck der Vorschrift	1	III. Das gerichtliche Verfahren	4–7
II. Materiell-rechtliche Voraussetzungen für die Aufhebung	2, 3	IV. Rechtsmittel	8, 9

I. Zweck der Vorschrift

1   Die Vorschrift regelt die Beseitigung des vorläufigen Berufs- oder Vertretungsverbotes **außerhalb des Rechtsmittelzuges**. Das vorläufige Berufs- oder Vertretungsverbot ist aufzuheben, wenn die Voraussetzungen für seine Verhängung von vornherein nicht vorlagen. Gleiches gilt für den Fall, daß die Voraussetzungen für die Verhängung inzwischen weggefallen sind. Zudem wird das Verfahren geregelt.

II. Materiell-rechtliche Voraussetzungen für die Aufhebung

2   Das vorläufige Berufs- oder Vertretungsverbot ist aufzuheben, wenn die Voraussetzungen für seine Verhängung nicht gegeben sind. Mit dieser Bestimmung wird neben dem befristeten Rechtsbehelf der sofortigen Beschwerde nach § 157 dem Rechtsanwalt die Möglichkeit eröffnet, die **Rechtmäßigkeit des ursprünglichen Beschlusses** gerichtlich nachprüfen zu lassen. An den Voraussetzungen für die Verhängung des vorläufigen Verbotes fehlt es, wenn das Verbot aufgrund zu Unrecht bewerteter Tatsachen oder infolge verfehlter rechtlicher Würdigung verhängt worden ist.[1]

3   Die Aufhebung des vorläufigen Berufs- oder Vertretungsverbotes hat zudem zu erfolgen, wenn **neue rechtliche oder tatsächliche Umstände** dies gebieten. Dies ist insbesondere der Fall, wenn das Ermittlungsverfahren aus Opportunitätsgründen oder nach § 116 S. 2 i. V. m. § 170 Abs. 2 StPO eingestellt wird oder ein Verfahrenshindernis eingetreten ist.

III. Das gerichtliche Verfahren

4   Aufgrund der Verweisung in Absatz 2 ist in den Fällen, in denen das anwaltsgerichtliche Verfahren noch nicht eingeleitet ist, das **Anwaltsgericht zuständig**.

---

[1] *Isele*, § 159 Anm. II. A. 1.

Ist das anwaltsgerichtliche Verfahren dagegen eingeleitet, ist zuständig das Gericht der Anwaltsgerichtsbarkeit, bei dem das **Verfahren anhängig** ist (§ 150 Abs. 3).

Sofern der Rechtsanwalt beantragt, das Verbot aufzuheben, steht es dem Gericht frei, aufgrund mündlicher Verhandlung zu entscheiden (Abs. 3 Satz 1). Es wird von dieser Möglichkeit Gebrauch machen, wenn der Rechtsanwalt zur Stützung seines Antrages neue Beweismittel benennt. Das zuständige Gericht kann aber auch die Beweisaufnahme durch den beauftragten oder ersuchten Richter durchführen lassen. Ein Antrag des Rechtsanwalts auf Aufhebung des Verbotes nach § 159 ist subsidiär gegenüber seiner sofortigen Beschwerde nach § 157 Abs. 1 (Abs. 3 S. 2). Solange über eine sofortige Beschwerde des Rechtsanwalts nach § 157 noch nicht entschieden ist, muß der Antrag des Rechtsanwalts nach § 159 als unzulässig zurückgewiesen werden. 5

Ein Antrag des Rechtsanwalts, das Verbot aufzuheben, ist jedoch nicht Voraussetzung für eine entsprechende Entscheidung. Auch die Staatsanwaltschaft kann dies beantragen, das Gericht selbst kann **von Amts wegen** tätig werden, wenn die Voraussetzungen für ein Aufrechterhalten des Verbotes nicht oder nicht mehr bestehen. 6

Die Entscheidung des Gerichts kann dahin lauten, daß das vorläufige Berufs- oder Vertretungsverbot aufgehoben wird, es fortbesteht, oder das vorläufige Berufsverbot in ein vorläufiges Vertretungsverbot abgemildert wird. Rechtskraft erlangt der das Begehren auf Aufhebung zurückweisende Beschluß nur insoweit, als über den gestellten Antrag entschieden wird. Eine erneute Antragstellung führt indes nicht zur Unzulässigkeit des Antrags. 7

IV. Rechtsmittel

Dem Rechtsanwalt, dessen Antrag auf Aufhebung des vorläufigen Berufs- oder Vertretungsverbotes zurückgewiesen wird, steht ein Rechtsbehelf nicht zu (Abs. 3 S. 3). Verfassungsrechtlich unbedenklich ist es, daß für die gerichtliche Nachprüfung des Aufhebungsbegehrens lediglich eine Instanz zur Verfügung steht.[2] 8

Der Gegenschluß zu Absatz 3 Satz 3 verdeutlicht, daß der Staatsanwaltschaft nach § 116 S. 2 i. V. m. § 304 StPO die Beschwerde zusteht, wenn das zuständige Gericht dem Antrag auf Aufhebung des vorläufigen Berufs- oder Vertretungsverbots des Rechtsanwalts entsprochen oder einen Antrag auf Aufhebung der Staatsanwaltschaft abgelehnt hat. Da der Gesetzgeber darauf verzichtet hat, insoweit nur die sofortige Beschwerde zuzulassen, kann die Staatsanwaltschaft die gerichtlichen Entscheidungen mit der Beschwerde angreifen.[3] 9

§ 159 a Dreimonatsfrist

(1) Solange das anwaltsgerichtliche Verfahren noch nicht eingeleitet ist, darf ein Berufs- oder Vertretungsverbot über drei Monate hinaus nur aufrechterhalten werden, wenn die besondere Schwierigkeit oder der besondere Umfang der Ermittlungen oder ein anderer wichtiger Grund die Einleitung des anwaltsgerichtlichen Verfahrens noch nicht zuläßt und die Fortdauer des Verbotes rechtfertigt.

---

[2] *Feuerich/Braun,* § 159 Rdn. 11 m.w. N.
[3] A. A. *Feuerich/Braun,* § 159 Rdn. 12.

(2) In den Fällen des Absatzes 1 ist das Verbot nach Ablauf der drei Monate aufzuheben, wenn der Anwaltsgerichtshof nicht dessen Fortdauer anordnet.

(3) **Werden die Akten dem Anwaltsgerichtshof vor Ablauf der in Absatz 2 bezeichneten Frist vorgelegt, so ruht der Fristenlauf bis zu dessen Entscheidung.**

Übersicht

	Rdn.		Rdn.
I. Zweck der Vorschrift	1	3. Verhinderung der Anschuldigung	4
II. Die Voraussetzungen für die Aufrechterhaltung des vorläufigen Verbotes	2–6	4. Rechtfertigung der Fortdauer des Verbots	6
1. Ermittlungsverfahren	2	III. Das gerichtliche Verfahren	7–9
2. Dreimonatsfrist	3		

I. Zweck der Vorschrift

1   Nach dem Vorbild des § 121 StPO verfolgt die Bestimmung den Zweck, zu gewährleisten, daß die Gebote der Rechtsstaatlichkeit bei der Verhängung eines vorläufigen Berufs- oder Vertretungsverbots auf die bestmögliche Weise gewahrt sind. Das Berufs- oder Vertretungsverbot hat, obwohl es sich lediglich um eine **vorbeugende Maßnahme** zum Schutz von Allgemeininteressen handelt, für den betroffenen Rechtsanwalt unter Umständen irreparable Wirkung.[1] Mittelbar hält die Vorschrift die Staatsanwaltschaft an, die notwendigen Ermittlungen gegen den Rechtsanwalt mit Nachdruck zu betreiben und dafür zu sorgen, daß die vorläufige Präventivmaßnahme des Berufs- oder Vertretungsverbotes möglichst rasch durch Einleitung des anwaltsgerichtlichen Verfahrens (§ 121) dem zuständigen Gericht in der Hauptverhandlung zur Prüfung unterbreitet wird. Den besonderen vorläufigen Charakter der Verhängung eines Berufs- oder Vertretungsverbotes nach § 150 unterstreicht die Verpflichtung zur richterlichen Nachprüfung des Verbotes in Zeitabständen von höchstens drei Monaten (§ 159 b Abs. 3).

II. Die Voraussetzungen für die Aufrechterhaltung des vorläufigen Verbotes

1. Ermittlungsverfahren

2   Die besonderen Garantien der §§ 159 a und 159 b gelten nur solange, wie durch Einreichung einer Anschuldigungsschrift das anwaltsgerichtliche Verfahren noch nicht eingeleitet ist (Abs. 1). Ist die Anschuldigungsschrift eingereicht, prüft das angerufene Gericht die Voraussetzungen für den Fortbestand des vorläufigen Berufs- oder Vertretungsverbotes nach § 159. Im Hinblick auf die Besonderheiten des anwaltsgerichtlichen Verfahrens unterscheidet sich die Bestimmung von der des § 121 StPO, die die Haftprüfung nach sechs Monaten vorsieht, wenn nicht ein Urteil – nicht lediglich eine Anklageschrift – vorliegt.

2. Dreimonatsfrist

3   Die Frist beginnt mit der **Verkündung des Beschlusses** zu laufen (§ 155 Abs. 1), auch wenn der Rechtsanwalt bei der Verkündung nicht anwesend war.

---

[1] BVerfGE 48, 292 = NJW 1978, 1479 = EGE XIV, 319 = AnwBl. 1978, 306.

Über den Zeitraum von drei Monaten hinaus darf die **Fortdauer** des vorläufigen Berufs- oder Vertretungsverbotes nur angeordnet werden, wenn einer der besonderen in Absatz 1 genannten Gründe die Einreichung der Anschuldigungsschrift hindert und dieser Grund zugleich das vorläufige Verbot weiterhin rechtfertigt.

3. Verhinderung der Anschuldigung

Aufrechterhalten werden darf das vorläufige Berufs- oder Vertretungsverbot 4 über drei Monate hinaus nur, wenn die besonderen Gründe in Absatz 1 der Einleitung des anwaltsgerichtlichen Verfahrens entgegenstehen. Die Gründe entsprechen im Wortlaut denen des § 121 StPO, wonach die Fortdauer der Untersuchungshaft über sechs Monate hinaus angeordnet werden kann. Von besonderer **Schwierigkeit** oder besonderem **Umfang der Ermittlungen** ist insbesondere auszugehen, wenn die im Ermittlungsverfahren aufzuklärenden Sachverhalte besonders zahlreich und umfangreich sind, ausländische Zeugen nur schwer erreicht werden können oder Sachverständigengutachten einzuholen sind, deren Erstellung sehr zeitaufwendig ist.

Ein „**anderer wichtiger Grund**" kann nur angenommen werden, wenn den 5 im Gesetz ausdrücklich genannten Gründen vergleichbare vorliegen; enge Auslegung ist geboten.[2] Besonderen Wert legt die Rechtsprechung darauf, daß die Staatsanwaltschaft und die Gerichte in zumutbarer Weise alles unternommen haben, um für einen raschen Abschluß des Ermittlungsverfahrens zu sorgen.[3] Als wichtiger Grund, der der Einleitung des anwaltsgerichtlichen Verfahrens entgegensteht, kann nicht angesehen werden, daß parallel ein strafrechtliches Ermittlungsverfahren geführt wird oder bereits Anklage erhoben ist.[4] Es ist nämlich grundsätzlich nicht zu erkennen, warum ein solches Verfahren die Einleitung des anwaltsgerichtlichen Verfahrens nicht zulassen sollte.

4. Rechtfertigung der Fortdauer des Verbots

Weitere Voraussetzung ist selbstverständlich, daß das vorläufige Berufs- oder 6 Vertretungsverbot weiterhin bei **Abwägung der Interessen** des Rechtsanwalts an der Ausübung seines Berufes mit denen der Allgemeinheit an einer Präventivmaßnahme zur Abwehr konkreter Gefahren erforderlich ist. Zu untersuchen ist dabei auch, ob nicht möglicherweise eine mildere vorläufige Maßnahme den Schutzinteressen gerecht wird.

III. Das gerichtliche Verfahren

Absatz 2 und 3 enthalten verfahrensrechtliche Bestimmungen insofern, als dem 7 Anwaltsgerichtshof Fristen zur Entscheidung vorgegeben werden. Absatz 2 besagt, daß der Anwaltsgerichtshof nach Ablauf von drei Monaten über die **Fortdauer** des vorläufigen Verbots zu befinden hat, wenn dieses nicht zuvor bereits vom Anwaltsgericht aufgehoben wurde.

Die **Frist zur Entscheidung** für den Anwaltsgerichtshof nach Absatz 2 ruht 8 jedoch von dem Zeitpunkt an, zu dem die Akten innerhalb der Dreimonatsfrist dem Anwaltsgerichtshof zur Entscheidung vorgelegt werden (Abs. 3). Eine Automatik dergestalt, daß die Vorlage der Akten an den Anwaltsgerichtshof nach

---

[2] BVerfGE 20, 45, 50 = NJW 1966, 1259; BVerfGE 53, 152, 159 = NJW 1980, 1448; (beide zu § 121 StPO).

[3] *Kleinknecht/Meyer-Goßner*, § 121 Rdn. 19.

[4] *Feuerich/Braun*, § 159 a Rdn. 8.

Ablauf der Dreimonatsfrist unabhängig vom Vorliegen der materiellen Voraussetzungen zur Aufhebung des vorläufigen Verbotes führt, besteht nicht.[5]

9 Ansonsten ist das gerichtliche Verfahren in § 159 b geregelt.

§ 159 b Prüfung der Fortdauer des Verbotes

(1) **In den Fällen des § 159 a legt das Anwaltsgericht die Akten durch Vermittlung der Staatsanwaltschaft dem Anwaltsgerichtshof zur Entscheidung vor, wenn es die Fortdauer des Verbotes für erforderlich hält oder die Staatsanwaltschaft es beantragt.**

(2) **Vor der Entscheidung des Anwaltsgerichtshofes ist der Rechtsanwalt zu hören.**

(3) **Die Prüfung der Fortdauer des Verbotes muß jeweils spätestens nach drei Monaten von dem Anwaltsgerichtshof wiederholt werden, solange das anwaltsgerichtliche Verfahren noch nicht eingeleitet ist.**

Übersicht

	Rdn.		Rdn.
I. Prüfung durch das Anwaltsgericht und die Staatsanwaltschaft	1, 2	III. Weitere Prüfungen bei Fortdauer des Verbots	5, 6
II. Das Verfahren des Anwaltsgerichtshofs	3, 4	IV. Rechtsmittel	7

I. Prüfung durch das Anwaltsgericht und die Staatsanwaltschaft

1 Zunächst hat das Anwaltsgericht, das das vorläufige Berufs- oder Vertretungsverbot verhängt hat, zu prüfen, ob es die **Voraussetzungen für die Aufrechterhaltung** des Verbots nach § 159 Abs. 1 für gegeben hält. Bejaht dies das Anwaltsgericht und nimmt es darüber hinaus das Vorliegen der Voraussetzungen für eine Verlängerung des vorläufigen Verbots nach § 159 a Abs. 1 an, so leitet es die Akten dem Anwaltsgerichtshof über die Staatsanwaltschaft zu. An einen Antrag der Staatsanwaltschaft ist das Anwaltsgericht nicht gebunden.

2 Hält die Staatsanwaltschaft die Voraussetzungen für eine Verlängerung des vorläufigen Berufs- oder Vertretungsverbotes für gegeben, so beantragt sie die Vorlage durch das Anwaltsgericht unter ihrer Einschaltung beim Anwaltsgerichtshof. In diesem Fall trifft das Anwaltsgericht seinerseits keine Entscheidung.

II. Das Verfahren des Anwaltsgerichtshofs

3 Vor der Entscheidung des Anwaltsgerichtshofs muß der Rechtsanwalt gehört worden sein. Bringt die Staatsanwaltschaft **neue Tatsachen oder Beweisergebnisse** in das Verfahren ein, ist dem Rechtsanwalt die Stellungnahme der Staatsanwaltschaft zu eröffnen (§ 116 S. 2 i. V. m. § 33 Abs. 3 StPO).

4 Der Anwaltsgerichtshof ist nicht verpflichtet, mündlich zu verhandeln, eine mündliche Verhandlung ist ihm indes freigestellt. Die Entscheidung ergeht im Regelfall nach der Aktenlage durch **Beschluß**, wobei der Beschluß einer Begründung bedarf. Dem Anwaltsgerichtshof steht es auch frei, Beweise zu erheben, wobei er dies in entsprechender Anwendung von § 151 Abs. 4 nach pflichtgemä-

---

[5] *Feuerich/Braun*, § 159 b Rdn. 13; für § 121 StPO: OLG Stuttgart MDR 1982, 517; OLG Bamberg NStZ 1981, 403.

§ 160 Mitteilung des Verbots

ßem Ermessen tun kann, ohne an Anträge von Staatsanwaltschaft oder Rechtsanwalt gebunden zu sein.

III. Weitere Prüfungen bei Fortdauer des Verbots

In einem zeitlichen Abstand von **höchstens drei Monaten** hat der Anwaltsgerichtshof die Voraussetzungen der Fortdauer des Verbots zu prüfen (Abs. 3). Diese Pflicht entfällt, wenn zwischenzeitlich das anwaltsgerichtliche Verfahren eingeleitet worden ist und das angerufene Anwaltsgericht nach § 159 zu entscheiden hat. Das Verfahren bei der Anordnung weiterer Fortdauer des vorläufigen Verbotes ist das gleiche wie bei der ersten Anordnung der Fortdauer; insbesondere ist der Rechtsanwalt vor der Entscheidung zu hören.

Die Prüfungspflicht nach Absatz 3 steht einer **Aufhebung** des vorläufigen Verbots **durch das Anwaltsgericht** nach § 159 Abs. 1 nicht im Wege.[1] Die Zuständigkeit des Anwaltsgerichts nach § 159 Abs. 2 bleibt unberührt, § 159 b Abs. 3 verschafft vielmehr eine fristgebundene wiederkehrende Nachprüfung des Vorliegens der besonderen Voraussetzungen von § 159 a.

IV. Rechtsmittel

Gegen die Entscheidung des Anwaltsgerichts, dem Anwaltsgerichtshof nach Absatz 1 die Akten zur Entscheidung vorzulegen, können weder Staatsanwaltschaft noch Rechtsanwalt ein Rechtsmittel erheben. Hebt dagegen das Anwaltsgericht bereits nach § 159 Abs. 1 das vorläufige Berufs- oder Vertretungsverbot auf, so steht der Staatsanwaltschaft die Beschwerde zu.[2] Die Entscheidungen des Anwaltsgerichtshofs sind nach § 116 S. i. V. m. § 304 Abs. 4 S. 2 StPO unanfechtbar.[3]

§ 160 Mitteilung des Verbotes

(1) **Der Beschluß, durch den ein Berufs- oder Vertretungsverbot verhängt wird, ist alsbald der Landesjustizverwaltung und dem Präsidenten der Rechtsanwaltskammer in beglaubigter Abschrift mitzuteilen.**

(2) **Eine beglaubigte Abschrift der Formel dieses Beschlusses ist ferner dem Gericht, bei dem der Rechtsanwalt zugelassen ist, und dem Amtsgericht am Wohnsitz des Rechtsanwalts mitzuteilen.** Gehört der Rechtsanwalt zugleich einer Notarkammer an, so ist eine beglaubigte Abschrift auch dem Vorstand der Notarkammer zu übersenden.

(3) **Tritt das Berufs- oder Vertretungsverbot außer Kraft oder wird es aufgehoben oder abgeändert, so sind die Absätze 1 und 2 entsprechend anzuwenden.**

I. Zweck der Regelung

Die Vorschrift verfolgt den Zweck, einige Stellen, die im Gesetz aufgeführt sind, von der vorläufigen Verhängung des Berufs- oder Vertretungsverbotes in Kenntnis zu setzen, damit der Rechtsanwalt ggf. zurückgewiesen werden kann (§ 156 Abs. 2).

---

[1] *Feuerich/Braun*, § 159 b Rdn. 7.
[2] Vgl. Anm. zu § 159 Rdn. 9.
[3] § 116 Rdn. 25.

§ 161　Siebenter Teil. Das anwaltsgerichtliche Verfahren

II. Die Empfänger der Mitteilung

2　Als Empfänger der Mitteilung nennt das Gesetz in Absatz 1 die Landesjustizverwaltung und den Präsidenten der Rechtsanwaltskammer. Diesen wird eine beglaubigte Abschrift des gesamten Beschlusses zugeleitet. Nach Absatz 2 wird die beglaubigte Abschrift der Beschlußformel zudem mitgeteilt den Gerichten, bei denen der Rechtsanwalt zugelassen ist, ferner dem Amtsgericht am Wohnsitz des Rechtsanwalts. Ist der Rechtsanwalt zugleich zum Notar bestellt, wird auch dem Vorstand der Notarkammer eine beglaubigte Abschrift der Beschlußformel zugeleitet, damit diese Kenntnis davon erhält, daß der Notar kraft Gesetzes vorläufig seines Amtes enthoben ist (§ 54 Abs. 4 Nr. 2 BNotO). Die Landesjustizverwaltung und der Präsident der Rechtsanwaltskammer werden also über die Entscheidung und die hierfür maßgeblichen Gründe unterrichtet, die anderen genannten Stellen nur über die Verhängung des vorläufigen Berufs- oder Vertretungsverbots an sich.

3　Umstritten ist, ob auch andere Stellen, die ein Interesse an der Benachrichtigung haben, in Kenntnis gesetzt werden dürfen. *Feuerich* bejaht dies in Bezug auf den Vorsitzenden der örtlichen Anwaltskammer,[1] da auch die Unterrichtung des Vorstandes des Anwaltsvereins Sinn und Zweck der § 156 Abs. 2, § 160 entspreche. Allein die Tatsache, daß die Unterrichtung sinnvoll ist, dürfte jedoch eine entsprechende rechtliche Grundlage nicht entbehrlich machen. Der mit der Mitteilung verbundene Eingriff in das Recht auf informationelle Selbstbestimmung bedürfte vielmehr einer klaren Rechtsgrundlage durch eine Rechtsnorm.

4　Daß die Handhabung in den meisten Ländern dahingeht, daß die Mitteilungen vom Generalstaatsanwalt erteilt werden, erscheint dagegen unbedenklich. Die Vorschrift nennt keinen Adressaten für die Pflicht zu Mitteilung, so daß es gerechtfertigt erscheint, wenn der Generalstaatsanwalt, der ohnehin am Verfahren nach §§ 150 ff. beteiligt ist, die Mitteilungspflichten ausführt.

5　Absatz 3 bringt klarstellend zum Ausdruck, daß jede Veränderung in Bezug auf das vorläufige Berufs- oder Vertretungsverbot in gleicher Weise mitzuteilen ist wie die ursprüngliche Entscheidung.

§ 161 Bestellung eines Vertreters

(1) **Für den Rechtsanwalt, gegen den ein Berufs- oder Vertretungsverbot verhängt ist, wird im Fall des Bedürfnisses von der Landesjustizverwaltung ein Vertreter bestellt. Vor der Bestellung sind der Vorstand der Rechtsanwaltskammer und der Rechtsanwalt zu hören. Der Rechtsanwalt kann einen geeigneten Vertreter vorschlagen.**

(2) **§ 53 Abs. 4, Abs. 5 Satz 3 und 4, Abs. 7 bis 10 ist entsprechend anzuwenden.**

---

[1] *Feuerich/Braun*, § 160 Rdn. 4; a. A. *Isele*, § 160 Anm. II. B. 6.

Übersicht

	Rdn.		Rdn.
I. Zweck der Regelung	1	3. Vorschlag des Rechtsanwalts	6
II. Die Voraussetzungen der Vertreterbestellung	2, 3	4. Ablehnung durch den Vertreter	7
III. Das Verfahren bei Bestellung eines Vertreters	4–8	5. Beendigung der Vertretung	8
1. Zuständigkeit der Landesjustizverwaltung	4	IV. Gerichtliche Nachprüfung	9, 10
		1. Durch den Vertretenen	9
		2. Durch den Vertreter	10
2. Rechtliches Gehör	5	V. Die Stellung des Vertreters	11

I. Zweck der Regelung

Mit der Möglichkeit der Vertreterbestellung trägt der Gesetzgeber der Tatsache **1** Rechnung, daß die Verhängung eines Berufs- oder Vertretungsverbotes lediglich eine vorläufige Maßnahme zum Schutz der Allgemeinheit darstellt. Dem Rechtsanwalt, gegen den das Berufs- oder Vertretungsverbot verhängt wird, wird nämlich über die Vertreterbestellung der Versuch der **Existenzsicherung** ermöglicht, weil von seinen Praxisräumen aus weiterhin anwaltliche Dienstleistungen angeboten werden.

II. Die Voraussetzungen der Vertreterbestellung

Voraussetzung für eine Vertreterbestellung nach Absatz 1 ist, daß ein vorläufi- **2** ges Berufs- oder Vertretungsverbot im Sinne des § 150 ausgesprochen ist. Wie sich aus den in § 161 a Abs. 2 zitierten Bestimmungen ergibt, findet bei der Anordnung eines gegenständlich **beschränkten Vertretungsverbotes** eine Vertreterbestellung nicht statt. In diesem Fall hat der Rechtsanwalt Gelegenheit, für die Verfahren, in denen seine Mitwirkung untersagt ist, für eine anderweitige Vertretung zu sorgen.

Für die Bestellung eines Vertreters muß ein Bedürfnis bestehen. Ob von einem **3** **Bedürfnis** für die Vertreterbestellung auszugehen ist, hängt regelmäßig von den Umständen des Einzelfalles ab. Dabei spielt der Zuschnitt der Praxis, insbesondere die Frage eine erhebliche Rolle, ob der Rechtsanwalt seinen Beruf zusammen mit Kollegen in einer Sozietät oder in Einzelpraxis ausgeübt hat. Der Rechtsanwalt selbst kann um die Bestellung eines Vertreters bitten, auch andere Personen und Stellen, etwa die Rechtsanwaltskammer oder auch Mandanten können dies anregen, die Landesjustizverwaltung kann auch von Amts wegen tätig werden.

III. Das Verfahren bei Bestellung eines Vertreters

1. Zuständigkeit der Landesjustizverwaltung

Allein die Landesjustizverwaltung ist zuständig für die Bestellung eines Vertre- **4** ters. Ihr obliegt die Prüfung, ob hierfür ein Bedürfnis vorliegt, und die Entscheidung, welche Person zum Vertreter bestellt werden soll. Auch wenn die Bestellung eines Vertreters einen Annex zu einem anwaltsgerichtlichen Verfahren darstellt, handelt es sich hierbei um keine Maßnahme in dieser Verfahrensart. Die Entscheidung der Landesjustizverwaltung ergeht vielmehr als **Verwaltungsakt**.[1]

---

[1] Vgl. unten Rdn. 9.

2. Rechtliches Gehör

5   Nach Absatz 1 Satz 2 hat die Landesjustizverwaltung „vor der Bestellung" den Vorstand der Rechtsanwaltskammer und den Rechtsanwalt anzuhören. Die Anhörung hat sowohl die Annahme eines Bedürfnisses durch die Landesjustizverwaltung zum Gegenstand, als aber auch die in Aussicht genommene Person des Vertreters. Der Vorstand der Rechtsanwaltskammer erhält auf diese Weise Gelegenheit, sich dazu zu äußern, ob zu erwarten ist, daß der vertretene Rechtsanwalt versuchen wird, die Tätigkeit des Vertreters zu beeinträchtigen (Abs. 2 i. V. m. § 53 Abs. 10 S. 3). Sofern bereits Absprachen zwischen vertretenem Rechtsanwalt und seinem Vertreter über die Höhe der angemessenen Vergütung oder die Sicherheit (Abs. 2 i. V. m. § 53 Abs. 10 S. 4) bestehen, kann sich der Vorstand der Rechtsanwaltskammer hierzu äußern. Mit seiner Anhörung erhält der Rechtsanwalt Gelegenheit, sich zum Bedürfnis für die Vertreterbestellung und zur Person des Vertreters zu äußern.

3. Vorschlag des Rechtsanwalts

6   Der Rechtsanwalt kann nach Absatz 1 Satz 3 einen geeigneten Vertreter vorschlagen. Diese Formulierung ist dahin zu verstehen, daß die Landesjustizverwaltung gehalten ist, dem Vorschlag des Rechtsanwalts zu folgen, sofern gegen die Eignung der vom Rechtsanwalt vorgeschlagenen Person keine Bedenken bestehen.

4. Ablehnung durch den Vertreter

7   Handelt es sich bei der in Aussicht genommenen Person des Vertreters nicht um einen Rechtsanwalt, so kann diese Person die Übernahme der Vertretung ablehnen (Abs. 2 i. V. m. § 53 Abs. 5 S. 3), während ein Rechtsanwalt die Übernahme der Vertretung nur aus „wichtigen Gründen" zurückweisen kann. Damit ist die Übernahme der Vertretung für den Rechtsanwalt grundsätzlich eine berufliche Pflicht. Ein **wichtiger Grund** für die Ablehnung der Übernahme der Vertretung wird insbesondere darin zu sehen sein, daß es dem in Aussicht genommenen Vertreter aufgrund seiner Belastung nicht zugemutet werden kann, die Vertretung zu übernehmen. Gleiches dürfte gelten, wenn zwischen dem vertretenen Rechtsanwalt und dem in Aussicht genommenen Vertreter besonders enge berufliche oder private Beziehungen bestehen. Sofern der für die Vertretung in Aussicht genommene Rechtsanwalt die Übernahme ablehnt, entscheidet hierüber die Landesjustizverwaltung nach Anhörung der Rechtsanwaltskammer (Abs. 2 i. V. m. § 53 Abs. 5 S. 4).

5. Beendigung der Vertretung

8   Die Vertretung ist von Rechts wegen beendet, sobald das Berufs- oder Vertretungsverbot außer Kraft tritt (§ 158), es aufgehoben oder auf ein gegenständlich beschränktes Vertretungsverbot nach § 161 a reduziert wird, die Ausschließung aus der Rechtsanwaltschaft wirksam wird oder der vertretene Rechtsanwalt aus anderen Gründen aus der Rechtsanwaltschaft ausscheidet. Im letzteren Fall kann ein Abwickler bestellt werden (§ 55 Abs. 5). Wird ein vorläufiges Berufsverbot in ein Vertretungsverbot, oder ein solches in ein Berufsverbot umgewandelt, bleibt die Vertretung bestehen. Im Einzelfall mag es notwendig werden, daß ein Wechsel in der Person des Vertreters vorgenommen wird. Dies mag etwa dann der Fall sein, wenn sich der Vertreter beruflich verändert und infolge dessen zur

§ 161a Gegenständlich beschränktes Vertretungsverbot   § 161a

Fortführung der Vertretung nicht mehr in der Lage ist. Die Vertreterbestellung ist dann nach Absatz 2 i. V. m. § 53 Abs. 8 zu widerrufen und der neue Vertreter zu bestellen.

IV. Gerichtliche Nachprüfung

1. Durch den Vertretenen

Für den vertretenen Rechtsanwalt stellen die im Zusammenhang mit der Vertreterbestellung von der Landesjustizverwaltung getroffenen Verfügungen Verwaltungsakte dar. Nach § 223 kann der Rechtsanwalt Antrag auf gerichtliche Entscheidung beim Anwaltsgerichtshof stellen. Dies gilt für den Fall, daß die Landesjustizverwaltung seiner Bitte um Bestellung eines Vertreters nicht oder nicht rechtzeitig (§ 223 Abs. 2) entspricht, ein Vertreter gegen seinen Willen bestellt wird, oder die Landesjustizverwaltung den Vorschlag des zu vertretenden Rechtsanwalts nicht aufgreift.[2]   9

2. Durch den Vertreter

Auch für den Vertreter stellt die Bestellung einen Verwaltungsakt dar, den er nach § 223 zur gerichtlichen Nachprüfung durch den Anwaltsgerichtshof stellen kann. Die Anwaltsgerichtsbarkeit wäre auch zuständig, wenn der in Aussicht genommene oder bereits bestellte Vertreter der Rechtsanwaltschaft nicht angehört. Praktische Bedeutung dürfte diese Konstellation indes kaum erlangen, denn die Ablehnung des nicht zur Rechtsanwaltschaft gehörenden Vertreters ist zu respektieren, da er nicht lediglich „aus wichtigem Grunde" ablehnen kann.   10

V. Die Stellung des Vertreters

Wegen der Stellung des Vertreters verweist Absatz 2 auf die bezeichneten Regelungen des § 53, so daß auf die Anmerkungen zu § 53 verwiesen wird. Eine problematische Konstellation kann es darstellen, wenn für den Rechtsanwalt, gegen den ein lediglich Vertretungsverbot verhängt ist, ein Vertreter bestellt wird.[3] In diesem Fall ist der Rechtsanwalt weiterhin berechtigt, seine Mandanten zu beraten, er darf sie jedoch nicht – was allein dem Vertreter überlassen ist – vertreten.   11

§ 161a Gegenständlich beschränktes Vertretungsverbot

(1) **Sind dringende Gründe für die Annahme vorhanden, daß gegen einen Rechtsanwalt auf eine Maßnahme gemäß § 114 Abs. 1 Nr. 4 erkannt werden wird, so kann gegen ihn durch Beschluß ein vorläufiges Verbot, auf bestimmten Rechtsgebieten als Vertreter und Beistand tätig zu werden, angeordnet werden.**

(2) **§ 150 Abs. 1 Satz 2, Abs. 2, 3, §§ 150a bis 154, § 155 Abs. 1, 3 bis 5, §§ 156 bis 160 sind entsprechend anzuwenden.**

---

[2] *Isele,* § 161 Anm. III. B. 2. a) und b); *Feuerich/Braun,* § 161 Rdn. 14.
[3] *Isele,* § 161 Anm. IV. D. 3. b).

Dittmann   955

§ 161a 1–5 Siebenter Teil. Das anwaltsgerichtliche Verfahren

Übersicht

	Rdn.		Rdn.
I. Zweck der Vorschrift	1	III. Das Verfahren	4
II. Die Voraussetzungen des Verbots	2, 3	IV. Die Wirkung des Verbots	5

I. Zweck der Vorschrift

1   Das vorläufige gegenständlich beschränkte Vertretungsverbot ist als Maßnahme der Sicherung des Schutzes der Allgemeinheit zusammen mit der ehrengerichtlichen Maßnahme des Verbotes, auf bestimmten Rechtsgebieten als Vertreter oder Beistand tätig zu werden (§ 114 Abs. 1 Nr. 4) in das Gesetz eingefügt worden.[1]

II. Die Voraussetzungen des Verbots

2   Die Verhängung des vorläufigen gegenständlich beschränkten Vertretungsverbotes erfordert die Prognose, daß mit hoher Wahrscheinlichkeit die Verhängung einer Maßnahme nach § 114 Abs. 1 Nr. 4 im anwaltsgerichtlichen Verfahren ausgesprochen wird. Das notwendige hohe Maß an Wahrscheinlichkeit setzt zum einen voraus, daß mildere anwaltsgerichtliche Maßnahmen, insbesondere auch die Verhängung eines Verweises und einer Geldbuße (§ 114 Abs. 1 Nr. 2 und 3, Abs. 2), nicht ausreichend erscheinen, um die anwaltliche Pflichtverletzung zu ahnden. Hinzutreten muß, daß der Stand der Ermittlungen einen Nachweis der anwaltlichen Pflichtverletzung im anwaltsgerichtlichen Verfahren wahrscheinlich erscheinen läßt.

3   Die Abwägung der Interessen des beschuldigten Rechtsanwalts, seinen Beruf uneingeschränkt auszuüben mit dem **Interesse der Allgemeinheit**, diese vor den von dem Rechtsanwalt ausgehenden Gefahren zu schützen, muß zum Ergebnis haben, daß das Schutzinteresse der Allgemeinheit überwiegt.[2] Die Rechtsprechung hat die Notwendigkeit des Teilberufsverbots zur Abwehr konkreter Gefahren für wichtige Gemeinschaftsgüter durch den Rechtsanwalt angenommen bei einem Rechtsanwalt, der sich verschiedener Pflichtverletzungen insbesondere mehrfachen unkorrekten Umgangs mit Mandantengeldern schuldig gemacht hat und deswegen bereits mit anwaltsgerichtlichen Maßnahmen belegt wurde.[3]

III. Das Verfahren

4   Für das Verfahren sind nach Absatz 2 die für die Verhängung eines vorläufigen Berufs- oder Vertretungsverbotes maßgeblichen Vorschriften entsprechend anzuwenden. Ausgenommen von den entsprechend anzuwendenden Vorschriften ist § 161, so daß die Bestellung eines Vertreters für das Rechtsgebiet, auf dem dem Rechtsanwalt die Vertretung oder Beistandleistung untersagt ist, nicht erfolgen kann.

IV. Die Wirkung des Verbots

5   Wie die anwaltsgerichtliche Maßnahme nach § 114 Abs. 1 Nr. 4 kann das Verbot nur für bestimmte Rechtsgebiete ausgesprochen werden. Die Beschrän-

---

[1] BGBl. 1976 I, S. 2181.
[2] § 150 Rdn. 5.
[3] EGH Stuttgart EGE XIV 256.

kung auf die Vertretung weiblicher Personen in Unterbringungsangelegenheiten ist daher nicht möglich.[4] Das Verbot umfaßt jegliche Vertretungstätigkeit und Beistandsleistung auf dem bezeichneten Rechtsgebiet und schließt daher auch ein Tätigwerden als amtlich bestellter Vertreter ein.[5] Der zur Verhängung des gegenständlich beschränkten Vertretungsverbots führende Sachverhalt kann im Strafverfahren daneben auch den Ausschluß nach § 138 a StPO rechtfertigen,[6] denn das vorläufige gegenständlich beschränkte Vertretungsverbot dient der allgemeinen Gefahrenabwehr.

---

[4] EGH Schleswig BRAK-Mitt. 1982, 177.
[5] BGH BRAK-Mitt. 1983, 91.
[6] *Jesnitzer/Blumberg*, § 161 a Rdn. 2; *Feuerich/Braun*, § 161 a Rdn. 8.

Achter Teil. Die Rechtsanwaltschaft bei dem Bundesgerichtshof

Erster Abschnitt. Allgemeines

§ 162 Entsprechende Anwendung von Vorschriften

Für die Rechtsanwaltschaft bei dem Bundesgerichtshof gelten der Erste bis Siebente Teil dieses Gesetzes, soweit sich nicht aus den nachstehenden Vorschriften etwas Besonderes ergibt.

Schrifttum: *Birnkraut,* Freiheit der Advokatur auch durch freie Zulassung zum BGH?, BRAK-Mitt. 1994, 194; *Hartung,* Die Zulassung zur Rechtsanwaltschaft bei dem Bundesgerichtshof, JZ 1994, 117; *ders.,* Schlußwort, JZ 1994, 403; *Krämer,* Die Zulassung zur Rechtsanwaltschaft beim Bundesgerichtshof, JZ 1994, 400; *Tilmann,* Die Zulassung zur Rechtsanwaltschaft beim Bundesgerichtshof, BRAK-Mitt. 1994, 118.

Übersicht

	Rdn.
I. Entstehungsgeschichte	1, 2
II. Normzweck	4
III. Anwendungsbereich	5

I. Entstehungsgeschichte

1   Vorbild für die Rechtsanwaltschaft bei dem Bundesgerichtshof ist die Rechtsanwaltschaft bei dem früheren Reichsgericht. In der amtlichen Begründung zur Bundesrechtsanwaltsordnung heißt es hierzu, die Rechtsanwaltschaft bei dem Bundesgerichtshof solle – wie früher die Rechtsanwaltschaft bei dem Reichsgericht – eine **Sonderstellung** einnehmen.[1] Deren Sonderstellung zeichnete sich in der Praxis vor allem dadurch aus, daß für die Zulassung zur Rechtsanwaltschaft beim Reichsgericht das **Prinzip der freien Advokatur** durchbrochen war. Die Zulassung bei diesem Gericht hing ausschließlich von dem freien Ermessen des Präsidiums des Reichsgerichts ab. Während der Beratungen der Rechtsanwaltsordnung vom 1. Juli 1878 war man allerdings davon ausgegangen, daß jeder Rechtsanwalt, welcher nach dem Urteil des Präsidiums des Reichsgerichts die erforderliche höhere Befähigung für dieses Gericht hatte, auch zugelassen werden sollte. So sagte ein Abgeordneter während der Schlußberatung, daß der Gesetzesentwurf ganz auf dem Boden der freien Advokatur stehe, daß jedem Befähigten die Möglichkeit der Zulassung gewährt werden solle und daß es nur um die Frage gehe, wer die Befähigung garantiere.[2] Diese Garantie sah der damalige Gesetzgeber bei dem Präsidium des Reichsgerichts verbürgt. Es sollte als **„ideale Prüfungskommission"** für die Anwaltschaft im ganzen Reich fungieren und für den höchsten Gerichtshof eine Advokatur schaffen, welche sich in wissen-

---

[1] Amtl. Begründung, S. 248.
[2] *Friedländer,* Vorbem. vor §§ 98 ff. RAO Anm. 4; neuerdings *Hartung* JZ 1994, 117 ff.; *ders.* JZ 1994, 403; a. A. *Krämer* JZ 1994, 400; *Tilmann* BRAK-Mitt. 1994, 118; kritisch *Birnkraut* BRAK-Mitt. 1994, 194.

§ 162 Entsprechende Anwendung von Vorschriften 2–5 § 162

schaftlicher und praktischer Beziehung als „**Elite des ganzen Standes**" darstellen sollte.[3]

Diese Erwartungen erwiesen sich jedoch schon bald als **Utopie**. Die Wirklichkeit brachte sehr schnell die Erkenntnis, daß das Präsidium des Reichsgerichts sein Ermessen in erster Linie an der **Bedürfnisfrage** orientierte. Die Zahl der bei der Gründung des Reichsgerichts zugelassenen 21 Rechtsanwälte schwankte nur geringfügig und stieg bis zu 24. Bei der 25-Jahrfeier des Reichsgerichts waren es wiederum 21 und bei der 50-Jahrfeier 22 Rechtsanwälte.[4] *Stranz*[5] forderte deshalb schon 1905 die Einführung der freien Advokatur auch für das Reichsgericht und erinnerte daran, daß der Gesetzgeber keinen **numerus clausus** gewollt habe. Er verlangte, die erhöhten Anforderungen für die Zulassung zum Reichsgericht sollten durch bestimmte und für alle Bewerber gleichmäßige Merkmale gesetzlich festgelegt werden. Diese Forderung, von *Friedländer*[6] im Jahre 1930 noch einmal nachdrücklich unterstützt, fand jedoch kein Gehör. So blieb es bei dem faktischen numerus clausus und der Durchbrechung des Grundsatzes der freien Advokatur bis zum Untergang des Reichsgerichts im Jahre 1945. 2

Die Bundesrechtsanwaltsordnung übernahm für die Rechtsanwaltschaft bei dem Bundesgerichtshof die frühere Regelung und paßte die Zulassung nur an die **veränderten Verhältnisse** an, indem an die Stelle des freien Ermessens des Präsidiums des früheren Reichsgerichts die Benennung durch einen **Wahlausschuß** (§ 170) trat. Gleichzeitig verschärfte sie jedoch die frühere Regelung, indem sie dem Wahlausschuß auch die Entscheidung über die angemessene Zahl der Rechtsanwälte bei dem Bundesgerichtshof übertrug (§ 168 Abs. 2). Die Folge ist: Am 31. 12. 1992 gehörten der Rechtsanwaltskammer bei dem Bundesgerichtshof 24 Rechtsanwälte an, also fast genau so viele Rechtsanwälte wie bei Gründung des Reichsgerichts und während seiner knapp 80-jährigen Geschichte. 3

II. Normzweck

Die Verweisung auf den ersten bis siebenten Teil des Gesetzes soll zum Ausdruck bringen, daß die Rechtsanwaltschaft bei dem Bundesgerichtshof Teil der gesamten Anwaltschaft ist, auch wenn sie gegenüber der Anwaltschaft bei den Gerichten der Länder, bedingt durch ihren Wirkungskreis bei dem oberen Bundesgericht, für das Gebiet der ordentlichen Gerichtsbarkeit eine **Sonderstellung** einnimmt. Der Rechtsanwalt bei dem Bundesgerichtshof ist also Rechtsanwalt wie jeder andere Rechtsanwalt auch. Deshalb gelten für ihn grundsätzlich dieselben Vorschriften wie für die übrige Anwaltschaft. Die wenigen nur für die Rechtsanwälte bei dem Bundesgerichtshof geltenden Vorschriften der §§ 164–171 befassen sich ausschließlich mit dem erschwerten Zugang zu dieser Anwaltschaft. 4

III. Anwendungsbereich

Die **Ausnahmen**, die das Gesetz für die Rechtsanwälte bei dem Bundesgerichtshof aufstellt, betreffen die Zuständigkeit des Bundesministeriums der Justiz anstelle der sonst bestehenden Zuständigkeit der Landesjustizverwaltungen (§ 163), die erschwerte Zulassung über einen Wahlausschuß (§§ 164–171), die Beschränkung des Auftretens vor anderen Gerichten (§ 172) und die Bestellung eines Vertreters oder Abwicklers (§ 173). Im übrigen gelten die §§ 1–161a. 5

---

[3] *Friedländer*, Vorbem. vor §§ 98 ff. RAO Anm. 3 + 5.
[4] *Ostler*, Die deutschen Rechtsanwälte 1871–1971, S. 24 und 84.
[5] *Stranz*, Die Rechtsanwaltschaft beim Reichsgerichte (1905).
[6] Vorbem. vor §§ 98 ff. RAO Anm. 8.

§ 163 Zuständigkeit des Bundesministeriums der Justiz und des Bundesgerichtshofes

Soweit nach den Vorschriften des Ersten bis Siebenten Teils dieses Gesetzes der Landesjustizverwaltung Aufgaben zugewiesen sind, tritt an deren Stelle das Bundesministerium der Justiz. An die Stelle des Anwaltsgerichts und des Anwaltsgerichtshofes tritt der Bundesgerichtshof. Der Generalbundesanwalt beim Bundesgerichtshof nimmt die Aufgaben der Staatsanwaltschaft wahr.

1 Die bei dem Bundesgerichtshof zugelassenen Rechtsanwälte dürfen nicht zugleich bei einem anderen Gericht zugelassen werden (§ 171) und auch vor anderen Gerichten (von wenigen Ausnahmen abgesehen) nicht auftreten (§ 172). Deshalb tritt an die Stelle der Landesjustizverwaltung, die für den Erlaß von Verwaltungsakten gegenüber den bei den Amts-, Land- und Oberlandesgerichten zugelassenen Rechtsanwälten zuständig ist, für die bei dem Bundesgerichtshof zuzulassenden oder zugelassenen Rechtsanwälte das **Bundesministerium der Justiz**. In Bezug genommen sind damit vor allem § 14 Abs. 1 Nr. 5, § 15, § 16 Abs. 1, § 17 Abs. 2 und 3, § 29 Abs. 1 und 2, § 35, § 47 Abs. 1 S. 2 und Abs. 2, § 53, § 55, § 62 Abs. 2, § 90 Abs. 1, § 135 Abs. 2, § 161 Abs. 1 S. 1 und Abs. 3 S. 2. Gemäß § 224 hat das Bundesministerium der Justiz durch „**Erlaß über die Ermächtigung des Präsidenten des Bundesgerichtshofes in Rechtsanwaltssachen**" vom 10. August 1959[1] seine Zuständigkeit für die Bestellung eines Vertreters nach § 173 Abs. 1 und nach § 53 Abs. 3 sowie zur Bestellung eines Abwicklers nach § 173 Abs. 3 auf den Präsidenten des Bundesgerichtshofes übertragen.

2 An die Stelle des (erstinstanzlichen) Anwaltsgerichts und des (vorwiegend zweitinstanzlichen) Anwaltsgerichtshofs für Rechtsanwälte tritt der Bundesgerichtshof. Diese Verweisung bedeutet:

3 Für **Zulassungssachen** und die **Anfechtung von Verwaltungsakten** (§ 223) wird aus dem zweiinstanzlichen Verfahren, das den Rechtsanwälten bei den Amts-, Land- und Oberlandesgerichten zur Verfügung steht, ein Verfahren mit nur einer Instanz. Das Beschwerdeverfahren gemäß § 42 entfällt.[2]

4 Für das **anwaltsgerichtliche Verfahren**, in dem die Aufgaben der Staatsanwaltschaft abweichend von § 121 von dem Generalbundesanwalt beim Bundesgerichtshof wahrgenommen werden, gilt das gleiche. Der Bundesgerichtshof entscheidet in erster und letzter Instanz. Rechtsmittel gegen seine Urteile gibt es nicht.

Zweiter Abschnitt. Die Zulassung als Rechtsanwalt bei dem Bundesgerichtshof

§ 164 Besondere Voraussetzung für die Zulassung

Bei dem Bundesgerichtshof kann als Rechtsanwalt nur zugelassen werden, wer durch den Wahlausschuß für Rechtsanwälte bei dem Bundesgerichtshof benannt wird.

---

[1] Bundesanzeiger 1959, Nr. 162.
[2] *Feuerich/Braun*, § 163 Rdn. 3–4; *Isele*, § 163 Anm. III. A.

§ 164 Besondere Voraussetzung für die Zulassung 1, 2 § 164

I. Normzweck

Nach der amtlichen Begründung verbot es sich, die unter dem Gesichtspunkt 1
erhöhter sachlicher und persönlicher Anforderungen (§ 167 Abs. 1) notwendige
Auslese aus der allgemeinen Anwaltschaft durch eine besondere Prüfung zu
treffen. Ebenso erschien es nicht tragbar, der früheren Rechtsanwaltsordnung
vom 1. Juli 1878 zu folgen und die Auswahl einem Verwaltungsorgan im Rahmen des freien Ermessens zu überlassen. Deshalb sah der Gesetzgeber eine befriedigende Lösung darin, den Kreis, der die Auswahl der Bewerber trifft, möglichst weit zu ziehen und hierbei die Anwaltschaft unmittelbar zu beteiligen und
überhaupt alle Kräfte zusammenwirken zu lassen, die ein berechtigtes Interesse an
der Auswahl haben. Diese Überlegungen führten zu dem Ergebnis, den geeigneten Bewerber durch die allgemeine Rechtsanwaltschaft, aus welcher der Bewerber hervorgeht, und die besondere Gemeinschaft bei dem Bundesgerichtshof, in
der er wirken soll, bestimmen zu lassen.[3] Dabei erschien als sachdienliche Form,
in der eine solche gemeinsame Entschließung getroffen werden kann, eine Wahl
durch einen dem Richterwahlausschuß (Art. 95 Abs. 3, Art. 96 Abs. 2 GG)
nachgebildeten **Wahlausschuß für Rechtsanwälte**. Dessen Aufgabe ist es, den
Bewerber, der als Rechtsanwalt bei dem Bundesgerichtshof zugelassen werden
soll, zu benennen.

II. Norminhalt

Als Rechtsanwalt bei dem Bundesgerichtshof kann nur zugelassen werden, wer 2
durch den Wahlausschuß für Rechtsanwälte bei dem Bundesgerichtshof benannt
wird. Auch das Bundesministerium der Justiz kann in seine Entscheidung nur die
vom Wahlausschuß benannten Bewerber einbeziehen und darf andere Bewerber
nicht berücksichtigen.[4] Diese Zulassungsvoraussetzung **durchbricht** das **Prinzip
der freien Advokatur**. Während für Bewerber zur Rechtsanwaltschaft bei den
Amts-, Land- und Oberlandesgerichten ein Anspruch auf Zulassung zu dieser
Rechtsanwaltschaft (§ 6 Abs. 2) und auch auf Zulassung bei dem gewünschten
Gericht (§ 19 Abs. 3) besteht, wenn nicht einer der in der Bundesrechtsanwaltsordnung bezeichneten Versagungsgründe eingreift (§§ 7, 20), ist der Bewerber,
der seine Zulassung beim Bundesgerichtshof beantragen will, darauf angewiesen,
daß er in eine Vorschlagliste aufgenommen (§ 166 Abs. 1) und anschließend vom
Wahlausschuß für Rechtsanwälte benannt wird (§ 168 Abs. 2). Selbst dann kann
er seiner Zulassung beim Bundesgerichtshof nicht sicher sein, weil der Wahlausschuß dem Bundesministerium der Justiz, das über den Zulassungsantrag entscheidet (§ 170 Abs. 1), jeweils die doppelte Zahl von Rechtsanwälten benennen
muß, die es für die Zulassung bei dem Bundesgerichtshof für angemessen hält
(§ 168 Abs. 2). Es kommt hinzu, daß die Zulassung zum Bundesgerichtshof nur
möglich ist, wenn der Wahlausschuß für Rechtsanwälte ein **Bedürfnis** für einen
weiteren Rechtsanwalt bejaht (§ 168 Abs. 2).[5] Das steht im Widerspruch zu § 20
Abs. 2, der ausdrücklich verbietet, die Zulassung zu versagen, weil bei dem im
Antrag bezeichneten Gericht ein Bedürfnis für die Zulassung weiterer Rechtsanwälte nicht besteht.

---

[3] Amtl. Begründung, S. 250.
[4] So auch *Feuerich/Braun*, § 168 Rdn. 6 und § 170 Rdn. 7–8; a. A. *Isele,* § 168 Anm. IV.
B. 2. gegen den klaren Wortlaut des § 164.
[5] Zur verfassungsrechtlichen Problematik des § 168 Abs. 2 vgl. dort Rdn. 8–13; ausführlich
Hartung JZ 1994, 117; *ders.* JZ 1994, 403; vgl. auch *Krämer* JZ 1994, 400; *Tilmann* BRAK-Mitt. 1994, 118; kritisch *Birnkraut* BRAK-Mitt. 1994, 194.

§ 165 Wahlausschuß für Rechtsanwälte bei dem Bundesgerichtshof

(1) Der Wahlausschuß besteht aus dem Präsidenten und den Senatspräsidenten der Zivilsenate des Bundesgerichtshofes sowie aus den Mitgliedern des Präsidiums der Bundesrechtsanwaltskammer und des Präsidiums der Rechtsanwaltskammer bei dem Bundesgerichtshof.

(2) Den Vorsitz in dem Wahlausschuß führt der Präsident des Bundesgerichtshofes. Er beruft den Wahlausschuß ein.

(3) Die Einladung muß die Tagesordnung für die Sitzung des Wahlausschusses enthalten und den Mitgliedern mindestens eine Woche vor der Sitzung zugehen.

(4) Die Sitzungen sind nicht öffentlich.

(5) Über jede Sitzung wird ein Protokoll aufgenommen.

I. Zusammensetzung

1 Der **Wahlausschuß für Rechtsanwälte** bei dem Bundesgerichtshof besteht aus
– dem Präsidenten des Bundesgerichtshofs,
– den Senatspräsidenten der Zivilsenate des Bundesgerichtshofes (z. Zt. 13 Personen),
– den Mitgliedern des Präsidiums der Bundesrechtsanwaltskammer (z. Zt. 5 Personen),
– den Mitgliedern des Präsidiums der Rechtsanwaltskammer bei dem Bundesgerichtshof (z. Zt. 5 Personen).

Diese Zusammensetzung soll die Gewähr dafür bieten, daß die Eignung des Bewerbers nach der sachlichen und persönlichen Seite hin erschöpfend geprüft werden kann.[1] **Paritätisch** ist sie nicht. Die richterlichen Mitglieder des Ausschusses haben mit vier Stimmen ein deutliches **Übergewicht**.[2] Das hat schon *Isele*[3] kritisiert. Die Neufassung des § 179 Abs. 2 Nr. 2 und Abs. 4 gibt der Anwaltschaft Gelegenheit, der Vermehrung der richterlichen Stimmen, die mit der Bildung weiterer Zivilsenate beim Bundesgerichtshof zwangsläufig verbunden ist, durch Wahl weiterer Vizepräsidenten für das Präsidium der Bundesrechtsanwaltskammer entgegenzuwirken und die Parität wiederherzustellen. Die Hauptversammlung der Bundesrechtsanwaltskammer benötigt allerdings zur Wahl weiterer Vizepräsidenten auch sonstige Sachargumente, sollte also die Zahl der Vizepräsidenten nicht allein deswegen vermehren, um die Zahl der anwaltlichen Mitglieder im Wahlausschuß für Rechtsanwälte zu erhöhen.[4]

2 Zulässig ist es, ein Mitglied des Wahlausschusses wegen Befangenheit abzulehnen.[5]

---

[1] Amtl. Begründung, S. 251.
[2] Zur verfassungsrechtlichen Problematik des Zulassungsverfahrens vgl. § 168 Rdn. 8–13; ausführlich *Hartung* JZ 1984, 117; *ders.* JZ 1994, 403; vgl. auch *Birnkraut* BRAK–Mitt. 1994, 194; *Krämer* JZ 1994, 400; *Tilmann* BRAK-Mitt. 1994.118.
[3] *Isele*, § 165 Anm. I. C.
[4] Vgl. auch § 179 Rdn. 2.
[5] *Jessnitzer/Blumenberg*, § 168 Rdn. 2.

II. Sitzungen

Den **Vorsitz** im Wahlausschuß führt der Präsident des Bundesgerichtshofes. Er beruft den Wahlausschuß ein (Abs. 2). Eine besondere Form hierfür sieht das Gesetz nicht vor. Allerdings muß die Einladung die **Tagesordnung** für die Sitzung enthalten und den Mitgliedern mindestens eine Woche vor der Sitzung zugehen (Abs. 3). Hieraus läßt sich ableiten, daß die Einladung schriftlich zu erfolgen hat, zumal die Tagesordnung den Gegenstand der Beratung erkennen lassen und deshalb auch die einzelnen Vorschläge enthalten muß, über die beraten und durch die Wahl entschieden werden soll. 3

Wann der Wahlausschuß zusammentritt, regelt das Gesetz nicht. Nach der amtlichen Begründung[6] ergeben sich die Voraussetzungen, unter denen der Vorsitzende zu einer Sitzung einzuladen hat, aus der Aufgabe des Wahlausschusses von Fall zu Fall. 4

Die **Sitzungen** des Wahlausschusses sind nicht öffentlich (Abs. 4). Diese Regelung ist im Interesse der Bewerber geschaffen worden und deshalb zwingend. Weder der Vorsitzende noch der Wahlausschuß dürfen hiervon abweichen. Die Zulassung von Personen, die nicht dem Wahlausschuß angehören, wäre ein grober Verfahrensverstoß. 5

Über jede Sitzung ist ein **Protokoll** aufzunehmen (Abs. 5). Aus ihm muß ersichtlich sein, ob der Wahlausschuß beschlußfähig war (§ 168), daß die Bestimmungen der §§ 166–168 beachtet worden sind und welches Ergebnis die Wahlen gehabt haben (§ 169).[7] 6

§ 166 Vorschlagslisten für die Wahl

(1) **Die Wahl findet auf Grund von Vorschlagslisten statt.**

(2) **Vorschlagslisten können einreichen**

1. **die Bundesrechtsanwaltskammer auf Grund von Vorschlägen der Rechtsanwaltskammern,**
2. **die Rechtsanwaltskammer bei dem Bundesgerichtshof.**

(3) **In die Vorschlagslisten kann nur aufgenommen werden, wer das fünfunddreißigste Lebensjahr vollendet hat und den Beruf des Rechtsanwalts seit mindestens fünf Jahren ohne Unterbrechung ausübt.**

Übersicht

	Rdn.		Rdn.
I. Vorschlagslisten als Wahlgrundlage..................................	1	2. Rechtsanwaltskammer beim Bundesgerichtshof................	7
II. Vorschlagsberechtigte...............	2	IV. Voraussetzungen für die Aufnahme in die Vorschlagslisten....	8
III. Zustandekommen der Vorschlagslisten............................	3–7	V. Anfechtbarkeit	9
1. Bundesrechtsanwaltskammer .	4		

---

[6] Amtl. Begründung, S. 251.
[7] Ebenso *Feuerich/Braun*, § 165 Rdn. 4; *Isele*, § 165 II. C. 3.

I. Vorschlagslisten als Wahlgrundlage

1 Wer als Rechtsanwalt bei dem Bundesgerichtshof zugelassen werden will, kann seinen Zulassungsantrag nicht unmittelbar an das Bundesministerium der Justiz, dem die Entscheidung darüber formell obliegt (§ 170 Abs. 1), und auch nicht an den Wahlausschuß für Rechtsanwälte richten. Voraussetzung für das Zulassungsverfahren ist vielmehr die Aufnahme des Bewerbers in eine Vorschlagsliste der Bundesrechtsanwaltskammer oder der Rechtsanwaltskammer bei dem Bundesgerichtshof. Deshalb ist der Zulassungsantrag an sie oder eine regionale Rechtsanwaltskammer zu richten. Ein Bewerber, der trotz seines Zulassungsantrages nicht in eine solche Vorschlagsliste aufgenommen wird, kommt nicht einmal in das in § 168 geregelte Wahlverfahren, so daß sein Zulassungsantrag durch das Bundesministerium der Justiz (§ 170 Abs. 1) auch nicht förmlich abgelehnt werden kann.[1] Die Vorschlagsliste ist mithin eine unentbehrliche Grundlage für die Entscheidung des Wahlausschusses (Abs. 1).

II. Vorschlagsberechtigte

2 Eine Vorschlagsliste können nur die Bundesrechtsanwaltskammer aufgrund von Vorschlägen der Rechtsanwaltskammern und die Rechtsanwaltskammer bei dem Bundesgerichtshof einreichen (Abs. 2). Das Gesetz räumt also das Vorschlagsrecht nur den zuständigen Organen der Rechtsanwaltschaft ein. Daß es auf die Anwaltschaft beschränkt bleiben soll, ergibt sich aus dem Grundgedanken, der Anwaltschaft die Selbstverwaltung möglichst weitgehend zu überlassen.[2] Damit überträgt das Gesetz der Anwaltschaft zugleich aber auch die Verantwortung für die Vorauswahl der Bewerber, denn der Wahlausschuß kann dem Bundesministerium der Justiz nur solche Bewerber benennen, die ihm zuvor von der Bundesrechtsanwaltskammer oder der Rechtsanwaltskammer bei dem Bundesgerichtshof vorgeschlagen worden sind.

III. Zustandekommen der Vorschlagslisten

3 Die Vorschlagslisten der beiden hierfür zuständigen anwaltlichen Organe kommen auf unterschiedliche Weise zustande.

1. Bundesrechtsanwaltskammer

4 Sie kann nur solche Rechtsanwälte vorschlagen, die ihr von den regionalen Rechtsanwaltskammern benannt werden, hat also **kein originäres Vorschlagsrecht**. Will sie gleichwohl einen Bewerber ihrer Wahl vorschlagen, muß sie sich zunächst dafür einsetzen, daß ihr dieser Bewerber von einer regionalen Rechtsanwaltskammer förmlich benannt wird. Das braucht nicht die Rechtsanwaltskammer zu sein, welcher der Bewerber selbst angehört.[3]

5 Die Abhängigkeit des Vorschlagsrechts der Bundesrechtsanwaltskammer von einer vorherigen Benennung des Bewerbers durch eine regionale Rechtsanwalts-

---

[1] BGH BRAK-Mitt. 1983, 135; ebenso *Feuerich/Braun*, § 166 Rdn. 1; zur verfassungsrechtlichen Problematik des Zulassungsverfahrens vgl. § 168 Rdn. 8–13; ausführlich *Hartung* JZ 1994, 117; *ders.* JZ 1994, 403; siehe auch *Birnkraut* BRAK-Mitt. 1994, 194; *Krämer* JZ 1994, 400; *Tilmann* BRAK-Mitt. 1994, 118.

[2] Amtl. Begründung, S. 251.

[3] So auch *Feuerich/Braun*, § 166 Rdn. 4.

kammer bewirkt eine **doppelte Überprüfung** der persönlichen und sachlichen Voraussetzungen des Bewerbers für die von ihm angestrebte Zulassung beim Bundesgerichtshof. Zunächst liegt die Verantwortung hierfür bei dem Vorstand der regionalen Rechtsanwaltskammer (§ 73 Abs. 2 Nr. 6). Deren Prüfung muß sich auf die Voraussetzungen des § 166 Abs. 3, die Anforderungen des § 33 und die Versagungsgründe des § 20 Abs. 1 Nr. 2 und 3[4] erstrecken[5] und auch vor allem darauf, ob der Bewerber sich dadurch auszeichnet, daß er das Zivilrecht „in seiner gesamten Breite beherrscht".[6] Diese Forderung ist allerdings zu relativieren, wie ein Blick in den Geschäftsverteilungsplan für die Zivilsenate bei dem Bundesgerichtshof belegt.[7] Es ist schlechthin unmöglich, alle dort genannten Rechtsgebiete zu beherrschen. Auch der Richter am Bundesgerichtshof hat diese Fähigkeit nicht. Die Forderung an die Vorstände der regionalen Rechtsanwaltskammern kann deshalb nur lauten, einen Bewerber zu benennen, der zu den besten Rechtsanwälten auf dem Gebiet des Zivilrechts gehört, auch wenn er schwerpunktmäßig nur einen Teilbereich abdeckt.

Die Vorprüfung des Vorstandes der regionalen Rechtsanwaltskammer entbindet die Bundesrechtsanwaltskammer nicht von der Pflicht zur eigenen und erneuten Überprüfung der persönlichen und sachlichen Voraussetzungen für die Zulassung beim Bundesgerichtshof. Die Bundesrechtsanwaltskammer ist auch nicht verpflichtet, den ihr von einer regionalen Rechtsanwaltskammer benannten Bewerber in ihre eigene Vorschlagsliste aufzunehmen. Vielmehr ist sie bei der Beschlußfassung über die Aufnahme des Bewerbers in ihre Vorschlagsliste, die ihrer Hauptversammlung obliegt (§ 187), frei, kann also den Bewerber ablehnen. Die Befugnis, ihn durch einen anderen von ihr selbst gefundenen Bewerber zu ersetzen, räumt ihr das Gesetz aber nicht ein. 6

2. Rechtsanwaltskammer bei dem Bundesgerichtshof

Sie hat ein eigenes und von einem Vorschlag einer anderen Rechtsanwaltskammer unabhängiges Vorschlagsrecht. Die Erstellung der Vorschlagsliste obliegt ihrem Vorstand (§ 174 Abs. 2 i. V. mit § 73 Abs. 2 Nr. 6). Mangels einer Vorprüfung durch eine andere Rechtsanwaltskammer stellt sie die Vorschlagsliste in eigener Verantwortung auf, kann aber selbstverständlich Meinungen oder Wünsche anderer Kammern berücksichtigen. Im übrigen gilt das zum Vorschlag der Bundesrechtsanwaltskammer Gesagte.[8] 7

IV. Voraussetzungen für die Aufnahme in die Vorschlagslisten

In die Vorschlagslisten kann nur aufgenommen werden, wer das **fünfunddreißigste Lebensjahr** vollendet hat und den **Beruf** des Rechtsanwalts seit mindestens **fünf Jahren** ohne Unterbrechung[9] ausübt. Vorgeschlagen werden kann auch ein diese Voraussetzungen erfüllender Rechtsanwalt, der nach dem Gesetz über die Eignungsprüfung für die Zulassung zur Rechtsanwaltschaft den Zugang zum Beruf des Rechtsanwalts erlangt hat,[10] nicht aber ein Staatsangehöriger eines Mitgliedstaa- 8

---

[4] BGH EGE XIV, 57 = AnwBl. 1980, 83.
[5] *Feuerich/Braun*, § 166 Rdn. 9; *Isele*, § 166 Anm. IV. B. 1.
[6] So BGH NJW 1984, 1042 (1043).
[7] So zutreffend *Hirsch* NJW 1984, 2079.
[8] Vgl. oben Rdn. 4–6.
[9] Vgl. hierzu § 65 Rdn. 5.
[10] Ebenso *Feuerich/Braun*, § 166 Rdn. 2.

§ 167 1

tes der Europäischen Gemeinschaft, der nach § 206 Kammermitglied ist[1] und auch nicht ein Kammerrechtsbeistand im Sinne von § 209.[2] Im übrigen muß der vorgeschlagene Bewerber den Anforderungen des § 33 genügen, in seiner Person dürfen keine Versagungsgründe nach § 20 Abs. 1 Nr. 2 und 3[3] gegeben sein und er muß vor allem in fachlicher Hinsicht die hohen Anforderungen erfüllen, die an einen Rechtsanwalt beim Bundesgerichtshof zu stellen sind, und persönlich integer sein.[4] Die Aufnahme in die Vorschlagsliste kann schon abgelehnt werden, wenn gegen den Bewerber auch nur der Verdacht eines schwerwiegenden Verstoßes gegen anwaltliches Berufsrecht besteht.[5]

V. Anfechtbarkeit

9   Ein Bewerber, dessen Antrag auf Aufnahme in die Vorschlagsliste abgelehnt wird, kann diese **Ablehnung** durch einen Antrag auf gerichtliche Entscheidung (§ 223) anfechten. Der ablehnende Bescheid entzieht sich jedoch im Kern gerichtlicher Kontrolle und kann nur daraufhin überprüft werden, ob rechtsstaatliche Verfahrensgrundsätze eingehalten, die anzuwendenden Begriffe der persönlichen und sachlichen Geeignetheit richtig erkannt, ferner allgemein gültige Beurteilungsregeln – z. B. vollständige Verwertung des Sachverhalts, Willkürverbot u. ä. – beachtet und sachfremde Erwägungen unterlassen worden sind.[6] Gegen die Entscheidung des Anwaltsgerichtshofs ist die **sofortige Beschwerde** gemäß § 223 Abs. 3 gegeben, auch wenn der Anwaltsgerichtshof sie nicht zugelassen hat, weil die Ablehnung der Aufnahme in die Vorschlagsliste sich wie eine vorzeitige Zurückweisung des Zulassungsbegehrens auswirkt und es sich damit sinngemäß um eine Angelegenheit im Sinne vom § 42 Abs. 1 Nr. 4 handelt.[7] Nach Abschluß des Wahlverfahrens zur Zulassung als Rechtsanwalt bei dem Bundesgerichtshof fehlt für Verpflichtungs- und Feststellungsanträge das Rechtsschutzbedürfnis.[8]

§ 167 Prüfung des Wahlausschusses

(1) **Der Wahlausschuß prüft, ob der Vorgeschlagene die sachlichen und persönlichen Voraussetzungen für die Tätigkeit als Rechtsanwalt bei dem Bundesgerichtshof besitzt.**

(2) **Zur Vorbereitung der Wahl bestellt der Wahlausschuß zwei seiner Mitglieder als Berichterstatter.**

1   Die Vorprüfungen durch die regionalen Rechtsanwaltskammern und die Bundesrechtsanwaltskammer oder die Rechtsanwaltskammer beim Bundesgerichtshof entbinden den Wahlausschuß nicht von der Pflicht zur eigenverantwortlichen **Prüfung**.[1] Das stellt Absatz 1 ausdrücklich klar. Die Prüfung des Wahlausschusses

---

[1] Vgl. hierzu *Feuerich* NJW 1991, 1144; *Weil* BRAK-Mitt. 1991, 15.
[2] BGHZ 107, 215 (221) = NJW 1989, 2892 = AnwBl. 1990, 270.
[3] BGH AnwBl. 1980, 83.
[4] Ebenso *Feuerich/Braun,* § 166 Rdn. 11.
[5] EGH Stuttgart BRAK-Mitt. 1983, 139.
[6] BGH BRAK-Mitt. 1983, 135; EGH Stuttgart BRAK-Mitt. 1983, 139.
[7] So BGH BRAK-Mitt. 1983, 135.
[8] BGH BRAK-Mitt. 1984, 36; kritisch *Kleine-Cosack,* § 166 Rdn. 6.
[1] Zur verfassungsrechtlichen Problematik des Zulassungsverfahrens vgl. § 168 Rdn. 8–13, ausführlich *Hartung* JZ 1994, 117; *ders.* JZ 1994, 403; a. A. *Krämer* JZ 1994, 400; *Tilmann* BRAK-Mitt. 1994, 118; kritisch *Birnkraut* BRAK-Mitt. 1994, 194.

umfaßt erneut alle Gesichtspunkte, also nicht nur die in Absatz 1 genannten sachlichen und persönlichen Voraussetzungen, sondern auch die Voraussetzungen des § 166 Absatz 3, die Anforderungen des § 33 und die Versagungsgründe des § 20 Abs. 1 Nr. 2 und 3.[2]

Zur Vorbereitung der Wahl muß der Wahlausschuß zwei seiner Mitglieder als **Berichterstatter** bestellen (Abs. 2). Diese müssen die vorgelegten Unterlagen gewissenhaft prüfen und dem Wahlausschuß das Ergebnis ihrer Prüfung vortragen. Damit an dieser Stelle des Zulassungsverfahrens zum ersten Mal auch die Beurteilung der richterlichen Mitglieder des Wahlausschusses einfließen kann, ist es zweckmäßig, je ein richterliches und ein anwaltliches Mitglied des Wahlausschusses zum Berichterstatter zu bestellen. 2

§ 167a Akteneinsicht

(1) **Der Rechtsanwalt, der in die Vorschlagsliste aufgenommen wurde, hat das Recht, die Protokolle des Wahlausschusses einzusehen.**

(2) **Die persönlichen, beruflichen und wirtschaftlichen Verhältnisse des Rechtsanwalts werden in einem gesonderten Bericht dargestellt, den der Rechtsanwalt einsehen kann.**

(3) **§ 58 Abs. 2 und 3 ist entsprechend anzuwenden.**

Die Vorschrift wurde durch das Gesetz zur Änderung des Berufsrechts der Rechtsanwälte und der Patentanwälte vom 13. 12. 1989[1] neu eingefügt. Sie geht auf eine unveröffentlichte Entscheidung des Bundesgerichtshofs vom 14. Mai 1975[2] zurück, die in entsprechender Anwendung des § 223 einen Rechtsbehelf für den erfolglosen Bewerber um die Zulassung bei dem Bundesgerichtshof anerkannt hat. Danach erstreckt sich die gerichtliche Überprüfung der Entscheidung des Wahlausschusses (§ 164) insbesondere darauf, ob das für den Wahlausschuß vorgeschriebene Verfahren eingehalten worden ist. Der übergangene Bewerber bedarf, um die Aussicht eines Rechtsbehelfs zu prüfen, der Einsicht in das **Protokoll des Wahlausschusses** (§ 165 Abs. 5), aus dem sich das vom Ausschuß angewandte Verfahren ergibt.[3] Da eine Regelung über die Befugnis des Rechtsanwalts zur Einsicht in die Protokolle bisher fehlte, bedurfte es der Einfügung des § 167a Abs. 1 und 3 mit der Bezugnahme auf § 58 Abs. 2 und 3.[4] 1

Von besonderer Bedeutung für den übergangenen Bewerber ist die Darstellung seiner persönlichen, beruflichen und wirtschaftlichen Verhältnisse durch die vom Wahlausschuß bestellten Berichterstatter (§ 167 Abs. 2). Der Erwerber hat ein erhebliches Interesse daran, sich zu dieser Darstellung äußern zu können, vor allem **vor** der Entscheidung des Wahlausschusses. Dem trägt Absatz 2 Rechnung. 2

---

[2] Vgl. hierzu § 166 Rdn. 5 und 8.
[1] BGBl. I, S. 2135.
[2] AnwZ. 7/75.
[3] Zur verfassungsrechtlichen Problematik des Zulassungsverfahrens vgl. § 168 Rdn. 8–13, ausführlich *Hartung* JZ 1994, 117; *ders.* JZ 1994, 403; vgl. auch *Birnkraut* BRAK-Mitt. 1994, 194; *Krämer* JZ 1994, 400; *Tilmann* BRAK-Mitt. 1994, 118.
[4] So die amtl. Begründung.

§ 168 Entscheidung des Wahlausschusses

(1) **Der Wahlausschuß ist beschlußfähig, wenn die Mehrzahl sowohl der dem Bundesgerichtshof angehörenden Mitglieder als auch der Mitglieder der Präsidien der Bundesrechtsanwaltskammer und der Rechtsanwaltskammer bei dem Bundesgerichtshof anwesend ist. Er entscheidet mit einfacher Stimmenmehrheit. Die Abstimmung ist geheim.**

(2) **Der Wahlausschuß benennt aus den Vorschlagslisten die doppelte Zahl von Rechtsanwälten, die er für die Zulassung bei dem Bundesgerichtshof für angemessen hält.**

(3) **Durch die Benennung wird für den Bewerber ein Anspruch auf Zulassung als Rechtsanwalt bei dem Bundesgerichtshof nicht begründet.**

Schrifttum: *Birnkraut*, Freiheit der Advokatur auch durch freie Zulassung zum BGH?, BRAK-Mitt. 1994, 194; *Hartung*, Die Zulassung zur Rechtsanwaltschaft bei dem Bundesgerichtshof, JZ 1994, 117; *ders.*, Schlußwort, JZ 1994, 403; *Krämer*, Die Zulassung zur Rechtsanwaltschaft beim Bundesgerichtshof, JZ 1994, 400; *Tilmann*, Die Zulassung zur Rechtsanwaltschaft beim Bundesgerichtshof, BRAK-Mitt. 1994, 118.

Übersicht

	Rdn.		Rdn.
I. Beschlußfähigkeit	1	IV. Verfassungswidrigkeit des Absatz 2	8–13
II. Abstimmungsverfahren	2	1. Eingriff in die Freiheit der Berufswahl	9
III. Entscheidung des Wahlausschusses	3–7	a) Wirtschaftliche Leistungsfähigkeit	10
1. Festlegung der Zulassungszahl	4	b) Funktionsfähigkeit	11
2. Benennung der gewählten Rechtsanwälte	5	c) Rechtspflege	12
3. Rechtsfolgen	6	2. Eingriff in die Freiheit der Berufsausübung	13
		V. Anfechtbarkeit	14

I. Beschlußfähigkeit

1 Die Voraussetzungen der Beschlußfähigkeit des Wahlausschusses sind in Anlehnung an § 12 Abs. 2 des Richterwahlgesetzes geregelt. Von den richterlichen und von den anwaltlichen Mitgliedern des Wahlausschusses muß je die Mehrzahl anwesend sein (Abs. 1 S. 1), also jeweils mindestens ein Mitglied mehr als der Hälfte der jeweiligen Mitgliederzahl entspricht. Dabei bilden die anwaltlichen Mitglieder eine Einheit, es wird also nicht zwischen den Mitgliedern des Präsidiums der Bundesrechtsanwaltskammer und den Mitgliedern des Präsidiums der Rechtsanwaltskammer bei dem Bundesgerichtshof unterschieden.[1]

II. Abstimmungsverfahren

2 Der Verlauf der nicht öffentlichen (§ 165 Abs. 4) Sitzung des Wahlausschusses, in der dieser seine Entscheidung trifft, ist im Gesetz nicht geregelt und bleibt damit dem Vorsitzenden (§ 165 Abs. 2) bzw. dem Ausschuß selbst überlassen.

---

[1] *Feuerich/Braun*, § 168 Rdn. 1; *Isele*, § 168 Anm. II. D.

Der Ausschuß muß hierüber allerdings ein Protokoll führen (§ 165 Abs. 5). Die Entscheidung erfolgt in geheimer Abstimmung mit einfacher Stimmenmehrheit (Abs. 1 S. 2 und 3). Bei Stimmengleichheit ist der Bewerber nicht gewählt.[2]

III. Entscheidung des Wahlausschusses

Die Entscheidung des Wahlausschusses hat zweierlei zum Gegenstand: 3

1. Festlegung der Zulassungszahl

Der Wahlausschuß legt verbindlich die **Zahl der Rechtsanwälte** fest, um 4 welche die Zahl der bereits zugelassenen Rechtsanwälte erhöht werden soll. Das bringt das Gesetz nur mittelbar zum Ausdruck, indem es sagt, der Wahlausschuß müsse die doppelte Zahl von Rechtsanwälten benennen, die er für die (Neu-) Zulassung bei dem Bundesgerichtshof für **angemessen** hält. Der Ausschuß und nicht das Bundesministerium der Justiz entscheidet also über die Zahl der am Bundesgerichtshof insgesamt zuzulassenden Rechtsanwälte.[3] Irgendwelche Kriterien, wie diese Zahl ermittelt werden soll, gibt das Gesetz dem Ausschuß nicht an die Hand.[4]

2. Benennung der gewählten Rechtsanwälte

Der Wahlausschuß benennt aus den Vorschlagslisten in doppelter Zahl die 5 Rechtsanwälte, die er für die Zulassung bei dem Bundesgerichtshof für **geeignet** hält (Abs. 2). Aus der Zahl der Vorschläge kann das Bundesministerium der Justiz ersehen, wieviele Zulassungen von ihm insgesamt zu erteilen sind.[5]

3. Rechtsfolgen

Die Benennung eines Rechtsanwalts durch den Wahlausschuß begründet für 6 ihn keinen Anspruch auf Zulassung bei dem Bundesgerichtshof. Absatz 3 sagt dies ausdrücklich, obwohl es sich bereits aus dem Umstand ergibt, daß der Wahlausschuß die doppelte Zahl von Rechtsanwälten benennen muß, also die Hälfte der von ihm benannten Bewerber ohnehin nicht zugelassen werden kann.

Für das Bundesministerium der Justiz ist die Entscheidung des Wahlausschusses 7 insoweit **bindend**, als es nur solche Bewerber zulassen kann, die der Wahlausschuß benennt.[6] Des weiteren ist es auch an die vom Wahlausschuß beschlossene „angemessene" Zahl der (Neu-)Zulassungen gebunden. Es kann diese Zahl weder unter- noch überschreiten, muß also so viele Bewerber zulassen, wie der Hälfte der vom Wahlausschuß benannten Zahl von Bewerbern entspricht.[7] An die Reihenfolge der vom Wahlausschuß vorgenommenen Benennungen ist das Bundesministerium der Justiz nicht gebunden, wenngleich diese Reihenfolge signalisiert, welche Bewerber der Wahlausschuß favorisiert.

---

[2] Amtl. Begründung.
[3] *Feuerich/Braun*, § 168 Rdn. 3.
[4] Zur Entstehungsgeschichte dieser Regelung und zu ihrer verfassungsrechtlichen Problematik *Hartung* JZ 1994, 117; *ders.* JZ 1994, 403; vgl. auch *Krämer* JZ 1994, 400; *Tilmann* BRAK-Mitt. 1994, 118; kritisch *Birnkraut* BRAK-Mitt. 1994, 194.
[5] *Feuerich/Braun*, § 168 Rdn. 3.
[6] Ebenso *Feuerich/Braun*, § 166 Rdn. 6 und § 170, Rdn. 7; a. A. *Isele*, § 168 Anm. IV. B. 2., der sich damit ohne Angabe von Gründen in Widerspruch zu § 164 setzt.
[7] *Feuerich/Braun*, § 170 Rdn. 7; *Jessnitzer/Blumberg*, § 168 Rdn. 1.

IV. Verfassungswidrigkeit des Absatz 2

8   Die Regelung des Absatz 2, daß der Wahlausschuß auch darüber zu entscheiden hat, wieviele Rechtsanwälte er für die Zulassung bei dem Bundesgerichtshof für angemessen hält, verstößt gegen Art. 12 Abs. 1 GG. Sie ist verfassungswidrig, weil sie die Zulassung von einer Bedürfnisprüfung abhängig macht und bei Verneinung eines Bedürfnisses die Wirkung einer Zugangssperre zur Anwaltschaft bei dem Bundesgerichtshof hat.[8] Erschwerend kommt hinzu, daß das Gesetz die Festlegung des Bedarfs dem uneingeschränkten und nicht kontrollierbaren Ermessen des Wahlausschusses überläßt. Das hat der Bundesgerichtshof schon 1983 bemängelt,[9] hieraus aber keine Konsequenzen gezogen, sondern sich über diese Klippe mit der (Schein-) Begründung hinweggeholfen, daß über den Umfang des durch die jeweilige Wahl zu befriedigenden Bedürfnisses ein sachkundiges und gemischt zusammengesetztes Gremium (§ 165 Abs. 1) entscheide. Diese Begründung ist verfassungsrechtlich nicht haltbar.[10]

1. Eingriff in die Freiheit der Berufswahl

9   Die in Absatz 2 vorgeschriebene Bedürfnisprüfung verletzt die Freiheit der Berufswahl, wenn der Beruf des bei dem Bundesgerichtshof zugelassenen Rechtsanwalts ein **eigener Beruf** im Sinne der Rechtsprechung des Bundesverfassungsgerichts ist. Das ist auf den ersten Blick zweifelhaft und vom Bundesgerichtshof in einer unveröffentlichten Entscheidung vom 14. Mai 1975[11] ohne Begründung verneint worden. Bei einer Gesamtschau der Rechtsprechung des Bundesverfassungsgerichts spricht jedoch vieles für eine solche Annahme.[12] Regeln die §§ 162 ff. aber die Berufswahl, weil ein bisher bei einem Amts-, Land- oder Oberlandesgericht zugelassener Rechtsanwalt mit seiner Zulassung bei dem Bundesgerichtshof den Beruf wechselt, so gehört die dem Wahlausschuß übertragene Bedürfnisprüfung zu den objektiven Zulassungsvoraussetzungen. Deshalb ist sie nur zulässig, wenn sie zur Abwehr nachweisbarer Gefahren für ein überragend wichtiges Gemeinschaftsgut notwendig ist.[13] Hieran fehlt es. Der Bundesgerichtshof[14] hat zwar im Zusammenhang mit der heutigen Regelung des § 172 a die Leistungsfähigkeit der bei ihm zugelassenen Anwaltschaft genannt und gemeint, praktisch begrenze der Geschäftsanfall seiner Zivilsenate die Zahl der zuzulassenden Rechtsanwälte und über diese Grenze hinausgehende Zulassungen seien nur

---

[8] Vgl. hierzu ausführlich *Hartung* JZ 1994, 117; *ders.* JZ 1994, 403; a. A. *Krämer* JZ 1994, 400; *Tilmann* BRAK-Mitt. 1994, 118; kritisch *Birnkraut* BRAK-Mitt. 1994, 194.

[9] BGH BRAK-Mitt. 1983, 135 (136). Die Entscheidung stützt sich auf den nicht veröffentlichten Beschluß des BVerfG vom 24. 3. 1982 – AZ 1 BvR 278/75 u.a.. In ihm wurde die Frage der Verfassungsmäßigkeit des § 168 Abs. 2 offengelassen, weil der Beschwerdeführer lediglich die Wahlen, nicht aber die Beschlußfassung über die Zahl der Neuzulassungen beanstandet hatte (§ 90 Abs. 2 BVerfGG).

[10] So *Hartung* JZ 1994, 117 mit ausführlicher Begründung; *ders.* JZ 1994, 403; a. A. *Krämer* JZ 1994, 400; *Tilmann* BRAK-Mitt. 1994, 118; zustimmend neuerdings *Kleine-Cosack*, Vor § 164, Rdn. 1–8.

[11] AZ AnwZ 7/75.

[12] Vgl. BVerfGE 7, 377 (398 f.) – unselbständiger Apotheker; 11, 30 (41) – Kassenarzt; 12, 144 (147) – Kassenzahnarzt; 17, 371 (380) – Anwaltsnotar; 33, 125 (161 ff.) – Facharzt; vgl. auch BGH BRAK-Mitt. 1983, 135 (136); ausführlich hierzu neuerdings *Hartung* JZ 1994, 117 (119); *ders.* JZ 1994, 403; vgl. auch *Birnkraut* BRAK-Mitt. 1994, 194; *Krämer* JZ 1994, 400; *Tilmann* BRAK-Mitt. 1994, 118.

[13] BVerfGE 7, 377.

[14] BGH NJW 1984, 1042.

mit Minderungen der persönlichen Qualifikation möglicher Bewerber zu erkaufen. Bei genauerer Betrachtung ist jedoch weder die Leistungs- und Funktionsfähigkeit der beim Bundesgerichtshof tätigen Anwaltschaft noch ein anderes überragend wichtiges Gemeinschaftsgut in Gefahr.[15] Im einzelnen:

a) Wirtschaftliche Leistungsfähigkeit. Sie ist kein zu schützendes Gemeinschaftsgut. Die Anwaltschaft ist für ihre wirtschaftliche Leistungsfähigkeit selbst verantwortlich, denn der Staat „schuldet" den Angehörigen eines Berufsstandes kein Mindesteinkommen.[16] Deshalb müssen sich auch Rechtsanwälte ständig wachsender Konkurrenz stellen und ihre fachliche Kompetenz und Leistungsfähigkeit steigern, wenn sie wettbewerbsfähig bleiben wollen.[17]

b) Funktionsfähigkeit. Sie ist als Gemeinschaftsgut anzuerkennen, bei Wegfall der Bedürfnisprüfung aber nicht in Gefahr. Im Instanzenzug unterhalb des Bundesgerichtshofes hat die Anwaltschaft die größte Anwaltsschwemme ihrer Geschichte hinter sich. Dennoch hat selbst diese ganz ungewöhnlich starke Vermehrung der Rechtsanwälte zu keiner Beeinträchtigung der Funktionsfähigkeit der Anwaltschaft geführt, sondern sogar zu erhöhten Leistungen angespornt. Den Vorteil hat der Rechtsuchende, der eine breitere und bessere anwaltliche Dienstleistungspalette vorfindet. In gleicher Weise könnte die Anwaltschaft bei dem Bundesgerichtshof den bei Wegfall der Bedürfnisprüfung zu erwartenden Zuwachs zur Qualitätsverbesserung nutzen. Sie erhielte bei einer nur von der Befähigung und nicht vom Bedarf abhängigen Zulassung die Möglichkeit der Spezialisierung. So wie der einzelne Richter am Bundesgerichtshof nicht das Zivilrecht in seiner gesamten Breite bearbeitet, sondern auf einen schmalen Ausschnitt spezialisiert ist,[18] kann auch der bei dem Bundesgerichtshof tätige Rechtsanwalt das Zivilrecht nicht bis in alle Verästelungen beherrschen. Deshalb liegt eine Spezialisierung im Interesse des rechtsuchenden Publikums.[19]

c) Rechtspflege. Sie gehört zu den überragend wichtigen Gemeinschaftsgütern, liegt jedoch vornehmlich in den Händen der Richter. Der bei dem Bundesgerichtshof zugelassene Rechtsanwalt kann allenfalls die Rechtsfindung der Bundesrichter durch gründliche Vorarbeit erleichtern. Die deshalb an seine Zulassung zu stellenden hohen Anforderungen setzen aber entgegen der Meinung des Bundesgerichtshofs[20] nicht die Notwendigkeit einer Bedürfnisprüfung voraus, sondern können auf anderem Wege durchgesetzt werden, z. B. durch die Einführung einer Fachanwaltschaft für das Revisionsrecht in Zivilsachen. Nur so läßt sich der Zugang zur Anwaltschaft bei dem Bundesgerichtshof für jeden befähigten Bewerber in verfassungsrechtlich zulässiger Weise garantieren.[21]

2. Eingriff in die Freiheit der Berufsausübung

Gehören die Rechtsanwälte bei dem Bundesgerichtshof **demselben Beruf** wie die übrigen Rechtsanwälte an, verletzt die in § 168 Abs. 2 enthaltene Rege-

---

[15] *Hartung* JZ 1994, 117 (121); *ders.* JZ 1994, 403; a. A. *Krämer* JZ 1994, 400; *Tilmann* BRAK-Mitt. 1994, 118; kritisch *Birnkraut* BRAK-Mitt. 1994, 194.
[16] BVerfGE 7, 377 (428).
[17] Siehe Fn. 15.
[18] Vgl. hierzu *Hirsch* NJW 1984, 2079.
[19] Siehe Fn. 15.
[20] Unveröffentlichte Entscheidung vom 15. Februar 1975 – AZ AnwZ 7/75.
[21] Vgl. hierzu ausführlich *Hartung* JZ 1994, 117 (122); *ders.* JZ 1994, 403; a. A. *Krämer* JZ 194, 400; *Tilmann* BRAK-Mitt. 1994, 118; kritisch *Birnkraut* BRAK-Mitt. 1994, 194; zustimmend neuerdings *Kleine-Cosack,* Vor § 164 Rdn. 4.

lung die Freiheit der Berufsausübung. Bei einer solchen Regelung beschränkt sich der Grundrechtsschutz auf die Abwehr in sich verfassungswidriger, weil etwa übermäßig belastender und nicht zumutbarer Auflagen. Hierzu gehört immer die Abwehr von Regelungen, welche wie § 168 Abs. 2 die Ausübung einer beruflichen Tätigkeit von einer Bedürfnisprüfung abhängig machen. Selbst vernünftige Erwägungen des Gemeinwohls können eine Bedürfnisprüfung nicht rechtfertigen. Wird einem Berufsangehörigen der Zugang zu einer bestimmten Berufsausübung mittels Bedürfnisprüfung verweigert, ist stets auch die Freiheit der Berufswahl betroffen, selbst wenn er dem Beruf angehört, den die übrigen Berufskollegen ausüben. Hinzu kommt, daß § 168 Abs. 2 jeden Bewerber, der die Zulassung als Rechtsanwalt bei dem Bundesgerichtshof anstrebt, übermäßig belastet, wenn er trotz entsprechender Qualifikation nur deshalb nicht zugelassen werden kann, weil es bereits genügend Berufskollegen gibt, welche die angestrebte Berufstätigkeit ausüben.[22]

V. Anfechtbarkeit

14   Die Entscheidungen des Wahlausschusses können nach § 223 mit dem Antrag auf gerichtliche Entscheidung angefochten werden. Der für diese Entscheidung gemäß § 163 S. 2 zuständige Bundesgerichtshof kann jedoch nur überprüfen, ob das vorgeschriebene Verfahren eingehalten worden ist und dem Wahlausschuß keine offensichtlichen **Ermessensfehler** unterlaufen sind.[23] Nicht überprüfbar ist das **Abstimmungsergebnis**.[24] Zweck des in den §§ 164 ff. geregelten Wahlverfahrens ist es, für die Zulassung beim Bundesgerichtshof die besten Rechtsanwälte zu gewinnen. Der Wahlausschuß hat daher nicht nur die sachlichen und persönlichen Voraussetzungen für eine Tätigkeit als Rechtsanwalt beim Bundesgericht zu prüfen, sondern unter mehreren Bewerbern, die diese Voraussetzungen erfüllen, die Fähigsten auszusuchen. Es liegt in der Natur der Sache, daß in eine solche Wahlentscheidung die unterschiedlichsten Vorstellungen und Motive eingehen.[25] Deshalb wird auch eine Begründung der auf geheimer Wahl beruhenden Entscheidung im Gesetz nicht vorgeschrieben.[26]

§ 169 Mitteilung des Wahlergebnisses

(1) **Der Vorsitzende des Wahlausschusses teilt das Ergebnis der Wahlen dem Bundesministerium der Justiz mit.**

(2) **Die Anträge der vom Wahlausschuß benannten Rechtsanwälte, sie beim Bundesgerichtshof zuzulassen, sind der Mitteilung beizufügen.**

Die Vorschrift bringt Selbstverständliches zum Ausdruck. Das Bundesministerium der Justiz kann eine Entscheidung nach § 170 Abs. 1 nur treffen, wenn es das Ergebnis der Wahlen kennt und ihm auch die Zulassungsanträge vorliegen. Ohne einen Zulassungsantrag kann es die Zulassung nicht erteilen.

---

[22] Siehe Fn. 15.
[23] *Feuerich/Braun*, § 168, Rdn. 10; *Jessnitzer/Blumberg*, § 168 Rdn. 2; vgl. auch BGH BRAK-Mitt. 1983, 135 für den Fall der Ablehnung der Aufnahme in die Vorschlagsliste.
[24] So auch *Feuerich/Braun*, § 168 Rdn. 10; *Jessnitzer/Blumberg*, § 168 Rdn. 2.
[25] BVerfGE 24, 268 (278).
[26] So der BGH in einer nicht veröffentlichten Entscheidung vom 14. 5. 1975 – AZ AnwZ 7/75.

§ 170 Entscheidung über den Antrag auf Zulassung

(1) Über den Antrag auf Zulassung als Rechtsanwalt bei dem Bundesgerichtshof entscheidet das Bundesministerium der Justiz.
(2) Die Entscheidung über den Antrag auf Zulassung kann ausgesetzt werden, wenn einer der in § 33 Abs. 2 bezeichneten Gründe vorliegt.
(3) Der Vorstand der Rechtsanwaltskammer bei dem Bundesgerichtshof ist nur dann zu hören, wenn gegen die Zulassung Bedenken bestehen.
(4) Für die Zulassung gelten § 20 Abs. 1 Nr. 2 und 3 und § 166 Abs. 3 entsprechend.

Übersicht

	Rdn.		Rdn.
I. Normzweck	1	III. Entscheidung	6–8
II. Entscheidungsvorbereitung	2–5	1. Aussetzung des Verfahrens	6
1. Auswahlprüfung	3	2. Zulassung	7
2. Erweiterung der Vorschlagsliste	4	3. Versagung der Zulassung	8
3. Anhörung der Rechtsanwaltskammer	5	IV. Anfechtbarkeit	9, 10

I. Normzweck

Das Gesetz räumt dem Wahlausschuß für Rechtsanwälte weitgehende Befugnisse ein, indem er ihm die Entscheidung darüber anvertraut, wieviele Rechtsanwälte beim Bundesgerichtshof zugelassen sein dürfen (§ 168 Abs. 2) und welche der von der Bundesrechtsanwaltskammer und von der Rechtsanwaltskammer beim Bundesgerichtshof vorgeschlagenen Bewerber in die engere Wahl kommen sollen. Die Zulassung selbst überträgt das Gesetz ebenso wie die Zulassung bei den Gerichten der Länder einer staatlichen Behörde, nämlich dem Bundesministerium der Justiz, das die Zulassung durch Verwaltungsakt erteilt.[1] Dabei bindet das Gesetz es in personeller Hinsicht an die Entscheidung des Wahlausschusses, indem es ihm verbietet, Bewerber zuzulassen, die der Wahlausschuß nicht benannt hat (§ 164), verlangt von ihm aber gleichwohl eine eigenverantwortliche Überprüfung der vom Wahlausschuß benannten Bewerber (Abs. 2 und 4).

II. Entscheidungsvorbereitung

Der Entscheidungsspielraum des Bundesministeriums der Justiz wird durch § 164 auf die Bewerber begrenzt, die durch den Wahlausschuß in doppelter Zahl benannt werden. Aus diesem Kreis wählt das Bundesministerium nach seinem Ermessen die Hälfte der Bewerber aus. Nach Abschluß seiner Prüfung muß es so viele Rechtsanwälte zulassen, wie es der vom Wahlausschuß für angemessen gehaltenen Zahl von Zulassungen entspricht. Davon abweichend vertritt *Tilmann*[2]

---
[1] Zur verfassungsrechtlichen Problematik des Zulassungsverfahrens vgl. § 168 Rdn. 8–13; ausführlich *Hartung* JZ 1994, 117; *ders.* JZ 403; siehe auch *Birnkraut* BRAK-Mitt. 1994, 194; *Krämer* JZ 1994, 400; *Tilmann* BRAK-Mitt. 1994, 118.
[2] *Tilmann* BRAK-Mitt. 1994, 118 (120).

die Auffassung, das Bundesministerium der Justiz sei nur an die vom Wahlausschuß vorgeschlagenen Bewerber, nicht aber an dessen Entscheidung über die angemessene Zahl der zuzulassenden Rechtsanwälte gebunden. Diese Auffassung widerspricht der seit Inkrafttreten der Bundesrechtsanwaltsordnung vom Bundesministerium der Justiz geübten Praxis. Sie ist zudem mit der eindeutigen gesetzlichen Regelung unvereinbar. Gemäß § 168 Abs. 2 benennt der Wahlausschuß die **doppelte** Zahl von Rechtsanwälten, die **er** für die Zulassung bei dem Bundesgerichtshof für angemessen hält. Das Bundesminsterium der Justiz kann folglich aus dem Kreis der vom Wahlausschuß benannten Bewerber nur die Hälfte zur Rechtsanwaltschaft bei dem Bundesgerichtshof zulassen. Die gegenteilige Auffassung übersieht ferner, daß die Zahl der bei dem Bundesgerichtshof zuzulassenden Rechtsanwälte selbst dann nicht vom Bundesministerium der Justiz, sondern vom Wahlausschuß bestimmt würde, wenn das Bundesministerium befugt wäre, alle vom Wahlausschuß benannten Bewerber zuzulassen, da es andere als vom Wahlausschuß benannte Bewerber nicht zulassen darf.

1. Auswahlprüfung

3   Die dem Bundesministerium der Justiz obliegende Auswahlprüfung muß sich trotz der bereits durch die vorschlagsberechtigten Rechtsanwaltskammern und den Wahlausschuß vorgenommenen Prüfungen auf die Voraussetzungen des § 166 Abs. 3, die Anforderungen des § 33 und die Versagungsgründe des § 20 Abs. 1 Nr. 2 und 3 erstrecken (Abs. 2 und 3). Diese Kriterien werden wegen der vorangegangenen Prüfungen grundsätzlich immer gegeben sein, es sei denn, die persönlichen Verhältnisse eines Bewerbers hätten sich nach der Entscheidung des Wahlausschusses verändert, beispielsweise deswegen, weil ein bis dahin lediger Bewerber in der Zwischenzeit eine Bundesrichterin geheiratet hat. Den **Schwerpunkt der Prüfung** des Bundesministeriums der Justiz bildet die fachliche Beurteilung der Bewerber und ihre persönliche Integrität.[3] Das Gesetz erwähnt diesen Teil der Prüfung zwar nicht, die Regelung, daß der Wahlausschuß die doppelte Zahl von Rechtsanwälten benennen muß, die er für die Zulassung für angemessen hält, bliebe jedoch ohne Sinn, wenn das Bundesministerium die aus der Gesamtheit der Bewerber zuzulassende Hälfte nicht nach sachlichen und persönlichen Gesichtspunkten aussuchen dürfte. In der Praxis signalisiert freilich die von dem Wahlausschuß gewählte Reihenfolge die von ihm favorisierten Bewerber.

2. Erweiterung der Vorschlagsliste

4   Sie wird notwendig, wenn das Bundesjustizministerium der Justiz gegen so viele der vom Wahlausschuß benannten Bewerber Bedenken hat, daß die von ihm akzeptierten Bewerber nicht mehr ausreichen, die vom Wahlausschuß für angemessen erachtete Zahl von Zulassungen zu erteilen. Das Bundesministerium muß in einem solchen Fall zunächst gemäß Absatz 3 den Vorstand der Rechtsanwaltskammer bei dem Bundesgerichtshof hören. Werden seine Bedenken hierbei nicht beseitigt, bleibt als Ausweg nur die Erweiterung der Vorschlagsliste. Das Bundesministerium kann, da es keinen Rechtsanwalt zulassen darf, der nicht vom Wahlausschuß benannt worden ist (§ 164), nicht etwa von ihm selbst ausgesuchte und vom Wahlausschuß nicht benannte Bewerber zulassen,[4] sondern muß

---

[3] *Feuerich/Braun*, § 170 Rdn. 5.
[4] *Feuerich/Braun*, § 166 Rdn. 6 und § 170 Rdn. 7–8; a. A. *Isele*, § 168 Anm. IV. B. 2. entgegen dem klaren Wortlaut des § 164.

sich zu diesem Zweck an den Wahlausschuß wenden und ihn veranlassen, ihm weitere Bewerber zu benennen.[5] Das führt zu einer erheblichen zeitlichen Verzögerung des Zulassungsverfahrens, weil der Wahlausschuß sich neue Vorschlagslisten von der Bundesrechtsanwaltskammer aufgrund von Vorschlägen der Rechtsanwaltskammern oder von der Rechtsanwaltskammer bei dem Bundesgerichtshof vorlegen lassen muß.

3. Anhörung der Rechtsanwaltskammer

Stößt das Bundesministerium der Justiz bei seiner Prüfung auf **Mängel**, die bei der Vorprüfung durch die für die Vorschlagslisten zuständigen Rechtsanwaltskammern übersehen worden oder erst später eingetreten sind, muß es den Vorstand der Rechtsanwaltskammer bei dem Bundesgerichtshof **hören** (Abs. 3), und zwar auch dann, wenn der betroffene Bewerber aus der Vorschlagsliste der Bundesrechtsanwaltskammer hervorgegangen ist. Das gleiche gilt, wenn das Bundesministerium Zweifel daran hat, daß ein Bewerber den hohen Anforderungen genügt, die an eine Zulassung beim Bundesgerichtshof zu stellen sind.[6] Das Gesetz unterscheidet nicht zwischen formellen Mängeln und Zweifeln an der Befähigung, sondern verpflichtet das Bundesministerium zur Anhörung des Vorstandes der Rechtsanwaltskammer beim Bundesgerichtshof, wann immer Bedenken gegen die Zulassung bestehen.

III. Entscheidung

1. Aussetzung des Verfahrens

Das Bundesministerium der Justiz kann die Entscheidung über den Antrag auf Zulassung aussetzen, wenn gegen einen vom Wahlausschuß vorgeschlagenen Bewerber ein anwaltsgerichtliches Verfahren, ein Ermittlungsverfahren wegen des Verdachts einer Straftat oder ein strafgerichtliches Verfahren schwebt. In der Regel werden solche Verfahren jedoch – statt zur Aussetzung des Verfahrens – zur Versagung der Zulassung führen, weil allein der Umstand, daß sich der Verdacht einer schwerwiegenden Verletzung des Berufsrechts verdichtet, Rückschlüsse auf die Frage erlaubt, ob der Bewerber für die Tätigkeit als Rechtsanwalt beim Bundesgerichtshof geeignet ist.[7] Das gilt erst recht für den Verdacht einer Straftat.

2. Zulassung

Sie erfolgt durch Verwaltungsakt. Im übrigen gelten gemäß § 162 die §§ 12, 31 und 32.

3. Versagung der Zulassung

Mit der positiven Entscheidung des Bundesministeriums, die vom Wahlausschuß für angemessen gehaltene Zahl von Rechtsanwälten bei dem Bundesgerichtshof zuzulassen, ist zugleich für die andere Hälfte der vom Wahlausschuß benannten Bewerber deren Ablehnung verbunden. Über die Versagung der Zulassung ist ein Bescheid in der Form des § 21 Abs. 1 zu erlassen.

---

[5] *Feuerich/Braun*, § 168 Rdn. 8–9 und § 170 Rdn. 8.
[6] *Feuerich/Braun*, § 170 Rdn,. 5; *Isele*, § 170 Anm. IV. B.
[7] EGH Stuttgart BRAK-Mitt. 1983, 139.

§ 171 1, 2　　　Achter Teil. Rechtsanwaltschaft beim Bundesgerichtshof

IV. Anfechtbarkeit

9　Gegen den Bescheid, durch den das Bundesministerium der Justiz den Antrag auf Zulassung bei dem Bundesgerichtshof ablehnt, kann der Bewerber innerhalb eines Monats nach Zustellung bei dem Senat für Anwaltssachen beim Bundesgerichtshof (§ 163) den **Antrag auf gerichtliche Entscheidung** stellen (§ 21 Abs. 2). Für dieses Verfahren gelten § 37 und §§ 39 bis 41. Gemäß § 39 Abs. 3 kann der abgelehnte Bewerber nur Ermessensfehler rügen.

10　Des weiteren kann jeder vom Wahlausschuß benannte Bewerber gemäß § 21 Abs. 3 i. V. m. § 11 Abs. 3 gegen das Bundesministerium der Justiz den Antrag auf gerichtliche Entscheidung stellen, wenn dieses den Antrag auf Zulassung bei dem Bundesgerichtshof ohne zureichenden Grund innerhalb von drei Monaten seit Eingang des Wahlergebnisses (§ 169) nicht beschieden hat (Untätigkeitsklage).[8]

§ 171 Ausschließlichkeit der Zulassung

Ein Rechtsanwalt bei dem Bundesgerichtshof darf nicht zugleich bei einem anderen Gericht zugelassen sein.

1　Das **Verbot der Simultanzulassung**, das aus § 100 Abs. 1 der Rechtsanwaltsordnung vom 1. Juli 1878 übernommen worden ist, beruht nach der amtlichen Begründung[1] vor allem auf der Erwägung, daß ein ersprießliches Zusammenwirken des Bundesgerichtshofes mit den bei ihm zugelassenen Rechtsanwaltschaft nur möglich ist, wenn die Rechtsanwälte ihre Tätigkeit nur diesem Gericht widmen. Des weiteren hebt die amtliche Begründung hervor, daß nur eine mit den Rechtsanschauungen des Bundesgerichtshofs auf das genaueste vertraute Rechtsanwaltschaft über die Aussichten einer Revision sachgemäß beraten und so dazu beitragen könne, daß der Bundesgerichtshof nicht mit aussichtslosen Revisionen belastet werde.

2　**Verfassungsrechtliche** Bedenken gegen das Verbot der Simultanzulassung bestehen nicht. Das ist für die vergleichbare Situation der Singularzulassung beim Oberlandesgericht (§ 25) höchstrichterlich entschieden.[2] Allerdings gibt die Verfassungswidrigkeit des § 168 Abs. 2 und die damit verbundene Notwendigkeit, über eine Neuregelung des Zulassungsverfahrens nachzudenken,[3] Anlaß, auch das Verbot der Simultanzulassung zu überprüfen. Es wäre der Rechtspflege dienlich, wenn qualifizierte Rechtsanwälte ohne räumliche Bindung an den Bundesgerichtshof und mit gleichzeitiger Zulassung an einem Land- oder Oberlandesgericht in der Revisionsinstanz tätig werden könnten, wie sie es in allen anderen Gerichtsbarkeiten ohnehin dürfen.

---

[8] *Feuerich/Braun,* § 171 Rdn. 12; *Kleine-Cosack,* § 172 Rdn. 4.
[1] Amtl. Begründung, S. 254.
[2] BGHZ 71, 28; BGH BRAK-Mitt. 1987, 37; BGH BRAK-Mitt. 1991, 102.
[3] *Kleine-Cosack,* Vor § 162 Rdn. 8.

Dritter Abschnitt. Die besonderen Rechte und Pflichten der Rechtsanwälte bei dem Bundesgerichtshof

§ 172 Beschränkung des Auftretens vor anderen Gerichten

(1) Die bei dem Bundesgerichtshof zugelassenen Rechtsanwälte dürfen nur vor dem Bundesgerichtshof, den anderen obersten Gerichtshöfen des Bundes, dem Gemeinsamen Senat der obersten Gerichtshöfe und dem Bundesverfassungsgericht auftreten. Das Recht, vor internationalen oder gemeinsamen zwischenstaatlichen Gerichten aufzutreten, wird hierdurch nicht berührt.

(2) Sie dürfen vor einem obersten Landesgericht auftreten, soweit § 8 Abs. 1 des Einführungsgesetzes zur Zivilprozeßordnung eine Vertretung durch sie vorsieht.

(3) In dem Verfahren vor dem ersuchten Richter dürfen sie auch vor einem anderen Gericht auftreten, wenn das Ersuchen von einem der in Absatz 1 genannten Gerichte ausgeht.

I. Normzweck

Die Tätigkeit der Rechtsanwälte bei dem Bundesgerichtshof soll sich aus den bei § 171 angeführten Gründen[1] bis auf einige Ausnahmen auf den Bundesgerichtshof **beschränken**. Deshalb ist es ihnen grundsätzlich nicht gestattet, vor anderen Gerichten aufzutreten. Das gilt nicht nur für Verfahren, auf welche die Zivilprozeßordnung, die Strafprozeßordnung oder die Konkursordnung Anwendung finden, wie früher nach der Entstehungsgeschichte der Rechtsanwaltsordnung vom 1. Juli 1878 angenommen wurde,[2] sondern ganz allgemein für das Auftreten vor anderen Gerichten jedweder Art.[3]

1

II. Grundsatz

Die auf den Bundesgerichtshof **beschränkte Postulationsfähigkeit** bewirkt, daß ein bei diesem Gericht zugelassener Rechtsanwalt vor Amts-, Land- und Oberlandesgerichten nicht auftreten darf. Die Regelung schließt das Verbot ein, bei diesen Gerichten Schriftsätze einzureichen und für diese Gerichte bestimmte Schriftstücke zu unterschreiben. Das gilt allerdings nicht für die Einlegung und Begründung von Revisionen in Strafsachen. Diese gehören, auch wenn sie beim Landgericht einzureichen sind (§ 341 Abs. 1, § 345 Abs. 1 StPO), schon zur Verteidigung vor dem Bundesgerichtshof.[4]

2

Die Berechtigung zum Auftreten vor dem Bundesgerichtshof ist unbeschränkt, weil es ein Auftreten vor dem Zulassungsgericht ist.[5] Es schließt das Auftreten vor dem ersuchten Richter ein, wenn das Ersuchen von dem Bundesgerichtshof ausgeht (Abs. 3).

3

---

[1] § 171 Rdn. 1.
[2] *Friedländer*, § 100 Anm. 5.
[3] Amtl. Begründung, S. 255.
[4] Ebenso *Feuerich/Braun*, § 172 Rdn. 5.
[5] *Isele*, § 172 Anm. II. B. 1.

§ 172 a 1   Achter Teil. Rechtsanwaltschaft beim Bundesgerichtshof

4   Tritt ein bei dem Bundesgerichtshof zugelassener Rechtsanwalt **unerlaubt** vor einem anderen Gericht auf, berührt das die rechtliche Wirksamkeit der vorgenommenen Prozeßhandlungen nicht, soweit nicht eine Vertretung durch einen postulationsfähigen Rechtsanwalt notwendig ist.[6] Der verbotswidrig auftretende Rechtsanwalt kann jedoch berufsrechtlich belangt werden (§ 43), das Gericht kann ihn in sinngemäßer Anwendung des § 156 Abs. 2 zurückweisen.

III. Ausnahmen

5   Absatz 1 erlaubt dem bei dem Bundesgerichtshof zugelassenen Rechtsanwalt das Auftreten auch vor den anderen **obersten Gerichtshöfen des Bundes** (Bundesarbeitsgericht, Bundessozialgericht, Bundesverwaltungsgericht und Bundesfinanzhof), vor dem Gemeinsamen Senat der obersten Gerichtshöfe (Art. 95 Abs. 3 GG), vor dem **Bundesverfassungsgericht** und vor **internationalen** oder gemeinsamen **zwischenstaatlichen Gerichten**, soweit ein deutscher Rechtsanwalt dort auftreten darf. Hierzu zählen in erster Linie der Internationale Gerichtshof in Den Haag, der Europäische Gerichtshof für Menschenrechte, der Gerichtshof der Europäischen Gemeinschaft, das Oberste Rückerstattungsgericht in Entschädigungssachen, die Zentralkommission in Rheinschiffahrtssachen und der Berufungsausschuß der Moselkommission in Moselschiffahrtssachen. Hinzukommt gemäß Absatz 2 i. V. m. § 7 Abs. 1, § 8 Abs. 1 EGZPO das Bayerische Oberste Landesgericht. Die Berechtigung, vor den vorstehend genannten Gerichten auftreten zu dürfen, erstreckt sich auch auf den ersuchten Richter, wenn das Ersuchen von einem dieser Gerichte ausgeht (Abs. 3).

§ 172 a Sozietät

Rechtsanwälte, die beim Bundesgerichtshof zugelassen sind, dürfen nur untereinander eine Sozietät eingehen. Eine solche Sozietät darf nur zwei Rechtsanwälte umfassen.

Übersicht

	Rdn.		Rdn.
I. Entstehungsgeschichte	1	IV. Verfassungsrechtliche Betrachtung	5
II. Normzweck	2		
III. Norminhalt	3, 4		

I. Entstehungsgeschichte

1   Die Vorschrift wurde durch das Gesetz zur Neuordnung des Berufsrechts der Rechtsanwälte und der Patentanwälte vom 2. September 1994[1] eingeführt. Sie geht auf das Urteil des Bundesgerichtshofes vom 7. 11. 1983 zurück.[2] Mit dieser Entscheidung hatte das Gericht den Zusammenschluß von mehr als zwei beim Bundesgerichtshof zugelassenen Rechtsanwälten für unzulässig erklärt.[3]

---

[6] *Feuerich/Braun*, § 172 Rdn. 6 ff..
[1] BGBl. I, S. 2278.
[2] BGH NJW 1984, 1042; vgl. auch BVerfGE 54, 237 = NZW 1980, 2123.
[3] Kritisch hierzu *Hirsch* NJW 1984, 2079; vgl. auch *Hartstang* I, S. 199 f., *ders.*, II S. 47; zustimmend *von Stackelberg*, FS *Pfeiffer*, S. 1004, der die Entscheidung eine „Großtat richterlicher Rechtsfindung" nennt.

II. Normzweck

Die Vorschrift soll die bisher auf das Urteil des Bundesgerichtshofes gestützte 2
Praxis legalisieren. Die Ermöglichung der Zweiersozietät soll das Berufsbild des
Revisionsrechtsanwalts, der seine Mandate persönlich wissenschaftlich bearbeitet,
nicht in Frage stellen, aber für Vertretungsfälle und Kanzleiübergaben in jüngere
Hände erhebliche Erleichterungen schaffen.

III. Norminhalt

Satz 1 **engt** die für alle anderen Rechtsanwälte zulässigen Möglichkeiten der 3
Sozietätsgestaltung[4] erheblich ein und erlaubt eine Sozietät nur, wenn beide
Sozien bei dem Bundesgerichtshof zugelassen sind.

Des weiteren schreibt Satz 2 vor, daß eine Sozietät **nur zwei** Rechtsanwälte 4
umfassen darf. Das soll verhindern, daß die wenigen Rechtsanwälte, die bei dem
Bundesgerichtshof zugelassen sind – am 1. 1. 1994 waren es 23 –,[5] sich zu einigen
Großpraxen zusammenschließen und so für den Rechtsuchenden die Möglichkeit der Auswahl unter verschiedenen Rechtsanwälten verringern.[6]

IV. Verfassungsrechtliche Betrachtung

Die Vorschrift korrespondiert mit der verfassungswidrigen Regelung des § 168 5
Abs. 2,[7] die es dem Wahlausschuß für Rechtsanwälte überläßt, die angemessene Zahl
der bei dem Bundesgerichtshof zuzulassenden Rechtsanwälte festzulegen.[8] Diese
Zahl hat der Wahlausschuß stets sehr gering gehalten. Dabei hat er sich darüber
hinweggesetzt, daß die wenigen bei dem Bundesgerichtshof zugelassenen Rechtsanwälte die ihnen übertragenen Mandate nur mit Unterstützung zahlreicher Hilfskräfte bewältigen können und der bei dem Bundesgerichtshof zugelassene Praxisinhaber in erster Linie nur noch Anlaufstelle für die vielen Mandate ist, die von derzeit
nur 23 Rechtsanwälten angenommen werden dürfen. Damit erweist sich das Verbot
einer mehr als zweigliedrigen Sozietät ebenso wie das Verbot einer Soziierung mit
anderen Rechtsanwälten als bloßer **Appendix der verfassungswidrigen Bedürfnisprüfung** des § 168 Abs. 2.[9] Mit deren Wegfall verlieren auch diese beiden Verbote ihren Sinn. Wenn jeder qualifizierte Bewerber Anspruch auf eine Zulassung
bei dem Bundesgerichtshof hat, müssen ihm auch in Bezug auf die Gründung einer
Sozietät dieselben Möglichkeiten offenstehen wie allen anderen Rechtsanwälten.

§ 173 Bestellung eines Vertreters und eines Abwicklers der Kanzlei

(1) **Kann der Rechtsanwalt in den Fällen, in denen seine Vertretung nach § 53 Abs. 1 erforderlich wird, sie nicht selbst regeln, so wird der Vertreter von dem Bundesministerium der Justiz bestellt.**

(2) **Das Bundesministerium der Justiz kann zum Vertreter nur einen Rechtsanwalt bestellen, der das fünfunddreißigste Lebensjahr vollendet hat und den Beruf des Rechtsanwalts seit mindestens fünf Jahren ohne Unterbrechung ausübt.**

---

[4] Siehe hierzu die Kommentierung zu § 59a.
[5] Vgl. hierzu *Hartung* JZ 1994, 117.
[6] So BGH NJW 1984, 1042 (1043).
[7] Vgl. hierzu § 168 Rdn. 8–13.
[8] Vgl. *Hartung* JZ 1994, 117; *Kleine-Cosack,* vor § 164 Rdn. 1–8.
[9] Vgl. hierzu § 168 Rdn. 8–13.

(3) Absatz 2 gilt entsprechend für die Bestellung eines Abwicklers der Kanzlei (§ 55). Weist die Rechtsanwaltskammer bei dem Bundesgerichtshof nach, daß für die Erledigung der laufenden Aufträge in einer Weise gesorgt ist, die den Rechtsuchenden nicht schlechter stellt als die Anwendung des § 55, unterbleibt die Bestellung eines Abwicklers.

Übersicht

	Rdn.
I. Bestellung eines Vertreters	1
II. Bestellung eines Abwicklers	2
III. Vergütung	3

I. Bestellung eines Vertreters

1   Der Rechtsanwalt bei dem Bundesgerichtshof kann, wenn er länger als eine Woche daran gehindert ist, seinen Beruf auszuüben oder wenn er sich **länger als eine Woche** von seiner Kanzlei entfernen will (§ 53 Abs. 1), bis zur Dauer eines Monats seine Vertretung selbst regeln (§ 53 Abs. 2), indem er seine Vertretung einem ebenfalls bei dem Bundesgerichtshof zugelassenen Rechtsanwalt überträgt. Ist das nicht der Fall oder dauert die Verhinderung an der Ausübung des Berufs oder die Entfernung von der Kanzlei **länger als ein Monat**, so muß das Bundesministerium der Justiz, das seine Befugnis gemäß § 224 durch Erlaß vom 10. 8. 1959[1] dem Präsidenten des Bundesgerichtshofs übertragen hat, einen Vertreter bestellen (Abs. 1). Dieser muß das fünfunddreißigste Lebensjahr vollendet haben und den Beruf des Rechtsanwalts seit mindestens fünf Jahren ohne Unterbrechung ausüben (Abs. 2), braucht aber nicht beim Bundesgerichtshof zugelassen zu sein. Zu berücksichtigen sind auch die Anforderungen des § 20 Abs. 1 Nr. 2 und 3.[2]

II. Bestellung eines Abwicklers

2   Ist der bei dem Bundesgerichtshof zugelassene Rechtsanwalt gestorben oder ist seine Zulassung aus einem anderen Grunde beendet, so kann ein Abwickler bestellt werden (Abs. 3). Hierfür gilt § 55 mit der Maßgabe, daß zuständig das Bundesministerium der Justiz bzw. der Präsident des Bundesgerichtshofs[3] ist und daß für die Person des Abwicklers die einschränkenden Voraussetzungen des Absatz 2 beachtet werden müssen. Gemäß Absatz 3 Satz 2, der durch das Gesetz zur Änderung des Berufsrechts der Rechtsanwälte und Patentanwälte vom 13. 12. 1989[4] eingefügt worden ist, kann von der Bestellung eines Abwicklers abgesehen werden, wenn die Rechtsanwaltskammer bei dem Bundesgerichtshof nachweist, daß für die Erledigung der laufenden Aufträge des ehemaligen Rechtsanwalts in einer Weise gesorgt ist, die den Rechtsuchenden nicht schlechter als bei einer Erledigung durch einen Abwickler stellt.

III. Vergütung

3   Dem Vertreter steht ebenso wie dem Abwickler eine Vergütung zu.

---

[1] Bundesanzeiger 1959, Nr. 162.
[2] *Feuerich/Braun*, § 173 Rdn. 3.
[3] Siehe Erlaß vom 10. 8. 1959, Bundesanzeiger 1959, Nr. 162.
[4] BGBl. I, S. 2135.

§ 174 Zusammensetzung und Vorstand   1, 2   § 174

Der Vertreter wird für Rechnung des Vertretenen tätig (§ 53 Abs. 9). Kann er 4
sich mit dem Vertretenen über die Höhe der Vergütung nicht einigen, setzt der
Vorstand der Bundesrechtsanwaltskammer die Vergütung fest (§ 53 Abs. 10 S. 5).[5]
Der Abwickler wird für Rechnung des Abzuwickelnden tätig (§ 55 Abs. 3 5
S. 1). Er ist berechtigt, außer im Rahmen eines Kostenfestsetzungsverfahrens
jedoch nicht verpflichtet, Kostenforderungen des früheren Rechtsanwalts im
eigenen Namen für dessen Rechnung oder für Rechnung der Erben geltend zu
machen (§ 55 Abs. 3 S. 2).

Vierter Abschnitt. Die Rechtsanwaltskammer bei dem Bundesgerichtshof

§ 174 Zusammensetzung und Vorstand

(1) Die Rechtsanwälte, die bei dem Bundesgerichtshof zugelassen sind, bilden die Rechtsanwaltskammer bei dem Bundesgerichtshof.

(2) Die Zahl der Mitglieder des Vorstandes wird durch die Geschäftsordnung der Kammer festgesetzt. § 63 Abs. 2 ist nicht anzuwenden.

Die Rechtsanwaltskammer bei dem Bundesgerichtshof knüpft historisch an die 1
Rechtsanwaltskammer beim Reichsgericht (§ 102 Abs. 1 RAO) an. Für sie gelten
die §§ 60–91 (§ 162) mit den Abweichungen, die sich aus den §§ 162 ff. ergeben.
Mitglieder der Rechtsanwaltskammer bei dem Bundesgerichtshof können nur 2
die bei diesem Gericht zugelassenen Rechtsanwälte sein. Gemäß § 60 Abs. 2 hat
die Kammer ihren Sitz in Karlsruhe. Sie ist eine Körperschaft des öffentlichen
Rechts (§ 62 Abs. 1), über welche der Bundesminister der Justiz die Staatsaufsicht
führt (§ 62 Abs. 2). Gemäß § 63 Abs. 1 hat die Kammer einen Vorstand, dessen
Mitgliederzahl abweichend von § 63 Abs. 2 durch die Geschäftsordnung der
Kammer festzusetzen ist (Abs. 2). Der Vorstand, der zur Zeit fünf Mitglieder hat,
wird von der Mitgliederversammlung gewählt, wobei wegen der Identität der
Wählbarkeitsvoraussetzungen des § 65 Nr. 2 und 3 mit den Zulassungsvoraussetzungen des § 166 Abs. 3 grundsätzlich alle Mitglieder der Kammer wählbar sind.
Bei der Anwendung der sonstigen Vorschriften der §§ 60–91 ist die Zuständigkeit des Bundesministeriums der Justiz anstelle der Landesjustizverwaltung (§ 163)
zu beachten.

---

[5] Vgl. hierzu BGH NJW 1993, 1334.

Neunter Teil. Die Bundesrechtsanwaltskammer

Erster Abschnitt. Allgemeines

§ 175 Zusammensetzung und Sitz der Bundesrechtsanwaltskammer

(1) **Die Rechtsanwaltskammern werden zu einer Bundesrechtsanwaltskammer zusammengeschlossen.**

(2) **Der Sitz der Bundesrechtsanwaltskammer wird durch ihre Satzung bestimmt.**

Schrifttum: *Cramer*, Das Stimmrecht in der Bundesrechtsanwaltskammer, AnwBl. 1989, 140; *Haas*, Gegen Stimmengewichtung, BRAK-Mitt. 1984, 7; *Hartung*, Das anwaltliche Berufsrecht am Scheideweg – Rückschritt oder Fortschritt?, NJW 1993, 2776 = AnwBl. 1993, 549; *ders.*, Die Satzungsversammlung – Ein neues Instrument der anwaltlichen Selbstverwaltung, AnwBl. 1994, 377; *Hummel*, Zur Geschichte der Bundesrechtsanwaltskammer, Bd. 6 der Schriftenreihe der Bundesrechtsanwaltskammer; *Kirchhof*, Für Stimmengewichtung, BRAK-Mitt. 1984, 6; *Kleine-Cosack*, Berufsständische Autonomie und Grundgesetz; *Papier*, Stimmrechtsverteilung in der Bundesrechtsanwaltskammer, NJW 1987, 1308; *Redeker*, Grundfragen einer Reform des Berufsrechts der freien Berufe, Gutachten erstattet im Auftrag des Verbandes der Buchstellen für Gewerbe und freie Berufe e. V.; *Tettinger*, Zum Tätigkeitsfeld der Bundesrechtsanwaltskammer, Bd. 7 der Schriftenreihe der Bundesrechtsanwaltskammer; *ders.*, Wirtschaftliche und freiberufliche Selbstverwaltung – Aktuelle Rechts- und Organisationsfragen, BRAK-Mitt. 1995, 98; *Wagner*, Das Stimmrecht in der Bundesrechtsanwaltskammer, AnwBl. 1989, 269; *Zuck*, Die Satzungsversammlung – kein Rückschritt, sondern Fortschritt, NJW 1993, 2779.

Übersicht

	Rdn.		Rdn.
I. Entstehungsgeschichte	1–3	1. Zusammensetzung	5
II. Normzweck	4	2. Sitz	6
III. Norminhalt	5, 6	IV. Satzung	7–10

I. Entstehungsgeschichte

1 Die Rechtsanwaltsordnung vom 1. Juli 1878 hatte sich darauf beschränkt, die Rechtsanwälte in den einzelnen Oberlandesgerichtsbezirken und bei dem Reichsgericht zu Anwaltskammern zusammenzuschließen.[1] Doch schon 1886 wurde aus der Anwaltschaft der Wunsch nach einer Gesamtorganisation laut. Dennoch kam es erst 1909 zur **„Vereinigung der Vorstände der deutschen Anwaltskammern"** in der Rechtsform der Gesellschaft bürgerlichen Rechts. Sie blieb in dieser Form bis 1933 bestehen und sollte nach den übereinstimmenden Entschließungen der Vereinigung der Anwaltskammervorstände und des Deutschen Anwaltsvereins durch eine amtliche Berufsvertretung, für welche die Bezeich-

---

[1] Die Darstellung folgt der Zusammenfassung in der Amtlichen Begründung, S. 259–261, die verkürzt wiedergegeben wird. Vgl. auch *Hummel*, Zur Geschichte der Bundesrechtsanwaltskammer, Bd. 6 der Schriftenreihe der Bundesrechtsanwaltskammer, S. 1 ff.; siehe ferner Vorbem. vor § 60.

§ 175 Zusammensetzung und Sitz 2–5 § 175

nung „Reichsrechtsanwaltskammer" gedacht war, abgelöst werden. Der hierzu von der Reichsregierung vorgelegte und vom Reichstag nicht mehr verabschiedete „Entwurf eines Gesetzes über die Reichs-Rechtsanwaltskammer" wurde ein Jahr später unverändert in die Verordnung des Reichspräsidenten vom 18. März 1933 übernommen. Die so errichtete **Reichs-Rechtsanwaltskammer** blieb nur bis zum Jahre 1935 bestehen. An ihre Stelle trat die neue „Reichs-Rechtsanwaltskammer", die mit ihrer Vorgängerin nur den Namen gemein hatte. Die früheren Anwaltskammern wurden beseitigt und die gesamte Anwaltschaft in der neuen Reichs-Rechtsanwaltskammer zusammengefaßt.

Nach dem Zusammenbruch im Jahre 1945, mit dem auch die Reichs-Rechtsanwaltskammer zu bestehen aufgehört hatte, kam es bereits am 1. Februar 1946 zur Gründung der „**Vereinigung der Rechtsanwaltskammern der Britischen Zone**", zu der später die neugebildete Rechtsanwaltskammer bei dem Obersten Gerichtshof für die Britische Zone hinzukam. Diese Vereinigung, als Körperschaft des öffentlichen Rechts anerkannt, ähnelte in ihrem Aufgabenkreis und in ihrer Stellung der ersten Reichs-Rechtsanwaltskammer, wie sie von 1933–1935 bestanden hatte. 2

Nach der Errichtung der Bundesrepublik gründeten die Rechtsanwaltskammern aus allen Bundesländern die „**Arbeitsgemeinschaft der Anwaltskammervorstände im Bundesgebiet**" als Gesellschaft bürgerlichen Rechts. Diese Vereinigung, die sich später „**Vereinigung der Rechtsanwaltskammern im Bundesgebiet**" nannte, trat mit Unterstützung des Deutschen Anwaltsvereins für die Gründung einer Bundesrechtsanwaltskammer ein. Diesen Wunsch realisierte die am 1. Oktober 1959 in Kraft getretene Bundesrechtsanwaltsordnung. 3

II. Normzweck

Die Bundesrechtsanwaltskammer hat vornehmlich die Funktion, das **Bindeglied für die Anwaltskammervorstände** zu sein. Sie soll einen Ausgleich unter den Kammern fördern und eine einheitliche Willensbildung ermöglichen. Nach außen soll sie die Gesamtheit der Rechtsanwaltskammern gegenüber Behörden und Organisationen vertreten.[2] 4

III. Norminhalt

1. Zusammensetzung

Die Bundesrechtsanwaltskammer wird aus den Rechtsanwaltskammern gebildet (Abs. 1). Das sind die Rechtsanwaltskammern in den einzelnen Bundesländern (§§ 60, 61) und die Rechtsanwaltskammer bei dem Bundesgerichtshof (§ 174). Diese Rechtsanwaltskammern, die ihrerseits auf der Zwangsmitgliedschaft aller Rechtsanwälte ihres Bezirkes beruhen und selbst eigenständige Körperschaften des öffentlichen Rechts bilden (§ 60 Abs. 1, § 62 Abs. 1), sind als Personalkörperschaften **Zwangsmitglieder** der Verbandskörperschaft mit dem Namen Bundesrechtsanwaltskammer.[3] Diese ist damit entgegen der Meinung des Bundesgerichtshofes[4] aber nicht die „**Dachorganisation der Rechtsanwälte** in deren Eigenschaft als unabhängiges Organ der Rechtspflege", sondern die Dachorganisation der regionalen Rechtsanwaltskammern. 5

---

[2] Amtl. Begründung, S. 261.
[3] *Feuerich/Braun*, § 175 Rdn. 1.
[4] BGHZ 33, 381 (385) = NJW 1961, 220 (221).

2. Sitz

6 Die Bestimmung des Sitzes ist der Bundesrechtsanwaltskammer zur autonomen Regelung überlassen (Abs. 2). Gemäß Art. I der Satzung vom 1. Oktober 1959 in der Fassung vom 20. Oktober 1994[5] ist der Sitz die Hauptstadt der Bundesrepublik Deutschland. Obwohl nach Art. 2 Abs. 1 des Einigungsvertrages vom 31. 8. 1990[6] Berlin die Hauptstadt Deutschlands ist, hat die Bundesrechtsanwaltskammer ihren tatsächlichen Sitz unverändert in Bonn.

IV. Satzung

7 Den Begriff der „Satzung" verwendet das Gesetz - außer in Absatz 2 - in den § 180 Abs. 2, § 185 Abs. 5 und § 190 Abs. 2 und 3. Im Gegensatz zu § 63 Abs. 3, § 89 Abs. 3 und § 179 Abs. 3 bestimmt es nicht, von wem die Satzung zu erlassen ist. Das ist entbehrlich, weil hierfür nur die Hauptversammlung (§ 187) in Betracht kommen kann.[7]

8 Die Satzung der Bundesrechtsanwaltskammer im Sinne des Absatz 2 und der § 180 Abs. 2, § 185 Abs. 5 und § 190 Abs. 2 und 3 ist von der Satzung zu unterscheiden, welche die Satzungsversammlung (§§ 191 a ff.) zu beschließen hat. Die hier in Rede stehende Satzung ist die **„Geschäftsordnung" der Bundesrechtsanwaltskammer**[8] und nicht zu verwechseln mit der Satzung, die von der bei der Bundesrechtsanwaltskammer eingerichteten Satzungsversammlung als Berufsordnung zu beschließen ist (§ 191 a Abs. 2). Neben der Satzung der Bundesrechtsanwaltskammer gibt es eine **Geschäftsordnung des Präsidiums** (§ 179 Abs. 3),[9] eine **Geschäftsordnung der Hauptversammlung**[10] und eine **Geschäftsordnung für die Ausschüsse** der Bundesrechtsanwaltskammer.[11]

9 Der Regelung durch die Satzung der Bundesrechtsanwaltskammer sind im wesentlichen die Wahlen zum Präsidium (§ 180 Abs. 2) und die Beschlußfähigkeit der Hauptversammlung (§ 190 Abs. 2), die Festlegung des Begriffs der Stimmenmehrheit (§ 190 Abs. 3 S. 1) und die Übertragung von Aufgaben auf den Präsidenten (§ 185 Abs. 5) vorbehalten.

10 Die Satzung der Bundesrechtsanwaltskammer bedarf zu ihrer Wirksamkeit der Ausfertigung durch den Präsidenten, andernfalls sie nichtig ist.[12]

§ 176 Stellung der Bundesrechtsanwaltskammer

(1) **Die Bundesrechtsanwaltskammer ist eine Körperschaft des öffentlichen Rechts.**

(2) **Das Bundesministerium der Justiz führt die Staatsaufsicht über die Bundesrechtsanwaltskammer. Die Aufsicht beschränkt sich darauf, daß Gesetz und Satzung beachtet, insbesondere die der Bundesrechtsanwaltskammer übertragenen Aufgaben erfüllt werden.**

---

[5] BRAK-Mitt. 1994, 226.
[6] BGBl. II, S. 890.
[7] So *Isele*, § 175 Anm. IV. B.
[8] Abgedruckt in BRAK-Mitt. 1994, 226.
[9] Abgedruckt bei *Feuerich/Braun*, § 179 Rdn. 5.
[10] BRAK-Mitt. 1988, 252.
[11] Abgedruckt in Bd. 6 der Schriftenreihe der Bundesrechtsanwaltskammer.
[12] Vgl. hierzu im einzelnen § 89 Rdn. 17–22.

Übersicht

	Rdn.
I. Körperschaft	1
II. Staatsaufsicht	2
III. Praktische Bedeutung	3

I. Körperschaft

Die Bundesrechtsanwaltskammer ist eine **bundesunmittelbare, zwangsmitgliedschaftlich strukturierte (Verbands-)Körperschaft** des öffentlichen Rechts, die öffentliche Aufgaben mit hoheitlichen Mitteln wahrnimmt. Sie ist rechtsfähig. Ihr steht eine in der Bundesrechtsanwaltsordnung nicht ausdrücklich geregelte, jedoch in §§ 175 Abs. 2, 180 Abs. 5 und 190 Abs. 2 und 3 stillschweigend vorausgesetzte Satzungskompetenz zur Regelung der inneren Angelegenheiten zu.[1]

II. Staatsaufsicht

Absatz 2 wiederholt für den Bereich der Bundesrechtsanwaltskammer wörtlich die Regelung des § 62. Die Staatsaufsicht wird durch das Bundesministerium der Justiz geführt. Ein weiterer Unterschied ergibt sich daraus, daß die Bundesrechtsanwaltskammer eine **Verbandskörperschaft** ist, deren Mitglieder die Rechtsanwaltskammern und damit Körperschaften des öffentlichen Rechts sind, während es sich bei den Rechtsanwaltskammern, denen die einzelnen Rechtsanwälte als Mitglieder angehören, um Personalkörperschaften handelt. Das ist für die Abgrenzung der Zuständigkeiten der Rechtsanwaltskammern und der Bundesrechtsanwaltskammer von Bedeutung. Da die Bundesrechtsanwaltskammer zu ihren Mitgliedern nicht die einzelnen Rechtsanwälte, sondern die Rechtsanwaltskammern zählt, beschränkt sich ihr Aufgabenbereich auf solche Angelegenheiten, welche die Gesamtheit der Rechtsanwaltskammern angehen (§ 177 Abs. 2 Nr. 1, 3 und 4).[2] In die Rechte des einzelnen Rechtsanwalts kann sie nicht eingreifen.[3] Im übrigen wird auf die Kommentierung zu § 62 verwiesen.[4]

III. Praktische Bedeutung

In der Praxis hat die Staatsaufsicht keine Bedeutung. Das gilt sowohl für die Staatsaufsicht der Landesjustizverwaltungen über die regionalen Rechtsanwaltskammern als auch für die des Bundesministeriums der Justiz über die Bundesrechtsanwaltskammer. *Kleine-Cosack*[5] bemängelt dies mit dem Hinweis, die Bundesrechtsanwaltskammer sei in der Vergangenheit mehrfach mit verfassungswidrigen Beschlüssen und Vorschlägen an die Öffentlichkeit getreten und habe Kritik an ihrem Verhalten in der Fachpresse zu verhindern gesucht. Daran ist richtig, daß die Bundesrechtsanwaltskammer in letzter Zeit in verschiedenen Fragen Standpunkte bezogen hat, mit denen überlieferte Anschauungen verteidigt werden sollten und die sich in Verfahren vor dem Bundesverfassungsgericht als nicht haltbar erwiesen.[6] Zu Recht hat dies jedoch nicht zu Maßnahmen der Staatsaufsicht

---

[1] Vgl. § 175 Rdn. 7–9.
[2] *Feuerich/Braun*, § 177 Rdn. 12; *Tettinger*, S. 88.
[3] *Kleine-Cosack*, § 175 Rdn. 4.
[4] § 62 Rdn. 3–13; vgl. auch § 177 Rdn. 4–7.
[5] *Kleine-Cosack*, § 176 Rdn. 4.
[6] Vgl. hierzu § 187 Rdn. 4.

geführt. Die Staatsaufsicht dient dem Schutz vor rechtswidrigem Verhalten der Bundesrechtsanwaltskammer und ihrer Organe. Rechtswidrig ist es aber nicht, wenn die Bundesrechtsanwaltskammer nach mehrheitlicher Meinungsbildung eine Rechtsauffassung vertritt, die das Bundesverfassungsgericht nicht teilt.

§ 177 Aufgaben der Bundesrechtsanwaltskammer

(1) **Die Bundesrechtsanwaltskammer hat die ihr durch Gesetz zugewiesenen Aufgaben zu erfüllen.**

(2) **Der Kammer obliegt insbesondere,**
1. **in Fragen, welche die Gesamtheit der Rechtsanwaltskammern angehen, die Auffassung der einzelnen Kammern zu ermitteln und im Wege gemeinschaftlicher Aussprache die Auffassung der Mehrheit festzustellen;**
2. **Richtlinien für die Fürsorgeeinrichtungen der Rechtsanwaltskammern (§ 89 Abs. 2 Nr. 3) aufzustellen;**
3. **in allen die Gesamtheit der Rechtsanwaltskammern berührenden Angelegenheiten die Auffassung der Bundesrechtsanwaltskammer den zuständigen Gerichten und Behörden gegenüber zur Geltung zu bringen;**
4. **die Gesamtheit der Rechtsanwaltskammern gegenüber Behörden und Organisationen zu vertreten;**
5. **Gutachten zu erstatten, die eine an der Gesetzgebung beteiligte Behörde oder Körperschaft des Bundes oder ein Bundesgericht anfordert;**
6. **die berufliche Fortbildung der Rechtsanwälte zu fördern.**

Schrifttum: *Kleine-Cosack,* Berufsständische Autonomie und Grundgesetz; *Redeker,* Grundfragen einer Reform des Berufsrechts der freien Berufe, Gutachten erstattet im Auftrag des Verbandes der Buchstellen für Gewerbe und freie Berufe e. V.; *Schaich,* Zum Geschäftskreis der Anwaltsvertretungen damals und heute, FS Ostler, S. 143. *Tettinger,* Zum Tätigkeitsfeld der Bundesrechtsanwaltskammer, Bd. 7 der Schriftenreihe der Bundesrechtsanwaltskammer; *ders.,* Wirtschaftliche und freiberufliche Selbstverwaltung – Aktuelle Rechts- und Organisationsfragen, BRAK-Mitt. 1995, 98.

Übersicht

	Rdn.		Rdn.
I. Entstehungsgeschichte	1	1. Mitwirkung bei der Meinungsbildung (Nr. 1)	9
II. Normzweck	2, 3	2. Richtlinien für Fürsorgeeinrichtungen (Nr. 2)	10
III. § 177 als zentrale Aufgabenzuweisungsnorm	4–7	3. Geltendmachung der Auffassung der Rechtsanwaltskammern (Nr. 3)	11
1. Aufgaben nach der BRAO	5	4. Vertretung gegenüber Behörden und Organisationen (Nr. 4)	12
2. Aufgaben ohne ausdrückliche gesetzliche Zuweisung	6	5. Gutachtenerstattung (Nr. 5)	13
3. Abgrenzung zum Zuständigkeitsbereich der Rechtsanwaltskammern	7	6. Berufliche Fortbildung (Nr. 6)	17
IV. Besonders normierter Aufgabenbereich	8–17		

I. Entstehungsgeschichte

Die im Jahre 1909 als Gesellschaft bürgerlichen Rechts gegründete „**Vereinigung der Vorstände der deutschen Anwaltskammern**", welche die historische Keimzelle der heutigen Bundesrechtsanwaltskammer war, hatte nach ihrem Statut[1] die Aufgabe, über die den Vorständen nach der Rechtsanwaltsordnung obliegenden Pflichten und Befugnisse eine Aussprache herbeizuführen, gemeinsame Anträge an die Justizverwaltung vorzubereiten und die Interessen der deutschen Rechtsanwaltschaft zu fördern. Bei den Nachfolgeorganisationen, so zunächst bei der 1933 gegründeten **Reichs-Rechtsanwaltskammer**, kamen weitere Aufgaben hinzu. So hatte die Reichs-Rechtsanwaltskammer die Aufgabe, eine ständige Verbindung unter den Vorständen der Anwaltskammern herzustellen, ferner sollte sie Gutachten erstatten, die von einer der an der Gesetzgebung des Reichs beteiligten Körperschaften oder ihren Ausschüssen, von einer obersten Reichsbehörde oder dem Ehrengerichtshof angefordert wurden. Auch oblag es ihr, Richtlinien für die Ausübung des Anwaltsberufs zu erlassen. Die nach dem Zweiten Weltkrieg zunächst von der „**Vereinigung der Rechtsanwaltskammern der Britischen Zone**" und später von der „**Arbeitsgemeinschaft der Anwaltskammervorstände im Bundesgebiet**" bzw. „**Vereinigung der Rechtsanwaltskammern im Bundesgebiet**" wahrzunehmenden Aufgaben ähnelten denen, welche der ersten Reichs-Rechtsanwaltskammer von 1933–1935 oblegen hatten. Hiervon ausgehend kam es über mehrere Gesetzesentwürfe schließlich zu dem in Absatz 2 festgelegten Aufgabenkreis. Dieser enthielt bis zum Inkrafttreten des Gesetzes zur Neuordnung des Berufsrechts der Rechtsanwälte und der Patentanwälte vom 2. September 1994[2] zwei weitere Aufgaben, nämlich in Nr. 2 die Feststellung der allgemeinen Auffassung über Fragen der Ausübung des Anwaltsberufs in Richtlinien und in Nr. 8 die Aufstellung von Richtlinien für die Lehrlingsausbildung in Anwaltskanzleien. Für beide Aufgaben ist angesichts der Einführung einer Ermächtigung zum Erlaß einer Berufsordnung durch die Satzungsversammlung (§§ 191 a ff.) kein Raum mehr. Insbesondere die Abschaffung der Nr. 2 war notwendig geworden, weil das Bundesverfassungsgericht durch seine Entscheidungen vom 14. Juli 1987[3] in völliger Abkehr von seiner bisherigen Rechtsprechung den Standesrichtlinien die Qualität eines rechtserheblichen Hilfsmittels zur Konkretisierung der Generalklausel des § 43 abgesprochen hatte und die Vorschrift des § 177 Abs. 2 Nr. 2 a. F. damit obsolet geworden war.[4]

II. Normzweck

Als **zentrale Norm der Aufgabenzuweisung** hat die Vorschrift eine doppelte Bedeutung. Sie verpflichtet die Bundesrechtsanwaltskammer, die ihr gesetzlich zugewiesenen Aufgaben zu erfüllen. Zugleich begrenzt sie deren Tätigkeitsfeld, indem sie ihr nur die durch Gesetz zugewiesenen Aufgaben überträgt und ihr damit verbietet, Tätigkeiten zu entfalten, die weder durch den besonderen Aufgabenkatalog des Absatz 2 gedeckt sind noch sonst eine gesetzliche Grundlage

---

[1] Anwaltsblatt 1929, 129.
[2] BGBl. I, S. 2278.
[3] BVerfGE 76, 171 = NJW 1988, 191 = AnwBl. 1987, 598 und BVerfGE 76, 196 = NJW 1988, 194 = AnwBl. 1987, 603.
[4] BGH AnwBl. 1989, 45 = BRAK-Mitt. 1989, 43.

Hartung

haben.⁵ Mit der offenen („insbesondere") und damit ergänzungsfähigen Enumeration in Absatz 2 macht die Vorschrift zudem deutlich, daß weitere Aufgaben innerhalb und außerhalb der Bundesrechtsanwaltsordnung hinzutreten können. Auch sie müssen aber eine **gesetzliche** Grundlage haben, eine satzungsmäßige Festlegung reicht hierfür nicht aus.⁶ Darüber hinaus verdeutlicht die Vorschrift, daß die in Absatz 2 enumerativ genannten Aufgaben als „hauptsächliche" zu betrachten sind, welche das Aktionsfeld der Bundesrechtsanwaltskammer prägen und gewissermaßen eine **Leitbildfunktion** übernehmen.⁷

3   Diese Leitbildfunktion der Bundesrechtsanwaltskammer als **Dachorganisation** der regionalen Rechtsanwaltskammern wird vornehmlich getragen von der Verpflichtung zur Kommunikation und Integration durch Ermittlung der Auffassungen der einzelnen Kammern im Wege gemeinschaftlicher Aussprache in allen die Gesamtheit der Rechtsanwaltskammern angehenden Fragen (Nr. 1) und von der Verpflichtung zur umfassenden Vertretung der Gesamtheit der Rechtsanwaltskammern (Nr. 4). Durch die Verpflichtung zur Gutachtenerstattung auf Anforderung von Bundesbehörden und -gerichten (Nr. 5) bekräftigt das Gesetz, daß die Bundesrechtsanwaltskammer der Ansprechpartner der Rechtsanwaltskammern auf Bundesebene ist. Ein allgemeines politisches Mandat folgt hieraus jedoch nicht.⁸

III. § 177 als zentrale Aufgabenzuweisungsnorm

4   Gemäß Absatz 1 hat die Bundesrechtsanwaltskammer die ihr durch Gesetz zugewiesenen Aufgaben zu erfüllen. Anders als bei den Rechtsanwaltskammern, bei denen das Gesetz Aufgabenzuweisungen an einzelne Kammerorgane, nämlich an den Vorstand (§ 73), an das Präsidium (§ 79) und an die Kammerversammlung (§ 89) vorgenommen hat, verankert das Gesetz die der Bundesrechtsanwaltskammer zugewiesenen Aufgaben von wenigen Ausnahmen abgesehen (§ 107 Abs. 2 und § 165 Abs. 1) bei ihr selbst und überträgt sie damit innerkorporativ der Hauptversammlung (§ 187). Diese ist der eigentliche **Mittelpunkt**, an den sich das Gesetz bei der Zuweisung von Aufgaben richtet. Die amtliche Begründung⁹ sagt deshalb, daß das Schwergewicht der Tätigkeit der Bundesrechtsanwaltskammer bei der Hauptversammlung liegen soll. In der Praxis erledigen jedoch das Präsidium und die Geschäftsführung viele Einzelaufgaben selbständig und üben dadurch, daß sie die Hauptversammlungen vorbereiten, großen Einfluß auf die Thematik dieser Versammlungen aus.¹⁰

1. Aufgaben nach der BRAO

5   Im Gegensatz zum Vorstand einer regionalen Rechtsanwaltskammer, dem außerhalb des § 73 zahlreiche weitere Aufgaben durch die BRAO zugewiesen sind, ist dies für die Bundesrechtsanwaltskammer nur in wenigen Fällen geschehen. Hierhin gehören die Einreichung von Vorschlagslisten für die anwaltlichen Beisitzer des Anwaltssenats bei dem Bundesgerichtshof (§ 107 Abs. 2), die Mitwirkung der Mitglieder des Präsidiums im Wahlausschuß für Rechtsanwälte beim

---

⁵ Vgl. hierzu aber Rdn. 6.
⁶ Amtl. Begründung, S. 263; vgl. auch *Feuerich/Braun*, § 177 Rdn. 1; *Isele*, § 177 Anm. II. C.; *Tettinger*, S. 17.
⁷ So *Tettinger*, S. 17.
⁸ BGH NJW 1986, 922; VG Berlin NJW 1992, 777; *Kleine-Cosack*, § 177 Rdn. 4.
⁹ Amtl. Begründung, S. 270.
¹⁰ So schon *Isele*, § 187 Anm. III.; ihm zustimmend *Feuerich/Braun*, § 187 Rdn. 2.

§ 177 Aufgaben der Bundesrechtsanwaltskammer

Bundesgerichtshof (§ 165 Abs. 1), die Einreichung von Vorschlagslisten für die Wahl zum Rechtsanwalt beim Bundesgerichtshof (§ 166 Abs. 2 Nr. 1) und die Erhebung von Beiträgen von den Rechtsanwaltskammern (§ 178 Abs. 1 und 2). In den Fällen der § 107 Abs. 2 und § 165 Abs. 1 ist das Präsidium zuständig, in den Fällen der § 166 Abs. 2 Nr. 1 und § 178 Abs. 1 und 2 die Hauptversammlung.

2. Aufgaben ohne ausdrückliche gesetzliche Zuweisung

Nach der Rechtsprechung beschränkt sich der Funktionsbereich der Bundesrechtsanwaltskammer ebensowenig wie der der Rechtsanwaltskammern[11] auf die durch Gesetz ausdrücklich zugewiesenen Aufgaben, sondern erstreckt sich auch auf „den Bereich, der im Blick auf den mit dem korporativen Zusammenschluß ihrer Mitglieder erkennbar verfolgten Zweck als der Körperschaft zugedachter Wirkungskreis festzustellen ist".[12] Deshalb zählen zum Aufgabenbereich der Bundesrechtsanwaltskammer als einer „verbandskörperschaftlichen Dachorganisation der Rechtsanwaltskammern auf Bundesebene"[13] alle Angelegenheiten, welche die **Gesamtheit der Rechtsanwaltskammern** berühren und für sie von allgemeiner und nicht nur rein wirtschaftlicher Bedeutung sind.[14] Das hat der Bundesgerichtshof zum Beispiel im Fall der Bildung eines Strafrechtsausschusses durch die Bundesrechtsanwaltskammer bejaht.[15] *Zuck* und *Quaas*[16] haben darüber hinaus neben der Gesamtheit der Rechtsanwaltskammern auch die **Gesamtheit der Rechtsanwaltschaft** einbezogen. Dem ist zu folgen, weil eine strenge Unterscheidung zwischen beiden Aufgabenbereichen ohnehin kaum möglich ist. Was die Gesamtheit der Rechtsanwaltskammern berührt, wird in aller Regel auch die Gesamtheit der Rechtsanwälte angehen. Umgekehrt gilt dasselbe. Noch weiter geht *Tettinger*.[17] In einem im Auftrag der Bundesrechtsanwaltskammer erstellten Gutachten kommt er zu dem Ergebnis, daß der Aktionsradius der Rechtsanwaltskammern und der Bundesrechtsanwaltskammer alle Angelegenheiten umschließe, welche von allgemeiner Bedeutung für die Rechtsanwaltschaft seien, wobei bei der Bundesrechtsanwaltskammer hinzukommen müsse, daß die Gesamtheit der Rechtsanwaltskammern berührt werde. Hierzu gehöre auch die Sicherung einer adäquaten wirtschaftlichen Basis für die freiberufliche Tätigkeit des Rechtsanwalts, untersagt sei lediglich die Vertretung der **rein** wirtschaftlichen Interessen des **einzelnen** Rechtsanwalts. Dem ist zuzustimmen. Das von Rechtsprechung und Schrifttum geforderte Verbot der Vertretung rein wirtschaftlicher Interessen geht auf die amtliche Begründung[18] zurück. Es ist jedoch längst nicht mehr haltbar. Die später als die Bundesrechtsanwaltsordnung in Kraft getretenen Berufsordnungen der Steuerberater, Wirtschaftsprüfer und Ärzte übertragen den Berufskammern die Aufgabe, die **beruflichen Belange der Gesamtheit der Mitglieder** zu wahren. Diese Kammern leiten hieraus das Recht ab, auch die wirtschaftlichen Interessen ihrer Mitglieder vertreten zu dürfen. Ein solches

---

[11] Vgl. § 73 Rdn. 7–9.
[12] BGHZ 33, 381 (385); 35, 292 (294); 64, 301 (306); 66, 297 (300); BGH NJW 1986, 992; a. A. *Kleine-Cosack*, § 177 Rdn. 3.
[13] *Tettinger*, S. 175.
[14] BGHZ 35, 292 (294); 64, 301 (306); 66, 297 (300).
[15] BGHZ 31, 381.
[16] *Zuck/Quaas* BRAK-Mitt. 1982, 141.
[17] Zum Tätigkeitsfeld der Bundesrechtsanwaltskammer, Bd. 7 der Schriftenreihe der Bundesrechtsanwaltskammer.
[18] Amtl. Begründung S. 133.

Recht steht auch der Bundesrechtsanwaltskammer zu, sie ist also durchaus befugt, auch rein wirtschaftliche Interessen der Anwaltschaft zu vertreten. Das gilt allerdings nur, wenn wirklich die Interessen aller Rechtsanwälte berührt sind. Hieran fehlt es bei dem neuerdings von der Bundesrechtsanwaltskammer in Zusammenarbeit mit einem privaten Verlag betriebenen **Anwalts-Suchservice**.[19] An ihm sind nur Rechtsanwälte beteiligt, die dafür eine Gebühr entrichten. Wenn die Bundesrechtsanwaltskammer gleichwohl diesen Suchservice betreibt, an dem zudem nur eine geringe Zahl von Rechtsanwälten teilnimmt, überschreitet sie ihren Aufgabenbereich, gleichgültig ob sie den Anwalts-Suchservice bezuschußt oder hieraus Erträge zieht. Eine finanzielle Unterstützung ist nicht erlaubt, weil nicht die gesamte Anwaltschaft begünstigt wird. Finanziellen Profit darf die Bundesrechtsanwaltskammer nicht erwirtschaften, weil ihr die Vertretung **eigener wirtschaftlicher Interessen** untersagt ist und sie den zur Erfüllung ihrer Aufgaben notwendigen Aufwand nur aus dem Beitragsaufkommen decken darf (§ 178 Abs. 1).

3. Abgrenzung zum Zuständigkeitsbereich der Rechtsanwaltskammern

7   Die Bundesrechtsanwaltskammer ist nicht zuständig in Angelegenheiten, die nur für einzelne Rechtsanwälte oder nur für die Anwaltschaft in einem Kammerbezirk, in einem einzelnen Bundesland oder in Teilen der Bundesrepublik von Bedeutung sind. **Abgrenzungsschwierigkeiten** können sich bei Fragen ergeben, die von allgemeiner Bedeutung für die Rechtsanwaltschaft sind. Die Erörterung solcher Fragen gehört in erster Linie in den Zuständigkeitsbereich der regionalen Kammern und in deren Versammlungen (§ 89 Abs. 1 S. 2). Die Bundesrechtsanwaltskammer ist so lange unzuständig, wie diese Fragen nicht die Gesamtheit der Rechtsanwaltskammern bzw. die Gesamtheit der Rechtsanwaltschaft berühren. Zuletzt ist diese Zuständigkeitsabgrenzung im Hinblick darauf diskutiert worden, ob zum Erlaß einer Fachanwaltsordnung die Bundesrechtsanwaltskammer oder die einzelnen Rechtsanwaltskammern ermächtigt werden sollten.[20] Der Gesetzgeber hat sich weder für die Zuständigkeit der regionalen Kammern noch für die der Bundesrechtsanwaltskammer entschieden, sondern diese Aufgabe der Satzungsversammlung übertragen (§ 59 b Abs. 2 Nr. 2). Im übrigen muß die Bundesrechtsanwaltskammer darauf achten, daß sie nicht auf die Selbstverwaltung der einzelnen Rechtsanwaltskammern einwirkt. Die Bundesrechtsanwaltskammer soll zwar „das **Bindeglied für die Anwaltskammervorstände**" sein, sie darf jedoch die Selbständigkeit der Rechtsanwaltskammern nicht antasten. Ihr steht auch, obwohl sie „**Spitzenorganisation**" ist,[21] kein Weisungsrecht zu.

IV. Besonders normierter Aufgabenbereich

8   In Absatz 2 umschreibt das Gesetz besondere Aufgaben. Die Aufzählung ist nicht abschließend („insbesondere").

1. Mitwirkung bei der Meinungsbildung (Nr. 1)

9   Das Gesetz überträgt der Bundesrechtsanwaltskammer die Aufgabe, in Fragen, welche die Gesamtheit der Rechtsanwaltskammern angehen, in einem **abgestuf-**

---

[19] So neuerdings auch *Feuerich/Braun,* § 177 Rdn. 9.
[20] *Zuck/Quaas* BRAK-Mitt. 1982, 141.
[21] So die amtl. Begründung, S. 263.

ten Verfahren[22] an der Meinungsbildung mitzuwirken. Zunächst hat sie die Auffassung der einzelnen Kammern zu ermitteln, sodann eine gemeinschaftliche Aussprache durchzuführen und auf dieser Basis schließlich die Mehrheitsauffassung festzustellen. Das Ergebnis dieser Tätigkeit versetzt die Bundesrechtsanwaltskammer in die Lage, anschließend ihren in Nr. 3 und Nr. 4 festgelegten Aufgaben nachzukommen und die gefundene Mehrheitsauffassung den zuständigen Gerichten und Behörden gegenüber zur Geltung zu bringen und die Gesamtheit der Rechtsanwaltskammern gegenüber Behörden und Organisationen zu vertreten. In der Praxis findet die Meinungsbildung sowohl außerhalb als auch innerhalb der Hauptversammlung (§ 187) statt. Die Bundesrechtsanwaltskammer wendet sich ständig in Rundschreiben an die Vorstände der einzelnen Rechtsanwaltskammern, unterrichtet sie über alle wesentlichen Tagesfragen und erbittet zugleich ihre Stellungnahme. Umgekehrt korrespondieren die einzelnen Kammern untereinander und auch mit der Bundesrechtsanwaltskammer, so daß ein **dauernder Meinungsaustausch** gewährleistet ist. Wichtige Fragen werden auf der Hauptversammlung diskutiert, die zweimal im Jahr stattfindet. Dort wird nach gemeinschaftlicher Aussprache im Wege der Abstimmung die mehrheitliche Meinung ermittelt, welche die Grundlage für die Tätigkeit der Bundesrechtsanwaltskammer bei der Vertretung der Gesamtheit der Rechtsanwaltskammern ist.

2. Richtlinien für Fürsorgeeinrichtungen (Nr. 2)

Gemäß § 89 Abs. 2 Nr. 3 obliegt es der Versammlung der einzelnen Rechtsanwaltskammern, Fürsorgeeinrichtungen für Rechtsanwälte und deren Hinterbliebene zu schaffen. Damit liegt der Schwerpunkt der Fürsorge bei den Rechtsanwaltskammern in den Ländern.[23] Der Gesetzgeber ist jedoch davon ausgegangen, daß sich das Bedürfnis ergeben könne, auf Bundesebene Maßnahmen zu treffen. Von dieser Möglichkeit hat die Bundesrechtsanwaltskammer auf ihrer 13. Hauptversammlung am 4. Mai 1964 in Düsseldorf Gebrauch gemacht und allgemeine Richtlinien aufgestellt.[24] Diese Richtlinien sind unverbindliche Empfehlungen. Sie können in die Selbstverwaltung der Rechtsanwaltskammern nicht eingreifen und die Regelungskompetenz der einzelnen Kammer weder verdrängen noch beschneiden.[25] Sie haben zudem seit der Entstehung der **Versorgungswerke der Rechtsanwälte** durch Landesgesetze erheblich an Bedeutung verloren.[26]

3. Geltendmachung der Auffassung der Rechtsanwaltskammern (Nr. 3)

Der Bundesrechtsanwaltskammer obliegt es, in allen die Gesamtheit der Rechtsanwaltskammern berührenden Angelegenheiten ihre Auffassung den zuständigen Gerichten und Behörden zur Geltung bringen. Unter „Auffassung der Bundesrechtsanwaltskammer" ist nicht etwa die ihres Präsidiums zu verstehen, sondern die von den Rechtsanwaltskammern mehrheitlich gebildete Auffassung. An sie ist das Präsidium gebunden.[27] Diese mehrheitliche Auffassung muß die Bundesrechtsanwaltskammer gegenüber den Gerichten und Behörden zur Geltung bringen, die ihr als Ansprechpartner geeignet erscheinen. Das Gesetz hat

---

[22] *Tettinger*, S. 2.
[23] Amtl. Begründung, S. 264.
[24] Abgedruckt bei *Isele*, § 177 Anm. III. C. 2.; siehe auch bei *Feuerich/Braun*, § 177 Rdn. 18.
[25] BVerfG NJW 1990, 2122.
[26] Vgl. § 89 Rdn. 11–13.
[27] Amtl. Begründung, S. 264.

insoweit den mit „Behörden" umschriebenen Kreis der möglichen Ansprechpartner, zu dem auch die Bundesregierung gehört,[28] weit gezogen.[29] In der Auswahl der Ansprechpartner ist das Präsidium frei, sofern die Hauptversammlung nicht eine konkrete Vorgehensweise beschließt. Das gleiche gilt für die Art und Weise, in der die mehrheitliche Auffassung zur Geltung gebracht wird.

4. Vertretung gegenüber Behörden und Organisationen (Nr. 4)

12   Diese Aufgabe ist die notwendige Ergänzung zu dem in Nr. 3 umschriebenen Aufgabenbereich. Durch sie wird die Legitimation für jede nach außen wirkende Tätigkeit geschaffen.[30] Beide Aufgaben zusammen geben der Bundesrechtsanwaltskammer das Gepräge einer **Dachorganisation der Rechtsanwaltskammern.**

5. Gutachtenerstattung (Nr. 5)

13   Die Vorschrift entspricht der Regelung des § 73 Abs. 2 Nr. 8. Ebenso wie der Vorstand einer regionalen Rechtsanwaltskammer auf Anforderung einer Landesjustizverwaltung, eines Gerichts oder einer Verwaltungsbehörde ihres Landes Gutachten zu erstatten hat, trifft diese Pflicht die Bundesrechtsanwaltskammer auf Anforderung einer an der Gesetzgebung beteiligten Bundesbehörde oder einer Körperschaft des Bundes oder eines Bundesgerichts. Die Zweiteilung der Zuständigkeit ist erforderlich, um Eingriffe der Bundesrechtsanwaltskammer in die Selbstverwaltung regionaler Rechtsanwaltskammern zu vermeiden.

14   Für die Bundesrechtsanwaltskammer von besonderer Bedeutung ist die über die Gutachtenerstattung mögliche **Mitwirkung am Gesetzgebungsverfahren.** Die jetzige Fassung der Nr. 5 ist im Gegensatz zu der ursprünglich im Regierungsentwurf unter Nr. 6 vorgesehenen Fassung schwächer. Der Regierungsentwurf wollte der Bundesrechtsanwaltskammer die Aufgabe zuweisen, „an den Aufgaben der Gesetzgebung des Bundes" mitzuwirken. Die zum Gesetz gewordene Formulierung sieht nur die Mitwirkung im Wege der Gutachtenerstattung auf Anforderung vor. Eine Schwächung der Aufgaben der Bundesrechtsanwaltskammer war damit jedoch nicht beabsichtigt.[31] Sie ist auch in der Praxis nicht eingetreten. Das liegt vor allem daran, daß die Bundesrechtsanwaltskammer die ihr in Nr. 3 (Geltendmachung der Auffassung der Rechtsanwaltskammern) zugewiesene Aufgabe stets sehr aktiv erfüllt und sich auf diese Weise auch ohne Anforderung ständig am Gesetzgebungsverfahren beteiligt.

15   Die gutachterliche Tätigkeit der Bundesrechtsanwaltskammer auf Anforderung von Bundesgerichten, die zunächst als unbedeutende Nebenaufgabe galt, ist mit der wachsenden Anerkennung der sachlichen Arbeit der Bundesrechtsanwaltskammer und mit der ständigen Zunahme ihres Ansehens zu einer Aufgabe von besonderer Wichtigkeit geworden.[32]

16   Sowohl für die Erstattung von Gutachten für die an der Gesetzgebung beteiligten Behörden oder Körperschaften des Bundes als auch für Bundesgerichte im Rahmen eines Rechtsstreits gilt, daß die Aufgabe der Bundesrechtsanwaltskammer sich nicht auf Angelegenheiten der Rechtsanwaltschaft beschränkt. Das folgt

---

[28] BGHZ 35, 292 (295).
[29] *Tettinger*, S. 10.
[30] *Isele*, § 177 Anm. III. E.
[31] Vgl. hierzu *Tettinger*, S. 11–12.
[32] So schon *Isele*, § 177 Anm. III. F. 3.

§ 178 Beiträge zur Bundesrechtsanwaltskammer

aus der Entstehungsgeschichte der Vorschrift. Der Gesetzgeber hat den ursprünglich vorgesehenen Zusatz „in Angelegenheiten der Rechtsanwaltschaft" mit der Begründung gestrichen, daß die Bundesrechtsanwaltskammer von der gutachtlichen Tätigkeit auf anderen Gebieten nicht ausgeschlossen werden solle.[33]

6. Berufliche Fortbildung (Nr. 6)

Der Bundesrechtsanwaltskammer obliegt die Förderung der beruflichen Fortbildung der Rechtsanwälte. Die berufliche Fortbildung ist nach der Rechtsprechung des Bundesverwaltungsgerichts eine dem Anwaltsberuf wesenseigene Verpflichtung, die keiner besonderen gesetzlichen Normierung bedarf.[34] Die Einhaltung dieser Pflicht wurde jedoch bisher von den regionalen Kammern mangels konkreter Merkmale nicht überwacht. Nunmehr soll sie in der Berufsordnung näher geregelt werden (§ 59 b Abs. 2 Nr. 1g). Unabhängig davon ist die berufliche Fortbildung ein legitimes Anliegen der Anwaltschaft insgesamt, um den in § 3 Abs. 1 gesetzlich verankerten Anspruch zu sichern, der berufene Berater und Vertreter in allen Rechtsangelegenheiten zu sein. Deshalb hat die Bundesrechtsanwaltskammer die Aufgabe, die berufliche Fortbildung zu fördern. Entgegen einer im Regierungsentwurf ursprünglich vorgesehenen Aufgabenstellung braucht sie jedoch keine eigenen Einrichtungen zu schaffen, sondern kann die Förderung der beruflichen Fortbildung im Rahmen ihrer Organisationsgewalt nach eigenem Ermessen gestalten. So unterstützt die Bundesrechtsanwaltskammer seit 1965 das **„Deutsche Anwaltsinstitut e. V."** in seiner Aufgabe, die Aus- und Fortbildung der Rechtsanwälte auf allen Rechtsgebieten zu fördern und die Rechtsanwälte und die Rechtsanwaltskammern in ihren beruflichen und berufsständischen Angelegenheiten wissenschaftlich zu beraten (§ 2 der Satzung des Deutschen Anwaltsinstituts). In wesentlichen Bereichen ist die Aufgabe der beruflichen Fortbildung der Bundesrechtsanwaltskammer allerdings vom **Deutschen Anwaltsverein** abgenommen worden. Dieser hat 1978 die **Deutsche Anwaltsakademie** gegründet, die er seitdem mit zunehmendem Erfolg betreibt. Ein nach Fachgebieten geordnetes halbjährliches Veranstaltungsverzeichnis belegt die Vielfalt der Fortbildungsmöglichkeiten. Seit einigen Jahren bemühen sich zudem die Fernuniversität Hagen sowie das Institut für Anwaltsrecht an der Universität zu Köln um die Ausbildung des anwaltlichen Nachwuchses. 17

---

§ 178 Beiträge zur Bundesrechtsanwaltskammer

(1) Die Bundesrechtsanwaltskammer erhebt von den Rechtsanwaltskammern Beiträge, die zur Deckung des persönlichen und sächlichen Bedarfs bestimmt sind.

(2) Die Höhe der Beiträge wird von der Hauptversammlung festgesetzt.

(3) Die Hauptversammlung kann einzelnen wirtschaftlich schwächeren Kammern Erleichterungen gewähren.

---

[33] Vgl. hierzu *Tettinger*, S. 14; ebenso *Feuerich/Braun*, § 177 Rdn. 30; *Jessnitzer/Blumberg*, § 177 Rdn. 6.
[34] BVerwGE 64, 115 (122) für den Beruf der Steuerberater mit Hinweis auf die Ähnlichkeit zum Anwaltsberuf; vgl. auch *Tettinger*, S. 14.

Übersicht

	Rdn.
I. Beiträge	1
II. Beitragsfestsetzung	2–6
III. Beitragserleichterungen	7

I. Beiträge

1 Die Bundesrechtsanwaltskammer kann ihre Aufgaben nur erfüllen, wenn sie über die zur Deckung des persönlichen und sachlichen Bedarfs notwendigen Mittel verfügt. Zum Bedarf in diesem Sinne zählen alle Aufwendungen, die mit der Bewältigung der Aufgaben verbunden sind, welche die Bundesrechtsanwaltskammer zu erfüllen hat. Diesen Aufwand bestreitet sie aus den Beiträgen, welche sie von den einzelnen Rechtsanwaltskammern als ihren Mitgliedern erhebt (Abs. 1). Derzeit liegt der jährlich zu finanzierende Aufwand bei rund drei Millionen Mark.

II. Beitragsfestsetzung

2 Die **Höhe** der Beiträge wird von der Hauptversammlung festgesetzt (Abs. 2). Das besagt, daß die Beitragspflicht selbst einer Abstimmung durch die Hauptversammlung nicht zugänglich ist. Die in der Bundesrechtsanwaltskammer zusammengeschlossenen Rechtsanwaltskammern können also keine **Beitragsfreiheit** beschließen. Vielmehr gesteht das Gesetz der Bundesrechtsanwaltskammer als einer Körperschaft des öffentlichen Rechts die Befugnis zu, unabhängig vom Willen der Rechtsanwaltskammern Beiträge zu erheben.

3 Auch in der **Bemessung der Höhe der Beiträge** ist die Hauptversammlung nicht völlig frei. Bestimmt wird die Höhe des von den einzelnen Rechtsanwaltskammern zu erbringenden Beitrags von dem Aufwand, der mit der Erfüllung der Aufgaben verbunden ist, welche das Gesetz der Bundesrechtsanwaltskammer zugewiesen hat. Die Beiträge müssen also so hoch sein, daß die Bundesrechtsanwaltskammer alle Kosten decken kann, die durch die Wahrnehmung ihrer Aufgaben entstehen.[1]

4 Der Hauptversammlung bleibt bei der Festsetzung der Höhe der Beiträge gleichwohl noch genügend **Entscheidungsspielraum**. Zwar gibt es eine Reihe von Ausgaben, die zwangsläufig anfallen, in vielen Bereichen können die Rechtsanwaltskammern in der Hauptversammlung durch ihre Präsidenten (§§ 187, 188 Abs. 1) die Höhe der Ausgaben aber durchaus beeinflussen. Das ist vor allem über die Bewilligung bzw. Verweigerung von Mitteln für einzelne Ausgaben bei der Verabschiedung des Haushaltsplanes möglich.

5 Das Gesetz überläßt es der Hauptversammlung, wie sie die bewilligten Ausgaben beitragsmäßig auf die einzelnen Kammern in Form von Beiträgen **umlegen** und die Beitragshöhe bemessen will. Üblich ist es, die Beiträge nach der Mitgliederzahl der einzelnen Rechtsanwaltskammern auszurichten. So zahlte 1992/93 jede Rechtsanwaltskammer für jedes ihrer Mitglieder an die Bundesrechtsanwaltskammer einen Jahresbeitrag von dreiundfünfzig Mark und einen Sonderbeitrag für Öffentlichkeitsarbeit von acht Mark.

6 Die Hauptversammlung beschließt auch über die **Fälligkeit** der Beiträge. Zahlt eine Rechtsanwaltskammer bei Fälligkeit nicht, kann die Bundesrechtsan-

---

[1] *Feuerich/Braun*, § 178 Rdn. 3; *Isele*, § 178 Anm. II. B.

§ 179 Zusammensetzung des Präsidiums

waltskammer die rückständigen Beiträge nicht zwangsweise einziehen, wie es § 84 den einzelnen Rechtsanwaltskammern ermöglicht. Das Gesetz erwartet, daß die Kammern ihrer Beitragspflicht freiwillig nachkommen. Notfalls muß die Staatsaufsicht angerufen oder an anwaltsgerichtliche Maßnahmen gegen die verantwortlichen Vorstandsmitglieder der säumigen Kammer gedacht werden.[2]

III. Beitragserleichterungen

Die Hauptversammlung kann einzelnen **wirtschaftlich schwächeren** Kammern Erleichterungen gewähren (Abs. 3), weil die Finanzkraft der Rechtsanwaltskammern nach ihrer Mitgliederzahl und auch aus anderen Gründen unterschiedlich sein kann.[3] Die Auffassung von *Isele*,[4] die Voraussetzungen für die Gewährung von Erleichterungen lägen regelmäßig nicht vor, wenn die Beiträge sich nach der Mitgliederzahl der einzelnen Kammern ausrichten und die Kammern diese Beiträge auf ihre Mitglieder abwälzten, ist mit Sinn und Zweck des Gesetzes nicht vereinbar. Kammern mit wenigen Mitgliedern müssen ihre gesetzlichen Aufgaben ebenso erfüllen wie Kammern mit hohen Mitgliederzahlen. Selbst wenn sie den von ihnen pro Mitglied an die Bundesrechtsanwaltskammer zu zahlenden Beitrag auf ihre Mitglieder abwälzen, haben sie ein insgesamt geringeres Beitragsaufkommen als mitgliederstarke Kammern.

7

Zweiter Abschnitt. Die Organe der Bundesrechtsanwaltskammer

1. Das Präsidium

§ 179 Zusammensetzung des Präsidiums

(1) **Die Bundesrechtsanwaltskammer hat ein Präsidium.**

(2) **Das Präsidium besteht aus**
1. **dem Präsidenten,**
2. **mindestens drei Vizepräsidenten,**
3. **dem Schatzmeister.**

(3) **Das Präsidium gibt sich eine Geschäftsordnung.**

(4) **Die Hauptversammlung kann weitere Vizepräsidenten bestimmen.**

Übersicht

	Rdn.		Rdn.
I. Normzweck............................	1	III. Aufgaben	3
II. Zusammensetzung	2	IV. Geschäftsordnung.....................	4

I. Normzweck

Organe der Bundesrechtsanwaltskammer sind das Präsidium (§§ 179–186) und die Hauptversammlung (§§ 187–190), nicht aber die Satzungsversammlung

1

---

[2] *Feuerich/Braun*, § 178 Rdn. 5; *Isele*, § 178 Anm. III.; *Kleine-Cosack*, § 178 Rdn. 3.
[3] Amtl. Begründung, S. 266.
[4] *Isele*, § 178 Anm. II. E. 2.

§ 179 2, 3   Neunter Teil. Die Bundesrechtsanwaltskammer

(§§ 191 a–e).¹ Das Präsidium entspricht dem Vorstand der Rechtsanwaltskammer. Dem Gesetzgeber erschien neben dem Präsidium – anders als bei den regionalen Rechtsanwaltskammern – ein weiteres Organ für die Geschäfte des Vorstandes nicht notwendig, weil der Schwerpunkt des Aufgabenbereichs bei der Hauptversammlung liegen soll.² Aus dem gleichen Grund hielt er auch eine größere Zahl von Mitgliedern nicht für erforderlich, weil das Präsidium nur wenige Aufgaben in eigener Zuständigkeit zu erledigen habe. Folgerichtig fehlt für das Präsidium eine so umfassende Aufgabenstellung wie sie § 73 für den dem Präsidium vergleichbaren Vorstand vorsieht. Statt eines umfassenden Aufgabenkatalogs weist das Gesetz dem Präsidium expressis verbis nur die Aufgabe zu, dem Schatzmeister Weisungen für die Verwaltung des Kammervermögens zu erteilen (§ 186 Abs. 1). Demgegenüber sind alle Beschlüsse der Hauptversammlung vorbehalten (§ 187). Die Wirklichkeit weicht jedoch deutlich von den gesetzgeberischen Vorstellungen ab. In der Praxis ist eine effektive Aufgabenbewältigung ohne das Präsidium und die Geschäftsführung nicht denkbar. Hinzukommen die inzwischen regelmäßige **Präsidentenkonferenz** zu Beginn eines Kalenderjahres, die Sitzungen des Präsidiums und die Arbeit zahlreicher vom Präsidium und der Hauptversammlung gebildeter **Ausschüsse**.³ Die Menge der Aufgaben wird also nicht (mehr) von der Hauptversammlung, sondern vom Präsidium, das die maßgebliche Institution der Bundesrechtsanwaltskammer geworden ist, bewältigt.⁴

II. Zusammensetzung

2   Das Präsidium bestand bisher aus dem Präsidenten, drei Vizepräsidenten und dem Schatzmeister. Seine Zahl war auf diese fünf Mitglieder festgeschrieben. Nunmehr können dem Präsidium auch mehr als drei Vizepräsidenten angehören. Mit der Einführung des Wortes „mindestens" soll es der Bundesrechtsanwaltskammer ermöglicht werden, angesichts der durch die deutsche Einheit gewachsenen Aufgaben die Zahl der Präsidiumsmitglieder zu erhöhen. Eine derartige Erhöhung, die zugleich die anwaltlichen Mitglieder des Wahlausschusses für Rechtsanwälte bei dem Bundesgerichtshof (§ 165 Abs. 1) erhöhen würde, ist von der Hauptversammlung zu beschließen (Abs. 4). Dabei überläßt es die gesetzliche Regelung dem Ermessen der Hauptversammlung, wieviele „weitere" Vizepräsidenten sie wählen will. Die Erhöhung wird sich aber in engen Grenzen bewegen müssen, weil sich sonst der Unterschied zwischen dem Präsidium und der Hauptversammlung, die das Präsidium aus ihrer Mitte wählt (§ 180 Abs. 1), verwischen würde. Die Erhöhung der Zahl der Vizepräsidenten auf mehr als drei muß also als Ausnahmeregelung verstanden werden und sachlich notwendig sein.⁵

III. Aufgaben

3   Die Aufgaben des Präsidiums hat das Gesetz nur undeutlich definiert. In § 186 Abs. 1 S. 1 nennt es lediglich die Aufgabe, dem Schatzmeister für die Verwaltung des Vermögens der Bundesrechtsanwaltskammer Weisungen zu erteilen. In § 177

---

¹ Vgl. zur Verfassungsmäßigkeit der Satzungsversammlung *Hartung* NJW 1993, 2776 = AnwBl. 1993, 549, ferner *Zuck* NJW 1993, 2779; siehe auch *Hartung* AnwBl. 1994, 377; *ders.* WiB 1994, 585; vgl. auch § 191 a Rdn. 7–9.
² Amtl. Begründung, S. 267.
³ Art. V und VIII der Satzung der BRAK, abgedruckt in BRAK-Mitt. 1994, 226.
⁴ So *Feuerich/Braun*, § 179 Rdn. 4; *Isele*, Anm. IV D; *Jessnitzer/Blumberg*, § 179; siehe aber auch § 187 Rdn. 2.
⁵ Vgl. § 165 Rdn. 1–2.

spricht es bei der Zuweisung von Aufgaben von „der Bundesrechtsanwaltskammer", ohne zu verdeutlichen, welches Organ der Bundesrechtsanwaltskammer diese Aufgaben erfüllen soll. In § 187 wird festgelegt, daß die Bundesrechtsanwaltskammer ihre Beschlüsse regelmäßig auf Hauptversammlungen faßt, wie in der amtlichen Begründung dahingehend erläutert wird, der Hauptversammlung seien alle Beschlüsse vorbehalten, „die ihrem Aufgabenkreis eigen sind". Ausgehend von dieser **gesetzlichen Gesamtschau** darf das Präsidium entgegen den in der amtlichen Begründung geäußerten Vorstellungen des Gesetzgebers alle Tätigkeiten entfalten, die sich im Rahmen des § 177 bewegen oder sonstige Angelegenheiten betreffen, welche die Gesamtheit der Rechtsanwaltskammern und/oder die Gesamtheit der Rechtsanwaltschaft berühren und für diese von allgemeiner, auch wirtschaftlicher Bedeutung sind.[6] Dazu gehört neben der Ausführung der Beschlüsse der Hauptversammlung (§ 185 Abs. 2) auch jede sich im Rahmen des Aufgabenbereiches der Bundesrechtsanwaltskammer bewegende eigenverantwortliche Tätigkeit, soweit ihr nicht Beschlüsse der Hauptversammlung entgegenstehen. Ausgenommen hiervon sind alle Akte der Willens- und Meinungsbildung. Diese sind ausschließlich der Beschlußfassung der Hauptversammlung vorbehalten.[7] Dazu zählen auch die Entscheidung aller grundsätzlichen Fragen, die Festsetzung der Beiträge (§ 178 Abs. 2), die Wahlen zum Präsidium, die Entlastung des Präsidiums und der Geschäftsführung[8] und die Beschlußfassung über alle sonstigen Fragen, die vom Präsidenten oder auf Antrag einer Rechtsanwaltskammer[9] auf die Tagesordnung gesetzt werden. Anders ausgedrückt läßt sich die Zuständigkeitsregelung dahingehend definieren, daß die Hauptversammlung die **„Richtlinien der Berufspolitik"** bestimmt und die Rolle der **„Legislative"** einnimmt, während dem Präsidium (zusammen mit der Geschäftsführung) die Rolle der **„Exekutive"** bzw. eines **„geschäftsführenden Ausschusses"** der Hauptversammlung zukommt. Dieses Rollenverständnis entspricht der von beiden Organen seit langem geübten Praxis.

IV. Geschäftsordnung

Das Präsidium muß sich eine Geschäftsordnung geben (Abs. 3). Das ist geschehen.[10] Sie regelt die Einberufung der Sitzungen des Präsidiums, seine Beschlußfähigkeit und die Art der Beschlußfassung. Wegen der Einzelheiten wird auf die Geschäftsordnung verwiesen.

4

§ 180 Wahlen zum Präsidium

(1) **Das Präsidium der Bundesrechtsanwaltskammer wird von der Hauptversammlung aus ihrer Mitte gewählt. Als Präsident kann wiedergewählt werden, wer Mitglied des Vorstandes einer Rechtsanwaltskammer ist.**

(2) **Das Nähere bestimmt die Satzung der Kammer.**

---

[6] Vgl. hierzu § 177 Rdn. 6.
[7] Diese Auffassung deckt sich inhaltlich mit der von *Feuerich/Braun*, § 179 Rdn. 3 und *Isele*, § 179 Anm. IV. C.
[8] BGHZ 106, 199.
[9] Vgl. § 2 der Geschäftsordnung der Hauptversammlung der Bundesrechtsanwaltskammer, abgedruckt in BRAK-Mitt. 1988, 252.
[10] Abgedruckt bei *Feuerich/Braun*, § 179 Rdn. 5.

§ 180 1–3

I. Wählbarkeit

1   Die Hauptversammlung wählt aus ihrer Mitte das Präsidium (§ 179 Abs. 2). **Wählbar** sind bei der Erstwahl **nur Präsidenten** einer Rechtsanwaltskammer. Das stellte der Entwurf, der in dieser Fassung nicht Gesetz geworden ist, ausdrücklich klar, indem er vorsah, daß andere Vorstandsmitglieder einer Rechtsanwaltskammer zwar zur Vertretung ihres Präsidenten befugt, nicht aber in das Präsidium wählbar seien. Aber auch ohne diese Klarstellung wurde dies, wenn auch nicht zwingend, aus § 188 Abs. 1 gefolgert.[1] Seit der Einfügung von Absatz 1 Satz 2 durch Art. 8 des Gesetzes zur Änderung von Kostengesetzen vom 9. Dezember 1986[2] sind etwaige Zweifel an der Auslegung des Gesetzes ausgeräumt. Mit der Regelung, daß als Präsident wiedergewählt werden kann, wer Mitglied des Vorstandes einer Rechtsanwaltskammer ist, wird verdeutlicht, daß alle anderen Mitglieder sowohl bei der Erstwahl als auch bei der Wiederwahl Präsident einer Rechtsanwaltskammer sein müssen und daß eine **Ausnahme** nur für den **Präsidenten der Bundesrechtsanwaltskammer** besteht, der bei seiner Erstwahl ebenfalls Präsident einer Rechtsanwaltskammer sein muß, bei seiner **Wiederwahl** aber nur noch im Vorstand einer Rechtsanwaltskammer zu sein braucht, ohne deren Präsident zu sein.

2   Die Einfügung des Absatz 2 Satz 2 war notwendig, weil die Last sowohl des Amtes des Präsidenten der Bundesrechtsanwaltskammer als auch des Präsidenten einer regionalen Rechtsanwaltskammer in einer Person auf Dauer nicht tragbar ist. Deshalb kann der Präsident der Bundesrechtsanwaltskammer nach seiner Erstwahl das Amt des Präsidenten der regionalen Rechtsanwaltskammer niederlegen, ohne deshalb das Amt des Präsidenten der Bundesrechtsanwaltskammer zu verlieren (§ 182 Abs. 3 Nr. 1, 2. Hs.). Voraussetzung für das Verbleiben in diesem Amt und auch für die Wiederwahl ist aber die weitere Mitgliedschaft im Vorstand der regionalen Rechtsanwaltskammer. Macht der Präsident der Bundesrechtsanwaltskammer von der Möglichkeit seiner Entlastung Gebrauch, so kann er in der Hauptversammlung nicht mehr als geborener Vertreter seiner Rechtsanwaltskammer mitstimmen.[3]

II. Wahlverfahren

3   Das Nähere für die Wahlen zum Präsidium bestimmt die Satzung der Kammer (Abs. 2) zur Zeit gilt die Organisationssatzung vom 20. Oktober 1994.[4] Art. III dieser Satzung ordnet die Wahl der Mitglieder des Präsidiums in geheimer Abstimmung in gesonderten Wahlgängen an und verlangt im ersten oder zweiten Wahlgang die absolute Mehrheit der abgegebenen Stimmen. In den dritten Wahlgang kommen die Kandidaten, die im zweiten Wahlgang die meisten Stimmen und zusammen die absolute Mehrheit haben. Gewählt ist, wer in dem dritten Wahlgang die meisten Stimmen auf sich vereint. Bedenklich an Art. III der Satzung ist die Regelung, daß unbeschriebene Stimmzettel nicht mitgezählt werden dürfen. Damit wird ein unerlaubter Wahlzwang ausgeübt,[5] der die Wahlen anfechtbar macht (§ 191).

---

[1] *Kalsbach,* § 180 Rdn. 1.
[2] BGBl. I, S. 2326.
[3] BT-Drucks. 10, 3854 S. 33 zu Nr. 48; *Jessnitzer/Blumberg,* § 180 Rdn. 2.
[4] BRAK-Mitt. 1994, 226.
[5] Vgl. § 72 Rdn. 10–12.

§ 181 Recht zur Ablehnung der Wahl

Die Wahl zum Mitglied des Präsidiums kann ablehnen,
1. wer das fünfundsechzigste Lebensjahr vollendet hat;
2. wer in den letzten vier Jahren Mitglied des Präsidiums gewesen ist.

Übersicht

	Rdn.		Rdn.
I. Normzweck	1	III. Rechtsfolgen einer unberechtigten Ablehnung	3
II. Norminhalt	2		

I. Normzweck

Die Vorschrift setzt die Pflicht zur Annahme der Wahl als Berufspflicht des Rechtsanwalts voraus.[1] Sie entspricht der Regelung des § 67 Nr. 1 und 2. Eine dem § 67 Nr. 3 entsprechende Bestimmung, welche die Ablehnung wegen Krankheit oder Gebrechen ermöglicht, erschien dem Gesetzgeber entbehrlich. Dabei ging er davon aus, daß dieser Ablehnungsgrund bei einem Kandidaten für das Präsidium nicht vorliegen wird, weil er seine Wahl in den Vorstand der Rechtsanwaltskammer angenommen und das Amt nach dieser Wahl beibehalten hat.[2]

II. Norminhalt

Die Wahl ablehnen kann nur, wer im Zeitpunkt der Wahl entweder das 65. Lebensjahr vollendet hat oder in den letzten vier Jahren Mitglied des Präsidiums gewesen ist. Nicht zur Ablehnung berechtigt ist, wer zwar schon einmal volle vier Jahre, aber nicht während der letzten, unmittelbar vorausgegangenen Wahlperiode amtiert hat.

III. Rechtsfolgen einer unberechtigten Ablehnung

Die Vorschrift verpflichtet die Präsidenten der regionalen Rechtsanwaltskammern, ihre Wahl in das Präsidium der Bundesrechtsanwaltskammer anzunehmen. Ein Verstoß gegen diese Verpflichtung kann ein anwaltsgerichtliches Verfahren zur Folge haben (§ 43, § 113 Abs. 1). Einem solchen Verfahren kann ein gegen seinen Willen in das Präsidium der Bundesrechtsanwaltskammer gewählter Präsident einer regionalen Rechtsanwaltskammer dadurch vorbeugen, daß er die Wahl zunächst annimmt und anschließend sein Amt gemäß § 182 Abs. 3 Nr. 2 niederlegt. Es ist allerdings zu fragen, ob ein Kammerpräsident diesen förmlichen Umweg wählen muß oder ob nicht jeder Kammerpräsident entgegen der Unterstellung des Gesetzes, es bestehe eine Pflicht zur Annahme der Wahl, seine Wahl schon vor dem Wahlgang ablehnen darf, ohne sich der Gefahr eines anwaltsgerichtlichen Verfahrens auszusetzen. Diese Frage ist erstmals anläßlich der 78. Hauptversammlung der Bundesrechtsanwaltskammer in Hannover aktuell geworden. In dieser Hauptversammlung wurde ein Kammerpräsident in das Präsidium der Bundesrechtsanwaltskammer gewählt, obwohl er vor dem Wahlgang unter Darlegung von Gründen erklärt hatte, für ein Amt im Präsidium der Bundes-

---

[1] *Feuerich/Braun*, § 181 Rdn. 1.
[2] Amtl. Begründung, S. 267 f..

§ 182 1

rechtsanwaltskammer nicht zur Verfügung zu stehen. Abgesehen von der unkollegialen Mißachtung der vorgetragenen Gründe, die in der dennoch erfolgten Wahl zum Ausdruck kam, fragt es sich, ob es überhaupt zulässig ist, eine Berufspflicht anzunehmen, die zwingend die Annahme der Wahl beinhaltet. Jedes Amt in der Berufsorganisation der Rechtsanwälte ist ehrenamtlich. Schon durch die Wahl eines Rechtsanwalts in das Amt des Präsidenten einer regionalen Rechtsanwaltskammer ist dieser in erheblichem Maße gehindert, seinem Beruf als Rechtsanwalt nachzugehen. Wird er zusätzlich in das Präsidium der Bundesrechtsanwaltskammer gewählt, muß er weitere zeitaufwendige ehrenamtliche Verpflichtungen übernehmen. Eine solche persönliche Belastung, die letztlich sogar existenzgefährdend sein kann, darf das Gesetz niemanden abverlangen. Andernfalls liegt der Gedanke an eine Verfassungswidrigkeit der Vorschrift nicht fern.

§ 182 Wahlperiode und vorzeitiges Ausscheiden

(1) **Die Mitglieder des Präsidiums werden auf vier Jahre gewählt.**

(2) **Scheidet ein Mitglied vorzeitig aus, so wird für den Rest seiner Amtszeit ein neues Mitglied gewählt.**

(3) **Ein Rechtsanwalt scheidet als Mitglied des Präsidiums vorzeitig aus,**
1. **wenn er aus dem Amt des Präsidenten einer Rechtsanwaltskammer ausscheidet; der Präsident der Bundesrechtsanwaltskammer scheidet aus diesem Amt jedoch nur aus, wenn er nicht mehr Mitglied des Vorstandes einer Rechtsanwaltskammer ist;**
2. **wenn er sein Amt niederlegt.**

Der Rechtsanwalt hat die Erklärung, daß er das Amt niederlege, dem Präsidium gegenüber schriftlich abzugeben. Die Erklärung kann nicht widerrufen werden.

Übersicht

	Rdn.		Rdn.
I. Normzweck	1, 2	2. Niederlegung des Amtes	5
II. Vorzeitiges Ausscheiden	3–6	3. Ersatzwahl	6
1. Ausscheiden aus dem Präsidentenamt	4	III. Ruhen der Mitgliedschaft	7

I. Normzweck

1   Das Amt im Präsidium der Bundesrechtsanwaltskammer steht hinsichtlich seiner Dauer in enger Beziehung zu dem Amt des Präsidenten der Rechtsanwaltskammer.[1] Endet das Amt als Präsident der Rechtsanwaltskammer, so endet auch das Amt im Präsidium der Bundesrechtsanwaltskammer (Abs. 3 Nr. 1). Nur der Präsident der Bundesrechtsanwaltskammer bleibt in diesem Amt, auch wenn er nach seiner Wahl aus dem Amt des Präsidenten der Rechtsanwaltskammer ausscheidet (§ 181 Abs. 3 Nr. 2). Der Wechsel im Amt des Präsidenten einer Rechtsanwaltskammer bewirkt somit grundsätzlich auch einen Wechsel im Präsidium der Bundesrechtsanwaltskammer. Wenn dazu auch noch ein turnusmäßiger Wechsel im Präsidium der Bundesrechtsanwaltskammer hinzutreten würde, wie das bei den Vorstandsämtern in den Rechtsanwaltskammern vorgeschrieben

---

[1] So zutreffend *Feuerich/Braun*, § 182 Rdn. 1–2, während die amtl. Begründung, S. 268 ungenau ist und auf das Ausscheiden aus dem Vorstand der Rechtsanwaltskammer abstellt.

§ 182 Wahlperiode und vorzeitiges Ausscheiden

ist (§ 68 Abs. 2), würde die Zusammensetzung des Präsidiums sich unter Umständen so häufig ändern, daß eine **gedeihliche Zusammenarbeit** gestört wäre.[2] Deswegen sieht das Gesetz ein Ausscheiden von Mitgliedern des Präsidiums in einem Turnus von zwei Jahren nicht vor.

Die mit einer **Wahlperiode** von vier Jahren angestrebte **Kontinuität der Arbeit** im Präsidium rechtfertigt es auch, eine Wiederwahl für zulässig zu halten, obwohl eine dem § 68 Abs. 1 S. 2 entsprechende Bestimmung fehlt. Die Praxis hat sich hierüber mit Rücksicht auf § 181 Nr. 2 stets hinweggesetzt.[3] Seit Einfügung des § 180 Abs. 1 S. 2 kommt als weiteres Argument hinzu, daß das Gesetz nunmehr selbst von einer Wiederwahl spricht.

II. Vorzeitiges Ausscheiden

Die Mitgliedschaft im Präsidium der Bundesrechtsanwaltskammer endet vorzeitig vor Ablauf der vierjährigen Wahlperiode mit dem Ausscheiden aus dem Amt des Präsidenten einer Rechtsanwaltskammer (Abs. 3 Nr. 1) oder mit der Niederlegung des Amtes (Abs. 3 Nr. 2).

1. Ausscheiden aus dem Präsidentenamt

Das Ausscheiden aus dem Amt des Präsidenten einer Rechtsanwaltskammer führt zum Ausscheiden aus dem Präsidium der Bundesrechtsanwaltskammer, weil die Mitglieder des Präsidiums aus der Mitte der Hauptversammlung stammen müssen (§ 180 Abs. 1 S. 1) und die Hauptversammlung sich nur aus den Präsidenten der einzelnen Rechtsanwaltskammern zusammensetzt (§ 188 Abs. 1). Gleichgültig ist es, aus welchem Grund ein Mitglied des Präsidiums sein Amt als Präsident der Rechtsanwaltskammer verliert. Eine Ausnahme gilt seit Einfügung des 2. Halbsatzes durch das Gesetz zur Änderung von Kostengesetzen vom 2. Dezember 1986[4] für den Präsidenten der Bundesrechtsanwaltskammer. Für ihn reicht es im Interesse der Kontinuität dieses Amtes und zur Vermeidung von Arbeitsüberlastung durch die Doppelpräsidentschaft aus, wenn er Mitglied des Vorstandes seiner Rechtsanwaltskammer bleibt.

2. Niederlegung des Amtes

Ein Rechtsanwalt scheidet als Mitglied des Präsidiums vorzeitig aus, wenn er sein Amt niederlegt (Abs. 3 Nr. 2). Gemeint ist damit die Niederlegung des Amtes im Präsidium. Die Niederlegung dieses Amtes hat der Rechtsanwalt dem Präsidium gegenüber schriftlich zu erklären. Die Erklärung ist mit ihrem Zugang wirksam und nicht widerruflich. Dieselbe Wirkung tritt gemäß Absatz 3 Nr. 1 ein, wenn ein Mitglied des Präsidiums sein Amt als Präsident einer Rechtsanwaltskammer niederlegt (§ 69 Abs. 1 Nr. 2). Das gilt nicht für den Präsidenten der Bundesrechtsanwaltskammer (Abs. 3 Nr. 1, 2. Hs.).

3. Ersatzwahl

Für das vorzeitig ausgeschiedene Präsidiumsmitglied ist für die **restliche Amtszeit** ein neues Mitglied zu wählen (Abs. 2). Anders als § 69 Abs. 3 S. 2 läßt das Gesetz der Hauptversammlung keinerlei Spielraum, sondern verlangt die Ersatzwahl ohne Rücksicht darauf, aus wieviel Mitgliedern das restliche Präsidi-

---

[2] Amtl. Begründung, S. 268.
[3] Vgl. *Isele,* § 181 Anm. III.
[4] BGBl. I, S. 2326.

um besteht und wie kurz die verbleibende Amtszeit ist. Der Präsident braucht aber keine außerordentliche Hauptversammlung einzuberufen, sondern kann die Wahl für die nächste turnusmäßige Hauptversammlung vorsehen. Das Amt des von der Hauptversammlung gewählten Ersatzmitgliedes beginnt mit der vollzogenen Wahl und endet zu dem Zeitpunkt, zu dem die Amtszeit des ausgeschiedenen Mitgliedes geendet hätte.[5]

III. Ruhen der Mitgliedschaft

7   Eine dem § 69 Abs. 4 vergleichbare Regelung enthält das Gesetz für das Präsidium der Bundesrechtsanwaltskammer nicht. Gleichwohl ist davon auszugehen, daß das Ruhen der Mitgliedschaft im Vorstand der Rechtsanwaltskammer automatisch auch das Ruhen der Mitgliedschaft im Präsidium der Bundesrechtsanwaltskammer zur Folge hat.[6] Ist der Präsident der Bundesrechtsanwaltskammer betroffen, werden seine Funktionen von einem seiner Vizepräsidenten übernommen. Ruht die Mitgliedschaft eines anderen Präsidiumsmitgliedes, müssen dessen Aufgaben von den übrigen Mitgliedern des Präsidiums wahrgenommen werden.

§ 183 Ehrenamtliche Tätigkeit des Präsidiums

Die Mitglieder des Präsidiums üben ihre Tätigkeit unentgeltlich aus. Sie erhalten jedoch eine angemessene Entschädigung für den mit ihrer Tätigkeit verbundenen Aufwand sowie eine Reisekostenvergütung.

Die Vorschrift wiederholt wörtlich die Regelung des § 75. Deshalb kann auf die dortige Kommentierung verwiesen werden.

Über die Höhe der Aufwandsentschädigung und der Reisekostenvergütung beschließt die Hauptversammlung mit einfacher Stimmenmehrheit (§ 190 Abs. 4 S. 2). Der Präsident der Bundesrechtsanwaltskammer erhält zur Zeit eine Aufwandsentschädigung von 72.000 DM jährlich.

§ 184 Pflicht zur Verschwiegenheit

Für die Pflicht der Mitglieder des Präsidiums und der Angestellten der Bundesrechtsanwaltskammer zur Verschwiegenheit ist § 76 entsprechend anzuwenden.

1   Die Pflicht zur Verschwiegenheit ist eine notwendige Voraussetzung für eine gedeihliche Arbeit innerhalb des Präsidiums. Sie trifft die Mitglieder des Präsidiums und die Angestellten der Bundesrechtsanwaltskammer. Wegen der Einzelheiten kann auf die Erläuterungen zu § 76 verwiesen werden.[7] Diese Vorschrift ist nunmehr in vollem Umfang anwendbar, was bis zur Neufassung des Wortlauts des § 184 durch das Gesetz zur Änderung des Berufsrechts der Rechtsanwälte und der Patentanwälte vom 13. Dezember 1989[8] zweifelhaft sein konnte. Die Neufassung hat solche Zweifel beseitigt.

2   Zuständig für die Erteilung einer Aussagegenehmigung gemäß § 76 Abs. 3 ist das Präsidium der Bundesrechtsanwaltskammer.

---

[5] *Feuerich/Braun*, § 182 Rdn. 9; *Isele*, § 182 Anm. VII. D. 2.
[6] Ebenso *Feuerich/Braun*, § 182 Rdn. 10; *Isele*, § 182 Anm. VIII. C.
[7] Vgl. § 76 Rdn. 2–16.
[8] BGBl. I, S. 2135.

§ 185 Aufgaben des Präsidenten

(1) **Der Präsident vertritt die Bundesrechtsanwaltskammer gerichtlich und außergerichtlich.**

(2) **Der Präsident vermittelt den geschäftlichen Verkehr der Bundesrechtsanwaltskammer und des Präsidiums. Er führt die Beschlüsse des Präsidiums und der Hauptversammlung der Kammer aus.**

(3) **Der Präsident führt in den Sitzungen des Präsidiums und in der Hauptversammlung den Vorsitz.**

(4) **Der Präsident erstattet dem Bundesministerium der Justiz jährlich einen schriftlichen Bericht über die Tätigkeit der Bundesrechtsanwaltskammer und des Präsidiums. Er zeigt ihm ferner das Ergebnis der Wahlen zum Präsidium an.**

(5) **Durch die Satzung der Kammer können dem Präsidenten weitere Aufgaben übertragen werden.**

Die gesetzlichen Aufgaben des Präsidenten der Bundesrechtsanwaltskammer sind in den Absätzen 1 bis 4 und in § 189 Abs. 1 und 4 geregelt. Die Regelung entspricht nahezu wortgleich den §§ 80 und 81. Es stimmen überein die Absätze 1 bis 3 mit § 80 Abs. 1 bis 3, der Absatz 4 Satz 1 mit § 81 Abs. 1, der Absatz 4 Satz 2 mit § 81 Abs. 2 und der Absatz 5 mit § 80 Abs. 4. 1

An die Stelle des Begriffs des Vorstands tritt der des Präsidiums, an die Stelle der Landesjustizverwaltung das Bundesministerium der Justiz und an die Stelle des Begriffs der Satzung der der Geschäftsordnung. Bei dieser Übereinstimmung der gesetzlichen Aufgabenbeschreibung hätte es genügt, die §§ 80, 81 für entsprechend anwendbar zu erklären. Die Wiederholung der für die einzelnen Rechtsanwaltskammern geltenden Vorschriften soll die Bedeutung des Amtes des Präsidenten der Bundesrechtsanwaltskammer nicht durch eine bloße Verweisung auf die §§ 80, 81 in den Hintergrund treten lassen.[1] 2

Die laufenden Geschäfte erledigt wie bei den Rechtsanwaltskammern der Geschäftsführer, von denen die Bundesrechtsanwaltskammer mehrere hat, denen der **Hauptgeschäftsführer** vorsteht. Er übt einen oft verkannten und gelegentlich problematischen Einfluß auf die Tätigkeit der Bundesrechtsanwaltskammer aus.[2] 3

§ 186 Aufgaben des Schatzmeisters

(1) **Der Schatzmeister verwaltet das Vermögen der Bundesrechtsanwaltskammer nach den Weisungen des Präsidiums. Er ist berechtigt, Geld in Empfang zu nehmen.**

(2) **Über die Einnahmen und Ausgaben sowie über die Verwaltung des Vermögens hat er jährlich der Hauptversammlung Rechnung zu legen.**

Übersicht

	Rdn.
I. Vermögensverwaltung	1
II. Rechnungslegung	2
III. Haushaltsführung	3

---

[1] Wegen des sachlichen Inhalts vgl. die Kommentierung zu §§ 80, 81.
[2] So auch *Kleine-Cosack*, § 185 Rdn. 2.

I. Vermögensverwaltung

1 Die Vorschrift wiederholt in Absatz 1 die Regelung des § 83 Abs. 1. Sie überträgt dem Schatzmeister die Aufgabe, das Vermögen der Bundesrechtsanwaltskammer nach den Weisungen des Präsidiums zu verwalten und berechtigt ihn, Geld in Empfang zu nehmen. Abweichend von § 83 Abs. 2 ist in Absatz 1 nicht gesagt, daß der Schatzmeister auch den Eingang der Beiträge zu überwachen hat, welche die Hauptversammlung festsetzt (§ 178). Das bedeutet jedoch nicht, daß dem Schatzmeister der Bundesrechtsanwaltskammer anders als dem Schatzmeister einer einzelnen Rechtsanwaltskammer diese Aufgabe nicht obliegt. Sie ergibt sich auch ohne gesetzliche Anordnung aus der funktionellen Stellung des Schatzmeisters.[1] Wem das Gesetz die Befugnis zur Entgegennahme von Geld – das sind im wesentlichen die von der Hauptversammlung festgesetzten Beiträge – überträgt, den trifft auch die Pflicht, die Eingänge der Beiträge zu überwachen.

II. Rechnungslegung

2 Dem Schatzmeister obliegt ferner die (jährliche) Rechnungslegung über die Einnahmen und Ausgaben sowie über die Verwaltung des Vermögens. Sie hat unmittelbar gegenüber der Hauptversammlung zu erfolgen (Abs. 2). Mit dieser Regelung weicht die Vorschrift von § 73 Abs. 2 Nr. 7 ab, der die Rechnungslegung über die Verwaltung des Kammervermögens dem Vorstand der Rechtsanwaltskammer zuweist. Dieser kann sich vom Präsidium vierteljährlich berichten lassen, ohne auf die Verwaltung des Kammervermögens Einfluß nehmen zu können (§ 79 Abs. 2), muß aber gleichwohl der Hauptversammlung die Abrechnung über die Einnahmen und Ausgaben der Kammer sowie über die Verwaltung des Vermögens vorlegen muß (§ 89 Abs. 2 Nr. 6). Unzuträglichkeiten, die sich aus dieser widersprüchlichen Regelung ergeben können, vermeidet das Gesetz bei der Bundesrechtsanwaltskammer, indem es alle die Einnahmen und Ausgaben und die Vermögensverwaltung betreffenden Aufgaben in der Hand des Schatzmeisters bündelt.

III. Haushaltsführung

3 Die Haushaltsführung regelt das Gesetz nicht. In der amtlichen Begründung findet sie nur mit dem Hinweis Erwähnung, daß sie der Kontrolle der Hauptversammlung obliege und daß die Entlastung, die alljährlich dem Schatzmeister zu erteilen sei, der Hauptversammlung die Gelegenheit biete, auf die Haushaltsführung Einfluß zu nehmen. In der Praxis legt der Schatzmeister der Hauptversammlung jährlich einen Haushaltsvoranschlag und einen Haushaltsabschluß sowie eine Vermögensaufstellung vor. Im übrigen richtet sich die Haushaltsführung der Bundesrechtsanwaltskammer als einer bundesunmittelbaren Körperschaft des öffentlichen Rechts (§ 176 Abs. 1), die zu den Organen mittelbarer Staatsverwaltung zählt, weitgehend nach den Maßstäben, denen die Bundesverwaltung unterworfen ist (§ 105 BHO). Daher kann die Hauptversammlung mit einem **Entlastungsbeschluß** zwar Haushaltsüberschreitungen genehmigen oder haushaltsrechtliche Mängel formeller Art heilen, nicht jedoch im Wege der Entlastung des Präsidiums auf etwaige Schadensersatzansprüche gegen Mitglieder des Präsidiums verzichten.[2] Ein solcher im Wege der Entlastung ausgesprochener Verzicht würde

---

[1] So *Isele*, § 186 Anm. II. B., ihm zustimmend *Feuerich/Braun*, § 186 Rdn. 2.
[2] Vgl. hierzu BGHZ 106, 199 = NJW 1989, 1151 = AnwBl. 1989, 288.

§ 187 Versammlung der Mitglieder

gegen § 59 Abs. 1 Nr. 3 BHO verstoßen. Diese Vorschrift erlaubt einer Körperschaft des öffentlichen Rechts den Erlaß einer Forderung nur, wenn die Realisierung des Anspruchs für den Anspruchsgegner eine besondere Härte bedeuten würde.

2. Die Hauptversammlung

§ 187 Versammlung der Mitglieder

Die Bundesrechtsanwaltskammer faßt ihre Beschlüsse regelmäßig auf Hauptversammlungen.

Übersicht

	Rdn.
I. Aufgabenbereich	1, 2
II. Geschäftsordnung	3
III. Kritik	4

I. Aufgabenbereich

Der Gesetzgeber ging von der Vorstellung aus, das Schwergewicht der Tätigkeit der Bundesrechtsanwaltskammer werde bei der Hauptversammlung liegen. Die Praxis sieht jedoch anders aus. Alle anfallenden Arbeiten zwischen den jährlich zweimal stattfindenden Hauptversammlungen erledigen das Präsidium und die Geschäftsführung, die so einen maßgeblichen Einfluß ausüben.[1] **1**

Der Hauptversammlung sind alle Beschlüsse vorbehalten, die ihrem Aufgabenkreis eigen sind.[2] Dazu gehören die Willens- und Meinungsbildung hinsichtlich aller die Rechtsanwaltschaft in ihrer Gesamtheit berührenden Fragen, die Festsetzung der Beiträge (§ 178 Abs. 2), die Wahlen zum Präsidium, die Entlastung des Präsidiums und der Geschäftsführung[3] und die Beschlußfassung über alle sonstigen Fragen, die vom Präsidenten oder auf Antrag einer Rechtsanwaltskammer[4] auf die Tagesordnung gesetzt werden. Schlagwortartig läßt sich sagen, daß die Hauptversammlung die „**Richtlinien der Berufspolitik**" bestimmt und die Rolle der „**Legislative**" übernimmt. So gesehen liegt der inhaltliche Schwerpunkt der Tätigkeit der Bundesrechtsanwaltskammer bei der Hauptversammlung, während Präsidium und Geschäftsführung die Tagesarbeit leisten.[5] **2**

II. Geschäftsordnung

Die Hauptversammlung hat sich eine Geschäftsordnung gegeben.[6] In ihr ist im wesentlichen der Verlauf der Versammlung geregelt, während die Regeln über die Einberufung der Hauptversammlung, ihre Beschlußfähigkeit sowie die Beschlußfassung in Art. VI und VII der Satzung der Bundesrechtsanwaltskammer[7] enthalten sind. **3**

---

[1] So auch *Feuerich/Braun*, § 187 Rdn. 2; *Isele,* § 187 Anm. III.; *Kleine-Cosack,* § 187 Rdn. 1.
[2] Amtl. Begründung, S. 270.
[3] Vgl. hierzu BGHZ 106, 199 = NJW 1989, 1151 = AnwBl. 1989, 288.
[4] Vgl. hierzu § 2 der Geschäftsordnung der Hauptversammlung der Bundesrechtsanwaltskammer, abgedruckt in BRAK-Mitt. 1988, 252.
[5] Vgl. auch § 179 Rdn. 3.
[6] Abgedruckt in BRAK-Mitt. 1988, 252.
[7] BRAK-Mitt. 1994, 226.

III. Kritik

4 Die Bundesrechtsanwaltskammer ist in letzter Zeit zunehmend in die Kritik geraten. Diese Kritik richtet sich in erster Linie gegen Beschlüsse der Hauptversammlung zu berufspolitischen Fragen, welche durch die Entscheidungen des Bundesverfassungsgerichts vom 14. Juli 1987 ausgelöst worden sind.[8] Hierzu zählen beispielsweise das von der Bundesrechtsanwaltskammer anfangs propagierte Verbot der überörtlichen Sozietät, ihr Eintreten für die Beibehaltung der Lokalisation (§ 78 ZPO) und die von ihr verteidigten Beschränkungen bei der Ausübung von Doppel-, Neben- oder Zweitberufen.[9] Auch in berufsrechtlichen Fragen, so bei der Suche nach den Grenzen zulässiger Informationswerbung, nahm sie einen an hergebrachten Anschauungen orientierten Standpunkt ein. Gleiches gilt für das frühere anwaltliche Verbot des Versäumnisurteils, das sie trotz der Rechtsprechung des Bundesverfassungsgerichts zu den ehemaligen Grundsätzen anwaltlichen Standesrechts als fortbestehend ansah, bis das Bundesverfassungsgericht die verfassungsrechtliche Unzulässigkeit dieses Verbots feststellte.[10] Dieses Festhalten an überlieferten, aber auch überholten Traditionen hat vor allem *Kleine-Cosack*[11] mit teilweise sehr drastischen, in der Sache aber überzeugenden Begründungen kritisiert und bekämpft. Er wirft der Bundesrechtsanwaltskammer vor, ein gestörtes Verhältnis zur Realität des Anwaltsberufs zu haben und durch ein verkrampftes Festhalten an antiquierten Berufsbildidealen für einen **Grundrechtsleerlauf** verantwortlich zu sein. Seine Kritik überschreitet jedoch die Grenze der Sachlichkeit deutlich, wenn er vom beschämenden Niveau der Beschlüsse der Bundesrechtsanwaltskammer spricht und die Hauptversammlung einen kompetenzlosen Debattierclub nennt.[12]

§ 188 Vertreter der Rechtsanwaltskammern in der Hauptversammlung

(1) **Die Rechtsanwaltskammern werden in der Hauptversammlung durch ihre Präsidenten vertreten.**

(2) **Der Präsident einer Rechtsanwaltskammer kann durch ein anderes Vorstandsmitglied vertreten werden.**

I. Normzweck

1 Der Gesetzgeber wollte die Zahl der Teilnehmer an der Hauptversammlung möglichst klein halten, damit die Hauptversammlung nicht zu schwerfällig wird und die Aufwendungen der Kammern hierfür in erträglichen Grenzen bleiben. Er hielt es auch für unnötig, daß die einzelnen Kammern durch mehrere Repräsentanten vertreten werden, weil jede Kammer in der Hauptversammlung nur über eine Stimme verfügt. Deshalb sieht Absatz 1 vor, daß jede Rechtsanwaltskammer nur

---

[8] BVerfGE 76, 171 = NJW 1988, 191 = AnwBl. 1987, 598 und BVerfGE 76, 196 = NJW 1988, 194 = AnwBl. 1987, 603.
[9] Vgl. BVerfG NJW 1993, 317; *Kleine-Cosack*, NJW 1993, 1289.
[10] BVerfG AnwBl. 1991, 34; vgl. ausführlich hierzu G. W. *Hartung*, Das anwaltliche Verbot des Versäumnisurteils, 1991; *Foerster* NJW 1993, 1309.
[11] *Kleine-Cosack* NJW 1993, 1289; vgl. auch *Kleine-Cosack* AnwBl. 1986, 509 zur Reformbedürftigkeit des Standesrechts; *ders.*, Berufsständische Autonomie und Grundgesetz, 1986; *ders.* NJW 1988, 164.
[12] *Kleine-Cosack*, § 191 a Rdn. 7 und 13.

einen Vertreter zur Hauptversammlung entsenden kann.[1] Damit ist gemeint, daß die einzelnen Rechtsanwaltskammern ihre Stimme nur durch ihren Präsidenten abgeben können. Nicht ausgeschlossen werden soll, daß der Präsident einer Rechtsanwaltskammer sich von weiteren Mitgliedern seines Vorstandes und seines Präsidiums begleiten und sie auch an seiner Stelle die Meinung seiner Kammer vortragen lassen kann, weil von ihm nicht erwartet werden kann, zu allen Vorgängen und Tagesordnungspunkten aus eigener Sachkenntnis Stellung zu nehmen. Vor allem die Präsidenten der großen Kammern müssen sich weitgehend darauf beschränken, die große Linie der Vorstandsarbeit zu bestimmen. Deshalb müssen sie in der Hauptversammlung jeweils diejenigen Mitglieder ihres Vorstandes zur Hand haben, welche die anstehenden Fragen in allen Einzelheiten beherrschen.[2] Die Bundesrechtsanwaltskammer wird dadurch finanziell nicht belastet. Art. IX der Satzung der Bundesrechtsanwaltskammer[3] bestimmt, daß die Rechtsanwaltskammern den durch die Teilnahme ihrer Vertreter an den Hauptversammlungen entstehenden Aufwand selbst tragen. Damit liegt es in der Verantwortung jeder einzelnen Kammer, ob sie zur Hauptversammlung nur ihren Präsidenten oder einen größeren Stab von Mitgliedern ihres Vorstands bzw. ihres Präsidiums entsendet.

II. Norminhalt

Die Rechtsanwaltskammern werden in der Hauptversammlung durch ihre **Präsidenten** vertreten (Abs. 1). Die Präsidenten sind zur Vertretung ihrer Rechtsanwaltskammern kraft ihres Amtes berufen. Eines besonderen Aktes der Bestellung bedarf es deshalb nicht. 2

Eine Vertretung des Präsidenten ist nur mit dessen Zustimmung möglich.[4] Will sich der Präsident vertreten lassen, ist sein Vizepräsident der berufene Vertreter. Der Präsident oder – mit seiner Zustimmung – der Kammervorstand kann aber auch ein anderes Vorstandsmitglied mit der Vertretung beauftragen. Ausgenommen sind Kammerrechtsbeistände, auch wenn sie Mitglied des Kammervorstandes sind.[5] Für die Vertretung braucht ein Fall der Verhinderung nicht gegeben zu sein.[6] 3

Die nach Absatz 2 zulässige Vertretung des Präsidenten beschränkt sich auf die Teilnahme an der Hauptversammlung. Unzulässig ist die Vertretung eines Präsidenten durch seinen Vizepräsidenten oder ein anderes Mitglied seines Kammervorstandes in der Funktion als Mitglied des Präsidiums der Bundesrechtsanwaltskammer. Nimmt der Präsident sein Amt im Präsidium der Bundesrechtsanwaltkammer nicht wahr, kann er nur durch ein anderes Präsidiumsmitglied vertreten werden.[7] 4

§ 189 Einberufung der Hauptversammlung

(1) **Die Hauptversammlung wird durch den Präsidenten schriftlich einberufen. Der Präsident muß die Hauptversammlung einberufen, wenn mindestens drei Rechtsanwaltskammern es schriftlich beantragen und hierbei den Gegenstand angeben, der in der Hauptversammlung behandelt werden soll.**

---

[1] Amtl. Begründung, S. 271.
[2] So schon *Isele*, § 188 Anm. V. B.
[3] Abgedruckt in BRAK-Mitt. 1994, 226.
[4] Ebenso *Feuerich/Braun*, § 188 Rdn. 2; *Isele*, § 188 Anm. III. B. 2.
[5] BGHZ 107, 215 = NJW 1989, 2892 = AnwBl. 1990, 270.
[6] Amtl. Begründung, S. 271.
[7] *Feuerich/Braun*, § 188 Rdn. 3; *Isele*, § 188 Anm. IV.; *Kalsbach*, § 188 Rdn. 2.

(2) **Bei der Einberufung ist der Gegenstand, über den in der Hauptversammlung Beschluß gefaßt werden soll, anzugeben.**

(3) **Die Hauptversammlung ist mindestens drei Wochen vor dem Tage, an dem sie zusammentreten soll, einzuberufen. Der Tag, an dem die Einberufung abgesandt ist, und der Tag der Hauptversammlung sind hierbei nicht mitzurechnen.**

(4) **In dringenden Fällen kann der Präsident die Hauptversammlung mit kürzerer Frist einberufen. Die Vorschrift des Absatzes 2 braucht hierbei nicht eingehalten zu werden.**

I. Norminhalt

1 Die Vorschrift regelt die Einberufung der Hauptversammlung. In den Grundzügen wiederholt sie die in §§ 85 bis 87 enthaltenen Regelungen, die für die **Einberufung** der Versammlung der Rechtsanwaltskammer maßgebend sind. So entspricht Absatz 1 dem § 85 mit der Abweichung, daß die Einberufung nur schriftlich erfolgen kann und daß der Präsident die Hauptversammlung einberufen muß, wenn mindestens drei Rechtsanwaltskammern es schriftlich beantragen. Absatz 2 wiederholt die in § 87 Abs. 1 enthaltene Regelung. Absatz 3 verlängert die in § 86 Abs. 2 bestimmte **Einberufungsfrist** auf drei Wochen. Absatz 4 Satz 1 entspricht § 86 Abs. 3. Wegen des sonst mit den §§ 85 bis 87 übereinstimmenden Norminhalts kann auf die Kommentierung jener Vorschriften verwiesen werden.

2 Absatz 4 Satz 2 enthält die Besonderheit, daß der Präsident, wenn er in **dringenden Fällen** die Hauptversammlung mit einer kürzeren Frist als drei Wochen vor dem Tage, an dem sie zusammentreten soll, einberuft, bei der Einberufung den Gegenstand, über den in der Hauptversammlung Beschluß gefaßt werden soll, nicht anzugeben braucht. Diese Erleichterung der gesetzlichen Anforderungen an eine wirksame Einberufung ist von *Isele*[1] als bedenklich und gefährlich bezeichnet worden. Er bemängelt, daß die Hauptversammlung ausgerechnet dann ohne vorherige Kenntnis des Verhandlungsgegenstandes zusammentreten und Beschluß fassen soll, wenn es um einen dringenden und damit auch wichtigen Fall geht. Diesem Einwand trägt Art. VII Abs. 3 der Satzung der Bundesrechtsanwaltskammer[2] Rechnung, indem dort bestimmt wird, daß in der Hauptversammlung Beschlüsse nur über solche Gegenstände gefaßt werden können, die in dem Einberufungsschreiben angegeben worden sind, es sei denn, daß die Versammlung einstimmig im Einzelfall etwas anderes beschließt und daß die nicht vertretenen Kammern der Beschlußfassung zustimmen.

II. Satzungsinhalt

3 Die gesetzliche Regelung wird durch die Satzung der Bundesrechtsanwaltskammer ergänzt. Gemäß Art. VI Abs. 1 ist die Hauptversammlung **jährlich mindestens zweimal** einzuberufen. Das Präsidium beschließt über weitere Einberufungen, sobald es diese für erforderlich hält. Sie muß einberufen werden, wenn mindestens drei Kammern es unter Angabe des Grundes beantragen. Zum **Ort der Hauptversammlung**, der im Gesetz – abweichend von § 85 Abs. 3 – nicht erwähnt ist, besagt Art. VI Abs. 2 der Satzung, daß die Hauptversammlung

---

[1] *Isele*, § 189 Anm. VIII. B. 2.
[2] Abgedruckt in BRAK-Mitt. 1994, 226.

auch an einen anderen Ort als an den Sitz der Bundesrechtsanwaltskammer (Bonn) einberufen werden kann. Es entspricht der Tradition, daß die Hauptversammlungen jeweils im Bezirk der turnusmäßig einladenden Rechtsanwaltskammer an einem Ort stattfindet, den die einladende Rechtsanwaltskammer vorschlägt. Keine Regelung enthält die Satzung zu der Frage, ob die Hauptversammlung **öffentlich** ist. In der Praxis ist sie nicht öffentlich. Das hat zur Folge, daß nicht einmal interessierte Rechtsanwälte befugt sind, an der Hauptversammlung teilzunehmen, wenn ihnen die Teilnahme nicht ausdrücklich gestattet wird. Das ist ein unmöglicher Zustand. Auch ohne ausdrückliche Beschlußfassung muß es jedem Rechtsanwalt erlaubt sein, an der Hauptversammlung als Zuhörer teilzunehmen.[3]

§ 190 Beschlüsse der Hauptversammlung

(1) **Jede Rechtsanwaltskammer hat eine Stimme.**

(2) **Die Voraussetzungen, unter denen die Hauptversammlung beschlußfähig ist, werden durch die Satzung geregelt.**

(3) **Die Beschlüsse der Hauptversammlung werden, soweit nicht die Satzung etwas anderes vorschreibt, mit einfacher Stimmenmehrheit gefaßt. Das gleiche gilt für die von der Hauptversammlung vorzunehmenden Wahlen. Bei Wahlen entscheidet bei Stimmengleichheit das Los.**

(4) **Beschlüsse, welche die einzelnen Rechtsanwaltskammern wirtschaftlich belasten, kann die Hauptversammlung nur einstimmig fassen. Dies gilt jedoch nicht für die Beschlüsse, durch welche die Höhe der Beiträge der Rechtsanwaltskammern sowie die Höhe der Aufwandsentschädigung und der Reisekostenvergütung für die Mitglieder des Präsidiums festgesetzt werden.**

(5) **Über die Beschlüsse der Hauptversammlung und über die Ergebnisse von Wahlen ist ein Protokoll aufzunehmen, das von dem Vorsitzenden und von einem Vizepräsidenten als Schriftführer zu unterzeichnen ist.**

Schrifttum: *Cramer,* Das Stimmrecht in der Bundesrechtsanwaltskammer, AnwBl. 1989, 140; *Haas,* Gegen Stimmengewichtung, BRAK-Mitt. 1984, 7; *Kirchhof,* Für Stimmengewichtung, BRAK-Mitt. 1984, 6; *Papier,* Stimmrechtsverteilung in der Bundesrechtsanwaltskammer, NJW 1987, 1308; *Wagner,* Das Stimmrecht in der Bundesrechtsanwaltskammer, AnwBl. 1989, 269.

Übersicht

	Rdn.		Rdn.
I. Stimmrecht	1–4	IV. Einstimmigkeit	7, 8
II. Beschlußfähigkeit	5	V. Wahlen	9
III. Einfache Mehrheit	6	VI. Protokoll	10

---

[3] Vgl. *Kleine-Cosack,* § 190 Rdn. 5.

I. Stimmrecht

1 Jede Rechtsanwaltskammer verfügt nur über **eine Stimme** (Abs. 1). Die amtliche Begründung[1] hierfür besagt, das Stimmrecht könne nicht nach der Größe der Kammer bemessen werden, weil die Rechtsanwaltskammern bei der Ausübung ihres Mitgliedschaftsrechts zwangsläufig ohne Rücksicht auf die Zahl der eigenen Mitglieder gleich behandelt werden müßten und deshalb nur ein gleiches Stimmrecht besitzen könnten. Des weiteren heißt es: Die einzelne Rechtsanwaltskammer werde, auch wenn jeder Kammer ein mehrfaches Stimmrecht eingeräumt werde, ihre Stimme nur einheitlich abgeben können, weil andernfalls eine klare Mehrheitsbildung unter den Kammern als Mitgliedern der Bundesrechtsanwaltskammer in Frage gestellt sei.

2 Das in Absatz 1 geregelte **Stimmrecht**, das jeder Rechtsanwaltskammer nur eine Stimme zubilligt, ist **verfassungsrechtlich nicht haltbar**. Ausgangspunkt der verfassungsrechtlichen Diskussion der letzten Jahre war § 177 Abs. 2 Nr. 2 a. F..[2] Diese Vorschrift ist durch die Entscheidungen des Bundesverfassungsgerichts vom 14. Juli 1987[3] obsolet geworden.[4] Der Gesetzgeber hat sie deshalb im Rahmen der Neuordnung des anwaltlichen Berufsrechts gestrichen. Nach Meinung des Bundesgerichtshofs sind damit die verfassungsrechtlichen Bedenken entfallen, weil die verbliebenen Aufgaben der Bundesrechtsanwaltskammer in erheblich geringerem Maße in die Rechtsstellung der **„Mitgliedsmitglieder"** eingriffen als die bisherige Richtlinienkompetenz.[5] Insbesondere werde das demokratische Prinzip nicht verletzt, weil dem Gesetzgeber bei der Ausgestaltung der **„demokratischen Binnenstruktur"** der Bundesrechtsanwaltskammer ein weiter Ermessensspielraum zustehe und die Stimmrechtsregelung, die jeder Rechtsanwaltskammer nur eine Stimme gebe, auch dem Minderheitenschutz diene. Dem kann nicht gefolgt werden.

3 Die Bundesrechtsanwaltskammer ist eine öffentlichrechtliche Verbandskörperschaft, deren Mitglieder nicht die einzelnen Rechtsanwälte, sondern die Rechtsanwaltskammern sind. Allein auf dieser rein formaljuristischen Struktur der Bundesrechtsanwaltskammer basiert die absolute Gleichheit des Stimmrechts der Rechtsanwaltskammern.[6] Ihr stehen die höchst unterschiedlichen Mitgliederzahlen der einzelnen Rechtsanwaltskammern gegenüber. Sie reichen (nach dem Stand vom 1. 1. 94)[7] von 23 Mitgliedern der Rechtsanwaltskammer beim Bundesgerichtshof bis zu 8419 Mitgliedern der Rechtsanwaltskammer München. Um die berufspolitischen Probleme dieser Mitglieder geht es, wenn in der Hauptversammlung der Bundesrechtsanwaltskammer beispielsweise über die Zulässigkeit der überörtlichen Sozietät oder die Abschaffung bzw. Beibehaltung des Lokalisationsgrundsatzes abgestimmt wird oder wenn die Bundesrechtsanwaltskammer in Angelegenheiten, welche die Gesamtheit der Rechtsanwaltskammern und damit

---

[1] Amtl. Begründung, S. 272.
[2] Vgl. hierzu *Cramer* AnwBl. 1989, 140; *Haas* BRAK-Mitt. 1984, 7; *Hartstang* I, S. 167, *Kirchhof* BRAK-Mitt. 1984, 6; *Kleine-Cosack* AnwBl. 1986, 505; ders. NJW 1988, 164; *Papier* NJW 1987, 1308; *Pietzcker* NJW 1988, 513; *Wagner* AnwBl. 1989, 269; *Zuck*, FS *Pfeiffer*, S. 1016 ff..
[3] BVerfGE 76, 171 = NJW 1988, 191 = AnwBl. 1987, 598 und BVerfGE 76, 196 = NJW 1988, 194 = AnwBl. 1987, 603.
[4] BGH AnwBl. 1989, 45 = BRAK-Mitt. 1989, 43.
[5] BGH AnwBl. 1989, 45 = BRAK-Mitt. 1989, 43.
[6] *Papier* NJW 1987, 1308.
[7] BRAK-Mitt. 1994, 86.

§ 190 Beschlüsse der Hauptversammlung

mittelbar die Gesamtheit der Rechtsanwälte berühren, diese nach außen (§ 177 Abs. 2 Nr. 4) vertritt.

Als öffentlichrechtliche Verbandskörperschaft, die mittelbar Staatsgewalt ausübt, ist die Bundesrechtsanwaltskammer der vollziehenden Gewalt zuzurechnen. Ihre **Organisationsstruktur** und ihre **Willensbildung** müssen deshalb dem **demokratischen Prinzip** i. S. des Art. 20 Abs. 2 S. 2 GG genügen.[8] Selbstverwaltung im demokratischen Staat kann keine „Honoratiorenverwaltung" sein.[9] Zu einer demokratischen Infrastruktur der Bundesrechtsanwaltskammer zwingen zudem die freiheitsbeschränkenden Funktionen, welche die Bundesrechtsanwaltskammer – vor allem im Hinblick auf Art. 12 GG – ausübt. So greift die Bundesrechtsanwaltskammer beispielsweise in ein Grundrecht (Art. 12 GG) des einzelnen Rechtsanwalts ein, wenn sie die Zulässigkeit der überörtlichen Sozietät bekämpft[10] oder sich gegen die Aufhebung der Lokalisation (§ 78 ZPO) ausspricht. Zu Recht hat deshalb das Bundesverfassungsgericht, wenn auch nur am Rande, festgestellt, daß sich eine **Satzungsgewalt** der Bundesrechtsanwaltskammer[11] schwerlich damit vereinbaren lasse, daß sie als Verbandskörperschaft nicht von den Berufsangehörigen, sondern von den Regionalkammern gebildet werde und daß diese ihrerseits lediglich von ihren Präsidenten ohne Rücksicht auf ihre Mitgliederstärke vertreten würden.[12] Der Gesetzgeber hat hierauf reagiert und bei der Schaffung der neuen Vorschriften über die Satzungsversammlung (§§ 191 a ff.) den verfassungsrechtlichen Erfordernissen dadurch Rechnung getragen, daß die Mitglieder der Satzungsversammlung – demokratischen Grundsätzen entsprechend – von den Versammlungen der Kammern gewählt werden müssen und daß pro angefangene Tausend ein Mitglied zu wählen ist (§ 191 b).[13] Die vom Bundesverfassungsgericht getroffene Feststellung gilt in gleicher Weise aber auch für das Stimmrecht in anderen Fragen. Nicht einmal die Wahlen zum Präsidium der Bundesrechtsanwaltskammer, die als rein interner Akt eingestuft werden könnten, der die einzelnen Rechtsanwälte nicht betrifft, sind von der vom Bundesverfassungsgericht getroffenen Feststellung unberührt. Ob beispielsweise die Präsidenten der fünfzehn Kammern mit den geringsten Mitgliederzahlen, welche die Stimmenmehrheit haben, aber zusammen gerade ca. 22% der Rechtsanwälte vertreten,[14] in das Präsidium der Bundesrechtsanwaltskammer solche Kammerpräsidenten wählen, deren berufspolitische Einstellung sich zwar mit den Vorstellungen der Mehrheit der Rechtsanwälte, nicht aber mit der eigenen deckt, muß

---

[8] *Kleine-Cosack,* Berufsständische Autonomie und Grundgesetz, S. 181 ff.
[9] So zutreffend *Pietzcker* NJW 1987, 1308 (1310).
[10] Vgl. Protokoll über die 65. Hauptversammlung der Bundesrechtsanwaltskammer am 2.–4. Juni 1989 in Bamberg, wo sich von 23 Kammern nur 3 für die Zulässigkeit, 20 aber für die Unzulässigkeit der überörtlichen Sozietät aussprachen.
[11] Das BVerfG spricht zwar nur von einer „weitergehenden" Befugnis, meinte damit aber erkennbar eine über die frühere Feststellungskompetenz hinausgehende Satzungsgewalt; vgl. hierzu BVerfGE 76, 171 (186).
[12] BVerfGE 76, 171 (186) = NJW 1988, 191 = AnwBl. 1987, 598.
[13] Zur Verfassungsmäßigkeit der Satzungsversammlung siehe *Hartung* NJW 1993, 2776 = AnwBl. 1993, 549; *Zuck* NJW 1993, 2779; vgl. auch *Hartung* AnwBl. 1994, 377; *ders.* WiB 1994, 585.
[14] Nach dem Stand per 1. 1. 94 waren das die Rechtsanwaltskammern BGH 23, Braunschweig 559, Mecklenburg-Vorpommern 640, Brandenburg 703, Thüringen 750, Saarbrücken 782, Sachsen-Anhalt 807, Zweibrücken 865, Kassel 920, Bremen 1109, Tübingen 1126, Bamberg 1312, Oldenburg 1384, Koblenz 1614, Freiburg 1859 = 14453 von 70883 = 20,39%. Zu den vorstehenden Mitgliederzahlen vgl. BRAK-Mitt. 1994, 86.

zumindest bezweifelt werden.[15] Deshalb ist der von *Kleine-Cosack*[16] vertretenen Auffassung, das Prinzip der Stimmengleichheit sei verfassungsrechtlich unproblematisch, weil die Bundesrechtsanwaltskammer nur eine rechtlich unverbindliche Koordinationskompetenz besitze, nicht zu folgen. Er verkennt, daß die Bundesrechtsanwaltskammer mit einer auf der formaljuristischen Stimmengleichheit beruhenden Mehrheit, die der mehrheitlichen Auffassung der Rechtsanwälte nicht entspricht, in **Grundrechte des einzelnen Rechtsanwalts** eingreift, wenn sie dessen grundrechtlich geschützten Freiraum zu beschneiden versucht. Das belegen beispielsweise die Entscheidungen des Bundesverfassungsgerichts zum Anwalts-Suchservice,[17] zum Versäumnisurteil[18] und zum Zweitberuf.[19]

II. Beschlußfähigkeit

5   Die Regelung der Voraussetzungen, unter denen die Hauptversammlung beschlußfähig ist, bleibt der Satzung der Bundesrechtsanwaltskammer überlassen. Diese besagt in Art. VII, daß die Hauptversammlung **beschlußfähig** ist, wenn **zwei Drittel** der Kammern vertreten sind. Ist eine ordnungsgemäß einberufene Hauptversammlung nicht beschlußfähig, so ist die mit der gleichen Tagesordnung einzuberufende neue Hauptversammlung ohne Rücksicht auf die Zahl der Erschienenen beschlußfähig (Art. VII Abs. 2).

III. Einfache Mehrheit

6   Die Hauptversammlung faßt ihre Beschlüsse mit einfacher Stimmenmehrheit (Abs. 3). Anders als bei den Rechtsanwaltskammern kann die Satzung der Bundesrechtsanwaltskammer aber etwas anderes vorschreiben. Von dieser Möglichkeit hat die Bundesrechtsanwaltskammer in Art. VII Abs. 4 der Satzung[20] zum Teil Gebrauch gemacht. Danach können Beschlüsse der Hauptversammlung, die auf die Änderung der Satzung oder auf die Feststellung von Standesrecht gerichtet sind (diese Alternative betraf die Feststellungskompetenz des § 177 Abs. 2 Nr. 2 a. F. und ist mit den Entscheidungen des Bundesverfassungsgerichts vom 14. Juli 1987[21] gegenstandslos geworden), nur mit einer Mehrheit von drei Vierteln der Mitglieder der Bundesrechtsanwaltskammer gefaßt werden.

IV. Einstimmigkeit

7   Beschlüsse, welche die einzelnen Rechtsanwaltskammern **wirtschaftlich belasten**, kann die Hauptversammlung nur einstimmig fassen (Abs. 4). Diese Regelung soll der Gefahr vorbeugen, daß die gedeihliche Zusammenarbeit der Rechtsanwaltskammern leidet. Das Gesetz will Unzuträglichkeiten und Mißstimmungen vermeiden, mit denen zu rechnen wäre, wenn bei wirtschaftlichen Belastungen,

---

[15] Vgl. hierzu *Cramer* AnwBl. 1989, 140 (141).

[16] § 190 Rdn. 3.

[17] BVerfG NJW 1992, 1613; vgl. auch *Netzband* MDR 1992, 338; *Ring* EWiR 1992, 471.

[18] BVerfG NJW 1993, 121; vgl. auch BGH NJW 1991, 42; *Kleine-Cosack* NJW 1988, 172; *ders.* EWiR 1991, 57. Vgl. auch LG Stuttgart NJW 1994, 1884 und zum Ganzen grundlegend *G. W. Hartung,* Das anwaltliche Verbot des Versäumnisurteils, 1991.

[19] BVerfGE 87, 287 = NJW 1993, 317; vgl. auch *Kleine-Cosack* ZIP 1991, 1337; *ders.* EWiR 1991, 783; *ders.* NJW 1993, 1289; siehe ferner *Fischer* AnwBl. 1992, 205.

[20] BRAK-Mitt. 1994, 226.

[21] BVerfGE 76, 171 = NJW 1988, 191 = AnwBl. 1987, 598 und BVerfGE 76, 196 = NJW 1988, 194 = AnwBl. 1987, 603.

die vielleicht den Haushalt kleinerer Kammern erschüttern könnten, eine Minderheit sich einer Mehrheit fügen müßte. Gleichzeitig soll das Erfordernis der Einstimmigkeit wirtschaftliche Belastungen auf das notwendige Maß beschränken.[22]

Beschlüsse im Sinne dieser Regelung sind solche, durch welche alle Kammern gleichmäßig belastet werden, aber auch solche, welche die Kammern unterschiedlich belasten.[23] Aus Absatz 4 Satz 2, der abweichend von Satz 1 die einfache Mehrheit für Beschlüsse zuläßt, durch welche die Höhe der Beiträge der Rechtsanwaltskammern sowie die Höhe der Aufwandsentschädigung für die Mitglieder des Präsidiums festgesetzt werden, ist zu schließen, daß Einstimmigkeit immer dann notwendig ist, wenn die wirtschaftliche Belastung der einzelnen Rechtsanwaltskammer über die **normale Belastung** hinausgeht, welche die Erfüllung der gesetzlichen Aufgaben erfordert. Für Beschlüsse, die Ausgaben für gesetzliche Aufgaben betreffen, reicht die einfache Mehrheit.[24]

8

V. Wahlen

Bei Wahlen entscheidet die **einfache Stimmenmehrheit**,[25] bei Stimmengleichheit gibt das Los den Ausschlag (Abs. 3 S. 2 und 3). Diese Regelung entspricht der Vorschrift des § 88 Abs. 3. Die weiteren Einzelheiten sind in Art. III der Satzung der Bundesrechtsanwaltskammer[26] festgelegt. Danach werden der Präsident, die Vizepräsidenten und der Schatzmeister in gesonderten Wahlgängen gewählt. Für den ersten und den zweiten Wahlgang ist die „absolute Mehrheit" der abgegebenen Stimmen vorgeschrieben, womit die einfache Stimmenmehrheit gemeint ist. Wird diese Mehrheit im ersten oder zweiten Wahlgang nicht erreicht, so kommen diejenigen Mitglieder, welche im zweiten Wahlgang die meisten Stimmen und zusammen die absolute Mehrheit der abgegebenen Stimmen erhalten haben, in die engere Wahl. Wer im anschließenden dritten Wahlgang die meisten Stimmen auf sich vereinigt, ist gewählt. Das Gesetz erlaubt der Bundesrechtsanwaltskammer in Absatz 3 Satz 1 ausdrücklich, von der einfachen Stimmenmehrheit, die § 88 Abs. 3 S. 2 für Wahlen und Beschlüsse einer Rechtsanwaltskammer zwingend vorschreibt, abzuweichen und einen Kandidaten für ein Amt im Präsidium selbst dann als gewählt anzusehen, wenn er, ohne die einfache Mehrheit erreicht zu haben, unter mehreren Kandidaten die meisten Stimmen erhält.[27] Unzulässig ist aber die in Art. III Abs. 6 enthaltene Regelung, daß unbeschriebene Stimmzettel nicht gezählt werden dürfen.[28]

9

VI. Protokoll

Über die Beschlüsse der Hauptversammlung und über die Ergebnisse von Wahlen ist ein Protokoll aufzunehmen, das von dem Vorsitzenden und von einem Vizepräsidenten als Schriftführer zu unterzeichnen ist (Abs. 5). Die Vorschrift ist § 72 Abs. 2 bzw. § 88 Abs. 5 nachgebildet.[29]

10

---

[22] Amtl. Begründung, S. 273.
[23] BGHZ 33, 381 = NJW 1961, 220.
[24] So auch BGHZ 33, 381 = NJW 1961, 220; *Feuerich/Braun,* § 190 Rdn. 14.
[25] Zum Begriff der „einfachen Stimmenmehrheit" vgl. § 88 Rdn. 6 ff..
[26] BRAK-Mitt. 1994, 226.
[27] Vgl. § 88 Rdn. 6.
[28] Siehe hierzu § 72 Rdn. 11.
[29] Vgl. § 72 Rdn. 15 ff..

3. Die Nichtigkeit von Wahlen und Beschlüssen

§ 191 Voraussetzungen der Nichtigkeit und Verfahren vor dem Bundesgerichtshof

(1) **Wahlen oder Beschlüsse des Präsidiums oder der Hauptversammlung kann der Bundesgerichtshof auf Antrag des Bundesministeriums der Justiz für ungültig oder nichtig erklären, wenn sie unter Verletzung des Gesetzes oder der Satzung zustande gekommen oder wenn sie ihrem Inhalt nach mit dem Gesetz oder der Satzung nicht vereinbar sind.**

(2) **Den Antrag kann auch eine Rechtsanwaltskammer stellen, hinsichtlich eines Beschlusses jedoch nur dann, wenn sie durch den Beschluß in ihren Rechten verletzt ist.**

(3) **Im übrigen ist § 91 entsprechend anzuwenden.**

1 Bei Wahlen und Beschlüssen des Präsidiums oder der Hauptversammlung wird ebenso wie bei Wahlen und Beschlüssen der entsprechenden Organe der Rechtsanwaltskammern (§§ 90, 91) eine Anfechtung wegen Verletzung des Gesetzes oder der Satzung zugelassen.[1]

2 Anfechtungsberechtigt ist das Bundesministerium der Justiz als Träger der Staatsaufsicht (§ 176 Abs. 2). Daneben kann auch eine Rechtsanwaltskammer den Antrag stellen, eine Wahl für ungültig oder einen Beschluß für nichtig zu erklären. Einen Beschluß kann sie aber nur anfechten, wenn sie durch ihn in ihren Rechten verletzt ist (Abs. 2).

3 Für das Verfahren gilt § 91. Antragsgegner ist die Bundesrechtsanwaltskammer. Die Entscheidung des Bundesgerichtshofs als erstinstanzliches Gericht ist **unanfechtbar**.

4 Für die **Kosten** des Verfahrens gelten die §§ 200–202. Über Einwendungen und Erinnerungen gegen den Ansatz von Kosten entscheidet der Anwaltsgerichtshof für Rechtsanwälte (§ 203 Abs. 1) unanfechtbar (§ 203 Abs. 2). Das gilt auch dann, wenn der Bundesgerichtshof den Kostenansatz vorgenommen hat.[2]

4. Die Satzungsversammlung

§ 191 a Einrichtung und Aufgabe

(1) **Bei der Bundesrechtsanwaltskammer wird eine Satzungsversammlung eingerichtet.**

(2) **Die Satzungsversammlung erläßt als Satzung eine Berufsordnung für die Ausübung des Rechtsanwaltsberufes unter Berücksichtigung der beruflichen Pflichten und nach Maßgabe des § 59 b.**

(3) **Die Satzungsversammlung gibt sich eine Geschäftsordnung.**

(4) **Der Satzungsversammlung gehören an ohne Stimmrecht der Präsident der Bundesrechtsanwaltskammer, die Präsidenten der Rechtsanwaltskammern, mit Stimmrecht die von der Versammlung der Kammer nach Maßgabe des § 191 b zu wählenden Mitglieder.**

---

[1] Amtl. Begründung, S. 274.
[2] BGH BRAK-Mitt. 1987, 209.

§ 191a Einrichtung und Aufgabe **1 § 191a**

Schrifttum: Zur Entstehungsgeschichte: *Commichau*, Berufs- und Standesrecht der deutschen Anwaltschaft im Wandel, JZ 1988, 824; *Domcke*, Verfassungsrechtliche Fragen einer autonomen Satzungskompetenz der Bundesrechtsanwaltskammer, ZRP 1988, 348; *Hartung*, Das anwaltliche Standesrecht, AnwBl. 1988, 374; *ders.*, Das anwaltliche Berufsrecht am Scheideweg – Rückschritt oder Fortschritt? NJW 1993, 2776 = AnwBl. 1993, 549; *Pfeiffer*, Standesrecht im Umbruch, BRAK-Mitt. 1988, 226; *Pietzcker*, Neuordnung des anwaltlichen Berufsrechts, NJW 1988, 513; *Prütting*, Die deutsche Anwaltschaft zwischen heute und morgen, Schriften für die Prozeßpraxis, Band 6; *Taupitz*, Anwaltliches Selbstverständnis und anwaltliches Standesrecht im Wandel, MDR 1989, 489; *Traubner*, Ist eine BORA-E überhaupt notwendig?, BRAK-Mitt. 1989, 42; *Wimmer*, Wer gibt das neue anwaltliche Berufsrecht?, NJW 1989, 1772; *Zuck*, Die notwendige Reform des anwaltlichen Berufs- und Standesrechts, NJW 1988, 175. – **Zum geltenden Recht:** *Hartung*, Die Satzungsversammlung. Ein neues Instrument der anwaltlichen Selbstverwaltung, AnwBl. 1994, 377; *ders.*, Neues Berufs- und Gebührenrecht für Rechtsanwälte, WiB 1994, 585; *Kleine-Cosack*, Neuordnung des anwaltlichen Berufsrechts, NJW 1994, 2249; *Loewer*, Neuordnung des anwaltlichen Berufsrechts, BRAK-Mitt. 1994, 186; *Redeker*, Probleme der Satzungsversammlung, AnwBl. 1995, 217 = Liber Amicorum für Hans-Jürgen Rabe, 1995, 165.

Übersicht

	Rdn.		Rdn.
I. Entstehungsgeschichte	1	V. Satzungskompetenz	11, 12
II. Normzweck	2–6	VI. Geschäftsordnungsautonomie	13–15
III. Stellung der Satzungsversammlung	7–9	VII. Mitgliedschaft	16, 17
IV. Verfassungsmäßigkeit	10		

I. Entstehungsgeschichte

Bis 1987 oblag es gemäß § 177 Absatz 2 Nr. 2 der Bundesrechtsanwaltskammer, die allgemeine Auffassung über Fragen der Ausübung des Anwaltsberufs in Richtlinien festzustellen. Diese Regelung war bis dahin auch vom Bundesverfassungsgericht über viele Jahrzehnte hinweg gebilligt worden.[1] Umso mehr war die Rechtsanwaltschaft überrascht, als am 19. November 1987 zwei Entscheidungen des Bundesverfassungsgerichts[2] veröffentlicht wurden, die in völliger Umkehr der bisherigen Rechtsprechung dieses Gerichts den Richtlinien anwaltlichen Standesrechts die Qualität eines rechtserheblichen Hilfsmittels zur Konkretisierung der Generalklausel des § 43 absprachen.[3] Es verwundert nicht, daß Nirk[4] wenig später den 19. November 1987 einen historischen Tag für die Anwaltschaft nannte.[5] Sofort begannen Überlegungen, wer künftig für den Erlaß einer den Entscheidungen des Bundesverfassungsgerichts entsprechenden Berufsordnung zuständig sein solle. Die Bundesrechtsanwaltskammer versuchte, ihre bisherige Zuständig- 1

---

[1] Vgl. hierzu BVerfGE 36, 212 (218); 57, 121 (132); 60, 215 (230); 66, 337 (356).
[2] BVerfGE 76, 171; 76, 196.
[3] Siehe dazu *Domcke* ZRP 1988, 348; *Kleine-Cosack* NJW 1988, 164 (166); *Pfeiffer* BRAK-Mitt. 1988, 226; *Redeker* AnwBl. 1988, 14 (15); *Schmalz* BRAK-Mitt. 1988, 1; *Weigel* BRAK-Mitt. 1988, 2 (3); *Zuck* MDR 1988, 106 (107). *Hahndorf* AnwBl. 1989, 430, und *Teichmann* AnwBl. 1989, 368, sprechen von „Bastille-Entscheidungen". *Kornblum* AnwBl. 1988, 361, und *Pestke*, Stbg. 1988, 67 (68), bezeichnen den Wandel der Rechtsprechung des Bundesverfassungsgerichts als sensationell.
[4] *Nirk* AnwBl. 1987, 574.
[5] Vgl. auch *Hartung* AnwBl. 1988, 374; *Kleine-Cosack* AnwBl. 1989, 536 (546); *Redeker* AnwBl. 1988, 14.

keit zu bewahren.⁶ Andere Stimmen sprachen sich teils für, teils – auch sehr nachdrücklich – gegen eine solche Regelung aus.⁷ Sehr bald setzte sich die Auffassung durch, daß eine Satzungskompetenz der Bundesrechtsanwaltskammer nicht in Betracht kommen konnte, jedenfalls nicht ohne eine grundsätzliche Strukturänderung und insbesondere nicht unter Beibehaltung der undemokratischen Stimmgewichtung des § 190. In dem Bestreben, das anwaltliche Berufsrecht auf eine formell und materiell einwandfreie Rechtsgrundlage zu stellen, entschied sich der Gesetzgeber, die statusbegründenden Berufspflichten in der Bundesrechtsanwaltsordnung neu zu formulieren und die zur Ergänzung dieser Normen notwendigen **Regelungen für die Berufsausübung** einer **Berufsordnung** zu überlassen. Um solche Regelungen, die den Rechtsanwalt unmittelbar betreffen, demokratisch zu legitimieren, entschloß sich der Gesetzgeber, eine Satzungsversammlung zu schaffen und ihr die Kompetenz zum Erlaß einer Berufsordnung zu übertragen.⁸ Die erste nach Maßgabe der neuen gesetzlichen Vorschriften gewählte Satzungsversammlung hat sich am 7. September 1995 in Berlin zu ihrer konstituierenden Sitzung zusammengefunden und seit dem einige Male getagt. Ihr gehören 87 stimmberechtigte und 29 stimmrechtslose Mitglieder an.

II. Normzweck

2   Das Bundesverfassungsgericht geht in seinen Entscheidungen vom 14. Juli 1987⁹ davon aus, daß das neue anwaltliche Berufsrecht in seinen statusbildenden Normen durch den Gesetzgeber zu regeln ist, während eine darauf beruhende Berufsordnung als Satzungsrecht gestaltet werden kann. Satzungen sind Rechtsvorschriften, die von einer juristischen Person des öffentlichen Rechts mit Wirksamkeit für die ihr angehörenden Personen erlassen werden. Bereits daraus wird deutlich, daß die Bundesrechtsanwaltskammer eine Berufsordnung als Satzung nicht erlassen kann, denn die Rechtsanwälte sind keine Mitglieder der Bundesrechtsanwaltskammer. Diese setzt sich als deren Dachorganisation aus den Rechtsanwaltskammern zusammen.

3   Angesichts der mit einer entsprechenden Berufsordnung verbundenen Konkretisierung von Eingriffen in die Berufsfreiheit muß die Satzung durch ein **demokratisch legitimiertes Gremium** erlassen werden. Eine solche Legitimation ist nur gewährleistet, wenn das mit Satzungsgewalt betraute Gremium sich aus Mitgliedern zusammensetzt, deren Mitgliedschaft auf eine Wahlentscheidung der Anwälte unmittelbar zurückzuführen ist.¹⁰

4   Aus diesem Grunde ist mit der neuen Vorschrift des § 191 a ein neues Beschlußorgan bei der Bundesrechtsanwaltskammer eingerichtet worden, das aus der Satzungsversammlung besteht. Dieser ist in Absatz 2 die **Kompetenz zum Erlaß der Berufsordnung** zugewiesen.

5   Zur Verfahrensweise gibt sich die Satzungsversammlung – soweit gesetzliche Vorschriften nicht vorhanden sind (§ 191 d) – eine Geschäftsordnung (Abs. 3). Diese an sich selbstverständliche Regelung soll verdeutlichen, daß weder die Bundesrechtsanwaltskammer noch die Rechtsanwaltskammern bei der Gestaltung der Geschäftsordnung mitwirken dürfen.¹¹

---

⁶ Siehe hierzu *Zuck* ZRP 1987, 175.
⁷ *Commichau* JZ 1988, 824; *Domcke* ZRP 1988, 348; *Hartung* AnwBl. 1988, 374; *Kleine-Cosack* AnwBl. 1986, 505; *Traubner* BRAK-Mitt. 1989, 42; *Wimmer* NJW 1989, 1772.
⁸ BT-Drucks. 12/4993 S. 22.
⁹ BVerfGE 76, 171; 76, 196.
¹⁰ BR-Drucks. 93/93 S. 108 f.
¹¹ *Feuerich/Braun*, § 191 a Rdn. 6.

Absatz 4 regelt die Mitgliedschaft und unterscheidet zwischen **Mitgliedern mit** 6
Stimmrecht – das sind die von den Versammlungen der regionalen Rechtsanwaltskammern zu wählenden Mitglieder – und solchen **ohne Stimmrecht** – das sind der Präsident der Bundesrechtsanwaltskammer und die Präsidenten der regionalen Rechtsanwaltskammern. Diese Regelung war vor Inkrafttreten heftig umstritten. Nach den Vorstellungen des Entwurfs der Bundesregierung[12] und der Bundesrechtsanwaltskammer[13] sollten auch die Präsidenten der regionalen Rechtsanwaltskammern stimmberechtigt und sogar Mitglieder mit besonderen Rechten sein. Die hiergegen vorgetragenen Argumente[14] sind mit ungewöhnlicher Schärfe und in sehr unsachlicher Weise zurückgewiesen worden,[15] haben sich im Rechtsausschuß aber gleichwohl durchgesetzt und zu der heute geltenden Regelung geführt.

III. Stellung der Satzungsversammlung

Die Satzungsversammlung ist gemäß Absatz 1 „bei der Bundesrechtsanwalts- 7
kammer eingerichtet". Die Bedeutung dieser Regelung ist umstritten. Teilweise wird die Satzungsversammlung als **Organ der Bundesrechtsanwaltskammer** verstanden,[16] teilweise als g als **selbständige Einrichtung des öffentlichen Rechts**.[17] Praktische Bedeutung erlangt die Frage nach der Stellung der Rechtsanwaltskammer vor allem im Falle eines Streites über die Berechtigung einer Aufhebung der Satzung durch das Bundesministerium der Justiz gemäß § 191 e,[18] im übrigen ist sie weitgehend von akademischer Bedeutung.[19]

Für eine Stellung als Organ läßt sich wenig ins Feld führen. Die **Gesetzesma-** 8
terialien sprechen von einem „neuen Beschlußorgan der Bundesrechtsanwaltskammer", andererseits aber auch von der „Ansiedlung eines Organs bei der Bundesrechtsanwaltskammer", mit der auf „bewährte Strukturen" zurückgegriffen werde.[20] Das ist nicht verwunderlich, hat sich doch der Gesetzgeber keine dogmatischen Gedanken über das Verhältnis der Bundesrechtsanwaltskammer zur Satzungsversammlung gemacht. Der **Wortlaut** des § 191 a Abs. 1 gibt wenig her. Eine Satzungsversammlung, die „bei der Bundesrechtsanwaltskammer eingerichtet" ist, läßt sich unabhängig von dem mehrdeutigen Wortlaut, der eher ein Argument gegen eine Organstellung ist, auch deshalb nicht als Organ verstehen, weil sie von Rechtsanwälten gewählt wird und aus Rechtsanwälten besteht, die nicht Mitglied der Bundesrechtsanwaltskammer sind. Allenfalls die Stellung der Vorschrift im Zweiten Abschnitt mit der Überschrift „Die Organe der Bundesrechtsanwaltskammer" könnte ein Argument für eine Organstellung sein. Zwingend ist jedoch auch dieses Argument nicht, weil im Zweiten Abschnitt sich nicht nur Regelungen über das Präsidium und die Hauptversammlung als Organe der Bundesrechtsanwaltskammer finden, sondern auch die Regelung des § 191 über die Anfechtung von Wahlen und Beschlüsse dieser Organe.

Gegen eine Stellung der Satzungsversammlung als Organ der Bundesrechtsan- 9
waltskammer sprechen überzeugend **Sinn und Zweck** der gesetzlichen Neure-

---

12 BR-Drucks. 93/93 S. 23; BT-Drucks. 12/4993 S. 10.
13 Loewer BRAK-Mitt. 1994, 186.
14 *Hartung* NJW 1993, 2776 (2777 f.) = AnwBl. 1993, 549 (550 f.).
15 *Zuck* NJW 1993, 2779.
16 *Feuerich/Braun*, § 191 a Rdn. 2.
17 *Redeker* AnwBl. 1995, 217 (218).
18 Vgl. hierzu § 191 e Rdn. 9 ff.
19 *Kleine-Cosack*, § 191 a Rdn. 3.
20 BT-Drucks. 12/4993 S. 36 = BR-Drucks. 93/93 S. 109.

gelung. Das Bundesverfassungsgericht hat die früher in § 177 Abs. 2 Nr. 2 geregelte Feststellung der allgemeinen Auffassung über Fragen der Ausübung des Anwaltsberufs in Richtlinien durch die Bundesrechtsanwaltskammer für verfassungswidrig erklärt, weil die Bundesrechtsanwaltskammer keine Satzungskompetenz hatte. Es wäre einfach gewesen, ihr im Rahmen der gesetzlichen Neuregelung eine solche Kompetenz zu übertragen. Das verbot sich jedoch deshalb, weil der Bundesrechtsanwaltskammer als Verbandskörperschaft nur die regionalen Rechtsanwaltskammern (§ 175 Abs. 1), nicht aber die Rechtsanwälte selbst angehören. Vor dem Hintergrund dieser Entscheidung kann nicht angenommen werden, der Gesetzgeber habe ungeachtet der Auffassung des Bundesverfassungsgerichts den Erlaß einer Berufsordnung wiederum einem, wenn auch neugeschaffenen Organ gerade dieser Verbandskörperschaft übertragen wollen. Deshalb ist die Satzungsversammlung eine **selbständige, der Bundesrechtsanwaltskammer verwaltungsmäßig angegliederte Einrichtung öffentlichen Rechts,** zwar ohne eigene Rechtsperson, aber dennoch Träger von Rechten und Pflichten, wie sie bei Selbstverwaltungseinrichtungen des Sozialrechts, z. B. dem Bundesausschuß der Ärzte und Krankenkassen nach § 91 SGB V schon länger bekannt sind.[21] Damit steht im Einklang, daß der Präsident der Bundesrechtsanwaltskammer und die Präsidenten der Rechtsanwaltskammern kein Stimmrecht haben und daß dem Bundesministerium der Justiz in § 191 e abweichend von § 191, der für Beschlüsse der Organe der Bundesrechtsanwaltskammer eine gerichtliche Überprüfung durch den Bundesgerichtshof vorsieht, die Aufsicht über die Satzungsversammlung mit dem Recht der Aufhebung der Satzung übertragen worden ist. Die Einrichtung der Satzungsversammlung bei der Bundesrechtsanwaltskammer reduziert sich damit auf das Recht, den Verwaltungsapparat der Bundesrechtsanwaltskammer in einer Art **Verwaltungsleihe** benutzen zu können.[22]

IV. Verfassungsmäßigkeit

10   Zweifel an der Verfassungsmäßigkeit der Einrichtung der Satzungsversammlung hat bisher nur *Kleine-Cosack*[23] geäußert. Zur Begründung führt er an, der Bundesrechtsanwaltskammer als bundesunmittelbarer Verbandskörperschaft im Sinne des Art. 87 Abs. 3 S. 1 GG ohne Verwaltungsunterbau werde mit der Satzungsversammlung ein über die regionalen Rechtsanwaltskammern gewähltes Gremium eingefügt, so daß eine in Art. 87 Abs. 3 GG nicht vorgesehene **Mischverwaltungsform** entstehe. Die sich hieraus abzuleitenden Bedenken seien noch größer, wenn der Satzungsversammlung eine völlig selbständige Rechtsstellung beigemessen werde. Dieser Auffassung ist entgegenzuhalten, daß die Satzungsversammlung lediglich den Verwaltungsapparat der Bundesrechtsanwaltskammer im Wege der Verwaltungsleihe nutzen darf, daß die durch sie verkörperte Einrichtung jedoch nicht die Einrichtung der Bundesrechtsanwaltskammer, sondern als **Parlament der Rechtsanwaltschaft** eine länderübergreifende Einrichtung der gesamten Rechtsanwaltschaft ist. Deshalb ist der Grundsatz der Trennung der Verwaltungsräume von Bund und Ländern (Art. 30, 83 GG) nicht verletzt. Im übrigen ist auch hier auf den Bundesausschuß der Ärzte und Krankenkassen nach § 91 SGB V zu verweisen, dem in vielerlei Hinsicht Normsetzungsbefugnisse übertragen sind, obwohl er wie die Satzungsversammlung ohne eigene Rechtsperson ist.

---

[21] *Redeker* AnwBl. 1995, 217 (218); *Bachof* AöR 83, 208.
[22] *Redeker* AnwBl. 1995, 217.
[23] *Kleine-Cosack,* § 191 a Rdn. 8–10.

V. Satzungskompetenz

Die ausschließliche Aufgabe der Satzungsversammlung ist der Erlaß einer Berufsordnung für die Ausübung des Anwaltsberufs. Der **Regelungsumfang der Satzungskompetenz** ist in § 59 b abschließend bestimmt.[24] Weitere Zuständigkeiten kennt das Gesetz nicht. Auf längere Sicht stellt sich allerdings die Frage, ob die **Zuständigkeit der Satzungsversammlung** nicht im Interesse des Berufsstandes der Rechtsanwälte **erweitert** werden sollte. So könnte daran gedacht werden, in allen Fragen, welche die Gesamtheit der Rechtsanwälte betreffen, die Satzungsversammlung zum Entscheidungsträger zu bestimmen. Zur Zeit ist es gemäß § 177 Abs. 2 Nr. 1 Aufgabe der Bundesrechtsanwaltskammer zu Fragen, welche die Gesamtheit der Rechtsanwaltskammern angehen, die Auffassung der Mehrheit der Rechtsanwaltskammern festzustellen. Viel naheliegender wäre es, diese Aufgabe der von der gesamten Anwaltschaft gewählten Satzungsversammlung zu übertragen und ihrer Meinung Gehör zu verschaffen, zudem Fragen, welche die Gesamtheit der Rechtsanwaltskammern angehen, immer auch solche sind, die die gesamte Anwaltschaft berühren. Diese konnte in der Vergangenheit nicht befragt werden, weil sie sich nur über die regionalen Rechtsanwaltskammern artikulieren konnte. Für eine solche Regelung spricht auch, daß jede regionale Rechtsanwaltskammer in der Hauptversammlung der Bundesrechtsanwaltskammer ohne Rücksicht auf die Zahl ihrer Mitglieder nur eine Stimme hat und damit die Auffassung der Mehrheit der Mitglieder überhaupt nicht zur Geltung kommen kann.

Bei dem Erlaß der Berufsordnung hat die Satzungsversammlung die beruflichen Pflichten der Rechtsanwälte zu berücksichtigen. Das bedeutet, daß die Satzungsversammlung die im Dritten Teil der Bundesrechtsanwaltsordnung (§§ 43 ff.) geregelten Pflichten nicht reduzieren oder inhaltlich verändern, sondern nur näher ausgestalten kann.[25]

VI. Geschäftsordnungsautonomie

Die Satzungsversammlung gibt sich gemäß Absatz 3 eine Geschäftsordnung. Bei der Schaffung der Geschäftsordnung ist die Satzungsversammlung autonom, soweit sie nicht an zwingende gesetzliche Vorschriften (§ 191 d) gebunden ist. Auch die Hauptversammlung der Bundesrechtsanwaltskammer darf nicht in die Geschäftsordnungsautonomie eingreifen. Gleichwohl ist **Art. X der Organisationssatzung der BRAK,**[26] der den Zeitpunkt für die Wahlen zur Satzungsversammlung und den Beginn der Wahlperiode bestimmt, **nicht unwirksam.**[27] Die Wahlen zur Satzungsversammlung werden von den regionalen Rechtsanwaltskammern durchgeführt. Ihre Präsidenten können folglich als Vertreter ihrer Kammer in der Hauptversammlung der Bundesrechtsanwaltskammer (§ 188 Abs. 1) im Interesse möglichst zeitgleicher Wahlen in den jeweiligen Kammerbezirken den Zeitraum für die Wahlen zur Satzungsversammlung festlegen und auch bestimmen, daß die die vierjährige Wahlperiode mit dem ersten Tag des Zusammentretens der Satzungsversammlung nach der Wahl, spätestens am 1. Juli des Wahljahres beginnt. Diese sinnvolle Regelung verstößt nicht gegen die Ge-

---

[24] BT-Drucks. 12/7656 S. 50.
[25] So auch *Feuerich/Braun*, § 191 a Rdn. 4.
[26] BRAK-Mitt. 1994, 226.
[27] So *Kleine-Cosack*, § 191 a Rdn. 4; *Redeker* AnwBl. 1995, 217 (218).

schäftsordnungsautonomie der Satzungsversammlung,[28] weil diese nicht legitimiert ist, selbst Regeln für die Wahlen der regionalen Kammern aufzustellen. Die Regelung vermeidet zudem, daß die Wahlperioden der aus 28 verschiedenen Kammerbezirken stammenden Mitglieder zu unterschiedlichen Zeitpunkten beginnen bzw. enden.

14 Eine Geschäftsordnung im Sinne von Absatz 3 hat sich die Satzungsversammlung in ihrer Sitzung vom 7. September 1995 in Berlin gegeben. Diese Geschäftsordnung ist am 15. Oktober in den BRAK-Mitteilungen[29] veröffentlicht und am 1. Januar 1996 in Kraft getreten. Sie regelt die Einberufung (§ 1), Vorbereitung (§ 2) und Leitung der Versammlung (§ 4) sowie ihren Verlauf (§§ 5 und 6) und bestimmt, daß die Sitzungen öffentlich sind (§ 3). Des weiteren enthält sie Regelungen zur Beschlußfassung (§ 7), Abstimmung (§ 8) und Protokollführung (§ 9).[30]

15 Keine Bestimmung enthalten das Gesetz und die GeschäftsO darüber, wen die **Kosten** treffen, die im Zusammenhang mit den Sitzungen der Satzungsversammlung und der An- und Abreise ihrer Mitglieder entstehen.[31] Da die Satzungsversammlung kein eigenes Haushaltsrecht hat, kommen als Kostenträger nur die Bundesrechtsanwaltskammer oder die regionalen Rechtsanwaltskammern in Betracht. Art. IX der Organisationssatzung der Bundesrechtsanwaltskammer vom 20. Oktober 1994[32] löst die vom Gesetz und der GeschäftsO nicht geregelte Frage dahingehend, daß die Rechtsanwaltskammern den Aufwand tragen, der durch die Teilnahme der Mitglieder an den Sitzungen der Satzungsversammlung entstehen, was bedeutet, daß die aus dem jeweiligen Kammerbezirk stammenden – stimmberechtigten wie stimmrechtslosen – Mitglieder diesen Aufwand mit ihrer regionalen Rechtsanwaltskammer abrechnen. Die Kosten der Teilnahme des Präsidenten der Bundesrechtsanwaltskammer und die Sachkosten (Raummiete, Technik) trägt die Bundesrechtsanwaltskammer.

VII. Mitgliedschaft

16 Das Gesetz unterscheidet zwischen Mitgliedern ohne und solchen mit Stimmrecht.[33] **Kein Stimmrecht** haben die **geborenen Mitglieder.** Das sind der Präsident der Bundesrechtsanwaltskammer und die Präsidenten der Rechtsanwaltskammern. Diese können sich allerdings von den Mitgliedern ihrer Kammer nach Maßgabe des § 191 b Abs. 2 wählen lassen und gehören dann zu den Mitgliedern mit Stimmrecht.[34] Der dadurch frei werdende Sitz als geborenes Mitglied ohne Stimmrecht bleibt unbesetzt, der Vizepräsident rückt also nicht nach. Das gilt auch für den Fall einer Verhinderung von Kammerpräsidenten.[35]

17 **Mitglieder mit Stimmrecht (geborene Mitglieder)** sind diejenigen Rechtsanwälte, die gemäß § 191 b Abs. 2 von den Mitgliedern ihrer Rechtsanwaltskammer in geheimer und unmittelbarer Wahl durch Briefwahl **gewählt** werden.

---

[28] A. A. *Kleine-Cosack,* § 191 a Rdn. 4; *Redeker* AnwBl. 1995, 217 (218).
[29] BRAK-Mitt. 1995, 199.
[30] Wegen weiterer Einzelheiten zum Inhalt der GeschäftsO vgl. § 191 d Rdn. 2 ff.
[31] Hierzu *Hartung* WiB 1994, 377 (378 f.).
[32] BRAK-Mitt. 1994, 226.
[33] Vgl. hierzu *Hartung* NJW 1993, 2776 (2777 f.) = AnwBl. 1993, 549 (550 f.).
[34] BT-Drucks. 12/7656 S. 51.
[35] BT-Drucks. 12/7656 S. 51 zu § 191 d.

§ 191 b Wahl der stimmberechtigten Mitglieder der Satzungsversammlung

(1) Die Zahl der stimmberechtigten Mitglieder der Satzungsversammlung bemißt sich nach der Zahl der Kammermitglieder. Es sind zu wählen für je angefangene 1000 Kammermitglieder ein Mitglied der Satzungsversammlung. Maßgebend ist die Zahl der Kammermitglieder am 1. Januar des Jahres, in dem die Wahl erfolgt.

(2) Die stimmberechtigten Mitglieder der Satzungsversammlung werden von den Mitgliedern der Kammer aus dem Kreis der vorgeschlagenen Mitglieder in geheimer und unmittelbarer Wahl durch Briefwahl gewählt. Die Wahlvorschläge müssen von mindestens zehn Kammermitgliedern unterzeichnet sein. Wahlvorschläge bezüglich der Mitglieder der Rechtsanwaltskammer bei dem Bundesgerichtshof von mindestens drei Kammermitgliedern. Gewählt sind die Bewerber, die die meisten Stimmen auf sich vereinigen.

(3) § 65 Nr. 1 und 3, §§ 66, 67, 68 Abs. 1, § 69 Abs. 1, 2 und 4, §§ 75, 76 gelten entsprechend. Scheidet ein stimmberechtigtes Mitglied der Satzungsversammlung aus, so tritt das nicht gewählte Kammermitglied mit der nächsthöheren Stimmenzahl in die Satzungsversammlung ein.

Übersicht

	Rdn.
I. Normzweck	1–3
II. Mitgliederzahl	4
III. Wahlberechtigung, Wählbarkeit	5, 6
IV. Wahlordnung	7–9
1. Zuständigkeit	8
2. Inhalt	9
V. Wahlverfahren	10–17
1. Wahlvorschläge	10
2. Geheime und unmittelbare Wahl	12
3. Briefwahl	14
4. Wahlergebnis	16
VI. Mitgliedschaft	18–23

I. Normzweck

Die Mitglieder[1] der Rechtsanwaltskammern bestimmen die Tätigkeit ihrer Kammer in den jeweiligen Kammerversammlungen. Es entspricht deshalb demokratischen Grundsätzen, wenn die Mitglieder der Satzungsversammlung und ihre Vertreter von den Versammlungen der Rechtsanwaltskammern gewählt werden. 1

Der Gesetzgeber wollte die Satzungsversammlung so strukturieren, daß sie durch Zahl und Zusammensetzung ihrer Mitglieder der schwierigen Aufgabe gewachsen ist, die Berufsordnung aufzustellen und ständig fortzuentwickeln. Die Anwaltschaft ist sehr unterschiedlich zusammengesetzt. Unterschiedliche Spezialisierungen der Rechtsanwälte, Praxisgrößen und örtliche Gegebenheiten mit den unterschiedlichen Interessen und beruflichen Erfahrungen der Rechtsanwälte sollen sich in der Satzungsversammlung wiederspiegeln. Das kann nur gewährleistet sein, wenn die Satzungsversammlung eine nicht zu geringe Zahl von Mitgliedern zählt und zudem der verschiedenen Mitgliederstärke der Rechtsanwalts- 2

---

[1] Zum Begriff des Kammermitglieds vgl. § 65 Rdn. 3.

kammern Rechnung getragen wird. Neben dem von der Rechtsanwaltskammer gewählten Präsidenten soll für je angefangene tausend Mitglieder ein Mitglied in die Satzungsversammlung gewählt werden. Dem demokratischen Erfordernis, daß die Anzahl der Stimmen im Satzungsgremium mit der Mitgliederzahl der Rechtsanwaltskammer korrespondieren muß, wird auf diese Weise Rechnung getragen.[2]

3 Dem ursprünglichen Vorschlag der Bundesregierung, der auch den Präsidenten der Rechtsanwaltskammern ein Stimmrecht zubilligte,[3] folgte der Gesetzgeber auf Empfehlung des Rechtsausschusses ebenso wenig wie den Vorschlägen zum Wahlverfahren. Zur Erhöhung der Akzeptanz der Satzungsversammlung erfolgt die Wahl ihrer Mitglieder nach den Grundsätzen der **Persönlichkeitswahl** und durch **Briefwahl**. Weitere gesetzliche Vorgaben zum Verfahren bei der Briefwahl hielt der Rechtsausschuß nicht für notwendig. Allerdings ist es nach der von ihm dem Bundestag vorgelegten Beschlußempfehlung zulässig, auch im Rahmen einer Kammerversammlung den Teilnehmern Gelegenheit zu geben, ihren Stimmbrief abzugeben, sofern auch für die Nicht-Erschienenen diese Möglichkeit auf dem Postweg besteht[4]

II. Mitgliederzahl

4 Die **Zahl der Mitglieder** der Satzungsversammlung ist nach oben **nicht begrenzt**. Sie bemißt sich nach der Zahl aller Mitglieder der Rechtsanwaltskammern am 1. Januar des Wahljahres, wobei zu den Kammermitgliedern die verkammerten Rechtsbeistände (§ 209), die gemäß §§ 206, 207 zugelassenen ausländischen Rechtsanwälte und auch die Mitglieder gehören, die den Zugang zum Anwaltsberuf nach dem Gesetz über die Eignungsprüfung[5] gefunden haben.[6] Auf je angefangene 1000 Kammermitglieder am Stichtag entfällt ein Mitglied der Satzungsversammlung. Bei der Ermittlung der genauen Zahl der Kammermitglieder und damit der in die Satzungsversammlung zu wählenden Mitglieder kann es zu Schwierigkeiten kommen, weil die Wahlen in der Zeit vom 1. Januar bis zum 30. April stattfinden müssen (Art. X der Organisationssatzung der Bundesrechtsanwaltskammer),[7] die Landesjustizverwaltungen aber die Rechtsanwaltskammern über die Zulassung neuer Mitglieder oft erst mit mehrmonatiger Verzögerung unterrichten. Eine dadurch bedingte **Falschberechnung** der zu wählenden Mitglieder ist gesetzwidrig und macht die **Wahl anfechtbar**.[8]

III. Wahlberechtigung und Wählbarkeit

5 Wahlberechtigt und wählbar ist **jedes Kammermitglied**,[9] das den Beruf des Rechtsanwalts seit mindestens fünf Jahren ohne Unterbrechung ausübt (Abs. 3 i. V. m. § 65 Nr. 1 und 3). Dazu gehören auch verkammerte Rechtsbeistände (§ 209), nach §§ 206, 207 zugelassene ausländische Rechtsanwälte und Rechtsanwälte, die den Zugang zum Anwaltsberuf über die Eignungsprüfung erlangt

---

[2] BR-Drucks. 93/93 S. 110; BT-Drucks. 12/4993 S. 36 f.
[3] Siehe hierzu *Hartung* NJW 1993, 2776 = AnwBl. 1993, 549.
[4] BT-Drucks. 12/7656 S. 51.
[5] BGBl. I, S. 1349.
[6] Zum Begriff des Kammermitglieds vgl. § 65 Rdn. 3.
[7] BRAK-Mitt. 1994, 226.
[8] *Feuerich/Braun*, § 191 b Rdn. 3; *Kleine-Cosack*, § 191 b Rdn. 1.
[9] Zum Begriff des Kammermitglieds vgl. § 65 Rdn. 3.

haben. Wahlberechtigt und wählbar sind selbstverständlich auch **Syndikusanwälte**. Die von *Feuerich/Braun*[10] vertretene Auffassung, sie seien nur wählbar, wenn sie dem Beruf des Rechtsanwalts tatsächlich nachgehen und die Bezeichnung „Rechtsanwalt" nicht nur als Titel führen, ist mit dem keiner Auslegung zugänglichen Wortlaut des § 191 b unvereinbar. Zu Recht weist *Kleine-Cosack*[11] auch auf die unüberwindbaren Schwierigkeiten hin, die mit einer Kontrolle eines Tätigkeitsgebots, das im Hinblick auf Art. 3 Abs. 1 GG alle Rechtsanwälte treffen müßte, verbunden wären.

Die **Wählbarkeit** (nicht die Wahlberechtigung) ist **ausgeschlossen**, wenn in 6 der Person des Bewerbers die Voraussetzungen des § 66 erfüllt sind. Wählbar ist auch nicht, wer nicht unter Beachtung des Absatz 2 Satz 2 und 3 zur Wahl vorgeschlagen wird.[12]

IV. Wahlordnung

Voraussetzung einer jeden Wahl, insbesondere einer Briefwahl, ist eine Wahl- 7 ordnung.

1. Zuständigkeit

Die gesetzliche Regelung läßt offen, welchem Gremium der Erlaß einer Wahl- 8 ordnung obliegen soll. In einer Stellungnahme der Bundesrechtsanwaltskammer zum Entwurf des Gesetzes zur Neuordnung des Berufsrechts[13] war vorgeschlagen worden, in § 191 b Abs. 3 auch auf § 64 Abs. 2 zu verweisen, um so klarzustellen, daß der Erlaß der Wahlordnung Aufgabe der Rechtsanwaltskammer ist. Diesem Vorschlag ist der Gesetzgeber nicht gefolgt. Die Konsequenz hieraus ist, daß es an einer klaren gesetzlichen **Kompetenzzuweisung** fehlt.[14] Die Zuständigkeit der Kammerversammlung (§ 89) läßt sich daher nur aus dem **Sachzusammenhang** herleiten.[15] Bei der Wahl zwischen den drei Organen einer Rechtsanwaltskammer, dem Vorstand (§§ 64, 73), dem Präsidium (§ 79) und der Kammerversammlung (§ 89) gebührt der Kammerversammlung die Priorität, weil sie das höchste Organ der Rechtsanwaltskammer ist.[16]

2. Inhalt

Der Inhalt der Wahlordnung ist teilweise **gesetzlich** vorgeschrieben und im 9 übrigen von der Kammerversammlung zu regeln. Das Gesetz verlangt zwingend die **geheime** und **unmittelbare Wahl durch Briefwahl** (Abs. 2 S. 1) und legt die Anforderungen an die **Wahlvorschläge** (Abs. 2 S. 2 und 3) und an das **aktive und passive Wahlrecht** (Abs. 3 i. V. mit § 65 Nr. 1 und 3, §§ 66, 67, 68 Abs. 1, § 69 Abs. 1, 2 und 4) fest. Der **übrige Inhalt**, den die Kammerversammlung nach eigenem Ermessen zu bestimmen hat, betrifft die **technische Durchführung** der Briefwahl. Damit sind im wesentlichen Regelungen über die Bildung eines Wahlausschusses und seine Aufgaben, über die Wahlbekanntmachungen, das Wählerverzeichnis, die Wahlhelfer, die Abstimmungsunterlagen, die

---

[10] *Feuerich/Braun*, § 191 b Rdn. 8.
[11] *Kleine-Cosack*, § 191 b Rdn. 8.
[12] Vgl. hierzu Rdn. 10.
[13] BRAK-Rundschreiben Nr. 167/93.
[14] *Hartung* AnwBl. 1994, 377 (378).
[15] *Feuerich/Braun*, § 191 b Rdn. 9.
[16] *Hartung* AnwBl. 1994, 377 (378).

Stimmabgabe sowie über die Ermittlung des Wahlergebnisses und seine Bekanntmachung gemeint. In Betracht kommen ferner Regelungen über die Wahlanfechtung, die Aufbewahrung der Wahlunterlagen und über das Inkrafttreten der Wahlordnung.[17]

V. Wahlverfahren

1. Wahlvorschläge

10 Das Gesetz knüpft die konkrete Wählbarkeit an einen wirksamen Wahlvorschlag (Abs. 2), bei dessen Fehlen eine Wahl nicht stattfinden kann. Sind weniger Wahlvorschläge vorhanden als Mitglieder für die Satzungsversammlung im Kammerbezirk zu wählen sind, so beschränkt sich die Wahl auf die vorgeschlagenen Bewerber, was zu einer Reduzierung der Gesamtzahl der stimmberechtigten Mitglieder der Satzungsversammlung führt.

11 Zur **Wirksamkeit eines Wahlvorschlags** ist es erforderlich, daß er von mindestens **zehn**, bezüglich der Mitglieder der Rechtsanwaltskammer bei dem Bundesgerichtshof von mindestens **drei** Kammermitgliedern unterzeichnet ist (Abs. 2 S. 2 und 3). Diese Regelung, deren Sinn darin besteht, die Ernsthaftigkeit des Wahlvorschlags zu belegen, ist verfassungsrechtlich zulässig.[18]

2. Geheime und unmittelbare Wahl

12 Die Wahl muß **geheim** sein. Das bezieht sich nicht nur auf die Stimmabgabe, sondern erstreckt sich auch auf die Wahlvorbereitung.[19] Deshalb muß die Rechtsanwaltskammer gewährleisten, daß das Wahlgeheimnis uneingeschränkt gewahrt bleibt. Dazu gehört, daß der Stimmzettel der Rechtsanwaltskammer in einem verschlossenen Stimmzettelumschlag zugesandt und für die Versendung ein weiterer Umschlag benutzt wird, der den verschlossenen Stimmzettelumschlag aufnimmt. Beachtet die Rechtsanwaltskammer diese Anforderungen nicht, wird beim Öffnen der Post durch Kammerangestellte das Wahlgeheimnis verletzt und die Wahl ist anfechtbar.

13 Die **Unmittelbarkeit** der Wahl besagt, daß die Mitglieder der Satzungsversammlung ohne Einschaltung von Wahlmännern gewählt werden müssen.[20]

3. Briefwahl

14 Gewählt werden die Mitglieder der Satzungsversammlung durch Briefwahl. Sie war ursprünglich nicht vorgesehen und ist auf Empfehlung des Rechtsausschusses in das Gesetz aufgenommen worden, um eine möglichst hohe Wahlbeteiligung zu ermöglichen.[21] Die Versammlungen der Rechtsanwaltskammern werden nur von einer winzigen Minderheit besucht, meist von nicht mehr als 5% der Mitglieder. Demgegenüber lag die Wahlbeteiligung bei der ersten durch Briefwahl durchgeführten Wahl der Mitglieder der Satzungsversammlung bei rund 45%. Die Briefwahl dient mithin der Verwirklichung des Demokratieprinzips.

---

[17] Als Muster kann die Wahlordnung der Rechtsanwaltskammer Düsseldorf dienen, die im Mitteilungsblatt dieser Kammer 1994, Heft 6 abgedruckt ist.
[18] BVerfGE 60, 162 (168).
[19] BVerfGE 4, 375 (386); 12, 33 (35); 12, 135 (139).
[20] BVerfGE 47, 253 (279).
[21] Siehe hierzu *Hartung* NJW 1993, 2776 (2779).

§ 191b Wahl der stimmberechtigten Mitglieder   15–20 § 191b

Der in der Beschlußempfehlung des Rechtsausschusses[22] enthaltene Hinweis, 15
daß der **Stimmbrief** auch im Rahmen einer **Kammerversammlung** abgegeben werden kann, darf nicht zu der Schlußfolgerung verleiten, daß neben der Briefwahl eine Wahl auch durch Einwurf des Stimmzettels in eine **Wahlurne** erlaubt ist. Wer sich den Postversand sparen und seine Teilnahme an einer Kammerversammlung zur Abgabe seiner Stimme nutzen will, muß sich gleichwohl an die von der Wahlordnung für die Briefwahl aufgestellten Regeln halten.[23]

4. Wahlergebnis

Gewählt sind die Bewerber, die die **meisten Stimmen** auf sich vereinigen 16
(Abs. 2 S. 4). Bei Stimmengleichheit muß die Wahl als Stichwahl wiederholt werden, sofern die Stimmengleichheit bewirkt, daß weniger Bewerber gewählt worden sind als die Kammermitglieder in die Satzungsversammlung wählen dürfen.

Nach der Wahl ist den gewählten Bewerbern Gelegenheit zu geben, die Wahl 17
anzunehmen. Ein Recht zur **Ablehnung** der Wahl besteht nur unter den Voraussetzungen des § 67. Da sich nicht um einen Sitz in der Satzungsversammlung bewirbt, wer nicht gewählt werden will, hat die Regelung praktische Bedeutung nur für den Fall einer Erkrankung eines Bewerbers während des mehrere Wochen dauernden Wahlvorgangs.

VI. Mitgliedschaft

Mit der Annahme der Wahl wird der gewählte Bewerber Mitglied der Sat- 18
zungsversammlung. Seine **Wahlperiode** beginnt mit dem ersten Tag des Zusammentretens der Satzungsversammlung nach der Wahl, spätestens am 1. Juli des Wahljahres (Art. X der Organisationssatzung der Bundesrechtsanwaltskammer).[24] Sie dauert vier Jahre (Abs. 3 i. V. m. § 68 Abs. 1). Nicht anwendbar ist § 68 Abs. 2, der bestimmt, daß die Hälfte der Mitglieder des Kammervorstandes bereits nach zwei Jahren durch Losentscheid ausscheidet. Sämtliche Mitglieder der Satzungsversammlung bleiben also die **volle Wahlperiode** von vier Jahren im Amt. Die von *Kleine-Cosack*[25] vertretene gegenteilige Auffassung ist angesichts der in Absatz 3 enthaltenen Verweisung ausschließlich auf § 68 Abs. 1 und nicht auch auf § 68 Abs. 2 unhaltbar.

Die Tätigkeit der Mitglieder der Satzungsversammlung ist **ehrenamtlich** 19
(Abs. 3, § 75) und damit unentgeltlich. Die Mitglieder erhalten jedoch von der Rechtsanwaltskammer, der sie angehören, eine angemessene Entschädigung für den mit ihrer Tätigkeit verbundenen Aufwand sowie eine Reisekostenvergütung.

Gemäß Absatz 3 i. V. m. § 76 trifft die Mitglieder der Satzungsversammlung 20
eine **Verschwiegenheitspflicht**. Das ist mißverständlich. Nicht gemeint sein können die Vorgänge, die den Mitgliedern in den Sitzungen der Satzungsversammlung bekannt werden, weil die Sitzungen öffentlich sind (§ 3 Abs. 1 GeschäftsO). Auch die Ergebnisse der nicht öffentlichen Ausschußsitzungen werden durch ihre Erörterung im Plenum der Satzungsversammlung der Öffentlichkeit bekannt. Die Verweisung auf § 76 kann deshalb nur Vorgänge außerhalb der Sitzungen betreffen. Nicht haltbar ist die von *Kleine-Cosack*[26] vertretene Auffas-

---

[22] BT-Drucks. 12/7656 S. 51.
[23] So auch *Feuerich/Braun*, § 191b Rdn. 6; *Kleine-Cosack*, § 191b Rdn. 2.
[24] BRAK-Mitt. 1994, 226.
[25] *Kleine-Cosack*, § 191b Rdn. 1.
[26] *Kleine-Cosack*, § 191a Rdn. 13.

sung, die Verschwiegenheitspflicht könne sich nur auf die dem Mitglied der Satzungsversammlung beruflich anvertrauten Tatsachen beziehen. § 76 regelt die Verschwiegenheitspflicht der Vorstandsmitglieder einer Rechtsanwaltskammer in dieser Eigenschaft. Die Verweisung in Absatz 3 auf § 76 meint folglich nicht die dem Mitglied der Satzungsversammlung beruflich anvertrauten Vorgänge, sondern solche, die es als Mitglied der Satzungsversammlung erfährt. Welche das sein können, ist kaum nachvollziehbar. Insgesamt ist die gesetzliche Regelung in Bezug auf die Verschwiegenheitspflicht deshalb mißglückt.

21 Die Mitglieder der Satzungsversammlung haben jeweils **eine Stimme** (§ 191 d Abs. 3 S. 2). Sie sind an Weisungen nicht gebunden und können ihre Stimme nur **persönlich** abgeben, eine Vertretung ist ausgeschlossen (§ 191 d Abs. 3 S. 2 und 3).

22 Die Mitglieder der Satzungsversammlung **scheiden vorzeitig aus**, wenn sie nicht mehr Mitglied einer Rechtsanwaltskammer sind oder ihre Wählbarkeit aus den in § 66 Nr. 1 und 4 angegebenen Gründen verlieren oder ihr Amt niederlegen (§ 69 Abs. 1 Nr. 1 und 2). In beiden Fällen tritt das nicht gewählte Kammermitglied mit der nächsthöheren Stimmenzahl in die Satzungsversammlung ein (Abs. 3 S. 2).

23 Die **Mitgliedschaft** in der Satzungsversammlung **ruht** (Abs. 3 i. V. m. § 69 Abs. 4), wenn gegen ein Mitglied eine öffentliche Klage im Sinne des § 66 Nr. 3 erhoben oder ein anwaltsgerichtliches Verfahren eingeleitet wird. Ist ein Berufs- oder Vertretungsverbot (§§ 150, 161 a) verhängt worden, ruht die Mitgliedschaft für dessen Dauer. Die gegenteilige Auffassung von *Feuerich/Braun*[27] ist mit dem eindeutigen Gesetzeswortlaut des § 191 b Abs. 3, der ausdrücklich auf § 69 Abs. 4 verweist, nicht vereinbar, vermutlich beruht sie auf einem Irrtum.

§ 191 c Einberufung und Stimmrecht

(1) **Die Satzungsversammlung wird durch den Präsidenten der Bundesrechtsanwaltskammer schriftlich einberufen.**

(2) **Der Präsident der Bundesrechtsanwaltskammer muß die Satzungsversammlung einberufen, wenn mindestens fünf Rechtsanwaltskammern oder ein Viertel der stimmberechtigten Mitglieder der Satzungsversammlung es schriftlich beantragen und hierbei den Gegenstand angeben, der in der Satzungsversammlung behandelt werden soll. Für das weitere Verfahren gilt § 189 entsprechend.**

Übersicht

	Rdn.		Rdn.
I. Normzweck	1	2. Frist	4
II. Einberufung	2	3. Tagesordnung	5
1. Form	3		

I. Normzweck

1 Die Vorschrift überträgt die Einberufung der Satzungsversammlung dem Präsidenten der Bundesrechtsanwaltskammer, obwohl er selbst in der Satzungsversammlung kein Stimmrecht hat (§ 191 a Abs. 4). Irreführend ist die Überschrift.

---

[27] *Feuerich/Braun*, § 191 b Rdn. 8.

§ 191c Einberufung und Stimmrecht

Absatz 2 betrifft nicht das Stimmrecht, sondern regelt das **Minderheitenrecht**. Dieses Recht wird außer den stimmberechtigten Mitglieder der Satzungsversammlung auch den Rechtsanwaltskammern eingeräumt. Sie haben das Recht, die Einberufung der Satzungsversammlung verlangen zu können, obwohl sie selbst nicht Mitglied der Satzungsversammlung sind. Ergänzt wird die Vorschrift durch die GeschäftsO, die sich die Satzungsversammlung gemäß § 191 a Abs. 3 gegeben hat.[1]

II. Einberufung

Einberufen wird die Satzungsversammlung durch den Präsidenten der Bundesrechtsanwaltskammer. Die Einberufung steht im **pflichtgemäßen Ermessen** des Präsidenten. Er beruft die Satzungsversammlung ein, wann immer dies zur Erfüllung der Aufgaben, die der Satzungsversammlung obliegen, notwendig ist. Eine **Pflicht zur Einberufung** besteht, wenn die Satzungsversammlung in einer vorangegangenen Sitzung eine weitere Sitzung beschlossen hat oder wenn mindestens fünf Rechtsanwaltskammern oder ein Viertel der stimmberechtigten Mitglieder der Satzungsversammlung die Einberufung schriftlich unter Angabe des zu behandelnden Gegenstandes verlangen.

1. Form

Zwingend vorgeschrieben ist, daß die Einberufung **schriftlich** zu erfolgen hat. Die Schriftform ist gewahrt, wenn die Einberufung per Telefax erfolgt (§ 1 Abs. 1 S. 2 GeschäftsO).

2. Frist

Die gesetzliche **Einberufungsfrist** beträgt gemäß Absatz 2 Satz 2 in Verbindung mit § 189 Abs. 3 S. 1 **drei Wochen**. § 1 Abs. 1 S. 3 GeschäftsO verlängert die gesetzliche Frist auf „mindestens einen Monat". Bei der Berechnung der Frist zählen der Tag, an dem das Einberufungsschreiben abgesandt wird und der Tag des Beginns der Satzungsversammlung nicht mit (Abs. 2 S. 2 i. V. m. § 189 Abs. 3 S. 2). In **dringenden Fällen** kann der Präsident der Bundesrechtsanwaltskammer die Frist abkürzen (Abs. 2 S. 2 i. V. m. § 189 Abs. 4 S. 1). In diesem Fall braucht er nicht einmal den Gegenstand anzugeben, über den in der Satzungsversammlung Beschluß gefaßt werden soll (Abs. 2 S. 2 i. V. m. § 189 Abs. 4 S. 2). Wann ein Fall dringend ist, entscheidet der Präsident der Bundesrechtsanwaltskammer nach pflichtgemäßen Ermessen. Grundsätzlich sollten die Mitglieder der Satzungsversammlung aber auch in einem dringenden Fall mit der Einberufung den Gegenstand erfahren, über den sie Beschluß fassen sollen.

3. Tagesordnung

Der Präsident der Bundesrechtsanwaltskammer setzt nach **pflichtgemäßem Ermessen** die Tagesordnung fest und gibt sie in der Einberufung bekannt (Abs. 2 S. 2 i. V. m. § 189 Abs. 2, § 2 Abs. 1 GeschäftsO). Hierbei hat er Beschlüsse der Satzungsversammlung aus früheren Sitzungen zu berücksichtigen. Anregungen von Rechtsanwaltskammern und Mitgliedern der Satzungsversammlung, auch wenn sie nicht stimmberechtigt sind, kann er im Rahmen seines pflichtgemäßen Ermessens aufgreifen.

Die Tagesordnung ist dem **pflichtgemäßen Ermessen** des Präsidenten der Bundesrechtsanwaltskammer **entzogen**, wenn mindestens fünf Rechtsanwaltskam-

---

[1] BRAK-Mitt. 1995, 199.

mern oder ein Viertel der stimmberechtigten Mitglieder der Satzungsversammlung die Einberufung schriftlich unter Angabe des zu behandelnden Tagesordnungspunktes erzwingen (Abs. 2 S. 1). Darüber hinaus verpflichtet § 2 Abs. 2 GeschäftsO den Präsidenten der Bundesrechtsanwaltskammer, einen Gegenstand auf die Tagesordnung zu setzen, wenn dies mindestens zehn stimmberechtigte Mitglieder der Satzungsversammlung unter Angabe des Gegenstandes schriftlich beantragen.

7 Gemäß § 2 Abs. 3 GeschäftsO sind alle **Anträge zu Gegenständen der Tagesordnung**, die spätestens bis zum zehnten Tage vor Beginn der Sitzung bei der Geschäftsstelle eingehen, den Mitgliedern der Satzungsversammlung unverzüglich zu übersenden, damit sie sich auf die Anträge vorbereiten können.

8 § 2 Abs. 4 und 5 GeschäftsO berechtigen die Satzungsversammlung, zur Vorbereitung eines jeden Tagesordnungspunktes **Berichterstatter** zu bestellen, **Gutachter** zu befragen oder **Ausschüsse** einzusetzen. Berichterstatter und Mitglieder von Ausschüssen können nur Mitglieder der Satzungsversammlung sein, zu Gutachtern können auch Personen berufen werden, die der Satzungsversammlung nicht angehören.

§ 191 d Leitung der Versammlung, Beschlußfassung

(1) **Den Vorsitz der Satzungsversammlung führt der Präsident der Bundesrechtsanwaltskammer. Der Vorsitzende bestimmt den Schriftführer aus der Mitte der Versammlung.**

(2) **Die Satzungsversammlung ist beschlußfähig, wenn drei Fünftel ihrer stimmberechtigten Mitglieder anwesend sind.**

(3) **Die Beschlüsse zur Berufsordnung werden mit der Mehrheit aller stimmberechtigten Mitglieder gefaßt, sonstige Beschlüsse mit der Mehrheit der anwesenden stimmberechtigten Mitglieder. Jedes Mitglied hat eine Stimme, ist an Weisungen nicht gebunden und kann seine Stimme nur persönlich abgeben. Eine Vertretung findet nicht statt.**

(4) **Der Wortlaut der von der Satzungsversammlung gefaßten Beschlüsse ist in einer Niederschrift festzuhalten, die vom Vorsitzenden und vom Schriftführer zu unterzeichnen und bei der Geschäftsstelle der Bundesrechtsanwaltskammer zu verwahren ist.**

(5) **Die von der Satzungsversammlung gefaßten Beschlüsse treten mit dem ersten Tag des dritten Monats in Kraft, der auf die Veröffentlichung in den für Verlautbarungen der Bundesrechtsanwaltskammer bestimmten Presseorganen folgt.**

Übersicht

	Rdn.		Rdn.
I. Normzweck	1	1. Beschlußfähigkeit	9
II. Versammlungsleitung	2, 3	2. Stimmabgabe	10
III. Verlauf der Versammlung	4–7	3. Mehrheiten	14
1. Öffentlichkeit	5	4. Ausschüsse	15
2. Wortmeldungen und Worterteilung	6	V. Protokoll	16–18
3. Schluß der Aussprache	7	VI. Veröffentlichung	19–21
IV. Beschlußfassung und Abstimmung	8–15	VII. Inkrafttreten	22

I. Normzweck

§ 191 d Absatz 1 und 2 regeln den Vorsitz in der Versammlung (Abs. 1) und 1 die Beschlußfähigkeit (Abs. 2). Das vorgesehene Quorum (Abs. 2) soll die Arbeitsfähigkeit der Satzungsversammlung sicherstellen. Wegen der Bedeutung der Beschlüsse über den Erlaß und die Änderung der Berufsordnung ist hierfür die Mehrheit der Stimmen aller Mitglieder der Satzungsversammlung erforderlich (Abs. 3). Des weiteren regelt die Vorschrift das Protokoll (Abs. 4) und das Inkrafttreten der Beschlüsse der Satzungsversammlung (Abs. 5). Ergänzt wird die gesetzliche Regelung durch die Geschäftsordnung, die sich die Satzungsversammlung gemäß § 191 a Abs. 3 gegeben hat.[1]

II. Versammlungsleitung

Den **Vorsitz** der Satzungsversammlung führt der nicht stimmberechtigte Prä- 2 sident der Bundesrechtsanwaltskammer (Abs. 1 S. 1, § 4 Abs. 1 GeschäftsO). Im Falle seiner Verhinderung wird er durch den ältesten anwesenden Vizepräsidenten der Bundesrechtsanwaltskammer und bei Abwesenheit aller Vizepräsidenten durch den ältesten anwesenden Kammerpräsidenten vertreten (§ 4 Abs. 2 GeschäftsO). Außerhalb der Sitzungen richtet sich die Vertretung des Präsidenten nach den Bestimmungen der Organisationssatzung der Bundesrechtsanwaltskammer[2] (§ 4 Abs. 3 GeschäftsO).

Der Vorsitzende bestimmt den **Schriftführer** aus der Mitte der Versammlung 3 (Abs. 1 S. 2). Schriftführer kann jedes Mitglied der Satzungsversammlung sein, auch wenn es nicht stimmberechtigt ist. Dem Präsidenten der Bundesrechtsanwaltskammer als Vorsitzenden der Satzungsversammlung ist es unbenommen, zur Unterstützung des Schriftführers Personen hinzuzuziehen, die nicht Mitglied der Satzungsversammlung sind, z. B. die Geschäftsführer der Bundesrechtsanwaltskammer.[3]

III. Verlauf der Versammlung

Der Präsident der Bundesrechtsanwaltskammer als **Vorsitzender** der Satzungs- 4 versammlung (Abs. 1 S. 1) **eröffnet**, **leitet** und **schließt** die Satzungsversammlung. Er ist berechtigt, die Sitzung zu unterbrechen (§ 4 Abs. 4 GeschäftsO), er bestimmt die gemeinsame Beratung gleichartiger oder im Sachzusammenhang stehender Verhandlungsgegenstände (§ 4 Abs. 5 GeschäftsO) und Termin und Ort der nächsten Sitzung der Satzungsversammlung, sofern die Versammlung dies nicht selbst festlegt (§ 4 Abs. 6 GeschäftsO).

1. Öffentlichkeit

Die Satzungsversammlung ist öffentlich.[4] Im Einzelfall kann sie mit der Mehr- 5 heit der anwesenden stimmberechtigten Mitglieder beschließen, die Öffentlichkeit auszuschließen (§ 3 Abs. 1 GeschäftsO). Ausschüsse der Satzungsversammlung tagen nicht öffentlich (§ 3 Abs. 2 GeschäftsO).

---

[1] BRAK-Mitt. 1995, 199.
[2] BRAK-Mitt. 1994, 226.
[3] Ebenso *Feuerich/Braun*, § 191 d Rdn. 1.
[4] A. A. *Feuerich/Braun*, § 191 a Rdn. 7 unter Hinweis auf die Verschwiegenheitspflicht (§ 76).

2. Wortmeldungen und Worterteilung

6 Beides regelt die Geschäftsordnung der Satzungsversammlung. Der Präsident der Bundesrechtsanwaltskammer als Vorsitzender der Satzungsversammlung (Abs. 1 S. 1) erteilt entsprechend der Reihenfolge der Meldungen das Wort. Er darf hiervon abweichen, um Gelegenheit zu geben, Gegenmeinungen vorzutragen (§ 5 Abs. 1 GeschäftsO). Die Redner sprechen im freien Vortrag. Dabei können sie Aufzeichnungen benutzen. Die **Redezeit** ist auf zehn Minuten beschränkt. Auf den Ablauf der Redezeit hat der Vorsitzende hinzuweisen. Die Satzungsversammlung kann die Redezeit verlängern. Nach Ablauf der Redezeit hat der Vorsitzende das Wort nach einmaliger Mahnung zu entziehen (§ 5 Abs. 2 GeschäftsO). Der Vorsitzende ist zudem berechtigt, einen Redner auf den Gegenstand der Verhandlung hinzuweisen und ihm bei wiederholter Zuwiderhandlung das Wort zu entziehen (§ 5 Abs. 3 GeschäftsO). Für **Anträge zur Geschäftsordnung** ist jederzeit das Wort zu erteilen (§ 5 Abs. 4 GeschäftsO).

3. Schluß der Aussprache

7 Ist die Rednerliste erschöpft und meldet sich niemand zu Wort, erklärt der Vorsitzende die Aussprache für geschlossen (§ 6 Abs. 1 GeschäftsO). Aber auch, wenn die Rednerliste nicht erschöpft ist, kann die Satzungsversammlung jederzeit auf Antrag eines ihrer Mitglieder den Schluß der Aussprache zu einem Tagesordnungspunkt oder zu einem Antrag zur Geschäftsordnung beschließen, auf Antrag auch mit der Maßgabe, daß vor Schluß der Aussprache die bei der Antragstellung vorliegenden Wortmeldungen noch zuzulassen sind (§ 6 Abs. 2 GeschäftsO). Über solche Anträge ist ohne Aussprache zu beschließen. Der Vorsitzende muß jedoch je einem Redner für und gegen die Verfahrensanträge das Wort erteilen (§ 6 Abs. 3 GeschäftsO).

IV. Beschlußfassung und Abstimmung

8 Nach Schluß der Aussprache läßt der Vorsitzende über die Anträge zum Tagesordnungspunkt abstimmen. Die **Reihenfolge der Abstimmung** bestimmt der Vorsitzende. Dabei ist über den nach seiner Entscheidung weitestgehenden Antrag zuerst abzustimmen (§ 7 Abs. 1 GeschäftsO). Sind der Vorsitzende und die Satzungsversammlung sich nicht darüber einig, welches der weitestgehende Antrag ist, so muß hierüber die Satzungsversammlung beschließen.

1. Beschlußfähigkeit

9 Die Satzungsversammlung ist beschlußfähig, wenn **drei Fünftel** ihrer stimmberechtigten Mitglieder **anwesend** sind (Abs. 2). Dabei bleiben der Präsident der Bundesrechtsanwaltskammer und die Präsidenten der Rechtsanwaltskammern als Mitglieder ohne Stimmrecht unberücksichtigt.

2. Stimmabgabe

10 Jedes Mitglied der Satzungsversammlung hat eine Stimme (Abs. 2 S. 2). Das Stimmrecht kann nur **persönlich** ausgeübt werden, Stellvertretung ist ausgeschlossen (Abs. 3 S. 2 und 3). Die Mitglieder sind an Weisungen nicht gebunden (Abs. 3 S. 2) und nur ihrem Gewissen unterworfen (Abs. 3 S. 2 GeschäftsO). Dies

entspricht dem demokratischen Verständnis von der **Weisungsunabhängigkeit** eines gewählten Delegierten und besagt zugleich, daß die Mitglieder der Satzungsversammlung Beschlüsse des Vorstands oder der Mitgliederversammlung ihrer regionalen Rechtsanwaltskammer, der sie als Pflichtmitglied angehören, nicht befolgen müssen.

Die Abstimmung erfolgt durch **Handzeichen mit Stimmkarte** (§ 8 Abs. 1 GeschäftsO). Der Vorsitzende kann namentliche oder eine andere Art der Abstimmung anordnen. **Namentliche** oder **geheime** Abstimmung ist anzuordnen, wenn dies von zehn stimmberechtigten Mitgliedern der Satzungsversammlung beantragt wird (§ 8 Abs. 2 GeschäftsO). 11

Das **Abstimmungsergebnis** ist vom Vorsitzenden festzustellen. Wird eine bestimmte Mehrheit vorgeschrieben, stellt der Vorsitzende ausdrücklich fest, ob die erforderliche Mehrheit erreicht ist (§ 8 Abs. 3 GeschäftsO). 12

Über Entscheidungen des Vorsitzenden, die die Versammlungsleitung, die Worterteilung, den Wortentzug oder das Abstimmungsverfahren betreffen, entscheidet bei **Einspruch** die Satzungsversammlung (§ 10 GeschäftsO). 13

3. Mehrheiten

Die **Beschlüsse zur Berufsordnung** erfordern die Mehrheit **aller** stimmberechtigten Mitglieder. Für **sonstige Beschlüsse** reicht die Mehrheit der **anwesenden** stimmberechtigten Mitglieder aus (Abs. 3 S. 1). Sonstige Beschlüsse sind solche, die nicht die Berufsordnung betreffen. Das sind vor allem Beschlüsse über Anträge zur Geschäftsordnung, aber auch Beschlüsse, die dazu dienen, zu bestimmten Fragen einer künftigen und nur mit einer Mehrheit aller stimmberechtigten Mitglieder zu beschließenden Berufsordnung (Abs. 3) die Meinung der Satzungsversammlung zu erforschen und auf der Grundlage der Mehrheit der anwesenden stimmberechtigten Mitglieder in einer Einzelfrage in die eine oder andere Richtung die Meinungsbildung voranzubringen. So kann die Satzungsversammlung zum Beispiel mit der Mehrheit der anwesenden Mitglieder beschließen, ob die Voraussetzungen für die Verleihung einer Fachanwaltsbezeichnung (§ 59 b Abs. 2 Nr. 2 b) erleichtert oder erschwert werden sollen. Mit dieser Mehrheit kann sie auch beschließen, wieviel Fälle pro Jahr notwendig sein sollen, die praktischen Erfahrungen eines Bewerbers zur Fachanwaltschaft als nachgewiesen anzusehen. Sobald jedoch die endgültige Fassung zur Abstimmung gelangt, ist die Mehrheit aller stimmberechtigten Mitglieder erforderlich, weil es sich nunmehr um einen Beschluß zur Berufsordnung handelt. 14

4. Ausschüsse

§ 2 Abs. 4 GeschäftsO gestattet der Satzungsversammlung, zur Vorbereitung eines Tagesordnungspunktes einen Ausschuß einzusetzen. Dieses Recht hat die Satzungsversammlung in Anspruch genommen und **fünf Ausschüsse** gebildet. Dabei handelt es sich um die Ausschüsse für „**Fachanwaltsbezeichnungen und Fortbildung**", „**Werbung, Interessen- und Tätigkeitsschwerpunkte**", „**Geld/Vermögensinteressen/Honorare**", „**Allgemeine Berufs- und Grundpflichten**" und „**Grenzüberschreitender Rechtsverkehr**". Berichterstatter und Mitglieder von Ausschüssen können nur Mitglieder der Satzungsversammlung sein (§ 2 Abs. 5 S. 1 GeschäftsO). Die Ausschüsse haben einen Vorsitzenden zu bestimmen (§ 2 Abs. 5 S. 2 GeschäftsO), sie tagen nicht öffentlich (§ 3 Abs. 2 GeschäftsO). 15

V. Protokoll

16 Gemäß Absatz 4 ist der Wortlaut der von der Satzungsversammlung gefaßten Beschlüsse in einer Niederschrift festzuhalten und bei der Geschäftsstelle der Bundesrechtsanwaltskammer zu verwahren. Das Gesetz verlangt ein **Ergebnisprotokoll**. Deshalb braucht das Protokoll nur den Wortlaut der gefaßten Beschlüsse und die dazu vom Präsidenten der Bundesrechtsanwaltskammer als Versammlungsleiter festgestellten Mehrheitsverhältnisse wiederzugeben. Das Protokoll ist vom Vorsitzenden und Schriftführer zu unterschreiben und bei der Geschäftsstelle der Bundesrechtsanwaltskammer mindestens bis zum Inkrafttreten der Berufsordnung zu verwahren. Im Interesse einer jederzeit möglichen Feststellung der Willensbildung der Satzungsversammlung ist eine Aufbewahrung über den genannten Zeitpunkt hinaus wünschenswert.

17 § 9 **GeschäftsO** geht über das gesetzliche Mindesterfordernis hinaus und verlangt ein Protokoll nicht nur über die Beschlüsse, sondern auch über den **wesentlichen Verlauf** der Satzungsversammlung. Des weiteren regelt § 9 GeschäftsO, daß jedem Mitglied der Satzungsversammlung binnen sechs Wochen, spätestens aber zwei Wochen vor Beginn der nächsten Sitzung der Satzungsversammlung eine Abschrift des Protokolls zuzuleiten ist.

18 Sehr diffizil regelt § 9 Abs. 3 GeschäftsO die **Berichtigung des Protokolls**. Offenbare Unrichtigkeiten des Protokolls können jederzeit vom Vorsitzenden und dem Schriftführer von Amts wegen berichtigt werden. **Anträge auf Berichtigung** von Beschlußwiedergaben sind binnen einer **Frist von einem Monat** nach Zugang des Protokolls bei der Geschäftsstelle der Satzungsversammlung – das ist die Geschäftsstelle bei der Bundesrechtsanwaltskammer (§ 11 GeschäftsO) – anzubringen. Jeder Berichtigungsantrag ist mit den Stellungnahmen des Vorsitzenden und des Schriftführers innerhalb einer weiteren Frist von einem Monat seit dem Zugang des Berichtigungsantrages mit dem Entscheidungsvorschlag des Vorsitzenden an die Teilnehmer der Satzungsversammlung zu versenden (§ 9 Abs. 3 S. 3 GeschäftsO). Entsprechend dem Entscheidungsvorschlag wird verfahren, wenn nicht die Mehrheit der Teilnehmer der Satzungsversammlung innerhalb eines weiteren Monats seit Zugang des Entscheidungsvorschlags widerspricht (§ 9 Abs. 3 S. 4 GeschäftsO). Im übrigen wird das Protokoll auf der nächsten Sitzung der Satzungsversammlung genehmigt (§ 9 Abs. 3 S. 5 GeschäftsO). Protokoll, Protokollberichtigungsanträge und Entscheidungsvorschlag gelten am dritten Tag nach der Absendung als zugegangen (§ 9 Abs. 4 GeschäftsO).

VI. Veröffentlichung

19 Die von der Satzungsversammlung gefaßten Beschlüsse sind zu veröffentlichen (Abs. 5). Das gilt sowohl für **Beschlüsse zur Berufsordnung** als auch für **sonstige Beschlüsse** im Sinne von Absatz 3. Zu den sonstigen Beschlüssen gehört die Geschäftsordnung der Satzungsversammlung vom 7. September 1995, die am 9. September 1995 ausgefertigt, am 15. Oktober 1995 veröffentlicht[5] und am 1. Januar 1996 in Kraft getreten ist.

20 Zu veröffentlichen sind die Beschlüsse der Satzungsversammlung in den für Verlautbarungen der Bundesrechtsanwaltskammer bestimmten **Presseorganen**. Hierzu bestimmt Art. XI der Organisationssatzung der Bundesrechtsanwaltskammer vom 20. Oktober 1994, daß das von den Organen der Bundesrechtsanwaltskammer (womit auch die Satzungsversammlung gemeint ist) beschlossene Sat-

---

[5] BRAK-Mitt. 1995, 199.

zungsrecht vom Präsidenten der Bundesrechtsanwaltskammer nach Gegenzeichnung durch den Schriftführer auszufertigen und in den **BRAK-Mitteilungen** zu verkünden ist.[6] Ungeregelt bleibt damit die Veröffentlichung sonstiger Beschlüsse im Sinne von Absatz 3. Es kann jedoch davon ausgegangen werden, daß Presseorgan auch für diese Beschlüsse die BRAK-Mitteilungen sein sollen.

Die Beschlüsse der Satzungsversammlung müssen vor ihrer Veröffentlichung **ausgefertigt** werden. Das hat nach den von der Rechtsprechung aufgestellten Regeln zu erfolgen.[7] Wegen der Einzelheiten wird auf die Kommentierung zu § 89 verwiesen.[8] Auch für die Ausfertigung gilt, daß sie bei Beschlüssen zur Berufsordnung ebenso wie die ihr folgende Veröffentlichung erst vollzogen werden darf, nachdem die Beschlüsse dem Bundesministerium der Justiz übermittelt und von ihm innerhalb vor drei Monaten nicht beanstandet worden sind.[9]

VII. Inkrafttreten

Gemäß Absatz 5 treten die von der Satzungsversammlung gefaßten Beschlüsse mit dem ersten Tag des dritten Monats in Kraft, der auf die Veröffentlichung in den für Verlautbarungen der Bundesrechtsanwaltskammer bestimmten Presseorganen folgt. Demgegenüber besagt § 191 e, daß die Satzung drei Monate nach Übermittlung an das Bundesministerium der Justiz in Kraft tritt, soweit nicht das Ministerium die Satzung oder Teile derselben aufhebt. Der **Widerspruch** zwischen beiden Vorschriften erklärt sich aus der **Entstehungsgeschichte**. In der Fassung des Entwurfs der Bundesregierung[10] sah § 191 e vor, Beschlüsse der Satzungsversammlung gemäß § 191 nur auf Antrag des Bundesministers der Justiz bzw. einer Rechtsanwaltskammer durch den Bundesgerichtshof für nichtig oder unwirksam erklären zu lassen. Aus diesem Entwurf stammt der Absatz 5. Gegen eine solche Lösung sind im Rechtsausschuß des Bundestages **verfassungsrechtliche Bedenken** erhoben worden, weil das im Rahmen der Satzungsautonomie gesetzte Recht mit höherrangigem Recht, vor allem mit dem Grundgesetz, übereinstimmen müsse und deshalb für die Beachtung dieser Schranke nur die **Staatsaufsicht** in Betracht komme. Die mit dieser Begründung auf Veranlassung des Rechtsausschusses geänderte Fassung des § 191 e ist Gesetz geworden, ohne daß der Widerspruch zu § 191 d Abs. 5 bemerkt worden ist. Deshalb ist der vom Gesetzgeber gewollte **zeitliche Ablauf** nicht mehr erkennbar. Die Satzungsversammlung muß die Satzung zunächst dem Bundesministerium der Justiz zur Prüfung im Rahmen der **Rechtsaufsicht** übermitteln. Wird sie innerhalb von drei Monaten nicht beanstandet, darf sie veröffentlicht werden und tritt dann mit dem ersten Tag des dritten Monats in Kraft, der auf die Veröffentlichung folgt.[11] Umgekehrt tritt die Satzung trotz Veröffentlichung nicht in Kraft, wenn und soweit sie vom Bundesministerium der Justiz beanstandet worden ist. Betrifft die Beanstandung nur Teile der Satzung, liegt es bei der Satzungsversammlung, ob sie den nicht beanstandeten Teil veröffentlichen oder die Veröffentlichung zurückstellen will, bis die Satzung in ihrer Gesamtheit unbeanstandet vorliegt.

---

[6] A. A. *Feuerich/Braun*, § 191 d Rdn. 6 mit der Begründung, die Organisationssatzung sehe derzeit keine Presseorgane vor.
[7] OVG Koblenz NVwZ 1995, 1227; VGH Mannheim NVwZ 1985, 206; VGH Kassel NJW 1994, 812; siehe ferner *Starke* NVwZ 1995, 1186.
[8] § 89 Rdn. 20–22.
[9] So auch *Feuerich/Braun*, § 191 d Rdn. 7.
[10] BR-Drucks. 93/93; vgl. auch BT-Drucks. 12/4993.
[11] Im Ergebnis so auch *Feuerich/Braun*, § 191 d Rdn. 5; *Redeker* AnwBl. 1995, 217 (219).

§ 191 e Prüfung von Beschlüssen der Satzungsversammlung durch die Aufsichtsbehörde

Die Satzung tritt drei Monate nach Übermittlung an das Bundesministerium der Justiz in Kraft, soweit nicht das Bundesministerium der Justiz die Satzung oder Teile derselben aufhebt.

Übersicht

	Rdn.		Rdn.
I. Normzweck	1	1. Überprüfbarkeit	10
II. Anwendungsbereich	2	2. Rechtsweg	11
III. Umfang des Prüfungsrechts	3–5	3. Zuständigkeit	14
IV. Prüfungsergebnis	6	4. Klageart	15
V. Aufhebung der Satzung	7, 8	5. Aktivlegitimation	16
VI. Anfechtung	9–16	VII. Sonstiger Rechtsschutz	17, 18

I. Normzweck

1 Die Vorschrift ist auf Veranlassung des Rechtsausschusses des Bundestages in das Gesetz aufgenommen worden. Der Entwurf der Bundesregierung[1] hatte lediglich eine Überprüfung durch den Bundesgerichtshof auf Antrag des Bundesministeriums der Justiz oder einer Rechtsanwaltskammer vorgesehen. Der Bundesgerichtshof sollte Beschlüsse der Satzungsversammlung für nichtig oder unwirksam erklären, wenn sie unter Verletzung des Gesetzes zustandegekommen oder ihrem Inhalt nach mit dem Gesetz nicht vereinbar sind. Nach Auffassung des Rechtsausschusses des Bundestages[2] muß das im Rahmen der Satzungsautonomie gesetzte Recht mit höherrangigem Recht, vor allem mit dem Grundgesetz, voll in Übereinstimmung stehen. Für die Beachtung dieser Schranke der Satzungskompetenz kommt der **Staatsaufsicht** eine wichtige Funktion zu, die nicht einer gerichtlichen Nachprüfung überlassen werden soll. Die Aufsichtsbehörde soll vielmehr selbst die Möglichkeit erhalten, die Satzung insgesamt oder teilweise aufzuheben, dieses aber – im Interesse der unverzichtbaren Rechtssicherheit – nur innerhalb einer vom Gesetzgeber vorgegebenen Frist.

II. Anwendungsbereich

2 Die Vorschrift verpflichtet die Satzungsversammlung, dem Bundesministerium der Justiz die Satzung zu übermitteln. Damit sind die **Beschlüsse zur Berufsordnung** gemäß § 191 d Abs. 3 gemeint. Auf die **sonstigen Beschlüsse** (§ 191 d Abs. 3 S. 1) erstreckt sich die Vorschrift nicht. Ungeregelt ist, wie verfahren werden soll, wenn die Satzungsversammlung einen Beschluß als sonstigen Beschluß versteht, den sie mit der Mehrheit der anwesenden stimmberechtigten Mitglieder faßt, das Bundesministerium der Justiz diesen Beschluß jedoch als Beschluß zur Berufsordnung wertet, welcher der Mehrheit aller stimmberechtigten Mitglieder bedarf (§ 191 d Abs. 3 S. 1). Eine am Normzweck orientierte Auslegung zwingt zu der Annahme, daß das Bundesministerium der Justiz die

---

[1] BR-Drucks. 93/93; BT-Drucks. 12/4993.
[2] BT-Drucks. 12/7656 S. 51.

§ 191 e Prüfung von Beschlüssen   3–6 § 191 e

Übermittlung eines solchen Beschlusses verlangen und ihn aufheben kann und daß er ohne Prüfung durch das Ministerium nicht in Kraft tritt. Bei unterschiedlicher Auffassung über die rechtliche Zuordnung eines Beschlusses steht beiden Seiten der Verwaltungsrechtsweg offen.[3]

III. Umfang des Prüfungsrechts

Die gesetzliche Regelung läßt offen, welche Kontrollbefugnis dem Bundesministerium der Justiz zusteht. Ausgangspunkt ist § 176 Abs. 2, der die Aufsicht über die Bundesrechtsanwaltskammer als **Rechtsaufsicht** versteht. Die Aufsichtsrechte des Bundesministeriums der Justiz gehen im Fall des § 191 e aber deutlich über eine reine Rechtsaufsicht hinaus. Sie umfassen neben der Ordnungsmäßigkeit des Verfahrens bei Erlaß der Satzung vor allem auch die Einhaltung der Ermächtigung des § 59 b und die Übereinstimmung der Satzung mit höherrangigem Recht (Verfassungs- und Europarecht). Diese Aufsicht muß sich die Satzungsversammlung gefallen lassen, weil sie im Rahmen der ihr übertragenen Satzungsautonomie Rechtsnormen setzt, die in die Freiheit der Berufsausübung der Rechtsanwälte eingreifen, zugleich aber auch die Rechtspflege und die Interessen der Rechtsuchenden berühren. 3

Zweifelhaft ist, ob die Prüfungsbefugnis auch die Beachtung des **Grundsatzes der Verhältnismäßigkeit** umfaßt. *Redeker*[4] bejaht diese Frage unter Berufung auf die Rechtsprechung des Bundesverfassungsgerichts[5] und meint, daß jede Einzelregelung der Berufsordnung dem Grundsatz der Verhältnismäßigkeit entsprechen muß und daß rein berufsrechtliche Überlegungen über das Bild des Rechtsanwalts nur dann in der Berufsordnung berücksichtigt werden dürfen, wenn hierfür ein über über die berufsrechtlichen Vorstellungen hinausgehendes Interesse der Allgemeinheit vorhanden ist. Diese Auffassung wird erkennbar von der Sorge geprägt, die Satzungsversammlung könne versucht sein, die früheren Richtlinien des anwaltlichen Standesrechts fortzuschreiben[6] und so erneute verfassungsrechtliche Auseinandersetzungen zu provozieren. Eine solche Erweiterung des Prüfungsrechts greift jedoch zu sehr in die Satzungsautonomie der Satzungsversammlung ein. Die Satzungsversammlung muß berechtigt sein, eigene Überlegungen und Vorstellungen über das Berufsbild des Rechtsanwalts in die Satzung einfließen zu lassen. 4

Nicht zur Rechtsaufsicht gehören reine **Zweckmäßigkeitserwägungen**. Das entspricht der allgemeinen Auffassung zum Umfang der Aufsichtskompetenz bei autonomen Selbstverwaltungseinrichtungen. 5

IV. Prüfungsergebnis

Das Bundesministerium der Justiz hat nach Eingang der Beschlüsse zur Berufsordnung unverzüglich zu prüfen, ob die Satzungsversammlung bei der Beschlußfassung die Verfahrensregeln beachtet hat, ob die zur Berufsordnung gefaßten Beschlüsse sich innerhalb der Ermächtigungsnorm des § 59 b bewegen und ob sie verfassungs- und europarechtlich haltbar sind.[7] Kommt es zum Ergebnis, daß die Beschlüsse der Satzungsversammlung nicht zu beanstanden sind, braucht 6

---

[3] Siehe § 191 e Rdn. 9–16.
[4] *Redeker* AnwBl. 1995, 217 (220).
[5] BVerfGE 87, 287 ff.; BVerfG AnwBl. 1993, 344.
[6] Vgl. hierzu auch *Hartung* NJW 1993, 2776 (2778) = AnwBl. 1993, 549 (551); *ders.* AnwBl. 1994, 377; *ders.* WiB 1994, 585 (587).
[7] So auch *Redeker* AnwBl. 1995, 217 (220).

es sich nicht zu äußern. Hat es **Bedenken**, darf es die Satzungsversammlung hierauf hinweisen und **Gelegenheit zur Abhilfe** geben. Die Satzungsversammlung wird jedoch innerhalb der insgesamt nur drei Monate betragenden Frist kaum in der Lage sein, sich hiermit vor Ablauf der Frist zu befassen. Das Bundesministerium der Justiz wird deshalb bei formellen oder inhaltlichen Bedenken nicht daran vorbeikommen, die bedenklichen Teile der Satzung **aufzuheben**, weil es seine Bedenken nach Ablauf der Frist nicht mehr geltend machen kann. Ohne eine solche förmliche Aufhebung tritt die Satzung am ersten Tag des dritten Monats nach ihrer Veröffentlichung in Kraft, auch wenn ihr formelle oder inhaltliche Fehler anhaften.

V. Aufhebung der Satzung

7   Das Bundesministerium der Justiz kann die Satzung ganz oder teilweise aufheben. Der Begriff „aufheben" ist nicht präzise. Aufgehoben werden kann nur, was schon gilt. Die Prüfung der Satzung durch das Bundesministerium der Justiz findet jedoch zu einem Zeitpunkt statt, zu dem die Satzung noch nicht in Kraft getreten ist.[8] Deshalb kann nur gemeint sein, daß das Bundesministerium der Justiz die Satzung ganz oder teilweise **beanstanden** und auf diese Weise ihre Veröffentlichung (§ 191 d Abs. 5) und ihr Inkrafttreten verhindern kann.[9] Diese **Beanstandung** ist ein die Satzungsversammlung **belastender Verwaltungsakt**. Er wirkt, weil er die Veröffentlichung und das Inkrafttreten der beanstandeten Satzung bzw. Satzungsteile verhindert, wie eine Untersagung. Diese wirkt absolut und kann anders als eine Genehmigung nicht mit einer Auflage, Befristung oder aufschiebenden Bedingung versehen werden. Denkbar ist allerdings eine Beanstandung mit einer **auflösenden Bedingung**. Sie bewirkt, daß der beanstandete Verwaltungsakt seine Wirksamkeit verliert, wenn die Satzungsversammlung der Beanstandung nachkommt und so die auflösende Bedingung erfüllt.

8   Das Gesetz läßt offen, wem gegenüber das Bundesministerium der Justiz die Satzung zu beanstanden hat. Als **Adressaten des Verwaltungsaktes** kommen die Satzungsversammlung und die Bundesrechtsanwaltskammer in Betracht. Die Satzungsversammlung ist der richtige Adressat, wenn sie eine selbständige Einrichtung und damit Träger von Rechten und Pflichten ist, wie es der hier vertretenen Auffassung[10] entspricht. Wer in der Satzungsversammlung ein Organ der Bundesrechtsanwaltskammer sieht, kommt nicht umhin, die Bundesrechtsanwaltskammer als zuständigen Adressaten zu betrachten, obwohl sie die Satzung nicht beschlossen hat. Die Vertreter dieser Meinung stehen zudem vor der Frage, ob andere Organe der Bundesrechtsanwaltskammer als die Satzungsversammlung entscheiden dürfen, ob der Verwaltungsakt des Bundesministeriums der Justiz angefochten werden soll. Sie müssen in Kauf nehmen, daß die anderen Organe der Bundesrechtsanwaltskammer die vom Bundesministerium der Justiz in dessen Verwaltungsakt zum Ausdruck gebrachte Rechtsauffassung teilen. Auf diese Weise könnte der mehrheitliche Wille der Satzungsversammlung unterlaufen werden.

VI. Anfechtung

9   Das Gesetz regelt nicht, ob die **Beanstandung** der Satzung durch das Bundesministerium der Justiz **gerichtlich überprüfbar** ist. Es stellen sich deshalb

---

[8] Vgl. hierzu § 191 d Rdn. 22.
[9] So auch *Redeker* AnwBl. 1995, 217 (220).
[10] Vgl. § 191 a Rdn. 7 und 8.

Fragen vor allem im Hinblick auf die Überprüfbarkeit an sich, auf den Rechtsweg und die Aktivlegitimation.

1. Überprüfbarkeit

Die vom Gesetz als Aufhebung bezeichnete Maßnahme des Bundesministeriums der Justiz ist eine Beanstandung, die in der Form eines Verwaltungsaktes erfolgt. Sie wirkt, weil sie die Veröffentlichung und das Inkrafttreten der beanstandeten berufsrechtlichen Regelung hindert, wie eine Untersagung. Eine solche Maßnahme ist auch ohne gesetzliche Regelung allein schon unter dem Gesichtspunkt der Rechtsweggarantie des Art. 19 Abs. 4 S. 2 GG gerichtlich überprüfbar. 10

2. Rechtsweg

Will die Satzungsversammlung die vom Bundesministerium der Justiz im Wege des Verwaltungsaktes ausgesprochene Beanstandung der Satzung nicht hinnehmen, kommt es zu einer **öffentlichrechtlichen Streitigkeit**. Für sie ist gemäß § 40 VwGO der **Verwaltungsrechtsweg** gegeben, soweit sie nicht durch Bundesgesetz einem anderen Gericht ausdrücklich zugewiesen ist. Ein anderes Gericht im Sinne dieser Vorschrift kann nur das **Anwaltsgericht** sein. Ihm ist jedoch eine Streitigkeit zwischen der Satzungsversammlung und dem Bundesministerium der Justiz **nicht zugewiesen**. 11

Eine Zuweisung an das Anwaltsgericht ergibt sich nicht aus § 191. Diese Vorschrift regelt die gerichtliche Überprüfbarkeit von Wahlen oder Beschlüssen des Präsidiums oder der Hauptversammlung der Bundesrechtsanwaltskammer auf Antrag des Bundesministeriums der Justiz. In jenem Verfahren nimmt das Bundesministerium der Justiz die Rolle des Antragstellers ein. Bei einer Klage der Satzungsversammlung über die Berechtigung einer vom Bundesministerium der Justiz durch Verwaltungsakt ausgesprochenen Beanstandung befindet sich das Ministerium jedoch in der Rolle des Antragsgegners. Zudem wollte der Gesetzgeber, wie die Entstehungsgeschichte des Gesetzes belegt,[11] die im ursprünglichen Entwurf der Bundesregierung vorgesehene Anwendbarkeit des § 191 gerade ausschließen. 12

Eine Zuweisung an das Anwaltsgericht im Sinne von § 40 VwGO ergibt sich auch nicht aus § 223. Diese Vorschrift schließt den Verwaltungsrechtsweg nur für sog. **Binnenstreitigkeiten** aus. Das sind Streitigkeiten zwischen Rechtsanwälten und dem Vorstand einer Rechtsanwaltskammer oder einer Landesjustizverwaltung innerhalb anwaltlicher Selbstverwaltung. Streitigkeiten zwischen der Satzungsversammlung und dem Bundesministerium der Justiz betreffen jedoch einen **Eingriff in die Selbstverwaltung** der Anwaltschaft von außen. Vergleichbar ist der Eingriff in die Rechte eines Anwalts aufgrund gesetzlicher Regelungen außerhalb der Bundesrechtsanwaltsordnung, z. B. durch eine Gemeindebehörde wegen Nichtbeachtung eines kommunalrechtlichen Vertretungsverbots oder durch die Landesjustizverwaltung gegen einen Rechtsanwalt, der vor seiner Zulassung Richter war.[12] In beiden Fällen verdrängt § 223 den Verwaltungsrechtsweg gemäß § 40 VwGO nicht, weil es sich nicht um eine Binnenstreitigkeit handelt. Dem steht nicht entgegen, daß der die Beanstandung der Satzung durch das Bundesministerium der Justiz aussprechende Verwaltungsakt seine gesetzliche Grundlage in der Bundesrechtsanwaltsordnung hat. Die neuen Vor- 13

---

[11] BT-Drucks. 12/7656 S. 51.
[12] Vgl. hierzu *Feuerich/Braun,* § 223 Rdn. 9 + 10.

schriften der §§ 191 a ff. sind in das Gesetz eingefügt worden, ohne sie mit anderen Regelungen der Bundesrechtsanwaltsordnung abzustimmen. Zudem kommt es für die Beurteilung als Binnenstreitigkeit auf eine materielle Betrachtungsweise und nicht auf die Stellung der Eingriffsgrundlage im Gesetz an.

3. Zuständigkeit

14 Örtlich zuständig für Streitigkeiten zwischen der Satzungsversammlung und dem Bundesministerium der Justiz ist das Verwaltungsgericht Köln, so lange die Bundesrechtsanwaltskammer noch ihren Sitz in Bonn hat[13] und die Satzungsversammlung gemäß § 11 GeschäftsO ihre Geschäftsstelle bei der Bundesrechtsanwaltskammer unterhält. Sobald die Bundesrechtsanwaltskammer ihren Sitz in Bonn aufgibt und damit ihren Sitz nur noch in Berlin hat, wird das Verwaltungsgericht Berlin örtlich zuständig.

4. Klageart

15 Die Klage der Satzungsversammlung ist eine **Anfechtungsklage** (§ 42 VwGO). Bei einer Beanstandung der Satzung unter der auflösenden Bedingung einer Abhilfe durch die Satzungsversammlung[14] kommt eine **Verpflichtungsklage** auf Erlaß eines Verwaltungsaktes ohne die auflösende Bedingung in Betracht.

5. Aktivlegitimation

16 Partei des Verfahrens vor dem Verwaltungsgericht ist nach der hier zur Stellung der Satzungsversammlung vertretenen Auffassung[15] nicht die Bundesrechtsanwaltskammer, sondern die Satzungsversammlung. Sie ist eine **Vereinigung im Sinne von § 61 Nr. 2 VwGO** und damit **parteifähig**. Die Parteifähigkeit beschränkt sich allerdings auf die stimmberechtigten Mitglieder der Satzungsversammlung. Der Präsident der Bundesrechtsanwaltskammer und die Präsidenten der regionalen Rechtsanwaltskammern sind als Mitglieder ohne Stimmrecht am Klageverfahren nicht beteiligt.

VII. Sonstiger Rechtsschutz

17 Einen **allgemeinen Rechtsschutz** gegen Beschlüsse und Wahlen der Satzungsversammlung kennt das Gesetz nicht. Das bedeutet, daß Rechtsanwälte, an die sich die von der Satzungsversammlung beschlossene Berufsordnung wendet, nur die **Möglichkeit einer mittelbaren Kontrolle** der Berufsordnung im anwaltsgerichtlichen Verfahren haben, indem sie eine im Einzelfall erlassene berufsrechtliche Maßnahme in einem Verfahren vor den Anwaltsgerichten angreifen.

18 Das Gesetz sieht auch keine Regelung vor für **Streitigkeiten** zwischen **Mitgliedern** der Satzungsversammlung oder zwischen der **Satzungsversammlung** und der **Bundesrechtsanwaltskammer**. Solche Streitigkeiten sind öffentlich-rechtlicher Natur und nicht verfassungsrechtlicher Art, so daß für sie der Verwaltungsrechtsweg gemäß § 40 VwGO gegeben ist.

---

[13] Art. I. Abs. 3 der Organisationssatzung, BRAK-Mitt. 1994, 226.
[14] § 191 e Rdn. 7 a. E.
[15] Vgl. hierzu § 191 a Rdn. 7 und 8.

Zehnter Teil. Die Kosten in Anwaltssachen

Erster Abschnitt. Die Gebühren der Justizverwaltung

§ 192 Gebühren für die Zulassung zur Rechtsanwaltschaft und die Zulassung bei einem Gericht

(1) Für die Zulassung zur Rechtsanwaltschaft (§§ 6, 12) und die erste Zulassung bei einem Gericht (§ 18 Abs. 2, § 19) wird eine Gebühr von 120 Deutsche Mark erhoben, gleichviel, ob der Rechtsanwalt bei einem oder zugleich bei mehreren Gerichten zugelassen wird.

(2) Für jede weitere Zulassung bei einem Gericht wird eine Gebühr von 60 Deutsche Mark besonders erhoben.

(3) Wird die Zulassung zur Rechtsanwaltschaft oder die Zulassung bei einem Gericht versagt oder wird der Antrag (§§ 6, 19) zurückgenommen, so beträgt die Gebühr 35 Deutsche Mark. Das gleiche gilt in den Fällen des § 8a Abs. 3, § 9 Abs. 3 und 4.

Eine **abschließende Regelung** der Gebühren der Justizverwaltung enthält die BRAO. Eine zusätzliche Erhebung von Auslagen nach der Verordnung über Kosten im Bereich der Justizverwaltung ist nicht möglich.[1]   1

Für die Zulassung zur Rechtsanwaltschaft und die gleichzeitig erfolgende örtliche Zulassung bei einem oder mehreren Gerichten wird nach Absatz 1 die Gebühr von 120 DM erhoben. Die Gebühr für eine nicht mit der Zulassung zur Rechtsanwaltschaft erfolgende weitere örtliche Zulassung und die Gebühr für einen Zulassungswechsel (§ 33) beläuft sich nach Absatz 2 auf 60 DM. Für den zurückgewiesenen Antrag auf Zulassung zur Rechtsanwaltschaft und den zurückgewiesenen Antrag auf Zulassung bei einem bestimmten Gericht ist nach Absatz 3 eine Gebühr von 35 DM zu zahlen. Gleiches gilt, wenn ein entsprechender Antrag zurückgenommen wird. Die Gebühr beträgt gleichfalls 35 DM, wenn nach § 9 Abs. 3 oder § 8a Abs. 3 die Rücknahme des Antrags fingiert wird oder im Falle des § 9 Abs. 4 der Antrag auf Zulassung zur Rechtsanwaltschaft als abgelehnt gilt. Die Zurücknahme oder der Widerruf der Zulassung ergehen gebührenfrei.   2

Die **Beitreibung der Gebühren** richtet sich nach der Justizbeitreibungsordnung. Einwendungen gegen die Festsetzung und den Ansatz von Gebühren können nach § 14 JVKostO erhoben werden.   3

§ 193 Gebühr für die Bestellung eines Vertreters

(1) Für die Bestellung eines Vertreters (§§ 47, 53 Abs. 2 Satz 2, Abs. 3 und 5, §§ 161, 173 Abs. 1) wird eine Gebühr von 25 Deutsche Mark erhoben.

(2) Für die Bestellung eines Abwicklers einer Kanzlei (§§ 55, 173 Abs. 3) wird eine Gebühr nicht erhoben.

---

[1] *Isele*, § 192 Anm. II.

§ 195 1   Zehnter Teil. Die Kosten in Anwaltssachen

Bestellung eines Vertreters für den Rechtsanwalt geschieht in erster Linie im Interesse des vertretenen Rechtsanwalts, so daß hierfür die Gebühr erhoben wird. Dagegen liegt die Bestellung eines Kanzleiabwicklers im Allgemeininteresse, so daß diese Amtshandlung der Landesjustizverwaltung gebührenfrei ergeht.[1]

§ 194 Fälligkeit, Ermäßigung oder Erlaß der Gebühren

(1) **Die Gebühren nach §§ 192 und 193 werden mit der Beendigung der gebührenpflichtigen Amtshandlung fällig. Sie können schon vorher eingefordert werden.**

(2) **Aus Billigkeitsgründen kann von der Erhebung der Gebühren ganz oder teilweise abgesehen werden.**

Die Gebühren nach §§ 192 und 193 werden mit Beendigung der Amtshandlung, also mit **Mitteilung des Verwaltungsaktes** der Landesjustizverwaltung fällig (Abs. 1 S. 1). Die Landesjustizverwaltung kann die Gebühr jedoch auch als Vorschuß einfordern (Abs. 1 S. 2). Aus „Billigkeitsgründen" kann die Landesjustizverwaltung die Gebühren ermäßigen oder von ihrer Erhebung völlig absehen (Abs. 2). Kriterien, nach welchen Gesichtspunkten hierbei zu verfahren ist, nennt die BRAO nicht. Zurückzugreifen ist daher auf landesrechtliche Vorschriften.[1*]

Zweiter Abschnitt. Die Kosten in dem anwaltsgerichtlichen Verfahren und in dem Verfahren bei Anträgen auf anwaltsgerichtliche Entscheidung gegen die Androhung oder die Festsetzung des Zwangsgelds oder über die Rüge

§ 195 Gebührenfreiheit, Auslagen

Für das anwaltsgerichtliche Verfahren und das Verfahren bei einem Antrag auf anwaltsgerichtliche Entscheidung gegen die Androhung oder die Festsetzung des Zwangsgelds (§ 57 Abs. 3) oder über die Rüge (§ 74 a Abs. 1) werden keine Gebühren, sondern nur die Auslagen nach den Vorschriften des Gerichtskostengesetzes erhoben.

Übersicht

	Rdn.		Rdn.
I. Erhebung von Kosten und Auslagen............	1	1. Entsprechend anwendbare Vorschriften der StPO..........	3
II. Sinngemäß anwendbare Vorschriften der StPO............	2–4	2. Nichtanwendbare Vorschriften der StPO............	4

I. Erhebung von Auslagen

1   Die Vorschrift regelt die Höhe der Auslagen in anwaltsgerichtlichen Verfahren und den benachbarten Verfahren eines Antrags auf anwaltsgerichtliche Entschei-

---

[1] Amtl. Begründung zu § 193.
[1*] Vgl. *Hartmann*, Kostengesetze, 26. Aufl., Durchführungsvorschriften zu den Kostengesetzen D, S. 1173 ff.

§ 195 Gebührenfreiheit, Auslagen 2, 3 § 195

dung gegen die Androhung oder die Festsetzung des Zwangsgeldes oder über die Rüge, sie enthält keine Regelung zur Kostentragungspflicht. Unter Kosten im Sinne der §§ 195 bis 197 sind nur die **Auslagen nach dem GKG** zu verstehen, Gebühren werden für die genannten Verfahrensarten nicht erhoben. Regelungen für Auslagen enthalten die Nr. 1900 ff. des Kostenverzeichnisses der Anlage 1 zu § 11 Abs. 1 des GKG. Für die genannten Verfahren kommen insbesondere in Betracht die Entschädigungen von Zeugen (Nr. 1904 KV), Postgebühren für Postzustellungen mit Zustellungsurkunde (Nr. 1902 KV) und Reisekostenvergütung sowie Auslagenersatz für Gerichtspersonen bei Geschäften außerhalb der Gerichtsstelle (Nr. 1905 KV).

II. Sinngemäß anzuwendende Vorschriften der StPO

Der Zweite Abschnitt des Zehnten Teils der BRAO (§§ 195 bis 199) enthält 2 lediglich eine **lückenhafte Regelung** des Kostenrechts für das anwaltsgerichtliche Verfahren. Insbesondere die Frage der Erstattung von Auslagen hat in der BRAO keine Regelung erfahren. Infolge dessen sind nach § 116 S. 2 die Vorschriften der StPO sinngemäß anzuwenden.[1]

1. Entsprechend anwendbare Vorschriften der StPO

§ 464 wonach eine Kosten- und Auslagenentscheidung zu ergehen hat.[2] Jedoch 3 ist die Kostenentscheidung des Anwaltsgerichtshofs nicht isoliert anfechtbar. Die Kostenentscheidung ist wie ein Beschluß oder eine Verfügung eines OLG anzusehen,[3] so daß ein Rechtsbehelf nach § 116 S. 2 i. V. m. § 304 Abs. 4 S. 2 StPO nicht gegeben ist.

§ 464 a Abs. 2 wonach notwendige Auslagen erstattet werden. Allerdings kann der Rechtsanwalt, der sich selbst verteidigt hat, auch im Falle eines Freispruchs keine Verteidigergebühren beanspruchen.[4]

§ 464 b der für die Kostenfestsetzung in der Berufungs- und Revisionsinstanz heranzuziehen ist; für die erste Instanz gilt § 199.

§ 465 wonach im Falle der Verurteilung der Rechtsanwalt Kosten und Auslagen zu tragen hat.[5]

§ 466 wonach Mitverurteilte im Sinne der Vorschrift gesamtschuldnerisch haften.

§ 467 der die Tragung der Kosten und Auslagen bei Nichtverurteilung regelt. Im Falle einer Einstellung des anwaltsgerichtlichen Verfahrens nach § 139 Abs. 3 Nr. 2 i. V. m. § 115 b kann aus Billigkeitsgründen davon abgesehen werden, die notwendigen Auslagen des Angeschuldigten der Rechtsanwaltskammer aufzuerlegen.[6]

§ 467 a wonach bei Einstellung des Ermittlungsverfahrens über die Auslagen entschieden wird.

§ 469 wonach dem Anzeigenden Kosten und notwendige Auslagen auferlegt werden können.

---

[1] BGHSt 34, 85 = AnwBl. 1987, 549.
[2] BGHSt 21, 211 = NJW 1967, 894 = EGE IX, 112; BGHSt 24, 81 = NJW 1971, 1048 = EGE XI, 101, 107.
[3] § 116 Rdn. 25.
[4] EGH Stuttgart AnwBl. 1983, 331 = BRAK-Mitt. 1983, 138. BVerfGE 53, 207 = NJW 1980, 1677.
[5] BGHSt 24, 81 = NJW 1971, 1048 = EGE XI, 101, 107.
[6] EGH München, EGE XIV, 261.

§ 473 der für die Entscheidung über Kosten und Auslagen bei Rechtsmitteln heranzuziehen ist.[7]

2. Nicht anwendbare Vorschriften der StPO

4 Nicht heranzuziehen ist **§ 464 a Abs. 1** da insoweit § 195 eingreift. Ebenfalls nicht entsprechend anwendbar sind § 468 (Kostenentscheidung bei Straffreiheiterklärung), § 470 (Zurücknahme des Strafantrages), §§ 471 bis 472 b StPO.

§ 196 Kosten bei Anträgen auf Einleitung des anwaltsgerichtlichen Verfahrens

(1) **Einem Rechtsanwalt, der einen Antrag auf gerichtliche Entscheidung über die Entschließung der Staatsanwaltschaft (§ 123 Abs. 2) zurücknimmt, sind die durch dieses Verfahren entstandenen Kosten aufzuerlegen.**

(2) **Wird ein Antrag des Vorstandes der Rechtsanwaltskammer auf gerichtliche Entscheidung in den Fällen des § 122 Abs. 2, 3, des § 150 a oder des § 161 a Abs. 2 verworfen, so sind die durch das Verfahren über den Antrag veranlaßten Kosten der Rechtsanwaltskammer aufzuerlegen.**

I. Die Kostenpflicht beim Verfahren nach § 123

1 Ausdrücklich regelt Absatz 1 nur die Kostentragung für den Fall, daß der Rechtsanwalt seinen Antrag auf Einleitung des anwaltsgerichtlichen Verfahrens nach § 123 **zurücknimmt**. In diesem Fall hat er die Kosten, die sich nach § 195 bemessen, zu tragen.

2 Hat der Rechtsanwalt mit seinem Antrag auf gerichtliche Entscheidung nach § 123 Abs. 2 in der Weise Erfolg, daß das Vorliegen einer anwaltlichen Pflichtverletzung vom Anwaltsgerichtshof verneint wird, hat die Rechtsanwaltskammer die Kosten zu tragen (§ 198). Bleibt der Antrag des Rechtsanwalts dagegen erfolglos, weil er **unzulässig oder unbegründet** ist, treffen ihn die Kosten.[1]

II. Kostenpflicht im Verfahren nach § 122

3 Den Fall, daß der Antrag der Rechtsanwaltskammer auf gerichtliche Entscheidung nach § 122 Abs. 2 verworfen wird, regelt Absatz 2 ausdrücklich, wonach der Rechtsanwaltskammer die Kosten aufzuerlegen sind. Nimmt der Vorstand der Rechtsanwaltskammer seinen Antrag auf gerichtliche Entscheidung nach § 122 Abs. 2 zurück, so hat er in entsprechender Anwendung von Absatz 1, § 197 Abs. 2, § 473 Abs. 1 StPO die Kosten des Verfahrens zu tragen.

4 Hat der Antrag des Vorstandes der Rechtsanwaltskammer Erfolg und beschließt der Anwaltsgerichtshof die **Einreichung einer Anschuldigungsschrift**, so folgen die Kosten für das Verfahren auf gerichtliche Entscheidung den Kosten des anwaltsgerichtlichen Verfahrens in der Hauptsache. Eine Erstattung seiner außergerichtlichen Kosten kann der betroffene Rechtsanwalt nicht verlangen, da er kein Verfahrensbeteiligter ist, sondern lediglich angehört wird.[2]

---

[7] BGHSt 24, 81 = NJW 1971, 1048 = EGE XI, 101, 107.
[1] *Isele*, §§ 196 bis 197 a Anm. IV. E. 1.
[2] *Feuerich/Braun*, § 196 Rdn. 1.

§ 197 Kostenpflicht des Verurteilten

(1) Dem Rechtsanwalt, der in dem anwaltsgerichtlichen Verfahren verurteilt wird, sind zugleich die in dem Verfahren entstandenen Kosten ganz oder teilweise aufzuerlegen. Dasselbe gilt, wenn das anwaltsgerichtliche Verfahren wegen Erlöschens, Rücknahme oder Widerrufs der Zulassung zur Rechtsanwaltschaft eingestellt wird und nach dem Ergebnis des bisherigen Verfahrens die Verhängung einer anwaltsgerichtlichen Maßnahme gerechtfertigt gewesen wäre; zu den Kosten des anwaltsgerichtlichen Verfahrens gehören in diesem Fall auch diejenigen, die in einem anschließenden Verfahren zum Zwecke der Beweissicherung (§§ 148, 149) entstehen. Wird das Verfahren nach § 139 Abs. 3 Nr. 2 eingestellt, kann das Gericht dem Rechtsanwalt die in dem Verfahren entstandenen Kosten ganz oder teilweise auferlegen, wenn es dies für angemessen erachtet.

(2) Dem Rechtsanwalt, der in dem anwaltsgerichtlichen Verfahren ein Rechtsmittel zurückgenommen oder ohne Erfolg eingelegt hat, sind zugleich die durch dieses Verfahren entstandenen Kosten aufzuerlegen. Hatte das Rechtsmittel teilweise Erfolg, so kann dem Rechtsanwalt ein angemessener Teil dieser Kosten auferlegt werden.

(3) Für die Kosten, die durch einen Antrag auf Wiederaufnahme des durch ein rechtskräftiges Urteil abgeschlossenen Verfahrens verursacht worden sind, ist Absatz 2 entsprechend anzuwenden.

Übersicht

	Rdn.		Rdn.
I. Kostenpflicht bei Verurteilung...	1–3	III. Kostenpflicht in den übrigen Fällen der Einstellung............	5–8
II. Kostenpflicht bei Einstellung nach Ausscheiden aus der Rechtsanwaltschaft................	4	IV. Kostenpflicht bei Rechtsmitteln	9
		V. Kostenpflicht im Wiederaufnahmeverfahren......................	10

I. Kostenpflicht bei Verurteilung

Die Vorschrift übernimmt den Grundsatz aus dem Strafverfahrensrecht, wonach der Verurteilte die Verfahrenskosten zu tragen hat. Welche Kosten dies sind, ist in § 195 bestimmt. Jedoch gehört zu den Kosten auch das Honorar eines Verteidigers, der gegen den Wunsch des Rechtsanwaltes für diesen bestellt worden ist.[1] 1

Im Falle einer Verurteilung müssen dem Rechtsanwalt nicht notwendig die ganzen Kosten des Verfahrens auferlegt werden (Abs. 1 S. 1). Zwar kommt wegen des Grundsatzes der Einheit der Standesverfehlung[2] ein Teilfreispruch im anwaltsgerichtlichen Verfahren nicht in Betracht. Die Möglichkeit von Absatz 1 Satz 1 dem Verurteilten die in dem Verfahren entstandenen Kosten lediglich **„teilweise" aufzuerlegen**, kann jedoch nur dahin verstanden werden, daß der Verurteilte nur in einem solchen Verhältnis mit den Kosten des Verfahrens bela- 2

---

[1] OLG Zweibrücken NJW 1991, 309 mit Anm. *Neumann* NJW 1991, 264.
[2] § 113 Rdn. 5 ff.

stet wird, wie es der Relation zwischen dem ursprünglichen Vorwurf und der in der Hauptverhandlung tatsächlich festgestellten Pflichtverletzung entspricht.

3   Die Vorschrift regelt indes die Kostentragungspflicht nicht abschließend, nach § 116 S. 2 sind **Regelungslücken** mit den entsprechend anwendbaren Vorschriften der StPO zu schließen. Bei Verurteilung mehrerer Rechtsanwälte wegen derselben Tat im selben Verfahren ist nach § 116 S. 2 i. V. m. § 466 StPO entsprechend anzuwenden, so daß sie für die Kosten nach § 195 als Gesamtschuldner haften. Sind besondere, abtrennbare Auslagen durch Untersuchungshandlungen veranlaßt worden, so werden diese Auslagen nur dem Rechtsanwalt auferlegt, den sie betreffen.[3]

II. Kostenpflicht bei Einstellung nach Ausscheiden aus der Rechtsanwaltschaft

4   Endet das anwaltsgerichtliche Verfahren mit einer Einstellung nach § 139 Abs. 3 Nr. 1, weil der Rechtsanwalt durch Ausscheiden aus dem Beruf der Anwaltsgerichtsbarkeit nicht mehr untersteht, so ist nach Absatz 1 Satz 2 über die Kosten zu entscheiden. Dabei hat das Anwaltsgericht aufgrund des Ergebnisses des bis zur Einstellungsentscheidung durchgeführten Verfahrens eine **Prognose** abzugeben, ob es voraussichtlich zu der Verhängung einer anwaltsgerichtlichen Maßnahme gekommen wäre. Auf der Grundlage dieser Prognose entscheidet das Anwaltsgericht, ob der ehemalige Rechtsanwalt die Kosten ganz, teilweise oder gar nicht zu tragen hat. Zu den Kosten des anwaltsgerichtlichen Verfahrens zählen nach Absatz 1 Satz 2 zweiter Halbsatz auch diejenigen einer anschließenden Beweissicherung (§§ 148, 149). Eine eigene Kostenentscheidung für die Beweissicherung ergeht danach nicht.

III. Kostenpflicht in den übrigen Fällen der Einstellung

5   Wird das anwaltsgerichtliche Verfahren nach **§ 139 Abs. 3 Nr. 2 i. V. m. § 115 b** eingestellt, entscheidet das Anwaltsgericht nach Absatz 1 Satz 3 über die Kostenpflicht nach Billigkeitserwägungen.

6   Im Falle einer Einstellung nach **§ 139 Abs. 3 i. V. m. § 260 Abs. 3 StPO** ist die Kostenentscheidung nach § 116 S. 2 i. V. m. §§ 464, 467 StPO zu treffen.

7   Bei einer Einstellung des Verfahrens nach § 116 S. 2 i. V. m. **§§ 153 ff. StPO** hat das Anwaltsgericht bei seiner Kostenentscheidung zusätzlich zu prüfen, ob der Rechtsanwaltskammer (§ 198) nach § 116 S. 2 i. V. m. § 464 Abs. 4 StPO auch die notwendigen Auslagen des angeschuldigten Rechtsanwalts aufzuerlegen sind.

8   Verstirbt der angeschuldigte Rechtsanwalt, braucht der **Nachlaß** nach § 116 S. 2 i. V. m. § 465 Abs. 3 StPO für die Kosten nicht aufzukommen.

IV. Kostenpflicht bei Rechtsmitteln

9   Die Kosten seines **erfolglosen Rechtsmittels** hat nach Absatz 2 Satz 1, der der Vorschrift des § 473 Abs. 1 S. 1 StPO nachgebildet ist, der Rechtsanwalt zu tragen. Bei einem **teilweise erfolgreichen Rechtsmittel** kann das Anwaltsgericht billigerweise dem Rechtsanwalt einen Teil der Kosten des Rechtsmittels auferlegen. Haben mehrere angeschuldigte Rechtsanwälte gegen ein und dieselbe Entscheidung Rechtsmittel eingelegt und unterschiedliche Erfolge mit ihren Rechtsmitteln erzielt, ist dies bei den Kostenentscheidungen zu berücksichtigen.[4]

---

[3] *Isele,* §§ 196 bis 197 a Anm. VIII.
[4] BGH EGE IX, 104.

V. Kostenpflicht im Wiederaufnahmeverfahren

Die Kostenpflicht im Wiederaufnahmeverfahren richtet sich nach Absatz 3, der 10
insoweit auf Absatz 2 verweist, nach dem Erfolg des Antrags auf Wiederaufnahme. Ist dem Wiederaufnahmeantrag auf ganzer Linie kein Erfolg beschieden, so
hat der Rechtsanwalt die gesamten Kosten zu tragen. Bei einem **Teilerfolg** des
Wiederaufnahmebegehrens hat das Anwaltsgericht zu prüfen, ob dem Rechtsanwalt ein Teil der Kosten aufzuerlegen ist (Abs. 2 S. 2).

§ 197 a Kostenpflicht in dem Verfahren bei Anträgen auf anwaltsgerichtliche Entscheidung gegen die Androhung oder die Festsetzung des Zwangsgelds oder über die Rüge

(1) **Wird der Antrag auf anwaltsgerichtliche Entscheidung gegen die Androhung oder die Festsetzung des Zwangsgelds oder über die Rüge als unbegründet zurückgewiesen, so ist § 197 Abs. 1 Satz 1 entsprechend anzuwenden. Stellt das Anwaltsgericht fest, daß die Rüge wegen der Verhängung einer anwaltsgerichtlichen Maßnahme unwirksam ist (§ 74 a Abs. 5 Satz 2) oder hebt es den Rügebescheid gemäß § 74 a Abs. 3 Satz 2 auf, so kann es dem Rechtsanwalt die in dem Verfahren entstandenen Kosten ganz oder teilweise auferlegen, wenn es dies für angemessen erachtet.**

(2) **Nimmt der Rechtsanwalt den Antrag auf anwaltsgerichtliche Entscheidung zurück oder wird der Antrag als unzulässig verworfen, so gilt § 197 Abs. 2 Satz 1 entsprechend.**

(3) **Wird die Androhung oder die Festsetzung des Zwangsgelds aufgehoben, so sind die notwendigen Auslagen des Rechtsanwalts der Rechtsanwaltskammer aufzuerlegen. Das gleiche gilt, wenn der Rügebescheid, den Fall des § 74 a Abs. 3 Satz 2 ausgenommen, aufgehoben wird oder wenn die Unwirksamkeit der Rüge wegen eines Freispruchs des Rechtsanwalts im anwaltsgerichtlichen Verfahren oder aus den Gründen des § 115 a Abs. 2 Satz 2 festgestellt wird (§ 74 a Abs. 5 Satz 2).**

Hat der Rechtsanwalt mit seinem Antrag auf gerichtliche Entscheidung nach 1
§ 57 Abs. 3 oder § 74 a **keinen Erfolg**, hat er aufgrund entsprechender Anwendung von § 197 Abs. 1 S. 1 die Kosten des Verfahrens ganz oder teilweise zu
tragen. Nur einen Teil der Kosten wird das Anwaltsgericht dem Rechtsanwalt
auferlegen, wenn die Verhandlung ergibt, daß die im Rügebescheid angegebenen
Verfehlungen nur teilweise berechtigt sind.

Wird der Rügebescheid aufgehoben, weil es im Hinblick auf eine **anderweitige Ahndung** einer Rüge nicht bedarf (§ 74 a Abs. 3 S. 2, § 115 b) oder wird 2
die dem Rügebescheid zugrundeliegende Pflichtverletzung Gegenstand eines
anwaltsgerichtlichen Verfahrens (§ 74 a Abs. 5 S. 2) entscheidet das Anwaltsgericht über die Kosten nach Billigkeit.

Nimmt der Rechtsanwalt seinen **Antrag** auf anwaltsgerichtliche Entscheidung 3
zurück oder wird dieser als unzulässig verworfen, so hat der Rechtsanwalt in
entsprechender Anwendung von § 197 Abs. 2 S. 1 die Kosten zu tragen.

Hat der Rechtsanwalt mit seinem Antrag auf gerichtliche Entscheidung gegen 4
die Androhung oder Festsetzung eines Zwangsgeldes **Erfolg**, trägt die Rechtsanwaltskammer seine notwendigen Auslagen (Abs. 3 S. 1).

5 Hat der Rechtsanwalt mit seinem Antrag auf anwaltsgerichtliche **Entscheidung über die Rüge** Erfolg, trägt die Rechtsanwaltskammer seine notwendigen Auslagen, sofern nicht die Rüge im Hinblick auf eine anderweitige Ahndung aufgehoben wird (Abs. 3 S. 2). Allerdings wird dem Rechtsanwalt, der sich im gerichtlichen Rügeverfahren nach § 74 a selbst verteidigt hat, keine Gebühr als Verteidiger zuerkannt.[1]

§ 198 Haftung der Rechtsanwaltskammer

(1) **Kosten, die weder dem Rechtsanwalt noch einem Dritten auferlegt oder von dem Rechtsanwalt nicht eingezogen werden können, fallen der Rechtsanwaltskammer zur Last, welcher der Rechtsanwalt angehört.**

(2) **In dem Verfahren vor dem Anwaltsgericht haftet die Rechtsanwaltskammer den Zeugen und Sachverständigen für die ihnen zustehende Entschädigung in dem gleichen Umfang, in dem die Haftung der Staatskasse nach der Strafprozeßordnung begründet ist. Bei weiterer Entfernung des Aufenthaltsorts der geladenen Personen ist ihnen auf Antrag ein Vorschuß zu bewilligen.**

Übersicht

	Rdn.		Rdn.
I. Allgemeines	1	IV. Haftung der Rechtsanwaltskammer für Zeugen und Sachverständige	4
II. Kostenpflicht bei Freispruch des Rechtsanwalts	2		
III. Haftung der Rechtsanwaltskammer für Kosten und Auslagen	3		

I. Allgemeines

1 Im Zusammenspiel mit den nach § 116 S. 2 ergänzend heranzuziehenden Kostenbestimmungen der StPO bestimmt Absatz 1, daß die Rechtsanwaltskammer für die Kosten aufzukommen hat, die weder von dem angeschuldigten Rechtsanwalt, noch von einem Dritten zu tragen sind. Absatz 1 begründet die Haftung der Rechtsanwaltskammer für die Kosten in allen anwaltsgerichtlichen Instanzen.

II. Kostenpflicht bei Freispruch des Rechtsanwalts

2 Eine ausdrückliche Regelung zur Kostenpflicht im Falle eines Freispruchs enthalten die Bestimmungen der BRAO nicht. Lediglich § 197 a Abs. 3 spricht aus, daß die **notwendigen Auslagen** des Rechtsanwalts von der Rechtsanwaltskammer zu tragen sind, wenn die Androhung oder die Festsetzung des Zwangsgelds oder der Rügebescheid aufgehoben werden. Im Falle eines Freispruchs im anwaltsgerichtlichen Verfahren können die Kosten weder dem Rechtsanwalt noch einem Dritten auferlegt werden, so daß nach § 198 die Rechtsanwaltskammer die Kosten zu tragen hat. Nach § 116 S. 2 i. V. m. § 467 StPO hat die Rechtsanwaltskammer zudem die notwendigen Auslagen des angeschuldigten Rechtsanwalts zu tragen.[1*] Zu den notwendigen Auslagen gehören auch die

---

[1] EGH Stuttgart AnwBl. 1983, 331 = BRAK-Mitt. 1983, 138; § 198 Rdn. 2.
[1*] BGHSt 34, 85 = AnwBl. 1987, 549.

§ 199 Kosten des Verfahrens vor Anwaltsgericht § 199

Gebühren, die der Rechtsanwalt – im Rahmen der Gebührenordnung – für seinen Verteidiger aufzuwenden hat. Im Falle einer **Selbstverteidigung** durch den Rechtsanwalt steht ihm aber auch im Falle des Freispruchs ein Verteidigerhonorar als „notwendige Auslagen" nicht zu,[2] was verfassungsrechtlichen Bedenken nicht begegnet.[3]

III. Haftung der Rechtsanwaltskammer für Kosten und Auslagen

Die Rechtsanwaltskammer haftet nach Absatz 1 nicht nur für die Kosten und Auslagen, die aufgrund der anwaltsgerichtlichen Entscheidung weder dem Rechtsanwalt noch einem Dritten auferlegt worden sind. Für den Fall, daß die Kosten bei dem angeschuldigten Rechtsanwalt nicht beigetrieben werden können, haftet die Rechtsanwaltskammer gleichfalls. 3

IV. Haftung der Rechtsanwaltskammer für Zeugen und Sachverständige

Lediglich für die erste Instanz des anwaltsgerichtlichen Verfahrens, nämlich das Anwaltsgericht, gilt Absatz 2. Die besondere Regelung für die erste Instanz hat ihren Grund darin, daß die Anwaltsgerichte nach § 92 für den Bezirk einer Rechtsanwaltskammer errichtet werden, während der Anwaltsgerichtshof „bei dem Oberlandesgericht" errichtet wird und der Anwaltssenat des Bundesgerichtshofs ein Spruchkörper dieses Gerichts ist. Die Rechtsanwaltskammer haftet den Zeugen und Sachverständigen für die ihnen zustehende Entschädigung, so daß diese keine finanzielle Einbuße erleiden, wenn die Kosten des Verfahrens nicht beigetrieben werden können. Nach Absatz 2 Satz 2 können Zeugen und Sachverständige, die aus großer Entfernung zum Anwaltsgericht anreisen müssen, einen Vorschuß begehren. 4

§ 199 Festsetzung der Kosten des Verfahrens vor dem Anwaltsgericht

(1) **Die Kosten, die der Rechtsanwalt in dem Verfahren vor dem Anwaltsgericht zu tragen hat, werden von dem Vorsitzenden der Kammer des Anwaltsgerichts durch Beschluß festgesetzt.**

(2) **Gegen den Festsetzungsbeschluß kann der Rechtsanwalt binnen einer Notfrist von 2 Wochen, die mit der Zustellung des Beschlusses beginnt, Erinnerung einlegen. Über die Erinnerung entscheidet das Anwaltsgericht, dessen Vorsitzender den Beschluß erlassen hat. Gegen die Entscheidung des Anwaltsgerichts kann der Rechtsanwalt sofortige Beschwerde einlegen.**

Übersicht

	Rdn.		Rdn.
I. Festsetzung der Kosten gegen den Rechtsanwalt.............	1–2	III. Festsetzung auf Antrag des Rechtsanwalts.............	5–6
II. Rechtsbehelfe	3, 4	IV. Festsetzung der Entschädigung für Zeugen und Sachverständige	7
1. Erinnerung	3		
2. Die sofortige Beschwerde.......	4		

---

[2] EGH Stuttgart AnwBl. 1983, 331 = BRAK-Mitt. 1983, 138.
[3] BVerfG MDR 1988, 552 = NStZ 1988, 282.

I. Festsetzung der Kosten gegen den Rechtsanwalt

1 Nach dem Wortlaut von Absatz 1 setzt der Vorsitzende der Kammer des Anwaltsgerichts die Kosten gegen den verurteilten Rechtsanwalt aufgrund der Kostenentscheidung des Anwaltsgerichts fest. Die Bestimmung gilt allein für die **erste Instanz**, die Kosten für die Berufungs- und die Revisionsinstanz werden nach § 116 S. 2 i. V. m. § 464 b StPO wie die Kosten im Strafverfahren festgesetzt.

2 Der Kammervorsitzende des Anwaltsgerichts trifft seine Entscheidung durch Beschluß. Zwar schreibt Absatz 1 eine **Begründung des Beschlusses** nicht vor, da gegen den Beschluß jedoch die Erinnerung statthaft ist (Absatz 2), ist dieser nach § 116 S. 2 i. V. m. entsprechend anzuwendendem § 34 StPO zu begründen.[1] Der Beschluß ist dem Rechtsanwalt nach § 116 S. 2 i. V. m. § 35 Abs. 2 S. 1 StPO zuzustellen. Da die Erinnerung gegen den Beschluß des Kammervorsitzenden fristgebunden ist, ist eine **Rechtsmittelbelehrung** nach § 116 S. 2 i. V. m. § 35 a StPO erforderlich.

II. Rechtsbehelfe

1. Erinnerung

3 Innerhalb einer Frist von zwei Wochen nach Zustellung des Beschlusses des Kammervorsitzenden kann der Rechtsanwalt Erinnerung einlegen (Abs. 2 S. 1). Der Kammervorsitzende hat nun die Möglichkeit, der Erinnerung abzuhelfen. Unterläßt er dies, entscheidet über die Erinnerung die vollständige Kammer des Anwaltsgerichts. Der Beschluß, der in entsprechender Anwendung von § 104 Abs. 3 S. 3 ZPO ohne mündliche Verhandlung ergehen kann, ist mit Gründen zu versehen und dem Rechtsanwalt zuzustellen (§ 116 S. 2 i. V. m. §§ 34, 35 Abs. 2 S. 1 StPO).

2. Die sofortige Beschwerde

4 Den Beschluß des Anwaltsgerichts kann der Rechtsanwalt binnen einer Woche seit Zustellung mit der sofortigen Beschwerde anfechten. Das Verfahren bestimmt sich nach § 116 S. 2 i. V. m. §§ 311, 311 a StPO.[2]

III. Festsetzung auf Antrag des Rechtsanwalts

5 Der Wortlaut der Bestimmung geht nur von einer Festsetzung der Kosten gegen den Rechtsanwalt aus, anscheinend sah der Gesetzgeber kein Regelungsbedürfnis für eine Kostenfestsetzung gegen die Rechtsanwaltskammer zugunsten des Rechtsanwalts. In der Literatur wird vorherrschend die Auffassung vertreten, daß auch der Rechtsanwalt Festsetzung der ihm nach § 116 S. 2 i. V. m. § 464 b StPO zu **erstattenden Auslagen** nach § 199 begehren kann.[3] Folgerichtig erscheint es, für diesen Fall der Rechtsanwaltskammer als Kostenschuldner die gleichen Rechtsbehelfe einzuräumen, wie sie der Rechtsanwalt nach Absatz 2 hat.

---

[1] OLG Düsseldorf JurBüro 1981, 1540; *Jessnitzer/Blumberg*, § 199 Rdn. 2; *Feuerich/Braun*, § 199 Rdn. 2.

[2] § 142 Rdn. 5.

[3] *Isele*, § 199 Anm. III.; *Jessnitzer/Blumberg*, § 199 Rdn. 3; *Feuerich/Braun*, § 199 Rdn. 4; *Kleine-Cosack*, § 199 Rdn. 5.

§ 201 Kostenpflicht   § 201

Die Festsetzung der Kosten eines bestellten Verteidigers richtet sich nach 6
§§ 97, 99 bis 103 BRAGO. An die Stelle von § 98 BRAGO tritt § 199. Eine
Entscheidung nach § 99 BRAGO ist jedoch vom Anwaltsgerichtshof zu treffen.[4]

IV. Festsetzung der Entschädigung für Zeugen und Sachverständige

Die Entschädigung für Zeugen und Sachverständige richtet sich nach dem 7
Gesetz über die Entschädigung von Zeugen und Sachverständigen. Nach § 16 des
Gesetzes wird die Entschädigung durch die Kammer des Anwaltsgerichts, nicht
durch deren Vorsitzenden allein festgesetzt.[5]

**Dritter Abschnitt. Die Kosten des Verfahrens bei Anträgen auf
gerichtliche Entscheidung in Zulassungssachen und über Wahlen
und Beschlüsse**

§ 200 Anwendung der Kostenordnung

In den Verfahren, die bei Anträgen auf gerichtliche Entscheidung in
Zulassungssachen und bei Anträgen, Wahlen für ungültig oder Beschlüsse für nichtig zu erklären, stattfinden (§§ 37 bis 42, 91, 191), werden Gebühren und Auslagen nach der Kostenordnung erhoben. Jedoch
ist § 8 Abs. 2 und 3 der Kostenordnung nicht anzuwenden.

Die §§ 200 bis 203 sind anwendbar für die **Gerichtskosten** der in § 200 aufge- 1
führten Verfahren einschließlich solcher Verfahren nach § 223. Zu den Kosten
zählen Gebühren und Auslagen (Satz 1).

Für die vorgenannten Verfahren gilt die Kostenordnung mit Ausnahme der 2
Bestimmungen zur **Vorschußpflicht** nach § 8 Abs. 2 und 3 KostO.

Die §§ 200 bis 203 enthalten keine abschließende Regelung. Für die **Erstat-** 3
tung von Auslagen ist § 13 a des Gesetzes über die Angelegenheiten der freiwilligen Gerichtsbarkeit ergänzend heranzuziehen.[1] Das Fehlen einer ausdrücklichen Regelung zur Auslagenerstattung stößt in der Literatur auf Kritik.[2]

§ 201 Kostenpflicht des Antragstellers und der Rechtsanwaltskammer

(1) **Wird ein Antrag auf gerichtliche Entscheidung zurückgenommen,
zurückgewiesen oder als unzulässig verworfen, so sind die Kosten des
Verfahrens dem Antragsteller aufzuerlegen.**

(2) **Wird einem Antrag auf gerichtliche Entscheidung stattgegeben, so
sind im Fall des § 38 die Kosten des Verfahrens der Rechtsanwaltskammer aufzuerlegen; im Fall des § 39 werden Gebühren und Auslagen
nicht erhoben.**

(3) **Wird einem Antrag, eine Wahl für ungültig oder einen Beschluß
für nichtig zu erklären (§§ 91, 191), stattgegeben, so sind die Kosten des
Verfahrens der Rechtsanwaltskammer aufzuerlegen.**

---

[4] EGH Stuttgart, EGE VIII, 119.
[5] *Isele*, § 199 Anm. IV.; *Feuerich/Braun*, § 199 Rdn. 5.
[1] BGH EGE VI, 72; BGH EGE XII, 51, 58.
[2] *Kleine-Cosack*, Vorbemerkung vor § 200 Rdn. 2.

Übersicht

	Rdn.		Rdn.
I. Normzweck	1	IV. Kostenentscheidung bei Erledigung der Hauptsache	5
II. Unterliegen des Antragstellers	2		
III. Obsiegen des Antragstellers	3, 4		

I. Normzweck

1 Die Vorschrift bestimmt, wer die Kosten des Verfahrens bei gerichtlicher Entscheidung zu tragen hat. Ihr Geltungsbereich beschränkt sich auf die **Gerichtskosten**, die Erstattung außergerichtlicher Kosten kann nach § 13 a FGG angeordnet werden.[1] Anwendbar ist die Bestimmung sowohl für das erstinstanzliche Verfahren, wie auch für das Beschwerdeverfahren.[2]

II. Unterliegen des Antragstellers

2 Hat der Antragsteller mit einem der in § 200 S. 1 bezeichneten Anträge oder einem solchen nach § 223 keinen Erfolg, so sind ihm nach Absatz 1 die Kosten des Verfahrens aufzuerlegen. Das gilt, wenn er seinen Antrag zurückgenommen hat, dieser zurückgewiesen oder als unzulässig verworfen wurde. Ob in einem solchen Fall dem Antragsgegner **außergerichtliche Kosten** zu erstatten sind, entscheidet das Gericht nach Billigkeitsgründen.[3]

III. Obsiegen des Antragstellers

3 Hat der Antragsteller mit einem Antrag auf gerichtliche Entscheidung gegen ein **ablehnendes Gutachten** des Vorstandes der Rechtsanwaltskammer Erfolg (§ 38), so hat die Rechtsanwaltskammer nach Absatz 2 1. HS die Verfahrenskosten zu tragen. Richtet sich der erfolgreiche Antrag auf gerichtliche Entscheidung gegen einen **Bescheid** oder eine **Verfügung** der Landesjustizverwaltung (§ 39), so werden keine Kosten erhoben. Setzt der Antragsteller mit einem Antrag, eine **Wahl** für ungültig oder einen **Beschluß** für nichtig zu erklären, durch, so trägt die Rechtsanwaltskammer die Kosten (Abs. 3).

4 Ob außergerichtliche Kosten zu erstatten sind, entscheidet das Gericht in Anwendung von § 13 a FGG nach Billigkeit.[4]

IV. Kostenentscheidung bei Erledigung der Hauptsache

5 In dem Verfahren nach dem FGG ist eine Erledigung der Hauptsache möglich. In diesem Fall entscheidet das Gericht in entsprechender Anwendung von § 13 a FGG i. V. m. § 91 a ZPO unter Berücksichtigung des bisherigen Sach- und Streitstandes nach billigem Ermessen über die Kosten.[5] Kommt das Gericht zu dem Ergebnis, daß eine Erledigung der Hauptsache eingetreten ist, obwohl die Verfahrensbeteiligten dies nicht übereinstimmend erklären, so stellt es die Erledigung fest.[6]

---

[1] BGH EGE VI, 72.
[2] BGH EGE X, 61.
[3] BGHZ 52, 297 = NJW 1970, 46 = EGE X, 97.
[4] BGH EGE VI, 72; BGHZ 56, 142 = NJW 1971, 1409 = EGE XI, 49.
[5] BGH NJW 1982, 2782 = BGH BRAK-Mitt. 1982, 173; BGH EGE VI, 72.
[6] BGH AnwZ (B) 13/94.

§ 202 Gebühr für das Verfahren

(1) Für das gerichtliche Verfahren des ersten Rechtszuges wird die volle Gebühr erhoben.

(2) Der Geschäftswert bestimmt sich nach § 30 Abs. 2 der Kostenordnung. Er wird von Amts wegen festgesetzt.

(3) Für das Beschwerdeverfahren wird die gleiche Gebühr wie im ersten Rechtszug erhoben.

(4) Wird ein Antrag oder eine Beschwerde zurückgenommen, bevor das Gericht entschieden hat, so ermäßigt sich die Gebühr auf die Hälfte der vollen Gebühr. Das gleiche gilt, wenn der Antrag oder eine Beschwerde als unzulässig zurückgewiesen wird.

I. Geschäftswert

1 Von Amts wegen hat das Gericht für jedes Verfahren nach Absatz 2 i. V. m. § 30 Abs. 2 KostO den Geschäftswert festzusetzen. Dieser ist maßgeblich für die **Berechnung der Gebühren** des gerichtlichen Verfahrens nach § 200 und des Honorars für den Rechtsanwalt, gleichgültig ob eine Erstattung außergerichtlicher Kosten stattfindet oder nicht.

2 Offensichtlich stellt die Rechtsprechung bei der Anwendung von § 30 Abs. 2 KostO auf die **wirtschaftliche Bedeutung** der Angelegenheit für den Antragsteller ab. Folgende Festsetzungen sind gängig:
– Zulassung zur Rechtsanwaltschaft, Zurücknahme oder Widerruf der Zulassung: 100.000 DM, für Rechtsanwälte aus den Ländern Brandenburg, Mecklenburg-Vorpommern, Sachsen, Sachsen-Anhalt und Thüringen 80.000 DM;[1]
– Zweitzulassung nach § 227 a: 50.000 DM;[2]
– Zulassung bei einem Oberlandesgericht: 20.000 DM bis 50.000 DM;[3]
– Führen einer Fachanwaltsbezeichnung: 25.000 DM bis 50.000 DM;[4]
– Vorlage eines ärztlichen Gutachtens: 20.000 DM bis 50.000 DM;[5]
– Löschung in der Liste zugelassenen Rechtsanwälte: 20.000 DM;[6]
– Ungültig- bzw. Nichtigerklärung von Wahlen und Beschlüssen – Anfechtung eines Beschlusses zu Tagesordnungspunkten einer Rechtsanwaltskammer: 20.000 DM bis 50.000 DM.[7]

3 **Rechtsbehelfe** gegen die Wertfestsetzung durch den Anwaltsgerichtshof oder den BGH sind nicht gegeben. Nach Ablauf von sechs Monaten nach Rechtskraft der Hauptsacheentscheidung ist das Gericht nach § 31 Abs. 1 S. 2 und 3 KostO nicht mehr befugt, den festgesetzten Geschäftswert zu ändern.

II. Die Gebühren

4 Im erstinstanzlichen Verfahren wie auch in der Beschwerdeinstanz wird die **volle Gebühr** (Abs. 1, 3) nach § 200 erhoben. Wird der Antrag auf gerichtliche

---

[1] BGH BRAK-Mitt. 1987, 39; BGH AnwZ (B) 17/94, 58/93.
[2] BGH AnwZ (B) 2/94.
[3] BGH AnwZ (B) 56/93, 46/93, 20/93, 36/93.
[4] BGH AnwZ (B) 63/93, 3/94.
[5] BGH AnwZ (B) 32/93, 3/93.
[6] BGH AnwZ (B) 81/93.
[7] *Feuerich/Braun*, § 202 Rdn. 16.

Entscheidung bzw. die Beschwerde vor der gerichtlichen Entscheidung zurückgenommen oder wird der Antrag als unzulässig zurückgewiesen, so ermäßigt sich die Gebühr auf die Hälfte (Abs. 4).

§ 203 Entscheidung über Erinnerungen

(1) **Über Einwendungen und Erinnerungen gegen den Ansatz von Kosten entscheidet stets der Anwaltsgerichtshof.**

(2) **Die Entscheidung des Anwaltsgerichtshofs kann nicht angefochten werden.**

1 Die Bestimmung bezieht sich ausschließlich auf den Ansatz der **Gerichtskosten** nach § 14 Abs. 1 KostO und hat die Festsetzung der zu erstattenden außergerichtlichen Kosten nicht zum Gegenstand.

2 Über Einwendungen und Erinnerungen entscheidet - anders als nach § 14 Abs. 2 KostO – auch der Anwaltsgerichtshof, wenn der Kostenansatz vom BGH stammt.[1] Ein **Rechtsmittel** gegen die Entscheidung des Anwaltsgerichtshofes ist nicht gegeben (Abs. 2). Im Verfahren nach § 39 kann die Rechtsanwaltskammer keine Erstattung der durch die Teilnahme am Termin vor dem Anwaltsgerichtshof verursachten Kosten verlangen.[2]

---

[1] BGH BRAK-Mitt. 1987, 209.
[2] EGH Frankfurt EGE XII, 105.

Elfter Teil. Die Vollstreckung der anwaltsgerichtlichen Maßnahmen und der Kosten. Die Tilgung

§ 204 Vollstreckung der anwaltsgerichtlichen Maßnahmen

(1) Die Ausschließung aus der Rechtsanwaltschaft (§ 114 Abs. 1 Nr. 5) wird mit der Rechtskraft des Urteils wirksam. Der Verurteilte wird aufgrund einer beglaubigten Abschrift der Urteilsformel, die mit der Bescheinigung der Rechtskraft versehen ist, in der Liste der Rechtsanwälte gelöscht.

(2) Warnung und Verweis (§ 114 Abs. 1 Nr. 1 und 2) gelten mit der Rechtskraft des Urteils als vollstreckt.

(3) Die Geldbuße (§ 114 Abs. 1 Nr. 3) wird auf Grund einer von dem Vorsitzenden der Kammer des Anwaltsgerichts erteilten, mit der Bescheinigung der Rechtskraft versehen beglaubigten Abschrift der Entscheidungsformel nach den Vorschriften vollstreckt, die für die Vollstreckung von Urteilen in bürgerlichen Rechtsstreitigkeiten gelten. Sie fließt der Rechtsanwaltskammer zu. Die Vollstreckung wird von der Rechtsanwaltskammer betrieben.

(4) Die Beitreibung der Geldbuße wird nicht dadurch gehindert, daß der Rechtsanwalt nach rechtskräftigem Abschluß des Verfahrens aus der Rechtsanwaltschaft ausgeschieden ist.

(5) Das Verbot, als Vertreter und Beistand auf bestimmten Rechtsgebieten tätig zu werden (§ 114 Abs. 1 Nr. 4), wird mit der Rechtskraft des Urteils wirksam. In die Verbotsfrist wird die Zeit eines gemäß § 150 oder § 161 a angeordneten vorläufigen Verbotes eingerechnet.

Übersicht

	Rdn.		Rdn.
I. Ausschließung aus der Rechtsanwaltschaft	1–3	III. Geldbuße	5, 6
II. Vertretungsverbot	4	IV. Warnung und Verweis	7

I. Normzweck

I. Ausschließung aus der Rechtsanwaltschaft

Mit der Rechtskraft des auf Ausschließung aus der Rechtsanwaltschaft (§ 114 Abs. 1 Nr. 5) lautenden Urteils **erlischt die Zulassung** zur Rechtsanwaltschaft (§ 13) und die Zulassung bei einem Gericht (§ 34 Nr. 1). Der ausgeschlossene Rechtsanwalt wird in der Liste bei dem Gericht seiner früheren Zulassung gelöscht (Abs. 1 S. 2, § 31). Zu diesem Zweck wird der Justizverwaltung eine beglaubigte Abschrift der Urteilsformel mit Rechtskraftbescheinigung übersandt. Zuständig hierfür ist der Vorsitzende der Kammer des erstinstanzlichen Anwaltsgerichts, auch wenn ein Rechtsmittelgericht auf die Ausschließung erkannt hat.[1] 1

---

[1] *Isele*, § 204 Anm. III. D.; *Feuerich/Braun*, § 204 Rdn. 2.

2 Mit der Ausschließung aus der Rechtsanwaltschaft darf der frühere Rechtsanwalt die Berufsbezeichnung nicht mehr führen (§ 132 a Abs. 1 Nr. 2 StGB), geschäftsmäßige Rechtsbesorgung für Dritte stellt eine Ordnungswidrigkeit nach Artikel 1 § 8 RBerG dar. Die für eine vor Gericht vertretene Partei vorgenommenen **Prozeßhandlungen** sind unwirksam,[2] nach § 244 Abs. 1 ZPO tritt durch den Ausschluß des Prozeßbevollmächtigten aus der Rechtsanwaltschaft eine Unterbrechung des Verfahrens ein.[3]

3 Die **Dauer der Sperrwirkung** der Ausschließung aus der Rechtsanwaltschaft für eine erneute Zulassung ist infolge einer Änderung des § 7 Nr. 3 durch das Gesetz zur Änderung des Berufsrechts der Rechtsanwälte und der Patentanwälte vom 13. Dezember 1989[4] auf acht Jahre begrenzt worden. Diese Änderung des Gesetzes ging zurück auf Entscheidungen des Bundesverfassungsgerichts, wonach die unbefristete Wirkung der Ausschließung aus der Rechtsanwaltschaft als Sperre für eine erneute Zulassung die Freiheit der Berufswahl verletzt.[5]

II. Vertretungsverbot

4 Mit der Rechtskraft der Entscheidung wird das Verbot wirksam, auf bestimmten Rechtsgebieten als Vertreter oder Beistand tätig zu werden. Im Zivilprozeß mit notwendiger anwaltlicher Vertretung tritt eine **Unterbrechung des Verfahrens** ein, weil der Rechtsanwalt nicht mehr in der Lage ist, die Partei weiterhin zu vertreten.[6] Auf die Dauer des Vertretungsverbotes wird ein zuvor in demselben Verfahren nach § 150 oder § 161 a ausgesprochenes vorläufiges Verbot angerechnet. Das gilt auch, wenn das vorläufige Vertretungsverbot inhaltlich nicht identisch war mit dem endgültig ausgesprochenen.

III. Geldbuße

5 Die Vollstreckung der Geldbuße vollzieht sich nach den für die Vollstreckung von Urteilen in bürgerlichen Rechtsstreitigkeiten geltenden Bestimmungen (§§ 750 ff. ZPO). Zu diesem Zweck wird von dem Vorsitzenden der Kammer des Anwaltsgerichts eine mit Rechtskraftbescheinigung versehene Abschrift der Entscheidungsformel erteilt (Abs. 3 S. 1). Das gilt auch, wenn nicht das Anwaltsgericht, sondern ein Gericht höherer Instanz auf die Geldbuße erkannt hat. Der Geldbetrag fließt der Rechtsanwaltskammer zu (Abs. 3 S. 2), die auch die Vollstreckung selbst zu betreiben hat (Abs. 3 S. 3). Abweichend von § 750 Abs. 1 ZPO kann die Vollstreckung sogleich durchgeführt werden, ohne daß es zuvor einer Zustellung der Entscheidungsformel bedarf.[7]

6 Die Pflicht zur Zahlung der Geldbuße besteht fort, wenn der Rechtsanwalt nach der Rechtskraft der anwaltsgerichtlichen Entscheidung aus der Rechtsanwaltschaft ausgeschieden ist (Abs. 4). Würde der Rechtsanwalt vor dem Abschluß des anwaltsgerichtlichen Verfahrens aus der Rechtsanwaltschaft ausscheiden, wäre das anwaltsgerichtliche Verfahren einzustellen (§ 139 Abs. 3 Nr. 1).

---

[2] BGHZ 90, 249, 253 = NJW 1984, 1559.
[3] *MünchKomm ZPO* § 244 Rdn. 15.
[4] BGBl. I, S. 2135.
[5] BVerfGE 66, 337 = NJW 1984, 2341 = AnwBl. 1984, 367 = BRAK-Mitt. 1984, 144; BVerfGE 72, 51 = NJW 1986, 1802 = AnwBl. 1986, 305 = BRAK-Mitt. 1986, 173.
[6] BGHZ 66, 59 = MDR 1976, 487.
[7] Amtl. Begründung zu § 204.

IV. Warnung und Verweis

Die auf eine Warnung oder einen Verweis lautende Entscheidung der Anwaltsgerichtsbarkeit gilt mit der Rechtskraft des Urteils als vollstreckt (Abs. 2). Für weitere Vollstreckungshandlungen ist kein Raum. Ist im anwaltsgerichtlichen Verfahren auf Verweis und Geldbuße (§ 114 Abs. 2) erkannt worden, so gilt mit der Rechtskraft der Entscheidung diese als vollstreckt hinsichtlich des Verweises, während die Vollstreckung hinsichtlich der Geldbuße nach Absatz 3 betrieben wird. 7

§ 205 Beitreibung der Kosten

(1) **Die Kosten, die in dem Verfahren vor dem Anwaltsgericht entstanden sind, werden aufgrund des Festsetzungsbeschlusses (§ 199) entsprechend § 204 Abs. 3 beigetrieben.**

(2) **Die Kosten, die vor dem Anwaltsgerichtshof oder dem Bundesgerichtshof entstanden sind, werden nach den Vorschriften eingezogen, die für die Beitreibung der Gerichtskosten gelten. Die vor dem Anwaltsgerichtshof entstandenen Kosten hat die für das Oberlandesgericht zuständige Vollstreckungsbehörde beizutreiben, bei dem der Anwaltsgerichtshof errichtet ist.**

(3) **§ 204 Abs. 4 ist entsprechend anzuwenden.**

I. Kostenvollstreckung beim Anwaltsgericht

Grundlage der Beitreibung der Kosten des Anwaltsgerichts ist der vom Vorsitzenden der Kammer (§ 199) erlassene **Festsetzungsbeschluß**. Auf der beglaubigten Abschrift dieses Beschlusses wird vom Vorsitzenden der Kammer des Anwaltsgerichts die Rechtskraft bescheinigt, sodann wird von der Rechtsanwaltskammer nach den für die Vollstreckung von Urteilen in bürgerlichen Rechtsstreitigkeiten (§§ 750 ff. ZPO) geltenden Bestimmungen vollstreckt. Die Kosten fließen der Rechtsanwaltskammer zu. 1

II. Kostenvollstreckung beim Anwaltsgerichtshof und Bundesgerichtshof

Die vor dem Anwaltsgerichtshof entstandenen Kosten werden nach den Vorschriften des Gerichtskostengesetzes und der Kostenordnung angesetzt und von der **Vollstreckungsbehörde** beigetrieben, die für das OLG, bei dem der Anwaltsgerichtshof errichtet ist, zuständig ist (Abs. 2). Die Beitreibung der in dem Verfahren vor dem BGH entstandenen Kosten richtet sich nach den gleichen Grundsätzen wie die Beitreibung der Kosten vor dem Anwaltsgerichtshof, zuständig ist die Beitreibungsstelle des BGH.[1] 2

III. Ausgeschiedene Rechtsanwälte

Der in Absatz 3 enthaltene Hinweis auf § 204 Abs. 3 besagt, daß auch der zur Kostentragung verurteilte ehemalige Rechtsanwalt nach seinem Ausscheiden aus der Rechtsanwaltschaft für die Kosten haftet. 3

---

[1] EGH München BRAK-Mitt. 1984, 93.

§ 205 a Tilgung

(1) Eintragungen in den über den Rechtsanwalt geführten Akten über eine Warnung sind nach fünf, über einen Verweis oder eine Geldbuße nach zehn Jahren zu tilgen. Die über diese anwaltsgerichtlichen Maßnahmen entstandenen Vorgänge sind aus den über den Rechtsanwalt geführten Akten zu entfernen und zu vernichten. Nach Ablauf der Frist dürfen diese Maßnahmen bei weiteren anwaltsgerichtlichen Maßnahmen nicht mehr berücksichtigt werden.

(2) Die Frist beginnt mit dem Tage, an dem die anwaltsgerichtliche Maßnahme unanfechtbar geworden ist.

(3) Die Frist endet nicht, solange gegen den Rechtsanwalt ein Strafverfahren, ein anwaltsgerichtliches oder ein berufsgerichtliches Verfahren oder ein Disziplinarverfahren schwebt, eine andere berufsgerichtliche Maßnahme oder bei Anwaltsnotaren eine Disziplinarmaßnahme berücksichtigt werden darf oder ein auf Geldbuße lautendes Urteil noch nicht vollstreckt worden ist.

(4) Nach Ablauf der Frist gilt der Rechtsanwalt als von anwaltsgerichtlichen Maßnahmen nicht betroffen.

(5) Die Absätze 1 bis 4 gelten für Rügen des Vorstandes der Rechtsanwaltskammer entsprechend. Die Frist beträgt fünf Jahre.

(6) Eintragungen über strafgerichtliche Verurteilungen oder über andere Entscheidungen in Verfahren wegen Straftaten, Ordnungswidrigkeiten oder der Verletzung von Berufspflichten, die nicht zu einer anwaltsgerichtlichen Maßnahme oder Rüge geführt haben, sowie über Belehrungen der Rechtsanwaltskammer sind auf Antrag des Rechtsanwalts nach fünf Jahren zu tilgen. Absatz 1 Satz 2 sowie die Absätze 2 und 3 gelten entsprechend.

Übersicht

	Rdn.		Rdn.
I. Normzweck	1	V. Tilgung auf Antrag des Rechtsanwalts	11
II. Der Tilgung unterliegende Maßnahmen	2–3	VI. Aufnahme berufsrechtlicher Entscheidungen in das Bundeszentralregister	12–13
III. Tilgungsfristen	4–5	VII. Konkurrenz zwischen Tilgungsfristen nach § 205 a und BZRG	14
IV. Tilgungshemmung	6–10		
1. Schwebendes Verfahren	7		
2. Berücksichtigungsfähige andere Maßnahmen	8		
3. Noch nicht vollstreckte Geldbuße	10		

I. Normzweck

1 Die am Bundesdisziplinarrecht orientierte Bestimmung sorgt dafür, daß anwaltsgerichtliche Maßnahmen – ausgenommen besonders schwerwiegende – und Rügen des Vorstandes der Rechtsanwaltskammer nach Verstreichen einer Frist nicht mehr berücksichtigt werden können. Nach Ablauf der jeweiligen Frist gilt

der Rechtsanwalt nicht mehr als belastet mit der anwaltsgerichtlichen Maßnahme oder Rüge (Abs. 1 S. 3, Abs. 4, Abs. 5). Die in den über den Rechtsanwalt geführten Akten enthaltenen Hinweise sind aus diesen zu entfernen und zu vernichten (Abs. 1 S. 2).

II. Der Tilgung unterliegende Maßnahmen

Der Tilgung nach Absatz 1 unterliegen unzweifelhaft die von einem Anwaltsgericht verhängte Maßnahme der Warnung, des Verweises oder Geldbuße und die vom Vorstand der Rechtsanwaltskammer ausgesprochene Rüge. Auf keinen Fall getilgt werden können die anwaltsgerichtliche Maßnahme der Ausschließung aus der Rechtsanwaltschaft (§ 114 Abs. 1 Nr. 5) und die Verhängung eines Vertretungsverbots (§ 114 Abs. 1 Nr. 4).

Umstritten ist, ob die „nebeneinander" verhängten Maßnahmen des **Verweises und der Geldbuße** (§ 114 Abs. 2) der Tilgung nach zehn Jahren unterliegen oder gar nicht getilgt werden. In der Literatur herrscht die Auffassung vor, daß eine Tilgung von „nebeneinander" verhängtem Verweis und Geldbuße nicht möglich sei.[1] Zur Begründung wird darauf hingewiesen, daß der Wortlaut von Absatz 1 Satz 1 von einem Verweis „oder" einer Geldbuße spricht. Zuzugeben ist, daß der Wortlaut der Vorschrift für die in der Literatur vorherrschende Auslegung spricht. Engegenzuhalten ist dem aber, daß der Gesetzgeber offensichtlich auch eine Tilgung der nebeneinander verhängten Geldbuße und des Verweises beabsichtigt hat. In der Begründung des Gesetzentwurfs[2] heißt es: „Hervorzuheben ist, daß ein Verweis und eine Geldbuße, die nebeneinander verhängt werden (§ 114 Abs. 2 BRAO), nach zehn Jahren zu tilgen sind." Der in der Literatur gegebene Hinweis, daß die gleichzeitige Verhängung von Verweis und Geldbuße eine eigenständige Maßnahme im Sanktionenkatalog des § 114 darstelle,[3] ist nicht zu bestreiten. Zweifelhaft erscheint indes, ob die Schlußfolgerung zwingend ist, daß für die drittschwerste Sanktion, nämlich die Verhängung von Geldbuße und Verweis nebeneinander, die Tilgung – wie bei Ausschließung und Vertretungsverbot – auf Dauer ausgeschlossen sein soll. Angesichts der in der Begründung des Regierungsentwurfs unzweifelhaft zum Ausdruck kommenden Vorstellungen des Gesetzgebers spricht wohl mehr dafür, auch die Maßnahme nebeneinander verhängter Geldbuße und Verweises zu tilgen. Hierdurch würde keineswegs in Frage gestellt, daß es sich bei nebeneinander verhängtem Verweis und Geldbuße um eine eigenständige, die drittschwerste Sanktion handelt. Diese Sicht dürfte auch eher der Tatsache gerecht werden, daß selbst die Ausschließung aus der Rechtsanwaltschaft seit der Neufassung von § 7 Nr. 3[4] nur noch für die Dauer von acht Jahren von sich aus eine erneute Zulassung zur Rechtsanwaltschaft hindert.[5]

III. Tilgungsfristen

Nach fünf Jahren sind zu tilgen: die im anwaltsgerichtlichen Verfahren verhängte Maßnahme der Warnung (Abs. 1 S. 1) und die vom Vorstand der Rechts-

---

[1] *Isele*, § 205 a Anm. II. A.; *Feuerich*, § 205 a Rdn. 4; *Jessnitzer/Blumberg*, § 205 a Rdn. 1; *Kleine-Cosack*, § 205 a Rdn. 2.
[2] BT-Drucks. 5/2848 S. 32.
[3] *Feuerich/Braun*, § 205 a Rdn. 4; BGHSt 17, 149 = NJW 1962, 1118 = EGE VII, 156.
[4] Gesetz zur Änderung des Berufsrechts der Rechtsanwälte und der Patentanwälte vom 13. Dezember 1989 – BGBl. I, S. 2135.
[5] Vgl. aber *Isele*, § 205 a Anm. II. A.

anwaltskammer ausgesprochene Rüge (Abs. 5). Nach **zehn Jahren** sind zu tilgen: die im anwaltsgerichtlichen Verfahren verhängten Maßnahmen des Verweises, der Geldbuße und der nebeneinander verhängten Maßnahmen des Verweises und der Geldbuße.[6]

5   Die Tilgungsfrist beginnt zu laufen an dem Tage, an dem die anwaltsgerichtliche Maßnahme oder die Rüge des Vorstandes der Rechtsanwaltskammer nicht mehr angefochten werden können (Abs. 2, Abs. 5 S. 1).

IV. Tilgungshemmung

6   Die Tilgungswirkung tritt nicht ein, wenn einer der in Absatz 3 aufgeführten Hemmungsgründe eingreift. Es wird dann der Ablauf der Tilgungsfrist hinausgeschoben, bis das vorläufige Hindernis (schwebendes Verfahren) nicht mehr besteht, eine andere Entscheidung nicht mehr berücksichtigt werden kann oder das auf Geldbuße lautende Urteil vollstreckt ist.

1. Schwebendes Verfahren

7   Die 5- oder 10-jährige Tilgungsfrist endet nicht, solange gegen den Rechtsanwalt ein Strafverfahren oder ein anderes der in Absatz 3 genannten Verfahren schwebt. Dafür reicht es nicht aus, daß die Ermittlungen aufgenommen worden sind, es muß vielmehr bereits das gerichtliche Verfahren anhängig sein. In dem Verfahren kann auch nach Verstreichen der Tilgungsfrist die frühere anwaltsgerichtliche Maßnahme oder Rüge verwertet werden. Endet das neue Verfahren mit einem Freispruch, so wird die frühere Maßnahme oder Rüge getilgt. Im Falle einer Verurteilung richtet sich auch die Tilgung der früheren Maßnahme oder Rüge nach der Tilgung der nunmehr verhängten.

2. Berücksichtigungsfähige andere Maßnahme

8   Die Tilgungsfrist endet nicht, wenn noch eine andere berufsgerichtliche Maßnahme oder eine Disziplinarmaßnahme bei Anwaltsnotaren Berücksichtigung finden kann. Als andere berufsgerichtliche Maßnahme kommen neben Entscheidungen der Anwaltsgerichtsbarkeit auch die anderer Berufsgerichtsbarkeiten bei Angehörigen mehrerer Berufe in Betracht. Die Tilgung der Eintragung über einen Verweis oder eine Geldbuße bei Anwaltsnotaren sind nach zehn Jahren zu tilgen (§ 110 a BNotO). Die Regelung hat zur Folge, daß das Vorhandensein einer nicht tilgungsfähigen Entscheidung – etwa ein Vertretungsverbot nach § 114 Abs. 1 Nr. 4 – jegliche Tilgung verhindert.

9   Allerdings hindert eine vom Vorstand der Rechtsanwaltskammer **ausgesprochene Rüge** die fristgemäße Tilgung einer anwaltsgerichtlichen Maßnahme nicht.[7] Absatz 5 kann nämlich nicht dahin verstanden werden, daß die entsprechende Anwendung von Absatz 3 auf die Rügen auch die Wechselwirkung entfaltet, daß entgegen dem Wortlaut von Absatz 3 auch die Rüge als eine zu berücksichtigende „andere berufsgerichtliche Maßnahme" anzusehen ist.

3. Noch nicht vollstreckte Geldbuße

10   Die Frist endet gleichfalls nicht, wenn ein auf Zahlung einer Geldbuße lautendes Urteil noch nicht vollstreckt ist, was angesichts der Tilgungsfrist für die Maßnahme einer Geldbuße von zehn Jahren wenig praktische Bedeutung haben dürfte.

---

[6] Vgl. Rdn. 12.
[7] *Isele,* § 205 a Anm. V. B. bdd; *Feuerich/Braun,* § 205 a Rdn. 10.

V. Tilgung auf Antrag des Rechtsanwalts

Der Rechtsanwalt selbst hat es in der Hand, durch einen Antrag nach Absatz 6 **11** nach Ablauf von fünf Jahren dafür zu sorgen, daß Eintragungen über die genannten Vorgänge, die weder zu einer anwaltsgerichtlichen Maßnahme oder einer Rüge geführt haben, getilgt werden. Diese Regelung trägt einem möglichen Interesse des Rechtsanwalts Rechnung, daß die Vorgänge – insbesondere zur Abwehr zivilrechtlicher Ansprüche – bei den Akten bleiben.

VI. Aufnahme berufsrechtlicher Entscheidungen in das Bundeszentralregister

Nach § 10 Abs. 2 Nr. 1 und 2 BZRG sind die Versagung der Anwaltszulas- **12** sung und die Entziehung der Anwaltszulassung in das Bundeszentralregister einzutragen, wenn das Berufsverbot wegen „Unzuverlässigkeit, Ungeeignetheit oder Unwürdigkeit" ausgesprochen wird. Dies kommt insbesondere bei der Versagung der Zulassung nach § 7 Nr. 1, 2, 5 bis 7 in Betracht. Im Einzelfall können auch die Versagungsgründe nach § 7 Nr. 8 bis 10 für eine Eintragung Anlaß geben.[8] Im Falle des Widerrufs oder der Rücknahme der Zulassung nach § 14 Abs. 1, 2 dürfte grundsätzlich von der Eintragungspflicht auszugehen sein.

Als gerichtliche Entscheidung ist auch die Maßnahme der Ausschließung aus **13** der Rechtsanwaltschaft nach § 114 Abs. 1 Nr. 5 stets eintragungspflichtig. Das gilt auch für die Verhängung eines Vertretungsverbotes nach § 114 Abs. 1 Nr. 4 und ein vorläufiges Berufs- oder Vertretungsverbot nach §§ 150, 161 a.[9] Die **Entfernung von Eintragungen** aus dem Bundeszentralregister richtet sich nach dessen Bestimmungen (§§ 25, 19 BZRG).

VII. Konkurrenz zwischen Tilgungsfristen nach § 205 a und BZRG

Wenn die strafgerichtliche Verurteilung wegen einer Tat, die zudem anwalts- **14** gerichtlich geahnet wurde, im Bundeszentralregister früher als nach § 205 a zu tilgen ist, tritt für das anwaltsgerichtliche Verfahren **kein Verwertungsverbot** nach § 51 BZRG ein. § 205 a hat als „speziellere Regelung" Vorrang gegenüber den Bestimmungen des BZRG.[10]

---

[8] *Rebmann/Uhlig*, § 10 BZRG Rdn. 33.
[9] *Rebmann/Uhlig*, § 10 BZRG Rdn. 36.
[10] BGH AnwBl. 1996, 52 = NJW-RR 1996, 244.

Zwölfter Teil. Anwälte aus anderen Staaten

Vorbemerkung § 206

Schrifttum: *Barth,* Das Allgemeine Übereinkommen über den internationalen Dienstleistungshandel (GATS), EuZW 1994, 455; *Bleckmann,* Die Personenverkehrsfreiheit im Recht der EG, DVBl. 1986, 69; *ders.,* Die Ausnahmen der Dienstleistungsfreiheit nach dem EWG-Vertrag, EuR 1987, 28; *Blumenwitz,* Rechtsprobleme im Zusammenhang mit der Angleichung von Rechtsvorschriften auf dem Gebiet des Niederlassungsrechts der freien Berufe, NJW 1989, 621; *Brangsch,* Grenzüberschreitende Dienstleistungen der Anwälte in der Europäischen Gemeinschaft, NJW 1981, 1177; *Brulard/Demolin,* Anm. zum Urteil „Gebhard", Journal des tribunaux – Droit Européen 1996, 462; *Clausnitzer,* Niederlassungs- und Dienstleistungsfreiheit der Anwälte in der EG, BRAK-Mitt. 1989, 59; *Ehlers/Lachhoff,* Anm. zum Urteil „Gebhard", JZ 1996, 467; *Errens,* Auswirkungen des GATS-Abkommens auf den Beruf des Rechtsanwalts, EuZW 1994, 460; *Everling,* Niederlassungsrecht und Dienstleistungsfreiheit der Rechtsanwälte in der Europäischen Gemeinschaft, EuR 1989, 338; *ders.,* Welche gesetzlichen Regelungen empfehlen sich für das Recht der rechtsberatenden Berufe, insbesondere im Hinblick auf die Entwicklung in der Europäischen Gemeinschaft?, Gutachten zum 58. DJT, München 1990; *Ewig,* Beweislastumkehr bei fehlerhafter anwaltlicher Dienstleistung?, BRAK-Mitt. 1991, 73; *ders.,* Systematik und Auswirkungen des GATT-Welthandelsabkommens auf den Beruf des Rechtsanwalts, BRAK-Mitt. 1994, 205; *ders.,* Internationaler Dienstleistungshandel und neue Tätigkeitsfelder für die Anwaltschaft (GATS-Abkommen), NJW 1995, 434; *ders.,* Niederlassungsfreiheit für Anwälte in Europa – Folgerungen aus dem Urteil des EuGH C-55/94 vom 30. 11. 1995 – Rechtssache Gebhard, BRAK-Mitt. 1996, 13; *Friedlaender,* Internationales Anwaltsrecht, AnwBl. 1957, 1; *Friese,* Die freie Advokatur in Deutschland im Lichte des Grundgesetzes und des EWG-Vertrages, AnwBl. 1987, 3; *Goebel,* Lawyers in the European Community: Progress towards Community-wide rights of practice, Fordham Int. Law Journal 1991–1992, 556; *Gormley,* Freedom to practise at the bar in more than one Member State, European Law Review 1984, 439; *Gornig,* Probleme der Niederlassungsfreiheit und Dienstleistungsfreiheit für Rechtsanwälte in den Europäischen Gemeinschaften, NJW 1989, 1120; *Haas,* Neue Gesellschaftsform, BRAK-Mitt. 1994, 1; *Hailbronner,* Prüfungspflicht der Mitgliedstaaten zur Vergleichbarkeit ausländischer Diplome und Prüfungszeugnisse, JuS 1991, 917; *Henninger,* Europäisches Berufsrecht, BB 1990, 73; *Henssler,* Der europäische Rechtsanwalt – Möglichkeiten der Niederlassung als integrierter Rechtsanwalt in Europa, AnwBl. 1996, 353; *Hofmann,* Internationales Anwaltsrecht, Dienstleistungs- und Niederlassungsfreiheit in der Europäischen Gemeinschaft, Konstanz 1992; *Hüchting,* Im Angesicht der EG-Richtlinie zur Anerkennung von Hochschuldiplomen, BRAK-Mitt. 1989, 2; *Jessnitzer,* Anwaltstätigkeit im Ausland, insbesondere im Rahmen der Europäischen Gemeinschaft, BRAK-Mitt. 1985, 78; *Kewenig,* Niederlassungsfreiheit, Freiheit des Dienstleistungsverkehrs und Inländerdiskriminierung, JZ 1990, 20; *Kotulla,* Der anwaltliche „Lokalisierungszwang" und die Berufsfreiheit, AnwBl. 1990, 126; *Leibrock,* Stand und Perspektiven der gegenseitigen Anerkennung der Diplome, EuZW 1992, 465; *Mauro/Weil,* Die freie Dienstleistung von Rechtsanwälten aus der Europäischen Gemeinschaft, AnwBl. 1981, 128; *Nachbaur,* Artikel 52 EWGV - Mehr als nur ein Diskriminierungsverbot?, EuZW 1991, 470; *Nerlich,* Internationale Kooperationsmöglichkeiten für europäische Anwälte, Bonn 1994; *ders.,* Anwaltssozietäten in Europa, AnwBl. 1994, 529; *Rabe,* Internationales Anwaltsrecht - Dienstleistung und Niederlassung, NJW 1987, 2185; *ders.,* Dienstleistungs- und Niederlassungsfreiheit der Rechtsanwälte in der EG, AnwBl. 1992, 146; *ders.,* Anwälte in Europa, NJW 1995, 1403; *Raczinski-Rogalla-Tomsche,* Die Freiheit des Dienstleistungsverkehrs für deutsche Rechtsanwälte in der Europäischen Gemeinschaft, AnwBl. 1989, 583; *Reinmüller,* Anwaltliches Zweitbüro und Niederlassungsfreiheit in Frankreich und in der Bundesrepublik Deutschland, IPRax 1989, 54; *Reitmaier,* Inländerdiskriminierungen nach dem EWG-Vertrag, 1984; *Schalast,* Rechtsanwaltshaftung nach dem Richtlinienentwurf der EG-Kommission über die Haftung bei

Vorbemerkung § 206

Dienstleistungen, AnwBl. 1992, 463; *Schneider,* Die Anerkennung von Diplomen in der Europäischen Gemeinschaft, Maastricht 1995; *Schöne,* Die „umgekehrte Diskriminierung" im EWG-Vertrag nach der Rechtsprechung des Europäischen Gerichtshofs, RIW 1989, 450; *Skarlatos,* European lawyers' right to transnational legal practice in the European Community, Legal Issues of European Integration 1991, 49; *Skaupy,* Der Vorschlag einer EG-Richtlinie für die Haftung bei Dienstleistungen, BB 1991, 2021; *Speyer,* Cassis-de-Dijon-Doctrin und Spaltbarkeit reglementierter Tätigkeiten als neue Etappen der Dienstleistungsfreiheit, EuZW 1991, 588; *Staats,* Die Juristenausbildung in den Mitgliedstaaten der EG, DRiZ 1990, 193; *Stein,* Anm. zum Urteil Vlassopoulou, CMLRev. 1992, 625; *Steindorff,* Reichweite der Niederlassungsfreiheit, EuR 1988, 19; *Stuyck/Geens,* La libre circulation des avocats dans l'Europe du Marché Unique, Revue du Marché Unique Européen 1993, 71; *Tiemann,* Binnenmarkt der Diplome, BRAK-Mitt. 1989, 3 ; *Wackie Eysten,* The Legal Profession in Europe: officium nobile et mobile, EuZW 1993, 721; *Weil,* Die Freizügigkeit des Rechtsanwalts in der Europäischen Gemeinschaft, BRAK-Mitt. 1983, 114; *ders.,* The proposal for a directive on the right of establishment for lawyers in the European Community, Fordham Int. Law Journal 1991–1992, 699; *ders.,* Ein Wunder in Lissabon?, BRAK-Mitt. 1993, 2; *Westenberger,* Auf dem Weg zu einer anwaltseigenen EG-Niederlassungsrichtlinie, BRAK-Mitt. 1988, 230; *Zuck,* Das Gesetz zur Änderung des Berufsrechts der Rechtsanwälte und der Patentanwälte, NJW 1990, 1025; *ders.,* Europarecht - freier Personenverkehr, JZ 1991, 1132.

Übersicht

	Rdn.
A. Einführung	1–3
B. Anwälte aus EG-Mitgliedstaaten oder anderen Vertragsstaaten des EWR	4–93
I. Die Grundsätze des freien Personenverkehrs	4
1. Anwendbarkeit auf die anwaltliche Tätigkeit	5
2. Persönlicher Anwendungsbereich	6
3. Wirkung der Vertragsfreiheiten	8
4. Keine Geltung für rein innerstaatliche Sachverhalte	11
5. Inländerdiskriminierung	13
II. Der Grundsatz der Niederlassungsfreiheit	16–60
1. Art. 52–58 EGV, Art. 31–35 EWR-Abkommen	17
2. Die Hochschuldiplom-Richtlinie	36
3. Der Vorschlag einer Richtlinie zur Erleichterung der ständigen Ausübung des Rechtsanwaltsberufes in einem anderen Mitgliedstaat als dem, in dem die Qualifikation erworben wurde	49
4. Der Entwurf einer Verordnung über die grenzüberschreitende Ausübung reglementierter beruflicher Tätigkeiten in einer besonderen Rechtsform	60
III. Der Grundsatz der Dienstleistungsfreiheit	61–85
1. Art. 59–66 EGV, Art. 36–39 EWR-Abkommen	62
2. Die Rechtsanwaltsdienstleistungs-Richtlinie	68
3. Der Vorschlag einer Richtlinie über die Haftung bei Dienstleistungen	83
IV. Abgrenzung der Dienstleistungsfreiheit von der Niederlassungsfreiheit	86–92
V. Die Freizügigkeit der Arbeitnehmer	93, 94
C. Anwälte aus anderen europäischen Staaten	94–96
D. Anwälte aus Vertragsstaaten des GATS	97–103
E. Anwälte aus sonstigen Staaten	104

A. Einführung

1 Obwohl der Zwölfte Teil der BRAO den allgemeinen Titel „Anwälte aus anderen Staaten" trägt, betreffen die §§ 206 und 207 lediglich den speziellen Fall der Niederlassung ausländischer Anwälte unter ihrer ursprünglichen Berufsbezeichnung.

2 Die Tätigkeit ausländischer Anwälte in Deutschland kann daneben weitere Formen annehmen. Der Anwalt hat zum einen die Möglichkeit, sich nach Erwerb der Befähigung nach § 4 BRAO als Rechtsanwalt niederzulassen. Zum anderen kann er im Inland vorübergehend tätig werden, ohne dort eine berufliche Präsenz zu etablieren. Eine Tätigkeit in Deutschland im weiteren Sinne liegt schließlich vor, wenn der Anwalt, ohne sich nach Deutschland zu begeben, deutsche Mandanten berät (so z. B. bei der telephonischen oder schriftlichen Beratung oder der Beratung während eines Auslandsaufenthalts des Mandanten).

3 Die Voraussetzungen sowie die Bedingungen, unter denen ausländische Anwälte in Deutschland rechtsberatend bzw. rechtsbesorgend tätig werden können, sind heute in weiten Bereichen durch das Gemeinschaftsrecht sowie durch das General Agreement on Trade in Services (GATS) vorgegeben. Nachfolgend seien diese – jeweils unter Differenzierung zwischen den verschiedenen Tätigkeitsformen – im einzelnen erläutert.

B. Anwälte aus EG-Mitgliedstaaten oder anderen Vertragsstaaten des EWR

I. Die Grundsätze des freien Personenverkehrs

4 Anwälte aus EG-Mitgliedstaaten oder anderen Vertragsstaaten des EWR[1] können sich bei ihrer Tätigkeit in Deutschland auf die in den Art. 48 ff. EGV sowie Art. 28 ff. EWR-Abkommen normierten Grundsätze des freien Personenverkehrs berufen. Hierbei ist zwischen drei Arten beruflicher Tätigkeit zu unterscheiden. Tätigkeiten in einem abhängigen Beschäftigungsverhältnis fallen unter den Grundsatz der **Freizügigkeit der Arbeitnehmer**.[2] Die Niederlassung von Selbständigen sowie Gesellschaften wird vom Grundsatz der **Niederlassungsfreiheit**[3] erfaßt. Vorübergehende, nicht mit der Errichtung einer beruflichen Präsenz verbundene Tätigkeiten von Selbständigen und Gesellschaften fallen in den Anwendungsbereich der **Dienstleistungsfreiheit**.[4] Die genannten Vertragsfreiheiten werden jeweils durch Richtlinien ergänzt, die von den Mitgliedstaaten in ihr nationales Recht umzusetzen sind.

1. Anwendbarkeit auf die anwaltliche Tätigkeit

5 Seit dem Urteil des Gerichtshofs in der Rechtssache Reyners[5] steht fest, daß die Vertragsvorschriften über den freien Personenverkehr grundsätzlich auch auf den

---

[1] Soweit im folgenden die Bezeichnung „Mitgliedstaat(en)" verwendet wird, bezieht sich diese sowohl auf die EG-Mitgliedstaaten als auch auf die übrigen Vertragsstaaten des EWR-Abkommens.
[2] Art. 48–51 EGV; Art. 28–30 EWR-Abkommen.
[3] Art. 52–58 EGV; Art. 31–35 EWR-Abkommen.
[4] Art. 59–66 EGV; Art. 36–39 EWR-Abkommen.
[5] EuGH Slg. 1974, 631 = NJW 1975, 513 = EuR 1975, 129 – Reyners.

Beruf des Rechtsanwalts Anwendung finden. Dies war anfänglich bezweifelt worden, da Art. 55 EGV (wie auch Art. 32 EWR-Abkommen) „Tätigkeiten, die in einem Mitgliedstaat dauernd oder zeitweise mit der Ausübung **öffentlicher Gewalt** verbunden sind", aus dem Anwendungsbereich der Dienstleistungs- und Niederlassungsfreiheit ausnimmt. Das Argument, insbesondere wegen der obligatorischen Mitwirkung des Rechtsanwalts in bestimmten Gerichtsverfahren bestehe eine enge Verbindung zu der Ausübung öffentlicher Gewalt durch die Gerichte,[6] ließ der Gerichtshof jedoch nicht gelten. Er stellte fest, die Ausnahme sei auf Tätigkeiten zu beschränken, die eine „unmittelbare und spezifische Teilnahme an der Ausübung öffentlicher Gewalt mit einschließen". Hierzu seien „nicht Tätigkeiten wie die Rechtsberatung und der Rechtsbeistand zu rechnen, desgleichen nicht die Vertretung und die Verteidigung des Auftraggebers vor Gericht, selbst wenn das Gesetz die Wahrnehmung dieser Aufgaben durch den Rechtsanwalt zwingend oder ausschließlich vorschreibt", da die richterliche Beurteilung des Falles sowie die freie Ausübung der Rechtsprechungsbefugnis hiervon unberührt bleibe.[7]

2. Persönlicher Anwendungsbereich

In den Genuß der Freizügigkeitsrechte kommen allein **Angehörige eines** 6 **EG- oder EWR-Staats**. Hat ein Anwalt die Staatsangehörigkeit eines EG- oder EWR-Staats, so ist irrelevant, ob er daneben weiteren Staaten angehört. Nach der Rechtsprechung des EuGH kann dem Staatsangehörigen eines Mitgliedstaates, der zugleich die Staatsangehörigkeit eines Drittstaates besitzt, die Berufung auf die Grundfreiheiten des Vertrages nicht deswegen versagt werden, weil der Betreffende nach den Vorschriften des Gastlandes als Staatsangehöriger des Drittstaates angesehen wird.[8]

Gemäß Art. 58 Abs. 1 EGV bzw. Art. 34 Abs. 1 EWR-Abkommen gelten die 7 Grundsätze der Niederlassungs- und Dienstleistungsfreiheit auch für nach den Rechtsvorschriften eines Mitgliedstaates gegründete „**Gesellschaften**", die ihren satzungsmäßigen Sitz, ihre Hauptverwaltung oder ihre Hauptniederlassung innerhalb der EG bzw. des EWR haben. Unter den Begriff der Gesellschaften fallen „Gesellschaften des bürgerlichen und des Handelsrechts einschließlich der Genossenschaften sowie die sonstigen juristischen Personen des öffentlichen und privaten Rechts, mit Ausnahme derjenigen, die keinen Erwerbszweck verfolgen". Neben dem einzelnen Anwalt kommen daher auch alle Zusammenschlüsse von Anwälten unabhängig von ihrer jeweiligen Rechtsform (BGB-Gesellschaft, Anwalts-GmbH etc.) in den Genuß dieser Freiheiten.

3. Wirkung der Vertragsfreiheiten

Die Grundsätze des freien Personenverkehrs sind nach dem Wortlaut des Ver- 8 trages durch die Erstellung eines allgemeinen Programmes sowie durch Richtlinien und Verordnungen zu verwirklichen. In mehreren Urteilen stellte der Gerichtshof klar, daß dies Angehörige der Mitgliedstaaten nicht daran hindert, sich **unmittelbar** auf diese Grundfreiheiten zu berufen, da die Bestimmungen den Mitgliedstaaten eine klar umrissene Verpflichtung auferlegen, deren Erfüllung

---

[6] So die deutsche Regierung, EuGH Slg. 1974, 631 = NJW 1975, 513 = EuR 1975, 129, Tz. 39/41 – Reyners.
[7] EuGH Slg. 1974, 631 = NJW 1975, 513 = EuR 1975, 129, Tz. 53–55 – Reyners.
[8] EuGH Slg. 1992, I-4239 = EWS 1994, 395 = RIW 1995, 71, Tz. 11 – Micheletti.

durch die Verwirklichung der genannten Maßnahmen zwar erleichtert, nicht aber bedingt werden soll.[9]

9 Entsprechendes gilt für das Verhältnis zu nationalen Umsetzungsmaßnahmen. Obwohl sich die genannten Vertragsfreiheiten nach ihrem Wortlaut alleine an die Mitgliedstaaten richten, können Bürger und Unternehmen unmittelbar aus ihnen Rechte gegenüber Mitgliedstaaten ableiten. Unabhängig von der Umsetzung der Vertragsvorschriften durch nationale Bestimmungen haben daher die Grundsätze des freien Personenverkehrs **unmittelbare Geltung im nationalen Recht**.[10] Nationale Vorschriften, die gegen sie verstoßen, können im Verhältnis zu den von der jeweiligen Grundfreiheit Begünstigten nicht angewandt werden. Unmittelbare Geltung kann daneben auch einzelnen Bestimmungen von Richtlinien zukommen, sofern diese inhaltlich unbedingt und hinreichend genau sind.[11] Daneben kann die unterlassene oder fehlerhafte Umsetzung europarechtlicher Bestimmungen den betreffenden Mitgliedstaat zum Schadensersatz verpflichten.[12]

10 Die Freizügigkeitsrechte wirken grundsätzlich nur gegenüber der öffentlichen Gewalt, nicht aber zwischen Privatpersonen. Der Gerichtshof lehnt eine sog. **horizontale Wirkung** oder Drittwirkung der Vertragsvorschriften und Richtlinienbestimmungen in ständiger Rechtsprechung ab.[13] Eine Ausnahme gilt lediglich für kollektive Regelungen im Arbeits- und Dienstleistungsbereich.[14] Eine Kanzlei kann es daher zum Beispiel systematisch ablehnen, für Mandanten aus anderen Mitgliedstaaten tätig zu werden, sofern hierin nicht der Mißbrauch einer beherrschenden Stellung liegt. Selbst bei Streitigkeiten zwischen Privaten haben die nationalen Gerichte jedoch die Auslegung nationaler Vorschriften soweit wie möglich an den Grundfreiheiten sowie den Bestimmungen einschlägiger Richtlinien auszurichten.[15]

4. Keine Geltung für rein innerstaatliche Sachverhalte

11 Die Grundsätze des freien Personenverkehrs finden nur Anwendung, sofern ein **grenzüberschreitender Sachverhalt** vorliegt.[16] Sie sind dagegen nicht auf

---

[9] EuGH Slg. 1974, 631 = NJW 1975, 513 = EuR 1975, 129, Tz. 15 ff. – Reyners (zur Niederlassungsfreiheit); EuGH Slg. 1974, 1299 = NJW 1975, 1095, Tz. 18 ff. – Van Binsbergen (zur Dienstleistungsfreiheit); EuGH Slg. 1974, 1337 – Van Duyn (zur Freizügigkeit der Arbeitnehmer).

[10] EuGH Slg. 1974, 631 = NJW 1975, 513 = EuR 1975, 129 – Reyners (zur Niederlassungsfreiheit); EuGH Slg. 1974, 1299 = NJW 1975, 1095 – Van Binsbergen (zur Dienstleistungsfreiheit); EuGH Slg. 1974, 1337 – Van Duyn (zur Freizügigkeit der Arbeitnehmer).

[11] EuGH Slg. 1982, 53, Tz. 25 – Ursula Becker.

[12] EuGH Slg. 1991, I-5357 = NJW 1992, 165 = EuZW 1991, 758, Tz. 37 – Francovic.

[13] Siehe insbesondere EuGH Slg. 1986, 723 – Marshall sowie zuletzt EuGH Slg. 1994, I-3325 = EuZW 1994, 498 – Faccini Dori.

[14] EuGH Slg. 1974, 1405 – Walrave/Koch.

[15] EuGH Slg. 1990, I-4135, Tz. 13 – Marleasing; EuGH Slg. 1994, I-3325 = EuZW 1994, 498, Tz. 26 – Faccini Dori.

[16] Siehe insbesondere zu Art. 52 EGV: EuGH Slg. 1979, 1129, Tz. 11 – Saunders; EuGH Slg. 1979, 399 = NJW 1979, 1761, Tz. 24 – Knoors; EuGH Slg. 1982, 3723, Tz. 15 – Morson; EuGH Slg. 1988, 2029, Tz. 12 – Bekaert; EuGH Slg. I-1990, 3537, Tz. 11 – Nino; EuGH Slg. 1992, I-341 = EuZW 1992, 189, Tz. 9 – Volker Steen/Deutsche Bundespost; zu Art. 59 EGV: EuGH Slg. 1979, 399 = NJW 1979, 1761, Tz. 24 – Knoors; EuGH Slg. 1980, 833, Tz. 9 – Debauve; zu Art. 48 EGV: EuGH Slg. 1984, 2539, Tz. 15 – Moser; EuGH Slg. 1986, 247, Tz. 14 – Jorio.

„rein interne Verhältnisse eines Mitgliedstaates"[17] und „auf Betätigungen anwendbar, deren wesentliche Elemente nicht über die Grenzen eines Mitgliedstaates hinausweisen".[18]

Hieraus folgt jedoch nicht, daß sich Gemeinschaftsangehörige **gegenüber** ihrem **Heimatstaat** nicht auf die Vertragsfreiheiten berufen können. Hindern nationale Vorschriften die Angehörigen des betreffenden Staates daran, in anderen Mitgliedstaaten oder für Dienstleistungsempfänger mit (Wohn)Sitz in anderen Mitgliedstaaten tätig zu werden[19] oder befindet sich ein Gemeinschaftsbürger gegenüber seinem Heimatstaat in einer Lage, die mit der von Angehörigen eines anderen Mitgliedstaates vergleichbar ist,[20] so finden auch hier die Vertragsvorschriften Anwendung. So erklärte der EuGH die französischen Vorschriften zur Umsetzung der Rechtsanwaltsdienstleistungs-Richtlinie für ungenügend, da sie französische Staatsangehörige, die in einem anderen Mitgliedstaat als Anwalt qualifiziert waren, von den Bestimmungen über den freien Dienstleistungsverkehr ausschlossen.[20a] Will daher ein deutscher Staatsangehöriger, der in einem anderen Mitgliedstaat als (dortiger) Anwalt zugelassen ist, in Deutschland tätig werden, so kann er sich hierbei ebenfalls auf die Grundsätze des freien Personenverkehrs berufen. Ein deutscher Rechtsanwalt kann dagegen nicht der Anwendung des Lokalisationsprinzips nach § 18 BRAO entgegenhalten, dieses behindere den freien Dienstleistungsverkehr innerhalb des Bundesgebietes,[21] da hier keines der wesentlichen Elemente über das deutsche Territorium hinausreicht.[22] Auch der Umstand, daß der Betreffende in einem anderen Mitgliedstaat wohnhaft ist, reicht als solcher nicht aus, um die Anwendbarkeit der Vertragsfreiheiten zu begründen.[23]

5. Inländerdiskriminierung

Die Unanwendbarkeit der europarechtlichen Regelungen auf rein innerstaatliche Sachverhalte kann im Einzelfall dazu führen, daß eigene Staatsangehörige schlechter gestellt werden als Angehörige anderer Mitgliedstaaten (sog. Inländerdiskriminierung oder umgekehrte Diskriminierung).[24] So gilt beispielsweise das Lokalisationsprinzip nicht für vorübergehend in Deutschland tätige Anwälte aus anderen Mitgliedstaaten.[25]

---

[17] EuGH Slg. 1979, 399 = NJW 1979, 1761, Tz. 24 – Knoors.
[18] EuGH Slg. 1980, 833, Tz. 9 – Debauve; EuGH Slg. 1991, I-1979 = NJW 1991, 2891 = EuZW 1991, 351, Tz. 37 – Höfner und Elser/Macrotron.
[19] Vgl. EuGH Slg. 1988, 5483 = NJW 1989, 2186 – Daily Mail; EuGH Slg. 1994, I-1783, Tz. 30 – Corsica Ferries; EuGH Slg. 1994, I-3453, Tz. 40 f. – Peralta; EuGH Slg. 1994, I-5145, Tz. 14 – Kommission/Frankreich; EuGH Slg. 1995, I-1141 = NJW 1995, 2541 = EuZW 1995, 404, Tz. 30 – Alpine Investments.
[20] Vgl. EuGH Slg. 1979, 399 = NJW 1979, 1761, Tz. 24 – Knoors; EuGH Slg. 1981, 2311, Tz. 23 – Broekmeulen; EuGH Slg. 1990, I-3551, Tz. 13 – Bouchoucha; EuGH Slg. 1993, I-1663 = EuZW 1993, 322, Tz. 15 f. – Dieter Kraus.
[20a] EuGH Slg. 1991, I-3591, Tz. 11 f. – Kommission/Frankreich.
[21] So die (als unzulässig zurückgewiesene) Klage in der Rechtssache Emrich, EuGH Slg. 1990, I-3913. In diesem Sinne auch *Friese* AnwBl. 1987, 3 (11 f.).
[22] BGH BRAK-Mitt. 1989, 208 .
[23] EuGH Slg. 1993, I-429 = NJW 1993, 995 = BB 1993, 347, Tz. 16 – Hans Werner.
[24] Siehe hierzu insbesondere *Kewenig* JZ 1990, 20; *Everling* Gutachten DJT 1990, C 56 ff.; *Schöne* RIW 1989, 450 und *Reitmaier*, Inländerdiskriminierung nach dem EWG-Vertrag.
[25] EuGH Slg. 1988, 1123 = NJW 1988, 887 = AnwBl. 1988, 236 = BRAK-Mitt. 1988, 152 = JZ 1988, 506 = DVBl. 1989, 30 – Kommission/Deutschland.

14 Das **Gemeinschaftsrecht** steht dieser Ungleichbehandlung nicht entgegen. Der allgemeine Gleichheitsgrundsatz des Gemeinschaftsrechts bindet allein den Gemeinschaftsgesetzgeber.[26] Das Diskriminierungsverbot des Art. 7 Abs. 1 EGV bzw. Art. 4 EWR-Abkommen untersagt Ungleichbehandlungen aus Gründen der Staatsangehörigkeit, nicht aber eine Schlechterstellung, die allein an die inländische Niederlassung anknüpft.[27] Der EuGH bestätigte zudem in mehreren Urteilen, daß Rechtsverhältnisse zwischen Inländern und deren Staat selbst dann nach dessen Recht beurteilt werden können, wenn dies zu einer Benachteiligung gegenüber Angehörigen anderer Mitgliedstaaten führt.[28]

15 Umstritten ist nach wie vor, ob in der ungleichen Behandlung ein Verstoß gegen **Art. 3 GG** liegt. Das Bundesverfassungsgericht hat diese Frage hinsichtlich des Lokalisationsprinzips ausdrücklich verneint.[29] In der Literatur werden an dieser Lösung jedoch weiterhin Zweifel geäußert,[30] die in jüngerer Zeit mehrere Gerichte dazu veranlaßten, die Frage erneut dem BVerfG vorzulegen.[31]

II. Der Grundsatz der Niederlassungsfreiheit

16 Der in **Art. 52 ff. EGV** bzw. **Art. 31 ff. EWR-Abkommen** normierte Grundsatz der Niederlassungsfreiheit wurde bislang nicht durch eine Richtlinie für den Bereich des Anwaltsberufs präzisiert. Der Rat der Anwaltschaften in der Europäischen Gemeinschaft (CCBE) legte der EG-Kommission 1992 den **Entwurf einer Niederlassungsrichtlinie** für Anwälte vor. Auf der Grundlage dieses Entwurfes erarbeitete die Kommission den Vorschlag einer Richtlinie „zur Erleichterung der ständigen Ausübung des Rechtsanwaltsberufes in einem anderen Mitgliedstaat als dem, in dem die Qualifikation erworben wurde".[32] Bis zum Zustandekommen dieser Richtlinie und dem Ablauf ihrer Umsetzungsfrist bestimmen sich die Voraussetzungen und Bedingungen der grenzüberschreitenden Niederlassung von Anwälten innerhalb der Gemeinschaft bzw. des EWR – abgesehen von den Erleichterungen aufgrund der Hochschuldiplom-Richtlinie[33] – nach den allgemeinen Grundsätzen der Art. 52 ff. EGV sowie Art. 31 ff. EWR-Abkommen.

1. Art. 52–58 EGV, Art. 31–35 EWR-Abkommen

17 Nach Art. 52 EGV sowie Art. 31 EWR-Abkommen umfaßt die Niederlassungsfreiheit das Recht aller Angehörigen eines Mitgliedstaates zur „Aufnahme und Ausübung selbständiger Erwerbstätigkeiten" im Hoheitsgebiet eines anderen Mitgliedstaates „nach den Bestimmungen des Aufnahmestaates für seine eigenen Angehörigen". Gemeinschaftsangehörige, die bereits in einem Mitgliedstaat ansässig sind, haben daneben das Recht zur „Gründung von Agenturen, Zweigniederlassungen oder Tochtergesellschaften" in anderen Mitgliedstaaten.

18 Die Voraussetzungen des Niederlassungsrechts unterscheiden sich daher je nachdem, ob es sich um die „Aufnahme" einer Tätigkeit oder um die Gründung eines zusätzlichen wirtschaftlichen Stützpunkts im Ausland handelt. Das Recht zur

---

[26] EuGH Slg. 1985, 2605 – Cinéthèque; EuGH Slg. 1987, 3719 – Demirel.
[27] EuGH Slg. 1978, 2429, Tz. 38/39 – Bussone, EuGH Slg. 1981, 1993, Tz. 7 – Oebel.
[28] EuGH Slg. 1982, 3723 – Morson; EuGH Slg. 1984, 2539 – Moser.
[29] BVerfG NJW 1990, 1033 = BRAK-Mitt. 1990, 53 = AnwBl. 1989, 669.
[30] Siehe insbesondere *Everling*, Gutachten DJT 1990, C 59 f.
[31] LG Passau EuZW 1994, 187; LG Düsseldorf EuZW 1994, 188.
[32] Vgl. unten Rdn. 49 ff.
[33] Vgl. unten Rdn. 36 ff.

"Aufnahme" einer Tätigkeit in einem anderen Mitgliedstaat steht allen Angehörigen eines Mitgliedstaates zu. Unter der Aufnahme sind – in Abgrenzung zu der zweiten Fallgruppe – die erstmalige Ausübung einer bestimmten Tätigkeit sowie die grenzüberschreitende Verlagerung einer bereits ausgeübten Tätigkeit zu verstehen. Der Verbleib von Betriebsteilen im Herkunftsstaat ist hierbei unschädlich, sofern diese organisatorisch oder wirtschaftlich von der Zentrale abhängig sind.[34] Das Recht zur **Gründung sekundärer Niederlassungen** steht dagegen nur Angehörigen eines Mitgliedstaates zu, die bereits in einem Mitgliedstaat (nicht notwendig ihrem Heimatstaat) ansässig sind, d. h. dort ihre wirtschaftliche Tätigkeit ausüben.[35] So fällt beispielsweise ein in Argentinien zugelassener Anwalt italienischer Staatsangehörigkeit, der sich unter Aufgabe seiner Tätigkeit in Argentinien in der Gemeinschaft niederläßt, unter den Grundsatz der Niederlassungsfreiheit. Will er dagegen unter Beibehaltung seiner argentinischen Kanzlei ein weiteres Büro in Europa eröffnen, so kann er sich hierbei nicht auf die Niederlassungsfreiheit berufen.

Wie sich bereits aus dem Wortlaut von Art. 52 EGV bzw. Art. 31 EWR-Abkommen ergibt,[36] beschränkt sich die Niederlassungsfreiheit nicht auf das Recht zur Gründung einer Zweitniederlassung, sondern erlaubt die Schaffung **mehrerer Niederlassungen** in der Gemeinschaft.[37] Dies bestätigt auch das Urteil des Gerichtshofs in der Rechtssache Klopp, welches allgemein von dem Recht Selbständiger spricht, „im Gebiet der Gemeinschaft mehr als eine Stätte für die Ausübung einer Tätigkeit einzurichten und beizubehalten".[38]

Dem Wortlaut nach (Recht der Aufnahme und Ausübung selbständiger Erwerbstätigkeit „nach den Bestimmungen des Aufnahmestaates für seine eigenen Angehörigen") statuiert Art. 52 EGV bzw. Art. 31 EWR-Abkommen grundsätzlich das Prinzip der Inländergleichbehandlung. Der Gerichtshof interpretiert die Vorschrift in ständiger Rechtsprechung als Verbot jeder **offenen Diskriminierung** aufgrund der Staatsangehörigkeit sowie aller „**versteckten** Formen der **Diskriminierung**, die durch die Anwendung anderer Unterscheidungsmerkmale tatsächlich zum gleichen Ergebnis führen".[39] Daneben ist mit dem Grundsatz der Niederlassungsfreiheit auch jede Maßnahme unvereinbar, die die Niederlassung in anderen Mitgliedstaaten **praktisch unmöglich** macht.[40] In jüngerer Zeit formuliert der EuGH noch etwas weiter gehend, Art. 52 EGV stehe grundsätzlich allen nationalen Maßnahmen entgegen, „die die Ausübung der durch den Vertrag garantierten grundlegenden Freiheiten behindern oder wenig attraktiv machen können".[41]

Vorschriften, die aus Gründen der Staatsangehörigkeit diskriminieren, sind generell unzulässig, es sei denn, sie sind aus Gründen der öffentlichen Ordnung, Si-

---

[34] *Troberg/Groeben*, EWGV, Art. 52 Rdn. 12.
[35] *Troberg/Groeben*, EWGV, Art. 52 Rdn. 60.
[36] Beide Vorschriften sprechen von Zweigniederlassungen in der Pluralform.
[37] So auch *Steindorff* EuR 1988, 19 (22 f.) und *Rabe* NJW 1987, 2185 (2190).
[38] EuGH Slg. 1984, 2971 = NJW 1985, 1275, Tz. 19 – Klopp.
[39] Ständige Rechtsprechung seit EuGH Slg. 1974, 153, Tz. 11 – Sotgiu. So auch Abschnitt III.B des Allgemeinen Programms zur Aufhebung der Beschränkungen der Niederlassungsfreiheit (ABl. 1962, S. 36, 38), auf das der Gerichtshof bei der Auslegung des Art. 52 verschiedentlich verweist (vgl. EuGH Slg. 1977, 765 = NJW 1977, 1582, Tz. 13 – Thieffry).
[40] Siehe zu dieser Fallgruppe insbesondere EuGH Slg. 1984, 2971 = NJW 1985, 1275, Tz. 20 – Klopp sowie EuGH Slg. 1988, 5483, Tz. 16 – Daily Mail.
[41] EuGH Slg. 1995, I-4165 = NJW 1996, 579 = EuZW 1996, 92 = EWS 1996, 26 = JZ 1996, 465 = RIW 1996, 160 = BRAK-Mitt. 1996, 42 – Tz. 37 – Gebhard; ähnlich auch EuGH Slg. 1993, I-1663 = EuZW 1993, 322, Tz. 32 – Dieter Kraus.

cherheit oder Gesundheit gerechtfertigt.⁴² Alle übrigen Beeinträchtigungen der Niederlassungsfreiheit sind nur zulässig, wenn sie vier Voraussetzungen erfüllen: „Sie müssen in nichtdiskriminierender Weise angewandt werden, sie müssen aus zwingenden Gründen des Allgemeininteresses gerechtfertigt sein, sie müssen geeignet sein, die Verwirklichung des mit ihnen verfolgten Zieles zu gewährleisten, und sie dürfen nicht über das hinausgehen, was zur Erreichung dieses Zieles erforderlich ist".⁴³

22 Ausgangspunkt der Judikatur des Gerichtshofs zum Niederlassungsrecht der Anwälte ist die Feststellung, es stehe „jedem Mitgliedstaat in Ermangelung besonderer gemeinschaftsrechtlicher Vorschriften in diesem Bereich frei, die Ausübung des Rechtsanwaltsberufs für sein Hoheitsgebiet zu regeln".⁴⁴

23 Eindeutig unvereinbar mit dem Grundsatz der Niederlassungsfreiheit ist der generelle Ausschluß ausländischer Staatsangehöriger von der Zulassung zur Anwaltschaft.⁴⁵ Solange die Voraussetzungen für den Zugang zum Anwaltsberuf nicht harmonisiert sind, können die Mitgliedstaaten jedoch frei bestimmen, welche Kenntnisse und Fähigkeiten zur Berufsausübung notwendig sind und dürfen die Vorlage eines Diploms verlangen, das dem Vorliegen dieser **Qualifikationen** bescheinigt.⁴⁶ Die Erfordernis von Nachweisen, die keinen Bezug zu der für den betreffenden Beruf erforderlichen Qualifikation aufweisen, kann dagegen eine Beschränkung der Niederlassungsfreiheit darstellen.⁴⁷ Bei der Prüfung, ob der Bewerber die nationalen Voraussetzungen für die Befähigung zum Anwaltsberuf erfüllt, sind in einem anderen Mitgliedstaat erworbene Kenntnisse und Fähigkeiten zu berücksichtigen.⁴⁸ Die Zulassung zur Anwaltschaft kann daher nicht ohne nähere Prüfung allein aus dem Grunde verweigert werden, daß der Bewerber kein inländisches juristisches Diplom besitzt, wenn das Diplom des Betreffenden von einer inländischen Universität als gleichwertig anerkannt wurde und er das inländische Zeugnis über die Befähigung zum Anwaltsberuf erworben hat.⁴⁹

24 Eine a priori-Prüfung der **Sprachkenntnisse** des Bewerbers ist nur zulässig, soweit sie nicht diskriminierend ist und den Anforderungen des Verhältnismäßigkeitsgrundsatzes genügt.⁵⁰ Die Sprachkenntnisse des Bewerbers können jedoch im Rahmen eines Anpassungslehrgangs oder einer Eignungsprüfung auf der Grund-

---

⁴² Art. 56 Abs. 1 EGV; Art. 33 EWR-Abkommen.
⁴³ EuGH Slg. 1995, I-4165 = NJW 1996, 579 = EuZW 1996, 92 = EWS 1996, 26 = JZ 1996, 465 = RIW 1996, 160 = BRAK-Mitt. 1996, 42 – Tz. 37 – Gebhard; ähnlich auch EuGH Slg. 1992, I-3351 = NJW 1992, 2407 = EuZW 1992, 511 = EWS 1994, 98 = RIW 1994, 249 , Tz. 29 f. – Ramrath; EuGH Slg. 1993, I-1663 = EuZW 1993, 322, Tz. 32 – Dieter Kraus.
⁴⁴ Siehe insbesondere EuGH Slg. 1984, 2971 = NJW 1985, 1275, Tz. 17 – Klopp.
⁴⁵ EuGH Slg. 1974, 631 = NJW 1975, 513 = EuR 1975, 129 – Reyners; EuGH Slg. 1988, 4415 – Kommission/Griechenland.
⁴⁶ EuGH Slg. 1987, 4097 = NJW 1989, 657, Tz. 10 – Unectef/Heylens; EuGH Slg. 1991, I-2357 = NJW 1991, 2073 = EuZW 1991, 380 = JZ 1991, 1131, Tz. 9 – Vlassopoulou.
⁴⁷ Antwort der Kommission auf die schriftliche Anfrage Nr. 1068/92, ABl. 1992 Nr. C 281, S. 46.
⁴⁸ EuGH Slg. 1987, 4097 = NJW 1989, 657, Tz. 13 – Unectef/Heylens; EuGH Slg. 1991, I-2357 = NJW 1991, 2073 = EuZW 1991, 380 = JZ 1991, 1131, Tz. 15 ff. – Vlassopoulou. Siehe hierzu auch EuGH Slg. 1992, I-3003 – Aguirre Borrell (Immobilienmakler) sowie EuGH Slg. 1994, I-425 = NJW 1994, 2409 = EuZW 1994, 217 – Salomone Haim (Zahnarzt).
⁴⁹ EuGH Slg. 1977, 765 = NJW 1977, 1582 – Thieffry.
⁵⁰ EuGH Slg. 1989, 3967 – Groener; Antwort der Kommission auf die schriftliche Anfrage Nr. 3153/92, ABl. 1993 Nr. C 207, S. 12.

lage der Hochschuldiplom-Richtlinie[51] berücksichtigt werden. Auch sind die nationalen Behörden berechtigt, disziplinarische Maßnahmen zu ergreifen, wenn unzureichende Sprachkenntnisse ein berufswidriges Verhalten nach sich ziehen.[52]

Erwirbt eine Person in einem anderen Mitgliedstaat eine akademische Qualifikation, die Zugangsvoraussetzung für einen selbständig ausgeübten Beruf ist oder die einen Vorteil für den Zugang zu einem solchen Beruf darstellt, so ist das Verbot, den **akademischen Grad** ohne vorherige behördliche Genehmigung zu führen, nur zulässig, wenn das Genehmigungsverfahren bestimmten Anforderungen entspricht.[53] Dem Aufnahmestaat steht es frei, die Ausübung eines reglementierten Berufs durch Personen, welche die vorgeschriebenen Anforderungen nicht erfüllen, unter Strafe zu stellen.[54] Die Sanktionen dürfen jedoch nicht außer Verhältnis zu der Art des begangenen Verstoßes stehen.[55]

Umstritten ist, ob der Grundsatz der Niederlassungsfreiheit ein **Recht zur Niederlassung** in einem anderen Mitgliedstaat **unter der ursprünglichen Berufsbezeichnung** begründet.[56] Diese Auffassung wurde insbesondere von der britischen Regierung in der Rechtssache Gullung[57] vertreten und war Gegenstand langwieriger Auseinandersetzungen im Rahmen der Verhandlungen über den CCBE-Entwurf einer Niederlassungsrichtlinie.[58] Im Verfahren Gullung führte der Gerichtshof aus, das Erfordernis der Zulassung zur Rechtsanwaltschaft für alle im Inland niedergelassenen Anwälte sei zulässig, sofern die Zulassung den Angehörigen aller Mitgliedstaaten ohne Diskriminierung offen stehe. Durch solch ein Erfordernis solle die disziplinarische Kontrolle der Tätigkeit gewährleistet werden.[59] Dem ließe sich entgegenhalten, daß die Niederlassung unter dem Heimattitel – wie die Regelung des § 206 BRAO beweist – nicht notwendig eine Überwachung des ausländischen Anwalts unmöglich macht.

Bei der Berufsausübung im Aufnahmestaat hat der ausländische Anwalt das örtliche **Standesrecht** grundsätzlich in vollem Umfang zu beachten. Dies gilt nicht, soweit hierdurch „die Staatsangehörigen der anderen Mitgliedstaaten an der tatsächlichen Ausübung ihres durch den Vertrag gewährleisteten Niederlassungsrechts gehindert werden".[60] So urteilte der Gerichtshof in der Rechtssache Klopp,[61] die Zulassung zum Rechtsanwaltsberuf dürfe nicht allein deshalb versagt

---

[51] Vgl. unten Rdn. 36 ff.
[52] Antwort der Kommission auf die schriftliche Anfrage Nr. 3153/92, ABl. 1993 Nr. C 207, S. 12 f.; Antwort der Kommission auf die schriftliche Anfrage Nr. 278/79, ABl. 1980 Nr. C 183, S. 2.
[53] EuGH Slg. 1993, I-1663 = EuZW 1993, 322 – Dieter Kraus; siehe hierzu auch VGH Mannheim NV.
[54] EuGH Slg. 1992, I-3003, Tz. 19 – Aguirre Borrell.
[55] EuGH Slg. 1993, I-1663 = EuZW 1993, 322, Tz. 41 – Dieter Kraus; EuGH Slg. 1977, 1495 = NJW 1977, 1579, Tz. 12 f. – Sagulo u. a.
[56] Bejahend *Rabe* NJW 1995, 1403 (1404); *Haas* BRAK-Mitt. 1995, 89; *Ewig* BRAK-Mitt. 1996, 13 (14). Ablehnend *Stuyck/Geens* Revue du Marché Unique Européen 1993, 71 (86).
[57] Sitzungsbericht, EuGH Slg. 1988, 111 (121) – Gullung.
[58] Siehe hierzu *Weil* Fordham Int. Law Journal 1991–1992, 699; *ders.* BRAK-Mitt. 1993, 2.
[59] EuGH Slg. 1988, 111 = NJW 1989, 658 = EuR 1989, 75, Tz. 29 – Gullung. In diesem Sinne auch EuGH Slg. 1983, 2744 – Auer II.
[60] EuGH Slg. 1984, 2971 = NJW 1985, 1275, Tz. 20 – Klopp.
[61] EuGH Slg. 1984, 2971 = NJW 1985, 1275 – Klopp; siehe ebenso EuGH Slg. 1992, I-3351 = NJW 1992, 2407 = EuZW 1992, 511 = EWS 1994, 98 = RIW 1994, 249 , Tz. 29 f. – Ramrath (Wirtschaftsprüfer) sowie EuGH Slg. 1992, I-3945 – Kommission/Luxemburg (Ärzte).

werden, weil der Betroffene gleichzeitig eine Rechtsanwaltskanzlei in einem anderen Mitgliedstaat unterhalte. Auch Regelungen, die Anwälte aus anderen Mitgliedstaaten faktisch schlechter stellen als Anwälte des Mitgliedstaates können auf diese keine Anwendung finden. Daher ist es mit dem Grundsatz der Niederlassungsfreiheit nicht vereinbar, wenn der Aufenthaltsstaat einem Anwalt, der zugleich in einem anderen Mitgliedstaat niedergelassen ist, dort wohnt und dem dortigen System der sozialen Sicherheit angeschlossen ist, dazu verpflichtet, auch im Aufnahmestaat Sozialversicherungsbeiträge zu entrichten, obwohl diese Beitragspflicht nicht zu einem zusätzlichen Schutz führt.[62] Dem trägt inzwischen Art. 14 a Abs. 2 der Verordnung (EWG) Nr. 1408/71[63] Rechnung, wonach Selbständige, die in zwei oder mehr Mitgliedstaaten tätig sind, dem Sozialversicherungssystem des Wohnsitzstaates unterliegen, sofern sie dort zumindest einen Teil ihrer Tätigkeit ausüben.

28 Verschiedentlich wird die Ansicht vertreten, daß unter diesem Gesichtspunkt ein innerstaatliches **Zweigstellenverbot** wie das des § 28 Abs. 1 BRAO für unbeachtlich erklärt werden könne.[64] Solch ein Verbot ist zweifellos geeignet, die Niederlassung ausländischer Anwälte zu behindern bzw. weniger attraktiv zu machen, da gerade die Eröffnung von Zweigstellen erlaubt, bei begrenzten Kosten in mehreren Wirtschaftszentren präsent zu sein. Dies gilt jedoch in gleicher Weise für bereits in Deutschland niedergelassene Anwälte, so daß keine Schlechterstellung von Anwälten anderer Mitgliedstaaten ersichtlich ist.[65]

29 In der Literatur wird von mehreren Autoren die Auffassung vertreten, entgegen seinem Wortlaut erschöpfe sich der Grundsatz der Niederlassungsfreiheit nicht in einem Diskriminierungsverbot. Vielmehr stehe er – analog den Grundsätzen des freien Dienstleistungsverkehrs und des freien Warenverkehrs – **allen Behinderungen** der in den Anwendungsbereich der Niederlassungsfreiheit fallenden Tätigkeiten entgegen, sofern diese nicht durch Gründe des Allgemeinwohls gerechtfertigt sind.[66]

30 Die Vertreter dieser Auffassung stützen sich hierbei insbesondere auf die Urteile **Klopp**[67] sowie **Wolf und Dorchain**.[68] Beide Urteile weisen jedoch bei genauer Betrachtung nicht über ein weit verstandenes Diskriminierungsverbot hinaus. Das auch gegenüber ausländischen Anwälten angewandte französische Zweigstellenverbot, das Gegenstand des Falles **Klopp** war, hatte eine diskriminierende Wirkung, da Anwälte aus anderen Staaten regelmäßig eine Niederlassung in ihrem Herkunftsstaat unterhalten und ihnen daher der Zugang zur französischen Anwaltschaft in aller Regel versperrt war. Diskriminierend war auch die dem Fall **Wolf und Dorchain** zu-

---

[62] EuGH EuZW 1996, 238 = EWS 1996, 216 mit Anm. Klima – Kemmler.
[63] Die letzte konsolidierte Fassung ist abgedruckt in Abl. 1992 Nr. C 325, S. 1.
[64] So *Gornig* NJW 1989, 1120 (1124); *Raczinski/Rogalla/Tomsche* AnwBl. 1989, 583 (591); *Reinmüller* IPrax 1989, 54 (56); *Kotulla* AnwBl. 1990, 126 (130); *Hofmann*, Internationales Anwaltsrecht, S. 139; *Goebel* Fordham Int. Law Journal 1991–1992, 556 (563); *Rabe* AnwBl. 1992, 146 (148).
[65] So auch *Everling*, Gutachten DJT 1990, C 37; *ders.* EuR 1989, 338 (346); *Vetter* BRAK-Mitt. 1990, 2 (3).
[66] So insbesondere *Bleckmann* DVBl. 1986, 74 f.; *ders.* EuR 1987, 28 (33 f.); *Steindorff* EuR 1988, 19 (32); *Blumenwitz* NJW 1989, 621 (622 f.); *Gornig* NJW 1989, 1120 (1121); *Raczinski/Rogalla/Tomsche* AnwBl. 1989, 583 (588 f.); *Sack* JuS 1990, 352 (354 f.); *Ehlers/Lachhoff* JZ 1996, 467 (468); mit gewissen Einschränkungen *Schneider*, Die Anerkennung von Diplomen in der Europäischen Gemeinschaft, S. 91.
[67] EuGH Slg. 1984, 2971 = NJW 1985, 1275 – Klopp.
[68] EuGH Slg. 1988, 3897 – Wolf und Dorchain.

grundeliegende Regelung des belgischen Sozialversicherungsrechts, nach der Personen von der Versicherungspflicht für Selbständige befreit werden konnten, wenn sie ihre selbständige Tätigkeit neben einer hauptberuflichen unselbständigen Tätigkeit ausübten, die solch eine Befreiung jedoch versagte, wenn die hauptberufliche unselbständige Tätigkeit in einem anderen Mitgliedstaat ausgeübt wurde.

Dasselbe gilt für die Entscheidungen **Vlassopoulou**[69] und **Dieter Kraus**,[70] die nur auf den ersten Blick auf eine Ausweitung des Art. 52 EGV zu einem allgemeinen Beschränkungsverbot hinzuweisen scheinen. Das Erfordernis der deutschen Befähigung zum Richteramt, welches Gegenstand der Rechtssache Vlassopoulou war, wird von Angehörigen anderer Staaten regelmäßig nicht erfüllt.[71] Die Genehmigungspflicht für im Ausland erworbene akademische Grade führte im Fall Dieter Kraus zu einer Schlechterstellung von Staatsangehörigen, die von der Niederlassungsfreiheit Gebrauch machten. Beide Regelungen hatten somit diskriminierende Wirkungen. 31

Auch die Schlußanträge von Generalanwalt Van Gerven in der Rechtssache Vlassopoulou[72] enthalten keine Äußerung in diesem Sinne. Der Generalanwalt kommt lediglich zu dem Schluß, Art. 52 stehe auch einer nationalen Vorschrift entgegen, „die es Gemeinschaftsbürgern erschwert, jede Art von Erwerbstätigkeit außerhalb ihres eigenen Mitgliedstaates auszuüben", oder den Gemeinschaftsbürger „benachteiligen" könnte, die ihre Tätigkeit über das Hoheitsgebiet ihres Mitgliedstaates hinaus ausdehnen wollen.[73] 32

Die erwähnte Literaturansicht findet somit (noch) keine Stütze in der Rechtsprechung des Gerichtshofs. Sie übersieht daneben den vom Gerichtshof wiederholt betonten Unterschied zwischen einer vorübergehenden Tätigkeit und einer auf Dauer angelegten Berufsausübung, die von einer beruflichen Präsenz ausgeht.[74] So unterstreicht der Gerichtshof, nicht jede nationale Regelung, „die normalerweise eine Dauertätigkeit von in diesem Staat ansässigen Personen zum Gegenstand hat, [könne] in vollem Umfang auf zeitlich begrenzte Tätigkeiten angewandt werden ..., die von in anderen Mitgliedstaaten ansässigen Personen ausgeübt werden".[75] Umgekehrt ergibt sich hieraus, daß Personen und Unternehmen, die von der Niederlassungsfreiheit Gebrauch machen, in stärkerem Maße dem Berufsrecht des Aufnahmestaates unterworfen werden können, als dies bei einer nur vorübergehenden Tätigkeit möglich ist. 33

Die **praktische Relevanz** des Meinungsstreits ist angesichts der weiten Auslegung des Begriffs verdeckter Diskriminierungen durch den Gerichtshof relativ gering. Soll die erweiternde Auslegung der Niederlassungsfreiheit verhindern, daß Ausländer Anforderungen unterworfen werden, die für Inländer gleichermaßen gelten, von ersteren jedoch nur schwer oder gar nicht erfüllt werden 34

---

[69] EuGH Slg. 1991, I-2357 = NJW 1991, 2073 = EuZW 1991, 380 = JZ 1991, 1131 – Vlassopoulou.
[70] EuGH Slg. 1993, I-1663 = EuZW 1993, 322 – Dieter Kraus.
[71] Ebenso *Nachbaur* EuZW 1991, 470 (471); *Hailbronner* JuS 1991, 917 (919) sowie *Stein* CMLRev. 1992, 625 (635 f.).
[72] EuGH Slg. 1991, I-2357, Tz. 6–10 der Schlußanträge – Vlassopoulou.
[73] Tz. 10 der Schlußanträge. In diesem Sinne auch *Stein* CMLRev. 1992, 625 (635); a.A. *Nachbaur* EuZW 1991, 470 (471).
[74] So auch *Everling*, Gutachten DJT 1990, C 44; *Stuyck/Geens* Revue du Marché Unique Européen 1993, 71 (79).
[75] EuGH Slg. 1981, 3305 = NJW 1982, 1203 – Webb; EuGH Slg. 1988, 1123 = NJW 1988, 887 = AnwBl. 1988, 236 = BRAK-Mitt. 1988, 152 = JZ 1988, 506 = DVBl. 1989, 30, Tz. 40 – Kommission/Bundesrepublik Deutschland.

können,⁷⁶ so wird dies bereits durch das Konzept der verdeckten Diskriminierung geleistet. Zudem stellte der Gerichtshof inzwischen klar, daß versteckte Diskriminierungen nur dann zulässig sind, wenn sie durch zwingende Gründe des Allgemeininteresses gerechtfertigt sind.⁷⁷

35 Zu unterschiedlichen Ergebnissen führt die erweiternde Auslegung allein im Falle von Maßnahmen, die Ausländer in keiner Hinsicht stärker behindern als Inländer. Wollte man jedoch die Mitgliedstaaten dazu verpflichten, auch die Anwendung all dieser Vorschriften auf die in ihrem Gebiet niedergelassenen ausländischen Anwälte durch zwingende Gründe des Allgemeinwohls zu rechtfertigen, so bliebe nur wenig von deren grundsätzlich bestehendem Recht, in Ermangelung besonderer gemeinschaftsrechtlicher Vorschriften die Ausübung des Rechtsanwaltsberufs für ihr Hoheitsgebiet zu regeln.⁷⁸

2. Die Hochschuldiplom-Richtlinie

36 Am 21. 12. 1988 verabschiedete der Rat die Richtlinie „über eine allgemeine Regelung zur Anerkennung der Hochschuldiplome, die eine mindestens dreijährige Berufsausbildung abschließen" (im folgenden „Hochschuldiplom-Richtlinie"),⁷⁹ welche von den EG-Mitgliedstaaten bis zum 4. 1. 1991, von den übrigen EWR-Vertragsstaaten bis zum 1. 1. 1993 umzusetzen war.

37 Die Gemeinschaft schuf hiermit erstmals⁸⁰ eine generelle, berufsübergreifende Regelung über die gegenseitige Anerkennung von Diplomen. In der Vergangenheit hatte man versucht, die Diplomanerkennung im Rahmen berufsspezifischer Richtlinien zu verwirklichen, welche die Anerkennung jeweils an eine Mindestharmonisierung der Ausbildung in den Mitgliedstaaten koppelten. Dieses sektorale Vorgehen hatte sich jedoch als zu mühsam und langwierig erwiesen.⁸¹

38 Da der Anwaltsberuf in allen Mitgliedstaaten eine mindestens dreijährige Hochschulausbildung voraussetzt, fallen Diplome, die den Zugang zur Anwaltstätigkeit eröffnen, grundsätzlich unter die Richtlinie. Sogleich nach Vorlage des ersten Richtlinienvorschlags durch die Kommission war versucht worden, **juristische Diplome** vom Anwendungsbereich der Richtlinie auszunehmen.⁸² Die Befürworter einer anwaltseigenen Richtlinie argumentierten – ohne Erfolg –, wegen der unterschiedlichen nationalen Rechtsordnungen sei die juristische Ausbildung in den verschiedenen Mitgliedstaaten nicht vergleichbar. Die verschiedenen Ausnahmen, welche die Richtlinie in der Folge vorsehen mußte, um den Besonderheiten der juristischen Ausbildung Rechnung zu tragen, bestätigen rückblickend diese Haltung.⁸³

---

⁷⁶ So z. B. *Gornig* NJW 1989, 1120 (1121).
⁷⁷ Vgl. oben Rdn. 21.
⁷⁸ Siehe insbesondere EuGH Slg. 1984, 2971 = NJW 1985, 1275, Tz. 17 – Klopp.
⁷⁹ Siehe Anhang Nr. 2. Vgl. hierzu allgemein *Schneider*, Die Anerkennung von Diplomen in der Europäischen Gemeinschaft, S. 161 ff., *Leibrock* EuZW 1992, 465, *Henninger* BB 1990, 73 und *Tiemann* BRAK-Mitt. 1989, 3.
⁸⁰ Die Hochschul-Richtlinie wurde in der Zwischenzeit ergänzt durch die Richtlinie 92/51/EWG des Rates vom 18. 6. 1992 über eine zweite allgemeine Regelung zur Anerkennung beruflicher Befähigungsnachweise in Ergänzung zur Richtlinie 89/48/EWG, ABl. 1992 Nr. L 209, S. 25.
⁸¹ So nahm beispielsweise die Verabschiedung der Apotheker- und der Architekten-Richtlinie 18 Jahre in Anspruch.
⁸² *Hüchting* BRAK-Mitt. 1989, 2.
⁸³ *Tiemann* BRAK-Mitt. 1989, 3.

Die Richtlinie bestimmt im Grundsatz, daß Angehörigen eines Mitgliedstaates 39
der Zugang zu einem sog. reglementierten Beruf[84] nicht wegen mangelnder
Qualifikation verwehrt werden kann, wenn der Antragsteller ein **Diplom** besitzt,
das in einem anderen Mitgliedstaat den Zugang zu diesem Beruf eröffnet.[85] Da es
an einer Harmonisierung der jeweiligen Berufsausbildungen fehlt, räumt die
Richtlinie den Mitgliedstaaten das Recht ein, die Anerkennung von zusätzlichen
Voraussetzungen abhängig zu machen. So darf der Aufnahmestaat bei einer Diskrepanz der Ausbildungsdauer von mindestens einem Jahr den Nachweis einer
bestimmten **Berufserfahrung** verlangen.[86] Unterscheiden sich die durch das
ausländische Diplom abgedeckten Ausbildungsinhalte wesentlich von denen, die
dem entsprechenden inländischen Diplom zugrunde liegen (bei juristischen Examina ist dies wegen der Unterschiede der nationalen Rechtsordnungen regelmäßig der Fall), so kann der Aufnahmestaat verlangen, daß der Bewerber einen
maximal dreijährigen **Anpassungslehrgang** absolviert oder eine **Eignungsprüfung** ablegt.[87] Während der Antragsteller grundsätzlich frei zwischen den letzteren beiden Möglichkeiten wählen kann, dürfen die Mitgliedstaaten bei Berufen,
deren Ausübung eine genaue Kenntnis des nationalen Rechts erfordert, eine dieser Alternativen bindend vorschreiben.

In den Anwendungsbereich der Richtlinie fallen allein Diplome, die nachwei- 40
sen, daß der Inhaber über **alle beruflichen Voraussetzungen** für die Ausübung
einer reglementierten Tätigkeit verfügt.[88] Setzt daher – wie in den meisten Mitgliedstaaten[89] – der Zugang zum Anwaltsberuf nicht nur den Erwerb eines
Hochschuldiploms sondern auch die Ableistung eines **Praktikums** voraus, so
verpflichtet die Richtlinie die anderen Mitgliedstaaten nicht zur isolierten Anerkennung des Hochschulabschlusses. Allein das „Endprodukt", d. h. der Nachweis
über die Absolvierung der beiden Ausbildungsabschnitte, ist anzuerkennen.[90]
Gemeinschaftsangehörige, die lediglich das juristische Hochschulstudium, nicht
aber die im Herkunftsstaat erforderliche praktische Ausbildung absolviert haben,
können sich deshalb nicht auf die Richtlinie berufen, um in einem anderen
Mitgliedstaat ihre Zulassung als Anwalt zu erwirken.

Auch erleichtert die Richtlinie Hochschulabsolventen nicht den **Zugang zur** 41
berufspraktischen Ausbildung in einem anderen Mitgliedstaat, da der Zeitraum zwischen Studium und Berufszugang nicht als Ausübung eines reglementierten Berufs im Sinne der Richtlinie gilt.[91] Eine Pflicht zur Anerkennung iso-

---

[84] Eine berufliche Tätigkeit, deren Aufnahme oder Ausübung an den Besitz eines Diploms gebunden ist (Art. 1 lit c und d der Richtlinie).
[85] Art. 3 der Richtlinie.
[86] Art. 4 Abs. 1 lit a der Richtlinie.
[87] Art. 4 Abs. 1 lit b der Richtlinie.
[88] Art. 1 lit a der Richtlinie.
[89] Zu den Zulassungsvoraussetzungen in den einzelnen Mitgliedstaaten siehe *Staats* DRiZ 1990, 193. Aus Gründen der Subsidiarität hält es die Kommission weder für notwendig noch für zweckmäßig; die verschiedenen Systeme anzugleichen und hierbei die Ausübung des Anwaltsberufs von einer mehrjährigen anwaltlichen Berufstätigkeit abhängig zu machen (Antwort der Kommission auf die schriftliche Anfrage E-4106/93, ABl. 1994 Nr. C 332, S. 43).
[90] Vgl. die Antwort der Kommission auf die schriftliche Anfrage Nr. 1085/92, ABl. 1992 Nr. C 289, S. 41, im Fall eines italienischen Anwalts, der zwar die „laurea di giurisprudenza" besaß, nicht aber das nach italienischem Recht erforderliche Praktikum absolviert hatte. So auch *Leibrock* EuZW 1993, 634 (635); *ders.* EuZW 1992, 465 (466); *Schneider,* Die Anerkennung von Diplomen in der Europäischen Gemeinschaft, S. 172.
[91] So die bei der Verabschiedung der Richtlinie zum Ratsprotokoll abgegebene Erklärung Nr. 8. In diesem Sinne wohl auch *Feuerich* NJW 1991, 1144.

lierter Diplome und akademische Grade kann sich jedoch aus dem Grundsatz der Niederlassungsfreiheit ergeben.[92]

42 Grundsätzlich sieht die Hochschuldiplom-Richtlinie nur eine Anerkennung von Diplomen vor, die eine **überwiegend in der Gemeinschaft erworbene Ausbildung** bescheinigen. Hierbei ist jedoch nicht notwendig, daß die Ausbildung (überwiegend) in dem Mitgliedstaat erworben wurde, der das Diplom ausstellt. Diese Regelung trägt der Situation von Mitgliedstaaten Rechnung, die (wie z. B. Luxemburg mangels eigener Hochschuleinrichtungen) in weitem Umfang Abschlüsse oder Ausbildungszeiten in anderen Mitgliedstaaten anerkennen.[93]

43 **Diplome eines Drittlandes** fallen, selbst wenn sie von einem Mitgliedstaat anerkannt wurden, im Prinzip nicht unter die Richtlinie.[94] In Abweichung hiervon sind von einem Mitgliedstaat anerkannte Diplome eines Drittlandes jedoch anzuerkennen, wenn der betreffende Mitgliedstaat dem Inhaber des Diploms zugleich bescheinigt, daß dieser den betreffenden Beruf während eines Zeitraums von drei Jahren in der Gemeinschaft ausgeübt hat.[95] Darüber hinaus sprach sich der Rat in einer Empfehlung vom 21. 12. 1988 ausdrücklich dafür aus, Angehörigen von Mitgliedstaaten, die Inhaber eines Drittstaats-Diploms sind, den Zugang zu reglementierten Berufen in der Gemeinschaft durch die Anerkennung dieses Diploms zu erleichtern.[96]

44 Der Zulassungsantrag eines Bewerbers muß von den zuständigen Behörden innerhalb von vier Monaten beschieden werden. Die Entscheidung ist mit Gründen zu versehen.[97] Nach Anerkennung des Diploms ist der Betreffende berechtigt, nicht nur die Berufsbezeichnung seines Heimatstaates, sondern auch die des Aufnahmelandes zu führen.[98]

45 Offen war zunächst das Verhältnis zwischen der Hochschuldiplom-Richtlinie einerseits und der sich unmittelbar aus dem Grundsatz der Niederlassungsfreiheit ergebenden Verpflichtung der Mitgliedstaaten, in anderen Mitgliedstaaten erworbene Qualifikationen zu berücksichtigen, andererseits. Das **Urteil Vlassopoulou**,[99] in welchem der Gerichtshof Art. 52 EGV erstmals auf nationale Qualifikationsvoraussetzungen anwandte, erging mehr als zwei Jahre nach Verabschiedung der Richtlinie. Die Richtlinie konnte diese Rechtsprechung daher nicht berücksichtigen. Umgekehrt war in der Rechtssache Vlassopoulou im Zeitpunkt der mündlichen Verhandlung die Frist zur Umsetzung der Richtlinie noch nicht abgelaufen, so daß der Gerichtshof den Fall allein auf der Grundlage von Art. 52 EGV entscheiden konnte.

---

[92] Vgl. oben Rdn. 25. Siehe auch die Antwort der Kommission auf die schriftliche Anfrage Nr. 1085/92, ABl. 1992 Nr. C 289, S. 41.
[93] Vgl. *Feuerich* NJW 1991, 1144 (1145).
[94] Zur entsprechenden Rechtslage nach der Diplomanerkennungsrichtlinie für Zahnärzte vgl. EuGH Slg. 1994, I-425, Tz. 13 – Haim; EuGH Slg. 1994, I-451 = EWS 1995, 128, Tz. 11 ff. – Tawil-Albertini.
[95] Art. 1 lit a und e der Richtlinie. Eine Ausnahmeregelung dieser Art existiert bislang nicht in den berufsspezifischen Richtlinien.
[96] Empfehlung des Rates vom 21. 12. 1988 betreffend die Staatsangehörigen der Mitgliedstaaten, die Inhaber eines in einem Drittstaat ausgestellten Diploms sind (89/49/EWG), siehe Anhang Nr. 2.
[97] Art. 8 Abs. 2 der Richtlinie.
[98] Art. 7 Abs. 1 und 2 der Richtlinie.
[99] EuGH Slg. 1991, I-2357 = NJW 1991, 2073 = EuZW 1991, 380 = JZ 1991, 1131 – Vlassopoulou.

Die Frage ist von praktischer Bedeutung, da das Urteil Vlassopoulou die Mitgliedstaaten zu einer vergleichenden Prüfung verpflichtet. Führt diese zu dem Ergebnis, „daß die durch das ausländische Diplom bescheinigten Kenntnisse und Fähigkeiten den nach den nationalen Rechtsvorschriften verlangten entsprechen, so hat der Mitgliedstaat anzuerkennen, daß dieses Diplom die in diesen Vorschriften aufgestellten Voraussetzungen erfüllt".[100] Die Richtlinie sieht eine solche Gleichwertigkeitsprüfung nicht vor, sondern erlaubt den Mitgliedstaaten, von ausländischen Anwälten generell das Ablegen einer Eignungsprüfung zu verlangen. Fraglich ist daher, ob ein Anwalt gestützt auf den Grundsatz der Niederlassungsfreiheit dartun kann, seine Qualifikationen machten eine Eignungsprüfung (zumindest teilweise) überflüssig. 46

Die Frage läßt sich nicht allein anhand des Grundsatzes lösen, daß die Grundfreiheiten nur insoweit eingreifen, als keine harmonisierten gemeinschaftlichen Regeln bestehen,[101] denn zweifelhaft ist gerade, ob die restriktive Regelung der Richtlinie nicht wegen Verstoßes gegen den Grundsatz der Niederlassungsfreiheit nichtig ist. Die Schwierigkeit, die bei Bejahung der Frage nötigen Vergleichsprüfungen in der Praxis durchzuführen, sind in diesem Zusammenhang ohne Belang, da sich ein Mitgliedstaat nach ständiger Rechtsprechung des Gerichtshofs zur Rechtfertigung einer Vertragsverletzung nicht auf Bestimmungen, Übungen oder Umstände seiner internen Rechtsordnung berufen kann.[102] Des weiteren zeigen die deutschen Umsetzungsvorschriften, die von der Eignungsprüfung Fächer ausnehmen, über die der ausländische Anwalt bei seiner Ausbildung bereits ausreichende Kenntnisse erlangt hat, daß eine praktikable Lösung möglich ist.[103] In seiner Entscheidung Gebhard hat der EuGH nunmehr klargestellt, daß die im Urteil Vlassopoulou entwickelten Grundsätze auch unter der Geltung der Hochschuldiplom-Richtlinie Anwendung finden.[104] Die Mitgliedstaaten haben daher die bereits erworbenen Qualifikationen und Kenntnisse des Kandidaten zu berücksichtigen und ihn von in Hinblick hierauf entbehrlichen Prüfungsteilen zu dispensieren.[105] 47

In der Bundesrepublik Deutschland wurde die Richtlinie für die Berufe im Bereich der Rechtspflege durch das Gesetz vom 6. 7. 1990[106] umgesetzt. Artikel 1 enthält das „**Gesetz über die Eignungsprüfung für die Zulassung zur Rechtsanwaltschaft**",[107] Artikel 2 das „Gesetz über die Eignungsprüfung für die Zulassung zur Patentanwaltschaft". 48

---

[100] EuGH Slg. 1991, I-2357 = NJW 1991, 2073 = EuZW 1991, 380 = JZ 1991, 1131, Tz. 19 – Vlassopoulou.
[101] So *Rabe* AnwBl. 1992, 146 (150).
[102] Zuletzt EuGH Slg. 1988, 3271 – Kommission/Belgien.
[103] Vgl. § 5 EignungsprüfungsVO.
[104] EuGH Slg. 1995, I-4165 = NJW 1996, 579 = EuZW 1996, 92 = EWS 1996, 26 = JZ 1996, 465 = RIW 1996, 160 = BRAK-Mitt. 1996, 42 – Tz. 38 – Gebhard.
[105] So auch *Henssler* AnwBl. 1996, 353 (356); *Stein* CMLRev. 1992, 625 (633 f.); *Nachbaur* EuZW 1991, 472; *Zuck* JZ 1991, 1132 (1133); *Hailbronner* JuS 1991, 917 (920).
[106] BGBl. I 1990 S. 1349; geändert durch das EWR-Ausführungsgesetz vom 27. 4. 1993, BGBl. I, S. 512 sowie das Gesetz zur Anpassung des EWR-Ausführungsgesetzes vom 27. 9. 1993, BGBl. I, S. 1666.
[107] Siehe Nr. 6.

3. Der Vorschlag einer Richtlinie zur Erleichterung der ständigen Ausübung des Rechtsanwaltsberufes in einem anderen Mitgliedstaat als dem, in dem die Qualifikation erworben wurde

49 Bereits im April 1983 legte der **Rat der Anwaltschaften der Europäischen Gemeinschaft (CCBE)** den ersten Entwurf einer „Richtlinie des Rates der Europäischen Gemeinschaft zur Erleichterung der tatsächlichen Ausübung des Niederlassungsrechts der Rechtsanwälte" vor. Die Arbeit an dem Entwurf[108] gestaltete sich als schwierig, da Uneinigkeit hinsichtlich der Frage bestand, ob auch die Niederlassung unter dem Heimattitel erlaubt sein sollte. Insbesondere Frankreich vertrat die Ansicht, jeder Mitgliedstaat könne verlangen, daß der niederlassungswillige Anwalt alle Voraussetzungen für die Zulassung zur nationalen Anwaltschaft erfülle.[109] Andere Delegationen – so insbesondere die britische und niederländische – vertraten die Ansicht, solch ein Erfordernis sei mit dem Grundsatz der Niederlassungsfreiheit nicht vereinbar.[110]

50 1992 gelang es den Delegationen, sich auf einen Kompromiß zu einigen. Der am 23. 10. 1992 von der Vollversammlung in Lissabon gebilligte Entwurf einer Richtlinie über das Niederlassungsrecht der Anwälte[111] sieht das Recht zur Niederlassung unter der ursprünglichen Berufsbezeichnung, Erleichterungen bei bzw. die Freistellung von der Eignungsprüfung bei der Niederlassung unter der Berufsbezeichnung des Aufnahmestaates sowie Regeln für die gemeinsame Berufsausübung vor. Am 9. 12. 1992 wurde der Entwurf offiziell der **Kommission** vorgestellt. Diese legte am 30. 3. 1995 den hierauf basierenden Vorschlag für eine Richtlinie „zur Erleichterung der ständigen Ausübung des Rechtsanwaltsberufes in einem anderen Mitgliedstaat als dem, in dem die Qualifikation erworben wurde" vor.[112]

51 Während der Entwurf des CCBE vorsieht, daß jeder EG-Anwalt in anderen Mitgliedstaaten zeitlich unbeschränkt unter seiner ursprünglichen Berufsbezeichnung tätig sein kann, begrenzt der Entwurf der Kommission dieses Recht auf einen **Zeitraum von fünf Jahren**. Erklärtes Ziel des Kommissionsvorschlages ist die vollständige Eingliederung des ausländischen Anwalts in die Anwaltschaft des Aufnahmestaates. Die Berufsausübung unter dem Heimattitel soll daher nur eine Etappe auf dem Weg zur vollen Integration darstellen.

52 Die vorgeschlagene Regelung trägt den tatsächlichen Bedürfnissen von in anderen Mitgliedstaaten tätigen Anwälten nur ungenügend Rechnung. Sie übersieht, daß der im Ausland niedergelassene Anwalt unter Umständen überhaupt nicht im Recht des Gastlandes beraten will und an einer Vollintegration in die nationale Anwaltschaft daher kein Interesse hat. Am deutlichsten wird dies am Fall der zahlreichen in Brüssel niedergelassenen Anwälte aller Mitgliedstaaten, die ausschließlich auf dem Gebiet des EG-Rechts und des Rechts ihres Herkunftslandes tätig sind. Darüber hinaus begegnet die vorgeschlagene Regelung Bedenken im Hinblick auf Art. 52 EGV, da sie nach Ablauf der Fünfjahresfrist die Berufsausübung unter der ursprünglichen Berufsbezeichnung völlig unmöglich macht, ohne daß diese einschneidende Beschränkung durch Gründe des Allgemeininteresses gerechtfertigt wäre. Der Rechtsausschuß des Europäischen Parla-

---

[108] Siehe hierzu unter anderem *Westenberger* BRAK-Mitt. 1988, 230; *Weil* Fordham Int. Law Journal 1991–1992, 699; ders. BRAK-Mitt. 1993, 2; *Wackie Eysten* EuZW 1993, 721 (724).
[109] So die französischen Vorschriften seit dem Anwaltsgesetz vom 31. 12. 1990 (Gesetz Nr. 90–1259, J. O. vom 5. 1. 1991, S. 219). Vgl. § 29 a Rdn. 36.
[110] Vgl. oben Rdn. 26.
[111] Abgedruckt in BRAK-Mitt. 1993, 3.
[112] ABl. 1995 Nr. C 128, S. 6; in Auszügen abgedruckt in BRAK-Mitt. 1995, 104.

ments[113] der Wirtschaft- und Sozialausschuß,[114] der CCBE,[115] die nationalen Anwaltsorganisationen fast aller Mitgliedstaaten,[116] der Ausschuß Europäische Union des Bundestages[117] sowie zahlreiche Literaturstimmen[118] haben sich daher gegen die zeitliche Beschränkung des Rechts zur Berufsausübung ausgesprochen.

Beantragt der unter seiner ursprünglichen Berufsbezeichnung tätige Anwalt die Anerkennung seines Diploms nach der Hochschuldiplom-Richtlinie, so wird er **von der Eignungsprüfung dispensiert**, wenn er eine mindestens dreijährige effektive und ständige Tätigkeit[119] im Recht des Aufnahmestaates nachweist. War er mindestens drei Jahre (effektiv und ständig) im Aufnahmestaat – wenn auch nicht auf dem Gebiet dessen Rechts – tätig, so beschränkt sich die Eignungsprüfung auf das Prozeß- und Standesrecht des Aufnahmestaates. 53

Die letztgenannte Regelung erscheint im Hinblick auf den Schutz des rechtsuchenden Publikums bedenklich. Sie führt beispielsweise dazu, daß ein ausländischer Anwalt sich nach dreijähriger Tätigkeit als deutscher Rechtsanwalt bezeichnen darf, ohne je auch nur Grundkenntnisse in den wichtigsten Bereichen des deutschen Rechts nachgewiesen zu haben.[120] Wenig einleuchtend ist auch, weshalb nach einer dreijährigen Tätigkeit im Aufnahmestaat (bis dahin nie benötigte) Kenntnisse im materiellen Recht des Aufnahmestaates vermutet werden, nicht aber Kenntnisse in dem (von Anfang an im vollen Umfang anwendbaren) örtlichen Standesrecht. 54

Alleinige Bedingung für die Ausübung des Rechts zur Tätigkeit unter dem Heimattitel ist die Eintragung bei der zuständigen Behörde des Aufnahmestaates. Um eine ausreichende Information des rechtsuchenden Publikums sicherzustellen, kann der Aufnahmestaat verlangen, daß der Anwalt neben seinem Heimattitel die Berufsorganisation, deren Zuständigkeit er im Herkunftsstaat unterliegt, oder das Gericht angibt, bei dem er im Herkunftsstaat zugelassen ist. Besteht die Gefahr einer Verwechslung mit der nationalen Berufsbezeichnung (so z. B. bei deutschen und österreichischen Rechtsanwälten), kann die Angabe des Herkunftsstaates verlangt werden. 55

Die **Befugnisse** des unter seiner ursprünglichen Berufsbezeichnung tätigen Anwalts decken sich mit denen eines Anwalts, der auf der Grundlage der Rechtsanwaltsdienstleistungs-Richtlinie tätig wird. Der Anwalt hat daher nicht nur die Möglichkeit, im Recht seines Herkunftsstaates, im Recht von Drittstaaten, im Gemeinschaftsrecht und im internationalen Recht zu beraten, sondern kann auch Rechtsberatung im Recht des Aufnahmestaates erteilen. Hierdurch soll der möglichen Verzahnung der verschiedenen Rechtsordnungen sowie dem Umstand Rechnung getragen werden, daß der Anwalt in der Regel Kontakte zu der Rechtssphäre des Aufnahmestaates hat. In gleicher Weise wie im Rahmen der Rechtsanwaltsdienstleistungs-Richtlinie kann der Anwalt auch Mandanten vor den Gerichten und Behörden des Aufnahmestaates vertreten und verteidigen. Soweit der Aufnahmestaat hier die Vertretung durch einen Anwalt vorschreibt, 56

---

[113] Vgl. european report Nr. 2104 vom 3. 2. 1996, IV, S. 9 sowie ZAP 1996, 585.
[114] Abl. 1995 Nr. C 256, S. 14 (15).
[115] Vgl. BRAK-Mitt. 1996, 14.
[116] Vgl. european report Nr. 2104 vom 3. 2. 1996, IV, S. 9.
[117] Vgl. EuZW 1996, 2.
[118] *Rabe* NJW 1995, 1403 (1404); *Haas* BRAK-Mitt. 1995, 89; ders. BRAK-Mitt. 1994, 1; *Goebel* Fordham Int. Law Journal 1991–1992, 556 (614 f.).
[119] Zum Begriff der effektiven und ständigen Tätigkeit vgl. EuGH Slg. 1989, 3039 – van de Bijl.
[120] So auch *Rabe* NJW 1995, 1403 (1404).

kann der Betreffende verpflichtet werden, im Einvernehmen mit einem bei dem angerufenen Gericht zugelassenen Anwalt zu handeln.

57 Der unter seiner ursprünglichen Berufsbezeichnung tätige Anwalt unterliegt weiterhin den **Berufs- und Standesregeln** seines Herkunftsstaates. Für alle Tätigkeiten im Aufnahmestaat gelten jedoch allein die Vorschriften dieses Mitgliedstaates. Der Anwalt unterliegt insoweit auch der Disziplinargewalt der nationalen Behörden. Der Aufnahmestaat kann verlangen, daß der Anwalt eine Berufshaftpflichtversicherung abschließt oder eine gleichwertige, nach den Regeln des Herkunftsstaates geschlossene Versicherung nachweist. Bei nur partieller Gleichwertigkeit kann lediglich eine Zusatzversicherung für die nicht abgedeckten Teile gefordert werden.[121] Die Ausübung des Anwaltsberufes in einem abhängigen Beschäftigungsverhältnis ist nur insoweit möglich, als der Aufnahmestaat dies für die eigenen Anwälte gestattet. Ein deutscher angestellter Anwalt kann sich daher nach der Richtlinie beispielsweise in Belgien nur als Selbständiger niederlassen.

58 Die **gemeinsame Ausübung der Anwaltstätigkeit** ist in vielen Mitgliedstaaten Beschränkungen unterschiedlicher Art unterworfen. So sind beispielsweise in Italien Anwaltssozietäten nach wie vor verboten und können Anwälte lediglich im Rahmen einer Bürogemeinschaft („studio legale") zusammenarbeiten. Die erlaubten Formen der Anwaltssozietät (reine Anwaltssozietät, gemischte Sozietät, Personengesellschaft, Kapitalgesellschaft mit oder ohne branchenfremdes Kapital etc.) unterscheiden sich stark von Mitgliedstaat zu Mitgliedstaat.[122] Der Entwurf sieht daher eine Reihe von Mindestregeln hinsichtlich der gemeinsamen Berufsausübung vor.

59 Im Aufnahmestaat unter ihrer ursprünglichen Berufsbezeichnung tätige Anwälte, die Mitglieder einer „Gruppe"[123] im Herkunftsstaat sind, können ihre Tätigkeit im Rahmen einer Zweigstelle oder Agentur ihrer „Gruppe" im Aufnahmestaat ausüben. Die Übernahme der im Herkunftsstaat gewählten Rechtsform darf nur dann untersagt werden, wenn die grundlegenden Regeln für diese Rechtsform im Herkunftsstaat mit grundlegenden Vorschriften des Aufnahmestaates unvereinbar sind und deren Beachtung zum Schutze von Mandanten und Dritten gerechtfertigt ist. Anwälte, die unter ihrem Heimattitel tätig sind, haben daneben das Recht, sich mit Anwälten aus ihrem Herkunftsstaat, aus anderen Mitgliedstaaten oder aus dem Aufnahmestaat zur gemeinsamen Berufsausübung zusammenzuschließen, wobei ihnen dieselben Rechtsformen zugänglich sein müssen wie für Anwälte des Aufnahmestaates. Die Tätigkeit in einer multidisziplinären Sozietät darf der Aufnahmestaat nur untersagen, wenn die Entscheidungsbefugnis in dieser mehrheitlich in den Händen von Nicht-Anwälten liegt.

4. Der Entwurf einer Verordnung über die grenzüberschreitende Ausübung reglementierter beruflicher Tätigkeiten in einer besonderen Rechtsform

60 Weitere bedeutsame Erleichterungen für die Verwirklichung der Dienstleistungs- und Niederlassungsfreiheit von Anwälten versprechen die Arbeiten der

---

[121] Diese Vorschrift trägt der Rechtsprechung des Gerichtshof zur Anerkennung von Diplomen (vgl. insbesondere EuGH Slg. 1991, I-2357 = NJW 1991, 2073 = EuZW 1991, 380 = JZ 1991, 1131, Tz. 15 ff. – Vlassopoulou) Rechnung.
[122] Siehe hierzu *Nehrlich,* Internationale Kooperationsmöglichkeiten für europäische Anwälte, S. 123 ff.; *ders.* AnwBl. 1994, 529 (530 f.).
[123] Der Entwurf versteht hierunter jede denkbare Form der gemeinsamen Berufsausübung.

Kommission an dem Entwurf einer Verordnung „über die grenzüberschreitende Ausübung reglementierter beruflicher Tätigkeiten in einer besonderen Rechtsform". Das Vorhaben zielt auf die Schaffung einer fakultativen Gesellschaftsform sui generis ab, welche die grenzüberschreitende Zusammenarbeit von Angehörigen der freien Berufe erleichtern soll.

III. Der Grundsatz der Dienstleistungsfreiheit

Anwälte aus EG-Mitgliedstaaten oder EWR-Staaten, die nur vorübergehend **61** in Deutschland tätig werden, können sich hierbei auf den in Art. 59 ff. EGV und Art. 36 ff. EWR-Abkommen normierten Grundsatz der Dienstleistungsfreiheit sowie die Rechtsanwaltsdienstleistungs-Richtlinie berufen.

1. Art. 59–66 EGV, Art. 36–39 EWR-Abkommen

Art. 59 ff. EGV sowie Art. 36 ff. EWR-Abkommen untersagen alle Beschränkungen des freien Dienstleistungsverkehrs innerhalb der Gemeinschaft bzw. des EWR für **Angehörige der Mitgliedstaaten**, die in einem anderen Mitgliedstaat als dem des Dienstleistungsempfängers ansässig sind. Von der Möglichkeit, die Dienstleistungsfreiheit auch auf Angehörige von Drittländern auszudehnen, die in der Gemeinschaft ansässig sind, hat der Rat nie Gebrauch gemacht. Weder ein in den USA niedergelassener Anwalt britischer Staatsangehörigkeit, noch ein in Großbritannien niedergelassener Anwalt amerikanischer Staatsangehörigkeit können sich daher auf den Grundsatz der Dienstleistungsfreiheit berufen.

Art. 59 EGV und Art. 36 EWR-Abkommen regeln ausdrücklich nur den **63** Fall, daß der **Dienstleistende** sich in den Staat des Leistungsempfängers begibt. Nach der Rechtsprechung des Gerichtshofs liegt eine Beschränkung der Dienstleistungsfreiheit jedoch auch dann vor, wenn der **Dienstleistungsempfänger** daran gehindert wird, die Leistung entgegenzunehmen[124] sowie bei Behinderungen von sog. **Korrespondenzdienstleistungen.**[125] So betraf das Urteil Säger/Dennemeyer den Fall eines auf die Aufrechterhaltung von Patenten spezialisierten englischen Unternehmens, das auch für in Deutschland niedergelassene Rechtsinhaber tätig wurde. Der Gerichtshof stellte fest, in der Untersagung dieser Tätigkeit durch das RBerG liege eine Einschränkung des freien Dienstleistungsverkehrs.

Die Bestimmung, der Leistungserbringer könne hierbei im Aufnahmestaat **64** „unter den Voraussetzungen, welche dieser Staat für seine eigenen Angehörigen vorschreibt" tätig werden,[126] legt die Vermutung nahe, der Grundsatz der Dienstleistungsfreiheit erschöpfe sich in dem Gebot der Inländerbehandlung, also einem **Diskriminierungsverbot**. Bereits im Fall **Van Binsbergen** von 1974 ging der Gerichtshof jedoch über diese Auslegung hinaus. Er urteilte, ein niederländischer Rechtsbeistand könne von einem niederländischen Gericht nicht allein deshalb als Prozeßbevollmächtigter zurückgewiesen werden, weil er während des Verfahrens seinen Wohnsitz nach Belgien verlegt hatte und damit gegen seine Residenzpflicht verstieß. Der Gerichtshof stellte fest, Anforderungen, „die an den Leistenden namentlich aus Gründen seiner Staatsangehörigkeit oder wegen des Fehlens eines ständigen Aufenthalts in dem Staate, in dem die Leistung erbracht

---

[124] EuGH Slg. 1984, 377 – Luisi/Carbone.
[125] EuGH, Slg. 1991, I-4221 = NJW 1991, 2693 = EuZW 1991, 542 = EWS 1991, 319 – Säger/Dennemeyer.
[126] Art. 60 Abs. 3 EGV; Art. 37 Abs. 3 EWR-Abkommen.

wird, gestellt werden und nicht für im Staatsgebiet ansässige Personen gelten oder in anderer Weise geeignet sind, die Tätigkeit des Leistenden zu unterbinden oder zu behindern", beschränkten den freien Dienstleistungsverkehr. Erlaubt seien lediglich Anforderungen, „die sich aus der Anwendung durch das Allgemeininteresse gerechtfertigter Berufsregelungen – namentlich der Vorschriften über Organisation, Befähigung, Berufspflichten, Kontrolle, Verantwortlichkeit und Haftung – ergeben und die für alle im Gebiet des Staates, in dem die Leistung erbracht wird, ansässigen Personen verbindlich sind". Die Erfordernis eines Wohnsitzes in dem Staat, in dem die Dienstleistung erbracht wird, könne die Dienstleistungsfreiheit jeder Wirksamkeit berauben.[127] Sie sei daher nur gerechtfertigt, falls sie „sachlich geboten ist, um die Einhaltung von Berufsregelungen zu gewährleisten, die sich namentlich auf das Funktionieren der Justiz und die Erfüllung der Standespflichten beziehen".[128]

65 Noch einen Schritt weiter ging der Gerichtshof im Urteil **Webb**,[129] indem er klarstellte, der Grundsatz der Dienstleistungsfreiheit impliziere nicht, „daß jede für die Staatsangehörigen dieses Staats geltende nationale Regelung, die normalerweise eine Dauertätigkeit von in diesem Staat ansässigen Unternehmen zum Gegenstand hat, in vollem Umfang auf zeitlich begrenzte Tätigkeiten angewandt werden könnte, die von in anderen Mitgliedstaaten ansässigen Unternehmen ausgeübt werden".

66 Seit dem Urteil **Säger/Dennemeyer** legt der Gerichtshof den Grundsatz der Dienstleistungsfreiheit in Parallele zu dem der Warenverkehrsfreiheit aus. Der Grundsatz der Dienstleistungsfreiheit steht demnach nicht nur Maßnahmen entgegen, die Angehörige eines anderen Mitgliedstaates ungerechtfertigt (unmittelbar oder mittelbar) diskriminieren, sondern verlangt „die Aufhebung aller Beschränkungen – selbst wenn sie **unterschiedslos** für einheimische Dienstleistende wie für Dienstleistende anderer Mitgliedstaaten gelten – . . ., wenn sie geeignet sind, die Tätigkeit des Dienstleistenden, der in einem anderen Mitgliedstaat ansässig ist und dort rechtmäßig ähnliche Dienstleistungen erbringt, zu unterbinden oder zu behindern".[130] Mit dem Vertrag vereinbar sind nur Regelungen, „die durch **zwingende Gründe des Allgemeininteresses** gerechtfertigt sind und die für alle im Hoheitsgebiet des Bestimmungsstaates tätigen Personen oder Unternehmen gelten, und zwar nur insoweit, als dem Allgemeininteresse nicht bereits durch die Rechtsvorschriften Rechnung getragen ist, denen der Leistungserbringer in dem Staat unterliegt, in dem er ansässig ist".[131]

67 Die Dienstleistungsfreiheit schließt das Recht des Leistungserbringers mit ein, **Personal** zur Erbringung der Leistung in den Aufnahmestaat zu entsenden oder sich von Mitarbeitern begleiten zu lassen.[132] Nach der Rechtsprechung des Gerichtshofs ist hierbei nicht erforderlich, daß die betreffenden Arbeitnehmer Angehörige eines Mitgliedstaates sind oder eine Arbeitserlaubnis des Aufnahmestaates

---

[127] EuGH Slg. 1974, 1299 = NJW 1975, 1095, Tz. 10/12 – Van Binsbergen.
[128] EuGH Slg. 1974, 1299 = NJW 1975, 1095, Tz. 14/16 – Van Binsbergen.
[129] EuGH Slg. 1981, 3305 = NJW 1982, 1203, Tz. 16 – Webb.
[130] EuGH Slg. 1991, I-4221 = NJW 1991, 2693 = EuZW 1991, 542 = EWS 1991, 319, Tz. 12 – Säger/Dennemeyer (vgl. hierzu *Speyer* EuZW 1991, 588); EuGH Slg. 1994, I-1039 = NJW 1994, 2013 = EuZW 1994, 311, Tz. 43 – Schindler.
[131] EuGH, Slg. 1991, I-4221 = NJW 1991, 2693 = EuZW 1991, 542 = EWS 1991, 319, Tz. 15 – Säger/Dennemeyer.
[132] EuGH Slg. 1990, I-1417 = EuZW 1990, 256 = NZA 1990, 653, Tz. 12 – Rush Portuguesa.

besitzen, sofern sie dauerhaft und ordnungsgemäß von dem Leistungserbringer beschäftigt werden.[133]

2. Die Rechtsanwaltsdienstleistungs-Richtlinie

Die Rechtsanwaltsdienstleistungs-Richtlinie vom 27. 3. 1977[134] präzisiert die Bedingungen, unter denen ein Anwalt in einem anderen Mitgliedstaat vorübergehend rechtsberatend und rechtsbesorgend tätig sein kann. 68

Bereits 1969 hatte die Kommission den Entwurf einer Rechtsanwaltsdienstleistungs-Richtlinie[135] vorgelegt. Da zu jenem Zeitpunkt ungeklärt war, ob die Vorschriften des EGV auf die anwaltliche Tätigkeit Anwendung fanden, regelte der Entwurf allein die beratende Tätigkeit, den mündlichen Vortrag vor Gericht, die Akteneinsicht sowie den Häftlingsbesuch. Der Vorschlag stieß insbesondere auf den heftigen Widerstand Deutschlands und Luxemburgs, die den Standpunkt vertraten, der Anwaltsberuf sei untrennbar mit der Ausübung hoheitlicher Gewalt verbunden und falle daher nicht in den Anwendungsbereich des EGV. Das **Reyners**-Urteil[136] des EuGH stellte 1974 jedoch klar, daß die typischen anwaltlichen Tätigkeiten in vollem Umfang unter die Vertragsvorschriften fallen.[137] Die Kommission weitete daraufhin den Anwendungsbereich der Richtlinie auf die Vertretung und Verteidigung von Mandanten vor Gericht aus.[138] 69

Entscheidenden Einfluß auf den Inhalt der Richtlinie hatte daneben das Urteil **Van Binsbergen**[139] aus dem gleichen Jahr. Zum einen erklärte der Gerichtshof den Grundsatz der Dienstleistungsfreiheit für unmittelbar anwendbar, so daß einzelne Bestimmungen des Entwurfes, die Beschränkungen der Dienstleistungsfreiheit beseitigen sollten, überflüssig wurden. Zum anderen urteilte der Gerichtshof, das Erfordernis eines Wohnsitzes im Aufnahmestaat sei im konkreten Fall nicht gerechtfertigt, was die Kommission dazu veranlaßte, die Anwendbarkeit der berufsrechtlichen Vorschriften des Herkunfts- und des Aufnahmestaates bei der grenzüberschreitenden Tätigkeit neu zu regeln.[140] 70

Schließlich machte der **Beitritt von Großbritannien und Irland** zum 1. 1. 1973 weitere Änderungen nötig, um den unterschiedlichen Befugnissen von „barristers" und „solicitors" Rechnung zu tragen. 71

Am 27. 3. 1977 wurde die Richtlinie endgültig vom Rat verabschiedet. Die Mitgliedstaaten hatten ihr nationales Recht bis zum 26. 3. 1979 anzupassen. Für die EWR-Staaten, in denen die Richtlinie gemäß Anhang VII des EWR-Abkommens ebenfalls Geltung hat, endet die Umsetzungsfrist am 1. 1. 1993. In Deutschland wurde die Richtlinie durch das **Rechtsanwaltsdienstleistungsgesetz (RADG)** vom 16. 8. 1980[141] umgesetzt. 72

Die Richtlinie stellt zunächst klar, daß Anwälte eines Mitgliedstaates bei ihrer vorübergehenden Tätigkeit in einem anderen Mitgliedstaat wie einheimische 73

---

[133] EuGH Slg. 1994, I-3803 = EuZW 1994, 600 – Vander Elst; EuGH Slg. 1990, I-1417 = EuZW 1990, 256 = NZA 1990, 653, Tz. 14 – Rush Portuguesa.
[134] Siehe Anhang Nr. 1.
[135] ABl. 1969 Nr. C 78, S. 1.
[136] EuGH Slg. 1974, 631 = NJW 1975, 513 = EuR 1975, 129 – Reyners.
[137] Vgl. oben Rdn. 5.
[138] ABl. 1975 Nr. C 213, S. 3.
[139] EuGH Slg. 1974, 1299 = NJW 1975, 1095 – Van Binsbergen.
[140] Vgl. unten Rdn. 76 ff.
[141] Siehe Anhang Nr. 5.

Anwälte anzuerkennen sind.[142] Der Aufnahmestaat kann daher nicht die Zugehörigkeit des Betreffenden zur Anwaltschaft in Frage stellen, sondern kann lediglich verlangen, daß dieser seine Anwaltseigenschaft in geeigneter Weise nachweist.[143] Der ausländische Anwalt hat daneben grundsätzlich dieselbe **Rechtsstellung** wie die Anwälte des Gastlandes und kann sich wie diese auf Verschwiegenheitspflicht, Zeugnisverweigerungsrecht, Beschlagnahmeverbote etc. berufen.[144]

74 Auch im Aufnahmestaat darf der Anwalt allein seine **ursprüngliche Berufsbezeichnung** führen; die Verwendung der entsprechenden Bezeichnung des Gastlandes wäre unzulässig.[145] Hierin eine versteckte Diskriminierung zu sehen,[146] dürfte zu weit gehen, da dem Anwalt nicht verwehrt ist, den (im Aufnahmestaat möglicherweise schwer verständlichen) Heimattitel durch einen erläuternden Zusatz zu ergänzen.[147] Um Verwechslungen zwischen französischen und belgischen „avocats" oder deutschen und österreichischen „Rechtsanwälten" zu vermeiden, ist der dienstleistende Anwalt daneben verpflichtet, auch die zuständige heimatliche Berufsorganisation bzw. das Gericht, bei dem er zugelassen ist, zu nennen.

75 In Übereinstimmung mit dem Urteil Van Binsbergen,[148] das strenge Anforderungen insbesondere an die Zulässigkeit einer Residenzpflicht des dienstleistenden Anwalts gestellt hatte, schließt die Richtlinie das Erfordernis eines **Wohnsitzes** im Aufnahmestaat sowie das der **Zugehörigkeit zu** einer **Berufsorganisation** dieses Staates aus.[149]

76 Problematisch war, daß diese Regelung eine Aufsicht der zuständigen Behörden des Aufnahmestaates über den dienstleistenden Anwalt nahezu unmöglich machte. Um zu verhindern, daß Anwälte sich auf diese Weise sowohl der Anwendung der Berufsregeln ihres Herkunftsstaates als auch der des Aufnahmestaates entziehen, unterwirft die Richtlinie daher alle Tätigkeiten des Anwalts im Gastland grundsätzlich den **Berufsregeln beider Staaten**. Hinsichtlich der Anwendung des Berufsrechts des Aufnahmestaates unterscheidet die Richtlinie zwischen der gerichtlichen und der außergerichtlichen Tätigkeit.

77 Bei der Vertretung und Verteidigung von Mandanten im Bereich der **Rechtspflege** unterliegt der dienstleistende Anwalt den Vorschriften des Aufnahmestaates in vollem Umfang. Von ihm kann lediglich nicht verlangt werden, daß er einen Wohnsitz im Inland hat sowie daß er bei der nationalen Anwaltskammer zugelassen ist.[150] Bei seiner Auslandstätigkeit hat er daher möglicherweise über sein heimatliches Berufsrecht hinausgehende Vorschriften zu beachten, verfügt unter Umständen aber auch über diesem unbekannte Befugnisse.

78 Wird der Dienstleistungserbringer **außergerichtlich** tätig, so ist er den Standesregeln des Aufnahmestaates nur insoweit unterworfen, als diese „von einem Rechtsanwalt beachtet werden können, der nicht in dem Aufnahmestaat niedergelassen ist, und nur insoweit, als ihre Einhaltung in diesem Staat objektiv gerechtfertigt ist, um eine ordnungsgemäße Ausübung der Tätigkeiten des Rechtsanwalts sowie die Beachtung der Würde des Berufes und der Unvereinbarkeiten

---

[142] Art. 2 der Richtlinie.
[143] Art. 7 Abs. 1 der Richtlinie.
[144] *Brangsch* NJW 1981, 1177 (1178).
[145] Art. 3 der Richtlinie.
[146] So *Mauro/Weil* AnwBl. 1981, 128 (129).
[147] *Zuck* NJW 1990, 1025 (Fußn. 29).
[148] EuGH Slg. 1974, 1299 = NJW 1975, 1095 – Van Binsbergen.
[149] Art. 4 Abs. 1 der Richtlinie.
[150] Art. 4 Abs. 1 der Richtlinie.

zu gewährleisten".[151] Diese Umschreibung läßt zahlreiche Fragen offen und erfuhr bislang keine Klärung durch die Rechtsprechung. Die in Art. 4 Abs. 4 der Richtlinie enthaltene Aufzählung der Vorschriften, die durch den dienstleistenden Anwalt hierbei insbesondere zu beachten sind, stützt sich unmittelbar auf das Urteil Van Binsbergen.[152]

Ungeklärt ist bislang die Frage, welche Standesregeln der Anwalt zu beachten hat, wenn die Vorschriften des Herkunftsstaates und die des Aufnahmestaates **kollidieren**.[153] Um Schwierigkeiten dieser Art zu vermeiden, verabschiedete der Rat der Anwaltschaften in der Europäischen Gemeinschaft (CCBE) 1988 einheitliche Standesregeln, die auf alle Anwälte Anwendung finden sollen, die im Rahmen der Richtlinie tätig werden.[154] Der CCBE schlägt vor, diese Regeln durch Übernahme in nationales und/oder Gemeinschaftsrecht für verbindlich zu erklären und bei jeder Reform des nationalen Standesrechts zu berücksichtigen. Es ist zu erwarten, daß die CCBE-Regeln in Deutschland zumindest teilweise in die Berufsordnung nach § 59 b BRAO einfließen werden. **79**

Verletzt ein Anwalt ihn treffende Verpflichtungen des Aufnahmestaates, so können die zuständigen Behörden des Aufnahmestaates **Disziplinarmaßnahmen** nach den nationalen Sach- und Verfahrensvorschriften ergreifen. Die zuständige Stelle des Herkunftsstaates ist hiervon zu unterrichten.[155] **80**

Für die Vertretung und Verteidigung von Mandanten im Bereich der Rechtspflege kann der Aufnahmestaat vorschreiben, daß der Anwalt im **Einvernehmen** mit einem bei dem angerufenen Gericht zugelassenen **einheimischen Anwalt** handelt.[156] Von dieser Möglichkeit machten alle Mitgliedstaaten Gebrauch. In seinen Urteilen zum deutschen Rechtsanwaltsdienstleistungsgesetz[157] sowie zu den französischen Umsetzungsvorschriften[158] stellte der Gerichtshof klar, daß ein Handeln im Einvernehmen nur für Verfahren mit Anwaltszwang vorgeschrieben werden kann.[159] Von ausländischen Anwälten, die im Bereich der Rechtspflege tätig werden wollen, kann daneben verlangt werden, daß sie beim Präsidenten des Gerichts und gegebenenfalls beim zuständigen Vorsitzenden der Anwaltskammer eingeführt sind.[160] Diese Regelung wurde für nötig erachtet, da der dienstleistende Anwalt nicht bei Gericht bzw. der zuständigen Anwaltskammer zugelassen zu sein braucht. Sie dürfte jedoch eine unnötige Beschränkung der Dienstleistungsfreiheit darstellen, was sich auch daraus erhellt, daß kaum ein Mitgliedstaat von dieser Ermächtigung Gebrauch machte.[161] **81**

Die Mitgliedstaaten haben das Recht, die Abfassung förmlicher Urkunden zur Begründung der **Nachlaßverwaltung** sowie **Grundstücksgeschäfte** bestimmten Gruppen von Rechtsanwälten vorzubehalten.[162] Während in den Mitglied- **82**

---

[151] Art. 4 Abs. 4 der Richtlinie.
[152] EuGH Slg. 1974, 1299 = NJW 1975, 1095, Tz. 10/12 – Van Binsbergen.
[153] Vgl. hierzu ausführlicher § 3 RADG Rdn. 2ff.
[154] Siehe Anhang Nr. 3.
[155] Art. 7 der Richtlinie.
[156] Zweiter Spiegelstrich von Art. 5 der Richtlinie.
[157] EuGH Slg. 1988, 1123 = NJW 1988, 887 = AnwBl. 1988, 236 = BRAK-Mitt. 1988, 152 = JZ 1988, 506 = DVBl. 1989, 30 – Kommission/Bundesrepublik Deutschland.
[158] EuGH Slg. 1991, I-3591 = EuZW 1991, 729 = EWS 1991, 353 = RIW 1991, 62 – Kommission/Französische Republik.
[159] Vgl. § 4 RADG Rdn. 3.
[160] Erster Spiegelstrich von Art. 5 der Richtlinie.
[161] Zur französischen und belgischen Regelung vgl. § 29 a Rdn. 51 und 53.
[162] Art. 1 der Richtlinie.

staaten des europäischen Kontinents diese Tätigkeit regelmäßig (nicht in den Anwendungsbereich der Richtlinie fallenden) Notaren vorbehalten ist, sind britische und irische „solicitors" hierzu befugt. Sinn der Regelung ist, zu verhindern, daß Anwälte der ersteren Mitgliedstaaten auf diesem Gebiet zu „solicitors" in Wettbewerb treten, während dies „solicitors" wegen des Notar-Monopols in den anderen Mitgliedstaaten nicht möglich ist. Daneben kann **Syndikusanwälten** die Vertretung und Verteidigung für ihren Arbeitgeber im Bereich der Rechtspflege untersagt werden, soweit dieses Verbot gleichermaßen für inländische Syndici gilt.[163] Abgesehen von diesen Ausnahmen haben die Mitgliedstaaten Anwälten, die unter die Richtlinie fallen, die Ausübung aller anwaltlichen Tätigkeiten zu gestatten.

3. Der Vorschlag einer Richtlinie über die Haftung bei Dienstleistungen

83 Im November 1990 legte die Kommission den Vorschlag für eine Richtlinie des Rates über die Haftung bei Dienstleistungen[164] vor, die auch Dienstleistungen von Rechtsanwälten erfaßte.[165] Nach dem Richtlinienvorschlag sollten Dienstleistungserbringer für alle bei der Erbringung der Dienstleistung schuldhaft verursachten **Gesundheits- und Sachschäden** haften. Bezüglich des Verschuldens sah der Vorschlag eine Beweislastumkehr vor.

84 Im Juni 1994 nahm die Kommission den Richtlinienvorschlag jedoch im Hinblick auf das im Maastrichter Vertrag verankerte **Subsidiaritätsprinzip**[166] sowie die heftige **Kritik,**[167] die an dem Vorschlag von verschiedenen Seiten geübt worden war, zurück.[168] Die Kommission behielt sich allerdings vor, ihre Arbeiten auf diesem Gebiet in einem breiteren Kontext weiterzuverfolgen. Hierzu zählen im Bereich der Dienstleistungen insbesondere die im Grünbuch „Zugang der Verbraucher zum Recht und Beilegung von Rechtsstreitigkeiten der Verbraucher im Binnenmarkt"[169] erörterten Vorhaben sowie Maßnahmen zur Verbesserung der Information der Verbraucher. Die Kommission will daneben den spezifischen Merkmalen der verschiedenen Dienstleistungen Rechnung tragen und gegebenenfalls sektorspezifische Vorschläge erarbeiten.

85 Mit der Verabschiedung einer sektorübergreifenden Richtlinie ist daher nicht mehr zu rechnen. Für den Bereich anwaltlicher Dienstleistungen sind die dem ursprünglichen Vorschlag zugrundeliegenden Anliegen in den Entwurf einer Niederlassungsrichtlinie[170] eingegangen, welche die Verpflichtung zum Abschluß einer Berufshaftpflichtversicherung vorsieht.

---

[163] Art. 6 der Richtlinie.
[164] ABl. 1991 Nr. C 12, S. 8.
[165] Vgl. hierzu Skaupy BB 1991, 2021; *Schalast* AnwBl. 1992, 463.
[166] Art. 3 b Abs. 2 EGV.
[167] Vgl. die Stellungnahme des Wirtschafts- und Sozialausschusses, ABl. 1991 Nr. C 269, S. 40, sowie – aus dem Bereich der Anwälte – *Ewig* BRAK-Mitt. 1991, 73 (74); *Schalast* AnwBl. 1992, 463.
[168] Mitteilung der Kommission vom 23. 6. 1994, KOM(94) 260 endg. Vgl. hierzu *Schalast* AnwBl. 1995, 27.
[169] KOM(93) 576 endg. vom 16. 11. 1993. Vgl. hierzu die Stellungnahme der BRAK, BRAK-Mitt. 1994, 160.
[170] Vgl. oben Rdn. 49 ff.

IV. Abgrenzung der Dienstleistungsfreiheit von der Niederlassungsfreiheit

Wird ein Anwalt unter Beibehaltung seiner Niederlassung im Herkunftsstaat in einem anderen Mitgliedstaat tätig, so kann fraglich sein, ob es sich hierbei um eine Dienstleistung oder eine Niederlassung handelt. Die Frage ist von entscheidender Bedeutung, da sich die beiden Vertragsfreiheiten zum einen inhaltlich unterscheiden und zum anderen für den Bereich der anwaltlichen Tätigkeit jeweils durch eine eigene Richtlinie präzisiert werden. 86

Eine Niederlassung liegt vor, wenn der Betreffende „in stabiler und kontinuierlicher Weise eine Berufstätigkeit in einem anderen Mitgliedstaat ausübt, indem er sich von einem Berufsdomizil aus u. a. an die Angehörigen des Staates wendet".[171] Hierbei ist nicht erforderlich, daß dieses Berufsdomizil die Form einer Zweigniederlassung oder Agentur hat. Sie kann auch „durch ein Büro wahrgenommen [werden], das von dem eigenen Personal des Unternehmens oder von einer Person geführt wird, die zwar unabhängig, aber beauftragt ist, auf Dauer für dieses Unternehmen wie eine Agentur zu handeln".[172] 87

Um eine Dienstleistung handelt es sich dagegen, wenn der Leistungserbringer nur **vorübergehend** in einem anderen Mitgliedstaat tätig wird. Der vorübergehende Charakter der Dienstleistung ist „unter Berücksichtigung ihrer **Dauer,** ihrer Häufigkeit, ihrer regelmäßigen Wiederkehr und ihrer Kontinuität zu beurteilen.[173] 88

Im Einzelfall kann zweifelhaft sein, welchen Regeln ein Leistungserbringer unterworfen ist, der zwar immer nur **für kurze Zeiträume, jedoch regelmäßig** in einem anderen Land tätig wird. Nach der Rechtsprechung des Gerichtshofs haben die Mitgliedstaaten das Recht zu verhindern, „daß der Erbringer einer Leistung, dessen Tätigkeit ganz oder vorwiegend auf das Gebiet [eines anderen] Staates ausgerichtet ist, sich die durch Artikel 59 garantierte Freiheit zunutze macht, um sich den Berufsregelungen zu entziehen, die auf ihn Anwendung fänden, wenn er im Gebiet dieses Staates ansässig wäre". Es sei „denkbar, daß auf einen solchen Fall nicht das Kapitel über die Dienstleistungen, sondern das über das Niederlassungsrecht anwendbar wäre".[174] Eine Dienstleistung liegt demnach nur vor, wenn sich der **Tätigkeitsschwerpunkt** des Leistungserbringers in einem anderen Mitgliedstaat befindet als dem Aufenthaltsstaat.[175] 89

Hinsichtlich der Dauer der Tätigkeit sind Art und Umfang der grenzüberschreitend erbrachten Leistung zu berücksichtigen. So urteilte der Gerichtshof im Fall Rush Portuguesa,[176] ein Bauunternehmen könne unter Berufung auf die Dienstleistungsfreiheit „für die Dauer der betreffenden Arbeiten" in einem anderen Mitgliedstaat Arbeitskräfte aus seinem Herkunftsstaat kommen lassen. Entsprechend muß auch ein Anwalt die Möglichkeit haben, sich beispielsweise im Rahmen eines langwierigen Schiedsverfahrens oder komplexer Vertragsverhand- 90

---

[171] EuGH Slg. 1995, I-4165 = NJW 1996, 579 = EuZW 1996, 92 = EWS 1996, 26 = JZ 1996, 465 = RIW 1996, 160 = BRAK-Mitt. 1996, 42 – Gebhard.
[172] EuGH Slg. 1986, 3755 = NJW 1987, 572, Tz. 21 – Kommission/Deutschland.
[173] EuGH Slg. 1995, I-4165 = NJW 1996, 579 = EuZW 1996, 92 = EWS 1996, 26 = JZ 1996, 465 = RIW 1996, 160 = BRAK-Mitt. 1996, 42 – Gebhard.
[174] EuGH Slg. 1974, 1299 = NJW 1975, 1095, Tz. 13 – Van Binsbergen.
[175] So Generalanwalt Léger in der Rechtssache Gebhard, EuGH Slg. 1995, I-4165, Tz. 37 der Schlußanträge.
[176] EuGH Slg. 1990, I-1417 = EuZW 1990, 256 = NZA 1990, 653, Tz. 19 – Rush Portuguesa.

lungen für längere Zeiträume im Gastland aufzuhalten, ohne deshalb als dort niedergelassen zu gelten. Bedenken begegnen daher die spanischen Vorschriften zur Umsetzung der Rechtsanwaltsdienstleistungs-Richtlinie, nach denen ein dienstleistender Anwalt als niedergelassen gilt, sofern er mehr als fünf bzw. zehn Mal im Jahr vor einem Gericht oder einer Verwaltungsbehörde aufgetreten ist.[177]

91 Auch die Nutzung von **Büroräumen und Personal vor Ort** schließt nicht grundsätzlich die Anwendung des Grundsatzes der Dienstleistungsfreiheit aus.[178] In der Rechtssache Gebhard stellt der EuGH klar, es stehe dem Dienstleistungserbringer frei, sich im Aufnahmestaat „mit einer bestimmten Infrastruktur (einschließlich eines Büros, einer Praxis oder einer Kanzlei) auszustatten, soweit diese Infrastruktur für die Erbringung der fraglichen Leistung erforderlich ist".[179] Die Unterhaltung von Kanzleiräumen, der Hinweise hierauf durch ein Kanzleischild und die Anstellung einer Teilzeitsekretärin dürften demnach im Rahmen der Dienstleistungsfreiheit zulässig sein. Die kontinuierliche Beschäftigung eines juristischen Mitarbeiters vor Ort würde dagegen eine ständige Basis begründen, die dem Niederlassungsrecht unterfiele.[180] Die im spanischen[181] wie im italienischen[182] Umsetzungsgesetz enthaltene Bestimmungen, welche die Eröffnung einer Kanzlei oder eines Haupt- oder Nebensitzes zwingend als Niederlassung werten, dürften daher mit dem Grundsatz der Dienstleistungsfreiheit wie auch mit der Richtlinie unvereinbar sein.

92 Zweifelhaft ist, wie die Tätigkeit eines Anwalts zu beurteilen ist, der auf einer **anderen Rechtsgrundlage** im Inland niedergelassen ist. Patentanwälte sind beispielsweise aufgrund des Europäischen Patentabkommens befugt, an einem beliebigen Ort in Deutschland eine Kanzlei für ihre Tätigkeit vor dem Europäischen Patentamt in München zu errichten. Werden diese Anwälte in Deutschland gelegentlich auf einem anderen Rechtsgebiet tätig, so könnte hierin eine Dienstleistung liegen.[183] Gegen die Anwendung der Dienstleistungsfreiheit spricht jedoch, daß der betreffende Anwalt aufgrund seiner Niederlassung auch für die Übernahme von Mandaten in anderen Rechtsgebieten ständig als Ansprechpartner im Inland zur Verfügung steht.

V. Die Freizügigkeit der Arbeitnehmer

93 Der in den Art. 48 ff. EGV und Art. 28 ff. des EWR-Abkommens verankerte Grundsatz der Freizügigkeit der Arbeitnehmer untersagt jede (offene oder versteckte) **Diskriminierung** von Arbeitnehmern anderer Mitgliedstaaten. Unter den gemeinschaftsrechtlichen Begriff des Arbeitnehmers fällt jede Person, die für eine andere unter deren Leitung Arbeitsleistungen gegen Entgelt erbringt.[184] Der Grundsatz wird durch mehrere Richtlinien und Verordnungen ergänzt. Grundlegend sind die **Verordnung (EWG) Nr. 1612/68** über die Freizügigkeit der Ar-

---

[177] Vgl. § 29 a Rdn. 55.
[178] So auch *Goebel* Fordham Int. Law Journal 1991–1992, 556 (608 f.).
[179] EuGH Slg. 1995, I-4165 = NJW 1996, 579 = EuZW 1996, 92 = EWS 1996, 26 = JZ 1996, 465 = RIW 1996, 160 = BRAK-Mitt. 1996, 42, Tz. 27 – Gebhard. In diesem Sinne bereits auch EuGH Slg. 1989, 1461, Tz. 24 – Kommission/Griechenland.
[180] So auch *Henssler* AnwBl. 1996, 353 (354).
[181] Vgl. § 29 a Rdn. 55.
[182] Die fraglichen italienischen Bestimmungen waren Gegenstand der Rechtssache Gebhard.
[183] So *Mauro/Weil* AnwBl. 1981, 128 (129).
[184] EuGH Slg. 1988, 3205 – Brown.

beitnehmer in der Gemeinschaft[185] sowie die **Verordnung (EWG) Nr. 1408/71** über die Anwendung der Systeme der sozialen Sicherheit.[186] Der Arbeitnehmer hat insbesondere ein Aufenthaltsrecht zum Zwecke der Arbeitsuche sowie zum Zweck der Ausübung einer Beschäftigung. Hinsichtlich der Beschäftigungsbedingungen sowie steuerlicher und sozialer Vergünstigungen ist er wie ein Inländer zu behandeln. Für Rechtsanwälte erlangt der Grundsatz vor allem Relevanz, soweit sie durch steuer- oder sozialversicherungsrechtliche Vorschriften des Aufenthaltsstaates aufgrund ihrer Staatsangehörigkeit, ihrer anwaltlichen Zulassung im Herkunftsstaat o. ä. gegenüber Inländern schlechter gestellt werden.

C. Anwälte aus anderen europäischen Staaten

Die von der EG mit **Polen**,[187] **Ungarn**,[188] der **Tschechischen**[189] und der **Slowakischen Republik**,[190] **Bulgarien**[191] und **Rumänien**[192] geschlossenen Abkommen über die Gründung einer Assoziation (sog. Europa-Abkommen) sehen für Angehörige der vier Staaten, die in der Gemeinschaft eine selbständige Tätgkeit ausüben, Fristen für die Verwirklichung der Inländerbehandlung vor. Diese Vorschriften haben jedoch nur geringe praktische Bedeutung, da das nationale Recht der Mitgliedstaaten – nicht zuletzt aufgrund des GATS – in der Regel liberalere Regelungen enthält. **94**

Erleichterungen hinsichtlich der Anerkennung ausländischer Diplome verspricht das Pariser „**Übereinkommen über die Anerkennung von Studien, Diplomen und Graden im Hochschulbereich in den Staaten der Europäischen Region**" vom 21. 12. 1979.[193] Das Übereinkommen verpflichtet die Vertragsstaaten unter anderem, die zuständigen nationalen Behörden nach Möglichkeit dazu zu veranlassen, von den zuständigen Behörden anderer Vertragsstaaten verliehene Zeugnisse, Diplome oder Grade zum Zwecke der Berufsausübung anzuerkennen.[194] Das Übereinkommen wurde inzwischen von zahlreichen europäischen und außereuropäischen Staaten ratifiziert[195] und trat am 8. 1. 1995 auch für Deutschland in Kraft.[196] **95**

Das **Europäische Übereinkommen über die allgemeine Gleichwertigkeit der Studienzeiten an Universitäten** vom 6. 11. 1990[197] sieht eine bindende Verpflichtung der Vertragsstaaten vor, jede Studienzeit an einer Hochschule einer anderen Vertragspartei als gleichwertig mit einer entsprechenden **96**

---

[185] ABl. 1968 Nr. L 257, S. 2.
[186] ABl. 1971 (II), S. 416. Die Verordnung erfuhr inzwischen umfangreiche Änderungen. Eine (erste) konsolidierte Fassung der Verordnung ist in ABl. 1992 Nr. C 325, S. 1 abgedruckt.
[187] Abkommen vom 16. 12. 1991, ABl. 1993 Nr. L 348, S. 1.
[188] Abkommen vom 16. 12. 1991, ABl. 1993 Nr. L 347, S. 1.
[189] ABl. 1994 Nr. L 360, S. 2.
[190] ABl. 1994 Nr. L 359, S. 2.
[191] ABl. 1994 Nr. L 358, S. 3.
[192] ABl. 1994 Nr. L 357, S. 2.
[193] BGBl. 1994 I, S. 2322.
[194] Art. 5 des Übereinkommens.
[195] Vgl. Ziffer II der Bekanntmachung über das Inkrafttreten des Übereinkommens vom 13. 2. 1995, BGBl. 1995 II, S. 338.
[196] Bekanntmachung über das Inkrafttreten des Übereinkommens vom 13. 2. 1995, BGBl. 1995 II, S. 338.
[197] BGBl. 1994 II, S. 3607.

Studienzeit im Inland anzuerkennen, sofern die Herkunftshochschule dem Studierenden eine Bescheinigung über den erfolgreichen Abschluß der Studienzeit ausgestellt hat. Eine Verpflichtung zur Anerkennung von den Berufszugang eröffnenden Studienabschlüssen dürfte sich hieraus jedoch nicht ergeben, da das Übereinkommens lediglich die Ableistung von „Studienzeiten im Ausland" fördern will. Deutschland stellte bei der Hinterlegung der Ratifikationsurkunde klar, daß Anerkennungen gemäß dem Abkommen sich nach deutscher Auffassung allein auf den akademischen Bereich beziehen.[198] Das Abkommen ist inzwischen für acht der EG-Mitgliedstaaten sowie Norwegen, Polen, die Schweiz und Zypern in Kraft getreten.

D. Anwälte aus Vertragsstaaten des GATS

97 Die grenzüberschreitende Tätigkeit von Anwälten, die Angehörige eines Vertragsstaates des General Agreement on Trade in Services (GATS)[199] sind, richtet sich, soweit nicht die EG- bzw. EWR-rechtlichen Grundsätze des freien Personenverkehrs eingreifen, nach den allgemeinen Bestimmungen des GATS-Rahmenabkommens sowie nach den sog. Verpflichtungskatalogen („schedules of specific commitments"), die von den verschiedenen Vertragsparteien aufgestellt wurden.[200] Das GATS, welches im Rahmen der sog. Uruguay-Runde des GATT verhandelt und am 15. 4. 1994 in Marakesch unterzeichnet wurde, trat am 1. 1. 1995 in Kraft. In der Bundesrepublik Deutschland wurde das Abkommen für die rechts- und wirtschaftsberatenden Berufe durch Gesetz vom 30. 8. 1994[201] umgesetzt.

98 Zu den wichtigsten Bestimmungen des Übereinkommens zählt der in Art. II GATS festgeschriebene Grundsatz der **Meistbegünstigung**. Jede Vertragspartei gewährt demnach „den Dienstleistungen und Dienstleistungserbringern eines anderen Mitglieds sofort und bedingungslos eine Behandlung, die nicht weniger günstig als diejenige, die es den gleichen Dienstleistungen oder Dienstleistungserbringern eines anderen Landes gewährt". Mit diesem Prinzip unvereinbar sind insbesondere Vorschriften, die eine vorteilhafte Behandlung unter den Vorbehalt der Gegenseitigkeit stellen (so z. B. § 206 Abs. 2 a. F.).

99 Eine Ausnahme gilt für **Abkommen zur „wirtschaftlichen Integration"** (Art. V GATS). Handelsvorteile, die innerhalb von Zollunionen und Freihandelszonen wie der EG und des EWR gewährt werden, brauchen daher nicht an die übrigen Vertragsstaaten weitergegeben zu werden. Bislang ungeklärt ist, ob diese Ausnahme vom Meistbegünstigungsgrundsatz auch für die Assoziierungsabkommen der EG mit den Staaten Mittel- und Osteuropas gilt. Für diese Annahme spricht, daß die Ausnahmeregelung auch für das North American Free Trade Agreement (NAFTA) beansprucht wird, das sich im wesentlichen auf einen stufenweisen Abbau von Zollschranken zwischen den Vertragsstaaten beschränkt.[202]

---

[198] Bekanntmachung über das Inkrafttreten des Übereinkommens vom 25. 4. 1995, BGBl. 1995 II, S. 413.
[199] In der englischen Originalfassung sowie in deutscher Übersetzung veröffentlicht in BGBl. 1994 II, S. 1473 ff. und 1643 ff.
[200] Zum GATS allgemein siehe *Barth* EuZW 1994, 455; *Ewig* BRAK-Mitt. 1994, 205. Zu den Auswirkungen des GATS auf die Tätigkeit von Rechtsanwälten siehe *Errens* EuZW 1994, 460; *dies.* AnwBl. 1994, 461; *Ewig* NJW 1995, 434.
[201] BGBl. 1994 II, S. 1438.
[202] So wohl auch *Ewig* BRAK-Mitt. 1994, 205 (206).

Das GATS sieht keine allgemeine Verpflichtung vor, Angehörigen eines anderen Vertragsstaates Marktzugang zu gewähren. Eine Vertragspartei darf lediglich Dienstleistungserbringer eines anderen Mitglieds nicht schlechter behandeln als ihr Verpflichtungskatalog dies vorsieht (Art. XVI GATS). Hat ein Vertragsstaat in einem bestimmten Sektor einen Verpflichtungskatalog aufgestellt, so hat er den Angehörigen aller Vertragsstaaten Inländerbehandlung zu gewähren, sofern der Verpflichtungskatalog keine Vorbehalte festschreibt (Art. XVII GATS). In Sektoren, in denen spezifische Verpflichtungen übernommen wurden, haben die Vertragsparteien zudem alle nationalen Bestimmungen angemessen, objektiv und unparteiisch anzuwenden (Art. VI GATS). 100

Die **Europäischen Gemeinschaften** haben einen gemeinsamen **Verpflichtungskatalog** vorgelegt,[203] der sich in einen allgemeinen, für alle Dienstleistungen geltenden Teil sowie einen besonderen Teil für spezielle Dienstleistungen wie auch die Rechtsberatung gliedert. Der Verpflichtungskatalog beschränkt die Befugnis von Anwälten aus anderen Vertragsstaaten zum einen auf die Rechtsberatung und erlaubt daher nicht die Vertretung und Verteidigung vor Gerichten und Behörden. Zum anderen darf Rechtsrat nur im Recht des Heimatstaates und im Völkerrecht erteilt werden. Eine Befugnis zur Beratung im EG-Recht wird ausdrücklich ausgeschlossen. 101

Während der Verhandlungen hatten insbesondere die USA darauf gedrängt, Anwälten aus GATS-Staaten auch das Recht zur **Beratung im Gemeinschaftsrecht** einzuräumen. Diesem Wunsch wurde jedoch nicht entsprochen, da eine solche Befugnis zugleich die Möglichkeit der Beratung im Recht der Mitgliedstaaten eröffnet hätte, das in zunehmendem Maße auf europarechtlichen Vorgaben beruht.[204] Ursprünglich sah der Verpflichtungskatalog der EG das Recht zur **Beratung im internationalen Recht** vor. Diese Bestimmung wurde jedoch kurz vor Ende der Verhandlungen auf das Völkerrecht beschränkt, um zu verhindern, daß sich hieraus auch eine Befugnis zur Beratung in anderen nationalen Rechtsordnungen ableiten ließ. Versteht man unter internationalem Recht auch das Recht internationaler Transaktionen, so würde die entsprechende Befugnis auch das Recht der Beratung in dem nationalen Recht umfassen, dem die Vereinbarung (aufgrund Parteivereinbarung oder nach den Regeln des internationalen Privatrechts) unterliegt. 102

Hinsichtlich der Voraussetzungen und Bedingungen der **Niederlassung** (d. h. der Eröffnung einer „kommerziellen Präsenz" in der Terminologie des GATS) von Anwälten aus GATS-Vertragsstaaten in Deutschland kann auf die Ausführungen zu § 206 Abs. 2[205] verwiesen werden. Während hiernach die Niederlassung (vorbehaltlich der Aufnahme in eine Rechtsanwaltskammer) grundsätzlich zulässig ist, gestattet der EG-Verpflichtungskatalog nicht die Beratung von Mandanten im Inland ohne Errichtung einer kommerziellen Präsenz. Die sog. horizontalen Verpflichtungen sehen lediglich ein Recht zur vorübergehenden Einreise „zum Zweck von Verhandlungen über den Verkauf von Dienstleistungen oder den Abschluß von Verträgen über den Verkauf von Dienstleistungen" vor sowie ein Einreiserecht von Personen „in leitender Stellung", die für die Errichtung einer kommerziellen Präsenz verantwortlich sind. 103

---

[203] BGBl. 1994 II, S. 1521 ff. (Englisch) bzw. 1678 ff.(Deutsch).
[204] *Errens* EuZW 1994, 460 (462).
[205] Vgl. § 206 Rdn. 18 ff.

E. Anwälte aus sonstigen Staaten

104 Die Bedingung der **Niederlassung** von Anwälten aus Drittstaaten in Deutschland sind bei § 206 Abs. 3 erörtert. Besondere Vorschriften über die nur **vorübergehende Tätigkeit** im Inland existieren nicht. Obwohl das RBerG grundsätzlich auch auf die nur vorübergehende rechtsbesorgende Tätigkeit Anwendung findet, gingen bisher sowohl der Gesetzgeber[206] als auch die herrschende Literaturmeinung[207] davon aus, daß die Vornahme einzelner anwaltlicher Berufshandlungen durch einen nicht in Deutschland niedergelassenen ausländischen Anwalt keinen berufsrechtlichen Beschränkungen unterliegt. Es ist jedoch fraglich, ob diese Auffassung in Hinblick auf das GATS weiterhin Geltung beanspruchen kann. Der EG-Verpflichtungskatalog[208] erlaubt Anwälten anderer Vertragsstaaten grundsätzlich nicht die vorübergehende Erbringung von Dienstleistungen in der Gemeinschaft. Es wäre daher paradox, wenn dieses Recht Anwälten aus Drittstaaten einschränkungslos zustünde.

§ 206 Niederlassung

(1) **Ein Staatsangehöriger eines Mitgliedstaates der Europäischen Union oder eines anderen Vertragsstaates des Abkommens über den Europäischen Wirtschaftsraum, der seine berufliche Tätigkeit unter einer der in § 1 des Rechtsanwaltsdienstleistungsgesetzes genannten Berufsbezeichnungen ausübt, ist berechtigt, sich unter dieser Berufsbezeichnung zur Rechtsbesorgung auf dem Gebiet ausländischen und internationalen Rechts im Geltungsbereich dieses Gesetzes niederzulassen, wenn er auf Antrag in die für den Ort seiner Niederlassung zuständige Rechtsanwaltskammer aufgenommen ist.**

(2) **Für die Angehörigen der Mitgliedstaaten der Welthandelsorganisation, die einen in der Ausbildung und den Befugnissen dem Beruf des Rechtsanwalts nach diesem Gesetz entsprechenden Beruf ausüben, gilt Absatz 1 entsprechend mit der Maßgabe, daß die Befugnis zur Rechtsberatung auf das Recht des Herkunftsstaates und das Völkerrecht beschränkt ist. Das Bundesministerium der Justiz wird ermächtigt, durch Rechtsverordnungen ohne Zustimmung des Bundesrates die Berufe zu bestimmen.**

(3) **Für die Angehörigen anderer Staaten, die einen in der Ausbildung und den Befugnissen dem Beruf des Rechtsanwalts nach diesem Gesetz entsprechenden Beruf ausüben, gilt Absatz 1 mit der Maßgabe, daß die Befugnis zur Rechtsbesorgung auf das Recht des Herkunftsstaates beschränkt ist, entsprechend, wenn die Gegenseitigkeit mit dem Herkunftsstaat verbürgt ist. Das Bundesministerium der Justiz wird ermächtigt, durch Rechtsverordnungen ohne Zustimmung des Bundesrates die Staaten, für deren Angehörige dies gilt, und die Berufe zu bestimmen.**

---

[206] Vgl. die amtl. Begr. zum Entwurf des RADG, BT-Dr. 8/3181, S. 12.
[207] *Altenhoff/Busch/Chemnitz*, RBerG, Art. 1 § 3 Rdn. 380; *Rabe* NJW 1987, 2185 (2186); *Jessnitzer* BRAK-Mitt. 1985, 78 (82); *Brangsch* NJW 1981, 1177; *Schultz* AnwBl. 1981, 41 (43); *Friedlaender* AnwBl. 1954, 1 (4); a.A. *Errens* EuZW 94, 460 (461).
[208] Vgl. oben Rdn. 101 ff.

Schrifttum: *Barth,* Das Allgemeine Übereinkommen über den internationalen Dienstleistungshandel (GATS), EuZW 1994, 455; *Clausnitzer,* Niederlassungs- und Dienstleistungsfreiheit der Anwälte in der EG, BRAK-Mitt. 1989, 59; *Commichau,* Berufs- und Standesrecht der Deutschen Anwaltschaft im Wandel, JZ 1988, 824; *Errens,* Auswirkungen des GATS-Abkommens auf den Beruf des Rechtsanwalts, EuZW 1994, 460; *Everling,* Niederlassungsrecht und Dienstleistungsfreiheit der Rechtsanwälte in der Europäischen Gemeinschaft, EuR 1989, 338; *Ewig,* Internationaler Dienstleistungshandel und neue Tätigkeitsfelder für die Anwaltschaft (GATS-Abkommen), NJW 1995, 434; *ders.,* Systematik und Auswirkungen des GATT-Welthandelsabkommens auf den Beruf des Rechtsanwalts, BRAK-Mitt. 1994, 205; *Gellner,* Anwaltliches Berufsrecht – neuere Entwicklungen auf Bundes- und europäischer Ebene, BRAK-Mitt. 1986, 114; *Gornig,* Probleme der Niederlassungsfreiheit und Dienstleistungsfreiheit für Rechtsanwälte in den Europäischen Gemeinschaften, NJW 1989, 1120; *von Hehn,* Niederlassungsfreiheit für deutsche Anwälte im Ausland, BRAK-Mitt. 1985, 183; *Henssler,* Anwaltschaft im Wettbewerb, AnwBl. 1993, 541; *Hofmann,* Internationales Anwaltsrecht: Dienstleistungs- und Niederlassungsfreiheit in der Europäischen Gemeinschaft, Konstanz 1992; *Kotulla,* der anwaltliche „Lokalisierungszwang" und die Berufsfreiheit, AnwBl. 1990, 126; *Rabe,* Internationales Anwaltsrecht - Dienstleistung und Niederlassung, NJW 1987, 2185; *ders.,* Dienstleistungs- und Niederlassungsfreiheit der Rechtsanwälte in der EG, AnwBl. 1992, 146; *Vetter,* Die wichtigsten Änderungen der BRAO, BRAK-Mitt. 1990, 2; *Zuck,* Das Gesetz zur Änderung des Berufsrechts der Rechtsanwälte und der Patentanwälte, NJW 1990, 1025.

Übersicht

	Rdn.		Rdn.
I. Zielsetzung und Aufbau der Regelung	1–3	7. Beschäftigung von bzw. Assoziierung mit deutschen Rechtsanwälten	16
II. Anwälte aus anderen EG-Mitgliedstaaten oder EWR-Vertragsstaaten (Abs. 1)	4–17	8. Anzahl und Verteilung der nach § 206 Abs. 1 tätigen Anwälte	17
1. Allgemeines	4	III. Anwälte aus Mitgliedstaaten der Welthandelsorganisation (Abs. 2)	18–25
2. Verhältnis zu der Zulassung nach dem RBerG	5	1. Grund der Neuregelung	18
3. Angehörige eines EG-Mitgliedstaates oder eines EWR-Vertragsstaates	6	2. Erlaubte Tätigkeitsgebiete	20
4. Ausübung der Tätigkeit unter einer der in § 1 RADG genannten Berufsbezeichnungen	8	3. Kein Wiederaufleben der Zulassung nach dem RBerG	22
		4. Ausübung eines dem Beruf des Rechtsanwalts entsprechenden Berufs	24
5. Verpflichtung zur Führung der ursprünglichen Berufsbezeichnung	11	IV. Anwälte aus sonstigen Staaten (Abs. 3)	26–29
6. Erlaubte Tätigkeitsgebiete	12		

I. Zielsetzung und Aufbau der Regelung

Die §§ 206 und 207 erhielten durch die **BRAO-Novelle von 1989**[1] einen 1 völlig neuen Inhalt. Ziel der Neuregelung war, die Niederlassung von ausländischen Anwälten in der Bundesrepublik sowie deren Zusammenarbeit mit deutschen Rechtsanwälten zu erleichtern.

Bis zu der Novelle bedurften ausländische Anwälte, sofern sie nicht die Befähi- 2 gung zum Richteramt hatten, zur Aufnahme ihrer Tätigkeit in Deutschland einer

---

[1] Gesetz zur Änderung des Berufsrechts der Rechtsanwälte und der Patentanwälte vom 13. 12. 1989, BGBl. I, S. 2135.

§ 206 3–5 Zwölfter Teil. Anwälte aus anderen Staaten

Erlaubnis zur geschäftsmäßigen Rechtsbesorgung nach Art. 1 § 1 Abs. 1 S. 2 Nr. 6 **RBerG**. Diese Erlaubnis war auf die Beratung im Recht des Herkunftsstaates sowie im Gemeinschaftsrecht beschränkt. Als unbefriedigend erwies sich zum einen der Umstand, daß der Status als Rechtsbeistand nicht der Ausbildung und Stellung des Anwalts in seinem Herkunftsland gerecht wurde. Zum anderen war umstritten, ob berufliche Verbindungen mit deutschen Rechtsanwälten nicht gegen das Sozietätsverbot nach § 30 der alten Grundsätze des anwaltlichen Standesrechts verstießen.[2] Zudem wurden zunehmend Zweifel an der Vereinbarkeit der Regelung mit dem in Art. 52 EGV verankerten Grundsatz der Niederlassungsfreiheit laut.[3] Ausländischen Anwälten sollte daher die Möglichkeit eröffnet werden, Mitglied einer Rechtsanwaltskammer zu werden.

3   Entsprechend der Zielsetzung, insbesondere die Niederlassung von Anwälten aus anderen Mitgliedstaaten zu fördern, unterschied § 206 ursprünglich zwischen den Rechtsbesorgungsbefugnissen von EG-Staatsangehörigen (Abs. 1) und den Befugnissen der Angehörigen von Drittstaaten (Abs. 2). Durch Art. 35 des EWR-Ausführungsgesetzes vom 27. 4. 1993[4] wurde die Regelung des Absatzes 1 auch auf Angehörige anderer Vertragsstaaten des EWR ausgedehnt. Eine letzte bedeutende Änderung erfuhr § 206 BRAO durch Artikel 2 des GATS-Ausführungsgesetzes vom 30. 8. 1994,[5] welches einen neuen Absatz 2 einfügte.

II. Anwälte aus anderen EG-Mitgliedstaaten oder EWR-Vertragsstaaten (Abs. 1)

1. Allgemeines

4   § 206 Abs. 1 eröffnet Anwälten aus anderen Mitgliedstaaten[6] die Möglichkeit, in eine deutsche Rechtsanwaltskammer aufgenommen zu werden, um in Deutschland unter ihrem Heimattitel zu praktizieren. Die berufliche Stellung des ausländischen Anwalts wird dadurch weitgehend der eines deutschen Rechtsanwalts angenähert. Seine Befugnisse zur Rechtsbesorgung beschränken sich jedoch auf das ausländische Recht sowie das internationale Recht.

2. Verhältnis zu der Zulassung nach dem RBerG

5   Die Möglichkeit einer Tätigkeit nach § 206 tritt nicht neben die für ausländische Anwälte in der Vergangenheit bestehende Möglichkeit, auf der Grundlage von Art. 1 § 1 Abs. 1 S. 2 Nr. 6 RBerG als Rechtsbeistand tätig zu werden, sondern ersetzt diese in vollem Umfang.[7] Die Niederlassung eines ausländischen Anwalts in Deutschland unter seinem Heimattitel ist nunmehr allein unter den Bedingungen der BRAO zulässig. Dem übereinstimmenden Vorschlag der

---

[2] Amtl. Begr. RegE, BR-Drucks. 371/88, S. 43 und 73.
[3] Siehe insbesondere *Rabe* NJW 1987, 2185 (2191); *Everling* EuR 1989, 338 (349); *Gornig* NJW 1989, 1120 (1124); *Clausnitzer* BRAK-Mitt. 1989, 59 (64).
[4] BGBl. 1993 I, S. 512.
[5] BGBl. 1994 II, S. 1438.
[6] Der Begriff „Mitgliedstaat(en)" bezieht sich im weiteren sowohl auf die EG-Mitgliedstaaten als auch auf die übrigen Vertragsstaaten des EWR-Abkommens.
[7] Nach Ansicht der EG-Kommission steht Anwälten aus GATS-Vertragsstaaten (und damit allen Anwälten aus EG- oder EWR-Staaten) aufgrund des in Art. II GATS niedergelegten Grundsatzes der Meistbegünstigung erneut der Weg über das RBerG offen, solange noch Erlaubnisse nach Art. 1 § 1 Abs. 1 S. 2 Nr. 6 RBerG existieren. Diese Auffassung ist jedoch abzulehnen (vgl. unten Rdn. 22 f.).

BRAK sowie des DAV, dies durch die Formulierung „ist nur berechtigt" klarzustellen,[8] ist der Gesetzgeber leider nicht gefolgt.

3. Angehörige eines EG-Mitgliedstaates oder eines EWR-Vertragsstaates

Hat ein Anwalt die Staatsangehörigkeit eines Mitgliedstaates, so ist irrelevant, **6** ob er daneben weiteren Staaten angehört. So entschied der EuGH, der Grundsatz der Niederlassungsfreiheit verbiete es einem Mitgliedstaat, dem Staatsangehörigen eines anderen Mitgliedstaates, der **zugleich die Staatsangehörigkeit eines Drittstaates** besitzt, diese Freiheit deswegen zu versagen, weil der Betreffende nach den nationalen Vorschriften als Staatsangehöriger des Drittstaates angesehen wird.[9] § 206 Abs. 1 ist vertragskonform in demselben Sinne auszulegen. Gilt die neben der EG- bzw. EWR-Staatsangehörigkeit bestehende Staatsangehörigkeit eines Drittstaates nach den Regeln des deutschen IPR als die effektive Staatsangehörigkeit, so ist dies im Rahmen des § 206 Abs. 1 daher unschädlich.

Dasselbe gilt für den Fall, daß der Anwalt **zugleich auch die deutsche 7 Staatsangehörigkeit** besitzt. Der Anwendungsbereich von § 206 Abs. 1 ist nach dessen Wortlaut nicht auf Staatsangehörige eines anderen Mitgliedstaates beschränkt. Zudem können sich nach ständiger Rechtsprechung des EuGH auch Personen, die (zugleich oder ausschließlich) die Staatsangehörigkeit des Aufnahmestaates besitzen, auf den Grundsatz der Niederlassungsfreiheit berufen, sofern sie sich in einer Lage befinden, die mit derjenigen von Personen vergleichbar ist, die in den Genuß der Niederlassungsfreiheit kommen.[10] Ein deutscher Staatsangehöriger, der sich beispielsweise als französischer „avocat" qualifiziert hat, kann sich daher unter den Voraussetzungen des § 206 Abs. 1 im Inland niederlassen.[11]

4. Ausübung der Tätigkeit unter einer der in § 1 RADG genannten Berufsbezeichnungen

Bereits aus dem Wortlaut von § 206 Abs. 1 ergibt sich, daß die EG- bzw. **8** EWR-Staatsangehörigkeit und die berufliche Qualifikation als Anwalt eines EG- oder EWR-Staates **kumulative Voraussetzungen** für die Anwendbarkeit des Absatzes 1 sind. So fällt beispielsweise ein als englischer „solicitor" zugelassener amerikanischer Staatsangehöriger wie auch ein in Argentinien zugelassener Anwalt italienischer Staatsangehörigkeit lediglich unter die restriktivere Regelung des Absatzes 2.

Soweit § 206 Abs. 1 Angehörige eines Mitgliedstaates auf Absatz 2 bzw. 3 **9** verweist, weil sie die zweite Voraussetzung nicht erfüllen, begegnet dies erheblichen **EG-rechtlichen Bedenken**. Gemäß Art. 52 EGV bzw. Art. 31 EWR-Abkommen steht das Recht zur „Aufnahme" einer Tätigkeit in einem anderen Mitgliedstaat (d. h. der erstmaligen Ausübung einer bestimmten Tätigkeit sowie der grenzüberschreitenden Verlagerung einer bereits ausgeübten Tätigkeit) allen

---

[8] Stellungnahme der BRAK vom 19. 2. 1988 zum Entwurf eines Gesetzes zur Änderung des Berufsrechts der Rechtsanwälte, der Patentanwälte und der Notare vom 15. 10. 1987, BRAK-Mitt. 1988, 124 (125); Stellungnahme des DAV vom 26. 2. 1988 zum Entwurf eines Gesetzes zur Änderung des Berufsrechts der Rechtsanwälte, der Patentanwälte und der Notare vom 15. 10. 1987, S. 4.
[9] EuGH Slg. 1992, I-4239 = EWS 1994, 395 = RIW 1995, 71, Tz. 11 – Micheletti.
[10] EuGH Slg. 1979, 399, Tz. 24 – Knoors; EuGH Slg. 1990, I-3551, Tz. 13 – Bouchoucha; EuGH Slg. 1993, I-1663 = EuZW 1993, 322, Tz. 15 – Dieter Kraus.
[11] So auch *Clausnitzer* BRAK-Mitt. 1989, 59 (65).

Angehörigen eines Mitgliedstaates zu. Nur die Befugnis, sekundäre Niederlassungen zu gründen, ist Angehörigen eines Mitgliedstaates vorbehalten, die bereits in einem Mitgliedstaat ansässig sind. Läßt sich daher, um das erwähnte Beispiel aufzugreifen, ein italienischer Staatsangehöriger, der als argentinischer Anwalt qualifiziert ist, erstmals oder unter Aufgabe seiner argentinischen Niederlassung in Deutschland nieder, so kann er unter Berufung auf den Grundsatz der Niederlassungsfreiheit die Regelung des Absatzes 1 in Anspruch nehmen.

10 Die Voraussetzung, daß der ausländische Anwalt seine berufliche Tätigkeit unter einer der in § 1 RADG genannten Bezeichnungen **„ausübt"**, ist auch erfüllt, wenn der Anwalt lediglich berechtigt ist, die fragliche Berufsbezeichnung zu führen. Das Vorliegen einer effektiven Berufstätigkeit wäre gegenwärtig auch nicht überprüfbar, da Kriterien für Art und Mindestdauer dieser Tätigkeit nicht existieren.

5. Verpflichtung zur Führung der ursprünglichen Berufsbezeichnung

11 Der nach § 206 niedergelassene Anwalt hat bei seiner Tätigkeit seine ursprüngliche Berufsbezeichnung zu verwenden. Ihm ist somit verwehrt, seinen Heimattitel der besseren Verständlichkeit halber durch die Bezeichnung „Rechtsanwalt" zu ersetzen. Keine Bedenken dürften jedoch dagegen bestehen, die ursprüngliche Berufsbezeichnung durch einen erläuternden Zusatz zu ergänzen (z. B. „abogado – spanischer Rechtsanwalt"). Da der Anwalt gemäß § 207 Abs. 4 jedoch bei der Führung seiner Berufsbezeichnung stets auch seinen Herkunftsstaat anzugeben hat, werden sich Zusätze dieser Art in der Praxis regelmäßig erübrigen.[12]

6. Erlaubte Tätigkeitsgebiete

12 § 206 Abs. 1 erlaubt Anwälten aus anderen Mitgliedstaaten die Tätigkeit auf dem Gebiet aller ausländischen Rechtsordnungen sowie im Bereich des internationalen Rechts. Der Begriff des **internationalen Rechts** entbehrt bislang einer klaren Definition. In erster Linie dürfte er das Völkerrecht umfassen. Die Befugnis zur Tätigkeit im Bereich des **Gemeinschaftsrechts** ergibt sich bereits aus dem Recht zur Tätigkeit im Recht des Herkunftsstaates, da das Gemeinschaftsrecht Teil der Rechtsordnungen aller Mitgliedstaaten ist. Ausgeschlossen ist damit allein die Rechtsbesorgung im Bereich des deutschen Rechts. Soweit seine Tätigkeit ein Auftreten vor Gericht erfordert, kann der ausländische Anwalt nur als Beistand eines zugelassenen deutschen Rechtsanwalts handeln.[13]

13 Der ursprüngliche Gesetzesentwurf der Bundesregierung beschränkte die Befugnisse von EG-Anwälten (wie zuvor nach dem RBerG) auf die Rechtsbesorgung im Recht des Herkunftsstaates sowie im Gemeinschaftsrecht.[14] Die vorgenommene Erweiterung trägt dem Umstand Rechnung, daß die am 21. 12. 1988 verabschiedete Hochschuldiplom-Richtlinie[15] davon ausgeht, daß EG-Staatsangehörige in allen Mitgliedstaaten ohne jede Einschränkung auf dem Gebiet aller jeweils ausländischen Rechtsordnungen sowie im internationalen Recht tätig werden dürfen.[16] In der Tat läge in jeder Beschränkung von Anwälten aus anderen

---

[12] *Zuck* NJW 1990, 1025 (Fn. 29).
[13] *Zöller,* ZPO, § 157 Rdn. 10.
[14] BR-Drucks. 371/88, S. 19.
[15] Siehe Anhang Nr. 2.
[16] Nach Art. 4 Abs. 1 lit b der Richtlinie können EG-Anwälte allein in Hinblick auf die

Mitgliedstaaten auf Teilbereiche des ausländischen und internationalen Rechts eine ungerechtfertigte Diskriminierung gegenüber den in Deutschland zugelassenen Anwälten, für die eine derartige Beschränkung nicht gilt.

Verschiedene Autoren äußern daneben Zweifel an der Vereinbarkeit des Verbots der Rechtsbesorgung im deutschen Recht mit dem **Grundsatz der Niederlassungsfreiheit**.[17] Zwar differenziert die deutsche Regelung nicht nach der Staatsangehörigkeit,[18] sondern stellt auf die Zulassung als deutscher Rechtsanwalt ab. Da jedoch Angehörige anderer Staaten regelmäßig nicht über die dafür nötige Qualifikation verfügen, liegt hierin eine mittelbare Diskriminierung von Anwälten aus anderen Mitgliedstaaten. Hinsichtlich der außergerichtlichen Beratung mag man zweifeln, ob das Verbot durch zwingende Gründe des Allgemeininteresses gerechtfertigt ist. Durch die Verpflichtung des ausländischen Anwalts, seine ausländische Berufsbezeichnung (ergänzt durch die Nennung des Herkunftslandes) zu führen, werden Mandanten auf die fehlende Qualifikation im deutschen Recht hingewiesen. Belange der Rechtspflege werden durch die außergerichtliche Beratung nicht berührt.[19]

Die Frage dürfte sich in den kommenden Jahren von selbst erledigen, da die geplante Richtlinie „zur Erleichterung der ständigen Ausübung des Rechtsanwaltsberufes in einem anderen Mitgliedstaat als dem, in dem die Qualifikation erworben wurde"[20] neue Vorgaben schafft. Der Vorschlag der Kommission sieht vor, daß EG-Anwälte, die im Aufnahmestaat unter ihrer ursprünglichen Berufsbezeichnung niedergelassen sind, auch zur Rechtsberatung und Rechtsbesorgung im Recht des Aufnahmestaates berechtigt sind. Lediglich bei der Vertretung von Mandanten in Verfahren mit Anwaltszwang kann der Anwalt – analog der Regelung der Rechtsanwaltsdienstleistungs-Richtlinie – verpflichtet werden, im Einvernehmen mit einem bei dem angerufenen Gericht zugelassenen Anwalt zu handeln.

7. Beschäftigung von bzw. Assoziierung mit deutschen Rechtsanwälten

Umstritten war ursprünglich, ob das Verbot der Rechtsberatung und -besorgung im Bereich des deutschen Rechts es ausländischen Anwälten auch verwehrt, deutsche Rechtsanwälte als Angestellte zu beschäftigen und auf diese Weise im deutschen Recht tätig zu werden.[21] Das Ziel, Rechtsuchende vor einer unqualifizierten Erledigung ihrer Rechtsangelegenheiten zu schützen, rechtfertigt solch eine Einschränkung nicht, da Angelegenheiten deutschen Rechts hier gerade von einem dafür qualifizierten deutschen Rechtsanwalt bzw. von einem Dritten unter der Verantwortung des deutschen Anwalts bearbeitet werden.

Berufsausübung im Bereich des Rechts des Aufnahmestaates einer Eignungsprüfung unterzogen werden. Vgl. BT-Drucks. 11/5264, S. 34; Stellungnahme des BRAK-Ausschusses für Niederlassungsrecht in der EG, BRAK-Mitt. 1989, 58; Jahresbericht 1987/88 des DAV, AnwBl. 1988, 387 (397); *Vetter* BRAK-Mitt. 1990, 2 (3).

[17] *Everling* EuR 1989, 338 (350); *Hofmann*, Internationales Anwaltsrecht, S. 157 ff.; *Henssler* AnwBl. 1993, 541 (548); *Commichau* JZ 1988, 824 (828).

[18] So aber *Hofmann*, Internationales Anwaltsrecht, S. 157, der auf diese Weise zu dem Schluß gelangt, die Regelung ließe sich allein gemäß Art. 56 Abs. 1 EGV durch Gründe der öffentlichen Ordnung, Sicherheit und Gesundheit rechtfertigen, deren Vorliegen er verneint.

[19] *Everling* EuR 1989, 338 (350); *Henssler* AnwBl. 1993, 541 (548).

[20] ABl. 1995 Nr. C 128, S. 6; in Auszügen abgedruckt in BRAK-Mitt. 1995, 104. Siehe hierzu Vor §§ 206, 207 Rdn. 49 ff.

[21] In diesem Sinne Jahresbericht 1988/1989 des DAV, AnwBl. 1989, 372 (375); dagegen *Kotulla* AnwBl. 1990, 126 (130).

Das Verbot verstieße daher gegen den Grundsatz der Niederlassungsfreiheit, da es zu einer ungerechtfertigten Schlechterstellung von Angehörigen anderer Mitgliedstaaten führen würde. Die Praxis hat inzwischen vollendete Tatsachen geschaffen. So beschäftigen heute zahlreiche ausländische Kanzleien deutsche Anwälte bzw. haben diese als Partner aufgenommen.[22]

8. Anzahl und Verteilung der nach § 206 Abs. 1 tätigen Anwälte

17 In der Bundesrepublik waren im März 1995 88 Anwälte aus anderen Mitgliedstaaten nach § 206 Abs. 1 BRAO niedergelassen. Am stärksten vertreten sind Anwälte aus Großbritannien (19), Griechenland (15), Dänemark (13) und Frankreich (12). Die größten Kontingente hatten sich in den Kammerbezirken Frankfurt (26) und Hamburg (16) niedergelassen.[23]

III. Anwälte aus Mitgliedstaaten der Welthandelsorganisation (Abs. 2)

1. Grund der Neuregelung

18 Absatz 2 wurde durch Art. 2 des GATS-Ausführungsgesetzes vom 30. 8. 1994[24] neu eingefügt. Die Neuregelung wurde aufgrund der allgemeinen sowie der besonderen Verpflichtungen nötig, die Deutschland im Rahmen des am 15. 4. 1994 in Marrakesch unterzeichneten **General Agreement on Trade in Services (GATS)**[25] übernommen hatte.[26]

19 Der frühere Absatz 2 (nun Abs. 3) erlaubte die Niederlassung unter der ursprünglichen Berufsbezeichnung nur, sofern die Gegenseitigkeit mit dem Herkunftsstaat des betreffenden Anwalts verbürgt war.[27] Diese Einschränkung war mit dem in Art. II GATS niedergelegten **Meistbegünstigungsgrundsatz** unvereinbar, der allen Vertragspartnern gleiche Rechte einräumt. Die neue Regelung verzichtet daher bei Angehörigen von GATS-Vertragsstaaten auf das Gegenseitigkeitserfordernis.

2. Erlaubte Tätigkeitsgebiete

20 Der GATS-Verpflichtungskatalog der EG[28] räumt Anwälten aus GATS-Vertragsstaaten[29] sowohl das Recht zur Beratung im **Recht des Heimatstaates** als auch im **Völkerrecht** ein.[30] Dem trägt § 206 Abs. 2 durch die Erweiterung des

---

[22] *Rabe* AnwBl. 1992, 146 (148).
[23] Statistik der BRAK, Stand 22. 3. 1995.
[24] BGBl. 1994 II, S. 1438.
[25] In der englischen Originalfassung sowie in deutscher Übersetzung veröffentlicht in BGBl. 1994 II, S. 1473 ff. und 1643 ff.
[26] Zum GATS im allgemeinen siehe *Barth* EuZW 1994, 455 ff.; *Ewig* BRAK-Mitt. 1994, 205; zu den Auswirkungen des GATS auf die Tätigkeit von Rechtsanwälten siehe *Errens* EuZW 1994, 460; *dies.* AnwBl. 1994, 461; *Ewig* NJW 1995, 434.
[27] Vgl. zur Problematik der Gegenseitigkeit die Berichte über die Arbeit der BRAK, BRAK-Mitt. 1991, 132 und 1992, 128 (129) sowie die Stellungnahme des EG-Ausschusses der BRAK BRAK-Mitt. 1992, 87 f.
[28] BGBl. II, 1994 S. 1521 ff. (Englisch) bzw. 1678 ff.(Deutsch). Vgl. hierzu Vor §§ 206, 207 Rdn. 101 ff.
[29] Eine Liste der Vertragsstaaten, in denen das GATS am 1. 1. 1995 in Kraft getreten ist findet sich in der Bekanntmachung über das Inkrafttreten des Übereinkommens zur Errichtung der Welthandelsorganisation vom 18. 5. 1995, BGBl. 1995 II, S. 456.
[30] Ziff. II. A.1.a des Verpflichtungskatalogs der Europäischen Gemeinschaften. Zu den Gründen dieser Bestimmung vgl. Vor §§ 206, 207 Rdn. 102.

erlaubten Tätigkeitsbereichs auf das Völkerrecht Rechnung. Eine generelle Gleichstellung mit EG- und EWR-Angehörigen war dagegen aufgrund des Meistbegünstigungsgrundsatzes nicht erforderlich. Gemäß Art. V GATS wirken Übereinkommen zur „wirtschaftlichen Integration" (d. h. Abkommen über die Schaffung einer Freihandelszone oder Zollunion) zwischen einzelnen Vertragsparteien nicht zugunsten der übrigen Vertragsstaaten. Sowohl der EGV als auch das EWR-Abkommen gelten als Übereinkommen in diesem Sinne.

Wie bereits im Zusammenhang mit Absatz 1 ausgeführt wurde, mag man **21** zweifeln, ob das Verbot der Rechtsbesorgung in anderen ausländischen Rechtsordnungen und das der Beratung im deutschen Recht zum Schutz der Rechtssuchenden tatsächlich erforderlich ist. Durch eine Aufgabe dieser Einschränkung begäbe sich die europäische Anwaltschaft jedoch letztlich eines Druckmittels, das ihr erlaubt, durch das Angebot von Lockerungen günstigere Niederlassungsbedingungen für deutsche Rechtsanwälte im Ausland zu erwirken.

3. Kein Wiederaufleben der Zulassung nach dem RBerG

Das deutsche Angebot im EG-Verpflichtungskatalog enthält den ausdrückli- **22** chen Vorbehalt, daß die Niederlassung von Anwälten aus GATS-Vertragsstaaten in Deutschland die Aufnahme in eine Rechtsanwaltskammer nach den Vorschriften der BRAO voraussetzt. Wegen des Grundsatzes der **Meistbegünstigung** bestand jedoch die Gefahr, daß es zu einem zeitweiligen Wiederaufleben der Erlaubnisse nach dem RBerG kommen würde, sofern auch nach dem Inkrafttreten des GATS Teilerlaubnisse erteilt werden. BRAK und DAV sprachen sich daher für eine Streichung des Art. 1 § 1 Abs. 1 Nr. 6 RBerG unter gleichzeitigem Bestandsschutz für bestehende Teilerlaubnisse aus.[31]

Die EG-Kommission vertrat jedoch die – schwer nachvollziehbare – Auffas- **23** sung, selbst noch existierende Teilerlaubnisse nach dem RBerG[32] lösten die Wirkung der Meistbegünstigung aus.[33] **Art. 1 § 1 RBerG** wurde daher durch Art. 4 des GATS-Ausführungsgesetzes[34] um einen – verfassungsrechtlich nicht unbedenklichen – Absatz 3 ergänzt, der sicherstellt, daß Anwälten aus Nicht-EG-Staaten erteilte Rechtsbeistandserlaubnisse **widerrufen** werden, soweit sie sich auf das Gemeinschaftsrecht erstrecken. Von der vorgeschlagenen Streichung des Art. 1 § 1 Abs. 1 Nr. 6 RBerG sah man wegen verfassungsrechtlicher Bedenken des BMJ ab. Statt dessen wurde Art. 1 § 1 Absatz 2 RBerG dahingehend geändert, daß Antragstellern, die nicht Angehörige eines EG- oder EWR-Staates sind, die Erlaubnis nur erteilt werden darf, wenn „ein **Bedürfnis** für die Erlaubnis besteht".[35] Ein Bedürfnis kann verneint werden, wenn der Antragsteller auf die Zulassung nach § 206 BRAO verwiesen werden kann.

4. Ausübung eines dem Beruf des Rechtsanwalts entsprechenden Berufs

Um die Regelung des Absatzes 2 in Anspruch nehmen zu können, muß der **24** ausländische Anwalt durch Vorlage einer entsprechenden Bescheinigung der zuständigen Behörde des Herkunftslandes nachweisen, daß er „einen in der Ausbildung und den Befugnissen dem Beruf des Rechtsanwalts nach diesem Gesetz

---

[31] BRAK-Mitt. 1994, 218.
[32] Nach einer Erhebung des BMJ waren im Bundesgebiet bis September 1994. 289 Teilerlaubnisse erteilt worden (BRAK-Mitt. 1994, 218).
[33] BRAK-Mitt. 1994, 218.
[34] BGBl. 1994 II, S. 1438.
[35] Siehe hierzu BRAK-Mitt. 1994, 218 sowie *Errens* EuZW 1994, 460 (462).

entsprechenden Beruf ausübt" (§ 207 Abs. 1). Das Bundesministerium der Justiz erließ bereits am 29. 1. 1995 eine erste **Verordnung** zur Durchführung des § 206 Abs. 2, die den Beruf des US-amerikanischen „Attorney at law" als dem Beruf des deutschen Rechtsanwalts entsprechend erklärt.[36] Derzeit werden die Voraussetzungen für entsprechende Rechtsverordnungen für Japan, Ungarn und Sri Lanka geprüft.

25 Dem Erfordernis, daß der ausländische Anwalt den Anwaltsberuf **„ausübt"**, wird auch dadurch Genüge getan, daß er die Befugnis hat, den Anwaltstitel seines Herkunftsstaates zu führen. Andernfalls hätte der Gesetzgeber klare Kriterien für Art und Mindestdauer dieser Tätigkeit aufzustellen, um diese Voraussetzung überprüfbar zu machen.

IV. Anwälte aus sonstigen Staaten (Abs. 3)

26 § 206 Abs. 3 (früher Abs. 2) war aufgrund des Widerstandes der BRAK und des DAV zunächst aus dem Gesetzesentwurf der Bundesregierung gestrichen worden. Die Vertretungen der Anwaltschaft hielten die Regelung in Hinblick auf die laufenden GATT-Verhandlungen, in deren Rahmen auch der Dienstleistungsbereich erörtert wurde, für verfrüht.[37] Auf Vorschlag des Rechtsausschusses wurde die Vorschrift jedoch wieder aufgenommen.[38]

27 Seit der Einfügung des neuen Absatzes 2 hat Absatz 3 weitgehend an Bedeutung verloren, da die Vorschrift nur für Anwälte gilt, die nicht Angehörige eines GATS-Vertragsstaates sind.[39]

28 Wie auch die Regelungen der Absätze 1 und 2 stellt Absatz 3 eine **abschließende** Regelung für die Niederlassung von Anwälten aus Drittstaaten unter ihrem Heimattitel dar. Eine Tätigkeit auf der Grundlage einer Erlaubnis nach dem RBerG ist seit Inkrafttreten der Neuregelung nicht mehr möglich.[40]

29 Die **Gegenseitigkeit** mit dem Herkunftsstaat gilt nur dann als verbürgt, wenn eine Rechtsverordnung des Bundesministers der Justiz dies feststellt. Die Feststellung hat insoweit konstitutive Wirkung. Bislang wurde lediglich die „Erste Verordnung zur Durchführung des § 206 Abs. 2 der Bundesrechtsanwaltsordnung" vom 6. 8. 1990[41] erlassen, welche die Regelungen der §§ 206 Abs. 3 und 207 auf Rechtsanwälte aus der ehemaligen DDR für anwendbar erklärte.[42] Durch den Beitritt der DDR zur Bundesrepublik am 3. 10. 1990 wurde diese Verordnung hinfällig.[43] Die Arbeiten an einer Verordnung zur Anerkennung der Gegenseitig

---

[36] Art. 1 der Verordnung zur Verbesserung der beruflichen Stellung ausländischer Rechtsanwälte vom 29. 1. 1995, BGBl. I, S. 142.
[37] Stellungnahme der BRAK vom 19. 2. 1988 zum Entwurf eines Gesetzes zur Änderung des Berufsrechts der Rechtsanwälte, der Patentanwälte und der Notare vom 15. 10. 1987, BRAK-Mitt. 1988, 124 (125); Stellungnahme des DAV vom 26. 2. 1988 zum Entwurf eines Gesetzes zur Änderung des Berufsrechts der Rechtsanwälte, der Patentanwälte und der Notare vom 15. 10. 1987, S. 5
[38] BT-Drucks. 11/5264, S. 34.
[39] Vgl. Fn. 29.
[40] Dies bestätigt die in dem deutschen GATS-Verpflichtungskatalog getroffene Feststellung, der Marktzugang ausländischer Anwälte erfordere immer die Aufnahme in eine Rechtsanwaltskammer gemäß der BRAO.
[41] BGBl. I, S. 1512.
[42] Vgl. hierzu *Dörig* NJW 1990, 2117; *Schmalz* BRAK-Mitt. 1990, 61 und Bekanntmachung der BRAK, BRAK-Mitt. 1990, 84 (87).
[43] Anlage I Kapitel III Sachgebiet A Abschnitt II Nr. 2 zum Einigungsvertrag stellte die Rechtsanwälte der neuen Bundesländer den nach der BRAO zugelassenen Anwälten gleich.

keit im Verhältnis zu den US-amerikanischen Bundesstaaten sowie zu Schweden[44] wurden mit dem Inkrafttreten des EWR-Abkommens sowie des GATS hinfällig.

§ 207 Verfahren, berufliche Stellung

(1) **Über den Antrag auf Aufnahme in die Rechtsanwaltskammer entscheidet die Landesjustizverwaltung.** Dem Antrag ist eine Bescheinigung der im Herkunftsstaat zuständigen Behörde über die Zugehörigkeit zu dem Beruf beizufügen. Diese Bescheinigung ist der Landesjustizverwaltung jährlich neu vorzulegen. Kommt das Mitglied der Rechtsanwaltskammer dieser Pflicht nicht nach oder fallen die Voraussetzungen des § 206 Abs. 2 weg, ist die Aufnahme in die Rechtsanwaltskammer zu widerrufen.

(2) Für die Entscheidung über den Antrag, die Rechtsstellung nach Aufnahme in die Rechtsanwaltskammer sowie die Rücknahme und den Widerruf der Aufnahme in die Rechtsanwaltskammer gelten sinngemäß der Zweite Teil mit Ausnahme der §§ 4 bis 6, 12, 18 bis 27 und 29 bis 36, der Dritte, Vierte, Sechste, Siebente, Zehnte, Elfte und Dreizehnte Teil dieses Gesetzes. Vertretungsverbote nach § 114 Abs. 1 Nr. 4 sowie den §§ 150 und 161 a sind für den Geltungsbereich dieses Gesetzes auszusprechen. An die Stelle der Ausschließung aus der Rechtsanwaltschaft (§ 114 Abs. 1 Nr. 5) tritt das Verbot, im Geltungsbereich dieses Gesetzes fremde Rechtsangelegenheiten zu besorgen; mit der Rechtskraft dieser Entscheidung verliert der Verurteilte die Mitgliedschaft in der Rechtsanwaltskammer.

(3) **Der Anwalt muß in dem Bezirk der Rechtsanwaltskammer, in die er aufgenommen ist, die Kanzlei einrichten.** Kommt der Anwalt dieser Pflicht nicht binnen drei Monaten nach Aufnahme in die Rechtsanwaltskammer nach, oder gibt er die Kanzlei auf, ist die Aufnahme in die Rechtsanwaltskammer zu widerrufen.

(4) **Der Anwalt hat bei der Führung seiner Berufsbezeichnung den Herkunftsstaat anzugeben.** Er ist berechtigt, im beruflichen Verkehr zugleich die Bezeichnung „Mitglied der Rechtsanwaltskammer" zu verwenden.

Schrifttum: *Everling,* Niederlassungsrecht und Dienstleistungsfreiheit der Rechtsanwälte in der Europäischen Gemeinschaft, EuR 1989, 338; *Vetter,* Die wichtigsten Änderungen der BRAO, BRAK-Mitt. 1990, 2; *Willandsen,* Die verwaltungs- und standesrechtliche Stellung des auch im Ausland zugelassenen deutschen Rechtsanwalts oder Rechtsbeistandes, NJW 1989, 1128.

Art. 21 des Gesetzes zur Neuordnung des Berufsrechts der Rechtsanwälte und der Patentanwälte vom 2. 9. 1994 (BGBl. I, S. 2278) regelte schließlich die Vollintegration der Rechtsanwälte der neuen Bundesländer.
[44] Siehe hierzu BRAK-Mitt. 1992, 87 f., 129 und 190.

Übersicht

	Rdn.		Rdn.
I. Aufnahmeverfahren (Abs. 1)	1–4	3. Mitwirkung in den berufsständischen Vertretungen	13
II. Rechtsstellung des nach § 206 niedergelassenen Anwalts (Abs. 2)	4–14	III. Kanzleipflicht (Abs. 3)	15
1. Allgemeines	5	IV. Angaben bei der Führung der ursprünglichen Berufsbezeichnung (Abs. 4)	16
2. Anwendbarkeit der deutschen Berufsregeln	7		

I. Aufnahmeverfahren (Abs. 1)

1 § 207 regelt das Verfahren für die Aufnahme in die zuständige Rechtsanwaltskammer sowie die beruflichen Rechte und Pflichten der nach § 206 in Deutschland niedergelassenen ausländischen Anwälte.

2 Nach § 207 Abs. 1 S. 1 entscheidet über den Antrag auf Aufnahme in die Rechtsanwaltskammer – wie auch im Falle von Bewerbern, die die Voraussetzungen des § 4 BRAO erfüllen[1] – die **Landesjustizverwaltung**.

3 Die gemäß Abs. 1 S. 2 beizubringende **Bescheinigung** des Herkunftsstaates dient dem Nachweis, daß der Bewerber befugt ist, eine der in § 1 RADG genannten Berufsbezeichnungen zu führen (§ 206 Abs. 1) bzw. daß er einen in der Ausbildung und den Befugnissen dem Beruf des Rechtsanwalts entsprechenden Beruf ausübt (§ 206 Abs. 2 und 3). Soweit die dem Beruf des Rechtsanwalts entsprechenden Berufe für Anwälte aus Vertragsstaaten des GATS durch Rechtsverordnung gemäß § 206 Abs. 2 definiert sind, beschränkt sich der erforderliche Nachweis auf die Zugehörigkeit zu einer der in der Rechtsverordnung genannten Berufsgruppen.

4 Der dritte und vierte Satz von Absatz 1 wurde durch das Gesetz zur Neuordnung des Berufsrechts der Rechtsanwälte und Patentanwälte vom 2. 9. 1994[2] neu eingefügt. Bis zu diesem Zeitpunkt fehlte es an Regelungen, die sicherstellten, daß die Landesjustizverwaltung von dem **Wegfall der Berechtigung** zur anwaltlichen Tätigkeit im Herkunftsstaat erfuhr. Auch waren, wenn die Berechtigung im Herkunftsstaat erst nach der Aufnahme in die Rechtsanwaltskammer ex nunc entfiel, nicht immer die Voraussetzungen für einen Widerruf nach § 14 Abs. 2 BRAO gegeben.[3]

II. Rechtsstellung des nach § 206 niedergelassenen Anwalts (Abs. 2)

1. Allgemeines

5 Die Rechtsstellung des nach § 206 niedergelassenen ausländischen Anwalts entspricht weitgehend der eines deutschen Rechtsanwalts. § 207 Abs. 2 erklärt alle Vorschriften der BRAO für sinngemäß anwendbar, mit Ausnahme des Ersten Teils (Stellung und Beruf des Rechtsanwalts), der §§ 4–6 (Befähigung, Zulassungsanspruch), des § 12 (Zulassungsurkunde), der §§ 18–23 und 29–36 (Zulassung bei einem Gericht), des Fünften Teils (Anwaltsgerichtsbarkeit), des Achten Teils (Rechtsanwaltschaft beim BGH), des Neunten Teils (Bundesrechtsanwaltskammer) sowie des Zwölften Teils (Anwälte aus anderen Staaten).

---

[1] § 8 Abs. 1 BRAO
[2] BGBl. I, S. 2278.
[3] Ausführlich zu der Problematik nach der alten Rechtslage *Feuerich*, BRAO, 2. Aufl. 1992, § 207 Rdn. 4 f.

An die Stelle der Befähigung zum Richteramt bzw. dem Bestehen der Eig- 6
nungsprüfung (§ 4) tritt der nach Absatz 1 Satz 2 erforderliche Nachweis. Die
Aufnahme in die Rechtsanwaltskammer kann aus denselben Gründen versagt
werden wie die Zulassung zur Rechtsanwaltschaft (§ 7).

2. Anwendbarkeit der deutschen Berufsregeln

Aufgrund der Anwendbarkeit des Dritten und Vierten Teils unterliegt der aus- 7
ländische Anwalt den allgemeinen wie den besonderen Berufspflichten (§§ 43ff.)
sowie der Rechtsaufsicht der Rechtsanwaltskammer, die ihn aufgenommen hat.
Zur gewissenhaften Berufsausübung im Sinne des § 43 S. 1 zählt auch die Verpflichtung des Anwalts, sich über das deutsche Berufs- und Standesrecht zu informieren.[4] Der Verpflichtung zum Abschluß einer **Berufshaftpflichtversicherung** nach § 51 BRAO kann der ausländische Anwalt auch durch Abschluß einer
Versicherung mit einem ausländischen Versicherer genügen. Die Anerkennung
dieses Versicherungsschutzes setzt voraus, daß der Inhalt des Versicherungsvertrages den Anforderungen von § 51 BRAO entspricht, die Tätigkeit des Versicherers dem Bundesaufsichtsamt für das Versicherungswesen angezeigt wurde und
die allgemeinen Versicherungsbedingungen eingereicht wurden.[5]

§ 207 präzisiert nicht, ob sich die deutsche Berufsaufsicht auf die gesamte Tä- 8
tigkeit oder allein auf die Tätigkeit im Inland erstreckt. Da die Ausübung der
Aufsicht in Bezug auf Auslandssachverhalte einen grundsätzlich unzulässigen Eingriff in die Territorialhoheit fremder Staaten darstellen würde, ist im Prinzip anzunehmen, daß die deutsche Berufsaufsicht allein **Handlungen im Inland** erfaßt.[6]
Auch der Vorschlag einer Richtlinie „zur Erleichterung der ständigen Ausübung
des Rechtsanwaltsberufes in einem anderen Mitgliedstaat als dem, in dem die
Qualifikation erworben wurde"[7] sieht vor, daß der unter seiner ursprünglichen
Berufsbezeichnung tätige Rechtsanwalt dem Berufsrecht des Aufnahmestaates nur
hinsichtlich der Tätigkeiten unterliegt, „die er im Aufnahmestaat ausübt".[8]

Schwieriger zu beurteilen ist die Rechtslage bei **nicht ausschließlich im In-** 9
land ausgeübten Tätigkeiten. Wenn ein in Deutschland niedergelassener
ausländischer Anwalt ein Mandat im Inland annimmt und dieses ganz oder teilweise im Ausland bearbeitet, ist es fraglich, ob bzw. in welchem Umfang seine
Tätigkeit den deutschen Berufsregeln unterliegt.

Mit einer ähnlichen Frage war das VG Schleswig befaßt, das zu entscheiden 10
hatte, ob die deutsche Aufsichtsbehörde einen zugleich in Dänemark niedergelassenen deutschen Rechtsbeistand anweisen konnte, alle Mandate in deutschen
Rechtsangelegenheiten nach den deutschen Vorschriften am deutschen Niederlassungsort abzuwickeln. Das Gericht urteilte, die deutsche Berufsaufsicht erstrecke
sich nicht auf die rechtsberatende oder -besorgende Tätigkeit in Dänemark,
sofern der Mandant zuvor in eine Bearbeitung des Mandats im Ausland eingewilligt habe.[9]

---

[4] *Feuerich/Braun*, § 207 Rdn. 10.
[5] Rundschreiben des BMJ an die Landesjustizverwaltungen vom 15. 2. 1996. Vgl. im übrigen § 51 Rdn. 30 f.
[6] VG Schleswig NJW 1989, 1178; *Willandsen* NJW 1989, 1128 (1130); *Everling* EuR 1989, 338 (347).
[7] ABl. 1995 Nr. C 128, S. 6; in Auszügen abgedruckt in BRAK-Mitt. 1995, 104. Vgl. hierzu Vor §§ 206, 207 Rdn. 49 ff.
[8] Art. 6 Abs. 1 des Richtlinienvorschlags.
[9] VG Schleswig NJW 1989, 1178; dazu *Willandsen* NJW 1989, 1128.

11 Da der Anwalt bei seiner Tätigkeit im Ausland regelmäßig auch dem dort geltenden Berufsrecht unterliegt, hat diese Lösung den Vorteil, die gleichzeitige Anwendung möglicherweise kollidierender Berufsregeln zu verhindern. Andererseits mutet auch die Rechtsanwaltsdienstleistungs-Richtlinie[10] dem vorübergehend in einem anderen Mitgliedstaat tätigen Anwalt zu, daß er neben den Berufsregeln seines Herkunftsstaates die wesentlichen Standesregeln des Aufnahmestaates beachtet.[11] Der Ansatz des VG Schleswig gewährleistet auch nur unzureichend den Schutz des rechtsuchenden Publikums. Der Mandant dürfte regelmäßig nicht in der Lage sein, die Folgen seiner Einwilligung zur Bearbeitung des Mandats im Ausland zu übersehen.[12] Es erscheint daher sachgerechter, Auslandstätigkeiten des in Deutschland nach § 206 niedergelassenen Anwalts jedenfalls dann dem deutschen Berufsrecht sowie der Aufsicht der zuständigen deutschen Rechtsanwaltskammer zu unterwerfen, wenn das Mandat in Deutschland übernommen wurde oder der Mandant aus sonstigen Gründen Anlaß zu der Annahme hat, daß der beauftragte Anwalt sich an die deutschen Regeln halten wird.[13]

12 Ist das deutsche Berufsrecht nach den genannten Grundsätzen grundsätzlich anwendbar, so kann jedoch der Anwendung einzelner Vorschriften auf Anwälte aus anderen EG- oder EWR-Staaten der **Grundsatz der Niederlassungsfreiheit** entgegenstehen. Anwälten aus anderen Mitgliedstaaten durfte aus diesem Grunde bereits vor Einfügung des § 29 a die Zulassung in Deutschland nicht deswegen versagt werden, weil sie gleichzeitig eine Rechtsanwaltskanzlei in einem anderen Mitgliedstaat unterhielten und damit gegen das Zweigstellenverbot des § 28 Abs. 1 verstießen.[14]

3. Mitwirkung in den berufsständischen Vertretungen

13 Da der Vierte Teil der BRAO sinngemäß anzuwenden ist, können auch nach § 206 niedergelassene ausländische Anwälte zum Mitglied des **Kammervorstandes** gewählt werden.[15] Entsprechend § 65 BRAO müssen die Kandidaten das fünfunddreißigste Lebensjahr vollendet haben und seit ihrer Aufnahme in die Kammer mindestens fünf Jahre lang als Anwalt tätig gewesen sein.[16]

14 Die Unanwendbarkeit des Fünften Teils schließt ausländische Anwälte von der Wahrnehmung richterlicher Aufgaben in der **Anwaltsgerichtsbarkeit** aus. Der Gesetzgeber trug hierdurch offenbar der Rechtsprechung des BVerfG[17] Rechnung, das Zweifel an dem Charakter der Anwaltsgerichte als staatliche Gerichte mit dem Hinweis auf die Befähigung der Rechtsanwälte zum Richteramt zu-

---

[10] Richtlinie des Rates vom 22. 3. 1977 zur Erleichterung der tatsächlichen Ausübung des freien Dienstleistungsverkehrs der Rechtsanwälte (77/249/EWG), ABl. 1977 Nr. L 78, S. 17. Vgl. hierzu Vor §§ 206, 207 Rdn. 68 ff.
[11] Art. 4 Abs. 4 der Richtlinie.
[12] So *Willandsen* NJW 1989, 1128 (1130).
[13] Der dem VG Schleswig vorliegende Fall hätte sich auch anhand des Grundsatzes der Dienstleistungsfreiheit lösen lassen, denn das Verlangen der Aufsichtsbehörde, alle deutschen Rechtsangelegenheiten im Inland abzuwickeln, stellt – insbesondere bei Anwendbarkeit des deutschen Berufsrechts – eine ungerechtfertigte Behinderung des freien Dienstleistungsverkehrs dar.
[14] Vgl. § 29 a Rdn. 4.
[15] Zu der Einschränkung dieses Rechts aufgrund § 188 BRAO vgl. unten Rdn. 14.
[16] BGHZ 107, 215 = NJW 1989, 2892 = MDR 1988, 813 = BRAK-Mitt. 1989, 158 = AnwBl. 1990, 270.
[17] BVerfGE 48, 300, 322; BVerfGE 26, 186, 201.

rückgewiesen hatte. Dem Ausschluß des Achten Teils ist zu entnehmen, daß nur nach § 4 zugelassene Rechtsanwälte zum **Rechtsanwalt beim BGH** gewählt werden können. Da auch der Neunte Teil keine Anwendung findet, können ausländische Anwälte nicht in der **Bundesrechtsanwaltskammer** tätig werden. Deren Aufgaben werden gemäß § 188 BRAO von den Präsidenten der Rechtsanwaltskammern sowie den diese vertretenden Vorstandsmitgliedern wahrgenommen. Ausländische Anwälte können aus diesem Grund weder zum Präsidenten einer Rechtsanwaltskammer noch zu dessen Vertreter nach § 188 BRAO bestellt werden. Die Wählbarkeit in den Vorstand einer Rechtsanwaltskammer bleibt jedoch im übrigen hiervon unberührt.[18]

III. Kanzleipflicht (Abs. 3)

In Parallele zu § 27 Abs. 1 verpflichtet § 207 Abs. 3 den ausländischen Anwalt, 15 innerhalb von drei Monaten seine Kanzlei im Bezirk der Rechtsanwaltskammer, in die er aufgenommen ist, einzurichten. Es läßt sich bezweifeln, ob dieses Erfordernis Anwälten aus anderen Mitgliedstaaten entgegengehalten werden kann, da in ihm eine **Einschränkung der Niederlassungsfreiheit** liegt. Wird ein Anwalt regelmäßig in Deutschland tätig, so liegt unter Umständen keine vorübergehende Tätigkeit im Sinne des Art. 60 EGV vor, so daß das RADG keine Anwendung findet.[19] Hat der Anwalt in solch einem Fall aber keine Kanzlei im Inland, ist ihm auch eine Tätigkeit auf der Grundlage des § 206 verwehrt. Eine mittelbare Schlechterstellung gegenüber deutschen Anwälten ließe sich darin erblicken, daß der Betreffende bereits eine Kanzlei in seinem Herkunftsstaat zu unterhalten hat und die Kanzleipflicht des § 207 Abs. 3 für ihn eine zusätzliche Belastung darstellt. Für die Verpflichtung lassen sich kaum gewichtige Gründe finden, da der nach § 206 niedergelassene Anwalt nicht im Bereich des deutschen Rechts tätig ist und daher nur in Ausnahmefällen für deutsche Gerichte und Behörden erreichbar sein muß. Die Benennung eines Zustellungsbevollmächtigten im Inland wäre für diese Zwecke – wie im Rahmen des RADG – ausreichend. Die Erreichbarkeit für Mandanten wird durch die ausländische Niederlassung sichergestellt.

IV. Angaben bei der Führung der ursprünglichen Berufbezeichnung (Abs. 4)

Bei der Führung seines Heimattitels hat der Anwalt nach Absatz 4 zugleich den 16 Herkunftsstaat (d. h. den Staat, in dem die Berechtigung zum Führen dieses Titels erworben wurde) anzugeben. Diese Verpflichtung dient insbesondere dazu, Verwechslungen zwischen deutschen Rechtsanwälten und ausländischen, ebenfalls in ihrem Herkunftsstaat den Titel „Rechtsanwalt" führenden Anwälten zu vermeiden.[20] Der Anwalt ist berechtigt, jedoch nicht verpflichtet, sich als „Mitglied der Rechtsanwaltskammer" zu bezeichnen.

---

[18] BGHZ 107, 215 = NJW 1989, 2892 = MDR 1988, 813 = BRAK-Mitt. 1989, 158 = AnwBl. 1990, 270.
[19] § 1 Abs. 1 RADG.
[20] So z. B. österreichische und schweizerische Anwälte. *Vetter* BRAK-Mitt. 1990, 2 (3).

Dreizehnter Teil. Übergangs- und Schlußvorschriften

Erster Abschnitt. Übergangsvorschriften

§ 208 Bewerber mit Befähigung zum höheren Verwaltungsdienst

Bewerbern, die bei Inkrafttreten dieses Gesetzes berechtigt sind, aufgrund der vorgeschriebenen Prüfungen hauptamtlich ein Richteramt an einem Gericht der allgemeinen Verwaltungsgerichtsbarkeit zu bekleiden, kann die Zulassung zur Rechtsanwaltschaft nicht deshalb versagt werden, weil die Voraussetzung des § 4 nicht gegeben ist.

Die Übergangsvorschrift ist mit der Vereinheitlichung der Ausbildungsbestimmungen heute bedeutungslos.[1]

§ 209 Kammermitgliedschaft von Inhabern einer Erlaubnis nach dem Rechtsberatungsgesetz

(1) **Natürliche Personen**, die im Besitz einer uneingeschränkt oder unter Ausnahme lediglich des Sozial- oder Sozialversicherungsrechts erteilten Erlaubnis zur geschäftsmäßigen Rechtsbesorgung sind, sind auf Antrag in die für den Ort ihrer Niederlassung zuständige Rechtsanwaltskammer aufzunehmen. Sie dürfen im beruflichen Verkehr zugleich die Bezeichnung „Mitglied der Rechtsanwaltskammer" führen. Für die Entscheidung über den Antrag, die Rechtsstellung nach Aufnahme in die Rechtsanwaltskammer sowie die Aufhebung oder das Erlöschen der Erlaubnis gelten sinngemäß der Zweite Teil mit Ausnahme der §§ 4 bis 6, 12, 18 bis 27 und 29 bis 36, der Dritte, Vierte, Sechste, Siebente, Zehnte, Elfte und Dreizehnte Teil dieses Gesetzes. Der Erlaubnisinhaber kann auf besondere Kenntnisse in einem der in § 43 c Abs. 1 Satz 2 genannten Gebiete durch den Zusatz „Fachgebiet" mit höchstens zwei der in § 43 c Abs. 1 Satz 2 geregelten Gebiete hinweisen.

(2) Die Aufnahme in die Rechtsanwaltskammer wird auf Antrag des Erlaubnisinhabers widerrufen. Der Widerruf läßt die Erlaubnis zur geschäftsmäßigen Rechtsbesorgung unberührt. Die Entscheidung über den Widerruf wird ausgesetzt, solange gegen den Erlaubnisinhaber ein anwaltsgerichtliches Verfahren schwebt.

(3) Bei einem Wechsel des Ortes der Niederlassung ist auf Antrag des Erlaubnisinhabers nur der in der Erlaubnis bestimmte Ort zu ändern. Die Änderung wird von der Justizverwaltung des Landes verfügt, in dem der neugewählte Ort der Niederlassung liegt; § 33 Abs. 2 ist sinngemäß anzuwenden. Mit der Änderung wird der Erlaubnisinhaber Mitglied der nunmehr zuständigen Rechtsanwaltskammer.

(4) Erlaubnisse für Zweigstellen oder auswärtige Sprechtage, die nach § 1 Abs. 1 Satz 2 der Verordnung zur Ausführung des Rechtsberatungs-

---

[1] Zur ursprünglichen Bedeutung s. *Isele*, § 208 Anm. II.

gesetzes vom 13. Dezember 1935 (RGBl. I S. 1481) erteilt worden sind, bleiben unberührt. Die Landesjustizverwaltung kann diese Erlaubnis widerrufen, wenn dies im Interesse der Rechtspflege geboten ist.

(5) Die Landesjustizverwaltung kann die Erlaubnis zur geschäftsmäßigen Rechtsbesorgung widerrufen, wenn der Erlaubsnisinhaber seit mehr als drei Monaten an dem Ort seiner Niederlassung keine Tätigkeit ausgeübt hat und sein Aufenthaltsort unbekannt ist.

Übersicht

	Rdn.
I. Entstehungsgeschichte	1
II. Normzweck	2
III. Erwerb der Kammermitgliedschaft	3
IV. Verlust der Kammermitgliedschaft	4–8
V. Rechtsstellung des Kammerrechtsbeistands	9–22
1. Berufsrechtliche Folgen der Kammerzugehörigkeit	10
a) Berufsbezeichnung	11
b) Fachgebietsbezeichnung	12
c) Wahlrecht	13
d) Zweigstelle – Sprechtage	14
e) Sozietät – Bürogemeinschaft	15
f) Vertreter – Abwickler	16
2. Prozeßrechtliche Folgen der Kammerzugehörigkeit	17
a) Im Zivilprozeß	18
b) Im arbeitsgerichtlichen Verfahren	19
c) Im sozialgerichtlichen Verfahren	20
d) Im verwaltungsgerichtlichen Verfahren	21
e) Im Strafprozeß	22

I. Entstehungsgeschichte

Der Beruf des Rechtsbeistands ist durch das Fünfte Gesetz zur Änderung der Bundesgebührenordnung für Rechtsanwälte vom 18. August 1980[1] neu geregelt worden. Seitdem können die frühere Vollerlaubnis zur Rechtsberatung und die Teilerlaubnisse für Bürgerliches Recht, für Handels- und Gesellschaftsrecht und für Wirtschaftsrecht nicht mehr erteilt werden. Stattdessen gibt es Rechtsbeistände nur noch unter der Bezeichnung Rentenberater, Versicherungsberater, Frachtprüfer, vereidigte Versteigerer, Inkassounternehmer und Rechtskundige für ein ausländisches Rechtsgebiet (§ 1 Abs. 1 RBerG). Diese Regelung ist verfassungsgemäß.[2] Nicht so die Abschaffung der Versicherungsberatung durch Rechtsbeistände.[3] Diese hat der Gesetzgeber durch Artikel 3 des Gesetzes zur Änderung des Berufsrechts der Rechtsanwälte und der Patentanwälte vom 13. 12. 1989[4] wieder zugelassen.[5] Den zur Zeit der Gesetzesänderung im Jahre 1980 tätigen Rechtsbeiständen sollte, soweit sie eine uneingeschränkte (**Voll-**) **Erlaubnis** zur geschäftsmäßigen Rechtsbesorgung oder eine Erlaubnis nur unter Ausschluß des Sozial- oder Sozialversicherungsrechts hatten, durch den neugeschaffenen § 209 die Möglichkeit eröffnet werden, **Mitglied einer Rechtsanwaltskammer** zu werden. Alle anderen Rechtsbeistände alten Rechts (§ 1 Abs. 1 RBerG) sind hiervon ausgeschlossen. 1993 waren noch 442 Rechtsbeistände Mitglied einer

---
[1] BGBl. I, S. 1503.
[2] BVerfGE 75, 246 = NJW 1988, 545 = AnwBl. 1987, 606; vgl. auch BVerfG Rbeistand 1987, 188.
[3] BVerfGE 75, 284 = NJW 1988, 543 = AnwBl. 1987, 615.
[4] BGBl. I, S. 2135 (2147); vgl. hierzu *Zuck* NJW 1990, 1025.
[5] Vgl. hierzu Rbeistand 1989, 75 ff. und 95 ff..

Rechtsanwaltskammer.⁶ Die praktische Bedeutung der Vorschrift ist also schon jetzt gering. Sie nimmt zudem von Jahr zu Jahr weiter ab, weil die Zahl der Rechtsbeistände, die beim Inkrafttreten der Vorschrift im Jahre 1980 die Voraussetzungen für eine Aufnahme in die Rechtsanwaltskammer erfüllten, immer kleiner wird und neue Rechtsbeistände nicht hinzukommen können. Der Beruf des Kammerrechtsbeistandes ist damit eine Übergangserscheinung. Er wird mit dem Tod des letzten Kammerrechtsbeistands aussterben. Deshalb ist die nachfolgende Kommentierung gestrafft.

II. Normzweck

2 Rechtsbeistände alten Rechts, die im Zeitpunkt des Inkrafttretens der Vorschrift eine Vollerlaubnis oder eine Erlaubnis unter Ausnahme des Sozial- oder Sozialversicherungsrechts hatten, sollen der Rechtsstellung der Rechtsanwälte soweit wie möglich angenähert werden. Ihre Aufnahme in die für den Ort ihrer Niederlassung zuständige Rechtsanwaltskammer erfolgt allerdings nur auf Antrag. Rechtsbeistände, die keinen Antrag stellen, obwohl sie in ihrer Person die Voraussetzungen nach Absatz 1 für eine Aufnahme in eine Rechtsanwaltskammer erfüllen, nehmen also an den Rechten und Pflichten, die mit der Mitgliedschaft in einer Rechtsanwaltskammer verbunden sind, nicht teil. Dem Recht, auf Antrag Mitglied einer Rechtsanwaltskammer zu werden, liegt die Überlegung zugrunde, daß der in Absatz 1 genannte Personenkreis nach dem Umfang der ihm gestatteten Rechtsbesorgung dem Rechtsanwaltsberuf näher steht als dem des Rechtsbeistands nach neuem Recht i. S. von § 1 Abs. 1 RBerG.⁷

III. Erwerb der Kammermitgliedschaft

3 Ein Rechtsbeistand, der eine Vollerlaubnis oder eine Erlaubnis unter Ausnahme lediglich des Sozial- und des Sozialversicherungsrechts hat, muß, wenn er Kammerrechtsbeistand werden will, seine Aufnahme in die für den Ort seiner Niederlassung zuständige Rechtsanwaltskammer beantragen. Für die Aufnahme in die Rechtsanwaltskammer und das Erlöschen, die Rücknahme und den Widerruf der Aufnahme gilt der Zweite Teil des Gesetzes mit Ausnahme der §§ 4 bis 6, 12, 18 bis 27 und 29 bis 36. Gemeint sind also die §§ 7–11, 13–17, 28, 36 a–42 d.⁸ Zuständig für die Entscheidung über die Aufnahme sind gemäß § 8 die Landesjustizverwaltungen, soweit sie ihre Befugnisse nicht gemäß § 224 auf nachgeordnete Behörden übertragen haben. Dem Antrag auf Aufnahme in die Rechtsanwaltskammer ist stattzugeben, soweit nicht Gründe vorliegen, die auch einer Zulassung als Rechtsanwalt entgegenstehen würden.⁹ Auf eine Darstellung der hierzu nach Inkrafttreten des § 209 veröffentlichten umfangreichen Judikatur und Literatur¹⁰ wird mit Rücksicht darauf verzichtet, daß über einen Antrag auf Aufnahme in eine Rechtsanwaltskammer nur noch in dem äußerst seltenen Fall zu entscheiden sein wird, daß ein bei Inkrafttreten des § 209 bereits mit einer Vollerlaubnis im Sinne des Absatz 1 Satz 1 versehener Rechtsbeistand bis jetzt

---

⁶ BRAK-Mitt. 1993, 86.
⁷ BGH NJW 1982, 1880.
⁸ Vgl. hierzu BVerfGE 80, 269 = NJW 1989, 2611 = AnwBl. 1989, 557; BGHZ 107, 215 = NJW 1989, 2892 = AnwBl. 1990, 270.
⁹ BGHZ 83, 350 = NJW 1982, 1880.
¹⁰ Beides ist umfassend dargestellt bei *Feuerich/Braun*, § 209 Rdn. 20–36 und *Rennen/Caliebe*, Anh. 2 Rdn. 7–23.

von der Möglichkeit, Mitglied einer Rechtsanwaltskammer zu werden, keinen Gebrauch gemacht hat und das nachholen will.

IV. Verlust der Kammermitgliedschaft

Die Aufnahme in die Rechtsanwaltskammer ist auf Antrag des Rechtsbeistandes zu **widerrufen** (Abs. 2 S. 1). Die nach der ursprünglichen Fassung des § 209 umstrittene Frage, ob ein Rechtsbeistand die Mitgliedschaft in einer Rechtsanwaltskammer wieder kündigen kann, ohne gleichzeitig die ihm vor dem Inkrafttreten des § 209 nach Art. 1 § 1 a.f. RBerG erteilte Vollrechtserlaubnis zu verlieren,[11] ist durch die Neufassung des Absatz 2 durch Gesetz vom 13. 12. 1989[12] im bejahenden Sinne geregelt worden. Absatz 2 Satz 2 bestimmt jetzt ausdrücklich, daß der Widerruf der Aufnahme in die Rechtsanwaltskammer die Erlaubnis zur geschäftsmäßigen Rechtsbesorgung unberührt läßt. Damit ist gleichzeitig auch die Möglichkeit eröffnet, einen Rechtsbeistand durch eine Widerrufsverfügung der Landesjustizverwaltung isoliert aus der Rechtsanwaltskammer auszuschließen, wenn in seiner Person Umstände eintreten, die zwar nicht mit der Stellung eines Rechtsanwalts, wohl aber mit der Stellung eines Rechtsbeistandes vereinbar sind.

Die Mitgliedschaft des Rechtsbeistandes in der Rechtsanwaltskammer endet ferner, wenn er gemäß § 114 Abs. 1 Nr. 5 durch ein **anwaltsgerichtliches Urteil** aus der Rechtsanwaltskammer ausgeschlossen wird. Mit einer solchen Verurteilung verliert der Rechtsbeistand zugleich auch die ihm nach Art. 1 § 1 RBerG erteilte Erlaubnis zur Besorgung fremder Rechtsangelegenheiten, so daß er auch nicht als der Rechtsanwaltskammer nicht angehörender Rechtsbeistand tätig sein kann.[13]

Der durch Absatz 2 Satz 1 erlaubte **Verzicht auf die Mitgliedschaft** in einer Rechtsanwaltskammer unter Fortbestand der nach Art. 1 § 1 RBerG erteilten Erlaubnis zur geschäftsmäßigen Besorgung fremder Rechtsangelegenheiten soll nicht dazu **mißbraucht** werden können, sich durch eine freiwillige Beendigung der Mitgliedschaft einem anwaltsgerichtlichen Verfahren und damit einer Maßnahme nach § 114 Abs. 1 Nr. 5 zu entziehen. Deshalb bestimmt Absatz 2 Satz 3, daß die Landesjustizverwaltung die Entscheidung über den Widerruf auf Aufnahme in die Rechtsanwaltskammer auszusetzen hat, solange gegen den Rechtsbeistand ein anwaltsgerichtliches Verfahren schwebt.

Einen **besonderen Widerrufsgrund** regelt Absatz 5. Mit dieser durch Gesetz vom 13. 12. 1989[14] eingeführten Regelung erhält die Landesjustizverwaltung die Befugnis, die Erlaubnis zur geschäftsmäßigen Rechtsbesorgung zu widerrufen, wenn der Rechtsbeistand seit mehr als drei Monaten an dem Ort seiner Niederlassung keine Tätigkeit ausgeübt hat und sein Aufenthaltsort unbekannt ist. Diese Regelung war notwendig, weil ein Verstoß eines Rechtsbeistands gegen die Pflicht, am Ort seiner Niederlassung erreichbar zu sein, zum Widerruf der Erlaubnis gemäß § 14 Abs. 1 der 1. AVO wegen mangelnder Zuverlässigkeit zur Folge haben kann, die Vorschriften der 1. AVO jedoch auf Kammerrechtsbeistände nicht anwendbar sind (§ 209 Abs. 1 S. 3).

Bei einem Wechsel des Ortes der Niederlassung erfolgt eine „**Umzulassung**" des Kammerrechtsbeistandes (Abs. 3). Auf seinen Antrag verfügt die Justizverwal-

---

[11] Vgl. hierzu *Feuerich* Rbeistand 1988, 79 (82).
[12] BGBl. I, S. 2135; vgl. hierzu *Zuck* NJW 1990, 1025.
[13] BGH BRAK-Mitt. 1988, 212 = Rbeistand 1988, 48; EGH Hamm Rbeistand 1988, 17 (19); vgl. auch *Rennen/Caliebe*, Anh. 2 Rdn. 78.
[14] BGBl. I, S. 2135; vgl. hierzu *Zuck* NJW 1990, 1025.

tung des Landes, in dem der neugewählte Ort der Niederlassung liegt, in der Erlaubnis lediglich die Ortsänderung. Der sachliche Umfang der Erlaubnis bleibt unberührt, was notwendig ist, weil eine neue Erlaubnis nach Änderung des Rechtsberatungsgesetzes durch Art. 2 Abs. 6 des Fünften Gesetzes zur Änderung der Bundesgebührenordnung für Rechtsanwälte vom 18. August 1980[15] nicht mehr erteilt werden kann. Mit der Änderung scheidet der Kammerrechtsbeistand aus der bisherigen Rechtsanwaltskammer aus und wird Mitglied der nunmehr zuständigen Rechtsanwaltskammer. Gemäß Absatz 3 Satz 2 in Verbindung mit § 33 Abs. 2 kann die Entscheidung über den Antrag des Kammerrechtsbeistandes auf Änderung des Ortes der Niederlassung ausgesetzt werden, wenn gegen den Kammerrechtsbeistand ein anwaltsgerichtliches Verfahren (§ 121), ein Ermittlungsverfahren wegen des Verdachts einer Straftat oder ein strafgerichtliches Verfahren schwebt. Der Kammerrechtsbeistand muß, wenn die Landesjustizverwaltung die Aussetzung anordnet, mit dem Wechsel des Ortes seiner Niederlassung warten, bis das gegen ihn schwebende Verfahren beendet ist und die Landesjustizverwaltung anschließend die Änderung des Ortswechsels in der Erlaubnis verfügt.

V. Rechtsstellung des Kammerrechtsbeistandes

9   Die Rechtsstellung des Kammerrechtsbeistandes ist in Absatz 1 Satz 2–4 geregelt. Die nach Inkrafttreten der Vorschrift zunächst entstandenen Zweifelsfragen sind inzwischen geklärt bzw. durch die Rechtsprechung entschieden. Deshalb beschränken sich die nachfolgenden Ausführungen auf die wesentlichen Punkte. Dabei wird, was die Rechtsfolgen angeht, die sich an die Aufnahme eines Rechtsbeistandes in eine Rechtsanwaltskammer knüpfen, zwischen den berufsrechtlichen und den Rechtsfolgen unterschieden, welche die Rechtsstellung im Prozeß betreffen.

1. Berufsrechtliche Folgen der Kammerzugehörigkeit

10   Mit der Aufnahme in die Rechtsanwaltskammer erlangt der Kammerrechtsbeistand die vollen Mitgliedschaftsrechte und -pflichten. Er unterliegt damit der Aufsicht des Kammervorstandes und der Anwaltsgerichtsbarkeit der Rechtsanwälte und nicht mehr der Aufsicht des zuständigen Land- bzw. Amtsgerichtspräsidenten.[16] Anwendbar sind alle Vorschriften des Vierten Teils des Gesetzes. Das bedeutet insbesondere:

11   a) **Berufsbezeichnung.** Der Kammerrechtsbeistand darf sich nicht Rechtsanwalt nennen.[17] Absatz 1 Satz 2 gestattet ihm aber, im beruflichen Verkehr – neben der Bezeichnung „Rechtsbeistand" – die Bezeichnung **„Mitglied der Rechtsanwaltskammer"** zu führen. Übt der Kammerrechtsbeistand weitere Berufe aus, darf er im Geschäftsverkehr beide Berufsbezeichnungen nebeneinander nennen.[18]

12   b) **Fachgebietsbezeichnung.** Der Kammerrechtsbeistand ist befugt, auf besondere Kenntnisse in einem der in § 43 c Abs. 1 S. 2 genannten Gebiete durch

---

[15] BGBl. I, S. 1503.
[16] BVerfGE 80, 269; BGHZ 83, 350 = NJW 1982, 1880.
[17] BGH BRAK-Mitt. 1983, 38; BGH NJW 1988, 208; BGHZ 107, 215 = NJW 1989, 2892 = AnwBl. 1990, 270.
[18] BVerfG NJW 1990, 2122.

den Zusatz „Fachgebiet" mit höchstens zwei der in § 43 c Abs. 1 S. 2 geregelten Gebiete hinzuweisen (Abs. 1 S. 4).

c) **Wahlrecht.** Kammerrechtsbeistände können in den Vorstand der Rechts- 13 anwaltskammer gewählt werden,[19] wenn sie seit ihrer Aufnahme in die Rechtsanwaltskammer ihren Beruf mindestens fünf Jahre ohne Unterbrechung ausgeübt haben (§ 65 Nr. 3). Als Vorstandsmitglied können sie allerdings wegen der Unanwendbarkeit des Neunten Teils des Gesetzes nicht zum Präsidenten der Rechtsanwaltskammer gewählt und nicht zu seinem Vertreter gemäß § 188 Abs. 2 bestellt werden. Zulässig ist ihre Wahl in die Satzungsversammlung (§ 191b).

d) **Zweigstelle – Sprechtage.** Erlaubnisse für Zweigstellen oder auswärtige 14 Sprechtage, die nach § 1 Abs. 1 S. 2 der Verordnung zur Ausführung des Rechtsberatungsgesetzes erteilt worden sind, bleiben unberührt, können aber von der Landesjustizverwaltung widerrufen werden, wenn dies im Interesse der Rechtspflege geboten ist[20] (Abs. 4).[21]

e) **Sozietät – Bürogemeinschaft.** Eine Sozietät oder Bürogemeinschaft 15 zwischen einem Rechtsanwalt und einem Kammerrechtsbeistand ist berufsrechtlich unbedenklich.[22] Dasselbe gilt für eine Sozietät oder Bürogemeinschaft zwischen einem Anwaltsnotar und einem Kammerrechtsbeistand.[23]

f) **Vertreter – Abwickler.** Ein Kammerrechtsbeistand kann weder zum all- 16 gemeinen Vertreter eines Rechtsanwalts noch zu dessen Abwickler bestellt werden.[24] Die umgekehrte Fallkonstellation ist erlaubt. Durch einen nicht kammerangehörigen Rechtsbeistand kann sich der Kammerrechtsbeistand nicht vertreten lassen, weil sich auch ein Rechtsanwalt nur durch einen anderen Rechtsanwalt vertreten lassen darf (§ 53 Abs. 2 S. 1).[25] Die Landesjustizverwaltung kann jedoch auch einen nicht kammerangehörigen Rechtsbeistand zum Vertreter bestellen, sofern er eine Vollerlaubnis hat (§ 53 Abs. 4 entspr.).[26] Für eine Abwicklung gemäß § 55 gelten die vorstehenden Ausführungen sinngemäß.

2. Prozeßrechtliche Folgen der Kammerzugehörigkeit

Der Kammerrechtsbeistand darf in allen gerichtlichen Verfahren, in denen kein 17 Anwaltszwang besteht, Prozeßbevollmächtigter sein.

a) **Zivilprozeß.** Hier kann der Kammerrechtsbeistand in der mündlichen 18 Verhandlung vor dem Amtsgericht als Prozeßbevollmächtigter auftreten. § 157 Abs. 2 ZPO gilt für ihn nicht.[27] Im Anwaltsprozeß kann er dagegen nicht tätig

---

[19] BGHZ 107, 215 = NJW 1989, 2892 = AnwBl. 1990, 270; kritisch dazu *Feuerich/Braun*, § 209 Rdn. 81 ff.; *ders.* Rbeistand 1988, 211.
[20] Vgl. dazu EGH Schleswig BRAK-Mitt. 1983, 140; EGH Celle BRAK-Mitt. 1981, 35 und 1984, 88.
[21] Zum Meinungsstreit vor der Neufassung des § 209 durch das Gesetz zur Änderung des Berufsrechts der Rechtsanwälte und Patentanwälte vom 13. 12. 1989 vgl. BGH AnwBl. 1983, 143; BayEGH AnwBl. 1982, 446; *Feuerich* Rbeistand 1988, 79.
[22] BVerfGE 80, 269 = NJW 1989, 2611 = AnwBl. 1989, 557; BGH BRAK-Mitt. 1986, 223; BGH NJW 1988, 208.
[23] BVerfGE 80, 269 = NJW 1989, 2611 = AnwBl. 1989, 557; *Feuerich* Rbeistand 1988, 95 (98).
[24] *Feuerich/Braun*, § 209 Rdn. 73–77; *Rennen/Caliebe*, Anh. 2 Rdn. 53–68.
[25] *Feuerich/Braun*, § 209 Rdn. 77; *Rennen/Caliebe*, Anh. 2 Rdn. 64.
[26] *Feuerich/Braun*, § 209 Rdn. 75; *Rennen/Caliebe*, Anh. 2 Rdn. 64–67.
[27] BGHZ 83, 350 (356) = NJW 1982, 1880.

werden, auch nicht die Parteirechte im Beistand eines Rechtsanwalts ausüben. § 52 Abs. 2 gilt für den Kammerrechtsbeistand nicht.[28] Seine Beiordnung im Prozeßkostenhilfeverfahren gemäß § 121 Abs. 2 ZPO ist unzulässig, weil der Gesetzgeber bei der Neufassung dieser Vorschrift bewußt ein Anwaltsprivileg geschaffen hat.[29] Zur Beratungshilfe ist der Kammerrechtsbeistand allerdings befugt.[30]

19 b) **Arbeitsgerichtlichen Verfahren.** Der Kammerrechtsbeistand ist sowohl von der mündlichen Verhandlung (§ 11 Abs. 3 ArbGG) als auch von der Prozeßführung ausgeschlossen.[31]

20 c) **Sozialgerichtlichen Verfahren.** Der Kammerrechtsbeistand ist zur Prozeßvertretung vor den Sozialgerichten und den Landessozialgerichten befugt, sofern seine Erlaubnis das Sozialversicherungsrecht umfaßt.[32] Eine Beiordnung im Rahmen der Prozeßkostenhilfe ist unzulässig.[33]

21 d) **Verwaltungsgerichtlichen Verfahren.** Der Kammerrechtsbeistand ist zur Prozeßvertretung befugt,[34] kann jedoch nicht im Rahmen von Prozeßkostenhilfe beigeordnet werden.[35]

22 e) **Strafprozeß und Ordnungswidrigkeitsverfahren.** Hier kann der Kammerrechtsbeistand niemals **Pflichtverteidiger** sein (§ 142 Abs. 1 StPO.[36] Als **Wahlverteidiger** kann er tätig werden, wenn keine notwendige Verteidigung vorliegt (§ 138 Abs. 2 StPO). Allerdings ist dazu eine Genehmigung des Gerichts erforderlich, die ihm nur verweigert werden kann, wenn seine Sachkunde für den konkreten Verteidigungsfall zweifelhaft ist.[37] Im Falle notwendiger Verteidigung darf die Zulassung als Wahlverteidiger nur in Gemeinschaft mit einem Rechtsanwalt oder einem Rechtslehrer an einer deutschen Hochschule erfolgen (§ 138 Abs. 2).[38] In seiner Eigenschaft als Verteidiger steht dem Kammerrechtsbeistand das Zeugnisverweigerungsrecht gemäß § 53 Abs. 1 Nr. 2 StPO zu. Auch greift ihm gegenüber das Beschlagnahmeverbot des § 97 StPO ein.[39]

---

[28] EGH München AnwBl. 1982, 446; *Feuerich/Braun*, § 209 Rdn. 72.
[29] So OLG Düsseldorf MDR 1989, 1108; *Feuerich/Braun*, § 209 Rdn. 56; a. A. *Rennen/Caliebe*, Anh. 2 Rdn. 29.
[30] LG Münster, Rbeistand 1989, 66; *Feuerich/Braun*, § 209 Rdn. 69 mit ausführlicher Begründung; *Rennen/Caliebe*, Anh. 2 Rdn. 30; a. A. LG Bielefeld Rpfl. 1989, 68 mit Anmerkung von *Feuerich*, Rpfleger 1989, 202.
[31] BAG AnwBl. 1989, 53; LAG Frankfurt Rbeistand 1981, 85; LAG Düsseldorf Rbeistand 1985, 103; LAG Schleswig-Holstein Rbeistand 1986, 112; LAG Hamm Rbeistand 1986, 186; *Feuerich/Braun*, § 209 Rdn. 59; a. A. LAG Köln Rbeistand 1986, 112; LAG Frankfurt Rbeistand 1987, 64; *Rennen/Caliebe*, Anh. 2 Rdn. 31.
[32] LSG München Rbeistand 1991, 27; LSG Celle Rbeistand 1981, 164; *Feuerich/Braun*, § 209 Rdn. 57; *Rennen/Caliebe*, Anh. 2 Rdn. 34.
[33] LSG Essen Rbeistand 1987, 20; LSG Rheinland-Pfalz Rbeistand 1985, 105; LSG Niedersachsen Rbeistand 1985, 107; *Feuerich/Braun*, § 209 Rdn. 58.
[34] BVerfGE 41, 378 = NJW 1976, 1349; *Feuerich/Braun*, § 209 Rdn. 58.
[35] OVG Münster Rbeistand 1986, 152; 1987, 54.
[36] BGHZ 107, 215 (219) = NJW 1989, 158 = AnwBl. 1990, 270; *Feuerich/Braun*, § 209 Rdn. 64.
[37] *Feuerich/Braun*, § 209 Rdn. 64.
[38] *Feuerich/Braun*, § 209 Rdn. 65.
[39] *Feuerich/Braun*, § 209 Rdn. 66; *Rennen/Caliebe*, Anh. 2 Rdn. 33.

§ 210 Frühere Erlaubnisse zum Führen einer Fachanwaltsbezeichnung

Rechtsanwälte, denen bei Inkrafttreten des Gesetzes zur Änderung des Berufsrechts der Notare und der Rechtsanwälte vom 29. Januar 1991 (BGBl. I S. 150) durch die Rechtsanwaltskammer gestattet war, sich als Fachanwalt für Verwaltungsrecht, Steuerrecht, Arbeitsrecht oder Sozialrecht zu bezeichnen, bedürfen keines weiteren Nachweises für die erforderlichen Kenntnisse auf diesen Gebieten.

Übersicht

	Rdn.		Rdn.
I. Entstehungsgeschichte und Regelungsgegenstand	1, 2	III. Befugniserteilung auf der Grundlage der §§ 42 a–d	5
II. Normzweck und Umfang des Bestandschutzes	3, 4		

I. Entstehungsgeschichte und Regelungsgegenstand

Die Vorschrift wurde zusammen mit § 42 a–d, § 209 Abs. 1 S. 4 a. F. mit Wirkung vom 1. 8. 1991[1] in das Gesetz aufgenommen. Während §§ 42 a–d im Zuge der BRAO-Novelle 1994 aufgehoben und durch den weitgehend inhaltsgleichen § 43 c ersetzt wurden, blieb § 210 erhalten. Die Vorschrift regelt weiterhin nur das Schicksal der bis zum 1. 8. 1991 erworbenen Fachanwaltsbezeichnungen. Die aufgrund der aufgehobenen §§ 42 a–d und des ebenfalls aufgehobenen Gesetzes über Fachanwaltsbezeichnungen erworbenen Fachanwaltsbezeichnungen werden von der Vorschrift nicht erfaßt.

§ 210 betrifft vor allem[2] jene Befugnisse zur Führung von Fachanwaltsbezeichnungen, die in den Jahren 1986–1990 von den Kammervorständen für die Gebiete des Verwaltungs-, Steuer-, Arbeits- und Sozialrechts auf der Grundlage des § 76 der Standesrichtlinien vergeben wurden.[3] Diese Entscheidungen waren, wie der BGH in seiner Entscheidung v. 14. 5. 1990 zutreffend feststellte, an sich unwirksam, da es an einer hinreichend bestimmten gesetzlichen Grundlage fehlte.[4] Neue Fachanwaltstitel wurden nach Verkündung der Entscheidung des BGH bis zum Inkrafttreten der §§ 42 a–d nicht mehr vergeben. Der Grundsatz des Vertrauensschutzes sicherte jedoch zunächst die Beibehaltung der bereits erworbenen Bezeichnungen.[5]

---

[1] Gesetz v. 29. 1. 1991, BGBl. I, S. 150.
[2] Neben den schon seit 1964 möglichen Befugnissen zur Führung der Bezeichnung „Fachanwalt für Steuerrecht" und den von den Rechtsanwaltskammern in der früheren britischen Zone bis 1955 erteilten Erlaubnissen, die Bezeichnung „Fachanwalt für Gewerblichen Rechtsschutz, für Steuerrecht oder für Verwaltungsrecht" zu führen, zum Ganzen *Henssler/Mälzer* FuR 1994, 333 (334 f.); *Braun*, Familie, Partnerschaft und Recht 1995, 163 f.
[3] Am 1. 1. 1990 gab es 2145 Fachanwälte für Steuerrecht, 307 Fachanwälte für Verwaltungsrecht, 911 Fachanwälte für Arbeitsrecht und 190 Fachanwälte für Sozialrecht, vgl. BT-Drucks. 11/8307, S. 19. Zu weiteren Einzelheiten § 43 a, Rdn. 2 ff.
[4] BGHZ 111, 229 ff.; NJW 1990, 1719 = JZ 1990, 1020 mit Anm. *Prütting* = AnwBl. 1990, 320. Dazu ferner *Friese* AnwBl. 1988, 28 ff.; *Zuck* NJW 1988, 175 f.; *Jähnke* NJW 1988, 1888 ff.; *Löwe* BRAK-Mitt. 1988, 70 ff.; *Pietzker* NJW 1988, 513 ff.; EGH Stuttgart BRAK-Mitt. 1989, 46; EGH Frankfurt BRAK-Mitt. 1989, 50; EGH Schleswig BRAK-Mitt. 1989, 108.
[5] *Birkner* AnwBl. 1990, 358; *Feuerich* AnwBl. 1990, 184; *Kewenig* NJW 1990, 1720 (1721); *Kornblum* NJW 1990, 2118; DAV-Vorstand: Neues Berufsrecht, AnwBl. 1990, Beilage Heft 4, S. 11/12; LG Aachen AnwBl. 1991, 50.

II. Normzweck und Umfang des Bestandsschutzes

3 § 210 verzichtet nach seinem Wortlaut nur auf eine erneute Prüfung der besonderen Kenntnisse auf dem jeweiligen Fachanwaltsgebiet. Eine amtliche Begründung für die Vorschrift, um die der Rechtsausschuß des Bundestages den Regierungsentwurf zur Änderung der Bundesnotarordnung[6] zusammen mit den Regelungen über das Führen von Fachanwaltsbezeichnungen ergänzt hatte,[7] existiert nicht. Der Abgeordnetenbericht zur Beschlußempfehlung des Rechtsausschusses enthält zur Erläuterung nur den Hinweis: „Die Regelung macht eine Wiederholung des Verfahrens zur Prüfung der besonderen Kenntnisse, an die nach der Entscheidung des Bundesgerichtshofs v. 14. Mai 1990 gedacht werden könnte, entbehrlich."[8] Die Vorschrift begründet danach keinen umfassenden Bestandsschutz für die Inhaber einer Alt-Gestattung, obwohl auch dieser Weg sachgerecht und praktikabel gewesen wäre.

4 § 43 Abs. 2 VwVfG ist auf die berufsrechtlichen Verfahren auf der Grundlage der BRAO nicht anwendbar.[9] Der Gesetzgeber hat sich in § 210 auch gegen eine entsprechende Anwendbarkeit dieser Bestimmung entschieden. Der Vorstand der Rechtsanwaltskammer hatte während der Geltung der Übergangsvorschriften der §§ 42 a–d über die Erteilung der Befugnis erneut zu entscheiden. Er durfte eine ablehnende Entscheidung lediglich nicht auf mangelnde Kenntnisse auf dem Gebiet der Fachanwaltsbezeichnung stützen.[10] Im Ergebnis ist den Betroffenen freilich – soweit ersichtlich – umfassender Bestandsschutz gewährt worden.

III. Befugniserteilung auf der Grundlage der §§ 42 a–d

5 § 210 betrifft nicht das Schicksal von Befugnissen, die auf der Grundlage der aufgehoben §§ 42 a–d und des durch Art. 21 Abs. 11 S. 1 des Gesetzes zur Neuordnung des Berufsrechts der Rechtsanwälte und der Patentanwälte ebenfalls aufgehobenen Gesetzes über Fachanwaltsbezeichnungen nach der BRAO v. 27. 2. 1992[11] erteilt wurden. Die Bestandsschutzproblematik stellt sich insoweit erst nach Verabschiedung einer Regelung in der Berufssatzung. Bis zu dieser Regelung gilt das RAFachBezG fort.

§ 211 Unbeachtliche Verurteilungen

Bei der Entscheidung über einen Antrag auf Zulassung zur Rechtsanwaltschaft darf eine Verurteilung als Versagungsgrund (§ 7 Nr. 2 bis 4) nicht berücksichtigt werden, wenn sie in der Zeit vom 30. Januar 1933 bis 8. Mai 1945 ergangen ist und ausschließlich oder überwiegend auf rassischen, politischen oder religiösen Gründen beruht.

§ 211 sieht Einschränkungen für die Versagungsgründe des § 7 Nr. 2–4 vor. Verurteilungen, die während der Zeit des nationalsozialistischen Unrechtsregimes

---

[6] BT-Drucks. 11/6007.
[7] Vgl. die Beschlußempfehlung des Rechtsausschusses BT-Drucks. 11/8307, S. 1, 17.
[8] Bericht der Abgeordneten *Eylmann, Kleinert* und *Wiefelspütz*, BT-Drucks. 11/8307, S. 20.
[9] So BGH EGE XIV, 85 unter Hinweis auf § 2 Abs. 3 Nr. 1 VwVfG.
[10] Ebenso *Feuerich/Braun*, § 210 Rdn. 2 f.; a. A. *Kleine-Cosack*, Anm. zu § 210; *ders.* ZIP 1990, 1534.
[11] BGBl. I, S. 369.

ergangen sind, sind nach den Normzwecken der Zulassungsvoraussetzungen des § 7 Nr. 2–4 nicht zu berücksichtigen, wenn sie jedenfalls überwiegend auf rassischen, politischen oder religiösen Gründen beruhen.

Die praktische Bedeutung der Vorschrift ist wegen Zeitablaufs nur noch gering.

§ 212 Nachholen der Zulassung bei einem Gericht

(1) Ist ein Rechtsanwalt, der bei Inkrafttreten dieses Gesetzes in dessen Geltungsbereich seinen Wohnsitz oder ständigen Aufenthalt hat und hier weiter anwaltlich tätig sein will, noch nicht bei einem Gericht im Geltungsbereich dieses Gesetzes zugelassen, so hat er diese Zulassung (§ 18 Abs. 1) innerhalb von drei Monaten nach Inkrafttreten dieses Gesetzes zu beantragen. Wenn er sie innerhalb eines Jahres nicht erwirkt, erlischt die Zulassung zur Rechtsanwaltschaft; ist jedoch in diesem Zeitpunkt ein Verfahren nach §§ 40 ff. anhängig, so erlischt die Zulassung zur Rechtsanwaltschaft erst mit der rechtskräftigen Ablehnung des Antrags auf Zulassung bei einem Gericht.

(2) Absatz 1 gilt entsprechend, wenn ein Rechtsanwalt erst nach Inkrafttreten dieses Gesetzes seinen Wohnsitz oder ständigen Aufenthalt in dessen Geltungsbereich nimmt. Der Lauf der in Absatz 1 bezeichneten Fristen beginnt mit dem Zeitpunkt, in dem er den Wohnsitz begründet oder den ständigen Aufenthalt nimmt.

(3) Ein Rechtsanwalt, der im Geltungsbereich dieses Gesetzes seinen Wohnort oder ständigen Aufenthalt hat und dort noch nicht bei einem Gericht zugelassen ist, gehört, solange er die Zulassung bei einem Gericht noch nicht erwirkt hat oder seine Zulassung zur Rechtsanwaltschaft gemäß Absatz 1 oder Absatz 2 noch nicht erloschen ist, der Rechtsanwaltskammer an, in deren Bezirk er seinen Wohnsitz oder ständigen Aufenthalt hat. Er ist jedoch nicht verpflichtet, während dieser Zeit Beiträge an die Rechtsanwaltskammer zu zahlen.

Übersicht

	Rdn.		Rdn.
I. Entstehungsgeschichte der Vorschrift	1	III. Rechtsstellung des bereits früher zugelassenen Rechtsanwalts	4–6
II. Normzweck	2, 3		

I. Entstehungsgeschichte der Vorschrift

Bei § 212 handelt es sich um eine mit Inkrafttreten der BRAO im Jahre 1959 eingefügte Übergangsvorschrift. Sie ist nur auf Personen anwendbar, die vor 1945 aufgrund des damaligen deutschen Rechts bereits als Rechtsanwälte zugelassen waren, nicht jedoch auf Rechtsanwälte, die nach 1945, aber vor Inkrafttreten der BRAO ihre Zulassung bei einem Gericht im Geltungsbereich der BRAO bereits erwirkt hatten.[1]   1

II. Normzweck

Die der Anpassung an das Lokalisationsprinzip der BRAO dienende Regelung ist hinsichtlich ihres Absatzes 1 infolge Ablaufs aller darin gesetzter Fristen gegenstandslos geworden.   2

---

[1] *Feuerich/Braun*, § 212 Rdn. 5.

§ 213   Dreizehnter Teil. Übergangs- und Schlußvorschriften

Bedeutung können jedoch noch die Absätze 2 und 3 erlangen. Diese gelten für Flüchtlinge oder Vertriebene, die bei einem bestimmten Gericht im Deutschen Reich als Rechtsanwälte zugelassen gewesen sind, und die erst jetzt im Geltungsbereich der BRAO ihren Wohnsitz oder ständigen Aufenthalt nehmen.

3   Diesen Rechtsanwälten wird im Hinblick auf ihren Status als Vertriebene oder Flüchtlinge durch § 212 die Möglichkeit offengehalten, auch heute noch eine Zulassung nach § 18 zu erwirken, wenn sie auf Dauer in die Bundesrepublik zurückkehren.

Solche Fälle wird es heute jedoch schon aus zeitlichen Gründen nur noch vereinzelt geben.

III. Rechtsstellung des bereits früher zugelassenen Rechtsanwalts

4   Nach der Regelung der BRAO bleibt die frühere Zulassung des Rechtsanwaltes zunächst erhalten.[2] Er wird kraft Gesetzes Mitglied derjenigen Rechtsanwaltskammer, in deren Bezirk er seinen Wohnsitz oder ständigen Aufenthalt hat. Da er mangels Zulassung bei einem bestimmten Gericht seine Berufstätigkeit nicht ausüben darf, ist er einstweilen von der Zahlung der Beiträge an die Rechtsanwaltskammer befreit (Abs. 3).

5   Er hat dann innerhalb der Dreimonatsfrist des Absatzes 1 – der über Absatz 2 entsprechend anwendbar ist – den Antrag auf Zulassung bei einem bestimmten Gericht zu stellen.

Die mit Begründung des Wohnsitzes oder des ständigen Aufenthaltes im Geltungsbereich der BRAO beginnende Frist ist eine Ausschlußfrist, sie kann nicht verlängert werden.[3] Ein nach Fristablauf gestellter Antrag ist unzulässig.

6   Wird die Zulassung bei einem bestimmten Gericht nicht innerhalb eines Jahres erworben, so erlischt die zunächst fortbestehende frühere Zulassung zur Rechtsanwaltschaft. Sofern dann aber ein Verfahren vor dem Anwaltsgerichtshof nach den §§ 40 ff. anhängig ist, tritt das Erlöschen erst mit rechtskräftiger Ablehnung des Zulassungsantrags durch ein Gericht ein.

§ 213 Befreiung von der Residenzpflicht

(1) Rechtsanwälte oder Bewerber, die sich in der Zeit vom 30. Januar 1933 bis zum 8. Mai 1945 aus rassischen, politischen oder religiösen Gründen in das Ausland begeben mußten und dort noch ansässig sind, werden von den Pflichten des § 27 befreit.

(2) Ist einem Bewerber in den Fällen des Absatzes 1 nicht zuzumuten, daß er nach der Zulassung zur Rechtsanwaltschaft alsbald zur Vereidigung vor dem Gericht erscheint, bei dem er zugelassen ist, so kann er den Eid (§ 26) auch vor einem deutschen Konsul leisten, der zur Abnahme von Eiden befugt ist. Um die Vereidigung hat das Gericht den Konsul zu ersuchen. Im übrigen ist § 26 entsprechend anzuwenden.

Übersicht

	Rdn.		Rdn.
I. Entstehungsgeschichte der Vorschrift	1	III. Erfaßter Personenkreis	3–5
II. Normzweck	2	IV. Auswirkungen der Befreiung	6, 7

---

[2] BGH Urt. v. 22. 9. 1955 – NJW 1955, 1847.
[3] So *Isele*, § 212 Anm. II. 2. c), S. 1883; *Feuerich/Braun*, § 212 Rdn. 4.

I. Entstehungsgeschichte der Vorschrift

§ 213 versucht, ein Folgeproblem der nationalsozialistischen Willkürherrschaft zu regeln. Eine Befreiung von der Residenzpflicht, wie sie § 213 normiert, sah bereits der 1. Referentenentwurf zur BRAO in seinem § 256 vor. Die Befreiung sollte danach jedoch auf fünf Jahre beschränkt sein. Der Regierungsentwurf vom 24. November 1954 verkürzte diese Zeit sogar auf drei Jahre.[1] Eine solche zeitliche Begrenzung wurde in die BRAO jedoch nicht übernommen. Sie sieht eine dauernde Befreiung von der Residenzpflicht für den von § 213 erfaßten Personenkreis vor. Die Norm dürfte durch Zeitablauf heute weitgehend obsolet geworden sein. 1

II. Normzweck

Die Regelung des § 213 beruht auf dem Gedanken der Wiedergutmachung nationalsozialistischen Unrechts. Diejenigen Rechtsanwälte, die Deutschland während der nationalsozialistischen Herrschaft aus rassischen, politischen oder religiösen Gründen verlassen und sich im Ausland eine neue Existenz aufbauen mußten, können die Zulassung bei einem bestimmten Gericht im Geltungsbereich der BRAO erhalten, obwohl sie weiter im Ausland ansässig sind. Sie werden von der Residenzpflicht des § 27 befreit. Aufgrund ihres Verfolgungsschicksals soll ihnen nicht zugemutet werden, ihren Wohnsitz wieder in Deutschland nehmen zu müssen, um hier als Rechtsanwalt tätig sein zu können.[2] 2

III. Erfaßter Personenkreis

Unter § 213 fallen zunächst diejenigen Rechtsanwälte, die bereits in Deutschland zugelassen waren, bevor sie innerhalb des angegebenen Zeitraumes als Verfolgte das Land verlassen mußten. 3

Weiterhin erfaßt § 213 aber auch Bewerber, die während des nationalsozialistischen Regimes noch nicht zur Rechtsanwaltschaft zugelassen waren, die aber bei normalem Geschehensablauf bis zum 8. Mai 1945 die Voraussetzungen für eine Zulassung erfüllt hätten, wenn sie nicht zur Emigration gezwungen worden wären.[3] 4

Keine Privilegierung durch § 213 erfahren hingegen im Ausland geborene Nachkommen von Personen, die Deutschland als Verfolgte des Nationalsozialismus verlassen mußten. Diese hätten auch ohne die Emigration ihrer Eltern bis zum Kriegsende nicht die Voraussetzungen für eine Zulassung zur Rechtsanwaltschaft erfüllt. Sie haben damit anders als die bereits zugelassenen Anwälte, oder diejenigen, bei denen die Zulassung in absehbarer Zeit bevorstand, keine unmittelbar auf die Verfolgung zurückzuführenden beruflichen Nachteile erlitten.[4] Ihnen ist nicht etwas genommen worden, was sie bereits erworben hatten, oder zu erwerben erwarten konnten. Dem im Ausland Geborenen wird daher zugemutet, sich in Deutschland niederzulassen, wenn er hier eine Anwaltszulassung erstrebt. 5

IV. Auswirkungen der Befreiung

Der Absatz 2 des § 213 sieht für den im Ausland ansässigen Rechtsanwalt Erleichterungen bei der Eidesleistung vor. Für die während des nationalsozialistischen Regimes bereits zugelassenen Rechtsanwälte hat Absatz 2 keine Bedeutung, da § 26 eine Eidesleistung nur nach der ersten Zulassung vorschreibt. 6

---

[1] *Isele,* § 213 Anm. I. B. 1., S. 1884.
[2] Hierzu: EGH Hamm EGE XII, S. 107 ff.
[3] *Bülow,* § 213 Anm. 1 Abs. 2, S. 205; *Isele,* § 213 Anm. II. A. 2. b), S. 1885; *Feuerich / Braun,* § 213 Rdn. 3, 4.
[4] EGH Hamm EGE XII, S. 107 ff.

§ 222   Dreizehnter Teil. Übergangs- und Schlußvorschriften

Soweit der Rechtsanwalt den Eid erstmals zu leisten hat, gilt für die Art und Form der Eidesleistung grundsätzlich § 26. Jedoch braucht er diesen, wenn dies unzumutbar ist, nicht vor dem Zulassungsgericht zu leisten. Auf Ersuchen des Zulassungsgerichtes kann der zur Abnahme von Eiden befugte zuständige deutsche Konsul den Eid an seinem Amtssitz abnehmen.[5]

7   Der nach § 213 von der Residenzpflicht befreite Rechtsanwalt muß nach § 30 an dem Ort des Gerichtes, bei dem er zugelassen ist, einen ständigen Zustellungsbevollmächtigten bestellen.[6]

Zudem hat er auch dann, wenn er seinen im Ausland befindlichen Aufenthaltsort für längere Zeit verläßt, so weit wie möglich sicherzustellen, daß die während seiner Abwesenheit nach den deutschen prozessualen Vorschriften ablaufenden Fristen eingehalten werden.[7]

§ 214 *(aufgehoben)*

§ 215 Bestehenbleiben von Rechtsanwaltskammern

Die im Zeitpunkt des Inkrafttretens der Bundesrechtsanwaltsordnung bestehenden Rechtsanwaltskammern, deren Sitz sich nicht am Sitz eines Oberlandesgerichts befindet, bleiben bestehen, insoweit nicht eine dieser Kammern innerhalb von sechs Monaten nach Inkrafttreten dieses Gesetzes ihre Auflösung beschließt.

Die Vorschrift betrifft die Rechtsanwaltskammern, die zum Zeitpunkt des Inkrafttretens der Bundesrechtsanwaltsordnung bestanden und ihren Sitz nicht am Sitz des Oberlandesgerichts hatten. Das waren die Rechtsanwaltskammern **Freiburg**, **Kassel** und **Tübingen**. Sie haben ihre Auflösung innerhalb von sechs Monaten nach Inkrafttreten der Bundesrechtsanwaltsordnung nicht beschlossen und bestehen deshalb fort. Damit ist ihre Selbstauflösung ausgeschlossen. Seit dem 31. März 1960 ist die Vorschrift gegenstandslos.

§§ 216–220 *(aufgehoben)*

§ 221 Bundesrechtsanwaltskammer als Aufnahmeeinrichtung

Die Bundesrechtsanwaltskammer ist „entsprechende Einrichtung" im Sinne des § 61 des Gesetzes zur Regelung der Rechtsverhältnisse der unter Artikel 131 des Grundgesetzes fallenden Personen in der Fassung vom 11. September 1957 (Bundesgesetzbl. I S. 1297) gegenüber der Reichs-Rechtsanwaltskammer (Nummer 54 der Anlage A zu § 2 Abs. 1 des vorbezeichneten Gesetzes). Oberste Dienstbehörde ist das Bundesministerium der Justiz.

Die Vorschrift ist **gegenstandslos**, seitdem die Bundesrechtsanwaltskammer im Jahre 1969[1] als Rechtsnachfolgerin der früheren Reichs-Rechtsanwaltskammer anerkannt ist (§ 233 Abs. 1). Wegen der Gründe, die vor dem Inkrafttreten des § 233 Abs. 1 Anlaß gegeben hatten, die Vorschrift in die Bundesrechtsanwaltsordnung aufzunehmen, wird auf die amtliche Begründung zu § 221 verwiesen.[2]

§ 222 *(aufgehoben)*

---

[5] *Feuerich/Braun*, § 213 Rdn. 7; *Isele*, § 213 Anm. II. B. 2., S. 1886.
[6] *Feuerich/Braun*, § 213 Rdn. 2; *Isele*, § 213 Anm. I. C. 2., S. 1885; *Bülow*, § 213 Anm. 2 S. 206.
[7] BGH Urt. v. 9. 10. 1963 – MDR 1964, S. 35, 36.
[1] BGBl. I, 25.
[2] Amtl. Begründung, S. 301.

Zweiter Abschnitt. Schlußvorschriften

§ 223 Ergänzende Vorschriften über den Rechtsschutz

(1) Verwaltungsakte, die nach diesem Gesetz oder nach einer auf Grund dieses Gesetzes erlassenen Rechtsverordnung ergehen, können durch einen Antrag auf gerichtliche Entscheidung, über den der Anwaltsgerichtshof entscheidet, auch dann angefochten werden, wenn es nicht ausdrücklich bestimmt ist. Der Antrag ist innerhalb eines Monats nach der Zustellung des Verwaltungsakts zu stellen. Er kann nur darauf gestützt werden, daß der Verwaltungsakt den Antragsteller in seinen Rechten beeinträchtige, weil er rechtswidrig sei. § 39 Abs. 3 ist entsprechend anzuwenden.

(2) Der Antrag auf gerichtliche Entscheidung ist auch zulässig, wenn ein Antrag auf Vornahme eines Verwaltungsakts ohne zureichenden Grund innerhalb von drei Monaten nicht beschieden worden ist. Der Antrag ist unbefristet zulässig.

(3) Gegen die Entscheidung des Anwaltsgerichtshofes ist die sofortige Beschwerde an den Bundesgerichtshof zulässig, wenn der Anwaltsgerichtshof sie in der Entscheidung zugelassen hat. Der Anwaltsgerichtshof darf die sofortige Beschwerde nur zulassen, wenn er über Rechtsfragen von grundsätzlicher Bedeutung entschieden hat.

(4) Für das Verfahren vor dem Anwaltsgerichtshof gelten die §§ 37 und 39 bis 41, für das Verfahren vor dem Bundesgerichtshof § 42 Abs. 4 bis 6, für die Kosten die §§ 200 bis 203 entsprechend.

Schrifttum: *Feuerich,* Der Umfang des Rechtsschutzes nach § 223 BRAO, BRAK-Mitt. 1993, 77; *Redeker,* Die Ehrengerichte als besondere Verwaltungsgerichte, AnwBl. 1992, 505.

Übersicht

	Rdn.		Rdn.
I. Entstehungsgeschichte der Vorschrift	1, 2	V. Beteiligte des Verfahrens	10, 11
II. Normzweck	3	VI. Formelle Voraussetzungen	12–20
III. Verfassungsrechtliche Gesichtspunkte	4	1. Antrag	13
IV. Auffangfunktion	5–9	a) Allgemeines	13
1. Subsidiarität zu den übrigen Rechtsbehelfen der BRAO	7	b) Einzelfälle aus der Rechtsprechung für zulässige Anträge	14
2. Verhältnis zu den §§ 90, 91 BRAO	8	2. Frist	20
3. Verhältnis zu § 40 VwGO	9	VII. Verfahren	21
		VIII. Sofortige Beschwerde	22–25

I. Entstehungsgeschichte der Vorschrift

Die Geschichte des § 223 beginnt erst mit dem Entwurf der BRAO-Kommission, der erstmalig in der Geschichte der Rechtsanwaltschaft eine generelle Anfechtungsklage gegen alle Verwaltungsakte vorsah.[1] Weder die RAO 1878 noch die RRAO 1936 haben eine derartige Rechtsschutzmöglichkeit eröffnet.

---

[1] *Isele,* § 223 Anm. I. A., S. 1890; Redeker AnwBl. 1992, S. 505, 506.

2 Eine Ergänzung hat die Vorschrift im Jahre 1989 durch das Gesetz zur Änderung des Berufsrechts der Rechtsanwälte und Patentanwälte vom 13. 12. 1989[2] erfahren, indem der Rechtsbehelf der sofortigen Beschwerde gegen die Entscheidungen des Anwaltsgerichtshofs an den BGH eingeführt wurde.

II. Normzweck

3 Die Vorschrift des § 223 dient der effektiven Ausgestaltung des Rechtsschutzes gegen hoheitliche Maßnahmen im Bereich des anwaltlichen Berufsrechts. Wegen der Besonderheit, die sich aus den berufsspezifischen Regelungen der BRAO ergeben, sah es der Gesetzgeber als geboten an, den Rechtsschutz gegen hoheitliche Maßnahmen auf diesem Gebiet nicht der Verwaltungsgerichtsbarkeit, sondern der Anwaltsgerichtsbarkeit zu unterstellen. Die im Jahre 1989 neu eingeführte sofortige Beschwerde soll es dem Betroffenen ermöglichen, in eng umgrenzten Fällen eine höchstrichterliche Überprüfung der anwaltsgerichtlichen Entscheidung herbeiführen zu können.

III. Verfassungsrechtliche Gesichtspunkte

4 Bei § 223 handelt es sich um die Konkretisierung des in Art. 19 Abs. 4 GG niedergelegten Grundsatzes effektiven Rechtsschutzes. Mit den in dieser Vorschrift eingeräumten Rechtsschutzmöglichkeiten wird der berufsbeschränkenden Wirkung hoheitlicher Maßnahmen auf dem Gebiet des anwaltlichen Berufsrechts in besonderer Weise Rechnung getragen.

IV. Auffangfunktion

5 Die Vorschrift des § 223 stellt einen generalklauselartigen Auffangtatbestand dar, der das Ziel hat, etwaige Lücken zu schließen, die neben den einzelnen Anfechtungsregelungen verbleiben.[3] Die Auffangfunktion des § 223 führt dazu, daß unbeschadet dessen, ob es sich um einen „Verwaltungsakt" im Sinne des Verwaltungsrechts handelt, das Anfechtungsrecht nach § 223 Abs. 1 auch gegenüber solche Maßnahmen offensteht, die geeignet sind, Grundrechte des Betroffenen einzuschränken und die die Voraussetzungen für die Einlegung von Verfassungsbeschwerden erfüllen oder die allgemein in Rechte des Betroffenen eingreifen oder diese einschränken.[4]

6 Das bedeutet allerdings auf der anderen Seite nicht, daß jedweder Antrag und jedwedes Ziel mit dem Rechtsbehelf des § 223 verfolgt werden kann. So ist beispielsweise ein über § 223 gestellter Feststellungsantrag nur dann zulässig, wenn die Rechtsschutzgarantie des Art. 19 Abs. 4 GG es ausnahmsweise erfordert, weil Rechtsschutz für den Antragsteller sonst leer liefe und die begehrte Feststellung eine Rechtsfrage klären hilft, die sich auch in zukünftigen Fallgestaltungen immer wieder stellen wird.[5] Ein Antrag, der einer verwaltungsgerichtlichen Fortsetzungsfeststellungsklage gemäß § 113 Abs. 1 S. 2 und 3 VwGO gleich käme, ist jedoch nicht zulässig.[6] Dies gilt in gleicher Weise für einen Antrag

---

[2] BGBl. I, S. 2135.
[3] *Feuerich/Braun,* § 223 Rdn. 2; *Kleine-Cosack,* § 223 Rdn. 1.
[4] BVerfGE 50, S. 16; BGHZ 34, S. 244; *Feuerich/Braun,* § 223 Rdn. 7. Vgl. zuletzt etwa OVG Münster ZIP 1995, 1604. OVG Lüneburg NJW 1996, 869.
[5] BGH bei *Zuck* BRAK-Mitt. 1988, S. 614 Fn. 18; *Feuerich/Braun,* § 223 Rdn. 8.
[6] BGH Beschl. v. 27. 5. 1991 – AnwZ (B) 7/91 –; EGH Hamm Beschlüsse v. 15. 7. 1988 – 1 ZU 6/88 – und v. 19. 10. 1990 – 1 ZU 27/90 –; *Feuerich/Braun,* § 223 Rdn. 9; a. A. wohl *Kleine-Cosack,* § 223 Rdn. 12.

gemäß § 223, der einer vorbeugenden Unterlassungsklage gleichkäme, um bevorstehende Maßnahmen der Behörde zu unterbinden.[7] Hingegen soll nach Auffassung des EGH Schleswig die einstweilige Anordnung im Verfahren nach § 223 möglich sein und zwar in entsprechender Anwendung des § 123 VwGO.[8] Dem ist zuzustimmen. Einstweiliger Rechtsschutz muß zur Verwirklichung effektiven Rechtsschutzes möglich bleiben, während vorbeugende Unterlassung und Fortsetzungsfeststellung im anwaltsgerichtlichen Verfahren, welches anderen Verfahrensmaximen folgt (keine Öffentlichkeit, keine aufschiebende Wirkung) zur Durchsetzung des Rechts nicht zwingend erforderlich sind.

1. Subsidiarität zu den übrigen Rechtsbehelfen der BRAO

Sieht die BRAO einen speziellen Rechtsbehelf oder ein sonstiges Rechtsmittel vor, dann ist § 223 nicht anwendbar und ein dennoch auf diese Vorschrift gestützter Antrag unzulässig, soweit nicht der Mangel durch Auslegung oder Umdeutung behoben werden kann. Die Anfechtungsmöglichkeit nach § 223 ist mithin subsidiär.[9] So ist der Antrag auf gerichtliche Entscheidung gemäß § 223 gegen eine Rüge durch den Kammervorstand (§ 73 Abs. 2 Nr. 4, § 74) unzulässig, weil der Antragsteller gemäß § 74 Abs. 5 gegen die Rüge mit einem Einspruch und gegen den Einspruchsbescheid mit einem Antrag auf gerichtliche Entscheidung gemäß § 74 a vorgehen kann.[10] Ist hingegen eine Vorstufe der Rüge, z. B. eine sog. „beanstandende Belehrung" durch den Kammervorstand ergangen, durch die in der Sache aber das Verhalten des Rechtsanwalts gerügt worden ist, kommt ein Antrag nach § 223 Abs. 1 in Betracht, wenn das Anwaltsgericht den Antrag nach § 74 a mit der Begründung zurückgewiesen hat, die beanstandende Belehrung stelle noch keine Rüge i. S. d. §§ 73 ff. dar.[11]

2. Verhältnis zu den §§ 90, 91 BRAO

Das Verhältnis zwischen § 223 Abs. 1 und den §§ 90, 91 ist leicht zu charakterisieren, wenn man sich verwaltungsrechtlicher Dogmatik bedient. Geht es um allgemeinverbindliche Beschlüsse eines Kammerorgans im Sinne einer Allgemeinverfügung, sind die §§ 90, 91 einschlägig, während § 223 maßgeblich ist, wenn der Beschluß des Kammerorgans in die Rolle eines einzelnen Rechtsanwalts eingreift und dieser sich gegen die beschlossene Maßnahme zur Wehr setzen will.[12] Ergeht auf Grund eines Beschlusses mit allgemeiner Wirkung eine einzelfallbezogene Maßnahme des Kammerorgans und hilft der Kammervorstand trotz Widerspruchs nicht ab, dann kann der Betroffene gegen den Widerspruchsbescheid, der ja eine selbständige, einzelfallbezogene Maßnahme darstellt, im Wege des § 223 vorgehen.[13]

---

[7] EGH Frankfurt, Beschlüsse v. 18. 4. 1988 – 2 EGH 4/86 – und v. 10. 11. 1988 – 2 EGH 11/87; *Feuerich/Braun*, § 223 Rdn. 10.
[8] EGH Schleswig AnwBl. 1993, S. 135; dem zustimmend: *Kleine-Cosack*, § 223 Rdn. 14.
[9] *Feuerich/Braun*, § 223 Rdn. 5; *Isele*, § 223 Anm. II. A., S. 1891; *Kleine-Cosack*, § 223 Rdn. 2.
[10] EGH Celle EGE VII, S. 254; vgl. auch BVerwG AnwBl. 1974, S. 226; *Feuerich/Braun*, § 223 Rdn. 6; *Kleine-Cosack*, § 223 Rdn. 2.
[11] *Feuerich/Braun*, § 223 Rdn. 6; a. A. EGH Stuttgart AnwBl. 1973, S. 179.
[12] EGH Schleswig Beschlüsse v. 14. 3. 1989 – 1 EGH 20/88 – und 1 EGH 19/88; *Feuerich/Braun*, § 223 Rdn. 11; *Jessnitzer/Blumberg*, § 90 Rdn. 2; *Kleine-Cosack*, § 223 Rdn. 10.
[13] EGH Schleswig Beschlüsse v. 14. 3. 1989 – 1 EGH 20/88 – und 1 EGH 19/88; *Feuerich/Braun*, § 223 Rdn. 11; *Kleine-Cosack*, § 223 Rdn. 10.

3. Verhältnis zu § 40 VwGO

9 Das Verhältnis des § 223 zu § 40 VwGO kann in folgender Weise charakterisiert werden:
Immer dann, wenn Maßnahmen angegriffen werden sollen, die ihre Grundlage im materiellen Berufsrecht der Rechtsanwälte haben und sich damit aus der BRAO ableiten lassen, stellt § 223 eine den Rechtsweg betreffende Zuweisungsnorm i. S. d. § 40 Abs. 1 VwGO dar. Weist hingegen eine Gemeindebehörde einen Rechtsanwalt aufgrund der kommunalrechtlichen Vertretungsverbote bei der Geltendmachung von Ansprüchen Dritter gegen die Gemeinde zurück, ist für den Rechtsanwalt nur der Verwaltungsgerichtsweg und nicht der Antrag nach § 223 gegeben.[14] Ebenso ist der Verwaltungsrechtsweg gemäß § 40 Abs. 1 VwGO gegeben, wenn einem ehemaligen Richter, der als Rechtsanwalt zugelassen wurde, von der Landesjustizverwaltung unter Berufung auf das Landesrichtergesetz in Verbindung mit den Beamtengesetzen verboten wird, für einen bei dem Gericht seiner früheren richterlichen Tätigkeit zugelassenen Rechtsanwalt tätig zu werden.[15] Entsprechendes gilt bei Tätigkeitsverboten für Ruhestandsbeamte.[16]

V. Beteiligte des Verfahrens

10 Beteiligte des anwaltsgerichtlichen Verfahrens nach § 223 können nur solche Personen oder Vereinigungen sein, die Rechte oder Pflichten aus der Berufsordnung ableiten können und damit nach der BRAO an der Gestaltung des anwaltlichen Berufsrechts aktiv beteiligt oder davon unmittelbar betroffen sind.[17] Als Beteiligte kommen demnach in Betracht: Rechtsanwälte, gleichgültig ob sie noch zugelassen oder bereits in der Liste gelöscht sind[18] oder aus anderen EU-Mitgliedstaaten kommen und hier Dienstleistungen erbringen (vgl. § 10 RADG) oder niedergelassene Kollegen i. S. d. §§ 206, 207 sind, Zulassungsbewerber, Kammerrechtsbeistände (vgl. § 209),[19] der Vorstand der Rechtsanwaltskammer, insbesondere dann, wenn er durch eine Maßnahme der Landesjustizverwaltung in seinen Rechten betroffen ist[20] und schließlich die Landesjustizverwaltung selbst.[21]

11 Für Dritte ist der Rechtsweg zur Anwaltsgerichtsbarkeit auch dann nicht eröffnet, wenn diese ihren Anspruch aus der BRAO abzuleiten suchen.[22] So ist z. B. für die Klage des Mandanten eines Rechtsanwaltes auf Verpflichtung des Vor-

---

[14] *Feuerich/Braun*, § 223 Rdn. 14; *Kleine-Cosack*, § 223 Rdn. 3.
[15] VGH München NJW 1988, S. 1406; *Feuerich/Braun*, § 223 Rdn. 15; *Kleine-Cosack*, § 223 Rdn. 3.
[16] OVG Koblenz NJW 1991, S. 245; *Feuerich/Braun*, § 223 Rdn. 15; *Kleine-Cosack*, § 223 Rdn. 3.
[17] *Feuerich/Braun*, § 223 Rdn. 17; *Kleine-Cosack*, § 223 Rdn. 15.
[18] BGH EGE VII, S. 95; XIV, S. 138; EGH Frankfurt BRAK-Mitt. 1987, S. 93; *Feuerich/Braun*, § 223 Rdn. 17; *Kleine-Cosack*, § 223 Rdn. 16.
[19] EGH München BRAK-Mitt. 1987, S. 93; EGH Frankfurt Rbeistand 1988, S. 109; *Feuerich/Braun*, § 223 Rdn. 17; *Kleine-Cosack*, § 223 Rdn. 16.
[20] BVerfGE 50, S. 16; BGH BRAK-Mitt. 1986, S. 104; 1985, S. 170; BGH NJW 1984, S. 1042; BVerwG NJW 1984, S. 191; EGH Frankfurt AnwBl. 1988, S. 245; EGH München BRAK-Mitt. 1987, S. 93; *Feuerich/Braun*, § 223 Rdn. 17; *Kleine-Cosack*, § 223 Rdn. 16.
[21] VGH Mannheim NJW 1982, S. 2011; *Feuerich/Braun*, § 223 Rdn. 17; *Kleine-Cosack*, § 223 Rdn. 16.
[22] *Feuerich/Braun*, § 223 Rdn. 20.

standes der Rechtsanwaltskammer, seiner standesrechtlichen Überwachungspflicht nachzukommen (vgl. § 73 Abs. 2 Nr. 4) nicht der Rechtsweg zum Anwaltsgerichtshof, sondern nur der Rechtsweg zu den Verwaltungsgerichten gegeben.[23] Auch der Antrag eines Dritten an den Anwaltsgerichtshof auf gerichtliche Entscheidung gegen den Bescheid des Vorstandes der Rechtsanwaltskammer, daß zu berufsrechtlichen Maßnahmen kein Anlaß bestehe, ist unzulässig.[24]

VI. Formelle Voraussetzungen

Die Einleitung des anwaltsgerichtlichen Verfahrens nach § 223 setzt wie jedes Verfahren die Einhaltung gewisser Formalitäten voraus. **12**

1. Antrag

a) Allgemeines. Das anwaltliche Verfahren nach § 223 wird durch die Einreichung eines ordnungsgemäßen Antrages beim Anwaltsgerichtshof in Gang gesetzt. Hinsichtlich des Inhalts des Antrages, seiner Begründung und das Verfahren, bestimmt § 223 Abs. 4, daß insoweit die Vorschriften des anwaltsgerichtlichen Verfahrens nach Maßgabe der §§ 37, 39 bis 41 zu beachten sind. Es deshalb insoweit auf die Ausführungen zu diesen Bestimmungen, insbesondere auf § 37 Rdn. 2 ff. verwiesen werden. **13**

b) Einzelfälle aus der Rechtsprechung für zulässige Anträge. Die Rechtsprechung hat seit Inkrafttreten der BRAO Gelegenheit gehabt, viele Einzelfälle zu entscheiden, bei denen die Frage im Raum stand, ob der Rechtsweg nach § 223 gegeben ist. Drei Fallgruppen seien im folgenden hervorgehoben: **14**

aa) Antrag eines Rechtsanwalts gegen die Landesjustizverwaltung. Antrag eines Rechtsanwalts gegen die Landesjustizverwaltung bei Geltendmachung der Nichtigkeit einer Rücknahmeverfügung,[25] bei Bestellung eines allgemeinen Vertreters nach § 53 bzw. § 161[26] sowie bei Einschränkung der Einsichtnahme in die Personalakten nach § 58[27] ist zulässig. **15**

bb) Antrag des Rechtsanwalts gegen den Vorstand der Rechtsanwaltskammer. Der Antrag eines Rechtsanwalts gegen den Vorstand der Rechtsanwaltskammer ist in folgenden Fällen für zulässig erachtet worden: Bei mißbilligenden Belehrungen der Kammer, die noch keiner Rüge im Sinne der §§ 73 ff. gleichkommen;[28] wenn die Rechtsanwaltskammer allgemein das Verhalten eines Rechtsanwalts untersagt[29] oder ihn auffordert, einen beanstandeten Zustand zu beenden[30] und bei Äußerungen der Rechtsanwaltskammer zu einer Rechtsfrage, wenn die Berücksichtigung des in der Äußerung vertretenen Standpunktes für **16**

---

[23] VGH Mannheim NJW 1982, S. 2011; EGH Hamm AnwBl. 1977, S. 82; VG Freiburg NJW 1978, S. 697; a. A. EGH Hamm EGE IX, S. 147; *Feuerich/Braun*, § 223 Rdn. 21; *Kleine-Cosack*, § 223 Rdn. 18.
[24] EGH Celle AnwBl. 1976, S. 28; *Feuerich/Braun*, § 223 Rdn. 21; *Kleine-Cosack*, § 223 Rdn. 18.
[25] BGH EGE XIV, S. 123; *Feuerich/Braun*, § 223 Rdn. 24.
[26] BGHZ 42, S. 360; *Feuerich/Braun*, § 223 Rdn. 24; *Isele*, § 223 Anm. II. B. 5., S. 1891.
[27] *Feuerich/Braun*, § 223, Rdn. 24; *Isele*, § 223 Anm. II. B. 7., S. 1891.
[28] BVerfGE 50, S. 16; BGH BRAK-Mitt. 1985, S. 170; EGH Koblenz BRAK-Mitt. 1985, S. 57; *Feuerich/Braun*, § 223 Rdn. 25.
[29] EGH Stuttgart BRAK-Mitt. 1982, S. 129; *Feuerich/Braun*, § 223 Rdn. 25.
[30] EGH Stuttgart AnwBl. 1988, S. 245; *Feuerich/Braun*, § 223 Rdn. 25.

den anfragenden Rechtsanwalt erhebliche künftige Nachteile mit sich bringen würde;[31] des weiteren bei Unterrichtung des Beschwerdeführers über den Ausgang des aufsichtsrechtlichen Verfahrens vor der Kammer durch ein Mitglied des Beschwerdeausschusses der Rechtsanwaltskammer[32] und bei Mitgliedschaft der Rechtsanwaltskammer im Landesverband der freien Berufe;[33] ferner bei der Versagung der Führung eines ausländischen akademischen Grades,[34] der Versagung der Berechtigung zur Führung einer Fachanwaltsbezeichnung[35] und bei vollstreckbaren Zahlungsaufforderungen nach § 84 Abs. 1.[36]

17 Darüber hinaus ist der Antrag zulässig bei der Ablehnung des Antrages auf Herabsetzung des Kammerbeitrages,[37] bei der Einforderung von Sterbegeldzahlungen und Umlagen aufgrund einer Sterbegeldregelung der Rechtsanwaltskammer,[38] bei der Herausgabe sog. „Vortrittslisten" durch eine Rechtsanwaltskammer[39] und schließlich bei der Verletzung der Verschwiegenheitspflicht (vgl. § 76) durch unzulässige Auskunftserteilung.[40]

18 Das gleiche gilt, wenn sich ein ehemaliger Rechtsanwalt, der bereits in der Liste der Rechtsanwälte gelöscht worden ist, gegen die Bestellung eines Abwicklers für seine Kanzlei[41] oder gegen die Entscheidung der Kammer wendet, zukünftig nicht mehr in der Sterbegeldeinrichtung der Kammer bleiben zu dürfen.

19 **cc) Antrag des Vorstandes der Rechtsanwaltskammer gegen die Landesjustizverwaltung.** In seltenen Ausnahmefällen ist auch ein Antrag des Vorstandes der Rechtsanwaltskammer gegen die Landesjustizverwaltung nach § 223 zulässig. Das kann z. B. der Fall sein, wenn er im Zulassungsverfahren (vgl. § 6 ff.) nicht vollständig von der Landesjustizverwaltung zum Zweck der Gutachtenerstattung (vgl. § 8 Abs. 2) unterrichtet wird und er folglich keine ausreichende Tatsachengrundlage für das zu erstattende Gutachten erhält[42] oder wenn der Kammervorstand im Rahmen seiner Anhörung im Rücknahmeverfahren (vgl. § 16 Abs. 2) nicht ausreichend unterrichtet wird oder ihm die Akten nicht vollständig vorgelegt werden.[43]

2. Frist

20 Die Frist zur Stellung des Antrages beträgt gemäß § 223 Abs. 1 S. 2 einen Monat ab Zustellung des Verwaltungsaktes, dessen Aufhebung begehrt wird. Das

---

[31] EGH Hamburg BRAK-Mitt 1984, S. 89 mit Anm. von *Gerkan* BRAK-Mitt. 1984, S. 90 und *Weigel* BRAK-Mitt. 1985, S. 174; *Feuerich/Braun*, § 223 Rdn. 25.
[32] EGH Stuttgart BRAK-Mitt. 1985, S. 56; *Feuerich/Braun*, § 223 Rdn. 25.
[33] EGH Frankfurt BRAK-Mitt. 1985, S. 170; BGH BRAK-Mitt. 1986, S. 104; *Feuerich/Braun*, § 223 Rdn. 25.
[34] EGH Bremen EGE IX, S. 141; *Feuerich/Braun*, § 223 Rdn. 25.
[35] Statt vieler: BGH EGE VII, S. 41; *Feuerich/Braun*, § 223 Rdn. 25 m. w. N.
[36] BGHZ 55, S. 255; EGH München AnwBl. 1977, S. 271; BVerwG NJW 1984, S. 191; OVG Berlin AnwBl. 1983, S. 288; *Feuerich/Braun*, § 223 Rdn. 25.
[37] OVG Berlin AnwBl. 1983, S. 288; *Feuerich/Braun*, § 223 Rdn. 25.
[38] BGH EGE VII, S. 95; EGH Schleswig AnwBl. 1972, S. 295; *Feuerich/Braun*, § 223 Rdn. 25.
[39] BVerwG NJW 1984, S. 191; *Feuerich/Braun*, § 223 Rdn. 25.
[40] EGH Berlin MDR 1991, S. 448 mit Anm. *Eich* MDR 1991, S. 385; *Feuerich/Braun*, § 223 Rdn. 25.
[41] BGH EGE XIV, S. 138; EGH Frankfurt BRAK-Mitt. 1987, S. 93; *Feuerich/Braun*, § 223 Rdn. 27; *Isele*, § 223 Anm. II. B. 6., S. 1891.
[42] BGHZ 35, S. 199; 51, S. 16; *Feuerich/Braun*, § 223 Rdn. 29.
[43] *Feuerich/Braun*, § 223 Rdn. 29; *Isele*, § 223 Anm. II. B. 2., IV., S. 1891, 1892.

§ 223 Ergänzende Vorschriften über den Rechtsschutz   21–25   § 223

Fehlen einer Rechtsbehelfsbelehrung ist unerheblich.[44] Der Antrag wegen Untätigkeit nach § 223 Abs. 2 ist unbefristet zulässig, wenn die Behörde drei Monate untätig geblieben ist.

VII. Verfahren

Wegen der Gesetzesverweisung in § 223 Abs. 4 auf die Verfahrensvorschriften des anwaltsgerichtlichen Verfahrens in Zulassungssachen (vgl. §§ 40 ff.) kann an dieser Stelle auf die entsprechenden Ausführungen zu § 40 Rdn. 11 ff. verwiesen werden. 21

VIII. Sofortige Beschwerde

Gegen die Entscheidungen des Anwaltsgerichtshofes in den Fällen des § 223 ist seit der Novellierung des anwaltlichen Berufsrechts im Jahre 1989[45] die sofortige Beschwerde zum BGH möglich. Gemäß Absatz 3 ist eine sofortige Beschwerde nur dann zulässig, wenn der Anwaltsgerichtshof sie wegen grundsätzlicher Bedeutung der zu entscheidenden Rechtsfrage zuläßt. Die Formulierung entspricht weitgehend dem Wortlaut des § 91 Abs. 6 und des § 145 Abs. 1 Nr. 3, Abs. 2, so daß insoweit auf die Rechtsprechung und Kommentierung zu diesen Vorschriften zurückgegriffen werden kann. 22

Grundsätzliche Bedeutung der Rechtssache[46] zielt darauf ab, die Rechtseinheit zu wahren oder zur Fortbildung des Rechts beizutragen. Dementsprechend ist die sofortige Beschwerde vor allem dann zuzulassen, wenn anderenfalls divergierende Entscheidungen möglich erscheinen. Die Fortbildung des Rechts verlangt andererseits, daß dem Anwaltsgerichtshof eine Rechtsfrage vorliegt, die klärungsfähig und klärungsbedürftig ist und deren Klärung im vorliegenden Verfahren auch zu erwarten ist. Darüber hinaus muß die Rechtsfrage für eine über die Parteien des konkreten Verfahrens hinausreichende unbestimmte Zahl von Personen von Bedeutung sein. Schließlich muß die Entscheidung über die Rechtsfrage in qualitativer Hinsicht zu einer Weiterentwicklung des Rechts beitragen können, sei es in Form der Auslegung einer schwierigen und umstrittenen Frage oder der Rechtsfortbildung. Auf das wirtschaftliche Gewicht der Angelegenheit oder auf das Gewicht der Beschwer für den Betroffenen kommt es nicht an.[47] 23

Bei der Nichtzulassung reicht ein Hinweis in den Entscheidungsgründen; sie kann anders als in den Fällen des § 145 Abs. 3 nicht angefochten werden.[48] Dies gilt selbst dann, wenn der Anwaltsgerichtshof die Möglichkeit der Zulassung der sofortigen Beschwerde überhaupt nicht in Erwägung gezogen haben sollte.[49] 24

Wird die sofortige Beschwerde zugelassen, richtet sich das weitere Verfahren gemäß § 223 Abs. 4 und § 42 Abs. 4 bis 6 mit der Folge, daß auf das Verfahren die Vorschriften des FGG sinngemäße Anwendung finden. 25

---

[44] BGHZ 107, S. 282, 283.
[45] Gesetz zur Änderung des Berufsrechts der Rechtsanwälte und der Patentanwälte v. 13. 12. 1989, BGBl. I, S. 2135.
[46] Dazu im einzelnen *Prütting*, Die Zulassung der Revision, 1977, S. 101 ff., 159 ff.
[47] *Feuerich/Braun*, § 223 Rdn. 46; *Kleine-Cosack*, § 223 Rdn. 22.
[48] BGH BRAK-Mitt. 1996, 34, BRAK-Mitt. 1986, S. 104; *Feuerich/Braun*, § 223 Rdn. 49; *Kleine-Cosack*, § 223 Rdn. 24.
[49] BGH BRAK-Mitt. 1990, S. 172; *Kleine-Cosack*, § 223 Rdn. 24.

§ 224 Übertragung von Befugnissen auf nachgeordnete Behörden

Das Bundesministerium der Justiz und die Landesjustizverwaltungen können Befugnisse, die ihnen nach diesem Gesetz zustehen, auf nachgeordnete Behörden übertragen.

Übersicht

	Rdn
I. Verfassungsrechtliche Gesichtspunkte	1–4
II. Übertragung durch den Bundesjustizminister	5, 6
III. Übertragung durch die Landesjustizverwaltungen	7

I. Verfassungsrechtliche Gesichtspunkte

1   Bedenken gegenüber der Verfassungsmäßigkeit der Vorschrift könnten sich daraus ergeben, daß § 224 die Übertragung von Verwaltungsaufgaben nach der BRAO auf Richter der ordentlichen Gerichtsbarkeit ermöglicht.

2   Hierin liegt jedoch weder ein Verstoß gegen die im DRiG normierte Inkompatibilität (§ 4 Abs. 1 DRiG) noch ein Verstoß gegen das Grundgesetz. Nach § 4 Abs. 2 Nr. 1 DRiG darf ein Richter außer Aufgaben der rechtsprechenden Gewalt auch Aufgaben der „Gerichtsverwaltung" wahrnehmen. Der Begriff der Gerichtsverwaltung umfaßt dabei im Gegensatz zur Justizverwaltung auch die Verwaltung der anderen als der ordentlichen Gerichte, ist folglich weitergehender.[1] Eine allgemeine Befugnis zur Übertragung von Justizverwaltungsaufgaben findet sich zudem auch in § 4 EGGVG sowie in § 39 VwGO für die Verwaltungsgerichte und in § 32 FGO für die Finanzgerichte.

3   Bei den Entscheidungen etwa nach §§ 8 ff., 27 ff., 36 a oder 92, für die die Landesjustizverwaltung zuständig ist, handelt es sich um derartige Justizverwaltungsaufgaben, die damit übertragen werden dürfen.

4   Hierin ist auch kein Verstoß gegen den in Art. 20 Abs. 2, Art. 92, 97 GG verankerten Gewaltenteilungsgrundsatz zu sehen. Zwar werden danach Exekutiv- und Judikativaufgaben grundsätzlich durch besondere Organe ausgeübt. Dies schließt aber Überschneidungen nicht aus, die sich aus einem engen Sachzusammenhang zur Rechtspflege ergeben.[2] Ein derartiger Sachzusammenhang ist bei den in der BRAO geregelten Justizverwaltungsaufgaben aufgrund der Stellung des Rechtsanwalts als unabhängiges Organ der Rechtspflege (§ 1) gegeben. Die Tätigkeiten der Landesjustizverwaltung können daher von Richtern ausgeübt werden, ohne daß hierin ein Widerspruch zum Gewaltenteilungsgrundsatz liegt.[3]

II. Übertragung durch den Bundesjustizminister

5   Der Bundesminister der Justiz hat von der Übertragungsmöglichkeit des § 224 nur in geringem Umfang Gebrauch gemacht. Er hat sich darauf beschränkt, durch

---

[1] Ausführlich hierzu *Schmidt-Ränsch,* DRiG, § 4 Rdn. 16.
[2] BVerfGE 4, 331, 347; 30, 1, 28; BGH DRiZ 1975, S. 23.
[3] BGH EGE XIV, 123, 126.

Erlaß vom 10. August 1959[4] seine Befugnisse zur Bestellung eines Vertreters nach § 173 Abs. 1 und § 53 Abs. 3 i. V. m. § 163 S. 1 sowie zur Bestellung eines Abwicklers nach § 173 Abs. 3 auf den Präsidenten des BGH zu übertragen.

Nach Anlage II Kapitel III Sachgebiet A: Rechtspflege Abschnitt III Nr. 1 lit. b zum Einigungsvertrag trat, soweit nach fortgeltendem Berufsrecht der DDR der Minister der Justiz zum Erlaß von Rechtsverordnungen ermächtigt war, an seine Stelle der BMJ.[5]

III. Übertragung durch die Landesjustizverwaltungen

Die Länder haben hingegen weitgehend und in sehr unterschiedlicher Weise von der Übertragung Gebrauch gemacht. Die Übertragungen sind dabei zum Teil in den allgemeinen Ausführungs- und Durchführungsbestimmungen der Länder, zum Teil aber auch in eigenen Anordnungen enthalten. Bei Ländern, die die Übertragung separat geregelt haben, sind daher im folgenden die ÜbertragungsVO und die Ausführungsbestimmungen zur BRAO, ansonsten nur die Ausführungsbestimmungen angegeben.

Baden-Württemberg: VO des Justizministeriums über die Übertragung von Befugnissen der Landesjustizverwaltung nach der BRAO vom 17. 6. 1980 (GBl. S. 433), geändert durch VO vom 15. 5. 1990 (GBl. S. 171).
Ausführung der BRAO, AV des Justizministeriums vom 13. 11. 1980 (Die Justiz 1981, 3), zuletzt geändert durch AV des Justizministeriums vom 10. 3. 1982 (Die Justiz 1982, 145).
Bayern: VO über die Übertragung von Befugnissen der Landesjustizverwaltung nach § 224 BRAO vom 24. 3. 1975 (GVBl. 1975, 72).
Bekanntmachung des Bayerischen Staatsministerium der Justiz zur Ausführung der BRAO vom 26. 4. 1990 (JMBl. S. 53).
Berlin: Allgemeine Verfügung über die Angelegenheiten der Rechtsanwälte vom 2. 8. 1988 (Amtsblatt 1988, 1346).
Brandenburg: VO des Ministers der Justiz zur Übertragung von Befugnissen nach dem RAG vom 3. 11. 1993 (GVBl. II, S. 688).
Allgemeine Verfügung des Ministers der Justiz über Angelegenheiten der Rechtsanwälte vom 11. 11. 1993 (JMBl. 1993, 196).
Bremen: Anordnung des Senators für Justiz und Verfassung betreffend Ausführung der BRAO vom 15. 5. 1960.
Hamburg: AV der Durchführung der BRAO vom 5. 1. 1990 (JVBl. 1990, 9).
Hessen: Anordnung zur Regelung von Zuständigkeiten nach der BRAO vom 20. 3. 1990 (GVBl. I, S. 86).
Ausführung der BRAO und der Anordnung zur Regelung von Zuständigkeiten nach der BRAO vom 20. 3. 1990 (GVBl. I, S. 86).
Mecklenburg-Vorpommern: Allgemeine Verwaltungsvorschrift des Ministers für Justiz, Bundes- und Europaangelegenheiten zur Ausführung des RAG vom 18. 5. 1994 (Amtsblatt 1994, 594).
Niedersachsen: Ausführung der BRAO durch AV des Ministers der Justiz vom 8. 8. 1972 (NdsRpfl. 1972, 207), zuletzt geändert durch Erlaß vom 15. 1. 1990.
Nordrhein-Westfalen: VO zur Übertragung von Befugnissen nach der BRAO vom 13. 12. 1994 (GVBl. 1995, 14).
Ausführung der BRAO vom 4. 11. 1992 (JBMl. 1992, 265).

---

[4] BAnz. Nr. 162 v. 26. 8. 1959, S. 1.
[5] *Kleine-Cosack,* § 224 Rdn. 2.

§ 225 1 Dreizehnter Teil. Übergangs- und Schlußvorschriften

Führung der Personalakten über Angehörige rechtsberatender Berufe vom 24. 3. 1993 (JMBl. 1993, 87).
13 **Rheinland-Pfalz:** LandesVO über die Bestimmung der zuständigen Stellen nach der BRAO vom 6. 12. 1990 (GVBl. 1990, 387).
Ausführung der BRAO vom 28. 1. 1980 (JBl. 1980, 48 sowie JBl. 1985, 253).
Saarland: VO über die Übertragung von Befugnissen der Landesjustizverwaltung nach der BRAO vom 31. 12. 1972 (Amtsblatt 1973, 64).
Ausführung der BRAO vom 1. 7. 1980 (GMBl. 1980, 442).
14 **Sachsen:** VO des Sächsischen Staatsministeriums der Justiz zur Übertragung von Befugnissen nach dem RAG vom 8. 12. 1992 (GVBl. Nr. 38 vom 29. 12. 1992).
Sachsen-Anhalt: Übertragung von Befugnissen in Angelegenheiten der Rechtsanwälte vom 31. 8. 1992 (MBl. 1992, 1564) und vom 27. 5. 1993 (MBl. 1993, 1676).
15 **Schleswig-Holstein:** Angelegenheiten der Rechtsanwälte vom 24. 2. 1960 (SchlHAnz. 1960, 81), zuletzt geändert durch AV vom 7. 5. 1971 (SchlHAnz. 1971, 92).
Thüringen: VO zur Übertragung von Befugnissen nach dem RAG vom 11. 8. 1993 (GVBl. 1993, 562).

§ 225 Auftreten der Rechtsanwälte vor Gerichten und Behörden der Länder

(1) **Die Befugnis der Landesgesetzgebung, im Verfahren vor dem Schiedsmann oder vor anderen Güte- oder Sühnestellen den Ausschluß von Bevollmächtigten und Beiständen vorzusehen, bleibt unberührt. Soweit nach landesrechtlichen Vorschriften Bevollmächtigte oder Beistände zurückgewiesen werden können, gilt dies nicht für Rechtsanwälte.**

(2) **Soweit bisherige Vorschriften des Landesrechts das Auftreten vor Gerichten oder Behörden eines Landes nur solchen Rechtsanwälten gestatten, die bei den Gerichten dieses Landes zugelassen sind, können auch bei den Gerichten eines anderen deutschen Landes zugelassene Rechtsanwälte auftreten.**

Übersicht

	Rdn.		Rdn.
I. Entstehungsgeschichte der Vorschrift	1	III. Verfassungsrechtliche Gesichtspunkte	4
II. Normzweck	2, 3	IV. Ausschluß und Zurückweisung	5–7

I. Entstehungsgeschichte der Vorschrift

1   Vorläufer der Regelung des § 225 war die Verordnung über das Auftreten von Rechtsanwälten vor Behörden der Länder vom 30. Oktober 1936.[1] Durch diese Verordnung wurden die bis dahin geltenden landesrechtlichen Sonderregelungen gegenstandslos, da alle bei irgendeinem deutschen Gericht zugelassenen Rechtsanwälte gleichgestellt wurden.[2] Mit Inkrafttreten der BRAO wurde diese Verordnung aufgehoben (§ 232 Abs. 1 Nr. 6).[3]

---

[1] RGBl. I, S. 936.
[2] *Isele*, § 225 Anm. II., S. 1899; *Feuerich/Braun*, § 225 Rdn. 5.
[3] *Bülow*, § 225 Anm. 1, S. 214.

II. Normzweck

Die Vorschrift muß im Zusammenhang mit § 3 gesehen werden, der in seinem Absatz 1 ein allgemeines Vertretungsrecht für Rechtsanwälte normiert. Dieses Recht, in Rechtsangelegenheiten aller Art vor Gerichten, Schiedsgerichten oder Behörden aller Art aufzutreten, kann nach § 3 Abs. 2 nur durch ein Bundesgesetz beschränkt werden. § 225 Abs. 1 enthält eine solche bundesgesetzliche Durchbrechung des allgemeinen Vertretungsrechts für die in der Vorschrift angeführten Verfahren. Dem liegt der Gedanke zugrunde, daß in Verfahren vor dem Schiedsmann und vor Güte- oder Sühnestellen eine persönliche Aussprache zwischen den Parteien vorzugswürdig ist.[4]

§ 225 Abs. 2 will hingegen lediglich klarstellen, daß mit Aufhebung der Verordnung vom 30. Oktober 1936 die älteren landesrechtlichen Sonderregelungen nicht wieder aufleben, sondern generell außer Kraft getreten sind.[5]

III. Verfassungsrechtliche Gesichtspunkte

Bei § 225 Abs. 1 S. 1 handelt es sich um eine Berufsausübungsregelung, die nach dem in Art. 12 Abs. 1 S. 2 GG enthaltenen Regelungsvorbehalt aufgrund eines formellen Gesetzes möglich ist.[6] Im Hinblick auf die Verfassungsmäßigkeit bestehen keine Bedenken, da die Berufsausübung nur am Rande berührt wird und dies im Hinblick auf die Zielsetzung eines Schieds- oder Güteverfahrens[7] verhältnismäßig erscheint.

IV. Ausschluß und Zurückweisung

Nach § 225 Abs. 1 S. 1 ist der Landesgesetzgeber befugt, Bevollmächtigte und Beistände in bestimmten Verfahren auszuschließen. Dieser Ausschluß bezieht sich dann auf jede Parteivertretung und damit auch auf die Vertretung durch einen Rechtsanwalt. Soweit aber nach landesrechtlichen Vorschriften nur die Möglichkeit der Zurückweisung von Bevollmächtigten oder Beiständen besteht, gilt dies nach § 225 Abs. 1 S. 2 nicht für Anwälte.[8]

Teile der Literatur entnehmen § 225 Abs. 1 hingegen, daß landesrechtliche Beschränkungen für Rechtsanwälte überhaupt nicht mehr gelten.[9] Die Vertreter dieser Auffassung unterscheiden jedoch zu Unrecht nicht zwischen dem in Satz 1 genannten Ausschluß und der nach Satz 2 möglichen Zurückweisung. Nur letztere ist nach Wortlaut und Systematik der Vorschrift bei Rechtsanwälten ausgeschlossen.

Soweit die Schiedsmannsordnungen und -gesetze[10] der Bundesländer (in NRW: § 19 S. 3) bestimmen, daß der Schiedsmann Rechtsanwälte nicht zurückweisen darf, ist dies rechtlich unproblematisch. Die in § 19 S. 2 der Schiedsmannsordnung NRW vorgesehen Zurückweisungsmöglichkeit von Beiständen ist dagegen umstritten.[11]

---

[4] *Feuerich/Braun*, § 225 Rdn. 2.
[5] *Kleine-Cosack*, § 225 Rdn. 2; *Kalsbach*, § 225 Rdn. 2.
[6] BVerwG MDR 1963, S. 439, 440.
[7] S. oben unter II.
[8] BVerwG MDR 1963, S. 439, 440; *Jessnitzer/Blumberg*, § 225 Rdn. 1; *Feuerich/Braun*, § 225 Rdn. 2, *Kleine-Cosack*, § 225 Rdn. 1.
[9] *Kalsbach*, § 225 Rdn. 1, *Isele*, § 225 Anm. I., S. 1899.
[10] Die Fundstellen der Schiedsmannsordnungen und -gesetzes der einzelnen Bundesländer sind aufgeführt bei *Kleinknecht/Meyer-Goßner*, 42. Aufl., § 380 Rdn. 3, 4.
[11] Vgl. dazu *Feuerich/Braun*, § 225 Rdn. 3.

§ 226 Gleichzeitige Zulassung bei dem Land- und Oberlandesgericht

(1) Wer im Zeitpunkt des Inkrafttretens dieses Gesetzes bei einem Oberlandesgericht und einem Landgericht zugelassen ist oder bei einem Landgericht zugelassen und bei einem Oberlandesgericht aufzutreten berechtigt ist, behält diese Zulassung oder Befugnis.

(2) Die bei den Landgerichten in den Ländern Baden-Württemberg, Bayern, Berlin, Bremen, Hamburg, Saarland, Sachsen, Sachsen-Anhalt, Thüringen zugelassenen Rechtsanwälte können auf Antrag zugleich bei dem übergeordneten Oberlandesgericht zugelassen werden, wenn sie fünf Jahre lang bei einem Gericht des ersten Rechtszuges zugelassen waren.

Übersicht

	Rdn.		Rdn.
I. Überblick	1	VI. Simultanzulassung (Abs. 2)	11–19
II. Entstehungsgeschichte	2–4	1. Antrag	12
III. Normzweck	5, 6	2. Fünfjahresfrist	13
IV. Verfassungsrechtliche Gesichtspunkte	7–9	3. Gericht des ersten Rechtszuges	14
		4. Versagungsgründe	16
V. Besitzstandswahrung (Abs. 1)	10	5. Kammerbeitrag	19
		VII. Rechtspolitische Aspekte	20

I. Überblick

1   Vor dem Hintergrund des allgemeinen Grundsatzes der Lokalisierung gemäß den §§ 18 ff. hat der Gesetzgeber für die Oberlandesgerichte in § 25 eine besondere Singularzulassung geschaffen, die im Grunde die konsequente Fortsetzung der Regelung des § 18 darstellt. Danach darf ein bei einem Oberlandesgericht zugelassener Rechtsanwalt nicht zugleich bei einem anderen Gericht zugelassen sein. Davon macht nun § 226 zwei **wichtige Ausnahmen.** In Absatz 1 ist ein Fall der Besitzstandswahrung geregelt, der heute nur noch geringe Bedeutung aufweisen dürfte. Um so wichtiger ist die Regelung in Absatz 2, die eine auf Dauer angelegte und generelle Ausnahme zu § 25 darstellt. Danach gilt in einigen Bundesländern beim Oberlandesgericht die Singularzulassung des § 25, in anderen Bundesländern gilt generell die Simultanzulassung des § 226 Abs. 2. Die Gründe dieser zweigeteilten Regelung sind weitgehend historischer und föderalistischer Natur (s. dazu unten Rdn. 2). Durch die Novellierung der BRAO vom 2. 9. 1994 ist nunmehr eine dramatische Veränderung der tatsächlichen Situation eingetreten. Heute gilt in 9 von 16 Bundesländern die ursprünglich als Ausnahme vorgesehene Regelung des § 226 Abs. 2. Damit ist die Simultanzulassung durch den Gesetzgeber (und durch weitere faktische und rechtliche Entwicklungen, s. § 25 Rdn. 6) als Regelfall ausgestaltet worden. Die Singularzulassung des § 25 ist nunmehr die Ausnahme.

II. Entstehungsgeschichte

2   Der Vorschrift des § 226 ähnliche Normen finden sich bereits in § 11 RAO 1878 und § 18 der RRAO 1936. Die Ausnahmen von der auch in diesen Be-

rufsordnungen niedergelegten Singularzulassung waren an die Feststellung geknüpft. daß die Simultanzulassung im Interesse der Rechtspflege förderlich (§ 10 RAO)[1] bzw. der Rechtspflege dienlich erschien (§ 18 RRAO).[2] Die Feststellung erfolgte durch Plenarbeschluß des Oberlandesgerichts.[3] Daß unter diesen Umständen die Entwicklung in den einzelnen Oberlandesgerichtsbezirken sehr unterschiedlich war, liegt auf der Hand.[4] Die Rechtsanwaltsordnungen der Besatzungszeit änderten an diesem Rechtszustand nichts. Nach § 13 Abs. 1 der RAOBritZ beispielsweise wurde die Simultanzulassung nur dort gewährt, wo es nach bisherigem Recht üblich war. Verhindert wurde mit dieser Formulierung lediglich die Ausdehnung der Simultanzulassung auf Oberlandesgerichtsbezirke, in denen eine derartige Praxis vor Ausbruch des Krieges nicht vorhanden war.[5]

Der Bundesgesetzgeber erwog bei den Beratungen zur BRAO zunächst eine bundeseinheitliche Regelung zugunsten der Singularzulassung, um die Simultanzulassung nicht von der Entscheidung des Landesgesetzgebers abhängig zu machen. Dieses Anliegen scheiterte jedoch am Widerstand derjenigen Rechtsanwaltskammern, in deren Bezirk die Simultanzulassung seit Inkrafttreten der RAO im Jahre 1878 unangefochten praktiziert wurde. 3

Die Ausgestaltung von § 25 und § 226 Abs. 2 ist auch nach 1959 immer wieder Gegenstand von Diskussionen gewesen. Im Zusammenhang mit dem Gesetz zur Neuordnung des Berufsrechts der Rechtsanwälte vom 2. 9. 1994 wurde lange Zeit eine grundsätzliche Veränderung der historisch gewachsenen Situation erwogen. Letztlich konnte sich der Gesetzgeber aber nicht zu einer grundlegenden Veränderung durchringen. Er hat nur die Zahl der Bundesländer ausgeweitet, in denen generell die Simultanzulassung möglich ist. Zu den rechtspolitischen Implikationen dieser gesetzgeberischen Entscheidung s. unten Rdn. 20. 4

III. Normzweck

Die Vorschrift des § 226 dient der Abschwächung des im Lichte der Berufsausübungsfreiheit des Art. 12 Abs. 1 GG strengen Grundsatzes der Singularzulassung. 5

Aus Gründen der Erhaltung ihres Besitzstandes sollen gemäß § 226 Abs. 1 diejenigen Rechtsanwälte, die vor Inkrafttreten der BRAO am 1. Oktober 1959 eine Simultanzulassung für ein Landgericht und ein Oberlandesgericht besaßen, ihre Doppelzulassung behalten dürfen und zwar unabhängig davon, wie lange sie diesen Besitzstand innehatten.[6]

Der Besitzstand endet mit dem Tode des Rechtsanwalts[7] oder entfällt beim Zulassungswechsel,[8] der Aufgabe bzw. beim Erlöschen der Zulassung sowie bei dessen Rücknahme oder Widerruf.[9]

Die Anwendungshäufigkeit dieses Absatzes der Vorschrift ist freilich aufgrund des Zeitablaufs heutzutage äußerst gering.

---

[1] Dazu: *Friedlaender*, RAO, 3. Aufl., München 1930, § 10 Rdn. 4, S. 72.
[2] Dazu: *Noack*, Kommentar zum RRAO, § 18 Anm. 13, S. 80.
[3] *Friedlaender*, RAO, 3. Aufl., München 1930, § 10 Rdn. 4, S. 72; *Isele*, § 25 Anm. II. A. und B., S. 302/303.
[4] *Isele*, § 25 Anm. II. B., S. 303.
[5] *Isele*, § 25 Anm. II. C., S. 303.
[6] BGH NJW 1978, S. 1328; *Isele*, § 226 Anm. I. B. 4. a), S. 1900/1901.
[7] BGH EGE X, 7, 37; *Kleine-Cosack*, § 226 Rdn. 1.
[8] EGH München EGE VIII, 87; *Kleine-Cosack*, § 226 Rdn. 1.
[9] BGH EGE VI, 107; *Feuerich/Braun*, § 226 Rdn. 4; *Isele*, Anm. II. C. 2. a), S. 1903.

6 Anders verhält es sich mit Absatz 2 der Norm. Sie bezweckt die regelmäßige Abkehr vom Grundsatz der Singularzulassung in den Fällen, in denen der Landesgesetzgeber generell eine gesetzliche Ausnahme von § 25 statuiert hat. Vor dem Hintergrund der geschichtlichen Entwicklung soll darüber hinaus gewährleistet werden, daß die Frage der Simultanzulassung wenigstens in den jeweiligen Bundesländern einheitlich geregelt ist und nicht der nach der RAO und RRAO verbreitete Zustand eintritt, daß Ausnahmen von der Singularzulassung von der Entscheidungspraxis der Oberlandesgerichte abhängt. Insoweit dient § 226 Abs. 2 auch dem Schutz des einzelnen Rechtsanwalts vor regionalen Wettbewerbsverzerrungen, die auftreten könnten, wenn in einem Bundesland mehrere Oberlandesgerichte vorhanden wäre, die Anträge auf Simultanzulassung unterschiedlich beschieden.[10]

IV. Verfassungsrechtliche Gesichtspunkte

7 Eine verfassungsrechtlich problematische Regelung enthält nur Absatz 2 des § 226.

Das BVerfG hat zwar das Verbot der Simultanzulassung nach Maßgabe des § 25 als mit der Verfassung im Einklang stehend qualifiziert (vgl. die Ausführungen zu § 25 Rdn. 4). Es bleibt verfassungsrechtlich jedoch zweifelhaft, ob nicht § 226 Abs. 2 verfassungswidrig ist, weil die Beschränkung der Simultanzulassung auf die in der Vorschrift genannten Bundesländer zu Wettbewerbsverzerrungen auf Bundesebene führen können. Das BVerfG[11] hat dazu ausgeführt, daß es noch innerhalb des dem Gesetzgeber zustehenden Gestaltungsspielraums liege, wenn er aus Rücksichtnahme auf regionale Besonderheiten einzelne Bundesländer unterschiedlich behandele. Ein Verstoß gegen Art. 3 Abs. 1 GG liege mithin nicht vor. Diesem Argument schließt sich teilweise auch die Literatur an.[12]

8 Es ist jedoch fraglich, ob die Begründung dafür, daß in einigen Bundesländern keine Ausnahme von der Singularzulassung geben soll, an den sog. regionalen Besonderheiten ausgerichtet werden kann. Vor dem Hintergrund des Art. 3 Abs. 1 GG muß gefragt werden, ob es nicht willkürlich erscheint, in einigen Ländern vom sog. Vier-Augen-Prinzip abzuweichen, während regionale Besonderheiten zur Aufrechterhaltung dieses Grundsatzes berechtigen sollen. Historische Erwägungen alleine zwingen nicht zur sachlichen Differenzierung und zur Begründung dafür, daß das Vier-Augen-Prinzip regional Bedeutung erlangt oder nicht.[13]

9 Verfassungsrechtlich nicht zu beanstanden ist die Fünfjahresfrist des § 226 Abs. 2.

Als Berufsausübungsregelung i. S. d. Art. 12 Abs. 1 GG ist sie durch sachgerechte und vernünftige Erwägungen zugunsten des Gemeinwohls gerechtfertigt. Der sachliche Grund für die unterschiedliche Behandlung von Rechtsanwälten vor und nach Absolvierung der fünfjährigen Tätigkeit ist vor dem Hintergrund des Art. 3 Abs. 1 GG ebenfalls nicht zu beanstanden. Der sachlich vertretbare Sinn des § 226 Abs. 2 liegt darin, daß beim Oberlandesgericht nur solche Rechtsanwälte tätig werden sollen, die bereits eine gewisse Berufserfahrung erlangt haben.[14]

---

[10] *Feuerich/Braun*, § 226 Rdn. 13.
[11] BVerfG NJW 1994, S. 184.
[12] *Feuerich/Braun*, § 226 Rdn. 9; sehr kritisch zu Recht aber *Kleine-Cosack* NJW 1994, 2251.
[13] Kritisch zu der gebietsweise unterschiedlichen Regelung auch: *Redeker* NJW 1987, 2610, 2616; *Kleine-Cosack* NJW 1994, 2251.
[14] *Feuerich/Braun*, § 226 Rdn. 18; *Isele*, Anm. IV. B., S. 1908.

V. Besitzstandswahrung (Abs. 1)

Aus Gründen der Erhaltung ihres Besitzstandes sollen gemäß § 226 Abs. 1 diejenigen Rechtsanwälte, die vor Inkrafttreten der BRAO am 1. Oktober 1959 eine Simultanzulassung für ein Landgericht und ein Oberlandesgericht besaßen, ihre Doppelzulassung selbst dann behalten dürfen, wenn sie dieses Recht erst kurz zuvor erworben haben.[15] Der Besitzstand endet mit dem Tode des Rechtsanwalts[16] oder entfällt beim Zulassungswechsel,[17] bei Aufgabe bzw. beim Erlöschen der Zulassung sowie bei dessen Rücknahme oder Widerruf.[18] Im Falle des Zulassungswechsels kommt insbesondere keine Übertragung des Besitzstandes auf den neuen Gerichtsbezirk in Betracht.[19] 10

VI. Simultanzulassung (Abs. 2)

Der Absatz 2 des § 226 statuiert eine auf die genannten Bundesländer beschränkte, dort jedoch generell gültige Ausnahme von der in § 25 geregelten Singularzulassung. 11

1. Antrag

Die Simultanzulassung erfolgt allerdings nur dann, wenn der Zulassungsbewerber einen formlosen Antrag an die zuständige Landesjustizverwaltung stellt. Das Verfahren richtet sich nach § 19 (vgl. dort § 19 Rdn. 7 ff.). Wird die Simultanzulassung versagt, kommt als Rechtsbehelf der Antrag auf anwaltsgerichtliche Entscheidung gemäß § 21 in Betracht. 12

2. Fünfjahresfrist

Die fünfjährige Wartezeit i. S. d. § 226 Abs. 2 ist an die Zulassungsdauer des Rechtsanwalts gekoppelt. Der Gesetzgeber geht davon aus, daß der Zulassung auch die Berufstätigkeit in dem Beruf folgt, so daß von der Dauer der Zulassung auf die Berufserfahrung geschlossen werden kann.[20] Es müssen daher sämtliche Umstände unberücksichtigt bleiben, die geeignet wären, Zweifel an der tatsächlich erlangten Berufserfahrung zu begründen. So spielt es keine Rolle, ob der Rechtsanwalt im Laufe der fünfjährigen Wartezeit überwiegend krank war,[21] oder ob er als sog. Feierabendanwalt nur hin und wieder Berufserfahrung erlangen konnte oder ob die Berufstätigkeit in sonstiger Weise unterbrochen war.[22] Alleinentscheidend ist eine fünfjährige Zulassung. Der Wortlaut des Gesetzes verlangt nicht einmal eine fünfjährige Zulassung ohne Zeiten der Unterbrechung der Zulassung. 13

3. Gericht des ersten Rechtszuges

Die fünfjährige Zulassung muß gemäß § 226 Abs. 2 im übrigen bei einem Gericht des ersten Rechtszuges absolviert worden sein. Der Wortlaut stieße auf 14

---

[15] BGH NJW 1978, S. 1328; *Isele,* § 226 Anm. I. B. 4. a), S. 1900/1901.
[16] BGH EGE X, 7, 37; *Kleine-Cosack,* § 226 Rdn. 1.
[17] EGH München EGE VIII, 87; *Kleine-Cosack,* § 226 Rdn. 1.
[18] BGH EGE VI, 107; *Feuerich/Braun,* § 226 Rdn. 4; *Isele,* § 226 Anm. II. C. 2. a), S. 1903.
[19] BGH EGE VIII, S. 35; IX, S. 24; X, 7, 73; EGH München EGE VIII, S. 87; *Feuerich/Braun,* § 226 Rdn. 5; *Isele,* § 226 Anm. II. C. 2. b), S. 1903; *Jessnitzer/Blumberg,* § 226 Rdn. 2.
[20] *Feuerich/Braun,* § 226 Rdn. 18.
[21] *Feuerich/Braun,* § 226 Rdn. 19.
[22] BGH NJW 1985, S. 3082; *Kleine-Cosack,* § 226 Rdn. 4.

keine Auslegungsschwierigkeiten, wenn § 226 Abs. 2 nicht zunächst das Recht der Doppelzulassung nur den bei den Landgerichten zugelassenen Anwälten einräumte. Bei dieser Betrachtungsweise könnten beim Amtsgericht zugelassene Anwälte nicht in den Genuß der Doppelzulassung zum OLG gelangen.

Allerdings muß eingeräumt werden, daß die Formulierung in § 226 Abs. 2 insoweit mißglückt ist. Hätte der Gesetzgeber lediglich den beim Landgericht zugelassenen Rechtsanwalt im Auge gehabt, hätte er das Tatbestandsmerkmal der Zulassung bei einem Gericht des ersten Rechtszuges streichen und durch die Formulierung ersetzen könne, daß die Simultanzulassung in den tatbestandlich genannten Bundesländern nur solchen Rechtsanwälten zuteil wird, die auf eine fünfjährige Zulassung verweisen können. Im übrigen spricht aus der Entstehungsgeschichte des Gesetzes nichts dafür, daß der Gesetzgeber aus dem Kreis der bei den erstinstanzlichen Gerichten zugelassenen Rechtsanwälte die bei den Amtsgerichten zugelassenen Rechtsanwälte ausgrenzen wollte, wenn sich deren Doppelzulassung von der Sache her als geboten erweist.[23] Dies ist z. B. dann der Fall, wenn der Rechtsmittelzug – wie etwa in Familiensachen – vom AG zum OLG geht (vgl. § 119 Abs. 1 Nr. 1 und 2 GVG).[24]

15 Schließlich muß, weil der Wortlaut des § 226 Abs. 2 keine diesbezügliche Einschränkung vorsieht, auch der Rechtsanwalt, der gemäß § 24 Abs. 1 bei einem weiteren Landgericht zugelassen ist, in Gebieten mit Simultanzulassung zugleich bei dem Oberlandesgericht zugelassen werden, welches dem Gericht der Zweitzulassung übergeordnet ist.[25] Es kommt insoweit nicht darauf an, daß auch die Zulassung beim Zweitgericht die Fünfjahresfrist überschreitet.

4. Versagungsgründe

16 Eine Versagung der Simultanzulassung aus Ermessenserwägungen ist nicht möglich; § 226 beinhaltet keine Ermessensregelung.[26] Die Landesjustizverwaltung kann mithin einen Antrag auf Simultanzulassung nicht mit dem Argument ablehnen, der Rechtsanwalt biete trotz Ablaufs der Fünfjahresfrist nicht die vom Gesetzgeber mit Erlaß der Vorschrift intendierte Gewähr für eine ausreichende Berufserfahrung.[27] Eine solche Versagung der Zulassung scheitert bereits an § 19 Abs. 3, nach dem die Zulassung nur aus den in der BRAO ausdrücklich erwähnten Gründen versagt werden kann.[28]

17 Dagegen kann die Simultanzulassung zweifellos dann versagt werden, wenn der Zulassungsbewerber die fünfjährige Wartezeit noch nicht durchlaufen hat oder wenn er die Simultanzulassung zu einem Gericht erstrebt, welches nicht das dem Landgericht übergeordnete ist.[29]

Im übrigen muß die Landesjustizverwaltung auch die Simultanzulassung versagen, wenn einer der Versagungsgründe des § 20 Abs. 1 Nr. 1 bis 3 vorliegt. Dies

---

[23] BGH BRAK-Mitt. 1990, S. 51; *Feuerich/Braun*, § 226 Rdn. 16; *Jessnitzer/Blumberg*, § 226 Rdn. 6; *Kleine-Cosack*, § 226 Rdn. 3; *Zuck* BRAK-Mitt. 1990, S. 190, 194.
[24] BGH BRAK-Mitt. 1990, S. 51; *Feuerich/Braun*, § 226 Rdn. 16; *Jessnitzer/Blumberg*, § 226 Rdn. 4.
[25] BGH BRAK-Mitt. 1989, S. 105; *Feuerich/Braun*, § 226 Rdn. 17; *Kleine-Cosack*, § 226 Rdn. 3.
[26] *Feuerich/Braun*, § 226 Rdn. 20; *Jessnitzer/Blumberg*, § 226 Rdn. 3; *Kleine-Cosack*, § 226 Rdn. 5.
[27] *Feuerich/Braun*, § 226 Rdn. 20.
[28] *Feuerich/Braun*, § 226 Rdn. 20.
[29] *Isele*, § 226 Anm. III. F. I., S. 1906; *Jessnitzer/Blumberg*, § 226 Rdn. 4.

wird durch den Wortlaut des § 226 Abs. 2 deutlich, wonach die Simultanzulassung erfolgen *kann*. Diese Formulierung beschränkt sich allerdings auf diese Auslegung. Wie bereits festgestellt, eröffnet sie der Landesjustizverwaltung keinesfalls eine Ermessensentscheidung.

Das hat zur Folge, daß auch der Versagungsgrund des § 20 Abs. 1 Nr. 4 im Rahmen des § 226 Abs. 2 unanwendbar ist.[30] Während § 20 Abs. 1 Nr. 4 fakultative Bedeutung beizumessen ist, vermittelt § 226 Abs. 2 dem Zulassungsbewerber einen Rechtsanspruch, wenn die tatbestandlichen Voraussetzungen der Norm erfüllt sind. Im übrigen kommt es bei § 20 Abs. 1 Nr. 4 auf das Vorliegen einer fünfjährigen Berufstätigkeit an und nicht auf die fünfjährige Zulassungsdauer. Würde man also die Simultanzulassung unter Rückgriff auf § 20 Abs. 1 Nr. 4 versagen können, würde die Vorschrift des § 226 Abs. 2 in ihrem Normgehalt gesetzeswidrig eingeengt.

5. Kammerbeitrag

Der gerichtlichen Nachprüfung unterlag im Jahre 1971 die Frage, ob von simultan zugelassenen Rechtsanwälten ein höherer Kammerbeitrag erhoben werden kann. Der BGH[31] hat dazu ausgeführt, daß es nicht gegen Art. 3 Abs. 1 GG verstoße, gegenüber den simultan zugelassenen Berufskollegen einen höheren Kammerbeitrag festzusetzen, wenn der Erhöhungsbetrag sich in sachgemäßen Grenzen hält. Die Erhöhung um ein Viertel des Grundbetrages ist, so der BGH, angemessen.

VII. Rechtspolitische Aspekte

Rechtspolitisch besteht seit längerem Handlungsbedarf im Sinne einer bundeseinheitlichen Regelung. Die ausgeführten sachlichen Gründe für die landesspezifischen Ausnahmen von der Singularzulassung erscheinen vordergründig. Insbesondere ist – wie oben bereits angedeutet wurde – nur schwer verständlich, warum regionale, historisch gewachsene Besonderheiten einen sachlichen Grund für die Frage der Durchbrechung des Vier-Augen-Prinzips bieten sollen. Die rechtspolitische Zielsetzung der Singularzulassung heute wird durch Mischsozietäten und Gebührenteilung, durch überörtliche Sozietäten und europarechtliche Einflüsse im übrigen weitgehend aufgehoben.[32] Die aufgrund der gesetzlichen Regelung erwachsenden Wettbewerbsverzerrungen sind unnötig und könnten durch einheitliches Bundesrecht vermieden werden. Wer aus verständlichen Sachgründen weiter für das Vier-Augen-Prinzip und die Singularzulassung des § 25 plädiert, muß heute die ersatzlose Streichung von § 226 Abs. 2 verlangen. Wer dies nicht tut, sollte die Simultanzulassung bundeseinheitlich fordern.

---

[30] BGH BRAK-Mitt. 1990, S. 51; NJW 1982, 1399; *Feuerich/Braun*, § 226 Rdn. 22; *Jessnitzer/Blumberg*, § 226 Rdn. 4; *Kleine-Cosack*, § 226 Rdn. 14.
[31] BGH NJW 1971, S. 1041; *Feuerich/Braun*, § 226 Rdn. 25; *Kleine-Cosack*, § 226 Rdn. 8.
[32] Im einzelnen s. § 25 Rdn. 6.

§ 227 Gleichzeitige Zulassung bei dem obersten Landgericht

(1) **Ist in einem Land auf Grund des § 8 des Einführungsgesetzes zum Gerichtsverfassungsgesetz ein oberstes Landesgericht errichtet, so gelten die bei den Oberlandesgerichten dieses Landes zugelassenen Rechtsanwälte als bei dem obersten Landesgericht zugleich zugelassen.**

(2) **Bei dem obersten Landesgericht wird eine Liste der Rechtsanwälte (§ 31 Abs. 1) nicht geführt.**

Übersicht

	Rdn.		Rdn.
I. Entstehungsgeschichte der Vorschrift	1	IV. Zugehörigkeit zur Rechtsanwaltskammer	5
II. Normzweck	2	V. Rechtsmitteleinlegung und Vertretung beim Bayerischen Obersten Landesgericht	6, 7
III. Gesetzliche Anordnung der Doppelzulassung	3, 4		

I. Entstehungsgeschichte der Vorschrift

1   Die RAO 1878 bestimmte in den §§ 104, 105, daß der am Ort eines obersten Landesgerichts wohnhafte Rechtsanwalt auch bei diesem Gericht zugelassen werden kann, wenn nach dem Gutachten des Gerichts die Zulassung zur ordnungsgemäßen Erledigung der Anwaltsprozesse erforderlich sei. Die bei einem obersten Landesgericht zugelassenen Rechtsanwälte wurden kraft Gesetzes Mitglieder der Rechtsanwaltskammer, in deren Bezirk das Gericht seinen Sitz hatte.[1] Die RRAO 1936 erwähnte die obersten Landesgerichte nicht.[2] Der BRAO-Gesetzgeber griff das Problem der an einem obersten Landesgericht zugelassenen Rechtsanwälte wieder auf, wobei sich der Normgehalt wesentlich veränderte.

II. Normzweck

2   Die Vorschrift dient in erster Linie der Aufrechterhaltung landesrechtlicher Besonderheiten im Bereich des Gerichtswesens. Bedeutung hat § 227 seit jeher nur in Bayern, wo der Gesetzgeber von der nach § 8 EGGVG eingeräumten Möglichkeit zur Errichtung eines obersten Landesgerichts Gebrauch gemacht hat.[3]

III. Gesetzliche Anordnung der Doppelzulassung

3   Derjenige Rechtsanwalt, der bei einem Oberlandesgericht eines Landes zugelassen ist, in dem der Landesgesetzgeber von der Möglichkeit der Errichtung eines obersten Landesgerichts Gebrauch gemacht hat, gilt auch an diesem obersten Landesgericht als zugelassen. Diese gesetzliche Anordnung der Doppelzulassung hat zum einen die Konsequenz, daß derjenige Rechtsanwalt, der bei einem Oberlandesgericht zugelassen werden will oder zugelassen ist, sich die Versa-

---

[1] *Isele,* § 227 Anm. I. A., S. 1911.
[2] *Isele,* § 227 Anm. I. B., S. 1911.
[3] Vgl. Gesetz des Freistaates Bayern vom 11. 5. 1948, GVBl. S. 83; *Feuerich/Braun,* § 227 Rdn. 1; *Kleine-Cosack,* § 227.

gungsgründe der § 20 Abs. 1 Nr. 1–3, § 35 Abs. 1 Nr. 6 entgegenhalten lassen muß, wenn z. B. sein Ehegatte am obersten Landesgericht Richter ist und damit der Versagungsgrund des § 20 Abs. 1 Nr. 2 eingreift.[4] Die gesetzliche Anordnung der Doppelzulassung ermöglicht mithin keineswegs die Freistellung des Zulassungsbewerbers in bezug auf etwaige Versagungs- und Widerrufsgründe bei der Zulassung zu einem Gericht.

Die gesetzliche Anordnung gilt auch dann, wenn der Anwalt bereits gemäß § 226 Abs. 2 beim Landgericht und beim Oberlandesgericht zugelassen ist. In München ist gemäß § 24 darüber hinaus die Simultanzulassung beim LG München I und beim LG München II möglich. 4

IV. Zugehörigkeit zur Rechtsanwaltskammer

Die Zugehörigkeit des Zulassungsbewerbers zu einer Rechtsanwaltskammer richtet sich nach den allgemeinen Vorschriften, d. h., der Zulassungsbewerber ist und bleibt der Rechtsanwaltskammer desjenigen Oberlandesgerichtsbezirks zugeordnet, zu dem er seine Zulassung beantragt hat. Eine eigenständige Rechtsanwaltskammer für Rechtsanwälte, die vornehmlich am obersten Landesgericht tätig werden, gibt es nicht. Aufgrund der Tatsache, daß der Rechtsanwalt immer – sei es mit tatsächlicher Berufsausübung vor dem obersten Landesgericht oder ohne – der Rechtsanwaltskammer seines Oberlandesgerichtsbezirks zugeordnet wird, erübrigt sich auch eine Liste der Anwälte, die am obersten Landesgericht tätig werden (vgl. Absatz 2). 5

V. Rechtsmitteleinlegung und Vertretung beim Bayerischen Obersten Landesgericht

Das Bayerische Oberste Landesgericht ist aufgrund der Ermächtigung in § 8 EGGVG für ganz Bayern errichtet worden.[5] Die Einlegung von Rechtsmitteln erfolgt gemäß § 7 EGZPO weitgehend auch dann zum Bayerischen Obersten Landesgericht, wenn letztlich der BGH zuständig ist. Die Entscheidung des Obersten Landesgerichts über die Zuständigkeit ist auch für den BGH bindend (vgl. § 7 Abs. 3 EGZPO). 6

In allen Fällen, in denen ein Rechtsmittel beim Bayerischen Obersten Landesgericht einzulegen ist, das dann über die Zuständigkeit entscheidet (die Fälle des § 7 Abs. 2 EGZPO), können die Parteien ihr Rechtsmittel durch einen Rechtsanwalt einlegen lassen, der bei irgendeinem deutschen Gericht zugelassen ist (nicht nur bei einem bayerischen). Diese Durchbrechung von § 78 Abs. 1 ZPO ergibt sich aus § 8 EGZPO. Sobald allerdings das Bayerische Oberste Landesgericht durch Beschluß seine Zuständigkeit oder seine Unzuständigkeit ausgesprochen hat, gilt für die Vertretung beim zuständigen Revisionsgericht wieder die allgemeine Regelung der Postulationsfähigkeit gemäß § 78 Abs. 1 ZPO. Dies bedeutet, daß nunmehr beim Bayerischen Obersten Landesgericht jeder Rechtsanwalt zur Vertretung befugt ist, der bei einem Bayerischen Oberlandesgericht (München, Nürnberg, Bamberg) zugelassen ist. Soweit die Zuständigkeit des BGH gegeben ist, müssen sich die Parteien durch einen beim BGH zugelassenen Rechtsanwalt vertreten lassen.[6] 7

---

[4] *Feuerich/Braun,* § 227 Rdn. 2; *Isele,* § 227 Anm. II. C. 2. b), S. 1912.
[5] Gesetz Nr. 124 v. 11. 5. 1848, GVBl. 1948, 83; nunmehr Art. 10 und 11 Bayerisches AGGVG v. 23. 6. 1981.
[6] Zum Ganzen insbesondere *Zöller/Gummer,* 19. Aufl. 1995, §§ 7, 8 EGZPO.

§ 227a Übergangsvorschriften für Rechtsanwälte an den Amtsgerichten bei Änderung des Gerichtsbezirks

(1) Wird der Bezirk eines Amtsgerichts ganz oder teilweise einem anderen als dem bisherigen Landgerichtsbezirk zugelegt oder wird er auf mehrere Landgerichtsbezirke aufgeteilt, so ist ein bei diesem Amtsgericht und dem übergeordneten Landgericht zugelassener Rechtsanwalt, der seine Kanzlei in dem früheren Bezirk des Amtsgerichts beibehält und bei dem für den Ort seiner Kanzlei nunmehr zuständigen Amtsgericht und Landgericht zugelassen ist, auf Antrag zugleich bei einem weiteren Landgericht zuzulassen, das vor der Änderung der Gerichtsbezirke dem Amtsgericht übergeordnet war oder dem Teile des Amtsgerichtsbezirks zugelegt worden sind. Eine Zulassung bei einem weiteren Oberlandesgericht ist nicht zulässig.

(2) Dem Antrag nach Absatz 1 darf nur stattgegeben werden, wenn die Landesjustizverwaltung nach gutachterlicher Anhörung der Vorstände der beteiligten Rechtsanwaltskammern allgemein festgestellt hat, daß die gleichzeitige Zulassung unter Berücksichtigung der örtlichen Verhältnisse zur Vermeidung von Härten für die Rechtsanwälte geboten ist, die bei dem von der Änderung der Gerichtsbezirke betroffenen Amtsgericht zugelassen sind. Die Feststellung kann für einen Teilbereich des früheren Amtsgerichtsbezirks getroffen werden.

(3) Die Feststellung wird für die Dauer von zehn Jahren getroffen. Mit dem Ablauf der Frist ist die gleichzeitige Zulassung bei dem Landgericht, in dessen Bezirk der Rechtsanwalt seine Kanzlei nicht eingerichtet hat, zu widerrufen. Weist der Rechtsanwalt nach, daß ihm bei dem Widerruf der Zulassung der Auftrag in einer Rechtssache erteilt war, ist er befugt, in dieser Sache die Vertretung bei dem Landgericht, bei dem er gleichzeitig zugelassen war, vor einem Familiengericht im Bezirk dieses Landgerichts oder vor einem Landgericht, dem anstelle dieses Landgerichts die Zuständigkeit übertragen ist, zu führen, solange er bei einem anderen Gericht zugelassen ist.

(4) Die gleichzeitige Zulassung ist vor Ablauf der Frist nach Absatz 3 zurückzunehmen, wenn der Rechtsanwalt seine Kanzlei an einen Ort außerhalb des früheren Bezirks des Amtsgerichts verlegt.

(5) Die Landesjustizverwaltung kann nach gutachterlicher Anhörung der Vorstände der beteiligten Rechtsanwaltskammern im Einzelfall die gleichzeitige Zulassung auf Antrag verlängern, wenn deren Fortfall für den Rechtsanwalt eine besondere Härte bedeuten würde. Der Antrag ist spätestens sechs Monate vor Ablauf der Frist zu stellen.

(6) Verzichtet ein nach Absatz 1 oder 5 bei einem weiteren Landgericht zugelassener Rechtsanwalt wegen hohen Alters oder aus gesundheitlichen Gründen auf die Rechte aus der Zulassung zur Rechtsanwaltschaft oder scheidet er durch den Tod aus und wird seine Kanzlei von einem anderen Rechtsanwalt übernommen, so ist dieser ebenfalls bis zu dem Ablauf der Frist bei dem betreffenden Landgericht zuzulassen. Diese Zulassung kann in entsprechender Anwendung des Absatzes 5 verlängert werden.

§ 227a Änderung des Amtsgerichtsbezirks 1, 2 § 227a

(7) Der Rechtsanwalt gehört nur derjenigen Rechtsanwaltskammer an, die für den Ort, an dem er seine Kanzlei unterhält, zuständig ist.
(8) §§ 21, 35 Abs. 2, §§ 37, 39 bis 42 sind entsprechend anzuwenden, doch ist zuständig der Anwaltsgerichtshof für den Bezirk der Rechtsanwaltskammer, welcher der Rechtsanwalt angehört.

Übersicht

	Rdn.		Rdn.
I. Überblick und Entstehungsgeschichte	1	b) Keine Härte i. S. d. § 227a Abs. 2 S. 1	19
II. Normzweck	2	5. Gutachten der Vorstände der beteiligten Rechtsanwaltskammern	20
III. Verfassungsrechtliche Gesichtspunkte	3	6. Entscheidung der Landesjustizverwaltung	21
IV. Antrag auf Doppelzulassung für zehn Jahre	4–26	7. Zehnjahresfrist	24
1. Bezirksänderung des Amtsgerichts	8	8. Widerruf und Rücknahme der Zulassung	25
2. Keine Doppelzulassung bei Fehlen schutzbedürftigen Besitzstandes	11	V. Verlängerungsantrag	27–32
		1. Besondere Härte	29
3. Keine Doppelzulassung zu einem weiteren Oberlandesgericht	13	2. Antragsfrist	31
		3. Ermessen	32
4. Härtefall	14	VI. Rechtsnachfolge in Doppelzulassung	33
a) Vorliegen einer Härte i. S. d. § 227a Abs. 2 S. 1	15	VII. Kammerzugehörigkeit	34
		VIII. Rechtsbehelfe	35

I. Überblick und Entstehungsgeschichte

Die Norm ist trotz ihrer Stellung im Rahmen der Schlußvorschriften der BRAO ein wichtiger Teil der Regelungen, die aus bestimmten sachlichen Gründen den Grundsatz der Lokalisierung bei einem einzelnen Gericht (§ 18) durchbrechen. Insofern sind die §§ 226 bis 227b Spezialregelungen, die die §§ 18 ff. teilweise verdrängen. § 227a im besonderen bezieht sich nur auf Rechtsanwälte, die bei einem Amtsgericht zugelassen sind. Daher wird diese Vorschrift zusammen mit der grundlegenden Veränderung des § 78 ZPO ab 1. 1. 2000 obsolet (dazu sogleich näher). Die Vorschrift ist im Jahre 1972[1] in die BRAO aufgenommen und im Jahre 1975[2] ergänzt worden. Eine entsprechende Regelung in der RAO 1878 und der RRAO 1936 existierte nicht. 1

Der Anwendungsbereich der Regelung ist gemäß Art. 1 Nr. 5 i. V. m. Art. 22 Abs. 2 des Gesetzes vom 2. 9. 1994 nunmehr zeitlich bis zum 1. 1. 2000 bzw. 1. 1. 2005 beschränkt.

II. Normzweck

Der Normzweck des § 227a besteht darin, den Rechtsanwälten, die durch die Zuteilung eines Teils des Amtsgerichtsbezirks ihrer bisherigen Zulassung zu 2

---

[1] Art. 1 des Gesetzes vom 24. Oktober 1972, BGBl. I, S. 2013.
[2] Art. 1 des Gesetzes vom 20. Mai 1975, BGBl. I, S. 1117.

einem anderen, nicht übergeordneten Landgerichtsbezirks betroffen werden, zeitweilig ihren erlangten Besitzstand zu bewahren. Rechtsanwälte, die Mandanten aus dem abgetrennten Teil des Amtsgerichtsbezirks haben, sollen durch § 227 a geschützt werden. Es soll ihnen die Möglichkeit eingeräumt werden, langfristig und in aller Ruhe die Dispositionen zu treffen, die geeignet sind, sich der neu geschaffenen Lage anzupassen.[3] In diesem Zusammenhang muß allerdings immer berücksichtigt werden, daß der Grundsatz der Singularzulassung nach der Vorstellung des Gesetzgebers nur in Ausnahmefällen durch die Doppelzulassung durchbrochen werden soll. Es kann demnach nicht Sinn und Zweck der Regelung sein, den Grundsatz der Singularzulassung bei Bezirksänderungen von Amtsgerichten völlig beiseite zu drängen.

III. Verfassungsrechtliche Gesichtspunkte

3   Die besitzstandswahrende Vorschrift des § 227 a steht im Einklang mit der Verfassung. Sie ist als Berufsausübungsregelung i. S. d. Art. 12 Abs. 1 GG verfassungskonform, da vernünftige Erwägungen des Gemeinwohls sie rechtfertigen, der Grundsatz der Verhältnismäßigkeit gewahrt und der allgemeine Gleichheitssatz des Art. 3 Abs. 1 GG nicht verletzt ist.[4]

IV. Antrag auf Doppelzulassung für zehn Jahre

4   Die Doppelzulassung nach § 227 a setzt wie überall im anwaltlichen Zulassungsrecht den Antrag des Zulassungsbewerbers voraus. Betroffener der Umverteilung von Amtsgerichtsbezirken und damit antragsberechtigt ist derjenige Rechtsanwalt, der bei einem Amtsgericht zugelassen ist, dessen Bezirk nunmehr ganz oder teilweise einem anderen Landgerichtsbezirk zugeteilt wird, welcher nicht mit dem Landgerichtsbezirk des übergeordneten Landgerichts identisch ist, bei dem der betroffene Rechtsanwalt simultan zugelassen ist. Der Antrag ist darauf zu richten, die Zulassung zu diesem weiteren Landgericht zu erhalten. Ist die Aufteilung des bisherigen Amtsgerichtsbezirks in der Weise vollzogen worden, daß der Bezirk des Amtsgerichts auf mehrere Landgerichtsbezirke aufgeteilt wurde, so muß der Rechtsanwalt sich entscheiden, an welchem weiteren Landgericht er die Zulassung erstrebt.

5   Keinesfalls kann er im Falle der Zerstückelung des Amtsgerichtsbezirks auf mehrere Landgerichtsbezirke die Zulassung zu allen anderen Landgerichten verlangen.[5] Diese Einschränkung ergibt sich aus dem Wortlaut des § 227 a Abs. 1 S. 1. Dort heißt es, daß selbst im Falle der Aufteilung des bisherigen Amtsgerichtsbezirks auf mehrere Landgerichtsbezirke die Zulassung zu *einem* weiteren Landgericht erfolgen kann. Der Antrag des Zulassungsbewerbers hat sich mithin auf die Zulassung bei einem weiteren Landgericht zu beschränken.

6   Die zehnjährige Zulassung ist nicht besonders zu erwähnen; sie folgt aus dem Gesetz. Andererseits ist auch die eigenmächtige Beschränkung des Antrags auf etwa zwei, drei oder acht Jahre nicht möglich. Dem Rechtsanwalt bleibt zu gegebener Zeit die Möglichkeit, auf seine Zulassung zu verzichten.

7   Der Antrag ist bei der zuständigen Landesjustizverwaltung zu stellen. Allerdings dürfte – wie auch sonst im Zulassungsrecht – die Antragstellung bei der Kammer

---

[3] *Isele*, § 227 a, Anm. I., S. 1914.
[4] BGHZ 67, S. 339; 68, S. 72; BGH NJW 1976, S. 520; BRAK-Mitt. 1984, S. 195; *Feuerich/Braun*, § 227 a Rdn. 1.
[5] *Feuerich/Braun*, § 227 a Rdn. 11; *Isele*, § 227 a Anm. III. A. 2., S. 1915.

§ 227 a Änderung des Amtsgerichtsbezirks   8–12 § 227 a

ausreichen, zumal der Kammervorstand gemäß § 227 a Abs. 2 seitens der Landesjustizverwaltung ohnehin angehört werden muß.

1. Bezirksänderung des Amtsgerichts

Die Doppelzulassung nach § 227 a setzt voraus, daß der Bezirk eines Amtsgerichts ganz oder teilweise einem anderen als dem bisherigen Landgerichtsbezirk zugelegt oder auf mehrere andere Landgerichtsbezirke aufgeteilt wird. 8

Wird ein Amtsgerichtsbezirk vollständig einem anderen Landgerichtsbezirk zugeteilt und war der Rechtsanwalt zuvor beim Amtsgericht und dem übergeordneten Landgericht zugelassen, verlöre er mit der Bezirksänderung des Amtsgerichts seine Simultanzulassung zum Amts- und Landgericht,[6] wenn ihm § 227 a in diesem Fall nicht die Zulassung bei dem anderen Landgericht gewährte. Das gleiche Problem ergäbe sich, wenn die Aufteilung des Amtsgerichtsbezirks auf mehrere, dem Amtsgericht bislang nicht übergeordnete Landgerichtsbezirke erfolgte, ohne daß dem betroffenen Rechtsanwalt die Doppelzulassung nach § 227 a ermöglicht würde. 9

Schließlich findet die Vorschrift des § 227 a Anwendung, wenn lediglich ein Teil des bisherigen Amtsgerichtsbezirks einem einzigen anderen Landgerichtsbezirk zugeschlagen wird.

Bei mehrmaliger Änderung des Amtsgerichtsbezirks kann es unter Umständen – wenn die weiteren Voraussetzungen des § 227 a vorliegen – dazu kommen, daß der Rechtsanwalt bei mehr als zwei Landgerichten zugelassen ist.[7] Da es sich um eine wiederholte Gebietsänderung handelt, die *eine* weitere Zulassung nach sich zieht, besteht kein Wertungswiderspruch zu dem Grundsatz, da der Rechtsanwalt nach § 227 a Abs. 1 S. 1 grundsätzlich nur eine weiteren Zulassung beantragen kann. 10

2. Keine Doppelzulassung bei Fehlen schutzbedürftigen Besitzstandes

Eine Doppelzulassung zu dem Landgericht, zu dem ein Teil des bisherigen Amtsgerichtsbezirks des Rechtsanwalts zugelegt worden ist, kommt dann nicht in Betracht, wenn der Rechtsanwalt bei dem Amtsgericht, dessen Bezirk verändert worden ist, bislang singular zugelassen war. Unabhängig von der völligen oder teilweisen Aufteilung des bisherigen Amtsgerichtsbezirks kann dieser Rechtsanwalt ohne Einschränkung vor allen Amtsgerichten tätig werden. Auf die möglicherweise günstige Rechtsposition, den Mandanten auch vor dem übergeordneten Landgericht oder einem weiteren Gericht vertreten zu dürfen, kann er sich nicht berufen, weil er als singular zugelassener Rechtsanwalt keinen Besitzstand geschaffen hat, der nach Maßgabe des § 227 a zu schützen wäre. 11

Verlegt ein Rechtsanwalt seine Kanzlei in einen anderen Amtsgerichtsbezirk desselben Landgerichtsbezirks erst nach Inkrafttreten einer Gebietsänderung, so muß er nicht deswegen bei einem weiteren Landgericht zugelassen werden, weil die übrigen an seinem neuen Kanzleiort ansässigen und dort bereits vor der Gebietsänderung ansässig gewesenen Rechtsanwälte die Doppelzulassung erhalten haben.[8] Auch im Falle der Kanzleiverlegung kann dem Rechtsanwalt nicht die Berufung auf den Schutz seines erworbenen Besitzstandes zugebilligt werden. 12

---

6 *Feuerich/Braun*, § 227 a Rdn. 3.
7 BGHZ 67, S. 339; *Feuerich/Braun*, § 227 a Rdn. 12; *Kleine-Cosack*, § 227 a Rdn. 4.
8 BGHZ 68, S. 72; *Feuerich/Braun*, § 227 a Rdn. 8.

3. Keine Doppelzulassung zu einem weiteren Oberlandesgericht

13 Nach der ausdrücklichen Anordnung des Gesetzes ist eine Doppelzulassung zu einem weiteren Oberlandesgericht nicht möglich (§ 227 a Abs. 1 S. 2). Der Gesetzgeber war der Auffassung, daß Rechtsanwälte beim Oberlandesgericht durch die Gebietsänderung eines Amtsgerichtsbezirks nicht maßgeblich betroffen sind.[9] Diese Einschätzung dürfte richtig sein. Bei den ausschließlich bei den Oberlandesgerichten zugelassenen Rechtsanwälten kommt der Kontakt zu dem Mandanten überwiegend durch einen Korrespondenzanwalt zustande, der beim Amts- und/oder Landgericht zugelassen ist.[10] Der OLG-Anwalt muß demnach das vermittelte Mandat nicht ablehnen, weil er aufgrund der Bezirksänderung des Amtsgerichts nicht Gewähr dafür bieten kann, den Mandanten auch in einer etwaigen zweiten Instanz vor dem Landgericht zu vertreten.

4. Härtefall

14 Die Doppelzulassung nach § 227 a erfolgt nicht eo ipso bei Vorliegen einer Änderung des Amtsgerichtsbezirks. Vielmehr ist die Landesjustizverwaltung daran gebunden, zu überprüfen, ob die aus der Bezirksänderung des Amtsgerichts ergebenden beruflichen Veränderungen für den Rechtsanwalt gemäß § 227 a Abs. 2 eine Härte darstellen, deren Vermeidung unter Berücksichtigung der örtlichen Verhältnisse geboten erscheint.

15 **a) Vorliegen einer Härte i. S. d. § 227 a Abs. 2 S. 1.** Die Doppelzulassung nach § 227 a muß nach der allgemeinen Feststellung der Landesjustizverwaltung eine Härte für den Rechtsanwalt darstellen, wobei auf die örtlichen Verhältnisse Rücksicht genommen werden soll. Es handelt sich bei dem Tatbestandsmerkmal der Härte um einen gerichtlich voll überprüfbaren unbestimmten Rechtsbegriff ohne Beurteilungsspielraum seitens der Verwaltung.[11]

16 Wann eine Härte i. S. d. Vorschrift vorliegt, läßt sich nicht generell beantworten. Die Beurteilung muß in einer Gesamtschau aller in Betracht kommender Kriterien getroffen werden.[12] Einerseits muß die Härte, die aus der Bezirksänderung für die betroffenen Rechtsanwälte erwächst, spürbar sein, um beachtet werden zu können.[13] Es ist immer zu berücksichtigen, daß der Grundsatz der Singularzulassung im Vordergrund steht und nur in Ausnahmefällen durchbrochen werden soll. Auf der anderen Seite dürfen aber die Anforderungen an den Grad der Härte auch nicht zu hoch gesteckt werden.[14]

17 Anknüpfungspunkte für das Vorliegen einer Härte i. S. d. § 227 a Abs. 2 dürften vornehmlich das Ausmaß der Organisationsänderung, die Größe der abgetrennten Bezirksteile, die Zahl der in diesen Gebietsteilen wohnenden Gerichtseingesessenen, die Besonderheiten der örtlichen Wirtschaftsstruktur[15] und der Umfang des Mandatsverlusts[16] (5,7% reicht nach Auffassung des BGH[17] nicht) sein.

---

[9] Amtliche Begründung, BT-Drucks. 7/2376. Die Auffassung des Gesetzgebers bestätigend: EGH Hamm BRAK-Mitt. 1982, S. 34; *Jessnitzer/Blumberg*, § 227 a Rdn. 3.
[10] *Feuerich/Braun*, § 227 a Rdn. 13.
[11] BGHZ 66, S. 288, 290; *Jessnitzer/Blumberg*, § 227 a Rdn. 9; *Kleine-Cosack*, § 227 a Rdn. 5.
[12] BGHZ 68, S. 66; *Feuerich/Braun*, § 227 a Rdn. 18; *Kleine-Cosack*, § 227 a Rdn. 6.
[13] *Feuerich/Braun*, § 227 a Rdn. 17; *Kleine-Cosack*, § 227 a Rdn. 6.
[14] *Feuerich/Braun*, § 227 a Rdn. 18; *Kleine-Cosack*, § 227 a Rdn. 6.
[15] BGHZ 68, S. 66; *Feuerich/Braun*, § 227 a Rdn. 18; *Kleine-Cosack*, § 227 a Rdn. 6.
[16] BGHZ 65, S. 241; *Kleine-Cosack*, § 227 a Rdn. 6.
[17] Siehe Fn. 16.

Härten, die einer allgemeinen Feststellung nach § 227 a Abs. 2 zugänglich sind, **18** müssen den Rechtsanwalt nicht unmittelbar aus der Änderung des eigenen Amtsgerichtsbezirks treffen. Denkbar ist z. B., daß etwa bei der Zusammenlegung von Amtsgerichtsbezirken deshalb eine Härte für bestimmte Rechtsanwälte zu sehen ist, weil ein Teil der nunmehr in demselben Amtsgerichtsbezirk tätigen Rechtsanwälte infolge der in deren Amtsgerichtsbezirk vorgenommenen Gebietsänderung die Doppelzulassung nach § 227 a bereits erlangt hat.[18] Zur Vermeidung von Härten müssen dann gegebenenfalls auch die aus dem anderen früheren Amtsgerichtsbezirk hinzu gekommenen Rechtsanwälte bei dem weiteren Landgericht zugelassen werden.[19] Derartige *mittelbare Härten* führen allerdings immer nur unter ganz engen Voraussetzungen zur Doppelzulassung. Keinesfalls darf der Umstand, daß es in dem neu zusammengesetzten Amtsgerichtsbezirk Rechtsanwälte gibt, die bereits im Besitz der Doppelzulassung sind, dazu verleiten, den übrigen Anwälten gleich auch die Doppelzulassung zu gewähren.[20] In diesem Zusammenhang kann es ganz besonders auf die örtlichen Verhältnisse ankommen. So z. B. darauf, ob es sich um ländliche,[21] kleinstädtische[22] oder großstädtische[23] Verhältnisse handelt.[24]

Im übrigen kommt es darauf an, ob konkret die hinzu gekommene Zahl von Rechtsanwälten mit Doppelzulassung in einem Maße gegenüber der Gesamtzahl der zugelassenen Rechtsanwälte ins Gewicht fällt, daß daraus für die übrigen Rechtsanwälte eine mittelbare Härte hergeleitet werden kann.[25]

b) Keine Härte i. S. d. § 227 a Abs. 2 S. 1. Wann keine Härte i. S. d. **19** § 227 a Abs. 2 S. 1 vorliegt, ist ebenso schwierig zu bestimmen, wie die Frage nach dem Vorliegen einer solchen Härte für die betreffenden Rechtsanwälte. Die Rechtsprechung hat in einem Fall angenommen, daß der mit der Bezirksänderung verbundene Verlust von 5,7% der Gerichtseingesessenen so gering ist, daß keine unmittelbare Härte für die bei dem damals zuständigen Amtsgericht zugelassenen Rechtsanwälte zu sehen ist.[26] Ein derartiger Mandatsverlust muß von den Rechtsanwälten schon deshalb in Kauf genommen werden, weil niemand ein Recht auf unveränderte Aufrechterhaltung bestimmter Verwaltungs- und Gerichtsbezirke hat.[27]

5. Gutachen der Vorstände der beteiligten Rechtsanwaltskammern

Wie auch sonst im Zulassungsrecht der BRAO gehört zum Zulassungsverfah- **20** ren das Gutachten des Vorstands der Rechtsanwaltskammer. Das Gesetz spricht zwar von den Vorständen der beteiligten Rechtsanwaltskammern. Mehrere Rechtsanwaltskammern sind jedoch nur dann beteiligt, wenn das neue Landgericht, bei dem der Rechtsanwalt zusätzlich simultan zugelassen werden will, in

---

[18] BGHZ 68, S. 78; BGHZ 66, S. 291; *Feuerich/Braun*, § 227 a Rdn. 20; *Kleine-Cosack*, § 227 a Rdn. 6.
[19] BGHZ 68, S. 78; BGHZ 66, S. 291; *Feuerich/Braun*, § 227 a Rdn. 20; *Kleine-Cosack*, § 227 a Rdn. 6.
[20] BGHZ 66, S. 291; *Feuerich/Braun*, § 227 a Rdn. 21.
[21] BGHZ 68, S. 78.
[22] BGHZ 66, S. 291.
[23] BGHZ 68, S. 66.
[24] *Feuerich/Braun*, § 227 a Rdn. 21; *Kleine-Cosack*, § 227 a Rdn. 6.
[25] BGH EGE XIV, S. 140; *Feuerich/Braun*, § 227 a Rdn. 21.
[26] BGHZ 68, S. 66.
[27] BGH EGE XIV, S. 58; BGHZ 65, S. 241; *Feuerich/Braun*, § 227 a Rdn. 26.

den Bezirk einer anderen Rechtsanwaltskammer gehört und damit, jedenfalls im Regelfalle, einem anderen Oberlandesgerichtsbezirk zugeteilt ist.[28]

6. Entscheidung der Landesjustizverwaltung

21 Die Landesjustizverwaltung hat das Ergebnis ihrer sachlichen Prüfung über den Zulassungsantrag des Bewerbers im Wege einer allgemeinen Feststellung bekannt zu geben. Die gesetzliche Formulierung *allgemeine Feststellung* hat der Gesetzgeber gewählt, um deutlich zu machen, daß die jeweiligen Voraussetzungen für die Doppelzulassung nicht für jeden einzelnen Bewerber besonders festgestellt werden müssen, sondern einheitlich für die potentiell Betroffenen.[29]

22 Die Entscheidung der Landesjustizverwaltung darf sich im übrigen nur auf das Vorliegen oder Nichtvorliegen einer Härte für den betroffenen Rechtsanwalt unter Berücksichtigung der örtlichen Verhältnisse i. S. d. § 227 a Abs. 2 stützen. Sachfremde Erwägungen, wie zum Beispiel die Frage, ob die Doppelzulassung im konkreten Fall den Interessen der Rechtspflege dient, können nicht Grundlage der allgemeinen Feststellung sein, weil die Norm nicht den Schutz der Rechtspflege, sondern den des Besitzstands des Rechtsanwalts bezweckt[30] (vgl. oben Rdn. 2).

Schließlich kann sich die Feststellung der Härte gemäß § 227 a Abs. 2 S. 3 auch auf einen Teilbereich des früheren Amtsgerichtsbezirks beziehen.

23 Zur Abgrenzung des Teilbereichs des früheren Amtsgerichtsbezirks, kann neben dem Ort, an dem die von der Änderung eines Gerichtsbezirks betroffenen Rechtsanwälte ihrer Kanzlei unterhalten, auch an ihren davon getrennten Wohnsitz angeknüpft werden, wenn das zur Vermeidung von Härten geboten erscheint.[31] Allerdings muß es sich dann auch um eine den Rechtsanwalt persönlich treffende Härte handeln. Die Doppelzulassung kann also nicht auf Sozietätskollegen des betreffenden Rechtsanwalts erstreckt werden.[32]

Im übrigen kann die allgemeine Feststellung auch dahin gehen, daß es den betroffenen Rechtsanwälten überlassen wird, zu wählen, bei welchem von mehreren denkbaren Landgerichten sie simultan zugelassen werden wollen.[33] Eine solche Wahlmöglichkeit zu schaffen, kann gerade zur Vermeidung von Härten geboten sein, wie sie sich nach den jeweiligen örtlichen Verhältnissen darstellen.[34]

7. Zehnjahresfrist

24 Die Doppelzulassung erfolgt für den Zeitraum von zehn Jahren. Fristbeginn ist nicht etwa der Tag der Antragstellung des Zulassungsbewerbers, sondern der Zeitpunkt der Gebietsänderung des Amtsgerichtsbezirks.[35] Eine allgemeine Feststellung der Landesjustizverwaltung dahingehend, daß die für die betroffenen Rechtsanwälte festgestellte Härte voraussichtlich nur für einen Zeitraum von

---

[28] *Isele*, § 227 a Anm. III. B. 2. c), S. 1916.
[29] BGHZ 42, S. 207; 68, S. 66; *Feuerich/Braun*, § 227 a Rdn. 15; *Kleine-Cosack*, § 227 a Rdn. 5.
[30] BGHZ 65, S. 241; *Feuerich/Braun*, § 227 a Rdn. 16; *Kleine-Cosack*, § 227 a Rdn. 6.
[31] BGHZ 68, S. 66; BGH NJW 1977, S. 904; *Feuerich/Braun*, § 227 a Rdn. 28.
[32] BGH NJW 1977, S. 904; *Feuerich/Braun*, § 227 a Rdn. 29; *Kleine-Cosack*, § 227 a Rdn. 7.
[33] BGHZ 72, S. 363; *Feuerich/Braun*, § 227 a Rdn. 30; *Kleine-Cosack*, § 227 a Rdn. 7.
[34] BGHZ 72, S. 363; *Feuerich/Braun*, § 227 a Rdn. 30.
[35] BGHZ 66, S. 281; BRAK-Mitt. 1981, S. 30; 1984, S. 195; *Feuerich/Braun*, § 227 a Rdn. 31; *Kleine-Cosack*, § 227 a Rdn. 8.

§ 227a Änderung des Amtsgerichtsbezirks 25–29 § 227a

weniger als zehn Jahren bestehen wird, kann es von Gesetzes wegen nicht geben. Die Vorschrift des § 227 a Abs. 3 S. 1 räumt der Landesjustizverwaltung kein entsprechendes Ermessen ein.

8. Widerruf und Rücknahme der Zulassung

Nach § 227 a Abs. 3 S. 2 ist die Doppelzulassung zu widerrufen, wenn die 25 Zehnjahresfrist abgelaufen ist. Der Grundsatz der Singularzulassung lebt wieder auf und die Rechtfertigung für die Doppelzulassung entfällt. Unabhängig davon kann der Rechtsanwalt selbstverständlich die in der Zehnjahresfrist begründeten Mandate zu Ende führen. Allerdings wird ihm von § 227 a Abs. 3 S. 3 die Pflicht auferlegt, in diesem Fall den Nachweis zu erbringen, daß das Mandatsverhältnis vor dem Widerruf der Zulassung begründet wurde. Mit dieser Regelung wird vermieden, daß für die Parteien doppelte Gebühren entstehen und ein durch den Anwaltswechsel bedingter Zeitverlust eintritt.[36]

Die Rücknahme der Doppelzulassung erfolgt gemäß § 227 a Abs. 4 dann, 26 wenn der simultan zugelassene Rechtsanwalt seine Kanzlei an einen anderen Ort außerhalb des früheren Amtsgerichtsbezirks verlegt.

V. Verlängerungsantrag

Nach § 227 a Abs. 5 kann die Doppelzulassung im Einzelfall nach Maßgabe 27 des § 227 a Abs. 1 auf Antrag des Zulassungsbewerbers verlängert werden, wenn der Widerruf gemäß § 227 a Abs. 3 S. 2 für den Rechtsanwalt eine besondere Härte darstellen würde. Einer allgemeinen Feststellung der Landesjustizverwaltung bedarf es in diesem Falle nicht. Vielmehr muß eine Einzelfallentscheidung der Landesjustizverwaltung getroffen werden, in deren Rahmen die konkreten Auswirkungen zu berücksichtigen sind, die sich für den Rechtsanwalt aus dem Widerruf der Doppelzulassung ergeben.

Die Verlängerung stellt nach der Vorstellung des Gesetzgebers die absolute 28 Ausnahme dar. Die gesetzliche Regelung geht davon aus, daß es dem Rechtsanwalt grundsätzlich möglich sein muß, innerhalb der Zehnjahresfrist seine Praxis auf die zurückliegende Bezirksänderung des Amtsgerichts umzustellen.[37]

1. Besondere Härte

Die zehnjährige Doppelzulassung soll nach der Vorstellung des Gesetzgebers 29 dann verlängert werden können, wenn der Widerruf der Zulassung gemäß § 227 a Abs. 3 S. 2 eine besondere Härte für den Rechtsanwalt darstellen würde. Das Tatbestandsmerkmal der besonderen Härte ist wie das Tatbestandsmerkmal der *Härte* in § 227 a Abs. 2 ein gerichtlich voll überprüfbarer unbestimmter Rechtsbegriff, dessen Inhalt durch Auslegung näher zu ermitteln ist.[38]

Wie bei § 227 a Abs. 2 sind für die Bestimmung einer besonderen Härte die Gesamtumstände zu berücksichtigen.[39] Maßgeblich ist dabei in erster Linie, ob der Rechtsanwalt infolge der Verringerung seines Betätigungsfeldes mit erhebli-

---

[36] *Feuerich/Braun*, § 227 a Rdn. 33.
[37] BGHZ 65, S. 241; 89, S. 173, 177; *Feuerich/Braun*, § 227 a Rdn. 35; *Kleine-Cosack*, § 227 a Rdn. 9.
[38] BGH NJW 1984, S. 1689; EGH Hamm BRAK-Mitt. 1988, S. 275; *Feuerich/Braun*, § 227 a Rdn. 40; *Jessnitzer/Blumberg*, §§ 227 a Rdn. 7.
[39] BGHZ 89, S. 173, 177; 106, S. 186; BGH BRAK-Mitt. 1994, 105 und 238; *Feuerich/Braun*, § 227 a Rdn. 41; *Kleine-Cosack*, § 227 a Rdn. 10.

chen, nicht nur – wie bei § 227 a Abs. 2 – spürbaren, sondern empfindlichen wirtschaftlichen Einbußen rechnen muß.[40] Nicht erforderlich ist, daß der Fortbestand der Kanzlei und damit die Lebensgrundlage des Rechtsanwalts erst nachhaltig gefährdet sein müßte, um dem Verlängerungsantrag stattzugeben.[41] Insgesamt verlangt aber die Bejahung einer besonderen Härte weitergehende Nachteile als die in Absatz 2 genannte Härte (BGH BRAK-Mitt. 1994, 238).

30 Ob die Grenze zur besonderen Härte bereits dann überschritten ist, wenn die voraussichtlichen Umsatzeinbußen sich bei 10%, 15% oder 20% des Gesamtumsatzes bewegen, ist nicht von vorneherein zu bejahen. Es müssen noch andere Umstände hinzutreten. So wird bei einem Rechtsanwalt, der sich ohnehin schon am Existenzminimum bewegt, weitaus schneller die Grenze zur besonderen Härte überschritten, als bei einem Berufskollegen, dessen Mandatsaufkommen so hoch ist, daß ein Umsatzrückgang um derartige Prozentzahlen leicht zu verkraften wäre.[42] Auch der Gesundheitszustand sowie das Alter des Rechtsanwalts können unter Umständen eine Verlängerung erforderlich machen.[43]

2. Antragsfrist

31 Die Antragsfrist gemäß § 227 a Abs. 5 S. 2 ist eine Ausschlußfrist. Der Antrag muß sechs Monate vor Ablauf der Zehnjahresfrist gestellt werden. Eine Wiedereinsetzung in den vorigen Stand gegen die Versäumung der Antragsfrist kommt nicht in Betracht.[44]

3. Ermessen

32 Über die Dauer der Verlängerung hat die Landesjustizverwaltung nach pflichtgemäßem Ermessen zu entscheiden.[45] Eine Überprüfung ihrer Entscheidung ist nur im Rahmen des § 39 Abs. 3 zulässig, d. h. das Gericht überprüft lediglich, ob das Ermessen überschritten oder ermessensfehlerhaft ausgeübt worden ist. Sofern trotz Vorliegens einer besonderen Härte der Verlängerungsantrag des Zulassungsbewerbers abgelehnt worden ist, dürfte eine ermessensfehlerhafte Entscheidung vorliegen,[46] die vor dem Anwaltsgerichtshof angefochten werden könnte.

VI. Rechtsnachfolge in Doppelzulassung

33 Nach § 227 a Abs. 6 muß ein Rechtsanwalt, der eine Kanzlei übernimmt, dessen Inhaber die Doppelzulassung nach § 227 a Abs. 1 oder Abs. 5 besaß, ebenfalls simultan zugelassen werden. Obgleich § 227 a Abs. 6 kein Antragserfordernis aufstellt, muß der Rechtsanwalt allerdings einen entsprechenden Antrag bei der Landesjustizverwaltung stellen und den maßgeblichen Kanzleiübernahmevertrag vorlegen. Der Begutachtung der Rechtsnachfolge durch den Vorstand der Rechtsanwaltskammer bedarf es hingegen nicht. Die Doppelzulassung des Rechts-

---

[40] BGHZ 106, S. 186; *Feuerich/Braun*, § 227 a Rdn. 44; *Kleine-Cosack*, § 227 a Rdn. 10.
[41] BGH NJW 1984, S. 1689; *Feuerich/Braun*, § 227 a Rdn. 42; *Kleine-Cosack*, § 227 a Rdn. 10.
[42] *Feuerich/Braun*, § 227 a Rdn. 48.
[43] *Feuerich/Braun*, § 227 a Rdn. 46; *Kleine-Cosack*, § 227 a Rdn. 10.
[44] BGH BRAK-Mitt. 1984, S. 141; 1985, S. 109; *Kleine-Cosack*, § 227 a Rdn. 12.
[45] BGH BRAK-Mitt. 1987, S. 39; *Feuerich/Braun*, § 227 a Rdn. 50; *Jessnitzer/Blumberg*, § 227 a Rdn. 9.
[46] BGH BRAK-Mitt 1987, S. 39; *Kleine-Cosack*, § 227 a Rdn. 11; *Jessnitzer/Blumberg*, § 227 a Rdn. 9.

§ 227b Änderungen des Landgerichtsbezirks § 227b

nachfolgers ist von Gesetzes wegen als gebundener Verwaltungsakt ausgestaltet; der Landesjustizverwaltung steht insoweit mithin keine Ermessensentscheidung zu, die durch ein Gutachten des Kammervorstandes vorbereitet werden müßte.

VII. Kammerzugehörigkeit

Die Vorschrift des § 227a ändert nichts an der Grundregel, daß ein Rechtsanwalt nur einer Rechtsanwaltskammer angehören kann. In § 227a Abs. 7 wird dieser Grundsatz lediglich wiederholt, um jeden Zweifel auszuräumen.[47] 34

VIII. Rechtsbehelfe

Wird der Antrag auf Doppelzulassung durch die Landesjustizverwaltung versagt, widerrufen oder der Verlängerungsantrag nach § 227a Abs. 5 abgelehnt, kann der betroffene Rechtsanwalt einen Antrag auf gerichtliche Entscheidung gemäß der § 21 Abs. 2, § 35 Abs. 2, §§ 37, 39 bis 42 beim zuständigen Anwaltsgerichtshof stellen. Zuständig ist gemäß § 227a Abs. 8 der Anwaltsgerichtshof, in dessen Bezirk die zuständige Rechtsanwaltskammer des Rechtsanwalts ihren Sitz hat. Das Verwaltungsgericht ist hingegen nicht zuständig.[48] 35

Gegen die Entscheidung des Anwaltsgerichtshofs steht dem abgelehnten Zulassungsbewerber gemäß § 227a Abs. 8 i. V. m. § 42 Abs. 1 Nrn. 4, 5 die sofortige Beschwerde zum BGH zur Verfügung.[49]

Der Landesjustizverwaltung steht die sofortige Beschwerde unter den Voraussetzungen des § 42 Abs. 2 S. 1 zu.[50]

---

§ 227b Übergangsvorschriften für Rechtsanwälte an den Landgerichten bei Änderungen des Gerichtsbezirks

(1) Wird der Bezirk eines Landgerichts teilweise einem oder mehreren anderen Landgerichtsbezirken zugelegt oder wird er auf mehrere Landgerichtsbezirke aufgeteilt, so ist ein bei diesem Landgericht zugelassener Rechtsanwalt, der bei dem für den Ort seiner Kanzlei nunmehr zuständigen Landgericht zugelassen ist und bei dem die Voraussetzungen für eine doppelte Zulassung gemäß § 227a nicht vorliegen, auf Antrag zugleich bei einem weiteren Landgericht zuzulassen, dem Teile des Landgerichtsbezirks zugelegt worden sind. § 227a Abs. 1 Satz 2, Abs. 2 bis 8 ist entsprechend anzuwenden.

(2) Der Rechtsanwalt darf in dem Bezirk des Landgerichts, für das die weitere Zulassung erteilt ist, die Vertretung in Anwaltsprozessen nur übernehmen, wenn ein für die Zuständigkeit maßgebender Gerichtsstand in einem Teil des früheren Landgerichtsbezirks begründet ist.

---

[47] *Feuerich/Braun*, § 227a Rdn. 54; *Isele*, § 227a Anm. IV. A., S. 1918.
[48] VG Oldenburg EGE XI, S. 209; *Feuerich/Braun*, § 227a Rdn. 55.
[49] *Feuerich/Braun*, § 227a Rdn. 56; *Kleine-Cosack*, § 227a Rdn. 13.
[50] BGH BRAK-Mitt. 1987, S. 39; *Feuerich/Braun*, § 227a Rdn. 56; *Kleine-Cosack*, § 227a Rdn. 13.

§ 227 b 1–4   Dreizehnter Teil. Übergangs- und Schlußvorschriften

Übersicht

	Rdn.		Rdn.
I. Entstehungsgeschichte	1	V. Nichtanwendbarkeit des § 227 a BRAO	5
II. Normzweck	2	VI. Entsprechende Anwendung des § 227 a BRAO	6
III. Verfassungsrechtliche Gesichtspunkte	3	VII. Vertretungsbeschränkung bei der Doppelzulassung nach § 227 b BRAO	7
VI. Zulegung oder Aufteilung eines Landgerichtsbezirks	4		

I. Entstehungsgeschichte

1   Die Vorschrift ist im Jahre 1975[1] in die BRAO aufgenommen worden. Eine entsprechende Regelung in der RAO 1878 und der RRAO 1936 findet sich nicht. Die Norm ist im Hinblick auf die grundsätzlichen Änderungen der Berufsrechtsnovelle durch Art. 1 Nr. 38 des Gesetzes vom 2. 9. 1994 aufgehoben worden. Die Norm tritt aber gemäß Art. 1 Nr. 5 i. V. m. Art. 22 Abs. 2 des ÄndG zur BRAO erst zum 1. 1. 2000 bzw. 1. 1. 2005 außer Kraft.

II. Normzweck

2   Der Normzweck des § 227 b besteht darin, den Rechtsanwälten, die durch die teilweise oder völlige Auflösung von Landgerichtsbezirken betroffen werden, zeitweilig ihren erlangten Besitzstand zu bewahren. Wie bei § 227 a soll ihnen auch bei § 227 b die Möglichkeit eingeräumt werden, langfristig und in aller Ruhe die Dispositionen zu treffen, die geeignet sind, sich der neu geschaffenen Lage anzupassen.[2] Die Vorschrift ist als Ergänzungsregelung zu § 227 a zu verstehen. Auch hier ist, wie bei § 227 a zu berücksichtigen, daß der Grundsatz der Singularzulassung nach der Vorstellung des Gesetzgebers nur in eng umgrenzten Ausnahmefällen durchbrochen werden soll.

III. Verfassungsrechtliche Gesichtspunkte

3   Die besitzstandswahrende Vorschrift des § 227 b steht im Einklang mit der Verfassung. Sie ist als Berufsausübungsregelung i. S. d. Art. 12 Abs. 1 GG verfassungskonform, da vernünftige Erwägungen des Gemeinwohls sie rechtfertigen, der Grundsatz der Verhältnismäßigkeit gewahrt und der allgemeine Gleichheitssatz des Art. 3 Abs. 1 GG nicht verletzt ist.[3]

IV. Zulegung oder Aufteilung eines Landgerichtsbezirks

4   Bei einer Änderung der Gerichtseinteilung auf der Ebene der Landgerichte ermöglicht § 227 b einem Rechtsanwalt, dem nicht bereits nach § 227 a geholfen werden kann, die Doppelzulassung bei einem zweiten Landgericht. Zulegung und Aufteilung i. S. d. § 227 b sind in gleicher Weise zu verstehen wie in § 227 a (vgl. § 227a Rdn. 8 ff.). Die Vorschrift des § 227 b gilt demnach nicht, wenn der ganze Bezirk eines Landgerichts einem anderen Landgericht zugeschlagen und das Landgericht selbst aufgelöst wird.[4] In diesem Fall wird der Besitzstand der Rechtsanwälte des bisherigen Landgerichts nicht in Mitleidenschaft gezogen.[5]

---

[1] Art. 1 des Gesetzes vom 20. Mai 1975, BGBl. I, S. 1117.
[2] *Isele*, § 227 a, Anm. I., S. 1914.
[3] BGHZ 67, S. 339; 68, S. 72; BGH NJW 1976, S. 520; BRAK-Mitt. 1984, S. 195; *Feuerich/Braun*, § 227 a Rdn. 1.
[4] *Feuerich/Braun*, § 227 b Rdn. 6.
[5] *Feuerich/Braun*, § 227 b Rdn. 6.

§ 228 Bestimmung des zuständigen Anwaltsgerichts § 228

V. Nichtanwendbarkeit des § 227 b

Die Doppelzulassung bei einem weiteren Landgericht kommt gemäß § 227 b Abs. 1 allerdings nur dann in Betracht, wenn eine zusätzliche Zulassung des Rechtsanwalts nach § 227 a ausscheidet. Die Zulassung eines Rechtsanwalts bei einem bestimmten weiteren Landgericht nach Maßgabe beider Bestimmungen ist daher nicht möglich. Soweit allerdings neben einer weiteren Zulassung nach § 227 a eine zusätzliche Zulassung nach § 227 b erstrebt wird, wobei es sich bei den jeweiligen Landgerichten um verschiedene Landgerichte handelt, stehen beide Tatbestände selbständig nebeneinander.[6]

5

VI. Entsprechende Anwendung des § 227 a

Gemäß § 227 b Abs. 1 S. 2 sind einige Regelungsinhalte des § 227 a wegen der gleichen Zielsetzung beider Vorschriften entsprechend anzuwenden. Auch bei § 227b erfolgt die Doppelzulassung des Rechtsanwalts demnach nur auf einen entsprechenden Antrag des Rechtsanwalts hin und nur nach Anhörung der beteiligten Rechtsanwaltskammern sowie nach allgemeiner Feststellung der Landesjustizverwaltung über das Vorliegen einer Härte für den Zulassungsbewerber, die ebenfalls unter Berücksichtigung der örtlichen Verhältnisse zu erfolgen hat. Wegen der tatbestandlichen Verweisung auf § 227 a Abs. 1 S. 2, Abs. 2 und Abs. 8 gelten hier die gleichen Grundsätze. Es kann mithin auf die obigen Ausführungen (§ 227 a) Bezug genommen werden.

6

VII. Vertretungsbeschränkung bei der Doppelzulassung nach § 227 b

Nach § 227 b Abs. 2 darf der Rechtsanwalt in dem Landgerichtsbezirk, für das die weitere Zulassung erteilt ist, die Vertretung in Anwaltsprozessen nur übernehmen, wenn ein für die Zuständigkeit maßgebender Gerichtsstand in einem Teil des früheren Landgerichtsbezirks begründet ist. Der Rechtsanwalt soll durch die Doppelzulassung gegenüber anderen Berufskollegen, denen die Übergangsregelung nicht zugute kommt, nicht stärker begünstigt werden, als dies zum Ausgleich der durch die Änderung der Gerichtseinteilung hervorgerufenen Härten unerläßlich ist.[7] Die Postulationsfähigkeit des verbotswidrig handelnden Rechtsanwalts wird dadurch allerdings nicht berührt. Es gelten insoweit die §§ 155 Abs. 5 und 156 Abs. 2.[8]

7

§ 228 Bestimmung des zuständigen Anwaltsgerichts oder des zuständigen Anwaltsgerichtshofes durch das oberste Landesgericht

(1) Ist in einem Land ein oberstes Landesgericht errichtet, so bestimmt es anstelle des Bundesgerichtshofes das zuständige Anwaltsgericht, wenn zwischen mehreren Anwaltsgerichten Streit über die Zuständigkeit besteht oder das an sich zuständige Anwaltsgericht in einem einzelnen Fall an der Ausübung seiner Tätigkeit rechtlich oder tatsächlich verhindert ist. Dies gilt jedoch nur dann, wenn die an dem Streit über die Zuständigkeit beteiligten Anwaltsgerichte oder das an der Ausübung seiner Tätigkeit verhinderte Anwaltsgericht innerhalb des Landes gebildet sind.

---

[6] BGH EGE XIV, S. 53; *Feuerich/Braun*, § 227 b Rdn. 5.
[7] *Feuerich/Braun*, § 227 b Rdn. 10.
[8] *Feuerich/Braun*, § 227 b Rdn. 13; *Kleine-Cosack*, § 227 b Rdn. 3.

§ 229 1–3   Dreizehnter Teil. Übergangs- und Schlußvorschriften

(2) **Für die Bestimmung des zuständigen Anwaltsgerichtshofes für Rechtsanwälte ist Absatz 1 entsprechend anzuwenden.**

1   Soweit es nach §§ 116 S. 2 i. V. m. 14, 15 StPO einer Entscheidung zur Bestimmung der Zuständigkeit durch das gemeinschaftliche obere Gericht bedarf, weist die Vorschrift die Entscheidung in den Ländern, in denen nach § 9 EGGVG ein oberstes Landesgericht eingerichtet ist, diesem zu. Damit würde anstelle des BGH das oberste Landesgericht entscheiden.

2   **Praktische Bedeutung** hat die Bestimmung zur Zeit nicht. Derzeit ist lediglich im Freistaat Bayern ein oberstes Landesgericht eingerichtet. Im Freistaat Bayern ist jedoch lediglich ein Anwaltsgerichtshof gebildet, so daß dieser bei Zuständigkeitsstreitigkeiten unter den drei Anwaltsgerichten entscheiden kann.

§ 229 Verfahren bei Zustellungen

Für das Verfahren bei Zustellungen gelten die Vorschriften der Zivilprozeßordnung entsprechend.

Übersicht

	Rdn.
I. Entstehungsgeschichte	1
II. Die Zustellung nach der BRAO	2, 3

I. Entstehungsgeschichte

1   Die Vorschrift des § 229 ist in ihrem materiellen Gehalt erst durch die BRAO Gesetz geworden. Die RAO 1878 und die RRAO 1936 sahen in bezug auf das Zustellungsverfahren in ehrengerichtlichen Angelegenheiten die entsprechende Anwendung strafprozessualer Vorschriften vor.[1] Auch die Rechtsanwaltsordnung für die britische Zone verwies insoweit auf die Vorschriften der StPO.[2]

II. Die Zustellung nach der BRAO

2   Hinsichtlich der Zustellungsmodalitäten verweist die BRAO auf die Vorschriften zur ZPO, die entsprechende Anwendung finden. Erwähnenswert ist allerdings, daß die Zustellungen nach der BRAO stets von Amts wegen vorzunehmen sind, so daß die §§ 208 bis 213 ZPO unmittelbar und über § 208 ZPO auch die §§ 166 bis 207 ZPO entsprechend Anwendung finden.[3]

Zwei Problemkreise im Recht der Zustellungsmodalitäten haben bezogen auf die Rechtsanwaltschaft in der Vergangenheit immer wieder die Gerichte beschäftigt. Zum einen geht es um die Frage, ob ein Schriftstück dem Rechtsanwalt zugestellt ist, wenn es sich im Posteinlauf der Kanzlei befindet. Zum anderen geht es um die Beweiskraft des anwaltlichen Empfangsbekenntnisses.

3   Nach mittlerweile gefestigter Rechtsprechung und einhelliger Auffassung in der Literatur gilt ein an den Rechtsanwalt persönlich gerichtetes Schriftstück als zugestellt, wenn der Rechtsanwalt es mit dem Willen entgegen genommen hat,

---

[1] *Friedlaender*, § 3 Anm. 6; *Isele*, § 229 Anm. I. A., S. 1923.
[2] *Cüppers*, § 8 Anm. 3; *Isele*, § 229 Anm. I. C., S. 1923.
[3] BGH EGE XII, S. 10; EGH Hamm EGE XI, S. 164; *Feuerich/Braun*, § 229 Anm. III. A., B., S. 1924.

es als zugestellt anzusehen; der Eingang des Schriftstücks in der Kanzlei des Anwalts reicht ebenso wenig aus wie die auf Weisung des Rechtsanwalts erfolgte Entgegennahme jedweder Schriftstücke durch das Kanzleipersonal.[4]

Das Empfangsbekenntnis kann unter Umständen Beweis für die Zustellung erbringen. Allerdings muß es eigenhändig unterschrieben und mit Datumsangabe versehen sein. Ein mittels Faksimile-Stempel hergestelltes Empfangsbekenntnis reicht nicht aus.[5] Ebenso ungenügend ist eine Paraphe als Unterschriftsersatz.[6]

Das richtig unterschriebene Empfangsbekenntnis erbringt Beweis für die Entgegennahme des darin bezeichneten Schriftstücks als zugestellt und deren Zeitpunkt.[7]

§§ 230–232 *(vom Abdruck wurde abgesehen)*

§ 233 Rechtsnachfolge der ehemaligen Reichs-Rechtsanwaltskammer

(1) **Die Bundesrechtsanwaltskammer ist Rechtsnachfolger der früheren Reichs-Rechtsanwaltskammer.**

(2) **Sie tritt, soweit bisher gesetzlich nichts Abweichendes bestimmt worden ist, in alle vermögensrechtlichen Pflichten und Rechte der früheren Reichs-Rechtsanwaltskammer ein, haftet jedoch nur mit dem übernommenen Vermögen. Die Vorschriften des Bürgerlichen Gesetzbuches über eine dem Fiskus als gesetzlichem Erben anfallende Erbschaft sind entsprechend anzuwenden.**

(3) **Die durch die Berliner Kommission für Ansprüche auf Vermögenswerte laut Kontrollratsdirektive Nr. 50 treuhänderisch auf die Rechtsanwaltskammer Berlin übertragenen Vermögenswerte der früheren Reichs-Rechtsanwaltskammer gehen auf die Bundesrechtsanwaltskammer über. Die Rechtsanwaltskammer Berlin wird von der ihr nach Artikel IV der Kontrollratsdirektive Nr. 50 auferlegten Haftung befreit. Die Übertragung von Vermögen auf das Land Berlin und die damit verbundene Haftung bleiben unberührt.**

(4) **Aus Anlaß und in Durchführung des Rechtsübergangs entstehende Gerichtskosten werden nicht erhoben.**

1 Die „Vorschrift wurde durch Art. 1 des Änderungsgesetzes vom 13. Januar 1969[1] geschaffen. Sie regelt einen einmaligen, inzwischen abgeschlossenen Vorgang[2] und hat nur noch historische Bedeutung.

2 Die Gründe, die zur Schaffung der Vorschrift führten, und ihr geschichtlicher Hintergrund sind in der amtlichen Begründung sehr ausführlich dargelegt.[3] Hierauf wird verwiesen.

---

[4] BGH NJW 1991, S. 42; *Feuerich/Braun*, § 229 Rdn. 3; *Kleine-Cosack*, § 229 Rdn. 2.
[5] BGH NJW 1989, S. 883; *Feuerich/Braun*, § 229 Rdn. 4 *Kleine-Cosack*, § 229 Rdn. 2.
[6] BGH NJW 1989, S. 3289; *Feuerich/Braun*, § 229 Rdn. 4; *Kleine-Cosack*, § 229 Rdn. 2.
[7] *Feuerich/Braun*, § 229 Rdn. 4; *Kleine-Cosack*, § 229 Rdn. 2.
[1] BGBl. I, S. 25.
[2] *Feuerich/Braun*, § 233 Rdn. 1; *Isele*, § 233 Anm. I.
[3] Abgedruckt bei *Feuerich/Braun*, § 233 Rdn. 2–10 und bei *Isele*, § 233 Anm. II.

§ 234 Besondere landesrechtliche Beschränkungen für den Zugang zur Rechtsanwaltschaft

Beschränkungen für den Zugang zur Rechtsanwaltschaft, die sich aus landesrechtlichen Vorschriften über den Abschluß der politischen Befreiung ergeben, bleiben unberührt. Sie gelten auch für den Wechsel der Zulassung.

Der Vorschrift kommt keine Bedeutung mehr zu. Sie hätte im Zuge der Novellierung der BRAO 1994 aus Vereinfachungsgründen aufgehoben werden sollen.

§ 235 Verweisungen in anderen Vorschriften

Soweit in anderen Gesetzen und Verordnungen auf die durch dieses Gesetz aufgehobenen oder abgeänderten Vorschriften verwiesen ist, treten die entsprechenden Vorschriften dieses Gesetzes an ihre Stelle.

Die Vorschrift diente als generalklauselartige Klarstellung beim Inkrafttreten der ersten BRAO vom 1. 8. 1959.

§ 236 Geltung in Berlin

Dieses Gesetz gilt nach Maßgabe des § 13 Abs. 1 des Dritten Überleitungsgesetzes vom 4. Januar 1952 (Bundesgesetzbl. I S. 1) auch im Land Berlin.

Die Vorschrift ist gegenstandslos und hätte im Zuge der Novellierung aufgehoben werden sollen. Die BRAO gilt mit der Maßgabe von Art. 21 des Gesetzes zur Neuordnung des Berufsrechts der Rechtsanwälte und Patentanwälte seit dem 2. 9. 1994 einheitlich im gesamten Bundesgebiet. Im beigetretenen Teil des Landes Berlin galt die BRAO bereits nach Anl. I Kap. III Sachgebiet A: Rechtspflege Abschnitt IV zum Einigungsvertrag.[1] Die dort zugelassenen Anwälte galten als nach der BRAO zugelassen und wurden Mitglieder der RAK Berlin.[2]

§ 237 Inkrafttreten

(1) **Dieses Gesetz tritt am 1. Oktober 1959 in Kraft.**

(2) **(gegenstandslos)**

Die Regelung bezieht sich auf die erste Fassung der BRAO[1] wie sie am 1. 8. 1959 verkündet wurde. Das Gesetz zur Neuordnung des Berufsrechts der Rechtsanwälte und Patentanwälte ist am Tage nach seiner am 2. 9. 1994 erfolgten Verkündigung in Kraft getreten (Art. 22 ÄndG).

---

[1] BGBl. 1990 II, S. 938.
[2] BR-Drucks. 605/90, S. 33.
[1] BGBl. I, S. 565.

2. Gesetz zur Prüfung von Rechtsanwaltszulassungen, Notarbestellungen und Berufungen ehrenamtlicher Richter

Vom 24. Juli 1992
(BGBl. I S. 1386)

Erster Abschnitt. Rechtsanwälte

§ 1 [Widerruf und Rücknahme von Zulassungen vor dem 15. September 1990]

(1) Vor dem 15. September 1990 durch Aufnahme in das Kollegium oder durch den Minister der Justiz der Deutschen Demokratischen Republik ausgesprochene Zulassungen zur Rechtsanwaltschaft werden widerrufen, wenn sich der Rechtsanwalt nach seiner Zulassung, aber vor dem 15. September 1990, eines Verhaltens schuldig gemacht hat, das ihn unwürdig erscheinen läßt, den Beruf des Rechtsanwalts auszuüben, weil er gegen die Grundsätze der Menschlichkeit oder der Rechtsstaatlichkeit insbesondere im Zusammenhang mit einer Tätigkeit als hauptamtlicher oder inoffizieller Mitarbeiter des Staatssicherheitsdienstes verstoßen hat.

(2) Vor dem 15. September 1990 durch Aufnahme in das Kollegium oder durch den Minister der Justiz der Deutschen Demokratischen Republik ausgesprochene Zulassungen zur Rechtsanwaltschaft werden mit Wirkung für die Zukunft zurückgenommen, wenn sich der Rechtsanwalt vor seiner Zulassung eines Verhaltens schuldig gemacht hat, das ihn unwürdig erscheinen läßt, den Beruf des Rechtsanwalts auszuüben, weil er gegen Grundsätze der Menschlichkeit oder der Rechtsstaatlichkeit insbesondere im Zusammenhang mit einer Tätigkeit als hauptamtlicher oder inoffizieller Mitarbeiter des Staatssicherheitsdienstes verstoßen hat.

Schrifttum: *Brand,* Der Rechtsanwalt und der Anwaltsnotar in der DDR, 1985; *Bruhn,* Die Rechtsanwaltschaft in der DDR, 1972; *Busse,* Belastete DDR-Juristen in der Anwaltschaft, was ist zu tun? AnwBl. 1991, 550; *ders.,* Die Anwaltschaft im geeinten Deutschland, NJW 1993, 2009; *ders.,* Die Überprüfung von DDR-Anwälten – ein Angriff auf die Freiheit der Advokatur?, FS Redeker, 1993, S. 576; DAV, Überprüfung von Rechtsanwälten – Stellungnahme des Deutschen Anwaltvereins, AnwBl. 1991, 621; *Dreier/Eckert/Mollnau/Rottleuthner,* Rechtswissenschaft in der DDR 1949 bis 1971, 1996; *Gerlach,* Die Rechtsanwaltschaft, in: Bundesministerium der Justiz, in: Im Namen des Volkes? Über die Justiz im Staat der SED, 1994, S. 141; *Gräf,* Handbuch der Rechtspraxis in der DDR, 1988; *Gysi,* Handbuch für Rechtsanwälte, 1990; *Hartung/Sattler,* Ostdeutsche Juristen – furchtbare Juristen?, AnwBl. 1992, 25; *Heuer,* Die Rechtsordnung der DDR, 1995; *Kleine-Cosack,* Rechtsstaat und freie Advokatur im Stasi-Strudel, AnwBl. 1992, 410; *ders.,* Selbstreinigung der Anwaltschaft?, NJ 1991, 331; *ders.,* Anwaltsüberprüfung auf Rechtsstaatskosten DtZ 1994, 98; *Krach,* Für den Anwaltsberuf unwürdig infolge Verstrickung in das DDR-System?, BRAK-Mitt. 1992, 6; *Lange,* Einbindung und Behinderung der Rechtsanwälte, in: Materialien der Enquete-Kommission zur Aufarbeitung von Geschichte und Folgen der SED-Diktatur in Deutschland, hrsg. vom Deutschen Bundestag, 1995, Bd. IV, S. 605; *ders.,* Zur Lage der Rechtsanwaltschaft in der DDR, AnwBl. 1990, 57; *Lindheim,* Zum Begriff der

Zusammenarbeit des inoffiziellen und hauptamtlichen Mitarbeiters mit dem MfS, DtZ 1993, 358; *Loewer,* Überprüfung von Rechtsanwälten in den ostdeutschen Bundesländern, BRAK-Mitt. 1991, 178; *Lorenz,* Die Kollektivierung der Rechtsanwaltschaft – als Methode zur systematischen Abschaffung der freien Advokatur, in: Rottleuthner (Hrsg.), Steuerung der Justiz der in DDR, 1994, S. 409; *ders.,* Die Rechtsanwaltschaft in der SBZ und in der DDR bis 1960, NJ 1991, 523; *Maaß,* Generelle Anwaltsüberprüfung in den neuen Bundesländern, NJ 1992, 109; *Majer,* Die Überprüfung von Richtern und Staatsanwälten in der ehemaligen DDR, ZRP 1991, 171; *dies.,* Ein halbierter Rechtsstaat für Ostdeutschland? KJ 1992, 147; *Prütting,* Ethos anwaltlicher Berufsausübung, AnwBl. 1994, 315; *Quaas,* Die Überprüfung von Rechtsanwaltszulassungen in den neuen Bundesländern, MDR 1992, 1099; *Rottleuthner,* Steuerung der Justiz in der DDR, 1994; *Schaich,* Überprüfungsgesetz für Rechtsanwälte, DtZ 1992, 231; *Schroer,* Zur Überprüfung von ostdeutschen Rechtsanwälten und Notaren, DtZ 1992, 178; *Starke,* Überprüfung von Rechtsanwälten auf Stasivergangenheit?, ZRP 1991, 366; *ders.,* Zur Wiederzulassung nach Ausschluß aus der Rechtsanwaltschaft der DDR, BRAK-Mitt. 1991, 144; *Vogel,* Versagung, Rücknahme und Widerruf der Anwaltszulassung wegen Unwürdigkeit der Person, 1995.

Übersicht

	Rdn.
I. Überblick und Bedeutung der Regelung	1–3
II. Die frühere Rechtsanwaltschaft in der DDR	4–8
III. Die Rechtsentwicklung nach 1989	9
IV. Sinn und Zweck des Gesetzes	11, 12
V. Systematische Einordnung und Problematik der Regelung	13–18
1. Zulassung zur Rechtsanwaltschaft	13
2. Widerruf der Zulassung	14
3. Rücknahme der Zulassung	15
4. Fazit	18
VI. Verfassungsrechtliche Aspekte	19–26
1. Verfassungsrechtliche Bedenken	19
2. Artikel 12 GG	21
3. Rechtsstaatsprinzip- und Rückwirkungsverbot	22
4. Einigungsvertrag und Vertrauensschutz	24
VII. Widerruf und Rücknahme	27–41
1. Der Zeitpunkt der Zulassung als Voraussetzung	27
2. Die Wirkung von Widerruf und Rücknahme	28
3. Der Widerruf gemäß Absatz 1	29
4. Die Rücknahme gemäß Absatz 2	32
5. Die Unwürdigkeit	35
a) Begriff	35
b) Stasi-Mitarbeit	36
c) Herausragende Partei- oder Dienststellung	37
d) Verstoß gegen Grundsätze der Menschlichkeit	38
e) Einzelfallprüfung notwendig	40
6. Zeitliche Begrenzung von Widerruf und Rücknahme	41
VIII. Verfahren	42

I. Überblick und Bedeutung der Regelung

1 Das vorliegende Gesetz stellt den Versuch dar, gewisse extreme Formen und Verhaltensweisen des Unrechtsregimes der DDR im Hinblick auf die Anwaltschaft zu bereinigen. Das Gesetz weist damit einen gewissen Zusammenhang zur Überprüfung und Übernahme von Richtern der ehemaligen DDR auf, die sich auf der Basis des von der Volkskammer am 5. 7. 1990 beschlossenen Richtergesetzes der DDR sowie des Beschlusses der Volkskammer vom 22. 7. 1990 („Ordnung über die Bildung und Arbeitsweise der Richterwahlausschüsse") vollzogen.[1]

---

[1] Vgl. dazu *Schmidt-Räntsch,* Anh. nach § 118; *Majer* ZRP 1991, 171.

Nach der Wiedervereinigung waren nämlich nicht nur die ca. 600 Rechtsanwälte in das rechtsstaatliche System des Grundgesetzes zu integrieren, die es im Herbst 1989 in der DDR gegeben hatte. Vielmehr waren zwischen November 1989 und 3. 10. 1990 weitere ca. 1400 DDR-Juristen zur Rechtsanwaltschaft zugelassen worden, die sich bis dahin zum Teil in führenden Positionen des SED-Regimes befunden hatten, darunter z. B. ein Justizminister der Ulbricht-Ära, ein vormaliger Präsident des Obersten Gerichtshofes, ein ehemaliger Generalstaatsanwalt sowie leitende Staatsanwälte und Richter, die mit Verfahren der politischen Strafjustiz befaßt gewesen waren.[2] Es lag nahe, den Versuch zu machen, durch Widerruf und Rücknahme von Anwaltszulassungen hier eine gewisse Bereinigung von Extremfällen herbeizuführen, die durch allzu enge Verknüpfung mit dem Unrechtsregime der DDR und auf Grund großer persönlicher Schuld für den Beruf des Rechtsanwalts ungeeignet erschienen.[3] Andererseits darf man nicht verkennen, daß ein freier und unabhängiger Beruf wie der des Rechtsanwalts eine generelle staatliche Überprüfung auf sachliche und persönliche Eignung, moralische und politische Integrität sowie Verfassungstreue nicht zuläßt.[4] Dies muß in besonderem Maße für bereits zugelassene Rechtsanwälte gelten. Hier setzen der Grundsatz der freien Advokatur (§ 1 BRAO) und die Verfassung (Art. 12 GG) enge Grenzen. Im Normalfall sind diese Grenzen beim Zugang zur Rechtsanwaltschaft durch § 7 BRAO genau fixiert, während Rücknahme und Widerruf einer einmal erteilten Zulassung nur in den Grenzen des § 14 BRAO möglich sind.

Das RechtsanwaltsprüfungsG vom 24. 7. 1992 stellt also einerseits eine notwendige und wichtige gesetzliche Grundlage dar, um jenseits von § 14 BRAO solche Rechtsanwälte wieder aus der Anwaltschaft zu entfernen, die wegen ihres Verhaltens im Rahmen des SED-Unrechtsregimes untragbar sind, andererseits wird damit zugleich ein heikler Eingriff in die Freiheit der Advokatur vorgenommen, dessen verfassungsrechtliche Zulässigkeit (dazu unten Rdn. 19 ff.) sehr umstritten war.[5]

II. Die frühere Rechtsanwaltschaft in der DDR

Zum näheren Verständnis der Regelung des Rechtsanwaltsprüfungsgesetzes vom 24. 7. 1992 bedarf es weiterhin eines Blickes auf die historische Entwicklung der Rechtsanwaltschaft in einem marxistisch orientierten Staatswesen wie der DDR mit ihren fehlenden rechtsstaatlichen Grundlagen.

Nachdem am 17. 7. 1945 in der SBZ eine deutsche Justizverwaltung begründet worden war, begann bereits durch verschiedene Maßnahmen ab Herbst 1945 ein Prozeß der Entnazifizierung und der Säuberung der Justiz. Durch eine im Juni 1946 ergangene provisorische Zulassungsordnung für Rechtsanwälte kam es zu einer ersten zentral gesteuerten Überprüfung der zugelassenen Rechtsanwälte. Nach dieser ersten Phase eines Neuanfangs der Jahre 1945 bis 1948, in der die

---

[2] Vgl. *Busse* AnwBl. 1991, 550; zu den Anwaltszahlen der DDR vgl. *Lange* AnwBl. 1990, 57; instruktiv auch das Beispiel aus BGH BRAK-Mitt. 1996, 82.

[3] Vgl. die Äußerung des damaligen BJM *Kinkel* (AnwBl. 1991, 422): „Die Anwaltschaft darf nicht zum Auffangbecken für Stasi-Offiziere und gnadenlose Richter und Staatsanwälte werden. Wir müssen uns deshalb offen fragen, ob die Rechtsanwälte ähnlich wie Richter und Staatsanwälte einer Vergangenheitsüberprüfung zu unterziehen sind."

[4] Vgl. dazu insbesondere die Stellungnahme des DAV AnwBl. 1991, 621; ferner *Kleine-Cosack* DtZ 1996, 98.

[5] Im einzelnen zur systematischen Einordnung des Gesetzes und zur hier angedeuteten Problematik vgl. unten Rdn. 13 ff.

Rechtsanwaltschaft noch gewissen demokratischen Freiheiten unterlag, erfolgte nach der Gründung der DDR im Jahre 1949 zunehmend der Versuch, die Rechtsanwaltschaft nach sowjetischem Muster zu kollektivieren. Eine zweite Säuberungswelle der Jahre 1950/1951 verminderte die Zahl der Rechtsanwälte nicht unerheblich. Darüber hinaus wurde ab 1952/53 intensiv die Kollektivierung der Rechtsanwaltschaft betrieben. Mit den damals begonnenen Maßnahmen wurde die Freiheit der Advokatur in der DDR endgültig beseitigt. Gegen die Ablehnung und den Widerstand der Anwaltschaft wurde am 15. 5. 1953 die „Verordnung über die Bildung von Kollegien der Rechtsanwälte" zusammen mit einem Musterstatut für Kollegien in Kraft gesetzt. Daneben gab es weiterhin freie Anwälte, die sog. Einzelanwälte, deren Zahl durch weitgehend fehlende Neuzulassung von ca. 700 Anwälten im Jahre 1953 bis auf ca. 20 Anwälte im Jahre 1989 abgesenkt wurde. Nach der erwähnten grundlegenden Umgestaltung der Rechtsanwaltschaft der DDR durch die Kollegienverordnung vom 15. 5. 1953 wurde ab 1958 die Entwicklung einer sozialistischen Rechtsanwaltschaft propagiert. Hierzu gehörte eine Verstärkung zentralistischer Maßnahmen ebenso wie die immer gezieltere Steuerung bei den Neuzulassungen zur Rechtsanwaltschaft. Neben den Versuchen, durch geringe Neuzulassungen die Rechtsanwaltschaft zahlenmäßig zu dezimieren, um sie besser überwachen zu können, wurde in zunehmendem Maße der Zugang zur Rechtsanwaltschaft durch eine verbindliche Kaderplanung des Zentralkomitees bzw. des Justizministeriums gesteuert. So gelangten mit der Zeit nur noch solche Bewerber in die Rechtsanwaltschaft, die entweder durch die SED mit einem besonderen Auftrag ausgestattet waren oder die jedenfalls das Vertrauen der SED besaßen. Trotz mancher Widerstände gelang es langfristig aufgrund der uneingeschränkten Machtfülle des Staatsapparats und unter Ausnutzung der Organisationsstruktur der Kollegien, die Rechtsanwaltschaft der DDR in das politische System einzubinden und zu überwachen.

6 Nach mehrfach gescheiterten Versuchen wurde am 17. 12. 1980 durch ein Gesetz der Volkskammer eine Neuordnung der Rechtsanwaltschaft herbeigeführt. Mit diesem Gesetz über die Kollegien der Rechtsanwälte wurden die zentralen Instanzen, die zwischen den einzelnen Kollegien und dem Justizministerium bestanden, noch stärker zentralisiert und der staatlichen Kontrolle unterworfen. Ziel aller dieser Maßnahmen war es, jede Unabhängigkeit und Selbständigkeit sowie jedes politisch unerwünschte Verhalten einzelner Rechtsanwälte auszuschließen. Dies wurde neben den organisatorischen Maßnahmen vor allem auch dadurch erreicht, daß die Rechtsanwaltschaft durch hauptamtliche und inoffizielle Mitarbeiter der Staatssicherheit gezielt unterwandert und überwacht wurde. Für diese Aufgabe hat sich eine nicht geringe Zahl der zugelassenen Rechtsanwälte mißbrauchen lassen, teilweise wurden aber auch Stasi-Mitarbeiter gezielt in die Rechtsanwaltschaft eingeschleust.[6]

7 Neben solchen generellen Maßnahmen sind auch eine größere Zahl von einzelnen Disziplinierungsmaßnahmen gegen politisch unzuverlässige Rechtsanwälte bekannt geworden und dokumentiert.[7] So ist z. B. im Jahre 1976 der Rechtsanwalt Berger aus der Rechtsanwaltschaft ausgeschlossen worden, weil er rechtlich gegen die Ausbürgerung von Wolf Biermann vorgegangen war und im Falle der

---

[6] Vgl. zum Vorstehenden aus der Lit. insbesondere *Brand*, S. 25 ff.; *Bruhn*, S. 24 ff.; *Gerlach*, Im Namen des Volkes. S. 141 ff.; *Lange*, Materialien der Enquete-Kommission, S. 605 ff.; *Lorenz*, Steuerung der Justiz, 409 ff.

[7] Zur Dokumentation von Einzelfällen vgl. insbesondere *Lange*, Materialien der Enquete-Kommission, S. 605, 616 ff.

gerichtlichen Verurteilung von Havemann eine unerwünschte Berufung eingelegt hatte. Der Ausschluß dieses Rechtsanwalts aus der Anwaltschaft der DDR ist vor allem auch deshalb bemerkenswert, weil es sich bei ihm um ein langjähriges Mitglied der KPD schon vor 1945 und einen mehrfach offiziell ausgezeichneten Spanienkämpfer gehandelt hatte, der auch nach 1945 in leitenden Funktionen in der SED und in der Rechtspflege gewirkt hatte.[8]

Insgesamt zeigt die Geschichte der Rechtsanwaltschaft in der DDR, daß sich auch ein im Ausgangspunkt freier Beruf unter den Bedingungen eines marxistisch-sozialistischen Staates organisatorisch und weltanschaulich vollständig in das System der DDR eingliedern lassen mußte. Das Machtmonopol des SED-Staates ließ nur geringe Spielräume, eigenständig und zum Wohle von Mandanten zu handeln. Andererseits gab es für die Rechtsanwälte keine zwingende Notwendigkeit, sich der Stasi als hauptamtlicher oder inoffizieller Mitarbeiter zur Verfügung zu stellen.[9] Der Verrat der Verteidigungsstrategie des eigenen Mandanten[10] war selbst nach dem Recht der DDR ebenso unzulässig und rechtswidrig wie z. B. auch die DDR-Verfassung die Unverletzlichkeit der Wohnung und das Brief- und Telefongeheimnis garantierte – alles dies Rechtspositionen, die durch die Stasi permanent verletzt wurden.[11]

III. Die Rechtsentwicklung nach 1989

Insgesamt waren im Herbst 1989 noch ca. 600 Rechtsanwälte tätig, davon nur noch ca. 20 als Einzelanwälte. Die in den Kollegien zusammengefaßten übrigen Rechtsanwälte waren zu wesentlichen Teilen fest und durchaus freiwillig in das SED-System eingebunden und hatten es nicht selten aktiv unterstützt. Dies wird

---

[8] *Berger* wurde 1990 als Rechtsanwalt rehabilitiert. Er starb 1996 unmittelbar nach einer Zeugenaussage im Verfahren gegen die Richter *Havemanns;* vgl. Die Zeit Nr. 12 vom 15. 3. 1996, S. 15.
[9] So BVerfG NJW 1996, 709 = JZ 1996, 674 m. Anm. *Henssler* = AnwBl. 1996, 104. *Lange,* Materialien der Enquete-Kommission, S. 636, weist darauf hin, daß die Behauptung, eine Zusammenarbeit mit der Stasi sei zur effektiven Arbeit als Rechtsanwalt notwendig gewesen, nur derjenige aufstellen könne, der entweder die tatsächlichen Verhältnisse in der DDR nicht kannte oder im Sinne von belasteten Rechtsanwälten bestimmte Vorgänge schönfärben möchte.
[10] So z. B. der in der Entscheidung des BVerfG v. 9. 8. 1995 dokumentierte 2. Fall (BVerfG AnwBl. 1996, 104, 106).
[11] Es gehört zu den erstaunlichen Folgen der Wende und der Wiedervereinigung, daß auch nach 1990 eine erhebliche Anzahl von Rechtswissenschaftlern, die schon in der DDR in Lehrbüchern und Kommentaren das Recht dargestellt haben, in mehreren Werken bis heute das DDR-Recht als Teil einer normalen rechtsstaatlichen Ordnung ausgeben wollen. Beispielhaft genannt sei hierfür der Sammelband des PDS-Bundestagsabgeordneten und ehemaligen Professor an der Humboldt-Universität *Heuer:* Die Rechtsordnung der DDR – Anspruch und Wirklichkeit, 1995 (dazu die Bespr. von *Hoffmann* Krit. Justiz 1996, 113). Auf über 600 Seiten wird hier versucht, die These vom Unrechtsstaat DDR und von der DDR als Diktatur entgegenzuwirken (S. 18), ja die DDR wird als eine späte Frucht der Aufklärung reklamiert (S. 44). Speziell im Kapitel über die Rechtsanwaltschaft wird die Abschaffung der freien Advokatur durch den Hinweis überspielt, die Kollegien seien nichtstaatliche genossenschaftliche Zusammenschlüsse gewesen (S. 265). Der Zivilprozeß der DDR wird von *Kellner* in ganz neuer Weise dargestellt (S. 517 ff.), die praktisch von *Kellners* Werken der DDR-Zeit abweicht (vgl. *Kellner,* Zivilprozeßrecht, Lehrbuch, 1980; *ders.,* Kommentar zur ZPO, 1987). Eine solche Art von „Vergangenheitsbewältigung" ist im politischen Raum nichts Neues, im wissenschaftlichen Schrifttum kann sie eigentlich nur Kopfschütteln hervorrufen.

man vor allem für die in exponierter Stellung tätigen und zum Teil mit besonderen Aufgaben betrauten Berliner Rechtsanwälte sagen können, unter denen sich insbesondere auch der damalige Vorsitzende des Rates der Vorsitzenden der Kollegien, *Gregor Gysi*, befand.[12] Trotz dieser Feststellung hat es aber gerade auch in der Rechtsanwaltschaft der 80er Jahre Tendenzen gegeben, daß die Kollegien und ihre Mitglieder selbstbewußter wurden. Mit dem Fall der Mauer im Herbst 1989 gehörten die Rechtsanwälte der DDR zu den ersten, die den Versuch machten, sich vom Staat wiederum stärker abzusetzen. Unter dem Druck der tatsächlichen Verhältnisse wurde von der Regierung im Februar 1990 eine neue Zulassungsverordnung erlassen, durch die eine Fülle von Juristen unterschiedlichster Berufe in die Rechtsanwaltschaft aufgenommen werden konnte und wurde.[13] Bis zum 3. Oktober 1990 erhöhte sich deshalb die Zahl der Rechtsanwälte von ca. 600 auf ca. 2000. Kurz vor der endgültigen Wiedervereinigung wurde am 13. 9. 1990 noch ein Rechtsanwaltsgesetz von der Volkskammer verabschiedet.[14] Dieses RAG wurde im Einigungsvertrag übernommen.[15] Erst das Gesetz zur Neuordnung des Berufsrechts der Rechtsanwälte vom 2. 9. 1994 hat das RAG der früheren DDR aufgehoben und mit seinem Inkrafttreten am 9. 9. 1994 die BRAO auch in den neuen Bundesländern in Kraft gesetzt.

IV. Sinn und Zweck des Gesetzes

10 Schon aus dem kurzen Überblick über die historische Entwicklung ergibt sich deutlich der Sinn und Zweck des Gesetzes.

Das geltende Recht (§§ 7, 14 BRAO) sieht ebenso wie das seit 15. 9. 1990 bis zum 8. 9. 1994 in den neuen Bundesländern in Kraft gewesene RAG (§§ 7, 16 RAG) vor, daß auch ein Rechtsanwalt trotz der Freiheit der Advokatur die Gewähr für gewisse allgemeine Grundvoraussetzungen bieten muß, ohne die das Vertrauen der Bevölkerung in eine Rechtspflege wohl nicht vorhanden wäre. Dazu gehört es auch, daß der Bewerber sich nicht eines Verhaltens schuldig gemacht hat, das ihn unwürdig erscheinen läßt, den Beruf eines Rechtsanwalts auszuüben (vgl. § 7 Nr. 5 BRAO). Auf Grund der historischen Erfahrungen bestand und besteht aber die Befürchtung, daß gerade in der Zeit vor dem 15. 9. 1990 eine erhebliche Zahl von Personen als Rechtsanwälte in den neuen Bundesländern

---

[12] *Gysi* hatte in den Jahren 1988 und 1989 als Leiter eines Autorenkollektivs erstmals ein groß angelegtes Handbuch für Rechtsanwälte verfaßt. Auch dies zeigt seine hervorgehobene Stellung innerhalb der Anwaltschaft der DDR. Zugleich läßt dieses Handbuch (das angeblich von der Führung der SED eher kritisch angesehen wurde) auch erkennen, daß sich die Führung der Rechtsanwaltschaft durchaus eine gewisse Eigenständigkeit erkämpft und bewahrt hat, sich ein formales Regelungswerk selbst zu schaffen. Das Handbuch für Rechtsanwälte ist im übrigen im Manuskript am 15. Januar 1990 abgeschlossen gewesen und noch vom Staatsverlag der DDR im Sommer 1990 herausgebracht worden. Es bleibt eine für die Autoren tragische Feststellung, daß ein Werk von genau 600 Seiten exakt in dem Zeitpunkt von der tatsächlichen Entwicklung vollständig überholt worden war, in dem es erstmals erschien.
[13] Verordnung über die Tätigkeit und die Zulassung von Rechtsanwälten mit eigener Praxis v. 22. 2. 1990, GBl. I, S. 147; vgl. dazu auch BGH BRAK-Mitt. 1996, 82.
[14] RAG v. 13. 9. 1990, GBl. I, Nr. 61, S. 1504; geändert durch § 23 des RechtsPflege-AnpassungsG v. 26. 6. 1992, BGBl. I, S. 1147.
[15] Durch den Einigungsvertrag v. 31. 8. 1990, BGBl. II, S. 889, 1157 wurde das RAG für die neuen Bundesländer mit Ausnahme von Berlin übernommen: Anlage I, Kap. III, Sachgebiet A, Abschnitt I 7 (neue Bundesländer) und Anlage II, Kap. III, Sachgebiet A, Abschnitt IV 1 a (Berlin). Im einzelnen vgl. *Kaiser* AnwBl. 1991, 133.

§ 1 Widerruf und Rücknahme von Zulassungen   11–14   § 1 RNPG

zugelassen wurde, die zu den besonders stark belasteten Juristen des SED-Unrechtsregimes gehörten. Der Gesetzgeber hatte große Bedenken, daß das geltende Recht nicht ausreichen könnte, gerade solche Personen aus dem Beruf wieder zu entfernen, damit nicht die Rechtsanwaltschaft zum Sammelbecken für hohe SED-Funktionäre, Stasi-Offiziere und gnadenlose Richter wird.

Der Gesetzgeber hielt deshalb das Gesetz zur Prüfung von Rechtsanwaltszulassungen vom 24. 7. 1992 für erforderlich, um die genannten Belastungen und Behinderungen beim Aufbau des Rechtsstaates in den neuen Bundesländern zu beseitigen. Es sollte auf diese Weise das Vertrauen der Bevölkerung in eine geordnete und unabhängige Rechtspflege insbesondere im Beitrittsgebiet wiederhergestellt werden.[16] Das Gesetz dient somit der nachträglichen Überprüfung von Rechtsanwälten, die vor dem 15. 9. 1990 (so § 1 RechtsanwaltsprüfungsG) bzw. vor dem 3. 10. 1990 (so § 2 RechtsanwaltsprüfungsG) als Rechtsanwälte im Beitrittsgebiet zugelassen worden waren. Es bezieht sich also neben den im Jahre 1990 zugelassenen Rechtsanwälten auch auf alle vor 1990 durch Aufnahme in die Kollegien oder durch den damaligen Justizminister der DDR ausgesprochenen Zulassungen. Der Maßstab der Unwürdigkeit als Zulassungsschranke für eine Anwaltstätigkeit soll damit einheitlich für alle heute in Deutschland tätigen Rechtsanwälte gelten. 11

Letztlich schafft das RechtsanwaltsprüfungsG die gesetzliche Basis, um nachträglich diejenigen Rechtsanwälte aus der Rechtsanwaltschaft wieder auszusondern, die in der Vergangenheit gegen fundamentale Grundsätze der Menschlichkeit und der Rechtsstaatlichkeit verstoßen haben und sich dabei persönlich schuldig gemacht haben. Rechtsanwälte, die ihre eigenen Mandanten ausspioniert und an die Stasi verraten haben, und ebenso andere Juristen, die in grundlegender Weise die Menschlichkeit und Rechtsstaatlichkeit außer acht gelassen haben, sollen heute nicht die Menschen in den neuen Bundesländern in ihren Rechten beraten und vertreten dürfen. 12

V. Systematische Einordnung und Problematik der Regelung

1. Zulassung zur Rechtsanwaltschaft

Die Zulassung setzt gemäß § 7 Nr. 5 BRAO voraus, daß der Bewerber sich eines Verhaltens schuldig gemacht hat, das ihn unwürdig erscheinen läßt, den Beruf eines Rechtsanwalts auszuüben (ebenso früher § 7 Nr. 2 RAG). Mit dieser Bestimmung ist es möglich, Bewerber von der Anwaltschaft fernzuhalten, in deren Verhalten eine rechtsfeindliche Einstellung zum Ausdruck gekommen ist, z. B. durch Mißachtung der Grundsätze der Menschlichkeit oder der Rechtsstaatlichkeit. § 7 Nr. 5 BRAO ist freilich nur für die Zulassungs-Entscheidung relevant. Für die bereits zugelassenen DDR-Anwälte ist er ohne Bedeutung. 13

2. Widerruf der Zulassung

Demgegenüber enthält § 14 Abs. BRAO für einen bereits zugelassenen Rechtsanwalt den Gesichtspunkt der Unwürdigkeit beim Widerruf der Zulassung nicht (ebenso nicht der frühere § 16 Abs. 3 RAG). Ein Widerruf setzt dabei die rechtmäßige Erteilung der Zulassung voraus. Er muß durch Rechtsnormen wie z. B. § 14 Abs. 2 BRAO zugelassen sein. Hier zeigt sich eine starke Autonomie 14

---

[16] Zu den Motiven des Gesetzgebers vgl. den Gesetzentwurf der Bundesregierung, BR-Drucks. 20/92; ferner die Beschlußempfehlung des Rechtsausschusses, BT-Drucks. 12/2670.

der Rechtsanwaltschaft, die allen ihren Mitgliedern weiten Spielraum im Verhalten läßt und unwürdiges Verhalten nach erfolgter Zulassung nur im Rahmen der Ahndung von einzelnen Pflichtverstößen durch die Anwaltsgerichtsbarkeit in abgestufter Form sanktioniert (vgl. § 114 BRAO). Im Hinblick auf die DDR-Anwälte ist also § 14 Abs. 2 BRAO ohne Bedeutung.

3. Rücknahme der Zulassung

15   Die besondere Problematik der vor dem 3. 10. 1990 in der DDR zugelassenen Rechtsanwälte besteht aber darin, daß die Gründe für einen möglichen Ausschluß aus der Rechtsanwaltschaft in aller Regel entweder zeitlich vor deren Zulassung zur Rechtsanwaltschaft lagen oder aber nach der Zulassung und vor dem Inkrafttreten des RAG bzw. der BRAO. Soweit in diesen Fällen ein Widerruf zu erwägen wäre, wäre er wie gezeigt gemäß § 14 Abs. 2 BRAO ausgeschlossen. In diesen Fällen könnte man also allenfalls eine Rücknahme der Zulassung gemäß § 14 Abs. 1 BRAO (bzw. früher § 16 Abs. 1 RAG) in Betracht ziehen. Die Rücknahme einer Zulassung setzt die rechtswidrige Erteilung dieser Zulassung voraus. Die Rücknahme des § 14 Abs. 1 BRAO umfaßt anerkanntermaßen alle Zulassungsfälle des § 7 BRAO, also auch die Unwürdigkeit. Nach dem klaren Wortlaut des § 14 Abs. 1 BRAO ist diese Rücknahme aber nur möglich, wenn nachträglich Tatsachen bekannt werden, bei deren Kenntnis die Zulassung hätte versagt werden müssen. Das aber würde auf die entscheidende Personengruppe wohl gerade nicht zutreffen. Denn nach § 14 Abs. 1 BRAO ist nicht darauf abzustellen, ob im Hinblick auf Tatsachen, die die Unwürdigkeit begründen, eine Zulassung zum Zeitpunkt der geplanten Rücknahme versagt werden müßte. Es ist für die Beurteilung der Unwürdigkeit vielmehr auf den Zeitpunkt der tatsächlichen Zulassung abzustellen.[17] Damit handelt es sich bei der Prüfung einer Rücknahme i. S. von § 14 Abs. 1 BRAO um eine hypothetische Prüfung der Zulassungsgründe zum tatsächlichen Zulassungszeitpunkt.

16   Im Zeitpunkt der tatsächlichen Zulassung galt für die Betroffenen aber in jedem Fall DDR-Recht, das zu keinem Zeitpunkt den Versagungsgrund der Unwürdigkeit kannte und das von Rechtsgrundsätzen ausging, die die Zulassung in völlig anderem Lichte erscheinen lassen. Dieser Rechtszustand galt jedenfalls bis zum Inkrafttreten des RAG am 15. 9. 1990. Für die Zeit von 1945 bis zum 15. 9. 1990 ist also eine problematische Rechtslücke vorhanden gewesen. Diese Lücke hat § 1 des RechtsanwaltsprüfungsG (für Widerruf und Rücknahme) geschlossen.

17   Demgegenüber regelt § 2 des RechtsanwaltsprüfungsG nur den speziellen Zeitraum zwischen dem 15. 9. 1990 und dem 3. 10. 1990 (im einzelnen s. dort).

4. Fazit

18   Die systematische Einordnung des Gesetzes zeigt, daß dadurch also eine bestehende Lücke geschlossen wurde.[18] Das RechtsanwaltsprüfungsG v. 24. 7. 1992 hat nunmehr eine sonst nicht bestehende Möglichkeit geschaffen, Rechtsanwälte aus der Anwaltschaft zu entfernen, die wegen ihres Verhaltens im Rahmen des SED-Unrechtsregimes untragbar sind. Andererseits darf nicht verkannt werden, daß es einen durchaus schweren Eingriff in die Freiheit der Advokatur und die Grundrechte des einzelnen Rechtsanwalts bedeutet, wenn der Staat nachträglich

---

[17] So richtig *Vogel*, S. 72.
[18] Dieser systematische Aspekt wird von *Kleine-Cosack* (bei allem Verständnis für seine Kritik) nicht gesehen, vgl. DtZ 1996, 98.

die Rücknahme bzw. den Widerruf von Anwaltszulassungen aufgrund einer Überprüfung von früherem Verhalten ausspricht, wobei eine solche Rücknahme bzw. ein solcher Widerruf von § 14 BRAO gerade nicht gedeckt sind. Der Gesetzgeber mußte also eine schwierige Abwägung zwischen dem Grundsatz der freien Advokatur und dem Ausschluß besonders belasteter DDR-Juristen vornehmen. Daß ihm diese Abwägung im Hinblick auf den Aufbau des Rechtsstaates in den neuen Bundesländern, die Grundrechte der Betroffenen und die geschilderten unterschiedlichen Interessenlagen gelungen ist, zeigt nunmehr die Entscheidung des BVerfG v. 9. 8. 1995[19] (dazu sogleich näher Rdn. 19 ff).

VI. Verfassungsrechtliche Aspekte

1. Verfassungsrechtliche Bedenken

Angesichts der grundsätzlichen Problematik, die das RechtsanwaltsprüfungsG aufwirft, kann es nicht überraschen, daß gegen das Gesetz von Anfang an massive verfassungsrechtliche Bedenken vorgetragen worden sind.[20] Nahe lag es, Bedenken aus Art. 12 GG, aus dem Rechtsstaatsprinzip und speziell aus dem verfassungsrechtlichen Rückwirkungsverbot sowie aus dem Einigungsvertrag zu prüfen.

Diese verfassungsrechtliche Prüfung hat nunmehr das BVerfG in seiner Entscheidung vom 9. 8. 1995 vollzogen.[21] Es hat die problematischste Vorschrift des Gesetzes, nämlich § 1 Abs. 1 RechtsanwaltsprüfungsG, überzeugend für verfassungsgemäß erklärt und damit jedenfalls für die Praxis das Thema abgeschlossen.

2. Artikel 12 GG

Im einzelnen kann festgehalten werden, daß ein unzulässiger Eingriff in Art. 12 GG nicht vorliegt. Zwar stellt das RechtsanwaltsprüfungsG unzweifelhaft einen Eingriff in Art. 12 GG dar. Aber dieser Eingriff erfolgte auf gesetzlicher Grundlage. Er diente dem Schutz eines überragend wichtigen Gemeinschaftsgutes, nämlich dem Erfordernis, daß auch die vor dem 3. 10. 1990 in der DDR zugelassenen Rechtsanwälte dem Erfordernis persönlicher Integrität und Zuverlässigkeit genügen. Dies liegt im Interesse der Allgemeinheit an einer funktionsfähigen Rechtspflege. Es entspricht den Grundsätzen des Rechtsstaates, daß dem Bürger Rechtsberater zur Verfügung stehen, zu denen er Vertrauen haben darf und von denen er erwarten kann, daß sie seine Interessen frei und unabhängig von staatlicher Einflußnahme wahrnehmen.[22] Die im Gesetz statuierte Rechtsfolge ist auch nicht unverhältnismäßig. Denn das Gesetz ist (wohl unzweifelhaft) geeignet, Rechtsanwälte von der Anwaltschaft fernzuhalten, denen schwere Unrechtshandlungen im Rahmen des SED-Regimes vorzuhalten sind. Es ist auch kein milderes Mittel ersichtlich, um derart belastete Rechtsanwälte von der Rechtsberatung der Bevölkerung fernzuhalten. Schließlich ist die Regelung angemessen. Zwar ist der Verlust der beruflichen und wirtschaftlichen Existenz ein außerordentlich harter

---

[19] BVerfG NJW 1996, 709 = AnwBl. 1996, 104 = JZ 1996, 674 m. Anm. *Henssler*.
[20] Vgl. insbesondere *Kleine-Cosack* NJ 1994, 246 und NJ 1991, 331.
[21] BVerfG NJW 1996, 709 = AnwBl. 1996, 104 = JZ 1996, 674 m. Anm. *Henssler*. Dazu nun *Kleine-Cosack* DtZ 1996, 98.
[22] BVerfG NJW 1996, 709, 710 = AnwBl. 1996, 104, 109 = JZ 1996, 674 m. Anm. *Henssler*.

Eingriff. Angesichts der zu verlangenden Einzelfallprüfung, der persönlichen Schuld der Betroffenen und des großen Gewichts der gesetzlichen Zielsetzung müssen die Belange des Betroffenen aber zurückstehen, wenn tatsächlich ein vorwerfbarer Verstoß gegen die Grundsätze der Menschlichkeit und der Rechtsstaatlichkeit nachgewiesen ist.

3. Rechtsstaatsprinzip und Rückwirkungsverbot

22 Ein Verstoß gegen das Rechtsstaatsprinzip (Art. 20 Abs. 3, 28 Abs. 1 GG) ist nicht gegeben. Das im Rechtsstaatsprinzip wurzelnde Gebot der Normenklarheit ist gewahrt. Die im RechtsanwaltsprüfungG verwendeten unbestimmten Rechtsbegriffe mit wertungsabhängigem Inhalt, insbesondere der Begriff der Unwürdigkeit, entsprechen weitgehend dem § 7 Nr. 5 BRAO und sind deshalb schon deshalb verfassungsgemäß, weil sie im RechtsanwaltsprüfungG stärker als in § 7 Nr. 5 BRAO durch Erläuterungen und Beispiele konkretisiert sind.

23 Es liegt auch kein Verstoß gegen das Rückwirkungsverbot vor. Zwar wird bei der Beurteilung nach dem RechtsanwaltsprüfungG auf Ereignisse der Vergangenheit zurückgegriffen, es werden aber Beurteilungen und Rechtsfolgen nur für die Zukunft getroffen. Eine solche sog. retrospektive oder unechte Rückwirkung ist jedenfalls insoweit zulässig, als bei gebotener Abwägung das Vertrauen in den Fortbestand der bisherigen Regelung nicht generell schutzwürdiger erscheint als das allgemeine Interesse an seiner Änderung. Angesichts der Schutzwürdigkeit des gegebenen überragend wichtigen Gemeinschaftsgutes kann deshalb die Zulässigkeit der Regelung bejaht werden.[23]

4. Einigungsvertrag und Vertrauensschutz

24 Abzulehnen ist schließlich auch ein Verstoß gegen den Einigungsvertrag und einem daraus etwa abzuleitenden Vertrauenstatbestand. Für den Bundesgesetzgeber des wiedervereinigten Deutschland bestand und besteht grundsätzlich kein Hindernis, entsprechend seiner Gesetzgebungskompetenz Regelungen zu erlassen oder zu ändern, auch wenn diese vom Einigungsvertrag erfaßt waren. Wollte man dies anders sehen, so wäre z. B. das Insolvenzrecht der neuen Bundesländer unabänderlich. Niemand zweifelt aber, daß die Gesamtvollstreckungsordnung der neuen Bundesländer am 1. 1. 1999 wirksam durch eine neue bundeseinheitliche Insolvenzordnung abgelöst werden kann.

25 Auch ein Vertrauensschutz im Sinne einer unabänderlichen Bestandsgarantie für die zu DDR-Zeiten zugelassenen Rechtsanwälte kann dem Einigungsvertrag nicht entnommen werden. Zwar regelte § 189 Abs. 1 RAG, daß alle bis zum Inkrafttreten des RAG erteilten Zulassungen wirksam bleiben. Daraus folgt aber nicht eine unabänderbare Bestandsgarantie, wie bereits § 16 RAG (der § 14 BRAO entspricht) zeigte.

26 Schließlich wird durch das RechtsanwaltsprüfungsG keine flächendeckende Überprüfung der in der DDR zugelassenen Rechtsanwälte eingeführt, die auch ohne besonderen Anlaß zu einem automatischen Prüfungsverfahren führen würde. Gegen die Zulässigkeit eines solchen allgemeinen Prüfungsverfahrens bestänften in der Tat massive Bedenken. Das kann hier aber dahinstehen. Das RechtsanwaltsprüfungsG verlangt nämlich nach allgemeiner Ansicht eine Prüfung immer nur beim Vorliegen besonderer Anhaltspunkte und nur abgestellt auf den jeweiligen Einzelfall.

---

[23] Wie hier *Henssler* JZ 1996, 681; a. A. *Will* NJ 1996, 177, 180.

VII. Widerruf und Rücknahme

1. Der Zeitpunkt der Zulassung als Voraussetzung

Sowohl der Widerruf gemäß Absatz 1 als auch die Rücknahme gemäß Absatz 2 stellen gleichermaßen darauf ab, daß die Zulassung des betroffenen Rechtsanwalts vor dem 15. 9. 1990 durch die Aufnahme in ein Kollegium von Rechtsanwälten der DDR oder durch den Minister der Justiz der DDR ausgesprochen worden war. Zum Stichtag des 15. 9. 1990 ist das RAG in Kraft getreten. Ab diesem Zeitpunkt mußte also bei Zulassungen zur Rechtsanwaltschaft eine Überprüfung gemäß § 7 RAG erfolgen. Zur Rechtslage bei Zulassungen ab dem 15. 9. 1990 vgl. unten § 2 RechtsanwaltsprüfungsG. 27

2. Die Wirkung von Widerruf und Rücknahme

Soweit nach diesem Gesetz der Widerruf oder die Rücknahme der Anwaltszulassung ausgesprochen wird, entfällt die Zulassung mit Wirkung für die Zukunft. Eine solche nur für die Zukunft wirkende Beseitigung der Anwaltszulassung ergibt sich im Falle des Widerrufs aus allgemeinen rechtsstaatlichen und verwaltungsrechtlichen Regeln. Im Falle der Rücknahme der Zulassung ist dies in Absatz 2 ausdrücklich angeordnet. 28

3. Der Widerruf gemäß Absatz 1

Ein Widerruf setzt die rechtmäßige Erteilung der Zulassung als Rechtsanwalt nach dem damaligen Recht der DDR voraus. 29

Widerrufsgrund ist sodann ein bestimmtes vorwerfbares Verhalten **nach** der Zulassung zur Rechtsanwaltschaft, aber vor dem 15. 9. 1990. 30

Dieses vorwerfbare Verhalten muß dazu führen, daß der Rechtsanwalt unwürdig erscheint, den Beruf des Rechtsanwalts weiterhin auszuüben. Ohne Bedeutung dafür ist es, ob das vorwerfbare Verhalten im Rahmen der Berufsausübung oder außerhalb der beruflichen Tätigkeit erfolgte. Zum Begriff der Unwürdigkeit im einzelnen s. unten 5. 31

4. Die Rücknahme gemäß Absatz 2

Vorausgesetzt ist hier die aus heutiger Sicht rechtswidrige Erteilung der Zulassung zur Rechtsanwaltschaft. 32

Vorliegen muß dementsprechend ein bestimmtes vorwerfbares Verhalten des zugelassenen Rechtsanwalts **vor** seiner Zulassung zur Rechtsanwaltschaft. 33

Dieses vorwerfbare Verhalten muß dazu führen, daß der Rechtsanwalt unwürdig erscheint, seinen Beruf weiterhin auszuüben. Das vorwerfbare Verhalten muß also einen inneren Bezug zur jetzigen Tätigkeit als Rechtsanwalt haben. Zum Begriff der Unwürdigkeit im einzelnen s. unten 5. 34

5. Die Unwürdigkeit

a) Begriff. Der Begriff der Unwürdigkeit ist in § 7 Nr. 5 BRAO enthalten. Zur näheren Auslegung des Begriffs kann deshalb auf § 7 Rdn. 32 ff. verwiesen werden. Entscheidend ist im Ergebnis, ob ein Rechtsanwalt nach seiner gesamten Persönlichkeit geeignet ist, als berufener unabhängiger Berater und Vertreter seines Mandanten in allen Rechtsangelegenheiten zu wirken. Zu einzelnen Fallgruppen der Unwürdigkeit vgl. oben § 7 BRAO Rdn. 46 ff. 35

36 **b) Stasi-Mitarbeit.** Als spezielles Indiz für ein unwürdiges Verhalten nennt das Gesetz ausdrücklich Handlungen im Zusammenhang mit einer Tätigkeit als hauptamtlicher oder inoffizieller Mitarbeiter der Stasi. Nach anerkannter Auffassung ist es dabei aber nicht ausreichend, daß der betreffende Rechtsanwalt Mitarbeiter der Stasi war. Entscheidend ist vielmehr ein konkreter Verstoß gegen die Grundsätze der Menschlichkeit oder der Rechtsstaatlichkeit im Zusammenhang mit seiner Stasi-Tätigkeit. Es muß also jeweils ein konkretes persönliches schuldhaftes Verhalten von einer gewissen Erheblichkeit nachgewiesen werden.[24]

37 **c) Herausragende Partei- oder Dienststellung.** Ein weiteres im Gesetz nicht genanntes Indiz für ein unwürdiges Verhalten, das aber ebenfalls jeweils im Einzelfall zu würdigen wäre, ist eine herausragende Partei- oder Dienststellung des Rechtsanwalts in der früheren DDR. Zu würdigen im Rahmen von Widerruf und Rücknahme sind also insbesondere die Mitgliedschaft in Leitungsgremien der SED, die Mitgliedschaft in der Parteikontrollkommission der SED, die Mitgliedschaft am Obersten Gerichtshof, an der Generalstaatsanwaltschaft oder als Staatsanwalt bei Generalstaatsanwalt, die Tätigkeit des Direktors eines Bezirksgerichts oder Kreisgerichts, die Tätigkeit als Bezirksstaatsanwalt sowie als Richter in den sog. 1. oder 1 a. Strafsenaten der Bezirksgerichte (politische Straftaten) sowie die Mitglieder der 1 a. Abteilungen der Bezirksstaatsanwaltschaften. Alle diese Tätigkeiten sind aber für sich allein genommen noch nicht ausreichend. Der Widerruf sowie die Rücknahme der Zulassung verlangen auch hier jeweils einen konkret nachgewiesenen Verstoß gegen die Grundsätze der Menschlichkeit oder der Rechtsstaatlichkeit.

38 **d) Verstoß gegen Grundsätze der Menschlichkeit.** Die im Gesetz genannte Unwürdigkeit wird weiterhin dadurch konkretisiert, daß ein Verstoß gegen die Grundsätze der Menschlichkeit oder der Rechtsstaatlichkeit vorliegen muß. Es ist anerkannt, daß sich eine rechtsfeindliche Einstellung eines Rechtsanwalts aus Verstößen gegen übergesetzliches allgemein anerkanntes Recht wie die Grundsätze der Menschlichkeit und der Rechtsstaatlichkeit ergeben kann. Die Geltung dieser Grundsätze läßt sich aus dem allgemeinen Sittengesetz und den jeder Rechtsordnung vorgegebenen natürlichen Rechten des Menschen herleiten, die auch unter der Herrschaft des SED-Regimes Geltung beanspruchen konnten.[25] In Übereinstimmung mit Rechtsprechung und Literatur kann zur Konkretisierung von Grundsätzen der Menschlichkeit insbesondere die allgemeine Erklärung der Menschenrechte der Vereinten Nationen vom 10. 12. 1948 herangezogen werden, die jedenfalls formal auch in der DDR anerkannt worden war.[26] Im einzelnen werden hier genannt der Anspruch jedes Menschen auf wirksamen Rechtsschutz, der Anspruch auf ein der Billigkeit entsprechendes und öffentliches Verfahren vor einem unabhängigen und unparteiischen Gericht, der Anspruch darauf, nicht willkürlich Eingriffen in das Privatleben oder Angriffen auf Ehre und Ruf ausgesetzt zu sein, der Anspruch darauf, jedes Land einschließlich des eigenen zu verlassen sowie in sein Land zurückzukehren, der Anspruch auf freie Meinungsäußerung.

39 Das BVerfG hat die Verstöße gegen die Grundsätze der Menschlichkeit oder der Rechtsstaatlichkeit durch folgende Fallgruppen konkretisiert: Ein Verstoß ge-

---

[24] Vgl. BVerfG AnwBl. 1996, 104, 110 f. = NJW 1996, 709 = JZ 1996, 674 m. Anm. *Henssler*.

[25] Vgl. BVerfGE 15, 338; 19, 1; 31, 338.

[26] So insbesondere die Beschlüsse des Thüringer Anwaltsgerichtshofs v. 31. 1. 1994 EGH 24/93 und v. 27. 6. 1994 EGH 2/94; ferner *Feuerich/Braun*, § 1 RNPG Rdn. 10.

gen dieses Grundsätze kann insbesondere in der Weitergabe von Informationen denunziatorischen Charakters und der damit verbundenen Erwartung begründet sein, daß dem Betroffenen unmenschliche oder rechtsstaatswidrige Folgen drohen. Ferner kann ein Verstoß in der Art der Informationsbeschaffung liegen (insbesondere heimliches Ausspähen eines fremden Privatbereichs). Ein Verstoß kann weiterhin in dem Inhalt der weitergegebenen Information liegen (personenbezogene Informationen, Informationen aufgrund psychologisierender Beobachtungen, Mutmaßungen oder Rückschlüsse). Schließlich kann der Verstoß durch die besondere Schadensprognose begründet sein (Handlungen als Ausgangspunkt systembezogener Verfolgungsmaßnahmen).

e) **Einzelfallprüfung notwendig.** In allen denkbaren Fällen muß ein persönliches, schuldhaftes und vorwerfbares Verhalten des Rechtsanwalts von einer gewissen Erheblichkeit vorliegen. Ausgeschlossen ist eine typisierende Betrachtung. Es ist in jedem Einzelfall eine konkrete Prüfung der nachgewiesenen Taten des Rechtsanwalts erforderlich. Alle bisher genannten Merkmale sind im Rahmen einer solchen Einzelfallprüfung nur als Indizien abzuwägen.[27] **40**

6. Zeitliche Begrenzung von Widerruf und Rücknahme

Gemäß § 13 Abs. 2 des RechtsanwaltsprüfungsG kommen ein auf dieses Gesetz gestützter Widerruf bzw. eine solche Rücknahme nur für einen Zeitraum von sechs Jahren ab Inkrafttreten in Betracht. Da das Gesetz am 24. 7. 1992 erlassen und am 30. 7. 1992 verkündet worden war, ist es gemäß § 13 Abs. 1 also am 31. 7. 1992 in Kraft getreten. Gemäß § 187 Abs. 2, § 188 Abs. 2 BGB können somit nach dem 30. 7. 1998 Widerruf und Rücknahmen nicht mehr ausgesprochen werden, wenn sie auf das RechtsanwaltsprüfungsG gestützt werden sollen. **41**

VIII. Verfahren

Das Verfahren bei Widerruf und Rücknahme ist in diesem Gesetz nicht geregelt. Es gelten die allgemeinen Vorschriften zum Verfahren bei Widerruf und Rücknahme in der BRAO (vgl. §§ 14, 16, 36 a, 37, 39 ff. BRAO).[28] **42**

Besonderheiten zur Kenntnislage i. S. von § 14 Abs. 1 BRAO und zur Verwertung von Stasi-Unterlagen regeln die §§ 3 und 4 dieses Gesetzes.

Das Inkrafttreten und die Geltungsdauer ist in § 13 des Gesetzes geregelt.

§ 2 [Rücknahme von Zulassungen nach dem 14. 9. 1990]

Nach dem 14. September 1990, aber vor dem 3. Oktober 1990 durch den Minister der Justiz der Deutschen Demokratischen Republik ausgesprochene Zulassungen zur Rechtsanwaltschaft werden mit Wirkung für die Zukunft zurückgenommen, wenn die Zulassung nach dem im Zeitpunkt der Entscheidung geltenden Recht zu versagen war, weil der Bewerber sich eines Verhaltens schuldig gemacht hat, das ihn wegen Verstoßes gegen die Grundsätze der Menschlichkeit oder Rechtsstaatlichkeit insbesondere im Zusammenhang mit einer Tätigkeit als haupt-

---

[27] Vgl. insbesondere BVerfG NJW 1996, 709 = AnwBl. 1996, 110 f.; BGH, AnwBl. 1994, 293; *Prütting* AnwBl. 1994, 321.
[28] So die amtl. Begr. der Bundesregierung, BR-Drucks. 20/92 S. 10; *Feuerich/Braun*, § 1 RNPG Rdn. 18.

amtlicher oder inoffizieller Mitarbeiter des Staatssicherheitsdienstes unwürdig erscheinen ließ, den Beruf eines Rechtsanwalts auszuüben.

I. Systematische Stellung der Norm und Anwendungsbereich

1 Wie näher dargelegt (s. oben § 1 Rdn. 15, 27), findet § 1 des Gesetzes auf alle Fälle von Widerruf und Rücknahme Anwendung, wenn die Zulassung des betroffenen Rechtsanwalts **vor** dem 15. 9. 1990[1] durch Aufnahme in das Kollegium oder durch den Minister der Justiz der Deutschen Demokratischen Republik ausgesprochen worden war. Dies findet seine Begründung darin, daß am 15. 9. 1990 das RAG vom 13. 9. 1990[1] in Kraft getreten ist. Die Vorschrift des § 2 hat demgegenüber nur einen sehr **engen Anwendungsbereich**. Sie betrifft nur diejenigen Rechtsanwälte, deren Zulassung nach dem 14. 9. 1990 und vor dem 3. 10. 1990, dem Tag der Wiedervereinigung, ausgesprochen worden war. Es geht also um Fallgestaltungen, in denen ein Rechtsanwalt seine Zulassung bereits unter der Geltung des RAG, aber noch durch die zuständigen Stellen der DDR erhalten hat. § 2 zeigt also ein deutliches Mißtrauen des Gesetzgebers, daß durch die zuständigen Stellen der DDR Bewerber zur Rechtsanwaltschaft zugelassen worden sind, bei denen in voller Kenntnis der Vergangenheitsbelastungen eine Zulassung ausgesprochen wurde, die nach dem RAG nicht hätte ausgesprochen werden dürfen.

II. Inhalt der Norm

2 Bei Rechtsanwälten, die in dem genannten Zeitraum zugelassen worden sind, kommt ein **Widerruf** der Zulassung nach diesem Gesetz nicht in Betracht. Rechtsgrundlage eines Widerrufs konnte bis September 1994 allein § 16 Abs. 2 RAG sein, seither ist ein Widerruf ausschließlich nach § 14 Abs. 2 BRAO möglich.

3 Neben § 14 Abs. 1 BRAO schafft § 2 des RechtsanwaltsprüfungsG einen besonderen Tatbestand der **Rücknahme** für Rechtsanwälte, die zwischen 15. 9. und 3. 10. 1990 zugelassen worden sind. Bei diesen ist die Rücknahme über § 14 Abs. 1 BRAO hinaus möglich, wenn die eine Rücknahme begründenden Tatsachen im Zeitpunkt der tatsächlichen Zulassung schon objektiv gegeben waren, die zuständige Stelle die Zulassung aber in voller Kenntnis dieser Tatsachen ausgesprochen hat. Hatte die zuständige Stelle im Zeitpunkt der Zulassung keine Kenntnis von den belastenden Tatsachen, greift bereits § 14 Abs. 1 BRAO ein (früher § 16 Abs. 1 RAG). Ist unklar, ob die zuständige Stelle im Zeitpunkt der Zulassung Kenntnis hatte, muß § 2 RechtsanwaltsprüfungG eingreifen, der insoweit die Funktion eines Auffangtatbestandes hat.

4 Die sachlichen Kriterien der Rücknahme sind identisch mit § 1 Abs. 2 des Gesetzes; im einzelnen s. oben § 1 Rdn. 32–40.

§ 3 [Kenntnis über Tatsachen]

Kenntnis im Sinne des § 14 Abs. 1 der Bundesrechtsanwaltsordnung und des § 16 Abs. 1 des Rechtsanwaltsgesetzes besteht nicht über Tatsachen, die bei der Zulassung zur Rechtsanwaltschaft in der Annahme rechtlicher Hinderungsgründe nicht verwertet worden sind.

---

[1] RAG v. 13. 9. 1990, GBl. I Nr. 61, S. 1504; geändert durch § 23 Rechtspflegeanpassungsg v. 26. 6. 1992, BGBl. I, S. 1147.

§ 4 Verwendung von Stasi-Unterlagen   § 4 RNPG

I. Systematische Stellung der Norm

§ 3 ist kein eigener Tatbestand zur Überprüfung von Zulassungen der DDR-Rechtsanwälte. Diese Tatbestände sind in § 1 und § 2 abschließend (neben der BRAO) geregelt. Vielmehr erläutert § 3 nur das Tatbestandsmerkmal der „Kenntnis", wie es heute in § 14 Abs. 1 BRAO genannt ist. **1**

Der Hinweis auf § 16 RAG im Gesetzestext ist durch die BRAO-Novelle vom 2. 9. 1994 überholt, da das RAG durch diese Novelle außer Kraft getreten ist. **2**

II. Inhalt der Norm

Kenntnis i. S. von § 14 Abs. 1 BRAO bedeutet das vorhandene tatsächliche Wissen der zuständigen Stelle bei der Zulassungsentscheidung. Ob und wie die Kenntnis einzelner Tatsachen für die rechtliche Entscheidung bewertet und herangezogen wurde, spielt keine Rolle. Ohne Bedeutung ist es ferner, warum die zuständige Stelle von Tatsachen keine Kenntnis hatte. Ohne Bedeutung ist also, ob der Zulassungsbewerber eine Täuschung begangen oder bewußt Falsches vorgetragen hat. **3**

§ 3 dieses Gesetzes stellt klar, daß es auch einen Fall von Unkenntnis der zuständigen Stelle bedeutet, wenn diese von einer Tatsache zwar faktisch Kenntnis hatte, die zuständige Stelle aber die Tatsache in der Annahme rechtlicher Hinderungsgründe nicht verwertet hat. Nach Auffassung des Gesetzgebers dürfte dies vor allem solche Tatsachen betreffen, die im Rahmen von Richter- und Staatsanwaltsüberprüfung als Erkenntnisse gewonnen worden sind, die aber bei der Entscheidung über die Zulassung nicht herangezogen worden sind, weil die zuständige Stelle der Auffassung war, eine Verwertung solcher Erkenntnisse sei rechtlich nicht zulässig. Damit wird also der Anwendungsbereich von § 14 Abs. 1 BRAO um diejenigen Fälle erweitert, in denen die zuständige Stelle (sei es berechtigt oder unberechtigt) sich aus Rechtsgründen wie z. B Gründen des Datenschutzes und ähnlichen Gesichtspunkten an einer Verwertung bestimmter Erkenntnisse gehindert sah. **4**

Die im Rahmen von Zulassungsentscheidungen des Jahres 1990 möglicherweise vorhandenen Rechtsprobleme sind im übrigen durch § 4 dieses Gesetzes und das Stasi-Unterlagen-Gesetz[1] in der Zwischenzeit beseitigt worden. Soweit man nicht mit guten Gründen die Auffassung vertritt, daß § 3 dieses Gesetzes von Anfang an nur klarstellende Funktion hatte, muß dies jedenfalls seit 1992 angenommen werden. **5**

§ 4 [Unterlagen des Staatssicherheitsdienstes]

Die Landesjustizverwaltungen sind berechtigt, die Unterlagen des Staatssicherheitsdienstes im Rahmen der Vorschriften des Stasi-Unterlagen-Gesetzes zu verwenden zur Prüfung, ob Rechtsanwaltszulassungen zu widerrufen oder zurückzunehmen sind, weil sich der Rechtsanwalt eines Verhaltens schuldig gemacht hat, das ihn wegen Verstoßes gegen die Grundsätze der Menschlichkeit oder der Rechtsstaatlichkeit im Zusammenhang mit einer Tätigkeit als hauptamtlicher oder inoffizieller Mitarbeiter des Staatssicherheitsdienstes unwürdig erscheinen läßt, den Beruf des Rechtsanwalts auszuüben.

---

[1] Gesetz über die Unterlagen des Staatssicherheitsdienstes der ehemaligen Deutschen Demokratischen Republik v. 20. 12. 1991, BGBl. I, S. 2272.

1 § 4 enthält ebenso wie § 3 keinen eigenen Tatbestand zur Überprüfung von Zulassungen der DDR-Rechtsanwälte. Vielmehr enthält § 4 eine Regelung, die im Rahmen der Verwertung von Erkenntnissen in Verfahren gemäß § 1 oder § 2 dieses Gesetzes von Bedeutung sein kann. Ausgangspunkt dieser gesetzlichen Regelung ist die Tatsache, daß die insoweit heranzuziehenden Erkenntnisse als personenbezogene Daten generell dem Datenschutz unterliegen. Jedoch ist die Regelung des BDSG in seinem Anwendungsbereich subsidiär zu anderen Rechtsvorschriften des Bundes, die in spezieller Weise den Umgang mit personenbezogenen Daten zum Gegenstand haben (vgl. § 1 Abs. 4 BDSG). Das Stasi-Unterlagen-Gesetz vom 20. 12. 1991 (BGBl. I, S. 2272) ist daher ebenso wie § 4 des vorliegenden Gesetzes der typische Fall einer bereichsspezifischen Regelung, die dem BDSG vorgeht. Dies bedeutet, daß Erkenntnisse aus den Unterlagen des Staatssicherheitsdienstes im Rahmen der Vorschriften des Stasi-Unterlagen-Gesetzes herangezogen werden dürfen. § 4 des vorliegenden Gesetzes stellt dies nur klar und hat zusätzlich die Funktion klarzustellen, daß der eröffnete Zugriff auf die Stasi-Unterlagen nur zur Klärung der Frage dienen darf, ob eine Rechtsanwaltszulassung gerade deshalb zu widerrufen oder zurückzunehmen sei, weil ein Fall von § 1 oder § 2 des RechtsanwaltsprüfungsG vorliegt. Andere Fälle der Heranziehung von Stasi-Unterlagen werden durch § 4 nicht gedeckt.

2 Soweit danach die Heranziehung von Stasi-Unterlagen in Betracht kommt, ist diese nach § 20 Abs. 1 Nr. 7, § 21 Abs. 1 Nr. 7 Stasi-Unterlagen-Gesetz von der Einwilligung des Betroffenen abhängig. Zu berücksichtigen ist allerdings, daß die Einwilligung eines betroffenen Rechtsanwalts im Rahmen der Ermittlung von Sachverhalten im Zulassungsverfahren gemäß § 36 a Abs. 2 BRAO unter die Obliegenheiten zur Mitwirkung des Bewerbers oder des Rechtsanwalts fällt. Dies bedeutet, daß der Rechtsanwalt faktisch gezwungen ist, seine Einwilligung zu erklären, wenn er verhindern will, daß eine nicht hinreichende Aufklärung des Sachverhalts zu seinen Lasten berücksichtigt wird. Darauf ist der Rechtsanwalt gemäß § 36 a Abs. 2 Satz 3 BRAO hinzuweisen.

Zweiter Abschnitt. Notare

§ 5 [Berufung vor dem 30. Juni 1990]

Vor dem 30. Juni 1990 vom Minister der Justiz der Deutschen Demokratischen Republik berufene Notare sind des Amtes zu entheben, wenn sie nach ihrer Persönlichkeit für das Notaramt nicht geeignet sind, weil sie gegen die Grundsätze der Menschlichkeit oder der Rechtsstaatlichkeit insbesondere im Zusammenhang mit einer Tätigkeit als hauptamtlicher oder inoffizieller Mitarbeiter des Staatssicherheitsdienstes verstoßen haben.

§ 6 [Berufung nach dem 29. Juni 1990]

Nach dem 29. Juni 1990, aber vor dem 3. Oktober 1990 vom Minister der Justiz der Deutschen Demokratischen Republik bestellte Notare sind des Amtes zu entheben, wenn sie nach dem im Zeitpunkt der Entscheidung geltenden Recht nach ihrer Persönlichkeit für das Notaramt nicht geeignet waren, weil sie gegen die Grundsätze der Mensch-

lichkeit oder der Rechtsstaatlichkeit insbesondere im Zusammenhang mit einer Tätigkeit als hauptamtlicher oder inoffizieller Mitarbeiter des Staatssicherheitsdienstes verstoßen haben.

§ 7 [Kenntnis nicht verwerteter Tatsachen]

Tatsachen, die bei der Bestellung zum Notar in der Annahme rechtlicher Hinderungsgründe nicht verwertet worden sind, gelten nicht als bei der Entscheidung bekannt gewes4en.

§ 8 [Verwendung von Stasi-Unterlagen]

Die Landesjustizverwaltungen sind berechtigt, die Unterlagen des Staatssicherheitsdienstes im Rahmen der Vorschriften des Stasi-Unterlagen-Gesetzes zu verwenden zur Prüfung, ob Notare des Amtes zu entheben sind, weil sie wegen Verstoßes gegen die Grundsätze der Menschlichkeit oder der Rechtsstaatlichkeit im Zusammenhang mit einer Tätigkeit als hauptamtlicher oder inoffizieller Mitarbeiter des Staatssicherheitsdienstes nach ihrer Persönlichkeit für das Notaramt nicht geeignet sind.

Dritter Abschnitt. Ehrenamtliche Richter

§ 9 [Ausschluß der Berufung]

(1) Zu dem Amt eines ehrenamtlichen Richters soll nicht berufen werden, wer
1. gegen die Grundsätze der Menschlichkeit oder der Rechtsstaatlichkeit verstoßen hat oder
2. wegen einer Tätigkeit als hauptamtlicher oder inoffizieller Mitarbeiter des Staatssicherheitsdienstes der ehemaligen Deutschen Demokratischen Republik im Sinne des § 6 Abs. 4 des Stasi-Unterlagen-Gesetzes vom 20. Dezember 1991 (BGBl. I S. 2272) oder als diesen Mitarbeitern nach § 6 Abs. 5 des Stasi-Unterlagen-Gesetzes gleichgestellte Person für das Amt eines ehrenamtlichen Richters nicht geeignet ist.

(2) Die für die Berufung zuständige Stelle kann zu diesem Zweck von dem Vorgeschlagenen eine schriftliche Erklärung verlangen, daß bei ihm die Voraussetzungen des Absatzes 1 nicht vorliegen.

§ 10 [Abberufung]

(1) Ein ehrenamtlicher Richter ist von seinem Amt abzuberufen, wenn nachträglich in § 9 Abs. 1 bezeichnete Umstände bekanntwerden.

(2) Das Verfahren richtet sich nach den Vorschriften, die im übrigen für die Abberufung eines ehrenamtlichen Richters der jeweiligen Art gelten, soweit in den Absätzen 3 und 4 nichts anderes bestimmt ist.

(3) Wenn ein Antrag auf Abberufung gestellt oder ein Abberufungsverfahren von Amts wegen eingeleitet worden ist und der dringende Verdacht besteht, daß die Voraussetzungen des § 9 Abs. 1 vorliegen, kann das für die Abberufung zuständige Gericht anordnen, daß der ehrenamtliche Richter bis zur Entscheidung über die Abberufung das Amt nicht ausüben darf. Die Anordnung ist unanfechtbar.

(4) Die Entscheidung über die Abberufung ist unanfechtbar. Der abberufene ehrenamtliche Richter kann binnen eines Jahres nach Wirksamwerden der Entscheidung die Feststellung beantragen, daß die Voraussetzungen des § 9 Abs. 1 nicht vorgelegen haben. Über den Antrag entscheidet das nächsthöhere Gericht durch unanfechtbaren Beschluß. Ist das nächsthöhere Gericht ein oberstes Bundesgericht oder ist die Entscheidung von einem obersten Bundesgericht getroffen worden, entscheidet ein anderer Spruchkörper des Gerichts, das die Entscheidung getroffen hat. Ergibt sich nach den Sätzen 3 und 4 kein zuständiges Gericht, so entscheidet das Oberlandesgericht, in dessen Bezirk die Entscheidung getroffen worden ist; in den Ländern Brandenburg, Mecklenburg-Vorpommern, Sachsen, Sachsen-Anhalt und Thüringen tritt an die Stelle des Oberlandesgerichts der besondere Senat des Bezirksgerichts, soweit noch kein Oberlandesgericht besteht.

§ 11 [Gewählte oder berufene ehrenamtliche Richter]

Die §§ 9 und 10 gelten auch für ehrenamtliche Richter, die gewählt oder berufen werden oder worden sind nach der Ordnung zur Wahl und Berufung ehrenamtlicher Richter vom 1. September 1990 (GBl. I Nr. 62 S. 1553), die nach Anlage II Kapitel III Sachgebiet A Abschnitt I Nr. 8 des Einigungsvertrages vom 31. August 1990 (BGBl. 1990 II S. 885, 1153) fortgilt, in Verbindung mit Anlage I Kapitel III Sachgebiet A Abschnitt III Nr. 1 Buchstabe p des Einigungsvertrages vom 31. August 1990 (BGBl. 1990 II S. 885, 925) und § 37 des Richtergesetzes der Deutschen Demokratischen Republik vom 5. Juli 1990 (GBl. I Nr. 42 S. 637).

Vierter Abschnitt. Änderung anderer Vorschriften, Inkrafttreten

§ 12 [Änderung der Verordnung über die Tätigkeit von Notaren in eigener Praxis]

(vom Abdruck wurde abgesehen)

§ 13 [Inkrafttreten: Widerruf und Rücknahme]

(1) Dieses Gesetz tritt am Tage nach der Verkündung in Kraft.

(2) Die Landesjustizverwaltungen dürfen den Widerruf oder die Rücknahme der Zulassung zur Rechtsanwaltschaft nur für die Dauer von sechs Jahren nach Inkrafttreten dieses Gesetzes auf §§ 1 und 2 stützen.

§ 13 RNPG

1 Die Vorschrift regelt sowohl das Inkrafttreten des Gesetzes als auch den zeitlichen Umfang der Geltung im Hinblick auf die Normen, die Widerruf und Rücknahme gestatten.

2 Das Gesetz ist am 24. 7. 1992 erlassen und am 30. 7. 1992 im Bundesgesetzblatt I verkündet worden (BGBl. I, S. 1368). Es ist also gemäß Abs. 1 am 31. 7. 1992 in Kraft getreten.

3 Nach Absatz 2 sollen die besonderen Widerrufs- und Rücknahmetatbestände der §§ 1 und 2 dieses Gesetzes nur für die Dauer von sechs Jahren gelten. Da das Gesetz am 31. 7. 1992 in Kraft getreten ist, können also gemäß den § 187 Abs. 2, § 188 Abs. 2 BGB nach dem 30. 7. 1998 ein Widerruf oder eine Rücknahme nicht mehr ausgesprochen werden, soweit sie auf das RechtsanwaltsprüfungsG gestützt werden sollen. Mit dieser zeitlichen Befristung sollen ersichtlich die Gesichtspunkte der Verhältnismäßigkeit und des Vertrauensschutzes zum Tragen kommen, wenn die im Gesetz genannte Zeitdauer verstrichen ist. Nach dem 30. 7. 1998 wird also ausschließlich § 14 BRAO gelten. Für Rechtsanwälte der früheren DDR ist damit spätestens ab diesem Zeitpunkt Rechtssicherheit und Rechtsfrieden erreicht.

4 Zu beachten ist, daß nach dem 30. 7. 1998 nur die §§ 1 und 2 des Gesetzes außer Kraft treten. Alle übrigen Normen für Notare und ehrenamtliche Richter, aber auch die für Rechtsanwälte bedeutsamen Normen der §§ 3 und 4 bleiben in Kraft.

3. Rechtsberatungsgesetz

Vom 13. Dezember 1935 (RGBl. I S. 1478); zuletzt geändert durch Artikel 9 des Gesetzes vom 25. Oktober 1994 (BGBl. I S. 3082, 3116)

Einleitung

Übersicht

	Rdn.
I. Zur Geschichte des Rechtsberatungsgesetzes	1, 2
II. Ziele des Rechtsberatungsgesetzes	3–9
1. Schutz des Rechtsuchenden	5
2. Reibungslosigkeit der Rechtspflege	6
3. Schutz des Anwaltsstandes	7
III. Rechtsberatungsgesetz und Verfassung	10–25
1. Wichtige Entscheidungen des BVerfG	10
2. Weitere verfassungsrechtliche Überlegungen	20
a) Art. 12 GG	20
b) Art. 9 Abs. 1 GG	24
c) Art. 5 Abs. 3	25
IV. Zur Systematik des Rechtsberatungsgesetzes	26–34
V. Geltungsbereich des Rechtsberatungsgesetzes	35–46
1. Räumlicher Geltungsbereich	35
a) Gesamtes Bundesgebiet	35
b) Bremen	36
2. Sachlicher Geltungsbereich	38
3. Persönlicher Geltungsbereich	39
a) Fachkenntnisse	39
b) Volljurist, Richter	40
c) Rechtslehrer	41
VI. Rechtsberatungsgesetz und Anwalts-GmbH	47
VII. Grenzüberschreitende Rechtsberatung	48–91
1. Allgemeines	48
2. Rechtsberatung durch einen Ausländer in Deutschland	51
3. Rechtsberatung durch einen Deutschen im Ausland	81

I. Zur Geschichte des Rechtsberatungsgesetzes

1 Das Rechtsberatungsgesetz stammt aus nationalsozialistischer Zeit. Es wurde am 13. 12. 1935 als „Gesetz zur Verhütung von Mißbräuchen auf dem Gebiete der Rechtsberatung" erlassen[1] und beseitigte die bis dahin geltende Gewerbefreiheit für die Besorgung fremder Rechtsangelegenheiten. Nach dem Ende des zweiten Weltkrieges wurde das Gesetz in die Sammlung des Bundesrechts aufgenommen (BGBl. III 303-12) und seine Überschrift aufgrund § 2 Abs. 4 des Gesetzes über die Sammlung des Bundesrechts[2] in „Rechtsberatungsgesetz" geändert. Seit dem 3. 10. 1990 gilt das RBerG auch in den neuen Bundesländern (vgl. dazu unten Rdn. 39).

2 Als wichtige Änderungen des RBerG seit 1949 sind zu nennen:
- die Beseitigung der Strafbarkeit eines Verstoßes gegen die Erlaubnispflicht durch Umwandlung des § 8 RBerG in eine Vorschrift über Ordnungswidrigkeiten. Die Änderung erfolgte zum 1. 10. 1968 durch das EGOWiG v. 24. 5. 1968 (BGBl. I, S. 503).
- die Schließung des Berufs des Vollrechtsbeistandes und die Einführung eines Katalogs von Tätigkeiten, für die eine sachlich beschränkte Erlaubnis zur

---

[1] RGBl. I, 1935, 1478.
[2] Gesetz v. 10. 7. 1958, BGBl. I, 437.

Einleitung 3–6 **Einl RBerG**

Rechtsberatung erteilt werden kann, durch Art. 2 des 5. BRAGOÄndG v. 18. 1. 1980 (BGBl. I, S. 1503).
– die Erweiterung des Ausnahmekatalogs des § 1 Abs. 1 um den Beruf des Versicherungsberaters in § 1 Abs. 1 Nr. 2 durch Art. 3 des Gesetzes v. 13. 12. 1989 (BGBl. I, S. 2135).
– die Beschränkung der in § 1 Abs. 1 Nr. 6 vorgesehenen Möglichkeit, eine Erlaubnis für die Rechtsberatung auf dem Gebiet des Rechts der Europäischen Gemeinschaften zu erlangen, durch Art. 4 des Gesetzes vom 30. 8. 1994 (BGBl. II, S. 1438).

II. Ziele des Rechtsberatungsgesetzes

Das RBerG sollte nach der Gesetzesbegründung **drei Zielen** dienen:[3] Die Erlaubnispflicht wurde einerseits als erforderlich zum Schutze der Rechtsuchenden angesehen, auf die „das Winkelkonsulententum von jeher vielfach eine bedenklich starke Anziehungskraft ausgeübt" habe. Die Einführung der Erlaubnispflicht diene auch dem Interesse der Behörden, deren Arbeit durch die Tätigkeit nicht sachkundiger Personen wesentlich erschwert werde. Schließlich dürfe auch die wirtschaftliche Lage der Anwaltschaft nicht außer acht gelassen werden. Wenn der Staat einen Berufsstand schaffe, der besonderen standesrechtlichen Regeln und sonstigen berufsrechtlichen Bindungen unterworfen sei, so müsse er ihn auch vor dem Wettbewerb derer schützen, die solchen Bindungen nicht unterworfen seien.

Die in der Gesetzesbegründung angesprochenen Ziele des RBerG sind in Rechtsprechung und Literatur im einzelnen wie folgt beschrieben worden:

3

4

1. Schutz des Rechtsuchenden

Das RBerG dient dem Verbraucherschutz,[4] dem Schutz des einzelnen Rechtsuchenden. Er soll zunächst davor bewahrt werden, von Personen beraten zu werden, die nicht über die erforderliche Sachkunde zur ordnungsgemäßen Erledigung der Rechtssache verfügen.[5] Dadurch soll verhindert werden, daß der Rechtsuchende durch fehlerhafte Rechtsbesorgung Rechtsnachteile erleidet oder Rechtspositionen verliert.[6] Das Rechtsberatungsgesetz verfolgt darüber hinaus das Ziel, vor solchen Personen zu schützen, die aus anderen Gründen als mangelnder Sachkunde nicht die erforderliche Gewähr für eine sachgemäße Beratung bieten, etwa weil über ihr Vermögen das Konkursverfahren eröffnet ist.[7] Bei persönlicher Unzuverlässigkeit droht dem Rechtsuchenden nämlich der Verlust von Vermögenswerten, die er dem Rechtsberater anvertraut hat.[8]

5

2. Reibungslosigkeit der Rechtspflege

Weiter dient der generelle Erlaubniszwang der reibungslosen Abwicklung des Rechtsverkehrs.[9] Insbesondere geht es dabei auch um die zügige und zuverlässige Durchführung von Rechtsstreitigkeiten vor Gericht, die nicht durch Personen

6

---

[3] RStBl. 1935, 1528.
[4] *König*, Rechtsberatungsgesetz, S. 22.
[5] BGHZ 15, 315 (321); BGH NJW 1967, 1558 (1559 f.); BVerwG NJW 1977, 2178; *Altenhoff/Busch/Chemnitz*, Art. 1 § 1 Rdn. 18; *Rennen/Caliebe*, Art. 1 § 1 Rdn. 9.
[6] *König*, Rechtsberatungsgesetz, S. 22.
[7] Vgl. BVerwG NJW 1977, 2178.
[8] *König*, Rechtsberatungsgesetz, S. 22.
[9] OLG Karlsruhe AnwBl. 1989, 244; *Altenhoff/Busch/Chemnitz*, Art. 1 § 1 Rdn. 18.

behindert werden soll, die nicht die persönliche Zuverlässigkeit bzw. Eignung besitzen,[10] z. B. weil sie bereit sind, bei der Wahrnehmung fremder Interessen geltendes Recht zu mißachten.[11]

3. Schutz des Anwaltsstandes

7 Schließlich soll der Anwaltsstand vor dem Wettbewerb von Personen geschützt werden, die keinen standesrechtlichen, gebührenrechtlichen oder ähnlichen im Interesse der Rechtspflege gesetzten Schranken unterliegen.[12] Insoweit ist das RBerG auch ein Schutzgesetz i. S. d. § 823 Abs. 2 BGB.[13] Das RBerG dient aber nicht dem Schutz vor Konkurrenz an sich. Deshalb kann ein Anwalt nicht gegen die einem Dritten rechtswidrig erteilte Erlaubnis zur Rechtsberatung vorgehen.[14] Das Rechtsberatungsgesetz schützt durch den Erlaubniszwang, nicht aber vor der Erlaubniserteilung.

8 Die soeben angesprochenen Zwecke des RBerG, nämlich der Schutz der Rechtsuchenden vor fachlich ungeeigneten und unzuverlässigen Personen und die Sicherung der reibungslosen Abwicklung des Rechtsverkehrs, dienen hinreichend wichtigen Belangen des Gemeinwohls im Sinne der Rechtsprechung des BVerfG zu Art. 12 GG.[15]

9 Mit der Zielsetzung, den Anwaltsstand vor dem Wettbewerb anderer, nicht in gleicher Weise qualifizierter und beaufsichtigter Personen zu schützen, hat das BVerfG sich nicht ausdrücklich beschäftigt. Es hat aber ausgesprochen, daß der Gesetzgeber Rechtsberatung und Rechtsbesorgung den Rechtsanwälten vorbehalten darf.[16] Zwar kann das RBerG nicht vor Konkurrenz an sich schützen. Es kann aber dem entgegenwirken, daß ein anerkannter Berufsstand durch unzuverlässige und ungeeignete Konkurrenz in Verruf gebracht wird.

III. Rechtsberatungsgesetz und Verfassung

1. Wichtige Entscheidungen des BVerfG

10 Das BVerfG hat sich in mehreren Entscheidungen mit verfassungsrechtlichen Aspekten des Rechtsberatungsgesetzes befaßt.

11 a) Im Beschluß v. 25. 2. 1976[17] hatte sich das BVerfG mit der Frage zu befassen, ob § 1 Abs. 1 S.1 der 1. AVO zum RBerG verfassungsgemäß ist. Die Vorschrift sieht vor, daß eine nach Art. 1 § 1 RBerG erforderliche Erlaubnis grundsätzlich für einen bestimmten Ort erteilt wird. Aus dieser Formulierung war in der instanzgerichtlichen Rechtsprechung eine örtliche Begrenzung der Berufsausübung in dem Sinne hergeleitet worden, daß Rechtsbesorgungen außerhalb des Geschäftssitzes grundsätzlich unstatthaft sind. Das BVerfG hat die Vorschrift des § 1 Abs. 1 S. 1 der AVO zum RBerG jedoch für nichtig erklärt, soweit sie eine örtliche Begrenzung der Erlaubnis zur Rechtsberatung beinhaltet.

---

[10] BVerwG DVBl. 1980, 640; VGH Mannheim NJW 1984, 1052 f.; *Rennen/Caliebe*, Art. 1 § 1 Rdn. 9; *Altenhoff/Busch/Chemnitz*, Art. 1 § 1 Rdn. 18 m. w. N.
[11] Vgl. VGH Mannheim NJW 1984, 1052 f.
[12] BGHZ 15, 315 (317); BVerwG NJW 1989, 1175; OLG Karlsruhe AnwBl. 1985, 323, 325.
[13] BGHZ 15, 315 (317).
[14] BVerwG NJW 1989, 1175.
[15] BVerfGE 41, 378 (390).
[16] BVerfGE 75, 246 (273).
[17] BVerfGE 41, 378.

In der Begründung weist das Gericht zunächst darauf hin, es liege ein Verfas- **12** sungsverstoß nicht schon darin, daß das RBerG die Besorgung fremder Rechtsangelegenheiten von einer Erlaubnis abhängig mache. Die mit dem Rechtsberatungsgesetz verbundene Einschränkung der Berufsfreiheit ist nach Ansicht des Gerichts **mit Art. 12 GG grundsätzlich vereinbar.** Das RBerG bezwecke, zum Schutz der Rechtsuchenden und auch im Interesse einer reibungslosen Abwicklung des Rechtsverkehrs fachlich ungeeignete und unzuverlässige Personen von der geschäftsmäßigen Besorgung fremder Rechtsangelegenheiten fernzuhalten. Dieser Zweck diene hinreichend wichtigen Belangen des Gemeinwohls im Sinne der Rechtsprechung des BVerfG zu Art. 12 GG.[18]

Das Gericht stellt sodann fest, es sei zwar mit Art. 12 Abs. 1 GG vereinbar, **13** wenn die Erlaubnis nach § 1 der 1. AVO für einen bestimmten Ort als Geschäftssitz erteilt werde. Eine solche Auslegung des § 1 der 1. AVO sei verfassungsrechtlich unbedenklich. Sie führe dazu, daß der Rechtsbeistand seinen Beruf von einem bestimmten Ort aus und nicht als Wandergewerbe auszuüben habe. Die gleichzeitige Beschränkung der erlaubten Tätigkeit auf den Ort des Geschäftssitzes verstoße jedoch als Regelung der Berufsausübung gegen den Grundsatz der Verhältnismäßigkeit. Da die Bedürfnisprüfung des § 1 Abs. 2 RBerG wegen verfassungsrechtlicher Bedenken entfallen sei, seien keine ausreichenden Gründe mehr erkennbar, die eine örtliche Begrenzung der Berufsausübung rechtfertigen könnten, diese Begrenzung könne vielmehr zu einer unzumutbaren Behinderung des Rechtsbeistandes führen.[19] Im Ergebnis bedeutet das, daß der Erlaubnisinhaber nach § 1 RBerG nicht nur Rechtsberatung auf schriftlichem Wege ohne örtliche Begrenzung betreiben und Schriftsätze bei auswärtigen Gerichten ohne Anwaltszwang einreichen darf. Er darf auch bei auswärtigen Gerichten auftreten, soweit prozessuale Normen nicht entgegenstehen.

b) Der Gesetzgeber hat 1980 die in § 1 RBerG bis dahin vorgesehene Voller- **14** laubnis zur Rechtsberatung abgeschafft, ebenso die Erteilung von Teilerlaubnissen für die Gebiete Bürgerliches Recht, Handels- und Gesellschaftsrecht sowie Wirtschaftsrecht. Statt dessen hat er die Erteilung von Teilerlaubnissen für eng umgrenzte Lebensbereiche vorgesehen, die in § 1 RBerG abschließend aufgezählt sind.

aa) Mit der geschilderten Neuregelung hat sich das BVerfG in seiner **Ent-** **15** **scheidung v. 5. 5. 1987**[20] befaßt und sie als mit dem Grundgesetz vereinbar angesehen. Der Gesetzgeber hat nach Auffassung des Gerichts grundsätzlich die Befugnis, bestehende Berufsbilder nicht nur voneinander abzugrenzen, sondern auch gestaltend in sie einzugreifen und sie zu verändern. Art. 12 GG binde den Gesetzgeber keinesfalls an traditionell vorgeprägte Berufsbilder und zwinge ihn insbesondere nicht, Berufe mit (teilweise) identischen Tätigkeitsbereichen, aber unterschiedlichen Zugangsvoraussetzungen auf Dauer nebeneinander bestehen zu lassen. Er könne auch verwandte Berufe vereinheitlichen, indem er Zulassungsvoraussetzungen aufstelle und die Berufsbewerber zwinge, einen Beruf in einer bestimmten rechtlichen Ausgestaltung zu wählen, die er im Gesetz erhalten hat.[21]

Allerdings seien der gesetzgeberischen Gestaltungsbefugnis auch Grenzen ge- **16** setzt. Die Fixierung von Berufsbildern und das Aufstellen von Zulassungsvoraussetzungen bedeute einen Eingriff in die durch Art. 12 Abs. 1 GG geschützte

---

[18] BVerfGE 41, 378 (390).
[19] BVerfGE 41, 378 (395 ff.).
[20] BVerfGE 75, 246.
[21] BVerfGE 75, 246 (265 ff.); 25, 236 (247); 32, 1 (36); 34, 252 (256).

Berufsfreiheit; sie müsse daher geeignet und erforderlich sein, überragende Gemeinwohlinteressen zu sichern, und dürfe keine übermäßige, unzumutbare Belastung enthalten.[22]

17 Durch die erfolgte Neuregelung seien die bisher von den Rechtsbeiständen ausgeübten Tätigkeiten nicht einfach untersagt, sondern vielmehr bei den Rechtsanwälten konzentriert worden. Die Abschaffung des Berufs des **Vollrechtsbeistands** bedeute deshalb keine objektive Beschränkung der Berufswahl, sondern lediglich eine Anhebung der Qualifikation für die Ausübung der Rechtsbesorgung, da nunmehr die Zulassung zum Rechtsanwalt erforderlich sei, um uneingeschränkt Rechtsbesorgung betreiben zu dürfen. Damit handele es sich um eine Regelung auf der Stufe der Berufswahl durch Aufstellung subjektiver Zulassungsvoraussetzungen. Als verfassungsrechtliche Rechtfertigung eines Eingriffs auf dieser Stufe sieht das BVerfG hier ein **hochwertiges Gemeinschaftsgut**, nämlich den Schutz der rechtsuchenden Bevölkerung und der in der Rechtspflege Tätigen vor ungeeigneten Rechtsberatern. Dieser Schutz habe gerade durch die zunehmende Komplizierung des Rechtswesens mit der wachsenden Verrechtlichung der Lebensverhältnisse an Bedeutung gewonnen.[23] Die Schließung des Berufs des Vollrechtsbeistandes zur Verwirklichung dieses Schutzes sei erforderlich.[24] Die Alternative hätte lediglich in einer Anhebung des Qualifikationsniveaus der Rechtsbeistände durch bessere Ausbildung und Schaffung eines Standesrechts gelegen. Der Gesetzgeber könne sich aber statt dessen auch für die Vereinheitlichung der beiden rechtsberatenden Berufe entscheiden und die Tätigkeit bei den Rechtsanwälten monopolisieren. Denn es lasse sich kein bisher von den Rechtsbeiständen ausgeübter Tätigkeitsbereich feststellen, für dessen Ausübung sachlich deutlich mindere Ausbildungs- und Prüfungsanforderungen genügten, als sie der Beruf des Rechtsanwalts verlange. Ein solcher müsse damit auch nicht einem Beruf des Vollrechtsbeistands vorbehalten bleiben.[25]

18 bb) Auch die Abschaffung der Teilerlaubnis für Bürgerliches Recht, Handels- und Gesellschaftsrecht oder Wirtschaftsrecht ist nach Ansicht des BVerfG verfassungsgemäß. Wer künftig Rechtsberatung auf diesen Gebieten betreiben wolle, könne dies weiterhin unter der Voraussetzung tun, daß er die Zulassung als Rechtsanwalt erhalte. Die Neuregelung mache also diese Tätigkeiten nicht unmöglich, sondern von einer wesentlich qualifizierteren und umfassenderen Ausbildung abhängig. An dieser Einschränkung in der Freiheit der Berufswahl durch eine subjektive Zulassungsvoraussetzung sei der Gesetzgeber ebensowenig gehindert gewesen wie an der Schließung des Berufs als Vollrechtsbeistand.[26]

19 In einer weiteren Entscheidung vom gleichen Tag hat das BVerfG allerdings entschieden, daß der Beruf des unabhängigen Versicherungsberaters nicht wirksam durch die Neuregelung abgeschafft worden ist.[27] Die Tätigkeit des Versicherungsberaters könne einerseits ohne Rechtsberatung nicht in ihrer ursprünglichen Form ausgeübt werden, andererseits könne sie nicht im Beruf des Rechtsanwalts aufgehen, da ein beträchtlicher Teil dem gewerblich-technischen Bereich zuzuordnen sei.[28] Nennenswerte Gesichtspunkte des Gemeinwohls, insbesondere

---

[22] BVerfGE 75, 246 (266 f.).
[23] BVerfGE 75, 246 (267 f.).
[24] BVerfGE 75, 246 (269 f.).
[25] BVerfGE 75, 246 (269 f.).
[26] BVerfGE 75, 246 (275).
[27] BVerfGE 75, 284.
[28] BVerfGE 75, 284 (296).

Interessen der Rechtspflege, stünden der Ausübung des Berufs des Versicherungsberaters nicht entgegen, zumal Rechtsanwälte sich auf dem Gebiet der Versicherungsberatung bisher nicht betätigt hätten. Vielmehr sei davon auszugehen, daß die Abschaffung der Teilerlaubnis für Versicherungsberater sich eher nachteilig auf den Rechtsuchenden auswirke.[29] Die beabsichtigte Abschaffung der Teilerlaubnis zur Versicherungsberatung verstoße daher gegen Art. 12 Abs. 1 GG. Im übrigen sei es auch mit Art. 3 Abs. 1 GG unvereinbar, den Beruf des Versicherungsberaters anders zu behandeln als die durch die Neuregelung weiterhin zugelassenen Berufe, insbesondere der des Rentenberaters. Aufgrund dieser Entscheidung des BVerfG führte der Gesetzgeber die jetzige Regelung des § 1 Nr. 2 ein.[30] Dort ist die Möglichkeit einer Erlaubnis zur Beratung und außergerichtlicher Vertretung gegenüber Versicherern für Versicherungsberater vorgesehen, soweit sie bei der Vereinbarung, Änderung bzw. Prüfung von Versicherungsverträgen oder bei der Wahrnehmung von Ansprüchen aus dem Versicherungsvertrag im Versicherungsfall tätig werden.

2. Weitere verfassungsrechtliche Überlegungen

a) Art. 12 GG. Das Rechtsberatungsgesetz ist in erster Linie ein Berufsordnungsgesetz und daher naturgemäß mit verschiedenen Einschränkungen der Berufsfreiheit verbunden. Diese betreffen zum einen die **Berufswahl.** Nicht jeder, der Rechtsbesorgung betreiben will, kann dies einfach tun. Vielmehr sind zur umfassenden Bearbeitung und Erledigung von Rechtsangelegenheiten die Rechtsanwälte berufen (§ 3 BRAO), die in § 3 Nr. 2 RBerG dementsprechend von der Erlaubnispflicht befreit sind. Die Beschränkungen der Berufswahlfreiheit durch das RBerG entsprechen insgesamt den verfassungsrechtlichen Anforderungen. 20

Das generelle Verbot der Rechtsberatung setzt auch der **Berufsausübung** in verschiedener Hinsicht Grenzen. Diese werden immer dann spürbar, wenn eine berufliche Tätigkeit rechtliche Aspekte aufweist, die in vielen Fällen nicht sinnvoll von der auf nicht-rechtlichem Gebiet liegenden Haupttätigkeit getrennt werden können. Soweit die Ausübung bestimmter Berufe rechtsberatende oder rechtsbesorgende Aspekte aufweist, stellt sich das RBerG für diese Berufe als Regelung der Berufsausübung dar. Auch im Bereich der Berufsausübungsregeln bleibt der Gesetzgeber an den Grundsatz der Verhältnismäßigkeit gebunden. Das Verbot darf nicht weiter gehen, als zur Erreichung des gesetzgeberischen Zwecks notwendig.[31] 21

Unter dem soeben genannten Gesichtspunkt erscheint vor allem die Vorschrift des § 5 RBerG durch Art. 12 GG geboten. § 5 sieht eine Ausnahme von der Erlaubnispflicht für die Fälle vor, in denen ein unmittelbarer Zusammenhang der Rechtsberatung mit der sonstigen Berufsausübung besteht. Er bezweckt, Berufe, die sich sachgerecht nicht ohne gleichzeitige Rechtsbesorgung ausüben lassen, vom Erlaubniszwang des § 1 freizustellen. Diese Berufe sollen nicht deshalb unmöglich gemacht oder unangemessen erschwert werden, weil mit ihnen nach ihrer Eigenart eine rechtliche Tätigkeit verbunden ist.[32] Ohne die in § 5 vorgesehene Ausnahme würden die Beschränkungen durch das RBerG zu weit gehen. Die durch das RBerG geschützten Rechtsgüter, eine funktionierende und zuver- 22

---
[29] BVerfGE 75, 284 (297 f.).
[30] Gesetz v. 13. 12. 1989, BGBl. I, S. 1989, 2135.
[31] BVerfGE 41, 378 (395).
[32] BGH JZ 1988, 556 (557) = NJW 1988, 561 (562).

23 Der Berufsausübung der Rechtsbeistände und Erlaubnisinhaber nach § 1 Abs. 1 Nr. 1–6 RBerG werden durch **§ 157 ZPO** Grenzen gesetzt. Die Erlaubnis zur Rechtsberatung nach dem RBerG umfaßt nicht auch die Befugnis, vor Gericht geschäftsmäßig aufzutreten. Vielmehr ist hierfür nach § 157 Abs. 3 ZPO eine besondere Erlaubnis notwendig. § 157 Abs. 3 S. 2 ZPO, der für die Erteilung der Erlaubnis eine Bedürfnisprüfung vorschreibt, stellt eine Regelung der Berufsausübung, nicht etwa eine Beschränkung der Berufswahlfreiheit dar.[33] Die Tätigkeit eines Prozeßagenten, also das Auftreten in der mündlichen Verhandlung, ist nämlich nur eine Betätigungsweise des Berufs „Rechtsbeistand" und kein eigener Beruf.[34] Die Bedürfnisprüfung genügt auch verfassungsrechtlichen Anforderungen, da nach der Gesamtkonzeption des § 157 ZPO die Vertretung in der mündlichen Verhandlung eigentlich den Rechtsanwälten vorbehalten sein soll, um eine möglichst gute Ordnung des amtsgerichtlichen Verfahrens zu gewährleisten.[35]

24 b) **Art. 9 Abs. 1 GG** (Vereinigungsfreiheit). Die Ausnahme des § 7 ist nicht vom Grundrecht der Vereinigungsfreiheit geboten (vgl. auch unten § 7 Rdn. 20). Zwar wird durch Art. 9 Abs. 1 GG auch die Betätigungsfreiheit der Vereinigungen geschützt, jedoch nur insoweit, als es um Tätigkeiten der Vereinigungen zur Sicherung ihrer Existenz- und Funktionsfähigkeit geht.[36] Dazu gehören Rechtsberatung und Rechtsbesorgung sicher nicht. Tätigkeiten einer Vereinigung, die auch von Einzelpersonen in gleicher Weise vorgenommen werden könnten, sind von Art. 9 GG nicht geschützt.[37] Wird eine Vereinigung nämlich wie jedermann im Rechtsverkehr tätig, sind allein die materiellen Individualgrundrechte und nicht Art. 9 Abs. 1 einschlägig.[38]

25 c) **Art. 5 Abs. 3 GG** (Wissenschaftsfreiheit). Vom Grundrecht der Wissenschaftsfreiheit geboten ist die in § 2 vorgesehene Erlaubnisfreiheit der Erstattung wissenschaftlich begründeter Gutachten. Die Wissenschaftsfreiheit schützt die auf wissenschaftlicher Eigengesetzlichkeit beruhenden Prozesse, Verhaltensweisen und Entscheidungen beim Auffinden von Erkenntnissen, ihrer Deutung und Weitergabe.[39] Dazu gehört nach allgemeiner Auffassung in der Literatur auch die Erstattung wissenschaftlich begründeter Gutachten.[40] Anders als die Berufsfreiheit steht die Wissenschaftsfreiheit nicht unter einem Schrankenvorbehalt. Grenzen können sich daher allenfalls aus der Verfassung selbst ergeben.[41] Es ist jedoch kein Grund-

---

[33] BVerfGE 10, 185 (197).
[34] BVerfGE 10, 185 (195 f.).
[35] BVerfGE 10, 185 (197 f.).
[36] *Jarass/Pieroth,* GG, 3. Aufl. 1995, Art. 9 Rdn. 9.
[37] *Jarass/Pieroth,* GG, 3. Aufl. 1995, Art. 9 Rdn. 10; *v. Münch/Löwer,* Art. 9 Rdn. 33 m. w. N.
[38] BVerfGE 70, 1 (25).
[39] BVerfG NJW 1994, 1781 f.
[40] *V. Mangoldt/Klein/Starck,* GG, 3. Aufl. 1985, Bd. 1, Art. 5 Rdn. 229; *Maunz/Dürig,* Art. 5 Abs. III Rdn. 98; vgl. auch *v. Münch/Wendt,* Art. 5 Rdn. 33.
[41] *V. Münch/Wendt,* Art. 5 Rdn. 113, 95 f.; *Jarass/Pieroth,* GG, 3. Aufl. 1995, Art. 5 Rdn. 84.

recht ersichtlich, das mit der Erstattung eines Gutachtens und der damit verbundenen Rechtsberatung berührt würde. Aus diesem Grund ist die in § 2 vorgesehene Ausnahme durch Art. 5 Abs. 3 Alt. 2 zwingend geboten.

IV. Zur Systematik des Rechtsberatungsgesetzes

Das Rechtsberatungsgesetz enthält in § 1 zunächst die Grundregel, von der in 26 den §§ 2, 3 und 5–7 Ausnahmen gemacht werden. § 4 regelt die Abgrenzung zur Steuerhilfe und § 8 schließlich regelt die Sanktionen eines Verstoßes gegen die Vorschriften des RBerG.

§ 1 [Behördliche Erlaubnis]. Der Gesetzgeber hat das in § 1 enthaltene Ver- 27 bot der Rechtsberatung als **präventives Verbot mit Erlaubnisvorbehalt** und nicht als **repressives Verbot mit Befreiungsvorbehalt** ausgestaltet. Bei letzterem verbietet der Gesetzgeber generell ein bestimmtes Verhalten als sozial schädlich oder sozial unerwünscht, gestattet aber, daß in besonders gelagerten Ausnahmefällen eine Befreiung von diesem Verbot erteilt wird.[42] Bei der Rechtsberatung handelt es sich aber sicher nicht um ein sozial schädliches oder sozial unerwünschtes Verhalten. Rechtsberatung ist erwünscht. Allerdings will das RBerG sicherstellen, daß nur geeignete Personen Rechtsberatung betreiben. Der Gesetzgeber hat deshalb die Rechtsberatung als präventives Verbot mit Erlaubnisvorbehalt ausgestaltet,[43] d. h. sie ist nicht verboten, weil sie generell unterbleiben soll (so beim repressives Verbot mit Befreiungsvorbehalt), sondern weil vorweg behördlich geprüft werden soll, ob eine bestimmte Person die erforderlichen Voraussetzungen für die Rechtsberatung erfüllt.[44]

§ 2 [Gutachten, Schiedsrichter]. Hier ist eine Ausnahme enthalten, nach der 28 die Erstattung von Gutachten, wenn sie wissenschaftlich begründet sind, sowie die Übernahme der Tätigkeit als Schiedsrichter erlaubnisfrei sind (vgl. § 2 Rdn. 1).

§ 3 [Zulässige Tätigkeiten]. Die Vorschrift stellt eine Ausnahme dar, die be- 29 stimmte staatliche Stellen, Personen (etwa Rechtsanwälte und Notare) und Personenmehrheiten von der Erlaubnispflicht befreit (vgl. § 3 Rdn. 1).

§ 4 [Steuer und Monopolsachen]. Die Regelung koppelt die Steuerhilfe 30 völlig von der allgemeinen Rechtsbesorgung ab. Die nach dem RBerG erteilte Erlaubnis gewährt nach § 4 Abs. 1 nicht die Befugnis zur geschäftsmäßigen Hilfeleistung in Steuersachen, ebenso wie umgekehrt die Befugnis zur Steuerhilfe nicht zur Rechtsbesorgung in sonstigen Angelegenheiten ermächtigt.

§ 5 [Zulässige Erledigung von Rechtsangelegenheiten]. § 5 erlaubt Ange- 31 hörigen bestimmter Berufe, einzelne rechtsbesorgende Tätigkeiten auszuüben, die in unmittelbarem Zusammenhang mit einem konkreten Geschäft ihrer eigentlichen Berufstätigkeit stehen.

§ 6 [Angestellte]. Die Rechtsbesorgung durch Angestellte ist vom Erlaubnis- 32 zwang des RBerG freigestellt. Die Vorschrift ist keine echte Ausnahme. Denn erlaubnispflichtig ist ohnehin nur die geschäftsmäßige Rechtsbesorgung. Geschäftsmäßig ist aber nur eine selbständige Tätigkeit, die weisungsfrei, mit eigener Entscheidungsfreiheit und in eigener Verantwortung ausgeübt wird. Daran fehlt es, wenn ein Angestellter im Rahmen des Anstellungsverhältnisses für seinen Dienstherren tätig wird. Insoweit enthält § 6 also nur eine Klarstel-

---

[42] *Maurer*, Allg. Verwaltungsrecht, 9. Aufl. 1994, § 9 Rdn. 55.
[43] Vgl. LG Essen AnwBl. 1965, 153.
[44] Vgl. *Maurer*, Allg. Verwaltungsrecht, 9. Aufl. 1994, § 9 Rdn. 51 f.

lung. Darüber hinaus steckt die Vorschrift aber auch den Rahmen ab, in dem sich der Dienstherr bei der Erledigung von Rechtsangelegenheiten der Mitwirkung Dritter bedienen darf, ohne selbst gegen das RBerG zu verstoßen (vgl. § 6 Rdn. 1).

33 **§ 7 [Berufsständische Vereinigungen].** Hier ist eine Ausnahme von der Erlaubnispflicht zugunsten bestimmter berufsständischer oder berufsstandsähnlicher Vereinigungen enthalten. Die Ausnahme ist sachlich auf Rat und Hilfe im Rahmen des Aufgabenbereichs der Vereinigung beschränkt und personell auf die Beratung der Mitglieder. Daneben sieht er die Möglichkeit eines behördlichen Verbots dieser Tätigkeit vor.

34 **§ 8 [Ordnungswidrigkeiten].** § 8 schließlich regelt die Folgen eines Verstoßes gegen die Erlaubnispflicht sowie gegen ein nach § 7 erlassenes behördliches Verbot der Rechtsbesorgung. Diese Verstöße werden als Ordnungswidrigkeit geahndet.

V. Geltungsbereich des Rechtsberatungsgesetzes

1. Räumlicher Geltungsbereich

35 **a) Gesamtes Bundesgebiet.** Das RBerG gilt im gesamten Bundesgebiet, seit dem 3. 10. 1990 insbesondere auch in den **neuen Bundesländern**[45] sowie in ganz **Berlin**.[46] Die im Einigungsvertrag vom 31. 8. 1990 für das Beitrittsgebiet (außer Berlin) vorgesehenen Maßgaben, die eine Übergangsregelung für bereits erteilte Rechtsbesorgungsaufträge vorsahen und der anfangs noch abweichenden Gerichtsverfassung Rechnung tragen sollten, sind mittlerweile obsolet geworden. Formell ist das RBerG in der sowjetischen Besatzungszone und in der DDR ohnehin niemals aufgehoben worden. Es galt weiter in der ursprünglichen, aus dem Jahr 1935 stammenden Fassung, wurde aber kaum angewandt.[47] Die dort erteilten Erlaubnisse gelten auch nach dem Beitritt grundsätzlich fort.[48]

36 **b) Bremen.** Umstritten ist die Geltung des RBerG lediglich für das Land Bremen. Dort ist der Senat durch Übergangsgesetz zur Regelung der Gewerbefreiheit vom 24. 1. 1949[49] dazu ermächtigt worden, im Verordnungsweg die erforderlichen Maßnahmen zur Regelung der Gewerbefreiheit zu treffen und hierbei auch von bestehenden reichsrechtlichen Vorschriften abzuweichen. Von dieser Ermächtigung hat er u. a. in der 3. DVO vom 3. 3. 1949[50] Gebrauch gemacht und dabei auch die Rechtsberatertätigkeit geregelt. Zugleich wurden alle Regelungen aufgehoben, die den Bestimmungen dieser Verordnung zuwiderliefen.

37 Der Bundesgesetzgeber hat diese Verordnung des bremischen Senats nicht aufgehoben, sondern unter der Nr. 303-12 a sogar in das BGBl. III aufgenommen. Streitig ist allerdings, welche Rechtsfolgen sich aus ihr ergeben. Teilweise wird die Auffassung vertreten, die besondere Regelung habe das RBerG in Bremen außer Kraft gesetzt und sei an seine Stelle getreten.[51] Diese Ansicht überzeugt

---

[45] Einigungsvertrag, Anl. I Kap. III Sachgeb. A: Rechtspflege Abschn. III Nr. 8 a. i. V. m. Nr. 28.
[46] Einigungsvertrag, Anl. I Kap. III Sachgeb. A: Rechtspflege Abschn. IV Nr. 2. e).
[47] Vgl. dazu *Treffkorn* Rbeistand 1991, 40.
[48] *Rennen/Caliebe*, Art. 1 § 1 Rdn. 3; *Altenhoff/Busch/Chemnitz*, Vorbem. Rdn. 13.
[49] GBl. Bremen 1949, 13.
[50] GBl. Bremen 1949, 43.
[51] *Altenhoff/Busch/Kampmann/Chemnitz*, 9. Auflage 1991, Vorbem. Rdn. 6 ff.; *Erbs/Kohlhaas/Senge*, Vorbem. Rdn. 3.

nicht. Abgesehen davon, daß bereits die Wirksamkeit der 3. DVO problematisch ist, da sowohl ihr ordnungsgemäßer Erlaß als auch ihre Fortgeltung über die in der Ermächtigungsgrundlage umschriebene Übergangszeit hinaus Bedenken unterliegen,[52] ist zu beachten, daß sie nur solche Regelungen aufgehoben hat, die ihren Bestimmungen zuwiderlaufen. Die Verordnung widerspricht den Vorschriften des RBerG aber nur in wenigen Punkten: So erklärt sie abweichend vom RBerG nicht bereits die geschäftsmäßige, sondern erst die gewerbsmäßige Rechtsbesorgung für erlaubnispflichtig, sie verzichtet ausdrücklich auf die Bedürfnisprüfung und weist die Zuständigkeit zur Erteilung der Erlaubnis dem Landgerichts- und nicht dem Amtsgerichtspräsidenten zu. Lediglich insoweit kann das RBerG in Bremen außer Kraft getreten sein; im übrigen gilt es mitsamt seinen AVOen fort.[53] Insbesondere zum Umfang der erteilten Erlaubnis ist in der 3. DVO nichts gesagt; er wurde auch in Bremen stets durch das RBerG geregelt.[54] Daher ist der neue Satz 2 des § 1 Abs. 1, der die Rechtsberatungserlaubnis auf bestimmte Sachgebiete beschränkt, durch Art. 2 Abs. 6 des 5. BRAGOÄndG unproblematisch auch mit Wirkung für Bremen eingefügt worden;[55] einer Aufhebung der älteren bremischen Regelung durch das BRAGOÄndG[56] hat es insoweit nicht bedurft. Die hier vertretene Ansicht entspricht im übrigen auch der bremischen Verwaltungspraxis.[57]

2. Sachlicher Geltungsbereich

In Rechtsprechung und Literatur wird bisweilen die Meinung vertreten, das **38** RBerG befasse sich nur mit der Besorgung von Rechtsangelegenheiten Privater durch Dritte, so daß es von vornherein nicht für solche Fälle gelte, in denen ein Träger öffentlicher Verwaltung einen Privaten an der Erfüllung hoheitlicher Aufgaben beteilige.[58] Diese Auffassung überzeugt nicht.[59] Schon ihr Ausgangspunkt, die Beteiligung eines Privaten an der Erfüllung hoheitlicher Verwaltungsaufgaben falle bereits nach dem Wortsinn nicht unter die Besorgung fremder Rechtsangelegenheiten,[60] kann nicht geteilt werden. Das RBerG spricht ganz allgemein von fremden Rechtsangelegenheiten und differenziert nicht nach dem Geschäftsherrn. Folglich werden auch die Angelegenheiten von Hoheitsträgern durch den Wortlaut erfaßt. Da im übrigen eine Ausnahme im Gesetz nicht ausdrücklich vorgesehen ist, könnten die betreffenden Fälle allenfalls mittels teleologischer Reduktion aus dem Anwendungsbereich des RBerG herausgenommen werden. Eine solche Einschränkung ist jedoch nach dem Zweck des Gesetzes nicht geboten. Dabei kann letztlich offenbleiben, ob Träger der öffentlichen Verwaltung bei der Erfüllung ihrer hoheitlichen Aufgaben des Schutzes vor unsachgemäßer Rechtsberatung, den das RBerG bezweckt, bedürfen.[61] Denn das Gesetz hat zumindest auch

---

52 BVerwG NJW 1992, 522 (523) = AnwBl. 1992, 335; *Rennen/Caliebe*, Rdn. 4.
53 BVerwG NJW 1992, 522 (523) = AnwBl. 1992, 335; *Rennen/Caliebe*, Rdn. 4.
54 BVerwG NJW 1992, 522 (523) = AnwBl. 1992, 335.
55 BVerwG NJW 1992, 522 = AnwBl. 1992, 335; *Altenhoff/Busch/Chemnitz*, Vorbem. Rdn. 11. Insoweit zustimmend *Erbs/Kohlhaas/Senge*, Vorbem. Rdn. 3.
56 So *Altenhoff/Busch/Chemnitz*, Vorbem. Rdn. 11.
57 Daher haben sich ihr nunmehr auch *Altenhoff/Busch/Chemnitz*, Vorbem. Rdn. 12, angeschlossen.
58 OLG Stuttgart NJW-RR 1988, 678; *Rennen/Caliebe*, Art. 1 § 1 Rdn. 10, 22; obiter auch BGH NJW 1995, 3122 = MDR 1995, 851.
59 Ebenso KG NJW-RR 1995, 1268.
60 OLG Stuttgart NJW-RR 1988, 678 f.
61 Verneinend OLG Stuttgart NJW-RR 1988, 678 (679); *Rennen/Caliebe*, Art. 1 § 1 Rdn. 10.

den Schutz des Anwaltsstandes im Auge;[62] dieser Schutzzweck aber ist tangiert, sobald die Beteiligung an der Erfüllung hoheitlicher Aufgaben in der Bearbeitung rechtlicher Angelegenheiten besteht.[63]

3. Persönlicher Geltungsbereich

39 **a) Fachkenntnisse.** Der Erlaubniszwang des RBerG gilt – von den in §§ 2 bis 7 enthaltenen Ausnahmen abgesehen – ohne Rücksicht auf die juristischen Kenntnisse und die berufliche Stellung desjenigen, der Rechtsberatung betreibt. Ob im Einzelfall die Gefahr mangelnder Sachkunde besteht, ist unerheblich.[64] In der Literatur wird allerdings teilweise vorgeschlagen, mit Rücksicht auf den Normzweck solche Fälle aus dem Anwendungsbereich des Gesetzes herauszunehmen, in denen ein juristisch Sachkundiger unentgeltlich rechtsbesorgend tätig wird.[65] Eine derartige teleologische Reduktion ist jedoch abzulehnen; denn der Schutz der Allgemeinheit vor unzuverlässigen Rechtsberatern war zwar ein zentrales Motiv für den Erlaß des Gesetzes, der Gesetzgeber hat zu seiner Verwirklichung aber typisierte Sachverhalte gebildet, die eine Prüfung der Gefährdung im Einzelfall überflüssig machen sollen.

40 **b) Volljurist, Richter.** Der RBerG findet demnach grundsätzlich auch dann Anwendung, wenn ein Volljurist geschäftsmäßig fremde Rechtsangelegenheiten besorgt.[66] Das gilt insbesondere auch für Richter. Daß § 41 Abs. 1 DRiG den Richtern nur die Erstattung von Rechtsgutachten und entgeltliche Rechtsauskünfte verbietet, schließt diesen Personenkreis nicht vom Erlaubniszwang des RBerG aus;[67] denn diese Vorschrift tritt nicht an die Stelle, sondern neben § 1, enthält für Richter also eine zusätzliche Beschränkung.[68]

41 **c) Rechtslehrer.** Streitig ist, inwieweit Rechtslehrer an deutschen Hochschulen bei geschäftsmäßiger Rechtsbesorgung dem Erlaubniszwang des RBerG unterliegen. Angesichts dessen, daß verschiedene prozessuale Vorschriften (§ 138 Abs. 1 StPO, § 67 Abs. 1 VwGO, § 22 Abs. 1 Nr. 2 BVerfGG, § 392 Abs. 1 AO, § 40 Abs. 2 BDO) sie ausdrücklich zur Prozeßvertretung und damit zu einer Art der Rechtsbesorgung berechtigen, wird teilweise die Absicht vertreten, daß die forensische Tätigkeit der Rechtsprofessoren generell nicht dem RBerG unterfalle.[69] Ihr steht eine zweite Meinung gegenüber, nach der die geschäftsmäßige

---

[62] Zu den Schutzzwecken des RBerG vgl. Rdn. 3.
[63] Anders OLG Stuttgart NJW-RR 1988, 678 (679).
[64] *Erbs/Kohlhaas/Senge*, Rdn. 2.
[65] *Wasmuth* NStZ 1989, 275 (276); *Schneider* MDR 1976, 1 ff.; vgl. auch OVG Berlin NJW 1978, 1173 (1174).
[66] BGH NJW 1974, 1374 (1375); BGH AnwBl. 1964, 52; BVerwG NJW 1988, 220; OLG Hamm AnwBl. 1965, 350; OLG Schleswig AnwBl. 1987, 343; LG Essen AnwBl. 1965, 153 zustimmender Anm. *Chemnitz; Rennen/Caliebe*, Art. 1 § 1 Rdn. 14; *Erbs/Kohlhaas/Senge*, Art. 1 § 1 Rdn. 2; *Schorn*, Die Rechtsberatung, S. 99; *Willms* NJW 1987, 1302 (1304); *Bornemann* MDR 1985, 192 (193); *Ostler* AnwBl. 1987, 263 (264).
[67] OLG Hamm AnwBl. 1965, 350; LG Essen AnwBl. 1965, 153 mit zustimmender Anm. *Chemnitz; Rennen/Caliebe*, Art. 1 § 1 Rdn. 14; *Erbs/Kohlhaas/Senge*, Art. 1 § 1 Rdn. 2; *Schorn*, Die Rechtsberatung, S. 99.
[68] OLG Hamm AnwBl. 1965, 350; *Rennen/Caliebe*, Art. 1 § 1 Rdn. 14; *Schorn*, Die Rechtsberatung, S. 99; *Chemnitz* AnwBl. 1965, 154.
[69] VGH München (9. Senat) NJW 1987, 460; VGH München (20. Senat) NJW 1988, 2554; für das verwaltungsgerichtliche Verfahren im Ergebnis ebenso *Schenke* DVBl. 1990, 1151 (1160); *Willms* NJW 1987, 1302 (1307).

Prozeßvertretung auch dann ausnahmslos einer Erlaubnis nach § 1 bedarf, wenn sie durch Rechtslehrer an deutschen Hochschulen ausgeübt wird.[70]

Vorzuziehen ist eine vermittelnde Auffassung, die im Ausgangspunkt mit der strengen Meinung übereinstimmt.[71] Es ist davon auszugehen, daß eine rechtsbesorgende Tätigkeit der Hochschullehrer – und dazu gehört auch die Prozeßvertretung – grundsätzlich dem Erlaubniszwang des RBerG unterliegt, wenn sie geschäftsmäßig erfolgt. Etwas Gegenteiliges ergibt sich weder aufgrund Gewohnheitsrechts[72] noch mit Rücksicht auf die Berufsfreiheit.[73] So hat auch das *BVerfG* entschieden, daß der grundsätzliche Ausschluß der Rechtslehrer von der geschäftsmäßigen Rechtsbesorgung und insoweit auch von der Vertretung vor Gericht mit Art. 12 GG vereinbar ist, wobei es die Auslegung der prozessualen Vertretungsregelungen allerdings den Fachgerichten überlassen hat.[74] **42**

Die strenge Auffassung ist nun der Ansicht, daß die grundsätzlich anzuerkennende Erlaubnispflicht nach dem RBerG durch die prozessualen Vorschriften zur Prozeßvertretung durch Hochschullehrer nicht verdrängt werden könnten. Sie argumentiert mit der vom *BVerfG*[75] aufgestellten Regel, daß die Prozeßgesetze und die berufsrechtlichen Vorschriften im RBerG nebeneinander stehen und sich ergänzen.[76] Folglich könne die prozessuale Erlaubnis die fehlende berufspolizeiliche Erlaubnis nicht ersetzen; durch die prozessualen Regelungen würden die Rechtslehrer nicht zu „geborenen", sondern allenfalls zu gelegentlichen Prozeßvertretern.[77] **43**

Diese Auffassung geht zu weit. Es ist zwar richtig, daß prozessuale und berufsrechtliche Zulässigkeit grundsätzlich getrennt zu betrachten sind, sie sind aber nicht völlig unabhängig voneinander.[78] Zu beachten ist insbesondere, daß die ausdrückliche Zulassung der Prozeßvertretung durch Hochschullehrer, wie sie in den Verfahrensordnungen enthalten ist, bei einer derartigen Sichtweise leerlaufen würde;[79] denn die forensische Tätigkeit wäre danach nicht nur ohne eine Erlaubnis verboten, sie wäre nach der Reform des RBerG im Jahre 1980 nicht einmal mehr erlaubnisfähig, da die Erlaubnis nur noch für bestimmte Sachbereiche erteilt werden kann, zu denen die Prozeßvertretung nicht gehört.[80] Der daraus entstehende Konflikt läßt sich nur mit einer harmonisierenden Auslegung lösen. Sie ist möglich, wenn man die prozessualen Sonderregelungen, die den Hochschullehrern die Prozeßvertretung gestatten, als Durchbrechung eines grundsätzlichen Verbots ansieht.[81] Nach dieser Auslegung sind rechtsberatende Tätigkeiten **44**

---

[70] OVG Koblenz NJW 1988, 2555; *Rennen/Caliebe*, Art. 1 § 1 Rdn. 45; *Altenhoff/Busch/Chemnitz*, Art. 1 § 1 Rdn. 161, 307; *Bornemann* MDR 1985, 192; *ders.* BayVBl. 1987, 245; *Chemnitz* NJW 1987, 2421; *ders.* AnwBl. 1988, 303; *Ostler* AnwBl. 1987, 263.
[71] Ähnlich *Erbs/Kohlhaas/Senge*, Art. 1 § 1 Rdn. 2.
[72] So aber VGH München (9. Senat) NJW 1987, 460; offenlassend VGH München (20. Senat) NJW 1988, 2554; ausdrücklich dagegen BVerwG NJW 1988, 220; VGH München (25. Senat) NJW 1988, 2553; OVG Koblenz NJW 1988, 2555 (2557); *Chemnitz* NJW 1987, 2421; *Willms* NJW 1987, 1302 (1306); *Ostler* AnwBl. 1987, 263 (264).
[73] So VGH München (20. Senat) NJW 1988, 2554 (2555); dagegen OVG Koblenz NJW 1988, 2555 (2557).
[74] BVerfG NJW 1988, 2535 = AnwBl. 1988, 490.
[75] BVerfGE 41, 378 (389 f.) = NJW 1976, 1349.
[76] *Altenhoff/Busch/Chemnitz*, Art. 1 § 1 Rdn. 309; vgl. auch OVG Berlin NJW 1978, 1173.
[77] *Altenhoff/Busch/Chemnitz*, Art. 1 § 1 Rdn. 161, 307.
[78] BVerwG NJW 1988, 220.
[79] VGH München (9. Senat) NJW 1987, 460.
[80] BVerwG NJW 1988, 220; *Erbs/Kohlhaas/Senge*, Art. 1 § 1 Rdn. 2.
[81] *Erbs/Kohlhaas/Senge*, Art. 1 § 1 Rdn. 2; diese Möglichkeit wird vom OVG Koblenz NJW 1988, 2555 (2556) zumindest auch für denkbar gehalten.

von Rechtslehrern, die in den Prozeßgesetzen einer anwaltlichen Tätigkeit ausdrücklich gleichgestellt werden, vom Erlaubniszwang des RBerG auszunehmen.[82]

45 Die strengere Auffassung schlägt demgegenüber vor, § 1 Abs. 1 S. 2 um eine Teilerlaubnis für die Tätigkeit der Hochschullehrer zu erweitern, soweit die Verfahrensordnungen sie ausdrücklich zulassen;[83] teilweise wird eine derartige Teilerlaubnis auch de lege lata bereits für zulässig gehalten.[84] Ein anderer Vorschlag geht dahin, § 3 zu erweitern und die Prozeßvertretung durch Hochschullehrer auf diese Weise durch gesetzgeberischen Akt aus dem Anwendungsbereich des RBerG herauszunehmen.[85] Alle diese Versuche, der ausdrücklichen prozessualen Gleichstellung von Rechtslehrern mit Rechtsanwälten Rechnung zu tragen, sind nach der hier vertretenen Meinung nicht nötig.

46 Soweit es an einer ausdrücklichen Gleichstellung der Rechtslehrer an deutschen Hochschulen mit Rechtsanwälten fehlt und als Prozeßvertreter etwa allgemein alle Personen zugelassen werden, die zum sachgemäßen Vortrag fähig sind, bleibt es auch für Hochschullehrer bei dem Grundsatz, daß die prozessuale und die berufsrechtliche Erlaubnis nebeneinander erforderlich sind. Das gilt für das Auftreten von Hochschullehrern vor Zivil-, Arbeits-, Finanz- und Sozialgerichten. Das Auftreten vor den Verwaltungsgerichten und Oberverwaltungsgerichten ist gem. § 67 VwGO gestattet.[86]

VI. Rechtsberatungsgesetz und Anwalts-GmbH

47 Der Tätigkeit einer **Anwalts-GmbH,** die von der Rechtsprechung neuerdings zugelassen wird,[87] steht das RBerG nicht entgegen.[88] Seine Schutzzwecke sind nicht tangiert, solange ausschließlich Rechtsanwälte als Gesellschafter und Geschäftsführer der GmbH zugelassen werden;[89] das RBerG will den Anwaltsstand schützen, es will aber nicht der anwaltlichen Berufsausübung selbst Schranken setzen.[90] Die Berufstätigkeit der Rechtsanwälte wird unabhängig von der

---

[82] BVerwG NJW 1988, 220; VGH Mannheim NJW 1991, 1195 (1196); *Erbs/Kohlhaas/Senge,* Art. 1 § 1 Rdn. 2; *Willms* NJW 1987, 1302 (1306); insoweit offengelassen von VGH München (25. Senat) NJW 1988, 2553. Vgl. dazu auch *Schenke* DVBl. 1990, 1151, 1153, nach dessen Auffassung sich die Unanwendbarkeit des RBerG für das Auftreten der Hochschullehrer im verwaltungsgerichtlichen Verfahren u. a. auch aus § 67 Abs. 1 und 2 VwGO ergibt.

[83] *Rennen/Caliebe,* Art. 1 § 1 Rdn. 46.

[84] OVG Koblenz NJW 1988, 2555 (2556); dagegen *Rennen/Caliebe,* Art. 1 § 1 Rdn. 46; *Schenke* DVBl. 1990, 1151 (1155).

[85] *Rennen/Caliebe,* Art. 1 § 1 Rdn. 46; *Willms* NJW 1987, 1302 (1307).

[86] *Mußgnug* NJW 1989, 2037, str.; vgl. zum Meinungsstand die Nachweise bei OVG Koblenz NJW 1988, 2555.

[87] BayObLG NJW 1995, 199 = AnwBl. 1995, 35 = BRAK-Mitt. 1995, 34.

[88] Herrschende Meinung; *Henssler* DB 1995, 1549; ders. ZIP 1994, 844 (848 f.); ders. NJW 1993, 2137 (2140); ders. JZ 1992, 697 (702 f.); *Koch* MDR 1995, 446; ders. AnwBl. 1993, 157; *Boin* NJW 1995, 371 (372); *Ahlers* AnwBl. 1995, 121 (124); ders. AnwBl. 1995, 3; ders. AnwBl. 1991, 573 (574); ders. AnwBl. 1991, 226 (227 f.); *Dauner-Lieb* GmbHR 1995, 259 (261); a. A. *Kempter* BRAK-Mitt. 1995, 4.; *Feuerich/Braun,* BRAO, § 59 a Rdn. 16; *Zuck* ZRP 1995, 68 (69). Vgl. auch *Mayen* NJW 1995, 2317 (2320 ff.), nach dessen Auffassung ein generelles Verbot der AnwaltsGmbH verfassungsrechtlich unzulässig wäre. *Schlosser* JZ 1995, 345.

[89] *Henssler* ZIP 1994, 844 (848 f.); ders. NJW 1993, 2137 (2140); ders. JZ 1992, 697 (703); *Dauner-Lieb* GmbHR 1995, 259 (260 f.); a. A. *Taupitz* NJW 1995, 369 (370); ders. JZ 1994, 1100 (1106).

[90] *Henssler* DB 1995, 1549; ders. JZ 1992, 697 (703); *Dauner-Lieb* GmbHR 1995, 259 (261).

Rechtsform, in der sie betrieben wird, durch das RBerG nicht berührt.[91] Der Auffassung, nach der die Rechtsanwälte hier überhaupt nicht in Ausübung ihres Berufes, sondern als Angestellte der GmbH handeln,[92] kann jedenfalls dann nicht gefolgt werden, wenn die Anwälte die Aufträge unabhängig und eigenverantwortlich unter Beachtung ihres Berufsrechts ausführen, während die GmbH lediglich die dafür erforderlichen personellen, sachlichen und räumlichen Voraussetzungen zur Verfügung stellt und die damit verbundenen Geschäfte tätigt.[93] Ist dies im Gesellschaftsvertrag eindeutig festgelegt, dann übt die GmbH selbst keine Rechtsbesorgung aus. Daß sie die Beratung organisiert und nach außen die Verantwortung für die sachliche Arbeit trägt,[94] genügt insoweit nicht.

VII. Grenzüberschreitende Rechtsberatung

1. Allgemeines

Im Zuge einer wachsenden Internationalisierung der wirtschaftlichen Beziehungen insbesondere im Rahmen der Europäischen Gemeinschaft ist das Bedürfnis nach Rechtsberatung über die nationalen Grenzen hinaus erheblich angestiegen. 48

Seit der Neufassung des Art. 1 § 1 RBerG im Jahre 1980 darf die Besorgung fremder Rechtsangelegenheiten einschließlich der Rechtsberatung – vorbehaltlich bestimmter Ausnahmen in den §§ 2, 3, 5–7 RBerG – nur noch von solchen Personen geschäftsmäßig betrieben werden, denen dazu von der zuständigen Behörde die Erlaubnis erteilt worden ist. Diese wird seit dem 27. 8. 1980 nur noch für bestimmte, in Art. 1 § 1 Abs. 1 S. 2 RBerG einzeln aufgeführte Sachbereiche erteilt. Damit ist das berufliche Tätigkeitsfeld für Rechtsbeistände in der Bundesrepublik Deutschland stark eingeschränkt worden. Innerhalb dieser Sachbereiche wird im folgenden die Frage geprüft, inwieweit auch bei der Tätigkeit von Rechtsanwälten und nichtanwaltlichen Rechtskundigen in Fällen mit Auslandsberührung die berufsordnungsrechtlichen Beschränkungen durch das RBerG eingreifen. 49

Dabei sind zwei Komplexe zu unterscheiden: Zuerst sollen die bei einer Rechtsberatung durch einen Ausländer in Deutschland auftretenden Probleme behandelt werden (unter 2.). 50

Der darauf folgende Teil hat dann die umgekehrte Frage der Zulässigkeit der Rechtsberatung durch einen Deutschen im Ausland zum Gegenstand (unter 3.).

2. Rechtsberatung durch einen Ausländer in Deutschland

a) Der Beratende ist ein ausländischer Rechtsbeistand. aa) Anwendbarkeit des RBerG. Bei der Prüfung, inwieweit eine Rechtsberatung durch einen ausländischen Rechtsbeistand zulässig ist, stellt sich zunächst die Frage der grundsätzlichen Anwendbarkeit des RBerG. Dabei ist zu berücksichtigen, daß es sich um Ordnungsrecht handelt, welches die Berufsausübung und Berufsaufsicht regelt. 51

Zur Bestimmung der Aufsichtsbefugnisse einer deutschen Aufsichtsbehörde über einen ausländischen Rechtsbeistand bedarf es grundsätzlich einer Abgrenzung zu 52

---

[91] *Ahlers* AnwBl. 1995, 121 (124); ders. AnwBl. 1991, 573 (574).
[92] *Taupitz* NJW 1995, 369 (370); ders. JZ 1994, 1100 (1106 f.).
[93] *Ahlers* AnwBl. 1991, 226 (227 f.); ähnlich BayObLG NJW 1995, 199 (201).
[94] Darauf stellt insbesondere *Taupitz* ab; NJW 1995, 369 ff.; ders. JZ 1994, 1100 ff.; vgl. auch *Braun* MDR 1995, 447.

den Aufsichtsbefugnissen des Herkunftsstaates des Beraters. Für eine solche Abgrenzung bestehen unterschiedliche Anknüpfungspunkte. Man kann abstellen:
- auf den Gegenstand der Rechtsbesorgung
- auf den Ort der Leistungserbringung
- auf den Ort der Niederlassung.

53   Nach der ersten Möglichkeit wäre das Rechtsberatungsgesetz immer dann unanwendbar, wenn der ausländische Rechtsbeistand auf dem Gebiet ausländischen Rechts tätig wird, selbst dann, wenn die Beratung in seinem Büro in Deutschland erfolgt.

54   Umgekehrt wäre das RBerG immer dann anwendbar, wenn die dem Rechtskundigen übertragene Angelegenheit dem deutschen Recht entstammt, selbst dann, wenn sich die Beratung oder Besorgung der Angelegenheit ausschließlich im Ausland abspielt, wenn etwa ein Franzose in einem Büro eines französischen Rechtsbeistandes in Paris über deutsches Erbrecht beraten wird. Schon das Beispiel macht deutlich, daß eine Anknüpfung an den Gegenstand der Rechtsbesorgung nicht möglich ist. Zu Recht hat das VG Schleswig[95] in einem ähnlich gelagerten Fall entschieden, daß der Sinn und Zweck des RBerG eine Erstreckung der deutschen Berufsaufsicht auf Vorgänge, die sich ausschließlich im Ausland abspielen, wegen des damit verbundenen Eingriffs in die Territorialhoheit eines fremden Staates nicht rechtfertigt.

55   In der Rechtsprechung und im Schrifttum ist daher ganz überwiegend anerkannt, daß zur Festlegung des Anwendungsbereichs des RBerG entweder auf den Ort der Leistungserbringung[96] oder auf den Ort der Niederlassung[97] abzustellen ist. Diesen beiden Anknüpfungspunkten ist gemeinsam, daß das RBerG nur eingreifen soll, wenn sich die Rechtsbesorgung oder Rechtsberatung im Inland vollzieht. Häufig wird daher zwischen diesen beiden Anknüpfungspunkten nicht weiter unterschieden.

56   Uneinigkeit besteht jedoch hinsichtlich der weiteren Frage, unter welchen Voraussetzungen von einer Rechtsbesorgung im Inland gesprochen werden kann. Dabei ist zunächst danach zu unterscheiden, in welcher Weise der Rechtsbeistand in Deutschland tätig wird.

57   (1) Niederlassung in Deutschland. Unstreitig liegt eine dem RBerG unterfallende Rechtsbesorgung im Inland dann vor, wenn der Berater in der Bundesrepublik Deutschland eine Niederlassung unterhält, in der er rechtsberatend oder -besorgend tätig wird.[98]

58   (2) Gelegentliche Tätigkeit in Deutschland. Bis heute nicht eindeutig geklärt ist die Anwendbarkeit des RBerG jedoch dann, wenn der ausländische Rechtsbeistand in Deutschland kein Büro errichtet, sondern nur vorübergehend in Deutschland bestimmte Tätigkeiten bei deutschen Gerichten oder Behörden

---

[95] NJW 1989, 1178, die Entscheidung betrifft zwar den umgekehrten Fall der Tätigkeit eines deutschen Rechtsbeistands im Ausland. Die Ausführungen zur Abgrenzung der Aufsichtsbefugnisse voneinander und zum maßgeblichen Anknüpfungspunkt für die Anwendung des RBerG gelten jedoch in gleicher Weise auch für die Tätigkeit eines ausländischen Rechtsbeistandes in Deutschland.
[96] VG Schleswig NJW 1989, 1178; *Willandsen* NJW 1989, 1128, 1129 f.; *Rennen/Caliebe*, Art. 1 § 1, Rdn. 5.
[97] *Altenhoff/Busch/Chemnitz*, Art. 1 § 1, Rdn. 261; *Erbs/Kohlhaas/Senge*, Art. 1 § 3, Rdn. 11.
[98] So alle in Fn. 96 und 97 Genannten.

ausübt, oder er sogar die Rechtsberatung ausschließlich von seinem ausländischen Büro aus schriftlich oder fernmündlich vornimmt.

Das Schrifttum versteht teilweise unter Rechtsbesorgung im Inland nur eine in einer deutschen Niederlassung durchgeführte Tätigkeit. Ein Verstoß gegen das RBerG liege nicht vor, wenn der Rechtsbesorger in Verfolgung eines ihm erteilten Mandates in der Bundesrepublik tätig wird oder die Rechtsbesorgung vom Ausland her besorgt wird, solange der Rechtsbeistand hier kein Büro unterhalte.[99]

Nach anderer Auffassung ist als Rechtsbesorgung im Inland auch die gelegentliche Durchführung von Tätigkeiten in der Bundesrepublik Deutschland und der Schriftverkehr mit Mandanten in Deutschland aufzufassen. Da es bei nichtanwaltlichen Rechtsbesorgern weltweit kein auch nur einigermaßen übereinstimmendes Berufsbild gebe, sei diesem anders als Rechtsanwälten auch eine vorübergehende Rechtsbesorgung im Inland nicht gestattet.[100]

Gegen diese Ansicht spricht jedoch ein Vergleich mit dem internationalen Anwaltsrecht. Dieses knüpft grundsätzlich an der Niederlassung des Anwalts im Geltungsbereich des RBerG an, was dafür spricht, bei Rechtsbeiständen ebenso zu verfahren. Zudem ist das RBerG im Hinblick auf seinen Ausnahmecharakter grundsätzlich einschränkend auszulegen.[101]

Dem steht auch die Rechtsprechung nicht entgegen. Der EuGH hat diese Frage der räumlichen Geltung des RBerG in seinem auf einen Vorlagebeschluß des OLG München ergangenen Urteil nicht behandelt.[102]

(3) Ergebnis. Es ist daher der Ansicht zu folgen, daß das RBerG nur dann anwendbar ist, wenn der Rechtsbeistand im Geltungsbereich des Gesetzes eine Niederlassung oder eine Zweigstelle unterhält.

bb) Konsequenzen für die Tätigkeit des Rechtsbeistands in Deutschland. Der ausländische Rechtsbeistand, der in der Bundesrepublik Deutschland ein Büro oder eine Zweigstelle seines Büros unterhält, bedarf einer Erlaubnis nach Art. 1 § 1 Abs. 1 S. 2 Nr. 6 RBerG.

Voraussetzung für die Erlaubniserteilung ist das Vorliegen der für den Beruf erforderlichen Zuverlässigkeit und persönlichen Eignung.

Die Befugnis zur Rechtsberatung und Rechtsbesorgung aufgrund dieser Erlaubnis bezieht sich dann auf alle rechtlichen Angelegenheiten, in denen die Rechtsbesorgung durch einen Rechtsbeistand grundsätzlich zulässig ist und es auf die Kenntnis des Rechtes seines Heimatstaates ankommt.[103]

cc) Besonderheiten für Rechtsbeistände aus EU-Staaten. Für die Tätigkeit der Rechtsbeistände aus EU-Staaten stellt sich die Frage, ob diese der Erlaubnispflicht des Art. 1 § 1 Abs. 1 S. 2 Nr. 6 RBerG unterfallen. Dagegen könnten die Art. 59, 60 Abs. 3 EGV sprechen.

Diese Vorschriften über den freien Dienstleistungsverkehr und das freie Niederlassungsrecht gelten nach der Rechtsprechung des EuGH auch für Rechtsanwälte.[104] Die Dienstleistungsrichtlinie des Rates der EU v. 22. 3. 1977 – ABl. L 78/17 gestattet es jedem Rechtsanwalt aus einem EU-Mitgliedsstaat, in allen anderen EU-Mitgliedsstaaten anwaltlich tätig zu sein.

---

[99] *Altenhoff/Busch/Chemnitz*, Art. 1 § 1 Rdn. 261.
[100] *Rennen/Caliebe*, Art. 1 § 1 Rdn. 6.
[101] *Erbs/Kohlhaas/Senge*, Vorbem. Rdn. 4 m. w. N. aus der Rspr.
[102] OLG München GRUR Int. 1990, 546; EuGH GRUR Int. 1991, 807.
[103] *Erbs/Kohlhaas/Senge*, Art. 1 § 1, Rdn. 38; *Rennen/Caliebe*, Art. 1 § 1, Rdn. 96.
[104] EuGH NJW 1975, 513.

Prütting

65 Teilweise wird in der Literatur vertreten, daß nach dieser Dienstleistungsrichtlinie auch Fälle eines Rechtsbeistands aus einem anderen EU-Land zu beurteilen sind, da Art. 59 EGV als allgemeines Freiheitsrecht die Aufhebung aller nicht zwingend erforderlichen Beschränkungen gebiete.[105] Diese Auffassung stützt sich auf eine Entscheidung des EuGH, in der das Gericht angenommen hat, daß die Anforderungen des RBerG wegen der dort vorliegenden Art der Rechtsbesorgung außer Verhältnis zum Schutzbedürfnis des Empfängers der Dienstleistung stünden.[106]

66 Es erscheint jedoch zweifelhaft, ob hieraus auf eine allgemeine Erlaubnisfreiheit für Rechtsbeistände aus EU-Staaten geschlossen werden kann.[107] Dagegen spricht, daß der EuGH in der betreffenden Entscheidung grundsätzlich festgestellt hat, das Allgemeininteresse am Schutz der Empfänger von Dienstleistungen vor Schäden durch nicht fachkundige Beratung rechtfertige eine Beschränkung der Dienstleistungsfreiheit. Lediglich aufgrund bestimmter Besonderheiten des Einzelfalls erschien die Einschränkung in dem besonderen Fall als durch den Schutzzweck des RBerG nicht gerechtfertigt.

67 Vorzugswürdig ist daher, auch den Rechtsbeistand aus einem EU-Staat grundsätzlich der Erlaubnispflicht des Art. 1 § 1 Abs. 1 S. 2 Nr. 6 RBerG zu unterstellen. Soweit ihm eine Erlaubnis erteilt wird, erstreckt sich diese dann nicht nur auf das Gebiet seines Heimatrechtes, sondern auch auf das Recht der EU.[108] Daß sich dagegen nicht jede Teilerlaubnis für ein ausländisches Recht auf das europäische Gemeinschaftsrecht erstreckt, ist nunmehr klargestellt durch das Gesetz vom 30. 8. 1994,[109] durch das der Wortlaut der Nr. 6 geändert wurde. Nach dem bisherigen Rechtszustand hatte es der Gesetzeswortlaut nahegelegt, daß auch den nichteuropäischen Erlaubnisinhabern ohne gesonderten Nachweis der Sachkunde die Befugnis zur Rechtsbesorgung auf dem Gebiet des europäischen Gemeinschaftsrechts erteilt werden könne. Nach der Neufassung des Gesetzes ist nunmehr klar, daß das Gemeinschaftsrecht nur dann erfaßt ist, wenn es sich bei dem der Befugnis zugrundeliegenden ausländischen Recht um das Recht eines Mitgliedstaates der EU handelt. Die gesetzliche Klarstellung erfolgte im Zuge der Ratifizierung des Übereinkommens zur Errichtung der Welthandelsorganisation einschließlich des allgemeinen Übereinkommens über den Handel mit Dienstleistungen (GATS).[110] Der Gesetzgeber hielt die Klarstellung im Hinblick darauf für geboten, daß die mit dem Übereinkommen eingegangenen Verpflichtungen sich nur auf die Rechtsberatung im Recht des Herkunftslandes beziehen.[111] Der neueingefügte Absatz 3 des § 1 verdeutlicht darüber hinaus, daß die durch die Neufassung beabsichtigte

---

[105] *Altenhoff/Busch/Chemnitz*, Art. 1 § 1, Rdn. 262.
[106] EuGH GRUR Int. 1991, 807, 808.
[107] Ablehnend z. B. *Rennen/Caliebe*, Art. 1 § 1, Rdn. 7.
[108] So die wohl h. M. vgl. *Rennen/Caliebe*, Art. 1 § 1, Rdn. 7, *Erbs/Kohlhaas/Senge*, Art. 1, § 1, Rdn. 38.
[109] BGBl. II, S. 1438.
[110] Im Rahmen des am 1. 1. 1995 in Kraft getretenen sog. GATS-Abkommens (General Agreement on Trade in Services) sind erstmals auch völkerrechtlich verbindliche Vereinbarungen über den Handel mit juristischen Dienstleistungen getroffen worden. Die Vertragsstaaten haben sich grundsätzlich verpflichtet, den Zugang zum jeweiligen Dienstleistungsmarkt und die Inländergleichbehandlung zu garantieren (vgl. dazu *Ewig* BRAK-Mitt. 1994, 204 und NJW 1995, 434; *Kilimnik* IPRax 1995, 410; *Errens* EuZW 1994, 460). Zusagen für den Bereich anwaltlicher Dienstleistungen haben die früheren 12 Mitgliedstaaten der EU sowie Japan und die USA gemacht.
[111] Dazu die Begründung des Entwurfs der Bundesregierung, BT-Drucks. 12/7655, S. 7.

Klarstellung nicht nur für künftig zu erteilende, sondern auch für bereits erteilte Erlaubnisse gelten soll. Eine vor Inkrafttreten der Gesetzesänderung erteilte Erlaubnis ist also nachträglich auf die Rechtsbesorgung auf dem Gebiet des Herkunftsstaates zu beschränken, falls nicht das zugrundeliegende Recht das Recht eines EU-Mitgliedsstaates ist. Etwas anderes gilt dann, wenn die Erlaubnis zur Rechtsbesorgung auf dem Gebiet des Gemeinschaftsrechts gesondert und auf Grund nachgewiesener Sachkunde erteilt worden ist.

b) Der Beratende ist ein ausländischer Rechtsanwalt. Zu prüfen ist 68 weiterhin, inwieweit auch auf die Tätigkeit eines ausländischen Rechtsanwaltes in der Bundesrepublik Deutschland das RBerG anwendbar ist.

Nach Art. 1 § 3 Nr. 3 RBerG wird die Berufstätigkeit der Rechtsanwälte durch das RBerG nicht berührt.

Diese Ausnahme gilt jedoch aufgrund des Charakters des RBerG als Berufs- 69 ordnungsrecht zunächst nur für die Berufstätigkeit der bei einem deutschen Gericht zugelassenen Rechtsanwälte, ihrer Vertreter oder Kanzleiabwickler.[112]

Bei ausländischen Anwälten ist demgemäß zu prüfen, ob sie bei ihrer Tätigkeit 70 wie inländische Rechtsbeistände anzusehen und deshalb dem RBerG zu unterstellen sind. Dabei wird bei Anwälten regelmäßig – anknüpfend an die Differenzierung im EG-Vertrag[113] – zwischen dem Dienstleistungs- und dem Niederlassungsrecht unterschieden.

aa) Dienstleistungsrecht. Unter den Begriff des Dienstleistungsrechts fällt 71 eine vorübergehende grenzüberschreitende Tätigkeit von Rechtsanwälten ohne Niederlassung in der Bundesrepublik Deutschland.

(1) Rechtsanwälte aus EU-Staaten. Für Rechtsanwälte aus einem Mitgliedsland 72 der Europäischen Union ergibt sich aus der Dienstleistungsrichtlinie vom 22. 3. 1977,[114] daß sie bei vorübergehender Tätigkeit in anderen EU-Staaten wie nationale Rechtsanwälte anerkannt werden und grundsätzlich die gleichen Befugnisse haben.[115]

(2) Rechtsanwälte aus sonstigen Staaten. Erbringt ein Nicht-EU-Anwalt in 73 Deutschland Dienstleistungen, so findet die Richtlinie auf ihn keine Anwendung. Für solche ausländischen Rechtsanwälte ist jedoch nach den Regeln des internationalen Anwaltsrechts das Recht am Ort seiner Niederlassung maßgebend.

Die nur vorübergehende Rechtsberatungs- und Rechtsbesorgungstätigkeit eines ausländischen Rechtsanwaltes in der Bundesrepublik Deutschland fällt damit nicht unter das RBerG, wenn der ausländische Rechtsanwalt keine Niederlassung oder Zweigstelle im Inland unterhält.[116]

(3) Ergebnis. Festzuhalten ist damit, daß ein ausländischer Anwalt, gleich- 74 gültig, ob er Angehöriger eines EU-Staates ist oder nicht, keiner Erlaubnis nach dem deutschen RBerG bedarf, wenn er in der Bundesrepublik Deutschland lediglich anwaltliche Dienstleistungen erbringen will, ohne sich hier niederzulassen.

---

112 Ausführung dazu *Rennen/Caliebe*, Art. 1 § 3, Rdn. 22.
113 Freiheit des Dienstleistungsverkehrs, Art. 52 ff. Niederlassungsfreiheit, Art. 59 ff.
114 Siehe dazu Rdn. 64.
115 Zu den Einzelheiten ausführlich *Brangsch* NJW 1981, 1177, 1178 f.; *Feuerich/Braun*, § 3, Rdn. 50 ff.
116 *Altenhoff/Busch/Chemnitz*, Art. 1 § 3, Rdn. 380; *Erbs/Kohlhaas/Senge*, Art. 1 § 3, Rdn. 12; *Schorn*, Die Rechtsberatung, S. 161; *Feuerich/Braun*, BRAO, § 3, Rdn. 49; *Jessnitzer* BRAK-Mitteilungen 1985, S. 78, 82; *Rennen/Caliebe*, Art. 1 § 3, Rdn. 26 m. w. N.

75 **bb) Niederlassungsrecht.** Soweit der Rechtsanwalt jedoch eine Niederlassung in Deutschland errichten möchte, ist für die Zulässigkeit seiner Tätigkeit in der Bundesrepublik danach zu unterscheiden, ob es sich um einen Rechtsanwalt aus einem EU-Staat oder um einen Anwalt aus einem Land außerhalb der europäischen Gemeinschaft handelt.

76 (1) Rechtsanwälte aus EU-Staaten. Die Regelung des Niederlassungsrechts innerhalb der EU ist noch nicht so weit fortgeschritten wie die des Dienstleistungsrechts. Zunächst hatte der EuGH mit seiner berühmten Entscheidung „Reyners" im Jahre 1974 die Niederlassungsfreiheit gemäß Art. 52 EGV näher konkretisiert.[117] Die vom EuGH statuierte grundsätzliche Erlaubnis, sich in einen Staat der Gemeinschaft niederzulassen und dort neben der ständigen Präsenz auch eine Zweigniederlassung zu errichten, hat der EuGH soeben in der Entscheidung „Gebhard" noch einmal betont.[118] Allerdings sind die Betätigungsmöglichkeiten eines ausländischen Anwalts, der sich allein auf die Gewährleistung der europäischen Niederlassungsfreiheit stützt, zunächst noch sehr begrenzt. Denn an die Aufnahme und die Ausübung der eigentlichen anwaltlichen Tätigkeit sind in fast allen Mitgliedsstaaten noch strenge Zulassungsbedingungen geknüpft.[119] Dagegen gibt es eine auf den Anwaltsberuf ausgerichtete Niederlassungsrichtlinie noch immer nicht. Allerdings hat die Kommission im Jahre 1994 einen Richtlinienentwurf[120] erlassen, der im Jahre 1996 vom Europäischen Parlament gebilligt und an den Rat weitergeleitet wurde. Durch diese künftige Niederlassungsrichtlinie wird die dauernde Tätigkeit des Rechtsanwalts eines Mitgliedsstaates wesentlich erleichtert werden und die bisherige Möglichkeiten der Zulassung nach der Diplomanerkennungsrichtlinie werden vermutlich weitgehend überholt sein.

77 Bis zum künftigen Inkrafttreten einer solchen Niederlassungsrichtlinie sind die im Jahre 1989 neugeschaffenen §§ 206, 207 BRAO von besonderer Bedeutung. Danach kann sich ein Staatsangehöriger eines EU-Mitgliedstaates unter seiner heimatlichen Berufsbezeichnung in Deutschland niederlassen. Er ist dann allerdings auf die Rechtsbesorgung auf dem Gebiet ausländischen und internationalen Rechts beschränkt. Er muß ferner auf seinen Antrag in die für den Ort seiner Niederlassung zuständigen Rechtsanwaltskammer aufgenommen werden. Folge ist, daß dieser ausländische Rechtsanwalt den Regeln des deutschen Berufsrechts und der deutschen Berufsaufsicht und Berufsgerichtsbarkeit unterliegt.[121] Nicht erforderlich ist für diesen Rechtsanwalt eine Erlaubnis nach dem RBerG.

Ein ausländischer Rechtsanwalt, der über § 206 BRAO hinausgehende Tätigkeiten ausüben will, muß vorher nach der Hochschuldiplomanerkennungsrichtlinie und dem deutschen Eignungsprüfungsgesetz ein besonderes Verfahren durchlaufen.[122] Darüber hinaus bleibt es jedem ausländischen Rechtsanwalt unbenommen, die vollen Voraussetzungen der §§ 4, 7 BRAO zu erbringen und damit die völlige Gleichstellung zum deutschen Rechtsanwalt zu erreichen.

78 Ist der ausländische Rechtsanwalt nicht Mitglied einer deutschen Rechtsanwaltskammer, bedarf er zusätzlich, um in Deutschland vor Gericht auftreten zu können, nach § 158 Abs. 3 ZPO der besonderen Zulassung als Prozeßagent.[123]

---

[117] EuGH NJW 1975, 512.
[118] EuGH NJW 1996, 579.
[119] Zum Ganzen zuletzt Henssler AnwBl. 1996, 353.
[120] Der Text des Entwurfs ist auszugsweise abgedruckt in BRAK-Mitt. 1995, 104.
[121] Vgl. Gornig NJW 1989, 1120, 1124; Rabe AnwBl. 1987, 394, 400.
[122] Dazu zuletzt Henssler AnwBl. 1996, 353.
[123] BGH MDR 1969, S. 568; *Feuerich/Braun*, § 3, Rdn. 61; *Gornig* NJW 1989, 1123.

(2) Rechtsanwälte aus sonstigen Staaten. Will ein Nicht-EU-Anwalt seinen **79** Beruf in der Bundesrepublik Deutschland ausüben, indem er hier ein Büro oder eine Zweigstelle errichtet, so ist er grundsätzlich dem deutschen Recht und damit den Beschränkungen des RBerG unterworfen. Seine Berechtigung zur Rechtsberatung beschränkt sich daher gemäß § 206 Abs. 2 und Abs. 3 BRAO im wesentlichen auf das Recht seines Herkunftsstaates. Wird ein solcher Rechtsanwalt außerhalb dieser Grenzen rechtsberatend tätig, so ist dies nicht durch § 3 Nr. 2 gedeckt. Gleiches gilt für ausländische Rechtsanwälte, die in der Bundesrepublik Deutschland eine Zweigstelle betreiben.[124] Diese können aber eine Erlaubnis nach § 1 erhalten.[125] Wird ein ausländischer Rechtsanwalt dagegen ohne eigene Niederlassung in Deutschland tätig, so fällt er bereits nicht in den Anwendungsbereich des RBerG und darf deshalb insoweit rechtsbesorgend und rechtsberatend tätig werden.

(3) Ergebnis. Festzuhalten ist somit, daß für einen ausländischen Rechtsanwalt, **80** der in Deutschland eine Kanzlei betreiben will, zwei verschiedene Möglichkeiten bestehen. Er kann entweder seine Zulassung bei einem deutschen Gericht nach den Vorschriften der BRAO betreiben, oder aber eine Teilerlaubnis nach dem RBerG erwirken.

Es ist jedoch zu erwarten, daß die praktische Bedeutung der Teilerlaubnis nach dem RBerG angesichts der Neuregelung stark abnehmen wird.[126]

3. Rechtsberatung durch einen Deutschen im Ausland

a) Der Beratende ist ein deutscher Rechtsbeistand. Für die Frage der **81** Anwendbarkeit des RBerG auf den im Ausland tätigen deutschen Rechtsbeistand ist grundsätzlich vom gleichen Anknüpfungspunkt auszugehen, wie im umgekehrten Fall der Tätigkeit eines ausländischen Rechtsbeistands in Deutschland.

Unabhängig vom Gegenstand der rechtlichen Tätigkeit und der Nationalität des Mandanten ist somit das RBerG als deutsches Berufsaufsichtsrecht nach den zuvor oben 2. a) getroffenen Feststellungen anwendbar, soweit eine Rechtsberatung oder -besorgung im Inland in Rede steht.

aa) Niederlassung im Ausland. Betreibt der Rechtsbeistand im Ausland ei- **82** ne Niederlassung, so unterliegt er der deutschen Berufsaufsicht nur, wenn und soweit er auch noch in Deutschland rechtsberatend tätig wird. Bei ausschließlicher Tätigkeit im Ausland, etwa der Beratung deutscher Mandanten in seinem ausländischen Büro, unterliegt er nur der Berufsaufsicht des ausländischen Staates.[127] Er hat in diesem Fall die nationalen Regelungen des jeweiligen Staates zu beachten, die in den verschiedenen Ländern sehr unterschiedlich sein können. Während in einigen Staaten eine dem deutschen RBerG entsprechende Regelung besteht, ist in anderen eine rechtsbesorgende Tätigkeit jedermann erlaubt.[128]

bb) Gelegentliche Tätigkeit im Ausland. Grundsätzlich anwendbar ist das **83** RBerG seinem Schutzzweck nach weiterhin auch dann, wenn der Rechtsbei-

---

[124] Vgl. BGH MDR 1969, 568.
[125] BGH MDR 1969, 568; *Altenhoff/Busch/Chemnitz*, Art. 1 § 3 Rdn. 381; *Rennen/Caliebe*, Art. 1 § 3 Rdn. 28.
[126] So auch *Rennen/Caliebe*, Art. 1 § 1, Rdn. 97; *Altenhoff/Busch/Chemnitz*, Art. 1 § 1, Rdn. 264.
[127] So VG Schleswig NJW 1989, 1178.
[128] Vgl. dazu *Jessnitzer* BRAK-Mitt. 1985, 78, 81; zu den entsprechenden Regelungen im Anwaltsbereich etwa *Rabe* AnwBl. 1987, 394, 396.

stand ein Mandat in seiner Niederlassung in Deutschland betreibt, und lediglich vorübergehend im Ausland bestimmte Leistungen bei ausländischen Gerichten oder Behörden erbringt, da dann die Niederlassung und damit der Schwerpunkt der Tätigkeit im Inland liegt.

84 Unterschiedlich beurteilt wird die Anwendbarkeit des RBerG hingegen für den vom VG Schleswig[129] entschiedenen Sonderfall, daß ein in Deutschland übernommenes Mandat mit Einwilligung des Mandanten ausschließlich im Ausland bearbeitet wird. Das VG Schleswig lehnte eine Anwendung des RBerG ab.

Dem wird jedoch entgegengehalten, die Einschränkungen des RBerG dürften nicht dadurch umgangen werden, daß im Einverständnis mit dem Mandanten die Betreuung über die ausländische Kanzlei abgewickelt wird.[130]

Dieser Ansicht ist zuzugeben, daß es für die Anwendung des RBerG nicht auf die Vereinbarung der Beteiligten über den Ort der Aktenführung ankommen kann. Stellt man jedoch auch hier schwerpunktmäßig darauf ab, wo eine Niederlassung unterhalten wird, kann bei einer Bearbeitung eines in Deutschland übernommenen Mandats in der ausländischen Niederlassung von der Anwendung des RBerG abgesehen werden.

85 **cc) Ergebnis.** Zusammenfassend läßt sich festhalten, daß es aus Gründen der Gleichbehandlung deutscher und ausländischer Rechtsbeistände bei ihrer Tätigkeit im Inland sinnvoll erscheint, für die Anwendung des RBerG auf das Vorliegen einer deutschen Niederlassung abzustellen. Demgemäß ist auch der deutsche Rechtsbeistand von den Einschränkungen des RBerG frei, wenn er nur im Ausland ein Büro unterhält und zwar auch dann, wenn er bei seiner Tätigkeit vom Ausland her vorübergehend in Deutschland tätig wird.

86 **b) Der Beratende ist ein deutscher Rechtsanwalt.** Wie auch im umgekehrten Fall der Tätigkeit eines ausländischen Rechtsanwaltes in Deutschland ist zunächst zwischen der Tätigkeit in EU-Staaten und anderen ausländischen Staaten und dann weiterhin zwischen der Erbringung von Dienstleistungen und der Niederlassung im Ausland zu unterscheiden.

87 **aa) Dienstleistungsrecht.** (1) Tätigkeit in einem EU-Staat. Ebenso wie für den Anwalt aus einem anderen EU-Staat besteht auch für den deutschen Anwalt die Möglichkeit, ohne Zulassung in einem anderen Mitgliedsland der EU aufgrund der Dienstleistungsrichtlinie von 1977 ebenso wie ein nationaler Anwalt rechtsberatend und rechtsbesorgend tätig zu werden, soweit im Ausland keine Niederlassung betrieben wird.

Der deutsche Rechtsanwalt hat jedoch die Durchführungsbestimmungen dieses jeweiligen Staates zur EG-Richtlinie zu beachten.[131]

88 (2) Tätigkeit in einem sonstigen Staat. Da auf in Nicht-EU-Staaten tätige Rechtsanwälte die Dienstleistungsrichtlinie keine Anwendung findet, können diese nicht beanspruchen, im Gastland wie nationale Anwälte behandelt zu werden. Sie unterliegen auf der anderen Seite aber auch nicht den Durchführungsbestimmungen zur Richtlinie, was im Einzelfall sogar zu einer Schlechterstellung innerhalb der EU führen kann.[132]

89 **bb) Niederlassungsrecht.** Unter welchen Voraussetzungen und in welchem Umfang ein deutscher Rechtsanwalt, der sich in einem anderen Staat niederläßt,

---

[129] VG Schleswig NJW 1989, 1178; dazu *Willandsen* NJW 1989, 1128.
[130] *Willandsen* NJW 1989, 1128, 1130.
[131] *Feuerich/Braun*, BRAO, § 3 Rdn. 57; *Jessnitzer* BRAK-Mitt. 1985, 78, 79 m. w. N.
[132] Dazu *Jessnitzer* BRAK-Mitt. 1985, 78, 82.

dort anwaltliche Tätigkeit ausüben darf, richtet sich nach den dort geltenden Rechtsvorschriften, insbesondere danach, ob in dem betreffenden Land eine dem deutschen RBerG entsprechende Regelung besteht.[133] Sofern der deutsche Rechtsanwalt darüber hinaus die Zulassung als Anwalt nach dem Recht des betreffenden Staates erlangen will, muß er die dortigen Zulassungsvoraussetzungen erfüllen.

Dieses Prinzip gilt für EU-Staaten ebenso wie für sonstige Staaten. Allerdings ist eine nationale Regelung in einem EU-Staat an den Vorgaben des EG-Vertrages zu messen. Eine Erlaubnis kann innerhalb der EU z. B. nicht vom Besitz der Staatsangehörigkeit des Niederlassungsstaates abhängig gemacht werden.

Abschließend bleibt zu klären, inwieweit der in einem EU-Staat niedergelassene deutsche Anwalt an der Ausübung seiner Berufstätigkeit durch das deutsche Berufsrecht gehindert ist.

Auf eine Entscheidung des EuGH aus dem Jahre 1984,[134] wonach eine Vorschrift, die dem Anwalt im Gebiet der Gemeinschaft nur eine Niederlassung erlaubt, mit dem EG-Vertrag nicht vereinbar ist, reagierte der deutsche Gesetzgeber mit der Schaffung des § 29 a BRAO. Danach stehen die für deutsche Rechtsanwälte grundsätzlich bestehende Residenzpflicht des § 27 BRAO und das Zweigstellenverbot des § 28 BRAO einer Niederlassung in einem anderen EG-Staat nicht entgegen.

---

[133] *Rabe* AnwBl. 1987, 394, 396, *Jessnitzer*, BRAK-Mitt. 1985, 78, 81.
[134] NJW 1985, 1275.

Artikel 1

§ 1 [Behördliche Erlaubnis]

(1) Die Besorgung fremder Rechtsangelegenheiten, einschließlich der Rechtsberatung und der Einziehung fremder oder zu Einziehungszwecken abgetretener Forderungen, darf geschäftsmäßig – ohne Unterschied zwischen haupt- und nebenberuflicher oder entgeltlicher und unentgeltlicher Tätigkeit – nur von Personen betrieben werden, denen dazu von der zuständigen Behörde die Erlaubnis erteilt ist. Die Erlaubnis wird jeweils für einen Sachbereich erteilt:
1. Rentenberatern,
2. Versicherungsberatern für die Beratung und außergerichtliche Vertretung gegenüber Versicherern
    a) bei der Vereinbarung, Änderung oder Prüfung von Versicherungsverträgen,
    b) bei der Wahrnehmung von Ansprüchen aus dem Versicherungsvertrag im Versicherungsfall,
3. Frachtprüfern für die Prüfung von Frachtrechnungen und die Verfolgung der sich hierbei ergebenden Frachterstattungsansprüche,
4. vereidigten Versteigerern, soweit es für die Wahrnehmung der Aufgaben als Versteigerer erforderlich ist,
5. Inkassounternehmern für die außergerichtliche Einziehung von Forderungen (Inkassobüros),
6. Rechtskundigen in einem ausländischen Recht für die Rechtsbesorgung auf dem Gebiet dieses Rechts; eine für das Recht eines der Mitgliedstaaten der Europäischen Union erteilte Erlaubnis erstreckt sich auf das Recht der Europäischen Gemeinschaften.

Sie darf nur unter der der Erlaubnis entsprechenden Berufsbezeichnung ausgeübt werden.

(2) Die Erlaubnis darf nur erteilt werden, wenn der Antragsteller die für den Beruf erforderliche Zuverlässigkeit und persönliche Eignung sowie genügende Sachkunde besitzt und ein Bedürfnis für die Erlaubnis besteht. Eine Bedürfnisprüfung findet nicht statt, wenn der Antragsteller Staatsangehöriger eines Mitgliedstaates der Europäischen Union oder eines anderen Vertragsstaates des Abkommens über den Europäischen Wirtschaftsraum ist.

(3) Erstreckt sich eine vor dem 10. September 1994 erteilte Erlaubnis nach Absatz 1 Satz 2 Nr. 6 auch auf das Recht der Europäischen Gemeinschaften, ist die Erlaubnis nachträglich auf die Rechtsbesorgung auf dem Gebiet des ausländischen Rechts zu beschränken. Dies gilt nicht, wenn das ausländische Recht eines Mitgliedstaates der Europäischen Union ist. Ist dem Erlaubnisinhaber eine gesonderte Erlaubnis zur Rechtsbesorgung auf dem Gebiet des Rechts der Europäischen Gemeinschaft aufgrund nachgewiesener Sachkunde erteilt worden, so ist diese nicht zu widerrufen.

Übersicht

	Rdn.		Rdn.
I. Allgemeines	1, 2	2. Die Voraussetzungen der Erlaubnis	39
II. Die Besorgung fremder Rechtsangelegenheiten	3–25	a) Zuverlässigkeit des Antragstellers	40
1. Rechtsangelegenheiten	3	b) Persönliche Eignung und genügende Sachkunde	42
a) Abgrenzung	4	c) Bedürfnis für die Erlaubnis	46
b) Konkrete Rechtsangelegenheiten	5	3. Die Erteilung der Erlaubnis	50
c) Rechtsberatung durch Zeitschriften	6	4. Der Umfang der Erlaubnis	54
2. Fremde Rechtsangelegenheiten	7	5. Das Negativattest	58
3. Besorgung	12	V. Folgen der Rechtsbesorgung ohne Erlaubnis	61–64
a) Begriff	12	1. Ordnungswidrigkeit	61
b) Einzelfälle	15	2. Nichtigkeit gemäß § 134 BGB	62
4. Rechtsberatung	16	3. Unterlassungsklage	63
5. Einziehung von Forderungen	17	4. Verfahrensausschluß	64
a) Inkassotätigkeit	17	VI. Die Berufsbezeichnung des Erlaubnisinhabers	65–67
b) Abgetretene Forderungen	19	VII. Die einzelnen Sachbereiche, für die eine Erlaubnis erteilt wird	68–88
6. Rechtsbesorgung und andere Phänomene	25	1. Rentenberater (Nr. 1)	68
III. Geschäftsmäßigkeit	26–36	2. Versicherungsberater (Nr. 2)	70
1. Unbeachtliche Abgrenzungsmerkmale	26	3. Frachtprüfer (Nr. 3)	75
a) Haupt- oder nebenberuflich	27	4. Vereidigte Versteigerer (Nr. 4)	77
b) Entgeltlich oder unentgeltlich	29	5. Inkassobüros (Nr. 5)	78
c) Umfang	30	a) Zulässig	79
2. Beachtliche Abgrenzungsmerkmale	31	b) Unzulässig	80
a) Selbständiges Handeln	31	c) Einschaltung eines Rechtsanwalts	81
b) Innere Einstellung	32	6. Rechtskundige in einem ausländischen Recht (Nr. 6 und Abs. 3)	85
IV. Die behördliche Erlaubnis	37–60		
1. Die zuständige Behörde	37		

I. Allgemeines

Das RBerG wurde am 13. 12. 1935 als „Gesetz zur Verhütung von Mißbräuchen auf dem Gebiete der Rechtsberatung" erlassen. Zu seiner **geschichtlichen Entwicklung** vgl. Einl. Rdn. 1 ff. Das Gesetz dient dem Schutz des einzelnen Rechtsuchenden vor unsachgemäßer und unzuverlässiger Rechtsberatung, es soll darüber hinaus die reibungslose Abwicklung des Rechtsverkehrs gewährleisten sowie den Anwaltsstand vor dem Wettbewerb mit Personen schützen, die keinen standesrechtlichen, gebührenrechtlichen oder ähnlichen im Interesse der Rechtspflege gesetzten Schranken unterliegen. Näher zu den **gesetzgeberischen Zielsetzungen** vgl. Einl. Rdn. 4 ff. 1

Zur Erreichung dieser Schutzzwecke ordnet das Gesetz in § 1 ein **präventives Verbot mit Erlaubnisvorbehalt** an. Nach dieser Vorschrift unterfällt grundsätzlich jede geschäftsmäßige Besorgung fremder Rechtsangelegenheiten dem Erlaubniszwang. Ausnahmen sind in §§ 2, 3 und 5–7 geregelt. Vgl. im einzelnen zur **Systematik** und zum **Anwendungsbereich** des RBerG Einl. Rdn. 26 ff. 2

II. Die Besorgung fremder Rechtsangelegenheiten

1. Rechtsangelegenheiten

3 Das sind Angelegenheiten, die entweder auf Rechtsverwirklichung, d. h. Durchsetzung, Sicherung und Klarstellung von Rechten, oder auf Rechtsgestaltung, d. h. Schaffung neuer oder Veränderung bestehender Rechtsverhältnisse, gerichtet sind.[1] Sie sind abzugrenzen von **Wirtschaftsangelegenheiten,** deren Besorgung vom RBerG nicht berührt wird. Die Abgrenzung ist im Einzelfall allerdings schwierig; denn wirtschaftliche Vorgänge wie Kauf-, Miet- oder Darlehensverträge haben stets auch eine rechtliche Seite, mit der sie untrennbar verbunden sind.[2] Welche Kriterien über die richtige Einordnung entscheiden, ist in Rechtsprechung und Literatur nicht abschließend geklärt. Wenig hilfreich erscheint es, danach zu unterscheiden, ob durch die Tätigkeit die Rechtssphäre unmittelbar betroffen wird,[3] da eine solche Voraussetzung sich auch bei den Geschäften des täglichen Lebens ohne weiteres bejahen läßt.[4] Umgekehrt ist das Vorliegen einer Rechtsangelegenheit aber nicht bereits deshalb zu verneinen, weil die Angelegenheit sich rein geschäftsmäßig, ohne besondere juristische Anstrengung bzw. ohne Anführung rechtlicher Argumente erledigen läßt.[5]

4 a) **Abgrenzung.** Allgemein wird man sagen können, daß für die Abgrenzung maßgeblich ist, ob der Schwerpunkt der Tätigkeit auf rechtlichem oder wirtschaftlichem Gebiet liegt.[6] Diese Formulierung[7] bedarf allerdings einer näheren Präzisierung. Klar dürfte zunächst sein, daß nicht mehr von einer Rechtsangelegenheit gesprochen werden kann, wenn Rechtsgeschäfte des täglichen Lebens getätigt werden, deren Voraussetzungen, Formen und Rechtsfolgen jedermann vertraut sind und die allgemein nicht als Betätigung auf rechtlichem Gebiet empfunden werden,[8] wie dies etwa beim Barkauf der Fall ist. Im übrigen kommt es bei der Verknüpfung wirtschaftlicher Geschäfte mit der Besorgung von Rechtsangelegenheiten auf das Rangverhältnis von rechtlicher und wirtschaftliche Seite an;[9]

---

[1] BGH NJW 1956, 591 (592) = AnwBl. 1956, 69; BayObLG AnwBl. 1964, 143; OLG Schleswig AnwBl. 1987, 343 (344); *Rennen/Caliebe,* Rdn. 15; *Altenhoff/Busch/Chemnitz,* Rdn. 61 ff.; *Erbs/Kohlhaas/Senge,* Rdn. 3 f.; *Schorn,* Die Rechtsberatung, S. 92; *Lohmeier* DÖV 1980, 331.

[2] *Rennen/Caliebe,* Rdn. 16; *Altenhoff/Busch/Chemnitz,* Rdn. 65; *Erbs/Kohlhaas/Senge,* Rdn. 6.

[3] So *Schorn,* Die Rechtsberatung, S. 100 mit Nachweisen aus der älteren Rechtsprechung.

[4] OLG Düsseldorf WRP 1991, 588 (589); *Altenhoff/Busch/Chemnitz,* Rdn. 66.

[5] BGHZ 48, 12 (19 f.) = NJW 1967, 1558; BGHZ 70, 12 (13) = NJW 1978, 322; BGH AnwBl. 1982, 108; BGH MDR 1970, 656; OLG Karlsruhe AnwBl. 1985, 323 (324); *Erbs/Kohlhaas/Senge,* Rdn. 3.

[6] BGH NJW 1995, 3122 = MDR 1995, 851 = LM § 1 RBerG Nr. 48 mit Anm. Lauda = EWiR 1995, 805 mit Anm. Chemnitz; *Schorn,* Die Rechtsberatung, S. 100.

[7] Kritisch zu ihr auch *Altenhoff/Busch/Chemnitz,* Rdn. 67; *König,* Rechtsberatungsgesetz, S. 31.

[8] BGH NJW 1987, 3005; OVG Münster AnwBl. 1990, 103; OLG Schleswig AnwBl. 1987, 343; LG Wuppertal MDR 1969, 572 (573); *Rennen/Caliebe,* Rdn. 16; *Altenhoff/Busch/Chemnitz,* Rdn. 68; *Erbs/Kohlhaas/Senge,* Rdn. 6; Chemnitz AnwBl. 1986, 483 f.; auch dazu kritisch *König,* Rechtsberatungsgesetz, S. 32.

[9] OLG Düsseldorf WRP 1991, 588 (589 f.); OLG Düsseldorf AnwBl. 1987, 199; LG Wuppertal MDR 1969, 572 (573); *Rennen/Caliebe,* Rdn. 16; *Schorn,* Die Rechtsberatung, S. 100.

dieses ergibt sich aus der Zielrichtung, die der Besorgende und sein Auftraggeber im Auge haben.[10] Zu fragen ist, ob sie in erster Linie die rechtliche oder die wirtschaftliche Gestaltung anstreben.[11] Von einer Rechtsbesorgung ist stets dann auszugehen, wenn der Handelnde zum Ausdruck bringt, daß er die An-wendung des Rechts beherrscht und der Rechtsuchende ihn gerade aus diesem Grund beauftragt.[12] Abgesehen davon ist zu beachten, daß bei einer Verflechtung rechtlicher und wirtschaftlicher Vorgänge die Ausnahmevorschrift des § 5 eingreifen kann, sofern die Rechtsbesorgung nur untergeordnete Bedeutung hat. Zur Abgrenzung der Rechtsangelegenheiten von **Steuerangelegenheiten** vgl. § 4 Rdn. 3 ff.

b) Konkrete Rechtsangelegenheiten. Erlaubnispflichtig ist nur die Besorgung konkreter Rechtsangelegenheiten. Die Tätigkeit muß sich auf eine wirkliche und sachverhaltsbezogene, nicht lediglich fingierte Rechtssache einer bestimmten anderen Person beziehen.[13] **Belehrungen** allgemeiner Art, mögen sie auch anhand von Schulbeispielen erfolgen, **fallen nicht** in den Anwendungsbereich des RBerG.[14] Dasselbe gilt für die juristische Lehrtätigkeit, wie sie etwa im Rahmen eines Repetitoriums ausgeübt wird.[15] An einer konkreten Rechtsangelegenheit fehlt es auch bei einer im Rahmen einer juristischen Prüfung gestellten Aufgabe; die dem Prüfling dabei gewährte Hilfe wird nicht von § 1 erfaßt.[16] Ebensowenig unterfällt die juristische Vortragstätigkeit zu allgemeinen Rechtsthemen dem Erlaubniszwang,[17] und zwar selbst dann nicht, wenn der Vortrag vor einer Interessengemeinschaft gehalten wird.[18] Schließlich sind auch das Verfassen juristischer Aufsätze und Abhandlungen sowie das Verlegen juristischer Bücher mangels einer konkret zu besorgenden Rechtsangelegenheit erlaubnisfrei.[19]

c) Rechtsberatung durch Zeitschriften. Bei einer Rechtsberatung durch Zeitungen und Zeitschriften ist zu unterscheiden: Wird den Lesern lediglich eine allgemeine Rechtsbelehrung über juristische Fragen erteilt, so wird keine konkrete Rechtsangelegenheit besorgt; das gilt auch für Belehrungen, die in Form der Antwort auf eine Anfrage veröffentlicht werden, wenn die Anfrage fingiert ist[20]

---

[10] *Schorn,* Die Rechtsberatung, S. 100 f.
[11] OLG Schleswig AnwBl. 1987, 343; LG Hannover NJW 1987, 3013 (3014); *Rennen/Caliebe,* Rdn. 16; *Schorn,* Die Rechtsberatung, S. 101. Meist wird dabei vorrangig auf den Handelnden abgestellt; *Altenhoff/Busch/Chemnitz,* Rdn. 70, betonen dagegen mehr die Sicht des Auftraggebers; kritisch demgegenüber *König,* Rechtsberatungsgesetz, S. 33.
[12] OLG Schleswig AnwBl. 1987, 343; *Altenhoff/Busch/Chemnitz,* Rdn. 72; *Erbs/Kohlhaas/Senge,* Rdn. 6.
[13] BGH NJW 1956, 591 (52) = AnwBl. 1956, 69; OLG Düsseldorf AnwBl. 1987, 199; OLG Hamm NJW 1954, 516 (518) mit Anm. *Brangsch;* OLG Oldenburg OLGSt. zu § 1 RBerG S. 3; *Rennen/Caliebe,* Rdn. 17; *Erbs/Kohlhaas/Senge,* Rdn. 5.
[14] *Altenhoff/Busch/Chemnitz,* Rdn. 46.
[15] *Rennen/Caliebe,* Rdn. 17; *Altenhoff/Busch/Chemnitz,* Rdn. 46; *Erbs/Kohlhaas/Senge,* Rdn. 5; vgl. OLG Düsseldorf WRP 1977, 102 (103).
[16] *Rennen/Caliebe,* Rdn. 17; *Erbs/Kohlhaas/Senge,* Rdn. 5; *Schorn,* Die Rechtsberatung, S. 137.
[17] *Rennen/Caliebe,* Rdn. 17; *Erbs/Kohlhaas/Senge,* Rdn. 5.
[18] OLG Oldenburg OLGSt. zu § 1 RBerG S. 3; *Erbs/Kohlhaas/Senge,* Rdn. 5; a. A. *Schorn,* Die Rechtsberatung, S. 137.
[19] *Rennen/Caliebe,* Rdn. 17; *Erbs/Kohlhaas/Senge,* Rdn. 5:
[20] OLG Hamm NJW 1954, 516 (518); OLG Hamm MDR 1952, 58 (59); *Erbs/Kohlhaas/Senge,* Rdn. 5; *Schorn,* Die Rechtsberatung, S. 281.

oder wenn sie (bzw. ein der Zeitschrift sonst bekannt gewordener konkreter Einzelfall) nur den Anlaß bildet für eine allgemeine Abhandlung über die in ihr enthaltenen juristischen Probleme.[21] Maßgeblich ist insoweit, daß die an die gesamte Leserschaft gerichtete allgemeine Rechtsbelehrung eindeutig im Vordergrund steht. Um die Besorgung einer Rechtsangelegenheit handelt es sich allerdings dann, wenn eine konkrete juristische Anfrage beantwortet wird,[22] sei es in schriftlicher Form gegenüber dem Einsender,[23] in redaktionellen Sprechstunden[24] oder in Form sog. „Briefkästen".[25] Allein der Umstand, daß die Antwort auf die Anfrage veröffentlicht wird, macht sie nicht zu einer erlaubnisfrei zulässigen allgemeinen Rechtsbelehrung.[26] Die Beantwortung konkreter Anfragen ist unabhängig davon verboten, ob die erteilte Antwort richtig oder falsch ist, ob sie die Frage erschöpfend beantwortet oder ob schließlich geraten wird, eine gütliche Einigung zu erstreben oder sich an einen Rechtsanwalt zu wenden.[27] Das Verbot besteht grundsätzlich auch für Fachzeitschriften;[28] etwas anderes kann nur dann gelten, wenn es sich um ein Mitteilungsblatt handelt, das eine unter § 7 fallende Vereinigung oder Stelle für ihre Mitglieder herausgibt.[29] Die Rechtsberatung durch Zeitungen und Zeitschriften ist schließlich auch nicht durch § 5 gedeckt; denn zwischen dem Verkauf der Zeitung und der Rechtsberatung besteht kein unmittelbarer Zusammenhang.[30] Im übrigen ist zu beachten, daß die Beantwortung einer Anfrage nur solange als Rechtsbesorgung angesehen werden kann, als die Angelegenheit nicht abschließend erledigt ist; denn nach diesem Zeitpunkt kann sie durch einen Rat nicht mehr gefördert werden.[31]

---

[21] BGH NJW 1956, 591 (592) = AnwBl. 1956, 69; *Rennen/Caliebe*, Rdn. 17 f.; *Altenhoff/Busch/Chemnitz*, Rdn. 54; *Erbs/Kohlhaas/Senge*, Rdn. 5.

[22] BGH NJW 1956, 591 (592) = AnwBl. 1956, 69; OLG Hamm MDR 1952, 58 (59); OLG Hamm NJW 1954, 516 (518) mit Anm. *Brangsch; Rennen/Caliebe*, Rdn. 17 f.; *Altenhoff/Busch/Chemnitz*, Rdn. 51; *Erbs/Kohlhaas/Senge*, Rdn. 5; *Schorn*, Die Rechtsberatung, S. 281.

[23] LG Stuttgart AnwBl. 1965, 352; *Altenhoff/Busch/Chemnitz*, Rdn. 51; *Erbs/Kohlhaas/Senge*, Rdn. 16.

[24] BGH NJW 1956, 591 = AnwBl. 1956, 69; OLG Hamm NJW 1954, 516 (518) mit Anm. *Brangsch;* LG Hamburg NJW 1953, 1590; *Altenhoff/Busch/Chemnitz*, Rdn. 50 m. w. N. aus der älteren Rechtsprechung.

[25] BGH NJW 1956, 591 = AnwBl. 1956, 69; OLG Hamm MDR 1952, 58 (59); OLG Hamm NJW 1954, 516, (518) mit Anm. *Brangsch;* LG Hamburg NJW 1953, 1590; *Erbs/Kohlhaas/Senge*, Rdn. 16.

[26] *Altenhoff/Busch/Chemnitz*, Rdn. 52 ff.; *Brangsch* NJW 1954, 516 (517); tendenziell auch OLG Hamm NJW 1954, 516 (518).

[27] BGH NJW 1956, 591 (592) = AnwBl. 1956, 69; *Altenhoff/Busch/Chemnitz*, Rdn. 52 ff.; *Schorn*, Die Rechtsberatung, S. 282.

[28] BGH NJW 1957, 301 (303) mit ablehnender Anm. *Runge; Rennen/Caliebe*, Rdn. 17; *Altenhoff/Busch/Chemnitz*, Rdn. 51; *Erbs/Kohlhaas/Senge*, Rdn. 5; *Schorn*, Die Rechtsberatung, S. 280.

[29] Vgl. § 7 Rdn. 31; *Altenhoff/Busch/Chemnitz*, Rdn. 51; *Schorn*, Die Rechtsberatung, S. 279.

[30] BGH NJW 1957, 301 (303) mit ablehnender Anm *Runge;* LG Hamburg NJW 1953, 1590; OLG Hamm MDR 1952, 58 (59); *Altenhoff/Busch/Chemnitz*, Rdn. 55; *Schorn*, Die Rechtsberatung, S. 277 f.

[31] *Rennen/Caliebe*, Rdn. 18; *Altenhoff/Busch/Chemnitz*, Rdn. 54; vgl. zur Rechtsberatung durch Zeitschriften auch BGH NJW-RR 1987, 875 f.; OLG Düsseldorf WRP 1991, 588; *König*, Rechtsberatungsgesetz, S. 68 ff.

2. Fremde Rechtsangelegenheiten

Fremd sind solche Angelegenheiten, die nicht die eigene Rechtsposition 7 des Besorgenden betreffen[32] und daher an sich der Sorge eines anderen obliegen.[33] Die Frage nach der Fremdheit ist vom wirtschaftlichen Standpunkt aus zu beurteilen; maßgeblich ist, in wessen wirtschaftlichem Interesse die Besorgung der Rechtsangelegenheit liegt.[34] Daher ist eine Tätigkeit auch dann als Erledigung einer fremden Angelegenheit anzusehen, wenn sie zwar im eigenen Namen, aber für fremde Rechnung erfolgt, etwa im Rahmen eines Treuhandverhältnisses.[35] Dabei spielt es auch keine Rolle, ob und inwieweit der Besorgende an Weisungen des Auftraggebers gebunden ist; entscheidend ist allein die wirtschaftliche Interessenlage.[36] Wer nach außen hin für sich selbst auftritt, im Innenverhältnis aber für einen Dritten handelt, besorgt grundsätzlich eine fremde Rechtsangelegenheit.[37] Ausdrücklich im Gesetz ausgesprochen ist dies zwar nur für die Einziehung einer zu Einziehungszwecken abgetretenen Forderung, es gilt jedoch über diesen besonderen Fall hinaus als allgemeine Regel.[38]

Die Fremdheit einer Angelegenheit wird nicht dadurch beseitigt, daß der Be- 8 sorgende an ihrer Erledigung ein **mittelbares Eigeninteresse** hat.[39] So kann das mittelbare Interesse des Versicherungsmaklers, durch Beratung eines Kunden und ein Tätigwerden für ihn (Kündigung eines von ihm nicht vermittelten Versicherungsvertrags) die eigene Vermittlung von Versicherungsverträgen zu erleichtern und den Bereich der Geschäftstätigkeit auszuweiten, nicht dazu führen, die übernommene Tätigkeit in eine eigene Angelegenheit zu verwandeln.[40] Andererseits kann eine (auch) eigene Angelegenheit nicht allein deshalb als fremde angesehen werden, weil der Besorgende mit ihrer Erledigung (als Bürge, Mitgesellschafter, Miterbe, etc.) notwendigerweise zugleich die Interessen anderer wahrt.[41] Gleiche Rechtspositionen und daraus folgende gleichartige Interessen mehrerer Personen führen dagegen nicht dazu, daß die Angelegenheiten der anderen zu eigenen Angelegenheiten jedes einzelnen werden.[42] So darf ein Straßenanlieger die ande-

---

[32] BayObLG NStZ 1985, 33; BayObLG NStZ 1985, 224 (225); *Erbs/Kohlhaas/Senge*, Rdn. 8; Wasmuth NStZ 1989, 275.
[33] *Altenhoff/Busch/Chemnitz*, Rdn. 75; Schorn, Die Rechtsberatung, S. 105.
[34] BGHZ 61, 317 (320) = NJW 1974, 50; BayObLG NStZ 1985, 33 und 224 (225); OLG Hamburg AnwBl. 1967, 122 (123); OLG Schleswig AnwBl. 1989, 245; OLG Stuttgart NJW 1966, 665 (666) = AnwBl. 1966, 98; OLG Karlsruhe AnwBl. 1985, 323 (324); AG Kassel NStZ 1989, 79 (80); *Rennen/Caliebe*, Rdn. 20; *Altenhoff/Busch/Chemnitz*, Rdn. 77; *Erbs/Kohlhaas/Senge*, Rdn. 9; Schorn, Die Rechtsberatung, S. 116; *Wasmuth* NStZ 1989, 275.
[35] BGHZ 48, 12 (17 f.) = NJW 1967, 1558; *Rennen/Caliebe*, Rdn. 20; *Erbs/Kohlhaas/Senge*, Rdn. 9.
[36] *Rennen/Caliebe*, Rdn. 20; *Erbs/Kohlhaas/Senge*, Rdn. 9; Schorn, Die Rechtsberatung, S. 104.
[37] *Altenhoff/Busch/Chemnitz*, Rdn. 80.
[38] *Rennen/Caliebe*, Rdn. 20; *Altenhoff/Busch/Chemnitz*, Rdn. 80.
[39] BGH NJW 1967, 1562 (1563); OLG Karlsruhe NJW 1988, 838; OLG Düsseldorf NJW-RR 1991, 115 (116); OLG Düsseldorf AnwBl. 1994, 574 (575); *Rennen/Caliebe*, Rdn. 20; großzügiger OVG Berlin NJW 1978, 1173 (1174); wohl auch *Erbs/Kohlhaas/Senge*, Rdn. 8.
[40] OLG Karlsruhe NJW 1988, 838.
[41] *Rennen/Caliebe*, Rdn. 21; *Altenhoff/Busch/Chemnitz*, Rdn. 81; *Erbs/Kohlhaas/Senge*, Rdn. 8; Schorn, Die Rechtsberatung, S. 103; *Wasmuth* NStZ 1989, 275; vgl. auch KG NJW 1991, 1304.
[42] BayObLG NStZ 1985, 33 = MDR 1984, 1048; OLG Köln NJW-RR 1986, 917; *Rennen/Caliebe*, Rdn. 23; *Erbs/Kohlhaas/Senge*, Rdn. 9.

ren Eigentümer nicht deshalb in ihren Verfahren gegen die Gemeinde vertreten, weil alle ein gemeinsames Interesse daran haben, daß die Gemeinde die Geltendmachung von Straßenausbaubeiträgen bzw. Erschließungsbeiträgen unterläßt.[43] Auch für einen Verein sind die Angelegenheiten seiner Mitglieder regelmäßig fremde Angelegenheiten.[44]

9   Eine fremde Rechtsangelegenheit besorgt nicht, wer aufgrund einer ihm kraft Gesetzes verliehenen Rechtsposition für einen Dritten tätig wird, namentlich wer als gesetzlicher Vertreter für eine natürliche oder juristische Person handelt.[45] Daher liegt keine erlaubnispflichtige Rechtsbesorgung i. S. des § 1 vor, wenn der Geschäftsführer einer Gesellschaft Sacheinlagen der Gesellschafter verwaltet und Forderungen daraus gegenüber Dritten gerichtlich verfolgt.[46] Von einer fremden Rechtsangelegenheit kann auch dann nicht gesprochen werden, wenn eine Vertragspartei gegen die andere einen Anspruch geltend macht, der auf Leistung an einen Dritten gerichtet ist; obwohl die Leistung letztlich dem Dritten zugute kommt, besorgt der Gläubiger in diesem Fall eine eigene Angelegenheit, da der geltend gemachte Anspruch ihm selbst zusteht.[47]

10 Problematisch ist die Fremdheit, wenn der Besorgende mit Rücksicht auf eine **enge verwandtschaftliche oder sonstige persönliche Beziehung** für einen anderen tätig wird, ohne daß es sich – wie etwa im Verhältnis der Eltern zu ihren minderjährigen Kindern – um einen Fall gesetzlicher Vertretung handelt. Insbesondere die ältere Rechtsprechung hatte sich insoweit auf den Standpunkt gestellt, daß das Bestehen eines verwandtschaftlichen Verhältnisses allein nicht genüge, um die Fremdheit zu verneinen; zur Rechtfertigung der Erlaubtheit der Rechtsbesorgung hat sie das Hinzutreten besonderer Umstände gefordert.[48] Nachdem jedoch § 6 Abs. 2 StBerG eine unentgeltliche Steuerberatung für Angehörige i. S. des § 15 AO generell gestattet, stellt sich die Frage, ob diese Vorschrift auf die allgemeine Rechtsberatung analog angewendet werden kann. Sie wird in der neueren Rechtsprechung und im jüngeren Schrifttum unterschiedlich beantwortet. Teilweise wird eine Analogie für den gesamten in § 15 AO aufgeführten Personenkreis befürwortet,[49] andere wollen eine analoge Anwendung auf Angehörige des engeren Familienkreises wie Eltern, Kinder, Geschwister und Ehegatten beschränken,[50] wieder andere sind der Meinung, die Aufnahme einer entsprechenden Vorschrift im RBerG sei zwar wünschenswert, eine analoge Anwendung des § 6 Nr. 2 StBerG lasse sich nach der momentanen Rechtslage jedoch nicht rechtfertigen.[51] Am wenigsten überzeugt die Auffassung, die eine Analogie in beschränktem Umfang zulassen will; es gibt keinen einsichtigen Grund, die Ausnahmeregelung des § 6 Nr. 2 StBerG wegen der vergleichbaren Interessenlage auf die allgemeine Rechtsberatung zu übertragen, zugleich aber den dabei privilegierten Personenkreis zu verkleinern.[52] Die Entscheidung über

---

[43] BayObLG NStZ 1985, 33 = MDR 1984, 1048.
[44] Vgl. dazu § 7 Rdn. 2 und *Prütting/Weth* ZIP 1994, 424 (426).
[45] *Rennen/Caliebe*, Rdn. 21; *Altenhoff/Busch/Chemnitz*, Rdn. 82; *Schorn*, Die Rechtsberatung, S. 103.
[46] BGH NJW-RR 1986, 1360 f.; *Erbs/Kohlhaas/Senge*, Rdn. 9.
[47] *Altenhoff/Busch/Chemnitz*, Rdn. 83.
[48] Vgl. BayObLG NJW 1969, 1452 (1453).
[49] AG Kassel NStZ 1989, 79 (80); *Rennen/Caliebe*, Rdn. 23.
[50] *Erbs/Kohlhaas/Senge*, Rdn. 11.
[51] OLG Köln NStE Nr. 2 zu Art. 1 §1 RBerG; OLG Oldenburg NJW 1992, 2438; *Altenhoff/Busch/Chemnitz*, Rdn. 85; *Wasmuth* NStZ 1989, 275.
[52] Kritisch dazu auch *Wasmuth* NStZ 1989, 275.

§ 1 Behördliche Erlaubnis   11, 12   Art. 1 § 1 RBerG

eine entsprechende Anwendung muß vielmehr in grundsätzlicher Weise getroffen werden. Dabei ist zu beachten, daß für die Analogie regelmäßig das Vorliegen einer planwidrigen Regelungslücke gefordert wird. Angesichts des Umstandes, daß das StBerG das jüngere Gesetz ist und zudem am 18. 8. 1980 gemeinsam mit dem RBerG novelliert worden ist, ohne daß eine vergleichbare Ausnahmebestimmung für die allgemeine Rechtsberatung aufgenommen worden ist, ist eine solch planwidrige Lücke hier zu verneinen.[53] Folglich ist eine Analogie nicht möglich, und die Frage der Fremdheit muß auch unter Angehörigen im Einzelfall entschieden werden.[54]

Reichen demnach weder verwandtschaftliche[55] noch sonstige persönliche[56] Beziehungen allein aus, um die Erlaubnis der Rechtsbesorgung zu begründen, so läßt sich für diese Fälle jedoch allgemein formulieren, daß es sich immer dann um eine eigene Rechtsangelegenheit handelt, wenn der Besorgende aufgrund der engen Beziehung zu seinem Auftraggeber auch ein eigenes Interesse an ihrer Erledigung hat.[57] Insoweit ist eine großzügige Betrachtungsweise angebracht. Innerhalb der Familie wird sich häufig eine Interessenidentität aus der Lebens- und Haushaltsgemeinschaft, aus der gegenseitigen Fürsorgepflicht oder aus der wirtschaftlichen Verflechtung der gegenseitigen Interessen ergeben.[58] Das gilt in besonderem Maße, wenn Eltern für ihre – volljährigen – Kinder (und umgekehrt) oder Ehegatten füreinander tätig werden.[59] Da jedoch auch darüber hinaus familiäre Beistandspflichten und sonstige sittliche Anstandspflichten Berücksichtigung finden müssen,[60] kommt ein Eigeninteresse des Besorgenden auch bei entfernteren Verwandten in Betracht[61] sowie bei solchen Personen, zu denen er in enger persönlicher, aber nicht verwandtschaftlicher Beziehung steht.[62]

3. Besorgung

a) Begriff. Unter der Besorgung ist eine Tätigkeit zu verstehen, die auf die unmittelbare Förderung konkreter fremder Rechtsangelegenheiten gerichtet ist, d. h. die das Ziel verfolgt, konkrete fremde Rechte zu verwirklichen oder konkrete fremde Rechtsverhältnisse zu gestalten oder zu verändern.[63] Sie kann sowohl in

11

12

---

[53] Vgl. schon OLG Köln NStE Nr. 2 zu Art. 1 § 1 RBerG; *König*, Rechtsberatungsgesetz, S. 66 f.; *Wasmuth* NStZ 1989, 275. Daß eine Analogie zu § 6 Abs. 2 StBerG nicht unproblematisch ist, wird auch von der Gegenmeinung zugestanden; vgl. *Rennen/Caliebe*, Rdn. 23.
[54] *Altenhoff/Busch/Chemnitz*, Rdn. 84.
[55] BayObLG NJW 1969, 1452 (1453); OLG Karlsruhe AnwBl. 1979, 487; OLG Oldenburg NJW 1992, 2438; *Altenhoff/Busch/Chemnitz*, Rdn. 85.
[56] So BayObLG NStZ 1985, 33; OLG Karlsruhe AnwBl. 1979, 487; *Erbs/Kohlhaas/Senge*, Rdn. 8.
[57] OLG Köln NStE Nr. 2 zu Art. 1 § 1 RBerG; OLG Oldenburg NJW 1992, 2438; *Rennen/Caliebe*, Rdn. 23; *Altenhoff/Busch/Chemnitz*, Rdn. 85; *Schorn*, Die Rechtsberatung, S. 103.
[58] Vgl. schon BayObLG NJW 1969, 1452 (1453); kritisch *König*, Rechtsberatungsgesetz, S. 67.
[59] BGH AnwBl. 1964, 52 f.; *Erbs/Kohlhaas/Senge*, Rdn. 11.
[60] AG Kassel NStZ 1989, 79 (80); *Erbs/Kohlhaas/Senge*, Rdn. 11; weitergehend *Schneider* MDR 1976, 1 ff.; a. A. *Wasmuth* NStZ 1989, 275 (276).
[61] AG Kassel NStZ 1989, 79 (80).
[62] *Rennen/Caliebe*, Rdn. 23; anders wohl *Erbs/Kohlhaas/Senge*, Rdn. 8, 11.
[63] St. Rspr.; BGH MDR 1995, 851; BGH NJW 1989, 2125; BGHZ 48, 12 (18 f.) = NJW 1967, 1558; BGH NJW 1987, 3003 (3004); BGH AnwBl. 1982, 108; BGH NJW 1956, 591 (592) = AnwBl. 1956, 69; BAG NJW 1993, 2701 (2702); OLG Karlsruhe

einer unmittelbaren Wahrnehmung des fremden Rechts gegenüber Dritten als auch in einer bloßen Raterteilung oder im Entwurf von Schriftsätzen für den Auftraggeber bestehen.[64] Der Begriff der Rechtsbesorgung ist unabhängig vom Schwierigkeitsgrad der zu besorgenden Angelegenheit.[65] Ebenso ist für ihn ohne Belang, ob der Besorgende mündlich, schriftlich oder im Wege der Veröffentlichung tätig wird, ob die Angelegenheit bedeutsam ist und ob die Besorgung für einen gesamten Fragenkomplex oder nur für einen bestimmten Ausschnitt erfolgt.[66]

13 Von der Besorgung einer Rechtsangelegenheit kann nicht nur dann gesprochen werden, wenn die Tätigkeit des Besorgenden die Angelegenheit zu einem endgültigen Abschluß führt; es genügt vielmehr jede Tätigkeit, durch die die Angelegenheit unmittelbar gefördert wird.[67] Zu fordern ist jedoch, daß der Besorgende unmittelbar auf rechtlichem Gebiet tätig wird.[68] Dabei ist es zwar unerheblich, auf welches Rechtsgebiet sich die Tätigkeit bezieht; insbesondere kann die Rechtsbesorgung auch den Bereich eines ausländischen Rechts betreffen.[69] An einer rechtlichen Tätigkeit fehlt es aber, wenn der Besorgende allein die Beschaffung von (in- oder ausländischen) Gesetzestexten oder von sonstigem Schrifttum übernimmt.[70] Auch die bloße Sammlung von tatsächlichem Material und die Erteilung von Auskünften über Vermögensverhältnisse oder persönliche Angelegenheiten anderer Art, wie sie durch **Auskunfteien, Buchprüfer, Detektivbüros** und andere **Überwachungsunternehmen** erledigt wird, ist keine Tätigkeit auf rechtlichem Gebiet, jedenfalls dann nicht, wenn der Auftraggeber selbst entscheidet, welche tatsächlichen Feststellungen er benötigt, und dem Dritten lediglich den Auftrag erteilt, die für die vorgegebenen Feststellungen erforderlichen Tatsachenermittlungen durchzuführen.[71] Anders liegt es dagegen, wenn dem Dritten auch die Auswahl der zu treffenden Feststellungen überlassen wird, dieser also selbst entscheiden muß, welche Unterlagen oder Informationen

---

AnwBl. 1985, 323; OLG Karlsruhe Justiz 1992, 419; OLG Düsseldorf AnwBl. 1987, 199; OLG Schleswig AnwBl. 1987, 343 (344); OLG Schleswig AnwBl. 1989, 245; OVG Münster AnwBl. 1990, 103; LG Hannover NJW 1987, 3013 (3014); *Rennen/Caliebe*, Rdn. 24; *Altenhoff/Busch/Chemnitz*, Rdn. 61; *Erbs/Kohlhaas/Senge*, Rdn. 12; *Lohmeier* DÖV 1980, 331; ausführlich dazu *König*, Rechtsberatungsgesetz, S. 27 ff.; er spricht von der „finalen Auffassung".

[64] BGH MDR 1995, 851 (852); OLG Düsseldorf WRP 1991, 588 (589); OLG Düsseldorf AnwBl. 1987, 199; OLG Hamm NJW 1954, 516 (518); BayObLG AnwBl. 1964, 143; OLG Schleswig AnwBl. 1987, 343 (344); OLG Karlsruhe Justiz 1992, 419; *Rennen/Caliebe*, Rdn. 24; *Erbs/Kohlhaas/Senge*, Rdn. 14.

[65] BGH NJW 1987, 3003 (3004) und 3005; BGH AnwBl. 1982, 108; BAG NJW 1993, 2701 (2702); *Rennen/Caliebe*, Rdn. 24.

[66] *Schorn*, Die Rechtsberatung, S. 106.

[67] BayObLG NStZ 1981, 29; BayObLG AnwBl. 1964, 143 f.; OLG Düsseldorf WRP 1991, 588 (589); OLG Düsseldorf AnwBl. 1987, 199; LG Wuppertal MDR 1969, 572 (573); *Rennen/Caliebe*, Rdn. 24; *Altenhoff/Busch/Chemnitz*, Rdn. 62; *Erbs/Kohlhaas/Senge*, Rdn. 13; *Schorn*, Die Rechtsberatung, S. 105 f.; mißverständlich teilweise die ältere Rechtsprechung („ auf einen gewissen Abschluß" gerichtet); vgl. etwa BayObLG AnwBl. 1964, 143 f.; OLG Oldenburg OLGSt. zu § 1 RBerG S. 3; OLG Hamm NJW 1954, 516 (518); vgl. dazu die Anm. von *Brangsch*.

[68] BayObLG AnwBl. 1964, 143 f.; *Erbs/Kohlhaas/Senge*, Rdn. 12; *Schorn*, Die Rechtsberatung, S. 105.

[69] OLG Frankfurt GRUR 1984, 882; *Rennen/Caliebe*, Rdn. 28; *Erbs/Kohlhaas/Senge*, Rdn. 12.

[70] *Rennen/Caliebe*, Rdn. 26; *Erbs/Kohlhaas/Senge*, Rdn. 12.

[71] BayObLG AnwBl. 1964, 143 (144); *Rennen/Caliebe*, Rdn. 25, 31; *Altenhoff/Busch/Chemnitz*, Rdn. 43 f.; *Erbs/Kohlhaas/Senge*, Rdn. 12.

zur Durchsetzung des Anspruchs benötigt werden; in diesem Fall übt der Dritte eine rechtsbesorgende Tätigkeit aus.[72] Die bloße Bekanntgabe eigenen Wissens über den Stand einer Angelegenheit stellt für sich betrachtet selbst dann keine Rechtsbesorgung dar, wenn sie nicht nur die tatsächlichen Verhältnisse, sondern auch das Bestehen oder Nichtbestehen von Rechten betrifft.[73] Zu einer erlaubnispflichtigen Tätigkeit kann sie erst dann werden, wenn der Wille des Auskunftgebenden hinzukommt, durch die Bekanntgabe eigenen Wissens eine fremde Rechtsangelegenheit zu fördern.[74]

Eine unmittelbare Förderung konkreter fremder Rechtsangelegenheiten liegt nicht vor, wenn dem Rechtsuchenden lediglich ein Rechtsanwalt empfohlen wird oder ihm der Rat erteilt wird, sich bei einer Behörde zu erkundigen.[75] Der Rat, sich an einen Rechtsanwalt oder an eine Behörde zu wenden, kann jedoch dann als Rechtsbesorgung anzusehen sein, wenn ihm eine rechtliche Prüfung vorausgegangen ist;[76] dieser Rat ist jedenfalls dann Rechtsbesorgung, wenn die rechtliche Überprüfung gerade zur Klärung der Frage stattgefunden hat, ob die Weiterverfolgung der Angelegenheit Aussicht auf Erfolg bietet.[77] Im übrigen schließt das gleichzeitige Tätigwerden eines Rechtsanwalts – oder Notars[78] – in derselben Angelegenheit das Vorliegen einer erlaubnispflichtigen Rechtsbesorgung nicht aus; der Erlaubniszwang entfällt nicht deshalb, weil der Besorgende die Angelegenheit unter Hinzuziehung einer zur Rechtsbesorgung befugten Person fördert.[79] In besonderem Maße hat dies zu gelten, wenn der eingeschaltete Rechtsanwalt – unabhängig von der konkreten Ausformung seiner vertraglichen Beziehungen zum Auftraggeber – nach den tatsächlichen Umständen des Falles nur als Erfüllungsgehilfe des Besorgers anzusehen ist.[80] Wer fremde Rechtsangelegenheiten besorgt, muß dazu grundsätzlich in eigener Person befugt sein.[81]

---

[72] *Rennen/Caliebe*, Rdn. 31; *Altenhoff/Busch/Chemnitz*, Rdn. 43 f.
[73] BGHZ 7, 371 (378) = NJW 1953, 60; *Rennen/Caliebe*, Rdn. 25; *Altenhoff/Busch/Chemnitz*, Rdn. 58, 75; *Erbs/Kohlhaas/Senge*, Rdn. 17.
[74] BGHZ 7, 371 (378) = NJW 1953, 60; *Rennen/Caliebe*, Rdn. 25; vgl. auch *Prütting/Nerlich* NZV 1995, 1 (3).
[75] OLG Stuttgart AnwBl. 1975, 173 (174); OLG Hamm NJW 1954, 516 (518); OLG Oldenburg OLGSt. zu § 1 RBerG S. 3; *Rennen/Caliebe*, Rdn. 29; *Erbs/Kohlhaas/Senge*, Rdn. 13; *Schorn*, Die Rechtsberatung, S. 281 f. Zur Frage, ob eine Rechtsbesorgung schon darin zu sehen ist, daß sich eine juristische Person vertraglich zur Rechtsbesorgung verpflichtet und deren Ausführung Rechtsanwälten überläßt, vgl. *Taupitz* JZ 1994, 1100 ff., sowie die Erläuterungen zur Anwalts-GmbH Einl. Rdn. 47.
[76] BGH NJW 1956, 591 (592) = AnwBl. 1956, 69; BayObLG AnwBl. 1964, 143 (144); OLG Hamm AnwBl. 1965, 350 (351); LG Hamburg MDR 1979, 234; *Rennen/Caliebe*, Rdn. 29; *Erbs/Kohlhaas/Senge*, Rdn. 13; a. A. OLG Hamm NJW 1954, 516 (518).
[77] BGH NJW 1956, 591 (592) = AnwBl. 1956, 69; OLG Hamm AnwBl. 1965, 350 (351); BayObLG AnwBl. 1964, 143 (144); *Rennen/Caliebe*, Rdn. 29; *Schorn*, Die Rechtsberatung, S. 281 f.
[78] LG Wuppertal MDR 1969, 572 (573); *Erbs/Kohlhaas/Senge*, Rdn. 13.
[79] BGH AnwBl. 1982, 108; BayObLG AnwBl. 1964, 143 (144); LG Frankfurt AnwBl. 1978, 480; OLG Frankfurt AnwBl. 1979, 486 (487); OLG Hamm MDR 1989, 258; OLG Hamm AnwBl. 1965, 350 (351); LG Stuttgart AnwBl. 1965, 352 (353); *Rennen/Caliebe*, Rdn. 27; *Erbs/Kohlhaas/Senge*, Rdn. 13.
[80] BGH NJW 1987, 3003 (3004); BayObLG NJW 1991, 1190 (1191); OLG Schleswig AnwBl. 1989, 245; OLG Karlsruhe GRUR 1991, 619 (621 f.); OLG Düsseldorf AnwBl. 1987, 199; LG Hannover NJW 1987, 3013 (3014); *Rennen/Caliebe*, Rdn. 27.
[81] BGH NJW 1987, 3003 (3004); BGH NJW 1989, 2125 (2126); *Rennen/Caliebe*, Rdn. 27. Zum Problem der Anwalts-GmbH s. Einl. Rdn. 47.

15 b) **Einzelfälle.** Das Besorgen einer fremden Rechtsangelegenheit ist insbesondere das Verhandeln mit Dritten, d. h. die Geltendmachung des Anspruchs, seine Erörterung und seine vergleichsweise Regelung,[82] der Entwurf eines Mahn- oder Aufforderungsschreibens,[83] die Formulierung von Klagen und Anträgen[84] und ihre Stellung bei Gericht,[85] die Anfertigung von Vertragsentwürfen,[86] die Hilfeleistung bei der Durchsetzung von Erbrechten, auch durch sog. Erbensucher,[87] die Stellung von Anträgen beim Grundbuchamt oder beim Handels- und Vereinsregister,[88] die Hilfe bei der Gründung von Kapitalgesellschaften,[89] die Erledigung der im Schiedsgerichtsverfahren erforderlichen Maßnahmen,[90] die Beratung über die wirtschaftlichen Folgen einer Ehescheidung,[91] Tätigkeiten zum Zweck der Schuldenregulierung,[92] insbesondere auch die Herbeiführung einer Sanierung,[93] das Erstatten von Strafanzeigen und das Stellen von Strafanträgen,[94] die Beratung von Berufssportlern bezüglich abzuschließender Verträge und das Aushandeln von Verträgen durch ihre Manager,[95] die Beantwortung von Abmahnschreiben[96] sowie das Führen der gesamten Rechtsstreitigkeiten einer Person auf einem bestimmten Rechtsgebiet (etwa der Wettbewerbsstreitigkeiten).[97] Die Erstattung wissenschaftlich begründeter Gutachten für einen konkreten Einzelfall erfüllt tatbestandlich die Voraussetzungen des Besorgens fremder Rechtsangelegenheiten, sie wird durch § 2 jedoch ausdrücklich vom Erlaubniszwang des § 1 ausgenommen.

4. Rechtsberatung

16 Sie ist ein **Unterfall der Rechtsbesorgung.** Rechtsberatung ist die mündliche oder schriftliche Unterrichtung des Rechtsuchenden über die Rechtslage in einem Einzelfall und über die zu ergreifenden Maßnahmen bei der Durchsetzung

---

[82] BGH NJW 1995, 3122 (3123) MDR 1995, 851 (852); BGHZ 36, 321 (322) = NJW 1962, 807; BGH NJW 1961, 1113; *Rennen/Caliebe*, Rdn. 24; *Erbs/Kohlhaas/Senge*, Rdn. 14.
[83] *Altenhoff/Busch/Chemnitz*, Rdn. 41.
[84] BGH AnwBl. 1954, 69; *Rennen/Caliebe*, Rdn. 24; *Erbs/Kohlhaas/Senge*, Rdn. 14.
[85] LG Hamburg AnwBl. 1954, 52; *Rennen/Caliebe*, Rdn. 24; *Erbs/Kohlhaas/Senge*, Rdn. 14.
[86] BGHZ 70, 12 (13) = NJW 1978, 322; *Rennen/Caliebe*, Rdn. 24; *Altenhoff/Busch/Chemnitz*, Rdn. 41; *Erbs/Kohlhaas/Senge*, Rdn. 14.
[87] BGH NJW 1989, 2125; *Rennen/Caliebe*, Rdn. 24.
[88] *Rennen/Caliebe*, Rdn. 15.
[89] OLG Frankfurt GRUR 1984, 882; *Rennen/Caliebe*, Rdn. 24; *Erbs/Kohlhaas/Senge*, Rdn. 14.
[90] LG Itzehoe NJW 1963, 210 (211) = AnwBl. 1962, 285; *Erbs/Kohlhaas/Senge*, Rdn. 14.
[91] LG Hamburg MDR 1979, 234; *Erbs/Kohlhaas/Senge*, Rdn. 15.
[92] BGH NJW 1987, 3003 (3004); BGH AnwBl. 1982, 108; BGH MDR 1970, 656; BAG NJW 1993, 2701 (2702); OLG Hamm BB 1994, 1107; OLG Frankfurt NJW 1979, 486 (487); OLG Köln AnwBl. 1960, 203; OLG Karlsruhe AnwBl. 1985, 323; BayObLG NJW 1991, 1190 (1191); OLG Hamm MDR 1989, 258; LAG Hamm NZA 1992, 905; *Rennen/Caliebe*, Rdn. 15.
[93] BGH NJW 1988, 561 = JZ 1988, 556; BGHZ 36, 321 (322) = NJW 1962, 807 m. w. N.; *Rennen/Caliebe*, Rdn. 15; *Altenhoff/Busch/Chemnitz*, Rdn. 63 m. w. N.; a. A. *Künne* KTS 1963, 91 ff.; vgl. auch *Müller-Graff* GRUR 1988, 95 ff.
[94] OVG Münster AnwBl. 1990, 103; AG Frankfurt AnwBl. 1985, 108; *Rennen/Caliebe*, Rdn. 15.
[95] *Wertenbruch* NJW 1995, 223 (225); *Wertenbruch* NJW 1995, 3372; a. A. *Löhr* NJW 1995, 2148.
[96] OLG Köln NJW-RR 1986, 917; *Rennen/Caliebe*, Rdn. 15, 24.
[97] OLG Köln WRP 1985, 659; *Rennen/Caliebe*, Rdn. 24.

seiner Rechte.⁹⁸ Für sie ist kennzeichnend, daß die Tätigkeit nur im **Innenverhältnis** gegenüber dem Auftraggeber ausgeübt wird⁹⁹ und daß diesem nach der Unterrichtung die Entscheidung verbleibt, was geschehen soll.¹⁰⁰ Als Rechtsberatung in diesem Sinn ist auch das Entwerfen von Eingaben an Gerichte und Behörden, von Mahnschreiben und Verträgen sowie von Formularen zum Zwecke der Mehrfachverwendung anzusehen.¹⁰¹ Maßgeblich ist, daß die Tätigkeit des Beratenden erst dann Außenwirkung entfaltet, wenn der Ratsuchende dem Rat folgt und sich Dritten gegenüber gemäß dem Rat verhält bzw. entworfene Schreiben mit seiner Unterschrift versieht und absendet.¹⁰² Die Rechtsberatung in diesem Sinne bildet wie bereits erwähnt einen Unterfall der Rechtsbesorgung.¹⁰³ Da sich an sie keine anderen Rechtsfolgen anknüpfen als an die anderen Fälle rechtsbesorgender Tätigkeit, erübrigt sich eine genauere Festlegung, in welchen Fällen Rechtsberatung betrieben wird und welche nur unter den weiteren Begriff der Rechtsbesorgung zu fassen sind. Zu beachten ist allerdings, daß das so gewählte Verständnis der „Rechtsberatung" in § 1 von der Begriffsbildung abweicht, wie sie in der Gesetzesüberschrift verwendet wird. Dort ist der Begriff der Rechtsberatung in einem umfassenden Sinn zu verstehen, der mit dem oben erläuterten Begriff der Rechtsbesorgung synonym ist.¹⁰⁴

5. Einziehung von Forderungen

a) Inkassotätigkeit. Als Besorgung fremder Rechtsangelegenheiten ist nach der ausdrücklichen gesetzlichen Anordnung in § 1 auch die Einziehung fremder oder zu Einziehungszwecken abgetretener Forderungen (die sog. Inkassotätigkeit) anzusehen.¹⁰⁵ Ob es sich dabei lediglich um eine in der Sache überflüssige Klarstellung handelt, da die Forderungseinziehung ohnehin stets Rechtsangelegenheit im Interesse eines Dritten sei,¹⁰⁶ oder ob man der Norm konstitutive Bedeutung beimißt, weil die Einziehung wesentlich auf wirtschaftlichem Gebiet liege,¹⁰⁷ bleibt letztlich eine akademische Frage.¹⁰⁸ Das Gesetz will die Einziehung als **Rechtsangelegenheit** behandelt wissen und räumt damit alle Zweifel aus. Da die Frage der Fremdheit vom wirtschaftlichen Standpunkt zu beurteilen ist, erscheint es darüber hinaus folgerichtig, daß die Einziehung fremder und zu Einziehungszwecken abgetretener Forderungen gleichbehandelt werden. Während die Ein-

---

⁹⁸ OLG Schleswig AnwBl. 1989, 245; LG Bochum BB 1990, 1226; *Rennen/Caliebe*, Rdn. 28; *Altenhoff/Busch/Chemnitz*, Rdn. 36; *Schneider* MDR 1976, 1.
⁹⁹ BGH MDR 1970, 656; BGH NJW 1995, 3122 (3123); LG Bochum BB 1990, 1226; *Rennen/Caliebe*, Rdn. 28; *Altenhoff/Busch/Chemnitz*, Rdn. 36; *Erbs/Kohlhaas/Senge*, Rdn. 15; *Schorn*, Die Rechtsberatung, S. 105.
¹⁰⁰ OLG Düsseldorf NJW-RR 1991, 115 (116); OLG Schleswig AnwBl. 1989, 245; *Rennen/Caliebe*, Rdn. 28; *Erbs/Kohlhaas/Senge*, Rdn. 15; *Dumoulin* NJW 1966, 810 (811 f.); *Lohmeier* DÖV 1980, 331.
¹⁰¹ *Rennen/Caliebe*, Rdn. 28; *Altenhoff/Busch/Chemnitz*, Rdn. 42.
¹⁰² *Rennen/Caliebe*, Rdn. 28; *Schorn*, Die Rechtsberatung, S. 105.
¹⁰³ OLG Karlsruhe Justiz 1992, 419; *Rennen/Caliebe*, Rdn. 28; *Erbs/Kohlhaas/Senge*, Rdn. 15; *Lohmeier* DÖV 1980, 331; a. A. *Dumoulin* NJW 1966, 810 (811): Besorgung stärkere Form einer Tätigkeit in fremdem Interesse; ähnlich *Schneider* MDR 1976, 1; vgl. auch OLG Düsseldorf NJW-RR 1991, 115 (116); *Schorn*, Die Rechtsberatung, S. 105.
¹⁰⁴ *Rennen/Caliebe*, Rdn. 30.
¹⁰⁵ Kritisch dazu *Schorn*, Die Rechtsberatung, S. 113 ff.
¹⁰⁶ So insbesondere *Altenhoff/Busch/Chemnitz*, Rdn. 88 f.
¹⁰⁷ In diesem Sinne *Schorn*, Die Rechtsberatung, S. 113.
¹⁰⁸ Vgl. dazu auch VGH Mannheim NJW-RR 1987, 617 (618); AG Lünen NJW-RR 1990, 510 f.; *Rennen/Caliebe*, Rdn. 32; *Erbs/Kohlhaas/Senge*, Rdn. 10.

18 ziehung fremder Forderungen im Namen und für Rechnung des Dritten erfolgt, werden die zu Einziehungszwecken abgetretenen Forderungen zwar im Namen des Besorgenden, aber für fremde Rechnung geltend gemacht; in beiden Fällen soll das wirtschaftliche Ergebnis in gleicher Weise dem Dritten zugute kommen.[109]

18 Der Begriff der Einziehung erfaßt alle Maßnahmen, die auf die Geltendmachung der Forderung gerichtet sind; der **bloße Forderungserwerb,** d. h. das Sichabtretenlassen der Forderung, fällt nicht darunter.[110] Das Verbot der Forderungseinziehung wird allerdings ergänzt durch § 1 Abs. 1 der 5. AVO, wonach auch der geschäftsmäßige Erwerb von Forderungen zum Zweck der Einziehung auf eigene Rechnung einer Erlaubnis nach § 1 bedarf. Da die Einziehung in diesen Fällen auch wirtschaftlich gesehen eine eigene Angelegenheit des Zessionars ist, hat der Verordnungsgeber, um eine Umgehung des Erlaubniszwangs mittels besonderer bürgerlich-rechtlicher Ausgestaltung des Forderungserwerbs zu verhindern,[111] bereits den geschäftsmäßigen Erwerb als solchen der Erlaubnispflicht unterstellt. Gegen § 1 Abs. 1 der 5. AVO verstößt, wer laufend Forderungen gegen einen bestimmten Schuldner erwirbt, um sie mit Gegenforderungen des Schuldners aufzurechnen.[112]

19 **b) Abgetretene Forderungen.** Während die eigentliche Inkassotätigkeit stets als Besorgung fremder Rechtsangelegenheiten anzusehen ist, muß differenziert werden, wenn der Zessionar eine Forderung geltend macht, die nicht zu Einziehungszwecken, sondern zur Sicherheit, erfüllungshalber oder an Erfüllungs Statt abgetreten worden ist.[113]

20 Die Einziehung einer **zur Sicherheit abgetretenen** Forderung ist grundsätzlich eine eigene Angelegenheit des Zessionars und folglich nicht nach § 1 erlaubnispflichtig; denn hier greift der Zessionar nur deshalb auf die Forderung zurück, weil der Zedent seine Schuld nicht erfüllt hat. Die Verwertung der Sicherheit zur Deckung der Schuldsumme liegt vornehmlich im eigenen Interesse des Gläubigers (= Zessionars).[114] Dies gilt jedoch nur, soweit die abgetretene Forderung den zu sichernden Anspruch nicht übersteigt. Ist dies der Fall und macht der Zessionar die sicherheitshalber abgetretene Forderung dennoch in voller Höhe geltend, so besorgt er bezüglich des Differenzbetrages eine fremde Rechtsangelegenheit.[115] Die Erlaubnispflicht des § 1 greift ferner dann ein, wenn die Forderung zwar nach dem Wortlaut des Vertrages „zur Sicherheit" abgetreten

---

[109] BAG NJW 1993, 2701 (2703); *Rennen/Caliebe,* Rdn. 32; *Altenhoff/Busch/Chemnitz,* Rdn. 88; *Chemnitz* AnwBl. 1986, 483 (484); vgl. auch BGH WM 1985, 1214 (1215); BGH NJW 1980, 991. – Zur Frage der Fremdheit bei einer Forderungseinziehung durch konzerngebundene Inkassounternehmen vgl. *Michalski* ZIP 1994, 1501 (1505 ff.). Zum Fall der gerichtlichen Verfolgung von Aktionärsansprüchen durch eine Schutzgemeinschaft von Kleinaktionären vgl. BGH NJW 1995, 516; OLG Düsseldorf ZIP 1993, 347; *Prütting/Weth* ZIP 1994, 424; *Gehrlein* NJW 1995, 487; *Chemnitz* EWiR 1993, 173; *Rennen* EWiR 1994, 21.

[110] BayObLG DÖV 1990, 77; *Rennen/Caliebe,* Rdn. 33; *Erbs/Kohlhaas/Senge,* Rdn. 10.

[111] BVerwGE 54, 264 (269) = NJW 1978, 234; *Rennen/Caliebe,* 5. AVO § 1 Rdn. 1; *Altenhoff/Busch/Chemnitz,* Rdn. 1285.

[112] OLG Köln Rbeistand 1995, 52.

[113] *Altenhoff/Busch/Chemnitz,* Rdn. 92.

[114] BGHZ 47, 364 (366) = NJW 1967, 1759; BGHZ 58, 364 (367) = NJW 1972, 1715; BGHZ 61, 317 (324 f.) = NJW 1974, 50; BGH NJW 1974, 1244 (1246); BGH NJW 1985, 1223 (1224); OLG Hamm BB 1991, 2329; OLG Stuttgart NJW-RR 1988, 1311 (1312); LG Paderborn AnwBl. 1992, 335 (336); *Rennen/Caliebe,* Rdn. 35; *Altenhoff/Busch/Chemnitz,* Rdn. 93; *Erbs/Kohlhaas/Senge,* Rdn. 10.

[115] OLG Stuttgart NJW-RR 1988, 1311 (1312); *Rennen/Caliebe,* Rdn. 35; *Altenhoff/Busch/Chemnitz,* Rdn. 93; *Chemnitz* AnwBl. 1986, 483 (485).

worden ist, die Gesamtumstände unter Zugrundelegung einer wirtschaftlichen Betrachtungsweise jedoch ergeben, daß die Abtretung im eigenen Interesse des Zedenten erfolgt ist, der Zessionar bei der Einziehung also nicht sein eigenes Sicherungsinteresse befriedigen, sondern dem Kunden lediglich die mit der Einziehung verbundene Arbeit abnehmen will.[116]

Im Gegensatz dazu ist die Einziehung einer **erfüllungshalber abgetretenen** 21 Forderung stets als Besorgung einer fremden Rechtsangelegenheit anzusehen; denn hier handelt der Zessionar, auch wenn er rechtlich eine eigene Forderung geltend macht, bei der Einziehung überwiegend im rechtlichen und wirtschaftlichen Interesse des Zedenten.[117] Zum einen ist das durch die Einziehung erlangte Geld auf den Anspruch des Zessionars gegen den Zedenten anzurechnen, so daß dieser bei einer erfolgreichen Geltendmachung der Forderung von seiner Schuld befreit wird, zum anderen wird der Zedent auf diese Weise der Notwendigkeit ledig, die Forderung gegen den Schuldner selbst durchzusetzen und mit dem Erlös den Gläubiger zu befriedigen. Anders als bei der Einziehung einer sicherungshalber abgetretenen Forderung besteht die Erlaubnispflicht daher hier auch unabhängig davon, ob der Zessionar die erfüllungshalber abgetretene Forderung nur bis zur Höhe seines eigenen Anspruchs oder auch darüber hinaus geltend macht.[118] Die Einziehung wird in solchen Fällen auch nicht dadurch zu einer eigenen Angelegenheit des Einziehenden, daß er an den eingezogenen Beträgen anteilig beteiligt wird; denn die Beteiligung ist dabei nichts anderes als eine Gegenleistung für die erbrachte Rechtsbesorgung.[119]

Praktisch relevant ist die Erlaubnispflicht für die Einziehung einer erfüllungs- 22 halber abgetretenen Forderung insbesondere bei der häufig von **Kfz-Reparaturwerkstätten, Mietwagenunternehmen, Abschleppunternehmen, Unfallhilfefirmen, Finanzdienstleistungsunternehmen und Kfz-Sachverständigen**[120] geübten Praxis, daß der Kunde seine Schadensersatzforderungen aus einem Unfallereignis gegen den Haftpflichtversicherer des Schädigers an den Unternehmer abtritt und dieser die Einziehung im Rahmen seines „Kundendienstes" erledigt. In derartigen Fällen geht es nicht um ein Sicherungsinteresse des Unternehmers, sondern vordringlich um die Betreuung des Kunden von der Schadensregulierung, mit der der Unternehmer regelmäßig auch seine Kundenwerbung betreibt. Folglich handelt es sich um eine Besorgung fremder Rechtsangelegenheiten, die im übrigen auch nicht von § 5 gedeckt ist.[121] Anders liegen dagegen

---

[116] BGHZ 47, 364 (366 f.) = NJW 1967, 1759; BGHZ 58, 364 (367 f.) = NJW 1972, 1715; BGHZ 61, 317 (323 ff.) = NJW 1974, 50; BGH NJW 1985, 1223 (1224); OLG Hamm BB 1991, 2329; OLG Schleswig NZV 1994, 74; AG Nidda NJW-RR 1994, 1212; AG Eisenach DAR 1994, 365 (366); AG Nordhausen DAR 1994, 244 (245); *Rennen/Caliebe*, Rdn. 36; *Altenhoff/Busch/Chemnitz*, Rdn. 94 f.; *Erbs/Kohlhaas/Senge*, Rdn. 10.
[117] BGHZ 47, 364 (366 f.) = NJW 1967, 1759; BGHZ 61, 317 (323 ff.) = NJW 1974, 50; BGH NJW 1977, 38 (40); BGH VersR 1968, 576 f.; BVerwGE 54, 264 (266) = NJW 1978, 234; OLG Stuttgart NJW 1966, 665 (666) = AnwBl. 1966, 98; OLG Hamburg AnwBl. 1967, 122 f.; LG Münster AnwBl. 1990, 102; LG Paderborn AnwBl. 1992, 335 (336); AG Bochum ZfS 1993, 157; *Rennen/Caliebe*, Rdn. 37; *Altenhoff/Busch/Chemnitz*, Rdn. 96; *Erbs/Kohlhaas/Senge*, Rdn. 10; *Chemnitz* AnwBl. 1986, 483 (484); *Prütting/Nerlich* NZV 1995, 1 (4); vgl. auch OLG Karlsruhe NJW-RR 1988, 569.
[118] *Chemnitz* AnwBl. 1986, 483 (484); *Altenhoff/Busch/Chemnitz*, Rdn. 98 m. w. N.
[119] *Altenhoff/Busch/Chemnitz*, Rdn. 100.
[120] Vgl. *Prütting/Nerlich* NZA 1995, 1 ff.; AG Bochum ZfS 1993, 157.
[121] Vgl. dazu § 5 Rdn. 28 ff.; BGHZ 47, 364 (368) = NJW 1967, 1759; BGHZ 61, 317 (319 f.) = NJW 1974, 50; BGH NJW-RR 1994, 1443 = MDR 1994, 1148 = WM 1994,

die Fälle, in denen die Reparaturwerkstatt bzw. das Mietwagenunternehmen die Schadensersatzansprüche auch bei wirtschaftlicher Betrachtungsweise nur sicherungshalber erwirbt und der Zedent selbst für ihre Geltendmachung zu sorgen hat; das muß im Vertrag zwischen Zedent und Zessionar zweifelsfrei klargestellt sein.[122] Hier handelt es sich um eine echte Sicherungsabtretung, und zwar auch dann, wenn nach der Parteivereinbarung der Unternehmer den Unfallbericht an den Haftpflichtversicherer schickt und diesen zur Begleichung der angefallenen Kosten auffordert[123] bzw. wenn der Unternehmer dem Haftpflichtversicherer Durchschriften der Abtretungserklärung und seiner Rechnung mit der Bitte um Berücksichtigung bei der Schadensabrechnung schickt.[124]

23 Im Ergebnis nicht erlaubnispflichtig ist die Einziehung einer erfüllungshalber abgetretenen Forderung im Rahmen des **unechten Factoring**. Zwar ist der Zedent auch in diesem Fall der eigenständigen Verfolgung seiner Rechte enthoben, und auch hier wird er bei einer erfolgreichen Einziehung durch den Factor von seiner Schuld gegenüber diesem befreit. Maßgeblich ist jedoch, daß das unechte Factoring ein Kreditgeschäft ist und die Abtretung in dessen Rahmen eine Sicherungsfunktion erfüllt. Daher stehen sowohl der Erwerb als auch die Einziehung der abgetretenen Forderung in unmittelbarem Zusammenhang mit der zugrundeliegenden Kreditgewährung, so daß sie gemäß § 5 erlaubnisfrei zulässig sind.[125]

24 Die Einziehung einer **an Erfüllungs Statt abgetretenen** Forderung fällt grundsätzlich nicht unter das Verbot des § 1; denn hier erlischt die Forderung des Zessionars (= Gläubiger) gegen den Zedenten (= Schuldner) bereits mit der Abtretung, so daß allein der Zessionar das Risiko einer erfolgreichen Einziehung trägt. Auf die Rechtsstellung des Zedenten ist die Einziehung dagegen ohne Einfluß. Folglich liegt sie allein im wirtschaftlichen Interesse des Zessionars und stellt demnach für ihn eine eigene Angelegenheit dar.[126] Allerdings kann der Erwerb (nicht die Einziehung) einer an Erfüllungs Statt abgetretenen Forderung dem Erlaubniszwang unterfallen, wenn die Voraussetzungen des § 1 Abs. 1 der 5. AVO gegeben sind; im Sinne dieser Vorschrift wird eine Forderung auch dann „zum Zwecke der Einziehung" erworben, wenn die Abtretung an Erfüllungs Statt erfolgt.[127] Entsprechendes wie bei der Abtretung an Erfüllungs Statt gilt für

---

1443 = JZ 1995, 257 m. Anm. *Rennen* = AnwBl. 1994, 571 (573) mit insoweit zustimmender Anm. *Chemnitz;* OLG Bamberg NJW 1996, 854; OLG Stuttgart NJW 1966, 665 (666) = AnwBl. 1966, 98; OLG Nürnberg NJW 1992, 3047; OLG Hamburg NJW 1967, 122 (123); LG Mainz AnwBl. 1996, 55. LG Münster AnwBl. 1990, 102; LG Paderborn AnwBl. 1992, 335 (336); LG Osnabrück AnwBl. 1994, 251; *Rennen/Caliebe*, Rdn. 37; *Altenhoff/Busch/Chemnitz*, Rdn. 97; *Schorn,* Die Rechtsberatung, S. 116; großzügiger *Minoggio/Velser* VersR 1993, 790 ff.; umfassend dazu *Chemnitz* AnwBl. 1986, 483 ff., sowie *Prütting/Nerlich* NZV 1995, 1 ff.

[122] BGH AnwBl. 1994, 571 (573); BGH NJW 1974, 1244 (1246); BGH NJW 1985, 1223 (1224); OLG Hamm BB 1991, 2329; LG Paderborn AnwBl. 1992, 335 (336); AG Bochum ZfS 1993, 157 (158); *Rennen/Caliebe*, Rdn. 37; *Chemnitz* AnwBl. 1986, 483 (484); vgl. dazu auch OLG Karlsruhe AnwBl. 1992, 501; OLG Karlsruhe NZV 1995, 30.

[123] BGH NJW 1985, 1223; BGH AnwBl. 1994, 571 (574); *Minoggio/Velser* VersR 1993, 790 ff.; kritisch *Chemnitz* AnwBl. 1994, 574; *Prütting/Nerlich* NZV 1995, 1 (4).

[124] BGH NJW 1974, 1244; vgl. auch den Fall des OLG Hamm BB 1991, 2329.

[125] Vgl. insbesondere BGHZ 58, 364 ff. = NJW 1972, 1715; *Rennen/Caliebe*, 5. AVO § 1 Rdn. 8.

[126] BVerwGE 54, 264 (267) = NJW 1978, 234; *Rennen/Caliebe*, Rdn. 38; *Altenhoff/Busch/Chemnitz*, Rdn. 101; *Erbs/Kohlhaas/Senge*, Rdn. 10; *Schorn,* Die Rechtsberatung, S. 114.

[127] BVerwGE 54, 264 (268 f.) = NJW 1978, 234; *Erbs/Kohlhaas/Senge*, Rdn. 10; *Schorn,* Die Rechtsberatung, S. 116.

den Erwerb und die Einziehung einer Forderung im Rahmen des **echten Factorings,** bei dem es sich um einen Forderungskauf handelt. Auch dort ist eine Erlaubnispflicht allenfalls nach § 1 Abs. 1 der 5. AVO denkbar; sie entfällt beim echten Factoring aber jedenfalls nach § 5 wegen seines unmittelbaren Zusammenhangs zum Kreditgeschäft.[128]

6. Rechtsbesorgung und andere Phänomene

Während das Gesetz in § 1 nur von der Besorgung fremder Rechtsangelegenheiten sowie von Rechtsberatung und Forderungseinziehung spricht, verwendet es in anderen Vorschriften **weitere Begriffe** für rechtsbesorgende Tätigkeiten. So ist in § 3 Nr. 1 und 7 von Rechtsbetreuung die Rede, in § 5 Nr. 1, 3 und in § 6 Abs. 1 Nr. 1, 2 von der Erledigung rechtlicher Angelegenheiten bzw. der Erledigung von Rechtsangelegenheiten, in § 5 Nr. 2 von **rechtlicher** Bearbeitung und in § 7 von Rat und Hilfe in Rechtsangelegenheiten. Alle diese Begriffe sind in einem weiten Sinn zu verstehen und lassen sich daher als Synonyme zum Begriff der Rechtsbesorgung auffassen. Zu dem umstrittenen Begriff der Rechtsbetreuung in § 3 Nr. 1 vgl. näher § 3 Rdn. 9. 25

III. Geschäftsmäßigkeit

Die Besorgung fremder Rechtsangelegenheiten bedarf nur dann einer Erlaubnis, wenn sie geschäftsmäßig betrieben wird. Geschäftsmäßigkeit erfordert eine selbständige, mit Wiederholungsabsicht erfolgende Tätigkeit, die nicht nur aus besonderen Gründen als Gefälligkeit ausgeübt wird.[129] 26

1. Unbeachtliche Abgrenzungsmerkmale

a) Haupt- oder nebenberuflich. Kraft ausdrücklicher Anordnung des Gesetzgebers spielt es für das Vorliegen einer geschäftsmäßigen Rechtsbesorgung keine Rolle, ob der Besorgende haupt- oder nebenberuflich tätig wird. Die Hervorhebung stellt klar, daß das Verbot nicht nur für solche Personen gilt, die die rechtsbesorgende Tätigkeit als eigentlichen Beruf ausüben.[130] Auch die geschäftsmäßige nebenberufliche Tätigkeit ist verboten, gleichgültig neben welchem Hauptberuf sie ausgeübt wird und ob sie mit diesem in irgendeinem Zusammenhang steht.[131] Davon zu **unterscheiden** ist die rechtsbesorgende Nebentätigkeit, die in unmittelbarem Zusammenhang mit der Ausübung eines in § 5 aufgeführten nichtjuristischen Berufes steht und nach dieser Vorschrift erlaubnisfrei ist.[132] 27

---

[128] BGHZ 76, 119 (125 f.) = NJW 1980, 1394; BGHZ 115, 123 (124) = NJW 1991, 2955; vgl. auch OLG Köln NJW 1991, 753 (754); *Erbs/Kohlhaas/Senge,* Rdn. 10. Zum Problem unklarer Regelungen im Factoringvertrag s. AG Reutlingen NJW-RR 1994, 241 (242).
[129] BVerwG NJW 1988, 220; OVG Koblenz NJW 1988, 2555 (2556); OLG Koblenz NJW-RR 1987, 490; OLG Hamm NStZ 1982, 438; OLG Hamm AnwBl. 1965, 350 (352); OLG Karlsruhe AnwBl. 1979, 487 (488); OLG Köln MDR 1961, 437; OLG Köln NJW 1973, 437 f.; *Rennen/Caliebe,* Rdn. 39. Ausführlich zum Begriff der Geschäftsmäßigkeit, insbesondere auch aus rechtspolitischer Sicht, *König,* Rechtsberatungsgesetz, S. 61 ff.
[130] RGSt 72, 313 (315 f.); OLG Hamburg MDR 1951, 693 (694); *Rennen/Caliebe,* Rdn. 47.
[131] *Rennen/Caliebe,* Rdn. 47; *Altenhoff/Busch/Chemnitz,* Rdn. 110.
[132] *Altenhoff/Busch/Chemnitz,* Rdn. 117.

28 Aus dem Gesetzestext kann nicht im Umkehrschluß gefolgert werden, daß nur die berufsmäßige Tätigkeit verboten ist.[133] Vielmehr ergibt sich aus dem Schutzzweck des RBerG, daß auch eine solche rechtsbesorgende Tätigkeit untersagt ist, die als Hobby, aus Nächstenliebe oder aus politischem bzw. sozialem Engagement ausgeübt wird.[134] Eine über den Gelegenheitsfall hinausgehende Rechtsbesorgung soll nur von Personen betrieben werden, die die erforderliche Sachkunde aufweisen und die Gewähr für eine reibungslose Abwicklung des Rechtsverkehrs bieten. Die ausdrückliche Klarstellung im Gesetz, daß zwischen haupt- und nebenberuflicher Tätigkeit nicht zu unterscheiden ist, soll allein der irrigen, aber möglicherweise naheliegenden Vorstellung entgegenwirken, daß nur eine hauptberuflich betriebene Rechtsbesorgung geschäftsmäßig sein könne.[135] Zu beachten ist allerdings, daß eine Rechtsberatungserlaubnis, wie sich aus Absatz 2 und aus dem Charakter des RBerG als Berufsgesetz ergibt, nur zur berufsmäßigen, also zumindest nebenberuflichen Ausübung erteilt werden kann.[136]

29 **b) Entgeltlich oder unentgeltlich.** Für die Frage nach der Geschäftsmäßigkeit der Rechtsbesorgung ist es ferner **nicht entscheidend,** ob die Tätigkeit entgeltlich oder unentgeltlich ausgeübt wird. Abweichend von der früheren Regelung in § 35 Abs. 3 GewO ist nach § 1 auch keine Gewerbsmäßigkeit, d. h. keine Tätigkeit mit Gewinnerzielungsabsicht, erforderlich.[137] Der Besorgende braucht weder in Erwartung einer Gegenleistung zu handeln, noch ist nötig, daß er sich mit der Tätigkeit eine ständige Einnahmequelle schaffen will. Der Begriff der Geschäftsmäßigkeit ist von einem Gewinnstreben völlig losgelöst.[138]

30 **c) Umfang.** Unbeachtlich ist weiter, ob die Rechtsbesorgung für einen größeren Personenkreis (z. B. als Vereinszweck[139] oder als Bestandteil einer verlegerischen Tätigkeit)[140] oder nur für eine Person oder Firma[141] ausgeübt wird. Voraussetzung der Geschäftsmäßigkeit ist auch nicht etwa, daß der Rechtsberater eigene Geschäftsräume hat, die dem Publikum als solche äußerlich erkennbar gemacht werden, bzw. daß der Rechtsberater über eigene Angestellte verfügt.[142] Geschäftsmäßiges Handeln wird im übrigen nicht dadurch ausgeschlossen, daß der Besorgende die Erledigung fremder Angelegenheiten übernimmt, die einer ihn betreffenden Angelegenheit inhaltlich entsprechen.[143] Schließlich spricht auch die Tatsache, daß der Besorgende zum Auftraggeber in verwandtschaftlichen oder

---

[133] RGSt. 72, 313, (315 f.); OLG Karlsruhe AnwBl. 1989, 244; *Rennen/Caliebe,* Rdn. 48; *Altenhoff/Busch/Chemnitz,* Rdn. 112; *Gross* AnwBl. 1989, 155; a. A. *Schorn,* Die Rechtsberatung, S. 109.

[134] OLG Stuttgart NStZ 1989, 274; OLG Karlsruhe Justiz 1992, 419; *Rennen/Caliebe,* Rdn. 48; *Altenhoff/Busch/Chemnitz,* Rdn. 111 f.; *Erbs/Kohlhaas/Senge,* Rdn. 22.

[135] *Altenhoff/Busch/Chemnitz,* Rdn. 113.

[136] *Rennen/Caliebe,* Rdn. 48; *Altenhoff/Busch/Chemnitz,* Rdn. 115; *Brangsch* NJW 1953, 732.

[137] BGH AnwBl. 1964, 52 (53); OLG Koblenz AnwBl. 1984, 446; OLG Koblenz NJW-RR 1987, 490; OLG Hamm AnwBl. 1965, 350 (352); *Rennen/Caliebe,* Rdn. 39; *Altenhoff/Busch/Chemnitz,* Rdn. 119; *Schorn,* Die Rechtsberatung, S. 108; *Gross* AnwBl. 1989, 155.

[138] *Schorn,* Die Rechtsberatung, S. 110 f.; für eine Änderung de lege ferenda *König,* Rechtsberatungsgesetz, S. 105 ff.

[139] OLG Schleswig AnwBl. 1989, 245; *Rennen/Caliebe,* Rdn. 39.

[140] OLG Düsseldorf AnwBl. 1987, 199; *Rennen/Caliebe,* Rdn. 39.

[141] OLG Hamm NJW 1952, 315; *Rennen/Caliebe,* Rdn. 39; *Schorn,* Die Rechtsberatung, S. 112.

[142] *Schorn,* Die Rechtsberatung, S. 110 m. w. N.

[143] BayObLG NStZ 1985, 33.

sonstigen engen persönlichen Beziehungen steht, nicht zwingend gegen die Annahme einer geschäftsmäßigen Rechtsbesorgung,[144] sofern in diesem Fall überhaupt eine fremde Angelegenheit anzunehmen ist.[145] Die Ansicht, daß bei einer solchen Konstellation im allgemeinen geschäftsmäßig gehandelt werde, da sich eine Wiederholungsabsicht bereits aus dem Bestehen der persönlichen Beziehung ergebe,[146] dürfte jedoch zu weit gehen.

2. Beachtliche Abgrenzungsmerkmale

a) Selbständiges Handeln. Geschäftsmäßigkeit setzt zunächst selbständiges Handeln voraus. Dieses Merkmal ist gegeben, wenn die rechtsbesorgende Tätigkeit frei von allen Weisungen in eigener Entscheidungsfreiheit und Verantwortung ausgeübt wird.[147] Maßgebliches Kriterium der Selbständigkeit ist die freie Entscheidung über die Annahme des Auftrags.[148] Eine weisungsgebundene Person wie ein Arbeitnehmer handelt daher niemals geschäftsmäßig, und zwar auch dann nicht, wenn sein Arbeitgeber geschäftsmäßig handelt;[149] dasselbe gilt für einen weisungsgebundenen Verbandsfunktionär.[150]

31

b) Innere Einstellung. Sie ist für die Geschäftsmäßigkeit ein wichtiges Kriterium;[151] sie erfordert das Hinausgehen des Rechtsbesorgenden über den aus besonderem Anlaß ausgeübten Gelegenheitsfall. Geschäftsmäßig handelt bereits, wer beabsichtigt – sei es auch nur bei sich bietender Gelegenheit –, die Tätigkeit in gleicher Weise zu wiederholen und dadurch zu einem wiederkehrenden oder dauernden Bestandteil seiner Beschäftigung zu machen, unabhängig davon, ob diese Absicht auch wirklich durchführbar ist.[152] Dagegen handelt nicht geschäfts-

32

---

[144] BayObLG NStZ 1985, 33; OLG Karlsruhe AnwBl. 1979, 487 (488); OLG Hamm AnwBl. 1965, 350 (352); *Altenhoff/Busch/Chemnitz*, Rdn. 106; *Erbs/Kohlhaas/Senge*, Rdn. 22; *Gross* AnwBl. 1989, 155 f.

[145] Dazu s. o. Rdn. 10 f.

[146] *Altenhoff/Busch/Chemnitz*, Rdn. 106.

[147] BGHZ 38, 71 (75) = NJW 1963, 441; BayObLG NStZ 1983, 512; BayObLG NStZ 1985, 224 (225); OLG Stuttgart NJW 1992, 3051; OLG Stuttgart Justiz 1985, 102 (103); LAG Frankfurt DB 1969, 2044; *Rennen/Caliebe*, Rdn. 40; *Schorn*, Die Rechtsberatung, S. 109.

[148] OLG Stuttgart NJW 1992, 3051; BayObLG NStZ 1983, 512; *Erbs/Kohlhaas/Senge*, Rdn. 22.

[149] BGHZ 38, 71 (75) = NJW 1963, 441; BayObLG NStZ 1983, 512; OVG Münster NJW 1960, 595; *Rennen/Caliebe*, Rdn. 40; *Altenhoff/Busch/Chemnitz*, Rdn. 103; *Erbs/Kohlhaas/Senge*, Rdn. 22; mißverständlich BSG NJW 1992, 197 (198).

[150] OLG Köln JMBlNRW 1967, 187 (188); OVG Münster NJW 1960, 595; *Rennen/Caliebe*, Rdn. 40; *Erbs/Kohlhaas/Senge*, Rdn. 22. – Zur Tätigkeit eines konzerngebundenen Inkassounternehmens vgl. *Michalski* ZIP 1994, 1501 (1506).

[151] OLG Düsseldorf ZIP 1993, 347 (349); BayObLG NStZ 1981, 29; OLG Hamburg AnwBl. 1973, 311; OLG Hamburg MDR 1951, 693; *Rennen/Caliebe*, Rdn. 41; *Altenhoff/Busch/Chemnitz*, Rdn. 108; *Erbs/Kohlhaas/Senge*, Rdn. 21.

[152] RGSt. 72, 313 (315); BGH NJW 1986, 1050 (1051) = AnwBl. 1986, 111; BGH WM 1985, 1214 (1215); BAG NJW 1993, 2701 (2703); BayObLG NStZ 1981, 29; BayObLG NStZ 1985, 33; OVG Münster NJW 1979, 2165; OLG Karlsruhe AnwBl. 1979, 487 (488); OLG Hamburg MDR 1951, 693 f. mit insoweit zustimmender Anm. *Marquordt*; OLG Stuttgart Justiz 1985, 102 f.; OLG Schleswig AnwBl. 1987, 343 (344); OLG Karlsruhe AnwBl. 1989, 244; OLG Karlsruhe Justiz 1992, 419; LG Münster AnwBl. 1990, 102; *Rennen/Caliebe*, Rdn. 41; *Altenhoff/Busch/Chemnitz*, Rdn. 102; *Erbs/Kohlhaas/Senge*, Rdn. 21; *Schorn*, Die Rechtsberatung, S. 108; kritisch zu diesem subjektiven Verständnis *König*, Rechtsberatungsgesetz, S. 85 ff.

mäßig, wer nur gelegentlich aus Gefälligkeit und unter besonderen Umständen einen Rechtsrat erteilt.[153] Allerdings kann derjenige, der geschäftsmäßig handelt, sich nicht darauf berufen, er habe im Einzelfall nur aus Gefälligkeit gehandelt.[154]

33 Die Rechtsprechung bejaht einen Gelegenheitsfall etwa für den Fall, daß ein Strafgefangener einem unterstützungsbedürftigen Mitgefangenen im Einzelfall bei der Wahrnehmung seiner Rechte hilft.[155] Aus denselben Erwägungen hält sie einen **Forderungserwerb zur Einziehung auf fremde Rechnung** sowie die sich anschließende Einziehung dann nicht für geschäftsmäßig, wenn es sich im Rahmen des Geschäftsbetriebs und -zwecks des Abtretungsempfängers um einen Ausnahmefall aufgrund einer einmaligen Abtretung eines zusammenhängenden Forderungsbestandes handelt, dessen wirtschaftlicher Grund in der Auflösung und Umgestaltung des Unternehmens des Abtretenden liegt.[156] Entsprechendes hat auch für den **Forderungserwerb** (anläßlich der Auflösung oder Umgestaltung eines Unternehmens) **zur Einziehung auf eigene Rechnung** zu gelten; die ausdrückliche Anordnung der Erlaubnisfreiheit in § 1 Abs. 2 der 5. AVO ist daher nur klarstellender Natur.[157]

34 Geschäftsmäßigkeit kann bereits dann vorliegen, wenn äußerlich nur eine Einzelhandlung[158] oder eine Einzelaktion[159] vorliegt, sofern sich den Umständen das Vorliegen der Wiederholungsabsicht entnehmen läßt.[160] Nicht zu fordern ist, daß die rechtsbesorgende Tätigkeit häufig oder in großem Umfang ausgeübt wird.[161] Erst recht bedarf es keiner fortgesetzten Tätigkeit.[162] Umgekehrt ist eine Tätigkeit, die ohne konkrete Wiederholungsabsicht erfolgt, nicht deshalb geschäftsmäßig, weil die besorgte Rechtshandlung umfangreich ist, sich über einen längeren Zeitraum erstreckt oder in mehreren Teilakten zu erledigen ist.[163]

35 Für die Frage, ob die zur Geschäftsmäßigkeit erforderliche **innere Einstellung** bei dem Besorgenden gegeben ist, lassen sich folgende Grundsätze festhalten:

---

[153] OLG Hamm NStZ 1982, 438; OLG Hamm NJW 1952, 315; OLG Köln MDR 1961, 437 mit zustimmender Anm. *Mittelbach; Rennen/Caliebe*, Rdn. 44; *Erbs/Kohlhaas/Senge*, Rdn. 20; *Schorn*, Die Rechtsberatung, S. 111; *Gross* AnwBl. 1989, 155.

[154] LG Hamburg AnwBl. 1956, 286; *Erbs/Kohlhaas/Senge*, Rdn. 20.

[155] OLG Hamm NStZ 1982, 438; *Erbs/Kohlhaas/Senge*, Rdn. 20.

[156] BGH WM 1985, 1214 (1215 f.). Ebenso wäre der Fall zu beurteilen, daß verschiedene Forderungsinhaber speziell zur Geltendmachung konkreter Ansprüche im Einzelfall einen Verein gründen und diesem die Ansprüche zur Einziehung abtreten; vgl. *Prütting/Weth* ZIP 1994, 424 (431).

[157] *Rennen/Caliebe*, 5. AVO § 1 Rdn. 14; *Schorn*, Die Rechtsberatung, S. 115.

[158] RGSt. 72, 313 (315); BVerwG NJW 1988, 220; BayObLG NStZ 1981, 29; OLG Stuttgart NJW 1992, 3051; OLG Karlsruhe AnwBl. 1989, 244; OLG Karlsruhe AnwBl. 1979, 487 (488); OLG Koblenz NJW-RR 1987, 490; OLG Köln NJW 1973, 437 (438); OVG Lüneburg NJW 1972, 840; OLG Hamburg MDR 1951, 693 (694); *Rennen/Caliebe*, Rdn. 41; *Altenhoff/Busch/Chemnitz*, Rdn. 108; *Erbs/Kohlhaas/Senge*, Rdn. 21; *Schorn*, Die Rechtsberatung, S. 108; vgl. auch *Gross* AnwBl. 1987, 565 (566).

[159] BGH NJW-RR 1987, 875 (876); *Rennen/Caliebe*, Rdn. 41; vgl. auch *Gehrlein* NJW 1995, 487 (488).

[160] *Altenhoff/Busch/Chemnitz*, Rdn. 108; *Schorn*, Die Rechtsberatung, S. 108 f.

[161] OLG Hamburg MDR 1951, 693 mit insoweit zustimmender Anm. *Marquordt*; *Rennen/Caliebe*, Rdn. 41; *Schorn*, Die Rechtsberatung, S. 108; a. A. OVG Berlin NJW 1978, 1173 (1174), das – im Anschluß an den Kommentar von *Jonas* (1936) – eine tatsächliche Häufigkeit der Betätigung fordert.

[162] OLG Hamm NJW 1952, 315; *Erbs/Kohlhaas/Senge*, Rdn. 21.

[163] BayObLG NStZ 1981, 29; OLG Hamburg MDR 1951, 693 (694); *Rennen/Caliebe*, Rdn. 44; *Erbs/Kohlhaas/Senge*, Rdn. 21; offengelassen von BGH NJW 1974, 1374 (1375).

Wird die rechtsbesorgende Tätigkeit im Rahmen einer beruflichen Tätigkeit ausgeübt (etwa als Steuerberater, Makler, usw.), ist stets von einer die Geschäftsmäßigkeit begründenden Wiederholungsabsicht auszugehen.[164] Im übrigen muß unter Zuhilfenahme von **Indizien auf die innere Einstellung des Handelnden geschlossen** werden. Zu berücksichtigen sind insbesondere Art und Umfang, Dauer und Intensität der ausgeübten Rechtsbesorgung,[165] insbesondere die Häufigkeit der nachgewiesenen Fälle.[166] Für die Absicht des Rechtsbesorgers, die Tätigkeit in gleicher Weise zu wiederholen und dadurch zu einem wiederkehrenden oder dauernden Bestandteil seiner Beschäftigung zu machen, spricht ferner die Annahme eines Entgelts bzw. die nach außen erkennbar werdende Gewinnerzielungsabsicht.[167] Schließlich läßt sich die Geschäftsmäßigkeit auch aus **äußeren Umständen** der Rechtsbesorgung wie etwa der Errichtung eines Büros, der Kundenwerbung mittels Anzeigen sowie der Verwendung von vorgedruckten Vertragsformularen folgern.[168] Insoweit ist jedoch zu beachten, daß die Büroeinrichtung und die Kundenwerbung allein bloße Vorbereitungshandlungen sind, die lediglich auf eine spätere rechtsbesorgende Tätigkeit abzielen, aber selbst noch keine rechtsbesorgende Tätigkeit darstellen.[169] Sie lassen den Schluß auf die Absicht einer wiederholten Betätigung zu und rechtfertigen bereits eine wettbewerbsrechtliche Unterlassungsklage,[170] sie allein bilden jedoch noch keinen Verstoß gegen das RBerG.

Ob die Geschäftsmäßigkeit im Rahmen der Ordnungswidrigkeit gemäß § 8 Nr. 1 ein objektives Merkmal bildet oder ob sie zum subjektiven Tatbestand gehört, wird in Rechtsprechung und Lehre nicht einheitlich beantwortet.[171] Richtigerweise enthält sie **sowohl ein objektives** als auch ein **subjektives Element.** Soweit es auf die Selbständigkeit des Besorgenden ankommt, steht ein objektives Tatbestandsmerkmal in Frage; soweit jedoch die Wiederholungsabsicht und damit die innere Einstellung des Besorgenden über das Vorliegen der Geschäftsmäßigkeit entscheidet, handelt es sich um ein Problem des subjektiven Tatbestandes.

36

---

[164] OLG Düsseldorf AnwBl. 1987, 199; OLG Karlsruhe AnwBl. 1979, 487 (488); *Rennen/Caliebe*, Rdn. 42; *Altenhoff/Busch/Chemnitz*, Rdn. 104; *Gross* AnwBl. 1989, 155; *Chemnitz* AnwBl. 1986, 112 und 483 (484).
[165] OLG Karlsruhe AnwBl. 1989, 244.
[166] OLG Hamburg MDR 1951, 693 (694); *Rennen/Caliebe*, Rdn. 43; *Altenhoff/Busch/Chemnitz*, Rdn. 108; *Erbs/Kohlhaas/Senge*, Rdn. 21.
[167] BGH NJW 1986, 1050 (1051 f.) = AnwBl. 1986, 111 mit insoweit zustimmender Anm. *Chemnitz*; OVG Koblenz NJW 1988, 2555 (2557); OLG Hamburg AnwBl. 1973, 311 (312); *Rennen/Caliebe*, Rdn. 43; *Altenhoff/Busch/Chemnitz*, Rdn. 104; *Erbs/Kohlhaas/Senge*, Rdn. 22; *Schorn*, Die Rechtsberatung, S. 111; vgl. auch BGH NJW 1974, 1374 (1375).
[168] OLG Schleswig NZV 1994, 74 (75); LG Hannover NJW 1987, 3013 (3014); LG Münster AnwBl. 1990, 102; *Rennen/Caliebe*, Rdn. 43; *Altenhoff/Busch/Chemnitz*, Rdn. 108; *Gross* AnwBl. 1989, 155.
[169] Vgl. BayObLG NJW 1991, 1190 (1191); OLG Hamm AnwBl. 1980, 67; *Rennen/Caliebe*, Rdn. 43; wohl auch *Altenhoff/Busch/Chemnitz*, Rdn. 107; *Müller-Graff* GRUR 1988, 95 (98).
[170] OLG Hamm AnwBl. 1980, 67; *Rennen/Caliebe*, Rdn. 43; *Altenhoff/Busch/Chemnitz*, Rdn. 107; *Gross* AnwBl. 1989, 155 (auch unter der Geltung von Beweiserleichterungen im Rahmen der wettbewerbsrechtlichen Unterlassungsklage).
[171] Für eine Einordnung als objektive Voraussetzung wohl OLG Köln NJW 1973, 437 f.; anders aber RGSt 72, 313 (315); OLG Köln MDR 1961, 437; OLG Hamburg MDR 1951, 693 (694) mit insoweit zustimmender Anm. *Marquordt*; *Erbs/Kohlhaas/Senge*, Rdn. 21; *Schorn*, Die Rechtsberatung, S. 108.

IV. Die behördliche Erlaubnis

1. Die zuständige Behörde

37 Über das Gesuch auf Erteilung der Erlaubnis nach § 1 entscheidet grundsätzlich der Präsident des Landgerichts, in dessen Bezirk die Rechtsbesorgung ausgeübt werden soll; gehört der Ort zu dem Bezirk eines Amtsgerichts, das einem Präsidenten unterstellt ist, so entscheidet der Amtsgerichtspräsident (§ 11 Abs. 1 der 1. AVO). **Einzureichen** ist das Gesuch stets bei dem Amtsgericht, in dessen Bezirk die Rechtsbesorgung ausgeübt werden soll (§ 11 Abs. 2 der 1. AVO). Zum Inhalt des Gesuchs und zum weiteren Verfahren vgl. § 11 Abs. 2 S. 2 und Abs. 3 der 1. AVO.

38 Die Bescheide der zuständigen Behörde sind keine Justizverwaltungsakte i. S. d. § 23 Abs. 1 EGGVG; sie sind vielmehr **Verwaltungsakte** gem. § 35 VwVfG.[172] Gegen die Versagung der Erlaubnis ist daher – ebenso wie gegen ihre Rücknahme und ihren Widerruf – das Widerspruchsverfahren nach §§ 68 ff. VwGO und die Klage beim Verwaltungsgericht statthaft.[173] Zwar sieht § 12 S. 1 der 1. AVO die Beschwerde im Aufsichtswege an den Präsidenten des OLG vor; gemäß § 77 VwGO ist diese Regelung jedoch durch die Vorschriften des 8. Abschnitts der VwGO ersetzt worden. Legt der Bewerber Widerspruch ein und hilft der Präsident des Amts- bzw. Landgerichts nicht ab, dann entscheidet der Präsident des übergeordneten Oberlandesgerichts als Widerspruchsbehörde. Gegen den Widerspruchsbescheid kann verwaltungsgerichtliche Klage erhoben werden; § 12 S. 2 der 1. AVO, nach dem die Entscheidung des OLG-Präsidenten endgültig ist, ist wegen Verstoßes gegen Art. 19 Abs. 4 GG nichtig.[174]

2. Die Voraussetzungen der Erlaubnis

39 Nach Absatz 2 darf die Erlaubnis nur erteilt werden, wenn der Antragsteller die für den Beruf **erforderliche Zuverlässigkeit und persönliche Eignung** sowie genügende **Sachkunde** besitzt und ein Bedürfnis für die Erlaubnis besteht. Die Aufstellung, subjektiver Zulassungsvoraussetzungen für die Erteilung der Erlaubnis verstößt nach einhelliger Ansicht nicht gegen Art. 12 Abs. 1 und 2 Abs. 1 GG.[175] Ihre Prüfung ist unabhängig davon vorzunehmen, ob der Antragsteller In- oder Ausländer, natürliche oder juristische Person bzw. Personenvereinigung ist. Bei juristischen Personen und Personenvereinigungen erfolgt die Prüfung allerdings zweigleisig; zum einen muß die juristische Person oder Personenvereinigung selbst die erforderliche Zuverlässigkeit aufweisen, zum anderen wird geprüft, ob die im Gesuch nach § 10 Abs. 2 der 1. AVO bezeichneten Personen Zuverlässigkeit, persönliche Eignung und genügende Sachkunde besitzen.[176]

---

[172] BGH WM 1991, 1401 = MDR 1991, 1088.

[173] BGHSt 28, 199 (203); BVerwGE 2, 85 f. = NJW 1955, 1532; *Rennen/Caliebe*, Rdn. 70; *Erbs/Kohlhaas/Senge*, Rdn. 41; *Schorn*, Die Rechtsberatung, S. 304. – Dasselbe gilt für die Rücknahme von Negativattesten; vgl. BVerwG NJW 1978, 234; VG Frankfurt VersR 1969, 815 (816); *Erbs/Kohlhaas/Senge*, Rdn. 41; s. auch u. Rdn. 59.

[174] *Erbs/Kohlhaas/Senge*, Rdn. 41.

[175] Vgl. dazu die Nachweise bei *Altenhoff/Busch/Chemnitz*, Rdn. 276; vgl. auch *Schorn*, Die Rechtsberatung, S. 119. – Zur Vereinbarkeit solcher Beschränkungen mit der Dienstleistungsfreiheit nach Art. 59 EGV vgl. EuGH AnwBl. 1992, 33 mit Anm. *Chemnitz; Rabe* AnwBl. 1992, 146 ff.

[176] BGH NJW 1974, 1201 f.; *Rennen/Caliebe*, Rdn. 65; *Schorn*, Die Rechtsberatung, S. 89.

a) **Zuverlässigkeit des Antragstellers.** Sie ist nicht allgemein, sondern speziell bezogen auf die an die Person eines Rechtsberaters zu stellenden Anforderungen hin zu überprüfen.[177] Demnach rechtfertigt nicht jede Unzuverlässigkeit eine Versagung der Erlaubnis;[178] vielmehr muß zwischen den die Unzuverlässigkeit begründenden Umständen und dem Beruf des Rechtsberaters ein innerer Zusammenhang bestehen.[179] Das bedeutet zwar nicht, daß Tatsachen aus dem privaten Bereich nicht berücksichtigt werden dürfen; sie müssen jedoch so geartet sein, daß sie Schlüsse auf eine berufliche Unzuverlässigkeit zulassen.[180] Maßgeblich für die Beurteilung der Zuverlässigkeit ist das Hauptziel der RBerG, die Allgemeinheit vor Schädigungen durch Rechtsberater zu schützen, die ihren beruflichen Aufgaben nicht gewachsen sind oder sonst keine hinreichende Gewähr für eine ordnungsgemäße Berufsausübung bieten.[181] 40

Die einzelnen **Kriterien** der Zuverlässigkeitsprüfung liefern §§ 6 und 7 der 1. AVO. Danach hat sich die Prüfung auf das Vorleben des Bewerbers, insbesondere auf die gegen ihn anhängigen oder anhängig gewesenen Strafverfahren, auf bereits erfolgte strafrechtliche Verurteilungen sowie auf die wirtschaftlichen Verhältnisse des Bewerbers zu erstrecken. Die Erlaubnis ist in der Regel zu versagen, wenn der Bewerber wegen eines Verbrechers verurteilt ist oder wegen eines Vergehens, das einen Mangel an Zuverlässigkeit hat erkennen lassen. Als Vergehen in diesem Sinne sind beispielhaft die Vergehen gegen Vermögensrechte genannt. Von einem Rechtsberater muß verlangt werden, daß er nicht nur über die erforderlichen Rechtskenntnisse verfügt; er muß diese auch im wohlverstandenen Interesse des von ihm Vertretenen in einer von der Rechtsordnung gebilligten Weise einsetzen. Ein wesentliches Kriterium ist demzufolge, ob bei dem Bewerber prinzipiell die Fähigkeit und Bereitschaft zur Beachtung des geltenden Rechts bei der künftigen Berufsausübung gegeben sind.[182] Nach § 7 der 1. AVO wird die Erlaubnis in der Regel solchen Personen nicht erteilt, die infolge einer strafrechtlichen oder dienststrafrechtlichen Verurteilung aus dem Beamten- oder Richterverhältnis bzw. infolge einer ehrengerichtlichen Verurteilung oder einer Zurücknahme der Zulassung – wegen unehrenhaften Verhaltens[183] – aus der Rechtsanwaltschaft ausgeschieden sind. Ist der Bewerber freiwillig aus dem Dienst geschieden oder hat er auf die Rechte aus der Zulassung verzichtet, kann ihm die Erlaubnis nur dann in entsprechender Anwendung von § 7 der 1. AVO versagt werden, wenn er lediglich seiner Entfernung aus dem Dienst bzw. einer Zurücknahme der Zulassung wegen unehrenhaften Verhaltens vorgebeugt hat.[184] 41

---

[177] *Rennen/Caliebe,* Rdn. 66; *Altenhoff/Busch/Chemnitz,* Rdn. 273; *Schorn,* Die Rechtsberatung, S. 120.
[178] *Altenhoff/Busch/Chemnitz,* Rdn. 273.
[179] *Schorn,* Die Rechtsberatung, S. 120.
[180] Vgl. VGH Kassel AnwBl. 1988, 591 (592), wonach ein Rechtsbeistand, der eine Bar betreibt, bei der es sich um einen bordellartigen Betrieb handelt, nicht die für seinen Beruf erforderliche Zuverlässigkeit besitzt. Den Rechtsberater müsse ein Mindestmaß an Seriosität und Festigkeit auszeichnen. Dies sei bei einem Rechtsbeistand, der im Dirnenmilieu tätig sei, nicht der Fall. *Rennen/Caliebe,* § 6 der 1. AVO Rdn. 1; *Altenhoff/Busch/Chemnitz;* Rdn. 273.
[181] BVerwG NJW 1977, 2178; *Rennen/Caliebe,* § 6 der 1. AVO Rdn. 1.
[182] Vgl. dazu VGH Mannheim Justiz 1985, 328 (329); auch zu der Frage, inwieweit länger zurückliegende oder bereits im Strafregister getilgte Straftaten zu berücksichtigen sind.
[183] BVerwGE 7, 349 (350 f.) = NJW 1959, 547; *Rennen/Caliebe,* § 7 der 1. AVO Rdn. 4; weitergehend *Schorn,* Die Rechtsberatung, S. 127 f.
[184] BVerwGE 7, 349 (350 f.) = NJW 1959, 547; *Rennen/Caliebe,* § 7 der 1. AVO Rdn. 2, 4.

42 **b) Persönliche Eignung und genügende Sachkunde.** Auch die persönliche Eignung und genügende Sachkunde des Bewerbers sind speziell im Hinblick auf die Anforderungen der angestrebten Tätigkeit zu prüfen.[185] Beide Erfordernisse hängen eng miteinander zusammen und überschneiden sich auch mit dem Begriff der Zuverlässigkeit.[186] Ebenso wie bei jenem handelt es sich auch bei diesen um unbestimmte Rechtsbegriffe, die der erteilenden Behörde keinen Beurteilungs- oder Ermessensspielraum einräumen und in vollem Umfang der gerichtlichen Nachprüfung unterliegen.[187]

43 aa) Die **persönliche Eignung** ist aus dem Gesamtbild der menschlichen und beruflichen Stellung des Bewerbers zu ermitteln.[188] Sie wird etwa fehlen, wenn der Bewerber infolge von Geisteskrankheit oder Geistesschwäche nicht über die intellektuellen Fähigkeiten verfügt, die von einem Besorger fremder Rechtsangelegenheiten zu verlangen sind,[189] ebenso, wenn der Bewerber aufgrund früheren Verhaltens nicht die Gewähr für einen unvoreingenommenen und sachlichen Parteivortrag bietet.[190] Sie ist aber nicht schon deshalb zu verneinen, weil der Bewerber noch einen anderen Beruf betreibt; denn das Gesetz macht zwischen der haupt- und nebenberuflichen Tätigkeit als Rechtsbeistand keinen Unterschied.[191] Voraussetzung ist allerdings, daß der andere Beruf mit der Stellung und dem Pflichtenkreis eines Erlaubnisinhabers zu vereinbaren ist und nicht gegen die guten Sitten verstößt.[192] Einem **Beamten,** der auf einem der Sachgebiete des Absatzes 1 Satz 2 nebenberuflich tätig werden will, fehlt die persönliche Eignung nicht schon deshalb, weil die Nebentätigkeit im Einzelfall dienstliche Interessen beeinträchtigen kann und die Gefahr von Interessenkollisionen mit sich bringt; auch für sonstige Berufsgruppen ist eine generelle Inkompatibilität regelmäßig nicht anzunehmen.[193]

44 bb) An die **Sachkunde** eines Bewerbers sind grundsätzlich strenge Anforderungen zu stellen. Der Zweck des Gesetzes erfordert es, daß der Rechtsbeistand ausreichende Kenntnisse des materiellen und formellen Rechts besitzt, er ferner über die Fähigkeit zur sachgemäßen Beratung sowie praktische Erfahrungen auf den in Frage stehenden Rechtsgebieten verfügt.[194] Von dem Bewerber kann nach Auffassung des OVG Münster[195] nicht verlangt werden, daß er auf den in Frage stehenden Rechtsgebieten nach Wissen und Kenntnissen einem Rechtsanwalt gleichsteht. Der Bewerber muß aber befähigt sein, die in seinem Erlaubnisbereich

---

[185] *Rennen/Caliebe,* Rdn. 66.
[186] *Rennen/Caliebe,* § 8 der 1. AVO Rdn. 8; *Schorn,* Die Rechtsberatung, S. 125.
[187] OVG Münster OVGE 24, 203 (204); OVG Münster AnwBl. 1978, 114 (115); *Rennen/Caliebe,* § 8 der 1. AVO Rdn. 3 m. w. N.
[188] *Rennen/Caliebe,* § 8 der 1. AVO Rdn. 8 m. w. N.; *Altenhoff/Busch/Chemnitz,* Rdn. 995; *Schorn,* Die Rechtsberatung, S. 125.
[189] *Rennen/Caliebe,* § 8 der 1. AVO Rdn. 9; *Schorn,* Die Rechtsberatung, S. 125, 128 m. w. N.
[190] *Altenhoff/Busch/Chemnitz,* Rdn. 993 m. w. N.
[191] BVerwGE 35, 62 (63); *Rennen/Caliebe,* § 8 der 1. AVO Rdn. 11; *Schorn,* Die Rechtsberatung, S. 125 f.
[192] Vgl. *Altenhoff/Busch/Chemnitz,* Rdn. 994.
[193] BVerwGE 35, 62 (64 f.); VGH Mannheim Justiz 1985, 66 (67 f.); *Erbs/Kohlhaas/Senge,* Rdn. 39.
[194] BVerwGE DVBl. 1980, 640; OVG Münster OVGE 24, 203 (205 f.); OVG Münster AnwBl. 1978, 114 (115); OVG Münster NJW 1980, 1180; *Rennen/Caliebe,* § 8 der 1. AVO Rdn. 1, 4.
[195] OVG Münster OVGE 24, 203 (207).

anfallenden Rechtsangelegenheiten, die nach Umfang und rechtlicher Problematik keine überdurchschnittlichen Schwierigkeiten bieten, in angemessener Weise, wie dies bei nicht wissenschaftlicher Arbeitsweise unter Verwendung nur einfacher Hilfsmittel wie Gesetzestexten und Handkommentaren erwartet werden kann, sachgerecht zu besorgen. Im übrigen reiche es aus, wenn er Rechtsangelegenheiten, die ein größeres Maß an Sachkunde erfordern, als solche erkenne, um dem Rechtsuchenden empfehlen zu können, den Rat eines Rechtsanwalts einzuholen. Die Auffassung des OVG Münster scheint nicht unbedenklich. Es stellt sich die Frage, ob nicht nur demjenigen die Erlaubnis zu erteilen ist, der befähigt ist, in seinem Sachbereich alle Rechtsangelegenheiten (also auch überdurchschnittlich schwierige) zu besorgen.[196]

§ 8 der 1. AVO regelt, wie der Nachweis der Sachkunde und Eignung zu 45 führen ist. Danach hat der Bewerber genaue Angaben über seinen Ausbildungsgang und seine bisherige berufliche Tätigkeit zu machen und, soweit dies möglich ist, Lehr- und Prüfungszeugnisse sowie Zeugnisse seiner bisherigen Arbeitgeber vorzulegen. Diese Regelung schließt jedoch andere Erkenntnismöglichkeiten nicht aus. So ist es der Zulassungsbehörde insbesondere nicht verwehrt, bei verbleibenden Zweifeln über die fachliche Eignung des Bewerbers eine Sachkundeprüfung durchzuführen.[197] Eine derartige Prüfung kann jedoch nur das Vorliegen ausreichender theoretischer Rechtskenntnisse des Bewerbers nachweisen; die grundsätzlich erforderliche praktische Erfahrung kann sie dagegen nicht ersetzen.[198]

c) Bedürfnis für die Erlaubnis. Die in Absatz 2 vorgeschriebene Prüfung 46 des Bedürfnisses für die Erlaubnis hat das *BVerwG* bereits in einem Urteil vom 10. 5. 1955 wegen Verstoßes gegen Art. 12 Abs. 1 GG für verfassungswidrig erklärt.[199] Sie greift mit einer objektiven Zulassungsbeschränkung in das Recht der freien Berufswahl ein und ist zur Sicherstellung einer geordneten Rechtspflege nicht erforderlich. Da Art. 12 Abs. 1 GG die Berufswahlfreiheit aber nur für Deutsche i. S. d. Art. 116 GG garantiert, ist die Bedürfnisprüfung nicht völlig obsolet geworden. Sie ist weiterhin vorzunehmen bei **ausländischen Bewerbern,**[200] sofern es sich nicht um Staatsangehörige aus einem **Mitgliedstaat der Europäischen Union** oder aus einem anderen Vertragsstaat des Abkommens über den Europäischen Wirtschaftsraum handelt. Diese Einschränkung ist wegen der im Verhältnis zu diesen Staaten verbürgten Dienstleistungs- und Niederlassungsfreiheit nötig geworden;[201] durch Gesetz vom 30. 8. 1994[202] ist sie als Satz 2 des Absatzes 2 zur Klarstellung ausdrücklich in den Gesetzeswortlaut aufgenommen worden.[203]

Inwieweit eine Bedürfnisprüfung stattzufinden hat, wenn eine juristische Person um die Erlaubnis nach § 1 nachsucht, hängt davon ab, ob sich die jeweilige 47

---

[196] Vgl. dazu OVG Münster NJW 1980, 1180.
[197] BVerwG DVBl. 1980, 640; OVG Münster AnwBl. 1978, 114 (115); OVG Münster NJW 1980, 1180; *Schorn,* Die Rechtsberatung, S. 130 ff.; zu den Einzelheiten vgl. *Rennen/Caliebe,* § 8 der 1. AVO Rdn. 36 ff.
[198] BVerwG DVBl. 1980, 640.
[199] BVerwGE 2, 85 = NJW 1955, 1532.
[200] *Rennen/Caliebe,* Rdn. 67; *Altenhoff/Busch/Chemnitz,* Rdn. 278; vgl. auch BVerwGE 35, 62 (63).
[201] *Rennen/Caliebe,* Rdn. 67; *Altenhoff/Busch/Chemnitz,* Rdn. 281; *Seitz/Benninghaus/Mosiek,* Inkasso-Handbuch, 2. Aufl. 1985, Rdn. 397; *Haack* AnwBl. 1985, 554 (559); zur historischen Entwicklung vgl. *Altenhoff/Busch/Chemnitz,* Rdn. 279 ff.
[202] BGBl. II, S. 1438.
[203] Vgl. auch die Beschlußempfehlung und den Bericht des *Wirtschaftsausschusses* des *Bundestages;* BT-Drucks. 12/8122, S. 7.

juristische Person auf die Freiheit der Berufswahl aus Art. 12 Abs. 1 GG berufen kann. Gemäß Art. 19 Abs. 3 GG gelten die Grundrechte auch für **inländische juristische Personen,** soweit sie ihrem Wesen nach auf diese anwendbar sind. Für Art. 12 Abs. 1 GG gilt insoweit, daß eine juristische Person einen Grundrechtseingriff dann rügen kann, wenn die von ihr betriebene Erwerbstätigkeit nach Wesen und Art in gleicher Weise von einer juristischen wie von einer natürlichen Person ausgeübt werden kann.[204] Diese Voraussetzung ist bei den rechtsberatenden Berufen regelmäßig nicht gegeben. Rechtsberatung i. S. des Rechtsberatungsgesetzes kann wegen der für diese konstitutive und sie prägende persönliche Vertrauensbeziehung zwischen Berater und Ratsuchenden ihrem Wesen und ihrer Art nach nicht von einer juristischen Person wahrgenommen werden.[205] In der Regel können sich juristische Personen, die Rechtsberatung betreiben wollen, folglich nicht auf den Schutz des Art. 12 Abs. 1 GG berufen; einer Bedürfnisprüfung steht demnach nichts im Weg.[206] Allerdings findet bei juristischen Personen nicht eine Bedürfnisprüfung (etwa nach den in § 9 der 1. AVO festgelegten Kriterien) und zusätzlich eine Prüfung nach § 10 Abs. 1 der 1. AVO statt. Ein Bedürfnis wird vielmehr immer dann zu bejahen sein, wenn besondere Umstände für die juristische Person als Betriebsform sprechen, wenn also die Voraussetzungen des § 10 Abs. 1 der 1. AVO vorliegen. Als solche besonderen Umstände kommen nur Eigentümlichkeiten in Betracht, welche den Unterschied zwischen einer juristischen Person und einer natürlichen Person ausmachen. Nur wenn eine juristische Person mit Rücksicht auf diese in ihrem besonderen Rechtsstatus begründeten Eigentümlichkeiten geeignet erscheint, Rechtsbesorgung zu betreiben, soll ihr die Erlaubnis erteilt werden.[207]

48 Das soeben Gesagte gilt auch für **ausländische juristische Personen,** wenn sie einem Staat der EU oder des EWR zuzurechnen sind. Andere ausländische Personen können sich nicht auf Art. 12 Abs. 1 GG berufen.

49 Bei der **Durchführung der Bedürfnisprüfung** ist zu beachten, daß der Gesetzgeber den Wortlaut des Absatz 2 durch Gesetz vom 30. 8. 1994[208] geändert hat. Die Vorschrift stellt nicht mehr darauf ab, ob „das Bedürfnis nicht bereits durch eine hinreichende Zahl von Rechtsberatern gedeckt ist"; sie setzt allgemein voraus, daß „ein Bedürfnis für die Erlaubnis besteht". Diese Änderung hat dazu geführt, daß bei der Bedürfnisprüfung nicht mehr allein die örtlichen Verhältnisse, sondern auch andere Umstände berücksichtigt werden dürfen.[209] Dies ergibt sich deutlich aus der Beschlußempfehlung des *Wirtschaftsausschusses* des *Bundestages,* mit der die Neufassung des Abs. 2 initiiert worden ist.[210] Nach den Ausführungen des *Wirtschaftsausschusses* soll die Bedürfnisprüfung insbesondere verhindern helfen, daß ausländischen Anwälten aus GATT-Mitgliedstaaten, die nach neuem Recht die Möglichkeit der Kammeraufnahme nach § 206 BRAO haben, zusätzlich auch die Möglichkeit der Erlaubniserteilung nach § 1 Abs. 1 Nr. 6 des RBerG gewährt wird. In die Bedürfnisprüfung sollen daher auch Erkenntnisse einbezogen werden können, die bei der Landesjustizverwaltung oder bei der

---

[204] BVerfGE 21, 261 (266); BVerfGE 22, 380 (383); BVerfGE 50, 290 (363).
[205] OVG Koblenz NJW 1980, 1866 (1867).
[206] *Rennen/Caliebe,* Rdn. 68; *Altenhoff/Busch/Chemnitz,* Rdn. 283 f.; a. A. *Seitz/Benninghaus/Mosiek,* Inkasso-Handbuch, Rdn. 398.
[207] OVG Koblenz NJW 1980, 1866.
[208] BGBl. II, S. 1438.
[209] Zum früheren Rechtszustand vgl. *Rennen/Caliebe,* § 9 der 1. AVO Rdn. 2 f.
[210] BT-Drucks. 12/8122, S. 7.

Rechtsanwaltskammer über laufende oder bevorstehende Gesuche um Kammeraufnahme vorhanden sind.

3. Die Erteilung der Erlaubnis

Die Erlaubnis kann natürlichen und juristischen Personen sowie offenen Handelsgesellschaften und ähnlichen Vereinigungen (vgl. § 3 der 1. AVO) erteilt werden. Juristischen Personen, insbesondere Gesellschaften mit beschränkter Haftung, soll die Erlaubnis jedoch nur erteilt werden, wenn besondere Umstände für diese Rechtsform der Betriebsführung sprechen. Das ist mit Art. 12 Abs. 1 GG vereinbar.[211] Mit diesem Erfordernis will das Gesetz der Besonderheit Rechnung tragen, daß der Rechtsberatung, wenn sie von einer juristischen Person wahrgenommen wird, nicht das für diese Tätigkeit grundsätzlich geforderte persönliche Vertrauensverhältnis zu dem Ratsuchenden zugrunde liegt, weil dieses nur zwischen natürlichen Personen bestehen kann.[212] Die einer juristischen Person oder einer Personenvereinigung erteilte Erlaubnis ermächtigt nur zur Berufsausübung durch die in der Erlaubnis namentlich bezeichneten Personen (§ 3 der 1. AVO); sie ist aber der juristischen Person bzw. Personenvereinigung als solcher erteilt. Im übrigen ist lediglich die Erteilung einer Einzelerlaubnis zulässig, nicht dagegen die Erteilung einer Erlaubnis für einen unbestimmten Personenkreis.[213]

Die Erlaubnis ist ein rechtsgestaltender **Verwaltungsakt,** mit dem die zuständige Behörde den Antragsteller von dem grundsätzlichen Verbot des Gesetzes befreit. Wird sie erteilt, so bindet sie alle Behörden und Gerichte.[214] Dasselbe gilt, wenn die beantragte Erlaubnis versagt wird.

Der **örtliche Geltungsbereich** der Erlaubnis wird in § 1 der 1. AVO geregelt. Nach Absatz 1 Satz 1 dieser Vorschrift wird die Erlaubnis grundsätzlich nur für einen bestimmten Ort erteilt. Das *BVerfG* hat diese Regelung wegen Verstoßes gegen Art. 12 Abs. 1 GG für verfassungswidrig erklärt, soweit sich aus ihr eine örtliche Begrenzung der Erlaubnis zur Rechtsbesorgung ergibt.[215] Die Vorschrift ist daher nur noch insoweit von Bedeutung, als sich aus ihr der Grundsatz der Lokalisation ergibt.[216] Danach ist die Erlaubnis für einen bestimmten Ort als Geschäftssitz zu erteilen; die Rechtsbeistände bzw. Erlaubnisinhaber haben ihren Beruf von diesem Geschäftssitz aus und nicht im Wandergewerbe auszuüben. Insofern ist die Norm verfassungsrechtlich unbedenklich;[217] denn sie dient dazu, eine redliche, gewissenhafte und ordnungsgemäße Berufsausübung durch die insoweit gebotene Überprüfung der Tätigkeit der Erlaubnisinhaber sicherzustellen.[218] Dagegen bedeutet der Grundsatz der Lokalisation nicht, daß von der Rechtsberatungserlaubnis nur die im Rahmen des jeweiligen Geschäftssitzes durchgeführten Rechtsberatungen gedeckt sind. Ungeachtet dessen, daß nach § 1 Abs. 1 S. 2 der 1. AVO eine besondere Erlaubnis nötig ist, wenn Zweigniederlassungen oder auswärtige Sprechtage eingerichtet werden sollen, ist eine Rechtsberatung außerhalb des Geschäftssitzes erlaubt und daher auch nicht nach § 8 bußgeldbewehrt.[219]

---

[211] OVG Koblenz NJW 1980, 1866 f.; *Erbs/Kohlhaas/Senge,* Rdn. 29.
[212] BVerwG NJW 1959, 1986 (1987).
[213] *Altenhoff/Busch/Chemnitz,* Rdn. 271.
[214] BGH NJW 1969, 922 (923); *Erbs/Kohlhaas/Senge,* Rdn. 29.
[215] BVerfGE 41, 378 = NJW 1976, 1349; dazu *Klier* NJW 1977, 527.
[216] *Rennen/Caliebe,* Rdn. 62; *Altenhoff/Busch/Chemnitz,* Rdn. 170, 269.
[217] BVerfGE 41, 378 (393) = NJW 1976, 1349.
[218] BVerfGE 41, 378 (396) = NJW 1976, 1349; BayObLG AnwBl. 1985, 277.
[219] BayObLG AnwBl. 1985, 277; *Erbs/Kohlhaas/Senge,* Rdn. 30.

53 In **zeitlicher Hinsicht** gilt, daß die Erlaubnis mit ihrer Bekanntgabe an den Antragsteller wirksam wird;[220] die Bekanntmachung der Erteilung im Amtsblatt nach § 17 der 1. AVO hat nur deklaratorischen Charakter.[221] Die Erlaubnis erlischt, wenn der Antragsteller seine Tätigkeit nicht binnen drei Monaten seit der Erteilung aufnimmt (§ 13 der 1. AVO). Im übrigen ist sie unter den Voraussetzungen des § 14 der 1. AVO zu widerrufen. Zuständig für den Widerruf ist der für die Erteilung zuständige Präsident (§ 15 der 1. AVO). Wie die Erteilung ist auch der Widerruf der Erlaubnis nach § 17 der 1. AVO im Amtsblatt bekanntzumachen; auch er wird jedoch bereits mit der Bekanntgabe an den Erlaubnisinhaber wirksam.[222]

4. Der Umfang der Erlaubnis

54 Er bestimmt sich danach, mit welchem Inhalt sie erteilt worden ist. Bis zur Neufassung der Bestimmung durch das 5. BRAOÄndG vom 18. 8. 1980[223] waren sowohl **Voll- als auch Teilerlaubnisse** für nahezu alle Rechtsgebiete möglich. Durch die Neuregelung hat diese Möglichkeit jedoch einschneidende Einschränkungen erfahren. Das Gesetz läßt Erlaubnisse seither nicht mehr unbeschränkt, sondern nur noch als Teilerlaubnisse für die in Absatz 1 Satz 2 enumerativ aufgezählten Sachbereiche zu; eine Erlaubnis für mehrere Sachbereiche (etwa Erlaubnis zur Rentenberatung (Nr. 2) und zur Versicherungsberatung (Nr. 3)) ist möglich.[224] Die Neuregelung bewirkte damit gleichsam eine Schließung des Berufs des Rechtsbeistandes mit Vollerlaubnis sowie mit Teilerlaubnis für andere als die in Absatz 1 Satz 2 genannten Gebiete. Sie ist verfassungsrechtlich grundsätzlich nicht zu beanstanden.[225] Die Versicherungsberatung, die anfangs nicht zu den ursprünglich fünf Sachgebieten zählte und deren Fehlen das *BVerfG* für verfassungswidrig erklärt hat,[226] ist im Jahre 1989 nachträglich hinzugefügt worden.

55 Da die Rechte der Personen, die nach altem Recht eine Erlaubnis erhalten haben, von der Änderung durch das 5. BRAOGÄndG nicht berührt worden sind, gibt es nach wie vor Inhaber einer Vollerlaubnis. Die **Vollerlaubnis** berechtigt den Erlaubnisinhaber grundsätzlich zur Rechtsberatung und Rechtsbesorgung auf allen Rechtsgebieten. Ausgenommen sind lediglich Steuer- und Monopolsachen (§ 4) sowie das Gebiet des gewerblichen Rechtsschutzes (§ 186 PAnwO). Die Ausnahmen haben verschiedenen Charakter: Während § 186 PAnwO nur eine die Erlaubnis materiell einschränkende Norm ist und die Überschreitung der erlaubten Tätigkeit daher einen Verstoß gegen das RBerG i. S. des § 8 darstellt, werden die Steuer- und Monopolsachen durch § 4 ganz aus dem Anwendungsbereich des RBerG herausgenommen, so daß die unerlaubte Tätigkeit auf diesem Gebiet nicht nach § 8, sondern nur nach dem für die Steuerberatung geltenden Ordnungswidrigkeitenrecht geahndet werden kann.[227]

---

[220] *Erbs/Kohlhaas/Senge*, Rdn. 40; *Schorn*, Die Rechtsberatung, S. 297.
[221] *Rennen/Caliebe*, § 17 der 1. AVO Rdn. 3.
[222] Zum Widerruf der Erlaubnis vgl. auch VGH Kassel AnwBl. 1988, 591.
[223] BGBl. I, S. 1503.
[224] *Stoffregen* Rbeistand 1993, 44; *Rennen/Caliebe*, § 2 der 1. AVO Rdn. 13. A. A. *Altenhoff/Busch/Chemnitz*, Rdn. 917.
[225] BVerfGE 75, 246 ff. = NJW 1988, 545; a. A. etwa noch *Obermayer* DÖV 1981, 621; weitere Nachweise für die früher vertretene Gegenansicht bei BVerfGE 75, 246 (254) = NJW 1988, 545.
[226] BVerfGE 75, 284 ff. = NJW 1988, 543.
[227] Vgl. dazu § 4 Rdn. 10 ff.

Die Inhaber einer uneingeschränkten oder nur unter Ausnahme des Sozial- oder Sozialversicherungsrechts erteilten Erlaubnis nach altem Recht haben seit dem 27. 8. 1980 die Möglichkeit, die Aufnahme in die für den Ort ihrer Niederlassung zuständige Rechtsanwaltskammer zu beantragen (§ 209 BRAO). Dem liegt der Gedanke zugrunde, daß dieser Personenkreis nach dem Umfang der ihm gestatteten Rechtsbesorgung dem Rechtsanwaltsberuf näher steht als dem des Erlaubnisinhabers nach neuem Recht. Macht ein Rechtsbeistand von dieser Möglichkeit Gebrauch, dann erlangt er eine Rechtsstellung, die der des Rechtsanwalts weitgehend angeglichen ist.[228] Er hat die vollen Mitgliedschaftsrechte einschließlich des passiven Wahlrechts zum Kammervorstand[229] und die entsprechenden Mitgliedschaftspflichten. Er unterliegt der Aufsicht des Kammervorstandes und der Ehrengerichtsbarkeit und nicht mehr der Aufsicht des zuständigen Land- oder Amtsgerichtspräsidenten.[230] Er ist den Rechtsanwälten auch insofern gleichgestellt, als ihm das Auftreten in der mündlichen Verhandlung vor dem Amtsgericht gestattet ist; auch kann ihm dort der weitere Vortrag nicht mit der Begründung versagt werden, ihm fehle die Fähigkeit zum geeigneten Vortrag (§ 157 Abs. 1 und 2 ZPO). Dagegen darf er eine notwendige Verteidigung nicht allein als Wahlverteidiger führen (§ 138 Abs. 2 StPO).[231] Im Aufnahmeverfahren gelten die Versagungsgründe des § 7 BRAO.[232] Rechtsbeistände, die der Rechtsanwaltskammer nicht beigetreten sind, haben dagegen keine bevorzugte prozessuale Stellung durch ihre Vollerlaubnis.

Eine **Teilerlaubnis** nach neuem Recht berechtigt ebenso wie eine fortbestehende Teilerlaubnis nach altem Recht nur zur Rechtsbesorgung auf dem jeweiligen Rechtsgebiet. Nach neuem Recht kommen insoweit nur noch die in Abs. 1 S. 2 abschließend aufgezählten Sachbereiche in Betracht; nach altem Recht konnte die Erlaubnis auf alle Teilgebiete beschränkt werden, die hinreichend bestimmt und klar von anderen Bereichen unterscheidbar sind.[233] Während das alte Recht den Teilerlaubnisinhabern weitgehende Freiheit in der Führung ihrer Berufsbezeichnung einräumte,[234] dürfen sich die Erlaubnisinhaber nach neuem Recht nicht mehr Rechtsbeistände nennen, sondern nur noch eine der Erlaubnis (gem. Abs. 1 S. 3) entsprechende Berufsbezeichnung führen (vgl. dazu auch unten Rdn. 65).

5. Das Negativattest

Ein Negativattest (Negativzeugnis) ist die in einem förmlichen Bescheid zum Ausdruck gebrachte, als verbindlich gewollte Rechtsansicht der zuständigen Erteilungsbehörde, daß eine bestimmte Tätigkeit nicht erlaubnispflichtig ist.[235] Im RBerG ist die Erteilung eines solchen Negativattestes nicht vorgesehen. Das bedeutet allerdings zunächst nur, daß die Behörde zur Ausstellung in der Regel nicht verpflichtet ist und der Antragsteller umgekehrt keinen Rechtsanspruch auf

---

[228] BGHZ 83, 350 (354) = NJW 1982, 1880; BGH NJW 1989, 2892; vgl. zu den Einzelheiten § 209 Rdn. 9 ff.
[229] BGH NJW 1989, 2892 f.; *Altenhoff/Busch/Chemnitz,* Rdn. 247.
[230] BT-Drucks. 8/4277, S. 22.
[231] BGHSt 32, 326 (329); *Erbs/Kohlhaas/Senge,* Rdn. 28.
[232] BGHZ 83, 350 (354) = NJW 1982, 1880; *Altenhoff/Busch/Chemnitz,* Rdn. 246; *Erbs/Kohlhaas/Senge,* Rdn. 28; vgl. auch BT-Drucks. 8/4277, S. 22.
[233] *Rennen/Caliebe,* Rdn. 50; *Altenhoff/Busch/Chemnitz,* Rdn. 244.
[234] BT-Drucks. 8/4277; S. 22; *Schorn,* Die Rechtsberatung, S. 300.
[235] *Rennen/Caliebe,* Rdn. 161; s. auch *Stelkens/Bonk/Sachs,* VwVfG, 4. Aufl., 1993, § 35 Rdn. 79.

ein Negativattest geltend machen kann.[236] Eine andere Frage ist, ob die zuständige Erteilungsbehörde trotz Fehlens einer gesetzlichen Regelung ein Negativattest erteilen *darf*. Sie ist zu bejahen;[237] denn nach den Grundsätzen des Gesetzesvorbehalts ist eine gesetzliche Ermächtigung nur nötig, wenn eine belastende Regelung getroffen werden soll.[238] Da das Negativattest aber den Rechtsstandpunkt des Antragstellers betätigen soll und mit dessen Einverständnis ergeht, stellt es sich als begünstigende Regelung dar, für die eine gesetzliche Grundlage entbehrlich erscheint.[239] Die Entscheidung darüber, ob ein Negativattest erteilt wird, liegt im pflichtgemäßen Ermessen der zuständigen Behörde;[240] das Negativattest ist zu erteilen, wenn der Antragsteller darauf, etwa wegen der ständigen Übung der ausstellenden Behörde, einen Anspruch hat.[241]

59 Das Negativattest ist ein **(feststellender) Verwaltungsakt** i. S. des § 35 VwVfG; mit ihm bringt die zuständige Behörde zum Ausdruck, daß sie eine bestimmte Tätigkeit des Antragstellers nicht als erlaubnispflichtig ansieht und folglich nicht beanstanden wird.[242] Die Feststellung bindet alle Gerichte und Behörden;[243] insoweit steht sie im Ergebnis einer Erlaubnis nach dem RBerG gleich.[244] Mit dem rechtsstaatlich geforderten Gebot der Rechtssicherheit wäre es nicht zu vereinbaren, wenn jedes Gericht und jede Behörde berechtigt wäre, die Rechtsansicht der nach dem RBerG zuständigen Behörde inzidenter auf ihre Richtigkeit zu überprüfen und sich gegebenenfalls über sie hinwegzusetzen.[245] Ist das Negativattest rechtswidrig, so kann allein die erteilende Behörde es nach Maßgabe des § 48 VwVfG zurücknehmen;[246] die Rücknahme selbst ist ihrerseits wieder ein – anfechtbarer – Verwaltungsakt.[247]

60 Das Negativattest ist zu unterscheiden von einer Rechtsansicht der Behörde, die lediglich in **Beantwortung einer Anfrage** geäußert wird. Teilt die Erteilungsbehörde dabei mit, daß sie eine bestimmte Tätigkeit für erlaubnisfrei hält, so handelt es sich um eine unverbindliche Rechtsauskunft, die keine Verwaltungsaktsqualität besitzt und dementsprechend auch keine Bindungswirkung für andere Behörden bzw. Gerichte entfaltet.[248] Im Hinblick auf die Ordnungswidrigkeit

---

[236] OVG Münster JMBlNRW 1968, 275 (276); VGH München NVwZ 1988, 944; *Rennen/Caliebe*, Rdn. 165; *Altenhoff/Busch/Chemnitz*, Rdn. 267; *Erbs/Kohlhaas/Senge*, Rdn. 29, *Stelkens/Bonk/Sachs*, VwVfG, § 35 Rdn. 79, 128.
[237] Anderer Ansicht wohl VG Frankfurt VersR 1969, 815 (816); LG Frankfurt AnwBl. 1967, 168.
[238] Vgl. BVerwGE 72, 265 (266 f.).
[239] BVerwG NJW 1987, 969; VGH München BayVBl. 1991, 83 (84).
[240] *Altenhoff/Busch/Chemnitz*, Rdn. 267; ebenso *Rennen/Caliebe*, Rdn. 165, die für einen zurückhaltenden Gebrauch dieser Möglichkeit plädieren.
[241] BVerwG NJW 1987, 969.
[242] Vgl. BGH NJW 1969, 922 (924); BVerwG NJW 1978, 234; VG Frankfurt VersR 1969, 815 (816); *Rennen/Caliebe*, Rdn. 162; *Stelkens/Bonk/Sachs*, VwVfG, § 35 Rdn. 79.
[243] BGH NJW 1969, 922 (924); *Rennen/Caliebe*, Rdn. 163; *Altenhoff/Busch/Chemnitz*, Rdn. 267. Vgl. allgemein zur Wirkung von Negativattesten BVerwG NJW 1980, 718 (719); NJW 1985, 1354; NJW 1987, 1348 f.; NVwZ 1991, 267; *Stelkens/Bonk/Sachs*, VwVfG, § 35 Rdn. 79.
[244] BGH NJW 1969, 922 (924); *Altenhoff/Busch/Chemnitz*, Rdn. 267.
[245] BGH NJW 1969, 922 (924); *Rennen/Caliebe*, Rdn. 163.
[246] *Rennen/Caliebe*, Rdn. 162; *Altenhoff/Busch/Chemnitz*, Rdn. 267.
[247] BVerwG NJW 1978, 234; *Rennen/Caliebe*, Rdn. 162; *Altenhoff/Busch/Chemnitz*, Rdn. 267; VG Frankfurt VersR 1969, 815 (816).
[248] BGH NJW 1969, 922 (924); LG Frankfurt AnwBl. 1967, 168; *Rennen/Caliebe*, Rdn. 161; *Altenhoff/Busch/Chemnitz*, Rdn. 268.

nach § 8 kann eine falsche Rechtsauskunft durch die zuständige Behörde jedoch dazu führen, daß der Fragesteller sich in einem unvermeidbaren Verbotsirrtum (§ 11 Abs. 2 OWiG) befindet.[249]

V. Folgen der Rechtsbesorgung ohne Erlaubnis

1. Ordnungswidrigkeit

Die geschäftsmäßige Besorgung fremder Rechtsangelegenheiten ohne die erforderliche Erlaubnis stellt gemäß § 8 Abs. 1 Nr. 1 eine Ordnungswidrigkeit dar. **61**

2. Nichtigkeit gemäß § 134 BGB

Der Vertrag zwischen dem Ratsuchenden und dem Rechtsberater, der einer unerlaubten Rechtsbesorgung zugrunde liegt, ist nach heute ganz herrschender Meinung wegen Verstoßes gegen ein gesetzliches Verbot gemäß § 134 BGB nichtig.[250] Das gilt unabhängig davon, ob es sich hierbei um einen Dienst- oder Geschäftsbesorgungsvertrag, um einen Auftrag oder um einen Gesellschaftsvertrag handelt. Die Rechtsbeziehungen zwischen den Beteiligten sind nach Bereicherungsrecht rückabzuwickeln; die Rückgewähransprüche finden ihre Grenze in der Vorschrift des § 817 BGB.[251] **62**

3. Unterlassungsklage

Die ohne Erlaubnis betriebene Rechtsbesorgung ist – ebenso wie schon das Erbieten hierzu – wettbewerbswidrig i. S. des § 1 UWG.[252] Da das RBerG u. a. auch den Zweck verfolgt, die Anwaltschaft und die Erlaubnisinhaber vor dem Wettbewerb nicht zugelassener Personen zu schützen, kann bei einem Verstoß gegen § 1 folglich eine **wettbewerbsrechtliche** Unterlassungsklage erhoben werden. Gemäß § 3 UWG ist eine solche Klage auch gegen die unbefugte Verwendung der Bezeichnung „Rechtsbeistand" oder „Prozeßagent" möglich.[253] In Parallele dazu ist ein **deliktischer Unterlassungsanspruch** gegeben, da § 1 auch die Voraussetzungen eines Schutzgesetzes i. S. des § 823 Abs. 2 erfüllt.[254] **63**

4. Verfahrensausschluß

Tritt der unter Verstoß gegen das RBerG handelnde Rechtsbesorger vor Gericht auf, so hat das Gericht ihn durch konstitutiven Beschluß **vom ganzen** **64**

---

[249] *Altenhoff/Busch/Chemnitz,* Rdn. 268; vgl. auch *Rennen/Caliebe,* Rdn. 164.
[250] Vgl. nur BGH NJW 1962, 2010 (2011); NJW 1974, 1201 (1202); NJW 1977, 431; NJW 1978, 322 (323); NJW 1988, 561 (562); MDR 195, 851; NJW-RR 1994, 1081 = AnwBl. 1994, 571. KG NJW 1991;´, 1304; OLG Hamm MDR 1989, 258; OLG Karlsruhe NJW-RR 1988, 569; LG Düsseldorf AnwBl. 1988, 493; OLG Schleswig AnwBl. 1987, 343 (344); OLG Köln WRP 1985, 659; VGH Kassel AnwBl. 1982, 535 (537); *Rennen/Caliebe,* Rdn. 147; *Altenhoff/Busch/Chemnitz,* Rdn. 193; *Erbs/Kohlhaas/Senge,* Rdn. 24.
[251] BGH NJW 1962, 2010 (2011); NJW 1968, 1329 f.; NJW 1978, 322 (323); OLG Hamm MDR 1989, 258; LG Düsseldorf AnwBl. 1988, 493 (494); *Rennen/Caliebe,* Rdn. 148; *Altenhoff/Busch/Chemnitz,* Rdn. 193.
[252] Vgl. nur OLG Hamm AnwBl. 1980, 67.
[253] Vgl. BGH NJW 1967, 1558 (1560); NJW 1974, 557 (558); BGH NJW 1987, 558 (559); OLG Köln AnwBl. 1986, 346; *Rennen/Caliebe,* Rdn. 154 ff.; *Altenhoff/Busch/ Chemnitz,* Rdn. 221 ff.; *Erbs/Kohlhaas/Senge,* Rdn. 25.
[254] BGH NJW 1967, 1558 (1559); LG Hagen AnwBl. 1987, 152; *Erbs/Kohlhaas/Senge,* Rdn. 25; ferner *Rennen/Caliebe,* Rdn. 154, und *Altenhoff/Busch/Chemnitz,* Rdn. 233 ff., jeweils mit näheren Ausführungen zum Kreis der Klageberechtigten.

Verfahren (nicht etwa nur von der mündlichen Verhandlung) auszuschließen, sobald es davon Kenntnis erlangt;²⁵⁵ diese – gesetzlich nicht geregelte – Vorgehensweise folgt aus dem Schutzzweck des RBerG.²⁵⁶ Ungeachtet dessen sind Verfahrenshandlungen von Personen, die keine Erlaubnis nach § 1 besitzen, trotz des Verstoßes gegen das RBerG wirksam und müssen vom Gericht beachtet werden;²⁵⁷ denn die Nichtigkeit des Vertrages zwischen dem Ratsuchenden und dem Rechtsberater berührt weder die Wirksamkeit der darauf gegründeten Prozeßvollmacht noch die Handlungsfähigkeit des Besorgenden im Prozeß.²⁵⁸

VI. Die Berufsbezeichnung des Erlaubnisinhabers

65   Die Inhaber einer Teilerlaubnis nach neuem Recht (§ 1 Abs. 1 S. 2) dürfen ihre rechtsbesorgende Tätigkeit nur unter der der Erlaubnis entsprechenden Berufsbezeichnung ausüben (§ 1 Abs. 1 S. 3). Sie heißen demnach Rentenberater, Versicherungsberater, Frachtprüfer, vereidigter Versteigerer, Inkassounternehmer oder Rechtskundiger in einem ausländischen Recht. Allgemein passen auf sie nur noch die Begriffe Erlaubnisinhaber bzw. Erlaubnisträger nach dem RBerG. Die Bezeichnung „Rechtsbeistand" dürfen sie dagegen nicht führen. Diese Berufsbezeichnung gibt es seit Inkrafttreten des 5. BRAGOÄndG vom 18. 8. 1980 nur noch für Erlaubnisinhaber nach altem Recht.²⁵⁹

66   Der Begriff des **Rechtsberaters** ist weiter als der des Rechtsbeistands und des Erlaubnisinhabers nach dem RBerG. Er meint nicht nur die Personen, die eine Erlaubnis nach § 1 alter bzw. neuer Fassung erhalten haben, sondern umfaßt alle, die erlaubtermaßen fremde Rechtsangelegenheiten besorgen, mithin auch Rechtsanwälte.²⁶⁰

67   Der Begriff **„Prozeßagent"** stellt keine eigene Berufsbezeichnung dar. Prozeßagenten sind vielmehr die Erlaubnisinhaber nach § 1, die von der Justizverwaltung zusätzlich eine Erlaubnis nach § 157 Abs. 3 ZPO erhalten haben; das mündliche Verhandeln vor Gericht ist demnach eine berufliche Tätigkeit von Erlaubnisinhabern nach dem RBerG, nicht etwa die eines besonderen Berufes des Prozeßagenten.²⁶¹ Rechtsbeistände nach altem Recht, die gemäß § 209 BRAO Mitglied einer Rechtsanwaltskammer geworden sind, bedürfen zum Auftreten vor Gericht einer solch zusätzlichen Erlaubnis nicht (vgl. § 157 Abs. 1 ZPO).

VII. Die einzelnen Sachbereiche, für die eine Erlaubnis erteilt wird

1. Rentenberater (Nr. 1)

68   Die Beratung eines anderen in Rentenangelegenheiten, insbesondere auch die Rentenberechnung, ist Besorgung fremder Rechtsangelegenheiten und als solche

---

²⁵⁵ BVerwG NJW 1988, 220; OVG Berlin NJW 1978, 1173; OVG Münster NJW-RR 1986, 861; *Rennen/Caliebe*, Rdn. 149; *Altenhoff/Busch/Chemnitz*, Rdn. 208; *Erbs/Kohlhaas/Senge*, Rdn. 27.
²⁵⁶ *Rennen/Caliebe*, Rdn. 150.
²⁵⁷ KG JR 1966, 303 (304) m. w. N.; *Rennen/Caliebe*, Rdn. 149 f.; *Altenhoff/Busch/Chemnitz*, Rdn. 207; *Erbs/Kohlhaas/Senge*, Rdn. 26.
²⁵⁸ OLG Köln MDR 1974, 310; KG JR 1966, 303 (304); *Rennen/Caliebe*, Rdn. 149; *Altenhoff/Busch/Chemnitz*, Rdn. 207.
²⁵⁹ Vgl. dazu oben Rdn. 54, zur Berufstätigkeit des Rechtsbeistandes Schorn NJW 1967, 911.
²⁶⁰ *Rennen/Caliebe*, Rdn. 71; *Altenhoff/Busch/Chemnitz*, Rdn. 120, 126.
²⁶¹ BVerfGE 10, 185 ff. = NJW 1960, 139; *Rennen/Caliebe*, Rdn. 73 m. w. N. *Altenhoff/Busch/Chemnitz*, Rdn. 127 f.

erlaubnispflichtig, wenn sie geschäftsmäßig ausgeübt wird.[262] Die Ermittlung der Rentenhöhe ist nämlich nicht nur eine rein mathematische Aufgabe; eine sachgemäße Feststellung der Rentenbeträge erfordert vielmehr eine genaue Kenntnis des Sozialversicherungsrechts einschließlich der spezialgesetzlichen Bestimmungen sowie deren Anwendung auf den konkreten Einzelfall.[263] Entsprechend liegt keine Besorgung fremder Rechtsangelegenheiten vor, wenn der Rentenbescheid lediglich auf seine rechnerische Richtigkeit kontrolliert wird, ohne daß der zugrunde gelegte Rechenansatz sachlich überprüft wird;[264] eine solche Tätigkeit fällt nicht in den Anwendungsbereich des RBerG.

Der **Begriff** des Rentenberaters ist nach den gesetzgeberischen Vorstellungen **69 umfassend zu verstehen.** Die Erlaubnis soll nicht nur Personen erteilt werden, die auf dem Gebiet der Sozialrenten beraten, sondern z. B. auch solchen, die auf dem Gebiet der betrieblichen Altersversorgung oder dem Versorgungsrecht tätig sind.[265] Dieses weite Verständnis prägt auch den Umfang der erteilten Erlaubnis. Sie umfaßt eine Tätigkeit auf dem Gebiet der Rentenversicherung der Angestellten und Arbeiter, der knappschaftlichen Rentenversicherung und der Altershilfe für Landwirte, aber eben auch der betrieblichen Altersversorgung, des Versorgungsrechts und der Zusatzversorgung für den öffentlichen Dienst. Die Erlaubnis erstreckt sich auch auf die Bereiche der gesetzlichen Kranken- und Unfallversicherung, da diese eng mit den Fragen der Rentenversicherung verknüpft sind. Eine Beratung auf diesen Gebieten ist allerdings nur insoweit zulässig, als sie zur sachgemäßen Ausübung der Rentenberatung erforderlich ist.[266] Da die Schwerbehinderung Tatbestandsvoraussetzung einer Altersrente für Schwerbehinderte nach § 37 SGB VI ist, darf der Rentenberater auch im vorbereitenden Verfahren zur Feststellung der Schwerbehinderteneigenschaft tätig werden.[267] Die Erlaubnis für das Sachgebiet der Rentenberatung erstreckt sich nicht auf solche Rechtsgebiete, die zwar dem Sozialrecht angehören, denen aber der innere Bezug zum Rentenrecht fehlt. So darf der Rentenberater keine Angelegenheiten besorgen, die etwa Fragen des AFG, des BKGG, des BAFöG, des WoGG, des BSHG oder des KJHG betreffen.[268]

2. Versicherungsberater (Nr. 2)[269]

Die geschäftsmäßig ausgeübte versicherungsrechtliche Beratung ist erlaubnis- **70** pflichtige Besorgung fremder Rechtsangelegenheiten.[270] Ist sie Teil der eigentlichen Berufsaufgabe und nicht als bloß ergänzende Nebentätigkeit einer im übrigen auf wirtschaftlichem Gebiet liegenden Dienstleistung anzusehen, dann überschreitet sie die Grenzen für eine erlaubnisfreie Rechtsberatung gemäß

---

[262] BGH NJW-RR 1987, 875; BVerwG NJW 1966, 796 f.; OLG Düsseldorf AnwBl. 1960, 201 (202); LG Nürnberg-Fürth VersR 1989, 746; *Rennen/Caliebe*, Rdn. 88; *Schorn*, Die Rechtsberatung, S. 97; *Casselmann* BB 1960, 785 f.
[263] Vgl. insbesondere OLG Düsseldorf AnwBl. 1960, 201 (202); *Rennen/Caliebe*, Rdn. 88; *Schorn*, Die Rechtsberatung, S. 97.
[264] BVerwG NJW 1966, 796 f.; *Rennen/Caliebe*, Rdn. 91; *Uihlein* VersR 1989, 563 (564 f.); vgl. auch BVerfGE 75, 284 (301) = NJW 1988, 543.
[265] BT-Drucks. 8/4277, S. 22; vgl. auch *Rennen/Caliebe*, Rdn. 52; *Erbs/Kohlhaas/Senge*, Rdn. 33.
[266] Weitergehend wohl *Rennen/Caliebe*, Rdn. 88.
[267] LSG Baden-Württemberg RBeistand 1995, 61.
[268] *Rennen/Caliebe*, Rdn. 89 m. w. N.
[269] Vgl. zur Berufsausübung und Berufszulassung des Versicherungsberaters, *Hoechstetter* RBeistand 1994, 4 ff.
[270] OLG Celle DJ 1938, 604 f.; *Rennen/Caliebe*, Rdn. 98; *Erbs/Kohlhaas/Senge*, Rdn. 34.

§ 5.[271] Bis zur Änderung des RBerG durch das 5. BRAGOÄndG vom 18. 8. 1980 war dementsprechend anerkannt, daß auch die Versicherungsberatung der Erlaubnispflicht nach § 1 unterliegt.[272] Problematisch wurde die Rechtslage erst, als der Gesetzgeber bei der Neuregelung der Berufstätigkeit der Rechtsbeistände im Jahre 1980 die Vollerlaubnis zur Rechtsberatung abschaffte und die Erteilung einer Teilerlaubnis auf einige wenige Rechtsgebiete beschränkte, ohne dabei die Versicherungsberatung als erlaubnisfähigen Sachbereich vorzusehen. Diese Regelung verstieß jedoch gegen Art. 12 Abs. 1 und – wegen unzulässiger Ungleichbehandlung mit den weiterhin zugelassenen Berufen – gegen Art. 3 Abs. 1 GG und wurde daher vom *BVerfG* für verfassungswidrig erklärt.[273] Dem Beschluß des *BVerfG* hat der Gesetzgeber Rechnung getragen, indem er durch Art. 3 des Gesetzes zur Änderung des Berufsrechts der Rechtsanwälte und der Patentanwälte vom 13. 12. 1989[274] die Versicherungsberatung als Nr. 2 in den Katalog der **erlaubnisfähigen** Sachgebiete aufgenommen und den Versicherungsberatern damit die Möglichkeit gegeben hat, eine Teilerlaubnis zur Rechtsbesorgung zu erlangen.

71 Die demnach auch weiterhin zulässige Tätigkeit als Versicherungsberater ist ein traditioneller Beruf, dem angesichts der expandierenden Versicherungswirtschaft steigende Bedeutung zukommt.[275] Er ist dadurch gekennzeichnet, daß der Versicherungsberater ohne Interessenbindung an die Versicherungswirtschaft eine an den individuellen Bedürfnissen des Einzelnen ausgerichtete, objektive und neutrale Rechtsberatung erteilt, die auf Herstellung des bestmöglichen Versicherungsschutzes gerichtet ist.[276] Die Vermittlung von Versicherungsverträgen gehört nicht zu seinen Aufgaben (dazu sogleich). Der Versicherungsberater erfüllt eine Aufgabe, die in dieser Form weder von Rechtsanwälten noch von anderen Berufsgruppen ausreichend wahrgenommen werden kann.[277] Zum Berufsbild des Versicherungsberaters gehört die **Beratung** und **außergerichtliche Vertretung** von Dritten gegenüber Versicherern bei der Vereinbarung, Änderung oder Prüfung von Versicherungsverträgen sowie bei der Wahrnehmung von Ansprüchen aus dem Versicherungsvertrag im Versicherungsfall.[278] Die Aufspaltung der Tätigkeitsbeschreibung in Nr. 2 a und 2 b erfolgte erst durch den *Rechtsausschuß* des *Bundestages,* der insoweit den Gesetzentwurf der *Bundesregierung*[279] modifizierte; mit der Trennung sollte zum Ausdruck gebracht werden, daß der Versicherungsberater in beiden Fällen nur beraten und außergerichtlich vertreten darf.[280] Daraus ergibt sich zugleich, daß der Gesetzgeber nicht zwei selbständige, nebeneinander stehende Teilerlaubnisse schaffen, sondern lediglich den Umfang der einen Teilerlaubnis klarer formulieren wollte.[281] Die Beschränkung der Teilerlaubnis auf

---

[271] BVerfGE 75, 284 (299) = NJW 1988, 543; OLG Celle DJ 1938, 604 (605); vgl. auch *Rennen/Caliebe,* Rdn. 98; *Erbs/Kohlhaas/Senge,* Rdn. 34.
[272] Vgl. die Allgemeinverfügungen des Reichsministers der Justiz vom 5. 7. 1938 (DJ 1938, 1114) und vom 13. 7. 1940 (DJ 1940, 823).
[273] BVerfGE 75, 284 ff. = NJW 1988, 543.
[274] BGBl. I, S. 2135, 2147.
[275] BVerfGE 75, 284 (300) = NJW 1988, 543; *Rennen/Caliebe,* Rdn. 53.
[276] *Rennen/Caliebe,* Rdn. 98; vgl. auch BVerfGE 75, 284 (295) = NJW 1988, 543.
[277] BVerfGE 75, 284 (300) = NJW 1988, 543; *Rennen/Caliebe,* Rdn. 53.
[278] Vgl. demgegenüber die leicht abweichende Beschreibung des Reichsministers der Justiz in seiner Allgemeinverfügung vom 5. 7. 1938 (DJ 1938, 1114), auf die auch das BVerfG Bezug genommen hat.
[279] Vgl. BT-Drucks. 11/3253, S. 15.
[280] BT-Drucks. 11/5264, S. 35.
[281] *Rennen/Caliebe,* Rdn. 101.

einen der beiden Bereiche (also entweder auf Nr. 2 a oder auf Nr. 2 b) ist daher nicht zulässig.[282]

Der Gesetzesgeschichte läßt sich ferner entnehmen, daß der Gesetzgeber die Befugnisse des Versicherungsberaters gegenüber dem traditionellen Berufsbild nicht erweitern wollte.[283] Mit der Erlaubnis ist dem Versicherungsberater daher nur die Vertretung der Rechte des Versicherungsnehmers gegen das Versicherungsunternehmen gestattet. Dagegen ist es ihm verwehrt, Schadensersatzansprüche gegen den Versicherer eines Dritten außergerichtlich geltend zu machen[284] sowie Ansprüche, die gegen seinen Auftraggeber gerichtet und durch Versicherungen abgedeckt sind, abzuwehren.[285] Denn dabei wahrt der Versicherungsberater nicht mehr die Interessen des Versicherten gegenüber dem Versicherer, sondern gegenüber einem außenstehenden Dritten.[286] Aus dem traditionellen Berufsbild ergibt sich weiterhin, daß der Versicherungsberater im Versicherungsfall Ansprüche nur für einen ständig von ihm betreuten Mandanten wahrnehmen kann.[287] Unerheblich ist dagegen, ob bereits der Versicherungsvertrag unter Beteiligung des Versicherungsberaters zustande gekommen ist.[288]

Nicht zum Berufsbild des Versicherungsberaters gehört die Vermittlung von Versicherungsverträgen;[289] denn der Versicherungsberater ist selbständig und unabhängig, und jede Form der Vermittlung von Versicherungsverträgen ist ihm traditionell verboten.[290] Er unterscheidet sich dadurch von den Versicherungsagenten, den Versicherungsvertretern und Versicherungsmaklern, die im Interesse derjenigen Versicherungsunternehmen tätig werden, deren Versicherungen sie vermitteln; der Versicherungsberater kann wegen des Fehlens jeglicher Interessenbindung an ein Versicherungsunternehmen objektiv und neutral beraten. Die von ihm zu erwartende Leistung besteht in einer uneigennützigen, d. h. von Eigeninteressen unbeeinflußten Beratung in Versicherungsfragen.[291] Die Tätigkeiten als Versicherungsberater und als Versicherungsmakler schließen sich wegen der unausweichlichen Interessenkollision gegenseitig aus. Daher kann Personen, die Versicherungen vermitteln, niemals die Erlaubnis nach Nr. 2 erteilt werden,[292] auch nicht etwa beschränkt auf den Bereich der Nr. 2. b).[293] Versicherungsmakler dürfen ihre Kunden allerdings nach § 5 Nr. 1 ohnehin in allen Fragen beraten,

---

[282] *Rennen/Caliebe*, 1. AVO § 2 Rdn. 9.
[283] Vgl. *Rennen/Caliebe*, Rdn. 100; *Altenhoff/Busch/Chemnitz*, Rdn. 251 ff.
[284] *Altenhoff/Busch/Chemnitz*, Rdn. 254.
[285] *Altenhoff/Busch/Chemnitz*, Rdn. 254; *Erbs/Kohlhaas/Senge*, Rdn. 34.
[286] Vgl. OLG Düsseldorf NJW-RR 1991, 115 (116) = MDR 1991, 64; *Rennen/Caliebe*, Rdn. 100.
[287] Vgl. die Beschreibung des Reichsministers der Justiz in seiner Allgemeinverfügung vom 5. 7. 1938 (DJ 1938, 1114); ebenso *Altenhoff/Busch/Chemnitz*, Rdn. 254.
[288] *Rennen/Caliebe*, Rdn. 100.
[289] Vgl. den Bescheid des LG-Präsidenten Nürnberg-Fürth vom 10. 12. 1990 sowie das Rundschreiben des Gesamtverbandes der Deutschen Versicherungswirtschaft e. V. vom 16. 5. 1990, beide abgedruckt in AnwBl. 1992, 226; *Erbs/Kohlhaas/Senge*, Rdn. 34; vgl. auch *Zierke* MDR 1989, 780.
[290] Vgl. die Allgemeinverfügungen des Reichsministers der Justiz vom 5. 7. 1938 (DJ 1938, 1114) und vom 13. 7. 1940 (DJ 1940, 823).
[291] Rundschreiben des Gesamtverbandes der Deutschen Versicherungswirtschaft e. V. vom 16. 5. 1990 AnwBl. 1992, 226.
[292] *Erbs/Kohlhaas/Senge*, Rdn. 34; vgl. auch die Allgemeinverfügung des Justizministers von Baden-Württemberg vom 30. 9. 1991, Justiz 1991, 492, sowie den Bescheid des LG-Präsidenten Nürnberg-Fürth vom 10. 12. 1990, AnwBl. 1992, 226.
[293] *Rennen/Caliebe*, 1. AVO § 2 Rdn. 9 ff., 1. AVO § 8 Rdn. 14 ff.

die in unmittelbarem Zusammenhang mit der Vermittlungstätigkeit stehen; insofern ist die Beratung nur eine bloße Nebentätigkeit.[294]

74 Vom Versicherungsberater zu unterscheiden ist auch der **Rechtsbeistand für privates Versicherungsrecht** auf der Grundlage des alten Rechts, der sich vorwiegend mit haftungsrechtlichen Auseinandersetzungen und der Abwicklung von Schadensfällen befaßte. Seine Befugnisse waren nicht auf die außergerichtliche Beratung eines festen Kundenstamms beschränkt, sondern er konnte aus Anlaß eines Versicherungsfalls jederzeit für einen neuen Mandanten außergerichtlich und gerichtlich tätig werden.[295]

3. Frachtprüfer (Nr. 3)

75 Das sind nach der Definition der 4. AVO Personen und Unternehmen, denen die Erlaubnis lediglich für die Prüfung von Frachtrechnungen und die Verfolgung der sich hierbei ergebenden Frachterstattungsansprüche erteilt ist. Sie sind nicht zu verwechseln mit den Frachtprüfstellen, die nach § 58 Abs. 2 GüKG mit der Vorlage von Unterlagen an die Bundesanstalt für den Güterfernverkehr beauftragt werden können und die der Zulassung durch die Bundesanstalt bedürfen.[296] Frachtprüfer brauchen nur dann keine Erlaubnis nach dem RBerG, wenn sie sich lediglich im rein wirtschaftlich-technischen Bereich betätigen, etwa die Frachtrechnung allein auf ihre rechnerische Richtigkeit überprüfen.[297] Regelmäßig betreiben sie jedoch Rechtsberatung, insbesondere wenn sie die Grundlagen der Rechnungen kontrollieren oder Ansprüche aus unrichtigen Rechnungen verfolgen;[298] ihre Tätigkeit ist daher erlaubnispflichtig. Dies gilt auch dann, wenn sie nur sog. Unterschiedsberechnungen durchführen, d. h. die Frachtrechnungen prüfen und das Ergebnis dem Kunden mitteilen, die Geltendmachung etwaiger Ersatzansprüche diesem aber selbst überlassen; denn durch die Erstellung der Unterschiedsberechnung verschaffen die Frachtprüfer dem Kunden jedenfalls die Grundlage für seine künftige Rechtsverfolgung.[299]

76 Streitig ist, ob die dem Frachtprüfer gegebene **Teilerlaubnis sich lediglich** auf die Besorgung von Rechtsangelegenheiten im Bereich staatlich festgesetzter (zwingender) Frachttarife beschränkt, wie sie etwa in §§ 20, 22 GÜKG, 6 EVO festgelegt sind,[300] oder ob sie sich auch auf die Prüfung von Frachtrechnungen erstreckt, denen frei zu vereinbarende, nicht tarifgebundene Frachtentgelte für Leistungen der Frachtführer und Spediteure zugrunde liegen.[301] Die Frage wird im letzteren Sinn zu entscheiden sein. Zwar ist es richtig, daß der Frachtprüfer seine berufliche Prägung und seine Sonderstellung historisch den Schwierigkeiten verdankt, die sich aus der Vielzahl der im Bereich des Gütertransports gegebenen zwingenden Tarifen früher ergaben.[302] Nach dem Abbau staatlich geregelter Tarife hat sich der Tätigkeitsbereich der Frachtprüfer insoweit jedoch grundle-

---

[294] *Erbs/Kohlhaas/Senge*, Rdn. 34, § 5 Rdn. 23.
[295] BVerfGE 75, 284 (286 f.) = NJW 1988, 543; *Rennen/Caliebe*, Rdn. 102.
[296] *Rennen/Caliebe*, Rdn. 94; *Erbs/Kohlhaas/Senge*, Rdn. 35; *Schiller* TranspR 1985, 32.
[297] Weitere Beispiele bei *Rennen/Caliebe*, Rdn. 92.
[298] *Rennen/Caliebe*, Rdn. 92.
[299] KG DJ 1938, 384; *Rennen/Caliebe*, Rdn. 54; *Erbs/Kohlhaas/Senge*, Rdn. 35; *Schorn*, Die Rechtsberatung, S. 99.
[300] So BGH TranspR 1985, 29 (31) mit zustimmender Anm. *Schiller;* OLG Braunschweig BB 1984, 1515 (1516) = TranspR 1985, 33 (34); OLG Karlsruhe TranspR 1985, 34 (36 f.).
[301] So nunmehr auch BGH NJW 1992, 838 (839); *Rennen/Caliebe*, Rdn. 92; *Erbs/Kohlhaas/Senge*, Rdn. 35.
[302] BGH NJW 1992, 838 (839); BGH TranspR 1985, 29 (31); *Schiller* TranspR 1985, 32.

gend gewandelt.³⁰³ Da der Wortlaut der Nr. 3 für eine Beschränkung der Erlaubnis auf ein Tätigwerden bei Verträgen mit zwingenden Tarifen keinerlei Anhalt bietet, ist dieser Rechtsentwicklung durch eine entsprechende Auslegung Rechnung zu tragen. Zu beachten bleibt allerdings, daß die Teilerlaubnis nach der eindeutigen Gesetzesformulierung nur solche Tätigkeiten deckt, die die Prüfung von Frachtrechnungen und die Verfolgung der sich hierbei ergebenden Frachterstattungsansprüche mit sich bringt.³⁰⁴

4. Vereidigte Versteigerer (Nr. 4)

Das sind gewerbliche Unternehmer nach § 34 b GewO.³⁰⁵ Ihre Tätigkeit bringt häufig die Besorgung fremder Rechtsangelegenheiten auf den Gebieten des bürgerlichen Rechts, insbesondere des Sachenrechts, mit sich.³⁰⁶ Angesichts der ausdrücklichen Nennung im Katalog des § 1 wird man entgegen einer in der Literatur vertretenen Auffassung³⁰⁷ **nicht davon ausgehen können,** daß die vereidigten Versteigerer diese Angelegenheiten **auch ohne die Teilerlaubnis** besorgen dürfen. § 5 Nr. 1, der es den gewerblichen Unternehmern gestattet, für ihre Kunden die Rechtsangelegenheiten zu erledigen, die mit dem konkreten Geschäft in unmittelbarem Zusammenhang stehen, wird insoweit durch Nr. 4 überlagert. Aus Nr. 4 ergibt sich daher auch der Umfang der Erlaubnis; danach ist der vereidigte Versteigerer aufgrund der ihm gewährten Teilerlaubnis zur Besorgung fremder Rechtsangelegenheiten befugt, soweit es für die Wahrnehmung der Aufgaben als Versteigerer erforderlich ist.

5. Inkassobüros (Nr. 5)

Sie sind nach der Definition in S. 1 der 3. AVO Personen und Unternehmen, denen die Erlaubnis für die außergerichtliche Einziehung von Forderungen erteilt ist.³⁰⁸ Sie haben im Wirtschaftsleben eine erhebliche Bedeutung erlangt.³⁰⁹ Die außergerichtliche Einziehung von Forderungen durch Inkassobüros ist auch nach der Änderung des RBerG durch das 5. BRAGOÄndG vom 18. 8. 1980 als **erlaubnisfähiger Sachbereich vorgesehen.** Die Erlaubnis kann konzernabhängigen Inkassounternehmen, die nur Forderungen der Konzernmutter einziehen, nicht erteilt werden, weil sie keine fremden Rechtsangelegenheiten besorgen und weil sie nicht geschäftsmäßig handeln.³¹⁰

---

³⁰³ *Rennen/Caliebe,* Rdn. 93; a. A. OLG Braunschweig BB 1984, 1515 (1516) = TranspR 1985, 33 (34).
³⁰⁴ BGH NJW 1992, 838 (839); kritisch zu den daraus folgenden Differenzierungen *Rennen/Caliebe,* Rdn. 92 f.; zur Frage, welche Tätigkeiten dazu gehören, vgl. auch OLG Düsseldorf WRP 1977, 102 (104).
³⁰⁵ Laut Gesetzesbegründung gibt es sie vor allem in Teilen Niedersachsens; vgl. BT-Drucks. 8/4277, S. 22.
³⁰⁶ Vgl. BT-Drucks. 8/4277, S. 22; *Rennen/Caliebe,* Rdn. 55; *Erbs/Kohlhaas/Senge,* Rdn. 36.
³⁰⁷ *Altenhoff/Busch/Chemnitz,* Rdn. 256, 564.
³⁰⁸ Vgl. zu den zivilrechtlichen Rahmenbedingungen für die Tätigkeit der Inkassounternehmen, *Rieble* DB 1995, 195.
³⁰⁹ Ausweislich der Gesetzesmaterialien haben sich die Inkassounternehmen vor allem auf dem Gebiet der Beitreibung ausgeklagter Forderungen für die Wirtschaft als unentbehrlich erwiesen; vgl. BT-Drucks. 8/4277, S. 22. Das erscheint angesichts der Tatsache, daß sich eine Reihe von Anwälten auf die außergerichtliche Forderungseinziehung spezialisiert haben, durchaus zweifelhaft (vgl. *Rieble* DB 1995, 195 Fn. 1).
³¹⁰ *Michalski* ZIP 1994, 1501 (1505 ff.).

79 **a) Zulässig.** Die Inkassoerlaubnis nach Nr. 5 berechtigt zu allen im Zusammenhang mit der außergerichtlichen Einziehung anfallenden rechtsbesorgenden Tätigkeiten.[311] Erlaubt sind insbesondere auch die rechtliche Beratung des Auftraggebers hinsichtlich der Forderungseinziehung – etwa zur Frage der Verjährung der Forderung[312] –, die Anfertigung von Mahnschreiben, die Einholung von Auskünften aus dem Schuldnerverzeichnis, im Zwangsvollstreckungsverfahren die Beauftragung des Gerichtsvollziehers und schließlich die Überwachung von zeitweilig uneinbringlichen Forderungen als Voraussetzung für neue Einziehungsmaßnahmen.[313] „Einziehung" im Sinne dieser Vorschrift ist sowohl die Einziehung fremder Forderungen als auch die Einziehung von zu Einziehungszwecken abgetretenen (eigenen) Forderungen auf fremde Rechnung. **Darüber hinaus** umfaßt die Inkassoerlaubnis nach zutreffender Ansicht stets auch die Befugnis zum geschäftsmäßigen Erwerb von Forderungen zum Zwecke der Einziehung auf eigene Rechnung, der nach § 1 Abs. 1 der 5. AVO dem Erlaubniszwang unterliegt.[314] Die Gegenmeinung, nach der insoweit eine zusätzliche Erlaubnis erforderlich ist, die allerdings regelmäßig gemeinsam mit der Inkassoerlaubnis nach Nr. 5 erteilt werden soll,[315] wird der heutigen Gesetzesfassung nicht gerecht. Denn seit 1980 sind die möglichen Teilerlaubnisse in Absatz 1 Satz 2 abschließend aufgezählt, und der erlaubnispflichtige Forderungserwerb zum Zwecke der Einziehung auf eigene Rechnung läßt sich allein unter Nr. 5 subsumieren. Zudem ist zu berücksichtigen, daß § 1 Abs. 1 der 5. AVO eigentlich die Besorgung einer eigenen Rechtsangelegenheit betrifft und diese nur deshalb dem RBerG unterwirft, um eine Umgehung der Erlaubnispflicht zu verhindern. Diesem Schutzzweck wird eine einheitliche Teilerlaubnis für alle drei Inkassotätigkeiten gerecht.[316]

80 **b) Unzulässig.** Nicht von der Inkassoerlaubnis gedeckt ist jede Rechtsberatung und Rechtsbesorgung, die nicht notwendig bei der außergerichtlichen Einziehung einer Forderung anfällt. So ist es einem Inkassounternehmen nicht erlaubt, den Gläubiger darüber zu beraten, ob und nach welchen rechtlichen Gesichtspunkten und in welcher Höhe ihm überhaupt eine Forderung zusteht.[317] Es darf nicht versuchen, eine zweifelhafte, nach Grund und Höhe **bestrittene Forderung** mit juristischen Argumenten **durchzusetzen,** und mit dem Schuldner über die Höhe der Forderung sowie die von ihm erhobenen Einwendungen verhandeln.[318] Ein Inkassounternehmen ist ferner nicht befugt, geschäftsmäßig für seine Auftraggeber Anträge auf Strafverfolgung zu stellen,[319] Hilfe bei der Einzie-

---

[311] *Rennen/Caliebe*, Rdn. 78.
[312] *Rieble* DB 1995, 195 (198).
[313] Vgl. die Allgemeinverfügung des Reichsministers der Justiz vom 13. 7. 1940 (DJ 1940, 823 f.); *Rennen/Caliebe*, Rdn. 79; *Altenhoff/Busch/Chemnitz*, Rdn. 257; *Schorn*, Die Rechtsberatung, S. 117; *Seitz/Benninghaus/Mosiek*, Inkasso-Handbuch, Rdn. 403.
[314] So *Rennen/Caliebe*, Rdn. 56; Behr BB 1990, 795 (798); wohl auch *Seitz/Benninghaus/Mosiek*, Inkasso-Handbuch, Rdn. 362, 402.
[315] *Altenhoff/Busch/Chemnitz*, Rdn. 260.
[316] Vgl. auch *Rennen/Caliebe*, Rdn. 80; *Behr* BB 1990, 795 (798).
[317] OLG München OLGZ 1991, 324 (325); Stellungnahme des Fachausschusses Rechtsberatungsmißbrauch des DAV AnwBl. 1965, 75.
[318] OLG München OLGZ 1991, 324 (325); *Rennen/Caliebe*, Rdn. 79; *Altenhoff/Busch/Chemnitz*, Rdn. 258; Stellungnahme des Fachausschusses Rechtsberatungsmißbrauch des DAV, AnwBl. 1965, 75.
[319] BVerwG DÖV 1990, 669; OVG Münster AnwBl. 1990, 103 f.; *Altenhoff/Busch/Chemnitz*, Rdn. 258; *Erbs/Kohlhaas/Senge*, Rdn. 37; ebenso wohl *Rennen/Caliebe*, Rdn. 86.

hung von Steuererstattungsansprüchen zu leisten³²⁰ oder einen Anwalt mit dem Stellen von Konkursanträgen zu beauftragen.³²¹ Da die Teilerlaubnis nach dem Gesetzeswortlaut ausdrücklich auf die außergerichtliche Einziehung von Forderungen beschränkt ist,³²² ist es den Inkassobüros verwehrt, ein gerichtliches Verfahren in Gang zu setzen und – wenn auch nur schriftsätzlich – zu betreiben. Sie dürfen daher weder das Mahnverfahren einleiten noch eine Klage erheben.³²³ Diese Beschränkungen gelten auch, wenn sich die Notwendigkeit eines Prozesses erst anläßlich der Zwangsvollstreckung ergibt, wie etwa bei einer Interventionsklage.³²⁴ Die Inkassoerlaubnis umfaßt daher auch nicht das Einlegen von Erinnerungen gegen die Tätigkeit des Gerichtsvollziehers sowie die Stellung eines Antrags beim Vollstreckungsgericht auf Abgabe der Offenbarungsversicherung, auf Erlaß eines Pfändungs- und Überweisungsbeschlusses oder auf Anordnung der Zwangsversteigerung oder Zwangsverwaltung.³²⁵

c) **Einschaltung eines Rechtsanwalts.** Äußerst streitig ist, ob die Beschränkung der Inkassoerlaubnis auf den außergerichtlichen Forderungseinzug ein generelles Verbot der Inanspruchnahme gerichtlicher Hilfe enthält, das den Inkassounternehmen den Verkehr mit den Gerichten auch bei Einschaltung eines Rechtsanwalts verbietet. Nach einer Meinung verstößt ein Inkassobüro auch dann gegen das RBerG, wenn es die einzuziehende Forderung durch einen zugelassenen Anwalt einklagen läßt.³²⁶ Ihr steht die Auffassung gegenüber, wonach den Inkassobüros der Verkehr mit den Gerichten nur insoweit verboten ist, als sie persönlich vor ihnen auftreten.³²⁷ Diese Auffassung argumentiert, ein generelles Verbot der Inanspruchnahme gerichtlicher Hilfe begegne verfassungsrechtlichen

---

³²⁰ BFHE 138, 297 (301); *Erbs/Kohlhaas/Senge*, Rdn. 37.
³²¹ BVerwG NJW 1991, 58 (59) = DB 1990, 2160; OVG Münster AnwBl. 1990, 104 f.; *Altenhoff/Busch/Chemnitz*, Rdn. 258; ebenso wohl *Rennen/Caliebe*, Rdn. 82 und 86.
³²² Etwas anderes gilt für die Vollerlaubnis als Rechtsbeistand aufgrund der bis 1980 geltenden Fassung des § 1; sie berechtigt auch zur gerichtlichen Forderungseinziehung in den Grenzen des § 157 ZPO; *Altenhoff/Busch/Chemnitz*, Rdn. 257; *Erbs/Kohlhaas/Senge*, Rdn. 37.
³²³ *Altenhoff/Busch/Chemnitz*, Rdn. 258; *Schorn*, Die Rechtsberatung, S. 117.
³²⁴ *Altenhoff/Busch/Chemnitz*, Rdn. 258; *Schorn*, Die Rechtsberatung, S. 117.
³²⁵ *Rennen/Caliebe*, Rdn. 82; *Altenhoff/Busch/Chemnitz*, Rdn. 258; *Schorn*, Die Rechtsberatung, S. 117; Allgemeinverfügung des Reichsministers der Justiz vom 13. 7. 1940 (DJ 1940, 823 f.).
³²⁶ BVerwG NJW 1991, 58 = DB 1990, 2160 (auch dann, wenn der Rechtsanwalt im Namen der Mandanten beauftragt wurde); OLG Köln MDR 1991, 1085 (1086 f.) mit ablehnender Anm. *Mittag* = VersR 1991, 1076 = Rbeistand 1992, 22; OLG Karlsruhe WRP 1987, 640 (641) = MDR 1987, 787; OLG Nürnberg NJW-RR 1990, 1261; LG Berlin (51. Zivilkammer) NJW-RR 1988, 1313 (1314) = MDR 1988, 861; LG Berlin (55. Zivilkammer) NJW-RR 1988, 1313; OVG Münster AnwBl. 1990, 104 (105); AG Kassel NJW-RR 1990, 1259 (1260); *Altenhoff/Busch/Chemnitz*, Rdn. 258; *Erbs/Kohlhaas/Senge*, Rdn. 37; *Rieble* DB 1995, 195 (198); AG Reutlingen NJW-RR 1994, 241 (242) = WM 1994, 1001.
³²⁷ BGH NJW 1996, 393 = MDR 1996, 194; KG NJW-RR 1990, 429 = MDR 1990, 830; OLG Hamm MDR 1992, 1187; OLG Zweibrücken RBeistand 1992, 21; OLG Bamberg RBeistand 1992, 22; OLG Köln RBeistand 1994, 56; LG Köln NJW-RR 1990, 1260 f. = DB 1990, 2161; LG Dortmund MDR 1989, 749 f.; LG Berlin (52. Zivilkammer) MDR 1989, 467; *Klinger* NJW 1993, 3165; *Caliebe* NJW 1991, 1721; *Lehmann* ZIP 1989, 351; *Behr* BB 1990, 795 (799 f.); *Rennen/Caliebe*, Rdn. 83 ff. m. w. N.; vgl. auch AG Kassel WM 1992, 371 (372), allerdings wohl im Hinblick auf eine Fehlinterpretation von BGH WM 1991, 1401 = MDR 1991, 1088. Vgl. zur Problematik auch *Hoechstetter* Rbeistand 1992, 4 ff.

Bedenken und sei weder durch den Gesetzeswortlaut noch durch historische Aspekte oder die Regelungszwecke des RBerG geboten.[328] Historisch knüpfe die Vorschrift der Nr. 5 an den Rechtszustand an, wie er vor der Neufassung des RBerG im Jahre 1980 bestanden habe. Damals sei eine gerichtliche Tätigkeit der Inkassobüros unter Einschaltung eines Rechtsanwalts aber unzweifelhaft möglich gewesen. An dieser Rechtslage habe der Gesetzgeber durch die gesetzliche Kodifizierung der Inkassoerlaubnis nichts ändern wollen.[329] Im übrigen seien auch die Regelungszwecke des RBerG nicht tangiert: der Schutz der Rechtsuchenden nicht, da der Inkassounternehmer durch die gerichtlichen Aktivitäten keinen größeren Einfluß auf den Bestand der Forderung nehmen könne als außerhalb eines Prozesses, der Schutz der Rechtspflege nicht, da die fehlende Sachkunde der Inkassounternehmer im verfahrensrechtlichen Bereich durch die Einschaltung der Rechtsanwälte ersetzt werde, und der Schutz der Anwaltschaft nicht, da ein Anwalt ja stets in Anspruch genommen werden müsse.[330] Ohne drohende Beeinträchtigung von Gemeinwohlbelangen sei ein Eingriff in die Berufsfreiheit der Inkassobüros aber nicht möglich.[331]

82 Diese Argumentation **überzeugt nicht.** Bereits der Gesetzeswortlaut spricht deutlich für die strengere Auslegung. Wenn eine Forderung eingeklagt wird, dann handelt es sich nicht mehr um eine außergerichtliche Einziehung, sondern um eine gerichtliche Geltendmachung, unabhängig davon, ob ein Rechtsanwalt eingeschaltet wird oder nicht. Die gegen diese Auffassung – und damit gegen den Wortlaut – angeführten Argumente aus der Entstehungsgeschichte und dem Zweck der Vorschrift sind nicht geeignet, ein anderes Ergebnis zu begründen. Dies gilt zunächst für das historische Argument: Insoweit ist nicht entscheidend, ob der Gesetzgeber mit der Formulierung der Nr. 5 (damals Nr. 4) den bis dahin geltenden Rechtszustand ändern wollte. Schon aus der Allgemeinverfügung des *Reichsministers der Justiz* vom 13. 7. 1940,[332] auf die die Gegenmeinung ihre großzügigere Auslegung zurückführt, ergibt sich keineswegs, daß Inkassounternehmer unter Einschaltung eines Rechtsanwalts auch gerichtlich tätig werden durften.[333] In dieser Verfügung wird lediglich gesagt, daß ihnen (bezüglich der gerichtlichen Einziehung der Forderungen) „nur die Informationserteilung an den Prozeßbevollmächtigten erlaubt" sein soll. Das aber sagt nichts darüber aus, wer in dem gerichtlichen Verfahren Partei ist und um wessen Prozeßbevollmächtigten es sich daher handelt. Gerade nach dem vorangegangenen Inhalt der Verfügung liegt es nahe, daß es um Informationen in dem von einem Rechtsanwalt geführten Prozeß des Mandanten geht.[334]

---

[328] BGH NJW 1996, 393 = MDR 1996, 194; *Rennen/Caliebe,* Rdn. 84; *Klinger* NJW 1993, 3165; *Caliebe* NJW 1991, 1721; *Behr* BB 1990, 795 (799 f.).
[329] BGH NJW 1996, 393 = MDR 1996, 194; KG NJW-RR 1990, 429 = MDR 1990, 830; *Rennen/Caliebe,* Rdn. 84; *Klinger* NJW 1993, 3165 (3166); *Caliebe* NJW 1991, 1721 (1722); *Behr* BB 1990, 795 (800).
[330] KG NJW-RR 1990, 429 (430) = MDR 1990, 830; LG Berlin MDR 1989, 467; OLG Hamm MDR 1992, 1187; *Rennen/Caliebe,* Rdn. 85; *Klinger* NJW 1993, 3165 (3166 f.); *Caliebe* NJW 1991, 1721 (1722); *Lehmann* ZIP 1989, 351 (355); *Behr* BB 1990, 795 (799).
[331] KG NJW-RR 1990, 429 (430) = MDR 1990, 830; OLG Hamm MDR 1992, 1187; *Rennen/Caliebe,* Rdn. 85; *Caliebe* NJW 1991, 1721 (1722 f.); *Lehmann* ZIP 1989, 351 (355 f.).
[332] DJ 1940, 823 f.
[333] So aber KG NJW-RR 1990, 429 = MDR 1990, 830.
[334] So auch OLG Köln MDR 1991, 1085 (1086) mit ablehnender Anm. *Mittag* = VersR 1991, 1076.

Schließlich trifft es auch nicht zu, daß die Schutzzwecke des RBerG nicht berührt seien, wenn das Inkassounternehmen die Forderung unter Einschaltung eines Rechtsanwalts einklagt. Betroffen ist der Schutz der Rechtsuchenden; denn in deren Interesse soll der Inkassounternehmer weder eine unmittelbare noch eine mittelbare Einflußmöglichkeit auf die gerichtliche Geltendmachung haben,[335] wobei es unerheblich ist, ob der jeweilige Mandant dies als Schutzmaßnahme oder als Beeinträchtigung empfindet.[336] Nach der Wertung des Gesetzgebers besteht ein Bedürfnis der Allgemeinheit, daß die Prozeßführung nicht wesentlich durch ein geschäftliches Interesse beeinflußt und gelenkt wird, das über das Interesse und die Risikobereitschaft des Mandanten einerseits und des Rechtsanwalts andererseits hinausgeht.[337] Im übrigen ist das RBerG ein Berufsordnungsgesetz und kein Prozeßgesetz; berufsrechtlich kommt es aber darauf an, wer der eigentliche **Betreiber und Geschäftsherr des gerichtlichen Verfahrens ist.**[338] Das ist zweifelsohne der als Partei auftretende Inkassounternehmer, dem gegenüber der beauftragte Rechtsanwalt weisungsbefugt ist und der auf das gerichtliche Verfahren daher einen maßgeblichen Einfluß ausübt. Damit würde gerade derjenige den Prozeßablauf für den wirtschaftlich Berechtigten bestimmen, dem die Mitwirkung an der gerichtlichen Geltendmachung nicht gestattet sein soll.[339] Dies widerspricht dem Zweck der Vorschrift. Wie allgemein im Geltungsbereich des RBerG gilt auch hier, daß derjenige, der fremde Rechtsangelegenheiten besorgt, dazu in eigener Person befugt sein muß.[340] Da die strenge Auslegung demnach durch Belange des Gemeinwohls geboten ist, ergeben sich auch in bezug auf Art. 12 GG keine Bedenken. Etwas anderes muß allerdings gelten, wenn – wie beim echten Factoring – nur noch der Inkassounternehmer, nicht aber der ursprüngliche Forderungsinhaber ein rechtliches und wirtschaftliches Interesse an der Forderung hat. In diesem Fall darf der Inkassounternehmer seine Forderung, da die Einziehung keine Besorgung **fremder** Rechtsangelegenheiten ist,[341] durch einen Anwalt einklagen. Insoweit hat der BGH in einer Entscheidung vom 1. 2. 1994[342] zu Recht darauf hingewiesen, daß die gegenteilige Auslegung dazu führen würde, daß die Forderung mit der Abtretung für das Inkassounternehmen unklagbar würde. In allen übrigen Fällen – auch in den Fällen des unechten Factoring – darf der Inkassounternehmer aus den oben genannten Gründen die Forderung auch nicht mit Hilfe eines Anwalts gerichtlich geltend machen. Ggf. muß er die Forderung an den ursprünglichen Inhaber rückabtreten. 83

Nicht im Widerspruch zu der hier vertretenen Auffassung steht eine Entscheidung des *BGH,* nach der das Inkassobüro dann prozeßführungsbefugt ist, wenn ihm auf der Grundlage der Nr. 5 eine Erlaubnis erteilt worden ist, wonach „der informierende Schriftwechsel mit den Prozeßbevollmächtigten in den aus den Inkassoaufträgen erwachsenden Prozessen und sonstigen gerichtlichen Verfahren" 84

---

335 LG Berlin (51. Zivilkammer) NJW-RR 1988, 1313 (1314) = MDR 1988, 861.
336 Darauf stellt aber KG NJW-RR 1990, 429 (430) = MDR 1990, 830, ab.
337 OLG Köln MDR 1991, 1085 (1087) mit ablehnender Anm. *Mittag* = VersR 1991, 1076.
338 BVerwG NJW 1991, 58 = DB 1990, 2160; OVG Münster AnwBl. 1990, 104 (105); *Altenhoff/Busch/Chemnitz,* Rdn. 259; vgl. auch den Fall des OLG Karlsruhe WRP 1991, 40. Zu der Fragestellung, ob es sich um eine berufsrechtliche oder prozeßrechtliche Bestimmung handelt, vgl. auch BGH WM 1991, 1401 = MDR 1991, 1088.
339 LG Berlin (51. Zivilkammer) NJW-RR 1988, 1313 (1314) = MDR 1988, 861; LG Berlin (55. Zivilkammer) NJW-RR 1988, 1313.
340 Vgl. nur *Rennen/Caliebe,* Rdn. 27 m. w. N.
341 Vgl. o. Rdn. 18 und 24.
342 BGH NJW 1994, 997 = MDR 1994, 472 = ZIP 1994, 447 = Rbeistand 1994, 48.

gestattet ist.³⁴³ Der *BGH* hat in dieser Entscheidung ausdrücklich offengelassen, ob eine mit diesem Inhalt erteilte Erlaubnis nach den Vorgaben des RBerG rechtmäßig oder rechtswidrig ist und wie die hier diskutierte Streitfrage zu entscheiden wäre. Er hat vielmehr allein darauf abgestellt, daß die Erlaubnis als Verwaltungsakt mit dem Inhalt wirksam ist, mit dem er bekanntgegeben worden ist. Dieser ergibt sich aus dem objektiven Erklärungswert der Verfügung; er umfaßte nach Ansicht des *BGH* im konkreten Fall auch die gerichtliche Geltendmachung mit Hilfe eines Rechtsanwalts.

6. Rechtskundige in einem ausländischen Recht (Nr. 6 und Abs. 3)

85 Bei der großen Zahl von ausländischen Arbeitnehmern in der Bundesrepublik und der enger werdenden wirtschaftlichen Verflechtung ergibt sich immer häufiger ein Bedürfnis nach rechtlicher Beratung auf dem Gebiet eines ausländischen Rechts. Über die Dienstleistungs- und Niederlassungsfreiheit nach dem EG-Vertrag hinaus ist es daher erforderlich, Personen, die in einem ausländischen Recht ausgebildet sind, die Möglichkeit zum Tätigwerden auf dem Gebiet des ausländischen Rechts zu eröffnen.³⁴⁴ Dies hat der Gesetzgeber getan, indem er die ausländischen Rechte in den Katalog der erlaubnisfähigen Sachbereiche aufgenommen hat. Der Inhaber einer solchen Erlaubnis ist zur Rechtsberatung und Rechtsbesorgung in allen rechtlichen Angelegenheiten befugt, in denen es auf die Kenntnis des ausländischen Rechts ankommt. Ist dem Erlaubnisinhaber eine Erlaubnis für das Recht eines der **Mitgliedstaaten der Europäischen Union** erteilt worden, dann darf er auch auf dem Gebiet des Rechts der Europäischen Gemeinschaften rechtsbesorgend tätig werden. Daß sich nicht jede Teilerlaubnis für ein ausländisches Recht auf das Gemeinschaftsrecht erstreckt, ist nunmehr klargestellt durch das Gesetz vom 30. 8. 1994,³⁴⁵ durch das der Wortlaut der Nr. 6 geändert wurde. Nach dem bisherigen Rechtszustand legte jedenfalls der Gesetzeswortlaut nahe, daß auch den außereuropäischen Erlaubnisinhabern ohne gesonderten Sachkundennachweis gewissermaßen als automatischer Annex zur Rechtsbesorgungsbefugnis im ausländischen Recht die Befugnis zur Rechtsbesorgung auf dem Gebiet des Gemeinschaftsrechts erteilt wurde.³⁴⁶ Nach der Neufassung steht fest, daß das Gemeinschaftsrecht nur dann erfaßt ist, wenn es sich bei dem ihr zugrundeliegenden ausländischen Recht um das **Recht eines Mitgliedstaates** der Europäischen Union handelt. Diese Klarstellung erfolgte im Zuge der Ratifizierung des Übereinkommens zur Errichtung der Welthandelsorganisation einschließlich des allgemeinen Übereinkommens über den Handel mit Dienstleistungen (GATS). Der Gesetzgeber hielt sie im Hinblick darauf für geboten, daß die mit dem Übereinkommen eingegangenen Verpflichtungen sich nur auf die Rechtsberatung im Recht des Herkunftslandes beziehen und das Recht der Europäischen Gemeinschaften ausdrücklich ausnehmen.³⁴⁷

86 Der neue eingefügte Absatz 3 verdeutlicht darüber hinaus, daß die durch die Neufassung beabsichtigte Klarstellung nicht nur für zukünftig zu erteilende,

---

³⁴³ BGH WM 1991, 1401 = MDR 1991, 1088; ebenso OLG Hamm WM 1992, 371.
³⁴⁴ So die offizielle Gesetzesbegründung zu Nr. 6 (früher: Nr. 5); vgl. BT-Drucks. 8/4277, S. 22.
³⁴⁵ BGBl. II, S. 1438.
³⁴⁶ Vgl. die Beschlußempfehlung und den Bericht des Wirtschaftsausschusses des Bundestages; BT-Drucks. 12/8122, S. 7.
³⁴⁷ Vgl. die Begründung des Entwurfs der Bundesregierung; BT-Drucks. 12/7655 (neu), S. 7.

sondern auch für bereits erteilte Erlaubnisse gelten soll.³⁴⁸ Nach dieser Vorschrift ist eine vor Inkrafttreten der Änderung erteilte Erlaubnis nachträglich auf die Rechtsbesorgung auf dem Gebiet des ausländischen Rechts zu beschränken, wenn das zugrundeliegende Recht nicht das Recht eines EU-Mitgliedsstaates ist. Etwas anderes gilt nur, wenn die Erlaubnis zur Rechtsbesorgung auf dem Gebiet des Gemeinschaftsrechts gesondert und aufgrund nachgewiesener Sachkunde erteilt worden ist; eine solche gesonderte Erlaubnis ist nicht zu widerrufen. Die nachträgliche Einschränkung soll also nur die Fälle ergreifen, in denen die Befugnis durch einen außereuropäischen Erlaubnisinhaber automatisch miterworben wurde.

Nr. 6 betrifft nur Fälle, in denen der Rechtskundige eine **Niederlassung im** 87 **Inland** hat; denn der räumliche Geltungsbereich des RBerG beschränkt sich auf das Bundesgebiet. Befindet sich die Niederlassung außerhalb dieses Geltungsbereiches, dann verstößt der Rechtsbesorger selbst dann nicht gegen das RBerG, wenn er in Verfolgung eines ihm erteilten Mandats in das Bundesgebiet einreist.³⁴⁹ Auf im Ausland ansässige Rechtskundige, die von dort aus Rechtsberatung im Inland betreiben, sind die Regeln des deutschen internationalen Anwaltsrechts entsprechend anzuwenden.³⁵⁰

Auch ein ausländischer Rechtsanwalt kann sich eine **Teilerlaubnis** nach Nr. 6 88 erteilen lassen. Die praktische Bedeutung dieser Möglichkeit ist jedoch gering, seitdem der Gesetzgeber die §§ 206, 207 in die BRAO aufgenommen und ihren Anwendungsbereich stufenweise erweitert hat.³⁵¹ Danach sind Anwälte aus den Mitgliedstaaten der Europäischen Union sowie aus den anderen Vertragstaaten des Abkommens über den Europäischen Wirtschaftsraum, die im Inland eine Kanzlei einrichten und in die für den Ort ihrer Niederlassung zuständige Anwaltskammer aufgenommen worden sind, berechtigt, sich unter ihrer heimatlichen Berufsbezeichnung zur Rechtsbesorgung auf dem Gebiet des ausländischen und internationalen Rechts niederzulassen. Für die Angehörigen der Mitgliedstaaten der Welthandelsorganisation gilt entsprechendes, wobei die Befugnis zur Rechtsberatung allerdings auf das Recht des Herkunftsstaates und das Völkerrecht beschränkt ist. Für Anwälte aus anderen Staaten schließlich gilt das Niederlassungsrecht nur dann, wenn die Gegenseitigkeit mit ihrem Herkunftstaat verbürgt ist; die Rechtsberatungsbefugnis beschränkt sich in diesem Fall allein auf das Recht des Herkunftsstaates.

---

§ 2 [Gutachten, Schiedsrichter]

Die Erstattung wissenschaftlich begründeter Gutachten und die Übernahme der Tätigkeit als Schiedsrichter bedürfen der Erlaubnis gemäß § 1 nicht.

---

³⁴⁸ Vgl. die Beschlußempfehlung und den Bericht des Wirtschaftsausschusses des Bundestages; BT-Drucks. 12/8122, S. 7. f.
³⁴⁹ *Altenhoff/Busch/Chemnitz,* Rdn. 261.
³⁵⁰ *Altenhoff/Busch/Chemnitz,* Rdn. 261.
³⁵¹ *Rennen/Caliebe,* Rdn. 97; *Altenhoff/Busch/Chemnitz,* Rdn. 264; vgl. noch zum Rechtszustand vor Einfügung der §§ 206, 207 BRAO *Haack* AnwBl. 1985, 554 (558 f.); *Rabe* AnwBl. 1987, 394 (399 f.); *Cornig* NJW 1989, 1120 (1123 f.).

Übersicht

	Rdn.		Rdn.
I. Anwendungsbereich	1, 2	2. Wissenschaftliche Begründung	5
II. Erstattung wissenschaftlich begründeter Gutachten	3–9	3. Person des Gutachters	7
1. Gutachten	3	III. Tätigkeit als Schiedsrichter	10, 11

I. Anwendungsbereich

1 § 2 enthält eine Ausnahme zu der in § 1 aufgestellten Regel, daß die geschäftsmäßige Besorgung fremder Rechtsangelegenheiten der Erlaubnis bedarf. Erlaubnisfrei ist danach die Erstattung von Gutachten, wenn sie wissenschaftlich begründet sind, sowie die Übernahme der Tätigkeit als Schiedsrichter.

2 Die Vorschrift hat allein rechtswissenschaftliche Gutachten im Auge.[1] Da sie sich an § 1 anschließt und die darin normierte Erlaubnispflicht durchbricht, erlangt sie keine Bedeutung für solche Tätigkeiten, die bereits den Tatbestand des § 1 nicht erfüllen. § 2 betrifft daher nur die geschäftsmäßige Erstattung von Gutachten über einen konkreten Einzelfall. Belehrungen über allgemein interessierende rechtliche Fragen sind dagegen nicht als Besorgung einer fremden Rechtsangelegenheit anzusehen und deshalb schon nach § 1 erlaubnisfrei. Dasselbe gilt für die juristische Vortragstätigkeit sowie das Verfassen juristischer Aufsätze, die vom RBerG ebenfalls nicht erfaßt werden. Dagegen erscheint es nicht richtig, den Anwendungsbereich des § 2 auf solche Gutachten zu beschränken, die im privaten Auftrag erstattet werden.[2]

II. Erstattung wissenschaftlich begründeter Gutachten

1. Gutachten

3 Ein Gutachten i. S. d. § 2 ist die Darlegung des Ergebnisses einer juristischen Prüfung sowie des Weges, auf dem das Ergebnis gewonnen wurde. Diese Darlegung wird regelmäßig schriftlich erfolgen. Das ist aber nicht erforderlich. Auch mündliche Darlegungen reichen aus.[3] Zu welchem Zweck der Auftraggeber das Gutachten verwenden will, ob er sich nur selbst über die Rechtslage informieren will, ob er es zur Stützung seiner Rechtsauffassung bei Gericht bzw. einer Verwaltungsbehörde vorlegen oder es zumindest an seinen Vertrags- oder Prozeßgegner weiterreichen will, ist ohne Belang.[4]

4 Das Gutachten ist von der bloßen **Raterteilung** abzugrenzen. Sowohl im Gutachten, als auch für die Raterteilung wird die Sach- und Rechtslage geprüft. Aufgrund dieser Prüfung werden bestimmte Schlußfolgerungen gezogen, nach denen der Beratene sein Verhalten einrichten kann.[5] Im Unterschied zum Gutachten kommt es bei der Erteilung eines Rates lediglich auf das Ergebnis der juristischen Prüfung und die daraus gezogenen Forderungen an; die zu diesem Zweck angestellten Überlegungen sind nebensächlich. Ein Gutachten enthält hingegen begriffsnotwendig eine Begründung, die es ermöglicht, die Überlegungen des Gutachters nachzuvollziehen und das von ihm festgehaltene Ergebnis auf

---

[1] Allgemeine Meinung; vgl. nur BVerwG NJW 1966, 796 (797).
[2] Vgl. *Rennen/Caliebe*, Rdn. 2; a. A. *Erbs/Kohlhaas/Senge*, Rdn. 1.
[3] *Rennen/Caliebe*, Rdn. 4; *Erbs/Kohlhaas/Senge*, Rdn. 2.
[4] *Rennen/Caliebe*, Rdn. 4; *Erbs/Kohlhaas/Senge*, Rdn. 2.
[5] *Altenhoff/Busch/Chemnitz*, Rdn. 329.

diese Weise zu überprüfen.⁶ Ist der Auftraggeber allein am Ergebnis der juristischen Prüfung und an der darauf basierenden Empfehlung für sein Verhalten interessiert, nicht aber an dem Gedankengang der Untersuchung, so ist stets die Erteilung eines Rates anzunehmen.⁷

2. Wissenschaftliche Begründung

§ 2 setzt eine wissenschaftliche Begründung des Gutachtens voraus. Erforderlich ist daher eine eingehende Auseinandersetzung mit den in Betracht kommenden Aspekten der Rechtslage unter Berücksichtigung der in Rechtsprechung und Literatur vertretenen Meinungen.⁸ **Kennzeichnend** für das wissenschaftliche Gutachten ist seine Objektivität.⁹ Darüber hinaus wird üblicherweise formuliert, die Rechtslage müsse unter Außerachtlassung von Zweckmäßigkeitserwägungen dargestellt werden.¹⁰ Dem ist nur insoweit zuzustimmen, als der Gutachter die aufgeworfenen Rechtsfragen unparteiisch und insoweit ohne Blick auf das für den Auftraggeber zweckmäßigste Ergebnis zu klären hat. Soweit dagegen aus der objektiven Rechtslage Folgerungen gezogen werden können, bringt es schon der konkrete Einzelfallbezug der Gutachten i. S. d. § 2 mit sich, daß dem Auftraggeber die Frage beantwortet werden darf und ggf. muß, wie seine Angelegenheit zweckmäßig zu behandeln ist.¹¹

Für die Wissenschaftlichkeit der Begründung kann es **nicht entscheidend** sein, ob die zu klärende Rechtsfrage für einen Juristen einfach oder schwierig zu beantworten ist; insbesondere ist nicht zu fordern, daß die Frage einen Meinungsstreit auslösen kann oder ausgelöst hat und noch nicht vollständig ausgetragen ist.¹² Maßgeblich ist insoweit allein die Perspektive des Auftraggebers. Soweit die Klärung der Frage ihm Schwierigkeiten bereitet, kann sie Gegenstand eines wissenschaftlich begründeten Gutachtens sein. Diese Voraussetzung wird bei einem Laien in aller Regel gegeben sein, da er, worauf zu Recht hingewiesen wird, juristische Fragen nicht mit der erforderlichen Sicherheit beantworten kann.¹³

3. Person des Gutachters

Der Kreis möglicher Gutachter wird im wesentlichen durch das Erfordernis der wissenschaftlichen Begründung des Gutachtens abgesteckt. Gutachter i. S. des § 2 kann nur eine natürliche Person¹⁴ sein, die aufgrund ihrer Vorbildung befähigt ist, einen bestimmten Vorgang in wissenschaftlicher Arbeitsweise, mit Gründlichkeit und Exaktheit nach streng sachlichen und objektiven Gesichtspunkten systematisch zu untersuchen und in einen sinnvollen Zusammenhang zu bringen.¹⁵ § 2 zielt nach einhelliger Auffassung in erster Linie auf Hochschullehrer und sonstige

---

⁶ *Rennen/Caliebe*, Rdn. 4 f.; *Altenhoff/Busch/Chemnitz*, Rdn. 330 f.; *Erbs/Kohlhaas/Senge*, Rdn. 2 f.; *Oswald* JZ 1952, 632 (633).
⁷ AG Wiesbaden AnwBl. 1962, 51 (52); LG Hamburg MDR 1979, 234.
⁸ OLG Stuttgart AnwBl. 1975, 173 (174); LG Hamburg MDR 1979, 234; *Rennen/Caliebe*, Rdn. 6.
⁹ BFH JZ 1952, 631 (632) m. Anm. *Oswald*; *Erbs/Kohlhaas/Senge*, § 2 Rdn. 2.
¹⁰ OLG Stuttgart AnwBl. 1975, 173 (174); *Oswald* JZ 1952, 632 (633); *Rennen/Caliebe*, Rdn. 6; *Altenhoff/Busch/Chemnitz*, Rdn. 337; *Erbs/Kohlhaas/Senge*, § 2 Rdn. 2 f.
¹¹ Vgl. auch *Schorn*, Die Rechtsberatung, 2. Aufl., 1967, S. 137.
¹² So aber *Schorn*, Die Rechtsberatung, S. 136.
¹³ So zu Recht *Altenhoff/Busch/Chemnitz*, Rdn. 335; vgl. auch *Erbs/Kohlhaas/Senge*, Rdn. 4; *Rennen/Caliebe*, Rdn. 7.
¹⁴ Ein Verein kann nicht Gutachter sein, vgl. AG *Frankfurt* ZIP 1984, 708.
¹⁵ BFH BStBl. 1953 III, 33 (35); *Schorn*, Die Rechtsberatung, S. 136; *Rennen/Caliebe*, Rdn. 7.

akademisch vorgebildete Personen mit speziellen Fachkenntnissen ab. Fraglich ist allerdings, ob eine wissenschaftliche Ausbildung unerläßliche Voraussetzung der erlaubnisfreien Gutachtertätigkeit ist. Die Frage ist zu bejahen.[16] Entgegen einer in der Literatur vertretenen Auffassung kann nicht darauf verzichtet werden, daß der Gutachter seine juristischen Kenntnisse im Rahmen einer akademischen Prüfung nachgewiesen hat.[17] Es reicht daher nicht aus, daß der Gutachter die juristische Vorbildung im Selbststudium erworben hat.[18] Es würde dem Schutzzweck des RBerG, nämlich den Bürger vor einer unzureichenden und nicht sachgemäßen Rechtsberatung zu schützen, widersprechen, wenn jedermann, der nach eigener Einschätzung rechtswissenschaftliche Vorkenntnisse besitzt, Rechtsgutachten fertigen dürfte. Im übrigen müßten, wenn die Erlaubnisfreiheit nicht an eine wissenschaftliche Prüfung angeknüpft wird, jeweils im Einzelfall die juristischen Kenntnisse des Gutachters überprüft werden; das ist ein nicht praktikables Ergebnis.

8 Ohne Belang ist es, ob der Gutachter einer Personengruppe angehört, die Gutachten üblicherweise aus rein wissenschaftlichem Interesse zur Fortbildung des Rechts erstattet,[19] und ob im konkreten Fall aus idealistischen Motiven oder zur Gewinnerzielung gehandelt wird.[20]

9 Bei **Rechtsanwälten** brauchen die allgemeinen Anforderungen des § 2 nicht geprüft zu werden; denn bei ihnen gehört die Erstattung von Gutachten zur Berufstätigkeit, die gemäß § 3 Nr. 2 generell von der Erlaubnispflicht nach dem RBerG ausgenommen ist. Demgegenüber scheiden **Richter** schon im Hinblick auf § 41 Abs. 1 DRiG als mögliche Gutachter aus. Etwas anderes gilt für beamtete Professoren der Rechte oder der politischen Wissenschaften, die zugleich Richter sind; sie dürfen gemäß § 41 Abs. 2 DRiG mit Genehmigung der obersten Dienstbehörde der Gerichtsverwaltung Rechtsgutachten erstatten. Im übrigen unterliegen **Hochschullehrer** nur der Anzeigepflicht des § 52 HRG. Andere **Beamte** bedürfen zur Übernahme jeder Nebentätigkeit und daher auch zur Erstattung von Gutachten der vorherigen Genehmigung ihrer Dienstbehörde (vgl. § 42 BRRG); diese kann durch § 2 keinesfalls ersetzt werden.

III. Tätigkeit als Schiedsrichter

10 Von der Erlaubnispflicht ausdrücklich ausgenommen ist auch die Übernahme der Tätigkeit als Schiedsrichter. Der Schiedsrichter muß keine juristischen Kenntnisse besitzen;[21] es kann vielmehr Schiedsrichter jeder geschäftsfähige Dritte sein. Eine Partei kann niemals Schiedsrichter sein.[22]

11 Die Übernahme der Tätigkeit als Schiedsrichter ist unabhängig davon erlaubnisfrei, ob sie nur für einen bestimmten Einzelfall erfolgt oder ob die ständige Mitgliedschaft in einem institutionellen Schiedsgericht übernommen wird. § 2 erfaßt auch die Tätigkeit in Verbands-, Vereins-, Partei- und in berufsständischen Ehrengerichten.[23]

---

[16] Wie hier wohl *Erbs/Kohlhaas/Senge*, Rdn. 1; a. A. BFH BStBl. 1953 III, 33 (35).
[17] So aber *Altenhoff/Busch/Chemnitz*, Rdn. 336.
[18] So aber *Schorn*, Die Rechtsberatung, S. 136.
[19] A. A. wohl *Erbs/Kohlhaas/Senge*, Rdn. 1; OLG Schleswig SchlHA 1954, 205 (207).
[20] So auch *Erbs/Kohlhaas/Senge*, Rdn. 1; *Altenhoff/Busch/Chemnitz*, Rdn. 341.
[21] *Rennen/Caliebe*, Rdn. 9; *Altenhoff/Busch/Chemnitz*, Rdn. 342; *Erbs/Kohlhaas/Senge*, Rdn. 6.
[22] Vgl. nur *Rosenberg/Schwab/Gottwald*, ZPR, § 173 I u. II.
[23] Vgl. *Schorn*, Die Rechtsberatung, S. 137 f.; *Rennen/Caliebe*, Rdn. 9.

§ 3 [Zulässige Tätigkeiten]
Durch dieses Gesetz werden nicht berührt
1. die Rechtsberatung und Rechtsbetreuung, die von Behörden, ... von Körperschaften des öffentlichen Rechts ... im Rahmen ihrer Zuständigkeit ausgeübt wird;
2. die Berufstätigkeit der Notare und sonstigen Personen, die ein öffentliches Amt ausüben, sowie der Rechtsanwälte, Verwaltungsrechtsräte und Patentanwälte;
3. die Berufstätigkeit der Prozeßagenten (§ 157 Abs. 3 der Zivilprozeßordnung);
4. die Besorgung von Rechtsangelegenheiten auf dem Gebiete des Versorgungswesens durch die in § 48 Abs. 2 des Gesetzes über das Verfahren in Versorgungssachen (Reichsgesetzbl. 1934 I S. 1113) und durch die in § 83 Abs. 2 des Wehrmachtversorgungsgesetzes (Reichsgesetzbl. 1935 I S. 21) bezeichneten Verbände sowie durch Personen, die auf Grund dieser Vorschriften als Bevollmächtigte oder Beistände in Versorgungssachen zugelassen sind;
5. die Besorgung von Rechtsangelegenheiten auf dem Gebiet des Patent-, Gebrauchsmuster-, Topographieschutz- und Markenwesens in den in den §§ 177, 178 und 182 der Patentanwaltsordnung bestimmten Grenzen;
6. die Tätigkeit als Zwangsverwalter, Konkursverwalter oder Nachlaßpfleger sowie die Tätigkeit sonstiger für ähnliche Aufgaben behördlich eingesetzter Personen;
7. die Tätigkeit von Genossenschaften, genossenschaftlichen Prüfungsverbänden und deren Spitzenverbänden sowie von genossenschaftlichen Treuhand- und ähnlichen genossenschaftlichen Stellen, soweit sie im Rahmen ihres Aufgabenbereichs ihre Mitglieder, die ihnen angehörenden genossenschaftlichen Einrichtungen oder die Mitglieder oder Einrichtungen der ihnen angehörenden Genossenschaften betreuen;
8. die außergerichtliche Besorgung von Rechtsangelegenheiten von Verbrauchern durch für ein Bundesland errichtete, mit öffentlichen Mitteln geförderte Verbraucherzentralen im Rahmen ihres Aufgabenbereichs.

Übersicht

	Rdn.		Rdn.
I. Allgemeines	1	III. Tatbestand der Nr. 2	15–24
II. Tatbestand der Nr. 1	2–14	1. Berufstätigkeit der Notare	15
1. Ursprüngliche Fassung	2	2. Berufstätigkeit der Rechtsanwälte	17
2. Anwendungsbereich	3	3. Sonstige Personen, die ein öffentliches Amt ausüben	20–22
3. Behörden	4		
4. Körperschaften	5	4. Verwaltungsrechtsräte	23
5. Handelnde Personen	6	5. Patentanwälte	24
6. Erlaubte Tätigkeit	8	IV. Tatbestände der Nr. 3, 4 und 5	25–27
a) Rechtsberatung und Rechtsbetreuung	8	1. Nr. 3	25
b) Im Rahmen ihrer Zuständigkeit	10	2. Nr. 4	26
c) Einzelfälle	11	3. Nr. 5	27

	Rdn.		Rdn.
V. Tatbestand der Nr. 6	28–40	VI. Tatbestand der Nr. 7	41-48
1. Allgemeines	28	1. Personenkreis	41
2. Der Zwangsverwalter	29	2. Erlaubnisfreie Tätigkeit	44
3. Der Konkursverwalter	30	a) Betreuung	44
4. Der Nachlaßpfleger	31	b) Im Rahmen des Aufgabenbereichs	45
5. Sonstige für ähnliche Aufgaben behördlich eingesetzte Personen	32	3. Empfängerkreis	47
a) Personenkreis	32	a) Mitglieder	47
b) Testamentsvollstrecker	33	b) Mittleres Mitgliedschaftsverhältnis	48
c) Verwalter nach dem WEG	39	VII. Tatbestand der Nr. 8	49–51
d) Liquidatoren	40	1. Verbraucherzentralen	49
		2. Erlaubnisfreie Tätigkeit	50

I. Allgemeines

1 § 3 enthält Ausnahmen von der in § 1 vorgesehenen Erlaubnispflicht zugunsten bestimmter staatlicher Stellen sowie zugunsten bestimmter Personen und Personenmehrheiten. Eine besondere Erlaubnis erschien bei ihnen nicht notwendig, da sie ohnehin einer behördlichen Zulassung bedürfen, unter behördlicher Aufsicht stehen oder als Behörde oder Körperschaft öffentlichen Rechts hoheitlich tätig werden. Die Begründung zum RBerG[1] bezeichnet die Ausnahmen des § 3 als nicht weiter begründungsbedürftig, da es sich um Personen oder Stellen handele, die kraft ihres Amtes oder Berufes zur Rechtsberatung berufen seien. Da es sich bei § 3 um eine Ausnahmevorschrift handelt, ist er eng auszulegen.[2]

II. Tatbestand der Nr. 1

1. Ursprüngliche Fassung

2 Die in Nr. 1 heute nicht mehr mitangegebenen Ausnahmen von der Erlaubnispflicht betrafen die NSDAP. Nr. 1 hatte ursprünglich folgenden Wortlaut: „die Rechtsberatung und Rechtsbetreuung, die von Behörden, von Dienststellen der NSDAP und ihrer Gliederungen, von Körperschaften des öffentlichen Rechts sowie von den der NSDAP angeschlossenen Verbänden im Rahmen ihrer Zuständigkeit ausgeübt wird".[3]

Darunter fielen etwa auch die NS-Rechtsbetreuungsstellen, die an den einzelnen Gerichten eingerichtet wurden. Die Rechtsberatung von **Tageszeitungen** erfolgte aufgrund eines besonderen Abkommens vom 30. 9. 1936 im Rahmen der NS-Rechtsbetreuung. Damit fiel die Rechtsberatung in Zeitschriften während der Zeit des Nationalsozialismus auf dem Umweg über die Rechtsbetreuungsstellen unter die Ausnahme der Nr. 1.[4] Für die heutige Zulässigkeit der Rechtsberatung kann aus dieser zeitweisen Nichtanwendung des RBerG auf Zeitungen jedoch nichts hergeleitet werden, insbesondere hat sich insoweit kein Gewohnheitsrecht gebildet.[5]

---

[1] RStBl. 1935, S. 1528 (1529).
[2] BGH NJW 1974, 1374 (1375).
[3] RStBl. 1935, S. 1526.
[4] Vgl. dazu die Entscheidung des OLG Hamm NJW 1954, 516 ff. m. Anm. *v. Brangsch*; sowie BGH NJW 1956, 591.
[5] OLG Hamm NJW 1954, 516 (518): BGH NJW 1956, 591.

2. Anwendungsbereich

Von der Ausnahme der Nr. 1 werden nur deutsche Körperschaften oder Behörden erfaßt. § 3 enthält keine Ausnahme zugunsten öffentlich-rechtlicher Körperschaften ausländischen Rechts und gestattet ihnen nicht, ihre Landsleute vor deutschen Arbeits- oder Verwaltungsgerichten zu vertreten.[6]

3. Behörden

Nr. 1 enthält nach verbreiteter Auffassung einen selbständig auszulegenden und zu bestimmenden Begriff der Behörde.[7] Es könne nicht die Definition des aus dem Jahre 1976 stammenden und deshalb wesentlich jüngeren § 1 Abs. 4 VwVfG herangezogen werden.[8] § 1 Abs. 4 VwVfG lautet: „Behörde im Sinne dieses Gesetzes ist jede Stelle, die Aufgaben der öffentlichen Verwaltung wahrnimmt." Dieser Vorschrift liegt ein funktionaler Behördenbegriff zugrunde, der vor allem der Abgrenzung der Verwaltung von Gesetzgebung und Rechtsprechung dient.[9] Deshalb ist der dort verwendete Begriff einerseits sehr weit und schließt etwa auch Körperschaften, Anstalten und Stiftungen mit ein, soweit sie verwaltend tätig werden (vgl. § 1 Abs. 1 Nr. 1 VwVfG). Andererseits ist die Rechtsprechung aus dem Behördenbegriff auszuklammern.[10] Der **Behördenbegriff des RBerG** ist nun nach Auffassung von *Rennen/Caliebe*[11] teils enger, teils weiter auszulegen als der Behördenbegriff des § 1 Abs. 4 VwVfG. Anders als die letztgenannte Vorschrift erfasse der Behördenbegriff des § 3 Nr. 1 weder Behörden der Körperschaften des öffentlichen Rechts noch Anstalten und Stiftungen. Eine Begründung für dieses Ergebnis wird nicht gegeben. Vielmehr werden die Anstalten und Stiftungen an anderer Stelle dann doch in den Anwendungsbereich des § 3 einbezogen. Sie seien den Körperschaften gleichzustellen.[12] Dieses zutreffende Ergebnis läßt sich ohne Umweg erreichen, wenn man davon ausgeht, daß die Definition des § 1 Abs. 4 VwVfG auch für § 3 RBerG gilt. Die Definition ist hier allerdings insoweit zu erweitern, als § 3 auch die rechtsprechende Tätigkeit der Gerichte umfaßt.[13] Behörden i. S. d. § 3 sind also Gerichte und alle Stellen, die Aufgaben der öffentlichen Verwaltung wahrnehmen.

4. Körperschaften

Die in § 3 angesprochenen Körperschaften des öffentlichen Rechts sind bereits durch den Behördenbegriff erfaßt. Körperschaften sind durch staatlichen Hoheitsakt geschaffene, rechtsfähige, mitgliedschaftlich verfaßte Organisationen des öffentlichen Rechts, die öffentliche Aufgaben mit i. d. R. hoheitlichen Mitteln unter staatlicher Aufsicht wahrnehmen.[14] Körperschaften des öffentlichen Rechts sind etwa Gemeinden und Gemeindeverbände, Industrie- und Handelskammern, Handwerkskammern, Innungen, Ärzte- und Anwaltskammern, Universitäten und Ortskrankenkassen.

---

[6] Vgl. BayObLG NStZ 1985, 224 f.; vgl. auch *Altenhoff/Busch/Chemnitz*, Rdn. 350.
[7] *Rennen/Caliebe*, Rdn. 2, *Altenhoff/Busch/Chemnitz*, Rdn. 350.
[8] *Rennen/Caliebe*, Rdn. 2, *Altenhoff/Busch/Chemnitz*, Rdn. 350.
[9] Vgl. nur *Maurer*, Allg. Verwaltungsrecht, 9. Aufl. 1994, § 21 Rdn. 32 ff.
[10] Vgl. nur *Maurer*, Allg. Verwaltungsrecht, 9. Aufl. 1994, § 21 Rdn. 32 ff.
[11] *Rennen/Caliebe*, Rdn. 2.
[12] *Rennen/Caliebe*, Rdn. 4.
[13] *Rennen/Caliebe*, Rdn. 2.
[14] Vgl. nur *Maurer*, Allg. Verwaltungsrecht, 9. Aufl. 1994, § 23 Rdn. 37.

5. Handelnde Personen

6 Erlaubt ist die Rechtsberatung der Behörde oder Körperschaft. Erforderlich ist deshalb, daß die Rechtsberatung der Behörde oder Körperschaft zuzurechnen ist. Das ist bei einem Tätigwerden ihrer Bediensteten der Fall, soweit sie nach außen erkennbar für die Behörde oder Körperschaft tätig werden, nicht aber wenn sie die Rechtsberatung außerdienstlich ausüben.

7 Ohne Bedeutung ist, ob es sich um Angestellte oder Beamte der Behörde oder Körperschaft handelt.[15] Ebensowenig ist entscheidend, ob der Bedienstete innerhalb der Behörde zuständig ist, solange seine Tätigkeit nach außen in die Zuständigkeit der Behörde fällt.[16] Das Handeln Dritter ist nur dann von Nr. 1 erfaßt und daher erlaubnisfrei, wenn es innerhalb einer wirksamen Vollmacht und im Namen der Behörde erfolgt, nicht aber, wenn der Dritte Tätigkeiten im eigenen Namen entfaltet.[17]

6. Erlaubte Tätigkeit

8 a) Zulässig sind **Rechtsberatung und Rechtsbetreuung**. Zum Begriff der Rechtsberatung vgl. oben § 1 Rdn. 16. Schwierigkeiten bereitet der Inhalt des Begriffs „Rechtsbetreuung". Nach h. M. ist aus dem Nebeneinander von Rechtsberatung und -betreuung in Nr. 1 zu entnehmen, daß Betreuung eine über die Beratung hinausgehende Unterstützung des Rechtssuchenden zum Inhalt habe, die auch die Interessenvertretung gegenüber Dritten, z. B. eine Inkassotätigkeit miteinschließen könne.[18] Eine Mindermeinung geht hingegen davon aus, sowohl Rechtsberatung als auch Rechtsbetreuung seien Tätigkeiten ohne Außenwirkung. Die Betreuung unterscheide sich von der Beratung ausschließlich dadurch, daß die Initiative bei der betreuenden Stelle und nicht beim Ratempfänger liege. Daher sei den Behörden nur die Rechtsberatung gegenüber dem Ratsuchenden oder Betreuten erlaubt, nicht aber eine weitergehende Rechtsbesorgung vor Gericht erlaubt.[19]

9 Die letztgenannte Auffassung ist abzulehnen. Zu Recht weist der BGH darauf hin, daß sich für diese Auffassung im Rechtsberatungsgesetz keine Anhaltspunkte finden und daß der Wortlaut eher darauf hindeutet, daß Rechtbetreuung auch das Tätigwerden nach außen meint.[20] Im übrigen hat der Gesetzgeber die Tätigkeit der in Nr. 1 genannten Personen dadurch begrenzt, daß sie nur im Rahmen ihrer Zuständigkeit tätig werden dürfen. Diese Einschränkung reicht völlig aus, um dem Schutzzweck des RBerG zu genügen. Eine Beschränkung lediglich auf reine Rechtsberatung ohne Auswirkung würde der Behörde etwa die Möglichkeit nehmen, mit anderen Behörden in Kontakt zu treten. Es erscheint äußerst fraglich, ob die Ausnahme des § 3 Nr. 1 dann noch als sinnvoll anzusehen wäre und ob ihr noch praktische Bedeutung zukäme.

10 b) **Im Rahmen ihrer Zuständigkeit** handelt die Behörde oder Körperschaft dann, wenn die Rechtsberatung bzw. -betreuung in ihren Aufgabenbereich fällt. Soweit die Behörde nicht gesetzlich ausdrücklich ermächtigt ist, rechtsberatend

---

[15] Erbs/Kohlaas/Senge, Rdn. 3; Altenhoff/Busch/Chemnitz, Rdn. 355.
[16] Altenhoff/Busch/Chemnitz, Rdn. 356 f.
[17] VGH Kassel AnwBl. 1969, 408 f.
[18] BVerwGE 5, 74 ff. = DVBl. 1957, 620; BGH NVwZ 1991, 299 m. w. N.; OLG München BRAK-Mitt. 1989, 115; OLG Köln GRUR 1987, 377; Rennen/Caliebe, Rdn. 6.
[19] VGH Kassel AnwBl. 1969, 408 f.; Erbs/Kohlhaas/Senge, Rdn. 2; Altenhoff/Busch/Chemnitz, Rdn. 349.
[20] BGH NVwZ 1991, 298 (300).

tätig zu werden, etwa nach § 25 VwVfG, § 8 BSHG, § 51 JWG, § 73 StVollzG,[21] ist zu entscheiden, ob die Rechtsberatung oder -besorgung noch von der Aufgabenzuweisung an die Behörde oder Körperschaft gedeckt ist. Der Aufgabenbereich ergibt sich aus dem Gesetz.

c) Einzelfälle. aa) Kreishandwerkerschaften. Es ist umstritten, ob sie berechtigt sind, Inkassostellen einzurichten. Gemäß § 87 Nr. 3 HandwO haben Kreishandwerkerschaften die Aufgabe, Einrichtungen zur Förderung und Vertretung der gewerblichen, wirtschaftlichen und sozialen Interessen der Mitglieder der Handwerksinnungen zu schaffen oder zu unterstützen. Bei einer von der Kreishandwerkerschaft unterhaltenen Inkassostelle handelt es sich nach h. M. um eine Einrichtung zur Förderung und Vertretung der wirtschaftlichen Interessen. Dazu gehört nämlich auch die Hilfe bei der Einziehung von Werklohnforderungen. Daß damit Einzelinteressen wahrgenommen werden, steht nicht mit der Zielsetzung der HandwO im Widerspruch und ist auch mit dem Wesen einer öffentlich rechtlichen Körperschaft vereinbar.[22] Demgegenüber wird geltend gemacht, Körperschaften dürften als Teil der staatlichen Verwaltung nur unparteilich handeln, womit die Interessenvertretung einzelner nicht vereinbar sei.[23] Die letztgenannte Auffassung ist abzulehnen. Kreishandwerkerschaften sind aus Zusammenschlüssen zur Vertretung gemeinschaftlicher und individueller Interessen hervorgegangen und sind nur zusätzlich zu ihren Verbandsaufgaben in beschränktem Umfang mit hoheitlichen Funktionen ausgestattet worden.[24] Die historisch überkommene Zuständigkeit zur **Wahrung auch von Einzelinteressen** ist auch mit dem Wesen einer Körperschaft öffentlichen Rechts **vereinbar**, wenn diese Tätigkeit nicht mit der Zielsetzung des Gesetzes, das die öffentliche Körperschaft ins Leben gerufen hat, in Widerspruch steht. Das ist bezüglich der Handwerksordnung nicht der Fall. Sie geht vielmehr erkennbar davon aus, daß die Kreishandwerkerschaften auch individuelle Interessen ihrer Mitglieder wahrnehmen. Würde die Kreishandwerkerschaft ihre öffentlich-rechtliche Stellung dazu einsetzen, auf den Schuldner eines Handwerkers unzulässigerweise Druck auszuüben, so ist dagegen mit den Mitteln der Aufsicht vorzugehen. Die Mißbrauchsgefahr allein rechtfertigt es aber nicht, die Inkassotätigkeit generell zu untersagen.[25]

bb) Gemeinden haben nicht die Aufgabe, einkommensschwachen Bürgern **eine allgemeine Rechtsberatung** zur Verfügung zu stellen.[26] Dies ist gem. § 3 Abs. 1 BerHG vielmehr Aufgabe der Rechtsanwälte und Amtsgerichte.

cc) Träger der Sozialhilfe dürfen allerdings in „Fragen der Sozialhilfe" und in „sonstigen sozialen Angelegenheiten, soweit letztere nicht von anderen Stellen oder Personen wahrzunehmen ist", beraten (§ 8 Abs. 1 u. 2 BSHG). Träger der Sozialhilfe sind nach § 96 die **kreisfreien Städte** und **Landkreise**. Letztere können ggf. die ihnen zugehörigen **Gemeinden** oder **Gemeindeverbände** zur Durchführung ihrer Aufgaben nach den BSHG hinzuziehen. Die Beratung umfaßt nicht nur die Aufklärung über die Rechte und Pflichten nach dem BSHG, sondern auch Hilfeleistung bei der Formulierung von Anträgen und Schriftsätzen,

---

[21] Vgl. *Erbs/Kohlhaas/Senge*, Rdn. 2; *Rennen/Caliebe*, Rdn. 10 ff. zu § 8 BSHG und Rdn. 13 zu § 73 StVollzG.
[22] BGH NVwZ 1991, 298, 299 m. w. N. = MDR 1991, 221; so bereits die Vorinstanz OLG München BRAK-Mitt. 1989, 114 f.; BVerwGE 5, 74 ff. = DVBl. 1957, 620.
[23] *Altenhoff/Busch/Chemnitz*, Rdn. 367 ff. (369); vgl. auch *Erbs/Kohlhaas/Senge*, Rdn. 4.
[24] BGH NVwZ 1991, 298, (299); OLG München BRAK-Mitt. 1989, 114.
[25] BGH NVwZ 1991, 298, (299).
[26] *Altenhoff/Busch/Chemnitz*, Rdn. 361; *Rennen/Caliebe*, Rdn. 8.

nicht aber die Vertretung vor Gericht.²⁷ Zu den „sonstigen sozialen Angelegenheiten" können Fragen aus den unterschiedlichsten Rechtsgebieten gehören, z. B. auch aus dem Arbeits-, Familien- oder Erbrecht.²⁸ Diesbezüglich steht die Beratung aber unter dem Vorbehalt der vorrangigen Zuständigkeit anderer Stellen. Die Abgrenzung zu der Tätigkeit der Rechtsanwälte ist allerdings schwierig. Ein Vorrang der Beratungshilfe durch Anwälte kann nicht angenommen werden, da § 1 Abs. 1 Nr. 2 BerHG den Rechtsuchenden ebenfalls auf andere Möglichkeiten verweist, soweit sie ihm zuzumuten sind. Jedenfalls gehört eine Vertretung in Rechtsstreitigkeiten nicht mehr zur Zuständigkeit des Sozialhilfeträgers.²⁹ Im übrigen läßt sich eine scharfe Grenze nicht ziehen. Man wird darauf abstellen müssen, ob die rechtliche Problematik die sozialen und wirtschaftlichen Aspekte überwiegt.³⁰ Das wird vor allem dann der Fall sein, wenn es um schwierige rechtliche Probleme geht, für deren Lösung es auf die rechtliche Kompetenz des Beratenden ankommt.³¹ In diesen Fällen sind die Sozialhilfeträger nicht zur Rechtsberatung befugt.

dd) Kommunale Schuldnerberatungsstellen. Die genannte Abgrenzungsproblematik stellt sich auch hier. Nach einem gemeinsamen Arbeitspapier³² des deutschen Städte- und Gemeindebundes, des Landkreistages und des Deutschen Anwaltsvereins sind bei der Abgrenzung u. a. folgende Gesichtspunkte von Belang: Besorgung von Rechtsangelegenheiten, die nicht nur auf Beratung beschränkt sind, sondern sich auch auf die gerichtliche Vertretung erstreckt, obliegt ausschließlich der Anwaltschaft. Im übrigen ist die Schuldnerberatung bei der Ordnung der wirtschaftlichen Verhältnisse der Ratsuchenden behilflich. Sie hilft etwa bei der Erstellung einer Übersicht über bestehende Verhältnisse und verhandelt im Einzelfall mit Dritten über Erlaß oder Stundung der Schulden bzw. über Ratenzahlung. Komplizierte, außerhalb des Sozialrechts angesiedelte Rechtsfragen, die außergerichtlich zu verfolgen wären, bleiben der Anwaltschaft überlassen.³³

14   **ee) Studentenschaften** sind Körperschaften des öffentlichen Rechts. Ihnen gehören – soweit sie errichtet sind – alle Studenten einer Hochschule kraft Gesetzes an. Aufgabe der Studentenschaft ist die Wahrnehmung hochschulpolitischer, sozialer und kultureller Belange der Studenten (§ 41 Abs. 1 HRG), dazu gehört auch die Rechtsberatung in den die Hochschule und das Studium betreffenden Angelegenheiten (z. B. BaföG, Miete des Studentenzimmers), nicht aber etwa die Beratung in Familien- oder Erbsachen.³⁴

III. Tatbestand der Nr. 2

1. Berufstätigkeit der Notare

15   Als unabhängige Träger eines öffentlichen Amtes werden für die Beurkundung von Rechtsvorgängen und andere Aufgaben auf dem Gebiete der vorsorgenden Rechtspflege in den Ländern Notare bestellt (§ 1 BNotO). Ihre Berufstätigkeit

---

²⁷ *Oestreicher/Schelter/Kunz,* BSHG, 32. Erg.Lief. 1994, § 8 Rdn. 11 m. w. N.
²⁸ *Oestreicher/Schelter/Kunz,* BSHG, 32. Erg.Lief. 1994, § 8 Rdn. 13; *Schellhorn/Jirasek/Seipp,* BSHG, 14. Aufl. 1993, § 8 Rdn. 35.
²⁹ *Rennen/Caliebe,* Rdn. 12 m. w. N.; *Schellhorn/Jirasek/Seipp,* BSHG, 14. Aufl. 1993, § 8 Rdn. 36.
³⁰ Vgl. auch *Schellhorn/Jirasek/Seipp,* BSHG, 14. Aufl. 1993, § 8 Rdn. 36.
³¹ Ähnlich *Rennen/Caliebe,* Rdn. 10.
³² AnwBl. 1988, 49.
³³ Vgl. zur Problematik auch *Schulz-Rackoll/Groth* ZRP 1986, 105; *Bungart* AnwBl. 1988, 40.
³⁴ Wie hier *Rennen/Caliebe,* Rdn. 15; vgl. *Hustädt* NJW 1988, 473; a. A. *Reich* NJW 1987, 1315.

wird durch das RBerG nicht berührt. Gleiches gilt für die Notarvertreter (vgl. § 39 Abs. 4 BNotO) und die Notariatsverweser (vgl. § 57 Abs. 1 BNotO). Umstritten ist, ob auch Notarassessoren (§ 7 BNotO) unter Nr. 2 fallen.[35] Im Ergebnis kann die Frage dahinstehen. Denn **Notarassessoren** stehen in einem Ausbildungsverhältnis zu dem Notar, der sie in einer dem Zweck des Anwärterdienstes entsprechenden Weise zu beschäftigen hat (§ 7 Abs. 5 S. 1 BNotO). Sie handeln daher nicht geschäftsmäßig i. S. d. § 1.[36] Auch Notarassessoren dürfen also rechtsbesorgend tätig werden.

Die Amtstätigkeit der Notare ist in den §§ 20 ff. BNotO geregelt. Danach ist der Notar z. B. zuständig, Beurkundungen und Beglaubigungen vorzunehmen, Eide abzunehmen, sowie Geld, Wertpapiere u. ä. aufzubewahren. Gem. § 24 Abs. 1 BNotO gehört zu seinem Amt auch die **sonstige Betreuung** der Beteiligten, solange sie sich im Bereich der vorsorgenden Rechtspflege bewegt. Insoweit kann er die Beteiligten auch vor Gerichten und Verwaltungsbehörden vertreten. Verstößt der Notar gegen seine Pflicht zur unparteiischer Betreuung der Beteiligten (§ 14 BNotO), so liegt gleichwohl kein Verstoß gegen § 3 Nr. 2 RBerG vor.[37] Aber selbst wenn man einen Verstoß annähme, wäre davon nicht die Wirksamkeit der vom Notar durchgeführter Prozeßhandlungen betroffen, da sonst der Vertretene unbillig belastet würde.[38]

2. Berufstätigkeit der Rechtsanwälte

Der Rechtsanwalt übt einen freien Beruf aus (§ 2 BRAO). Er ist unabhängiges Organ der Rechtspflege (§ 1 BRAO) und der berufene unabhängige Berater und Vertreter in allen Rechtsangelegenheiten (§ 3 BRAO). Seine Berufstätigkeit wird **durch das RBerG nicht berührt**. Das gilt auch für den amtlichen Vertreter (§ 53 BRAO) und den Abwickler einer Kanzlei (§ 55 BRAO), auch wenn sie wie in den Fällen der § 53 Abs. 4 S. 2; § 55 Abs. 1 S. 1 Alt. 2 BRAO sonst nicht als Rechtsanwälte tätig sind.[39]

Nr. 2 will auch die Rechtsanwälte nur insoweit von der Erlaubnispflicht freistellen, als sie die Rechtsberatung in den Formen wahrnehmen, die den Bindungen der BRAO und BRAGO unterliegen. Nr. 2 enthält keine generelle, nur an die Person des Rechtsanwalts geknüpfte Ausnahme.[40] Rechtsanwälte dürfen daher nicht außerhalb eines Mandatsverhältnisses auf der Basis eines Geschäftsbesorgungsvertrages fremde Rechtsangelegenheiten erledigen.[41] Nr. 2 deckt die Tätigkeit eines zugelassenen Anwalts auch dann nicht mehr, wenn ihm die Be-

---

[35] Dafür *Erbs/Kohlhaas/Senge,* Rdn. 7; dagegen *Schorn,* S. 145.
[36] *Altenhoff/Busch/Chemnitz,* Rdn. 374; *Rennen/Caliebe,* Rdn. 17.
[37] *Altenhoff/Busch/Chemnitz,* Rdn. 373; *Erbs/Kohlhaas/Senge,* Rdn. 7.
[38] Ausführlich *Habscheid* NJW 1964, 1502 ff.
[39] H. M.: *Rennen/Caliebe,* Rdn. 22; *Altenhoff/Busch/Chemnitz,* Rdn. 380.
[40] OLG Schleswig AnwBl. 1987, 343.
[41] OLG Schleswig AnwBl. 1987, 343; Der Entscheidung des OLG Schleswig lag ein Fall zugrunde, in dem der Anwalt folgendes vereinbart hatte: Der Rechtsanwalt weist darauf hin, „daß er weder bisher noch zu einem späteren Zeitpunkt an der Führung eines anwaltlichen Mandats oder eines notariellen Auftrages zugunsten Frau H und den Eheleuten B interessiert war bzw. ist, da die Schwierigkeiten des vorgetragenen Zwangsversteigerungsverfahrens und die Ungewöhnlichkeit des ihm angetragenen Auftrages nicht im Rahmen eines anwaltlichen Mandates oder notariellen Auftrages abzuwickeln sind. Zwischen ihm und der Gruppe besteht deshalb Einigkeit darin, daß er den vorstehenden Auftrag nicht in seiner beruflichen Eigenschaft als Rechtsanwalt und/oder Notar erhält, sondern ausschließlich als Privatperson tätig ist. Herr A ist von der Gruppe bereits von Anbeginn an als Privatperson angesprochen worden ..."

rufsübung generell verboten ist, wenn also etwa ein vorläufiges Berufs- oder Vertretungsverbot gem. § 150 Abs. 1 BRAO verhängt worden ist (vgl. dazu auch §§ 155, 156 BRAO).[42] Ansonsten führt die Unzulässigkeit einer bestimmten Einzeltätigkeit nach der BRAO (z. B. §§ 45, 46 BRAO) aber noch nicht zu einem Verstoß gegen das Verbot der Rechtsberatung.[43]

19 Wird der Rechtsanwalt im Rahmen eines Dienst- oder ähnlichen Beschäftigungsverhältnisses tätig (**Syndikusanwalt**), so gilt für ihn nicht die Ausnahme der Nr. 2, sondern die des § 6 Abs. 1.[44]

3. Sonstige Personen, die ein öffentliches Amt ausüben

20 Mit sonstigen Personen sind beliehene Unternehmer[45] und die **Mandatsträger** in den Bund- und Länderparlamenten und den Vertretungen der Gemeinden und Gemeindeverbände gemeint. Für die Frage, in welchem Rahmen Mandatsträger tätig werden dürfen, kann auf den Beschluß des BayObLG v. 18. 11. 1980 verwiesen werden. Das Gericht hat sich dort mit den Befugnissen eines Kreisrates (Mitglied des Kreistages) auseinandergesetzt. Der Kreisrat darf rechtsberatend und rechtsbesorgend tätig werden, wenn er in seiner Eigenschaft als Mandatsträger des Kreises angegangen wird. Weiter muß es sich um Angelegenheiten handeln, die innerhalb des Kreistages und der Kreisverwaltung behandelt zu werden pflegen. Schließlich darf der Kreisrat nicht nach außen tätig werden und eine Vertretung gegenüber anderen Personen, Behörden oder Gerichten übernehmen.[46] Diese vom BayObLG aufgestellten Grundsätze sind auf andere Mandatsträger entsprechend anzuwenden.[47]

21 **Bewährungshelfer** werden nach überwiegender Ansicht nicht als Beamte für ihre Behörde tätig, sondern üben ein Amt i. S. d. Nr. 2 aus.[48] Das wird daraus gefolgert, daß §§ 56 d, 68 a StGB, § 24 JGG den Probanden nicht der Bewährungshilfe als Behörde, sondern einem bestimmten Bewährungshelfer zuweisen.[49] Zuständig ist der Bewährungshelfer im Rahmen der Betreuungstätigkeit auch für Rechtsangelegenheiten des Probanden, etwa zur Schadens- oder Schuldenregulierung.

22 **Hochschullehrer** üben kein öffentliches Amt i. S. d. Nr. 2 aus.[50] **Standesbeamte** und **Gerichtsvollzieher** handeln für ihre Behörde (Standesamt bzw. Gericht). Ihre Tätigkeit fällt daher unter Nr. 1.[51]

4. Verwaltungsrechtsräte

23 Die Zulassungen als Verwaltungsrechtsräte sind nach § 232 Abs. 2 S. 2 BRAO am 30. 9. 1960 erloschen, so daß Nr. 2 insoweit keine praktische Bedeutung mehr besitzt.

---

[42] BGH NJW 1974, 1374 f.; *Rennen/Caliebe*, Rdn. 24 m. w. N.; a. A. *Altenhoff/Busch/Chemnitz*, Rdn. 383.
[43] BGH NJW 1974, 1374 (1375).
[44] Vgl. zu den Einzelheiten dort.
[45] *Rennen/Caliebe*, Rdn. 18.
[46] BayObLG 1981, 1108 (1109); ebenso OLG Karlsruhe Die Justiz 1992, 419.
[47] Vgl. auch *Lohmeier* DÖV 1980, 331 (332); LSG Rheinland-Pfalz, NZA 1985, 260; *Erbs/Kohlhaas/Senge*, Rdn. 8; OLG Karlsruhe Die Justiz 1992, 419.
[48] *Rennen/Caliebe*, Rdn. 19; *Altenhoff/Busch/Chemnitz*, Rdn. 375.
[49] *Rennen/Caliebe*, Rdn. 19.
[50] OVG Koblenz NJW 1988, 2555; *Erbs/Kohlhaas/Senge*, Rdn. 8; *Altenhoff/Busch/Chemnitz*, Rdn. 375.
[51] *Rennen/Caliebe*, Rdn. 21; *Erbs/Kohlhaas/Senge*, Rdn. 8; a. A. LSG Rheinland-Pfalz NZA 1985, 260, wonach diese Personen unter Nr. 2 fallen.

5. Patentanwälte

Das sind die gem. § 19 PatAnwO zur Patentanwaltschaft zugelassenen Personen. Auch für sie gilt die Freistellung vom Erlaubniszwang nur dann, wenn sich die Tätigkeit im Rahmen ihrer beruflichen Aufgaben hält.[52] Diese ergeben sich aus der PatAnwO. Nach deren § 3 Abs. 2 dürfen Patentanwälte etwa andere bei der Verteidigung gewerblicher Schutzrechte beraten und vertreten; § 3 Abs. 3 Nr. 1 PatAnwO gestattet ihnen gleiches in Angelegenheiten, für die eine Frage von Bedeutung ist, die ein Schutzrecht betrifft oder für die eine damit unmittelbar zusammenhängende Rechtfrage von Bedeutung ist. Patentanwälte dürfen deshalb auch in Wettbewerbssachen tätig werden, wenn der auf das UWG gestützte Anspruch auch aus einem die gewerblichen Schutzrechte betreffenden Spezialgesetz begründet werden kann.[53]

IV. Tatbestände der Nr. 3, 4 und 5

1. Nr. 3

Sie besitzt heute keine eigenständige Bedeutung mehr. Die Vorschrift verfolgte bei Einführung des RBerG den Zweck, Prozeßagenten, die damals nach § 157 Abs. 3 ZPO bereits zur mündlichen Verhandlung vor Gericht zugelassen waren, von der Erlaubnispflicht des § 1 freizustellen, da sie bereits vor Erlaß des RBerG auf persönliche und fachliche Eignung geprüft worden waren. Einen besonderen Beruf des „Prozeßagenten" hat der Gesetzgeber damit nicht anerkannt.[54] Heute setzt die **Zulassung als Prozeßagent** die Erlaubnis nach dem RBerG voraus und erweitert diese auf das Auftreten in der mündlichen Verhandlung.[55] Fehlt die Erlaubnis nach dem RBerG ausnahmsweise, so soll nach Auffassung von Greger die Zulassung als Prozeßagent, die widerruflicher Justizverwaltungsakt ist, die Erlaubnis nach dem RBerG beinhalten.[56] Dem ist nicht zu folgen. Zwar ist für beide Verwaltungsakte dieselbe Justizverwaltungsbehörde zuständig. Für beide Verwaltungsakte gelten aber unterschiedliche Voraussetzungen; die Justizverwaltungsbehörde muß getrennt prüfen. Es müssen also zwei Verwaltungsakte ergehen, die allerdings gleichzeitig ausgesprochen werden können.[57] Nach h. M. ist deshalb niemand als Prozeßagent zuzulassen, der nicht im Besitz einer Erlaubnis nach dem RBerG ist.[58] Die Vorschrift besitzt daher keine eigenständige Bedeutung mehr.

2. Nr. 4

Das in Nr. 4 genannte Wehrmachtsversorgungsgesetz ist durch Art. III des Kontrollratgesetzes Nr. 34 v. 20. 8. 1946[59] aufgehoben worden. Das Gesetz über

---

[52] OLG Karlsruhe AnwBl. 1978, 477; *Altenhoff/Busch/Chemnitz*, Rdn. 385 ff.; *Rennen/Caliebe*, Rdn. 32.
[53] OLG Karlsruhe AnwBl. 1978, 477; *Rennen/Caliebe*, Rdn. 32; a. A. *Altenhoff/Busch/Chemnitz*, Rdn. 389.
[54] BVerfG NJW 1960, 139 = BVerfGE 10, 185 (196); *Rennen/Caliebe*, Rdn. 1; *Altenhoff/Busch/Chemnitz*, Rdn. 391.
[55] OLG Hamm AnwBl. 1980, 250; OLG Frankfurt a. M. NJW 1964, 2318.
[56] *Zöller/Greger*, ZPO, 19. Aufl. 1995, § 157 Rdn. 8. Aus den von *Greger* zitierten Entscheidungen BGH NJW 1980, 1880 und OLG Hamm AnwBl. 1980, 250 läßt sich nichts für seine Auffassung herleiten!
[57] OLG Hamm AnwBl. 1980, 250.
[58] OLG Hamm AnwBl. 1980, 250 m. w. N.
[59] ABl. KR 1946, 57.

das Verfahren in Versorgungssachen ist durch § 224 Abs. 3 Nr. 10 SGG v. 3. 9. 1953[60] aufgehoben worden. Nr. 4 ist damit gegenstandslos. Welche Parteien heute vor dem Sozialgericht als Prozeßbevollmächtigte auftreten dürfen, ist in den §§ 73, 166 SGG geregelt, welche Personen andere in Verwaltungsverfahren vor den Sozialbehörden vertreten dürfen, ergibt sich aus § 13 SGB X.

3. Nr. 5

27   Sie regelt die Besorgung von Rechtsangelegenheiten auf dem Gebiet des Patent-, Gebrauchsmuster-, Topographieschutz- und Warenzeichenwesens durch solche Personen, die weder Rechtsanwälte noch Patentanwälte sind. Nr. 5 gilt aber nur für Personen, die eine Erlaubnis haben; diese Erlaubnis wird heute nicht mehr erteilt. Nr. 5 wird daher in absehbarer Zeit ohne Bedeutung sein.[61]

V. Tatbestand der Nr. 6

1. Allgemeines

28   Die Vorschrift enthält einige selbstverständliche Ausnahmen von der Erlaubnispflicht, da die Tätigkeit der in ihr genannten Personen notwendig mit einer rechtsbesorgenden Tätigkeit verbunden ist, sie ihre Aufgaben also ohne Rechtsbesorgung nicht pflichtgemäß erfüllen könnten. Die Vorschrift hat also lediglich **klarstellende Funktion**.[62] Auch Nr. 6 stellt nur insoweit von der Erlaubnispflicht frei, als es sich um die Ausübung der genannten Tätigkeiten geht. Gehört eine Tätigkeit nicht zum Aufgabenbereich der genannten Personen, ist sie erlaubnispflichtig.

2. Der Zwangsverwalter

29   Er wird nach § 150 Abs. 1 ZVG vom Gericht bestellt und gem. § 153 ZVG von diesem beaufsichtigt. Er hat gem. § 152 Abs. 1 ZVG das Recht und die Pflicht, alle Handlungen vorzunehmen, die erforderlich sind, um das Grundstück in seinem wirtschaftlichen Bestande zu erhalten und ordnungsmäßig zu benutzen. Dabei tritt er gem. § 152 Abs. 2 ZVG in bestehende Miet- oder Pachtverträge ein. Der Zwangsverwalter hat weiter Ansprüche, auf welche sich die Beschlagnahme erstreckt, geltend zu machen und die für die Verwaltung entbehrlichen Nutzungen in Geld umzusetzen.

3. Der Konkursverwalter

30   Er wird gem. § 78 KO vom Konkursgericht ernannt und nach § 83 KO auch überwacht. Er hat die Konkursmasse in Besitz zu nehmen, sie zu verwalten und schließlich zu verwerten (§ 117 Abs. 1 KO).

4. Der Nachlaßpfleger

31   Ein solcher kann gem. § 1960 BGB vor Annahme der Erbschaft zur Sicherung des Nachlasses bestellt werden. Der Nachlaßpfleger erhält den Erbteil eines Pfleglings, den er zu erhalten und verwalten hat. Er ist aber nicht befugt, eine

---

[60] BGBl. 1953, S. 1265.
[61] Vgl. zu den Einzelheiten *Altenhoff/Busch/Chemnitz*, Rdn. 426 ff.
[62] *Erbs/Kohlhaas/Senge*, Rdn. 18; vgl. aber *Altenhoff/Busch/Chemnitz*, Rdn. 434 m. w. N. sowie BGHZ 122, 327 (329 f.) = AnwBl. 1994, 254.

Erbauseinandersetzung durchzuführen, wenn er nur zur Wahrung der Belange eines Miterben eingesetzt ist.[63] Wohl aber kann er in seiner Eigenschaft als Nachlaßpfleger die Interessen seines Pfleglings vertreten. In diesem Rahmen kann er sich an der Auseinandersetzung beteiligen, nicht aber als unparteiischer Dritter die Auseinandersetzung betreiben.[64]

5. Sonstige für ähnliche Aufgaben behördlich eingesetzte Personen

a) **Personenkreis.** Sonstige für ähnliche (d. h. für vermögens- oder personenbetreuende) Aufgaben sind unstreitig der gerichtlich bestellte **Vergleichsverwalter** (§ 38 VerglO), der **vorläufige Verwalter** (§ 11 VerglO), der **Vormund** (§§ 1773 ff. BGB), der **Betreuer** (§§ 1896 ff. BGB), der **Pfleger** (§§ 1909 ff.) und der **Nachlaßverwalter** (§ 1985 ff. BGB).[65] 32

b) **Testamentsvollstrecker.** Problematisch und umstritten ist die Zulässigkeit der Rechtsberatung durch Testamentsvollstrecker. Dieser Streit um die Zulässigkeit der Testamentsvollstreckung ist von erheblicher praktischer Bedeutung, da – worauf in der Literatur zu Recht hingewiesen wird[66] – das Testamentsvollstreckeramt wegen der ansehnlichen Honorare als attraktive Erwerbsquelle entdeckt worden ist. Der Testamentsvollstrecker kann auf unterschiedliche Weise ernannt werden. Er kann gem. § 2197 BGB vom Erblasser, also von privater Seite ernannt, gem. § 2198 BGB von einem Dritten bestimmt und gem. § 2200 BGB vom Nachlaßgericht ernannt werden. Die Frage, ob der Testamentsvollstrecker von § 3 Nr. 6 erfaßt wird, kann nicht für alle Arten der Ernennung einheitlich beantwortet werden.[67] 33

aa) Für den **vom Erblasser eingesetzten Testamentsvollstrecker** (§ 2197 BGB) ist nach teilweise vertretener Auffassung Nr. 6 nicht anwendbar, da der Testamentsvollstrecker nicht behördlich, sondern vom Erblasser testamentarisch eingesetzt werde.[68] Zwar müsse der Testamentsvollstrecker sein Amt durch Erklärung gegenüber dem Nachlaßgericht annehmen (§ 2202 BGB). Damit sei aber eine – in Nr. 6 vorausgesetzte – Einflußnahme des Gerichts auf die Person des Testamentsvollstreckers nicht verbunden. Die Befugnis des Gerichts beschränke sich auf die Entgegennahme der Erklärung. Insoweit könne der Testamentsvollstrecker nicht mit den in Nr. 6 ausdrücklich genannten Personen verglichen werden.[69] Diese Personen (Zwangsverwalter, Konkursverwalter, Nachlaßpfleger) würden nämlich im Einsetzungsverfahren umfassend überprüft. Ein zusätzliches Erlaubnisverfahren nach dem RBerG sei daher bei ihnen entbehrlich.[70] Im übrigen stünden die genannten Personen unter der Aufsicht des bestellenden Gericht (§ 153 Abs. 1 ZVG, § 83 KO, § 1960 Abs. 2, §§ 1962, 1837 BGB) und könnten von diesem auch entlassen werden (§ 153 Abs. 2 ZVG; § 84 KO, §§ 1915, 1886 BGB). Dem Nachlaßgericht stehe demgegenüber kein Aufsichts- 34

---

[63] OLG Hamburg AnwBl. 1973, 311.
[64] OLG Hamburg AnwBl. 1973, 311.
[65] Vgl. nur *Chemnitz* AnwBl. 1994, 255 (256); *Altenhoff/Busch/Chemnitz*, Rdn. 435; *Erbs/Kohlhaas/Senge*, Rdn. 18; *Rennen/Caliebe*, Rdn. 44.
[66] *Henssler* ZEV 1994, 261; *Schaub* FamRZ 1995, 845.
[67] *Henssler* ZEV 1994, 261 (262).
[68] OLG Karlsruhe, WM 1994, 688 (689) gegen die eigene, im Verfahren auf einstweilige Verfügung ergangene Entscheidung OLG Karlsruhe AnwBl. 1992, 333 mit Anm. *Henssler*; *Rennen/Caliebe*, Rdn. 45; *Schaub* FamRZ 1995, 845.
[69] OLG Karlsruhe, WM 1994, 688 (689).
[70] *Henssler* ZEV 1994, 261 (263).

recht zu.⁷¹ Zwar könne der Testamentsvollstrecker vom Gericht wegen grober Pflichtverletzung entlassen werden (§ 2227 BGB). Das Gesetz sehe aber unter keinen denkbaren Umständen eine Entlassung von Amts wegen vor. Das Gericht könne nur auf Antrag tätig werden. Diese beschränkte Kontrollfunktion erübrige aber nicht den Erlaubniszwang nach § 1.⁷² Testamentsvollstreckung sei also erlaubnisbedürftig. Das sei auch sachgerecht und praktikabel, da nur die geschäftsmäßige Besorgung erlaubnispflichtig sei und der Einsetzung eines privaten, nicht geschäftsmäßig handelnden Testamentsvollstreckers nicht entgegenstehe.⁷³

35 **Dagegen wird geltend** gemacht, der Testamentsvollstrecker werde von § 3 Nr. 6 erfaßt. Er sei durchaus den in Nr. 6 ausdrücklich genannten Personen vergleichbar, weil er sein Amt durch Erklärung gegenüber dem Nachlaßgericht annehmen müsse und weil er der weiteren Aufsicht des Nachlaßgerichts unterstehe. Dieses könne den Testamentsvollstrecker gem. § 2227 BGB auf Antrag eines der Beteiligten entlassen.⁷⁴ Beide Argumente vermögen aus den oben genannten Gründen nicht zu überzeugen. Schließlich wird die Anwendbarkeit des Nr. 6 auf Testamentsvollstrecker damit begründet, die Besorgung fremder Rechtsangelegenheiten sei notwendiger Teil der dem Testamentsvollstrecker nach §§ 2203 ff. BGB obliegenden Aufgaben.⁷⁵ Wenn die Rechtsbesorgung zu den Aufgaben des Testamentsvollstreckers gehöre, so könne sie ihm nicht nach den Vorschriften des RBerG verboten sein, unabhängig davon, ob die Testamentsvollstreckung geschäftsmäßig ausgeübt werde oder nicht.⁷⁶ Auch dieses Argument vermag nicht zu überzeugen. Das BGB regelt die Aufgaben des Testamentsvollstreckers, enthält aber keine Aussagen darüber, wer geschäftsmäßig Testamentsvollstreckung betreiben darf. Diese berufliche Seite regelt das RBerG als lex specialis. Nach alldem bleibt festzuhalten: **Geschäftsmäßige Testamentsvollstreckung bedarf der Erlaubnis.** Da § 1 aber eine Erlaubnis für Testamentsvollstreckung nicht vorsieht, kann eine nach § 1 erteilte Erlaubnis nur Teilgebiete der Testamentsvollstreckung erfassen, etwa die Erlaubnis nach Nr. 5 die Inkassotätigkeit des Testamentsvollstreckers.⁷⁷ Im übrigen kann die Testamentsvollstreckung entweder geschäftsmäßig durch Rechtsanwälte oder nicht geschäftsmäßig (etwa durch Verwandte oder Bekannte des Erblassers) erfolgen.

36 **Banken und Sparkassen** ist es demnach verwehrt, ihre Dienste als Testamentsvollstrecker anzubieten.⁷⁸ Sie dürfen auch nicht für eine Tätigkeit als Testamentsvollstrecker werben.⁷⁹ Etwas anderes folgt auch nicht aus § 5 Nr. 1 oder § 5 Nr. 3. Gem. § 5 Nr. 1 ist es kaufmännischen oder gewerblichen Unternehmen erlaubt, für ihre Kunden rechtliche Angelegenheiten zu erledigen, die mit einem Geschäft ihres Gewerbebetriebes in unmittelbarem Zusammenhang stehen. Die Ausnahme des § 5 ist allerdings, um eine ausufernde Anwendung zu vermeiden, auf die Fälle beschränkt, in denen die Rechtsberatung mit einem konkreten

---

⁷¹ OLG Karlsruhe, WM 1994, 688 (690).
⁷² *Henssler* ZEV 1994, 261 (264); OLG Karlsruhe WM 1994, 688 (690).
⁷³ *Henssler* AnwBl. 1992, 333 (334); ders. ZEV 1994, 261 (263); vgl. auch *Rennen/Caliebe*, Rdn. 45.
⁷⁴ *Chemnitz* AnwBl. 1992, 550 (551).
⁷⁵ So *Chemnitz* AnwBl. 1992, 550 (551).
⁷⁶ So *Chemnitz* AnwBl. 1992, 550 (551).
⁷⁷ *Henssler* ZEV 1994, 261 (264).
⁷⁸ OLG Karlsruhe WM 1994, 688; a. A. OLG Karlsruhe AnwBl. 1992, 333 mit abl. Anm. *Henssler*.
⁷⁹ OLG Karlsruhe WM 1994, 688; a. A. OLG Karlsruhe AnwBl. 1992, 333 mit abl. Anm. *Henssler*.

Geschäft zusammenhängt. § 5 stellt also sicher, daß durch das Verbot der Rechtsberatung nicht einheitliche Lebensvorgänge aufgespalten werden, die bei Ausübung eines Berufs auftreten.[80] Der in § 5 Nr. 1 geforderte unmittelbare Zusammenhang zwischen der rechtsberatenden Tätigkeit und dem konkreten Geschäft besteht nur, wenn die rechtsberatende Tätigkeit als ein notwendiges Hilfs- oder Nebengeschäft der Ausübung eines bestimmten Berufsgeschäfts dient.[81] Bei isolierter Übernahme einer Testamentsvollstreckung durch eine Bank oder Sparkasse, der keine vermögensbetreuende Tätigkeit voranging, besteht offensichtlich kein solcher unmittelbarer Zusammenhang zwischen einem Bankgeschäft und der Testamentsvollstreckung.[82] Entgegen der Auffassung von Henssler[83] kann ein unmittelbarer Zusammenhang aber auch dann nicht angenommen werden, wenn die Bank die Vermögensbetreuung des Erblassers übernommen hat. Die geschäftsmäßige Testamentsvollstreckung ist nämlich keineswegs ein notwendiges Hilfs- oder Nebengeschäft der Vermögensbetreuung.

bb) Auch ein von einem **Dritten bestimmter Testamentsvollstrecker** 37 (§ 2198 BGB) wird nicht von Nr. 6 erfaßt, da hier das Gericht – ebenso wie bei dem vom Erblasser ernannten Testamentsvollstrecker – keinen Einfluß auf die Person des Testamentsvollstrecker nehmen kann. Die Bestimmung erfolgt vielmehr nach freiem Ermessen des Dritten.[84]

cc) Der **vom Nachlaßgericht ernannte Testamentsvollstrecker** (§ 2200 38 BGB) ist vom Gericht vor seiner Ernennung auf persönliche und fachliche Eignung zu prüfen.[85] Hier ist kein Raum für ein zusätzliches Erlaubnisverfahren. Der vom Gericht ernannte Testamentsvollstrecker ist eine für ähnliche Aufgaben behördlich eingesetzte Person. Er wird von Nr. 6 erfaßt.

c) Verwalter nach dem Wohnungseigentumsgesetz (WEG). Er ist vom 39 BGH als sonstige Person im Sinne der Nr. 6 angesehen worden.[86] Zu diesen sonstigen Personen seien auch Personen zu rechnen, die im Regelfall zwar nicht vom Gericht bestellt würden, deren Tätigkeiten hinsichtlich der ihnen zugewiesenen Aufgaben und Befugnisse jedoch mit denen der ausdrücklich genannten Personen vergleichbar seien. Das sei beim Verwalter nach dem WEG der Fall. Die ihm in § 27 WEG zugewiesenen Aufgaben und Befugnisse seien Tätigkeiten der in Nr. 6 ausdrücklich genannten Personen vergleichbar. Der BGH weist sodann darauf hin, daß das WEG es in § 27 Abs. 2 Nr. 5 ausdrücklich zuläßt, daß die Wohnungseigentümer den Verwalter durch Beschluß zur gerichtlichen Geltendmachung von Ansprüchen der Wohnungseigentümer ermächtigen. Im Rahmen der gesetzlichen Aufgabenbereichs stünden die Vorschriften des Rechtsberatungsgesetzes einer rechtsbesorgenden Tätigkeit des Verwalters nicht entgegen.[87] In der Tat zeigt § 27 WEG, daß der Gesetzgeber wohl davon ausging, daß der Verwalter nach dem WEG rechtsbesorgend für die Wohnungseigentümer tätig wird. Der Verwalter ist daher zu den Personen der Nr. 6 zu zählen. Er darf

---

[80] Vgl. dazu § 5 Rdn. 3.
[81] Vgl. dazu § 5 Rdn. 13 ff., 19.
[82] So zu Recht *Henssler* ZEV 1994, 261 (265); vgl. dazu auch *Schaub* FamRZ 1995, 845 (848).
[83] *Henssler* ZEV 1994, 261 (265); vgl. *Chemnitz* AnwBl. 1992, 550 (551) und *Schaub* FamRZ 1995, 845 (848).
[84] *Palandt/Edenhofer*, BGB, 55. Aufl. 1996, § 2198 Rdn. 2.
[85] *Henssler* ZEV 1994, 261 (264) m. w. N.
[86] BGHZ 122, 327 (330) = AnwBl. 1994, 254.
[87] Vgl. BGHZ 122, 327 (330) = AnwBl. 1994, 254.

also im Rahmen der ihm im WEG zugewiesenen Aufgaben und Befugnisse (§ 27 WEG) rechtsbesorgend tätig werden. Dazu gehört auch die gerichtliche Geltendmachung von Ansprüchen der Wohnungseigentümer, die auch ohne Einschaltung eines Rechtsanwalts erfolgen kann, wenn nicht besondere Verfahrensvorschriften entgegenstehen (etwa § 78 ZPO).[88]

40   **d) Liquidatoren.** Ob Liquidatoren der Gesellschaften des Handelsrechts nach §§ 146, 161 HGB, § 66 GmbHG, § 83 GenG sowie **Abwickler** nach § 265 AktG ähnliche Personen i. S. d. Nr. 6 sind, ist streitig. Nach Auffassung von *Erbs/Kohlhaas/Senge*[89] und *Altenhoff/Busch/Chemnitz*[90] gehören Liquidatoren zu den ähnlichen Personen nach Nr. 6. Eine Begründung für diese Auffassung wird nicht gegeben. Nach zutreffender Ansicht von *Rennen/Caliebe*[91] und *Chemnitz*[92] sind hingegen Liquidatoren und Abwickler nicht Personen i. S. d. Nr. 6, da sie in der Regel nicht gerichtlich bestellt und beaufsichtigt werden. Sie können zudem nicht von Amts wegen, sondern nur auf Antrag und bei Vorliegen eines wichtigen Grundes abberufen werden (§ 146 Abs. 2, § 147 HGB, § 265 Abs. 3 AktG, § 66 Abs. 2 u. Abs. 3 GmbHG, § 83 Abs. 3 und 4 GenG). Das allein reicht aber nicht, um sie als Personen anzusehen, die den ausdrücklich in Nr. 6 genannten Personen ähnlich sind.[93]

VI. Tatbestand der Nr. 7

1. Personenkreis

41   **Genossenschaften** sind „Gesellschaften von nicht geschlossener Mitgliederzahl, welche die Förderung des Erwerbes oder der Wirtschaft ihrer Mitglieder mittels gemeinschaftlichen Geschäftsbetriebes bezwecken" (§ 1 Abs. 1 GenG). Die Genossenschaft muß gem. § 54 GenG einem Verband angehören, dem das Prüfungsrecht verliehen ist (**Prüfungsverband**).[94] Die Prüfungsverbände sollen gem. § 63 b GenG die Rechtsform eines eingetragenen Vereins haben. Sie haben die Aufgabe zur Feststellung der wirtschaftlichen Verhältnisse und der Ordnungsmäßigkeit der Geschäftsführung, die Einrichtungen, die Vermögenslage sowie die Geschäftsführung der Genossenschaft zu prüfen (§ 53 GenG). Der Prüfungsverband muß seinerseits einem **Spitzenverband** angehören (§ 56 Abs. 2 GenG). Der Spitzenverband wird tätig, wenn das Prüfungsrecht des Verbandes ruht (§ 56 Abs. 2 GenG).

42   **Genossenschaftliche Treuhand- und ähnliche Stellen** sind nach allgemeiner Auffassung von einer Genossenschaft unmittelbar eingerichtete und getragene Einrichtungen.[95] Da mit dem Begriff Genossenschaften bereits alle Einrichtungen innerhalb der Genossenschaft abgedeckt sind, muß es sich bei Stellen um solche Institutionen handeln, die aus den Genossenschaften ausgegliedert sind und von ihnen getragen werden. (Vgl. dazu und zum Begriff der Stelle, § 7 Rdn. 26 f.)

---

[88] BGHZ 122, 327 (331) = AnwBl. 1994, 254 mit Anm. *Chemnitz*.
[89] *Erbs/Kohlhaas/Senge*, Rdn. 19.
[90] *Altenhoff/Busch/Chemnitz*, Rdn. 435.
[91] *Rennen/Caliebe*, Rdn. 45.
[92] AnwBl. 1994, 256.
[93] Vgl. *Chemnitz* AnwBl. 1994, 256.
[94] Zur Problematik der Zwangsmitgliedschaft im genossenschaftlichen Prüfungsverband vgl. BGH NJW 1995, 2981.
[95] BGH NJW 1994, 1658; *Altenhoff/Busch/Chemnitz*, Rdn. 441; *Rennen/Caliebe*, Rdn. 47.

Auch eine selbständige **GmbH**, die von einem genossenschaftlichen Prüfungs- 43
verband gegründet und kontrolliert wird, genießt das Privileg des § 3 Nr. 7.[96] Es
muß allerdings sichergestellt sein, daß die rechtlich selbständige GmbH ausschließlich von der Genossenschaft oder dem genossenschaftlichen Prüfungsverband beherrscht und demgemäß entsprechend geleitet und kontrolliert wird und
daher nicht wesentlich anders handeln kann als eine unselbständige Abteilung des
Verbands selbst. Es muß darüber hinaus sichergestellt sein, daß die GmbH lediglich genossenschaftliche oder genossenschaftlich beherrschte oder ausgerichtete
Unternehmen berät.[97]

2. Erlaubnisfreie Tätigkeit

a) Betreuung. Fraglich ist, was mit „betreuen" gemeint ist. Dieser Formu- 44
lierung ist keine besondere Bedeutung beizumessen,[98] d. h. sie meint Rechtsberatung und Rechtsbesorgung. Demgegenüber wird von *Altenhoff/Busch/Chem-
nitz* die Auffassung vertreten, Nr. 7 sei nur dann einschlägig, wenn die rechtsberatende Betreuung sich im Rahmen des Aufgabenbereichs der Genossenschaft
halte, wenn sie also durch die andersgeartete (satzungsgemäße) Tätigkeit notwendig bedingt sei.[99] Inkassotätigkeit der Genossenschaft sei daher nur zulässig,
wenn die einzuziehende Forderung dadurch entstanden sei, daß die Genossenschaft ein Absatzgeschäft vermittelt habe.[100] Für diese Ansicht finden sich im
Gesetz jedoch keinerlei Anhaltspunkte.[101] Sie ist abzulehnen. Eine Beschränkung
der erlaubnisfreien Tätigkeit findet nur durch die Formulierung „im Rahmen des
Aufgabenbereichs" statt.[102]

b) Im Rahmen des Aufgabenbereichs. Die rechtsbesorgende Tätigkeit 45
muß sich im Rahmen des Aufgabenbereichs halten, der sich aus dem Statut der
Genossenschaft ergibt,[103] das gem. § 6 Nr. 2 GenG den Gegenstand des Unternehmens angeben muß.[104] Das Statut kann allerdings den Aufgabenbereich nicht
beliebig festsetzen, sondern muß sich seinerseits innerhalb der Grenzen halten, die
§ 1 Abs. 1 GenG setzt. Der Zweck der Genossenschaft muß also auf die Förderung des Erwerbs oder der Wirtschaft ihrer Mitglieder mittels gemeinschaftlichen
Geschäftsbetriebes gerichtet sein.

Einem solchen Zweck dient die **Einziehung von Geschäftsforderungen** 46
durch die Genossenschaft, solange diese Tätigkeit streng auf die Mitglieder beschränkt ist.[105] Ebenso ist diese Tätigkeit zulässiger Teil des Aufgabenbereichs
eines genossenschaftlichen Prüfungsverbandes.[106] Für die Durchführung der
Inkassotätigkeit kann sich die Genossenschaft auch einer rechtlich selbständigen

---

[96] BGH NJW 1994, 1658; *Chemnitz* AnwBl. 1994, 254.
[97] BGH NJW 1994, 1658.
[98] Vgl. dazu BGHZ 53, 1 (4) = NJW 1969, 2202 f.; BGH NVwZ 1991, 298 (299); *Ren-
nen/Caliebe,* Rdn. 49 f.; *Erbs/Kohlhaas/Senge,* Rdn. 20.
[99] *Altenhoff/Busch/Chemnitz,* Rdn. 444.
[100] *Altenhoff/Busch/Chemnitz,* Rdn. 455.
[101] BGHZ 53, 1 (4) = NJW 1969, 2202 f.
[102] BGHZ 53, 1 (4) = NJW 1969, 2202 f.
[103] BGHZ 53, 1 (2) = NJW 1969, 2202 f.; OLG Celle NJW 1962, 811.
[104] BGHZ 53, 1 (2)) = NJW 1969, 2202 f.
[105] BGHZ 53, 1 (3); vgl. auch OLG Köln MDR 1969, 758; a. A. *Altenhoff/Busch/
Chemnitz,* Rdn. 455.
[106] BGH NJW 1994, 1658 (1659) = AnwBl. 1994, 253 = BB 1994, 671 = MDR 1994,
566 = ZIP 1994, 486.

aber von ihr voll beherrschten Stelle bedienen.[107] Eine Genossenschaft mit dem Zweck der wirtschaftlichen Förderung und Betreuung der Mitglieder und der gemeinsamen Belange des Straßenverkehrsgewerbes darf sich Frachtforderungen eines Mitglieds abtreten lassen und dann im eigenen Namen geltend machen, wenn in der Satzung auch die „Berechnung, Bevorschussung, Einziehung und Auszahlung der Beförderungsentgelte" vorgesehen ist.[108] Voraussetzung ist aber, daß diese Tätigkeit nur als satzungsmäßige Nebenleistung mit zum Gegenstand der Genossenschaft zählt. Die rechtsbesorgende Tätigkeit darf nicht alleiniger oder gleichwertiger Teil des Aufgabenbereichs sein, weil sonst der Charakter der Genossenschaft durch die Rechtsberatung oder -besorgung entscheidend geprägt wird und ihr Gegenstand der Vorschrift des § 1 Abs. 1 GenG dann nicht mehr entspricht.[109] Die Rechtsbesorgung muß dem eigentlichen Zweck der Genossenschaft untergeordnet sein.[110] Sie darf sich hier – wie bei den §§ 5, 7 auch – nicht verselbständigen, sondern muß vielmehr **dienende Funktion** haben. Eine verselbständigte Inkasso- und Rechtsbetreuungstätigkeit ist unzulässig.[111] Der Genossenschaft ist es deshalb nicht erlaubt, durch die Rechtsberatung Gewinne anzustreben oder sich durch das von ihr betreute Mitglied ein Entgelt in Anlehnung an die anwaltliche Gebührenordnung (BRAO) zu verlangen. Es darf vielmehr ausschließlich **Aufwendungsersatz** berechnet werden.[112]

3. Empfängerkreis

47 a) **Mitglieder.** Erlaubt ist nach Nr. 7 zunächst die Betreuung der Mitglieder. Mitglieder der Genossenschaften sind die Genossen (vgl. § 3 GenG), Mitglieder der Prüfungsverbände die Genossenschaften (vgl. § 54 GenG); Mitglieder der Spitzenverbände die Prüfungsverbände (vgl. § 56 Abs. 2 GenG).

48 b) **Mittleres Mitgliedsschaftsverhältnis.** Es dürfen auch Mitglieder oder Einrichtungen der ihnen angehörenden Genossenschaften beraten werden. Diese Alternative bezieht sich auf die Prüfungs- und Spitzenverbände, denen es gestattet ist, neben ihren Mitgliedern auch den Mitgliedern der Mitglieder sowie den Einrichtungen, die den Mitgliedern angeschlossen sind, Rechtsrat zu erteilen. Der genossenschaftliche Prüfungsverband kann deshalb auch Genossen einer ihm angeschlossenen Genossenschaft betreuen, obwohl nur die Genossenschaft Mitglied ist.[113] Es muß aber immer ein **mittleres Mitgliedschaftsverhältnis** gewahrt sein. Einem Prüfungsverband ist daher etwa nicht die Rechtsbesorgung für Mitglieder einer ihm nicht angehörenden Genossenschaft gestattet.

---

[107] BGH NJW 1994, 1658 (1659); vgl. auch § 7 Rdn. 26 f.
[108] OLG Frankfurt MDR 1991, 359; a. A. *Altenhoff/Busch/Chemnitz*, Rdn. 455, wonach die Genossenschaft nur dann Außenstände ihrer Mitglieder einziehen darf, wenn sie das Absatzgeschäft vermittelt hat. Dieser Auffassung ist nicht zu folgen. Sie engt den Tätigkeitsbereich der Genossenschaften zu weit ein.
[109] BGHZ 53, 1 (4); *Rennen/Caliebe*, Rdn. 50; noch weitergehend *Altenhoff/Busch/Chemnitz*, Rdn. 449 ff.
[110] OLG Celle NJW 1962, 811.
[111] OLG Celle NJW 1962, 811.
[112] Vgl. OLG Celle NJW 1962, 811 (812); *Altenhoff/Busch/Chemnitz*, m. w. N.; vgl. dazu auch § 7 Rdn. 30.
[113] *Erbs/Kohlhaas/Senge*, Rdn. 21; *Rennen/Caliebe*, Rdn. 49.

VII. Tatbestand der Nr. 8

1. Verbraucherzentralen

Ihr Ziel ist es, den Verbraucher in allgemeinen Wirtschafts- und Haushaltsfragen zu beraten und dabei auch sozial schwache oder geschäftlich unerfahrene Verbraucher vor den mit dem Abschluß eines Geschäfts verbundenen Gefahren zu warnen und zu bewahren.[114] Verbraucherzentralen sind in aller Regel privatrechtlicher Idealvereine gem. § 21 BGB.[115] Die Verbraucherzentralen müssen **für ein Bundesland**, nicht nur für eine Stadt oder einen Landesteil, **errichtet** sein. Erlaubt ist die Rechtsberatung nur den Verbraucherzentralen, die **öffentlich gefördert** werden. 49

2. Erlaubnisfreie Tätigkeit

Erlaubt ist den Verbraucherzentralen die **außergerichtliche Besorgung von Rechtsangelegenheiten**. Sie können also Rechtsauskunft geben, Korrespondenz führen, Mahnschreiben verfassen und Verträge entwerfen. Sie dürfen nach allgemeiner Ansicht den Verbraucher auch bis zur Einleitung eines gerichtlichen Verfahrens vertreten sowie Inkassotätigkeiten ausüben.[116] Vor Gericht dürfen sie die Verbraucher nicht vertreten. 50

Der Sache nach muß sich die Rechtsprechung aber **im Rahmen ihres Aufgabenbereichs** halten. Der Aufgabenbereich ergibt sich aus der Satzung,[117] die sich aber ihrerseits in den Grenzen halten muß, die sich aus dem Zweck der Nr. 8 ergeben. Nr. 8 will die Verbraucherzentralen bei der Beratung in typischen Fragen des Verbraucherrechts von der Erlaubnispflicht freistellen.[118] Es ist daher davon auszugehen, daß sie ihren Aufgabenbereich nicht über dieses Gebiet ausdehnen dürfen. Entgegen Reich[119] können sie daher ihren Aufgabenbereich nicht über Fragen des Vertrags- und Deliktsrechts (soweit dadurch Rechtsangelegenheiten der Verbraucher betroffen sind) hinaus auf Fragen des öffentlichen Rechts ausdehnen.[120] Nicht zum Aufgabenbereich der Verbraucherzentralen gehört es die rechtlichen Interessen einer von einem Einzelhändler wegen Beschädigung ausgelegter Ware in Anspruch genommenen Kundin wahrzunehmen.[121] 51

§ 4 [Steuer- und Monopolsachen]

(1) **Die Erlaubnis nach § 1 gewährt nicht die Befugnis zur geschäftsmäßigen Hilfeleistung**

1. **in Angelegenheiten, die durch Bundesrecht oder Recht der Europäischen Gemeinschaften geregelte Steuern und Vergütungen betreffen, soweit diese durch Bundesfinanzbehörden oder durch Landesfinanzbehörden verwaltet werden,**

---

[114] Vgl. *Reich* ZRP 1981, 53.
[115] Vgl. *Reich* ZRP 1981, 53.
[116] *Erbs/Kohlhaas/Senge,* Rdn. 22; *Paschke* DB 1982, 2389; näher *Reich* ZRP 1981, 53 (54).
[117] OLG Köln NJW-RR 1996, 634; *Reich* ZRP 1981, 53 (54); *Rennen/Caliebe,* Rdn. 54.
[118] OLG Köln NJW-RR 1996, 634.
[119] *Reich* ZRP 1981, 53 (54).
[120] *Rennen/Caliebe,* Rdn. 54; vgl. auch *Altenhoff/Busch/Chemnitz,* Rdn. 470.
[121] OLG Köln NJW-RR 1996, 634.

2. in Angelegenheiten, die die Realsteuern betreffen,
3. in Angelegenheiten, die durch Landesrecht oder auf Grund einer landesrechtlichen Ermächtigung geregelte Steuern betreffen,
4. in Monopolsachen,
5. in sonstigen von Bundesfinanzbehörden oder Landesfinanzbehörden verwalteten Angelegenheiten, soweit für diese durch Bundesgesetz oder Landesgesetz der Finanzrechtsweg eröffnet ist.

(2) Für die in Absatz 1 bezeichneten Angelegenheiten ist das Steuerberatungsgesetz maßgebend.

(3) Die Befugnis zur Hilfeleistung auf den in Absatz 1 bezeichneten Gebieten ermächtigt nicht zur Rechtsbesorgung in sonstigen Angelegenheiten.

Übersicht

	Rdn.		Rdn.
I. Systematik	1, 2	III. Ausschließliche Anwendbarkeit des Steuerberatungsgesetzes (Abs. 2)	10–12
II. Steuer- und Monopolsachen	3–9		
1. Angelegenheiten gemäß Absatz 1 Nr. 1	3	IV. Hilfestellung in Steuer- und Monopolsachen und Rechtsbesorgung in sonstigen Angelegenheiten (Abs. 3)	13–18
2. Angelegenheiten gemäß Absatz 1 Nr. 2	6		
3. Angelegenheiten gemäß Absatz 1 Nr. 3	7	1. Mitbesorgung allgemeiner Rechtsangelegenheiten	13
4. Angelegenheiten gemäß Absatz 1 Nr. 4	8	2. Einzelfälle aus der Rechtsprechung	18
5. Angelegenheiten gemäß Absatz 1 Nr. 5	9		

I. Systematik

1   Als Rechtsangelegenheiten i. S. d. § 1 sind grundsätzlich auch die in § 4 Abs. 1 aufgeführten Steuer- und Monopolsachen anzusehen.[1] Die Hilfe in diesen Angelegenheiten ließe sich demnach regelmäßig unter den Begriff der „Besorgung fremder Rechtsangelegenheiten" subsumieren.[2] Sie wäre mithin von der Erlaubnis gemäß § 1 gedeckt[3] bzw. unter den Voraussetzungen der §§ 2, 3, 5, 6, 7 erlaubnisfrei zulässig. Der Gesetzgeber hat die Steuerhilfe jedoch vollständig **von der allgemeinen Rechtsbesorgung abgekoppelt.** Nach der Sonderregelung des § 4 Abs. 1 gewährt die Erlaubnis nach dem RBerG nicht die Befugnis zur geschäftsmäßigen Hilfeleistung in Steuersachen, ebenso wie umgekehrt die Befugnis zur Steuerhilfe nicht zur Rechtsbesorgung in sonstigen Angelegenheiten ermächtigt (§ 4 Abs. 3). Nach § 4 Abs. 2 ist für die Hilfe in Steuer- und Monopolsachen allein das Steuerberatungsgesetz maßgebend; durch dessen § 3 wird sie in erster Linie Steuerberatern, Steuerbevollmächtigten und Steuerberatungsgesellschaften sowie Rechtsanwälten, Wirtschaftsprüfern, Wirtschaftsprüfungsgesell-

---

[1] *Rennen/Caliebe,* Rdn. 1; *Altenhoff/Busch/Chemnitz,* Rdn. 473; *Erbs/Kohlhaas/Senge,* Rdn. 1; *Schorn,* Die Rechtsberatung, 2. Aufl. 1967, S. 215.
[2] *Rennen/Caliebe,* Rdn. 1; *Erbs/Kohlhaas/Senge,* Rdn. 1. – Der Begriff der „Hilfeleistung" ist nur insofern weiter als derjenige der „Besorgung", als er auch die rein tatsächliche Hilfe bei der Bearbeitung einer Steuerangelegenheit und bei der Erfüllung steuerlicher Pflichten erfaßt; vgl. dazu *Erbs/Kohlhaas/Senge,* § 1 StBerG Rdn. 10.
[3] *Schorn,* Die Rechtsberatung, S. 215.

schaften, vereidigten Buchprüfern und Buchprüfungsgesellschaften vorbehalten.[4] Die Aufzählung in § 4 Abs. 1 entspricht dem Katalog des § 1 Abs. 1 StBerG, in dem der Anwendungsbereich des Steuerberatungsgesetzes abgesteckt wird. Dies hat zur Folge, daß Kollisionen des RBerG mit dem StBerG nicht auftreten können. Eine Tätigkeit, die in den Anwendungsbereich des einen Gesetzes fällt und nach dessen Vorschriften erlaubt ist, kann nicht gegen das andere Gesetz verstoßen.[5]

Die strikte Trennung der Hilfeleistung in Steuer- und Monopolsachen von der allgemeinen Rechtsbesorgung gilt **für alle,** die eine Erlaubnis gem. § 1 haben, auch für solche Rechtsbeistände, die nach § 209 BRAO Mitglieder einer Rechtsanwaltskammer geworden sind. Eine entsprechende Anwendung des § 11 StBerG, wonach die vor dem 29. 6. 1975 zugelassenen Prozeßagenten zur geschäftsmäßigen Hilfeleistung in Steuersachen befugt sind, auf die Kammerrechtsbeistände kommt nicht in Betracht.[6]

II. Steuer- und Monopolsachen

1. Angelegenheiten gemäß Absatz 1 Nr. 1

Die Einschränkung der Erlaubnis nach § 1 bezieht sich zunächst auf Angelegenheiten, die Steuern und Vergütungen betreffen. **Steuern** sind nach der Legaldefinition des § 3 Abs. 1 S. 1 AO Geldleistungen, die nicht eine Gegenleistung für eine besondere Leistung darstellen und von einem öffentlich-rechtlichen Gemeinwesen zur Erzielung von Einnahmen allen auferlegt werden, bei denen der Tatbestand zutrifft, an den das Gesetz die Leistungspflicht knüpft. Sie sind abzugrenzen von **Gebühren und Beiträgen,** die nicht unter die Ausnahmeregelung des § 4 Abs. 1 fallen und daher den Regeln für die allgemeine Rechtsbesorgung unterworfen sind, sofern sie nicht von Nr. 5 erfaßt werden.[7] **Gebühren** sind Geldleistungen, die als Gegenleistung für eine besondere Inanspruchnahme der Verwaltung von denjenigen erhoben werden, auf deren Veranlassung oder in deren Interesse die Inanspruchnahme erfolgt.[8] **Beiträge** sind Geldleistungen, die zur vollen oder teilweisen Deckung des Aufwandes einer öffentlichen Einrichtung oder Anlage von denjenigen erhoben werden, denen die Herstellung, Anschaffung oder der Bestand der Einrichtung oder Anlage die Möglichkeit gewährt, besondere Vorteile in Anspruch zu nehmen.[9] Wichtigstes Beispiel eines Beitrags ist der Erschließungsbeitrag;[10] aber auch die gemeindliche Fremdenverkehrsabgabe ist keine Steuer, sondern ein Beitrag.[11]

Unter **Vergütungen** sind sowohl Steuervergütungen im Sinne von §§ 37, 43 AO als auch sonstige Vergütungen, insbesondere nach EU-Recht, zu verstehen.[12] Vergütungen beziehen sich in der Regel auf die Rückgewähr von entrichteten Abgaben; in jedem Fall setzen sie ein Abgabenschuldverhältnis voraus, aus dem

---

[4] Vgl. dazu etwa *Schorn,* Die Rechtsberatung, S. 220 ff.
[5] VGH München BayVBl. 1981, 48 (49); *Erbs/Kohlhaas/Senge,* Rdn. 1.
[6] *Rennen/Caliebe,* Rdn. 2; *Altenhoff/Busch/Chemnitz,* Rdn. 473.
[7] *Rennen/Caliebe,* Rdn. 10, 12 f.; *Altenhoff/Busch/Chemnitz,* Rdn. 481.
[8] *Wolff/Bachof/Stober,* Verwaltungsrecht I, 10. Aufl. 1994, § 42 Rdn. 22.
[9] *Wolff/Bachof/Stober,* Verwaltungsrecht I, 10. Aufl. 1994, § 42 Rdn. 19.
[10] OVG Münster NVwZ-RR 1992, 446.
[11] BVerfG NJW 1976, 1837.
[12] *Rennen/Caliebe,* Rdn. 3; *Altenhoff/Busch/Chemnitz,* Rdn. 479; *Erbs/Kohlhaas/Senge,* § 1 StBerG Rdn. 3.

sie entstanden sind.[13] Daran fehlt es bei der Investitionszulage nach § 4 a InvZulG 1975; sie ist keine Steuervergütung, sondern eine Subvention.[14]

5   Steuern und Vergütungen fallen nur dann unter Nr. 1, wenn sie zum einen **durch Bundesrecht oder Recht der Europäischen Gemeinschaften geregelt** und wenn sie zum anderen **durch Bundes- oder Landesfinanzbehörden verwaltet** werden. Sind sie durch das Recht ausländischer Staaten geregelt, dann werden sie nicht erfaßt.[15] Unerheblich ist dagegen die Steuerart und die Person des Steuergläubigers; bei den Steuern i. S. der Nr. 1 kann es sich demnach um solche des Bundes, der Länder, der Gemeinden oder auch um solche der öffentlich-rechtlichen Religionsgemeinschaften handeln.[16]

2. Angelegenheiten gemäß Absatz 1 Nr. 2

6   Realsteuern sind gemäß § 3 Abs. 2 AO die Grundsteuer und die Gewerbesteuer. Sie werden in Nr. 2 ausdrücklich angesprochen, weil ihre Verwaltung von fast allen Ländern[17] gemäß Art. 108 Abs. 4 S. 2 GG den steuerberechtigten Gemeinden übertragen worden ist und sie von Nr. 1 daher nicht erfaßt werden.

3. Angelegenheiten gemäß Absatz 1 Nr. 3

7   Das sind solche, die durch Landesrecht oder auf Grund einer landesrechtlichen Ermächtigung geregelte Steuern betreffen. Nach Art. 105 Abs. 2 a GG haben die Länder die Befugnis zur Gesetzgebung über die örtlichen Verbrauchs- und Aufwandssteuern, solange und soweit sie nicht bundesgesetzlich geregelten Steuern gleichartig sind.

4. Angelegenheiten gemäß Absatz 1 Nr. 4

8   Monopolsachen sind nach der Abschaffung des Zündwarenmonopols durch Gesetz vom 27. 8. 1982 nur noch die Angelegenheiten, die das Branntweinmonopol betreffen.[18]

5. Angelegenheiten gemäß Absatz 1 Nr. 5

9   Die Erlaubnis nach § 1 ermächtigt schließlich nicht zur geschäftsmäßigen Hilfeleistung in sonstigen von Bundesfinanzbehörden oder Landesfinanzbehörden verwalteten Angelegenheiten, soweit für diese durch Bundesgesetz oder Landesgesetz der Finanzrechtsweg eröffnet ist. Den Finanzbehörden muß die „Verwaltung" der Angelegenheiten übertragen worden sein; es genügt nicht, daß die Angelegenheit aus irgendeinem Grund bei ihnen bearbeitet wird.[19]

III. Ausschließliche Anwendbarkeit des Steuerberatungsgesetzes (Abs. 2)

10   Absatz 2 stellt klar, daß für die in Absatz 1 bezeichneten Angelegenheiten ausschließlich das Steuerberatungsgesetz maßgebend ist. Durch diese Anordnung

---

[13] BVerwG NJW 1985, 1972 (1973) = AnwBl. 1985, 539.
[14] BVerwG NJW 1985, 1972 = AnwBl. 1985, 539; VGH München BayVBl. 1981, 48 (49).
[15] *Rennen/Caliebe*, Rdn. 11; *Altenhoff/Busch/Chemnitz*, Rdn. 481.
[16] *Altenhoff/Busch/Chemnitz*, Rdn. 479; *Schorn*, Die Rechtsberatung, S. 220.
[17] Eine Ausnahme bilden nur die Stadtstaaten.
[18] Zur Streichung der Devisensachen aus dem Katalog des § 4 Abs. 1 vgl. *Altenhoff/Busch/Chemnitz*, Rdn. 484 ff.
[19] *Altenhoff/Busch/Chemnitz*, Rdn. 487.

wird die Regelung des Absatz 1 vervollständigt; denn Absatz 1 erfaßt nur die Fälle, in denen eine Erlaubnis nach dem RBerG erteilt worden ist. Selbständige **Bedeutung** entfaltet Absatz 2 daher für die Fälle der §§ 2, 3, 5, 6 und 7, in denen zur allgemeinen Rechtsbesorgung ausnahmsweise nicht erforderlich ist. Da die Hilfe in Steuersachen ein Unterfall der allgemeinen Rechtsberatung ist, müßten sich die dort geregelten Freistellungen vom Erlaubniszwang auch auf sie erstrecken. Absatz 2 bringt zum Ausdruck, daß dies nicht angenommen werden kann,[20] und führt so im Zusammenwirken mit Absatz 1 dazu, daß das gesamte Gebiet der Steuer-, Monopol- und sonstigen von den Finanzbehörden verwalteten Angelegenheiten komplett aus der Regelung der allgemeinen Rechtsbesorgung herausgenommen und einer Sonderregelung unterworfen ist. Eine rechtsbesorgende Tätigkeit, die aus diesem Gebiet ohne Erlaubnis ausgeübt wird, ist nicht nach § 8, sondern nach dem für die Steuerberatung geltenden Ordnungswidrigkeitenrecht (§§ 160 ff. StBerG) zu ahnden,[21] sofern nicht eine der Freistellungen eingreift, die das StBerG vielfach ähnlich wie das RBerG bereithält.[22]

Die **Hilfe in Steuersachen** von der **allgemeinen Rechtsberatung** abzugrenzen, ist oft nicht einfach. Häufig treffen Gesichtspunkte des Steuerrechts mit solchen des allgemeinen Rechts zusammen, so daß Rechtsbesorgungsaufträge dazu zwingen, sowohl steuerliche als auch allgemeine Rechtsfragen zu behandeln.[23] Wie Rennen/Caliebe zutreffend hervorheben,[24] ist dies in manchen Bereichen vorsorgender Rechtsberatung, wie etwa der Vertrags- und Testamentsgestaltung, geradezu selbstverständlich. Dennoch kommt man nicht umhin, eine Abgrenzung zwischen beiden Bereichen vorzunehmen. Bedeutung erlangt sie insbesondere für den Inhaber einer Erlaubnis nach § 1 RBerG bzw. § 2 StBerG, aber auch für die von der Erlaubnispflicht Befreiten, soweit die Ausnahmeregelungen nach beiden Gesetzen voneinander abweichen.[25]

Welchen **Kriterien** die Abgrenzung zu folgen hat, wird nicht einheitlich beantwortet. Einigkeit besteht insoweit, daß eine Angelegenheit nicht schon deshalb als Steuersache anzusehen ist, weil die empfohlene oder vorgenommene Rechtsgestaltung auch wirtschaftliche Auswirkungen hat und steuerliche Folgen nach sich zieht und bei der Rechtsberatung daher steuerrechtliche Fragen mitzubedenken sind.[26] Umgekehrt hindert die Tatsache, daß allgemein-rechtliche Gesichtspunkte zu beachten sind, eine Qualifikation der Angelegenheit als Steuersache nicht.[27] Darüber hinaus ist jedoch streitig, nach welchen Merkmalen zwischen Rechtsberatung und steuerlicher Hilfe abzugrenzen ist, insbesondere ob der „Handlungsantrieb" des Auftraggebers das maßgebliche Kriterium bil-

---

[20] *Rennen/Caliebe*, Rdn. 14; *Altenhoff/Busch/Chemnitz*, Rdn. 475 ff.
[21] *Altenhoff/Busch/Chemnitz*, Rdn. 478.
[22] Vgl. dazu *Schorn*, Die Rechtsberatung, S. 226 f.
[23] *Rennen/Caliebe*, Rdn. 15; *Erbs/Kohlhaas/Senge*, Rdn. 3; *Schorn*, Die Rechtsberatung, S. 228; *ders.* NJW 1961, 993.
[24] *Rennen/Caliebe*, Rdn. 15.
[25] *Rennen/Caliebe*, Rdn. 16 f.
[26] BGH DB 1974, 1478; LG Wuppertal MDR 1969, 572 (573); *Rennen/Caliebe*, Rdn. 18; *Altenhoff/Busch/Chemnitz*, Rdn. 492; *Schorn*, Die Rechtsberatung, S. 218; *ders.* NJW 1961, 993 (995); *Dumoulin* NJW 1966, 810 (812); *Feyock* DNotZ 1964, 526 (529); vgl. auch OLG Karlsruhe AnwBl. 1980, 194; zu weit daher LG Koblenz, BB 1961, 1101.
[27] *Rennen/Caliebe*, Rdn. 19; *Schorn*, Die Rechtsberatung, S. 218; *ders.* NJW 1961, 993 (995); *Dumoulin* NJW 1966, 810 (812).

det.²⁸ Allgemein wird man formulieren können, daß es sich um eine **Hilfeleistung in Steuersachen** handelt, wenn bei der Beratung die steuerlichen Aspekte überwiegen, während eine **allgemeine Rechtsbesorgung** dann vorliegt, wenn die nichtsteuerrechtlichen Gesichtspunkte im Vordergrund stehen. In erster Linie ist dies durch eine objektive Betrachtung zu beurteilen, die sich am Gegenstand des Auftrags zu orientieren hat.²⁹ Das hindert es jedoch nicht, in Zweifelsfällen, in denen steuerliche Fragen mit solchen des allgemeinen Rechts zusammentreffen, auch die subjektiven Vorstellungen des Auftraggebers zu berücksichtigen und darauf zu sehen, was aus seiner Sicht der maßgebliche Zweck des Auftrags war. Im übrigen ist zu beachten, daß ein äußerlich einheitlich erteilter Auftrag in Wirklichkeit mehrere Aufträge beinhalten kann.³⁰

IV. Hilfestellung in Steuer- und Monopolsachen und Rechtsbesorgung in sonstigen Angelegenheiten (Abs. 3)

1. Mitbesorgung allgemeiner Rechtsangelegenheiten

Nach § 4 Abs. 3 ermächtigt die Befugnis zur Hilfeleistung in Steuer- und Monopolsachen nicht zur Rechtsbesorgung in sonstigen Angelegenheiten. Umstritten ist, ob durch diese Vorschrift die Mitbesorgung allgemeiner Rechtsangelegenheiten völlig ausgeschlossen wird. Teilweise wird die Auffassung vertreten, die Befugnis nach dem StBerG beschränke sich ausschließlich auf steuerlichen Rat. Den Steuerberatern sei es zwar unbenommen, bei der Hilfeleistung in Steuersachen die vorgefundenen außersteuerlichen Gegebenheiten tatbestandlich zugrunde zu legen und hinsichtlich ihrer steuerlichen Auswirkungen zu würdigen; zur außersteuerlichen Rechtsbesorgung seien sie aber in keinem Fall befugt.[31] Dieser **strengen Auffassung** steht eine ganze Palette von Meinungen gegenüber, die die Mitbesorgung allgemeiner Rechtsangelegenheiten trotz der Vorschrift des § 4 Abs. 3 in mehr oder minder weitgehendem Maß für zulässig halten. Sie lassen sich im wesentlichen in zwei Strömungen einteilen. Die großzügigere, die im gegenwärtigen Meinungsspektrum die am weitesten gehende Ansicht darstellt,[32] hält die Steuerberater für befugt, Rechtsberatung insoweit zu betreiben, als diese in einem unmittelbaren Zusammenhang mit der Hilfeleistung in Steuersachen steht.[33] Sie stützt sich dabei auf eine analoge Anwendung des § 5, dem sie den allgemeinen Rechtsgedanken entnehmen will, daß jeder Unternehmer eine mit seiner Berufstätigkeit unmittelbar zusammenhängende Rechtsberatung durchführen darf.[34] Eine vermittelnde Auffassung, die sich mittlerweile wohl als **herr-**

---

²⁸ Dafür VGH Mannheim BB 1971, 65; *Erbs/Kohlhaas/Senge*, Rdn. 3; *Gehre*, StBerG, 1981, § 33 Rdn. 15; ablehnend *Rennen/Caliebe*, Rdn. 20.

²⁹ So auch *Rennen/Caliebe*, Rdn. 20 (mit Beispielen).

³⁰ *Rennen/Caliebe*, Rdn. 19; vgl. auch den Fall in BGH NJW 1986, 1050 (1051).

³¹ *Altenhoff/Busch/Chemnitz*, Rdn. 489 ff.; *Kampmann* NJW 1968, 137 (141); *Dumoulin* NJW 1966, 810 (812); *Chemnitz* AnwBl. 1968, 66; vgl. auch BGH NJW 1986, 1050 (1051) = AnwBl. 1986, 111.

³² Nachweise für die früher vertretenen noch weitergehenden Auffassungen finden sich bei *Altenhoff/Busch/Chemnitz*, Rdn. 490.

³³ BVerwG NJW 1968, 906 (908) mit ablehnender Anm. *Kampmann*; *Rawald/Mittelsteiner* DStR 1963, 544 (547); *Gehre*, StBerG, § 33 Rdn. 14; vgl. auch OVG Hamburg AnwBl. 1968, 65 (66) mit insoweit ablehnender Anm. *Chemnitz*; tendenziell auch LG Düsseldorf NJW 1963, 1500 (1501).

³⁴ Auch der VGH München BayVBl. 1981, 48 (50), hat diese Möglichkeit immerhin offengelassen.

schende Meinung bezeichnen** läßt,[35] lehnt dies als zu weitgehend ab, meint jedoch, allgemeine Rechtsangelegenheiten dürften in dem Maße miterledigt werden, in dem sie **zwingend** zur Erfüllung des zulässigerweise übernommenen Auftrags gehörten.[36]

Gegen eine entsprechende Anwendung des § 5 auf die Steuerberater und **14** Steuerbevollmächtigten spricht die eindeutig erkennbare Absicht des Gesetzgebers, die allgemeine Rechtsberatung und die Steuerberatung voneinander zu trennen.[37] Hätte der Gesetzgeber diese Trennung ebenso wie bei den in § 5 aufgeführten Berufsgruppen durchbrechen wollen, sobald ein unmittelbarer Zusammenhang der Rechtsberatung mit der Berufstätigkeit gegeben ist, so hätte nichts näher gelegen, als eine entsprechende Ausnahme aufzunehmen. Daß er dies nicht getan hat, kann nur als Anzeichen dafür gewertet werden, daß die Aufzählung in § 5 abschließend sein soll. Ein unmittelbarer Zusammenhang mit der Steuerhilfe genügt demnach nicht, um die Rechtsberatung durch einen Steuerberater zu einer erlaubten Tätigkeit werden zu lassen.

Vergleicht man die **Ergebnisse der beiden verbleibenden Auffassungen** **15** miteinander, so läßt sich feststellen, daß der Unterschied zwischen ihnen eher terminologischer als sachlicher Natur ist.[38] In aller Regel gelangen sie im konkreten Einzelfall zu denselben Resultaten. Wo die vermittelnde Auffassung eine Rechtsberatung durch den Steuerberater für erlaubt hält, weil die Steuerhilfe ohne sie nicht durchgeführt werden könne, gelangt auch die strenge Auffassung zur Zulässigkeit des Handelns; sie meint allerdings, daß in diesen Fällen keine Rechtsbesorgung auf außersteuerlichem Gebiet vorliege, sondern lediglich eine tatbestandliche Heranziehung des allgemeinen Rechts, auf dem der Steuerrat aufgebaut werde.[39] Umgekehrt ist eine Tätigkeit, die die strenge Auffassung für unzulässige Rechtsbesorgung hält, regelmäßig auch nach der vermittelnden Meinung verboten, da in den betreffenden Fällen nach ihrer Auffassung neben dem Auftrag zur steuerlichen Beratung zumindest *auch* ein Auftrag auf außersteuerlichem Gebiet erteilt.[40]

Der **vermittelnden Auffassung** ist der Vorzug zu geben. Weist der Steuer- **16** berater seinen Mandanten im Rahmen einer Beratung über die für ihn steuerlich günstigste Gesellschaftsform auf die zivilrechtlichen Folgen der jeweiligen Gestaltungsmöglichkeit hin, so wird man nicht zweifeln können, daß es sich begrifflich um eine Rechtsberatung handelt. Sie muß dem Steuerberater jedoch gestattet sein, da ihm die ordnungsgemäße Berufsausübung anderenfalls unmöglich gemacht würde. § 4 Abs. 3 kann daher nicht so ausgelegt werden, daß eine Rechtsberatung durch den Steuerberater gänzlich ausgeschlossen wäre. Voraussetzung ist jedoch stets, daß sie sich als unvermeidbare Tätigkeit aus dem Auftrag zur steuerlichen Beratung ergibt; mit dieser muß sie dergestalt **notwendig und untrenn-**

---

[35] *Rennen/Caliebe,* Rdn. 24.
[36] BGH NJW 1963, 2027 f.; BGHZ 70, 12 (15); BGH DB 1974, 1478; VGH München BayVBl. 1981, 48 (50); OLG Hamburg AnwBl. 1971, 15; *Rennen/Caliebe,* Rdn. 23 ff.; *Erbs/Kohlhaas/Senge,* Rdn. 4; *Schorn,* Die Rechtsberatung, S. 218; *ders.* NJW 1961, 993 (994); wohl auch *Feyock* DNotZ 1964, 526 (529).
[37] OLG Karlsruhe AnwBl. 1980, 194; *Rennen/Caliebe,* Rdn. 23; *Altenhoff/Busch/Chemnitz,* Rdn. 489; *Erbs/Kohlhaas/Senge,* Rdn. 4; *Schorn,* Die Rechtsberatung, S. 216 f., 229; *ders.* NJW 1961, 993 (994 f.); *Kampmann* NJW 1968, 137 (138); *Chemnitz* AnwBl. 1968, 66; vgl. auch zum umgekehrten Fall BFHE 138, 297 (301 f.).
[38] Vgl. *Rennen/Caliebe,* Rdn. 25.
[39] Vgl. *Altenhoff/Busch/Chemnitz,* Rdn. 493; *Kampmann* NJW 1968, 137 f.; *Dumoulin* NJW 1966, 810 (812).
[40] VGH München BayVBl. 1981, 48 (50); *Rennen/Caliebe,* Rdn. 25.

bar verbunden sein, daß die steuerliche Angelegenheit ohne die Rechtsbesorgung nicht erledigt werden kann. Ist das nicht der Fall, so ist der Steuerberater verpflichtet, sich einer Beratertätigkeit zu enthalten und den Mandanten an einen Rechtsanwalt oder Notar zu verweisen.[41]

17 Die hier vertretene Auffassung befindet sich nicht im Widerspruch zu der geltenden Regelung.[42] Daß sich der Gesetzgeber ausdrücklich gegen sie erklärt habe, indem er die Vorschrift des § 4 Abs. 3 in Kenntnis des kontroversen Meinungsstandes aufrechterhalten habe, ist nicht anzunehmen. Wenn der Gesetzgeber in Kenntnis eines Meinungsstreits untätig bleibt, kann dies allenfalls als Indiz dafür gewertet werden, daß er den Streit nicht entscheiden, sondern ihn der Rechtsprechung und der Literatur überlassen will; ein ausdrückliches Bekenntnis zu einer der vertretenen Meinungen ist darin keinesfalls zu sehen. Die Auffassung unterscheidet sich auch erkennbar von der Ansicht, die § 5 entsprechend anwendet und auf diese Weise § 4 Abs. 3 einschränkt. Denn ein unmittelbarer Zusammenhang ist nicht erst dann gegeben, wenn die Berufsausübung ohne die Rechtsberatung nicht mehr möglich ist;[43] er liegt immer dann vor, wenn die Rechtsberatung dazu beiträgt, daß der Beruf sachgemäß und sinnvoll ausgeübt wird.[44]

2. Einzelfälle aus der Rechtsprechung

18 Wer zur Hilfeleistung in Steuersachen befugt ist, **darf** die möglichen zivilrechtlichen Gestaltungen aufzeigen und die hieraus alternativ folgenden steuerrechtlichen Schlußfolgerungen darlegen.[45] Dabei darf er auch über die zivilrechtlichen Folgen einer steuerlich günstigen Vertragsgestaltung oder Gesellschaftsform aufklären.[46] Er darf jedoch nach der Aufklärung nicht auf eine bestimmte zivilrechtliche Gestaltung beratend hinwirken.[47] **Insbesondere darf er keine Verträge** (etwa Darlehens- oder Gesellschaftsverträge) **entwerfen**.[48] Auch das Führen von Vertragsverhandlungen mit den Beteiligten geht bereits über seine Befugnis hinaus.[49] Er darf ferner keine außergerichtlichen Vergleiche herbeiführen, die die Stundung oder Herabsetzung der Forderungen gegen seinen Mandanten zum Inhalt haben,[50] und umgekehrt nicht die Vertretung eines Gläubigers

---

[41] BGH NJW 1986, 1050 (1051) = AnwBl. 1986, 111; *Erbs/Kohlhaas/Senge,* Rdn. 5.

[42] So aber *Altenhoff/Busch/Chemnitz,* Rdn. 491.

[43] Inkonsequent daher *Schorn* NJW 1961, 993 (994); berechtigt ist insoweit die Kritik von *Kampmann* NJW 1968, 137 f.

[44] Vgl. § 5 Rdn. 13 ff.

[45] OLG Karlsruhe AnwBl. 1980, 194; OLG Hamburg AnwBl. 1971, 15.

[46] *Erbs/Kohlhaas/Senge,* Rdn. 5; *Schorn,* Die Rechtsberatung, S. 218; *ders.* NJW 1961, 993 (995).

[47] BGH NJW 1963, 2027 f. = AnwBl. 1963, 308; OLG Karlsruhe AnwBl. 1980, 194.

[48] BGH NJW 1986, 1050 (1051) = AnwBl. 1986, 111; BGHZ 70, 12 (13); BGH DB 1974, 1438; BGH NJW 1963, 2027 (2028) = AnwBl. 1963, 308; OLG Hamm DB 1986, 32; OLG Hamburg AnwBl. 1971, 15; LG Tübingen MDR 1978, 668; LG Düsseldorf AnwBl. 1988, 493; LG Düsseldorf NJW 1963, 1500; *Altenhoff/Busch/Chemnitz,* Rdn. 492; *Erbs/Kohlhaas/Senge,* Rdn. 5; *Schorn,* Die Rechtsberatung, S. 218; *ders.* NJW 1961, 993 (995); *Gehre,* StBerG, § 33 Rdn. 16; *Dumoulin* NJW 1966, 810 (812); *Feyock* DNotZ 1964, 526 (529).

[49] LG Düsseldorf AnwBl. 1988, 493; *Erbs/Kohlhaas/Senge,* Rdn. 5; *Schorn,* Die Rechtsberatung, S. 218; *ders.* NJW 1961, 993 (995).

[50] BGHZ 36, 321 (322) = NJW 1962, 807; OLG Karlsruhe AnwBl. 1980, 194; OLG Karlsruhe Justiz 1965, 59, 60; LG Itzehoe NJW 1963, 210 (211); *Altenhoff/Busch/Chemnitz,* Rdn. 492; *Erbs/Kohlhaas/Senge,* Rdn. 5; *Schorn,* Die Rechtsberatung, S. 218 f.; *Gehre,* StBerG, § 33 Rdn. 17; a. A. *Künne* KTS 1963, 91 ff.; kritisch auch *Rawald/Mittelsteiner* DStR 1963, 544 (547).

§ 5 Zulässige Erledigung   Art. 1 § 5 RBerG

gegen dessen Schuldner übernehmen.[51] Es ist ihm verwehrt, Schadensersatzansprüche nach einem Verkehrsunfall zu regulieren,[52] Schankkonzessionsanträge zu stellen[53] oder den Mandanten bei der Geltendmachung von Schadensersatzansprüchen gegen dessen früheren Steuerberater zu unterstützen.[54] Auch darf er keine Willenseinigung über eine vorweggenommene Erbauseinandersetzung herbeiführen.[55] Er darf keine Entschädigungssachen bearbeiten[56] und keine Hilfe in Wiedergutmachungssachen erteilen.[57] Da das InvZulG 1975 kein Steuergesetz, sondern ein reines Subventionsgesetz ist, darf er auch nicht in einem Verwaltungsverfahren, das die Erteilung einer Investitionszulagenbescheinigung nach § 4 a Nr. 1 dieses Gesetzes betrifft, beratend tätig werden.[58] Im Verfahren vor dem Verwaltungsgericht darf er seinen Mandanten nicht vertreten in einer Erschließungssache,[59] bei einem Rechtsstreit um den Widerruf einer Konzession[60] sowie bei einer Klage auf Erteilung eines Anerkennungsbescheids gemäß §§ 82, 83 2. WoBauG.[61] In einer allgemeinen Rechtsangelegenheit darf er keine Schriftsätze an das Gericht richten[62] oder vor einem Schiedsgericht auftreten.[63] Schließlich ist er auch nicht befugt, im Verwaltungsverfahren einen Behinderten beim Streit um einen höheren Grad der Behinderung zu vertreten.[64]

§ 5 [Zulässige Erledigung von Rechtsangelegenheiten]
Die Vorschriften dieses Gesetzes stehen dem nicht entgegen,
1. daß kaufmännische oder sonstige gewerbliche Unternehmer für ihre Kunden rechtliche Angelegenheiten erledigen, die mit einem Geschäft ihres Gewerbebetriebs in unmittelbarem Zusammenhang stehen;
2. daß öffentlich bestellte Wirtschaftsprüfer sowie vereidigte Bücherrevisoren in Angelegenheiten, mit denen sie beruflich befaßt sind, auch die rechtliche Bearbeitung übernehmen, soweit diese mit den Aufgaben des Wirtschaftsprüfers oder Bücherrevisors in unmittelbarem Zusammenhang steht;

---

[51] OLG Koblenz AnwBl. 1984, 446; *Erbs/Kohlhaas/Senge,* Rdn. 5.
[52] LG Köln AnwBl. 1963, 117 (118); *Altenhoff/Busch/Chemnitz,* Rdn. 492; *Erbs/Kohlhaas/Senge,* Rdn. 5.
[53] *Kampmann* NJW 1968, 137 (140); *Erbs/Kohlhaas/Senge,* Rdn. 5; a. A. LG Koblenz BB 1961, 1101; *Rawald/Mittelsteiner* DStR 1963, 544 (546).
[54] OLG Düsseldorf Steuerberater 1985, 307; *Altenhoff/Busch/Chemnitz,* Rdn. 492.
[55] LG Wuppertal MDR 1969, 572 (573); *Erbs/Kohlhaas/Senge,* Rdn. 5.
[56] LG Köln AnwBl. 1963, 118 f.; *Altenhoff/Busch/Chemnitz,* Rdn. 492.
[57] LG Bamberg AnwBl. 1956, 96 (97); *Altenhoff/Busch/Chemnitz,* Rdn. 492; *Schorn,* Die Rechtsberatung, S. 216.
[58] BVerwG NJW 1985, 1972 = AnwBl. 1985, 539; vgl. auch VGH München BayVBl. 1981, 48 (49 f.).
[59] OVG Münster NVwZ-RR 1992, 446; *Erbs/Kohlhaas/Senge,* Rdn. 4.
[60] OVG Lüneburg AnwBl. 1961, 73 (74) mit insoweit zustimmender Anm. *Chemnitz;* *Altenhoff/Busch/Chemnitz,* Rdn. 492; *Erbs/Kohlhaas/Senge,* Rdn. 5.
[61] OVG Hamburg AnwBl. 1968, 65 (66) mit Anm. *Chemnitz; Altenhoff/Busch/Chemnitz,* Rdn. 492; offengelassen von VGH München BayVBl. 1981, 48 (50); a. A. *Gehre,* StBerG, § 33 Rdn. 17 m. w. N.
[62] OLG Karlsruhe AnwBl. 1979, 487; *Erbs/Kohlhaas/Senge,* Rdn. 5.
[63] LG Itzehoe NJW 1963, 210 (213) = AnwBl. 1962, 285; *Erbs/Kohlhaas/Senge,* Rdn. 5.
[64] BSG MDR 1996, 100.

3. daß Vermögensverwalter, Hausverwalter und ähnliche Personen die mit der Verwaltung in unmittelbarem Zusammenhang stehenden Rechtsangelegenheiten erledigen.

Übersicht

	Rdn.
I. Allgemeines	1–4
II. Erledigung rechtlicher Angelegenheiten durch kaufmännische oder gewerbliche Unternehmer (§ 5 Nr. 1)	5–45
1. Kaufmännische oder sonstige gewerbliche Unternehmer	5
a) Kaufmännische Unternehmer	5
b) Gewerbliche Unternehmer	6
2. Erledigung rechtlicher Angelegenheiten für Kunden	11
3. Unmittelbarer Zusammenhang mit einem Geschäft ihres Gewerbebetriebes	13
a) Geschäft des Gewerbebetriebes	13
b) Unmittelbarer Zusammenhang	16
4. Rechtsberatung als Hilfs- oder Nebengeschäft	19
5. Einzelfälle	20
a) Baubereich	20
b) Brauereien	23
c) Detektiv	24
d) Erbensucher (Genealoge)	25
e) Frachtführer/Spediteure	26
f) Kfz-Bereich	27
g) Kreditinstitute	30
h) Makler	32
i) Prozeßvertretung	37
j) Projektsteuerung	37
k) Reisebüros	38
l) Spielerberater	39
m) Testamentvollstrecker	40
n) Unternehmensberater	41
o) Versicherungen	42
p) Zeitungen und Zeitschriften	45
III. Rechtliche Bearbeitung durch Wirtschaftsprüfer und vereidigte Buchprüfer (§ 5 Nr. 2)	46–52
1. Wirtschaftsprüfer und vereidigte Buchprüfer	46
2. Aufgaben nach der Wirtschaftsprüfungsordnung	47
a) Vereidigte Buchprüfer	47
b) Wirtschaftsprüfer	48
3. Aufgaben i. S. des RBerG	50
4. Unmittelbarer Zusammenhang	51
5. Rechtliche Bearbeitung	52
IV. Erledigung rechtlicher Angelegenheiten durch Vermögensverwalter, Hausverwalter und ähnliche Personen (§ 5 Nr. 3)	53–59
1. Personenkreis	53
a) Vermögensverwalter	53
b) Hausverwalter	54
c) Ähnliche Personen	55
2. Erlaubte Tätigkeit	57

I. Allgemeines

1 § 5 nimmt für bestimmte Personen rechtsbesorgende Tätigkeiten von der Erlaubnispflicht des § 1 aus und erlaubt diesen die Rechtsbesorgung, wenn ein unmittelbarer Zusammenhang mit einem konkreten Geschäft der eigentlichen (Berufs-)Tätigkeit gegeben ist.

2 Da § 5 eine Ausnahmevorschrift ist, ist er eng auszulegen. Für eine solche Auslegung spricht, worauf der BGH im Urt. v. 26. 4. 1994[1] zu Recht hinweist, auch der funktionale Zusammenhang dieser Vorschrift mit § 1. Nach § 1 bedarf die Besorgung fremder Rechtsangelegenheiten der Erlaubnis, die die zuständige Behörde erteilt, wenn die Voraussetzungen des Satzes 2 vorliegen. Würde § 5 großzügig ausgelegt, würde damit die gesetzgeberische Regelung faktisch unter-

---

[1] BGH AnwBl. 1994, 571 (574) = NJW-RR 1994, 1081 = MDR 1994, 1148 = WM 1994, 1443.

laufen; die behördliche Entscheidungskompetenz würde durch einen richterlichen Generaldispens weitgehend ersetzt.[2]

§ 5 bezweckt, Berufe, die sich sachgemäß nicht ohne gleichzeitige Rechtsbesorgung ausüben lassen, von dem Erlaubniszwang des § 1 freizustellen. Diese Berufe sollen nicht deshalb unmöglich gemacht oder unangemessen erschwert werden, weil mit ihnen nach ihrer Eigenart eine rechtliche Tätigkeit verbunden ist.[3] Allerdings ist die Ausnahme des § 5, um eine ausufernde Anwendung zu vermeiden, auf die Fälle beschränkt, in denen die Rechtsberatung mit einem konkreten Geschäft zusammenhängt.[4] § 5 stellt also sicher, daß durch das Verbot der Rechtsberatung nicht einheitliche Lebensvorgänge aufgespalten werden, die bei der Ausübung eines Berufes auftreten.[5]   3

Die in § 5 vorgesehene Ausnahme ist verfassungsrechtlich geboten, vgl. dazu Einleitung, Rdn. 22.   4

II. Erledigung rechtlicher Angelegenheiten durch kaufmännische oder gewerbliche Unternehmer (§ 5 Nr. 1)

1. Kaufmännische oder sonstige gewerbliche Unternehmer

a) Kaufmännische Unternehmer. Unter die in Nr. 1 als Beispiel für gewerbliche Unternehmer genannten kaufmännischen Unternehmer fallen alle Kaufleute i. S. d. §§ 1 ff. HGB, insbesondere auch Aktiengesellschaften (§ 3 AktG) und Gesellschaften mit beschränkter Haftung (§ 13 Abs. 3 GmbHG), unabhängig davon, innerhalb welcher Branche sie tatsächlich tätig sind.[6]   5

b) Gewerbliche Unternehmer. Das sind i. S. d. nach einhelliger Auffassung diejenigen, die ein Gewerbe i. S. d. § 1 GewO betreiben.[7] Ein Gewerbe i. S. d. GewO liegt vor bei einer an sich erlaubten, planmäßig auf Dauer gerichteten, selbständigen, nach außen in Erscheinung tretenden Tätigkeit mit nachhaltiger Gewinnerzielungsabsicht.[8]   6

Die sog. **freien Berufe** werden vom Gewerbebegriff der GewO nicht erfaßt. Freie Berufe – so wird in der Literatur formuliert – sind solche selbständig betriebenen Berufe höherer Art, die ohne Verletzung ihres Ethos nicht rein wirtschaftlich abgewickelt werden können.[9] Bei diesen Berufen stehe die persönliche Dienstleistung und nicht die Absicht der Gewinnerzielung im Vordergrund, die geistige Arbeit sei das Entscheidende, nicht der Kapitaleinsatz.[10]   7

---

[2] BGH AnwBl. 1994, 571 (574) = NJW-RR 1994, 1081 = MDR 1994, 1148 = WM 1994, 1443.

[3] Ständige Rspr.; vgl. nur BGH JZ 1988, 556 (557) = BGHZ 102, 128 (132); BGH NJW 1978, 322 (323); BGH NJW 1967, 1562 (1563); BGH NJW 1954, 1295; BGH AnwBl. 1957, 39 f.; OLG Hamburg AnwBl. 1955, 72 (74); OLG Karlsruhe NJW-RR 1988, 569. Siehe auch *Altenhoff/Busch/Chemnitz*, Rdn. 501 m. w. N.; *Karsten Schmidt* DB 1978, 1917 (1918).

[4] RStBl. 1935, S. 1528.

[5] Vgl. *Zuck* Anm. zu BGH JZ 1988, 556 (560).

[6] *Altenhoff/Busch/Chemnitz*, Rdn. 531; *Rennen/Caliebe*, Rdn. 10; *Erbs/Kohlhaas/Senge*, Rdn. 3.

[7] Vgl. nur *Berger* NJW 1990, 2355 (2357); zur Entmythologisierung und Entidealisierung der freien Berufe vgl. *Kornblum* BB 1985, 65 (68).

[8] Vgl. *Karsten Schmidt* DB 1978, 1917 (1919); *Berger* NJW 1990, 2355 (2357).

[9] *Rennen/Caliebe*, Rdn. 11.

[10] Vgl. nur *Berger* NJW 1990, 2355 (2357).

8 Außerordentlich streitig ist die Frage, ob derjenige, der einen freien Beruf ausübt (etwa ein Arzt oder Architekt), gewerblicher Unternehmer i. S. d. § 5 ist. Dies wird teilweise verneint.[11] Die freien Berufe würden nach dem eindeutigen Wortlaut nicht unter § 5 Nr. 1 fallen.[12] Das folge auch daraus, daß in § 5 Nr. 2 einzelne freie Berufe gesondert behandelt seien.[13] Die Vertreter dieser Meinung empfinden sodann das von ihnen gefundene Ergebnis als unbefriedigend und korrigieren es in vielfältiger Weise mit der Folge, daß auch nach dieser Auffassung die freien Berufe so zu behandeln sind wie die in § 5 genannten gewerblichen Unternehmer.[14]

9 Die geschilderte Problematik hätte sich bei **richtiger Auslegung** des § 5 nicht gestellt. Entgegen der soeben dargestellten Auffassung werden die freien Berufe nämlich von § 5 Nr. 1 umfaßt. Nach dieser Vorschrift bedürfen gewerbliche Unternehmer unter bestimmten Voraussetzungen nicht der Erlaubnis des § 1. Was unter gewerblichen Unternehmen zu verstehen ist, ist im Gesetz nicht definiert.[15] Es läßt sich weder dem Wortlaut noch den Gesetzesmaterialien, in denen von „auf wirtschaftlichem Gebiet liegenden Berufen" die Rede ist,[16] entnehmen, daß der Begriff „gewerbliche Unternehmer" i. S. d. Gewerbeordnung auszulegen ist. Gegen eine solche Auslegung spricht die Überlegung, daß die GewO in erster Linie ein die Berufsausübung der Gewerbetreibenden einschränkendes Gesetz ist, das die Allgemeinheit und Einzelne vor den Gefahren, Nachteilen und Belästigungen, die durch bestimmte wirtschaftliche Betätigungen herbeigeführt werden können, schützen soll.[17] Freie Berufe werden dort ausgenommen, weil die mit dem Gewinnstreben der Gewerbetreibenden verbundenen Gefahren bei ihnen gerade nicht vorliegen. § 5 Nr. 1 läßt eine Ausnahme von Rechtsberatungsverbot zugunsten der Gewerbetreibenden zu. Wenn die freien Berufe aus den genannten Gründen von den einschränkenden Regeln der GewO ausgenommen werden, so scheint es schwer verständlich, daß der Gesetzgeber sie – anders als gewerbliche Unternehmer – einer Erlaubnispflicht nach § 1 RBerG unterworfen sehen wollte. Auch bezüglich der freien Berufe muß daher die einer sachgemäßen Berufsausübung dienende Ausnahme des § 5 Nr. 1 greifen.[18]

10 Mit dem Begriff „gewerblich" i. S. d. Nr. 1 werden vor allem die im Gewerbebegriff nach der GewO enthaltenen Merkmale **„selbständig"** und **„auf Dauer angelegt"** angesprochen, da sie klarstellen, daß eine vorübergehend ausgeübte Tätigkeit ebensowenig wie eine Tätigkeit in abhängiger Stellung eine Annexkompetenz zur Rechtsberatung verleihen kann. Das Merkmal der Absicht der Gewinnerzielung ist hingegen großzügig zu verstehen und dient nur der Abgrenzung beruflicher von rein sozialen Tätigkeiten. Jeder Architekt oder Arzt will seinen Lebensunterhalt verdienen. Wer ausschließlich unentgeltlich tätig ist, wer also von der ausgeübten Tätigkeit nicht leben will, für den muß auch keine Ausnahme von dem Verbot der Rechtsberatung gemacht werden, da ihm durch dieses Verbot nicht seine berufliche Tätigkeit unmöglich gemacht wird.

---

[11] Vgl. BGH NJW 1978, 322 (323); *Rennen/Caliebe*, Rdn. 11.
[12] Vgl. nur *Rennen/Caliebe*, Rdn. 11.
[13] Vgl. nur *Rennen/Caliebe*, Rdn. 11.
[14] Vgl. nur *Rennen/Caliebe*, Rdn. 11; *Müller-Graff* GRUR 1988, 95 (101); a. A. allerdings *Altenhoff/Busch/Chemnitz*, Rdn. 532 ff., nach deren Auffassung die in § 5 Nr. 1 nicht genannten freien Berufe nicht zur Rechtsbesorgung befugt sind.
[15] Vgl. dazu *Kornblum* BB 1985, 65, der zu Recht darauf hinweist, daß der Begriff in verschiedenen Rechtsbereichen einen unterschiedlichen Inhalt haben kann.
[16] RStBl. 1935, S. 1528.
[17] *Friauf*, GewO, § 1 Rdn. 9.
[18] Vgl. *Karsten Schmidt* DB 1978, 1917.

2. Erledigung rechtlicher Angelegenheiten für Kunden

Wenn das Gesetz von der Erledigung rechtlicher Angelegenheiten spricht, so ist damit nichts anderes als **Rechtsbesorgung** gemeint. Das ergibt sich schon aus den Gesetzesmaterialien.[19]

Für die **Kunden** müssen die Angelegenheiten erledigt werden, nicht etwa für Angestellte, Teilhaber oder Lieferanten.[20]

3. Unmittelbarer Zusammenhang mit einem Geschäft ihres Gewerbebetriebes

a) Geschäft des Gewerbebetriebes. aa) Die Rechtsberatung muß nach dem Wortlaut der Nr. 1 mit einem konkreten Geschäft des Unternehmers zusammenhängen. Dieses Hauptgeschäft muß dem Berufsbild des Unternehmers entsprechen und darf nicht rechtsbesorgender Art sein. Der teilweise in der Literatur vertretenen Annahme, daß auch die (rechtsbesorgende) Tätigkeit eines **Teilerlaubnisinhabers** nach § 1 als „Geschäft ihres Gewerbebetriebes" in Betracht komme,[21] kann nicht beigepflichtet werden. Der Rechtsgedanke des § 5 ist auf Teilerlaubnisinhaber nicht, auch nicht entsprechend, anwendbar.[22] Denn § 5 ist eine eng auszulegende Ausnahmevorschrift für die Erledigung der rechtlichen Seite eines wirtschaftlichen Geschäfts. Sollte ein sachlicher Zusammenhang zwischen Rechtsberatung auf einem Gebiet und einer Rechtsberatung auf anderem Gebiet bestehen, so ist dieser Zusammenhang gerade nicht von § 5 erfaßt. Die Reichweite einer Teilerlaubnis ist ausschließlich eine Frage des § 1. Eine andere Auslegung des § 5 würde hier dazu führen, daß die behördliche Entscheidungskompetenz nach § 1 unterlaufen würde.

bb) Es besteht Einigkeit, daß § 5 nicht die **Rechtsberatung von Altkunden** erlaubt.[23] Ist ein Geschäft also vollständig abgewickelt, so ist ein unmittelbarer Zusammenhang mit ihm nicht mehr vorstellbar. Umstritten ist aber, ob nachvertragliche Aufklärungspflichten eine Rechtsberatung rechtfertigen können. Z. T. wird dies mit der Begründung verneint, nach § 5 müsse die Rechtsberatung für die Ausführung des Geschäfts notwendig sein. Nach der Erfüllung der beiderseitigen Leistungspflichten sei das aber nicht mehr der Fall.[24] Dagegen wird zu Recht geltend gemacht, daß das Geschäft so lange nicht vollständig abgewickelt ist, wie noch Beratungs- und Aufklärungspflichten bestehen.[25] Die Verletzung dieser Pflichten kann zu Schadensersatzansprüchen des Kunden führen. Es muß dem Unternehmer daher sowohl während der Durchführung der Leistungspflichten als auch später möglich sein, diese Pflichten zu erfüllen, ohne einen Verstoß gegen das RBerG zu begehen.

Anderes gilt allerdings für die vom Kunden häufig erwartete allgemeine Betreuung und Beratung, die nicht vertragliche Nebenpflicht, sondern **Serviceleistung** ist. Nachdem die Hauptleistungspflichten erfüllt sind, kann der Wunsch des Kunden für nachvertragliche Betreuung und Beratung nicht ausreichen, um die Anwendung der Nr. 1 zu rechtfertigen. Der Entscheidung des LG Ham-

---

[19] RStBl. 1935, 1526 (1529).
[20] *Altenhoff/Busch/Chemnitz*, Rdn. 529; *Erbs/Kohlhaas/Senge*, Rdn. 6; *Rennen/Caliebe*, Rdn. 3.
[21] *Rennen/Caliebe*, Rdn. 6; *Erbs/Kohlhaas/Senge*, Rdn. 1.
[22] So auch *Altenhoff/Busch/Chemnitz*, Rdn. 508, 535.
[23] OLG Köln AnwBl. 1986, 346; LG Hannover NJW 1987, 3013 f.; *Altenhoff/Busch/Chemnitz*, Rdn. 516, 527; *Erbs/Kohlhaas/Senge*, Rdn. 6; *Rennen/Caliebe*, Rdn. 5.
[24] LG Hannover NJW 1987, 3013; *Chemnitz*, Anm. zu LG Hamburg AnwBl. 1994, 252; vgl. auch *Altenhoff/Busch/Chemnitz*, Rdn. 527.
[25] *Rennen/Caliebe*, Rdn. 5; LG Hamburg AnwBl. 1994, 252.

burg,²⁶ nach der aus dem persönlichen Treueverhältnis zwischen einem Vermittlungsmakler und seinem Kunden eine Ansprechmöglichkeit für Probleme im Zusammenhang mit dem späteren Schicksal des vermittelten Vertrages besteht, kann deshalb nicht gefolgt werden.

16   **b) Unmittelbarer Zusammenhang. aa)** Nach dem Wortlaut der Nr. 5 muß ein unmittelbarer Zusammenhang zwischen der rechtsberatenden Tätigkeit und dem konkreten Geschäft bestehen. Nach herrschender Auffassung besteht ein unmittelbarer Zusammenhang nur mit Tätigkeiten, die als notwendiges Hilfs- oder Nebengeschäft der Ausführung eines bestimmten Berufsgeschäfts dienen²⁷ (vgl. dazu im einzelnen unten Rdn. 19 ff.). Erforderlich ist allerdings nicht, daß die Berufsausübung ohne die Rechtsberatung nicht mehr möglich ist, sondern lediglich, daß der Beruf ohne die Rechtsberatung oder -besorgung nicht **sachgemäß bzw. sinnvoll** ausgeübt werden kann.²⁸ Es sollen von Nr. 1 nur Tätigkeiten erfaßt werden, die der Unternehmer im Rahmen und Interesse seiner eigentlichen Berufsaufgabe ausführt. Da gesetzliche Berufskataloge nicht bzw. nur vereinzelt existieren und es nicht dem einzelnen überlassen bleiben kann, seine Tätigkeit so zu bestimmen, daß die Erledigung von Rechtssachen darin als notwendige Hilfs- oder Nebentätigkeit erscheint, wird zur Konkretisierung des Begriffs der „eigentlichen Berufsaufgabe" auf das jeweilige Berufsbild zurückgegriffen.²⁹ Bei der Bestimmung des Berufsbildes treten im Einzelfall allerdings dann Schwierigkeiten auf, wenn neue Berufe entstehen oder bei seltenen Berufen ein bestimmtes, fest geprägtes Berufsbild nicht existiert oder wenn sich Berufsbilder ändern.³⁰

17   **bb)** Die gesetzliche Regelung ist nicht so zu verstehen, daß ein gesetzliches oder überliefertes Berufsbild die Besorgung fremder Rechtsangelegenheiten als zugehörig unmittelbar erfassen muß, wie dies teilweise in der Rechtsprechung formuliert wird.³¹ Nach dem eindeutigen Wortlaut der Nr. 1 muß ein unmittelbarer Zusammenhang mit einem konkreten Geschäft des Gewerbebetriebs bestehen, nicht aber ein Zusammenhang mit einem Berufsbild. Der Bezug zum Berufsbild wird dadurch hergestellt, daß dieses konkrete Geschäft **zum Berufsbild gehören** muß.³² Geschäfte, die für einen Unternehmer untypisch sind, werden – entgegen einer in der Literatur vertretenen Auffassung³³ – nicht von § 5 erfaßt. Bereits der Gesetzeswortlaut legt den Zusammenhang zwischen Berufsbild und konkretem Geschäft nahe, wenn dort von einem „Geschäft ihres Gewerbebetriebes" die Rede ist. Der Bezug zum Berufsbild kann auf andere Weise nicht sinnvoll hergestellt werden.

18   **cc)** Zur Entscheidung der Frage, ob ein unmittelbarer Zusammenhang mit einem konkreten Geschäft besteht, kann nicht darauf abgestellt werden, ob aus Sicht des Kunden erwartet wird, daß neben der Haupttätigkeit ein anderes Geschäft miterledigt wird (etwa mit der Kfz-Reparatur die Schadensregulierung mit

---

²⁶ LG Hamburg AnwBl. 1994, 252 m. abl. Anm. v. *Chemnitz*.
²⁷ BGH NJW 1981, 873 (874); BGH NJW 1989, 215 m. w. N.; *Altenhoff/Busch/Chemnitz*, Rdn. 514; *Rennen/Caliebe*, Rdn. 5; *Schorn*, S. 231.
²⁸ BGH NJW-RR 1994, 1081 (1083) = AnwBl. 1994, 571; BGHZ 102, 128 (134) = NJW 1988, 561; BGH NJW 1989, 2125; BGH NJW 1967, 1558 (1562); OLG Düsseldorf MDR 1991, 64.
²⁹ *Karsten Schmidt* DB 1978, 1917 (1919).
³⁰ Vgl. dazu BGH NJW-RR 1994, 1081 (1083) = AnwBl. 1994, 571.
³¹ OLG Karlsruhe NJW-RR 1988, 569 (570); LG Stuttgart AnwBl. 1982, 372.
³² Instruktiv BGHZ 70, 12 (16 f.); vgl. auch BGH NJW 1989, 2125.
³³ *Altenhoff/Busch/Chemnitz*, Rdn. 537; *Erbs/Kohlhaas/Senge*, Rdn. 7; vgl. aber auch *Chemnitz* AnwBl. 1992, 504.

der Haftpflichtversicherung des Schädigers). Die subjektive Erwartung des Kunden, daß der Unternehmer das rechtliche Hilfsgeschäft miterledigt, kann keine Berücksichtigung finden.[34] Eine solche Erwartung wird der Unternehmer, der rechtliche Angelegenheiten erledigt, nämlich in aller Regel ins Feld führen. Würde sie ausreichen, würde die Regelung des § 1 RBerG, worauf der BGH zu Recht hinweist, faktisch unterlaufen.[35]

4. Rechtsberatung als Hilfs- oder Nebengeschäft

Die Rechtsberatung darf nicht im Vordergrund der Berufsausübung stehen;[36] es muß sich vielmehr um eine Hilfs- oder Nebentätigkeit handeln, die sich im Rahmen der eigentlichen Berufsaufgabe vollzieht und deren Zweck dient, ohne daß sie untergeordnet zu sein braucht. Die Rechtsbesorgung darf jedoch nicht selbständig neben die anderweitigen Berufsaufgaben treten.[37] § 5 setzt also voraus, daß der Unternehmer zwei Geschäfte führt, nämlich ein zu seiner eigentlichen Berufsaufgabe gehörendes Hauptgeschäft, das keine Rechtsbesorgung darstellt, und ein notwendiges Hilfsgeschäft, das an sich nach § 1 erlaubnispflichtig ist.[38] Ist die Rechtsberatung hingegen Teil der eigentlichen Berufsaufgabe, so wird nicht mehr die in § 5 gemeinte Annexkompetenz ausgeübt, sondern die Rechtsberatung zur Berufsaufgabe gemacht. Genau das soll aber durch § 1 verhindert werden.

5. Einzelfälle

a) **Baubereich.** Das Berufsbild der **Architekten** ist dadurch gekennzeichnet, daß es auf die Erstellung eines Bauwerkes gerichtet ist, sei es durch Planung und/oder durch Ausführung eines Bauvorhabens. In diesem Rahmen muß sich auch eine eventuelle Rechtsbesorgung halten.[39] Architekten dürfen ihre Auftraggeber über die einschlägigen Rechtsvorschriften informieren und sie darüber beraten, wie sie ihr Bauvorhaben am besten verwirklichen können,[40] und die zur **Ausführung** des Baus erforderlichen Verträge (etwa mit Handwerkern) vorbereiten[41] und bei Auftragserteilung mitwirken. Ihre Aufgabe ist es darüber hinaus, die Rechte des Bauherrn bei der Mängelbeseitigung wahrzunehmen und auf die Einhaltung der Vorschriften des öffentlichen Baurechts hinzuwirken. Der Architekt darf darüber hinaus über steuerliche Vergünstigungen beraten. Er darf allerdings nicht vor den Verwaltungsgerichten als Prozeßbevollmächtigter auftreten.[42] Der Entwurf und die Abfassung von Verträgen mit Erwerbern dient hingegen nur der Veräußerung eines Bauwerks und ist damit nicht Teil des Berufsbildes des Architekten, sondern vielmehr ihrem Wesen nach Maklertätigkeit. Die darin liegende Rechtsbesorgung ist daher von Nr. 1 nicht gedeckt.[43]

---

[34] BGH AnwBl. 1994, 571 (574) = NJW-RR 1994, 1081; a. A. LG Hamburg AnwBl. 1994, 252; *Rennen/Caliebe,* Rdn. 8.
[35] BGH AnwBl. 1994, 571 (574) = NJW-RR 1994, 1081.
[36] BGHZ 70, 12 (15) m. w. N.; BGH AnwBl. 1980, 66; LG Stuttgart AnwBl. 1982, 372.
[37] Ständige Rspr. Vgl. nur BGH NJW 1981, 873 (874); BGH NJW 1989, 2125 m. w. N. = ZIP 1989, 672 = MDR 1989, 793; BGH NJW 1978, 322 (323) m. w. N.; BGH NJW 1976, 1635 (1636); BVerwG NJW 1966, 796 (798).
[38] BGH NJW 1989, 2125 = ZIP 1989, 672 = MDR 1989, 793.
[39] BGH NJW 1978, 322 (323).
[40] Vgl. BGH NJW 1976, 1635 (1636); BGH NJW 1978, 322; *Rennen/Caliebe,* Rdn. 13.
[41] BGH NJW 1978, 322 f.
[42] OVG Lüneburg NJW 1972, 840; OVG Münster NJW 1979, 2165 gegen OVG Münster NJW 1966, 2232 f.
[43] BGH NJW 1978, 322 (323).

21 Baubetreuungsunternehmen. Der Baubetreuungsvertrag ist ein umfassender, auf die Erstellung des Bauwerks insgesamt gerichteten Werkvertrag mit Geschäftsbesorgungscharakter. Der Baubetreuer verpflichtet sich – anders als der Sonderberater in Bausachen – zur Herbeiführung eines bestimmten Erfolges.[44] Dieser Verpflichtung kann der Baubetreuer ohne die gleichzeitige Wahrnehmung bestimmter rechtlicher Angelegenheiten des Auftraggebers nicht nachkommen. Die rechtliche Beratung und die Vertretung des Bauherrn ist Nebenzweck, der dem Hauptzweck des Baubetreuers, der Erstellung des Bauwerks, dient. Die Rechtsbesorgung steht also im unmittelbaren Zusammenhang mit der Verpflichtung des Baubetreuers aus dem Baubetreuungsvertrag. Der Baubetreuer darf daher gem. § 5 Nr. 1 etwa die Vertretung des Bauherrn gegenüber Behörden, Architekten, Bauausführenden und Lieferanten übernehmen sowie Gewährleistungsansprüche gegenüber Bauunternehmen und Handwerkern wahrnehmen.[45]

22 Der **„Sonderberater in Bausachen"**, der Verträge zwischen Auftraggeber einerseits und Architekten, Unternehmen, Ingenieuren und Lieferanten andererseits vorbereitet und dessen Beratung sich auch auf Streitfragen von Leistungen und Entgelt und die Durchsetzung von Mängelbeseitigungsansprüchen erstreckt, übt dagegen in der Hauptsache eine rechtsberatende Tätigkeit aus und kann sich deshalb auf die in § 5 genannten Ausnahmen nicht berufen.[46]

23 b) Brauereien. Es besteht kein unmittelbarer Zusammenhang zwischen einem Bierlieferungsvertrag und der Beratung des Belieferten durch die Brauerei in Konzessionsangelegenheiten.[47]

24 c) Detektiv. Der Erwerb und die Einziehung fremder Forderungen steht nach dem Berufsbild des Detektivs nicht im unmittelbaren Zusammenhang mit dem Betrieb eines Detektivbüros.[48]

25 d) Erbensucher (Genealoge). Die im Tatsächlichen anzusiedelnde Ermittlung eines unbekannten Erben berechtigt den Erbensucher nicht auch dazu, die Nachlaßregulierung zu übernehmen. Die Nachlaßregulierung hat keine dienende Funktion; vielmehr hat umgekehrt die Feststellung des Erben den Zweck, die Durchsetzung der Ansprüche zu ermöglichen. Die Erbensuche läßt sich sinnvoll und sachgerecht auch ohne die anschließende Nachlaßregulierung durchführen.[49]

26 e) Frachtführer/Spediteure. Sie dürfen bei der Beschaffung von Pässen, Einreisepapieren, Ein- und Ausfuhrgenehmigungen behilflich sein, ohne gegen § 1 zu verstoßen. Ebenso dürfen sie tätig werden, soweit es um die Versicherung der beförderten Güter geht.[50]

27 f) Kfz-Bereich.[51] Ein **Händler** darf beim Verkauf des Fahrzeugs die Zulassung besorgen sowie in allgemeiner Form über Finanzierung und Versicherung

---

[44] BGH NJW 1976, 1635 (1636).
[45] BGH NJW 1976, 1635 (1637).
[46] BGH NJW 1976, 1635 f.
[47] KG DJ 1939, 1668.
[48] OLG Nürnberg OLGZ 1976, 235.
[49] BGH NJW 1989, 2125 f. = ZIP 1989, 672 = MDR 1989, 793; a. A. LG Detmold MDR 1970, 417.
[50] *Erbs/Kohlhaus/Senge,* Rdn. 29; *Altenhoff/Busch/Chemnitz,* Rdn. 563; *Rennen/Caliebe,* Rdn. 19.
[51] Vgl. zur Problematik der Unfallschadenregulierung durch Nichtanwälte, *Chemnitz* AnwBl. 1986, 483 ff.

beraten.[52] Ebenso wie er den Gebrauchtwagen des Kunden in Zahlung nehmen darf, gestattet ihm § 5 Nr. 1 auch, einen Leasing-Vertrag über das alte Fahrzeug abzulösen, um dem Kunden den Kauf oder das Leasing eines neuen Wagens zu ermöglichen. Die Ablösung des Leasingvertrages stellt sich in diesem Fall nur als Annex der Inzahlungsnahme des Altwagens dar.[53]

Abschleppunternehmen, Finanzdienstleistungsunternehmen, Kfz-Händlern, Kfz-Sachverständigen und **Mietwagenunternehmen** ist es nicht gestattet, sich von unfallgeschädigten Kunden deren Schadenersatzansprüche erfüllungshalber abtreten zu lassen, um sie dann gegenüber der Versicherung geltend zu machen.[54] Insoweit besteht kein unmittelbarer Zusammenhang zwischen der Schadensregulierung und der Haupttätigkeit dieser Unternehmen. Deren Berufstätigkeit erfordert es nämlich nicht, sich geschäftsmäßig mit der Schadensregulierung von Kunden zu befassen.[55] Der Kfz-Vermieter darf sich allerdings die Forderung sicherungshalber abtreten lassen; in diesem Fall handelt es sich bereits nicht um die Besorgung fremder Rechtsangelegenheiten.[56] Nach der Rechtsprechung des BGH ist es dem Vermieter darüber hinaus gestattet, einen vom Kunden gefertigten Unfallbericht zusammen mit der Aufforderung, die Mietwagenkosten zu begleichen, dem Haftpflichtversicherer zuzusenden. Es muß aber klargestellt sein, daß der Kunde bei der Verfolgung und Durchsetzung seiner Schadensersatzansprüche selber tätig werden muß.[57]

Beim sog. **Unfallhelfer-Ring** wirken mehrere Beteiligten organisiert zusammen. So vermittelte in dem vom BGH mit Urteil vom 10. 5. 1974[58] entschiedenen Fall das als Unfallhelfer auftretende Mietwagen- und Abschleppunternehmen dem Unfallgeschädigten eine Bank. Diese ließ sich für Kredite, die sie dem Unfallgeschädigten gewährt hatte, die Ansprüche des Geschädigten aus dem Unfall abtreten. Mit Unterzeichnung des Kreditantrages beauftragte der Unfallgeschädigte einen Rechtsanwalt, den er zugleich anwies, sämtliche für ihn eingehenden Zahlungen an die Bank bis zur Höhe ihrer Ansprüche aus dem Kreditvertrag abzuführen. Zu Recht hat der BGH hier die Abtretung als Verstoß gegen § 1 RBerG angesehen. Das Gericht hat sich dabei von dem Gedanken leiten lassen, daß das Ziel der geschilderten vertraglichen Vereinbarungen letztlich die Befreiung des Kunden von der Schadensregulierung war. Die geschäftsmäßige Regulierung von Unfallschäden ist aber Besorgung fremder Rechtsangelegenheiten, die gem. § 1 erlaubnispflichtig ist; sie ist nicht gem. § 5 von der Erlaubnispflicht ausgenommen, da die geschäftsmäßige Regulierung von Unfallschäden kein notwendiges Hilfsgeschäft ist.[59]

g) Kreditinstitute. Banken und Sparkassen dürfen ihre Kunden beraten, soweit es um die Sicherung eines Kredits durch Grundpfandrechte oder andere Sicherheiten geht. Diese Tätigkeit steht im unmittelbaren Zusammenhang mit dem eigentlichen Bankgeschäft.

---

[52] *Rennen/Caliebe*, Rdn. 21; *Altenhoff/Busch/Chemnitz*, Rdn. 538; *Erbs/Kohlhaas/Senge*, Rdn. 16.
[53] OLG Hamm NJW-RR 1992, 177.
[54] Vgl. dazu im einzelnen oben § 1 Rdn. 22.
[55] Vgl. nur BGH NJW-RR 1994, 1081 (1082) = MDR 1994, 1148 = WM 1994, 1443 = AnwBl. 1994, 571 m. Anm. v. *Chemnitz*.
[56] Vgl. oben § 1 Rdn. 22.
[57] Vgl. dazu oben § 1 Rdn. 22.
[58] BGH NJW 1974, 1244.
[59] Vgl. nur BGH NJW-RR 1994, 1081 = AnwBl. 1994, 571 mit Anm. *Chemnitz* = MDR 1994, 1148 = WM 1994, 1443 = JZ 1995, 257 mit Anm. *Rennen*.

31 Auch Banken ist es grundsätzlich nicht gestattet, Forderungen ihrer Kunden nach Abtretung gegenüber Dritten geltend zu machen.[60] Ein Kredit zur Vorfinanzierung von Schadensersatzansprüchen aus Verkehrsunfällen berechtigt sie noch nicht, die zur Sicherheit abgetretenen Schadensersatzansprüche zu verwerten, wenn sich aus den Umständen (Handeln im Rahmen eines Unfallhelferrings) ergibt, daß sie letztlich nicht zu Sicherungszwecken, sondern zur Schadensregulierung abgetreten sind.[61]

32 h) Makler. Der **Nachweismakler** der seine Provision bereits durch den bloßen Nachweis der Gelegenheit zum Abschluß eines Vertrages verdient, darf sich nicht mit der Formulierung eben dieses Vertrages befassen.[62] Der **Vermittlungsmakler** hingegen darf grundsätzlich auch den Vertrag über das zu vermittelnde Geschäft entwerfen sowie über die Auswirkungen des Vertrags beraten.[63]

33 Aus dem so gesteckten Rahmen soll es nach einer Entscheidung des LG Koblenz fallen, wenn der **Wohnungsmakler** zu dem vermittelten Mietvertrag auch eine Vorkaufsvereinbarung entwirft.[64] Dem ist zuzustimmen. Ein Vorkaufsrecht ist als ein völlig anderes, neues Geschäft anzusehen, das inhaltlich nicht mit dem vermittelten Mietvertrag zusammenhängt. **Grundstücksmakler** dürfen ihre Kunden in Grundbuchangelegenheiten beraten. **Gaststättenmakler** dürfen Anträge auf Schankerlaubnis stellen.[65]

34 Ein **Hausmakler,** der einen Mietvertrag vermittelt hat, soll nach Auffassung des LG Hamburg[66] aus nachvertraglicher Beratungspflicht berechtigt sein, die Vermietern über die Rechtslage bei der Kündigung eines späteren Mietvertrages über dasselbe Ladenlokal zu beraten. Dem ist nicht zuzustimmen. Die vom LG Hamburg hier postulierte nachvertragliche Beratungspflicht gibt es nicht. Mit Abschluß des Mietvertrages war das konkrete Geschäft des Maklers abgeschlossen; eine danach geleistete Rechtsbesorgung ist nicht mehr von § 5 gedeckt.[67]

35 Die Geltendmachung von Schadensersatzansprüchen eines Kunden gegenüber dem Schädiger oder seine Vertretung im Schadensersatzprozeß gehört nicht zu den Aufgaben eines **Versicherungsmaklers.**[68] (Vgl. zur Abgrenzung des Versicherungsmaklers vom Versicherungsberater oben § 1 Rdn. 71.) Es ist seine Aufgabe, Versicherungsverträge zwischen Versicherer und Versicherten zustande zu bringen. Dabei darf er in Versicherungsangelegenheiten beraten, etwa über Inhalt und Umfang des Versicherungsschutzes und die allgemeinen Versicherungsbedingungen.[69] Neben der reinen Vermittlung gehört zum Berufsbild des Versicherungsmaklers die Überprüfung und Verwaltung bereits bestehender Versicherungen,[70] der Abschluß neuer Versicherungen und die Vertretung der Interessen des

---

[60] *Erbs/Kohlhaas/Senge,* Rdn. 17; LG Köln AnwBl. 1963, 382.
[61] Vgl. dazu oben Rdn. 28 f.
[62] OLG Hamm MDR 1970, 73.
[63] BGH NJW 1974, 1328; BGHSt. 6, 137; OLG Hamm MDR 1970, 73.
[64] LG Koblenz AnwBl. 1974, 24; *Rennen/Caliebe,* Rdn. 34.
[65] BGH NJW 1967, 1562 (1563).
[66] AnwBl. 1994, 252.
[67] *Chemnitz* AnwBl. 1994, 252.
[68] BGH NJW 1967, 1562 ff. = AnwBl. 1967, 353 ff.; OLG Düsseldorf MDR 1991, 64; OLG Düsseldorf AnwBl. 1994, 574 f.; OLG Stuttgart AnwBl. 1992, 503; LG Stuttgart AnwBl. 1982, 372 f.; *Altenhoff/Busch/Chemnitz,* Rdn. 546 m. w. N.; *Spiegelberger* VersR 1984, 1013.
[69] LG Stuttgart AnwBl. 1982, 372 (373).
[70] OLG Düsseldorf MDR 1991, 64 = NJW-RR 1991, 115; OLG Stuttgart AnwBl. 1992, 503 m. Anm. v. *Chemnitz.*

Versicherungsnehmers gegenüber dem Versicherer.[71] Soweit das OLG Stuttgart[72] davon ausgeht, neben den genannten Aufgaben sei erlaubnisfrei auch eine umfassende Beratung in allen Versicherungsangelegenheiten, kann dem nicht gefolgt werden. Die Rechtsberatung durch den Versicherungsmakler ist nur dann erlaubnisfrei, wenn sie sich als Hilfsgeschäft zu den oben genannten Aufgaben darstellt, d. h. sie muß im unmittelbaren Zusammenhang mit dem Abschluß eines Versicherungsvertrages stehen.[73] Ein solcher Zusammenhang besteht bei Kündigung der vorgefundenen und Abschluß neuer Versicherungsverträge.[74] Wenn der Versicherungsmakler außerhalb eines bestimmten Maklerauftrags in rechtlichen Angelegenheiten berät, greift die Ausnahmevorschrift des § 5 nicht.[75]

Finanzmakler dürfen keine Umschuldungsmaßnahmen durchführen bzw. mit solcher Tätigkeit werben.[76] Hat der Makler für seine Kunden ein möglicherweise sittenwidriges, da mit einem überhöhten Zinssatz zustandegekommenes Ratenkreditgeschäft abgeschlossen, so darf er nach LG Hannover diesen „Altkunden" später nicht auf die Sittenwidrigkeit des Kreditvertrages hinweisen.[77] Richtigerweise muß aber die Erfüllung dieser bereits während der Durchführung des Geschäfts bestehenden Aufklärungs- bzw. Beratungspflicht dem Makler auch nachher erlaubt sein. Im entschiedenen Fall war es jedoch nicht bei der Aufklärung geblieben; der Makler hatte auch die Geltendmachung der entstandenen Rückerstattungsansprüche übernehmen wollen. Das ist von § 5 nicht gedeckt, da insoweit ein unmittelbarer Zusammenhang mit dem vermittelten Geschäft fehlt. 36

i) **Prozeßvertretung.** Für die sachgemäße Durchführung eines wirtschaftlichen Geschäfts ist es in der Regel nicht erforderlich, daß der eine Geschäftspartner den anderen in der Rechtsangelegenheit auch gerichtlich vertritt. Die Prozeßvertretung bleibt typischerweise Rechtsanwälten vorbehalten. 37

j) **Projektsteuerung.** Vgl. dazu *Heiermann* BauR 1996, 48.

k) **Reisebüros.** Die sind von der Erlaubnispflicht befreit, soweit sie etwa bei der Beschaffung von Pässen und Einreisepapieren behilflich sind und soweit es um die Versicherungen geht, die mit der Reise in unmittelbaren Zusammenhang stehen. 38

l) **Spielerberater.** Diejenigen, die für Lizenzspieler und sonstige Berufssportler Vertragsverhandlungen führen, besorgen geschäftsmäßig fremde Rechtsangelegenheiten.[78] Ihre Tätigkeit ist nicht von der Ausnahmevorschrift des § 5 gedeckt. Sie ist nämlich weder notwendige Hilfstätigkeit zur Spielervermittlung noch notwendige Hilfstätigkeit zur Vermögensbetreuung, so daß hier weder die Regelung des § 5 Nr. 1 noch die Regelung des § 5 Nr. 3 greift.[79] Das Führen von Vertragsverhandlungen für Berufssportler durch Spielerberater stellt daher einen Verstoß gegen § 1 RBerG dar. 39

m) **Testamentsvollstrecker.** Vgl. hierzu § 3 Rdn. 33 ff. 40

---

[71] OLG Düsseldorf MDR 1991, 64 = NJW-RR 1991, 115.
[72] OLG Stuttgart AnwBl. 1992, 503.
[73] LG Nürnberg-Fürth Rbeistand 1992, 63.
[74] OLG Karlsruhe NJW 1988, 838 f.
[75] *Hoechstetter* Rbeistand 1992, 64.
[76] *Erbs/Kohlhaas/Senge*, Rdn. 19 m. w. N.
[77] LG Hannover NJW 1987, 3013.
[78] *Wertenbruch* NJW 1995, 223 (224 ff.); *ders.* NJW 1995, 3372; a. A. *Löhr* NJW 1995, 2148.
[79] *Wertenbruch* NJW 1995, 223 (225 ff.); a. A. *Löhr* NJW 1995, 2148.

41 **n) Unternehmensberater.** Ob Unternehmensberater gem. § 5 Nr. 1 Rechtsberatung betreiben dürfen, ist **umstritten.** Die Anwendung des § 5 wird teilweise mit dem Argument verneint, diese Vorschrift sei auf Unternehmensberater nicht anwendbar, da sie Freiberufler seien.[80] Nun sind zwar die Unternehmensberater zu den freien Berufen zu rechnen.[81] Auch die freien Berufe fallen aber unter § 5.[82] Entscheidend ist daher die Frage, ob die Rechtsberatung durch Unternehmensberater in **unmittelbarem Zusammenhang** mit ihrer **Haupttätigkeit** steht. Das OLG Hamm hat dies in seiner Entscheidung vom 25. 4. 1989[83] bejaht. In dem vom OLG entschiedenen Fall hatte ein Unternehmensberater bei der Gründung einer Zahnarztpraxis beraten. Der Unternehmensberater hatte dabei (als Haupttätigkeit) die betriebswirtschaftliche Beratung übernommen, die betriebswirtschaftliche Berechnungen, Standortanalysen und Finanzierungsverhandlungen umfaßte. Die betriebswirtschaftliche Beratung ließ sich nach Auffassung des Gerichts ohne Rechtsbesorgung nicht sachgemäß erledigen. Zu Recht ist in der Literatur hingegen darauf hingewiesen worden, daß gerade bei Betriebsgründungen rechtliche und betriebswirtschaftliche Beratung selbständig und gleichrangig nebeneinanderstehen. Es handelt sich bei der rechtlichen Beratung nur um ein bloßes Hilfsgeschäft.[84] Das OLG Hamm verkennt, daß § 5 eine eng auszulegende Ausnahmevorschrift ist. Eine großzügige Auslegung dieser Vorschrift würde die gesetzgeberische Regelung faktisch unterlaufen. § 5 würde zu einer Vorschrift, die weitere Rechtsbesorgungsberufe schafft.[85] Genau das würde aber erreicht, wenn man der Auslegung des OLG Hamm folgen würde. Vom Unternehmensberater wird eine breite Palette von Dienstleistungen angeboten. Sie reichen von Problemlösungen bei Generationswechsel und Sanierungen über Personalberatung und Beratung über Personalorganisation, Arbeitssicherheit und Fabrikplanung bis hin etwa zur Auftrags- und Einkaufsabwicklung.[86] Wenn der Unternehmensberater nicht nur in den damit zusammenhängenden betriebswirtschaftlichen Fragen, sondern auch in rechtlichen Fragen beraten dürfen, käme ihm eine umfassende Kompetenz zur rechtlichen Beratung von Unternehmen zu. Das ist sicher von § 5 RBerG nicht gewollt. Diese Vorschrift ist auf Unternehmensberater nicht anwendbar; sie dürfen nicht rechtsberatend und rechtsbesorgend tätig werden.[87]

42 **o) Versicherungen.** Eine Versicherungsgesellschaft darf einen Versicherungsagenten ermächtigen, in dem ihm übertragenen Bereich für und gegen sie vor Gericht zu klagen und verklagt zu werden.[88] Der Versicherungsagent kann für die Versicherungsgesellschaft die Schadensregulierung übernehmen.[89] Er nimmt dann Rechtsangelegenheiten der Versicherung wahr, was aber für ihn eine im Rahmen seiner eigentlichen Berufstätigkeit liegende Nebentätigkeit darstellt.[90]

---

[80] *Altenhoff/Busch/Chemnitz,* Rdn. 605.
[81] *Chemnitz* AnwBl. 1990, 91; *Berger* NJW 1990, 2355 (2357) m. w. N.
[82] Vgl. oben Rdn. 6 ff.
[83] OLG Hamm NJW-RR 1989, 1061.
[84] *Chemnitz* AnwBl. 1990, 91 (92); *Berger* NJW 1990, 2355 (2358).
[85] Vgl. *Berger* NJW 1990, 2355 (2358).
[86] Vgl. dazu *Müller-Graff* GRUR 1988, 95 (96).
[87] *Chemnitz* AnwBl. 1990, 91; *Berger* NJW 1990, 2355 ff.
[88] BGH MDR 1979, 909 (910); BGH AnwBl. 1980, 66.
[89] BGH MDR 1979, 909 (910); OLG Stuttgart VersR 1985, 762.
[90] BGH MDR 1979, 909 (910); OLG Stuttgart VersR 1985, 762; vgl. auch BGH MDR 1979, 910.

Eine **Haftpflichtversicherungsgesellschaft** darf zur Kfz-Schadensregulierung 43
für den Kunden tätig werden. Gegenstand der Verhandlungen sind nämlich die
Leistungen, die der Versicherer nach dem Versicherungsvertrag zu erbringen hat.
Ein unmittelbarer Zusammenhang zwischen Rechtsbesorgung und Versicherungsgeschäft besteht also. § 5 greift hier.[91]

Eine **Rechtsschutzversicherung** darf keine Verhandlungen mit dem Gegner 44
ihres Kunden über Ansprüche führen, für deren Durchsetzung der Versicherungsnehmer eine Rechtsschutzversicherung abgeschlossen hat. Zulässig sind aber Fragen
an den Gegner des Versicherungsnehmers, um sich über die Voraussetzungen ihrer
Leistungspflicht aus dem Versicherungsvertrag Klarheit zu verschaffen.[92] Zulässig ist
auch die Beratung des Kunden darüber, daß er ein vereinbartes Anwaltshonorar
mangels Schriftform nicht zu zahlen braucht, da es sich dabei gleichzeitig um eine
Belehrung bezüglich des von ihr zu gewährenden Deckungsschutzes handelt.[93]

p) **Zeitungen und Zeitschriften.** Vgl. dazu § 1 Rdn. 6. 45

III. Rechtliche Bearbeitung durch Wirtschaftsprüfer und vereidigte Buchprüfer (§ 5 Nr. 2)

1. Wirtschaftsprüfer und vereidigte Buchprüfer

Wirtschaftsprüfer ist, wer als solcher öffentlich bestellt ist (§ 1 Abs. 1 WPO). Er 46
übt einen freien Beruf aus. Seine Tätigkeit ist kein Gewerbe (§ 1 Abs. 2 WPO).
§ 5 Nr. 2 erfaßt neben den Wirtschaftsprüfern auch Wirtschaftsprüfungsgesellschaften.[94] Der in § 5 Nr. 2 noch gebrauchte Begriff der Bücherrevisoren ist in
§ 129 WPO durch den Begriff Buchprüfer ersetzt worden.

2. Aufgaben nach der Wirtschaftsprüfungsordnung

a) **Vereidigte Buchprüfer.** Sie haben gem. § 129 WPO die berufliche Auf- 47
gabe, Prüfungen auf dem Gebiet des betrieblichen Rechnungswesens, insbesondere Buch- und Bilanzprüfungen, durchzuführen (§ 129 Abs. 1 WPO). Sie sind
darüber hinaus befugt, ihre Auftraggeber in steuerlichen Angelegenheiten zu
beraten und zu vertreten (§ 129 Abs. 2 WPO), und können unter Berufung auf
ihren Berufseid auf den Gebieten des betrieblichen Rechnungswesens als Sachverständige auftreten (§ 129 Abs. 3 WPO).

b) **Wirtschaftsprüfer.** Ihre berufliche Aufgabe ist es betriebswirtschaftliche 48
Prüfungen durchzuführen und Bestätigungsvermerke zu erteilen (§ 2 Abs. 1
WPO). Sie sind befugt, ihre Auftraggeber in steuerlichen Angelegenheiten zu
beraten und zu vertreten (§ 2 Abs. 2 WPO), und sie können unter Berufung auf
ihren Berufseid auf den Gebieten der wirtschaftlichen Betriebsführung als Sachverständige auftreten (§ 2 Abs. 3 Nr. 1 WPO).

Durch das Dritte Gesetz zur Änderung der Wirtschaftsprüferordnung vom 49
15. 7. 1994[95] ist § 2 Abs. 3 WPO, der die Aufgaben der Wirtschaftsprüfer regelt,

---

[91] BGH NJW 1961, 1113. Gem. § 3 PflVG hat der Geschädigte einen Anspruch unmittelbar gegen den Kfz-Versicherer. Wenn der Versicherer bezüglich dieses Anspruchs tätig wird, handelt es sich um eine eigene Rechtsangelegenheit, die nicht der Erlaubnispflicht des § 1 unterfällt. Wird der Kfz-Versicherer für seinen Kunden tätig, ist § 5 einschlägig.
[92] BGH NJW 1961, 1113.
[93] OLG Hamm NJW-RR 1986, 705.
[94] *Rennen/Caliebe,* Rdn. 47.
[95] BGBl. 1994 I, S. 1569.

ergänzt worden. Nach der neu gefaßten Vorschrift sind Wirtschaftsprüfer weiter befugt, in wirtschaftlichen Angelegenheiten zu beraten und fremde Interessen zu wahren (§ 2 Abs. 3 Nr. 2 WPO), und sie sind befugt zur treuhänderischen Verwaltung (§ 2 Abs. 3 Nr. 3 WPO). Der Gesetzgeber wollte mit dieser Änderung der Entwicklung des Berufsbildes der Wirtschaftsprüfer Rechnung tragen. Die Rechtsprechung habe die Beratung und Wahrung fremder Interessen in wirtschaftlichen Angelegenheiten und die Treuhandtätigkeit zu den das Berufsbild prägenden Tätigkeiten der Wirtschaftsprüfer gerechnet. Beide Tätigkeiten sollten daher in § 2 verankert werden.[96]

3. Aufgaben i. S. des RBerG

50 Seit Erlaß des Rechtsberatungsgesetzes war streitig, ob unter den in § 5 Nr. 2 genannten Aufgaben des Wirtschaftsprüfers nur seine eigentliche Prüfungsaufgabe oder auch seine wirtschaftsberatende Tätigkeit zu verstehen ist.[97] Nachdem der Gesetzgeber nunmehr – wie gezeigt (oben Rdn. 49) – § 2 Abs. 3 WPO geändert[98] und nunmehr geregelt hat, daß Wirtschaftsprüfer **befugt sind,** in wirtschaftlichen Angelegenheiten zu beraten und fremde Interessen zu wahren (§ 2 Abs. 3 Nr. 2 WPO), hat sich diese Streitfrage erledigt. Heute kann davon ausgegangen werden, daß die in § 5 RBerG angesprochenen Aufgaben des Wirtschaftsprüfers die in § 2 WPO normierten Aufgaben sind und daß die Aufgaben des vereidigten Buchprüfers i. S. des § 5 RBerG die in § 129 WPO genannten sind. Zu den sich aus § 129 WPO ergebenden Aufgaben gehört nicht das Beschaffen von Baugenehmigungen; das ist für den vereidigten Buchprüfer eine berufsfremde Aufgabe[99] und damit unerlaubte Rechtsbesorgung.

4. Unmittelbarer Zusammenhang

51 Auch bei Nr. 2 muß, ähnlich wie bei Nr. 1, ein Zusammenhang zwischen der Rechtsbesorgung und einer konkreten beruflichen Tätigkeit des Wirtschaftsprüfers bestehen. Nach dem Wortlaut der Nr. 2 muß der Zusammenhang zwar mit den „Aufgaben des Wirtschaftsprüfers" bestehen. Das könnte zu der Annahme verleiten, daß ein Zusammenhang mit dem allgemeinen Berufsbild des Wirtschaftsprüfers und nicht mit der jeweils konkret ausgeübten Tätigkeit bestehen müsse. So scheint auch der BGH in seiner Entscheidung vom 4. 11. 1987 den Begriff „Aufgaben" zunächst nur in einem abstrakten Sinne dahingehend zu verstehen, daß die Rechtsberatung mit dem Berufsbild übereinstimmen müsse.[100] An anderer Stelle seines Urteils prüft der BGH jedoch auch, ob die Rechtsbera-

---

[96] BT-Drucks. 12/5685, S. 18.
[97] Vgl. dazu BGH NJW 1988, 561 (562) = BGHZ 102, 128 m. w. N.; s. auch BGHZ 48, 12 ff. und BGHZ 100, 132 ff.
[98] Die alte Fassung des § 2 WPO lautete:
(1) Wirtschaftsprüfer haben die berufliche Aufgabe, betriebswirtschaftliche Prüfungen, insbesondere solche von Jahresabschlüssen wirtschaftlicher Unternehmer, durchzuführen und Bestätigungsvermerke über die Vornahme und das Ergebnis solcher Prüfungen zu erteilen.
(2) Wirtschaftsprüfer sind befugt, ihre Auftraggeber in steuerlichen Angelegenheiten nach Maßgabe der bestehenden Vorschriften zu beraten und zu vertreten.
(3) Wirtschaftsprüfer können unter Berufung auf ihren Berufseid auf den Gebieten der wirtschaftlichen Betriebsführung als Sachverständige auftreten.
[99] OVG Berlin JR 1963, 434.
[100] BGH NJW 1988, 561 (562) = BGHZ 102, 128 (131).

tung mit der konkret ausgeübten Tätigkeit des Wirtschaftsprüfers in unmittelbarem Zusammenhang steht.[101] Dem ist zuzustimmen. Stets ist erforderlich, daß eine konkrete berufliche Tätigkeit bei sachgemäßer Ausübung auch rechtliche Seiten aufweist und eine Rechtsbesorgung verlangt. Der Gesetzeswortlaut bietet dafür einen weiteren Anhaltspunkt, wenn er die rechtliche Bearbeitung immer nur im Rahmen von „Angelegenheiten, mit denen die Wirtschaftsprüfer oder Buchprüfer beruflich befaßt sind", zuläßt. Nr. 2 setzt damit ebenso wie Nr. 1 voraus, daß ein unmittelbarer Zusammenhang der Rechtsbesorgung mit einer konkreten Tätigkeit besteht, die der Wirtschaftsprüfer **innerhalb** der durch das **Berufsbild gesetzten** Grenzen ausübt. Ist die konkrete Tätigkeit der Wirtschaftsprüfer vom Berufsbild gedeckt, so steht die rechtliche Bearbeitung damit nur dann in unmittelbarem Zusammenhang, wenn sie zur sachgemäßen Durchführung der beruflichen Aufgabe erforderlich ist.[102] Kann die berufliche Angelegenheit auch ohne Rechtsbesorgung sinnvoll wahrgenommen werden, fehlt der unmittelbare Zusammenhang.[103] Daß die berufliche (Haupt)Tätigkeit ohne Rechtsberatung schlechthin unmöglich ist, ist hingegen nicht Voraussetzung des § 5 Nr. 2.[104] Die rechtliche Bearbeitung durch den Wirtschaftsprüfer muß darüber hinaus im Verhältnis zur eigentlichen beruflichen Tätigkeit nebengeschäftlichen Charakter haben.[105] Eine Wirtschaftsprüfungsgesellschaft, die im Auftrag preisbindender Unternehmen Verstöße gegen die Preisbindung feststellt, **verstößt** gegen das Rechtsberatungsgesetz, sobald sie nach der Feststellung derartiger Verstöße gegen die Händler durch Rüge vertragswidrigen Verhaltens, Androhung und Verhängung von Vertragsstrafen vorgeht. Die Feststellung des Verstoßes ist nämlich auch ohne ein solches Vorgehen sinnvoll. Es fehlt daher an einem unmittelbaren Zusammenhang.[106] Gleiches gilt, wenn ein Buchprüfer Außenstände, die er aus Anlaß einer Buchprüfung festgestellt hat, für seinen Auftraggeber einzieht.[107] Ein unmittelbarer Zusammenhang zwischen Haupttätigkeit (Wirtschaftsberatung) und Rechtsbesorgung ist zu bejahen, wenn der Wirtschaftsprüfer mit Gläubigern seines Mandanten verhandelt, um deren Zustimmung zu einem Zwangsvergleich zu erhalten.[108]

5. Rechtliche Bearbeitung

Erlaubt ist den Wirtschaftsprüfern und vereidigten Buchprüfern nach dem Wortlaut des § 5 Nr. 2 die rechtliche Bearbeitung einer Angelegenheit, mit der sie beruflich befaßt sind. Mit der von Nr. 1 und Nr. 3 abweichenden Formulierung sind aber keine Unterschiede in der Sache verbunden. Den in Nr. 2 genannten Personen ist die Rechtsbesorgung gestattet. Davon geht offensichtlich auch der BGH aus.[109]

---

[101] BGH NJW 1988, 561 (563) = BGHZ 102, 128 (134).
[102] BGH NJW 1988, 561 (563) = BGHZ 102, 128.
[103] BGHZ 48, 12 (24); *Erbs/Kohlhaas/Senge*, § 5 Rdn. 37 m. w. N.; *Chemnitz* AnwBl. 1988, 492.
[104] BGH NJW 1988, 561 (563) = BGHZ 102, 128.
[105] BGHZ 48, 12 (24); *Chemnitz* AnwBl. 1988, 492.
[106] BGHZ 48, 12 (24).
[107] BGHZ 48, 12 (24).
[108] BGH NJW 1988, 561 (562).
[109] Vgl. BGH NJW 1988, 561 (562); BGHZ 48, 12 (24); A. A. *Altenhoff/Busch/Chemnitz*, Rdn. 590; *Rennen/Caliebe*, Rdn. 58; *Erbs/Kohlhaas/Senge*, Rdn. 36.

IV. Erledigung rechtlicher Angelegenheiten durch Vermögensverwalter, Hausverwalter und ähnliche Personen (§ 5 Nr. 3)

1. Personenkreis

53 a) **Vermögensverwalter.** Das ist nur derjenige, der selbständig das gesamte Vermögen eines anderen oder Teile davon, nicht aber bloß einzelne Vermögensstücke, verwaltet.[110] Der Vermögensverwalter zeichnet sich dadurch aus, daß er eine gewisse Selbständigkeit hat und nicht nur Einzelweisungen des Vermögensinhabers durchführt.[111] Seine Verwaltertätigkeit ist auf eine gewisse Dauer angelegt.[112] Keine Vermögensverwaltung ist der Auftrag zur vergleichsweisen Regulierung von Verbindlichkeiten. Das ist lediglich die Aufforderung zur Besorgung von Rechtsangelegenheiten.[113] Auch die bloße Schuldenregulierung ist keine Vermögensverwaltung i. S. des § 5.[114]

54 b) **Hausverwalter.** Er übt eine Tätigkeit aus, die über die bloße technische Aufrechterhaltung des Gebäudes bzw. über die Durchsetzung der Hausordnung hinausgeht. Ein Hausmeister ist daher kein Hausverwalter i. S. d. Nr. 3.[115] Auch der Auftrag, die Mieten einzuziehen, reicht noch nicht aus, um die Eigenschaft als Hausverwalter zu begründen.[116] Ebenso reicht es nicht aus, daß der Hausverwalter Mietverträge abschließen, den Mietzins festsetzen und eine Hausordnung aufstellen und überwachen kann.[117] All dies gehört sicherlich zu den Aufgaben eines Hausverwalters. Ihm muß aber darüber hinaus die **selbständige Erledigung eines wesentlichen Teils** der das Haus betreffenden Angelegenheiten anvertraut sein. Entscheidendes Kriterium ist die Frage, ob ihm eine treuhänderische Stellung zugewiesen ist.[118] Als wichtiges Indiz dafür ist die Tatsache anzusehen, daß er auch über die Ausgaben entscheiden kann.[119] Auch die Hausverwaltertätigkeit muß ebenso wie die Tätigkeit als Vermögensverwalter auf eine gewisse Dauer angelegt sein.

55 c) **Ähnliche Personen.** Das sind solche Personen, die verwaltend tätig sind, ohne Vermögens- und Hausverwalter zu sein. Auch ihre Tätigkeit muß selbständig und auf Dauer angelegt sein, um die notwendige Ähnlichkeit mit Haus- oder Vermögensverwaltern zu gewährleisten.[120]

56 Als Beispiel kann hier etwa die Verwaltung eines Gewerbebetriebs genannt werden. Der **Verwalter nach dem Wohnungseigentumsgesetz** (WEG) wird nicht von § 5 erfaßt;[121] er fällt unter § 3 Nr. 6 (vgl. dort Rdn. 39).

---

[110] BAG Rbeistand 1993, 60 (62); LG Düsseldorf NJW 1963, 1500 (1501); LG Bochum NJW 1990, 1920 = MDR 1990, 831; OVG Berlin JR 1963, 435; *Altenhoff/Busch/Chemnitz,* Rdn. 607; *Erbs/Kohlhaas/Senge,* Rdn. 39.
[111] OLG Karlsruhe AnwBl. 1990, 105; LG Bochum NJW 1990, 1920 = MDR 1990, 831; *Rennen/Caliebe,* Rdn. 73; *Altenhoff/Busch/Chemnitz,* Rdn. 609.
[112] OLG Karlsruhe AnwBl. 1990, 105; *Rennen/Caliebe,* Rdn. 71.
[113] BGH NJW 1962, 2010.
[114] BAG Rbeistand 1993, 60 (62).
[115] *Rennen/Caliebe,* Rdn. 76.
[116] LG Düsseldorf NJW 1963, 1500 f.; *Rennen/Caliebe,* Rdn. 76; *Altenhoff/Busch/Chemnitz,* Rdn. 610.
[117] Vgl. LG Düsseldorf NJW 1963, 1500 (1501).
[118] Vgl. LG Düsseldorf NJW 1963, 1500 (1501).
[119] LG Düsseldorf NJW 1963, 1500 (1501); vgl. auch LG Aachen VersR 1989, 164; *Altenhoff/Busch/Chemnitz,* Rdn. 611; *Erbs/Kohlhaas/Senge,* Rdn. 41.
[120] *Rennen/Caliebe,* Rdn. 72 f.
[121] KG NJW 1991, 1304.

2. Erlaubte Tätigkeit

Wie Nr. 1 und 2 findet auch Nr. 3 des § 5 seine Rechtfertigung darin, daß den **57** hier genannten Personen die Ausübung ihrer Tätigkeit nicht oder nur unzureichend möglich wäre, wenn sie anfallende Rechtsfragen nicht miterledigen dürften.[122] Bei Nr. 3 muß – ebenso wie bei Nr. 1 und 2 – die verwaltende Tätigkeit die Hauptaufgabe sein, die gegenüber der Rechtsbesorgung nur eine nebensächliche Rolle spielt.[123] Die **Rechtsbesorgung muß also Hilfs- oder Nebentätigkeit sein**, die sich im Rahmen der eigentlichen Berufsaufgabe vollzieht. Sind die in Nr. 3 genannten Tätigkeiten nicht die eigentliche Berufsaufgabe, so ist Nr. 3 nicht anwendbar. Vermögensverwaltung und Testamentsvollstreckung durch eine Bank (vgl. dazu § 3 Rdn. 33 ff.) fällt daher nicht unter Nr. 3, da sie nicht die eigentliche Berufstätigkeit der Bank ausmacht.[124] Die Frage, ob die Bank im Rahmen dieser Tätigkeiten rechtliche Angelegenheiten erledigen darf, richtet sich vielmehr nach Nr. 1. Rechtsangelegenheiten, die nicht das verwaltete Objekt betreffen, darf der Verwalter nicht erledigen.[125]

Die rechtsbesorgende Hilfstätigkeit muß in einem **unmittelbaren Zusam-** **58** **menhang** mit der Haupttätigkeit stehen.[126] Ob das der Fall ist, entscheidet sich nach dem Aufgabenbereich des Verwalters.[127] So hängen etwa mit der wirtschaftlichen Tätigkeit des Hausverwalters alle Rechtsangelegenheiten unmittelbar zusammen, die die Beziehungen zu Mietern, Bauhandwerkern, Lieferanten und Personal betreffen.[128] Der Hausverwalter darf gem. Nr. 3 bezüglich der Herausgabe einer Kaution durch den Mieter den Hauseigentümer außergerichtlich beraten und vertreten;[129] er darf Mietforderungen einziehen.[130] Ein unmittelbarer Zusammenhang mit der wirtschaftlichen Tätigkeit des Hausverwalters ist hingegen nicht mehr gegeben bei Erwerb oder Veräußerung von Grundstücken.[131]

Die Verwalter nach Nr. 3 dürfen nach verbreiteter Auffassung **Forderungen** **59** **gerichtlich geltend** machen.[132] Die sachgemäße und objektbezogene Durchführung der Hausverwaltung erfordere etwa ein Vorgehen gegen zahlungsunwillige Mieter in Mahn- und Vollstreckungsverfahren, also gerichtliche Tätigkeit.[133] Der Hausverwalter dürfe daher den Hauseigentümer in Gerichtsverfahren prozessual vertreten; er dürfe allerdings nicht in der mündlichen Verhandlung auftreten.[134] Demgegenüber ist zu Recht eingewandt worden, die Führung von Zivilprozessen sei keine notwendige Hilfstätigkeit zu irgendeiner anderen Haupttätigkeit, sondern eine eigenständige, grundsätzlich allein den Rechtsanwälten vorbehaltene Berufstätigkeit.[135]

---

[122] BGH NJW 1962, 2010; KG NJW 1991, 1304 (1305); BayObLG 1969, 1452 (1453).
[123] BGH NJW 1962, 2010; KG NJW 1991, 1304; BayObLG 1969, 1452 (1453); OLG Karlsruhe AnwBl. 1990, 175.
[124] Vgl. dazu *Schaub* FamRZ 1995, 845 (848).
[125] LG Bochum NJW 1990, 1920 = MDR 1990, 831.
[126] LG Aachen VersR 1989, 164.
[127] LG Aachen VersR 1989, 164.
[128] LG Aachen VersR 1989, 164.
[129] OLG Köln VersR 1990, 431.
[130] BayObLG NJW 1969, 1452 (1453).
[131] LG Aachen VersR 1989, 164.
[132] OLG Köln VersR 1990, 431; LG Aachen VersR 1989, 164 (165); *Rennen/Caliebe*, Rdn. 79.
[133] OLG Köln VersR 1990, 431; LG Aachen VersR 1989, 164 (165).
[134] LG Aachen VersR 1989, 164 (165).
[135] BayObLG NJW 1969, 1452 (1453); OLG Karlsruhe AnwBl. 1990, 105.

§ 6 [Angestellte]

(1) Die Vorschriften dieses Gesetzes stehen ferner dem nicht entgegen,
1. daß Angestellte Rechtsangelegenheiten ihres Dienstherrn erledigen;
2. daß Angestellte, die bei Personen oder Stellen der in den §§ 1, 3 und 5 bezeichneten Art beschäftigt sind, im Rahmen dieses Anstellungsverhältnisses Rechtsangelegenheiten erledigen.

(2) Die Rechtsform des Angestelltenverhältnisses darf nicht zu einer Umgehung des Erlaubniszwangs mißbraucht werden.

Übersicht

	Rdn.
I. Systematik	1
II. Erledigung von Rechtsangelegenheiten des Dienstherrn durch Angestellte (Nr. 1)	2–5
1. Erledigung von Rechtsangelegenheiten	2
2. Des Dienstherrn	3
3. Durch Angestellte	4
III. Erledigung von Rechtsangelegenheiten durch Angestellte der in §§ 1, 3 und 5 genannten Personen und Stellen (Nr. 2)	6–11
1. Erledigung von Rechtsangelegenheiten	6
2. Angestellte von Personen und Stellen der in §§ 1, 3 und 5 bezeichneten Art	7
3. Im Rahmen des Anstellungsverhältnisses	10
4. Auftreten in der mündlichen Verhandlung	11
IV. Das Umgehungsverbot des Absatz 2	12–14
1. Das Mißbrauchsverbot	12
2. Indizien für einen Mißbrauch	13
3. Rechtsfolgen bei Mißbrauch	14

I. Systematik

1   § 6 stellt die Rechtsbesorgung durch Angestellte ausdrücklich vom Erlaubniszwang des RBerG frei. Dennoch enthält die Vorschrift **keine echte Ausnahme** zu § 1; denn erlaubnispflichtig ist ohnehin nur die geschäftsmäßige Rechtsbesorgung. Geschäftsmäßigkeit erfordert aber eine selbständige Tätigkeit, die frei von Weisungen in eigener Entscheidungsfreiheit und Verantwortung ausgeübt wird.[1] Wird ein Angestellter im Rahmen des Anstellungsverhältnisses für seinen Dienstherrn tätig, so fehlt es daran, und seine Tätigkeit fällt schon aus diesem Grund nicht unter die Erlaubnispflicht.[2] Die Bedeutung des § 6 erschöpft sich allerdings nicht darin, dies klarzustellen;[3] die Vorschrift steckt darüber hinaus den Rahmen ab, in dem sich der Dienstherr bei der Erledigung von Rechtsangelegenheiten der Mitwirkung Dritter bedienen darf, ohne selbst gegen das RBerG zu verstoßen.[4] Der Dienstherr kann nämlich in dem Rahmen, in dem er selbst fremde Rechts-

---

[1] Vgl. nur OLG Stuttgart NJW 1992, 3051; BVerwG NJW 1988, 220; BayObLG AnwBl. 1983, 457 = NStZ 1983, 512; OLG Hamm NStZ 1982, 438; LG Kassel AnwBl. 1975, 406; OLG Hamm AnwBl. 1972, 242 (243); BGH NJW 1963, 441; siehe auch § 1 Rdn. 26 ff.

[2] BayObLG AnwBl. 1985, 277 (278); BayObLG AnwBl. 1983, 457 = NStZ 1983, 512; OLG Celle AnwBl. 1966, 169.

[3] So wohl OLG Celle AnwBl. 1966, 169; *Schorn*, Die Rechtsberatung, S. 251.

[4] BayObLG NJW 1994, 2303 (2305); OLG Hamm AnwBl. 1972, 242 (244); VGH Kassel AnwBl. 1969, 408 (409).

angelegenheiten erledigen darf, diese Rechtsangelegenheiten durch Personen, die in einem Angestelltenverhältnis zu ihm stehen, in der Weise ausführen lassen, daß diese Personen die Angelegenheiten für ihn in seinem Namen betreiben.[5]

II. Erledigung von Rechtsangelegenheiten des Dienstherrn durch Angestellte (Nr. 1)

1. Erledigung von Rechtsangelegenheiten

§ 6 erlaubt allgemein die Erledigung von Rechtsangelegenheiten. Er gebraucht nicht die einzelnen in § 1 aufgeführten Begriffe und läßt auf diese Weise erkennen, daß jede Art rechtsberatender und rechtsbesorgender Tätigkeit erfaßt wird.[6] Insbesondere ist der Anwendungsbereich der Norm nicht auf eine untergeordnete, an bestimmte Weisungen gebundene Tätigkeit rein mechanischer Art beschränkt.[7]

2. Des Dienstherrn

Nr. 1 bezieht sich auf die Erledigung von **eigenen** Rechtsangelegenheiten des Dienstherrn. Dienstherr im Sinne dieser Vorschrift kann anders als bei Nr. 2 jeder selbständige, im Berufs- oder Wirtschaftsleben Stehende ohne Rücksicht auf Art, Umfang und Rechtsform seiner beruflichen oder wirtschaftlichen Tätigkeit sein.[8] Der Gesetzgeber wollte zum Ausdruck bringen, daß es jedermann gestattet ist, seine Rechtsangelegenheiten durch einen Angestellten besorgen zu lassen.[9] Ob eine Rechtsangelegenheit eine solche des Dienstherrn ist, ist eine Rechtsfrage; sie läßt sich nicht allein deshalb bejahen, weil der Dienstherr die Angelegenheit als eigene ansieht oder behandelt wissen will.[10] Zu den eigenen Rechtsangelegenheiten des Dienstherrn gehören allerdings auch die Angelegenheiten derjenigen Personen, für die der Dienstherr selbst ohne Erlaubnis rechtsbesorgend tätig werden darf;[11] das ist insbesondere dann der Fall, wenn infolge einer engen verwandtschaftlichen oder sonstigen persönlichen Beziehung ein eigenes Interesse des Dienstherrn an der Erledigung der Angelegenheit des Dritten besteht.[12]

3. Durch Angestellte

Die Rechtsangelegenheiten des Dienstherrn dürfen durch Angestellte erledigt werden. Der Begriff des Angestellten ist weit auszulegen.[13] **Angestellter i. S. d. § 6** ist jeder, der eine abhängige, weisungsgebundene Tätigkeit im Betrieb eines anderen ausübt.[14] Erforderlich ist ein Abhängigkeitsverhältnis dergestalt, daß der

---

[5] VGH Kassel AnwBl. 1969, 408 (409).
[6] *Erbs/Kohlhaas/Senge*, Rdn. 3
[7] *Altenhoff/Busch/Chemnitz*, Rdn. 636.
[8] *Rennen/Caliebe*, Rdn. 9.
[9] *Altenhoff/Busch/Chemnitz*, Rdn. 637; *Erbs/Kohlhaas/Senge*, Rdn. 6; *Schorn*, Die Rechtsberatung, S. 252 f.
[10] BayObLG AnwBl. 1985, 277 (278).
[11] *Rennen/Caliebe*, Rdn. 12; *Altenhoff/Busch/Chemnitz*, Rdn. 637; *Erbs/Kohlhaas/Senge*, Rdn. 6.
[12] *Rennen/Caliebe*, Art. 1 § 1 Rdn. 23; vgl. auch BayObLG NJW 1969, 1452 (1453).
[13] *Rennen/Caliebe*, Rdn. 2.
[14] RGSt 72, 313 (314); BayObLG NJW 1969, 1452 = JR 1969, 350 mit Anm. *Kohlhaas*; BayObLG AnwBl. 1983, 457 = NStZ 1983, 512; BayObLG AnwBl. 1985, 277 (278); *Rennen/Caliebe*, Rdn. 2; *Altenhoff/Busch/Chemnitz*, Rdn. 639; *Erbs/Kohlhaas/Senge*, Rdn. 4.

Dienstleistende an die Anordnungen und Weisungen seines Dienstherrn hinsichtlich der Übernahme von Aufträgen und der Art und Weise ihrer Erledigung gebunden ist; ob und inwieweit er im Einzelfall Weisungen für die Durchführung seiner Aufträge erhält, ist dagegen ohne Bedeutung.[15] Gemeint sind **alle Arbeitnehmer;** nicht nur Angestellte, auch Arbeiter werden von § 6 erfaßt.[16] Unerheblich ist, ob die Tätigkeit des Dienstleistenden haupt- oder nebenberuflich,[17] entgeltlich oder unentgeltlich betrieben wird.[18] Es kommt auch nicht darauf an, ob überhaupt ein Vertragsverhältnis zum Dienstherrn besteht; auch eine angestelltenähnliche Beziehung, wie etwa beim im Betrieb mithelfenden Familienangehörigen,[19] fällt unter § 6, sofern eine abhängige, weisungsgebundene Tätigkeit ausgeübt wird.[20] Ob der Angestellte ganz oder nur teilweise mit der Besorgung von Rechtsangelegenheiten befaßt ist,[21] ist für die Anwendung von § 6 ebensowenig von Bedeutung wie die Frage, ob das Beschäftigungsverhältnis gerade auf die Erledigung von Rechtsangelegenheiten gerichtet ist oder diese nur nebenher erfolgt.[22] Die Besorgung von Rechtsangelegenheiten braucht nach dem Inhalt des Anstellungsvertrages nicht von vornherein zu den Pflichten des Angestellten zu gehören.[23] Schließlich kommt es nicht auf die juristische Qualifikation des Angestellten an.[24]

5   Ein Angestelltenverhältnis in diesem Sinne kann auch zwischen einem **Beamten** und seinem Dienstherrn bestehen.[25] Auch der **Syndikusanwalt** fällt unter § 6.[26] Er unterliegt zwar dem anwaltlichen Standesrecht, der Aufsicht des Kammervorstandes und der ehrengerichtlichen Rechtsprechung; im Verhältnis zum Auftraggeber ist er jedoch als Angestellter anzusehen.[27] Er darf seinen Dienstherrn daher in rechtlichen Angelegenheiten beraten, ihn allerdings nach § 46 BRAO nicht als Anwalt vor Gericht vertreten. Der **Leiharbeitnehmer** ist i. S. des § 6 Angestellter des Entleihers, obwohl – jedenfalls bei erlaubter Arbeitnehmerüberlassung – sein Arbeitsverhältnis nicht zu diesem, sondern nur zur Leihfirma besteht.[28] Das Direktionsrecht wird nämlich durch den Entleiher ausgeübt. Vergleichbar ist die Situation beim **Rechtsreferendar,** der einem Rechtsanwalt zur Ausbildung zugewiesen ist. Obwohl sein Dienstherr eigentlich das Bundesland ist, ist er i. S. d. § 6 Angestellter des ausbildenden Anwalts.[29] Solange er in dessen Namen und in dessen Auftrag tätig ist, braucht er keine besondere Erlaubnis nach

---

[15] OLG Stuttgart NJW 1992, 3051 (3052); BayObLG AnwBl. 1983, 457 = NStZ 1983, 512; BayObLG AnwBl. 1985, 277 (278).
[16] *Rennen/Caliebe,* Rdn. 2; anders offenbar *Schorn,* Die Rechtsberatung, S. 252.
[17] *Rennen/Caliebe,* Rdn. 6; *Erbs/Kohlhaas/Senge,* Rdn. 4.
[18] *Altenhoff/Busch/Chemnitz,* Rdn. 646; *Schorn,* Die Rechtsberatung, S. 252.
[19] *Rennen/Caliebe,* Rdn. 4; *Altenhoff/Busch/Chemnitz,* Rdn. 639; *Erbs/Kohlhaas/Senge,* Rdn. 4; vgl. auch BayObLG NJW 1969, 1452 = JR 1969, 350 mit Anm. *Kohlhaas.*
[20] *Altenhoff/Busch/Chemnitz,* Rdn. 639; *Erbs/Kohlhaas/Senge,* Rdn. 4; einschränkend *Schorn,* Die Rechtsberatung, S. 253; vgl. auch KG DJ 1939, 528.
[21] *Altenhoff/Busch/Chemnitz,* Rdn. 641; *Erbs/Kohlhaas/Senge,* Rdn. 5; *Schorn,* Die Rechtsberatung, S. 252.
[22] *Rennen/Caliebe,* Rdn. 7.
[23] *Altenhoff/Busch/Chemnitz,* Rdn. 641; *Erbs/Kohlhaas/Senge,* Rdn. 5; anders noch RGSt 72, 313 (314); *Schorn,* Die Rechtsberatung, S. 251.
[24] *Rennen/Caliebe,* Rdn. 8; *Altenhoff/Busch/Chemnitz,* Rdn. 648.
[25] *Rennen/Caliebe,* Rdn. 630; vgl. auch BayObLG AnwBl. 1985, 277.
[26] *Rennen/Caliebe,* Rdn. 8; *Altenhoff/Busch/Chemnitz,* Rdn. 647 f.
[27] *Altenhoff/Busch/Chemnitz,* Rdn. 647.
[28] *Rennen/Caliebe,* Rdn. 4.
[29] *Rennen/Caliebe,* Rdn. 4; *Altenhoff/Busch/Chemnitz,* Rdn. 646.

dem RBerG.³⁰ Entsprechendes gilt, wenn der Referendar außerhalb seiner Ausbildungsstation im Rahmen eines Arbeitsverhältnisses bei einem Rechtsanwalt beschäftigt ist.³¹ Dagegen verstößt der Referendar gegen das RBerG, wenn er außerhalb eines Ausbildungs- oder Arbeitsverhältnisses, etwa während seines Urlaubs, geschäftsmäßig Rechtsangelegenheiten erledigt.³²

III. Erledigung von Rechtsangelegenheiten durch Angestellte der in §§ 1, 3 und 5 genannten Personen und Stellen (Nr. 2)

1. Erledigung von Rechtsangelegenheiten

Nr. 2 betrifft im Gegensatz zu Nr. 1 nicht die Besorgung eigener Rechtsangelegenheiten des Dienstherrn, sondern sie erlaubt die Erledigung von Rechtsangelegenheiten **dritter Personen** durch den Angestellten im Namen und im Auftrag des Dienstherrn. **6**

2. Angestellte von Personen und Stellen der in den §§ 1, 3 und 5 bezeichneten Art

Nr. 2 hat insbesondere die juristischen Hilfsarbeiter der Rechtsanwälte und Notare im Auge, ist aber nicht auf sie beschränkt. Da die Arbeitnehmer weisungsgebunden unter der Verantwortung des Dienstherrn tätig werden, ist die Anwendbarkeit der Nr. 2 ebensowenig wie bei Nr. 1 an eine juristische Vorbildung geknüpft, die Vorschrift läßt daher z. B. auch die Erledigung von Rechtsangelegenheiten durch Bürovorsteher und Schreibkräfte zu.³³ Ist der Dienstherr eine **juristische Person**, so sind nach § 3 der 1. AVO in der Erlaubnis diejenigen Personen namentlich zu bezeichnen, die die Rechtsbesorgung im Namen der juristischen Person ausüben;³⁴ nach § 10 Abs. 2 1. AVO muß es sich bei ihnen um gesetzliche Vertreter oder um leitende Angestellte handeln. Nach zutreffender Auffassung besagt § 3 der 1. AVO nur, daß für die juristische Person eine natürliche Person als verantwortlich handelnde vorhanden sein muß, die den Anforderungen des § 10 Abs. 2 1. AVO genügt. Sie schließt dagegen nicht aus, daß die verantwortlichen Personen wiederum normale Angestellte für die juristische Person tätig werden lassen dürfen, und enthält daher auch keine Sonderregelung zu § 6 Abs. 1 Nr. 2.³⁵ Das zuletzt Gesagte gilt auch für die **Anwalts-GmbH,** die nach Auffassung der Rspr. nunmehr zulässig ist.³⁶ **7**

Die §§ 1, 3 und 5, die dem Dienstherrn die Rechtsbesorgung gestatten, bilden zugleich die **Grenzen der Tätigkeit** seiner Angestellten. Angesichts dessen, daß die Angestellten im Auftrag und im Namen ihres Dienstherrn handeln, dürfen sie Rechtsangelegenheiten nur im selben Umfang erledigen wie der Dienstherr selbst.³⁷ So darf etwa der Angestellte des Inhabers einer auf einen Sachbereich **8**

---

³⁰ *Erbs/Kohlhaas/Senge,* Rdn. 9; *Schorn,* Die Rechtsberatung, S. 254.
³¹ LAG Frankfurt DRiZ 1970, 28; *Winterstein* NZA 1988, 574 (576); *Schorn,* Die Rechtsberatung, S. 254. Dasselbe gilt für einen Assessor; vgl. *Schorn,* Die Rechtsberatung, S. 254 f.
³² LG Kassel AnwBl. 1975, 406; *Erbs/Kohlhaas/Senge,* Rdn. 9.
³³ *Erbs/Kohlhaas/Senge,* Rdn. 8; zahlreiche weitere Beispiele bei *Schorn,* Die Rechtsberatung, S. 253 f.
³⁴ Vgl. zu dieser Ausübungsberechtigung, *Hoechstetter* Rbeistand 1995, 39 ff., 71 ff.
³⁵ *Rennen/Caliebe,* 1. AVO § 3 Rdn. 4; *Altenhoff/Busch/Chemnitz,* Rdn. 932.
³⁶ BayObLG AnwBl. 1995, 35 = BRAK-Mitt. 1995, 34.
³⁷ VGH Kassel AnwBl. 1969, 408 (409); OLG Hamm AnwBl. 1972, 242 (244); *Rennen/Caliebe,* Rdn. 13; *Erbs/Kohlhaas/Senge,* Rdn. 8; *Schorn,* Die Rechtsberatung, S. 254.

beschränkten Erlaubnis nach § 1 Abs. 1 S. 2 nur in diesem Sachbereich rechtsbesorgend tätig werden.[38] Entsprechendes gilt bei Angestellten von Personen, Stellen oder Einrichtungen, die nach §§ 3, 5 einer Erlaubnis zwar nicht bedürfen, aber nur in eingeschränktem Umfang zur Erledigung fremder Rechtsangelegenheiten befugt sind.[39]

9 Erledigt ein Angestellter die Rechtsangelegenheiten im **Namen und im Auftrag** seines Dienstherrn und werden dabei die durch §§ 1, 3 und 5 gezogenen Grenzen der erlaubten Rechtsbesorgung **vorsätzlich überschritten,** so handelt sowohl der Angestellte als auch der Arbeitgeber ordnungswidrig i. S. d. § 8 Abs. 1 Nr. 1 RBerG.[40] Dabei spielt es keine Rolle, ob der Angestellte eine Erlaubnis nach § 1 besitzt oder zu dem erlaubnisfreien Personenkreis gehört.[41] Insbesondere darf auch der Syndikusanwalt – bei der Erledigung der Rechtsangelegenheiten für seinen Dienstherrn – nur in dem gleichen Umfang wie der Dienstherr rechtsbesorgend tätig werden.

3. Im Rahmen des Anstellungsverhältnisses

10 Nr. 2 erlaubt die Erledigung fremder Rechtsangelegenheiten durch Angestellte nur im Rahmen des Anstellungsverhältnisses. Aus dieser Formulierung ist nicht zu folgern, daß es insoweit – anders als bei Nr. 1 – auf den Inhalt des Anstellungsvertrages ankommt.[42] Der Gesetzgeber wollte durch die gegenüber Nr. 1 verschiedene Fassung lediglich zum Ausdruck bringen, daß ein Angestellter nur dann die Rechtsangelegenheiten eines Dritten besorgen darf, wenn er auf Geheiß und **im Namen seines zur Rechtsberatung befugten** Dienstherrn tätig wird.[43] Erledigt er sie dagegen im eigenen Namen und insoweit außerhalb des Beschäftigungsverhältnisses, dann übt er eine selbständige Tätigkeit aus, die von § 6 nicht mehr gedeckt ist; entsprechendes gilt, wenn der Angestellte zwar im Namen des Dienstherrn, aber ohne dessen Vollmacht handelt.[44]

4. Auftreten in der mündlichen Verhandlung

11 Nach § 157 Abs. 1 ZPO[45] sind Personen, die die Besorgung fremder Rechtsangelegenheiten vor Gericht geschäftsmäßig betreiben, von der mündlichen Verhandlung **grundsätzlich ausgeschlossen.** Da der Angestellte als solcher nicht geschäftsmäßig handelt, hindert diese Vorschrift sein Auftreten vor Gericht zunächst nicht.[46] Allerdings ist in dem Fall, daß ein Angestellter für seinen Dienstherrn auftritt, nicht nur auf den Angestellten selbst, sondern auch auf die Person des Dienstherrn abzustellen.[47] Ist der Dienstherr selbst von der mündli-

---

[38] *Rennen/Caliebe*, Rdn. 14; *Erbs/Kohlhaas/Senge*, Rdn. 8; *Schorn*, Die Rechtsberatung, S. 254.
[39] *Rennen/Caliebe*, Rdn. 15; *Erbs/Kohlhaas/Senge*, Rdn. 8.
[40] OLG Hamm AnwBl. 1972, 242 (244); siehe auch § 8 Rdn. 6.
[41] LG Stuttgart AnwBl. 1965, 352 (353); KG JW 1938, 1844 (1845); *Rennen/Caliebe*, Rdn. 11; *Altenhoff/Busch/Chemnitz*, Rdn. 633; *Erbs/Kohlhaas/Senge*, Rdn. 10; *Schorn*, Die Rechtsberatung, S. 157 f.; *Chemnitz* AnwBl. 1986, 483 (486).
[42] *Erbs/Kohlhaas/Senge*, Rdn. 7; *Altenhoff/Busch/Chemnitz*, Rdn. 653 f. (anders noch in der 1. und 2. Auflage).
[43] OLG Stuttgart NJW 1992, 3051; VGH Kassel AnwBl. 1969, 408 (409).
[44] *Rennen/Caliebe*, Rdn. 19.
[45] Vgl. auch § 11 Abs. 3 ArbGG, § 73 Abs. 6 SGG.
[46] LG Berlin JW 1935, 2917 (2918); *Rennen/Caliebe*, Rdn. 16; *Altenhoff/Busch/Chemnitz*, Rdn. 659; vgl. auch *Winterstein* NZA 1988, 574 (575).
[47] LG Berlin JW 1936, 138; *MünchKommZPO-Peters*, § 157 Rdn. 12.

chen Verhandlung ausgeschlossen, kann er sich zum Auftreten in der mündlichen Verhandlung nicht eines Angestellten bedienen.[48] Der Ausschluß wirkt unabhängig davon, ob der Dienstherr zu dem in §§ 1, 3 und 5 genannten Personenkreis gehört. Zwar folgt aus einem Verstoß gegen das RBerG ohne weiteres die Unzulässigkeit jedweder gerichtlichen Vertretung;[49] umgekehrt bleibt jedoch auch dann, wenn die Tätigkeit nach dem RBerG erlaubt ist, stets zu prüfen, ob das Auftreten in der mündlichen Verhandlung gestattet ist.[50] Die Befugnis zur prozessualen Vertretung ist insoweit an **strengere Voraussetzungen** geknüpft als die Berechtigung zur allgemeinen Rechtsbesorgung. Der geschäftsmäßig handelnde Dienstherr und seine Angestellten sind demnach nur dann nicht von der mündlichen Verhandlung ausgeschlossen, wenn eine der gesetzlichen Ausnahmen nach § 157 Abs. 1, § 3 ZPO vorliegt, d. h. wenn es sich bei dem Dienstherrn um einen Rechtsanwalt, einen Kammerrechtsbeistand nach § 209 BRAO oder um einen Prozeßagenten handelt.[51] Rechtsreferendare, die als amtlich bestellte Vertreter für einen Rechtsanwalt tätig werden, sind ebenso wie Referendare, die einem Anwalt zur Ausbildung überwiesen sind, zur mündlichen Verhandlung zugelassen. Gleiches gilt für Rechtsreferendare, die nebenberuflich bei einem Anwalt tätig werden.[52]

IV. Das Umgehungsverbot des Absatz 2

1. Das Mißbrauchsverbot

Absatz 2 stellt ausdrücklich klar, daß die **Rechtsform** des Angestelltenverhältnisses nicht zu einer Umgebung des Erlaubniszwangs **mißbraucht** werden darf. Ins Auge gefaßt sind damit solche Fälle, in denen der Angestellte nur nach außen als abhängig und weisungsgebunden erscheint, während er in Wirklichkeit eigenverantwortlich und frei von Weisungen Dritter rechtsberatend tätig wird.[53] Die Vorschrift betont das ohnehin Selbstverständliche, daß es für die Frage der Geschäftsmäßigkeit der Rechtsbesorgung nicht auf die formale Gestaltung, sondern auf die tatsächlichen Verhältnisse ankommt.[54]

12

2. Indizien für einen Mißbrauch

Wann ein Mißbrauch i. S. d. Absatz 2 vorliegt, läßt sich nicht allgemein beantworten, sondern richtet sich nach den Umständen des Einzelfalls.[55] Rechtsprechung und Literatur haben jedoch **Kriterien entwickelt,** die insoweit jedenfalls als Indizien herangezogen werden können. So liegt die Annahme einer selbständigen Tätigkeit etwa nahe, wenn der „Angestellte" gleichzeitig in mehreren Dienstverhältnissen tätig ist; dies gilt jedenfalls dann, wenn der Beschäftigungs-

13

---

[48] LG Berlin JW 1935, 2917 (2918); LG Berlin JW 1936, 138, LG Altona und LG Berlin JW 1937, 1436, jeweils mit zust. Anm. *Schulz;* LG Duisburg AnwBl. 1976, 175; *Rennen/Caliebe,* Rdn. 17; *Altenhoff/Busch/Chemnitz,* Rdn. 659 f.; vgl. auch *Beckmann* JW 1937, 1379 (1381); *Wagner* JR 1953, 415.
[49] OLG Stuttgart AnwBl. 1964, 144 (145).
[50] LG Duisburg AnwBl. 1976, 175; *Winterstein* NZA 1988, 574 (575).
[51] *Rennen/Caliebe,* Rdn. 17; vgl. auch LAG Frankfurt DRiZ 1970, 28; *Altenhoff/Busch/Chemnitz,* Rdn. 661.
[52] Vgl. *Winterstein* NZA 1988, 574 (576); LAG Frankfurt DRiZ 1970, 28.
[53] *Rennen/Caliebe,* Rdn. 18; *Erbs/Kohlhaas/Senge,* Rdn. 13.
[54] OLG Stuttgart NJW 1992, 3051; *Rennen/Caliebe,* Rdn. 18.
[55] *Altenhoff/Busch/Chemnitz,* Rdn. 657.

umfang und die Vergütung jeweils nur gering sind.[56] Ein Anzeichen bildet auch die Art der Vergütung. Die Vereinbarung einer Pauschale, die Vergütung nach der Zahl der erledigten Sachen oder das Versprechen eines Erfolgshonorars schließen das Vorliegen eines echten Angestelltenverhältnisses regelmäßig aus.[57] Dagegen spricht die Erfüllung der sozialrechtlichen Verpflichtungen durch den Dienstherrn sowie die Einbehaltung und Abführung von Lohnsteuer für ein echtes, unselbständiges Arbeitsverhältnis.[58] Eine Umgehung des Erlaubniszwangs ist es schließlich, wenn jemand als Angestellter eines Rechtsanwalts auftritt, der sich selbst nicht oder kaum noch betätigt und im wesentlichen nur seinen **Namen hergibt,** um einem Nichtzugelassenen die Rechtsbesorgung zu ermöglichen.[59] Eine Umgehung des Erlaubniszwangs liegt ebenfalls vor, wenn ein Rechtsanwalt seine eigenen Mandate weiterhin selbständig erledigt, daneben aber einem Nichtzugelassenen durch Eingehung eines Scheinarbeitsverhältnisses – gegen eine Beteiligung an dem Ertrag der Tätigkeit des Angestellten – ermöglicht, für eigene Mandanten tätig zu werden[60] und wenn solche Personen im Rahmen eines Angestelltenverhältnisses rechtsberatend tätig werden, denen eine Erlaubnis nach §1 versagt worden ist bzw. zu versagen wäre,[61] so etwa, wenn ein ehemaliger Rechtsanwalt, der die Anwaltszulassung eingebüßt hat, in seiner bisherigen Anwaltskanzlei als angeblich weisungsgebundener Assessor weiterarbeitet.[62]

3. Rechtsfolgen bei Mißbrauch

14 Liegt ein Mißbrauch i. S. des Absatz 2 vor, besorgt der vermeintliche Angestellte die fremden Rechtsangelegenheiten also nicht gem. § 6 Abs. 1 Nr. 2 erlaubterweise im Rahmen eines Angestelltenverhältnisses, sondern führt er sie selbständig, frei von Weisungen in eigener Entscheidungsfreiheit und Verantwortung aus und ist diese Tätigkeit auf eine gewisse Dauer angelegt, so verstößt er gegen § 8 Abs. 1 Nr. 1 RBerG.[63]

§ 7 [Berufsständische Vereinigungen]

Einer Erlaubnis bedarf es nicht, wenn auf berufsständischer oder ähnlicher Grundlage gebildete Vereinigungen oder Stellen im Rahmen ihres Aufgabenbereichs ihren Mitgliedern Rat und Hilfe in Rechtsangelegenheiten gewähren. Diese Tätigkeit kann ihnen jedoch untersagt werden.

---

[56] OLG Celle AnwBl. 1966, 169; LG Aurich NJW 1950, 955 (956); *Schorn,* Die Rechtsberatung, S. 252.
[57] *Schorn,* Die Rechtsberatung, S. 252; *Rennen/Caliebe,* Rdn. 18; *Erbs/Kohlhaas/Senge,* Rdn. 15; vorsichtiger BayObLG AnwBl. 1983, 457 = NStZ 1983, 512.
[58] BVerwG NJW 1966, 686 (687); *Altenhoff/Busch/Chemnitz,* Rdn. 645; *Erbs/Kohlhaas/Senge,* Rdn. 14.
[59] BVerwG NJW 1966, 686 (687).
[60] BVerwG NJW 1966, 686 (687).
[61] *Altenhoff/Busch/Chemnitz,* Rdn. 657; *Erbs/Kohlhaas/Senge,* Rdn. 15.
[62] OLG Stuttgart NJW 1992, 3051.
[63] Vgl. OLG Stuttgart NJW 1992, 3051.

Übersicht

	Rdn.		Rdn.
I. Allgemeines	1–3	1. Gewähren	28
II. Vereinigung	4–23	a) Keine Gewinnerzielungsabsicht	28
1. Begriff	4	b) Aufwandserstattung	30
2. Rechtsform	6	c) Verbraucherzeitschrift	31
3. Berufsständische Grundlage	8	2. Rat und Hilfe in Rechtsangelegenheiten	32
a) Definition	8	3. Im Rahmen des Aufgabenbereichs	33
b) Zielsetzung	9	4. Empfänger des Rats und der Hilfe	34
c) Rechtsbesagung nicht Hauptzweck	10	5. Handelnde Personen	35
d) Zielsetzung und Satzung	11	6. Prozeßvertretung	36
4. Berufsstandsähnliche Grundlage	12	a) Gerichtliche Verfahren	36
a) Definition	12	b) § 157 Abs. 1 ZPO	37
b) Gemeinsame Interessen mit Bezug auf Beruf	14	c) Verwaltungsprozeß	39
c) Verbundenheit auf Dauer	16	V. Beispiele	40–53
5. Mindestgröße	17	1. Berufsständische Vereinigungen	40
a) Bedeutung der Vereinigung	17	2. Berufsstandsähnliche Vereinigungen	43
b) Verfassungsrechtliche Zulässigkeit	18	3. Nicht unter § 7 fallende Vereinigungen	45
c) Ermittlung der Mindestgröße	21	VI. Untersagungsverfügung	50–54
III. Stellen	24–27		
IV. Die erlaubnisfreie Tätigkeit	28–39		

I. Allgemeines

Auch die Vorschrift des § 7 enthält eine Ausnahme von der Erlaubnispflicht 1
des § 1. Sie ist als Ausnahmevorschrift eng auszulegen[1] und sieht im übrigen keine generelle Ausnahme von der Erlaubnispflicht vor, sondern nur eine personell (was den Kreis der zu Beratenden angeht) und sachlich (Rat und Hilfe im Rahmen des Aufgabenbereichs) beschränkte.

§ 7 ist Beleg dafür, daß der Gesetzgeber die Besorgung von Rechtsangelegenheiten 2
der eigenen Mitglieder durch die Vereinigung als Besorgung fremder Rechtsangelegenheiten angesehen hat, die nur in bestimmten Fällen zulässig ist, nämlich wenn die Vereinigung auf berufsständischer oder berufsstandsähnlicher Grundlage gebildet ist.[2] Würde die Besorgung der Rechtsangelegenheiten ihrer Mitglieder als eigene Angelegenheit der Vereinigung angesehen, wie dies gelegentlich vertreten wurde,[3] wäre sie schon deshalb erlaubnisfrei. § 7 wäre entbehrlich.

Bestimmte Zusammenschlüsse sind ohne Rücksicht darauf, ob sie die Kriterien 3
einer auf berufsständischer oder ähnlicher Grundlage gebildeten Vereinigung oder Stelle erfüllen, bereits nach anderen Normen des RBerG von der Erlaubnispflicht befreit. Das gilt etwa für die kassenärztlichen Vereinigungen als Körperschaften

---

[1] LG Hagen AnwBl. 1987, 152, *Erbs/Kohlhaas/Senge*, Rdn. 2 m. w. N.; *Brangsch* NJW 1953, 732.
[2] *Prütting/Weth* ZIP 1994, 424 (426).
[3] Vgl. dazu die bei OLG Celle NJW 1973, 2028 (2029) mitgeteilte Auffassung der Vorinstanz.

des öffentlichen Rechts (§ 3 Nr. 1)[4] und die in § 3 Nr. 7 genannten Genossenschaften und ihnen ähnliche Vereinigungen.[5]

II. Vereinigung

1. Begriff

4   Eine Legaldefinition existiert nicht. Vereinigung wird allgemein als ein rechtlicher Zusammenschluß einer Vielzahl von natürlichen oder juristischen Personen verstanden.[6] Eine Mindestzahl ergibt sich zwar nicht aus dem Vereinigungsbegriff, wohl aber daraus, daß es sich um eine auf berufsständischer oder -ähnlicher Grundlage gebildete Vereinigung handeln muß (dazu unten Rdn. 17).

5   Da es sich um einen **rechtlichen Zusammenschluß** handeln muß, fallen unter den Vereinigungsbegriff nicht reine Interessengemeinschaften. Es muß sich vielmehr um Zusammenschlüsse handeln, die entweder durch einen Gesellschaftsvertrag konstituiert sind oder um solche Zusammenschlüsse, die die Mindestanforderungen erfüllen, die nach den §§ 21 ff. BGB an einen Verein zu stellen sind.

2. Rechtsform

6   § 7 privilegiert nur solche Vereinigungen, denen jeder, der nach dem Zweck der Vereinigung zu ihr gehören kann, ohne größeren Schwierigkeiten beitreten kann.[7] Als Rechtsform kommt deshalb vor allem die des eingetragenen oder nicht eingetragenen **Vereins** in Betracht. Auch eine **bürgerlich-rechtliche Gesellschaft** ist geeignete Rechtsform.[8] Dagegen kann nicht eingewendet werden, bei dieser Rechtsform stünde nicht jedem die Mitgliedschaft ohne weiteres offen.[9] Denn wie der Beitritt zur GBR geregelt ist, ist Frage des Gesellschaftsvertrags und damit des Einzelfalls.[10]

7   Handelsrechtliche **Kapital- oder Personengesellschaften scheiden** demgegenüber in aller Regel **aus**,[11] da bei ihnen ein Beitritt nicht ohne weiteres möglich ist[12] und sie vorrangig auf Gewinnerzielung ausgerichtet sind, was Sinn und Zweck einer berufsständischen oder -ähnlichen Vereinigung, die vor allem Interessenvertretung ist, zuwiderläuft (vgl. näher unter Rdn. 8 ff., 12 ff.).

3. Berufsständische Grundlage

8   a) **Definition.** Berufsständisch ist der Zusammenschluß von Angehörigen eines Berufs bzw. Berufszweiges oder eines Wirtschaftszweiges zur Förderung und Vertretung ihrer gemeinsamen Interessen auf fachlichem, beruflichem, wirt-

---

[4] OLG Düsseldorf NJW 1969, 2289.
[5] Vgl. dazu BGH MDR 1994, 566 = NJW 1994, 1658.
[6] OLG Düsseldorf ZIP 1993, 347; *Rennen/Caliebe*, Rdn. 3; *Altenhoff/Busch/Chemnitz*, Rdn. 671; *Erbs/Kohlhaas/Senge*, Rdn. 5.
[7] So *Altenhoff/Busch/Chemnitz*, Rdn. 683; *Rennen/Caliebe*, Rdn. 4; *Erbs/Kohlhaas/Senge*, Rdn. 5.
[8] BGHZ 15, 320.
[9] *Altenhoff/Busch/Chemnitz*, Rdn. 683; *Erbs/Kohlhaas/Senge*, Rdn. 5.
[10] Vgl. nur *Palandt/Thomas*, 55. Aufl. 1996, § 705 Rdn. 2, 5–7 u. § 739 BGB Rdn. 7.
[11] OLG München NJW-RR 1996, 378; OLG Frankfurt MDR 1982, 1024; *Altenhoff/Busch/Chemnitz*, Rdn. 683; *Rennen/Caliebe*, Rdn. 4; a. A. ohne Begründung LG Kleve NJW 1991, 756 f.
[12] So *Altenhoff/Busch/Chemnitz*, Rdn. 683; *Rennen/Caliebe*, Rdn. 4.

schaftspolitischem und geistigem Gebiet.[13] Eine Vereinigung, der Gewerbetreibende unterschiedlicher beruflicher Richtungen angehören, ist keine berufsständische Vereinigung.[14]

b) Zielsetzung. Zielsetzung der Vereinigung muß also die Förderung und Vertretung von **Gruppeninteressen** sein. Ihr Zweck darf nicht die Förderung von Allgemein- oder Einzelinteressen sein. Das schließt nicht aus, daß der Verein neben der genannten gemeinsamen Interessen der Gruppe in Einzelfällen auch Allgemein- oder Einzelinteressen vertritt.[15] Andernfalls würde etwa die Rechtsberatung, durch die ja gerade Einzelinteressen wahrgenommen werden, überhaupt keiner Vereinigung gestattet sein, so daß § 7 weitgehend leer liefe.[16] Werden nicht alle Interessen eines bestimmten Berufsstands verfolgt, sondern nur einzelne, so schadet das nicht, solange die verfolgten Interessen typischerweise den Angehörigen des betreffenden Berufsstands gemeinsam sind.[17] Das ergibt sich schon aus dem Wortlaut des § 7, der zwischen Berufsstand und Aufgabenbereich unterscheidet und folglich davon ausgeht, daß sich die Vereinigung auf die Vertretung bestimmter Interessen des Berufsstands beschränken kann. 9

c) Rechtsbesorgung nicht Hauptzweck. Die Rechtsbesorgung darf nicht im Vordergrund stehen, sie darf sich nicht verselbständigen und gleichgewichtiges bzw. überwiegendes Betätigungsfeld sein.[18] Nicht die Rechtsbesorgung ist Zweck und Aufgabe der Vereinigung, sondern die berufsständische Betätigung. Nur in ihrem Rahmen ist die Rechtsbesorgung für die Mitglieder als Teil der Gesamtaufgabe der betreffenden Vereinigung zulässig.[19] Die Rechtsbesorgung muß also **dienende Funktion** haben.[20] Sie muß sich, wie der BGH im Urteil vom 18. 3. 1982[21] festgestellt hat, als eine auf das Gebiet der Besorgung fremder Rechtsangelegenheiten übergreifende Teilaufgabe des gesamten Tätigkeitsbereichs einer berufsständischen Vereinigung darstellen, also Mittel zur Erreichung des Gesamtzwecks der Vereinigung sein. 10

d) Zielsetzung und Satzung. Festgestellt werden kann der von der Vereinigung verfolgte Zweck anhand ihrer Satzung.[22] Dabei sind nicht allein die Satzungsbestimmungen über die Zielsetzung der Vereinigung maßgebend. Auch der Kreis der als Mitglieder aufzunehmenden Person kann Rückschlüsse darauf zulassen, ob wirklich die Interessen einer abgrenzbaren Gruppe im Vordergrund stehen.[23] Ist der Kreis der Mitglieder zu weit gehalten, so deutet das darauf hin, daß Allgemeininteressen verfolgt werden, was durch § 7 nicht mehr gedeckt ist.[24] 11

---

[13] Vgl. OLG Düsseldorf ZIP 1993, 347; OLG Düsseldorf NJW 1969, 2289; OVG Münster NJW 1960, 595.
[14] OLG Köln WRP 1985, 659.
[15] H. M.: BGH MDR 1985, 1405; *Rennen/Caliebe*, Rdn. 7; *Erbs/Kohlhaas/Senge*, Rdn. 8 m. w. N.; *Altenhoff/Busch/Chemnitz*, Rdn. 675.
[16] Mit ähnlicher Begründung OLG Düsseldorf NJW 1969, 2289 (2290).
[17] A. A. *Altenhoff/Busch/Chemnitz*, Rdn. 673.
[18] OLG Köln NJW-RR 1990, 683 (685).
[19] *Brangsch*, NJW 1953, 732.
[20] OLG Köln NJW-RR 1990, 683 (684); *Rennen/Caliebe*, Rdn. 13 m. w. N.; vgl. BGH NJW 1982, 1882 (1883) m. w. N.; *Altenhoff/Busch/Chemnitz*, Rdn. 696 f.; *Brangsch* NJW 1953, 732.
[21] BGH NJW 1982, 1882 (1883).
[22] BGH NJW 1982, 1882.
[23] Vgl. OLG Karlsruhe NJW-RR 1990, 685 (686).
[24] OLG Düsseldorf ZIP 1993, 347; VGH Kassel AnwBl. 1975, 31 f.; BVerwG DVBl. 1983, 1249 (1250); vgl. *Prütting/Weth* ZIP 1994, 424 (429) m. w. N. in Fn. 38.

Die Satzung ist aber nach h. M. nur ein Anhaltspunkt. Ein von der Satzung abweichendes tatsächliches Verhalten ist stets zu berücksichtigen.[25]

4. Berufsstandsähnliche Grundlage

12 a) **Definition.** Berufsstandsähnlich ist eine Vereinigung dann, wenn sie auf der Grundlage der gleichen oder ganz ähnlichen wirtschaftlichen oder sozialen Stellung ihrer Mitglieder zur Wahrnehmung der für die Stellung bezeichnenden wirtschaftlichen oder sozialen Interessen gebildet worden ist.[26] Die erforderliche Verbindung durch ein bestimmtes einheitlich und **gemeinschaftlich verfolgtes Interesse** als Verbandszweck fehlt, wenn die Mitgliedschaft jedermann offensteht.[27] Auch wenn Interessen gefördert werden, die jedermann haben kann, liegt keine berufsstandsähnliche Vereinigung vor.[28] Dementsprechend sind Vereinigungen die lediglich die Verfolgung von Interessen kultureller, sportlicher oder gesellschaftlicher Art zum Ziel haben, keine Vereinigungen i. S. d. § 7.[29] Sie verfolgen keine Sonder- bzw. Gruppeninteressen, sondern Ziele, die keiner abgrenzbaren Bevölkerungsgruppe eigentümlich und damit letztlich Allgemeininteressen sind.

13 Ebenso wie bei den berufsständischen Vereinigungen darf bei den berufsstandsähnlichen Vereinigungen der Zusammenschluß nicht ausschließlich zur Förderung der Interessen einzelner erfolgt sein.[30] Das schließt nicht aus, daß die von der Vereinigung entfaltete Tätigkeit dem einzelnen zugute kommt.[31] Die Vereinigung muß aber vor allem ein Gesamtinteresse verfolgen und die Rechtsbesorgung darf sich nur als Teilaufgabe und als Mittel zur Erreichung des Gesamtzwecks darstellen[32] (vgl. dazu auch oben Rdn. 9). Die Förderung der Gesamtinteressen kann etwa durch laufende Informationen sämtlicher Mitglieder, durch Publikationen, Einflußnahme in den Medien und die Information öffentlicher Stellen über die gemeinsamen Anliegen erfolgen.[33]

14 b) **Gemeinsame Interessen mit Bezug zu Beruf?** Streitig ist, ob die gemeinsamen Interessen einen Bezug zu einem Beruf oder Gewerbe aufweisen müssen. Nach einer gelegentlich vertretenen Meinung entbehren die berufsstandsähnlichen Vereinigungen lediglich des Merkmals, für den Berufsstand im Ganzen tätig zu werden.[34] Die gemeinsamen Interessen sollen jedenfalls mit einem Beruf oder Gewerbe zusammenhängen müssen.[35] Dem kann nicht zugestimmt wer-

---

[25] OLG Köln NJW-RR 1990, 683; *Altenhoff/Busch/Chemnitz*, Rdn. 674; vgl. auch OLG Stuttgart NStZ 1989, 274.
[26] BGH WM 1985, 1405, BVerwG DVBl. 1983, 1249 (1250); BayObLG NJW 1994, 2303 (2305) = Rbeistand 1994, 86; OLG Frankfurt NJW 1982, 1003 (1004); *Prütting/Weth* ZIP 1994, 424 (429).
[27] OLG Köln NJW-RR 1990, 683; BVerwG DÖV 1974, 675; BVerwG DVBl. 1983, 1249 (1250); OLG Celle NJW 1973, 2028 (2029); OVG Schleswig-Holstein Rbeistand 1995, 59.
[28] OLG Frankfurt NJW 1982, 1003.
[29] BayObLG NJW 1994, 2303 (2305); OVG Münster NJW 1960, 595; *Erbs/Kohlhaas/Senge*, Rdn. 11 m. w. N.
[30] BayObLG NJW 1994, 2303 (2305).
[31] BVerwG DVBl. 1983, 1249 (1250).
[32] BGH WM 1985, 1405 f.; OLG Karlsruhe NJW-RR 1990, 685 (686).
[33] OLG Karlsruhe NJW-RR 1990, 685.
[34] *Altenhoff/Busch/Chemnitz*, Rdn. 676.
[35] OLG Düsseldorf ZIP 1993, 347; OVG Münster NJW 1960, 595; OLG Köln WRP 1985, 659; vgl. auch OVG Rheinland-Pfalz DÖV 1960, 766 (mit Beruf vergleichbar) und i. E. offenlassend OVG Berlin DVBl. 1961, 561.

den.³⁶ Vertritt die Vereinigung nicht den Berufsstand im Ganzen, so bleiben nur zwei Möglichkeiten. Entweder steht die Mitgliedschaft nicht jedem offen, der zu der Gruppe gehört, die vertreten werden soll. Dann ist der Zusammenschluß überhaupt keine Vereinigung i. S. d. § 7. Oder die vertretenen Berufsinteressen sind nicht nur nach Fachbereich/Branche, sondern zusätzlich nach anderen Kriterien, etwa der hierarchischen Stellung der Mitglieder abgegrenzt. Dann handelt es sich um eine berufsständische Vereinigung. Das gilt z. B. für den Verband angestellter Akademiker und leitender Angestellter in der Chemischen Industrie sowie sonstige Fachverbände der ULA (Union der Leitenden Angestellten).

Daß das gemeinsame Interesse der Vereinigung **keinen Bezug** zu einem Beruf 15 oder Gewerbe aufweisen muß, ergibt sich auch aus der Gesetzesbegründung. Wäre ein solcher Bezug nämlich erforderlich, würden die Haus- und Grundbesitzervereine nicht unter § 7 fallen, da die Eigenschaft, Haus- und Grundbesitzer zu sein, in aller Regel weder Beruf noch Gewerbe ist. Haus- und Grundbesitzer nennt aber die Gesetzesbegründung ausdrücklich als Beispiel für berufsstandsähnliche Vereinigungen.³⁷

c) **Verbundenheit auf Dauer.** Statt des Zusammenhangs mit einem Beruf ist 16 bei der berufsähnlichen Vereinigung vielmehr zusätzlich zu fordern, daß sie Interessen einer abgrenzbaren Gruppe von Personen verfolgt, die durch bestimmte auf Dauer angelegte Interessen zeitlos verbunden sind.³⁸ Der Verein der Wohnungssuchenden ist aus diesem Grunde keine berufsstandsähnliche Vereinigung, daher zur Befriedigung vorübergehender Interessen auftritt, die jedermann haben kann.³⁹

5. Mindestgröße

a) **Bedeutung der Vereinigung.** Die Vereinigung muß die Interessen ihrer 17 Mitglieder auch tatsächlich verfolgen können. Die ganz h. M. verlangt deshalb zu Recht, daß die Vereinigung eine gewisse Mindestgröße besitzt.⁴⁰ Ihr muß also eine gewisse Bedeutung zukommen.⁴¹ Der Zusammenschluß einiger weniger Angehöriger eines bestimmten Berufs bzw. einer bestimmten Interessengruppe genügt nicht.⁴² Eine Vereinigung, der nur ein geringer Teil einer Interessengruppe angehört, ist nämlich regelmäßig nicht in der Lage, ihren sozialpolitischen Zweck, die Förderung der Interessen der Gruppe in ihrer Gesamtheit ernstlich und nachdrücklich zu verfolgen.⁴³ Das Erfordernis einer Mindestgröße ergibt sich direkt aus dem Wortlaut des § 7. „**Berufsstand**" bezeichnet nämlich die Gesamtheit der Angehörigen eines bestimmten Berufs.⁴⁴ Die Verwendung des

---

36 Ebenso *Rennen/Caliebe*, Rdn. 8; *Prütting/Weth* ZIP 1994, 424 (429 f.); BVerwG DÖV 1974, 675 und BGH WM 1985, 1405 f. betonen das zwar nicht ausdrücklich, halten in der Sache einen Zusammenhang mit einem Beruf für erforderlich.
37 RStBl. 1935, 1529.
38 OLG Frankfurt NJW 1982, 1003; *Rennen/Caliebe*, Rdn. 8; *Brangsch* NJW 1953, 732 (734).
39 OLG Frankfurt NJW 1982, 1003.
40 BVerwG DÖV 1974, 675; BVerwG DVBl. 1983, 1249 (1250); OLG Stuttgart NStZ 1989, 274; OLG Köln NJW-RR 1990, 683; *Rennen/Caliebe*, Rdn. 3; *Erbs/Kohlhaas/Senge*, Rdn. 4; *Altenhoff/Busch/Chemnitz*, Rdn. 678; ausführlich *Kindl* WiB 1994, 434.
41 VGH Baden-Württemberg AnwBl. 1964, 176.
42 *Rennen/Caliebe*, Rdn. 3; *Erbs/Kohlhaas/Senge*, Rdn. 4.
43 OLG Stuttgart NStZ 1989, 274.
44 OLG Düsseldorf ZIP 1993, 347; *Prütting/Weth* ZIP 1994, 424 (430).

Wortes berufsständisch gibt damit einen Hinweis darauf, daß die Vereinigung eine gewisse Stärke besitzen muß.[45]

18 b) **Verfassungsrechtliche Zulässigkeit.** Durch die Notwendigkeit einer Mindestgröße werden große und kleine Vereinigungen unterschiedlich behandelt, soweit es die Zulässigkeit der Rechtsberatung betrifft. Die Handlungsfreiheit der kleinen Vereinigungen wird eingeschränkt. Es stellt sich die Frage, ob dieser Einschränkung Grundrechte der Vereinigung entgegenstehen.

19 aa) Die Differenzierung nach der Verbandsstärke könnte gegen **den Gleichheitssatz des Art. 3 Abs. 1 GG** verstoßen. Der BGH hat das in einer jüngeren Entscheidung verneint.[46] Der Gesetzgeber sei bei der Schaffung des § 7 davon ausgegangen, daß nur den Vereinen die Rechtsberatung erlaubnisfrei gestattet sein sollte, die von ihrer personellen **Ausstattung und Finanzkraft** her regelmäßig in der Lage seien, ihre Mitglieder **sachgerecht zu beraten** und vor Schaden durch unrichtige Rechtsberatung zu bewahren.[47] Die nach der Vereinigungsgröße typisierende Differenzierung sei daher sachlich gerechtfertigt und der Gesetzgeber habe dadurch den ihm bei der Ordnung von Massenerscheinungen eröffneten Gestaltungsspielraum nicht überschritten.[48] Für die Differenzierung spricht auch die Überlegung, daß andernfalls eine Umgehung der Erlaubnispflicht allzuleicht möglich würde. Jeder könnte dann erlaubnisfrei Rechtsberatung betreiben, indem er (mit wenigen Freunden und Bekannten) einen Verein gründet, der die Verfolgung wirtschaftlicher oder sozialer Interessen zum Ziel hat. Dem wollen die Vorschriften des RBerG aber gerade vorbeugen.[49]

20 bb) Das Grundrecht der **Vereinigungsfreiheit (Art. 9 Abs. 1 GG)** ist für die hier zu beantwortende Frage, ob auch kleineren Vereinigungen die Erlaubnisfreiheit des § 7 zugutekommen soll, **nicht einschlägig.**[50] Art. 9 GG vermittelt nämlich einem Zweck, der gemeinschaftlich verfolgt wird, keinen größeren Schutz als die Grundrechte einem individuell verfolgten Zweck bieten.[51] Die Vereinigung ist also nicht weitergehend geschützt als Einzelpersonen. Ist daher natürlichen Personen ein bestimmtes Verhalten grundsätzlich verboten, wie die Rechtsbesorgung gem. § 1 Abs. 1 RBerG, so läßt sich aus Art. 9 Abs. 1 GG gerade nicht herleiten, daß das Verhalten erlaubt ist, wenn sich solche Personen zu einem Verein zusammenschließen. Daß kleinen Vereinigungen die Erlaubnisfreiheit des § 7 nicht zugutekommt, kann daher allenfalls gegen Art. 2 Abs. 1 GG verstoßen. Angesichts der Ziele des RBerG und der Mißbrauchgefahr gerade bei kleineren Vereinigungen ist die vorgenommene Differenzierung jedoch nicht als unverhältnismäßige Einschränkung ihrer Betätigungsfreiheit anzusehen.[52]

21 c) **Ermittlung der Mindestgröße.** Die notwendige Mitgliederzahl richtet sich nach der Größe der gesamten Berufs- bzw. Interessengruppe.[53] Die Vereini-

---

[45] *Prütting/Weth* ZIP 1994, 424 (430).
[46] BGH NJW 1995, 516 = ZIP 1993, 1708 f.; *Kindl* WiB 1994, 434 f.; *Prütting/Weth* ZIP 1994, 424 (429 f.); *Gehrlein* NJW 1995, 487 ff.; ablehnend aus wirtschaftswissenschaftlicher und rechtspolitischer Sicht *Wenger* ZIP 1993, 321 (330).
[47] BGH NJW 1995, 516 = ZIP 1993, 1708 f.; *Prütting/Weth* ZIP 1994, 424 (429 f.).
[48] BGH NJW 1995, 516 = ZIP 1993, 1708 f.; ausführlich *Prütting/Weth* ZIP 1994, 424 (430).
[49] *Prütting/Weth* ZIP 1994, 424 (429).
[50] BGH NJW 1995, 516 = ZIP 1993, 1708 f.
[51] *Prütting/Weth* ZIP 1994, 424 (432).
[52] BGH NJW 1995, 516 = ZIP 1993, 1708; ausführlich *Gehrlein* NJW 1995, 487 (489 f.).
[53] BVerwG DÖV 1974, 675.

gung muß, so wird formuliert, einen wesentlichen Teil, nicht aber in jedem Falle die Mehrheit der Interessengruppe erfassen.[54] Das bedeutet, daß die Mitgliederzahl der Vereinigung im **Verhältnis** zur Gesamtzahl der Angehörigen der Gruppe nicht zu unbedeutend sein darf.[55] Zu Recht hat aber das OLG Düsseldorf darauf hingewiesen, daß nicht verlangt werden kann, daß die Vereinigung den überwiegenden Teil oder gar alle Angehörigen einer bestimmten Berufsgruppe als Mitglieder hat. Ohne Beitrittszwang kann dieses Ziel nämlich nicht erreicht werden. § 7 wäre, wollte man eine solche Forderung aufstellen, praktisch bedeutungslos.[56] Im einzelnen herrscht bezüglich der Größe erhebliche Unsicherheit. So ist die Vertretung von 31% des Berufsstands vom OLG Düsseldorf als ausreichend angesehen worden.[57] Die Vertretung von weniger als 20% sollte nach einer Entscheidung des AG München[58] nicht genügen, während das BVerwG bereits einen Anteil von deutlich unter 10% als ausreichend angesehen hat.[59] In der Literatur werden als notwendiger Anteil 20–30% in Betracht gezogen.[60]

Vor allem in neuerer Zeit wird auch der **absoluten Zahl** der Mitglieder Bedeutung beigemessen: So hat das OLG Karlsruhe 3000 Mitglieder als ausreichend angesehen, obwohl der Verein nur einen geringen Bruchteil der Interessengruppe vertrat.[61] Bei einer Vertretung von 13.000 Mitgliedern ist das OLG Köln ohne weiteres von einer ausreichenden Größe der Vereinigung ausgegangen.[62] Das OLG Stuttgart hat demgegenüber die absolute Zahl von 600–800 Mitgliedern bei einem Anteil an der gesamten Interessengruppe von ca. 2,5% für zu gering gehalten.[63] 22

Richtigerweise muß zur Beantwortung der Frage, ob die Vereinigung die erforderliche Mindestgröße besitzt, sowohl auf den Prozentsatz der in der Vereinigung organisierten Mitglieder des Berufsstandes bzw. der Interessengruppe als auch auf die absolute Zahl der Mitglieder abgestellt werden. Je größer die Interessengruppe bzw. der Berufsstand ist, desto eher wird auch ein geringerer Bruchteil ausreichen, wenn sich bereits aus der absoluten Zahl der Mitglieder eine ausreichende Legitimation ergibt. Die Prüfung muß jeweils im Einzelfall erfolgen. Nur wenn diese Prüfung ergibt, daß die Vereinigung aufgrund der absoluten Zahl ihrer Mitglieder und/oder des hohen Prozentsatzes der bei ihr organisierten Mitglieder des Berufsstandes oder der Interessengruppe in der Lage ist, die Förderung der Interessen der Gruppe in ihrer Gesamtheit ernstlich und nachdrücklich zu verfolgen, hat die Vereinigung die erforderliche Mindestgröße. 23

III. Stellen

Das Gesetz gibt **keine Definition** des Begriffs Stellen. Auch die Gesetzesmaterialien helfen nicht weiter. Sie enthalten lediglich den Hinweis, daß „§ 7 noch 24

---

[54] OLG Karlsruhe NJW-RR 1990, 685 (687); OLG Düsseldorf NJW 1969, 2289; *Rennen/Caliebe*, Rdn. 3 m. w. N.
[55] OLG Stuttgart NStZ 1989, 274; *Kindl* WiB 1994, 434.
[56] OLG Düsseldorf NJW 1969, 2289.
[57] OLG Düsseldorf NJW 1969, 2289.
[58] AG München AnwBl. 1968, 66; vgl. auch OVG Schleswig-Holstein (Rbeistand 1995, 58), wonach eine Größe von 10% nicht ausreichend ist.
[59] BVerwG Buchholz 355 Nr. 27, insoweit in DÖV 1974, 675 nicht mit abgedruckt.
[60] *Erbs/Kohlhaas/Senge*, Rdn. 9.
[61] OLG Karlsruhe NJW-RR 1990, 685 (687).
[62] OLG Köln NJW-RR 1990, 683 (684).
[63] OLG Stuttgart NStZ 1989, 274.

eine Ausnahme für gewisse berufsständische Vereinigungen oder Stellen (z. B. Hausbesitzer- oder Mietervereine, ferner auch ärztliche Verrechnungsstellen)" biete.[64]

25 Will man die Aufnahme des Begriffs Stellen in den Text des § 7 nicht als überflüssig und damit als gesetzgeberisches Versehen betrachten, muß ihm eine vom Begriff der Vereinigung abweichende Bedeutung zukommen. Daraus folgt, daß es sich bei Stellen um **rechtlich selbständige** von den Vereinigungen verschiedene Institutionen handeln muß.[65] Daher scheiden alle rechtlich unselbständigen Untergliederungen der Vereinigung (etwa Orts- oder Landesverbände eines eingetragenen Vereins) aus dem Stellen-Begriff aus. Sie sind Teil der Vereinigung.[66]

26 Diese Stellen müssen nach verbreiteter Ansicht von einer Vereinigung i. S. d. § 7 **gebildet und getragen werden,**[67] sowie ausschließlich Aufgaben der Vereinigung erfüllen.[68] Eine Begründung für diese Auffassung findet sich – soweit ersichtlich – in Rechtsprechung und Literatur nicht; sie läßt sich aber auf die Überlegung stützen, daß mit dem Begriff Vereinigung alle denkbaren Zusammenschlüsse auf berufsständischer oder berufsstandsähnlicher Grundlage abgedeckt sind. Es muß sich daher bei Stellen um solche Institutionen handeln, die aus den Vereinigungen ausgegliedert sind, von ihnen gebildet sind und Aufgaben dieser Vereinigungen wahrnehmen. Zu Recht sind deshalb zu einer Vereinigung gehörende Verlage[69] oder eine GmbH,[70] die von einer Vereinigung getragen wird, als Stelle i. S. d. RBerG angesehen werden. Den Vereinigungen muß es möglich sein, die Rechtsberatung als Teilfunktion ihrer Gesamtaufgaben aus organisatorischen oder steuerlichen Gründen rechtlich zu verselbständigen. Es muß allerdings sichergestellt sein, daß die Stelle nicht anders handeln kann als eine unselbständige Abteilung der Vereinigung selbst.[71]

27 Nach alledem kann Stelle i. S. d. § 7 beschrieben werden als von einer Vereinigung gebildete, getragene und kontrollierte, rechtlich selbständige Institution, die **ausschließlich Aufgaben der Vereinigung** erfüllt. Stellen dürfen erlaubnisfrei fremde Rechtsangelegenheiten besorgen unter der Voraussetzung, daß diese allen und nur den Mitgliedern der Vereinigung zugute kommt,[72] daß die Rechtsbesorgung sich innerhalb der Ziele der Vereinigung hält und daß die Stelle durch die Rechtsbesorgung keinen Gewinn erzielt. Die Stelle darf allenfalls Aufwendungsersatz geltend machen. Schließlich muß sichergestellt sein, daß die Stelle nicht wesentlich anders handeln kann als eine (unselbständige) Abteilung der Vereinigung.

IV. Die erlaubnisfreie Tätigkeit

1. Gewähren

28 **a) Keine Gewinnerzielungsabsicht.** Aus der Formulierung „... Rat und Hilfe ... gewähren" läßt sich nicht entnehmen, daß die Vereinigung unentgelt-

---

[64] RStBl. 1935, 1529.
[65] *Altenhoff/Busch/Chemnitz*, Rdn. 685; *Rennen/Caliebe*, Rdn. 5.
[66] *Altenhoff/Busch/Chemnitz*, Rdn. 685; *Rennen/Caliebe*, Rdn. 5.
[67] OLG Frankfurt MDR 1982, 1024; *Altenhoff/Busch/Chemnitz*, Rdn. 687; *Rennen/Caliebe*, Rdn. 5.
[68] *Altenhoff/Busch/Chemnitz*, Rdn. 687.
[69] *Rennen/Caliebe*, Rdn. 5.
[70] OLG Frankfurt MDR 1982, 1024.
[71] BGH MDR 1994, 566 = NJW 1994, 1658.
[72] *Altenhoff/Busch/Chemnitz*, Rdn. 688.

lich tätig werden muß.⁷³ Allerdings ist es mit Sinn und Zweck der Ausnahmebestimmung des § 7 unvereinbar, wenn sie durch die Rechtsberatung Gewinne anstrebt oder wenn die Vereinigung sich durch das von ihr betreute Mitglied ein **Entgelt zahlen läßt,** das etwa auf der Grundlage der Gebührenordnung für Rechtsanwälte (BRAGO) berechnet ist.⁷⁴ Eine solche Gebührenberechnung begünstigt zumindest die Neigung, aus der Rechtsbesorgung ein Geschäft zu machen.⁷⁵ Steht aber Gewinnerzielungsabsicht im Raum, würden nach Auffassung des BGH all diejenigen Gefahren heraufbeschworen, die den Gesetzgeber dazu bewogen hätten, die geschäftsmäßige Rechtsbesorgung unter Erlaubniszwang zu stellen. Wenn die berufsständischen Vereinigungen in § 7 von diesem Erlaubniszwang befreit worden seien, so nur deshalb, weil und soweit eine echte Betreuungstätigkeit solche Gefahren von vornherein auszuschließen scheine. Dieses Privileg verliere aber seinen Sinn, wenn eine Vereinigung durch die Art, wie das Entgelt für ihre Tätigkeit geregelt werde, die gleiche Gefahrenlage schaffe, der bei den nichtprivilegierten Personen und Vereinigungen durch den Erlaubniszwang entgegengetreten werden solle.⁷⁶

Der Auffassung des BGH ist zuzustimmen. Die Aussicht auf Gewinn würde sicherlich zur Gründung einer Vielzahl von berufsständischen oder berufsstandsähnlichen Vereinigungen und damit zu den vom BGH genannten Gefahren führen. Die weitgehenden Bindungen unterliegende Anwaltschaft würde einer **unübersehbaren** Konkurrenz von Personen ausgeliefert, die diesen Bindungen nicht unterliegen und die Allgemeinheit würde damit der Gefahr ausgesetzt, durch unsachgemäße Rechtsberatung zu Schaden zu kommen.⁷⁷ Schließlich wird in dem Fall, daß die Vereinigung durch Rechtsbesorgung Gewinn erzielen will, kaum mehr davon gesprochen werden können, daß die Rechtsbesorgung lediglich dienende Funktion hat. Vielmehr wird die Rechtsbesorgung hier in aller Regel im Vordergrund stehen und den eigentlichen Zweck der Vereinigung, die berufsständische Betätigung, in den Hintergrund drängen. Es wird daher bei Gewinnerzielungsabsicht in der Regel nicht mehr von einer berufsständischen oder berufsstandsähnlichen Vereinigung gesprochen werden können⁷⁸ (vgl. zu den Anforderungen an eine berufsständische oder berufsstandsähnliche Vereinigung oben Rdn. 8 ff.). 29

b) Aufwandserstattung. Erlaubt ist der Vereinigung hingegen, ihre tatsächlichen Auslagen zu liquidieren, also Aufwendungsersatz geltend zu machen.⁷⁹ Die Aufwandserstattung kann im Wege der Erhebung von Mitgliedsbeiträgen (also verteilt auf alle Mitglieder) oder auch anläßlich der einzelnen Beratung durch das jeweils betroffene Mitglied erfolgen.⁸⁰ Der letztgenannte Weg kann allerdings nur gewählt werden, wenn die Satzung ausdrücklich die Kostenerstattung regelt.⁸¹ Fehlt es an einer solchen Regelung, so kommt eine Kostenerstattung auch nicht 30

---

⁷³ BGHZ 15, 315 (318).
⁷⁴ BGHZ 15, 315 (320, 322); LAG Hamm MDR 1994, 416; OLG Köln NJW-RR 1990, 683 (685).
⁷⁵ BGHZ 15, 315 (323).
⁷⁶ BGHZ 15, 315 (323).
⁷⁷ BGHZ 15, 315 (323); vgl. dazu die amtliche Begründung zum Rechtsberatungsgesetz, RStBl. 1935, 1528.
⁷⁸ Vgl. dazu OLG Celle NJW 1973, 2028 (2029).
⁷⁹ BGHZ 15, 315 (318 f.); LAG Hamm MDR 1994, 416; OLG Köln NJW-RR 1990, 683 (685); a. A. wohl *Brangsch* NJW 1953, 732 (733).
⁸⁰ BGHZ 15, 315 (322); BSG NJW 1992, 197 f.
⁸¹ BSG NJW 1992, 197 f.

aus anderen Rechtsvorschriften (Geschäftsbesorgung, Auftrag) in Betracht, da die Beratung Ausfluß der mitgliedschaftlichen Stellung des Beratenen ist.[82] Zu den erstattungsfähigen Kosten gehören neben den allgemeinen Bürokosten auch die an ihre Angestellten gezahlten Gehälter sowie die einem Beauftragten gewährten Entschädigungen.[83]

31   c) **Verbraucherzeitschrift.** Streitig ist die Frage, ob eine Vereinigung Rechtsrat auch über eine Verbandszeitschrift gewähren darf. Nach Auffassung des BGH ist eine von einer berufsständischen Vereinigung herausgegebene Fachzeitschrift, die den Abnehmern der Zeitschrift in konkreten Einzelfällen Rechtsauskünfte gewährt, nicht gem. § 7 begünstigt. Begünstigt sei **ausschließlich der Verband selbst.**[84] Für die Auffassung des BGH lassen sich im Gesetz keinerlei Anhaltspunkte finden. Es kann i. S. d. § 7 keinen Unterschied machen, ob das Mitglied von einem Vertreter der Vereinigung im persönlichen Gespräch oder schriftlich durch die Verbandszeitung beraten wird. Voraussetzung ist allerdings, daß der Ratsuchende mit der schriftlichen Beratung in der Verbandszeitung einverstanden ist. Darüber hinaus muß bei einer Beratung über die Verbandszeitung sichergestellt sein, daß die Anfrage, die in der Verbandszeitschrift beantwortet wird, von einem Mitglied stammt, daß dem Berater alle für die Beratung erforderlichen Tatsachen bekannt sind, und schließlich muß gewährleistet sein, daß der Berater gesetzlicher Vertreter oder Angestellter der Vereinigung oder ihrer Stelle ist. Dem kann auch **nicht entgegengehalten** werden, daß durch die Veröffentlichung ein konkreter Rechtsrat anderen als den Mitgliedern zugänglich gemacht wird. Zwar wird durch die Veröffentlichung sicherlich der Rechtsfall und seine durch § 7 erlaubte Beurteilung auch Nichtmitgliedern mitgeteilt. Es werden aber nicht deren konkrete Fragen beantwortet, sie werden nicht im konkreten Einzelfall beraten. Die Veröffentlichung ist – bezüglich der Nichtmitglieder – vielmehr so zu sehen wie die Veröffentlichung eines Gutachtens oder einer gerichtlichen Entscheidung; es wird in allen genannten Fällen eine Beurteilung einer **fremden** (nicht der eigenen) Rechtsangelegenheiten zugänglich gemacht.[85]

2. Rat und Hilfe in Rechtsangelegenheiten

32   Der von § 1 (Besorgung fremder Rechtsangelegenheiten) abweichenden Formulierung kommt keine eigenständige Bedeutung zu. Die Vereinigung oder Stelle darf gem. § 7 ohne Erlaubnis fremde Rechtsangelegenheiten, nämlich die ihrer Mitglieder im Rahmen ihres Aufgabenbereichs, besorgen. Darüberhinausgehende Befugnisse räumt § 7 den Vereinigungen bzw. Stellen nicht ein.[86]

3. Im Rahmen des Aufgabenbereichs

33   Die Rechtsbesorgung muß sich in jedem Einzelfall innerhalb des Aufgabenbereichs der Vereinigung halten. Ob das der Fall ist, richtet sich zunächst nach der Satzung. Die Rechtsbesorgung muß sich im Rahmen des in ihr festgelegten Aufgabenbereichs halten.[87] Die Satzung wiederum muß sicherstellen, daß der Aufgabenbereich der Vereinigung den Anforderungen des § 7 entspricht; es muß

---

[82] BSG NJW 1992, 197 f.
[83] BGHZ 15, 315 (322); *Rennen/Caliebe,* Rdn. 15 ff. und Anh. 1 Rdn. 9 ff.
[84] BGH NJW 1957, 301 (303); a. A. *Runge* NJW 1957, 302.
[85] Vgl. zum Ganzen auch *Schorn,* S. 279 f.
[86] A. A. wohl *Altenhoff/Busch/Chemnitz,* Rdn. 689 ff.; die Ausführungen sind allerdings schwer nachvollziehbar.
[87] OLG Köln NJW-RR 1990, 683 (685).

sich also um eine berufsständische oder berufsstandsähnliche Vereinigung handeln. Erfüllt die Satzung diese Anforderungen nicht oder hält sich die Rechtsbesorgung der Vereinigung nicht im Rahmen der Satzung, ist die Rechtsbesorgung nicht erlaubnisfrei.

4. Empfänger des Rats und der Hilfe

Das dürfen nur die Mitglieder nicht Dritte sein. **34**

5. Handelnde Personen

Die Vereinigung darf rechtsbesorgend tätig werden. Das kann sie als Personenmehrheit nicht selbst, sondern im tatsächlichen nur durch Vertreter. Damit sind nicht nur die gesetzlichen Vertreter der Vereinigung gemeint, sondern auch Angestellte, solange sie im Rahmen ihrer Tätigkeit auf Weisung der Vereinigung tätig werden.[88] **35**

6. Prozeßvertretung

a) Gerichtliche Verfahren. Unter die erlaubnisfreie Tätigkeit nach § 7 fällt auch die Rechtsvertretung im gerichtlichen Verfahren.[89] Das bedeutet aber nur, daß die Prozeßvertretung durch Vereinigungen im Rahmen ihres Aufgabenbereichs keine erlaubnispflichtige Rechtsberatung darstellt.[90] Ob die Vertretung auch prozeßrechtlich zulässig ist, ist eine andere Frage. Ausdrückliche Regelungen enthalten insoweit die § 73 Abs. 6, § 166 Abs. 2 SGG, § 11 ArbGG, nach denen **Vertreter bestimmter Verbände, nicht die Vereinigungen selbst,** postulationsfähig sind.[91] **36**

b) § 157 Abs. 1 ZPO. Im Zivilprozeß bestimmt hingegen § 157 Abs. 1 ZPO, daß Personen, die die Besorgung fremder Rechtsangelegenheiten vor Gericht geschäftsmäßig betreiben, von der Vertretung in der mündlichen Verhandlung ausgeschlossen sind. Geschäftsmäßig i. S. des § 157 Abs. 1 ZPO ist ein selbständiges auf eine gewisse Häufigkeit abgestelltes Tätigwerden.[92] Der Ausschluß gem. § 157 Abs. 1 ZPO gilt grundsätzlich auch dann, wenn die Vertretung nach Vorschriften des RBerG erlaubt oder erlaubnisfrei ist.[93] Denn das RBerG schafft **keine neuen Fälle der Postulationsfähigkeit,**[94] sondern will nur vor Mißbrauch bei der Rechtsberatung schützen. Umgekehrt beinhaltet ein Verstoß gegen § 157 ZPO nicht zwangsläufig auch einen Verstoß gegen das RBerG.[95] Vereinigungen und Stellen betreiben fremde Rechtsangelegenheiten geschäftsmäßig i. S. d. § 157 ZPO; ihnen geht es darum, wiederholt für ihre Mitglieder rechtsbesorgend tätig zu werden. Sie sind daher – ebenso wie ihre Vertreter[96] – von der mündlichen Verhandlung ausgeschlossen. **37**

---

[88] *Altenhoff/Busch/Chemnitz,* Rdn. 738 ff.
[89] H. M.: *Rennen/Caliebe,* Rdn. 14; *Altenhoff/Busch/Chemnitz,* Rdn. 741; *Erbs/Kohlhaas/Senge,* Rdn. 14; vgl. auch BGH NJW 1980, 991; a. A. wohl *Kindl* WiB 1994, 435.
[90] *Altenhoff/Busch/Chemnitz,* Rdn. 744.
[91] Vgl. zu § 11 ArbGG *Germelmann/Matthes/Prütting,* ArbGG, 2. Aufl. 1995, § 11 Rdn. 77 ff.; a. A. offenbar *Rennen/Caliebe,* Rdn. 14; *Altenhoff/Busch/Chemnitz,* Rdn. 742.
[92] *Zöller/Greger,* ZPO, 19. Aufl. 1995, § 157 Rdn. 4.
[93] BVerfGE 41, 378 (391); BVerfGE 10, 185; LG Aachen AnwBl. 1983, 528.
[94] LG Aachen AnwBl. 1983, 528 m. w. N.
[95] OLG Köln AnwBl. 1988, 493.
[96] Vgl. dazu § 6 Rdn. 11.

38 § 157 Abs. 1 ZPO beschränkt nur das Auftreten in der mündlichen Verhandlung. Der sonstige Prozeßbetrieb fällt nicht unter § 157 ZPO. Einer Vereinigung i. S. d. § 7 kann deshalb wirksam Prozeßvollmacht erteilt werden und sie kann außerhalb der Verhandlung durch Schriftsätze und die Entgegennahme von Zustellungen tätig werden.[97] Es ist sogar zulässig, daß ein Vertreter des Vereins während der mündlichen Verhandlung (zwar nicht als Prozeßvertreter auftritt, aber) das Vereinsmitglied berät.[98] Herrscht im betreffenden Verfahren jedoch Anwaltszwang, so ist die allein durch einen Verbandsvertreter beratene Partei als nicht ordnungsgemäß vertreten anzusehen und damit säumig.[99]

39 c) **Verwaltungsprozeß.** Streitig ist, ob § 157 Abs. 1 ZPO auch im Verwaltungsprozeß anzuwenden ist. Die überwiegende Ansicht verneint dies,[100] während teilweise geltend gemacht wird, die Vorschrift gelte wegen § 173 Abs. 1 VwGO auch im Verwaltungsrechtsstreit.[101] Die Entscheidung der Frage hängt davon ab, ob die Regelung des § 67 VwGO die Befugnis zum Auftreten von Verwaltungsgerichten abschließend regelt, so daß § 173 Abs. 1 VwGO nicht zur Anwendung gelangt. Für das Verfahren vor dem BVerwG sieht § 67 Abs. 1 VwGO nur die Vertretung durch Rechtsanwälte bzw. Hochschullehrer vor, vor den übrigen Gerichten läßt § 67 Abs. 2 S. 3 ausdrücklich die Vertretung durch jede zum sachgemäßen Vortrag fähige Person zu. Abgesehen vom insoweit eindeutigen Wortlaut spricht für eine **abschließende Regelung,** daß die VwGO die Vertretung des Bürgers in öffentlich-rechtlichen Streitigkeiten erleichtern wollte[102] und daß § 61 Abs. 4 S. 2 des süddeutschen VGG (das nach 1945 bis zur Schaffung der VwGO in weiten Teilen Deutschlands galt) eine dem § 157 Abs. 1 ZPO entsprechende Vorschrift enthielt, die der Gesetzgeber aber eben nicht in § 67 Abs. 2 VwGO übernommen hat.[103]

V. Beispiele

1. Berufsständische Vereinigungen

40 Hier sind zunächst **Gewerkschaften,**[104] **Arbeitgeberverbände** und deren **Dachverbände** zu nennen. Gewerkschaften dürfen für ihre Mitglieder Schadensersatzansprüche nicht nur gegen ihren Arbeitgeber, sondern auch gegenüber Dritten geltend machen, wenn die Ansprüche aus der Ausübung der beruflichen Tätigkeit herrühren.[105] Die Deutsche Postgewerkschaft durfte daher Schmerzensgeldansprüche eines ihrer Mitglieder, das beim Austragen von Briefpost vom Hund des Zustellungsempfängers gebissen worden war, geltend machen.[106] Weiter gehören ganz allgemein Rat und Hilfe im Sozialbereich historisch zu den

---

[97] *Thomas/Putzo,* ZPO, 18. Aufl. 1993, § 157 Rdn. 2; LG Aachen AnwBl. 1983, 528; *Rennen/Caliebe,* Rdn. 14.
[98] OLG Hamm NJW-RR 1994, 1139.
[99] LG Aachen AnwBl. 1983, 528.
[100] OVG Münster NJW 1967, 1340 und NJW 1966, 2233; BVerfGE 41, 378 (392); zustimmend *Rennen/Caliebe,* Rdn. 14; *Kopp,* VwGO, 10. Aufl. 1995, § 67 Rdn. 17 m. w. N.
[101] VGH Kassel AnwBl. 1969, 408 (409); *Wirtz* NJW 1968, 1025 f.; *Altenhoff/Busch/ Chemnitz,* Rdn. 743 m. w. N.
[102] BVerGE 41, 378 (392).
[103] *Eyermann/Fröhler,* VwGO, 9. Aufl. 1988, § 67 Rdn. 27.
[104] BGH NJW 1982, 1882; OVG Münster NJW 1967, 1340.
[105] BGH NJW 1982, 1882.
[106] BGH NJW 1982, 1882.

berufsständischen Grundlagen der Gewerkschaften.[107] Ob davon aber noch die Beratung in Fragen des Ausländerrechts erfaßt ist, muß bezweifelt werden.[108]

Weiter zählen zu den berufsständischen Vereinigungen die Berufsverbände im engeren Sinne (z. B. **Berufsverbände der Bauern, Ärzte, Beamten, Apotheker, Anwälte, Gastwirte, Lehrer, Steuerberater, der Handelsvertreter und Handelsmakler**).[109] 41

Zu den berufsständischen Vereinigungen gehören darüber hinaus **privatärztliche Verrechnungsstellen**,[110] sowie **Fachverbände der Industrie und des Handels**.[111] 42

2. Berufsstandsähnliche Vereinigungen

Hier sind zunächst die schon in den Gesetzesmaterialien[112] genannten **Mietervereine**[113] und **Haus- und Grundbesitzervereine**[114] zu nennen. Zu den berufsstandsähnlichen Vereinigungen zählen auch solche Haus- und Grundbesitzervereine, die den Schutz von Grundeigentum im Ausland bezwecken.[115] Mietervereine dürfen ihren Mitgliedern auch bei der Abwehr von Ansprüchen eines Maklers behilflich sein.[116] Demgegenüber fällt die Beratung von Wohnungseigentümern in Fragen des WEG nicht in den Aufgabenbereich eines Mietervereins.[117] Ein Haus- und Grundbesitzerverein darf seine Mitglieder nicht in einem Verfahren zu Feststellung ihrer Rechtsstellung als Hoferbe beraten,[118] wohl aber bei dem Verfahren auf Erteilung einer Baugenehmigung.[119] 43

Auch Vereine zur Vertretung der Interessen **Bergbaugeschädigter**[120] und **Kriegsopferverbände**[121] gehören zu den berufsstandsähnlichen Vereinigungen. Letztgenannte dürfen aber jedenfalls dann, wenn in ihrer Satzung (nur) die Beratung bei der Verfolgung von Ansprüchen aus der Versorgungs-, Fürsorge- und Sozialversicherungsgesetzgebung vorgesehen ist, nicht in beamtenrechtlichen Fragen tätig werden und zwar auch nicht, soweit es um die Beamtenversorgung geht.[122] 44

---

[107] OVG Münster NJW 1967, 1340.
[108] Vgl. *Wirtz* NJW 1968, 1025 f.
[109] LG Karlsruhe AnwBl. 1994, 574.
[110] BGH NJW 1979, 991; LG Kleve NJW 1991, 756 f.; vgl. OLG Köln NJW 1991, 753 (755); OLG Düsseldorf NJW 1969, 2289.
[111] *Rennen/Caliebe*, Rdn. 7; *Erbs/Kohlhaas/Senge*, Rdn. 10; *Altenhoff/Busch/Chemnitz*, Rdn. 719.
[112] RStBl. 1935, 1529.
[113] BGH 15, 315 ff.; OLG Hamburg MDR 1985, 332 f.; LG Hagen AnwBl. 1987, 152.
[114] BGH WM 1985, 1405; OLG Karlsruhe NJW-RR 1990, 685; OLG Celle AnwBl. 1957, 242 f.; OVG Münster NJW 1962, 2028.
[115] OLG Karlsruhe NJW-RR 1990, 685.
[116] OLG Hamburg MDR 1985, 332.
[117] LG Hagen AnwBl. 1987, 152.
[118] OLG Celle AnwBl. 1957, 242.
[119] OVG Münster NJW 1962, 2028.
[120] OLG Köln NJW-RR 1990, 683.
[121] OVG Koblenz NJW 1988, 581 (diese Entscheidung betrifft den Verband der Kriegs- und Wehrdienstopfer, Behinderten und Sozialrentner Deutschlands (VdK), Landesverband Rheinland Pfalz e. V.); vgl. OVG Münster NJW 1995, 1509 und § 166 Abs. 2 S. 1 SGG; a. A. noch OVG Rheinland-Pfalz DÖV 1960, 766 und OVG Berlin DVBl. 1961, 561.
[122] OVG Münster NJW 1995, 1509.

3. Nicht unter § 7 fallende Vereinigungen

45 **Sportvereine,**[123] **Politische Parteien,**[124] der **Verband der Postbenutzer,**[125] **Aktionärsvereine,**[126] der **Bund der Steuerzahler,**[127] **Verbraucherverbände,**[128] der **Verein zur Beratung seiner Mitglieder in Kredit- und Hypothekenangelegenheiten sowie bei Schwierigkeiten finanzwirtschaftlicher Art,**[129] **Vereinigungen von Versicherungsnehmern**[130] und **Gläubigerschutzverbände**[131] fallen nicht unter § 7, weil sie keine abgrenzbaren Gruppeninteressen wirtschaftlicher oder sozialer Art, sondern Interessen fördern, die jeder haben kann und weil die Mitgliedschaft jedem offensteht. Auch ein Verein, der das Ziel menschenwürdigen Sterbens verfolgt, wird nicht von § 7 erfaßt, weil dieses Ziel nicht nur bestimmte Interessengruppen berührt.[132]

46 **Automobilclubs** fallen nicht unter § 7[133] angesichts der Tatsache, daß auf zwei Bundesbürger im Durchschnitt ein Pkw kommt[134] und daß aufgrund der riesigen Zahl der in Betracht kommenden Mitglieder aus fast allen Bevölkerungsschichten nicht mehr davon gesprochen werden kann, es handele sich um eine Vereinigung, die auf der Grundlage der gleichen oder ganz ähnlichen wirtschaftlichen oder sozialen Stellung ihrer Mitglieder zur Wahrnehmung der für diese Stellung bezeichnenden wirtschaftlichen oder sozialen Interessen gebildet ist. Anderes gilt für die **Verbände der Berufskraftfahrer** als berufsständische Vereinigungen.

47 **Vereine von Wohnungssuchenden,**[135] **Vereine der Kriegsdienstverweigerer,**[136] **Gläubigerschutzvereine**[137] gehören nicht zu den berufsstandsähnlichen Vereinigungen, weil das verbindende Element kein zeitloses, d. h. nicht auf Dauer angelegt ist.

48 **Betriebsräte** sind keine Vereinigung i. S. d. § 7, weil es sich um rein arbeitsrechtliche Repräsentationsorgane und nicht um einen rechtlichen Zusammenschluß zur Verfolgung von selbstgesetzten Zielen handelt. Zwar ist der Betriebsrat eine Stelle im Sinne des § 10 ArbGG. Das bedeutet aber nicht, daß er auch als Stelle i. S. d. § 7 anzusehen ist. Im übrigen sind die vom Betriebsrat zu beratenden Arbeitnehmer nicht Mitglieder des Betriebsrats.[138]

49 **Abmahnvereine** sind nicht durch § 7 privilegiert, wenn sie durch ihre Tätigkeit Gewinn erzielen oder erstreben.[139] Zu den **studentischen Selbsthilfevereinen** vgl. OLG Stuttgart NStZ 1989, 274.

---

[123] *Rennen/Caliebe,* Rdn. 9.
[124] *Rennen/Caliebe,* Rdn. 9.
[125] VGH Kassel AnwBl. 1975, 31.
[126] Vgl. dazu *Prütting/Weth* ZIP 1994, 424 (429); OLG Düsseldorf ZIP 1993, 347 (348); *Gehrlein* NJW 1995, 487 (488). 1992 gab es in Deutschland ca. 4,2 Mio. Aktionäre.
[127] *Altenhoff/Busch/Chemnitz,* Rdn. 681.
[128] *Altenhoff/Busch/Chemnitz,* Rdn. 681 und § 3 Rdn. 469.
[129] OLG Schleswig AnwBl. 1989, 245.
[130] *Altenhoff/Busch/Chemnitz,* Rdn. 681.
[131] *Erbs/Kohlhaas/Senge,* Rdn. 12.
[132] BayObLG NJW 1994, 2303 (2305).
[133] A. A. *Rennen/Caliebe,* Rdn. 8.
[134] So waren im Jahr 1989 knapp 30. Mio. PKW in Deutschland zugelassen, vgl. Europa in Zahlen, Dritte Ausgabe, Brüssel 1992, S. 205.
[135] OLG Frankfurt NJW 1982, 1003.
[136] OVG Münster NJW 1960, 595.
[137] *Altenhoff/Busch/Chemnitz,* Rdn. 725.
[138] LAG Hamburg DB 1987, 1744.
[139] Vgl. oben Rdn. 28 und *Altenhoff/Busch/Chemnitz,* Rdn. 680.

VI. Untersagungsverfügung

Nach § 7 S. 2 kann der Vereinigung ihre Tätigkeit untersagt werden. Gründe 50
für die Untersagung sowie das **Untersagungsverfahren** sind in § 16 der 1. AVO
näher geregelt. Nach § 16 Abs. 1 der 1. AVO ist die Rechtsbesorgung zu untersagen, wenn die Tätigkeit ganz oder überwiegend von Personen ausgeübt wird, denen die Erlaubnis nach §§ 4 bis 8 der Verordnung zu versagen wäre, und in dieser Hinsicht gerügte Mängel nicht in angemessener Zeit abgestellt werden. Die Rechtsbesorgung ist darüber hinaus zu untersagen, wenn die Rechtsform der Vereinigung zur Umgehung des Erlaubniszwangs mißbraucht wird.

Die Untersagungsverfügung kann zunächst nach dem eindeutigen Wortlaut des 51
§ 7 S. 2 gegenüber einer Vereinigung ausgesprochen werden, die an und für sich alle Kriterien für eine erlaubnisfreie Rechtsberatung erfüllt.[140] Da aber in diesen Fällen eine Vermutung dafür spricht, daß die Vereinigung erlaubte Rechtsbesorgung betreibt, darf die Tätigkeit nur dann untersagt werden, wenn **konkrete Anhaltspunkte** dafür bestehen, daß von der Tätigkeit der Vereinigung Gefahren für die Allgemeinheit ausgehen.

Das wird man annehmen können, wenn der Fall des § 16 Abs. 1 a der 1. AVO 52
gegeben ist, wenn also die konkrete Tätigkeit von Personen ausgeübt wird, denen als Einzelperson eine Erlaubnis nicht erteilt werden kann.

Das Verbot kann aber auch dann ergehen, wenn der Verein nicht die Grenzen 53
seines Aufgabenbereichs einhält und damit überhaupt keine erlaubnisfreie Tätigkeit ausübt. Es kann auch gegen eine Vereinigung, die nicht auf berufsständischer oder -ähnlicher Grundlage gebildet ist, ausgesprochen werden.[141] Der untersagende Verwaltungsakt hat in den beiden letztgenannten Fällen eine klarstellende Funktion. Grundlage für den Erlaß der Untersagungsverfügung ist in diesen Fällen die Tatsache, daß die Vereinigung die Ausnahme des § 7 für sich in Anspruch nimmt.

Zur Reichweite des Verbots vgl. § 8 Rdn. 24 ff. 54

§ 8 [Ordnungswidrigkeiten]

(1) **Ordnungswidrig handelt, wer**
1. **fremde Rechtsangelegenheiten geschäftsmäßig besorgt, ohne die nach diesem Artikel erforderliche Erlaubnis zu besitzen,**
2. **gegen ein Verbot nach § 7 Satz 2 verstößt oder**
3. **unbefugt die Berufsbezeichnung „Rechtsbeistand" oder eine ihr zum Verwechseln ähnliche Bezeichnung führt.**

(2) **Die Ordnungswidrigkeit kann mit einer Geldbuße bis zu zehntausend Deutsche Mark geahndet werden.**

---

[140] *Rennen/Caliebe*, Rdn. 19; *Erbs/Kohlhaas/Senge*, Rdn. 17; *Altenhoff/Busch/Chemnitz*, Rdn. 712 ff.
[141] BVerwG DVBl. 1983, 1249 (1250); *Altenhoff/Busch/Chemnitz*, Rdn. 712 ff.; *Rennen/Caliebe*, Rdn. 20.

Übersicht

	Rdn.		Rdn.
I. Allgemeines	1–11	III. Tatbestand des § 8 Abs. 1 Nr. 2	18–23
1. Keine Ahndung ohne gesetzliche Grundlage	1	1. Täter	18
2. Täterkreis	2	2. Verwaltungsakzessorietät	19
3. Vorsatz und Fahrlässigkeit	3	3. Reichweite des Verbots	22
4. Beteiligte	6	IV. Tatbestand des § 8 Abs. 1 Nr. 3	24–26
a) Einheitlicher Täterbegriff	6	1. Rechtsbeistand oder eine zum Verwechseln ähnliche Bezeichnung	24
b) Beteiligteneigenschaft eines Erlaubnisinhabers	7	2. Führen der Berufsbezeichnung	25
c) Keine Beteiligung des Beratenen	9	3. Unbefugtes Führen der Berufsbezeichnung	26
5. Versuch	10	V. Verfolgung der Ordnungswidrigkeit	27–30
6. Konkurrenzen	11	1. Verjährung	27
II. Tatbestand des § 8 Abs. 1 Nr. 1	12–17	2. Zuständige Behörde	28
1. Ohne die erforderliche Erlaubnis	12	3. Inhalt des Bußgeldbescheides	29
2. Sonstige Tatbestandsmerkmale	17	4. Höhe der Geldbuße	30

I. Allgemeines

1. Keine Ahndung ohne gesetzliche Grundlage

1   Ordnungswidrig wird nur in den in Abs. 1 genannten Fällen gehandelt, nicht aber in anderen Fällen eines Verstoßes gegen das RBerG. Beispiel für eine nicht als Ordnungswidrigkeit geahndete Pflichtverletzung ist die Mißachtung der in § 1 Abs. 1 der 1. AVO festgelegten Pflicht, von einem bestimmten Geschäftssitz aus tätig zu werden.[1] Ebenso nicht mit Geldbuße bedroht ist die Verletzung des in § 1 Abs. 3 der 2. AVO festgelegten Werbeverbots.[2] Diese kann aber Unterlassungsansprüche nach den §§ 1, 3, 13 UWG zur Folge haben.[3]

2. Täterkreis

2   Tauglicher Täter einer Ordnungswidrigkeit im Sinne des § 8 sind nur natürliche Personen. Weder juristische Personen noch Personengesellschaften können ordnungswidrig handeln.[4] (Vgl. auch unten Rdn. 18) Der Beratene begeht in keinem Fall eine Ordnungswidrigkeit nach § 8 RBerG (dazu unten Rdn. 9).

3. Vorsatz und Fahrlässigkeit

3   Nach § 8 kann nur die vorsätzliche Tat geahndet werden, da die Verfolgung fahrlässigen Handelns im Gesetz nicht angeordnet ist. Nur im Falle einer solchen Anordnung wäre aber die Ahndung möglich (§ 10 OWiG).

4   Vorsatz setzt Wissen und Wollen der Tatbestandsverwirklichung voraus, d. h. der Täter muß die tatsächlichen Umstände kennen, aus denen sich die Verwirkli-

---

[1] BayObLG MDR 1985, 521.
[2] *Erbs/Kohlhaas/Senge*, Rdn. 1; vgl. *Altenhoff/Busch/Chemnitz*, Rdn. 751.
[3] Vgl. BGH MDR 1992, 763 (764); OLG Düsseldorf AnwBl. 1987, 199; LG Oldenburg BRAK-Mitt. 1990, 117.
[4] *Göhler*, OWiG, 11. Aufl. 1995, vor § 1 Rdn. 31; *Rennen/Caliebe*, Rdn. 2; *Altenhoff/Busch/Chemnitz*, Rdn. 752.

chung des Tatbestandes ergibt, und die Tatbestandsverwirklichung zumindest billigend in Kauf nehmen.[5] Danach kommt es im Fall der Nr. 1 darauf an, daß er die Tatsachen kennt, aus denen sich ergibt, daß seine Tätigkeit eine geschäftsmäßige Besorgung fremder Rechtsangelegenheiten ist und daß er ohne Erlaubnis handelt.[6] Bei Nr. 2 muß er wissen, daß eine Untersagungsverfügung nach § 7 S. 2 RBerG vorliegt. Bei Nr. 3 ist entscheidend die Kenntnis der Umstände, aus denen sich ergibt, daß er zur Führung der Bezeichnung nicht (mehr) berechtigt ist.[7]

Zur Behandlung der möglichen Irrtümer vgl. *Rennen/Caliebe,* Rdn. 11 ff.; *Altenhoff/Busch/Chemnitz,* Rdn. 772 ff. 5

4. Beteiligte

a) **Einheitlicher Täterbegriff.** Es gilt der einheitliche Täterbegriff des § 14 6
Abs. 1 OWiG, nach der jeder Beteiligte an der Rechtsbesorgung unabhängig von der Art seiner Beteiligung als Täter der Ordnungswidrigkeit angesehen wird. Mittäter, mittelbare Täter, Beihelfer und Anstifter werden also – anders als im StGB – gleich behandelt.[8] Ordnungswidrig handelt daher sowohl der Arbeitgeber, der – obwohl ihm die erforderliche Erlaubnis fehlt – seinen Angestellten fremde Rechtsangelegenheiten besorgen läßt, als auch der Angestellte selbst.[9]

b) **Beteiligteneigenschaft eines Erlaubnisinhabers.** Streitig ist, ob die 7
Tatsache, daß einer der Beteiligten die nach § 1 erforderliche Erlaubnis hat oder (etwa als Rechtsanwalt) gar nicht braucht, seine Beteiligteneigenschaft zwingend ausschließt. Eine Meinung betrachtet die nicht benötigte oder vorhandene Erlaubnis als persönliches Merkmal i. S. d. § 14 Abs. 3 S. 2 OWiG (ahndungsausschließendes Merkmal),[10] mit der Folge, daß der Erlaubnisinhaber oder der von der Erlaubnispflicht Befreite keine Ordnungswidrigkeit begehen könnte. Sieht man jedoch umgekehrt die Erlaubnispflichtigkeit nach § 1 als persönliches Merkmal i. S. d. § 14 Abs. 1 S. 2 OWiG (ahndungsbegründendes Merkmal) an, so reicht aus, daß nur **einer der Beteiligten** die (von ihm) benötigte Erlaubnis nicht besitzt, um die Verfolgbarkeit der Tat für alle Beteiligten zu begründen,[11] also auch für denjenigen, der eine Erlaubnis besitzt oder ihrer nicht bedarf.

Welcher Ansicht zu folgen ist, hängt also davon ab, ob die Erlaubnispflichtig- 8
keit der Rechtsberatung als ahndungsbegründendes, oder umgekehrt die vorhandene oder nicht benötigte Erlaubnis als ahndungsausschließendes Merkmal anzusehen ist. Aus der Struktur des § 8 Abs. 1 Nr. 1, nach dem nur Handeln ohne Erlaubnis tatbestandsmäßig i. S. d. Vorschrift ist, folgt, daß die fehlende Erlaubnis ahndungsbegründendes Merkmal ist.[12] Dann aber kann die vorhandene oder nicht benötigte Erlaubnis nicht gleichzeitig auch ahndungsausschließend wirken. Einem Rechtsanwalt fehlt damit zwar ein ahndungsbegründendes persönliches Merkmal, was aber nach § 14 Abs. 1 S. 2 OWiG die Ahndung seiner Beteiligung gerade nicht ausschließt. Überläßt er anderen, nicht zur Rechtsberatung befugten

---

[5] Vgl. *Göhler,* OWiG, 11 Aufl., 1995, § 10 Rdn. 2.
[6] OLG Düsseldorf AnwBl. 1960, 201 (203).
[7] *Erbs/Kohlhaas/Senge,* Rdn. 13.
[8] BayObLG NStZ 1983, 512; *Göhler,* OWiG, 11. Aufl., 1995, § 14 OWiG Rdn. 1 m. w. N.
[9] OLG Hamm, AnwBl. 1972, 242 (244).
[10] So BayObLG, NStZ 1983, 512; *Altenhoff/Busch/Chemnitz,* Rdn. 755.
[11] Vgl. *Rennen/Caliebe,* Rdn. 8; *Erbs/Kohlhaas/Senge,* Rdn. 17; *Feuerich/Braun,* BRAO, § 3 Rdn. 19.
[12] Ebenso KK-OWiG/*Rengier,* 1989, § 14 Rdn. 46, 80, a. A. insoweit ohne Begründung BayObLG, NStZ 1983, 512.

Personen etwa seine Mandanten oder Büroräume, um Rechtsberatung zu betreiben, handelt er ordnungswidrig.[13]

9   c) **Keine Beteiligung des Beratenen.** Beteiligter und damit Täter der Ordnungswidrigkeiten kann nicht sein, wer die unerlaubte Rechtsberatung in Anspruch nimmt. Da das RBerG den Beratenen gerade schützen will, kann er selbst dann, wenn die Initiative von ihm ausgeht (etwa als Anstifter), nicht als Täter verfolgt werden.[14] Die Eigenschaft als Berater wirkt also wie ein ahndungsausschließendes persönliches Merkmal i. S. d. § 14 Abs. 3 OWiG.

5. Versuch

10   Der Versuch einer der in § 8 RBerG mit Geldbuße bedrohten Tatbestände ist mangels ausdrücklicher Anordnung der Versuchsahndung nicht verfolgbar (§ 13 Abs. 2 OWiG).

6. Konkurrenzen

11   Zu den Konkurrenzen vgl. *Rennen/Caliebe,* Rdn. 14 ff.; *Altenhoff/Busch/Chemnitz,* Rdn. 788 ff. sowie *Göhler,* OWiG, 11. Aufl. 1995, vor § 19 ff. OWiG, dort auch zum jetzt nur noch eingeschränkt möglichen **Fortsetzungszusammenhang** vor § 19 OWiG Rdn. 11 ff., 14 sowie dazu auch BayObLG NJW 1994, 2303 ff.

II. Tatbestand des § 8 Abs. 1 Nr. 1

1. Ohne die erforderliche Erlaubnis

12   a) Die Erlaubnis i. S. d. Nr. 1 ist die in § 1 genannte Erlaubnis. Ist eine Erlaubnis nach den §§ 2, 3, 5 und 7 nicht erforderlich, fehlt es an einer Verwirklichung des Tatbestandes der Nr. 1. Nr. 1 enthält entgegen der Auffassung von *Altenhoff/Busch/Chemnitz*[15] nicht lediglich einen Hinweis auf die Rechtswidrigkeit des Handelns. In der Formulierung „ohne die nach diesem Artikel erforderliche Erlaubnis" ist ein negatives Tatbestandsmerkmal zu sehen.[16] *Altenhoff/Busch/Chemnitz* verkennen, daß § 1 RBerG nicht ein repressives Verbot mit Befreiungsvorbehalt sondern ein präventives Verbot mit Erlaubnisvorbehalt enthält.

13   Beim **repressiven Verbot mit Befreiungsvorbehalt** verbietet der Gesetzgeber generell ein bestimmtes Verhalten als sozial schädlich oder sozial unerwünscht, gestattet aber, daß in besonders gelagerten Ausnahmefällen eine Befreiung von diesem Verbot erteilt wird.[17] Bei der Rechtsberatung handelt es sich aber sicher nicht um ein sozial schädliches oder sozial unerwünschtes Verhalten. Rechtsberatung ist erwünscht. Allerdings will das RBerG sicherstellen, daß nur geeignete Personen Rechtsberatung betreiben. Der Gesetzgeber hat deshalb die Rechtsberatung als **präventives Verbot mit Erlaubnisvorbehalt** ausgestaltet,[18] d. h. sie nicht verboten, weil sie generell unterbleiben soll (so beim repressiven

---

[13] Im Ergebnis auch BayObLG, NStZ 1983, 512; OLG Stuttgart, NJW 1992, 3051 f.
[14] *Erbs/Kohlhaas/Senge,* Rdn. 18 m. w. N.; *Rennen/Caliebe,* Rdn. 9.
[15] *Altenhoff/Busch/Chemnitz,* Rdn. 767 ff.
[16] Vgl. auch BayObLG AnwBl. 1972, 29.
[17] *Maurer,* Allg. Verwaltungsrecht, 9. Aufl., 1994, § 9 Rdn. 55.
[18] Vgl. LG Essen AnwBl. 1965, 153.

Verbot mit Befreiungsvorbehalt), sondern weil vorweg behördlich geprüft werden soll, ob eine bestimmte Person die erforderlichen Voraussetzungen für die Rechtsberatung erfüllt.[19]

Der Schwerpunkt des die Ordnungswidrigkeit begründenden Verhaltens i. S. d. Nr. 1 liegt also nicht in der Erledigung fremder Rechtsangelegenheiten, sondern darin, daß dies ohne die erforderliche Erlaubnis geschieht. Die fehlende Erlaubnis begründet also erst die Ordnungswidrigkeit. Handelt daher jemand mit Erlaubnis oder bedarf es dieser nicht, muß bereits der Tatbestand entfallen. Der Rechtsanwalt, der Rechtsberatung betreibt, handelt also schon nicht tatbestandsmäßig. Er ist entgegen der oben genannten Auffassung[20] nicht so, daß er den Tatbestand einer Ordnungswidrigkeit erfüllt, aber durch § 3 Nr. 2 RBerG „gerechtfertigt" ist. **14**

b) Würde man die Erlaubnis als Rechtfertigungsgrund verstehen, so würde im übrigen entgegen der Auffassung von *Altenhoff/Busch/Chemnitz*[21] gleichwohl erforderlich sein, daß dem Täter das Fehlen einer behördlichen Erlaubnis bewußt ist. Denn nach der heute herrschenden Auffassung enthält bei einem Irrtum über die tatbestandlichen Voraussetzungen eines Rechtfertigungsgrundes die Vorsatzschuld des Täters (sog. Erlaubnistatbestandsirrtum), d. h. daß der Täter sanktionsfrei bleibt, wenn er irrtümlich vom Vorliegen einer Erlaubnis ausgeht.[22] **15**

c) Ohne Erlaubnis handelt der Täter nicht nur dann, wenn er eine Erlaubnis niemals besessen hat, sondern auch dann, wenn sie vorhanden war und später weggefallen ist. Es kommt nur darauf an, ob die Erlaubnis tatsächlich fehlt. Ob die beantragte Erlaubnis zu Unrecht verweigert worden ist, ist ohne Belang. Die Voraussetzung ist auch erfüllt, wenn der Täter durch seine Rechtsberatung oder sonstige Tätigkeit die Grenzen einer vorhandenen Erlaubnis überschreitet indem er etwa auf einem Rechtsgebiet tätig wird, für das er keine Erlaubnis besitzt.[23] **16**

2. Sonstige Tatbestandsmerkmale

– Zum Tatbestandsmerkmal geschäftsmäßig vgl. § 1 Rdn. 26 ff. **17**
– Zum Tatbestandsmerkmal Besorgung vgl. § 1 Rdn. 12 ff.
– Zum Tatbestandsmerkmal fremde Rechtsangelegenheiten vgl. § 1 Rdn. 3 ff.; 7 ff..

III. Tatbestand des § 8 Abs. 1 Nr. 2

1. Täter

Nr. 2 setzt voraus, daß gegen eine Unterlassungsverfügung verstoßen wird, die aufgrund des § 7 S. 2 ergangen ist. Dabei ist zu beachten, daß sich das Verbot gegen die in § 7 genannten Vereinigungen oder Stellen richtet.[24] Die Ordnungswidrigkeit kann jedoch nur von einer natürlichen Person begangen werden (vgl. oben Rdn. 2), also nur von den für die Vereinigung handelnden Personen, **18**

---
[19] Vgl. zum präventiven Verbot mit Erlaubnisvorbehalt *Maurer*, Allg. Verwaltungsrecht, 9. Aufl. 1994, § 9 Rdn. 51 f.
[20] *Altenhoff/Busch/Chemnitz*, Rdn. 767 ff.
[21] *Altenhoff/Busch/Chemnitz*, Rdn. 767.
[22] Vgl. *Göhler*, OWiG, 11. Aufl. 1995, § 11 Rdn. 16 und § 16 Rdn. 15.
[23] *Feuerich/Braun*, § 209 Rdn. 5; Beispiel bei OLG Braunschweig BB 1984, 1515 f.
[24] *Rennen/Caliebe*, Rdn. 18.

insbesondere die in § 9 OWiG genannten, etwa dem Vorsitzenden eines eingetragenen Vereins. Allerdings kann unter den Voraussetzungen des § 30 OWiG auch eine Geldbuße gegen die Vereinigung selbst festgesetzt werden.

2. Verwaltungsakzessorietät

19 a) Eine Ordnungswidrigkeit kann nur dann begangen werden, wenn die Untersagungsverfügung **wirksam** ist. Die Verfügung wird gem. § 16 Abs. 2 S. 2 i. V. m. § 15 Abs. 2 der 1. AVO mit Zustellung wirksam. Ein Widerspruch gegen die Verfügung hat nach allgemeinen Grundsätzen (§ 80 Abs. 1 VwGO) aufschiebende Wirkung. § 16 Abs. 2 S. 2 i. V. m. § 15 Abs. 3 S. 2 der 1. AVO gelten nicht mehr. Sie sind nach § 77 Abs. 1 VwGO durch die Vorschriften über das Widerspruchsverfahren der VwGO ersetzt worden.[25] Da der Widerspruch aufschiebende Wirkung hat, scheidet, solange der Verwaltungsakt nicht nach § 80 Abs. 2 Nr. 4 VwGO für sofort vollziehbar erklärt oder seine Wirksamkeit gerichtlich geklärt ist, ein Verstoß gegen Nr. 2 aus.[26]

20 b) Streitig ist die Frage, ob derjenige ordnungswidrig handelt, der die verbotene Rechtsberatung **innerhalb der Widerspruchsfrist** (vor Einlegung des Widerspruchs) betreibt. Das ist nur der Fall, wenn die sofortige Vollziehung des Verwaltungsaktes angeordnet ist. Im übrigen ist die Rechtsberatung aber nicht ordnungswidrig, solange Widerspruch eingelegt werden kann.[27] Es würde sonst der Verbotsadressat gezwungen, unmittelbar nach Erlaß der Verbotsverfügung den Rechtsbehelf einzulegen. Die ihm vom Gesetz ausdrücklich eingeräumte Überlegungsfrist und damit der effektive Rechtsschutz würden so unzulässig verkürzt.

21 c) Leidet die Untersagungsverfügung an einem **schweren Mangel,** der nach § 44 VwVfG zur Nichtigkeit führt, so entfaltet sie **keine Wirkungen.** Ein „Verstoß" gegen die Verfügung kann dann nicht geahndet werden. Problematisch ist die Frage, was zu geschehen hat, wenn die Untersagungsverfügung rechtswidrig ist und später gerichtlich aufgehoben wird. Handelt der Täter einer für sofort vollziehbar erklärten Verfügung zuwider, so handelt es sich, wenn die Verfügung rechtswidrig ist, nicht um einen Angriff auf das geschützte Rechtsgut, sondern um bloßen Verwaltungsungehorsam. Gleichwohl bejaht die überwiegende Ansicht im Strafrecht[28] die Strafbarkeit. Dem ist mit der h. M. auch für die Ordnungswidrigkeit des § 8 Abs. 1 Nr. 2 zu folgen,[29] d. h. der Betroffene muß die sofort vollziehbare Untersagungsverfügung, solange sie nicht aufgehoben ist, beachten.

3. Reichweite des Verbots

22 Nach verbreiteter Ansicht scheidet eine Ordnungswidrigkeit aus, wenn der Täter nicht geschäftsmäßig handelt. Auch durch ein Verbot i. S. d. § 7 S. 2 RBerG bleibe der allgemein vom Rechtsberatungsgesetz gelassene Freiraum unangetastet. Eine einmalige gelegentlich aus Gefälligkeit vorgenommene Rechtsbe-

---

[25] *Rennen/Caliebe,* Rdn. 21 i. V. m. § 15 1. AVO Rdn. 12 entgegen *Erbs/Kohlhaas/Senge,* Rdn. 7.
[26] Vgl. dazu *Gerhards* NJW 1978, 86 (88) m. w. N.
[27] OLG Hamm, NJW 1979, 728; vgl. *Rennen/Caliebe,* Rdn. 21 sowie *Kopp,* VwGO, 10. Aufl. 1994 § 80 Rdn. 17 m. w. N.
[28] BGHSt 23, 86 ff.; vgl. *Schönke/Schröder/Cramer,* StGB, 24. Aufl. 1991 vor § 324 Rdn. 16 f. m. w. N.
[29] *Rennen/Caliebe,* Rdn. 21 a. E.; *Erbs/Kohlhaas/Senge,* Rdn. 7.

ratung verstoße nicht gegen Nr. 2.³⁰ Dem kann indes nicht zugestimmt werden. Die Entscheidung der Frage hängt vielmehr davon ab, welchen **Inhalt** die Untersagungsverfügung hat. Verbietet sie die Rechtsberatung der Vereinigung generell, so stellt jeder Verstoß – unabhängig von der Geschäftsmäßigkeit des Handelns – auch eine Zuwiderhandlung gegen § 8 Nr. 2 dar. Ist das Verbot auf geschäftsmäßiges Handeln beschränkt, so führt auch nur geschäftsmäßiges Handeln zu einer Ordnungswidrigkeit i. S. d. Nr. 2.

Daß die Verbotsverfügung auf **geschäftsmäßiges Handeln beschränkt** werden müßte,³¹ findet im Gesetz **keinen Anhaltspunkt.** § 7 S. 2 spricht ausdrücklich davon, daß „diese Tätigkeit untersagt werden kann". Als Ermächtigungsgrundlage für die Verfügung ist § 7 S. 2 also in keiner Weise eingeschränkt.³² Die Vorschrift deckt auch nach ihrem Sinn und Zweck ein generelles Verbot. Betrachtet man nämlich die Gründe, aus denen eine Verbotsverfügung nach § 7 S. 2 ausgesprochen werden soll (vgl. § 16 Abs. 1 der 1. AVO), so stellt man fest, daß es sich etwa um Fälle handelt, in denen der Verdacht einer Umgehung des Beratungsverbots durch die Vereinigung besteht. Der untersagende Verwaltungsakt hat in diesen Fällen eine klarstellende Funktion. Er setzt einen (zunächst vorläufigen) Schlußpunkt unter die Frage, ob die Vereinigung letztlich das Beratungsverbot umgeht oder von der in § 7 vorgesehenen Ausnahme in zulässiger Weise Gebrauch macht. Dem entspricht es, ihn mit einer möglichst weitgehenden Wirkung auszustatten. Hält die Vereinigung ein generelles Verbot für zu weitgehend, hat eine Überprüfung des Verwaltungsakts im verwaltungsrechtlichen Verfahren zu erfolgen. 23

IV. Tatbestand des § 8 Abs. 1 Nr. 3

1. Rechtsbeistand oder eine zum Verwechseln ähnliche Bezeichnung

Zum Begriff des Rechtsbeistands und dazu, daß die Erlaubnis zum Führen dieser Bezeichnung heute nicht mehr erteilt wird, vgl. § 1 Rdn. 65 ff. Zum Verwechseln ähnlich ist eine Bezeichnung dann, wenn sie nur unwesentlich von der Bezeichnung „Rechtsbeistand" abweicht, so daß nach dem Gesamteindruck eines durchschnittlichen, nicht genau prüfenden Beurteilers eine Verwechslung möglich ist.³³ Allein auf den Sinngehalt oder auf die sprachliche Ähnlichkeit kommt es dabei ebensowenig an wie bei der entsprechenden Strafvorschrift des § 132a Abs. 2 StGB. Beide Vorschriften stellen einzig auf die Verwechslungsgefahr ab, die im Einzelfall nach den jeweiligen Umständen zu ermitteln ist und sich genereller Beurteilung entzieht.³⁴ Im Regelfall wird aber eine sprachliche Ähnlichkeit ausreichen, wie etwa bei „Rechtsvertreter", „Rechtsbevollmächtigter", „Rechtsberater" oder „Prozeßbeistand".³⁵ 24

---

³⁰ *Altenhoff/Busch/Chemnitz,* Rdn. 793; *Rennen/Caliebe,* Rdn. 19; *Erbs/Kohlhaas/Senge,* Rdn. 8.
³¹ *Erbs/Kohlhaas/Senge,* Rdn. 8; *Altenhoff/Busch/Chemnitz,* Rdn. 793.
³² Für eine weite Auslegung auch BVerwG DVBl. 1983, 1249 (1250).
³³ BGH GA 66 279; *Erbs/Kohlhaas/Senge,* Rdn. 12.
³⁴ Ähnlich *Erbs/Kohlhaas/Senge,* Rdn. 12; im Strafrecht wie hier *Schönke/Schröder/Cramer,* StGB, 24. Aufl. 1991 § 132a Rdn. 13; Leipziger Kommentar/*v. Bubnoff,* StGB, 10. Aufl. 1988 § 132a Rdn. 19; *Dreher/Tröndle,* StGB, 46. Aufl. 1993 § 132a Rdn. 14; a. A. *Rennen/Caliebe,* Rdn. 25 (sprachliche Ähnlichkeit erforderlich); unklar *Altenhoff/Busch/Chemnitz,* Rdn. 797.
³⁵ Vgl. *Rennen/Caliebe,* Rdn. 25; *Altenhoff/Busch/Chemnitz,* Rdn. 797.

2. Führen der Berufsbezeichnung

25 Die in Nr. 3 genannten Bezeichnungen führt, wer sie im sozialen Leben in Anspruch nimmt.[36] Schon der einmalige Gebrauch genügt.[37]

3. Unbefugtes Führen der Berufsbezeichnung

26 Unbefugt führt die Bezeichnung, wem dies nicht gem. § 4 der 2. AVO gestattet ist.

V. Verfolgung der Ordnungswidrigkeit

1. Verjährung

27 Eine nach § 8 begangene Ordnungswidrigkeit verjährt gem. § 31 Abs. 2 Nr. 2 OWiG in zwei Jahren. Die Verfolgungsverjährung beginnt gem. § 31 Abs. 3 OWiG, sobald die Tat beendet ist, also sobald die fremde Rechtsangelegenheit besorgt ist. Die Vollstreckungsverjährung beträgt je nach Höhe der rechtskräftigen Geldbuße drei bis fünf Jahre. Sie beginnt mit der Rechtskraft der Entscheidung (§ 34 OWiG).

2. Zuständige Behörde

28 Nach § 36 Abs. 1 Nr. 2a OWiG wäre die fachlich zuständige oberste Landesbehörde, d. h. der jeweilige Landesjustizminister, für die Verfolgung der Ordnungswidrigkeit zuständig. Die meisten Länder haben jedoch die in § 36 Abs. 2 OWiG eingeräumte Möglichkeit wahrgenommen und die sachliche Zuständigkeit auf die Leiter der Staatsanwaltschaften bei den Landgerichten übertragen. Im Saarland und in Rheinland-Pfalz ist die Übertragung auf die Staatsanwaltschaften bei den Landgerichten erfolgt. In Hamburg ist die Zuständigkeit der Justizbehörde angeordnet.

Baden-Württemberg: § 11 Nr. 1 der Verordnung der Landesregierung über Zuständigkeiten nach dem Gesetz über Ordnungswidrigkeiten vom 2. 2. 1990 (GBl. 75), zuletzt geändert durch Verordnung v. 6. 7. 1994 (GBl. 360).
Bayern: § 7 Nr. 2 der Verordnung über Zuständigkeiten im Ordnungswidrigkeitenrecht vom 16. 12. 1980 (GVBl. 721), zuletzt geändert durch Verordnung v. 5. 7. 1994 (GVBl. 578).
Berlin: § 1 Nr. 10 der Verordnung über sachliche Zuständigkeiten für die Verfolgung und Ahndung von Ordnungswidrigkeiten vom 12. 3. 1986 (GVBl. 496), zuletzt geändert durch Verordnung v. 12. 6. 1991 (GVBl. 131).
Brandenburg: Verordnung vom 17. 12. 1991 (GVBl. 670)
Bremen: Verordnung vom 24. 6. 1969 (GBl. 85)
Hamburg: Durchführungsanordnung v. 12. 11. 1968 (Amtl. Anzeiger 1986, 1413)
Hessen: Verordnung vom 9. 12. 1968 (GVBl. 297)
Mecklenburg-Vorpommern: Verordnung vom 2. 8. 1991 (GVBl. 341)
Niedersachsen: § 2 Nr. 8 b) der Verordnung über sachliche Zuständigkeiten für die Verfolgung und Ahndung von Ordnungswidrigkeiten vom 19. 12. 1990 (GVBl. 527)

---

[36] Zutr. *Erbs/Kohlhaas/Senge,* Rdn. 10 mit Beispielen.
[37] Nach der Rechtsprechung kann ein einmaliger Gebrauch genügen, sofern dadurch die Interessen der Allgemeinheit berührt werden, vgl. OLG Stuttgart NJW 1969, 1777; BGHSt 31, 61.

Nordrhein-Westfalen: Verordnung vom 15. 4. 1989 (GVBl. 205)
Rheinland-Pfalz: Verordnung vom 28. 11. 1968 (GVBl. 252)
Saarland: Verordnung vom 11. 3. 1969 (ABl. 269)
Sachsen: § 12 Nr. der Verordnung der Sächsischen Staatsregierung über Zuständigkeiten nach dem Gesetz über Ordnungswidrigkeiten vom 2. 7. 1993 (GVBl. 561)
Sachsen-Anhalt: § 3 Nr. 2 der Verordnung über sachliche Zuständigkeiten für die Verfolgung und Ahndung von Ordnungswidrigkeit vom 31. 7. 1991 (GVBl. 2440), zuletzt geändert durch Verordnung vom 21. 6. 1994 (GVBl. 756)
Schleswig-Holstein: Gliederungsnr. 1.2.1.1 der Anlage zur Landesverordnung zur Bestimmung der zuständigen Behörden für die Verfolgung und Ahndung von Ordnungswidrigkeiten vom 22. 1. 1988 (GVOBl. 32), zuletzt geändert durch Verordnung v. 11. 2. 1994 (GVOBl. 146).
Thüringen: Verordnung vom 28. 6. 1991 (GVBl. 197)

3. Inhalt des Bußgeldbescheides

Der Bußgeldbescheid muß die nach § 66 OWiG erforderlichen Angaben enthalten, insbesondere die Bezeichnung der Tat sowie Zeit und Ort ihrer Begehung. Dazu gehört in den Fällen des § 8 Abs. 1 Nr. 1 RBerG, daß dem Betroffenen bekanntgegeben wird, für wen und durch welche einzelnen Handlungen er tätig geworden ist. Die bloße Angabe, der Täter habe während eines bestimmten Zeitraums unerlaubt Rechtsberatung betrieben, reicht demgegenüber nicht aus.[38] Die genaue Angabe aller Einzelakte ist insbesondere deshalb von Bedeutung, weil an die Zusammenfassung mehrerer Einzelakte zu einer Tat im Rechtssinne (Fortsetzungszusammenhang) nunmehr[39] erhöhte Anforderungen zu stellen sind. In einem gerichtlichen Verfahren können deshalb die im Bescheid nicht angegebenen Einzelakte nicht abgeurteilt werden.[40]

29

4. Höhe der Geldbuße

Der Bußgeldrahmen liegt zwischen 5 DM (§ 17 Abs. 1 OWiG) und 10.000 DM (§ 8 Abs. 2 RBerG). Maßstab für die Bemessung sind neben der Bedeutung der Tat und dem Maß der persönlichen Vorwerfbarkeit auch die wirtschaftlichen Verhältnisse des Täters (§ 17 Abs. 3 OWiG). Unter Bedeutung der Tat ist das Maß der Gefährdung des betroffenen Rechtsguts, nicht die Bedeutung des geschützten Rechtsguts zu verstehen; letztere hat der Gesetzgeber bereits bei der Aufstellung des Bußgeldrahmens berücksichtigt.[41] Kann auch durch die Höchstbuße der wirtschaftliche Vorteil, den der Täter durch die Ordnungswidrigkeit erlangt hat, nicht abgeschöpft werden, so kann der Bußgeldrahmen ausnahmsweise auch überschritten werden (§ 17 Abs. 4 OWiG).[42]

30

---

[38] Vgl. *Erbs/Kohlhaas/Senge*, Rdn. 26.
[39] Seit BGH NJW 1994, 1663.
[40] BayObLG NJW 1994, 2303 ff.
[41] *Göhler*, OWiG, 11. Aufl. 1995, § 17 Rdn. 16.
[42] Vgl. näher *Göhler*, OWiG, 11. Aufl. 1995, § 17 Rdn. 37 ff. und 50.

Artikel 2

Aufgehoben durch Art. 10 des Gesetzes v. 24. 6. 1975 (BGBl. I 1975, 1509)

Artikel 3

(Gegenstandslose Änderungsvorschrift)

Artikel 3 a [Devisensachen]

Eine Erlaubnis zur geschäftsmäßigen Hilfeleistung in Devisensachen, die nach § 1 der Verordnung über die geschäftsmäßige Hilfeleistung in Devisensachen vom 29. Juni 1936 (Reichsgesetzbl. I S. 524) erteilt worden ist, gilt vom Zeitpunkt des Außerkrafttretens dieser Verordnung ab als Erlaubnis nach § 1 des Gesetzes. Die Erlaubnis gewährt die Befugnis zur geschäftsmäßigen Hilfeleistung in Rechtsangelegenheiten, die das Außenwirtschaftsgesetz vom 28. April 1961 (Bundesgesetzbl. I S. 481) betreffen. Der Umfang der einzelnen Erlaubnis bleibt im übrigen unverändert; das gleiche gilt für die aus der Erlaubnis sich ergebenden Rechte.

Art. 3 a hat nur noch Bedeutung für bestimmte vor dem 28. 8. 1981 erteilte Erlaubnisse. Vgl. zu den Einzelheiten *Altenhoff/Busch/Chemnitz*, Rdn. 867 ff.

Artikel 4 [Keine Ansprüche auf Entschädigung]

Die Durchführung der Artikel 1 und 2 dieses Gesetzes sowie der zu ihrer Ausführung erlassenen Vorschriften begründet keine Ansprüche auf Entschädigung.

Unter der „Durchführung" des Gesetzes i. S. d. Art. 4 ist nur die **rechtmäßige Anwendung** der Vorschriften des RBerfG und der dazu ergangenen Verordnungen gemeint. Verletzt die zuständige Stelle die ihr gegenüber dem Betroffenen obliegenden Amtspflichten, etwa durch eine unberechtigte Ablehnung oder eine verzögerte Erteilung der Erlaubnis zur geschäftsmäßigen Besorgung fremder Rechtsangelegenheiten, dann steht diesem ein Anspruch auf Ersatz des daraus entstandenen Schadens aus dem Gesichtspunkt der Amtshaftung (§ 839 BGB, Art. 34 GG) zu.[1] Insofern muß Art. 4 im Lichte von Art. 34 GG, der im Interesse des Geschädigten eine verfassungsrechtliche Mindestgarantie der Staatshaftung enthält,[2] verfassungskonform ausgelegt werden.

Artikel 5 [Ausführungsvorschriften]

(1) Die Ausführungsvorschriften werden im Einvernehmen mit den beteiligten Reichsministern zu Artikel 1 dieses Gesetzes von dem Reichs-

---

[1] So auch BGH LM § 1 RBerG Nr. 37; *Rennen/Caliebe*, Art. 4.
[2] BVerfGE 61, 149 (199).

minister der Justiz erlassen. Hierbei können ergänzende Bestimmungen getroffen, insbesondere Einschränkungen oder Erweiterungen der Erlaubnispflicht bestimmt werden.

(2) (aufgehoben durch Art. 10 Nr. 3 des 3. StBerÄndG v. 24. 6. 1975 – BGBl. I 1509)

Es erscheint außerordentlich problematisch, inwieweit die Ermächtigungsvorschrift des Art. 5 Abs. 1 nach Inkrafttreten des Grundgesetzes noch fortgilt. Jedenfalls ist **Satz 2** des Art. 5 Abs. 1 gemäß Art. 129 Abs. 3 GG mit dem 7. 9. 1949 **außer Kraft getreten;**[3] denn die darin enthaltene Ermächtigung reicht bis hin zur Möglichkeit einer Gesetzesänderung und erlaubt damit sog. „gesetzesvertretende Rechtsverordnungen", die Art. 129 Abs. 3 GG im Auge hat.[4] Die Gültigkeit der aufgrund von Art. 5 Abs. 1 ergangenen Ausführungsvorschriften wird davon allerdings nicht berührt; das Erlöschen der Ermächtigungsvorschrift nach Art. 129 Abs. 3 GG ist allgemein ohne Einfluß auf den Rechtsbestand der während ihres Bestehens (also bis zum 7. 9. 1949) ordnungsgemäß erlassenen Rechtsverordnungen.[5] 1

Satz 1 des Art. 5 Abs. 1 ermächtigt nur zur Durchführung des Gesetzes und fällt daher nicht unter Art. 129 Abs. 3 GG. Seine Wirksamkeit wird auch nicht von dem Erlöschen des S. 2 berührt.[6] Die Vorschrift ist allerdings wegen Verstoßes gegen Art. 80 Abs. 1 S. 2 GG **unwirksam.**[7] Zwar müssen sich vorkonstitutionelle Ermächtigungen grundsätzlich nicht an dem strengen Maßstab des Art. 80 Abs. 1 S. 2 GG messen lassen, da sich ihre Fortgeltung allein nach der Sondervorschrift des Art. 129 Abs. 3 GG richtet.[8] Etwas anderes gilt jedoch, wenn der Gesetzgeber die Vorschrift nach Inkrafttreten des Grundgesetzes als weitergeltend bestätigt und sie dadurch in seinen Willen aufgenommen hat.[9] Für Art. 5 Abs. 1 S. 1 ergibt sich ein Bestätigungswille des Gesetzgebers nicht nur daraus, daß er das zugehörige materielle Recht des Art. 1 wesentlich geändert hat, ohne Art. 5 zu beseitigen.[10] Auch in den Wortlaut des Art. 5 selbst wurde zweifach – durch das Außenwirtschaftsgesetz vom 28. 4. 1961[11] und das 3. StBerÄndG vom 24. 6. 1975[12] – eingegriffen. Unter diesen Umständen kann nicht angenommen werden, daß der Gesetzgeber die heutige Fassung des Art. 5 Abs. 1 S. 1 ungeprüft übernommen hat.[13] 2

---

[3] BVerwG NJW 1978, 234 (235); *Rennen/Caliebe,* Art. 5; *Altenhoff/Busch/Chemnitz,* Rdn. 871; *Erbs/Kohlhaas/Senge,* Art. 5.
[4] Vgl. BVerfGE 2, 307 (326 ff.) = NJW 1953, 1177; E 22, 1 (12) = NJW 1967, 1555.
[5] BVerfGE 9, 3 (12) = NJW 1959, 91; E 12, 341 (346 f.) = NJW 1961, 1395; E 22, 1 (12) = NJW 1967, 1555; E 44, 216 (226); E 52, 1 (17) = NJW 1980, 985; BVerwG NJW 1978, 234 (235).
[6] BVerwGE 38, 322 = NJW 1972, 353.
[7] *Rennen/Caliebe,* Art. 5.
[8] BVerfGE 2, 307 (326 ff.) = NJW 1953, 1177.
[9] BVerfGE 15, 153 (160) = NJW 1963, 196; *Schmidt-Bleibtreu/Klein,* Art. 129 Rdn. 3; vgl. auch BVerfGE 9, 39 (46 f.) = NJW 1959, 187.
[10] *Rennen/Caliebe,* Art. 5.
[11] BGBl. 1961 I, 481.
[12] BGBl. 1975 I, 1509.
[13] Zu den Anforderungen an die Bestätigung einer vorkonstitutionellen Norm durch den Gesetzgeber vgl. BVerfGE 11, 126 (129 ff.) = NJW 1960, 1563; E 22, 180 (214 f.) = NJW 1967, 1795; E 32, 296 (299 f.) = NJW 1972, 571; E 60, 135 (149 f.) = NJW 1982, 2859; E 63, 181 (187 f.) = NJW 1983, 1968.

RBerG Art. 6

3   Da sich Art. 5 Abs. 1 S. 1 am Maßstab des Art. 80 Abs. 1 S. 2 GG messen lassen muß, gilt das in dieser Vorschrift normierte Bestimmtheitsgebot. Diesem Gebot wird Art. 5 Abs. 1 in keiner Weise gerecht. Der Vorschrift läßt sich nämlich nicht entnehmen, welches vom Gesetzgeber gesetzte Programm durch die Rechtsverordnung erreicht werden soll.[14]

4   Soweit man die Ermächtigung des Art. 5 Abs. 1 S. 1 entgegen der hier vertretenen Ansicht für weiterhin wirksam hält, ist das Bundesministerium der Justiz als „nunmehr sachlich zuständige Stelle" i. S. d. Art. 129 I 1 GG anzusehen.

Artikel 6 [Inkrafttreten]

(1) **Dieses Gesetz tritt mit dem Tage nach der Verkündung in Kraft.**

(2) **(gegenstandslose Übergangsvorschrift)**

Das Gesetz wurde am 17. 12. 1935 verkündet und ist somit am 18. 12. 1935 in Kraft getreten.

---

[14] Vgl. zu den Anforderungen an das Bestimmtheitsgrad *Jarass/Pieroth*, GG, 3. Aufl. 1995, Art. 80 Rdn. 11.

Verordnung zur Ausführung des Rechtsberatungsgesetzes

Vom 13. 12. 1935
(RGBl. I 1935, 1481); zuletzt geändert durch Artikel 7 des Gesetzes vom
2. September 1994 (BGBl. I S. 2278, 2292)

Auf Grund des Artikels 5 Abs. 1 des Gesetzes zur Verhütung von Mißbräuchen auf dem Gebiet der Rechtsberatung vom 13. Dezember 1935 (Reichsgesetzbl. I S. 1478) wird folgendes verordnet:

§ 1 [Örtliche Begrenzung der Erlaubnis].

(1) Die Erlaubnis nach Artikel 1 § 1 des Gesetzes wird grundsätzlich für einen bestimmten Ort erteilt. Sollen Zweigniederlassungen, auswärtige Sprechtage oder dergleichen unterhalten werden, so ist dazu eine besondere Erlaubnis einzuholen.

(2) Soweit die Betätigung im Schriftverkehr ausgeübt wird, unterliegt sie keinen örtlichen Begrenzungen.

§ 2 [Erlaubnis für bestimmte Sachgebiete; Auflagen].

(1) Die Erlaubnis ist, sofern der Nachsuchende es beantragt oder dies nach Lage der Verhältnisse sachgemäß erscheint, unter Beschränkung auf bestimmte Sachgebiete zu erteilen.

(2) Die Erlaubnis kann auch unter bestimmten Auflagen erteilt werden.

§ 3 [Juristische Personen; Gesellschaften].

Bei juristischen Personen sowie bei offenen Handelsgesellschaften und ähnlichen Vereinigungen ermächtigt die Erlaubnis nur zur Berufsausübung durch die in der Erlaubnis namentlich bezeichneten Personen.

§ 4 [Mindestalter].

Die Erlaubnis soll Personen, die das 25. Lebensjahr noch nicht vollendet haben, in der Regel nicht erteilt werden.

§ 5 *Aufgehoben durch Art. II KRG Nr. 1 (KRABl. S. 6)*

§ 6 [Prüfung der Zuverlässigkeit].

Ob der Nachsuchende die erforderliche Zuverlässigkeit besitzt, ist unter Berücksichtigung seines Vorlebens, insbesondere etwaiger Strafverfahren, zu prüfen, und zwar gleichgültig, ob ein Strafverfahren mit Einstellung, Nichteröffnung oder Verurteilung geendet hat. Die Erlaubnis ist in der Regel zu versagen, wenn der Nachsuchende nach dem Strafregister wegen eines Verbrechens verurteilt ist oder wegen eines Vergehens, das einen Mangel an Zuverlässigkeit hat erkennen lassen; dazu gehören insbesondere Vergehen gegen Vermögensrechte. Die Erlaubnis ist ferner zu versagen, wenn mit Rücksicht auf die Verhältnisse des Nachsuchenden und die Art seiner Wirtschaftsführung die Belange der Rechtsuchenden gefährdet werden würden.

§ 7 [Versagung der Erlaubnis bei Verurteilungen].

Personen, die infolge strafrechtlicher oder dienststrafrechtlicher Verurteilung aus dem Beamtenverhältnis oder infolge ehrengerichtlicher Verurteilung oder Zurücknahme der Zulassung aus der Rechtsanwaltschaft ausgeschieden sind, wird die Erlaubnis in der Regel nicht erteilt.

§ 8 [Nachweis der Sachkunde und Eignung].

Der Nachsuchende hat seine Sachkunde und Eignung durch genaue Angaben über seinen Ausbildungsgang und seine bisherige berufliche Tätigkeit darzulegen und, soweit möglich, durch Lehr- und Prüfungszeugnisse, Zeugnisse seiner bisherigen Arbeitgeber und dergleichen zu belegen.

§ 9 [Bedürfnisprüfung].

(1) Die Frage des Bedürfnisses ist nach den Verhältnissen des Ortes, an dem der Nachsuchende seine Tätigkeit betreiben will, und des näheren Wirtschaftsgebietes, dem der Ort angehört, zu beurteilen. Es ist dabei einerseits auf Zahl, Art und Zusammensetzung der Bevölkerung und andererseits auf die bereits vorhandenen Möglichkeiten zur Befriedigung des Bedürfnisses Rücksicht zu nehmen. Daß der Nachsuchende Aussicht hat, sich durch Beziehungen und dergleichen für seine Person ein hinreichendes Tätigkeitsfeld zu beschaffen, genügt nicht, um das Bedürfnis zu bejahen.

(2) (gegenstandslose Übergangsvorschrift)

– *Nach dem Urteil des BVerwG vom 10. 5. 1955 (NJW 1955, 1532 = BVerwGE 2, 85) ist die Bedürfnisprüfung mit Art. 12 Abs. 1 GG nicht vereinbar.*

§ 10 [Juristische Personen].

(1) Juristische Personen, insbesondere Gesellschaften mit beschränkter Haftung, soll die Erlaubnis nur erteilt werden, wenn besondere Umstände für diese Rechtsform der Betriebsführung sprechen; dies gilt nicht, wenn die in Artikel 1 § 1 des Gesetzes bezeichnete Tätigkeit bereits vor Inkrafttreten des Gesetzes in dieser Form ausgeübt worden ist.

(2) Bei juristischen Personen und Personenvereinigungen ist in dem Gesuch anzugeben, welche gesetzlichen Vertreter oder leitenden Angestellten die Rechtsbesorgung tatsächlich ausüben sollen.

§ 11 [Erteilung der Erlaubnis].

(1) Über das Gesuch entscheidet der Präsident des Landgerichts, in dessen Bezirk die Rechtsbesorgung ausgeübt werden soll; gehört der Ort zu dem Bezirk eines Amtsgerichts, das einem Präsidenten unterstellt ist, so entscheidet der Amtsgerichtspräsident.

(2) Das Gesuch ist bei dem Amtsgericht einzureichen, in dessen Bezirk die Rechtsbesorgung ausgeübt werden soll. Außer den in § 8 bezeichneten Belegen sind dem Gesuch ein handschriftlicher Lebenslauf sowie Nachweisungen über die Staatsangehörigkeit des Nachsuchenden beizufügen.

(3) Der Vorstand des Amtsgerichts holt eine Äußerung der Kreispolizeibehörde ein, stellt die erforderlichen weiteren Ermittlungen an und legt das Gesuch mit

einer gutachtlichen Äußerung dem nach Absatz 1 zuständigen Präsidenten vor. Kreispolizeibehörde im Sinne dieser Vorschrift ist in Gemeinden mit staatlicher Polizeiverwaltung die staatliche Polizeibehörde, im übrigen in Stadtkreisen der Oberbürgermeister, in Landkreisen *in Preußen* der Landrat und in den anderen Ländern die entsprechende Behörde.

§ 12 [Rechtsbehelf gegen Versagung].

Gegen die Versagung der Erlaubnis ist die Beschwerde im Aufsichtswege an den Präsidenten des Oberlandesgerichts zulässig. Dieser entscheidet endgültig.

– *Vgl. bezüglich Satz 1 der Vorschrift nunmehr §§ 77 Abs. 1, 68 ff VwGO.*

§ 13 [Erlöschen der Erlaubnis].

Die Erlaubnis erlischt, wenn der Nachsuchende seine Tätigkeit nicht binnen dreier Monate seit Erteilung der Erlaubnis aufnimmt.

§ 14 [Widerruf der Erlaubnis].

(1) Die Erlaubnis ist zu widerrufen, wenn Tatsachen eintreten oder nachträglich bekanntwerden, die eine Versagung der Erlaubnis rechtfertigen; wegen mangelnden Bedürfnisses darf jedoch die Erlaubnis nicht widerrufen werden.

(2) Die Erlaubnis ist ferner zu widerrufen, wenn die Tätigkeit ein Jahr tatsächlich nicht ausgeübt wird.

(3) Sie kann widerrufen werden, wenn gegen die für die Geschäftsführung der Rechtsberater ergehenden Vorschriften wiederholt verstoßen wird oder Auflagen (§ 2 Abs. 2) nicht erfüllt werden.

§ 15 [Verfahren bei Widerruf].

(1) Der Widerruf wird von dem für die Erteilung der Erlaubnis zuständigen Präsidenten ausgesprochen. Vor der Entscheidung ist der Rechtsberater zu hören und eine Äußerung der Kreispolizeibehörde (§ 11 Abs. 3) einzuholen.

(2) Es kann, wenn dies nach Lage des Falles angemessen erscheint, eine Frist zur Abwicklung der Tätigkeit gewährt werden. Anderenfalls wird der Widerruf mit der Zustellung der Verfügung wirksam.

(3) Die Anfechtung der Entscheidung bestimmt sich nach § 12. Die Beschwerde hat keine aufschiebende Wirkung.

– *Vgl. bezüglich Abs. 3 nunmehr § 80 VwGO*

§ 16 [Berufständische Vereinigung].

(1) Einer auf berufsständischer oder ähnlicher Grundlage gebildeten Vereinigung oder Stelle ist die Rechtsbesorgung nach § 7 des Gesetzes zu untersagen,

a) wenn die Tätigkeit ganz oder überwiegend von Personen ausgeübt wird, denen die Erlaubnis nach §§ 4 bis 8 dieser Verordnung zu versagen wäre, und in dieser Hinsicht gerügte Mängel nicht in angemessener Zeit abgestellt werden;

b) wenn die Rechtsform der Vereinigung zur Umgehung des Erlaubniszwangs mißbraucht wird.

(2) Das Verbot wird von dem Landgerichts-(Amtsgerichts-)Präsidenten erlassen. § 15 gilt entsprechend.

(3) Im übrigen bleibt die Untersagung nach § 7 Satz 2 des Gesetzes dem *Reichsminister der Justiz* im Einvernehmen mit den beteiligten *Reichsministern* vorbehalten.

§ 17 [Bekanntmachung].

Die Erteilung und der Widerruf der Erlaubnis (§§ 11, 14) sowie die Untersagung der Rechtsbesorgung (§ 16) sind im Amtsblatt bekanntzumachen. Spricht der *Reichsminister der Justiz* die Untersagung aus, so kann er eine andere Art der Bekanntmachung anordnen.

Zweite Verordnung zur Ausführung des Rechtsberatungsgesetzes
Vom 3. 4. 1936
(RGBl. I 1936, 359)

Auf Grund des Artikels 5 Abs. 1 des Gesetzes zur Verhütung von Mißbräuchen auf dem Gebiete der Rechtsberatung vom 13. Dezember 1935 (Reichsgesetzbl. I S. 1478) wird folgendes verordnet:

§ 1 [Pflichten des Rechtsberaters, Werbeverbot].

(1) Die Erlaubnis zur geschäftsmäßigen Besorgung fremder Rechtsangelegenheiten verpflichtet zur redlichen, gewissenhaften und ordnungsgemäßen Führung der übernommenen Geschäfte. Das gleiche gilt von der Zulassung als Prozeßagent (§ 157 Abs. 3 der Zivilprozeßordnung).

(2) Unzulässig ist die Mitwirkung in Angelegenheiten, bei denen erkennbar unerlaubte oder unlautere Zwecke verfolgt werden. Unzulässig ist ferner eine Tätigkeit, nachdem eine solche bereits für einen anderen Beteiligten in einem entgegengesetzten Sinn ausgeübt war.

(3) Verboten ist, unaufgefordert Dritten in schriftlichen, mündlichen oder sonstigen Ankündigungen Dienste der in Artikel 1 § 1 des Gesetzes bezeichneten Art anzubieten.

§ 2 [Aktenverwahrung].

(1) Zur ordnungsmäßigen Geschäftsführung gehört, daß die sich auf die einzelnen Angelegenheiten beziehenden Schriftstücke geordnet aufbewahrt werden und über die Angelegenheiten ein fortlaufendes Verzeichnis geführt wird, aus dem die Auftraggeber und ihre Anschriften ersichtlich sind; ferner daß über die erforderten und gezahlten Vergütungen sowie über die Einnahme und die Verwendung fremder Gelder Buch geführt wird. Falls erforderlich, können die mit der Aufsicht betrauten Stellen (§ 3) nähere Weisungen hinsichtlich der Art der Akten- und Buchführung geben.

(2) Schriftstücke, die an Behörden oder Dritte gerichtet werden, haben, auch wenn sie von dem Auftraggeber unterzeichnet sind, auf der ersten Seite Namen und Anschrift des Verfassers zu tragen.

3. VO zur Ausf. d. RechtsberatungsG **Anhang RBerG**

§ 3 [Aufsicht über Rechtsberater und Prozeßagenten].

(1) Personen und Personenvereinigungen, denen die Erlaubnis nach Artikel 1 § 1 des Gesetzes erteilt ist, sowie Prozeßagenten unterstehen der Aufsicht des Landgerichts-(Amtsgerichts-)Präsidenten. Der Präsident kann mit der Ausübung der Aufsicht richterliche Beamte, insbesondere die Vorstände der Amtsgerichte, beauftragen. Zur Prüfung der Ordnungsmäßigkeit der Geschäftsführung können auch nichtrichterliche Beamte herangezogen werden. Mißbilligungen und Rügen zu erteilen oder den Widerruf der Erlaubnis oder der Zulassung anzudrohen, bleibt dem Präsidenten vorbehalten.

(2) Über *Beschwerden* entscheidet der Präsident des Oberlandesgerichts *endgültig*.

– *Gem. § 77 Abs. 1 i. V. m. §§ 68 ff. VwGO ist nunmehr Widerspruch der richtige Rechtsbehelf. Gegen die Entscheidung im Widerspruchsverfahren ist Klage zum Verwaltungsgericht gegeben. Soweit Abs. 2 eine gerichtliche Überprüfung ausschließt, verstößt er gegen Art. 19 Abs. 4 GG.*

§ 4 [Bezeichnung „Rechtsbeistand"].

(1) Einzelpersonen, denen die unbeschränkte Erlaubnis nach Artikel 1 § 1 des Gesetzes erteilt ist, dürfen nur die Berufsbezeichnung „Rechtsbeistand" führen. Auch Prozeßagenten dürfen sich als „Rechtsbeistand" bezeichnen.

(2) Personen, denen die Erlaubnis auf Grund besonderer Sachkunde für bestimmte Gebiete erteilt ist, können hinsichtlich ihrer Berufsbezeichnung Weisungen gegeben werden; ihnen kann insbesondere die Führung von Bezeichnungen untersagt werden, die einen Irrtum über Art oder Umfang ihrer Tätigkeit hervorrufen können.

(3) Für juristische Personen sowie für Vereinigungen und Stellen, die nach Artikel 1 § 7 des Gesetzes der Erlaubnis nicht bedürfen, können ebenfalls Anordnungen der in Absatz 2 bezeichneten Art ergehen.

(4) Die Entscheidung trifft der Landgerichts-(Amtsgerichts-)Präsident. Über *Beschwerden* entscheidet der Präsident des Oberlandesgerichts *endgültig*.

(5) Andere als die in den Absätzen 1 und 2 bezeichneten Personen dürfen die Bezeichnung „Rechtsbeistand" nicht führen.

– *Gem. § 77 Abs. 1 i. V. m. §§ 68 ff. VwGO ist nunmehr Widerspruch der richtige Rechtsbehelf. Gegen die Entscheidung im Widerspruchsverfahren ist Klage zum Verwaltungsgericht gegeben. Soweit Abs. 4 eine gerichtliche Überprüfung ausschließt, verstößt er gegen Art. 19 Abs. 4 GG.*

§ 5 *Gegenstandslos infolge Art. I KRG Nr. 2 (KRABl. S. 19).*

Dritte Verordnung zur Ausführung des Rechtsberatungsgesetzes

Vom 25. 6. 1936
(RGBl. I 1936, 514)

Auf Grund des Artikels 5 Abs. 1 des Gesetzes zur Verhütung von Mißbräuchen auf dem Gebiete der Rechtsberatung vom 13. Dezember 1935 (Reichsgesetzbl. I S. 1478) wird folgendes verordnet:

Das in § 1 Abs. 3 der Zweiten Ausführungsverordnung vom 3. April 1936 (Reichsgesetzbl. I S. 359) bestimmte Werbeverbot gilt nicht für Personen und Unternehmen, denen die Erlaubnis nach Artikel 1 § 1 des Gesetzes für die außergerichtliche Einziehung von Forderungen erteilt ist (Inkassobüros). Eine unlautere oder unangemessene Werbetätigkeit kann im Einvernehmen mit dem *Präsidenten des Werberats der Deutschen Wirtschaft* von den Landgerichts-(Amtsgerichts-)Präsidenten in Ausübung ihrer Aufsicht (§ 3 der Zweiten Ausführungsverordnung) untersagt werden.

Vierte Verordnung zur Ausführung des Rechtsberatungsgesetzes

Vom 13. 4. 1937
(RGBl. I 1937, 465)

Auf Grund des Artikels 5 Abs. 1 des Gesetzes zur Verhütung von Mißbräuchen auf dem Gebiete der Rechtsberatung vom 13. Dezember 1935 (Reichsgesetzbl. I S. 1478) wird folgendes verordnet:

Das in § 1 Abs. 3 der Zweiten Ausführungsverordnung vom 3. April 1936 (Reichsgesetzbl. I S. 359) bestimmte Werbeverbot gilt nicht für Personen und Unternehmen, denen die Erlaubnis nach Artikel 1 § 1 des Gesetzes lediglich für die Prüfung von Frachtrechnungen und die Verfolgung der sich hierbei ergebenden Frachterstattungsansprüche erteilt ist (Frachtprüfer). Eine unlautere oder unangemessene Werbetätigkeit kann jedoch im Einvernehmen mit dem *Präsidenten des Werberates der Deutschen Wirtschaft* von den Landgerichts-(Amtsgericht-)Präsidenten in Ausübung ihrer Aufsicht (§ 3 der Zweiten Ausführungsverordnung) untersagt werden.

Fünfte Verordnung zur Ausführung des Rechtsberatungsgesetzes

Vom 29. 3. 1938
(RGBl. I 1938, 359)

Auf Grund des Artikels 5 Abs. 1 des Gesetzes zur Verhütung von Mißbräuchen auf dem Gebiete der Rechtsberatung vom 13. Dezember 1935 (Reichsgesetzbl. I S. 1478) wird folgendes verordnet:

§ 1 [Erlaubnis für geschäftsmäßigen Forderungserwerb].

(1) Der Erlaubnis nach Artikel 1 § 1 des Gesetzes bedarf auch der geschäftsmäßige Erwerb von Forderungen zum Zwecke der Einziehung auf eigene Rechnung. Die Vorschriften der Dritten Ausführungsverordnung vom 25. Juni 1936 (Reichsgesetzbl. I S. 514) über die Freistellung vom Werbeverbot gelten sinngemäß.

(2) Die Vorschrift des Absatzes 1 gilt nicht, wenn Forderungsbestände anläßlich der Auflösung oder Umgestaltung eines Unternehmens von einem Gläubiger, einem Kreditgeber des Unternehmens oder einem Unternehmen desselben Gewerbezweiges im ganzen übernommen werden.

§ 2 [Werbung].

(1) Personen oder Unternehmen, denen die Erlaubnis nach Artikel 1 § 1 des Gesetzes erteilt ist, kann durch allgemeine Verwaltungsanordnung die Werbung gestattet werden, wenn ihre Tätigkeit wesentlich auf wirtschaftlichem Gebiet liegt und nach wirtschaftlichen Gesichtspunkten ausgeübt wird. Eine unlautere oder unangemessene Werbetätigkeit kann im Einvernehmen mit dem *Präsidenten des Werberats der deutschen Wirtschaft* von den Landgerichts-(Amtsgerichts-)Präsidenten in Ausübung ihrer Aufsicht (§ 3 der Zweiten Ausführungsverordnung vom 3. April 1936; Reichsgesetzbl. I S. 359) untersagt werden.

(2) Im übrigen kann Personen oder Unternehmen, denen die Erlaubnis nach Artikel 1 § 1 des Gesetzes für bestimmte Sachgebiete erteilt ist, wenn besondere Umstände dies erfordern, gestattet werden, auf ihre Tätigkeit in juristischen Fachzeitschriften oder durch Mitteilungen an Behörden, Notare, Rechtsanwälte oder dergleichen hinzuweisen. Die Entscheidung trifft der Landgerichts-(Amtsgerichts-)Präsident in Ausübung seiner Aufsicht (§ 3 der Zweiten Ausführungsverordnung).

§ 3 [Inkrafttreten].

(1) Der § 1 dieser Verordnung tritt am 1. Juli 1938 in Kraft.

(2) Der § 2 dieser Verordnung tritt mit dem Tage nach der Verkündung in Kraft.

4. Gesetz über Partnerschaftsgesellschaften Angehöriger Freier Berufe

Artikel 1 des Gesetzes vom 25. Juli 1994
(BGBl. I S. 1744)
– Kurzkommentierung unter Berücksichtigung der anwaltsspezifischen Besonderheiten –

Einleitung

Schrifttum: *Bayer/Imberger*, Die Rechtsformen freiberuflicher Tätigkeit, DZWir 1993, 309 ff.; *dies.*, Nochmals: Die Rechtsformen freiberuflicher Tätigkeit, DZWir 1995, 178 ff.; *Beckmann*, Ringen um das Partnerschaftsgesetz für Freie Berufe, der freie beruf 1992, 19 ff.; *ders.*, Für eine Partnerschaft Freier Berufe, in: Recht und Pflicht, FS *Kleinert*, 1992, 210 ff.; *Bösert*, Der Regierungsentwurf eines Gesetzes zur Schaffung von Partnerschaftsgesellschaften, DStR 1993, 1332 ff.; *ders.*, Das Gesetz über Partnerschaftsgesellschaften Angehöriger Freier Berufe, ZAP 1994, 137 ff.; *ders.*, Die Partnerschaftsgesellschaft – neue Form des Zusammenschlusses von Freiberuflern, WPrax 12/1994, 2 ff.; *Bösert/Braun/Jochem*, Leitfaden zur Partnerschaftsgesellschaft, 1996; *Burret*, Das Partnerschaftsgesellschaftsgesetz, WPK-Mitt. 4/1994, 201 ff.; *v. Falkenhausen*, Brauchen die Rechtsanwälte ein Partnerschaftsgesetz?, AnwBl. 1993, 479 ff.; *Feddersen/Meyer-Landrut*, Partnerschaftsgesellschaftsgesetz, 1995; *Gail/Overlack*, Anwaltsgesellschaften, 2. Auflage 1996; *Gilgan*, Auswirkungen des Partnerschafts-Gesellschaftsgesetzes auf die Angehörigen des steuerberatenden Berufs, Stbg 1995, 28; *Henssler*, Der Regierungsentwurf eines Gesetzes über Partnerschaftsgesellschaften, WiB 1994, 53 ff.; *ders.*, Neue Formen anwaltlicher Zusammenarbeit, DB 1995, 1549; *Hornung*, Partnerschaftsgesellschaft für Freiberufler, Rpfl. 1995, 481; 1996, 1; *Kaiser/Gellstedt*, Die Anwaltssozietät – GbR, Partnerschaft, Anwalts-GmbH, 2. Aufl. 1995; *Kempter*, Das Partnerschaftsgesellschaftsgesetz – Ein Überblick zur Einführung und Orientierung, BRAK-Mitt. 1994, 122; *Kupfer*, Freiberufler-Gesellschaften: Partnerschaft, Anwalts- und Ärzte-GmbH, KÖSDI 2/95; *Lenz*, Die Partnerschaft – alternative Gesellschaftsform für Freiberufler, MDR 1994, 741 ff.; *Leutheusser-Schnarrenberger*, Ein wichtiger Tag für die Freien Berufe, AnwBl. 1994, 334 ff.; *dies.*, Die Partnerschaftsgesellschaft – nationale und EG-rechtliche Bestrebungen zu einem Sondergesellschaftsrecht für die freien Berufe, in: Für Recht und Staat, FS *Helmrich*, 1994, 677 ff.; *Mahnke*, Das Partnerschaftsgesellschaftsgesetz, WM 1996, 1029; *Meilicke/Graf v. Westphalen/Hoffmann/Lenz*, Partnerschaftsgesellschaftsgesetz, 1995; *Michalski*, Zum Regierungsentwurf eines Partnerschaftsgesellschaftsgesetzes, ZIP 1993, 1210 ff.; *Michalski/Römermann*, Kommentar zum Partnerschaftsgesellschaftsgesetz 1995; *Rief/Thiery*, Das deutsche Partnerschaftsgesellschaftsgesetz 1994, Öst. AnwBl 1995, 310 ff.; *Schauf*, Kundschaft durch Partnerschaft, DGVZ 1995, 55; *K. Schmidt*, Partnerschaftsgesetzgebung zwischen Berufsrecht, Schuldrecht und Gesellschaftsrecht, ZIP 1993, 633 ff.; *ders.*, Die Freiberufliche Partnerschaft, NJW 1995, 1 ff.; *Schüppen*, Die Partnerschaftsgesellschaft – Handlungszwang, Handlungsalternative oder Schubladenmodell?, DStR 1995, 608; *Seibert*, Regierungsentwurf eines Partnerschaftsgesellschaftsgesetzes, ZIP 1993, 1197; *ders.*, Zum neuen Entwurf eines Partnerschaftsgesellschaftsgesetzes, AnwBl. 1993, 155 ff.; *ders.*, Das Partnerschaftsgesellschaftsgesetz, NWB F 18, 3365 (Nov. 1994); *ders.*, Die Partnerschaft für die Freien Berufe, DB 1994, 2381; *ders.*, Die Partnerschaft, Eine neue Gesellschaftsform für die Freien Berufe, 1994; *ders.*, Gemeinsame Berufsausübung von Freiberuflern: neue Perspektiven durch die Partnerschaftsgesellschaft, Mitt. 1996, 107; *Siepmann*, Die Partnerschaftsgesellschaft im Zivil- und Steuerrecht, FR 1995, 601; *Sommer*, Anwalts-GmbH oder Anwalts-Partnerschaft, GmbH-Rdsch 1995, 249 ff.; *Stuber*, Das Partnerschaftsgesellschaftsgesetz unter besonderer Berücksichtigung der Belange der Anwaltschaft, WiB 1994, 705 ff.; *ders.*, Die Partnerschaftsgesellschaft: Mustervertrag einer freiberuflichen Partnerschaft, 1995; *Stucken*, Mustervertrag einer Partnerschaftsgesellschaft, WiB 1994, 744 ff.; *Wertenbruch*, Partnerschaftsgesellschaft und neues Umwandlungsrecht, ZIP 1995, 712; *Weyand*, Partnerschaftsgesellschaften als neue Organisationsform für die freiberufliche Praxis, INF 1995, 22.

Einleitung 1-4 **Einl PartGG**

Übersicht

	Rdn.		Rdn.
I. Entstehungsgeschichte	1-3	IV. Bedeutung des PartGG für Rechtsanwälte	10-11
II. Überblick über die Gesamtregelung	4-5	V. Internationales Privatrecht	12-13
III. Kritische Würdigung der Neuregelung	6-9		

I. Entstehungsgeschichte

Mit dem am 27. Mai 1994 vom deutschen Bundestag verabschiedeten Partnerschaftsgesellschaftsgesetz[1] stellt der Gesetzgeber eine eigenständige Gesellschaftsform für die Zusammenarbeit von Angehörigen Freier Berufe zur Verfügung. Das Gesetz ist zum 1. 7. 1995 in Kraft getreten. Bis Mai 1996 haben sich ca. 250 Partnerschaften eintragen lassen. **1**

Erste Anregungen zu einem solchen Gesetz datieren in die 60er Jahre zurück.[2] Ein Initiativantrag aus dem Jahre 1975 sah eine rechtsfähige Berufsausübungsgesellschaft vor.[3] Nach zahlreichen Änderungen wurde dieser Entwurf zwar im Jahre 1976 vom Deutschen Bundestag in dritter Lesung verabschiedet. Er scheiterte jedoch im Bundesrat, der dem Gesetz seine Zustimmung gem. Art. 84 Abs. 1 GG verweigerte.[4] Die Berufsverbände hatten bis zuletzt heftigen Widerstand geleistet. **2**

Das heutige Partnerschaftsgesetz beruht auf einer Koalitionsvereinbarung der Regierungsparteien aus dem Jahre 1991 und einer Entschließung des Bundestages aus dem Jahre 1992.[5] Ein Referentenentwurf des Bundesjustizministeriums[6] wurde nach weitgehender Überarbeitung am 20. 7. 1993 vom Kabinett als Regierungsentwurf verabschiedet.[7] Im Rahmen des Gesetzgebungsverfahrens sind nur geringfügige Veränderungen erfolgt.[8] Obwohl sich die Länder bis zuletzt gegen die mit dem Partnerschaftsregister verbundenen Kosten gewehrt hatten,[9] stimmte auch der Bundesrat dem Gesetz zu. **3**

II. Überblick über die Gesamtregelung

Die Rechtsform der Partnerschaft ist ausschließlich den in § 1 Abs. 2 aufgezählten Freien Berufen vorbehalten. Sie ist Personengesellschaft und Gesamthandsgesellschaft. Als „Schwesterfigur" zur OHG entspricht ihre Struktur weitgehend derjenigen der OHG (§§ 105 ff. HGB). Ohne juristische Person zu sein, ist sie dieser doch angenähert. Wie die OHG kann sie unter ihrem Namen Vermögen erwerben. Sie ist namensrechtsfähig, aktiv und passiv parteifähig, grundbuchfähig, deliktsfähig (§§ 2, 7 Abs. 2 PartGG i. V. m. § 124 HGB) und konkursfähig (§ 212 a **4**

---

[1] BR-Drucks. 505/94; BGBl. I 1994, S. 1744 ff.
[2] *Volmer* StB 1967, 25; *Rittner* StB 1967, 2 (9).
[3] BT-Drucks. 7/4089; 7/ 5402; 7/5513, vgl. auch den Bericht des Rechtsausschusses BT-Drucks. 7/5413.
[4] BR-Drucks. 444/76; *Henssler* JZ 1992, 697 (701).
[5] Vgl. *Beckmann,* FS Kleinert, 1992, S. 213.
[6] Abgedruckt in: ZIP 1993, 153 ff.; dazu *Seibert* AnwBl. 1993, 155 ff.; *K. Schmidt* ZIP 1993, 633 ff.; *Henssler* WiB 1994, 53 ff.
[7] BT-Drucks. 12/6152.
[8] Vgl. die Beschlußempfehlung des Rechtsausschusses BT-Drucks. 12/7642.
[9] Prot. der Sitzung des Rechtsausschusses des Bundesrates vom 30. 5. 1994, Niederschrift 684 R S. 61 ff.

KO n. F.). In ihr Vermögen kann vollstreckt werden.[10] Einzelne Gesellschafter können aus der Partnerschaft ausscheiden, ohne daß dies zur Auflösung führt (§ 9). Entsprechend der Regelung bei der OHG gilt – teilweise zwingend – Einzelgeschäftsführung und Einzelvertretungsbefugnis (§§ 6 Abs. 2, 7 Abs. 3). Für die Verbindlichkeiten haften neben dem Partnerschaftsvermögen die Partner als Gesamtschuldner. Zur Gründung einer Partnerschaft bedarf es mindestens zweier Partner. Anders als bei den Kapitalgesellschaften gibt es keine Einmann-Partnerschaft.

5   **Abweichend vom Recht der OHG** sieht das PartGG in § 8 Abs. 2 eine besondere Regelung für schuldrechtliche Haftungsbeschränkungen mittels vorformulierter Vertragbedingungen vor. Diese Vertragsbedingungen nimmt § 8 Abs. 2 von der Kontrolle gemäß den §§ 9–11 AGBG aus.

III. Kritische Würdigung der Neuregelung

6   Der Gesetzgeber will mit der Partnerschaft den Angehörigen Freier Berufe eine Kooperationsmöglichkeit eröffnen, „die einerseits dem hergebrachten Berufsbild des freien Berufs entspricht und andererseits eine moderne und flexible Organisationsform bietet."[11]

7   Ihre Vorteile gegenüber dem Zusammenschluß in der BGB-Gesellschaft sind in der erfolgten Ausgestaltung freilich gering. Durch entsprechende Ausgestaltung des Gesellschaftsvertrages läßt sich eine adäquate innere Organisationsstruktur auch der GbR erzielen.[12] Die größere Selbständigkeit der Partnerschaft wird erst interessant, wenn die Gesellschaft in großem Umfang als Vermögensträgerin eingesetzt werden soll.

8   Der **Kompromißcharakter** des Partnerschaftsgesellschaftsgesetzes wird deutlich bei der Frage der Haftungsbeschränkung. Weil man die Rechtsform der GmbH für manche Freie Berufe als „standeswidrig" ansah,[13] war im Gesetzgebungsverfahren lediglich eine schuldvertragliche – keine gesellschaftsvertragliche – Haftungsbeschränkung konsensfähig.[14] Da die Haftungsbeschränkungsregelung des § 8 Abs. 2 nur eine geringe Verbesserung gegenüber dem früheren Rechtszustand bietet,[15] ist das Gesetz zurecht als „halbherzig" kritisiert worden.[16] Auch steuerrechtlich bietet die Partnerschaft nicht die Möglichkeiten einer Kapitalgesellschaft.

9   Neben einer gesellschaftsrechtlichen Haftungsbeschränkungsmöglichkeit ist die Abzugsfähigkeit von Pensionsrückstellungen zugunsten der Gesellschafter ein notwendiges Reformelement. Mit diesen beiden Änderungen würde der Partnerschaft der erste Rang unter den Gesellschaften gebühren, die den Freien Berufen zur Verfügung stehen.

IV. Bedeutung des PartGG für Rechtsanwälte

10   Da nach der Entscheidung des BayObLG nunmehr auch Rechtsanwälten ebenso wie Steuerberatern und Wirtschaftsprüfern die Rechtsform der GmbH

---

[10] *Leutheusser-Schnarrenberger* AnwBl. 1994, 334, glaubt, damit den idealen Unternehmensträger für die Freien Berufe geschaffen zu haben.
[11] BT-Drucks. 12/6152, S. 7.
[12] Ähnlich *v. Falkenhausen* AnwBl. 1993, 47 (48).
[13] Dazu *Henssler* JZ 1992, 697 ff.; *ders.* ZIP 1994, 844 ff.; *Taupitz* NJW 1992, 2317 ff., jeweils m. w. N.
[14] *Leutheusser-Schnarrenberger* der freie beruf 1994, 20 (22).
[15] Vgl. *Henssler*, FS Vieregge, 1995, S. 361 ff.
[16] Vgl. nur *K. Schmidt* ZIP 1993, 633 ff.; *v.Falkenhausen* AnwBl. 1993, 479; *Lenz* MDR 1994, 741 ff.

zur Verfügung steht,[17] bildet die Partnerschaft neben der klassischen Sozietät nur noch eine von **drei Varianten** für anwaltliche Zusammenschlüsse. Das Europäische Gemeinschaftsrecht kennt bisher keine eigene Gesellschaftsform für die freiberufliche Berufsausübung. Das von der Kommission geplante Projekt einer Europäischen Partnerschaftsgesellschaft wird derzeit aufgrund vielfältiger nationaler Widerstände nicht weiterverfolgt.[18] Die 1985 eingeführte supranationale Gesellschaftsform der EWIV kann lediglich Hilfsfunktionen übernehmen, wie z. B. die Werbung für die Berufstätigkeiten.[19] Sie ist jedoch keine Berufsausübungsgesellschaft.

Aus der Sicht des Gesetzgebers soll die Partnerschaft für Rechtsanwälte vor allem wegen der verbesserten Möglichkeit der **Haftungskonzentration** (zu Einzelheiten vgl. unten § 8 Rdn. 12 ff.) interessant sein. Dieser Vorteil ist durch die Zulassung der GmbH in den Hintergrund getreten. Ein steuerrechtlicher Vorteil gegenüber der GmbH liegt in der fehlenden Gewerbesteuer- und Vermögenssteuerpflicht.[20] Auf der anderen Seite können in der Partnerschaft keine Pensionsrückstellungen gebildet werden. Pensionszusagen an Mitunternehmer einer Personengesellschaft werden vom BFH als Gewinnverteilungsabreden behandelt, so daß eine Rückstellung nach § 6 a EStG (Bilanzierungsregel) nicht in Betracht kommt.[21] **11**

V. Internationales Privatrecht

Nach der Intention des Gesetzgebers soll die Partnerschaft auch als Unternehmensträgerin für internationale Zusammenschlüsse[22] zur Verfügung stehen.[23] Die internationalprivatrechtliche Behandlung von Gesellschaften ist in Deutschland gesetzlich nicht geregelt. Die h. M.[24] im deutschen Internationalen Gesellschaftsrecht steht – trotz scharfer Kritik unter dem Blickwinkel der Art. 52, 58 EG-Vertrag[25] – auf dem Boden der sog. **Sitztheorie.** Danach unterstehen Gesellschaften grundsätzlich dem Recht am Sitz ihrer tatsächlichen Hauptverwaltung. Nach diesem Gesellschaftsstatut richten sich alle Innen- und Außenverhältnisse. Eine abweichende Rechtswahl ist nur für die nach dem Gesellschaftsstatut dispositiven Regelungen möglich.[26] **12**

Ebenfalls nach dem Gesellschaftsstatut ist die Frage zu beantworten, welche Personen Mitglieder einer Partnerschaft werden können.[27] Nach deutschem Recht beurteilt sich daher, ob der Gesellschafter einen Freien Beruf ausübt. Probleme kann für eine grenzüberschreitend tätige Partnerschaft die internationale Durchsetzbarkeit einer Haftungskonzentration nach § 8 Abs. 2 bereiten. Da sie **13**

---

[17] BayObLG, ZIP 1994, 1868 m. Anm. *Henssler;* vgl. aber noch BT-Drucks. 12/ 4993, 23, sowie LG München NJW 1994, 1882 f.
[18] *Bösert* ZAP 1994, Fach 15, S. 139 (141); vgl. auch *Henssler* NJW 1993, 2137 (2143).
[19] So ausdrücklich die Erwägungsgründe der Verordnung, ABl. 1985 Nr. L 199/ 1.
[20] *Seibert*, S. 44.
[21] BFHE 87, 531; 107, 564.
[22] Zu Zusammenschlußmöglichkeiten nach ausländischem Recht vgl. *Nerlich,* Kooperationsformen für Rechtsanwälte in Europa, Bonn 1994.
[23] BT-Drucks. 12/6152, S. 1 f.
[24] Für einen Überblick über den Meinungsstand vgl. *Staudinger-Großfeld,* IntGesR Rdn. 22 ff., 685 ff.; MünchKomm-*Ebenroth,* BGB, Nach Art. 10 EGBGB Rdn. 139 ff.
[25] Vor allem *Behrens* RabelsZ 52 (1988), 498 ff.; *Sandrock* RIW 1989, 505 ff.; *Knobbe-Keuk* ZHR 154 (1990), 325 ff.
[26] *Staudinger-Großfeld*, IntGesR Rdn. 697.
[27] MünchKomm/*Ebenroth*, BGB, Nach Art. 10 Rdnr. 271.

im Außenverhältnis zwischen der Gesellschaft und ihren Vertragspartnern erfolgt, ist eine solche Haftungsbeschränkung als vertragsrechtlich zu qualifizieren. Die von § 8 Abs. 2 bezweckte Einschränkung der Kontrolle einer solchen Haftungskonzentration nach dem AGBG (vgl. unten § 8 Rdn. 12 ff.) greift deshalb nur, wenn gemäß Art. 27 ff. EGBGB bzw. Art. 3 ff. EuVÜ deutsches Recht auf den Vertrag zwischen der Partnerschaft und ihren Vertragspartnern Anwendung findet. Bei Verbraucherverträgen, zu denen etwa die anwaltliche Beratung in Erbangelegenheiten zählen kann, entscheidet mangels abweichender Rechtswahl gemäß § 29 Abs. 2 EGBGB (Art. 5 Abs. 2 EuVÜ) das Recht am (ausländischen) gewöhnlichen Aufenthalt des Verbrauchers. Dem Verbraucher kann der Schutz durch das zwingende Recht am Ort seines gewöhnlichen Aufenthalts nicht entzogen werden, sofern die Voraussetzungen des Art. 29 Abs. 1 Nr. 1 bis 3 EGBGB vorliegen. Ein Sonderfall gilt gem. Art. 29 Abs. 4 Nr. 2 EGBGB, soweit die Dienstleistungen ausschließlich in einem anderen als dem Staat erbracht werden müssen, in dem der Verbraucher seinen gewöhnlichen Aufenthalt hat. Zu den zwingenden Bestimmungen, die eine Inhaltskontrolle der Haftungsbeschränkung gemäß § 8 Abs. 2 PartGG gebieten können, zählen Regelungen über die Einbeziehung vorformulierter Vertragsbedingungen in den Vertrag oder dem deutschen Verständnis widersprechende Bestimmungen des Aufenthaltsrechts. Unbedenklich ist die Haftungskonzentration, wenn das Aufenthaltsrecht (z. B. Frankreich: Gesetz zur Einführung der société professionelle v. 29. 11. 1966) sogar entsprechende Haftungsbeschränkungen gesellschaftsrechtlicher Art kennt.

§ 1 Voraussetzungen der Partnerschaft

(1) Die Partnerschaft ist eine Gesellschaft, in der sich Angehörige Freier Berufe zur Ausübung ihrer Berufe zusammenschließen. Sie übt kein Handelsgewerbe aus. Angehörige einer Partnerschaft können nur natürliche Personen sein.

(2) Ausübung eines Freien Berufs im Sinne dieses Gesetzes ist die selbständige Berufstätigkeit der Ärzte, Zahnärzte, Tierärzte, Heilpraktiker, Krankengymnasten, Hebammen, Heilmasseure, Diplom-Psychologen, Mitglieder der Rechtsanwaltskammern, Patentanwälte, Wirtschaftsprüfer, Steuerberater, beratenden Volks- und Betriebswirte, vereidigten Buchprüfer (vereidigte Buchrevisoren), Steuerbevollmächtigten, Ingenieure, Architekten, Handelschemiker, Lotsen, hauptberuflichen Sachverständigen, Journalisten, Bildberichterstatter, Dolmetscher, Übersetzer und ähnlicher Berufe sowie der Wissenschaftler, Künstler, Schriftsteller, Lehrer und Erzieher.

(3) Die Berufsausübung in der Partnerschaft kann in Vorschriften über einzelne Berufe ausgeschlossen oder von weiteren Voraussetzungen abhängig gemacht werden.

(4) Auf die Partnerschaft finden, soweit in diesem Gesetz nichts anderes bestimmt ist, die Vorschriften des Bürgerlichen Gesetzbuchs über die Gesellschaft Anwendung.

Übersicht

	Rdn.		Rdn.
I. Gesellschaftsrechtliche Grundlagen...............................	1–16	II. Kein Betrieb eines Handelsgewerbes (Abs. 1 S. 2) – Steuerpflicht...	17
1. Partnerschaft als Gesellschaft..	1	III. Berufsrechtsvorbehalt...............	18–20
2. Umwandlungen.....................	2	1. Verfassungsrechtliche	
3. Gesellschafter........................	4	Grundlagen...........................	18
4. Zusammenschluß zur gemeinsamen Berufsausübung...	6	2. Berufsrechtliche Sondervorschriften................................	19
5. Freier Beruf (Abs. 2)	9	3. Bedeutung für die Anwaltschaft...................................	20
a) Voraussetzungen................	9		
b) Folgen fehlender Freiberuflichkeit........................	10		
6. Gesellschafterwechsel	14		

I. Gesellschaftsrechtliche Grundlagen

1. Partnerschaft als Gesellschaft

Nach § 1 Abs. 1 S. 1 ist die Partnerschaft eine Gesellschaft. Ohne daß es der **1** auf Drängen des Bundesrates[1] eingefügten, besonderen Regelung in Abs. 4 bedurft hätte, finden damit die **Bestimmungen über die GbR (§§ 705 ff. BGB) Anwendung,** soweit das PartGG keine spezielleren Regelungen enthält und keine ausdrückliche oder stillschweigende Verweisung auf die Regelung der OHG erfolgt. Es gelten namentlich die Vorschriften der GbR über die Gewinnverteilung (§ 6 Rdn. 9). Für Inhalt und Form des Partnerschaftsvertrages bestehen dagegen, zusätzlich zum Recht der GbR, spezielle Vorschriften.

2. Umwandlungen

Folge der Stellung der Partnerschaft im System der Personengesellschaften ist **2** ihre automatische Umwandlung in eine GbR oder OHG (identitätswahrender Rechtsformwechsel), sobald sie ihren freiberuflichen Gesellschaftszweck verliert und gewerblich ausgerichtet ist. Die **Änderung des Gesellschaftszwecks** kann auch stillschweigend erfolgen, Beispiel: anwaltliche Partnerschaft übernimmt nur noch treuhänderische Aufgaben ohne beratende Tätigkeit.[2] Die Eintragung im Partnerschaftsregister steht der Umwandlung nicht entgegen (§ 7 Rdn. 3 sowie § 1 Rdn. 12). Nur die Umwandlung der freiberuflich tätigen GbR in eine Partnerschaft bedarf der konstitutiv wirkenden Eintragung in das Partnerschaftsregister (§ 7 Rdn. 1).

Eine (übertragende) Umwandlung einer Partnerschaft auf eine Kapitalgesell- **3** schaft oder einer Kapitalgesellschaft auf eine Partnerschaft ist bisher nicht möglich. Der Gesetzgeber hat eine Regelung im UmwG derzeit nicht für nötig befunden.[3] Eine Analogie zu den für die OHG geltenden Umwandlungsvorschriften ist unzulässig.[4] Die Verschmelzung mehrerer Partnerschaften oder von Sozietäten zu einer Partnerschaft ist durch Übertragung der Gesellschaftsanteile auf die neu zu errichtende oder bestehende Partnerschaft möglich.[5]

---

[1] Vgl. BT-Drucks. 12/6152, S. 25 f.
[2] Vgl. *Feuerich/Braun,* § 2 Rdn. 15 ff.
[3] BT-Drucks. 12/6152, S. 9.
[4] *Wertenbruch* ZIP 1995, 712 (714); *Henssler* DB 1995, 1549 (1555).
[5] Zur Verschmelzung von Personengesellschaften vgl. *Staub/Ulmer,* HGB, § 105 Rdn. 53.

3. Gesellschafter

4 Gemäß § 1 Abs. 1 S. 1 können nur Angehörige von Freien Berufen Gesellschafter werden (Rdn. 9 ff.), die sich „zur Ausübung ihrer Berufe" zusammenschließen. Damit sind **stille Beteiligungen** an der Partnerschaft unzulässig. Der Partner soll, so die Gesetzesbegründung,[6] „seinen Beruf in eigener Verantwortung ausüben und für sein Handeln grundsätzlich persönlich haften". Dementsprechend dürfte auch die Unterbeteiligung von nicht partnerschaftsfähigen Personen unzulässig sein, obwohl der Wortlaut des Gesetzes hier nicht entgegensteht. Die Beteiligung als Strohmann entfällt selbst dann, wenn sie von einem Angehörigen eines Freien Berufes gehalten wird.[7]

5 Nur **natürliche Personen** kommen nach § 1 Abs. 1 S. 3 als Gesellschafter in Betracht. Nach der amtl. Begründung soll dies „am ehesten dem Leitbild der auf ein persönliches Vertrauensverhältnis zum Auftraggeber ausgerichteten freiberuflichen Berufsausübung" entsprechen.[8] Nicht nur juristische Personen, sondern auch Personengesellschaften sind damit von der Beteiligung ausgeschlossen. Erschwert wird etwa ein Zusammenschluß von Rechtsanwälten mit Steuerberatern oder Wirtschaftsprüfern, wenn letztere auf die Möglichkeit der Haftungsbeschränkung durch Gründung einer GmbH nicht verzichten wollen.[9] Dagegen kann eine Partnerschaft Gesellschafterin einer GmbH sein (§ 7 Rdn. 4).

4. Zusammenschluß zur gemeinsamen Berufsausübung

6 Nach § 1 Abs. 1 S. 1 ist gesetzlich festgelegter Zweck der Partnerschaft, daß sich die Partner „zur Ausübung ihrer Berufe zusammenschließen". Präzisierend läßt sich die Partnerschaft definieren als gemeinsame Ausübung freiberuflicher Tätigkeit durch mehrere Angehörige desselben oder verschiedener Freier Berufe unter gemeinsamem Namen, in gemeinsamen Räumen, mit gemeinschaftlichen Einrichtungen und mit gemeinsamer Büroorganisation und Abrechnung zur gemeinschaftlichen Betreuung einer gemeinsamen Klientel.[10]

7 Von der **Berufsausübungsgesellschaft** abzugrenzen sind die Organisationsgesellschaften (Bürogemeinschaften, Labor- und Apparategemeinschaften), deren Zweck sich in der gemeinsamen Benutzung von Praxisräumen, Einrichtungsgegenständen und Personal erschöpft. Die einzelnen Berufsangehörigen handeln für ihre jeweils eigene Klientel im eigenen Namen. Organisationsgesellschaften können nach der Konzeption des Gesetzes nicht als Partnerschaft, sondern nur in den Rechtsformen der GbR und der GmbH betrieben werden.[11] Auch im Rahmen einer Partnerschaft darf gleichwohl die Zusammenarbeit auf eine bestimmte Gruppe von Klienten beschränkt werden und jeder Partner eigene Auftraggeber allein betreuen. Im Hinblick auf § 3 Abs. 2 Nr. 3 ist eine ausdrückliche Regelung im Gesellschaftsvertrag erforderlich (§ 3 Rdn. 5).

---

[6] BT-Drucks. 12/6152, S. 7.

[7] Zu den Folgen der Beteiligung anderer als der in § 1 Abs. 1 S. 1 genannten Personen vgl. Rdn. 10 ff.

[8] BT-Drucks. 12/6152, S. 9; kritisch *Michalski/Römermann*, PartGG, § 1 Rdn. 25–28.

[9] Vgl. auch *Burret* WPK-Mitt. 4/1994, 201 (202), aus Sicht der Wirtschaftsprüfer; kritisch auch *Michalski* ZIP 1993, 1210 (1211).

[10] In Anlehnung an BGHZ 97, 273 (277); vgl. auch *Michalski*, Das Gesellschafts- und Kartellrecht der berufsrechtlich gebundenen freien Berufe, 1989, S. 95.

[11] *Stuber*, Die Partnerschaftsgesellschaft: Mustervertrag einer freiberuflichen Partnerschaft, S. 20.

§ 1 Voraussetzungen der Partnerschaft 8–10 § 1 PartGG

§ 1 Abs. 1 S. 1 verlangt eine aktive freiberufliche Tätigkeit der Partner.[12] Die 8
Partnerschaft dient der Berufsausübung, nicht der finanziellen Beteiligungsmöglichkeit. Erforderlich ist, daß die Partner gerade ihre freiberufliche Tätigkeit in der Partnerschaft **ausüben**. Rechtsanwälte können sich daher nicht zur ausschließlichen Ausübung ihrer Tätigkeit als Konkurs- oder Vergleichsverwalter oder Testamentsvollstrecker in einer Partnerschaft zusammenschließen.[13]

5. Freier Beruf (Abs. 2)

a) **Voraussetzungen**. Im Interesse der Klarstellung, welche Berufe sich der 9
Rechtsform der Partnerschaft bedienen dürfen, hat der Gesetzgeber im Gegensatz zu früheren Entwürfen[14] auf den Versuch einer positiv-rechtlichen Definition des Begriffs der Freien Berufe verzichtet. In § 1 Abs. 2 sind stattdessen die wichtigsten Freien Berufe **aufgezählt**. Zugleich wird für neue Entwicklungen Raum gelassen durch die Einbeziehung der „ähnlichen Berufe".[15] Bei der Aufzählung der Freien Berufe orientiert sich § 1 Abs. 2 PartGG am Katalog des § 18 Abs. 1 Nr. 1 EStG. Zusätzlich aufgenommen wurden Hebammen, Heilmasseure, Diplom-Psychologen und auf Vorschlag des Rechtsausschusses auch die hauptberuflichen Sachverständigen.[16] Dagegen werden die in § 18 Abs. 1 Nr. 1 EStG erwähnten Vermessungsingenieure ausgeklammert. Sie sind zumeist nach landesrechtlichen Regelungen Träger eines öffentlichen Amtes.[17] Notare, die gleichzeitig als Rechtsanwalt zugelassen sind, können sich nur mit ihrer anwaltlichen Berufsausübung an einer Partnerschaft beteiligen (vgl. auch § 59 a Abs. 1 S. 3 BRAO n. F.). Zulässig ist es, auf ihre Tätigkeit als Notar im Briefkopf der Partnerschaft hinzuweisen.[18] Die gleichzeitige Beteiligung von Anwaltsnotaren und Wirtschaftsprüfern soll nach ständiger, gleichwohl fragwürdiger Rechtsprechung an §§ 9 BNotO, 3 BeurkG scheitern.[19] Im übrigen sind alle den Rechtsanwälten nach § 59 a Abs. 1 BRAO erlaubten Zusammenschlüsse mit Angehörigen anderer Berufe auch nach § 1 Abs. 2 möglich.

b) **Folgen fehlender Freiberuflichkeit. aa)** Bei der Gründung soll durch 10
die Pflicht zur Anmeldung (§ 4) sichergestellt werden, daß sich nur Angehörige Freier Berufe an der Partnerschaft beteiligen, die wirklich dort ihren Beruf ausüben. Stellt ein Partner nachträglich seine aktive Mitarbeit ein, so hat dies keine Auswirkungen auf das Partnerschaftsverhältnis.[20] Auf Antrag der übrigen Partner

---

[12] Die h.M fordert eine aktive Ausübung des Berufes, vgl. BT- Drucks. 12/6152, S. 9; *Bösert* ZAP 1994, 765 (771); *Gilgan* Stbg. 1995, 28 (29); *Leutheusser-Schnarrenberger* der freie Beruf 7–8/94, 20; *Seibert*, S. 101; *Stuber* WiB 1994, 705 (706); *ders.*, Die Partnerschaftsgesellschaft: Mustervertrag einer freiberuflichen Partnerschaft, S. 20; *Stucken* WiB 1994, 744; *Weyand* INF 1995, 22 (24); für eine weite Auslegung des Begriffs der „Ausübung", *Lenz*, in Meilicke/Graf v. Westphalen/Hoffmann/Lenz, PartGG, § 1 Rdn. 86–99, der aber zumindest rein passives Verhalten nicht ausreichen läßt; *ders.* WiB 1995, 529, 530; a. A. *Michalski/Römermann*, PartGG, Rdn. 7–13; *Feddersen/Meyer-Landrut*, PartGG, § 1 Rdn. 4.
[13] Nach der Rspr. des BFH BStBl II 73, 730, BStBl. II 82, 184, deren Übernahme in das PartGG wegen des im Verhältnis zum Steuerrecht unterschiedlichen Regelungszwecks des PartGG nicht unproblematisch ist, liegt keine freiberufliche Tätigkeit iSd § 18 EStG vor.
[14] Vgl. z. B. § 1 des Entwurfes v. 1975, BT-Drucks. 7/4089; zur Entwicklung *Beckmann* der freie Beruf 4/92, 19 (20).
[15] S. hierzu auch *Schmidt* ZIP 1993, 633 (639).
[16] BT-Drucks. 12/7642, S. 11.
[17] BT-Drucks. 12/6152, S. 10.
[18] BT-Drucks. 12/6152, S. 10.
[19] BGH NJW 1996, 392.
[20] So auch *Seibert*, S. 56.

gemäß § 9 Abs. 1 i. V. m. § 140 HGB kann er durch gerichtliche Entscheidung oder bei entsprechender Regelung im Gesellschaftsvertrag auch durch Beschluß ausgeschlossen werden. Die Beendigung der aktiven Mitarbeit stellt aus Sicht des PartGG einen „wichtigen Grund" i. S. d. § 133 Abs. 1 HGB dar.

11   bb) **Verliert** ein Partner die erforderliche **Zulassung** zu einem Freien Beruf, so scheidet er gemäß § 9 Abs. 3 automatisch aus (§ 9 Rdn. 5). Für Angehörige Freier Berufe, die keine Berufszulassung kennen, gibt es eine vergleichbare Sanktion nicht. Nehmen diese statt ihrer freiberuflichen eine gewerbliche Tätigkeit auf, so bleiben sie zunächst Partner (arg. e § 9 Abs. 3). Unabhängig von einem Ausschluß oder Austritt des betreffenden Partners ist das Registergericht gemäß §§ 142, 160 b Abs. 1 FGG von Amts wegen zur entsprechenden Berichtigung der Eintragung im Partnerschaftsregister befugt. Es wird die Namen des Partners löschen. Die Berufsaufsicht, z. B. die zuständige Kammer, kann dem Registergericht einen Hinweis nach §§ 160 b Abs. 1, 126 FGG geben, wenn sie gewahr wird, daß die Partner nicht mehr freiberuflich, sondern gewerblich tätig werden. Regelmäßig werden dem Gericht aber Informationsmöglichkeiten fehlen.

12   Verändert sich der Gesellschaftszweck der Partnerschaft, indem sie selbst – zumindest auch – einer gewerblichen Tätigkeit i. S. d. § 1 Abs. 1 HGB nachgeht, so erfolgt eine formwechselnde Umwandlung in eine OHG oder in eine GbR[21] (Rdn. 2). Die unveränderte Eintragung im Partnerschaftsregister steht der Umwandlung nicht entgegen (§ 7 Rdn. 3). Das Registergericht hat von Amts wegen gemäß §§ 142, 160 b Abs. 1 FGG einzuschreiten.

13   cc) Außerhalb des Registerverfahrens sind Maßnahmen der Berufsorganisationen denkbar. So kommen bei Rechtsanwälten anwaltsgerichtliche Maßnahmen gemäß § 113 Abs. 1 BRAO in Betracht, wenn nicht mehr aktiv für die Partnerschaft tätige Partner trotz Hinweises nicht ausscheiden. Die Höchstpersönlichkeit der Berufsausübung ist dann nicht mehr gewahrt.[22]

6. Gesellschafterwechsel

14   Die Beteiligung an einer Partnerschaft darf nicht an Dritte veräußert werden, die nicht partnerschaftsfähig i. S. d. § 1 Abs. 1 sind. Das ausdrückliche Verbot in § 10 des Referentenentwurfs v. 8. 1. 1993 ist zwar in die endgültige Gesetzesfassung nicht eingegangen. Es ergibt sich jedoch mittelbar aus § 1 Abs. 1 und findet auch in § 9 Abs. 4 seinen Ausdruck. Die Abtretung des Gesellschaftsanteils wäre gemäß § 134 BGB nichtig. Im übrigen ist die **Veräußerung** eines Gesellschaftsanteils an Partner oder Dritte zulässig, soweit der Partnerschaftsvertrag nicht entgegensteht. Es gilt das in § 3 Abs. 1 vorgeschriebene Schriftformerfordernis.

15   Die Grundsätze für die Anteilsveräußerung gelten auch für die **Aufnahme** eines neuen Partners. Nur Angehörige Freier Berufe dürfen aufgenommen werden. Der Beitrittsvertrag bedarf als Änderung des Partnerschaftsvertrages der Schriftform (§ 3 Abs. 1).

16   Zum **Ausscheiden von Partnern** s. die Kommentierung zu § 9.

II. Kein Betrieb eines Handelsgewerbes (Abs. 1 S. 2) – Steuerpflicht

17   Absatz 1 S. 2 stellt klar, daß die Partnerschaft kein Handelsgewerbe betreibt. Die Rechtsform soll nach dem Willen des Gesetzgebers nicht über die Gewerbe-

---

[21] Bei minderkaufmännischer Tätigkeit i. S. d. § 4 HGB.
[22] Vgl. dazu *Henssler* JZ 1992, 697 (704).

steuerpflicht entscheiden.[23] Die Partnerschaft unterliegt der Gewerbesteuerpflicht nur, wenn sie entgegen § 1 Abs. 1 S. 1 eine nach § 15 EStG als gewerblich eingestufte Tätigkeit ausübt.[24]

III. Berufsrechtsvorbehalt

1. Verfassungsrechtliche Grundlagen

§ 1 Abs. 3 eröffnet den Weg, über das jeweilige Berufsrecht den Zugang zur Partnerschaft weiter zu beschränken. Einschränkungen stehen unter dem Gesetzesvorbehalt des Art. 12 Abs. 1 GG.[25] Ein genereller Ausschluß der Gesellschaftsform der Partnerschaft durch berufsrechtliche Regelungen stellt einen unverhältnismäßigen Eingriff in die Berufsausübungsfreiheit dar,[26] jedenfalls sofern nicht gleichzeitig der Zugang zur OHG eröffnet wird. Treffen unterschiedliche berufsrechtliche Regelungen aufeinander, so gilt nur die nach allen Vorschriften zulässige Lösung.[27] 18

2. Berufsrechtliche Sondervorschriften

Genutzt wird der Berufsrechtsvorbehalt durch die Neuregelungen in § 49 Abs. 1 StBerG und § 27 Abs. 1 WPO. Danach kann die Partnerschaft als **Steuerberatungs- oder Wirtschaftsprüfungsgesellschaft** anerkannt werden, wenn sie die Voraussetzungen der §§ 47 ff. StBerG bzw. §§ 27 ff. WPO erfüllt. Auch das **ärztliche Berufsrecht** kennt Einschränkungen (vgl. §§ 23, 23a der MBOÄ in der Fassung vom Mai 1995). § 34 Abs. 1 MBOÄ legt fest, daß das Praxisschild die Namen aller Ärzte enthalten muß. Nach der subsidiären Bestimmung des § 2 Abs. 1 PartGG muß die Partnerschaft nur den Namen eines Partners enthalten. Üblich sind berufsrechtliche Einschränkungen für die Gründung von Zweigniederlassungen. Das **novellierte Berufsrecht** der Rechts- und Patentanwälte bestimmt in § 59a Abs. 2 BRAO, daß eine Sozietät (Partnerschaft) mehrere Kanzleien errichten kann, wenn in jeder ein Sozietätsmitglied verantwortlich tätig ist, für das die Kanzlei den Mittelpunkt seiner beruflichen Tätigkeit bildet (vgl. auch § 47 WPO n.F.). Entgegenstehende Regelungen im Partnerschaftsvertrag gemäß § 6 Abs. 2 und 3 PartGG sind unzulässig. 19

3. Bedeutung für die Anwaltschaft

Bedeutung erlangt der Berufsrechtsvorbehalt v. a. für die Zulässigkeit interprofessioneller Partnerschaften (vgl. z. B. §§ 59a BRAO, 52a PAO, 56 StBerG, 44b Abs. 1 WPO). Rechtsanwälten ist der Zusammenarbeit nur mit den sog. **sozietätsfähigen Berufen** erlaubt.[28] Für Partnerschaften als „Wirtschaftsprüfungsgesellschaften" ist zu beachten, daß sie nach §§ 27 ff. WPO anerkannt sein müssen. Es besteht jedoch auch die Möglichkeit, nicht nach § 27 WPO anerkannte Partnerschaften unter Beteiligung von Wirtschaftsprüfern zu gründen.[29] Zum Ver- 20

---

[23] BT-Drucks. 12/6152, S. 9; kritisch *Schmidt* ZIP 1993, 633 (638); zur steuerlichen Situation der Partnerschaft vgl. auch *Seibert*, S. 44.
[24] Vgl. *Burret* WPK-Mitt. 1994, 201 (203).
[25] Dennoch werden vor allem seitens der Ärzte Einschränkungen durch Verbandsrecht ihrer Berufsorganisationen befürchtet; vgl. Ärzte-Zeitung v. 10. 11. 1994, S. 1 u. 8.
[26] Zur Einschränkung der Berufsausübungsfreiheit durch Untersagung bestimmter Gesellschaftsformen BGH NJW 1994, 786; dazu *Henssler* ZIP 1994, 844 ff.
[27] BT-Drucks. 12/6152, S. 11.
[28] Dazu die Kommentierung von § 59a BRAO.
[29] Str. wie hier *Bösert* ZAP 1994, 137 (145); *Seibert* DB 1994, 2381 (2383 f.); a. A. *Burret* WPK-Mitt. 1994, 201 (206 f.).

hältnis von § 51 a Abs. 2 BRAO zu den Haftungsbeschränkungsmöglichkeiten in der Partnerschaft vgl. § 8 Rdn. 28.

§ 2 Name der Partnerschaft

(1) **Der Name der Partnerschaft muß den Namen mindestens eines Partners, den Zusatz „und Partner" oder „Partnerschaft" sowie die Berufsbezeichnungen aller in der Partnerschaft vertretenen Berufe enthalten.**

(2) **§ 18 Abs. 2, § 19 Abs. 3 und 4, §§ 21, 22 Abs. 1, §§ 23, 24, 30, 31 Abs. 2, §§ 32 und 37 des Handelsgesetzbuchs sind entsprechend anzuwenden; § 24 Abs. 2 des Handelsgesetzbuchs gilt auch bei Umwandlung einer Gesellschaft bürgerlichen Rechts in eine Partnerschaft.**

Übersicht

	Rdn.		Rdn.
I. Der Name der Partnerschaft	1–7	II. Namenskontinuität	8–12
1. Name mindestens eines Partners	2	1. Familiennamenänderung	8
		2. Erwerb der Praxis	9
2. Zusatz „und Partner" oder „Partnerschaft"	3	3. Namensfortführung bei Gesellschafterwechsel	10
3. Berufsbezeichnungen	4	4. Umwandlung einer GbR	12
4. Zusätzliche Angaben	5	III. Berufsrechtliche Besonderheiten	13
5. Namensänderungen	6		
6. Korrekte Namensführung	7		

I. Der Name der Partnerschaft

1 Als nichtgewerblicher freiberuflicher Zusammenschluß trägt die Partnerschaft statt einer Firma einen „Namen". Der Sache nach gilt gleichwohl das Firmenrecht des HGB, dessen Vorschriften weitgehend für anwendbar erklärt werden. Der Name wird in das Partnerschaftsregister eingetragen (§§ 3 Abs. 2, 5 Abs. 1).

1. Name mindestens eines Partners

2 Der Name der Partnerschaft muß den Namen mindestens eines Partners enthalten. Aufgrund des Verweises in Abs. 2 auf § 19 Abs. 3 HGB ist die Angabe des Vornamens nicht erforderlich. Etwas anderes kann sich aus der Notwendigkeit der Unterscheidbarkeit von bereits vorhandenen Partnerschaftsnamen ergeben (Abs. 2 i. V. m. § 30 HGB). Der Vorname hat den Vorrang vor anderen Unterscheidungsmerkmalen.[1] Der Verweis auf § 19 Abs. 4 HGB soll klarstellen, daß nur in der Partnerschaft aktive Partner im Namen enthalten sein dürfen. Ausnahmen gelten für Fälle zulässiger Namenskontinuität (Rdn. 8 ff.). Von dem im Partnerschaftsregister einzutragenden Namen ist die namentliche Aufführung der Partner auf dem Briefbogen oder dem Praxisschild zu unterscheiden.

2. Zusatz „und Partner" oder „Partnerschaft"

3 Neben dem Familiennamen eines Partners muß der Partnerschaftsname zwingend entweder den Zusatz „und Partner" oder „Partnerschaft" enthalten. Auch

---
[1] BT-Drucks. 12/6152, S. 12.

§ 2 Name der Partnerschaft

bei Verwendung des Zusatzes „Partnerschaft" ist die namentliche Erwähnung aller Partner nicht erforderlich.[2] Statt des Wortes „und" kann auch das im kaufmännischen Bereich übliche Kürzel „&" verwendet werden.[3] Für Zusammenschlüsse in anderen Rechtsformen, die sich derzeit als Partnerschaft bezeichnen oder den Zusatz „und Partner" im Namen führen, sieht § 11 eine Übergangsregelung vor.[4]

3. Berufsbezeichnungen

Sämtliche Berufsbezeichnungen der in der Partnerschaft gemeinsam ausgeübten Berufe müssen im Namen der Partnerschaft aufgeführt werden.[5] Der Gesetzgeber bezweckt die Aufklärung des Publikums über die tatsächliche Bandbreite der in der Partnerschaft angebotenen freiberuflichen Dienstleistungen.[6] Eine Täuschung über den Umfang der Partnerschaft soll vermieden werden.[7] Für Wirtschaftsprüfer und Steuerberater gelten gemäß §§ 31 WPO, 53 StBerG Erleichterungen.

4. Zusätzliche Angaben

Zusätzliche Angaben sind nur im Rahmen des § 18 Abs. 2 HGB zulässig (Grundsatz der Namenswahrheit).

5. Namensänderungen

Für Namensänderungen sieht § 4 Abs. 1 S. 3 eine Pflicht zur Anmeldung zum Partnerschaftsregister vor. Erlischt der Name, so gilt die Pflicht zur Anmeldung analog § 31 Abs. 2 HGB. Dem Registergericht stehen als Sanktionsmittel die Festsetzung eines **Zwangsgeldes** (Abs. 2 i. V. m. §§ 31 Abs. 2, 14 HGB) oder die Löschung von Amts wegen zur Verfügung. Relevant werden die Zwangsmittel, wenn die Partnerschaft nicht mehr ausschließlich der Ausübung Freier Berufe dient. Die Zusätze „und Partner" bzw. „Partnerschaft" werden dann unzulässig (zur Übergangsregelung vgl. § 11 Rdn. 1). Wird über das Vermögen der Partnerschaft ein Konkursverfahren eröffnet, so erfolgt eine Eintragung in das Partnerschaftsregister von Amts wegen (Abs. 2 i. V. m. § 32 HGB).

6. Korrekte Namensführung

Die korrekte Namensführung der Partnerschaft kann gemäß Abs. 2 i. V. m. § 37 HGB durch das Registergericht und Privatpersonen erzwungen werden. Die Vorschrift schützt zumindest mittelbar auch die Interessen der übrigen Partnerschaften.[8] Ein weitergehender Namensschutz gemäß § 12 BGB und § 16 UWG bleibt davon unberührt.

---

[2] Anders noch der Referentenentwurf (abgedruckt in ZIP 1993, 153 ff).
[3] *Seibert*, S. 49; *Feddersen/Meyer-Landrut*, PartGG, § 2 Rdn 2.
[4] Kritsch hierzu *Burret* WPK-Mitt. 1994, 201 (204).
[5] Die BRAK befürchtet im Hinblick auf diese Regelung Probleme mit dem Registergericht, BRAK-Mitt. 1993, 200 (201).
[6] *Michalski/Römermann*, PartGG, § 2 Rdn. 15ff halten die Vorschrift wegen des abweichenden Sprachgebrauchs in § 3 Abs. 2 Nr. 2 gesetzestechnisch für mißglückt und fordern de lege ferenda eine Aufhebung des Zwangs zur Nennung der Berufsbezeichnungen.
[7] BT-Drucks. 12/6152, S. 12.
[8] Vgl. *Staub/Hüffer*, HGB, § 37 Rdn. 1 f.

II. Namenskontinuität

1. Familiennamenänderung

8 Entsteht eine Änderung im Familiennamen des namensgebenden Partners, so ist es gemäß Abs. 2 i. V. m. § 21 HGB gestattet, den Namen der Partnerschaft ohne Änderung beizubehalten. Lediglich die Eintragung der Namen der Partner (§ 3 Abs. 2 Nr. 2) im Partnerschaftsregister muß geändert werden (§ 4 Abs. 1 S. 3).

2. Erwerb der Praxis

9 Eine Fortführung des Namens ist – im Rahmen des Berufsrechts (§ 1 Abs. 3) – auch zulässig, wenn die Praxis[9] einer Partnerschaft vollständig auf eine andere Partnerschaft übergeht (Abs. 2 i. V. m. § 22 Abs. 1 HGB).[10] Wird die Praxis nur an eine andere Partnerschaft **verpachtet** oder ein **Nießbrauch** bestellt, gilt § 22 Abs. 2 HGB nicht entsprechend. Hier ist die andere Partnerschaft verpflichtet, einen eigenen Namen zu bilden. Der Gesetzgeber rechtfertigt diesen Zwang mit der Begründung, die Eigentumsübertragung solle namensrechtlich erleichtert werden, nicht aber die schuldrechtliche oder dingliche Überlassung zur Nutzung, die in der Regel zeitlich befristet sei. Gründe, die Nutzungsüberlassung der Partnerschaft zu fördern, seien nicht ersichtlich.[11] Da der einzelne Freiberufler nicht namensrechtsfähig i. S. v. § 2 PartGG ist,[12] kommt § 22 Abs. 1 HGB auch beim Erwerb einer Einzelpraxis durch eine Partnerschaft nicht zur Anwendung.

Gibt der Partnerschaftsname als Folge der Praxisübernahme die ausgeübten Berufe nicht mehr zutreffend wieder, so ist zur Vermeidung einer Irreführung des Publikums eine Berichtigung vorzunehmen. Die Namenswahrheit hat dann Vorrang vor der Kontinuität.[13]

Der Name einer Partnerschaft darf gemäß Abs. 2 i. V. m. § 23 HGB nicht ohne die dazugehörige Praxis veräußert werden.

3. Namensfortführung bei Gesellschafterwechsel

10 Der Name der Partnerschaft kann gemäß Abs. 2 i. V. m. § 24 HGB auch fortgeführt werden, wenn nachträglich ein Partner eintritt oder ausscheidet. Die Möglichkeit hat für den Eintritt eines neuen Partners nur geringe Bedeutung, da ohnehin gemäß Absatz 1 nicht alle Partner in den Namen der Partnerschaft aufgenommen werden müssen. Wichtig ist die Vorschrift für den Fall des **Ausscheidens des namensgebenden Partners.** Rechtsanwaltssozietäten haben wegen des mit dem Namen verbundenen Good-Will schon bisher die Namen ausgeschiedener oder verstorbener Sozien fortgeführt. Über den Verweis in Absatz 2 billigt der Gesetzgeber diese Praxis, da sich die Verkehrsauffassung bereits daran gewöhnt habe.[14] Der Name eines Partners kann bei entsprechender Einwilligung

---

[9] Die Gesetzesbegründung spricht hier mißverständlich von einer Veräußerung der „Partnerschaft" (BT-Drucks. 12/6152, S. 12).
[10] Zu weiteren Fragen des Praxisverkaufs und der -verpachtung vgl. die Kommentierung zu § 27 BRAO.
[11] BT-Drucks. 12/6152, S. 12; kritisch *Michalski/Römermann*, PartGG, § 2 Rdn. 42.
[12] Siehe Fn. 11.
[13] Siehe Fn. 11.
[14] Siehe Fn. 11.

ohne zeitliche Begrenzung[15] fortgeführt werden. Nach seinem Tode kann die Zustimmung noch durch die Erben erteilt werden. Die Fortführungsbefugnis entfällt, wenn jemand als Strohmann nur für kurze Zeit in die Partnerschaft aufgenommen wurde, um dieser einen werbewirksamen Namen (Adelstitel) zu geben.

Wird der **Beruf** eines namensgebenden Partners nach dessen Ausscheiden 11 nicht mehr in der Partnerschaft ausgeübt, kann auch der **Name** dieses Partners **nicht weitergeführt** werden.[16] Mit der Änderung des Gegenstands der freiberuflichen Praxis würde der bisherige Partnerschaftsname irreführend.[17]

4. Umwandlung einer GbR

Namensrechtlich geregelt ist auch der Fall, daß eine GbR in eine Partnerschaft 12 umgewandelt wird (§ 1 Rdn. 2). Gemäß Absatz 2, 2. Halbsatz i. V. m. § 24 Abs. 2 HGB darf der Sozietätsname in der Partnerschaft fortgeführt werden, auch wenn namensgebende Gesellschafter bereits vor der Umwandlung ausgeschieden sind.[18]

III. Berufsrechtliche Besonderheiten

Der Berufsrechtvorbehalt (§ 1 Abs. 3) umfaßt das Namensrecht der Partner- 13 schaft. Berufsrechtlich liegen Einschränkungen der Namenskontinuität nahe. Für die von der Satzungsversammlung (§ 191 a BRAO) im Rahmen ihrer Satzungskompetenz (§ 59 b BRAO) zu erlassende Berufsordnung werden Regelungen des Namensrechts diskutiert.[19] An eine Übernahme des § 71 der obsoleten[20] anwaltlichen Standesrichtlinien, wonach der Name eines ausgeschiedenen Rechtsanwaltes auf dem Briefbogen und den Kanzleischildern nur fünf Jahre weitergeführt werden durfte, wird dagegen nicht gedacht. Ihr Ausscheiden ist lediglich kenntlich zu machen (vgl. § 9 Abs. 1 Berufsordnung in der Fassung des Entwurfs v. 1. 7. 1996, BRAK-Mitt. 1996, Heft 3 sowie Anhang).[21] Während als **Namensgeber** für den im Partnerschaftsregister einzutragenden Namen nach § 2 **nur Gesellschafter** in Betracht kommen, dürfen Briefkopf und Kanzleischild der Rechtsanwälte auch abweichend gestaltet werden. Nach einer von den Rechtsanwaltskammern geduldeten, inzwischen zumindest gewohnheitsrechtlich verfestigten Praxis, dürfen auf dem Briefbogen oder dem Praxisschild auch Anwälte erscheinen, die keine Gesellschafter sind. Diese Praxis ist auf die Partnerschaft zu übertragen, da der Gesetzgeber ersichtlich keine berufsrechtliche Schlechterstellung der Partnerschaft gegenüber der Sozietät beabsichtigte. Die Aufnahme der angestellten oder in einem Verhältnis als freier Mitarbeiter stehenden Rechtsanwälte in den Briefkopf führt im Außenverhältnis zu ihrer Haftung nach Rechtsscheinsgrundsätzen.[22]

---

[15] Der Referentenentwurf wollte dieses Recht noch auf zehn Jahre begrenzen, vgl. ZIP 1993, 153 ff.

[16] BT-Drucks. 12/6152, S. 12; vgl. aber *Stucken* WiB 1994, 744 (747); a. A. *Michalski/Römermann*, PartGG, § 2 Rdn. 32.

[17] Vgl. BGH BB 1977, 1015 = JR 1978, 67 m. Anm. *Hommelhoff; Staub/Hüffer*, HGB, § 24 Rdn. 3.

[18] BT-Drucks. 12/6152, S. 12.

[19] Vgl. den Diskussionsvorschlag der BRAK, BRAK-Mitt. 1995, 12 ff.. Der Parallelvorschlag des DAV AnwBl. 1995, Beilage 4, verzichtete auf eine Regelung des Namensrechts, während § 8 der Berufsordnung in der Entwurfsfassung eine liberale Bestimmung vorsieht.

[20] Dazu Einl. Rdn. 16 ff.

[21] Vgl. bereits § 16 des Diskussionsvorschlags der BRAK, BRAK-Mitt. 1995, 13.

[22] Zur Haftung des Außensozius § 59a, Rdn. 35; *Henssler* NJW 1993, 2137, 2139.

§ 3 Partnerschaftsvertrag

(1) **Der Partnerschaftsvertrag bedarf der Schriftform.**
(2) **Der Partnerschaftsvertrag muß enthalten**
1. **den Namen und den Sitz der Partnerschaft;**
2. **den Namen und den Vornamen sowie den in der Partnerschaft ausgeübten Beruf und den Wohnort jedes Partners;**
3. **den Gegenstand der Partnerschaft.**

Schrifttum: *Lanz/Braun*, Partnerschaftsgesellschaftvertrag, 1995; *Stuber*, Die Partnerschaftsgesellschaft-Musterverträge, 1995.

Übersicht

	Rdn.		Rdn.
I. Partnerschaftsvertrag	1	III. Notwendige Bestandteile des Partnerschaftsvertrages (Abs. 2)	5–7
II. Form des Vertrages (Abs. 1)	2–4	1. Überblick	5
1. Schriftform	2	2. Gegenstand der Partnerschaft	6
2. Nichtigkeit	3	3. Sitz	7
3. Wechsel im Gesellschafterbestand	4		

I. Partnerschaftsvertrag

1 Der Partnerschaftsvertrag muß als Gesellschaftsvertrag die Voraussetzungen des § 705 BGB erfüllen. Erforderlich ist die vertragliche Verpflichtung von mindestens zwei Partnern, die Erreichung eines gemeinsamen Zwecks in der durch den Vertrag bestimmten Weise zu fördern, namentlich die vereinbarten Beiträge zu leisten. Die Einschränkungen des § 1 Abs. 1 sind zu beachten.

II. Form des Vertrages (Abs. 1)

1. Schriftform

2 Zur Erleichterung des Nachweises vertraglicher Abreden im Innenverhältnis unter den Partnern schreibt Abs. 1 für den Partnerschaftsvertrag die Schriftform vor.[1] Änderungen des Vertrages unterliegen dem Formzwang (vgl. bereits § 1 Rdn. 1). Nach dem Zweck der Formvorschrift gilt sie auch für die Abtretung eines Partnerschaftsanteils (§ 1 Rdn. 14).[2] Da der Vertrag bei der Anmeldung zum Partnerschaftsregister nicht vorzulegen ist, hat die Form nur Bedeutung für das Innenverhältnis zwischen den Partnern.[3] Die Berufsordnungen können gemäß § 1 Abs. 3 weitere Formerfordernisse aufstellen.

2. Nichtigkeit

3 Ein formlos abgeschlossener Partnerschaftsvertrag ist gemäß § 125 S. 1 BGB **nichtig**. Kommt es zur Eintragung der nichtigen Partnerschaft ins Partnerschaftsregister und nimmt die Partnerschaft ihre Tätigkeit auf, greifen die Grundsätze über die fehlerhafte Gesellschaft. Die Fehlerhaftigkeit kann dann nur noch durch

---

[1] BT-Drucks. 12/6152, S. 13; kritisch *Michalski* ZIP 1993, 1210 (1212).
[2] Für sie sah § 10 des Referentenentwurfs die Schriftform ausdrücklich vor, vgl. ZIP 1993, 153 ff.
[3] *Meilicke*, in: Meilicke/Graf v. Westphalen/Hoffman/Lenz, PartGG, § 3 Rdn. 9.

Auflösungsklage eines Partners und nur für die Zukunft geltend gemacht werden (§ 9 Abs. 1 i. V. m. § 133 Abs. 1 HGB).[4]

3. Wechsel im Gesellschafterbestand

Der formlos erfolgte Beitritt zu einer Partnerschaft ist wie der formlos erfolgte Austritt fehlerhaft und nicht nichtig. Die fehlerhaften Maßnahmen können durch die gesellschaftsrechtlichen Gestaltungsmöglichkeiten, Austritt und Ausschluß einerseits und Vereinbarung des Wiedereintritts andererseits, behoben werden.[5] Gleiches gilt für Anteilsübertragungen, bei denen die Schriftform nicht beachtet wurde. Sofern der Gesellschafterwechsel vollzogen ist, greifen die Grundsätze über die fehlerhafte Gesellschaft.[6]

III. Notwendige Bestandteile des Partnerschaftsvertrages (Abs. 2)

1. Überblick

Der schriftliche Vertrag muß die in Absatz 2 genannten Bestandteile enthalten. Neben dem Namen (§ 2 Rdn. 1 ff.) und dem Sitz der Partnerschaft (Rdn. 7) sind die Namen (Rufname genügt) und Wohnorte der Partner anzugeben. Die in der Partnerschaft ausgeübten Berufe und der Gegenstand der Partnerschaft (Rdn. 6) sind schriftlich festzulegen. Bedeutung erlangt die Festlegung für die **Abgrenzung** der sonstigen Tätigkeit der Partner von der Partnerschaftssphäre (vgl. § 1 Rdn. 6 ff. zum gemeinsamen Zweck der Partnerschaft). Fehlt ein notwendiger Bestandteil, so ist entweder keine hinreichende Einigung erzielt worden oder der Partnerschaftsvertrag ist formnichtig gemäß § 125 S. 1 BGB (Rdn. 3).

2. Gegenstand der Partnerschaft

Gegenstand und Zweck der Partnerschaft sind zu trennen. Während der erstgenannte lediglich die Tätigkeit der Partnerschaft festlegt, bezeichnet der Zweck das Ziel dieser Tätigkeit.[7] Durch eine **konkrete Festlegung** des Gegenstandes können sich die Partner im Innenverhältnis und in geringerem Umfang auch im Außenverhältnis dagegen schützen, daß das Betätigungsfeld der Partnerschaft durch Geschäftsführungsmaßnahmen anderer Partner auf Gebiete ausgedehnt wird, die ihren ursprünglichen Vorstellungen nicht entsprechen. Die Eintragung des Gegenstandes der Partnerschaft (vgl. § 5 Abs. 1) dient auch dem Schutz der Öffentlichkeit. Aus Gründen notwendiger Flexibilität sollte der Gegenstand nicht zu eng umrissen werden.

3. Sitz

Der im Gesellschaftsvertrag zu bezeichnende Sitz der Partnerschaft ist in Anlehnung an die h. M. im Recht der OHG[8] der Ort ihrer Geschäftsführung. An ihrem Sitz hat die Gesellschaft ihren allgemeinen Gerichtsstand gemäß § 17 Abs. 1

---

[4] Vgl. *Schmidt* ZIP 1993, 633 (640); sowie *Staub/Ulmer*, HGB, § 105 Rdn. 175.

[5] Zum Beitritt: BGHZ 63, 338 (345 f.); BGH NJW 1976, 894; BGH BB 1988, 698 = WM 1988, 414; zum Austritt: BGH NJW 1969, 1483; WM 1975, 512; vgl. zum Ganzen *Schmidt*, Gesellschaftsrecht, 2.Auflage 1991, § 6 IV 2 (S. 139 f.).

[6] BGH NJW 1988, 1324 = BB 1988, 580; ebenso schon BGHZ 84, 47 = NJW 1982, 2822; BGH LM Nr. 12 zu § 15 GmbHG = JZ 1975, 448; a. A. *Schmidt*, Gesellschaftsrecht, 2. Auflage, § 6 IV 3 (S. 141 f.).

[7] Vgl. *Hachenburg/Ulmer*, GmbHG, § 3 Rdn. 19.

[8] BGH WM 1957, 999 (1000); LM Nr. 1 zu § 106 = BB 1969, 329; KG OLGR 22, 2; 42, 214; WM 1955, 892; *Staub/Hüffer*, HGB, vor § 13 Rdn. 22; a. A. vor allem *Staub/Ulmer*, HGB, § 106 Rdn. 19 f. m. w. N.

ZPO. Er entscheidet auch über die Zuständigkeit des Registergerichts (§ 4 Abs. 1 i. V. m. § 106 Abs. 1 HGB) und damit indirekt über den Namen der Partnerschaft (§ 2 Abs. 2 i. V. m. § 30 Abs. 1 HGB; vgl. auch § 2 Rdn. 2). Eine Verlegung des Sitzes im Inland ist gemäß § 5 Abs. 2 i. V. m. § 13 h HGB beim Partnerschaftsregister anzumelden. Wird der Sitz ins Ausland verlegt, so hat dies die Auflösung der Gesellschaft zur Folge.[9]

§ 4 Anmeldung der Partnerschaft

(1) Auf die Anmeldung der Partnerschaft in das Partnerschaftsregister sind § 106 Abs. 1 und § 108 des Handelsgesetzbuchs entsprechend anzuwenden. Die Anmeldung hat die in § 3 Abs. 2 vorgeschriebenen Angaben zu enthalten. Änderungen dieser Angaben sind gleichfalls zur Eintragung in das Partnerschaftsregister anzumelden.

(2) In der Anmeldung ist die Zugehörigkeit jedes Partners zu dem Freien Beruf, den er in der Partnerschaft ausübt, anzugeben. Das Registergericht legt bei der Eintragung die Angaben der Partner zugrunde, es sei denn, ihm ist deren Unrichtigkeit bekannt.

Übersicht

	Rdn.		Rdn.
I. Regelungszweck	1	III. Zugehörigkeit jedes Partners zu den Freien Berufen (Abs. 2)	6–8
II. Anmeldung der Partnerschaft (Abs. 1)	2–5	1. Nachweis der Angaben	6
1. Zuständigkeit/Anmeldepflicht	2	2. Prüfungsrecht des Registergerichts	7
2. Zwingende Angaben	3	3. Prüfungspflicht des Registergerichts	8
3. Änderung von anmeldepflichtigen Tatsachen	4		
4. Registerpublizität	5		

I. Regelungszweck

1 Lange umstritten im Gesetzgebungsverfahren war die Einrichtung der Partnerschaftsregister. Die Länder befürchteten das Entstehen unwirtschaftlicher Kosten, die nun durch Gebühren aufgefangen werden sollen.[1] Um zusätzlichen Prüfungsaufwand für die Registergerichte zu vermeiden, wurde auf den Nachweis der Zugehörigkeit zu dem in der Partnerschaft ausgeübten Freien Beruf verzichtet.[2] Zweck der Anmeldung und Eintragung in das Register ist zum einen die Möglichkeit, eine Partnerschaft von einer freiberuflichen GbR unterscheiden zu können (§ 7 Rdn. 1). Zum anderen will der Gesetzgeber einem Informationsbedürfnis des Rechtsverkehrs entgegenkommen.[3]

---

[9] So die h. M. zum Recht der OHG; *Wiedemann*, Gesellschaftsrecht, 1980, S. 870 f.; *Staub/Hüffer*, HGB, § 13 c Rdn. 11; *Heymann/Emmerich*, HGB, § 106 Rdn. 5; a. A. *Beitzke* ZHR 127 (1964), 1 (38 ff.); wohl auch *W.-H. Roth* RabelsZ 55 (1991), 623 (648 f.).

[1] BT-Drucks. 12/6152, S. 26.

[2] Vgl. noch RegEntwurf, BT-Drucks. 12/6152, S. 4 und die Stellungnahme des Bundesrates, ebda., S. 27.

[3] BT-Drucks. 12/6152, S. 13.

II. Anmeldung der Partnerschaft (Abs. 1)

1. Zuständigkeit/Anmeldepflicht

Aus dem Verweis in § 4 Abs. 1 auf § 106 Abs. 1 HGB ergibt sich eine **Pflicht,** 2
die Partnerschaft beim Registergericht an ihrem Sitz **zur Eintragung anzumelden.** Das PartGG sieht die Einrichtung und Führung des sog. Partnerschaftsregisters bei den Amtsgerichten vor. Die näheren Regelungen zur Einrichtung und Führung des Registers sind – entsprechend der Handelsregisterverfügung (HRV) – in der Partnerschaftsregisterverordnung (PRV) vom 19. 6. 1995[4] getroffen worden. Die Länder haben die gerichtliche Zuständigkeit in Landesverordnungen geregelt. Dabei haben sie die Partnerschaftsregister zum Teil bei wenigen Amtsgerichten konzentriert. Für alle AG-Bezirke in Nordrhein-Westfalen wurde die Führung des Partnerschaftsregisters beispielsweise dem AG Essen übertragen.[5] Die Anmeldungen haben gemäß § 5 Abs. 2 i. V. m. § 12 HGB in öffentlich beglaubigter Form zu erfolgen. Die Pflicht trifft gemäß § 4 Abs. 1 S. 1 i. V. m. § 108 Abs. 1 HGB grundsätzlich sämtliche Gesellschafter gemeinsam. Da die Eintragung nicht höchstpersönlich bewirkt werden muß, können andere Partner oder Dritte hierzu bevollmächtigt werden.[6] Die Vollmacht bedarf ebenfalls der öffentlich beglaubigten Form (§ 5 Abs. 2 i. V. m. § 12 Abs. 2 S. 1 HGB). Nach § 4 Abs. 1 S. 1 i. V. m. § 108 Abs. 2 HGB sind der Name der Partnerschaft und die Namensunterschrift von den vertretungsberechtigten Partnern zur Aufbewahrung bei dem Registergericht zu zeichnen.[7] Im Gegensatz zur Anmeldung muß diese Zeichnung persönlich erfolgen.[8]

2. Zwingende Angaben

Die Anmeldung hat die gemäß § 3 Abs. 2 zwingenden Angaben des Partner- 3
schaftsvertrages zu enthalten, ohne daß dieser bei der Anmeldung vorgelegt werden muß. Wegen der von § 123 HGB abweichenden Regelung des § 7 Abs. 1 muß die Anmeldung nicht den Geschäftsbeginn wiedergeben (anders § 106 Abs. 2 HGB) (§ 7 Rdn. 1). Die Pflicht zur Angabe der Berufe der Partner und des Gegenstandes der Gesellschaft **ermöglicht die Überprüfung,** ob die Gesellschafter berechtigt sind, die Rechtsform der Partnerschaft in Anspruch zu nehmen. Eine Kontrolle der Richtigkeit der Angaben durch das Registergericht findet jedoch nicht statt (§ 4 Abs. 2 S. 2). Eine weitere Anmeldungspflicht ergibt sich für eine von der gesetzlichen Regelung abweichende Verteilung der organschaftlichen Vertretungsmacht aus § 7 Abs. 3 i. V. m. § 125 Abs. 4 HGB.

3. Änderung von anmeldepflichtigen Tatsachen

Nach § 4 Abs. 1 S. 3 müssen die vertretungsberechtigten Partner auch Ände- 4
rungen der anmeldungspflichtigen Tatsachen zur Eintragung in das Partnerschaftsregister anmelden. Dies betrifft vor allem den Eintritt eines neuen Partners oder

---

[4] BGBl. I 1995, S. 808 ff.
[5] Verordnung über die Führung des Partnerschaftsregisters vom 20. 6. 1995, GV. NW 1995, 576.
[6] *Staub/Ulmer,* HGB, § 108 Rdn. 12.
[7] In der Gesetzesbegründung wird diese Regelung als nicht mehr zeitgemäß bezeichnet, BT-Drucks. 12/6152, S. 13.
[8] *Staub/Ulmer,* HGB, § 108 Rdn. 18.

die Sondernachfolge in einen Partnerschaftsanteil. Letztere soll gemäß § 5 Abs. 2 i. V. m. § 12 Abs. 2 S. 2 HGB tunlichst durch eine öffentliche Urkunde nachgewiesen werden. Spezielle Anmeldungspflichten ergeben sich bei Erlöschen des Namens der Partnerschaft (§ 2 Abs. 2 i. V. m. § 31 Abs. 2 HGB), bei Änderung der organschaftlichen Vertretungsmacht (§ 7 Abs. 3 i. V. m. § 125 Abs. 4 HGB), Ausscheiden eines Partners (§ 9 Abs. 1 i. V. m. § 143 HGB) und bei Auflösung der Partnerschaft (§ 9 Abs. 1 i. V. m. § 143 Abs. 1 HGB). Ebenso muß die Verlegung des Sitzes der Partnerschaft angemeldet werden (§ 5 Abs. 2 i. V. m. § 13 h Abs. 1 HGB).

4. Registerpublizität

5   Die Anmeldungspflicht führt zur Anwendbarkeit der Registerpublizität gem. § 15 Abs. 1 HGB. Vertragliche Regelungen der Vertretungsmacht im Rahmen des § 7 Abs. 3 können dem Rechtsverkehr erst **nach Eintragung** entgegengehalten werden. Ebenso verhält es sich mit dem Ausscheiden eines Partners. **Unterbleibt die Eintragung,** so haftet dieser weiter nach § 8 Abs. 1 i. V. m. §§ 159 Abs. 2, 160 Abs. 1 S. 2 HGB. Dem Angehörigen des Freien Berufes wird damit im Interesse des Schutzes des Rechtsverkehrs eine kaufmannsähnliche Sorgfaltspflicht auferlegt, eine Änderung gegenüber den herkömmlichen Zusammenschlüssen in der GbR, die zu erheblichen Nachteilen führen kann.

III. Zugehörigkeit jedes Partners zu den Freien Berufen (Abs. 2)

1. Nachweis der Angaben

6   Bei der Anmeldung ist die Zugehörigkeit jedes Partners zu einem Freien Beruf anzugeben. Anders als noch im Regierungsentwurf ist nicht mehr der volle Nachweis der Freiberuflichkeit erforderlich. Vielmehr reicht die „schlichte Erklärung" aus.[9]

2. Prüfungsrecht des Registergerichts

7   § 4 Abs. 2 S. 2 nimmt dem Registergericht nicht jede Prüfungsmöglichkeit.[10] Es heißt dort nur, daß das Gericht die Angaben der Partner zugrundelegt. Ein Verbot der Überprüfung trotz erheblicher Zweifel an der Zugehörigkeit zu einem Freien Beruf kann daraus nicht abgeleitet werden. Verzichtet man auf ein Prüfungsrecht, so nimmt man § 4 Abs. 2 entgegen seiner systematischen Stellung jede eigenständige Bedeutung gegenüber Absatz 1 Satz 2. Von seinem Regelungszweck ist § 4 Abs. 2 S. 2 als **Einschränkung des Amtsermittlungsgrundsatzes** aus § 12 FGG zu verstehen. Nur eine Erleichterung der Aufgaben,[11] nicht eine Einschränkung der Befugnisse lag im Sinn von Bundesrat und Rechtsausschuß des Bundestages, auf deren Initiative die Änderung gegenüber dem Regierungsentwurf zurückgeht. Dementsprechend heißt es in der Begründung der Beschlußempfehlung des Rechtsausschusses: „Der Stellungnahme des Bundesrates entsprechend **kann** (Anm. des Verf.: nicht „muß") das Registergericht bei der Eintragung regelmäßig die Angaben . . . als zutreffend zugrunde legen".[12]

---

[9] So ausdrücklich BT-Drucks. 12/7642, S. 12.
[10] So hätte es der Bundesrat gerne gesehen, BT-Drucks. 12/6152, S. 27; so auch wohl *Bösert* ZAP 1994, 772; *Burret* WPK-Mitt 1994, 201 (205).
[11] BT-Drucks. 12/7642, S. 12.
[12] BT-Drucks. 12/7642, S. 12.

3. Prüfungspflicht des Registergerichts

Das Registergericht prüft danach zunächst, ob der angegebene Beruf zur Kategorie der Freien Berufe gem § 1 Abs. 2 zählt. Insoweit besteht eine Prüfungspflicht. Darüber hinaus prüft das Gericht die **Plausibilität** und **Schlüssigkeit** der Angaben des anmeldenden Partners über seine Zugehörigkeit zu diesem Freien Beruf. In der Praxis relevant wird dies nur, wenn sich der Partner nicht mit einer schlichten Erklärung begnügt. Insofern besteht kein Unterschied zur Prüfungspflicht des Rechtspflegers beim Handelsregister.[13] Das Gericht muß jedoch nicht, wie sonst im Registerverfahren,[14] bei bloßen Zweifeln weitere Ermittlungen anstellen. **Nur bei positiver Kenntnis** der Unrichtigkeit muß das Gericht die Eintragung ablehnen. Wird ihm die Unrichtigkeit erst später, etwa durch entsprechende Mitteilungen gemäß §§ 160 b, 125 a FGG bekannt, so ist eine Berichtigung gemäß §§ 160 b, 142 FGG vorzunehmen. Das Registergericht prüft die Einhaltung der einzelnen Berufsrechte nicht nach. Das obliegt den berufsständischen Organisationen.[15] Die zusätzlich durch §§ 3 und 4 PRV aufgestellten Anmeldeerfordernisse, wie die Pflicht zur Vorlage von Nachweisen über erfolgte Berufszulassungen oder von Negativerklärung, daß die Vorschriften über das Berufsrecht einer Eintragung nicht entgegenstehen, sind vom Wortlaut des § 4 Abs. 2 PartGG noch gedeckt.[16]

8

§ 5 Inhalt der Eintragung; anzuwendende Vorschriften

(1) **Die Eintragung hat die in § 3 Abs. 2 genannten Angaben zu enthalten.**

(2) **Auf das Partnerschaftsregister und die registerrechtliche Behandlung von Zweigniederlassungen sind die §§ 8 bis 12, 13, 13 c, 13 d, 13 h, 14 bis 16 des Handelsgesetzbuchs über das Handelsregister entsprechend anzuwenden.**

Schrifttum: *Franz,* Verordnung über die Einrichtung und Führung des Partnerschaftsregisters (Partnerschaftsregisterverordnung – PRV), ZAP 1995, 187; *Hornung,* Partnerschaftsgesellschaft für Freiberufler (Teil 1) Rpfleger 1995, 481; (Teil 2) Rpfleger 1996, 1 ff.; *Schaub,* Das neue Partnerschaftsregister, NJW 1996, 625 ff.

Übersicht

	Rdn.		Rdn.
I. Die Eintragung ins Partnerschaftsregister	1	1. Überblick	2
II. Verweisung auf Vorschriften des HGB	2–7	2. Registergerichtliche Prüfung .	3
		3. Zweigniederlassung..............	4
		4. Registerpublizität................	7

---

[13] *Staub/Hüffer,* HGB, § 8 Rdn. 56.
[14] *Staub/Hüffer,* HGB, § 8 Rdn. 56.
[15] *Seibert,* S. 45; *Lenz,* in: Meilicke/Graf v. Westphalen/Hoffmann/ Lenz, PartGG, § 4 Rdn. 31.
[16] A. A. *Feddersen/Meyer-Landrut,* PartGG, § 4 Rdn. 10 ff.

I. Die Eintragung in das Partnerschaftsregister

1 In das Partnerschaftsregister einzutragen sind alle anmeldungspflichtigen Tatsachen. Hierzu zählt nicht nur der zwingende Inhalt des Partnerschaftsvertrages. Über den Wortlaut des Absatz 1 hinaus sind auch alle nach anderen gesetzlichen Vorschriften anmeldungspflichtigen Tatsachen (§ 4 Rdn. 3 f.) einzutragen.

II. Verweisung auf Vorschriften des HGB

1. Überblick

2 Da das Partnerschaftsregister ähnliche Funktionen übernimmt wie das Handelsregister, hat der Gesetzgeber es für zweckmäßig erachtet, weitgehend auf das HGB zu verweisen. Es gelten die Vorschriften über das beschleunigte Verfahren, die Bekanntmachung und die Einsichtsrechte (§ 8–11 HGB). Die Form der Anmeldung richtet sich nach § 12 HGB (§ 4 Rdn. 2). Verlegt die Partnerschaft ihren Sitz im Inland, so ist § 13 h HGB für die Eintragung maßgeblich. Weiterhin wird verwiesen auf die Möglichkeit zur Festsetzung von Zwangsgeld (§ 14 HGB) sowie die gerichtliche Ersetzung der Mitwirkung bei der Anmeldung (§ 16 HGB). Von besonderer Bedeutung ist die Anwendbarkeit der Vorschriften über Zweigniederlassungen (§ 13 ff. HGB) und die Registerpublizität (§ 15 HGB).

2. Registergerichtliche Prüfung

3 Aus der allgemeinen Bindung des Richters an Recht und Gesetz (Art. 20 Abs. 2 GG)[1] ergibt sich die Pflicht und damit auch das Recht des Registergerichts, die Anmeldung in formeller und materieller Hinsicht zu prüfen. In materieller Hinsicht bedeutet dies eine **Schlüssigkeitskontrolle**. Außerdem muß das Gericht bei Zweifeln an der Richtigkeit der in der Anmeldung vorgetragenen Tatsachen von Amts wegen den Sachverhalt aufklären. Einschränkungen bestehen gemäß § 4 Abs. 2 hinsichtlich der Zugehörigkeit zu einem Freien Beruf (§ 4 Rdn. 7). Dem Gericht obliegt es nicht, von Amts wegen die Einhaltung der berufsrechtlichen Beschränkungen zu prüfen.[2] Es kann jedoch die berufsständischen Organe im Eintragungsverfahren einschalten (§§ 160 b Abs. 1 S. 3, 126 FGG).

3. Zweigniederlassungen

4 Die Verweisung auf die §§ 13, 13 c, 13 d HGB bezieht sich auf die durch die 11. gesellschaftsrechtliche Richtlinie der EU erforderlich gewordenen neuen Vorschriften über das Zweigniederlassungsrecht.[3] Damit wird zum Ausdruck gebracht, daß es Partnerschaften grundsätzlich erlaubt ist, Zweigniederlassungen zu errichten. Dies gilt jedoch nur unter dem Vorbehalt des Berufsrechts (§ 1 Abs. 3). Für Einzel-Rechtsanwälte ist es gemäß § 28 Abs. 1 BRAO verboten,

---

[1] *Staub/Hüffer*, HGB, § 8 Rdn. 54; andere greifen auf den Amtsermittlungsgrundsatz aus § 12 FGG zurück, vgl. *K. Schmidt*, Handelsrecht, 4. Aufl. 1994, § 13 III 1 a (S. 390).

[2] BT-Drucks. 12/6152, S. 8; a. A. *Michalski/Römermann*, PartGG, § 4 Rdn. 27, die lediglich die Prüfung der Vereinbarkeit mit berufsständischen Satzungen ausschließen wollen.

[3] BGBl. 1993 I, S. 1282; dazu *Seibert*, GmbHR 1992, 739 ff.; *ders.* DB 1993, 1705 ff.

Zweigstellen in Deutschland zu unterhalten. Sozietäten und Partnerschaften sind insofern besser gestellt, als sie nach § 59 a Abs. 2 BRAO n. F. mehrere Kanzleien errichten dürfen, wenn an jedem Kanzleiort ein Gesellschafter verantwortlich tätig ist. Gleiches gilt für **Wirtschaftsprüfer** nach § 47 WPO n. F. Grenzüberschreitende Zweigniederlassungen in anderen EU-Staaten sind sogar ohne diese Einschränkung zulässig (§ 59 a Abs. 2 S. 2, § 29 a BRAO). Im übrigen müssen Beschränkungen hier an Art. 52, 58 EG-Vertrag gemessen werden. Das PartGG fordert bei mehreren Niederlassungen lediglich, daß festgelegt wird, welche der mehreren Kanzleien die Hauptniederlassung, also der Sitz der Partnerschaft i. S. d. § 3 Abs. 2 Nr. 1 (§ 3 Rdn. 7) ist.[4]

Für die **registerrechtliche Behandlung** von Zweigniederlassungen der Partnerschaft gelten die §§ 13, 13 c HGB n. F. entsprechend. Es muß also nur eine Anmeldung beim Gericht der Hauptniederlassung erfolgen. Dem Antrag sind aber so viele Ausfertigungen der Anmeldeunterlagen beizufügen, wie Zweigstellen bestehen (§ 13 c Abs. 1 HGB). Die Unterlagen werden vom Registergericht der Hauptniederlassung an dasjenige der Zweigniederlassung weitergeleitet, das die Eintragung ohne eigene Nachprüfung übernimmt (§ 13 c Abs. 3 HGB).

Zweigniederlassungen ausländischer „partnerschaftsähnlicher"[5] Zusammenschlußformen sind gemäß § 5 Abs. 2 i. V. m. § 13 d HGB ebenfalls in das Partnerschaftsregister einzutragen. Als partnerschaftsähnlich wird man ausländische (dazu oben Einl. Rdn. 12 ff.) Zusammenschlüsse von Freiberuflern i. S.d § 1 Abs. 2 ansehen können, die einen ähnlichen Organisationsgrad wie die Partnerschaft aufweisen.[6] In Betracht kommen also Zweigniederlassungen einer französischen société civile professionnelle, einer englischen partnership oder eines spanischen despacho colectivo.[7] Neben diesen Fragen hat das Registergericht bei der Anmeldung auch zu prüfen, ob die ausländische Gesellschaft nach deutschem Internationalem Gesellschaftsrecht anerkannt wird.[8]

4. Registerpublizität

Das Partnerschaftsregister soll wie das Handelsregister den öffentlichen Glauben schützen (§ 5 Abs. 2 i. V. m. § 15 HGB). Für anmeldungspflichtige Tatsachen gilt die negative Publizität des Registers (§ 15 Abs. 1 HGB): Weder die Partnerschaft noch die Partner können sich gegenüber gutgläubigen Dritten auf anmeldungspflichtige Tatsachen berufen, bevor sie eingetragen sind. Nach § 15 Abs. 2 HGB wird der allgemeine Rechtsschein des Fortbestehens einer Rechtslage durch Eintragung und Bekanntmachung zerstört. Darüber hinaus kommt dem Partnerschaftsregister in dem beschränkten Umfang des § 15 Abs. 3 auch positive Publizität zu.[9]

---

[4] BT-Drucks. 12/6152, S. 14.
[5] So die Formulierung der Begründung des RegEntwurfs, BT-Drucks. 12/6152, S. 14.
[6] Zur Substitution vgl. allg. *Staudinger-Großfeld*, BGB, IntGesR Rdn. 312 ff.
[7] Zu diesen und weiteren Berufsausübungsgesellschaften *Nerlich*, Internationale Kooperationsmöglichkeiten für europäische Rechtsanwälte, Köln 1994, S. 127 ff.
[8] BayObLGZ 1985, 272 (278); zur registerrechtlichen Behandlung *Staudinger-Großfeld*, BGB, IntGesR Rdn. 926 ff.; *Staub/Hüffer*, HGB, § 13 b (a. F.) Rdn. 17 ff.
[9] Zu Einzelheiten s. *Staub/Hüffer*, HGB, § 15, Rdn. 40 ff; *Lenz*, in: Meilicke/Graf v Westphalen/Hoffmann/Lenz, PartGG, § 5 Rdn 62.

§ 6 Rechtsverhältnis der Partner untereinander

(1) **Die Partner erbringen ihre beruflichen Leistungen unter Beachtung des für sie geltenden Berufsrechts.**

(2) **Einzelne Partner können im Partnerschaftsvertrag nur von der Führung der sonstigen Geschäfte ausgeschlossen werden.**

(3) **Im übrigen richtet sich das Rechtsverhältnis der Partner untereinander nach dem Partnerschaftsvertrag. Soweit der Partnerschaftsvertrag keine Bestimmungen enthält, sind die §§ 110 bis 116 Abs. 2, §§ 117 bis 119 des Handelsgesetzbuchs entsprechend anzuwenden.**

Übersicht

	Rdn.		Rdn.
I. Partnerschaftsvertrag und Vorrang des Berufsrechts	1–2	4. Entzug der Geschäftsführungsbefugnis	6
II. Die Geschäftsführung der Partnerschaft	3–8	5. Niederlegung der Geschäftsführungspflicht	9
1. Gesetzliche Regelung	3	III. Die subsidiäre Geltung der §§ 110 bis 116 Abs. 1, §§ 117 bis 119 HGB	10
2. Vertragliche Regelung	4		
3. Ausschluß	5		

I. Partnerschaftsvertrag und Vorrang des Berufsrechts

1 Das Innenverhältnis der Partner bestimmt sich weitgehend nach dem Partnerschaftsvertrag. Soweit der Partnerschaftsvertrag keine Regelungen vorsieht, wird subsidiär auf solche Bestimmungen der OHG verwiesen (Absatz 3), die nicht im Widerspruch zum spezifischen Charakter der Partnerschaft stehen. Nach Abs. 1 gilt der Vorrang des Berufsrechts. Der Zusammenschluß in einer Partnerschaft entbindet die einzelnen Partner nicht davon, bei der Berufsausübung ihr jeweiliges Berufsrecht zu beachten.[1]

2 Insbesondere ist hier auf die Wahrung der **Unabhängigkeit** in der Berufsausübung, die Pflicht zur Vermeidung von **Interessenkollisionen** und die **Verschwiegenheitspflicht** hinzuweisen, wie sie insbesondere bei Rechtsanwälten (§ 43 a Abs. 1, Abs. 2 u. Abs. 4, § 45 BRAO n. F.),[2] Wirtschaftsprüfern (§ 43 Abs. 1 WPO) und Steuerberatern (§ 57 Abs. 1 StBerG) berufsrechtlich verankert sind. Unabhängigkeit wird bereits durch § 6 Abs. 2 gewährleistet, wonach es nicht gestattet ist, die Geschäftsführung eines Partners hinsichtlich seiner Berufsausübung zu beschränken. Auch Weisungen der anderen Partner sind diesbezüglich nicht erlaubt. Die Pflicht zur Vermeidung von Interessenkollisionen gebietet es, Mandate abzulehnen, bei denen lediglich für einen der Partner aus einem früheren Tätigwerden oder einer Nebentätigkeit eine Interessenkollision besteht. Dies ist vor jeder Annahme eines Mandates sorgfältig zu prüfen. Die Pflicht zur Verschwiegenheit gilt auch unter den Partnern selbst, soweit nicht der Auftraggeber wenigstens stillschweigend eine Entbindung von der Schweigepflicht erteilt hat. Dies ist bei Beauftragung einer Partnerschaft – innerhalb der berufsrechtlichen Schranken – i. d. R. anzunehmen. Liegt keine Entbindung vor, so muß auch das gesellschaftsrechtliche Auskunftsrecht aus § 6 Abs. 3 S. 2 i. V. m. § 118

---

[1] So schon BGHZ 70, 158 (167); OLG München NJW 1993, 800 (801).
[2] Dazu auch die Kommentierung zu §§ 43 a und 45 BRAO n. F.

HGB und aus § 1 Abs. 4 i. V. m. §§ 713, 666 BGB zurückstehen. Dies folgt aus dem Berufsrechtsvorbehalt der § 1 Abs. 3, § 6 Abs. 1.

II. Die Geschäftsführung der Partnerschaft

1. Gesetzliche Regelung

Nach der gesetzlichen Regelung sind alle Partner jeweils allein zur Geschäftsführung berechtigt und verpflichtet (Absatz 3 i. V. m. § 114 Abs. 1, § 115 Abs. 1 HGB). Die anderen Partner haben ein **Widerspruchsrecht** nach Abs. 3 i. V. m. § 115 Abs. 1 HGB. Die Geschäftsführung umfaßt alle Handlungen, welche die freiberufliche Tätigkeit der Partnerschaft gewöhnlich mit sich bringt (Abs. 3 i. V. m. § 116 Abs. 1 HGB). Für außergewöhnliche Geschäfte gilt kraft Gesetzes Gesamtgeschäftsführung (Absatz 3 i. V. m. § 116 Abs. 2 HGB). § 116 Abs. 3 HGB ist nicht für anwendbar erklärt worden, da eine Partnerschaft nicht die Möglichkeit haben soll, Prokuristen zu bestellen. 3

2. Vertragliche Regelung einer Gesamtgeschäftsführungsbefugnis

Ebenso wie in der OHG kann die Geschäftsführung grundsätzlich vertraglich abweichend vom gesetzlichen Modell der Einzelgeschäftsführungsbefugnis geregelt werden. Zulässig ist es, mehreren oder allen Partnern nur gemeinsam die Geschäftsführung zu übertragen (Absatz 3 i. V. m. § 115 Abs. 2 HGB). Das gilt für Geschäfte im Bereich der Berufsausübung, wie auch für „sonstige Geschäfte". Unter „sonstige Geschäfte" fallen die Organisation der gemeinschaftlichen Praxis oder Kanzlei, wie z. B. der Abschluß von Miet- und Arbeitsverträgen oder der Erwerb von Grundbesitz. Die Unabhängigkeit der Freien Berufe bzw. ihre Selbständigkeit und Eigenverantwortung zwingt auch im Bereich der Berufsausübung nicht zur Einzelgeschäftsführung.[3] **Es gilt:** Die Unabhängigkeit des einzelnen Partners findet ihre Grenze in der Unabhängigkeit der Mitgesellschafter. Die Übernahme risikoträchtiger Mandate darf intern an die Zustimmung der Partner geknüpft werden.[4] Ein Vertragsentwurf oder ein an das Gericht gerichteter Schriftsatz darf – entsprechend dem 4-Augen-Prinzip – an die Gegenzeichnung eines anderen Partners gebunden werden. Die Unabhängigkeit des einzelnen darf nicht zur Folge haben, daß die zur gemeinsamen Berufsausübung verbundenen Partner ohne Rücksprache in nicht überschaubare Haftungsrisiken gezwungen werden können. 4

3. Ausschluß von der Geschäftsführungsbefugnis

Partnerschaftsspezifische Beschränkungen der vertraglichen Gestaltungsfreiheit statuiert Absatz 2. Danach können einzelne Partner nicht von der Geschäftsführung ausgeschlossen werden, soweit sie ihre Berufsausübung betrifft. Durch den Ausschluß entfiele eine Voraussetzung für die Partnereigenschaft: die aktive Ausübung des Berufes in der Partnerschaft (§ 1 Abs. 1). Außerdem würde nach Auffassung des Gesetzgebers die Unabhängigkeit der Berufsausübung, wie sie in fast allen freiberuflichen Berufsrechten (§ 43 a Abs. 1 BRAO, § 43 Abs. 1 WPO, § 57 Abs. 1 StBerG) gefordert wird,[5] in unzulässiger Weise beschränkt. Ein Ausschluß ist deshalb nur für die „sonstigen" gewöhnlichen Geschäfte zulässig.[6] 5

---

[3] Vgl. *Henssler* DB 1995, 1549 (1553); a. A. *Michalski/Römermann*, PartGG, § 6 Rdn. 16.
[4] *Meilicke,* in: Meilicke/ Graf v. Westphalen/Hoffmann/Lenz, PartGG, § 6 Rdn. 46.
[5] Zur anwaltlichen Unabhängigkeit s. o. die Kommentierung zu § 43 a Abs. 1 BRAO.
[6] Kritisch dazu *Henssler* DB 1995, 1549 (1553).

4. Entzug der Geschäftsführungsbefugnis

6 Entzogen werden kann die Geschäftsführungsbefugnis einem Partner nur durch **gerichtliche Entscheidung** (Abs. 3 i. V. m. § 117 HGB). Dies ist unproblematisch, soweit es um die Führung der sonstigen Geschäfte der Partnerschaft geht. Aber auch im Hinblick auf seine Berufsausübung ist es trotz Absatz 2 möglich, einem Partner die Geschäftsführung wenigstens vorübergehend zu entziehen.[7] Anstelle eines dauerhaften Entzugs der gesamten Geschäftsführungsbefugnis kommt dagegen nur der Ausschluß aus der Partnerschaft gemäß § 9 Abs. 1 in Betracht. Aus Absatz 2 folgt, daß nur einzelnen Partnern, nicht aber allen gleichzeitig, die Führung der „sonstigen" Geschäfte entzogen werden kann. Das entspricht dem Grundsatz der Selbstorganschaft. Die Führung der „sonstigen Geschäfte" darf nicht ausschließlich einem Dritten überlassen werden.[8]

7 Nach Abs. 3 i. V. m. § 117 HGB ist für den Entzug ein **wichtiger Grund** erforderlich. Für einen Ausschluß von der Führung der sonstigen Geschäfte ist dieser gegeben, wenn die Partnerschaft für private Geschäfte mißbraucht wird. Ein vorübergehender Entzug der berufsbezogenen Geschäftsführung kommt – beschränkt auf bestimmte Sachgebiete – wegen unzureichender fachlicher Fortbildung in Betracht.[9]

8 Im Gesellschaftsvertrag kann die Entziehung der Geschäftsführung unter Berücksichtigung von Absatz 2 abweichend geregelt werden. Insbesondere kann das gerichtliche Verfahren abbedungen werden und durch einen Gesellschafterbeschluß ersetzt werden.

5. Niederlegung der Geschäftsführungspflicht

9 Parallel zur Entziehung kann jeder Partner seine Geschäftsführungspflicht niederlegen, wenn er einen wichtigen Grund hat (§ 1 Abs. 4 i. V. m. § 712 Abs. 2 BGB). Dies gilt nur für die „sonstigen" Geschäfte. Ansonsten bleibt ihm die Möglichkeit des Ausscheidens aus der Partnerschaft.

III. Die subsidiäre Geltung der §§ 110 bis 116 Abs. 1, §§ 117 bis 119 HGB

10 Soweit die Partner keine eigene Regelung treffen, gelten für das übrige Innenverhältnis die Vorschriften des HGB weitgehend entsprechend. Ersatzansprüche der Partner wegen Aufwendungen und Verlusten (§ 110 HGB) und die Verzinsungspflicht der Partner bei verspäteter Beitragszahlung, verspäteter Ablieferung oder unbefugter Entnahme von Geldern der Partnerschaft (§ 111 HGB) finden so eine gesetzliche Rechtsgrundlage. Nach Absatz 3 i. V. m. §§ 112, 113 HGB ist es den Partnern untersagt, ohne Einwilligung der anderen Partner über eine gleichartige Berufstätigkeit in Konkurrenz zur Partnerschaft zu treten. Das Einsichts- und Kontrollrecht nach § 118 HGB beschränkt sich auf die wirtschaftlichen Verhältnisse der Partnerschaft.[10] Geheimhaltungspflichten, wie etwa die ärztliche Schweigepflicht, werden dadurch nicht berührt. Für die Gewinnverteilung wird nicht auf die §§ 120 ff. HGB verwiesen, da dort eine Bilanz der Gesellschaft vorausgesetzt wird.[11] Ergänzend zum Partnerschaftsvertrag muß über § 1

---

[7] So aber BT-Drucks. 12/6152, S. 15.
[8] BT-Drucks. 12/6152, S. 15; *Burret* WPK-Mitt. 4/1994, 201 (205).
[9] Dazu BGH JZ 1952, 276 f.
[10] BT-Drucks. 12/6152, S. 15; a. A. *Michalski/Römermann*, PartGG, § 6 Rdn. 34.
[11] BT-Drucks. 12/6152, S. 15.

Abs. 4 auf die Regelung des § 721 Abs. 2 BGB zurückgegriffen werden. Rechnungsabschluß und Gewinnverteilung haben danach i. d. R. am Ende jedes Geschäftsjahres zu erfolgen (§ 721 Abs. 2 BGB). Nach § 722 Abs. 1 BGB i. V. m. § 1 Abs. 4 gilt mangels abweichender Regelung, daß alle Partner einen gleich hohen Anteil an Gewinn und Verlust der Partnerschaft haben.

§ 7 Wirksamkeit im Verhältnis zu Dritten; rechtliche Selbständigkeit; Vertretung

(1) Die Partnerschaft wird im Verhältnis zu Dritten mit ihrer Eintragung in das Partnerschaftsregister wirksam.

(2) § 124 des Handelsgesetzbuchs ist entsprechend anzuwenden.

(3) Auf die Vertretung der Partnerschaft sind die Vorschriften des § 125 Abs. 1, 2 und 4 sowie der §§ 126 und 127 des Handelsgesetzbuchs entsprechend anzuwenden.

Schrifttum: *K. Schmidt,* Partnerschaftsgesetzgebung zwischen Berufsrecht, Schuldrecht und Gesellschaftsrecht; *Wertenbruch,* Partnerschaftsgesellschaft und Umwandlungsrecht, ZIP 1995, 712.

Übersicht

	Rdn.		Rdn.
I. Wirkung der Eintragung	1–3	II. Rechtsnatur der Partnerschaft	4
1. Konstitutivwirkung	1	III. Vertretung der Partnerschaft	5
2. Gründungsgesellschaft	2	IV. Umwandlung	6
3. Fehlerhafte Eintragung	3		

I. Wirkung der Eintragung

1. Konstitutivwirkung

Die Eintragung der Partnerschaft in das Partnerschaftsregister hat nach Absatz 1 **1** in Anlehnung an § 123 Abs. 1 HGB **konstitutive Wirkung.** Beginnen die Partner ihre Geschäfte **vor** Eintragung der Partnerschaft, tritt in Abweichung von § 123 Abs. 2 HGB die Wirksamkeit der Partnerschaft nicht mit dem Zeitpunkt des Geschäftsbeginns ein. Der Verzicht auf eine § 123 Abs. 2 HGB entsprechende Regelung war notwendig, da ansonsten die Zusammenschlüsse von Angehörigen freier Berufe in der Rechtsform der GbR automatisch dem PartGG unterfallen würden. Anders als im kaufmännischen Bereich fehlt es bei der Partnerschaft an einem inhaltlichen Abgrenzungskriterium zur GbR.

2. Gründungsgesellschaft

Beginnt die Partnerschaft ihre Geschäfte vor Eintragung, finden die Vorschrif- **2** ten der GbR Anwendung.[1] Dementsprechend kann die Vertretungsmacht der Gesellschafter beschränkt sein,[2] sofern sie sich nicht aus den Grundsätzen der

---

[1] *K.Schmidt* NJW 1995, 1 (4), a. A. *Michalski/Römermann* § 7 Rdn. 5.
[2] Vgl. zur Haftungsbegrenzung bei der GbR durch Vollmachtsbeschränkung *Brandes* WM 1994, 569 (571); *Soergel-Hadding,* BGB, § 714 Rdn. 30 ff; *Heckelmann,* FS *Quack,* S. 243 (249); *Henssler* NJW 1993, 2137 (2138); MünchKomm-*Ulmer,* BGB, § 714 Rdn. 32 ff.;

Rechtsscheinvollmacht herleiten läßt.³ Eine Haftung der Gesellschafter für deliktisch begründete Verbindlichkeiten scheidet nach der Rechtsprechung im Gründungsstadium wegen fehlender Anwendbarkeit des § 31 BGB auf die GbR aus.⁴

3. Fehlerhafte Eintragung

3 Die Eintragung der Partnerschaft steht ihrer automatischen Umwandlung in eine GbR nicht entgegen. Die fehlende Ausübung einer freiberuflichen Tätigkeit kann auch außerhalb des Registerverfahrens geltend gemacht werden. Stellt sich **nach Eintragung** der Partnerschaft heraus, daß die Voraussetzungen einer Partnerschaft mangels Ausübung freiberuflicher Tätigkeit nicht oder nicht mehr vorliegen, so verbietet sich ein Rückgriff auf § 5 HGB im Wege der Analogie.⁵ Die Eintragung steht im Geschäftsverkehr nicht dem Einwand entgegen, es werde überhaupt keine freiberufliche Tätigkeit betrieben.⁶ Eine derartige Partnerschaft unterliegt nicht dem Registerzwang und ist daher entsprechend § 142 FGG von Amts wegen zu löschen.⁷ Der Konflikt zwischen Rechtssicherheit und Beschränkung der Partnerschaft auf freiberufliche Tätigkeit wurde vom Gesetzgeber bewußt zu Lasten der Rechtssicherheit aufgelöst. Praktische Konsequenz ist, daß einer auf § 8 Abs. 2 gestützten Haftungsbeschränkungsklausel der Boden entzogen ist, sofern sie dem AGBG nicht genügt.

II. Rechtsnatur der Partnerschaft

4 Die Verweisung in Absatz 2 auf § 124 HGB stellt klar, daß die Partnerschaft als **selbständiges Rechtssubjekt** und Träger des Partnerschaftsvermögens anzusehen ist. Die Partnerschaft ist als Gesamthandsgemeinschaft rechts-, grundbuch- und parteifähig. Entsprechend § 124 Abs. 2 HGB kann in das Partnerschaftsvermögen vollstreckt werden. Erforderlich, aber auch ausreichend ist ein gegen die Partnerschaft gerichteter Titel. Eine Partnerschaft kann als solche Mitglied einer Gesellschaft in Form einer GbR, EWiV oder einer juristischen Person sein. Da die Partnerschaft keine juristische Person ist, unterliegt sie nicht der Körperschaftssteuer.

III. Vertretung der Partnerschaft

5 Absatz 3 erklärt weitgehend das Vertretungsrecht der OHG für entsprechend anwendbar. Allein die §§ 125 Abs. 3 und 125 a HGB sind aufgrund von Besonderheiten der Partnerschaft von der Verweisung ausgeschlossen. Die Partner haben demzufolge gem. § 125 Abs. 1 HGB **grundsätzlich Einzelvertretungsmacht.** Sie erstreckt sich gem. § 126 Abs. 1 HGB auf alle gerichtlichen und außergerichtlichen Geschäfte und Rechtshandlungen und kann gem. § 126 Abs. 2 HGB nicht gegenständlich beschränkt werden. Entsprechend § 125 Abs. 2 HGB können die Partner im Partnerschaftsvertrag Gesamtvertretungsmacht vereinbaren. Die Abweichung vom gesetzlichen Regelfall der Alleinvertretungs-

---

Wiedemann, Gesellschaftsrecht, 1980, S. 531; BGH NJW 1979, 2304; NJW 1985, 619; NJW 1987, 2666; NJW-RR 1989, 465; NJW 1992, 3037 (3039) m. w. N.; a. A. *Plambeck*, S. 124 f.; *Groth*, S. 167 f.

³ Vgl. dazu *Schroeder* DStR 1992, 507 (510); MünchKomm-*Ulmer*; BGB, § 714 Rdn. 34; *Heckelmann*, FS *Quack*, S. 243 (251); *Soergel-Hadding*, BGB, § 714 Rdn. 34; *Hadding*, FS *Rittner*, S. 133 (142); *Wüst* JZ 1989, 270; BGH NJW 1992, 3037 (3039).

⁴ Siehe dazu unten § 8 Rdn. 3.

⁵ BT-Drucks. 12/6152, S. 16.

⁶ So für die Personenhandelsgesellschaft BGHZ 32, 307 (313).

⁷ Vgl. für die OHG RGZ 155, 75 (87).

befugnis ist anmeldepflichtig (§ 125 Abs. 1 und 4 HGB), mit der Folge, daß ein Dritter gem. § 15 Abs. 2 HGB keinen Vertrauensschutz genießt. Dies stellt eine Abweichung insbesondere zur Sozietät von Rechtsanwälten dar, bei der, obwohl es sich gem. §§ 709, 714 BGB bei der Gesamtvertretung um den gesetzlichen Regelfall handelt, im Zweifel eine Einzelvertretungsmacht aus den Grundsätzen der Anscheins- und Duldungsvollmacht abgeleitet wird.[8] An die Zerstörung eines entsprechenden Rechtsscheins werden in der Sozietät zum Teil strenge Anforderungen gestellt.[9]

IV. Umwandlung

Mit der Eintragung einer BGB-Gesellschaft als Partnerschaft in das Partnerschaftsregister erfolgt ein identitätswahrender Rechtsformwechsel.[10] Die Schulden der Gesellschaft werden ohne weiteres zu Schulden der Partnerschaft.[11]

6

§ 8 Haftung für Verbindlichkeiten der Partnerschaft

(1) **Für Verbindlichkeiten der Partnerschaft haften den Gläubigern neben dem Vermögen der Partnerschaft die Partner als Gesamtschuldner. Die §§ 129 und 130 des Handelsgesetzbuchs sind entsprechend anzuwenden.**

(2) **Die Partner können ihre Haftung gemäß Absatz 1 Satz 1 für Ansprüche aus Schäden wegen fehlerhafter Berufsausübung auch unter Verwendung vorformulierter Vertragsbedingungen auf den von ihnen beschränken, der innerhalb der Partnerschaft die berufliche Leistung zu erbringen oder verantwortlich zu leiten und zu überwachen hat.**

(3) **Durch Gesetz kann für einzelne Berufe eine Beschränkung der Haftung für Ansprüche aus Schäden wegen fehlerhafter Berufsausübung auf einen bestimmten Höchstbetrag zugelassen werden, wenn zugleich eine Pflicht zum Abschluß einer Berufshaftpflichtversicherung der Partner oder der Partnerschaft begründet wird.**

Schrifttum: *Arnold,* Die Tragweite des § 8 Abs. 2 PartGG vor dem Hintergrund der Haftungsverfassung der Gesellschaft bürgerlichen Rechts, BB 1996, 597 ff.; *Henssler,* Die Haftung der Partnerschaft und ihrer Gesellschafter, in: Festschrift für Vieregge, 1995, S. 361; *Knoll/Schüppen,* Die Partnerschaftsgesellschaft – Handlungszwang, Handlungsalternative oder Schubladenmodell? (Teil II), DStR 1995, 646 ff.; *Niebling,* Haftungsbeschränkung für Rechtsanwälte trotz AGB-Richtlinie, AnwBl. 1996, 20; *Oppermann,* Grenzen der Haftung in der Anwalts-GmbH und der Partnerschaft, AnwBl. 1995, 453; *Sotiropoulous,* Partnerschaftsgesellschaft: Haftung der Partner und Haftungsbeschränkungswege, ZIP 1995, 1869; *Ulmer/Habersack,* Die Haftungsverfassung der Partnerschaftsgesellschaft, Festschrift für Brandner 1995, S. 151; *v. Westphalen,* Anwaltliche Haftungsbeschränkung im Widerstreit mit der Verbraucherschutzrichtlinie, ZIP 1995, 546.

---

[8] Vgl. zur Problematik der Vermutung einer Vertretungsmacht bei Erwerbsgesellschaften allgemein MünchKomm-*Ulmer,* BGB, § 714 Rdn. 30.
[9] So wird überwiegend gefordert, daß die Vollmachtsbeschränkung für den Vertragspartner „erkennbar" ist, vgl. BGH NJW 1979, 2304 (2306); 1987, 3124 (3125); NJW-RR 1989, 465 (466); 1990, 701 (702); 1990, 867; 1994, 98 (99); *Staudinger-Keßler,* BGB, § 714 Rdn. 13; *Erman-Westermann,* BGB, § 714 Rdn. 12; *Palandt-Thomas,* BGB, § 714 Rdn. 4; *Wiedemann,* Gesellschaftsrecht, S. 532; so auch bereits RGZ 63, 62 (65).
[10] *Bösert* ZAP 1994, 765 (774).
[11] *Bösert* ZAP 1994, 765 (774).

Übersicht

	Rdn.		Rdn.
I. Regelungsmotiv und Überblick	1	2. Umfang	14
II. Haftung der Partnerschaft	2–5	3. Verantwortlicher Partner	15
1. Vertragliche Haftung	2	a) Abstrakte Benennung	15
2. Deliktische Haftung	3	b) Namentliche Benennung	16
a) § 131 BGB analog	3	c) Kein Zwang zur namentlichen Benennung	17
b) § 823 Abs. 1 BGB	4	d) Eindeutige Bestimmbarkeit des Haftenden	18
c) Vorsatz	5	4. Bearbeiterwechsel	19
III. Haftung der Partner	6–8	5. Form	20
1. Persönliche Haftung	6	6. Anwendbarkeit des AGB-Gesetzes	21
2. Akzessorietät	7	VI. Besonderheiten bei Partnerschaften mit Rechtsanwälten	23–25
3. Haftung des Scheinpartners	8	VII. Der Berufsrechtsvorbehalt des Absatz 3	26–28
IV. Haftungsbeschränkungen	9–11	1. Allgemein	26
1. Regelungsanliegen	9	2. Besonderheiten bei Partnerschaften mit Rechtsanwälten	28
2. Die Haftung der Partnerschaft	10		
3. Individualvertragliche Haftungsbegrenzung	11		
V. Haftungskonzentration gem. Absatz 2	12–22		
1. Grundzüge	12		

I. Regelungsmotiv und Überblick

1 Die Verbesserung der Haftungssituation der Freiberufler war eines der zentralen Regelungsmotive für die Einrichtung der neuen Gesellschaftsform. Die persönliche Haftung der Freiberufler sollte auch in der Kooperation auf ein vernünftiges Maß beschränkt werden.[1] Eine uneingeschränkte gesamtschuldnerische Haftung aller Partner für die Berufsfehler einzelner Partner erscheint im Vergleich zur Haftungssituation des Auftraggebers gegenüber einem in einer Einzelpraxis tätigen Angehörigen eines freien Berufs nicht notwendig.[2] In überörtlichen oder interprofessionellen Partnerschaften ist dem einzelnen Partner eine Überwachung der Mitgesellschafter nicht zumutbar, meist sogar aus praktischen Gründen nicht möglich. Seine Inanspruchnahme entspricht einer Gefährdungshaftung.[3] § 8 Abs. 2 sieht daher vor, daß die persönliche Haftung für Berufsfehler auf einen der Partner beschränkt werden kann. Außerdem läßt Abs. 3 eine summenmäßige Begrenzung der Haftung wegen fehlerhafter Berufsausübung zu.

II. Die Haftung der Partnerschaft

1. Vertragliche Haftung

2 Die Partnerschaft haftet als gem. § 7 Abs. 2 PartGG i. V. m. § 124 HGB rechtlich verselbständigte Organisation mit ihrem gesamthänderisch gebundenen Vermögen für alle schuldhaften vertraglichen Pflichtverletzungen der Partner. Der Partnerschaft wird ebenso wie der OHG das vertragliche Fehlverhalten ihrer

---

[1] BT-Drucks. 12/6152, S. 7.
[2] BT-Drucks. 12/6152, S. 17.
[3] *Driesen*, GmbHR 1993, R. 25 (26); *Bösert* WPrax 12/1994, 2 (3); *Leutheusser-Schnarrenberger* AnwBl 1994, 334 (335).

Gesellschafter über § 31 BGB analog[4] zugerechnet. Das Handeln der geschäftsführenden Gesellschafter ist als eigenes Handeln der Partnerschaft anzusehen. Die Partner sind die einzigen vertretungsberechtigten Repräsentanten, **Fremdorganschaft ist unzulässig.** Auch im Rahmen schuldrechtlicher Sonderverbindungen ist auf § 31 BGB analog zurückzugreifen. Die amtliche Begründung geht darüber hinaus von der Anwendbarkeit des § 278 BGB aus.[5] Dies widerspricht der im Schrifttum herrschenden Auffassung, die für die OHG eine Anwendbarkeit des § 278 BGB neben § 31 BGB ablehnt.[6] Praktische Bedeutung erlangt die Anwendbarkeit des § 278 BGB indes nicht, da § 31 i. V. m. § 276 BGB ohnehin eine strengere unmittelbare Zurechnung begründet. Der Partnerschaft kann entgegen § 278 S. 2 BGB nicht im Voraus die Haftung für ein vorsätzliches Fehlverhalten ihrer Organe erlassen werden. Eine **Eigen**haftung der verselbständigten Organisation für vorsätzliches Verhalten darf sachgerechterweise nicht ausgeschlossen werden.

2. Deliktische Haftung

a) § 31 BGB analog. Für deliktische Handlungen der Partner haftet die Partnerschaft ebenfalls über § 31 BGB analog. Insoweit führt die Partnerschaft zu bislang kaum beachteten, deutlichen haftungsrechtlichen **Nachteilen** gegenüber der BGB-Gesellschaft. Die Berufsausübungsgesellschaften von Angehörigen der Freien Berufe in der Rechtsform der BGB-Gesellschaft begründen grundsätzlich keine Haftung der Gesellschaft für das deliktische Fehlverhalten der Gesellschafter. Die analoge Anwendbarkeit des § 31 BGB wird dort von der älteren Rechtsprechung abgelehnt,[7] eine Auffassung, die freilich heftig umstritten ist.[8] So haften etwa in der Gemeinschaftspraxis die Mitgesellschafter per se nicht für das deliktische Fehlverhalten des behandelnden Arztes.[9] Entsprechendes gilt für Architektenbüros oder Anwaltssozietäten. 3

b) § 823 Abs. 1 BGB. Die über die Partnerschaft begründete deliktische Haftung ist für jene Freien Berufe von Bedeutung, bei denen sich Pflichtverstöße unmittelbar in Körper-, Gesundheits- oder Eigentumsverletzungen und damit als Rechtsgutverletzungen i. S. v. § 823 Abs. 1 BGB auswirken können. Gravierend ist der Nachteil etwa für **kooperationswillige Ärzte.** Bei ihnen führt ein Behandlungsfehler und damit eine Pflichtverletzung im Rahmen des Vertragsverhältnisses regelmäßig zu einer deliktischen Haftung. Die Partnerschaft begründet hier erstmals die Möglichkeit eines Einstehenmüssens für Schmerzensgeldansprüche gem. § 847 BGB, die aus dem beruflichen Fehlverhalten eines der Partner resultieren. 4

c) Vorsatz. Bei den Rechtsanwälten, bei denen eine deliktische Haftung regelmäßig ausscheidet, da die Pflichtverletzung üblicherweise nur sog. „reine Vermögensschäden" nach sich zieht, kommen die haftungsrechtlichen Nachteile dagegen kaum zum Tragen. Immerhin führt die Anwendbarkeit des § 31 BGB 5

---

[4] So die wohl h. M., vgl. *Palandt-Heinrichs*, BGB, § 278 Rdn. 6.
[5] Vgl. BT-Drucks. 12/6152, S. 17.
[6] MünchKomm-*Hanau*, BGB, § 278 Rdn. 11; *Soergel-Wolf*, BGB, § 278 Rdn. 20 f.
[7] BGHZ 45, 311 (312); *Beuthien* DB 1975, 733; MünchKomm-*Hanau*, BGB, § 278 Rdn. 11, 24.
[8] Statt vieler *Soergel-Wolf*, BGB, § 278 Rdn. 21; *Lindacher* JuS 1981, 818 (820); *Kornblum* BB 1973, 218 (225); *Beuthien* DB 1975, 725 (729).
[9] *Laufs*, Arztrecht, 5. Aufl.1993, Rdn. 558; *Laufs-Uhlenbruck*, Handbuch des Arztrechts, 1992, § 18 Rdn. 14.

auch bei ihnen dazu, daß bei vorsätzlichem Fehlverhalten, etwa der Veruntreuung von Mandantengeldern, die Partnerschaft zwangsläufig in die Haftung einbezogen ist. Ein Haftungsausschluß kommt nicht in Betracht, da § 31 BGB eine § 278 S. 2 BGB entsprechende Regelung nicht kennt.

III. Die Haftung der Partner

1. Persönliche Haftung

6 Absatz 1 ordnet in Anlehnung an § 128 HGB die gesamtschuldnerische Haftung der Partner für die Verbindlichkeiten der Partnerschaft an. Sie haften neben der Partnerschaft persönlich mit ihrem Privatvermögen. Die Haftung umfaßt alle Arten von Verbindlichkeiten.

2. Akzessorietät

7 Die Haftung der Partner ist zu derjenigen der Partnerschaft akzessorisch.[10] Gesellschaft und Partner haften grundsätzlich nicht als echte Gesamtschuldner. Die Anwendbarkeit des Rechtsgedankens von §§ 422 ff. BGB kann sich jedoch im Einzelfall ergeben.[11] Wird ein Partner wegen einer Verbindlichkeit der Partnerschaft in Anspruch genommen, so kann er gem. § 129 HGB alle Einwendungen erheben, die die Partnerschaft erheben könnte. Ferner stehen ihm seine persönlichen Einwendungen (etwa Stundung oder Vergleich eines Partners mit dem Gläubiger) zu. Neu eintretende Partner haften gem. § 130 HGB auch für die vor ihrem Eintritt begründeten Verbindlichkeiten der Partnerschaft.[12]

3. Haftung des Scheinpartners

8 Auch derjenige, der im Rechtsverkehr als Partner auftritt, ohne Partner zu sein – zu denken ist bei Rechtsanwälten an den in der Sozietät häufigen Fall des „Scheinsozius" – , haftet **persönlich**. Der erweckte Anschein kollidiert mit der Eintragung im Partnerschaftsregister, soweit dort der tatsächliche Gesellschafterbestand wiedergeben wird. Dem „Scheinpartner" ist es gleichwohl verwehrt, sich auf seine fehlende Eintragung im Partnerschaftsregister zu berufen. Entsprechend dem handelsrechtlichen Grundsatz, demzufolge sich derjenige, der im Geschäftsverkehr als Gesellschafter einer OHG auftritt, auch als Gesellschafter behandeln lassen muß,[13] ist eine vergleichbare Rechtsscheinhaftung auch für den „Scheinpartner" zu bejahen. Ebenso wie derjenige, der sich als Gesellschafter einer OHG geriert, gutgläubigen Dritten nach §§ 128–130 HGB haftet,[14] kann auch der „Scheinpartner" von redlichen Gläubigern über § 8 Abs. 1 PartGG in Anspruch genommen werden.

IV. Haftungsbeschränkungen

1. Regelungsanliegen

9 Angesichts ihrer akzessorischen Haftung für die Verbindlichkeiten der Partnerschaft haben die Partner ein besonderes Interesse an einer sachgerechten Begren-

---

[10] Für die OHG vgl. nur BGHZ 74, 242; *Baumbach/Hopt,* HGB, § 128 Rdn. 8.
[11] Vgl. zur OHG BGHZ 47, 378; 104, 78; *Baumbach/Hopt,* HGB, § 128 Rdn. 19 ff für die OHG.
[12] Dagegen haften neu eintretende Gesellschafter einer GbR nicht persönlich für Altschulden, vgl. MünchKomm-*Ulmer,* BGB, § 714 Rdn. 56 für die Anwaltssozietät vgl. aber BGH NJW 1994, 257.
[13] BGHZ 17, 13 ff.; 61, 59 (64 f.).
[14] *Heymann-Emmerich,* HGB, § 105 Rdn. 4, 27; *Staub-Ulmer,* HGB, § 105 Rdn. 386 f.

zung ihrer **persönlichen** Einstandspflicht. Das PartGG trägt einem solchen Interesse durch die Einräumung einer speziellen Haftungsbegrenzungsmöglichkeit in § 8 Abs. 2 und 3 Rechnung. Verzichtet wurde bedauerlicherweise auf eine gesellschaftsrechtliche Lösung der Haftungsfrage. Nachteile weist der vom Gesetzgeber eingeschlagene Weg der vertraglichen Haftungsbeschränkung namentlich bei der sog. Dritthaftung des Partners aus c. i. c. (Sachwalterhaftung) oder Delikt auf, bei der er den Freiberuflern keine Hilfe bietet. Schuldvertragliche Haftungsbeschränkungen greifen nur gegenüber dem Gläubiger, zu dem vertragliche Beziehungen bestehen, sprich gegenüber dem Mandanten. Nicht ausgeschlossen werden können Ansprüche Dritter, zu denen keine Vertragsbeziehung existiert.[15] Ausländische Rechtsordnungen haben vielfach einen für die Freiberufler praktikableren Weg über eine gesellschaftsrechtliche Haftungsprivilegierung bei gleichzeitiger persönlicher Haftung des handelnden Gesellschafters gewählt.[16]

2. Die Haftung der Partnerschaft

§ 8 Abs. 2 und 3 betreffen nicht die Haftung der Partnerschaft, sondern nur die 10 Beschränkung der akzessorischen Haftung der Partner. Die Möglichkeiten, die Haftung der Partnerschaft selbst zu beschränken, richten sich nach den allgemeinen Vorschriften, wobei freilich die Wertungen des Absatz 2 nicht konterkariert werden dürfen. Von einer Beschränkung der Haftung der Partnerschaft profitieren auch die Partner.

3. Individualvertragliche Haftungsbegrenzung

Die Partner können mit dem jeweiligen Vertragspartner individuell eine Haf- 11 tungsbegrenzung vereinbaren. Die Zulässigkeit individualvertraglicher Haftungseinschränkungen wird durch § 8 Abs. 2 und 3 nicht berührt.[17] Ihre rechtliche Beurteilung richtet sich nach den **allgemeinen Vorschriften**. Grenzen sind ihnen durch die Bestimmungen der §§ 276 Abs. 2, 138, 242 BGB und durch Einschränkungen im jeweiligen Berufsrecht gezogen, für Rechtsanwälte vgl. § 51 a Abs. 1 Nr. 1 BRAO. Partnerschaftsspezifische Rechtsfragen ergeben sich nicht. Eine solche Vereinbarung kann auch die Freistellung der Partner für deliktische Verbindlichkeiten der Partnerschaft umfassen,[18] sofern die Schädigung im Rahmen einer vertraglichen Beziehung erfolgt ist. Im Schrifttum wird demgegenüber ein Haftungsausschluß gelegentlich allein auf vertragliche Ansprüche beschränkt.[19]

V. Haftungskonzentration gem. Absatz 2

1. Grundzüge

Über eine individualvertragliche Haftungsbegrenzung hinaus ermöglicht Ab- 12 satz 2 es den Partnern, ihre vertragliche Haftung für Ansprüche aus Schäden **wegen fehlerhafter Berufsausübung** auf einen von ihnen zu beschränken.[20]

---

[15] *Stuber* WiB 1994, 705 (709); *Henssler* NJW 1993, 2137 (2142 f.); *Feddersen/Meyer-Landrut*, PartGG, § 8 Rdn. 5.
[16] So etwa Frankreich und Dänemark, dazu *Henssler* JZ 1992, 697 (708 f.).
[17] *Feddersen/Meyer-Landrut*, PartGG, § 8 Rdn. 7.
[18] Vgl. zur Zulässigkeit eines Haftungsausschlusses bei deliktischen Verbindlichkeiten auch *Erman-Schiemann*, BGB, Vor § 823 Rdn. 27; *Palandt-Thomas*, BGB, Einf. vor § 823 Rdn. 10.
[19] *MünchKomm-Mertens*, BGB, Vor §§ 823–853 Rdn. 34 ff..
[20] Zum Regelungsmotiv BT-Drucks. 12/6152, S. 17.

Die vorgesehene Haftungskonzentration reduziert den persönlichen Haftungsumfang der Partner im Sinne eines ausgewogenen Risikomanagements auf ein vernünftiges Maß, ohne das Vertrauensverhältnis zwischen dem Berufsausübenden und dem Auftraggeber zu beeinträchtigen.

13 Eine **Haftungsbeschränkung** ist nur auf solche Partner möglich, die innerhalb der Partnerschaft die berufliche Verantwortung für das Vertragsverhältnis übernehmen. Sie müssen die Dienstleistung entweder ausschließlich selbst erbringen oder die verantwortliche Leitung und Überwachung übernehmen. Als Verantwortlicher kann dementsprechend nur ein Partner in Betracht kommen, in dessen Berufszweig die von der Partnerschaft zu erbringende Dienstleistung fällt. Denkbar ist es auch, die Haftung auf alle Partner einer Niederlassung zu konzentrieren. Da Absatz 2 die Haftung der Partnerschaft nicht erfaßt, tritt im Falle einer Haftungskonzentration neben die persönliche Haftung des verantwortlichen Partners die Haftung des Partnerschaftsvermögens.

2. Umfang

14 Die Haftungsbeschränkung bezieht sich auf sämtliche Ansprüche aus Schäden wegen fehlerhafter Berufsausübung. Erfaßt werden Ansprüche, die sich aus dem Leistungsstörungsrecht ergeben (Unmöglichkeit, Verzug, positiver Vertragsverletzung und Gewährleistungsrecht), quasivertragliche aus culpa in contrahendo und Verträgen mit Schutzwirkung zu Gunsten von Dritten und die deliktische Haftung.[21]

3. Verantwortlicher Partner

15 a) **Abstrakte Benennung.** Für die Akzeptanz der Partnerschaft in der Praxis von entscheidender Bedeutung ist, ob eine **namentliche** Benennung des haftenden Partners notwendig ist. § 8 Abs. 2 stellt seinem Wortlaut nach auf denjenigen ab, „der innerhalb der Partnerschaft die berufliche Leistung zu erbringen oder verantwortlich zu leiten und zu überwachen hat". Danach reicht die **abstrakte** Bestimmung des verantwortlichen Partners aus.[22] Für Rechtsanwälte ergibt sich damit ein erheblicher Vorteil gegenüber Sozietäten in der Rechtsform der GbR, für die § 51 a Abs. 2 BRAO eine namentliche Benennung des verantwortlichen Rechtsanwalts verlangt (zu den Gesetzeskonkurrenzen zwischen berufsrechtlichen Regelungen und § 8 Abs. 2 vgl. unten Rdn. 25).

16 b) **Namentliche Benennung.** Die Interpretationsgrundlagen sind indes nicht eindeutig.[23] So soll nach der amtlichen Begründung mit dem Kriterium der „Übernahme der verantwortlichen Leitung und Überwachung" sichergestellt werden, daß „als Verantwortlicher nur ein Partner **benannt** werden kann, in dessen

---

[21] Ebenso *Feddersen/Meyer-Landrut*, PartGG, § 8 Rdn. 6; a. A. *Michalski/Römermann*, PartGG, § 8 Rdn. 21, die eine Begrenzung der Deliktshaftung nach § 8 Abs. 2 ausschließen.
[22] So *Henssler*, FS-*Vieregge*, 1995, S. 361 (371 ff.). Auch *Michalski* ZIP 1993, 1210 (1213) verzichtet auf eine namentliche Benennung des verantwortlichen Partners. Er hält die Anordnung des tatsächlich Handelnden für ausreichend; ebenso *Seibert*, S. 59 f.; im Gegensatz dazu fordern *Feddersen/Meyer-Landrut*, PartGG, § 8 Rdn. 8; *Kaiser/Bellstedt*, Rdn. 219; *v. Westphalen* ZIP 1995, 546, 548; *ders.*, in *Meilicke*/v. Westphalen/Hoffmann/Lenz, PartGG, § 8 Rdn. 63 ff.; *K. Schmidt*, NJW 1995, 1, 6; *Stucken* WiB 1994, 744, 748 die namentliche Benennung.
[23] Die Normvorstellungen des Gesetzgebers sind für die Auslegung eines Gesetzes zwar nicht bindend, jedoch kommt ihnen insofern Bedeutung zu, als ihnen vernünftige Erwägungen zugrunde liegen, vgl. *Larenz*, Methodenlehre, 6. Aufl. 1991, S. 387 u. 328 ff.

Berufszweig die von der Partnerschaft zu erbringende Dienstleistung fällt".[24] Der Weg der Haftungskonzentration auf einen Partner durch vorformulierte Vertragsbedingungen sei nur gangbar, wenn „der Partner, der die Verantwortung für das konkrete Vertragsverhältnis übernimmt, im Einzelfall **namentlich**" benannt werde.[25] Dementsprechend wies der im Bundesministerium der Justiz für das PartGG zuständige Referent[26] zunächst darauf hin, es müsse derjenige Partner benannt sein, der das Mandat entweder selbst bearbeitet oder die verantwortliche Leitung und Überwachung der Bearbeitung des Mandats übernimmt.[27]

c) Kein Zwang zur namentlichen Benennung. Ein Zwang zur namentlichen Benennung des verantwortlichen Partners läßt sich indes mit dem Regelungsanliegen des PartGG nicht in Einklang bringen. Normzweck ist es, die persönliche Haftung der Partner auf ein vernünftiges Maß zu beschränken.[28] Die Pflicht zur namentlichen Bezeichnung konterkariert die Möglichkeit vorformulierter Gestaltung. Bezeichnenderweise lehnte die Bundesregierung in ihrer Gegenäußerung zur Stellungnahme des Bundesrates, in der eine namentliche Bezeichnung des verantwortlichen Partners gefordert wurde, eine Änderung des § 8 Abs. 2 ab.[29] **17**

d) Eindeutige Bestimmbarkeit des Haftenden. Die im Mandanteninteresse zu gewährleistende Rechtssicherheit und Klarheit kann auch über eine abstrakte Formulierung der Klausel erreicht werden.[30] Dem Vertragspartner muß zum Zeitpunkt des Vertragsschlusses, in dem er auf die Haftung der übrigen Partner „verzichtet", die Person bekannt sein, die ihm neben der Partnerschaft als Haftungssubjekt zur Verfügung steht. Der persönlich haftende Partner muß anhand **objektiver Kriterien** bestimmbar sein, so daß der Auftraggeber die Folgen der Haftungskonzentration übersehen kann. Zulässig ist es danach, die Haftung auf denjenigen Partner zu beschränken, mit dem der persönliche Vertragsschluß erfolgt ist, der gleichzeitig die Erstberatung, die erste Behandlung bzw. die sonstige Erstleistung erbracht hat und der nach dem Willen der Parteien auch die weitere Dienstleistung vornehmen soll. Untergeordnete Mitarbeit Dritter kann die Wirksamkeit der Klausel nicht beeinträchtigen. Vielmehr stellt bereits die Formulierung des Gesetzes, die auf die verantwortliche Leitung und Überwachung Bezug nimmt, klar, daß es genügt, wenn bei einem der Partner die interne Verantwortung für die Auftragsbearbeitung angesiedelt ist. **18**

4. Bearbeiterwechsel

Um Umgehungspraktiken zu verhindern, ist zu fordern, daß sich die tatsächliche Fallbearbeitung an dieser Vertragsgestaltung orientiert. Geht die verantwortliche Leitung auf einen anderen Partner über, behält die Klausel nur dann ihre Wirksamkeit, wenn der Mandant hierauf hingewiesen wird und er sich mit der **19**

---

[24] BT-Drucks. 12/6152, S. 17.
[25] BT-Drucks. 12/6152, S. 17.
[26] *Seibert* AnwBl. 1993, 155 (156); anders nunmehr in: Die Partnerschaft, S. 59 f..
[27] *Bösert* ZAP 1994, 765 (776), der ebenfalls im Ministerium mit dem PartGG befaßt war, sieht den wesentlichen Unterschied zu der Regelung in § 51 a Abs. 2 BRAO (nur) im Verzicht auf das Erfordernis einer gesonderten Unterzeichnung der Einverständniserklärung durch den Auftraggeber.
[28] Vgl. BT-Drucks. 12/6152, S. 7.
[29] BT-Drucks. 12/6152, S. 30.
[30] Ebenso *Seibert,* S. 60; a. A. *Graf v. Westphalen,* in: Meilicke/Graf v. Westphalen/Hoffmann/Lenz, PartGG, § 8 Rdn. 63.

Änderung einverstanden erklärt hat. Es empfiehlt sich, schon bei der Klauselgestaltung auf die Möglichkeit eines Wechsels des verantwortlichen Bearbeiters hinzuweisen. Die Haftung des neuen oder weiteren Partners tritt dann neben die fortbestehende Haftung des bisherigen verantwortlichen Leiters der Auftragserfüllung. Ist die Klausel abstrakt formuliert, so bereitet die Haftungserweiterung keine Schwierigkeiten. Ist die verantwortliche Überwachungsperson namentlich bestimmt, muß auch der Name des aktuellen Bearbeiters als Haftungspartner mitgeteilt werden.

5. Form

20 Eine Haftungskonzentration kann durch mündliche oder schriftliche Vereinbarung erfolgen.

6. Anwendbarkeit des AGB-Gesetzes

21 Auf die Einbeziehung der vorformulierten Vertragsbedingungen in den Vertrag finden die Vorschriften des AGB-Gesetzes **grundsätzlich** Anwendung. Abweichend von dem bisherigen Erfordernis in § 1 AGB-Gesetz, der eine Vorformulierung der Vertragsbedingungen „für eine Vielzahl von Verträgen" verlangt, erstreckt sich § 8 Abs. 2 auf Fälle, in denen anläßlich des Vertragsabschlusses der Name des verantwortlichen Partners in eine Freistelle der Vertragsbedingungen eingetragen wird. Die Regelung im PartGG stellt eine Vorwegnahme der Umsetzung der Richtlinie 93/13/EWG vom 5. 4. 1993 über mißbräuchliche Klauseln in Verbraucherverträgen[31] in § 24a AGBG dar.[32] § 3 AGB-Gesetz schützt den Auftraggeber zudem vor solchen Haftungsbeschränkungen, die aufgrund von Besonderheiten des äußeren Erscheinungsbildes des Vertrages ausnahmsweise so ungewöhnlich sind, daß er mit ihnen nicht zu rechnen braucht.

22 Eine **Inhaltskontrolle** gem. den §§ 9 bis 11 AGB-Gesetz **entfällt**.[33] Die typisierte Annahme der Angemessenheit einer Haftungskonzentration rechtfertigt sich aus der grundsätzlich persönlichen Leistungserbringung und der in der Kooperation bestehenden Gefahr der Haftung für individuelle Fehlleistungen anderer Partner.[34] Die nach § 8 möglichen Haftungsbeschränkungsvereinbarungen sind grundsätzlich sowohl mit dem AGBG als auch mit der EG-Richtlinie über mißbräuchliche Klauseln in Verbraucherverträgen zu vereinbaren. Das AGBG ist ebensowenig wie die künftige Regelung tangiert, da nach § 8 AGBG Klauseln, die gesetzliche Regelungsspielräume ausfüllen, per se nicht der Inhaltskontrolle unterliegen.[35]

VI. Besonderheiten bei Partnerschaften mit Rechtsanwälten

23 Im Interesse einer strikten Trennung zwischen Gesellschaftsrecht und Berufsrecht,[36] enthält das PartGG unter Verzicht auf eigenständige berufsrechtliche

---

[31] ABIEG Nr. L 95 v. 21.4.93, S. 29 ff., abgedruckt in NJW 1993, 1838 ff.; vgl. dazu *Heinrichs* NJW 1993, 1817; *Eckert* ZIP 1995, 1460.
[32] *Bösert* ZAP 1994, 765 (775).
[33] Dagegen hatte sich der Bundesrat in einer Stellungnahme, abgedruckt in BT-Drucks. 12/6152, S. 27, gegen den Ausschluß der Inhaltskontrolle nach §§ 9–11 AGBG ausgesprochen.
[34] Vgl. Gegenäußerung der Bundesregierung zur Stellungnahme des Bundesrates in BT-Drucks. 12/6152, S. 30.
[35] Zutreffend *Niebling* AnwBl. 1996, 20, 21; a. A. v. *Westphalen* ZIP 1995, 546.
[36] Vgl. dazu *Schmidt* ZIP 1993, 633.

Regelungen in § 1 Abs. 3 PartGG nur einen allgemeinen Berufsrechtsvorbehalt. Aus anwaltlicher Sicht sind Kollisionen mit § 59 a BRAO denkbar. Durch die Aufnahme dieser Vorschrift über die berufliche Zusammenarbeit sollte keine Beschränkung der beruflichen Zusammenarbeit von Rechtsanwälten auf die Rechtsform der GbR erfolgen.[37] Darüber hinaus wird den Besonderheiten anwaltlicher Berufsausübung in der Partnerschaft ausreichend Rechnung getragen. § 6 Abs. 1 PartGG, wonach jeder Partner in der Partnerschaft seinen Beruf nach Maßgabe der für ihn geltenden berufsrechtlichen Vorschriften ausübt, stellt klar, daß der Zusammenschluß zu einer rechtsfähigen Gesamthandsgemeinschaft nichts an der uneingeschränkten Bindung der einzelnen Berufsausübenden an ihr jeweils gültiges Berufsrecht ändert.[38]

Einschränkungen ergeben sich aus § 59 a Abs. 1 BRAO für den Zusammenschluß von Rechtsanwälten mit anderen Berufsgruppen. Abweichend von dem Katalog des § 1 Abs. 2 PartGG dürfen sich Rechtsanwälte nur mit den in § 59 a Abs. 1 BRAO aufgezählten Berufsgruppen zu einer Partnerschaft zusammenschließen. Die Einrichtung von Zweigstellen ist Rechtsanwälten grundsätzlich gem. § 28 Abs. 1 BRAO verboten. Gem. § 59 a Abs. 2 BRAO kann eine Sozietät jedoch mehrere Kanzleien errichten, wenn am Kanzleiort ein Sozietätsmitglied verantwortlich tätig ist, für das die Kanzlei den Mittelpunkt seiner Berufstätigkeit bildet. Demnach verbietet das Berufsrecht zwar die Berufsausübung in der Partnerschaft über eine reine Zweigstelle, nicht jedoch die gemeinsame Berufsausübung in mehreren gleichberechtigten Niederlassungen im Sinne einer „überörtlichen Partnerschaft". Trotz des Erfordernisses der Gleichberechtigung der Niederlassungen ist aus registerrechtlichen Gründen eine der Kanzleien als Hauptniederlassung anzumelden.[39]

Auch die Frage der **Haftungskonzentration** ist durch § 51 a Abs. 2 BRAO abweichend gestaltet. Die anwaltsrechtliche Regelung verlangt ausdrücklich eine namentliche Bezeichnung des verantwortlichen Anwalts und darüber hinaus eine gesonderte, vom Auftraggeber unterschriebene Vereinbarung. Die Vorschrift des **PartGG** geht indes der Haftungskonzentrationsregelung in der BRAO als **speziellere Regelung** vor.[40] Dieser Vorrang ist wichtig, damit es bei interprofessionellen Zusammenschlüssen zwischen Rechtsanwälten und weiteren gem. § 59 a BRAO partnerschaftsfähigen Berufen (insbesondere Wirtschaftsprüfern und Steuerberatern) nicht zu unterschiedlichen Anforderungen an die Haftungsbeschränkungsvereinbarungen kommt. Aber auch bei Partnerschaften, an denen ausschließlich Rechtsanwälte beteiligt sind, ist konsequenterweise eine vertragliche Haftungskonzentration auf den verantwortlichen Partner möglich, ohne daß die hohen Formalerfordernisse der BRAO eingehalten werden müssen.[41] Die Beschäftigung eines sog. „Haftungsanwalts" über eine Haftungskonzentration nach § 8 Abs. 2 PartGG scheidet aus, da die Haftung nur auf solche Partner beschränkt werden kann, die innerhalb der Partnerschaft die berufliche Verantwortung für das Vertragsverhältnis tragen. Sie müssen die Dienstleistung selbst erbringen oder zur verantwortlichen Leitung und Überwachung

---

[37] BT-Drucks. 12/4993, S. 23.
[38] BT-Drucks. 12/6152, S. 15.
[39] BT-Drucks. 12/6152, S. 14.
[40] So die Begründung der Beschlußempfehlung des Rechtsausschusses BT-Drucks. 12/7642, S. 12; vgl. ferner *Bösert* ZAP 1994, 765 (776); *ders.* WPrax 12/1994, 2 (4); *Seibert*, S. 58 f; a. A. *Michalski/Römermann*, PartGG, § 8 Rdn. 80.
[41] *Bösert* ZAP 1994, 765 (776); *ders.* WPrax 12/1994, 2 (4).

übernehmen.⁴² Im Zweifel gibt das reale Tätigwerden eines Rechtsanwalts den Ausschlag.⁴³

VII. Der Berufsrechtsvorbehalt des Absatz 3

1. Allgemein

26 Absatz 3 enthält einen besonderen Berufsrechtsvorbehalt für summenmäßige Beschränkungen der Haftung für Ansprüche aus Schäden wegen fehlerhafter Berufsausübung. Auf die Festsetzung eines bestimmten Betrags mußte im Rahmen des PartGG verzichtet werden, da die Mindesthaftungssumme für die verschiedenen freien Berufe aufgrund der unterschiedlichen Risiken nicht einheitlich bestimmt werden kann.⁴⁴ Absatz 3 stellt klar, daß die Möglichkeit der **Beschränkung der Haftung** auf einen bestimmten Höchstbetrag nur dem formellen Gesetzgeber zusteht.

27 Voraussetzung für die Beschränkung der Haftung auf einen bestimmten Höchstbetrag ist die gleichzeitige Einführung einer Pflicht zum Abschluß einer Berufshaftpflichtversicherung, bei der es sich um eine Pflichtversicherung im Sinne der §§ 158 b ff. VVG handeln muß. Nicht erforderlich ist eine Versicherungspflicht sowohl der Partnerschaft als auch aller Partner. Die Versicherungspflicht kann entweder den Partnern oder der Partnerschaft auferlegt werden.

2. Besonderheiten bei Partnerschaften mit Rechtsanwälten

28 Die BRAO enthält als eine von nur wenigen Berufsordnungen bereits die von § 8 Abs. 3 geforderte berufsrechtliche Regelung in § 51 a Abs. 1. Danach kann durch Individualvereinbarung die Haftung auf die Höhe der Mindestversicherungssumme und durch vorformulierte Vertragsbedingungen auf deren vierfachen Betrag beschränkt werden, soweit Versicherungsschutz besteht. § 51 BRAO verlangt darüber hinaus von jedem Rechtsanwalt den Abschluß einer Berufshaftpflichtversicherung. Die Mindestversicherungssumme beträgt gem. § 51 Abs. 4 BRAO bei vierfacher Maximierung für jeden Versicherungsfall 500.000 DM. Die Partner können demzufolge ebenso wie die Gesellschafter einer Sozietät durch Individualvereinbarung ihre Haftung auf 500.000 DM und durch allgemeine Vertragsbedingungen auf 2.000.000 DM beschränken, soweit ein entsprechender Versicherungsschutz besteht.

§ 9 Ausscheiden eines Partners; Auflösung der Partnerschaft

(1) **Auf das Ausscheiden eines Partners und die Auflösung der Partnerschaft sind, soweit im folgenden nichts anderes bestimmt ist, die §§ 131 bis 144 des Handelsgesetzbuchs entsprechend anzuwenden.**

(2) **Der Tod eines Partners, die Eröffnung des Konkursverfahrens über das Vermögen eines Partners, die Kündigung eines Partners und die Kündigung durch den Privatgläubiger eines Partners bewirken nur das Ausscheiden des Partners aus der Partnerschaft.**

---

⁴² Vgl. *Seibert* AnwBl. 1993, 155 (156); BT-Drucks. 12/6152, S. 17.
⁴³ *Michalski* ZIP 1993, 1210 (1213); a. A. wohl *Burret* WPK-Mitt. 1994, 201 (206).
⁴⁴ Zur Kritik an der Aufnahme einer solchen Regelung im Rahmen des PartGG vgl. K. *Schmidt* ZIP 1993, 633 (647 f).

(3) Verliert ein Partner eine erforderliche Zulassung zu dem Freien Beruf, den er in der Partnerschaft ausübt, so scheidet er mit deren Verlust aus der Partnerschaft aus.

(4) Die Beteiligung an einer Partnerschaft ist nicht vererblich. Der Partnerschaftsvertrag kann jedoch bestimmen, daß sie an Dritte vererblich ist, die Partner im Sinne des § 1 Abs. 1 und 2 sein können. § 139 des Handelsgesetzbuchs ist nur insoweit anzuwenden, als der Erbe der Beteiligung befugt ist, seinen Austritt aus der Partnerschaft zu erklären.

Schrifttum: *Brückner*, Die Kontrolle von Abfindungsklauseln in Personengesellschafts- und GmbH-Verträgen, 1995; *Müller*, Die Buchwertklausel – ein Dauerthema, ZIP 1995, 1561; *Ulmer/Schäfer*, Die rechtliche Beurteilung vertraglicher Abfindungsbeschränkungen bei nachträglich eintretendem grobem Mißverhältnis, ZGR 1995, 134.

Übersicht

	Rdn.		Rdn.
I. Allgemeines	1	g) Vertraglich vereinbarte Gründe	15
II. Das Ausscheiden eines Partners	2–17	2. Rechtsfolgen	16
1. Gründe für das Ausscheiden	2	III. Die Auflösung der Partnerschaft	18–25
a) Tod eines Partners	3	1. Auflösungsgründe	18
b) Eröffnung des Konkursverfahrens über das Vermögen eines Partners	4	a) Gerichtliche Entscheidung	19
		b) Beschluß der Partner	20
c) Verlust der Zulassung	5	c) Gesellschaftskonkurs	21
d) Kündigung	7	d) Zeitablauf	23
e) Kündigung durch den Privatgläubiger entsprechend § 135 HGB	11	e) Vertragliche Auflösungsgründe	24
		2. Rechtsfolgen	25
f) Klageerhebung gem. § 140 HGB	14	IV. Erbfall (Abs. 4)	26, 27
		V. Anteilsübertragung	28

I. Allgemeines

Absatz 1 erklärt für die Beendigung der Partnerschaft das bewährte Regelungssystem der OHG für entsprechend anwendbar. Über Absätze 2 bis 4 werden nur wenige Modifikationen vorgenommen. Sie dienen einerseits der Strukturverfestigung der Partnerschaft, andererseits beruhen sie auf der partnerschaftlichen Besonderheit der Ausübung eines freien Berufs. Nicht übertragbar waren schließlich jene handelsrechtlichen Vorschriften, welche die Kommanditistenstellung eines Gesellschafters betreffen. 1

II. Das Ausscheiden eines Partners

1. Gründe für das Ausscheiden

In Abweichung von der Regelung der OHG, bei deren Verabschiedung der Gesetzgeber – irrtümlich, wie die Praxis gezeigt hat – davon ausging, daß mit dem Fortfall eines Gesellschafters die höchstpersönliche Verbindung der Gesellschafter aufgehoben werde, erhebt § 9 Abs. 2 das Prinzip „Ausscheiden statt Auflösung" zum gesetzlichen Regelfall. In einer Partnerschaft steht nicht eine individualbezogene Verbundenheit der Gesellschafter im Vordergrund, sondern der gemeinsame Zweck der Berufsausübung. Durch das Ausscheiden eines ein- 2 zelnen Partners wird das „persönliche Band" zwischen den Partnern nicht in der Weise aufgelöst, daß den übrigen Partnern eine Fortsetzung der Partnerschaft grundsätzlich nicht zugemutet werden kann.

3   **a) Tod eines Partners.** Mit der Aufnahme dieses selbstverständlichen Ausscheidensgrundes soll klargestellt werden, daß der Tod eines Partners abweichend von der Regelung in § 131 Nr. 4 HGB regelmäßig keinen Auflösungsgrund für die Partnerschaft bildet. Die Partnerschaft besteht grundsätzlich fort.

4   **b) Eröffnung des Konkursverfahrens über das Vermögen eines Partners.** Ebenfalls in Abweichung zur Regelung in § 131 Abs. 5 HGB sieht § 9 Abs. 2 vor, daß bei Eröffnung des Konkursverfahrens über das Vermögen eines Partners die Gesellschaft nicht aufgelöst, sondern lediglich unter den **übrigen** Partnern **fortgesetzt** wird. Der Regelungszweck des § 131 Nr. 5 HGB, den Gesellschaftern eine Fortsetzung der Gesellschaft mit einem Konkursverwalter nicht zumuten will,[1] tritt bei der Partnerschaft hinter dem vermuteten Interesse der Partner an der Fortsetzung der gemeinsamen Berufsausübung zurück. Anders als im Fall des § 146 Abs. 3 HGB kann der Konkursverwalter nach Eröffnung des Konkurses über das Vermögen eines Partners nicht an dessen Stelle treten und unter den Voraussetzungen des § 137 HGB die Geschäfte einstweilig fortführen. Der Konkursverwalter wird in der Regel weder die gem. § 1 Abs. 1 erforderlichen Voraussetzungen zur gemeinschaftlichen Berufsausübung, nämlich die Zulassung zu dem freien Beruf, den der insolvente Partner in der Partnerschaft ausgeübt hat, noch das Erfordernis aktiver freiberuflicher Tätigkeit zur Förderung des Gesellschaftszwecks erfüllen. Ähnlich wie bei einer Erklärung der OHG-Gesellschafter gegenüber dem Konkursverwalter gem. §§ 141 Abs. 2, 142 Abs. 2 HGB (Fortsetzung der Gesellschaft unter den verbleibenden Gesellschaftern) scheidet der Gemeinschuldner aus der Partnerschaft aus und ist abzufinden. Der Konkursverwalter kann lediglich den Abfindungsanspruch für die Gläubiger des ausgeschiedenen Partners geltend machen, verwerten und den Erlös verteilen.

5   **c) Verlust der Zulassung.** § 9 Abs. 3 ordnet an, daß ein Partner bei Verlust seiner Zulassung zu dem freien Beruf, den er in der Partnerschaft ausübt, aus der Partnerschaft **ausscheidet.** Der Regelungszweck für diesen Ausscheidensgrund liegt in der Besonderheit der freiberuflichen Gesellschaftsform. Da die Partnerschaft nach § 1 Abs. 1 nur den Angehörigen Freier Berufe offensteht, muß derjenige, der seine Zulassung zu dem freien Beruf verliert, den er in der Partnerschaft ausgeübt hat, aus der Partnerschaft ausscheiden. Allein der endgültige Verlust der Zulassung führt zu einem Ausscheiden des betreffenden Partners. Der Zulassungsverlust muß unanfechtbar festgestellt sein. Wird die Zulassung zur Anwaltschaft gem. § 14 BRAO rechtskräftig widerrufen, so scheidet der betroffene Anwalt kraft Gesetzes aus der Partnerschaft aus. Das gilt auch dann, wenn die Zulassung gem. § 14 Abs. 2 Nr. 8 BRAO infolge Vermögensverfalls widerrufen worden ist. § 9 Abs. 1, der auf die Eröffnung des Konkursverfahrens über das Vermögen des Partners abstellt, steht strengeren berufsrechtlichen Zulassungsvorschriften nicht entgegen.

6   Existieren für einen Freien Beruf keine besonderen Vorschriften über die Berufszulassung, so kommt ein Ausscheiden kraft Gesetzes nicht in Betracht. Selbst wenn der Partner hier objektiv keine freiberufliche Tätigkeit mehr ausübt, so verbleibt allein die Möglichkeit, registerrechtlich oder wettbewerbsrechtlich gegen

---

[1] BGHZ 75, 178 (181).

§ 9 Ausscheiden; Auflösen

solche Verstöße gegen § 1 Abs. 1 vorzugehen. Ferner können die anderen Partner entsprechend § 140 HGB seine Ausschließung herbeiführen (vgl. Rdn. 14).

d) Kündigung. Jeder Partner kann gem. § 9 Abs. 2 i. V. m. §§ 132 HGB, 723 BGB seine Gesellschafterstellung selbst ordentlich beenden. Dies entspricht dem in § 723 Abs. 1 S. 1 BGB niedergelegten Grundsatz des Gesellschaftsrechts, demzufolge alle Personengesellschaften, die für eine unbestimmte Zeit eingegangen sind, ohne das Vorliegen eines wichtigen Grundes gekündigt werden können.[2] Die Kündigung muß, sofern im Partnerschaftsvertrag nichts anderes vereinbart wurde, mit einer **Frist** von mindestens 6 Monaten zum Ende des Geschäftsjahres erfolgen (§ 132 HGB). Das Gesetz verzichtet auf ein fristloses Austrittsrecht aus wichtigem Grund. Der Partner hat hier die Möglichkeit der Auflösungsklage gem. § 133 HGB. Weitere Kündigungsmöglichkeiten kann der Partnerschaftsvertrag vorsehen. Selbst die ordentliche Kündigung kann fristlos ermöglicht werden.[3]

Die Kündigungserklärung muß als Gestaltungserklärung eindeutig den Willen des Partners erkennen lassen, die Partnerschaft zum nächstmöglichen Termin aufzulösen. Die Kündigung muß **gegenüber den übrigen Partnern** erfolgen, nicht gegenüber der Partnerschaft.[4] Die Kündigungserklärung kann aber von der Partnerschaft an die Partner weitergeleitet werden.[5] Eine besondere Form der Kündigungserklärung ist nicht vorgesehen.[6]

Wird die Kündigung ungeachtet der Einhaltung der Kündigungsfrist zur **Unzeit** ausgesprochen, ist der Partner gem. § 723 Abs. 2 S. 2 BGB zum Schadensersatz verpflichtet. Die Kündigung der Partnerschaft kann nach der Rechtsprechung u. U. (etwa schon im ersten Jahr der Gesellschaft)[7] rechtsmißbräuchlich sein, so daß dem Partner eine Berufung auf sein Kündigungsrecht zeitweise verwehrt ist. Eine dauerhafte Beschränkung des Kündigungsrechts aufgrund rechtsmißbräuchlichen Verhaltens kommt wegen § 723 Abs. 3 BGB nicht in Betracht.[8]

Mit Ausnahme eines generellen Ausschlusses des Kündigungsrechts können die Partner eine Vielzahl abweichender Vereinbarungen treffen, insbesondere die Kündigungsfrist sowie den Kündigungstermin abweichend gestalten.[9]

e) Kündigung durch den Privatgläubiger entsprechend § 135 HGB. Da gem. § 7 Abs. 2 i. V. m. § 124 Abs. 2 HGB nur Partnerschaftsgläubiger in das Vermögen der **Partnerschaft** vollstrecken können, muß dem Privatgläubiger eines **Partners** die Möglichkeit eingeräumt werden, auf dessen Anteil zurückgreifen zu können. Um den zu pfändenden Anspruch des Privatschuldners auf das Auseinandersetzungsguthaben gem. § 717 S. 2 BGB zum Entstehen zu bringen, kann der Privatgläubiger die Partnerschaft für den jeweiligen Partner unter den Voraussetzungen des § 135 HGB kündigen. Im Gegensatz zu der in § 135 HGB vorgesehenen Rechtsfolge der Auseinandersetzung der Gesellschaft führt die Kündigung durch den Privatgläubiger gem. § 9 Abs. 1 i. V. m. § 135 HGB lediglich zu einem Ausscheiden des Partners aus der Gesellschaft.

---

[2] *Heymann/Emmerich*, HGB, § 132 Rdn. 1.
[3] *Baumbach/Hopt*, HGB, § 132 Rdn. 8 f.
[4] Der Gesellschaftsvertrag kann eine abweichende Vereinbarung enthalten.
[5] So für die KG RGZ 21, 93 (95).
[6] *Meilicke/v. Westphalen/Hoffmann/Lenz*, § 9 Rdn. 11. Auch hier kann der Gesellschaftsvertrag eine abweichende Vereinbarung enthalten.
[7] Dazu BGHZ 23, 16.
[8] BGHZ 23, 16; BGH DB 1977, 1404.
[9] Auf die einschlägigen Kommentierungen zur OHG sei verwiesen, vgl. nur *Heymann/Emmerich*, HGB, § 132 Rdn. 11 ff.

12 Voraussetzung für ein solches Kündigungsrecht ist, daß
- es sich bei dem Gläubiger um einen Privatgläubiger des Partners handelt,
- jener aufgrund eines nicht bloß vorläufig vollstreckbaren Schuldtitels die Pfändung und Überweisung des Abfindungsanspruchs des Partners erwirkt hat,
- innerhalb der letzten 6 Monate eine Zwangsvollstreckung in das Vermögen des Schuldners ohne Erfolg versucht wurde und
- die Kündigung spätestens 6 Monate vor dem Ende des Geschäftsjahres für diesen Zeitpunkt erfolgt.

13 Die Kündigungserklärung muß ebenso wie bei der Kündigung durch einen Partner[10] gegenüber allen Partnern, einschließlich des Schuldners erfolgen. Der Privatgläubiger übt kein Kündigungsrecht seines Schuldners, sondern ein eigenes Gestaltungsrecht aus.[11] Bei einer Kündigungserklärung gegenüber der Partnerschaft ist erforderlich, daß die Erklärung rechtzeitig an die Partner weitergeleitet wird.

14 **f) Klageerhebung gem. § 140 HGB.** Jeder Partner kann entsprechend § 140 HGB durch gerichtliche Entscheidung aus der Partnerschaft ausgeschlossen werden. In der Person des Partners muß ein Umstand eingetreten sein, der für die übrigen Gesellschafter einen **Auflösungsgrund nach § 133 HGB** bildet. Den Partnern soll die Möglichkeit eröffnet werden, trotz Vorliegens eines Auflösungsgrundes die Partnerschaft zwischen den übrigen Partnern fortzusetzen. § 140 HGB verlangt die Ausschließung durch Gestaltungsurteil. Die Ausschließungsklage muß von allen übrigen Mitgesellschaftern als notwendigen Streitgenossen (§ 62 ZPO)[12] erhoben werden. § 140 HGB ist – im Gegensatz zum Recht auf Auflösung (§ 133 Abs. 3 HGB) – dispositiv.[13] Das Ausschließungsrecht kann im Gesellschaftsvertrag erschwert oder gar ganz beseitigt werden.[14] Es bleibt dann nur die Auflösung.

15 **g) Vertraglich vereinbarte Gründe.** Über die in § 9 Abs. 2 und 3 geregelten Ausscheidensgründe hinaus können die Partner weitere Gründe im Partnerschaftsvertrag festlegen. So kann der Vertrag vorsehen, daß ein Partner aus wichtigem Grund durch Beschluß von der Partnerschaft ausgeschlossen werden darf.[15] Als möglicher Ausschlußgrund kann die Beendigung der aktiven Mitarbeit aus Altersgründen vereinbart werden.[16] Die Partner können umgekehrt auch ein fristloses Austrittsrecht aus wichtigem Grund oder sonstige Erleichterungen des Kündigungsrechtes vereinbaren. Die Grenzen vertraglicher Gestaltungsfreiheit richten sich nach den von der Rechtsprechung zu den Personenhandelsgesellschaften entwickelten Grundsätzen.[17] So kann der Partnerschaftsvertrag die Sachverhalte umschreiben, die als wichtiger Grund im Sinne von § 140 HGB gelten sollen. Nur das Recht, die **Auflösung** der Partnerschaft zu verlangen, kann entsprechend § 133 Abs. 3 HGB nicht ausgeschlossen, beschränkt oder mittelbar ausgehöhlt werden.[18]

---

[10] Siehe oben Rdn. 8.
[11] BGH LM Nr. 7 zu § 142 HGB.
[12] BGHZ 30, 197.
[13] *Heymann/Emmerich*, HGB, § 140 Rdn. 30 ff.; *Baumbach/Hopt*, HGB, § 140, Rdn. 21 ff.
[14] BGHZ 51, 204.
[15] BGHZ 31, 301; 68, 214.
[16] *Seibert*, S. 116.
[17] BT-Drucks. 12/6152, S. 19.
[18] Unklar *Seibert*, S. 16, der davon ausgeht, daß auch das Recht auf Ausschließung eines Partners aus wichtigem Grund nicht ausgehöhlt werden dürfe.

2. Rechtsfolgen

Die Rechtsfolgen des Ausscheidens eines Partners richten sich nach den im Personengesellschaftsrecht geltenden Grundsätzen. Vorbehaltlich einer anderweitigen vertraglichen Regelung kommt namentlich § 738 BGB zur Anwendung. Der Anteil des ausscheidenden Partners wächst den verbleibenden Partnern an. Diese sind verpflichtet, dem Ausscheidenden die Gegenstände, die er der Partnerschaft zur Nutzung überlassen hat, zurückzugeben und ihn von den gemeinschaftlichen Schulden zu befreien. Das **Auseinandersetzungsguthaben,** das er bei Auflösung der Partnerschaft zum Zeitpunkt seines Ausscheidens erhalten hätte, muß ihm ausgezahlt werden. Die Berechnung des Abfindungsguthabens und die Wirksamkeit von Abfindungsklauseln bestimmt sich nach den im **Personengesellschaftrecht** entwickelten Grundsätzen.[19] Üblich sind Abfindungen zum Buchwert.[20] Sie wurden von der Rechtsprechung bei erheblichem Mißverhältnis zwischen dem Buchwert und dem vollen wirtschaftlichen Wert wegen unzumutbarer Erschwerung der Kündigung für unzulässig erachtet (§ 723 Abs. 3 BGB).[21] Seit seinen Entscheidungen vom 24. 5. 1993 und 20. 9. 1993 erklärt der BGH die Abfindungsregeln bei erst im Laufe der Zeit eingetretenen Mißverhältnissen für grundsätzlich wirksam.[22] Es kommt jedoch eine Anpassung an die geänderten Verhältnisse über § 242 BGB in Betracht.

16

Für den Zeitpunkt des Ausscheidens gilt § 138 HGB entsprechend. Der Partner, in dessen Person das Ereignis eintritt, scheidet in dem Augenblick aus der Partnerschaft aus, in dem im Falle einer Auflösung die Partnerschaft aufgelöst worden wäre. Gem. § 9 Abs. 1 i. V. m. § 143 Abs. 2 HGB ist das Ausscheiden eines Partners anmeldepflichtig.[23] Mit dem Ausscheiden des vorletzten Partners erlischt entsprechend § 142 HGB die Partnerschaft. Das Partnerschaftsvermögen wird im Wege der Gesamtrechtsnachfolge Alleinvermögen des verbleibenden „Partners".

17

III. Die Auflösung der Partnerschaft

1. Auflösungsgründe

Entsprechend der vom PartGG bezweckten Strukturverfestigung der Partnerschaft soll die Auflösung allein in Ausnahmefällen erfolgen ("Ausscheiden statt Auflösung" als gesetzlicher Regelfall). Nur wenn das Ausscheiden einzelner Mitglieder der Partnerschaft nicht zumutbar ist, soll eine Auflösung der Partnerschaft in Betracht kommen.

18

a) Gerichtliche Entscheidung.[24] Jeder Partner kann bei Vorliegen eines wichtigen Grundes die Auflösung der Gesellschaft entsprechend § 133 HGB durch gerichtliche Entscheidung beantragen. Ein wichtiger Grund liegt vor, wenn das Zusammenwirken der Gesellschafter zur Erreichung des Partnerschaftszweckes dergestalt beeinträchtigt ist, daß dem Kläger die Fortführung der Partnerschaft nicht mehr zumutbar ist.[25] Den Vorrang haben Abhilfemaßnahmen, die den Fortbestand

19

---

[19] Dazu *Baumbach/Hopt,* HGB, § 138 Rdn. 36; zur steuerrechtlichen Gestaltung *Wangler* DB 1994, 1432.
[20] Dazu eingehend *Haack* GmbHR 1994, 437.
[21] BGHZ 116, 369; BGH WM 1979, 1065; BGH NJW 1985, 192; ferner BGH NJW 1993, 2102 (keine festen Prozentsätze).
[22] BGH ZIP 1993, 1160; BGH NJW 1993, 3193 = WIB 1994, 21 m. Anm. *v. d. Seipen;* dazu *Haack* GmbHR 1994, 437.
[23] BT-Drucks. 12/6152, S. 13.
[24] Vgl. § 133 i. V. m. § 131 Nr. 6 2. Alt. HGB.
[25] Vgl. BGHZ 69, 169.

der Partnerschaft sichern.[26] Daher ist die Erhebung einer Auflösungsklage ausgeschlossen, wenn eine Ausschließung des Auflösungsklägers gerechtfertigt ist oder dessen Austritt für ihn zumutbar ist. Dem allgemeinen personengesellschaftsrechtlichen Prinzip des Vorrangs von Abhilfemaßnahmen kommt angesichts des gesetzlichen Regelungsziels (Strukturverfestigung) innerhalb des PartGG besondere Bedeutung zu.[27] Das Recht, die Auflösung der Partnerschaft aus wichtigem Grund zu verlangen, steht indes nicht zur Disposition der Partner (§ 133 Abs. 3 HGB).

20 **b) Beschluß der Partner.** Den Partnern steht es frei, die Partnerschaft durch Beschluß gem. § 9 Abs. 1 i. V. m. § 131 Nr. 2 HGB aufzulösen. Der Auflösungsbeschluß erfordert grundsätzlich Einstimmigkeit. Im Partnerschaftsvertrag kann das Mehrheitsprinzip vereinbart werden.[28] Der Beschluß ist formfrei, soweit der Partnerschaftsvertrag nichts anderes bestimmt. Bei Geschäftsunfähigkeit oder beschränkter Geschäftsfähigkeit eines Partners ist gem. § 1823 BGB die Genehmigung des Vormundes erforderlich.

21 **c) Gesellschaftskonkurs.** Bei der Eröffnung des Konkursverfahrens über ihr Vermögen wird die Partnerschaft entsprechend der Regelung in § 131 Nr. 3 HGB aufgelöst. Der **Auflösungsgrund ist zwingend,** da nach der Eröffnung des Konkursverfahrens über das Vermögen der Partnerschaft jenes in erster Linie zur Befriedigung der Partnerschaftsgläubiger verwendet werden muß. Dies erfolgt durch den Konkursverwalter. Verbleibt nach Beendigung des Konkurses ausnahmsweise ein Überschuß, kann sich eine Abwicklung anschließen.[29] Mitumfaßt von diesem Auflösungsgrund ist die Eröffnung des Gesamtvollstreckungsverfahrens (§ 1 Abs. 4 S. 2 Gesamtvollstreckungsordnung).

22 § 143 HGB, der die Anmeldung der Auflösung zur Eintragung durch sämtliche Partner vorsieht, wird durch den gem. § 2 Abs. 2 anwendbaren § 32 HGB ergänzt. Die Eintragung der Eröffnung des Konkursverfahrens über das Vermögen der Partnerschaft erfolgt daher von Amts wegen.

23 **d) Zeitablauf.**[30] Ist die Partnerschaft nur zeitlich befristet eingegangen worden, wird sie gem. § 9 Abs. 1 i. V. m. § 131 Nr. 1 HGB nach Zeitablauf aufgelöst. Angesichts der auf gemeinsame Berufsausübung gerichteten Zielsetzung der Partnerschaft wird es sich um seltene Ausnahmefälle handeln.

24 **e) Vertragliche Auflösungsgründe.** Die Partner können im Partnerschaftsvertrag weitere Gründe vorsehen, die zur Auflösung der Partnerschaft berechtigen. Praktisch bedeutsam ist die Ablehnung der Eröffnung des Konkursverfahrens über das Vermögen der Partnerschaft mangels Masse.[31] Das Gesetz hat auf einen entsprechenden Auflösungsgrund verzichtet, da Gläubigerinteressen durch die Antragsablehnung nicht beeinträchtigt werden.[32]

2. Rechtsfolgen

25 Als Rechtsfolge der Auflösung wandelt sich die Partnerschaft von der dem Partnerschaftszweck gewidmeten, werbenden Gesellschaft in eine Abwicklungs-

---

[26] Vgl. BGHZ 80, 346.
[27] Vgl. BT-Drucks. 12/6152, S. 19.
[28] Vgl. HK-*Stuhlfelner*, HGB, § 131 Rdn. 3.
[29] BGHZ 93, 164.
[30] Vgl. § 131 Nr. 1 HGB.
[31] Im HGB ist dieser Auflösungsgrund aus den gleichen Gründen gesetzlich nicht geregelt, vgl. BGHZ 75, 178 (180). Des weiteren ist auch im Rahmen der Insolvenzrechtsreform (vgl. BGBl. I 1994, S. 2911 ff.) keine dahingehende Änderung erfolgt.
[32] *Seibert*, S. 116.

gesellschaft um. Während der Abwicklung besteht die Partnerschaft, wenn auch mit geändertem Zweck, fort. An die Auflösung schließt sich die Liquidation unter den Partnern (§ 10) an. Die Partnerschaft ist erst beendet, wenn ihr gesamtes Vermögen verteilt ist.

IV. Erbfall (Abs. 4)

§ 9 Abs. 4 regelt die Vererbung von Beteiligungen an einer Partnerschaft. Da nach § 9 Abs. 2 der Tod eines Partners nicht zur Auflösung der Partnerschaft führt, mußte konsequenterweise die Vererblichkeit der Beteiligung ausgeschlossen werden. Den verbleibenden Gesellschaftern soll nicht gegen ihren Willen ein Nachfolger des ausgeschiedenen Gesellschafters aufgezwungen werden. Der **Gesellschaftsvertrag** kann die **Vererblichkeit anordnen** (Abs. 4 S. 2).[33] Die Vererblichkeit kommt nur zugunsten solcher Personen in Betracht, die auch nach dem Katalog des § 1 Abs. 2 taugliche Partner sind. Die Erben müssen mit ihrem Einrücken in die Partnerschaft eine freiberufliche Tätigkeit ausüben. Bei diesen Anforderungen handelt es sich nur um Mindestanforderungen. Der Partnerschaftsvertrag kann strengere Anforderungen an die Person des Erben als Nachfolger des verstorbenen Partners stellen. Möglich ist die Vereinbarung einer sog. „qualifizierten Nachfolgeklausel", nach der gesellschaftsrechtlich nur einer von mehreren Miterben die Nachfolge des verstorbenen Partners antreten kann.[34] Soweit die Voraussetzungen des Satzes 2 erfüllt sind, erwirbt der Betreffende entsprechend den zum Personengesellschaftsrecht entwickelten Grundsätzen die Beteiligung des verstorbenen Partners unmittelbar im ganzen und nicht nur in Höhe seiner Erbquote.[35]

Wird die Partnerschaft **ohne die Erben** fortgeführt, so gilt § 738 BGB entsprechend. Der Anteil des verstorbenen Partners wächst den übrigen Partnern zu. Der Auseinandersetzungsanspruch fällt in den Nachlaß. Die Zulässigkeit von Abweichungen richtet sich nach den zum Personengesellschaftsrecht entwickelten Grundsätzen.[36]

V. Anteilsübertragung

Das Gesetz sieht zwar die Möglichkeit einer Anteilsübertragung nicht ausdrücklich vor. Auf eine ausdrückliche Normierung wurde indes nur verzichtet, weil der Gesetzgeber von der entsprechenden Anwendbarkeit der zum Personengesellschaftsrecht entwickelten Grundsätze ausging.[37] Demnach ist eine Anteilsübertragung **grundsätzlich zulässig,** jedoch ist eine partnerschaftsvertragliche Regelung **oder** eine ausdrückliche Zustimmung aller Partner erforderlich.[38] Die Erfordernisse des § 1 Abs. 1 und 2 sind zu beachten, so daß eine Anteilsübertragung nur an eine Person erfolgen kann, die auch Gründungspartner sein könnte.

---

[33] BT-Drucks. 12/6152, S. 21.
[34] *Lenz* MDR 1994, 741 (744, Fn. 53).
[35] Der Erbquote kommt insoweit nur hinsichtlich der Ansprüche der Miterben untereinander auf Wertausgleich Bedeutung zu, vgl. für die Personenhandelsgesellschaft BGHZ 68, 225 (237 f.).
[36] Vgl. für die OHG BGHZ 22, 186 (194).
[37] So die amtliche Begründung BT-Drucks. 12/6152, S. 21.
[38] Vgl. für die Personengesellschaft BGHZ 13, 179 (185 f.); 24, 106 (114); mißverständlich *Michalski/Römermann*, PartGG, § 1 Rdn. 131, die von einer Kumulation beider Voraussetzungen ausgehen.

§ 10 Liquidation der Partnerschaft; Nachhaftung

(1) Für die Liquidation der Partnerschaft sind die Vorschriften über die Liquidation der offenen Handelsgesellschaft entsprechend anwendbar.

(2) Nach der Auflösung der Partnerschaft oder nach dem Ausscheiden des Partners bestimmt sich die Haftung der Partner aus Verbindlichkeiten der Partnerschaft nach den §§ 159, 160 des Handelsgesetzbuchs.

Schrifttum: *Bösert,* Das neue Recht der Nachhaftungsbegrenzung, Wprax 1994, Heft 4/94, S. 2 ff.; *Eckert,* Begrenzung der Nachhaftung ausgeschiedener Gesellschafter, RdA 1994, 215; *Kainz,* Das Nachhaftungsbegrenzungsgesetz, DStR 1994, 620; *Kollbach,* Die Neuregelung der Nachhaftung ausgeschiedener persönlich haftender Gesellschafter, GmbHR 1994, 164; *Lieb,* Offene (Übergangs-)Fragen nach dem Erlaß des Nachhaftungsbegrenzungsgesetzes (NhBG), GmbHR 1994, 657; *Nitsche,* Das neue Nachhaftungsbegrenzungsgesetz – Vertragsübergang kraft Gesetzes?, ZIP 1994, 1919; *Reichold,* Das neue Nachhaftungsbegrenzungsgesetz, NJW 1994, 1617; *Seibert,* Nachhaftungsbegrenzungsgesetz – Haftungsklarheit für den Mittelstand, DB 1994, 641; *Waldner,* Das neue Nachhaftungsbegrenzungsgesetz, WiB 1994, 297.

Übersicht

	Rdn.		Rdn.
I. Regelungszweck	1	IV. Nachhaftung	5
II. Liquidatoren	2, 3	V. Nicht anwendbare Vorschriften	6
III. Rechtsfolge der Liquidation	4		

I. Regelungszweck

1   Absatz 1 ordnet für die Liquidation der Partnerschaft die entsprechende Geltung der §§ 145 bis 158 HGB an. Dementsprechend schließt sich gem. § 145 Abs. 1 HGB an die Auflösung der Partnerschaft die Liquidation an, sofern nicht eine andere Art der Auseinandersetzung von den Partnern vereinbart oder über das Vermögen der Partnerschaft das Konkursverfahren eröffnet wurde. Für die Nachhaftung der Partner verweist Absatz 2 auf die §§ 159 und 160 HGB in der Fassung des Nachhaftungsbegrenzungsgesetzes vom 18. 3. 1994.[1]

II. Liquidatoren

2   Nach § 146 Abs. 1 HGB erfolgt die Liquidation grundsätzlich durch alle Partner als Liquidatoren, sofern sie nicht partnerschaftsvertraglich oder durch Beschluß der Partner einzelnen Partnern oder Dritten übertragen wird. Aus wichtigem Grund kann die Ernennung von Liquidatoren gem. § 146 Abs. 2 HGB auch durch das Gericht erfolgen. Die **Abberufung** von Liquidatoren erfolgt gem. § 147 HGB durch einstimmigen Beschluß der Beteiligten (vgl. § 146 Abs. 2 S. 2 u. Abs. 3) oder bei wichtigem Grund durch das Gericht. Als Dritte, die zu Liquidatoren bestellt werden können, kommen wegen der sich aus § 149 Abs. 1 HGB ergebenen Verpflichtung, die laufenden Geschäfte zu beenden,[2] nur Personen in

---

[1] Gesetz zur Begrenzung der Nachhaftung von Gesellschaftern (Nachhaftungsbegrenzungsgesetz-NachhBG), BGBl. I 1994, S. 560; dazu *Lieb* GmbHR 1994, 657; *ders.* GmbHR 1992, 561.
[2] Die Befugnis zur Beendigung der laufenden Geschäfte kann unter Umständen – soweit dies die Liquidation erfordert – auch die Aufnahme neuer Tätigkeiten umfassen, vgl. *Heymann/Sonnenschein* HGB, § 149 Rdn. 4.

Betracht, welche die dafür erforderliche Zulassung und Qualifikation besitzen.³ Im Falle der Liquidation einer Rechtsanwaltspartnerschaft können nur Rechtsanwälte als Liquidatoren bestellt werden.

Die Anmeldung und Eintragung der Liquidatoren erfolgt grundsätzlich gem. § 148 Abs. 1 HGB durch **sämtliche Partner** oder im Falle der gerichtlichen Bestellung von Amts wegen. Die Befugnis zur Einzelgeschäftsführung der Partner besteht gem. § 156 HGB i. V. m. § 6 fort. Die in § 150 HGB vorgesehene Gesamtvertretungsmacht der Liquidatoren ist für die Liquidation einer Partnerschaft von Rechtsanwälten unbefriedigend. Die Partnerschaft unterliegt nicht der in §§ 238, 242 HGB vorgeschriebenen Pflicht zur Jahresrechnungslegung, doch müssen die Liquidatoren gem. § 154 HGB eine Liquidationsbilanz im Sinne einer Vermögens- und Schlußbilanz aufstellen.⁴

III. Rechtsfolge der Liquidation

Entsprechend § 155 Abs. 1 HGB ist das nach Berichtigung der Schulden verbleibende Vermögen der Partnerschaft von den Liquidatoren nach dem Verhältnisse der Kapitalanteile, wie sie sich auf Grund der Schlußbilanz ergeben, unter den Partnern zu **verteilen**. Der Partnerschaftsvertrag kann **abweichende** Gestaltungen vorsehen. Die Anmeldung und Eintragung des Erlöschens der Partnerschaft erfolgt in Ergänzung zu § 157 HGB gem. § 2 Abs. 2 i. V. m. § 31 Abs. 2 S. 2 HGB notfalls von Amts wegen.

IV. Nachhaftung

Jeder Partner haftet nach Maßgabe des § 8 Abs. 1 und 2 auch nach seinem Ausscheiden oder nach der Auflösung der Partnerschaft in den Grenzen der §§ 159, 160 HGB⁵ weiterhin. Nach § 159 HGB verjähren die Ansprüche gegen den einzelnen Partner aus Verbindlichkeiten der Partnerschaft grundsätzlich in 5 Jahren nach der **Auflösung** der Partnerschaft, sofern der Anspruch gegen die Partnerschaft nicht einer kürzeren Verjährung unterliegt. Eine kürzere Verjährung ordnen z. T. die Berufsrechte an, vgl. nur § 51 b BRAO für Rechtsanwälte. Die Haftung des ausgeschiedenen Gesellschafters für vor seinem **Ausscheiden** begründete Schulden ist gem. § 160 HGB zeitlich begrenzt auf solche Verbindlichkeiten, die innerhalb von 5 Jahren fällig werden (Ausschlußfrist). Außerdem muß der Anspruch innerhalb dieser Frist gegen ihn gerichtlich geltend gemacht worden sein. Eine Haftungsbegrenzung gem. § 8 Abs. 2 wirkt fort.

V. Nicht anwendbare Vorschriften

§ 145 Abs. 2, § 146 Abs. 2 S. 2 u. 3 sowie § 148 Abs. 1 S. 3, die auf der Annahme basieren, daß die Kündigung des Gläubigers eines Gesellschafters, die Eröffnung des Konkursverfahrens über das Vermögen eines Gesellschafters und der Tod eines Gesellschafters zur Auflösung der Gesellschaft führen, finden bei der Partnerschaft grundsätzlich keine Anwendung. Die genannten Gründe stellen abweichend von der Regelung bei der OHG gem. § 9 Abs. 2 keine Auflösungsgründe dar, sondern führen lediglich zum Ausscheiden des betroffenen Partners.

---

³ Allerdings kann das Berufsrecht darüber hinaus besondere Vorkehrungen treffen. So regelt das Berufsrecht der Steuerberater die Abwicklung der laufenden Steuerberatergeschäfte in § 54 Abs. 3 und 4, § 70 StBerG besonders.

⁴ *K. Schmidt* NJW 1995, 1 (5); *Bösert/Braun/Jochem*, S. 178.

⁵ Vgl. zum neuen Nachhaftungsbegrenzungsgesetz (BGBl. I 1994, S. 560) *Kollbach*, GmbHR 1994, 164; *Reichold* NJW 1994, 1617; *Seibert* DB 1994, 461.

§ 11 Übergangsvorschrift

Den Zusatz „Partnerschaft" oder „und Partner" dürfen nur Partnerschaften nach diesem Gesetz führen. Gesellschaften, die eine solche Bezeichnung bei Inkrafttreten dieses Gesetzes in ihrem Namen führen, ohne Partnerschaft im Sinne dieses Gesetzes zu sein, dürfen diese Bezeichnung noch bis zum Ablauf von zwei Jahren nach Inkrafttreten dieses Gesetzes weiterverwenden. Nach Ablauf dieser Frist dürfen sie eine solche Bezeichnung nur noch weiterführen, wenn sie in ihrem Namen der Bezeichnung „Partnerschaft" oder „und Partner" einen Hinweis auf die andere Rechtsform hinzufügen.

Die Vorschrift regelt die weitere Verwendung der gerade im anwaltlichen Bereich gebräuchlichen Bezeichnung „und Partner", sowie die Verwendung der Bezeichnung „Partnerschaft". Neugegründeten Sozietäten, die nicht die Gesellschaftsform der Partnerschaft wählen, ist die Führung dieser Bezeichnungen untersagt. Bestehende Sozietäten genießen zwar Bestandsschutz. Sie müssen jedoch nach dem 1. 7. 1997 einen eindeutigen Hinweis auf die Gesellschaftsform aufnehmen, in der sie sich formiert haben. Eine Rechtsanwaltssozietät, die bisher die Bezeichnung „Rechtsanwälte X, Y und Partner" führt, und die auch weiterhin die Rechtsform der GbR beibehalten will, muß demnach folgende Bezeichnung wählen: „Rechtsanwälte X, Y und Partner, **GbR**". Ein Zusammenschluß von Rechtsanwälten in der Rechtsform der GmbH bedurfte bereits vor dem Inkrafttreten des PartGG gem. § 4 Abs. 2 GmbHG eines entsprechenden Hinweises.[1] Nach Auffassung des OLG Frankfurt/M. soll das Verbot des Firmenzusatzes „und Partner" nicht für Kapitalgesellschaften gelten.[2] Mit dem gesetzlichen Regelungsanliegen ist diese Ansicht nicht zu vereinbaren. Angesichts der Vielzahl der von der Umbenennungspflicht betroffenen Gesellschaften und der bislang geringen Anzahl der Partnerschaftsgründungen erscheint die Vorschrift rechtspolitisch fragwürdig.[3]

---

[1] Vgl. zur Zulässigkeit einer Anwalts-GmbH: Bay ObLG ZIP 1994, 1868, mit zustimmender Anmerkung von *Henssler,* vgl. dazu auch *Hartstang* ZAP 1994, 1223; *Taupitz* NJW 1995, 369; *Boin* NJW 1995, 371; *Ahlers* AnwBl. 1995, 3; *Kempter* BRAK-Mitt. 1995, 4; *Zuck* ZRP 1995, 68.
[2] OLG Frankfurt/M., Beschl. v. 20. 5. 1996, – 20 W 121/96 –, WM 1996, 1317.
[3] Kritisch auch *Burret* WPK-Mitt. 1994, 201 (204).

5. Gesetz zur Durchführung der Richtlinie des Rates der Europäischen Gemeinschaften vom 22. März 1977 zur Erleichterung der tatsächlichen Ausübung des freien Dienstleistungsverkehrs der Rechtsanwälte

Vom 16. August 1980
(BGBl. I S. 1453); zuletzt geändert durch Art. 36 des Gesetzes vom 27. April 1993
(BGBl. I S. 512, 529)

Schrifttum: *Brangsch,* Grenzüberschreitende Dienstleistungen der Anwälte in der Europäischen Gemeinschaft, NJW 1981, 1177; *Clausnitzer,* Niederlassungs- und Dienstleistungsfreiheit der Anwälte in der Europäischen Gemeinschaft, BRAK-Mitt. 1989, 59; *Commichau,* Berufs- und Standesrecht der deutschen Anwaltschaft im Wandel, JZ 1988, 824; *ders.,* Fragen zum europäischen Anwaltsrecht, IPRax 1989, 12; *Everling,* Welche gesetzlichen Regelungen empfehlen sich für das Recht der rechtsberatenden Berufe, insbesondere im Hinblick auf die Entwicklung in der Europäischen Gemeinschaft?, Gutachten zum 58. DJT, München 1990; *Mauro/Weil,* Die freie Dienstleistung von Rechtsanwälten aus der Europäischen Gemeinschaft, AnwBl. 1981, 128; *Rabe,* Internationales Anwaltsrecht – Dienstleistungs- und Niederlassungsfreiheit der Rechtsanwälte in der EG, AnwBl. 1992, 146; *Raiser,* Die Haftung des deutschen Rechtsanwalts bei grenzüberschreitender Tätigkeit, AnwBl. 1991, 487; *Schultz,* Zum Gesetz zur Durchführung der EG-Richtlinie zur Erleichterung des freien Dienstleistungsverkehrs der Rechtsanwälte, AnwBl. 1981, 41; *Skarlatos,* European lawyers' right to transnational legal practice in the European Community, Legal Issues of European Integration 1991, 49; *Stefener,* EuGH-Dienstleistungsurteil – Auswirkungen auf Lokalisation und Zweigstellenverbot, AnwBl. 1988, 367; *Zuck,* Das Gesetz zur Änderung des Berufsrechts der Rechtsanwälte und der Patentanwälte, NJW 1990, 1025; *ders.,* Internationales Anwaltsrecht, NJW 1987, 3033.

Die Richtlinie des Rates vom 22. März 1977 zur Erleichterung der tatsächlichen Ausübung des freien Dienstleistungsverkehrs der Rechtsanwälte[1] war von den Mitgliedstaaten bis zum 26. 3. 1979 umzusetzen. Der deutsche Gesetzgeber kam dieser Verpflichtung mit anderthalbjähriger Verspätung durch das am 22. 8. 1980 in Kraft getretene Rechtsanwaltsdienstleistungsgesetz (RADG)[2] nach. Das RADG nimmt zum einen die erforderliche Anpassung der innerstaatlichen Berufsausübungsregeln an die Richtlinie vor (vgl. §§ 3, 4, 7 und 8 des Ersten Abschnitts und den Zweiten Abschnitt), zum anderen enthält es Neuregelungen, die eine geordnete Abwicklung der Tätigkeiten von Dienstleistungserbringern im Sinne der Richtlinie gewährleisten sollen (vgl. §§ 1, 2, 5, 6 und 9 des Ersten Abschnitts).

Nachdem der Gerichtshof der Europäischen Gemeinschaften durch Urteil vom 25. 2. 1988[3] einzelne Bestimmungen des RADG für mit der Richtlinie unvereinbar erklärt hatte, wurde das RADG durch Gesetz vom 14. 3. 1990 geändert.

---

[1] Siehe Anhang. Vgl. hierzu Vor §§ 206, 207 Rdn. 68 ff.
[2] BGBl. I, S. 1453, geändert durch Gesetz von 7. 8. 1981, BGBl. I, S. 803, durch Art. 1 des Gesetzes vom 14. 3. 1990, BGBl. I, S. 479, durch Art. 36 des EWR-Ausführungsgesetzes vom 27. 4. 1993, BGBl. I, S. 512 sowie durch Art. 1 Nr. 2 des Gesetzes zur Anpassung des EWR-Ausführungsgesetzes vom 27. 9. 1993, BGBl. I, S. 1666.
[3] EuGH Slg. 1988, 1123 = NJW 1988, 887 = AnwBl. 1988, 236 = BRAK-Mitt. 1988, 152 = JZ 1988, 506 = DVBl. 1989, 30 – Kommission/Deutschland. Vgl. hierzu die Kommentierung zu § 4 RADG.

RADG § 1 RechtsanwaltsdienstleistungsG

Die Neufassung schränkt insbesondere den Bereich ein, in dem der Dienstleistungserbringer im Einvernehmen mit einem deutschen Rechtsanwalt handeln muß, gestaltet das Einvernehmen neu aus und stellt den dienstleistenden Anwalt von Beschränkungen seiner Vertretungsbefugnis frei, die sich daraus ergeben, daß in bestimmten Verfahren der Prozeßbevollmächtigte bei dem Gericht zugelassen sein muß (vgl. § 78 ZPO).

§ 1 Anwendungsbereich

(1) **Staatsangehörige eines Mitgliedstaats der Europäischen Gemeinschaften oder eines anderen Vertragsstaates des Abkommens über den Europäischen Wirtschaftsraum, die berechtigt sind, unter einer der folgenden Bezeichnungen**
– in Belgien: Avocat/Advocaat –
– in Dänemark: Advokat –
– in Finnland: Asianajaja/Advokat –
– in Frankreich: Avocat –
– in Griechenland: δικηγόρος –
– in Irland: Barrister, Solicitor –
– in Island: Lögmaur –
– in Italien: Avvocato –
– in Lichtenstein: Rechtsanwalt –
– in Luxemburg: Avocat-avoué –
– in den Niederlanden: Advocaat –
– in Norwegen: Advokat –
– in Österreich: Rechtsanwalt –
– in Portugal: Advogado –
– in Schweden: Advokat –
– in Spanien: Abogado –
– im Vereinigten Königreich: Advocate, Barrister, Solicitor –
beruflich tätig zu werden, dürfen, sofern sie Dienstleistungen im Sinne des Artikels 60 des Vertrages zur Gründung der Europäischen Wirtschaftsgemeinschaft erbringen, im Geltungsbereich dieses Gesetzes vorübergehend die Tätigkeiten eines Rechtsanwalts nach den folgenden Vorschriften ausüben.

(2) Absatz 1 gilt nicht für Personen, die den Beruf des Rechtsanwalts nicht ausüben dürfen, weil

a) sie aus einem der in § 7 Nr. 1, 2, 4 bis 6 der Bundesrechtanwaltsordnung aufgeführten Gründen in nicht mehr anfechtbarer Weise zur Rechtsanwaltschaft nicht zugelassen worden sind oder ihre Zulassung aus einem dieser Gründe nach § 14 Abs. 1 Nr. 1 der Bundesrechtsanwaltsordnung in nicht mehr anfechtbarer Weise zurückgenommen worden ist, solange der Grund für die Nichtzulassung oder die Rücknahme der Zulassung besteht,

b) ihre Zulassung nach § 14 Abs. 1 Nr. 2 und 3 der Bundesrechtsanwaltsordnung in nicht mehr anfechtbarer Weise zurückgenommen worden ist*,

c) gegen sie die Maßnahme der Ausschließung aus der Rechtsanwaltschaft nach § 114 Abs. 1 Nr. 5 der Bundesrechtsanwaltsordnung rechtskräftig verhängt worden ist.

§ 1 Anwendungsbereich 1–4 § 1 RADG

Ist einer Person nach § 70 des Strafgesetzbuches, § 132 a der Strafprozeßordnung oder § 150 der Bundesrechtsanwaltsordnung die Ausübung des Anwaltsberufs verboten, so ist Absatz 1 für die Dauer des Verbots nicht anzuwenden. Ist gegen eine Person nach § 114 Abs. 1 Nr. 4, §§ 150 oder 161 a der Bundesrechtsanwaltsordnung ein Vertretungsverbot verhängt worden, so ist Absatz 1 in dem Umfang nicht anzuwenden, in dem das Vertretungsverbot besteht.

Nach dem **bis zum Inkrafttreten des RADG** geltenden innerstaatlichen Recht durften ausländische Staatsangehörige in der Bundesrepublik grundsätzlich weder rechtsbesorgend noch rechtsberatend tätig werden, sofern sie keine Erlaubnis nach dem RBerG besaßen. Nach herrschender Meinung[1] unterlag jedoch die Vornahme einzelner anwaltlicher Berufshandlungen durch einen nicht in Deutschland niedergelassenen ausländischen Anwalt keinen berufsrechtlichen Beschränkungen. Das RADG schuf in dieser Frage zumindest für Angehörige der Mitgliedstaaten[2] Rechtsklarheit. § 1 RADG regelt nunmehr die Voraussetzungen, unter denen Anwälte aus anderen Mitgliedstaaten in Deutschland[3] vorübergehend anwaltlich tätig werden können. 1

In Deutschland darf anwaltlich tätig werden, wer berechtigt ist, in einem anderen Mitgliedstaat seine berufliche Tätigkeit unter einer der in § 1 genannten Bezeichnungen auszuüben. Ob dies der Fall ist, richtet sich allein nach dem Recht des betreffenden Herkunftsstaates. 2

Bei der Tätigkeit muß es sich um eine **Dienstleistung im Sinne von Art. 60 EGV** handeln, d. h. um eine grenzüberschreitende, selbständige, regelmäßig gegen Entgelt erbrachte Tätigkeit, die nur vorübergehend im Inland ausgeübt wird. Als problematisch erweist sich hierbei das Erfordernis einer nur zeitweiligen Tätigkeit. Da die Kriterien für deren Vorliegen nur unscharf definiert sind[4] und eine Kontrolle durch die Rechtsanwaltskammer kaum möglich ist, besteht die Gefahr, daß einzelne Anwälte durch regelmäßige und umfangreiche „Dienstleistungen" im Inland insbesondere das Lokalisationsprinzip umgehen. 3

Um Mißbräuchen dieser Art entgegenzuwirken schlug die BRAK im Rahmen der Beratung über die Neufassung des RADG vor, einem unter das RADG fallenden Anwalt die Postulationsfähigkeit zu entziehen, wenn er im Inland zugelassen war, dort eine Niederlassung hatte oder auf andere Weise seine Zusammenarbeit mit einem deutschen Kollegen in der Bundesrepublik nach außen zu erkennen gab. Daneben forderte die BRAK, das RADG solle in der Form einer Negativklausel regeln, wann eine Dienstleistung nicht mehr als gelegentlich gelten könne.[5] Diese Vorschläge wurden jedoch nicht aufgegriffen, da der deutsche Gesetzgeber nicht die Kompetenz hat, den EG-rechtlichen Begriff der Dienstleistung zu definieren. Auch setzt Art. 59 EGV und damit die Anwendbar- 4

---

[1] Amtl. Begr. BT-Drucks. 8/3181, S. 12; *Rabe* NJW 1987, 2185 (2186); *Brangsch* NJW 1981, 1177; *Schultz* AnwBl. 1981, 41 (43); *Friedlaender* AnwBl. 1954, 1 (4); aA *Errens* EuZW 94, 460 (461).

[2] Soweit vorliegend die Bezeichnung „Mitgliedstaat(en)" verwendet wird, bezieht sich diese sowohl auf die EG-Mitgliedstaaten als auch auf die übrigen Vertragsstaaten des EWR-Abkommens.

[3] Die Tätigkeit in den neuen Bundesländern ist keinen besonderen Beschränkungen unterworfen.

[4] Vgl. Vorb §§ 206, 207 Rdn. 86 ff.

[5] Stellungnahme der BRAK zum RADG vom 30. 3. 1988, BRAK-Mitt. 1988, 184 (185).

keit des RADG voraus, daß ein Element des Sachverhalts über die Grenzen eines Mitgliedstaates hinausreicht. Dies ist nicht der Fall, wenn ein in Deutschland niedergelassener Anwalt in Deutschland für einen deutschen Mandanten tätig wird.[6] Als weiteres Korrektiv wirkt die Rechtsprechung des Gerichtshofs, nach der die Mitgliedstaaten befugt sind, einen Dienstleistungserbringer, dessen Tätigkeit ganz oder vorwiegend auf das Inland ausgerichtet ist, als niedergelassen zu behandeln.[7]

5 Nach der amtlichen Begründung wird von § 1 nicht erfaßt – weil nicht unter Art. 60 EGV fallend – die anwaltliche Betätigung der **im Gehaltsverhältnis stehenden oder durch Arbeitsvertrag an ein Unternehmen gebundenen Personen.**[8] Dies ist jedoch nur insoweit zutreffend, als die Tätigkeit des angestellten Anwalts in der Beratung und Vertretung seines Arbeitgebers besteht. Art. 60 EGV und damit § 1 finden dagegen Anwendung, soweit der angestellte Anwalt für Dritte tätig wird, da er hier entweder als Selbständiger (bei einer Tätigkeit außerhalb seines Arbeitsverhältnisses) oder für einen Selbständigen bzw. eine Gesellschaft (bei einer Tätigkeit im Auftrag seines Arbeitgebers) handelt. Dem entspricht die Regelung des § 3 Abs. 1 RADG iVm § 46 BRAO, die Syndikusanwälten anderer Mitgliedstaaten lediglich die Vertretung und Verteidigung ihres Arbeitgebers vor deutschen Gerichten und Schiedsgerichten untersagt. Der Gesetzgeber machte hierdurch von der Ermächtigung des Art. 6 der Richtlinie Gebrauch.

6 **Absatz 2** soll verhindern, daß sich unter Berufung auf das RADG in Deutschland Personen anwaltlich betätigen, denen zur Wahrung der verfassungsrechtlichen Ordnung oder aus Gründen der öffentlichen Sicherheit entweder die Zulassung zur Anwaltschaft versagt oder entzogen wurde oder die wegen schwerster Verstöße gegen die berufsrechtlichen Pflichten aus der Anwaltschaft ausgeschlossen worden sind. Das Tätigkeitsverbot nach Absatz 2 ist dabei auf den jeweiligen zeitlichen und gegenständlichen Umfang beschränkt, in dem die Betätigung des Rechtsanwalts nach den genannten Vorschriften ausgeschlossen oder eingeschränkt worden ist.[9]

§ 2 Berufsbezeichnung, Nachweis der Anwaltseigenschaft

(1) **Wer nach § 1 Abs. 1 im Geltungsbereich dieses Gesetzes die Tätigkeiten eines Rechtsanwalts ausübt, hat hierbei die Berufsbezeichnung, die er im Staat seiner Niederlassung (Herkunftsstaat) nach dem dort geltenden Recht zu führen berechtigt ist, zu verwenden und entweder das Gericht, bei dem er nach dem Recht des Herkunftsstaats zugelassen ist, oder die Berufsorganisation, der er angehört, anzugeben. Wer gemäß § 1 Abs. 1 berechtigt ist, die Berufsbezeichnung „Rechtsanwalt" zu führen, hat hierbei den Herkunftsstaat anzugeben; im übrigen darf die Berufsbezeichnung „Rechtsanwalt" oder eine von den in § 1 Abs. 1 aufgeführten Berufsbezeichnungen abweichende Bezeichnung nicht geführt werden.**

---

[6] Aus diesem Grunde geht auch die Rechnung von *Bleckmann* (JZ 1988, 509, 510) nicht auf, der annimmt, die gleichzeitige Niederlassung in Deutschland und einem anderen Mitgliedstaat erlaube das Auftreten vor allen deutschen Gerichten, wobei wegen der Qualifikation im deutschen Recht ein Handeln im Einvernehmen mit einem inländischen Anwalt nicht notwendig sei.
[7] EuGH Slg. 1974, 1299 = NJW 1975, 1095, Tz. 13 – Van Binsbergen.
[8] Amtl. Begr. BT-Drucks. 8/3181, S. 13.
[9] Amtl. Begr. BT-Drucks. 8/3181, S. 13.

§ 2 Nachweis der Anwaltseigenschaft   1–3   § 2 RADG

(2) **Wer nach § 1 Abs. 1 im Geltungsbereich dieses Gesetzes Dienstleistungen erbringen will, hat der nach § 6 zuständigen Rechtsanwaltskammer, dem Gericht oder der Behörde, vor der er auftritt, auf Verlangen seine Berechtigung nach § 1 Abs. 1 nachzuweisen. Wird dieses Verlangen gestellt, darf er die Tätigkeiten nach diesem Gesetz erst ausüben, wenn der Nachweis erbracht ist.**

Absatz 1 Satz 1 entspricht Art. 3 der Richtlinie. Satz 2 untersagt darüber hinaus Dienstleistungserbringern, die nicht nach § 1 Abs. 1 berechtigt sind, die Berufsbezeichnung „Rechtsanwalt" zu führen, ausdrücklich, ihren (im Aufnahmestaat möglicherweise schwer verständlichen) **Heimattitel** durch die Bezeichnung „Rechtsanwalt" zu ersetzen. Keine Bedenken dürften jedoch bestehen, den Heimattitel durch einen erläuternden Zusatz unter Verwendung des Wortes „Rechtsanwalt" zu ergänzen (z. B. „solicitor – englischer Rechtsanwalt").[1]   1

Satz 2 untersagte ursprünglich die Führung der Berufsbezeichnung „Rechtsanwalt" ohne Ausnahme. Durch den Beitritt Österreichs und Liechtensteins zum Abkommen über den Europäischen Wirtschaftsraum wurde jedoch eine entsprechende Einschränkung erforderlich. Die Bestimmung wurde daher durch Art. 36 des EWR-Ausführungsgesetzes vom 27. 4. 1993[2] neu gefaßt. Die BRAK hatte sich bereits 1988 für die Streichung von § 1 Abs. 1 Satz 2 ausgesprochen, da die Bestimmung auch ausländische Anwälte erfaßte, die sich in ihrem Herkunftsland aufgrund eines Sprachenstatuts als „Rechtsanwalt" bezeichnen dürfen.[3] Während ein Vorentwurf der Novelle von 1990 dementsprechend die Streichung der Bestimmung vorgesehen hatte, wurde diese letztlich vorerst beibehalten.   2

Absatz 2 regelt den **Nachweis der Anwaltseigenschaft** gegenüber der nach § 6 zuständigen Rechtsanwaltskammer, dem Gericht oder der Behörde, vor welcher der Dienstleistungserbringer auftritt. Der ausländische Anwalt kann zu diesem Zwecke eine Bescheinigung der zuständigen Behörde seines Herkunftsstaates vorlegen oder sich durch den einheitlichen Berufsausweis für Rechtsanwälte des CCBE ausweisen. Der Gerichtshof der Europäischen Gemeinschaften erkannte diesen Ausweis durch Schreiben an den CCBE vom 15. 11. 1979 als geeigneten Nachweis der Anwaltseigenschaft an.[4] Der Nachweis ist nur auf Verlangen zu erbringen, d. h. die Pflicht beschränkt sich auf solche Fälle, in denen Zweifel an der Anwaltseigenschaft bestehen. Wird der Nachweis verlangt, so dürfen bis zur Erbringungen des Nachweises anwaltliche Tätigkeiten nach dem RADG nicht ausgeübt werden. Personen, die als Verfahrensbevollmächtigter oder Verteidiger auftreten wollen, werden in diesem Fall zurückgewiesen.[5]   3

---

[1] *Zuck* NJW 1990, 1025, Fußn. 29.
[2] BGBl. I, S. 512.
[3] BRAK-Mitt. 1988, 123 (124).
[4] Der EuGH verlangt hierbei, daß der Ausweis nicht älter als ein Jahr ist. Diese zeitliche Begrenzung erklärt sich daraus, daß der EuGH auch ansonsten für den nach Art. 33 der Verfahrensordnung vorzulegende Nachweis der Anwaltszulassung in einem Mitgliedstaat eine Bescheinigung verlangt, die nicht älter als zwei Jahre ist.
[5] Amtl. Begr. BT-Drucks. 8/3181, S. 13.

§ 3 Rechte und Pflichten

(1) Die in § 1 Abs. 1 bezeichneten Personen haben bei Ausübung der Tätigkeiten, die mit der Vertretung oder Verteidigung eines Mandanten im Bereich der Rechtspflege oder vor Behörden zusammenhängen, die Stellung eines Rechtsanwalts, insbesondere dessen Rechte und Pflichten, soweit diese nicht die Zugehörigkeit zu einer Rechtsanwaltskammer, den Wohnsitz sowie die Kanzlei betreffen. Beschränkungen der Vertretungsbefugnis, die sich aus dem Erfordernis der Zulassung bei einem Gericht ergeben, gelten für sie nur für die Vertretung vor dem Bundesgerichtshof. Die in § 1 Abs. 1 bezeichneten Personen dürfen in Berufungssachen vor den Zivilsenaten der Oberlandesgerichte, für die der Grundsatz der ausschließlichen Zulassung (§ 25 der Bundesrechtsanwaltsordnung) gilt, nur vertreten, wenn sie nicht im ersten Rechtszug Prozeßbevollmächtigte waren.

(2) Bei der Ausübung sonstiger Tätigkeiten halten sie die für einen Rechtsanwalt geltenden Regeln ein; hierbei sind insbesondere die sich aus §§ 43, 45 Nr. 1 bis 3 der Bundesrechtsanwaltsordnung ergebenden beruflichen Pflichten zu befolgen. Diese Regeln gelten nur insoweit, als sie nicht mit der Niederlassung im Geltungsbereich dieses Gesetzes untrennbar verbunden sind, sie wegen ihrer allgemeinen Bedeutung von den in § 1 Abs. 1 bezeichneten Personen beachtet werden können und das Verlangen, sie einzuhalten, gerechtfertigt ist, um eine ordnungsgemäße Ausübung der Tätigkeiten des Rechtsanwalts sowie die Wahrung des Ansehens und des Vertrauens, welche die Stellung des Rechtsanwalts erfordert, zu gewähren.

1 Absatz 1 sichert entsprechend Art. 4 Abs. 1 und 2 der Richtlinie die **Gleichstellung** des Dienstleistungserbringers mit dem Rechtsanwalt für die Vertretungs- und Verteidigungstätigkeiten auf dem Gebiet der Rechtspflege und vor Behörden. Vorbehaltlich der sich aus den §§ 4 und 5 ergebenden Sonderregelungen sind daher alle innerstaatlichen Vorschriften, die sich auf die Ausübung anwaltlicher Tätigkeiten beziehen, auch auf den Dienstleistungserbringer anzuwenden. Dies gilt für Vorschriften, die den Anwälten in bestimmten Situationen eine besondere Stellung einräumen, ebenso wie für die eigentlichen Berufspflichten und Standesregeln.[1] Gesetzestechnisch wurde durch diese Regelung vermieden, anpassende Spezialregelungen in die einzelnen Gesetze aufzunehmen. Lediglich der Zweite Abschnitt zählt die einzelnen Vorschriften des StGB auf, die in gleicher Weise auf den Dienstleistungserbringer Anwendung finden.

2 Art. 4 Abs. 2 der Richtlinie stellt klar, daß der dienstleistende Rechtsanwalt bei seiner Tätigkeit im Bereich der Rechtspflege und vor Behörden neben dem **Berufsrecht** des Aufnahmestaates weiterhin das Berufsrecht seines Herkunftsstaates zu beachten hat. Dies wirft die Frage auf, welche Regeln Anwendung finden, wenn sich die beiden rechtlichen Bezugsrahmen in wesentlichen Punkten unterscheiden. Aufbau und Wortlaut der Richtlinienvorschrift deuten darauf hin, daß das Berufsrecht des Herkunftsstaates im Kollisionsfalle zurücktritt.[2]

---

[1] Amtl. Begr. BT-Drucks. 8/3181, S. 13.
[2] So auch *Everling*, Gutachten DJT 1990, C 29 und *Mauro/Weil* AnwBl. 1981, 128 (130); aA *Skarlatos* Legal Issues of European Integration 1/1991, 49 (56), der davon ausgeht, daß jeweils die restriktivere Vorschrift Anwendung findet.

Zumindest die Anwendung **strengerer Bestimmungen des Herkunftsstaa-** 3
tes wäre mit dem Grundsatz der Dienstleistungsfreiheit nicht vereinbar, da sie zu einer Schlechterstellung des Dienstleistenden gegenüber inländischen Anwälten führen würde. Wegen des beschränkten Interesses des Herkunftsstaates an der Anwendungs einer Berufsregeln auf Auslandstätigkeiten fehlte es an zwingenden Gründen des Allgemeininteresses, welche die Schlechterstellung rechtfertigen könnten.

Darüber hinaus dürfte es dem ausländischen Anwalt in einzelnen Fällen 4 auch möglich sein, sich gegenüber einem Verbot des Aufnahmestaates auf die **Zulässigkeit** des fraglichen Verhaltens **in seinem Herkunftsstaat** zu berufen. So läßt sich argumentieren, die Notwendigkeit, speziell für die Tätigkeit in Deutschland gewisse Berufsregeln zu beachten, stelle für Anwälte aus anderen Mitgliedstaaten eine zusätzliche Belastung und damit eine Behinderung des freien Dienstleistungsverkehrs dar. Das deutsche Verbot wäre demnach nicht anwendbar, sofern es nicht durch zwingende Gründe des Allgemeininteresses gerechtfertigt ist.

Um Schwierigkeiten aufgrund der Kollision verschiedener berufsrechtlicher 5 Vorschriften zu vermeiden, hat der Rat der Anwaltschaften in der Europäischen Gemeinschaft (CCBE) 1988 **einheitliche Standesregeln** verabschiedet, die auf alle Anwälte Anwendung finden sollen, die im Rahmen der Rechtsanwaltsdienstleistungs-Richtlinie tätig werden.[3] Der CCBE schlägt vor, diese Regeln durch Übernahme in nationales und/oder Gemeinschaftsrecht für verbindlich zu erklären und sie bei jeder Reform des nationalen Standesrechts zu berücksichtigen. In Deutschland werden sie voraussichtlich zum Teil in die Berufsordnung nach § 59 b BRAO übernommen werden.

Absatz 1 erfaßt nach der amtlichen Begründung ausschließlich Regelungen, wel- 6 che die Art und Weise regeln, in der anwaltliche Leistungen zu erbringen sind.[4] Die Vorschrift regelt daher insbesondere nicht die Frage, ob der Dienstleistungserbringer den Vorschriften der BRAGO unterfällt.[5] Der Gesetzgeber ließ die Frage, welches Recht auf das **privatrechtliche Auftragsverhältnis zwischen Mandant und Dienstleistungserbringer** Anwendung finden sollte, bewußt ungeregelt, da auch die Richtlinie keine Kollisionsregel vorsieht. Vielmehr sollen die allgemeinen kollisionsrechtlichen Grundsätze auch insoweit gelten.[6] Sofern es an einer Rechtswahl durch die Parteien fehlt, gilt grundsätzlich das Recht des Praxisortes.[7] Dient die anwaltliche Tätigkeit nicht der beruflichen oder gewerblichen Tätigkeit des Mandanten, so findet das Recht des Aufenthaltsstaates des Mandanten Anwendung, sofern der Anwaltsvertrag dort zustande kam und dort zumindest teilweise zu erfüllen ist.[8] In der Praxis dürften die Vorschriften der BRAGO daher nur selten auf das Verhältnis des Dienstleistungserbringers zum Mandanten Anwendung finden.[9]

---

[3] Vgl. Anhang.
[4] Die Stellungnahme des Bundesrates (Amtl. Begr. BT-Dr. 8/3181, S. 16) kritisiert zu Recht, daß diese Auslegung im Widerspruch zum Wortlaut der Vorschrift steht.
[5] Amtl. Begr. BT-Drucks. 8/3181, S. 13.
[6] Amtl. Begr. BT-Drucks. 8/3181, S. 9.
[7] Art. 28 Abs. 1 und 2 EGBGB. So auch *Zuck* NJW 1987, 3033; *Gerold/Schmidt/v. Eikken/Madert* BRAGO § 1 Rdn. 103; *Riedel/Sußbauer* BRAGO § 1 Rdn. 66; vgl. auch OLG Düsseldorf MDR 1959, 671 (672); LG Köln AnwBl. 1982, 532.
[8] Art. 29 EGBGB.
[9] Zur internationalen Zuständigkeit für die Entscheidung über Honorarforderungen vgl. BGH RIW 1991, 513 (Rechtsanwalt) und EuGH Slg. 1987, 239 = NJW 1987, 1131 – Shenavai (Architekt).

7 Der zweite und dritte Satz des Absatzes 1 wurden im Rahmen der Novelle von 1990 eingefügt. Bis dahin ergab sich aus dem Verweis des § 4 Abs. 3 RADG a. F. auf § 52 Abs. 2 BRAO („Soweit eine Vertretung durch Rechtsanwälte geboten ist, die bei dem angerufenen Gericht zugelassen sind, ist § 52 Abs. 2 BRAO entsprechend anzuwenden"), daß auch der Dienstleistungserbringer dem **Lokalisationsprinzip** unterworfen war.

8 Dies bedeutete eine ganz erhebliche Einschränkung der freien Berufsausübung des dienstleistenden Anwalts. Konnte dieser in Verfahren ohne Anwaltszwang zumindest als weiterer Prozeßbevollmächtigter neben dem Einvernehmensanwalt auftreten, so waren seine Befugnisse im Anwaltsprozeß (mangels eigener Zulassung bei dem angerufenen Gericht) darauf beschränkt, im Beistand des Einvernehmensanwalts mündliche Ausführungen zu machen. Die Vereinbarkeit dieser Regelung mit dem Grundsatz der Dienstleistungsfreiheit zählte zu den umstrittensten Fragen des **Verfahrens Kommission/Deutschland**. Der Generalanwalt wies die diesbezügliche Rüge der Kommission zurück, da die Regelung seiner Ansicht nach keine diskriminierenden Wirkungen entfalte. Sie stelle den dienstleistenden Anwalt nicht schlechter als jeden nicht bei dem angerufenen Gericht zugelassenen deutschen Rechtsanwalt.[10] Dem hielt der Gerichtshof entgegen, der in § 52 Abs. 2 BRAO enthaltene Grundsatz der territorialen Ausschließlichkeit sei Teil einer nationalen Regelung, die von einer Dauertätigkeit ausgehe. Die zeitlich begrenzte Tätigkeit von Anwälten, die in anderen Mitgliedstaaten niedergelassen sind, erlaube keinen Vergleich mit der Tätigkeit der in der Bundesrepublik niedergelassenen Rechtsanwälte. Der Lokalisierungsgrundsatz könne daher nicht auf dienstleistende Anwälte aus anderen Mitgliedstaaten angewandt werden.[11] Nicht zu beanstanden sei dagegen die Verpflichtung, im Einvernehmen mit einem bei dem angerufenen Gericht zugelassenen Rechtsanwalt zu handeln.[12]

9 Im Verfahren Kommission/Deutschland hatte sich die Bundesregierung zur Verteidigung ihrer Position insbesondere auf das Beispiel des BGH berufen, bei dem nur eine begrenzte Gruppe auf das Revisionsrecht spezialisierter Anwälte zugelassen ist.[13] Der Gerichtshof stellte klar, daß seine Feststellungen zum Lokalisationsprinzip nicht für die **Vertretung vor dem BGH** gelten, da „die Zulassung beim Bundesgerichtshof in der Weise erfolgt, daß Rechtsanwälte mit besonderer Erfahrung oder Kompetenz im Rahmen einer Auswahl zu einer spezialisierten Rechtsanwaltschaft zugelassen werden".[14] In § 3 Abs. 1 S. 2 macht der Gesetzgeber daher von der hiermit eingeräumten Möglichkeit Gebrauch, dienstleistende Anwälte von der Vertretung vor dem BGH auszuschließen. Soweit der Dienstleistungserbringer nicht als Prozeßbevollmächtigter vor dem BGH tätig werden kann, ist es jedoch möglich, ihm entsprechend § 52 Abs. 2 BRAGO die Ausführung der Parteirechte zu überlassen (§ 4 Abs. 4).

10 Lebhaft umstritten war, ob auch der Ausschluß dienstleistender Anwälte von der **Vertretung vor den Oberlandesgerichten** mit den zitierten Ausführungen des Gerichtshofs vereinbar ist. Die Befürworter einer restriktiven Regelung beriefen sich insbesondere darauf, daß die Zulassung beim OLG eine fünfjährige Anwaltstätigkeit voraussetzt (§ 20 Abs. 1 Ziff. 4 BRAO) sowie mit einer Spezialisie-

---

[10] Schlußanträge Slg. 1988, I-1136, Tz. 123.
[11] EuGH Slg. 1988, 1123 = NJW 1988, 887 = AnwBl. 1988, 236 = BRAK-Mitt. 1988, 152 = JZ 1988, 506 = DVBl. 1989, 30, Tz. 41 f. – Kommission/Deutschland.
[12] EuGH, a. a. O., Tz. 43.
[13] EuGH, a. a. O., Tz. 37.
[14] EuGH, a. a. O., Tz. 44.

rung auf Berufungssachen einhergeht.[15] Dagegen wurde vor allem eingewandt, das Urteil des EuGH erwähne lediglich den BGH, obwohl im Verfahren[16] auch die Voraussetzungen der Zulassung bei den Oberlandesgerichten dargelegt worden waren.[17]

Das BMJ erachtete einen völligen Ausschluß der Dienstleistungserbringer von der Vertretung vor den Zivilsenaten der Oberlandesgerichte – unabhängig davon, ob Simultan- oder Singularzulassung besteht – für unvereinbar mit dem Gemeinschaftsrecht. Entscheidend war die Feststellung, daß die bei den Oberlandesgerichten zugelassenen Anwälte weder zahlenmäßigen Beschränkungen noch einer qualitativen Auswahl unterliegen. Hinzu kam, daß in einigen Bundesländern die OLG-Zulassung in der Praxis bereits nach einem Jahr ausgesprochen wird, so daß auch nicht auf die Berufserfahrung abgestellt werden konnte. Zur Vermeidung weiterer Vertragsverletzungsverfahren sah der Gesetzgeber daher von einem generellen Ausschluß der Vertretung vor den Zivilsenaten der Oberlandesgerichte ab. Während ein früherer Referentenentwurf des Änderungsgesetzes keinerlei Beschränkungen der Vertretungsbefugnis vor den Oberlandesgerichten vorsah,[18] erlaubt § 3 Abs. 1 Satz 3 nunmehr dem dienstleistenden Anwalt nicht die Vertretung vor den Zivilsenaten der Oberlandesgerichte, bei denen die Singularzulassung gilt (§ 25 BRAO), wenn er bereits in erster Instanz tätig war. Der Ausnahme liegt der Gedanke zugrunde, es sei der Rechtspflege förderlich, wenn die Angelegenheit durch einen neu mit ihr befaßten, nicht durch seine Tätigkeit in der Vorinstanz möglicherweise voreingenommenen Rechtsanwalt geprüft und vertreten wird.[19]

Die **Vereinbarkeit** dieser Regelung **mit Art. 59 EGV** ist nicht frei von Zweifeln. Wenn sie auch nicht zu einer Schlechterstellung des ausländischen Anwalts gegenüber deutschen Kollegen führt, so behindert sie doch den freien Dienstleistungsverkehr und ist daher insbesondere am Grundsatz der Verhältnismäßigkeit zu messen. Gegen die Erforderlichkeit der Regelung spricht insbesondere der Umstand, daß eine entsprechende Einschränkung in Gebieten der Simultanzulassung nicht existiert (§ 226 BRAO).[20]

Absatz 2 enthält die Umsetzung des Art. 4 Abs. 4 der Richtlinie für andere, nicht unter Absatz 1 fallende Tätigkeiten. Der Dienstleistungserbringer unterfällt hiernach nur denjenigen Berufsausübungsregeln, die nach allgemeiner Anschauung für die Ausübung des Anwaltsberufs von grundlegender Bedeutung sind und als solche von einem Dienstleistungserbringer erkannt und befolgt werden können. Die Entscheidung, welche Vorschriften neben den in Absatz 4 ausdrücklich genannten Regeln hierunter fallen, wurde der Rechtsprechung vorbehalten.

---

[15] Stellungnahme der BRAK vom 30. 3. 1988, BRAK-Mitt. 1988, 184; DAV Jahresbericht 1988/1989, AnwBl. 1989, 372 (375); *Stefener* AnwBl. 1988, 367 (373); *Commichau* JZ 1988, 824 (828); *ders.* IPRax 1989, 12 (14). In diesem Sinne auch *Rabe* NJW 1989, 1113 (1118). Zweifelnd *Clausnitzer* BRAK-Mitt. 1989, 59 (66).
[16] Sitzungsbericht Slg. 1988, 1124.
[17] *Everling,* Gutachten DJT 1990, C 28.
[18] Referentenentwurf vom 30. 3. 1988, S. 2.
[19] Amtl. Begr. BT-Drucks. 11/4793, S. 7.
[20] AA BGH BRAK-Mitt. 1992, 169, der ohne näher auf die Frage einzugehen feststellt, der Regelung stehe die Entscheidung Kommission/Frankreich (EuGH Slg. 1991, I-3591 = NJW 1991, 3084 = EuZW 1991, 729; vgl. die Kommentierung zu § 29a BRAO Rdn. 51) nicht entgegen, sowie *Everling,* Gutachten DJT 1990, C 28, der die Regelung als verhältnismäßig ansieht.

§ 4 Vertretung und Verteidigung im Bereich der Rechtspflege

(1) Die in § 1 Abs. 1 bezeichneten Personen dürfen in gerichtlichen Verfahren sowie in behördlichen Verfahren wegen Straftaten, Ordnungswidrigkeiten, Dienstvergehen oder Berufspflichtverletzungen, in denen der Mandant nicht selbst den Rechtsstreit führen oder sich verteidigen kann, als Vertreter oder Verteidiger eines Mandanten nur im Einvernehmen mit einem Rechtsanwalt handeln, der zur Vertretung oder Verteidigung bei dem Gericht oder der Behörde befugt ist. Dem Rechtsanwalt obliegt es, gegenüber den in § 1 Abs. 1 bezeichneten Personen darauf hinzuwirken, daß sie bei der Vertretung oder Verteidigung die Erfordernisse einer geordneten Rechtspflege beachten. Zwischen dem Rechtsanwalt und dem Mandanten kommt kein Vertragsverhältnis zustande, sofern die Beteiligten nicht ein anderes bestimmt haben.

(2) Das Einvernehmen ist bei der ersten Handlung gegenüber dem Gericht oder der Behörde schriftlich nachzuweisen. Ein Widerruf des Einvernehmens ist schriftlich gegenüber dem Gericht oder der Behörde zu erklären. Er hat Wirkung nur für die Zukunft. Handlungen, für die der Nachweis des Einvernehmens im Zeitpunkt ihrer Vornahme nicht vorliegt, sind unwirksam.

(3) Die in § 1 Abs. 1 bezeichneten Personen dürfen einen Mandanten, dem in einem Strafverfahren die Freiheit auf Grund gerichtlicher oder behördlicher Anordnung entzogen ist, nur in Begleitung eines Rechtsanwalts besuchen und mit ihm nur über einen Rechtsanwalt schriftlich verkehren; mit dem Rechtsanwalt ist das Einvernehmen über die Ausübung des Verkehrs herzustellen. Das Gericht oder die Behörde kann den Besuch ohne Begleitung oder den unmittelbaren schriftlichen Verkehr gestatten, wenn eine Gefährdung der Sicherheit nicht zu besorgen ist. Die §§ 138a bis 138d, 146, 146a und 148 der Strafprozeßordnung sind auf den Rechtsanwalt, der, ohne Verteidiger zu sein, das Einvernehmen erklärt hat, entsprechend anzuwenden.

(4) § 52 Abs. 2 Bundesrechtsanwaltsordnung ist auf die in § 1 Abs. 1 bezeichneten Personen entsprechend anzuwenden.

1 Mit der Vorschrift des § 4 machte der Gesetzgeber von der durch Art. 5, 2. Spiegelstrich der Richtlinie eingeräumten Möglichkeit Gebrauch, dienstleistenden Rechtsanwälten die Bedingung aufzuerlegen „daß sie im **Einvernehmen** ... mit einem bei dem angerufenen Gericht zugelassenen Rechtsanwalt, der gegebenenfalls diesem Gericht gegenüber die Verantwortung trägt, ... handeln". Das Urteil des Gerichtshofs vom 25. 2. 1988[1] erklärte die ursprüngliche deutsche Einvernehmensregelung in weiten Teilen wegen Verstoßes gegen den Verhältnismäßigkeitsgrundsatz für unzulässig. Der neugefaßte § 4 Abs. 1 und 2 erweitert im Einklang mit dem Urteil des Gerichtshofs den Bereich, in welchem der Dienstleistungserbringer, ohne ein Einvernehmen mit einem deutschen Rechtsanwalt herstellen zu müssen, für seinen Mandanten handeln kann. Zugleich werden in dem Bereich, in welchem weiterhin das Einvernehmen

---

[1] EuGH Slg. 1988, 1123 = NJW 1988, 887 = AnwBl. 1988, 236 = BRAK-Mitt. 1988, 152 = JZ 1988, 506 = DVBl. 1989, 30 – Kommission/Deutschland.

erforderlich sein soll, Erleichterungen für den Dienstleistungserbringer geschaffen.[2]

Nach der **ursprünglichen Fassung** des § 4 hatte der Dienstleistungserbringer 2 in den gerichtlichen Verfahren aller Gerichtsbarkeiten sowie in den behördlichen Verfahren, die Teil des Strafverfahrens oder des – in Anlehnung an das Strafverfahren geregelten – Verfahrens wegen Ordnungswidrigkeiten, wegen disziplinarrechtlicher oder berufsrechtlicher Verstöße sind, ausnahmslos im Einvernehmen mit einem in der Bundesrepublik zugelassenen Rechtsanwalt zu handeln. Auf diese Vorschrift gestützt wies beispielsweise das LSG Stuttgart die ohne das Benehmen mit einem deutschen Rechtsanwalt eingelegte Berufung eines französischen Anwalts als unwirksam zurück, obwohl in dem fraglichen Verfahren ein Vertretungszwang nicht bestand.[3]

Das **Urteil des Gerichtshofs vom 25. 2. 1988** stellte klar, daß eine Ver- 3 pflichtung zum einvernehmlichen Handeln nur insoweit mit Art. 59 und 60 EGV vereinbar ist, als in dem fraglichen Verfahren Anwaltszwang besteht. Der Gerichtshof räumte ein, daß Art. 5 der Richtlinie seinem Wortlaut nach nicht zwischen Verfahren mit und ohne Anwaltszwang unterscheide. Es sei jedoch mit dem Grundsatz des freien Dienstleistungsverkehrs nicht vereinbar, wenn an einen dienstleistenden Anwalt Anforderungen gestellt werden, die in den Vorschriften für nicht grenzüberschreitende Tätigkeiten keine Entsprechung haben. Soweit die Parteien in einer Rechtsstreitigkeit ihre Sache selbst vertreten oder eine dritte Person damit betrauen können,[4] könne ein dienstleistender Anwalt daher nicht verpflichtet werden, im Einvernehmen mit einem bei dem angerufenen Gericht zugelassenen Anwalt zu handeln.[5]

Die **Neufassung** des § 4 Abs. 1 S. 1 ermöglicht Rechtsanwälten aus anderen 4 Mitgliedstaaten nunmehr, ihre Mandanten grundsätzlich alleinverantwortlich als Bevollmächtigter oder Verteidiger zu vertreten. Nur in Verfahren, in denen eine Vertretung oder Verteidigung durch Rechtsanwälte (bzw. Rechtslehrer an deutschen Hochschulen) gesetzlich vorgeschrieben ist (z. B. nach § 78 ZPO oder nach § 140 Abs. 1 StPO), bleibt es bei dem bisherigen Rechtszustand, d. h., der Dienstleistungserbringer darf nur im Einvernehmen mit einem Rechtsanwalt tätig werden, der selbst zur Vertretung vor dem betreffenden Gericht befugt ist.[6]

Nach § 4 Abs. 1 RADG a. F. mußte der Rechtsanwalt, dessen Einvernehmen 5 erforderlich war, selbst **Prozeßbevollmächtigter oder Verteidiger** sein und den dienstleistenden Anwalt in jeder mündlichen Verhandlung begleiten. In dem Verfahren Kommission/Deutschland rechtfertigte die Bundesregierung diese Verpflichtung unter Hinweis auf die Verantwortung des Einvernehmensanwalts für die Handlungen des dienstleistenden Anwalts. Sie machte darüber hinaus geltend, angesichts der fehlenden Kenntnisse des ausländischen Anwalts im deutschen materiellen Recht und Verfahrensrecht könne nur die Mitwirkung eines

---

[2] Amtl. Begr. BT-Dr. 11/4793, S. 7.
[3] LSG Stuttgart NJW 1985, 582.
[4] Den Einwand der Bundesregierung, daß sich die Parteien in Verfahren ohne Anwaltszwang nicht durch Dritte vertreten lassen können, die hierbei geschäftsmäßig tätig werden, konnte der EuGH unbeachtet lassen, da sich dieses Verbot nicht mit Erfordernissen des Gerichtsverfahrens begründen läßt (*Everling*, Gutachten DJT 1990, C 24).
[5] EuGH Slg. 1988, 1123 = NJW 1988, 887 = AnwBl. 1988, 236 = BRAK-Mitt. 1988, 152 = JZ 1988, 506 = DVBl. 1989, 30, Tz. 15 – Kommission/Deutschland. So auch EuGH Slg. 1991, I-3591 = NJW 1991, 3084 = EuZW 1991, 729 = EWS 1992, 353 = RIW 1993, 62, Tz. 19 – Kommission/Frankreich.
[6] Amtl. Begr. BT-Drucks. 11/4793, S. 7.

6 Der Gerichtshof wies beide Argumente zurück. Zweck der Ermächtigung in Art. 5 der Richtlinie sei es, dem dienstleistenden Rechtsanwalt die notwendige Unterstützung bei seiner Tätigkeit in einem anderen Rechtssystem zu geben. Die fraglichen Verpflichtungen seien hierfür keinesfalls unerläßlich „oder auch nur sachdienlich". Die in Art. 5 der Richtlinie erwähnte Verantwortung des Einvernehmensanwalts bestehe lediglich gegenüber dem Gericht, nicht aber gegenüber dem Mandanten. Probleme aufgrund mangelnder Kenntnisse im deutschen Recht fielen aber in den Bereich der Verantwortung gegenüber dem Mandanten.[8]

7 Die Neufassung des § 4 verzichtet auf beide Verpflichtungen. Gleichsam um dienstleistende Anwälte vor einer unbedachten Inanspruchnahme ihrer Rechte zu warnen, betont die amtliche Begründung jedoch, der ausländische Rechtsanwalt könne seinen Mandanten vor einem deutschen Gericht alleine – ohne Beratung durch einen deutschen Rechtsanwalt – nur dann sachgerecht vertreten oder verteidigen, wenn er der deutschen Sprache hinreichend mächtig und mit der deutschen Rechtsordnung, insbesondere dem Verfahrensrecht, in hinreichendem Maße vertraut sei. Anderenfalls wäre er nicht in der Lage, seine Pflichten als Anwalt so zu erfüllen, wie es sein Berufs- und Standesrecht – insoweit übereinstimmend in allen Mitgliedstaaten der Gemeinschaft – von ihm verlange. An dieses bleibe er auch bei einer Dienstleistung in der Bundesrepublik Deutschland gebunden. Wegen dieser fortbestehenden Bindungen an die Pflichten des heimischen Berufs- und Standesrechtes, aber auch wegen der zivilrechtlichen Haftung für fehlerhaftes berufliches Verhalten, werde der Dienstleistungserbringer sorgfältig prüfen müssen, ob er in der mündlichen Verhandlung alleine oder mit Unterstützung eines deutschen Rechtsanwaltes auftrete und zwar auch in Verfahren, in welchen er nur im Einvernehmen mit einem Rechtsanwalt handeln dürfe.[9]

8 Da der Einvernehmensanwalt nicht mehr automatisch Prozeßbevollmächtigter oder Verteidiger ist, waren in der Neufassung des § 4 dessen **gesetzliche Obliegenheiten** zu definieren. Die Definition hat daneben die Funktion klarzustellen, daß nur der ausländische Anwalt Prozeßbevollmächtigter ist. Hiermit sollte verhindert werden, daß die Rechtsprechung den Einvernehmensanwalt in Hinblick auf die Haftung ebenso behandelt wie einen Prozeßbevollmächtigten.[10]

9 Nach § 4 Abs. 1 S. 2 obliegt es dem Einvernehmensanwalt, gegenüber dem Dienstleistungserbringer darauf hinzuwirken, daß dieser die **Erfordernisse einer geordneten Rechtspflege** bei der Vertretung oder Verteidigung innerhalb einer ihm fremden Rechtsordnung beachtet. Der Einvernehmensanwalt hat daher beispielsweise im Zivilprozeß den Dienstleistenden über die Formalien der Klageerhebung, einzuzahlende Kostenvorschüsse, den Lauf und die Bedeutung von Fristen sowie die Anforderungen an Antragstellung, Sachvortrag und Beweisantritt zu informieren.[11] Für die Prozeßführung ist er dagegen nicht verantwortlich.

---

[7] EuGH, a. a. O., Tz. 20 f. – Kommission/Deutschland.

[8] EuGH, a. a. O., Tz. 22–27 – Kommission/Deutschland. In diesem Sinne auch EuGH Slg. 1991, I-3591 = NJW 1991, 3084 = EuZW 1991, 729 = EWS 1992, 353 = RIW 1993, 62, Tz. 31 ff. – Kommission/Frankreich. Generalanwalt da Cruz Vilaça faßte seine Bewertung in den drastischen Worten zusammen, der deutsche Gesetzgeber habe „die Atombombe gewählt, wo die Verwendung mehr konventioneller Waffen wirkungsvoll gewesen wäre" (Schlußanträge Slg. 1988, 1136, Tz. 99 – Kommission/Deutschland).

[9] Amtl. Begr. BT-Drucks. 11/4793, S. 7.

[10] DAV Jahresbericht 1988/1989, AnwBl. 1989, 372 (375).

[11] *Raiser* AnwBl. 1991, 487 (494).

Auch ist er nicht verpflichtet, den Dienstleistungserbringer dahin zu überwachen, daß dieser seinen vertraglichen Pflichten gegenüber dem Mandanten genügt, denn nach dem Urteil des Gerichtshofs fällt ein Mangel an Kenntnissen des deutschen Rechts allein in die Verantwortung des Dienstleistungserbringers. Im übrigen bestimmt sich das Rechtsverhältnis zwischen dienstleistendem Anwalt und Einvernehmensanwalt nach den zwischen diesen getroffenen Vereinbarungen. Diese können insbesondere weitergehende Beratungs-, Unterstützungs- und Überwachungspflichten sowie Haftungsbegrenzungen zugunsten des Einvernehmensanwalts vorsehen.

In der Praxis werfen diese Grundsätze zahlreiche Fragen auf. Insbesondere kann bei **unterlassenen oder unsachgemäßen Prozeßhandlungen** des dienstleistenden Anwalts zweifelhaft sein, ob hier nur eine Pflichtverletzung gegenüber dem Mandanten vorliegt (für die grundsätzlich nur der Dienstleistungserbringer haftet) oder statt dessen oder zugleich Belange der geordneten Rechtspflege verletzt sind (wofür der Einvernehmensanwalt die Verantwortung trägt).

Satz 3 stellt klar, daß ein **Vertragsverhältnis zwischen dem Einvernehmensanwalt und dem Mandanten**, das Grundlage für weitergehende Pflichten im Hinblick auf die Wahrnehmung der Interessen des Mandanten sein kann, eine Vereinbarung unter den Beteiligten voraussetzt. Diese Bestimmung beugt möglichen Entwicklungen der Rechtsprechung vor, die – wie die BRAK befürchtete[12] – andernfalls zur Annahme eines Vertragsverhältnisses zugunsten Dritter gelangen könnte. In Ermangelung einer anderweitigen Vereinbarung ist der Einvernehmensanwalt daher lediglich Erfüllungsgehilfe des Dienstleistenden, der ihn im eigenen Namen beauftragt und vergütet. Für schuldhafte Verstöße gegen seine Informations- und Belehrungspflichten haftet er nur gegenüber dem ausländischen Anwalt.[13]

Die **Gebühren des Einvernehmensanwalts** bemessen sich nach § 24 a BRAGO, der durch die RADG-Novelle eingefügt wurde. Bis dahin bedurfte es einer solchen Regelung nicht, da der Einvernehmensanwalt selbst Bevollmächtigter oder Verteidiger war. Zur Herstellung des Einvernehmens erhält der Einvernehmensanwalt eine Gebühr in Höhe der der Prozeß- oder Geschäftsgebühr, die er als Bevollmächtigter oder Verteidiger erhalten würde. Werden die Gebühren nicht nach dem Gegenstandswert berechnet, so steht ihm die Hälfte der Gebühren eines Bevollmächtigten oder Verteidigers zu. Wird der Einvernehmensanwalt später in derselben Angelegenheit zum Bevollmächtigten bestellt, so ist diese Gebühr auf eine Geschäfts- oder Prozeßgebühr anzurechnen.

Absatz 2 regelt den **Nachweis des Einvernehmens** gegenüber dem Gericht oder der Behörde. Die ursprünglich vorgesehene Verpflichtung des dienstleistenden Anwalts, das Einvernehmen bei jeder einzelnen Handlung nachzuweisen, war ebenfalls unter das Verdikt des Gerichtshofs gefallen. Die Neufassung verlangt daher den Nachweis nur noch bei der Vornahme der ersten Handlung. Da ein einmal erklärtes Einvernehmen nunmehr fortwirkt, mußte – auch um den Einvernehmensanwalt zu schützen – eine Regelung über den Widerruf in das Gesetz aufgenommen werden. § 4 Abs. 2 sieht vor, daß der Widerruf schriftlich gegenüber dem mit dem Verfahren befaßten Gericht oder der Behörde zu erklären ist und er Wirkung nur für die Zukunft hat. Eine andere Lösung würde den Erfordernissen der Rechtssicherheit und der Eindeutigkeit der Verfahrenslage einerseits und der Verantwortung des deutschen Rechtsanwalts andererseits nicht

---

[12] Stellungnahme der BRAK zum Entwurf des § 24 a BRAGO, BRAK-Mitt. 1988, 124.
[13] *Raiser* AnwBl. 1991, 487 (494).

gerecht.[14] Wie bisher sind alle Handlungen des Dienstleistungserbringers unwirksam, solange der Nachweis des Einvernehmens nicht erbracht ist. Eine bestimmte Form für die Erklärung des Einvernehmens wird durch das Gesetz nicht vorgeschrieben. Sie kann beispielsweise in einem Schriftsatz des Einvernehmensanwalts an das Gericht oder in einem von dem Dienstleistenden vorgelegten Schreiben des Einvernehmensanwalt erklärt werden. Auch die (fern)mündliche Erklärung gegenüber dem Gericht dürfte ausreichen.

14 § 4 Abs. 3 bestimmt für den Verkehr des Dienstleistungserbringers mit in einem Strafverfahren festgenommenen, in **Haft** befindlichen oder untergebrachten Mandanten, daß in allen Fällen mit einem Rechtsanwalt das Einvernehmen bezüglich des Verkehrs herzustellen ist, dieser Rechtsanwalt bei dem Besuch des Mandanten anwesend sein muß und die Korrespondenz mit dem Mandanten über ihn zu führen ist. Diese Vorschrift, welche bereits im RADG von 1980 enthalten war, war ebenfalls von der Kommission angegriffen worden. Der Gerichtshof stellte fest, sie beruhe (auch in bezug auf Verfahren ohne Anwaltszwang) auf zwingenden Gründen der öffentlichen Sicherheit, deren Beurteilung Sache des betroffenen Mitgliedstaates sei. Die Regelung ging jedoch, da sie keinerlei Ausnahmen vorsah, über das hinaus, was zur Erreichung dieses Zwecks erforderlich war.[15] Entsprechend sieht die Neuregelung nun vor, daß das Gericht oder die Behörde den Kontakt des Dienstleistungserbringers ohne Einschaltung des Einvernehmensanwalts gestatten kann, wenn eine Gefährdung der Sicherheit nicht zu erwarten ist.

15 Da die Stellung des Rechtsanwalts, der, ohne selbst Verteidiger zu sein, als Einvernehmensanwalt tätig wird, derjenigen eines Verteidigers stark angenähert ist, waren einerseits die Eingriffsmöglichkeiten nach **§§ 138 a bis 138 d** und nach **§ 146 StPO** gegen ihn zu eröffnen und andererseits die Anwendung des **§ 148 StPO** auf ihn klarzustellen.[16]

16 Die amtliche Begründung betont, daß die durch die Neufassung des § 4 bewirkten Erleichterungen für den Dienstleistungserbringer zwangsläufig **höhere Anforderungen für den Einvernehmensanwalt** mit sich bringen, der nicht mehr im voraus Kenntnis von jeder Verfahrenshandlung erlangt. Er müsse daher, um seiner Verantwortung gerecht werden zu können, noch mehr als bisher bei der Erteilung des Einvernehmens die Rechtssache in all ihren denkbaren Entwicklungsmöglichkeiten durchdenken und mit dem Dienstleistungserbringer beraten. Es werde sich dabei empfehlen, abzusprechen, wie eine ausreichende Unterrichtung über den weiteren Verlauf der Angelegenheit sichergestellt werden könne. Nur wenn er über den Gang des Verfahrens unterrichtet sei, könne der Rechtsanwalt bei Bedarf weitere Ratschläge geben oder sein Einvernehmen widerrufen.[17]

17 Die in Absatz 4 enthaltene **Verweisung auf § 52 Abs. 2 BRAO** betrifft lediglich die Tätigkeit vor dem BGH, denn nur dort ist es dem dienstleistende Anwalt nicht möglich, als Prozeßbevollmächtigter aufzutreten. Entsprechend § 52 Abs. 2 BRAO kann ihm hier die Ausführung der Parteirechte überlassen werden.

18 § 4 Abs. 3 RADG a. F. erklärte § 52 Abs. 2 BRAO für entsprechend anwendbar, „soweit eine Vertretung durch Rechtsanwälte geboten ist, die bei dem ange-

---

[14] Amtl. Begr. BT-Drucks. 11/4793, S. 7.
[15] EuGH, Slg. 1988, 1123 = NJW 1988, 887 = AnwBl. 1988, 236 = BRAK-Mitt. 1988, 152 = JZ 1988, 506 = DVBl. 1989, 30, Tz. 30–32 – Kommission/Deutschland.
[16] Amtl. Begr. BT-Drucks. 11/4793, S. 8.
[17] Amtl. Begr. BT-Drucks. 11/4793, S. 8.

rufenen Gericht zugelassen sind" und unterwarf den Dienstleistungserbringer damit implizit dem Lokalisationsprinzip. Nachdem auch diese Regelung vom Gerichtshof für unzulässig erklärt worden war, entschloß sich der Gesetzgeber, Beschränkungen der Vertretungsbefugnis lediglich für das Auftreten vor dem BGH aufrecht zu erhalten. Dies geschah – systematisch folgerichtig – durch Einfügung des § 3 Abs. 1 Satz 2 und 3, während der in § 4 Abs. 4 enthaltene Verweis auf § 52 Abs. 2 beibehalten wurde und dort lediglich die Worte „soweit eine Vertretung durch Rechtsanwälte geboten ist, die bei dem angerufenen Gericht zugelassen sind" gestrichen wurden.

§ 5 Zustellungen in behördlichen und gerichtlichen Verfahren

Für Zustellungen in behördlichen und gerichtlichen Verfahren haben die in § 1 Abs. 1 bezeichneten Personen, sobald sie in Verfahren vor Gerichten oder Behörden tätig werden, einen Rechtsanwalt als Zustellungsbevollmächtigten zu benennen; die Benennung erfolgt gegenüber der Behörde oder dem Gericht. Zustellungen, die für die in § 1 Abs. 1 bezeichneten Personen bestimmt sind, sind an den Zustellungsbevollmächtigten zu bewirken. Ist ein Zustellungsbevollmächtigter nicht benannt, so gilt in den in § 4 Abs. 1 aufgeführten Verfahren der Rechtsanwalt, mit dem einvernehmlich gehandelt wird, als Zustellungsbevollmächtigter; kann nicht an einen im Geltungsbereich dieses Gesetzes wohnhaften Rechtsanwalt zugestellt werden, erfolgen Zustellungen an die Partei.

Die Vorschriften über das Verfahren bei Zustellungen im Anwaltsprozeß sind 1 darauf zugeschnitten, daß jeder Rechtsanwalt seine Kanzlei in der Nähe des Gerichts hat, bei dem er zugelassen ist (vgl. § 27 BRAO). Zustellungen außerhalb der Bundesrepublik sind langwierig, da sie nur über besondere Behörden (so nach dem Haager Zustellungsübereinkommen bzw. bilateralen Vereinbarungen) oder gar nur auf diplomatischem Wege (vgl. § 199 ZPO iVm der ZRHO) bewirkt werden können.

Um Verfahrensverzögerungen durch Auslandszustellungen an Dienstleistungs- 2 erbringer zu vermeiden, sieht § 5 die Bestellung eines Rechtsanwalts als **Zustellungsbevollmächtigten** vor, an den in den gerichtlichen und behördlichen Verfahren alle an den Dienstleistungserbringer adressierten Zustellungen zu bewirken sind. Die nach § 5 Satz 5 a. F. bestehende Möglichkeit, Zustellungen unmittelbar an den Dienstleistungserbringer zu bewirken, solange sich dieser im Inland aufhielt, wurde durch die Novelle aufgehoben.

Als Zustellungsbevollmächtigter kann in den von § 4 Abs. 1 erfaßten Verfahren 3 der **Einvernehmensanwalt** bestellt werden. Dies wird jedoch nicht zwingend vorgeschrieben, da es im Einzelfall auch zweckmäßig sein kann, einen anderen Rechtsanwalt als Zustellungsbevollmächtigten zu benennen.[1]

Der Zustellungsbevollmächtigte ist zu benennen, sobald der Dienstleistungs- 4 erbringer in Verfahren vor Gerichten oder Behörden tätig wird. Von einer Benennung auch gegenüber der nach § 6 für den Dienstleistungserbringer zuständigen Rechtsanwaltskammer wurde abgesehen, weil der hierdurch verursachte Verwaltungsaufwand durch die geringen Vorteile einer solchen Benennung im Einzelfall nicht gerechtfertigt wäre.[2] Kommt der Dienstleistungserbringer seiner

---

[1] Amtl. Begr. BT-Drucks. 8/3181, S. 14.
[2] Siehe vorstehende Fußnote.

Verpflichtung zur Benennung eines Zustellungsbevollmächtigten nicht nach, so gilt in den in § 4 Abs. 1 aufgeführten Verfahren der Einvernehmensanwalt als Zustellungsbevollmächtiger. In allen anderen Fällen erfolgt die Zustellung unmittelbar an die Partei.

5 Wenn auch die Regelung des § 5 eine gewisse **Schlechterstellung** des dienstleistenden Anwalts bewirkt, so verstößt sie deshalb nicht gegen den Grundsatz der Dienstleistungsfreiheit. Wie der Gerichtshof ausdrücklich in seinem Urteil Van Binsbergen feststellte, ist das Erfordernis der Angabe einer Zustellungsanschrift für gerichtliche Mitteilungen ein angemessenen Mittel, um das ordnungsgemäße Funktionieren der Rechtspflege sicherzustellen.[3]

§ 6 Aufsicht, zuständige Rechtsanwaltskammer

(1) Die Ausübung der nach diesem Gesetz zulässigen Tätigkeiten der in § 1 Abs. 1 bezeichneten Personen wird durch die nach Absatz 4 zuständigen Rechtsanwaltskammern beaufsichtigt. Dem Vorstand der Rechtsanwaltskammer obliegt es insbesondere,

1. diese Personen in Fragen der Berufspflichten eines Rechtsanwalts zu beraten und zu belehren;
2. die Erfüllung der diesen Personen obliegenden Pflichten zu überwachen und das Recht der Rüge zu handhaben;
3. die zuständige Stelle des Herkunftsstaats über Entscheidungen zu unterrichten, die hinsichtlich dieser Personen getroffen worden sind;
4. die erforderlichen Auskünfte beruflicher Art über diese Personen einzuholen;
5. auf Antrag bei Streitigkeiten zwischen diesen Personen und Rechtsanwälten zu vermitteln.

(2) Der Vorstand kann die in Absatz 1, Nr. 1, 3 bis 5 bezeichneten Aufgaben einzelnen Mitgliedern des Vorstands übertragen.

(3) Die §§ 56, 57, 74, 74 a der Bundesrechtsanwaltsordnung gelten entsprechend.

(4) Die Zuständigkeit der Rechtsanwaltskammer für die Aufsicht nach Absatz 1 richtet sich nach dem Herkunftsstaat der in § 1 Abs. 1 bezeichneten Personen. Sie wird ausgeübt durch:

a) die Rechtsanwaltskammer Düsseldorf in Düsseldorf für die Personen aus Belgien und den Niederlanden,
b) die Rechtsanwaltskammer Koblenz in Koblenz für die Personen aus Frankreich und Luxemburg,
c) die Hanseatische Rechtsanwaltskammer in Hamburg für die Personen aus dem Vereinigten Königreich, Irland, Finnland und Schweden,
d) die Rechtsanwaltskammer für den Oberlandesgerichtsbezirk München in München für die Personen aus Italien und Österreich,
e) die Schleswig-Holsteinische Rechtsanwaltskammer in Schleswig für die Personen aus Dänemark, Norwegen und Island,
f) die Rechtsanwaltskammer in Freiburg für die Personen aus Liechtenstein,
g) die Rechtsanwaltskammer in Celle für die Personen aus Griechenland,

---

[3] EuGH Slg. 1974, 1299 = NJW 1975, 1095, Tz. 16 – Van Binsbergen.

h) die **Rechtsanwaltskammer Stuttgart** in Stuttgart für die Personen aus Spanien,
i) die **Rechtsanwaltskammer Oldenburg** in Oldenburg für die Personen aus Portugal.

§ 6 Abs. 1 unterwirft die Dienstleistungserbringer der **Aufsicht** der Rechtsanwaltskammern. Da das Gesetz jedoch keine Meldepflicht des dienstleistenden Anwalts vorsieht, ist die Durchführung der Aufsicht in der Praxis nur schwer möglich. Die Kammer wird lediglich auf Beschwerden reagieren können. Im übrigen sind die Regelungen des § 6 Abs. 1 und 2 den Vorschriften des § 73 Abs. 2 und 3 BRAO nachgebildet.

§ 7 Anwaltsgerichtsbarkeit

Die in § 1 Abs. 1 bezeichneten Personen unterstehen hinsichtlich der Erfüllung ihrer Berufspflichten der Anwaltsgerichtsbarkeit. Die örtliche Zuständigkeit des Anwaltsgerichts bestimmt sich nach dem Sitz der Rechtsanwaltskammer, welche die Aufsicht nach § 6 ausübt.

§ 8 Anwaltsgerichtliche Ahndung von Pflichtverletzungen, vorläufige anwaltsgerichtliche Maßnahmen

Für die anwaltsgerichtliche Ahndung von Pflichtverletzungen der in § 1 Abs. 1 bezeichneten Person und die Verhängung vorläufiger anwaltsgerichtlicher Maßnahmen gelten die Vorschriften des sechsten und des siebten Teils der Bundesrechtsanwaltsordnung mit folgender Maßgabe:
1. **das Verbot nach § 114 Abs. 1 Nr. 4 sowie die vorläufigen Maßnahmen nach § 150 Abs. 1 und § 161 a dürfen nur für den Geltungsbereich dieses Gesetzes ausgesprochen werden;**
2. **an die Stelle der Ausschließung aus der Rechtsanwaltschaft tritt in § 114 Abs. 1 Nr. 5, § 114 a Abs. 3 Satz 1, § 148 Abs. 1 Satz 1, § 149 Abs. 1 Satz 1, § 150 Abs. 1, § 153 Satz 1, § 156 Abs. 1 und § 158 Nr. 1 das Verbot, im Geltungsbereich dieses Gesetzes Dienstleistungen zu erbringen;**
3. **die Mitteilung nach § 160 Abs. 1, § 161 a Abs. 2 ist an alle Landesjustizverwaltungen zu richten;**
4. **§ 160 Abs. 2 und § 161 sind nicht anzuwenden.**

In Übereinstimmung mit Art. 7 der Richtlinie unterstellen die §§ 7 und 8 den Dienstleistungserbringer der **Anwaltsgerichtsbarkeit** sowie den Regeln des anwaltsgerichtlichen Verfahrens. Gegen den dienstleistenden Anwalt können daher bei Verletzung der deutschen Berufspflichten vorläufige und endgültige anwaltsgerichtliche Maßnahmen verhängt werden. Ein Vertretungsverbot kann gegenüber dem dienstleistenden Anwalt nur für den Bereich der Bundesrepublik Deutschland ausgesprochen werden (Nr. 1). Da eine Ausschließung aus der Rechtsanwaltschaft begrifflich nicht in Betracht kommt, tritt an ihre Stelle das Verbot, als Dienstleistungserbringer tätig zu werden (Nr. 2). Die Mitteilung über die Verhängung eines Berufs- oder Vertretungsverbots (§ 160 Abs. 1) ist an alle Landesjustizverwaltungen zu richten, da der Dienstleistungserbringer im Bereich verschiedener Landesjustizverwaltungen tätig sein kann (Nr. 3).

§ 9 Mitteilungspflichten, Zustellungen in anwaltsgerichtlichen Verfahren

(1) In anwaltsgerichtlichen Verfahren gegen die in § 1 Abs. 1 bezeichneten Personen sind der zuständigen Stelle des Herkunftsstaates mitzuteilen
1. die Entscheidung über die Eröffnung des Hauptverfahrens,
2. die Urteile,
3. die Verhängung vorläufiger anwaltsgerichtlicher Maßnahmen, deren Außerkrafttreten und deren Aufhebung.

(2) Mitteilungspflichtig ist das Anwaltsgericht, das die mitzuteilende Entscheidung gefällt hat.

(3) Die Mitteilung wird durch Übersendung einer Abschrift der mitzuteilenden Entscheidung bewirkt.

(4) Die Mitteilungen werden der zuständigen Stelle des Herkunftsstaates unmittelbar übersandt.

(5) Kann in Verfahren der Anwaltsgerichtsbarkeit und in Verfahren nach §§ 56, 57, 74, 74 a der Bundesrechtsanwaltsordnung gegen eine in § 1 Abs. 1 bezeichnete Person eine Zustellung an diese Person nicht in der vorgeschriebenen Weise im Geltungsbereich dieses Gesetzes bewirkt werden und erscheint die Befolgung der für Zustellungen außerhalb des Geltungsbereichs dieses Gesetzes bestehenden Vorschriften unausführbar oder voraussichtlich erfolglos, so gilt die Zustellung als erfolgt, wenn eine Abschrift des zuzustellenden Schriftstücks der zuständigen Stelle des Herkunftsstaats übersandt ist und seit der Aufgabe zur Post vier Wochen verflossen sind.

§ 9 regelt in Abs. 1 bis 4 die sich aus Art. 7 Abs. 2 der Richtlinie für die Bundesrepublik Deutschland ergebenden **Mitteilungspflichten**.

Absatz 5 sieht – als Sonderregelung gegenüber § 134 Satz 2 BRAO – die Möglichkeit vor, in ehrengerichtlichen Verfahren oder Ermittlungsverfahren sowie in bestimmten anderen Verfahren **Zustellungen** an Dienstleistungserbringer außerhalb des Geltungsbereichs dieses Gesetzes unter eingeschränkten, § 40 StPO entsprechenden Voraussetzungen durch Übersendung des zuzustellenden Schriftstücks an die zuständige Stelle des Herkunftsstaates zu bewirken.

§ 10 Anfechtung von Verwaltungsakten

Verwaltungsakte, die nach diesem Gesetz ergehen, können nach § 223 der Bundesrechtsanwaltsordnung angefochten werden. Wird ein Antrag auf Vornahme eines Verwaltungsakts nach diesem Gesetz ohne zureichenden Grund nicht innerhalb von drei Monaten beschieden, ist § 223 Abs. 2 der Bundesrechtsanwaltsordnung anzuwenden.

Zweiter Abschnitt. Anwendung von Bundesgesetzen

1. Für die Anwendung der Vorschriften des Strafgesetzbuches über Straflosigkeit der Nichtanzeige geplanter Straftaten (§ 203 Abs. 1 Nr. 3, Abs. 3 bis 5, §§ 204, 205), Gebührenüberhebung (§ 352) und

Parteiverrat (§ 356) stehen die in § 1 Abs. 1 dieses Gesetzes bezeichneten Personen den Rechtsanwälten und Anwälten gleich.
2. Zum Schutz der in § 1 Abs. 1 dieses Gesetzes genannten Berufsbezeichnungen ist die Vorschrift des § 132 a Abs. 1 Nr. 2, Abs. 2, 4 des Strafgesetzbuches über den Schutz der Berufsbezeichnung Rechtsanwalt entsprechend anzuwenden.

Dritter Abschnitt. Schlußvorschriften

Art. 1. Dieses Gesetz gilt nach Maßgabe des § 13 Abs. 1 des Dritten Überleitungsgesetzes auch im Land Berlin.

Art. 2. Dieses Gesetz tritt am Tage nach der Verkündung in Kraft.

6. Gesetz über die Eignungsprüfung für die Zulassung zur Rechtsanwaltschaft

Artikel 1 des Gesetzes vom 6. Juli 1990
(BGBl. I S. 1349); zuletzt geändert durch Art. 37 des Gesetzes vom 27. April 1993
(BGBl. I S. 512, 529)

Einleitung

Schrifttum: *Dörig,* Der Zugang zur Anwaltschaft nach der EG-Diplomanerkennungsrichtlinie, EuZW 1991, 243; *Everling,* Niederlassungsrecht und Dienstleistungsfreiheit der Rechtsanwälte in der Europäischen Gemeinschaft, EuR 1989, 338; *Feuerich,* Die Umsetzung der Diplomanerkennungsrichtlinie durch das Eignungsprüfungsgesetz für die Zulassung zur Rechtsanwaltschaft, NJW 1991, 1144; *Hackl,* Eignungsprüfung für die Zulassung zur Rechtsanwaltschaft, AnwBl. 1993, 312; *Henssler,* Der europäische Rechtsanwalt – Möglichkeiten der Niederlassung als integrierter Rechtsanwalt in Europa, AnwBl. 1996, 353; *Hüchting,* Im Angesicht der EG-Richtlinie zur Anerkennung von Hochschuldiplomen, BRAK-Mitt. 1989, 2; *Lang,* Zur Eignungsprüfung von EG-Anwälten, BRAK-Mitt. 1990, 13; *Oberheim,* Die Eignungsprüfung für EU-Rechtsanwälte, NJW 1994, 1846; *Weil,* Die Eignungsprüfung für EG-Anwälte, BRAK-Mitt. 1991, 15.

1 In der Bundesrepublik Deutschland wurde die **Hochschuldiplom-Richtlinie**[1] für die Berufe im Bereich der Rechtspflege durch das „Gesetz zur Umsetzung der Richtlinie über eine allgemeine Regelung zur Anerkennung der Hochschuldiplome, die eine mindestens dreijährige Berufsausbildung abschließen, für die Berufe des Rechtsanwalts und des Patentanwalts" vom 6. 7. 1990[2] umgesetzt.[3] Dessen Artikel 1 enthält das „Gesetz über die Eignungsprüfung für die Zulassung zur Rechtsanwaltschaft" (im folgenden EigPrüfG), Artikel 2 das „Gesetz über die Eignungsprüfung für die Zulassung zur Patentanwaltschaft".

2 Das EigPrüfG wird durch die Verordnung des BMJ vom 18. 12. 1990 (EigPrüfVO)[4] ergänzt.

3 Laut Art. 8 des Einigungsvertrages gilt das Eignungsprüfungsrecht als Bundesrecht auch in den **neuen Bundesländern**. Nach Anlage II Kapitel III Sachgebiet A Abschnitt III 1 lit e zum Einigungsvertrag besitzt die Befähigung zur anwaltlichen Tätigkeit in den fünf neuen Bundesländern auch, wer die Eignungsprüfung nach dem EigPrüfG bestanden hat.

4 Die Artikel 3 und 4 des Umsetzungsgesetzes ändern verschiedene Vorschriften der BRAO sowie der PatAnwO.

---

[1] Vgl. Anhang 2; Siehe hierzu Vorb §§ 206, 207 BRAO Rdn. 36 ff.

[2] BGBl. I, S. 1349; geändert durch Art. 37 des EWR-Ausführungsgesetzes vom 27. 4. 1993, BGBl. I, S. 512, sowie Art. 1 Nr. 3 des Gesetzes zur Anpassung des EWR-Ausführungsgesetzes vom 27. 9. 1993, BGBl. I, S. 1666; zuletzt geändert durch Art. 2 der Verordnung zur Verbesserung der beruflichen Stellung ausländischer Rechtsanwälte vom 29. 1. 1995, BGBl. I, S. 142.

[3] Siehe hierzu *Hüchting* BRAK-Mitt. 1989, 2; *Everling* EuR 1989, 338 (348 f.); *ders.* Gutachten DJT 1990, C 48 ff.; *Lang* BRAK-Mitt. 1990, 13; *Weil* BRAK-Mitt. 1991, 15; *Dörig* EuZW 1991, 243; *Hackl* AnwBl. 1993, 312; *Oberheim* NJW 1994, 1846; *Henssler* AnwBl. 1996, 353 (357 ff.). Die ausführlichste Darstellung des Inhalts von Gesetz und Verordnung findet sich bei *Feuerich* NJW 1991, 1144.

[4] Siehe nachstehend **7.**

Die in § 4 **BRAO** niedergelegten subjektiven Zulassungsvoraussetzungen für 5
den Beruf des Rechtsanwaltes werden dahingehend ergänzt, daß nunmehr neben
die Befähigung zum Richteramt das Bestehen der Eignungsprüfung tritt. Im
übrigen ist der Antragsteller, der die Eignungsprüfung bestanden hat, im Zulassungsverfahren wie ein Bewerber zu behandeln, der die Zulassung aufgrund einer
in Deutschland absolvierten Ausbildung beantragt. Dies gilt insbesondere für
etwaige Versagungsgründe.[5]

Ein aufgrund der Eignungsprüfung zugelassener Rechtsanwalt hat grundsätzlich 6
die vollen **berufsrechtlichen Rechte und Pflichten**, die jedem Rechtsanwalt
nach der BRAO zustehen. Eine Ausnahme gilt jedoch hinsichtlich der Besetzung
der Ehrengerichte und Ehrengerichtshöfe mit ehrenamtlichen Richtern aus der
Anwaltschaft. Nach der geänderten Fassung von § 93 Abs. 1 BRAO und § 101
Abs. 1 BRAO muß der die Verhandlung leitende Vorsitzende sowie die Mehrheit des Spruchkörpers die Befähigung zum Richteramt haben. Damit wird der
Rechtsprechung des BVerfG Rechnung getragen, das Zweifel an dem Charakter
der Ehrengerichte als staatliche Gerichte mit dem Hinweis darauf zurückgewiesen
hat, daß die aus der Anwaltschaft kommenden Richter über die Befähigung zum
Richteramt verfügen.[6]

Bis Ende 1995 hatten bundesweit 79 ausländische Anwälte darunter 9 deutsche 7
Staatsangehörige mit ausländischem Diplom von der Möglichkeit einer **Eignungsprüfung** Gebrauch gemacht, wobei 59 Kandidaten die Prüfung bestanden.[7] Um ausländische Anwälte dabei zu unterstützen, von der neuen Chance
Gebrauch zu machen, veranstaltet die Deutsche AnwaltAkademie seit 1993 Intensivlehrgänge zur Vorbereitung auf die Eignungsprüfung. Die Universität
Saarbrücken sowie die Humboldt-Universität zu Berlin bieten einen Magisterstudiengang an, der auf die Eignungsprüfung vorbereitet.

Es ist zu erwarten, daß das Verfahren der Eignungsprüfung in absehbarer Zu- 8
kunft durch **neue Regelungen** überholt wird, die ausländischen Anwälten
einfachere Möglichkeiten der Integration in die deutsche Anwaltschaft bieten. So
sieht der Vorschlag für eine Richtlinie „zur Erleichterung der ständigen Ausübung des Rechtsanwaltsberufs in einem anderen Mitgliedstaat als dem, in dem
die Qualifikation erworben wurde"[8] vor, daß Anwälte, die eine mindestens
dreijährige ständige und effektive Tätigkeit unter ihrem Heimattitel im Aufnahmestaat nachweisen können, für ihre Vollintegration lediglich eine auf das Prozeß- und Standesrecht des Gastlandes beschränkte Eignungsprüfung abzulegen
haben. Kann der Anwalt eine dreijährige effektive und ständige Tätigkeit im
Recht des Aufnahmestaates nachweisen, so ist er von der Eignungsprüfung dispensiert. Daneben soll durch die derzeit in der Diskussion befindliche Verordnung „über die grenzüberschreitende Ausübung reglementierter beruflicher
Tätigkeiten in einer besonderen Rechtsform"[9] ein vereinfachtes Anerkennungsverfahren für die Gesellschafter der durch die Verordnung zu schaffenden europäischen Gesellschaftsform eingeführt werden.

---

[5] Zu Erleichterungen in bezug auf Bescheinigungen und Urkunden, die zum Zwecke der
Zulassung vorzulegen sind, vgl. § 11 EigPrüfG.
[6] BVerfGE 26, 186, (201); 48, 300, (322).
[7] *Henssler* AnwBl. 1996, 353 (359 f.).
[8] ABl. 1995 Nr. C 128, S. 6; in Auszügen abgedruckt in BRAK-Mitt. 1995, 104. Siehe
hierzu ausführlich Vorb §§ 206, 207 BRAO Rdn. 49 ff.
[9] Vgl. Vorb §§ 206, 207 BRAO Rdn. 60.

§ 1 Eignungsprüfung

(1) **Ein Staatsangehöriger eines Mitgliedstaates der Europäischen Gemeinschaften oder eines anderen Vertragsstaates des Abkommens über den Europäischen Wirtschaftsraum, der ein Diplom erlangt hat, aus dem hervorgeht, daß der Inhaber über die beruflichen Voraussetzungen verfügt, die für den unmittelbaren Zugang zu einem der in der Anlage zu dieser Vorschrift aufgeführten Berufe erforderlich sind, hat vor der Zulassung zur Rechtsanwaltschaft eine Eignungsprüfung abzulegen.**

(2) Diplome im Sinne dieses Gesezes sind Diplome, Prüfungszeugnisse oder sonstige Befähigungsnachweise im Sinne des Artikels 1 Buchstabe a der Richtlinie des Rates vom 21. Dezember 1988 über eine allgemeine Regelung zur Anerkennung der Hochschuldiplome, die eine mindestens dreijährige Berufsausbildung abschließen (89/48/EWG) – ABl. EG Nr. L 19 (1989), S. 16. Ein Diplom auf Grund einer Ausbildung, die nicht überwiegend in den Mitgliedstaaten der Europäischen Gemeinschaften oder anderen Vertragsstaaten des Abkommens über den Europäischen Wirtschaftsraum stattgefunden hat, berechtigt zur Ablegung der Eignungsprüfung, wenn der Inhaber einen in der Anlage zu dieser Vorschrift aufgeführten Beruf tatsächlich und rechtmäßig mindestens drei Jahre ausgeübt hat und dies von dem Mitgliedstaat oder Vertragsstaat bescheinigt wird, der das Diplom ausgestellt oder anerkannt hat.

1 Wie auch alle übrigen Mitgliedstaaten hat sich der deutsche Gesetzgeber dafür entschieden, die Anerkennung ausländischer Befähigungen zum Anwaltsberuf von dem **Bestehen einer Eignungsprüfung** abhängig zu machen. Die amtliche Begründung[1] hebt hervor, daß die deutsche Rechtsordnung mit keiner anderen europäischen Rechtsordnung so nahe verwandt sei, daß für die Zwecke der Rechtsberatung die Kenntnis jener anderen Rechtsordnung genügen könne. Selbst die Kenntnis eines Rechtssystems, das eine partielle Ähnlichkeit oder Verwandtschaft mit dem deutschen Recht aufweise, vermittle nicht die Kenntnis des aktuellen deutschen Rechts wie es durch Novellierungen sowie durch Rechtsprechung und Lehre gestaltet worden sei. Zudem sei der als Rechtsanwalt zugelassene ausländische Anwalt nicht verpflichtet, auf seine Ausbildung im Ausland hinzuweisen. Das rechtsuchende Publikum vertraue deshalb darauf, daß der Betreffende über die nötigen Kenntnisse für eine Beratung und Vertretung im deutschen Recht verfüge. Nicht zuletzt soll die zwingend vorgeschriebene Eignungsprüfung für den ausländischen Anwalt das Risiko mindern, Beratungsfehler zu begehen und in Regreß genommen zu werden. Das Erfordernis eines Anpassungslehrgangs sei hierfür nicht ausreichend. Da der Anpassungslehrgang nach der Richtlinie nicht durch eine Prüfung abschließen darf, bliebe es hier letztlich der Eigenbeurteilung des ausländischen Anwalts überlassen, ob er über die nötigen Fähigkeiten und Kenntnisse verfügt.

2 Der Antragsteller muß ein Diplom für den Zugang zu einem der Berufe erlangt haben, die in den Mitgliedstaaten dem **deutschen Rechtsanwaltsberuf entsprechen**. Diese Berufe sind in der Anlage zu dem Gesetz, auf die Absatz 1 Bezug nimmt, aufgeführt. Zulassungsberechtigt zur Eignungsprüfung sind allein Staatsangehörige von Mitgliedstaaten. Hierzu zählen auch deutsche Staatsangehörige, die ein Diplom in einem anderen Mitgliedstaat erworben haben.[2]

---

[1] Amtl. Begr. BT-Drucks. 11/6154, S. 12 f.
[2] Vgl. Vorb §§ 206, 207 BRAO Rdn. 12.

Für den **Begriff des Diploms** verweist Absatz 2 Satz 1 auf die Definition 3
der Hochschuldiplom-Richtlinie. Deren Begriffsbestimmung ist abschließender
Natur und einer Interpretation durch den nationalen Gesetzgeber daher nicht
zugänglich.[3]
Laut Art. 1 lit a der Richtlinie gelten: 4

„als Diplome alle Diplome, Prüfungszeugnisse oder sonstige Befähigungsnachweise bzw.
diese Diplome, Prüfungszeugnisse oder sonstigen Befähigungsnachweise insgesamt,
– die in einem Mitgliedstaat von einer nach seinen Rechts- und Verwaltungsvorschriften
  bestimmten zuständigen Stelle ausgestellt werden,
– aus denen hervorgeht, daß der Diplominhaber ein mindestens dreijähriges Studium oder
  ein dieser Dauer entsprechendes Teilzeitstudium an einer Universität oder einer Hochschule oder einer anderen Ausbildungseinrichtung mit gleichwertigem Niveau absolviert
  und gegebenenfalls die über das Studium hinaus erforderliche berufliche Ausbildung abgeschlossen hat und
– aus denen hervorgeht, daß der Zeugnisinhaber über die beruflichen Voraussetzungen
  verfügt, die für den Zugang zu einem reglementierten Beruf oder dessen Ausübung in
  diesem Mitgliedstaat erforderlich sind,
  wenn die durch das Diplom, das Prüfungszeugnis oder einen sonstigen Befähigungsnachweis bescheinigte Ausbildung überwiegend in der Gemeinschaft erworben wurde oder
  wenn dessen Inhaber eine dreijährige Berufserfahrung hat, die von dem Mitgliedstaat bescheinigt wird, der ein Diplom, ein Prüfungszeugnis oder einen sonstigen Befähigungsnachweis eines Drittlands anerkannt hat.
  Einem Diplom im Sinne von Unterabsatz 1 sind alle Diplome, Prüfungszeugnisse oder
  sonstigen Befähigungsnachweise bzw. diese Diplome, Prüfungszeugnisse oder sonstigen
  Befähigungsnachweise insgesamt gleichgestellt, die von einer zuständigen Stelle in einem
  Mitgliedstaat ausgestellt wurden, wenn sie eine in der Gemeinschaft erworbene und von
  einer zuständigen Stelle in diesem Mitgliedstaat als gleichwertig anerkannte Ausbildung
  abschließen und in diesem Mitgliedstaat in bezug auf den Zugang zu einem reglementierten
  Beruf oder dessen Ausübung dieselben Rechte verleihen".

Wie Absatz 2 Satz 1 in Übereinstimmung mit der Richtlinie klarstellt, ist Di- 5
plom im Sinne der Richtlinie nicht nur ein von einer Universität verliehener
Grad, sondern auch **alle sonstigen Prüfungszeugnisse und Befähigungsnachweise**, wie etwa in Deutschland die Zeugnisse über die beiden juristischen
Staatsexamina.

Wie sich aus dem Wort „insgesamt"[4] ergibt, kann ein Diplom auch eine 6
Mehrzahl von Befähigungsnachweisen umfassen, die für einzelne Ausbildungsabschnitte ausgestellt werden und insgesamt den Zugang zum Anwaltsberuf
eröffnen. Dazu gehören auch Zeugnisse über „ein unter der Aufsicht eines Ausbilders absolviertes und mit einer Prüfung abgeschlossenes Berufspraktikum" oder
über eine „mit Unterstützung eines qualifizierten Berufsangehörigen erworbene
Berufspraxis".[5] Im Regelfall verlangen die Mitgliedstaaten für die Zulassung zur
Anwaltschaft nicht nur ein Prüfungszeugnis über den Abschluß des Studiums,
sondern auch einen Nachweis über eine praktische Berufsausbildung.[6]

Das Diplom muß in einem Mitgliedstaat von einer nach dessen Rechts- und 7
Verwaltungsvorschriften bestimmten **zuständigen Stelle** ausgestellt worden
sein.[7] Dies muß keine staatliche Stelle sein. So kommen neben Zeugnissen über

---

[3] Amtl. Begr. BT-Drucks. 11/6154, S. 15.
[4] Erster Halbs. der Definition der Richtlinie.
[5] Art. 4 Abs. 1 lit a, erster und zweiter Spiegelstrich der Richtlinie.
[6] Vgl. die Übersicht bei *Staats* DRiZ 1990, 193.
[7] Erster Spiegelstrich der Definition der Richtlinie.

Hochschulprüfungen oder Staatsprüfungen auch Zeugnisse und Prüfungen vor Einrichtungen der Anwaltschaft oder von einzelnen Rechtsanwälten ausgestellte Befähigungsnachweise als Grundlage für die Anerkennung in Betracht.[8]

8 Der Inhaber des Diploms muß ein mindestens **dreijähriges Studium** absolviert haben.[9] Dabei muß es sich nicht notwendigerweise um ein Studium der Rechtswissenschaft gehandelt haben.[10]

9 Der Antragsteller muß aufgrund des Diploms über alle **„beruflichen Voraussetzungen"** für den Zugang zu dem Beruf verfügen.[11] Diese Voraussetzung ist nicht erfüllt, wenn der Bewerber lediglich im Besitz eines Hochschulabschlusses ist, der Zugang zum Anwaltsberuf in seinem Herkunftsland jedoch auch eine praktische Berufsausbildung voraussetzt.[12] Auch ist erforderlich, daß der Inhaber des Diploms berechtigt ist, den Anwaltsberuf eigenverantwortlich auszuüben. Es genügt also nicht allein die Berechtigung, bei einem anderen Anwalt unter dessen Aufsicht eine anwaltliche Tätigkeit ausüben zu dürfen, die ihrerseits erst die Zulassung zur Anwaltschaft mit vollem Status ermöglicht.[13]

10 Die durch das Diplom bescheinigte Ausbildung muß **überwiegend in der Gemeinschaft** erworben worden.[14] Eine Ausbildung in einem Drittland ist jedoch unter besonderen Voraussetzungen anzuerkennen.[15]

11 Der **zweite Unterabsatz** der Definition der Richtlinie trägt der Situation von Mitgliedstaaten Rechnung, die wegen knapper eigener Ausbildungskapazitäten in weitem Umfang Ausbildungen in anderen Mitgliedstaaten anerkennen. Wer im Mitgliedstaat B eine Ausbildung absolviert, deren Abschluß im Mitgliedstaat A als dem Abschluß einer einheimischen Ausbildung gleichwertig anerkannt wird und dort den Zugang zu weiteren Ausbildungsabschnitten eröffnet, erwirbt im Mitgliedstaat A ein Diplom im Sinne der Richtlinie.[16]

12 Absatz 2 Satz 2 der Definition betrifft die Fälle, in denen das von dem Mitgliedstaat ausgestellte Diplom auf einer Ausbildung beruht, die nicht überwiegend in der Gemeinschaft, sondern in einem Drittland erworben wurde. Hiermit wird die Begriffsbestimmung in Unterabsatz 1, zweite Alternative verdeutlicht. Ein **„Drittland-Diplom"** gilt hiernach ebenfalls als Diplom im Sinne der Richtlinie, wenn es von einem Mitgliedstaat anerkannt worden ist und dieser Mitgliedstaat dem Inhaber darüber hinaus eine dreijährige Berufserfahrung bescheinigt. Die bescheinigte Berufserfahrung muß nicht notwendig in diesem Mitgliedstaat erworben worden sein, da Art. 1 lit e der Richtlinie den Begriff der Berufserfahrung allgemein als Berufsausübung „in einem Mitgliedstaat" definiert. Eine Ausbildung gilt nach der Klarstellung in § 3 EigPrüfVO[17] dann als nicht überwiegend in der Gemeinschaft erworben, wenn nicht mehr als die Hälfte der Mindestausbildungszeit in einem oder in mehreren Mitgliedstaaten absolviert worden ist.

---

[8] Amtl. Begr. BT-Drucks. 11/6154, S. 16.
[9] Zweiter Spielstrich der Definition der Richtlinie.
[10] Amtl. Begr. BT-Drucks. 11/6154, S. 16.
[11] Dritter Spiegelstrich der Definition der Richtlinie.
[12] Vgl. die Antwort der Kommission auf die schriftliche Anfrage Nr. 1085/92, ABl. 1992 Nr. C 289, S. 41.
[13] Amtl. Begr. BT-Drucks. 11/6154, S. 16.
[14] Unterabs. 1, erste Alt. der Definition der Richtlinie.
[15] Vgl. unten Rdn. 12.
[16] Dies betrifft z. B. Sonderregelungen zwischen dem Vereinigten Königreich und Irland: Der Abschluß eines Studiums im Vereinigten Königreich berechtigt zum Zugang zum College of Law in Irland, das seinerseits zur Anwaltszulassung führt.
[17] Siehe nachstehend **7.**

§ 2 Zweck der Eignungsprüfung

Die Eignungsprüfung ist eine ausschließlich die beruflichen Kenntnisse des Antragstellers betreffende staatliche Prüfung, mit der seine Fähigkeit, den Beruf eines Rechtsanwalts in der Bundesrepublik Deutschland auszuüben, beurteilt werden soll. Die Eignungsprüfung muß dem Umstand Rechnung tragen, daß der Antragsteller in einem Mitgliedstaat der Europäischen Gemeinschaften oder einem anderen Vertragsstaat des Abkommens über den Europäischen Wirtschaftsraum über eine berufliche Qualifikation zur Ausübung eines Anwaltsberufes verfügt.

Die Eignungsprüfung dient der Beurteilung, ob der Antragsteller in der Lage ist, den Beruf des Rechtsanwalts in der Bundesrepublik Deutschland auszuüben. Er muß als Organ der Rechtspflege (§ 1 BRAO) die Pflichten wahrnehmen können, die ihm gegenüber seinem Mandanten, dem gegnerischen Anwalt und dem Gericht obliegen.[1] 1

Gleichzeitig darf die Eignungsprüfung nur die beruflichen Kenntnisse des Antragstellers betreffen. Es ist allein die **Eignung für die anwaltliche Tätigkeit** festzustellen. Dieser Zweck unterscheidet die Eignungsprüfung wesentlich von der zweiten juristischen Staatsprüfung.[2] Sie muß daneben auch dem Umstand Rechnung tragen, daß der Antragsteller in seinem Heimat- oder Herkunftsstaat bereits über eine berufliche Qualifikation verfügt. Fähigkeiten allgemeiner Art wie etwa das Vermögen, Sachverhalte zu erfassen, unter rechtlichen Gesichtspunkten zu analysieren, unter Rechtsnormen zu subsumieren und das Ergebnis in der gebotenen Form zu formulieren, hat der Antragsteller bereits im Herkunftsstaat nachgewiesen.[3] 2

Die Zweckbestimmung der Eignungsprüfung darf nicht in dem Sinne mißverstanden werden, daß alles, was für die anwaltliche Tätigkeit von Bedeutung ist, auch geprüft werden kann. Es kommt vielmehr nur das in Betracht, was im Vergleich der Ausbildungen „**nicht abgedeckt** ist". Gegenstand der Prüfung dürfen daher nur Materien sein, die vom Diplom des Antragstellers nicht umfaßt sind. Dazu gehören folglich nicht das Recht der Europäischen Gemeinschaften, das Völkerrecht sowie Rechtsgebiete, die durch internationale Übereinkommen vereinheitlicht wurden, wie z. B. das Wechsel- und Scheckrecht.[4] 3

Soweit Rechtsgebiete nicht auch Gegenstand der deutschen Juristenausbildung sind, können sie nicht geprüft werden, selbst wenn sie für die Ausübung des Rechtsanwaltsberufs bedeutsam sind.[5] Dieser Grundsatz wird jedoch durch die Prüfung des anwaltlichen Berufsrechts[6] durchbrochen. Wenn auch diese Regelung zweifellos sinnvoll ist, führt sie doch zu einer Diskriminierung des ausländischen Anwalts und ist daher mit dem Grundgedanken der Richtlinie nicht vereinbar.[7] 4

---

[1] Amtl. Begr. BT-Drucks. 11/6154, S. 16.
[2] Amtl. Begr. BT-Drucks. 11/6154, S. 16.
[3] *Everling* EuR 1989, 338 (349); *ders.*, Gutachten DJT 1990, C 49.
[4] Amtl. Begr. BT-Drucks. 11/6154, S. 13, 16.
[5] Amtl. Begr. BT-Drucks. 11/6154, S. 16.
[6] Vgl. § 5 Abs. 1 S. 1 EigPrüfG.
[7] So auch *Henssler* AnwBl. 1996, 353 (358).

§ 3 Prüfungsamt

(1) Prüfungsamt für die Eignungsprüfung ist das für die zweite juristische Staatsprüfung zuständige Prüfungsamt.

(2) Mehrere Länder können durch Vereinbarung ein gemeinsames Prüfungsamt bilden. Die Zuständigkeit eines Prüfungsamts kann durch Vereinbarung auf die Eignungsprüfung von Antragstellern aus einzelnen Herkunftsmitgliedstaaten beschränkt werden.

(3) Die Prüfung wird von einer Kommission mit mindestens drei Prüfern abgenommen. Bei Stimmengleichheit entscheidet die Stimme des Vorsitzenden. Das Landesrecht kann vorsehen, daß die schriftliche Leistungen statt von der Kommission auch von zwei Prüfern, die der Kommission nicht angehören müssen, bewertet werden. Können die beiden Prüfer sich nicht einigen, ob eine Aufsichtsarbeit den Anforderungen genügt, so entscheidet ein dritter Prüfer, der vom Prüfungsamt bestimmt wird.

(4) Die Prüfer sind in Ausübung ihres Amtes unabhängig.

1 Die Abnahme der Eignungsprüfungen ist gemäß Artikel 30 GG Sache der **Länder**. Zuständig für die Abnahme der Eignungsprüfung sind daher nach Absatz 1 die Landesjustizprüfungsämter.

2 Die amtliche Begründung führt aus, es habe kein Anlaß bestanden, eine Bundeszuständigkeit zu begründen, da auch durch Prüfungen auf Landesebene die Einheitlichkeit der Prüfungspraxis gewährleistet werden könne. Auch verfügten die Landesjustizprüfungsämter über die notwendige Qualifikation und Erfahrung. Zudem könne von ihnen erwartet werden, daß sie die zwischen der Eignungsprüfung und den juristischen Staatsprüfungen bestehenden Unterschiede beachteten.[1] Angesichts der unübersehbaren „Nähe" zwischen der Eignungsprüfung und dem zweiten juristischen Staatsexamen hinsichtlich des Verfahrens, des Inhalts und des Schwierigkeitsgrades läßt sich hieran jedoch zweifeln.[2]

3 Von der Ermächtigung in Absatz 2, ein **gemeinsames Prüfungsamt** zu bilden hat inzwischen die Mehrzahl der Länder Gebrauch gemacht. Während Bayern und Baden-Württemberg weiterhin selbständig Eignungsprüfungen durchführen, einigten sich Berlin, Brandenburg, Bremen, Hamburg, Mecklenburg-Vorpommern, Niedersachsen, Sachsen, Sachsen-Anhalt und Schleswig-Holstein auf ein gemeinsames Prüfungsamt in Berlin.[3] Hessen, Nordrhein-Westfalen, Rheinland-Pfalz, das Saarland und Thüringen bildeten ein gemeinsames Prüfungsamt in Düsseldorf.[4] Der Antragsteller hat die Wahl, bei welchem der zuständigen Prüfungsämter er die Zulassung zur Eignungsprüfung beantragt.

4 Absatz 3 regelt in Anlehnung an das Prüfungsverfahren in den juristischen Staatsexamina das **Bewertungsverfahren**. Danach ist sowohl ein reines Kommissionsverfahren möglich, bei dem schriftliche und mündliche Leistungen von einer Prüfungskommission abgenommen werden, als auch – wenn durch Landesgesetz vorgesehen – ein Verfahren, bei dem die schriftlichen Arbeiten von zwei Prüfern korrigiert werden, die nicht der Kommission der mündlichen Prüfung angehören müssen.

5 Die **Prüfer** sind in Ausübung ihres Amtes **unabhängig** (Absatz 4). Diese Unabhängigkeit gilt sowohl hinsichtlich der Auswahl des Prüfungsstoffes im Rahmen

---

[1] Amtl. Begr. BT-Drucks. 11/6154, S. 17.
[2] So auch *Hackl* AnwBl. 1993, 312 (314); *Lang* BRAK-Mitt. 1990, 13 (15).
[3] Die Vereinbarung ist abgedruckt in NJW 1996, 1045.
[4] *Oberheim* NJW 1994, 1846 f.; *Henssler* AnwBl. 1996, 353 (358).

der gesetzlichen Bestimmungen als auch hinsichtlich der Bewertung der Prüfungsleistungen. Die erforderliche Kontrolle der Prüferentscheidungen ist durch den verwaltungsgerichtlichen Rechtsschutz gewährleistet.[5]
Nähere Regelungen hinsichtlich der Durchführung der Prüfungsverfahren trifft die EigPrüfVO.[6]

§ 4 Zulassung zur Prüfung

(1) **Über die Zulassung zur Prüfung entscheidet das Prüfungsamt.**

(2) **Die Zulassung zur Prüfung wird versagt, wenn der Antragsteller die gesetzlichen Voraussetzungen nicht erfüllt oder die durch Rechtsverordnung zu bestimmenden Unterlagen oder Erklärungen nicht vorlegt oder nicht abgibt.**

Nach Absatz 1 entscheidet über die Zulassung zur Eignungsprüfung das **Prüfungsamt**. Im Falle einer entsprechenden Vereinbarung der Länder[1] ist das gemeinsame Prüfungsamt für die Zulassung zuständig.

Liegen die Voraussetzungen des Art. 1 der Richtlinie vor, besteht grundsätzlich ein Anspruch auf Zulassung. Zum Zwecke der Zulassung sind jedoch die **Unterlagen** vorlegen, aus denen hervorgeht, daß der Antragsteller die Voraussetzungen erfüllt. Dazu zählt vor allem das Diplom im Sinne der Richtlinie sowie der Nachweis, daß der Antragsteller Staatsangehöriger eines Mitgliedstaates ist. Darüber hinaus hat der Antragsteller die für die Eigungsprüfung erforderlichen Erklärungen abzugeben (Bestimmung der Wahlfächer, des Fachs der zweiten Aufsichtsarbeit etc.). Einzelheiten sind in § 3 EigPrüfVO geregelt.[2]

Absatz 2 bestimmt, daß die **Zulassung versagt** wird, wenn entweder die gesetzlichen Voraussetzungen nach Art. 1 der Richtlinie nicht vorliegen oder der Antragsteller seinen Erklärungs- und Vorlagepflichten nicht nachkommt. Die erste Fallalternative war auf Anregung des Bundesrates eingefügt worden, um klarzustellen, daß die Zulassung auch dann versagt wird, wenn der Antragsteller nicht zum gesetzlich bestimmten Personenkreis gehört, sich in einem noch nicht abgeschlossenen Prüfungsverfahren vor einem anderen Prüfungsamt befindet, die Prüfung bereits in drei Versuchen nicht bestanden hat oder eine erforderliche Zustimmung zu einem Wechsel des Prüfungsamtes nicht vorliegt.[3] Die Zulassung zur Eignungsprüfung darf nicht aus dem Grund versagt werden, daß der Antragsteller in der Vergangenheit das erste oder zweite Staatsexamen endgültig nicht bestanden hat. Die hinsichtlich der inländischen Ausbildung geltende Sperrwirkung könnte auf die Anerkennung einer ausländischen Ausbildung nur kraft ausdrücklicher Regelung Anwendung finden, da hierdurch in das Grundrecht der Berufsfreiheit eingegriffen wird.[4]

---

[5] Amtl. Begr. BT-Drucks. 11/6154, S. 17.
[6] Siehe nachstehend **7**.
[1] Vgl. § 3 EigPrüfG Rdn. 3.
[2] Siehe nachstehend **7**.
[3] Stellungnahme des Bundesrates BT-Drucks. 11/6154, S. 24
[4] So das OVG Münster NJW 1995, 1632, zur Approbation eines Antragstellers, der nach endgültigem Nichtbestehen der Vorprüfung in Deutschland in Rumänien die Ausbildung zum Zahnarzt absolviert hatte.

§ 5 Prüfungsfächer

(1) Prüfungsfächer sind das Pflichtfach Zivilrecht, zwei Wahlfächer und das Recht für das berufliche Verhalten der Rechtsanwälte. Der Antragsteller bestimmt je ein Wahlfach aus den beiden Wahlfachgruppen
1. das Öffentliche Recht oder das Strafrecht,
2. durch das Pflichtfach nicht abgedeckte Bereiche des Zivilrechts, das Handelsrecht, das Arbeitsrecht, das Öffentliche Recht oder das Strafrecht.

Der Antragsteller darf nicht dasselbe Wahlfach in beiden Wahlfachgruppen bestimmen.

(2) Prüfungsinhalte sind durch Rechtsverordnung näher zu bestimmende Bereiche des Pflichtfaches und der Wahlfächer sowie das dazugehörige Verfahrensrecht einschließlich der Grundlagen im Gerichtsverfassungsrecht und die Grundzüge des Zwangsvollstreckungsrechts und des Insolvenzrechts.

1 Absatz 1 listet aus Gründen der Gleichbehandlung und der Rechtssicherheit die einzelnen Prüfungsfächer auf und legt damit den Gegenstand der Eignungsprüfung fest. Einzelheiten sind dem Verordnungsgeber überlassen worden, um den Prüfungsgegenstand der künftigen Entwicklung, etwa der Ausweitung von Gemeinschaftsrecht, rasch anpassen zu können.[1]

2 Aus der **Hochschuldiplom-Richtlinie**[2] ergeben sich wesentliche Vorgaben für die Auswahl der Prüfungsfächer. Grundlegendes Prinzip ist, daß die Prüfungsfächer nur diejenigen Sachgebiete umfassen dürfen, die aufgrund eines Vergleichs zwischen der in Deutschland verlangten Ausbildung und der bisherigen Ausbildung des Antragstellers von dessen Diplom nicht abgedeckt sind.[3]

3 Geprüft werden dürfen daher nur Sachgebiete, ohne deren Beherrschung es nicht möglich ist, den Beruf des Rechtsanwalts in Deutschland auszuüben. Nach der amtlichen Begründung muß die Nichtabdeckungsliste all jene Rechtsgebiete umfassen, deren Kenntnis nach dem übereinstimmenden Prüfungsrecht aller Bundesländer für die **zweite juristische Staatsprüfung** von allen Kandidaten in gleicher Weise verlangt wird.[4]

4 Es kann bezweifelt werden, daß der Fächerkatalog des Absatz 1 i. V. m. § 6 EigPrüfVO der Richtlinie entspricht.[5] So wird im Fach Zivilrecht die Prüfung hinsichtlich des Schuld- und Sachenrechts nicht auf Grundzüge beschränkt, daneben werden Kenntnisse der Grundzüge des Familien- und Erbrechts verlangt. Im Wahlfach Öffentliches Recht werden das Allgemeine Verwaltungsrecht sowie das Verwaltungsverfahrensrecht in vollem Umfang geprüft. Gleiches gilt für das materielle Strafrecht und das Strafverfahrensrecht im Wahlfach Strafrecht. Die Festlegung der Wahlfachgruppe 1 zwingt den Kandidaten dazu, sich in einem dieser beiden Wahlfächer prüfen zu lassen. Gleichermaßen wenig einsichtig ist, warum zu den Rechtsgebieten, ohne deren Kenntnis der Beruf des Rechtsanwalts nicht auszuüben ist, die Grundzüge des Polizei- und Ordnungsrechts sowie

---

[1] Amtl. Begr. BT-Drucks. 11/6154, S. 17.
[2] Vgl. Anhang Nr. 2.
[3] Art. 1 lit g Unterabs. 2 der Richtlinie.
[4] Amtl. Begr. BT-Drucks. 11/6154, S. 17.
[5] So auch *Everling* EuR 1989, 338 (349); *ders.*, Gutachten DJT 1990, C 50; *Lang* BRAK-Mitt. 1990, 13 (16); *Hackl* AnwBl. 1993, 312 (314); *Henssler* AnwBl. 1996, 353 (358).

des Baurechts gehören sollen. Bedenklich ist auch die Tatsache, daß die Struktur der Wahlfächer es dem Kandidaten kaum erlaubt, den Prüfungsstoff durch die Wahlfachbestimmung einzugrenzen.

Die Ausgestaltung des Fächerkataloges widerspricht jedenfalls Zielsetzung und Geist der Hochschuldiplom-Richtlinie. Dem Schutz des rechtssuchenden Publikums würde auch durch eine Prüfung hinreichend Rechnung getragen, die sich auf die Grundzüge der Rechtsgebiete beschränkt, welche für die tägliche Praxis der Mehrzahl aller deutschen Anwälte von unmittelbarer Relevanz sind. Da Absolventen der Eignungsprüfung in aller Regel nur in bestimmten Bereichen des deutschen Rechts tätig werden, sollte ihnen eine echte Wahlmöglichkeit zwischen verschiedenen Prüfungsgebieten eingeräumt werden.[6] Hinzu kommt, daß es sich bei den Kandidaten regelmäßig um besonders qualifizierte Kollegen handelt. Wer neben seiner Ausbildung oder beruflichen Tätigkeit im Heimatrecht Kenntnisse wesentlicher Bereiche des deutschen Rechts erworben hat und daneben Deutsch in Wort und Schrift beherrscht, sollte auch in der Lage sein, sich rasch in alle übrigen für seine Tätigkeit relevanten Gebiete des deutschen Rechts einzuarbeiten.

In Hinblick auf das Urteil Vlassopoulou[7] sieht § 5 EigPrüfVO die Möglichkeit des **Erlasses einzelner Prüfungsleistungen** vor, wenn der Antragsteller durch ein Prüfungszeugnis nachweist, daß er die erforderlichen Kenntnisse in einem Pflichtfach oder einem Wahlfach bereits erworben hat.

Absatz 2 sieht vor, daß die Prüfungsinhalte im Pflichtfach und in den Wahlfächern durch Rechtsverordnung näher zu bestimmen sind. Dies ist in § 6 EigPrüfVO geschehen.

§ 6 Prüfungsleistungen

(1) Die Prüfung besteht aus einem schriftlichen und einem mündlichen Teil. Sie wird in deutscher Sprache abgelegt.

(2) Die schriftliche Prüfung umfaßt zwei Aufsichtsarbeiten. Eine Aufsichtsarbeit bezieht sich auf das Pflichtfach, die andere auf das vom Antragsteller bestimmte Wahlfach.

(3) Der Antragsteller wird zur mündlichen Prüfung nur zugelassen, wenn mindestens eine Aufsichtsarbeit den Anforderungen genügt; andernfalls gilt die Prüfung als nicht bestanden.

(4) Die mündliche Prüfung besteht aus einem Kurzvortrag und einem Prüfungsgespräch. Sie hat zum Gegenstand das Recht für das berufliche Verhalten der Rechtsanwälte, das Wahlfach, in dem der Antragsteller keine Aufsichtsarbeit geschrieben hat, und, falls eine Aufsichtsarbeit den Anforderungen nicht genügt, zusätzlich das Fach dieser Arbeit.

Absatz 1 legt fest, daß die Eignungsprüfung sowohl **schriftliche als auch mündliche Leistungen** umfaßt. Nach der amtlichen Begründung wäre eine Prüfung, die entweder auf mündliche oder auf schriftliche Leistungen beschränkt ist, nicht hinreichend aussagekräftig. Zu den berufsnotwendigen Qualifikationen eines Rechtsanwalts in Deutschland gehöre die Fähigkeit des mündlichen Ausdrucks (etwa bei Verhandlungen und beim Plädoyer) ebenso wie die schriftliche

---

[6] *Hackl* AnwBl. 1993, 312 (314).
[7] EuGH Slg. 1991, I-2357 = NJW 1991, 2073 = EuZW 1991, 380 = JZ 1991, 1131, Tz. 19 – Vlassopoulou; vgl. Vorb §§ 206, 207 BRAO Rdn. 23, 45 ff.

Ausdrucksfähigkeit (bei Gutachten und Schriftsätzen).[1] Auch bezüglich der Vereinbarkeit dieses Erfordernisses mit der Richtlinie bestehen Zweifel.[2]

2   Zur Klarstellung legt Satz 2 fest, daß die Prüfung in **deutscher Sprache** zu absolvieren ist.

3   Eine der beiden schriftlichen Arbeiten muß im Pflichtfach Zivilrecht geschrieben werden; die andere kann der Antragsteller nach seiner Wahl in einem seiner beiden Wahlfächer ablegen (Absatz 2). Das nicht berücksichtigte Wahlfach ist dann neben dem anwaltlichen Berufsrecht Gegenstand der mündlichen Prüfung (Absatz 4).

4   Der Antragsteller wird nach Absatz 3 nur dann zur **mündlichen Prüfung** zugelassen, wenn jedenfalls eine der beiden schriftlichen Arbeiten den Anforderungen genügt. Hat er eine der beiden Aufsichtsarbeiten nicht bestanden, so ist auch dieses Fach Gegenstand der mündlichen Prüfung. Damit soll dem Kandidaten Gelegenheit gegeben werden, auch in diesem Fach hinreichende Kenntnisse nachzuweisen.[3]

5   Die mündliche Prüfung besteht aus einem Kurzvortrag von etwa 15 Minuten und einem daran anschließenden Prüfungsgespräch von etwa 45 Minuten (§ 7 Abs. 2 EigPrüfVO).

§ 7 Prüfungsentscheidung

Die Prüfungskommission entscheidet auf Grund des Gesamteindrucks der in der schriftlichen und mündlichen Prüfung erbrachten Leistungen mit Stimmenmehrheit, ob der Antragsteller über die nach § 2 erforderlichen Kenntnisse verfügt.

1   Weder für die Einzelleistungen noch für das Gesamtergebnis werden Noten erteilt. Vielmehr stellt die Prüfungskommission aufgrund des **Gesamteindrucks** in allen Prüfungsabschnitten fest, ob der Kandidat über die zur Ausübung des Anwaltsberufs in Deutschland notwendigen Kenntnisse verfügt.[1]

2   Es ist grundsätzlich zu begrüßen, daß für die Eignungsprüfung von einem Benotungssystem Abstand genommen wurde. Jedoch birgt ein solches Verfahren, in dem ausschließlich auf einen nicht näher definierten „Gesamteindruck" abgestellt wird, die Gefahr der Unkontrollierbarkeit in sich. Dies gilt insbesondere für Fälle, in denen unterschiedliche Prüfer für die schriftlichen und die mündlichen Teilleistungen zuständig sind, die sich jeweils einen eigenen Gesamteindruck bilden sollen.[2]

3   Nach der amtlichen Begründung kommt sowohl dem mündlichen als auch dem schriftlichen Teil für sich allein Gewicht zu. Es soll daher nicht möglich sein, die Eignungsprüfung alleine aufgrund der schriftlichen Leistungen zu bestehen.[3]

§ 8 Wiederholung der Prüfung

Die Prüfung kann wiederholt werden.

---

[1] Amtl. Begr. BT-Drucks. 11/6154, S. 18.
[2] So auch *Everling,* Gutachten DJT 1990, C 50; *Lang* BRAK-Mitt. 1990, 13 (15); *Hackl* AnwBl. 1993, 312 (314).
[3] Amtl. Begr. BT-Drucks. 11/6154, S. 19.
[1] Amtl. Begr. BT-Drucks. 11/6154, S. 19.
[2] Vgl. § 8 EigPrüfVO Rdn. 3.
[3] Amtl. Begr. BT-Drucks. 11/6154, S. 19.

Die Eignungsprüfung kann wiederholt werden. Dem Antragsteller soll hierdurch die Gelegenheit gegeben werden, Kenntnislücken im deutschen Recht zu schließen.[1]

§ 12 Abs. 1 EigPrüfVO begrenzt diese Wiederholungsmöglichkeit auf **zwei Versuche**. Zu dieser Einschränkung wurde der Verordnungsgeber durch § 10 Nr. 2 lit g EigPrüfVO ermächtigt. Hierdurch soll verhindert werden, daß die Prüfungsämter mit aussichtslosen Fällen belastet werden.[2]

§ 9 Verfahren

Gegen Entscheidungen des Prüfungsamtes und der Prüfungskommission findet ein Widerspruchsverfahren nicht statt.

Die Regelung entspricht § 68 Abs. 1 Nr. 1 VwGO, wonach ein Widerspruchsverfahren nicht stattfindet, wenn der Verwaltungsakt von einer obersten Landesbehörde erlassen worden ist. Hiermit werden in einzelnen Bundesländern mögliche Zweifel an der Stellung der Prüfungsämter als oberste Landesbehörden ausgeräumt.[1]

Durch die ausdrückliche Erfassung der Prüfungskommission wird klargestellt, daß deren Entscheidungen dem Prüfungsamt zuzurechnen sind, so daß auch insoweit ein Widerspruchsverfahren ausgeschlossen ist.[2]

§ 10 Ermächtigungen

Der Bundesminister der Justiz wird ermächtigt,

1. **durch Rechtsverordnung, die nicht der Zustimmung des Bundesrates bedarf, die Anlage zu § 1 anzupassen, wenn sich der Kreis oder die Bezeichnungen der aufgeführten Berufe oder der Kreis der Mitgliedstaaten der Europäischen Gemeinschaften oder der anderen Vertragsstaaten des Abkommens über den Europäischen Wirtschaftsraum ändern,**
2. **durch Rechtsverordnung mit Zustimmung des Bundesrates die Einzelheiten der Eignungsprüfung zu regeln, insbesondere**
   a) **die Bereiche des Pflichtfaches und der Wahlfächer,**
   b) **die Zulassung zur Prüfung,**
   c) **das Prüfungsverfahren,**
   d) **die Prüfungsleistungen,**
   e) **die Folgen eines ordnungswidrigen Verhaltens,**
   f) **den Erlaß von Prüfungsleistungen,**
   g) **die Wiederholung der Prüfung und die Zahl der Wiederholungsmöglichkeiten,**
   h) **die Erhebung einer Gebühr.**

Von der Ermächtigung des § 10 hat der Verordnungsgeber durch den Erlaß der EigPrüfVO vom 18. 12. 1990 Gebrauch gemacht.[1]

---

[1] Amtl. Begr. BT-Drucks. 11/6154, S. 19.
[2] Amtl. Begr. BT-Drucks. 11/6154, S. 19.
[1] Amtl. Begr. BT-Drucks. 11/6154, S. 19.
[2] Amtl. Begr. BT-Drucks. 11/6154, S. 19.
[1] Siehe nachstehend **7**.

§ 11 Bescheinigungen des Heimat- oder Herkunftsmitgliedstaats

Soweit es für die Entscheidung über die Zulassung zur Rechtsanwaltschaft der Vorlage oder Anforderung von

1. Bescheinigungen oder Urkunden darüber, daß keine schwerwiegenden beruflichen Verfehlungen, Straftaten oder sonstige, die Eignung des Antragstellers für den Beruf des Rechtsanwalts in Frage stellenden Umstände bekannt sind,
2. Bescheinigungen oder Urkunden darüber, daß sich der Bewerber nicht im Konkurs befindet,
3. Bescheinigungen über die körperliche oder geistige Gesundheit,
4. Führungszeugnissen

des Heimat- oder Herkunftsmitgliedstaates bedarf, genügt eine Bescheinigung oder Urkunde im Sinne des Artikels 6 der Richtlinie des Rates vom 21. Dezember 1988 (§ 1 Abs. 2 Satz 1).

1 Nach Bestehen der Eignungsprüfung hat der Antragsteller grundsätzlich einen Anspruch auf Zulassung zur Rechtsanwaltschaft (§ 4 BRAO). Die Zulassung kann jedoch unter den gleichen Voraussetzungen versagt werden, wie dies nach § 7 BRAO für Rechtsanwälte, die über die Befähigung zum Richteramt verfügen, vorgesehen ist. Dies steht im Einklang mit der Richtlinie, die weder auf eine Änderung des Standesrechts abzielt, noch „Zuwanderer" von der Anwendung dieser Bestimmungen ausschließen will.[1]

2 Soweit demnach für die Zulassung zur Rechtsanwaltschaft bestimmte Nachweise aus dem Heimat- oder Herkunftsmitgliedstaat benötigt werden, sieht Art. 6 der Richtlinie Erleichterungen zugunsten des Antragstellers vor. Im Einklang mit dieser Vorschrift legt § 11 im einzelnen fest, in welchen Fällen eine Bescheinigung oder Urkunde des Heimat- bzw. Herkunftsmitgliedstaates ausreicht.

---

[1] Vgl. 10. Erwägungsgrund der Richtlinie.

7. Verordnung über die Eignungsprüfung für die Zulassung zur Rechtsanwaltschaft

Vom 18. Dezember 1990
(BGBl. I S. 2881); zuletzt geändert durch Artikel 38 des Gesetzes vom 27. April 1993 (BGBl. I S. 512, 530)

Schrifttum: Siehe Schrifttum zum Eignungsprüfungsgesetz (Nr. 6)

Einleitung

Die Verordnung über die Eignungsprüfung für die Zulassung zur Rechtsanwaltschaft vom 18.12.1990 (EigPrüfVO)[1] beruht auf der Ermächtigung in § 10 Abs. 2 EigPrüfG. Sie regelt die Einzelheiten der Eignungsprüfung für die Zulassung zur Rechtsanwaltschaft und setzt dadurch die zugrundeliegende Hochschuldiplom-Richtlinie[2] für den Beruf des Rechtsanwalts abschließend ins deutsche Recht um. 1

Die Verordnung trifft vor allem nähere Bestimmungen hinsichtlich der materiellrechtlichen Regelungen des Gesetzes, insbesondere hinsichtlich der Prüfungsinhalte und des Prüfungsablaufs. Zur Regelung der verwaltungsorganisatorischen und der verfahrensrechtlichen Fragen wurde hingegen weitgehend auf die landesrechtlichen Bestimmungen über die juristischen Staatsprüfungen zurückgegriffen. 2

Die Eignungsprüfung ist gebührenfrei. Der Gesetzgeber entschied sich hiermit gegen die Empfehlung des Rechtsausschusses des Bundesrates, eine Prüfungsgebühr in Höhe von DM 500 zu erheben. Hiermit sollte der durch die Abnahme der Prüfungen entstehende Kostenaufwand für die Länder gemildert werden.[3] 3

§ 1 Prüfungsamt

Für das Prüfungsamt, seine Organe und deren Zuständigkeiten gelten die Vorschriften über das für die zweite juristische Staatsprüfung zuständige Prüfungsamt des Landes, in dem das Prüfungsamt oder ein gemeinsames Prüfungsamt eigerichtet ist, entsprechend, soweit diese Verordnung nichts anderes bestimmt.

Nach § 3 Abs. 1 EigPrüfG sind für die Abnahme der Eignungsprüfung die Landesjustizprüfungsämter zuständig. Hinsichtlich deren **Organisationsrechts** verweist § 1 EigPrüfVO auf die entsprechenden landesrechtlichen Regelungen. Soweit ein gemeinsames Justizprüfungsamt gebildet wird,[1] gelten die Regeln des Landes, in dem sich das gemeinsame Justizprüfungsamt befindet. 1

Wie auch die übrigen Verweisungen in der Verordnung ist § 1 ausweislich der amtlichen Begründung eine **statische Verweisung**. Es gilt das Landesrecht in der zum Zeitpunkt des Inkrafttretens der Verordnung am 1. 1. 1991 gültigen 2

---

[1] BGBl. I, S. 2881; geändert durch Art. 38 des EWR-Ausführungsgesetzes vom 27.4. 1993, BGBl. I, S. 512.
[2] Vgl. Anhang Nr. 2; Vorb §§ 206, 207 BRAO Rdn. 36ff.
[3] BR-Drucks. 712/90, S. 3.
[1] Vgl. § 3 EigPrüfG Rdn. 3.

Fassung.[2] Ob dies eine zweckmäßige Entscheidung ist, darf bezweifelt werden. Sie hat jedoch den Vorzug der verfassungsrechtlichen Unbedenklichkeit.

§ 2 Prüfer

(1) **Prüfer sind der Präsident des für die zweite juristische Staatsprüfung zuständigen Prüfungsamts, seine Vertreter und die hauptamtlichen Prüfer sowie die zu Prüfern berufenen Rechtsanwälte. Im übrigen kann zum Prüfer berufen werden, wer die Voraussetzungen eines Prüfers für die zweite juristische Staatsprüfung erfüllt.**

(2) **Für das Verfahren der Berufung, die Amtsdauer und die einstweilige Heranziehung von Prüfern gelten die Vorschriften für die Prüfer der zweiten juristischen Staatsprüfung des Landes entsprechend, in dem das Prüfungsamt oder ein gemeinsames Prüfungsamt eingerichtet ist. Bei Errichtung eines gemeinsamen Prüfungsamts können Prüfer der beteiligten Länder berufen werden.**

1 § 2 bestimmt den Kreis der **Prüfer** sowie das Verfahren ihrer Berufung. Die Besetzung der einzelnen Prüfungskommissionen regeln hingegen § 8 Abs. 1 und § 3 Abs. 3 EigPrüfG.

2 Absatz 1 Satz 1 bestimmt als Prüfer kraft Verordnung den Präsidenten des für die zweite juristische Staatsprüfung zuständigen Prüfungsamtes, seine Vertreter sowie die hauptamtlichen Prüfer und die zu Prüfern berufenen Rechtsanwälte dieses Prüfungsamtes.

3 Satz 2 regelt die Prüferbefähigung für die nicht unter Satz 1 fallenden Prüfer. Der Prüfer muß die Voraussetzungen erfüllen, die das jeweils zuständige Land für die Prüfer im zweiten juristischen Staatsexamen vorsieht. In aller Regel ist dies die Befähigung zum Richteramt. Dies schließt – bedauerlicherweise – langfristig die Berufung von Rechtsanwälten aus, die selbst über das EigPrüfG zugelassen worden sind.

4 Absatz 2 verweist hinsichtlich des Berufungsverfahrens, der Amtsdauer und der einstweiligen Heranziehung von Prüfern auf das Landesrecht in der bei Inkrafttreten der Verordnung geltenden Fassung. Satz 2 wurde auf Anregung des Bundesrates eingefügt. Er soll verdeutlichen, daß im Falle eines gemeinsamen Prüfungsamtes Prüfer aus allen beteiligten Ländern zur Prüfung herangezogen werden können. Damit sollte die Bildung gemeinsamer Prüfungsämter erleichtert werden.[1]

§ 3 Zulassung zur Eignungsprüfung

(1) **Der Antragsteller kann bei jedem nach § 3 des Gesetzes über die Eignungsprüfung für die Zulassung zur Rechtsanwaltschaft zuständigen Prüfungsamt im Geltungsbereich dieser Verordnung die Zulassung zur Eignungsprüfung beantragen.**

(2) **Dem Antrag sind beizufügen:**
1. ein eigenhändig geschriebener Lebenslauf,

---

[2] Amtl. Begr. BR-Drucks. 712/90, S. 10.
[1] Amtl. Begr. BR-Drucks. 712/90, S. 1.

2. die Diplome, Prüfungszeugnisse oder Befähigungsnachweise nach § 1 Abs. 2 des Gesetzes über die Eignungsprüfung für die Zulassung zur Rechtsanwaltschaft,
3. ein Nachweis, daß der Antragsteller mehr als die Hälfte der Mindestausbildungszeit in Mitgliedstaaten oder in anderen Vertragsstaaten des Abkommens über den Europäischen Wirtschaftsraum abgeleistet hat, oder eine Bescheinigung über eine mindestens dreijährige Berufsausübung in einem Mitgliedstaat oder Vertragsstaat,
4. ein Nachweis der Staatsangehörigkeit eines Mitgliedstaates der Europäischen Gemeinschaften oder eines anderen Vertragsstaates des Abkommens über den Europäischen Wirtschaftsraum,
5. die Bestimmung je eines Wahlfaches aus den beiden Wahlfachgruppen und des Faches für die zweite Aufsichtsarbeit,
6. die Versicherung, daß der Antragsteller die Zulassung zur Eignungsprüfung bei keinem anderen Prüfungsamt beantragt hat,
7. eine Erklärung darüber, ob und bei welchen Prüfungsämtern sich der Antragsteller ohne Erfolg Eignungsprüfungen unterzogen hat.

(3) **Der Antrag und die beizufügenden Unterlagen, soweit sie vom Antragsteller stammen, sind in deutscher Sprache einzureichen; sonstige Unterlagen sind mit einer beglaubigten Übersetzung vorzulegen.**

Nach Absatz 1 hat der Antragsteller die **freie Wahl** zwischen den verschiedenen für die Abnahme der Eignungsprüfung zuständigen Prüfungsämtern. Eine Zuständigkeitsaufteilung nach Wohnsitz wurde für eine unnötige Komplikation gehalten.[1] In der Praxis hat sich die Wahlfreiheit durch die Bildung gemeinsamer Prüfungsämter[2] reduziert. 1

Der Zulassungsantrag ist **schriftlich** zu stellen, was sich daraus ergibt, daß nach Absatz 2 dem Antrag Unterlagen beizufügen sind. Diese werden abschließend aufgezählt.[3] 2

Der **Lebenslauf** (Nr. 1) soll laut der amtlichen Begründung vor allem über den beruflichen Werdegang des Antragstellers Auskunft geben. Er soll daneben auch über die persönlichen Verhältnisse des Antragstellers informieren, da diese – so die amtliche Begründung – für die Prüfungsentscheidung, bei der es auf den Gesamteindruck ankommt (§ 7 EigPrüfG), von Belang sein können.[4] Es ist fraglich, ob derartige Angaben tatsächlich in den Gesamteindruck über die beruflichen Fähigkeiten des Antragstellers einfließen sollten. Schließlich entspricht das Eignungsprüfungsverfahren gerade nicht den Staatsexamina, in denen – je nach landesgesetzlicher Regelung – auch sogenannte „Sozialpunkte" verteilt werden können. Das Erfordernis der Handschriftlichkeit entspricht der bisherigen Praxis bei den Prüfungsämtern, ist aber antiquiert, denn die Prüfung ist eine Wissens-, nicht aber eine Charakterprüfung. 3

Die **Diplome**, Prüfungszeugnisse oder Befähigungsnachweise, die den Anspruch auf Zulassung begründen,[5] sind nach Nummer 2 im Original sowie mit einer beglaubigten Übersetzung (Abs. 3, letzter Hs.) einzureichen. 4

---

[1] Amtl. Begr. BR-Drucks. 712/90, S. 11.
[2] Vgl. § 3 EigPrüfG Rdn. 3.
[3] Amtl. Begr. BR-Drucks. 712/90, S. 11.
[4] Amtl. Begr. BR-Drucks. 712/90, S. 12.
[5] Dazu § 1 EigPrüfG.

EigPrüfVO § 4 1   EignungsprüfungsVO

5   Auch der **Nachweis über eine überwiegend in der Gemeinschaft erworbene Ausbildung** oder, falls diese Voraussetzung nicht erfüllt werden kann, die Bescheinigung über eine mindestens dreijährige Berufsausübung in einem Mitgliedstaat (Nr. 3) sind im Original sowie in beglaubigter Übersetzung (Abs. 3 letzter Hs.) vorzulegen. Gleichzeitig stellt die Bestimmung klar, daß eine Ausbildung als „nicht überwiegend in der Gemeinschaft erworben" gilt (§ 1 Abs. 2 S. 2 EignungsprüfungsG), wenn nicht mehr als die Hälfte der Mindestausbildungszeit in einem oder in mehreren Mitgliedstaaten absolviert wurde.

6   Da nur Angehörige eines Mitgliedstaates einen Anspruch auf Zulassung zur Eignungsprüfung haben, muß nach Nummer 4 diese **Staatsangehörigkeit** nachgewiesen werden. Eine besondere Form ist hierfür nicht vorgeschrieben. Es dürfte daher beispielsweise die Vorlage eines Reisepasses oder Personalausweises genügen.

7   In dem Zulassungsgesuch muß der Antragsteller seine **Wahlfächer** aus den beiden Wahlfachgruppen und von diesen das Fach für die zweite Aufsichtsarbeit bestimmen (Nr. 5). Der Antragsteller ist an diese Angaben im folgenden gebunden, da das Prüfungsamt dementsprechend das Prüfungsverfahren gestaltet. Sie können deshalb nach erfolgter Zulassung nicht mehr ohne weiteres geändert werden.[6]

8   Hinsichtlich des zuständigen Prüfungsamtes hat der Antragsteller die Wahlfreiheit. Er darf sich jedoch nur bei einem Prüfungsamt melden, da er nur Anspruch auf ein einziges Prüfungsverfahren (mit Wiederholungsmöglichkeit) hat. Dem Antrag ist deshalb die Versicherung beizufügen, daß der Antragsteller die Zulassung zur Eignungsprüfung bei keinem **anderen Prüfungsamt beantragt** hat (Nr. 6).

9   Aus entsprechenden Gründen wird auch eine Erklärung darüber verlangt, ob und bei welchen Prüfungsämtern sich der Antragsteller bereits **ohne Erfolg Eignungsprüfungen** unterzogen hat (Nr. 7). Gegebenenfalls können die entsprechenden Vorgänge des bzw. der anderen Prüfungsämter beigezogen werden.[7]

10   Das Prüfungsverfahren ist nicht nur hinsichtlich der Prüfungsleistungen (§ 6 Abs. 1 S. 2 EigPrüfG), sondern auch im übrigen in deutscher Sprache durchzuführen (vgl. die VwVfGe der Länder, die § 2 Abs. 3 Nr. 2 iVm § 23 Abs. 1 VwVfG entsprechen).[8] Dementsprechend sind der Antrag und die beizufügenden Unterlagen, soweit sie vom Antragsteller stammen, in **deutscher Sprache** abzufassen. Sonstigen Unterlagen, so etwa den Diplomen, ist jeweils eine beglaubigte Übersetzung beizufügen (Abs. 3).

§ 4 Rücktritt von der Prüfung

Der Antragsteller kann nach der Zulassung nur aus wichtigem Grund von der Prüfung zurücktreten. Liegt kein wichtiger Grund vor, so gilt die Prüfung als nicht bestanden.

1   Für den Rücktritt von der Prüfung gilt – wie auch sonst im Prüfungsrecht –, daß er nur aus wichtigem Grund möglich ist (Satz 1). Ein Rücktritt kann nur hinsichtlich der gesamten Prüfung, nicht hingegen bezüglich einzelner Prüfungsleistungen erfolgen.[1] Bei der Versäumnis von Prüfungsterminen und der Nichtabgabe von Aufsichtsarbeiten gilt § 9 EigPrüfVO.

---

[6] Amtl. Begr. BT-Drucks. 712/90, S. 13.
[7] Amtl. Begr. BR-Drucks. 712/90, S. 13.
[8] Amtl. Begr. BR-Drucks. 712/90, S. 13.
[1] Amtl. Begr. BR-Drucks. 712/90, S. 14.

Liegt kein wichtiger Grund vor, so gilt die Prüfung als nicht bestanden (Satz 2). Eine darauf folgende Eignungsprüfung ist eine Wiederholungsprüfung, die im Falle ihres Nichtbestehens nur noch einmal wiederholt werden darf (§ 12 Abs. 1 EigPrüfVO).[1]

Wer innerhalb des Prüfungsamts für die Entscheidung über das Vorliegen eines wichtigen Grundes zuständig ist, regelt über § 1 EigPrüfVO das jeweilige Landesrecht.

§ 5 Erlaß von Prüfungsleistungen

Das Prüfungsamt erläßt dem Antragsteller auf Antrag schriftliche Prüfungsleistungen, wenn er durch ein Prüfungszeugnis nachweist, daß er in seiner bisherigen Ausbildung in einem Pflichtfach oder einem Wahlfach die für die Ausübung des Rechtsanwaltsberufs in der Bundesrepublik Deutschland erforderlichen materiellrechtlichen und verfahrensrechtlichen Kenntnisse im deutschen Recht erworben hat.

§ 5 berücksichtigt, daß ein Antragsteller in seinem bisherigen Werdegang möglicherweise bereits Kenntnisse erworben hat, die ihn zur Ausübung des Anwaltsberufs in Deutschland befähigen und die daher nicht mehr Teil der Eignungsprüfung sein müssen.

Sie trägt dem Urteil des EuGH in der Sache **Vlassopoulou**[1] Rechnung, nach dem die Mitgliedstaaten aufgrund Art. 52 EGV zu einem Vergleich der Ausbildungen verpflichtet sind, die dem ausländischen und dem entsprechenden inländischen Diplom zugrundeliegen.

Den Nachweis ausreichender Kenntnisse im Pflichtfach oder in einem Wahlfach kann der Antragsteller sowohl durch ein von einer deutschen Stelle ausgestelltes **Zeugnis**, so z. B. eine Magisterurkunde einer deutschen Universität, als auch durch entsprechende Zeugnisse aus seinem Heimatland oder einem sonstigen Staat führen. Zu denken wäre beispielsweise an Übungsscheine aus Veranstaltungen schweizerischer Universitäten (z. B. Lausanne) zum deutschen Recht. Die amtliche Begründung macht jedoch deutlich, daß es sich um ein Prüfungszeugnis handeln muß. Bescheinigungen über die Teilnahme an einer Lehrveranstaltung genügen den Anforderungen nicht, da aus ihnen nicht hervorgeht, daß der Antragsteller auch tatsächlich die geforderten Kenntnisse besitzt.[2]

Ob das Prüfungszeugnis einen Erlaß von Teilen der Eignungsprüfung rechtfertigt, wird im Wege der **Einzelfallentscheidung** des jeweiligen Prüfungsamtes entschieden.[3] Durch die Entscheidungspraxis wird zwangsläufig eine Selbstbindung der Prüfungsämter eintreten. Bis Ende 1995 hatten die Prüfungsämter in insgesamt fünf Fällen die schriftliche Prüfung teilweise erlassen.[4]

§ 6 Prüfungsgebiete

(1) Die Eignungsprüfung erstreckt sich im Pflichtfach Zivilrecht auf
1. den Allgemeinen Teil des Bürgerlichen Gesetzbuchs,
2. das Schuldrecht und das Sachenrecht jeweils einschließlich besonderer Ausprägungen außerhalb des Bürgerlichen Gesetzbuchs,

---

[1] Amtl. Begr. BR-Drucks. 712/90, S. 14.
[1] EuGH Slg. 1991, I-2357 = NJW 1991, 2073 = EuZW 1991, 380 = JZ 1991, 1131 – Vlassopoulou; vgl. hierzu Vorb §§ 206, 207 BRAO Rdn. 23, 45 ff.
[2] Amtl. Begr. BR-Drucks. 712/90, S. 15.
[3] Amtl. Begr. BR-Drucks. 712/90, S. 15.
[4] BRAK-Mitt. 1995, 243.

3. das dazugehörende Verfahrensrecht einschließlich der Grundlagen im Gerichtsverfassungsrecht und der Grundzüge des Zwangsvollstreckungs- und Insolvenzrechts.

(2) Die Eignungsprüfung erstreckt sich in dem Wahlfach
1. Öffentliches Recht auf
   a) die Grundrechte,
   b) das allgemeine Verwaltungsrecht und das allgemeine Verwaltungsverfahrensrecht,
   c) die Grundzüge des Baurechts und des Rechts der öffentlichen Sicherheit und Ordnung,
   d) das Verwaltungsprozeßrecht einschließlich der Grundlagen im Gerichtsverfassungsrecht,
2. Strafrecht auf
   a) die allgemeinen Lehren des Strafrechts,
   b) den Besonderen Teil des Strafgesetzbuchs,
   c) das Strafprozeßrecht einschließlich der Grundlagen im Gerichtverfassungsrecht,
3. Zivilrecht auf
   a) die Grundzüge des Familienrechts und des Erbrechts,
   b) das dazugehörende Verfahrensrecht einschließlich der Grundlagen im Gerichtsverfassungsrecht,
4. Handelsrecht auf
   a) die Grundzüge des Handelsrechts und des Gesellschaftsrechts,
   b) die Grundzüge des Wertpapierrechts ohne das Wechsel- und Scheckrecht,
   c) das dazugehörende Verfahrensrecht einschließlich der Grundlagen im Gerichtsverfassungsrecht,
5. Arbeitsrecht auf
   a) die Grundzüge des Individualarbeitsrechts und des kollektiven Arbeitsrechts,
   b) das dazugehörende Prozeßrecht einschließlich der Grundlagen im Gerichtsverfassungsrecht.

Die Vorschrift präzisiert den Katalog der Prüfungsfächer in § 5 EigPrüfG. Es kann daher auf die dortige Kommentierung verwiesen werden.

§ 7 Prüfungsleistungen

(1) **Die Aufsichtsarbeiten haben Aufgaben aus der beruflichen Praxis eines Rechtsanwalts zum Gegenstand. Die Bearbeitungszeit für eine Aufsichtsarbeit beträgt fünf Stunden.**

(2) **Die Gegenstände des Kurzvortrags und des Prüfungsgesprächs sind der beruflichen Praxis eines Rechtsanwalts zu entnehmen. Die Vorbereitungszeit für den Kurzvortrag beträgt zwei Stunden. Für jeden Prüfungsteilnehmer beträgt die Dauer des Prüfungsgesprächs etwa fünfundvierzig, die Dauer des Kurzvortrags etwa fünfzehn Minuten.**

1 Absatz 1 Satz 1 stellt klar, daß in Hinblick auf die Richtlinie Gegenstand der Eignungsprüfung nur **Aufgaben aus der beruflichen Praxis** eines Rechtsanwalts sein können. In Betracht kommt also vor allem das Anfertigen von Klagen

bzw. Klageerwiderungen, im Verwaltungsverfahren auch von Widersprüchen, sowie die Erstellung von Gutachten und Vertragsentwürfen aus der anwaltlichen Beratungspraxis. Die amtliche Begründung hebt hervor, daß Aufgaben, bei denen vor allem wissenschaftliche Streitfragen zu behandeln sind, nur dann geeignet sind, wenn der Meinungsstreit auch für die anwaltliche Berufspraxis von wesentlicher Bedeutung ist.[1]

Die **Bearbeitungszeit** für eine Aufsichtsarbeit beträgt fünf Stunden (Satz 2). Dieser auch in den Staatsexamina übliche Zeitrahmen soll dem Antragsteller genügend Gelegenheit geben, seine Kenntnisse unter Beweis zu stellen. Bei der Auswahl der Aufgabe ist die begrenzte Bearbeitungszeit zu berücksichtigen. Die amtliche Begründung macht jedoch deutlich, daß es mit dem Zweck der Prüfung nicht zu vereinbaren ist, eine „minder schwere Aufgabe" deshalb zu wählen, weil der Antragsteller aus einem anderen Rechtskreis stammt.[2] Dies deutet darauf hin, daß sich die Aufgaben in ihrem **Umfang** und ihrem **Schwierigkeitsgrad** an den Klausuren der zweiten juristischen Staatsprüfung orientieren. So wurden in den bislang durchgeführten Eignungsprüfungen teilweise auch Aufgaben gestellt, die bereits in der zweiten juristischen Staatsprüfung ausgegeben wurden.[3] Ob dies noch richtlinienkonform ist, mag bezweifelt werden.[4]

Absatz 2 legt den Rahmen für die **mündliche Prüfung** fest. Sie beginnt mit einem in freier Rede zu haltenden fünfzehnminütigen Kurzvortrag, dessen Gegenstand wiederum der beruflichen Praxis eines Rechtsanwalts zu entnehmen ist (Satz 1). Dadurch soll der Antragsteller zeigen, daß er in der Lage ist, einen Sachverhalt und die rechtlichen Überlegungen zu seiner Lösung auf dem maßgeblichen Prüfungsgebiet frei und verständlich darzustellen und einen praktisch brauchbaren Vorschlag zu unterbreiten. Ein Stichwortzettel als Gedankenstütze darf verwendet werden, soweit nicht Texte abgelesen werden. Anders als in der zweiten juristischen Staatsprüfung beträgt die Vorbereitungszeit für den Kurzvortrag hier zwei Stunden (Satz 2). Das Thema des Kurzvortrages muß so zugeschnitten sein, daß es in 15 Minuten angemessen behandelt werden kann.[5]

Die Prüfungskommission bestimmt die Reihenfolge der Prüfungskandidaten sowie, welche Pausen zwischen den Kurzvorträgen einzuhalten sind. Die Gesamtdauer des Prüfungsgespräches hängt von der Zahl der zu prüfenden Kandidaten des Prüfungstermins ab. Auf jeden Antragsteller müssen 45 Minuten entfallen (Satz 3).[6]

Es ist Aufgabe der Prüfungskommission, festzulegen, wie ihre Mitglieder und die Antragsteller an dem Prüfungsgespräch beteiligt werden. Sie hat darauf zu achten, daß die Antragsteller in möglichst gleichem Maße zu Wort kommen. Eine genaue zeitliche Gleichheit ist hingegen nicht erforderlich und wäre auch kaum einzuhalten.[7]

Der Gegenstand des Prüfungsgesprächs ist im wesentlichen durch § 6 Abs. 4 S. 2 EigPrüfG bestimmt. Es sind auch hierbei nur Aufgaben aus der beruflichen

---

[1] Amtl. Begr. BR-Drucks. 712/90, S. 18.
[2] Amtl. Begr. BR-Drucks. 712/90, S. 18.
[3] Vgl. beispielsweise die in JA ÜbBlRef 1993, 170 veröffentlichte Klausur im Pflichtfach Zivilrecht.
[4] So auch Henssler AnwBl. 1996, 353 (359).
[5] Amtl. Begr. BR-Drucks. 712/90, S. 19.
[6] Amtl. Begr. BR-Drucks. 712/90, S. 19.
[7] Amtl. Begr. BR-Drucks. 712/90, S. 19.

Praxis eines Rechtsanwalts zulässig (Satz 1). Das Berufsrecht ist Prüfungsgegenstand für alle Prüfungsteilnehmer. Im übrigen kommt es für eine Prüfung darauf an, welches Wahlfach die einzelnen Prüfungsteilnehmer für die mündliche Prüfung bestimmt haben und ob Aufsichtsarbeiten den Anforderungen nicht genügt haben. Bei einem Termin mit mehreren Teilnehmern werden deshalb häufig Teile des Prüfungsgesprächs nur einzelne betreffen.

§ 8 Prüfungskommission

(1) **Vorsitzender der Prüfungskommission ist der Präsident des für die zweite juristische Staatsprüfung zuständigen Prüfungsamts oder ein von ihm bestimmter Prüfer. Zwei Mitglieder der Prüfungskommission sollen Rechtsanwälte sein.**

(2) **Aufsichtsarbeiten werden von jedem Prüfer selbständig bewertet.** Der Prüfer hat als Ergebnis festzustellen, ob die Aufsichtsarbeit den Anforderungen genügt. Die von einem Prüfer abgegebene Bewertung wird mit der Aufsichtsarbeit den anderen Prüfern zugeleitet.

(3) **Die Mitglieder der Prüfungskommission müssen während der mündlichen Prüfung ständig anwesend sein.**

1   Absatz 1 ergänzt die Regelung des EigPrüfG zur Zusammensetzung der Prüfungskommission. **Vorsitzender** ist kraft Verordnung der Präsident des für die zweite juristische Staatsprüfung zuständigen Prüfungsamtes oder ein von ihm bestimmter Prüfer (Satz 1). Alle Mitglieder der Prüfungskommission müssen aus dem Kreis der Prüfungsberechtigten nach § 2 EigPrüfVO kommen.

2   Nach Satz 2 sollen zwei Mitglieder der Prüfungskommission **Rechtsanwälte** sein. Von dieser Regel darf nur aus besonderen Gründen abgewichen werden. Dies ist etwa der Fall, wenn die Rechtsanwaltskammer nicht genügend Rechtsanwälte benennt, die zur Prüfung im Einzelfall bereit und in der Lage sind.[1] Hier ist somit die Rechtsanwaltschaft aufgerufen, zum Gelingen des Eignungsprüfungsverfahrens ihren Teil beizutragen.

3   Nach Absatz 2 Satz 1 ist jeder Prüfer zur **selbständigen Bewertung** der Aufsichtsarbeiten verpflichtet. Er darf also keinen der anderen Prüfer oder gar Dritte hinzuziehen.[2] Jeder Prüfer muß Stellung dazu beziehen, ob die Aufsichtsarbeit den Anforderungen genügt (Satz 2). Eine Benotung findet hingegen nicht statt (vgl. auch § 7 EigPrüfG). Die Bewertungen sind im Kreis der Prüfer offenzulegen.[3] Das Gutachten eines Prüfers ist den nachfolgenden Prüfern bei Zuleitung der Aufsichtsarbeit bekanntzugeben (Satz 3). Nach § 3 Abs. 3 S. 3 EigPrüfG kann das Landesrecht jedoch auch vorsehen, daß die schriftlichen Leistungen von zwei Prüfern bewertet werden, die der Prüfungskommission nicht angehören müssen.

4   Da die Prüfungskommission ihre Entscheidung aufgrund des Gesamteindrucks aller Leistungen trifft (§ 7 EigPrüfG), ist es erforderlich, daß ein jedes ihrer Mitglieder während der mündlichen Prüfung ständig anwesend ist (Abs. 3).

---

[1] Amtl. Begr. BR-Drucks. 712/90, S. 20.
[2] Amtl. Begr. BR-Drucks. 712/90, S. 20.
[3] Amtl. Begr. BR-Drucks. 712/90, S. 20.

§ 9 Versäumnis von Prüfungsterminen und Nichtabgabe von Aufsichtsarbeiten

(1) Folgt der Antragsteller ohne ausreichende Entschuldigung einer Ladung zur Anfertigung einer Aufsichtsarbeit nicht oder gibt er eine Arbeit nicht oder nicht fristgemäß ab, ist die Prüfungsleistung als mißlungen zu bewerten.

(2) Erscheint der Antragsteller ohne ausreichende Entschuldigung nicht oder nicht rechtzeitig zu dem Termin für die mündliche Prüfung oder nimmt er den Termin nicht bis zum Ende wahr, gilt die Prüfung als nicht bestanden.

Die Regelung des § 9 hat ihr Vorbild in den entsprechenden landesrechtlichen Regelungen für die juristischen Staatsprüfungen. Durch die Verknüpfung der unentschuldigten Versäumnis eines Prüfungstermins und der unentschuldigten Nichtabgabe von Aufsichtsarbeiten mit Rechtsnachteilen soll verhindert werden, daß der Antragsteller sich durch beliebiges Nichterscheinen oder Nichtabgabe Vorteile verschafft.[1] 1

Absatz 1 regelt die Säumnisfolgen für die **schriftliche Prüfung**. Eine Prüfungsleistung gilt als mißlungen, wenn der Antragsteller ohne ausreichende Entschuldigung die Arbeit nicht oder nicht fristgemäß abgibt oder nicht zum Termin erscheint. Dies führt jedoch nicht zum Mißlingen der Prüfung insgesamt. 2

Absatz 2 betrifft die **mündliche Prüfung**. Der Formulierung der Verordnung ist an dieser Stelle nicht eindeutig zu entnehmen, ob in diesem Falle die Eignungsprüfung als Ganzes nicht bestanden ist, oder ob der Begriff „die Prüfung" sich allein auf die mündliche Prüfung bezieht. Aus der amtlichen Begründung ergibt sich jedoch, daß bei unentschuldigtem Nichterscheinen in der mündlichen Prüfung bzw. deren vorzeitigem Verlassen die gesamte Eignungsprüfung als nicht bestanden gilt. Es soll vermieden werden, daß der Antragsteller durch Abwarten auf eine ihm genehme Prüfungskommission das Prüfungsverfahren manipuliert. Zugleich soll die Regelung wegen des großen Aufwandes für die Vorbereitung solcher Prüfungen abschreckend wirken. Eine „mildere Rechtsfolge" komme daher nicht in Betracht.[2] 3

Diese Auslegung von Absatz 2 führt allerdings zu einem Wertungswiderspruch mit § 10 Abs. 3 EigPrüfVO. Begeht ein Kandidat in der mündlichen Prüfung einen Täuschungsversuch, so gilt allein die mündliche Prüfung als nicht bestanden.[3] 4

Die Verordnung bestimmt den Begriff der **ausreichenden Entschuldigung** nicht näher. Es ist davon auszugehen, daß die Prüfungsämter sich an der Praxis bei den juristischen Staatsprüfungen orientieren.[4] Soweit der Antragsteller sich auf krankheitsbedingte Gründe beruft, ist daher ein amtsärztliches Zeugnis einzuholen. 5

§ 10 Ordnungswidriges Verhalten

(1) **Über die Folgen eines ordnungswidrigen Verhaltens des Antragstellers, namentlich eines Täuschungsversuchs, entscheidet das Prüfungsamt.**

---

[1] Amtl. Begr. BR-Drucks. 712/90, S. 20.
[2] Amtl. Begr. BR-Drucks. 712/90, S. 21.
[3] Vgl. § 10 EigPrüfVO Rdn. 4.
[4] Amtl. Begr. BR-Drucks. 712/90, S. 21.

(2) **Versucht der Antragsteller, das Ergebnis einer Aufsichtsarbeit durch Täuschung zu beeinflussen, ist die Arbeit als mißlungen zu bewerten. In schweren Fällen wird die Prüfung für nicht bestanden erklärt.**

(3) **Versucht der Antragsteller, das Ergebnis einer mündlichen Prüfung durch Täuschung zu beeinflussen, ist die mündliche Prüfung zu wiederholen. In schweren Fällen wird die Prüfung für nicht bestanden erklärt.**

(4) **Die Prüfung kann nur innerhalb einer Frist von fünf Jahren seit dem Tag der mündlichen Prüfung für nicht bestanden erklärt werden.**

1 Auch die Regelung über das ordnungswidrige Verhalten knüpft an das allgemeine Prüfungsrecht an.

2 Zuständig für die Entscheidung über die Folgen eines ordnungswidrigen Verhaltens ist nach Absatz 1 das Prüfungsamt. Wer für das Prüfungsamt handelt und inwieweit die Prüfungskommission eingreifen kann, wenn ein ordnungswidriges Verhalten in der schriftlichen Prüfung erst während der mündlichen Prüfung bekannt wird oder es zu dem ordnungswidrigen Verhalten in der mündlichen Prüfung kommt, bestimmt sich nach den landesrechtlichen Regelungen für die Justizprüfungsämter (§ 1 EigPrüfVO).[1]

3 Grundsätzlich entscheidet das Prüfungsamt nach pflichtgemäßem Ermessen über die Folgen eines ordnungswidrigen Verhaltens. Absatz 2 trifft eine Regelung für den in **schriftlichen Prüfungsarbeiten** häufigsten Fall. Wird bei einer Aufsichtsarbeit versucht, durch Täuschung ein besseres Ergebnis zu eigenem oder fremdem Vorteil zu erzielen, so ist die Arbeit als mißlungen zu bewerten. Dies gilt auch dann, wenn ein besseres Ergebnis durch unzulässige Hilfsmittel oder durch Einflußnahme auf Dritte, etwa Prüfer oder Bedienstete des Prüfungsamtes, angestrebt wird. In schweren Fällen kann die gesamte Prüfung für nicht bestanden erklärt werden (Satz 2). Dann bleibt dem Antragsteller nur die Möglichkeit einer Wiederholungsprüfung, soweit es sich nicht bereits um die zweite Wiederholungsprüfung handelt (§ 12 EigPrüfVO).[2]

4 Für Täuschungsversuche in der **mündlichen Prüfung** bestimmt Absatz 3, daß die mündliche Prüfung zu wiederholen ist. Dies stellt im Verhältnis zu den Folgen einer Säumnis der mündlichen Prüfung nach § 9 EigPrüfVO eine widersprüchliche Wertung dar, da im letzteren Fall die gesamte Prüfung einschließlich der schriftlichen Aufsichtsarbeiten als nicht bestanden gilt. Zwar kann nach Satz 2 auch bei Täuschung in schweren Fällen die Prüfung insgesamt für nicht bestanden erklärt werden; dies ist jedoch ein besonderer Begründung bedürftiger Ausnahmefall. Im Ergebnis steht daher ein Kandidat, der in der mündlichen Prüfung einen Täuschungsversuch begeht, besser da als ein Kandidat, der – aus welchen Erwägungen auch immer – unentschuldigt nicht zur Prüfung erscheint.

5 Im Interesse der Rechtssicherheit kann die Prüfung wegen ordnungswidrigen Verhaltens nur innerhalb einer Frist von fünf Jahren seit dem Tage der mündlichen Prüfung für nicht bestanden erklärt werden (Abs. 4).

§ 11 Entscheidung über das Ergebnis der Eignungsprüfung

(1) **Im Anschluß an die mündliche Prüfung berät die Prüfungskommission über das Ergebnis der Prüfung und stellt auf Grund des Gesamt-**

---

[1] Amtl. Begr. BR-Drucks. 712/90, S. 21.
[2] Amtl. Begr. BR-Drucks. 712/90, S. 22.

eindrucks der in der schriftlichen und mündlichen Prüfung erbrachten Leistungen mit Mehrheit fest, ob der Antragsteller die für die Ausübung des Berufs eines Rechtsanwalts in der Bundesrepublik Deutschland erforderlichen Kenntnisse hat.

(2) Im Anschluß an die Beratung ist die Entscheidung der Prüfungskommission über das Ergebnis der Prüfung bekanntzugeben. Das Prüfungsamt erteilt hierüber eine schriftliche Bestätigung.

Absatz 1 ist eng an § 7 EigPrüfG angelehnt. Die Vorschrift trifft nur insoweit eine darüber hinausgehende Regelung, als sie festschreibt, daß die Prüfungskommission im unmittelbaren Anschluß an die mündliche Prüfung berät und das Prüfungsergebnis feststellt. Die Prüfer treffen ihre Entscheidung aufgrund des **Gesamteindrucks**, den sie von den Leistungen des Kandidaten gewonnen haben, was einfacher ist, wenn sie selbst die Aufsichtsarbeiten korrigiert haben, als wenn dies durch andere Prüfer geschah. 1

Das Gesetz sieht vor, daß die Prüfungskommission mit **Stimmenmehrheit** entscheidet. Bei Stimmengleichheit entscheidet nach § 3 Abs. 3 EigPrüfG die Stimme des Vorsitzenden. 2

Soweit durch Landesrecht nach § 3 Abs. 3 S. 3 EigPrüfG kein Kommissionsverfahren vorgesehen ist, sondern die Korrektur der schriftlichen Arbeiten nicht von denselben Prüfern vorgenommen wird, die auch die mündliche Prüfung abnehmen, ist laut amtlicher Begründung die Kommission der mündlichen Prüfung bei der Feststellung des Gesamteindrucks nicht an das Ergebnis der Korrektoren der **schriftlichen Aufsichtsarbeiten** gebunden. Dieses sei jedoch **zu berücksichtigen**. 3

Diese Regelung scheint **gefährliche Ermessensspielräume** zu eröffnen, da die Gesamtentscheidung gerade anders als in den Staatsexamina nicht durch einen bereits erreichten Punktestand vorgezeichnet ist, auf den die Prüfer der mündlichen Prüfung aufbauen müssen. Vielmehr legt die amtliche Begründung den Gedanken nahe, daß die Kommission der mündlichen Prüfung bei der Entscheidung über das Bestehen der Eignungsprüfung von einer *tabula rasa* ausgehen und sich insgesamt ihren eigenen Gesamteindruck bilden kann. 4

Nach der Anlage des Prüfungsverfahrens kann sich dies nur zu Ungunsten des Kandidaten auswirken. Hat er eine der schriftlichen Arbeiten nicht bestanden, so wird er in dem betreffenden Fach ohnehin mündlich geprüft. Hat er beide nicht bestanden, wird er zur mündlichen Prüfung nicht zugelassen. In beiden Fällen kann die von der amtlichen Begründung ins Auge gefaßte Situation gar nicht eintreten. Hat der Antragsteller aber beide Arbeiten bestanden, so scheint dennoch nicht ausgeschlossen, daß er die Eignungsprüfung nicht besteht, wenn die Prüfer der mündlichen Prüfung zu einem negativen Gesamteindruck gelangen. 5

Zwar ist auch im Rahmen des Kommissionsverfahrens denkbar, daß ein Kandidat trotz hinreichender schriftlicher Leistungen die Prüfung aufgrund des mündlichen Prüfungsteils nicht besteht. Solch eine Entscheidung wird jedoch, da die Kommission hiermit ihre eigene Bewertung „korrigiert", auf Fälle beschränkt bleiben, in denen die mündliche Leistung gegenüber den schriftlichen Leistungen stark nach unten abweicht. Sind dagegen neue Prüfer dazu aufgerufen, sich einen Gesamteindruck zu bilden, so ist die Wahrscheinlichkeit größer, daß diese zu einer anderen Einschätzung der schriftlichen Leistungen kommen und gleichzeitig auch die mündlichen Leistungen dementsprechend bewerten. Gerade bei juristischen Arbeiten sind Abweichungen in der Bewertung nichts Ungewöhnliches. 6

7   Der unbestimmten Rechtsbegriff des Gesamteindrucks ohne Bindung an einen Punktekatalog ist im übrigen ein Einfallstor für prüfungsfremde Erwägungen, die gerade bei der Bewertung mündlicher Leistungen einfließen können. Einer verwaltungsgerichtlichen Kontrolle sind hier – noch mehr als sonst im Prüfungsrecht – die Hände gebunden, da über mündliche Prüfungen keine Protokolle geführt werden.

8   Um den verfassungs- und EG-rechtlichen Anforderungen gerecht zu werden, muß Absatz 1 daher einschränkend dahingehend ausgelegt werden, daß ein Abweichen von den Bewertungen der schriftlichen Arbeiten durch die Prüfer der mündlichen Prüfung nur in einem besonders begründeten Ausnahmefall möglich ist. In der Regel muß davon ausgegangen werden, daß ein Kandidat, der durch schriftliche Leistungen davon zu überzeugen vermag, daß er über die erforderlichen Kenntnisse für die Ausübung des Rechtsanwaltsberufs verfügt, auch mündlich eine entsprechende Leistung bietet.

9   Absatz 2 regelt die **Bekanntgabe** der Entscheidung der Prüfungskommission. Das Ergebnis ist im Anschluß an die Beratung mündlich bekanntzugeben und sodann schriftlich zu bestätigen.

§ 12 Wiederholung der Eignungsprüfung

(1) Hat der Antragsteller die Eignungsprüfung nicht bestanden, so darf er sie zweimal wiederholen.

(2) Die Prüfungskommission kann bestimmen, daß die Eignungsprüfung nicht vor Ablauf einer Frist, die nicht mehr als ein Jahr betragen darf, wiederholt werden kann.

1   Die Zahl der Wiederholungsmöglichkeiten ist nach Absatz 1 auf zwei beschränkt. Verglichen mit den juristischen Staatsprüfungen ist dies eine relativ großzügige Regelung, da dort eine zweite Wiederholung entweder ausgeschlossen oder nur unter besonderen Voraussetzungen zugelassen wird. Die amtliche Begründung erläutert hierzu, daß nach drei gescheiterten Versuchen die Wahrscheinlichkeit, daß ein weiterer Versuch erfolgreich sein könne, so gering sei, daß damit das Prüfungsamt nicht belastet werden solle.[1]

2   Wie bei den juristischen Staatsprüfungen kann die Prüfungskommission nach Absatz 2 bestimmen, daß der Antragsteller die Eignungsprüfung nicht vor Ablauf einer bestimmten Frist wiederholen kann. Damit soll einer aussichtslosen neuen Prüfung unmittelbar nach der gescheiterten vorgebeugt werden. Diese Frist darf jedoch nicht mehr als ein Jahr betragen.[2]

§ 13 Entsprechende Anwendung landesrechtlicher Vorschriften

Für die Auswahl der Aufsichtsarbeiten und des Kurzvortrags, die Bestimmung von Zeit und Ort der Prüfung, die Verwendung von Kennziffern, die Zulassung von Hilfsmitteln, die Höchstzahl der Teilnehmer einer mündlichen Prüfung, die Prüfungsaufsicht und ihre Befugnisse, die Gewährung von Prüfungserleichterungen für Behinderte, die Geltend-

---

[1] Amtl. Begr. BR-Drucks. 712/90, S. 23.
[2] Amtl. Begr. BR-Drucks. 712/90, S. 24.

machung und den Nachweis eines Rücktritts- und Entschuldigungsgrundes, die Geltendmachung und die Folgen von Beeinträchtigungen des Prüfungsverfahrens, die Niederschriften über das Prüfungsverfahren und die Einsicht in Prüfungsakten gelten die Vorschriften für die zweite juristische Staatsprüfung des Landes entsprechend, in dem das Prüfungsamt oder ein gemeinsames Prüfungsamt eingerichtet ist.

Da für die aufgezählten prüfungsrechtlichen Gegenstände ein Bedürfnis für eine besondere bundesrechtliche Regelung fehlt, wird auf die entsprechenden landesrechtlichen Regelungen für die zweite juristische Staatsprüfung in der beim Inkrafttreten der Verordnung geltenden Fassung verwiesen.[1]

§ 14 Inkrafttreten
Diese Verordnung tritt am 1. Januar 1991 in Kraft.

---

[1] Amtl. Begr. BR-Drucks. 712/90, S. 24.

Anhang

1. Richtlinie des Rates der Europäischen Gemeinschaften vom 22. März 1977 zur Erleichterung der tatsächlichen Ausübung des freien Dienstleistungsverkehrs der Rechtsanwälte (Rechtsanwaltsdienstleistungsrichtlinie)

(77/249/EWG) – ABl. Nr. 78 vom 26. 3. 1977, S. 17

Der Rat der Europäischen Gemeinschaften –

gestützt auf den Vertrag zur Gründung der Europäischen Wirtschaftsgemeinschaft, insbesondere auf die Artikel 57 und 66,
auf Vorschlag der Kommission,
nach Stellungnahme des Europäischen Parlaments[1],
nach Stellungnahme des Wirtschafts- und Sozialausschusses[2],
in Erwägung nachstehender Gründe:

Nach dem Vertrag ist jegliche Beschränkung des freien Dienstleistungsverkehrs, die sich auf die Staatsangehörigkeit oder auf das Erfordernis eines Wohnsitzes gründet, seit Ablauf der Übergangszeit untersagt.

Diese Richtlinie betrifft nur die Maßnahmen zur Erleichterung der tatsächlichen Ausübung der Rechtsanwaltstätigkeiten im freien Dienstleistungsverkehr. Eingehendere Maßnahmen werden erforderlich sein, um die tatsächliche Ausübung der Niederlassungsfreiheit zu erleichtern.

Die tatsächliche Ausübung der Rechtsanwaltstätigkeiten im freien Dienstleistungsverkehr setzt voraus, daß der Aufnahmestaat die Personen, die diesen Beruf in den einzelnen Mitgliedstaaten ausüben, als Rechtsanwälte anerkannt.

Da die vorliegende Richtlinie nur den Dienstleistungsverkehr betrifft und Vorschriften über die gegenseitige Anerkennung der Diplome noch nicht erlassen worden sind, hat der von der Richtlinie Begünstigte die Berufsbezeichnung des Mitgliedstaats zu verwenden, in dem er niedergelassen ist und der im folgenden als „Herkunftsstaat" bezeichnet wird –

hat folgende Richtlinie erlassen:

Art. 1. (1) Diese Richtlinie gilt innerhalb der darin festgelegten Grenzen und unter den darin vorgesehenen Bedingungen für die in Form der Dienstleistung ausgeübten Tätigkeiten der Rechtsanwälte.

Unbeschadet der Bestimmungen dieser Richtlinie können die Mitgliedstaaten die Abfassung förmlicher Urkunden, mit denen das Recht auf Verwaltung des Vermögens verstorbener Personen verliehen oder mit denen ein Recht an Grundstücken geschaffen oder übertragen wird, bestimmten Gruppen von Rechtsanwälten vorbehalten.

---

[1] ABl. Nr. C 103 vom 5. 10. 1972, S. 19 und ABl. Nr. C 53 vom 8. 3. 1976, S. 33.
[2] ABl. Nr. C 36 vom 28. 3. 1970, S. 37 und ABl. Nr. C 50 vom 4. 3. 1976, S. 17.

Anhang 1 RA-Dienstleistungsrichtlinie

(2) Unter „Rechtsanwalt" ist jede Person zu verstehen, die ihre beruflichen Tätigkeiten unter einer der folgenden Bezeichnungen auszuüben berechtigt ist:

Belgien:	Advocat/Advocaat
Dänemark:	Advokat
Deutschland:	Rechtsanwalt
Frankreich:	Avocat
Griechenland:	δικηγόρος
Irland:	Barrister
	Solicitor
Italien:	Avvocato
Luxemburg:	Avocat-avoué
Niederlande:	Advocaat
Portugal:	Advogado
Spanien:	Abogado
Vereinigtes Königreich:	Advocate
	Barrister
	Solicitor

Art. 2. Jeder Mitgliedstaat erkennt für die Ausübung der in Artikel 1 Absatz 1 genannten Tätigkeiten alle unter Artikel 1 Absatz 2 fallenden Personen als Rechtsanwalt an.

Art. 3. Jede unter Artikel 1 fallende Person verwendet die in der Sprache oder in einer der Sprachen des Herkunftsstaats gültige Berufsbezeichnung unter Angabe der Berufsorganisation, deren Zuständigkeit sie unterliegt, oder des Gerichtes, bei dem sie nach Vorschriften dieses Staates zugelassen ist.

Art. 4. (1) Die mit der Vertretung oder der Verteidigung eines Mandanten im Bereich der Rechtspflege oder vor Behörden zusammenhängenden Tätigkeiten des Rechtsanwalts werden im jeweiligen Aufnahmestaat unter den für die in diesem Staat niedergelassenen Rechtsanwälte vorgesehenen Bedingungen ausgeübt, wobei jedoch das Erfordernis eines Wohnsitzes sowie das der Zugehörigkeit zu einer Berufsorganisation in diesem Staat ausgeschlossen sind.

(2) Bei der Ausübung dieser Tätigkeit hält der Rechtsanwalt die Standesregeln des Aufnahmestaats neben den ihm im Herkunftsstaat obliegenden Verpflichtungen ein.

(3) Bei der Ausübung dieser Tätigkeiten im Vereinigten Königreich sind unter den „Standesregeln des Aufnahmestaats" die Standesregeln des „solicitors" zu verstehen, wenn die gesamten Tätigkeiten nicht den „barristers" oder den „advocates" vorbehalten sind. Andernfalls finden die Standesregeln der letztgenannten Berufsstände Anwendung. „Barristers" aus Irland unterliegen jedoch immer den Standesregeln der „barristers" oder „advocates" im Vereinigten Königreich.

Bei der Ausübung dieser Tätigkeiten in Irland sind unter den „Standesregeln des Aufnahmestaats", soweit sie die mündliche Vertretung eines Falles vor Gericht regeln, die Standesregeln der „barristers" zu verstehen. In allen anderen Fällen finden die Standesregeln der „solicitors" Anwendung. „Barristers" und „advocates" aus dem Vereinigten Königreich unterliegen jedoch immer den Standesregeln der „barristers" in Irland.

(4) Für die Ausübung anderer als der in Absatz 1 genannten Tätigkeiten bleibt der Rechtsanwalt den im Herkunftsstaat geltenden Bedingungen und Standesregeln unterworfen; daneben hält er die im Aufnahmestaat geltenden Regeln über die Ausübung des Berufes, gleich welchen Ursprungs, insbesondere in bezug auf die Unvereinbarkeit zwischen den Tätigkeiten des Rechtsanwalts und anderen Tätigkeiten in diesem Staat, das Berufsgeheimnis, die Beziehungen zu Kollegen, das Verbot des Beistands für Parteien mit gegensätzlichen Interessen durch denselben Rechtsanwalt und die Werbung ein. Diese Regeln sind nur anwendbar, wenn sie von einem Rechtsanwalt beachtet werden können, der nicht in dem Aufnahmestaat niedergelassen ist, und nur insoweit, als ihre Einhaltung in diesem Staat objektiv gerechtfertigt ist, um eine ordnungsgemäße Ausübung der Tätigkeiten des Rechtsanwalts sowie die Beachtung der Würde des Berufes und der Unvereinbarkeiten zu gewährleisten.

Art. 5. Für die Ausübung der Tätigkeiten, die mit der Vertretung und der Verteidigung von Mandanten im Bereich der Rechtspflege verbunden sind, kann ein Mitgliedstaat den unter Artikel 1 fallenden Rechtsanwälten als Bedingung auferlegen,
– daß sie nach den örtlichen Regeln oder Gepflogenheiten beim Präsidenten des Gerichtes und gegebenenfalls beim zuständigen Vorsitzenden der Anwaltskammer des Aufnahmestaats eingeführt sind;
– daß sie im Einvernehmen entweder mit einem bei dem angerufenen Gericht zugelassenen Rechtsanwalt, der gegebenenfalls diesem Gericht gegenüber die Verantwortung trägt, oder mit einem bei diesem Gericht tätigen „avoué" oder „procuratore" handeln.

Art. 6. Jeder Mitgliedstaat kann die im Gehaltsverhältnis stehenden Rechtsanwälte, die durch einen Arbeitsvertrag an ein staatliches oder privates Unternehmen gebunden sind, von der Ausübung der Tätigkeiten der Vertretung und Verteidigung im Bereich der Rechtspflege für dieses Unternehmen insoweit ausschließen als die in diesem Staat ansässigen Rechtsanwälte diese Tätigkeiten nicht ausüben dürfen.

Art. 7. (1) Die zuständige Stelle des Aufnahmestaats kann von dem Dienstleistungserbringer verlangen, daß er seine Eigenschaft als Rechtsanwalt nachweist.

(2) Bei Verletzung der im Aufnahmestaat geltenden Verpflichtungen im Sinne des Artikels 4 entscheidet die zuständige Stelle des Aufnahmestaats nach den eigenen Rechts- und Verfahrensregeln über die rechtlichen Folgen dieses Verhaltens; sie kann zu diesem Zweck Auskünfte beruflicher Art über den Dienstleistungserbringer einholen. Sie unterrichtet die zuständige Stelle des Herkunftsstaats von jeder Entscheidung, die sie getroffen hat. Diese Unterrichtung berührt nicht die Pflicht zur Geheimhaltung der Auskünfte.

Art. 8. (1) Die Mitgliedstaaten treffen die erforderlichen Maßnahmen, um dieser Richtlinie binnen zwei Jahren nach ihrer Bekanntgabe nachzukommen und setzen die Kommission unverzüglich davon in Kenntnis.

(2) Die Mitgliedstaaten teilen der Kommission den Wortlaut der wichtigsten innerstaatlichen Rechtsvorschriften mit, die sie auf dem unter diese Richtlinie fallenden Gebiet erlassen.

Art. 9. Diese Richtlinie ist an die Mitgliedstaaten gerichtet.

2. Richtlinie des Rates der Europäischen Gemeinschaften vom 21. Dezember 1988 über eine allgemeine Regelung zur Anerkennung der Hochschuldiplome, die eine mindestens dreijährige Berufsausbildung abschließen (EG-Hochschuldiplom-Anerkennungsrichtlinie)

(89/48/EWG) - ABl. Nr. L 19 vom 24. 1. 1989, S. 16

Der Rat der Europäischen Gemeinschaften –

gestützt auf den Vertrag zur Gründung der Europäischen Wirtschaftsgemeinschaft, insbesondere auf Artikel 49, Artikel 57 Absatz 1 und Artikel 66,
auf Vorschlag der Kommission[1],
in Zusammenarbeit mit dem Europäischen Parlament[2],
nach Stellungnahme des Wirtschafts- und Sozialausschusses[3],
in Erwägung nachstehender Gründe:

Nach Artikel 3 Buchstabe c) des Vertrages stellt die Beseitigung der Hindernisse für den freien Personen- und Dienstleistungsverkehr zwischen den Mitgliedstaaten eines der Ziele der Gemeinschaft dar. Dies bedeutet für die Angehörigen der Mitgliedstaaten insbesondere die Möglichkeit, als Selbständige oder abhängig Beschäftigte einen Beruf in einem anderen Mitgliedstaat als dem auszuüben, in dem sie ihre beruflichen Qualifikationen erworben haben.

Die bisher vom Rat erlassenen Vorschriften, nach denen die Mitgliedstaaten untereinander die in ihren Hoheitsgebieten ausgestellten Hochschuldiplome zu beruflichen Zwecken anerkennen, betreffen wenige Berufe. Niveau und Dauer der Ausbildung, die Voraussetzung für den Zugang zu diesen Berufen war, waren auf ähnliche Weise in allen Mitgliedstaaten reglementiert oder Gegenstand einer Mindestharmonisierung, die zur Einführung dieser sektoralen Regelungen der gegenseitigen Anerkennung der Diplome notwendig war.

Um rasch den Erwartungen derjenigen europäischen Bürger zu entsprechen, die Hochschuldiplome besitzen, welche eine Berufsausbildung abschließen und in einem anderen Mitgliedstaat als dem, in dem sie ihren Beruf ausüben wollen, ausgestellt wurden, ist auch eine andere Methode zur Anerkennung dieser Diplome einzuführen, die den Bürgern die Ausübung aller beruflichen Tätigkeiten, die in einem Aufnahmestaat von einer weiterführenden Bildung im Anschluß an den Sekundarabschnitt abhängig sind, erleichtert, sofern sie solche Diplome besitzen, die sie auf diese Tätigkeiten vorbereiten, die einen wenigstens dreijährigen Studiengang bescheinigen und die in einem anderen Mitgliedstaat ausgestellt wurden.

Dieses Ergebnis kann durch die Einführung einer allgemeinen Regelung zur Anerkennung der Hochschuldiplome erreicht werden, die eine mindestens dreijährige Berufsausbildung abschließen.

Bei denjenigen Berufen, für deren Ausübung die Gemeinschaft kein Mindestniveau der notwendigen Qualifikation festgelegt hat, behalten die Mitgliedstaaten die Möglichkeit, dieses Niveau mit dem Ziel zu bestimmen, die Qualität der in

---

[1] ABl. Nr. C 217 vom 28. 8. 1985, S. 3, und ABl. Nr. C 143 vom 10. 6. 1986, S. 7.
[2] ABl. Nr. C 345 vom 31. 12. 1985, S. 80, und ABl. Nr. C 309 vom 5. 12. 1988.
[3] ABl. Nr. C 75 vom 3. 4. 1986, S. 5.

ihrem Hoheitsgebiet erbrachten Leistungen zu sichern. Sie können jedoch nicht, ohne sich über ihre Verpflichtungen nach Artikel 5 des Vertrages hinwegzusetzen, einem Angehörigen eines Mitgliedstaats vorschreiben, daß er Qualifikationen erwirbt, die sie in der Regel im Wege der schlichten Bezugnahme auf die im Rahmen ihres innerstaatlichen Bildungssystems ausgestellten Diplome bestimmen, wenn der Betreffende diese Qualifikationen bereits ganz oder teilweise in einem anderen Mitgliedstaat erworben hat. Deshalb hat jeder Aufnahmestaat, in dem ein Beruf reglementiert ist, die in einem anderen Mitgliedstaat erworbenen Qualifikationen zu berücksichtigen und zu beurteilen, ob sie den von ihm geforderten Qualifikationen entsprechen.

Eine Zusammenarbeit zwischen den Mitgliedstaaten ist geeignet, ihnen die Einhaltung dieser Verpflichtungen zu erleichtern. Deshalb sind die Einzelheiten dieser Zusammenarbeit zu regeln.

Es ist angezeigt, insbesondere den Begriff „reglementierte berufliche Tätigkeit" zu definieren, um unterschiedliche soziologische Verhältnisse in den einzelnen Mitgliedstaaten zu berücksichtigen. Als reglementierte berufliche Tätigkeit ist nicht nur eine berufliche Tätigkeit zu betrachten, deren Aufnahme in einem Mitgliedstaat an den Besitz eines Diploms gebunden ist, sondern auch eine berufliche Tätigkeit, deren Aufnahme frei ist, wenn sie in Verbindung mit der Führung eines Titels ausgeübt wird, der denjenigen vorbehalten ist, die bestimmte Qualifikationsvoraussetzungen erfüllen. Berufsverbände oder -organisationen, die ihren Mitgliedstaaten derartige Titel ausstellen und von den Behörden anerkannt werden, können sich nicht auf ihre private Natur berufen, um sich der Anwendung der mit dieser Richtlinie vorgesehenen Regelung zu entziehen.

Auch muß festgelegt werden, welche Merkmale für die Berufserfahrung oder den Anpassungslehrgang gelten sollen, die der Aufnahmestaat neben dem Hochschuldiplom von dem Betreffenden fordern kann, wenn dessen Qualifikationen nicht den von seinen innerstaatlichen Bestimmungen vorgeschriebenen entsprechen.

Anstelle eines Anpassungslehrgangs kann auch eine Eignungsprüfung vorgesehen werden. Beide bewirken, daß die derzeitige Lage bei der gegenseitigen Anerkennung der Diplome durch die Mitgliedstaaten verbessert und somit der freie Personenverkehr innerhalb der Gemeinschaft erleichtert wird. Mit ihnen soll festgestellt werden, ob der Zuwanderer, der bereits in einem anderen Mitgliedstaat eine Berufsausbildung erhalten hat, fähig ist, sich seinem neuen beruflichen Umfeld anzupassen. Eine Eignungsprüfung hat aus der Sicht des Zuwanderers den Vorteil, daß sie die Dauer der Anpassungszeit verkürzt. Die Wahl zwischen Anpassungslehrgang und Eignungsprüfung muß grundsätzlich dem Zuwanderer überlassen bleiben. Einige Berufe sind jedoch so beschaffen, daß den Mitgliedstaaten gestattet werden muß, unter bestimmten Bedingungen entweder den Lehrgang oder die Prüfung vorzuschreiben. Vor allem die Unterschiede zwischen den Rechtssystemen der Mitgliedstaaten, selbst wenn sie von Mitgliedstaat zu Mitgliedstaat von unterschiedlicher Bedeutung sind, rechtfertigen Sonderregelungen, weil die durch Diplom, Prüfungszeugnisse oder sonstige Befähigungsnachweise bescheinigte Ausbildung auf einem Rechtsgebiet des Herkunftslandes im allgemeinen nicht die juristischen Kenntnisse abdeckt, die im Aufnahmeland auf dem entsprechenden Rechtsgebiet verlangt werden.

Die allgemeine Regelung zur Anerkennung der Hochschuldiplome zielt weder auf eine Änderung der die Berufsausübung einschließlich der Berufsethik betreffenden Bestimmungen ab, die für alle Personen gelten, die einen Beruf im Hoheitsgebiet eines Mitgliedstaats ausüben, noch auf einen Ausschluß der Zuwande-

Anhang 2 Hochschuldiplom-Anerkennungsrichtlinie

rer von der Anwendung dieser Bestimmungen. Die Regelung sieht lediglich geeignete Maßnahmen vor, mit denen sichergestellt werden kann, daß der Zuwanderer den die Berufsausbildung betreffenden Bestimmungen des Aufnahmestaats nachkommt.

Nach Artikel 49, Artikel 57 Absatz 1 und Artikel 66 des Vertrages ist die Gemeinschaft für den Erlaß der Rechtsvorschriften zuständig, die für die Einführung und das Funktionieren einer solchen Regelung notwendig sind.

Die allgemeine Regelung zur Anerkennung der Hochschuldiplome präjudiziert in keiner Weise die Anwendung von Artikel 48 Absatz 4 und Artikel 55 des Vertrages.

Eine derartige Regelung stärkt das Recht des europäischen Bürgers, seine beruflichen Kenntnisse in jedem Mitgliedstaat zu nutzen, und sie vervollständigt und stärkt gleichzeitig seinen Anspruch darauf, diese Kenntnisse zu erwerben, wo immer er es wünscht.

Diese Regelung muß nach einer gewissen Zeit der Anwendung auf ihre Effizienz hin bewertet werden, um insbesondere festzustellen, inwieweit sie verbessert oder ihr Anwendungsbereich erweitert werden kann –

hat folgende Richtlinien erlassen:

Art. 1. Im Sinne dieser Richtlinie gelten

a) als Diplome alle Diplome, Prüfungszeugnisse oder sonstige Befähigungsnachweise bzw. diese Diplome, Prüfungszeugnisse oder sonstigen Befähigungsnachweise insgesamt,

– die in einem Mitgliedstaat von einer nach seinen Rechts- und Verwaltungsvorschriften bestimmten Stelle ausgestellt werden,
– aus denen hervorgeht, daß der Diplominhaber ein mindestens dreijähriges Studium oder ein dieser Dauer entsprechendes Teilzeitstudium an einer Universität oder einer Hochschule oder einer anderen Ausbildungseinrichtung mit gleichwertigem Niveau absolviert und gegebenenfalls die über das Studium hinaus erforderliche berufliche Ausbildung abgeschlossen hat, und
– aus denen hervorgeht, daß der Zeugnisinhaber über die beruflichen Voraussetzungen verfügt, die für den Zugang zu einem reglementierten Beruf oder dessen Ausübung in diesem Mitgliedstaat erforderlich sind,

wenn die durch das Diplom, das Prüfungszeugnis oder einen sonstigen Befähigungsnachweis bescheinigte Ausbildung überwiegend in der Gemeinschaft erworben wurde oder wenn dessen Inhaber eine dreijährige Berufserfahrung hat, die von dem Mitgliedstaat bescheinigt wird, der ein Diplom, ein Prüfungszeugnis oder einen sonstigen Befähigungsnachweis eines Drittlands anerkannt hat.

Einem Diplom im Sinne von Unterabsatz 1 sind alle Diplome, Prüfungszeugnisse oder sonstigen Befähigungsnachweise bzw. diese Diplome, Prüfungszeugnisse oder sonstigen Befähigungsnachweise insgesamt gleichgestellt, die von einer zuständigen Stelle in einem Mitgliedstaat ausgestellt wurden, wenn sie eine in der Gemeinschaft erworbene und von einer zuständigen Stelle in diesem Mitgliedstaat als gleichwertig anerkannte Ausbildung abschließen und in diesem Mitgliedstaat in bezug auf den Zugang zu einem reglementierten Beruf oder dessen Ausübung dieselben Rechte verleihen;

b) als Aufnahmestaat der Mitgliedstaat, in dem ein Angehöriger eines Mitgliedstaats die Ausübung eines Berufes beantragt, der dort reglementiert ist, in dem er jedoch nicht das Diplom, auf das er sich beruft, erworben oder erstmals den betreffenden Beruf ausgeübt hat;

c) als reglementierter Beruf die reglementierte berufliche Tätigkeit oder die reglementierten beruflichen Tätigkeiten insgesamt, die in einem Mitgliedstaat den betreffenden Beruf ausmachen;

d) als reglementierte berufliche Tätigkeit eine berufliche Tätigkeit, deren Aufnahme oder Ausübung oder eine ihrer Arten der Ausübung in einem Mitgliedstaat direkt oder indirekt durch Rechts- oder Verwaltungsvorschriften an den Besitz eines Diploms gebunden ist. Als Art der Ausübung einer reglementierten beruflichen Tätigkeit gilt insbesondere

– die Ausübung einer beruflichen Tätigkeit in Verbindung mit der Führung eines Titels, der nur von Personen geführt werden darf, die ein Diplom besitzen, das in einschlägigen Rechts- und Verwaltungsvorschriften festgelegt ist;

– die Ausübung einer beruflichen Tätigkeit im Gesundheitswesen, wenn die Vergütung dieser Tätigkeit und/oder eine diesbezügliche Erstattung durch das einzelstaatliche System der sozialen Sicherheit an den Besitz eines Diploms gebunden ist.

Eine berufliche Tätigkeit, auf die Unterabsatz 1 nicht zutrifft, wird einer reglementierten beruflichen Tätigkeit gleichgestellt, wenn sie von Mitgliedern eines Verbandes oder einer Organisation ausgeübt wird, dessen bzw. deren Ziel insbesondere die Förderung und Wahrung eines hohen Niveaus in dem betreffenden Beruf ist und der bzw. die zur Verwirklichung dieses Ziels von einem Mitgliedstaat in besonderer Form anerkannt wird und

– seinen bzw. ihren Mitgliedern ein Diplom ausstellt,

– sicherstellt, daß seine bzw. ihre Mitglieder die von ihm bzw. ihr festgelegten Regeln für das berufliche Verhalten beachten und

– ihnen das Recht verleiht, einen Titel zu führen bzw. bestimmte Kennbuchstaben zu verwenden oder einen diesem Diplom entsprechenden Status in Anspruch zu nehmen.

Ein nicht erschöpfendes Verzeichnis von Verbänden oder Organisationen, die zum Zeitpunkt der Genehmigung dieser Richtlinie die Bedingungen des Unterabsatzes 2 erfüllen, ist im Anhang enthalten. Wenn ein Mitgliedstaat einen Verband oder eine Organisation nach den Bestimmungen des Unterabsatzes 2 anerkennt, setzt er die Kommission davon in Kenntnis. Die Kommission veröffentlicht diese Information im Amtsblatt der Europäischen Gemeinschaften;

e) als Berufserfahrung die tatsächliche und rechtmäßige Ausübung des betreffenden Berufs in einem Mitgliedstaat;

f) als Anpassungslehrgang die Ausübung eines reglementierten Berufs, die in dem Aufnahmestaat unter der Verantwortung eines qualifizierten Berufsangehörigen erfolgt und gegebenenfalls mit einer Zusatzausbildung einhergeht. Der Lehrgang ist Gegenstand einer Bewertung. Die Einzelheiten des Anpassungslehrgangs und seiner Bewertung sowie die Rechtslage des zugewanderten Lehrgangsteilnehmers werden von der zuständigen Stelle des Aufnahmestaats festgelegt;

g) als Eignungsprüfung eine ausschließlich die beruflichen Kenntnisse des Antragstellers betreffende und von den zuständigen Stellen des Aufnahmestaats durchgeführte Prüfung, mit der die Fähigkeit des Antragstellers, in diesem Mitgliedstaat einen reglementierten Beruf auszuüben, beurteilt werden soll.

Für die Zwecke dieser Prüfung erstellen die zuständigen Stellen ein Verzeichnis der Sachgebiete, die aufgrund eines Vergleichs zwischen der in ihrem Staat verlangten Ausbildung und der bisherigen Ausbildung des Antragstellers von dem Diplom oder dem bzw. den Prüfungszeugnissen, die der Antragsteller vorlegt, nicht abgedeckt werden.

Anhang 2   Hochschuldiplom-Anerkennungsrichtlinie

Die Eignungsprüfung muß dem Umstand Rechnung tragen, daß der Antragsteller in seinem Heimat- oder Herkunftsmitgliedstaat über eine berufliche Qualifikation verfügt. Sie erstreckt sich auf Sachgebiete, die aus den in dem Verzeichnis enthaltenen Sachgebieten auszuwählen sind und deren Kenntnis eine wesentliche Voraussetzung für eine Ausübung des Berufs im Aufnahmestaat ist. Diese Prüfung kann sich auch auf die Kenntnis der sich auf die betreffenden Tätigkeiten im Aufnahmestaat beziehenden berufsständischen Regeln erstrecken. Die Modalitäten der Eignungsprüfung werden von den zuständigen Stellen des Aufnahmestaats unter Wahrung der Bestimmungen des Gemeinschaftsrechts festgelegt.

Im Aufnahmestaat wird die Rechtslage des Antragstellers, der sich dort auf die Eignungsprüfung vorbereiten will, von den zuständigen Stellen dieses Staats festgelegt.

Art. 2. Diese Richtlinie gilt für alle Angehörigen eines Mitgliedstaats, die als Selbständige oder abhängig Beschäftigte einen reglementierten Beruf in einem anderen Mitgliedstaat ausüben wollen.

Diese Richtlinie gilt nicht für die Berufe, die Gegenstand einer Einzelrichtlinie sind, mit der in den Mitgliedstaaten eine gegenseitige Anerkennung der Diplome eingeführt wird.

Art. 3. Wenn der Zugang zu einem reglementierten Beruf oder dessen Ausübung im Aufnahmestaat von dem Besitz eines Diploms abhängig gemacht wird, kann die zuständige Stelle einem Angehörigen eines Mitgliedstaats den Zugang zu diesem Beruf oder dessen Ausübung unter denselben Voraussetzungen wie bei Inländern nicht wegen mangelnder Qualifikation verweigern,

a) wenn der Antragsteller das Diplom besitzt, das in einem anderen Mitgliedstaat erforderlich ist, um Zugang zu diesem Beruf in seinem Hoheitsgebiet zu erhalten oder ihn dort auszuüben, und wenn dieses Diplom in einem Mitgliedstaat erworben wurde, oder

b) wenn der Antragsteller diesen Beruf vollzeitlich zwei Jahre lang in den vorhergehenden zehn Jahren in einem anderen Mitgliedstaat ausgeübt hat, der diesen Beruf nicht gemäß Artikel 1 Buchstabe c) und Buchstabe d) Absatz 1 reglementiert, sofern der Betreffende dabei im Besitz von einem oder mehreren Ausbildungsnachweisen war,

– die in einem Mitgliedstaat von einer nach dessen Rechts- und Verwaltungsvorschriften bestimmten zuständigen Stelle ausgestellt worden waren;

– aus denen hervorgeht, daß der Inhaber ein mindestens dreijähriges Studium oder ein Studium dieser Dauer entsprechendes Teilstudium an einer Universität oder einer Hochschule oder einer anderen Ausbildungseinrichtung mit gleichwertigem Niveau in einem Mitgliedstaat absolviert und gegebenenfalls die über das Studium hinaus erforderliche berufliche Ausbildung abgeschlossen hatte und

– die er zur Vorbereitung auf die Ausübung dieses Berufs erworben hatte.

Dem Ausbildungsnachweis nach Unterabsatz 1 sind ein jedes Prüfungszeugnis bzw. Prüfungszeugnisse insgesamt gleichgestellt, die von einer zuständigen Stelle in einem Mitgliedstaat ausgestellt werden, wenn sie eine in der Gemeinschaft erworbene Ausbildung bestätigen und von diesem Mitgliedstaat als gleichwertig anerkannt werden, sofern diese Anerkennung den übrigen Mitgliedstaaten und der Kommission mitgeteilt worden ist.

Art. 4. (1) Artikel 3 hindert den Aufnahmestaat nicht daran, vom Antragsteller ebenfalls zu verlangen,

  a) daß er Berufserfahrung nachweist, wenn die Ausbildungsdauer, die er gemäß Artikel 3 Buchstaben a) und b) nachweist, um mindestens ein Jahr unter der in dem Aufnahmestaat geforderten Ausbildungsdauer liegt. In diesem Fall darf die Dauer der verlangten Berufserfahrung
  – das Doppelte der fehlenden Ausbildungszeit nicht überschreiten, wenn sich diese auf ein Studium und/oder auf ein unter der Aufsicht eines Ausbilders absolviertes und mit einer Prüfung abgeschlossenes Berufspraktikum bezieht;
  – die fehlende Ausbildungszeit nicht überschreiten, wenn sich diese auf eine mit Unterstützung eines qualifizierten Berufsangehörigen erworbene Berufspraxis bezieht.

Bei Diplomen im Sinne von Artikel 1 Buchstabe a) letzter Absatz bestimmt sich die Dauer der als gleichwertig anerkannten Ausbildung nach der in Artikel 1 Buchstabe a) Unterabsatz 1 definierten Ausbildung.

Bei Anwendung des vorliegenden Buchstabens ist die Berufserfahrung gemäß Artikel 3 Buchstabe b) anzurechnen.

Die Dauer der verlangten Berufserfahrung darf auf keinen Fall vier Jahre überschreiten;

  b) daß er einen höchstens dreijährigen Anpassungslehrgang absolviert oder eine Eignungsprüfung ablegt.
  – wenn seine bisherige Ausbildung gemäß Artikel 3 Buchstaben a) und b) sich auf Fächer bezieht, die sich wesentlich von denen unterscheiden, die von dem Diplom abgedeckt werden, das in dem Aufnahmestaat vorgeschrieben ist, oder
  – wenn in dem in Artikel 3 Buchstabe a) vorgesehenen Fall der reglementierte Beruf in dem Aufnahmestaat eine oder mehrere reglementierte berufliche Tätigkeiten umfaßt, die in dem Heimat- oder Herkunftsmitgliedstaat des Antragstellers nicht Bestandteil des betreffenden reglementierten Berufs sind, und wenn dieser Unterschied in einer besonderen Ausbildung besteht, die in dem Aufnahmestaat gefordert wird und sich auf Fächer bezieht, die sich wesentlich von denen unterscheiden, die von dem Diplom abgedeckt werden, das der Antragsteller vorweist, oder
  – wenn in dem in Artikel 3 Buchstabe b) vorgesehenen Fall der reglementierte Beruf in dem Aufnahmestaat eine oder mehrere reglementierte berufliche Tätigkeiten umfaßt, die nicht Bestandteil des vom Antragsteller in seinem Heimat- oder Herkunftsmitgliedstaat ausgeübten Berufs sind, und wenn dieser Unterschied in einer besonderen Ausbildung besteht, die in dem Aufnahmestaat gefordert wird und sich auf Fächer bezieht, die sich wesentlich von denen unterscheiden, die von dem oder den Befähigungsnachweisen abgedeckt werden, die der Antragsteller vorweist.

Wenn der Aufnahmestaat von dieser Möglichkeit Gebrauch macht, muß er dem Antragsteller die Wahl zwischen dem Anpassungslehrgang und der Eignungsprüfung lassen. Abweichend von diesem Grundsatz kann der Aufnahmestaat einen Anpassungslehrgang oder eine Eignungsprüfung vorschreiben, wenn es sich um Berufe handelt, deren Ausübung eine genaue Kenntnis des nationalen Rechts erfordert und bei denen die Beratung und/oder der Beistand in Fragen des innerstaatlichen Rechts ein wesentlicher und ständiger Bestandteil der beruflichen Tätigkeit ist. Wenn der Aufnahmestaat bei anderen Berufen von der Wahlmöglichkeit des Antragstellers abweichen möchte, ist das Verfahren des Artikels 10 anzuwenden.

Anhang 2 Hochschuldiplom-Anerkennungsrichtlinie

(2) Jedoch kann der Aufnahmestaat von den Möglichkeiten im Sinne von Absatz 1 Buchstaben a) und b) nicht gleichzeitig Gebrauch machen.

Art. 5. Unbeschadet der Artikel 3 und 4 kann jeder Aufnahmestaat dem Antragsteller zur Verbesserung seiner Anpassungsmöglichkeiten an das berufliche Umfeld in diesem Staat im Sinne der Gleichwertigkeit gestatten, dort mit Unterstützung eines qualifizierten Berufsangehörigen den aus einer Berufspraxis bestehenden Teil der Berufsausbildung abzuleisten, den er im Heimat- oder Herkunftsmitgliedstaat nicht abgeleistet hat.

Art. 6. (1) Die zuständige Behörde eines Aufnahmestaats, die für den Zugang zu einem reglementierten Beruf einen Nachweis der Ehrenhaftigkeit, ein Führungszeugnis oder eine Bescheinigung darüber, daß der Betreffende nicht in Konkurs geraten ist, fordert oder die Ausübung dieses Berufs bei schwerwiegendem standeswidrigen Verhalten oder bei einer strafbaren Handlung untersagt, erkennt bei Angehörigen der anderen Mitgliedstaaten, die diesen Beruf im Hoheitsgebiet des Aufnahmestaats ausüben wollen, die von den zuständigen Behörden des Heimat- oder Herkunftsmitgliedstaats ausgestellten Bescheinigungen, aus denen hervorgeht, daß diesen Anforderungen Genüge geleistet wird, als ausreichenden Nachweis an.

Werden von den zuständigen Stellen des Heimat- oder Herkunftsmitgliedstaats die in Unterabsatz 1 genannten Dokumente nicht ausgestellt, so werden sie durch eine eidesstattliche Erklärung – oder in den Staaten, in denen es keine eidesstattliche Erklärung gibt, durch eine feierliche Erklärung – ersetzt, die der Betreffende vor einer zuständigen Justiz- oder Verwaltungsbehörde oder gegebenenfalls vor einem Notar oder einer entsprechend bevollmächtigten Berufsorganisation des Heimat- oder Herkunftsmitgliedstaats abgegeben hat, die eine diese eidesstattliche oder feierliche Erklärung bestätigende Bescheinigung ausstellen.

(2) Fordert die zuständige Behörde des Aufnahmestaats von den Angehörigen ihres Staats für den Zugang zu einem reglementierten Beruf oder dessen Ausübung eine Bescheinigung über die körperliche oder geistige Gesundheit, so erkennt sie die Vorlage der Bescheinigung, die im Heimat- oder Herkunftsmitgliedstaat gefordert wird, hierfür als ausreichenden Nachweis an.

Wird im Heimat- oder Herkunftsmitgliedstaat für die Aufnahme oder die Ausübung des betreffenden Berufs ein derartiges Zeugnis nicht verlangt, so erkennt der Aufnahmestaat bei Staatsangehörigkeiten des Heimat- oder Herkunftsmitgliedstaats eine von den zuständigen Behörden dieses Staats ausgestellte Bescheinigung an, die den Bescheinigungen des Aufnahmestaats entspricht.

(3) Die zuständige Behörde des Aufnahmestaats kann verlangen, daß die Nachweise und Bescheinigungen nach den Absätzen 1 und 2 bei ihrer Vorlage nicht älter als drei Monate sind.

(4) Fordert die zuständige Behörde des Aufnahmestaats von den Angehörigen ihres Staats für den Zugang zu einem reglementierten Beruf oder dessen Ausübung einen Eid oder eine feierliche Erklärung, so sorgt sie für den Fall, daß die Formel dieses Eides oder dieser Erklärung von den Angehörigen der anderen Mitgliedstaaten nicht verwendet werden kann, dafür, daß den Betreffenden eine geeignete und gleichwertige Formel zur Verfügung steht.

Art. 7. (1) Die zuständige Behörde des Aufnahmestaats erkennt den Angehörigen der Mitgliedstaaten, die die Voraussetzungen für den Zugang zu einem reglementierten Beruf und dessen Ausübung im Hoheitsgebiet des Aufnahmestaats erfüllen, das Recht zu, die diesem Beruf entsprechende Berufsbezeichnung des Aufnahmestaats zu führen.

(2) Die zuständige Behörde des Aufnahmestaats erkennt den Angehörigen der Mitgliedstaaten, die die Voraussetzungen für den Zugang zu einem reglementierten Beruf und dessen Ausübung im Hoheitsgebiet des Aufnahmestaats erfüllen, das Recht zu, ihre im Heimat- oder Herkunftsmitgliedstaat bestehende rechtmäßige Ausbildungsbezeichnung und gegebenenfalls ihre Abkürzung in der Sprache dieses Staats zu führen. Der Aufnahmestaat kann vorschreiben, daß neben dieser Bezeichnung Name und Ort der Lehranstalt oder des Prüfungsausschusses, die bzw. der diese Ausbildungsbezeichnung verliehen hat, aufgeführt werden.

(3) Wird ein Beruf in dem Aufnahmestaat durch einen Verband oder eine Organisation gemäß Artikel 1 Buchstabe d) reglementiert, so sind Staatsangehörige der Mitgliedstaaten zur Führung der Berufsbezeichnung oder der Kennbuchstaben, die von dem betreffenden Verband oder der betreffenden Organisation verliehen werden, nur berechtigt, wenn sie ihre Mitgliedschaft bei diesem Verband oder dieser Organisation nachweisen können.

Sofern der Verband oder die Organisation die Aufnahme von Qualifikationsanforderungen abhängig macht, kann er bzw. sie dies gegenüber Angehörigen anderer Mitgliedstaaten, welche über ein Diplom im Sinne von Artikel 1 Buchstabe a) oder eine Berufsbefähigung im Sinne von Artikel 3 Buchstabe b) verfügen, nur unter den in dieser Richtlinie, insbesondere in den Artikeln 3 und 4, niedergelegten Bedingungen tun.

Art. 8. (1) Der Aufnahmestaat erkennt als Nachweis dafür, daß die in den Artikeln 3 und 4 genannten Voraussetzungen erfüllt sind, die von den zuständigen Behörden der Mitgliedstaaten ausgestellten Bescheinigungen an, die der Antragsteller mit seinem Antrag auf Ausübung des betreffenden Berufs vorzulegen hat.

(2) Das Verfahren zur Prüfung eines Antrags auf Ausübung eines reglementierten Berufs muß so rasch wie möglich durchgeführt und mit einer mit Gründen versehenen Entscheidung der zuständigen Behörde des Aufnahmestaats spätestens vier Monate nach Vorlage der vollständigen Unterlagen des Betreffenden abgeschlossen werden. Gegen diese Entscheidung oder gegen die Unterlassung einer Entscheidung kann ein gerichtlicher Rechtsbehelf nach innerstaatlichem Recht eingelegt werden.

Art. 9. (1) Die Mitgliedstaaten bezeichnen innerhalb der in Artikel 12 vorgesehenen Frist die zuständigen Behörden, die ermächtigt sind, die Anträge entgegenzunehmen und die in dieser Richtlinie genannten Entscheidungen zu treffen.

Sie setzen die übrigen Mitgliedstaaten und die Kommission davon in Kenntnis.

(2) Jeder Mitgliedstaat benennt einen Koordinator für die Tätigkeiten der Behörden nach Absatz 1 und setzt die übrigen Mitgliedstaaten und die Kommission davon in Kenntnis. Seine Aufgabe besteht darin, die einheitliche Anwendung dieser Richtlinie auf alle in Frage kommenden Berufe zu fördern. Bei der Kommission wird eine Koordinierungsgruppe eingerichtet, die aus den von den einzelnen Mitgliedstaaten benannten Koordinatoren oder deren Stellvertretern besteht und in der ein Vertreter der Kommission den Vorsitz führt.

Aufgabe dieser Gruppe ist es,
– die Durchführung dieser Richtlinie zu erleichtern;
– alle zweckdienlichen Informationen über ihre Anwendung in den Mitgliedstaaten zu sammeln.

Anhang 2 Hochschuldiplom-Anerkennungsrichtlinie

Sie kann von der Kommission zu geplanten Änderungen der derzeitigen Regelung konsultiert werden.

(3) Die Mitgliedstaaten ergreifen Maßnahmen, um im Rahmen dieser Richtlinie die erforderlichen Auskünfte über die Anerkennung der Diplome zur Verfügung zu stellen. Sie können dabei von der Informationsstelle für die akademische Anerkennung der Diplome und Studienzeiten, die von den Mitgliedstaaten im Rahmen der Entschließung des Rates und der im Rat vereinigten Minister für das Bildungswesen vom 9. Februar 1976[4] errichtet wurde, oder in geeigneten Fällen von den betreffenden Berufsverbänden oder -organisationen unterstützt werden. Die Kommission ergreift die erforderlichen Initiativen, um zu gewährleisten, daß die Erteilung der erforderlichen Auskünfte ausgebaut und koordiniert wird.

Art. 10. (1) Wenn ein Mitgliedstaat in Anwendung von Artikel 4 Absatz 1 Buchstabe b) Unterabsatz 2 Satz 3 dem Antragsteller für einen Beruf im Sinne dieser Richtlinie nicht die Wahl zwischen einem Anpassungslehrgang und einer Eignungsprüfung lassen möchte, übermittelt er der Kommission unverzüglich den Entwurf der betreffenden Vorschrift. Er teilt der Kommission gleichzeitig die Gründe mit, die eine solche Regelung erforderlich machen.

Die Kommission unterrichtet die anderen Mitgliedstaaten unverzüglich von dem Entwurf; sie kann auch die Koordinierungsgruppe nach Artikel 9 Absatz 2 zu diesem Entwurf konsultieren.

(2) Unbeschadet der Tatsache, daß die Kommission und die übrigen Mitgliedstaaten Bemerkungen zu dem Entwurf vorbringen können, darf der Mitgliedstaat die Bestimmung nur erlassen, wenn die Kommission sich innerhalb einer Frist von drei Monaten nicht im Wege einer Entscheidung dagegen ausgesprochen hat.

(3) Die Mitgliedstaaten teilen einem Mitgliedstaat oder der Kommission auf Verlangen unverzüglich den endgültigen Wortlaut einer Bestimmung mit, die sich aus der Anwendung dieses Artikels ergibt.

Art. 11. Nach Ablauf der Frist nach Artikel 12 übermitteln die Mitgliedstaaten der Kommission alle zwei Jahre einen Bericht über die Anwendung der Regelung.

Neben allgemeinen Bemerkungen enthält dieser Bericht eine statistische Aufstellung der getroffenen Entscheidungen sowie eine Beschreibung der Hauptprobleme, die sich aus der Anwendung dieser Richtlinie ergeben.

Art. 12. Die Mitgliedstaaten treffen die erforderlichen Maßnahmen, um dieser Richtlinie binnen zwei Jahren nach ihrer Bekanntgabe[5] nachzukommen. Sie setzen die Kommission unverzüglich davon in Kenntnis.

Die Mitgliedstaaten teilen der Kommission den Wortlaut der wichtigsten innerstaatlichen Rechtsvorschriften mit, die sie auf dem unter diese Richtlinie fallenden Gebiet erlassen.

Art. 13. Spätestens fünf Jahre nach dem in Artikel 12 genannten Zeitpunkt berichtet die Kommission dem Europäischen Parlament und dem Rat über den Stand der Anwendung der allgemeinen Regelung zur Anerkennung der Hochschuldiplome, die eine mindestens dreijährige Berufsausbildung abschließen.

---

[4] ABl. Nr. C 38 vom 19. 2. 1976, S. 1.
[5] Diese Richtlinie wurde den Mitgliedstaaten am 4. Januar 1989 bekanntgegeben.

Bei dieser Gelegenheit unterbreitet sie nach Vornahme aller notwendigen Anhörungen ihre Schlußfolgerungen hinsichtlich etwaiger Änderungen der bestehenden Regelung. Gegebenenfalls legt sie gleichzeitig Vorschläge zur Verbesserung der bestehenden Regelungen mit dem Ziel vor, die Freizügigkeit, das Niederlassungsrecht und den freien Dienstleistungsverkehr für die unter diese Richtlinie fallenden Personen zu erleichtern.

Art. 14. Diese Richtlinie ist an die Mitgliedstaaten gerichtet.

Erklärung des Rates und der Kommission:

Zu Artikel 9 Absatz 1
Der Rat und die Kommission kommen überein, die Berufsstände und die Hochschulen anzuhören bzw. in angemessener Weise am Entscheidungsprozeß zu beteiligen.

Empfehlung des Rates
vom 21. Dezember 1988
betreffend die Staatsangehörigen der Mitgliedstaaten, die Inhaber eines in einem Drittstaat ausgestellten Diploms sind
(89/49/EWG)

Der Rat der Europäischen Gemeinschaften –
bei der Genehmigung der Richtlinie 89/48/EWG des Rates vom 21. Dezember 1988 über eine allgemeine Regelung zur Anerkennung der Hochschuldiplome, die eine mindestens dreijährige Berufsausbildung abschließen, mit der Feststellung, daß diese Richtlinie nur die den Staatsangehörigen der Mitgliedstaaten in den Mitgliedstaaten ausgestellten Diplome, Prüfungszeugnisse und sonstigen Befähigungsnachweise betrifft,
in dem Bestreben, der besonderen Lage der Staatsangehörigen der Mitgliedstaaten Rechnung zu tragen, die Inhaber eines in einem Drittstaat ausgestellten Diploms, Prüfungszeugnisses oder sonstigen Befähigungsnachweises sind und die sich in einer Lage befinden, die einer der in Artikel 3 der Richtlinie beschriebenen Situationen vergleichbar ist –
empfiehlt
den Regierungen der Mitgliedstaaten, den obengenannten Personen den Zugang zu reglementieren Berufen und ihre Ausübung innerhalb der Gemeinschaft durch Anerkennung dieser Diplome, Prüfungszeugnisse, oder sonstigen Befähigungsnachweise in ihrem Hoheitsgebiet zu erleichtern.

3. Dokumentation: Die Umsetzung der EG-Hochschuldiplomanerkennungsrichtlinie in den europäischen Partnerstaaten

1. Belgien

Anwälte, die im Besitz einer EU-Staatsbürgerschaft sind, können gemäß Art. 429 Code Judiciaire ihre Zulassung als „Avocat" bei einer lokalen Anwaltskammer beantragen. Bislang fehlt es an einer gesetzlichen Umsetzung der europarechtlichen Vorgaben, es existiert lediglich eine Ermächtigungsgrundlage für eine Umsetzung im Verordnungswege.[1] Die fehlende gesetzliche Umsetzung der Richtlinie 89/48 ist vom EuGH durch Urteil vom 13. 7. 1995 festgestellt worden.[2] Seit November 1991 wird gleichwohl ein Eignungstest auf provisorischer Basis von der nationalen Anwaltskammer, dem „Ordre National Des Avocats", abgenommen.[3] Für die Zulassung zum Eignungstest muß dem belgischen Justizministerium durch Vorlage von Unterlagen nachgewiesen werden, daß die von der EG-Richtlinie vorgegebenen Anforderungen erfüllt sind. Für die deutschen Bewerber kommen somit die Urkunden der juristischen Staatsexamina, eine Bestätigung der Möglichkeit zur Zulassung in Deutschland etc. in Betracht. Die Unterlagen können in französischer, holländischer und auch in deutscher Sprache verfaßt sein, ansonsten ist eine beglaubigte Übersetzung in einer dieser drei Sprachen beizufügen. Hat der Bewerber danach ein mindestens dreijähriges Hochschulstudium absolviert und ist er zur Ausübung des Anwaltsberufs in seiner Heimat befähigt, bestätigt das Justizministerium dem Bewerber innerhalb vier Monaten die Konformität mit den gesetzlichen Anforderungen und läßt ihn zum Eignungstest zu.[4] Die Zulassung ist bei Abschlüssen europäischer Universitäten die Regel.[5] Die Durchführung der Eignungsprüfung obliegt organisatorisch der berufsständischen Vereinigung der belgischen Anwaltschaft. Die Eignungsprüfung wird mindestens einmal jährlich durchgeführt und überprüft ausschließlich die berufsspezifischen Fachkenntnisse der Bewerber. Prüfungssprache ist auch Deutsch. Die Prüfung untergliedert sich in einen schriftlichen und einen mündlichen Prüfungsteil. Pflichtfächer, die mündlich geprüft werden, sind das anwaltliche Berufsrecht sowie die Gerichtsverfassung und das Verfahrensrecht im Privat-, Straf- und Verwaltungsrecht. Schriftlich werden zwei Wahlfächer geprüft, die der Kandidat aus den Fächern Staats- und Verwaltungsrecht, Personen- und Sachenrecht (Zivilrecht I), Vertrags- und Schuldrecht (Zivilrecht II), Wirtschaftsrecht, Steuerrecht, Strafrecht oder Sozialrecht wählen darf. Die Prüfung wird von einer Kommission abgenommen, die sich aus Rechtsanwälten, Richtern und Professo-

---

[1] Gesetz vom 29. 4. 1994, Staatsblatt vom 29. 7. 1994.
[2] EuGH Rs. C-216/94.
[3] Vgl. *Phillipe*, in: Tyrell/Yaqub, S. 69 (90 ff.).
[4] Gegen die Ablehnung ist ein Rechtsbehelf zum Conseil d'Etat vorgesehen. Aufgrund einer speziellen Vereinbarung zwischen der Anwaltskammer Brüssel und der Anwaltskammer in Paris entfällt für Mitglieder letzterer die Notwendigkeit eines Eignungstests, vgl. *Phillipe*, in: Tyrell/Yaqub, S. 69 (91).
[5] *Eitelberg*, in: Henssler/Nerlich, S. 117.

ren zusammensetzt. Innerhalb vier Monaten nach der Prüfung teilt der Präsident des „Ordre National Des Avocats" das Prüfungsergebnis mit.

2. Dänemark

Die für EU-Bürger aus der Hochschuldiplomanerkennungsrichtlinie folgende Möglichkeit der Niederlassung als „advokat" ist in Dänemark bislang noch nicht durch nationales Recht konkretisiert worden.[6] Es ist jedoch beabsichtigt, die Integration ausländischer Rechtsanwälte nicht durch einen Eignungstest, sondern durch einen dreijährigen Anpassungslehrgang zu ermöglichen.[7] Der Grund für diesen Lösungsweg liegt weniger in Vorzügen gegenüber dem alternativ denkbaren Eignungstest, sondern in der zu erwartenden geringen Zahl von Antragstellern. Sie rechtfertigen nach Auffassung der dänischen Behörden nicht den Aufbau eines eigenen Prüfungssystems.[8]

3. Deutschland

Rechtsanwälte mit ausländischen Befähigungsnachweisen können die Zulassung zur deutschen Anwaltschaft durch erfolgreiches Durchlaufen des Prüfungsverfahrens nach Maßgabe des Eignungsprüfungsgesetzes vom 6. 7. 1990 erlangen.[9]

4. Finnland[10]

Ausländischen Rechtsanwälten war zwar vor dem Beitritt Finnlands zur EU bzw. zum EWR eine Zulassung zum Rechtsanwaltsberuf aufgrund der fehlenden finnischen Staatsangehörigkeit verwehrt. In der Praxis waren mit der fehlenden Zulassungsmöglichkeit jedoch kaum gravierende Einschränkungen verbunden. Das finnische Rechtssystem kennt bis auf Randbereiche kein Rechtsberatungsmonopol, so daß die juristische Tätigkeit, auch diejenige vor Gericht, ausländischen Anwälten möglich war.[11] Die Umsetzung der EG-Diplomanerkennungsrichtlinie erweitert daher lediglich die Möglichkeit der Niederlassung dahingehend, daß nunmehr auch die Tätigkeit als finnischer Rechtsanwalt möglich ist. Gemäß § 3 Abs. 3 AnwaltsG findet eine Anerkennung ausländischer Befähigungsnachweise statt. Der Bewerber muß sich einer Eignungsprüfung unterziehen, die vom finnischen Anwaltsverband durchgeführt wird. In ihr sind hinreichende Kenntnisse über die finnische Gesetzgebung und die Anwaltstätigkeit in Finnland nachzuweisen. Im Rahmen der Umsetzung der EG-Richtlinie wurde die Frage, ob der Bewerber auch Schwedisch- oder Finnischkenntnisse nachwei-

---

6 *Torbol/Worsol,* in: Tyrrell/Yaqub, S. 99 (111).

7 *Torbol/Worsol,* in: Tyrrell/Yaqub, S. 99 (111); *Donald Little,* CCBE Cross Border Practice Compendium, Denmark, S. 34–36.

8 *Frieders* Österr. AnwBl. 1992, 177 (179).

9 Hinsichtlich der Prüfungsinhalte und des Verfahrens wird auf die Kommentierung zum EigPrüfG und zur EigPrüfVO verwiesen.

10 Geregelt in Gesetz 1597/1992 vom 1. 1. 1994; Verordnung 1622/93 vom 1. 1. 1994; Gesetz 936/94 vom 1. 1. 1995.

11 Vgl. *Mäkinen/Tenhunen,* in: Tyrrell/Yaqub, S. 113. Da die forensische Tätigkeit für eine Partei von der „Geeignetheit" des Parteivertreters abhängt, diese aber regelmäßig ausreichende Kenntnisse der Gerichtssprache Finnisch voraussetzt, handelte es sich für ausländische Rechtsanwälte seit jeher um eine eher theoretische Möglichkeit, als Verfahrensbevollmächtigter vor Gericht aufzutreten.

sen müsse,[12] lebhaft diskutiert, letztlich aber verneint.[13] Aufgrund der Randlage Finnlands, des fehlenden Rechtsberatungsmonopols und der besonders prohibitiven Landessprache geht man in Finnland davon aus, daß die Eignungsprüfung weniger für ausländische Rechtsanwälte als vielmehr für finnische Staatsbürger mit einem schwedischen Befähigungsnachweis von Interesse sein wird.

5. Frankreich[14]

Die Tätigkeit ausländischer Anwälte, auch aus Nicht-EU-Staaten, wurde in Frankreich früher recht großzügig ermöglicht.[15] Restriktive Tendenzen seit 1991[16] gehen nicht zu Lasten der Anwälte aus dem EU-Raum, da die nunmehr geltenden Voraussetzungen der Gegenseitigkeit der Niederlassung, der Gleichwertigkeit der Diplome und das Ablegen einer Kenntnisprüfung europarechtlich durch Art. 59 EGV und die Richtlinie 89/48 verbürgt sind. Gemäß der nationalen Umsetzung der Diplomanerkennungsrichtlinie ist das Anerkennungsverfahren als Dispensverfahren ausgestaltet: Die Anerkennung des ausländischen Diploms dispensiert den Bewerber von dem Erfordernis des Erwerbs der maitrise, des CAPA und des CFS. Der Dispens wird vom „Conseil National des Barreaux"[17] auf Antrag erteilt.[18] Einzureichen sind im Original oder beglaubigter Kopie und übersetzt Zeugnisse der Ersten und zweiten Juristischen Staatsprüfung, Beschreibung der Studieninhalte, Bestätigung der Zulassungsmöglichkeit in Deutschland durch ein LJPA sowie Nachweise über persönliche Angaben und die Wahl einer regionalen Kammer für den Fall der Anordnung der Eignungsprüfung. Soweit – regelmäßig – ein Dispens erteilt wird, folgt die Entscheidung, ob aufgrund substantieller Unterschiede (Art. 99 Abs. 1 Dekret) der Ausbildungsinhalte in Frankreich und dem Herkunftsstaat ein Eignungstest („Examen d'Aptitude") notwendig ist. Deutsche Bewerber, die keine zusätzlichen französischen Diplome vorweisen können, müssen aufgrund dieses Kriteriums in der Regel mit einer Prüfung rechnen.[19] Die Inhalte der Eignungsprüfung legt der CNB anhand der festgestellten „substantiellen" Unterschiede fest, wobei maximal vier Fächer geprüft werden dürfen.[20] Eine schriftliche Prüfung findet nur statt, wenn der CNB Prüfungen in mehr als drei Fächern anordnet, sie erstreckt sich daher auf maximal ein Fach.[21] Die mündliche Prüfung unterteilt sich für jedes Prüfungsgebiet in einen vorbereiteten, freien Vortrag von 10–15 Minuten und einen anschließenden Frage-/Antwortteil. Soweit der Kandidat die notwendige Punktzahl erreicht hat, erhält er von der CRFPA eine entsprechende Bescheinigung, mit welcher er bei der Anwaltskammer die Zulassung beantragen kann.[22]

---

[12] Ein entsprechender Nachweis wurde einige Jahre in Portugal verlangt.
[13] Regierungsproposition Nr. 56/1992, S. 4.
[14] Regelungen in Gesetz Nr. 71-1130, Art. 11 Abs. 1 Nr. 2 sowie Dekret 91-1197, Art. 99 Abs. 1, J. O. vom 28. 11. 1991 sowie Erlaß des Justizministers vom 7. 1. 1993, J. O. vom 29. 1. 1993.
[15] Gesetz 71-1130 (Art. 11 Abs. 1, 3. Alt.) und Dekret 91-1197 (Art. 93 Abs. 1 Nr. 3).
[16] Hierzu etwa *Maier* AnwBl. 1991, 182 f.; *Stewart* IFLR. March 1992, S. 17 ff.
[17] 67, rue du Rocher, 75008 Paris (Einschreiben/Rückschein).
[18] Vgl. im einzelnen *Beckmann* EuZW 1994, 337.
[19] *Beckmann* EuZW 1994, 337 (338).
[20] Laut *Beckmann* EuZW 1994, 337 (338), werden deutsche Bewerber typischerweise im Zivil-, Arbeits- und Sozial-, Verwaltungs- und Berufsrecht geprüft.
[21] Durch eine vierstündige Klausur, für welche Kommentierungen nicht zugelassen sind.
[22] Dekret 91-1197, Art. 101 f.

6. Griechenland[23]

Einem ausländischen Anwalt ist die Niederlassung nach Anerkennung des Diploms und Ableistung einer Eignungsprüfung vor einer Kommission des Obersten Gerichts (Aeropag) möglich. Der Kommission sind ein Staatsangehörigkeitsnachweis, eine Kopie des Diploms, ein Nachweis der Studienleistungen, ein Auszug aus einem Register, aus welchem sich eventuelle Vorstrafen ergeben und ein Zertifikat der nationalen Anwaltsvereinigung, aus dem die Möglichkeit der Berufsausübung im Heimatstaat ersichtlich ist, vorzulegen.[24] Die in einen schriftlichen und mündlichen Teil[25] untergliederte Prüfung in griechischer Sprache wird zweimal jährlich im März und September abgenommen.[26] Prüfungsgegenstand des schriftlichen Teils sind das Bürgerliche Recht, Zivilprozeßrecht sowie fakultativ öffentliches Recht oder Handelsrecht als Wahlfach. Die mündliche Prüfung beinhaltet das anwaltliche Berufsrecht, Straf- und Strafprozeßrecht, Arbeitsrecht sowie das schriftlich nicht geprüfte Wahlfach. Sie kann entsprechend griechischen Usancen beliebig oft wiederholt werden. Bei erfolgreicher Absolvierung ist je nach Berufserfahrung im Heimatstaat, die Niederlassung bei einem Amts-/Landgericht, einem Oberlandesgericht oder dem Obersten Gerichtshof möglich.[27]

7. Großbritannien

a) **England und Wales.**[28] Für Rechtsanwälte aus anderen EU-Mitgliedstaaten ist die Zulassung zur Anwaltschaft in Umsetzung der Hochschuldiplom-Anerkennungsrichtlinie seit 1990 durch nationales Recht normiert.

Der Erwerb des Titels des *solicitors* findet in einem mehrstufigen Verfahren statt. In einem ersten Schritt erfolgt die Anerkennung des ausländischen Diploms durch ein „Certificate Of Eligibility" der Law Society, der englischen Anwaltsvereinigung.[29] Einzureichen sind neben einem ausgefüllten umfangreichen Fragebogen (u. a. mit Angaben zur Person, beruflichem Werdegang und anwaltlicher Fortbildung) beglaubigt übersetzte Kopien der juristischen Staatsexamina, der deutschen Anwaltszulassung; ferner ist eine nicht unerhebliche Verfahrensgebühr zu entrichten.[30] Es schließt sich eine Eignungsprüfung, der sog. „Qualified Lawyers Transfer Test", an,[31] der zweimal jährlich von dem Londoner „College Of

---

[23] Regelungen in der Rechtsverordnung 52/1993 vom 18. 2. 1993; die Umsetzung lediglich durch eine Rechtsverordnung ist von der Kommission beanstandet worden; vgl. EuGH EWS 1995, 188.

[24] *Kommatas,* in: Tyrrell/Yaqub, S.177 (195 f.).

[25] Vgl. *Nerlich/Papaioannou,* in: Henssler/Nerlich, S. 209.

[26] Bestehend aus dem Präsidenten des Gerichts, einem Rechtsprofessor und drei vor dem Gericht zugelassenen Rechtsanwälten.

[27] *Nerlich/Papaioannou,* in: Henssler/Nerlich, S. 209; *Kommatas,* in: Tyrrell/Yaqub, S. 177 (196 f.).

[28] European Communities Recognition Of Professional Qualifications 1991, in Kraft getreten am 17. 4. 1991 (SI 1991/824).

[29] The Law Society, Ipsley Court Redditch, Worcestershire B98 0TD, England.

[30] Dazu *Wegerich* EuZW 1994, 275 (276).

[31] Irische Solicitors sind von diesem gänzlich befreit; barristers müssen nur einen Teil der schriftlichen Prüfung absolvieren; vgl. *Adamson,* Free Movement Of Lawyers, London 1992, S. 49. Die Teilnehmer am englischen Eignungstest sind daher ganz überwiegend irische Solicitors.

Law" für die Law Society abgehalten wird. Er gliedert sich in einen schriftlichen und einen mündlichen Teil.[32] Prüfungsinhalte sind gemäß Nr. 4 lit (a)–(d) Qualified Lawyers Test Regulation 1990 das Prozeßrecht (litigation), Sachenrecht (law of property), Standesrecht (professional conduct), Buchführung (accounts) sowie die Grundzüge des common law. Die Law Society kann für diesen Test Erleichterungen vorsehen, soweit bisherige Tätigkeit, akademische oder sonstige Qualifikationen englische Rechtskenntnisse belegen.[33] Die Bescheinigung über das Bestehen der Prüfung ermöglicht die Niederlassung als solicitor.[34]

Der Zugang zum Beruf des *barristers* wird durch einen erfolgreich absolvierten „Aptitude Test" ermöglicht. Die „Bar" führt jährlich mindestens zwei Testverfahren durch, die in der Regel im Frühjahr und im Herbst stattfinden.[35] Die Prüfung beginnt mit drei schriftlichen Aufgaben, denen sich eine mündliche Prüfung anschließt. Prüfungsgegenstand des schriftlichen Teils sind: Vertragsrecht, Deliktsrecht, Sachenrecht, Verfassungsrecht, Verwaltungsrecht, Strafrecht und Beweisrecht in Verbindung mit Straf- oder Zivilprozeßrecht.[36] In der mündlichen Prüfung ist eine Art Aktenvortrag („tribunal application") zu halten; geprüft wird hier ferner das anwaltliche Berufsrecht. Die „Honourable Society Of The Inns Of Court" veröffentlicht jährlich die einschlägigen Bestimmungen zum Prüfungsverfahren.

b) Schottland.[37] Als *solicitor* können sich Inhaber ausländischer Befähigungsnachweise niederlassen, soweit sie erfolgreich eine von der Law Society Of Scotland zweimal jährlich im Juni und September durchgeführte Eignungsprüfung absolviert haben. Das Prüfungsverfahren umfaßt die Rechtsgebiete Sachenrecht, Erbrecht, Familienrecht, Zivil- und Strafprozeßrecht, Beweisrecht, schottisches Verfassungsrecht, Europarecht sowie anwaltliches Berufsrecht.[38]

Der Beruf des *advocates* ist ebenfalls über ein Eignungsprüfungsverfahren zugänglich, dessen nähere Ausgestaltung gesetzlich der Faculty of Advocates übertragen worden ist. Der Kandidat muß zwei schriftliche Aufsichtsarbeiten zum schottischen Rechtssystem, dem Verfassungs- und dem Verwaltungsrecht verfassen. Weitere zwei Arbeiten sind in den zur Auswahl stehenden Gebieten „trusts and succession", „property an conveyancing" sowie „bankruptcy and negligence" zu verfassen. Es schließt sich eine mündliche Prüfung im Strafrecht und – nach Wahl des Prüflings – im Vertrags- oder Deliktsrecht an. Schließlich ist das erfolgreiche Bestehen der auch für einheimische Bewerber vorgesehenen „Faculty Examination" in den Prüfungsfächern Beweisrecht, Plädoyer, anwaltliche Tätigkeit und anwaltliches Berufsrecht Voraussetzung der Zulassung.[39]

---

[32] *Adamson*, Free Movement Of Lawyers, London 1992, S. 49: Zwei dreistündige Aufsichtsarbeiten in Ligitation und Property Law, eine zweistündige Aufsichtsarbeit im Berufsrecht und Buchführung sowie die mündliche Prüfung im Common Law.
[33] Gemäß Nr. 5 (2) (3) Qualified Lawyers Transfer Test Regulations 1990, vgl. *Wegerich* EuZW 1994, 275 (276).
[34] Das Praktizieren gestattet das jährlich zu erneuernde, entgeltpflichtige „practising certificate" der Law Society. Zum weiteren Verfahren *Wegerich* EuZW 1994, 275 (276).
[35] *Donald/Little* Cross Border Practice Compendium, England und Wales, S. 63; *Yaqub*, in: Tyrrell/Yaqub, S. 319 (333).
[36] *Yaqub*, in Tyrrell/Yaqub, S. 319 (333).
[37] Gesetzliche Grundlage ist wie in den anderen Teilen des Vereinigten Königreichs durch die European Communities Recognition Of Professional Qualifications 1991, in Kraft getreten am 17. 4. 1991 (SI 1991/824).
[38] *Secretariat of the Law Society Of Scotland*, in: Tyrrell/Yaqub, S. 370 (375 f.).
[39] Zum Ganzen *Mackay*, in: Tyrrel/Yaqub, S. 360 (369).

c) **Nordirland.**[40] Wie in Schottland und England/Wales hat auch Nordirland sowohl für den Beruf des barristers als auch für jenen des solicitors ein Eignungsprüfungsverfahren gewählt, nachdem anfänglich aufgrund der geringen Zahl zu erwartender Interessen ein Anpassungslehrgang präferiert worden war. Für einen zukünftigen barrister sieht die mit der Eignungsprüfung beauftragte Northern Ireland Bar eine Prüfung mit drei schriftlichen Arbeiten aus den Rechtsgebieten Vertrags-, Delikts- oder Strafrecht, dem Bereich Sachen-, Gesellschafts- oder Verfassungsrecht und dem Beweis- und Verfahrensrecht vor, jeweils mit Bezügen zum anwaltlichen Berufsrecht. Die sich anschließende mündliche Prüfung beinhaltet eine dem Aktenvortrag ähnliche Darstellung eines praktischen Falles durch den Prüfling.[41] Die für die Ausgestaltung der Eignungsprüfung des *solicitors* zuständige Law Society Of Northern Ireland hat noch keine entsprechenden Regelungen bekanntgemacht.[42]

8. Irland

Die Niederlassungsregelungen für EU-Rechtsanwälte beruhen auf einer pauschalen Umsetzungsnorm aus dem Jahre 1991.[43] Sie betraut die berufsständischen Verbände für die Berufe des Solicitors und Barristers mit dem weiteren Verfahren.[44] Für die vorgeschaltete grundsätzliche Anerkennung des ausländischen Diploms sind der für *solicitor* zuständigen „Incorporated Law Society" übersetzte und beglaubigte Kopien der Hochschul- und der Berufsqualifikation, der ausländischen Anwaltszulassung, eine Bescheinigung der standesrechtlichen Unbescholtenheit sowie drei Empfehlungsschreiben irischer juristischer Persönlichkeiten vorzulegen.[45] Wenngleich gesetzlich Dispensionsmöglichkeiten für Teile des Eignungsprüfungstests vorgesehen sind, werden in der sich regelmäßig anschließenden „Qualified Lawyers Transfer Examination" von der „Incorporated Law Society" schriftlich Verfassungsrecht und alternativ Straf- oder Gesellschaftsrecht, Delikts- und Vertragsrecht, Sachenrecht, Erb- und Steuerrecht sowie Buchführungskenntnisse geprüft. Die schriftlichen Arbeiten können als Themenaufsätze oder konkrete Fallfragen oder einer Kombination aus beiden ausgestaltet sein. Abschließend findet eine ca. halbstündige mündliche Prüfung über das anwaltliche Berufsrecht statt.

Das „Council Of The Honourable Society Of King's Inns", zuständig für *barrister*, prüft nach der ähnlich wie vorstehend geschilderten Anerkennung des Diploms schriftlich Kenntnisse über das irische Rechtssystem und Verfassungsrecht, Schadensersatz- und Vertragsrecht, Eigentums- oder Strafrecht sowie Straf- oder Zivilprozeßrecht. Die mündliche Prüfung besteht aus einem Kurzvortrag und einem Prüfungsgespräch über das anwaltliche Berufsrecht. Bewerber mit einem Diplom des Vereinigten Königreichs sind von dem Test aufgrund der verwandten

---

[40] Gesetzlich geregelt aufgrund der parallelen Implementierung in England und Wales, Schottland und Nordirland durch die European Communities Recognition Of Professional Qualifications 1991, in Kraft getreten am 17. 4. 1991 (SI 1991/824).
[41] *McLean,* in: Tyrrell/Yaqub, S. 376 (378).
[42] *Doherty,* in Tyrrell/Yaqub, S. 378 (383).
[43] European Communities General System For The Recognation Of Higher Education Diplomas Regulation vom 4. 1. 1991.
[44] Hierzu *Hartnett,* in: Tyrrell/Yaqub, S. 205 (212 f.).
[45] Zu Details *Albrecht* RIW 1996, 474 (475). Das Prüfungsverfahren ist gebührenpflichtig; gegenwärtig fallen Kosten von ca. 250 irischen Pfund an. *Albrecht* RIW 1996, 474 (477 f.) gibt auch die zu verwendenden Antragsmuster wieder.

Anhang 3

Rechtssysteme grundsätzlich befreit, während für andere Bewerber von Fall zu Fall Befreiungen für einzelne Prüfungsteile gewährt werden, soweit entsprechende Kenntnisse nachgewiesen sind.

9. Italien[46]

Für ausländische Anwälte aus dem EU-Raum gestaltet sich die Niederlassung in Italien als „avvocato" und „procuratore" gegenwärtig noch recht schwierig. Nach Art. 11 Nr. 1 lit. a des Dekrets Nr. 115 ist das Justizministerium in Rom für das Anerkennungsverfahren zuständig. Dem Antrag beizufügen sind das Zeugnis der Ersten und Zweiten Juristischen Staatsprüfung, die Referendar-Ernennungsurkunde, die Zulassungsurkunde zur Rechtsanwaltschaft – jeweils original oder beglaubigt nebst Übersetzung –, der Nachweis der Rechtskenntnisse durch übersetzte BRAO-, DRiG- und JAO-Passagen sowie eine italienische Korrespondenzadresse.[47] Aufgrund der eingereichten Unterlagen entscheidet das Ministerium gemäß Art. 12 Nr. 5 Dekret im Einzelfall über die Anerkennung des Diploms, welches jeweils in der „Gazetta Ufficiale" veröffentlicht wird. Diese exklusiv italienische Lösung wirkt angesichts der fehlenden Rechtsklarheit über die zu erfüllenden Voraussetzungen für viele Bewerber unbefriedigend. Eine zusätzliche Schwierigkeit ergibt sich aus dem Umstand, daß ausländische Anwälte im Sinne des italienischen Berufsbildes nur dann als avvocato anerkannt werden, wenn sie mindestens sechs Zulassungsjahre vorweisen können. Zuvor kommt nur eine Anerkennung als „procuratore" in Betracht.[48] Die sich dem Anerkennungsverfahren anschließende Eignungsprüfung („prova attitudinale") vor dem „consiglio nazionale forense" ist in Ablauf und Inhalt abhängig von den sich aus dem Befähigungsnachweis ergebenden Rechtskenntnissen des Bewerbers. Sind danach keine Kenntnisse der italienischen Rechtsordnung bereits nachgewiesen, werden die Fächer geprüft, die auch Gegenstand einer „procuratore"-Prüfung sind. Aus den Fächern Privatrecht, Zivilrecht, Handelsrecht, Arbeitsrecht, Verfassungsrecht, Kirchenrecht, Verwaltungsrecht, Strafrecht sowie Zivil- und Strafprozeßrecht wählt die zehnköpfige Prüfungskommission (Richter, Anwälte, Professoren) drei Fächer für die schriftliche und mündliche Prüfung aus. Erreicht der Kandidat im schriftlichen Teil eine Mindestpunktzahl, wird er zur abschließenden mündlichen Prüfung zugelassen.[49] Unmittelbar im Anschluß an die bestandene Eignungsprüfung erhält der Kandidat die zur Eintragung in die Anwaltsliste notwendige Bescheinigung.

10. Luxemburg[50]

Für ausländische Hochschulabsolventen war bereits vor Geltung der Diplomanerkennungsrichtlinie eine Tätigkeit in Luxemburg möglich, soweit ein in Frankreich oder Belgien erworbener Abschluß vorgelegt wurde und von dem Erfordernis der luxemburgischen Staatsangehörigkeit abgesehen wurde. Dieser nach wie vor gangbare Weg beinhaltet die Verpflichtung, das dreijährige Referendariat in Luxemburg zu absolvieren. Seit 1991 ist die Vollintegration als Anwalt in Lu-

---

[46] Die Niederlassungsmöglichkeiten sind in Italien durch das Gesetzesdekret vom 27. 1. 1992, Nr. 115 näher ausgestaltet worden.
[47] Vgl. *Strauß* BRAK-Mitt 1994, 211 (212).
[48] *Strauß* BRAK-Mitt 1994, 211 (212).
[49] Zu Einzelheiten siehe *Strauß* BRAK-Mitt 1994, 211 (212).
[50] Die Umsetzung der Diplomanerkennungsrichtlinie erfolgte durch das „Loi du 10 Aout 1991".

xemburg gemäß Art. 1 Abs. 1 des Gesetzes nach einem erfolgreich bestandenen Eignungstest möglich. Vor dem Eignungstest sind mit einem Gesuch diverse Unterlagen an den Justizminister zu übersenden, so beglaubigte Kopien des Befähigungs- und Staatsangehörigkeitsnachweises. Ein Gremium, dem ein Verwaltungsbeamter, ein Rechtsanwalt, ein Notar und ein Angehöriger der Generalstaatsanwaltschaft angehört, prüft die Unterlagen und bestimmt die Notwendigkeit eines Eignungstests.[51] Dieser wird von einer vom Justizministerium ernannten fünfköpfigen Kommission abgenommen und unterteilt sich in einen schriftlichen und mündlichen Teil,[52] wobei die Themengebiete von der Prüfungskommission ca. zwei Monate vor dem Prüfungstermin eingegrenzt werden.[53] Prüfungsgegenstand der aus drei Arbeiten bestehenden schriftlichen Prüfung sind das Zivil- und Zivilprozeßrecht, das Straf- und Strafprozeßrecht sowie wahlweise das Wirtschafts- oder Verwaltungsrecht. In der mündlichen Prüfung werden Fragen des Berufsrechts sowie Themen aus der eventuell nicht bestandenen schriftlichen Prüfung behandelt.

11. Niederlande.[54]

Nach Art. 6 § 2 des Gesetzes zur Umsetzung der EG-Diplomanerkennungsrichtlinie, das keine berufsspezifischen Regelungen beinhaltet, kann eine berufsständische Organisation jeweils mit dem weiteren Verfahren betraut werden. Zuständig für den Beruf des Rechtsanwalts ist der „Nederlandse Orde Van Advocaten". Wie in den meisten Mitgliedstaaten ist ein Eignungstest vorgesehen, der sich unterteilt in einen Pflicht- und in einen Wahlbereich. Die Pflichtfächer umfassen das Zivil-, Zivilprozeß-, Straf-, Strafprozeß-, Verwaltungsprozeß-, Berufs- und Steuerrecht, während je ein Fach aus den Gruppen Verwaltungs- oder Wirtschaftsrecht bzw. Scheidungs-, Arbeits-, Sozial-, Miet- oder Insolvenzrecht gewählt werden kann.[55] Im Vergleich mit den Regelungen der anderen EU-Mitgliedstaaten fällt an der niederländischen Entscheidung als ungewöhnlich auf, daß der Eignungstest für einige als „Module" bezeichneten Rechtsgebiete (materielles Straf- und Zivilrecht) durch das Belegen universitärer Übungen an einer niederländischen Universität zu absolvieren ist. Der Eignungstest, so haben die bisherigen Erfahrungen gezeigt, bewegt sich daher in seinem Schwierigkeitsgrad bestenfalls an der oberen Grenze der nach Sinn und Zweck der EG-Richtlinie noch zulässigen Anforderungen.

12. Österreich[56]

Zur Umsetzung der Hochschuldiplomanerkennungsrichtlinie ist das langwierige Verfahren zum Erwerb des Anwaltsexamens für Inhaber ausländischer Diplome durch eine Eignungsprüfung ersetzt worden, die § 5 RAO eine Vollintegration

---

[51] *Brucher*, in Tyrrell/Yaqub, S. 241 (250).
[52] Vgl. *Mälzer*, in Henssler/Nerlich, S. 250.
[53] *Brucher*, in Tyrrell/Yaqub, S. 241 (250).
[54] Für Inhaber ausländischer Diplome sieht das Gesetz vom 15. 12. 1993, Staatsblad 1994, Nr. 29, eine allgemeine gesetzliche Regelung vor. Die rechtsanwaltsspezifische Konkretisierung der Implementierung erfolgt durch das Dekret vom 15. Juni 1994, Staatsblad 1994, Nr. 457, die Ausgestaltung des Anpassungsinstruments Eignungsprüfung durch eine Order des Justizministeriums vom 31. Oktober 1994, Staatscourant 1994, 215, und eine Verordnung des beauftragten Nederlands Orde van Advocaten vom 25. 11. 1994, Advocatenblad 1995, 79.
[55] *Dijkhof/Reidinga*, in: Tyrrell/Yaqub, S. 253 (283).
[56] Gesetzliche Regelung ist das EWG-RAG 1992, BGBl. 1993, Nr. 21, S. 481 ff.

in die österreichische Anwaltschaft ermöglicht.[57] Entsprechend den Anforderungen der Vlassopoulou-Entscheidung können auf Antrag Prüfungsfächer erlassen werden, wenn der Antragsteller nachweist, daß er in seiner bisherigen Ausbildung die erforderlichen materiellrechtlichen und verfassungsrechtlichen Kenntnisse erworben hat.[58] Zuständig für die Prüfung ist eine der bei den Oberlandesgerichten angesiedelten Rechtsanwaltsprüfungskommissionen, die auch die Prüfungen für nationale Bewerber abnehmen (§ 10 Abs. 1 EWR-RAG).[59] Der Antrag auf Zulassung zur Prüfung ist an den Präsens der zuständigen Prüfungskommission zu richten. Beizufügen sind: der ausländische Befähigungsnachweis, der Nachweis, daß mindestens die Hälfte der Ausbildung in einem EWR-Staat absolviert wurde, ein Staatsangehörigkeitsnachweis, der Beleg über die Zahlung der Prüfungsgebühr sowie die Bestimmung der Wahlfächer für die Prüfung. Soweit diese nicht in deutscher Sprache abgefaßt sind, ist eine beglaubigte Übersetzung beizufügen. Die Eignungsprüfung gliedert sich in einen schriftlichen und einen mündlichen Teil mit Pflicht- und Wahlfächern,[60] wobei gemäß § 16 Abs. 4 EWR-RAG die dem materiellen Recht zuzuordnenden Fächer grundsätzlich auch das zugehörige Verfahrensrecht einschließen. Eine der beiden schriftlichen Arbeiten stammt aus dem Zivilrecht – anzufertigen ist gemäß § 15 Abs. 2 EWR-RAG eine Rechtsmittelschrift gegen eine erstinstanzliche Entscheidung oder eine Klage nebst Beantwortung und Entscheidung –, während die zweite aus dem Straf- oder Verwaltungsrecht gewählt werden, kann. Im Strafrecht ist eine Rechtsmittelschrift gegen eine erstinstanzliche Entscheidung anzufertigen, im Verwaltungsrecht eine Rechtsmittelschrift oder Beschwerde gegen einen Bescheid, § 15 Abs. 3 EWR-RAG. Die mündliche Prüfung unterteilt sich in einen Pflicht- und Wahlbereich. Pflichtfächer sind das Bürgerliche Recht, Grundzüge des Arbeits- und Sozialrechts, das Handelsrecht sowie das anwaltliche Berufs- und Kostenrecht. Das Wahlfach kann aus dem Straf-, Verwaltungs- und Verfassungsrecht oder dem Abgabenrecht gewählt werden. Die erfolgreich absolvierte Prüfung berechtigt gemäß § 19 Abs. 1 EWR-RAG zur Eintragung in die Liste der Rechtsanwälte.

13. Portugal[61]

Im Gegensatz zu den meisten anderen EU-Mitgliedstaaten hat sich Portugal für das Absolvieren eines Anpassungslehrgangs als subjektive Zulassungsvoraussetzung entschieden, der von der portugiesischen Anwaltskammer näher ausgestaltet ist. Er dauert drei Jahre und endet – richtlinienkonform – ohne Abschlußprüfung.[62]

---

[57] Zur österreichischen Diskussion um das Anpassungsinstrumentarium vgl. *Frieders* Österr. AnwBl. 1992, 177 ff.
[58] Dazu *Frieders* Österr. AnwBl. 1996, 9, 12.
[59] Die konkrete Zuständigkeit hängt von der Herkunft des ausländischen Antragstellers ab, nicht von jener des Befähigungsnachweises. Zuständig ist Wien für Dänemark, die Bundesrepublik Deutschland und Schweden und die EWR-Staaten Norwegen, Island und Finnland, Graz für Griechenland, Spanien, Italien und Portugal, Linz für Frankreich, Großbritannien und Irland sowie Innsbruck für Belgien und Luxemburg sowie das EWR-Mitglied Liechtenstein.
[60] Zu Verfahren und Inhalten ausführlich *Frieders* Österr. AnwBl. 1993, 297 (299).
[61] Die Vorgaben der Diplomanerkennungsrichtlinie zur Niederlassung europäischer Anwälte sind bislang lediglich durch das Dekret 289/91 vom 10. August 1991 realisiert worden.
[62] Vgl. *De Moraes Dantas/Costa Alves* Lawyers In Europe, 4/1992, 17 (19); *Nerlich* Mitteilungen der Deutsch-Portugiesischen Juristenvereinigung 2/1993, 8 ff.

Dokumentation Anhang 3

Das Anpassungsinstrumentarium soll jedoch bereits in Kürze gewechselt werden, wenn die Diplomanerkennungsrichtlinie erstmalig durch Gesetz implementiert wird;[63] in dem bereits vorliegenden Gesetzesentwurf ist eine Eignungsprüfung vorgesehen.

14. Spanien[64]

Die Kriterien der Niederlassung für Inhaber ausländischer juristischer Abschlüsse waren lange Zeit recht vage gestaltet und zudem einem häufigen Wechsel unterworfen.[65] Vor Inkrafttreten der Diplomanerkennungsrichtlinie wurden ausländische Hochschulabschlüsse erst nach Abschluß eines akademischen Verfahrens in Form einer Universitätsprüfung („prueba de conjunto") anerkannt. 1989 wurde das akademische Prüfungsverfahren abgeschafft und der ausländische Universitätsabschluß ohne weiteres als gleichwertig anerkannt. Gleichzeitig wurde der Zulassung zur Anwaltschaft auf berufsorganisatorischer Ebene eine Prüfung des Consejo General de la Abogacia vorgeschaltet. Durch Ministerialverordnung vom 9. Mai 1996 sind nunmehr ein Anerkennungsverfahren und eine Eignungsprüfung („prueba de aptitud") im Sinne der EG-Richtlinie eingeführt worden. Einzureichen sind im Original oder von einem spanischen Notar/Konsulat beglaubigte Urkunden nebst Übersetzungen über die Staatsangehörigkeit, das Diplomzeugnis, eine Berufsurkunde und eine Bescheinigung der absolvierten Studien. Innerhalb von vier Monaten entscheidet das Justizministerium über die Anerkennung und die Notwendigkeit eines Eignungstests. Ist ein solcher – wie in aller Regel – notwendig, muß ein Antrag auf Zulassung zu der mindestens einmal jährlich veranstalteten Prüfung gestellt werden. Für den Beruf des *abogado* ist der Prüfungskommission eine Entscheidung eines praktischen Falles aus den Rechtsgebieten Verfassungs- und Verwaltungsrecht, Zivil- und Handelsrecht, Strafrecht oder Arbeitsrecht vorzulegen; anschließend folgt eine mündliche Prüfung zum bearbeiteten Fall und der Gerichtsorganisation sowie dem anwaltlichen Standesrecht; für den Beruf des *procurador* gestaltet sich die Prüfung bis auf den Wegfall des Rechtsgebietes Arbeitsrecht identisch.

15. Schweden[66]

Für Inhaber ausländischer Befähigungsnachweise ersetzt das ausländische Diplom die ansonsten geforderte Befähigung zum Richteramt ebenso wie die praktische und theoretische Ausbildung. Der Bewerber muß in einer gebührenpflichtigen[67] Eignungsprüfung hinreichende Kenntnisse der schwedischen Rechtsordnung nachweisen. Die Eignungsprüfung wird vom schwedischen Anwaltsverband gemeinsam mit der juristischen Fakultät der Universität Stockholm durchgeführt.

---

[63] *Ribeiro/Dias,* in: Tyrrell/Yaqub, S. 285 (291).
[64] Die Hochschuldiplomanerkennungsrichtlinie wurde in Spanien durch das königliche Dekret 1665/1991 in das nationale Recht umgesetzt. Das Dekret beschränkt sich im wesentlichen auf die Wiedergabe des Inhalts der EG-Richtlinie, ohne berufsspezifische Regelungen zu treffen. Diese sind erstmals in einer Ministerialverordnung vom 9. Mai 1996 enthalten, dem „Orden de 30 de abril de 1996 por la que se desarolla el Real Dereto 1665/1991 de 25 de octubre, en lo que afecta a las profesiones de Abogado y Procurador."
[65] Vgl. hierzu *Mikoleit,* in: Henssler/Nerlich, S. 343.
[66] Die europarechtlichen Vorgaben wurden gemäß dem Gesetz vom 17. 12. 1992, SFS 1992, 1511, implementiert.
[67] Die Gebühr beträgt gegenwärtig 14.000 SEK.

Anhang 3

Die Prüfung besteht ausschließlich aus schriftlichen Arbeiten, Prüfungsgegenstand sind neben Grundzügen des materiellen Rechts das Prozeß- und Anwaltsrecht sowie die Haftung des Rechtsanwalts. Eine Befreiung von einzelnen Prüfungsteilen ist nicht möglich. Zusätzlich zur erfolgreich absolvierten Eignungsprüfung müssen die persönlichen Zulassungsvoraussetzungen erfüllt sein, etwa die Rechtschaffenheit des Bewerbers und die charakterliche Eignung zur Ausübung der Anwaltstätigkeit.

4. Standesregeln der Rechtsanwälte der Europäischen Gemeinschaft (CCBE)

(Einstimmig am 28. 10. 1988 in Straßburg angenommen von den Delegationen der zwölf Mitgliedstaaten, die die Anwaltschaften der Europäischen Gemeinschaft vertreten)

Inhaltsverzeichnis

1. **Vorspruch**
1.1 Der Rechtsanwalt in der Gesellschaft
1.2. Gegenstand des Standesrechtes
1.3. Ziel und Zweck der Europäischen Standesregeln
1.4. Persönlicher Anwendungsbereich
1.5. Sachlicher Anwendungsbereich
1.6. Definitionen
2. **Allgemeine Grundsätze**
2.1. Unabhängigkeit
2.2. Vertrauen und Würde
2.3. Berufsgeheimnis
2.4. Achtung des Standesrechtes anderer Anwaltschaften
2.5. Unvereinbare Tätigkeiten
2.6. Persönliche Werbung
2.7. Interesse der Mandanten
3. **Das Verhalten gegenüber den Mandanten**
3.1. Beginn und Ende des Mandats
3.2. Interessenkonflikt
3.3. Quota-litis-Vereinbarung
3.4. Honorarabrechnung
3.5. Vorschuß auf Honorar und Kosten
3.6. Honorarteilung mit anderen Personen als Anwälten
3.7. Prozeß- und Beratungskostenhilfe
3.8. Mandantengelder
3.9. Berufshaftpflichtversicherung
4. **Das Verhalten gegenüber den Gerichten**
4.1. Auf die Prozeßtätigkeit anwendbares Standesrecht
4.2. Wahrung der Chancengleichheit im Prozeß
4.3. Achtung des Gerichtes
4.4. Mitteilung falscher oder irreführender Tatsachen
4.5. Anwendung auf Schiedsrichter und Personen mit ähnlichen Aufgaben
5. **Das Verhalten gegenüber den Kollegen**
5.1. Kollegialität
5.2. Zusammenarbeit von Anwälten aus verschiedenen Mitgliedstaaten
5.3. Korrespondenz unter Rechtsanwälten
5.4. Vermittlungshonorar
5.5. Umgehung des Gegenanwalts
5.6. Anwaltswechsel
5.7. Haftung für Honorarforderungen unter Kollegen
5.8. Ausbildung junger Anwälte
5.9. Streitschlichtung zwischen Kollegen aus verschiedenen Mitgliedstaaten

1. Vorspruch

1.1. Der Rechtsanwalt in der Gesellschaft

In einer auf die Achtung des Rechtes gegründeten Gesellschaft hat der Rechtsanwalt eine besonders wichtige Funktion. Seine Aufgabe beschränkt sich nicht auf die gewissenhafte Ausführung eines Auftrages im Rahmen des Gesetzes. Der Rechtsanwalt ist in einem Rechtsstaat sowohl für die Justiz als auch für den Rechtsuchenden, dessen Rechte und Freiheiten er zu wahren hat, unentbehrlich; der Rechtsanwalt ist nicht nur der Vertreter, sondern auch der Berater seines Mandanten.

Bei der Ausführung seines Auftrages unterliegt der Rechtsanwalt zahlreichen gesetzlichen und standesrechtlichen Pflichten, die zum Teil zueinander in Widerspruch zu stehen scheinen. Es handelt sich dabei um Pflichten gegenüber

– dem Mandanten

Anhang 4 — Europäische Standesregeln

- Gerichten und Behörden, denen gegenüber der Rechtsanwalt seinem Mandanten beisteht und ihn vertritt,
- seinem Berufsstand im allgemeinen und jedem Kollegen im besonderen,
- der Gesellschaft, für die ein freier, unabhängiger und durch sich selbst auferlegte Regeln integrer Berufsstand ein wesentliches Mittel zur Verteidigung der Rechte des einzelnen gegenüber dem Staat und gegenüber Interessengruppen ist.

1.2. Gegenstand des Standesrechtes

1.2.1. Die freiwillige Unterwerfung unter die Standesregeln dient dem Zweck, die ordnungsgemäße Wahrnehmung seiner für die Gemeinschaft unerläßlichen Aufgaben durch den Rechtsanwalt sicherzustellen. Beachtet der Rechtsanwalt die Standesregeln nicht, so führt dies schließlich zu einer Disziplinarmaßnahme.

1.2.2. Jede Anwaltschaft hat eigene auf ihrer besonderen Tradition beruhende Regeln. Diese entsprechen der Organisation des Berufsstandes und dem anwaltlichen Tätigkeitsbereich, dem Verfahren vor den Gerichten und Behörden sowie den Gesetzen des betreffenden Mitgliedstaates. Es ist weder möglich noch wünschenswert, sie aus diesem Zusammenhang herauszureißen, oder Regeln zu verallgemeinern, die dafür nicht geeignet sind.

Die einzelnen Standesregeln jeder Anwaltschaft beruhen jedoch auf den gleichen Grundwerten und sind ganz überwiegend Ausdruck einer gemeinsamen Grundüberzeugung.

1.3. Ziel und Zweck der Europäischen Standesregeln

1.3.1. Durch die Entwicklung der Europäischen Gemeinschaft und die im Rahmen dieser Gemeinschaft immer stärker werdende grenzüberschreitende Tätigkeit des Rechtsanwaltes ist es im Interesse der Rechtsuchenden notwendig geworden, für diese grenzüberschreitende Tätigkeit einheitliche, auf jeden Rechtsanwalt der Gemeinschaft anwendbare Regeln festzulegen, unabhängig davon, welcher Anwaltschaft der Rechtsanwalt angehört. Die Aufstellung solcher Standesregeln hat insbesondere zum Ziel, die sich aus der konkurrierenden Anwendung mehrerer Standesrechte – die in Artikel 4 der Richtlinie Nr. 77/249 vom 22. März 1977 vorgesehen ist – ergebenden Schwierigkeiten zu verringern.

1.3.2. Die im CCBE zusammengeschlossenen, den anwaltlichen Berufsstand repräsentierenden Organisationen sprechen den Wunsch aus, daß die nachstehenden Standesregeln

- bereits jetzt als Ausdruck der gemeinsamen Überzeugung aller Anwaltschaften der Europäischen Gemeinschaft anerkannt werden,
- in kürzester Zeit durch nationales und/oder Gemeinschaftsrecht für die grenzüberschreitende Tätigkeit des Rechtsanwaltes in der Europäischen Gemeinschaft verbindlich erklärt werden,
- bei jeder Reform des nationalen Standesrechtes im Hinblick auf dessen allmähliche Harmonisierung berücksichtigt werden.

Sie verbinden damit weiter den Wunsch, daß die nationalen Standesregeln soweit wie möglich in einer Weise ausgelegt und angewendet werden, die mit den Europäischen Standesregeln in Einklang steht.

Europäische Standesregeln **Anhang 4**

Wenn die Europäischen Standesregeln hinsichtlich der grenzüberschreitenden anwaltlichen Tätigkeit verbindlich geworden sind, untersteht der Rechtsanwalt weiter den Standesregeln der Anwaltschaft, der er angehört, soweit diese zu den Europäischen Standesregeln nicht in Widerspruch stehen.

1.4. Persönlicher Anwendungsbereich

Die nachstehenden Standesregeln sind auf alle Rechtsanwälte der Europäischen Gemeinschaft im Sinne der Richtlinie Nr. 77/249 vom 22. März 1977 anwendbar.

1.5. Sachlicher Anwendungsbereich

Unbeschadet des Zieles einer allmählichen Vereinheitlichung des innerstaatlich geltenden Standesrechtes sind die nachstehenden Standesregeln auf die grenzüberschreitende Tätigkeit des Rechtsanwaltes innerhalb der Europäischen Gemeinschaft anwendbar. Als grenzüberschreitende Tätigkeit gilt:
a) jede Tätigkeit gegenüber Rechtsanwälten anderer Mitgliedstaaten anläßlich anwaltlicher Berufsausübung,
b) die berufliche Tätigkeit eines Rechtsanwaltes in einem anderen Mitgliedstaat, gleichgültig ob er dort anwesend ist oder nicht.

1.6. Definitionen

Für die nachstehenden Standesregeln haben folgende Ausdrücke folgende Bedeutung:

„Herkunftsstaat" bezeichnet den Mitgliedstaat, zu dessen Anwaltschaft der Rechtsanwalt gehört.

„Aufnahmestaat" bezeichnet den Mitgliedstaat, in dem der Rechtsanwalt eine grenzüberschreitende Tätigkeit verrichtet.

„Zuständige Stelle" bezeichnet die berufsspezifischen Organisationen oder Behörden der Mitgliedsstaaten, die für die Erlassung von Standesregeln und Disziplinaraufsicht zuständig sind.

2. Allgemeine Grundsätze

2.1. Unabhängigkeit

2.1.1. Die Vielfältigkeit der dem Rechtsanwalt obliegenden Pflichten setzt seine Unabhängigkeit von sachfremden Einflüssen voraus; dies gilt insbesondere für die eigenen Interessen des Rechtsanwaltes und die Einflußnahme Dritter. Diese Unabhängigkeit ist für das Vertrauen in die Justiz ebenso wichtig wie die Unparteilichkeit des Richters. Der Rechtsanwalt hat daher Beeinträchtigungen seiner Unabhängigkeit zu vermeiden und darf nicht aus Gefälligkeit gegenüber seinem Mandanten, dem Richter oder einem Dritten das Standesrecht außer acht lassen.

2.1.2. Die Wahrung der Unabhängigkeit ist für die außergerichtliche Tätigkeit ebenso wichtig wie für die Tätigkeit vor Gericht, denn der anwaltliche Rat verliert für den Mandanten an Wert, wenn er aus Gefälligkeit, aus persönlichem Interesse oder unter dem Druck dritter Personen erteilt wird.

Anhang 4 — Europäische Standesregeln

2.2. Vertrauen und Würde

Das Vertrauensverhältnis setzt voraus, daß keine Zweifel über die Ehrenhaftigkeit, die Unbescholtenheit und die Rechtschaffenheit des Rechtsanwaltes bestehen. Diese traditionellen Werte des Anwaltsstandes sind für den Rechtsanwalt gleichzeitig Standespflichten.

2.3. Berufsgeheimnis

2.3.1. Es gehört zum Wesen der Berufstätigkeit des Rechtsanwaltes, daß sein Mandant ihm Geheimnisse anvertraut und er sonstige vertrauliche Mitteilungen erhält. Ist die Vertraulichkeit nicht gewährleistet, kann kein Vertrauen entstehen. Aus diesem Grund ist das Berufsgeheimnis gleichzeitig ein Grundrecht und eine Grundpflicht des Rechtsanwaltes von besonderer Bedeutung.

2.3.2. Der Rechtsanwalt hat die Vertraulichkeit aller Informationen zu wahren, die ihm von seinen Mandanten gegeben werden, die sich auf seinen Mandanten beziehen oder die er im Rahmen der Wahrnehmung der Interessen seines Mandanten erhält.

2.3.3. Die Pflicht zur Wahrung des Berufsgeheimnisses ist zeitlich unbegrenzt.

2.3.4. Der Rechtsanwalt achtet auf die Wahrung der Vertraulichkeit durch seine Mitarbeiter und alle Personen, die bei seiner beruflichen Tätigkeit mitwirken.

2.4. Achtung des Standesrechtes anderer Anwaltschaften

Der Rechtsanwalt kann aufgrund Gemeinschaftsrechtes (insbesondere der Richtlinie Nr. 77/249 vom 22. März 1977) verpflichtet sein, das Standesrecht eines Aufnahmestaates zu beachten. Der Rechtsanwalt hat die Pflicht, sich über die bei Ausübung einer bestimmten Tätigkeit anwendbaren standesrechtlichen Regeln zu informieren.

2.5. Unvereinbare Tätigkeiten

2.5.1. Der Beruf des Rechtsanwaltes ist mit bestimmten Berufen und Tätigkeiten unvereinbar, damit die Unabhängigkeit des Rechtsanwaltes und seine Pflicht zur Mitwirkung bei der Rechtspflege nicht beeinträchtigt werden.

2.5.2. Bei der Vertretung oder Verteidigung eines Mandanten vor den Gerichten oder Behörden eines Aufnahmestaates beachtet der Rechtsanwalt die für Rechtsanwälte dieses Staates geltenden Regeln über die Unvereinbarkeit des Berufes des Rechtsanwaltes mit anderen Berufen oder Tätigkeiten.

2.5.3. Beabsichtigt der in einem Aufnahmestaat niedergelassene Rechtsanwalt, dort unmittelbar eine kaufmännische oder sonstige vom Beruf des Rechtsanwaltes verschiedene Tätigkeit auszuüben, so ist er dabei auch verpflichtet, die für die Rechtsanwälte dieses Staates geltenden Regeln über die Unvereinbarkeit des Berufes des Rechtsanwaltes mit anderen Berufen oder Tätigkeiten zu beachten.

2.6. Persönliche Werbung

2.6.1. Der Rechtsanwalt darf nicht persönlich werben oder für sich werben lassen, wo dies unzulässig ist.

In anderen Fällen darf der Rechtsanwalt nur insoweit persönlich werben oder für sich werben lassen, wie dies durch die Regeln der Standesorganisation, der er angehört, gestattet wird.

2.6.2. Persönliche Werbung, insbesondere Werbung in den Medien, gilt als an einem Ort vorgenommenen, wo sie zulässig ist, wenn der Rechtsanwalt nachweist, daß sie mit dem Ziel erfolgte, Mandanten oder potentielle Mandanten an diesem Ort zu erreichen und die Kenntnisnahme an einem anderen Ort unbeabsichtigt erfolgt.

2.7. Interesse der Mandanten

Vorbehaltlich der gesetzlichen und standesrechtlichen Vorschriften ist der Rechtsanwalt verpflichtet, seinen Mandanten in solcher Weise zu vertreten und/oder zu verteidigen, daß das Mandanteninteresse dem Interesse des Rechtsanwaltes, eines Kollegen oder der Kollegenschaft insgesamt vorgeht.

3. Das Verhalten gegenüber den Mandanten

3.1. Beginn und Ende des Mandats

3.1.1. Der Rechtsanwalt darf nur im Auftrag seines Mandanten tätig werden, es sei denn, er wird von einem anderen den Mandanten vertretenden Rechtsanwalt beauftragt oder der Fall wird ihm durch eine sachlich zuständige Stelle übertragen.

3.1.2. Der Rechtsanwalt berät und vertritt seinen Mandanten unverzüglich, gewissenhaft und sorgfältig. Er ist für die Ausführung des ihm erteilten Mandats persönlich verantwortlich. Er unterrichtet seinen Mandanten vom Fortgang der ihm übertragenen Angelegenheit.

3.1.3. Der Rechtsanwalt hat ein Mandat abzulehnen, wenn er weiß oder wissen muß, daß es ihm an den erforderlichen Kenntnissen fehlt, es sei denn, er arbeitet mit einem Rechtsanwalt zusammen, der diese Kenntnisse besitzt.

Der Rechtsanwalt darf ein Mandat nur annehmen, wenn er die Sache im Hinblick auf seine sonstigen Verpflichtungen unverzüglich bearbeiten kann.

3.1.4. Der Rechtsanwalt darf sein Recht zur Mandatsniederlegung nur derart ausüben, daß der Mandant in der Lage ist, ohne Schaden den Beistand eines anderen Kollegen in Anspruch zu nehmen.

3.2. Interessenkonflikt

3.2.1. Der Rechtsanwalt darf mehr als einen Mandanten in der gleichen Sache nicht beraten, vertreten oder verteidigen, wenn ein Interessenkonflikt zwischen den Mandanten oder die ernsthafte Gefahr eines solchen Konfliktes besteht.

3.2.2. Der Rechtsanwalt muß das Mandat gegenüber allen betroffenen Mandanten niederlegen, wenn es zu einem Interessenkonflikt kommt, wenn die Gefahr der Verletzung der Berufsverschwiegenheit besteht oder die Unabhängigkeit des Rechtsanwaltes beeinträchtigt zu werden droht.

3.2.3. Der Rechtsanwalt darf ein neues Mandat dann nicht übernehmen, wenn die Gefahr der Verletzung der Verschwiegenheitspflicht bezüglich der von einem früheren Mandanten anvertrauten Information besteht oder die Kenntnis der Angelegenheit eines früheren Mandanten dem neuen Mandanten zu einem ungerechtfertigten Vorteil gereichen würde.

3.2.4. Üben Rechtsanwälte ihren Beruf gemeinsam aus, so sind die Bestimmungen der Artikel 3.2.1 bis 3.2.3. auf die Sozietät und alle ihre Mitglieder anzuwenden.

Anhang 4   Europäische Standesregeln

3.3. Quota-litis-Vereinbarung

3.3.1. Der Rechtsanwalt darf hinsichtlich seines Honorars keine quota-litis-Vereinbarung abschließen.

3.3.2. Quota-litis-Vereinbarung im Sinne dieser Bestimmung ist ein vor Abschluß der Rechtssache geschlossener Vertrag des Anwaltes mit dem Mandanten, in dem der Mandant sich verpflichtet, dem Anwalt einen Teil des Ergebnisses der Angelegenheit zu zahlen, unabhängig davon, ob es sich um einen Geldbetrag oder einen sonstigen Vorteil handelt.

3.3.3. Eine quota-litis-Vereinbarung liegt dann nicht vor, wenn die Vereinbarung die Berechnung des Honorars aufgrund des Streitwertes vorsieht und einem amtlichen oder von der für den Rechtsanwalt zuständigen Stelle genehmigten Tarif entspricht.

3.4. Honorarabrechnung

3.4.1. Der Rechtsanwalt hat seinem Mandanten die Grundlagen seiner gesamten Honorarforderungen offenzulegen; der Betrag des Honorars muß angemessen sein.

3.4.2. Vorbehaltlich einer abweichenden, gesetzlich zulässigen Vereinbarung des Rechtsanwaltes mit seinem Mandanten ist das Honorar entsprechend den Regeln der Standesorganisation zu berechnen, der der Rechtsanwalt angehört. Gehört der Rechtsanwalt mehreren Standesorganisationen an, so sind die Regeln der Standesorganisation maßgebend, mit der das Mandatsverhältnis die engste Verbindung hat.

3.5. Vorschuß auf Honorar und Kosten

Verlangt der Rechtsanwalt einen Vorschuß auf seine Kosten und/oder sein Honorar, darf dieser nicht über einen unter Berücksichtigung der voraussichtlichen Höhe des Honorars und der Kosten angemessenen Betrag hinausgehen. Wird der Vorschuß nicht gezahlt, kann der Rechtsanwalt das Mandat niederlegen oder ablehnen, unbeschadet der Vorschrift des Artikels 3.1.4.

3.6. Honorarteilung mit anderen Personen als Anwälten

3.6.1. Vorbehaltlich der nachstehenden Regel ist es dem Rechtsanwalt verboten, sein Honorar mit einer Person zu teilen, die nicht selbst Rechtsanwalt ist.

3.6.2. Artikel 3.6.1. gilt nicht für Zahlungen oder Leistungen eines Anwaltes an die Erben eines verstorbenen Kollegen oder an einen früheren Rechtsanwalt als Vergütung für die Übernahme einer Praxis.

3.7. Prozeß- und Beratungskostenhilfe

Hat der Mandant Anspruch auf Prozeß- oder Beratungskostenhilfe, so hat der Rechtsanwalt ihn darauf hinzuweisen.

3.8. Mandantengelder

3.8.1. Werden dem Rechtsanwalt zu irgendeinem Zeitpunkt Gelder anvertraut, die für seine Mandanten oder Dritte bestimmt sind (nachstehend „Mandantengelder"), so hat er folgende Vorschriften zu beachten:

3.8.1.1. Mandantengelder sollen immer auf ein Konto bei einem Kreditinstitut, das öffentlicher Aufsicht unterliegt, eingezahlt werden. Alle von einem Rechtsanwalt empfangenen Mandantengelder sind auf ein solches Konto einzuzahlen, es sei denn, der Mandant hat ausdrücklich oder stillschweigend eine andere Verwendung genehmigt.

3.8.1.2. Für jedes auf den Namen des Rechtsanwaltes lautende Konto, auf das Mandantengelder eingezahlt wurden, ist durch Kontobezeichnung ersichtlich zu machen, daß es sich bei den eingezahlten Beträgen um Mandantengelder handelt.

3.8.1.3. Die Konten des Rechtsanwaltes, auf die Mandantengelder eingezahlt wurden, müssen immer ein Guthaben ausweisen, das mindestens der Summe der dem Rechtsanwalt anvertrauten Mandantengelder entspricht.

3.8.1.4. Mandantengelder sind an den Mandanten auf erstes Anfordern oder gemäß den Bedingungen auszuzahlen, die mit dem Mandanten vereinbart wurden.

3.8.1.5. Vorbehaltlich entgegenstehender gesetzlicher Vorschriften oder der ausdrücklichen oder stillschweigenden Einwilligung des Mandanten, für den die Zahlung vorgenommen wird, ist die Auszahlung von Mandantengeldern an eine dritte Person unzulässig; dies gilt auch für

a) Zahlungen an einen Mandanten oder für einen Mandanten mit Geldern eines anderen Mandanten;

b) den Ausgleich der Honorarforderungen des Rechtsanwaltes.

3.8.1.6. Der Rechtsanwalt hat über alle die Mandantengelder betreffenden Vorgänge vollständig und genau Buch zu führen, wobei Mandantengelder von sonstigen Guthaben zu trennen sind; der Rechtsanwalt übergibt dem Mandanten auf Ersuchen die Kontoauszüge.

3.8.1.7. Die zuständigen Stellen der Mitgliedstaaten sind berechtigt, die auf Mandantengelder bezüglichen Unterlagen unter Wahrung der Berufsverschwiegenheit einzusehen und zu überprüfen, um die Einhaltung der von ihnen aufgestellten Regeln zu überwachen und Verstöße zu ahnden.

3.8.2. Vorbehaltlich der nachstehenden Bestimmung und des Artikels 3.8.1. hat der Rechtsanwalt, dem Mandantengelder im Rahmen einer Tätigkeit in einem anderen Mitgliedstaat anvertraut werden, die auf Mandantengelder anwendbaren Regeln der Standesorganisation zu beachten, der er angehört.

3.8.3. Übt der Rechtsanwalt seine Tätigkeit in einem Aufnahmestaat aus, so kann er mit Genehmigung der zuständigen Stellen des Herkunfts- und des Aufnahmestaates ausschließlich die Regeln des Aufnahmestaates beachten, ohne an die Einhaltung der Regeln des Herkunftsstaates gebunden zu sein. In diesem Fall hat er das Erforderliche zu veranlassen, um seine Mandanten davon zu informieren, daß auf ihn die Regeln des Aufnahmestaates Anwendung finden.

3.9. Berufshaftpflichtversicherung

3.9.1. Der Rechtsanwalt muß gegen Berufshaftpflicht ständig in einer Weise versichert sein, die nach Art und Umfang den durch rechtsanwaltliche Tätigkeit entstehenden Risiken angemessen ist.

3.9.2.1. Vorbehaltlich nachstehender Bestimmungen hat der seine Tätigkeit in einem anderen Mitgliedstaat ausübende Rechtsanwalt die Vorschriften zu befolgen, die bezüglich der Versicherungspflicht in seinem Herkunftsstaat gelten.

3.9.2.2. Ist der Rechtsanwalt in seinem Herkunftsstaat verpflichtet, eine Berufshaftpflichtversicherung abzuschließen und übt er eine Tätigkeit in einem anderen Mitgliedstaat aus, so hat er sich um die Ausdehnung des Versicherungsschutzes auf seine Tätigkeit im Aufnahmestaat auf der Basis des Versicherungsschutzes in seinem Herkunftsstaat zu bemühen.

3.9.2.3. Ist der Rechtsanwalt nach den Vorschriften des Herkunftsstaates nicht zum Abschluß einer Berufshaftpflichtversicherung verpflichtet oder ist die in Artikel 3.9.2.2. vorgesehene Ausdehnung des Versicherungsschutzes unmöglich, so ist der Rechtsanwalt dennoch verpflichtet, sich für die in einem Aufnahmestaat zugunsten von Mandanten des Aufnahmestaates erbrachte Tätigkeit zumindest im gleichen Umfang wie die Rechtsanwälte des Aufnahmestaates zu versichern, es sei denn, die Erlangung eines solchen Versicherungsschutzes erweist sich als unmöglich.

3.9.2.4. Ist es dem Rechtsanwalt nicht möglich, einen den vorstehenden Bestimmungen entsprechenden Versicherungsschutz zu erhalten, hat er alle zumutbaren Schritte zu unternehmen, um die Mandanten zu unterrichten, die wegen des fehlenden Versicherungsschutzes Schaden erleiden könnten.

3.9.2.5. Übt der Rechtsanwalt seine Tätigkeit in einem Aufnahmestaat aus, so kann er mit Genehmigung der zuständigen Stellen des Herkunfts- und des Aufnahmestaates ausschließlich die für die Berufshaftpflichtversicherung in dem Aufnahmestaat geltenden Vorschriften beachten. In diesem Fall hat der Rechtsanwalt alle zumutbaren Schritte zu unternehmen, um seine Mandanten davon zu informieren, daß sein Versicherungsschutz den in dem Aufnahmestaat geltenden Regeln entspricht.

4. Das Verhalten gegenüber den Gerichten

4.1. Auf die Prozeßtätigkeit anwendbares Standesrecht

Der vor einem Gericht eines Mitgliedsstaates auftretende oder an einem vor einem solchen Gericht anhängigen Verfahren beteiligte Rechtsanwalt hat die vor diesem Gericht geltenden Standesregeln zu beachten.

4.2. Wahrung der Chancengleichheit im Prozeß

Der Rechtsanwalt hat jederzeit auf eine faire Verfahrensführung zu achten. Er darf unter anderem mit einem Richter in einer Rechtssache keine Verbindung aufnehmen, außer er informiert zuvor den Gegenanwalt, und er darf einem Richter keine Unterlagen, Notizen oder andere Schriftstücke übergeben, außer diese würden rechtzeitig dem Gegenanwalt übermittelt, es sei denn, das Verfahrensrecht gestattet dies.

4.3. Achtung des Gerichtes

Im Rahmen der dem Richteramt gebührenden Achtung und Höflichkeit hat der Rechtsanwalt seinen Mandanten gewissenhaft und unter Beachtung des Gesetzes in der ihm zur Verteidigung der Interessen des Mandanten am zweckmäßigsten erscheinenden Weise zu vertreten.

Europäische Standesregeln Anhang 4

4.4. Mitteilung falscher oder irreführender Tatsachen

Der Rechtsanwalt darf dem Gericht niemals vorsätzlich unwahre oder irreführende Angaben machen.

4.5. Anwendung auf Schiedsrichter und Personen mit ähnlichen Aufgaben

Die Vorschriften über das Verhältnis des Rechtsanwaltes zum Richter gelten auch für sein Verhältnis zu Schiedsrichtern oder sonstigen Personen, die dauernd oder gelegentlich richterliche oder quasi-richterliche Funktionen ausüben.

5. Das Verhalten gegenüber den Kollegen

5.1. Kollegialität

5.1.1. Im Interesse des Mandanten und zur Vermeidung unnötiger Streitigkeiten setzt Kollegialität ein Vertrauensverhältnis und Bereitschaft zur Zusammenarbeit zwischen Rechtsanwälten voraus. Kollegialität darf unter keinen Umständen dazu führen, die Interessen der Anwälte denen der Justiz und der Rechtsuchenden entgegenzustellen.

5.1.2. Jeder Rechtsanwalt hat Rechtsanwälte eines anderen Mitgliedstaates als Kollegen anzuerkennen und ihnen gegenüber fair und höflich aufzutreten.

5.2. Zusammenarbeit von Anwälten aus verschiedenen Mitgliedstaaten

5.2.1. Der Rechtsanwalt, an den sich ein Kollege aus einem anderen Mitgliedstaat wendet, ist verpflichtet, in einer Sache nicht tätig zu werden, wenn er nicht hinreichend qualifiziert ist; er hat dann seinem Kollegen dabei behilflich zu sein, einen Rechtsanwalt zu finden, der in der Lage ist, die erwartete Leistung zu erbringen.

5.2.2. Arbeiten Rechtsanwälte aus verschiedenen Mitgliedstaaten zusammen, haben beide die sich möglicherweise aus den verschiedenen Rechtssystemen, Standesorganisationen, Zuständigkeiten und Berufspflichten ergebenden Unterschiede zu berücksichtigen.

5.3. Korrespondenz unter Rechtsanwälten

5.3.1. Der Rechtsanwalt, der an einen Kollegen aus einem anderen Mitgliedstaat eine Mitteilung sendet, die vertraulich oder „ohne Präjudiz" sein soll, muß diesen seinen Willen bei Absendung der Mitteilung klar zum Ausdruck bringen.

5.3.2. Ist der Empfänger der Mitteilung nicht in der Lage, diese als vertraulich oder „ohne Präjudiz" im vorstehenden Sinne zu behandeln, so hat er diese an den Absender zurückzusenden, ohne ihren Inhalt bekanntzumachen.

5.4. Vermittlungshonorar

5.4.1. Es ist dem Rechtsanwalt untersagt, für die Namhaftmachung oder Empfehlung eines Mandanten von einem anderen Rechtsanwalt oder einem sonstigen Dritten ein Honorar, eine Provision oder jede andere Gegenleistung zu verlangen oder anzunehmen.

Anhang 4 Europäische Standesregeln

5.4.2. Der Rechtsanwalt darf niemandem für die Vermittlung eines Mandanten ein Honorar, eine Provision oder eine sonstige Gegenleistung gewähren.

5.5. Umgehung des Gegenanwalts

Es ist dem Rechtsanwalt untersagt, sich bezüglich einer bestimmten Sache mit einer Person in Verbindung zu setzen, von der er weiß, daß sie einen Rechtsanwalt mit ihrer Vertretung beauftragt oder seinen Beistand in Anspruch genommen hat, es sei denn, dieser Rechtsanwalt hat zugestimmt und er hält ihn unterrichtet.

5.6. Anwaltswechsel

5.6.1. Ein Rechtsanwalt darf die Nachfolge eines Kollegen in der Vertretung der Interessen eines Mandanten in einer bestimmten Angelegenheit nur antreten, wenn er den Kollegen davon unterrichtet und sich vergewissert hat, daß Maßnahmen zum Ausgleich des Honorars und der Auslagen dieses Kollegen getroffen wurden, sofern sich aus Artikel 5.6.2. nichts anderes ergibt. Diese Standespflicht führt jedoch nicht zur persönlichen Haftung des Rechtsanwalts für Honorar und Kosten seines Vorgängers.

5.6.2. Sind eilige Maßnahmen im Interesse des Mandanten zu treffen, bevor die in Artikel 5.6.1. aufgestellten Bedingungen erfüllt werden können, so kann der Rechtsanwalt diese Maßnahmen treffen, wenn er seinen Vorgänger davon sofort unterrichtet.

5.7. Haftung für Honorarforderungen unter Kollegen

Im beruflichen Verkehr zwischen Rechtsanwälten verschiedener Mitgliedstaaten ist der Rechtsanwalt, der sich nicht darauf beschränkt, seinem Mandanten einen ausländischen Kollegen zu benennen oder das Mandat zu vermitteln, sondern eine Angelegenheit einem ausländischen Kollegen überträgt oder diesen um Rat bittet, persönlich dann zur Zahlung des Honorars, der Kosten und der Auslagen des ausländischen Kollegen verpflichtet, wenn Zahlung von dem Mandanten nicht erlangt werden kann. Die betreffenden Rechtsanwälte können jedoch zu Beginn ihrer Zusammenarbeit anderweitige Vereinbarungen treffen. Der beauftragende Rechtsanwalt kann ferner zu jeder Zeit seine persönliche Verpflichtung auf das Honorar und die Kosten und Auslagen beschränken, die bis zu dem Zeitpunkt angefallen sind, in welchem er seinem ausländischen Kollegen mitteilt, daß er nicht mehr haften werde.

5.8. Ausbildung junger Anwälte

Im wohlverstandenen Interesse der Mandanten sowie zur Verstärkung des Vertrauens und der Zusammenarbeit zwischen den Rechtsanwälten der Mitgliedstaaten ist es erforderlich, eine bessere Kenntnis der materiellen Gesetze und der Verfahrensgesetze der einzelnen Mitgliedstaaten zu fördern. Zu diesem Zweck soll der Rechtsanwalt – eingedenk des beruflichen Bedürfnisses zur guten Ausbildung des Nachwuchses – die Notwendigkeit der Ausbildung junger Kollegen aus anderen Mitgliedstaaten gebührend berücksichtigen.

Europäische Standesregeln **Anhang 4**

5.9. Streitschlichtung zwischen Kollegen aus verschiedenen Mitgliedstaaten

5.9.1. Ist ein Rechtsanwalt der Auffassung, daß ein Kollege aus einem anderen Mitgliedstaat gegen das Standesrecht verstoßen hat, hat er diesen darauf hinzuweisen.

5.9.2. Kommt es zwischen Rechtsanwälten aus verschiedenen Mitgliedstaaten zum Streit in Fragen der Berufsausübung, haben sie sich zunächst um eine gütliche Regelung zu bemühen.

5.9.3. Der Rechtsanwalt, der beabsichtigt, gegen einen Kollegen aus einem anderen Mitgliedstaat wegen Angelegenheiten, auf die Artikel 5.9.1. oder 5.9.2. Bezug nehmen, ein Verfahren einzuleiten, hat davon zuvor seine und seines Kollegen Standesorganisationen zu benachrichtigen, damit diese sich um eine gütliche Regelung bemühen können.

5. Gesetz über Fachanwaltsbezeichnungen nach der Bundesrechtsanwaltsordnung (Fachanwaltsbezeichnungsgesetz)

Vom 27. Februar 1992 (BGBl. I S. 369); aufgehoben durch Art. 21 des Gesetzes zur Neuordnung des Berufsrecht für Rechtsanwälte und der Patentanwälte (BGBl. I S. 2278, 2294)*

§ 1. Dieses Gesetz regelt die im Interesse der Rechtspflege für die Führung einer Fachanwaltsbezeichnung notwendigen Anforderungen an den Nachweis der besonderen Kenntnisse und Erfahrungen.

§ 2. (1) Besondere Kenntnisse (§ 42 a Abs. 1 Satz 1 der Bundesrechtsanwaltsordnung) hat der Rechtsanwalt, wenn seine Kenntnisse auf dem Fachgebiet erheblich das Maß der Kenntnisse übersteigen, das üblicherweise durch die berufliche Ausbildung und praktische Erfahrung im Beruf vermittelt wird.

(2) Die nach Absatz 1 erforderlichen Kenntnisse müssen Kenntnisse des Verfassungsrechts, soweit sie für das Fachgebiet wesentlich sind, einschließen.

§ 3. Für das Fachgebiet Verwaltungsrecht sind nachzuweisen
1. besondere Kenntnisse in den Bereichen
   a) allgemeines Verwaltungsrecht einschließlich Verwaltungsverfahren und Verwaltungszwangsverfahren,
   b) Staatshaftungsrecht (Amtshaftung, Enteignung, enteignender Eingriff, enteignungsgleicher Eingriff, Aufopferung, Folgenbeseitigung),
   c) Verfahren vor den Gerichten der Verwaltungsgerichtsbarkeit;
2. besondere Kenntnisse in zwei der folgenden Bereiche, von denen einer zu den in Buchstaben a bis d genannten gehören muß,
   a) öffentliches Baurecht (Bauplanungs- und Bauordnungsrecht, Recht der Raumordnung und Landesplanung, Denkmalschutzrecht, Kataster- und Vermessungsrecht),
   b) Wirtschaftsverwaltungsrecht (Gewerberecht, Handwerksrecht, Personen- und Güterverkehrsrecht, Wirtschaftsförderungsrecht, Gaststättenrecht, Berg- und Energierecht),
   c) Umweltrecht (Immissionsschutzrecht, Atomrecht, Abfallrecht, Wasserrecht, Natur- und Landschaftsschutzrecht, Forstrecht),
   d) Abgabenrecht, soweit die Gerichte der Verwaltungsgerichtsbarkeit zuständig sind,
   e) Kommunalrecht (mit Ausnahme des kommunalen Haushaltsrechts),
   f) Straßen- und Straßenverkehrsrecht,
   g) Luft- und Luftverkehrsrecht, Eisenbahn- und Wasserstraßenrecht,
   h) Recht des öffentlichen Dienstes, Disziplinar- und Personalvertretungsrecht,
   i) allgemeines Polizei- und Ordnungsrecht, Versammlungsrecht, Personenordnungsrecht, Waffenrecht,
   j) öffentliches Gesundheitsrecht, Lebensmittel- und Arzneimittelrecht,
   k) Ausländerrecht, Asylrecht, Staatsangehörigkeitsrecht,

---

* Die Bestimmungen sind bis zum Inkrafttreten der Berufsordnung weiter anzuwenden.

FachanwaltsbezeichnungsG   **Anhang 5**

l) Schul- und Hochschulrecht einschließlich des Zulassungs- und Prüfungsrechts,
m) Sozialhilferecht, Ausbildungsförderungsrecht, Schwerbehindertenrecht,
n) Datenschutzrecht, Recht der Statistik,
o) Wehrrecht, Recht der Kriegsdienstverweigerung und des Zivildienstes,
p) Medienrecht, Post- und Fernmelderecht,
q) Kriegsfolgen- und Wiedergutmachungsrecht,
r) Recht der offenen Vermögensfragen, Rehabilitierungsrecht,
s) öffentliches Landwirtschaftsrecht (Marktordnungsrecht, Recht der landwirtschaftlichen Erzeugung).

§ 4. Für das Fachgebiet Steuerrecht sind besondere Kenntnisse nachzuweisen in den Bereichen
1. allgemeines Abgabenrecht einschließlich Verfahren der Finanzbehörden, Bewertungsrecht,
2. besonderes Steuer- und Abgabenrecht (Einkommensteuer, Körperschaft- und Gewerbesteuer, Vermögensteuer, Erbschaft- und Schenkungsteuer, Grundsteuer, Umsatzsteuer, Grunderwerbsteuer und sonstige Verkehrsteuern, Grundzüge der Verbrauchsteuern und der Zölle),
3. Buchführung und Bilanzwesen einschließlich des Rechts der Buchführung und des Jahresabschlusses, steuerliches Revisionswesen, Aufstellung und steuerliche Behandlung von Bilanzen,
4. Verfahren vor den Gerichten der Finanzgerichtsbarkeit.

§ 5. Für das Fachgebiet Arbeitsrecht sind besondere Kenntnisse nachzuweisen in den Bereichen
1. Recht des Arbeits- und des Berufsbildungsverhältnisses (Abschluß und Änderung des Arbeits- und Berufsbildungsvertrages, Inhalt des Arbeits- und Berufsbildungsverhältnisses, Beendigung des Arbeits- und Berufsbildungsverhältnisses einschließlich Kündigungsschutz, Grundzüge des Arbeitsförderungsgesetzes, Recht der betrieblichen Altersversorgung, Schutz besonderer Personengruppen, insbesondere der Schwangeren und Mütter, Schwerbehinderten und Jugendlichen),
2. kollektives Arbeitsrecht (Tarifvertrags-, Arbeitskampf-, Mitbestimmungs- und Betriebsverfassungsrecht),
3. Verfahren vor den Gerichten der Arbeitsgerichtsbarkeit.

§ 6. Für das Fachgebiet Sozialrecht sind besondere Kenntnisse nachzuweisen in den Bereichen
1. allgemeines Sozialrecht einschließlich Verwaltungsverfahren (Erstes und Zehntes Buch Sozialgesetzbuch),
2. Arbeitsförderungs- und Sozialversicherungsrecht (Krankenversicherung, Unfallversicherung, Rentenversicherung), Recht der sozialen Entschädigung bei Gesundheitsschäden und Recht des Familienlastenausgleichs, Recht der Eingliederung Behinderter, Sozialhilferecht, Ausbildungsförderungsrecht,
3. Verfahren vor den Gerichten der Sozialgerichtsbarkeit und der Verwaltungsgerichtsbarkeit.

§ 7. (1) Zum Nachweis der besonderen theoretischen Kenntnisse und praktischen Erfahrungen sind Zeugnisse, Bescheinigungen oder andere geeignete Unterlagen vorzulegen.

Anhang 5 — FachanwaltsbezeichnungsG

(2) Bei Antragstellung muß der Bewerber in der Regel mindestens zwei Jahre als Rechtsanwalt tätig gewesen sein.

§ 8. (1) Der Nachweis der besonderen theoretischen Kenntnisse wird in der Regel erbracht durch die Teilnahme an einem auf den Erwerb der jeweiligen Fachanwaltsbezeichnung vorbereitenden Lehrgang, der die gesamten relevanten Teilbereiche des Fachgebiets umfaßt und dessen Erfolg durch mehrere Klausuren bestätigt wird. Die Gesamtdauer des Lehrgangs muß mindestens drei Wochen betragen.

(2) Die Lehrgangsteilnahme soll regelmäßig nicht länger als zwei Jahre vor der Antragstellung liegen. Liegt sie länger als zwei Jahre zurück, ist eine angemessene zwischenzeitliche Fortbildung – in der Regel durch Teilnahme an Fortbildungskursen – nachzuweisen. Dies gilt nicht für Anträge, die vor dem 1. Januar 1992 gestellt worden sind.

(3) Ausnahmsweise kann der Nachweis anderweitig erworbener besonderer theoretischer Kenntnisse im Fachgebiet genügen, wenn diese mindestens das im jeweiligen Lehrgang vermittelte Wissen umfassen.

§ 9. (1) Der Nachweis besonderer praktischer Erfahrungen ist in der Regel erbracht, wenn der Bewerber im Fachgebiet

a) Verwaltungsrecht aus den in § 3 bestimmten Bereichen 80 Fälle, davon mindestens ein Drittel gerichtliche Verfahren,
b) Steuerrecht 50 Fälle aus mehreren, in § 4 bestimmten Bereichen, davon mindestens ein Zehntel gerichtliche Verfahren,
c) Arbeitsrecht 80 Fälle aus mehreren, in § 5 bestimmten Bereichen, davon mindestens ein Drittel gerichtliche Verfahren,
d) Sozialrecht 40 Fälle aus mehreren, in § 6 bestimmten Bereichen, davon mindestens ein Drittel gerichtliche Verfahren,

als Rechtsanwalt selbständig bearbeitet hat. Die Bedeutung einzelner Fälle (Beratungen, außergerichtliche und gerichtliche Tätigkeit) kann zu einer anderen Gewichtung führen.

(2) Ausnahmsweise können die besonderen praktischen Erfahrungen durch eine andere fachgebietsbezogene Tätigkeit nachgewiesen werden, wenn diese nach Umfang, Dauer und Inhalt dem in Absatz 1 verlangten Maßstab entspricht.

§ 10. (1) Kann der Ausschuß der Rechtsanwaltskammer seine Stellungnahme gegenüber dem Vorstand nicht allein aufgrund der vom Rechtsanwalt vorgelegten schriftlichen Unterlagen abgeben, lädt er diesen zu einem Fachgespräch.

(2) Bei dem Fachgespräch sind an den Rechtsanwalt Fragen aus dem Fachgebiet zu richten. Die auf den einzelnen Rechtsanwalt entfallende Befragungszeit soll nicht weniger als 45 und nicht mehr als 60 Minuten betragen.

(3) Versäumt der Rechtsanwalt das Fachgespräch ohne ausreichende Entschuldigung, ist der Nachweis der erforderlichen Kenntnisse als nicht erbracht anzusehen.

§ 11. Für andere Personen, die Mitglied einer Rechtsanwaltskammer sind, gelten die §§ 1, 2, 3, 5 bis 10 entsprechend; soweit § 11 des Steuerberatungsgesetzes anzuwenden ist, gilt auch § 4 entsprechend.

FachanwaltsbezeichnungsG **Anhang 5**

§ 12. Rechtsanwälte, die nach den Bestimmungen des Rechtsanwaltsgesetzes vom 13. September 1990 (GBl. I Nr. 61 S. 1504) berechtigt sind, sich als Fachanwalt für Verwaltungsrecht, Steuerrecht, Arbeitsrecht oder Sozialrecht zu bezeichnen, bedürfen keines weiteren Nachweises für die erforderlichen Kenntnisse auf diesen Gebieten.

Sachverzeichnis

Die **fetten** Zahlen bezeichnen die Paragraphen, soweit nichts anderes angegeben ist, diejenigen der der BRAO, die mager gesetzten Zahlen die Randnummern.

Abberufung
als ehrenamtlicher Richter **RNPG 10**
Abgeordneter
Vereinbarkeit mit der Zulassung als Anwalt **7** 119f.
Ablehnung
des Antrags auf Eintragung in die Liste der Rechtsanwälte
s. Liste der Rechtsanwälte, Nichteintragung
des Antrags auf lokale Zulassung
s. Lokalisierung, Antrag auf lokale Zulassung
des Antrags auf Zulassung **6** 6–8
des Antrags auf Zulassungswechsel
s. Zulassungswechsel
im anwaltsgerichtlichen Verfahren in Zulassungssachen **40** 17
Ablehnung der Eröffnung
neue Anschuldigung **132** 3–5
Rechtskraftwirkung **132**
Sperrwirkung **132** 1, 2
Ablehnung des Auftrags 44 1
Ablehnungserklärung **44** 8
Berufsbezogenheit des Auftrags **44** 4
Schadensersatz **44** 11
Unaufschiebbare Maßnahme **44** 9
Unverzügliche Entscheidung **44** 6
Verjährung **44** 12
Zugang des Auftrags **44** 5
Abstimmung
im anwaltsgerichtlichen Verfahren in Zulassungssachen **40** 19
Hauptversammlung der BRAK **190**
Kammerversammlung **88**
Kammervorstand **72** 3–9
schriftliche **72** 20
Abteilungen
des Kammervorstandes **77**
Abwickler
Anwaltsgerichtshof **55** 22
Anwaltsprozeß **55** 8
Beratungsverträge **55** 9
Bestellung **55** 3 ff.
Kammerrechtsbeistand **55** 5
Kostenforderung **55** 16
Notwendige Vertretung **55** 4
Postulationsfähigkeit **55** 8
Referendar **55** 6
Verwaltungsakte **55** 22

Vollmacht **55** 16
Zeugnisverweigerungsrecht **55** 15
Änderung des Gerichtsbezirks
des Amtsgerichtsbezirks **227 a**
des Landgerichtsbezirks **227 b**
und Postulationsbefugnis **227 a, b**
s. auch Zulassungswechsel, Postulationsbefugnis
s. Zulassungswechsel
Änderungseintragung
s. Liste der Rechtsanwälte
ärztliches Gutachten
im Widerrufsverfahren **15**
im Zulassungsverfahren **8** 6 ff.
akademische Grade
Führung von – als RA **12** 8
Akteneinsicht 59 b 52
im Rügeverfahren **74** 15; **167 a**
Alkoholabhängigkeit 7 68
Allgemeine Geschäftsbedingungen
s. AGB
Amtsermittlungsgrundsatz
s. Untersuchungsgrundsatz
Amtshilfe 99
andere Berufsgerichtsbarkeiten 118 a
Anwaltsnotare **118 a** 9, 10
Kompetenzstreitigkeiten **118 a** 6
öffentlicher Dienst **118 a** 8
Unterrichtung **118 a** 5
anderweitige Ahndung 115 b
Androhung
von Zwangsgeld **57**
Anerkennung
von Diplomen **29 a** 21–30, 63–64; **Vorb. 206**; **207** 23–25, 36–48
s. auch Nr. 6 (EigPrüfG), Nr. 7 (EigPrüfVO)
Anfechtung der Kostenentscheidung
im anwaltsgerichtlichen Verfahren in Zulassungssachen **40** 46
Angestellter im öffentlichen Dienst
RA als – **7** 81; **14** 19
Angestellter Rechtsanwalt 59 a 90–92
Anhörung
im anwaltsgerichtlichen Verfahren in Zulassungssachen **40** 6
Anlageberater
Haftung des Rechtsanwalts als **51 b** 20

1451

Sachverzeichnis

fette Zahlen = §§

Anlagevermittler
Haftung des Rechtsanwalts als **51 b** 20
Anmeldung
Änderungen, anmeldepflichtige **PartGG 4** 4
Anmeldepflicht **PartGG 4** 2
Ersteintragung, zwingende Angaben
  PartGG 4 3
– Prüfungspflicht des Registergerichts
  PartGG 4 8
– Prüfungsrecht des Registergerichts
  PartGG 4 7
– Zugehörigkeit zu Freiem Beruf **PartGG**
  4 6
der PartG **PartGG 4** 1 ff.
Registerpublizität **PartGG 4** 5
Zuständigkeit, gerichtliche **PartGG 4** 2
Anordnung der sofortigen Vollziehung
bei sofortiger Beschwerde in Zulassungssachen **42** 18
Anschuldigungsschrift
Beweismittel **130** 5
Inhalt **116** 19; **130**
Pflichtverletzung **130** 3
Anspruchskonkurrenz
bei Haftung für anwaltliche Pflichtverletzung **51 b** 15
Anstellungsverhältnis 1 50 ff.; **2** 17; **59 b** 61
Anstellungsvertrag als Syndikusanwalt
7 82
Antrag
gegen ablehnenden Bescheid der LJV **11** 5 ff.
auf ehrengerichtliche Entscheidung **74 a**
auf gerichtliche Entscheidung **8 a** 7; **9** 6–8; **16** 13–19
s. Antrag auf gerichtliche Entscheidung
auf Simultanzulassung
s. Simultanzulassung
wegen Untätigkeit der LJV **11** 9–13
auf Zulassung **6** 1 ff.
– Ablehnung des Antrags **6** 6 ff.
– Entscheidung über den – **8**
– Rechtsvergleichung **6** 9 f.
auf Zulassung zu einem bestimmten Gericht
s. Lokalisierung
auf Zulassungswechsel
s. Zulassungswechsel
Antrag auf gerichtliche Entscheidung
Abstimmung **40** 19
Amtsermittlungsgrundsatz
s. Untersuchungsgrundsatz
Anfechtung der Kostenentscheidung **40** 46
Anhörung **40** 6
Antragsgegenstand **38** 6, 8 f.; **39** 6 f., 9, 16
Antragsinhalt **37** 2 f.
Außergerichtliche Kosten **40** 43

Aussetzung des Verfahrens **40** 21
Bekanntgabe gerichtlicher Verfügungen **40** 28
Beratung **40** 19
Beteiligte **38** 6; **39** 6 f.
Beweisaufnahme **40** 24
Entscheidung **41**
– bei ablehnendem Gutachten der RAK **41** 6 f.
– Abweisung als unzulässig **38** 7
– Begründungspflicht **41** 3
– Bindung an Strafurteil **40** 4, 25
– bei Maßnahmen der LJV **41** 11 f.
– Rechtskraft **40** 40; **41** 14
– Rechtskraftzeugnis **40** 40
– bei Untätigkeit der LJV **41** 13
– Zweidrittelmehrheit bei ablehnender Entscheidung **41** 4
Entscheidungsreife **40** 11
Erklärungen **40** 32
Erledigung der Hauptsache **40** 44
Form des Antrages **38** 3 f.; **39** 3 f.
Freiwillige Gerichtsbarkeit als Verfahrensordnung **40** 9 f.
Frist **37** 13, 17
Gerichtsferien **40** 19
Gerichtskosten **40** 42
Gerichtssprache **40** 19
Gerichtsstand **60** 12
Glaubhaftmachung **40** 24
Mitwirkungspflicht des Antragstellers **40** 5
Mündliche Verhandlung **40** 14
Öffentlichkeit **40** 16
Prozeßkostenhilfe **40** 38
Rechtsbehelfe
– Anordnung der sofortigen Vollziehung **42** 18
– Aufschiebende Wirkung **42** 18
– Aussetzung der sofortigen Vollziehung **42** 18
– Beschluß **42** 21 f.
– Einfache Beschwerde **40** 37
– Entscheidungsmöglichkeiten **42** 21 f.
– Frist **42** 17
– Rechtskraft des Beschlusses **42** 22
– Sofortige Beschwerde **42**
– Verfahrensgrundsätze **42** 19
– Verfahrensordnung **42** 19
– Verfassungsrechtliche Gesichtspunkte **42** 2
– Weitere Beschwerde **40** 23
– Wiedereinsetzung in den vorigen Stand **42** 19
– Wiederherstellung der aufschiebenden Wirkung **42** 18
– Zulässigkeit **42** 3 f.
– Zulassungsgründe für **42** 7 f.
– Zuständigkeit **42** 17

magere Zahlen = Randnummern

Sachverzeichnis

Ruhen des Verfahrens 40 23
Sitzungspolizei 40 19
Sofortige Beschwerde
 s. Rechtsmittel
Unterbrechung des Verfahrens 40 22
Untersuchungsgrundsatz 40 3
Verbindung mehrerer Streitigkeiten 40 20
Verfahrensgrundsätze 40 9 f.
Verfahrensordnung 40 9 f.
Verfügungen des Gerichts 40 28
Wiederaufnahme des Verfahrens 40 38
Wiedereinsetzung in den vorigen Stand 42 17
Wirksamkeit gerichtlicher Verfügungen 28; 40
in Zulassungssachen 37 f.
– bei ablehnendem Gutachten der RAK 38
– bei Löschung aus der Anwaltsliste
 s. Liste der Rechtsanwälte, Löschung
– Verfahren 37 f.; 40
– bei Versagung der Eintragung in die Liste der Rechtsanwälte
 s. Liste der Rechtsanwälte
– bei Versagung der lokalen Zulassung
 s. Lokalisierung, Versagung
– bei Versagung der Simultanzulassung nach § 227 a 227 a 35
– bei Versagung der Simultanzulassung nach § 227 b 227 b 6
– bei Versagung des Zulassungswechsels
 s. Zulassungswechsel
– bei Widerruf der Zulassung
 s. Widerrufsverfahren
Anwaltliche Gebühren 59 b 55 f.
Abrechnung 59 b 55 f.
Beitreibung 59 b 55 f.
Anwaltliches Vertretungsrecht 3 22
Anwaltsgericht
Amtsenthebung 95 10–14
Aufgaben 92 2–5
Behördenleitung 93 3, 4
Besetzung 93; 96
Ernennung 94
Geschäftsordnung 98 4
Geschäftsstelle 98 1
Geschäftsverteilung 97
Organisation 92 9–11
Präsidium 97 2
Rechtstellung der Mitglieder 95
Richterschaft 93 1
Spruchkörper 95 5
Staatliches Gericht 92 6–8
Anwaltsgerichtliche Maßnahme
ausländische Anwälte 114 17
Ausschließung 114 14
Geldbuße 114 9
Kammerrechtsbeistände 114 18

Vertretungsverbot 114 11
Verweis 114 8
Verweis und Geldbuße 114 10
Warnung 114 7
Zumessungsgesichtspunkte 114 5, 6
anwaltsgerichtliches Verfahren 116
Ablehnung der Gerichtsperson 116 7
Abwesenheit des Rechtsanwalts 116 22
Akteneinsicht 117 b
Augenschein 116 11
Auslagenerstattung 195 3
Ausschließung der Gerichtsperson 116 7
Begnadigung 116 31
Bekanntmachung von Entscheidungen 116 8
Berufsverbot nach StPO 116 15
Beschlagnahme 116 12
Beschwer für Rechtsmittel 116 24
Beschwerde 116 8, 25; 142 4
Beweisaufnahme 116 22
Durchsuchung 116 12
Einheitlichkeit der Pflichtverletzung 116 22
Einstellung nach § 153 ff. StPO 116 18
Ermittlungen 116 19
Fristen 116 9
gebotene Verteidigung 117 a 4–7
Geltung der StPO 116 5–33
Geltung des GVG 116 2, 3
Hauptverhandlung 116 22
körperliche Untersuchung 117 3
kommissarische Vernehmung 137
Kostenentscheidung 195 3
Kostenfestsetzung 199
Kostenfreiheit 195
notwendige Verteidigung 117 a 2, 3
Rechtsmittelbelehrung 116 8
Sachverständige 116 11
Teilfreispruch 116 9
Verlesung von Protokollen 138
Vernehmung des Beschuldigten 116 16
Verteidigung 116 17; 117 a
Vollstreckbarkeit 116 31
Vorbereitung der Hauptverhandlung 116 21
Wiederaufnahme 116 28; 118 27, 28
Wiedereinsetzung 116 9
Zeugen 116 10
Zustellung 116 8
Anwaltsgerichtshof
Anwaltliche Mitglieder 103
Berufsrichter 102
Besetzung 101; 104
Bildung 100
Geschäftsordnung 105
Geschäftsverteilung 105
Konzentration 100 3
Vorsitzende 101 6

1453

Sachverzeichnis

fette Zahlen = §§

Anwalts-GmbH Anh. 59 a
Besteuerung **Anh. 59 a** 13 f.
Gesellschaftsvertrag **Anh. 59 a** 5–10
Postulationsfähigkeit **Anh. 59 a** 33
Rechnungslegung **Anh. 59 a** 15
Regelungsbedarf **Anh. 59 a** 16
überörtliche – **Anh. 59 a** 11 f.
Zulässigkeit nach geltendem Recht **Anh. 59 a** 2
Zweigniederlassungen **Anh. 59 a** 12
Anwaltskooperation 1 55 ff.
Anwaltsnotar 59 a 21–23, 70–72
Haftung **51 b** 9, 26
Anwaltssozietät
s. Sozietät
Anwaltsvertrag
Verletzung **51 b** 14 f.
Anwaltswerbung 2 26
Anzeigepflicht 56 26
Arbeitnehmerähnliche Person 2 19
Aufgaben
BRAK **177**
Geschäftsführer **63** 7–9; **185** 3
Hauptversammlung der BRAK **187; 190**
Kammerversammlung **89**
Präsident der BRAK **185**
Präsident der RAK **80**
Präsidium der BRAK **179**
Präsidium der RAK **79**
Schatzmeister der BRAK **186**
Schatzmeister der RAK **83**
Schriftführer der RAK **82**
Vizepräsident der RAK **78** 4; **80** 5
Vorstand der RAK **73** 4; **74**
Auflage
zur Freistellung von der Kanzleipflicht **29** 4
Auflösung
Anmeldung zum Partnerschaftsregister **PartGG 4**
Beschluß der Partner **PartGG 9** 20
Eröffnung des Konkursverfahrens **PartGG 9** 21 f.
gerichtliche Entscheidung **PartGG 9** 19
der PartG **PartGG 9** 18 ff.
Rechtsfolgen **PartGG 9** 25
vertragliche Auflösungsgründe **PartGG 9** 24
Zeitablauf **PartGG 9** 23
Aufnahmeeinrichtung 221
Aufschiebende Wirkung
der sofortigen Beschwerde **42** 18
Aufsicht
durch den Kammervorstand **73** 32–36; **74**
Aufteilung
des Landgerichtsbezirks **227 b** 4
Auftreten des Rechtsanwalts
vor Gerichten und Behörden der Länder **225** 5 f.

Aufwandsentschädigung 75; 89 15; **183**
Ausbildung
von Referendaren **59**
Ausfertigung der Entscheidung 141
Aushändigung der Zulassungsurkunde
12 4 f.
Auskünfte
des Bewerbers im Zulassungsverfahren **6** 6
des Kammervorstandes **73** 22; **76**
gegenüber dem Kammervorstand **56** 15, 16
Auskunftspflicht
im Zulassungsverfahren **36 a** 7
Auskunftsverweigerungsrecht 56 22–25
Ausländische Rechtsanwälte RBerG
Einl. 88 f.
s. Kanzleipflicht
s. Lokalisierung
Ausländischer Rechtsbeistand RBerG
Einl. 51 f.
Ausland
Anwaltliche Tätigkeit im Ausland **29 a** 14–71
Anwaltstätigkeit **Vorb. 43** 8; **45**
Aussagedelikte 7 48
Aussagegenehmigung
Mitglieder der BRAK **184**
Mitglieder der RAK **76**
Ausscheiden
Anmeldung zum Partnerschaftsregister **PartGG 4**
Ausschließungsklage **PartGG 9** 14
Eröffnung des Konkursverfahrens über das Vermögen eines Partners **PartGG 9** 4
Kündigung des Partners **PartGG 9** 7 ff.
– abweichende Vereinbarungen **PartGG 9** 10
– Kündigungserklärung **PartGG 9** 8
– rechtsmißbräuchliche **PartGG 9** 9
Kündigung durch den Privatgläubiger **PartGG 9** 11 ff.
eines Partners **PartGG 9** 1 ff.
Präsidium BRAK **182**
Präsidium RAK **78**
Rechtsfolgen **PartGG 9** 16 f.
Tod eines Partners **PartGG 9** 3
s. auch Vererbung
Verlust der Zulassung **PartGG 9** 5
vertragliche Vereinbarungen **PartGG 9** 15
Vorstand der RAK **68** 3–4; **69**
Ausschließlichkeit
der Zulassung beim BGH **171**
Ausschließung
aus der Rechtsanwaltschaft **13**
als Versagungsgrund der Zulassung **7** 17–23
Ausschluß des Rechtsanwalts
vor Gerichten und Behörden der Länder **225** 5 f.

magere Zahlen = Randnummern

Sachverzeichnis

Außergerichtliche Kosten
des anwaltsgerichtlichen Verfahrens in Zulassungssachen **40** 43
Aussetzung
des Verfahrens bei Rücknahme/Widerruf der Zulassung **16** 19
des Zulassungsverfahrens **10**
Aussetzung der sofortigen Vollziehung
bei sofortiger Beschwerde in Zulassungssachen **42** 18
Aussetzung des Verfahrens 118 b
vor dem Anwaltsgerichtshof in Zulassungssachen **40** 21
gesetzlich geordnetes Verfahren **118 b** 2
bei Versagung des Zulassungswechsels **33** 17 f., 29
vorgreifliche Fragen **118 b** 3, 4
Auswärtige Kammern für Handelssachen
Lokalisierung und 22
Auswärtige Sprechtage 28
im Ausland **28** 14
Definition **28** 7
Auszubildender 59 b 62

Beamter
Versagung der lokalen Zulassung
s. Lokalisierung, Versagungsgründe
Versagungsgrund für die Zulassung **7** 102 ff., 107–116
Widerrufsgrund für die Zulassung **14** 16–18
s. öffentlicher Dienst
Bedürfnisprüfung 164 2; **168** 8–13
keine – **4** 1
Befähigung
zum Richteramt als Voraussetzung der Zulassung **4** 8 ff.
– Beitrittsgebiet **4** 21 ff.
– einstufige Juristenausbildung **4** 11
– Erwerb auf sonstige Weise **4** 27
– Erwerb durch Juristische Staatsprüfungen **4** 9 ff.
– Professor der Rechte **4** 12 ff.
– Rechtsvergleichung **4** 34
– Referendarausbildung **4** 9
– Vertriebene **4** 19 f.
Verlust der – zur Bekleidung öff. Ämter **7** 9 ff.; **14** 9
Begnadigung 7 43–45
Begründungspflicht
anwaltsgerichtlicher Entscheidungen in Zulassungssachen **41** 3
Beiordnung 51 a 25
Beiträge
zur BRAK **178**
zur RAK **89** 7–10
rückständige Beiträge **84**

Beitreibung der Kosten 205
Bekanntgabe gerichtlicher Verfügungen
im anwaltsgerichtlichen Verfahren in Zulassungssachen **40** 28
Belehrung
der Kammermitglieder **73** 20–25; **74** 8–10
mißbilligende Belehrung und deren Anfechtung **73** 20–25; **74** 8–10
Verhältnis der – zur Rüge **73** 21; **74** 9
Belgien
Zulassung zur Rechtsanwaltschaft in – **4** 34
Beratung
der Kammermitglieder durch Vorstand der RAK **73** 20–25
Beratung des Anwaltsgerichts
im anwaltsgerichtlichen Verfahren in Zulassungssachen **40** 19
Beratungshilfe 49 a 1 ff.; **51 a** 27; **59 b** 47 ff.
Beratungsstellen **49 a** 5 f.
Berechtigungsschein **49 a** 4
Kammerrechtsbeistände **49 a** 3
Vergütung **49 a** 9
Beratungshilfegesetz 49 a 1
Berlin
Geltung in – **236**
Berufliche Rechte 59 b 13 f.
Berufliche Zusammenarbeit 59 a 18–40; **59 b** 57 ff.
Berufsaufsicht RBerG Einl. 54
s. Lokalisierung
Berufsausübung
andere selbständige Tätigkeit **7** 69–94
„Feierabend-Anwalt" **7** 88–90
in der PartG **PartG 1** 6 ff.
rechtliche Möglichkeit **7** 78–87
tatsächliche Möglichkeit **7** 88–90
Unfähigkeit zur – **7** 62–68
Berufsausübungsbefugnis
Aushändigung der Zulassungsurkunde **12**
Beginn **32** 2
Eintragung in die Liste der Rechtsanwälte
s. Liste der Rechtsanwälte
Postulationsfähigkeit
s. Postulationsfähigkeit
s. Liste der Rechtsanwälte
s. auch Lokalisierung, Zulassung
Berufsausübungsfreiheit Vorb. 43 1
Zulässigkeit der Anwalts-GmbH **Anh. 59 a** 2
Berufsausübungsgesellschaft
PartGG als – **PartGG 1** 7
Berufsbezeichnung
bei Tätigkeit ausländischer Anwälte im Inland **Vorb. 206; 206** 11; **207** 16, 26, 51–52, 74; **RADG 2** 1–2

1455

Sachverzeichnis

fette Zahlen = §§

bei Tätigkeit im Ausland **29 a** 31–39, 45; **Vorb. 206; 207** 26, 51–52, 74
Berufsbezeichnung RA
Auflistung ausgeschiedener/verst. Rechtsanwälte auf Kanzleischild/Briefbogen **17** 15
Befugnis zur Führung der – **12** 8–11
Befugnis zur Führung weiterer Berufsbezeichnungen **12** 8–11
Erlaubnis zur Fortführung der – trotz erloschener Zulassung **17** 6–13
Erlösche der Befugnis zur Führung der – **17**
rechtliche Qualifikation der – **17** 4
unbefugte Verwendung **17** 5
Berufsbild Vorb. 1 14 f.; **1** 19 ff.
Berufsgesetz 1 62
Berufshaftpflichtversicherung 12 7; **14** 30; **16** 21; **51** 1 ff., 34 ff.
Allgemeine Versicherungsbedingungen **51** 29, 32
Anderkonto **51** 36
Angestellter Anwalt **51** 25, 26
Anspruchsfiktion **51** 16 f.
Aufrechnungsverbot **51** 18
Auskunftsobliegenheiten **51** 20
ausländische Anwälte **Vorb. 206; 207** 7, 57
Ausländische Staaten, Anwalt aus **51** 25
Außereuropäisches Recht **51** 65
Befreiungsanspruch **51** 16, 21
Beitragsnachlässe **51** 67
Claims-made Deckung **51** 52
Deckungssumme **51** 56
Dritthaftung **51 a** 32
Durchschnittsdeckung **51** 23, 25
Einheitlicher Schaden **51** 55
Einzelobjektversicherung **51 a** 5
Europäisches Recht, Rechtsbesorgung im **51** 25
EWR Vertragsstaat **51** 30
Freiheitsentzug **51** 48
Gebühreneinwurf **51** 23
Geschäftsplan **51** 29
Gesetzliche Ansprüche **51** 35 ff.
Haft **51** 48
Individualabrede **51 a** 33
Kausalereignis **51** 50
Konkurs des Rechtsanwalts **51** 24
Mindestversicherungssumme **51** 56 ff.; **51 a** 8, 52
– Unterschreitung **51** 58
Nebentätigkeiten **51** 40
Nichteuropäer **51** 27
Notarvertreter **51** 41
Obliegenheitsverletzung **51** 16
Persönliche Haftung **51 a** 57
Personenschaden **51** 44
Pflichtverletzung, wissentliche **51** 64

Pflichtversicherung **51** 5, 8 ff.
Rückwärtsversicherung **51** 12
Sachschaden **51** 44
Sachschadensdeckung **51** 49
Schadensfreiheitsrabatte **51** 67
Selbstbehalt **51** 23, 60 ff.
Selbstbeteiligung **51** 60
Serienschadensklausel **51** 23, 54
Sozietäten **51** 59
Spätschadensschutz **51** 51
Unternehmerische Tätigkeiten **51** 39
Verkehrssicherungspflicht **51** 47
Vermögensfolgeschäden **51** 44
Vermögensschaden **51** 4, 43 ff.
Verschwiegenheitspflicht **51** 19
Versicherungsaufsicht **51** 29
Versicherungsbescheinigung **51** 13 ff.
Versicherungsfall **51** 50
Versicherungsjahr **51** 56
Versicherungsunternehmen **51** 29
Vertrauensschadenversicherung **51** 6
Veruntreuung **51** 66
s. auch Schadensfreiheitsrabatte
Berufsordnung Vorb. 43 3
Handakten **50** 2
Berufspflicht
und Mandanteninteresse **Vorb. 43** 9
Nichtigkeit von Rechtsgeschäften **Vorb. 43** 11 d
und zivilrechtliche Pflichten **Vorb. 43** 10 f.
Berufspflichten Vorb. 43 2
Begründung der Berufspflichten durch Aushändigung der Zulassungsurkunde **12** 4 f.
besondere gegenüber dem Kammervorstand **56** 12–21, 26
Berufspflichtverletzungen Vorb. 43 11
Berufsrecht
Geltung für im Inland niedergelassene ausländische Anwälte **Vorb. 206; 207** 7–12, 27–28, 57
Geltung für vorübergehend im Inland tätige ausländische Anwälte **Vorb. 206; 207** 27–28, 57; **RADG 3** 2–5, 13
bei Niederlassung in anderen EG-/EWR-Staaten **29 a** 18; **Vorb. 206; 207** 27–28, 57
bei der PartG **PartG 6** 1 ff.
bei vorübergehender Tätigkeit in anderen EG-/EWR-Staaten **29 a** 45; **Vorb. 206; 207** 75–80
Berufsrechtsnovelle 59 b 9 f.
Berufsrechtsvorbehalt PartG 1 18–20
Haftungskonzentration **PartG 8** 23 ff.
bei der PartG **PartG**
summenmäßige Haftungsbeschränkung **PartG 8** 26 ff.

magere Zahlen = Randnummern

Sachverzeichnis

Berufstracht 59 b 52, 54
Berufsunfähigkeit 7 62–68; **8a; 14** 11 f.; 15
als Widerrufsgrund der Zulassung **14** 11 f.
Berufsverbot
Antragstellung **150** 7–9
Anwaltsnotare **155** 5
Aufhebung **159**
Außerkrafttreten **158**
Beschwerde **157**
Dreimonatsfrist **159 a**
eigene Angelegenheiten **155** 6
Erzwingungsverfahren **150 a**
Fortdauer **159 b**
nach Hauptverhandlung **153**
Mitteilung **160**
mündliche Verhandlung **151**
Umfang **155** 3
verbotswidrige Handlungen **155** 7
Verhältnismäßigkeit **150** 5
Vertreterbestellung **161**
Wirksamkeit **155** 1, 2
Zuständigkeit **150** 10, 11
Zustellung **154**
zwei Drittel Mehrheit **152**
s. a. Vertretungsverbot
Berufung 143
Anwendbarkeit der StPO **116** 26
ausgebliebener Rechtsanwalt **143** 11
Berufungshauptverhandlung **143** 6–9
Beschränkung **143** 14
zum ehrenamtlichen Richter **Zulass-ÜprüfG 8**
Einlegung **143** 4
Wiedereinsetzung **143** 5
Zulässigkeit **143** 1–3
Bescheide
der LJV **11** 3 f.
Bescheinigung
über Eintragung in die Liste der Anwälte
s. Liste der Rechtsanwälte
Beschlüsse
Begriff **72** 4; **90** 5–7
Hauptversammlung der BRAK **190**
Kammerversammlung **88; 89**
Kammervorstand **72** 4
Nichtigkeit **90; 91; 191**
Wahlausschuß **168** 3–7
Beschluß
bei sofortiger Beschwerde in Zulassungssachen **42** 21 f.
Beschlußfähigkeit
Hauptversammlung der BRAK **190** 5
Kammerversammlung **88** 3–4
Kammervorstand **71** 2–4
Wahlausschuß **168** 1

Beschwerde
in anwaltsgerichtlichen Verfahren in Zulassungssachen **40** 37
in anwaltsgerichtlichen Verfahren nach § 223 **223** 22 f.
einfache
– in anwaltsgerichtlichen Vefahren in Zulassungssachen **40** 37
sofortige **42**
s. auch Antrag auf gerichtliche Entscheidung in Zulassungssachen, Verfahren
Beschwerde, sofortige 9 12
Besitzstandswahrung 226 5, 10; **227 a** 2
Besondere Härte
als Voraussetzung für die Simultanzulassung **227 a** 29 f.
Bestandsschutz
für Fachanwälte **210**
Bestellung
zum Zustellungsbevollmächtigten **30** 14 f.
Besteuerungsformel
s. Vereidigung
Betreuer
Haftung des Rechtsanwalts als **51 b** 21
Beurlaubung
Richter **7** 112
Beweisaufnahme
im anwaltsgerichtlichen Verfahren in Zulassungssachen **40** 24
Beweissicherung 148
Kosten **149** 5
Verfahren **149**
Zuständigkeit **148** 6
Zweck **148** 1, 2
Bildung
einer weiteren Rechtsanwaltskammer **61**
Bindung
an Gutachten des Kammervorstandes **7** 9 f.
an Strafurteile **7** 14–16, 43–45; **14** 9 f.
an Urteil des BVerfG bez. Grundrechtsverwirkung **7** 7
Bindung an Strafurteil
bei anwaltsgerichtlichen Entscheidungen in Zulassungssachen **40** 4, 25
Blindheit 7 66
Buchprüfer
Haftung des Rechtsanwalts als **51 b** 22
Büro
des ausländischen Rechtsbeistandes in der BRD **RBerG Einl.** 59
Bürogemeinschaft 59 a 79–88
Definition **59 a** 80–82
Tätigkeitsverbote **59 a** 87
Verschwiegenheitspflicht **59 a** 86
Vertragsinhalt **59 a** 83, 84
Bundesgerichtshof
Anwaltliche Beisitzer **107; 108**

1457

Sachverzeichnis

fette Zahlen = §§

Anwaltssenat **106**
Besetzung **106** 5–8
Präsident **106** 6, 7
Sitzplan **111**
Vertretung durch ausländische Anwälte
   RADG **3** 9
Bundesminister
der Justiz **163**; **168** 7; **170**; **191**
Bundesrechtsanwaltskammer
Aufgaben **177**
Aufnahmeeinrichtung **221**
Beiträge **178**
Geschäftsführer **185**,3
Hauptversammlung **187**
Rechtsnachfolge der Reichs-
   Rechtsanwaltskammer **233**
Richtlinien **177** 1
Satzung **175** 7–9
Sitz **175** 6
Staatsaufsicht **176**
Stellung **176**
Wahlen **180**; **181**; **182**
Wahlperiode **182** 2
Zusammensetzung **175** 5
Bundeszentralregister 7 43–45; **8** 5; **11** 13

CCBE
Entwurf einer Niederlassungsrichtlinie
   Vorb. 206; 207 49–51
Standesregeln s. **Anh. 4**

Dänemark
Zulassung zur Rechtsanwaltschaft in – **4** 34
DDR
Rechtsanwaltschaft **ZulassÜprüfG 1** 4 f.
Übernahme von DDR-Juristen
   s. ZulassÜprüfG, Zulassung
Deutsche Staatsangehörigkeit 4 8
Dienstleistender EU-Anwalt
s. Lokalisierung
Dienstleistung
in anderen EG-/EWR-Staaten **29 a** 15–56;
   Vorb. 206; 207 4–93
in anderen GATS-Staaten **29 a** 65–71
ausländischer Anwälte im Inland **Vorb. 206; 206; 207**
EG-Richtlinie über die Haftung bei
   Dienstleistungen **Vorb. 206; 207** 83–85
in sonstigen europäischen Staaten **29 a** 57–64
s. auch Dienstleistungsfreiheit, Rechtsanwaltsdienstleistungs-Richtlinie, Rechtsanwaltsdienstleistungsgesetz
Dienstleistungsfreiheit
Abgrenzung zur Niederlassungsfreiheit
   Vorb. 206; 207 86–92

Inhalt **29 a** 40–55; **Vorb. 206; 207** 4–15, 61–67
Inländerdiskriminierung **Vorb. 206; 207** 13–15
Persönlicher Anwendungsbereich **Vorb. 206; 207** 6–7
Sachlicher Anwendungsbereich **Vorb. 206; 207** 5, 11–12
Wirkung **Vorb. 206; 207** 8–10
s. Lokalisierung
s. auch Rechtsanwaltsdienstleistungs-Richtlinie
Dienstleistungsrichtlinie 51 a 71
s. Rechtsanwaltsdienstleistungs-Richtlinie
Dienstleistungsrichtlinie der EU
RBerG Einl. **72** f.
Dienstunfähigkeit
von Beamten **7** 66
Diplom-Juristen
und Befähigung zum Richteramt **4** 10
Dispositionsgrundsatz
s. Zulassungsverfahren
Doppelzulassung
s. Zulassung
Dritthaftung 51 a 32

EG-Niederlassungsrichtlinie 4 30 f.
EG-Verbraucherschutzrichtlinie 51 a 66
Ehe
Versagung der lokalen Zulassung
   s. Lokalisierung, Versagungsgründe
Ehrenamtliche Tätigkeit 75; **183**
Ehrenamtlicher Richter RNPG 9
Eid
s. Vereidigung
Eignungsprüfung 4 3, 28 f.; **RBerG** Einl. **77**
Bewertungsverfahren **EigPrüfG 3** 4–6, 7; **EigPrüfVO 8** 3–4
Dispens von der Eignungsprüfung **Vorb. 206; 207** 53–54
Erlaß von Prüfungsleistungen **Vorb. 206; 207** 47; **EigPrüfVO 5**
Gebühren **EigPrüfVO Vorbem. 3**
nach dem Hochschuldiplom-Richtlinie **Vorb. 206; 207** 39, 45–47
Nichtabgabe **EigPrüfVO 9**
Ordnungswidriges Verhalten **EigPrüfVO 10**
Prüfer **8** 1–2; **EigPrüfVO 2**
Prüfungsamt **EigPrüfG 3** 1–3; **EigPrüfVO 1**
Prüfungsentscheidung **EigPrüfG 7**; **EigPrüfVO 11**
Prüfungsfächer **EigPrüfG 5**; **EigPrüfVO 6**

1458

magere Zahlen = Randnummern

Sachverzeichnis

Prüfungsleistungen **EigPrüfG 6**; **Eig-PrüfVO 7**
Rechtsmittel **EigPrüfG 9**
Rücktritt **EigPrüfVO 4**
Versäumnis **EigPrüfVO 9**
Voraussetzungen **Vorb. 206; 207** 40–43; **EigPrüfG 1**
Wiederholung **EigPrüfG 8**; **EigPrüfVO 12**
Zulassung **Vorb. 206; 207** 40; **EigPrüfG 4**; **EigPrüfVO 3**
Zweck **EigPrüfG 2**
s. Nr. 6 (EigPrüfG), Nr. 7 (EigPrüfVO)
Einberufung
Hauptversammlung BRAK **189**
Kammerversammlung **85; 86; 87**
Vorstand der RAK **70** 1–4
Wahlausschuß **165**
Einfache Mehrheit **72** 6–9; **88** 6–9
Eingriffstatbestand 1 21
Einleitung des Verfahrens 121
Einrede
der Verjährung **51 b 62 f.**
Einsicht in Personalakten 58
Einspruch
gegen den Rügebescheid **74** 46–49
einstufige Juristenausbildung
und Befähigung zum Richteramt **4** 11
Eintragung
der PartG **PartG 5** 1 ff.
registergerichtliche Prüfung **PartG 5 3**
Zweigniederlassungen **PartG 5 4** ff.
Eintragungsfähigkeit
der Anwalts-GmbH **Anh. 59 a 1**
Einvernehmen
nach dem RADG **RADG 4**
nach der Rechtsanwaltsdienstleistungs-Richtlinie **Vorb. 206; 207** 81
Einzelobjektversicherung 51 a 15
Empfangsbekenntnis
und Zustellung **229** 3
England/Wales
Zulassung zur Rechtsanwaltschaft in – **4** 34
Entfernung
aus dem Dienst in der Rechtspflege **7** 24–31
Entscheidung
Antrag auf Zulassung zur Rechtsanwaltschaft **8**
Gutachten des Vorstands der RAK **8** 6 ff.
s. auch Gutachten
Entscheidung des Anwaltsgerichtshofs
bzgl. der Versagung der lokalen Zulassung **4**
s. Lokalisierung, Versagung
Entscheidungsreife
im anwaltsgerichtlichen Verfahren in Zulassungssachen **40** 11

Entstehungsgeschichte **Einl. 1** ff.
Bundesrechtsanwaltsordnung v. 1. 8. 1959 **Einl. 9** ff.
DDR-Rechtsanwaltsgesetz v. 13. 9. 1990 **Einl. 23**
Neuordnung des Berufsrechts der Rechtsanwälte und Patentanwälte v. 2. 9. 1994 **Einl. 19** ff.
Rechtsanwaltsordnung für die Britische Zone v. 10. 3. 1949 **Einl. 8**
Rechtsanwaltsordnung v. 1. 7. 1878 **Einl. 1** ff.
Reichsrechtsanwaltsordnung v. 21. 2. 1936 **Einl. 7**
Satzungsrecht **Einl. 15** ff.
Ergänzungsgutachten 8 13 f.
Erklärungen
im anwaltsgerichtlichen Verfahren in Zulassungssachen **40** 32
Erledigung der Hauptsache
im anwaltsgerichtlichen Verfahren in Zulassungssachen **40** 44
Erlöschen
der lokalen Zulassung **34**
– durch Erlöschen der Zulassung zur Rechtsanwaltschaft **34**
– durch Widerruf **35**
– durch Zulassungswechsel **34**
Postulationsbefugnis **34** 6
Unterbrechung des Verfahrens **34** 6
der Zulassung bei Zulassungswechsel **34**
der Zulassung zur Rechtsanwaltschaft **13**
Zulassung zur Rechtsanwaltschaft **13**
Ermessen
Rücknahme und Widerruf der Zulassung **14** 5
Weiterführung der Berufsbezeichnung **17** 11, 13
Eröffnung des Hauptverfahrens
Ablehnung **131** 5
Anwendbarkeit der StPO **116** 20
Rechtsbehelfe **131** 6, 7
Eröffnungsbeschluß 131 2–4
Zustellung **133**
Erteilung eines Rechtskraftzeugnisses 40 40
Ethos anwaltlicher Berufsausübung 2 23 ff.
EU-Anwälte 4 28 ff.; **RBerG Einl.** 64 f., 75 f.
Entwicklung des EG-Rechts **4** 30 f.
Hochschuldiplomanerkennungs-Richtlinie **4** 29
Rechtspolitische Aspekte **4** 32 f.
Zulassung **4** 28
s. Kanzleipflicht
s. Lokalisierung

1459

Sachverzeichnis

fette Zahlen = §§

EU-Rechtsbeistand RBerG Einl. 64 f.
Europäische Gemeinschaften
siehe Dienstleistungsfreiheit, Eignungsprüfung, Freizügigkeit, Hochschuldiplom-Richtlinie, Niederlassungsfreiheit, Niederlassungsrichtlinie, Rechtsanwaltsdienstleistungsgesetz, Rechtsanwaltsdienstleistungsrichtlinie
Europäische Rechtsanwaltsordnungen Vorb. 1 19 ff.
Europäische wirtschaftliche Interessenvereinigung (EWIV) 59 a 107–109
Europäischer Wirtschaftsraum
siehe Dienstleistungsfreiheit, Eignungsprüfung, Freizügigkeit, Hochschuldiplom-Richtlinie, Niederlassungsfreiheit, Niederlassungsrichtlinie, Rechtsanwaltsdienstleistungsgesetz, Rechtsanwaltsdienstleistungsrichtlinie
Existenzsicherung
durch Lokalisierung
s. Lokalisierung

Fachanwaltsbezeichnung 59 b 33 ff.
Fachanwaltsbezeichnungen 43 c
Bestandsschutz 210
frühere Erlaubnis 210
Rechtsvergleichung **43 c** 17
Rücknahme und Widerruf **43 c** 16
Vergabepraxis **43 c** 1–5
Verleihung **43 c** 15
Voraussetzungen für die Vergabe **43 c** 9–13
Fähigkeit
zur Bekleidung öffentlicher Ämter **7** 9 ff.; **14** 9
s. auch Befähigung
Fälligkeit
von Kammerbeiträgen **89** 7–10
Fahrlässigkeitsdelikte 7 47
Faksimile-Stempel
und Empfangsbekenntnis **229** 3
Festsetzung
der Beiträge **89** 7–10; **190** 8
von Zwangsgeld **57** 15–18
Finnland
Zulassung zur Rechtsanwaltschaft in – **4** 34
Flüchtlinge
Befähigung zum Richteramt **4** 19
und Nachholen der Zulassung **212** 2 f.
Form
des ablehnenden Bescheids der LJV **11** 3
Fortbildungspflicht
berufliche Fehlleistung **43 a** 174
Berufsausübungsfreiheit **43 a** 172
Entstehungsgeschichte **43 a** 166
Haftungsrisiko **43 a** 176
Kontrolle **43 a** 173

Frankreich
Zulassung zur Rechtsanwaltschaft in – **4** 34
Freie Advokatur Vorb. **1** 18
Freie Anwaltswahl 3 23
Freier Beruf 2 8 ff.
und PartG **PartGG 1** 9 ff.
Freier Mitarbeiter 1 50 ff.; **2** 18; **59 a** 93; **59 b** 61
Berufshaftpflichtversicherung **51** 25
Unabhängigkeit des Anwalts **43 a** 17
Freiheitlich demokratische Grundordnung
Bekämpfen der – als Grund der Versagung der Zulassung **7** 53–61
Freistellung
von der Lokalisierung
s. Lokalisierung
Freiwillige Gerichtsbarkeit
als Verfahrensordnung
– bei anwaltsgerichtlichen Verfahren in Zulassungssachen **40** 9 f.
Freizeichnungsklausel 51 a 15
s. auch Berufshaftpflichtversicherung
Freizügigkeit 5
der Arbeitnehmer in der EG **Vorb. 206; 207** 4, 93
Grundsätze des freien Personenverkehrs in der EG **Vorb. 206; 207** 4–93
Fremde Vermögenswerte 59 b 30
Fristen
gegen ablehnenden Bescheid der LJV **11** 5 f.; **16** 13
Gutachten des Kammervorstandes **8** 15 f.
Mitwirkungspflicht des Bewerbers **8 a** 4; **15** 2 f.
Fünfjahresfrist 226 13 f.
Funktionsfähigkeit der Rechtspflege
s. Lokalisierung

Garant 1 27
GATS
s. General Agreement on Trade in Services
GbR-Vorschriften (§§ 705 ff. BGB)
Anwendbarkeit auf die Partnerschaft **PartGG 1** 1
Gebrechen
geistiges **7** 67; **14** 12
körperliches **7** 66; **14** 11
Gebühr
Fälligkeit **194**
gerichtliches Verfahren **202**
Vertreterbestellung **193**
Zulassung **192**
Gebühren
für Zulassungswechsel **33** 30
s. a. Vergütung

1460

magere Zahlen = Randnummern

Sachverzeichnis

Gefährdung
Interesse der Rechtsuchenden **7** 1
der Rechtspflege **7** 1
Gefälligkeitsauskünfte 51 a 21
gegenseitige Unterrichtung 120 a
Geheimhaltungsinteresse
des Zulassungsbewerbers
s. Zulassungsverfahren, Personenbezogene Informationen
Geheimnisträger
s. Verschwiegenheitspflicht
Gehobene Tätigkeit 7 80
Gehörlosigkeit 7 66
Geisteskrankheit
und Geistesschwäche **7** 67; **14** 11 f.
Gemeinsame Berufsausübung
EG-Niederlassungsrichtlinie **Vorb.** 206; 207 58–59
General Agreement on Trade in Services (GATS)
Tätigkeit in anderen GATS-Staaten **29 a** 65–71
Tätigkeit von Anwälten aus GATS-Staaten im Inland **Vorb.** 206, 207 97–113; **206** 18–25; **207**
Umsetzung in den EG-Mitgliedstaaten **29 a** 22–30; **Anh.** 3 a.E.
Generalklausel Berufspflicht
Anschein berufswidrigen Handelns **43** 19
als Auffangstatbestand **43** 5
Auslegungsfähigkeit **43** 17
berufsrechtliche Relevanz **43** 9
Bestimmtheit **43** 18
als Disziplinarvorschrift **43** 3
Entstehungsgeschichte **43** 1
Schlechterfüllung des Mandatsvertrages **43** 15
Strafverteidiger **43** 12
Transformations- und Abschichtungsfunktion **43** 6
unerlaubte Rechtsberatung **43** 13
Versäumnisurteil **43** 14
Gerichtliche Entscheidung
Antrag **8 a** 7; **9** 6–12; **15** 2; **16** 13–19
Einleitung des Verfahrens **122**
Frist für die Stellung des Antrags **8 a** 7; **9** 8; **15** 2; **16** 13
Inhalt des Antrags **8 a** 7; **9** 6; **15** 2; **16** 14
keine Klageerzwingung **122** 2
Verfahrenseinstellung **122** 14
Wirkungen der Rechtskraft **9** 9–11; **11** 8
Wirkungen des Antrags **16** 15–19
Gerichtseinteilung
Änderung der **33 a**
– und Zulassungswechsel
s. Zulassungswechsel

Gerichtsferien
im anwaltsgerichtlichen Verfahren in Zulassungssachen **40** 19
Gerichtskosten
des anwaltsgerichtlichen Verfahrens in Zulassungssachen **40** 42
Gerichtssprache
im anwaltsgerichtlichen Verfahren in Zulassungssachen **40** 19
Gerichtsstand
im anwaltsgerichtlichen Verfahren in Zulassungssachen **40** 12
Geschäftsfähigkeit 7 67
Geschäftsführer
BRAK **185** 3
RAK **63** 7–9
Geschäftsführerkonferenz 63 7
Geschäftsführungsbefugnis
Einzelgeschäftsführung **PartGG 6** 3
Entzug **PartGG 6** 6 ff.
in der PartG **PartGG 6** 3 ff.
kein Ausschluß von der Berufsausübung **PartGG 6** 5
Niederlegung **PartGG 6** 9
vertragliche Regelung **PartGG 6** 4
Vorschriften des HGB **PartGG 6** 10
Geschäftsordnung
Ausfertigung **89** 19–21
Präsidium BRAK **179**
Rechtsanwaltskammer BGH **174**
Rechtsanwaltskammern **89** 17
Vorstand der RAK **63** 1; **64**
Vorstand der RAK BGH **174**
Geschäftswert
gerichtliches Verfahren **202** 2
Geschlossener Katalog 59 b 15
Gesellschafter
der PartG **PartG 1** 4
Unterbeteiligung nicht partnerschaftsfähiger Personen **PartG 1** 4
Gesellschafterwechsel
in der PartG **PartG 1** 14 ff.
Gewerbe 2 2 ff.
Gewissenhaftigkeit 59 b 25
Gewohnheitsrecht
Vorkonstituelles **Vorb. 43** 7
Glaubhaftmachung
im anwaltsgerichtlichen Verfahren in Zulassungssachen **40** 24
Gleichstellung
des EU-Anwalts zum deutschen Rechtsanwalt **RBerG Einl.** 77
Gleichzeitige Zulassung
zum Amts- und Landgericht
s. Lokalisierung, Simultanzulassung
zu einem anderen Landgericht
s. Lokalisierung, Simultanzulassung

1461

Sachverzeichnis

fette Zahlen = §§

Grenzüberschreitender Verkehr 59 b
63
Griechenland
Zulassung zur Rechtsanwaltsschaft in – **4** 34
Gründungsgesellschaft
bei der PartG **PartGG 7** 2
Grundrechtsverwirkung 7 4 ff.; **14** 8
Grundsätze der Menschlichkeit 7 50
Grundsätze der Rechtsstaatlichkeit 7 50
Gutachten
ablehnendes – des Kammervorstandes 9
– gerichtliche Entscheidung **9** 9–12
– gerichtliches Verfahren **9** 6–8
– Verfahrensaussetzung durch die LJV **9** 4 f.
ärztliches – im Widerrufsverfahren **15**
ärztliches – im Zulassungsverfahren **8 a**
des Kammervorstandes im Zulassungsverfahren **8** 6 ff.
des Vorstandes der Rechtsanwaltskammer
– bei der lokalen Zulassung
s. Lokalisierung, Verfahren
– bei der Simultanzulassung **337 a** 20 f.

Härtefall
als Voraussetzung für die Simultanzulassung **227 a** 14 f.
Haftpflichtversicherung
bei der PartGG **PartGG 8** 27 f.
s. Berufshaftpflichtversicherung
Haftsummenbeschränkung
bei der PartGG **PartGG 8** 26 ff.
Rechtsanwälte **PartGG 8** 28
Regelung im PartGG **PartGG 8** 26 f.
Haftung
des beurkundenden Rechtsanwalts **51 b** 9
bei der PartGG **PartGG 8** 1 ff.
der Partner **PartGG 8** 6 ff.
der Partnerschaft **PartGG**
– deliktische **PartGG 8** 3
– vertragliche **PartGG 8** 2
des Rechtsanwalts als Konkursverwalter **51 b** 1, 24
des rechtsberatenden Rechtsanwalts **52 b** 7 f.
des Scheinpartners **PartGG 8** 8
der Sozietät mit Angehörigen anderer Berufsgruppen **51 b** 11
des steuerberatenden Rechtsanwalts **51 b** 11, 34
des wirtschaftsprüfenden Rechtsanwalts **51 b** 11, 34
Haftungsausschluß
Leichte Fahrlässigkeit **51 a** 16
Haftungsbegrenzung
bei der PartGG **PartGG 8** 9 ff.

Haftungsbeschränkung 51 a 10 ff.
AGB **51 a** 44 ff.
– AGB **51 a** 44 ff.
– Annahmeerklärung **51 a** 48
– Einbeziehung **51 a** 46
– Einfache Fahrlässigkeit **51 a** 49
– Haftungsbeschränkung **51 a** 44
– Mindestversicherungssumme **51 a** 52
– Verschulden **51 a** 51
AGB-Gesetz **51 a** 15, 46
Aufklärungspflicht **51 a** 43
Aufklärungspflichten **51 a** 65
Beratungshilfe **51 a** 27
Beweislast **51 a** 42
Billigkeitskontrolle, gerichtliche **51 a** 10
Dienstleistungsrichtlinie **51 a** 74
Dritthaftung **51 a** 32
EG-Verbraucherschutzrichtlinie **51 a** 66
Einzelobjektversicherung **51 a** 54
Formerfordernisse **51 a** 41
Freizeichnungsklausel **51 a** 15
Gefälligkeitsauskünfte **51 a** 21
Individualabrede **51 a** 33
Konkursverwalter **51 a** 25
Leichte Fahrlässigkeit **51 a** 16
Mehrere Anwaltsverträge **51 a** 37
Mindestversicherungssumme **51a** 21, 39, 52
Nachlaßverwalter **51 a** 25
Persönliche Haftung **51 a** 57
Pflichtverteidiger **51 a** 30
Sozietät **51 a** 56
Sozietätsmitglieder, auf **51 a** 55
Standesverstoß **51 a** 13
Stellvertretung **51 a** 35
Testamentsvollstrecker **51 a** 25
Vergleichsverwalter **51 a** 25
Verstoßprinzip **51 a** 55
Vorformulierte Vertragsbedingungen
s. AGB
Zeitpunkt der Begrenzung **51 a** 39
Zustimmung des Mandanten **51 a** 64
Zwangsverwalter **51 a** 25
Haftungskonzentration
allgemeine Geschäftsbedingungen **PartG 8** 21 f.
Form **PartG 8** 20
bei der PartGG **PartGG 8** 12 ff.
Rechtsanwälte **PartGG 8** 23 ff.
verantwortlicher Partner **PartGG**
– Bearbeiterwechsel **PartGG 8** 19
– Bestimmung **PartGG 8** 15 ff.
Handakten 50 1 ff.; **56** 17–19; **59 b** 47 ff.
Aufbewahrungsfrist **50** 3, 8 f.
Bagatellsachen **50** 6
Begriffsbestimmung **50** 20 f.
Beschlagnahme **50** 18
EDV **50** 22

1462

magere Zahlen = Randnummern

Sachverzeichnis

Geldwäschegesetz **50** 23
Herausgaberecht **50** 8
Kammervorstand **50** 4
Konkurs- oder Vergleichsverfahren **50** 17
Paginieren **50** 7
Regreßklagen **50** 5
Vollmachtsurkunde **50** 14
Zurückbehaltungsrecht **50** 11, 13
– Unterhaltstitel **50** 13
– Urkunden **50** 13
Hauptamtlicher Mitarbeiter der Stasi
Rücknahme der Zulassung 3; 8; 9; **RNPG 2**
Hauptverhandlung
gegen abwesenden Rechtsanwalt 134
Herstellung der Öffentlichkeit 135 6, 7
nichtöffentlich 135
Hauptversammlung der BRAK
Beschlüsse 190
Einberufung 189
Nichtigkeit von Wahlen und Beschlüssen 191
Ort 189 3
Protokoll 190 10
Stimmgewichtung und -verhältnis 190
Hemmung
der Verjährungsfrist **51 b** 55 f.
s. auch Verjährung
Hinweispflicht
des Rechtsanwalts auf Verjährung **51 b** 67 f.
s. auch Verjährung
Hochschuldiplomanerkennungsrichtlinie der EU RBerG Einl. 77
Hochschuldiplom-Richtlinie
Inhalt **29 a** 21; **Vorb. 206, 207** 36–48
Umsetzung in den EG-Mitgliedstaaten **29 a** 22–30; **Anh. 3** a. E.
s. Anh. 2
Hochschullehrer 4 12–18
s. auch Professor
Honorar
s. Vergütung

Inkompatibilität
Abgeordnete **7** 119 f.
Berufsrichter und Berufsbeamter **7** 102 f., 107, 117; **14** 16–18
Beurlaubter Richter/Beamter **7** 112, 117
Professoren **7** 113
Richter/Beamter im Ruhestand **7** 109, 117
Soldaten **7** 118
Widerrufsbeamter **7** 111
wissenschaftlich tätige Beamte **7** 113
Inkrafttreten 237
Inländerdiskriminierung Vorb. 206; 207 13–15

durch Lokalisierung
s. Lokalisierung
Innenverhältnis
der PartGG **PartGG 6** 1 ff.
s. auch Geschäftsführungsbefugnis
Inoffizieller Mitarbeiter der Stasi
Rücknahme der Zulassung 3; 8; 9; **RNPG 2**
Insolvenzverwalter
Haftung des Rechtsanwalts als **51 b** 23
Interessenkollisionen 46
in der PartGG **PartGG 6** 2
Interessenkonflikt 7 77 ff.
Interessenschwerpunkte 59 b 37 ff.
Interprofessionelle Sozietät 59 a 64–78
Abgrenzung zur Sozietät **59 a** 98–101
Anwaltsnotar **59 a** 70–72
Briefkopf **59 a** 60
Definition **59 a** 96, 97
Kooperation **59 a** 94–105
multinationale Sozietät **59 a** 74–78
Sozietätsfähige Berufe **59 a** 66, 67
Tätigkeitsverbote **59 a** 73
Irland
Zulassung zur Rechtsanwaltschaft in – **4** 34
Italien
Zulassung zur Rechtsanwaltschaft in – **4** 34

Jahresbericht
Präsident der BRAK 185
Präsident der RAK 81

Kammerbeiträge 83; 84; 89
Kammerbeitrag
erhöhter bei Simultanzulassung 226 19
Kammerrechtsbeistand 65 3; **188** 3; 209
Kammervermögen 73 3; 83; **89** 16
Kammerversammlung
Aufgaben 89
Beschlüsse 88; 90 5–7
Beschlußfähigkeit 88
Einberufung 85
Einberufungsfrist 86 2
Einladung 86
Geschäftsordnung 88 3; 89 17
Ort 85
Persönliche Ausübung des Wahl- und Stimmrechts 88 5
Protokoll 88 10
Tagesordnung 85; 87
Wahlen 64 3–15; 88 7–9
Kanzlei
in anderen Staaten **29 a**
Syndikusanwalt **7** 82
Kanzleiaufgabe
unerlaubte **35** 12 f.
Kanzleibroschüren
s. Werbeverbot

1463

Sachverzeichnis

fette Zahlen = §§

Kanzleieinrichtung
fehlende **27** 5; **35** 23 f.
Kanzleipflicht 59 b 31
Ausländische Anwälte **30** 11 f.; **207** 15
Ausnahmen **29**
– Auflage **29** 4
– Befreiungsgründe **29** 2 f.
– Verfahren **29** 5 f.
Befreiung **29 a** 7–13
Definition **27** 6
EU-Anwälte **30** 11 f.
Freistellung **29**
Praxisschild **27** 5
Telefonanschluß **27** 5
Untervollmachten **30** 23
– Verhältnis zum Rechtsanwalt **30** 24
Zustellungsbevollmächtigter **30** 14 f.
– Allgemeines **30** 5 f.
– Bestellung **30** 14 f.
Kanzleiübernahme
und Rechtsnachfolge in Simultanzulassung **227 a** 33; **227 b** 6
Kanzleiverlegung
und Simultanzulassung **227 a** 12
Kapitalgesellschaft
und PartGG **PartGG 1** 3
Kaufmännische Tätigkeit 7 78 f.
Kausalität
zwischen Hinweispflicht des Rechtsanwalts und Schaden beim Mandanten **51 b** 63 f.
Kenntnisse, besondere 43 c 9–13
Fachgespräch **43 c** 13
praktische **43 c** 11 f.
theoretische **43 c** 10
Kenntnis über Tatsachen
bei der Zulassung von DDR-Juristen ZulassÜprüfG 3
Klopp-Urteil 29 a 3
Klüngeljustiz
s. Lokalisierung
Körperliches Gebrechen 7 66; **14** 11
Körperschaft des öffentlichen Rechts
BRAK **176** 1–2
RAK **62** 3–7
Kollegium der Rechtsanwälte RNPG 1 4 f.
Kommunale Vertretungsverbote 43 a 117
berufsbezogenes Handeln **43 a** 120
Berufsordnung **43 a** 119, 139
Eheliche Lebensgemeinschaft **43 a** 144
Einzelmandat **43 a** 136
gemeinschaftliche Berufsausübung **43 a** 135
Interessengegensatz **43 a** 140
Konkursverwalter **43 a** 122
Sachverhaltsidentität **43 a** 126

Strafsachen **43 a** 142
Syndikusanwalt **43 a** 123
Konkurrenzschutz
s. Lokalisierung
Konkursverwalter 51 a 25
Haftung des Rechtsanwalts als **51 b** 1, 24
Konstitutivwirkung
der Eintragung der PartGG **PartGG 7** 1
Kontaktsperre – Anwalt 49 5
Kosten
anwaltsgerichtliches Verfahren **116** 32; **195**
bei Wahlen und Beschlüssen **200**
in Zulassungssachen **200**
Kostenerinnerung 203
Kostenpflicht
bei Androhung von Zwangsgeld **197 a**
nach Ausscheiden aus Anwaltschaft **197** 4
bei Einstellung **197** 5–8
gerichtliche Entscheidung **201**
bei gerichtlicher Entscheidung über Rüge **197 a**
Teilauferlegung **197** 1–3
Kostentragung der RAK 198
Kreditvermittler
Haftung des Rechtsanwalts als
s. Makler

Landesjustizverwaltung
Entscheidung über den Antrag auf Zulassung zu einem bestimmten Gericht
s. Lokalisierung, Verfahren
Weiterführung der Berufsbezeichnung **17** 10–14
Widerruf und Rücknahme der Zulassung **16** 3
Zulassung zur Rechtsanwaltschaft **8** 1–5
Laufzeit
der Verjährungsfrist **51 b** 54
Lebenswandel
unehrenhafter oder unsittlicher **7** 51
Leitfaden 59 b 17 f.
Liquidation
Liquidatoren **PartGG 10** 2 f.
Nachhaftung **PartGG 10** 5
der PartGG **PartGG 10** 1 ff.
Verteilung des Gesellschaftsvermögens **PartGG 10** 4
Liste der Rechtsanwälte 31
Änderungseintragung **31** 11
Antrag auf gerichtliche Entscheidung **12**; **31**
Berufsausübungsbefugnis **32** 2 f.
Bescheinigung **31** 11
Eintragungsverfahren **31** 4 f.
Erlöschen der Zulassung **34** 6
Löschung **36**

1464

magere Zahlen = Randnummern

Sachverzeichnis

- Antrag auf gerichtliche Entscheidung 36 5
- Voraussetzungen 36 2 f.
Neueintragung 31 11
Oberste Landesgerichte 31 3; 227
Rechtsschutz bei Nichteintragung 31 12
s. auch Versagung der Eintragung
Simultanzulassung 31 4
Versagung der Eintragung 31 12
Zulassungsurkunde 12; 32 2
Zulassungswechsel 31 8
Löschung
in der Liste der Rechtsanwälte 36
Lokalisation
s. Lokalisierung
Lokalisationsgrundsatz
s. Lokalisierung
Lokalisationsprinzip
s. Lokalisierung
Lokalisierung 18 f.
Antrag auf gerichtliche Entscheidung 21
Antrag auf lokale Zulassung 19 7
- Ablehnung 19 8 f.
- EU-Anwalt 19 14
- Normzweck 19 5
- Untätigkeit der LJV 21 11
- Wiederzulassung 19 9
- Zuständigkeit 19 10 f.
Antrag auf Simultanzulassung
s. Simultanzulassung
Auflockerung der Lokalisierung 18 7
Ausnahme von der Lokalisierung
s. Simultanzulassung
- Auswärtige Kammern für Handelssachen 22
- EU-Anwalt 18 10, 22
- Überörtliche Sozietät 18 10
Auswärtige Kammern für Handelssachen 22
Auswärtige Sprechtage 28
Bedeutung der Lokalisierung 18 12
Berufsaufsicht und Lokalisierung 18 12, 19, 24
Definition der Lokalisierung 18 1
Dienstleistender EU-Anwalt 18 10, 21 f.; 19 13 f.
Dienstleistungsfreiheit 18 10, 21 f.
Einführung der 18 8
Entstehungsgeschichte 18 3 f.
EU-Anwalt 18 10, 21 f.
Existenzsicherung 18 17
Freistellung
s. Ausnahme
Für und Wider 18 12
Funktionsfähigkeit der Rechtspflege 18 14; 20 7
Inländerdiskriminierung 18 21 f.

Kanzleipflicht 27
s. auch bei Kanzleipflicht
Klüngeljustiz 18 16
Konkurrenzschutz 18 17
Neue Bundesländer 18 28 f.
örtliche Zulassung 18 1
ordentliche Gerichtsbarkeit 18 1
Postulationsbefugnis 18 9
- Aushändigung der Zulassungsurkunde 12; 32 4
- Eintragung in die Liste der Rechtsanwälte 32 4
Rechtseinheit 18 29
Rechtsvergleichende Hinweise 18 27
Residenzpflicht 27
s. auch Residenzpflicht
Simultanzulassung 23; 24; 226–227 b
- bei Änderung des Amtsgerichtsbezirks 227 a
- bei Änderung des Landgerichtsbezirks 227 b
- Eintragung in die Liste der Rechtsanwälte 31 4
- Kammerzugehörigkeit 227 a 34; 227 b 6
- Rechtsbehelfe 227 a 35; 227 b 6
s. auch Rechtsbehelfe
- Rechtsnachfolge 227 a 33; 227 b 6
- Rücknahme der Simultanzulassung 227 a 26; 227 b 6
- Verlängerung 227 a 27 f.; 227 b 6
- Widerruf der Simultanzulassung 24 8; 227 a 25; 227 b 6
- Zulassung zu Amts- und Landgericht 23
- Zulassung zu einem anderen Landgericht 24
- Zulassung zum Land- und Oberlandesgericht 226
- Zulassung zum Landgericht und Postulationsbefugnis vor den Familiengerichten 23 10 f.
- Zulassung zum Obersten Landes- und zum Oberlandesgericht 227
Singularzulassung
- Allgemeines 17 1
- zum Oberlandesgericht 25
- Rücknahme 34
s. auch Erlöschen
- Widerruf 35
s. auch Erlöschen
Übergangsprobleme 18 28 f.
Überörtliche Sozietät 18 10
Verfahren 19 f.
- Ablehnung des Antrages auf lokale Zulassung
s. Versagung
- Antrag auf gerichtliche Entscheidung 21
- Antrag auf lokale Zulassung 19 7

1465

Sachverzeichnis

fette Zahlen = §§

- Beendigung des Zulassungsverfahrens **21** 10
- Begründungszwang der LJV **21** 7
- Entscheidung durch den AGH **21** 14
- Entscheidung durch die LJV **19** 10
- Gutachten des Vorstandes der RAK **19** 12
- Rechtskraft der gerichtlichen Entscheidung **21** 10
- Rechtsvergleichende Hinweise **19** 13
- Untätigkeit der LJV **21** 11
- Zustellung des Ablehnungsbescheides **21** 7

Verfassungsrechtliche Gesichtspunkte **18** 20 f.

Versagung **20**
- Ablehnung des Antrages **19** 8 f.
- Abstrakte Gefährdung der Rechtspflege **20** 7, 11
- Antrag auf gerichtliche Entscheidung **20** 27; **21**
- Ausnahmen von der **20** 18
- Begründungszwang der LJV **21** 7
- Enger Ermessensspielraum der LJV **20** 5, 9
- Entscheidung durch den AGH **21** 14
- Entscheidung durch die LJV **19** 10
- Normzweck **20** 7
- Rechtsbehelf **21** 8
- Rechtspolitische Aspekte **21** 29, 30
- Rechtsvergleichende Hinweise **20** 28
- Verfassungsrechtliche Gesichtspunkte **20** 8
- Zustellung des Versagungsbescheides **21** 7

Versagungsgründe **20** 9 f.; **226** 16 f.; **227** 3
- Allgemeines **20** 9 f.
- wegen anderweitiger Rechtshängigkeit **19** 9
- Beamter als Zulassungsbewerber **20** 16
- Ehe zu einem Richter **20** 19
- wegen fehlender Mitwirkung **19** 8
- aus formalen Gründen **19** 8, 9
- Fünfjahresfrist **226** 17
- wegen mangelnden Bedürfnisses **20** 2 f., 26
- Richter als Zulassungsbewerber **20** 14
- Schwägerschaft zu einem Richter **20** 21
- Sperrfrist von fünf Jahren für OLG-Anwälte **20** 23
- Verwandschaft zu einem Richter **20** 21

Verzicht auf **18** 6; **22** 15
Wettbewerb unter Anwälten **18** 12
Zulassungswechsel **18** 26; **33**; **33 a**
Zweigstelle im Ausland **18** 15; **29 a**
Lokalisierungsgebot
s. Lokalisierung
Lokalisierungszwang
s. Lokalisierung

Luxemburg
Zulassung zur Rechtsanwaltschaft in – **4** 34

Makler **7** 92
Haftung des Rechtsanwalts als **59 b** 25
Mangelfolgeschaden **51 b** 16
Maßnahme
s. anwaltsgerichtliche Maßnahme
Menschlichkeit
Grundsätze der **7** 50
Mindestversicherungssumme **51 a** 8, 21, 39, 52
Mißbilligende Belehrung **73** 20–23; **74** 8–10
Mitarbeiter **59 b** 57, 61 f.
Mitglieder
BRAK **175** 5
Kammervorstand **63** 2–4
Rechtsanwaltskammer **60** 13–15
Mitglieder des Bundestages **47** 12
Mitteilungen
an die LJV im Zulassungsverfahren **36 a** 9 f.
Mitwirkungspflicht
des Bewerbers im Zulassungsverfahren **6** 6
des Zulassungsbewerbers im anwaltsgerichtlichen Verfahren **40** 5
des Zulassungsbewerbers im Zulassungsverfahren **36 a** 7 f.
Mündliche Verhandlung
im anwaltsgerichtlichen Verfahren in Zulassungssachen **40** 14

Nachhaftung
bei der PartGG **PartGG 10** 5
Nachholen der Zulassung **212**
Nachlaßverwalter **51 a** 25
Haftung des Rechtsanwalts als **59 b** 25
Nachtragsgutachten **8** 13 f.
Name der Partnerschaft **PartGG 2** 1 ff.
Berufsbezeichnung **PartGG 2** 4
Besonderheiten **PartGG 2** 13
Bildung **PartGG 2** 2
Familiennamenänderung **PartGG 2** 8
GbR Umwandlung **PartGG 2** 12
Gesellschafterwechsel **PartGG 2** 10 f.
Namensänderung **PartGG 2** 6
Namensführung **PartGG 2** 7
Namenskontinuität **PartGG 2** 8 ff.
Namenszusätze **PartGG 2** 3
Praxiserwerb **PartGG 2** 9
Rechtsformzusatz **PartGG 2** 3
zusätzliche Angaben **PartGG 2** 5
Neue Anträge
während des Zulassungsverfahrens **6** 7; **11** 6, 8
Neue Bundesländer
s. Lokalisierung
s. Zulassungswechsel

magere Zahlen = Randnummern

Sachverzeichnis

Neueintragung
s. Liste der Rechtsanwälte
Neue Tatsachen 9 10 f.
Niederlande
Zulassung zur Rechtsanwaltschaft in den –
4 34
Niederlassung
in anderen EG-/EWR-Staaten
– unter der Berufsbezeichnung des Aufnahmestaates **29 a** 20–30; **Vorb. 206; 207** 23
– unter dem Heimattitel **29 a** 31–39; **Vorb. 206; 207** 26, 51–52
in anderen GATS-Staaten **29 a** 65–71
von Anwälten aus anderen EG-/EWR-Staaten im Inland **Vorb. 206; 206** 4–17; **207; 207** 4–60
von Anwälten aus GATS-Staaten im Inland **Vorb. 206; 206** 18–25; **207; 207** 97–103
von Anwälten aus sonstigen europäischen Staaten im Inland **Vorb. 206; 206** 18–29; **207; 207** 94–96
von Anwälten aus sonstigen Staaten im Inland **Vorb. 206, 207** 104; **206** 26–29; **207**
im Ausland **29 a**
eines deutschen Rechtsanwalts im Ausland **RBerG Einl.** 89
eines deutschen Rechtsbeistandes im Ausland **RBerG Einl.** 82
in Japan **29 a** 70
eines rechtsberatenden Ausländers in der BRD **RBerG Einl.** 57
in sonstigen europäischen Staaten **29 a** 57–64
in den USA **29 a** 68–69
s. auch Niederlassungsfreiheit, Niederlassungsrichtlinie
Niederlassungsfreiheit
Abgrenzung zur Dienstleistungsfreiheit **Vorb. 206; 207** 86–92
Inhalt **29 a** 17–39; **Vorb. 206; 207** 16–35
Inländerdiskriminierung **Vorb. 206; 207** 13–15
Persönlicher Anwendungsbereich **Vorb. 206; 207** 6–7
Sachlicher Anwendungsbereich **Vorb. 206; 207** 5, 11–12
Wirkung **Vorb. 206; 207** 8–10
s. auch Niederlassungsrichtlinie
Niederlassungsrichtlinie
Entwurf der Europäischen Kommission **29 a** 30–31; **Vorb. 206; 207** 52–59
Entwurf des CCBE **Vorb. 206; 207** 49–51
Niederlassungsrichtlinie der EU für Rechtsanwälte RBerG Einl. 76

Niederlegung
Amt als Mitglied des Kammervorstandes **69**
Amt als Mitglied des Präsidiums der BRAK **182**
Normverstöße
berufsrechtliche Relevanz **43** 9
öffentliches Recht **43** 12
zivilrechtliche Pflichten **43** 15
Notanwalt 48 10 f.; **51 a** 25, 27
Notwendige anwaltl. Prozeßvertretung 3 15

Oberlandesgericht
Vertretung durch ausländische Anwälte **RADG 3** 10–12
Oberstes Landesgericht
Zulassung **227**
Öffentlicher Dienst 7 81; **14** 19; **47** 2 ff.
Angestellte im öffentlichen Dienst **47** 3
Beamter **47** 3
Interessenkollision **47** 9
Kanzleibriefbogen **47** 10
Praxisschilder **47** 10
Richter **47** 3
Öffentliches Amt 47 11
Bundespräsident **47** 12
Mitglied des Bundestages **47** 12
Richter am Bundesverfassungsgericht **47** 13
Wehrbeauftragter **47** 12
Öffentliches Interesse 16 20 f.
im Zulassungsverfahren **36 a** 9 f.
Öffentlichkeit
im anwaltsgerichtlichen Verfahren in Zulassungssachen **40** 16
Öffentlich-rechtliche Streitigkeiten
in Zulassungssachen **37** 6
Örtliche Zulassung
s. Lokalisierung
Österreich
Zulassung zur Rechtsanwaltschaft in – **4** 34
Offizialmaxime
s. Untersuchungsgrundsatz
Ordentliche Gerichtsbarkeit 18 1
Zulassung zur
s. Lokalisierung
Organ der Rechtspflege Vorb. 1 1 ff; **1** 4 ff., 13 ff., 64 ff.
Organisationsfreiheit
für die Anwaltschaft **Anh. 59 a** 1
Organisationsgesellschaften
Abgrenzung zu Berufsausübungsgesellschaften **PartGG 1** 7

Paraphe
und Empfangsbekenntnis **229** 3
Partnerschaftsgesellschaft PartGG
Ausscheiden von Gesellschaftern **PartGG 9**

Sachverzeichnis

fette Zahlen = §§

Definition **PartGG 1** 6
Entstehungsgeschichte **PartGG vor 1** 1–3
fehlerhafte Eintragung **PartGG 7** 3
Freier Beruf **PartGG 1** 9–13
Gegenstand der – **PartGG 3** 6
gemeinsame Berufsausübung **PartGG 1** 6–8
Gesellschafter **PartGG 1** 4 f.
Gesellschafterwechsel **PartGG 1** 14 f.
Gesellschaftszweck **PartGG 1** 2
Gründungsgesellschaft **PartGG 7** 2
IPR **PartGG vor 1** 12 f.
Rechtsanwälte **PartGG vor 1** 10 f.
Rechtsformwechsel **PartGG 1** 2
Rechtsnatur **PartGG 7** 4
Sitz **PartGG 3** 7
Steuerpflicht **PartGG 1** 18
Umwandlungen **7** 6; **PartGG 1** 2 f.
Vertretung **PartGG 7** 5
Partnerschaftsregister PartGG 4
Partnerschaftsregisterverordnung PartGG 4 2
Partnerschaftsvertrag PartGG 3 1 ff.
Form **PartGG 3** 2 ff.
Gegenstand **PartGG 3** 6
Gesellschafterwechsel **PartGG 3** 4
Konstitutivwirkung **PartGG 7** 1 ff.
Nichtigkeit **PartGG 3** 3
Notwendige Bestandteile **PartGG 3** 5 ff.
Sitz **PartGG 3** 7
Wirksamkeit **PartGG 7** 1 ff.
Patentanwalt
Haftung des Rechtsanwalts als **51 b** 1, 27
Personalakten 58
Personenbezogene Informationen
bei Rücknahme und Widerruf der Zulassung nach ZulassÜprüfG **RNPG 12**
im Zulassungsverfahren **36 a** 9 f.
Pfleger
Haftung des Rechtsanwalts als **59 b** 28
Pflichtverletzung 51 b 14 f.
außerberufliches Verhalten **113** 13–15
berufliches Verhalten **113** 11, 12
einheitliche **113** 5–10
Übergangszeit **113** 17
Pflichtversicherung
s. Berufshaftpflichtversicherung
Pflichtverteidiger 49 1 ff.
Entpflichtung **49** 8 f.
Haftungsbeschränkungen **51 a** 30
Vertreter **53** 24
– Vergütung **53** 24
Portugal
Zulassung zur Rechtsanwaltschaft in – **4** 34
Postulationsbefugnis
Beschränkung **23** 10 f.; **227 b** 7
s. Lokalisierung

bei Erlöschen der Zulassung **34** 6
vor den Familiengerichten **23** 10 f.
bei Simultanzulassung zu Oberstem Landesgericht und Oberlandesgericht **227** 6 f.
bei Zulassungswechsel **33 a** 11
Postulationsfähigkeit
s. Postulationsbefugnis
Präsident der BRAK
Aufgaben **185**; **189**; **190**
Berichte **185**
Wahlen **180**
Präsident der RAK
Aufgaben **80**; **81**; **85**; **86**
Berichte **81**
Gutachten **73** 41–43
Sitzungen des Vorstandes **70** 2–5; **71** 5–8
Vertretung **80**
Präsidentenkonferenz 179 1
Präsidium der BRAK
Aufgaben **179** 3
Geschäftsordnung **179** 4
Wahlen **180**; **191**
Zusammensetzung **179**
Präsidium der RAK 78
Praxisschild
als zwingende Voraussetzung einer Kanzlei **27** 5
Preiswerbung 59 b 44
Professor
Befähigung zum Richteramt **4** 12–18
Führung des Titels **12** 8
Zulassung als RA **7** 93, 113–115
Protokoll
Beschlüsse der Hauptversammlung der BRAK **190** 10
Sitzungen des Kammervorstandes **72** 15–19
über Vereidigung
s. Vereidigung
Versammlung der Kammer **88** 10
Wahlausschuß **165** 6
Protokollführer
Anwaltsgericht **140**
Schriftführer der RAK **78**; **82**; **88** 10
Vizepräsident der BRAK als Schriftführer **190**
Prozeßagent
Zulassung eines ausländischen Anwalts als **RBerG Einl.** 78
Prozeßfähigkeit 14 12; **16** 1
Prozeßkostenhilfe 59 b 47 ff.
bei anwaltsgerichtlichen Verfahren in Zulassungssachen **40** 39
Prozeßvertretung
Anwaltsvertrag **48** 6
Beiordnung **48** 6, 13
Tätigkeitsverbote **48** 13
Übernahmepflicht **47** 5 ff.

1468

magere Zahlen = Randnummern

Sachverzeichnis

Rauschgiftabhängigkeit 7 68
Rechnungslegung 89 16; **186** 2
Rechtliches Gehör 3 18; **16** 6
Rechtsanwalt
Befähigung zum Richteramt
s. dort
Berufshaftpflichtversicherung
s. dort
Eignungsprüfung **4** 28 f.
Fachanwalt **43 c**
Führung der Berufsbezeichnung
s. Berufsbezeichnung
Schulden **7** 95–101
Syndikusanwalt
s. dort
Titel **12** 8–11
Urkunde über die Zulassung **12**
Rechtsanwaltschaft
der DDR **ZulassÜprüfG 1** 4 f.
Rechtsanwaltschaft beim BGH
Abwickler **173**
Allgemeiner Vertreter **173**
Ausschließlichkeit der Zulassung **171**
Beschränkung des Auftretens **172**
Entscheidung über die Zulassung **170**
Entstehungsgeschichte **162** 1–3
Sozietäten **172 a**
Verfassungsmäßigkeit des Zulassungsverfahrens **168** 8–13
Voraussetzungen für die Zulassung **164**
Vorschlagliste **166**
Wahlausschuß **164–169**
Zulassung **170**
Rechtsanwaltsdienstleistungsgesetz (RADG)
Änderung **RADG Vorb.**
Anwaltsgerichtsbarkeit **RADG 7–9**
Anwendungsbereich **RADG 1**
Aufsicht **RADG 6**
Berufsbezeichnung der Dienstleistungserbringers **RADG 2** 1–2
Einvernehmen **RADG 4**
Lokalisationsprinzip **RADG 3** 7–8
Nachweis der Anwaltseigenschaft **RADG 2** 3
Rechte und Pflichten des Dienstleistungserbringers **RADG 3**; **RADG 4**
Syndikusanwalt **RADG 1** 5
Zustellungen **RADG 5**
s. Nr. 5
Rechtsanwaltsdienstleistungs-Richtlinie
Inhalt **29 a** 42–47; **Vorb. 206; 207** 68–82
Umsetzung in den Mitgliedstaaten **29 a** 48–55; **Anh. 3** a.E.
s. Anh. 1

Rechtsanwaltskammer
ausländische Anwälte **206; 207**
Bestehenbleiben **215**
Entstehung und Untergang **60** 2–6; **215**
Entwicklung des Kammerwesens **Vorb. vor 60** 4–6
Funktionsbereich **73** 3; **89**
Geschäftsführer **63** 7–9
im Dritten Reich **Vorb. vor 60** 7–11
Mitgliedschaft **60** 13–15
Organe der Kammer **63; 78; 89**
Organisationsform **60** 1; **62** 2–7
Rechtliche Stellung **62** 4
Sitz **60** 16; **215**
Staatsaufsicht **62** 8–13
Verband zur Förderung gewerblicher Interessen **73** 13
Verleihung der Fachanwaltsbezeichnung **43 c** 15
Weitere Rechtsanwaltskammer **61**
Wiederaufbau des Kammerwesens nach 1945 **Vorb. 60** 12–18
Zusammensetzung **60** 7–12
s. auch Gutachten
Rechtsbehelf 8 a 7; **9** 6–12; **10** 9; **11** 5–13; **15** 2; **16** 13–19; **17** 11, 14
gegen Fristversäumnis bei Antrag auf gerichtliche Entscheidung in Zulassungssachen
s. Antrag auf gerichtliche Entscheidung in Zulassungssachen
gegen Versagung der Eintragung in die Liste der Rechtsanwälte
s. Liste der Rechtsanwälte
gegen Versagung der lokalen Zulassung
s. Lokalisierung, Versagung
gegen Verwaltungsakte **223**
– Abgrenzungsfragen **223** 8 f.
– Subsidiarität **223** 7
Wiederaufnahme des anwaltsgerichtlichen Verfahrens in Zulassungssachen **40** 38
Rechtsbeistände 60 7; **65** 3; **188** 3; **209**
Rechtsbeistand
ausländischer im Inland **RBerG Einl.** 51 f.
deutscher im Ausland **RBerG Einl.** 81 f.
EU-Rechtsbeistand im Inland **RBerG Einl.** 64 f.
Rechtsberatung
grenzüberschreitende **RBerG Einl.** 48 f.
Rechtsberatungsgesetz 3 11–15, 22; **209** 1–6
Zulassung ausländischer Anwälte **206** 2, 5, 22–23
s. RBerG
Rechtsbesorgung
s. Rechtsberatung

1469

Sachverzeichnis

fette Zahlen = §§

Rechtseinheit
s. Lokalisierung
Rechtsformhinweis
bei der PartGG **PartGG 11**
Rechtshilfe 99
Rechtskraft 10 11; **11** 8
des anwaltsgerichtlichen Urteils in Zulassungssachen **40** 40
des Beschlusses der Beschwerdeinstanz bei sofortiger Beschwerde **42** 22
Rechtskraftzeugnis
in bezug auf anwaltsgerichtliches Urteil in Zulassungssachen **40** 40
Rechtsmittelbelehrung 8 a 6
Rechtsnachfolge
der Reichs-Rechtsanwaltskammer **233**
Rechtspflege 1 69 ff.
Rechtsrat
s. Rechtsberatung
Rechtsschutz 223
s. auch im übrigen Rechtsbehelfe
Rechtsstaatlichkeit
Grundsätze der **7** 50
Rechtsuchende
Gefährdung der – **7** 1
Referendare 59
Regelungszwang 59 b 21 f.
Registergericht
Prüfung des – bei der PartGG **PartGG 5** 3
Registerpublizität
bei der PartGG **PartGG 5** 7
Regreß
s. Schadensersatzanspruch
Reisekosten 75; 89 15
Residenzpflicht
Allgemeines **27** 2
Befreiung **213**
Revision 145
Anwendbarkeit der StPO **116** 27
Einlegung **146** 1–3
keine Sprungrevision **143** 16
Nichtzulassungsbeschwerde **145** 9–12
Revisionsbegründung **146** 4, 5
Verfahren **146** 6, 7
Zulässigkeit **145** 3–8
Richter
Versagung der lokalen Zulassung
s. Lokalisierung, Versagungsgründe
Versagungsgrund für die Zulassung **7** 102 ff., 117
Widerrufsgrund für die Zulassung **14** 16–18
s. öffentlicher Dienst
Richtlinien 59 b 1 ff., 7 ff.
der EG
siehe Hochschuldiplom-Richtlinie, Niederlassungsrichtlinie, Rechtsanwaltsdienstleistungs-Richtlinie

Rücknahme
Folgen **17**
gerichtliche Überprüfung der – **16** 13–19
sofortige Vollziehung der -entscheidung **16** 20–23
Verfahren **16** 3–12
der Zulassung **14**
Rückständige Beiträge 84
Rüge
Abgabe an StA **74** 44
Allgemeine Grundsätze **74** 6–10
Antrag auf ehrengerichtliche Entscheidung **74** a
und anwaltsgerichtliche Maßnahme **115 a**
Aufsichtsverfahren **73** 32–36
Aussetzung **74** 42
Beschränkung der Aufklärungsmöglichkeiten **74** 12
Einspruch **74** 46–49
Einstellung **74** 21–27
Form der Mitteilung **74** 39
Mitteilung der Entscheidung **30–38; 74**
Rechtliches Gehör **74** 14
Rechtsmittelbelehrung **74** 32
Verhältnis zur Belehrung **74** 6–9
Verhältnis zur ehrengerichtlichen Maßnahme **74** 4–5
Ruhen des Verfahrens
im anwaltsgerichtlichen Verfahren in Zulassungssachen **40** 23
Ruhestandsbeamte/-richter 7 109 f., 117

Sachlichkeit 59 b 28
Sachlichkeitspflicht
Aufklärungspflicht **43 a** 92
aussichtsloses Rechtsmittel **43 a** 95
Beleidigung **43 a** 85
Berufsausübungsfreiheit **43 a** 78
Berufsordnung **43 a** 83
Bundesverfassungsgericht **43 a** 76 ff.
Entstehungsgeschichte **43 a** 71
Herabsetzende Äußerung **43 a** 101
als Kennzeichen professioneller Arbeit **43 a** 74
Meinungsfreiheit **43 a** 79
Schweigen **43 a** 93
Verbot der Lüge **43 a** 87 ff.
Verfahrensrüge **43 a** 96
Verteidigung des schuldigen Angeklagten **43 a** 98
Wahrheitspflicht in eigener Sache **43 a** 100
Wahrnehmung berechtigter Interessen **43 a** 86
Satzung
BRAK **175** 7–9; **190; 191**
RAK **73** 5–6; **80; 89** 17

magere Zahlen = Randnummern

Sachverzeichnis

Satzungsversammlung Vorb. 43 2; 191 a–191 e
Abstimmung 191 d 8–15
Anfechtung 191 b 4, 12; 191 e 9–16
Aufgaben 191 a 2–6, 11 f.
Aufhebung von Beschlüssen 191 e 2–8
Beschlußfassung 191 d 8–15
Briefwahl 191 b 14 f.
Einberufung 191 c 2–8
Geschäftsordnung 191 a 13–15
Inkrafttreten 191 d 22
Mitgliederzahl 191 a 16 f.; 191 b 4
Mitgliedschaft 191 b 18–23
Protokoll 191 d 16–18
Rechtsschutz 191 e 17 f.
Satzungskompetenz 191 a 11 f.
Stellung der Satzungsversammlung 191 a 7–9
Stimmrecht 191 d 10
Tagesordnung 191 c 5–7
Verfassungsmäßigkeit 191 a 10
Verlauf der Versammlung 191 d 4–7
Veröffentlichung 191 d 19–21
Versammlungsleitung 191 d 2–15
Wählbarkeit 191 b 6
Wahl 191 b 5–16
Wahlberechtigung 191 b 5
Wahlordnung 191 b 7–9
Wahlverfahren 191 b 10
Wahlvorschläge 191 b 10
Schadensersatzanspruch gegen Rechtsanwalt
primärer 51 b 36 f.
– Allgemeines 51 b 36
– Verjährung 51 b 37 f.
sekundärer 51 b 65 f.
– Durchsetzbarkeit 51 b 78 f.
– Hinweispflicht 51 b 67 f.
– Kausalität 51 b 73 f.
– Reichweite 51 b 79 f.
– Verjährung 51 b 78 f.
tertiärer 59 b 86 f.
Schatzmeister
BRAK 179; 186
RAK 78 6; 83
Schwäche
der geistigen Kräfte 7 67
Schwägerschaft
Versagung der lokalen Zulassung
s. Lokalisierung, Versagungsgründe
Schweden
Zulassung zur Rechtsanwaltschaft in – 4 34
Schweiz
Zulassung zur Rechtsanwaltschaft in der- 4 34
Schwerhörigkeit 7 66
Schwerpunkt der Tätigkeit
und Haftung des Rechtsanwalts 51 b 7 f.

Selbstbestimmung des Einzelnen 1 24
Selbstreinigungsverfahren 123
Kostenentscheidung 196
Simultanzulassung
s. Lokalisierung
Singularzulassung
s. Lokalisierung
Sitz
BRAK 175 6
RAK 60 16–17
Sitzungen
Präsidium der BRAK 179 4
Vorstand der RAK 70
Wahlausschuß 165 3–5
Sitzungspolizei
im anwaltsgerichtlichen Verfahren in Zulassungssachen 40 19
Sofortige Beschwerde
anwaltsgerichtliches Verfahren 142 5, 6
s. Beschwerde
Sofortige Vollziehung
Anordnung der – 16 20–23
Soldaten
Versagungsgrund für die Zulassung 7 102 ff., 118
Widerrufsgrund für die Zulassung 14 16–18
Sorgfalt beim Geldverkehr
Anvertraute Werte 43 a 158
Aufrechnung 43 a 162
Berufsausübungsfreiheit 43 a 155
Entstehungsgeschichte 43 a 150
Fremdgelder 43 a 161
Sozialversicherung
und Niederlassungsfreiheit 29 a 18
Sozietät 59 a 1–78
Anwaltsnotar 59 a 21–23, 70–72
ausländische Rechtsanwälte 59 a 53
Ausscheiden aus der Sozietät 59 a 29
Außensozietät 59 a 17
Beiordnung 59 a 34
Definition 59 a 41–43
Eintritt neuer Mitglieder 59 a 28
Entgegennahme von Aufträgen 59 a 26
gemeinsame Berufsausübung 59 a 25
Gesamtschuldnerhaftung 51 a 4
gesamtschuldnerische Haftung 59 a 35–39
Haftpflichtversicherung 51 59
Haftung 51 b 11
Haftungsbeschränkung 51 a 56 ff.
Haftungsbeschränkung auf Mitglieder 51 a 55 ff.
interprofessionelle Sozietät 59 a 64–78
intraurbane Sozietät 59 a 49
irreführende Werbung 59 a 58–62
Kammerrechtsbeistand 59 a 24
„Klassische" Anwaltssozietät 59 a 17–40
Mischsozietät 59 a 50–52

1471

Sachverzeichnis

fette Zahlen = §§

multinationale Sozietät **59 a** 53
Name **59 a** 19
Persönliche Haftung **51 a** 57
Pflichtverteidigung **59 a** 34
Scheinsozietät **59 a** 17
Sozietätsfähige Berufe **59 a** 20, 66, 67
Tätigkeitsverbote **59 a** 22, 40, 73
Tod des Sozius **55** 3 ff.
überörtliche Sozietät **59 a** 41–63
Vertreter **53** 11
Wahlverteidigungen **59 a** 31, 32
Zustimmung des Mandanten **51 a** 64
Spanien
Zulassung zur Rechtsanwaltschaft in – **4** 34
Sperrfrist
bei der OLG-Zulassung
s. Lokalisierung, Versagungsgründe
Spielsucht 7 68
Staatlich gebundener Beruf 1 26
Staatsanwaltschaft
Anschuldigungsmonopol **120** 2, 3
Anwaltsgerichtshof **144**
Bundesgerichtshof **147**
örtliche Zuständigkeit **120** 4, 5
Staatsaufsicht
über BRAK **176**
über RAK **62** 8–13
über RAK beim BGH **174** 2
Staatssicherheitsdienst
Rücknahme der Zulassung hauptamtlicher Mitarbeiter **3; RNPG** 2
Standesregeln
des CCBE
s. Anh. 4
Standesrichtlinien Vorb. 43
Übergangsfrist **Vorb. 43** 4
Stasi-Unterlagen 8; 9; RNPG 4
Stellvertretung
s. Vertreter
Steuerberater
Bezeichnung des RA als – **12** 8–11
Haftung des Rechtsanwalts als **51 b** 8, 29
Steuerpflicht
der PartGG **PartGG 1** 18
Strafgerichtliche Verurteilung 7 47–49
Straftaten 7 47–49
Streitigkeiten
zwischen Kollegen **73** 26–28
mit Mandanten **73** 29–31
Subsidiarität
des anwaltsgerichtlichen Verfahrens nach § 223 **223** 7
Sucht 7 68
Syndikusanwalt
Anschlußtätigkeiten **46** 34
anwaltsgerichtliche Maßnahmen **46** 30
Begriff **46** 1

Beiordnung **46** 33
Berufshaftpflichtversicherung **51** 25
Doppelberufstheorie **46** 11 f.
Entstehungsgeschichte **46** 2–4
Erstreckung des Tätigkeitsverbots auf Dritte **46** 37–39
fehlende freiberufliche Tätigkeit **46** 13–15
forensische Tätigkeit **46** 18, 23–26
internationaler Vergleich **46** 42
Kommunales Vertretungsverbot **43 a** 123
nichtanwaltliche Tätigkeit **46** 23 f.
Postulationsfähigkeit **46** 31
Rechtsfolgen des Tätigkeitsverbots **46** 30–32
rechtspolitische Aspekte **46** 40 f.
Rechtsvergleichung **46** 43
Scheinsyndici **46** 35
ständiges Dienstverhältnis **46** 20
Tätigkeit für Dritte **46** 27–29
Tätigkeitsverbot **45** 35
Tätigwerden vor Gericht **46** 21 f.
Unzulässige Bindung **43 a** 10
verbundene Unternehmen **46** 28
Verfassungsrecht **46** 5–10
– Berufsausübungsregelung **46** 5
– Verfassungskonforme Auslegung **46** 9
– Verhältnismäßigkeit **46** 8
vorübergehende Tätigkeit ausländischer Syndici im Inland **Vorb. 206; 207** 82; **RADG 1** 5
vorübergehende Tätigkeit im Ausland **29 a** 18; **Vorb. 206; 207** 82
Zulassung als RA **7** 82
Zurückweisung vor Gericht **46** 32

Tätigkeitsschwerpunkte 59 b 44
Tätigkeitsverbote
anwaltliche Verfassung **45** 36
dieselbe Angelegenheit **45** 25
Entstehungsgeschichte **45** 1
gemeinschaftliche Berufsausübung **45** 39
Interessenkollision **45** 8, 37
Konkursverwalter **45** 23
Notartätigkeit **45** 13
Notarsurkunde **45** 19
Prozessuale Folgen **45** 43
Syndikusanwalt **45** 35
Verfassungsrecht **45** 5
Wahrnehmung eigener Rechte **45** 30
Zivilrechtliche Folgen **45** 42
Zweitberuf **45** 10
zweitberufliche Vorbefassung **45** 26
Tagesordnung
Kammerversammlung **85** 3–4; **87**
Sitzung des Kammervorstandes **70** 1; **72** 7
Wahlausschuß **165**
Taubheit 7 66

magere Zahlen = Randnummern

Sachverzeichnis

Telebrief
beim Antrag auf gerichtliche Entscheidung in Zulassungssachen **37** 17
Telefax
beim Antrag auf gerichtliche Entscheidung in Zulassungssachen **37** 17
Telefonanschluß
als zwingende Voraussetzung einer Kanzlei **27** 5
Testamentsvollstrecker 51 a 25
Haftung des Rechtsanwalts als **59 b** 30
Tilgung 205 a
Bundeszentralregister **205 a** 12–14
Fristen **205 a** 4, 5
Hemmung **205 a** 6–10
Titularanwalt 51 25
Tod des Rechtsanwalts 54 1 ff.; **55** 1 f.
Abwickler **55** 3 ff.
Einzelanwalt **55** 3
s. auch Abwickler
Treuhänder
Haftung des Rechtsanwalts als **59 b** 31
Trunksucht 7 68

Übergangsvorschriften PartGG 11
für Rechtsanwälte bei Änderung des Amtsgerichtsbezirks **227 a**
für Rechtsanwälte bei Änderung des Landgerichtsbezirks **227 b**
Übernahme
von DDR-Juristen
s. RNPG, Zulassung
Überörtliche Anwaltssozietät
ausländische Rechtsanwälte **59 a** 53
Briefkopf **59 a** 58–62
doppelstöckige Sozietät **59 a** 47
Entstehungsgeschichte **59 a** 1–7
Gründungsformen **59 a** 44–47
irreführende Werbung **59 a** 58–62
Kriterien **59 a** 41–43
s. auch Sozietät
Überörtliche Sozietät
Umgehung der Lokalisierung durch
s. Lokalisierung
Übertragung
eines Partnerschaftsanteils **PartGG** 9 28
Umwandlungen
bei der Partnerschaft **7** 6; **PartGG** 1 2 f.
Unabhängigkeit Vorb. 1 1 ff.; **1** 8, 25, 35 ff.; **3** 16; **59 b** 26
in der PartGG **PartGG 6** 2
Unabhängigkeit des Rechtsanwalts
Anwalt als Arbeitgeber **43 a** 14
Berufsausübungsfreiheit **43 a** 7
Bindungen tatsächlicher Art **43 a** 22
Dienstverträge **43 a** 8
Entstehungsgeschichte **43 a** 1

freier Mitarbeiter **43 a** 17
Kanzleiangestellte **43 a** 18
Mandant **43 a** 20
Syndikusanwalt **43 a** 10
wirtschaftliche Abhängigkeit **43 a** 5
Unbefugte Führung der Berufsbezeichnung 12 8–11; 17
Unerlaubte Kanzleiaufgabe 35 12 f.
Unfähigkeit zur Berufsausübung 7 62–68
Ungültigkeit
von Stimmzetteln **64** 11; **72** 10–12; **88** 8
von Wahlen **69** 6; **90**; **191**
Universitätsangestellte 7 93
Unlauterer Wettbewerb 43 b 57 f.
Untätigkeit
der LJV beim Antrag auf lokale Zulassung
s. Lokalisierung, Antrag
Untätigkeitsklage
im Zulassungsverfahren **11** 9–13
Unterbrechung
im anwaltsgerichtlichen Verfahren in Zulassungssachen **40** 22
des anwaltsgerichtlichen Verfahrens **34** 6
der Verjährung von Schadensersatzansprüchen **51 b** 55 f.
Unternehmensjurist
s. Syndikusanwalt
Unterschriftsersatz
und Empfangsbekenntnis **229** 3
Untersuchungsgrundsatz
im anwaltsgerichtlichen Verfahren in Zulassungssachen **40** 3
im Zulassungsverfahren **36 a** 4 f.
Untervollmacht
durch Zustellungsbevollmächtigten **30** 14 f.
Unvereinbare Tätigkeiten 7 69 ff., 92 f.; **14** 26–28
Unwürdiges Verhalten 7 32 ff.; **14** 7
Unwürdigkeit des Rechtsanwalts
nach dem RNPG **RNPG 1** 35 f.
Unzumutbare Härte 14 28 f.
Urkunden
im Zulassungsverfahren **12** 1–6
Urkundsdelikte 7 48
Urteil
Anwendbarkeit der StPO **116** 22
Einstellung **139** 8–15
Freispruch **139** 6
Verhängung einer Maßnahme **139** 7
Verkündung **139** 4
Vorrang des Freispruchs **139** 10

Veränderung der Sachlage
während des gerichtlichen Verfahrens **8** 13 f.
Verbandsjuristen 7 82, 93

1473

Sachverzeichnis

fette Zahlen = §§

Verbindung mehrerer Streitigkeiten
im anwaltsgerichtlichen Verfahren in Zulassungssachen **40** 20
Vereidigung 26
Beteuerungsformel **26** 6
Erste Zulassung **26** 4
Protokoll **26** 7
Vererbung
einer Partnerschaftsbeteiligung **PartGG 9** 26 f.
Verfahren
bei Rücknahme/Widerruf der Zulassung **16**
der Zulassung zu einem bestimmten Gericht
s. Lokalisierung
Verfahrensgrundsätze
im anwaltsgerichtlichen Verfahren in Zulassungssachen **40** 9 f.
im Verfahren bei sofortiger Beschwerde gegen Urteile in Zulassungssachen **42** 19
Verfahrensordnung
s. Verfahrensgrundsätze
Verfassungsfeindlichkeit 7 6
Verfassungsfragen
Antragserfordernis im Zulassungsverfahren **6** 3 f.
Berufszugangsregelung **4** 6 f.
Fachanwaltsbezeichnungen **43 c** 6 f.
Rücknahme/Widerruf der Zulassung **14** 2 f.
Syndikusanwalt **46** 5–10
Versagungsgründe der Zulassung
– Ausschluß aus der Rechtsanwaltschaft **7** 20 f.
– Entlassung oder Entfernung aus dem Dienst in der Rechtspflege **7** 27
– Grundrechtsverwirkung **7** 7
– Richter/Beamter/Soldat **7** 105 f.
– Unfähigkeit zur Berufsausübung **7** 64 f.
– Unvereinbare Tätigkeit **7** 72–74
– Unwürdiges Verhalten **7** 34 f.
Widerrufsgründe
– Richter/Beamter/Soldat **14** 17
– Unvereinbare Tätigkeit **14** 27
Zwang zur ärztlichen Untersuchung im Zulassungsverfahren **8 a** 3
Verfolgungsverjährung
nach RAG **115** 16–18
Ruhen **115** 5–9
Unterbrechung **115** 10–14
Verjährungsbeginn **115** 3, 4
Verjährungsfrist **115** 2
Verfügungen
im anwaltsgerichtlichen Verfahren in Zulassungssachen **40** 28
Verfügungsbeschränkung 7 95–101; **14** 22–24

Vergleichsverwalter 51 a 25
Haftung des Rechtsanwalts als **59 b** 32
Vergütung 49 b
Abtretung **49 b** 36–40
Erfolgshonorar **49 b** 14–23
Gebührenteilung **49 b** 28–31
Gebührenunterschreitung **49 b** 5–13
Palmarium **49 b** 16, 17
Pfändung **49 b** 41
Quota Litis **49 b** 18
Verhaftung
Verbot **116** 13; **117**
Verjährung
des primären Schadensersatzanspruchs des Mandanten gegen den Rechtsanwalt **51 b** 36 f.
– Einreder der Verjährung **51 b** 62 f.
– Hemmung der Verjährungsfrist **51 b** 55 f.
– Laufzeit der Verjährungsfrist **51 b** 54
– Unterbrechung der Verjährung **51 b** 55 f.
– Verjährungsbeginn **51 b** 37 f.
– Verkürzung der Verjährungsfrist **51 b** 58 f.
– Verlängerung der Verjährungsfrist **51 b** 61 f.
– Verzicht auf die Einrede der Verjährung **51 b** 62 f.
des sekundären Schadensersatzanspruchs des Mandanten gegen den Rechtsanwalt **51 b** 78 f.
s. Verfolgungsverjährung
Verkürzung
der Verjährungsfrist **51 b** 58 f.
Verlängerung
der Simultanzulassung nach § 227 a **227 a** 27 f.
der Verjährungsfrist **51 b** 61 f.
Verletzung
vertraglicher Pflichten **51 b** 14 f.
von Hinweispflichten des Rechtsanwalts auf Verjährung **51 b** 69 f.
Verletzung rechtlichen Gehörs
bei anwaltsgerichtlichen Verfahren in Zulassungssachen **40** 6
Vermittlung
durch den Kammervorstand **73** 25–27
Vermögen
Beschränkung der Verfügung über das – **7** 98 ff.; **14** 21
Vermögensdelikte 7 48
Vermögensverfall 7 95 ff.; **14** 22–24
Versagung
Ausschluß aus der Rechtsanwaltschaft **7** 17 ff.
Bekämpfen der freiheitlich-demokratischen Grundordnung **7** 53 ff.
Entlassung/Entfernung aus dem Dienst in der Rechtspflege **7** 24 ff.

magere Zahlen = Randnummern   **Sachverzeichnis**

Richter/Beamter/Soldat 7 102 ff.
Unfähigkeit zur Berufsausübung 7 62 ff.
der Zulassung 6 6 ff.; 7
Versagung der Berufstätigkeit 59 b 45
Versagungsgründe
bei der lokalen Zulassung
s. Lokalisierung
bei der Simultanzulassung
s. Simultanzulassung
beim Zulassungswechsel
s. Zulassungswechsel
Versammlung der RAK
Antrag auf Einberufung 85
Aufgaben 89
Beschlüsse 88; 90 5–7
Beschlußfähigkeit 88
Einberufung 85; 86; 87
Einberufungsfrist 86 2
Einladung 86
Geschäftsordnung 89 17–22
Nichtigkeit von Beschlüssen 90; 91
Persönliche Anwesenheit 88 5
Protokoll 88 10
Tagesordnung 85 3–4; 87
Ungültigkeit von Wahlen 69 6; 90
Wahlen 88; 89 6; 90
Verschmelzung
auf eine PartGG **PartGG 1** 3
Verschwiegenheit 59 b 27
Verschwiegenheitspflicht 43 a 25; **56** 23
Abtretung der Honorarforderung **43 a** 62
Abwehr öffentlicher Angriffe **43 a** 70
Abwehr von Schadensersatzforderung **43 a** 65
angeklagter Anwalt **43 a** 66
Anzeigepflicht **43 a** 55
bedeutungslose Tatsachen **43 a** 40
berufsrechtliches Verfahren **43 a** 68
Beschlagnahmeverbot **43 a** 59
Betriebsprüfung **43 a** 59
Dauer **43 a** 41
Eidesstattliche Versicherung **43 a** 61
Einsichts- und Urteilsfähigkeit **43 a** 47
Entbindung von Schweigepflicht **43 a** 47
Geheimnisträger **43 a** 49
in der PartGG **PartGG 6** 2
juristische Person **43 a** 50
Kanzleimitarbeiter **43 a** 42
Kenntniserlangung **43 a** 33
Klage auf Honorarzahlung **43 a** 64
konkludente Einwilligung **43 a** 48
Konkurs **43 a** 51
offenkundige Tatsachen **43 a** 37
Präsidium der BRAK 184
privates Wissen **43 a** 36
Schweigerecht **43 a** 29
Tod des Mandanten **43 a** 52

Umfang **43 a** 33
verfassungsrechtliche Grenzen **43 a** 30
vertrauliche Information **43 a** 43
Vorstand der RAK 76
Vorwissen **43 a** 45
wissenschaftliche Publikation **43 a** 46
Zeugnisverweigerungsrecht **43 a** 57
Versicherung
s. Haftpflichtversicherung
Versicherungsfall 51 a 23
s. auch Berufshaftpflichtversicherung
Versicherungsunternehmen
s. Berufshaftpflichtversicherung
Versorgungswerk
Zwangsmitgliedschaft **29 a** 19
Versorgungswerke 177 10
Verstoßprinzip 51 a 53
Vertragsverletzung 51 b 14 f.
Vertreter 53 1 ff.
Abwickler **53** 7
Anwaltskammer als Bürge **53** 30
Anwaltszwang **53** 5
Auskunftsanspruch **53** 27
Befugnisse **53** 22 ff.
Bestellung **53** 10
– Widerruf **53** 25
Betreuer **53** 23
Bürge, Anwaltskammer als **53** 30
Haftung des Vertretenen **53** 32
Haftung des Vertreters **53** 32
Herausgabeanspruch **53** 27
Kanzleipost **53** 28
Lokalisierungsgebot **53** 11
Mitteilungspflicht **53** 21
Notwendige Vertretung **53** 5
öffentlicher Dienst **47** 8
Organ der Rechtspflege **53** 4
Pflichtverteidigermandate **53** 24
Postulationsfähigkeit **53** 22
Prozeßkostenhilfemandate **53** 24
Referendare **53** 12
Tod des Vertretenen **54** 1 ff.
Überörtliche Sozietät **53** 11
Vergütungsanspruch **53** 27, 29, 31
Verhinderung **53** 5
Vertretungspflicht **53** 20
Vertretungsverbot **53** 6, 16
von Amts wegen **53** 19
Vormund **53** 23
Widerruf der Bestellung **53** 25
Zweigstellenverbot **53** 11
Vertretung
des Mandanten im Prozeß
s. Postulationsbefugnis
der PartGG **PartGG 7** 5
Vertretungsbefugnis
s. Postulationsbefugnis

1475

Sachverzeichnis

fette Zahlen = §§

Vertretungsbeschränkung
s. Postulationsbefugnis, Beschränkung
Vertretungsverbot
Verstoß **114 a** 5, 6
Voraussetzungen **161 a** 2, 3
Wirkung **114 a**; **161 a** 5
Zurückweisung **114 a** 7
s. a. Berufsverbot
s. Vertreter
Vertriebene
Befähigung zum Richteramt **4** 19
und Nachholen der Zulassung **212** 2 f.
Veruntreuung 51 66
Verwaltungsakt
der LJV
Ablehnung der Erteilung/Widerruf der Erlaubnis zur Fortführung der Berufsbezeichnung **17** 14
Verwandtschaft
Versagung der lokalen Zulassung
s. Lokalisierung, Versagungsgründe
Verwendung
von Stasi-Unterlagen **8**; **9**; RNPG 4
Verwertung von Vorstrafen 7 43–45
Verwirkung von Grundrechten 7 4 ff.; **14** 8
Verzicht
bei anwaltsgerichtlichen Verfahren in Zulassungssachen **40** 15
auf bisherige Zulassung bei Zulassungswechsel
s. Zulassungswechsel
auf die Einrede der Verjährung bei Schadensersatzansprüchen gegen den Rechtsanwalt **51 b** 62 f.
s. auch Verjährung
auf Lokalisierung
s. Lokalisierung
Zulassung **14** 13–15
Vier-Augen-Prinzip 226 8
Vizepräsident
BRAK **179** 2
RAK **78** 4; **80** 5
Vlassopoulou-Urteil Vorb. 206; 207 16, 45–47
Vollstreckung 204
Ausschließung **204** 1–3
Geldbuße **204** 5, 6
Vertretungsverbot **204** 4
Warnung und Verweis **204** 7
Vorlage
von Beweismitteln im Zulassungsverfahren **36 a** 7 f.
Vorlage von Handakten 56 17–19
Vormund
Haftung des Rechtsanwalts als **59 b** 33

Vorrang des Strafverfahrens 118
Bindung an Feststellungen **118** 16–23
disziplinärer Überhang **118** 15
Fortsetzung des anwaltsgerichtlichen Verfahrens **118** 8–11
Freispruch **118** 12–15
Vorschlagsliste
Rechtsanwalt beim BGH **73** 39; **166**
Vorsorgende Rechtspflege 3 5
Vorstand der RAK
Ablehnung der Wahl **67**
Abteilungen **77**
Aufgaben **73**
Ausscheiden **68**; **69**
Beschlüsse **71** 4; **90** 5–7
Beschlußfähigkeit **71**
Ehrenamtliche Tätigkeit **75**
Fortführung der Berufsbezeichnung **17** 10
Geschäftsordnung **63** 5–7
Protokoll **72** 15–19; **82**; **88** 10
Rechtliche Stellung **63** 1
Ruhen der Mitgliedschaft **69** 9
Sitzungen **70**; **71** 5–8
Übertragung von Geschäften **73** 46–47
Verschwiegenheitspflicht **76**
Vorzeitiges Ausscheiden **69**
Wählbarkeit **65**; **66**
Wahlen **64** 3–15; **89** 6; **90**
Wahlgänge **64** 13–15
Wahlmodalitäten kraft Geschäftsordnung **64** 3–15
Wahlordnung **89** 18–22
Wahlperiode **68** 3–4
Wahlverfahren **64** 8–11
Wechsel der Zulassung **69** 3
Zusammensetzung **63** 2–4
Vorübergehende Tätigkeit
in anderen EG-/EWR-Staaten **29 a** 40–55; **Vorb. 206; 207** 61–83
in anderen GATS-Staaten **29 a** 65–71
von Anwälten aus anderen EG-/EWR-Staaten im Inland **Vorb. 206; 207** 4–15, 61–85
von Anwälten aus GATS-Staaten im Inland **Vorb. 206; 207** 97–103
von Anwälten aus sonstigen europäischen Staaten im Inland **Vorb. 206; 207** 94–96
von Anwälten aus sonstigen Staaten im Inland **Vorb. 206; 207** 104
in sonstigen europäischen Staaten **29 a** 56–64
s. auch Dienstleistungsfreiheit
Vorverurteilungen
Berücksichtigungsfähigkeit von – im Zulassungsverfahren **7** 43–45
unbeachtliche **211**

magere Zahlen = Randnummern

Sachverzeichnis

Wahlausschuß für Rechtsanwälte
Akteneinsicht 167 a
Einberufung 165
Entscheidung 168
Protokolle 165 6; 167 a
Sitzungen 165 3–6
Vorbereitung der Wahl 167
Vorschlagslisten 166
Wahl 166
Wahlergebnis 169
Zusammensetzung 165 1
Wahlen
Einfache Mehrheit 72 6–9; 88 6–9
Präsidium RAK 78
Ungültigkeit 90
Vorstand RAK 64 3–14; 90
Wahlgänge 64 13–15
Wahlperiode 68 3–4
Wahlverfahren 64 8–11; 72 10–12; 89 18–22
Wahlverteidiger 49 7
Wechsel der Zulassung
s. Zulassungswechsel
Weisungsgebundenheit 7 82; 46 8
Werbegeschenke
s. Werbeverbot
Werbeverbot
akademische Titel 43 b 31
Angabe über gemeinschaftliche Berufsausübung 43 b 23
Auftreten in der Öffentlichkeit 43 b 52
im Ausland 43 b 6
Berufsausübungsfreiheit 43 b 13
Bundesverfassungsgericht 43 b 8 f.
Definition der Werbung 43 b 17 f.
Direktwerbung 43 b 44
Ehrengerichtliche Rechtsprechung 43 b 3
Empfänge 43 b 50
Entstehungsgeschichte 43 b 1
früherer Beruf 43 b 32 f.
Gemeinschaftswerbung 43 b 55
Hinweise auf Sprachkenntnisse 43 b 30
Kanzleibroschüren 43 b 34
Klientenwerbung 43 b 45
Mandatswerbung 43 b 16, 47
Meinungsfreiheit 43 b 13
Preiswerbung 43 b 29
Qualitätswerbung 43 b 15
Rundschreiben 43 b 46
Sachliche Information 43 b 20 f.
Schwerpunkte beruflicher Tätigkeit 43 b 25 ff.
Vernissagen 43 b 50
Werbegeschenke 43 b 49
Werbeträger und Methoden
– Briefbogen 43 b 41

– Fernsehspots 43 b 43
– Form 43 b 39
– Kanzleibroschüren 43 b 38, 42
– Kanzleischild 43 b 40
– Presseanzeigen 43; 43 b 37
Werbung durch Dritte 43 b 51
Werbung 59 b 37 ff.
Wettbewerb 3 11
Wettbewerb unter Anwälten
s. Lokalisierung
Widerruf
der Erlaubnis zur Weiterführung der Berufsbezeichnung 17 13 f.
der Simultanzulassung
s. Lokalisierung, Simultanzulassung
der Singularzulassung 35
der Zulassung
– ärztliches Gutachten 15
– gerichtliche Überprüfung 16 13–19
– Gründe 14
– sofortige Vollziehung der -entscheidung 16 20–23
– Verfahren 16 3–12
der Zulassung bei Zulassungswechsel
s. Zulassungswechsel
Widerrufsgründe 35 5 f.
Eintreten von zulassungshindernden Umständen 35 25 f.
Fehlende Auflagenerfüllung 35 19 f.
Fehlende Bestellung eines Zustellungsbevollmächtigten 35 20 f.
Fehlende Kanzleieinrichtung 35 12 f.
Fehlender Eid 35 6 f.
Unerlaubte Kanzleiaufgabe 35 23 f.
Verfassungsgemäßheit 35 2 f.
Widerrufsverfahren
bei der lokalen Zulassung 35 27 f.
– Antrag auf gerichtliche Entscheidung 35 30 f.
– Entscheidung der LJV 35 29
Widerstreitende Interessen 43 a 106; 59 b 29
Entstehungsgeschichte des Verbots 43 a 107
gemeinschaftliche Berufsausübung 43 a 109, 113
Parteiverrat 43 a 111
Verteidigung 43 a 115
Wiederaufnahme des Verfahrens
bei anwaltsgerichtlichen Verfahren in Zulassungssachen 40 38
Wiedereinsetzung in den vorigen Stand
bei Anträgen auf gerichtliche Entscheidung in Zulassungssachen 40 33 f.
bei sofortiger Beschwerde gegen anwaltsgerichtliche Urteile in Zulassungssachen 42 17

1477

Sachverzeichnis

fette Zahlen = §§

Wiederherstellung der aufschiebenden Wirkung 16 24
bei sofortiger Beschwerde in Zulassungssachen **42** 18
Wiederzulassung
Antrag auf lokale
s. Lokalisierung, Antrag
Wirksamkeit gerichtlicher Verfügungen
im anwaltsgerichtlichen Verfahren in Zulassungssachen **40** 28
Wirtschaftsprüfer
Haftung des Rechtsanwalts als **51 b** 1, 34

Zahlungsaufforderung 84
Zehnjahresfrist
bei der Simultanzulassung nach § 227 a
227 a 24
Zeugnisverweigerungsrecht
Abwickler **55** 16
Verschwiegenheitspflicht **43 b** 57
Zugang
zur Rechtsanwaltschaft
–, länderrechtliche Regelungen 234
– Verfassungsfragen **4** 6 f.
Zulassung
Anspruch auf lokale
s. Lokalisierung, Antrag auf lokale Zulassung
Anspruch auf Zulassung **4** 1
Antrag 6
Aushändigung der Zulassungsurkunde 12
4 f.
Aussetzung des Verfahrens 10
Befähigung zum Richteramt **4** 8 ff.
Doppelzulassung
s. Lokalisierung, Simultanzulassung
Entscheidung über den Antrag 8
Entstehungsgeschichte **4** 1 ff.
Erlöschen 13
s. auch Erlöschen
– der bisherigen **33**; **33 a**
– der lokalen 34
– durch Rücknahme 34
s. auch Erlöschen
EU-Anwälte **4** 3, 28 ff.
vor den Familiengerichten
s. Lokalisierung, Simultanzulassung
Freizügigkeit 5
frühere 212 4 f.
gleichzeitige
s. Lokalisierung, Simultanzulassung
lokale
s. Lokalisierung, Singularzulassung
der lokalen Zulassung 35
s. auch Erlöschen
Nachholen 212

mangels Nachholen der Zulassung 212
Normzweck **4** 4 f.
örtliche Zulassung
s. Lokalisierung
zur Rechtsanwaltschaft **4** 1 ff.; **4 f.**
Rechtsvergleichung **4** 34
Rücknahme **14** 4 f.; **14–16**; **16**; **34**; **RNPG 1**
s. auch Erlöschen
Simultanzulassung
s. Lokalisierung
Singularzulassung
s. Lokalisierung
Übernahme von DDR-Juristen
s. RNPG
Überprüfung
s. RNPG
Urkunde 12
Verfahren 6; 8; 8 a; 9; 10; 11; 12
Verfassungsrechtliche Gesichtspunkte **4** 6 f.
Versagung 6 6 ff.; 7
– der lokalen Zulassung
s. Lokalisierung, Versagung
Wechsel 33
Widerruf **14** 6–30; **16**; **34**; **35**; **RNPG 14–16**
– der lokalen Zulassung 35
– nach Überprüfung
s. RNPG
– der Zulassung zur Rechtsanwaltschaft **14–16**; **34**
Wiederzulassung
– Antrag auf lokale
s. Lokalisierung, Antrag
– zu auswärtigen Kammern für Handelssachen
s. Lokalisierung, Auswärtige Kammern für Handelssachen
der Zulassung zur Rechtsanwaltschaft **14–15**; **34**
s. auch Erlöschen
Zurückweisung
s. Versagung
s. Lokalisierung
Zulassungsbewerber
Flüchtlinge 212 2 f.
Vertriebene 212 2 f.
Zulassungsgesuch
s. Antrag auf Zulassung
Zulassungssache 37 f.
s. Antrag auf gerichtliche Entscheidung
Zulassungsüberprüfungsgesetz (RNPG)
siehe Nr. 2
Zulassungsurkunde 12
s. auch Lokalisierung, Zulassung

magere Zahlen = Randnummern

Sachverzeichnis

Zulassungsverfahren 36 a
Dispositionsmaxime **36 a** 5
Mitwirkungspflicht **36 a** 7 f.
– Auskunftspflicht **36 a** 7
– Vorlage von Beweismitteln **36 a** 7
Öffentlich-Rechtliche Streitigkeit **36a** 2; **37**
Personenbezogene Informationen **36 a** 9 f.
– Geheimhaltungsinteresse **36 a** 11
– Mitteilungen an die LJV **36 a** 10
– Öffentliches Interesse **36 a** 11
– Übermittlung **36 a** 11
Untersuchungsgrundsatz **36 a** 4 f.
Zulassungsverordnung der DDR (RNPG) 1 9
Zulassungswechsel 33; 44
Abgrenzung § 33 und § 44 **33** 4
bei Änderung der Gerichtseinteilung **33 a**
Allgemein **33; 44**
Antrag auf **33** 14
Antrag auf gerichtliche Entscheidung **33** 28
Aussetzung des Verfahrens bei Versagung **33** 17 f., 29
Definition **33** 5
Eintragung in die Liste der Rechtsanwälte **31** 8
Erlöschen der bisherigen Zulassung **33 a** 8 f.
Gebühren **33** 7 f.
Neue Bundesländer **33** 7 f.
Normzweck **33** 2 f.
Postulationsfähigkeit **33 a** 11
s. Lokalisierung
Versagungsgründe **33** 10 f.
Verzicht auf bisherige Zulassung **33** 15
Voraussetzungen **33** 14 f.
Widerruf **33** 24 f.
Zulegung
des Amtsgerichtsbezirks **227 b** 4
Zurechnungsfähigkeit 7 67
Zurückweisung des Rechtsanwalts
vor Gerichten und Behörden der Länder **225** 5 f.
Zusammensetzung
Bundesrechtsanwaltskammer **175** 5
Präsidium der BRAK **179** 2
Präsidium der RAK **78**

Rechtsanwaltskammer **60** 7–12
Vorstand RAK **63** 2–4
Wahlausschuß **165** 1
Zuständigkeit
beim Antrag auf lokale Zulassung
s. Lokalisierung, Antrag
Anwaltsgericht **116** 6; **119**
Bestimmung durch Obergericht **137; 138** 5
Zustellung 229 2 f.
Zustellungen 59 b 52, 53
Zustellungsbevollmächtigter
bei Befreiung von der Kanzleipflicht **30**
Zwangsgeld 57
Androhung **57** 12–14
Antrag auf gerichtliche Entscheidung **57** 20–27
Festsetzung **57** 15–18
Vollstreckung **57** 19
Voraussetzungen **57** 5–11
Zwangsmitgliedschaft 60 13–14
Zwangsverwalter 51 a 25
Haftung des Rechtsanwalts als **59 b** 35
Zweigniederlassung
Anmeldung zum Partnerschaftsregister **PartGG 5** 5
ausländischer Zusammenschlüsse **PartGG 5** 6
der PartGG **PartGG 5** 4 ff.
Zweigstelle 28
Abgrenzung zur überörtlichen Sozietät **28** 8
im Ausland **29 a; 29 a** 1–3
Auslandszweigstelle **28** 13; **29 a**
Definition **28** 5
Zweigstellenverbot 28
Ausnahmen **28** 9 f.
– Ausnahmebewilligung **28** 9 f.
– Rechtsmittel **28** 12
– Widerruf **28** 11
und EU **RBerG Einl.** 91
und Niederlassungsfreiheit **29 a** 3–4; **Vorb. 206; 207 28**
Normzweck **28** 3
Verfassungsrechtliche Gesichtspunkte **28** 4
Zweitberuf
und Haftung **51 b** 18

1479